Reusch/Chibanguza (Hrsg.)
KI-VO – Verordnung über künstliche Intelligenz

KI-VO
Verordnung über künstliche Intelligenz

Herausgegeben von

Philipp Reusch
Rechtsanwalt in Berlin

und

Dr. Kuuya Chibanguza
Rechtsanwalt in Hannover

Bearbeitet von
Tom Braegelmann, LL.M.; Dr. Kuuya Chibanguza, LL.B.; Dr. Henrik Dietrich, LL.M.; Dr. Alexander Duisberg; Prof. Dr. Martin Ebers; Dr. Philip Etzkorn, LL.B.; Vincent Fechner; Stefan Hessel, LL.M.; Jens Heuer-James; Prof. Dr. Jan Christopher Kalbhenn, LL.M.; Dr. Carolin Kemper; Philipp M. Kühn; André Kukuk; Christian Kuss, LL.M.; Ramak Molavi Vasse'i; Lea Ossmann-Magiera; Prof. Dr. Anne Paschke; Simon Pentzien, MBA; Dr. Christian Piovano; Karin Potel; Dr. Maximilian Rademacher; Philipp Reusch; Dr. Johannes Rolfs, LL.M.; Dr. Philipp Roos; Prof. Dr. Hannah Ruschemeier; Dr. Carsten Schucht; Prof. Dr. Dr. Hans Steege; Rebekka Weiß, LL.M.; Dr. Anthony Wernicke; Prof. Dr. Gerhard Wiebe; Dr. Hans Markus Wulf

2026

C.H.BECK

Zitiervorschlag:
Reusch/Chibanguza/Bearbeiter KI-VO Art. … Rn. …

beck.de

ISBN PRINT 978 3 406 79167 3

Wilhelmstraße 9, 80801 München
info@beck.de
Druck und Bindung: Friedrich Pustet GmbH & Co. KG
Gutenbergstraße 8, 93051 Regensburg

Satz: Meta Systems Publishing & Printservices GmbH, Wustermark
Umschlag: Druckerei C.H.Beck

chbeck.de/nachhaltig
produktsicherheit.beck.de

Gedruckt auf säurefreiem, alterungsbeständigem Papier
(hergestellt aus chlorfrei gebleichtem Zellstoff)

Vorwort

Mit der Verordnung über künstliche Intelligenz (KI-VO) hat die Europäische Union den bislang umfassendsten Versuch unternommen, die Chancen und Risiken algorithmischer Systeme in ein kohärentes rechtliches Rahmenwerk zu überführen. Die Verordnung bildet den zentralen Baustein eines neuen, horizontalen Regulierungsmodells, das technische Innovation und europäische Grundrechtsdogmatik gleichermaßen ernst nimmt und damit ein rechtspolitisches Projekt von erheblicher Tragweite darstellt. Die wissenschaftliche Auseinandersetzung mit diesem neuen Rechtsinstrument beginnt erst, doch bereits heute zeichnet sich ab, dass die KI-VO nicht lediglich ein weiteres sektorales Regulierungsregime etabliert, sondern die europäische Rechtsordnung in grundlegenden Dimensionen herausfordern und weiterentwickeln wird.

Zahlreiche Begriffe, die für die praktische Umsetzung der Verordnung maßgeblich sind, greifen in technisch wie rechtlich konturlose Bereiche ein. Die Definition von KI Systemen, die normative Erfassung „autonomer" Entscheidungsprozesse, die Kategorisierung sog. Hochrisiko-KI-Systeme/Hochrisiko-Systeme und die dogmatische Einordnung von General Purpose AI werfen grundlegende Fragen auf, die an den Schnittstellen zwischen Informatik, Regulierungstheorie und klassischem Verwaltungs- und Sicherheitsrecht angesiedelt sind. Zugleich stellt sich die Frage, wie sich die KI-VO systematisch in das bestehende Gefüge des europäischen Marktordnungsrechts einfügt, zu welchem sie dogmatisch zu zählen ist. Die Wechselwirkungen mit dem Produktsicherheitsrecht, dem Produkthaftungsrecht, der Marktüberwachung, der Datenschutzgrundverordnung und den Datenrechtsakten der Union zeigen, dass die KI-VO weit über ein bloß technisches Regelwerk hinausgeht und normative Strukturen berührt, die seit Jahrzehnten das Binnenmarktrecht prägen.

Dem liegt offensichtlich die gesetzgeberische Überzeugung zugrunde, dass technologische Systeme mit zunehmender Komplexität nicht mehr allein mit klassischen Instrumenten des Produkt- und Sicherheitsrechts erfasst werden können. Die KI-VO greift dies auf, indem sie ein risikobasiertes Regulierungsmodell etabliert, das vom Stand der Technik, den jeweiligen Anwendungskontexten und der sozialen Wirkmacht algorithmischer Systeme ausgeht. Zugleich zeigt sich, dass die traditionelle Unterscheidung zwischen Herstellern, Integratoren, Betreibern und Nutzern in dynamischen KI-Ökosystemen an Schärfe verliert und durch neue Verantwortungszuordnungen ersetzt werden muss. Dieses Zusammenspiel stellt Wissenschaft wie Praxis vor Herausforderungen, die sich erst im Laufe der kommenden Jahre ausformulieren werden.

Der vorliegende Kommentar versteht sich als Beitrag zur Strukturierung dieses jungen Rechtsgebiets. Er verbindet dogmatische Analyse mit praktischen Erfahrungen aus Beratung, Aufsicht und technischer Entwicklung. Die Kommentierung folgt der systematischen Anlage der Verordnung und versucht, die einzelnen Bestimmungen nicht isoliert, sondern in ihren internen und externen Zusammenhängen verständlich zu machen. Dies schließt die Einordnung der KI-VO in das Gefüge des europäischen Risikorechts, ihre Bezüge zum Produktsicherheits und Produkthaftungsrecht, die Verzahnung mit Datenschutzrecht und Datenökonomie sowie die Frage ein, welche Rolle Konformitätsbewertung und Marktüberwachung in einem sich kontinuierlich verändernden technischen Umfeld künftig spielen können. Die KI-VO ist nicht statisch; sie verlangt eine rechtliche Begleitung, die technische Dynamik, rechtsstaatliche Anforderungen und die ökonomische Realität europäischer Unternehmen zusammenführt.

Unsere Arbeit an diesem Kommentar wurde durch eine Vielzahl von Diskussionen, Rückmeldungen und wissenschaftlichen Impulsen begleitet, die verdeutlicht haben, wie interdisziplinär dieses Rechtsgebiet angelegt ist. Den Autorinnen und Autoren gilt unser besonderer Dank für die Bereitschaft, ihre Beiträge wiederholt anzupassen und im Lichte eines sich laufend weiterentwickelnden Gesetzgebungsverfahrens zu aktualisieren. Ebenso danken wir dem Verlag C.H.Beck für die hervorragende, sorgfältige und verlässliche Betreuung des Projekts.

Da die KI-VO ein hochdynamisches und in vielerlei Hinsicht neuartiges Rechtsgebiet betrifft, konnten Entwicklungen nur bis zum Redaktionsschluss berücksichtigt werden. Wir laden daher ausdrücklich zu kritischer Diskussion und zum Austausch mit uns ein.

Philipp Reusch Dr. Kuuya Chibanguza

Im Einzelnen haben bearbeitet

Art. 1	Paschke/Wernicke
Art. 2	Paschke/Kukuk
Art. 3	Chibanguza (Nr. 17–18, 23–25, 27, 28, 45, 46, 49, 53–58, 64)/Steege (Nr. 29–44, 47, 48, 50, 51, 52, 63, 67)/Reusch (Nr. 1–16, 19–22, 26, 59–62, 65–66, 68)
Art. 4	Weiß
Art. 5	Kuss
Art. 6	Paschke/Wernicke
Art. 7	Paschke/Wernicke
Art. 8	Etzkorn
Art. 9	Etzkorn/Pentzien
Art. 10	Hessel
Art. 11	Hessel
Art. 12	Hessel
Art. 13	Paschke/Steege
Art. 14	Etzkorn/Braegelmann
Art. 15	Steege/Reusch
Art. 16	Heuer-James
Art. 17	Reusch/Fechner
Art. 18	Potel
Art. 19	Heuer-James
Art. 20	Reusch/Fechner
Art. 21	Wiebe
Art. 22	Wiebe
Art. 23	Schucht
Art. 24	Paschke
Art. 25	Heuer-James
Art. 26	Reusch/Fechner
Art. 27	Steege
Art. 28	Piovano
Art. 29	Piovano
Art. 30	Piovano
Art. 31	Piovano
Art. 32	Piovano
Art. 33	Piovano
Art. 34	Piovano
Art. 35	Piovano
Art. 36	Piovano
Art. 37	Dietrich
Art. 38	Dietrich
Art. 39	Dietrich
Art. 40	Ebers
Art. 41	Ebers
Art. 42	Ebers
Art. 43	Schucht
Art. 44	Schucht
Art. 45	Schucht

Im Einzelnen haben bearbeitet

Art. 46	Reusch
Art. 47	Wiebe
Art. 48	Wiebe
Art. 49	Wiebe
Art. 50	Molavi Vasse'i
Art. 51	Weiß
Art. 52	Weiß
Art. 53	Weiß
Art. 54	Duisberg
Art. 55	Potel
Art. 56	Potel
Art. 57	Kühn
Art. 58	Kühn
Art. 59	Weiß
Art. 60	Kühn
Art. 61	Kühn
Art. 62	Kühn
Art. 63	Kühn
Art. 64	Weiß
Art. 65	Kemper/Ruschemeier
Art. 66	Kemper/Ruschemeier
Art. 67	Kemper/Ruschemeier
Art. 68	Kemper/Ruschemeier
Art. 69	Kemper/Ruschemeier
Art. 70	Ruschemeier
Art. 71	Wulf/Rolfs
Art. 72	Wulf/Rolfs
Art. 73	Chibanguza/Steege
Art. 74	Chibanguza/Reusch
Art. 75	Chibanguza/Reusch
Art. 76	Chibanguza
Art. 77	Chibanguza
Art. 78	Chibanguza
Art. 79	Roos
Art. 80	Roos
Art. 81	Dietrich
Art. 82	Roos
Art. 83	Kalbhenn
Art. 84	Kalbhenn
Art. 85	Ossmann-Magiera
Art. 86	Ossmann-Magiera
Art. 87	Ossmann-Magiera
Art. 88	Rademacher
Art. 89	Rademacher
Art. 90	Rademacher
Art. 91	Rademacher
Art. 92	Rademacher
Art. 93	Rademacher
Art. 94	Rademacher
Art. 95	Paschke
Art. 96	Heuer-James
Art. 97	Kalbhenn
Art. 98	Kalbhenn

Im Einzelnen haben bearbeitet

Art. 99	Reusch/Fechner
Art. 100	Reusch/Fechner
Art. 101	Dietrich
Art. 102	Kalbhenn
Art. 103	Kalbhenn
Art. 104	Kalbhenn
Art. 105	Kalbhenn
Art. 106	Kalbhenn
Art. 107	Kalbhenn
Art. 108	Kalbhenn
Art. 109	Kalbhenn
Art. 110	Kalbhenn
Art. 111	Reusch/Fechner
Art. 112	Reusch/Fechner
Art. 113	Chibanguza/Reusch
Anhang I	Paschke
Anhang II	Reusch/Fechner
Anhang III	Paschke
Anhang IV	Heuer-James
Anhang IX	Kuss
Anhang V	Heuer-James
Anhang VI	Heuer-James
Anhang VII	Heuer-James
Anhang VIII	Kuss
Anhang X	Kuss
Anhang XI	Potel
Anhang XII	Weiß
Anhang XIII	Weiß

Inhaltsverzeichnis

Inhaltsverzeichnis

Abschnitt 4. Notifizierende Behörden und notifizierte Stellen

Abschnitt 5. Normen, Konformitätsbewertung, Bescheinigungen, Registrierung

Kapitel IV. Transparenzpflichten für Anbieter und Betreiber bestimmter KI-Systeme

Kapitel V. KI-Modelle mit allgemeinem Verwendungszweck

Abschnitt 1. Einstufungsvorschriften

Abschnitt 2. Pflichten für Anbieter von KI-Modellen mit allgemeinem Verwendungszweck

Abschnitt 3. Pflichten der Anbieter von KI-Modellen mit allgemeinem Verwendungszweck mit systemischem Risiko

Abschnitt 4. Praxisleitfäden

Kapitel VI. Maßnahmen zur Innovationsförderung

Kapitel VII. Governance

Abschnitt 1. Governance auf Unionsebene

Abschnitt 2. Zuständige nationale Behörden

Kapitel VIII. EU-Datenbank für Hochrisiko-KI-Systeme

Kapitel IX. Beobachtung nach dem Inverkehrbringen, Informationsaustausch und Marküberwachung

Abschnitt 1. Beobachtung nach dem Inverkehrbringen

Abkürzungsverzeichnis

AAA	Algorithmic Accountability Act
aA	andere Ansicht
ABGB	Allgemeines Bürgerliches Gesetzbuch
ABl.	Amtsblatt
Abs.	Absatz
ADM	algorithmischer Entscheidungsfindung
ADS	Automated Decision Systems
aE	am Ende
AEUV	Vertrag über die Arbeitsweise der Europäischen Union
aF	alte Fassung
AIDA	Artificial Intelligence and Data Act
AI	Artificial Intelligence
AIA	Artificial Intelligence Act
AIR	Journal of AI Law and Regulation
allg.	allgemein
Alt.	Alternative
AMAS	Arbeitsmarkt-Chancen-Assistenzsystem
AMS	Apron Management Services
Anh.	Anhang
Anl.	Anlage
Anm.	Anmerkung
ANS	Air Navigation Services
APS-VO	Allgemeine Präferenzsystem-Verordnung
Art.	Artikel
ATM	Air Traffic Management
Aufl.	Auflage
ausdr.	ausdrücklich
ausschl.	ausschließlich
AVMD-RL	Richtlinie über audiovisuelle Mediendienste
Az.	Aktenzeichen
BCI	Brain-Computer-Interface
BDSG	Bundesdatenschutzgesetz
Bek.	Bekanntmachung
BeckOK	Beck'scher Online-Kommentar
Beschl.	Beschluss
BGB	Bürgerliches Gesetzbuch
BGH	Bundesgerichtshof
BSI	Bundesamt für Sicherheit in der Informationstechnik
BSIG	Gesetz über das Bundesamt für Sicherheit in der Informationstechnik
Bsp.	Beispiel
bspw.	beispielsweise
BT-Drs.	Bundestags-Drucksache
Buchst.	Buchstabe
bzgl.	bezüglich
bzw.	beziehungsweise
CE	Conformité Européenne
CENELEC	Comité Européen de Normalisation Électrotechnique
ChatGPT	Chat Generative Pre-Trained Transformer

Abkürzungsverzeichnis

COMPAS	Correctional Offender Management Profiling for Alternative Sanctions
CR	Computer und Recht (Zeitschrift)
CRA	Cyber Resilience Act (Cyberresilienzgesetz)
CRI	Computer Law Review International
CRR-VO	Capital Requirements Regulation-Verordnung
DA	Data Act
DEK	Datenethikkommission
Dok.	Dokument
DGA	Data Governance Act
dh	das heißt
DMA	Digital Markets Act
DNG	Gesetz für die Nutzung von Daten des öffentlichen Sektors
DNS	Desoxyribonukleinsäure
DÖV	Die öffentliche Verwaltung (Zeitschrift)
DAS	Digital Services Act
DS-GVO	Datenschutzgrundverordnung
DuD	Datenschutz und Datensicherheit (Zeitschrift)
DVG	Digitale-Versorgung-Gesetz
DVO	Durchführungsverordnung
EAKI	Europäischen Ausschuss für künstliche Intelligenz
Ed.	Edition
EDSA	Europäischer Datenschutzausschuss
EDSB	Europäischer Datenschutzbeauftragter
EEG	Elektroenzephalographie
EGMR	Europäischer Gerichtshof für Menschenrechte
EGovG	Gesetz zur Förderung der elektronischen Verwaltung
Einl.	Einleitung
EK	Europäische Kommission
EL	Ergänzungslieferung
ELI	European Law Institute
EMRK	Europäische Menschenrechtskonvention
ENISA	European Union Agency for Cybersecurity
EP	Europäisches Parlament/European Parliament
EPA	Europäisches Patentamt
ePrivacy-RL	ePrivacy-Richtlinie
Erwgr.	Erwägungsgrund
etc.	et cetera
ETSI	European Telecommunications Standards Institute
EU	Europäische Union
EUCC	Europäischen Systems für die Cybersicherheitszertifizierung
EUDAMED	European database on medial devices
EuGH	Europäischer Gerichtshof
eur.	europäisch
EuR	Europarecht (Zeitschrift)
EUV	Vertrag über die Europäische Union
EuZW	Europäische Zeitschrift für Wirtschaftsrecht
evtl.	eventuell
EWR	Europäischer Wirtschaftsraum
f., ff.	folgende Seite bzw. folgende Seiten
FAT-Principles	Fairness, Accountability, Transparency-Principles
FLOPs	Floating Point Operations per Second

Fn.	Fußnote
FRAU	European Union Agency for Fundamental Rights
FTC	Federal Trade Commission
GE	Gesetzesentwurf
gem.	gemäß
GeschGehG	Gesetz zum Schutz von Geschäftsgeheimnissen
GG	Grundgesetz
ggf.	gegebenenfalls
ggü.	gegenüber
GPL	General Public License
GPAI	Global Partnership on Artificial Intelligence
GPSR	General Product Safety Regulation (EU-Produktsicherheitsverordnung)
GRCh	Charta der Grundrechte der Europäischen Union
grds.	grundsätzlich
GRUR	Gewerblicher Rechtsschutz und Urheberrecht (Zeitschrift)
GWB	Gesetz gegen Wettbewerbsbeschränkungen
hA	herrschende Ansicht
HinSchG	Hinweisgeberschutzgesetz
HinSch-RL	Hinweisgeberschutz-Richtlinie
hM	herrschende Meinung
HMI	Human Machine Inferface
Hrsg.	Herausgeber
Hs.	Halbsatz
idF	in der Fassung
idR	in der Regel
idS	in diesem Sinne
iErg.	im Ergebnis
IFG	Informationsfreiheitsgesetz
int.	international
IP-Adresse	Internet-Protocol-Adresse
iS	im Sinne
iSd	im Sinne des
iSv	im Sinne von
IT	Informationstechnik
iÜ	im Übrigen
IVD-VO	In-Vitro-Diagnostika-Verordnung
iVm	in Verbindung mit
IWG	Informationsweiterverwendungsgesetz
iZm	im Zusammenhang mit
JI-RL	Justiz-Inneres-Richtlinie
jur.	juristisch
KI	Künstliche Intelligenz
KI-Haftungs-RL	KI-Haftungs-Richtlinie
KI-VO	KI-Verordnung
KMU	Kleine und mittlere Unternehmen
krit.	kritisch
LFG	Landwirtschafsförderungsgesetz
Lit.	Literatur
lit.	litera
LLM	Large Language Modelle

Abkürzungsverzeichnis

LuftVG	Luftverkehrsgesetz
Maschinen-VO	Maschinenverordnung
Medizinprodukte-VO	Medizinprodukteverordnung
MMR	Multimedia und Recht (Zeitschrift)
MStV	Medienstaatsvertrag
MÜVO	Marktüberwachungsverordnung
mwH	mit weiteren Hinweisen
mwN	mit weiteren Nachweisen
NGO	Non-Governmental Organisation
NJW	Neue Juristische Wochenschrift
NLF	New Legislative Frameworks
NLP	Natural Language Processing
Nr.	Nummer
NVwZ	Neue Zeitschrift für Verwaltungsrecht
OECD	Organisation for Economic Co-operation and Development
PharmR	Pharmarecht (Zeitschrift)
ProdHaftG	Produkthaftungsgesetz
Produkthaftungs-RL	Produkthaftungsrichtlinie
PSA-Verordnung	Persönliche Schutzausrüstungen-Verordnung
RDi	Recht Digital (Zeitschrift)
Rspr.	Rechtsprechung
RL	Richtlinie
Rn.	Randnummer
RNS	Ribonukleinsäure
Rs.	Rechtssache
S.	Seite
s.	siehe
SaaS	Software-as-a-Service
sog.	sogenannt
SSM-VO	Single Supervisory Mechanism-Verordnung
str.	streitig, strittig
StVG	Straßenverkehrsgesetz
SÜG	Sicherheitsüberprüfungsgesetz
TSI	technische Spezifikationen für die Interoperabilität
TTDSG	Telekommunikation-Telemedien-Datenschutz-Gesetz
ua	unter anderem
UAbs.	Unterabsatz
UDI	Unique Device Identification
UDI-DI	UDI-Device Identifier
UDI-PI	UDI-Production Identifier
UGP-RL	Richtlinie über unlautere Geschäftspraktiken
UN	United Nations
Urt.	Urteil
usw.	und so weiter
uvm.	und viele mehr
v.	vom, von
v.a.	vor allem
vgl.	vergleiche
VO	Verordnung

VwGO	Verwaltungsgerichtsordnung
VwVfG	Verwaltungsverfahrensgesetz
WBRL	Whistleblower-Richtlinie
XAI	Explainable Artificial Intelligence
ZD	Zeitschrift für Datenschutz
ZEuP	Zeitschrift für Europäisches Privatrecht
ZPO	Zivilprozessordnung
ZUR	Zeitschrift für Umweltrecht

Literaturverzeichnis

BeckOK DatenschutzR	Wolff/Brink/v. Ungern-Sternberg, BeckOK DatenschutzR.
BeckM&A-HdB	Meyer-Sparenberg/Jäckle, Beck'sches M&A-Handbuch, 2. Aufl. 2022.
Bloehs/Frank	Bloehs/Frank, Akkreditierungsrecht, 2025.
Bomhard/Pieper/Wende	Bomhard/Pieper/Wende, KI-VO, Kommentar zur Künstlichen Intelligenz-VO, 2025.
Calliess/Ruffert	Calliess/Ruffert, EUV/AEUV, 6. Aufl. 2022.
Chibanguza/Kuß/Steege	KI-HdB ... Chibanguza/Kuß/Steege, Künstliche Intelligenz, 2. Aufl. 2026.
Chibanguza/Steege	Product Compliance ... Chibanguza/Steege, Product Compliance, 2026.
Ehmann/Selmeyr	Ehmann/Selmeyr, Datenschutz-Grundverordnung, 3. Aufl. 2024.
Ebers/Heinze/Krügel/Steinrötter	Ebers/Heinze/Krügel/Steinrötter, Künstliche Intelligenz und Robotik, 2020.
Freund/Schmidt/Heep/Roschek	Freund/Schmidt/Heep/Roschek, DSGVO, 2023.
Gloy/Loschelder/Danckwerts WettbR HdB	Gloy/Loschelder/Danckwerts, Handbuch des Wettbewerbsrecht, 5. Aufl. 2019.
Gola/Heckmann	Gola/Heckmann, DS-GVO – BDSG, 3. Aufl. 2022.
HdB-EUVerwR	Terhechte, Verwaltungsrecht der Europäischen Union, 2. Aufl. 2022.
HdLexEU	Bergmann, Handlexikon der Europäischen Union, 6. Aufl. 2022.
Hilgendorf/Härtlein	Hilgendorf/Härtlein, KI-VO – Verordnung über künstliche Intelligenz, 2025.
Hilgendorf/Roth-Isigkeit KI-VO	Hilgendorf/Roth-Isigkeit, Die neue Verordnung der EU zur Künstlichen Intelligenz, 2023.
HK-DMA	Podszun, Digital Markets Act, 2023.
HK-UnionsR	Vedder/Heintschel von Heinegg, Europäisches Unionsrecht, 2. Aufl. 2018.
Immenga/Mestmäcker	Körber/Schweitzer/Zimmer, Wettbewerbsrecht, 6. Aufl. 2019 f.
Jarass GRCh	Jarass, Charta der Grundrechte der Europäischen Union: GRCh, 4. Aufl. 2021.
Köhler/Feddersen	Köhler/Bornkamm/Feddersen, UWG, 43. Aufl. 2025 (bis 42. Aufl. zit. als *KBF*).
Kaulartz/Braegelmann AI und Machine Learning-HdB	Kaulartz/Braegelmann, Rechtshandbuch Artificial Intelligence und Machine Learning, 2020.
Klein	Gersch/Jäger/Maetz/Rätke/Ratschow/Rüsken/Werth, AO, 18. Aufl. 2024.
Klindt ProdSG	Klindt, Produktsicherheitsgesetz, 3. Aufl. 2021.

Literaturverzeichnis

Kersting/Meyer-Lindemann/Podszun	Kersting/Meyer-Lindemann/Podszun, 5. Aufl. 2025
Kopp/Ramsauer	Kopp/Ramsauer, VwVfG, 26. Aufl. 2025.
Kraul Der neue DSA	Kraul, Das neue Recht der digitalen Dienste, 2023.
Krenzler/Herrmann/Niestedt	Krenzler/Herrmann/Niestedt, EU-Außenwirtschafts- und Zollrecht, Loseblatt.
Kühling/Buchner	Kühling/Buchner, DS-GVO, 4. Aufl. 2024.
Lenz Produkthaftung	Lenz, Produkthaftung, 2. Aufl. 2022.
Ludwigs EU-WirtschaftsR-HdB	Ludwigs, Handbuch des EU-Wirtschaftsrechts, Loseblatt (bis 62. EL 2024 zitiert als *Dauses/Ludwigs EU-WirtschaftsR-HdB*).
Marly SoftwareR-HdB	Bomhard/Schreiber, Praxishandbuch Softwarerecht, 8. Aufl. 2024.
Martini/Wendehorst	Martini/Wendehorst, KI-VO, 2024.
Müller-Terpitz/Köhler	Müller-Terpitz/Köhler, DSA, 2024.
NK-DatenschutzR	Simitis/Hornung/Spiecker gen. Döhmann, Datenschutzrecht, 2. Aufl. 2024.
NK-DSA	Hofmann/Raue, Digital Services Act, 2023.
NK-EuGRCh	Meyer/Hölscheidt, Charta der Grundrechte der Europäischen Union, 6. Aufl. 2024.
NK-EuWettbR	Schröter/Klotz/von Wendland, Europäisches Wettbewerbsrecht, 3. Aufl. 2024.
NK-MedienR	Paschke/Berlit/Meyer/Kröner, Hamburger Kommentar Gesamtes Medienrecht, 4. Aufl. 2021.
NK-ProdR	Ehring/Taeger, Produkthaftungs- und Produktsicherheitsrecht, 2022.
Paal/Pauly	Paal/Pauly, Datenschutz-Grundverordnung (DS-GVO BDSG), 2. Aufl. 2018.
Pechstein/Nowak/Häde	Pechstein/Nowak/Häde, Frankfurter Kommentar zu EUV, GRC und AEUV, 2. Aufl. 2023.
Rehmann/Wagner	Rehmann/Wagner, MP-VO, 4. Aufl. 2023.
Stelkens/Bonk/Sachs	Stelkens/Bonk/Sachs, Verwaltungsverfahrensgesetz, 10. Aufl. 2023.
Schoch/Schneider	Schoch/Schneider, Verwaltungsrecht, Loseblatt.
Schulte/Kloos ÖffWirtschaftsR-HdB	Schulte/Kloos, Handbuch Öffentliches Wirtschaftsrecht, 2016.
Schwarze	Schwarze/Becker/Hatje/Schoo, EU-Kommentar, 4. Aufl. 2019.
Schwartmann/Jaspers/Thüsing/Kugelmann	Schwartmann/Jaspers/Thüsing/Kugelmann, Heidelberger Kommentar DS-GVO/BDSG, 2. Aufl. 2020.
Schwartmann/Keber/Zenner KI-VO	Schwartmann/Keber/Zenner, KI-VO, 2. Aufl. 2024.
Specht/Mantz DatenschutzR-HdB	Specht/Mantz, Handbuch Europäisches und deutsches Datenschutzrecht, 2019.
Spiecker gen. Döhmann/Papakonstantinou/Hornung/De Hert	Spiecker gen. Döhmann/Papakonstantinou/Hornung/De Hert, General Data Protection Regulation, 2023.

Steege/Chibanguza Metaverse-HdB	Steege/Chibanguza, Metaverse, 2023.
Steinrötter EU-Plattformgegulierung-HdB	Steinrötter, Europäische Plattformregulierung, 2023.
Streinz	Streinz, Europarecht, 12. Aufl. 2023.
SWK-Legal	Ebers, StichwortKommentar Legal Tech, 5. Edition 2024.
Sydow/Marsch DS-GVO/BDSG	Sydow/Marsch, DS-GVO/BDSG, 3. Aufl. 2022.
Taeger/Gabel	Taeger/Gabel, DSGVO – BDSG – TTDSG, 4. Aufl. 2022.
Voigt/Hullen KI-VO-HdB	Voigt/Hullen, Handbuch KI-Verordnung, 2024.
Voigt/von dem Bussche DSGVO	Voigt/von dem Bussche, EU-Datenschutz-Grundverordnung, 2018.
von der Groeben/Schwarze/Hatje	von der Groeben/Schwarze/Hatje, Europäisches Unionsrecht, 7. Aufl. 2015.
Wendt/Wendt Das neue KI-Recht	Wendt/Wendt, Das neue Recht der Künstlichen Intelligenz, 2024.

Kapitel I. Allgemeine Bestimmungen

Art. 1* Gegenstand

(1) **Zweck dieser Verordnung ist es, das Funktionieren des Binnenmarktes zu verbessern und die Einführung einer auf den Menschen ausgerichteten und vertrauenswürdigen künstlichen Intelligenz (KI) zu fördern und gleichzeitig ein hohes Schutzniveau in Bezug auf Gesundheit, Sicherheit und die in der Charta verankerten Grundrechte, einschließlich Demokratie, Rechtsstaatlichkeit und Umweltschutz, vor schädlichen Auswirkungen von KI-Systemen in der Union zu gewährleisten und die Innovation zu unterstützen.**

(2) **In dieser Verordnung wird Folgendes festgelegt:**
a) **harmonisierte Vorschriften für das Inverkehrbringen, die Inbetriebnahme und die Verwendung von KI-Systemen in der Union;**
b) **Verbote bestimmter Praktiken im KI-Bereich;**
c) **besondere Anforderungen an Hochrisiko-KI-Systeme und Pflichten für Akteure in Bezug auf solche Systeme;**
d) **harmonisierte Transparenzvorschriften für bestimmte KI-Systeme;**
e) **harmonisierte Vorschriften für das Inverkehrbringen von KI-Modellen mit allgemeinem Verwendungszweck;**
f) **Vorschriften für die Marktbeobachtung sowie die Governance und Durchsetzung der Marktüberwachung;**
g) **Maßnahmen zur Innovationsförderung mit besonderem Augenmerk auf KMU, einschließlich Start-up-Unternehmen.**

Literatur: Ashkar/Schröder, Das Gesetz über künstliche Intelligenz der Europäischen Union (KI-Verordnung), BB 2024, 771; Baumann, Generative KI und Urheberrecht – Urheber und Anwender im Spannungsfeld, NJW 2023, 3673; Becker/Feuerstack, Der neue Entwurf des EU-Parlaments für eine KI-Verordnung, MMR 2024, 22; Becker/Feuerstack, Die EU-KI-Verordnung, KIR 2024, 62; Biallaß, Die Auswirkungen der KI-VO auf die Justiz, MMR 2024, 646; Binder/Egli, Umgang mit Hochrisiko-KI-Systemen in der KI-VO, MMR 2024, 626; Bomhard/Merkle, Europäische KI-Verordnung, RDi 2021, 276; Bomhard/Siglmüller, AI Act – das Trilogergebnis, RDi 2024, 45; Borges, Die europäische KI-Verordnung (AI Act) – Teil 1 Überblick, Anwendungsbereich und erste Einschätzung, CR 2024, 497; Borges, Die europäische KI-Verordnung (AI Act) Teil 2 – Risikomanagement für Hochrisiko-KI-Systeme, CR 2024, 565; Bronner, Der Artificial Intelligence Act (AI Act) der Europäischen Union: Balanceakt für den anstehenden Trilog, jurisPR-ITR 15/2023 Anm. 2; Bronner, Risikoklassifizierung, Risikobewertung und Risikominimierung nach der KI-Verordnung, KIR 2024, 55; Chibanguza/Steege, Die KI-Verordnung – Überblick über den neuen Rechtsrahmen, NJW 2024, 1769; Denga, Konformitätsbewertung von KI-Systemen, ZfPC 2023, 154; Dienes, Anforderungen an die menschliche Aufsicht über Künstliche Intelligenz, MMR 2024, 456; Dilling/Musiol, KI-Verordnung und interne Ermittlungen, CCZ 2024, 257; Ditscheid/Taghavian, KI im Kundenservice: Chancen und regulatorische Herausforderungen, MMR 2024, 746; Dranhanský/Dvorák/Vána, Personenerkennung mittels 3D Handgeometrie, DuD 2011, 169; Dranhanský/Goldmann/Spurný, Gesichtsdetektion und -erkennung in Videos aus öffentlichen Kamerasystemen, DuD 2017, 415; Ebers, Die KI-Verordnung ante portas: Ein neuer Rechtsrahmen für Legal Tech?, LTZ

* Kapitel I (Art. 1–4) gilt gem. Art. 113 UAbs. 3 lit. a bereits ab 2.2.2025.

2024, 1; Ebers/Hoch/Rosenkranz/Ruschemeier/Steinrötter, Der Entwurf für eine EU-KI-Verordnung: Richtige Richtung mit Optimierungsbedarf, RDi 2021, 528; Ebers/Streitbörger, Die Regulierung von Hochrisiko-KI-Systemen in der KI-Verordnung, RDi 2024, 393; Ebert/Spiecker gen. Döhmann, Der Kommissionsentwurf für eine KI-Verordnung der EU, NVwZ 2021, 1188; EDPB/EDSA, Leitlinien 2/2021 vom 7.7.2021 zu virtuellen Sprachassistenten, Version 2.0, Rn. 128–135; Engelmann/Brunotte/Lütkens, Regulierung von Legal Tech durch die KI-Verordnung, RDi 2021, 317; Feldkamp/Kappler/Poretschkin/Schmitz/Weiss, Rechtliche Fairnessanforderungen an KI-Systeme und ihre technische Evaluation – Eine Analyse anhand ausgewählter Kreditscoring-Systeme unter besonderer Berücksichtigung der zukünftigen europäischen KI-Verordnung, ZfDR 2024, 60; Feuerstack/Becker/Hertz, Die Entwürfe des EU-Parlaments und der EU-Kommission für eine KI-Verordnung im Vergleich, ZfDR 2023, 421; Frank/Heine, Arbeitsrechtliche Dimension der KI-Verordnung, NZA 2024, 433; Frank/Heine, KI-Einsatz im Betrieb unter der KI-Verordnung, NZA 2023, 1281; Fröhlich, Antidiskriminierungsrechtskonforme Entscheidungen durch KI-Systeme, GRUR-Prax 2024, 415; Gassner, Menschliche Aufsicht über intelligente Medizinprodukte, MPR 2023, 5, Gerdemann, Harmonisierte Normen und ihre Bedeutung für die Zukunft der KI, MMR 2024, 614; Gerdemann, Konformitätsbewertung als Kernpflicht der KI-Verordnung, NJW 2024, 2209; Gomez-Barrero, Biometrie und Datenschutz, DuD 2017, 448; Günay, Biometrische Daten aus der Perspektive der DSGVO, DuD 2023, 96; Günther/Gerigk/Berger, Von Algorithmen und Arbeitnehmern: Die europarechtliche Regulierung von KI im arbeitsrechtlichen Kontext, NZA 2024, 234; Hahn, Die Regulierung biometrischer Fernidentifizierung in der Strafverfolgung im KI-Verordnungsentwurf der EU-Kommission, ZfDR 2023, 142; Heil, Die neue KI-Verordnung (E), MPR 2022, 1; Herbers/Rappenglück, Die Durchsetzung der KI-Verordnung auf EU-Ebene: Das EU AI Office, RDi 2024, 432; Honer/Schöbel, Das Gesetz über Künstliche Intelligenz im System der europäischen Digitalregulierung – Ein Überblick, JuS 2024, 648; Hoos, KI trifft auf Medizinprodukte – Das zukünftige Zusammenspiel von AI-Act und MDR, ZfPC 2024, 168; Hornung/Schindler, Datenschutz bei der biometrischen Gesichtserkennung, DuD 2021, 515; Junge, Die KI-Verordnung der Europäischen Union: Sinnvolle Regulierung oder der Anfang des technologischen Rückschritts in Europa, NJOZ, 960; Kätscher/Pesch, Automatisierte Entscheidungsfindung mittels großer Sprachmodelle (LLM) im Beschäftigtenkontext, KIR 2024, 46; Kilian/Denga, Das Testen und Zertifizieren von KI-Systemen, NJW 2024, 2945; Klos/Taylan, Von der Theorie zur Praxis: Die EU-KI-Verordnung effektiv umsetzen, CCZ 2024, 205; Kment/Borchert, Zeit für eine Verfassung 4.0?, KIR 2025, 9; Knauff, Rechtsprechung und Künstliche Intelligenz, ThürVBl 2024, 29; Kohpeiß/Schaller, Systeme zur Angriffserkennung nach dem neuen EU-Cybersicherheitsrahmen – Hochrisiko-Systeme der KI-Verordnung? Systeme zur Angriffserkennung unter Berücksichtigung der NIS-2-RL, CER-RL und dem NIS2UmsetzG, sowie eine Einordnung in die Vorschriften der KI-VO, CR 2024, 22; Krönke, Das europäische KI-Gesetz: Eine Verordnung mit Licht und Schatten, NVwZ 2024, 529; Lauscher/Legner, Künstliche Intelligenz und Diskriminierung, ZfDR 2022, 367; Legner, KI-Verordnung und algorithmische Diskriminierung, RDi 2024, 426; Lühmann/Görgülü/Marciniak, Einsatz von KI im Asset Management, BKR 2024, 175; Martini/Botta, KI-Aufsicht im föderalen Staat, MMR 2024, 630; Martini, Gesichtserkennung im Spannungsverhältnis zwischen Freiheit und Sicherheit, NVwZ 2022, 30; Martini/Haspinger, DIE KI-VO im Umwelt-Check – Rückenwind für eine grüne Zukunft?, NVwZ 2025, 737; Merkle, Transparenz nach der KI-Verordnung – von der Blackbox zum Open-Book?, RDi 2024, 414; Mielke/Wolff, Maschinelle Lernverfahren als KI-Komponenten in Digitalisierungsprojekten der Justiz, LTZ 2024, 144; Möller-Klapperich, Die neue KI-Verordnung der EU, NJ 2024, 337; Paal/Hüger, Die KI-VO und das Recht auf menschliche Entscheidung, MMR 2024, 540; Paschke/Fellenberg, KI in der Justiz, NJW-aktuell 2024, 1; Reichert/Radtke/Eske, KI-Verordnung: Rechtsgrundlagen für die Bereitstellung und Nutzung von KI, ZD 2024, 483; Reusch, KI und Software im Kontext von Produkthaftung und Produktsicherheit, RDi

2023, 152; Roos/Voget, Transparenzpflichten für die Nutzung von KI auf Online-Marktplätzen, RDi 2024, 487; Roos/Weitz, Hochrisiko-KI-Systeme im Kommissionsentwurf für eine KI-Verordnung, MMR 2021, 844; Rostalski/Weiss, Der KI-Verordnungsentwurf der Europäischen Kommission, ZfDR 2021, 329; Roth-Isigkeit, Der neue Rechtsrahmen für Künstliche Intelligenz in der Europäischen Union, KIR 2024, 15; Roth-Isigkeit, Grundstrukturen der geplanten KI-Aufsichtsbehörden – KI-Bürokratie?, ZRP 2022, 187; Schmidt, Der Einsatz von Chatbots in Landes- und Kommunalverwaltungen, LKV 2024, 537; Sesing/Tschech, AGG und KI-VO-Entwurf beim Einsatz von Künstlicher Intelligenz, MMR 2022, 24; Skupin, Die KI-Verordnung und ihre Auswirkungen auf justizielle IT-Anwendungen, jM 2024, 334; Steege/Chibanguza, Der Anwendungsbereich (Art. 2) des EU-Verordnungsentwurfs zur Regulierung von KI, SVR 2022, 401; Steege, Technikregulierung – der Umgang mit Risiken im Recht, NZV 2022, 257; Ströbel/Grau, KI-gestützte Medizin-Apps, ZD 2022, 599; Suchotzki/Gamer, Detecting deception with artificial intelligence: promisses and perils, Science & Society 2024, 481; Theis, Auswirkungen der KI-Verordnung und der KI-Haftungs-Richtlinie auf die Haftung beim KI-Einsatz in der Finanzbranche, BKR 2024, 414; Thiermann/Böck, Künstliche Intelligenz in Medizinprodukten, RDi 2022, 333; Tschorr, Regulierung der auf Biometrie basierenden KI-Systeme, MMR 2024, 304; Uhl, Venen Biometrie, DuD 2020, 16; Vasel/Heck, KI-basierte Assistenzsysteme im Asylverfahren und ihre Verfassungskonformität, NVwZ 2024, 540; Vasel, Künstliche Intelligenz in der Justiz, LTZ 2023, 179; Vasel, Sieben Sünden und Defizite europäischer KI-Regulierung, EuZW 2024, 829; Wachter/Leeb, KI-Systeme in der Rechtspflege, RDi 2024, 440; Weichert, Systeme biometrischer Identifizierung, DANA 1/2021, 10; von Welser, Die KI-Verordnung – ein Überblick über das weltweit erste Regelwerk für künstliche Intelligenz, GRUR-Prax 2024, 485; Wirtz/Baumann, Einsatz von eDiscovery-Tools durch Unternehmen im Rahmen von internen Untersuchungen, RDi 2024, 27; Witteler/Moll, Künstliche Intelligenz am Arbeitsplatz – Datenschutz und Rechte des Betriebsrats, NZA 2023, 327; Woesch/Vogt, Die KI-Verordnung – Die digitale Zukunft im Finanzsektor, BKR 2024, 689; Wybitul, Geldbußen wegen Verstößen gegen die KI-Verordnung, NJW 2024, 2641; Wybitul, Welche Pflichten haben Betreiber von Hochrisiko-KI-Systemen nach der EU-KI-Verordnung?, BB 2024, 2179.

Übersicht

I. Allgemeines

1 Art. 1 setzt den **Zweck** der VO fest und normiert das **Schutzniveau** beim Einsatz von KI-Systemen. Dabei wird eine menschenzentrierte Schutzwirkung zu Grunde gelegt. Hierzu soll ein einheitlicher **Rechtsrahmen** für die Entwicklung, das Inverkehrbringen, die Inbetriebnahme und die Verwendung von Systemen künstlicher Intelligenz geschaffen werden, der den Einklang mit den **Werten der Union** sicherstellen soll.[1] Zudem soll ein grenzüberschreitender freier Verkehr KI-gestützter Waren und Dienstleistungen ermöglicht werden, der verhindert, dass die Mitgliedstaaten selbst die Entwicklung, die Vermarktung und die Verwendung von KI-Systemen verhindern.[2]

2 **KI-Systeme** sind nach dieser VO maschinengestützte Systeme, die „für einen in unterschiedlichem Grade autonomen Betrieb ausgelegt sind und die nach ihrer Betriebsaufnahme anpassungsfähig sein können und die aus den erhaltenen Eingaben für explizite oder implizite Ziele ableiten, wie Ausgaben wie etwa Vorhersagen, Inhalte, Empfehlungen oder Entscheidungen erstellt werden, die physische oder virtuelle Umgebungen beeinflussen können", Art. 3 Nr. 1 (→ Art. 3 Rn. 4 ff.). Hierbei stellt die Fähigkeit des **Ableitens** das wesentliche Element der KI-Systeme dar.[3]

3 Der praktische Anwendungsbereich von KI-Systemen ist daher in allen Lebensbereichen denkbar, sodass die KI als **potenziell disruptive Universaltechnologie** angesehen werden kann.[4] Ein Einsatz ist in vielen Bereiche der Wirtschaft und Gesellschaft möglich, die sowohl grenzüberschreitend als auch in der gesamten Union wirken.[5] Neben dem Potenzial dieser Technologie wie der Ressourcenschonung und der Optimierung von Abläufen bedarf es jedoch auch der Berücksichtigung von Risiken.[6] Ein Tätigwerden des Verordnungsgebers war erforderlich, um diesen Risiken mit einem einheitlichen Rechtsrahmen entgegenzutreten und gleichzeitig die Technologie effektiv zu fördern. Da bereits einige Mitgliedstaaten nationale Regelungen erlassen haben, war eine einheitliche Regulierung für ein einheitliches Schutzniveau und die **Rechtssicherheit** aller Beteiligten in der Union zwingend notwendig.[7]

1. Entstehungsgeschichte

4 Die Anfänge der KI-VO liegen bereits im Jahr 2018. In der Mitteilung der Kommission vom 7.12.2018 wurde der erste **koordinierte Plan** für Künstliche Intelligenz präsentiert.[8] Enthaltene Maßnahmen finden sich auf wirtschaftlicher, gesellschaftlicher und rechtlicher Ebene. So sieht der koordinierte Plan die Innovationsförderung für KI, die Erstellung von Ethik-Leitlinien und die Schaffung eines rechtlichen Rahmens vor.[9] Am 8.4.2019 erfolgte eine weitere Mitteilung

---

[1] Erwgr. 1 S. 1.
[2] Erwgr. 1 S. 2.
[3] Erwgr. 12 S. 3.
[4] Hilgendorf/Roth-Isigkeit, Die neue Verordnung der EU zur Künstlichen Intelligenz/Hilgendorf, § 1 Rn. 1.
[5] Erwgr. 3 S. 1.
[6] Erwgr. 4 S. 1; Erwgr. 5.
[7] Erwgr. 3 S. 2.
[8] COM(2018) 795 final.
[9] COM(2018) 795 final S. 6 ff.

der Kommission, die die Schaffung von **Vertrauen** in eine auf den Menschen ausgerichtete künstliche Intelligenz thematisierte.[10] Entsprechend der vorherigen **KI-Strategie** wurden die Kernanforderungen an eine vertrauenswürdige KI, die auf den Werten der Union beruhen, präsentiert. Der nächste Schritt innerhalb der Historie der KI-VO war die Veröffentlichung eines **Weißbuchs** zur Künstlichen Intelligenz am 19.2.2020.[11] Wesentliche Elemente waren die vorgeschlagenen Maßnahmen mit den Überbegriffen des **„Ökosystems für Exzellenz"** und des **„Ökosystems für Vertrauen".**[12] Zweck der Maßnahmen war die Förderung der Innovation und Forschung bei gleichzeitiger Vertrauensschaffung durch Rechtssicherheit.[13]

Der **Kommissionsentwurf** für eine Verordnung des Europäischen Parlaments und des Rates zur Festlegung harmonisierter Vorschriften für Künstliche Intelligenz (Gesetz über Künstliche Intelligenz) und zur Änderung bestimmter Rechtsakte der Union wurde am 21.4.2021 vorgelegt.[14] Bereits in dem Vorschlag enthalten war der risikobasierte Ansatz zur Einstufung von KI-Systemen.[15] Im Rahmen der weiteren Verhandlungen zu dieser Verordnung erfolgte der Launch von ChatGPT im November 2022, einem Large Language Modell, welches über einen Chatbot für die breite Bevölkerung nutzbar war. Hierdurch wurden die Möglichkeiten des KI-Einsatzes für die Gesellschaft sichtbar gemacht. Dem folgte eine Debatte im Umgang mit Basismodellen und KI mit allgemeinem Verwendungszweck.[16] Nachdem der Begriff „foundation models" durch den Begriff „General Purpose AI Models" ersetzt wurde und noch weitere Inhalte der VO präzisiert wurden, konnte am 9.12.2023 eine Einigung im Rat und im Parlament erzielt werden. Am 2.2.2024 stimmte der Rat und am 13.3.2024 das Europäische Parlament der KI-VO zu. Nach Art. 113 trat die Verordnung am 1.8.2024 in Kraft. **5**

Ziel des nunmehr verabschiedeten harmonisierten Rechtsrahmens ist grds. die Entwicklung, Verwendung und Verbreitung von KI innerhalb der Union zu fördern und gleichzeitig ein **hohes Schutzniveau** in Bezug auf öffentliche Interessen zu gewährleisten.[17] Zusätzlich soll eine rechtliche Fragmentierung durch nationale Regelungen verhindert werden, die möglicherweise die **Rechtssicherheit** der Akteure, die KI-Systeme entwickeln, einführen oder verwenden, beeinträchtigen.[18] Deshalb wurde ein klar definierter risikobasierter Ansatz verfolgt, der die Vorschriften auf die Intensität und den Umfang der Risiken, die von KI-Systemen ausgehen können, ausgerichtet hat.[19] Der Rechtsrahmen basiert daher grundlegend auf einem Dreiklang, der bestimmte inakzeptable Praktiken verbietet, Anforderungen und Pflichten an Hochrisiko-KI-Systeme für die betreffenden Akteure setzt und Transparenzpflichten für bestimmte KI-Systeme festlegt.[20] Insgesamt handelt es sich bei **6**

---

[10] COM(2019) 168 final.
[11] COM(2020) 65 final.
[12] COM(2020) 65 final, S. 3.
[13] COM(2020) 65 final, S. 3.
[14] COM(2021) 206 final.
[15] Erwgr. 14 S. 1 KI-VO-E.
[16] Martini/Wendehorst, KI-VO/Wendehorst, Art. 1 Rn. 41; Bomhard/Siglmüller RDi 2024, 45 (49).
[17] Erwgr. 3 S. 1.
[18] Erwgr. 3 S. 2.
[19] Erwgr. 26 S. 1.
[20] Erwgr. 26 S. 2.

der KI-VO um ein präventives Verbotsgesetz, das den Einsatz von KI in bestimmten Verwendungsfällen verbietet oder von Anforderungen abhängig macht.[21]

2. KI-Regulierung im Ländervergleich

7 Im Verhältnis zur EU regulieren die **USA** den Umgang mit KI über einen Leitfaden den **„Blueprint for an AI Bill of Rights".** Allerdings handelt es sich dabei um eine unverbindliche Prinzipiensammlung, die auf die diskriminierende Wirkung von KI hinweisen soll.[22] Zudem hat US-Präsident Biden am 30.10.2023 eine "**Executive Order** on the Safe, Secure, and Trustworthy Development and Use of AI" erlassen. Zwar handelt es sich bei dieser Order um eine untergesetzliche Norm, die jedoch in der Praxis Beachtung findet.[23] Adressat der Executive Order sind Ministerien und Behörden, sodass hiervon keine unmittelbare rechtliche Außenwirkung ausgeht. Da es an einheitlichen Regelungen in den USA fehlt, hat der Staat Kalifornien ein eigenes Transparenzgesetz für den Umgang mit KI-Systemen erlassen. Das Generative artificial intelligence: training data transparency Gesetz gilt ab dem 1.1.2026 und besteht ausschließlich in Kalifornien.

8 In **Kanada** wurde ein Gesetzgebungsprozess zur Regulierung von KI angestoßen. Hierbei orientiert sich Kanada an der KI-VO. Der Legislativvorschlag in Form des **„Artificial Intelligence and Data Act" (AIDA)** wird derzeit diskutiert. Mit diesem sollen die Risiken der KI-Systeme abgefangen und gleichzeitig der technologische Fortschritt durch Rechtssicherheit gefördert werden. Ähnlich der KI-VO werden im AIDA high-impact AI systems adressiert und reguliert.

9 Im Vereinigten Königreich wurde die **National AI Strategy** im Jahr 2021 veröffentlicht. Damit sollen die privaten und öffentlichen Sektoren adressiert werden, um die möglichen Chancen der KI effektiv zu nutzen. Systematisch wird darin eine Erweiterung der bestehenden Regelwerke vorgesehen, die an den kontextbezogenen Einsatz von KI-Systeme anknüpft.[24]

10 In der Europäischen Union enthält der Entwurf[25] der RL für die **Haftung für fehlerhafte Produkte** weitere Regelungen, die den Einsatz von KI-Systemen betreffen. Durch die RL soll sichergestellt werden, dass bei fehlerhaften KI-Systemen, die physische Schäden, Sachschäden oder Datenverluste verursachen, vom Anbieter des KI-Systems oder von jedem Hersteller, der ein KI-System in ein anderes Produkt integriert, Schadenersatz verlangt werden kann.[26] Ein finaler Entwurf der RL wurde am 18.1.2024 veröffentlicht und erhielt am 24.1.2024 die Zustimmung des Rates und am 12.3.2024 die des Europäischen Parlaments.[27] Am 10.10.2024 wurde die RL für die Haftung für fehlerhafte Produkte formell verabschiedet.

11 Zusätzlich veröffentlichte die Kommission am 28.9.2022 einen Entwurf, dieser sollte der Anpassung der Vorschriften über **außervertragliche zivilrechtliche**

---

[21] Bomhard/Merkle RDi 2021, 276 (277).
[22] Vasel/Müller MMR 2024, 291 (292 f.).
[23] Vasel/Müller MMR 2024, 291 (292 f.).
[24] Vasel NVwZ 2023, 1298 (1299 f.).
[25] COM(2022) 495 final.
[26] COM(2022) 495 final, S. 4.
[27] Theis BKR 2024, 414 (415).

Haftung an künstliche Intelligenz (KI-Haftungs-RL) dienen.[28] Im Verhältnis zur KI-VO sollte die KI-Haftungs-RL eine Ergänzung darstellen, die in Bezug auf die deliktische Verschuldenshaftung besondere Offenlegungspflichten und Beweislastverteilungen für die Anbieter, Betreiber, Hersteller und Nutzer von KI-Systemen vorsah.[29] Am 12.2.2025 zog die Kommission jedoch ihren Entwurf zur Richtlinie über die KI-Haftung zurück.

II. Inhalt der Regelung

Art. 1 Abs. 1 normiert den Zweck der KI-VO. Danach soll das **Funktionieren des Binnenmarktes** verbessert, die Einführung einer auf den Menschen ausgerichteten und vertrauenswürdigen künstlichen Intelligenz und gleichzeitig ein hohes Schutzniveau gewährleistet werden. Hierbei soll die Innovation unterstützt und die Gesundheit, die Sicherheit und die in der Charta verankerten Grundrechte, einschließlich Demokratie, Rechtsstaatlichkeit und Umweltschutz vor schädlichen Auswirkungen von KI-Systemen geschützt werden. Zusätzlich soll durch eine breite Akzeptanz das Potenzial von KI genutzt werden, indem ein stabiles Umfeld für die Entwicklung geschaffen wird.[30] Weiterhin werden hiermit die Risiken, die als Nebeneffekte in Form der fehlerhaften Funktionsfähigkeit eines KI-Systems auftreten, verhindert und begrenzt.[31] 12

Art. 1 Abs. 2 legt infolgedessen den **Regulierungsrahmen** fest. In der VO werden harmonisierte Vorschriften für das Inverkehrbringen, die Inbetriebnahme und die Verwendung von KI-Systemen (Buchst. a), Verbote bestimmter Praktiken im KI-Bereich (Buchst. b), besondere Anforderungen an Hochrisiko-KI-Systeme und Pflichten für Akteure in Bezug auf solche Systeme (Buchst. c), harmonisierte Transparenzvorschriften für bestimmte KI-Systeme (Buchst. d), harmonisierte Vorschriften für das Inverkehrbringen von KI-Modellen mit allgemeinem Verwendungszweck (Buchst. e), Vorschriften für die Marktbeobachtung sowie die Governance und Durchsetzung der Marktüberwachung (Buchst. f) und Maßnahmen zur Innovationsförderung mit besonderem Augenmerk auf KMU, einschließlich Start-up-Unternehmen (Buchst. g) festgelegt. 13

1. Gegenstand der Verordnung (Abs. 1)

Die VO verfolgt drei Ziele, die in Art. 1 Abs. 1 normiert werden. Zunächst soll das Funktionieren des **Binnenmarktes** sichergestellt werden (→ Rn. 15 ff.). Ferner dient die VO der **Förderung** einer auf den Menschen ausgerichteten und vertrauenswürdigen KI, die gleichzeitig Innovationen unterstützten soll. Mithin statuiert Art. 1 Abs. 1 die Schutzfunktion der KI-VO (→ Rn. 20 ff.). Hierzu will der Verordnungsgeber ein hohes Schutzniveau in Bezug auf Gesundheit, Sicherheit und die in der Charta verankerten Grundrechte, einschließlich Demokratie, Rechtsstaatlichkeit und Umweltschutz, vor schädlichen Auswirkungen von KI-Systemen gewährleisten. 14

a) Funktionieren des Binnenmarktes. Das von der KI-VO erstgenannte Ziel ist die Schaffung eines **einheitlichen Rechtsrahmens** in Bezug auf die 15

[28] COM(2022) 496 final.
[29] Martini/Wendehorst, KI-VO/Wendehorst, Art. 1 Rn. 109.
[30] Bomhard/Pieper/Wende, KI-VO/Pieper, Art. 1 Rn. 55.
[31] Hilgendorf/Härtlein KI-VO Art. 1 Rn. 3.

Entwicklung, das Inverkehrbringen, die Inbetriebnahme und die Verwendung von Systemen künstlicher Intelligenz, was die Intention, das Funktionieren des Binnenmarktes zu verbessern, verfolgt. Ziel ist dabei eine Fragmentierung der Rechtsvorschriften auf nationaler Ebene durch die Mitliedstaaten zu verhindern, um Rechtssicherheit für die Akteure des Binnenmarktes zu gewährleisten.[32] Insgesamt soll mit der VO der grenzüberschreitende **freie Verkehr** KI-gestützter Waren und Dienstleistungen mit einheitlichem Schutzniveau ermöglicht werden.[33] Den Mitgliedstaaten wird damit die Möglichkeit genommen, die Entwicklung, Vermarktung und Verwendung von KI-Systemen zu beschränken, sofern dies nicht ausdrücklich durch diese VO erlaubt wird.[34]

16 Zur Gewährleistung, dass der freie Verkehr, die Innovationen, der Einsatz und die Verwendung der KI-Systeme nicht den Binnenmarkt behindern und derartige Auswirkungen vermieden werden, erlegt die VO den Akteuren einheitliche **Pflichten** auf.[35] Grundlage für die Regulierung des Binnenmarktes bildet Art. 114 AEUV, der das Ziel des Art. 26 AEUV verfolgt. Dem Europäischen Parlament und dem Rat wird die Befugnis übertragen, Regelungen zu erlassen, die die Errichtung und das Funktionieren des Binnenmarktes zum Gegenstand haben. Weiterhin wird zum Schutz von Einzelpersonen und deren personenbezogenen Daten die VO auf Art. 16 EUV gestützt.[36] Hierbei sind die konkreten Vorschriften von Relevanz, die die Verwendung von KI-Systemen zur biometrischen Fernidentifizierung zu Strafverfolgungszwecken, die Verwendung von KI-Systemen für die Risikobewertung natürlicher Personen zu Strafverfolgungszwecken und die Verwendung von KI-Systemen zur biometrischen Kategorisierung zu Strafverfolgungszwecken einschränken.[37] Auch die mit dieser Verordnung normierten Verbote bestimmter KI-Praktiken nach Art. 5 KI-VO haben das Ziel die Vertrauenswürdigkeit in KI-Systeme zu fördern und den Handel im Binnenmarkt zu stärken.[38]

17 Damit dem Ziel der Verbesserung des Binnenmarktes Rechnung getragen wird, hat der Verordnungsgeber Vorschriften für das **Inverkehrbringen,** die **Inbetriebnahme** und die **Verwendung** bestimmter KI-Systeme festgelegt.[39] Dieses System soll dem Grundsatz der freien Waren- und Dienstleistungsverkehrs zugutekommen.[40] Im Ergebnis ermöglicht die VO KI als menschenzentrierte Technologie und stellt einen Einklang mit den Werten der Union aus Art. 2 EUV und den Grundrechten und -freiheiten des Art. 6 EUV her.[41]

18 **b) Einführung einer vertrauenswürdigen künstlichen Intelligenz.** Des Weiteren ist es Zweck der VO, dass die Einführung einer auf den Menschen ausgerichteten und vertrauenswürdigen KI gefördert und die Innovation unterstützt wird. Dabei soll **Einstimmigkeit** zwischen dem Schutz der Werte der Union bzw. den Grundrechten und -freiheiten (→ Rn. 22 ff.) mit der Förderung

---

[32] Erwgr. 3 S. 3.
[33] Erwgr. 1 S. 2.
[34] Erwgr. 1 S. 2.
[35] Erwgr. 3 S. 4.
[36] Horstmann ZD-Aktuell 2024, 01580.
[37] Erwgr. 3 S. 5.
[38] BeckOK KI-Recht/Voigt Art. 1 Rn. 18.
[39] Erwgr. 8 S. 2.
[40] Erwgr. 8 S. 2.
[41] Erwgr. 6 S. 1.

von Innovationen bewirkt werden, um der EU eine Führungsrolle bei der Einführung vertrauenswürdiger KI zu verschaffen.[42] Die dahinterliegende Intention ist die Nutzbarmachung entsprechender KI-Systeme in verschiedenen Bereichen der Wirtschaft und Gesellschaft.[43] Die Verwendung von KI-Systemen kann einen wesentlichen **Wettbewerbsvorteil** ermöglichen und gleichzeitig der Gesellschaft dienen, indem die Systeme Vorhersagen treffen, die Optimierung der Abläufe steigern, Ressourcenzuweisungen vornehmen und die Personalisierung digitaler Lösungen erarbeiten.[44]

Wesentliches Merkmal für die Einführung der künstlichen Intelligenz ist die **19**
Vertrauenswürdigkeit der Systeme. Neben den Vorteilen der KI-Systeme können diese, je nach den Umständen ihrer konkreten Anwendung und Nutzung sowie der technologischen Entwicklungsstufe, **Risiken** mit sich bringen und öffentliche Interessen und grundlegende Rechte beeinträchtigen.[45] Daher soll mit der KI-VO sichergestellt werden, dass die Einführung der KI-Systeme im Einklang mit den Werten der EU und den bestehenden Grundrechten und -freiheiten steht. Zur Gewährleistung der Vertrauenswürdigkeit wird eine **Kategorisierung** der KI-Systeme vorgenommen, die diese nach Art, Inhalt, Intensität und Umfang der Risiken einordnet.[46] Grundlage dieser Kategorisierung sind die Ethikleitlinien für vertrauenswürdige KI[47] von 2019, die von der unabhängigen Expertengruppe für künstliche Intelligenz erarbeitet wurden.[48] Zu den Grundsätzen zählen menschliches Handeln und menschliche Aufsicht, technische Robustheit und Sicherheit, Privatsphäre und Daten-Governance, Transparenz, Vielfalt, Nichtdiskriminierung und Fairness, soziales und ökologisches Wohlergehen sowie Rechenschaftspflicht.[49] Art. 1 Abs. 1 dient insofern als Auslegungshilfe für alle Vorschriften der KI-VO, da diese die Regelungsabsichten des Unionsgesetzgebers und die Ethikleitlinien aufgreift,[50] sodass die menschenzensierte Ausrichtung weiter in den Mittelpunkt gestellt wird.

c) Gewährleistung eines hohen Schutzniveaus. Gegenstand der VO ist **20**
zudem die Sicherstellung eines hohen Schutzniveaus in Bezug auf Gesundheit, Sicherheit und der in der Charta der Grundrechte der Europäischen Union verankerten Grundrechte, einschließlich der Sicherung der Demokratie, der Rechtsstaatlichkeit und des Umweltschutzes, und die allgemeine Gewährleistung des Schutzes vor schädlichen Auswirkungen von KI-Systemen in der Union. Damit wird das Ziel verfolgt, dass KI-Systeme dem Menschen als Instrument dienen und deren Wohlergehen verbessern.[51]

Zur Gewährleistung eines hohen Schutzniveaus wählt die KI-VO einen risi- **21**
kobasierten Ansatz. Hierbei werden die Art und der Inhalt der Vorschriften auf

---

[42] Erwgr. 2.
[43] Erwgr. 3 S. 1.
[44] Erwgr. 4 S. 2.
[45] Erwgr. 5 S. 1.
[46] Erwgr. 26 S. 2.
[47] Abrufbar unter: https://op.europa.eu/de/publication-detail/-/publication/d3988569-0434-11ea-8c1f-01aa75ed71a1/language-de (Stand 15.4.2026).
[48] Erwgr. 27 S. 1.
[49] Erwgr. 27 S. 3.
[50] BeckOK KI-Recht/Voigt Art. 1 Rn. 24.
[51] Erwgr. 6 S. 3.

die Intensität und den Umfang der Risiken der KI-Systeme zugeschnitten.[52] Insofern unterscheidet die VO zwischen **verbotenen Praktiken, Hochrisiko-KI-Systemen, KI-Modelle mit allgemeinem Verwendungszweck und bestimmte KI-Systeme**. Der Einsatz verbotener Praktiken wird in Kapitel II untersagt. Art. 5 enthält dazu eine enumerative Aufzählung der inakzeptablen Verwendungsfälle (→ Art. 5 Rn. 16 ff.). Diese Einsatzmöglichkeiten sind verboten, da diese besonders schädlich und missbräuchlich sind und somit im Widerspruch zu den Werten der Union stehen.[53] Das Kapitel III beinhaltet die Kategorisierung und die Anforderungen an Hochrisiko-KI-Systeme. Diese dürfen nur in den Verkehr gebracht, in Betrieb genommen oder verwendet werden, wenn sie die verbindlichen Anforderungen erfüllen.[54] In Bezug auf Hochrisiko-KI-Systeme werden daher Vorschriften festgelegt, die ein einheitliches und hohes Schutzniveau in Bezug auf öffentliche Interessen im Hinblick auf Gesundheit, Sicherheit und Grundrechte regulieren.[55] Kapitel V benennt die Einstufungs- und Regelungsvorschriften von KI-Modellen mit allgemeinem Verwendungszweck mit und ohne systemischem Risiko. Kapitel IV adressiert die weiteren bestimmten KI-Systeme. Art. 50 legt diesbezüglich Transparenzpflichten für die Anbieter und Betreiber fest. Nutzern muss bei deren Einsatz deutlich gemacht werden, dass sie mit einer KI interagieren, damit ein effektiver Schutz möglich ist.[56]

22 Die KI-VO ergänzt den bestehenden Rechtsrahmen der Union und lässt diesen unberührt insbesondere in Bezug auf die Bereiche Datenschutz, Verbraucherschutz, Grundrechte, Beschäftigung, Arbeitnehmerschutz und Produktsicherheit.[57] Insgesamt soll der **Rechtsrahmen,** der durch die VO geschaffen wurde, im Einklang mit Art. 2 EUV und Art. 6 EUV stehen.[58]

23 Ferner verschreibt sich die KI-VO dem Schutz der Grundrechte aus der Charta der Grundrechte der Europäischen Union.[59] Ziel ist insofern der Schutz von natürlichen Personen, Unternehmen, Demokratie und Rechtsstaatlichkeit sowie der Umwelt. Insbesondere mit den Regelungen zur biometrischen Identifikation und zum **Profiling** stärkt die KI-VO die Rechte aus Art. 7, 8 GRCh.[60] Zusätzlich wird das Recht zum Schutz vor **Diskriminierung** aus Art. 21 GRCh durch die Statuierung von Anforderungen an die spezifischen Systeme gestärkt. Weiterhin eröffnet die KI-VO die Chance einer umweltfreundlichen KI-Regulierung und bindet unverbindliche ethische Prinzipien in die normativen Vorgaben ein.[61] Darunter auch die Möglichkeit durch die Umsetzung dieser Prinzipien den Klimaschutz und die Klimaanpassung zu fördern.[62]

24 Eine besondere Stellung erfährt der **Schutz personenbezogener Daten,** der insbesondere durch die DS-GVO, die VO (EU) 2018/1725 und die RL (EU) 2016/

---

[52] Erwgr. 26 S. 2.
[53] Erwgr. 28 S. 2.
[54] Erwgr. 46 S. 1.
[55] Erwgr. 7 S. 1.
[56] Chibanguza/Steege NJW 2024, 1769 (1773).
[57] Erwgr. 9 S. 2.
[58] Erwgr. 6 S. 1.
[59] Erwgr. 1 S. 1.
[60] Martini/Wendehorst, KI-VO/Wendehorst, Art. 1 Rn. 89.
[61] Martini/Haspinger NVwZ 2025, 737 (739).
[62] Wernicke Klimaschutz und Justiz, 2025, S. 322.

680 normiert wird. Insofern bleiben die Rechtsakte und die Anwendung dieser unberührt.[63]

Zur Stärkung der **Produktsicherheit** im Rahmen des KI-Einsatzes greift die KI-VO in Anhang I auf die relevante Produktsicherheitsregulierung zurück (→ Anh. I Rn. 6 ff.), vgl. RL 2006/42/EG, die RL 2009/48/EG, die RL 2013/53/EU, die RL 2014/33/EU, die RL 2014/34/EU, die RL 2014/53/EU, die RL 2014/68/EU, die VO (EU) 2016/424, die VO (EU) 2016/425, die VO (EU) 2016/426, die VO (EU) 2017/745, die VO (EU) 2017/746, die VO (EG) Nr. 300/2008, die VO (EU) Nr. 168/2013, die VO (EU) Nr. 167/2013, die RL 2014/90/EU, die RL (EU) 2016/797, die VO (EU) 2018/858, die VO (EU) 2019/2144 und die VO (EU) 2018/1139. **25**

2. Regulierungsrahmen (Abs. 2)

Ferner legt Art. 1 Abs. 2 fest, dass mit der KI-VO harmonisierte Vorschriften für das Inverkehrbringen, die Inbetriebnahme und die Verwendung von KI-Systemen (Buchst. a), Verbote bestimmter Praktiken im KI-Bereich (Buchst. b), besondere Anforderungen an Hochrisiko-KI-Systeme und Pflichten für Akteure in Bezug auf solche Systeme (Buchst. c), harmonisierte Transparenzvorschriften für bestimmte KI-Systeme (Buchst. d), harmonisierte Vorschriften für das Inverkehrbringen von KI-Modellen mit allgemeinem Verwendungszweck (Buchst. e), Vorschriften für die Marktbeobachtung sowie die Governance und Durchsetzung der Marktüberwachung (Buchst. f) und Maßnahmen zur Innovationsförderung mit besonderem Augenmerk auf KMU, einschließlich Start-up-Unternehmen (Buchst. g) reguliert werden. Damit wird der Regulierungsrahmen und der Inhalt der VO konkretisiert und die **Erreichung der Ziele** des Art. 1 Abs. 1 bestimmt. **26**

a) Harmonisierung der Vorschriften (Buchst. a). Zunächst soll die KI-VO die **Harmonisierung** der Vorschriften für das Inverkehrbringen, die Inbetriebnahme und die Verwendung von KI-Systemen in der Union bewirken, Art. 1 Abs. 2 Buchst. a. Ein Rechtsrahmen für den KI-Einsatz mit harmonisierten Regelungen ist erforderlich, damit die Entwicklung, Verwendung und Verbreitung von KI im Binnenmarkt gefördert und gleichzeitig ein hohes Schutzniveau gewährleistet wird.[64] Hierbei hebt der Verordnungsgeber heraus, dass die Regeln klar und robust sein sollten, um die Grundrechte zu schützen, neue innovative Lösungen zu unterstützen und ein europäisches Ökosystem öffentlicher und privater Akteure zu ermöglichen.[65] Der Geltungsbereich der VO umfasst hierfür alle Sektoren und lässt das bestehende Unionsrecht unberührt.[66] Zusätzlich soll durch die Harmonisierung Rechtssicherheit geschaffen werden, die einen grenzüberschreitenden freien Verkehr für KI-gestützte Waren und Dienstleistungen befördert.[67] Abweichende nationale Vorschriften in den verschiedenen Mitgliedstaaten hätten das Potenzial, die Vertrauenswürdigkeit zu beschädigen und sogar die Grundrechte zu gefährden.[68] **27**

---

63 Erwgr. 10 S. 3.
64 Erwgr. 8 S. 1.
65 Erwgr. 8 S. 3.
66 Erwgr. 9 S. 2.
67 Vgl. Erwgr. 3 S. 3.
68 Erwgr. 3 S. 2.

28 **b) Verbotene Praktiken (Buchst. b).** Weiterhin wird in der VO das **Verbot bestimmter Praktiken** für den KI-Einsatz festgelegt, vgl. Art. 1 Abs. 2 Buchst. b. Damit verweist Art. 1 Abs. 2 Buchst. b auf die Regelung des Art. 5, der ausdrücklich bestimmte Praktiken verbietet (→ Art. 5 Rn. 16 ff.). Hierzu gehört neben der missbräuchlichen Verwendung von KI-Systemen, der Einsatz im Rahmen manipulativer, ausbeuterischer und sozialer Kontrollpraktiken.[69] Das Anwendungsverbot besteht demnach, weil diese Verwendungsmöglichkeiten im Widerspruch zu den Werten der Union stehen, indem die benannten Anwendungsfälle die Achtung der Menschenwürde, Freiheit, Gleichheit, Demokratie und Rechtsstaatlichkeit sowie der in der Charta verankerten Grundrechte, einschließlich des Rechts auf Nichtdiskriminierung, Datenschutz und Privatsphäre sowie der Rechte des Kindes unterlaufen würden.[70] Diese Praktiken wertet der Verordnungsgeber als **inakzeptabel,** da sie nach Art, Inhalt, Intensität und Umfang die höchsten Risiken bergen.[71]

29 **c) Anforderungen an Hochrisiko KI-Systeme (Buchst. c).** Zusätzlich setzt die VO besondere Anforderungen an **Hochrisiko-KI-Systeme** und Pflichten für Akteure in Bezug auf solche Systeme, Art. 1 Abs. 2 Buchst. c. In der grundlegenden Systematik nimmt Art. 6 Abs. 1, 2 die **Kategorisierung** als Hochrisiko-KI-Systeme vor. Dazu wird von Art. 6 Abs. 1 eine Einstufung der von Anhang I normierten Produkte, die KI-Systeme beinhalten, vorgenommen (→ Art. 6 Rn. 11 ff.). Ferner verweist Art. 6 Abs. 2 auf den Anhang III, der weitere KI-Systeme als hochriskant kategorisiert (→ Art. 6 Rn. 31 f.). Art. 6 Abs. 3 schafft wiederum Ausnahmen von dieser Einstufung als Hochrisiko-KI-System. Durch Art. 7 Abs. 1, 3 wird zudem die Möglichkeit eröffnet, weitere KI-Systeme durch delegierte Rechtsakte in Anhang III hinzuzufügen oder zu streichen (→ Art. 7 Rn. 3 ff., 25 ff.), was den Rechtsrahmen in Bezug auf die Einstufung als hochriskant ergänzt.

30 Die in Abs. 2 Buchst. b adressierten **Anforderungen** werden in Kapitel III Abschnitt 2 in den Art. 8 ff. geregelt. Dazu gehören, nach Art. 8 die Anforderungen einzuhalten, ein Risikomanagementsystem zu betreiben (Art. 9 → Art. 9 Rn. 9 ff.), die Vorschriften der Daten und Daten-Governance (Art. 10 → Art. 10 Rn. 12 ff.), die technische Dokumentation (Art. 11 → Art. 11 Rn. 7 ff.), die Aufzeichnungspflicht (Art. 12 → Art. 12 Rn. 9 ff.), die Transparenz und Bereitstellung von Informationen für die Betreiber (Art. 13 → Art. 13 Rn. 4 ff.), die menschliche Aufsicht (Art. 14 → Art. 14 Rn. 23 ff.) und die Genauigkeit, Robustheit und Cybersicherheit (Art. 15 → Art. 15 Rn. 3 ff.) zu befolgen.

31 Kapitel III Abschnitt 3 reguliert die Pflichten der Anbieter und Betreiber von Hochrisiko-KI-Systemen und anderer Beteiligter. Die Pflichten der Anbieter sind dabei ausdrücklich in Art. 16 ff. geregelt und umfassen neben den allgemeinen Pflichten (Art. 16 → Art. 16 Rn. 3 ff.) die Pflicht ein Qualitätsmanagementsystem einzurichten (Art. 17 → Art. 17 Rn. 3 ff.), die Aufbewahrungspflicht der Dokumentation (Art. 18 → Art. 18 Rn. 6 ff.) inklusive der automatisch erzeugten Protokolle (Art. 19 → Art. 19 Rn. 3 ff.), Korrekturmaßnahmen und Informationspflichten (Rn. 9 ff. → Art. 20 Rn. 3 ff.) und die Zusammenarbeit mit den zuständigen Behörden (Art. 21 → Art. 21 Rn. 7 ff.). Zudem werden Pflichten für die Bevollmächtigten (Art. 22 → Art. 22 Rn. 8 ff.), die Einführer (Art. 23 → Art. 23

---

[69] Erwgr. 28 S. 1.

[70] Erwgr. 28 S. 2.

[71] Vgl. Erwgr. 26 S. 1.

Rn. 9 ff.), die Händler (Art. 24 → Art. 24 Rn. 4 ff.) und die Betreiber (Art. 26 → Art. 26 Rn. 4 ff.) statuiert.

d) Harmonisierung der Transparenzvorschriften (Buchst. d.). In der VO werden nach Art. 1 Abs. 2 Buchst. d **harmonisierte Transparenzvorschriften** für bestimmte KI-Systeme festgelegt. Transparenz iSd VO bedeutet, dass das KI-System so entwickelt und verwendet wird, dass es angemessen nachvollziehbar und erklärbar ist. Zudem muss den Nutzern, die mit diesem System interagieren, verdeutlicht werden, dass sie mit einem KI-System kommunizieren oder interagieren, und dass die Betreiber ordnungsgemäß über die Fähigkeiten und Grenzen des KI-Systems informieren und die betroffenen Personen über ihre Rechte in Kenntnis setzen.[72] **32**

In Bezug auf KI-Systeme, die einem hohen Risiko zugewiesen werden, normiert Art. 13 **Transparenzpflichten** für die Betreiber dieser Systeme (→ Art. 13 Rn. 4 ff.). Bei bestimmten KI-Systemen, die direkt mit natürlichen Personen interagieren, enthält Art. 50 für die Anbieter und Betreiber Transparenzpflichten (→ Art. 50 Rn. 16 ff.). Danach sollen Menschen, die mit KI-Systemen in Kontakt treten, erkennen, dass sie mit einer KI interagieren.[73] Diese harmonisierenden Rechtsvorschriften dienen dazu, Bedenken hinsichtlich der **Undurchsichtigkeit** und der **Komplexität** bestimmter KI-Systeme auszuräumen.[74] Durch die harmonisierende Wirkung dieser Vorgaben wird ein einheitlicher Informationsstandard in der EU geschaffen, die sowohl für die Anbieter als auch die Nutzer die Rechtssicherheit verbessert. **33**

e) KI-Modelle mit allgemeinem Verwendungszweck (Buchst. e). Zudem wird durch Art. 1 Abs. 2 Buchst. e festgelegt, dass harmonisierte Vorschriften für das Inverkehrbringen von KI-Modellen mit **allgemeinem Verwendungszweck** Gegenstand der KI-VO sind. Unter KI-Modellen mit allgemeinem Verwendungszweck werden KI-Systeme verstanden, die insbesondere auf der allgemeinen Verwendbarkeit und der Fähigkeit beruhen, ein breites Spektrum unterschiedlicher Aufgaben kompetent zu erfüllen.[75] Der entsprechende Regelungsrahmen befindet sich in Kapitel V. Danach erfolgt zunächst eine Einstufung in KI-Modelle für allgemeine Zwecke nach Art. 51 (→ Art. 51 Rn. 4 ff.). Mithin verweist Art. 51 Abs. 1 Buchst. b auf Anhang XIII, der die konkreten Kriterien für die Einstufung dieser KI-Systeme beinhaltet (→ Art. 51 Rn. 11 ff.). Daneben werden die Pflichten für Anbieter (Art. 53 → Art. 53 Rn. 2 ff.) und Bestimmungen für die Bevollmächtigten (Art. 54 → Art. 54 Rn. 10 ff.) reguliert. Für KI-Modelle mit allgemeinem Verwendungszweck **mit systemischem Risiko** enthält Art. 55 weitere Anbieterpflichten (Art. 55 → Art. 55 Rn. 11 ff.). Eine Einstufung in diese Kategorie erfolgt durch eine Einzelentscheidung der Kommission, die sich dabei nach Schwellenwerten richtet.[76] Der Schwellenwert ist anpassungsfähig, um technologischen und industriellen Veränderungen Rechnung zu tragen.[77] Die Entscheidung basiert grds. auf einer Gesamtbetrachtung, die sich nach der Qualität oder Größe des Trainingsdatensatzes, der Anzahl der gewerblichen Nutzer und Endnutzer, den Ein- und Ausgabemodalitäten, dem **34**

---

[72] Erwgr. 27 S. 7.
[73] Chibanguza/Steege NJW 2024, 1769 (1773).
[74] Erwgr. 72 S. 1.
[75] Erwgr. 97 S. 2.
[76] Erwgr. 111 S. 9.
[77] Erwgr. 111 S. 6.

Grad an Autonomie und der Skalierbarkeit oder den Instrumenten, zu denen es Zugang hat, richtet.[78]

35 **f) Marktbeobachtung, Governance und Durchsetzung der Marktüberwachung (Buchst. f).** Ferner legt die VO nach Art. 1 Abs. 2 Buchst. f den Rechtsrahmen für die **Marktbeobachtung, Governance** und **Durchsetzung** der Marktüberwachung fest. Kapitel VII regelt die Governance auf Ebene der Union und nationaler Stufe. Dazu wird nach Art. 65 Abs. 1 ein Europäisches Gremium für Künstliche Intelligenz (**KI-Gremium**) errichtet (→ Art. 65 Rn. 7 ff.). Art. 66 weist diesem die Beratungs- und Unterstützungsaufgabe der Kommission zu (→ Art. 66 Rn. 3 ff.). Zusätzlich werden ein Beratungsforum nach Art. 67 (→ Art. 67 Rn. 4 ff.) und ein wissenschaftliches Gremium unabhängiger Sachverständigen nach Art. 68 (→ Art. 68 Rn. 3 ff.) errichtet. Art. 70 reguliert die zuständigen nationalen Behörden. Danach ist jeder Mitgliedstaat verpflichtet, mindestens eine notifizierende Behörde und mindestens eine Marktüberwachungsbehörde als zuständige nationale Behörde einzurichten oder zu benennen, Art. 70 Abs. 1 (→ Art. 70 Rn. 4 ff.).

36 Des Weiteren besteht die Pflicht nach Art. 72 Abs. 1 für die Anbieter von KI-Systemen, dass diese ein System zur Beobachtung nach dem Inverkehrbringen einrichten und dokumentieren müssen (→ Art. 72 Rn. 11 ff.). Die VO legt demnach Pflichten für die Anbieter fest, die über den gesamten Lebenszyklus des KI-Systems bestehen. Neben der Marktbeobachtung enthalten die Art. 74 ff. Vorschriften zur Durchsetzung der **Marktüberwachung.** Dazu werden Befugnisse auf die Marktüberwachungsbehörden übertragen, die die Einhaltung des Unionsrechts überwachen, Art. 77 Abs. 1 (→ Art. 77 Rn. 4 ff.).

37 **g) Maßnahmen zur Innovationsförderung (Buchst. g).** Art. 1 Abs. 2 Buchst. g bestimmt, dass die KI-VO Maßnahmen zur **Innovationsförderung** mit besonderem Augenmerk auf KMU, einschließlich Start-up-Unternehmen festlegt. Unter KMU werden gemäß Anhang Art. 2 Abs. 1 der Empfehlung der Kommission 2003/361/EG Unternehmen verstanden, die weniger als 250 Personen beschäftigen und die entweder einen Jahresumsatz von höchstens 50 Mio. EUR erzielen oder deren Jahresbilanzsumme sich auf höchstens 43 Mio. EUR beläuft. Hierbei werden innerhalb der VO insbesondere Erleichterungen gegenüber den Standardvorgaben vorgesehen.[79] Dazu beinhaltet Kapitel VI Maßnahmen zur Innovationsförderung. Art. 57 normiert in diesem Kontext die sog. „**KI-Reallabore**" (→ Art. 57 Rn. 3 ff.), die nach der Legaldefinition des Art. 3 Nr. 55 von der zuständigen Behörde geschaffen werden und dem Anbieter oder zukünftigen Anbieter von KI-Systemen nach einem Plan für das Reallabor für einen begrenzten Zeitraum und unter regulatorischer Aufsicht zu Testzwecken zur Verfügung stehen können, um ein innovatives KI-System zu entwickeln, zu trainieren, zu validieren und – gegebenenfalls unter Realbedingungen – zu testen (→ Art. 57 Rn. 13). Einen vorrangigen Zugang zu diesen KI-Reallaboren sollen nach Art. 62 KMU einschließlich Start-up-Unternehmen erhalten (→ Art. 62 Rn. 9 ff.). Daneben reguliert die KI-VO für KMU und Start-up-Unternehmen weitere Erleichterungen wie beispielsweise vereinfachte Vorgaben bei der technischen Dokumentation nach Art. 11 Abs. 1 S. 4 (→ Art. 11 Rn. 19) oder Ausnahmen

[78] Erwgr. 111 S. 10.
[79] Rohrßen ZfPC 2024, 111 (121).

in Bezug auf das Qualitätsmanagementsystem (→ Art. 63 Rn. 2) nach Art. 63 Abs. 1.[80]

Art. 2* Anwendungsbereich

(1) Diese Verordnung gilt für

a) Anbieter, die in der Union KI-Systeme in Verkehr bringen oder in Betrieb nehmen oder KI-Modelle mit allgemeinem Verwendungszweck in Verkehr bringen, unabhängig davon, ob diese Anbieter in der Union oder in einem Drittland niedergelassen sind;

b) Betreiber von KI-Systemen, die ihren Sitz in der Union haben oder in der Union befinden;

c) Anbieter und Betreiber von KI-Systemen, die ihren Sitz in einem Drittland haben oder sich in einem Drittland befinden, wenn die vom KI-System hervorgebrachte Ausgabe in der Union verwendet wird;

d) Einführer und Händler von KI-Systemen;

e) Produkthersteller, die KI-Systeme zusammen mit ihrem Produkt unter ihrem eigenen Namen oder ihrer Handelsmarke in Verkehr bringen oder in Betrieb nehmen;

f) Bevollmächtigte von Anbietern, die nicht in der Union niedergelassen sind;

g) betroffene Personen, die sich in der Union befinden.

(2) [1]**Für KI-Systeme, die als Hochrisiko-KI-Systeme gemäß Artikel 6 Absatz 1 eingestuft sind und im Zusammenhang mit Produkten stehen, die unter die in Anhang I Abschnitt B aufgeführten Harmonisierungsrechtsvorschriften der Union fallen, gelten nur Artikel 6 Absatz 1, die Artikel 102 bis 109 und Artikel 112.** [2]**Artikel 57 gilt nur, soweit die Anforderungen an Hochrisiko-KI-Systeme gemäß dieser Verordnung im Rahmen der genannten Harmonisierungsrechtsvorschriften der Union eingebunden wurden.**

(3) *[1]* **Diese Verordnung gilt nur in den unter das Unionsrecht fallenden Bereichen und berührt keinesfalls die Zuständigkeiten der Mitgliedstaaten in Bezug auf die nationale Sicherheit, unabhängig von der Art der Einrichtung, die von den Mitgliedstaaten mit der Wahrnehmung von Aufgaben im Zusammenhang mit diesen Zuständigkeiten betraut wurde.**

[2] **Diese Verordnung gilt nicht für KI-Systeme, wenn und soweit sie ausschließlich für militärische Zwecke, Verteidigungszwecke oder Zwecke der nationalen Sicherheit in Verkehr gebracht, in Betrieb genommen oder, mit oder ohne Änderungen, verwendet werden, unabhängig von der Art der Einrichtung, die diese Tätigkeiten ausübt.**

[3] **Diese Verordnung gilt nicht für KI-Systeme, die nicht in der Union in Verkehr gebracht oder in Betrieb genommen werden, wenn die Ausgaben in der Union ausschließlich für militärische Zwecke, Verteidigungszwecke oder Zwecke der nationalen Sicherheit verwendet werden, unabhängig von der Art der Einrichtung, die diese Tätigkeiten ausübt.**

---

[80] Ausführlich zur Innovationsförderung bei KMU und Start-ups: Rohrßen ZfPC 2024, 111 (121).

* Kapitel I (Art. 1–4) gilt gem. Art. 113 UAbs. 3 lit. a bereits ab 2.2.2025.

(4) **Diese Verordnung gilt weder für Behörden in Drittländern noch für internationale Organisationen, die gemäß Absatz 1 in den Anwendungsbereich dieser Verordnung fallen, soweit diese Behörden oder Organisationen KI-Systeme im Rahmen der internationalen Zusammenarbeit oder internationaler Übereinkünfte im Bereich der Strafverfolgung und justiziellen Zusammenarbeit mit der Union oder mit einem oder mehreren Mitgliedstaaten verwenden und sofern ein solches Drittland oder eine solche internationale Organisation angemessene Garantien hinsichtlich des Schutz der Privatsphäre, der Grundrechte und der Grundfreiheiten von Personen bietet.**

(5) **Die Anwendung der Bestimmungen über die Haftung der Anbieter von Vermittlungsdiensten in Kapitel II der Verordnung 2022/2065 bleibt von dieser Verordnung unberührt.**

(6) **Diese Verordnung gilt nicht für KI-Systeme oder KI-Modelle, einschließlich ihrer Ausgabe, die eigens für den alleinigen Zweck der wissenschaftlichen Forschung und Entwicklung entwickelt und in Betrieb genommen werden.**

(7) **[1]Die Rechtsvorschriften der Union zum Schutz personenbezogener Daten, der Privatsphäre und der Vertraulichkeit der Kommunikation gelten für die Verarbeitung personenbezogener Daten im Zusammenhang mit den in dieser Verordnung festgelegten Rechten und Pflichten. [2]Diese Verordnung berührt nicht die Verordnung (EU) 2016/679 bzw. (EU) 2018/1725 oder die Richtlinie 2002/58/EG bzw. (EU) 2016/680, unbeschadet des Artikels 10 Absatz 5 und des Artikels 59 der vorliegenden Verordnung.**

(8) **[1]Diese Verordnung gilt nicht für Forschungs-, Test- und Entwicklungstätigkeiten zu KI-Systemen oder KI-Modellen, bevor diese in Verkehr gebracht oder in Betrieb genommen werden. [2]Solche Tätigkeiten werden im Einklang mit dem geltenden Unionsrecht durchgeführt. [3]Tests unter Realbedingungen fallen nicht unter diesen Ausschluss.**

(9) **Diese Verordnung berührt nicht die Vorschriften anderer Rechtsakte der Union zum Verbraucherschutz und zur Produktsicherheit.**

(10) **Diese Verordnung gilt nicht für die Pflichten von Betreibern, die natürliche Personen sind und KI-Systeme im Rahmen einer ausschließlich persönlichen und nicht beruflichen Tätigkeit verwenden.**

(11) **Diese Verordnung hindert die Union oder die Mitgliedstaaten nicht daran, Rechts- oder Verwaltungsvorschriften beizubehalten oder einzuführen, die für die Arbeitnehmer im Hinblick auf den Schutz ihrer Rechte bei der Verwendung von KI-Systemen durch die Arbeitgeber vorteilhafter sind, oder die Anwendung von Kollektivvereinbarungen zu fördern oder zuzulassen, die für die Arbeitnehmer vorteilhafter sind.**

(12) **Diese Verordnung gilt nicht für KI-Systeme, die unter freien und quelloffenen Lizenzen bereitgestellt werden, es sei denn, sie werden als Hochrisiko-KI-Systeme oder als ein KI-System, das unter Artikel 5 oder 50 fällt, in Verkehr gebracht oder in Betrieb genommen.**

Literatur: Andrae/Pohle, KI-VO, 2026; Bauer/Merkle/Sedlmaier, Der Einsatz von KI im Fahrzeug, KIR 2025, 300-306; Becker/Feuerstack, Die EU-KI-Verordnung, KIR 2024, 62-69; Bomhard/Pieper/Wende, KI-VO, 2025; Chibanguza/Kuß/Steege, Künstliche Intelligenz,

2. Auflage 2026; Engel-Bunsas, Recht an der eigenen Stimme in Zeiten von Deepfakes, RDi 2025, 292-300; Eulenpasch/Malczyk, Wird die neue KI-Verordnung Ihren Alltag verändern?, GRUR 2025, 40-48; Förster, Die KI-Verordnung in der Praxis, 2025; Francken/Wörl, Künstliche Intelligenz im Arbeitsgerichtsprozess der Zukunft, NZA 2026, 1-5; Hachmeister/Kohoutek, Bericht aus Brüssel, PharmR 2026, 150-152; Heinze/Steinrötter/Zerdick, KI-VO, 2026; Hilgendorf/Härtlein, Verordnung über künstliche Intelligenz: KI-VO, 2025; Hilgendorf/Roth-Isigkeit, Die neue Verordnung der EU zur Künstlichen Intelligenz, 2. Auflage 2025; Hofmann-Coombe, Die Anwendung der Unionsgrundrechte im Polizei- und Sicherheitsrecht nach der KI-VO, EuR 2025, 363-386; Höving/Ringlage/Weschky, Zwischen horizontaler Geltung und sektoraler Delegation: Die Funktionsweise des Art. 2 Abs. 2 KI-VO im Gefüge des europäischen Produktsicherheitsrechts, ZfPC 2025, 241-249; Hubert/Paschke, Mobile (Land-)Maschinen und Roboter zwischen Automatisierung und Autonomie, InTer 2026, 2; Junge, Die KI-Verordnung der Europäischen Union: Sinnvolle Regulierung oder der Anfang des technologischen Rückschritts in Europa?, NJOZ 2025, 960-965; Klos/Taylan, Von der Theorie zur Praxis: Die EU-KI-Verordnung effektiv umsetzen, CCZ 2024, 205-211; Laimer/Peer/Tinhofer, KI und Arbeitsrecht, 2024; Lüttenberg/Beimel/Heetkamp, Neue Pflichten für Schiedsgerichte aus der KI-Verordnung?, SchiedsVZ 2024, 225-228; Martini/Wendehorst, KI-VO: Verordnung über künstliche Intelligenz, 2. Auflage 2026; Müller/Winterhalter, Mensch oder Maschine? KI-Einsatz in der Finanzverwaltung im Lichte der KI-VO, beck.digitax 2025, 239-249; Nebel/Geminn, Das Zusammenspiel von KI-VO und DS-GVO, DuD 2025, 279-283; Richter, KI-Verordnung und öffentliche Sicherheit, 2026; Rost/Wanser, Künstliche Intelligenz und Datenschutz: Die Notwendigkeit von KI-Kompetenz zur Absicherung der Datenschutzgrundsätze, EuDIR 2025, 276-280; Schäfer, Datenschutz-Compliance im KI-Training, ZD 2025, 12-17; Schefzig/Kilian, BeckOK KI-Recht, 4. Edition 2025; Schönfeld/Sendke, Europäische KI-Verordnung und Steuerrecht, IStR 2025, 877-889; Schopper/Raaschner, Der internationale Anwendungsbereich der KI-VO in Drittstaatenkonstellationen, KIR 2025, 91-100; Schopper/Raschner, Der internationale Anwendungsbereich der KI-VO in Drittstaatskonstellationen, KIR 2025, 91-99; Schwartmann/Keber/Zenner, KI-VO, 3. Auflage 2025; Schwartmann/Ziegenhorn/Keber/Zenner, KI-VO, 2026; Spitz, Die KI-Verordnung und die Privilegierung medizinischer Forschung, MedR 2025, 601-604; Thiermann, Klinische Prüfungen mit KI-basierten Medizinprodukten im Anwendungsbereich der KI-Verordnung, MPR 2025, 10-15; von Welser, Die KI-Verordnung – ein Überblick über das weltweit erste Regelwerk für künstliche Intelligenz, GRUR-Prax 2024, 485-485; Wedde, KI-VO, 2026; Wendt/Wendt, Das neue Recht der Künstlichen Intelligenz, 2. Auflage 2025; Wendt/Wendt, Verordnung über künstliche Intelligenz: KI-VO, 2026; Winau/Spiecker gen. Döhmann, Offene und subkutane Zielkonflikte zwischen KI-VO und DSGVO, CR 2025, 647-654; Wirth, Datenschutzrechtliche Zulässigkeit automatisierter Gesichtserkennung zur digitalen Klausuraufsicht, jurisPR-ITR 3/2026 Anm. 3; Ziegler/Jürges, "Open-Source" in der KI-Verordnung, RDi 2026, 77-82

Übersicht

I. Allgemeines

1 Art. 2 bestimmt den **Anwendungsbereich** der KI-VO. Die Norm legt fest, unter welchen **personellen, sachlichen** und **räumlichen** Voraussetzungen das unionsrechtliche KI-Regime überhaupt zur Anwendung gelangt und bildet damit den systematischen Ausgangspunkt.

2 Art. 2 Abs. 1 eröffnet einen bewusst weit gefassten Anwendungsbereich mit unionsweiter sowie teilweise **extraterritorialer Wirkung** (→ Rn. 5, 10 ff.). Der Anwendungsbereich knüpft an eine Vielzahl von Akteuren iSv Art. 3 Nr. 8 an (→ Art. 3 Rn. 109 ff.). Ziel des Verordnungsgebers ist es, hierdurch gleiche Wettbewerbsbedingungen zu schaffen und gleichzeitig die Rechte und Freiheiten zu schützen.[1] Art. 2 Abs. 2–12 begrenzen und differenzieren diesen Ansatz durch **Bereichsausnahmen**, **Kompetenzabgrenzungen** und **Koordinationsnormen.** Der Anwendungsbereich wird durch verschiedene Ausnahmekategorien begrenzt. Zum einen bestehen materielle Ausnahmen für bestimmte KI-Systeme oder Einsatzbereiche, etwa im **Verteidigungssektor,** im **Forschungsbereich** oder im Kontext **freier** und **quelloffener KI-Systeme.** Zum anderen sieht die VO personelle Ausnahmetatbestände vor, insbesondere für die rein private Nutzung von KI-Systemen. Schließlich enthält Art. 2 Abgrenzungsregelungen gegenüber anderem Unionsrecht, vor allem zum **Datenschutzrecht, Verbraucherrecht, Produktsicherheitsrecht, Arbeitsrecht** sowie zum Recht der digitalen Dienste. Der Wortlaut der einzelnen Vorgaben orientiert sich am Wortlaut der DS-GVO und dem DSA.[2]

---

[1] Erwgr. 21; Schwartmann/Keber/Zenner, KI-VO/Keber/Zenner Rn. 154.

[2] Schwartmann/Keber/Zenner, KI-VO/Keber/Zenner Rn. 154; Wendt/Wendt, Das neue Recht der Künstlichen Intelligenz, § 3 Rn. 57.

II. Inhalt der Regelung

1. Anwendungsbereich (Abs. 1)

a) Allgemeines. Art. 2 Abs. 1 legt den tatbestandlichen Anwendungsbereich der VO fest, der sich systematisch in einen **sachlichen** (→ Rn. 6), einen **personellen** (→ Rn. 7 ff.) und einen **territorialen Anwendungsbereich** (→ Rn. 10 ff.) unterteilen lässt.[3] Der zeitliche Anwendungsbereich ergibt sich aus Art. 111 (→ Art. 111 Rn. 1) und Art. 113 (→ Art. 113 Rn. 1). Die Vorschrift des Art. 2 Abs. 1 normiert, welche Akteure iSv Art. 3 Nr. 8 (→ Art. 3 Rn. 109 ff.) der VO unterfallen, und fungiert damit als tatbestandliche Eingangsnorm des gesamten Regelungswerkes. Aufgrund der risikobasierten Systematik der KI-VO setzen sämtliche materiellen Anforderungen voraus, dass der Anwendungsbereich nach Art. 2 Abs. 1 eröffnet ist. Dies gilt insbesondere für die Einstufung als verbotene KI (Art. 5), als Hochrisiko-KI-System (Art. 6 ff.) oder als KI-Modell mit allgemeinem Verwendungszweck (Art. 51 ff.). Art. 2 Abs. 1 übernimmt damit eine vorgelagerte Filterfunktion. 3

Grundsätzlich ist die KI-VO als Regelungsregime dem Produktsicherheitsrecht zuzuordnen.[4] Im Vergleich zu anderen europäischen Rechtsakten weist die VO hinsichtlich des Anwendungsbereichs eine besondere Struktur auf. In der DS-GVO regelt Art. 3 DS-GVO vorrangig den **territorialen Anwendungsbereich** und erfasst die Rollen funktional über Begriffsdefinitionen. Auch produktrechtliche Instrumente wie der CRA oder die VO (EU) 2023/988 über die allgemeine Produktsicherheit arbeiten primär mit Definitionen von **Marktakteuren** innerhalb der materiellen Vorschriften. So regelt der CRA seinen Anwendungsbereich beispielsweise primär produktbezogen. Dieser Rechtsakt knüpft in Art. 2 Abs. 1 CRA an „Produkte mit digitalen Elementen" an und bestimmt die erfassten Akteure über Begriffsdefinitionen innerhalb des **materiellen Regelungsprogramms.** Eine eigenständige, vorangestellte Norm, die den sachlichen, territorialen und persönlichen Anwendungsbereich in gebündelter Form festlegt, wird lediglich in Art. 2 Abs. 1 bestimmt.[5] 4

Besondere praktische Relevanz kommt in der KI-VO dem **räumlichen Anwendungsbereich** zu (→ Rn. 10 ff.).[6] In der Literatur wird Art. 2 Abs. 1 daher teilweise als Vorschrift zum **internationalen Anwendungsbereich** qualifiziert, da die Norm die unionsrechtliche Geltung der KI-VO in Sachverhalten mit Drittlandsbezug bestimmt und damit die Voraussetzungen ihrer extraterritorialen Anwendung festlegt.[7] Die Einordnung knüpft an den Kommissionsentwurf von 2021 an, wonach Art. 2 Abs. 1 KI-VO-E[8] in erster Linie auf die Bestimmung der räumlichen Reichweite ausgerichtet war.[9] Auch die Erwgr. 21 und 22 verdeutlichen den Binnenmarktbezug der Norm. Dort stellt der Unionsgesetzgeber klar, dass die VO auch auf Anbieter und Betreiber Anwendung finden soll, die in 5

---

[3] Hilgendorf/Härtlein, HK-KI-VO, Art. 2 Rn. 1; BeckOK KI-Recht/Voigt, Art. 2 Rn. 1.

[4] Hilgendorf/Roth-Isigkeit, KI-VO/Gless/Janal, § 2 Rn. 51.

[5] Vgl. Heckmann/Paschke, CRA/Heckmann/Koloßa, Art. 2 Rn. 1.

[6] Vgl. Martini/Wendehorst, KI-VO/Wendehorst, Art. 2 Rn. 1.

[7] Martini/Wendehorst, KI-VO/Wendehorst, Art. 2 Rn. 5, 7.

[8] COM(2021) 206 final.

[9] Dazu Hilgendorf/Roth-Isigkeit, KI-VO/Gless/Janal, § 2 Rn. 47 ff.; Wiebe BB 2022, 899 (899 f.).

einem Drittstaat niedergelassen sind. Voraussetzung hierfür ist, dass ein hinreichender Bezug zur Union besteht. Dies wird insbesondere durch das Inverkehrbringen, die Inbetriebnahme oder die Verwendung der Ergebnisse eines KI-Systems in der Union erreicht.

6 **aa) Sachlicher Anwendungsbereich.** Art. 2 Abs. 1 knüpft den sachlichen Anwendungsbereich hinsichtlich der erfassten Technologien an die Begriffe des **„KI-Systems"** und des **„KI-Modells mit allgemeinem Verwendungszweck"** an. Damit wird für den sachlichen Anwendungsbereich auf die Legaldefinitionen des Art. 3 verwiesen, insbesondere auf den Begriff des „KI-Systems" in Art. 3 Nr. 1 (→ Art. 3 Rn. 4 ff.) sowie auf den Begriff des „KI-Modells mit allgemeinem Verwendungszweck" in Art. 3 Nr. 63 ff. (→ Art. 3 Rn. 454 ff.). Die VO findet nur Anwendung, wenn die in Rede stehende Technologie unter eine dieser Legaldefinitionen fällt. Nicht erfasst sind demgegenüber etwa Softwarelösungen oder IT-Anwendungen, die keine den gesetzlichen Tatbestandsmerkmalen entsprechende eigenständige, auf Modellierung oder Ableitung beruhende Funktionsweise aufweisen.[10] Eine eigenständige normative Bedeutung kommt dem sachlichen Anwendungsbereich in Art. 2 Abs. 1 daher nicht zu. Die Regelung erschöpft sich vielmehr in der Verweisung auf die Begriffsbestimmungen des Art. 3.

7 **bb) Personeller Anwendungsbereich.** In personeller Hinsicht differenziert Art. 2 Abs. 1 zwischen verschiedenen Adressatengruppen. Erfasst werden Anbieter (Buchst. a) (→ Rn. 15 ff.), Betreiber (Buchst. b) (→ Rn. 20 ff.), Einführer und Händler (Buchst. d) (→ Rn. 26 f.), Produkthersteller (Buchst. e) (→ Rn. 28), Bevollmächtigte von Anbietern (Buchst. f) (→ Rn. 29 f.) sowie betroffene Personen, die sich in der Union befinden (Buchst. g) (→ Rn. 30 ff.). Art. 2 Abs. 1 Buchst. c adressiert demgegenüber weniger einen weiteren Akteur, sondern legt vielmehr die unionsbezogene Verwendung von KI-Systemen fest und ist systematisch dem territorialen Anwendungsbereich zuzuordnen (→ Rn. 10).

8 **Herausgehobene Bedeutung** kommt innerhalb des personellen Anwendungsbereichs den **Anbietern** und **Betreibern** zu.[11] Sie sind die **zentralen Pflichtenträger** der KI-VO, denen die wesentlichen materiellen Anforderungen der VO auferlegt sind.[12] Die Definitionen der Begriffe „Bevollmächtigter", „Einführer" und „Händler" knüpfen an die aus dem unionsrechtlichen Produktsicherheitsrecht bekannten Marktakteursbegriffe an.[13] Die KI-VO fügt sich somit in die bestehende Binnenmarktarchitektur ein und übernimmt deren terminologische und systematische Grundentscheidungen.

9 Die **Aufzählung** in Art. 2 Abs. 1 ist jedoch **nicht** iS einer **abschließenden** Regelung sämtlicher durch die VO berührter Akteure zu verstehen.[14] Die KI-VO weist auch weiteren Stellen und Einrichtungen eigenständige Aufgaben und Befugnisse zu, etwa **notifizierten Stellen** oder **notifizierenden Behörden** im

---

[10] Wendt/Wendt, Das neue Recht der Künstlichen Intelligenz, § 2 Rn. 12.

[11] Chibanguza/Steege NJW 2024, 1769 (1770); Hilgendorf/Härtlein, HK-KI-VO, Art. 2 Rn. 2; Wendt/Wendt, Das neue Recht der Künstlichen Intelligenz, § 3 Rn. 49.

[12] Hilgendorf/Härtlein, HK-KI-VO, Art. 2 Rn. 2; Wendt/Wendt, Das neue Recht der Künstlichen Intelligenz, § 3 Rn. 49.

[13] Wiebe BB 2022, 899 (900).

[14] BeckOK KI-Recht/Voigt, Art. 2 Rn. 10.

Rahmen der Konformitätsbewertung.[15] Ebenso benennt Art. 25 Abs. 4 Dritte, die für ein KI-System Instrumente, Dienste, Komponenten oder Verfahren bereitstellen und dadurch in das regulatorische Gefüge einbezogen werden (→ Art. 25 Rn. 27 ff.).[16] Diese Akteure werden zwar nicht ausdrücklich in Art. 2 Abs. 1 aufgeführt, unterliegen jedoch insoweit spezifischen Vorgaben der VO.

cc) Räumlicher Anwendungsbereich. Der räumliche Anwendungsbereich 10
des Art. 2 Abs. 1 kommt innerhalb der Anwendungsbestimmung zentrale Bedeutung zu.[17] Die Anwendbarkeit der KI-VO setzt einen **hinreichenden Bezug zur Union** voraus. Fehlt ein solcher Anknüpfungspunkt, ist die Union völkerrechtlich nicht befugt, den betreffenden Sachverhalt zu regeln, sodass die VO keine Anwendung findet.[18] Der territoriale Geltungsbereich wirkt damit als **vorgelagerte Kompetenzgrenze** und reguliert die **internationale Reichweite** der KI-VO. Art. 2 Abs. 1 knüpft die Anwendbarkeit nicht ausschließlich an das physische Territorium der Union, sondern kombiniert vielmehr territoriale und personale Tatbestandsmerkmale. Dadurch kann sich die Geltung der KI-VO auch auf Akteure erstrecken, die **außerhalb des Unionsgebiets** niedergelassen sind.[19]

In Art. 2 Abs. 1 lässt sich dogmatisch zwischen dem **Marktortprinzip** und 11
dem **Niederlassungsprinzip** unterscheiden.[20]

Das **Marktortprinzip** findet seine normative Grundlage unmittelbar in Art. 2 12
Abs. 1. Das Marktortprinzip gilt insbesondere für **Anbieter** (→ Rn. 15 ff.), **Einführer** (→ Rn. 26 f.), **Händler** (→ Rn. 26 f.) und **Produkthersteller** (→ Rn. 28).[21] Die Vorschrift stellt mehrfach ausdrücklich auf Handlungen „in der Union" bzw. auf das Bereitstellen „auf dem Unionsmarkt" ab. Die Anknüpfung des territorialen Anwendungsbereichs an diese marktbezogenen Merkmale wird als Marktortprinzip bezeichnet.[22] Maßgeblich ist danach nicht der Sitz des Wirtschaftsakteurs, sondern, ob das KI-System wirtschaftlich auf dem Unionsmarkt bereitgestellt, in Verkehr gebracht oder in Betrieb genommen wird. Das **Marktortprinzip** gewährleistet **gleiche Wettbewerbsbedingungen** auf demselben Markt und verhindert, dass sich Marktteilnehmer durch eine Verlagerung ihrer Niederlassung der Regulierung entziehen können.[23] Gerade bei digitalen Leistungen, die ohne physische Präsenz grenzüberschreitend angeboten werden können, ist eine marktbezogene Anknüpfung erforderlich, um eine effektive und unionsweit einheitliche Regulierung sicherzustellen.[24]

Das **Niederlassungsprinzip** knüpft die Anwendbarkeit der VO an die **orga-** 13
nisatorische Verankerung eines Akteurs im Unionsgebiet.[25] Maßgeblich ist damit nicht wie beim Marktortsprinzip die Marktbezogenheit eines konkreten

[15] Martini/Wendehorst, KI-VO/Wendehorst, Art. 2 Rn. 5.

[16] Martini/Wendehorst, KI-VO/Wendehorst, Art. 2 Rn. 5.

[17] Vgl. Martini/Wendehorst, KI-VO/Wendehorst, Art. 2 Rn. 1.

[18] Schwartmann/Keber/Zenner, KI-VO/Keber/Zenner, Rn. 161.

[19] Martini/Wendehorst, KI-VO/Wendehorst, Art. 2 Rn. 7.

[20] Chibanguza/Steege NJW 2024, 1769 (1771).

[21] BeckOK KI-Recht/Voigt, Art. 2 Rn. 24.

[22] Pollmann DuD 2018, 383; Brauneck EuZW 2019, 494; Ehmann/Selmayr, DS-GVO/Zerdick, Art. 3 Rn. 17; Chibanguza/Kuß/Steege, KI-HdB/Steege/Kuß, 1. Teil: § 2 C. Rn. 6.

[23] Martini/Wendehorst, KI-VO/Wendehorst, Art. 2 Rn. 13.

[24] Ebenso Martini/Wendehorst, KI-VO/Wendehorst, Art. 2 Rn. 13.

[25] Chibanguza/Steege NJW 2024, 1769 (1771); Krönke NVwZ 2024, 529 (530).

KI-Systems bzw. KI-Modells, sondern die **personalrechtliche Zuordnung** des verantwortlichen Akteurs zur Union. Erfasst werden ausschließlich Betreiber (→ Rn. 20 ff.) sowie Bevollmächtigte von Anbietern (→ Rn. 29 f.).[26]

14 Räumlicher **Bezugspunkt** ist vorliegend **das Unionsgebiet.** Art. 2 Abs. 1 stellt mehrfach auf Handlungen „in der Union" oder auf die Bereitstellung „auf dem Unionsmarkt" ab wie etwa in Art. 2 Abs. 1 Buchst. a (→ Rn. 15 ff.). Eine konkrete Definition lässt sich hierfür der KI-VO nicht entnehmen. Eine Definition lässt sich jedoch dem Primärrecht entnehmen.[27] Als VO nach Art. 288 AEUV gilt die KI-VO grundsätzlich innerhalb des räumlichen Geltungsbereichs der Verträge. Dieser wird durch Art. 52 EUV in Verbindung mit Art. 355 AEUV festgelegt und erfasst das Hoheitsgebiet der Mitgliedstaaten, soweit die Verträge dort Anwendung finden. Die **territoriale Reichweite** der KI-VO folgt somit nicht aus einer eigenständigen Definition im Sekundärrecht, sondern aus der Bindung an das primärrechtlich bestimmte Vertragsgebiet. Drittstaaten mit Assoziierungs- oder Kooperationsabkommen wie die Schweiz oder das Vereinigte Königreich sind somit nicht umfasst.[28] Ebenso bewirkt die gegenseitige Anerkennung von Konformitätsbewertungen iSd Art. 39 (→ Art. 39 Rn. 8 ff.) keine Ausdehnung des Begriffs „Union" iSd Art. 2 Abs. 1, da Abkommen über die gegenseitige Anerkennung nicht voraussetzen, dass die Vertragsparteien wechselseitig ihre Normen oder technischen Vorschriften anerkennen oder ihre jeweiligen Rechtsvorschriften einander gleichstellen.[29]

15 **b) Anbieter (Abs. 1 Buchst. a).** Art. 2 Abs. 1 Buchst. a erfasst „Anbieter, die KI-Systeme in der Union in Verkehr bringen oder in Betrieb nehmen oder KI-Modelle mit allgemeinem Verwendungszweck in Verkehr bringen". Die Vorschrift stellt ausdrücklich klar, dass es nicht auf den **Niederlassungsort** des Anbieters ankommt. Erfasst sind damit sowohl in der Union als auch in Drittstaaten niedergelassene Unternehmen.[30] Der Anbieter ist dabei insgesamt der Hauptadressat der Vorgaben der KI-VO.[31]

16 Der Begriff des Anbieters ist in Art. 3 Nr. 3 legaldefiniert. Anbieter ist „jede natürliche oder juristische Person, Behörde, Einrichtung oder sonstige Stelle, die ein **KI-System** oder ein **KI-Modell mit allgemeinem Verwendungszweck entwickelt** oder **entwickeln** lässt und es unter ihrem eigenen Namen oder ihrer Handelsmarke **in Verkehr bringt** oder in **Betrieb** nimmt, unabhängig davon, ob dies entgeltlich oder unentgeltlich geschieht". (→ Art. 3 Rn. 51 ff.). Maßgeblich ist, wer das System unter eigenem Namen bereitstellt und hierfür nach außen einsteht.[32] Grundsätzlich liegt keine Anbieterstellung iSd Art. 2 Abs. 1 Buchst. a vor, wenn das betreffende KI-System ausschließlich für den Export bestimmt ist und weder in der Union in Verkehr gebracht, noch dort in Betrieb genommen wird. Ohne unionsbezogene Marktbereitstellung oder unionsbezogenen Erstgebrauch fehlt es an der tatbestandlichen Anknüpfung der VO.[33]

---

[26] BeckOK KI-Recht/Voigt, Art. 2 Rn. 18.

[27] Martini/Wendehorst, KI-VO/Wendehorst, Art. 2 Rn. 10.

[28] Martini/Wendehorst, KI-VO/Wendehorst, Art. 2 Rn. 12.

[29] Bekanntmachung der Kommission, Blue Guide S. 129.

[30] Chibanguza/Steege NJW 2024, 1769 (1770); Hilgendorf/Härtlein, HK-KI-VO, Art. 2 Rn. 2; Wendt/Wendt, Das neue Recht der Künstlichen Intelligenz, § 3 Rn. 49.

[31] Chibanguza/Steege NJW 2024, 1769 (1770).

[32] Erwgr. 79.

[33] Martini/Wendehorst, KI-VO/Wendehorst, Art. 3 Rn. 21.

Für die Anbietereigenschaft sind insbesondere die Handlungen des Inverkehrbringens und der Inbetriebnahme maßgeblich, da sie den Zeitpunkt bestimmen, ab dem ein KI-System iSd KI-VO rechtlich relevant auf dem Unionsmarkt bereitgestellt oder bestimmungsgemäß eingesetzt wird.[34] **17**

Nach Art. 3 Nr. 9 bezeichnet das **Inverkehrbringen** die erstmalige Bereitstellung eines KI-Systems oder eines KI-Modells mit allgemeinem Verwendungszweck auf dem Unionsmarkt (→ Art. 3 Rn. 114 ff.). Der Begriff der Bereitstellung wird in Art. 3 Nr. 10 näher bestimmt als die entgeltliche oder unentgeltliche Abgabe eines KI-Systems oder KI-Modells zum Vertrieb oder zur Verwendung im Rahmen einer geschäftlichen Tätigkeit (→ Art. 3 Rn. 122 ff.). Die Definition orientiert sich ihrem Grundverständnis nach am **Herstellerbegriff** des europäischen Produktsicherheitsrechts, der auf physische Produkte zugeschnitten ist.[35] Das dort entwickelte **Verantwortungsmodell lässt sich im Wesentlichen** auch auf die Systematik der KI-VO **übertragen,** da auch hier die rechtliche und wirtschaftliche Verantwortung für die erstmalige Marktbereitstellung maßgeblich ist.[36] Im Fall von KI-Modellen mit allgemeinem Verwendungszweck ist jedoch zu berücksichtigen, dass diese regelmäßig keine körperlichen Produkte darstellen, sondern es sich hierbei häufig nur um Software handeln kann.[37] Diese kann etwa über cloudbasierte Infrastrukturen bereitgestellt oder im Wege des Downloads zugänglich gemacht werden. Die Marktteilnahme vollzieht sich damit typischerweise digital und ohne Übergabe eines physischen Produkts. Ein KI-System oder ein KI-Modell mit allgemeinem Verwendungszweck ist daher auf dem Unionsmarkt in Verkehr gebracht, wenn es mit Zustimmung des Anbieters Endnutzern in der Union angeboten oder zur Verfügung gestellt wird und damit eine unionsbezogene Marktbereitstellung iSd VO erfolgt.[38] **18**

Demgegenüber wird in Art. 3 Nr. 11 die **Inbetriebnahme** als die Bereitstellung eines KI-Systems in der Union zum **Erstgebrauch** direkt an den Betreiber oder zum Eigengebrauch entsprechend seiner Zweckbestimmung definiert (→ Art. 3 Rn. 134 ff.). Entscheidend ist damit nicht die Marktbereitstellung, sondern der erstmalige bestimmungsgemäße Einsatz in der Union.[39] Dieser kann durch Übergabe an einen Betreiber oder zum Eigengebrauch erfolgen. Maßgeblich ist allein, dass der Erstgebrauch **unionsbezogen** erfolgt.[40] **19**

c) Betreiber (Abs. 1 Buchst. b). Art. 2 Abs. 1 Buchst. b erfasst **Betreiber,** die ihren **Sitz in der Union** haben oder sich in der Union befinden. Der Betreiberbegriff ist in Art. 3 Nr. 4 legaldefiniert. Danach ist Betreiber „jede natürliche oder juristische Person, Behörde, Einrichtung oder sonstige Stelle, die ein KI-System in eigener Verantwortung verwendet", es sei denn, das System wird im Rahmen einer persönlichen und nichtberuflichen Tätigkeit eingesetzt (→ Art. 3 Rn. 67). Entscheidend ist somit nicht jede faktische Nutzung, sondern die Ver- **20**

[34] BeckOK KI-Recht/Kirschke-Biller/Füllsack, 3. Ed. 1.8.2025, Art. 3 Rn. 91.

[35] Hilgendorf/Härtlein, HK-KI-VO, Art. 2 Rn. 3; Martini/Wendehorst, KI-VO/Wendehorst, Art. 3 Rn. 80; Wiebe BB 2022, 899.

[36] Hilgendorf/Härtlein, HK-KI-VO, Art. 2 Rn. 3.

[37] Martini/Wendehorst, KI-VO/Wendehorst, Art. 3 Rn. 16.

[38] Martini/Wendehorst, KI-VO/Wendehorst, Art. 3 Rn. 16 f.

[39] Hilgendorf/Härtlein, HK-KI-VO, Art. 2 Rn. 3; BeckOK KI-Recht/Kirschke-Biller/Füllsack, 3. Ed. 1.8.2025, Art. 3 Rn. 216.

[40] Martini/Wendehorst, KI-VO/Wendehorst, Art. 2 Rn. 20.

wendung in eigener Verantwortung.[41] Relevant ist, wer die **tatsächliche Leitungs- und Entscheidungsbefugnis** über den Einsatz des KI-Systems innehat und die Verantwortung für dessen Betrieb sowie für die mit seiner Verwendung verbundenen Auswirkungen trägt.[42] Daher sind etwa nachgelagerte Arbeitnehmer eines Betreibers nicht erfasst.[43]

21 Für Betreiber gilt das **Niederlassungsprinzip** (→ Rn. 13).[44] Art. 2 Abs. 1 Buchst. b knüpft an den „Sitz in der Union" oder an das „Befinden in der Union" (Zum Begriff der Union → Rn. 14). Der Begriff des Sitzes wird in der KI-VO nicht näher definiert. In anderen Unionsrechtsakten, etwa Art. 2 Nr. 12 EuInsVO oder Art. 63 Brüssel Ia-VO, wird teilweise auf den satzungsmäßigen Sitz abgestellt.[45] Dies könne sich etwa aus dem Gesellschaftsvertrag ergeben.[46] Auch Art. 2 Abs. 1 DSA sowie Art. 9 Abs. 2 DGA verwenden den Begriff des Sitzes, ohne diesen dabei näher zu definieren. Gleichwohl spricht die **systematische Auslegung** der KI-VO für ein **funktionales Verständnis** iSd **Niederlassungsprinzips.**[47] Mehrere andere Sprachversionen weisen in ihrer wörtlichen Fassung einen deutlich stärkeren Bezug zur Niederlassung im unionsrechtlichen Sinne auf und knüpfen damit erkennbar an das Niederlassungsprinzip an.[48] Hinzu kommt, dass Art. 3 Nr. 5 für den Bevollmächtigten ausdrücklich eine „Niederlassung in der Union" verlangt. Systematisch wäre es kaum nachvollziehbar, wenn Art. 2 Abs. 1 Buchst. b mit dem Begriff des „Sitzes" eine hiervon abweichende, rein formale Kategorie einführen wollte. Auch Erwgr. 21 spricht explizit von einer Niederlassung in der Union. Vor diesem Hintergrund spricht vieles dafür, dass der in Art. 2 Abs. 1 Buchst. b verwendete Begriff des „Sitzes" **keine eigenständige, formale Kategorie** begründen soll, sondern als unscharfe Übersetzung zu verstehen ist und funktional iS einer unionsrechtlichen Niederlassung auszulegen ist.

22 Der Begriff der **Niederlassung** ist in der KI-VO nicht näher definiert. Er ist daher unionsautonom unter Rückgriff auf die in anderen Rechtsakten entwickelten Maßstäbe **auszulegen.**[49] In Anlehnung an das Datenschutzrecht ist eine Niederlassung bereits dann anzunehmen, wenn der Betreiber im Rahmen einer festen Einrichtung in der Union eine tatsächliche und effektive Tätigkeit ausübt, die mit dem Einsatz des KI-Systems oder dessen Ausgaben in Zusammenhang steht.[50] Die **Anforderungen** sind insoweit **gering** und setzen **keine umfassende technische Infrastruktur** im Unionsgebiet voraus.[51] Im Einklang mit

---

[41] Hilgendorf/Härtlein, HK-KI-VO, Art. 2 Rn. 4.

[42] Hilgendorf/Härtlein, HK-KI-VO, Art. 2 Rn. 4.

[43] Frank/Heine NZA 2024, 433 (434); Chibanguza/Kuß/Steege, KI-HdB/Heine, Einleitung A. Rn. 18.

[44] BeckOK KI-Recht/Voigt, Art. 2 Rn. 20.

[45] BeckOK Insolvenzrecht/Mock, EUInsVO Art. 2 Rn. 34; BeckOK ZPO/Thode, Brüssel Ia-VO Art. 63 Rn. 6 f.

[46] Zur Brüssel Ia-VO vgl. BGH NZG 2018, 259 Rn. 13.

[47] Chibanguza/Steege NJW 2024, 1769 (1771); Krönke NVwZ 2024, 529 (530); Martini/Wendehorst, KI-VO/Wendehorst, Art. 2 Rn. 20.

[48] BeckOK KI-Recht/Voigt, Art. 2 Rn. 20.

[49] Martini/Wendehorst, KI-VO/Wendehorst, Art. 2 Rn. 23; BeckOK KI-Recht/Voigt, Art. 2 Rn. 22.

[50] Martini/Wendehorst, KI-VO/Wendehorst, Art. 2 Rn. 24; BeckOK KI-Recht/Voigt, Art. 2 Rn. 22.

[51] Martini/Wendehorst, KI-VO/Wendehorst, Art. 2 Rn. 24; BeckOK KI-Recht/Voigt, Art. 2 Rn. 22.

anderen unionsrechtlichen Regelungen, etwa Art. 19 Rom I-VO, ist auf den Ort derjenigen Zweigniederlassung, Agentur oder sonstigen festen Einrichtung abzustellen, die in die für die Betreibereigenschaft maßgeblichen Tätigkeiten eingebunden ist.[52] Es genügt, dass eine solche **Einrichtung im Unionsgebiet** belegen ist und funktional an den verantwortlichen Entscheidungs- oder Steuerungsprozessen beteiligt ist.[53] Dabei kommt es in Anlehnung an die DS-GVO nicht auf die Rechtsform an.[54] Nicht entscheidend ist hingegen, wo sich die **technische Infrastruktur** oder unterstützende Dienstleistungen befinden. Ein Betreiber kann daher auch dann als in der Union niedergelassen gelten, wenn Server in Drittstaaten betrieben werden, Rechenzentren außerhalb der Union stehen oder Trainings- und Auswertungsleistungen durch externe Dienstleister im Ausland erbracht werden.[55] Ebenso unerheblich ist, wenn Datensätze in Drittstaaten annotiert, KI-Modelle dort trainiert oder Wartungsleistungen von außerhalb erbracht werden. Maßgeblich bleibt, dass die wesentlichen steuernden, organisatorischen oder strategischen Entscheidungen über den Einsatz des KI-Systems von einer Niederlassung im Unionsgebiet ausgehen.[56]

Problematisch ist ferner die **Auslegung** des alternativen Tatbestandsmerkmals des **„Befindens in der Union"** im Verhältnis zum „Sitz in der Union" nach Art. 2 Abs. 1 Buchst. b. Anders als in früheren Entwurfsfassungen stellt die VO **nicht** darauf ab, dass sich das **KI-System im Unionsgebiet** befindet.[57] Anknüpfungspunkt ist vielmehr die **Person** des **Betreibers.** Das Merkmal des „Befindens" wird in erster Linie natürliche Personen erfassen.[58] Für juristische Personen verbleibt angesichts des weit verstandenen Niederlassungsbegriffs regelmäßig **kein eigenständiger Anwendungsbereich.**[59] Erforderlich ist daher, dass sich eine Person tatsächlich im Unionsgebiet aufhält.[60] Maßgeblich ist somit der unionsbezogene Aufenthalts- und Verantwortungsbezug der handelnden Person. **23**

d) Verwendung in der Union (Abs. 1 Buchst. c). Art. 2 Abs. 1 Buchst. c **24**
erstreckt den Anwendungsbereich der VO auch auf **Anbieter** und **Betreiber ohne Niederlassung** in der Union, sofern die von einem KI-System hervorgebrachten Ausgaben in der Union verwendet werden. Die Vorschrift ist als **Auffangtatbestand** konzipiert und würde bei einer strikt am Wortlaut orientierten Auslegung einen erheblich erweiterten, extraterritorial wirkenden Anwendungsbereich eröffnen.[61] Eine solche Auslegung könnte jedoch zu einer nahezu globalen Geltung der KI-VO führen, weshalb Art. 2 Abs. 1 Buchst. c einer **restriktiven, teleologisch orientierten Auslegung** bedarf.[62] Erwgr. 22 stellt klar, dass Art. 2 Abs. 1 Buchst. c verhindern soll, dass die Anwendung der VO durch eine formale Verlagerung von KI-Systemen oder entsprechenden Dienstleistungen in Drittstaa-

---

[52] Martini/Wendehorst, KI-VO/Wendehorst, Art. 2 Rn. 23.
[53] Martini/Wendehorst, KI-VO/Wendehorst, Art. 2 Rn. 23.
[54] Vgl. zur DS-GVO Gola/Heckmann, DS-GVO/Piltz, Art. 3 Rn. 12.
[55] Martini/Wendehorst, KI-VO/Wendehorst, Art. 2 Rn. 24.
[56] Martini/Wendehorst, KI-VO/Wendehorst, Art. 2 Rn. 24.
[57] BeckOK KI-Recht/Voigt, Art. 2 Rn. 22.
[58] BeckOK KI-Recht/Voigt, Art. 2 Rn. 22.
[59] BeckOK KI-Recht/Voigt, Art. 2 Rn. 22.
[60] BeckOK KI-Recht/Voigt, Art. 2 Rn. 22.
[61] Martini/Wendehorst, KI-VO/Wendehorst, Art. 2 Rn. 25; Borges CR 2024, 497 (498); Krönke NVwZ 2024, 529 (530); näher hierzu auch Lejune ITRB 2025, 99.
[62] Borges CR 2024, 497 (498); Krönke NVwZ 2024, 529 (530).

ten umgangen wird, obwohl deren Ergebnisse weiterhin in der Union genutzt werden. Nach Art. 2 Abs. 1 Buchst. c sind nur solche Konstellationen erfasst, in denen nach **objektiven Kriterien** feststeht, dass die Ausgaben eines KI-Systems zumindest auch für die Verwendung in der Union bestimmt sind.[63]

25 Ein **unionsbezogener Verwendungszusammenhang** iSd Art. 2 Abs. 1 Buchst. c liegt bspw. vor, wenn ein in der Union niedergelassenes Unternehmen einen in einem Drittstaat ansässigen Dienstleister mit der automatisierten Bewerberauswahl beauftragt und die durch ein Hochrisiko-KI-System erzeugten Bewertungsergebnisse als Grundlage für Personalentscheidungen innerhalb der Union dienen. Die Ausgaben des Systems sind in diesem Fall funktional auf eine Nutzung im Unionsgebiet angelegt. Gleiches gilt, wenn ein außerhalb der Union ansässiger Anbieter ein KI-System zur biometrischen Identitätsprüfung betreibt und seine Leistungen gezielt Behörden oder Unternehmen in der Union anbietet, sodass die generierten Identifizierungsergebnisse für Maßnahmen oder Entscheidungen im Unionsgebiet bestimmt sind. In beiden Konstellationen besteht ein objektiv feststellbarer, von vornherein angelegter Verwendungsbezug zur Union, der die Anwendung des Art. 2 Abs. 1 Buchst. c rechtfertigt.

26 **e) Einführer und Händler (Abs. 1 Buchst. d).** Nach Art. 3 Nr. 6 ist ein **Einführer** eine in der Union ansässige oder niedergelassene natürliche oder juristische Person, die ein KI-System oder ein KI-Modell mit allgemeinem Verwendungszweck aus einem Drittland auf dem Unionsmarkt bereitstellt (→ Art. 3 Rn. 92 ff.). Die **Pflichten** der Einführer sind in Art. 23 näher spezifiziert. Kann er die Einhaltung dieser Anforderungen nicht sicherstellen, darf er das System nicht auf dem Unionsmarkt bereitstellen.[64] Der Begriff des Händlers wird in Art. 3 Nr. 7 bestimmt. **Händler** ist demnach jede natürliche oder juristische Person, die ein bereits in Verkehr gebrachtes KI-System oder KI-Modell auf dem **Markt bereitstellt** oder vertreibt, ohne selbst Anbieter oder Einführer zu sein (→ Art. 3 Rn. 106 ff.). Nach Art. 24 dürfen Händler ein Hochrisiko-KI-System nur bereitstellen, wenn diese die dort benannten Pflichten einhalten (→ Art. 24 Rn. 3 ff.).

27 Einführer und Händler sind funktional voneinander abzugrenzen, da sie unterschiedliche Rollen in der Vertriebskette einnehmen und jeweils eigenständigen Pflichtenkatalogen unterliegen. Diese Differenzierung ist jedoch mit erheblichen **rechtlichen Unsicherheiten** verbunden, insbesondere hinsichtlich der **territorialen Anknüpfung**.[65] Der Begriff „Einführer" ist auf in der Union niedergelassene Personen beschränkt (→ Art. 3 Rn. 96). Führt hingegen eine im Drittstaat ansässige, vom Anbieter verschiedene Person ein KI-System in die Union ein, gilt sie lediglich als Händler und unterliegt damit nur den Vorgaben des Art. 24 der deutlich geringere Anforderungen als Art. 23 besitzt.[66] Ob diese Abschwächung der Anforderungen gesetzgeberisch intendiert war, erscheint zweifelhaft.[67] Der Unionsgesetzgeber beabsichtigte wohl nicht die Setzung eines Anreizes, Handelsstrukturen im Bereich von KI-Systemen in Drittstaaten zu verlagern, um strengere unionsrechtliche Pflichten zu umgehen.

---

63 Krönke NVwZ 2024, 529 (530); Schopper/Raschner KIR 2025, 91 (97 f.).

64 Ammann/Pohle CB 2024, 137 (141).

65 Martini/Wendehorst, KI-VO/Wendehorst, Art. 2 Rn. 28.

66 Hilgendorf/Härtlein, HK-KI-VO, Art. 3 Rn. 8; Martini/Wendehorst, KI-VO/Wendehorst, Art. 2 Rn. 28.

67 Näher hierzu Martini/Wendehorst, KI-VO/Wendehorst, Art. 2 Rn. 28.

f) Produkthersteller (Abs. 1 Buchst. e). Art. 2 Abs. 1 Buchst. e erstreckt die Anwendung der VO auf Produkthersteller, die ein KI-System zusammen mit ihrem Produkt und unter ihrem eigenen Namen oder ihrer eigenen Marke in Verkehr bringen oder in Betrieb nehmen. Eine eigenständige Definition des Produktherstellers enthält die KI-VO nicht. Anknüpfungspunkt dürften daher die Begriffsbestimmungen des jeweils einschlägigen **Harmonisierungsrechtsakts** sein.[68] Systematisch konkretisiert wird die Einbindung durch Art. 25 Abs. 3 (→ Art. 25 Rn. 25 ff.). Bringt der Hersteller eines Produkts ein KI-System als Sicherheitsbauteil zusammen mit dem Produkt unter seinem eigenen Namen oder seiner Marke in Verkehr oder nimmt es in Betrieb, gilt er im Hinblick auf das KI-System gem. Art. 25 Abs. 3 als Anbieter. Daneben erlangt der Produkthersteller nur im Rahmen von Konformitätsbewertungen iSd Art. 43 Abs. 3 UAbs. 3 Bedeutung (→ Art. 43 Rn. 46). 28

g) Bevollmächtige von Anbietern (Abs. 1 Buchst. f). Art. 2 Abs. 1 Buchst. f erstreckt den Anwendungsbereich der VO auf Bevollmächtigte von Anbietern, die nicht in der Union niedergelassen sind. Nach Art. 3 Nr. 5 ist ein **Bevollmächtigter** jede in der Union niedergelassene natürliche oder juristische Person, die vom Anbieter durch eine schriftliche Vollmacht beauftragt wird, in dessen Namen bestimmte Aufgaben oder Verpflichtungen im Zusammenhang mit der KI-VO wahrzunehmen (→ Art. 3 Rn. 82 ff.). Die Stellung als Bevollmächtigter entsteht somit **nicht kraft Gesetzes,** sondern durch rechtsgeschäftliche Beauftragung. Sie setzt einen **entsprechenden Willensakt** des außerhalb der Union ansässigen Anbieters voraus. 29

Eine Pflicht zur Bestellung eines Bevollmächtigten besteht für Anbieter, die nicht in der Union niedergelassen sind, sofern sie Hochrisiko-KI-Systeme nach Art. 22 (→ Art. 22 Rn. 8 ff.) oder KI-Modelle mit allgemeinem Verwendungszweck nach Art. 54 (→ Art. 54 Rn. 10 ff.) bereitstellen. Die Bestellung dient der unionsinternen **Anbindung** und **Durchsetzbarkeit** der VO. Der Bevollmächtigte soll als **Ansprechpartner** für die zuständigen Behörden innerhalb der Union fungieren, insbesondere in Konstellationen, in denen der Anbieter selbst keinen Sitz im Unionsgebiet besitzt.[69] Eigene materielle Produkt- oder Risikopflichten weist die KI-VO dem Bevollmächtigten hingegen nicht zu. Seine Funktion ist im Wesentlichen **administrativ** und **kommunikativ** ausgestaltet.[70] 30

h) Betroffene Personen (Abs. 1 Buchst. g). Art. 2 Abs. 1 Buchst. g bestimmt, dass die VO Anwendung findet, soweit ein KI-System Auswirkungen auf **betroffene Personen** hat, die sich in der Union befinden. Eine Legaldefinition enthält die KI-VO insoweit nicht.[71] Der Parlamentsentwurf zur Änderung der KI-VO[72] sah in Änderung 174 mit Art. 3 Abs. 1 Nr. 8a vor, die betroffene Person als jede natürliche Person oder Personengruppe zu definieren, die einem KI-System unterliegt oder anderweitig davon betroffen ist. Diese Definition wurde jedoch nicht in den finalen Verordnungstext übernommen. Dennoch ist der Begriff der 31

---

68 Vgl. Erwgr. 87.

69 Vgl. Erwgr. 82 S. 2.

70 Martini/Wendehorst, KI-VO/Wendehorst, Art. 3 Rn. 111; Bomhard/Siglmüller RDi 2024, 45 (51).

71 BeckOK KI-Recht/Voigt, Art. 2 Rn. 13.

72 Europäisches Parlament, Gesetz über Künstliche Intelligenz, P9 TA (2023) 0236.

„betroffenen Person" **funktional** zu **verstehen** und an die **tatsächliche Einwirkung** eines KI-Systems auf eine Person im Unionsgebiet geknüpft.

32 Systematisch ist Art. 2 Abs. 1 Buchst. g zunächst mit Art. 3 Abs. 2 DS-GVO vergleichbar.[73] Beide Vorschriften enthalten eine **auswirkungsbezogene Anknüpfung** an das Unionsgebiet. Gleichwohl kann die datenschutzrechtliche Definition der betroffenen Person nicht herangezogen werden. Ausgehend von der Zielbestimmung des Art. 1 Abs. 1 DS-GVO ist das Datenschutzrecht auf den Schutz natürlicher Personen zugeschnitten. Art. 2 Abs. 1 Buchst. g knüpft demgegenüber nicht an die Verarbeitung personenbezogener Daten, sondern an die **Auswirkungen eines KI-Systems** an.[74] Das Schutzkonzept der KI-VO ist produkt- und risikobezogen und nicht auf natürliche Personen beschränkt.[75] KI-Systeme können auch juristische Personen oder sonstige Organisationseinheiten faktisch betreffen.[76] Dies ist beispielsweise der Fall, wenn KI-gestützte **Risikoklassifizierungssysteme** über die Annahme oder Ablehnung eines Unternehmens als Vertragspartner befinden. Aber auch in Fällen wie der automatisierten Marktüberwachung oder Compliance-Bewertung können juristische Personen betroffen sein.

33 Art. 86 bestätigt diese Differenzierung auf systematischer Ebene.[77] Die Vorschrift regelt einen **eigenständigen Anspruchstatbestand** und setzt hierfür eine **qualifizierte Betroffenheit** voraus (→ Art. 86 Rn. 10 ff.). Dieser Maßstab geht über die bloße tatsächliche Betroffenheit hinaus.[78] Da Art. 86 die Betroffenheit tatbestandlich konkretisiert und an eine Beeinträchtigung von Gesundheit, Sicherheit oder Grundrechten einer Person anknüpft, setzt die Vorschrift eine qualifizierte Rechtsbeeinträchtigung voraus. Daraus folgt im Umkehrschluss, dass Art. 2 Abs. 1 Buchst. g für die Eröffnung des Anwendungsbereichs keine derart qualifizierte Rechtsbeeinträchtigung verlangt.[79] Eine Verletzung subjektiver Rechte ist nicht erforderlich. Es reicht aus, dass eine **tatsächliche Berührung** mit dem System oder dessen Output vorliegt, etwa bei der Nutzung eines Chatbots.

34 Das Tatbestandsmerkmal des „die sich in der **Union** befinden" ist insofern weit auszulegen (zum Unionsbegriff → Rn. 14).[80] Entscheidend ist der **tatsächliche Aufenthaltsort** der betroffenen Person im Zeitpunkt der Interaktion oder Betroffenheit, nicht ihre Staatsangehörigkeit oder ihr Wohnsitz. Erfasst sind damit auch Drittstaatsangehörige, die sich vorübergehend in einem Mitgliedstaat aufhalten und mit einem in der Union eingesetzten KI-System interagieren. Demgegenüber werden Personen, die sich außerhalb der Union befinden, von Art. 2 Abs. 1 Buchst. g nicht erfasst.[81] Nicht umfasst sind daher Konstellationen, in denen sich die betroffene Person im Drittstaat befindet, auch wenn das eingesetzte KI-System innerhalb der Union betrieben wird. Dies kann etwa bei der automatisierten Vorprüfung von Visumanträgen der Fall sein, wenn sich die antragstellende Person während des Entscheidungsprozesses im Herkunftsstaat aufhält.[82]

---

[73] Hilgendorf/Roth-Isigkeit, KI-VO/Gless/Janal, § 2 Rn. 72.

[74] Hilgendorf/Roth-Isigkeit, KI-VO/Gless/Janal, § 2 Rn. 72.

[75] Hilgendorf/Roth-Isigkeit, KI-VO/Gless/Janal, § 2 Rn. 72.

[76] Bomhard/Pieper/Wende, KI-VO/Pieper, Art. 2 Rn. 44.

[77] Vgl. hierzu Bomhard/Pieper/Wende, KI-VO/Pieper, Art. 2 Rn. 44.

[78] BeckOK KI-Recht/Voigt, Art. 2 Rn. 13.

[79] BeckOK KI-Recht/Voigt, Art. 2 Rn. 13.

[80] Für eine weite Auslegung des Begriffs ebenso Martini/Wendehorst, KI-VO/Wendehorst, Art. 2 Rn. 32.

[81] BeckOK KI-Recht/Voigt, Art. 2 Rn. 32.

[82] BeckOK KI-Recht/Voigt, Art. 2 Rn. 32.

2. Bereichsausnahme für bestimmte produktbezogene Hochrisiko-KI-Systeme (Abs. 2)

a) Allgemeines. Art. 2 Abs. 2 enthält eine bereichsspezifische Ausnahme des sachlichen Anwendungsbereichs der VO. Die Vorschrift bestimmt, dass die KI-VO auf Hochrisiko-KI-Systeme, die Produkte oder Sicherheitsbauteile von Produkten darstellen und unter die in Anhang I Abschnitt B aufgeführten Harmonisierungsrechtsakte fallen, keine Anwendung findet. Es geht daher um solche Produkte, die bereits nach einem anderen Harmonisierungsrechtsakt einem Zulassungs- oder Genehmigungsverfahren unterliegen.[83] Es bleiben lediglich Art. 57 sowie die Art. 102–109 und Art. 112 anwendbar. Ziel dieser Regelung ist es, Überschneidungen mit bestehenden sektorspezifischen Harmonisierungsrechtsakten zu vermeiden, die außerhalb des sogenannten New Legislative Framework angesiedelt sind.[84] Das **New Legislative Framework** bildet das unionsrechtliche Grundmodell des **produktrechtlichen Regulierungskonzepts.**[85] Die in Anhang I Abschnitt B genannten Rechtsakte verfügen hingegen über **eigenständige,** in sich **geschlossene Regelungs-** und **Zertifizierungsstrukturen**, die insbesondere staatliche Aufsicht, Sicherheitsanforderungen und Konformitätsbewertung umfassend regeln.[86] Aufgrund der unterschiedlichen Regelungslogiken, denen das New Legislative Framework einerseits und das sektorspezifische Recht andererseits folgen, hat sich der Gesetzgeber bewusst gegen eine einheitliche Regelung in Art. 2 Abs. 2 entschieden.[87] Betroffen sind vor allem bestimmte Bereiche des Verkehrs- und Beförderungswesens.[88] Dies könnte sich jedoch im Hinblick auf die Vereinfachung der VO (EU) 2017/745 und der VO (EU) 2017/746 ändern, sodass perspektivisch auch die Erfassung KI-basierte Medizinprodukte von dieser Ausnahme denkbar ist.[89] 35

Zur Vermeidung von Wertungswidersprüchen mit den in Anhang I Abschnitt B genannten **sektorspezifischen Rechtsakten** beschränkt Art. 2 Abs. 2 die Anwendung der VO auf einzelne **Koordinierungs-** und **Anpassungsvorschriften.**[90] An die Stelle einer eigenständigen Vollregulierung tritt damit eine systematische Einbindung der Vorgaben der KI-VO in die bestehenden sektorspezifischen Konformitätsbewertungsverfahren. Nach Maßgabe der Art. 102–109 werden die betreffenden Rechtsakte entsprechend angepasst, sodass die materiellen Anforderungen der KI-VO im jeweiligen Zertifizierungsregime berücksichtigt werden. Erwgr. 49 betont, dass die Vorgaben der KI-VO einheitlich in die anderen Rechtsakte überführt werden soll, um eine **kohärente Verzahnung** zu erreichen. 36

b) Voraussetzungen der Ausnahme. Von der Ausnahme des Art. 2 Abs. 2 sind ausschließlich solche KI-Systeme erfasst, die als Hochrisiko-KI-Systeme gem. 37

---

[83] Hilgendorf/Roth-Isigkeit, KI-VO/Gless/Janal, § 2 Rn. 28.

[84] Martini/Wendehorst, KI-VO/Wendehorst, Art. 2 Rn. 34; Schwartmann/Keber/Zenner, KI-VO/Schwartmann/Köhler, Rn. 181.

[85] Näher hierzu Kapoor/Klindt EuZW 2008, 649 (649 ff.).

[86] Martini/Wendehorst, KI-VO/Wendehorst, Art. 2 Rn. 33; BeckOK KI-Recht/Voigt, Art. 2 Rn. 34.

[87] Höving/Ringlage/Weschky ZfPC 2025, 241 (243).

[88] Hilgendorf/Roth-Isigkeit, KI-VO/Gless/Janal, § 2 Rn. 28; Hilgendorf/Roth-Isigkeit, KI-VO/Martini, § 3 Rn. 69.

[89] COM(2025) 1023 final S. 128; vgl. hierzu auch Hachmeister/Kohoutek PharmR 2026, 150 (151 f.).

[90] Martini/Wendehorst, KI-VO/Wendehorst, Art. 2 Rn. 34.

Art. 6 Abs. 1 eingestuft sind. Der Anwendungsbereich ist damit bewusst eng gefasst und knüpft unmittelbar an die tatbestandlichen Voraussetzungen des Art. 6 Abs. 1 an (→ Art. 6 Rn. 6 ff.).[91]

38 Darüber hinaus verlangt Art. 2 Abs. 2, dass das betreffende Hochrisiko-KI-System in einem **„Zusammenhang mit"** einem Produkt steht, das von einer der in Anhang I Abschnitt B der KI-VO genannten **Harmonisierungsrechtsvorschriften** erfasst wird. Der erforderliche Zusammenhang mit Anhang I Abschnitt B der KI-VO ist dabei restriktiv zu verstehen.[92] So reicht es etwa nicht aus, dass ein KI-System im Luftverkehr eingesetzt wird oder sicherheitsrelevante Abläufe an einem Flughafen unterstützt. Wenn beispielsweise ein KI-gestütztes System zur Optimierung von Abfertigungsprozessen oder zur Prognose von Passagierströmen verwendet wird, ohne dass es selbst Bestandteil eines nach der VO (EU) 2018/1139 zertifizierungspflichtigen Produkts oder Sicherheitsbauteils ist, dann fehlt es an der erforderlichen normativen Einbindung. Maßgeblich ist daher vielmehr eine **unmittelbare normative Zuordnung** zu einer der in Anhang I Abschnitt B der KI-VO aufgeführten Harmonisierungsrechtsvorschriften.[93] Ein solcher Fall liegt etwa vor, wenn ein KI-System als sicherheitsrelevantes Bauteil eines unbemannten Luftfahrzeugs ausgestaltet ist und dieses Luftfahrzeug der Zertifizierung nach der VO (EU) 2018/1139 unterliegt. Wird das KI-System im Rahmen der **Musterzulassung** mitgeprüft, besteht die erforderliche Einbindung in das **sektorspezifische Zertifizierungsregime.**

39 Anhang I Abschnitt B erfasst KI-Systeme, die Sicherheitsbauteile von Produkten sind oder selbst Produkte darstellen, die unter bestimmte unionsrechtliche Harmonisierungsrechtsvorschriften fallen und einer Konformitätsbewertung durch Dritte unterliegen. Im **Beförderungswesen** betrifft dies insbesondere Kraftfahrzeuge, die Schifffahrt, die Eisenbahn sowie Teile der Luftfahrt. Dies spiegelt insofern auch die Ausgestaltung der Art. 102–109 wider.

40 Im Bereich der **Kraftfahrzeuge** betrifft dies die VO (EU) Nr. 167/2013, die VO (EU) Nr. 168/2013, die VO (EU) 2018/858 sowie die VO (EU) 2019/2144. Diese Regelwerke sehen jeweils ein umfassendes Typgenehmigungs- und Marktüberwachungssystem für sicherheitsrelevante Fahrzeugkomponenten vor, weshalb KI-Systeme, die als **Sicherheitsbauteile** in diesen Verfahren **zertifiziert** werden, nicht isoliert, sondern im Zusammenspiel mit dem bestehenden **sektorspezifischen Regime** zu betrachten sind.

41 Für die **Schifffahrt** verweist Anhang I Abschnitt B auf die RL 2014/90/EU über Schiffsausrüstung. Auch hier besteht ein eigenständiges Konformitäts- und Zertifizierungssystem für sicherheitsrelevante Ausrüstungsgegenstände. Die Aufnahme in den Katalog des Anhangs I Abschnitt B, beruht maßgeblich auf der engen Verflechtung mit international harmonisierten **Sicherheits- und Normungsstandards**.[94]

42 Für die **Luftfahrt** verweist Anhang I Abschnitt B auf die VO (EU) 2018/1139, welche das grundlegende Sicherheitsrahmenwerk der europäischen Zivilluftfahrt bildet und die Zertifizierung von Luftfahrzeugen, Triebwerken, Ausrüstung, Flugplätzen, Flugsicherungsorganisationen sowie beteiligten Betrieben

---

[91] Näher hierzu Höving/Ringlage/Weschky ZfPC 2025, 241 (246).

[92] Ausführlich Bauer/Merkle/Sedlmaier KIR 2025, 300 (305); Martini/Wendehorst, KI-VO/Wendehorst, Art. 2 Rn. 49.

[93] Martini/Wendehorst, KI-VO/Wendehorst, Art. 2 Rn. 49.

[94] Martini/Wendehorst, KI-VO/Wendehorst, Art. 2 Rn. 34.

umfassend regelt, Art. 2 Abs. 1 VO (EU) 2018/1139. Die VO verfolgt mit Art. 1 Abs. 1 VO (EU) 2018/1139 das Ziel eines einheitlich hohen Sicherheitsniveaus in der Union und überträgt der EASA zentrale Zuständigkeiten für die Zulassung, Aufsicht und Standardisierung.[95] Auffällig ist jedoch, dass Anhang I Abschnitt B Nr. 20 die Bezugnahme ausdrücklich auf unbemannte Luftfahrzeugsysteme beschränkt. **Bemannte Luftfahrzeuge,** Flugplatzausrüstung, Abfertigungsdienste sowie ATM- und ANS-Dienste werden **weder in Abschnitt A noch in Abschnitt B genannt,** obwohl auch sie nach der VO (EU) 2018/1139 zertifizierungspflichtig sind und sicherheitsrechtlich erfasst werden.[96] KI-Systeme, die als Sicherheitsbauteile für andere von der VO (EU) 2018/1139 erfasste Produkte, etwa bemannte Luftfahrzeuge, dienen, gelten zwar **nicht als Hochrisiko-KI-Systeme** nach Art. 6 Abs. 1, unterfallen jedoch den übrigen allgemeinen Vorschriften der VO.[97] Dies ist systematisch bemerkenswert. Zwar lässt sich ein **Redaktionsversehen**[98] nicht vollständig ausschließen, allerdings war bereits im Verordnungsentwurf ausschließlich von unbemannten Luftfahrzeugen die Rede, was eher für eine bewusste Beschränkung spricht. Dies erscheint insbesondere vor dem Hintergrund erklärungsbedürftig, dass Art. 108 Anpassungen der luftfahrtrechtlichen Zertifizierungsvorschriften vorsieht und damit auch nicht unbemannte Luftfahrzeuge mittelbar in den Regelungszusammenhang einbezieht. Ein vollständiger gesetzgeberischer Wille, den Bereich der bemannten Luftfahrt aus dem Hochrisikoregime auszunehmen, lässt sich daher nicht eindeutig feststellen.

Letztlich erfolgt die Einbindung luftfahrtspezifischer KI-Systeme weniger **43** unmittelbar über Anhang I Abschnitt B als vielmehr mittelbar über die in Art. 108 vorgesehenen **Anpassungen der sektorspezifischen** Vorschriften. Die EASA arbeitet bereits an der Konkretisierung entsprechender Zertifizierungsansätze für KI-basierte Systeme, insbesondere im Rahmen ihrer Konzepte zu einer „AI Roadmap[99]“. Ziel ist es, die bestehenden luftfahrtrechtlichen Zulassungs- und Sicherheitsmechanismen so fortzuentwickeln, dass auch KI-Systeme unter Wahrung des hohen europäischen Flugsicherheitsniveaus integriert werden können.

Ausgenommen vom Anwendungsbereich nach Art. 2 Abs. 2 sind insoweit **44** auch KI-Systeme, die als Sicherheitsbauteile im Anwendungsbereich der VO (EG) Nr. 300/2008 über gemeinsame Vorschriften für die Sicherheit der Zivilluftfahrt eingesetzt werden und den dortigen sektorspezifischen Sicherheitsanforderungen unterliegen. Erfasst sind vor allem **Sicherheitskontrollen** von Fluggästen, Gepäck, Fracht und Flughafenpersonal, **Zugangskontrollen** zu Sicherheitsbereichen, **Luftsicherheitsprogramme** von **Flughäfen** und Luftfahrtunternehmen sowie technische Sicherheitsausrüstung wie Screening- und Detektionssysteme.

Für den **Eisenbahnsektor** verweist Anhang I Abschnitt B auf die unionsrecht- **45** lichen Sicherheits- und Interoperabilitätsvorschriften der RL (EU) 2016/797, die die technische und betriebliche **Interoperabilität des Eisenbahnsystems** in der Union sowie die hierfür geltenden grundlegenden Sicherheitsanforderungen harmonisiert.

---

[95] Vgl. etwa Erwgr. 4 ff. VO (EU) 2018/1139.
[96] Martini/Wendehorst, KI-VO/Wendehorst, Art. 2 Rn. 40.
[97] Martini/Wendehorst, KI-VO/Wendehorst, Art. 2 Rn. 42.
[98] Ebenso Martini/Wendehorst, KI-VO/Wendehorst, Art. 2 Rn. 42.
[99] EASA, Artificial Intelligence Roadmap 2.0, May 2023.

46 **c) Rechtsfolge und verbleibende Anwendbarkeit einzelner Vorschriften.** Liegen die Voraussetzungen des Art. 2 Abs. 2 vor, so ist der Anwendungsbereich der KI-VO für die betreffenden KI-Systeme grundsätzlich ausgeschlossen, soweit es um die Einstufung als Hochrisiko-KI-System nach Art. 6 Abs. 1 geht (→ Art. 6 Rn. 6 ff.). Die KI-VO tritt insoweit hinter das jeweilige **sektorspezifische Harmonisierungs-** und **Zertifizierungsregime** zurück. Unberührt bleibt jedoch Art. 57, da die Regelungen zu KI-Reallaboren innovationsfördernden Charakter haben (→ Art. 57 Rn. 1 ff.).[100] Ebenfalls anwendbar bleiben die Art. 102–109, da sie keine materiellen Pflichten für einzelne KI-Systeme begründen, sondern bestehende sektorspezifische Rechtsakte an die Systematik der KI-VO anpassen und so eine kohärente Verzahnung sicherstellen. Schließlich bleibt auch Art. 112 unberührt, da die Vorschrift die Evaluierung und Überprüfung der VO insgesamt regelt und nicht vom sachlichen Anwendungsbereich einzelner Hochrisikokonstellationen abhängt (→ Art. 112 Rn. 1 ff.).

3. Militär, Verteidigung und nationale Sicherheit (Abs. 3)

47 Art. 2 Abs. 3 nimmt KI-Systeme vom Anwendungsbereich der VO aus, soweit sie ausschließlich für militärische Zwecke, Zwecke der Verteidigung oder der nationalen Sicherheit entwickelt oder verwendet werden. Die Regelung steht dabei auch in Zusammenhang mit der Verteidigungspolitik der EU.[101]

48 Art. 2 Abs. 3 UAbs. 1 ist als tatbestandliche **Bereichsausnahme** ausgestaltet und bewirkt bei Vorliegen ihrer Voraussetzungen die **vollständige Unanwendbarkeit** der KI-VO.[102] Die Ausnahme wird daher teils kritisch als problematische Regelungslücke bewertet, da gerade autonome Waffensysteme die gravierendsten **ethischen Risiken** von KI-Systemen aufweisen können und deshalb eigentlich einer besonders strengen Regulierung bedürften.[103] Die Vorschrift dient jedoch dazu, die unionsrechtliche **Kompetenzordnung** einzuhalten.[104] Nach Art. 4 Abs. 2 EUV bleibt die nationale Sicherheit in der alleinigen Verantwortung der Mitgliedstaaten. Der Gesetzgeber kann auf Grundlage von Art. 114 AEUV diesen Kernbereich staatlicher Souveränität nicht regulativ überformen.[105] Art. 2 Abs. 3 fungiert daher als kompetenzsichernde Abgrenzungsnorm. Vergleichbare Bereichsausnahmen finden sich etwa in Art. 2 Abs. 2 Buchst. a DS-GVO oder in Art. 2 Abs. 7 CRA. Hinsichtlich der Auslegung wird man daher wohl auf die **Rechtsprechung zur DS-GVO** zurückgreifen können, sodass die **Bestimmungen eng auszulegen** sind.[106]

49 Gemäß Art. 2 Abs. 3 UAbs. 2 findet die VO somit keine Anwendung auf KI-Systeme, die **ausschließlich für militärische**, **verteidigungsbezogene** oder **nationale Sicherheitszwecke** in Verkehr gebracht, in Betrieb genommen oder verwendet werden, unabhängig von der Art der handelnden Einrichtung. Voraussetzung hierfür ist die **ausschließliche Zweckbestimmung** für

---

[100] Hilgendorf/Roth-Isigkeit, KI-VO/Gless/Janal, § 2 Rn. 28.

[101] Seitz EuZW 2024, 836 (837); Hilgendorf/Roth-Isigkeit, KI-VO/Gless/Janal, § 2 Rn. 29.

[102] BeckOK KI-Recht/Voigt, Art. 2 Rn. 36.

[103] Neuwirth, The EU Artificial Intelligence Act, S. 31; Ebers EJRR 2025, 684 (692); Bomhard/Siglmüller RDi 2024, 45 (53).

[104] Erwgr. 24.

[105] Calliess/Ruffert, EUV/Calliess, Art. 4 Rn. 45 ff.

[106] Martini/Wendehorst, KI-VO/Wendehorst, Art. 2 Rn. 66 f.

militärische Zwecke, Verteidigungszwecke oder Zwecke der nationalen Sicherheit. Das Merkmal „ausschließlich" ist eng auszulegen.[107] Bereits eine teilweise zivile Zweckverfolgung oder eine objektiv erkennbare Dual-Use-Konzeption steht der Anwendung der Ausnahme entgegen, sodass diese KI-Systeme unter den Anwendungsbereich der KI-VO fallen.[108] Dies führt dazu, dass ein zweckentfremdender Betreiber entsprechender KI-Anwendungen dieser unter den Anwendungsbereich der KI-VO fallen kann.[109]

Auch KI-Systeme, die außerhalb der Union in Verkehr gebracht oder in **50**
Betrieb genommen werden, unterfallen gem. Art. 2 Abs. 3 UAbs. 2 und 3 abweichend von Art. 2 Abs. 1 Buchst. c nicht dem Anwendungsbereich (zu Art. 2 Abs. 1 Buchst. c → Rn. 24 ff.), wenn ihr Output in der Union ausschließlich militärischen, verteidigungsbezogenen oder nationalen Sicherheitszwecken dient.[110] Auch in diesem Zusammenhang ist das Merkmal „ausschließlich" im Hinblick auf Erwgr. 24 eng auszulegen.[111]

4. Drittstaatliche Behörden und internationale Organisationen im Rahmen strafrechtlicher Zusammenarbeit (Abs. 4)

Art. 2 Abs. 4 nimmt **Behörden von Drittstaaten** sowie internationale Orga- **51**
nisationen vom Anwendungsbereich der VO aus, soweit sie KI-Systeme im Rahmen der internationalen Zusammenarbeit in **Strafverfolgungs**- oder **justiziellen Angelegenheiten** mit der Union oder Mitgliedstaaten einsetzen und dabei ein angemessenes Schutzniveau für Privatsphäre, Grundrechte und Grundfreiheiten gewährleisten.

Ohne die Vorschrift wären insbesondere völkerrechtliche Vereinbarungen **52**
gefährdet.[112] Ziel der Vorschrift ist es, die **internationale strafrechtliche und justizielle Zusammenarbeit** nicht durch eine übermäßige extraterritoriale Anwendung der KI-VO faktisch zum Erliegen zu bringen.[113] Die Vorschrift begrenzt damit die extraterritoriale Anknüpfung des Art. 2 Abs. 1 lit. c (zu Art. 2 Abs. 1 Buchst. c → Rn. 24 ff.) und stellt sicher, dass drittstaatliche Behörden oder internationale Organisationen bei KI-gestützter Zusammenarbeit mit der Union nicht allein deshalb der KI-VO unterfallen, weil der erzeugte **Output** im **Unionsgebiet** verwendet wird, was andernfalls bspw. operative Maßnahmen wie die Festnahme einer über Interpol identifizierten Person erschweren könnte.[114]

Erforderlich sind hinreichende rechtliche und **tatsächliche Garantien,** die ein **53**
unionsrechtsäquivalentes Schutzniveau für die Privatsphäre, den Datenschutz sowie die Grundrechte und Grundfreiheiten der betroffenen Personen gewährleisten, ohne dass hierfür ein formalisierter Angemessenheitsbeschluss wie in Art. 45 DS-GVO vorgesehen ist.[115] Ausreichend könnten etwa rechtsstaatliche Verfahrensgarantien, effektive Rechtsschutzmöglichkeiten oder datenschutzrechtliche

---

[107] Erwgr. 24.
[108] Vgl. Erwgr. 24.
[109] Hilgendorf/Roth-Isigkeit, KI-VO/Gless/Janal, § 2 Rn. 31.
[110] Martini/Wendehorst, KI-VO/Wendehorst, Art. 2 Rn. 74.
[111] Vgl. hierzu auch Hilgendorf/Roth-Isigkeit, KI-VO/Gless/Janal, § 2 Rn. 31.
[112] Hilgendorf/Roth-Isigkeit, KI-VO/Gless/Janal, § 2 Rn. 32.
[113] Hilgendorf/Härtlein, HK-KI-VO, Art. 2 Rn. 12.
[114] Martini/Wendehorst, KI-VO/Wendehorst, Art. 2 Rn. 76.
[115] Martini/Wendehorst, KI-VO/Wendehorst, Art. 2 Rn. 77.

Sicherungen sein. Im Hinblick auf künftig geschlossene Vereinbarungen ist jedoch unter Berücksichtigung von Erwgr. 22 S. 10 zu beachten, dass die Vertragsparteien größtmögliche Anstrengungen unternehmen sollen, dass die Vorgaben der KI-VO eingehalten werden.

5. Verhältnis zur Haftungsprivilegierung von Vermittlungsdiensten (Abs. 5)

54 Art. 2 Abs. 5 stellt klar, dass die **Haftungsregelungen** für Anbieter von Vermittlungsdiensten nach Kapitel II des DSA durch die KI-VO nicht berührt oder verändert werden. Die Vorschrift enthält damit keinen eigenständigen Ausnahmetatbestand, sondern dient der systematischen Abgrenzung beider Regelungsregime und ist im Kern deklaratorischer Natur.[116] Die Vorgaben des DSA werden durch die KI-VO weder verschärft noch gelockert.[117]

55 **Praktische Berührungspunkte** bestehen insbesondere im Hinblick auf Art. 50 (→ Art. 50 Rn. 95 ff.), wonach bestimmte KI-generierte Inhalte maschinenlesbar zu kennzeichnen sind. Diese Kennzeichnungspflichten begründen jedoch keine eigenständigen Überwachungs- oder Prüfpflichten für Anbieter von Vermittlungsdiensten.[118] Werden nicht ordnungsgemäß gekennzeichnete KI-generierte Inhalte über einen Vermittlungsdienst verbreitet, bleibt es aufgrund von Art. 2 Abs. 5 bei der **Haftungsprivilegierung** des DSA.[119] Umgekehrt gelten die Anbieterpflichten des DSA auch dann fort, wenn diese unter Einsatz von KI-Systemen erfüllt werden.[120] Vermittlungsdienste, die selbst KI-Systeme anbieten oder betreiben, unterliegen daher parallel sowohl den einschlägigen Vorschriften der KI-VO als auch uneingeschränkt den Verpflichtungen des DSA.[121]

6. Wissenschaftliche Forschung und Entwicklung (Abs. 6)

56 Gemäß Art. 2 Abs. 6 findet die VO keine Anwendung auf KI-Systeme oder KI-Modelle einschließlich ihrer Ausgabe, die eigens für den alleinigen Zweck der wissenschaftlichen **Forschung** und **Entwicklung** entwickelt und in Betrieb genommen werden. Die Vorschrift wird zutreffend als Forschungsprivileg bezeichnet und normiert eine eigenständige Ausnahme vom sachlichen Anwendungsbereich der KI-VO.[122] Nach Erwgr. 25 soll hierdurch die Freiheit von **Forschung** und **Innovation** gewahrt werden. Der Begriff der wissenschaftlichen Forschung ist dabei nicht näher definiert, dürfte jedoch im Hinblick auf Erwgr. 25 weit auszulegen sein und sämtliche Formen wissenschaftlicher Forschung und Entwicklung erfassen, einschließlich solcher in den Natur-, Technik-, Rechts-, Geistes- und Sozialwissenschaften.[123] Voraussetzung hierbei

[116] Martini/Wendehorst, KI-VO/Wendehorst, Art. 2 Rn. 80; BeckOK KI-Recht/Voigt, Art. 2 Rn. 47.

[117] BeckOK KI-Recht/Voigt, Art. 2 Rn. 47.

[118] Vgl. Erwgr. 120, 136.

[119] Vgl. Erwgr. 120, 136.

[120] Martini/Wendehorst, KI-VO/Wendehorst, Art. 2 Rn. 82 f.

[121] BeckOK KI-Recht/Voigt, Art. 2 Rn. 47.

[122] Krüger/Karger KIR 2025, 85; Schwartmann/Keber/Zenner, KI-VO/Keber/Zenner, Rn. 173; Martini/Wendehorst, KI-VO/Wendehorst, Art. 2 Rn. 84 spricht von „Wissenschaftsprivileg".

[123] Ebenso mit andere Begründung Martini/Wendehorst, KI-VO/Wendehorst, Art. 2 Rn. 93.

ist jedoch die **ausschließliche Nutzung zu Forschungszwecken.** Jede zusätzliche kommerzielle oder operative Verwendung führt zur Anwendbarkeit der KI-VO.

57 Art. 2 Abs. 8 ist von Art. 2 Abs. 6 dadurch zu unterscheiden, dass Art. 2 Abs. 8 die Forschungs- und Entwicklungsphase von KI-Systemen erfasst (→ Rn. 60), solange diese noch nicht in Verkehr gebracht oder in Betrieb genommen wurden, während Art. 2 Abs. 6 bereits entwickelte und in Betrieb genommene Systeme betrifft, sofern sie ausschließlich wissenschaftlichen Forschungszwecken dienen.[124]

7. Verhältnis zum Datenschutzrecht (Abs. 7)

58 Nach Art. 2 Abs. 7 bleiben die unionsrechtlichen Vorschriften zum Schutz personenbezogener Daten, der Privatsphäre und der Vertraulichkeit der Kommunikation für Verarbeitungen im Zusammenhang mit der KI-VO unberührt. Es werden insbesondere die DS-GVO, die VO (EU) 2018/1725, die RL 2002/58/EG sowie die RL (EU) 2016/680 durch die KI-VO nicht verdrängt, vorbehaltlich Art. 10 Abs. 5 (→ Art. 10 Rn. 75 ff.) und Art. 59 (→ Art. 59 Rn. 5 f.). Die Vorschrift enthält damit **keinen Ausschlusstatbestand,** sondern eine Abgrenzungsregelung zwischen KI-Regulierung und Datenschutzrecht. Art. 10 Abs. 5 erlaubt Anbietern von Hochrisiko-KI-Systemen ausnahmsweise die Verarbeitung besonderer Kategorien personenbezogener Daten iSv Art. 9 Abs. 1 DS-GVO, Art. 10 der RL (EU) 2016/680 oder Art. 10 Abs. 1 der VO (EU) 2018/1725, sofern dies zur Aufdeckung und Korrektur von Verzerrungen zwingend erforderlich ist und **angemessene Garantien** für die Grundrechte und Grundfreiheiten bestehen (→ Art. 10 Rn. 74 ff.). Art. 59 eröffnet zudem die Möglichkeit der Sekundärnutzung rechtmäßig erhobener personenbezogener Daten im Rahmen von KI-Reallaboren unter den dort genannten Voraussetzungen (→ Art. 59 Rn. 8 f.). Unberührt bleiben darüber hinaus weitere unionsrechtliche Datenregime wie der DGA, die VO (EU) 2024/1938, der DSA sowie die VO (EU) 2024/900.[125]

59 Die parallele Anwendbarkeit von KI-VO und Datenschutzrecht führt in der Praxis zu erheblichen **Abgrenzungs- und Koordinationsproblemen,** da sowohl die **Entwicklung** als auch der Einsatz von KI-Systemen regelmäßig mit einer Verarbeitung (personenbezogener) Daten verbunden sind und daher vielfach Überschneidungen mit der DS-GVO, der Richtlinie 2002/58/EG und der Richtlinie (EU) 2016/680 bestehen, etwa in Bezug auf Verbotstatbestände, technischen und organisatorischen Maßnahmen, Folgenabschätzungen oder automatisierte Entscheidungen.[126]

8. Forschungs-, Test- und Entwicklungstätigkeiten vor dem Inverkehrbringen (Abs. 8)

60 Art. 2 Abs. 8 nimmt Forschungs-, Test- und Entwicklungstätigkeiten zu KI-Systemen oder KI-Modellen vom **Anwendungsbereich** dieser VO aus, solange sie noch nicht in Verkehr gebracht oder in Betrieb genommen wurden. Solche Tätigkeiten sind jedoch im Einklang mit dem geltenden Unionsrecht

---

[124] Martini/Wendehorst, KI-VO/Wendehorst, Art. 2 Rn. 85.

[125] Martini/Wendehorst, KI-VO/Wendehorst, Art. 2 Rn. 100.

[126] Martini/Wendehorst, KI-VO/Wendehorst, Art. 2 Rn. 104 ff.; Chibanguza/Kuß/Steege, KI-HdB/Jungkind/S. Koch, 2. Teil § 4 D. Rn. 58 ff.

durchzuführen. **Tests unter Realbedingungen** fallen ausdrücklich nicht unter diesen Ausschluss. Von Art. 2 Abs. 6 ist Abs. 8 klar abzugrenzen (zur Abgrenzung → Rn. 56). Art. 2 Abs. 8 stellt klar, dass reine Forschungs-, Test- und Entwicklungstätigkeiten zu KI-Systemen oder KI-Modellen vor deren Inverkehrbringen oder Inbetriebnahme **nicht** dem materiellen Regime der VO **unterfallen.**[127] Die Vorschrift konkretisiert damit die Reichweite des sachlichen Anwendungsbereichs für die vorgelagerte Entwicklungsphase, ohne dass ihr dabei eine große eigenständige Bedeutung zukommt. Inhaltlich verdeutlicht Art. 2 Abs. 8 S. 1 damit im Wesentlichen, was sich bereits aus Art. 2 Abs. 1 ergibt, nämlich dass die KI-VO grundsätzlich erst ab dem Inverkehrbringen bzw. der Inbetriebnahme eingreift.[128] Eine Einschränkung des Forschungsprivilegs liegt darin nicht.[129]

61 Als Forschungs-, Test- und Entwicklungstätigkeiten iSd Abs. 8 sind sämtliche **vorbereitenden Maßnahmen** zu verstehen, die auf die Konzeption, Entwicklung oder Verbesserung eines KI-Systems gerichtet sind und zeitlich vor dessen Bereitstellung auf dem Markt oder Inbetriebnahme liegen.[130] Erst mit dem Übergang von der Forschung in die Anwendung greifen die materiellen Pflichten der KI-VO ein. Gleichwohl kann es aus praktischen Gründen geboten sein, insbesondere die Anforderungen an Hochrisiko-KI-Systeme bereits in der Entwicklungsphase mitzudenken, auch wenn sie rechtlich erst zum Zeitpunkt des Inverkehrbringens oder der Inbetriebnahme verbindlich werden.[131]

Tests unter Realbedingungen sind vom Ausschluss des Art. 2 Abs. 8 S. 3 ausdrücklich ausgenommen. Für solche Konstellationen gelten die einschlägigen **Sonderregelungen** zu KI-Reallaboren nach Art. 57 ff. sowie die dort in Bezug genommenen weiteren Vorschriften der VO.[132]

9. Verbraucherschutz- und Produktsicherheitsvorschriften (Abs. 9)

62 Art. 2 Abs. 9 normiert, dass die Vorschriften anderer Rechtsakte der Union zum **Verbraucherschutz** und zur **Produktsicherheit** durch die KI-VO unberührt bleiben. Die Regelung wirkt **deklaratorisch** und erscheint auf den ersten Blick entbehrlich. Weder das unionsrechtliche Verbraucherschutzrecht noch das Produktsicherheitsrecht lassen sich als klar umrissene Rechtsgebiete verstehen.[133] Gerade das Produktsicherheitsrecht unterliegt zudem durch die Anpassungen in Art. 102–109 selbst Änderungen. Der Zweck der Vorschrift dürfte daher primär darin liegen, sicherzustellen, dass das durch bestehende unionsrechtliche Regelungen gewährleistete Schutzniveau für Verbraucher und für die Produktsicherheit durch die KI-VO weder abgesenkt noch relativiert wird.[134]

---

[127] Martini/Wendehorst, KI-VO/Wendehorst, Art. 2 Rn. 109; BeckOK KI-Recht/Voigt, Art. 2 Rn. 42.

[128] Martini/Wendehorst, KI-VO/Wendehorst, Art. 2 Rn. 113 f.

[129] BeckOK KI-Recht/Voigt, Art. 2 Rn. 42.

[130] Martini/Wendehorst, KI-VO/Wendehorst, Art. 2 Rn. 114.

[131] Borges CR 2024, 497 (506).

[132] Hilgendorf/Roth-Isigkeit, KI-VO/Gless/Janal, § 2 Rn. 34.

[133] Martini/Wendehorst, KI-VO/Wendehorst, Art. 2 Rn. 120, 122.

[134] Martini/Wendehorst, KI-VO/Wendehorst, Art. 2 Rn. 122; BeckOK KI-Recht/Voigt, Art. 2 Rn. 49.

10. Private Nutzung zu nichtberuflichen Zwecken (Abs. 10)

Art. 2 Abs. 10 bestimmt, dass die vorliegende VO nicht für Betreiber gilt, **63** die natürliche Personen sind und KI-Systeme ausschließlich im Rahmen einer **persönlichen** und nicht **beruflichen Tätigkeit** verwenden. Allerdings enthält bereits Art. 3 Nr. 4 in der Legaldefinition des Betreibers eine Ausnahme für den privaten Bereich, nach der Personen nicht als Betreiber gelten, wenn das KI-System im Rahmen einer persönlichen und nicht beruflichen Tätigkeit verwendet wird (→ Art. 3 Rn. 67 ff.). Während Art. 3 Nr. 4 damit jede persönliche und nicht berufliche Nutzung aus dem Betreiberbegriff ausnimmt, verlangt Art. 2 Abs. 10 zusätzlich die Ausschließlichkeit der privaten Nutzung. Der Anwendungsbereich der Ausnahme in Art. 3 Nr. 4 ist daher weiter gefasst. Art. 2 Abs. 10 dürfte vor diesem Hintergrund keine eigenständige praktische Bedeutung zukommen, sondern lediglich **klarstellenden Charakter** besitzen.[135]

11. Günstigkeitsklausel zugunsten von Arbeitnehmern (Abs. 11)

Die KI-VO enthält in Art. 2 Abs. 11 eine **arbeitsrechtliche Öffnungsklausel** **64** zugunsten von Arbeitnehmern. Danach sind die Union und die Mitgliedstaaten nicht gehindert, im Zusammenhang mit der Nutzung von KI-Systemen durch Arbeitgeber günstigere gesetzliche oder verwaltungsrechtliche Regelungen beizubehalten oder einzuführen sowie die Anwendung vorteilhafterer **Kollektivvereinbarungen** zu fördern oder zuzulassen. Die VO bewirkt insoweit lediglich eine **Mindestharmonisierung** im Bereich von Arbeitsverhältnissen und lässt strengere nationale Schutzstandards ausdrücklich zu, solange dies für die Rechte von Arbeitnehmern von Vorteil ist.[136] In Deutschland bestehen bereits spezifische arbeitsrechtliche Regelungen mit KI-Bezug, insbesondere in §§ 80 Abs. 3, 90 Abs. 1 und 95 Abs. 2 BetrVG, die Informations-, Beratungs- und Mitbestimmungsrechte des Betriebsrats beim Einsatz technischer Einrichtungen einschließlich KI-Systemen vorsehen.[137]

12. Bereichsausnahme für frei und quelloffen lizenzierte KI-Systeme (Abs. 12)

Für unter **freien und quelloffenen Lizenzen**[138] bereitgestellte KI-Systeme **65** sieht Art. 2 Abs. 12 grundsätzlich eine **Ausnahme** vom Anwendungsbereich vor. Diese Privilegierung entfällt jedoch, wenn solche Systeme als Hochrisiko-KI-Systeme iSv Art. 6 (→ Art. 6 Rn. 11 ff.) eingestuft werden oder wenn sie unter das Verbot gem. Art. 5 (→ Art. 5 Rn. 16 ff.) oder die **Transparenzpflichten** gem. Art. 50 (→ Art. 50 Rn. 95 ff.) fallen und in den Verkehr gebracht oder in Betrieb genommen werden. Ziel dieser Regelung ist es, die freie Forschung und Entwicklung in Europa zu fördern.[139] Es geht daher darum, wie im Fall von Reallaboren die Innovation gefördert wird.[140]

---

135 Martini/Wendehorst, KI-VO/Wendehorst, Art. 2 Rn. 123.
136 BeckOK KI-Recht/Voigt, Art. 2 Rn. 50.
137 Witteler/Moll NZA 2023, 327 (331).
138 Vgl. zum Begriff von „Open Source" Ziegler/Jürges RDi 2026, 77 (78).
139 Erwgr. 102 S. 1; Martini/Wendehorst, KI-VO/Wendehorst, Art. 2 Rn. 140.
140 Vgl. Erwgr. 102 S. 1; Ziegler/Jürges RDi 2026, 77 (78).

66 Eine eigene Definition für freie und quelloffene Lizenz enthält die KI-VO nicht.[141] Aufgrund der weitereichenden Rückausnahme dürfte der Anwendungsbereich des Art. 2 Abs. 12 eher gering sein.[142] Erfasst sind damit vor allem KI-Systeme mit **geringem** oder **minimalem Risiko.**[143] **Nicht** unmittelbar betroffen sind hingegen **KI-Modelle** als solche.[144] Für KI-Modelle mit allgemeinem Verwendungszweck ist vielmehr Art. 25 Abs. 4 einschlägig. Danach gelten bestimmte Pflichten nicht für Dritte, die Instrumente, Dienste, Verfahren oder Komponenten öffentlich im Rahmen einer freien und offenen Lizenz zugänglich machen, sofern es sich nicht um KI-Modelle mit allgemeinem Verwendungszweck handelt. Für andere freie und quelloffene KI-Modelle, die **nicht unter die Definition** des Art. 3 Nr. 63 fallen (→ Art. 3 Nr. 63 Rn. 454 ff.), ergibt sich ihre fehlende Regulierungsadressierung nicht aus Art. 2 Abs. 12, sondern daraus, dass die KI-VO für solche isolierten Modelle als bloße Komponenten von KI-Systemen keine eigenständigen Pflichten vorsieht.[145]

Art. 3* Begriffsbestimmungen

Für die Zwecke dieser Verordnung bezeichnet der Ausdruck

1. **„KI-System" ein maschinengestütztes System, das für einen in unterschiedlichem Grade autonomen Betrieb ausgelegt ist und das nach seiner Betriebsaufnahme anpassungsfähig sein kann und das aus den erhaltenen Eingaben für explizite oder implizite Ziele ableitet, wie Ausgaben wie etwa Vorhersagen, Inhalte, Empfehlungen oder Entscheidungen erstellt werden, die physische oder virtuelle Umgebungen beeinflussen können;**
2. **„Risiko" die Kombination aus der Wahrscheinlichkeit des Auftretens eines Schadens und der Schwere dieses Schadens;**
3. **„Anbieter" eine natürliche oder juristische Person, Behörde, Einrichtung oder sonstige Stelle, die ein KI-System oder ein KI-Modell mit allgemeinem Verwendungszweck entwickelt oder entwickeln lässt und es unter ihrem eigenen Namen oder ihrer Handelsmarke in Verkehr bringt oder das KI-System unter ihrem eigenen Namen oder ihrer Handelsmarke in Betrieb nimmt, sei es entgeltlich oder unentgeltlich;**
4. **„Betreiber" eine natürliche oder juristische Person, Behörde, Einrichtung oder sonstige Stelle, die ein KI-System in eigener Verantwortung verwendet, es sei denn, das KI-System wird im Rahmen einer persönlichen und nicht beruflichen Tätigkeit verwendet;**
5. **„Bevollmächtigter" eine in der Union ansässige oder niedergelassene natürliche oder juristische Person, die vom Anbieter eines KI-Systems oder eines KI-Modells mit allgemeinem Verwendungszweck schriftlich dazu bevollmächtigt wurde und sich damit einverstanden**

---

[141] Näher zum Begriff der freien und quelloffenen Lizenz Ziegler/Jürgens RDi 2026, 77 (80).
[142] Ziegler/Jürgens RDi 2026, 77 (78); BeckOK KI-Recht/Voigt, Art. 2 Rn. 45.
[143] BeckOK KI-Recht/Voigt, Art. 2 Rn. 45.
[144] Hilgendorf/Roth-Isigkeit, KI-VO/Gless/Janal, § 2 Rn. 39.
[145] Hilgendorf/Roth-Isigkeit, KI-VO/Gless/Janal, § 2 Rn. 39.
* Kapitel I (Art. 1–4) gilt gem. Art. 113 UAbs. 3 Buchst. a bereits ab 2.2.2025.

erklärt hat, in seinem Namen die in dieser Verordnung festgelegten Pflichten zu erfüllen bzw. Verfahren durchzuführen;

6. „Einführer" eine in der Union ansässige oder niedergelassene natürliche oder juristische Person, die ein KI-System, das den Namen oder die Handelsmarke einer in einem Drittland niedergelassenen natürlichen oder juristischen Person trägt, in Verkehr bringt;

7. „Händler" eine natürliche oder juristische Person in der Lieferkette, die ein KI-System auf dem Unionsmarkt bereitstellt, mit Ausnahme des Anbieters oder des Einführers;

8. „Akteur" einen Anbieter, Produkthersteller, Betreiber, Bevollmächtigten, Einführer oder Händler;

9. „Inverkehrbringen" die erstmalige Bereitstellung eines KI-Systems oder eines KI-Modells mit allgemeinem Verwendungszweck auf dem Unionsmarkt;

10. „Bereitstellung auf dem Markt" die entgeltliche oder unentgeltliche Abgabe eines KI-Systems oder eines KI-Modells mit allgemeinem Verwendungszweck zum Vertrieb oder zur Verwendung auf dem Unionsmarkt im Rahmen einer Geschäftstätigkeit;

11. „Inbetriebnahme" die Bereitstellung eines KI-Systems in der Union zum Erstgebrauch direkt an den Betreiber oder zum Eigengebrauch entsprechend seiner Zweckbestimmung;

12. „Zweckbestimmung" die Verwendung, für die ein KI-System laut Anbieter bestimmt ist, einschließlich der besonderen Umstände und Bedingungen für die Verwendung, entsprechend den vom Anbieter bereitgestellten Informationen in den Betriebsanleitungen, im Werbe- oder Verkaufsmaterial und in diesbezüglichen Erklärungen sowie in der technischen Dokumentation;

13. „vernünftigerweise vorhersehbare Fehlanwendung" die Verwendung eines KI-Systems in einer Weise, die nicht seiner Zweckbestimmung entspricht, die sich aber aus einem vernünftigerweise vorhersehbaren menschlichen Verhalten oder einer vernünftigerweise vorhersehbaren Interaktion mit anderen Systemen, auch anderen KI-Systemen, ergeben kann;

14. „Sicherheitsbauteil" einen Bestandteil eines Produkts oder KI-Systems, der eine Sicherheitsfunktion für dieses Produkt oder KI-System erfüllt oder dessen Ausfall oder Störung die Gesundheit und Sicherheit von Personen oder Eigentum gefährdet;

15. „Betriebsanleitungen" die Informationen, die der Anbieter bereitstellt, um den Betreiber insbesondere über die Zweckbestimmung und die ordnungsgemäße Verwendung eines KI-Systems zu informieren;

16. „Rückruf eines KI-Systems" jede Maßnahme, die auf die Rückgabe an den Anbieter oder auf die Außerbetriebsetzung oder Abschaltung eines den Betreibern bereits zur Verfügung gestellten KI-Systems abzielt;

17. „Rücknahme eines KI-Systems" jede Maßnahme, mit der die Bereitstellung eines in der Lieferkette befindlichen KI-Systems auf dem Markt verhindert werden soll;

18. „Leistung eines KI-Systems" die Fähigkeit eines KI-Systems, seine Zweckbestimmung zu erfüllen;

19. „notifizierende Behörde" die nationale Behörde, die für die Einrichtung und Durchführung der erforderlichen Verfahren für die Bewertung, Benennung und Notifizierung von Konformitätsbewertungsstellen und für deren Überwachung zuständig ist;
20. „Konformitätsbewertung" ein Verfahren mit dem bewertet wird, ob die in Titel III Abschnitt 2 festgelegten Anforderungen an ein Hochrisiko-KI-System erfüllt wurden;
21. „Konformitätsbewertungsstelle" eine Stelle, die Konformitätsbewertungstätigkeiten einschließlich Prüfungen, Zertifizierungen und Inspektionen durchführt und dabei als Dritte auftritt;
22. „notifizierte Stelle" eine Konformitätsbewertungsstelle, die gemäß dieser Verordnung und den anderen einschlägigen Harmonisierungsrechtsvorschriften der Union notifiziert wurde;
23. „wesentliche Veränderung" eine Veränderung eines KI-Systems nach dessen Inverkehrbringen oder Inbetriebnahme, die in der vom Anbieter durchgeführten ursprünglichen Konformitätsbewertung nicht vorgesehen oder geplant war und durch die die Konformität des KI-Systems mit den Anforderungen in Kapitel III Abschnitt 2 beeinträchtigt wird oder die zu einer Änderung der Zweckbestimmung führt, für die das KI-System bewertet wurde;
24. „CE-Kennzeichnung" eine Kennzeichnung, durch die ein Anbieter erklärt, dass ein KI-System die Anforderungen erfüllt, die in Kapitel III Abschnitt 2 und in anderen anwendbaren Harmonisierungsrechtsvorschriften, die die Anbringung dieser Kennzeichnung vorsehen, festgelegt sind;
25. „System zur Beobachtung nach dem Inverkehrbringen" alle Tätigkeiten, die Anbieter von KI-Systemen zur Sammlung und Überprüfung von Erfahrungen mit der Verwendung der von ihnen in Verkehr gebrachten oder in Betrieb genommenen KI-Systeme durchführen, um festzustellen, ob unverzüglich nötige Korrektur- oder Präventivmaßnahmen zu ergreifen sind;
26. „Marktüberwachungsbehörde" die nationale Behörde, die die Tätigkeiten durchführt und die Maßnahmen ergreift, die in der Verordnung (EU) 2019/1020 vorgesehen sind;
27. „harmonisierte Norm" bezeichnet eine harmonisierte Norm im Sinne des Artikels 2 Absatz 1 Buchstabe c der Verordnung (EU) Nr. 1025/2012;
28. „gemeinsame Spezifikation" eine Reihe technischer Spezifikationen im Sinne des Artikels 2 Nummer 4 der Verordnung (EU) Nr. 1025/2012, deren Befolgung es ermöglicht, bestimmte Anforderungen der vorliegenden Verordnung zu erfüllen;
29. „Trainingsdaten" Daten, die zum Trainieren eines KI-Systems verwendet werden, wobei dessen lernbare Parameter angepasst werden;
30. „Validierungsdaten" Daten, die zur Evaluation des trainierten KI-Systems und zur Einstellung seiner nicht erlernbaren Parameter und seines Lernprozesses verwendet werden, um unter anderem eine Unter- oder Überanpassung zu vermeiden;
31. „Validierungsdatensatz" einen separaten Datensatz oder einen Teil des Trainingsdatensatzes mit fester oder variabler Aufteilung;

32. „Testdaten" Daten, die für eine unabhängige Bewertung des KI-Systems verwendet werden, um die erwartete Leistung dieses Systems vor dessen Inverkehrbringen oder Inbetriebnahme zu bestätigen;
33. „Eingabedaten" die in ein KI-System eingespeisten oder von diesem direkt erfassten Daten, auf deren Grundlage das System eine Ausgabe hervorbringt;
34. „biometrische Daten" mit speziellen technischen Verfahren gewonnene personenbezogene Daten zu den physischen, physiologischen oder verhaltenstypischen Merkmalen einer natürlichen Person, wie etwa Gesichtsbilder oder daktyloskopische Daten;
35. „biometrische Identifizierung" die automatisierte Erkennung physischer, physiologischer, verhaltensbezogener oder psychologischer menschlicher Merkmale zum Zwecke der Feststellung der Identität einer natürlichen Person durch den Vergleich biometrischer Daten dieser Person mit biometrischen Daten von Personen, die in einer Datenbank gespeichert sind;
36. „biometrische Verifizierung" die automatisierte Eins-zu-eins-Verifizierung, einschließlich Authentifizierung, der Identität natürlicher Personen durch den Vergleich ihrer biometrischen Daten mit zuvor bereitgestellten biometrischen Daten;
37. „besondere Kategorien personenbezogener Daten" die in Artikel 9 Absatz 1 der Verordnung (EU) 2016/679, Artikel 10 der Richtlinie (EU) 2016/680 und Artikel 10 Absatz 1 der Verordnung (EU) 2018/1725 aufgeführten Kategorien personenbezogener Daten;
38. „sensible operative Daten" operative Daten im Zusammenhang mit Tätigkeiten zur Verhütung, Aufdeckung, Untersuchung oder Verfolgung von Straftaten, deren Offenlegung die Integrität von Strafverfahren gefährden könnte;
39. „Emotionserkennungssystem" ein KI-System, das dem Zweck dient, Emotionen oder Absichten natürlicher Personen auf der Grundlage ihrer biometrischen Daten festzustellen oder daraus abzuleiten;
40. „System zur biometrischen Kategorisierung" ein KI-System, das dem Zweck dient, natürliche Personen auf der Grundlage ihrer biometrischen Daten bestimmten Kategorien zuzuordnen, sofern es sich nicht um eine Nebenfunktion eines anderen kommerziellen Dienstes handelt und aus objektiven technischen Gründen unbedingt erforderlich ist;
41. „biometrisches Fernidentifizierungssystem" ein KI-System, das dem Zweck dient, natürliche Personen ohne ihre aktive Einbeziehung und in der Regel aus der Ferne durch Abgleich der biometrischen Daten einer Person mit den in einer Referenzdatenbank gespeicherten biometrischen Daten zu identifizieren;
42. „biometrisches Echtzeit-Fernidentifizierungssystem" ein biometrisches Fernidentifizierungssystem, bei dem die Erfassung biometrischer Daten, der Abgleich und die Identifizierung ohne erhebliche Verzögerung erfolgen, und das zur Vermeidung einer Umgehung der Vorschriften nicht nur die sofortige Identifizierung, sondern auch eine Identifizierung mit begrenzten kurzen Verzögerungen umfasst;
43. „System zur nachträglichen biometrischen Fernidentifizierung" ein biometrisches Fernidentifizierungssystem, das kein biometrisches Echtzeit-Fernidentifizierungssystem ist;

44. „öffentlich zugänglicher Raum" einen einer unbestimmten Anzahl natürlicher Personen zugänglichen physischen Ort in privatem oder öffentlichem Eigentum, unabhängig davon, ob bestimmte Bedingungen für den Zugang gelten, und unabhängig von möglichen Kapazitätsbeschränkungen;

45. „Strafverfolgungsbehörde"

a) eine Behörde, die für die Verhütung, Ermittlung, Aufdeckung oder Verfolgung von Straftaten oder die Strafvollstreckung, einschließlich des Schutzes vor und der Abwehr von Gefahren für die öffentliche Sicherheit, zuständig ist, oder

b) eine andere Stelle oder Einrichtung, der durch nationales Recht die Ausübung öffentlicher Gewalt und hoheitlicher Befugnisse zur Verhütung, Ermittlung, Aufdeckung oder Verfolgung von Straftaten oder zur Strafvollstreckung, einschließlich des Schutzes vor und der Abwehr von Gefahren für die öffentliche Sicherheit, übertragen wurde;

46. „Strafverfolgung" Tätigkeiten der Strafverfolgungsbehörden oder in deren Auftrag zur Verhütung, Ermittlung, Aufdeckung oder Verfolgung von Straftaten oder zur Strafvollstreckung, einschließlich des Schutzes vor und der Abwehr von Gefahren für die öffentliche Sicherheit;

47. „Büro für Künstliche Intelligenz" die Aufgabe der Kommission, zur Umsetzung, Beobachtung und Überwachung von KI-Systemen und KI-Modellen mit allgemeinem Verwendungszweck und zu der im Beschluss der Kommission vom 24. Januar 2024 vorgesehenen KI-Governance beizutragen; Bezugnahmen in dieser Verordnung auf das Büro für Künstliche Intelligenz gelten als Bezugnahmen auf die Kommission;

48. „zuständige nationale Behörde" eine notifizierende Behörde oder eine Marktüberwachungsbehörde; in Bezug auf KI-Systeme, die von Organen, Einrichtungen und sonstigen Stellen der Union in Betrieb genommen oder verwendet werden, sind Bezugnahmen auf die zuständigen nationalen Behörden oder Marktüberwachungsbehörden in dieser Verordnung als Bezugnahmen auf den Europäischen Datenschutzbeauftragten auszulegen;

49. „schwerwiegender Vorfall" einen Vorfall oder eine Fehlfunktion bezüglich eines KI-Systems, das bzw. die direkt oder indirekt eine der nachstehenden Folgen hat:

a) den Tod oder die schwere gesundheitliche Schädigung einer Person;

b) eine schwere und unumkehrbare Störung der Verwaltung oder des Betriebs kritischer Infrastrukturen;

c) die Verletzung von Pflichten aus den Unionsrechtsvorschriften zum Schutz der Grundrechte;

d) schwere Sach- oder Umweltschäden;

50. „personenbezogene Daten" personenbezogene Daten im Sinne von Artikel 4 Nummer 1 der Verordnung (EU) 2016/679;

51. „nicht personenbezogene Daten" Daten, die keine personenbezogenen Daten im Sinne von Artikel 4 Nummer 1 der Verordnung (EU) 2016/679 sind;

52. „Profiling" das Profiling im Sinne von Artikel 4 Nummer 4 der Verordnung (EU) 2016/679;

53. „Plan für einen Test unter Realbedingungen" ein Dokument, in dem die Ziele, die Methodik, der geografische, bevölkerungsbezogene und zeitliche Umfang, die Überwachung, die Organisation und die Durchführung eines Tests unter Realbedingungen beschrieben werden;

54. „Plan für das Reallabor" ein zwischen dem teilnehmenden Anbieter und der zuständigen Behörde vereinbartes Dokument, in dem die Ziele, die Bedingungen, der Zeitrahmen, die Methodik und die Anforderungen für die im Reallabor durchgeführten Tätigkeiten beschrieben werden;

55. „KI-Reallabor" einen kontrollierten Rahmen, der von einer zuständigen Behörde geschaffen wird und den Anbieter oder zukünftige Anbieter von KI-Systemen nach einem Plan für das Reallabor einen begrenzten Zeitraum und unter regulatorischer Aufsicht nutzen können, um ein innovatives KI-System zu entwickeln, zu trainieren, zu validieren und – gegebenenfalls unter Realbedingungen – zu testen.

56. „KI-Kompetenz" die Fähigkeiten, die Kenntnisse und das Verständnis, die es Anbietern, Betreibern und Betroffenen unter Berücksichtigung ihrer jeweiligen Rechte und Pflichten im Rahmen dieser Verordnung ermöglichen, KI-Systeme sachkundig einzusetzen sowie sich der Chancen und Risiken von KI und möglicher Schäden, die sie verursachen kann, bewusst zu werden.

57. „Test unter Realbedingungen" den befristeten Test eines KI-Systems auf seine Zweckbestimmung, der unter Realbedingungen außerhalb eines Labors oder einer anderweitig simulierten Umgebung erfolgt, um zuverlässige und belastbare Daten zu erheben und die Konformität des KI-Systems mit den Anforderungen der vorliegenden Verordnung zu bewerten und zu überprüfen, wobei dieser Test nicht als Inverkehrbringen oder Inbetriebnahme des KI-Systems im Sinne dieser Verordnung gilt, sofern alle Bedingungen nach Artikel 57 oder Artikel 60 erfüllt sind;

58. „Testteilnehmer" für die Zwecke eines Tests unter Realbedingungen eine natürliche Person, die an dem Test unter Realbedingungen teilnimmt;

59. „informierte Einwilligung" eine aus freien Stücken erfolgende, spezifische, eindeutige und freiwillige Erklärung der Bereitschaft, an einem bestimmten Test unter Realbedingungen teilzunehmen, durch einen Testteilnehmer, nachdem dieser über alle Aspekte des Tests, die für die Entscheidungsfindung des Testteilnehmers bezüglich der Teilnahme relevant sind, aufgeklärt wurde;

60. „Deepfake" einen durch KI erzeugten oder manipulierten Bild-, Ton- oder Videoinhalt, der wirklichen Personen, Gegenständen, Orten, Einrichtungen oder Ereignissen ähnelt und einer Person fälschlicherweise als echt oder wahrheitsgemäß erscheinen würde;

61. „weitverbreiteter Verstoß" jede Handlung oder Unterlassung, die gegen das Unionsrecht verstößt, das die Interessen von Einzelpersonen schützt, und die

a) die kollektiven Interessen von Einzelpersonen in mindestens zwei anderen Mitgliedstaaten als dem Mitgliedstaat schädigt oder zu schädigen droht, in dem
i) die Handlung oder die Unterlassung ihren Ursprung hatte oder stattfand,
ii) der betreffende Anbieter oder gegebenenfalls sein Bevollmächtigter sich befindet oder niedergelassen ist oder
iii) der Betreiber niedergelassen ist, sofern der Verstoß vom Betreiber begangen wird,

b) die kollektiven Interessen von Einzelpersonen geschädigt hat, schädigt oder schädigen könnte und allgemeine Merkmale aufweist, einschließlich derselben rechtswidrigen Praxis oder desselben verletzten Interesses, und gleichzeitig auftritt und von demselben Akteur in mindestens drei Mitgliedstaaten begangen wird;

62. „kritische Infrastrukturen" kritische Infrastrukturen im Sinne von Artikel 2 Nummer 4 der Richtlinie (EU) 2022/2557;

63. „KI-Modell mit allgemeinem Verwendungszweck" ein KI-Modell – einschließlich der Fälle, in denen ein solches KI-Modell mit einer großen Datenmenge unter umfassender Selbstüberwachung trainiert wird –, das eine erhebliche allgemeine Verwendbarkeit aufweist und in der Lage ist, unabhängig von der Art und Weise seines Inverkehrbringens ein breites Spektrum unterschiedlicher Aufgaben kompetent zu erfüllen, und das in eine Vielzahl nachgelagerter Systeme oder Anwendungen integriert werden kann, ausgenommen KI-Modelle, die vor ihrem Inverkehrbringen für Forschungs- und Entwicklungstätigkeiten oder die Konzipierung von Prototypen eingesetzt werden;

64. „Fähigkeiten mit hoher Wirkkraft" bezeichnet Fähigkeiten, die den bei den fortschrittlichsten KI-Modellen mit allgemeinem Verwendungszweck festgestellten Fähigkeiten entsprechen oder diese übersteigen;

65. „systemisches Risiko" ein Risiko, das für die Fähigkeiten mit hoher Wirkkraft von KI-Modellen mit allgemeinem Verwendungszweck spezifisch ist und aufgrund deren Reichweite oder aufgrund tatsächlicher oder vernünftigerweise vorhersehbarer negativer Folgen für die öffentliche Gesundheit, die Sicherheit, die öffentliche Sicherheit, die Grundrechte oder die Gesellschaft insgesamt erhebliche Auswirkungen auf den Unionsmarkt hat, die sich in großem Umfang über die gesamte Wertschöpfungskette hinweg verbreiten können;

66. „KI-System mit allgemeinem Verwendungszweck" ein KI-System, das auf einem KI-Modell mit allgemeinem Verwendungszweck beruht und in der Lage ist, einer Vielzahl von Zwecken sowohl für die direkte Verwendung als auch für die Integration in andere KI-Systeme zu dienen;

67. „Gleitkommaoperation" jede Rechenoperation oder jede Zuweisung mit Gleitkommazahlen, bei denen es sich um eine Teilmenge der reellen Zahlen handelt, die auf Computern typischerweise durch das Produkt aus einer ganzen Zahl mit fester Genauigkeit und einer festen Basis mit ganzzahligem Exponenten dargestellt wird;

68. „nachgelagerter Anbieter" einen Anbieter eines KI-Systems, einschließlich eines KI-Systems mit allgemeinem Verwendungszweck, das ein KI-Modell integriert, unabhängig davon, ob das KI-Modell von ihm selbst bereitgestellt und vertikal integriert wird oder von einer anderen Einrichtung auf der Grundlage vertraglicher Beziehungen bereitgestellt wird.

Literatur: Barr/Feigenbaum, The Handbook of Artificial Intelligence, 1981; BeckOK KI-Recht, Schefzig/Kilian, 4. Edition, Stand: 1.11.2025; Birska/Röver, Künstliche Intelligenz in der Prävention ARP, 21; Bomhardt/Siglmüller, AI Act – das Trilogergebnis, RDi 2024, 45; Bomhard/Pieper/Wende, KI-VO, 1. Auflage 2025; Bronner, Risikoklassifizierung, Risikobewertung und Risikominimierung nach der KI-Verordnung, KIR 2024, 55; Chibanguza, Kuuya J./Kuß, Christian/Steege, Hans, Künstliche Intelligenz, 2. Auflage, Baden-Baden 2026; Chibanguza, Kuuya/Steege, Hans, Product Compliance, 1. Auflage, Baden-Baden 2026; Ehring/Taeger, Produkthaftungs- und Produktsicherheitsrecht, 1. Aufl., 2022; Erbs/Kohlhaas, Strafrechtliche Nebengesetze, 257. EL, April 2025; Eulenpesch/Malczyk, Wird die neue KI-Verordnung Ihren Alltag verändern?, GRUR 2025, 40; Göbel/von Kruedener: KI-Reallabore und Innovationsförderung in der KI-VO in GRUR-Prax 2024, 755, García-Micó: Spanien: Testraum für Künstliche Intelligenz in der Europäischen Union in RDi 2024, 447; Hacker/Berz, Der AI Act der Europäischen Union – Überblick, Kritik und Ausblick, ZRP 2023, 225; Hacker/Berz, Hacker/Berz: Der AI Act der Europäischen Union – Überblick, Kritik und Ausblick, ZRP 2023, 226; Harte-Bavendamm/Henning-Bodewig, UWG, 5. Aufl., 2021; Hilgendorf/Härtlein, Verordnung über künstliche Intelligenz: KI-VO, 1. Auflage 2025; Hinderks, Die Kennzeichnungspflicht von Deepfakes, ZUM 2022, 110; Hüger: Die Rechtmäßigkeit von Datenverarbeitungen im Lebenszyklus von KI-Systemen in ZfDR 2024, 263; Kilian/Denga, Das Testen und Zertifizieren von KI-Systemen, NJW 2024, 2945; Klindt, Produktsicherheitsgesetz, 3. Aufl. 2021; Luhmann, Soziologie des Risikos, 2003; Martini/Wendehorst, KI-VO, 2. Auflage 2026; Möller-Klapperich: KI-Kompetenz in NJ 2025, 193; OECD, Explanatory Memorandum on the updated OECD definition of an AI system, 2024; OECD, KI in der Gesellschaft, 2020; Ohly/Sosnitza, Gesetz gegen den unlauteren Wettbewerb, 8. Aufl., 2023; Rappenglück/Vonthien: Art. 4 KI-VO operativ umsetzen – Ein Drei-Säulen-Ansatz für KI-Kompetenz, KI-Governance und KI-Compliance im Unternehmen in RDi 2025, 398; Reusch/Kipker/Hessel, BeckOK Produktrecht, 3. ed., 1.2.2025; Roos/Weitz, Hochrisiko-KI-Systeme im Kommissionsentwurf für eine KI-Verordnung, MMR 2021, 844.; Rosenthal, Der EU AI Act – Verordnung über künstliche Intelligenz, Jusletter August 2024.; Rostalski/Weiss, Der KI-Verordnungsentwurf der Europäischen Kommission, ZfDR 2021, 329; Schefzig/Kilian, BeckOK KI-Recht, 4. Auflage 2025; Schippel: Trainingsvorgaben: Wie kann man KI-Kompetenz nach Art. 4 KI-VO vermitteln? in KIR 2025, 119; Schucht, Der Einführer im Produktsicherheitsrecht – Rolle, Pflichten, Rechtsrisiken, CCZ 2022, 230.; Schucht, Der Händler im Produktsicherheitsrecht – Rolle, Pflichten, Rechtsrisiken, CCZ 2020, 322; Schuh/Witt, KI-Systeme und ihre Betreiber nach der KI-VO: Pflichten und Abgrenzung zum Endnutzer, EuDIR 2025, 142; Schwartmann/Keber/Zenner, KI-VO, Leitfaden für die Praxis, 2. Auflage; Seidel: Der Einsatz biometrischer Echtzeit-Fernidentifizierungssysteme zu Strafverfolgungszwecken nach der KI-Verordnung in ZfDR 2025, 47; Stehen, Ableitungen als wesentliche Fähigkeit von KI-Systemen nach der KI-VO, KIR 2024, 7; Thiel, „Deepfakes" – Sehen heißt glauben?, ZRP 2021, 202; Trusted Artificial Intelligence – Towards Certification of Machine Learning Applications, 2021; Voigt/Hullen, Handbuch KI-Verordnung, 1. Aufl., 2024; v. Welser, Die KI-Verordnung – ein Überblick über das weltweit erste Regelwerk für künstliche Intelligenz, GRUR-Prax 2024, 485; Wendt/Wendt, Das neue Recht der Künstlichen Intelligenz, 2. Aufl. 2025; Wiebe, Produktsicherheitsrechtliche Betrachtung des Vorschlags für eine KI-Verordnung, BB 2022, 899.

Übersicht

I. Allgemeines

1 Der üblichen Praxis bei Regelwerken des „New Legislative Framework" (kurz: NFL, auf Deutsch: „neuer Rechtsrahmen") entsprechend enthält auch die KI-VO in Art. 3 den zentralen Teil der Begriffsbestimmungen. Diese enthalten sowohl die proprietär für das Recht der künstlichen Intelligenz notwendigen wie auch initial eingeführten Definitionen, die aus dem Produktsicherheits- oder Datenschutzrecht stammen.

2 Entgegen dem naheliegenden Verweis in andere Regelwerke sieht die auch hier handwerklich des Öfteren missglückte KI-VO nur überwiegend ähnliche, aber keine gleichlautenden Definitionen vor, die mit dem Original aus anderen Rechtsgebieten nicht mehr vollständig übereinzustimmen scheinen. Die sich hierbei ergebenden Auslegungs- und Abgrenzungsprobleme werden nachfolgend an den relevanten Stellen dargestellt.

II. Begriffsbestimmungen

3 Für die Zwecke dieser Verordnung bezeichnet der Ausdruck

1. KI-System

4 **„KI-System" ein maschinengestütztes System, das für einen in unterschiedlichem Grade autonomen Betrieb ausgelegt ist und das nach seiner Betriebsaufnahme anpassungsfähig sein kann und das aus den erhaltenen Eingaben für explizite oder implizite Ziele ableitet, wie Ausgaben wie etwa Vorhersagen, Inhalte, Empfehlungen oder Entscheidungen erstellt werden, die physische oder virtuelle Umgebungen beeinflussen können;**

5 **a) Allgemeines. aa) Überblick.** Ausweislich ihres Titels bezweckt die KI-VO die „Festlegung harmonisierter Vorschriften für künstliche Intelligenz". Die sprachliche Überführung technischer Entwicklungen in rechtliche Kategorien stellt im Bereich der Produktsicherheitsrechts nicht selten eine anspruchsvolle Aufgabe dar. Diese Herausforderung wird im Kontext der künstlichen Intelli-

genz (KI) zusätzlich dadurch erschwert, dass der Regelungsgegenstand – anders als bei klassischen, physischen Produkten wie Maschinen oder Spielzeug – immaterieller Natur und selbst für spezialisierte Fachkreise aufgrund seiner technischen Komplexität und vielfältigen Erscheinungsformen schwer greifbar ist.[1] In aller Allgemeinheit lässt sich KI als eine Klasse hochpotenter Technologien beschreiben, deren Entwicklung rasant voranschreitet und die das Potenzial besitzen, in nahezu allen Bereichen wirtschaftlicher und gesellschaftlicher Tätigkeit signifikanten Nutzen zu stiften (vgl. Erwgr. 4). Da KI aber abhängig von den Umständen ihrer konkreten Nutzung und ihrer Entwicklungsstufe auch Risiken birgt, erschien es aus unionsgesetzgeberischer Sicht geboten, bezüglich der auf ihr beruhenden Technologien einen kohärenten Rechtsrahmen zu schaffen, der Innovation ermöglicht und zugleich die in Art. 1 Abs. 1 genannten Rechtsgüter und Interessen schützt (vgl. Erwgr. 8). Diese Zielsetzung versucht die KI-VO zu verwirklichen, indem sie spezifische Regelungen für das Inverkehrbringen, die Inbetriebnahme und die Nutzung bestimmter Systeme künstlicher Intelligenz (KI-Systeme) vorsieht. Mit der Fokussierung auf den Begriff „KI-System" trägt der Gesetzgeber dem Umstand Rechnung, dass die in den Erwägungsgründen gebotene, vage Umschreibung des Phänomens KI anhand des Entwicklungstempos und Einflusses auf sämtliche Bereiche der Gesellschaft weder regulierungstauglich noch hinreichend justiziabel ist. In der Legaldefinition des KI-Systems gem. Art. 3 Nr. 1 kulminieren insofern sämtliche, an der Entstehungsgeschichte (→ Rn. 9 f.) ablesbare Anstrengungen, KI eine rechtlich greifbare Form zu geben. Das „KI-Modell mit allgemeinem Verwendungszweck" iSd Art. 3 Nr. 63 stellt eine weitere eigenständige Ausprägung von KI dar (→ Rn. 454 ff.). Vor dem Hintergrund der unterschiedlichen Regulierungsansätze innerhalb der KI-VO ist es erforderlich, das KI-Modell klar von dem in Art. 3 Nr. 1 definierten KI-System abzugrenzen (→ Rn. 17). Gemein haben beide Begriffe jedoch die mit ihnen verbundene Herausforderung, KI als besonders entwicklungsfähiges, technologisches Phänomen mit klaren und normativ handhabbaren, zugleich aber ausreichend offenen und innovationskompatiblen Kriterien zu erfassen (vgl. Erwgr. 12).

Ein „KI-System" wird in Art. 3 Nr. 1 als ein maschinengestütztes System defi- 6
niert, das für einen in unterschiedlichem Grad autonomen Betrieb ausgelegt ist und das nach seiner Betriebsaufnahme anpassungsfähig sein kann und das aus den erhaltenen Eingaben für explizite oder implizite Ziele ableitet, wie Ausgaben wie etwa Vorhersagen, Inhalte, Empfehlungen oder Entscheidungen erstellt werden, die physische oder virtuelle Umgebungen beeinflussen können. Der Begriff bildet das normative Fundament der KI-VO. Zum einen findet die KI-VO gem. Art. 2 Abs. 1 auf eine Technologie oder ein (Software-)System, bei dem es sich weder um ein KI-System noch ein KI-Modell mit allgemeinem Verwendungszweck handelt, schlicht keine Anwendung. Zum anderen zeigt sich die Relevanz daran, dass kein anderer Rechtsbegriff innerhalb der KI-VO häufiger verwendet wird. So bildet er die Grundlage für die vielbesprochene Risikokategorisierung, aus der das Pflichtenprogramm folgt, das die beteiligten Akteure (→ Rn. 109 ff.) zu erfüllen haben. Unterteilt wird in:

– Verbotene KI-Praktiken iSd Art. 5 (alle an KI-Systeme anknüpfend);

[1] Vgl. zum Diskurs in der Computerwissenschaft Winter et al., Trusted Artificial Intelligence – Towards Certification of Machine Learning Applications, 2021, S. 11 ff. und grundlegend Barr/Feigenbaum, The Handbook of Artificial Intelligence, 1981, S. 3 f.

– Hochrisiko-KI-Systeme iSd Art. 6 und 7 iVm Anhang III;
– (Hochrisiko-)KI-Systeme mit erhöhten Transparenzanforderungen iSd Art. 50;
– KI-Systeme, die kein hohes Risiko bergen, iSd Art. 95 Abs. 1 und 2.

7 Darüber hinaus kennt die KI-VO noch Sonderformen von KI-Systemen (→ Rn. 12). Vorgaben hinsichtlich der Anforderungen an, der Testung sowie der Governance von KI-Systemen durchziehen unter kontinuierlicher Verwendung des Begriffs „KI-System" den gesamten Rechtsakt. Lediglich in Kapitel V, das der Regulierung von KI-Modellen mit allgemeinem Verwendungszweck gewidmet ist, tritt der Begriff des Art. 3 Nr. 1 in den Hintergrund. Insgesamt erhebt die KI-VO also einen umfassenden Regelungsanspruch für KI-Systeme. In der Praxis ist aber der weit überwiegende Teil der Systeme, die gem. Art. 3 Nr. 1 als KI-Systeme einzuordnen sind, der niedrigsten, minimalregulierten Risikostufe zuzuordnen, sodass die verbindlichen regulatorischen Anforderungen nach der KI-VO von dem Großteil der KI-Systeme nicht berücksichtigt erfüllt werden müssen.[2]

8 In Erwgr. 12 wird der Versuch unternommen, der Definition in Art. 3 Nr. 1 mehr Klarheit zu verleihen. Inwiefern die dort genannten Beispiele und Abgrenzungsversuche bei einem derart volatilen Bereich Wirkung entfalten werden, bleibt abzuwarten. Die Kommission ist mittlerweile aber ihrer Pflicht aus Art. 96 Abs. 1 lit. f nachgekommen, Leitlinien für die praktische Umsetzung der KI-VO zu erarbeiten, die die Anwendung der Legaldefinition in Art. 3 Nr. 1 erleichtern soll. Die am 6.2.2025 veröffentlichten Leitlinien können bei der Auslegung der KI-VO unterstützend herangezogen werden. Allerdings entfalten sie keine rechtlich bindende Wirkung, da die Kompetenz zur letztverbindlichen Auslegung der KI-VO allein beim Europäischen Gerichtshof liegt.[3]

9 **bb) Entstehungsgeschichte.** Mit Art. 3 Nr. 1 ist der zentrale Begriff der KI-VO einem Regelungsversuch unterzogen worden. Keine andere Vorschrift in der KI-VO hat in den seit 2021 andauernden Verhandlungen eine derart kontroverse Stellung in den ohnehin schon intensiven Diskussionen eingenommen. Angesichts der weiterhin bestehenden und im Hinblick auf KI-Modelle mit allgemeinem Verwendungszweck in Art. 51 zutage tretenden Schwierigkeiten des Gesetzgebers, eine derart komplexe und volatile Sachlage definitorisch greifbar zu machen, sind die Verhandlungen als auch das gewonnene Ergebnis einzuordnen.

10 Der damalige Kommissionsentwurf aus dem Jahr 2021[4] entwickelte die Definition eines KI-Systems noch auf Basis technologischer Parameter. Hierzu wurde auf den damaligen Anhang I verwiesen, der ein KI-System nach der Verwendung einer von drei möglichen Technologien bestimmte. Hierzu gehörten seinerzeit
– Konzepte des maschinellen Lernens,
– logik- und wissensgestützte Ansätze und
– statistische Methodiken.

11 Erst in der Überarbeitung durch den Rat Ende 2022[5] erhielt die Definition eines KI-Systems die heute noch existierende Prägung durch den Parameter der Autonomie, um die Elemente der verwendeten Technologie wurde dagegen wei-

---

[2] Kom., Guidelines on the definition of an artificial intelligence system, C(2025) 924 final, Rn. 63.

[3] Kom., Guidelines on the definition of an artificial intelligence system, C(2025) 924 final, Rn. 7.

[4] COM(2021) 206 final.

[5] Ratsdok. 14954/22, S. 71.

ter gerungen. In der Einigung des EP in 2023[6] wurde dann ein technologieoffener und -unabhängiger Ansatz der Definition gewählt. Dieser musste allerdings kurz danach mit der auf internationaler Ebene gefundenen Definition der OECD[7] in Einklang gebracht werden. Wie Wendehorst bereits herausgearbeitet hat,[8] ist diese Angleichung mindestens unsauber erfolgt und wird im Nachgang zu weiteren Problemen bei der Definition führen, auf die nachfolgend in den einzelnen Merkmalen der Definition eingegangen wird (→ Rn. 14 ff.).

cc) Systematik, Verhältnis zu anderen Vorschriften. Innerhalb der KI-VO fungiert der Begriff des KI-Systems als Leitbegriff, der in einem systematischen Zusammenhang mit nahezu allen Vorschriften steht (→ Rn. 6). Hervorzuheben ist aber, dass er die Grundlage für besondere Systemkategorien bildet, bei denen der Einsatz künstlicher Intelligenz überwiegend nicht unmittelbar aus dem Begriff selbst hervorgeht, jedoch kraft der jeweiligen Legaldefinition vorausgesetzt wird. Zu den Sonderformen von KI-Systemen gehören 12
- das Emotionserkennungssystem iSd Art. 3 Nr. 39 (→ Rn. 310 ff.),
- das System biometrischer Kategorisierung iSd Art. 3 Nr. 40 (→ Rn. 315 ff.),
- das biometrisches Fernidentifizierungssystem iSd Art. 3 Nr. 41 (→ Rn. 322 ff.),
- das biometrische Echtzeit-Fernidentifizierungssystem iSd Art. 3 Nr. 42 (→ Rn. 327 ff.),
- das System zur nachträglichen biometrischen Fernidentifizierung iSd Art. 3 Nr. 43 (→ Rn. 332 ff.) und
- das KI-System mit allgemeinem Verwendungszweck iSd Art. 3 Nr. 66 (→ Rn. 476 ff.).

Außerhalb der KI-VO findet der Begriff des KI-Systems im Produktsicherheitsrecht bislang kaum Verwendung. Trotz Rückzugs des Richtlinienvorschlags über KI-Haftung[9] im Frühjahr 2025 durch die Kommission ist aber zu erwarten, dass sich dies zeitnah ändern wird. So werden die Anhang I Abschnitt A genannten Harmonisierungsrechtsakte wohl künftig um Durchführungsrechtsakte und delegierte Rechtsakte ergänzt, um den Besonderheiten des integrierten Konformitätsbewertungsverfahren gem. Art. 43 Abs. 3 gerecht zu werden. In Rechtsakten, wo der technologieneutralere, deutlich weitere Begriff der „Software" verwendet wird, ist eine Modifikation im Lichte der KI-VO hingegen nicht erforderlich, da KI-Systeme problemlos darunter subsumiert werden können.[10] Einzig die Maschinenverordnung (EU) 2023/1230 scheint in Anhang II Nr. 18 und 19 einem engeren Softwarebegriff zu folgen, der nicht ohne Weiteres „Ansätzen des maschinellen Lernens" einschließt.[11] Wenn Rechtsakte bestimmte Anwendungen oder Praktiken regulieren, weil sie automatisierte Entscheidungsfindung oder Prozesssteuerung in besonders sensiblen Bereichen betreffen, nimmt der Gesetzgeber damit häufig implizit zumindest auch auf den Einsatz von KI-Systemen Bezug.[12] 13

---

[6] Parlamentsdok. A9-0188/2023.

[7] OECD, Explanatory Memorandum on the updated OECD definition of an AI system, 2024, S. 4 ff.

[8] Martini/Wendehorst, KI-VO/Wendehorst, Art. 3 Rn. 17.

[9] COM(2022) 496 final.

[10] Vgl. Erwgr. 13 Produkthaftungsrichtlinie (EU) 2024/2853.

[11] Ausführlicher dazu Martini/Wendehorst, KI-VO/Wendehorst, Art. 3 Rn. 9.

[12] Ausführlicher dazu Martini/Wendehorst, KI-VO/Wendehorst, Art. 3 Rn. 10 ff.

14 **dd) Abgrenzungsfragen. (1) KI-System und herkömmliche Software.** Dem Gesetzgeber ist es ein Anliegen, mit Art. 3 Nr. 1 eine Legaldefinition zu bieten, die auf den wesentlichen Merkmalen der KI beruht und die Abgrenzung zu herkömmlichen Softwaresystemen und Programmierungsansätzen ermöglicht (vgl. Erwgr. 12). Der Begriff des KI-Systems soll gerade nicht sog. „Wenn-Dann-Systeme"[13] erfassen, deren automatisierte Verhaltensweisen vollständig durch natürliche Personen im Voraus determiniert wurden (vgl. Erwgr. 12). Denn KI-Systeme agieren nicht bloß nach festen Regeln, sondern besitzen die Fähigkeit, Informationen aus der Umwelt zu verarbeiten und ihr Verhalten auf Basis früherer Erfahrungen dynamisch zu verändern.[14] Insofern ist eine Ableitungsfähigkeit, die Lern-, Schlussfolgerungs- und Modellierungsprozesse ermöglicht und über die einfache Datenverarbeitung hinausgeht (→ Rn. 33 ff.), das maßgebliche Abgrenzungskriterium zwischen KI-Systemen und herkömmlicher Software.[15]

15 Zurecht wird jedoch betont, dass die Abgrenzung nicht schematisch entlang der Dichotomie von maschinellem Lernen und regelbasierter Programmierung erfolgen darf.[16] Der Gesetzgeber etabliert mit Art. 3 Nr. 1 ein technologieneutrales Verständnis von KI-Systemen. Sofern Systeme also zu Ableitungen im Sinne der Legaldefinition fähig sind, ist es für ihre Einordnung als Systeme künstlicher Intelligenz unerheblich, ob sie diese Fähigkeit durch Verfahren des maschinellen Lernens, mittels logik- und wissensbasierter Ansätze oder aufgrund einer Kombination von beidem erlangt haben (vgl. Erwgr. 12).[17] Vor diesem Hintergrund sind auf regelbasierter Software beruhende Systeme nicht pauschal vom Begriff des KI-Systems auszuschließen.[18] Die Grenze ist vielmehr dort zu ziehen, wo Systeme ausschließlich auf festen, von natürlichen Personen vorgegebenen Regeln beruhen oder keinerlei eigene Ableitungsleistung im Sinne einer lernbasierten Anpassung erbringen können.[19] Insbesondere Systeme mit den nachfolgenden Funktionen können deshalb vom Begriff des KI-Systems nicht umfasst sein:

- Systeme zur Verbesserung der mathematischen Optimierung oder zur Beschleunigung und Annäherung etablierter Optimierungsmethoden;[20]
- Grundlegende Datenverarbeitungssysteme, die lediglich vordefinierte, explizite Anweisungen oder Vorgänge befolgen oder ausschließlich für deskriptive Analysen, Hypothesentests und Visualisierungen gedacht sind;[21]
- Auf klassischer Heuristik basierende Systeme;[22]
- Einfache Vorhersagesysteme, deren Leistung über grundlegende statistische Lernregeln erreicht werden können.[23]

---

[13] Wendt/Wendt, Das neue Recht der Künstlichen Intelligenz, § 2 Rn. 12.

[14] Birska/Röver ARP, 21 (21).

[15] So auch BeckOK KI-Recht/Kirschke-Biller/Füllsack, 3. Ed. 1.8.2025, Art. 3 Rn. 20.

[16] BeckOK KI-Recht/Kirschke-Biller/Füllsack, 3. Ed. 1.8.2025, Art. 3 Rn. 21.

[17] OECD, Explanatory Memorandum on the updated OECD definition of an AI system, 2024, S. 8.

[18] So auch Martini/Wendehorst, KI-VO/Wendehorst, Art. 3 Rn. 58.

[19] Hacker/Berz ZRP 2023, 226 (227).

[20] Kom., Guidelines on the definition of an artificial intelligence system, C(2025) 924 final, Rn. 42 ff.

[21] Kom., Guidelines on the definition of an artificial intelligence system, C(2025) 924 final, Rn. 46 f.

[22] Kom., Guidelines on the definition of an artificial intelligence system, C(2025) 924 final, Rn. 48.

[23] Kom., Guidelines on the definition of an artificial intelligence system, C(2025) 924 final, Rn. 49 ff.

Zwar ließe sich die Abgrenzung zwischen KI-Systemen und herkömmlicher Software auch unter Rückgriff auf die Betriebsautonomie (→ Rn. 24 f.) als weiteres charakteristisches Merkmal von KI-Systemen vornehmen, zumal zwischen beiden Aspekten ein enger Zusammenhang besteht.[24] Da jedoch die Betriebsautonomie ihrerseits die Ableitungsfähigkeit voraussetzt,[25] erscheint es sachgerecht, letztere als vorrangiges Abgrenzungskriterium heranzuziehen. **16**

(2) KI-System und KI-Modell. Soweit ersichtlich wird die Abgrenzung eines KI-System von dem in Art. 3 Nr. 63 als gegeben vorausgesetzten KI-Modell bislang im Rahmen des definitorischen Bestandteils „Maschinengestütztes System" vorgenommen.[26] Da ein KI-Modell sicherlich eindeutig maschinengestützt ist, erscheint diese Herangehensweise nicht passend; die Ergebnisse sind gleichwohl überzeugend. Bei einem KI-Modell handelt es sich um einen zentralen Baustein eines KI-Systems, der typischerweise in dieses eingebettet ist und dessen Eigenschaften wesentlich prägt, indem zB eine Bilderkennungs-, Sprachverarbeitung- oder Vorhersagefunktion bereitgestellt wird (vgl. Erwgr. 97). Demgegenüber ist ein KI-System ein Verbund aus einem oder mehreren KI-Modellen sowie mindestens einer, typischerweise jedoch mehreren weiteren Komponenten (vgl. Erwgr. 97). Je nach konkretem Anwendungsfall kann ein KI-System insbesondere Benutzeroberflächen oder -Schnittstellen, Datenverarbeitungsmechanismen, Funktionen zur Modellverwaltung, Sicherheitsvorkehrungen, Schnittstellen zur Integration mit anderen Systemen sowie Instrumente zur Überwachung und Wartung umfassen, die in Kombination mit dem KI-Modell bzw. den KI-Modellen der Erfüllung komplexer Aufgaben dienen.[27] Für die Frage, ob und wann etwaige Hardwarekomponenten zu einem KI-System gehören und damit den spezifischen Anforderungen der KI-VO genügen müssen, wird auf die Kommentierung zum Begriffsmerkmal „Maschinengestütztes System" verwiesen (→ Rn. 22 f.). **17**

b) Definitorische Bestandteile. Die Legaldefinition des Begriffs „KI-System" in Art. 3 Nr. 1 besteht aus fünf Elementen: **18**
- Maschinengestütztes System (a);
- Betriebsautonomie (b);
- Anpassungsfähigkeit (c);
- Rezeptivität für Eingaben (d);
- Eine näher konkretisierte Ableitungsfähigkeit (e).

In ihren Leitlinien zu Art. 3 Nr. 1 betont die Kommission, dass die Anwendung der Definitionsbestandteile nicht schematisch erfolgen darf.[28] Vielmehr ist jedes System anhand seiner spezifischen Charakteristika einer gesonderten Prüfung zu unterziehen. Diese auf den ersten Blick beinah floskelhafte Mahnung zur Sorgfalt erweist sich im Kontext des Art. 3 Nr. 1 aus zwei Gründen tatsächlich als berechtigt. **19**

[24] So wohl Keber/Zenner S. 39 f.; Bomhardt/Siglmüller RDi 2024, 45 (45); Möller-Klapperich NJ 2024, 337 (338 f.).

[25] Kom., Guidelines on the definition of an artificial intelligence system, C(2025) 924 final, Rn. 15.

[26] So jedenfalls Martini/Wendehorst, KI-VO/Wendehorst, Art. 3 Rn. 25 ff.

[27] Martini/Wendehorst, KI-VO/Wendehorst, Art. 3 Rn. 26.

[28] Kom., Guidelines on the definition of an artificial intelligence system, C(2025) 924 final, Rn. 6.

20 So ist der deutschen Sprachfassung des Art. 3 Nr. 1 erstens nicht ohne Weiteres zu entnehmen, welche der genannten Merkmale als konstitutiv und welche lediglich als fakultativ zu verstehen sind. Besonders das Merkmal der Anpassungsfähigkeit ist – wie an anderer Stelle näher begründet (→ Rn. 27) – als fakultativ einzuordnen. Würde hingegen auf Basis des unklaren Wortlauts eine konstitutive Bedeutung angenommen werden, hätte dies weitreichende Konsequenzen: Eine Vielzahl von Systemen, die der Begriff des KI-Systems nach der Intention des Gesetzgebers sicherlich erfassen soll, würde aus dem Anwendungsbereich der KI-VO herausfallen.

21 Zweitens folgt aus der Legaldefinition Art. 3 Nr. 1 eine Perspektive auf die Begrifflichkeit, die sowohl die Entwicklungsphase („pre-deployment" bzw. „build phase") als auch die Nutzungsphase („post-deployment" bzw. „use phase") und damit den gesamten Lebenszyklus eines KI-Systems erfasst.[29] Die Kommission stellt in ihren Leitlinien klar, dass nicht alle genannten Begriffsmerkmale in beiden Phasen durchgängig und im selben Umfang verwirklicht sein müssen, damit ein System als KI-System qualifiziert werden kann.[30] Auch können Merkmale je nach Phase differierende Anknüpfungspunkte haben. Beispielsweise bezieht sich das Begriffsmerkmal der „Ableitungsfähigkeit" in der Entwicklungsphase vorrangig auf die Designziele, während ein KI-System im laufenden Betrieb neben diesen Zielen möglicherweise auch Benutzeraufforderungen („user prompts") als Grundlage für seine Ableitungen berücksichtigen muss (→ Rn. 37 f.).[31] Ein flexibler, eben nicht schematischer Umgang mit den Begriffsmerkmalen des Art. 3 Nr. 1 soll der Vielfalt und funktionalen Komplexität moderner KI-Systeme Rechnung tragen und gewährleisten, dass der Begriff des KI-Systems eine breite Palette von Systemen unterschiedlichster Ausprägung und Komplexität abdeckt.[32]

22 **aa) Maschinengestütztes System.** Gem. Art. 3 Nr. 1 handelt es sich bei einem KI-System um „ein maschinengestütztes System". Durch dieses Begriffsmerkmal soll laut Erwgr. 12 verdeutlicht werden, „dass KI-Systeme von Maschinen betrieben werden". Diese Aussage ist nicht nur wenig aufschlussreich, sondern unter Umständen sogar irreführend. Angesichts der bestehenden Regulierung von Maschinen im Produktsicherheitsrecht könnte Fokussierung auf den Begriff der „Maschine" fälschlicherweise als Verweis auf die eher mechanisch geprägte und damit nicht passende Legaldefinition in der europäischen Maschinenverordnung[33] verstanden werden. Aus den Leitlinien der Kommission ergibt sich aber, dass das Begriffsmerkmal nur die Tatsache unterstreichen soll, dass KI-Systeme sinnlogisch rechnergestützt sein und auf Maschinenoperationen basieren müssen, um ihre Funktionen wie zB Datenverarbeitung oder automatisierte

---

[29] Kom., Guidelines on the definition of an artificial intelligence system, C(2025) 924 final, Rn. 10; illustriert in OECD, Explanatory Memorandum on the updated OECD definition of an AI system, 2024, S. 7.

[30] Kom., Guidelines on the definition of an artificial intelligence system, C(2025) 924 final, Rn. 10.

[31] OECD, Explanatory Memorandum on the updated OECD definition of an AI system, 2024, S. 9.

[32] Kom., Guidelines on the definition of an artificial intelligence system, C(2025) 924 final, Rn. 10.

[33] Verordnung (EU) 2023/1230.

Entscheidungsfindung ausführen zu können.[34] Der Begriff „maschinengestützt" umfasst daher eine ganze Bandbreite von Rechensystemen, sodass trotz ihrer einzigartigen Funktionsprinzipien auch Quantencomputersysteme oder sogar biologische oder organische Systeme, die Rechenkapazität bieten, KI-Systeme iSd Art. 3 Nr. 1 sein können.[35] In Anbetracht zunehmender Konvergenzen zwischen Computer- und Lebenswissenschaften, insbesondere in der Medizin- und Umweltforschung, ist diese Auslegung und die kommissionsseitige Klarstellung ausdrücklich zu begrüßen.[36]

Der Grund für die Abkehr von dem im Kommissionsentwurf noch verwendeten Begriffsmerkmal „Software" zugunsten des Merkmals „maschinengestütztes System" ist nicht zuletzt darin zu sehen, dass der Begriff der Maschine neben den Software- auch die Hardwarekomponenten umfasst, die die Funktionsweise des KI-Systems ermöglichen.[37] Unter Softwarekomponenten sind sämtliche immateriellen Bestandteile eines KI-Systems zu verstehen, einschließlich des Computercode, der Betriebssysteme sowie der Anwendungen, die der Steuerung und Funktion der Hardware sowie der Verarbeitung von Daten dienen.[38] Hardwarekomponenten sind in diesem Zusammenhang nur jene physischen Elemente eines KI-Systems, die die Infrastruktur für Berechnungen („computation") bereitstellen.[39] Dieses enge Verständnis von Hardware hat vor allem für ein KI-System Bedeutung, das nicht als eigenständiges, digitales Produkt, sondern als Bestandteil eines anderen Produkts verwendet wird. Unabhängig davon, ob das KI-System in das Produkt physisch integriert bzw. eingebettet ist oder dessen Funktion dient, ohne integriert bzw. eingebettet zu sein (vgl. Erwgr. 12), gelten das Produkt als solches sowie dessen Sensoren, die bestimmte Rohdaten wahrnehmen, und dessen Aktoren, die Ableitungsergebnisse in Handlungen oder neue Informationen umsetzen, damit nicht als Hardwarekomponente des KI-Systems. Mit Blick auf die Sensoren und Aktoren weicht die Kommission insofern vom Verständnis der OECD ab.[40] Praktisch dürfte diese Unterscheidung jedoch kaum Auswirkungen haben, da die Konformität eines (Hochrisiko-)KI-Systems stets im Kontext seiner konkreten Hardware- und Softwareumgebung zu beurteilen ist.[41] Gem. Art. 15 Abs. 4 muss ein solches System nämlich gegenüber Fehlern, Störungen oder Unstimmigkeiten so widerstandsfähig wie möglich sein, die innerhalb des Systems selbst oder aufgrund der spezifischen Einsatzumgebung – insbesondere durch Interaktionen mit natürlichen Personen oder anderen Systemen – auftreten können (→ Art. 15 Rn. 13). 23

[34] Kom., Guidelines on the definition of an artificial intelligence system, C(2025) 924 final, Rn. 11.

[35] Kom., Guidelines on the definition of an artificial intelligence system, C(2025) 924 final, Rn. 13.

[36] So auch Martini/Wendehorst, KI-VO/Wendehorst, Art. 3 Rn. 20.

[37] Kom., Guidelines on the definition of an artificial intelligence system, C(2025) 924 final, Rn. 11; anderer Erklärungsansatz für die Abkehr von „Software" in BeckOK KI-Recht/Kirschke-Biller/Füllsack, 3. Ed. 1.8.2025, Art. 3 Rn. 32.2.

[38] Kom., Guidelines on the definition of an artificial intelligence system, C(2025) 924 final, Rn. 11.

[39] Wie zB Prozessoren, Speicher, Festplatten, Netzwerkkomponenten und Ein- und Ausgabeschnittstellen; Kom., Guidelines on the definition of an artificial intelligence system, C(2025) 924 final, Rn. 11.

[40] OECD, KI in der Gesellschaft, S. 23 f.

[41] Martini/Wendehorst, KI-VO/Wendehorst, Art. 3 Rn. 23.

24 **bb) Betriebsautonomie.** Ein KI-System muss gem. Art. 3 Nr. 1 „für einen in unterschiedlichem Grade autonomen Betrieb ausgelegt" sein. Die erforderliche Betriebsautonomie liegt vor, wenn ein KI-System bis zu einem gewissen Grad unabhängig von menschlichem Zutun agiert und in der Lage ist, ohne menschliches Eingreifen zu arbeiten (vgl. Erwgr. 12). Die Formulierung „in unterschiedlichem Grade" zielt nicht darauf ab, für ein einzelnes KI-System das Erfordernis einer situationsabhängigen Variabilität der Autonomie aufzustellen, sondern beschreibt den Umstand, dass unterschiedliche KI-Systeme jeweils unterschiedliche Grade an Autonomie aufweisen können.[42] In jedem Fall muss für die Qualifikation als KI-System aber ein Mindestmaß an Handlungsunabhängigkeit gegeben sein.[43] Nach der Negativabgrenzung liegt die erforderliche Voll- oder Teilautonomie damit nur dann nicht vor, wenn ein System ausschließlich für den Betrieb unter vollständiger manueller menschlicher Beteiligung, sei es durch Zutun oder Eingriff, ausgelegt ist.[44] Unerheblich ist dabei, ob die menschliche Beteiligungsmöglichkeit direkter Natur[45] ist oder ob im Entwicklungsprozess nur indirekte Interaktionsmöglichkeiten[46] geschaffen wurden.[47]

25 Bei der Bewertung der Autonomie im Einzelfall sind an die Handlungsunabhängigkeit eines KI-Systems keine allzu hohen Anforderung zu stellen. So ist ein System, das zur Generierung einer Ausgabe auf menschliche Dateneingaben angewiesen ist, als hinreichend autonom anzusehen, sofern es in der Lage ist, auf Grundlage dieser Eingaben eigenständig eine Ausgabe zu erzeugen, ohne dass der konkrete Inhalt dieser Ausgabe manuell gesteuert oder vollständig vorgegeben wird.[48] Dabei ist die Handlung eines Systems nur dann autonom und nicht bloß automatisiert, wenn sie das Ergebnis oder die Fortführung eines Ableitungsprozesses ist.[49] Insofern ist die Ableitungsfähigkeit (→ Rn. 29 ff.) eines KI-Systems auch essenziell für die Begründung der Betriebsautonomie.

26 **cc) Anpassungsfähigkeit.** Ein KI-System kann gem. Art. 3 Nr. 1 nach seiner Betriebsaufnahme anpassungsfähig sein. Aus dieser Formulierung, die bewusst von derjenigen abweicht, die sich in der deutschen Fassung der KI-VO findet,[50] wird die fakultative Rechtsnatur des Begriffsmerkmals der Anpassungsfähigkeit problemlos deutlich (dazu sogleich). Anpassungsfähigkeit bezieht sich auf die Lernfähigkeit, durch die ein KI-System sich während seiner Verwendung verändern

---

[42] BeckOK KI-Recht/Kirschke-Biller/Füllsack, 3. Ed. 1.8.2025, Art. 3 Rn. 49.

[43] Kom., Guidelines on the definition of an artificial intelligence system, C(2025) 924 final, Rn. 20.

[44] Kom., Guidelines on the definition of an artificial intelligence system, C(2025) 924 final, Rn. 17.

[45] Beispielsweise durch manuelle Steuerung.

[46] Beispielsweise durch automatisierte systembasierte Steuerungen, die es Menschen ermöglichen, Systemoperationen zu delegieren oder zu überwachen.

[47] Kom., Guidelines on the definition of an artificial intelligence system, C(2025) 924 final, Rn. 17.

[48] Kom., Guidelines on the definition of an artificial intelligence system, C(2025) 924 final, Rn. 18.

[49] BeckOK KI-Recht/Kirschke-Biller/Füllsack, 3. Ed. 1.8.2025, Art. 3 Rn. 53; Hacker/Berz ZRP 2023, 226 (227); zum erforderlichen Grad der Autonomie siehe Chibanguza/Kuß/Steege KI-Hdb/Heine, Einleitung – Rechtliche und technische Grundlagen A. Rn. 8.

[50] Dort heißt es in Art. 3 Nr. 1: „ein maschinengestütztes System, (…) das nach seiner Betriebsaufnahme anpassungsfähig sein kann …".

kann (vgl. Erwgr. 12). Durch die Anpassung eines KI-Systems, etwa indem es eigenständig neue Muster erkennt oder Zusammenhänge in Daten identifiziert, die über das ursprünglich vorgesehene Trainingsziel hinausgehen, kann es bei identischen Eingaben zu abweichenden Ergebnissen im Vergleich zum ursprünglichen Zustand kommen.[51] Je nach Verwendungszweck kann eine Anpassung entweder der allgemeinen Optimierung des KI-Systems oder der Individualisierung für einen bestimmten Betreiber (→ Rn. 67 ff.) oder Nutzer dienen.[52]

Der missverständliche Wortlaut der deutschen Fassung des Art. 3 Nr. 1 führte zeit- **27**
weise zu Unklarheiten darüber, ob das Merkmal der Anpassungsfähigkeit zwingende Voraussetzung für die Qualifikation eines Systems als KI-System im Sinne der KI-VO ist. In der juristischen Auseinandersetzung mit dieser Problematik wurde zutreffend darauf hingewiesen, dass eine Auslegung, die das Merkmal der Anpassungsfähigkeit zur zwingenden Voraussetzung macht, den Anwendungsbereich der KI-VO in einer Weise einschränken würde, die erkennbar dem Willen des Gesetzgebers widerspricht. Zahlreiche Systeme, die sämtliche übrigen Begriffsmerkmale erfüllen, würden andernfalls von der Regulierung ausgenommen, allein weil sie, wie es in der Praxis gerade bei Hochrisiko-Anwendungen üblich ist, ohne lernfähige Algorithmen in Verkehr gebracht werden.[53] Art. 43 Abs. 4 UAbs. 2 ist zudem zu entnehmen, dass nicht sämtliche Hochrisiko-KI-Systeme nach dem Inverkehrbringen oder der Inbetriebnahme weiterhin lernfähig oder anpassungsfähig sein müssen, da die Norm gerade für jene Systeme eine Sonderregelung trifft, bei denen dies ausnahmsweise der Fall ist.[54] Auch Erwgr. 12 stützt dieses Verständnis, da er durch die Verwendung des Konjunktivs („aufweisen könnte") lediglich eine Möglichkeit der Anpassungsfähigkeit aufgreift. Nachdem die Kommission dieses Verständnis in den Leitlinien zur Definition des Begriffs „KI-System" ausdrücklich bestätigt hat, ist die fakultative Rechtsnatur des Begriffsmerkmals als gefestigte herrschende Meinung zu sehen, gegen die abweichende Ansichten kaum noch vertretbar sind.[55]

dd) Rezeptivität für Eingaben. Gem. Art. 3 Nr. 1 muss ein KI-System „aus **28**
den erhaltenen Eingaben" Ableitungen vornehmen. In dieser Formulierung wird implizit das Erfordernis formuliert, dass ein KI-System technisch in der Lage sein muss, mit der Umgebung zu interagieren und externe Informationen aufzunehmen. Ein KI-System ist demnach ein autonomes (→ Rn. 24 f.), aber kein autarkes System. In der Phase der Entwicklung sind unter Eingaben Informationen wie Daten, Regeln, Code oder menschliches Wissen zu verstehen, die zur Konzeption und zum Training des KI-Systems verwendet werden.[56] In der Nutzungsphase sind alle Informationen, die das System zur Erzeugung von Ausgaben verarbeitet, als Eingaben zu verstehen.[57] Die in letzterem Kontext relevanten Eingabedaten werden in Art. 3 Nr. 33 legaldefiniert (→ Rn. 284 ff.).

[51] Kom., Guidelines on the definition of an artificial intelligence system, C(2025) 924 final, Rn. 21, 22.

[52] BeckOK KI-Recht/Kirschke-Biller/Füllsack, 3. Ed. 1.8.2025, Art. 3 Rn. 56.

[53] Martini/Wendehorst, KI-VO/Wendehorst, Art. 3 Rn. 33.

[54] Martini/Wendehorst, KI-VO/Wendehorst, Art. 3 Rn. 33.

[55] Kom., Guidelines on the definition of an artificial intelligence system, C(2025) 924 final, Rn. 23.

[56] OECD, Explanatory Memorandum on the updated OECD definition of an AI system, 2024, S. 8.

[57] OECD, Explanatory Memorandum on the updated OECD definition of an AI system, 2024, S. 8.

29 **ee) Ableitungsfähigkeit.** Ein KI-System besitzt gem. Art. 3 Nr. 1 die Fähigkeit, aus den erhaltenen Eingaben für explizite oder implizite Ziele (→ Rn. 37 f.) abzuleiten, wie bestimmte, umgebungsrelevante Ausgaben (→ Rn. 39 ff.) erstellt werden. Die Ableitungsfähigkeit hat im Laufe des Gesetzgebungsverfahrens gegenüber früheren Versionen der Legaldefinition an Bedeutung gewonnen, fungiert mittlerweile als wesentliches Differenzierungskriterium zu einfacheren herkömmlichen Softwaresystemen (→ Rn. 14 ff.) und ist somit das „Hauptmerkmal von KI-Systemen".[58] Die herausgehobene Stellung des Merkmals der „Ableitungsfähigkeit" lässt sich auch daraus ableiten, dass Erwgr. 12 diesem Aspekt überproportional ausführliche Erläuterungen widmet.

30 Je nach Phase im Lebenszyklus eines KI-Systems (→ Rn. 21) verändert sich, wie sich die „Ableitungsfähigkeit" eines Systems inhaltlich konkretisiert bzw. manifestiert. Während in der Entwicklungsphase für die Bewertung, ob ein System hinreichend ableitungsfähig ist, die „Fähigkeit von KI-Systemen, Modelle oder Algorithmen oder beides aus Eingaben oder Daten abzuleiten" (vgl. Erwgr. 12), im Vordergrund steht, kommt in der Nutzungsphase dem „Prozess der Erzeugung von Ausgaben, wie Vorhersagen, Inhalte, Empfehlungen oder Entscheidungen, die physische und digitale Umgebungen beeinflussen können" (vgl. Erwgr. 12), größere Bedeutung zu.[59] Dass die Ableitungsfähigkeit bereits für die Entwicklungsphase relevant ist, unterstreicht die Legaldefinition in Art. 3 Nr. 1, indem sie ausdrücklich auf den Prozess abstellt, durch den abgeleitet wird, „wie Ausgaben (…) erstellt werden".

31 Um für beide Phasen einen einheitlichen Begriff der „Ableitung" zu formulieren, kann sich an der von Steen entwickelten Definition[60] orientiert werden: Allgemein ist „Ableitung" als ein Vorgang zu verstehen, bei dem aus einem konkreten Sachverhalt mittels abstrakter Schlussfolgerungsprinzipien eine konkrete Schlussfolgerung gewonnen wird. Das einem KI-System zugrunde liegende KI-Modell ist für etwaige Ableitungsprozesse die Schlüsselkomponente.[61] Als Kodierung abstrakt-genereller Schlussfolgerungsprinzipien ist ein KI-Modell grundsätzlich nicht auf konkrete Sachverhalte und ihre Verarbeitung mittels eines Schritt-für-Schritt-Ablaufs zugeschnitten, sondern bildet allgemeine, vielfach kleinschrittige Formen zulässiger Schlussfolgerungen ab.[62] Die im KI-Modell vereinten, im Einzelfall mitunter gleichrangigen Schlussfolgerungsprinzipien ermöglichen es einem KI-System flexibel auf eine Vielzahl unterschiedlicher Sachverhalte zu reagieren und durch ihre Kombination komplexe Ableitungsketten zu bilden, bei denen die Ergebnisse einzelner Schlussfolgerungen wiederum als Ausgangspunkt weiterer Ableitungsoperationen dienen.[63]

32 Um die internationale Anschlussfähigkeit der KI-VO zu fördern und normative Widersprüche zu vermeiden, stellt die Kommission klar, dass das Verständnis der Ableitungsfähigkeit nach der KI-VO nicht im Widerspruch zur Norm ISO/IEC

---

[58] Martini/Wendehorst, KI-VO/Wendehorst, Art. 3 Rn. 43.

[59] Kom., Guidelines on the definition of an artificial intelligence system, C(2025) 924 final, Rn. 28.

[60] Vertiefend dazu Steen KIR 2024, 7 (8).

[61] OECD, Explanatory Memorandum on the updated OECD definition of an AI system, 2024, S. 8.

[62] Steen KIR 2024, 7 (8).

[63] BeckOK KI-Recht/Kirschke-Biller/Füllsack, 3. Ed. 1.8.2025, Art. 3 Rn. 43; Steen KIR 2024, 7 (8 f.).

22989 steht.[64] Das schafft Rechtssicherheit für Akteure, die sich bereits an ISO/IEC 22989[65] orientieren.

Wie die Systematisierung des Ableitungsbegriffs verdeutlicht, handelt es sich bei einer Ableitung nicht bloß um einen Prozess simpler Datenverarbeitung (vgl. Erwgr. 12). Vielmehr muss ein KI-System anspruchsvollere Lern-, Schlussfolgerungs- und Modellierungsprozesse technisch durchführen können (vgl. Erwgr. 12). Zu den Techniken, die während der Entwicklung eines KI-Systems zum Einsatz kommen, um ein Ableiten zu ermöglichen, gehören sowohl Ansätze des maschinellen Lernens als auch logik- und wissensgestützte Konzepte (vgl. Erwgr. 12). Angesichts der hohen technischen Komplexität der eingesetzten Methoden wird nachfolgend lediglich eine knappe, der Orientierung dienende Übersicht gegeben. **33**

Das maschinelle Lernen fungiert als Oberbegriff für verschiedene Ansätze, die prinzipiell allesamt darauf beruhen, dass das dem KI-System zugrundeliegende KI-Modell trainiert wird, in großen Datensätzen Muster und Korrelationen zu finden, um Entscheidungen und Vorhersagen auf dieser Basis zu treffen.[66] Beim überwachten Lernen nutzt das KI-Modell als zueinander gehörig markierte Ein- und Ausgabedatenpaare um Korrelationen nachzuvollziehen und überträgt die ermittelten Ähnlichkeiten, Unterschiede und andere Logikpunkte auf neue, unbekannte Daten.[67] Teilüberwachtes Lernen zeichnet sich dadurch aus, dass dem KI-Modell neben einer großen Menge unstrukturierter Daten als Starthilfe eine kleine Menge markierter Daten zugeführt werden.[68] Das unüberwachte Lernen basiert darauf, dass das KI-Modell durch verschiedene Techniken[69] in nicht markierten Daten eigenständig Muster, Strukturen oder Zusammenhänge erkennt.[70] Das selbstüberwachte Lernen stellt eine Sonderform des unüberwachten Lernens dar, bei der das KI-Modell die nicht markierte Daten nutzt, um mittels unterschiedlicher Methoden[71] daraus eigenständig Zielwerte oder Markierungen zu generieren und anschließend auf dieser Grundlage das Training nach dem Prinzip des (selbst)überwachten Lernens fortzusetzen.[72] Ein KI-System, dessen KI-Modell auf bestärkendem Lernen basiert, optimiert sein Verhalten nicht anhand markierter Daten, sondern durch Erfahrung, indem es mittels einer Belohnungsfunktion aus Rückmeldungen seiner Umgebung lernt und seine Ableitungsstrategie iterativ durch viele Trial-and-Error-Abläufe anpasst.[73] Bei dem praktisch für viele Durch- **34**

---

[64] Kom., Guidelines on the definition of an artificial intelligence system, C(2025) 924 final, Rn. 27.

[65] ISO/IEC 22989:2022, Information technology – Artificial intelligence – Artificial intelligence concepts and terminology.

[66] OECD, Explanatory Memorandum on the updated OECD definition of an AI system, 2024, S. 8; Wendt/Wendt, Das neue Recht der Künstlichen Intelligenz, § 2 Rn. 26.

[67] Kom., Guidelines on the definition of an artificial intelligence system, C(2025) 924 final, Rn. 33, 34; Wendt/Wendt, Das neue Recht der Künstlichen Intelligenz, § 2 Rn. 33 f.

[68] Wendt/Wendt, Das neue Recht der Künstlichen Intelligenz, § 2 Rn. 32.

[69] Dazu gehören zB Clusteranalyse, Dimensionsreduktion oder Anomalieerkennung.

[70] Kom., Guidelines on the definition of an artificial intelligence system, C(2025) 924 final, Rn. 35; Wendt/Wendt, Das neue Recht der Künstlichen Intelligenz, § 2 Rn. 31.

[71] Dazu gehören zB Autoencoder, Generative Adversarial Networks oder kontrastives Lernen.

[72] Kom., Guidelines on the definition of an artificial intelligence system, C(2025) 924 final, Rn. 36.

[73] Kom., Guidelines on the definition of an artificial intelligence system, C(2025) 924 final, Rn. 37; Wendt/Wendt, Das neue Recht der Künstlichen Intelligenz, § 2 Rn. 34 f.

brüche im Bereich von künstlicher Intelligenz verantwortliche Deep Learning werden dem zugrunde liegenden KI-Modell große Mengen an Rohdaten zugeführt, die es für das Training nutzt, indem es mittels mehrschichtiger Architekturen, sog. neuronaler Netze, eigenständig immer abstraktere Merkmale und damit zunehmend höherwertige Daten extrahiert.[74]

35 Bei logik- und wissensgestützten Konzepten wird aus kodierten Informationen oder symbolischen Darstellungen einer zu lösenden Aufgabe abgeleitet (vgl. Erwgr. 12). Ein KI-Systeme, das logik- und wissensgestützten Konzepte nutzt, „lernt" also nicht aus Daten, sondern aus Wissen, das von menschlichen Experten in Form von Regeln, Fakten und Beziehungen kodiert wurde.[75] Mittels deduktiver oder induktiver Verfahren sowie Operationen wie Sortieren, Suchen, Abgleichen und Verknüpfen kann es auf der für sie geschaffenen Wissensgrundlage logische Schlussfolgerungen ziehen, die es auf neue Sachverhalte anwendet.[76] Zu den logik- und wissensbasierten Ansätzen zählen beispielsweise Wissensrepräsentationen und Wissensdatenbanken, induktive logische Programmierung, Expertensysteme, Inferenzmaschinen oder symbolische KI.[77] Da es sich dabei um Ableitungsprozesse handelt, die auf von Menschen vorgegebenen Regeln beruhen, ist in diesem Kontext die Abgrenzung zu herkömmlicher Software besonders relevant (→ Rn. 14 ff.).

36 In Art. 3 Nr. 1 wird die Fähigkeit eines KI-Systems, aus den erhaltenen Eingaben abzuleiten, in doppelter Hinsicht konkretisiert. Zum einen wird ihre allgemeine Stoßrichtung etwaiger Ableitungsprozesse durch die expliziten oder impliziten Ziele des KI-Systems bestimmt (→ Rn. 37 f.). Inhaltlich wird zum anderen vorgeben, dass es bei der Ableitung eines KI-Systems um Schlussfolgerungen in Bezug auf die Erstellung von bestimmten, umgebungsrelevanten Ausgaben geht (→ Rn. 39 ff.).

37 **(1) Für explizite oder implizite Ziele.** Ein KI-System muss so konzipiert sein, dass es nach einem oder mehreren Zielen arbeitet (vgl. Erwgr. 12). Diese Ziele, die während der Entwicklungsphase explizit oder implizit definiert werden, setzen den Rahmen, in dem ein KI-System später seine Ableitungen vornimmt. Explizite Ziele sind klar formulierte Sollvorgaben, die vom Entwickler direkt in das KI-System einprogrammiert werden.[78] Beispielsweise kann einem KI-System mittels entsprechender Programmierung ausdrücklich das Ziel gesetzt werden, Optimierungen an einer bestimmten Kostenfunktion vorzunehmen.[79] Implizite Ziele beziehen sich demgegenüber auf Sollvorgaben, die nicht ausdrücklich formuliert sind, sondern mittelbar durch die Auswahl und Strukturierung der Trainingsdaten sowie durch eine auf die Nachahmung dieser Daten ausgerichtete

[74] Kom., Guidelines on the definition of an artificial intelligence system, C(2025) 924 final, Rn. 38; Wendt/Wendt, Das neue Recht der Künstlichen Intelligenz, § 2 Rn. 36 ff.

[75] Kom., Guidelines on the definition of an artificial intelligence system, C(2025) 924 final, Rn. 39.

[76] Kom., Guidelines on the definition of an artificial intelligence system, C(2025) 924 final, Rn. 39.

[77] Kom., Guidelines on the definition of an artificial intelligence system, C(2025) 924 final, Rn. 39.

[78] OECD, Explanatory Memorandum on the updated OECD definition of an AI system, 2024, S. 7.

[79] Kom., Guidelines on the definition of an artificial intelligence system, C(2025) 924 final, Rn. 24.

Systemarchitektur in das System einfließen.[80] So wird beispielsweise einem großen Sprachmodell („large language model") über eine Belohnungen das implizite Ziel gesetzt, am Ende Ableitungsprozesses plausible Antworten hervorzubringen.[81]

Definitorisch sind die Ziele eines KI-Systems von dessen Zweckbestimmung sowie von etwaigen Benutzereingaben abzugrenzen. Die Zweckbestimmung ergibt sich gem. Art. 3 Nr. 12 – neben der anbieterseitigen Festlegung – maßgeblich aus den besonderen Umständen und Bedingungen der Verwendung und damit überwiegend aus systemexternen Faktoren (→ Rn. 144 ff.). Demgegenüber sind die in Art. 3 Nr. 1 benannten Ziele eines KI-Systems ausschließlich systeminterner Natur und beziehen sich auf die auszuführenden Aufgaben sowie die hierbei angestrebten Ergebnisse.[82] Diese in der Entwicklungsphase festgelegten Ziele werden während des laufenden Betriebs durch Benutzereingaben nur ergänzt und nicht etwa ersetzt.[83] 38

(2) In Bezug auf die Erstellung von umgebungsrelevanten Ausgaben. 39
Art. 3 Nr. 1 legt fest, was das Resultat eines Ableitungsprozesses im Sinne der Definition sein muss. Danach ist ein System nur dann ein KI-System, wenn es ableitet, „wie Ausgaben wie etwa Vorhersagen, Inhalte, Empfehlungen oder Entscheidungen erstellt werden, die physische oder virtuelle Umgebungen beeinflussen können". Die auf den ersten Blick nicht gerade triviale Formulierung „wie Ausgaben (…) erstellt werden…" ist auf das gesetzgeberische Bestreben zurückzuführen, zum Ausdruck zu bringen, dass die Legaldefinition bereits in der Entwicklungsphase über den gesamten Lebenszyklus eines KI-Systems hinweg greift (→ Rn. 21). Das engere Verständnis des Begriffs „Ableitung", wonach die in der Nutzungsphase erfolgende Erstellung der Ausgaben selbst – und nicht die in die Entwicklungsphase vorgelagerte Überlegung, wie Ausgaben erstellt werden – in den Blick genommen wird, ist von der Formulierung des Art. 3 Nr. 1 aufgrund eines hier zu ziehenden Erst-Recht-Schlusses mitumfasst.[84]

Die in Art. 3 Nr. 1 genannten, von einem KI-System erzeugten Arten von Ausgaben spiegeln verschiedene Funktionen von KI-Systemen wider (vgl. Erwgr. 12).[85] Wie die sogleich dargestellten Definitionen zeigen, können zwar eine Vielzahl der denkbaren Ausgaben unter die Begriffe „Vorhersage", „Empfehlung", „Entscheidung" oder „Inhalt" subsumiert werden. Allerdings handelt es sich ausweislich des Wortlauts des Art. 3 Nr. 1 nur um Beispiele typischer Ausgaben, sodass in dem Begriffsquartett keine erschöpfende Auflistung zu sehen ist.[86] 40

[80] Kom., Guidelines on the definition of an artificial intelligence system, C(2025) 924 final, Rn. 24; OECD, Explanatory Memorandum on the updated OECD definition of an AI system, 2024, S. 7.

[81] OECD, Explanatory Memorandum on the updated OECD definition of an AI system, 2024, S. 7.

[82] Kom., Guidelines on the definition of an artificial intelligence system, C(2025) 924 final, Rn. 25.

[83] OECD, Explanatory Memorandum on the updated OECD definition of an AI system, 2024, S. 7.

[84] Vgl. auch Kom., Guidelines on the definition of an artificial intelligence system, C(2025) 924 final, Rn. 28.

[85] Vgl. zu den verschiedenen Funktionen beispielhaft OECD, Explanatory Memorandum on the updated OECD definition of an AI system, 2024, S. 9.

[86] So auch Martini/Wendehorst, KI-VO/Wendehorst, Art. 3 Rn. 39; BeckOK KI-Recht/Kirschke-Biller/Füllsack, 3. Ed. 1.8.2025, Art. 3 Rn. 34.

Vorhersagen, Empfehlungen und Entscheidungen stehen abhängig vom jeweiligen Grad der Autonomie in einem abgestuften Verhältnis zueinander, wobei Vorhersagen den geringsten und Entscheidungen den höchsten Autonomiegrad aufweisen.[87] Ein KI-System trifft eine Vorhersage, wenn es anhand bekannter Eingabewerte eine Schätzung für einen unbekannten, sich auf die Zukunft beziehenden Wahrscheinlichkeitswert abgibt.[88] Macht ein KI-System Vorschläge für bestimmte Aktionen, Produkte oder Dienstleistungen für Nutzer, die auf deren Präferenzen, Verhaltensweisen oder anderen Dateneingaben basieren, handelt es sich bei der Ausgabe um eine Empfehlung.[89] Setzt ein KI-System eine eigene Annahme oder Wahl eigenständig und ohne Mitwirkung eines Menschen oder eines weiteren Systems um, liegt eine Entscheidung vor.[90] Ausgaben wie Texte, Bilder, Videos oder Software-Code sind Inhalte iSd Art. 3 Nr. 1 und werden in der Regel von einem generativen KI-System erzeugt, das auf einem KI-Modell mit allgemeinem Verwendungszweck (→ Rn. 455) beruht.[91] Allgemein ist ein KI-System anders als ein herkömmliches System, das womöglich ebenso Ausgaben dieser Art hervorbringen kann, in der Lage, mit größerer Komplexität der Basis- und Eingabedaten umzugehen und am Ende des Ableitungsprozesses nuancierte Ausgaben zu erzeugen.[92]

41 Ableitungsrelevant iSd Art. 3 Nr. 1 sind nur solche Ausgaben, die physische oder virtuelle Umgebungen beeinflussen können. Ein KI-System ist damit per definitionem nicht nur zu passiver Informationsaufnahme (→ Rn. 28), sondern auch zu aktiver Einflussnahme befähigt. Umgebungen sind grundsätzlich als Kontexte zu verstehen, in denen KI-Systeme betrieben werden (vgl. Erwgr. 12). Zu den Betriebskontexten zählen neben der IT-Infrastruktur in ihrer physischen und virtuellen Ausprägung auch das weitere Umfeld, auf das das KI-System Einfluss nimmt, wie etwaige mit dem KI-System verbundenen oder interagierenden digitalen Räume, Datenströme und Software-Ökosysteme oder menschlichen Aktivitäten, die den Betrieb des KI-Systems begleiten.[93] Aus der Bezugnahme auf virtuelle Umgebungen ergibt sich, dass es keineswegs erforderlich ist, dass die Ausgaben tatsächlich sichtbare, physische Veränderungen der Umwelt bewirken. Vielmehr zeigen beispielsweise die Transparenzpflichten in Art. 50, dass aus Sicht des Gesetzgebers ein KI-System ohne Weiteres in den Anwendungsbereich der KI-VO fällt, dessen Fähigkeiten sich auf die Erzeugung von Audio-, Bild-, Video- oder Textinhalten beschränkt. Vor diesem Hintergrund liegt eine Umweltbeeinflussung und damit eine ableitungsrelevante Ausgabe iSd Art. 3 Nr. 1 auch dann vor, wenn die

---

[87] Vgl. Kom., Guidelines on the definition of an artificial intelligence system, C(2025) 924 final, Rn. 53; OECD, Explanatory Memorandum on the updated OECD definition of an AI system, 2024, S. 9.

[88] Vgl. Kom., Guidelines on the definition of an artificial intelligence system, C(2025) 924 final, Rn. 54, 55.

[89] Vgl. Kom., Guidelines on the definition of an artificial intelligence system, C(2025) 924 final, Rn. 57.

[90] Vgl. Kom., Guidelines on the definition of an artificial intelligence system, C(2025) 924 final, Rn. 58.

[91] Vgl. Kom., Guidelines on the definition of an artificial intelligence system, C(2025) 924 final, Rn. 56.

[92] Vgl. Kom., Guidelines on the definition of an artificial intelligence system, C(2025) 924 final, Rn. 59.

[93] BeckOK KI-Recht/Kirschke-Biller/Füllsack, 3. Ed. 1.8.2025, Art. 3 Rn. 38; OECD, Explanatory Memorandum on the updated OECD definition of an AI system, 2024, S. 7.

von einem KI-System erzeugten Ausgaben für einen Betrachter wahrnehmbar sind und eine innere Reaktion auslösen, ohne dass sich sein Verhalten erkennbar verändert.[94]

2. Risiko

„Risiko" die Kombination aus der Wahrscheinlichkeit des Auftretens eines Schadens und der Schwere dieses Schadens; 42

a) Allgemeines. Art. 3 Nr. 2 befasst mit dem Begriff des Risikos. In gebotener Kürze wird „Risiko" als „die Kombination aus der Wahrscheinlichkeit des Auftretens eines Schadens und der Schwere dieses Schadens" definiert. Charakteristisch für diese bereits aus anderen Rechtsakten des Produktsicherheits- und Marktüberwachungsrechts[95] bekannte Formel ist, dass sie anders als soziologische Definitionsversuche[96] ohne das Kriterium der risiko- bzw. gefahrbegründenden menschlichen Entscheidung auskommt. Eine menschliche Entscheidung muss damit nicht vorliegen, um eine wie auch immer geartete Gefahr rechtlich als ein Risiko zu qualifizieren. Grund dafür ist das gesetzgeberische Bestreben, Gefährdungsmomente unabhängig von ihrem Ursprung möglichst umfassend regulatorisch zu erfassen, um zugunsten der Verbraucher dem europäischen Vorsorgeprinzip gerecht zu werden.[97] Bei der Regulierung künstlicher Intelligenz drängt es sich angesichts der definitorisch bereits angelegten Betriebsautonomie von KI-Systemen (→ Rn. 24 f.) auf, an dem im Produktsicherheitsrecht etablierten Verständnis des Begriffs „Risiko" festzuhalten, das auf das beschränkende Kriterium der Soziologie verzichtet. 43

Aus gesamtheitlicher Perspektive ist die Bedeutung des Begriffs des Risikos für die KI-VO kaum zu überschätzen. Mit dem Ziel, einen Regulierungsansatz zu erarbeiten, der sowohl Innovation als auch Rechtsgüter- und Interessensschutz ermöglicht, prüfte die Kommission noch bevor sie ihren Vorschlag zur KI-VO im April 2021[98] vorlegte, verschiedenste politische und regulatorische Vorgehensweise. Die Kommission erwog unter anderem Ansätze, die auf einem System zur freiwilligen Kennzeichnung, auf sektorspezifischen „Ad-hoc"-Regelungen oder auf horizontal geltenden, risikounabhängigen Anforderungen für alle KI-Systeme gründeten.[99] Im Ergebnis empfahl sie aus vertretbaren Gründen aber jenen Ansatz für ein horizontales Regelungswerk, der auf Risikoerwägungen basiert und welcher sich nun in der verabschiedeten Fassung der KI-VO wiederfindet.[100] Das Risiko ist somit als Anknüpfungspunkt für die Fragen entscheidend, ob die Entwicklung und Inbetriebnahme eines KI-Systems oder KI-Modells erstens überhaupt zulässig ist und welcher des Pflichten- und Anforderungskanon im Falle der Zulässigkeit zweitens sodann zu berücksichtigen ist. Dieser risikobasierte Ansatz soll der Verhältnismäßigkeit und Wirksamkeit der KI-VO Vorschub leisten, indem Art und Inhalt der Vorschriften darauf zugeschnitten werden, wie intensiv die Risiken sind und welchen Umfang sie haben (vgl. Erwgr. 26). 44

---

[94] BeckOK KI-Recht/Kirschke-Biller/Füllsack, 3. Ed. 1.8.2025, Art. 3 Rn. 39.
[95] Siehe zB Art. 3 Nr. 18 MÜVO und Art. 3 Nr. 4 GPSR.
[96] Siehe Luhmann, Soziologie des Risikos, 2003, S. 30 f.
[97] Bronner, KIR 2024, 55 (56).
[98] COM(2021) 206 final.
[99] Vgl. Begründung COM(2021) 206 final, 3.3, S. 11.
[100] Vgl. Begründung COM(2021) 206 final, 3.3, S. 11.

45 Das „Risiko" spielt nicht nur für die generelle Ausrichtung der KI-VO eine Rolle, sondern ist auch in vielen Bestimmungen des verfügenden Teils zu finden. Während die Verwendung des Begriffs im Rahmen bestimmter, feststehender Termini wie „Hochrisiko-KI-System" und „KI-Modell mit allgemeinem Verwendungszweck mit systemischem Risiko" vor allem der Abgrenzung dient, weil der legaldefinierte Begriff des Risikos aus Art. 3 Nr. 2 bei der Klassifizierung von den spezifischen Einordnungsvorschriften überlagert wird,[101] kommt dem Begriff des „Risikos" bei isolierter Verwendung eine eigenständige Bedeutung zu, die von Rechtsanwendern stets anhand des Regelungskontextes und der gesetzgeberischen Intention zu ermitteln ist. Dabei ist zunächst eine prinzipielle Unterscheidung zwischen abstraktem und konkretem Risiko vorzunehmen, die materiell-rechtliche Folgen hat.[102] Ein abstraktes Risiko verpflichtet in der Regel bloß zu Risikokontrollmaßnahmen, weil nach dem Stand von Wissenschaft und Technik sowie allgemeiner Lebenserfahrung mit einer gewissen Wahrscheinlichkeit vom Auftreten gewisser Schäden auszugehen ist.[103] Beispiele hierfür sind die Art. 6 Abs. 3 UAbs. 1 und Art. 7 Abs. 1 lit. b (Einstufung von KI-Systemen als Hochrisiko-KI-Systeme) oder Art. 9 Abs. 2 (Risikomanagementsystem). Ein konkretes Risiko wiederum verpflichtet regelmäßig zu Risikobeseitigungsmaßnahmen, weil sich abzeichnende Schäden aufgrund der besonderen Umstände des Einzelfalls mit gewisser Wahrscheinlichkeit realisieren werden, wenn nicht interveniert wird.[104] Auf konkrete Risiken wird beispielsweise in Art. 79 Abs. 1 (Verfahren auf nationaler Ebene für KI-Systeme, die ein Risiko bergen), Art. 82 Abs. 1 (Konforme KI-Systeme, die ein Risiko bergen) oder Art. 90 Abs. 1 lit. a (Warnungen vor systemischen Risiken) Bezug genommen. Trotz der Legaldefinition in Art. 3 Nr. 2, die sowohl die Elemente der Eintrittswahrscheinlichkeit und als auch die der Schadensschwere beinhaltet, kommt der Begriff „Risiko" manchmal untechnisch als bloßes Synonym für „Gefahr" oder „Wahrscheinlichkeit" zum Einsatz. Das ist beispielsweise bei Art. 5 Abs. 1 lit. d (Verbotene Praktiken im KI-Bereich) und Abs. 15 Abs. 4 UAbs. 3 (Genauigkeit, Robustheit und Cybersicherheit) festzustellen.

46 Teilweise wird der Begriff des Risikos nach Art. 3 Nr. 2 im Rahmen der KI-VO modifiziert, teils wird er sogar verdrängt. Für das sog. „systemische Risiko" (→ Rn. 463 ff.), dessen Vorliegen für Anbieter von KI-Modellen mit allgemeinem Verwendungszweck gem. Art. 55 pflichtenerweiternd wirkt, bildet er nur die Grundlage und wird sodann auf die Besonderheiten von General Purpose AI (GPAI) angewendet. Die Ausführungen iRd Art. 79 Abs. 1 zu „KI-Systemen, die ein Risiko bergen" legen wiederum eine normspezifische Verdrängung der Begriffsbestimmung aus Art. 3 Nr. 2 nahe. Aufgrund des Verweises des Art. 79 Abs. 1 auf Art. 19 Abs. 3 MÜ-VO,[105] die ihrerseits den Begriff „Risiko" definiert, ist zur Auslegung des Art. 19 Abs. 3 MÜ-VO dogmatisch sauber nur die in der MÜ-VO enthaltene Risikodefinition heranzuziehen. Erst im Anschluss sind sodann die besonderen Aspekte der KI-VO in Art. 79 Abs. 1 Hs. 2 („Risiken für die Gesundheit oder Sicherheit oder Grundrechte von Personen") einzubeziehen. Praktisch hat diese rechtstechnische Differenzierung wegen der großen Überschneidungen der Risikodefinitionen aber keine Auswirkungen.[106]

---

[101] BeckOK KI-Recht/Kirschke-Biller/Füllsack, 3. Ed. 1.8.2025, Art. 3 Rn. 66.

[102] Eingehend dazu Martini/Wendehorst, KI-VO/Wendehorst, Art. 3 Rn. 61 f.

[103] Martini/Wendehorst, KI-VO/Wendehorst, Art. 3 Rn. 61.

[104] Martini/Wendehorst, KI-VO/Wendehorst, Art. 3 Rn. 62.

[105] Verordnung (EU) 2019/1020.

[106] BeckOK KI-Recht/Kirschke-Biller/Füllsack, 3. Ed. 1.8.2025, Art. 3 Rn. 70 f.

b) Definitorische Bestandteile. Der Ausdruck „Risiko" stellt gem. Art. 3 Nr. 2 auf die „Wahrscheinlichkeit des Auftretens eines Schadens" und die „Schwere dieses Schadens" ab. Zu Ermittlung des Risikos sind zunächst die zwei Merkmale der Schadenswahrscheinlichkeit und Schadensschwere gesondert voneinander anhand sämtlicher Umstände des Einzelfalls zu prüfen.[107] Aus der „Kombination" dieser Prüfungsergebnisse ergibt sich sodann das spezifische Schädigungspotenzial bzw. Risiko. In Bezug auf KI-Systeme gibt der Gesetzgeber der Kommission gem. Art. 7 Abs. 2 Kriterien zur Risikobeurteilung an die Hand. Zwar sind die Ausführungen in Art. 7 Abs. 2 aufgrund des konkreten Regelungszwecks nicht ohne Weiteres für sämtliche Risikobewertungen verallgemeinerbar, doch können die genannten Kriterien von der Praxis als Orientierungshilfe herangezogen werden, um zu bestimmen, auf welche Systemeigenschaften bei Bewertung des Schädigungspotenzial eines KI-Systems abzustellen ist. **47**

Grundsätzlich steigt die Wahrscheinlichkeit eines Schadeneintritts in Zusammenhang mit einem KI-System, je stärker etwaige auf den Ausgaben basierenden Entscheidungen algorithmisch vorbestimmt und je komplexer diese Entscheidungen sind.[108] Gleiches gilt, wenn die Entscheidungen unmittelbar umgesetzt werden (→ Rn. 40) und nicht oder nur schwer rückgängig gemacht werden können.[109] Umgekehrt ist die Schadenswahrscheinlichkeit geringer, wenn die Ausgaben keinen Anspruch auf Richtigkeit erheben, lediglich eine deterministische Abbildung der Realität darstellen, in rein theoretischen Handlungskontexten erfolgen oder jederzeit vollständig reversibel sind.[110] **48**

Die Schadensschwere bemisst sich an der Bedeutung der betroffenen Rechtsgüter und an der Art und dem Umfang der drohenden Beeinträchtigung.[111] Dabei sind die Anzahl der potenziell betroffenen Personen und der individuellen Schäden sowie etwaige gesamtgesellschaftliche Auswirkungen, die über die bloße Addition einzelner Schäden hinausgehen können, zu berücksichtigen.[112] **49**

Das Risiko ergibt sich nicht isoliert aus einem der vorgenannten Merkmale. Die Maßgabe der „Kombination" in Art. 3 Nr. 2 bringt zum Ausdruck, dass eine Risikobewertung nur möglich ist, wenn sowohl die Wahrscheinlichkeit des Schadenseintritts als auch die Schwere des potenziellen Schadens kumulativ ermittelt wurden. Bezugspunkt beider Merkmale muss dabei zwingend dasselbe Schadensszenario sein. Diese inhaltliche Konnexität folgt daraus, dass Art. 3 Nr. 2 ausdrücklich auf die „Schwere (jenes) Schadens" Bezug nimmt, dessen Eintrittswahrscheinlichkeit zuvor zu bestimmen ist. In der Praxis kann zur systematischen Darstellung des Risikos auf das bewährte Instrument der Risikomatrix zurückgegriffen werden.[113] Dass etwa die MÜ-VO vom „Verhältnis" und nicht von einer „Kombination" spricht, begründet kein abweichendes methodisches Vorgehen. Vielmehr beruhen diese semantischen Unterschiede auf verschiedenen Übersetzungen des im englischen Original gleichlautenden Wortlauts („combination") beider Verordnungen. **50**

---

[107] BeckOK KI-Recht/Kirschke-Biller/Füllsack, 3. Ed. 1.8.2025, Art. 3 Rn. 71.
[108] Gutachten der DEK, S. 174.
[109] Bronner KIR 2024, 55 (56).
[110] Gutachten der DEK, S. 174.
[111] Bronner KIR 2024, 55 (56).
[112] BeckOK KI-Recht/Kirschke-Biller/Füllsack, 3. Ed. 1.8.2025, Art. 3 Rn. 74.
[113] BeckOK KI-Recht/Kirschke-Biller/Füllsack, 3. Ed. 1.8.2025, Art. 3 Rn. 71.

3. Anbieter

51 **„Anbieter“ eine natürliche oder juristische Person, Behörde, Einrichtung oder sonstige Stelle, die ein KI-System oder ein KI-Modell mit allgemeinem Verwendungszweck entwickelt oder entwickeln lässt und es unter ihrem eigenen Namen oder ihrer Handelsmarke in Verkehr bringt oder das KI-System unter ihrem eigenen Namen oder ihrer Handelsmarke in Betrieb nimmt, sei es entgeltlich oder unentgeltlich;**

52 **a) Allgemeines.** Unter den im Verantwortungsgefüge der KI-VO benannten Akteuren (→ Rn. 110 ff.) nimmt der Anbieter eine herausragende Stellung ein. Ein erheblicher Teil der Akteurspflichten im Zusammenhang mit KI-Systemen oder KI-Modellen ist entweder unmittelbar ihm zugewiesen oder erfasst ihn zumindest funktional.[114] Angesichts dieser Schlüsselstellung des Anbieters ist die Definition in Art. 3 Nr. 3 sowohl für Rechtstheoretiker als auch für die Praxis von höchster Relevanz. Sie bestimmt die normativen Konturen des Anbieterbegriffs und legt dadurch den persönlichen Anwendungsbereich der KI-VO nach Abs. 2 Abs. 1 und sowie die Adressaten des mit dem Begriff verbundenen Pflichtenprogramms[115] fest. „Anbieter“ ist nach Art. 3 Nr. 3 eine natürliche oder juristische Person, Behörde, Einrichtung oder sonstige Stelle, die ein KI-System oder ein KI-Modell mit allgemeinem Verwendungszweck entwickelt oder entwickeln lässt und es unter ihrem eigenen Namen oder ihrer Handelsmarke – entgeltlich oder unentgeltlich – in Verkehr bringt oder das KI-System unter ihrem eigenen Namen oder ihrer Handelsmarke in Betrieb nimmt. Diese Definition deckt sich im Kern mit derjenigen, die die Kommission in ihrem Entwurf zur KI-VO vorgeschlagen hat.

53 Im Unterschied zu zahlreichen Rechtsakten des allgemeinen Produktsicherheitsrechts verzichtet die KI-VO weitgehend auf die Verwendung des Begriffs „Hersteller“. Nur in ausgewählten Fällen wird auf den sogenannten „Produkthersteller“ Bezug genommen, also auf denjenigen, der ein KI-System zusammen mit seinem Produkt unter eigenem Namen oder eigener Handelsmarke in Verkehr bringt oder in Betrieb nimmt.[116] Da die definitorischen Bestandteile des Anbieterbegriffs nach der KI-VO aber im Wesentlichen denen des Herstellerbegriffs anderer Rechtsakte[117] entsprechen, ist darin keine Abkehr des Gesetzgebers von der regulatorisch etablierten Rollenverteilung innerhalb der Lieferkette zu sehen. Vielmehr lässt sich sagen: Der Anbieter übernimmt für das KI-System oder -Modell die Rolle, die im allgemeinen Produktsicherheitsrecht dem Hersteller in Bezug auf das Produkt zukommt.[118] Allerdings sollte aus dieser funktionalen Ähnlichkeit nicht vorschnell darauf geschlossen werden, dass es sich bloß um eine rechtlich folgenlose Begriffssubstitution handelt. So wurde die Definition des Anbieters nach der KI-VO auf die regulatorischen Besonderheiten im Zusammen-

---

[114] Martini/Wendehorst, KI-VO/Wendehorst, Art. 3 Rn. 63.

[115] Siehe zu den Anbieterpflichten bei Hochrisiko-KI-Systemen Roos/Weitz MMR 2021, 844.

[116] Vgl. Art. 2 Abs. 1 lit. e.

[117] So zB Art. 8 Abs. 3 MÜ-VO, wonach der Hersteller „jede natürliche oder juristische Person (ist), die ein Produkt herstellt oder entwickeln oder herstellen lässt und dieses Produkt in ihrem eigenen Namen oder unter ihrer eigenen Handelsmarke vermarktet“.

[118] BeckOK KI-Recht/Kirschke-Biller/Füllsack, 3. Ed. 1.8.2025, 2. Ed. 1.5.2025, Art. 3 Rn. 75.

hang mit Systemen und Modellen künstlicher Intelligenz zugeschnitten und unterscheidet sich daher in praxisrelevanten Aspekten maßgeblich von der etablierten Legaldefinition des Herstellers (→ Rn. 56 ff.).

Eine rechtliche Betrachtung des Anbieterbegriffs gem. Art. 3 Nr. 3 kommt ohne einen Exkurs zur Bestimmung des Art. 25 nicht aus. Art. 25 befasst sich mit Verantwortlichkeiten entlang der KI-Wertschöpfungskette und enthält in Abs. 1 und 3 Tatbestände, bei deren Vorliegen die Verantwortlichkeit eines Anbieters auf Händler, Einführer, Betreiber oder sonstige Dritte (Abs. 1) bzw. Produkthersteller (Abs. 3) übergehen kann (→ Art. 25 Rn. 3, 25). Rechtstechnisch handelt es sich zwar um eine Fiktion („gelten … als"), die die konkrete Definition aus Art. 3 Nr. 3 unberührt lässt. Faktisch sind es aber Erweiterungen (Abs. 1) bzw. Modifikationen (Abs. 3) des Anbieterbegriffs, an die Wirtschaftsakteure und Behörden stets denken müssen, wenn sie im Einzelfall versuchen, den Anbieter eines KI-Systems oder KI-Modells zu identifizieren.[119] **54**

b) Definitorische Bestandteile. aa) Erfasste Rechtssubjekte. Der Kreis der erfassten Rechtssubjekte wird denkbar weit gezogen. Anbieter kann nach der Definition in Art. 3 Nr. 3 eine **55**

– natürliche oder juristische Person,
– Behörde,
– Einrichtung oder
– sonstige Stelle

sein. Erkennbar irrelevant ist somit, ob es sich um eine privatrechtliche oder öffentliche-rechtliche Organisationsform der Entität handelt.[120] Dadurch soll verhindert werden, dass Entitäten durch die Wahl einer bestimmten Rechtsform dem Anwendungsbereich der KI-VO entfliehen, um das umfassende Pflichtenprogramm zu umgehen.[121] Da das maßgebliche, unionsrechtliche Verständnis juristischer Personen auch teilrechtsfähige Personengesellschaften wie die OHG, KG und GbR erfasst und damit über das engere Begriffsverständnis des deutschen Rechts, das lediglich AG und GmbH als juristische Personen qualifiziert, hinausgeht, ist in der Praxis davon auszugehen, dass Anbieter überwiegend in Form juristischer Personen auftreten werde.[122] Diese fallen insbesondere auch dann unter die Definition des Art. 3 Nr. 3, wenn es sich bloß um Kleinst- oder Kleinunternehmen im Sinne der Empfehlung 2003/361/EG der Kommission[123] handelt. So hat sich der Gesetzgeber bewusst gegen die Ausgliederung von sog. „Kleinanbietern" entschieden, wie sie noch im Kommissionsentwurf zur KI-VO vorgesehen war.[124] In der verabschiedeten Fassung der KI-VO werden die Interessen dieser Marktteilnehmer durch Sonderregelungen für kleine und mittlere Unternehmen (KMU) berücksichtigt (vgl. Erwgr. 8).

bb) Entwicklungsverantwortung. Die definitorisch in Art. 3 Nr. 3 angelegte Entwicklungsverantwortung des Anbieters bezüglich eines KI-Systems (→ Rn. 5 ff.) oder eines KI-Modells mit allgemeinem Verwendungszweck (→ Rn. 454 ff.) kann in zwei Konstellationen vorliegen. Zum einen kann der **56**

---

[119] Ausführlich dazu Martini/Wendehorst, KI-VO/Wendehorst, Art. 3 Rn. 72 ff.
[120] Martini/Wendehorst, KI-VO/Wendehorst, Art. 3 Rn. 66.
[121] Eulenpesch/Malczyk GRUR 2025, 40 (41).
[122] BeckOK KI-Recht/Kirschke-Biller/Füllsack, 3. Ed. 1.8.2025, Art. 3 Rn. 85.
[123] Empf. 2003/361/EG der Kom.
[124] Vgl. Art. 3 Nr. 3 COM(2021) 206 final.

Anbieter selbst entwickeln, zum anderen kann er von Dritten entwickeln lassen. Im Unterschied zu herkömmlichen physischen Produkten erfasst der Begriff der „Entwicklung" im Kontext künstlicher Intelligenz nicht bloß die abstrakte Konzeption, sondern auch die konkrete Erstellung der Software, die als Ergebnis eines programmiertechnischen Herstellungsprozesses das eigentliche Erzeugnis darstellt.[125]

57 In jedem Fall liegt ein **eigenes „Entwickeln"** vor, wenn der Anbieter sowohl das KI-System als auch KI-Modell als Kernkomponente in Gänze entwickelt.[126] Allerdings ist ein solch klar gelagerter Fall für die Begründung der Anbieterstellung nicht erforderlich und in der Praxis wohl eher selten. Auch Weiterentwicklungen oder Anpassungen eines existierenden, aber noch nicht in Umlauf gebrachten KI-Systems, die eine gewisse Erheblichkeit haben, also sie über eine nur individualisierte Verwendung hinausgehen und deshalb nicht mehr der Betreibersphäre (→ Rn. 68 ff.) zuzuordnen sind, können als „Entwickeln" iSd Art. 3 Nr. 3 zu qualifizieren sein.[127] Für die Frage der Erheblichkeit sind die Wertungen des Art. 25 Abs. 1 (→ Art. 25 Rn. 5 ff.) heranzuziehen. Während Anpassungen eines KI-Systems durch verschiedene Maßnahmen (zB Komponentenaustausch, Datenbankverbindung, Ein- und Ausgabenfilterung oder Prompt-Spezifizierung) denkbar sind, erfolgt eine Modifikation des zugrundliegenden KI-Modells in der Regel nur durch Nachtraining oder Finetuning.[128]

58 Die Anbieterstellung im Sinne der KI-VO setzt keine unmittelbare oder vollständige technische Entwicklung des KI-Systems oder des zugrundeliegenden Modells durch den Anbieter selbst voraus. Vielmehr kann der Anbieter **„entwickeln lassen"**, also die Entwicklung auch ganz oder teilweise an Dritte auslagern. Eine operative Teilhabe am Entwicklungsprozess ist für die Anbieterstellung somit weder zwingend erforderlich, noch begründet eine solche Teilhabe für sich allein bereits Anbieterstellung für Dritte. Ob es gesetzgeberisch intendiert oder rechtlich geboten ist, dass der Anbieter als Auftraggeber des Dritten über die Beauftragung hinaus in irgendeiner Form Einfluss auf den Entwicklungsprozess (zB durch Weisung oder Haftungsübernahme) nehmen muss, ist nicht klar. Aus Art. 3 Nr. 3 ergibt sich unmittelbar nur das Beauftragungserfordernis, während zusätzliche Anforderungen an die Auslagerung dem Wortlaut nicht zu entnehmen sind. Zieht man die Grundsätze des allgemeinen Produktsicherheitsrechts heran, müsste der Anbieter nach der Vergabe der Arbeiten zumindest die Oberaufsicht behalten und sicherstellen, dass er alle notwendigen Informationen zur Erfüllung seiner Pflichten nach der KI-VO erhält.[129] Jedenfalls muss er danach die Entwicklungsverantwortung tragen.[130] Ob dies tatsächlich der Fall ist, kann im Einzelfall angesichts komplexer Lieferungsketten schwer zu bestimmen sein. Da die Anbieterstellung jedoch zusätzlich voraussetzt, dass das KI-System oder KI-Modell zusätzlich unter eigenem Namen oder eigener Marke in Verkehr gebracht oder in Betrieb genommen wird, lässt sich bei einer Ent-

---

[125] Siehe zur Differenzierung zwischen Entwicklung und Herstellung zB Bek. der Kom. Blue Guide, ABl. 2022 C 247, 1, Abschnitt 3.1; BeckOK KI-Recht/Kirschke-Biller/Füllsack, 3. Ed. 1.8.2025, Art. 3 Rn. 87.1.

[126] BeckOK KI-Recht/Kirschke-Biller/Füllsack, 3. Ed. 1.8.2025, Art. 3 Rn. 88.

[127] BeckOK KI-Recht/Kirschke-Biller/Füllsack, 3. Ed. 1.8.2025, Art. 3 Rn. 88 f.

[128] BeckOK KI-Recht/Kirschke-Biller/Füllsack, 3. Ed. 1.8.2025, Art. 3 Rn. 88.1.

[129] Bek. der Kom. Blue Guide, ABl. 2022 C 247, 1, Abschnitt 3.1.

[130] Bek. der Kom. Blue Guide, ABl. 2022 C 247, 1, Abschnitt 3.1.

wicklungskooperation regelmäßig zumindest anhand der eindeutigen Kennzeichnung bzw. Benutzeroberfläche bestimmen, wer aus Sicht der Beteiligten Anbieter sein soll. Vor diesem Hintergrund dürfte eine vertiefte Erörterung der „Auslagerungskriterien" in der Praxis regelmäßig entbehrlich sein.

Es kann jedoch Situationen geben, in denen sich die Frage stellt, ob entgegen 59
dem eindeutigen Wortlaut des Art. 3 Nr. 3 ein **Verzicht auf das Merkmal des Entwickelns oder Entwickelnlassens** möglich oder sogar geboten ist, weil andernfalls die Gefahr bestünde, dass es *per definitionem* keinen verantwortlichen Anbieter für ein sich im Unionsmarkt befindliches KI-System oder KI-Modell gibt. Trifft beispielsweise ein im Ausland ansässiges Unternehmen die Entscheidung zum Kauf eines KI-Systems oder KI-Modells erst nachdem bereits die Entwicklung durch einen ebenfalls unionsexternen Dritten abgeschlossen ist, liegt die Entwicklungsverantwortung nach den vorgenannten Kriterien ausschließlich bei diesem Dritten. Damit kann die folgende Bereitstellung auf dem Unionsmarkt unter dem Namen oder der Handelsmarke des zukaufenden Unternehmens dessen Anbieterstellung streng genommen nicht begründen. Der Dritte wiederum ist nicht der verantwortliche Anbieter, da er das KI-System oder KI-Modell mangels Unionsbezug der Abgabe nicht in Verkehr gebracht oder in Betrieb genommen hat (→ Rn. 60).[131] Auch die Anbieterfiktionen in Art. 25 Abs. 1 schließen die Regelungslücke nicht, da alle Tatbestandsvarianten erst nach dem Markteintritt des KI-Systems einschlägig sind.[132] Mangels Positionierung durch den Gesetzgeber oder die zuständigen Gerichte ist die Frage, ob die Entwicklungsverantwortung konstitutiv ist und wer folglich in beschriebenen Konstellationen als Anbieter gilt, durch eine wertende Betrachtung zu klären. Im Ergebnis spricht vieles dafür, in Ausnahmefällen auf das Merkmal der Entwicklungsverantwortung zu verzichten. Somit wäre der Zukäufer, der ein KI-System auf dem EU-Markt in Verkehr bringt, als Anbieter im Sinne der KI-VO anzusehen, auch wenn er nicht an der ursprünglichen Entwicklung beteiligt war. Zwar lässt das Regelungskonzept der KI-VO den Schluss zu, dass der Verordnungsgeber nicht davon ausgeht, dass ein an der Entwicklung in keiner Weise beteiligtes Unternehmen Anbieter sein kann.[133] Der Zweck bestimmter Anbieterpflichten in der Entwicklungsphase ist es jedoch nicht, eine klarstellende Funktion dahingehend entfalten, dass ein zukaufendes Unternehmen von jedweden Belastungen als Anbieter freizustellen ist. Ihr Zweck liegt vielmehr darin, den Schutz der in Art. 1 Abs. 1 genannten Rechtsgüter und Interessen zu einem Zeitpunkt Rechnung zu tragen, in dem noch maßgeblicher Einfluss auf die Konzeption und Beschaffenheit des KI-Systems oder KI-Modells genommen werden kann. Kann eine Unternehmen diesen Einfluss nicht ausüben, weil es die bewusste und privatautonome Entscheidung trifft, ein KI-System oder KI-Modell zu erwerben und unter seiner Handelsmarke auf den Unionsmarkt zu bringen, ohne an dessen Konzeption tätig zu sein, erscheint es mit Blick auf die Verantwortungsbereiche sachgerecht, dass es die rechtlichen Risiken dieser legislativen Unschärfe tragen muss. Es erweckt nämlich gezielt den Eindruck, für die Sicherheit und Konformität des KI-Systems einzustehen. Unbillig erschiene es vor allem, die Folgen dieser unternehmerischen Entscheidung den Verbrauchern oder Betroffenen aufzubürden, die etwaige mit einer Verantwortungsdiffusion verbundenen Folgen letztlich unmittelbar zu

[131] Eulenpesch/Malczyk GRUR 2025, 40 (42).
[132] Eulenpesch/Malczyk GRUR 2025, 40 (42).
[133] Eulenpesch/Malczyk GRUR 2025, 40 (42).

tragen hätten. Diese Lösung orientiert sich damit an der aus dem Produkt(haftungs)recht bekannten Figur des Quasi-Herstellers, wonach ebenfalls derjenige haftbar sein kann, der ein Produkt unter eigenem Namen vertreibt, obwohl er es nicht selbst hergestellt hat. Sie findet außerdem Rückhalt in der in Art. 25 Abs. 1 zum Ausdruck kommenden Wertung, dass die Rolle des Anbieters nicht zwingend und ausnahmslos mit der Entwicklungsverantwortung verknüpft ist.[134] Damit wird deutlich, dass in Ausnahmefällen das Inverkehrbringen unter eigener Kennzeichnung für die Begründung der Anbieterstellung genügt. Es obliegt im Ergebnis dem Zukäufer, seinen Vertragspartner sorgfältig auszuwählen, sich über die Konzeption des Systems zu informieren und gegebenenfalls vertragliche Absicherungen in Bezug auf seine ordnungsrechtliche Verantwortung zu treffen. Aus Gründen der Rechtssicherheit erscheint es dennoch geboten, dass der Gesetzgeber zeitnah und in geeigneter Weise zu dieser Frage Stellung bezieht. Es ist nämlich nicht von der Hand zu weisen, dass die hier für vorzugwürdig befundene Lösung angesichts der Sanktionsmöglichkeiten nach der KI-VO Fragen im Hinblick auf das strafrechtliche Bestimmtheitsgebot aufwirft.[135]

60 **cc) Inverkehrbringen oder Inbetriebnahme.** Zur Begründung der Anbieterstellung ist gem. Art. 3 Nr. 3 erforderlich, dass das KI-System oder KI-Modell mit allgemeinem Verwendungszweck in Verkehr gebracht oder in Betrieb genommen wurde. Ein „Inverkehrbringen" liegt bei der erstmaligen Bereitstellung eines KI-Systems oder eines KI-Modells mit allgemeinem Verwendungszweck auf dem Unionsmarkt vor (→ Rn. 115 ff.). Eine Inbetriebnahme ist gegeben, wenn die Bereitstellung eines KI-Systems in der Union zum Erstgebrauch direkt an den Betreiber oder zum Eigengebrauch entsprechend seiner Zweckbestimmung erfolgt (→ Rn. 135 ff.). Da sowohl das Inverkehrbringen als auch die Inbetriebnahme definitorisch einen direkten Bezug zum Unionsmarkt voraussetzen, gilt eine Person, die ein vor ihr selbst oder auftragsweise entwickeltes KI-System nicht in der EU auf den Markt bringt oder dort erstmals in Betrieb nimmt nicht als Anbieter. Das gilt vermutlich sogar dann, wenn die Ausgaben eines KI-Systems später auf indirektem Weg doch in die EU gelangen.[136] Zwar ist es gem. Art. 2 Abs. 1 lit. c die Intention des Gesetzgebers, dass solche KI-Systeme vom Anwendungsbereich der KI-VO erfasst sind (vgl. Erwgr. 22). Allerdings begründet Art. 2 Abs. 1 lit. c eigentlich keine Anbieterstellung, da nach dem Wortlaut der Regelung bereits vorausgesetzt wird, dass ein Anbieter existiert.[137] Es bleibt abzuwarten, wie die Aufsichtsbehörden mit dieser Unstimmigkeit umgehen.

61 Für Entitäten mit Anbieterambitionen wäre es indes verfehlt, das Merkmal des Inverkehrbringens oder der Inbetriebnahme dahingehend zu verstehen, dass in der Entwicklungsphase zu berücksichtigende Anbieterpflichten nach der KI-VO keine Relevanz für sie hätten, solange dieses Begriffsmerkmal faktisch nicht vorliegt. Zwar stellt die verabschiedete Fassung der KI-VO anders als noch der Kommissionsentwurf nicht auf die bloße Intention des Anbieters,[138] sondern auf den tatsächlichen Vorgang des Inverkehrbringens bzw. der Inbetriebnahme ab.[139]

[134] Eulenpesch/Malczyk GRUR 2025, 40 (42).
[135] Eulenpesch/Malczyk GRUR 2025, 40 (42 f.).
[136] Rosenthal Jusletter 5.8.2024 Rn. 22.
[137] Rosenthal Jusletter 5.8.2024 Rn. 24.
[138] Vgl. Art. 3 Nr. 2 KOM-E: Anbieter ist, wer „ein KI-System entwickelt oder entwickeln lässt, um es (…) in Verkehr zu bringen oder in Betrieb zu nehmen".
[139] BeckOK KI-Recht/Kirschke-Biller/Füllsack, 3. Ed. 1.8.2025, Art. 3 Rn. 91.1.

Ohne Inverkehrbringen oder Inbetriebnahme ist eine solche Entität somit tatsächlich kein Anbieter iSd Art. 3 Nr. 3. Allerdings sind bereits in der Entwicklungsphase die technischen Vorkehrungen zu ergreifen, die die Erfüllung der in der Folge verbindlichen Anbieterpflichten ermöglichen. Dies ergibt sich teilweise unmittelbar aus dem Pflichtenprogramm,[140] teilweise aus dem Umstand, dass die nachträgliche Implementierung erforderlicher Systemanforderungen entweder unmöglich oder erheblich erschwert ist.[141] Außerdem wird auch der „zukünftige Anbieter" an verschiedenen Stellen der KI-VO (insbes. in Kapitel VI, das Maßnahmen zur Innovationsförderung enthält) ausdrücklich adressiert.

dd) Unter eigenem Namen oder eigener Handelsmarke. Die Vermarktung des Produkts unter dem Namen oder der Marke des „Herstellers" als Kategorisierungsvoraussetzung ist aus dem allgemeinen Produktsicherheitsrecht bekannt.[142] Auch nach Art. 3 Nr. 3 wird nur derjenige zum „Anbieter", der das Inverkehrbringen oder die Inbetriebnahme unter seinem Namen oder seiner Handelsmarke vornimmt. Unter eigenem Namen wird alles in den Markt eingeführt, was eine durch nationales Recht geschützte Unternehmenskennzeichnung trägt.[143] Der Begriff der Handelsmarke dürfte alle Waren- und Dienstleistungsmarken erfassen, unabhängig davon, ob sie Unionsmarken oder nur nationale Marken, angemeldete Marken oder reine Benutzungsmarken sind.[144] Im Kontext von Entwicklungskooperationen (→ Rn. 58) wird dem Anbieter durch dieses Kennzeichnungserfordernis seine Verantwortung buchstäblich vor Augen geführt. Am Entwicklungsprozess beteiligte Dritte werden so wiederum davor geschützt, ohne entsprechende Außenwirkung als Anbieter zu gelten. 62

Wie genau die Kennzeichnung zu erfolgen hat, ordnet der Gesetzgeber nicht an. Teilweise wird vertreten, dass sich die Kennzeichnung eines KI-Systems „als reiner Software" von der Kennzeichnung physischer Produkte unterscheide.[145] Da jedoch bestimmte Hardwarekomponenten definitorisch gem. Art. 3 Nr. 1 zu einem KI-System zählen (→ Rn. 23), sind physische Elemente vorhanden, die eine Kennzeichnung zumindest theoretisch ermöglichen. Der Gesetzgeber scheint jedenfalls nicht kategorisch auszuschließen, dass eine physische Anbringung des eigenen Namens oder der eigenen Handelsmarke an einem KI-System oder seiner Verpackung möglich ist. So ordnet er beispielsweise für Hochrisiko-KI-Systeme in Art. 16 lit. h an, dass die „CE-Kennzeichnung an das Hochrisiko-KI-System oder, falls dies nicht möglich ist, auf seiner Verpackung (…)" anzubringen ist. Ob und wie eine Kennzeichnung computertechnischer Kleinstteile praktisch umsetzbar ist, wird sich zeigen. Alternativ kann der Anbieter wohl die nach Art. 3 Nr. 3 KI-VO erforderliche Erklärung der persönlichen Verantwortlichkeit softwarebasiert durch eine entsprechende Ausgestaltung der Benutzeroberfläche abgeben.[146] 63

---

140 Vgl. zB Art. 14 Abs. 1: „Hochrisiko-KI-Systeme werden so konzipiert und entwickelt, dass sie während der Dauer ihrer Verwendung – auch mit geeigneten Instrumenten einer Mensch-Maschine-Schnittstelle – von natürlichen Personen wirksam beaufsichtigt werden können."

141 BeckOK KI-Recht/Kirschke-Biller/Füllsack, 3. Ed. 1.8.2025, Art. 3 Rn. 91.

142 Bek. der Kom. Blue Guide, ABl. 2022 C 247, 1, Abschnitt 3.1.

143 In Deutschland ist zB der Schutz nach § 5 MarkenG relevant; Eulenpesch/Malczyk GRUR 2025, 40 (43 f.).

144 Eulenpesch/Malczyk GRUR 2025, 40 (43).

145 BeckOK KI-Recht/Kirschke-Biller/Füllsack, 3. Ed. 1.8.2025, Art. 3 Rn. 93.

146 BeckOK KI-Recht/Kirschke-Biller/Füllsack, 3. Ed. 1.8.2025, Art. 3 Rn. 93.

64 Im Fall der Inbetriebnahme zum Eigengebrauch dürften an die Kennzeichnung gem. Art. 3 Nr. 3 nur geringe Anforderungen zu stellen sein.[147] Der Anbieter ist im Fall des Eigengebrauchs keinen Unklarheiten über die Verantwortlichkeit ausgesetzt.

65 Bringt ein (Mit-)Entwickler ein KI-System unter der Marke bzw. dem Namen eines anderen in Verkehr bzw. nimmt er es unter diesen Umständen in Betrieb, wird der jeweilige Inhaber der Marke bzw. des Namens nur dann Anbieter, wenn er der Nutzung zugestimmt hat.[148] Liegt die Zustimmung nicht vor, muss der unbefugte Verwender aufgrund des Prinzips von Treu und Glauben als Anbieter betrachtet werden.[149]

66 **ee) Entgeltlich oder unentgeltlich.** Es spielt nach der Begriffsbestimmung in Art. 3 Nr. 3 keine Rolle, ob die Bereitstellung gegen ein Entgelt erfolgt oder nicht. Während bei einem Inverkehrbringen dennoch eine Geschäftstätigkeit im weitesten Sinne (also inklusive behördlichen oder ähnlichem nicht-kommerziellen Handelns)[150] erforderlich ist, lässt sich dies für Fälle der Inbetriebnahme nicht mit Gewissheit sagen. Grund für die Differenzierung ist, dass der Begriff des Inverkehrbringens (→ Rn. 115 ff.) auf dem Begriff „Bereitstellung auf dem Markt" (→ Rn. 122 ff.) aufbaut, der das Merkmal der Geschäftstätigkeit ausdrücklich beinhaltet, während die Definition des Begriffes der Inbetriebnahme (→ Rn. 134 ff.) für sich steht und definitorisch auf einen kommerziellen Bezug verzichtet. Wird wohl vertretbar angenommen, dass es sich dabei um keine bewusste Entscheidung des Gesetzgebers, sondern ein redaktioneller Lapsus handelt,[151] ist auch bei der Variante der Inbetriebnahme eine Geschäftstätigkeit iwS zu fordern. In keinem Fall muss es sich jedoch um einen Akteur mit wirtschaftlichen Gewinnerzielungsabsichten handeln, damit auf Basis des Art. 3 Nr. 3 die Anbieterstellung angenommen werden kann.[152]

4. Betreiber

67 **„Betreiber" eine natürliche oder juristische Person, Behörde, Einrichtung oder sonstige Stelle, die ein KI-System in eigener Verantwortung verwendet, es sei denn, das KI-System wird im Rahmen einer persönlichen und nicht beruflichen Tätigkeit verwendet;**

68 **a) Allgemeines.** In Art. 3 Nr. 4 wird der Terminus „Betreiber" erläutert, der für die Bestimmung des Anwendungsbereichs gem. Art. 2 Abs. 1 und 10 und für die Zuordnung der Betreiberpflichten nach der KI-VO relevant ist. „Betreiber" ist, wer als eine natürliche oder juristische Person, Behörde, Einrichtung oder sonstige Stelle, ein KI-System in eigener Verantwortung verwendet, es sei denn, das KI-System wird im Rahmen einer persönlichen und nicht beruflichen Tätigkeit verwendet. Die Definition hat regulatorischen Seltenheitswert, denn sie befasst sich mit einem Akteur, der sich außerhalb der standardisierten Lieferkette

147 Martini/Wendehorst, KI-VO/Wendehorst, Art. 3 Rn. 71.
148 Rosenthal Jusletter 5.8.2024 Rn. 28.
149 Rosenthal Jusletter 5.8.2024 Rn. 28.
150 Martini/Wendehorst, KI-VO/Wendehorst, Art. 3 Rn. 134.
151 Martini/Wendehorst, KI-VO/Wendehorst, Art. 3 Rn. 134.
152 BeckOK KI-Recht/Kirschke-Biller/Füllsack, 3. Ed. 1.8.2025, Art. 3 Rn. 95.

des klassischen Produktsicherheitsrechts befindet.[153] Grund für den atypischen Regulierungsansatz ist die besondere Verantwortung eines Betreibers, der anders als Endnutzer nach Art. 3 Nr. 21 MÜ-VO primär dem Fremd- und nicht etwa nur zum Selbstschutz Rechnung zu tragen hat.[154] Über diesen fundamentalen Unterschied kann auch nicht der Umstand hinwegtäuschen, dass für den Betreiber im Kommissionsentwurf zur KI-VO noch der Begriff „Nutzer" verwendet wurde.[155] Die besondere Schutzdimension nach Markteintritt eines KI-Systems kommt einem Betreiber wegen seiner Nutzungskompetenz und unmittelbaren Nähe zu den potenziell betroffenen Personen zu.[156] Da der Gesetzgeber als Quelle für Risiken im Zusammenhang mit KI-Systemen zum einen die Art und Weise der Konzeption und zum anderen die Art und Weise der Verwendung identifiziert hat, sind die Pflichten des für die System- bzw. Modellkonzeption verantwortlichen Anbieters mit den Pflichten des für die Verwendung verantwortlichen Betreibers komplementär ausgestaltet (vgl. Erwgr. 93). Daraus folgt eine hervorgehobene Bedeutung des Betreibers gegenüber den meisten anderen Akteuren, die sich im Verordnungstext beispielsweise darin manifestiert, dass nur der Betreiber ausdrücklich neben dem Anbieter in der Überschrift zu Kapitel III Abschnitt 3, die sich mit Pflichten in Bezug auf Hochrisiko-KI-Systeme befasst, genannt wird. Händler und Einführer werden hingegen lediglich unter „andere Beteiligte" zusammengefasst.

Die allgemeinen Pflichten eines Betreibers ergeben sich aus Art. 4 (→ Rn. 416) **69** und Art. 26 (→ Art. 26 Rn. 2). Bestimmte Betreiber haben darüber hinaus gem. Art. 27 eine Grundrechts-Folgenabschätzung durchzuführen (→ Art. 27 Rn. 4), Transparenzpflichten gem. Art. 50 Abs. 3 und 4 einzuhalten (→ Art. 50 Rn. 74, 96) oder gem. Art. 71 Abs. 2 Einträge in Datenbank von Hochrisiko-KI-Systemen vorzunehmen (→ Art. 73 Rn. 9). Darüber hinaus werden Betreiber in der KI-VO auch immer dann adressiert, wenn sich eine Vorschrift an „Akteure" richtet (→ Rn. 109 ff.)

Die Integration des Betreibers als personelle Neuerung in die standardisierte **70** Lieferkette wirft angesichts des komplexen Pflichtenregimes der KI-VO insbesondere in Konstellationen mit mehreren Beteiligten ein Bedürfnis nach einer klaren Abgrenzung zwischen den Akteuren auf. Als maßgebliches Kriterium des Betreiberbegriffs ist die Verwendungsverantwortung (→ Rn. 73) ein qualifiziertes Distinktionsmerkmal. Dennoch ist es ratsam, sich vor einer Abgrenzung anhand des genannten Kriteriums im Einzelfall die folgenden Grundsätze in diesem Kontext zu vergegenwärtigen.

Die Rollen eines Anbieters (→ Rn. 51 ff.) und eines Betreibers sind erstens **71** miteinander kompatibel. Insbesondere in Fällen des Eigengebrauchs ist dem Anbieter notwendigerweise auch die Eigenschaft eines Betreibers zuzuschreiben.[157] Dass eine solche „Doppelhut-Konstellation" möglich ist, ergibt sich zum

---

[153] Vgl. insoweit die Auflistung in Bek. der Kom. Blue Guide, ABl. 2022 C 247, 1, Abschnitt 3.

[154] Martini/Wendehorst, KI-VO/Wendehorst, Art. 3 Rn. 80.

[155] Vgl. Art. 3 Nr. 4 KOM-E.

[156] Vgl. dazu zB Art. 7 Abs. 2 lit. h, wonach die Kommission bei ihrer Bewertung gem. Abs. 1 lit. b „das Ausmaß, in dem ein Machtungleichgewicht besteht oder in dem Personen, die potenziell geschädigt oder negative Auswirkungen erleiden werden, gegenüber dem Betreiber eines KI-Systems schutzbedürftig sind" berücksichtigen soll.

[157] Martini/Wendehorst, KI-VO/Wendehorst, Art. 3 Rn. 86.

einen daraus, dass der Gesetzgeber eine Inkompatibilität bei der Definition des Händlers in Art. 3 Nr. 7 ausdrücklich im Wortlaut angeordnet hat, während er bei den Definitionen zum Anbieter oder Betreiber darauf verzichtet. Neben diesem Umkehrschluss wird diese Ansicht zum anderen durch das gesetzgeberische Streben nach effektiver Risikokontrolle bzw. Gefahrenabwehr gestützt. Aus dem Umstand, dass der Gesetzgeber die Pflichten eines Anbieters und die eines Betreibers bewusst komplementär und nicht etwa alternativ zueinander ausgestaltet hat (vgl. Erwgr. 93), kann geschlossen werden, dass zum Schutze Dritter in aller Regel beiden Pflichtenprogrammen nachgekommen werden muss. Dies gilt lediglich nicht bei zwei Ausnahmetatbeständen, die der KI-VO zu entnehmen sind, bei deren Vorliegen es keinen Betreiber iSd Art. 3 Nr. 4 geben soll. Diese betreffen zum einen Fälle, in denen ein KI-System ausschließlich im Rahmen einer persönlichen und nicht beruflichen Tätigkeit verwendet werden (→ Rn. 81), und zum anderen Fälle, in denen ein Hochrisiko-KI-System iSd Art. 6 Abs. 1 mit einem Produkt in Zusammenhang steht, das unter einen der in Anhang I Abschnitt B genannten Rechtsakte fällt (→ Art. 2 Abs. 2 Rn. 35).[158]

72 Zweitens ist im Zusammenhang mit dem Einsatz eines KI-Systems zwischen der Rolle des pflichtengebundenen Betreibers und drei weiteren, nicht definierte, jedoch im Kontext der Verwendung ebenfalls relevanten Personen(gruppen) zu unterscheiden. Als „Bediener" kann die natürliche Person bezeichnet, die als Angestellte oder Gehilfin des Betreibers weisungsgebunden die tatsächlichen Betriebshandlungen (→ Rn. 77) vornimmt.[159] Soweit der Betreiber selbst eine natürliche Person ist, fallen Betreiber- und Bedienerrolle in Personalunion zusammen, sodass der Bediener ist diesem Fall gem. Art. 4 nicht bloß KI-Kompetenz besitzen, sondern darüber hinaus auch die Betreiberpflichten einhalten muss. Demgegenüber kann der „Ausgaben- bzw. Endnutzer" als jene Person verstanden werden, die am Betrieb des KI-Systems beteiligt ist und die vom KI-System generierten Ausgaben verwendet, ohne selbst Betreiber oder dessen Weisungen unterworfen zu sein.[160] Dies betrifft etwa Konstellationen, in denen Dritte das KI-System nutzen, ohne Verantwortung für den übergeordneten Betriebsvorgang des KI-Systems zu haben. Schließlich ist im Kontext der Verwendung die Gruppe der „Betroffenen" zu berücksichtigen, wie sie etwa in der Begriffsbestimmung zur KI-Kompetenz (→ Rn. 414) bezeichnet werden. Hierbei handelt es sich um Personen, die von verschiedenen Bestimmungen der KI-VO geschützt werden, weil sich der Einsatz eines KI-Systems auf sie auswirkt, ohne dass sie diesem beteiligt sind.[161] Ihre rechtliche Relevanz ergibt sich insbesondere im Hinblick auf spezifische Transparenz- und Informationspflichten des Betreibers gem. Art. 26 Abs. 7 und Art. 50 Abs. 3.

73 **b) Definitorische Bestandteile. aa) Erfasste Rechtssubjekte.** Art. 3 Nr. 4 benennt hinsichtlich der Rechtssubjekte exakt denselben Adressatenkreis wie der Begriff des Anbieters. Mit dieser bewussten Parallelität trägt der Gesetzgeber nicht zuletzt dem Szenario der „Doppelhut-Konstellation" (→ Rn. 71) Rechnung.

---

[158] Tiefergehend dazu BeckOK KI-Recht/Kirschke-Biller/Füllsack, 3. Ed. 1.8.2025, Art. 3 Rn. 102.1 f.

[159] BeckOK KI-Recht/Kirschke-Biller/Füllsack, 3. Ed. 1.8.2025, Art. 3 Rn. 103.

[160] Martini/Wendehorst, KI-VO/Wendehorst, Art. 3 Rn. 83, 86; Schuh/Witt EuDIR 2025, 142 (144).

[161] Schuh/Witt EuDIR 2025, 142 (144).

Dementsprechend kommt es auch im Rahmen des Betreiberbegriffs nicht auf die Rechtsnatur der Organisationsform an, sodass eine
– natürliche oder juristische Person,
– Behörde,
– Einrichtung oder
– sonstige Stelle

Betreiber sein kann. In der Praxis ist angesichts des Ausnahmetatbestands (→ Rn. 81) davon auszugehen, dass Betreiber überwiegend in Form juristischer Personen auftreten werden, wobei der Begriff der juristischen Person hier ebenso wie bei dem Begriff des Anbieters europarechtlich und deshalb weit auszulegen ist (→ Rn. 55).

bb) Verwendungsverantwortung. Voraussetzung für die Einordnung einer Entität als Betreiber iSd Art. 3 Nr. 4 ist, dass sie „ein KI-System in eigener Verantwortung verwendet". In einem weiteren Schritt ist sodann zu erörtern, ob der Ausnahmetatbestand gem. Art. 3 Nr. 4 greift (→ Rn. 81). Bezugspunkt der Verwendung ist ausweislich des eindeutigen Wortlauts also nur ein KI-System (→ Rn. 5 ff.), ohne dass es auf die konkrete Risikoklasse (→ Rn. 6) ankommt. Grund für den Verzicht einer Bezugnahme auf KI-Modelle ist, dass KI-Modelle für sich genommen nur entwickelt und eben nicht eigenständig verwendet werden können.[162] 74

(1) Verwendung in eigener Verantwortung. Was unter einer „Verwendung in eigener Verantwortung" im Sinne der Betreiberdefinition gem. Art. 3 Nr. 4 zu verstehen ist, wird in der KI-VO nicht erläutert. Die Auslegung dieses zentralen Distinktionsmerkmals kann sich zwar am allgemeinen Sprachgebrauch orientieren, muss jedoch durch eine systematische Betrachtung ergänzt werden, insbesondere unter Einbeziehung der Stellung des Betreibers in der Lieferkette sowie der spezifischen Betreiberpflichten. 75

Allgemein kann unter **„Verwendung"** der bewusste Einsatz des Bezugsobjekts verstanden werden.[163] Nach einer engen Auslegung impliziert dies eine aktive, zielgerichtete Nutzungshandlung, die jedenfalls die Dateneingabe umfasst, mit der das KI-System zu einer Ausgabe veranlasst wird. Darüber hinaus ist es aber angezeigt, allgemeiner den Gebrauch eines KI-Systems insgesamt als „Verwendung" einzuordnen. So findet sich in der englischen Fassung des Art. 3 Nr. 4 der Begriff „using" bzw. „use", der in der Legaldefinition zur Inbetriebnahme gem. Art. 3 Nr. 11 als „Gebrauch" übersetzt wird.[164] Der Gebrauch eines KI-Systems beschränkt sich nicht nur auf die bewusste Dateneingabe, sondern umfasst auch vorbereitende Maßnahmen wie die Installation und Anpassung an die eigene IT-Infrastruktur sowie ein Einbindung in bestehende Abläufe, sodass das KI-System nach einmaliger Konfiguration eigenständig und gegebenenfalls ohne weitere Bedienungshandlungen Ausgaben hervorbringen kann.[165] Die weite Auslegung umfasst außerdem Fallgestaltungen, in denen zwar ein Bewusstsein über die grundsätzliche Integration des KI-Systems besteht, der konkrete Einsatz jedoch unbeabsichtigt oder unbewusst erfolgt. 76

---

[162] BeckOK KI-Recht/Kirschke-Biller/Füllsack, 3. Ed. 1.8.2025, Art. 3 Rn. 118.
[163] Martini/Wendehorst, KI-VO/Wendehorst, Art. 3 Rn. 83.
[164] BeckOK KI-Recht/Kirschke-Biller/Füllsack, 3. Ed. 1.8.2025, Art. 3 Rn. 119.1.
[165] BeckOK KI-Recht/Kirschke-Biller/Füllsack, 3. Ed. 1.8.2025, Art. 3 Rn. 119, 120.

77 Da der Begriff „Verwendung" interpretationsoffen ist, ist das Merkmal der „eigenen Verantwortung" für die Abgrenzung zwischen dem Betreiber, einem Bediener und einem Ausgaben- bzw. Endnutzer entscheidend.[166] Um eine Verwendung **„in eigener Verantwortung"** handelt es sich nur, wenn der Einsatz bzw. der Gebrauch auf eigene Rechnung und auf eigenes Risiko erfolgt, weil die Entität, die das KI-System verwendet, nicht in den Organisations- und Herrschaftsbereich eines anderen eingegliedert ist.[167] Diese Auslegung ist das Ergebnis einer systematischen Analyse der Betreibervorschriften der KI-VO. So listet Art. 26 die allgemeinen Betreiberpflichten auf (→ Art. 26 Rn. 1 ff.) und impliziert das gesetzgeberische Verständnis, dass eine technische und organisatorische Kontrolle des Betreibers über das KI-System erforderlich ist, die das bloße Einspeisen der Eingabedaten übersteigt. Der Betreiber hat gem. Art. 26 Abs. 1 „geeignete technische und organisatorische Maßnahmen" zu treffen, die eine ordnungsgemäße Nutzung des KI-Systems sicherstellen und gem. Art. 26 Abs. 2 geeigneten natürlichen Personen die Aufsicht zu übertragen. Auch die Formulierung in Art. 26 Abs. 4 „soweit die Eingabedaten ihrer Kontrolle unterliegen" verdeutlicht, dass die Kontrolle über Eingabedaten nicht konstitutiv für die Qualifikation als Betreiber ist.[168] Maßgeblich ist vielmehr, ob die relevanten Betriebsvorgänge innerhalb des organisatorischen Verantwortungsbereichs der betreffenden Person oder Stelle stattfinden, wobei es dem Betreiber möglich ist, Vorgänge vereinzelt auf Dienstleister auszulagern.[169] Hier verlaufen die regulatorischen Trennlinien vom Betreiber „Bediener", der nur weisungsgebunden etwaige Verwendungshandlung vornimmt, und zum bloßen „Ausgaben- bzw. Endnutzer", der mittels Dateneingaben zwar Ausgaben des KI-Systems erhält, darüber hinaus aber keine Kontrolle über den Organisations- und Herrschaftsbereich besitzt, in dem das KI-System betrieben wird.

78 **(2) Abgrenzungsfälle.** Kaum Abgrenzungsfragen stellen sich, wenn eine Partei ein KI-System sowohl in ihrem eigenen Organisations- und Herrschaftsbereich betreibt als auch für eigene konkrete Zwecke nutzt und der Ausnahmetatbestand (→ Rn. 81) nicht einschlägig ist.[170] Ein Beispiel hierfür ist ein Logistikunternehmen, das ein KI-System zur Routenoptimierung einsetzt, das auf Basis aktueller Daten die effizientesten Lieferwege berechnet. Wird das System zentral innerhalb der Infrastruktur durch das Personal des Unternehmens (sog. „Bediener" → Rn. 72) verwaltet und greifen die Fahrer auf diese Routenvorschläge zu, ist das Logistikunternehmen als Betreiber iSd Art. 3 Nr. 4 anzusehen. Die Fahrer wiederum gelten als bloße Ausgaben- bzw. Endnutzer, da sie das System lediglich innerhalb der vom Betreiber definierten Rahmenbedingungen einsetzen. Hat das Logistikunternehmen das KI-System für den Eigengebrauch selbst entwickelt oder entwickeln lassen, ist es zugleich Anbieter (→ Rn. 52 ff.). An der der rechtlichen Zuweisung der Betreiberverantwortung ändert sich auch nichts, wenn die Verwendung eines KI-Systems innerhalb des eigenen Herrschaftsbereichs, jedoch im Auftrag eines anderen Unternehmens erfolgt, dem die Ausgaben des Systems als reine Dienstleistung übermittelt werden.[171]

---

166 Schuh/Witt EuDIR 2025, 142 (145).
167 Martini/Wendehorst, KI-VO/Wendehorst, Art. 3 Rn. 84.
168 Eulenpesch/Malczyk GRUR 2025, 40 (45).
169 Martini/Wendehorst, KI-VO/Wendehorst, Art. 3 Rn. 83.
170 Martini/Wendehorst, KI-VO/Wendehorst, Art. 3 Rn. 87.
171 Martini/Wendehorst, KI-VO/Wendehorst, Art. 3 Rn. 91 f.

Wird fremde Infrastruktur genutzt, um ein von eigenem Personal gewartetes KI-System zu betreiben (Infrastructure as a Service, IaaS), kommen prinzipiell zwei Entitäten als Betreiber in Betracht. Sowohl der Infrastruktur-Dienstleister als auch der Kunde selbst können Einfluss auf das KI-System nehmen.[172] Für die Bewertung der Verwendungsverantwortung sind jedoch ausschließlich solche Kontroll- und Einflussmöglichkeiten relevant, die rechtmäßig bestehen, weshalb in einer solchen Konstellation regelmäßig nur der Kunde, der „sein" KI-System auf fremder Infrastruktur betreibt, Betreiber iSd Art. 3 Nr. 4 ist.[173] Können beide Beteiligte das KI-System rechtmäßig steuern und überwachen, sind beide Parteien als Betreiber anzusehen.[174] Die vertraglichen Vereinbarungen legen zwischen den Parteien maßgeblich fest, wer in rechtlich zulässiger Weise Kontrolle und Einfluss über ein KI-System ausübt. Sie prägen insofern nicht nur das zivilrechtliche Verhältnis, sondern haben zugleich Auswirkungen auf die öffentlich-rechtliche Kategorisierung der Beteiligten nach der KI-VO. In der Praxis sollten Vertragsparteien sich daher der Bedeutung ihrer Absprachen auch im Hinblick auf regulatorische Verantwortlichkeiten bewusst sein. 79

Greift ein Unternehmen ausschließlich auf ein webbasiertes, ihm passgenau angebotenes KI-System zurück, bei dem sowohl die technische Infrastruktur als auch Wartung und Support vollständig in das Aufgabenfeld eines externen Dienstleisters fällt (Software as a Service, SaaS), so ist der Dienstleister als Betreiber iSd Art. 3 Nr. 4 anzusehen.[175] Zwar entscheidet der Kunde durch seine Dateneingabe über das Ob, Wie und Wann einzelner Rechen- bzw. Ableitungsoperationen und damit über den Einsatz bzw. die Verwendung im engen Sinne. Dass es im Rahmen dieser Abgrenzung jedoch verfehlt wäre, darauf abzustellen, in wessen Herrschaftsbereich die Eingabedaten eingespeist werden,[176] zeigt die Formulierung in Art. 26 Abs. 4 „soweit die Eingabedaten ihrer Kontrolle unterliegen". Entscheidend ist vielmehr die übergeordnete Kontrolle über den Gebrauch bzw. die Verwendung im weiten Sinne (→ Rn. 76 f.), die in SaaS-Konstellationen in Anbetracht der technischen und personellen Einflussmöglichkeiten auf das KI-System einzig dem Dienstleister zukommt. Das den Service nutzende Unternehmen gilt in diesem Fall lediglich als Ausgaben- bzw. Endnutzer, der nach der KI-VO keine Betreiberpflichten einzuhalten hat. 80

cc) Ausnahme bei persönlicher, nichtberuflicher Verwendung. Gem. Art. 3 Nr. 4 ist eine Entität kein Betreiber, wenn sie das KI-System ausschließlich im Rahmen einer persönlichen und nicht beruflichen Tätigkeit verwendet. Die Ausnahme ist also bei einer Verwendung einschlägig, die ausschließlich zu privater Natur ist und mit keinerlei Betroffenheit von außenstehenden natürlichen Personen verbunden ist.[177] Da es sich bei diesem Tatbestandsausschluss um eine (handwerklich nicht konsistente) Dopplung der „Haushaltsausnahme" in Art. 2 Abs. 10 handelt, ist für Details und Fragen der Auslegung auf die entsprechende Kommentierung zu verweisen (→ Art. 2 Rn. 63).[178] 81

---

[172] Eulenpesch/Malczyk GRUR 2025, 40 (46).
[173] Eulenpesch/Malczyk GRUR 2025, 40 (46).
[174] Eulenpesch/Malczyk GRUR 2025, 40 (46).
[175] Eulenpesch/Malczyk GRUR 2025, 40 (46); Anders Martini/Wendehorst, KI-VO/Wendehorst, Art. 3 Rn. 88.
[176] So Martini/Wendehorst, KI-VO/Wendehorst, Art. 3 Rn. 89.
[177] BeckOK KI-Recht/Kirschke-Biller/Füllsack, 3. Ed. 1.8.2025, Art. 3 Rn. 125.
[178] Martini/Wendehorst, KI-VO/Wendehorst, Art. 3 Rn. 85.

5. Bevollmächtigter

82 **„Bevollmächtigter“ eine in der Union ansässige oder niedergelassene natürliche oder juristische Person, die vom Anbieter eines KI-Systems oder eines KI-Modells mit allgemeinem Verwendungszweck schriftlich dazu bevollmächtigt wurde und sich damit einverstanden erklärt hat, in seinem Namen die in dieser Verordnung festgelegten Pflichten zu erfüllen bzw. Verfahren durchzuführen;**

83 **a) Allgemeines.** „Bevollmächtigter“ ist gem. Art. 3 Nr. 5 eine in der Union ansässige oder niedergelassene natürliche oder juristische Person, die vom Anbieter eines KI-Systems oder eines KI-Modells mit allgemeinem Verwendungszweck schriftlich dazu bevollmächtigt wurde und sich damit einverstanden erklärt hat, in seinem Namen die in der KI-VO festgelegten Pflichten zu erfüllen bzw. Verfahren durchzuführen. Die Rolle des Bevollmächtigten ist ausweislich der Legaldefinition untrennbar mit der Rolle des Anbieters als Bevollmächtigendem verknüpft. Dabei kommt es auf rein begrifflicher Ebene nicht auf den Ort der Niederlassung des Anbieters an. Praktische Bedeutung erlangt der Bevollmächtigte jedoch insbesondere in Fällen, in denen ein Hochrisiko-KI-System oder ein KI-Modell mit allgemeinem Verwendungszweck von einem Anbieter in den Unionsmarkt eingeführt werden soll, der in einem Drittstaat niedergelassen ist. Für diese Konstellationen sieht die KI-VO im verfügenden Teil – konkret in Art. 22 Abs. 1 bzw. Art. 54 Abs. 1 – zur Abwendung einer formalen Nichtkonformität gem. Art. 83 Abs. 1 lit. f zwingend die Benennung eines Bevollmächtigten vor. Dieser fungiert innerhalb des Unionsgebiets als nicht bloß vertrieblicher, sondern regulatorischer Ansprechpartner für Behörden, andere Akteure (→ Rn. 110 ff.) sowie sonstige betroffene Personen (vgl. Erwgr. 82).

84 Mit der Legaldefinition zum Begriff „Bevollmächtigter“ in Art. 3 Nr. 5 wendet sich die KI-VO nach Ausführungen zum Anbieter- oder Betreiberbegriff wieder einem Akteur zu, der in der Lieferkette des klassischen Produktsicherheitsrechts fest etabliert ist.[179] Dementsprechend sind inhaltliche Parallelen zu den hergebrachten Grundsätzen vorhanden, wobei die Begriffsbestimmung des Art. 3 Nr. 5 auf die spezifische Regulierungsmaterie der KI-VO gemünzt wurde.

85 Das konkrete Pflichtenprogramm des Bevollmächtigten ergibt sich einerseits aus der bilateral getroffenen vertraglichen Vereinbarung mit dem Anbieter, andererseits aus den gesetzlichen Vorgaben in Art. 22 Abs. 3 und 4 (für Hochrisiko-KI-Systeme) sowie in Art. 54 Abs. 3–5 (für KI-Modelle mit allgemeinem Verwendungszweck), die die Zusammenarbeit der beteiligten Akteure regeln. Wenn es sich bei einem Bevollmächtigten zugleich um einen Einführer (→ Rn. 93 ff.) oder Händler (→ Rn. 101 ff.) handelt, was rechtlich möglich ist, muss der Bevollmächtigte auch den einschlägigen Einführer- bzw. Händlerpflichten nachkommen (vgl. Erwgr. 83). Pflichtverletzungen eines Bevollmächtigten im Zusammenhang mit einem Hochrisiko-KI-System sind gem. Art. 99 Abs. 4 lit. b sanktionsbewehrt. Zudem besteht seit Novellierung der Produkthaftungsrichtlinie für Bevollmächtigte im Fall von Produktfehlern gem. Art. 8 Abs. 1 lit. c ii) ein neues Haftungsrisiko.

86 **b) Definitorische Bestandteile. aa) Erfasste Rechtssubjekte. (1) Rechtsform.** Gem. Art. 3 Nr. 5 können natürliche oder juristische Person bevollmäch-

---

[179] Vgl. Anhang I Kap. R1 Art. R1 Nr. 4 Beschl. Nr. 768/2008/EG; Bek. der Kom. Blue Guide, ABl. 2022 C 247, 1, Abschnitt 3.2.

tigt werden. Im Rahmen der KI-VO können somit alle natürlichen Personen, also alle rechts- und mit Blick auf den Aufgabenkreis des Bevollmächtigten auch geschäftsfähigen Menschen, als auch alle juristischen Personen des Privatrechts samt teilrechtsfähiger Personengesellschaften wie eine OHG, eine KG und eine GbR Bevollmächtigte sein.[180]

(2) Ansässigkeit oder Niederlassung in der EU. Art. 3 Nr. 5 erfasst nur **87**
Rechtssubjekte, die in der Union ansässig oder niedergelassen sind. Während sich die Ansässigkeit auf den Aufenthaltsort bezieht, ist zur Bestimmung der Niederlassung der Wohn- oder Geschäftssitz in den Blick zu nehmen.[181] Definitorisch wird an eine Ansässigkeit oder Niederlassung „in der Union" angeknüpft, worunter das Gebiet des Europäischen Wirtschaftsraums (EWR) zu verstehen ist. Dies ergibt sich nicht zuletzt aus dem Hinweis „Text mit Bedeutung für den EWR" am Anfang des Verordnungstextes.[182] Der EWR umfasst neben den EU-Mitgliedstaaten auch Island, Liechtenstein und Norwegen (nicht jedoch die Schweiz).

Da die maßgeblichen Bestimmungen der Art. 22 Abs. 1 und Art. 54 Abs. 1 **88**
jeweils nur auf die zweite Alternative (Niederlassung) Bezug nehmen, ist dem Merkmal der Ansässigkeit ungeachtet der Legaldefinition keine Bedeutung beizumessen.[183]

bb) Vertretungsverantwortung. Charakteristisch für einen Bevollmächtig- **89**
ten ist seine Funktion, einen Anbieter in Bezug auf bestimmte Anbieterpflichten nach der KI-VO zu vertreten. Nach Art. 3 Nr. 5 wird einer Entität diese Vertretungsverantwortung zuteil, wenn ein Anbieter die Entität schriftlich bevollmächtigt und diese sich mit der Verantwortungsübernahme einverstanden erklärt hat.

Die schriftliche Bevollmächtigung hat durch den Anbieter (→ Rn. 52 ff.) eines **90**
KI-Systems (→ Rn. 3 ff.) oder eines KI-Modells mit allgemeinem Verwendungszweck (→ Rn. 454) zu erfolgen. Aus diesem Teil der Legaldefinition sowie den Grundsätzen des allgemeinen Produktsicherheitsrechts[184] folgt zum einen, dass von allen Akteuren nur der Anbieter unabhängig vom Ort seiner Niederlassung berechtigt ist, zu seiner Vertretung einen Dritten zu bevollmächtigen. Die Pflicht gem. Art. 22 Abs. 1 bzw. Art. 54 Abs. 1, einen „in der Union" (→ Rn. 87) niedergelassenen Bevollmächtigten zu benennen, besteht dabei nur für den Anbieter, der seinen Wohn- oder Geschäftssitz außerhalb des EWR hat. Zum anderen folgt aus dem Erfordernis zur schriftlichen Bevollmächtigung, dass es einen ausdrücklichen und schriftlichen Auftrag geben muss, in dem insbesondere der Inhalt der Pflichten und die Grenzen der Befugnisse des Bevollmächtigten aufgeführt sind.[185] Diese Befugnisse müssen so ausgestaltet sein, dass sie den Bevollmächtigten gem. Art. 3 Nr. befähigen, im Namen des Anbieters die in der KI-VO „festgelegten Pflichten zu erfüllen bzw. Verfahren durchzuführen", wobei Art. 22 Abs. 3 bzw. Art. 54 Abs. 3 und 4 dafür den Mindestumfang eines solchen Auftrages bestimmen. Die semantische Neuerung, dass der Bevollmächtigte nach Art. 3 Nr. 5 im Rahmen der KI-VO etwas tautologisch „bevollmächtigt" und nicht wie in ande-

[180] Klindt ProdSG/Klindt/Schucht, 3. Aufl. 2021, ProdSG § 2 Rn. 65.

[181] Erbs/Kohlhaas/Häberle ProdSG § 2 Rn. 6.

[182] Vertiefend zur Auslegungsweite BeckOK Produktrecht/Wittbrodt GPSR Art. 3 Nr. 9 Rn. 4.1.

[183] BeckOK KI-Recht/Kirschke-Biller/Füllsack, 3. Ed. 1.8.2025, Art. 3 Rn. 139.

[184] Bek. der Kom. Blue Guide, ABl. 2022 C 247, 1, Abschnitt 3.2.

[185] Bek. der Kom. Blue Guide, ABl. 2022 C 247, 1, Abschnitt 3.2.

ren Rechtsakten des Produktsicherheitsrechts üblich „beauftragt" wird, beruht lediglich unpräzisen Übersetzung der KI-VO in die deutsche Sprache und hat keine eigenständigen rechtlichen Implikationen.[186]

91 Nach Art. 3 Nr. 5 muss der Bevollmächtigte sich schließlich mit seiner eigenen Bevollmächtigung einverstanden erklärt haben. Dieses Begriffsmerkmal, das eine Besonderheit der KI-VO darstellt und erst im Verlauf des Gesetzgebungsverfahrens mit dem Ratsentwurf aufgenommen wurde, dient allein dazu, das Erfordernis der Konsensualität zu verdeutlichen.[187] Damit bringt es im Grunde nur eine Selbstverständlichkeit zum Ausdruck. In Rechtstheorie und -praxis bestand auch ohne diese definitorische Klarstellung kein Zweifel darüber, dass das Bevollmächtigungsprozess nicht einseitig ablaufen kann.

6. Einführer

92 **„Einführer" eine in der Union ansässige oder niedergelassene natürliche oder juristische Person, die ein KI-System, das den Namen oder die Handelsmarke einer in einem Drittland niedergelassenen natürlichen oder juristischen Person trägt, in Verkehr bringt;**

93 **a) Allgemeines.** Der „Einführer" ist – so Art. 3 Nr. 6 – eine in der Union ansässige oder niedergelassene natürliche oder juristische Person, die ein KI-System, das den Namen oder die Handelsmarke einer in einem Drittland niedergelassenen natürlichen oder juristischen Person trägt, in Verkehr bringt. Er ist dabei nicht bloß Wiederverkäufer eines KI-Systems, sondern hat gegenüber dem Anbieter (→ Rn. 52 ff.) als primär verpflichtetem Akteur nach der KI-VO eine wichtige Kontrollfunktion.[188] Zwischen den Akteuren des Einführers und des Anbieters besteht insofern ebenfalls eine untrennbare Verknüpfung, die sich jedoch in zwei Punkten wesentlich von derjenigen zwischen dem Bevollmächtigten und dem Anbieter unterscheidet: Erstens beruht sie nicht zwingend auf einer rechtsgeschäftlichen Grundlage noch aus einem Vorzugsverhältnis, sondern ergibt sich unabhängig von etwaigen Absprachen unmittelbar aus dem Gesetz. Zweitens betrifft sie ausschließlich Anbieter mit Niederlassung außerhalb des EWR (→ Rn. 87), da regulatorisch nur in einem solchen Fall eine spezifische Importverantwortung angezeigt ist.

94 Bei dem Einführer gem. Art. 3 Nr. 6 handelt es sich um einen Akteur (→ Rn. 110 ff.) in der Lieferkette, der im klassischen Produktsicherheitsrecht fest etabliert ist.[189] Die Begriffsbestimmung in Art. 3 Nr. 6 weicht nur unwesentlich von den üblichen Definitionen allgemeiner und produktspezifischer Rechtsakte ab (→ Rn. 98).

95 Die Pflichten des Einführers im Zusammenhang mit Hochrisiko-KI-Systemen sind in Art. 23 (→ Art. 23 Rn. 9 ff.) festgelegt und dienen dazu, die Konformität der durch ihn eingeführten KI-Systeme sicherzustellen. Kommt der Einführer seinen Pflichten nicht nach, ist dies gem. Art. 99 Abs. 4 lit. c sanktionsbewehrt. Tritt der Einführer zugleich auch als Händler auf, was entgegen dem Wortlaut der Legaldefinition in Art. 3 Nr. 7 möglich ist, sofern unterschiedliche tatsächliche Anknüpfungspunkte vorliegen (→ Rn. 107 f.), so hat er sämtliche Pflichten, die

---

[186] BeckOK KI-Recht/Kirschke-Biller/Füllsack, 3. Ed. 1.8.2025, Art. 3 Rn. 140.
[187] BeckOK KI-Recht/Kirschke-Biller/Füllsack, 3. Ed. 1.8.2025, Art. 3 Rn. 142.
[188] Bek. der Kom. Blue Guide, ABl. 2022 C 247, 1, Abschnitt 3.3.
[189] Bek. der Kom. Blue Guide, ABl. 2022 C 247, 1, Abschnitt 3.3.

den jeweiligen Rollen des Einführers und des Händlers zugeordnet sind, kumulativ zu erfüllen (vgl. Erwgr. 83).

b) Definitorische Bestandteile. aa) Erfasste Rechtssubjekte. Art. 3 Nr. 6 bezieht sich auf eine in der Union ansässige oder niedergelassene, natürliche oder juristische Person. Trotz einer grundlegend anderen Funktion in der Lieferkette gibt es in Bezug auf den Kreis erfasster Rechtssubjekte klare Parallelen zum Bevollmächtigten. Aus diesem Grund kann auf die dortigen Ausführungen verwiesen werden (→ Rn. 86 ff.). 96

bb) Importverantwortung. Gem. Art. 3 Nr. 6 ist derjenige als Einführer zu sehen, der ein KI-System (→ Rn. 5 ff.) in Verkehr bringt, das den Namen oder die Handelsmarke einer in einem Drittland niedergelassenen natürlichen oder juristischen Person trägt. Im Zusammenhang mit Hochrisiko-KI-Systemen wird der diesem Vorgang immanenten Importverantwortung mit dem Pflichtenprogramm des Art. 23 Rechnung getragen. Die Importverantwortung beschreibt dabei die Pflicht des innerhalb der Union ansässigen Akteurs, für KI-Systeme, die von einem Drittstaatenanbieter stammen und unter dessen Namen oder Marke vertrieben werden, als vorbehördliche Kontrollinstanz zu fungieren. 97

In Art. 3 Nr. 6 wird einzig das KI-System als Bezugspunkt des Einführens bzw. Inverkehrbringens in den Blick genommen. Für KI-Modelle mit allgemeinem Verwendungszweck gibt es definitorisch also keinen Einführer, was wohl schlicht darin begründet ist, dass die KI-VO für Einführer in diesem Zusammenhang ohnehin keine spezifischen Pflichten vorsieht.[190] Was ein „Inverkehrbringen" ist, wird in Art. 3 Nr. 9 definiert (→ Rn. 115 ff.). Allgemein ist darunter die erstmalige Bereitstellung auf dem Unionsmarkt zu verstehen, ohne dass es darauf ankommt, ob es sich um ein KI-System oder ein KI-Modell mit allgemeinem Verwendungszweck handelt. Der Import eines KI-Systems für rein private Zwecke ist angesichts der Definition der „Bereitstellung auf dem Markt" (→ Rn. 123), die dem Inverkehrbringen zugrunde liegt, nicht erfasst.[191] Nachdem die ursprünglich vorgesehene Bezugnahme auf die „Inbetriebnahme" im Verlauf des Gesetzgebungsverfahrens auf Initiative des Rates gestrichen wurde, ist eine Person, die ein KI-System in einem Drittstaat erwirbt und es ausschließlich zum Eigengebrauch innerhalb der Union nutzt, ebenfalls nicht als Einführer gem. Art. 3 Nr. 6 zu qualifizieren.[192] Gleichwohl kann eine solche Person Anbieter sein, sofern in Ausnahmefällen auf das Tatbestandsmerkmal des „Entwickelns oder Entwickelnlassens" verzichtet werden kann (→ Rn. 59). 98

Im Unterschied zu den herkömmlichen Begriffsbestimmungen des Produktsicherheitsrechts knüpft die KI-VO nicht allein an das Kriterium des „Produkts aus einem Drittstaat" an. Stattdessen stellt Art. 3 Nr. 6 darauf ab, ob ein KI-System unter dem Namen oder der Handelsmarke einer in einem Drittstaat niedergelassenen natürlichen oder juristischen Person in Verkehr gebracht wird. Hintergrund dieser Abweichung ist die immaterielle Natur von KI-Systemen als Software, deren physische Herkunft – abgesehen von bestimmten Hardwarebestandteilen (→ Rn. 23) – nicht eindeutig bestimmbar ist.[193] 99

---

[190] BeckOK KI-Recht/Kirschke-Biller/Füllsack, 3. Ed. 1.8.2025, Art. 3 Rn. 152.1.
[191] Schucht CCZ 2022, 230 (231).
[192] BeckOK KI-Recht/Kirschke-Biller/Füllsack, 3. Ed. 1.8.2025, Art. 3 Rn. 152.2.
[193] BeckOK KI-Recht/Kirschke-Biller/Füllsack, 3. Ed. 1.8.2025, Art. 3 Rn. 153.

7. Händler

100 **„Händler" eine natürliche oder juristische Person in der Lieferkette, die ein KI-System auf dem Unionsmarkt bereitstellt, mit Ausnahme des Anbieters oder des Einführers;**

101 **a) Allgemeines.** Art. 3 Nr. 7 enthält die Definition des Händlers, der danach jede natürliche oder juristische Person in der Lieferkette ist, die ein KI-System auf dem Unionsmarkt bereitstellt, mit Ausnahme des Anbieters oder des Einführers. Unerheblich ist dabei, ob der Händler ein KI-System für den weiteren Vertrieb direkt beim Anbieter, beim Einführer oder aber bei einem anderen Händler erwirbt.[194] Er steht somit anders als der Bevollmächtigte (→ Rn. 83 ff.) oder ein Einführer (→ Rn. 93 ff.) nicht zwingend in einer besonderen Beziehung zum Anbieter. Seine regulatorische Bedeutung ergibt sich vielmehr aus seiner Steuerungsfunktion und -kompetenz innerhalb der Vertriebskette und der daraus folgenden Schlüsselrolle bei der Marktüberwachung.[195]

102 Bei dem Händler gem. Art. 3 Nr. 7 handelt es sich um einen etablierten Akteur (→ Rn. 110 ff.) des Produktsicherheitsrechts. Folglich unterscheidet sich die in Art. 3 Nr. 7 enthaltene Begriffsbestimmung von den herkömmlichen Definitionen nur insofern, als sie gezielt auf KI-Systeme abstellt und nicht wie sonst üblich allgemein auf Produkte.

103 Die Pflichten des Händlers im Zusammenhang mit Hochrisiko-KI-Systemen ergeben sich aus Art. 24 (→ Art. 24 Rn. 3 ff.). Aufgrund der besonderen Nähe des Händlers zum Markt sind diese Pflichten vielgestaltig und umfassen sowohl Vormarkt- als auch Nachmarktpflichten,[196] die in Summe sicherstellen sollen, dass das gehandelte KI-Systems formell und materiell mit den Anforderungen der KI-VO konform ist. Verstöße gegen diese Pflichten sind gem. Art. 99 Abs. 4 lit. d sanktionsbewehrt. Entgegen dem Wortlaut der Legaldefinition in Art. 3 Nr. 7 ist es möglich, dass der Händler auch Einführer eines KI-Systems ist, sofern unterschiedliche tatsächliche Anknüpfungspunkte vorliegen (→ Rn. 107 f.). In einem solchen Fall hat er den Pflichtenkanon beider Rollen kumulativ zu erfüllen (vgl. Erwgr. 83).

104 **b) Definitorische Bestandteile. aa) Erfasste Rechtssubjekte.** Art. 3 Nr. 7 erfasst natürliche oder juristische Personen, ohne dass es auf eine Ansässigkeit oder Niederlassung in der Union ankommt. Unter den im europarechtlichen Kontext weit zu verstehenden Begriff der juristischen Person sind die etablierten juristischen Personen des Privatrechts (wie AG und GmbH) und die teilrechtsfähigen Personengesellschaften (wie OHG, KG und GbR) zu verstehen.[197] Außerdem ist die Größe des Handels bzw. des Händlers definitorisch unerheblich, sodass sowohl Einzel- oder Zwischenhändler als auch Großhändler zu den erfassten Rechtssubjekten zählen können.[198]

105 **bb) Distributionsverantwortung.** *Per definitionem* stellt der Händler das KI-System gem. Art. 3 Nr. 7 auf dem Unionsmarkt bereit. Für KI-Modelle mit allgemeinem Verwendungszweck gibt es in regulatorischer Hinsicht somit keinen

---

[194] Bek. der Kom. Blue Guide, ABl. 2022 C 247, 1, Abschnitt 3.4.
[195] Bek. der Kom. Blue Guide, ABl. 2022 C 247, 1, Abschnitt 3.4.
[196] Allgemein dazu Schucht CCZ 2020, 322 (323).
[197] Klindt ProdSG/Klindt/Schucht § 2 Rn. 98.
[198] Bek. der Kom. Blue Guide, ABl. 2022 C 247, 1, Abschnitt 3.4.

Händler nach der KI-VO.[199] Eine „Bereitstellung auf dem Markt" ist gem. Art. 3 Nr. 10 die entgeltliche oder unentgeltliche Abgabe zum Vertrieb oder zur Verwendung im Rahmen einer Geschäftstätigkeit (→ Rn. 123 ff.). Das Erfordernis einer „Geschäftstätigkeit" zeigt, dass eine Entität nicht als Händler zu kategorisieren ist, wenn die Abgabe zu ausschließlich privaten Zwecken erfolgt.

Aus der Stellung des Händlers innerhalb der Absatzkette, wonach er ein KI-System lediglich vertreibt, ohne es zu verändern oder unter eigenem Namen oder eigener Marke in Verkehr zu bringen, ergibt sich eine auf den reinen Distributionsvorgang beschränkte Verantwortung. Dieser Distributionsverantwortung des Händlers wird durch ein eigenständiges, in Art. 24 normiertes Pflichtenprogramm Rechnung getragen, das im Vergleich zu den umfassenderen Verpflichtungen der Anbieter nach Art. 16 (→ Art. 16 Rn. 1 ff.) sowie der Einführer gem. Art. 23 (→ Art. 23 Rn. 1 ff.) deutlich reduziert ausgestaltet ist. Die daraus resultierende Notwendigkeit einer klaren funktionalen Abgrenzung findet ihren Niederschlag in der Ausnahme am Ende des Art. 3 Nr. 7 (→ Rn. 107). **106**

cc) Kein Anbieter oder Einführer. Die am Ende von Art. 3 Nr. 7 verankerte Ausnahmebestimmung ist erforderlich, um eine funktionale Abgrenzung zwischen den Rollen von Anbieter, Einführer und Händler sicherzustellen. Anbieter und Einführer sind diejenigen Akteure, die ein KI-System in Verkehr bringen (→ Rn. 115 ff.), indem sie es erstmals auf dem Unionsmarkt bereitstellen (→ Rn. 123 ff.). Ohne die Klarstellung in Art. 3 Nr. 7 wären der Anbieter oder Einführer aufgrund ihrer (primären) Bereitstellung rein begrifflich stets auch als Händler zu qualifizieren. Die Ausnahmebestimmung verhindert somit grundsätzlich, dass Anbieter oder Einführer zusätzlich zu den speziell für sie geregelten Pflichten auch den an nachgelagerten Vertriebsvorgängen anknüpfenden Händlerpflichten entsprechen müssen.[200] **107**

Allerdings geht der Gesetzgeber entgegen der Formulierung in Art. 3 Nr. 7 davon aus, dass ein Akteur gleichzeitig als Händler und als Einführer auftreten kann (vgl. Erwgr. 83). Kompatibel ist diese Ansicht mit der verbindlichen Begriffsbestimmung nur dann, wenn unterschiedliche faktische Anknüpfungspunkte zur Bestimmung der Rollen herangezogen werden.[201] Denkbare wäre, dass ein Einführer beispielsweise dann auch als Händler auftritt, wenn er ein zuvor von ihm importiertes und in Verkehr gebrachtes KI-Systems etwa nach einer Retoure erneut auf dem Binnenmarkt bereitstellt. Mit Blick auf die Definition des Einführers muss es sich dabei jedenfalls um eine in der Union ansässige oder niedergelassene Entität handeln (→ Rn. 96), die sodann alle einschlägigen Pflichten kumulativ erfüllen muss (vgl. Erwgr. 83). **108**

8. Akteur

„Akteur" einen Anbieter, Produkthersteller, Betreiber, Bevollmächtigten, Einführer oder Händler; **109**

a) Allgemeines. Der Begriff „Akteur" beschreibt gem. Art. 3 Nr. 8 einen Anbieter, Produkthersteller, Betreiber, Bevollmächtigten, Einführer oder Händler. Die Sammelbezeichnung erscheint in unterschiedlichen Formulierungsvarianten **110**

[199] BeckOK KI-Recht/Kirschke-Biller/Füllsack, 3. Ed. 1.8.2025, Art. 3 Rn. 160.1.
[200] BeckOK KI-Recht/Kirschke-Biller/Füllsack, 3. Ed. 1.8.2025, Art. 3 Rn. 162.
[201] BeckOK KI-Recht/Kirschke-Biller/Füllsack, 3. Ed. 1.8.2025, Art. 3 Rn. 163.

(etwa als „relevante Akteure", „betreffende Akteure", „jeweilige Akteure" oder schlicht als „der Akteur") und wird dabei in verschiedenen Kontexten über die gesamte KI-VO hinweg verwendet. Die konkrete inhaltliche Stoßrichtung ist daher stets im Lichte des jeweiligen Regelungskontextes auszulegen.

111 Die Verwendung einer Sammelbezeichnung ist aus dem Produktsicherheitsrecht bekannt.[202] Der in anderen unionsrechtlichen Regelwerken häufig verwendete Begriff des „Wirtschaftsakteurs" wurde im Wortlaut nicht in die KI-VO übernommen. Dies ist wohl darauf zurückzuführen, dass die KI-VO in den Begriffsbestimmungen zu Anbieter und Betreiber ausdrücklich auch nichtwirtschaftliche Akteure in den Kreis der adressierten Rechtssubjekte einbezieht.[203] In Bezug auf die wichtige MÜ-VO[204] relativiert der Gesetzgeber diese Unterscheidung jedoch, indem er in Art. 74 Abs. 1 lit. a anordnet, dass jede Bezugnahme auf einen Wirtschaftsakteur nach der MÜ-VO auch als Bezugnahme auf alle Akteure gilt, die in Art. 2 Abs. 1 genannt werden. Diese Integrationsbestimmung führt also zu der semantischen Paradoxie, dass auch nichtwirtschaftlich agierende Akteure nach der KI-VO als „Wirtschaftsakteure" nach der MÜ-VO gelten können.

112 **b) Definitorische Bestandteile.** Was unter den Begriffen Anbieter (→ Rn. 52 ff.), Betreiber (→ Rn. 68 ff.), Bevollmächtigter (→ Rn. 83 ff.), Einführer (→ Rn. 92 ff.) oder Händler (→ Rn. 97 ff.) zu verstehen ist, ergibt sich aus den jeweiligen Legaldefinitionen. Es wird auf die Kommentierungen verwiesen.

113 Der Produkthersteller ist nicht legaldefiniert und nur als Überbleibsel des Verhandlungsprozesses in Art. 3 Nr. 8 enthalten. Ausweislich des Art. 2 Abs. 1 lit. e ist darunter eine Person zu verstehen, die ein KI-System zusammen mit ihrem Produkt unter ihrem eigenen Namen oder ihrer Handelsmarke in Verkehr bringt oder in Betrieb nimmt. Unter den Voraussetzungen des Art. 25 Abs. 3 (→ Art. 25 Rn. 25) kann ein Produkthersteller als Anbieter eines Hochrisiko-KI-Systems gelten.

9. Inverkehrbringen

114 **„Inverkehrbringen" die erstmalige Bereitstellung eines KI-Systems oder eines KI-Modells mit allgemeinem Verwendungszweck auf dem Unionsmarkt;**

115 **a) Allgemeines.** Der Begriff „Inverkehrbringen" gem. Art. 3 Nr. 9 beschreibt die erstmalige Bereitstellung eines KI-Systems oder eines KI-Modells mit allgemeinem Verwendungszweck auf dem Unionsmarkt. Es handelt sich um einen Schlüsselbegriff der KI-VO, da das Inverkehrbringen im Rahmen des NLF den maßgeblichen Zeitpunkt für die behördlich überprüfbare Anwendung der produktsicherheitsrechtlichen Vorschriften markiert.[205] Im Rahmen der KI-VO prägt er grundlegend sowohl den Gegenstand (Art. 1 Abs. 2 lit. a) und den Anwendungsbereich (Art. 2 Abs. 1 und 8) als auch die Übergangregelungen (Art. 111) der Verordnung. Zudem ist der durch den Begriff markierte Zeitpunkt entscheidend für die Einordnung der Akteure, weil im Unterschied zum Händler nur Anbieter (→ Rn. 51 ff.) oder Einführer (→ Rn. 92 ff.) KI-Technologie erstmals

---

[202] Vgl. zB Art. 3 Nr. 13 GPSR, Art. 3 Nr. 13 MÜ-VO oder Art. 3 Nr. 22 MaschVO.

[203] BeckOK KI-Recht/Kirschke-Biller/Füllsack, 3. Ed. 1.8.2025, Art. 3 Rn. 165.

[204] Verordnung (EU) 2019/1020.

[205] Bek. der Kom. Blue Guide, ABl. 2022 C 247, 1, Abschnitt 2.3.

auf dem Markt bereitstellen können.[206] In Bezug auf KI-Systemen konkretisiert der Begriff des Inverkehrbringens zum einen, welche Handlung im Hinblick auf die untersagten KI-Praktiken (Art. 5 Abs. 1) verboten ist. Zum anderen ist anhand des Begriffs der zeitliche Schwellenmoment zu bestimmen, ab wann Hochrisiko-KI-Systeme nicht mehr nur unter Realbedingungen (Art. 57 bzw. 60) getestet werden, sondern den zentralen gesetzlichen Anforderungen (Art. 8) ausnahmslos tatsächlich genügen müssen. Diese Konformität ist vor dem Inverkehrbringen durch ein Konformitätsbewertungsverfahren (Art. 16 lit. f) nachzuweisen und nach dem Inverkehrbringen im Rahmen eines Systems zur Beobachtung (Art. 72 Abs. 1) fortlaufend zu überwachen. Für KI-Modelle mit allgemeinem Verwendungszweck erfolgt zwar keine ausdrückliche Bezugnahme auf das Inverkehrbringen. Wird ein solches KI-Modell jedoch in ein KI-System integriert, das anschließend in Verkehr gebracht wird, gilt es damit zugleich als in Verkehr gebracht und die Pflichten gem. Art. 52 ff. finden Anwendung (vgl. Erwgr. 97).

Die in Art. 3 Nr. 9 enthaltene Begriffsbestimmung entspricht abgesehen von **116** der Fokussierung auf künstliche Intelligenz den nahezu gleichlautenden Formulierungen des allgemeinen und spezifischen Produktsicherheitsrechts.[207] Der insofern standardisierte Begriff des Inverkehrbringens knüpft maßgeblich an den Begriff der Bereitstellung an. Obwohl es etablierte Praxis des produktsicherheitsrechtlichen Gesetzgebers ist, deshalb zunächst die Bereitstellung zu definieren, hat er im Rahmen der KI-VO die Bereitstellung auf dem Markt erst in Art. 3 Nr. 10 legaldefiniert. Ein Grund für diese Abweichung von der systematischen Anordnung ist nicht ersichtlich.

b) Definitorische Bestandteile. aa) KI-System oder KI-Modell mit allgemeinem Verwendungszweck. **117** Nach Art. 3 Nr. 9 können sowohl KI-Systeme (→ Rn. 5 ff.) als auch KI-Modelle mit allgemeinem Verwendungszweck (→ Rn. 454) Gegenstand eines Inverkehrbringens sein. Die Inbetriebnahme iSd Art. 3 Nr. 11 bezieht sich hingegen ausschließlich auf KI-Systeme, da sie die Abgabe zum tatsächlichen Gebrauch im vorgesehenen Anwendungsumfeld voraussetzt (→ Rn. 134 ff.). Für das Inverkehrbringen gem. Art. 3 Nr. 9 lässt sich daraus schlussfolgern, dass eine unmittelbare Gebrauchsintention des Bezugsobjekts keine zwingende Voraussetzung ist.

bb) Bereitstellung auf dem Markt. Die für ein Inverkehrbringen erforder- **118** liche Bereitstellung auf dem Markt ist in Art. 3 Nr. 10 legaldefiniert (→ Rn. 122 ff.). Eine Bereitstellung ist danach in einer entgeltlichen oder unentgeltlichen Abgabe eines KI-Systems oder eines KI-Modells mit allgemeinem Verwendungszweck zum Vertrieb oder zur Verwendung auf dem Unionsmarkt im Rahmen einer Geschäftstätigkeit zu sehen.

cc) Erstmaligkeit. Im Unterschied zur Bereitstellung auf dem Markt iSd **119** Art. 3 Nr. 10, bei der es sich um einen reproduzierbaren, zeitlich nicht fixierten Vorgang handelt, ist das Inverkehrbringen gem. Art. 3 Nr. 9 ein einmaliger Vorgang, der einen wichtigen Zeitpunkt markiert (→ Rn. 114 ff.). Zum Zeitpunkt des Inverkehrbringens entfalten die meisten der produktsicherheitsrechtlichen Vorschriften für die Akteure und Produkte nämlich ihre verbindliche Wirkung und sind uneingeschränkt zu beachten. Damit dieser Zeitpunkt rechtssicher festgestellt werden kann und dem angestrebten Schutzniveau frühzeitig entsprochen

[206] Bek. der Kom. Blue Guide, ABl. 2022 C 247, 1, Abschnitt 2.3.
[207] Vgl. zB Art. 3 Nr. 7 GPSR, Art. 3 Nr. 2 MÜ-VO oder Art. 3 Nr. 12 MaschVO.

wird, hat der Gesetzgeber festgelegt, dass ausschließlich die erstmalige Bereitstellung eines Produkts auf dem Unionsmarkt als Inverkehrbringen gilt. Als Unterfall der Bereitstellung auf dem Markt ist für das Inverkehrbringen insofern die Erstmaligkeit das wesentliche Differenzierungsmerkmal.[208]

120 Das Inverkehrbringen eines KI-Modells mit allgemeinem Verwendungszweck ist dem Anbieter vorbehalten, während ein KI-System sowohl vom Anbieter als auch von einem Einführer in Verkehr gebracht werden kann. Der maßgebliche Zeitpunkt des Inverkehrbringens ist für jedes KI-System bzw. KI-Modell individuell zu ermitteln.[209] Innerhalb einer Produktreihe kann das Inverkehrbringen eines KI-Systems oder Modells somit in Abhängigkeit von der jeweiligen Vertriebskette unterschiedlich erfolgen.[210]

121 Der Rechtsanwender steht im Kontext der KI-VO vor der besonderen Herausforderung, dass KI-Systeme und KI-Modelle regelmäßig als Software ohne wesentliche Verkörperung auftreten. Soll der Zeitpunkt der erstmaligen Bereitstellung ermittelt werden, kann bei softwarebasierten Systemen anders als bei physischen Produkten nicht auf den Publizitätsakt der Besitzübertragung abgestellt werden. Ausgehend von den Grundsätzen, die die EU-Kommission in Bezug auf das Inverkehrbringen erarbeitet hat,[211] ist wohl zu prüfen, ob zwischen zwei oder mehr natürlichen oder juristischen Personen eine Vereinbarung vorliegt, aufgrund der in Bezug auf ein KI-System oder einem KI-Modell mit allgemeinem Verwendungszweck das Eigentum übertragen oder ein sonstiges (Nutzungs-)Recht eingeräumt wurde. Das im digitalen Bereich bestehende Problem, dass sich technisch womöglich Kopien eines einmal in Verkehr gebrachten KI-Systems oder KI-Modells anfertigen lassen, erfordert in Anlehnung an das Medizinprodukterecht möglicherweise den Einsatz eines geeigneten Systems der Software-Identifikation, um festzustellen, wann genau die „Kopie" der Software in Verkehr gebracht wurde.[212]

10. Bereitstellung auf dem Markt

122 **„Bereitstellung auf dem Markt" die entgeltliche oder unentgeltliche Abgabe eines KI-Systems oder eines KI-Modells mit allgemeinem Verwendungszweck zum Vertrieb oder zur Verwendung auf dem Unionsmarkt im Rahmen einer Geschäftstätigkeit;**

123 **a) Allgemeines.** „Bereitstellung auf dem Markt" meint gem. Art. 3 Nr. 10 jede entgeltliche oder unentgeltliche Abgabe eines KI-Systems oder eines KI-Modells mit allgemeinem Verwendungszweck zum Vertrieb oder zur Verwendung auf dem Unionsmarkt im Rahmen einer Geschäftstätigkeit. In der KI-VO ist das Konzept der Bereitstellung einerseits bedeutsam, weil es die definitorische Grundlage für das Inverkehrbringen iSd Art. 3 Nr. 10 (→ Rn. 114 ff.) bildet. Da die erstmalige Bereitstellung eines KI-Systems oder KI-Modells durch einen Anbieter oder Einführer gegenüber einem Händler oder Endnutzer rechtlich stets als Inverkehrbringen zu qualifizieren ist, kommt dem Begriff der Bereitstellung andererseits eine eigenständige rechtliche Relevanz für nachgelagerte Ver-

208 BeckOK KI-Recht/Kirschke-Biller/Füllsack, 3. Ed. 1.8.2025, Art. 3 Rn. 183.
209 Bek. der Kom. Blue Guide, ABl. 2022 C 247, 1, Abschnitt 2.3.
210 Beispielhaft dazu Martini/Wendehorst, KI-VO/Wendehorst, Art. 3 Rn. 114, 115.
211 Bek. der Kom. Blue Guide, ABl. 2022 C 247, 1, Abschnitt 2.3.
212 Vertiefend dazu Martini/Wendehorst, KI-VO/Wendehorst, Art. 3 Rn. 117 ff.

triebsvorgänge auf Ebene des Händlers zu.[213] Dies wird durch den Ausnahmetatbestand in der Definition des Händlers gem. Art. 3 Nr. 7 deutlich (→ Rn. 107). Dabei ist anhand des jeweiligen Regelungskontexts zu ermitteln, ob der Begriff der Bereitstellung als ein das Inverkehrbringen umfassender Oberbegriff oder im engeren Verständnis lediglich in Bezug auf nachgelagerte Vertriebsvorgänge durch den Händler verwendet wird. Art. 79 verdeutlicht, dass das Verständnis des Begriffs „Bereitstellung auf dem Markt" kontextabhängig ist und selbst innerhalb eines einzelnen Artikels differieren kann: So wird in Abs. 4 der Begriff als Oberbegriff gebraucht, wohingegen in Abs. 5 nur das engere, auf händlerseitige Vorgänge bezogene Verständnis tragfähig ist.

Abgesehen von der Fokussierung auf künstliche Intelligenz entspricht die Definition des Art. 3 Nr. 10 den nahezu gleichlautenden Formulierungen des allgemeinen und spezifischen Produktsicherheitsrechts.[214] Da ein KI-System oder KI-Modell keiner Abnutzung im Sinne eines Verbrauchs unterliegt, wurde das sonst übliche Merkmal der Verbrauchsintention nicht aufgenommen. 124

b) Definitorische Bestandteile. aa) KI-System oder KI-Modell mit allgemeinem Verwendungszweck. Nach Art. 3 Nr. 10 können KI-Systeme (→ Rn. 5 ff.), aber auch KI-Modelle mit allgemeinem Verwendungszweck (→ Rn. 454) bereitgestellt werden. 125

bb) Entgeltliche oder unentgeltliche Abgabe. In der Praxis liegen KI-Systeme bzw. KI-Modelle häufig als Software und damit in rein digitaler Form vor, weshalb der Begriff der „Abgabe" gem. Art. 3 Nr. 10 im Lichte dieser Besonderheit ausgelegt werden muss.[215] In Fällen, in denen aufgrund fehlender Verkörperung anders als bei klassischen Produkten nicht auf Besitzverhältnisse abgestellt werden kann, erscheint es sachgerecht, stattdessen auf die Einräumung von Nutzungsrechten sowie die Eröffnung tatsächlicher Zugriffsmöglichkeiten zu rekurrieren.[216] 126

Diese Auslegung ergänzt dabei den bekannten Streitstand, ob für das Vorliegen einer Abgabe ein tatsächlicher Wechsel der Sachherrschaft (bzw. eine Einräumung von Nutzungsrechten und Eröffnung von Zugriffsmöglichkeiten) erforderlich ist[217] oder ob es bereits genügt, wenn ein Angebot zum Vertrieb, Verbrauch oder zur Verwendung auf dem Unionsmarkt gemacht wird, das zu einer tatsächlichen Abgabe (bzw. einer Einräumung von Nutzungsrechten und Eröffnung von Zugriffsmöglichkeiten) von bereits hergestellten Produkten (bzw. bereits entwickelten KI-Systemen oder KI-Modellen) führen kann.[218] Da der Unionsgesetzgeber beispielsweise in Art. 6 MÜ-VO dem weiten Verständnis folgt, wonach bereits ein entsprechendes Angebot als Bereitstellung und damit als Abgabe zu sehen ist, ist in Zweifelsfällen davon auszugehen, dass er dieses Verständnis auch im Rahmen der KI-VO bevorzugt. 127

---

213 Bek. der Kom. Blue Guide, ABl. 2022 C 247, 1, Abschnitt 2.4.

214 Vgl. zB Art. 3 Nr. 6 GPSR, Art. 3 Nr. 1 MÜ-VO oder Art. 3 Nr. 11 MaschVO.

215 BeckOK KI-Recht/Kirschke-Biller/Füllsack, 3. Ed. 1.8.2025, Art. 3 Rn. 192.

216 Dahingehend Wiebe BB 2022, 899 (900).

217 So die herrschende Meinung in der deutschen Literatur zum Produktsicherheitsrecht: Vgl. Klindt ProdSG/Klindt/Schucht ProdSG § 2 Rn. 26 ff. oder NK-ProdR/Heuser ProdSG § 2 Rn. 26.

218 So die EU-Kommission: Vgl. Bek. der Kom. Blue Guide, ABl. 2022 C 247, 1, Abschnitt 2.2.

128 Damit ein Erwerbsangebot als Abgabe iSd Art. 3 Nr. 10 qualifiziert werden kann, muss es sich an vom Anbieter, Einführer oder Händler zu unterscheidende Dritte richten.[219] Zudem muss es darauf gerichtet sein, dass das KI-System oder das KI-Modell die Verfügungssphäre des Anbietenden verlässt.[220] Eine physische Übergabe des KI-Systems (zB als Embedded Software) oder die Übertragung von Software (zB als Download) ist nach dem weiten Verständnis insofern nicht unbedingt erforderlich.[221] Wenn aber eine reale oder virtuelle Übergabe erfolgt, die eine Übertragung der Verantwortlichkeit markiert, lässt sich eine Abgabe sogar nach engem Verständnis feststellen.[222] Bei KI-Systemen oder Modellen in Form von Software-as-a-Service muss mangels Übergabe auf die Einräumung von Nutzungsrechten und Zugriffsmöglichkeiten abgestellt werden.[223]

129 Auf die Entgeltlichkeit der Abgabe und die ihr zugrundeliegende Rechtsgrundlage (zB Kauf, Leihe, Miete, Leasing oder Schenkung) kommt es nicht an, solange sie im Rahmen einer Geschäftstätigkeit erfolgt (→ Rn. 132).[224] Theoretisch kann somit auch die Abgabe eines KI-Systems oder KI-Modells als kostenloses Werbegeschenk eine Bereitstellung iSd Art. 3 Nr. 10 sein.

130 **cc) Zum Vertrieb oder zur Verwendung.** Eine Abgabe iSd Art. 3 Nr. 10 zum Zweck des Vertriebs liegt vor, wenn das KI-System oder KI-Modell von einem Akteur iSd Art. 3 Nr. 8 nicht an einen Endnutzer, sondern an einen anderen Akteur übergeben wird, der das KI-System oder KI-Modell (zB als Groß-, Zwischen oder Einzelhändler) wiederum selbst vertreibt.[225] Dagegen ist eine Abgabe zur Verwendung gegeben, wenn ein KI-System innerhalb des vom Anbieter definierten Verwendungszwecks unter den vorhersehbaren Nutzungsbedingungen von einem Betreiber oder unmittelbar von einem Nutzern, sofern ein Betreiber aufgrund der Tatbestandausnahme in Art. 3 Nr. 4 nicht vorhanden ist (→ Rn. 81), verwendet wird.[226]

131 **dd) Auf dem Unionsmarkt.** Die Abgabe des KI-Systems oder KI-Modells muss auf dem Unionsmarkt, also innerhalb der räumlichen Grenzen des Markts der Europäischen Union, erfolgen. Die als maßgeblich erachtete Abgabehandlung (→ Rn. 126 ff.) muss also gegenüber in dem EWR (→ Rn. 87) niedergelassenen Akteuren oder Endnutzern vorgenommen werden. Außerdem handelt es sich nur dann um eine Bereitstellung auf dem Unionsmarkt, wenn die Endnutzung des KI-Systems oder KI-Modells ebenfalls auf diesem Markt erfolgen soll.[227] Erfolgt die Abgabe also nur, um das KI-Systems oder KI-Modell (etwa nach einer Weiterentwicklung oder Integration in ein Endprodukt) aus dem Binnenmarkt zu exportieren, liegt keine Bereitstellung iSd Art. 3 Nr. 10 vor.[228]

132 **ee) Im Rahmen einer Geschäftstätigkeit.** Voraussetzung einer Bereitstellung iSd Art. 3 Nr. 10 ist, dass die Abgabe zu einem der dort genannten Zwecke

---

219 Martini/Wendehorst, KI-VO/Wendehorst, Art. 3 Rn. 124.
220 Vertiefend dazu Martini/Wendehorst, KI-VO/Wendehorst, Art. 3 Rn. 125.
221 Vgl. Bek. der Kom. Blue Guide, ABl. 2022 C 247, 1, Abschnitt 2.2.
222 BeckOK KI-Recht/Kirschke-Biller/Füllsack, 3. Ed. 1.8.2025, Art. 3 Rn. 193.1, 193.2.
223 BeckOK KI-Recht/Kirschke-Biller/Füllsack, 3. Ed. 1.8.2025, Art. 3 Rn. 193.3.
224 Vgl. Bek. der Kom. Blue Guide, ABl. 2022 C 247, 1, Abschnitt 2.2.
225 BeckOK Produktrecht/Reusch, 2. Ed. 1.2.2025, GPSR Art. 3 Nr. 6 Rn. 2.
226 BeckOK KI-Recht/Kirschke-Biller/Füllsack, 3. Ed. 1.8.2025, Art. 3 Rn. 195.
227 Martini/Wendehorst, KI-VO/Wendehorst, Art. 3 Rn. 126.
228 Vgl. Bek. der Kom. Blue Guide, ABl. 2022 C 247, 1, Abschnitt 2.2.

im Rahmen einer Geschäftstätigkeit erfolgt. Allgemein wird unter Geschäftstätigkeit die Bereitstellung von Waren in einem unternehmensbezogenen Kontext verstanden.[229] Teilweise wird vertreten, die Abgrenzung im Rahmen der KI-VO solle nicht am objektiven Kontext, sondern an der subjektiven Motivation des handelnden Akteurs anknüpfen. Maßgeblich sei demnach, ob dieser aus kommerziellem Interesse heraus handelt.[230] Dadurch wäre es möglich, bei KI-Systemen, die unter freien und quelloffenen Lizenzen veröffentlicht werden, die aber unter Art. 5 (verbotene Praktiken) oder Art. 50 (besondere Transparenzanforderungen) fallen und für die die Regelungen der KI-VO gem. Art. 2 Abs. 12 deshalb gelten, im Einzelfall eine Geschäftstätigkeit anzunehmen, obwohl die Entwicklung freier und quelloffener KI-Systemen objektiv regelmäßig in nicht kommerziellen Kontexten verläuft.[231] Eine Abkehr vom etablierten Abgrenzungskriterium in Bezug auf die Geschäftstätigkeit ist jedoch nicht erforderlich. Vielmehr ist in Fällen, in denen bei Organisationen keine Gewinnerzielungsabsicht vorliegt, ohnehin eine einzelfallbezogene Prüfung angezeigt, ob dennoch von einer Geschäftstätigkeit gesprochen werden kann. Dabei sind bei der insbesondere die folgenden folgende Kriterien heranzuziehen:
- die Regelmäßigkeit der Bereitstellung,
- die Art und Eigenschaften des Produkts,
- Absichten des Bereitstellers.[232]

Handelt der Bereitsteller aus kommerziellen Interessen heraus, spricht dies regelmäßig für einen unternehmensbezogenen Kontext. Nicht als Geschäftstätigkeit gelten demgegenüber lediglich gelegentliche Abgaben durch karitative Organisationen oder Privatpersonen, die ihrer Tätigkeit lediglich als Hobby nachgehen.[233] **133**

11. Inbetriebnahme

„Inbetriebnahme" die Bereitstellung eines KI-Systems in der Union zum Erstgebrauch direkt an den Betreiber oder zum Eigengebrauch entsprechend seiner Zweckbestimmung; **134**

a) Allgemeines. Eine „Inbetriebnahme" ist gem. Art. 3 Nr. 11 bei der Bereitstellung eines KI-Systems in der Union zum Erstgebrauch direkt an den Betreiber oder zum Eigengebrauch entsprechend seiner Zweckbestimmung gegeben. Der Begriff bezeichnet den einzigen weiteren Vorgang und Zeitpunkt des Markteintritts eines KI-Systems, der neben dem „Inverkehrbringen" iSd Art. 3 Nr. 9 (→ Rn. 114 ff.) in der KI-VO vorgesehen ist.[234] Es überrascht daher nicht, dass die beiden Begriffe in verschiedenen Regelungszusammenhängen der KI-VO vielfach gemeinsam und gleichgestellt verwendet werden. Hinsichtlich der regulatorischen Bedeutung der Inbetriebnahme kann deshalb beinah vollumfänglich auf die Ausführungen zum Inverkehrbringen verwiesen werden (→ Rn. 114 ff.). Es verbleibt jedoch der wesentliche Unterschied, dass die Inbetriebnahme immer durch den Anbieter (→ Rn. 51 ff.) und nicht etwa durch den Einführer (→ Rn. 92 ff.) erfolgt. Dies ergibt sich aus den jeweiligen Legaldefinitionen der Akteure. **135**

---

[229] Vgl. Bek. der Kom. Blue Guide, ABl. 2022 C 247, 1, Abschnitt 2.2.
[230] So Martini/Wendehorst, KI-VO/Wendehorst, Art. 3 Rn. 129.
[231] Martini/Wendehorst, KI-VO/Wendehorst, Art. 2 Rn. 124.
[232] Vgl. Bek. der Kom. Blue Guide, ABl. 2022 C 247, 1, Abschnitt 2.2.
[233] Vgl. Bek. der Kom. Blue Guide, ABl. 2022 C 247, 1, Abschnitt 2.2.
[234] BeckOK KI-Recht/Kirschke-Biller/Füllsack, 3. Ed. 1.8.2025, Art. 3 Rn. 202.

136 Der Begriff der Inbetriebnahme ist aus dem Produktsicherheitsrecht bekannt.[235] Etwaige Rechtsakte, die diesen Begriff verwenden, enthalten teils voneinander abweichende Definitionen.[236] Die bestehende Definitionsvielfalt wird nun um ein eigenständiges, abweichendes Begriffsverständnis nach der KI-VO nochmal erweitert.

137 **b) Definitorische Bestandteile. aa) KI-System.** Gem. Art. 3 Nr. 11 können nur KI-Systeme (→ Rn. 5 ff.) in Betrieb genommen werden. Für KI-Modellen mit allgemeinem Verwendungszweck besteht diese Möglichkeit des Markteintritt hingegen nicht, weil sie erst nach der Integration in ein konkretes KI-System verwendet werden können.[237]

138 **bb) Bereitstellung bzw. Abgabe oder Implementierung in der Union.** Durch die Verwendung des Begriffs „Bereitstellung" scheint es, als würde die Legaldefinition der Inbetriebnahme gem. Art. 3 Nr. 11 – ebenso wie die des Inverkehrbringens – auf die Definition der „Bereitstellung auf dem Markt" in Art. 3 Nr. 10 in Bezug nehmen. Dem ist nicht so. Charakteristisch für die Inbetriebnahme iSd Art. 3 Nr. 11 ist vielmehr, dass das KI-System vom Anbieter nicht etwa dem Markt im Sinne einer unbestimmten Vielzahl von Marktteilnehmern, sondern ausschließlich entweder einem bestimmten Betreiber (Var. 1) oder einer internen Organisationseinheit, die das KI-System sodann anbieterintern zur Anwendung bringt (Var. 2), zugänglich gemacht wird. Insofern ist der Begriff „Bereitstellung" in der ersten Variante als zielgenau auf den (Erst-)Gebrauch gerichtete Abgabe und in der zweiten Variante als auf eine eigene Nutzung ausgerichtete Implementierung zu verstehen. Ein Blick anderen Sprachfassungen der KI-VO unterstützt dieses untechnische Verständnis der Bereitstellung in diesem Kontext. So verwendet die englische Fassung der KI-VO iRd Art. 3 Nr. 11 nicht etwa den *Terminus technicus* der „Bereitstellung [auf dem Markt]" („making available [on the market]"), sondern eine in das Deutsche mit dem Begriff der „Abgabe" oder „Versorgung" zu übersetzende Begrifflichkeit („supply").[238]

139 In beiden Varianten ist ein Unionsbezug erforderlich. Das Begriffsmerkmal „Bereitstellung eines KI-Systems in der Union" ist beiden Varianten der Inbetriebnahme vorangestellt. Soll der Erstgebrauch des Betreibers (Var. 1) oder der Eigengebrauch (Var. 2) entsprechend der Zweckbestimmung (→ Rn. 143 ff.) nicht in der Union erfolgen, ist darin also keine Inbetriebnahme iSd Art. 3 Nr. 11 zu sehen.

140 **(1) Zum Erstgebrauch direkt an den Betreiber (Var. 1).** Die Inbetriebnahme iSe Bereitstellung bzw. Abgabe (→ Rn. 138 ff.) zum erstmaligen Gebrauch durch den Betreiber erfasst insbesondere Konstellationen, in denen der Anbieter einem konkreten Betreiber ein KI-System zugänglich macht, das entweder auf dessen individuelle Bedürfnisse angepasst wurde oder in dessen spezifische IT-Umgebung integriert werden muss.[239] Durch diese Variante der Inbetriebnahme werden also Fälle erfasst, bei denen es sich aufgrund der Individualität des KI-Systems nicht sachgerecht wäre, von einem Inverkehrbringen (→ Rn. 114 ff.) zu

---

235 Vgl. Bek. der Kom. Blue Guide, ABl. 2022 C 247, 1, Abschnitt 2.6.
236 Ausführlich dazu Martini/Wendehorst, KI-VO/Wendehorst, Art. 3 Rn. 131.
237 BeckOK KI-Recht/Kirschke-Biller/Füllsack, 3. Ed. 1.8.2025, Art. 3 Rn. 92.3.
238 BeckOK KI-Recht/Kirschke-Biller/Füllsack, 3. Ed. 1.8.2025, Art. 3 Rn. 213.1.
239 Martini/Wendehorst, KI-VO/Wendehorst, Art. 3 Rn. 137.

sprechen, weil das KI-System zwar erstmals, aber eben nicht auf dem frei zugänglichen freien Markt bereitgestellt wurde.[240]

(2) Zum Eigengebrauch (Var. 2). Den klassischen, mit dem allgemeinen Sprachgebrauch ohne Weiteres kompatiblen Fall der Inbetriebnahme erfasst die zweiten Variante des Art. 3 Nr. 11, bei der eine Bereitstellung bzw. Implementierung (→ Rn. 138) des KI-Systems zum Eigengebrauch erfolgt. Eigengebrauch liegt vor, wenn der Anbieter das KI-System anderen Akteuren nie zum Vertrieb oder zur Verwendung auf dem Unionsmarkt bereitstellt, sondern es nur im eigenen Organisation- und Herrschaftsbereich seiner Zweckbestimmung (→ Rn. 142) entsprechend einsetzt.[241] Da der Anbieter das KI-System im Fall des Eigengebrauchs typischerweise auch in eigener Verantwortung verwendet, ist er regelmäßig auch als Betreiber iSd Art. 3 Nr. 4 (→ Rn. 67 ff.) zu qualifizieren.[242] **141**

cc) Der Zweckbestimmung entsprechend. Eine Inbetriebnahme setzt gem. Art. 3 Nr. 11 voraus, dass der Erstgebrauch des Betreibers (Var. 1) oder der Eigengebrauch des Anbieters (Var. 2) entsprechend der Zweckbestimmung des KI-Systems erfolgt. Was unter der Zweckbestimmung zu verstehen ist, wird in Art. 3 Nr. 12 legaldefiniert. Im Kontext des Art. 3 Nr. 11 soll durch die Aufnahme dieses einschränkenden Begriffsmerkmals vermieden werden, dass Aktivitäten in der Forschungs-, Testungs- und Entwicklungsphase als Inbetriebnahme gewertet werden, die andernfalls die entsprechenden regulatorischen Folgen nach sich ziehen würde. Denn diese Aktivitäten dienen allein der Funktionsüberprüfung und stellen noch keine Verwendung des KI-Systems entsprechend seiner Zweckbestimmung dar.[243] Angesichts der praktischen Wahrscheinlichkeit, dass bestimmte Betreiber in eine solche Überprüfung der Funktionsweise eingebunden sein werden, ist es trotz grammatikalischer Unschärfen der Legaldefinition sachlich geboten, das einschränkende Begriffsmerkmal auf beide Varianten des Art. 3 Nr. 11 zu erstrecken. **142**

12. Zweckbestimmung

„Zweckbestimmung" die Verwendung, für die ein KI-System laut Anbieter bestimmt ist, einschließlich der besonderen Umstände und Bedingungen für die Verwendung, entsprechend den vom Anbieter bereitgestellten Informationen in den Betriebsanleitungen, im Werbe- oder Verkaufsmaterial und in diesbezüglichen Erklärungen sowie in der technischen Dokumentation; **143**

a) Allgemeines. „Zweckbestimmung" meint gem. Art. 3 Nr. 12 die Verwendung, für die ein KI-System laut Anbieter bestimmt ist, einschließlich der besonderen Umstände und Bedingungen für die Verwendung, entsprechend den vom Anbieter bereitgestellten Informationen in den Betriebsanleitungen, im Werbe- oder Verkaufsmaterial und in diesbezüglichen Erklärungen sowie in der technischen Dokumentation. Die Begrifflichkeit ist zum einen für die den Markteintritt markierende Inbetriebnahme eines KI-Systems relevant. Anders als das Inverkehrbringen setzt die Inbetriebnahme gem. Art. 3 Nr. 11 definitorisch voraus, dass die Bereitstellung eines KI-Systems zum Erstgebrauch oder zum Eigengebrauch **144**

---

240 BeckOK KI-Recht/Kirschke-Biller/Füllsack, 3. Ed. 1.8.2025, Art. 3 Rn. 216, 217.
241 Martini/Wendehorst, KI-VO/Wendehorst, Art. 3 Rn. 135, 136.
242 Eulenpesch/Malczyk GRUR 2025, 40 (41).
243 BeckOK KI-Recht/Kirschke-Biller/Füllsack, 3. Ed. 1.8.2025, Art. 3 Rn. 220.1.

entsprechend seiner Zweckbestimmung und nicht bloß zur Funktionskontrolle im Rahmen der Testphase erfolgt (→ Rn. 142). Aber auch in der Konstellation, in der ein KI-System in Verkehr gebracht wird, ist das Konzept der Zweckbestimmung von entscheidender Bedeutung. Denn zum anderen ist die Zweckbestimmung für die Klassifizierung eines KI-Systems im Rahmen des risikobasierten Ansatzes der KI-VO heranzuziehen.[244] Von der Zweckbestimmung eines KI-Systems, die im Einzelfall anhand der Legaldefinition in Art. 3 Nr. 12 zu ermitteln ist, hängt in der Regel ab, ob es sich um eine verbotene Praktik im Bereich der künstlichen Intelligenz (→ Art. 5 Rn. 16), um ein Hochrisiko-KI-System (→ Art. 6 Rn. 31) oder um ein KI-System mit allgemeinem Verwendungszweck (→ Rn. 476) handelt. Wird ein KI-System als hochrisikoreich eingestuft, ist die Zweckbestimmung des Hochrisiko-KI-Systems gem. Art. 8 Abs. 1 S. 1 zudem durch den Anbieter bei der Umsetzung der hieraus resultierenden Pflichten (vgl. Art. 9 ff.) zu berücksichtigen. Außerdem kann eine Änderung der Zweckbestimmung nach dem Markteintritt als wesentliche Änderung iSd Art. 3 Nr. 23 zu qualifizieren sein, die gem. Art. 25 Abs. 1 die Verantwortlichkeiten entlang der KI-Wertschöpfungskette verschiebt oder gem. Art. 43 Abs. 4 UAbs. 1 eine neuerliche Konformitätsbewertung erforderlich macht.

145 Die KI-VO integriert das Konzept der Zweckbestimmung tiefgehend, ohne den Begriff jedoch exklusiv zu prägen. Vielmehr ist eine regulatorische Ausrichtung auf die Zweckbestimmung bzw. den vorgesehenen Verwendungszweck eines Produkts bereits aus dem allgemeinen Produktsicherheitsrecht bekannt.[245] Die Zweckbestimmung steht dabei in der Regel im Kontrast zur „vernünftigerweise vorhersehbare Fehlanwendung", die in der KI-VO in Art. 3 Nr. 13 ebenfalls legaldefiniert wurde (→ Rn. 155 ff.).

146 **b) Definitorische Bestandteile. aa) KI-System.** Ausweislich des Art. 3 Nr. 12 kann nur ein KI-System (→ Rn. 5 ff.) eine Zweckbestimmung im Sinne der KI-VO haben. Der Grund dafür ist, dass ein KI-Modell ohne Integration in ein konkretes KI-System keiner selbstständigen Verwendung zugänglich ist, weshalb der definitorische Bezugspunkt der Zweckbestimmung nicht vorhanden ist.

147 **bb) Verwendung nach Intention des Anbieters.** Die Zweckbestimmung richtet sich gem. Art. 3 Nr. 12 nach der vom Anbieter (→ Rn. 51 ff.) intendierten Verwendung eines KI-Systems. Grundlegend muss ein Anbieter bestimmen, welche Art von Eingabedaten sein KI-System verarbeitet und mittels welcher Ableitungen es welche Art der Ausgaben daraus erstellt.[246] Zusätzlich zu dieser Festlegung des allgemeinen Verwendungszweckes des KI-Systems sind als Teil der Zweckbestimmung gem. Art. 3 Nr. 12 die vom Anbieter vorgesehenen besonderen Umstände und Bedingungen für die Verwendung zu berücksichtigen. Hierzu zählen neben den Vorstellungen des Anbieters bezüglich des konkreten Nutzungsorts, des Anwendungskontexts, des Nutzerverhaltens sowie die spezifische Funktionalität des KI-Systems auch diejenigen Umstände oder Bedingungen, welche die nachgelagerte Verwendung der vom System generierten Ausgaben beeinflussen.[247] Praktisch werden die technischen Fähigkeiten eines KI-Systems in aller Regel auf

---

[244] Ausführlicher dazu BeckOK KI-Recht/Kirschke-Biller/Füllsack, 3. Ed. 1.8.2025, Art. 3 Rn. 223 ff.

[245] Vgl. Bek. der Kom. Blue Guide, ABl. 2022 C 247, 1, Abschnitt 2.8.

[246] BeckOK KI-Recht/Kirschke-Biller/Füllsack, 3. Ed. 1.8.2025, Art. 3 Rn. 236.

[247] BeckOK KI-Recht/Kirschke-Biller/Füllsack, 3. Ed. 1.8.2025, Art. 3 Rn. 237.

diese Festlegungen ausgerichtet sein. Da es sich bei der für die Zweckbestimmung maßgebliche Intention des Anbieters aber um ein subjektives Merkmal handelt, das anhand objektiver Kriterien zu bestimmen ist (→ Rn. 148 f.), ist es durchaus möglich, dass ein KI-System minderer Qualität seiner Zweckbestimmung nicht gerecht wird.

cc) Entsprechend den vom Anbieter bereitgestellten Informationen. Zwar wird die Zweckbestimmung grundsätzlich vom Anbieter subjektiv festgelegt, regulatorisch ausschlaggebend ist jedoch, ob und wie die Festlegungen für Dritte durch objektive Manifestationen erkennbar werden.[248] Art. 3 Nr. 12 verweist als Erkenntnisquelle einzig auf die vom Anbieter bereitgestellten Informationen **148**
- in den Betriebsanleitungen (→ Rn. 166 ff.),
- im Werbe- oder Verkaufsmaterial und in diesbezüglichen Erklärungen,
- sowie in der technischen Dokumentation (→ Art. 11 Rn. 13).

Anders als im allgemeinen Produktsicherheitsrecht darf also auf die übliche Nutzung, die der Entwurf und die Entwicklung des KI-Systems nahelegen, nicht abgestellt werden.[249] **149**

In der Praxis kann es zu Widersprüchen zwischen den verschiedenen produktbegleitenden Unterlagen eines KI-Systems kommen. Weder die KI-VO noch das allgemeine Produktsicherheitsrecht enthalten Vorgaben dazu, wie mit solchen Inkonsistenzen im Einzelfall umzugehen ist. Da die Sicherstellung der Kohärenz und Konsistenz der produktbegleitenden Unterlagen in den Verantwortungsbereich des Anbieters fällt, erscheint es sachgerecht, im Zweifelsfall diejenigen Angaben bezüglich der Zweckbestimmung heranzuziehen, die eine höhere Risikoklassifikation begründen. Neben den möglicherweise einschlägigen Regelungen des zivilrechtlichen Produkthaftungs- und Mängelgewährleistungsrechts entfaltet so auch das öffentlich-rechtliche Produktsicherheitsrecht eine disziplinierende Wirkung auf Anbieter. Jedenfalls ist eine umfassende Aufklärungstätigkeit der Marktüberwachungsbehörden unter den Gesichtspunkten der effektiven Gefahrenabwehr und der Zumutbarkeit nicht geboten. **150**

13. vernünftigerweise vorhersehbare Fehlanwendung

„vernünftigerweise vorhersehbare Fehlanwendung" die Verwendung eines KI-Systems in einer Weise, die nicht seiner Zweckbestimmung entspricht, die sich aber aus einem vernünftigerweise vorhersehbaren menschlichen Verhalten oder einer vernünftigerweise vorhersehbaren Interaktion mit anderen Systemen, auch anderen KI-Systemen, ergeben kann; **151**

a) Allgemeines. Die Verwendung eines KI-Systems in einer Weise, die nicht seiner Zweckbestimmung entspricht, die sich aber aus einem vernünftigerweise vorhersehbaren menschlichen Verhalten oder einer vernünftigerweise vorhersehbaren Interaktion mit anderen Systemen, auch anderen KI-Systemen, ergeben kann, ist gem. Art. 3 Nr. 13 unter dem Begriff der „vernünftigerweise vorhersehbare Fehlanwendung" zu verstehen. Zwar hat die vernünftigerweise vorhersehbare Fehlanwendung keinen Einfluss auf die Risikoklassifizierung eines KI-Systems, jedoch muss der Anbieter sie bei der Umsetzung einzelner Anforderungen für **152**

---

[248] Martini/Wendehorst, KI-VO/Wendehorst, Art. 3 Rn. 145.

[249] Vgl. zum allgemeinen Produktsicherheitsrecht Bek. der Kom. Blue Guide, ABl. 2022 C 247, 1, Abschnitt 2.8.

Hochrisiko-KI-Systeme berücksichtigten.[250] Die vernünftigerweise vorhersehbare Fehlanwendung ist insbesondere im Zusammenhang mit den Anforderungen an das Risikomanagementsystem (Art. 9 Abs. 2 lit. b), den Transparenz- und Informationspflichten gegenüber den Betreibern (Art. 13 Abs. 3 lit. b) sowie der Ausgestaltung der menschlichen Aufsicht (Art. 14 Abs. 2) von Bedeutung. Im Zusammenhang mit dem Risikomanagementsystem wird der Anbieter beispielsweise nicht verpflichtet, jedoch ausdrücklich dazu ermutigt, spezifische ergänzende Schulungen im Hinblick auf Hochrisiko-KI-Systeme durchzuführen, um vorhersehbaren Fehlanwendungen wirksam entgegenzuwirken (vgl. Erwgr. 65).

153 Der Begriff „vernünftigerweise vorhersehbare Fehlanwendung" ist als Pendant zum Begriff „Zweckbestimmung", der im Rahmen der KI-VO in Art. 3 Nr. 12 seinerseits legaldefiniert wird (→ Rn. 143 ff.), aus dem allgemeinen Produktsicherheitsrecht bekannt.[251] Mit beinah gleichlautenden Definitionen hat er außerdem Einzug in anderen Rechtsakte des Produktsicherheitsrechts gefunden.[252]

154 **b) Definitorische Bestandteile. aa) Verwendung eines KI-Systems.** Grundlegend setzt Art. 3 Nr. 13 die Verwendung eines KI-Systems (→ Rn. 5 ff.) voraus. Da ein KI-Modell ohne Integration in ein konkretes KI-System keiner selbstständigen Verwendung zugänglich ist, bezieht die Definition ein solches bewusst nicht ein. Für die Verwendung eines KI-Systems ist der Betreiber iSd Art. 3 Nr. 4 (→ Rn. 67 ff.) verantwortlich. Angesichts des vorzugswürdigen, weiten Verständnisses des Verwendungsbegriffs (→ Rn. 76) ist iRd Art. 3 Nr. 13 ebenfalls nicht nur auf die bewusste Dateneingabe, sondern umfassend auf den Gebrauch des KI-Systems samt erforderlicher Vorbereitungs- und Integrationsmaßnahmen abzustellen.

155 **bb) Fehlanwendung.** Nach der Legaldefinition erfasst Art. 3 Nr. 13 nur Fälle, in denen die Verwendung des KI-Systems in einer Weise erfolgt, die nicht seiner Zweckbestimmung entspricht. Der Begriff der „Zweckbestimmung" ist in Art. 3 Nr. 12 KI-VO legaldefiniert (→ Rn. 143 ff.) und bezeichnet im Grunde die von Anbieter intendierte Verwendung des KI-Systems sowie die Umstände und Bedingungen, unter denen diese erfolgen soll. Eine Fehlanwendung iSd Art. 3 Nr. 13 liegt bei jeder Abweichung von den Vorgaben vor, die der Anbieter diesbezüglich in den von ihm bereitgestellten Informationen (→ Rn. 148 f.) gemacht hat, ohne dass es hierfür technischer Modifikationen des KI-Systems durch Betreiber, Bediener oder Endnutzer bedarf.[253]

156 **cc) Vorhersehbarkeit.** Welche Fehlanwendungen noch „vernünftigerweise vorhersehbar" sind, ist eine Frage des Einzelfalls und unter Berücksichtigung der technischen Fähigkeiten und des Adressatenkreises festzustellen. Allgemein sind wohl solche Fehlanwendungen vernünftigerweise vorhersehbar, „die ein sorgfältiger Anbieter, der auf ein hohes Produktsicherheitsniveau und das Ziel der Schadensvermeidung fokussiert ist, nach der allgemeinen Lebenserfahrung noch erwarten konnte".[254] In Bezug auf menschliches Verhalten (Var. 1) darf ein Anbieter nicht nur den von ihm vorgesehenen Verwendungszweck bzw. die Zweckbestimmung seines KI-Systems vor Augen haben, sondern muss sich in den durchschnitt-

---

[250] BeckOK KI-Recht/Kirschke-Biller/Füllsack, 3. Ed. 1.8.2025, Art. 3 Rn. 244.

[251] Vgl. Bek. der Kom. Blue Guide, ABl. 2022 C 247, 1, Abschnitt 2.8.

[252] Vgl. zB Art. 3 Nr. 25 CRA oder Anhang III Teil A lit. i MaschVO.

[253] BeckOK KI-Recht/Kirschke-Biller/Füllsack, 3. Ed. 1.8.2025, Art. 3 Rn. 246.

[254] Martini/Wendehorst, KI-VO/Wendehorst, Art. 3 Rn. 148.

lichen Betreiber oder Endnutzer hineinversetzen und sich vorstellen, wie dieser das KI-System aller Wahrscheinlichkeit nach benutzen wird.[255] Allerdings ist er in keinem Fall zu der Annahme verpflichtet, dass die Betreiber oder Endnutzer die legalen Nutzungsbedingungen seines KI-Systems unberücksichtigt lassen.[256] Bei Fehlanwendungen, die sich aus der Interaktion des KI-Systems mit anderen (KI-)Systemen ergeben (Var. 2), hängt die Vorhersehbarkeit maßgeblich davon ab, wie gut die technischen und organisatorischen Rahmenbedingungen definiert und kontrolliert sind. Je komplexer die Systemlandschaft ist und je weniger abgestimmt die beteiligten Akteure sind, desto schwieriger ist es für den Anbieter eine spezifische Fehlanwendungen des KI-Systems vorauszusehen.

14. Sicherheitsbauteil

„Sicherheitsbauteil" einen Bestandteil eines Produkts oder KI-Systems, der eine Sicherheitsfunktion für dieses Produkt oder KI-System erfüllt oder dessen Ausfall oder Störung die Gesundheit und Sicherheit von Personen oder Eigentum gefährdet; 157

a) Allgemeines. Als „Sicherheitsbauteil" wird gem. Art. 3 Nr. 14 ein Bestandteil eines Produkts oder KI-Systems bezeichnet, der eine Sicherheitsfunktion für dieses Produkt oder KI-System erfüllt oder dessen Ausfall oder Störung die Gesundheit und Sicherheit von Personen oder Eigentum gefährdet. Bei dem Begriff handelt es sich um ein zentrales Merkmal für die Einstufung eines KI-Systems als Hochrisiko-KI-System gem. Art. 6 Abs. 1. Wird ein KI-System als Sicherheitsbauteil in einem Produkt verwendet, das nach einem der in Anhang I Abschnitt A genannten Rechtsakte einer Konformitätsbewertung durch Dritte unterzogen werden muss, so gilt dieses KI-System nach Art. 6 Abs. 1 als hochrisikoreich (→ Art. 6 Rn. 13 ff.). Unter den Voraussetzungen des Art. 25 Abs. 3 wird in diesem Fall nicht der Entwickler des Hochrisiko-KI-Systems, sondern der Hersteller des Endprodukts als Anbieter (→ Rn. 51 ff.) eingestuft, sodass letzterer sämtliche Anbieterpflichten nach der KI-VO zu erfüllen hat. Dessen müssen sich entsprechende Produkthersteller vor Zukauf und Integration eines KI-System als Sicherheitsbauteil bewusst sein. Der Begriff des Sicherheitsbauteils findet darüber hinaus in (Art. 6 Abs. 2 iVm) Anhang III Nr. 2 im Zusammenhang mit KI-Systemen im Bereich kritischer Infrastrukturen Anwendung. Außerdem ist er Gegenstand der in den Art. 103–109 vorgenommenen Änderungen verschiedener sektorspezifischer Harmonisierungsrechtsakte der Union. 158

Der Ausdruck „Sicherheitsbauteil" hat seinen Ursprung zwar nicht im allgemeinen Produktsicherheitsrecht, jedoch wird er in anderen produktspezifischen Harmonisierungsrechtsakten verwendet. Dabei unterscheidet sich die Definition in Art. 3 Nr. 14 von den dortigen Legaldefinitionen nicht nur in ihrer Prägung auf KI-Systeme.[257] Für die Einordnung eines Bauteils als sicherheitsrelevant knüpfen etwa die Begriffsbestimmungen in Art. 3 Nr. 3 MaschVO[258] oder in Art. 3 Nr. 4 SeilbahnVO[259] kumulativ an das Vorliegen einer Sicherheitsfunktion und das Bestehen einer Gefährdung bei Ausfall oder Störung an. Demgegenüber genügt nach der Legaldefinition in Art. 3 Nr. 14 bereits das Vorliegen eines dieser 159

---

255 Bek. der Kom. Blue Guide, ABl. 2022 C 247, 1, Abschnitt 2.8.

256 Bek. der Kom. Blue Guide, ABl. 2022 C 247, 1, Abschnitt 2.8.

257 BeckOK KI-Recht/Kirschke-Biller/Füllsack, 3. Ed. 1.8.2025, Art. 3 Rn. 253–253.1.

258 Verordnung (EU) 2023/1230.

259 Verordnung (EU) 2016/424.

Merkmale. Zudem beschränken sich die genannten Definitionen auf den Schutz von Sicherheit und Gesundheit natürlicher Personen, während Art. 3 Nr. 14 den Schutzbereich ausdrücklich auf das Eigentum erweitert. Vor dem Hintergrund der vielschichtigen, im Gesamtkontext der KI-VO bedeutenden Funktion des Begriffs „Sicherheitsbauteil" ist die Definition in Art. 3 Nr. 14 nicht gerade gelungen, da sie durch ihre übermäßige Weite erhebliche Unsicherheiten in der Rechtsanwendung erzeugt.[260]

160 **b) Definitorische Bestandteile. aa) Bestandteil eines Produkts oder KI-Systems.** Art. 3 Nr. 14 soll Bauteile erfassen, die Sicherheitsrelevanz haben. Sinnlogisch erfasst die Definition also nicht das Gesamtkonstrukt, sondern nur Komponenten bzw. Bestandteile, die in einen größeren Komplex integriert werden.

161 Als ein solcher Komplex kann nach Art. 3 Nr. 14 entweder ein Produkt oder ein KI-System „Sicherheitsbauteile" iSd KI-VO beherbergen. Ausweislich des Art. 6 Abs. 1 lit. a sind sämtliche Produkte erfasst, die unter die in Anhang I aufgeführten Harmonisierungsrechtsakte fallen. Zu beachten ist hierbei aber der durch Art. 2 Abs. 2 begrenzte Anwendungsbereich für Hochrisiko-KI-Systeme, die im Zusammenhang mit Produkten stehen, welche den in Anhang I Abschnitt B aufgeführten Harmonisierungsrechtsakten unterfallen (→ Art. 2 Rn. 35 ff.). Dass Art. 3 Nr. 14 alternativ auf „KI-Systeme" Bezug nimmt, ist als redaktionelles Versehen des Verordnungsgebers zu werten.[261] Vor allem der Sinn und Zweck der Legaldefinition spricht dafür, dass die Bestimmung sämtliche „Systeme" iSv größeren Funktionszusammenhängen und nicht bloß KI-Systeme einbezieht.[262] So kann die Legaldefinition in Art. 3 Nr. 14 nur durch dieses wortlautwidrige, weitere Verständnis auch für Systeme im Bereich kritischer Infrastrukturen gem. Anhang III Nr. 2 gelten, bei denen der Begriff des Sicherheitsbauteils eine zentrale Rolle spielt.[263]

162 Die notwendige Integration ist dann gegeben, wenn das sicherheitsrelevante Bauteil so mit dem Produkt oder System verbunden wurde, dass beide als funktionale Einheit in Verkehr gebracht oder in Betrieb genommen werden können.[264] Darin unterscheidet sich die KI-VO von der MaschVO,[265] die den Begriff des Sicherheitsbauteils unter anderem dadurch bestimmt, dass das Bauteil gesondert in Verkehr gebracht wird.

163 **bb) Erfüllung einer Sicherheitsfunktion (Var. 1).** Nach der ersten Variante des Art. 3 Nr. 14 wird der Bestandteil eines Produkts oder (KI-)Systems zu einem Sicherheitsbauteil, wenn er eine Sicherheitsfunktion für dieses Produkt oder (KI-)System erfüllt. Ob ein Bauteil darauf ausgelegt ist, einen risikominimierende bzw. sicherheitserhöhende Zweck zu erfüllen, ist objektiv zu bestimmen. Bei der Funktionsermittlung bezüglich einzelner Bauteile kommt der subjektiven Zwecksetzung des Herstellers insofern höchstens indizielle Bedeutung zu.[266] Zwar wird in Art. 3 Nr. 14 anders als in Art. 3 Nr. 3 MaschVO[267] nicht explizit angeordnet,

---

260 Martini/Wendehorst, KI-VO/Wendehorst, Art. 3 Rn. 149.

261 BeckOK KI-Recht/Kirschke-Biller/Füllsack, 3. Ed. 1.8.2025, Art. 3 Rn. 259.

262 Martini/Wendehorst, KI-VO/Wendehorst, Art. 3 Rn. 151.

263 BeckOK KI-Recht/Kirschke-Biller/Füllsack, 3. Ed. 1.8.2025, Art. 3 Rn. 259.1.

264 Martini/Wendehorst, KI-VO/Wendehorst, Art. 3 Rn. 151.

265 Verordnung (EU) 2023/1230.

266 Anders BeckOK KI-Recht/Kirschke-Biller/Füllsack, 3. Ed. 1.8.2025, Art. 3 Rn. 261.

267 Verordnung (EU) 2023/1230.

dass nur solche Bauteile als Sicherheitsbauteile in Frage kommen, die nicht für das Funktionieren dieses Produkts erforderlich sind. Allerdings ist angesichts des Erwgr. 55 davon auszugehen, dass auch im Rahmen der KI-VO eine Abgrenzung zwischen Bauteilen mit Sicherheitsfunktion und allgemeiner Produktfunktion vorgenommen werden muss.[268] Damit scheiden solche Produkt- oder Systembestandteile als Sicherheitsbauteile iSd Art. 3 Nr. 14 Var. 1 aus, ohne die der Betrieb selbst bei Inkaufnahme von Sicherheitsrisiken technisch nicht möglich ist.[269] Ob derartige betriebs- und nicht sicherheitsrelevanten Bestandteile dennoch unter die zweite Variante des Art. 3 Nr. 14 fallen, hängt davon ab, ob der wortlautgetreuen Auslegung der systematisch zweifelhaften Legaldefinition tatsächlich gefolgt wird (→ Rn. 164).

cc) Gesundheits- Sicherheits- oder Eigentumsgefährdung bei Ausfall oder Störung (Var. 2). Eine folgenreiche Besonderheit der KI-VO ist, dass die Legaldefinition zum Begriff „Sicherheitsbauteile" die sicherheitsrelevanten Eigenschaften der erfassten Bauteile alternativ und nicht wie sonst kumulativ stellt. Dem Wortlaut des Art. 3 Nr. 1 nach ist ein Bauteil deshalb auch dann als Sicherheitsbauteil zu qualifizieren, wenn es zwar keine Sicherheitsfunktion erfüllt (Var. 1), aber wenn dessen Ausfall oder Störung die Gesundheit und Sicherheit von Personen oder Eigentum gefährdet (Var. 2). Für sämtliche (KI-)Systeme und damit auch für (KI-)Systeme mit allgemeiner Produktfunktion ist danach prognostisch zu beurteilen, ob ihre Beeinträchtigung zu einer Gefährdung der genannten Rechtsgüter führen kann, ohne dass der Kreis der Rechtsgutsträger oder das Maß der Gefährdung definitorisch eingeschränkt wären.[270] **164**

Die Kombination aus der alternativen Ausgestaltung der sicherheitsrelevanten Merkmale und dem weit gefassten Schutzbereich der betroffenen Rechtsgüter führt zu einer definitorischen Unschärfe des Art. 3 Nr. 14. In der Praxis würde eine wortlautgetreue Auslegung dazu führen, dass nahezu jedes innerhalb eines Produkts oder (KI-)Systems eingesetzte KI-System als Sicherheitsbauteil und iVm Art. 6 Abs. 1 als Hochrisiko-Anwendung zu qualifizieren wäre. Dies würde für betroffene Wirtschaftsakteure einen erheblichen Zuwachs an Pflichten bedeuten und dadurch ein gravierendes Innovationshemmnis auf dem europäischen Binnenmarkt zu erzeugen. Ein solches Ergebnis erscheint jedoch kaum vereinbar mit dem Ziel der KI-VO gem. Art. 1 Abs. 1, neben der Gewährleistung eines hohen Schutzniveaus auch die Entwicklung und Nutzung einer menschenzentrierten und vertrauenswürdigen künstlichen Intelligenz zu fördern. Vor diesem Hintergrund erscheint es dringend geboten, dass der Gesetzgeber eine legislative Korrektur vornimmt oder die Kommission eine klarstellende Auslegungshilfe erarbeitet. Als wirksamer Ansatzpunkt bietet sich dabei die Auflösung der alternativen Struktur der sicherheitsrelevanten Merkmale zugunsten einer systematischen Kohärenz an die bewährte Regelungstechnik der MaschVO an. **165**

---

[268] Erwgr. 55 ordnet in Bezug auf Sicherheitsbauteile kritischer Infrastruktur an, dass es sich dabei um Systeme handelt, die verwendet werden, um die physische Integrität kritischer Infrastruktur oder die Gesundheit und Sicherheit von Personen und Eigentum zu schützen, die aber nicht notwendig sind, damit das System funktioniert. Außerdem sollen zu den Sicherheitsbauteilen kritischer Infrastruktur jedenfalls keine Bauteile zählen, die für die ausschließliche Verwendung zu Zwecken der Cybersicherheit vorgesehen sind.

[269] Martini/Wendehorst, KI-VO/Wendehorst, Art. 3 Rn. 154.

[270] BeckOK KI-Recht/Kirschke-Biller/Füllsack, 3. Ed. 1.8.2025, Art. 3 Rn. 262, 263.

15. Betriebsanleitungen

166 **„Betriebsanleitungen" die Informationen, die der Anbieter bereitstellt, um den Betreiber insbesondere über die Zweckbestimmung und die ordnungsgemäße Verwendung eines KI-Systems zu informieren;**

167 **a) Allgemeines.** Mit dem Begriff „Betriebsanleitungen" sind gem. Art. 3 Nr. 15 die Informationen gemeint, die der Anbieter bereitstellt, um den Betreiber insbesondere über die Zweckbestimmung und die ordnungsgemäße Verwendung eines KI-Systems zu informieren. Angesichts der Undurchsichtigkeit und Komplexität bestimmter KI-Systeme hat dieser eigentlich alltägliche Begriff im Rahmen der KI-VO regulatorisches Gewicht. So dient unter anderem die Betriebsanleitung gem. Art. 3 Nr. 12 als Grundlage zur Bestimmung der Zweckbestimmung eines KI-Systems (→ Rn. 143 ff.), welche wiederum entscheidend für dessen Risikokategorisierung ist. Handelt es sich um ein Hochrisiko-KI-System, ist die Bereitstellung einer geeigneten Betriebsanleitung gem. Art. 13 Nr. 2 und 3 eine zentrale Anbieterpflicht.[271] Ob in einem solchen Fall eine Betriebsanleitung beigefügt wurde, haben der Einführer gem. Art. 23 Abs. 1 lit. c und der Händler gem. Art. 24 Abs. 1 zu überprüfen. Zudem ist der Betreiber eines Hochrisiko-KI-Systems gem. Art. 26 Abs. 1 und 5 gehalten, die Verwendung entsprechend der beigefügten Betriebsanleitung und die Überwachung des Betriebs anhand der Betriebsanleitung sicherzustellen. Schließlich ist die Betriebsanleitung gem. Anhang IV Nr. 1 lit. h auch Teil der von Anbieter gem. Art. 11 Abs. 1 zu erstellende technische Dokumentation.

168 Im allgemeinen Produktsicherheitsrecht findet sich der Grundsatz, dass der Hersteller eines Produkts dieses mit Gebrauchsanweisungen und Sicherheitsinformationen in einer für die Verbraucher und Endnutzer leicht verständlichen und vom betreffenden Mitgliedstaat bestimmten Sprache zu versehen hat.[272] Im produktspezifischen Rechtsakt der MaschVO[273] wird dieser Grundsatz unter der hier ebenfalls verwendeten Bezeichnung „Betriebsanleitung" fortgeführt und Lichte der terminologischen und regulatorischen Eigenheiten konkretisiert.[274]

169 **b) Definitorische Bestandteile. aa) Informationen über ein KI-System.** In der Betriebsanleitung werden gem. Art. 3 Nr. 15 Informationen über ein KI-System bereitgestellt. Nach der Legaldefinition sind insbesondere Informationen über die Zweckbestimmung und die ordnungsgemäße Verwendung zu übermitteln. Für Hochrisiko-KI-Systeme legt Art. 13 Abs. 3 in Katalogformat den Mindestumfang fest (→ Art. 13 Rn. 28). Diese Informationen müssen gem. Art. 13 Abs. 2 präzise, vollständig, korrekt und eindeutig sein. Außerdem sind bei der Auswahl der Informationen die Bedürfnisse und vorhersehbaren Kenntnisse der Zielbetreiber zu berücksichtigen (vgl. Erwgr. 72). Für den Betrieb von KI-Modellen sieht Art. 3 Nr. 15 mangels eigenständiger Verwendungsmöglichkeit wiederum keine Anleitungen vor.

170 **bb) Bereitstellung durch den Anbieter gegenüber dem Betreiber.** Art. 3 Nr. 15 stellt klar, dass die Informationen vom Anbieter gegenüber dem Betreiber bereitgestellt werden. Insoweit greift die Legaldefinition nur vor, was im Folgenden die jeweiligen Pflichten dieser Akteure im Zusammenhang mit Hochrisiko-KI-

---

[271] Zum hohen Erklärungsaufwand vgl. Chibanguza/Kuß/Steege KI-Hdb/Heuer-James, 2. Teil: § 5 L. Rn. 87.

[272] Bek. der Kom. Blue Guide, ABl. 2022 C 247, 1, Abschnitt 3.1.

[273] Verordnung (EU) 2023/1230.

[274] Vgl. Art. 3 Nr. 17 MaschVO.

Systemen anordnen (→ Rn. 166). Vage Vorgaben für die Form der Bereitstellung enthält Art. 13 Abs. 2 (→ Art. 13 Rn. 16). Die Betriebsanleitungen für Hochrisiko-KI-Systeme sind danach in einem geeigneten digitalen Format oder auf andere geeignete Weise bereitzustellen, wobei sicherzustellen ist, dass sie für die Betreiber in einer relevanten, barrierefrei zugänglichen und verständlichen Form vorliegen. Um Zugänglichkeit der in der Betriebsanleitung enthaltenen Informationen zu verbessern, sollen die Betriebsanleitungen in einer vom betreffenden Mitgliedstaat festgelegten Sprache zur Verfügung gestellt werden und gegebenenfalls anschauliche Beispiele enthalten (vgl. Erwgr. 72). All diese Vorgaben dienen letztlich der Transparenz und haben den Zweck, Betreiber zunächst bei der Auswahl des richtigen Systems und im Anschluss bei der korrekten und angemessenen Verwendung zu unterstützen (vgl. Erwgr. 72). Die Tatsache, dass bei der Konzeption und Bereitstellung der Betriebsanleitungen ausschließlich auf den Betreiber und im Unterschied zum allgemeinen Produktsicherheitsrecht nicht auch auf die Ausgaben- bzw. Endnutzer abgestellt wird, wird in Teilen der Literatur als inkonsistent und riskant kritisiert.[275]

16. Rückruf eines KI-Systems

„Rückruf eines KI-Systems“ jede Maßnahme, die auf die Rückgabe an den Anbieter oder auf die Außerbetriebsetzung oder Abschaltung eines den Betreibern bereits zur Verfügung gestellten KI-Systems abzielt; 171

Der **„Rückruf eines KI-Systems“** gem. Art. 3 Nr. 16 bezeichnet jede Maßnahme, die auf die **Rückgabe** an den Anbieter oder auf die Außerbetriebsetzung oder Abschaltung eines den Betreibern bereits zur Verfügung gestellten KI-Systems abzielt.[276] Der Begriff des „Rückrufs“ ist bereits in anderen Rechtsakten im Rahmen der Produktsicherheit und Marktüberwachung verankert, beispielsweise in Art. 3 Nr. 25 EU-Produktsicherheits-VO, Art. 3 Nr. 25 APS-VO, Art. 2 Nr. 63 Medizinprodukte-VO oder Art. 3 Nr. 32 EU-Maschinen-VO.[277] 172

Bei Hochrisiko-KI-Systemen stellt der Rückruf eines bereits in Verkehr gebrachten oder in Betrieb genommenen Systems, das nicht der KI-VO entspricht, eine **Korrekturmaßnahme** nach Art. 20 Abs. 1 S. 1 dar, die vom Anbieter vorzunehmen ist. Ein sofortiger Rückruf ist nach Art. 60 Abs. 7 S. 2 zudem erforderlich, wenn bei einem **Test unter Realbedingungen** vor dem Inverkehrbringen oder der Inbetriebnahme von Hochrisiko-KI-Systemen schwerwiegende Vorfälle festgestellt werden. Auch Händler können gem. Art. 24 Abs. 4 S. 1 der Rückrufpflicht unterliegen. Art. 79 Abs. 2 UAbs. 2 und Abs. 5 S. 1, Art. 83 Abs. 2 und Art. 93 Abs. 1 lit. c räumen unter bestimmten Voraussetzungen Behörden besondere Befugnisse im Rahmen des Rückrufs ein.[278] 173

---

[275] BeckOK KI-Recht/Kirschke-Biller/Füllsack, 3. Ed. 1.8.2025, Art. 3 Rn. 272.

[276] BeckOK KI-Recht/Kirschke-Biller/Füllsack, 3. Ed. 1.8.2025, Art. 3 Rn. 274; Martini/Wendehorst, KI-VO/Wendehorst, Art. 3 Rn. 185; Bomhard/Pieper/Wende, KI-VO/Klindt Art. 3 Rn. 197.

[277] BeckOK KI-Recht/Kirschke-Biller/Füllsack, 3. Ed. 1.8.2025, Art. 3 Rn. 275–275.1; Martini/Wendehorst, KI-VO/Wendehorst, Art. 3 Rn. 185; Hilgendorf/Härtlein, HK-KI-VO/Hilgendorf/Härtlein, Art. 3 Rn. 18.

[278] BeckOK KI-Recht/Kirschke-Biller/Füllsack, 3. Ed. 1.8.2025, Art. 3 Rn. 276; Martini/Wendehorst, KI-VO/Wendehorst, Art. 3 Rn. 186; Bomhard/Pieper/Wende, KI-VO/Klindt Art. 3 Rn. 196.

174 Ein Rückruf ist als eine besonders weitreichende Maßnahme zu bewerten. Sollte ein spezifisches Risiko dies erfordern, kann ein Rückruf notwendig werden. Allerdings gilt er stets als **Ultima Ratio** und sollte – allgemein gesprochen – nur dann erfolgen, wenn weniger einschneidende Maßnahmen wie Software-Updates nicht ausreichen.[279] Bei Hochrisiko-KI-Systemen ist gem. Art. 20 Abs. 1 S. 1 maßgeblich, dass der Anbieter vernünftigerweise annehmen kann, dass ein von ihm in Verkehr gebrachtes oder betriebenes Hochrisiko-KI-System nicht den Bestimmungen dieser Verordnung entspricht.[280]

175 Die Legaldefinition in Nr. 16 der KI-VO sieht erstmalig im Hinblick auf Rückrufe **drei alternative Rückrufmaßnahmen** vor. Hierzu zählen neben der Rückgabe an den Anbieter auch die Außerbetriebsetzung und die Abschaltung. Die Ergänzung um die Außerbetriebsetzung und Abschaltung ergibt sich aus der Tatsache, dass KI-Systeme nicht zwangsläufig physische Produkte sind, sondern auch als reine Software bestehen können.[281] Dies wird insbesondere in Fällen der „Inbetriebnahme" nach Nr. 11 von KI-Systemen und der Bereitstellung einer Software-as-a-Service-Lösung an den Betreiber relevant.[282]

176 Diese alternativen Eingriffsmöglichkeiten der **Abschaltung** und der **Außerbetriebsetzung** gewinnen bei KI-Systemen damit besondere Bedeutung. Beide Maßnahmen können entweder aus der Ferne (Remote) oder lokal durch die Betreiber umgesetzt werden.[283] Die klassische Rückgabe von Geräten oder Komponenten – der herkömmliche Rückruf – dürfte bei KI-Systemen nur selten auftreten. Dies betrifft im Wesentlichen Fälle, in denen KI-Anwendungen an Hardware gebunden sind, etwa an Roboter oder andere Komponenten.[284] Im Hinblick auf die Gefahrenabwehr bieten die erweiterten Handlungsoptionen deutliche Vorteile gegenüber der physischen Rückgabe. Durch eine Abschaltung oder Außerbetriebsetzung kann, sofern die Systeme zugänglich und damit fernsteuerbar sind, eine vollständige Erreichbarkeit der betroffenen Systeme sichergestellt werden, unabhängig davon, ob Nutzer mitwirken. Auch die territorialen Grenzen herkömmlicher Rückrufe spielen hierbei keine Rolle.[285] Schließlich kann eine zunächst temporäre Abschaltung in eine dauerhafte Außerbetriebsetzung übergehen, wodurch die Wirksamkeit der Maßnahme langfristig gesichert wird. Auf diese Weise wird die Rücknahme oder Stilllegung des KI-Systems in der Praxis oft effizienter umgesetzt als durch den klassischen Rückruf physischer Geräte.[286]

---

[279] Martini/Wendehorst, KI-VO/Wendehorst, Art. 3 Rn. 186.

[280] Bomhard/Pieper/Wende, KI-VO/Klindt Art. 3 Rn. 204; Schwartmann/Keber/Zenner KI-VO/Kremer/Haar, 2. Auflage, Kap. 1 Rn. 382.

[281] BeckOK KI-Recht/Kirschke-Biller/Füllsack, 3. Ed. 1.8.2025, Art. 3 Rn. 278; Martini/Wendehorst, KI-VO/Wendehorst, Art. 3 Rn. 188; Bomhard/Pieper/Wende, KI-VO/Klindt Art. 3 Rn. 197.

[282] BeckOK KI-Recht/Kirschke-Biller/Füllsack, 3. Ed. 1.8.2025, Art. 3 Rn. 278; Martini/Wendehorst, KI-VO/Wendehorst, Art. 3 Rn. 188. Bomhard/Pieper/Wende, KI-VO/Klindt Art. 3 Rn. 194.

[283] Nach Bomhard/Pieper/Wende, KI-VO/Klindt Art. 3 Rn. 202 ermöglicht eine Abschaltung, ein System kontrolliert und vorübergehend außer Betrieb zu setzen, während die Außerbetriebsetzung eine endgültige Stilllegung beschreibt, bei der eine erneute Inbetriebnahme ausgeschlossen ist.

[284] Bomhard/Pieper/Wende, KI-VO/Klindt Art. 3 Rn. 201.

[285] Bomhard/Pieper/Wende, KI-VO/Klindt Art. 3 Rn. 203.

[286] Bomhard/Pieper/Wende, KI-VO/Klindt Art. 3 Rn. 203.

Der Rückruf unterscheidet sich von der „Rücknahme" iSd Nr. 17 insofern, dass das betreffende KI-System **bereits dem Betreiber bereitgestellt** wurde. Zwischen den genannten Maßnahmen besteht kein Ausschlussverhältnis. Vielmehr stehen sie in einer ergänzenden Wechselbeziehung zueinander. Daraus folgt, dass beide Maßnahmen kumulativ oder sukzessiv Anwendung finden können, um zu gewährleisten, dass sämtliche betroffenen Produkte – unabhängig von ihrer Position innerhalb der Vertriebskette – erfasst und die Gefahren für die Verbraucher wirksam reduziert werden.[287] Die Verwendung des Begriffs „Betreiber" iSd Nr. 4 ist in diesem Zusammenhang unglücklich, da hierdurch keine Personen umfasst werden, die ein KI-System persönlich und aus nicht beruflichen Zwecken verwenden. Da Verbraucher häufig als Endnutzer von KI-Systemen auftreten, muss der „Rückruf" folglich auch Maßnahmen zur Rückgabe eines dem Verbraucher bereitgestellten KI-Systems umfassen. In anderen Legaldefinitionen des Produktrechts ist insoweit konsequenterweise von Verbrauchern, Endverbrauchern oder Endnutzern die Rede.[288] 177

Grundsätzlich ist anzumerken, dass die zunehmende Häufigkeit von Produktrückrufen dazu geführt hat, dass Hersteller nicht KI-basierter Produkte **Rückrufkostenversicherungen** abschließen, die ursprünglich für die Automobilindustrie entwickelt wurden, mittlerweile aber auch in anderen Branchen relevant sind. Ziel dieser Versicherungen ist es, sowohl die finanziellen Belastungen eines Rückrufs als auch die komplexen rechtlichen und tatsächlichen Fragen zu Risiken, Verbreitung und Mängeln abzusichern. Ob ein vergleichbares Angebot im KI-Sektor etabliert wird, bleibt abzuwarten, erscheint jedoch nicht unwahrscheinlich.[289] 178

17. Rücknahme eines KI-Systems

„Rücknahme eines KI-Systems" jede Maßnahme, mit der die Bereitstellung eines in der Lieferkette befindlichen KI-Systems auf dem Markt verhindert werden soll; 179

Als **„Rücknahme eines KI-Systems"** iSd Nr. 17 gilt jede Maßnahme, mit der die Bereitstellung eines in der Lieferkette befindlichen KI-Systems auf dem Markt verhindert werden soll. Der Begriff der „Rücknahme" in der KI-VO entspricht dem Wortlaut anderer Legaldefinitionen von Rechtsakten des Produktrechts, wie zB Art. 3 Nr. 26 GPSR, Art. 3 Nr. 23 Marktüberwachungs-VO und Art. 2 Nr. 15 Akkreditierungs-VO sowie § 2 Nr. 23 des deutschen ProdSG.[290] 180

Die Rücknahme erfolgt im Gegensatz zum Rückruf (Nr. 16), solange sich das KI-System in der Lieferkette befindet und eine **Bereitstellung an konkrete** 181

---

[287] Martini/Wendehorst, KI-VO/Wendehorst, Art. 3 Rn. 187; BeckOK KI-Recht/Kirschke-Biller/Füllsack, 3. Ed. 1.8.2025, Art. 3 Rn. 279; Hilgendorf/Härtlein, HK-KI-VO/Hilgendorf/Härtlein, Art. 3 Rn. 18.

[288] Martini/Wendehorst, KI-VO/Wendehorst, Art. 3 Rn. 187; BeckOK KI-Recht/Kirschke-Biller/Füllsack, 3. Ed. 1.8.2025, Art. 3 Rn. 279; Hilgendorf/Härtlein, HK-KI-VO/Hilgendorf/Härtlein, Art. 3 Rn. 18.

[289] Bomhard/Pieper/Wende, KI-VO/Klindt Art. 3 Rn. 205.

[290] Martini/Wendehorst, KI-VO/Wendehorst, Art. 3 Rn. 189; BeckOK KI-Recht/Kirschke-Biller/Füllsack, 3. Ed. 1.8.2025, Art. 3 Rn. 280 f.; Hilgendorf/Härtlein, HK-KI-VO/Hilgendorf/Härtlein,/Hilgendorf, Eric; Härtling, Johannes, 1. Aufl., Art. 3 Rn. 19; Bomhard/Pieper/Wende, KI-VO/Klindt Art. 3 Rn. 206.

Betreiber noch nicht erfolgt ist. Insoweit ist zunächst festzuhalten, dass trotz des wenig präzisen Wortlauts der Ziffer 17, die gesamte Lieferkette erfasst ist. Erweiterte Lieferketten, in denen die Rücknahme von Relevanz sein kann, treten typischerweise bei (auch) physischen Produkten auf, während reine Software in diesem Kontext in der Regel nicht von einer verlängerten Lieferkette betroffen ist.[291] Wie beim Rückruf, handelt es sich bei Hochrisiko-KI-Systemen bei der Rücknahme um eine **Korrekturmaßnahme** nach Art. 20 Abs. 1 S. 1, die der Anbieter vornehmen muss, wenn das Hochrisiko-KI-System nach der Inverkehrgabe oder Inbetriebnahme nicht die Anforderungen der KI-VO erfüllt. Ist ein Teil des KI-Systems bereits Betreibern bereitgestellt worden, sind der Rückruf und die Rücknahme in der Regel kumulativ vorzunehmen.[292] Wurde das KI-System noch nicht an Endkunden abgegeben, ist die Kontaktaufnahme zu diesem nicht notwendig. Dieser sog. „stille Rückruf" bietet dem Akteur im Markt einen strategischen Vorteil, da er die Öffentlichkeit weitgehend unberührt lässt und sich vorrangig auf Geschäftsbeziehungen zwischen Unternehmen (B2B) konzentriert. Liegen alle relevanten Informationen über die belieferten Händler, sei es Groß-, Zwischen- oder Einzelhändler, vor, genügt häufig bereits ein formelles Anschreiben mit der Aufforderung zur Rückgabe, um die behördlichen Vorgaben einer Rücknahmeanordnung zu erfüllen.[293]

182 Gem. Art. 24 Abs. 4 S. 1 können auch Händler zur Rücknahme verpflichtet sein. Art. 79 Abs. 9, Art. 81 Abs. 2 und Art. 93 Abs. 1 lit. c räumen unter bestimmten Voraussetzungen Behörden besondere Befugnisse im Rahmen der Rücknahme ein.[294] Damit eine Rücknahme erfolgen kann oder angeordnet wird, darf das KI-System die Vorgaben dieser Verordnung nicht erfüllen. Während Anbieter und Händler für ein Tätigwerden lediglich eine begründete Annahme oder Überzeugung von der Nichtkonformität haben müssen, obliegt den Marktüberwachungsbehörden die tatsächliche Feststellung dieser Nichtübereinstimmung.[295] Vor Erlass einer Anordnung zur geeigneten Korrekturmaßnahme arbeiten Marktüberwachungsbehörde und der jeweilige (potentielle) Adressat zusammen. Diese Vorgehensweise ergibt sich sowohl ausdrücklich aus Art. 79 Abs. 2 als auch implizit aus Art. 79 Abs. 5.[296]

183 Die Anordnung von Rückruf- oder Rücknahmemaßnahmen entfällt, soweit sie als unverhältnismäßig erscheint. Auf europäischer Ebene wird dies durch den in Art. 52 Abs. 1 GRCh verankerten **Grundsatz der Verhältnismäßigkeit.** National findet sich die entsprechende Vorgabe im Rechtsstaatsprinzip des Art. 20 Abs. 3 GG, nach dem staatliches Handeln einem legitimen Zweck, der Geeignetheit, Erforderlichkeit und Angemessenheit unterliegen muss.[297]

---

[291] Martini/Wendehorst, KI-VO/Wendehorst, Art. 3 Rn. 189; BeckOK KI-Recht/Kirschke-Biller/Füllsack, 3. Ed. 1.8.2025, Art. 3 Rn. 283; Hilgendorf/Härtlein, HK-KI-VO/Hilgendorf/Härtlein, Art. 3 Rn. 19.

[292] BeckOK KI-Recht/Kirschke-Biller/Füllsack, 3. Ed. 1.8.2025, Art. 3 Rn. 282; Bomhard/Pieper/Wende, KI-VO/Klindt Art. 3 Rn. 207.

[293] Bomhard/Pieper/Wende, KI-VO/Klindt Art. 3 Rn. 208.

[294] BeckOK KI-Recht/Kirschke-Biller/Füllsack, 3. Ed. 1.8.2025, Art. 3 Rn. 282; Bomhard/Pieper/Wende, KI-VO/Klindt Art. 3 Rn. 207.

[295] Bomhard/Pieper/Wende, KI-VO/Klindt Art. 3 Rn. 207; Schwartmann/Keber/Zenner KI-VO/Kremer/Haar, 2. Auflage, Kap. 1 Rn. 382.

[296] Bomhard/Pieper/Wende, KI-VO/Klindt Art. 3 Rn. 209.

[297] Bomhard/Pieper/Wende, KI-VO/Klindt Art. 3 Rn. 212.

18. Leistung eines KI-Systems

„Leistung eines KI-Systems" die Fähigkeit eines KI-Systems, seine Zweckbestimmung zu erfüllen; 184

Als **„Leistung eines KI-Systems"** iSd Nr. 18 gilt die Fähigkeit eines KI-Systems, seine **Zweckbestimmung** zu erfüllen. Die KI-Verordnung legt eine Vielzahl von Anforderungen fest, die während der gesamten Lebensdauer von Hochrisiko-KI-Systemen beachtet werden müssen.[298] 185

Im Rahmen der Leistungsfähigkeit spielen gem. Art. 15 die Genauigkeit, Robustheit und Cybersicherheit eine entscheidende Rolle.[299] Auch im Hinblick auf die Anforderungen an Transparenz und Dokumentation ist die Leistung von Bedeutung. Nach Art. 11 Abs. 1 UAbs. 2 S. 2 iVm Anh. IV Nr. 3, Art. 13 Abs. 3 lit. b sind die Leistungsgrenzen in der **technischen Dokumentation und Betriebsanleitung** anzugeben. Zudem müssen nach Art. 13 Abs. 3 lit. c etwaige Änderungen eines Hochrisiko-KI-Systems und seiner Leistung, die der Anbieter zum Zeitpunkt der ersten Konformitätsbewertung vorab bestimmt hat, in der Betriebsanleitung angegeben werden. Außerdem hat sie gem. Art. 13 Abs. 3 lit. d die in Artikel 14 genannten Maßnahmen zur Gewährleistung der menschlichen Aufsicht, einschließlich der technischen Maßnahmen, die getroffen wurden, um den Betreibern die Interpretation der Ausgaben von Hochrisiko-KI-Systemen zu erleichtern, zu beinhalten. Gem. Art. 14 müssen Hochrisiko-KI-Systeme so konzipiert und entwickelt werden, dass sie während der Dauer ihrer Verwendung von natürlichen Personen wirksam beaufsichtigt werden können. Vor dem Inverkehrbringen oder der Inbetriebnahme sind bereits die Vorgaben aus Art. 11, 13, 14 und 15 zu berücksichtigen.[300] 186

Mit dem System zur **Beobachtung nach dem Inverkehrbringen** müssen sich die einschlägigen Daten zur Leistung der Hochrisiko-KI-Systeme, die von den Anbietern oder den Betreibern bereitgestellt oder aus anderen Quellen erhoben werden können, über ihre gesamte Lebensdauer hinweg gem. Art. 72 Abs. 2 S. 1 aktiv und systematisch erheben, dokumentieren und analysieren lassen können. Die Eignung der Leistungszahlen für das spezifische KI-System muss im Rahmen der technischen Dokumentation nach Anh. IV Nr. 4 dargelegt werden sowie nach Anh. IV Nr. 9 eine detaillierte Beschreibung des Systems zur Bewertung der Leistung des KI-Systems in der Phase nach dem Inverkehrbringen gemäß Artikel 72 enthalten sein muss.[301] 187

---

298 BeckOK KI-Recht/Kirschke-Biller/Füllsack, 3. Ed. 1.8.2025, Art. 3 Rn. 284; Martini/Wendehorst, KI-VO/Wendehorst, Art. 3 Rn. 190; Bomhard/Pieper/Wende, KI-VO/Bomhard Art. 3 Rn. 213.

299 Martini/Wendehorst, KI-VO/Wendehorst, Art. 3 Rn. 190 f.; BeckOK KI-Recht/Kirschke-Biller/Füllsack, 3. Ed. 1.8.2025, Art. 3 Rn. 285 f.; Hilgendorf/Härtlein, HK-KI-VO/Hilgendorf/Härtlein, Art. 3 Rn. 20; Bomhard/Pieper/Wende, KI-VO/Bomhard Art. 3 Rn. 214.

300 Martini/Wendehorst, KI-VO/Wendehorst, Art. 3 Rn. 190 f.; BeckOK KI-Recht/Kirschke-Biller/Füllsack, 3. Ed. 1.8.2025, Art. 3 Rn. 285 f.; Hilgendorf/Härtlein, HK-KI-VO/Hilgendorf/Härtlein, Art. 3 Rn. 20.

301 BeckOK KI-Recht/Kirschke-Biller/Füllsack, 3. Ed. 1.8.2025, Art. 3 Rn. 287; Martini/Wendehorst, KI-VO/Wendehorst, Art. 3 Rn. 192; Hilgendorf/Härtlein, HK-KI-VO/Hilgendorf/Härtlein, Art. 3 Rn. 25; Schwartmann/Keber/Zenner KI-VO/Schwartmann/Keber/Köhler, 2. Auflage, Kap. 1 Rn. 322.

19. notifizierende Behörde

188 **„notifizierende Behörde" die nationale Behörde, die für die Einrichtung und Durchführung der erforderlichen Verfahren für die Bewertung, Benennung und Notifizierung von Konformitätsbewertungsstellen und für deren Überwachung zuständig ist;**

189 **a) Allgemeines.** Gem. Art. 3 Nr. 19 ist die „notifizierende Behörde" jene nationale Behörde, die für die Einrichtung und Durchführung der erforderlichen Verfahren für die Bewertung, Benennung und Notifizierung von Konformitätsbewertungsstellen und für deren Überwachung zuständig ist. In Anbetracht der Tatsache, dass Art. 28, der in diesem Kontext von zentraler Bedeutung ist, in Abs. 1 die mitgliedstaatliche Pflicht zur Benennung mindestens einer notifizierenden Behörde normiert und dabei eine inhaltlich nahezu identische Definition enthält, erscheint die Begriffsbestimmung in Art. 3 Nr. 19 im Grunde überflüssig. In den Folgeabsätzen enthält Art. 28 zudem allgemeine Vorgaben an die Einrichtung, Organisation, Inkompatibilität und Vertraulichkeit (→ Art. 28 Rn. 18 ff.). Die Art. 29 ff. regeln sodann das Zusammenspiel zwischen den notifizierenden Behörden und den Konformitätsbewertungsstellen, die durch eine Notifizierung zu notifizierten Stellen gem. Art. 3 Nr. 22 werden. Ansonsten werden die notifizierende Behörden im Rahmen der KI-VO zusammen mit den Marktüberwachungsbehörde gem. Art. 3 Nr. 48 auch als „zuständige nationale Behörde" adressiert.

190 Als filternde Instanz, die die Eignung von Konformitätsbewertungsstellen prüft und überwacht und so indirekt die Qualität der externen Konformitätsbewertungsverfahren sicherstellt, ist die notifizierende Behörde im Produktsicherheitsrecht fest verankert.[302]

191 **b) Definitorische Bestandteile.** Aus der Definition in Art. 3 Nr. 19 lässt sich ableiten, dass es sich bei dem Notifizierungsprozess um eine mitgliedstaatliche Aufgabe handelt („nationale Behörde"). Zudem listet die Definition in Substantivierungen auf, was die Aufgaben der notifizierenden Behörde ist („die für … zuständig ist"). Da Art. 28 zu beiden Elementen der Definition vertiefende Ausführungen enthält, wird an dieser Stelle auf die entsprechende Kommentierung verwiesen (→ Art. 28 Rn. 4 ff.).

20. Konformitätsbewertung

192 **„Konformitätsbewertung" ein Verfahren mit dem bewertet wird, ob die in Titel III Abschnitt 2 festgelegten Anforderungen an ein Hochrisiko-KI-System erfüllt wurden;**

193 **a) Allgemeines.** Der Begriff der „Konformitätsbewertung" steht gem. Art. 3 Nr. 20 für ein Verfahren mit dem bewertet wird, ob die in Titel III Abschnitt 2 festgelegten Anforderungen an ein Hochrisiko-KI-System erfüllt wurden. Bedeutend ist der Begriff deswegen vor allem für das 3. Kapitel, das Hochrisiko-KI-Systemen gewidmet ist und zurecht als Herzstück der KI-VO bezeichnet wird.[303] Im Ausgangspunkt ist es die Verpflichtung des Anbieters gem. Art. 16 lit. a, sicherzustellen, dass sein Hochrisiko-KI-System die in Abschnitt 2 normierten Anforde-

302 Bek. der Kom. Blue Guide, ABl. 2022 C 247, 1, Abschnitt 5.3.1.

303 So etwa Roos/Weitz MMR 2021, 844; Rostalski/Weiss ZfDR 2021, 329 (345); Welser GRUR-Prax 2024, 485 Rn. 20.

rungen erfüllt. Zum Nachweis hat er sein Hochrisiko-KI-System vor Inverkehrbringung (→ Rn. 114 ff.) oder Inbetriebnahme (→ Rn. 119 ff.) gem. Art. 16 lit. f dem Konformitätsbewertungsverfahren zu unterziehen, das gem. Art. 43 im konkreten Fall erforderlich ist. Nur ausnahmsweise kann gem. Art. 46 von der Durchführung eines Konformitätsbewertungsverfahrens abgesehen werden (→ Art. 46 Rn. 21 ff.). Als zentrale Vorschrift der Verfahrenszuweisung ist Art. 43 (→ Art. 43 Rn. 1) insofern zur Konkretisierung des Sammelbegriffs der „Konformitätsbewertung" heranzuziehen. Die konkreten Verfahrensvorgaben ergeben sich sodann aus den Anhängen VI (→ Anhang VI Rn. 1 ff.) oder VII (→ Anhang VII Rn. 1 ff.) oder sogar aus anderen Rechtsakten, sofern gem. Art. 43 Abs. 3 ein integriertes externes Konformitätsbewertungsverfahren durchzuführen ist. Nach positivem Abschluss des Bewertungsverfahrens, muss der Anbieter gem. Art. 16 lit. g eine Konformitätserklärung iSd Art. 47 ausstellen sowie gem. lit. h eine CE-Kennzeichnung iSd Art. 48 anbringen. Ob der Anbieter all diesen Pflichten aus Art. 16 im Zusammenhang mit der Konformitätsbewertung nachgekommen ist, muss der Einführer gem. Art. 23 Abs. 1 lit. a und c überprüfen. Ein Händler muss vor Bereitstellung auf dem Markt (→ Rn. 122 ff.) unter anderem überprüfen, ob dem Hochrisiko-KI-System eine Kopie der EU-Konformitätserklärung beigefügt ist und ob es mit der erforderlichen CE-Kennzeichnung versehen ist. Allerdings ist der Begriff der Konformitätsbewertung trotz definitorischer Fokussierung auf Hochrisiko-KI-Systeme nicht auf diese beschränkt (→ Rn. 196).

Die Konformitätsbewertung ist strikt von der Marktüberwachung zu unterscheiden. Während erstere vom Anbieter vor Markteintritt vorzunehmen ist, handelt es sich bei der Marktüberwachung um nachgelagerte behördliche Kontrollen, die durch die nationalen Marktüberwachungsbehörden erfolgen und die eigenverantwortlich durchgeführte Konformitätsbewertung lediglich ergänzen.[304] 194

Das Konzept der Konformitätsbewertung gehört zu den Grundpfeilern des allgemeinen und produktspezifischen Produktsicherheitsrechts. So stehen produktspezifische Rechtsakte stets auf zwei tragenden Säulen: Zum einen den materiellen Anforderungen an das Produkt selbst, zum anderen den Regelungen zur Durchführung der Konformitätsbewertung.[305] 195

b) Definitorische Bestandteile. aa) KI-System. Das Konzept der Konformitätsbewertung hat Geltung für sämtliche KI-Systeme, auch wenn es im Rahmen der KI-VO angesichts der Definition in Art. 3 Nr. 20 vordergründig auf Hochrisiko-KI-Systeme bezogen ist. Zwar verweist der Wortlaut des Art. 3 Nr. 20 ausdrücklich auf die Anforderungen, die für Hochrisiko-KI-Systeme gelten. Er normiert jedoch gerade keine Beschränkung dahingehend, dass allein Hochrisiko-KI-Systeme einer Konformitätsbewertung unterzogen werden können. Vielmehr bleibt die Möglichkeit einer solchen Bewertung auch für weniger riskante KI-Systeme offen. Zwar ließe sich argumentieren, dass Art. 43 als zentrale Norm zur Bestimmung der anzuwendenden Verfahren zur Konformitätsbewertung ausschließlich Hochrisiko-KI-Systeme adressiert. Auch könnte vorgebracht werden, dass die begrenzten Ressourcen notifizierter Stellen nicht durch freiwillige Konformitätsbewertungen nicht hochriskanter Systeme beansprucht werden sollten. Jedoch verkennt eine solche Argumentation zum einen, dass der europäische Gesetzgeber durch die Ausarbeitung und Umsetzung von Verhaltens- 196

[304] Bek. der Kom. Blue Guide, ABl. 2022 C 247, 1, Abschnitt 5.1.1.
[305] Bek. der Kom. Blue Guide, ABl. 2022 C 247, 1, Abschnitt 5.1.1.

kodizes gem. Art. 95 Abs. 1 ohnehin explizit das Ziel verfolgt, die freiwillige Anwendung einzelner oder sämtlicher Anforderungen aus Kapitel III Abschnitt 2 auch auf nicht hochriskante KI-Systeme zu fördern. Wenn ein solches Ziel formuliert wird, ist danach die freiwillige Konformitätsbewertung von KI-Systemen, die kein hohes Risiko bergen, nur der logische nächste Schritt. Zum anderen sprechen auch systematische Erwägungen für eine breitere Anwendbarkeit der Konformitätsbewertung. So nehmen die Anhänge VI und VII, welche die konkreten Verfahren zur Konformitätsbewertung regeln, sprachlich keine Einschränkung auf ein Hochrisiko-KI-System vor, sondern sprechen allgemein von „KI-System". Dies lässt darauf schließen, dass die Verfahren für alle Risikokategorien von KI-Systemen offenstehen. Schließlich ist auch im Wege einer teleologischen Auslegung zu berücksichtigen, dass die Durchführung eines Konformitätsbewertungsverfahrens bei nicht hochriskanten Systemen im freiwilligen Rahmen ein zusätzliches Maß an Schutz für die durch die Verordnung geschützten öffentlichen Interessen bietet. Dementsprechend ist Art. 3 Nr. 20 nicht dahingehend auszulegen, dass die Konformitätsbewertung ausschließlich auf Hochrisiko-KI-Systeme beschränkt ist. Lediglich für KI-Modelle ist die Durchführung eines solchen Verfahrens gem. Art. 3 Nr. 20 ausdrücklich ausgeschlossen.

197 **bb) Anforderungen nach Titel III Abschnitt 2.** Gegenstand der Konformitätsbewertung gem. Art. 3 Nr. 20 sind die Anforderungen an Hochrisiko-KI-Systeme nach Titel III Abschnitt 2. Dazu zählen neben der allgemeinen Regelung zur Einhaltung der Anforderungen gem. Art. 8 die Anforderungen an
- das Risikomanagementsystem (→ Art. 9 Rn. 1 ff.),
- die Daten und Daten-Governance (→ Art. 10 Rn. 1 ff.),
- die technische Dokumentation (→ Art. 11 Rn. 1 ff.),
- die Aufzeichnungspflichten (→ Art. 12 Rn. 1 ff.),
- die Transparenz und Bereitstellung von Informationen für die Betreiber (→ Art. 13 Rn. 1 ff.),
- die menschliche Aufsicht (→ Art. 14 Rn. 1 ff.) und
- die Genauigkeit, Robustheit und Cybersicherheit (→ Art. 15 Rn. 1 ff.).

198 **cc) Überprüfungs- bzw. Nachweisverfahren.** Eine Konformitätsbewertung erfolgt nach einem geregelten Verfahren. Abhängig vom jeweiligen bewertungsverpflichteten KI-System sieht die KI-VO in Art. 43 drei verschiedene Arten der Konformitätsbewertungsverfahren als Überprüfungs- bzw. Nachweisverfahren vor. Zu unterscheiden ist zwischen
- dem internen Konformitätsbewertungsverfahren gem. Anhang VI, das unter alleiniger Verantwortung des Anbieters durchgeführt wird,
- dem externen Konformitätsbewertungsverfahren gem. Anhang VII, bei dem eine notifizierte Stelle einzubeziehen ist (sog. Konformitätsbewertung durch Dritte), sowie
- dem integrierten externen Konformitätsbewertungsverfahren, das im Rahmen bestehender produktsicherheitsrechtlicher Konformitätsbewertungsverfahren nach den in Anhang I Abschnitt A genannten Harmonisierungsrechtsakten durch die hierfür zuständigen Stellen vorgenommen wird.[306]

199 Die Bezeichnung der „Konformitätsbewertung" fungiert für diese Verfahren als Oberbegriff. Die näheren Anforderungen und Abläufe der Konformitätsbewer-

[306] Martini/Wendehorst/Gerdemann Art. 43 Rn. 18.

tung nach der KI-VO werden im Rahmen der Kommentierung zu Art. 43 eingehend behandelt, auf die an dieser Stelle verwiesen wird (→ Art. 43 Rn. 7 ff.).

21. Konformitätsbewertungsstelle

„Konformitätsbewertungsstelle" eine Stelle, die Konformitätsbewertungstätigkeiten einschließlich Prüfungen, Zertifizierungen und Inspektionen durchführt und dabei als Dritte auftritt; 200

a) Allgemeines. Als „Konformitätsbewertungsstelle" wird gem. Art. 3 Nr. 21 eine Stelle bezeichnet, die Konformitätsbewertungstätigkeiten einschließlich Prüfungen, Zertifizierungen und Inspektionen durchführt und dabei als Dritte auftritt. Da es sich bei Konformitätsbewertungsstellen in aller Regel um notifizierte Stellen handelt, erschöpft sich die praktische Relevanz der in Art. 3 Nr. 21 enthaltenen Definition im Wesentlichen darin, begriffliche Grundlage für die Legaldefinition der „notifizierten Stelle" in Art. 3 Nr. 22 zu sein (→ Rn. 206). Der Definition in Art. 3 Nr. 21 sind dabei vor allem die Aufgaben von Konformitätsbewertungsstellen bzw. nach Notifizierung von notifizierten Stellen zu entnehmen. Als eigenständiger Terminus wird „Konformitätsbewertungsstelle" vornehmlich in den Art. 28 ff. verwendet. Er findet insbesondere dort Anwendung, wo mangels abgeschlossener Notifizierung noch nicht von einer „notifizierten Stelle" gesprochen werden kann, wo aber das Notifizierungsverfahren sowie das Zusammenspiel zwischen den notifizierenden Behörden und den künftig notifizierten Stellen bereits präzise geregelt werden sollen. Hervorzuheben ist jedoch die internationale Öffnungsklausel in Art. 39, nach der Konformitätsbewertungsstellen in Drittländern unter gewissen Voraussetzungen auch ohne Notifizierung die Tätigkeiten notifizierter Stellen nach der KI-VO durchführen können (→ Art. 39 Rn. 8). Bei dem externen Konformitätsbewertungsverfahren gem. Anhang VII wird die Notifizierung der Konformitätsbewertungsstelle bereits vorausgesetzt, sodass wiederum nur von einer „notifizierten Stelle" die Rede ist. 201

Der Begriff der „Konformitätsbewertungsstelle" ist fest im allgemeinen und produktspezifischen Produktsicherheitsrecht verankert.[307] Allerdings hat die Definition in Art. 3 Nr. 21 gegenüber den typischen Definitionen eine leichte Modifikation erhalten (→ Rn. 205). 202

b) Definitorische Bestandteile. aa) Stelle. Nach Art. 3 Nr. 21 ist die Konformitätsbewertungsstelle keine Behörde, sondern begrifflich recht tautologisch als „Stelle" definiert. Ausweislich des offenen Wortlauts kommen dafür sowohl staatliche als auch private Stellen in Frage. Einzelne natürliche Personen (zB Einzelsachverständige) sind dagegen keine Stelle iSd Definition. Sie können aber Inhaber einer Konformitätsbewertungsstelle sein bzw. eine solche betreiben.[308] Praktisch handelt es sich bei Konformitätsbewertungsstellen es in aller Regel um private Unternehmen, die Aufgaben im öffentlichen Interesse übernehmen. Erst sobald eine Konformitätsbewertungsstelle als notifizierte Stelle (→ Rn. 206 ff.) agiert, ist sie gegenüber den zuständigen nationalen Behörden rechenschaftspflichtig.[309] 203

[307] Bek. der Kom. Blue Guide, ABl. 2022 C 247, 1, Abschnitt 5.2.1.

[308] Begründung zum AkkStelleG, BT-Drs. 16/12983, 6.

[309] Bek. der Kom. Blue Guide, ABl. 2022 C 247, 1, Abschnitt 5.2.1.

204 **bb) Durchführung von Konformitätsbewertungstätigkeiten.** Die Stelle muss eine oder mehrere Elemente der Konformitätsbewertung durchführen.[310] Es ist insofern nicht erforderlich, dass eine Stelle alle der in Art. 3 Nr. 21 exemplarisch genannten Tätigkeiten – namentlich Prüfungen, Zertifizierungen und Inspektionen – anbietet, um als Konformitätsbewertungsstelle zu gelten. Von der Art der Konformitätsbewertungstätigkeit hängt auch die Art der Konformitätsbewertungsstelle ab. Im Kontext der KI-VO gibt es Prüflabore, Zertifizierungs- und Inspektionsstellen.[311] In der Praxis werden jedoch regelmäßig Leistungsportfolios vorzufinden sein, die das gesamte Konformitätsbewertungsprogramm abdecken und sich dabei weniger an den abstrakten Beispielen für Konformitätsbewertungstätigen in Art. 3 Nr. 21, sondern eher an den spezifischen Regelungen zur Konformitätsbewertung der Art. 43 ff. und des Anhangs VII orientieren.

205 **cc) Auftreten als Dritte.** Die in Art. 3 Nr. 21 verankerte Anforderung, dass die Stelle als „Dritte" auftreten muss, erweitert den bislang im Produktsicherheitsrecht etablierten Standardbegriff der Konformitätsbewertungsstelle um ein neues Begriffsmerkmal. Im Rahmen der internen Kontrolle gem. Anhang VI ist es dem Anbieter gestattet, einen externen Dienstleister mit entsprechender fachlicher Expertise hinzuzuziehen, um etwaige Wissens- oder Erfahrungsdefizite auszugleichen.[312] Vor diesem Hintergrund liegt der Aufnahme des neuen Begriffsmerkmals erkennbar das Bestreben des Gesetzgebers zugrunde, eine klare Abgrenzung zu schaffen: Es soll verdeutlicht werden, dass es sich in der geschilderten Konstellation nicht um eine Konformitätsbewertungsstelle handelt. Eine solche liegt nur vor, wenn eine Stelle, die nicht zum Lager des Anbieters gehört, im Rahmen des (externen) Konformitätsbewertungsverfahrens gem. Anhang VII prüfend, zertifizierend oder inspizierend tätig wird.

22. notifizierte Stelle

206 **„notifizierte Stelle" eine Konformitätsbewertungsstelle, die gemäß dieser Verordnung und den anderen einschlägigen Harmonisierungsrechtsvorschriften der Union notifiziert wurde;**

207 **a) Allgemeines.** Gem. Art. 3 Nr. 22 ist wird eine Konformitätsbewertungsstelle, die gemäß dieser Verordnung und den anderen einschlägigen Harmonisierungsrechtsvorschriften der Union notifiziert wurde als „notifizierte Stelle" bezeichnet. Pointiert formuliert handelt sich also eine qualifizierte Konformitätsbewertungsstelle (→ Rn. 200 ff.). Die Notifizierung einer Konformitätsbewertungsstelle durch die notifizierende Behörde (→ Rn. 188 ff.) als relevantes Qualifikationsmerkmal erfolgt am Ende eines speziellen Verfahrens, das in den Art. 29–32 detailliert geregelt wurde. Die Kommission veröffentlicht gem. Art. 35 Abs. 2 ein Verzeichnis der nach der KI-VO notifizierten Stellen. Unternehmen soll dieses Verzeichnis die Identifikation einer geeigneten notifizierten Stelle erleichtern, da nur eine solche wirksam bei der Konformitätsbewertung gem. Art. 43 Abs. 1 iVm Anhang VII tätig werden kann. Unter Berücksichtigung ihrer operativen Pflichten gem. Art. 34 überprüft die notifizierte Stelle die Konformität eines Hochrisiko-KI-Systems nach den Verfahrensvorgaben des Anhangs VII. Bei positivem Ausgang dieser sog. Konformitätsbewertung durch Dritte (→ Rn. 198) stellt die noti-

[310] Bek. der Kom. Blue Guide, ABl. 2022 C 247, 1, Abschnitt 5.2.1.
[311] Begründung zum AkkStelleG, BT-Drs. 16/12983, 6.
[312] Kilian/Denga NJW 2024, 2945 (2947).

fizierte Stelle gem. Art. 44 eine Bescheinigung aus und setzt, soweit gem. Art. 45 erforderlich, die notifizierende Behörde sowie die anderen notifizierenden Stellen darüber in Kenntnis. Die Übertragung bestimmter Aufgaben im Rahmen der Konformitätsbewertung auf Unterauftragnehmer oder Zweigstellen ist der notifizierten Stelle ausschließlich unter den Voraussetzungen des Art. 33 gestattet. Nach den Vorgaben des Art. 36 kann die Notifizierung auf mitgliedstaatlicher Ebene von der notifizierenden Behörde geändert, eingeschränkt, ausgesetzt oder ganz widerrufen werden. Auf Unionsebene ist die Kommission gem. Art. 37 befugt, gegebenenfalls Untersuchungs- und Kontrollmaßnahmen zu ergreifen. Verstößt eine notifizierte Stelle gegen die in Art. 31, Art. 33 Abs. 1, 3 und 4 sowie Art. 34 normierten Anforderungen und Pflichten, kann sie nach Art. 99 Abs. 4 lit. f mit einer Geldbuße belegt werden.

Das Konzept der notifizierten Stellen ist aus dem allgemeinen und produktspezifischen Produktsicherheitsrecht bekannt.[313] Die regulatorische Ausgestaltung ist jedoch uneinheitlich. In einigen Rechtsakten fehlt eine Legaldefinition, obwohl Regelungen zur Notifizierung von Konformitätsbewertungsstellen enthalten sind. In anderen Rechtsakten wird der Begriff „benannte Stelle" verwendet, der als Synonym zu „notifizierte Stelle" zu verstehen ist, da beide Begriffe auf unterschiedliche Übersetzungen des Ausdrucks „notified body" zurückgehen. 208

b) Definitorische Bestandteile. aa) Konformitätsbewertungsstelle. Bei einer notifizierten Stelle handelt es sich grundsätzlich um eine Konformitätsbewertungsstelle. Das ist gem. Art. 3 Nr. 21 eine Stelle, die Konformitätsbewertungstätigkeiten einschließlich Prüfungen, Zertifizierungen und Inspektionen durchführt und dabei als Dritte auftritt (→ Rn. 200). Ausnahmsweise kann aber eine Institution oder Behörde die Funktion der notifizierten Stelle übernehmen, ohne eine Konformitätsbewertungsstelle im klassischen Sinn zu sein. Wenn ein Hochrisiko-KI-System im Einsatzfeld Biometrie von Strafverfolgungs-, Einwanderungs- oder Asylbehörden oder von Organen, Einrichtungen oder sonstigen Stellen der Union in Betrieb genommen werden soll, übernimmt gem. Art. 43 Abs. 1 UAbs. 3 die in Artikel 74 Abs. 8 bzw. 9 genannte Marktüberwachungsbehörde die Funktion der notifizierten Stelle. Sofern eine der genannten nationalen Behörden ein solches Hochrisiko-KI-System in eigener Verantwortung verwenden soll, fungiert die gem. Art. 74 Abs. 8 zu benennende (Datenschutz-)Behörde als notifizierte Stelle. Soll eine der genannten Stellen der Europäischen Union das System verwenden, fällt diese Aufgabe dem Europäischen Datenschutzbeauftragten zu, der gem. Art. 74 Abs. 9 die Funktion der zuständigen Marktüberwachungsbehörde übernimmt. 209

bb) Notifizierung. Voraussetzung ist die Notifizierung gem. den Regeln der KI-VO oder den Vorgaben anderer einschlägiger Harmonisierungsvorschriften der Union. Das Notifizierungsverfahren der KI-VO richtet sich nach Art. 29–32. Die Notifizierung nach andere Harmonisierungsvorschriften ist im Rahmen der KI-VO vor allem in der Konstellation des Art. 43 Abs. 3 relevant. Danach sind notifizierte Stellen, die gemäß anderen einschlägigen Harmonisierungsrechtsakten der Union notifiziert wurden, im Rahmen des integrierten Konformitätsbewertungsverfahrens (→ Art. 43 Rn. 35) berechtigt, Konformitätsbewertungen von produktintegrierten Hochrisiko-KI-Systemen vorzunehmen. 210

[313] Bek. der Kom. Blue Guide, ABl. 2022 C 247, 1, Abschnitt 5.2.

23. wesentliche Veränderung

211 **„wesentliche Veränderung" eine Veränderung eines KI-Systems nach dessen Inverkehrbringen oder Inbetriebnahme, die in der vom Anbieter durchgeführten ursprünglichen Konformitätsbewertung nicht vorgesehen oder geplant war und durch die die Konformität des KI-Systems mit den Anforderungen in Kapitel III Abschnitt 2 beeinträchtigt wird oder die zu einer Änderung der Zweckbestimmung führt, für die das KI-System bewertet wurde;**

212 **a) Allgemeines.** Als wesentliche Veränderung iSd Art. 3 Nr. 23 gilt jede **Veränderung eines KI-Systems nach dessen Inverkehrbringen oder Inbetriebnahme,** die in der vom Anbieter durchgeführten ursprünglichen Konformitätsbewertung nicht vorgesehen oder geplant war und durch die die Konformität des KI-Systems mit den Anforderungen in Kapitel III Abschnitt 2 beeinträchtigt wird oder die zu einer Änderung der Zweckbestimmung führt, für die das KI-System bewertet wurde. Die Legaldefinition entspricht in weiten Teilen denen anderer Rechtsakte der Union im Produktsicherheitsrecht, insbesondere der der EU-Maschinen-VO. Allgemein anerkannt ist der Begriff der „wesentlichen Änderung", welcher sich zudem in der Produkthaftungs-RL 2024 wiederfindet.[314]

213 Die Änderung der Zweckbestimmung eines Hochrisiko-KI-Systems ist tatbestandlich als Unterfall einer konformitätsrelevanten Änderung einzuordnen, während sie bei sonstigen KI-Systemen eine selbstständige Rechtsfolge entfaltet und daher einen eigenständigen Anwendungsbereich eröffnet.[315] Zur Folge hat jede wesentliche Veränderung, dass das KI-System einer erneuten Konformitätsbewertung unterzogen werden muss. Bei Hochrisiko-KI-Systemen wird dies in Art. 43 Abs. 4 S. 1 festgelegt. Durch die Vornahme einer wesentlichen Veränderung durch den Einführer, Händler, Betreiber oder einen ähnlichen Akteur, wird dieser Akteur als Anbieter eingestuft und unterliegt damit gemäß Artikel 25 Abs. 1 lit. b den Pflichten des Anbieters. Nach Erwgr. 131 sollen wesentliche Veränderungen von Hochrisiko-KI-Systemen zwar in der EU-Datenbank nach Art. 71 erfasst werden, eine korrespondierende Vorschrift enthält der Verordnungstext allerdings nicht.[316]

214 Leitlinien zur praktischen Durchführung der Bestimmungen über wesentliche Veränderungen werden gem. Art. 96 Abs. 1 lit. c durch die Europäische Kommission erarbeitet.[317]

215 **b) Begriffsmerkmale der Definition. aa) Veränderung eines KI-Systems.** Erforderlich ist eine **„Veränderung" des KI-Systems.** Diese umfasst insbesondere Veränderungen der Algorithmen, auf denen das KI-System grundlegend aufbaut. Bei Veränderungen von Benutzerschnittstellen, ist entscheidend, ob das aktuelle KI-System dem entspricht, wie es das Konformitätsbewertungsverfahren durchlaufen hat. Eine Veränderung liegt auch dann vor, wenn Informationen

---

[314] Martini/Wendehorst, KI-VO/Wendehorst, Art. 3 Rn. 211 f.; BeckOK KI-Recht/Kirschke-Biller/Füllsack, 3. Ed. 1.8.2025, Art. 3 Rn. 323 f.; Bomhard/Pieper/Wende, KI-VO/Bomhard Art. 3 Rn. 239.

[315] Bomhard/Pieper/Wende, KI-VO/Wende Art. 3 Rn. 239.

[316] Martini/Wendehorst, KI-VO/Wendehorst, Art. 3 Rn. 213; BeckOK KI-Recht/Kirschke-Biller/Füllsack, 3. Ed. 1.8.2025, Art. 3 Rn. 328 f.; Hilgendorf/Härtlein, HK-KI-VO/Hilgendorf/Härtlein, Art. 3 Rn. 25; Bomhard/Pieper/Wende, KI-VO/Wende Art. 3 Rn. 240, 248.

[317] BeckOK KI-Recht/Kirschke-Biller/Füllsack, 3. Ed. 1.8.2025, Art. 3 Rn. 326.

betroffen sind, deren Benennung in der technischen Dokumentation nach Anhang IV erforderlich ist.[318]

Veränderungen der Umstände und Bedingungen außerhalb des KI-Systems können eine „wesentliche Veränderung" darstellen, sofern hiervon die Konformität des KI-Systems mit den gesetzlichen Vorgaben berührt wird. Dies ist der Fall, wenn die Verwendung des KI-Systems in einem Zusammenhang erfolgt, der nicht vorgesehen und daher nicht berücksichtigt wurde.[319] Relevant wird dies insbesondere im Rahmen des Risikomanagements nach Art. 9. In diesem Kontext kommt es vor, dass neue Risiken bekannt werden, bestehende Risiken schwerwiegender ausfallen als angenommen oder sich getroffene Risikomanagementmaßnahmen als ungeeignet ausweisen. Weiterhin können im Zusammenhang der Daten und Daten-Governance in Art. 10 neue Datensätze oder bisher unbekannte Verzerrungen in Erscheinung erscheinen.[320] Sollten im Nachhinein vernünftigerweise eine potentielle unzweckmäßige Anwendung des KI-Systems im Rahmen der Transparenz und Bereitstellung von Informationen für Betreiber nach Art. 13 vorhersehbar werden, so ist ebenfalls von einer wesentlichen Veränderung auszugehen.[321] Sollten nicht beabsichtigte Änderungen externer Gegebenheiten ohne direkten Bezug zum KI-System auftreten, die allenfalls mittelbare Auswirkungen auf die Verwendung haben, ist nicht von einer „wesentlichen Veränderung" auszugehen, wenngleich sie ggf. die Übereinstimmung mit den rechtlichen Vorgaben tangieren können.[322] Vielmehr werden Anbieter hierdurch zum Ergreifen von Maßnahmen nach den allgemeinen Pflichten in Kapitel III Abschnitt 3 verpflichtet. Eine „wesentliche Veränderung" kann ggf. angenommen werden, wenn durch diese Handlung das KI-System geändert wird.[323] 216

bb) In der ursprünglichen Konformitätsbewertung nicht vorgesehen oder geplant. Die wesentliche Veränderung darf **in der ursprünglichen Konformitätsbewertung nicht vorgesehen** gewesen sein. Diese Konformitätsbewertung hat der Anbieter vor Inverkehrbringen oder Inbetriebnahme des Hochrisiko-KI-Systems gem. Art. 16 lit. f. vorzunehmen. Sind in diesem Rahmen bereits Veränderungen des KI-Systems bestimmt, wie etwa bei anpassungsfähigen KI-Systemen, die sich durch die Weiterentwicklung im Betrieb auszeichnen, sind diese Veränderungen vorab in der technischen Dokumentation (Art. 11 Abs. 1 UAbs. 2 S. 2 iVm Anhang VI Nr. 2 lit. f) und in der Betriebsanleitung (Art. 13 Abs. 3 lit. c) festzulegen. Betrifft die nachträgliche Veränderung des KI-Systems jene Informationen, liegt keine „wesentliche Veränderung" iSd Art. 3 Nr. 23 vor.[324] 217

cc) Beeinträchtigung der Konformität. Zuletzt ist eine **Beeinträchtigung der Konformität** des KI-Systems mit den Anforderungen in Kapitel III Abschnitt 2 oder eine **Änderung der Zweckbestimmung** des KI-Systems iSd 218

---

[318] Martini/Wendehorst, KI-VO/Wendehorst, Art. 3 Rn. 215; Bomhard/Pieper/Wende, KI-VO/Wende Art. 3 Rn. 241.

[319] BeckOK KI-Recht/Kirschke-Biller/Füllsack, 3. Ed. 1.8.2025, Art. 3 Rn. 332.

[320] Martini/Wendehorst, KI-VO/Wendehorst, Art. 3 Rn. 216.

[321] Martini/Wendehorst, KI-VO/Wendehorst, Art. 3 Rn. 216.

[322] BeckOK KI-Recht/Kirschke-Biller/Füllsack, 3. Ed. 1.8.2025, Art. 3 Rn. 332.

[323] Martini/Wendehorst, KI-VO/Wendehorst, Art. 3 Rn. 217.

[324] Martini/Wendehorst, KI-VO/Wendehorst, Art. 3 Rn. 218, BeckOK KI-Recht/Kirschke-Biller/Füllsack, 3. Ed. 1.8.2025, Art. 3 Rn. 330 f.; Bomhard/Pieper/Wende, KI-VO/Wende Art. 3 Rn. 243 f.; Hilgendorf/Härtlein, HK-KI-VO/Hilgendorf/Härtlein, Art. 3 Rn. 25.

Art. 3 Abs. 1 Nr. 12 vorausgesetzt. Eine Beeinträchtigung liegt vor, wenn eine potentielle Negativabweichung beim Abgleich der durchgeführten Änderungen mit bestimmten Anforderungen festgestellt wird. Eine Risikoerhöhung ist in dieser Hinsicht nicht erforderlich, ausreichend ist bereits jede Auswirkung auf das Konformitätsbewertungsverfahren. Sollte der Abgleich eine Verbesserung des KI-Systems ergeben, so liegt keine Beeinträchtigung vor.[325]

219 Eine Beeinträchtigung kann unter anderem vorliegen, wenn die Protokollierungsfunktionen nach Art. 12 eingeschränkt sind, die menschliche Aufsicht nach Art. 14 nicht gewährleistet ist oder die Genauigkeit, Robustheit oder Cybersicherheit nach Art. 15 vermindert wird.[326]

220 Bei der Anwendung des Begriffs der „wesentlichen Veränderung" sind dennoch die in weiteren harmonisierten Vorschriften **spezifischen Bestimmungen** zu beachten. Hierzu zählt Art. 16 Abs. 2 Medizinprodukte-VO, in den konkret genannten Veränderungen, die Auswirkungen auf die Konformität eines Produktes mit den geltenden Anforderungen haben könnten, nicht als Änderung des Produkts gelten.[327]

221 Eine **Änderung der Zweckbestimmung** eines KI-Systems kann sowohl durch den ursprünglichen Anbieter als auch durch andere Akteure, wie etwa den Einführer oder Händler erfolgen, wobei letztere hierdurch nach Art. 25 Abs. 1 lit. b oder lit. c unter bestimmten Bedingungen ebenfalls als Anbieter gelten. Eine Änderung der Zweckbestimmung ist stets eine wesentliche Veränderung, wenn sie durch den Anbieter in der technischen Dokumentation modifiziert oder in der Gebrauchsanleitung oder den Werbedokumenten eine abweichende Information zur Zweckbestimmung bekannt gegeben wird. Eine Änderung der Zweckbestimmung ist auch dann gegeben, wenn der Betreiber eines KI-Systems dieses zu einem anderen als dem ursprünglich festgelegten Zweck verwendet.[328]

24. CE-Kennzeichnung

222 **„CE-Kennzeichnung" eine Kennzeichnung, durch die ein Anbieter erklärt, dass ein KI-System die Anforderungen erfüllt, die in Kapitel III Abschnitt 2 und in anderen anwendbaren Harmonisierungsrechtsvorschriften, die die Anbringung dieser Kennzeichnung vorsehen, festgelegt sind;**

223 **a) Allgemeines.** Als **„CE-Kennzeichnung"** iSd Art. 3 Nr. 24 gilt eine Kennzeichnung, durch die ein Anbieter erklärt, dass ein KI-System die Anforderungen erfüllt, die in Kapitel III Abschnitt 2 und in anderen anwendbaren Harmonisierungsvorschriften, die die Anbringung dieser Kennzeichnung vorsehen, festgelegt sind. Das Kürzel **CE** bedeutet **„Conformité Européenne"**, was in der

---

[325] Martini/Wendehorst, KI-VO/Wendehorst, Art. 3 Rn. 219 f.; BeckOK KI-Recht/Kirschke-Biller/Füllsack, 3. Ed. 1.8.2025, Art. 3 Rn. 335; Hilgendorf/Härtlein, HK-KI-VO/Hilgendorf/Härtlein, Art. 3 Rn. 25; Bomhard/Pieper/Wende, KI-VO/Wende Art. 3 Rn. 242.

[326] Martini/Wendehorst, KI-VO/Wendehorst, Art. 3 Rn. 219.

[327] Martini/Wendehorst, KI-VO/Wendehorst, Art. 3 Rn. 221; Art. 16 Abs. 2 VO (EU) 2017/745.

[328] Martini/Wendehorst, KI-VO/Wendehorst, Art. 3 Rn. 222; BeckOK KI-Recht/Kirschke-Biller/Füllsack, 3. Ed. 1.8.2025, Art. 3 Rn. 336; Hilgendorf/Härtlein, HK-KI-VO/Hilgendorf/Härtlein, Art. 3 Rn. 25; Bomhard/Pieper/Wende, KI-VO/Wende Art. 3 Rn. 247.

Übersetzung für Europäische Konformität steht und das Chiffre dafür ist, dass ein Produkt mit den geltenden rechtlichen EU-Anforderungen übereinstimmt.[329]

Für die CE-Kennzeichnung gelten die in Artikel 30 der Verordnung (EG) Nr. 765/2008 festgelegten allgemeinen Grundsätze. Der Begriff wird unter anderem in Anh. I Kap. R1 Art. R1 Nr. 16 des dem **New Legislative Framework** zugrundeliegenden B 768/2008/EG legaldefiniert.[330] Allgemeine Grundsätze der CE-Kennzeichnung finden sich in Art. 30 der Verordnung (EG) Nr. 765/2008. Für KI-Systeme gelten spezielle Anforderungen aus **Art. 48.** Erforderlich sind CE-Kennzeichnungen im KI-Kontext dabei nur bei Hochrisiko-KI-Systemen. Wird eine CE-Kennzeichnung unter Verstoß gegen Art. 48 angebracht (Art. 83 Abs. 1 lit. a) oder unterbleibt ihre Anbringung gänzlich (Art. 83 Abs. 1 lit. b), so ist von einer „formalen Nichtkonformität" iSd **Art. 83** auszugehen.[331] Die Marktüberwachungsbehörde kann in solchen Fällen geeignete und verhältnismäßige Maßnahmen ergreifen (Art. 83 Abs. 2).[332] 224

Verantwortlich für die Anbringung der CE-Kennzeichnung sind gem. Art. 16 lit. h **Anbieter** von Hochrisiko-KI-Systemen. Die CE-Kennzeichnung ist nach Art. 30 Abs. 1 Akkreditierungs-VO ausschließlich durch den Anbieter selbst oder seinen Bevollmächtigten anzubringen. Art. 30 Abs. 1 Akkreditierungs-VO verwendet im Rahmen des allgemeinen Produktsicherheitsrechts die Begrifflichkeit des „Herstellers"). Die Kennzeichnung ist an das Hochrisiko-KI-System oder, falls dies nicht möglich ist, auf seiner Verpackung oder in den beigefügten Dokumentationen anzubringen. Vor Anbringen der CE-Kennzeichnung ist die Durchführung des entsprechenden **Konformitätsbewertungsverfahrens** durch den Anbieter notwendig.[333] 225

Handelt es sich um ein außerhalb des EWR hergestelltes KI-System, tritt anstelle des Anbieters der Einführer in die Rolle des Verantwortlichen. Dieser hat nach Art. 23 Abs. 1 lit. c sicherzustellen, dass die CE-Kennzeichnungsanforderungen gewährleistet sind. Art. 24 Abs. 1 normiert diese Verpflichtung ebenfalls für Händler von Hochrisiko-KI-Systemen.[334] 226

b) Begriffsmerkmale der Definition. Ein prägendes Wesensmerkmal der CE-Kennzeichnung liegt darin, dass der Anbieter gegenüber außenstehenden Dritten sichtbar kennzeichnet, ob sein Hochrisiko-KI-System den Anforderungen in Art. 8–15 genügt.[335] Konkrete Bestimmungen finden sich in Art. 30 227

---

[329] Martini/Wendehorst, KI-VO/Wendehorst, Art. 3 Rn. 224; Hilgendorf/Härtlein, HK-KI-VO/Hilgendorf/Härtlein, Art. 3 Rn. 26; Bomhard/Pieper/Wende, KI-VO/Saurin/Thiermann Art. 3 Rn. 250.

[330] BeckOK KI-Recht/Kirschke-Biller/Füllsack, 3. Ed. 1.8.2025, Art. 3 Rn. 337.

[331] Martini/Wendehorst, KI-VO/Wendehorst, Art. 3 Rn. 223; BeckOK KI-Recht/Kirschke-Biller/Füllsack, 3. Ed. 1.8.2025, Art. 3 Rn. 339 f.

[332] Martini/Wendehorst, KI-VO/Wendehorst, Art. 3 Rn. 225.

[333] Martini/Wendehorst, KI-VO/Wendehorst, Art. 3 Rn. 225; Bomhard/Pieper/Wende, KI-VO/Saurin/Thiermann Art. 3 Rn. 253; BeckOK KI-Recht/Kirschke-Biller/Füllsack, 3. Ed. 1.8.2025, Art. 3 Rn. 342.

[334] Martini/Wendehorst, KI-VO/Wendehorst, Art. 3 Rn. 226; BeckOK KI-Recht/Kirschke-Biller/Füllsack, 3. Ed. 1.8.2025, Art. 3 Rn. 340; Schwartmann/Keber/Zenner KI-VO/Kremer/Haar, 2. Auflage, Kap. 1 Rn. 410; Bomhard/Pieper/Wende, KI-VO/Saurin/Thiermann Art. 3 Rn. 254.

[335] BeckOK KI-Recht/Kirschke-Biller/Füllsack, 3. Ed. 1.8.2025, Art. 3 Rn. 341; Bomhard/Pieper/Wende, KI-VO/Saurin/Thiermann Art. 3 Rn. 255.

Abs. 2 Akkreditierungs-VO iVm der Abbildung in Anhang II.[336] Neben der CE-Kennzeichnung besteht keine weitere Kennzeichnung, die die Konformität des Produkts mit den geltenden Anforderungen der einschlägigen Harmonisierungsrechtsvorschriften der Gemeinschaft, die ihre Anbringung vorschreiben, bescheinigt.[337]

25. System zur Beobachtung nach dem Inverkehrbringen

228 **„System zur Beobachtung nach dem Inverkehrbringen" alle Tätigkeiten, die Anbieter von KI-Systemen zur Sammlung und Überprüfung von Erfahrungen mit der Verwendung der von ihnen in Verkehr gebrachten oder in Betrieb genommenen KI-Systeme durchführen, um festzustellen, ob unverzüglich nötige Korrektur- oder Präventivmaßnahmen zu ergreifen sind;**

229 Als **„System zur Beobachtung nach dem Inverkehrbringen"** iSd Art. 3 Nr. 25 gelten alle Tätigkeiten, die Anbieter von KI-Systemen zur Sammlung und Überprüfung von Erfahrungen mit der Verwendung der von ihnen in Verkehr gebrachten oder in Betrieb genommenen KI-Systeme durchführen, um festzustellen, ob unverzüglich nötige Korrektur- oder Präventivmaßnahmen zu ergreifen sind.[338] Das System zur Beobachtung nach dem Inverkehrbringen ist ebenfalls im Rahmen des Risikomanagements für Hochrisiko-KI-Systeme nach Art. 9 Abs. 2 lit. c und des Qualitätsmanagementsystems nach Art. 17 Abs. 1 lit. h relevant. Ebenso bei der technischen Dokumentation in Art. 11 Abs. 1 UAbs. 2 iVm Anhang IV Nr. 9, den Aufzeichnungspflichten in Art. 12 Abs. 2 lit. b und unter Umständen der Konformitätsbewertung in Anhang VI Abs. 4.[339]

230 Diesbezügliche Anforderungen finden sich insbesondere in **Art. 72.**[340] Danach unterliegen Anbieter von Hochrisiko-KI-Systemen nach Abs. 1 der Pflicht, ein System zur Beobachtung nach dem Inverkehrbringen, das im Verhältnis zur Art der KI-Technik und zu den Risiken des Hochrisiko-KI-Systems steht, einzurichten und zu dokumentieren.[341]

231 Die Begriffsmerkmale der Legaldefinition interferieren dabei mit den Anforderungen in Art. 72. Nach Abs. 2 müssen sich die einschlägigen Daten zur **Leistung** der Hochrisiko-KI-Systeme, die von den Anbietern oder Betreibern bereitgestellt oder aus anderen Quellen erhoben werden können, **über ihre gesamte Lebensdauer hinweg** aktiv und systematisch erheben, dokumentieren und analysieren lassen können. Zudem muss der Anbieter damit die dauerhafte Einhaltung der in Kapitel III Abschnitt 2 festgelegten Anforderungen an die KI-Systeme bewerten

[336] BeckOK KI-Recht/Kirschke-Biller/Füllsack, 3. Ed. 1.8.2025, Art. 3 Rn. 341.

[337] BeckOK KI-Recht/Kirschke-Biller/Füllsack, 3. Ed. 1.8.2025, Art. 3 Rn. 341; Art. 30 Abs. 4 Akkreditierungs-VO.

[338] BeckOK KI-Recht/Kirschke-Biller/Füllsack, 3. Ed. 1.8.2025, Art. 3 Rn. 347; Martini/Wendehorst, KI-VO/Wendehorst, Art. 3 Rn. 227; Hilgendorf/Härtlein, HK-KI-VO/Hilgendorf/Härtlein, Art. 3 Rn. 27.

[339] Martini/Wendehorst, KI-VO/Wendehorst, Art. 3 Rn. 227; BeckOK KI-Recht/Kirschke-Biller/Füllsack, 3. Ed. 1.8.2025, Art. 3 Rn. 347 f.

[340] Martini/Wendehorst, KI-VO/Wendehorst, Art. 3 Rn. 227; BeckOK KI-Recht/Kirschke-Biller/Füllsack, 3. Ed. 1.8.2025, Art. 3 Rn. 346; Bomhard/Pieper/Wende, KI-VO/Wende Art. 3 Rn. 257.

[341] BeckOK KI-Recht/Kirschke-Biller/Füllsack, 3. Ed. 1.8.2025, Art. 3 Rn. 346; Bomhard/Pieper/Wende, KI-VO/Wende Art. 3 Rn. 257.

können.[342] Anforderungen zum Ergreifen von Korrekturmaßnahmen iSd Art. 3 Nr. 25 für Hochrisiko-KI-Systeme sind in Art. 20 Abs. 1 vorgegeben.[343]

Die bloße **Inbetriebnahme** ist von der Legaldefinition umfasst, obgleich von einer Beobachtung nach dem Inverkehrbringen die Rede ist.[344] Erwgr. 155 stellt insoweit klar, dass das System zur Beobachtung dazu dient, potentiellen Risiken, die von KI-Systemen ausgehen, die nach dem Inverkehrbringen oder auch der Inbetriebnahme dazulernen, effizienter und zeitnah zu begegnen. Die Überwachung erstreckt sich somit nicht ausschließlich auf das Inverkehrbringen, sondern erfasst gleichermaßen die Phase der Inbetriebnahme. 232

Ein System zur Beobachtung nach dem Inverkehrbringen findet seine Grundlage auf einem entsprechenden Plan **für die Beobachtung nach dem Inverkehrbringen.**[345] Dieser Plan ist integraler Bestandsteil der technischen Dokumentation nach Anhang IV. Nähere Vorgaben für die Ausarbeitung des Plans, werden von der Kommission im Wege eines Durchführungsakts, der nach dem in Art. 98 Abs. 2 vorgesehenen Prüfverfahren erlassen wird, festgelegt. Anbieter von Hochrisiko-KI-Systemen, die unter die in Anhang I Abschnitt A genannten Harmonisierungsrechtsvorschriften der Union fallen und für die bereits ein System zur Beobachtung nach dem Inverkehrbringen sowie ein zugehöriger Plan nach diesen Vorschriften besteht, können grundsätzlich die erforderlichen Elemente in bestehende Systeme und Pläne übernehmen, indem sie auf dieses Muster zurückgreifen.[346] 233

26. Marktüberwachungsbehörde

„Marktüberwachungsbehörde" die nationale Behörde, die die Tätigkeiten durchführt und die Maßnahmen ergreift, die in der Verordnung (EU) 2019/1020 vorgesehen sind; 234

a) Allgemeines. Die „Marktüberwachungsbehörde" ist gem. Art. 3 Nr. 26 die nationale Behörde, die die Tätigkeiten durchführt und die Maßnahmen ergreift, die in der Verordnung (EU) 2019/1020 vorgesehen sind. Es gehört zu den originären Aufgaben der Marktüberwachungsbehörden, die Einhaltung sämtlicher Vorgaben der KI-VO zu überwachen. Damit diese Aufgabe wahrgenommen werden kann, verpflichtet Art. 70 Abs. 1 die Mitgliedstaaten, neben einer notifizierenden Behörde mindestens eine Marktüberwachungsbehörde als zuständige nationale Behörde (→ Rn. 234 ff.) einzurichten oder zu benennen. Bezüglich der Rechtsdurchsetzung verzichtet der Gesetzgeber darauf, ein neues System zu etablieren. Anstatt dessen ordnet er in Art. 74 Abs. 1 S. 1 an, dass grundsätzlich die Vorschriften der MÜ-VO[347] auch auf KI-Systeme Anwendung finden. Aufbauend auf diesem Harmonisierungsmechanismus enthalten die Art. 73 Abs. 7 und 8 sowie die folgenden Art. 74 ff. insbesondere im Hinblick auf das Durchsetzungsverfahren ergänzende und modifizierende Vorgaben. Damit die Marktüberwachungsbehörden auf einer geeigneten Informationsbasis operieren können, sieht die KI-VO 235

---

[342] Martini/Wendehorst, KI-VO/Wendehorst, Art. 3 Rn. 228.
[343] BeckOK KI-Recht/Kirschke-Biller/Füllsack, 3. Ed. 1.8.2025, Art. 3 Rn. 349; Hilgendorf/Härtlein, HK-KI-VO/Hilgendorf/Härtlein, Art. 3 Rn. 27.
[344] BeckOK KI-Recht/Kirschke-Biller/Füllsack, 3. Ed. 1.8.2025, Art. 3 Rn. 351.
[345] Chibanguza/Steege, Product Compliance/Chibanguza, § 21, Rn. 106.
[346] Martini/Wendehorst, KI-VO/Wendehorst, Art. 3 Rn. 229.
[347] Verordnung (EU) 2019/1020.

eine Vielzahl von Bereitstellungs- und Informationspflichten für verantwortliche Akteure vor (→ Rn. 109 ff.).[348] An der Konformitätsbewertung sind die Marktüberwachungsbehörden grundsätzlich zwar nicht beteiligt, allerdings ist in dem Ausnahmefall des Art. 43 Abs. 1 UAbs. 3 vorgesehen, dass bestimmte Marktüberwachungsbehörden die Funktion der notifizierten Stelle übernehmen (→ Art. 43 Rn. 24 f.). Gegenüber notifizierten Stellen können Marktüberwachungsbehörden ausweislich des Art. 45 Abs. 1 lit. d Auskunftsersuchen über Konformitätsbewertungstätigkeiten stellen. Soll nach den Voraussetzungen des Art. 46 Abs. 1 oder 2 ein Hochrisiko-KI-System ausnahmsweise und aus außergewöhnlichen Gründen ohne vorgelagertes Konformitätsbewertungsverfahren in Verkehr gebracht oder in Betrieb genommen werden, kann nur die Marktüberwachungsbehörde die erforderliche Genehmigung erteilen. Eine solche Genehmigungskompetenz kommt den Marktüberwachungsbehörde gem. Art. 60 Abs. 4 lit. b auch in Bezug auf Tests von KI-Systemen unter Realbedingungen zu. Die Zusammenarbeit und der Austausch von Marktüberwachungsbehörden erfolgt gem. Art. 65 Abs. 6 über eine Plattform des KI-Gremiums. Das wissenschaftliche Gremium unterstützt gem. Art. 68 Abs. 3 lit. b und c die Marktüberwachungsbehörden auf deren Ersuchen. Schließlich verhängen Marktüberwachungsbehörden im Falle eines festgestellten Verstoßes Sanktionen nach den Maßgaben des Art. 99.

236 Der Begriff der Marktüberwachungsbehörde ist im gesamten Produktsicherheitsrecht fest verankert.[349] Zwar unterscheiden sich die Definitionen in den einschlägigen Rechtsakten teils in ihrer konkreten Formulierung, sie eint jedoch ein gemeinsamer Bezug auf die MÜ-VO[350] als übergeordneten Referenzrahmen für die Regelungen der Marktüberwachung.

237 **b) Definitorische Bestandteile. aa) Nationale Behörde.** Es ist die Aufgabe der Mitgliedstaaten, eine wirksame Überwachung ihres jeweiligen Marktes sicherzustellen, indem sie die Kontrolle der auf dem Markt bereitgestellten oder über Online- und Offline-Verkaufs- und Vertriebskanäle eingeführten Produkte organisieren und durchführen.[351] Dementsprechend handelt es sich bei einer Marktüberwachungsbehörde gem. Art. 3 Nr. 26 grundsätzlich um eine nationale Behörde, die der betreffende Mitgliedstaat grundsätzlich auch frei wählen kann. Mitunter ist es ihm gem. Art. 70 Abs. 1 S. 4 sogar möglich, mehrere Behörden als zuständige Marktüberwachungsbehörden zu benennen, die sodann die betreffenden Tätigkeiten und Aufgaben koordiniert durchführen.

238 Im Rahmen der KI-VO erfahren diese Grundsätze der nationalstaatlichen Zuständigkeit und Benennungsfreiheit teilweise Einschränkungen. Für Hochrisiko-KI-Systeme und damit in Zusammenhang stehenden Produkte, auf die die in Anhang I Abschnitt A aufgeführten Harmonisierungsvorschriften Anwendung finden, ergeben sich diese Einschränkungen aus Art. 74 Abs. 3 (→ Art. 74 Rn. 15). Für Hochrisiko-KI-Systeme, die im Kontext von Finanzdienstleistungen durch regulierte Finanzinstitute in Verkehr gebracht, in Betrieb genommen oder verwendet werden, enthalten Art. 74 Abs. 6 und 7 Modifikationen (→ Art. 74 Rn. 18). Art. 74 Abs. 8 macht verbindliche Vorgaben bezüglich der Benennung von Marktüberwachungsbehörden im Zusammenhang mit einigen in Anhang III genannten Hochrisiko-KI-Systemen

---

348 Anbieter: Art. 20 Abs. 2 und Art. 73 Abs. 1; Bevollmächtigter: Art. 22 Abs. 3 und 4; Einführer: Art. 23 Abs. 2; Betreiber: Art. 26 Abs. 5, 10 UAbs. 5, 6 und Art. 27 Abs. 3.

349 Vgl. zB Art. 3 Nr. 24 GPSR, Art. 3 Nr. 4 MÜ-VO oder Art. 3 Nr. 31 MaschVO.

350 Verordnung (EU) 2019/1020.

351 Bek. der Kom. Blue Guide, ABl. 2022 C 247, 1, Abschnitt 7.1.

(→ Art. 74 Rn. 23). Art. 74 Abs. 9 regelt die Struktur der Marktüberwachung für Organe, Einrichtungen und sonstige Stellen der Union in den Anwendungsbereich der KI-VO besonders (→ Art. 74 Rn. 26). Beruht ein KI-System auf einem KI-Modell mit allgemeinem Verwendungszweck und werden das Modell und das System vom selben Anbieter entwickelt, enthält schließlich Art. 75 Abs. 1 eine Sonderregelung (→ Art. 75 Rn. 3 ff.).

bb) Tätigkeiten und Maßnahmen nach der MÜ-VO. Gem. Art. 3 Nr. 26 führen Marktüberwachungsbehörden nach der KI-VO die Tätigkeiten durch und ergreifen die Maßnahmen, die in der MÜ-VO[352] vorgesehen sind. Die Tätigkeiten von Marktüberwachungsbehörden ergeben sich aus Art. 11 Abs. 1 MÜ-VO, wobei in diesem Zusammenhang die von der KI-VO in Art. 74 Abs. 1 lit. a und b angeordneten Begriffssymmetrien zu berücksichtigen sind. Danach gewährleisten sie 239

- in ihrem Hoheitsgebiet die effektive Marktüberwachung von online und offline bereitgestellten Produkten (bzw. KI-Systemen), die den Harmonisierungsvorschriften unterliegen (lit. a),
- die Durchführung geeigneter und angemessener Korrekturmaßnahmen durch die Wirtschaftsakteure (bzw. Akteure) im Zusammenhang mit der Konformität mit den Harmonisierungsvorschriften und der MÜ-VO (lit. b) und
- die Durchführung zweckdienlicher und angemessener Maßnahmen, wenn der Wirtschaftsakteur (bzw. Akteure) keine Korrekturmaßnahmen ergreift (lit. c).

Die Befugnisse, die die Mitgliedstaaten ihren Marktüberwachungsbehörden für die Marktüberwachung, Ermittlung und Durchsetzung zu übertragen haben ergeben sich aus Art. 14 Abs. 1 und 4 MÜ-VO. Diese werden in Art. 74 Abs. 5 aufgrund der technischen Besonderheiten von KI-Systemen noch modifiziert (→ Art. 74 Rn. 28). Welche Marktüberwachungsmaßnahmen im Falle von sowohl gefährlichen als auch schlicht nicht konformen Produkten (bzw. KI-Systemen) von den Marktüberwachungsbehörden zu ergreifen sind, legen die Regelungen des Art. 16 MÜ-VO fest. 240

27. harmonisierte Norm

„harmonisierte Norm“ bezeichnet eine harmonisierte Norm im Sinne des Artikels 2 Absatz 1 Buchstabe c der Verordnung (EU) Nr. 1025/2012; 241

Als harmonisierte Norm gilt nach Art. 3 Nr. 27 eine **harmonisierte Norm** iSd Art. 2 Abs. 1 Buchstabe c der Verordnung (EU) Nr. 1025/2012. Danach umfasst der Begriff der „harmonisierten Norm“ eine europäische Norm, die auf der Grundlage eines Auftrags der Kommission zur Durchführung von Harmonisierungsrechtsvorschriften der Union angenommen wurde.[353] Zu betonen ist, dass es sich hierbei nicht um Harmonisierungsrechtsvorschriften des europäischen Gesetzgebers handelt, wie sie beispielsweise in Anhang I genannt werden; vielmehr handelt es sich um untergesetzliche Standards. Deren Veröffentlichung findet im **Amtsblatt der Europäischen Union** und auf der Internetpräsenz der Kommission statt.[354] 242

---

352 Verordnung (EU) 2019/1020.

353 BeckOK KI-Recht/Kirschke-Biller/Füllsack, 3. Ed. 1.8.2025, Art. 3 Rn. 357; Martini/Wendehorst, KI-VO/Wendehorst, Art. 3 Rn. 240; Hilgendorf/Härtlein, HK-KI-VO/Hilgendorf/Härtlein, Art. 3 Rn. 29.

354 Martini/Wendehorst, KI-VO/Wendehorst, Art. 3 Rn. 240; vgl. https://single-market-economy.ec.europa.eu/single-market/goods/european-standards/harmonised-standards_en (zuletzt aufgerufen am 3.9.2025).

243 Harmonisierte Normen haben im Kontext des produktsicherheitsrechtlichen **New Legislative Frameworks** eine tragende Rolle. Das New Legislative Framework basiert auf einem Regulierungsrahmen, bei dem die darauf aufbauenden Rechtsakte lediglich die grundlegenden Anforderungen an Produkte festlegen. Die konkreten technischen Vorgaben werden hingegen in den ergänzend anzuwendenden harmonisierten Normen geregelt (vgl. Europäische Kommission, Blue Guide 2022, ABl. 2022 C 247, 1 (8)).[355] Das charakteristische Merkmal dieses Regelungsmodells liegt folglich in der systematischen Wechselwirkung zwischen gesetzlichen Bestimmungen und harmonisierten Normen. Die KI-VO greift diesen Grundgedanken auf und verbindet ihn mit einem spezifisch auf KI ausgerichteten risikobasierten Ansatz, um eine möglichst differenzierte und flexible Regulierung sicherzustellen.[356]

244 Im Rahmen der KI-VO werden die Bedeutung harmonisierter Normen für Anbieter von KI-Systemen sowie die Rolle der Europäischen Kommission in diesem Kontext festgelegt.[357]

245 Für **Anbieter** bildet **Art. 40** die maßgebliche Vorschrift betreffend harmonisierte Normen (vgl. auch Erwgr. 121). Demnach wird gem. Art. 40 Abs. 1 bei Hochrisiko-KI-Systemen oder KI-Modellen mit allgemeinem Verwendungszweck die Konformität mit den jeweiligen Anforderungen und Pflichten der KI-VO **vermutet,** sofern eine Übereinstimmung mit den entsprechenden harmonisierten Normen vorliegt.[358] Der Nachweis der Einhaltung harmonisierter Normen kann gem. Art. 43 Abs. 1 und Abs. 3 UAbs. 3 eine Konformitätsbewertung durch interne Kontrollen nach Anhang VI rechtfertigen. Dies gilt ebenso für die Einhaltung der einschlägigen Vorgaben zu den anwendbaren Konformitätsbewertungsverfahren in den Harmonisierungsrechtsakten nach Anhang I.[359]

246 Sofern ein Anbieter eines Hochrisiko-KI-Systems harmonisierte Normen verwendet, sind diese nach Anhang V Nr. 6 zwingend in der Konformitätserklärung anzugeben. Zudem muss aus der technischen Dokumentation gem. Art. 11 Abs. 1 UAbs. 2 Satz 2 in Verbindung mit Anhang IV Nr. 7 ebenso wie aus den Unterlagen zum Qualitätsmanagementsystem nach Art. 17 Abs. 1 lit. e hervorgehen, welche harmonisierten Normen gegebenenfalls berücksichtigt wurden.[360]

247 Gem. Art. 40 Abs. 2 liegt es in der Zuständigkeit der **Europäischen Kommission,** den europäischen Normungsorganisationen den Auftrag zur Ausarbeitung harmonisierter Normen zu erteilen, wobei die in Abs. 3 vorgesehenen Anforderungen zu berücksichtigen sind. Werden harmonisierte Normen später von einer Marktüberwachungsbehörde beanstandet, so hat diese die Kommission hierüber zu informieren. Diese wiederum ist nach Art. 79 Abs. 6 lit. c und Art. 81 Abs. 3 verpflichtet, etwaige Mängel öffentlich bekannt zu machen. Darüber hinaus fließen einschlägige harmonisierte Normen sowohl nach Art. 96 Abs. 1 UAbs. 3 in die Erstellung der Leitlinien zur Umsetzung der KI-VO durch die Kommission

---

[355] BeckOK KI-Recht/Kirschke-Biller/Füllsack, 3. Ed. 1.8.2025, Art. 3 Rn. 359.

[356] BeckOK KI-Recht/Kirschke-Biller/Füllsack, 3. Ed. 1.8.2025, Art. 3 Rn. 359.

[357] BeckOK KI-Recht/Kirschke-Biller/Füllsack, 3. Ed. 1.8.2025, Art. 3 Rn. 360.

[358] Martini/Wendehorst, KI-VO/Wendehorst, Art. 3 Rn. 241; BeckOK KI-Recht/Kirschke-Biller/Füllsack, 3. Ed. 1.8.2025, Art. 3 Rn. 361; Schwartmann/Keber/Zenner KI-VO/Hansen, 2. Auflage, Kap. 1 Rn. 534.

[359] Martini/Wendehorst, KI-VO/Wendehorst, Art. 3 Rn. 241; BeckOK KI-Recht/Kirschke-Biller/Füllsack, 3. Ed. 1.8.2025, Art. 3 Rn. 362.

[360] BeckOK KI-Recht/Kirschke-Biller/Füllsack, 3. Ed. 1.8.2025, Art. 3 Rn. 363.

ein, als auch nach Art. 112 Abs. 4 lit. c in die Berichte gem. Art. 112 Abs. 2 zur Bewertung und Überprüfung.[361] Mit dem Normungsauftrag M/593, den die Kommission im Mai 2023 an die europäischen **Normungsorganisationen** CEN und CENELEC adressierte, wurde bereits vor Abschluss des Gesetzgebungsverfahrens zu KI-VO ein erster Schritt in Richtung Konkretisierung harmonisierter Normen für KI-Systeme unternommen.[362]

28. gemeinsame Spezifikation

„gemeinsame Spezifikation" eine Reihe technischer Spezifikationen im Sinne des Artikels 2 Nummer 4 der Verordnung (EU) Nr. 1025/2012, deren Befolgung es ermöglicht, bestimmte Anforderungen der vorliegenden Verordnung zu erfüllen; 248

Als **„gemeinsame Spezifikation"** gilt gem. Art. 3 Nr. 28 eine Reihe technischer Spezifikationen im Sinne des Artikels 2 Nummer 4 der Verordnung (EU) Nr. 1025/2012, deren Befolgung es ermöglicht, bestimmte Anforderungen der vorliegenden Verordnung zu erfüllen.[363] 249

Im **Produktsicherheitsrecht** wird der Begriff unter anderem durch Art. 2 Nr. 42 **Data Act** sowie durch Art. 2 Nr. 71 der **Medizinprodukte-VO** und Art. 2 Nr. 74 der **In-vitro-Diagnostika-VO** legal definiert. Anstelle einer einheitlichen Verweisung auf die VO (EU) 1025/2012 wird dabei in jedem dieser Rechtsakte eine eigenständige Begriffsbestimmung vorgenommen, deren Regelungsgehalt, im Wesentlichen vergleichbar ist.[364] 250

Die KI-VO griff in einem früheren Entwurf inhaltlich weitgehend auf die Definition aus dem Data Act zurück. Im Zuge des Ratsentwurfs wurde ein ausdrücklicher Bezug zur VO (EU) 1025/2012 ergänzt, der schließlich auch im verabschiedeten Text beibehalten wurde. Ein Vergleich der unterschiedlichen Entwurfsfassungen findet sich etwa in der veröffentlichten Synopse aus dem Trilogverfahren 2024.[365] 251

Als **„technische Spezifikation"** gilt gem. Art. 2 Nr. 4 VO (EU) 1025/2012 ein Schriftstück, in dem die technischen Anforderungen dargelegt sind, die ein Produkt, ein Verfahren, eine Dienstleistung oder ein System zu erfüllen hat, und das einen oder mehrere der in Art. 2 Nr. 4 VO (EU) 1025/2012 genannten Punkte enthält. Dies meint beispielsweise die Eigenschaften, die ein Produkt erfüllen muss, wie Qualitätsstufen, Leistung, Interoperabilität, Umweltverträglichkeit, Gesundheit, Sicherheit oder Abmessungen, einschließlich der Anforderungen an die Verkaufsbezeichnung, Terminologie, Symbole, Prüfungen und Prüfverfahren, 252

---

[361] BeckOK KI-Recht/Kirschke-Biller/Füllsack, 3. Ed. 1.8.2025, Art. 3 Rn. 364; Hilgendorf/Härtlein, HK-KI-VO/Hilgendorf/Härtlein, Art. 3 Rn. 29.

[362] Martini/Wendehorst, KI-VO/Wendehorst, Art. 3 Rn. 242; BeckOK KI-Recht/Kirschke-Biller/Füllsack, 3. Ed. 1.8.2025, Art. 3 Rn. 366; Schwartmann/Keber/Zenner KI-VO/Hansen, 2. Auflage, Kap. 1 Rn. 536.

[363] BeckOK KI-Recht/Kirschke-Biller/Füllsack, 3. Ed. 1.8.2025, Art. 3 Rn. 367; Martini/Wendehorst, KI-VO/Wendehorst, Art. 3 Rn. 243; Hilgendorf/Härtlein, HK-KI-VO/Hilgendorf/Härtlein, Art. 3 Rn. 30.

[364] BeckOK KI-Recht/Kirschke-Biller/Füllsack, 3. Ed. 1.8.2025, Art. 3 Rn. 368.

[365] Vgl. veröffentlichte Synopse, 2024, S. 303, abrufbar unter https://artificialintelligenceact.eu/wp-content/uploads/2024/01/AIA-Final-Draft-21-January-2024.pdf; BeckOK KI-Recht/Kirschke-Biller/Füllsack, 3. Ed. 1.8.2025, Art. 3 Rn. 369.

Verpackung, Kennzeichnung oder Beschriftung des Produkts sowie die Konformitätsbewertungsverfahren.[366]

253 Art. 41 stellt die einschlägige Vorschrift in Bezug auf gemeinsame Spezifikationen dar. In dieser wird die Europäische Kommission ermächtigt, unter bestimmten Voraussetzungen **Durchführungsakte zur Festlegung gemeinsamer Spezifikationen** für Anforderungen an Hochrisiko-KI-Systeme sowie gegebenenfalls für Pflichten im Zusammenhang mit KI-Modellen mit allgemeinem Verwendungszweck zu erlassen. Inhaltlich orientieren sich diese Spezifikationen grundsätzlich an denselben Aspekten wie harmonisierte Normen iSv Art. 3 Nr. 27. Ihr Erlass setzt allerdings voraus, dass harmonisierte Normen, welche den rechtlichen Anforderungen und Pflichten genügen, nicht bestehen (vgl. Art. 41 Abs. 1 UAbs. 1 lit. a und b). Erwgr. 121 betont, dass es sich bei der gemeinsamen Spezifikation lediglich um eine außergewöhnliche Ausweichlösung handeln soll.[367]

254 Sobald solche Spezifikationen durch die Kommission erlassen wurden, wird die Konformität eines Hochrisiko-KI-Systems oder eines KI-Modells mit allgemeinem Verwendungszweck mit den einschlägigen Anforderungen und Pflichten der KI-VO gem. **Art. 41 Abs. 3** vermutet, sofern eine Übereinstimmung mit den gemeinsamen Spezifikationen besteht. Die dadurch ausgelöste **Vermutungswirkung** entspricht jener, die auch harmonisierten Normen zukommt. Neben den harmonisierten Normen können auch gemeinsame Spezifikationen den Anbietern von Hochrisiko-KI-Systemen als Grundlage für ein alternatives Verfahren der Konformitätsbewertung dienen (vgl. Art. 43 Abs. 1 sowie Abs. 3 UAbs. 3). Im Fall der Anwendung gemeinsamer Spezifikationen durch den Anbieter ist deren Angabe in der Konformitätserklärung gemäß Anhang V Nr. 6 verpflichtend.[368]

255 Werden von einer Marktüberwachungsbehörde **Mängel** an gemeinsamen Spezifikationen beanstandet, ist sie verpflichtet, der Europäischen Kommission eine entsprechende Mitteilung zu übermitteln. Im Anschluss hat durch diese die Veröffentlichung der Mängel iSd Art. 79 Abs. 6 lit. c, Art. 81 Abs. 3 zu erfolgen. Gemeinsame Spezifikationen werden darüber hinaus von der Europäischen Kommission bei der Erstellung der Leitlinien zur Durchführung der KI-VO (Art. 96 Abs. 1 UAbs. 3) sowie bei den Berichten nach Art. 112 Abs. 2 (Art. 112 Abs. 4 lit. c) berücksichtigt.[369]

29. Trainingsdaten

256 **„Trainingsdaten“ Daten, die zum Trainieren eines KI-Systems verwendet werden, wobei dessen lernbare Parameter angepasst werden;**

366 Martini/Wendehorst, KI-VO/Wendehorst, Art. 3 Rn. 244; Hilgendorf/Härtlein, HK-KI-VO/Hilgendorf/Härtlein, Art. 3 Rn. 30; Bomhard/Pieper/Wende, KI-VO/Saurin/Thiermann Art. 3 Rn. 268; BeckOK KI-Recht/Kirschke-Biller/Füllsack, 3. Ed. 1.8.2025, Art. 3 Rn. 373.

367 BeckOK KI-Recht/Kirschke-Biller/Füllsack, 3. Ed. 1.8.2025, Art. 3 Rn. 370; Hilgendorf/Härtlein, HK-KI-VO/Hilgendorf/Härtlein, Art. 3 Rn. 30; Martini/Wendehorst, KI-VO/Wendehorst, Art. 3 Rn. 245 f.; Bomhard/Pieper/Wende, KI-VO/Saurin/Thiermann Art. 3 Rn. 267.

368 BeckOK KI-Recht/Kirschke-Biller/Füllsack, 3. Ed. 1.8.2025, Art. 3 Rn. 371; Schwartmann/Keber/Zenner Keber/Hansen/Nägele, 2. Auflage, Kap. 1 Rn. 539.

369 BeckOK KI-Recht/Kirschke-Biller/Füllsack, 3. Ed. 1.8.2025, Art. 3 Rn. 372.

a) Allgemeines. Art. 3 Nr. 29 enthält die Legaldefinition von Trainingsdaten. 257
Bei diesen handelt es sich um Daten, welche zum Training eines KI-Systems verwendet werden, wobei dessen lernbare Parameter angepasst werden. Neben Trainingsdaten werden in der KI-VO an zahlreichen Stellen – ua in Art. 10 – auch Test- und Validierungsdaten genannt. Diese drei Datenarten bilden aus technischer Perspektive einen zusammenhängenden Dreiklang. Aus dem bestehenden Datenpool werden zu Beginn des Entwicklungsprozesses Trainings-, Validierungs- und Testdaten separiert. Das KI-Modell wird mit den Trainingsdaten trainiert und anschließend erfolgt die Validierung mit den Validierungsdaten. So können bereits im Trainingsprozess KI-Modelle evaluiert und Parameter angepasst werden. Schließlich wird das finale Modell mit den Testdaten geprüft.[370]

Die genannten Datensätze sind allesamt für die Entwicklung eines KI-Modells 258
und die Entwicklung eines KI-Systems relevant. Denn von den verwendeten Trainings-, Validierungs- und Testdaten hängt ab, ob Verzerrungen in den Datensätzen enthalten sind und ob es aufgrund dessen zu Diskriminierung kommt. Auch etwaige Leistungsgrenzen können unmittelbar aus den verwendeten Trainingsdaten resultieren. Im Rahmen des Entwicklungsprozesses kommt der Datenqualität eine besondere Bedeutung zu. Für die Qualität der Daten kommt es unter anderem darauf an, ob es sich um strukturierte oder unstrukturierte Daten handelt und ob diese beschriftet oder unbeschriftet sind.

Mit den verwendeten Trainingsdaten steht und fällt das Motto, unter dem die 259
KI-VO steht: die Schaffung von vertrauensvoller KI-Systeme (vgl. Art. 1 Abs. 1). Damit es nicht zu Diskriminierung durch KI-Systeme kommt oder der Output fehlerhaft oder falsch ist, sind hohe Anforderungen an die verwendeten Trainings-, Validierungs- und Testdatensätze erforderlich.[371] Um eine effektive Marktüberwachung zu ermöglichen, ist es unentbehrlich, dass die Marktüberwachungsbehörde im notwendigen Maß Zugriff auf die Trainingsdaten erhalten kann. Auch aus haftungsrechtlicher Perspektive kommt den Trainingsdaten besondere Gewichtung zu. Im Rahmen einer effektiven Product Compliance erfordert nicht nur Produktkonformität, die entsprechenden Anforderungen einzuhalten. Produkthaftung und Schadensersatz können bspw. aufgrund von Diskriminierung ebenso eintreten, wie aufgrund eines fehlerhaften Outputs, der zu einem schädigenden Ereignis geführt hat.

Die verwendeten Trainingsdaten sind aber nicht nur dafür entscheidend, welche 260
Leistung ein KI-System erbringt und wo Systemgrenzen liegen, bspw. ob es auf bestimmte Bevölkerungsgruppen nicht anwendbar ist, sondern deren Transparenz kann auch teilweise die Opazität verringern. Darüber hinaus ist eine effektive Daten-Governance auch im Hinblick auf die Demokratie von Relevanz: Werden zahlreiche Internetseiten mit Fake News erstellt und werden deren Inhalte mittels Web Scraping automatisch ausgelesen und mit diesen Datensätzen ein KI-Modell trainiert, so kann der spätere Output die in den Daten enthaltenen Informationen widerspiegeln. Nicht nur im Hinblick auf die Demokratie ist dies problematisch, sondern auch aus epistemologischer Sicht.

Bei der Sammlung von Trainingsdaten sind nicht nur die Anforderungen aus 261
der KI-VO relevant, sondern zudem auch weitere Rechtsgebiete, wie etwa daten-

[370] Zur mengenmäßigen Aufteilung von Trainings-, Test- und Validierungsdaten siehe Bomhard/Pieper/Wende/Bomhard/Wietzke KI-VO Art. 10 Rn. 12.

[371] Grundlegend zu Risiken bei Trainingsdaten siehe Chibanguza/Kuß/Steege KI-Hdb/Pek, Einleitung – Rechtliche und technische Grundlagen B. Rn. 55 ff.

schutzrechtliche Anforderungen, sofern personenbezogene Daten betroffen sind, das Urheberrecht oder das Geschäftsgeheimnis.

262 KI-Modelle mit allgemeinem Verwendungszweck – wozu sog. Large Language Modelle (LLM) gehören– werden etwa mit Trainingsdatensätzen von großen Mengen an Textdaten trainiert. Dabei lernt das KI-Modell zutreffende Darstellungen von Wörtern und Sätzen aus den Daten zu extrahieren und diese in hochdimensionalen Vektoren zu kodieren.[372] Supervised Learning und Unsupervised Learning führen sodann dazu, dass das KI-Modell Muster in den Testdatensätzen erkennt und dadurch syntaktische und semantische Strukturen der Sprache erlernt.[373] Anschließend kann das KI-Modell eingesetzt werden, um verschiedene Aufgaben auszuführen. Für KI-Modelle mit allgemeinem Verwendungszweck sieht die KI-VO eigenständige Anforderungen in den Art. 51–56 vor. Hier wird zunächst ein KI-Modell trainiert, bei dem unklar ist, welche Aufgaben das spätere KI-System erfüllt. Insofern ist der Wortlaut des Art. 3 Nr. 29 misslich, der darauf abstellt, dass Trainingsdaten für die Entwicklung eines KI-Systems verwendet werden. Bei KI-Modellen mit allgemeinem Verwendungszweck wird das finale KI-System allerdings erst viel später entwickelt – das KI-Modell wurde dann bereits mit den Trainingsdaten trainiert. Damit auch diese Fälle erfasst werden, spricht viel dafür, Art. 3 Nr. 29 so zu lesen, dass auch das Training von KI-Modellen erfasst ist.[374]

263 Im Kontext von maschinellem Lernen kommen insbesondere drei Methoden zur Anwendung: das sog. Supervised Learning, das Unsupervised Learning sowie das Reinforcement Learning.

264 Beim sog. Reinforcement Learning (im dt. verstärkendes oder bestärkendes Lernen) erfolgt das Training des KI-Modells mittels eines Belohnungs- und Bestrafungsprinzips. Der Hauptunterschied zum Supervised Learning und Unsupervised Learning liegt darin, dass beim Reinforcement Learning eine unmittelbare Interaktion mit der Umgebung stattfindet. Ein sog. KI-Agent handelt dabei nach einer Art von Try and Error-Prinzip. Er überwacht eine (sich verändernde) Umgebung und entscheidet sich für eine Aktion. War die Handlung erwünscht, so wird ein Feedback gesendet, welches eine Belohnung darstellt. Bei einer unerwünschten Handlung erfolgt ein Feedback, welches als Bestrafung erscheint. Diese Art des Trainings erinnert an eine Maus in einem Labyrinth, welche ein Stück Käse erhält, wenn sie den richtigen Weg findet. Bei sicherheitskritischen Situationen kann Reinforcement Learning schnell an die Grenzen geraten, da Regeln nicht immer eingehalten werden oder neue Szenarien dazu führen, dass der Output ebenfalls nicht korrekt ist.

265 Beim Supervised Learning (im dt. überwachtes Lernen) werden ebenfalls Daten zum Training des KI-Modells verwendet. Diese sind gelabelt, sodass das KI-Modell Input und Output kennt: Ein Datensatz mit Bildern von Vögeln und Fischen wird so gelabelt, dass ersichtlich ist, welches Tier auf dem Bild zu sehen ist. Durch die Beschriftung des Bildes einer Katze mit dem Label „Katze“ soll das Modell darauf trainiert werden, künftig Katzen zu erkennen.

266 Eine weitere Methode ist das Unsupervised Learning (im dt. unüberwachtes Lernen). Der Unterschied zum Supervised Learning besteht darin, dass das KI-Modell nicht mit gelabelten Daten trainiert wird, dh das Modell kennt weder den Input noch den Output. Dadurch müssen Korrelationen selbstständig herausgefunden werden.

---

[372] Chibanguza/Kuß/Steege KI-Hdb/Pek, 2. Auflage, Einleitung: B. Rn. 47.

[373] Chibanguza/Kuß/Steege KI-Hdb/Pek, 2. Auflage, Einleitung: B. Rn. 47.

[374] Für eine weite Auslegung aus diesem Grund auch BeckOK KI-Recht/Kirschke-Biller/Füllsack, 4. Ed. 1.11.2025, Art. 3 Rn. 387.

Beim maschinellen Lernen schließen sich die einzelnen Methoden nicht gegenseitig aus. Daher erfolgt oftmals ein Training mittels Unsupervised Learning und später mittels Supervised Learning, um innerhalb eines bestimmtes Bereichs die Expertise zu erhöhen. **267**

b) Trainingsdaten in der KI-VO. Testdaten werden in der KI-VO an zahlreichen Stellen aus technischer Perspektive richtigerweise immer im Zusammenhang mit Trainings- und Validierungsdaten erwähnt. So statuiert Art. 10 Abs. 2–5 Anforderungen an KI-Modelle, welche in Hochrisiko-KI-Systemen eingesetzt werden. Deren Trainings-, Validierungs- und Testdatensätze müssen gem. Art. 10 Abs. 1 die Anforderungen in Abs. 2–5 einhalten. Dadurch soll ein Mindestmaß an Qualität erreicht werden, sodass es sich bei den Anforderungen in Art. 10 um Qualitätskriterien handelt. Die in Art. 10 statuierten Anforderungen an Daten und eine Daten-Governance stellen allerdings haftungsrechtlich betrachtet nur ein Mindestmaß dar. Im jeweiligen Einzelfall können strengere Anforderungen gegeben sein. **268**

Die Betriebsanleitung muss gem. Art. 13 Abs. 3 lit. b vi) Informationen über die verwendeten Trainingsdaten enthalten. **269**

Eine effektive Marktüberwachung macht es erforderlich, dass die Marktüberwachungsbehörde kontrollieren kann, ob hinsichtlich der Trainingsdaten die Anforderungen, welche die KI-VO statuiert, eingehalten wurden. Dementsprechend enthält Art. 74 Abs. 12 die Verpflichtung der Anbieter, den Marktüberwachungsbehörden uneingeschränkten Zugang zur Dokumentation sowie zu den für die Entwicklung von Hochrisiko-KI-Systemen verwendeten Trainings-, Validierungs- und Testdatensätzen zu ermöglichen. **270**

Art. 15 Abs. 5 sieht zudem vor, dass Anbieter Maßnahmen treffen müssen, um Angriffe, mit denen eine Manipulation des Trainingsdatensatzes („data poisoning") erreicht werden soll, zu erkennen, darauf zu reagieren und dies zu verhindern. **271**

Auch im Rahmen des Konformitätsbewertungsverfahrens ist in Anhang VII Ziffer 4.3 vorgesehen, dass die notifizierte Stelle, sofern es relevant ist und zur Wahrnehmung ihrer Aufgaben erforderlich, im notwendigen Maße Zugang zu den Trainings-, Validierungs- und Testdatensätzen erhält. **272**

c) Anforderungen an Trainingsdaten. Trainingsdaten determinieren nicht nur die Leistungsfähigkeit, sondern auch die Leistungsgrenze eines KI-Systems. Von ihnen hängt unmittelbar ab, ob es zu Diskriminierung durch das KI-System kommt, wobei bestehende Verzerrungen und Ungleichbehandlung widergespiegelt werden. Relevant ist bspw., ob alle Bevölkerungsgruppen ausreichend und ausgewogen repräsentiert werden. Entwickler müssen sich im Hinblick auf die Zweckbestimmung des Hochrisiko-KI-Systems damit auseinandersetzen, für welchen Zweck das System entwickelt wird und daraus ableiten, welche Anforderungen an die Trainingsdaten zu stellen sind. Berücksichtigung muss etwa finden, ob bestehende Ungleichbehandlungen wiedergegeben werden. Dies kann die Hautfarbe betreffen,[375] aber auch das Geschlecht und im medizinischen Kontext relevant werden.[376] Denn nicht das spätere Hochrisiko-KI-System diskriminiert, sondern der Grund dafür liegt in den Trainingsdaten. Infolgedessen determinieren die Trainingsdaten auch den möglichen Verwendungszweck und die Leistungsgrenzen des Hochrisiko-KI-Systems. Anbieter können daher den **273**

[375] Steege MMR 2019, 715 (716).
[376] Steege GuP 2021, 125 (133 f.).

Zweck des Hochrisiko-KI-Systems einschränken, etwa wenn das System nicht auf bestimmte Bevölkerungsgruppen angewendet werden darf, da der Output fehlerhaft oder falsch ist.

274 Bei der Auswahl von Trainingsdaten ist zu beachten, ob die Daten in ausreichendem Maß vorhanden sind und ob sie ausgewogen sind. Aber auch die Aktualität der Daten ist maßgeblich.[377] Darüber hinaus ist die Beschriftung von Daten relevant. Davon hängt die Genauigkeit des KI-Modells ab.[378] Nicht nur die verwendeten Testdaten sind für das Training des KI-Modells wichtig. Auch von den aus dem ursprünglichen Datenpool getrennten Testdaten hängt die spätere Qualität des KI-Modells ab. Enthalten diese Rauschen oder irreführende Merkmale?[379] Wird ein KI-Modell etwa dahingehend trainiert, Hautkrebs zu erkennen, darf ein blauer Handschuh auf den Trainings- und Testdaten nicht dazu führen, dass das KI-Modell die Korrelation erkennt, dass Hautkrebs einen blauen Handschuh auf dem Bild voraussetzt, da ansonsten nur Bilder mit entsprechendem Handschuh zum Output „Hautkrebs" führen. Anbieter müssen zudem prüfen, ob die Trainingsdaten manipuliert oder beschädigt wurden.[380] Trotz erheblicher Datenmengen muss geprüft werden, ob für das KI-Modell ausreichend Trainingsdaten vorhanden sind. All jene Anforderungen machen es erforderlich, ein Konzept zur Datenspeicherung und Datensammlung zu entwickeln.

275 Anforderungen an Trainings-, Test- und Validierungsdaten enthält Art. 10 Abs. 2–5. So schreibt Art. 10 Abs. 3 vor, dass Trainings-, Validierungs- und Testdatensätze im Hinblick auf die Zweckbestimmung relevant, hinreichend repräsentativ und so weit wie möglich fehlerfrei und vollständig sein müssen. Für Rechtsanwender und Entwickler sind diese Anforderungen, welche zahlreiche unbestimmte Rechtsbegriffe enthalten, problematisch und führen zu Rechtsunsicherheit.

30. Validierungsdaten

276 **„Validierungsdaten" Daten, die zur Evaluation des trainierten KI-Systems und zur Einstellung seiner nicht erlernbaren Parameter und seines Lernprozesses verwendet werden, um unter anderem eine Unter- oder Überanpassung zu vermeiden;**

277 Art. 3 Nr. 30 enthält die Legaldefinition von Validierungsdaten. Dabei handelt es sich um Daten, die zur Evaluation des trainierten KI-Systems und zur Einstellung seiner nicht erlernbaren Parameter und seines Lernprozesses verwendet werden, wodurch ua eine Unter- oder Überanpassung verhindert werden soll. Validierungsdaten werden zusammen mit Trainings- und Testdaten im Rahmen der Entwicklung eines KI-Modells und eines KI-Systems relevant. Vom initialen Datenpool werden zu Beginn der Entwicklung zwei Datenmengen abgetrennt, und zwar zum einen die Validierungsdaten und zum anderen die Testdaten, wobei mengenmäßig gesehen die Trainingsdaten die größte Menge darstellen. Eine Trennung der Daten ist technisch notwendig, da mittels der Validierungsdaten das KI-Modell und dessen Leistungsfähigkeit und Genauigkeit validiert werden können. Letztlich wird mittels der Testdaten überprüft, ob die Ergebnisse des KI-Systems akzeptabel sind. Die KI-VO nennt den Dreiklang

377 Chibanguza/Kuß/Steege KI-Hdb/Pek, 2. Auflage, Einleitung: B. Rn. 55.
378 Chibanguza/Kuß/Steege KI-Hdb/Pek, 2. Auflage, Einleitung: B. Rn. 56.
379 Chibanguza/Kuß/Steege KI-Hdb/Pek, 2. Auflage, Einleitung: B. Rn. 56.
380 Chibanguza/Kuß/Steege KI-Hdb/Pek, 2. Auflage, Einleitung: B. Rn. 57.

Trainings-, Validierungs- und Testdaten an verschiedenen Stellen,[381] ua im Zusammenhang mit Daten und der Daten-Governance in Art. 10, den Transparenzpflichten und der Betriebsanleitung nach Art. 13 oder den Befugnissen der Marktüberwachungsbehörde nach Art. 74. Nicht zu den Daten, die im Rahmen des Konstruktionsprozesses virulent werden, zählen die Eingabedaten. Diese entstehen erst bei der Verwendung des KI-Systems und sind in Art. 3 Nr. 33 legaldefiniert.

Mittels der vorher vom Datenpool abgetrennten Validierungsdaten lässt sich ermitteln, wie gut das KI-Modell geeignet ist, um neue, unbekannte Daten zu verarbeiten und entsprechende Rückschlüsse abzuleiten. Dadurch kann die notwendige Balance zwischen Überanpassung und Unteranpassung gefunden werden.[382] Der Einsatz von Validierungsdaten im Rahmen der Entwicklung ist essenziell, um zu überprüfen, ob das KI-Modell auch unter reellen Bedingungen die erforderliche Leistung aufweist oder Leistungsgrenzen vorhanden sind, die unerwünscht sind. Sollte dies der Fall sein, muss das KI-Modell weitergehend trainiert werden. Mittels Validierungsdaten lässt sich der ansonsten bestehende Effekt von „garbage in, garbage out" verhindern. Denn die Ausgabedaten des KI-Systems sind nur so gut wie die Trainingsdaten. Weisen diese Verzerrungen auf und benachteiligen etwa Frauen im Bewerbungsverfahren, dann kann dies mittels Validierungsdaten im Entwicklungsprozess bereits erkannt und entsprechend gegengesteuert werden, indem das KI-Modell weitergehend trainiert wird. Bei Hochrisiko-KI-Systemen müssen Anbieter gem. Anhang IV Nr. 2 lit. g bei der Erstellung der technischen Dokumentation nach Art. 11 Abs. 1 auch Informationen zu den verwendeten Validierungsdaten aufnehmen.[383] 278

31. Validierungsdatensatz

„Validierungsdatensatz" einen separaten Datensatz oder einen Teil des Trainingsdatensatzes mit fester oder variabler Aufteilung; 279

Art. 3 Nr. 31 enthält die Legaldefinition von Validierungsdatensatz. Danach handelt es sich dabei um einen separaten Datensatz oder einen Teil des Trainingsdatensatzes mit fester oder variabler Aufteilung. Im Gegensatz zu Trainings- und Testdaten existiert nur für Validierungsdaten eine zusätzliche Definition zu Validierungsdatensätzen. Eine eigenständige Definition von Trainings- und Testdatensätzen existiert hingegen nicht. Die Definition in Art. 3 Nr. 31 wurde im Rahmen der redaktionellen Bearbeitung nach der Trilogverhandlung aufgenommen.[384] Einen erkennbaren Mehrwert bietet die Definition nicht,[385] zumal auch die Validierungsdaten vom ursprünglichen Datenpool abgegrenzt sein sollten und nicht in den Trainingsdaten enthalten sein dürfen, damit das KI-Modell bestmöglich trainiert werden kann. 280

---

381 Von einem Dreiklang sprechen auch BeckOK KI-Recht/Kirschke-Biller/Füllsack, 4 Ed. 1.11.2025, Art. 3 Rn. 377.

382 Martini/Wendehorst, KI-VO/Wendehorst, Art. 3 Rn. 253.

383 Zur algorithmenbasierten Diskriminierung und bisherigen Fällen Steege MMR 2019, 715 ff.

384 Martini/Wendehorst, KI-VO/Wendehorst, Art. 3 Rn. 223.

385 Kritisch auch Martini/Wendehorst, KI-VO/Wendehorst, 2. Auflage 2026, Art. 3 Rn. 255.

32. Testdaten

281 **„Testdaten" Daten, die für eine unabhängige Bewertung des KI-Systems verwendet werden, um die erwartete Leistung dieses Systems vor dessen Inverkehrbringen oder Inbetriebnahme zu bestätigen;**

282 In Art. 3 Nr. 32 ist die Legaldefinition von Testdaten enthalten. Dabei handelt es sich um Daten, die für eine unabhängige Bewertung des KI-Systems verwendet werden, um die erwartete Leistung dieses Systems vor dessen Inverkehrbringen oder Inbetriebnahme zu bestätigen. Testdaten gehören zum Dreiklang aus Trainings-, Validierungs- und Testdaten. Allesamt werden sie im Rahmen der Entwicklung eines KI-Modells verwendet. Wohingegen die Trainingsdaten zum initialen Training verwendet werden und die Validierungsdaten dazu genutzt werden, um die Parameter und den zu erwartenden Output zu validieren, wird mittels der Testdaten überprüft, ob das KI-Modell entsprechend performt. Die Testdaten müssen – ebenso wie die Validierungsdaten – vom eigentlichen Datenpool abgetrennt werden. Dadurch wird erreicht, dass diese Daten noch nicht in den Trainingsdaten des KI-Modells enthalten sind und es sich für das KI-System um neue Daten handelt. Die Verwendung der Testdaten stellt somit den Abschluss der Entwicklung des KI-Modells dar.[386]

283 Testdaten werden, wie auch Trainings- und Validierungsdaten, im Rahmen der Daten-Governance (Art. 10), der Transparenz und Betriebsanleitung (Art. 13) sowie bspw. der Befugnisse der Marktüberwachungsbehörde (Art. 74) relevant.[387]

33. Eingabedaten

284 **„Eingabedaten" die in ein KI-System eingespeisten oder von diesem direkt erfassten Daten, auf deren Grundlage das System eine Ausgabe hervorbringt;**

285 Art. 3 Nr. 33 enthält die Legaldefinition von Eingabedaten. Dabei handelt es sich um Informationen, die in ein KI-System eingespeist oder direkt von dem System erfasst werden und auf deren Grundlage das KI-System den Output hervorbringt. Eingabedaten kommen in der KI-VO an verschiedenen Stellen vor, etwa im Rahmen der Aufzeichnungspflichten (Art. 12), der Transparenzpflichten und Betriebsanleitung (Art. 13) sowie der Genauigkeit, Robustheit und Cybersicherheit (Art. 15) von Hochrisiko-KI-Systemen. Eingabedaten nach Art. 3 Nr. 33 zählen nicht zu denjenigen Daten, die im Rahmen des Entwicklungsprozesses verwendet werden (Trainings-, Validierungs- und Testdaten). Eingabedaten können einen Personenbezug aufweisen und dadurch personenbezogene Daten iSv Art. 4 Nr. 1 DS-GVO darstellen.[388] Darüber hinaus können Eingabedaten auch urheberrechtlich relevante Daten enthalten oder Geschäftsgeheimnisse darstellen. Aber auch ein Schutz durch Berufsordnungen ist denkbar.

286 Unternehmen sollten daher Mitarbeiter im Rahmen der Sicherstellung von erforderlicher KI-Kompetenz nach Art. 4 entsprechend schulen, sodass ein rechtssicherer Umgang mit KI-Systemen hinsichtlich der Eingabedaten gewährleistet wird. Die Nutzung von KI-Systemen, worauf bei den Eingabedaten zu achten ist und was beim Output zu berücksichtigen ist, sollte im Rahmen einer KI-Policy im Unternehmen festgehalten werden, um eine erforderliche KI-Governance sicherzustellen.

---

[386] BeckOK KI-Recht/Kirschke-Biller/Füllsack, 4 Ed. 1.11.2025, Art. 3 Rn. 378.
[387] Martini/Wendehorst, KI-VO/Wendehorst, 2. Auflage 2026, Art. 3 Rn. 256.
[388] Zum personenbezogenen Datum Steege PHi 2022, 164 ff.

Unterschiede ergeben sich in der Praxis daraus, was mit den Eingabedaten geschieht: Werden diese bspw. vom Anbieter des KI-Systems verwendet, um das KI-System weitergehend zu trainieren oder wird das KI-Modell auf einem abgesicherten Tenant gehostet und die Eingabedaten bleiben somit im Zugriffsbereich des Unternehmens? Dies wirkt sich unmittelbar ua auf den Datenschutz und den Schutz von Geschäftsgeheimnissen aus. Die Eingabe von personenbezogenen Daten in ein KI-System als Eingabedaten stellt eine Verarbeitung personenbezogener Daten dar, sodass die geltenden datenschutzrechtlichen Anforderungen zu erfüllen sind.

34. biometrische Daten

„biometrische Daten" mit speziellen technischen Verfahren gewonnene personenbezogene Daten zu den physischen, physiologischen oder verhaltenstypischen Merkmalen einer natürlichen Person, wie etwa Gesichtsbilder oder daktyloskopische Daten; 287

Art. 3 Nr. 34 enthält die Legaldefinition von biometrischen Daten. Dabei handelt es sich um mit speziellen technischen Verfahren gewonnene personenbezogene Daten zu den physischen, physiologischen oder verhaltenstypischen Merkmalen einer natürlichen Person, wie etwa Gesichtsbilder oder daktyloskopische Daten. In der KI-VO ist bspw. im Rahmen von verbotenen KI-Praktiken (Art. 5) oder den Betreiberpflichten (Art. 26 Abs. 10) die Rede von biometrischen Daten. Relevant wird die Definition von biometrischen Daten allerdings im Kontext weiterer Begriffe,[389] die in der Verordnung vorkommen: Dies gilt vor allem für die Termini „biometrische Identifizierung" (Nr. 35), „biometrische Verifizierung" (Nr. 36), „Emotionserkennungssystem" (Nr. 39), „System biometrischer Kategorisierung" (Nr. 40), „biometrisches Fernidentifizierungssystem" (Nr. 41) oder auch für das „biometrische Echtzeit-Fernidentifizierungssystem" (Nr. 42). 288

Biometrische Daten werden nicht nur in der KI-VO, sondern auch in der DS-GVO legaldefiniert. Danach handelt es sich gem. **Art. 4 Nr. 14 DS-GVO** bei biometrischen Daten um „mit speziellen technischen Verfahren gewonnene personenbezogene Daten zu den physischen, physiologischen oder verhaltenstypischen Merkmalen einer natürlichen Person, die die eindeutige Identifizierung dieser natürlichen Person ermöglichen oder bestätigen, wie Gesichtsbilder oder daktyloskopische Daten". Identische Definitionen enthalten auch **Art. 3 Nr. 13 JI-RL** sowie **Art. 3 Nr. 18 EUDS-VO.** Die Definition in der KI-VO enthält indes nicht den Passus „die die eindeutige Identifizierung dieser natürlichen Person ermöglichen oder bestätigen". Ob die Definition von biometrischen Daten für die KI-VO wortgleich übernommen werden sollte, war im Gesetzgebungsverfahren umstritten.[390] Trotz der Abweichung von der Definition in der DS-GVO stellt Erwgr. 14 klar, dass der Begriff biometrische Daten nach der KI-VO im Sinne des Begriffs biometrische Daten nach Art. 4 Nr. 14 DS-GVO ausgelegt werden soll. Gleichzeitig wird indes betont, dass die biometrischen Daten zur Authentifizierung, Identifizierung oder Kategorisierung natürlicher Personen und zur Emotionserkennung dienen können (Erwgr. 14 S. 2). Infolge des divergierenden Wortlauts in den Definitionen von biometrischen Daten in der KI-VO und der DS-GVO ist die Definition von biometrischen Daten in der KI-VO deutlich weiter 289

---

[389] Auf diesen systematischen, kontextualisierenden Aspekt stellt auch Martini/Wendehorst, KI-VO/Wendehorst, Art. 3 Rn. 260 ab.

[390] Eingehend dazu Martini/Wendehorst, KI-VO/Wendehorst, 2. Auflage 2026, Art. 3 Rn. 264–266.

als nach der DS-GVO. Dies wirkt sich allerdings nicht auf die Interpretation von biometrischen Daten im Rahmen des Datenschutzes aus.[391]

290 Damit biometrische Daten vorliegen, muss es sich um personenbezogene Daten handeln. Diese werden in Art. 3 Nr. 50 definiert, wobei lediglich auf die Definition des personenbezogenen Datums in Art. 4 Nr. 1 DS-GVO verwiesen wird. Personenbezogene Daten sind alle Informationen, die sich auf eine identifizierte oder identifizierbare natürliche Person beziehen. Als identifizierbar wird eine natürliche Person angesehen, die direkt oder indirekt, insbesondere mittels Zuordnung zu einer Kennung wie einem Namen, zu einer Kennnummer, zu Standortdaten, zu einer Online-Kennung oder zu einem oder mehreren besonderen Merkmalen, die Ausdruck der physischen, physiologischen, genetischen, psychischen, wirtschaftlichen, kulturellen oder sozialen Identität dieser natürlichen Person sind, identifiziert werden kann.

291 Damit es sich um biometrische Daten handelt, sind nicht irgendwelche personenbezogene Daten ausreichend. Vielmehr müssen sich diese auf die physischen, physiologischen oder verhaltenstypischen Merkmale der Person beziehen. Hierunter fallen bspw. Fingerabdrücke, Retina-Analysen, Iriserkennung, Gesichtserkennung, DNA-Analyse, Stimmerkennung, Tastenanschlag-Analyse, Gangart-Analyse etc.[392] Biometrische Merkmale können dabei in „starke", „schwache" und „weiche" biometrische Merkmale unterteilt werden.[393]

292 Nicht jedes Foto, Video oder Tonaufnahme von einer natürlichen Person stellt zugleich biometrische Daten dar, welche in den Schutzbereich von bspw. Art. 9 DS-GVO fallen, denn sonst würde es sich etwa bei etlichen in der Freizeit erstellten Fotografien um biometrische Daten handeln, welche in den Schutzbereich fallen und strengen Anforderungen unterliegen. Erforderlich ist daher gem. Art. 3 Nr. 34, dass die Daten mit speziellen technischen Verfahren gewonnen werden. Im Datenschutzrecht wird richtigerweise argumentiert, dass nicht jedes Foto von einer Person in den Anwendungsbereich des Art. 9 DS-GVO fällt. Wenngleich es sich um biometrische Daten handelt, fehlt es an der erforderlichen Zweckbestimmung für die Datenverarbeitung, die darauf abzielt, eine Person zu identifizieren.[394] Diese Eingrenzung, welche in der datenschutzrechtlichen Definition enthalten ist, wurde allerdings nicht in der KI-VO übernommen. Art. 3 Nr. 34 stellt nicht darauf ab, dass die Daten zu dem Zweck der Identifizierung verarbeitet werden. Um eine Abgrenzung von normalen personenbezogenen Daten zu biometrischen Daten in der KI-VO zu erreichen, wird vorgeschlagen, dass die Daten mit speziellen Mitteln verarbeitet werden, um eine der Hauptfunktionen von biometrischen Verfahren zu erreichen.[395] Dadurch wird eine Abgrenzung erreicht, indem darauf abgestellt wird, ob die Daten im Wege eines biometrischen Verfahrens verwendet werden, wozu bspw. die Authentifizierung, die biometrische Identifizierung, die biometrische Kategorisierung sowie die biometrische Merkmalserkennung gehören.[396] Dieser Ansatz fügt sich in die Systematik der KI-VO ein, denn Art. 3 enthält Definitionen

---

391 Martini/Wendehorst, KI-VO/Wendehorst, Art. 3 Rn. 278.

392 Weitere Beispiele bei Artikel-29-Datenschutzgruppe, Stellungnahme 3/2012 vom 27.4.2012, S. 4.

393 Eingehend zu der Unterscheidung Martini/Wendehorst, KI-VO/Wendehorst, Art. 3 Rn. 269 ff.

394 Statt vieler siehe nur Gola/Heckmann/Schulz DS-GVO Art. 9 Rn. 19.

395 So Martini/Wendehorst, KI-VO/Wendehorst, 2. Auflage 2026, Art. 3 Rn. 276.

396 Martini/Wendehorst, KI-VO/Wendehorst, Art. 3 Rn. 276.

zur „biometrischen Identifizierung" (Nr. 35), zur „biometrischen Verifizierung" (Nr. 36), zu „Emotionserkennungssystemen" (Nr. 39) sowie zum „System zur biometrischen Kategorisierung" (Nr. 40).

35. biometrische Identifizierung

„biometrische Identifizierung" die automatisierte Erkennung physischer, physiologischer, verhaltensbezogener oder psychologischer menschlicher Merkmale zum Zwecke der Feststellung der Identität einer natürlichen Person durch den Vergleich biometrischer Daten dieser Person mit biometrischen Daten von Personen, die in einer Datenbank gespeichert sind; 293

Art. 3 Nr. 35 enthält die Legaldefinition zur biometrischen Identifizierung. 294
Dabei handelt es sich um die automatisierte Erkennung physischer, physiologischer, verhaltensbezogener oder psychologischer menschlicher Merkmale zum Zwecke der Feststellung der Identität einer natürlichen Person durch den Vergleich biometrischer Daten dieser Person mit biometrischen Daten von Personen, welche in einer Datenbank gespeichert sind. Daraus wird deutlich, dass Art. 3 Nr. 35 nicht alle biometrischen Verfahren erfasst, sondern auf die Technik der Identifizierung beschränkt ist.[397] Die Definition der biometrischen Identifizierung bildet zudem das Fundament für die Legaldefinitionen „biometrisches Fernidentifizierungssystem" in Art. 3 Nr. 41, „biometrisches Echtzeit-Fernidentifizierungssystem" in Art. 3 Nr. 42 sowie „System zur nachträglichen biometrischen Fernidentifizierung" in Art. 3 Nr. 43. Anwendungsfälle, in denen es um die biometrische Identifizierung geht, finden sich in der KI-VO insbesondere in Art. 5 (bspw. Abs. 1 lit. g), welcher sog. verbotene KI-Praktiken enthält.

Der Terminus biometrische Identifizierung baut wiederum auf dem Begriff 295
der „biometrischen Daten" auf, wie er in Art. 3 Nr. 34 legaldefiniert ist (Binnenverweis auf Kommentierung Art. 3 Nr. 34). Auch bei der biometrischen Identifizierung ist der Zweck maßgeblich, denn nicht bei jeder Verarbeitung von biometrischen Daten handelt es sich auch um die von Art. 3 Nr. 35 erfasste Technik der Identifizierung. Erforderlich ist vielmehr, dass biometrische Daten dazu verarbeitet werden, die Identität einer natürlichen Person festzustellen.[398] Dabei ist es unerheblich, ob die natürliche Person ihre Zustimmung zu der Datenverarbeitung gegeben hat oder nicht, wie aus Erwgr. 15 S. 1 ersichtlich wird. Dies ist auch nur logisch, denn für die Handlung der biometrischen Identifizierung kommt es allein auf den Zweck an und nicht darauf, ob etwaige Einwilligungen erteilt wurden.

Zu den Merkmalen nach Art. 3 Nr. 35 zählen insbesondere Gesicht, Augenbe- 296
wegungen, Körperform, Stimme, Prosodie, Gang, Haltung, Herzfrequenz, Blutdruck, Geruch sowie der charakteristische Tastenanschlag (vgl. Erwgr. 15 S. 1).

Von der biometrischen Identifizierung sind KI-Systeme abzugrenzen, die 297
bestimmungsgemäß für die biometrische Verifizierung – wozu auch die Authentifizierung gehört – verwendet werden sollen (vgl. Erwgr. 15 S. 2).

Damit es sich um eine biometrische Identifizierung handelt, muss ein Vergleich 298
der biometrischen Daten der natürlichen Person mit biometrischen Daten von Personen, die in einer Datenbank gespeichert sind, stattfinden. Im Hinblick auf den Schutzzweck darf der Terminus Datenbank nicht restriktiv ausgelegt werden. Insbesondere sollte keine zahlenmäßige Begrenzung stattfinden, sodass auch ein

---

397 Martini/Wendehorst, KI-VO/Wendehorst, Art. 3 Rn. 279.

398 So auch Martini/Wendehorst, KI-VO/Wendehorst, Art. 3 Rn. 281.

Datensatz ausreicht, damit es sich um eine Datenbank iSd Art. 3 Nr. 35 handelt.[399] Mit Blick auf den Wortlaut könnte freilich die Verwendung des Plurals im Hinblick auf Daten und Personen in Art. 3 Nr. 35 sowie Erwgr. 15 S. 1 dagegensprechen, dass es ausreichend ist, dass die Daten von einer Person hinterlegt sind, damit es sich um eine Datenbank iSv Art. 3 Nr. 35 handelt.

36. biometrische Verifizierung

299 **„biometrische Verifizierung" die automatisierte Eins-zu-eins-Verifizierung, einschließlich Authentifizierung, der Identität natürlicher Personen durch den Vergleich ihrer biometrischen Daten mit zuvor bereitgestellten biometrischen Daten;**

300 Art. 3 Nr. 36 enthält die Legaldefinition der biometrischen Verifizierung. Dabei handelt es sich ausgehend vom Wortlaut um eine automatisierte Eins-zu-eins-Verifizierung, einschließlich der Authentifizierung, der Identität natürlicher Personen durch den Vergleich ihrer biometrischen Daten mit zuvor bereitgestellten biometrischen Daten. Zu unterscheiden ist die biometrische Verifizierung von der biometrischen Identifizierung, welche in Art. 3 Nr. 35 geregelt ist (→ Art. 3 Nr. 35 Rn. 293 ff.).

301 Im Unterschied zur biometrischen Identifizierung, wo eine natürliche Person aus zahlreichen Personen erkannt werden soll, geht es bei der biometrischen Verifizierung um eine Eins-zu-eins-Verifizierung. Dafür werden von einer natürlichen Person die biometrischen Daten verarbeitet und dabei mit einem bestehenden Datensatz abgeglichen. Sofern beide Datensätze miteinander übereinstimmen, kann die Identität der Person bestimmt werden. Solche Verfahren werden meist iRv Zutrittssystemen verwendet, sei es, um physisch oder virtuell Zugang zu Räumen oder Systemen zu erhalten. Dabei handelt es sich dann um Authentifizierung.

302 Die eingegebenen Daten werden ausgehend vom Wortlaut des Art. 3 Nr. 36 mit „zuvor bereitgestellten" Daten abgeglichen. Unklar ist, ob dies lediglich bedeutet, dass es sich um vorhandene Daten handelt oder ob der Wortlaut so ausgelegt werden soll, dass diejenige Person, die den Abgleich durchführen möchte, diese Daten zuvor aktiv übermittelt bzw. in das System eingespeist hat oder darin eingewilligt hat.[400] Sofern es daran fehlt, soll es sich um eine biometrische Identifizierung handeln.[401] Dies überzeugt, denn bei einer biometrischen Verifizierung möchte eine Person gerade ihre Identität bestätigen. Ein solcher Abgleich kann allerdings nur dann erfolgen, wenn bereits ein Datensatz vorhanden ist, wie bspw. bei der Gesichtserkennung auf einem Smartphone, wo mittels Face-ID eine Entsperrung möglich ist.

37. besondere Kategorien personenbezogener Daten

303 **„besondere Kategorien personenbezogener Daten" die in Artikel 9 Absatz 1der Verordnung (EU) 2016/679, Artikel 10 der Richtlinie (EU) 2016/680 und Artikel 10 Absatz 1 der Verordnung (EU) 2018/1725 aufgeführten Kategorien personenbezogener Daten;**

304 Art. 3 Nr. 37 enthält die Legaldefinition von besonderen Kategorien personenbezogener Daten und verweist dabei auf die in Art. 9 Abs. 1 DS-GVO, Art. 10 Abs. 1 EUDS-VO sowie Art. 10 JI-RL aufgeführten Kategorien personenbezogener

[399] So Martini/Wendehorst, KI-VO/Wendehorst, Art. 3 Rn. 283.
[400] So Martini/Wendehorst, KI-VO/Wendehorst, Art. 3 Rn. 287.
[401] So Martini/Wendehorst, KI-VO/Wendehorst, Art. 3 Rn. 287.

Daten. Dabei handelt es sich insbesondere um personenbezogene Daten, aus denen die rassische und ethnische Herkunft, politische Meinungen, religiöse oder weltanschauliche Überzeugungen oder die Gewerkschaftszugehörigkeit hervorgehen, sowie die Verarbeitung von genetischen Daten, biometrischen Daten zur eindeutigen Identifizierung einer natürlichen Person, Gesundheitsdaten oder Daten zum Sexualleben oder der sexuellen Orientierung einer natürlichen Person. Die Verarbeitung von besonderen Kategorien personenbezogener Daten, also besonders sensibler Daten, ist va in Art. 10 Abs. 5 relevant. Danach dürfen Anbieter von Hochrisiko-KI-Systemen, soweit dies für die Erkennung und Korrektur von Verzerrungen unbedingt erforderlich ist, besondere Kategorien personenbezogener Daten verarbeiten. Allerdings müssen angemessene Vorkehrungen für den Schutz der Grundrechte und Grundfreiheiten natürlicher Personen getroffen werden.

Die Verarbeitung von sensiblen personenbezogenen Daten kann im Kontext **305** von KI-Systemen bspw. bei der automatisierten Entscheidung relevant sein.[402]

38. sensible operative Daten

„sensible operative Daten" operative Daten im Zusammenhang mit Tätigkeiten **306** **zur Verhütung, Aufdeckung, Untersuchung oder Verfolgung von Straftaten, deren Offenlegung die Integrität von Strafverfahren gefährden könnte;**

Sensible operative Daten sind in Art. 3 Nr. 38 legaldefiniert als operative Daten **307** im Zusammenhang mit Tätigkeiten zur Verhütung, Aufdeckung, Untersuchung oder Verfolgung von Straftaten, deren Offenlegung die Integrität von Strafverfahren gefährden könnte. Im Kontext der KI-VO werden sensible operative Daten insbesondere im Zusammenhang mit Informationspflichten relevant. So nimmt Art. 5 Abs. 4 S. 2 sensible operative Daten von der Mitteilungspflicht explizit aus. Auch Art. 26 Abs. 5 S. 5 sieht vor, dass die Mitteilungspflicht des Betreibers nicht für sensible operative Daten von Betreibern eines Hochrisiko-KI-Systems gilt, wenn es sich bei den Betreibern um Strafverfolgungsbehörden handelt. In Art. 46 Abs. 3 S. 3 (Ausnahme vom Konformitätsbewertungsverfahren) ist vorgesehen, dass sich die Mitteilungspflicht der Marktüberwachungsbehörde gegenüber der Kommission aus Abs. 3 nicht auf sensible operative Daten erstreckt, welche zu den Tätigkeiten von Strafverfolgungsbehörden zählen.[403] Die Informations- und Mitteilungspflichten werden – sofern es um sensible operative Daten iSv Art. 3 Nr. 38 geht – eingeschränkt.

Bei sensiblen operativen Daten handelt es sich nicht um sensible personenbezo- **308** gene Daten nach Art. 3 Nr. 37. Sensible operative Daten müssen keinen Personenbezug aufweisen.[404]

Die Integrität eines Strafverfahrens ist dann betroffen, wenn insbesondere dessen **309** Wirksamkeit tangiert ist. Umfasst sind mithin sämtliche Daten, deren Offenlegung dazu führen kann, dass die Effektivität des Strafverfahrens beeinträchtigt wird.[405] Dies betrifft nicht nur Informationen, die ein laufendes Ermittlungsverfahren umfassen, sondern auch Informationen über Ermittlungstechniken.[406]

---

[402] Eingehend zur Bedeutung für die Datenverarbeitung Martini/Wendehorst, KI-VO/Wendehorst, Art. 3 Rn. 291.

[403] BeckOK KI-Recht/Steege, 4. Ed. 1.11.2025, Art. 46 Rn. 29.

[404] Martini/Wendehorst, KI-VO/Wendehorst, Art. 3 Rn. 308.

[405] Martini/Wendehorst, KI-VO/Wendehorst, Art. 3 Rn. 309.

[406] Martini/Wendehorst, KI-VO/Wendehorst, Art. 3 Rn. 309.

39. Emotionserkennungssystem

310 **„Emotionserkennungssystem" ein KI-System, das dem Zweck dient, Emotionen oder Absichten natürlicher Personen auf der Grundlage ihrer biometrischen Daten festzustellen oder daraus abzuleiten;**

311 In Art. 3 Nr. 39 ist die Legaldefinition eines Emotionserkennungssystems enthalten. Dabei handelt es sich um ein KI-System, welches dem Zweck dient, Emotionen oder Absichten natürlicher Personen auf der Grundlage ihrer biometrischen Daten festzustellen oder daraus abzuleiten. Erforderlich ist daher, dass biometrische Daten verarbeitet werden, welche in Art. 3 Nr. 34 legaldefiniert sind (→ Art. 3 Nr. 34 Rn. 287 ff.).

312 Emotionserkennungssysteme werden in der KI-VO nicht einer bestimmten Art von KI-System zugeordnet. Vielmehr erkennt der Unionsgesetzgeber an, dass die Risiken, welche von einem Emotionserkennungssystem ausgehen können, divergieren. Art. 5 Abs. 1 lit. f verbietet die Verwendung von KI-Systemen zur Ableitung von Emotionen einer natürlichen Person am Arbeitsplatz sowie in Bildungseinrichtungen. Art. 5 Abs. 1 lit. f nennt allerdings nicht den Begriff „Emotionserkennungssystem", sondern spricht allgemein von der Ableitung von Emotionen. Besondere Relevanz haben Emotionserkennungssysteme in der KI-VO allerdings im Kontext von Transparenzpflichten nach Art. 50 Abs. 3. Danach müssen Betreiber eines Emotionserkennungssystems natürliche Personen über den Einsatz des KI-Systems informieren. Aber auch iRd Einstufung als Hochrisiko-KI-System gem. Art. 6 Abs. 2 iVm Anhang 3 Nr. 1 lit. c sind Emotionserkennungssysteme relevant.

313 Damit eine Emotionserkennung nach Art. 3 Nr. 39 vorliegt, reicht es indes nicht aus, wenn biometrische Daten verarbeitet werden oder daraus Emotionen abgeleitet werden. Erforderlich ist vielmehr, dass sich aus den vorliegenden Informationen Emotionen oder Absichten wie zB Glück, Trauer, Wut, Überraschung, Ekel, Verlegenheit, Aufregung, Scham, Verachtung, Zufriedenheit oder Vergnügen ableiten lassen, wie aus Erwgr. 18 S. 2 ersichtlich wird. Davon umfasst sind jedoch keine physischen Zustände wie Schmerz oder Ermüdung, wozu bspw. Systeme gehören, die zur Erkennung des Zustands der Ermüdung von Berufspiloten oder Berufsfahrern eingesetzt werden, um Unfälle zu verhindern. Diese Ausnahme ist sinnvoll, da derartige Systeme ausschließlich zur Unfallvermeidung eingesetzt werden. Zudem führt die Ausnahme dazu, dass die KI-VO nicht den bestehenden Anforderungen im Automobilbereich widerspricht. So verpflichtet Art. 6 Abs. 1 lit. c VO (EU) 2019/2144 Hersteller von Kraftfahrzeugen, diese mit einem Warnsystem bei Müdigkeit und nachlassender Aufmerksamkeit des Fahrers auszurüsten. Die Vorgaben zur Typgenehmigung sind dabei von Automobilherstellern zwingend einzuhalten, um eine entsprechende Typgenehmigung zu erhalten.

314 Von der Emotionserkennung ausgenommen sollen nach Erwgr. 18 S. 4 indes offensichtliche Ausdrucksformen, Gesten und Bewegungen sein, außer sie werden zum Erkennen oder Ableiten von Emotionen verwendet. Zu den ausgenommenen Ausdrucksformen sollen nach Erwgr. 18 S. 5 einfache Gesichtsausdrücke wie Stirnrunzeln oder ein Lächeln zählen sowie Stimmmerkmale einer Person wie bspw. lautes Sprechen oder ein Flüstern. Allerdings deuten diese Verhaltensweisen gerade auf einen bestimmten Gemütszustand einer Person hin.[407] Insbesondere im Hinblick auf Verhaltensmuster einer Person spricht viel dafür, dass schnell die

[407] Kritisch auch Martini/Wendehorst, KI-VO/Wendehorst, Art. 3 Rn. 314.

Grenze überschritten wird, sodass derartige Informationen zur Ableitung und zum Erkennen von Emotionen genutzt werden und

40. System zur biometrischen Kategorisierung

„System zur biometrischen Kategorisierung" ein KI-System, das dem Zweck dient, natürliche Personen auf der Grundlage ihrer biometrischen Daten bestimmten Kategorien zuzuordnen, sofern es sich um eine Nebenfunktion eines anderen kommerziellen Dienstes handelt und aus objektiven technischen Gründen unbedingt erforderlich ist; 315

a) Allgemeines. Ein System zur biometrischen Kategorisierung wird in Art. 3 Nr. 40 als ein KI-System definiert, welches dem Zweck dient, natürliche Personen auf der Grundlage ihrer biometrischen Daten bestimmten Kategorien zuzuordnen, sofern es sich nicht[408] um eine Nebenfunktion eines anderen kommerziellen Dienstes handelt und aus objektiven technischen Gründen unbedingt erforderlich ist. Die Definition ist im Gesetzgebungsverfahren des Öfteren überarbeitet worden.[409] 316

b) Bedeutung innerhalb der KI-VO. Innerhalb der KI-VO werden KI-Systeme zur biometrischen Kategorisierung an verschiedenen Stellen virulent. So verbietet Art. 5 Abs. 1 lit. g das Inverkehrbringen sowie die Inbetriebnahme von solchen KI-Systemen, mit denen natürliche Personen individuell auf der Grundlage ihrer biometrischen Daten kategorisiert werden, um ihre Rasse, ihre politischen Einstellungen, ihre Gewerkschaftszugehörigkeit, ihre religiösen oder weltanschaulichen Überzeugungen, ihr Sexualleben oder ihre sexuelle Ausrichtung zu erschließen oder abzuleiten. Sofern das KI-System nicht eine solche verbotene KI-Praktik darstellt, sind nach Art. 50 Abs. 3 besondere Transparenzpflichten zu berücksichtigen. Danach müssen Betreiber betroffene natürliche Personen über den Betrieb des Systems informieren. Zusätzlich kann es sich bei einem KI-System zur biometrischen Kategorisierung um ein Hochrisiko-KI-System nach Art. 6 Abs. 2 iVm Anhang III Nr. 1 lit. c handeln. 317

c) Einzelne Merkmale. aa) Biometrische Daten. Damit ein KI-System eine biometrische Kategorisierung vornehmen kann, müssen biometrische Daten vorhanden sein. Diese sind in Art. 3 Nr. 34 definiert (→ Art. 3 Nr. 34 Rn. 287 ff.). Erfolgt die Kategorisierung mittels anderer Daten, ist dies nicht ausreichend, um in den Anwendungsbereich der biometrischen Kategorisierung zu fallen.[410] 318

bb) Zuordnung zu bestimmten Kategorien. Das Besondere an den KI-Systemen zur biometrischen Kategorisierung ist, dass natürliche Personen auf der Grundlage ihrer biometrischen Daten bestimmten Kategorien zugeordnet werden. Diese Kategorien können Aspekte wie Geschlecht, Alter, Haarfarbe, Augenfarbe, Tätowierungen, Verhaltens- oder Persönlichkeitsmerkmale, Sprache, Religion, Zugehörigkeit zu einer nationalen Minderheit, sexuelle oder politische Ausrichtung betreffen, wie aus Erwgr. 16 S. 2 hervorgeht. Der Ausdruck „Kategorien" ist weit auszulegen und es muss sich nicht um für die natürliche Person sonderlich sensible Daten handeln.[411] 319

---

[408] Anders als bspw. in der englischen Sprachfassung fehlt in der deutschen Version das Wort „nicht". So auch Martini/Wendehorst, KI-VO/Wendehorst, Art. 3 Rn. 315.

[409] Eingehend Martini/Wendehorst, KI-VO/Wendehorst, Art. 3 Rn. 315.

[410] So auch Martini/Wendehorst, KI-VO/Wendehorst, Art. 3 Rn. 317.

[411] So auch Martini/Wendehorst, KI-VO/Wendehorst, Art. 3 Rn. 318.

320 **cc) Ausnahme aus technischen Gründen.** Von dem Anwendungsbereich ausgenommen sind allerdings biometrische Kategorisierungssysteme, die lediglich eine Nebenfunktion darstellen und die mit einem anderen kommerziellen Dienst verbunden sind und die Funktion aus technischen Gründen erforderlich ist. Beispielsweise könnten Filter zur Kategorisierung von Gesichts- oder Körpermerkmalen, die auf Online-Marktplätzen verwendet werden, eine solche Nebenfunktion darstellen, da sie nur im Zusammenhang mit der Hauptdienstleistung verwendet werden können, die darin besteht, ein Produkt zu verkaufen, indem es dem Verbraucher ermöglicht wird, zu erkennen, wie das Produkt an seiner Person aussieht und ihm so zu helfen, eine Kaufentscheidung zu treffen (Erwgr. 16). Aber auch Filter, die in sozialen Netzwerken eingesetzt werden und Gesichts- oder Körpermerkmale kategorisieren, um es den Nutzern zu ermöglichen, Bilder oder Videos hinzuzufügen oder zu verändern, können ebenfalls als Nebenfunktion betrachtet werden, da ein solcher Filter nicht ohne die Hauptdienstleistung sozialer Netzwerke verwendet werden kann, die in der Weitergabe von Online-Inhalten besteht (Erwgr. 16).

321 **d) Hürden für die Praxis.** Die Systematik der Definition mit der darin enthaltenen Ausnahme wird teils kritisiert,[412] da das Risiko nicht im Rahmen einer Prüfung von Art. 6 Abs. 3 vorgenommen wird, so wie die eigentliche Logik der KI-VO dies vorsieht, nachdem ein KI-System nach Art. 6 Abs. 2 iVm Anhang I als Hochrisiko-KI-System eingestuft wurde. Die Ausnahme erstreckt sich zudem nur auf kommerzielle Dienste. Wenn diese für kommerzielle Dienste gilt, dürfte sie aber erst recht für nicht-kommerzielle Dienste gelten, sodass die Ausnahme mittels eines Erst-Recht-Schlusses erweitert werden kann.[413] Für Anbieter von KI-Systemen bedeutet dies, dass entweder bereits auf der Ebene der Definition die Anwendbarkeit der Ausnahme angenommen wird, sodass es nicht mehr zur Prüfung kommt, ob ein Hochrisiko-KI-System vorliegt oder im Hinblick auf Haftungsrisiken die Ausnahme eng ausgelegt wird und die Risiken des KI-Systems mittels Art. 6 Abs. 3 bewertet werden, was der Systematik zur Risikoklassifizierung entsprechen würde. Insbesondere im Hinblick auf mögliche Bußgelder und Durchsetzungsmaßnahmen der Marktüberwachungsbehörde dürfte ein vorsichtiger Umgang geboten sein. Der Unionsgesetzgeber erweist sich im Hinblick auf die Rechtssicherheit und die Regelungssystematik der KI-VO mit der in der Definition enthaltenen Ausnahme allerdings einen Bärendienst.

41. biometrisches Fernidentifizierungssystem

322 **„biometrisches Fernidentifizierungssystem" ein KI-System, das dem Zweck dient, natürliche Personen ohne ihre aktive Einbeziehung und in der Regel aus der Ferne durch Abgleich der biometrischen Daten einer Person mit den in einer Referenzdatenbank gespeicherten biometrischen Daten zu identifizieren;**

323 In Art. 3 Nr. 41 ist die Definition eines biometrischen Fernidentifizierungssystems enthalten. Dabei handelt es sich um ein KI-System, das dem Zweck dient, natürliche Personen ohne ihre aktive Einbeziehung und in der Regel aus der Ferne durch Abgleich der biometrischen Daten einer Person mit den in einer Referenzdatenbank gespeicherten biometrischen Daten zu identifizieren.

---

[412] So Martini/Wendehorst, KI-VO/Wendehorst, Art. 3 Rn. 321 ff.

[413] So auch Martini/Wendehorst, KI-VO/Wendehorst, Art. 3 Rn. 322.

Es handelt sich bei dieser Definition um die Grundlage für die Definitionen von biometrischen Echtzeit-Fernidentifizierungssystemen (Art. 3 Nr. 42) sowie von Systemen zur nachträglichen biometrischen Fernidentifizierung (Art. 3 Nr. 43). Sämtliche biometrische Fernidentifizierungssysteme sind nach der Risikoeinstufung der KI-VO nach Art. 6 Abs. 2 iVm Anhang III Nr. 1 lit. a als Hochrisiko-KI-System einzustufen. **324**

Auch hier muss ein KI-System zur biometrischen Identifizierung vorliegen, welches in Art. 3 Nr. 35 legaldefiniert ist (→ Art. 3 Nr. 35 Rn. 293 ff.). Die biometrische Identifizierung ist von der biometrischen Verifizierung abzugrenzen (→ Art. 3 Nr. 36 Rn. 299 ff.). Die Definition von biometrischer Identifizierung umfasst keine KI-Systeme, die bestimmungsgemäß für die biometrische Verifizierung, wozu die Authentifizierung gehört, verwendet werden sollen, deren einziger Zweck darin besteht, zu bestätigen, dass eine bestimmte natürliche Person die Person ist, für die sie sich ausgibt, sowie zur Bestätigung der Identität einer natürlichen Person zu dem alleinigen Zweck, Zugang zu einem Dienst zu erhalten, ein Gerät zu entriegeln oder Sicherheitszugang zu Räumlichkeiten zu erhalten. Diese Ausnahme wird vom Unionsgesetzgeber damit begründet, dass diese Systeme im Vergleich zu biometrischen Fernidentifizierungssystemen, die zur Verarbeitung biometrischer Daten einer großen Anzahl von Personen ohne ihre aktive Einbeziehung verwendet werden können, geringfügige Auswirkungen auf die Grundrechte natürlicher Personen haben dürften (so ausdrücklich Erwgr. 17). Im Hinblick auf die Eingriffsintensität in die einzelnen Grundrechte geht es aber nicht nur um die Intensität, die mit der Verarbeitung der Daten einhergeht, sondern zu berücksichtigen ist auch, dass bei einer biometrischen Verifizierung der Nutzer Daten speichert, sodass diese zur Authentifizierung verwendet werden können.[414] **325**

Eine Fernidentifizierung setzt voraus, dass die betroffene Person nicht aktiv mitwirkt. Legt eine Person ihren Finger auf einen Scanner oder blickt in eine Kamera, um mittels Face ID das Handy zu entsperren, so liegt keine Fernidentifizierung vor.[415] **326**

42. biometrisches Echtzeit-Fernidentifizierungssystem

„biometrisches Echtzeit-Fernidentifizierungssystem“ ein biometrisches Fernidentifizierungssystem, bei dem die Erfassung biometrischer Daten, der Abgleich und die Identifizierung ohne erhebliche Verzögerung erfolgen, und das zur Vermeidung einer Umgehung der Vorschriften nicht nur die sofortige Identifizierung, sondern auch eine Identifizierung mit begrenzten kurzen Verzögerungen umfasst; **327**

Art. 3 Nr. 42 definiert ein biometrisches Echtzeit-Fernidentifizierungssystem als ein System, bei dem die Erfassung biometrischer Daten, der Abgleich und die Identifizierung ohne erhebliche Verzögerung erfolgen, und das zur Vermeidung einer Umgehung der Vorschriften nicht nur die sofortige Identifizierung, sondern auch eine Identifizierung mit begrenzten kurzen Verzögerungen umfasst. **328**

Im Kontext der KI-VO haben biometrische Echtzeit-Fernidentifizierungssysteme Relevanz im Zusammenhang mit der Strafverfolgung (Art. 5 Abs. 1 UAbs. 1 lit. h, Abs. 3–7) sowie als Hochrisiko-KI-Systeme nach Art. 6 Abs. 2 iVm Anhang III Nr. 1 lit. a. **329**

---

[414] In diese Richtung auch Martini/Wendehorst, KI-VO/Wendehorst, Art. 3 Rn. 326.
[415] So auch Martini/Wendehorst, KI-VO/Wendehorst, Art. 3 Rn. 327.

330 Für ein biometrisches Echtzeit-Fernidentifizierungssystem muss ein biometrisches Fernidentifizierungssystem nach Art. 3 Nr. 41 (Binnenverweis) vorliegen. Hinzutreten muss allerdings die Voraussetzung, dass es sich um ein Echtzeit-System handelt. Dies bedeutet, dass sowohl die Datenerhebung als auch der Abgleich sowie die Identifizierung zeitgleich oder nahezu zeitgleich erfolgen müssen, mindestens aber ohne erhebliche Verzögerung, wie aus Erwgr. 17 hervorgeht. Aufgrund der Echtzeit soll eine höhere Eingriffsintensität für betroffene Personen gegeben sein und so die weitgehenden Verbote in Art. 5 rechtfertigen.[416]

331 Der Anwendungsbereich als biometrisches Echtzeit-Fernidentifizierungssystem kann nicht dadurch umgangen werden, dass eine minimale Verzögerung konstruktionsbedingt erreicht wird, wie aus Erwgr. 17 ausdrücklich hervorgeht. Echtzeit-Systeme erfassen danach die Verwendung von „Live-Material" oder „Near-live-Material", wozu etwa Videoaufnahmen zählen, die von einer Kamera oder einem anderen Gerät mit ähnlicher Funktion erzeugt werden (Erwgr. 17). Handelt es sich hingegen um ein KI-System zur nachträglichen Identifizierung, bei dem die biometrischen Daten bereits zuvor erfasst wurden, finden der Abgleich und die Identifizierung erst mit erheblicher Verzögerung statt (Erwgr. 17).

43. System zur nachträglichen biometrischen Fernidentifizierung

332 **„System zur nachträglichen biometrischen Fernidentifizierung" ein biometrisches Fernidentifizierungssystem, das kein biometrisches Echtzeit-Fernidentifizierungssystem ist;**

333 In Art. 3 Nr. 43 ist die Definition eines Systems zur nachträglichen biometrischen Fernidentifizierung enthalten. Dabei handelt es sich um ein biometrisches Fernidentifizierungssystem, das kein biometrisches Echtzeit-Fernidentifizierungssystem ist. Im Unterschied zu biometrischen Echtzeit-Fernidentifizierungssystemen zeichnet solche Systeme aus, dass die biometrischen Daten bereits zuvor erfasst wurden und der Abgleich und die Identifizierung erst mit erheblicher Verzögerung durch das KI-System stattfinden (Erwgr. 17).

334 Entscheidend ist also auch bei einem System zur nachträglichen Fernidentifizierung, dass biometrische Daten vorliegen und es sich um eine Fernidentifizierung handelt, welche jedoch nicht in Echtzeit erfolgt. Insoweit kann auf die Kommentierung zu biometrischen Daten (→ Art. 3 Nr. 34 Rn. 287 ff.), zur biometrischen Identifizierung (→ Art. 3 Nr. 35 Rn. 293 ff.) und zur biometrischen Fernidentifizierung (→ Art. 3 Nr. 41 Rn. 322 ff.) sowie insbesondere zur Abgrenzung auf die biometrische Echtzeit-Fernidentifizierung (→ Art. 3 Nr. 42 Rn. 327 ff.) verwiesen werden.

335 Diese KI-Systeme unterfallen nicht den verbotenen KI-Praktiken gem. Art. 5. Anforderungen an den Betreiber eines solchen KI-Systems finden sich in Art. 26 Abs. 10. Es handelt sich bei Systemen zur nachträglichen biometrischen Fernidentifizierung um Hochrisiko-KI-Systeme gem. Art. 6 Abs. 2 iVm Ahang III Nr. 1 lit. a.

336 Im Hinblick auf die Grundrechtsbeeinträchtigung von betroffenen Personen wird kritisiert, dass das bloße Abstellen auf die zeitliche Verzögerung im Unterschied zu Echtzeit-Systemen nicht sachgerecht ist.[417]

---

[416] Martini/Wendehorst, KI-VO/Wendehorst, Art. 3 Rn. 331.

[417] So Martini/Wendehorst, KI-VO/Wendehorst, Art. 3 Rn. 343.

44. öffentlich zugänglicher Raum

„öffentlich zugänglicher Raum“ einen einer unbestimmten Anzahl natürlicher Personen zugänglichen physischen Ort in privatem oder öffentlichem Eigentum, unabhängig davon, ob bestimmte Bedingungen für den Zugang gelten, und unabhängig von möglichen Kapazitätsbeschränkungen; **337**

Die Legaldefinition von öffentlich zugänglichen Räumen findet sich in Art. 3 Nr. 44. Danach handelt es sich bei einem öffentlich zugänglichen Raum um einen einer unbestimmten Anzahl natürlicher Personen zugänglichen physischen Ort in privatem oder öffentlichem Eigentum. Dabei ist es unerheblich, ob bestimmte Bedingungen für den Zugang gelten und mögliche Kapazitätsbeschränkungen bestehen. Öffentlich zugängliche Räume sind im Kontext von biometrischen Echtzeit-Fernidentifizierungssystemen in Art. 5 Abs. 1 lit. h sowie Abs. 3–7 relevant. **338**

Von öffentlich zugänglichen Räumen werden indes nur physische Orte erfasst, nicht jedoch virtuelle Räume wie im Metaverse.[418] Für die Einstufung als öffentlich zugänglicher Raum ist es unerheblich, ob er sich in privatem oder öffentlichem Eigentum befindet. Auch die Tätigkeiten, für die der Ort verwendet werden kann, ist ohne Belang. Dazu zählen Bereiche für ua Gewerbe (bspw. Geschäfte, Restaurants, Cafés), Dienstleistungen (etwa Banken, berufliche Tätigkeiten, Gastgewerbe), Sport (bspw. Schwimmbäder, Fitnessstudios, Stadien), Verkehr (etwa Bus- und U-Bahn-Haltestellen, Bahnhöfe, Flughäfen, Transportmittel), Unterhaltung (wie etwa Kinos, Theater, Museen, Konzert- und Konferenzsäle) sowie für Freizeit oder Sonstiges, (wie öffentliche Straßen und Plätze, Parks, Wälder, Spielplätze), wie aus Erwgr. 19 hervorgeht. **339**

Zudem muss der Raum auch öffentlich zugänglich sein. Ein Ort sollte auch als öffentlich zugänglich eingestuft werden, wenn der Zugang, unabhängig von möglichen Kapazitäts- oder Sicherheitsbeschränkungen, bestimmten im Voraus festgelegten Bedingungen unterliegt, die von einer unbestimmten Anzahl von Personen erfüllt werden können, etwa durch den Kauf eines Fahrscheins, die vorherige Registrierung oder die Erfüllung eines Mindestalters (vgl. Erwgr. 19). Dahingegen sollte ein Ort nicht als öffentlich zugänglich gelten, wenn der Zugang auf natürliche Personen beschränkt ist, die entweder im Unionsrecht oder im nationalen Recht, das direkt mit der öffentlichen Sicherheit zusammenhängt, oder im Rahmen einer eindeutigen Willenserklärung der Person, die die entsprechende Befugnis über den Ort ausübt, bestimmt und festgelegt wird, wie aus Erwgr. 19 folgt. **340**

Die tatsächliche Zugangsmöglichkeit allein, etwa eine unversperrte Tür oder ein offenes Zauntor, bedeutet nicht, dass der Ort öffentlich zugänglich ist, wenn aufgrund von Hinweisen oder Umständen das Gegenteil nahegelegt wird (etwa Schilder, die den Zugang verbieten oder einschränken), vgl. Erwgr. 19. Unternehmens- und Fabrikgelände sowie Büros und Arbeitsplätze, die nur für die betreffenden Mitarbeiter und Dienstleister zugänglich sein sollen, sind Orte, die nicht öffentlich zugänglich sind (Erwgr. 19). **341**

Justizvollzugsanstalten und Grenzkontrollbereiche sollten indes nicht zu den öffentlich zugänglichen Orten zählen (Erwgr. 19). **342**

Einige andere Gebiete können nach Auffassung des Gesetzgebers sowohl öffentlich zugängliche als auch nicht öffentlich zugängliche Orte umfassen, etwa die **343**

---

[418] Zu rechtlichen Aspekten der KI-VO im Kontext des Metaverse siehe nur Steege/Chibanguza, Metaverse/Steege/Chibanguza, 1. Aufl. 2023, § 8.

Gänge eines privaten Wohngebäudes, deren Zugang erforderlich ist, um zu einer Arztpraxis zu gelangen, oder Flughäfen (Erwgr. 19).[419]

344 Eine klare Abgrenzung, ob ein bestimmter Raum öffentlich zugänglich ist, ermöglicht die KI-VO nicht und sieht dies auch nicht vor. Der Gesetzgeber ging vielmehr davon aus, dass es auf den jeweiligen Einzelfall ankommt – unter Berücksichtigung der Besonderheiten der jeweiligen individuellen Situation (Erwgr. 19).

45. Strafverfolgungsbehörde

345 **„Strafverfolgungsbehörde"**

eine Behörde, die für die Verhütung, Ermittlung, Aufdeckung oder Verfolgung von Straftaten oder die Strafvollstreckung, einschließlich des Schutzes vor und der Abwehr von Gefahren für die öffentliche Sicherheit, zuständig ist, oder

eine andere Stelle oder Einrichtung, der durch nationales Recht die Ausübung öffentlicher Gewalt und hoheitlicher Befugnisse zur Verhütung, Ermittlung, Aufdeckung oder Verfolgung von Straftaten oder zur Strafvollstreckung, einschließlich des Schutzes vor und der Abwehr von Gefahren für die öffentliche Sicherheit, übertragen wurde;

346 Art. 3 Nr. 45 definiert den Begriff der **„Strafverfolgungsbehörde"** als eine Behörde, die für die Verhütung, Ermittlung, Aufdeckung oder Verfolgung von Straftaten oder die Strafvollstreckung, einschließlich des Schutzes vor und der Abwehr von Gefahren für die öffentliche Sicherheit, zuständig ist (lit. a), oder eine andere Stelle oder Einrichtung, der durch nationales Recht die Ausübung öffentlicher Gewalt und hoheitlicher Befugnisse zur Verhütung, Ermittlung, Aufdeckung oder Verfolgung von Straftaten oder zur Strafvollstreckung, einschließlich des Schutzes vor und der Abwehr von Gefahren für die öffentliche Sicherheit, übertragen wurde (lit. b).[420]

347 Die in Nr. 45 enthaltene Begriffsbestimmung ist untrennbar mit der Definition der **„Strafverfolgung" nach Nr. 46** verknüpft und nur im Kontext dieser gemeinsam zu verstehen.[421]

348 Der Anwendungsbereich der strafverfolgungsbezogenen Tätigkeiten erstreckt sich nicht ausschließlich auf repressives Handeln, sondern schließt auch solche **präventiven Vorkehrungen** ein, die nach deutschem Rechtsverständnis typischerweise dem Polizeirecht oder dem Gefahrenabwehrrecht zugeordnet würden.[422]

349 Kommt es zum Einsatz von KI-Systemen durch Strafverfolgungsbehörden, stellt sich dies mit Blick auf den **Grundrechtsschutz** als **besonders sensibel** dar. So ergeben sich etwa gesteigerte Anforderungen an die datenschutzrechtliche Absicherung oder an die Risikoeinstufung betroffener Systeme, was sich unter anderem in spezialgesetzlichen Vorschriften wie Art. 5 sowie der Qualifi-

[419] So auch BeckOK KI-Recht/Raue, 4. Ed. 1.11.2025, Art. 5 Rn. 130.

[420] Martini/Wendehorst, KI-VO/Wendehorst, Art. 3 Rn. 341; Hilgendorf/Härtlein, HK-KI-VO/Hilgendorf/Härtlein, Art. 3 Rn. 47; Bomhard/Pieper/Wende, KI-VO/Benedikt Art. 3 Rn. 353; BeckOK KI-Recht/Kirschke-Biller/Füllsack, 3. Ed. 1.8.2025, Art. 3 Rn. 527.

[421] Martini/Wendehorst, KI-VO/Wendehorst, Art. 3 Rn. 342.

[422] Hilgendorf/Härtlein, HK-KI-VO/Hilgendorf/Härtlein, Art. 3 Rn. 47; BeckOK KI-Recht/Kirschke-Biller/Füllsack, 3. Ed. 1.8.2025, Art. 3 Rn. 529; BeckOK KI-Recht/Kirschke-Biller/Füllsack, 3. Ed. 1.8.2025, Art. 3 Rn. 534.

kation vieler Anwendungen als Hochrisiko-KI nach Anhang III Nr. 6 widerspiegelt. Gleichzeitig bedarf der Bereich der Strafverfolgung eines **besonders effektiven staatlichen Handelns,** welches unter **Ausschluss der Öffentlichkeit** erfolgt – ein Umstand, der die umfassende Anwendung transparenzbezogener Vorgaben mithin einschränkt.[423] Insoweit zeigen die vorstehend genannten Aspekte das hier bestehende Spannungsfeld.

Die Anwendbarkeit entsprechender Regelungen setzt voraus, dass ein Zusammenhang mit einer Straftat gegeben ist. Die KI-VO enthält jedoch keine eigenständige Definition des Begriffs der Straftat. Eine nationale Auslegung durch die Mitgliedstaaten erscheint zwar naheliegend, steht jedoch im Spannungsverhältnis zur Richtlinie „zum Schutz natürlicher Personen bei der Verarbeitung personenbezogener Daten durch die zuständigen Behörden zum Zwecke der Verhütung, Ermittlung, Aufdeckung oder Verfolgung von Straftaten oder der Strafvollstreckung sowie zum freien Datenverkehr" (Richtlinie (EU) 2016/680), die von einem **unionsweit vereinheitlichten Verständnis** des Begriffes „Straftat" ausgeht. In diesem Zusammenhang ist auf Anhang II der KI-VO zu verweisen, der Tatbestände benennt, die in sämtlichen Mitgliedstaaten der EU als Straftaten qualifiziert werden.[424] **350**

Der Anwendungsbereich des Begriffs „Strafverfolgungsbehörde" erfasst – in Übereinstimmung mit Art. 3 Nr. 7 der Richtlinie (EU) 2016/680, jedoch im Gegensatz zu Art. 2 Abs. 2 lit. d DS-GVO – nicht ausschließlich klassische staatliche Stellen. Vielmehr können auch solche Einrichtungen darunterfallen, denen durch innerstaatliche Normen strafverfolgungsspezifische Hoheitsbefugnisse übertragen wurden.[425] Zu den typischen Strafverfolgungsbehörden zählen etwa Polizei, Staatsanwaltschaft, Zollkriminalamt sowie andere Institutionen mit Zuständigkeiten im Bereich der Strafverfolgung, wie zB die Steuerfahndung. Nicht erfasst von dem Begriff sind demgegenüber allgemeine Verwaltungsbehörden, reguläre Finanzämter oder aber Ordnungsämter.[426] Entscheidend ist nach Erwgr. 59 die jeweilige Aufgabenübertragung im nationalen Recht, wobei die formale Bezeichnung der Institution ohne Bedeutung bleibt.[427] **351**

Der Schutz vor Gefahren sowie die Abwehr von solchen für die öffentliche Sicherheit umfassen sowohl die **Sicherung subjektiver Rechtsgüter und Rechte** als auch den **Schutz staatlicher Einrichtungen** sowie die Durchsetzung normativer Verhaltensanforderungen, wie sie im objektiven Recht verankert sind.[428] **352**

Aus Erwgr. 12 der Richtlinie (EU) 2016/680 ergibt sich, dass der Anwendungsbereich strafverfolgungsbehördlicher Tätigkeiten und somit die Anwendbarkeit der KI-Verordnung auch solche Maßnahmen einschließt, bei denen **353**

---

[423] Martini/Wendehorst, KI-VO/Wendehorst, Art. 3 Rn. 341; BeckOK KI-Recht/Kirschke-Biller/Füllsack, 3. Ed. 1.8.2025, Art. 3 Rn. 532.

[424] Erwgr. 13 Richtlinie (EU) 2016/680; Hilgendorf/Härtlein, HK-KI-VO/Hilgendorf/Härtlein, Art. 3 Rn. 47; Martini/Wendehorst, KI-VO/Wendehorst, Art. 3 Rn. 346; BeckOK KI-Recht/Kirschke-Biller/Füllsack, 3. Ed. 1.8.2025, Art. 3 Rn. 530.

[425] Martini/Wendehorst, KI-VO/Wendehorst, Art. 3 Rn. 353; BeckOK KI-Recht/Kirschke-Biller/Füllsack, 3. Ed. 1.8.2025, Art. 3 Rn. 533.

[426] Hilgendorf/Härtlein, HK-KI-VO/Hilgendorf/Härtlein, Art. 3 Rn. 47; Bomhard/Pieper/Wende, KI-VO/Benedikt Art. 3 Rn. 354.

[427] Bomhard/Pieper/Wende, KI-VO/Benedikt Art. 3 Rn. 354.

[428] Martini/Wendehorst, KI-VO/Wendehorst, Art. 3 Rn. 345.

zunächst unklar bleibt, ob ein strafrechtlich relevanter Sachverhalt vorliegt. Dazu zählen etwa **polizeiliche Tätigkeiten** bei öffentlichen Versammlungen, Großveranstaltungen oder im Rahmen eskalierender Lagen. Ebenfalls umfasst ist die polizeiliche Gewährleistung der öffentlichen Ordnung, sofern diese der Abwehr von Gefahren für die öffentliche Sicherheit oder dem Schutz zentraler Rechtsgüter der Allgemeinheit dient, deren Beeinträchtigung potenziell in die Begehung von Straftaten münden kann.[429] Durch dieses Verständnis soll im Ergebnis dem Schutz der Grundrechte Rechnung getragen werden.

46. Strafverfolgung

354 **„Strafverfolgung" Tätigkeiten der Strafverfolgungsbehörden oder in deren Auftrag zur Verhütung, Ermittlung, Aufdeckung oder Verfolgung von Straftaten oder zur Strafvollstreckung, einschließlich des Schutzes vor und der Abwehr von Gefahren für die öffentliche Sicherheit;**

355 Art. 3 Nr. 46 definiert den Begriff der **„Strafverfolgung"** gesondert als Tätigkeiten der Strafverfolgungsbehörden oder in deren Auftrag zur Verhütung, Ermittlung, Aufdeckung oder Verfolgung von Straftaten oder zur Strafvollstreckung, einschließlich des Schutzes vor und der Abwehr von Gefahren für die öffentliche Sicherheit.[430]

356 Der Begriff orientiert sich an der Richtlinie (EU) 2016/680, die einen datenschutzrechtlichen Rahmen für die Verarbeitung personenbezogener Daten durch zuständige Stellen beinhaltet. Hiernach ist die Verarbeitung zulässig, soweit sie der Verhütung, Aufklärung, Aufdeckung oder Verfolgung von Straftaten oder der Strafvollstreckung dient und gleichzeitig sicherstellt, dass die öffentliche Sicherheit geschützt wird.[431] Der Begriff ist weit zu verstehen und schließt über die herkömmlichen Ermittlungsmaßnahmen hinaus auch präventive sowie vollzugsbezogene Maßnahmen ein, wobei der Fokus insbesondere auf der Gefahrenabwehr liegt.[432]

357 Art. 3 Nr. 46 zeichnet sich dadurch aus, dass der Anwendungsbereich der Definition nicht auf Maßnahmen der Strafverfolgungsbehörden im engeren Sinne beschränkt bleibt, sondern auch Handlungen einschließt, die von Dritten **im Auftrag** einer der Behörden vorgenommen werden. Diese Erweiterung des Tatbestandsmerkmals geht auf eine Ergänzung durch Parlament und Rat im Verlauf des Trilogs zurück.[433] Hierunter fallen nicht nur (selbstständige) Dienstleistungen, sondern auch Fälle, in denen die Behörde das Tätigwerden Privater konkret veranlasst – etwa die Analyse privater Videoaufzeichnungen durch biometrische Echtzeit-Fernidentifizierung. Demgegenüber unterfallen private

---

[429] Martini/Wendehorst, KI-VO/Wendehorst, Art. 3 Rn. 347.

[430] Hilgendorf/Härtlein, HK-KI-VO/Hilgendorf/Härtlein, Art. 3 Rn. 48; Schwartmann/Keber/Zenner KI-VO/Benedikt/Hartmann, 2. Auflage, Kap. 1 Rn. 233; Bomhard/Pieper/Wende, KI-VO/Benedikt Art. 3 Rn. 356.

[431] Bomhard/Pieper/Wende, KI-VO/Benedikt Art. 3 Rn. 357; Schefzig/Kilian, BeckOK KI-Recht/Kirschke-Biller/Füllsack, 3. Ed. 1.8.2025, Art. 3 Rn. 538.

[432] Bomhard/Pieper/Wende, KI-VO/Benedikt Art. 3 Rn. 358.

[433] Vgl. veröffentlichte Synopse, 2024, S. 310 f., abrufbar unter https://artificialintelligenceact.eu/wp-content/uploads/2024/01/AIA-Final-Draft-21-January-2024.pdf; BeckOK KI-Recht/Kirschke-Biller/Füllsack, 3. Ed. 1.8.2025, Art. 3 Rn. 539.

Akteure, denen eigene hoheitliche Befugnisse zur Strafverfolgung übertragen wurden, bereits kraft Art. 3 Nr. 45 unmittelbar dem Behördenbegriff.[434]

47. Büro für Künstliche Intelligenz

„Büro für Künstliche Intelligenz" die Aufgabe der Kommission, zur Umsetzung, Beobachtung und Überwachung von KI-Systemen und KI-Modellen mit allgemeinem Verwendungszweck und zu der im Beschluss der Kommission vom 24.1.2024 vorgesehenen KI-Governance beizutragen; Bezugnahmen in dieser Verordnung auf das Büro für Künstliche Intelligenz gelten als Bezugnahmen auf die Kommission; 358

Ausgehend von Art. 3 Nr. 47 ist unter „Büro für Künstliche Intelligenz" die Aufgabe der Europäischen Kommission zur Umsetzung, Beobachtung und Überwachung von KI-Systemen und KI-Modellen mit allgemeinem Verwendungszweck zu verstehen und zu der im Beschluss[435] der Kommission vom 24.1.2024 vorgesehenen KI-Governance beizutragen. Sofern in der KI-VO das Büro für Künstliche Intelligenz adressiert wird, ist die Europäische Kommission gemeint. 359

Das Büro für Künstliche Intelligenz wird im Zusammenhang mit verschiedenen Aspekten innerhalb der KI-VO relevant. Viele der Aufgaben liegen im Bereich der Unterstützung. Art. 64 Abs. 1 sieht vor, dass die Kommission über das Büro für Künstliche Intelligenz die Sachkenntnis und Fähigkeiten der Union im Hinblick auf KI entwickelt. Zudem sollen gem. Art. 64 Abs. 2 die Mitgliedstaaten dem Büro die übertragenen Aufgaben erleichtern. Das nach Art. 65 einzurichtende KI-Gremium wird ebenfalls vom Büro für Künstliche Intelligenz unterstützt. So werden die Sekretariatsgeschäfte des KI-Gremiums vom KI-Büro gem. Art. 65 Abs. 8 S. 2 geführt. 360

In das Aufgabenspektrum fallen die Erstellung von Musterbedingungen (Art. 25 Abs. 4) und Praxisleitfäden (Art. 50 Abs. 7, Art. 56, Art. 95) sowie die KI-Reallabore (Art. 57, Art. 62).[436] Im Kontext von KI-Modellen mit allgemeinem Verwendungszweck kommt dem Büro für Künstliche Intelligenz ebenfalls Bedeutung zu (Art. 53 ff., Art. 88 ff.). Im Bereich von KI-Systemen mit allgemeinem Verwendungszweck übernimmt das Büro für Künstliche Intelligenz die Aufgaben einer Marktüberwachungsbehörde mit entsprechenden Aufsichts- und Überwachungspflichten (Art. 75). Zu beachten ist, dass das Büro für Künstliche Intelligenz nicht politisch unabhängig ist.[437] 361

48. zuständige nationale Behörde

„zuständige nationale Behörde" eine notifizierende Behörde oder eine Marktüberwachungsbehörde; in Bezug auf KI-Systeme, die von Organen, Einrichtungen und sonstigen Stellen der Union in Betrieb genommen oder verwendet werden, sind Bezugnahmen auf die zuständigen nationalen Behörden oder Marktüberwachungsbehörden in dieser Verordnung als Bezugnahmen auf den Europäischen Datenschutzbeauftragten auszulegen; 362

---

434 BeckOK KI-Recht/Kirschke-Biller/Füllsack, 3. Ed. 1.8.2025, Art. 3 Rn. 542; Seidel ZfDR 2025, 47 (48 f.).

435 Beschluss der Europäischen Kommission vom 24.1.2024 zur Einrichtung des Europäischen Amts für künstliche Intelligenz (C/2024/1459).

436 Dazu Martini/Wendehorst, KI-VO/Wendehorst, Art. 3 Rn. 359.

437 Bomhard/Pieper/Wende/Merkle KI-VO Art. 3 Rn. 363.

363 Art. 3 Nr. 48 enthält die Legaldefinition der zuständigen nationalen Behörde, worunter eine notifizierende Behörde oder eine Marktüberwachungsbehörde zu verstehen ist. Im Zusammenhang mit KI-Systemen, die von Organen, Einrichtungen und sonstigen Stellen der Union in Betrieb genommen oder verwendet werden, sind Bezugnahmen auf die zuständigen nationalen Behörden oder Marktüberwachungsbehörden als Bezugnahme auf den Europäischen Datenschutzbeauftragten auszulegen.

364 Dabei handelt es sich um eine oder mehrere Stellen in einem Mitgliedstaat, die im Rahmen der Konformitätsbewertung, Aufsicht und Durchsetzung tätig sind. Insofern kann auf die Kommentierung zur notifizierenden Behörde (→ Art. 3 Nr. 19 Rn. 188 ff.) sowie auf die Kommentierung zur Marktüberwachungsbehörde (→ Art. 3 Nr. 26 Rn. 234 ff.) verwiesen werden.

365 Die zuständige Marktüberwachungsbehörde ist nicht in jedem Fall eine nationale Behörde. Vielmehr kann es sich auch um den Europäischen Datenschutzbeauftragten oder das Büro für Künstliche Intelligenz handeln.[438] Wird im Zusammenhang mit KI-Systemen, deren Betreiber Einrichtungen der Europäischen Union sind, auf die zuständige nationale Behörde verwiesen, so ist dies als Bezugnahme auf den Europäischen Datenschutzbeauftragten zu verstehen, wie Art. 3 Nr. 48 klarstellt. Sofern das Büro für Künstliche Intelligenz zuständig wäre, soll dies – wenn auch nicht im Wortlaut enthalten – auch für dieses gelten.[439]

49. schwerwiegender Vorfall

366 **„schwerwiegender Vorfall“ einen Vorfall oder eine Fehlfunktion bezüglich eines KI-Systems, das bzw. die direkt oder indirekt eine der nachstehenden Folgen hat:**

den Tod oder die schwere gesundheitliche Schädigung einer Person;

eine schwere und unumkehrbare Störung der Verwaltung oder des Betriebs kritischer Infrastrukturen;

die Verletzung von Pflichten aus den Unionsrechtsvorschriften zum Schutz der Grundrechte;

schwere Sach- oder Umweltschäden;

367 Art. 3 Nr. 49 bestimmt als **„schwerwiegenden Vorfall“** einen Vorfall oder eine Fehlfunktion bezüglich eines KI-Systems, das bzw. die direkt oder indirekt eine den Tod oder die schwere gesundheitliche Schädigung einer Person, eine schwere und unumkehrbare Störung der Verwaltung oder des Betriebs kritischer Infrastrukturen, die Verletzung von Pflichten aus den Unionsrechtsvorschriften zum Schutz der Grundrechte oder schwere Sach- oder Umweltschäden zur Folge hat.[440]

368 Der Begriff der **Fehlfunktion** wirft bei näherer Betrachtung Abgrenzungsprobleme auf. Offen bleibt danach zunächst, von welchem Referenzpunkt ausgehend das Funktions-Soll zu messen ist. Ohne einen solchen Maßstab droht der Fehlschluss, dass jede der in Art. 3 Nr. 49 lit. a–d genannten Folgen als Beleg einer Fehlfunktion zu werten ist und damit eine faktische Meldepflicht für sämtliche dieser Szenarien begründet würde – vorausgesetzt, die fehlende Kausalität

---

[438] Martini/Wendehorst, KI-VO/Wendehorst, Art. 3 Rn. 362.

[439] Martini/Wendehorst, KI-VO/Wendehorst, Art. 3 Rn. 362.

[440] Martini/Wendehorst, KI-VO/Wendehorst, Art. 3 Rn. 364; Hilgendorf/Härtlein, Hilgendorf/Härtlein, HK-KI-VO/Hilgendorf/Härtlein, Art. 3 Rn. 51; Bomhard/Pieper/Wende, KI-VO/Wende Art. 3 Rn. 373; BeckOK KI-Recht/Kirschke-Biller/Füllsack, 3. Ed. 1.8.2025, Art. 3 Rn. 562.

ließe sich nach Art. 73 Abs. 2 nachweisen. Ein derart weites Begriffsverständnis überschreitet jedoch den Rahmen des Art. 3 Nr. 49. Mit der Unterscheidung zwischen Fehlfunktion und Vorfall wird vielmehr klargestellt, dass nur erstere zwingend im Inneren des KI-Systems verankert ist, während Letzterer auf externe Ursachen abstellt.[441] Potentielle Anhaltspunkte für die Bestimmung einer Fehlfunktion sind insbesondere vertraglich fixierte Vereinbarungen, gesetzliche Vorgaben oder branchentypische technische Standards in Betracht. Eine besondere Bedeutung kommt hierbei der technischen Dokumentation nach Art. 19 zu, da diese präzise festhält, wie das KI-System bestimmungsgemäß arbeiten soll, und damit einen tragfähigen Referenzpunkt für die Bewertung möglicher Funktionsabweichungen liefert.[442]

In der Robotik, beim autonomen Fahren und vergleichbaren Anwendungsfel- **369**
dern, können Ausgaben eines KI-Systems unmittelbar mechanische bzw. physische Abläufe initiieren, deren Wirkung in dem **Tod oder einer schweren gesundheitlichen Schädigung** einer Person münden. Ein derartiges Geschehen stellt eine direkte Verursachung dar. Daneben ist auch eine mittelbare Ursächlichkeit denkbar: Dies wäre etwa dann der Fall, wenn ein KI-System die Aufgabe zugewiesen bekommen hätte, einen kritischen Gesundheitszustand zu melden, eine solche Benachrichtigung jedoch unterbleibt. In gleicher Weise fallen darunter unzutreffende Diagnosen oder fehlerhafte Empfehlungen eines Expertensystems, sofern diese – in Verbindung mit menschlichen Entscheidungen – ursächlich für den Tod oder eine gravierende Gesundheitsschädigung werden.[443] Zur Beurteilung der „Schwere" sind Anhaltspunkte wie die Intensität, der Grad der Schädigung sowie die damit einhergehenden langfristigen Einschränkungen, und die Dauer der Schädigung heranzuziehen.[444]

Unter einer **schweren und unumkehrbaren Störung der Verwaltung oder** **370**
des Betriebs kritischer Infrastrukturen ist im Kontext der in Nr. 62 enthaltenen Begriffsbestimmung jene Beeinträchtigung zu verstehen, die Einrichtungen, Anlagen, Ausrüstungen, Netze oder Systeme – oder deren Teile – betrifft, welche für die Aufrechterhaltung eines wesentlichen Dienstes, etwa der Energieversorgung, von zentraler Bedeutung sind. Die Einstufung als „schwer" setzt voraus, dass die tatsächlichen oder potenziellen negativen Folgen erheblich ins Gewicht fallen. Als „unumkehrbar" wird eine Beeinträchtigung wohl nur dann zu verstehen sein, wenn sie sich weder durch regelmäßig vorgesehene noch betriebsübliche Maßnahmen beheben lässt. Dass nahezu jede Funktionsstörung technisch reversibel ist, verdeutlicht, dass der Verordnungsgeber hier offenbar nicht auf die absolute Unwiederbringlichkeit abstellt, sondern auf das Fehlen realistisch umsetzbarer und standardmäßig verfügbarer Abhilfemaßnahmen.[445]

---

[441] Bomhard/Pieper/Wende, KI-VO/Wende Art. 3 Rn. 375; BeckOK KI-Recht/Kirschke-Biller/Füllsack, 3. Ed. 1.8.2025, Art. 3 Rn. 567; BeckOK KI-Recht/Kirschke-Biller/Füllsack, 3. Ed. 1.8.2025, Art. 3 Rn. 567.

[442] Bomhard/Pieper/Wende, KI-VO/Wende Art. 3 Rn. 376.

[443] Martini/Wendehorst, KI-VO/Wendehorst, Art. 3 Rn. 365; Hilgendorf/Härtlein, Hilgendorf/Härtlein, HK-KI-VO/Hilgendorf/Härtlein, Art. 3 Rn. 51; Bomhard/Pieper/Wende, KI-VO/Wende Art. 3 Rn. 378; BeckOK KI-Recht/Kirschke-Biller/Füllsack, 3. Ed. 1.8.2025, Art. 3 Rn. 571.

[444] BeckOK KI-Recht/Kirschke-Biller/Füllsack, 3. Ed. 1.8.2025, Art. 3 Rn. 572.

[445] Martini/Wendehorst, KI-VO/Wendehorst, Art. 3 Rn. 366; Bomhard/Pieper/Wende, KI-VO/Wende Art. 3 Rn. 379 f.; BeckOK KI-Recht/Kirschke-Biller/Füllsack, 3. Ed. 1.8.2025, Art. 3 Rn. 573.

371 Die Formulierung **„Verletzung von Pflichten aus den Unionsrechtsvorschriften zum Schutz der Grundrechte"** eröffnet ein weites Anwendungsfeld und weist hinsichtlich ihrer Reichweite erhebliche Unschärfen auf. Ihrem Wortlaut nach ließe sich darunter selbst ein marginaler Verstoß gegen datenschutzrechtliche Bestimmungen subsumieren, sofern diese einen Grundrechtsbezug aufweisen. Um einer inhaltlichen Entgrenzung des Begriffs „schwerwiegender Vorfall" entgegenzuwirken, erscheint es daher geboten, auch in diesem Kontext – wenngleich der Normtext dies nicht ausdrücklich vorsieht – gewisse Anforderungen an die Erheblichkeit der Pflichtverletzung zu verlangen.[446] Die fraglichen Pflichten müssen ihre Grundlage im Unionsrecht haben. Unter diesen weiten Oberbegriff fällt auch die Charta der Grundrechte der Europäischen Union, die gem. Art. 51 Abs. 1 bei der Durchführung des Unionsrechts stets heranzuziehen ist. Gleichwohl begründet die Charta für Private keine unmittelbaren Verpflichtungen. Anbieter und Betreiber von KI-Systemen können deshalb nur dann gegen grundrechtsschützende Pflichten verstoßen, wenn ihnen entsprechende Handlungspflichten oder Verbote durch unionsrechtliche Sekundärrechtsakte oder deren nationale Umsetzungsakte auferlegt sind. Die Formulierung „Pflichten aus den Unionsvorschriften zum Schutz der Grundrechte" ist daher in dem Sinne zu verstehen, dass für Private auf sekundärrechtlich konkretisierte Vorgaben Bezug genommen wird.[447]

372 Hinsichtlich **schwerer Sach- oder Umweltschäden** lassen sich allgemein anerkannte Kriterien heranziehen, die die Intensität und Tragweite helfen zu bestimmen. Dabei spielen insbesondere die Wertigkeit der betroffenen Güter, die Unumkehrbarkeit des Schadens sowie die Zahl der betroffenen Personen eine Rolle. Bei Umweltschäden wird vertreten, dass auch zukünftige Generationen und das Ausmaß der Beeinträchtigung natürlicher Ökosysteme in die Bewertung einzustellen sei.[448]

373 Damit ein schwerwiegender Vorfall iSd Art. 3 Nr. 49 anzunehmen ist, ist es erforderlich, dass eine Fehlfunktion oder ein Vorfall entweder unmittelbar oder mittelbar eine der in lit. a–d genannten Folgen **kausal** herbeiführt. Ein bloßer Zusammenhang nach der Conditio-sine-qua-non-Formel dürfte in diesem Zusammenhang mangels sachgerechter Begrenzung nicht ausreichen, sodass zwingend der Adäquanzgedanke heranzuziehen ist. Folgen, die lediglich aufgrund einer außergewöhnlichen und atypischen Kausalkette nachträglich eintreten, vermögen daher keinen schwerwiegenden Vorfall zu begründen.[449] Insoweit zeichnet sich bereits jetzt ab, dass diesem Merkmal entscheidende Bedeutung im Hinblick auf die Prüfung dieses Tatbestandsmerkmals zukommen wird.

---

[446] Martini/Wendehorst, KI-VO/Wendehorst, Art. 3 Rn. 367; BeckOK KI-Recht/Kirschke-Biller/Füllsack, 3. Ed. 1.8.2025, Art. 3 Rn. 575.

[447] Bomhard/Pieper/Wende, KI-VO/Wende Art. 3 Rn. 382.

[448] Martini/Wendehorst, KI-VO/Wendehorst, Art. 3 Rn. 337; BeckOK KI-Recht/Kirschke-Biller/Füllsack, 3. Ed. 1.8.2025, Art. 3 Rn. 578; Bomhard/Pieper/Wende, KI-VO/Wende Art. 3 Rn. 384. Fraglich erscheint, ob dieser Ansatz nicht zu weitgehend ist, da er auf hypothetische Entwicklungen abstellt. Zwar spricht der Wortlaut insoweit von „indirekten Folgen", doch lässt sich diskutieren, ob dies unbedingt eine umfassende Erfassung zukünftiger Entwicklungen meint.

[449] Bomhard/Pieper/Wende, KI-VO/Wende Art. 3 Rn. 385; BeckOK KI-Recht/Kirschke-Biller/Füllsack, 3. Ed. 1.8.2025, Art. 3 Rn. 579.

50. personenbezogene Daten

„personenbezogene Daten" personenbezogene Daten im Sinne von Artikel 4 Nummer 1 der Verordnung (EU) 2016/679; 374

a) Verweis auf die DS-GVO. Im Hinblick auf personenbezogene Daten trifft die KI-VO, was die Definition anbelangt, keine eigenständigen Regelungen, sondern Art. 3 Nr. 50 enthält einen vollständigen Verweis auf die Definition des personenbezogenen Datums in Art. 4 Nr. 1 DS-GVO. 375

Ausgehend von der Definition in Art. 4 Nr. 1 DS-GVO handelt es sich bei personenbezogenen Daten um alle Informationen, die sich auf eine identifizierte oder identifizierbare natürliche Person beziehen. Als identifizierbar wird eine natürliche Person angesehen, die direkt oder indirekt, insbesondere Mittels Zuordnung zu einer Kennung wie einem Namen, zu einer Kennnummer, zu Standortdaten, zu einer Online-Kennung oder zu einem oder mehreren besonderen Merkmalen, die Ausdruck der physischen, physiologischen, genetischen, psychischen, wirtschaftlichen, kulturellen oder sozialen Identität dieser natürlichen Person sind, identifiziert werden kann. 376

b) Einzelheiten der Definition. Der Begriff *personenbezogenes Datum* wird gemeinhin weit verstanden.[450] Erfasst werden lediglich natürliche Personen. In der Praxis relevant ist, dass es ausreichend ist, dass die natürliche Person identifizierbar ist.[451] Bei der Frage, ob ein Datum personenbezogen ist, kommt es darauf an, auf welche Person abgestellt wird und über welches Wissen sie verfügt.[452] 377

c) Bedeutung im Kontext der KI-VO. Personenbezogene Daten sind innerhalb der KI-VO an zahlreichen Stellen relevant. Sie bilden das Fundament für Definitionen, etwa von biometrischen Daten (Art. 3 Nr. 34) und die davon abgeleiteten Begriffe sowie für besondere Kategorien personenbezogener Daten (Art. 3 Nr. 37). Hinsichtlich der Entwicklung erlangen personenbezogene Daten Bedeutung iRv Art. 10 Abs. 3 (Daten und Daten-Governance). 378

d) Personenbezogene Daten im Kontext von Trainingsdaten. Im Zusammenhang mit Trainingsdaten ist der Personenbezug von Relevanz. Ist dieser gegeben, so sind die Anforderungen aus der DS-GVO zu beachten. Bei großen, unstrukturierten Datenmengen kann es sehr schwer sein festzustellen, ob personenbezogene Daten vorliegen.[453] 379

e) Personenbezogene Daten im Kontext von Eingabedaten. Auch Eingabedaten (Art. 3 Nr. 33) bzw. Prompts können personenbezogene Daten enthalten. Deren Verarbeitung bedarf ebenfalls einer Rechtsgrundlage nach Art. 6 DS-GVO. Sofern es sich um besondere Kategorien personenbezogener Daten handelt, ist Art. 9 DS-GVO zu beachten. 380

Werden gezielt personenbezogene Daten eingegeben, etwa um die Bonität eines Antragstellers zu ermitteln, ist zudem Art. 22 DS-GVO zu beachten. 381

---

450 Paal/Pauly/Ernst DS-GVO Art. 4 Rn. 3.

451 Eingehend dazu Chibanguza/Kuß/Steege KI-HdB/Steege/Kuß, 2. Auflage 2026, 1. Teil: § 2 C. Rn. 12.

452 Grundlegend zum personenbezogenen Datum Steege PHi 2022, 164 ff.; s. auch Chibanguza/Kuß/Steege KI-HdB/Steege/Kuß, 2. Auflage 2026, 1. Teil: § 2 C. Rn. 11 ff.

453 Chibanguza/Kuß/Steege KI-HdB/Steege/Kuß, 2. Auflage 2026, 1. Teil: § 2 C. Rn. 12.

382 Der Umgang mit personenbezogenen Daten sowie Geschäftsgeheimnissen sollte in Unternehmen durch eine entsprechende KI-Policy sichergestellt werden. Zu beachten sind zudem Berufsordnungen, wonach die Eingabe ebenfalls unzulässig sein kann.

383 Sollen personenbezogene Daten eingegeben werden, kommt es zudem darauf an, ob der Anbieter des KI-Systems oder des KI-Modells die Daten erhält und zum Zwecke des Trainings verwenden kann oder ob die Daten in einem sicheren, abgeschlossenen Tenant verarbeitet werden und somit im Herrschaftsbereich des Betreibers des KI-Systems verbleiben.

384 **f) Personenbezogene Daten im Kontext des Outputs.** Auch die Ausgabedaten, welche in der KI-VO nicht legaldefiniert sind, können personenbezogene Daten darstellen. Unproblematisch zu bejahen ist der Personenbezug, wenn sich die Daten unstreitig auf eine natürliche Person beziehen oder zumindest eindeutig ist, welche Person gemeint ist. Darüber hinaus kommt es auf weitere Umstände an, ob ein Personenbezug vorliegt.[454]

51. nicht personenbezogene Daten

385 **„nicht personenbezogene Daten" Daten, die keine personenbezogenen Daten im Sinne von Artikel 4 Nummer 1 der Verordnung (EU) 2016/679 sind;**

386 Bei nicht personenbezogenen Daten handelt es sich gem. Art. 3 Nr. 51 um Daten, die keine personenbezogenen Daten iSv Art. 4 Nr. 1 DS-GVO sind. Insofern wird wie auch bei der Definition von personenbezogenen Daten (Art. 3 Nr. 50) im Kontext von nicht personenbezogenen Daten Bezug auf die DS-GVO genommen. Damit es sich um nicht personenbezogene Daten handelt, dürfen diese keinen Personenbezug aufweisen. Im Zeitalter von Big Data und KI existieren allerdings kaum Daten ohne einen Personenbezug. Ob ein solcher vorliegt, ist entscheidend dafür, ob die Vorgaben der DS-GVO einzuhalten sind und wirkt sich auch auf andere Aspekte wie die Entwicklung von KI-Systemen oder die Anforderungen des Data Act aus.

387 Neben personenbezogenen Daten existieren auch pseudonyme Daten, welche jedoch nicht anonym sind, sodass der Personenbezug noch vorhanden ist.

52. Profiling

388 **„Profiling" das Profiling im Sinne von Artikel 4 Nummer 4 der Verordnung (EU) 2016/679;**

389 Die KI-VO definiert in Art. 3 Nr. 52 den Begriff des Profiling nicht neu, sondern verweist vollständig auf die Definition in Art. 4 Nr. 4 DS-GVO.[455] Profiling ist jede Art der automatisierten Verarbeitung personenbezogener Daten, die darin besteht, dass diese Daten verwendet werden, um bestimmte persönliche Aspekte, die sich auf eine natürliche Person beziehen, zu bewerten. Dazu zählt insbesondere die Vorhersage oder Analyse von Aspekten hinsichtlich Arbeitsleistung, wirtschaftlicher Lage, Gesundheit, persönlicher Vorlieben, Interessen, Zuverlässigkeit, Verhalten, Aufenthaltsort oder Ortwechsel.

---

[454] Eingehend im Kontext von Ausgabedaten Martini/Wendehorst, KI-VO/Wendehorst, 2. Auflage 2026, Art. 3 Rn. 385 ff.

[455] Die Definition ist zudem deckungsgleich mit der Definition in Art. 3 Nr. 4 JI-RL sowie Art. 3 Nr. 5 EUDS-VO.

Profiling ist im Kontext der KI-VO in Art. 5 Abs. 1 lit. d relevant sowie im Hinblick auf Hochrisiko-KI-Systeme. Das Profiling erachtet der Unionsgesetzgeber als so riskant, dass gem. Art. 6 Abs. 3 UAbs. 3 ungeachtet des UAbs. 1 ein in Anhang III aufgeführtes KI-System immer dann als hochriskant gilt, wenn es ein Profiling natürlicher Personen vornimmt. Anbieter eines solchen KI-Systems können also nicht nach Art. 6 Abs. 3 aus dem Hochrisiko-Bereich herauskommen, wie dies sonst möglich ist. **390**

Profiling ist weiter gefasst als die automatisierte Entscheidungsfindung, welche in Art. 22 DS-GVO reguliert ist. **391**

Maßgeblich für Profiling ist die Ableitung aus den Daten, wodurch Aussagen über natürliche Personen erreicht werden. **392**

Beim Scoring handelt es sich ebenfalls – wie auch bei der automatisierten Entscheidungsfindung – um einen Fall des Profiling.[456] **393**

53. Plan für einen Test unter Realbedingungen

„Plan für einen Test unter Realbedingungen" ein Dokument, in dem die Ziele, die Methodik, der geografische, bevölkerungsbezogene und zeitliche Umfang, die Überwachung, die Organisation und die Durchführung eines Tests unter Realbedingungen beschrieben werden; **394**

Unter **„Plan für einen Test unter Realbedingungen"** nach Art. 3 Nr. 53 lässt sich ein „Dokument, in dem die Ziele, die Methodik, der geografische, bevölkerungsbezogene und zeitliche Umfang, die Überwachung, die Organisation und die Durchführung eines Tests unter Realbedingungen beschrieben werden", verstehen. Dieser vorab zu erstellende Plan ist verpflichtend, sofern ein Anbieter ein Hochrisiko-KI-System außerhalb eines KI-**Reallabors** nach Nr. 55 und unter Realbedingungen nach Nr. 57 einem Test unterziehen möchte. Der Plan stellt nach Art. 60 Abs. 4 lit. a die Grundlage der Genehmigung des Tests durch die Marktüberwachungsbehörde dar, da dieser vor Beginn der Tests bei der zuständigen Behörde vorzulegen ist. Dies soll nach Erwgr. 141 einerseits der Risikoreduzierung dienen und andererseits die wirksame Wahrnehmung von Aufsichtspflicht durch die zuständigen Behörden sicherstellen.[457] **395**

Die spezifischen Inhalte eines Plans für einen Test unter Realbedingungen werden gem. Art. 60 Abs. 1 UAbs. 2 durch **Durchführungsrechtsakte** definiert, die die Kommission im Einklang mit dem in Art. 98 Abs. 2 vorgesehenen Prüfverfahren erlässt.[458] Solange noch keine Festlegung durch die Kommission erfolgt ist, könnte das Heranziehen folgender zentraler Kriterien für den Plan für einen Test unter Realbedingungen sinnvoll sein: **396**

Zunächst ist darzulegen, welche **Zielsetzungen** mit dem Test verbunden sind. In Betracht kommen etwa die Überprüfung bestimmter Systemfunktionen unter praxisnahen Bedingungen, die Belastung von sicherheitsrelevanten Komponenten **397**

---

[456] Kühling/Buchner/Buchner, 4. Aufl. 2024, DS-GVO Art. 22 Rn. 22.

[457] Hilgendorf/Härtlein, Hilgendorf/Härtlein, HK-KI-VO/Hilgendorf/Härtlein, Art. 3 Rn. 55; Martini/Wendehorst, KI-VO/Wendehorst, Art. 3 Rn. 397; Schwartmann/Keber/Zenner KI-VO/Keber/Hansen/Nägele, 2. Auflage, Kap. 1 Rn. 554; BeckOK KI-Recht/Kirschke-Biller/Füllsack, 3. Ed. 1.8.2025, Art. 3 Rn. 599, 603.

[458] Martini/Wendehorst, KI-VO/Wendehorst, Art. 3 Rn. 397; Schwartmann/Keber/Zenner KI-VO/Keber/Hansen/Nägele, 2. Auflage, Kap. 1 Rn. 554; Bomhard/Pieper/Wende Art. 3 Rn. 394; BeckOK KI-Recht/Kirschke-Biller/Füllsack, 3. Ed. 1.8.2025, Art. 3 Rn. 604.

oder die Gewinnung von Daten, die für spätere Konformitätsbewertungen von Bedeutung sein können. Entscheidend ist, dass diese Zielgrößen klar beschrieben, nachvollziehbar und messbar ausgestaltet sind.[459]

398 Darauf aufbauend ist die **methodische Herangehensweise** zu bestimmen. Diese umfasst die Auswahl der Prüfverfahren, die Datenerhebung und -auswertung sowie den Umgang mit auftretenden Fehlern oder Abweichungen. In die Methodik einbezogen werden auch die maßgeblichen Referenzszenarien, technische Standards und Formen der Dokumentation, die für die Nachvollziehbarkeit der Ergebnisse unerlässlich sind.[460]

399 Ferner ist der **sachliche Geltungsbereich** des Tests zu präzisieren. Dazu zählen der geografische Rahmen (zB Ort oder Region des Einsatzes), die betroffene Bevölkerungsgruppe einschließlich etwaiger Alters- oder Zugangsbeschränkungen sowie die zeitliche Dauer des Vorhabens.[461]

400 Ein weiterer Bestandteil ist die Festlegung der **Überwachungsstruktur.** Hierunter fallen Vorkehrungen zur laufenden Beobachtung, Mechanismen zur Früherkennung von Risiken, Dokumentations- und Eskalationsprozesse sowie definierte Eingriffsmöglichkeiten für den Fall unerwarteter Vorkommnisse.[462]

401 Schließlich sind Angaben zur **Organisation und zum Ablauf** vorzusehen. Dazu gehören die Benennung der verantwortlichen Akteure, die Zuweisung von Rollen und Zuständigkeiten, detaillierte Prozessbeschreibungen, Verfahren für die Handhabung von Abweichungen und Störungen sowie Notfallpläne für den Abbruch oder die Unterbrechung des Tests. Auch Fragen der Einwilligung nach Aufklärung und ein System zur Nachverfolgung von Vorkommnissen sind in diesem Zusammenhang zu berücksichtigen.[463]

54. Plan für das Reallabor

402 **„Plan für das Reallabor" ein zwischen dem teilnehmenden Anbieter und der zuständigen Behörde vereinbartes Dokument, in dem die Ziele, die Bedingungen, der Zeitrahmen, die Methodik und die Anforderungen für die im Reallabor durchgeführten Tätigkeiten beschrieben werden;**

403 Als **„Plan für das Reallabor"** gilt gem. Art. 3 Nr. 54 ein zwischen dem teilnehmenden Anbieter und der zuständigen Behörde vereinbartes Dokument, in dem die Ziele, die Bedingungen, der Zeitrahmen, die Methodik und die Anforderungen für die im Reallabor durchgeführten Tätigkeiten beschrieben werden.[464]

---

[459] BeckOK KI-Recht/Kirschke-Biller/Füllsack, 3. Ed. 1.8.2025, Art. 3 Rn. 599, 604; Bomhard/Pieper/Wende, KI-VO/Hofer Art. 3 Rn. 394.

[460] BeckOK KI-Recht/Kirschke-Biller/Füllsack, 3. Ed. 1.8.2025, Art. 3 Rn. 599, 604; Bomhard/Pieper/WendeHofer Art. 3 Rn. 394.

[461] BeckOK KI-Recht/Kirschke-Biller/Füllsack, 3. Ed. 1.8.2025, Art. 3 Rn. 599, 604; Bomhard/Pieper/Wende, KI-VO/Hofer Art. 3 Rn. 394.

[462] BeckOK KI-Recht/Kirschke-Biller/Füllsack, 3. Ed. 1.8.2025, Art. 3 Rn. 599, 604; Bomhard/Pieper/Wende, KI-VO/Hofer Art. 3 Rn. 394.

[463] BeckOK KI-Recht/Kirschke-Biller/Füllsack, 3. Ed. 1.8.2025, Art. 3 Rn. 599, 604; Bomhard/Pieper/Wende, KI-VO/Hofer Art. 3 Rn. 394.

[464] Martini/Wendehorst, KI-VO/Wendehorst, Art. 3 Rn. 399; Hilgendorf/Härtlein, Hilgendorf/Härtlein, HK-KI-VO/Hilgendorf/Härtlein, Art. 3 Rn. 56; Schwartmann/Keber/Zenner KI-VO/Keber/Hansen/Nägele, 2. Auflage, Kap. 1 Rn. 541; BeckOK KI-Recht/Kirschke-Biller/Füllsack, 3. Ed. 1.8.2025, Art. 3 Rn. 605.

Als **„teilnehmender Anbieter"** ist jeder Anbieter eines KI-Systems zu verstehen, der sein System im Rahmen von Tests innerhalb eines KI-Reallabors einsetzt. Ungeachtet unterschiedlicher Terminologie wird an dieser und weiteren Stellen stets auf das KI-Reallabor Bezug genommen. Ferner wird – auch wenn der exakte Terminus nicht durchgehend verwendet wird – regelmäßig die „zuständige nationale Behörde" nach Art. 3 Nr. 48 als die zu beteiligende Behörde gemeint sein.[465] **404**

Der tatbestandliche Plan, als zwischen dem teilnehmenden Anbieter und der zuständigen Behörde abgestimmtes Dokument konzipiert, dürfte bei entsprechender Ausgestaltung eine rechtliche Verbindlichkeit begründen, aus der sich im Falle planwidrigen Handelns Haftungsfolgen ableiten lassen. Dies dürfte insbesondere für Schäden, die im Rahmen der Erprobung im KI-Reallabor entstehen, gelten, sodass die zuständige nationale Behörde den Anbieter auch zivilrechtlich, etwa nach Art. 57 Abs. 12 insbesondere in Verbindung mit § 280 BGB, in Anspruch nehmen könnte.[466] Die Einhaltung des Plans durch den Anbieter hat hingegen zur Folge, dass es der Marktüberwachungsbehörde an der Befugnis fehlt, wegen eines Verstoßes gegen die KI-VO eine Geldbuße zu erheben.[467] **405**

Um eine Zersplitterung in der Europäischen Union zu vermeiden, werden gem. Art. 58 durch die Kommission Durchführungsrechtsakte erlassen, in denen detaillierte Regelungen für die Einrichtung, Entwicklung, Umsetzung, den Betrieb und die Beaufsichtigung der KI-Reallabore enthalten sind. Die Durchführungsrechtsakte werden gemäß dem in Artikel 98 Abs. 2 genannten Prüfverfahren erlassen.[468] **406**

55. KI-Reallabor

„KI-Reallabor" einen kontrollierten Rahmen, der von einer zuständigen Behörde geschaffen wird und den Anbieter oder zukünftige Anbieter von KI-Systemen nach einem Plan für das Reallabor einen begrenzten Zeitraum und unter regulatorischer Aufsicht nutzen können, um ein innovatives KI-System zu entwickeln, zu trainieren, zu validieren und – gegebenenfalls unter Realbedingungen – zu testen. **407**

Als „KI-Reallabor" gilt gem. Art. 3 Nr. 55 ein kontrollierter Rahmen, der von einer zuständigen Behörde geschaffen wird und den Anbieter oder zukünftige Anbieter von KI-Systemen nach einem Plan für das Reallabor einen begrenzten Zeitraum und unter regulatorischer Aufsicht nutzen können, um ein innovatives KI-System zu entwickeln, zu trainieren, zu validieren und – gegebenenfalls unter Realbedingungen – zu testen.[469] **408**

---

[465] Bomhard/Pieper/Wende, KI-VO/Piltz/Zwerschke Art. 3 Rn. 400.

[466] Bomhard/Pieper/Wende, KI-VO/Piltz/Zwerschke Art. 3 Rn. 401.

[467] Hilgendorf/Härtlein, Hilgendorf/Härtlein, HK-KI-VO/Hilgendorf/Härtlein, Art. 3 Rn. 56; BeckOK KI-Recht/Kirschke-Biller/Füllsack, 3. Ed. 1.8.2025, Art. 3 Rn. 608.

[468] Martini/Wendehorst, KI-VO/Wendehorst, Art. 3 Rn. 400.

[469] Göbel/von Kruedener GRUR-Prax 2024, 755 (755); Martini/Wendehorst, KI-VO/Wendehorst, Art. 3 Rn. 401; Hilgendorf/Härtlein, Hilgendorf/Härtlein, HK-KI-VO/Hilgendorf/Härtlein, Art. 3 Rn. 57; Schwartmann/Keber/Zenner KI-VO/Keber/Hansen/Nägele, 2. Auflage, Kap. 1 Rn. 541; BeckOK KI-Recht/Kirschke-Biller/Füllsack, 3. Ed. 1.8.2025, Art. 3 Rn. 610.

409 Die Einrichtung von Reallaboren für KI ist als wesentliches Instrument der **Innovationsförderung** konzipiert.[470] Nach der KI-VO dient dieses Instrument zugleich dazu, die durch die Verordnung selbst entstehenden zusätzlichen Regulierungs- und Anpassungslasten für die europäische Digitalwirtschaft abzumildern.[471] Die Einrichtung von KI-Reallaboren bezweckt eine Stärkung der Rechtssicherheit sowie die Förderung der Wettbewerbsfähigkeit, die Vereinfachung und Beschleunigung des Zugangs zum Binnenmarkt sowie die Ermöglichung eines evidenzbasierten regulatorischen Lernens. Unternehmen können ihre Systeme bereits in einem frühen Stadium unter geringem Kostenaufwand an rechtliche Vorgaben anpassen, und der Gesetzgeber kann den normativen Rahmen auf Grundlage gesicherter Erkenntnisse fortentwickeln.[472]

410 Nach der KI-VO haben die Mitgliedstaaten dafür Sorge zu tragen, dass spätestens innerhalb von 24 Monaten nach ihrem Inkrafttreten, also bis zum 2.8.2026, **mindestens ein nationales KI-Reallabor** in Betrieb genommen wird. Eine solche Einrichtung kann entweder eigenständig durch die nationale Behörde oder im Verbund mit den zuständigen Stellen anderer Mitgliedstaaten geschaffen werden.[473] Hierbei steht es den Mitgliedstaaten nach Erwgr. 138 frei, eine physische, digitale oder hybride Gestaltung vorzunehmen.[474] Zur Unterstützung ist die Europäische Kommission befugt, Beratung, technische Expertise sowie Instrumente für Aufbau und Betrieb bereitzustellen. Über die obligatorische nationale Ebene hinaus bleibt es den Staaten unbenommen, zusätzliche Reallabore auch auf regionaler oder lokaler Ebene einzurichten.[475] Zudem steht es dem Europäischen Datenschutzbeauftragten frei, ein eigenes Reallabor für die Organe, Einrichtungen und sonstigen Institutionen der Union einzurichten. Grundsätzlich sollen diese Reallabore einer breiten Gruppe gegenwärtiger wie künftiger Anbieter offenstehen.[476] Soweit ersichtlich wurde das erste Reallabor in Spanien errichtet.[477]

411 Die in Art. 54 ff. enthaltenen Vorschriften sowie die Legaldefinition des „KI-Reallabors" verdecken auf den ersten Blick, dass der Kern dieses Instruments in der **punktuellen Freistellung einzelner regulatorischer Verpflichtungen** liegt, sog. „regulatory sandboxes". Besonders bedeutsam ist dabei die vorübergehende Ausnahme von der Pflicht zur abgeschlossenen Konformitätsbewertung, die

[470] BeckOK KI-Recht/Kirschke-Biller/Füllsack, 3. Ed. 1.8.2025, Art. 3 Rn. 610; Martini/Wendehorst, KI-VO/Wendehorst, Art. 3 Rn. 401; Hüger ZfDR 2024, 263 (285). Grds. zu den Reallaboren nach der KI-Verordnung siehe etwa Göbel/von Kruedener GRUR-Prax 2024, 755 (755 ff.) und zur Innovationsförderung siehe Chibanguza/Steege, Product Compliance/Wendt/Henlein, § 39, Rn. 75 ff.

[471] Göbel/von Kruedener GRUR-Prax 2024, 755 (755); Martini/Wendehorst, KI-VO/Wendehorst, Art. 3 Rn. 401.

[472] Göbel/von Kruedener GRUR-Prax 2024, 755 (756); García-Micó RDi 2024, 447 (452).

[473] Martini/Wendehorst, KI-VO/Wendehorst, Art. 3 Rn. 402; Schwartmann/Keber/Zenner KI-VO/Keber/Hansen/Nägele, 2. Auflage, Kap. 1 Rn. 543; Göbel/von Kruedener GRUR-Prax 2024, 755 (756); García-Micó RDi 2024, 447 (452).

[474] Hilgendorf/Härtlein, HK-KI-VO/Hilgendorf/Härtlein, Art. 3 Rn. 57; Bomhard/Pieper/Wende, KI-VO/Piltz/Zwerschke Art. 3 Rn. 408; Göbel/von Kruedener GRUR-Prax 2024, 755 (756).

[475] Göbel/von Kruedener GRUR-Prax 2024, 755 (756).

[476] Martini/Wendehorst, KI-VO/Wendehorst, Art. 3 Rn. 402.

[477] Göbel/von Kruedener GRUR-Prax 2024, 755 (756). Zu den Aktivitäten in Spanien siehe García-Micó RDi 2024, 447 (447 ff.).

es ermöglicht, KI-Systeme praktisch einzusetzen und unter realen Bedingungen zu erproben. Gleichzeitig verfolgt das Reallabor das Ziel, den beteiligten Anbietern oder künftigen Anbietern durch eine verbindliche Festschreibung ihrer Rechte und Pflichten Rechtssicherheit zu gewährleisten. Damit soll verhindert werden, dass abweichende gerichtliche Interpretationen einschlägiger Normen Unsicherheit schaffen. Art. 59 legt spezielle Vorgaben zur Verarbeitung personenbezogener Daten in KI-Reallaboren fest. Konkrete Regelungen erlässt die Kommission allerdings in den Durchführungsrechtsakten gem. Art. 58.[478]

Der in der Norm genannte „kontrollierte Rahmen" des KI-Reallabors zielt 412
sowohl auf eine lückenlose Dokumentation sämtlicher Systemeingaben und -ausgaben als auch auf die Abschottung der Testumgebung von externen Einflüssen.[479]

Aus dem Wortlaut ergibt sich, dass jede Inanspruchnahme des KI-Reallabors 413
durch einen Anbieter das Vorliegen eines Plans iSv Art. 3 Nr. 54 voraussetzt. Testdurchführungen sind dem Anbieter nur gestattet, sofern sie unter der Aufsicht der zuständigen nationalen Behörde erfolgen. Zusätzlich können weitere zuständige Behörden in die Überwachung einzubeziehen sein. Da KI-Reallabore grundsätzlich mehreren Anbietern von KI-Systemen offenstehen sollen, ist der Zeitraum für derartige Tests auf eine bestimmte Dauer zu beschränken.[480] Beachten künftige Anbieter den vorgesehenen Plan sowie die für ihre Teilnahme maßgeblichen Bedingungen und richten sie sich in redlicher Weise nach den Vorgaben der zuständigen nationalen Behörden, so ist die Verhängung von Geldbußen wegen Verstößen gegen die Verordnung gem. Art. 57 Abs. 12 ausgeschlossen.[481]

56. KI-Kompetenz

„KI-Kompetenz" die Fähigkeiten, die Kenntnisse und das Verständnis, die es 414
Anbietern, Betreibern und Betroffenen unter Berücksichtigung ihrer jeweiligen Rechte und Pflichten im Rahmen dieser Verordnung ermöglichen, KI-Systeme sachkundig einzusetzen sowie sich der Chancen und Risiken von KI und möglicher Schäden, die sie verursachen kann, bewusst zu werden.

Als KI-Kompetenz gem. Art. 3 Nr. 56 gelten die Fähigkeiten, die Kenntnisse 415
und das Verständnis, die es Anbietern, Betreibern und Betroffenen unter Berücksichtigung ihrer jeweiligen Rechte und Pflichten im Rahmen dieser Verordnung ermöglichen, KI-Systeme sachkundig einzusetzen sowie sich der Chancen und Risiken von KI und möglicher Schäden, die sie verursachen kann, bewusst zu werden.[482]

---

[478] Martini/Wendehorst, KI-VO/Wendehorst, Art. 3 Rn. 403 f.; Göbel/von Kruedener GRUR-Prax 2024, 755 (756).

[479] Bomhard/Pieper/Wende, KI-VO/Piltz/Zwerschke Art. 3 Rn. 411; BeckOK KI-Recht/Kirschke-Biller/Füllsack, 3. Ed. 1.8.2025, Art. 3 Rn. 616.

[480] Bomhard/Pieper/Wende, KI-VO/Piltz/Zwerschke Art. 3 Rn. 410; BeckOK KI-Recht/Kirschke-Biller/Füllsack, 3. Ed. 1.8.2025, Art. 3 Rn. 618, 620.

[481] Hilgendorf/Härtlein, HK-KI-VO/Hilgendorf/Härtlein, Art. 3 Rn. 57; Göbel/von Kruedener GRUR-Prax 2024, 755 (756).

[482] Martini/Wendehorst, KI-VO/Wendehorst, Art. 3 Rn. 405; Bomhard/Pieper/Wende, KI-VO/Siglmüller Art. 3 Rn. 414; BeckOK KI-Recht/Kirschke-Biller/Füllsack, 3. Ed. 1.8.2025, Art. 3 Rn. 623; Rappenglück/Vonthien RDi 2025, 398 (399). Hinsichtlich der Reichweite, die Adressaten und die praktischen Umsetzungsprobleme der KI-Kompetenz kann auf den Beitrag von Möller-Klapperich NJ 2025, 193 verwiesen werden.

416 Der Terminus der KI-Kompetenz findet sich insbesondere in Art. 4. Dieser verpflichtet alle Anbieter sowie Betreiber von KI-Systemen dazu, ein ausreichendes Maß an KI-Kompetenz zu gewährleisten. Art. 95 Abs. 2 lit. c sieht vor, dass das Büro für Künstliche Intelligenz sowie die Mitgliedstaaten Verhaltenskodizes aufstellen, die unter anderem auf die Förderung der KI-Kompetenz abzielen, insbesondere von solchen Personen, die mit der Entwicklung, dem Betrieb und der Nutzung von KI befasst sind.[483] Art. 4 gilt nach seinem Wortlaut für sämtliche KI-Systeme im Anwendungsbereich der Verordnung (Art. 2). Eine Bindung an bestimmte Risikokategorien, wie sie für zahlreiche andere Vorschriften kennzeichnend ist, kennt Art. 4 gerade nicht. Voraussetzung ist ausschließlich, dass es sich um ein KI-System iSd Art. 3 Nr. 1 handelt, das ein Mindestmaß an Autonomie und Adaptivität aufweist und dessen Ausgaben sich auf die physische oder virtuelle Umwelt auswirken kann. Ob die Nutzer den Einsatz von KI wahrnehmen oder nicht, ist hierfür ohne Relevanz.[484]

417 Das Zusammenspiel von Fähigkeiten, Kenntnissen und Verständnis zeigt auf, dass KI-Kompetenz nicht allein fundiertes Wissen benötigt, sondern vor allem die Befähigung voraussetzt, mit KI-Systemen verantwortungsvoll umgehen zu können.[485] KI-Kompetenz umfasst nicht nur rechtliche Kenntnisse, sondern insbesondere auch technisches Verständnis, etwa zur korrekten Anwendung technischer Elemente in der Entwicklungsphase, den anzuwendenden Maßnahmen bei Nutzung und der Interpretation der Ausgaben.[486] Aus Erwgr. 20 geht deutlich hervor, dass der Gesetzgeber den Schwerpunkt auf fundierte Entscheidungen der Anbieter, Betreiber und betroffenen Personen im Umgang mit KI-Systemen durch die Ausstattung der notwendigen Kompetenzen legt.[487]

418 Darüber hinaus findet sich die KI-Kompetenz in Art. 66 S. 2 lit. f wieder. Demnach kann das Europäische Gremium für Künstliche Intelligenz unter anderem die EU-Kommission bei der Förderung von KI-Kompetenz unterstützen. Diese Regelung richtet sich vor allem auf die allgemeine KI-Kompetenz der breiten Öffentlichkeit, einschließlich der betroffenen Personen.[488]

419 Die Reichweite des Begriffs bemisst sich nach den konkreten Umständen des Einzelfalls, insbesondere danach, welche Art von KI-Systemen zum Einsatz gelangt, welche Zwecke damit verfolgt werden und welche Akteure in den Prozess eingebunden sind.[489]

---

483 Martini/Wendehorst, KI-VO/Wendehorst, Art. 3 Rn. 405; Bomhard/Pieper/Wende, KI-VO/Siglmüller Art. 3 Rn. 414; BeckOK KI-Recht/Kirschke-Biller/Füllsack, 3. Ed. 1.8.2025, Art. 3 Rn. 625; Schippel KIR 2025, 119 (119); Möller-Klapperich NJ 2025, 193 (194).

484 Möller-Klapperich NJ 2025, 193 (194); Rappenglück/Vonthien RDi 2025, 398 (398).

485 Bomhard/Pieper/Wende, KI-VO/Siglmüller Art. 3 Rn. 415; Schippel KIR 2025, 119 (119).

486 BeckOK KI-Recht/Kirschke-Biller/Füllsack, 3. Ed. 1.8.2025, Art. 3 Rn. 628; Rappenglück/Vonthien RDi 2025, 398 (400).

487 Bomhard/Pieper/Wende, KI-VO/Siglmüller Art. 3 Rn. 415; BeckOK KI-Recht/Kirschke-Biller/Füllsack, 3. Ed. 1.8.2025, Art. 3 Rn. 623; Möller-Klapperich NJ 2025, 193 (194).

488 BeckOK KI-Recht/Kirschke-Biller/Füllsack, 3. Ed. 1.8.2025, Art. 3 Rn. 626.

489 Hilgendorf/Härtlein, HK-KI-VO/Hilgendorf/Härtlein, Art. 3 Rn. 58; BeckOK KI-Recht/Kirschke-Biller/Füllsack, 3. Ed. 1.8.2025, Art. 3 Rn. 627; grds. zu KI-Systemen mit minimalem Risiko: Chibanguza/Steege, Product Compliance/Wendt/Henlein, § 39, Rn. 65.

Die Europäische Kommission hat im Hinblick auf Art. 4 zur KI-Kompetenz sowohl ein offizielles Questions & Answers[490] als auch ein sogenanntes „Living Repository“[491] veröffentlicht, in dem praktische Maßnahmen von Unternehmen gebündelt werden.[492] Im Juni 2025 veröffentlichte die Bundesnetzagentur ein Hinweispapier zu KI-Kompetenzen nach Art. 4, welches die Vorgaben zur KI-Kompetenz aus nationaler Sicht präzisiert.[493] **420**

57. Test unter Realbedingungen

„Test unter Realbedingungen“ den befristeten Test eines KI-Systems auf seine Zweckbestimmung, der unter Realbedingungen außerhalb eines Labors oder einer anderweitig simulierten Umgebung erfolgt, um zuverlässige und belastbare Daten zu erheben und die Konformität des KI-Systems mit den Anforderungen der vorliegenden Verordnung zu bewerten und zu überprüfen, wobei dieser Test nicht als Inverkehrbringen oder Inbetriebnahme des KI-Systems im Sinne dieser Verordnung gilt, sofern alle Bedingungen nach Artikel 57 oder Artikel 60 erfüllt sind; **421**

Unter **„Test unter Realbedingungen“** gem. Art. 3 Nr. 57 versteht sich der befristete Test eines KI-Systems auf seine Zweckbestimmung, der unter Realbedingungen außerhalb eines Labors oder einer anderweitig simulierten Umgebung erfolgt, um zuverlässige und belastbare Daten zu erheben und die Konformität des KI-Systems mit den Anforderungen der vorliegenden Verordnung zu bewerten und zu überprüfen, wobei dieser Test nicht als Inverkehrbringen oder Inbetriebnahme des KI-Systems im Sinne dieser Verordnung gilt, sofern alle Bedingungen nach Artikel 57 oder Artikel 60 erfüllt sind.[494] **422**

Grundlage des Tests ist der „Plan für einen Test unter Realbedingungen“ iSd Nr. 53. Durch die Bezugnahme auf Art. 57 und Art. 60 wird deutlich, dass die Tests innerhalb von KI-Reallaboren (Art. 57 Abs. 5 und Art. 58 Abs. 4) oder außerhalb von KI-Reallaboren (Art. 60) stattfinden können.[495] **423**

Indem die Testung eines KI-Systems, sofern sie in Übereinstimmung mit Art. 57 oder Art. 60 erfolgt, rechtlich nicht als Inverkehrbringen iSv Art. 3 Nr. 9 und ebenso wenig als Inbetriebnahme iSv Art. 3 Nr. 11 behandelt wird, etabliert das Rechtsinstitut ein regulatorisches Korrektiv. Hierdurch wird dem Anbieter ermöglicht, seiner Verpflichtung nach Art. 9 Abs. 6 S. 1, KI-Systeme zu testen, um geeignete Risikomanagementmaßnahmen zu bestimmen, zu genügen. Zwar verlangt Art. 9 Abs. 7 keine Tests unter Realbedingungen nach Art. 60, sondern eröffnet diese Möglichkeit lediglich – allerdings sind sie regelmäßig indiziert, da **424**

---

490 Vgl. „AI Literacy – Questions & Answers“, 2025, abrufbar unter https://digital-strategy.ec.europa.eu/en/faqs/ai-literacy-questions-answers.

491 Vgl. „Living repository to foster learning and exchange on AI literacy“, 2025, abrufbar unter https://digital-strategy.ec.europa.eu/en/library/living-repository-foster-learning-and-exchange-ai-literacy.

492 Rappenglück/Vonthien RDi 2025, 398 (398).

493 Vgl. Hinweispapier KI-Kompetenzen nach Artikel 4 KI-Verordnung der Bundesnetzagentur, aufrufbar unter https://www.bundesnetzagentur.de/DE/Fachthemen/Digitales/KI/_functions/Hinweispapier.pdf?__blob=publicationFile&v=2; Rappenglück/Vonthien RDi 2025, 398 (398).

494 Martini/Wendehorst, KI-VO/Wendehorst, Art. 3 Rn. 406; Hilgendorf/Härtlein, HK-KI-VO/Hilgendorf/Härtlein, Art. 3 Rn. 59; Göbel/von Kruedener GRUR-Prax 2024, 755 (757); BeckOK KI-Recht/Kirschke-Biller/Füllsack, 3. Ed. 1.8.2025, Art. 3 Rn. 630.

495 Martini/Wendehorst, KI-VO/Wendehorst, Art. 3 Rn. 406.

Risiken oftmals erst außerhalb laborähnlicher Umgebungen erkennbar werden.[496] Umfasst sind hiervon etwa zeitlich begrenzte Tests unter Realbedingungen außerhalb von Labor- oder Simulationsumgebungen, die insbesondere dazu dienen, konkrete Daten für die Konformitätsbewertung des KI-Systems zu generieren.[497] Gleichzeitig erfüllt der Test unter Realbedingungen nach Erwgr. 141 den Zweck, den Entwicklungsprozess und das Inverkehrbringen von Hochrisiko-KI-Systemen zu beschleunigen.[498]

425 Die Konformität von Tests unter Realbedingungen mit der KI-VO ist durch die Marktüberwachungsbehörden gem. Art. 76 Abs. 1 sicherzustellen. Werden Tests unter Realbedingungen für KI-Systeme durchgeführt, die gem. Art. 58 in einem KI-Reallabor beaufsichtigt werden, erfolgt die Prüfung der Einhaltung des Art. 60 durch die Marktüberwachungsbehörden gem. Art. 76 Abs. 2 UAbs. 1 im Rahmen ihrer Aufsicht über das KI-Reallabor. Die Behörden können in bestimmten Fällen gem. Art. 76 Abs. 2 UAbs. 2 erlauben, dass der Anbieter oder künftige Anbieter den Test unter Realbedingungen unter Abweichung von den in Art. 60 Abs. 4 lit. f und g festgelegten Bedingungen durchführt.[499]

426 Die Durchführung von Tests unter Realbedingungen unterliegt strikten Anforderungen, die gem. Art. 76 Abs. 2 auch für Test unter Realbedingungen in KI-Reallaboren gelten. Sowohl der Testplan als auch der Test selbst müssen von der zuständigen Marktüberwachungsbehörde genehmigt werden (in Deutschland voraussichtlich die BNetzA) und in der EU-Datenbank registriert sein (Art. 71).[500]

58. Testteilnehmer

427 **„Testteilnehmer“ für die Zwecke eines Tests unter Realbedingungen eine natürliche Person, die an dem Test unter Realbedingungen teilnimmt;**

428 „Testteilnehmer“ ist gem. Art. 58 für die Zwecke eines Tests unter Realbedingungen eine natürliche Person, die an dem Test unter Realbedingungen teilnimmt.[501]

429 Besondere praktische Relevanz erlangt der Begriff im Kontext der Teilnahmevoraussetzungen sowie im Hinblick auf normierte Verpflichtungen des Anbieters, die Testteilnehmer in umfassender Weise zu unterrichten, vgl. Art. 60 und 61. Das zentrale Merkmal der Teilnahme erfordert üblicherweise eine aktive Entscheidung, da gem. Art. 60 Abs. 4 lit. i eine informierte Einwilligung vorausgesetzt wird. Im Rahmen der Strafverfolgung gewährt Art. 60 Abs. 4 lit. i jedoch eine Ausnahme von dieser Pflicht, sodass die Teilnahme auch passiv erfolgen kann. Vor diesem Hintergrund ist der Begriff des Testteilnehmers so zu interpretieren, dass

---

[496] Martini/Wendehorst, KI-VO/Wendehorst, Art. 3 Rn. 407; Bomhard/Pieper/Wende, KI-VO/Hofer Art. 3 Rn. 420; BeckOK KI-Recht/Kirschke-Biller/Füllsack, 3. Ed. 1.8.2025, Art. 3 Rn. 638.

[497] Bomhard/Pieper/Wende, KI-VO/Hofer Art. 3 Rn. 421; BeckOK KI-Recht/Kirschke-Biller/Füllsack, 3. Ed. 1.8.2025, Art. 3 Rn. 634 f.

[498] Göbel/von Kruedener GRUR-Prax 2024, 755 (757).

[499] Göbel/von Kruedener GRUR-Prax 2024, 755 (757).

[500] BeckOK KI-Recht/Kirschke-Biller/Füllsack, 3. Ed. 1.8.2025, Art. 3 Rn. 633.

[501] Martini/Wendehorst, KI-VO/Wendehorst, Art. 3 Rn. 408; Hilgendorf/Härtlein, HK-KI-VO/Hilgendorf/Härtlein, Art. 3 Rn. 60; Bomhard/Pieper/Wende, KI-VO/Hofer Art. 3 Rn. 422; BeckOK KI-Recht/Kirschke-Biller/Füllsack, 3. Ed. 1.8.2025, Art. 3 Rn. 639.

der Schutzauftrag des Art. 60 Abs. 4 lit. i seine Wirksamkeit behält. Weitere konkrete Vorgaben lassen sich aller Wahrscheinlichkeit nach den zukünftigen Durchführungsrechtsakten der Kommission in Bezug auf Tests unter Realbedingungen entnehmen.[502]

59. informierte Einwilligung

„informierte Einwilligung" eine aus freien Stücken erfolgende, spezifische, eindeutige und freiwillige Erklärung der Bereitschaft, an einem bestimmten Test unter Realbedingungen teilzunehmen, durch einen Testteilnehmer, nachdem dieser über alle Aspekte des Tests, die für die Entscheidungsfindung des Testteilnehmers bezüglich der Teilnahme relevant sind, aufgeklärt wurde; 430

a) Allgemeines. Gem. Art. 3 Nr. 59 ist eine „informierte Einwilligung" 431 eine aus freien Stücken erfolgende, spezifische, eindeutige und freiwillige Erklärung der Bereitschaft, an einem bestimmten Test unter Realbedingungen teilzunehmen, durch einen Testteilnehmer, nachdem dieser über alle Aspekte des Tests, die für die Entscheidungsfindung des Testteilnehmers bezüglich der Teilnahme relevant sind, aufgeklärt wurde. Dieser Legaldefinition ist der begrenzte Anwendungsbereich dieses Begriffs in der KI-VO bereits zu entnehmen. Relevant wird er nur im Kontext eines Tests unter Realbedingungen außerhalb von KI-Reallaboren gem. Art. 60 Abs. 1 und 2. Ein solcher darf von Anbietern oder zukünftigen Anbietern grundsätzlich nur durchgeführt werden, wenn neben den anderen Garantien und Bedingungen des Art. 60 Abs. 4 auch eine informierte Einwilligung der Teststeilnehmer vorliegt (lit. i). Eine informierte Einwilligung gem. Art. 61 ist wiederum nur dann nicht erforderlich, wenn die Einholung einer informierten Einwilligung in einem Fall der Strafverfolgung den Test des KI-Systems verhindern würde, wobei der Test und die Ergebnisse des Tests unter Realbedingungen sich dabei nicht negativ auf die Testteilnehmer auswirken dürfen und die personenbezogenen Daten nach Durchführung des Tests gelöscht werden müssen. Die informierte Einwilligung kann gem. Art. 60 Abs. 5 jederzeit widerrufen werden. In der Praxis muss zudem zwischen der Einwilligung der Testteilnehmer zur Teilnahme an solchen Tests im Rahmen der KI-VO und der Einwilligung betroffener Personen in die Verarbeitung ihrer personenbezogenen Daten nach den einschlägigen Datenschutzvorschriften unterschieden werden. Erstere greift letzterer nicht vor (vgl. Erwgr. 141).

Zwar ist der Begriff der informierten Einwilligung nicht aus dem allgemei- 432 nen Produktrecht bekannt. Allerdings finden sich vergleichbare Konzepte einer „Einwilligung nach Aufklärung" vor allem Recht der Medizinprodukte.[503]

b) Definitorische Bestandteile. aa) Bereitschaftserklärung zur Testteil- 433 nahme. Die informierte Einwilligung setzt definitorisch eine Bereitschaftserklärung zur Testteilnahme voraus. Dabei muss es sich gem. Art. 3 Nr. 59 um „eine aus freien Stücken erfolgende, spezifische, eindeutige und freiwillige Erklärung" handeln, die nicht pauschal, sondern in Bezug auf einen bestimmten

---

[502] Martini/Wendehorst, KI-VO/Wendehorst, Art. 3 Rn. 408; Hilgendorf/Härtlein, HK-KI-VO/Hilgendorf/Härtlein, Art. 3 Rn. 60; Bomhard/Pieper/Wende, KI-VO/Hofer Art. 3 Rn. 422; BeckOK KI-Recht/Kirschke-Biller/Füllsack, 3. Ed. 1.8.2025, Art. 3 Rn. 643 f.

[503] Vgl. zB Art. 2 Nr. 55 Medizinprodukte-VO (EU) 2017/745 oder Art. 2 Abs. 2 Nr. 21 Humanarzneimittel- VO (EU) Nr. 536/2014.

Test unter Realbedingungen ausgesprochen wird. Liegt eines der genannten Kriterien nicht vor, ist die Erklärung unwirksam. Gem. Art. 61 Abs. 2 ist die informierte Einwilligung auf den Tag der Erklärung zu datieren und zu dokumentieren. Zudem erhalten die Testteilnehmer oder ihre gesetzlichen Vertreter eine Ausfertigung der Erklärung. Eine Bereitschaftserklärung ist somit nur dann wirksam, wenn sie entweder von einwilligungsfähigen Personen selbst abgegeben wird oder – im Falle von Minderjährigen bzw. nicht einwilligungsfähigen Personen – die Zustimmung oder Genehmigung des gesetzlichen Vertreters vorliegt.

434 **bb) Aufgeklärter Testteilnehmer.** Gem. Art. 3 Nr. 59 ist die Einwilligung nur informiert, wenn sie durch einen aufgeklärten Testteilnehmer erklärt wird. Der Anbieter oder der zukünftige Anbieter, der den Test unter Realbedingungen durchführt, hat den Testteilnehmer, über alle Aspekte des Tests, die für die Entscheidungsfindung des Testteilnehmers bezüglich der Teilnahme relevant sind, aufzuklären. Diese Aufklärung muss vollumfänglich abgeschlossen sein, bevor der Testteilnehmer seine Bereitschaftserklärung abgibt. Art. 61 Abs. 1 legt detailliert fest, über welche Aspekte des Tests mit präzisen, klaren, relevanten und verständlichen Informationen aufgeklärt werden muss (→ Art. 61 Rn. 6 ff.). Wird die Bereitschaftserklärung durch einen gesetzlichen Vertreter abgegeben, weil es sich bei dem potenziellen Teststeilnehmer um eine nicht einwilligungsfähige Person handelt, ist nach Sinn und Zweck der Regelung der gesetzliche Vertreter nach den Maßgaben des Art. 61 Abs. 1 zu informieren.

60. Deepfake

435 **„Deepfake" einen durch KI erzeugten oder manipulierten Bild-, Ton- oder Videoinhalt, der wirklichen Personen, Gegenständen, Orten, Einrichtungen oder Ereignissen ähnelt und einer Person fälschlicherweise als echt oder wahrheitsgemäß erscheinen würde;**

436 **a) Allgemeines.** Ein „Deepfake" bezeichnet gem. Art. 3 Nr. 60 einen durch KI erzeugten oder manipulierten Bild-, Ton- oder Videoinhalt, der wirklichen Personen, Gegenständen, Orten, Einrichtungen oder Ereignissen ähnelt und einer Person fälschlicherweise als echt oder wahrheitsgemäß erscheinen würde. Der Begriff wird einzig im Zusammenhang mit der in Art. 50 Abs. 4 normierten Transparenzpflicht für Betreiber verwendet (→ Art. 50 Rn. 95). Nach Art. 50 Abs. 4 UAbs. 1 S. 1 müssen Betreiber eines KI-Systems, das Bild-, Ton- oder Videoinhalte erzeugt oder manipuliert, die ein Deepfake sind, grundsätzlich offenlegen, dass die Inhalte künstlich erzeugt oder manipuliert wurden. Ist die Verwendung eines KI-Systems, das Deepfakes hervorbringt, zur Aufdeckung, Verhütung, Ermittlung oder Verfolgung von Straftaten gesetzlich zugelassen, besteht diese Transparenzpflicht gem. Art. 50 Abs. 4 UAbs. 1 S. 2 nicht. Sind die erzeugten oder manipulierten Inhalte Teil eines offensichtlich künstlerischen, kreativen, satirischen, fiktionalen oder analogen Werks oder Programms, wird die Transparenzpflicht gem. Art. 50 Abs. 4 UAbs. 1 S. 3 zum Schutz der in der Charta garantierten Rechte auf freie Meinungsäußerung und auf Freiheit der Kunst und Wissenschaft eingeschränkt (vgl. Erwgr. 134). Für künstliche Textinhalte enthält Art. 50 Abs. 2 Sonderregelungen. Die Betreiberpflichten sind als komplementäre Maßnahme zu den in Art. 50 Abs. 2 vorgesehenen technischen Lösungen der Anbieter konzipiert, auch wenn die Anbieterpflicht nicht aus-

drücklich an den Begriff des Deepfakes anknüpft. Insgesamt soll so den Missbrauchsgefahren für Individualrechtsgüter, den demokratischen Willensbildungsprozess sowie für Gesellschaft und Staat[504] vorgebeugt werden, die insbesondere deshalb als ernst einzustufen sind, weil die Herstellung von Deepfakes schon jetzt vergleichsweise einfach ist.[505]

In der KI-VO wird der Begriff des Deepfakes erstmals legaldefiniert. Der DSA enthält für Anbieter von Vermittlungsdiensten jedoch Sorgfaltspflichten im Umgang mit rechtswidrigen Inhalten, Online-Desinformation und anderen gesellschaftlichen Risiken, sodass die KI-VO das Ziel der Täuschungsprävention nicht exklusiv hat.[506] Die Regelungen des DSA können insofern auf missbräuchliche Deepfakes iSd Art. 3 Nr. 60 Anwendung finden. Auch Überschneidungen mit den datenschutzrechtlichen Regelungen sind denkbar, insbesondere dann, wenn zur Erstellung eines Deepfakes personenbezogene Daten verarbeitet werden.[507] **437**

b) Definitorische Bestandteile. aa) Bild-, Ton- oder Videoinhalt. Per definitionem können nur Bild-, Ton- oder Videoinhalte ein Deepfake iSd Art. 3 Nr. 60 sein. Textinhalte sind unabhängig von ihrer Schöpfung kein Deepfake. Für Betreiber eines KI-Systems, das Text erzeugt oder manipuliert, der veröffentlicht wird, um die Öffentlichkeit über Angelegenheiten von öffentlichem Interesse zu informieren, sieht Art. 50 Abs. 4 UAbs. 2 allerdings ebenfalls Transparenzpflichten vor (→ Art. 50 Rn. 111 ff.). **438**

bb) Erzeugung oder Manipulation durch KI. Als Deepfake gelten nur solche Inhalte, die „durch KI", also durch ein KI-System, generiert wurden. Dabei kann das KI-System diese Inhalte entweder ohne konkrete Vorlage von Grund auf neu erzeugen oder aber bereits bestehende, ursprünglich authentische Inhalte manipulieren. **439**

cc) Anschein von Authentizität. Damit der für Deepfakes charakteristische Anschein von Authentizität gegeben ist, müssen nach der Definition in Art. 3 Nr. 60 zwei Voraussetzungen kumulativ vorliegen. Zum einen muss der erzeugte oder manipulierte Inhalt wirklichen Personen, Gegenständen, Orten, Einrichtungen oder Ereignissen ähneln. Andernfalls läge kein „Fake" im Sinne einer Fälschung bzw. eines Schwindels vor, sondern nur ein rein fiktiver Inhalt ohne Bezug zur Realität.[508] Eine Ähnlichkeit ist nach dem allgemeinen Sprachgebrauch anzunehmen, wenn wesentliche Merkmale der Vergleichssubjekte oder -objekte übereinstimmen. Zum anderen muss der Inhalt geeignet sein, Personen dazu zu verleiten, diesen als authentisch wahrzunehmen.[509] Die Täuschungseignung ist derzeit aus Sicht einer durchschnittlichen Person, die keine Erfahrungen oder Vorkenntnisse hat, zu bestimmen. Dieser Maßstab kann sich mit zunehmender Verbreitung von KI-Technologien und wachsendem gesellschaftlichem Bewusstsein für synthetische Inhalte im Laufe der Zeit verändern. **440**

---

[504] Hinderks ZUM 2022, 110 (110); Thiel ZRP 2021, 202 (203).

[505] Dazu Lossau, Deep Fake: Gefahren, Herausforderungen und Lösungswege, Analysen & Argumente Nr. 382, S. 3.

[506] Vgl. Erwgr. 2 Verordnung (EU) 2022/2065.

[507] Vgl. zB Art. 6 Verordnung (EU) 2016/679.

[508] Martini/Wendehorst/Martini, 1. Aufl. 2024, Art. 50 Rn. 102.

[509] Martini/Wendehorst/Martini, 1. Aufl. 2024, Art. 50 Rn. 103.

61. weitverbreiteter Verstoß

441 **„weitverbreiteter Verstoß" jede Handlung oder Unterlassung, die gegen das Unionsrecht verstößt, das die Interessen von Einzelpersonen schützt, und die die kollektiven Interessen von Einzelpersonen in mindestens zwei anderen Mitgliedstaaten als dem Mitgliedstaat schädigt oder zu schädigen droht, in dem die Handlung oder die Unterlassung ihren Ursprung hatte oder stattfand, der betreffende Anbieter oder gegebenenfalls sein Bevollmächtigter sich befindet oder niedergelassen ist oder der Betreiber niedergelassen ist, sofern der Verstoß vom Betreiber begangen wird, die kollektiven Interessen von Einzelpersonen geschädigt hat, schädigt oder schädigen könnte und allgemeine Merkmale aufweist, einschließlich derselben rechtswidrigen Praxis oder desselben verletzten Interesses, und gleichzeitig auftritt und von demselben Akteur in mindestens drei Mitgliedstaaten begangen wird;**

442 **a) Allgemeines.** Im Sinne einer klaren und auf das Wesentliche reduzierten Definition ist unter einem „weitverbreiteten Verstoß" gem. Art. 3 Nr. 61 jede Handlung oder Unterlassung zu verstehen, die gegen das Unionsrecht verstößt, das die Interessen von Einzelpersonen schützt, und die entweder
– die kollektiven Interessen von Einzelpersonen in mindestens zwei anderen Mitgliedstaaten als dem Mitgliedstaat schädigt oder zu schädigen droht (lit. a) oder
– die kollektiven Interessen von Einzelpersonen geschädigt hat, schädigt oder schädigen könnte und allgemeine Merkmale aufweist und gleichzeitig auftritt und von demselben Akteur in mindestens drei Mitgliedstaaten begangen wird (lit. b).

443 Die alternativen Voraussetzungen des Art. 3 Nr. 61 erfahren in der Legaldefinition jeweils noch Konkretisierungen. Relevant wird der Begriff des weitverbreiteten Verstoßes einzig im Kontext des Art. 73 Abs. 3 (→ Art. 73 Rn. 11). In Art. 73 Abs. 3 wird die Meldefrist für den Anbieter eines Hochrisiko-KI-Systems, der einen Kausalzusammenhang oder zumindest die Wahrscheinlichkeit eines solchen Zusammenhangs zwischen seinem KI-System und einem weitverbreiteten Verstoß oder einen schwerwiegenden Vorfall feststellt, gegenüber Art. 73 Abs. 2 nochmal verkürzt. Nach Art. 73 Abs. 3 hat er den Verstoß bzw. den Vorfall unverzüglich, spätestens jedoch innerhalb von zwei Tagen nach den Vorgaben des Art. 73 Abs. 1 zu melden, nachdem er selbst oder der Betreiber Kenntnis erlangt hat.

444 Der Begriff des „weitverbreiteten Verstoßes" weist in seiner Struktur und Zielrichtung klare Parallelen zu Art. 3 Nr. 3 CPC-VO[510] auf, sodass sich die Auslegung des Art. 3 Nr. 61 an den diesbezüglich entwickelten Grundsätzen orientieren kann.[511]

445 **b) Definitorische Bestandteile. aa) Verstoß.** Nur eine Handlung oder ein Unterlassen, die oder das individualschützendes Unionsrecht verletzt, ist gilt als Verstoß iSd Art. 3 Nr. 61. Dem Schutz individueller Rechtspositionen dienende unionsrechtliche Bestimmungen finden sich in unter anderem im Datenschutz- und Verbraucherschutzrecht, im Antidiskriminierungsrecht sowie in den Vorgaben der Plattformregulierung.[512]

---

510 Verordnung (EU) 2017/2394.

511 Harte-Bavendamm/Henning-Bodewig/Podszun UWG § 5c Rn. 20 ff.; Ohly/Sosnitza/Sosnitza UWG § 5c Rn. 2 f.

512 Martini/Wendehorst/Wendehorst Art. 3 Rn. 392.

446 **bb) Weite Verbreitung.** Ein Verstoß ist gem. Art. 3 Nr. 61 in zwei Szenarien weitverbreitet. Gem. Art. 3 Nr. 61 lit. a ist eine weite Verbreitung anzunehmen, wenn der Verstoß die kollektiven Interessen von Einzelpersonen in mindestens zwei anderen Mitgliedstaaten als dem Mitgliedstaat schädigt oder zu schädigen droht, in dem

- die Handlung oder die Unterlassung ihren Ursprung hatte oder stattfand (lit. i),
- der betreffende Anbieter oder gegebenenfalls sein Bevollmächtigter sich befindet oder niedergelassen ist (lit. ii) oder
- der Betreiber niedergelassen ist, sofern der Verstoß vom Betreiber begangen wird (lit. iii).

447 Gleiches gilt,

- wenn der Verstoß gem. Art. 3 Nr. 61 lit. b die kollektiven Interessen von Einzelpersonen geschädigt hat, schädigt oder schädigen könnte und
- allgemeine Merkmale aufweist, einschließlich derselben rechtswidrigen Praxis oder desselben verletzten Interesses, und
- gleichzeitig auftritt und
- von demselben Akteur in mindestens drei Mitgliedstaaten begangen wird.

448 Für Details wird auf die Kommentierung zu Art. 73 Abs. 3 verwiesen (→ Art. 73 Rn. 11).

62. kritische Infrastrukturen

449 **„kritische Infrastrukturen" kritische Infrastrukturen im Sinne von Artikel 2 Nummer 4 der Richtlinie (EU) 2022/2557;**

450 Nach Art. 3 Nr. 62 wird für den Begriff **„kritische Infrastrukturen"** auf Art. 2 Nr. 4 CER-RL (RL (EU) 2022/2557 über die Resilienz kritischer Einrichtungen) verwiesen. Definiert werden kritische Infrastrukturen in Art. 2 Nr. 4 CER-RL als Objekte, Anlagen, Ausrüstung, Netze oder Systeme oder Teile eines Objekts, einer Anlage, Ausrüstung, eines Netzes oder eines Systems, die für die Erbringung eines wesentlichen Dienstes erforderlich sind. Wesentliche Dienste werden wiederum in Art. 2 Nr. 5 CER-RL als ein Dienst, der für die Aufrechterhaltung wichtiger gesellschaftlicher Funktionen, wichtiger wirtschaftlicher Tätigkeiten, der öffentlichen Gesundheit und Sicherheit oder der Erhaltung der Umwelt von entscheidender Bedeutung ist, definiert. Eine zusätzliche Präzisierung erfolgt durch den Katalog in Anhang I der CER-RL sowie durch delegierte Rechtsakte, insbesondere die Delegierte Verordnung (EU) 2023/2450. Zu den erfassten Bereichen zählen unter anderem Energie, Verkehr, Gesundheitsversorgung, Trinkwasserversorgung, Finanzmarktinfrastrukturen sowie digitale Infrastrukturen.[513]

451 Gegenwärtig weicht die in § 2 Abs. 10 BSIG enthaltene nationale Definition des Begriffs „kritische Infrastruktur" noch geringfügig von der unionsrechtlichen Terminologie ab. Eine Anpassung an das einheitliche europäische Begriffsverständnis ist jedoch zu erwarten.[514]

---

[513] BeckOK KI-Recht/Kirschke-Biller/Füllsack, 3. Ed. 1.8.2025, Art. 3 Rn. 690, 695 f.; Hilgendorf/Härtlein, HK-KI-VO/Hilgendorf/Härtlein, Art. 3 Rn. 64; Martini/Wendehorst, KI-VO/Wendehorst, Art. 3 Rn. 394; Bomhard/Pieper/Wende, KI-VO/Gehrmann Art. 3 Rn. 445, 448.

[514] BeckOK KI-Recht/Kirschke-Biller/Füllsack, 3. Ed. 1.8.2025, Art. 3 Rn. 691.

452 Im Verordnungstext tritt der Begriff „kritische Infrastrukturen“ nur selten eigenständig auf, findet jedoch Aufnahme im Terminus „schwerwiegender Vorfall“ (Nr. 49). Darüber hinaus wird er in Anhang III Nr. 2 erwähnt, wodurch er für die Einordnung von Hochrisiko-KI-Systemen von besonderer Bedeutung ist.[515] Namentlich erwähnt werden KI-Systeme, die bestimmungsgemäß als Sicherheitsbauteile im Rahmen der Verwaltung und des Betriebs kritischer digitaler Infrastruktur, des Straßenverkehrs oder der Wasser-, Gas-, Wärme- oder Stromversorgung verwendet werden sollen. Diese Auflistung ist indes nicht abschließend.[516]

453 Darüber hinaus enthält Art. 59 Abs. 1 lit. a Ziff. iv eine spezielle Regelung zu kritischen Infrastrukturen. Nach Art. 59 ist die Verarbeitung personenbezogener Daten in KI-Reallaboren zur Entwicklung bestimmter KI-Systeme zulässig, sofern die in Abs. 1 genannten Voraussetzungen erfüllt werden. Insbesondere muss das betreffende KI-System gemäß lit. a dazu dienen, ein erhebliches öffentliches Interesse in definierten Bereichen zu wahren. Unter diese Zweckbestimmung fällt nach Ziff. iv auch die Gewährleistung der Sicherheit und Widerstandsfähigkeit kritischer Infrastrukturen.[517]

63. KI-Modell mit allgemeinem Verwendungszweck

454 **„KI-Modell mit allgemeinem Verwendungszweck“ ein KI-Modell – einschließlich der Fälle, in denen ein solches KI-Modell mit einer großen Datenmenge unter umfassender Selbstüberwachung trainiert wird –, das eine erhebliche allgemeine Verwendbarkeit aufweist und in der Lage ist, unabhängig von der Art und Weise seines Inverkehrbringens ein breites Spektrum unterschiedlicher Aufgaben kompetent zu erfüllen, und das in eine Vielzahl nachgelagerter Systeme oder Anwendungen integriert werden kann, ausgenommen KI-Modelle, die vor ihrem Inverkehrbringen für Forschungs- und Entwicklungstätigkeiten oder die Konzipierung von Prototypen eingesetzt werden;**

455 KI-Modelle sind von KI-Systemen zu unterscheiden. Um ein KI-System zu entwickeln, muss zunächst ein KI-Modell trainiert werden. Ein KI-Modell mit allgemeinem Verwendungszweck ist in Art. 3 Nr. 63 definiert. Dabei handelt es sich um ein KI-Modell – einschließlich der Fälle, in denen ein solches KI-Modell mit einer großen Datenmenge unter umfassender Selbstüberwachung trainiert wird –, das eine erhebliche allgemeine Verwendbarkeit aufweist und in der Lage ist, unabhängig von der Art und Weise seines Inverkehrbringens ein breites Spektrum unterschiedlicher Aufgaben kompetent zu erfüllen, und das in eine Vielzahl nachgelagerter Systeme oder Anwendungen integriert werden kann.[518] Davon sind KI-Modelle ausgenommen, die vor ihrem Inverkehrbringen für Forschungs- und Entwicklungstätigkeiten oder die Konzipierung von Prototypen eingesetzt werden. Wenngleich die Definition einige Beispiele enthält, sind diese in der Praxis

---

515 Hilgendorf/Härtlein, HK-KI-VO/Hilgendorf/Härtlein, Art. 3 Rn. 64; Martini/Wendehorst, KI-VO/Wendehorst, Art. 3 Rn. 394; Bomhard/Pieper/Wende, KI-VO/Gehrmann Art. 3 Rn. 446.

516 Bomhard/Pieper/Wende, KI-VO/Gehrmann Art. 3 Rn. 446, 455; Hilgendorf/Härtlein, HK-KI-VO/Hilgendorf/Härtlein, Art. 3 Rn. 64; BeckOK KI-Recht/Kirschke-Biller/Füllsack, 3. Ed. 1.8.2025, Art. 3 Rn. 693.

517 Schefzig/Kilian, BeckOK KI-Recht/Kirschke-Biller/Füllsack, 3. Ed. 1.8.2025, Art. 3 Rn. 694.

518 Vgl. Chibanguza/Steege, Product Compliance/Reusch, § 40, Rn. 102.

zur Subsumtion nicht immer geeignet. Als Tatbestandsmerkmale müssen daher vorliegen: ein KI-Modell, welches eine erhebliche allgemeine Verwendbarkeit aufweist und ein breites Spektrum unterschiedlicher Aufgaben erfüllen kann sowie in eine Vielzahl nachgelagerter Systeme oder Anwendungen integrierbar ist.[519]

KI-Modelle sind jedoch nicht allesamt gleich, denn nicht jedes KI-Modell ist auch ein solches mit allgemeinem Verwendungszweck. Zudem handelt es sich nicht bei jedem KI-Modell um eines, welches auf einem großen Sprachmodell (Large Language Model)[520] beruht. Bemerkenswert ist, dass die KI-VO keine Definition vom Terminus „KI-Modell" enthält. Bekannte KI-Modelle sind etwa GPT, Gemini, LLaMA oder Mistral. Erforderlich ist zudem, dass eine erhebliche **allgemeine Verwendbarkeit** vorliegt und ein **breites Spektrum** unterschiedlicher Aufgaben erfüllt werden kann. ErwG 98 sieht vor, dass von einer allgemeinen Verwendbarkeit und der Fähigkeit zur Erfüllung unterschiedlicher Aufgaben eines KI-Modells ausgegangen werden kann, wenn das Modell mindestens über **eine Milliarde Parameter** verfügt. Damit wird unmittelbar auf die Größe des KI-Modells abgestellt. Zudem wird offensichtlich, dass nach dem Willen des Gesetzgebers sowohl die allgemeine Verwendbarkeit als auch die Möglichkeit innerhalb eines breiten Spektrums unterschiedliche Aufgaben zu erfüllen, miteinander in Zusammenhang stehen.[521] Für das Vorliegen der allgemeinen Verwendbarkeit kommt es auf die Flexibilität des KI-Modells an. Flexibilität kann sowohl hinsichtlich des Formats des Outputs als auch bei den Inhalten gegeben sein, wie aus ErwG 99 geschlossen werden kann.[522] Ob ein KI-Modell ein **breites Spektrum unterschiedlicher Aufgaben** erfüllen kann, lässt sich durch die Anzahl von Use-Cases determinieren. Umgekehrt ist das Tatbestandsmerkmal nicht erfüllt, wenn ein KI-Modell nur für einen Use-Case gedacht ist und auch nicht auf weitere angewendet werden kann.[523] Schließlich muss das KI-Modell in eine **Vielzahl nachgelagerter Systeme oder Anwendungen integriert** werden können. Dadurch erfolgt eine Abgrenzung zu einem KI-System. **456**

Werden in der KI-VO Anforderungen für KI-Systeme statuiert, gelten diese nicht für KI-Modelle mit allgemeinem Verwendungszweck, sofern aus dem Wortlaut nicht etwas anderes folgt. **457**

Im Kommissionsentwurf von 2021 war weder von KI-Systemen mit allgemeinem Verwendungszweck noch von KI-Modellen mit allgemeinem Verwendungszweck die Rede.[524] Dies änderte sich im Gesetzgebungsverfahren allerdings mit der Verfügbarkeit von ChatGPT. Die Regulierung von General Purpose AI (GPAI) war im Gesetzgebungsverfahren sehr umstritten. Da KI-Systeme mit allgemeinem Verwendungszweck nicht per se einer bestimmten Risikoklasse zugeordnet werden können, kommt es auf den geplanten Einsatzzweck an. Für KI-Modelle mit allgemeinem Verwendungszweck erfolgt eine separate Risikobewertung in Art. 51 ff. **458**

---

[519] Kritisch deshalb Bomhard/Pieper/Wende/A. Schneider/L. Schneider KI-VO Art. 3 Rn. 461.

[520] Grds. zu großen Sprachmodellen siehe Chibanguza/Kuß/Steege KI-Hdb/Pek, Einleitung – Rechtliche und technische Grundlagen B. Rn. 46 ff.

[521] Bomhard/Pieper/Wende/A. Schneider/L. Schneider KI-VO Art. 3 Rn. 465.

[522] So auch Bomhard/Pieper/Wende/A. Schneider/L. Schneider KI-VO Art. 3 Rn. 466.

[523] So auch Bomhard/Pieper/Wende/A. Schneider/L. Schneider KI-VO Art. 3 Rn. 467.

[524] Zur Entstehungsgeschichte Martini/Wendehorst, KI-VO/Wendehorst, Art. 3 Rn. 426 ff.

64. Fähigkeiten mit hoher Wirkkraft

459 **„Fähigkeiten mit hoher Wirkkraft" bezeichnet Fähigkeiten, die den bei den fortschrittlichsten KI-Modellen mit allgemeinem Verwendungszweck festgestellten Fähigkeiten entsprechen oder diese übersteigen;**

460 Nach Art. 3 Nr. 64 werden „Fähigkeiten mit hoher Wirkkraft" als Fähigkeiten bezeichnet, die den bei den fortschrittlichsten **KI-Modellen mit allgemeinem Verwendungszweck** festgestellten Fähigkeiten entsprechen oder diese übersteigen.[525] Weitere Hinweise zur Auslegung des Begriffs finden sich in Erwgr. 111.[526]

461 Der Terminus dient im Wesentlichen der Abgrenzung von KI-Modellen mit allgemeinem Verwendungszweck, die gem. Art. 51 als Modelle mit systemischem Risiko eingestuft werden.[527] Ein KI-Modell mit allgemeinem Verwendungszweck mit systematischem Risiko wird angenommen, wenn es über Fähigkeiten mit hoher Wirkkraft verfügt, die mithilfe geeigneter technischer Instrumente und Methoden, einschließlich Indikatoren und Benchmarks, bewertet werden. Dabei wird die Voraussetzung der Fähigkeit mit hoher Wirkkraft in Fällen angenommen, in denen der **kumulierte Rechenaufwand** der für sein Training verwendeten Berechnungen, gemessen in Gleitkommaoperationen, mehr als 10^{25} beträgt, Art. 51 Abs. 2.[528]

462 Unabhängig davon ist die Kommission befugt, auf Grundlage einer qualifizierten Warnmeldung oder auch von Amts wegen festzustellen, dass ein Modell Fähigkeiten oder Auswirkungen entfaltet, die mit den genannten vergleichbar sind. Darüber hinaus kann sie nach Art. 51 Abs. 3 im Wege delegierter Rechtsakte die Schwellenwerte vor dem Hintergrund sich wandelnder technologischer Entwicklungen anpassen oder durch alternative technische Indikatoren präzisieren.[529] Legt der Anbieter gegenüber der Kommission substantiiert dar, dass kein systemisches Risiko besteht, so entfällt eine entsprechende Einstufung.[530]

65. systemisches Risiko

463 **„systemisches Risiko" ein Risiko, das für die Fähigkeiten mit hoher Wirkkraft von KI-Modellen mit allgemeinem Verwendungszweck spezifisch ist und aufgrund deren Reichweite oder aufgrund tatsächlicher oder vernünftigerweise vorhersehbarer negativer Folgen für die öffentliche Gesundheit, die Sicherheit, die öffentliche**

---

[525] Martini/Wendehorst, KI-VO/Wendehorst, Art. 3 Rn. 436; Hilgendorf/Härtlein, HK-KI-VO/Hilgendorf/Härtlein, Art. 3 Rn. 66; Bomhard/Pieper/Wende, KI-VO/Schneider/Schneider Art. 3 Rn. 479; BeckOK KI-Recht/Kirschke-Biller/Füllsack, 3. Ed. 1.8.2025, Art. 3 Rn. 727.

[526] BeckOK KI-Recht/Kirschke-Biller/Füllsack, 3. Ed. 1.8.2025, Art. 3 Rn. 727.

[527] Martini/Wendehorst, KI-VO/Wendehorst, Art. 3 Rn. 436; Hilgendorf/Härtlein, HK-KI-VO/Hilgendorf/Härtlein, Art. 3 Rn. 66; BeckOK KI-Recht/Kirschke-Biller/Füllsack, 3. Ed. 1.8.2025, Art. 3 Rn. 729.

[528] Martini/Wendehorst, KI-VO/Wendehorst, Art. 3 Rn. 437; Bomhard/Pieper/Wende, KI-VO/Schneider/Schneider Art. 3 Rn. 480; BeckOK KI-Recht/Kirschke-Biller/Füllsack, 3. Ed. 1.8.2025, Art. 3 Rn. 730.

[529] Martini/Wendehorst, KI-VO/Wendehorst, Art. 3 Rn. 437; Hilgendorf/Härtlein, HK-KI-VO/Hilgendorf/Härtlein, Art. 3 Rn. 66; Bomhard/Pieper/Wende, KI-VO/Schneider/Schneider Art. 3 Rn. 476.

[530] Hilgendorf/Härtlein, HK-KI-VO/Hilgendorf/Härtlein, Art. 3 Rn. 66.

Sicherheit, die Grundrechte oder die Gesellschaft insgesamt erhebliche Auswirkungen auf den Unionsmarkt hat, die sich in großem Umfang über die gesamte Wertschöpfungskette hinweg verbreiten können;

a) Allgemeines. Ein „systemisches Risiko" ist gem. Art. 3 Nr. 65 ein Risiko, das für die Fähigkeiten mit hoher Wirkkraft von KI-Modellen mit allgemeinem Verwendungszweck spezifisch ist und aufgrund deren Reichweite oder aufgrund tatsächlicher oder vernünftigerweise vorhersehbarer negativer Folgen für die öffentliche Gesundheit, die Sicherheit, die öffentliche Sicherheit, die Grundrechte oder die Gesellschaft insgesamt erhebliche Auswirkungen auf den Unionsmarkt hat, die sich in großem Umfang über die gesamte Wertschöpfungskette hinweg verbreiten können. Die KI-VO unterscheidet zwischen KI-Modellen mit allgemeinem Verwendungszweck und KI-Modellen mit allgemeinem Verwendungszweck, die systemische Risiken bergen (vgl. Erwgr. 97). Der Begriff des systemischen Risikos Art. 3 Nr. 65 ist das entscheidende Differenzierungsmerkmal. Er findet daher immer im Zusammenhang mit den spezifischen Regelungen bezüglich der zweiten Kategorie Anwendung, die die allgemeinen Vorschriften für KI-Modellen mit allgemeinem Verwendungszweck teils weitreichend modifizieren. Das gesamte Kapitel V zu KI-Modellen mit allgemeinem Verwendungszweck ist durchsetzt mit dem Begriff des systemischen Risikos. Hervorzuheben sind jedoch die besonders relevanten Bestimmungen bezüglich **464**

- der Einstufung von KI-Modellen mit allgemeinem Verwendungszweck als KI-Modelle mit allgemeinem Verwendungszweck mit systemischem Risiko (Art. 51 iVm Anhang XIII),
- des Verfahrens nach Feststellung des systemischen Risikos (Art. 52),
- der Pflichten der Anbieter von KI-Modellen mit allgemeinem Verwendungszweck mit systemischem Risiko (Art. 55).

Außerdem wird die allgemeine Anbieterpflicht zur Erstellung und Aktualisierung einer technischen Dokumentation des Modells gem. Art. 53 Abs. 1 lit. a für Anbieter von KI-Modellen mit allgemeinem Verwendungszweck mit systemischem Risiko in Anhang XI Abschnitt 2 verschärfend modifiziert. **465**

Durch die Schaffung geeigneter Aufsichtsstrukturen möchte der Gesetzgeber systemische Risiken effektiv kontrollieren und einhegen. Das Büro für Künstliche Intelligenz ist nach Kompetenzübertragung durch die Kommission gem. Art. 88 Abs. 1 für die Beaufsichtigung und Durchsetzung von Kapitel V verantwortlich. So ist es gem. Art. 92 Abs. 1 lit. b befugt, systemische Risiken auf Unionsebene von KI-Modellen mit allgemeinem Verwendungszweck mit systemischem Risiko zu ermitteln. Der Zugang, der für eine sachgerechte Bewertung notwendig ist, wird durch Art. 101 Abs. 1 lit. d sanktionsrechtlich abgesichert. Bei der Bewertung wird das Büro für Künstliche Intelligenz durch das wissenschaftliche Gremium unabhängiger Sachverständiger gem. Art. 68 Abs. 3 lit. a i) und iii) unterstützt, indem das wissenschaftliche Gremium nach den Vorgaben des Art. 90 initial vor möglichen systemischen Risiken von KI-Modellen mit allgemeinem Verwendungszweck auf Unionsebene warnt und Beratung über die Einstufung anbietet. Führt die Bewertung zu ernsthaften und begründeten Bedenken hinsichtlich eines systemischen Risikos auf Unionsebene, kann die Kommission den Anbieter eines KI-Modellen mit allgemeinem Verwendungszweck gem. Art. 93 Abs. 1 lit. b dazu auffordern, Risikominderungsmaßnahmen durchzuführen. Solchen Anbietern stehen zusätzlich zu den in Art. 85 ff. vorgesehenen Rechten die Verfahrensrechte gem. Art. 18 MÜ-VO[531] zu (vgl. Erwgr. 164). **466**

---

[531] Verordnung (EU) 2019/1020.

467 Im Produktsicherheitsrecht findet sich der Begriff „systemisches Risiko" nur in Kapitel III Abschnitt 5 DSA, der für Anbieter von sehr großen Online-Plattformen und sehr großen Online-Suchmaschinen zusätzliche Verpflichtungen in Bezug auf den Umgang mit systemischen Risiken enthält. Soweit KI-Modelle in sehr großen Online-Plattformen oder sehr großen Online-Suchmaschinen iSd DSA integriert sind, unterliegen sie den dort vorgesehenen Regelungen zum Risikomanagement in Art. 35. Es ist grundsätzlich davon auszugehen, dass die entsprechenden Verpflichtungen KI-VO durch die Anwendung des DSA erfüllt werden (vgl. Erwgr. 118). Dies gilt jedoch nur insoweit, als nicht spezifische, erhebliche systemische Risiken im Zusammenhang mit dem Einsatz des KI-Modells auftreten, die außerhalb des Regelungsbereichs des DSA liegen und somit gesondert im Rahmen der KI-VO zu erfassen, zu bewerten und zu adressieren sind (vgl. Erwgr. 118).

468 **b) Definitorische Bestandteile. aa) Risiko.** Zur Feststellung eines Risikos ist gem. Art. 3 Nr. 2 Schadenswahrscheinlichkeit mit der Schadensschwere zu kombinieren (→ Rn. 42 ff.). Da systemische Risiken sowohl vor dem Inverkehrbringen als auch danach während des gesamten Lebenszyklus des Modells auftreten können, handelt es um einen iterativen Bewertungsprozess (vgl. Erwgr. 110, 114). Ob ein Risiko besteht und wie hoch es ist, hängt unter anderem von den Bedingungen einer Fehlanwendung, der Zuverlässigkeit des Modells, der Modellgerechtigkeit und der Modellsicherheit, dem Grad der Autonomie des Modells, seinem Zugang zu Instrumenten, neuartigen oder kombinierten Modalitäten, Freigabe- und Vertriebsstrategien und dem Potenzial zur Beseitigung von Leitplanken ab (vgl. Erwgr. 110). Grundsätzlich gilt, dass die Risiken mit der Zunahme der Fähigkeiten des Modells (dazu → Rn. 471 ff.) und seiner Reichweite (→ Rn. 475) steigen (vgl. Erwgr. 110).

469 Da der Begriff des systemischen Risikos auf dem Begriff des Risikos iSd Art. 3 Nr. 2 aufbaut, kann er ebenfalls abstrakt und konkret zu verstehen sein (→ Rn. 45). Als Differenzierungsmerkmal zwischen KI-Modellen mit allgemeinem Verwendungszweck und KI-Modellen mit allgemeinem Verwendungszweck, die systemische Risiken bergen, muss für die Risikokategorisierung überwiegend bloß eine abstrakte Gefahrenlage gegeben sein. Die Kontrollvorschriften der Art. 90, 92 und 93 setzten hingegen teilweise das Bestehen eines konkreten, identifizierbaren Risikos voraus.[532]

470 Der Gesetzgeber hat, die internationalen Ansätze aufgreifend, beispielhaft dargelegt, welchen Risiken er Rechnung tragen möchte. Auch wenn dies keine Prüfung im Einzelfall anhand der konkreten Begriffsmerkmale ersetzt, bietet die Auflistung Orientierung. Vorgebeugt werden sollen gem. Erwgr. 110:
- den Risiken einer möglichen vorsätzlichen Fehlanwendung oder unbeabsichtigter Kontrollprobleme im Zusammenhang mit der Ausrichtung auf menschliche Absicht;
- chemischen, biologischen, radiologischen und nuklearen Risiken, zum Beispiel Möglichkeiten zur Verringerung der Zutrittsschranken, einschließlich für Entwicklung, Gestaltung, Erwerb oder Nutzung von Waffen;
- offensiven Cyberfähigkeiten, zum Beispiel die Art und Weise, wie Entdeckung, Ausbeutung oder operative Nutzung von Schwachstellen ermöglicht werden können;

[532] Martini/Wendehorst, KI-VO/Wendehorst, Art. 3 Rn. 412.

- den Auswirkungen der Interaktion und des Einsatzes von Instrumenten, einschließlich zum Beispiel der Fähigkeit, physische Systeme zu steuern und in kritische Infrastrukturen einzugreifen;
- Risiken, dass Modelle sich selbst vervielfältigen, oder der „Selbstreplikation" oder des Trainings anderer Modelle;
- der Art und Weise, wie Modelle zu schädlichen Verzerrungen und Diskriminierung mit Risiken für Einzelpersonen, Gemeinschaften oder Gesellschaften führen können;
- der Erleichterung von Desinformation oder der Verletzung der Privatsphäre mit Gefahren für demokratische Werte und Menschenrechte;
- dem Risiko, dass ein bestimmtes Ereignis zu einer Kettenreaktion mit erheblichen negativen Auswirkungen führen könnte, die sich auf eine ganze Stadt, eine ganze Tätigkeit in einem Bereich oder eine ganze Gemeinschaft auswirken könnten.

bb) Spezifizität für die Fähigkeiten mit hoher Wirkkraft von bestimmten KI-Modellen mit allgemeinem Verwendungszweck. Damit es sich um ein systemisches Risiko handelt, muss es für die Fähigkeiten mit hoher Wirkkraft von bestimmten KI-Modellen mit allgemeinem Verwendungszweck spezifisch sein. Wesentliche Elemente dieses Begriffsmerkmals werden legaldefiniert, sodass teilweise auf die jeweiligen Kommentierungen verwiesen werden kann. **471**

„Fähigkeiten mit hoher Wirkkraft" sind gem. Art. 3 Nr. 64 Fähigkeiten, die den bei den fortschrittlichsten KI-Modellen mit allgemeinem Verwendungszweck festgestellten Fähigkeiten entsprechen oder diese übersteigen (→ Rn. 459). Gem. Art. 51 Abs. 2 werden bei einem KI-Modell mit allgemeinem Verwendungszweck derzeit Fähigkeiten mit hohem Wirkungsgrad angenommen, wenn die kumulierte Menge der für sein Training verwendeten Berechnungen, gemessen in Gleitkommaoperationen, mehr als 10^{25} beträgt. Vor dem Hintergrund technischer Veränderungen dürfte dieser Schwellenwert im Laufe der Zeit angepasst werden (vgl. Erwgr. 111). Allerdings können Fähigkeiten mit hoher Wirkkraft auch ohne Überschreiten des Schwellenwerts vorliegen. Ob dies der Fall ist, kann die Kommission unter Anwendung geeigneter technischer Instrumente und Methoden und unter Berücksichtigung der in Anhang XIII festgelegten Kriterien anhand aller Umstände des Einzelfalls bestimmen (→ Art. 51 Rn. 8) (vgl. Erwgr. 111, 113). **472**

Was ein KI-Modell mit allgemeinem Verwendungszweck ist, ergibt sich aus Art. 3 Nr. 63 (→ Rn. 454). Es kann aber gem. Art. 3 Nr. 65 nur von solchen KI-Modell mit allgemeinem Verwendungszweck ein systemisches Risiko ausgehen, die einen erheblichen Einfluss auf den Unionsmarkt haben. Ein Blick in die englische Fassung der KI-VO zeigt, dass der Bezugspunkt der „erheblichen Auswirkungen auf den Unionsmarkt" nicht das Risiko ist. Vielmehr handelt es sich dabei um eine nähere Beschreibung der KI-Modelle mit allgemeinem Verwendungszweck, die überhaupt ein systemisches Risiko iSd Art. 3 Nr. 66 bergen können (vgl. Erwgr. 111). Die deutschsprachige Version des Art. 3 Nr. 66 stellt diesen Bezug bedauerlicherweise nicht her. Ihr ist aufgrund der misslungenen Übersetzung im Grunde Unbrauchbarkeit zu attestieren. Nach Art. 3 Nr. 66 kann anhand von zwei Kriterien bestimmt werden, ob ein KI-Modell mit allgemeinem Verwendungszweck erheblichen Einfluss auf den Unionsmarkt hat. Ein KI-Modell kann erstens aufgrund seiner Reichweite oder zweitens aufgrund von negativen Folgen, die mit seiner Implementierung tatsächlich verbunden oder vernünftiger- **473** weise vorhersehbar sind, als erheblich einflussreich einzustufen sein. Dabei werden gem. Art. 3 Nr. 65 negative Folgen für die umfassenden Schutzinteressen der öffentlichen Gesundheit, der (individuellen) Sicherheit, der öffentlichen Sicherheit, der Grundrechte oder der Gesellschaft insgesamt in die Bewertung miteinbezogen. Aufgrund klarer Schnittmengen kann für die Auslegung dieser Schutzinteressen auf Art. 1 Abs. 1 verwiesen werden (→ Art. 1 Rn. 20).

474 Die erforderliche Spezifität des systemischen Risikos liegt nur dann vor, wenn das betreffende Risiko ursächlich mit den besonderen Fähigkeiten und der damit verbundenen erheblichen Wirkkraft eines KI-Modells mit allgemeinem Verwendungszweck zusammenhängt. Basiert das Risiko einzig aus der Verwendung des besonders leistungsfähigen KI-Modells in einem riskanten Kontext, reicht dies für sich genommen also nicht, um ein systemisches Risiko iSd Art. 3 Nr. 65 anzunehmen.

475 **cc) Verbreitungspotenzial über die gesamte Wertschöpfungskette hinweg.** Schließlich muss das Risiko sich in großem Umfang über die gesamte Wertschöpfungskette hinweg verbreiten können. Dieses Begriffsmerkmal bringt die systemische, also allseitige Eigenart des Risikos zum Ausdruck. Zurecht wird daher die Auffassung vertreten, dass das Verbreitungspotenzial des Risikos über die „Wertschöpfungskette" hinweg nicht bloß Auswirkungen auf verschiedene Ebenen des KI-Ökosystems oder einzelne Glieder der KI-Vertriebsketten meint, sondern vielmehr die Möglichkeit schwerwiegender Konsequenzen in verschiedenen Sektoren oder für mehrere der in Art. 3 Nr. 65 genannten Schutzinteressen (→ Rn. 473) umfasst.[533]

66. KI-System mit allgemeinem Verwendungszweck

476 **„KI-System mit allgemeinem Verwendungszweck" ein KI-System, das auf einem KI-Modell mit allgemeinem Verwendungszweck beruht und in der Lage ist, einer Vielzahl von Zwecken sowohl für die direkte Verwendung als auch für die Integration in andere KI-Systeme zu dienen;**

477 **a) Allgemeines.** Ein „KI-System mit allgemeinem Verwendungszweck" ist gem. Art. 3 Nr. 66 ein KI-System, das auf einem KI-Modell mit allgemeinem Verwendungszweck beruht und in der Lage ist, einer Vielzahl von Zwecken sowohl für die direkte Verwendung als auch für die Integration in andere KI-Systeme zu dienen. Die systematische Stellung des Begriffs nahezu am Ende von Art. 3 lässt bereits erkennen, dass der Begriff in der Regulatorik der KI-VO – wohl entgegen manchen öffentlichen Erwartungen – keine zentrale Rolle spielt. Dies liegt zum einen daran, dass viele Regelungen, die vielfältig einsetzbare KI-Technologie regulieren sollen, vorgelagert bereits an das KI-Modell mit allgemeinem Verwendungszweck anknüpfen.[534] Zum anderen ist dies aber dem Umstand geschuldet, dass KI-Systeme mit allgemeinem Verwendungszweck als eigenständige Hochrisiko-KI-Systeme eingesetzt werden oder Komponenten anderer Hochrisiko-KI-Systemen sein können (vgl. Erwgr. 85). Angesichts der regulatorischen Fokussierung auf Hochrisiko-KI-Systeme ist für die isolierte Verwendung des Begriffs „KI-System mit allgemeinem Verwendungszweck" insofern nur wenig Raum. Ausdrücklich findet der Begriff dort Erwähnung, wo der Gesetzgeber ausdrücklich klarstellen wollte, dass auch KI-Systeme mit allgemeinem Ver-

533 Martini/Wendehorst, KI-VO/Wendehorst, Art. 3 Rn. 417.
534 Martini/Wendehorst, KI-VO/Wendehorst, Art. 3 Rn. 420.

wendungszweck in den Anwendungsbereich der Norm einbezogen werden. Das ist bei der Definition des nachgelagerten Anbieters in Art. 3 Nr. 68, bei der Regelung zu den Verantwortlichkeiten entlang der KI-Wertschöpfungskette in Art. 25 Abs. 1 lit. c und bei den Transparenzpflichten für Anbieter bestimmter KI-Systeme in Art. 50 Abs. 2 der Fall. Eigenständige Bedeutung kommt dem Begriff insofern nur iRd Art. 75 zu, der Fragen der Amtshilfe, Marktüberwachung und Kontrolle speziell im Hinblick auf KI-Modelle mit allgemeinem Verwendungszweck regelt und diese Aufgaben grundsätzlich dem Büro für Künstliche Intelligenz zuweist (→ Art. 75 Rn. 3). Dadurch sollen sich überschneidende Zuständigkeiten vermieden werden (vgl. Erwgr. 161).

Der Begriff ist dem Regelwerk der KI-VO eigen und hat insofern keine Grund- **478**
lage im sonstigen Produktsicherheitsrecht.

b) Definitorische Bestandteile. Ein KI-System mit allgemeinem Verwen- **479**
dungszweck ist ein KI-System (→ Rn. 3 ff.), das auf einem KI-Modell mit allgemeinem Verwendungszweck (→ Rn. 454) beruht. Das KI-System soll aber nur dann als KI-System mit allgemeinem Verwendungszweck gelten, wenn es aufgrund dieser Integration in der Lage ist, einer Vielzahl von Zwecken zu dienen (vgl. Erwgr. 100). Diese funktionale Offenheit bezieht sich nach Art. 3 Nr. 66 sowohl auf die direkte Verwendung als auch auf die Möglichkeit der Integration in andere KI-Systeme. Damit es sich um ein KI-System mit allgemeinem Verwendungszweck handelt, muss also die erhebliche allgemeine Verwendbarkeit des zugrunde liegenden KI-Modells mit allgemeinem Verwendungszweck, die für ein Modell dieser Art charakteristisch ist (→ Rn. 456), auch nach der Integration in das KI-System erhalten bleiben.

67. Gleitkommaoperation

„Gleitkommaoperation“ jede Rechenoperation oder jede Zuweisung mit Gleit- **480**
kommazahlen, bei denen es sich um eine Teilmenge der reellen Zahlen handelt, die auf Computern typischerweise durch das Produkt aus einer ganzen Zahl mit fester Genauigkeit und einer festen Basis mit ganzzahligem Exponenten dargestellt wird;

Bei einer Gleitkommaoperation (engl. FLOPS)[535] handelt es sich gem. Art. 3 **481**
Nr. 67 um jede Rechenoperation oder jede Zuweisung mit Gleitkommazahlen, bei denen es sich um eine Teilmenge der reellen Zahlen handelt, die auf Computern typischerweise durch das Produkt aus einer ganzen Zahl mit fester Genauigkeit und einer festen Basis mit ganzzahligem Exponenten dargestellt wird.

Gleitkommaoperationen sind im Kontext der KI-VO im Rahmen der Einstu- **482**
fung eines KI-Modells mit allgemeinem Verwendungszweck nach Art. 51 relevant, um zu bestimmen, ob ein KI-Modell mit allgemeinem Verwendungszweck mit systemischem Risiko vorliegt. Nach Art. 51 Abs. 2 liegt ein systemisches Risiko vor, wenn die kumulierte Menge der für das Training verwendeten Berechnungen, gemessen in Gleitkommaoperationen, mehr als 10^{25} beträgt. Die Tauglichkeit, mittels der Gleitkommaoperationen auf das Risiko, welches von einem KI-Modell ausgeht, zu schlussfolgern, wird kritisch bewertet.[536]

---

535 FLOPS steht für Floating Point Operations Per Second.

536 Bomhard/Pieper/Wende/A. Schneider KI-VO Art. 3 Rn. 503; kritisch auch Bomhard/Siglmüller RDi 2024, 45, 51, dort in Fn. 64.

68. nachgelagerter Anbieter

483 **„nachgelagerter Anbieter" einen Anbieter eines KI-Systems, einschließlich eines KI-Systems mit allgemeinem Verwendungszweck, das ein KI-Modell integriert, unabhängig davon, ob das KI-Modell von ihm selbst bereitgestellt und vertikal integriert wird oder von einer anderen Einrichtung auf der Grundlage vertraglicher Beziehungen bereitgestellt wird.**

484 Gem. Art. 3 Nr. 68 gilt als **„nachgelagerter Anbieter"** ein Anbieter eines KI-Systems, einschließlich eines KI-Systems mit allgemeinem Verwendungszweck, das ein KI-Modell integriert, unabhängig davon, ob das KI-Modell von ihm selbst bereitgestellt und vertikal integriert wird oder von einer anderen Einrichtung auf der Grundlage vertraglicher Beziehungen bereitgestellt wird.[537]

485 In der Systematik des Art. 3 Nr. 3 lässt sich der nachgelagerte Anbieter als eine besondere Ausprägung des Anbieters einordnen. Seine dogmatische Relevanz tritt namentlich im Zusammenhang mit KI-Modellen mit allgemeinem Verwendungszweck hervor. Während die Figur des Anbieters in wesentlichen Zügen an die aus dem Produktsicherheitsrecht bekannte Stellung des Herstellers erinnert und insofern eine strukturelle Parallelität erkennen lässt, erweist sich der nachgelagerte Anbieter demgegenüber als begriffliches Spezifikum der KI-VO, das eine eigenständige dogmatische Würdigung erfordert.[538]

486 Der Begriff des nachgelagerten Anbieters findet in unterschiedlichen Bestimmungen der KI-VO Verwendung. Von besonderem Gewicht ist dabei die Verpflichtung der Anbieter von KI-Modellen mit allgemeinem Verwendungszweck, nach Maßgabe des Art. 53 Abs. 1 lit. b zum Schutz der nachgelagerten Anbieter bestimmte **Informationen sowie Dokumentationen** bereitzustellen, deren Mindestinhalt im Anhang XII detailliert festgelegt ist. Darüber hinaus sieht die KI-VO vor, dass nachgelagerte Anbieter unter Umständen in die **Ausarbeitung von Praxishinweisen** durch das Büro für Künstliche Intelligenz gem. Art. 56 Abs. 3 S. 2 als Interessenträger einzubeziehen sind. Ihre größte praktische Relevanz entfaltet die Legaldefinition indes im Kontext der eigenständigen **Beschwerdemöglichkeit** nachgelagerter Anbieter nach Art. 89 Abs. 2.[539]

487 Nach der Definition gilt als nachgelagerter Anbieter jeder Anbieter eines KI-Systems, sofern er ein KI-Modell in dieses System integriert. Es ist dabei nicht erforderlich, dass das betreffende KI-Modell selbst die Eigenschaft eines KI-Modells mit allgemeinem Verwendungszweck aufweist. Gleichwohl nehmen die einschlägigen Regelungen der KI-VO, die ausdrücklich auf den nachgelagerten Anbieter abstellen, ausschließlich auf KI-Modelle mit allgemeinem Verwendungszweck Bezug. Auch der Anbieter des KI-Modells kann, sofern er dieses in „verti-

---

[537] Martini/Wendehorst, KI-VO/Wendehorst, Art. 3 Rn. 422; Hilgendorf/Härtlein, HK-KI-VO/Hilgendorf/Härtlein, Art. 3 Rn. 70; BeckOK KI-Recht/Kirschke-Biller/Füllsack, 3. Ed. 1.8.2025, Art. 3 Rn. 762; Bomhard/Pieper/Wende, KI-VO/Wende Art. 3 Rn. 504.

[538] BeckOK KI-Recht/Kirschke-Biller/Füllsack, 3. Ed. 1.8.2025, Art. 3 Rn. 763; Bomhard/Pieper/Wende, KI-VO/Wende Art. 3 Rn. 505.

[539] Martini/Wendehorst, KI-VO/Wendehorst, Art. 3 Rn. 422; BeckOK KI-Recht/Kirschke-Biller/Füllsack, 3. Ed. 1.8.2025, Art. 3 Rn. 765; Bomhard/Pieper/Wende, KI-VO/Wende Art. 3 Rn. 506 ff.; Hilgendorf/Härtlein, HK-KI-VO/Hilgendorf/Härtlein, Art. 3 Rn. 70.

kaler" Weise in ein KI-System einfügt, in die Rolle des nachgelagerten Anbieters geraten. Dass ein solcher Anbieter sich tatsächlich auf die hierfür maßgeblichen Vorschriften der KI-VO stützen wird, dürfte indes nur in seltenen Konstellationen vorkommen.[540]

Dem Wortlaut der Legaldefinition zufolge umfasst der Begriff des nachgelagerten Anbieters nicht diejenigen Anbieter von KI-Systemen, die ihrerseits ein anderes KI-System – und nicht lediglich ein KI-Modell – in ihr eigenes KI-System einfügen. Dieses Ergebnis wirkt auf den ersten Blick unerwartet, da auch ein in ein KI-System integriertes weiteres KI-System seinerseits auf bestimmten KI-Modellen als Bestandteil aufbaut und die dogmatische Trennlinie zwischen KI-Modell und KI-System in Randbereichen unscharf verläuft. Aus systematischen Erwägungen sprechen daher gewichtige Gründe dafür, den Anwendungsbereich des Begriffs grundsätzlich auch auf solche Anbieter auszudehnen. Indes ist zu berücksichtigen, dass einzelne Bestimmungen der KI-VO ausdrücklich nur auf Anbieter Bezug nehmen, die ein KI-Modell mit allgemeinem Verwendungszweck einbinden. Insoweit bleibt die gesetzliche Beschränkung hinzunehmen.[541] **488**

Art. 4* KI-Kompetenz

Die Anbieter und Betreiber von KI-Systemen ergreifen Maßnahmen, um nach besten Kräften sicherzustellen, dass ihr Personal und andere Personen, die in ihrem Auftrag mit dem Betrieb und der Nutzung von KI-Systemen befasst sind, über ein ausreichendes Maß an KI-Kompetenz verfügen, wobei ihre technischen Kenntnisse, ihre Erfahrung, ihre Ausbildung und Schulung und der Kontext, in dem die KI-Systeme eingesetzt werden sollen, sowie die Personen oder Personengruppen, bei denen die KI-Systeme eingesetzt werden sollen, zu berücksichtigen sind.

Übersicht

I. Überblick KI-Kompetenz gemäß Artikel 4 KI-Verordnung

Die zunehmende Integration von Künstlicher Intelligenz in verschiedenen Industrien und zahlreichen Alltagsprozessen macht es unerlässlich, dass Anbieter **1**

[540] Martini/Wendehorst, KI-VO/Wendehorst, Art. 3 Rn. 423; Bomhard/Pieper/Wende, KI-VO/Wende Art. 3 Rn. 505; BeckOK KI-Recht/Kirschke-Biller/Füllsack, 3. Ed. 1.8. 2025, Art. 3 Rn. 770.

[541] Martini/Wendehorst, KI-VO/Wendehorst, Art. 3 Rn. 424; BeckOK KI-Recht/Kirschke-Biller/Füllsack, 3. Ed. 1.8.2025, Art. 3 Rn. 771.

* Kapitel I (Art. 1–4) gilt gem. Art. 113 UAbs. 3 Buchst. a bereits ab 2.2.2025.

und Betreiber von KI-Systemen über die erforderliche KI-Kompetenz verfügen.[1] Wie bei anderen existierenden Querschnittstechnologien verlangt die Transformation von Gesellschaft und Wirtschaft den Nutzern der Technologie einen Lernprozess ab. Nur so kann KI sinnvoll, gewinnbringend und sicher eingesetzt werden. Die KI-Verordnung adressiert dieses Erfordernis durch eine entsprechende Anordnung. Eine Rechtsfolge für die Nichtbeachtung der Aufforderung ist nicht konkret geregelt.[2]

2 Artikel 4 legt fest, dass Maßnahmen ergriffen werden,[3] um sicherzustellen, dass das Personal, das mit dem Betrieb und der Nutzung von KI-Systemen befasst ist, über ausreichende Kenntnisse und Fähigkeiten verfügt. Anders als die anderen Pflichten der KI-Verordnung trifft Art. 4 keine direkte Unterscheidung hinsichtlich der Risikoklassen der KI,[4] sodass die Anforderung beispielsweise nicht „nur" im Bereich der Hochrisiko-KI gilt. Die Vorschrift referenziert jedoch unter anderem das Einsatzszenario, woraus abzuleiten ist, dass nicht für jedes KI-System, nicht für jeden Anwendungsfall die gleichen Anforderungen anzusetzen sind. Insofern ist auch Art. 4 ein Abbild des risikobasierten Ansatzes der KI-Verordnung.

3 Die relevante Definition findet sich in Art. 3 Nr. 56. „KI-Kompetenz" sind danach die *Fähigkeiten, die Kenntnisse und das Verständnis, die es Anbietern, Betreibern und Betroffenen unter Berücksichtigung ihrer jeweiligen Rechte und Pflichten im Rahmen dieser Verordnung ermöglichen, KI-Systeme sachkundig einzusetzen sowie sich der Chancen und Risiken von KI und möglicher Schäden, die sie verursachen kann, bewusst zu werden.* Wichtige Auslegungshilfen zu Art. 4 sind die Erwägungsgründe 20, 91 und 165.

II. Wichtigkeit der KI-Kompetenz

4 Um den größtmöglichen Nutzen aus KI-Systemen zu ziehen und gleichzeitig die Grundrechte, Gesundheit und Sicherheit zu wahren sowie eine demokratische Kontrolle zu ermöglichen, ist eine fundierte KI-Kompetenz entscheidend.[5] Diese Kompetenz ermöglicht es den Beteiligten, fundierte Entscheidungen über den Einsatz von KI zu treffen und die korrekte Anwendung technischer Elemente sowohl in der Entwicklungsphase als auch im Betrieb sicherzustellen.[6] Daneben soll ein Verständnis über die Risiken hergestellt werden.[7]

---

[1] Erwgr. 20; Schwartmann/Keber/Zenner KI-VO/Schwartmann/Keber/Köhler, Nägele, Risikobasierter Ansatz, S. 126 Rn. 307; auch über den konkreten Kreis der adressierten Verpflichteten hinaus dürfte KI-Kompetenz zukünftig in Schule, Ausbildung und Studium eine wesentliche Rolle spielen, siehe dazu: Sorge KIR 2024, 77 ff.

[2] Fleck KIR 2024, 99 (100).

[3] Die englische Sprachfassung ist hinsichtlich der Interpretation der Norm als „Soll-Vorschrift" durch die Verwendung von „shall" etwas präziser, als die deutsche Fassung, die mit „ergreifen" weniger konkret ist. Jedoch ist daraus nicht das gänzliche Fehlen des Verpflichtungscharakters abzuleiten, siehe Fleck KIR 2024, 99 (100); zur Möglichkeit der Beschwerde bei der Marktüberwachungsbehörde nach Art. 85 S. 1, vgl. Fleck KIR 2024, 99 (103).

[4] Schwartmann/Keber/Zenner KI-VO/Schwartmann/Köhler, Risikobasierter Ansatz, S. 53 Rn. 55.

[5] Erwgr. 20.

[6] Erwgr. 20.

[7] Fleck KIR 2024, 99 (101).

Die dezidierte Regelung zur Förderung der KI-Kompetenz in der KI-Verordnung ist vor dem Hintergrund der Bedeutung der Technologie, der Potenziale aber auch ihrer Risiken ein wesentlicher Anker für Vertrauen und Sicherheit und kann zugleich die Verbreitung von KI unterstützen. Damit unterstützt die Kompetenz-Regelung auch die Ziele der Verordnung aus Art. 1 Abs. 1. Es ist eine Besonderheit der KI-Verordnung, dass der Förderung von Kenntnisgewinnen unter Berücksichtigung des konkreten Einsatzszenarios der Technologie eine eigene Vorschrift und eine separate Verpflichtung gewidmet ist. So enthält zwar beispielsweise auch die Datenschutzgrundverordnung (DS-GVO) mehrere Verweise darauf, dass Mitarbeiter zu schulen sind, die an der Verarbeitung von personenbezogenen Daten beteiligt sind.[8] Art. 4 geht hierüber mit der dezidierten Aufnahme der Kompetenz-Vorschrift noch hinaus, um sicherzustellen, dass in der gesamten KI-Wertschöpfungskette ausreichende Kenntnisse vorhanden sind, um den sicheren Einsatz von KI und die Einhaltung der KI-Verordnung sicherzustellen.[9] 5

Der über Art. 4 angeordnete Kompetenz- und Kenntnisaufbau kann auf verschiedene Ziele der KI-Verordnung wie den sicheren und verantwortungsvollen Einsatz von KI, Vertrauen in die KI-Technologie, Ethik und Fairness sowie Innovation und Wettbewerbsfähigkeit einzahlen.[10] Durch den Erwerb von Fachkenntnissen können Anbieter und Betreiber sicherstellen, dass KI-Systeme korrekt und sicher eingesetzt werden, was das Risiko von Fehlanwendungen und potenziellen Schäden minimiert.[11] Wenn das Personal gut geschult ist, kann zudem das Vertrauen in die Nutzung von KI-Systemen gesteigert werden.[12] Dies ist besonders wichtig, um öffentliche Akzeptanz und Unterstützung für KI zu gewinnen.[13] Die Schulung über ethische Aspekte und die potenziellen Auswirkungen von KI kann dazu beitragen, Diskriminierung und soziale Ungerechtigkeiten beim Einsatz von KI zu vermeiden.[14] Die Förderung der KI-Kompetenz trägt damit auch zur Innovationsfähigkeit bei und soll die Wettbewerbsposition Europas im globalen Markt stärken.[15] Auch die Einhaltung der gesetzlichen Vorgaben der KI-Verordnung kann durch einen kompetenten Umgang mit der Technologie befördert werden, was wiederum für die Anbieter und Betreiber rechtliche Risiken reduziert. 6

Die umfassende Regelung stellt sicher, dass alle relevanten Akteure befähigt sind, die Chancen und Risiken von KI zu verstehen und verantwortungsvoll zu handeln. Über diesen Mechanismus versucht die Verordnung den Weg für eine ethische und vertrauenswürdige Nutzung von KI in der EU zu ebnen. Für die von Art. 4 adressierten Anbieter und Betreiber von KI-Systemen löst die Vorschrift insgesamt eine umfassende Verpflichtung aus, ihre bisherigen Schulungsmethoden zu prüfen und zu systematisieren, um allen Mitarbeitenden die notwendigen Schulungsmaßnahmen zur Verfügung zu stellen. 7

---

[8] Siehe beispielsweise Art. 39 Abs. 1 lit. b DS-GVO.

[9] Schwartmann/Keber/Zenner KI-VO/Schwartmann/Köhler, Risikobasierter Ansatz, S. 53 Rn. 55.

[10] Vgl. Schwartmann/Keber/Zenner KI-VO/Schwartmann/Keber/Köhler/Nägele, Risikobasierter Ansatz, S. 126 Rn. 307.

[11] Vgl. hierzu auch Art. 9, Risikomanagementsystem.

[12] Erwgr. 20.

[13] Erwgr. 20.

[14] Schwartmann/Keber/Zenner KI-VO/Schwartmann/Keber/Köhler/Nägele, Risikobasierter Ansatz, S. 126 Rn. 307.

[15] Erwgr. 20.

III. Umsetzung und Erfordernisse, Maßnahmen

8 Nach Art. 4 müssen Anbieter und Betreiber *„Maßnahmen"* ergreifen, um *„nach besten Kräften"* sicherzustellen, dass alle beteiligten Personen für den Einsatz mit KI-Systemen ausreichend geschult und kompetent sind. Der erfasste Personenkreis umfasst sowohl eigenes Personal als *auch „andere Personen"* die in ihrem Auftrag mit dem Betrieb und der Nutzung von KI-Systemen befasst sind. Dies können beispielsweise Dienstleister oder auch Auftragsverarbeiter nach Art. 28 DS-GVO sein, wobei ein gewisses Näheverhältnis zur Nutzung des KI-Systems gefordert werden kann.[16] Die Anordnung lässt einigen Spielraum in der konkreten Ausgestaltung der Anforderung, schafft aber durchaus einen Anreiz zur Durchführung von Schulungen zur Kompetenzvermittlung.[17] Auch hinsichtlich Zeit und Dauer der Schulungen bleibt Art. 4 ungenau.[18] Das Erfordernis kann daher durch unterschiedliche Maßnahmen ausgestaltet werden, weil Art. 4 berücksichtigt, dass die beteiligten Personen unterschiedliche technischen Kenntnisse, Erfahrung, Ausbildungen und Schulung aufweisen. Außerdem ist der Kontext, in dem die KI-Systeme eingesetzt werden sollen zu berücksichtigen. Die Einschränkung *„nach besten Kräften"* ist ein weiterer Indikator, dass sich für Art. 4 eine horizontale Interpretation über alle Verpflichteten verbietet. *„Nach besten Kräften"* ist vielmehr ein Indiz dafür, dass wirtschaftliche Erwägungen wie die Umsetzbarkeit im Betrieb, Zeit- und Personalaufwand berücksichtigt werden können. Da Art. 4 nicht vorschreibt, dass Anbieter und Betreiber die KI-Kompetenzvermittlung vollständig selbst abdecken müssen, ist auch die Einbeziehung von externen (Schulungs-)Anbietern zulässig.[19]

9 Verschiedene Anwendungsbereiche erfordern auch inhaltlich unterschiedliche Kompetenzen und Schulungsansätze, die auf die betroffenen Personengruppen zugeschnitten sein müssen. Zudem verlangt der umfassende Kompetenzaufbau eine Systematisierung der im Einsatz befindlichen KI-Systeme, da nur so die notwendigen Zielgruppen innerhalb der Belegschaft strukturiert adressiert werden können.

IV. Betroffene Berufsgruppen und gezielte Schulungsmaßnahmen

10 Fast jede Berufsgruppe wird zukünftig mit KI-Systemen in Berührung kommen, aber in einigen Berufen wird der Einsatz von KI und der Kompetenzaufbau besonders relevant sein.

11 Beispielsweise werden Ingenieure und Softwareentwickler direkt in die Entwicklung und Wartung von KI-Systemen involviert sein. Schulungsmaßnahmen könnten fortgeschrittene Programmierkurse, Machine Learning und Red Teaming Workshops und technische Seminare umfassen.

12 Auch medizinisches Personal kann KI für Diagnosen und Behandlungspläne verwenden. Für sie wären Schulungen zur Anwendung von KI in der Diagnostik und datenbasierten Entscheidungen notwendig, die zudem die besonderen Risiken und Möglichkeiten zur Adressierung der Risiken adressieren.

---

[16] Fleck KIR 2024, 99 (102).
[17] Bomhard/Siglmüller RDi 2024, 45 Rn. 12.
[18] Fleck KIR 2024, 99 (101).
[19] Fleck KIR 2024, 99 (102).

Für Lehrer und Bildungspersonal könnte KI verwendet werden, um beispielsweise Lernpläne zu erstellen. Schulungen könnten sich auf die Integration von KI in den Unterricht und die Nutzung von KI-Tools zur Unterstützung des Lernens konzentrieren. Sofern KI an Bildungseinrichtungen beispielsweise für den Zugang zur Schule, die Bewertung von Lernergebnissen oder zur Überwachung von verbotenem Verhalten eingesetzt wird und damit die Kriterien von Anhang III Nr. 3 erfüllt, gelten zudem die Anforderungen an Hochrisiko-KI-Systeme und die besondere Kompetenz-Pflicht nach Art. 26 Abs. 2.[20] **13**

KI kann für Marketing- und Vertriebsmitarbeitende auch ein Tool zur Analyse von Kundendaten und zur Erstellung gezielter Kampagnen sein. Die entsprechenden Schulungsmaßnahmen könnten Kurse zu Data Analytics und zur Nutzung von KI-gestützten Marketing-Tools umfassen. **14**

Die Beispiele zeigen wie verschieden die Schulungen zur Vermittlung der KI-Kompetenz je nach Einsatzgebiet und zu schulendem Mitarbeitenden sein können. **15**

Die nach Art. 4 verpflichteten Anbieter und Betreiber von KI-Systemen können daher verschiedene Maßnahmen einsetzen, um ihrer Verpflichtung nachzukommen. Technische Schulungen und Workshops in Form von regelmäßigen Fortbildungen zu den neuesten Entwicklungen in der KI und praktische Workshops zur Anwendung von KI-Systemen können beispielsweise neben Online-Kursen und Webinaren eingesetzt werden, um adressatengerechtes, flexibles Lernen durch Kurse sicherzustellen, die verschiedene Aspekte der KI abdecken, wie zB Data Science, maschinelles Lernen und ethische Fragestellungen. **16**

Auch niedrigschwellige Angebote wie On-the-Job-Training durch den Austausch von praktischen Erfahrungen am Arbeitsplatz, die den direkten Umgang mit KI-Systemen ermöglichen können ein Baustein der zu ergreifenden *„Maßnahmen“* nach Art. 4 sein. **17**

V. Dokumentation von Maßnahmen durch verpflichtete Anbieter

Dokumentation spielt bei der praktischen Umsetzung der Verpflichtung eine entscheidende Rolle. Einerseits kann durch die Dokumentation durch den im Einsatz der in der Anwendung befindlichen KI-Systemen ein strukturierter Plan aufgesetzt werden. Zudem kann hierdurch wiederum die Erfüllung der Pflicht, zB gegenüber Aufsichtsbehörden, dargelegt werden, indem Schulungspläne, Teilnahmenachweise und möglicherweise erworbene Zertifikate dokumentiert werden. **18**

VI. Geltungsbeginn

Eine Besonderheit des Art. 4 ist der gegenüber einer Vielzahl anderer Verpflichtungen aus der KI-Verordnung vorgezogene Geltungsbeginn, der für Art. 4 auf den 2.2.2025 festgelegt ist.[21] Lediglich die Vorschriften aus Kapitel I und II der KI-Verordnung unterfallen diesem frühen Geltungsbeginn und neben der Regelung über die verbotenen Systeme aus Art. 5 ist Art. 4 die einzige inhaltliche **19**

[20] Siehe Art. 26 Abs. 2 sowie Schwartmann/Keber/Zenner KI-VO/Schwartmann, Risikobasierter Ansatz, S. 91 Rn. 192.

[21] Art. 113 lit. a.

Pflichtbestimmung in den Kapiteln. Der frühe Geltungsbeginn der Vorschrift über verbotene Systeme ist vor dem Hintergrund der gesetzgeberischen Intention, diese Systeme auszuschließen, nachvollziehbar. Dass die KI-Kompetenz bereits aufgebaut werden soll, bevor die entsprechenden Vorschriften der KI-Verordnung über den Einsatz von KI-Systemen gelten, ist nicht ebenso unmittelbar nachvollziehbar, fördert aber die Umsetzung der KI-Transformation, weil über die entsprechenden KI-Schulungsmaßnahmen wichtige vorbereitende Überlegungen innerhalb der Anbieter- und Betreiberunternehmen und -organisationen durchgeführt werden müssen.

20 Der frühere Geltungsbeginn von Artikel 4 im Februar 2025 zahlt, auch wenn nicht unbedingt ein klarer gesetzgeberischer Wille erkennbar ist und Art. 4 auch erst in einer späten Phase des Verhandlungsprozesses in das Kapitel I eingefügt wurde,[22] auf die wirksame Umsetzung des KI-Kompetenz-Erwerbs ein und kann die Umsetzung der KI-Verordnung indirekt durchaus begünstigen. Die schnelle Entwicklung und der Einsatz von KI-Systemen erfordern jedenfalls, dass Personal bereits frühzeitig über ausreichende Kenntnisse und Fähigkeiten verfügt, um KI-Systeme sicher und verantwortungsvoll zu nutzen. Durch die frühzeitige Implementierung der KI-Kompetenzanforderungen können Unternehmen und Betreiber sich insgesamt besser auf die späteren, umfassenderen Regelungen der KI-Verordnung vorbereiten und Risiken minimieren. Eine frühzeitige Einführung der KI-Kompetenzanforderungen kann nämlich durchaus dazu beitragen, potenzielle Risiken und Missbräuche von KI-Systemen zu minimieren, indem sichergestellt wird, dass alle Beteiligten gut geschult und informiert sind. Durch die frühzeitige Einführung der KI-Kompetenzanforderungen fördern Anbieter und Betreiber zudem die ethische und verantwortungsvolle Nutzung von KI und können so die Akzeptanz und den vertrauensvollen Einsatz von KI-Technologien erhöhen. Für die Zielerreichung der KI-Verordnung nach Art. 1 Abs. 1 (insbes. Funktionieren des Binnenmarkts, vertrauenswürdige KI, hohes Schutzniveau, Innovationsunterstützung) ist der frühe Geltungsbeginn der KI-Kompetenz daher ein unterstützender Faktor.

VII. Zusätzliche Anforderungen für Betreiber von Hochrisiko-KI-Systemen

21 Betreiber von Hochrisiko-KI-Systemen treffen zahlreiche zusätzliche Pflichten, die sich zum Teil auch auf die KI-Kompetenz beziehen. So müssen sie nach Art. 26 Abs. 2 die menschliche Aufsicht über Hochrisiko-KI-Systeme einrichten und dafür sorgen, dass diese Personen über die erforderliche Kompetenz (und Ausbildung sowie Befugnis) verfügen. Anders als in Art. 14 ist für Art. 26 Abs. 2 der besonderen Bedeutung der KI-Kompetenz Ausdruck verliehen, indem sie noch einmal gesondert aufgeführt wird, obwohl Art. 4 als Vorschrift des allgemeinen Teils ohnehin auch iRv Art. 26 Wirkung entfaltet.[23]

---

[22] Weder Art. 113 noch Erwgr. 179 geben jedenfalls besonderen Aufschluss über den Grund des frühen Geltungsbeginns; der Kommissions-Vorschlag von 2021 enthielt noch gar keine Regelung zur KI-Kompetenz (COM(2021) 206 final) und die entsprechende Regelung wurde erst im späteren Verlauf in verschiedenen Stadien der Verhandlungen diskutiert, mehrfach verändert und letztlich im Trilog in Art. 4 aufgenommen.

[23] Zur KI-Kompetenz bei der menschlichen Aufsicht nach Art. 14 siehe auch Schwartmann/Keber/Zenner KI-VO/Schwartmann/Keber/Köhler, Risikobasierter Ansatz, S. 135 Rn. 340.

Kapitel II. Verbotene Praktiken im KI-Bereich

Art. 5* Verbotene Praktiken im KI-Bereich

(1) *[1]* **Folgende Praktiken im KI-Bereich sind verboten:**

a) das Inverkehrbringen, die Inbetriebnahme oder die Verwendung eines KI-Systems, das Techniken der unterschwelligen Beeinflussung außerhalb des Bewusstseins einer Person oder absichtlich manipulative oder täuschende Techniken mit dem Ziel oder der Wirkung einsetzt, das Verhalten einer Person oder einer Gruppe von Personen wesentlich zu verändern, indem ihre Fähigkeit, eine fundierte Entscheidung zu treffen, deutlich beeinträchtigt wird, wodurch sie veranlasst wird, eine Entscheidung zu treffen, die sie andernfalls nicht getroffen hätte, und zwar in einer Weise, die dieser Person, einer anderen Person oder einer Gruppe von Personen erheblichen Schaden zufügt oder mit hinreichender Wahrscheinlichkeit zufügen wird.

b) das Inverkehrbringen, die Inbetriebnahme oder die Verwendung eines KI-Systems, das eine Vulnerabilität oder Schutzbedürftigkeit einer natürlichen Person oder einer bestimmten Gruppe von Personen aufgrund ihres Alters, einer Behinderung oder einer bestimmten sozialen oder wirtschaftlichen Situation mit dem Ziel oder der Wirkung ausnutzt, das Verhalten dieser Person oder einer dieser Gruppe angehörenden Person in einer Weise wesentlich zu verändern, die dieser Person oder einer anderen Person erheblichen Schaden zufügt oder mit hinreichender Wahrscheinlichkeit zufügen wird;

c) das Inverkehrbringen, die Inbetriebnahme oder die Verwendung von KI-Systemen zur Bewertung oder Einstufung von natürlichen Personen oder Gruppen von Personen über einen bestimmten Zeitraum auf der Grundlage ihres sozialen Verhaltens oder bekannter, abgeleiteter oder vorhergesagter persönlicher Eigenschaften oder Persönlichkeitsmerkmale, wobei die soziale Bewertung zu einem oder beiden der folgenden Ergebnisse führt:

   i) Schlechterstellung oder Benachteiligung bestimmter natürlicher Personen oder Gruppen von Personen in sozialen Zusammenhängen, die in keinem Zusammenhang zu den Umständen stehen, unter denen die Daten ursprünglich erzeugt oder erhoben wurden;

   ii) Schlechterstellung oder Benachteiligung bestimmter natürlicher Personen oder Gruppen von Personen in einer Weise, die im Hinblick auf ihr soziales Verhalten oder dessen Tragweite ungerechtfertigt oder unverhältnismäßig ist;

d) das Inverkehrbringen, die Inbetriebnahme für diesen spezifischen Zweck oder die Verwendung eines KI-Systems zur Durchführung von Risikobewertungen in Bezug auf natürliche Personen, um das Risiko, dass eine natürliche Person eine Straftat begeht, ausschließlich auf der Grundlage des Profiling einer natürlichen Person oder der Bewertung ihrer persönlichen Merkmale und Eigenschaften zu bewerten oder vorherzusagen; dieses Verbot gilt nicht für KI-Systeme, die dazu ver-

* Kapitel II (Art. 5) gilt gem. Art. 113 UAbs. 3 lit. a ab 2.2.2025.

wendet werden, die durch Menschen durchgeführte Bewertung der Beteiligung einer Person an einer kriminellen Aktivität, die sich bereits auf objektive und überprüfbare Tatsachen stützt, die in unmittelbarem Zusammenhang mit einer kriminellen Aktivität stehen, zu unterstützen;

e) das Inverkehrbringen, die Inbetriebnahme für diesen spezifischen Zweck oder die Verwendung von KI-Systemen, die Datenbanken zur Gesichtserkennung durch das ungezielte Auslesen von Gesichtsbildern aus dem Internet oder von Überwachungsaufnahmen erstellen oder erweitern;

f) das Inverkehrbringen, die Inbetriebnahme für diesen spezifischen Zweck oder die Verwendung von KI-Systemen zur Ableitung von Emotionen einer natürlichen Person am Arbeitsplatz und in Bildungseinrichtungen, es sei denn, die Verwendung des KI-Systems soll aus medizinischen Gründen oder Sicherheitsgründen eingeführt oder auf den Markt gebracht werden;

g) das Inverkehrbringen, die Inbetriebnahme für diesen spezifischen Zweck oder die Verwendung von Systemen zur biometrischen Kategorisierung, mit denen natürliche Personen individuell auf der Grundlage ihrer biometrischen Daten kategorisiert werden, um ihre Rasse, ihre politischen Einstellungen, ihre Gewerkschaftszugehörigkeit, ihre religiösen oder weltanschaulichen Überzeugungen, ihr Sexualleben oder ihre sexuelle Ausrichtung zu erschließen oder abzuleiten; dieses Verbot gilt nicht für die Kennzeichnung oder Filterung rechtmäßig erworbener biometrischer Datensätze, wie z. B. Bilder auf der Grundlage biometrischer Daten oder die Kategorisierung biometrischer Daten im Bereich der Strafverfolgung;

h) die Verwendung biometrischer Echtzeit-Fernidentifizierungssysteme in öffentlich zugänglichen Räumen zu Strafverfolgungszwecken, außer wenn und insoweit dies im Hinblick auf eines der folgenden Ziele unbedingt erforderlich ist:

i) gezielte Suche nach bestimmten Opfern von Entführung, Menschenhandel oder sexueller Ausbeutung sowie die Suche nach vermissten Personen;

ii) Abwenden einer konkreten, erheblichen und unmittelbaren Gefahr für das Leben oder die körperliche Unversehrtheit natürlicher Personen oder einer tatsächlichen und bestehenden oder tatsächlichen und vorhersehbaren Gefahr eines Terroranschlags;

iii) Aufspüren oder Identifizieren einer Person, die der Begehung einer Straftat verdächtigt wird, zum Zwecke der Durchführung von strafrechtlichen Ermittlungen oder von Strafverfahren oder der Vollstreckung einer Strafe für die in Anhang II aufgeführten Straftaten, die in dem betreffenden Mitgliedstaat nach dessen Recht mit einer Freiheitsstrafe oder einer freiheitsentziehenden Maßregel der Sicherung im Höchstmaß von mindestens vier Jahren bedroht ist.

***[2]* Unterabsatz 1 Buchstabe h gilt unbeschadet des Artikels 9 der Verordnung (EU) 2016/679 für die Verarbeitung biometrischer Daten zu anderen Zwecken als der Strafverfolgung.**

(2) *[1]* **Die Verwendung biometrischer Echtzeit-Fernidentifizierungssysteme in öffentlich zugänglichen Räumen zu Strafverfolgungszwecken im Hinblick auf die in Absatz 1 Absatz 1 Buchstabe h genannten Ziele darf für die in jenem Buchstaben genannten Zwecke nur zur Bestätigung der Identität der speziell betroffenen Person erfolgen, wobei folgende Elemente berücksichtigt werden:**

a) die Art der Situation, die der möglichen Verwendung zugrunde liegt, insbesondere die Schwere, die Wahrscheinlichkeit und das Ausmaß des Schadens, der entstehen würde, wenn das System nicht eingesetzt würde;

b) die Folgen der Verwendung des Systems für die Rechte und Freiheiten aller betroffenen Personen, insbesondere die Schwere, die Wahrscheinlichkeit und das Ausmaß solcher Folgen.

[2] [1]**Darüber hinaus sind bei der Verwendung biometrischer Echtzeit-Fernidentifizierungssysteme in öffentlich zugänglichen Räumen zu Strafverfolgungszwecken im Hinblick auf die in Absatz 1 Absatz 1 Buchstabe h des vorliegenden Artikels genannten Ziele notwendige und verhältnismäßige Schutzvorkehrungen und Bedingungen für die Verwendung im Einklang mit nationalem Recht über die Ermächtigung ihrer Verwendung einzuhalten, insbesondere in Bezug auf die zeitlichen, geografischen und personenbezogenen Beschränkungen.** [2]**Die Verwendung biometrischer Echtzeit-Fernidentifizierungssysteme in öffentlich zugänglichen Räumen ist nur dann zu gestatten, wenn die Strafverfolgungsbehörde eine Folgenabschätzung im Hinblick auf die Grundrechte gemäß Artikel 27 abgeschlossen und das System gemäß Artikel 49 in der EU-Datenbank registriert hat.** [3]**In hinreichend begründeten dringenden Fällen kann jedoch mit der Verwendung solcher Systeme zunächst ohne Registrierung in der EU-Datenbank begonnen werden, sofern diese Registrierung unverzüglich erfolgt.**

(3) *[1]* [1]**Für die Zwecke des Absatz 1 Absatz 1 Buchstabe h und des Absatzes 2 ist für jede Verwendung eines biometrischen Echtzeit-Fernidentifizierungssystems in öffentlich zugänglichen Räumen zu Strafverfolgungszwecken eine vorherige Genehmigung erforderlich, die von einer Justizbehörde oder einer unabhängigen Verwaltungsbehörde des Mitgliedstaats, in dem die Verwendung erfolgen soll, auf begründeten Antrag und gemäß den in Absatz 5 genannten detaillierten nationalen Rechtsvorschriften erteilt wird, wobei deren Entscheidung bindend ist.** [2]**In hinreichend begründeten dringenden Fällen kann jedoch mit der Verwendung eines solchen Systems zunächst ohne Genehmigung begonnen werden, sofern eine solche Genehmigung unverzüglich, spätestens jedoch innerhalb von 24 Stunden beantragt wird.** [3]**Wird eine solche Genehmigung abgelehnt, so wird die Verwendung mit sofortiger Wirkung eingestellt und werden alle Daten sowie die Ergebnisse und Ausgaben dieser Verwendung unverzüglich verworfen und gelöscht.**

[2] [1]**Die zuständige Justizbehörde oder eine unabhängige Verwaltungsbehörde, deren Entscheidung bindend ist, erteilt die Genehmigung nur dann, wenn sie auf der Grundlage objektiver Nachweise oder eindeutiger Hinweise, die ihr vorgelegt werden, davon überzeugt ist, dass die Verwendung des betreffenden biometrischen Echtzeit-Fernidentifizierungssys-**

tems für das Erreichen eines der in Absatz 1 Absatz 1 Buchstabe h genannten Ziele – wie im Antrag angegeben – notwendig und verhältnismäßig ist und insbesondere auf das in Bezug auf den Zeitraum sowie den geografischen und persönlichen Anwendungsbereich unbedingt erforderliche Maß beschränkt bleibt. [2]Bei ihrer Entscheidung über den Antrag berücksichtigt diese Behörde die in Absatz 2 genannten Elemente. [3]Eine Entscheidung, aus der sich eine nachteilige Rechtsfolge für eine Person ergibt, darf nicht ausschließlich auf der Grundlage der Ausgabe des biometrischen Echtzeit-Fernidentifizierungssystems getroffen werden.

(4) **[1]Unbeschadet des Absatzes 3 wird jede Verwendung eines biometrischen Echtzeit-Fernidentifizierungssystems in öffentlich zugänglichen Räumen zu Strafverfolgungszwecken der zuständigen Marktüberwachungsbehörde und der nationalen Datenschutzbehörde gemäß den in Absatz 5 genannten nationalen Vorschriften mitgeteilt. [2]Die Mitteilung muss mindestens die in Absatz 6 genannten Angaben enthalten und darf keine sensiblen operativen Daten enthalten.**

(5) **[1]Ein Mitgliedstaat kann die Möglichkeit einer vollständigen oder teilweisen Ermächtigung zur Verwendung biometrischer Echtzeit-Fernidentifizierungssysteme in öffentlich zugänglichen Räumen zu Strafverfolgungszwecken innerhalb der in Absatz 1 Absatz 1 Buchstabe h sowie Absätze 2 und 3 aufgeführten Grenzen und unter den dort genannten Bedingungen vorsehen. [2]Die betreffenden Mitgliedstaaten legen in ihrem nationalen Recht die erforderlichen detaillierten Vorschriften für die Beantragung, Erteilung und Ausübung der in Absatz 3 genannten Genehmigungen sowie für die entsprechende Beaufsichtigung und Berichterstattung fest. [3]In diesen Vorschriften wird auch festgelegt, im Hinblick auf welche der in Absatz 1 Unterabsatz 1 Buchstabe h aufgeführten Ziele und welche der unter Buchstabe h Ziffer iii genannten Straftaten die zuständigen Behörden ermächtigt werden können, diese Systeme zu Strafverfolgungszwecken zu verwenden. [4]Die Mitgliedstaaten teilen der Kommission diese Vorschriften spätestens 30 Tage nach ihrem Erlass mit. [5]Die Mitgliedstaaten können im Einklang mit dem Unionsrecht strengere Rechtsvorschriften für die Verwendung biometrischer Fernidentifizierungssysteme erlassen.**

(6) **[1]Die nationalen Marktüberwachungsbehörden und die nationalen Datenschutzbehörden der Mitgliedstaaten, denen gemäß Absatz 4 die Verwendung biometrischer Echtzeit-Fernidentifizierungssysteme in öffentlich zugänglichen Räumen zu Strafverfolgungszwecken mitgeteilt wurden, legen der Kommission Jahresberichte über diese Verwendung vor. [2]Zu diesem Zweck stellt die Kommission den Mitgliedstaaten und den nationalen Marktüberwachungs- und Datenschutzbehörden ein Muster zur Verfügung, das Angaben über die Anzahl der Entscheidungen der zuständigen Justizbehörden oder einer unabhängigen Verwaltungsbehörde, deren Entscheidung über Genehmigungsanträge gemäß Absatz 3 bindend ist, und deren Ergebnis enthält.**

(7) **[1]Die Kommission veröffentlicht Jahresberichte über die Verwendung biometrischer Echtzeit-Fernidentifizierungssysteme in öffentlich zugänglichen Räumen zu Strafverfolgungszwecken, die auf aggregierten Daten aus den Mitgliedstaaten auf der Grundlage der in Absatz 6 genann-**

ten Jahresberichte beruhen. [2]Diese Jahresberichte dürfen keine sensiblen operativen Daten im Zusammenhang mit den damit verbundenen Strafverfolgungsmaßnahmen enthalten.

(8) **Dieser Artikel berührt nicht die Verbote, die gelten, wenn KI-Praktiken gegen andere Rechtsvorschriften der Union verstoßen.**

Schrifttum: Ammann/Pohle, KI-Verordnung – Was bisher geschah und was jetzt zu tun ist, CB 2024, 139; Barkane, Questioning the EU proposal for an Artificial Intelligence Act: The need for prohibitions and a stricter approach to biometric surveillance, IP 2022, 160; Barrett/Adolphs/Marsella/Martinez/Pollak, Emotional Expressions Reconsidered: Challenges to Inferring Emotion From Human Facial Movements, PSPI 2019, No. 1; Becker/Feuerstack, Die EU-KI-Verordnung KIR 2024, 69; Bomhard/Siglmüller, AI Act – das Trilogergebnis, RDi 2024, 54; BUNSV/Rostalski, Künstliche Intelligenz, S. 276 ff.; Chibanguza/Steege, Die KI-Verordnung – Überblick über den neuen Rechtsrahmen, NJW 2024, 1771, 1770; Dressel/Farid, The accuracy, fairness, and limits of predicting recidivism Science advances 2018/4, 1; Ebers/Heinze/Krügel/Steinrötter, KI, § 31 Rn. 5, 6; Ebert/Spiecker genannt Döhmann, Der Kommissionsentwurf für eine KI-Verordnung der EU, NVwZ 2021, 1189; Feuerstack, Menschenrechtliche Vorgaben an die Transparenz KI-basierter Entscheidungen und deren Berücksichtigung in bestehenden Regulierungsansätzen, OdW 2022, 170 f.; Glatzner, Profilbildung und algorithmenbasierte Entscheidungen, DuD 2020, 313 f.; Gola/Heckmann/Schulz, DS-GVO, Art. 22 Rn. 11 ff.; Harte-Bavendamm/Henning-Bodewig/Picht, UWG, § 4a Rn. 117; Heusch/Ullrich/Posser, VerfassungsR-HdB, § 7 Rn. 25; Kehl/Priscilla/Kessler, Algorithms in the Criminal Justice System Responsive Communities Initiative, 2017; Knobloch, Vor die Lage kommen, S. 17; Köhler/Bornkamm/Köhler, UWG, § 4a Rn. 225; Köhler/Feddersen, UWG, § 3 Rn. 5.22; Krönke, Das europäische KI-Gesetz: Eine Verordnung mit Licht und Schatten, NVwZ 2024, 531, 532; Kühling/Buchner/Buchner, DS-GVO, Art. 22 Rn. 16; Marly, Praxishandbuch Softwarerecht, § 16 Rn. 18, 21; Martini, Blackbox Algorithmus, S. 55 ff.; Martini/Wendehorst/Wendehorst, KI-VO, Art. 5 Rn. 72, 79, 84, 133, 144, 155, 157, 158, 162, 170, 187, 193, Art. 3 Rn. 308, 309; Menebröcker, Münchener Anwalts Handbuch Gewerblicher Rechtsschutz, §§ 3 Abs. 4 S. 2, 4a Abs. 2 S. 2 UWG Rn. 14, 15; Möller-Klapperich: Die neue KI-Verordnung der EU, NJ 2024, 339; Ohly/Sosnitza/Sosnitza, UWG, § 4a Rn. 184; Raue, Münchener Kommentar UWG, § 4a Rn. 225, 226; Räz, Forensische Psychiatrie, Psychologie, Kriminologie 2022, S. 300; Renda/Maridis/Devenyi, Study to Support an Impact Assessment of Regulatory Requirements for Artifi-cial Intelligence in Europe, S. 39; Roßnagel/Geminn, Datenschutz-Grundverordnung verbessern, S. 84 f.; Rostalski/Weiss, Der KI-Verordnungsentwurf der Europäischen Kommission, ZfDR 2021, 338, 339, 341; Roth-Isigkeit, Der neue Rechtsrahmen für Künstliche Intelligenz in der Europäischen Union, KIR 2024, 17; Simitis/Hornung/Spiecker gen. Döhmann, Datenschutzrecht, Art. 22 DSGVO Rn. 38; Steege, Algorithmenbasierte Diskriminierung durch Einsatz von Künstlicher Intelligenz, MMR 2019, 716 f.; Taeger, Externes Scoring als „automatisierte Entscheidung im Einzelfall" über eine Kreditgewährung, BKR 2024, 41; Unger, Schutzlos ausgeliefert? Der Europäische Haftbefehl, S. 102; Voigt/Hullen, Handbuch KI-Verordnung 2024. S. 38; Wagner, Datenschutz und die VR China – ein Widerspruch?, ZD 2020, 141; Wolff/Brink/v. Ungern-Sternberg, BeckOK DatenschutzR, DS-GVO Art. 22 Rn. 38; Wolff/Brink/v. Ungern-Sternberg/v. Lewinski, BeckOK DatenschutzR, DS-GVO Art. 22 Rn. 24 ff.; Zahariev, The evolution of EU data protection law on automated data profiling, PinG 2017, 76.

Übersicht

I. Normzweck

1 Die KI-VO folgt einem risikobasierten Ansatz, EWG 26. Die höchste Stufe dieser Kategorisierung stellt das Verbot bestimmter Praktiken im KI-Bereich dar. Der Gesetzgeber hat das von diesen Praktiken ausgehende Risiko als derart schädlich eingestuft, dass nur ein Verbot eine angemessene Reaktion darstellt. Hintergrund ist, dass diese Praktiken besonders schädlich und missbräuchlich sind, weil sie im Widerspruch zu den Werten der Union stehen, nämlich der Achtung der Menschenwürde, Freiheit, Gleichheit, Demokratie und Rechtsstaatlichkeit sowie der in der Charta verankerten Grundrechte, einschließlich des Rechts auf Nichtdiskriminierung (Artikel 21 der Charta) und Gleichheit (Artikel 20), des Daten-

schutzes (Artikel 8 der Charta) und des Privat- und Familienlebens (Artikel 7 der Charta) sowie der Rechte des Kindes (Artikel 24 der Charta),[1] aber auch das Recht auf freie Meinungsäußerung und Informationsfreiheit (Artikel 11 der Charta), die Versammlungs- und Vereinigungsfreiheit (Artikel 12 der Charta), die Gedanken-, Gewissens- und Religionsfreiheit (Artikel 10 der Charta), das Recht auf einen wirksamen Rechtsbehelf und ein faires Verfahren (Artikel 47 der Charta) sowie die Unschuldsvermutung und das Recht auf Verteidigung (Artikel 48 der Charta).

2 Als Ausprägung des risikobasierten Ansatzes bedient sich der Gesetzgeber zur Feststellung der konkreten Regulierungsanforderungen eines pyramidalen Schemas.[2] Dabei hängt der Umfang der Regulierung von der Intensität der vom KI-System ausgehenden Risiken ab.[3] Bestimmte KI-Systeme unterliegen einem inakzeptablen Risiko,[4] weshalb diese vom Gesetzgeber in Art. 5 KI-VO gänzlich verboten wurden. Nicht verboten sind, zum Schutz der Wissenschaftsfreiheit, Forschungen zu solchen Praktiken.[5] Darauf folgt eine Unterteilung in Hochrisiko-Systeme (Art. 6 KI-VO), KI-Systeme mit beschränktem Risiko (Art. 50 KI-VO) und KI-Systeme mit geringem Risiko (Art. 95 KI-VO). Allerdings ist das Bild der Pyramide insoweit unzutreffend, als dass die Regelungen der unteren Kategorien auch für die KI-Systeme der oberen Kategorien gelten. Daneben stehen KI-Systeme mit allgemeinem Verwendungszweck (Art. 51 ff. KI-VO).[6]

3 Art. 5 verbietet die folgenden KI-Praktiken:

- Techniken der unterschwelligen Beeinflußung und der absichtlich Manipulation oder Täuschung, Art. 5 Abs. 1 lit. a,
- Ausnutzung bestimmter Formen der Vulnerabilität oder Schutzbedürftigkeit, Art. 5 Abs. 1 lit. b,
- Social Scoring, Art. 5 Abs. 1 lit. c,
- Predictive Policing, Art. 5 Abs. 1 lit. d,
- Ungezieltes Auslesen von Gesichtsbildern zur Erstellung und/oder Erweiterung von Datenbanken, Art. 5 Abs. 1 lit. e,
- Emotionserkennung am Arbeitsplatz oder in Bildungseinrichtungen, Art. 5 Abs. 1 lit. f,
- Biometrische Kategorisierung, Art. 5 Abs. 1 lit. g, und
- Biometrische Echtzeit-Fernidentifikationssysteme in öffentlich zugänglichen Räumen zu Strafverfolgungszwecken, Art. 5 Abs. 1 lit. h.

4 Diese Auflistung ist jedoch nicht abschließend. Art. 5 VIII KI-VO stellt klar, dass Verbote durch andere Rechtsvorschriften der Union unberührt bleiben, wenn KI-Praktiken gegen diese Rechtsvorschriften verstoßen. Unklar ist, ob es sich bei der Regelung um eine Rechtsgrundverweisung oder eine Rechtsfolgenverweisung handelt. Man könnte aus Art. 5 KI-VO schließen wollen, dass alles, was nicht durch Art. 5 KI-VO verboten ist, erlaubt ist. Dass dies nicht gewollt ist, zeigt Abs. 8. Abs. 8 bringt damit eine Selbstverständlichkeit zum Ausdruck: andere Gesetze bleiben unberührt. EWG 45 erläutert, dass Praktiken, die nach Unions-

---

[1] Erwgr. 28.
[2] Roth-Isigkeit KIR 2024, 15 (17).
[3] Chibanguza/Steege NJW 2024, 1769 (1771).
[4] Erwgr. 26.
[5] Möller-Klapperich NJ 2024, 337 (339); Chibanguza/Steege NJW 2024, 1769 (1771).
[6] Chibanguza/Steege NJW 2024, 1769 (1771).

recht verboten sind, von dieser Verordnung nicht betroffen sind. Die Formulierung „nicht betroffen" verdeutlicht, dass die Voraussetzungen eines Verbots einer Praktik nach einem anderen Rechtsakt selbständig geprüft werden muss. Mangels anderer Hinweise, etwa in den EWG, ist also davon auszugehen, dass es sich bei der Regelung um eine Rechtsgrundverweisung handelt. Erfasst sind damit insbesondere Verbote aus dem Datenschutzrecht, dem Verbraucherschutzrecht und dem Wettbewerbsrecht. Hierzu zählt z.B. Art. 22 DSGVO, der ein Verbot automatisierter Entscheidungsfindung vorsieht.[7]

Art. 5 KI-VO statuiert jedoch kein abschließendes Verbot für die darin genannten Praktiken. Zum einen enthält die Norm Ausnahmen vom grundsätzlichen Verbot. Zum anderen verwendet die Norm auslegungsbedürftige unbestimmte Rechtsbegriffe. Diese sind insbesondere im Rahmen der Praktik der biometrischen Echtzeit-Fernidentifikation zu Strafverfolgungszwecken (Art. 5 I lit. h KI-VO) vorzufinden, die durch Art. 5 II- VII KI-VO weiter ausdifferenziert wird. Dies liegt daran, dass dieser Norm lange und intensive Verhandlungen im Gesetzgebungsprozess vorangingen. Am 21. April 2021 legte die EU-Kommission einen Vorschlag zur Regulierung von Künstlicher Intelligenz vor.[8] Auch Vorschriften über die biometrische Fernidentifizierung zur Strafverfolgung waren darin enthalten. Dabei soll die Fernidentifizierung in Echtzeit unter Verbot mit bestimmten Ausnahmen stehen, die nachträgliche Fernidentifizierung jedoch nicht. Dieser Vorschlag der EU-Kommission ist im Gesetzgebungsverfahren jedoch vielfach auf Kritik gestoßen. Während seitens des Europäischen Parlaments ein ausnahmsloses Verbot gefordert wurde und im Rahmen eines überarbeiteten Entwurfsvorschlags[9] gänzlich auf Ausnahmen verzichtet wurde, vertraten einige Mitgliedsstaaten die Ansicht weitreichender Ausnahmen im Bereich Sicherheit und Justiz.[10] Auch seitens der Bürgerrechtler[11] wurden strengere Verbote gefordert, insbesondere das vollständige Verbot sowohl biometrischer Echtzeit-Fernidentifizierung, als auch der retrograden Fernidentifizierung. Andere Stimmen[12] hingegen befürchteten, dass verschärfte Verbote das Risiko bergen, Innovationen in Europa zu hemmen. Zu strenge Vorgaben könnten dazu führen, dass europäische Unternehmen bei der Entwicklung und Erprobung neuer KI-Lösungen im internationalen Wettbewerb zurückfallen. Investoren und Unternehmen benötigen rechtliche Sicherheit, um in die Forschung und Entwicklung von KI-Technologien zu investieren. Eine übermäßige Regulierung könnte dazu führen, dass die Entwicklung entsprechender Systeme in andere Rechtsräume mit weniger restriktiven Vorgaben verlagert wird. 5

Die endgültige Fassung des Art. 5 KI-VO mit seinen zahlreichen unbestimmten Rechtsbegriffen, Ausnahmen und Rückausnahmen stellt demnach im Ergebnis einen Kompromiss, der die unterschiedlichen Perspektiven und Bedürfnisse miteinander in Einklang bringt, dar. 6

---

[7] Siehe dazu insbesondere EuGH 7.12.2023 – C-634/21; Taeger BKR 2024, 41.

[8] COM/2021/206 final.

[9] Etwa Abänderungsvorschlag des Europäischen Parlaments, P9 TA(2023)0236, Abänderungen 220 ff.

[10] Interinstitutionelles Dossier 2021/0106 (COD), Ausschuss der Ständigen Vertreter 14336/22 vom 25.11.2022, 4.

[11] Kurzübersicht: Empfehlungen für eine menschenrechtskonforme Regulierung von Künstlicher Intelligenz (KI) in der EU | Amnesty International.

[12] Bitkom zum Inkrafttreten des AI Acts | Presseinformation | Bitkom e.V.

7 Nichtsdestotrotz geht bei inflationärer Benutzung unbestimmter Rechtsbegriffe die Gefahr der Rechtunsicherheiten einher.[13] Um einer solchen Rechtsunsicherheit entgegenzuwirken, ist es gem. Art. 96 I lit. b KI-VO Aufgabe der Kommission, Leitlinien, beispielsweise in Form von möglichen Auslegungshilfen und Anwendungsbeispielen, für die praktische Umsetzung des Art. 5 KI-VO noch möglichst vor seiner Geltung zu entwickeln. Diese werden sowohl in Hinblick auf die Erfahrungen mit der Umsetzung von Art. 5, als auch auf die technologischen und marktwirtschaftlichen Entwicklungen regelmäßig überprüft.[14] Die Leitlinien sind nicht bindend. Eine verbindliche Auslegung kann nur durch den EuGH erfolgen und ersetzt somit nicht die Notwendigkeit der Einzelfallprüfung.[15]

8 Die Verbote gelten sechs Monate nach Inkrafttreten des KI-Gesetzes, das heißt ab dem 02. Februar 2025. Gleichzeitig werden die Kapitel zur Regulierung, Durchsetzung und Sanktionen erst ab dem 02. August 2025 anwendbar. In dieser Übergangsfrist werden keine Marktaufsichtsbehörden die Einhaltung der Verbote überwachen. Die Verbote sind jedoch auch in dieser Übergangszeit uneingeschränkt anwendbar und sollen aufgrund ihrer unmittelbaren Wirkung von betroffenen Personen vor den nationalen Gerichten durchgesetzt werden können, indem eine einstweilige Verfügung gegen die verbotene Praktik beantragt wird.[16]

9 Umstritten ist auch, inwiefern die EU bezüglich bestimmter Verbote im Rahmen ihrer Kompetenzen agierte. Insbesondere die Regelungen über den Einsatz von KI-Systemen zur Analyse von Personenmerkmalen (Art. 5 lit. d–g) sowie biometrischer Fernidentifizierungssysteme im öffentlichen Raum (Art. 5 lit. h) sind umstritten, da sich hier Überschneidungen mit den Regelungskompetenzen der Mitgliedstaaten ergeben können. Die Gefahrenabwehr und Strafverfolgung sind nach Art. 4 II EUV Kernbereiche der nationalen Souveränität, sodass fraglich ist, inwieweit die EU mit der KI-VO in diese Bereiche eingreifen darf.

10 Die Rechtsgrundlage für die Verordnung bildet Art. 114 AEUV, der die Angleichung von Vorschriften zur Förderung des Binnenmarktes ermöglicht und Art. 16 AEUV als Rechtsgrundlage für die besonderen Vorschriften über die Verarbeitung personenbezogener Daten. Allerdings stellt sich die Frage, ob sich der europäische Gesetzgeber auf die Binnenmarktkompetenz aus Art. 114 AEUV berufen kann, wenn es um Regelungen geht, die primär die öffentliche Sicherheit betreffen. Eine einheitliche Regulierung des Einsatzes solcher Systeme auf EU-Ebene könnte zwar der Harmonisierung des Binnenmarkts dienen, doch ist es nicht eindeutig, inwiefern dies den freien Waren- und Dienstleistungsverkehr tatsächlich fördert. Vielmehr könnte argumentiert werden, dass die Mitgliedstaaten selbst darüber entscheiden sollten, ob und unter welchen Bedingungen der Einsatz solcher Technologien zulässig ist.

II. Anwendungsbereich

1. Persönlicher Anwendungsbereich

11 Art. 5 KI-VO richtet sich dem Wortlaut nach an keinen spezifischen Adressaten, sondern bezeichnet die Praktiken allgemein als verboten. Insofern ist in

[13] Becker/Feuerstack KIR 2024, 62 (69); Bomhard/Siglmüller RDi 2024, 45 (54).
[14] C(2025) 884 final, Rn. 6.
[15] C(2025) 884 final, Rn. 5, 7.
[16] C(2025) 884 final, Rn. 432.

Betracht zu ziehen, ob sich die Verbote auch an Personengruppen richten, welche nicht von der KI-VO erfasst werden, beispielsweise an Verbraucher. Dem ist entgegenzuhalten, dass Verbraucher gerade die geschützte Partei in Art. 5 KI-VO darstellen, denn diese unterliegen den Auswirkungen der in Art. 5 KI-VO aufgezählten KI-Systeme und haben keine direkte Kontrolle über die Entwicklung und Bereitstellung von diesen. Daher liegt die Verantwortung bei den Unternehmen und Institutionen, die solche Systeme schaffen oder einsetzen. Ziel von Art. 5 KI-VO ist es den Verantwortlichen Verbote für KI-Systeme mit unannehmbarem Gefahrenpotential aufzuerlegen.

Die in Art. 2 I lit. a-g KI-VO aufgezählten Adressaten, stellen die Verantwortlichen von KI-Systemen dar, sodass eine Erweiterung des Adressatenkreises in Art. 5 KI-VO den Sinn und Zweck der Norm nicht erfüllen würde. Somit ist gilt auch in Art. 5 KI-VO der allgemeine persönliche Anwendungsbereich aus Art. 2 I lit. a-g KI-VO. **12**

Abhängig von der Rolle und den Kontrollmöglichkeiten des Akteurs in der Wertschöpfungskette, sollten geeignete Maßnahmen ergriffen werden, welche geeignet sind, eine rechtmäßige Bereitstellung und Nutzung von KI-Systemen zu gewährleisten.[17] So wird von den Anwendern erwartet, dass diese eine verbotene Nutzung von KI unterlassen und auch die Sicherheitsvorkehrungen von den Systemanbietern nicht aushebeln.[18] Da die Ursache eines Schadens jedoch häufiger in der Art und Weise des Einsatzes eines KI-Systems liegt, ist auch den Betreibern die Pflicht auferlegt, keine KI-Systeme auf den Markt zu bringen oder in Betrieb zu nehmen, welche mit hoher Wahrscheinlichkeit zu einer rechtswidrigen Nutzung führen.[19] Weiterhin sollte der Betreiber Schutzvorkehrungen einbauen, um schädliche Verhaltensweisen und Missbräuche abzumildern oder zu verhindern.[20] Im vertraglichen Rahmen mit Anwendern sollten Betreiber verbotene Praktiken in ihren Nutzungsbedingungen ausschließen sowie den Anwender mit geeigneten Anweisungen und Informationen versorgen.[21] **13**

2. Sachlicher Anwendungsbereich

Zentrale Handlungen des Art. 5 KI-VO sind das Inverkehrbringen (Art. 3 Nr. 9 KI-VO), die Inbetriebnahme (Art. 3 Nr. 11 KI-VO) oder die Verwendung eines KI-Systems. Der Begriff der Verwendung wird im Gesetz nicht weiter definiert, sollte jedoch weit gefasst werden, um jegliche Arten der Nutzung nach dem Inverkehrbringen oder der Inbetriebnahme abzudecken.[22] Während im beruflichen Kontext die rein interne Nutzung mitgezählt wird,[23] wird die rein private Nutzung zu nicht-beruflichen Zwecken ausgeschlossen.[24] Die Verbote gelten unabhängig davon, ob zwischen Anbieter und Anwender die Nutzung in den Nutzungsbedingungen ausgeschlossen wurde.[25] Art. 5 KI-VO unterscheidet sich von der Regulierung der Hochrisiko KI-Systeme insoweit, als das nicht bestimmte **14**

[17] C(2025) 884 final, Rn. 39.
[18] C(2025) 884 final, Rn. 40.
[19] C(2025) 884 final, Rn. 40.
[20] C(2025) 884 final, Rn. 40.
[21] C(2025) 884 final, Rn. 41.
[22] C(2025) 884 final, Rn. 14.
[23] Möller-Klapperich NJ 2024, 337 (339); Chibanguza/Steege NJW 2024, 1769 (1770).
[24] Möller-Klapperich NJ 2024, 337 (339).
[25] C(2025) 884 final, Rn. 14.

KI-Systeme oder KI-Modelle von dem Verbot betroffen sind, sondern „Praktiken". Was genau mit diesem Begriff gemeint ist, ist nicht klar. Der Begriff scheint sowohl übergreifende Einsatzzwecke von KI-Systemen zu erfassen, als auch technologische Prozesse innerhalb eines KI-Systems. EWG 29 deutet darauf hin, dass eine Praktik aus Faktoren ergeben muss, die Teil des KI-Systems sind und der Kontrolle des Akteurs unterliegen. Eine Praktik setzt gleichzeitig aber nicht voraus, dass eine Absicht, d.h. zielgerichtetes und bewusstes Handeln, notwendig ist. Eine Praktik kann demnach auch vorliegen, wenn der handelnde Akteur das verbotene Ziel weder bezweckt hat, noch ihm bewusst war, dass es dazu kommen konnte. Auch die Kommission legt fest, dass die Verbote für alle KI-Systeme gelten, unabhängig davon, ob diese zweckgebunden sind oder einen allgemeinen Verwendungszweck haben.[26]

3. Ausschluss vom Anwendungsbereich

15 Gem. Art. 2 III KI-VO gilt das KI-Gesetz nicht in den Bereichen der nationalen Sicherheit, da hierfür die Kompetenz in den Mitgliedsstaaten liegt. Auch gilt die Verordnung nicht für KI-Systeme, welche ausschließlich für militärische Zwecke, Verteidigungszwecke oder Zwecke der nationalen Sicherheit in Verkehr gebracht, in Betrieb genommen oder verwendet werden, Art. 2 III UAbs. 2 KI-VO.

III. Abs. 1 – Verbotene Praktiken

1. Art. 5 Abs. 1 lit. a: Verbot manipulativer Techniken

16 **a) Überblick.** Gem. Art. 5 I lit. a KI-VO ist der Einsatz absichtlich manipulativer und täuschender Techniken in KI-Systemen und solcher Techniken, welche eine Person absichtlich derart unterschwellig beeinflussen können, dass diese zu Entscheidungen angeregt werden, welche nicht auf einer rationalen Grundlage basieren, verboten. Ziel ist es, die Selbstbestimmung und das Selbstentscheidungsrecht von EU-Bürgern zu schützen: sie sollen unbeeinflusst selbst Entscheidungen treffen können.[27] Das Verbot erfasst drei KI-Praktiken: die unterschwellige Beeinflussung, die absichtliche Täuschung und die absichtliche Manipulation.

17 Der Einsatz der KI-Praktiken muss das Ziel oder jedenfalls die Wirkung haben, dass das Verhalten einer Person oder einer Personengruppe wesentlich verändert wird. Allerdings reicht nicht jede Form der Verhaltensänderung aus. Die Verhaltensänderung muss auf die Fähigkeit einwirken, eine fundierte Entscheidung treffen zu können. Diese Fähigkeit muss deutlich beeinträchtigt sein.

18 Weiter muss die Manipulation kausal für die Entscheidung sein. Voraussetzung für das Verbot ist, dass die Person die Entscheidung ohne die Manipulation nicht getroffen hätte.

19 Als weitere Voraussetzung tritt hinzu, dass ein erheblicher Schaden entstanden sein muss oder jedenfalls mit hinreichender Wahrscheinlichkeit drohen muss. Der Schaden bzw. drohende Schaden muss kausal durch die Entscheidung hervorgerufen werden.

---

[26] C(2025) 884 final, Rn. 39.

[27] Voigt/Hullen KI-VO-HdB S. 38; Rostalski/Weiss ZfDR 2021, 329 (338).

Folge dieser Entscheidung muss ein erheblicher Schaden dieser Person, einer anderen Person oder Personengruppe sein oder eine hinreichende Wahrscheinlichkeit vorliegen, dass die Entscheidung sich schädlich für die Betroffenen auswirken wird. **20**

21 Aufgrund der zahlreichen unbestimmten Rechtsbegriffe in Art. 5 I lit. a KI-VO, bei welchen es nicht leicht ist, festzustellen, ob ein System unter den entsprechenden Tatbestand fällt, steht die Norm unter vielfacher Kritik.[28]

– Bsp.: Bei KI-Systemen zur Generierung von VR-Umgebungen, mit Gamifiction-Elementen oder zur dynamischen Preisanpassung fraglich, ob darin schon „unterschwellige Beeinflussung“, „Ausnutzen“ von Schwäche oder Schutzbedürftigkeit und ein „wesentliches Beeinflussen“ des Verhaltens von Personen zu verstehen ist und ob aus daraus ein „erheblicher Schaden“ für diese Personen resultiert.[29]

22 **b) Unterschwellige Beeinflussung außerhalb des menschlichen Bewusstseins.** Die erforderliche Vorgehensweise gem. Art. 5 I lit. a KI-VO ist die unterschwellige Beeinflussung außerhalb des menschlichen Bewusstseins. Eine weitere Erläuterung dieses Begriffs findet sich im Gesetz nicht. Aus EWG 29 folgt jedoch, dass die freie Entscheidung eines Menschen durch das Verbot dieser Praktik geschützt werden soll. Die Tatbestandsmerkmale „unterschwellige Beeinflussung“ und „außerhalb des menschlichen Bewusstseins“ dürften zudem keine eigenständige Bedeutung haben, sondern gleichsam darauf abzielen, das dem Nutzer nicht bewusst ist, dass er in seiner Entscheidungsfreiheit manipuliert wird.

23 Als Definitionshilfe für die Beeinflussung eignet sich Art. 2 lit. e) der RL 2005/29, welcher die „Beeinflussung des wirtschaftlichen Verhaltens [eines Verbrauchers]“ definiert. Demnach wird darunter die Anwendung einer Geschäftspraxis, um die Fähigkeit [des Verbrauchers], eine informierte Entscheidung zu treffen, zu beeinträchtigen, verstanden, EWG 29.

24 Unterschwellig meint, wie der Gesetzeswortlaut es selbst konkretisiert, dass die eingesetzte Technik so konzipiert ist, dass die betroffene Person die Beeinflussung nicht bewusst wahrnehmen und rational auffassen kann, sondern diese allein auf das Unterbewusstsein einwirkt.

25 Aus den Erwägungsgründen geht hervor, dass die unterschwellige Beeinflussung allenfalls dann im Bereich außerhalb des menschlichen Bewusstseins angenommen werden kann, wenn Reize eingesetzt werden, welche für den Menschen nicht erkennbar sind, da sie außerhalb ihres Wahrnehmungsbereichs liegen.[30] Solche Reize können beispielsweise im Wege der Ton-, Bild-, oder Videoübertragung erfolgen.[31] Der Einsatz solcher Techniken wird auch Subliminal Technik genannt. Das erhöhte Gefahrenpotential dieser Techniken besteht darin, dass sie die rationalen Denkprozesse des Menschen umgehen und direkt auf die emotionalen Zentren des Gehirns abzielen.[32] Der Anschein der Entscheidungsfreiheit bleibt dabei jedoch aus Perspektive der betroffenen Person erhalten. Solche Systeme können etwa im Rahmen medialer Werbung oder politischer Propaganda verwendet werden, um das Individuum unterbewusst zu beeinflussen. Auch algorithmisch generierte Inhalte, die gezielt Emotionen hervorrufen, fallen unter diese Kategorie.

---

[28] Krönke NVwZ 2024, 529 (531 f.).
[29] Krönke NVwZ 2024, 532.
[30] Erwgr. 29.
[31] Erwgr. 29.
[32] Unterschwellige Wahrnehmung – Lexikon der Psychologie (aufgerufen am 13.2.2025).

– Beispiel visuelle unterschwellige Botschaften: Ein KI-System kann während der Videowiedergabe kurz eingeblendete Bilder oder Texte zeigen oder einbetten, die technisch gesehen sichtbar sind, aber zu schnell eingeblendet werden, als dass das Bewusstsein sie registrieren könnte, und die dennoch in der Lage sind, Einstellungen oder Verhaltensweisen zu beeinflussen.[33]
– Beispiel unterschwellige auditive Botschaften: Ein KI-System kann Geräusche oder verbale Botschaften in geringer Lautstärke oder durch andere Geräusche maskiert einsetzen und so den Hörer beeinflussen, ohne dass er sich dessen bewusst ist. Diese Töne sind technisch gesehen immer noch im Hörbereich, werden aber aufgrund ihrer Subtilität oder ihrer Maskierung durch andere Töne vom Hörer nicht bewusst wahrgenommen.[34]
– Beispiel taktile unterschwellige Stimuli: Ein KI-System kann subtile körperliche Empfindungen auslösen, die unbewusst wahrgenommen werden und emotionale Zustände oder das Verhalten beeinflussen können.[35]

26 **c) Absichtlich manipulative oder täuschende Techniken.** Daneben kann auch eine andere Art der Beeinflussung stattfinden. Der Gesetzgeber sieht die Alternative der absichtlich manipulativen oder täuschenden Techniken vor. Auch diese Begriffe werden im Gesetz nicht näher definiert.

27 **aa) Manipulative Techniken.** Aus EWG 29 geht hervor, dass mit manipulativen Techniken jene Fälle erfasst werden sollen, in welchen der betroffenen Person im Prozess der Entscheidungsfindung nicht bewusst ist, dass sie einer Beeinflussung von außen unterliegt oder sie kann – trotz Kenntnis und Bewusstsein über den Einfluss – diesen nicht kontrollieren oder ihm widerstehen.[36] Manipulative Techniken sind so konzipiert, dass sie psychologische Schwachstellen, kognitive Verzerrungen oder situative Faktoren ausnutzen, um die Person anfälliger für die Beeinflussung zu machen.[37] KI-Systeme haben ein hohe Anpassungsfähigkeit, weshalb sie gut auf individuelle Umstände eingehen können und persönlich Schwachstellen ermitteln können, um die Manipulationsfähigkeit maximal zu steigern.[38] Beispiele hierfür sind Gehirn-Computer-Schnittstellen oder die Darstellung einer virtuellen Realität, da diese ein besonders hohes Maß an Kontrolle über den Einsatz von Reizen gegenüber einer Person ermöglichen.[39]

28 Abzugrenzen ist an dieser Stelle von rechtmäßigen Überredungspraktiken. Hauptunterscheidungsmerkmale sind die Transparenz und die Achtung der Autonomie.[40] Während im Rahmen der Überzeugungsarbeit alle Informationen offen präsentiert werden, um der betroffenen Person zu einer fundierten Entscheidungsfindung zu verhelfen, werden bei der Manipulation Informationen bewusst vorenthalten oder verzerrt, um die betroffene Person zu einer Entscheidung zu bewegen, die sie sonst nicht getroffen hätte.[41] Beide Techniken verfolgen demnach unterschiedliche Zielrichtungen. Die Überredungspraktiken bezwe-

[33] Übernommen aus: C(2025) 884 final, Rn. 65.
[34] Übernommen aus: C(2025) 884 final, Rn. 65.
[35] Übernommen aus: C(2025) 884 final, Rn. 65.
[36] Erwgr. 29.
[37] C(2025) 884 final, Rn. 67.
[38] C(2025) 884 final, Rn. 67.
[39] Erwgr. 29.
[40] C(2025) 884 final, Rn. 127.
[41] C(2025) 884 final, Rn. 128.

cken das Überzeugen der Person im Wege der Bereitstellung umfassender Informationen, während im Rahmen der Manipulation die Vorteilsverschaffung für den Manipulator auf Kosten der Autonomie der betroffenen Person bezweckt wird.[42] Weitere Indizien sind die Zustimmung, welche bei der Persuasion aus Perspektive der betroffenen Person bewusst und autonom erfolgt, während dies aufgrund des fehlenden Bewusstseins über die angewandten Techniken bei einer manipulierten Person fehlt[43] und die Einhaltung von rechtlichen Rahmenbedingungen,[44] welche für eine rechtmäßige Überzeugungsarbeit spricht.

Erfolgt das manipulative Verhalten des KI-System jedoch rein zufällig, fällt dies nicht unter die Voraussetzung, solange der Akteur präventiv geeignete Vorbeugungs- und Abhilfemaßnahmen für einen potentiellen Schadensfall ergriffen hat.[45] **29**

bb) Täuschende Techniken. Eine Täuschung liegt bei Einsatz von Techniken vor, die betroffene Personen bewusst in die Irre führen und damit bei diesen eine falsche Vorstellung über Tatsachen erwecken, bewusst Informationen verbergen oder falsche Informationen vermitteln, um betroffene Personen zu einem bestimmten Verhalten zu verleiten.[46] **30**

Die falsche Darstellung von Informationen könnte sich beispielsweise durch die Kommunikation mit einem Bot, welche wie eine menschliche Kommunikation wirkt, ereignen, wenn die betroffene Person auf die maschinelle Kommunikation nicht hingewiesen wird. **31**

Zu täuschenden Techniken können auch Deepfakes oder simulierte Gespräche fallen. **32**

Auch im vorliegenden Fall ist dann nicht von einer täuschenden Technik auszugehen, wenn versehentlich falsche oder irreführenden Informationen generiert werden und der Akteur ausreichende Sicherheitsvorkehrungen getroffen hat, um solche Folgen zu verhindern oder zu minimieren, solange es sich nicht um sensible Bereiche wie Gesundheit, Bildung, Wahlen handelt, bei welchen große Schäden zu erwarten sind.[47] **33**

cc) Absicht. Der Einsatz sowohl manipulativer als auch täuschender Techniken muss absichtlich erfolgen. Die Absicht ist eine Form des Vorsatzes und somit ein subjektives Element. Sie liegt vor, wenn der Akteur die manipulativen oder täuschenden Techniken mit Wissen und Willen einsetzt. Die Absicht bezieht sich im vorliegenden Fall auf die Manipulation oder Täuschung der betroffenen Person. Das KI-System müsste gerade der Beeinflussung der betroffenen Person außerhalb seines Bewusstseins oder der Irreführung bzw. der Falschinformation dienen und vom Akteur bezweckt und gewollt sein. **34**

Allerdings will die EU-Kommission das Merkmal „Absicht" anders verstanden wissen: Zwar wird laut Gesetzeswortlaut eine „absichtlich" manipulative oder täuschende Technik vorausgesetzt, jedoch ist dies nicht dahingehend zu verstehen, dass der Akteur eine Manipulation im Sinne eines subjektiven Elementes beabsichtigen muss.[48] Einzige Voraussetzung für das Verbot ist, dass es sich um ein KI- **35**

---

[42] C(2025) 884 final, Rn. 129.
[43] C(2025) 884 final, Rn. 130.
[44] C(2025) 884 final, Rn. 131.
[45] C(2025) 884 final, Rn. 69.
[46] Marly SoftwareR-HdB § 16 Rn. 18.
[47] C(2025) 884 final, Rn. 73.
[48] C(2025) 884 final, Rn. 69.

System handelt, welches manipulative oder täuschende Techniken einsetzt.[49] Im Umkehrschluss soll dies bedeuten das, dass es sich in den vorliegenden Fällen auch um KI-Systeme handeln kann, welche manipulative oder täuschende Techniken aufweisen, ohne dass ein Mensch dies jemals beabsichtigt hat.

– Bsp.: Das KI-System hat eigenständig manipulative Techniken aufgrund dessen erlernt, weil es auf Basis von Daten trainiert wurde, welche größtenteils manipulative Techniken enthalten.[50]

36 Ob man aufgrund des eindeutigen Wortlauts der Regelung auf das Merkmal „Absicht" verzichten kann, erscheint fraglich. Ob man die Voraussetzung aber so interpretieren kann, dass dem KI-System absichtliches Handeln zugeschrieben werden kann, erscheint insoweit zweifelhaft, als dies voraussetzen würde, dass das KI-System ein Bewusstsein und einen freien Willen hat. Dies dürfte jedenfalls heute nicht der Fall sein.

37 **d) Ziel oder Wirkung: Wesentliche Verhaltensänderung einer Person oder Gruppe.** Sowohl der Einsatz absichtlich manipulativer oder täuschender Techniken, als auch der unterschwelligen Beeinflussung sollten als weitere Tatbestandsvoraussetzung mit dem Ziel oder der Wirkung einer wesentlichen Verhaltensänderung einer Person oder einer Gruppe von Personen erfolgen. Im Ergebnis ist demnach eine Kausalität zwischen dem Einsatz manipulativer oder täuschender Techniken bzw. unterschwelliger Beeinflussung und der wesentlichen Verhaltensänderung festzustellen.

38 **aa) Verhaltensänderung.** Die Art und Weise der Verhaltensänderung wird im Gesetzeswortlaut des Art. 5 I lit. a KI-VO näher definiert. Demnach sollte der Einsatz manipulativer Techniken oder Techniken unterschwelliger Beeinflussung insofern zu einer Verhaltensänderung führen, dass die Fähigkeit der betroffenen Person, eine fundierte Entscheidung treffen zu können, deutlich beeinträchtigt wird (siehe oben). Eine fundierte bzw. informierte Entscheidung setzt *„die Kenntnis und das Verständnis aller relevanten Informationen, einschließlich der verfügbaren Optionen, der Risiken und Vorteile jeder Wahl, der möglichen Auswirkungen des KI-Systems auf das Verhalten der Person und gegebenenfalls anderer kontextbezogener Informationen, die für die Entscheidungsfindung oder das Verhalten der Person wichtig sind*[51]*"*, voraus. Aus dieser Beeinträchtigung resultierend, müsste die betroffene Person eine Entscheidung getroffen haben, die er anderenfalls nicht getroffen hätte. Mithin ist ein Vergleich zwischen der Entscheidung im beeinträchtigten Zustand mit der hypothetischen Entscheidung der betroffenen Person bei Kenntnis aller entscheidungserheblichen Tatsachen ohne Beeinflussung, Manipulation oder Täuschung durch das KI-System zu ziehen. Sind die Entscheidungen nicht deckungsgleich und wurde eine „spürbare" Wesentlichkeitsschwelle überschritten,[52] liegt eine durch Beeinflussung, Manipulation oder Täuschung verursachte Verhaltensveränderung vor.

– Beispiel: Eine Social Media Plattform nutzt ein KI-System, welches das Surfverhalten per Emotionserkennung analysiert und entsprechende Werbung an seine Kunden für Produkte generiert. Ergibt die Analyse bei einem Nutzer, dass dieser traurig ist und wird diesem daraufhin Werbung gezeigt, für welche insbe-

---

[49] C(2025) 884 final, Rn. 69.

[50] Übernommen aus: C(2025) 884 final, Rn. 69.

[51] C(2025) 884 final, Rn. 80.

[52] Heinze/Engel KIR 2025, 19 (22).

sondere traurige Menschen empfänglich sind, stellt dies schon eine unterschwellige Beeinflussung dar, aufgrund welcher die Fähigkeit des Kunden, eine fundierte Entscheidung zu treffen deutlich beeinträchtigt wird. Trifft dieser nun aufgrund der personalisierten Werbung eine Kaufentscheidung, welche er ohne die Beeinflussung durch das KI-System nicht getroffen hätte, liegt eine Verhaltensänderung in Form einer Kaufentscheidung vor, welche kausal durch die unterschwellige Beeinflussung verursacht wurde.

Zur Auslegungshilfe kann auch die Richtlinie 2005/29/EG (UGP-RL) und seine Rechtsprechung herangezogen werden.[53] Die Richtlinie über unlautere Geschäftspraktiken verbietet in Art. 5–9 verschiedene unlautere, irreführende und aggressive Geschäftspraktiken, die geeignet sind, Verbraucher zu Geschäftsentscheidungen zu veranlassen, die sie sonst nicht getroffen hätten. Es muss jedoch laut EuGH nicht nachgewiesen werden, dass ein verzerrtes wirtschaftliches Verhalten des Verbrauchers tatsächlich stattgefunden hat. Es ist ausreichend, wenn nachgewiesen werden kann, dass eine Geschäftspraxis „wahrscheinlich" ist.[54] Selbst korrekte Informationen können irreführend wirken, wenn sie in einer Weise dargestellt werden, die das Verhalten der Verbraucher verzerrt.[55] **39**

Die nationalen Behörden müssen damit die spezifischen Tatsachen und Umstände jedes Falles ermitteln und aus der Perspektive des Durchschnittsverbrauchers die potentiellen Auswirkungen der Praxis aus den Entscheidungsprozess bewerten.[56] Die vom EuGH entwickelten Grundsätze zum „Durchschnittsverbraucher" sind darauf anzuwenden. Der Durchschnittsverbraucher wird dabei als *„eine Person, die hinreichend informiert ist und unter Berücksichtigung sozialer, kultureller und sprachlicher Faktoren angemessen aufmerksam und verständig ist. Das Kriterium des Durchschnittsverbrauchers ist kein statistisches Kriterium (d.h. es muss nicht nachgewiesen werden, dass ein bestimmter Prozentsatz der Verbraucher durch eine Geschäftspraxis materiell beeinträchtigt/spürbar geschädigt wurde)"*[57] definiert. **40**

Bezogen auf das Verbot aus Art. 5 Abs. 1 lit. a müssen die Marktüberwachungsbehörden die Tatsachen und Umstände jedes Falles einzeln beurteilen und entscheiden, ob das KI-System, *„"geeignet" ist, die Entscheidungsfindung eines „durchschnittlichen" Individuums innerhalb einer Zielgruppe spürbar zu beeinträchtigen, wenn das System eine Gruppe von Personen in einer Weise beeinflusst, die vernünftigerweise geeignet ist, erheblichen Schaden zu verursachen"*.[58] Bei einer stark individualbezogenen Manipulation kann auch eine Beurteilung aus der Perspektive des Individuums erfolgen.[59] **41**

bb) Wesentlich. Nicht jede KI-basierte Verhaltensänderung führt jedoch unmittelbar zum Verbot. Der Gesetzgeber sieht durch die Aufnahme des unbestimmten Rechtsbegriffs der „Wesentlichkeit" eine Einschränkung vor. Dies setzt **42**

---

[53] C(2025) 884 final, Rn. 80.

[54] C(2025) 884 final, Rn. 80; Urteil des Gerichtshofs (Fünfte Kammer) vom 26.10.2016. Canal Digital Danmark A/S.

[55] C(2025) 884 final, Rn. 80; Urteil des Gerichtshofs vom 19.12.2013, Trento Sviluppo und Centrale Adriatica, C-281/12.

[56] C(2025) 884 final, Rn. 80.

[57] C(2025) 884 final, Rn. 80; Urteil des Gerichtshofs (Fünfte Kammer) vom 14.11.2024, Compass Banca SpA/Autorità Garante della Concorrenza e del Mercato (AGCM), Rechtssache C-646/22.

[58] C(2025) 884 final, Rn. 81.

[59] C(2025) 884 final, Rn. 81.

ein Maß an Zwang, Manipulation oder Täuschung voraus, das über eine rechtmäßige Überzeugungsarbeit hinausgeht. Die Wesentlichkeitsschwelle wird anhand von Kriterien wie Häufigkeit, Intensität und Dauer bestimmt.[60] Das Ausbleiben einer näheren Definition begründet sich mit dem Charakteristikum unbestimmter Rechtsbegriffe. Dieser schafft Flexibilität bei der Subsumtion diverser Sachverhalte. Umso erforderlicher ist in solchen Fällen das Heranführen von Beispielen oder Fallgruppen, die den Willen des Gesetzgebers ermitteln lassen. Im vorliegenden Fall sind derartige Orientierungshilfen nicht vorzufinden, sodass bislang unklar ist, wann die Wesentlichkeitsgrenze erreicht ist.

43 **cc) Variante 1: „Ziel" einer wesentlichen Verhaltensbeeinflussung.** Weiterhin müsste die wesentliche Verhaltensänderung primäres Ziel des Akteurs gewesen sein. Dieses Ziel ist vom „beabsichtigten Zweck" des KI-Systems gem. Art. 3 Nr. 12 KI-VO zu unterscheiden, denn selbst wenn der Akteur eine Verhaltensänderung beabsichtigt, ist das manipulative Ziel meist nicht der Zweck, für den das System angeboten wird.[61] Aufgrund des Erfordernisses einer solchen „Absicht" der wesentlichen Verhaltensänderung wird das Verbot aus Art. 5 I lit. a KI-VO relativiert. Zum Teil wird die Einschränkung dahingehend kritisiert, dass diese zu weitreichend ist.[62] Entgegen dieser Auffassung stellt jedoch die Ausgestaltung einer Einschränkung in Form eines subjektiven Kriteriums gerade kein taugliches Mittel zur Wahrung des Autonomieschutzes dar. Stellt man für die Beurteilung der „wesentlichen" Verhaltensbeeinflussung auf die Intention des Akteurs ab, so führt dies zu dem Ergebnis, dass keine Verhaltensbeeinflussung vermutet werden kann, wenn der Akteur eine solche nicht intendiert hat, obwohl im Ergebnis eine solche vorliegt.[63] Der Autonomieschutz wird somit von einem subjektiven Kriterium abhängig gemacht, welches sich nur schwer nachweisen lässt. An der objektiven Gefährlichkeit und dem hohen Verletzungspotential, welches von manipulativen Techniken ausgeht, ändert sich für den Adressaten, unabhängig von der Intention des Akteurs, jedoch nichts.

44 Der Nachweis dürfte in der Praxis schwierig sein.

45 Ein positiver Beweis könnte sich theoretisch aus der Dokumentation des KI-Systems ergeben. Es ist aber wenig wahrscheinlich, dass derartig offenkundige Verstöße gegen Art. 5 tatsächlich dokumentiert werden. Damit stellt sich die Frage, ob eine Absicht aufgrund objektiver Anhaltspunkte vermutet werden kann. Dies erscheint insoweit bedenklich, als dass der Wortlaut die Absicht verlangt und es sich um ein Verbot handelt.

46 Das Vorliegen der Absicht kann gemäß des Erwägungsgrundes 29 jedenfalls dann nicht vermutet werden, wenn die Beeinflussung *„auf Faktoren zurückzuführen ist, die nicht Teil des KI-Systems sind und außerhalb der Kontrolle des KI-Betreibers liegen"*.[64] Dies sind Faktoren die vom Akteur vernünftigerweise nicht vorgesehen oder gemindert werden können. Die Beeinflussung fällt somit nicht in seinen Verantwortungsbereich, zum Beispiel durch unzureichendes Risikomanagement oder schlechte Entwicklung. Beispielsweise könnte eine wirtschaftliche Krise zum Anstieg von Käufen riskanter Finanzprodukte führen, obwohl das KI-System

---

[60] Sosnitza UWG § 3 Rn. 128 ff.

[61] C(2025) 884 final, Rn. 81.

[62] Rostalski/Weiss ZfDR 2021, 329 (339); Ebert/Spiecker genannt Döhmann NVwZ 2021, 1188 (1189).

[63] Rostalski/Weiss ZfDR 2021, 329 (339).

[64] Erwgr. 29.

ursprünglich neutral und frei von Manipulation gestaltet wurde. Der Einflussfaktor war somit nicht das KI-System, sondern die Finanzkrise als externer Faktor.

Auch muss keine konkrete Schädigungsabsicht seitens des Akteurs vorliegen. **47**
Das Vorliegen eines Schadens als Folge der manipulativen oder ausbeuterischen KI-gestützten Praktik ist dabei ausreichend.[65]

dd) Variante 2: „Wirkung" einer wesentlichen Verhaltensbeeinflus- **48**
sung. Die Manipulation, Beeinflussung oder Täuschung kann alternativ aus „mit der Wirkung" der wesentlichen Verhaltensbeeinflussung erfolgen. Somit gilt das Verbot in Art. 5 I lit. a KI-VO auch dann, wenn kein Vorsatz seitens des Akteurs vorliegt, die Wirkung der eingesetzten Techniken des KI-Systems jedoch geeignet ist, das Verhalten einer Person oder einer Gruppe von Personen derart wesentlich zu beeinflussen, dass ihre individuelle Autonomie und Entscheidungsfreiheit beeinträchtigt ist.[66]

ee) Kausalität. Die unterschwellige Beeinflussung, manipulative oder täu- **49**
schende Technik muss kausal für die wesentliche Verhaltensänderung sein. Im Einklang mit dem Verbraucherschutzrecht muss eine Verhaltensänderung zwar nicht eingetreten sein, aber die Auswirkungen der manipulativen oder täuschenden Technik müssen wahrscheinlich und geeignet sein, die Autonomie des Einzelnen zu beeinträchtigen. Die Beurteilung sollte auf Basis *„einer objektiven Bewertung aller Umstände des Falles und der vorhandenen wissenschaftlichen Erkenntnisse und Methoden sowie der verfügbaren Informationen über die Auswirkungen des Systems auf das Verhalten des Einzelnen im wirklichen Leben"* erfolgen.

Demnach fehlt es an einer Kausalität, wenn die Verhaltensänderung aus exter- **50**
nen Faktoren resultiert, welche nicht im Zusammenhang mit dem KI-System stehen.

Beispiel: Ein KI-gestützter Chatbot für das Wohlbefinden soll beispielsweise **51**
die Nutzer bei der Aufrechterhaltung eines gesunden Lebensstils unterstützen und ihnen maßgeschneiderte Ratschläge für psychologische und körperliche Übungen geben. Wenn der Chatbot jedoch individuelle Schwachstellen ausnutzt, um ungesunde Gewohnheiten anzunehmen oder gefährliche Aktivitäten zu unternehmen (zB exzessiven Sport zu treiben, ohne sich auszuruhen oder Wasser zu trinken), wo vernünftigerweise zu erwarten ist, dass bestimmte Nutzer diesem Rat folgen, was sie sonst nicht getan hätten. Führt dies dazu, dass die Nutzer gesundheitliche Probleme (zB einen Herzinfarkt oder ein anderes schwerwiegendes Gesundheitsproblem) erleiden, würde dieses KI-System unter das Verbot von Artikel 5 Absatz 1 Buchstabe a des KI-Gesetzes fallen, selbst wenn der Anbieter dieses Verhalten und die schädlichen Folgen für die Personen nicht beabsichtigt haben mag.[67] Im hiesigen Beispiel wird deutlich, dass es für die Anwendung des Verbots ausreichend ist, wenn der Chatbot in der Lage ist, die Entscheidungsfreiheit der betroffenen Person spürbar zu beeinträchtigen und das Verhalten der Nutzer in eine erheblich schädliche Richtung zu lenken, ohne dass der Akteur Maßnahmen oder Schutzvorkehrungen getroffen hat, um diese schädlichen Auswirkungen zu vermeiden.[68]

---

[65] Erwgr. 29.
[66] C(2025) 884 final, Rn. 83.
[67] C(2025) 884 final, Rn. 84.
[68] Übernommen aus: C(2025) 884 final, Rn. 84.

52 **e) Schaden.** Das Verbot gem. Art. 5 I lit. a KI-VO unterliegt der weiteren Voraussetzung des Vorliegens eines Schadens. Die Manipulation, Täuschung oder unterschwellige Beeinflussung müsste zu einem erheblichen Schaden geführt haben oder zumindest geeignet sein, einen solchen Schaden herbeizuführen.

53 Diese Voraussetzung wird insbesondere von Bürgerrechtlern scharf kritisiert.[69] Die Konditionierung und Manipulation, die durch bestimmte KI-Systeme möglich ist, greift unmittelbar in die Menschenwürde jeder Person ein und gefährden ihre Gedanken- und Meinungsfreiheit. Aus ihrer Sicht sollte das Verbot demnach auf jede Art von verdeckt konditionierenden und manipulierenden KI-Systemen ausgeweitet werden, die schädliche Auswirkungen, wie eine Verletzung der Menschenrechte, verursachen.[70]

54 **aa) Schaden oder Schadenseintritt mit erheblicher Wahrscheinlichkeit.** Unter dem Begriff „Schaden" werden sowohl materielle als auch immaterielle Schäden im Sinne einer Auswirkung auf die physische oder psychische Gesundheit gefasst.[71]

55 Als materielle Schäden sind finanzielle oder wirtschaftliche Nachteile, wie *„finanzielle Verluste, finanzielle Ausgrenzung und wirtschaftliche Instabilität"*,[72] die durch die Verhaltensänderung aufgrund von Manipulation, Täuschung oder unterschwelliger Beeinflussung erfolgt sind, zu verstehen. Ein Beispiel hierfür wäre eine ungewollte Kaufentscheidung.

56 Immaterielle physische Schäden umfassen jede Verletzung oder Schädigung der Gesundheit oder des Lebens.[73] Psychische Schäden sind jene, die negative Auswirkungen auf das psychologische und emotionale Wohlbefinden und auf die psychische Gesundheit haben.[74] Diese äußern sich häufig erst nach einer gewissen Zeit und sind somit nicht immer sofort erkennbar, führen jedoch nicht selten zu Langzeitschäden und langwierigen Folgen. Da die Auswertung psychischer Schäden stark von den individuellen Umständen des Falles abhängt, ist zur Bestimmung des Schweregrades eine Einzelfallprüfung notwendig.[75]

57 Möglich ist auch eine Kombination aus physischen und psychischen Schäden, aber auch aus materiellen und immateriellen Schäden. Diese sind bei der Einzelfallprüfung zu berücksichtigen, da sie zur Intensivierung des Schweregrades führt.[76]

58 Zudem sind aufgrund des Ziels der KI-Verordnung ein „hohes Schutzniveau" zu erreichen sowohl direkt unmittelbare Schäden, als auch indirekt nachteilige Auswirkungen zu berücksichtigen.[77]

59 Ergänzend hierzu ist es auch ausreichend, wenn der Schaden mit erheblicher Wahrscheinlichkeit eintritt. Ein Schaden muss demnach für den Betroffenen oder Dritte zumindest möglich erscheinen, wobei dieser auch kumuliert im Laufe der

---

[69] Kurzübersicht: Empfehlungen für eine menschenrechtskonforme Regulierung von Künstlicher Intelligenz (KI) in der EU | Amnesty International.

[70] Kurzübersicht: Empfehlungen für eine menschenrechtskonforme Regulierung von Künstlicher Intelligenz (KI) in der EU | Amnesty International.

[71] Erwgr. 29.

[72] C(2025) 884 final, Rn. 89.

[73] C(2025) 884 final, Rn. 87.

[74] C(2025) 884 final, Rn. 88.

[75] C(2025) 884 final, Rn. 88.

[76] C(2025) 884 final, Rn. 90.

[77] C(2025) 884 final, Rn. 93.

Zeit entstehen kann. Die Perspektive, auf die es hierfür ankommt, dürfte aufgrund der Vergleichbarkeit der Sachlage mit Art. 5 II lit. b UGP-RL, die des Durchschnittsadressaten sein.[78] Eine Beeinflussung oder Manipulation, die diesen nicht potentiell schädigt, ist hinzunehmen.

Dabei stellt die Kommission Kriterien zur Beurteilung einer Schadenswahrscheinlichkeit auf: 60

- Transparenz und Autonomie des Einzelnen: Je klarer die Funktionsweise und die Grenzen des KI-Systems definiert sind und je mehr Informationen von dem KI-System bereitgestellt werden, um eine fundierte Entscheidung treffen zu können, desto geringer ist die Wahrscheinlichkeit des Schadenseintritts. Das Gleiche gilt für die Achtung der Autonomie der betroffenen Personen und die Vermeidung von ausbeuterischen und betrügerischen Praktiken durch ausreichende präventive Schutzmaßnahmen.[79]
- Einhaltung einschlägiger Rechtsvorschriften: Auch die Einhaltung von geltenden Rechtsvorschriften führen zu der Annahme, dass potentiell ein geringes Schadensrisiko besteht.[80]
- Stand der Technik und Industriestandards: Die *„Einhaltung professioneller Sorgfaltspflichten und Industriestandards für die verantwortungsvoll Entwicklung und Nutzung sicherer und vertretbarer KI-Systeme und Maßnahmen zu Schadensbegrenzung"*[81] tragen zur Schadensminimierung bei.

Auch diese Beschränkung des Verbots manipulativer Verhaltensbeeinflussung stößt vielfach auf Kritik mit dem Argument des unzureichenden Schutzes des vom Gesetzgeber intendierten Rechtsguts.[82] Im Kern schützt Art. 5 I lit. a KI-VO das Selbstbestimmungsrecht, weshalb nicht ersichtlich ist, warum die Verletzung eines solchen Rechts durch Verhaltensmanipulationen erst dann gegeben sein soll, wenn zusätzlich ein materieller oder immaterieller Schaden vorliegt. Infolgedessen kommt es zur Verschiebung des geschützten Rechtsguts vom eigentlich intendierten Schutz des Selbstbestimmungsrechts zum Gesundheits- und Vermögensschutz.[83] 61

bb) Erheblich. Wann der Schaden die Schwelle der Erheblichkeit überschreitet, ist bislang unklar. Zur Orientierung hilft der Art. 22 I DSGVO, welcher eine „erhebliche Beeinträchtigung" voraussetzt. Die Erheblichkeit ist demnach dann erreicht, wenn sich negative Folgen für die betroffene Person ergeben.[84] Bloße Belästigungen sind hierfür nicht ausreichend. Die Entscheidung muss sich nachhaltig und mehr als nur geringfügig auf die wirtschaftliche oder persönliche Situation der betroffenen Person auswirken.[85] Die Bewertung sollte dabei unter Berücksichtigung der Umstände im Einzelfall erfolgen. Dabei ist nicht auf das subjektive Empfinden des Betroffenen abzustellen, sondern 62

[78] Marly SoftwareR-HdB § 16 Rn. 21.

[79] C(2025) 884 final, Rn. 95.

[80] C(2025) 884 final, Rn. 95.

[81] C(2025) 884 final, Rn. 95.

[82] Rostalski/Weiss ZfDR 2021, 329 (339); Unsere Stellungnahme zum finalen Text der KI-Verordnung – LOAD e.V. (load-ev.de); Kurzübersicht: Empfehlungen für eine menschenrechtskonforme Regulierung von Künstlicher Intelligenz (KI) in der EU | Amnesty International.

[83] Rostalski/Weiss ZfDR 2021, 329 (339).

[84] Simitis/Hornung/Spiecker gen. Döhmann/Scholz DS-GVO Art. 22 Rn. 38.

[85] Simitis/Hornung/Spiecker gen. Döhmann/Scholz DS-GVO Art. 22 Rn. 38.

auf den objektive Kriterien am Maßstab eines durchschnittlichen Adressaten.[86] Neben der Nachhaltigkeit der Beeinträchtigung, könnte auch die Schwere der Grundrechtsverletzung ein Indiz zur Ermittlung der Erheblichkeit des Schaden sein. Insbesondere immaterielle Schäden müssen drastische Sanktionen nach sich ziehen. Die bloße Beeinträchtigung der menschlichen Autonomie als solche begründet noch keinen Schaden, da dieser bereits mit der Entscheidungsbeeinflussung vorliegt, was die Voraussetzung eines „Schadens" obsolet machen würde.[87]

63 Auch die Kommission zählt Kategorien auf, anhand derer die Prüfung der Erheblichkeit des Schadens erfolgen soll. Zu berücksichtigen sind dabei die Schwere des Schadens, der Kontext und mögliche kumulative Auswirkungen, das Ausmaß und die Intensität des Schadens, die Anfälligkeit der betroffenen Person und die Dauer und Reversibilität des Schadens.[88]

64 **cc) Kausalität.** Der Schaden muss kausal aus der Funktionsweise des KI-Systems (Manipulation, Täuschung oder unterschwellige Beeinflussung) resultieren.

65 Die Kausalität ist gegeben, wenn der Akteur den Schadenseintritt vernünftigerweise hätte vorhersehen können und dieser keine geeigneten Schutzvorkehrungen und Präventivmaßnahmen getroffen hat, um dem entgegenzuwirken.[89] Dies ist auf objektiver Grundlage und nach allgemein anerkannten (beispielweise technischen oder wissenschaftlichen) Kriterien zu beurteilen.[90] Eine Undurchsichtigkeit des KI-Systems und seiner Funktionsweise können sich zu Lasten des Akteurs auswirken.[91]

66 Unklar ist, ob neben der Ursächlichkeit auch eine Unmittelbarkeit gegeben sein muss. Dies erscheint jedenfalls nicht zwingend: auch wenn die Praktik länger nachwirkt und zu dem Schaden führt, dürfte das Verbot eingreifen. Allerdings wird es in praktischer Hinsicht zu Nachweisproblemen kommen, je weiter Manipulation und Schaden auseinander liegen.

67 Jedenfalls ist dann keine Kausalität anzunehmen, wenn der Schaden auf externe Faktoren zurückzuführen ist, welche weder unter der Kontrolle des Akteurs lagen, noch von diesem durch Vorkehrungen gemindert werden konnte.[92]

– Bsp.: So kann der Anbieter eines KI-Systems beispielsweise potenziell schädliche manipulative Effekte bei der Gestaltung des Systems und der Interaktion mit dem Menschen durch die Gestaltung vorherige Tests und andere verhältnismäßige Abhilfemaßnahmen bewerten und versuchen, sie abzuschwächen. Er kann jedoch nicht vorhersehen, ob eine Person aufgrund anderer externer Faktoren in ihrem persönlichen Leben, die nicht bekannt sind und über ihre Interaktionen mit dem System hinausgehen, depressiv wird oder ihr Verhalten ändert.[93]

---

86 Simitis/Hornung/Spiecker gen. Döhmann/Scholz DS-GVO Art. 22 Rn. 38; BeckOK DatenschutzR/von Lewinksi DS-GVO Art. 22 Rn. 38; Zahariev PinG 2017, 73 (76); Roßnagel/Geminn DS-GVO verbessern S. 84 f.; Glatzner DuD 2020, 312 (313 f.).

87 Heine/Engel KIR 19 (22).

88 C(2025) 884 final, Rn. 92.

89 C(2025) 884 final, Rn. 94.

90 C(2025) 884 final, Rn. 94.

91 C(2025) 884 final, Rn. 94.

92 C(2025) 884 final, Rn. 96.

93 Übernommen aus: C(2025) 884 final, Rn. 96.

2. Art. 5 Abs. 1 lit. b: Verbot der Manipulation Schutzbedürftiger

Wie auch in Art. 5 I lit. a KI-VO schützt der Verbotstatbestand in Art. 5 I lit. b KI-VO vor Manipulation durch KI-Systeme mit dem Zusatz, dass unter die betroffene Zielgruppe besonders schutzwürdige Menschen, welche gerade aufgrund ihrer Schutzbedürftigkeit von KI-Technologien ausgebeutet werden. Neben der Autonomie und Entscheidungsfreiheit stehen demnach auch die Rechtgüter der Gleichheit und Nichtdiskriminierung im Zentrum des Schutzzwecks der Norm. **68**

Konkret verboten sind gem. Art. 5 I lit. b KI-VO KI-Systeme, die darauf bedacht sind die Vulnerabilität oder Schutzbedürftigkeit einer Person auszunutzen und diese zu einer Entscheidung oder einem Verhalten zu veranlassen, welche für sie selbst, eine andere Person oder Personengruppe schädlich ist oder sich zukünftig schädlich auswirken wird. Personen, welche unter diese Kategorie fallen, sind einer Ausnutzung gegenüber besonders anfällig, weshalb der Schutz nur durch ein Verbot gewährleistet werden kann. **69**

a) Schutzbedürftigkeit oder Vulnerabilität. Das KI-System müsste sich an Angehörige besonders schutzbedürftiger und vulnerabler Gruppen richten. Hierfür sieht der Gesetzgeber drei Fallgruppen vor: Personen, welche aufgrund ihres Alters, einer Behinderung oder einer bestimmten sozialen oder wirtschaftlichen Situation eines erhöhten Schutzes bedürfen. **70**

aa) Fallgruppe: Alter. Das Alter, das in die Kategorie der besonderen Schutzbedürftigkeit fällt, wird seitens des Gesetzgebers nicht ausdrücklich definiert. Der Wille des Gesetzgebers ist dahingehend anzunehmen, dass im Fokus dieser Schutzgruppe Minderjährige im Sinne von Kindern und Jugendlichen im Alter von 0-18 Jahren stehen, da diesen im Vergleich zu Erwachsenen, die kognitive Fähigkeit, Manipulationen zu erkennen und kritisch zu hinterfragen, fehlt. **71**

Als Auslegungshilfe kann vorliegend Art. 5 III UGP-RL herangezogen werden, welcher ebenfalls die Schutzwürdigkeit aufgrund des Alters voraussetzt. Demnach sind Kinder und Jugendliche nicht stets besonders schutzwürdig.[94] Die Schutzwürdigkeit ist an der Intensität der Manipulation und der erzielten Verhaltensänderung zu messen,[95] da mit fortschreitenden Entwicklungsstadien andere Maßstäbe anzusetzen sind. **72**

Beispiel: Ein KI-System analysiert das Online-Verhalten von Minderjährigen und zeigt ihnen gezielt Werbung für teure Spielzeuge oder ungesunde Lebensmittel. Während bei einem durchschnittlichen Kind im Alter von 7-10 Jahren die kognitive Fähigkeit, dieses Angebot kritisch zu hinterfragen, nicht angenommen werden kann, ist ein solches kritisches Denkvermögen von einem durchschnittlichen Jugendlichen im Alter von 17 Jahren eher anzunehmen, sodass er als Adressat dieses KI-Systems potentiell nicht unter die schutzwürdige Gruppe fällt. **73**

Ob sich die Schutzgruppe auch auf Personen im besonders hohen Alter bezieht, ist unklar. Die Kommission äußert sich zu dieser Thematik nur sehr oberflächlich, indem sie bestätigt, dass *„auch ältere Menschen unter eingeschränkten kognitiven Fähigkeiten leiden (auch wenn sie nicht an Demenz leiden) und mit den komplexen Zusammenhängen moderner KI-Technologien nicht zurechtkommen, was sie in diesen Fällen anfällig* **74**

---

[94] Köhler/Feddersen/Köhler § 3 Rn. 5.22.
[95] Köhler/Feddersen/Köhler § 3 Rn. 5.22.

für Betrug oder Nötigung macht".[96] Es ist also davon auszugehen, dass auch Personen in einem hohen Alter in den Schutzbereich der Regelung fallen können. Problematisch ist insoweit, dass das Merkmal „Alter" regelmäßig durch eine bestimmte Anzahl von Lebensjahren definiert wird. Die Bestimmung eines bestimmten Alters, ab welchem eine Person die Fähigkeit zu einer informierten Entscheidung verliert, ist aufgrund des individuellen Fortschritts des Alterungsprozesses unmöglich.[97] Denn nicht jede Person im hohen Alter gilt per se als schutzbedürftig. Diese Schutzbedürftigkeit wird erst dann begründet, wenn der betroffenen Person aufgrund seines hohen Alters die Kenntnisse, die Aufmerksamkeit und die Kritikfähigkeit fehlen.[98] Aus der Einzelfallabhängigkeit folgend ergeben sich Schwierigkeiten bei der Identifizierung einer allgemeinen schutzbedürftigen Personengruppe. Der Darstellung der Kommission ist zu entnehmen, dass an dieser Stelle zwischen altersbedingter und krankhafter kognitiver Beeinträchtigung zu unterscheiden ist und nur die altersbedingte Beeinträchtigung der Fallgruppe „Alter" zuzuordnen ist. Denn die Gefahr für ältere Menschen geht mit einem individuellen Krankheitsrisiko einher, das mit zunehmendem Alter zwar steigt, aber immer noch individuell ist. Der Gesetzgeber hat eine Diskriminierung aufgrund einer Krankheit aber nicht in den Gesetzeswortlaut aufgenommen. Denkbar ist es aber, dass insbesondere krankhafte kognitive Beeinträchtigungen unter dem Begriff der Behinderung erfasst werden können.

75 **bb) Fallgruppe: Behinderung.** Aus dem Erwägungsgrund 29 der KI-Verordnung geht hervor, dass der Begriff der Behinderung im Einklang mit der Definition der Richtlinie (EU) 2019/882 ausgelegt wird. Demnach werden Menschen mit Behinderung als *„Menschen, die langfristige körperliche, seelische, geistige oder Sinnesbeeinträchtigungen haben, welche sie in Wechselwirkung mit verschiedenen Barrieren an der vollen, wirksamen und gleichberechtigten Teilhabe an der Gesellschaft hindern können"*[99] verstanden.

76 **cc) Fallgruppe: Soziale oder wirtschaftliche Situation.** Unter die Kategorie der Schutzbedürftigkeit oder Vulnerabilität fallen Personen mit einer bestimmten wirtschaftlichen oder sozialen Situation. Aufgrund fehlender weiterer Erklärungen dieser Tatbestandsvoraussetzungen ist der Umfang der Regelung nicht klar abgrenzbar. Als Beispiel für die wirtschaftliche Situation wird in dem Erwägungsgründen die extreme Armut genannt. Für die soziale Situation wird die Zugehörigkeit zu einer religiösen oder ethnischen Minderheit genannt.[100] Somit zielt diese Kategorie grundsätzlich auf stabile und langfristige Merkmale ab, jedoch können darunter auch vorübergehende Umstände wie *„vorübergehende Arbeitslosigkeit, Überschuldung oder Migrationsstatus als spezifische sozioökonomische Situation"*[101] erfasst werden.

– Die Schutzbedürftigkeit in diesem Fall basiert somit nicht auf einem dauerhaften Zustand der kognitiven Unfähigkeit aufgrund von fehlender Reife oder körperlicher oder geistiger Beeinträchtigung. Vielmehr basiert vorliegend die fehlende Urteilsfähigkeit auf einem bestimmten wirtschaftlichen oder sozialen Umstand,

---

96 C(2025) 884 final, Rn. 106.
97 Köhler/Feddersen/Köhler § 3 Rn. 5.22.
98 Köhler/Feddersen/Köhler § 3 Rn. 5.24.
99 RL (EU) 2019/882, Erwgr. 3.
100 Erwgr. 29.
101 C(2025) 884 final, Rn. 109.

welcher eine Schwäche für die betroffene Person darstellt. Der Umstand führt dazu, dass diese Personen in der Regel verletzlicher sind, über weniger Ressourcen verfügen und geringere digitale Kompetenzen im Vergleich zum Rest der Gesellschaft haben.[102] Diese Schwäche führt wiederum zu der Gefahr, dass die betroffene Person nicht in der Lage ist eine fundierte und kritisch hinterfragte Entscheidung in Bezug auf diesen Umstand zu fällen. Beispiel wirtschaftliche Situation (manipulative Kreditangebote): Ein KI-System analysiert Daten wirtschaftlich schwacher Personen und bietet gezielt hochverzinste Kredite oder unnötige Finanzprodukte an, die ihre finanzielle Lage verschlechtern.
– Beispiel soziale Situation (irreführende Jobangebote): in KI-gestütztes System zeigt arbeitslosen Personen irreführende Stellenanzeigen oder Lockangebote an, die ihre Notlage ausnutzen.
– Beispiel soziale Situation (Ausbeutung von Bildungsdefiziten): Ein KI-System präsentiert komplexe Verträge oder Informationen so, dass gezielt Personen mit geringer Bildung die Konsequenzen nicht vollständig verstehen können.

Ein KI-System, welches unbeabsichtigt voreingenommen ist, etwa weil es mit **77** voreingenommenen Trainingsdaten trainiert wurde, was sich unverhältnismäßig stark auf sozioökonomisch benachteiligte Personen auswirkt (mittelbare Diskriminierung), kann nicht per se als Ausnutzung der Schutzbedürftigkeit von Personen erfasst werden, da diese Personengruppe nicht gezielt angesprochen wird, wie bei der unmittelbaren Diskriminierung.[103] Unter diesen Umständen ist nur dann eine Ausnutzung der Schwäche anzunehmen, wenn sich der Akteur der potentiell schädlichen Auswirkungen bewusst ist und keine Vorkehrungen oder Maßnahmen trifft, diesen entgegenzuwirken.[104]

b) Ausnutzen. Das KI-System muss die Schutzbedürftigkeit bzw. Vulnerabili- **78** tät ausnutzen, um den Adressaten zu einem bestimmten schädigenden Verhalten zu bewegen. Wann eine solches Ausnutzen der Schutzbedürftigkeit anzunehmen ist, wird nicht näher definiert. Dies stößt aufgrund der Gefahr der Intransparenz zunehmend auf Kritik.[105]

Zur weiteren Auslegung des Tatbestandsmerkmals können die Regelungen der **79** Richtlinie 2005/29/EG, insbesondere Art. 9 lit. c herangezogen werden. Diese Regelungen eignen sich an dieser Stelle besonders, da Art. 5 Abs. 1 lit. b KI-VO eine Ergänzung der Richtlinie 2005/29/EG des Europäischen Parlaments und des Rates darstellt, in welcher es um das Verbot von unlauteren Geschäftspraktiken geht. Beide Bestimmungen verfolgen das Ziel des Schutzes des Selbstbestimmungsrechts des Verbrauchers bzw. des Betroffenen des KI-Systems vor Verhaltensmanipulationen.

Vergleichbar mit Art. 5 I lit. b KI-VO handelt es sich in Art. 9 lit. c RL 2005/ **80** 29/EG um die unlautere aggressive Praktik der Ausnutzung von Umständen, welche das Urteilsvermögen des Verbrauchers oder sonstigen Marktteilnehmers beeinträchtigen, um dessen Entscheidung zu beeinflussen. Dabei ist eine Ausnutzung dann anzunehmen, wenn sie sich objektiv eignet eine bestimmte Schwäche eines Verbrauchers, aufgrund welcher dieser besonders schutzbedürftig ist, auszu-

---

[102] C(2025) 884 final, Rn. 110.
[103] C(2025) 884 final, Rn. 110.
[104] C(2025) 884 final, Rn. 110.
[105] Krönke NVwZ 2024, 529 (531); Kurzübersicht: Empfehlungen für eine menschenrechtskonforme Regulierung von Künstlicher Intelligenz (KI) in der EU | Amnesty International.

nutzen. Weiterhin bedarf es einer subjektiven Komponente. Diese ist gegeben, wenn der Unternehmer die besonderen Umstände, welche die Schwäche einer Verbrauchergruppe begründen, kennt und für seine eigenen Vorteile nutzt, indem der Verbraucher zu einer bestimmten geschäftlichen Entscheidung bewegt wird.[106] Die Kenntnis des Unternehmers bezüglich der besonderen Umstände wird vermutet, soweit sich seine geschäftlichen Handlungen auch an besonders schutzbedürftige Personen richten.[107] Demnach wird ein Maßstab nach objektiver geschäftlicher Sorgfalt[108] für die Annahme der Kenntnis gesetzt, sodass ein zielgerichtetes und vorsätzliches Vorgehen nicht vorausgesetzt wird.[109]

81 Überträgt man diese Wertungen auf Art. 5 lit. b KI-VO, so liegt ein Ausnutzen der Schutzbedürftigkeit bzw. der Vulnerabilität zunächst dann vor, wenn die Beschaffung des KI-Systems sich objektiv eignet, um die Schutzbedürftigkeit des betroffenen Personenkreises auszunutzen. Die Kenntnis des Akteurs ist dann zu vermuten, wenn das KI-System zumindest so ausgerichtet ist, dass es sich auch an diesen Personenkreis richtet.

82 **c) Wesentliche Verhaltensänderung und Schaden.** Die Erläuterungen zu den Tatbestandsmerkmalen der „wesentlichen Verhaltensänderung" und des „Schadens" sind inhaltlich deckungsgleich mit denen aus Art. 5 I lit. a KI-VO. Daher wird auf die obigen Ausführungen verwiesen.

3. Art. 5 Abs. 1 Buchst. c: Verbot von "Social Scoring"

83 Art. 5 I Buchst. c KI-VO behandelt das Verbot sozialer Bewertungen natürlicher Personen durch öffentliche oder private Akteure. Das Verbot basiert auf den Beobachtungen der Entwicklung eines staatlichen „Social Scoring"-Systems in China. Seitens der Regierung wird dabei wünschenswertes Verhalten mit einer erhöhten Punktzahl honoriert, wohingegen unerwünschtes Verhalten zu Punktabzügen führt. Abhängig von der Höhe der Punktzahl bestimmt sich der Erfolg des Zugangs zu öffentlichen Dienstleistungen, wie Kreditvergaben oder der Vergabe von Ausbildungs- und Arbeitsplätzen.[110] Ein solches Bewertungssystem ist mit der europäischen Werteordnung nicht vereinbar. Insbesondere die Menschenwürde, das Recht auf Nichtdiskriminierung sowie Werte der Gleichheit und Gerechtigkeit[111] unterliegen einem hohen Verletzungsrisiko, weshalb nur ein gänzliches Verbot die Wahrung dieser Werte sicherstellen kann.

84 Das Verbot von „Social Scoring" war eines der wenigen Verbote, welche schon im Kommissionsentwurf von 2021[112] beinhaltet waren. Der ursprüngliche Kommissionsentwurf sollte jedoch nur soziale Bewertungen seitens der Behörden oder im Auftrag von Behörden verbieten. Diese Einschränkung ist nicht in die finale Fassung der KI-VO übernommen worden, sodass sich das Verbot an alle Akteure richtet.

---

[106] MüKoUWG/Raue § 4a Rn. 225, 226.

[107] Harte-Bavendamm/Henning-Bodewig/Picht UWG § 4a Rn. 117; Köhler/Bornkamm/Köhler UWG § 4a Rn. 225; Ohly/Sosnitza/Sosnitza UWG § 4a Rn. 184; MAH GewRS/Menebröcker UWG §§ 3 Abs. 4 S. 2, 4a Abs. 2 S. 2 Rn. 14, 15.

[108] Harte-Bavendamm/Henning-Bodewig/Picht UWG § 4a Rn. 116–119.

[109] Ohly/Sosnitza/Sosnitza UWG § 4a Rn. 184; MAH GewRS/Menebröcker §§ 3 Abs. 4 S. 2, 4a Abs. 2 S. 2 UWG.

[110] Rostalski/Weiss ZfDR 2021, 329 (341); Wagner ZD 2020, 140 (141).

[111] Erwgr. 31.

[112] COM/2021/206 final.

a) KI-Systeme zur Bewertung oder Einstufung von Personen oder Personengruppen. Es muss sich um ein KI-System handeln, welches eingesetzt wird, um natürliche Personen oder Gruppen von Personen über einen bestimmten Zeitraum auf Grundlage ihres sozialen Verhaltens oder bekannter, abgeleiteter oder vorhergesagter persönlicher Eigenschaften oder Persönlichkeitsmerkmale zu bewerten oder einzustufen. Das Ergebnis des KI-Systems muss demnach ein Werturteil über eine Person oder Personengruppe sein, welches auf den Kategorien „gut" oder „schlecht" basiert.[113] Juristische Personen sind somit von dieser Regelung ausgeschlossen. **85**

Der Begriff „Bewertung" umfasst eine gewisse Form der Beurteilung, während die Einstufung auch andere Arten von Klassifizierungen und Kategorisierungen enthält, welche nicht notwendigerweise zu einem Urteil führt.[114] Somit ist der Begriff der Einstufung weiter zu fassen. **86**

Eine soziale Bewertung oder Einstufung ist dann nicht anzunehmen, wenn persönliche Merkmale oder Daten zwar als Grundlage des KI-Systems herangezogen werden, das erforderliche Werturteil jedoch fehlt. Beispielsweise die Analyse der Zahlungsbereitschaft einer Person oder seiner beruflichen Leistungsfähigkeit, stellt für sich genommen noch kein Social Scoring an. Entscheidender Faktor ist hier der tatsächliche Verwendungskontext.[115] Dienen die Ergebnisse über die Zahlungsbereitschaft oder die berufliche Leistungsfähigkeit der Möglichkeit ein eigenes Werturteil fällen zu können und damit die Person in die Kategorie „guter" oder „schlechter" Bürger zu klassifizieren, ist darin ein Social Scoring im Sinne des Art. 5 I lit. c KI-VO.[116] **87**

Grundlage der Bewertung sind das soziale Verhalten oder bekannte, abgeleitete oder vorhergesagte persönliche Eigenschaften oder Persönlichkeitsmerkmale. Das Sozialverhalten ist ein weit gefasster Begriff und umfasst in der Regel *„verhaltensbezogene Datenpunkte"*[117] wie *„allgemeine Handlungen, Verhalten, Gewohnheiten und Interaktionen innerhalb der Gesellschaft"*.[118] Persönlichkeitsmerkmale umfassen eine Vielzahl von Informationen, wie zum Beispiel die Staatsangehörigkeit, den Geburtsort, den Wohnort, die Anzahl der Kinder, Schulden oder die Art eines Fahrzeugs.[119] Bekannte Merkmale sind solche, die in das KI-System eingegeben wurden und in der Regel überprüfbar sind.[120] Abgeleitete Merkmale sind meist von dem KI-System abgeleitete Informationen auf Basis der Eingabe anderer Informationen.[121] Vorhergesagte Eigenschaften erfolgen auf Grundlage von Mustern mit einer Genauigkeit von weniger als 100 Prozent.[122] **88**

Darüber hinaus sind nur solche KI-basierten Bewertungen oder Einstufungen von Relevanz, die eine Aussage über das Sozialverhalten einer Person über einen bestimmten Zeitraum treffen. Offen ist, welcher (Mindest-)Zeitraum hierfür zu Grunde zu legen ist. Jedenfalls Zeiträume von mehreren Wochen, in denen sich **89**

[113] Martini/Wendehorst/Wendehorst Art. 5 Rn. 66.
[114] C(2025) 884 final, Rn. 153.
[115] Martini/Wendehorst/Wendehorst Art. 5 Rn. 67.
[116] Martini/Wendehorst/Wendehorst Art. 5 Rn. 67.
[117] C(2025) 884 final, Rn. 157.
[118] C(2025) 884 final, Rn. 157.
[119] Erwgr. 42.
[120] C(2025) 884 final, Rn. 159.
[121] C(2025) 884 final, Rn. 159.
[122] C(2025) 884 final, Rn. 159.

unterschiedliches soziales Verhalten einer Person zeigen kann, sind wohl ausreichend. Wichtig ist, dass es sich nicht um eine einmalige oder punktuelle Bewertung oder Einstufung aus Daten handelt, die nur einem sehr spezifischen und individuellen Kontext angehören.[123] Erfolgt eine unmittelbare Bewertung aufgrund von vorliegenden Daten, stellt dies ebenfalls kein Social Scoring dar.

90 Ob aber auch sehr kurze Zeiträume (wenige Stunden oder Tage) ausreichend sind, ist unklar. Notwendig ist, dass sich das Ergebnis des KI-Systems über einen bestimmten Zeitraum erstreckt. Ergebnisse eines KI-Systems, die sich auf einen (kurzen) Augenblick beziehen, sind ausweislich des Wortlauts nicht von dem Verbot erfasst. Dies muss auch dann gelten, wenn ein solches Ergebnis auf Grundlage von Daten getroffen wird, die sich über einen langen Zeitraum beziehen. Es kann aber angezweifelt werden, ob dieses Ergebnis vom Gesetzgeber gewollt ist. Denn durch eine Manipulation des Ergebnisses ließe sich das Verbot umgehen.

91 **b) Schlechterstellung oder Benachteiligung.** Die Rechtsfolge des Verbotes gilt erst dann, wenn festgestellt wird, dass sich aus der Anwendung dieses KI-systems eine Schlechterstellung oder Benachteiligung einer Person oder einer Personengruppe dadurch ergeben hat, dass die soziale Bewertung entgegen des Zwecks der ursprünglichen Datenerhebung erfolgte (Art. 5 I Buchst. c (i) KI-VO) oder durch eine ungerechtfertigte oder unverhältnismäßige Art und Weise der sozialen Bewertung (Art. 5 I Buchst. c (ii) KI-VO) erfolgt ist.

92 **aa) Schlechterstellung oder Benachteiligung.** Die KI-basierte Bewertung oder Einstufung müsste zu einer Schlechterstellung oder Benachteiligung einer Person oder Personengruppe führen. Demnach müsste zwischen dem Ergebnis des KI-Systems und der Schlechterstellung eine Kausalität vorliegen. Diese Voraussetzung lässt einen erheblichen Interpretationsspielraum zu. Wann die Voraussetzungen erfüllt sind, ist nicht eindeutig. Jedenfalls kann ein solcher Zusammenhang auch vorliegen, wenn die nachteiligen Folgen noch nicht eingetreten sind, das KI-System jedoch technisch in der Lage oder dazu bestimmt ist, solche Folgen auszulösen.[124] Dies ergibt sich aus dem Tatbestandsmerkmal des „Inverkehrbringens", welcher unter Art. 5 I lit. c KI-VO gefasst ist.[125] Aus den Erwägungsgründen 29 und 31 geht hervor, dass „übliche und rechtmäßige Geschäftspraktiken" aus der KI-Blacklist ausgeklammert werden sollen.[126] Kreditscoring-Verfahren oder KI-basierte Recruitings sind damit nicht per se ausgeschlossen.[127]

93 **bb) Fehlender Zusammenhang zur ursprünglichen Datenerhebung, Art. 5 Abs. 1 lit. c (i).** Die erste Variante ist die Schlechterstellung oder Benachteiligung in sozialen Zusammenhängen, die in keinem Zusammenhang mit den ursprünglichen Umständen stehen, unter denen die Daten ursprünglich erhoben oder erzeugt wurden. Der Zusammenhang fehlt, wenn die ursprüngliche Datenerzeugung oder Datenerhebung zu einem anderen Zweck erfolgte. Notwendig ist, dass kein Zusammenhang zu den Umständen der Datenerzeugung oder Erhebung bestehen darf. Daraus ist zu schließen, dass das Verbot nicht bereits eingreift, wenn die Zwecke nicht vollständig kongruent sind. Eine gewisse Zweckänderung scheint demnach zulässig zu sein, wobei unklar ist, in welchem Umfang dies

[123] C(2025) 884 final, Rn. 155.
[124] C(2025) 884 final, Rn. 160.
[125] C(2025) 884 final, Rn. 160.
[126] Erwgr. 29, 31.
[127] Krönke NVwZ 2024, 529 (532).

möglich ist. Hier könnte man die Grundsätze zur Zweckänderung gemäß Art. 6 IV DSGVO heranziehen. Allerdings darf es insoweit nicht auf eine Einwilligung der betroffenen Personen ankommen, denn es dürften im Kontext des Verbots erhebliche Zweifel daran bestehen, dass eine solche Einwilligung freiwillig erfolgt.

cc) Fehlende Rechtfertigung und Unverhältnismäßigkeit, Art. 5 Abs. 1 lit. c (ii). Art. 5 I lit. c (ii) KI-VO betrifft die Situation, in welcher das Ergebnis einer KI-basierten Bewertung oder Einstufung zu einer Schlechterstellung oder Benachteiligung führt, die im Hinblick auf das soziale Verhalten oder dessen Tragweite ungerechtfertigt und unverhältnismäßig ist. Wann eine ungerechtfertigte und unverhältnismäßige Schlechterstellung oder Benachteiligung vorliegt, lässt die KI-VO offen. Sie kann ungerechtfertigt sein, wenn mit der Schlechterstellung kein legitimes Ziel verfolgt wird. Die Einhaltung spezieller Vorschriften oder Vorschriften der Mitgliedsstaaten, die die Bewertung zum Zwecke der Schlechterstellung oder Benachteiligung regeln, dürften in der Regel Unverhältnismäßigkeit ausschließen.[128] Die unbestimmten Rechtsbegriffe dürften durch eine Interessenabwägung unter Berücksichtigung der Werteordnung der Europäischen Union und der Grundrechte vorzunehmen sein. Aufgrund dieser Wertungskomponente besteht das Problem der Rechtsunsicherheit, weil, anders als bei Art. 5 I lit. c (i) KI-VO, klar definierte Tatbestandsvoraussetzungen fehlen. 94

Die Kommission sieht an dieser Stelle eine Verhältnismäßigkeitsprüfung als erforderlich an.[129] In diesem Rahmen soll die Schwere der Auswirkungen und der Eingriffe in die Grundrechte der Person gegen die Schwere des Sozialverhaltens abgewogen werden.[130] Dabei sind die Umstände des Einzelfalls zu berücksichtigen. 95

Aufgrund des Verbots besteht jedoch das Risiko, dass verschiedene Rechtsakte zu unterschiedlichen Ergebnissen führen. Eine datenschutzkonforme Verarbeitung von personenbezogenen Daten aus dem Sozialverhalten einer Person, die zu einer Schlechterstellung der Person führt, widerspricht nicht per se der europäischen Werteordnung. Vielmehr scheint das Verbot darauf abzustellen, dass Personen oder Personengruppen ungerechtfertigt stigmatisiert oder diskriminiert werden.[131] Es erscheint daher notwendig, die Begriffe „ungerechtfertigt" und „unverhältnismäßig" so zu verstehen, dass diese ein gewissen Gewicht für die betroffenen Personen haben müssen. 96

4. Art. 5 Abs. 1 lit. d: Verbot von Profiling und Risikobewertung zum Zwecke der Strafverfolgung

Art. 5 I lit. d KI-VO behandelt das Verbot des Profilings und der Risikobewertung durch KI-Systeme zum Zwecke der Strafverfolgung. Die unter Anwendung eines KI-Systems ermittelte Straffälligkeit einer natürlichen Person oder das Risiko der Straffälligkeit darf nicht ausschließlich auf Grundlage des Profilings oder aufgrund der Bewertung der persönlichen Eigenschaften oder Merkmale einer natürlichen Person festgestellt oder vorhergesagt werden. Die verbotene Handlung wird im Gegensatz zu Art. 5 I lit. a-c KI-VO unter die zusätzliche Voraussetzung der „Inbetriebnahme zu diesem spezifischen Zweck" geknüpft. Damit werden an den Nachweis des Verwendungszweck des handelnden Akteures erhöhte Anforderungen gestellt. 97

[128] Heinze/Wolf KIR 2025, 360 (366).
[129] C(2025) 884 final, Rn. 167.
[130] C(2025) 884 final, Rn. 167.
[131] Rostalski/Weiss ZfDR 2021, 329 (341).

98 Das Verbot dient primär der Sicherung des in der Union herrschenden Prinzips der Unschuldsvermutung,[132] wonach jede natürliche Person nach ihrem tatsächlichen Verhalten beurteilt wird. Anlass zur Aufnahme des Tatbestandes in die Verbotsliste des Art. 5 KI-VO dürfte auch die Einführung des KI-Systems COMPAS[133] in den USA gewesen sein. Dieses ermittelt die Wahrscheinlichkeit einer erneuten Straffälligkeit bei bereits inhaftierten Straftätern. Es wird als Grundlage der Entscheidung über eine vorzeitige Entlassung auf Bewährung verwendet.

99 KI-Systeme zu Verbrechensvorhersage *„erkennen Muster in historischen Daten, verknüpfen Indikatoren mit der Wahrscheinlichkeit des Auftretens eines Verbrechens und erzeugen Risikowerte als Vorhersageergebnisse"*.[134] Dabei besteht eine erhöhte Gefahr der Verzerrung, wenn KI-generierte Vorhersagen individuelle Umstände übersehen, weil diese nicht Teil des Datensatzes waren, mit welchem das KI-System arbeitet.[135] Daraus folgt das Risiko der Entwicklung eines mangelnden öffentlichen Vertrauens in die Strafverfolgung und das Justizsystem im Allgemeinen.[136]

100 Hauptanwender solcher KI-Systeme sind im vorliegenden Fall Strafverfolgungsbehörden, dennoch können auch private Akteure dem Verbot unterliegen,[137] wenn diese gesetzlich mit der Ausübung öffentlicher Gewalt und öffentlicher Befugnisse zur Verhütung, Ermittlung, Feststellung oder Verfolgung von Straftaten oder zur Vollstreckung strafrechtlicher Sanktionen betraut sind, Art. 3 Nr. 45 KI-VO oder wenn eine Risikobewertung notwendig ist, um einer rechtlichen Verpflichtung nachzukommen (bspw. zur Bekämpfung von Terrorismusfinanzierung).[138] Dient die Risikobewertung der *„normalen Geschäftstätigkeit privater Einrichtungen und zum Schutz ihrer eigenen privaten Interessen"*,[139] so ist dies nicht vom Verbot erfasst.

101 **a) Risikobewertung: Begehung einer Straftat.** In Art. 5 I lit. d KI-VO sind KI-Systeme unter Verbot gestellt, welche zu dem spezifischen Zweck der Risikoerrechnung der Begehung einer Straftat verwendet wird. Dabei geht es um die Begehung einer zukünftigen Straftat. KI-Systeme, die zur Aufklärung bereits begangener Straftaten eingesetzt werden, fallen nicht in den Anwendungsbereich.

---

132 Erwgr. 42.

133 Martini/Wendehorst/Wendehorst Art. 5 Rn. 72; Räz Forensische Psychiatrie, Psychologie, Kriminologie 2022, 300; Martini Blackbox Algorithmus S. 55 ff.; Feuerstack OdW 2022, 167 (170 f.); Steege MMR 2019, 715 (716 f.); Angwin/Larson/Mattu/Kirchner, Machine Bias, ProPublica v. 23.5.2016, abrufbar unter: https://www.propublica.org/article/machine-bias-risk-assessments-in-criminal-sentencing (zuletzt abgerufen am 20.1.2025); Larson/Mattu/Kirchner/Angwin, How We Analyzed the COMPAS Recidivism Algorithm, ProPublica, 23.5.2016, abrufbar unter: https://www.propublica.org/article/how-we-analyzed-the-compas-recidivism-algorithm (zuletzt abgerufen am 20.1.2025). Siehe hierzu auch: Kehl/Priscilla/Kessler, Algorithms in the Criminal Justice System Responsive Communities Initiative, 2017; Dressel/Farid Science advances 2018/4, 1. Sowie zum Einsatz von KI-Systemen in der Justiz generell: BUNSV/Rostalski Künstliche Intelligenz/Rühl S. 276 ff.

134 C(2025) 884 final, Rn. 190.

135 C(2025) 884 final, Rn. 190.

136 C(2025) 884 final, Rn. 190.

137 C(2025) 884 final, Rn. 208.

138 C(2025) 884 final, Rn. 209.

139 C(2025) 884 final, Rn. 211.

Risikobewertungen im Sinne des Art. 5 I lit. d KI-VO umfassen eine *„Vielzahl fortschrittlicher KI-Technologien und Analysemethoden, die auf große Mengen oft historischer Daten (einschließlich sozioökonomischer Daten, aber auch polizeilicher Aufzeichnungen usw.) angewandt werden, die in Kombination mit kriminologischen Theorien zur Vorhersage von Kriminalität als Grundlage für Strategien und Maßnahmen der Polizei und Strafverfolgungsbehörden zur Bekämpfung, Kontrolle und Verhütung von Kriminalität verwendet werden"*.[140] **102**

Grundlegende Voraussetzung ist, dass sich die Risikobewertung auf eine natürliche Person richtet. Es muss sich stets um eine personenindividuelle Risikobewertung handeln. Dies stellt auch Erwägungsgrund 42 klar, welcher KI-Systeme, welche die Wahrscheinlichkeit eines Finanzbetrugs eines Unternehmens anhand von verdächtigen Transaktionen ermitteln, als Negativspeispiel anführt. Ein weiteres Negativbeispiel sind KI-Systeme zur Errechnung der Wahrscheinlichkeit des Aufspürens von Betäubungsmitteln oder anderen illegalen Waren durch Zollbehörden auf Grundlage von bekannten Schmuggelrouten.[141] Trifft das KI-System eine Aussage über die Wahrscheinlichkeit zukünftiger Straftaten an bestimmten Orten, zu bestimmten Zeiten oder durch abstrakte Personengruppen, greift das Verbot nicht ein. **103**

Zu einer neueren Form polizeilicher Arbeit gehört das „Predictive Policing", die mithilfe analytisch-technischer Verfahren die Wahrscheinlichkeit für künftige Straftaten, Straftäter oder Tatorte errechnet.[142] Mithilfe eines solchen Verfahrens kann zum Beispiel einer Ressourcenknappheit entgegengekommen werden, indem verstärkt und zielorientiert Einsatzkräfte an die ermittelten Orte zugewiesen werden.[143] Somit wird die präventive Gefahrabwehr an den Orten sichergestellt, an denen das Gefahrenpotential am höchsten ist. Das „Predictive Policing" fällt nur dann unter das Verbot des Art. 5 I lit. d KI-VO, wenn sich die Risikoermittlung auf eine oder mehrere bestimmte natürliche Personen bezieht.[144] Die KI-basierte Ermittlung krimineller Zentralpunkte ist nicht hiervon erfasst.[145] **104**

b) Ausschließliche Grundlage: Profiling oder Bewertung persönlicher Merkmale. Art. 5 I lit. d KI-VO stellt nur solche Risikobewertung unter Verbot, welche auf Basis eines Profilings oder der Bewertung ihrer persönlichen Merkmale und Eigenschaften erfolgt sind. Der Begriff des Profiling ist gem. Art. 3 Nr. 52 KI-VO und Art. 4 Nr. 4 DSGVO als jede Art der automatisierten Verarbeitung personenbezogener Daten, die darin besteht, dass diese personenbezogenen Daten verwendet werden, um bestimmte persönliche Aspekte einer natürlichen Person zu bewerten, einschließlich um bestimmte Aspekte betreffend das Verhalten dieser natürlichen Person vorherzusagen, zu verstehen. **105**

Unter persönliche Merkmale sollen dabei beispielsweise die Staatsangehörigkeit, der Geburtsort, der Wohnort, die Anzahl der Kinder, die Höhe der Schulden oder die Art eines gefahrenen Fahrzeugs fallen.[146] **106**

---

[140] C(2025) 884 final, Rn. 189.

[141] Erwgr. 42.

[142] Ebers/Heinze/Krügel/Steinrötter KI § 31 Rn. 5.

[143] Ebers/Heinze/Krügel/Steinrötter KI § 31 Rn. 6; Knobloch, Vor die Lage kommen, S. 9 (17).

[144] Martini/Wendehorst/Wendehorst Art. 5 Rn. 79.

[145] Martini/Wendehorst/Wendehorst Art. 5 Rn. 79.

[146] Erwgr. 42.

107 Auch das „Group Profiling" kann unter diese Tatbestandmerkmal gefasst werden. Dabei geht es um die Erstellung eines Profils für eine bestimmte Gruppe, zum Beispiel bestimmte Tätergruppen wie Terroristen, die auf Grundlage von Daten von Personen erstellt werden, die dieser Gruppe bereits angehören.[147] Auf Grundlage dieses Gruppenprofils lassen sich Risikobewertungen und Vorhersagen zur Begehung ähnlicher Straftaten durch andere Personen treffen.[148]

108 Das Profiling oder die Bewertung ihrer persönlichen Merkmale und Eigenschaften müsste „ausschließlich" durch das KI-System erfolgen. Dabei kann auf die Grundsätze des Art. 22 DSGVO oder Art. 11 JI-RL zurückgegriffen werden.[149] Die Ausschließlichkeit ist dann gegeben, wenn im Laufe des Entscheidungsprozesses kein menschlicher Einfluss involviert war. Jedoch führt nicht jede menschliche Entscheidung zum Ausschluss vom Verbotstatbestand des Art. 5 I lit. d KI-VO. Vielmehr kommt es darauf an, ob dem menschlichen Einfluss eine eigene Aussagekraft zugeordnet werden kann. Dabei kommt es darauf an, ob der Mensch von seinem Ausbildungsstand, seiner Entscheidungsbefugnis und weiteren relevanten Umständen eine legitime Überprüfungsinstanz darstellt oder einer von der KI vollständig erarbeitete Empfehlung mechanisch bestätigt.[150] Die menschliche Aufsicht soll sicherstellen, dass jede KI-generierte Risikobewertung aus *„objektiven und überprüfbaren Fakten im Zusammenhang mit einer kriminellen Tätigkeit"*[151] beruht.

109 **c) Ausnahme.** Das Verbot gem. Art. 5 I lit. d 2. HS KI-VO dann nicht, wenn das KI-System die durch Menschen durchgeführte Risikobewertung in einem Stadium der Strafverfolgung unterstützt, in welchem der Verdacht der Beteiligung einer Person an einer kriminellen Aktivität auf objektiv nachweisbaren Tatsachen, welche in Zusammenhang mit der kriminellen Aktivität stehen, beruht.[152] Eine KI-basierte Unterstützung bei einer bereits erfolgten Risikobewertung durch einen Menschen stellt gem. Art. 5 I lit. d HS. 1 KI-VO schon kein Verbot dar, da es hier an der Ausschließlichkeit des Profilings durch das KI-System fehlt.

110 Art. 5 I lit. d HS. 2 KI-VO stellt somit keine echte Ausnahme dar, sondern erfüllt eine Klarstellungsfunktion dahingehend, dass präventive Polizeiarbeit durchaus mithilfe KI-basierter Unterstützung erfolgen kann.

111 KI-Systeme, bei welchen das Merkmal der Ausschließlichkeit fehlt, werden als Hochrisiko KI-Systeme eingestuft, Art. 6 II iVm Anhang III Nr. 6 lit. d KI-VO, und müssen die darunter gefassten Anforderungen erfüllen.[153]

---

147 C(2025) 884 final, Rn. 196.

148 C(2025) 884 final, Rn. 196.

149 Artikel-29-Datenschutzgruppe, Leitlinien Profiling, abrufbar unter: https://www.datenschutzstelle.li/application/files/4416/3050/1496/wp251rev01_de.pdf (zuletzt abgerufen am 21.1.2025); Artikel-29-Datenschutzgruppe, Stellungnahme Strafverfolgung (EU 2016/680), abrufbar unter: https://ec.europa.eu/newsroom/article29/items/610178/en (zuletzt abgerufen am 21.1.2025).

150 Martini/Wendehorst/Wendehorst Art. 5 Rn. 84; Gola/Heckmann/Schulz DS-GVO Art. 22 Rn. 11 ff.; Kühling/Buchner/Buchner DS-GVO Art. 22 Rn. 16; BeckOK DatenschutzR/v. Lewinski DS-GVO Art. 22 Rn. 24 ff.; vgl. dazu auch Artikel-29-Datenschutzgruppe, Leitlinien zu automatisierten Entscheidungen, abrufbar unter: https://www.datenschutzstelle.li/application/files/4416/3050/1496/wp251rev01_de.pdf. (zuletzt abgerufen am 21.1.2025).

151 C(2025) 884 final, Rn. 204.

152 Erwgr. 42.

153 C(2025) 884 final, Rn. 185.

5. Art. 5 Abs. 1 lit. e: Verbot des Auslesens von Gesichtsbildern

Gem. Art. 5 I lit. e KI-VO ist das ungezielte Auslesen von Gesichtsbildern aus dem Internet (Scraping[154]) oder aus Überwachungsvideos mittels eines KI-Systems zum Zwecke der Erstellung oder Erweiterung von Datenbanken verboten. Sinn und Zweck des Verbotes ist sowohl die Verhinderung einer Massenüberwachung, als auch der Schutz vor schweren Grundrechtsverstößen, insbesondere des Rechts auf Privatsphäre.[155] Das Verbot greift also nur, wenn zum einen die Intention vorliegt, dass eine Gesichtserkennung mit Hilfe der Bilder erfolgen muss. Dies erfolgt durch Abgleich des digitalen Bildes oder Videobildes mit einer Datenbank von Gesichtern und der Filterung der Gesichter, mit welchen eine wahrscheinliche Übereinstimmung vorliegt.[156] Zum anderen muss das KI-System die Informationen in einer Datenbank speichern. Eine Datenbank liegt in der Regel vor, wenn die Informationen nach einer bestimmten Systematik gespeichert werden. Unstrukturierte Datensammlungen dürften von dem Verbot daher nicht erfasst sein. Dies ist insofern befremdlich, weil KI gerade auch dazu verwendet wird, Muster aus solchen unstrukturierten Datensammlungen zu erkennen. Der Zweck der Datenbank muss sich nicht ausschließlich auf die Gesichtserkennung beziehen. Es genügt, wenn die Datenbank auch für die Gesichtserkennung verwendet werden kann.[157] **112**

Das Auslesen mittels digitalen Suchmaschinen-Bots, welcher das gesamte Internet durchforstet und indexiert (Web Crawling) oder das gezielte Extrahieren spezifischer Daten von einer oder mehreren Websites (Scraping) bleiben von dem Verbot unberührt, solange die Handlungen auf einem Softwareprogramm basieren, welches kein KI-System darstellt. **113**

Schließlich greift das Verbot auch dann nicht ein, wenn keine Datenbank erstellt wird, sondern das KI-System unmittelbar Bilder abgleicht oder wenn das KI-System ein Bild erhält und im Internet nach Übereinstimmungen sucht, weil dies gezieltes Scraping darstellt.[158] **114**

6. Art. 5 Abs. 1 lit. f: Verbot von Emotionserkennung

In Art. 5 I litt. f KI-VO wird das Verbot von emotionserkennenden KI-Systemen bei natürlichen Personen am Arbeitsplatz oder in Bildungseinrichtungen behandelt. Nicht von dem Verbot erfasst ist in diesem Rahmen die Emotionserkennung aus medizinischen Gründen, beispielsweise bei Systemen zu therapeutischen Zwecken,[159] oder aus Sicherheitsgründen. **115**

a) Ableitung der Emotionen natürlicher Personen. Das Emotionserkennungssystem wird in Art. 3 Nr. 39 definiert. Dabei handelt es sich um ein KI-System mit Emotionserkennung, wenn dieses Emotionen oder Absichten einer natürlichen Person anhand biometrischer Daten erkennen und ableiten kann. Beispiele für Emotionen oder Absichten sind Glück, Trauer, Wut, Überraschung, Ekel, Verlegenheit Aufregung, Scham, Verachtung, Zufriedenheit oder Vergnügen.[160] **116**

---

[154] Möller-Klapperich NJ 2024, 337 (339); Ammann/Pohle CB 2024, 137 (139).
[155] Erwgr. 43.
[156] C(2025) 884 final, Rn. 226.
[157] C(2025) 884 final, Rn. 226.
[158] C(2025) 884 final, Rn. 233.
[159] Erwgr. 43.
[160] Erwgr. 18.

Nicht darunter gefasst sind sowohl physische Zustände, beispielsweise zur Erkennung von Müdigkeit oder Schmerz, als auch die Erkennung bloßer offensichtlicher Ausdrucksformen, wie eindeutige Gesten oder Bewegungen, es sei denn aus diesen Ausdrucksformen werden Emotionen oder Absichten abgeleitet.[161] Unter offensichtlichen Ausdruckformen lassen sich einfache Gesichtsausdrücke wie ein Stirnrunzeln oder ein Lächeln, aber auch einfach Gesten wie Hand-, Arm- und Kopfbewegungen oder Stimmmerkmale zur Feststellung einer erhobenen Stimme oder eines Flüsterns fassen.[162]

117 Das Verbot wird damit begründet, dass die Emotion anhand der Technik nicht sicher erkannt und vorhergesagt werden kann, was zu einer erhöhten Fehleranfälligkeit führt.[163] Solche Fehlinterpretationen von Emotionen können Grundlage unfairer Entscheidungen sein oder zu Diskriminierung führen.[164]

118 Der Ausdruck einer Emotion ist nicht selten abhängig von der Situation, dem kulturellen Hintergrund und selbst bei derselben Person kann sich eine Emotion unterschiedlich ausprägen.[165] Eine Meta-Studie aus dem Jahr 2019, welche 1.000 wissenschaftliche Veröffentlichungen zum Thema Emotionserkennung auswertete, kam zu dem Ergebnis, dass eine eindeutige Zuordnung eines bestimmten Gesichtsausdrucks zu einer bestimmten Emotionskategorie bislang nicht möglich ist. Grund dafür ist die fehlende wissenschaftliche Basis zur Emotionsanalyse.[166] Aufgrund der Vielzahl undefinierbarer Faktoren besteht somit bei emotionserkennenden KI-Systemen die Gefahr der beschränkten Zuverlässigkeit und der Ungenauigkeit. Dies kann zu diskriminierenden Ergebnissen und intensiven Eingriffen in die Freiheitsrechte führen.[167]

119 **b) Arbeitsplatz oder Bildungseinrichtungen.** Emotionserkennung ist in Art. 5 Abs. 1 lit. f ausschließlich an Arbeitsplätzen oder in Bildungseinrichtungen verboten. Dies wird damit begründet, dass insbesondere dort ein unausgeglichenes Machtverhältnis und somit die Gefahr der Diskriminierung besteht.[168] Aus diesem Grund tritt dort die Rechtsfolge des Verbots von Emotionserkennungssystemen ein.[169]

120 Der Arbeitsplatz wird dabei als „jeder spezifische physische oder virtuelle Raum, in dem natürliche Personen Aufgaben und Verantwortlichkeiten wahrnehmen, die ihnen von ihrem Arbeitgeber oder der Organisation, der sie angehört, zugewiesen werden" verstanden. Auf persönlicher Ebene bezieht sich das Verbot auf jeden Status auf Arbeitnehmerseite, auch auf Bewerber im Auswahl- oder Einstellungsverfahren.[170]

---

161 Erwgr. 18.
162 Erwgr. 18.
163 Erwgr. 44; Renda/Maridis/Devenyi Study to Support an Impact Assessment of Regulatory Requirements for Artificial Intelligence in Europe, S. 39; Barrett/Adolphs/Marsella/Martinez/Pollak PSPI 2019, 1.
164 Erwgr. 44.
165 Erwgr. 44.
166 Emotionserkennung mittels künstlicher Intelligenz – Perspektiven und Grenzen von Technologien zur Analyse von Gesichtsbewegungen (bundestag.de); Feldman Barrett et al. 2019, S. 6.
167 Erwgr. 44.
168 Erwgr. 44.
169 Erwgr. 44.
170 C(2025) 884 final, Rn. 254.

Bildungseinrichtungen im Sinne dieses Verbots sind sowohl öffentliche, als auch private Einrichtungen auf allen Ebenen (Schule, Berufsschule, Weiterbildungseinrichtung usw), welche ein Zertifikat erstellen können.[171] Das Verbot gilt auch für Bewerber während des Zulassungsverfahrens.[172] **121**

Die Begrenzung auf den Bildungs- und Arbeitsbereich wird unter Kritikern[173] als zu eng empfunden. Diese forderten im Laufe des Gesetzgebungsverfahrens, die Emotionserkennung vollumfänglich zu verbieten,[174] sodass diese Praktiken auch seitens der Sicherheitsbehörden und an den Grenzkontrollen verboten sind. Im Ergebnis haben diese in der finalen Fassung auf der Verbotsliste keinen Platz gefunden. Somit ist der Einsatz im Rahmen der Polizeiarbeit und der Grenzkontrollen legitim, wenn auch unter vielen Voraussetzungen, da Emotionserkennungssysteme als „hochriskant" gewertet werden.[175] Dem Einsatz von „Lügendetektoren" würde Art. 5 Abs. 1 lit. f somit nicht entgegenstehen. **122**

c) Ausnahmen. Eine Ausnahme bildet die (Markt-) Einführung von Emotionserkennungssystemen aus medizinischen Gründen oder aus Sicherheitsgründen. Bei der Verwendung zu therapeutischen Zwecken ist insbesondere die Verwendung von Medizinprodukten mit CE-Kennzeichnung gemeint. Auch dient die Ausnahme nicht der Ermittlung des allgemeinen Wohlbefindens, beispielsweise zur Ermittlung des Stresslevels einer Person am Arbeitsplatz. Unter den Sicherheitsgründen sind nur solche Maßnahmen zu verstehen, welche das Leben und die Gesundheit schützen sollen. Wichtig ist, dass diese Ausnahmen stets auf das unbedingt notwendige Maß beschränkt und verhältnismäßig sein sollten. **123**

Daran besteht ebenfalls Kritik, denn diese Gründe *„sind die häufigste Rechtfertigung für den Einsatz von Emotionserkennungssystemen"*,[176] sodass zu befürchten ist, *„dass das KI-Gesetz der EU die KI-gestützte Emotionserkennung nicht verbietet, sondern vielmehr legitimiert und einen Markt für ihren Einsatz schafft.*"[177] Auch die europäische Bürgerinitiative „Reclaim Your Face" spricht von großen „Schlupflöchern" und **124**

---

[171] C(2025) 884 final, Rn. 255.

[172] C(2025) 884 final, Rn. 255.

[173] EDSA-EDSB, Gemeinsame Stellungnahme 5/2021, Rn. 35; Barkane IP 2022, 147 (160); Muller/Dignum, Artificial Intelligence Act S. 13 f., abrufbar unter: https://allai.nl/wp-content/uploads/2021/08/EU-Proposal-for-Artificial-Intelligence-Act-Analysis-and-Recommendations.pdf (zuletzt abgerufen am 29.1.2025); CAIDP, Statement on Proposed EU AI Regulation S. 3 f., abrufbar unter: https://www.caidp.org/resources/eu-ai-act/ (zuletzt abgerufen am 29.1.2025); EDRi, Ban Biometric Mass Surveillance S. 36, abrufbar unter https://edri.org/wp-content/uploads/2020/05/Paper-Ban-Biometric-Mass-Surveillance.pdf (zuletzt abgerufen am 29.1.2025).

[174] EDSA-EDSB, Gemeinsame Stellungnahme 5/2021, Rn. 35; Barkane IP 2022, 147 (160); Muller/Dignum, Artificial Intelligence Act S. 13 f., abrufbar unter: https://allai.nl/wp-content/uploads/2021/08/EU-Proposal-for-Artificial-Intelligence-Act-Analysis-and-Recommendations.pdf (zuletzt abgerufen am 29.1.2025); CAIDP, Statement on Proposed EU AI Regulation S. 3 f., abrufbar unter: https://www.caidp.org/resources/eu-ai-act/ (zuletzt abgerufen am 29.1.2025); EDRi, Ban Biometric Mass Surveillance S. 36, abrufbar unter https://edri.org/wp-content/uploads/2020/05/Paper-Ban-Biometric-Mass-Surveillance.pdf (zuletzt abgerufen am 29.1.2025).

[175] Grundrechte in Gefahr: Die sieben quälendsten Fragen zur KI-Verordnung (netzpolitik.org) (zuletzt abgerufen am 29.1.2025).

[176] Ella Jakubowska vom Dachverband EDRi.

[177] Ella Jakubowska vom Dachverband EDRi.

nur sehr wenigen Anwendungsfällen, die tatsächlich unter das Verbot fallen.[178] Die Menschenrechtsbewegung „Amnesty International" fordert aus diesem Grund die Emotionserkennung gänzlich und ausnahmslos unter Verbot zu stellen.[179]

7. Art. 5 Abs. 1 lit. g: Verbot der biometrischen Kategorisierung[180]

125 Art. 5 Abs. 1 lit. g umfasst das Verbot der Auswertung von biometrischen Daten zur Kategorisierung einer natürlichen Person. Dabei werden die Kategorien Rasse, die politischen Einstellungen, die Gewerkschaftszugehörigkeit, die religiösen oder weltanschaulichen Überzeugungen, das Sexualleben oder die sexuelle Ausrichtung genannt.

126 Die zu schützenden Rechtsgüter bilden ein komplexes Gefüge aus Datenschutz, dem Schutz der Privat- und Intimsphäre sowie dem Diskriminierungsschutz.

127 Das Verbot wurde Mitte 2023 in das Parlament eingeführt und stützt sich auf Empfehlungen des EDSA,[181] welches die KI-basierte Kategorisierung von Menschen als unzulässig erachtet.

128 Die verbotenen Handlungen umfassen vorliegend den Zusatz der Inbetriebnahme „zu diesem spezifischen Zweck", welcher auch in Art. 5 Abs. 1 lit. d wiederzufinden ist. Insofern wird auf die dortigen Ausführungen verwiesen.

129 **a) Biometrische Kategorisierung.** Das Verbot bezieht sich nur auf KI-Systeme, welche zur biometrischen Kategorisierung bestimmt sind. Diese sind in Art. 3 Nr. 40 als ein KI-System definiert, welches dem Zweck dient, natürliche Personen auf der Grundlage ihrer biometrischen Daten bestimmten Kategorien zuzuordnen. Die Definition der „biometrischen Daten" findet sich in Art. 3 Nr. 34 und wird als „personenbezogene Daten zu den physischen, physiologischen oder verhaltenstypischen Merkmalen einer natürlichen Person, wie etwa Gesichtsbilder oder daktyloskopische Daten, welche mit speziellen technischen Verfahren gewonnen werden", verstanden. Unter diese Kategorien können die Haarfarbe, die Augenfarbe, die Hautfarbe, das Alter, das Geschlecht die Sprache, die Religion, Verhaltens- oder Persönlichkeitsmerkmale, die Zugehörigkeit zu einer nationalen Minderheit oder sexuelle oder politische Ausrichtungen betreffen.[182]

130 Art. 3 Nr. 40 nimmt im Rahmen dieser Definition KI-Systeme aus, bei denen es sich um eine reine Nebenfunktion handelt, die untrennbar mit einem anderen kommerziellen Dienst verbunden ist. Das heißt die Funktion kann aus objektiven technischen Gründen nicht ohne den Hauptdienst verwendet werden und die Integration dieses Merkmals oder dieser Funktion dient nicht dazu, die Anwendbarkeit der Vorschriften dieser Verordnung zu umgehen.[183] Als Beispiel wird in

---

178 EU AI Act will fail commitment to ban biometric mass surveillance (Deutsche Version unten) – Reclaim Your Face.

179 Kurzübersicht: Empfehlungen für eine menschenrechtskonforme Regulierung von Künstlicher Intelligenz (KI) in der EU | Amnesty International.

180 Erwgr. 30.

181 EDPB, Guidelines 05/2022, Rn. 107, abrufbar unter https://www.edpb.europa.eu/our-work-tools/our-documents/guidelines/guidelines-052022-use-facial-recognition-technology-area_en (zuletzt abgerufen am 21.1.2025).

182 Erwgr. 16.

183 Erwgr. 16.

Erwgr. 16 die Anwendung von Filtern zur Kategorisierung von Gesichts- und Körpermerkmalen auf Online-Marktplätzen für Verbraucher angeführt, welche Interesse an dem Kauf eines Produkts haben und mithilfe des Filters sehen können, wie das Produkt an ihnen aussieht. Diese Möglichkeit stellt eine Nebenfunktion zur Hilfe einer Kaufentscheidung dar, denn primär geht es um den Verkauf des Produkts.[184]

Auch der Einsatz von Filtern auf Bildern oder Videos in sozialen Netzwerken **131** stellt eine solche Nebenfunktion dar, denn diese können nicht ohne die Hauptdienstleistung verwendet werden, welche aus der Weitergabe von Online-Inhalten besteht.[185]

b) Ableitung persönlicher Merkmale. Mithilfe des KI-Systems müssten **132** Schlussfolgerungen über persönliche Merkmale wie die Rasse, die politischen Einstellungen, die Gewerkschaftszugehörigkeit, die religiösen oder weltanschaulichen Überzeugungen, das Sexualleben oder die sexuelle Ausrichtung einer natürlichen Person gezogen werden können. Somit werden Daten aus den Bereichen der Privat- oder Intimsphäre behandelt, welche als besonders sensibel eingestuft werden können.

Das Verbot gilt auch nur für KI-Systeme mit denen direkte Ableitungen **133** bezweckt werden. Es reicht nicht aus, wenn sich aus Ableitungen zu anderen Zwecken, zum Beispiel die Ableitung über die Körpergröße aus medizinischen Gründen, mittelbar auch Rückschlüsse zu sensiblen persönlichen Merkmalen, wie die ethnische Herkunft bzw. Rasse ziehen lassen.

c) Ausnahme: Rechtmäßig erworbene biometrische Datensätze oder **134** **Strafverfolgung.** Art. 5 Abs. 1 lit. g Hs. 2 normiert zwei Ausnahmen: die Kennzeichnung oder Filterung rechtmäßig erworbener biometrischer Datensätze, wie zum Beispiel von Bildern auf der Grundlage biometrischer Daten, oder die Kategorisierung biometrischer Daten im Bereich der Strafverfolgung.

Die Ausnahme kommt dann zur Anwendung, wenn zur das KI-System auf **135** bereits existierende Datensätze zurückgreift, welche ihrerseits rechtmäßig erworben wurden. Eine biometrische Kategorisierung in Echtzeit ist somit ausgeschlossen, entspricht jedoch auch den Wertungen aus Art. 5 Abs. 1 lit. h iVm Abs. 2–7, wonach die Echtzeit-Identifizierung nur unter strengsten Voraussetzungen erlaubt sein soll, da diese als eingriffsintensiver als die nachträgliche Identifizierung erachtet wird. Ob die Wertungen aus Art. 3 Nr. 42, wonach unerhebliche Verzögerungen der Bestimmung als „Echtzeit-Identifizierung" nicht entgegenstehen, auch zur Bestimmung der „bereits existierenden Datensätze" übertragen werden können, bleibt ungeklärt.

Die Erlaubnis der biometrischen Kategorisierung im Bereich der Strafverfol- **136** gung wird gem. Art. 5 Abs. 1 lit. g ausnahmslos gewährleistet. Dies führt dazu, dass überaus bedenkliche Praktiken zugelassen werden.[186] So können Strafverfolgungsbehörden die biometrische Kategorisierung nicht nur zu Erkennungszwecken nutzen (beispielsweise wenn die Augenfarbe des gesuchten Straftäters bekannt ist und die biometrische Kategorisierung der Einkreisung des Personenkreises dient), sondern auch zum Zwecke der Ableitung der politischen Einstel-

[184] Erwgr. 16.
[185] Erwgr. 16.
[186] Martini/Wendehorst/Wendehorst Art. 5 Rn. 133.

lung oder Überzeugung.[187] Damit ist es erlaubt, seitens der Strafverfolgungsbehörden mithilfe eines KI-Systems zur biometrischen Kategorisierung eine Rechtsradikalität feststellen zu lassen.

8. Art. 5 Abs. 1 lit. h und Art. 5 Abs. 2–7: Verbot biometrischer Echtzeit-Identifizierung

137 Die Regulierung biometrischer Fernidentifizierungssysteme im öffentlichen Raum zählt zu den umstrittensten Aspekten der KI-Verordnung. Die gesetzgeberische Entwicklung war von intensiven Debatten zwischen verschiedenen Interessengruppen geprägt. Datenschutzbehörden,[188] Bürgerrechtsorganisationen[189] und das Europäische Parlament[190] plädierten für ein weitreichendes Verbot, da sie eine flächendeckende Massenüberwachung und potenzielle Diskriminierung befürchteten. Im Ergebnis wurde als Kompromiss eine komplexe Regelungsstruktur aus Verboten, Ausnahmen und Rückausnahmen in Art. 5 Abs. 1 lit. h sowie Art. 5 Abs. 2–7 etabliert.

138 Die Absätze 2–7 umfassen Vorschriften, die zu beachten sind, wenn von einer solchen Ausnahme Gebrauch gemacht werden soll.

139 In Erwgr. 32 wird das Verbot wie folgt begründet:

140 Das biometrische Echtzeit-Fernidentifizierungssystem „greift besonders in die Rechte und Freiheiten des betroffenen Personen ein, da sie die Privatsphäre eines großen Teil der Bevölkerung beeinträchtigt, ein Gefühl der ständigen Überwachung weckt und indirekt von der Ausübung der Versammlungsfreiheit und anderer Grundrechte abhalten kann."[191] Auch bestehe eine große Gefahr technischer Ungenauigkeiten von KI-Systemen, die für die biometrische Fernidentifizierung natürlicher Personen bestimmt sind, welche zu „verzerrten Ergebnissen[192]" führen können und eine „diskriminierende Wirkung[193]" haben können. Zudem „bergen die Unmittelbarkeit der Auswirkungen und die begrenzten Möglichkeiten weiterer Kontrollen oder Korrekturen im Zusammenhang mit der Verwendung solcher in Echtzeit betriebener Systeme erhöhte Risiken für die Rechte und Freiheiten der betreffenden Personen, die im Zusammenhang mit Strafverfolgungsmaßnahmen stehen oder davon betroffen sind."[194]

141 **a) Anwendungsbereich. aa) Biometrische Echtzeit-Fernidentifizierungssysteme. (1) Biometrische Fernidentifizierungssysteme.** Das Verbot aus Art. 5 Abs. 1 lit. h und Art. 5 Abs. 2–7 bezieht sich auf Systeme der biometrischen Echtzeit-Fernidentifizierung. Dieses wird in Art. 3 Nr. 41 als ein KI-System, das dem Zweck dient, natürliche Person ohne ihre aktive Einbeziehung und in der Regel aus der Ferne durch Abgleich der biometrischen Daten einer Person mit den in einer Referenzdatenbank gespeicherten biometrischen Daten zu identifizieren, definiert (Art. 4 Nr. 41).

---

187 Martini/Wendehorst/Wendehorst Art. 5 Rn. 133.

188 EDSA-EDSB, Stellungnahme 5/2021, Rn. 30 ff.

189 Kurzübersicht: Empfehlungen für eine menschenrechtskonforme Regulierung von Künstlicher Intelligenz (KI) in der EU | Amnesty International.

190 Parlamentsdokument P9_TA(2023)0236, Abänderung 227.

191 Erwgr. 32.

192 Erwgr. 32.

193 Erwgr. 32.

194 Erwgr. 32.

Deutlich wird, dass das Verbot insbesondere gelten soll, wenn die Identifikation heimlich erfolgt („ohne ihre aktive Einbeziehung“, „aus der Ferne“). Nicht klar war, ob bereits ein Hinweis auf eine solche Fernidentifikation und die weitere Interaktion der betroffenen Person dazu führt, das von einer aktiven Einbeziehung auszugehen ist. Zu denken ist hier an die Fernidentifikation an Flughäfen oder Bahnhöfen, wenn deutlich auf die Maßnahme hingewiesen wird, und die betroffenen Personen in den Bereich gehen, in dem die Fernidentifikation stattfindet. Denn der Gesetzestext stellt nicht auf eine Einwilligung ab, sondern nur auf eine aktive Einbeziehung. Eine aktive Einbeziehung setzt aber kein Einverständnis voraus. **142**

Die Kommission stellt nun klar, dass es für eine aktive Beteiligung nicht ausreichend ist, wenn die Person über das Vorhandensein der Kameras informiert wird.[195] Sie muss sich aktiv und bewusst vor die Kamera stellen, welche derartig positioniert ist, dass eine aktive Beteiligung möglich ist.[196] Somit setzt die aktive Einbeziehung eine einwilligende Komponente der betroffenen Person voraus. Das ungezielte Filmen durch Körperkameras, das von Strafverfolgungsbeamten bspw. während einer Demonstration eingesetzt werden kann, erfüllt mithin die Tatbestandsvoraussetzungen „aus der Ferne“ und „ohne aktive Beteiligung“.[197] **143**

Abzugrenzen ist auch von der Identifizierung vor Ort und mit aktiver Beteiligung der betroffenen Person, beispielsweise die Identifizierung aufgrund von Vorlage des Ausweises durch den Betroffenen. Auch in Erwgr. 33 wird ausdrücklich betont, dass Fähigkeit der Strafverfolgungs-, Grenzschutz-, Einwanderungs- oder Asylbehörden, gemäß den im Unionsrecht und im nationalen Recht für diesen Zweck festgelegten Bedingungen die Identität der betreffenden Person in ihrer Anwesenheit festzustellen, erhalten bleiben soll. Insbesondere in den Fällen, in welchen der Betroffene seine Identifizierung im Rahmen einer Identitätsfeststellung verweigert oder er nicht in der Lage ist seine Identität nachzuweisen, sollten den Behörden die Verwendung entsprechender Informationssysteme zur Identifizierung erlaubt bleiben.[198] **144**

Auch muss die betroffene Person identifiziert werden. Erkennt das KI-System nur einen bestimmten Zustand, etwa als hilflose Person im Schwimmbad oder einen Angriff an einer U-Bahnhaltestelle, ohne die Personen zu identifizieren, aber um andere Menschen zu informieren, handelt es sich nicht um ein biometrisches Fernidentifizierungssystem. **145**

(2) In Echtzeit. Unter einem biometrischen „Echtzeit-Fernidentifizierungssystem“ wird gem. Art. 3 Nr. 42 ein biometrisches Fernidentifizierungssystem, bei dem die Erfassung biometrischer Daten, der Abgleich und die Identifizierung ohne erhebliche Verzögerung erfolgen, und das zur Vermeidung einer Umgehung der Vorschriften nicht nur die sofortige Identifizierung, sondern auch eine Identifizierung mit begrenzten kurzen Verzögerungen umfasst, verstanden. **146**

Nachträgliche Fernidentifizierungssysteme unterfallen somit nicht dem Art. 5 sondern gehören zu den Hochrisiko-Systemen, wie sich aus Art. 26 Nr. 10 ergibt. Für diese gelten die Regelungen über Hochrisiko-Systeme gem. Art. 6 ff. **147**

Wann eine „Echtzeit“-Identifizierung vorliegt und wie diese von der nachträglichen Identifizierung abzugrenzen ist wird in Erwgr. 17 erläutert. Demnach ist **148**

[195] C(2025) 884 final, Rn. 306.
[196] C(2025) 884 final, Rn. 306.
[197] C(2025) 884 final, Rn. 308.
[198] Erwgr. 33.

von einer „Echtzeit"-Identifizierung auszugehen, wenn die Erfassung der biometrischen Daten, der Abgleich und die Identifizierung zeitgleich, nahezu zeitgleich oder auf jeden Fall ohne erhebliche Verzögerung erfolgen. Kleine Verzögerungen, welche nur der Umgehung des Verbotes dienen sollen, fallen ebenfalls unter den Begriff. „Echtzeit-Systeme" verwenden „Live-Material" oder „Near-live-Material" wie etwa Videoaufnahmen, die von einer Kamera oder einem anderen Gerät mit ähnlicher Funktion erzeugt werden.[199]

149 Nachträgliche Identifizierungssysteme hingegen erfassen zunächst die biometrischen Daten und der Abgleich und die Identifizierung erfolgen erst mit erheblicher Verzögerung. Dabei handelt es sich um Material wie etwa Bild- oder Videoaufnahmen, die von Video-Überwachungssystemen oder privaten Geräten vor der Anwendung des Systems auf die betroffenen natürlichen Personen erzeugt wurden.[200]

150 In der Praxis stellt sich damit die Frage, wie viel Zeit muss zwischen Aufnahme und Identifikation vergehen, um nicht unter das Verbot des Art. 5 zu fallen. Aus dem Gesetz ergeben sich keine zeitlichen Angaben. Die Gefahr, die für die betroffene Person besteht, liegt darin, dass für sie unerkannt der aktuelle Aufenthaltsort und Identität gleichzeitig in Echtzeit festgestellt werden, und sich daran weitere Maßnahmen knüpfen können (zB eine Ansprache oder Festnahme). Es liegt also nahe, die zeitliche Grenze der Echtzeit in dem Zeitpunkt zu ziehen, zu dem sich diese Gefahr nicht mehr realisieren kann. Konkret müsste man also messen, wie lange es dauert, bis sich die durchschnittliche Person von dem Ort der Aufnahme so weit entfernt hat, dass ein unmittelbarer Rückschluss auf ihren aktuellen Standort nicht mehr möglich ist. Auch die Kommission sieht den Zeitpunkt, in welchem die Person den Ort verlassen hat, als bedeutende Verzögerung an.[201]

151 Ob eine solche Unterscheidung zwischen „Echtzeit-" und nachträglicher Identifizierung den gesetzgeberischen Zweck des Schutzes der Privatsphäre fördert, bleibt zu bezweifeln. Letztlich macht es für den Betroffenen und die Intensität des Eingriffs in seine Privatsphäre keinen Unterschied, ob die Datenauswertung sofort oder erst am nächsten Tag erfolgt.[202] Die nachträgliche Datenauswertung hat sogar das Potential einer höheren Eingriffsintensität, denn dafür wäre eine Datenspeicherung und die Aufnahme aller Passanten und nicht nur des Betroffenen erforderlich.[203]

152 **bb) In öffentlich zugänglichen Räumen.** Die Echtzeit-Fernidentifizierung müsste zudem in einem öffentlich zugänglichen Raum stattfinden. Die Definition ist in Art. 3 Nr. 44 zu finden. Demnach ist unter einem öffentlich zugänglichen Raum ein einer unbestimmten Anzahl natürlicher Personen zugänglicher physischer Ort in privatem oder öffentlichem Eigentum, unabhängig davon, ob bestimmte Bedingungen für den Zugang gelten, und unabhängig von möglichen Kapazitätsbeschränkungen, zu verstehen.

153 Dahingegen ist ein Raum nicht öffentlich zugänglich, wenn der Zugang durch Gesetz oder durch eine eindeutige Willenserklärung einer Person, die die entsprechende Befugnis über den Ort ausübt, auf bestimmte natürliche Personen beschränkt.[204] Justizvollzugsanstalten und Grenzkontrollbereiche sollten nicht

---

199 Erwgr. 17.
200 Erwgr. 17.
201 C(2025) 884 final, Rn. 310.
202 Martini/Wendehorst/Wendehorst Art. 5 Rn. 144.
203 Martini/Wendehorst/Wendehorst Art. 5 Rn. 144.
204 Erwgr. 19.

zu den öffentlich zugänglichen Orten zählen.[205] Auch Unternehmens- und Fabrikgebäude sowie Büros und Arbeitsplätze sind keine öffentlich zugängliche Räume, wenn der Zugang nur für die Mitarbeiter und Dienstleister bestimmt ist.[206] Eine derartige Zugangsbeschränkung manifestiert sich beispielsweise in Form von Eingangssperren, die ausschließlich durch einen entsprechenden Schlüssel oder eine elektronische Zutrittskarte passiert werden können. Diese Berechtigungsnachweise befinden sich ausschließlich im Besitz der Mitarbeiter des Unternehmens.

Somit können Teile eines Gebäudes einen öffentlich zugänglichen Raum dar- **154**
stellen, während andere Gebäude nicht darunter fallen.[207] So kann der Eingangsbereich eines Unternehmens öffentlich zugänglich sein, während der Zugang zu den Büroräumen aufgrund der Zugangsbeschränkung keinen öffentlich zugänglichen Raum darstellt.

Im Umkehrschluss ist grundsätzlich der Einsatz eines biometrischen Echtzeit- **155**
Fernidentifizierungssystems in Büros oder an Arbeitsplätzen per se nicht gem. Art. 5 verboten.

cc) Zu Strafverfolgungszwecken. Zudem muss die Echtzeit-Fernidentifi- **156**
zierung zu Strafverfolgungszwecken erfolgen. Damit dürfte gemeint sein, dass die biometrische Fernidentifikation zur Strafverfolgung eingesetzt wird. Gem. Art. 3 Nr. 46 fallen unter den Begriff der „Strafverfolgung" Tätigkeiten der Strafverfolgungsbehörden oder in deren Auftrag zur Verhütung, Ermittlung, Aufdeckung oder Verfolgung von Straftaten oder zur Strafvollstreckung, einschließlich des Schutzes vor und der Abwehr von Gefahren für die öffentliche Sicherheit (Art. 3 Nr. 46). Gem. Art. 3 Nr. 45 ist eine „Strafverfolgungsbehörde" eine Behörde, die für die Verhütung, Ermittlung, Aufdeckung oder Verfolgung von Straftaten oder die Strafvollstreckung, einschließlich des Schutzes vor und der Abwehr von Gefahren für die öffentliche Sicherheit, zuständig ist, oder eine andere Stelle oder Einrichtung, der durch nationales Recht die Ausübung öffentlicher Gewalt und hoheitlicher Befugnisse zur Verhütung, Ermittlung, Aufdeckung oder Verfolgung von Straftaten oder zur Strafvollstreckung, einschließlich des Schutzes vor und der Abwehr von Gefahren für die öffentliche Sicherheit, übertragen wurde.

Findet die Fernidentifikation also nicht zu Strafverfolgungszwecken statt, son- **157**
dern zur Zugangskontrolle in einem Unternehmen, greift das Verbot nicht.

b) Zulässige Zwecke, Art. 5 Abs. 1 lit. h Ziff. i-iii. Das Verbot gilt jedoch **158**
nicht absolut. In Art. 5 Abs. 1 lit. h Ziff. i-iii sind Ausnahmen von dem Verbot vorgesehen. Unter sehr eingeschränkten Voraussetzungen ist die Verwendung von biometrischen Fernidentifikationssystemen zulässig, um einem erheblichen öffentlichen Interesse zu dienen, dessen Bedeutung die Risiken solcher Systeme überwiegt.[208]

aa) Gezielte Suche nach Opfern und vermissten Personen, Art. 5 Abs. 1 **159**
lit. h Ziff. i. Die erste Ausnahme betrifft die gezielte Suche nach bestimmten Opfern von Entführung, Menschenhandel oder sexueller Ausbeutung sowie die Suche nach vermissten Personen.

---

[205] Erwgr. 19.
[206] Martini/Wendehorst/Wendehorst Art. 3 Rn. 308.
[207] Martini/Wendehorst/Wendehorst Art. 3 Rn. 309.
[208] Erwgr. 33.

160 Die Ausnahme ist sachgerecht. Allerdings ist fraglich, ob es sich rechtlich wirklich um eine Ausnahme, oder nicht nur um eine Klarstellung handelt. Denn wenn durch die Fernidentifikation die Opfer selbst (und nicht die potentiellen Täter, um zu den Opfern zu gelangen) identifiziert werden sollen, dürfte es sich schon nicht um eine Tätigkeit zu Strafverfolgungszwecken handeln. Hier geht es vielmehr um die Gefahrenabwehr für die betroffenen Opfer.

161 Da es sich bei vermissten Personen auch um Individuen handeln kann, die aus freien Stücken untertauchen, ist insoweit fraglich, ob die Ausnahme gerechtfertigt ist, wenn eine Person nicht gefunden werden will, es sei denn, es handelt sich um einen untergetauchten Straftäter. Aufgrund dieser schwierigen Abgrenzung war der Europäische Rat gegen die Aufnahme Kategorie der „vermissten Personen" in den Gesetzeswortlaut.[209]

162 **bb) Abwendung konkreter Gefahren, Art. 5 Abs. 1 lit. h Ziff. ii.** Des Weiteren wird in Art. 5 Abs. 1 lit. h Ziff. I das Abwenden einer konkreten, erheblichen und unmittelbaren Gefahr für das Leben oder die körperliche Unversehrtheit natürlicher Personen oder einer tatsächlichen und bestehenden oder tatsächlichen und vorhersehbaren Gefahr eines Terroranschlags als Ausnahme aufgezählt.

163 Die Rechtsbegriffe gewähren einen großen Auslegungsspielraum. Zwar handelt es sich um typische Rechtsbegriffe aus dem mitgliedsstaatlichen Polizei- und Ordnungsrecht, können jedoch nicht unmittelbar auf die KI-VO angewandt werden. Jedoch könnte man die nationalen Definitionen als Auslegungshilfe heranziehen.

164 Zum einen muss es sich um eine konkrete Gefahr für das Leben oder die körperliche Unversehrtheit handeln. Dies ist bei einem Zustand gegeben, welcher nach objektiver Perspektive bei weiterem ungehindertem Geschehensablauf in absehbarer Zeit mit hinreichender Wahrscheinlichkeit zu einer Verletzung eines oder mehrerer Rechtsgüter führen wird.[210] Hypothetische oder allgemeine Gefahren sind hiervon ausgeschlossen.[211]

165 Daneben müsste eine unmittelbare Gefahr vorliegen. Der Schadensumschlag ist somit an erhöhte zeitliche Anforderungen geknüpft und kann ein *„sofortiges Handeln"*[212] erfordern. Potentielle Schäden in weiter Zukunft sind hier von nicht umfasst.[213]

166 Zuletzt sollte eine erhebliche Gefahr vorliegen. Die Erheblichkeit ist an der Schwere der Intensität des bedrohten Rechtsguts und der Verletzungen zu messen.[214]

167 Erwgr. 33 zieht außerdem den besonderen Fall der kritischen Infrastrukturen heran. Eine unmittelbare Gefahr für das Leben oder die körperliche Unversehrtheit natürlicher Personen liegt bei Eingriff der schwerwiegenden Störung einer kritischen Infrastruktur im Sinne des Artikels 2 Nummer 4 der Richtlinie (EU) 2022/2557 des Europäischen Parlaments und des Rates nahe. Nichtsdestotrotz reicht die bloße Störung kritischer Infrastrukturen an sich nicht aus. Vielmehr müsste die Störung oder Zerstörung einer solchen kritischen Infrastruktur zu einer unmittelbaren Gefahr für das Leben oder die körperliche Unversehrtheit einer Person führen. Darunter fällt auch die schwerwiegende Beeinträchtigung

209 https://data.consilium.europa.eu/doc/document/ST-14954-2022-INIT/de, S. 83.
210 Heusch/Ullrich/Posser VerfassungsR-HdB § 7 Rn. 25.
211 C(2025) 884 final, Rn. 343.
212 C(2025) 884 final, Rn. 342.
213 Martini/Wendehorst/Wendehorst Art. 5 Rn. 155.
214 Martini/Wendehorst/Wendehorst Art. 5 Rn. 155.

der Bereitstellung der Grundversorgung für die Bevölkerung oder der Wahrnehmung der Kernfunktion des Staates.[215]

168 Alternativ wird in Art. 5 Abs. 1 lit. h Ziff. ii eine Ausnahme für eine tatsächliche und bestehende oder eine tatsächliche und vorhersehbare Gefahr des Terroranschlags vorgesehen. Die Bewertung des Vorliegens eines Terroranschlags und der Grad der terroristischen Bedrohung wird auf nationaler Ebene festgelegt.[216] Das Vorliegen der „tatsächlichen und bestehenden oder tatsächlichen und vorhersehbaren Gefahr" entspricht hingegen einem eigenständigen Begriff des Unionsrechts und ist damit unabhängig von mitgliedsstaatlichen Definitionen zu beurteilen.[217] Dabei wird die Rechtsprechung des EuGH zur Vorratsdatenspeicherung und zu Maßnahmen der Fluggastdatenspeicherung zum Schutz der nationalen Sicherheit, insbesondere vor Terroranschlägen herangezogen.[218] Demzufolge muss *„eine Bedrohung der nationalen Sicherheit tatsächlich und gegenwärtig oder zumindest vorhersehbar sein, was voraussetzt, dass hinreichend konkrete Umstände eingetreten sind"*[219] vorliegen.

169 **cc) Aufspüren mutmaßlicher Straftäter, Art. 5 Abs. 1 lit. h Ziff. iii.** Der dritte aufgezählte zulässige Zweck ist das Aufspüren oder Identifizieren einer Person, die der Begehung einer Straftat verdächtigt wird, zum Zwecke der Durchführung von strafrechtlichen Ermittlungen oder von Strafverfahren oder der Vollstreckung einer Strafe für die in Anhang II aufgeführten Straftaten, die in dem betreffenden Mitgliedstaat nach dessen Recht mit einer Freiheitsstrafe oder einer freiheitsentziehenden Maßregel der Sicherung im Höchstmaß von mindestens vier Jahren bedroht ist.

170 Welche Verdachtsstufe vorliegen müsste, wird nicht präzisiert. Die Kommission setzt hinreichende Gründe für die Annahme der Begehung einer Straftat voraus, für welche bereits ausreichende Beweise für die Beteiligung der bestimmten Person an einer Straftat vorliegen.[220] Somit ist auch hier die Abgrenzung nicht ganz eindeutig. Jedenfalls kann ein solcher Verdacht bei Vorliegen eines (nationalen) Haftbefehls angenommen werden,[221] da hierfür ein „dringender Tatverdacht" vorliegen muss (§ 112 Abs. 1 StPO), welcher die höchste Verdachtsstufe darstellt. Zwingende Voraussetzung für den Einsatz von Echtzeit-Fernidentifizierungssysteme ist ein solcher jedoch nicht.[222]

171 Die in Anhang II aufgezählten Straftaten beruhen auf den 32 Straftaten aus dem Rahmenbeschluss 2002/584 JI,[223] wobei nur solche Straftaten in die Liste aufgenommen wurden, die sowohl praktisch relevant sind, als auch in Hinsicht auf die Schwere, die Wahrscheinlichkeit und das Ausmaß des Schadens oder möglicher negativer Folgen verhältnismäßig sind.[224]

---

[215] Erwgr. 33.
[216] C(2025) 884 final, Rn. 346.
[217] C(2025) 884 final, Rn. 346.
[218] C(2025) 884 final, Rn. 347.
[219] C(2025) 884 final, Rn. 347: Urteil des Gerichtshofs vom 20.9.2022 – C-793/19 (verbundene Rechtssachen C-793/19, C-794/19) ECLI:EU:C:2022:702 Rn. 93 – SpaceNet.
[220] C(2025) 884 final, Rn. 351.
[221] Martini/Wendehorst/Wendehorst Art. 5 Rn. 158.
[222] C(2025) 884 final, Rn. 354.
[223] Rahmenbeschluss 2002/584/JI des Rates vom 13.6.2002 über den Europäischen Haftbefehl und die Übergabeverfahren zwischen den Mitgliedstaaten (ABl. 2002 L 190, 1).
[224] Erwgr. 33.

172 In Anhang II sind folgende Straftaten aufgelistet: Terrorismus, Menschenhandel, sexuelle Ausbeutung von Kindern und Kinderpornografie, illegaler Handel mit Drogen oder psychotropen Stoffen, illegaler Handel mit Waffen, Munition oder Sprengstoffen, Mord, schwere Körperverletzung, illegaler Handel mit menschlichen Organen oder menschlichem Gewebe, illegaler Handel mit nuklearen oder radioaktiven Substanzen, Entführung, Freiheitsberaubung oder Geiselnahme, Verbrechen, die in die Zuständigkeit des Internationalen Strafgerichtshofs fallen, Flugzeug- oder Schiffsentführung, Vergewaltigung, Umweltkriminalität, organisierter oder bewaffneter Raub, Sabotage, Beteiligung an einer kriminellen Vereinigung, die an einer oder mehreren der oben genannten Straftaten beteiligt ist.

173 Im Anhang werden Straftaten genannt, unter welche nicht immer ein konkreter Straftatbestand zu fassen ist, beispielsweise existiert die „Sabotage[225]" als Delikt im deutschen Strafrecht nicht.[226] Auch werden unter den Straftaten aus Anhang II mehrere Straftatbestände im nationalen Recht der Mitgliedsstaaten gefasst, sodass eine Gefahr der einheitlichen Umsetzung aufgrund von Unklarheiten besteht.[227] Jedoch soll ohnehin durch die Mitgliedsstaaten eine Konkretisierung im jeweiligen nationalen Recht dahingehend erfolgen, festzulegen für welche dieser Straftaten die biometrische Echtzeit-Identifizierung zu Strafverfolgungszwecken Anwendung finden dürfte.[228]

174 Kritiker befürchten jedoch eine sukzessive Erweiterung dieser Liste, denn die Erfahrung zeigt, dass solche Kataloge mit der Zeit ein Eigenleben entwickeln und die Möglichkeit bieten, immer weiter nachzujustieren.[229]

175 Die erforderliche Schwelle einer Freiheitsstrafe oder einer freiheitsentziehenden Maßregel der Sicherung im Höchstmaß von mindestens vier Jahren in dem jeweiligen Mitgliedstaat wird in Erwgr. 33 damit begründet, dass diese dazu beiträgt, sicherzustellen, dass die Straftat schwerwiegend genug ist, um den Einsatz biometrischer Echtzeit-Fernidentifizierungssysteme zu rechtfertigen.[230]

176 **c) Weitere Zulässigkeitsvoraussetzungen, Art. 5 Abs. 2.** In Art. 5 Abs. 2 werden ergänzende Voraussetzungen genannt, die einzuhalten sind, wenn ausnahmsweise der Einsatz biometrischer Echtzeit-Fernidentifizierung erlaubt ist.

177 **aa) Beschränkung auf speziell betroffene Personen.** Eine wichtige Voraussetzung ist, dass ausschließlich die speziell betroffene Person identifiziert werden darf. Handelt es sich um eine Echtzeit-Fernidentifizierung anhand eines Überwachungsvideos, so ist die Identifizierung nicht gegenüber allen Passanten legitim. Rechtmäßig ist nur die Freischaltung der Profile in der Referenzdatenbank, welchen gegenüber eine Echtzeit-Fernidentifizierung gem. Art. 5 Abs. 1 lit. h Ziff. i-iii erlaubt ist.

178 Zu den in Art. 5 Abs. 1 lit. h Ziff. i und iii speziell betroffenen Personen gehören entweder die Opfer der Straftaten bzw. die vermissten Personen oder die mutmaßlichen Straftäter. Wer hingegen gem. Art. 5 Abs. 1 lit. h Ziff. ii zu dem speziell betroffenen Personenkreis gehört, bleibt offen. Vermutlich handelt es sich um die

---

[225] Martini/Wendehorst/Wendehorst Art. 5 Rn. 162; Unger Schutzlos ausgeliefert? Der Europäische Haftbefehl, S. 102.
[226] Martini/Wendehorst/Wendehorst Art. 5 Rn. 162.
[227] Martini/Wendehorst/Wendehorst Art. 5 Rn. 162.
[228] Erwgr. 37.
[229] Unsere Stellungnahme zum finalen Text der KI-Verordnung – LOAD e.V. (load-ev.de).
[230] Erwgr. 33.

Identifizierung eines potentiellen Gefährders. Erwgr. 34 spricht von einer Beschränkung auf das unbedingt Notwendige, sodass es unverhältnismäßig wäre die Identifizierung aller Personen im Umkreis des Gefahrenumfeldes durchzuführen.

bb) Strenge Verhältnismäßigkeitsprüfung. Art. 5 Abs. 2 setzt als zusätzliches Kriterium eine strenge Verhältnismäßigkeitsprüfung vor jeder Verwendung solcher Echtzeit-Fernidentifizierungssysteme voraus. Dabei werden enumerativ zwei Maßstäbe herangezogen, anhand derer die Prüfung zu erfolgen hat. **179**

cc) Schadensausmaß bei unterlassenem Einsatz. Zum einen sollte sich die Verhältnismäßigkeitsprüfung auf die Schwere, die Wahrscheinlichkeit und das Ausmaß des Schadens, der entstehen würde, wenn das System nicht eingesetzt würde beziehen. **180**

Dabei ist eine Abwägung dahingehend durchzuführen, welche Konsequenzen für das Opfer, das zu schützende Rechtsgut und den Erfolg der Strafverfolgung entstehen und bestehen würden, wenn die Maßnahme unterlassen wird. **181**

dd) Folgen der Verwendung. Zum anderen muss im Rahmen der Verhältnismäßigkeitsprüfung das Kriterium der Folgen der Verwendung des Systems für die Rechte und Freiheiten aller betroffenen Personen, insbesondere die Schwere, die Wahrscheinlichkeit und das Ausmaß solcher Folgen integriert werden. **182**

Dieses Kriterium beschäftigt sich auf der anderen Seite mit den Nachteilen, welche bei Durchführung der Maßnahme entstehen würden. Insbesondere sind in diesem Rahmen die Rechte und Freiheiten der betroffenen Personen zu beachten (Schwere). Auf Täterseite ist das Prinzip der Unschuldsvermutung gem. Art. 48 GRCh zu beachten, aber auch das Recht auf Privatsphäre (Art. 7 GRCh) und Datenschutz (Art. 8 GRCh) sollten im Rahmen der Prüfung Beachtung finden. **183**

Unter den „betroffenen Personen" sind nicht nur die Personen zu fassen, deren Profile in der Referenzbank zum Abgleich freigeschaltet wurden. Vielmehr geht es hier im Rahmen der Feststellung des Ausmaßes um das Interesse der Allgemeinheit, indem die Anzahl und die Kategorien von Personen (bspw. Schutzbedürftige), die von dem Eingriff betroffen sind ermittelt werden.[231] Somit werden alle Personen, welche aufgrund der Überwachungskamera das Gefühl der Überwachung erfahren und sich dadurch in ihrer Privatsphäre, ihrer Meinungsäußerungsfreiheit und ihrer Versammlungsfreiheit eingeschränkt fühlen, umfasst.[232] **184**

Schließlich ist die Wahrscheinlichkeit, dass ein bestimmtes nachteiliges Ereignis eintreten wird, zu ermitteln.[233] **185**

ee) Verhältnismäßige Schutzvorkehrungen und Bedingungen, Art. 5 Abs. 2 S. 2. Des Weiteren sind bei der Verwendung biometrischer Echtzeit-Fernidentifizierungssysteme in öffentlich zugänglichen Räumen zu Strafverfolgungszwecken im Hinblick auf die in Absatz 1 UAbs. 1 Buchstabe h des vorliegenden Artikels genannten Ziele notwendige und verhältnismäßige Schutzvorkehrungen und Bedingungen für die Verwendung im Einklang mit nationalem Recht über die Ermächtigung ihrer Verwendung einzuhalten, insbesondere in Bezug auf die zeitlichen, geografischen und personenbezogenen Beschränkungen. Hierbei geht es um Maßnahmen, die die grundrechtlich geschützten Interessen der betroffenen Personen wahren, insbesondere Art. 7 und Art. 8 der EU-Grundrechte Charta. **186**

---

231 C(2025) 884 final, Rn. 362.

232 Martini/Wendehorst/Wendehorst Art. 5 Rn. 170.

233 C(2025) 884 final, Rn. 364.

187 **ff) Grundrechtsfolgenabschätzung und Registrierungspflicht, Art. 5 Abs. 2 S. 3, 4.** In Art. 5 Abs. 2 S. 3, 4 sind weitere Zulässigkeitsvoraussetzungen vorgeschrieben. Dabei handelt es sich vorrangig um Verfahrensanforderungen. Die Verwendung biometrischer Echtzeit-Fernidentifizierungssysteme in öffentlich zugänglichen Räumen ist nur dann zu gestatten, wenn die Strafverfolgungsbehörde eine Folgenabschätzung im Hinblick auf die Grundrechte gemäß Artikel 27 abgeschlossen und das System gemäß Artikel 49 in der EU-Datenbank registriert hat. In hinreichend begründeten dringenden Fällen kann jedoch mit der Verwendung solcher Systeme zunächst ohne Registrierung in der EU-Datenbank begonnen werden, sofern diese Registrierung unverzüglich erfolgt.

188 **d) Genehmigungsverfahren Art. 5 Abs. 3, 5.** Für den Einsatz biometrischer Echtzeit-Fernidentifizierungssysteme ist eine Genehmigung unumgänglich. Hierfür ist zunächst die Festlegung eines nationalrechtlichen Rechtsrahmens erforderlich, Art. 5 Abs. 5. Auf dieser Grundlage erfolgt im Einzelfall die Genehmigung für den konkreten Einsatz, Art. 5 Abs. 3.

189 **aa) Einzelgenehmigung, Art. 5 Abs. 3.** Art. 5 Abs. 3 UAbs. 1 und UAbs. 2 S. 1, 2 behandelt das Genehmigungsverfahren in Bezug auf die konkrete Verwendung eines biometrischen Echtzeitfernidentifizierungssystems. Art. 5 Abs. 3 UAbs. 2 S. 3 behandelt dagegen den anschließenden Umgang mit den Ausgabedaten nach erfolgreicher Genehmigung. Aufgrund der thematischen Trennung wird dieser als gesonderter Punkt (s. unten) aufgeführt.

190 Art. 5 Abs. 3 UAbs. 1 S. 1 schreibt vor, dass für jede konkrete Nutzung eine vorherige Genehmigung erforderlich ist, die von einer Justizbehörde oder einer unabhängigen Verwaltungsbehörde des Mitgliedstaats, in dem die Verwendung erfolgen soll, auf begründeten Antrag und gemäß den in Absatz 5 genannten detaillierten nationalen Rechtsvorschriften erteilt wird, wobei deren Entscheidung bindend ist. Ein Antrag wird in der Regel von der zuständigen (Strafverfolgungs-)Behörde gestellt.[234] Die zuständige Behörde prüft im Rahmen des Antrags, ob alle gesetzlichen Voraussetzungen erfüllt sind, insbesondere ob der Einsatz verhältnismäßig, rechtlich gerechtfertigt und auf das in Bezug auf den Zeitraum sowie den geografischen und persönlichen Anwendungsbereich unbedingt erforderliche Maß beschränkt bleibt, Art. 5 Abs. 3 UAbs. 2 S. 1. Bei ihrer Entscheidung über den Antrag berücksichtigt diese Behörde die in Absatz 2 genannten Elemente, Art. 5 Abs. 3 UAbs. 2 S. 2. Somit ist ein Genehmigungsantrag grundsätzlich vor dem Einsatz der Maßnahme gestellt werden.

191 Ausnahmsweise kann gem. Art. 5 Abs. 3 UAbs. 1 S. 2 in hinreichend begründeten dringenden Fällen jedoch mit der Verwendung eines solchen Systems zunächst ohne Genehmigung begonnen werden, sofern eine solche Genehmigung unverzüglich, spätestens jedoch innerhalb von 24 Stunden beantragt wird. Gem. Erwgr. 35 handelt es sich um Situationen, in denen es wegen der Notwendigkeit der Verwendung der betreffenden biometrischen Fernidentifikationssysteme tatsächlich und objektiv unmöglich ist, vor dem Beginn deren Verwendung eine Genehmigung einzuholen. In solchen dringenden Fällen sollte die Verwendung des KI-Systems auf das *„absolut notwendige Mindestmaß*[235]" beschränkt werden. Der Rechtsrahmen solcher Eilfälle sollte im nationalen Recht festgelegt werden und

[234] C(2025) 884 final, Rn. 385.
[235] Erwgr. 35.

„im Zusammenhang mit jedem einzelnen dringenden Anwendungsfall von der Strafverfolgungsbehörde selbst präzisiert werden[236]*“.*[237]

Eine Genehmigung muss unverzüglich, spätestens jedoch nach 24 Stunden nachgeholt werden und eine Begründung für die Kategorisierung des vorliegenden Falls als Eilfall beinhalten.[238] **192**

Wird keine Genehmigung erteilt, wird gem. Art. 5 Abs. 3 UAbs. 1 S. 3 die Verwendung des biometrischen Fernidentifikationssystems mit sofortiger Wirkung eingestellt. Alle Daten sowie die Ergebnisse und Ausgaben dieser Verwendung werden unverzüglich verworfen und gelöscht. Bei den Daten handelt es sich laut Erwgr. 35 um Eingabedaten, *„die von einem KI-System während der Nutzung eines solchen Systems direkt erfasst werden, sowie die Ergebnisse und Ausgaben der mit dieser Genehmigung verbundenen Verwendung*[239]*“*. Rechtmäßig erhobene Daten bleiben hiervon unberührt.[240] Das heißt, ausschließlich in dem Fall, in welchem eine Datenbank für die Identifizierung verwendet wurde, welche auf rechtmäßige Weise für legitime Zwecke und gerade nicht für die verbotene Verwendung der Echtzeit-Fernidentifizierung erstellt wurde, darf die Datenbank behalten werden.[241] **193**

Die Genehmigung kann nur von einem Gericht oder einer unabhängigen Verwaltungsbehörde erteilt werden, da deren Entscheidung verbindlich ist.[242] **194**

bb) Mitgliedstaatlicher Rechtsrahmen, Art. 5 Abs. 5. Die Mitgliedsstaaten sind nicht verpflichtet die Genehmigungsfähigkeit für alle Ausnahmetatbestände des Art. 5 Abs. 1 lit. h und 2, 3 in den vorgegebenen Grenzen in das nationale Recht umzusetzen. Vielmehr steht es ihnen gem. Art. 5 Abs. 5 S. 1 frei, eine solche Möglichkeit generell oder nur in Bezug auf einige der in dieser Verordnung genannten Ziele, für die eine genehmigte Verwendung gerechtfertigt sein kann, vorzusehen.[243] **195**

Hat sich ein Mitgliedsstaat auf einen Rechtsrahmen festgelegt, ist er gem. Art. 5 Abs. 5 S. 2 verpflichtet, in mitgliedsstaatlichen Recht die erforderlichen detaillierten Vorschriften für die Beantragung, Erteilung und Ausübung der in Absatz 3 genannten Genehmigungen sowie für die entsprechende Beaufsichtigung und Berichterstattung festzulegen. Dabei ist auch gem. Art. 5 Abs. 5 S. 2 darzustellen, welche der in Art. 5 Abs. 1 lit. h aufgezählten Ziele und welche der in Anhang II aufgelisteten Straftaten ins nationale Recht übernommen werden. Daraus folgt, dass die Mitgliedstaaten im Einklang mit dem Unionsrecht auch strengere Rechtsvorschriften für die Verwendung biometrischer Fernidentifizierungssysteme erlassen können, Art. 5 Abs. 5 S. 5. Die nationalen Gesetze bilden die Rechtsgrundlage für den Einsatz solcher Systeme.[244] **196**

Schließlich teilen die Mitgliedstaaten der Kommission diese Vorschriften spätestens 30 Tage nach ihrem Erlass mit, Art. 5 Abs. 5 S. 4. **197**

---

[236] Erwgr. 35.
[237] Erwgr. 35.
[238] Erwgr. 35.
[239] Erwgr. 35.
[240] Erwgr. 35.
[241] C(2025) 884 final, Rn. 404.
[242] C(2025) 884 final, Rn. 391.
[243] Erwgr. 37.
[244] C(2025) 884 final, Rn. 414.

198 **e) Verwertung der Ausgaben, Art. 5 Abs. 3 UAbs. 2 S. 3.** Systematisch an unpassender Stelle bezieht sich Art. 5 Abs. 3 UAbs. 2 S. 3 auf die anschließende Verwertung der Ausgabedaten. Eine Entscheidung, aus der sich eine nachteilige Rechtsfolge für eine Person ergibt, darf nicht ausschließlich auf der Grundlage der Ausgabe des biometrischen Echtzeit-Fernidentifizierungssystems getroffen werden.[245]

199 Zur Definition der Ausschließlichkeit können die Grundsätze des Art. 5 Abs. 1 lit. d, in welchem die Risikobewertung der Begehung einer Straftat einer Person ausschließlich auf Grundlage eines KI-Systems verboten ist. Demnach ist die Ausschließlichkeit dann gegeben, wenn im Laufe des Entscheidungsprozesses kein menschlicher Einfluss involviert war.

200 Dabei kommt es darauf an, ob dem menschlichen Einfluss eine eigene Aussagekraft zugeordnet werden kann. Dies ist von seinem Ausbildungsstand, seiner Entscheidungsbefugnis und weiteren relevanten Umständen abhängig.[246] Es ist zu prüfen, ob die Person eine legitime Überprüfungsinstanz darstellt oder eine von der KI vollständig erarbeitete Empfehlung mechanisch bestätigt.[247] Auch die Definition menschlicher Aufsicht in Art. 14 Abs. 5 setzt eine getrennte Prüfung und Bestätigung der Identifizierung von mindestens zwei natürlichen Personen, die die notwendige Kompetenz, Ausbildung und Befugnis besitzen, voraus.

201 **f) Anzeige- und Berichtspflichten Art. 5 Abs. 4, 6, 7.** Neben der Genehmigungspflicht werden in Ar. 5 Abs. 4, 6, 7 bestimmte Anzeige- und Berichtspflichten auferlegt.

202 **aa) Anzeige an Marktüberwachungs- und Datenschutzbehörde, Art. 5 Abs. 4. Gem. Art. 5 Abs. 4 soll** jede Verwendung eines biometrischen Echtzeit-Fernidentifizierungssystems in öffentlich zugänglichen Räumen zu Strafverfolgungszwecken der zuständigen Marktüberwachungsbehörde und der nationalen Datenschutzbehörde gemäß den in Absatz 5 genannten nationalen Vorschriften mitgeteilt werden. Grund dafür ist die Gewährleistung der Erfüllung der Aufgaben der Marktüberwachungsbehörden und der nationalen Datenschutzbehörden im Einklang mit den Anforderungen dieser Verordnung und der nationalen Vorschriften.[248]

203 Die Mitteilung muss mindestens die in Absatz 6 genannten Angaben enthalten und darf keine sensiblen operativen Daten enthalten. Sensible operative Daten sind gem. Art. 3 Nr. 38 operative Daten im Zusammenhang mit Tätigkeiten zur Verhütung, Aufdeckung, Untersuchung oder Verfolgung von Straftaten, deren Offenlegung die Integrität von Strafverfahren gefährden könnte.

204 **bb) Bericht an Kommission, Art. 5 Abs. 6.** Die nationalen Marktüberwachungsbehörden und die nationalen Datenschutzbehörden der Mitgliedstaaten,

---

[245] Erwgr. 35.

[246] Martini/Wendehorst/Wendehorst Art. 5 Rn. 187.

[247] Martini/Wendehorst/Wendehorst Art. 5 Rn. 84; Gola/Heckmann/Schulz DS-GVO Art. 22 Rn. 11 ff.; Kühling/Buchner/Buchner DS-GVO Art. 22 Rn. 16; BeckOK DatenschutzR/v. Lewinski DS-GVO Art. 22 Rn. 24 ff.; vgl. dazu auch Artikel-29-Datenschutzgruppe, Leitlinien zu automatisierten Entscheidungen, abrufbar unter: https://www.datenschutzstelle.li/application/files/4416/3050/1496/wp251rev01_de.pdf. (zuletzt abgerufen am 21.1.2025).

[248] Erwgr. 36.

denen gemäß Absatz 4 die Verwendung biometrischer Echtzeit-Fernidentifizierungssysteme in öffentlich zugänglichen Räumen zu Strafverfolgungszwecken mitgeteilt wurden, legen der Kommission Jahresberichte über diese Verwendung vor. Zu diesem Zweck soll die Kommission den Mitgliedstaaten und den nationalen Marktüberwachungs- und Datenschutzbehörden ein Muster zur Verfügung stellen. Dabei sollen Angaben über die Anzahl der Entscheidungen der zuständigen Justizbehörden oder einer unabhängigen Verwaltungsbehörde, deren Entscheidung über Genehmigungsanträge gemäß Absatz 3 bindend ist, und deren Ergebnis enthalten sein.

Solche Jahresberichte sind auch in anderen Rechtsvorschriften wie Art. 59 DS- **205**
GVO, Art. 39 MÜVO oder Art. 55 DSA zu finden.

cc) Veröffentlichung der Jahresberichte, Art. 5 Abs. 7. Die Kommission **206**
veröffentlicht Jahresberichte über die Verwendung biometrischer Echtzeit-Fernidentifizierungssysteme in öffentlich zugänglichen Räumen zu Strafverfolgungszwecken, die auf aggregierten Daten aus den Mitgliedstaaten auf der Grundlage der in Absatz 6 genannten Jahresberichte beruhen. Diese Jahresberichte dürfen keine sensiblen operativen Daten (Art. 3 Nr. 38) im Zusammenhang mit den damit verbundenen Strafverfolgungsmaßnahmen enthalten.

g) Verbote nach anderen Rechtsvorschriften, Art. 5 Abs. 8. Dieser Arti- **207**
kel berührt nicht die Verbote, die gelten, wenn KI-Praktiken gegen andere Rechtsvorschriften der Union verstoßen, Art. 5 Abs. 8. Somit bleiben Verbote aus anderen Rechtsvorschriften erhalten. Sinn und Zweck der Norm ist es, eine Handlung, welche grundsätzlich unter Verbot steht, auch dann zu verbieten, wenn diese mithilfe eines KI-Systems durchgeführt wurde. Die Einhaltung der Verbote des KI-Gesetzes ist daher keine hinreichende Bedingung für die Einhaltung andere Rechtsvorschriften der Union, die für Akteure von KI-Systemen weiterhin gelten.[249] Die einzige Ausnahme bildet Art. 10 RL (EU) 2016/680, welcher subsidiär zu den Verboten bezüglich der Echtzeit-Fernidentifizierung zu Strafverfolgungszwecken aus dem KI-Gesetz ist.[250]

– Bsp.: So unterliegen beispielsweise KI-gestützte Emotionserkennungssysteme, die am Arbeitsplatz eingesetzt werden und die vom Verbot des Artikels 5 Abs. 1 lit. f des KI-Gesetzes ausgenommen sind, weil sie aus medizinischen oder sicherheitstechnischen Gründen eingesetzt werden, weiterhin dem Datenschutzrecht sowie den Rechtsvorschriften der Union und der Mitgliedstaaten über die Beschäftigungs- und Arbeitsbedingungen, einschließlich des Gesundheitsschutzes und der Sicherheit am Arbeitsplatz, die weitere Einschränkungen und Schutzmaßnahmen in Bezug auf den Einsatz solcher Systeme vorsehen können.[251]

Zwar geht es dem Wortlaut nach nur um Rechtsvorschriften der Union, jedoch **208**
sollte dies nicht dahingehend ausgelegt werden, dass Verbotsnormen aus dem nationalen Recht keine Anwendung für Handlungen unter Verwendung von KI-Systemen finden. Vielmehr sollte der Wortlaut als „Rechtsvorschriften der Union oder mit dem Unionsrecht im Einklang stehende Rechtsvorschriften der Mitgliedstaaten“[252] ausgelegt werden.

---

[249] C(2025) 884 final, Rn. 43.
[250] C(2025) 884 final, Rn. 46.
[251] Übernommen aus: C(2025) 884 final, Rn. 43.
[252] Martini/Wendehorst/Wendehorst Art. 5 Rn. 193.

209 In Erwgr. 45 der KI-Verordnung werden das Datenschutzrecht, das Nichtdiskriminierungsrecht, das Verbraucherschutzrecht sowie das Wettbewerbsrecht ausdrücklich genannt. Die einschlägigen Rechtsnormen dieser Rechtsgebiete weisen erhebliche Überschneidungen mit den Regelungen des Art. 5 der Verordnung auf. Dennoch ist diese Aufzählung nicht als abschließend zu verstehen. Vielmehr ist davon auszugehen, dass auch weitere Rechtsvorschriften der Europäischen Union, die den Schutz grundlegender Rechte und Interessen bezwecken, in den Anwendungsbereich von Art. 5 Abs. 8 S. 2 fallen können.

Kapitel III. Hochrisiko-KI-Systeme

Abschnitt 1. Einstufung von KI-Systemen als Hochrisiko-KI-Systeme

Art. 6* Einstufungsvorschriften für Hochrisiko-KI-Systeme

(1)** Ungeachtet dessen, ob ein KI-System unabhängig von den unter den Buchstaben **a und b genannten Produkten in Verkehr gebracht oder in Betrieb genommen wird, gilt es als Hochrisiko-KI-System, wenn die beiden folgenden Bedingungen erfüllt sind:**

a) das KI-System soll als Sicherheitsbauteil eines unter die in Anhang I aufgeführten Harmonisierungsrechtsvorschriften der Union fallenden Produkts verwendet werden oder das KI-System ist selbst ein solches Produkt;

b) das Produkt, dessen Sicherheitsbauteil gemäß Buchstabe a das KI-System ist, oder das KI-System selbst als Produkt muss einer Konformitätsbewertung durch Dritte im Hinblick auf das Inverkehrbringen oder die Inbetriebnahme dieses Produkts gemäß den in Anhang I aufgeführten Harmonisierungsrechtsvorschriften der Union unterzogen werden.

(2) **Zusätzlich zu den in Absatz 1 genannten Hochrisiko-KI-Systemen gelten die in Anhang III genannten KI-Systeme als hochriskant.**

(3) *[1]* **Abweichend von Absatz 2 gilt ein in Anhang III genanntes KI-System nicht als hochriskant, wenn es kein erhebliches Risiko der Beeinträchtigung in Bezug auf die Gesundheit, Sicherheit oder Grundrechte natürlicher Personen birgt, indem es unter anderem nicht das Ergebnis der Entscheidungsfindung wesentlich beeinflusst.**

[2] **Absatz 1 gilt, wenn eine der folgenden Bedingungen erfüllt ist:**

a) das KI-System ist dazu bestimmt, eine eng gefasste Verfahrensaufgabe durchzuführen;

b) das KI-System ist dazu bestimmt, das Ergebnis einer zuvor abgeschlossenen menschlichen Tätigkeit zu verbessern;

c) das KI-System ist dazu bestimmt, Entscheidungsmuster oder Abweichungen von früheren Entscheidungsmustern zu erkennen, und ist nicht dazu gedacht, die zuvor abgeschlossene menschliche Bewertung ohne eine angemessene menschliche Überprüfung zu ersetzen oder zu beeinflussen; oder

d) das KI-System ist dazu bestimmt, eine vorbereitende Aufgabe für eine Bewertung durchzuführen, die für die Zwecke der in Anhang III aufgeführten Anwendungsfälle relevant ist.

---

* Kapitel III (Art. 6–49) gilt gem. Art. 113 UAbs. 2 ab 2.8.2026, mit Ausnahme des Abschnitts 4, der gem. Art. 113 UAbs. 3 Buchst. b bereits ab 2.8.2025 gilt.

** Art. 6 Abs. 1 und die entsprechenden Verpflichtungen dieser VO gelten gem. Art. 113 Abs. 3 Buchst. c erst ab 2.8.2027.

[3] Ungeachtet des Absatz 1 gilt ein in Anhang III aufgeführtes KI-System immer dann als hochriskant, wenn es ein Profiling natürlicher Personen vornimmt.

(4) [1]**Ein Anbieter, der der Auffassung ist, dass ein in Anhang III aufgeführtes KI-System nicht hochriskant ist, dokumentiert seine Bewertung, bevor dieses System in Verkehr gebracht oder in Betrieb genommen wird.** [2]**Dieser Anbieter unterliegt der Registrierungspflicht gemäß Artikel 49 Absatz 2.** [3]**Auf Verlangen der zuständigen nationalen Behörden legt der Anbieter die Dokumentation der Bewertung vor.**

(5) **Die Kommission stellt nach Konsultation des Europäischen Gremiums für Künstliche Intelligenz (im Folgenden „KI-Gremium") spätestens bis zum 2. Februar 2026 Leitlinien zur praktischen Umsetzung dieses Artikels gemäß Artikel 96 und eine umfassende Liste praktischer Beispiele für Anwendungsfälle für KI-Systeme, die hochriskant oder nicht hochriskant sind, bereit.**

(6) **Die Kommission ist befugt, gemäß Artikel 97 delegierte Rechtsakte zu erlassen, um Absatz 3 Unterabsatz 2 des vorliegenden Artikels zu ändern, indem neue Bedingungen zu den darin genannten Bedingungen hinzugefügt oder diese geändert werden, wenn konkrete und zuverlässige Beweise für das Vorhandensein von KI-Systemen vorliegen, die in den Anwendungsbereich von Anhang III fallen, jedoch kein erhebliches Risiko der Beeinträchtigung in Bezug auf die Gesundheit, Sicherheit oder Grundrechte natürlicher Personen bergen.**

(7) **Die Kommission erlässt gemäß Artikel 97 delegierte Rechtsakte, um Absatz 3 Unterabsatz 2 des vorliegenden Artikels zu ändern, indem eine der darin festgelegten Bedingungen gestrichen wird, wenn konkrete und zuverlässige Beweise dafür vorliegen, dass dies für die Aufrechterhaltung des Schutzniveaus in Bezug auf Gesundheit, Sicherheit und die in dieser Verordnung vorgesehenen Grundrechte erforderlich ist.**

(8) **Eine Änderung der in Absatz 3 Absatz 2 festgelegten Bedingungen, die gemäß den Absätzen 6 und 7 des vorliegenden Artikels erlassen wurde, darf das allgemeine Schutzniveau in Bezug auf Gesundheit, Sicherheit und die in dieser Verordnung vorgesehenen Grundrechte nicht senken; dabei ist die Kohärenz mit den gemäß Artikel 7 Absatz 1 erlassenen delegierten Rechtsakten sicherzustellen und die Marktentwicklungen und die technologischen Entwicklungen sind zu berücksichtigen.**

Literatur: Arnold/Bopp/Schripke, Arbeitgeberpflichten beim KI-Einsatz: Risiken erkennen, Pflichten begrenzen, NZA 2025, 1351; Ashkar/Schröder, Das Gesetz über künstliche Intelligenz der Europäischen Union (KI-Verordnung), BB 2024, 771; Bäuerle, Automatisierte und KI-gesteuerte Datenverarbeitung und -analyse bei den Sicherheitsbehörden, ZD 2025, 128; Bauer/Merkle/Sedlmaier, Der Einsatz von KI im Fahrzeug, KIR 2025, 300; Baumann, Generative KI und Urheberrecht – Urheber und Anwender im Spannungsfeld, NJW 2023, 3673; Becker/Feuerstack, Der neue Entwurf des EU-Parlaments für eine KI-Verordnung, MMR 2024, 22; Becker/Feuerstack, Die EU-KI-Verordnung, KIR 2024, 62; Biallaß, Die Auswirkungen der KI-VO auf die Justiz, MMR 2024, 646; Binder/Egli, Umgang mit Hochrisiko-KI-Systemen in der KI-VO, MMR 2024, 626; Bomhard/Merkle, Europäische KI-Verordnung, RDi 2021, 276; Bomhard/Siglmüller, AI Act – das Trilogergebnis, RDi 2024, 45; Borges, Die europäische KI-Verordnung (AI Act) – Teil 1 Überblick, Anwendungsbereich und erste Einschätzung, CR 2024, 497;

Borges, Die europäische KI-Verordnung (AI Act) Teil 2 – Risikomanagement für Hochrisiko-KI-Systeme, CR 2024, 565; Bronner, Der Artificial Intelligence Act (AI Act) der Europäischen Union: Balanceakt für den anstehenden Trilog, jurisPR-ITR 15/2023 Anm. 2; Bronner, Risikoklassifizierung, Risikobewertung und Risikominimierung nach der KI-Verordnung, KIR 2024, 55; Buchholz, Die Regulierung künstlicher Intelligenz in kritischer Infrastrukturen der Energiewirtschaft nach der europäischen KI-Verordnung, EnWZ 2025, 309; Burk/Chen/Haftenberger/Khoransani, Künstlich intelligente Medizinprodukte im regulatorischen Korsett aus MDR/IVDR und KI-VO – Komplikation mit Mehrwert?, MPR 2025, 176; Chibanguza/Steege, Die KI-Verordnung – Überblick über den neuen Rechtsrahmen, NJW 2024, 1769; Denga, Konformitätsbewertung von KI-Systemen, ZfPC 2023, 154; Dienes, Anforderungen an die menschliche Aufsicht über Künstliche Intelligenz, MMR 2024, 456; Ditscheid/Taghavian, KI im Kundenservice: Chancen und regulatorische Herausforderungen, MMR 2024, 746; Dranhanský/Dvorák/Vána, Personenerkennung mittels 3D Handgeometrie, DuD 2011, 169; Dranhanský/Goldmann/Spurný, Gesichtsdetektion und -erkennung in Videos aus öffentlichen Kamerasystemen, DuD 2017, 415; Ebers, Die KI-Verordnung ante portas: Ein neuer Rechtsrahmen für Legal Tech?, LTZ 2024, 1; Ebers/Hoch/Rosenkranz/Ruschemeier/Steinrötter, Der Entwurf für eine EU-KI-Verordnung: Richtige Richtung mit Optimierungsbedarf, RDi 2021, 528; Ebers/Streitbörger, Die Regulierung von Hochrisiko-KI-Systemen in der KI-Verordnung, RDi 2024, 393; Ebert/Spiecker gen. Döhmann, Der Kommissionsentwurf für eine KI-Verordnung der EU, NVwZ 2021, 1188; EDPB/EDSA, Leitlinien 2/2021 vom 7.7.2021 zu virtuellen Sprachassistenten, Version 2.0, Rn. 128–135; Engelmann/Brunotte/Lütkens, Regulierung von Legal Tech durch die KI-Verordnung, RDi 2021, 317; Feldkamp/Kappler/Poretschkin/Schmitz/Weiss, Rechtliche Fairnessanforderungen an KI-Systeme und ihre technische Evaluation – Eine Analyse anhand ausgewählter Kreditscoring-Systeme unter besonderer Berücksichtigung der zukünftigen europäischen KI-Verordnung, ZfDR 2024, 60; Feuerstack/Becker/Hertz, Die Entwürfe des EU-Parlaments und der EU-Kommission für eine KI-Verordnung im Vergleich, ZfDR 2023, 421; Francken, Die Auswirkung der KI-Verordnung auf das arbeitsgerichtliche Verfahren, NZA 2024, 1454; Frank/Heine, Arbeitsrechtliche Dimension der KI-Verordnung, NZA 2024, 433; Frank/Heine, KI-Einsatz im Betrieb unter der KI-Verordnung, NZA 2023, 1281; Fröhlich, Antidiskriminierungsrechtskonforme Entscheidungen durch KI-Systeme, GRUR-Prax 2024, 415; Gassner, Menschliche Aufsicht über intelligente Medizinprodukte, MPR 2023, 5, Gerdemann, Harmonisierte Normen und ihre Bedeutung für die Zukunft der KI, MMR 2024, 614; Gerdemann, Konformitätsbewertung als Kernpflicht der KI-Verordnung, NJW 2024, 2209; Gomez-Barrero, Biometrie und Datenschutz, DuD 2017, 448; Günay, Biometrische Daten aus der Perspektive der DSGVO, DuD 2023, 96; Günther/Gerigk/Berger, Von Algorithmen und Arbeitnehmern: Die europarechtliche Regulierung von KI im arbeitsrechtlichen Kontext, NZA 2024, 234; Hahn, Die Regulierung biometrischer Fernidentifizierung in der Strafverfolgung im KI-Verordnungsentwurf der EU-Kommission, ZfDR 2023, 142; Heil, Die neue KI-Verordnung (E), MPR 2022, 1; Heine/Köhler, Das Beschäftigungsdatengesetz als Blaupause der KI-Regulierung, NZA 2024, 1547; Honer/Schöbel, Das Gesetz über Künstliche Intelligenz im System der europäischen Digitalregulierung – Ein Überblick, JuS 2024, 648; Hoos, KI trifft auf Medizinprodukte – Das zukünftige Zusammenspiel von AI-Act und MDR, ZfPC 2024, 168; Hornung/Schindler, Datenschutz bei der biometrischen Gesichtserkennung, DuD 2021, 515; Höving/Ringlage/Weschky, Zwischen horizontaler Geltung und sektoraler Delegation: Die Funktionsweise des Art. 2 Abs. 2 KI-VO im Gefüge des europäischen Produktsicherheitsrechts, ZfPC 2025, 241; Hubert/Paschke, Mobile (Land-)Maschinen und Roboter zwischen Automatisierung und Autonomie, InTeR 2026, 2; Klos/Taylan, Von der Theorie zur Praxis: Die EU-KI-Verordnung effektiv umsetzen, CCZ 2024, 205; Knauff, Rechtsprechung und Künstliche Intelligenz, ThürVBl 2024, 29; Köhler, Das Verbot der automatisierten Einzelentscheidung und der hinreichende Einfluss des Menschen, EuDIR 2025, 16; Kohpeiß/Schaller, Systeme zur

Angriffserkennung nach dem neuen EU-Cybersicherheitsrahmen – Hochrisiko-Systeme der KI-Verordnung? Systeme zur Angriffserkennung unter Berücksichtigung der NIS-2-RL, CER-RL und dem NIS2UmsetzG, sowie eine Einordnung in die Vorschriften der KI-VO, CR 2024, 22; Krönke, Das europäische KI-Gesetz: Eine Verordnung mit Licht und Schatten, NVwZ 2024, 529; Lang/Schwaab, Einsatz von Künstlicher Intelligenz in Personalabteilungen, LTZ 2025, 28; Lauber-Rönsberg/Meinel/Laux/Ruschemeier, Hochrisiko oder Ausnahme, KIR 2025, 399; Lauscher/Legner, Künstliche Intelligenz und Diskriminierung, ZfDR 2022, 367; Legner, KI-Verordnung und algorithmische Diskriminierung, RDi 2024, 426; Lommatzsch/Albrecht, Einsatz von KI im Personalwesen von Unternehmen – Neue Herangehensweise nach der Geltung der KI-VO, GWR 2025, 37; Lühmann/Görgülü/Marciniak, Einsatz von KI im Asset Management, BKR 2024, 175; Martini/Botta, KI-Aufsicht im föderalen Staat, MMR 2024, 630; Martini, Gesichtserkennung im Spannungsverhältnis zwischen Freiheit und Sicherheit, NVwZ 2022, 30; Meyer, Der Einsatz künstlicher Intelligenz durch Sicherheitsbehörden, GSZ 2025, 156; Mielke/Wolff, Maschinelle Lernverfahren als KI-Komponenten in Digitalisierungsprojekten der Justiz, LTZ 2024, 144; Möller-Klapperich, Die neue KI-Verordnung der EU, NJ 2024, 337; Müller/Winterhalter, Mensch oder Maschine? KI-Einsatz in der Finanzverwaltung im Lichte der KI-VO, beck.digitax 2025, 239; Paal/Hüger, Die KI-VO und das Recht auf menschliche Entscheidung, MMR 2024, 540; Paal/Schulz, Art. 22 DS-GVO und KI-VO: Zum Recht der automatisierten Entscheidungsfindungen im Lichte des EuGH-SCHUFA-Urteils, ZfDR 2025, 89; Paschke/Fellenberg, KI in der Justiz, NJW-aktuell 2024, 1; Raquet, Einsatz von Künstlicher Intelligenz in der öffentlichen Personalverwaltung, öAT 2024, 246; Reusch, KI und Software im Kontext von Produkthaftung und Produktsicherheit, RDi 2023, 152; Rohrßen, KI & CE – Die KI-VO, das Produktsicherheitsrecht für Künstliche Intelligenz, ZfPC 2024, 111; Rohrßen, Künstliche Intelligenz im Vertrieb 2025/2026 – Von Chatbot bs Score: Use Cases, Regulierung & Vertragsgestaltung gemäß KI-VO, ZVertriebsR 2025, 285; Roos/Voget, Transparenzpflichten für die Nutzung von KI auf Online-Marktplätzen, RDi 2024, 487; Roos/Weitz, Hochrisiko-KI-Systeme im Kommissionsentwurf für eine KI-Verordnung, MMR 2021, 844; Rostalski/Weiss, Der KI-Verordnungsentwurf der Europäischen Kommission, ZfDR 2021, 329; Roth-Isigkeit, Der neue Rechtsrahmen für Künstliche Intelligenz in der Europäischen Union, KIR 2024, 15; Roth-Isigkeit, Grundstrukturen der geplanten KI-Aufsichtsbehörden – KI-Bürokratie?, ZRP 2022, 187; Saam/Hermann, Die Ausnahmeregelung zur Einstufung als Hochrisiko-KI nach Art. 6 III KI-VO, RDi 2024, 608; Sesing/Tschech, AGG und KI-VO-Entwurf beim Einsatz von Künstlicher Intelligenz, MMR 2022, 24; Skupin, Die KI-Verordnung und ihre Auswirkungen auf justizielle IT-Anwendungen, jM 2024, 334; Spiegel/Höving, Die Klassifizierung von KI-Systemen nach der KI-VO, KIR 2025, 231; Steege/Chibanguza, Der Anwendungsbereich (Art. 2) des EU-Verordnungsentwurfs zur Regulierung von KI, SVR 2022, 401; Steege, Technikregulierung – der Umgang mit Risiken im Recht, NZV 2022, 257; Steenbergen, Datenschutzrechtliche Entscheidungsfindungen als Hochrisiko-KI-Systeme, KIR 2025, 326; Ströbel/Grau, KI-gestützte Medizin-Apps, ZD 2022, 599; Suchotzki/Gamer, Detecting deception with artificial intelligence: promisses and perils, Science & Society 2024, 481; Theis, Auswirkungen der KI-Verordnung und der KI-Haftungs-Richtlinie auf die Haftung beim KI-Einsatz in der Finanzbranche, BKR 2024, 414; Thiermann/Böck, Künstliche Intelligenz in Medizinprodukten, RDi 2022, 333; Tschorr, Regulierung der auf Biometrie basierenden KI-Systeme, MMR 2024, 304; Uhl, Venen Biometrie, DuD 2020, 16; Vasel/Heck, KI-basierte Assistenzsysteme im Asylverfahren und ihre Verfassungskonformität, NVwZ 2024, 540; Vasel, Künstliche Intelligenz in der Justiz, LTZ 2023, 179; Wachter/Leeb, KI-Systeme in der Rechtspflege, RDi 2024, 440; Weichert, Systeme biometrischer Identifizierung, DANA 1/2021, 10; von Welser, Die KI-Verordnung – ein Überblick über das weltweit erste Regelwerk für künstliche Intelligenz, GRUR-Prax 2024, 485; Wirtz/Baumann, Einsatz von eDiscovery-Tools durch Unternehmen im Rahmen von internen Untersuchungen, RDi 2024, 27; Witteler/Moll,

Künstliche Intelligenz am Arbeitsplatz – Datenschutz und Rechte des Betriebsrats, NZA 2023, 327; Woesch/Vogt, Die KI-Verordnung – Die digitale Zukunft im Finanzsektor, BKR 2024, 689; Wybitul, Geldbußen wegen Verstößen gegen die KI-Verordnung, NJW 2024, 2641; Wybitul, Welche Pflichten haben Betreiber von Hochrisiko-KI-Systemen nach der EU-KI-Verordnung?, BB 2024, 2179.

Übersicht

I. Allgemeines

Art. 6 normiert die **Einstufung von KI-Systemen** als Hochrisiko-KI-Systeme. Damit fügt sich die Vorschrift in den **risikobasierten Ansatz** ein, der die Art und den Inhalt der Vorschriften auf die Intensität und den Umfang der Risiken der KI-Systeme zuschneidet.[1] Im Gegensatz zu Art. 5, der **verbotene Praktiken** der Verwendungsfälle normiert (→ Art. 5 Rn. 16 ff.), sind die Verwendung der von Art. 6 erfassten KI-Systeme nicht verboten. Generell werden KI-Systeme als Hochrisiko eingestuft, die sich iR einer Fehlleistung oder bei fehlerhafter 1

[1] Erwgr. 26 S. 1.

Transparenz besonders nachteilig auswirken.[2] Sinn und Zweck der Regelung ist insofern, die Zuweisung des Risikos für KI-Systeme in konkreten Verwendungsfällen und die Schaffung von konkreten Anforderungen für die Kategorisierung als Hochrisiko-KI-System.[3]

2 Für die Einstufung eines KI-Systems als hochriskant ist zentral, dass von dem System ein **Risiko** ausgeht. Das Risiko ist dabei die Kombination aus der **Wahrscheinlichkeit** des Auftretens eines Schadens und die **Schwere** dieses Schadens, Art. 3 Nr. 2 (→ Art. 3 Rn. 42 ff.). Hierbei macht es für die Ermittlung des Risikos keinen Unterschied, ob das KI-System als Sicherheitsbauteil von Produkten verwendet wird oder selbst das Produkt darstellt.[4] Für die Betrachtung des Risikos ist es vielmehr entscheidend, dass aufgrund der Zweckbestimmung ein hohes Risiko für die Gesundheit, die Sicherheit oder die Grundrechte von Personen besteht.[5]

3 Eine Einstufung des KI-Systems als **Hochrisiko-KI-System** hat zur Folge, dass bei der Entwicklung und Nutzung die umfassenden **Anforderungen** des Art. 8 ff. eingehalten werden müssen.[6] Art. 8 enthält hierbei die allgemeine Pflicht zur Einhaltung der Anforderungen des Kapitels 3 Abschnitt 2 der KI-VO (→ Art. 8 Rn. 12 ff.). Davon umfasst sich die Einrichtung eines Risikomanagementsystems in Art. 9 (→ Art. 9 Rn. 9 ff.), die Daten-Governance in Art. 10 (→ Art. 10 Rn. 12 ff.), die technische Dokumentation (→ Art. 11 Rn. 7 ff.) inklusive von Aufzeichnungspflichten des Art. 12 (→ Art. 12 Rn. 9 ff.), entsprechende Transparenzpflichten und die Bereitstellung von Informationen (→ Art. 13 Rn. 4 ff.), die menschliche Aufsicht (→ Art. 14 Rn. 23 ff.) und die Konzeption- und Entwicklungspflichten des Art. 15 (→ Art. 15 Rn. 3 ff.). Weitere Pflichten für Anbieter und Betreiber von Hochrisiko-KI-Systemen ergeben sich aus Kapitel 3 Abschnitt 3.

4 In der Systematik des risikobasierten Ansatzes nimmt Art. 6 eine **Schlüsselrolle** ein, die ein dynamisches Regelungssystem für die Kategorisierung für KI-Systeme umfasst.[7] Die Vorschrift ist dabei eng verknüpft mit der Regelung des Art. 7 (→ Art. 7 Rn. 2 ff.) und dem Anhang III, der eine Auflistung von Verwendungsfällen von Hochrisiko-KI-Systemen enthält (→ Anh. III Rn. 7 ff.). Zudem besteht ein enger Zusammenhang mit Anhang I, da dieser Harmonisierungsvorschriften beinhaltet, die für die Risikobestimmung des **Produktsicherheitsrecht** relevant ist (→ Anh. I Rn. 5 ff.).[8]

5 Art. 6 ist zudem von der Einstufungsregelung von KI-Modellen mit **allgemeinem Verwendungszweck** mit systemischem Risiko (Art. 51) abzugrenzen (→ Art. 51 Rn. 4 ff.). Die von Art. 51 erfassten KI-Systeme verfügen nicht über ein hohes Risiko, sondern lediglich ein allgemeines systemisches Risiko, so dass in diesem Zusammenhang die Anforderungen der Art. 51 ff. eingehalten werden müssen.[9]

---

[2] Krönke NVwZ 2024, 529 (532).

[3] Martini/Ruschemeier, KI-VO/Ruschemeier, Art. 6 Rn. 4; Chibanguza/Steege NJW 2024, 1769 (1772).

[4] Erwgr. 52 S. 1.

[5] Erwgr. 52 S. 1; vgl. Ebers/Streitbörger RDi 2024, 393 (393).

[6] Binder/Egli MMR 2024, 626 (626 ff.); Chibanguza/Steege NJW 2024, 1769 (1772 f.).

[7] Chibanguza/Steege NJW 2024, 1769 (1772).

[8] Martini/Ruschemeier, KI-VO/Ruschemeier, Art. 6 Rn. 5.

[9] Chibanguza/Steege NJW 2024, 1769 (1774); Martini/Ruschemeier, KI-VO/Ruschemeier, Art. 6 Rn. 13.

II. Inhalt der Regelung

Inhaltlich setzt Art. 6 die Anforderungen für die Einstufung als **Hochrisiko-KI-System** fest. Die Vorschrift stuft zunächst in Abs. 1 (→ Rn. 11 ff.) KI-Systeme als mit einem hohen Risiko verbunden ein, bei denen es sich um **Sicherheitsbauteile** in den in Anhang I der KI-VO genannten Produktsicherungsvorschriften der EU handelt. Werden die kumulativen Voraussetzungen des Abs. 1 Buchst. a, b erfüllt, ist das KI-System ein Hochrisiko-KI-System. 6

Abs. 2 stuft ferner, die in Anhang III enumerativ benannten **Anwendungsfälle** als Hochrisiko-KI-Systeme ein (→ Rn. 32 f.). Hierzu zählen KI-Systeme iRd Verwendung für biometrische Daten (→ Anh. III Rn. 8 ff.), der kritischen Infrastruktur (→ Anh. III Rn. 34 ff.), der allgemeinen und beruflichen Bildung (→ Anh. III Rn. 42 ff.), der Beschäftigung (→ Anh. III Rn. 56 ff.), den Zugang zu privaten und wesentlichen öffentlichen Dienstleistungen (→ Anh. III Rn. 63 ff.), der Strafverfolgung (→ Anh. III Rn. 79 ff.), dem Migrations-, Asyl und Grenzkontrollmanagement (→ Anh. III Rn. 102 ff.) und der Rechtspflege und der Einbindung in demokratische Prozesse (→ Anh. III Rn. 112 ff.). 7

Neben der Einstufung als Hochrisiko-KI-Systeme statuiert Abs. 3 die **Bedingungen,** wonach KI-Systeme, abweichend von der Regelung des Abs. 2 iVm Anhang III nicht als hochriskant einzustufen sind. Dies ist der Fall, wenn von diesen KI-Systemen kein **erhebliches Risiko** der Beeinträchtigung in Bezug auf die Gesundheit, Sicherheit oder Grundrechte natürlicher Personen besteht, indem diese unter anderem nicht das Ergebnis der Entscheidungsfindung wesentlich beeinflussen (→ Rn. 33 ff.). Für die Bewertung des erheblichen Risikos setzt Abs. 3 UAbs. 2 weitere Bedingungen fest, die nicht kumulativ vorliegen müssen (→ Rn. 41 ff.). Eine einzige Ausnahme findet sich in Abs. 3 UAbs. 3, der das **Profiling** natürlicher Personen stets als hochriskanten KI-Einsatz wertet (→ Rn. 51). 8

Art. 6 Abs. 4 normiert Pflichten für die **Anbieter** von KI-Systemen, deren Anwendungskontext von Anhang III erfasst ist, die jedoch der Auffassung sind, dass das KI-System nicht hochriskant sei (→ Rn. 52 ff.). Danach muss der Anbieter zunächst selbst eine Kategorisierung des KI-Systems vornehmen. Sollte er dabei zu dem Ergebnis kommen, dass sein KI-System nicht hochriskant ist, muss er seine Bewertung dokumentieren, bevor dieses System in Verkehr gebracht oder in Betrieb genommen wird, Abs. 4 S. 1. Der Anbieter unterliegt zudem der **Registrierungspflicht** des Art. 49 Abs. 2 und muss auf Verlangen der zuständigen Behörde die Dokumentation der Bewertung vorlegen. 9

Weiterer Adressat der Regelung des Art. 6 ist die Kommission. Diese ist nach Abs. 5 verpflichtet nach Konsultation des **KI-Gremiums** spätestens bis zum 2.2.2026 **Leitlinien** zur praktischen Umsetzung und eine umfassende Liste mit Beispielen für die Anwendungsfälle für KI-Systeme, die hochriskant oder nicht hochriskant sind, bereitzustellen (→ Rn. 55 f.). Des Weiteren räumt Abs. 6 der Kommission die **Befugnis** ein, delegierte Rechtsakte nach Art. 97 (→ Art. 97 Rn. 8 ff.) zu erlassen, um die Bedingungen der Ausnahme des Abs. 3 UAbs. 2 zu ergänzen (→ Rn. 41 ff.). Eine Parallelvorschrift für das Streichen der Bedingungen ist mit Abs. 7 vorhanden (→ Rn. 58). Ergänzend setzt Abs. 8 Maßstäbe für die Erweiterung in Abs. 6 und das Streichen in Abs. 7. Danach darf das **allgemeine Schutzniveau** in Bezug auf Gesundheit, Sicherheit und die in dieser Verordnung vorgesehenen Grundrechte nicht gesenkt werden, insbesondere sind hierbei die Kohärenz des delegierten Rechtsaktes sicherzustellen und die Marktentwicklungen und die technologischen Entwicklungen zu berücksichtigen. 10

1. Einstufung als Hochrisiko-KI-System (Abs. 1)

11 Nach Abs. 1 werden KI-Systeme als hochriskant eingestuft, die die Bedingungen der Buchst. a, b erfüllen. Dabei kommt es nicht darauf an, ob das KI-System unter den Buchst. a, b in Verkehr gebracht oder in Betrieb genommen wird. Das **Inverkehrbringen** ist in Art. 3 Nr. 9 als erstmalige Bereitstellung eines KI-Systems oder eines KI-Modells mit allgemeinem Verwendungszweck auf dem Unionsmarkt legaldefiniert (→ Art. 3 Rn. 114 ff.). Die **Inbetriebnahme** beinhaltet nach Art. 3 Nr. 11 hingegen die Bereitstellung eines KI-Systems in der Union zum Erstgebrauch direkt an den Betreiber oder zum Eigengebrauch entsprechend seiner Zweckbestimmung (→ Art. 3 Rn. 134 ff.). Die Regelung des Abs. 1 knüpft insgesamt an die Systematik des Art. 6 an, der eine Einstufung von KI-Systemen in zwei Gruppen vorsieht.[10] Die erste Gruppe, die durch Abs. 1 reguliert wird, knüpft an das **Produktsicherheitsrecht** an, wohingegen die zweite Gruppe ausschließlich die **Anwendungsbereiche** und Verwendungsfälle der KI-Systeme iSd Anhang III betrachtet.[11]

12 Für die Einordnung als Hochrisiko-KI-System nach Abs. 1 statuieren die Buchst. a, b Bedingungen, die kumulativ vorliegen müssen. Nach Buchst. a muss das KI-System als **Sicherheitsbauteil** eines unter die in Anhang I aufgeführten Harmonisierungsrechtsvorschriften der Union fallenden Produkts verwendet werden oder das KI-System selbst ein solches **Produkt** sein (→ Rn. 13 ff.). Buchstabe b fügt hinzu, dass eine **Konformitätsbewertung durch Dritte** im Hinblick auf das Inverkehrbringen oder die Inbetriebnahme dieses Produkts gem. den in Anhang I aufgeführten Harmonisierungsrechtsvorschriften der Union stattfinden muss.

13 **a) KI-System als Sicherheitsbauteil (Abs. 1 Buchst. a Var. 1).** Art. 6 Abs. 1 Buchst. a Alt. 1 bezieht sich auf KI-Systeme, die als Sicherheitskomponente in Produkten eingesetzt werden sollen, die unter die im Anhang I aufgeführten Harmonisierungsvorschriften der Union fallen. Nach Art. 3 Nr. 14 liegt ein **Sicherheitsbauteil** vor, wenn dieses ein Bestandteil eines Produkts oder eines KI-Systems ist, das eine Sicherheitsfunktion für dieses Produkt oder KI-System erfüllt oder dessen Ausfall oder Störung die Gesundheit und Sicherheit von Personen oder Eigentum gefährdet (→ Art. 3 Rn. 157 ff.). **Sicherheitsfunktion** bedeutet in diesem Zusammenhang, dass durch das KI-System erhebliche Sach- und Personenschäden vermieden werden sollen.[12] Diese Begriffsbestimmung ist zunächst sehr weit gefasst, zumal als Schutzgüter neben Leib und Leben auch das Eigentum und die Sicherheit einer Person adressiert sind. Die Rechtfertigung für diese Regelung nennt Erwgr. 47 S. 2 mit den **Sicherheitsrisiken,** die ein Produkt aufgrund seiner digitalen Komponenten, einschließlich KI-Systemen, insgesamt besitzen kann, welche durch die Vorgabe von verschiedenen Qualitätssicherungsmechanismen angemessen vermieden und verringert werden sollen.

---

[10] Hilgendorf/Roth-Isigkeit, Die neue Verordnung der EU zur Künstlichen Intelligenz/Martini, § 3 Rn. 67; Wiebe BB 2022, 899 (900); Binder/Egli MMR 2024, 626 (626); Martini/Ruschemeier, KI-VO/Ruschemeier, Art. 6 Rn. 4.

[11] Ebers RDi 2021, 588 (589); Hilgendorf/Roth-Isigkeit, Die neue Verordnung der EU zur Künstlichen Intelligenz/Martini, § 3 Rn. 67; Rostalski/Weiss ZfDR 2021, 329 (346 f.); Binder/Egli MMR 2024, 626 (626).

[12] Vgl. Ebers/Streitbörger RDi 2024, 393 (395).

Art. 6 Abs. 1 Buchst. a begrenzt die inhaltliche Reichweite der Norm jedoch auf **Produkte,** die unter die in Anhang I aufgeführten Harmonisierungsvorschriften fallen bzw. im Rahmen dieser Produkte verwendet werden. Die Präzisierung ist erforderlich, damit die Kommission unter Berücksichtigung der technischen und regulatorischen Besonderheiten des jeweiligen Sektors und ohne Beeinträchtigung bestehender Governance-, Konformitätsbewertungs- und Durchsetzungsmechanismen agiert.[13] Zusätzlich muss die Kommission beim Erlass von etwaigen delegierten Rechtsakten oder Durchführungsrechtsakten auf der Grundlage der genannten Rechtsakte die in der vorliegenden Verordnung festgelegten verbindlichen Anforderungen an Hochrisiko-KI-Systeme berücksichtigen.[14] **14**

Hierbei sind insbesondere **Produkte** wie Maschinen iSd Art. 3 Nr. 1 VO (EU) 2023/1230,[15] Spielzeuge iSd Art. 2 Abs. 1 iVm Anhang I RL 2009/48/EG, Aufzüge iSd Art. 2 Nr. 1 RL 2014/33/EU, Geräte und Schutzsysteme zur bestimmungsgemäßen Verwendung in explosionsgefährdeten Bereichen iSd Art. 1 Abs. 1 RL 2014/34/EU, Funkanlagen iSd Art. 2 Abs. 1 Nr. 1 RL 2014/53/EU, Druckgeräte iSd Art. 2 Nr. 1 RL 2014/698/EU, Sportbootausrüstung iSd Art. 2 Abs. 1 RL 2013/53/EU, Seilbahnen iSd Art. 3 Nr. 1 VO (EU) 2016/424, Geräte zur Verbrennung gasförmiger Brennstoffe iSd Art. 2 Nr. 1 VO (EU) 2016/426, Medizinprodukte iSd Art. 2 Abs. 1 VO (EU) 2017/745, In-vitro-Diagnostika iSd Art. 2 Nr. 2 VO (EU) 2017/746, Kraftfahrzeuge iSd Art. 3 Nr. 16 VO (EU) 2018/858 und Flugzeuge iSd Art. 3 Abs. 1 VO (EG) Nr. 300/2008 umfasst.[16] **15**

Begrenzt wird die Reichweite des Buchst. a Alt. 1 ferner durch den Buchst. b (→ Rn. 20 ff.), da die Bedingungen des Abs. 1 kumulativ vorliegen müssen. Dies hat zur Folge, dass das Produkt einem **Konformitätsbewertungsverfahren** durch eine als Dritte auftretende Konformitätsbewertungsstelle unterzogen werden muss.[17] Bei einem Konformitätsbewertungsverfahren muss überprüft werden, dass das Produkt, dessen Sicherheitsbauteil das KI-System darstellt, bestmöglich mit allen geltenden Anforderungen der Harmonisierungsrechtsvorschriften der Union vereinbar ist.[18] Sollte nach den Kriterien der einschlägigen Harmonisierungsvorschrift der Union für das betreffende Produkt ein Risiko ausgehen, hat dies nicht zwangsläufig die Einstufung als Hochrisiko-KI-System zur Folge.[19] Die **Anforderungen** der KI-VO werden entsprechend in die Konformitätsbewertungsverfahren nach den sonstigen Rechtsakten einbezogen.[20] Limitiert wird daher die Reichweite des Art. 6 Abs. 1 Buchst. a, da die entsprechende Harmonisierungsvorschrift für dieses Produkt eine Konformitätsbewertung anordnen muss.[21] Dies kann dazu führen, dass das KI-System zwar Sicher- **16**

---

[13] Erwgr. 49.

[14] Erwgr. 49.

[15] Zu dem Zusammenwirken der KI-VO und der Maschinen-VO siehe Hubert/Paschke InTeR 2026, 2 (2 ff.).

[16] Erwgr. 50.

[17] Erwgr. 50 S. 1; vgl. in Bezug auf die Maschinen-VO auch Hubert/Paschke InTeR 2026, 2 (2 ff.).

[18] Vgl. Erwgr. 46 S. 4.

[19] Erwgr. 51 S. 1.

[20] Thiermamm/Böck RDi 2022, 333 (336); Martini/Ruschemeier, KI-VO/Ruschemeier, Art. 6 Rn. 52.

[21] Ebers/Streitbörger RDi 2024, 393 (395).

heitsbauteil eines Produktes ist, jedoch das Produkt nicht regulierter Bestandteil eines Rechtsaktes in Form eines Konformitätsbewertungsverfahrens darstellt.[22]

17 **b) KI-System als Produkt (Abs. 1 Buchst. a Var. 2).** Weiterhin sind KI-Systeme Hochriskio-KI-Systeme, die nach Abs. 1 Buchst. a Alt. 2 selbst ein Produkt darstellen. Abstrakt ist der Begriff des **Produkts** weit zu verstehen, sodass jede physische Maschine und Software beinhaltet sind.[23] Hierbei bezieht sich die Norm ebenfalls auf die in Anhang I aufgeführten Harmonisierungsvorschriften (zum Inhalt des Anhang I vgl. ausführlich → Rn. 5 ff.). In Zusammenhang mit der Definition der KI-Systeme aus Art. 3 Nr. 1, die ein **maschinengestütztes System** vorsieht (→ Art. 3 Rn. 4 ff.), wird im Kern Software, die einen gewissen Grad an Autonomie aufweist, das Produkt iSd Art. 6 Abs. 1 darstellen.

18 Hiervon abzugrenzen sind **Produktkomponenten,** die KI-Systeme in einer physischen Maschine oder Anlage enthalten.[24] Für die Abgrenzung, ob ein eigenständiges Produkt vorliegt oder der Bestandteil ist, ist es unerheblich, ob das System **physisch** in das Produkt integriert ist oder der Funktion des Produkts dient, ohne darin integriert zu sein.[25] Hierbei sind Maschinen, die ein KI-System beinhaltet, nicht als eigenes Produkt iSd Art. 6 Abs. 1 Buchst. a Var. 2 zu qualifizieren.[26]

19 Mit der Aufnahme des Produkts und des Bestandteils eines Produkts wurde ein möglichst weites Anwendungsfeld der KI-Systeme gewählt. Hierbei ist von Relevanz, dass es sich generell um ein **dynamisches Rechtssystem** handelt, das auf neue Verwendungsfälle reagieren kann. Die Definition der KI-Systeme in Art. 3 Nr. 1 (→ Art. 3 Rn. 4 ff.) lässt darauf schließen, dass die Softwarekomponente das Produkt darstellt.[27] Ein KI-System als eigenständiges Produkt ist jedenfalls denkbar, wenn die Harmonisierungsvorschrift Software in ihrem Anwendungsbereich umfasst.[28] Enthalten sind entsprechende Regelungen in Art. 2 Nr. 1 VO (EU) 2017/745, Art. 4 RL 2014/53/EU und Art. 2 Nr. 2 VO (EU) 2017/746. Ferner verweist Erwgr. 12 S. 6 darauf, dass unter „maschinenbasiert" ein Betrieb des KI-Systems durch Maschinen zu verstehen ist, sodass auch die **Kombination** aus Hardware und Software umfasst sein muss.

20 **c) Konformitätsbewertung (Buchst. b).** Als weitere Bedingung statuiert Abs. 1 Buchst. b, dass das Produkt, dessen Sicherheitsbauteil gem. Buchst. a das KI-System ist, oder das KI-System selbst als Produkt einer **Konformitätsbewertung** durch Dritte im Hinblick auf das **Inverkehrbringen** oder die **Inbetriebnahme** dieses Produkts gem. den in Anhang I aufgeführten Harmonisierungsrechtsvorschriften der Union unterzogen werden muss. Unter der Konformitätsbewertung ist nach der KI-VO ein Verfahren zu verstehen, mit dem bewertet wird, ob die in Titel III Abschnitt 2 festgelegten Anforderungen an ein Hochrisiko-KI-System erfüllt werden,

---

[22] Ebers/Streitbörger RDi 2024, 393 (395).

[23] Rohrßen ZfPC 2024, 111 (113); Borges CR 2024, 565 (566).

[24] Wendehorst/Nessler/Aufreiter/Aichinger MMR 2024, 605 (607); Borges CR 2024, 565 (566).

[25] Erwgr. 12 S. 9.

[26] Wendehorst/Nessler/Aufreiter/Aichinger MMR 2024, 605 (607).

[27] Borges CR 2023, 706 (711); Martini/Ruschemeier, KI-VO/Ruschemeier, Art. 6 Rn. 37 ff.

[28] Vgl. Martini/Ruschemeier, KI-VO/Ruschemeier, Art. 6 Rn. 38 f.

Art. 3 Nr. 20 (→ Art. 3 Rn. 192 ff.). Die Konformitätsbewertung und das entsprechende Verfahren richten sich nach der in Anhang I (→ Anh. I Rn. 5 ff.) aufgeführten Harmonisierungsvorschrift. Anknüpfungspunkt für die Konformitätsbewertung ist jedoch bei allen das Inverkehrbringen nach Art. 3 Nr. 9 (→ Art. 3 Rn. 114 ff.) und die Inbetriebnahme nach Art. 3 Nr. 11 (→ Art. 3 Rn. 134 ff.) des Produkts, dessen Sicherheitsbauteil gem. Art. 6 Abs. 1 Buchst. a das KI-System ist bzw. des KI-Systems, das selbst das Produkt darstellt. Zudem ordnet der Wortlaut des Abs. 1 Buchst. b eine Konformitätsbewertung durch Dritte an, sodass eine eigene Kontrolle durch den Anbieter nicht ausreicht.[29]

Grundsätzlich ist die Konformitätsbewertung innerhalb der KI-VO in Art. 43 geregelt (→ Art. 43 Rn. 7 ff.). Die Art des **Konformitätsbewertungsverfahrens,** die der Anbieter durchführen muss, richtet sich nach der Art, dem Verwendungsfall und der Kategorie des Hochrisiko-KI-Systems.[30] Für Hochrisiko-KI-Systeme nach Art. 6 Abs. 2 iVm Anhang III statuiert Art. 43 Abs. 1, 2 iVm Anhang VI, Anhang VII ein eigenständiges Konformitätsbewertungsverfahren (→ Art. 43 Rn. 59 ff.). Im Unterschied zu Art. 43 Abs. 1 ist in Art. 43 Abs. 2 iVm Anhang VI keine Beteiligung einer **notifizierten Stelle** vorgesehen (→ Art. 43 Rn. 17, 64), insofern wird eine Differenzierung zwischen internen und externen Konformitätsbewertungen vorgenommen.[31] Relevanz für die KI-Systeme, die durch Art. 6 Abs. 1 Buchst. a, b reguliert werden, hat dieses Konformitätsbewertungsverfahren jedoch nicht. 21

aa) Konformitätsbewertungsverfahren nach Anhang I Abschnitt A. Die Konformitätsbewertung nach Abs. 1 Buchst. b ist insofern von der Konformitätsbewertung nach Art. 43 abzugrenzen (→ Art. 43 Rn. 7 ff.). Hierzu stellt Art. 43 Abs. 3 UAbs. 1 S. 1 klar, dass alle Hochrisiko-KI-Systeme, die in Anhang I Abschnitt A aufgeführten Harmonisierungsrechtsakte der Union fallen, die einschlägigen Konformitätsbewertungsverfahren nach den **Rechtsakten** durchlaufen. Hierbei werden die Anforderungen der KI-VO integriert, um Doppelarbeit für die Anbieter, Produkthersteller, Betreiber, Einführer und Händler zu vermeiden.[32] Hiervon umfasst sind jedoch ausschließlich die KI-Systeme, die von Anhang I Abschnitt A aufgelistet werden, da diese auf dem **New Legislative Framework** beruhen.[33] 22

Anhang I Abschnitt A enthält in seiner Aufzählung die RL 2006/42/EG. Diese wird nach Art. 54 VO (EU) 2023/1302 ab 2027 durch die Maschinenverordnung ersetzt. Nach Art. 25 VO (EU) 2023/1302 besteht die Pflicht zur Durchführung eines Konformitätsbewertungsverfahrens, wenn eine **Maschine** iSd Art. 3 Nr. 1 VO (EU) 2023/1302 vorliegt. In Bezug auf KI-Systeme reguliert Anhang I Teil A Nr. 5 iVm der Definition des Sicherheitsbauteils aus Art. 3 Nr. 3 VO (EU) 2023/1302, die ausdrücklich Software umfasst, ein Konformitätsbewertungsverfahren nach Art. 25 Abs. 2 VO (EU) 2023/1302. Hierbei muss eines der Verfahren, die in Art. 25 Abs. 2 Buchst. a, b, c vorgesehen sind, durchgeführt werden. Die Anforderungen an Hochrisiko-KI-Systeme sind nach Art. 43 Abs. 3 UAbs. 1 S. 2 in diese Verfahren einzubeziehen.[34] 23

---

[29] Vgl. Martini/Ruschemeier, KI-VO/Ruschemeier, Art. 6 Rn. 48.
[30] Gerdemann NJW 2024, 2209 (2210).
[31] Gerdemann NJW 2024, 2209 (2211).
[32] Erwgr. 124 S. 1; Gerdemann NJW 2024, 2209 (2212).
[33] Spindler CR 2021, 361 (364); Gerdemann NJW 2024, 2209 (2212).
[34] Ausführlich hierzu Hubert/Paschke InTeR 2026, 2 (2 ff.).

24 Ähnliche Regelungen enthält die RL 2009/48/EG für die **Sicherheit von Spielzeug**. Art. 19 Abs. 1 RL 2009/48/EG bestimmt dazu, dass Hersteller vor dem Inverkehrbringen eines Spielzeugs iSd Art. 2 Abs. 1 RL 2009/48/EG ein Konformitätsbewertungsverfahren durchführen müssen. Es ist zwischen dem internen Konformitätsbewertungsverfahren nach Art. 19 Abs. 2 RL 2009/48/EG und dem externen Konformitätsbewertungsverfahren nach Art. 19 Abs. 3 RL 2009/48/EG zu unterscheiden. Sofern ein externes Konformitätsbewertungsverfahren nach Art. 19 Abs. 3 RL 2009/48/EG und die Voraussetzungen des Abs. 1 Buchst. a (→ Rn. 13 ff.) vorliegen, handelt es sich um ein Hochrisiko-KI-System iSd Art. 6 Abs. 1.[35]

25 Für **Sportboote** und **Wassermotorräder** enthält Art. 19 Abs. 1, 2 RL 2013/53/EU für die Durchführung eines Konformitätsbewertungsverfahrens eine Unterscheidung zwischen Hersteller und privatem Einführer. Bei privaten Einführern wird das Verfahren nach Art. 19 Abs. 2 iVm Art. 23 Art. 19 Abs. 3 RL 2013/53/EU durchgeführt. Sollte das KI-System ein Sicherheitsbauteil iSd Art. 3 Nr. 14 sein (→ Art. 3 Rn. 157 ff.), handelt es sich bei privaten Einführern von Wasserfahrzeugen stets um eine Konformitätsbewertung durch Dritte. Für Hersteller von Sportbooten differenziert Art. 19 Abs. 2 iVm Art. 20 Abs. 1 RL 2013/53/EU nach der Länge des Wasserfahrzeugs. Der Hersteller von Sportbooten kann bei einer Länge von weniger als 12 m nach Art. 20 Abs. 1 Buchst. a Ziff. i) ein internes Konformitätsbewertungsverfahren durchführen, sodass Dritte nicht involviert werden.

26 Sollten KI-Systeme als Sicherheitsbauteile iSd Art. 3 Nr. 14 in **Aufzügen** verwendet werden, muss eine Konformitätsbewertung nach RL 2014/33/EU erfolgen. Nach Art. 16 Abs. 1 RL 2014/33/EU muss dabei stets ein Konformitätsverfahren durch Dritte durchgeführt werden.

27 Bei **Geräten** und **Schutzsystemen** zur bestimmungsgemäßen Verwendung in explosionsgefährdeten Bereichen sieht Art. 13 RL 2014/34/EU ein Konformitätsbewertungsverfahren vor. Insbesondere relevant ist für KI-Systeme Art. 13 Abs. 2 RL 2014/34/EU, welcher für Schutzsysteme eine Konformitätsbewertung reguliert. Selbst bei Schutzsystemen, die nach Art. 2 Nr. 2 Abs. 2 RL 2014/34/EU, die alle Vorrichtungen mit Ausnahme der Komponenten von Geräten, die anlaufende Explosionen umgehend stoppen und/oder den von einer Explosion betroffenen Bereich begrenzen sollen, umfassen, muss ein Konformitätsbewertungsverfahren durch Dritte nach Art. 13 Abs. 2 iVm Anhang IV, Anhang V oder Anhang IX RL 2014/34/EU erfolgen.

28 Nach der RL 2014/53/EU ist nach Art. 17 Abs. 4 RL 2014/53/EU für **Funkanlagen** ein Konformitätsbewertungsverfahren durch Dritte nur vorgesehen, wenn die harmonisierten Normen nicht oder nur zum Teil von dem Hersteller eingehalten wurden. Bei **Seilbahnen** normiert Art. 18 Abs. 1, 2 iVm Anhang III, Anhang IV, Anhang V, Anhang VI, Anhang VII VO (EU) 2016/424, dass stets eine Konformitätsbewertung durch Dritte erfolgen muss.

29 **Medizinprodukte** nach Art. 2 Nr. 1 VO (EU) 2017/745 müssen nach Art. 52 Abs. 1 VO (EU) 2017/745 ein Konformitätsbewertungsverfahren vor dem Inverkehrbringen des Produkts durchlaufen. Hierbei bestimmt sich das konkrete Konformitätsverfahren nach der Eistufung des Medizinprodukts in Risikoklassen nach Art. 51 Abs. 1 iVm Anhang VIII VO (EU) 2017/745.[36] Sollte das KI-System

[35] Martini/Wendehorst, KI-VO/Ruschemeier, Art. 6 Rn. 63.

[36] Thiermann/Böck RDi 2022, 333 (335).

entweder als eigenes Produkt oder als Sicherheitsbauteil eines Produktes in die Klassen IIa, IIb oder III eingestuft werden gem. Regel 11 Anhang VIII VO (EU) 2017/745, ist ein Konformitätsbewertungsverfahren durch Dritte erforderlich, Art. 52 Abs. 3, 4, 6 VO (EU) 2017/745. Eine ähnliche Regulierungssystematik enthält die VO (EU) 2017/746 für die **In-vitro-Diagnostika**. Hierbei werden die Produkte in die Klassen A, B, C und D nach den Vorgaben des Anhang VIII kategorisiert, Art. 47 Abs. 1 VO (EU) 2017/746. Nach Art. 48 Abs. 3, 4, 7, 8, 9 iVm Anhang IX, Anhang X, Anhang XI ist ein Konformitätsbewertungsverfahren durch Dritte für die Risikoklassen B, C und D verpflichtend.

bb) Konformitätsbewertungsverfahren nach Anhang I Abschnitt B. Im Gegensatz dazu sind die KI-Systeme, die von Anhang I Abschnitt B umfasst werden, einem **Sonderkonzept** unterworfen.[37] Grund dafür ist, dass die in Anhang I Abschnitt B nach dem alten Regulierungskonzept der Produktsicherheit entwickelt wurden, welches staatlichen Stellen eine Schlüsselrolle zuweist, sodass sich die Konformitätsbewertung nicht unmittelbar integrieren lässt.[38] Zudem wird klargestellt, dass Produkte oder das entsprechende Bauteil, die von den Harmonisierungsvorschriften des Anhang I Abschnitt B umfasst werden, grundsätzlich den Hochrisiko-KI-Systemen zuzuordnen sind.[39] Ferner begrenzt Art. 2 Abs. 2 S. 1 den Anwendungsbereich der KI-Systeme, die im Zusammenhang mit Produkten stehen, die unter die in Anhang I Abschnitt B aufgeführten Harmonisierungsrechtsvorschriften der Union fallen auf die Art. 6 Abs. 1, 102–109 und 112 (→ Art. 2 Rn. 35 ff.). Durch die Auflistung der Art. 102–109, die die Änderung der in Anhang I Abschnitt B aufgeführten Harmonisierungsvorschriften vorsehen, wird sichergestellt, dass beim Erlass von delegierten Rechtsakten, Durchführungsrechtsakten, technischen Spezifikationen und Prüfnormen die Anforderungen des Kapitel III Abschnitt 2 berücksichtigt werden.[40] Entsprechend sind die Vorschriften der KI-VO nicht in eine **Konformitätsbewertung** eingebunden, sondern sind in die Vorschriften für **Qualitätsanforderungen** inkludiert.[41] 30

2. Kategorisierung durch Anhang III (Abs. 2)

Die zweite Gruppe der **Hochrisiko-KI-Systeme** beinhaltet verschiedene Anwendungsbereiche und Verwendungsfälle von KI-Systemen.[42] Dafür verweist Abs. 2 auf die in Anhang III genannten KI-Systeme (→ Anh. III Rn. 8 ff.). Diese Systeme umfassen regelmäßig KI-Systeme, bei denen die Risiken bereits nachgewiesen wurden oder absehbar sind.[43] Der Einsatz von KI-Systemen in diesen 31

[37] Hilgendorf/Roth-Isigkeit, Die neue Verordnung der EU zur Künstlichen Intelligenz/Martini, § 3 Rn. 70.

[38] SWD(2021) 84 final Part 2/2 S. 39 f.; Hilgendorf/Roth-Isigkeit, Die neue Verordnung der EU zur Künstlichen Intelligenz/Martini, § 3 Rn. 71; Gerdemann NJW 2024, 2209 (2212).

[39] SWD(2021) 84 final Part 2/2 S. 39; Hilgendorf/Roth-Isigkeit, Die neue Verordnung der EU zur Künstlichen Intelligenz/Martini, § 3 Rn. 71.

[40] v. Welser GRUR-Prax 2024, 485 (486).

[41] Hilgendorf/Roth-Isigkeit, Die neue Verordnung der EU zur Künstlichen Intelligenz/Martini, § 3 Rn. 72.

[42] Ebers RDi 2021, 588 (589); Hilgendorf/Roth-Isigkeit, Die neue Verordnung der EU zur Künstlichen Intelligenz/Martini, § 3 Rn. 67; Rostalski/Weiss ZfDR 2021, 329 (346 f.); Binder/Egli MMR 2024, 626 (626).

[43] Lühmann/Görgülü/Marciniak BKR 2024, 175 (180).

Anwendungskontexten wird als Hochrisiko-KI-Systeme eingestuft, weil sie aufgrund ihrer Zweckbestimmung ein hohes Risiko bergen, die Gesundheit und Sicherheit oder die Grundrechte von Personen zu schädigen.[44] Der Verordnungsgeber nimmt für diese Bereiche insofern eine originäre Wertung vor.[45]

32 Damit sind nach Abs. 2 iVm Anhang III nachfolgende **Verwendungsfälle** als hochriskant einzustufen: der Einsatz innerhalb der Verwendung für biometrische Daten (Anhang III Nr. 1 ausführlich hierzu → Anh. III Rn. 8 ff.), der kritischen Infrastruktur (Anhang III Nr. 2 ausführlich hierzu → Anh. III Rn. 34 ff.), der allgemeinen und beruflichen Bildung (Anhang III Nr. 3 ausführlich hierzu → Anh. III Rn. 42 ff.), der Beschäftigung (Anhang III Nr. 4 ausführlich hierzu → Anh. III Rn. 56 ff.), den Zugang zu privaten und wesentlichen öffentlichen Dienstleistungen (Anhang III Nr. 5 → Anh. III Rn. 63 ff.), der Strafverfolgung (Anhang III Nr. 6 ausführlich hierzu → Anh. III Rn. 79 ff.), der dem Migrations-, Asyl und Grenzkontrollmanagement (Anhang III Nr. 7 ausführlich hierzu → Anh. III Rn. 102 ff.) und der Rechtspflege und der Einbindung in demokratische Prozesse (Anhang III Nr. 8 ausführlich hierzu → Anh. III Rn. 112 ff.). Durch den Anwendungsbereich des Abs. 2 werden die Rechtsvereinfachung und die Rechtssicherheit vorangetrieben, da der Verordnungsgeber den Anbietern die Einzelfallbewertung für die Anwendungsfelder des Katalogs in Anhang III abnimmt.[46]

3. Ausnahmeregelung (Abs. 3)

33 In Art. 6 Abs. 3 wurde durch den Verordnungsgeber eine **Ausnahmeregelung** des Abs. 2 geschaffen. Danach gilt ein KI-System nicht als hochriskant, obwohl es in Anhang III genannt wird, wenn es kein **erhebliches Risiko** der Beeinträchtigung in Bezug auf die Gesundheit, Sicherheit oder Grundrechte natürlicher Personen birgt. Zu berücksichtigen ist, dass die Ausnahme in Abs. 3 ausschließlich für Abs. 2 gilt und Abs. 1 davon nicht umfasst ist. Der Verordnungsgeber nennt in Abs. 3 UAbs. 1 exemplarisch eine Voraussetzung, in der kein erhebliches Risiko besteht. Dies ist der Fall, wenn das Ergebnis der **Entscheidungsfindung** nicht wesentlich beeinflusst wird.

34 Um die wesentliche Beeinflussung auf die Entscheidungsfindung im Einzelfall ermitteln zu können, muss die **Zweckbestimmung** des KI-Systems betrachtet werden. Nach Art. 3 Nr. 12 ist dabei die Verwendung, für die ein KI-System laut Anbieter bestimmt ist, einschließlich der besonderen Umstände und Bedingungen für die Verwendung, entsprechend den vom Anbieter bereitgestellten Informationen in den Betriebsanleitungen, im Werbe- oder Verkaufsmaterial und in diesbezüglichen Erklärungen sowie in der technischen Dokumentation entscheidend (→ Art. 3 Rn. 143 ff.).

35 Art. 6 Abs. 3 UAbs. 2 nennt verschiedene Zweckbestimmungen, die keine **wesentliche Beeinflussung** der Entscheidungsfindung beinhalten. Dazu gehören KI-Systeme, die eine eng gefasste Verfahrensaufgabe durchführen (Buchst. a), die das Ergebnis einer zuvor abgeschlossenen menschlichen Tätigkeit verbessern (Buchst. b), die Entscheidungsmuster oder Abweichungen von früheren Entscheidungsmustern erkennen, und nicht dazu gedacht sind, die zuvor abgeschlossene menschliche Bewertung ohne eine angemessene menschliche Überprüfung zu

[44] Erwgr. 52 S. 1.
[45] Hilgendorf/Härtlein HK-KI-VO Art. 6 Rn. 10.
[46] BeckOK KI-Recht/Klawonn Art. 6 Rn. 18.

ersetzen oder zu beeinflussen (Buchst. c) und die eine vorbereitende Aufgabe für eine Bewertung durchzuführen, die für die Zwecke der in Anhang III aufgeführten Anwendungsfälle relevant sind (Buchst. d).

Zusätzlich kodifiziert Abs. 3 UAbs. 3 eine Rückausnahme von Abs. 3 UAbs. 2, **36** indem KI-Systeme, die in Anhang III aufgeführt werden, immer als hochriskant gelten, wenn diese ein **Profiling** natürlicher Personen vornehmen. Damit stellt der Verordnungsgeber klar, dass ein Profiling natürlicher Personen stets ein erhebliches Risiko für eine Beeinträchtigung in Bezug auf die Gesundheit, Sicherheit oder Grundrechte natürlicher Personen darstellt.

a) Kein erhebliches Risiko (Abs. 3 UAbs. 1). Als wesentliche Voraussetzung, **37** dass ein KI-System nicht als hochriskant eingestuft wird, nennt Abs. 3 UAbs. 1, dass **kein erhebliches Risiko** der Beeinträchtigung in Bezug auf die Gesundheit, Sicherheit oder Grundrechte natürlicher Personen bestehen darf. Es ist also zwischen einem hohen Risiko und einem erheblichen Risiko zu differenzieren. Ein erhebliches Risiko umfasst ein unstreitiges hohes Risiko für individuelle und kollektive Rechtsgüter, dass mit einem **gesteigerten Schädigungspotenzial** versehen ist.[47] In der Kategorisierung liegt das erhebliche Risiko über dem hohen Risiko, aber unter dem verbotenen Risiko. Dabei darf das KI-System den primärrechtlich geschützten Interessen nicht erheblich schaden.[48] Das Risiko ermittelt sich aus der Schwere des möglichen Schadens und der Wahrscheinlichkeit des Auftretens.[49] Insofern muss die **Vermutungsregelung** des Abs. 2 iVm Anhang III widerlegt und durch die Zweckbestimmung das Risiko ermittelt werden.[50] Damit muss der Anbieter in Zusammenhang mit Abs. 4 aufzeigen, weshalb die abstrakte Abwägungsentscheidung des Verordnungsgebers nicht auf das konkrete KI-System zutrifft.

Exemplarisch nennt Abs. 3 UAbs. 1 für die Voraussetzung, dass kein erhebli- **38** ches Risiko besteht, wenn das Ergebnis der Entscheidungsfindung nicht wesentlich beeinflusst wird. Die **Entscheidungsfindung** bezeichnet den Prozess, in dem eine Person aus mehreren möglichen Optionen auf der Grundlage von Informationen, Erfahrungen, Werten und Zielen eine Auswahl trifft. Eine **wesentliche Beeinflussung** einer Entscheidungsfindung ist anzunehmen, wenn externe Faktoren, Informationen oder Wertungen den Entscheidungsprozess oder das Ergebnis des Entscheidungsprozesses signifikant verändern. KI-Systeme können durch vorgegebene Entscheidungen oder vorgenommene Wertungen von Informationen den Entscheidungsträger zu der Wahl einer Option lenken. In diesem Zusammenhang besagt Erwgr. 53 S. 2, dass unter einer nicht wesentlichen Beeinflussung ein KI-System verstanden wird, das keine Auswirkungen auf den Inhalt und damit das Ergebnis der Entscheidungsfindung hat, unabhängig davon, ob es sich um menschliche oder automatisierte Entscheidungen handelt. Diesem Verständnis folgend ist jede Beeinflussung durch KI-Systeme als riskant zu werten. Diese Beschreibung in den Erwägungsgründen ist zu weit gehend und schlägt sich nicht im Wortlaut des Art. 6 Abs. 3 nieder. Wäre ein so weitgehendes Verständnis durch den Verordnungsgeber gewollt gewesen, hätte es nicht des Begriffs der **Wesentlichkeit** vorliegend bedurft. Wesentlich ist etwas, wenn es grundlegend, entscheidend oder von großer Rele-

[47] Vgl. Bronner KIR 2024, 55 (59 f.).
[48] Erwgr. 53 S. 1.
[49] Erwgr. 52 S. 1.
[50] Martini/Wendehorst, KI-VO/Ruschemeier, Art. 6 Rn. 91.

vanz ist. Auch in den weiteren Sprachfassungen findet sich diese Erheblichkeitsschwelle wieder (engl. Sprachfassung „materially influencing", frz. Sprachfassung „incidence significative", it. Sprachfassung „influenzare materialmente"). Nebensächliche Beeinflussungen sind hiervon somit nicht erfasst. Ist der Entscheidungsträger vor dem Einsatz des KI-System bereits zu einem Ergebnis gelangt bzw. von einem zu treffenden Ergebnis überzeugt, ist eine wesentliche Beeinflussung nicht mehr möglich. Wird der Entscheidungsträger in diesem Kontext mit neuen korrekteren Informationen durch das KI-System konfrontiert und überdenkt eine bereits getroffene Entscheidung, liegt zwar eine Beeinflussung vor, die jedoch die Wesentlichkeitsschwelle nicht erreicht, da hierdurch nur ein neuer Entscheidungsprozess angestoßen wird.

39 Damit die Ausnahmevorschrift des Abs. 3 UAbs. 1 zur Geltung kommen kann, zählt UAbs. 2 Bedingungen für die Ausnahmen auf. Als problematisch erweist sich das Verhältnis zwischen UAbs. 1 und UAbs. 2. UAbs. 1 nimmt eine abstrakte Formulierung des erheblichen Risikos vor, dieses liegt jedenfalls nicht vor, wenn das **Ergebnis der Entscheidungsfindung** nicht wesentlich beeinflusst wird.[51] Die abschließenden Bedingungen des UAbs. 2 zeigen hingegen konkret auf, welche KI-Systeme die Entscheidungsfindung nicht wesentlich beeinflussen. Damit ist maßgebliches Kriterium der Ausnahme nach UAbs. 1 das Nichtvorliegen eines erheblichen Risikos.[52]

40 Einzige Rückausnahme besteht mit Abs. 3 UAbs. 3, die das **Profiling** natürlicher Personen stets als hochriskant einstuft. Somit muss stets überprüft werden, ob das KI-System einen Bezug von Datum, Handlung oder Aspekten zu einer natürlichen Person oder der Bewertung dieser aufgrund von Anknüpfungspunkten zu Zwecken der Analyse oder der Vorhersage herstellt.[53]

41 **b) Bedingungen der Ausnahmeregelung (Abs. 3 UAbs. 2).** In Art. 6 Abs. 3 UAbs. 2 werden verschiedene Bedingungen aufgezählt, in denen ein KI-System nicht als Hochrisiko-KI-System gelten soll, auch wenn sein Anwendungskontext ansonsten von Anhang III umfasst ist. Das KI-System muss zunächst die Voraussetzungen des Abs. 3 UAbs. 1 erfüllen und darf damit keine wesentliche Beeinflussung der **Entscheidungsfindung** beinhalten. Dabei sind die aufgezählten Bedingungen keine Regelbeispiele, sondern als **abschließende Ausnahmen** zu verstehen,[54] die die Kommission jedoch erweitern kann (→ Abs. 5 Rn. 55 f.). Es ist nicht von Relevanz, ob eine oder mehrere Bedingungen durch das KI-System erfüllt werden.[55]

42 Aufgezählt werden KI-Systeme, die eine eng gefasste Verfahrensaufgabe durchführen (Buchst. a), die das Ergebnis einer zuvor abgeschlossenen menschlichen Tätigkeit verbessern (Buchst. b), die Entscheidungsmuster oder Abweichungen von früheren Entscheidungsmustern erkennen, und nicht dazu gedacht sind, die zuvor abgeschlossene menschliche Bewertung ohne eine angemessene menschliche Überprüfung zu ersetzen oder zu beeinflussen (Buchst. c) und die eine vorbereitende Aufgabe für eine Bewertung durchzuführen, die für die Zwecke der in Anhang III aufgeführten Anwendungsfälle relevant sind (Buchst. d).

---

[51] Vgl. Borges CR 2024, 565 (571).
[52] Borges CR 2024, 565 (571).
[53] Bomhard/Pieper/Wende, KI-VO/Gehrmann, Art. 6 Rn. 167.
[54] Ebers/Streitbörger RDi 2024, 393 (396).
[55] Erwgr. 53 S. 3.

aa) Eng gefasste Verfahrensaufgabe (Abs. 3 UAbs. 2 Buchst. a). Als erste Bedingung nennt Abs. 3 UAbs. 2 Buchst. a KI-Systeme, die dazu bestimmt sind, eine eng gefasste Verfahrensaufgabe durchzuführen. Eine **Verfahrensaufgabe** ist eine klar definierte Tätigkeit innerhalb eines strukturierten Prozesses, die zur Erreichung eines übergeordneten Ergebnisses beiträgt. Dazu gehören ua KI-Systeme, die unstrukturierte Daten in strukturierte Daten umwandeln, KI-Systeme, die eingehende Dokumente in Kategorien einordnen, oder KI-Systeme, die zur Erkennung von Duplikaten unter einer großen Zahl von Anwendungen eingesetzt werden.[56] 43

Der Verordnungsgeber geht bei diesem Verwendungsfall davon aus, dass die Aufgaben des KI-Systems so eng gefasst und begrenzt sind, dass sie nur beschränkte Risiken darstellen, die sich durch die Verwendung eines KI-Systems in einem Kontext, der in einem Anhang dieser Verordnung als Verwendung mit hohem Risiko aufgeführt ist, nicht erhöhen.[57] Es wird bezweifelt, ob überhaupt KI-Anwendungen bestehen, die sowohl als KI-Systeme zu kategorisieren sind, insofern auf den autonomen Betrieb angelegt sind und gleichzeitig derart enge Verfahrensaufgaben übernehmen.[58] 44

bb) Verbesserung der abgeschlossenen menschlichen Tätigkeit (Abs. 3 UAbs. 2 Buchst. b). Weiterhin führt UAbs. 2 Buchst. b KI-Systeme auf, die dazu bestimmt sind, das Ergebnis einer zuvor abgeschlossenen **menschlichen Tätigkeit** zu verbessern. Auch hier muss der Bezug zu Anhang III bestehen und der konkrete Verwendungsfall dem hohen Risiko zugeordnet sein.[59] Die Entscheidungsfindung hat bereits stattgefunden, sodass das KI-System lediglich eine zusätzliche Ebene darstellt und daher ein geringeres Risiko aufweist.[60] Beispielweise sind von der Bedingung nach Buchst. b KI-Systeme umfasst, deren Ziel es ist, die in zuvor verfassten Dokumenten verwendete Sprache zu verbessern, etwa den professionellen Ton, den wissenschaftlichen Sprachstil oder um den Text an einen bestimmten mit einer Marke verbundenen Stil anzupassen.[61] In dieses Regelbeispiel können ebenfalls KI-Systeme eingeordnet werden, die der Verbesserung des Schreibstils von zuvor verfassten gerichtlichen Entscheidungen dienen.[62] Soll hingegen direkt auf das Ergebnis als solches eingewirkt werden, sodass nicht nur die Form und Gestalt des Ergebnisses angepasst wird, greift die Ausnahme des Abs. 3 UAbs. 2 Buchst. b. nicht.[63] 45

cc) Erkennung von Entscheidungsmustern (Abs. 3 UAbs. 2 Buchst. c). Des Weiteren werden in UAbs. 2 Buchst. c KI-Systeme aufgezählt, die dazu bestimmt sind, Entscheidungsmuster oder Abweichungen von früheren Entscheidungsmustern zu erkennen, und nicht dazu gedacht sind, die zuvor abgeschlossene menschliche Bewertung ohne eine angemessene menschliche Überprüfung zu ersetzen oder zu beeinflussen. **Entscheidungsmuster** kommen in menschlichen sowie technischen Entscheidungsprozessen vor. Erstere zeigen die zugrundelie- 46

---

[56] Erwgr. 53 S. 4.
[57] Erwgr. 53 S. 5.
[58] Dilling/Musiol CCZ 2024, 257 (263).
[59] Erwgr. 53 S. 6.
[60] Erwgr. 53 S. 7.
[61] Erwgr. 53 S. 8.
[62] Wachter/Leeb RDi 2024, 440 (446).
[63] Hilgendorf/Härtlein HK-KI-VO Art. 6 Rn. 18.

genden wiederkehrende Vorgehensweisen auf, um Entscheidungen in vergleichbaren Kontexten zu treffen. Entscheidungsmuster können als Orientierungshilfe dienen, indem sie bewährte Lösungsansätze aufzeigen, die auf Erfahrungen, Regeln oder Algorithmen basieren. Gleichsam können hierdurch auch diskriminierende Vorgehensweisen verstetigt werden.

47 Grundsätzlich ist von der Ausnahme jede Überwachung atypischer Vorgänge in menschlichen Bewertungen umfasst.[64] Als Beispiel dieser Bedingung kommen Bewertungsmuster in der Schule in Betracht.[65] Grundsätzlich weist der Verordnungsgeber KI-Systeme, die in der allgemeinen und beruflichen Bildung eingesetzt werden, durch Nr. 3 Anhang III ein hohes Risiko zu (→ Anh. III Rn. 42 ff.), jedoch enthält die **nachträgliche Überprüfung** von Benotungsmustern ein geringeres Risiko.[66] Das KI-System wird insofern lediglich eingesetzt, um nachträglich zu prüfen, ob der Lehrer möglicherweise von dem Benotungsmuster abgewichen ist, um so auf mögliche Unstimmigkeiten oder Unregelmäßigkeiten aufmerksam zu machen.[67] Auch die Erkennung von Unstimmigkeiten von Transaktionen,[68] oder die Auswertung von zuvor ergangenen gerichtlichen Entscheidungen ist vorliegend denkbar.[69]

48 **dd) Durchführung von vorbereitenden Aufgaben (Abs. 3 UAbs. 2 Buchst. d).** Die vierte Bedingung statuiert UAbs. 2 Buchst. d. Hiernach sind KI-Systeme nicht als hochriskant einzustufen, sofern sie dazu bestimmt sind, eine **vorbereitende Aufgabe** für eine Bewertung durchzuführen, die für die Zwecke der in Anhang III aufgeführten Anwendungsfälle relevant ist. Da das KI-System lediglich im Stadium der Vorbereitung eingesetzt wird, ist der Einfluss auf die Entscheidung und die darin enthaltene Bewertung nach dem Verordnungsgeber als gering einzuschätzen.[70] Zum Beispiel fallen unter diese Bedingung KI-Systeme, die intelligente Lösungen für die Bearbeitung von Dossiers, wozu verschiedene Funktionen wie Indexierung, Suche, Text- und Sprachverarbeitung oder Verknüpfung von Daten mit anderen Datenquellen gehören und KI-Systeme, die für die Übersetzung von Erstdokumenten verwendet werden.[71]

49 Das bloße Sichten von Bewerbungen durch ein KI-System und die Vorsortierung anhand einfacher formaler Kriterien wird als Praxisbeispiel dieser Bedingung vorgeschlagen, da es an einem erheblichen Risiko einer Grundrechtsbeeinträchtigung fehle.[72] Jedoch werden auch hier personenbezogene Daten verarbeitet, um eine Qualifikation einer natürlichen Person zu analysieren, sodass grundsätzlich ein Profiling iSd Art. 3 Nr. 52 vorliegt und damit die Rückausnahme des Abs. 3 UAbs. 3 erfüllt sein kann.

50 Die Vergabe eines **Scores** für eine Person zB im Bewerbungskontext oder der Kreditvergabe ist nicht als rein vorbereitende Aufgabe zu werten. Da die Scorevergabe zumeist für den menschlichen Bearbeiter nicht hinreichend nachvollziehbar und die Scorekritierien nicht transparent sind, wird dieser sich von

---

[64] Bronner KIR 2024, 55 (59).
[65] Erwgr. 53 S. 10.
[66] Erwgr. 53 S. 10.
[67] Erwgr. 53 S. 10.
[68] Dilling/Musiol CCZ 2024, 257 (263).
[69] Wachter/Leeb RDi 2024, 440 (446).
[70] Erwgr. 53 S. 11.
[71] Erwgr. 53 S. 12.
[72] Legner RDi 2024, 426 (427).

dem Scorergebnis bei seiner Entscheidung leiten lassen, so dass eine eigene menschliche Entscheidung bei Vorlage eines Scores nicht mehr hinreichend gewahrt ist. Neben der KI-VO ist beim Scoring iRd Bonitätsprüfung ferner auch Art. 22 DS-GVO zu beachten.[73]

c) Rückausnahme Profiling natürlicher Personen (Abs. 3 UAbs. 3). Einzige Rückausnahme von der Selbsteinschätzung des Anbieters,[74] der den Zweck des KI-Systems bestimmt, reguliert Abs. 3 UAbs. 3. Danach sind alle KI-Systeme, die in Anhang III aufgeführt sind, als Hochrisiko-KI-Systeme zu kategorisieren, wenn ein **Profiling natürlicher Personen** vorgenommen wird. Dies gilt unabhängig davon, ob einer der Bedingungen aus UAbs. 2 entsprochen wird. Profiling wird in Art. 3 Nr. 52 durch einen Verweis auf Art. 4 Nr. 4 DS-GVO legaldefiniert (→ Art. 3 Rn. 388 ff.). Profiling ist nach Art. 4 Nr. 4 DS-GVO jede Art der automatisierten Verarbeitung personenbezogener Daten, die darin besteht, dass diese personenbezogenen Daten verwendet werden, um bestimmte persönliche Aspekte, die sich auf eine natürliche Person beziehen, zu bewerten, insbesondere um Aspekte bezüglich Arbeitsleistung, wirtschaftliche Lage, Gesundheit, persönliche Vorlieben, Interessen, Zuverlässigkeit, Verhalten, Aufenthaltsort oder Ortswechsel dieser natürlichen Person zu analysieren oder vorherzusagen. Der Verordnungsgeber entzieht damit dem Anbieter in diesem Kontext die Selbsteinschätzung und weist dem Verwendungsfall des Profilings stets ein erhebliches Risiko der Beeinträchtigung in Bezug auf die Gesundheit, Sicherheit oder Grundrechte natürlicher Personen zu. 51

4. Einstufung nach der Auffassung des Anbieters (Abs. 4)

Art. 6 Abs. 4 legt den Anbietern von KI-Systemen eine **Dokumentationspflicht** auf. Diese greift, sofern der Anbieter der Auffassung ist, dass ein KI-System, das in Anhang III aufgeführt ist, nicht hochriskant ist. Rechtsfolge nach einer Selbsteinschätzung des Anbieters ist, dass die KI-Systeme von den Vorgaben an Hochrisiko-KI-Systeme befreit werden, was zu erheblichen Unsicherheiten führen kann.[75] 52

Zudem erscheint das Verhältnis zwischen dem Anbieter und Betreiber des Hochrisiko-KI-Systems eine Herausforderung darzustellen. Daher wird der Anbieter zusätzlich gegenüber dem Betreiber verpflichtet, das betreffende KI-System einzustufen, zu registrieren und auf die verbundenen Risiken hinzuweisen bzw. zu begründen, weshalb das KI-System nach dem Maßstab des Art. 6 Abs. 3 kategorisiert wird.[76] Im Gegenzug sind die Betreiber nach Art. 26 Abs. 5 verpflichtet, den Anbieter zu informieren, wenn sich nach der Verwendung der Betriebsanleitung herausstellt, dass es sich doch um ein Hochrisiko-KI-System handelt (→ Art. 26 Rn. 19 ff.). Zudem muss der Betreiber die Verwendung des KI-Systems aussetzen, Art. 26 Abs. 5 UAbs. 1 S. 2 (→ Art. 26 Rn. 23 ff.). Ferner gilt anzumerken, dass der Betreiber selbst den Anbieterpflichten des Art. 16 (→ Art. 16 Rn. 3 ff.) unterliegt, wenn wesentliche Veränderungen vorgenommen 53

---

[73] EuGH NZA 2024, 45; EuGH NJW 2024, 417.

[74] Ebers/Streitbörger RDi 2024, 393 (396 f.); Martini/Ruschemeier, KI-VO/Ruschemeier, Art. 6 Rn. 97.

[75] Ebers/Streitböger RDi 2024, 393 (397).

[76] Borges CR 2024, 633 (636).

werden, die dafür sorgen, dass das KI-System weiterhin ein Hochrisiko-KI-System bleibt, Art. 25 Abs. 1 Buchst. b (hierzu ausführlich → Art. 25 Rn. 11 ff.).

54 Dabei umfasst die **Einschätzung** die Ausnahmetatbestände des Abs. 3 (→ Rn. 33 ff.). Anknüpfungspunkt für die Bewertung ist der Zeitpunkt, bevor das System in Verkehr gebracht oder in Betrieb genommen wird. Zusätzlich unterliegt er der **Registrierungspflicht** nach Art. 49 Abs. 2 (→ Art. 49 Rn. 10 ff.). Im Rahmen der Registrierung muss ersichtlich werden, weshalb der Anbieter eine Einstufung des KI-Systems nach Abs. 3 nicht als hochriskant vorgenommen hat.[77] Nach der Registrierung durch den Anbieter oder seinen Bevollmächtigten wird das System in der **EU-Datenbank** nach Art. 71 geführt. Des Weiteren wird die Pflicht zur Vorlage der Dokumentation der Bewertung in Abs. 4 S. 3 statuiert. Diese erfolgt auf Verlangen der zuständigen nationalen Behörde.

5. Leitlinien und Praxisbeispiele der Kommission (Abs. 5)

55 Als weiteren Adressaten verpflichtet Art. 6 in Abs. 5 die Kommission. Diese muss nach Konsultation des **KI-Gremiums** Leitlinien zur praktischen Umsetzung bereitstellen. Unter Konsultation ist das Einholen von einschlägigem Fachwissen und die Zusammenarbeit zum Herausarbeiten von praxisrelevanten Anwendungsfällen zu verstehen.[78] Das Europäische Gremium für Künstliche Intelligenz (KI-Gremium) ist nach Art. 65 Abs. 1 eingerichtet (→ Art. 65 Rn. 7 ff.) und unterstützt und berät die Kommission, um eine einheitliche und wirksame Anwendung der KI-VO zu erleichtern, Art. 66 (→ Art. 66 Rn. 3 ff.). Gerade in diesem Zusammenhang umfasst die Konsultation eine beratende Aufgabe, die insbesondere die Bereitstellung des technischen Fachwissens umfasst, vgl. Art. 67 Abs. 1 (→ Art. 67 Rn. 4 ff.).

56 Insgesamt ist die Kommission verpflichtet **Leitlinien** gem. Art. 96 (→ Art. 96 Rn. 3 ff.) und eine umfassende Liste praktischer Beispiele für Anwendungsfälle für KI-Systeme, die hochriskant oder nicht hochriskant sind, bereitstellen. Diese Liste ist durch die Kommission bis spätestens 2.2.2026 bereitzustellen. Dabei sind die Leitlinien bloße Verhaltensnormen, die den Wettbewerb berechenbar machen sollen und nur in Ausnahmefällen subjektive Rechte vermitteln.[79]

6. Änderungsbefugnis durch Ergänzung der Ausnahmeregelung (Abs. 6)

57 Weiterhin wird der Kommission die Befugnis eingeräumt, **delegierte Rechtsakte** nach Art. 97 zu erlassen (→ Art. 97 Rn. 8 ff.), um neue Bedingungen in Abs. 3 UAbs. 2 **hinzuzufügen.** Zusätzlich ist die Kommission befugt, die bestehenden Bedingungen zu ändern. Voraussetzung dafür ist, dass konkrete und zuverlässige Beweise für das Vorhandensein von KI-Systemen vorliegen, die in den Anwendungsbereich von Anhang III fallen, jedoch **kein erhebliches Risiko** der Beeinträchtigung in Bezug auf die Gesundheit, Sicherheit oder Grundrechte natürlicher Personen bergen. Die Kommission soll damit die Möglichkeit erhalten, auf das rasante Tempo der technologischen Entwicklung sowie den möglichen Änderungen bei der Verwendung von KI-Systemen Rechnung reagieren zu kommen.[80]

---

77 BeckOK KI-Recht/Klawonn Art. 6 Rn. 36.

78 Vgl. Erwgr. 121 S. 5, 143 S. 8.

79 Bomhard/Pieper/Wendehorst, KI-VO/Gehrmann, Art. 6 Rn. 171.

80 Erwgr. 52 S. 2.

7. Änderungsbefugnis durch Streichung der Ausnahmeregelung (Abs. 7)

Im Gegensatz zu Abs. 6 enthält Abs. 7 die Änderungsbefugnis in Form der **Streichung** von den in Abs. 3 UAbs. 2 festgelegten Bedingungen. Hierzu müssen konkrete und zuverlässige Beweise dafür vorliegen, dass dies für die Aufrechterhaltung des **Schutzniveaus** in Bezug auf Gesundheit, Sicherheit und die in dieser Verordnung vorgesehenen Grundrechte erforderlich ist. In welcher Form diese Beweise der Kommission vorliegen müssen, wird nicht näher dargestellt. Insofern wird der Kommission ein Instrument zur Verfügung gestellt, dass eine flexible und zeitnahe Reaktion auf Praxisfälle und technische Weiterentwicklungen ermöglicht. 58

8. Gewährleistung des allgemeinen Schutzniveaus (Abs. 8)

Abs. 8 legt den Maßstab für die Änderungen der Bedingungen des Abs. 3 UAbs. 2 nach den Abs. 6, 7 fest. Danach darf durch die Änderung das **allgemeine Schutzniveau** in Bezug auf Gesundheit, Sicherheit und die in dieser Verordnung vorgesehenen Grundrechte nicht sinken. Bei der Regelung kann es sich lediglich um eine Klarstellung des Verordnungsgebers handeln, da ein delegierter Rechtsakt nach Art. 97 nicht zur Änderung des allgemeinen Schutzniveaus verwendet werden kann.[81] 59

Zusätzlich weist Abs. 8 darauf hin, dass die **Kohärenz** mit den delegierten Rechtsakten des Art. 7 Abs. 1 (→ Art. 7 Rn. 3 ff.) sicherzustellen ist und eine Berücksichtigung der Marktentwicklungen und die technologischen Entwicklungen erfolgen muss. Damit wird gewährleistet, dass die delegierten Rechtsakte eine tatsächliche Relevanz für die Praxis beinhalten und mögliche **Schutzlücken** direkt von der Kommission geschlossen werden können.[82] Eine Wechselwirkung zwischen Art. 7 Abs. 1 und Abs. 6, 7 entsteht dadurch, dass die delegierten Rechtsakte iSd Art. 7 Abs. 1 abstrakte Anwendungsfälle regulieren, wohingegen die delegierten Rechtsakte iSd Abs. 6, 7 konkreter sind.[83] Die Klarstellung des Abs. 8 mit dem Verweis auf Art. 7 Abs. 1 und das allgemeine Schutzniveau führt dazu, dass es innerhalb der delegierten Rechtsakte nicht zu Widersprüchen kommen kann. 60

Art. 7* Änderungen des Anhangs III

(1) **Die Kommission ist befugt, gemäß Artikel 97 delegierte Rechtsakte zur Änderung von Anhang III durch Hinzufügung oder Änderung von Anwendungsfällen für Hochrisiko-KI-Systeme zu erlassen, die beide der folgenden Bedingungen erfüllen:**
a) Die KI-Systeme sollen in einem der in Anhang III aufgeführten Bereiche eingesetzt werden;
b) die KI-Systeme bergen ein Risiko der Schädigung in Bezug auf die Gesundheit und Sicherheit oder haben nachteilige Auswirkungen auf

[81] Vgl. Martini/Ruschemeier, KI-VO/Ruschemeier, Art. 6 Rn. 100.
[82] Vgl. Erwgr. 52 S. 2.
[83] Martini/Ruschemeier, KI-VO/Ruschemeier, Art. 6 Rn. 100.
* Kapitel III (Art. 6–49) gilt gem. Art. 113 UAbs. 2 ab 2.8.2026, mit Ausnahme des Abschnitts 4, der gem. Art. 113 UAbs. 3 Buchst. b bereits ab 2.8.2025 gilt.

die Grundrechte und dieses Risiko gleicht dem Risiko der Schädigung oder den nachteiligen Auswirkungen, das bzw. die von den in Anhang III bereits genannten Hochrisiko-KI-Systemen ausgeht bzw. ausgehen, oder übersteigt diese.

(2) **Bei der Bewertung der Bedingung gemäß Absatz 1 Buchstabe b berücksichtigt die Kommission folgende Kriterien:**

a) **die Zweckbestimmung des KI-Systems;**

b) **das Ausmaß, in dem ein KI-System verwendet wird oder voraussichtlich verwendet werden wird;**

c) **die Art und den Umfang der vom KI-System verarbeiteten und verwendeten Daten, insbesondere die Frage, ob besondere Kategorien personenbezogener Daten verarbeitet werden;**

d) **das Ausmaß, in dem das KI-System autonom handelt, und die Möglichkeit, dass ein Mensch eine Entscheidung oder Empfehlungen, die zu einem potenziellen Schaden führen können, außer Kraft setzt;**

e) **das Ausmaß, in dem durch die Verwendung eines KI-Systems schon die Gesundheit und Sicherheit geschädigt wurden, es nachteilige Auswirkungen auf die Grundrechte gab oder z. B. nach Berichten oder dokumentierten Behauptungen, die den zuständigen nationalen Behörden übermittelt werden, oder gegebenenfalls anderen Berichten Anlass zu erheblichen Bedenken hinsichtlich der Wahrscheinlichkeit eines solchen Schadens oder solcher nachteiligen Auswirkungen besteht;**

f) **das potenzielle Ausmaß solcher Schäden oder nachteiligen Auswirkungen, insbesondere hinsichtlich ihrer Intensität und ihrer Eignung, mehrere Personen zu beeinträchtigen oder eine bestimmte Gruppe von Personen unverhältnismäßig stark zu beeinträchtigen;**

g) **das Ausmaß, in dem Personen, die potenziell geschädigt oder negative Auswirkungen erleiden werden, von dem von einem KI-System hervorgebrachten Ergebnis abhängen, weil es insbesondere aus praktischen oder rechtlichen Gründen nach vernünftigem Ermessen unmöglich ist, sich diesem Ergebnis zu entziehen;**

h) **das Ausmaß, in dem ein Machtungleichgewicht besteht oder in dem Personen, die potenziell geschädigt oder negative Auswirkungen erleiden werden, gegenüber dem Betreiber eines KI-Systems schutzbedürftig sind, insbesondere aufgrund von Status, Autorität, Wissen, wirtschaftlichen oder sozialen Umständen oder Alter;**

i) **das Ausmaß, in dem das mithilfe eines KI-Systems hervorgebrachte Ergebnis unter Berücksichtigung der verfügbaren technischen Lösungen für seine Korrektur oder Rückgängigmachung leicht zu korrigieren oder rückgängig zu machen ist, wobei Ergebnisse, die sich auf die Gesundheit, Sicherheit oder Grundrechte von Personen negativ auswirken, nicht als leicht korrigierbar oder rückgängig zu machen gelten;**

j) **das Ausmaß und die Wahrscheinlichkeit, dass der Einsatz des KI-Systems für Einzelpersonen, Gruppen oder die Gesellschaft im Allgemeinen, einschließlich möglicher Verbesserungen der Produktsicherheit, nützlich ist;**

k) das Ausmaß, in dem bestehendes Unionsrecht Folgendes vorsieht:
i) wirksame Abhilfemaßnahmen in Bezug auf die Risiken, die von einem KI-System ausgehen, mit Ausnahme von Schadenersatzansprüchen;
ii) wirksame Maßnahmen zur Vermeidung oder wesentlichen Verringerung dieser Risiken.

(3) **Die Kommission ist befugt, gemäß Artikel 97 delegierte Rechtsakte zur Änderung der Liste in Anhang III zu erlassen, um Hochrisiko-KI-Systeme zu streichen, die beide der folgenden Bedingungen erfüllen:**
a) Das betreffende Hochrisiko-KI-System weist unter Berücksichtigung der in Absatz 2 aufgeführten Kriterien keine erheblichen Risiken mehr für die Grundrechte, Gesundheit oder Sicherheit auf;
b) durch die Streichung wird das allgemeine Schutzniveau in Bezug auf Gesundheit, Sicherheit und Grundrechte im Rahmen des Unionsrechts nicht gesenkt.

Literatur: Ashkar/Schröder, Das Gesetz über künstliche Intelligenz der Europäischen Union (KI-Verordnung), BB 2024, 771; Becker, Der Kommissionsentwurf für eine KI-Verordnung – Gefahr für die Wissenschaftsfreiheit?, ZfDR 2023, 164; Bierekoven, Die neue KI-Verordnung – Teil 1, ITRB 2024, 264; Chibanguza/Steege, Die KI-Verordnung – Überblick über den neuen Rechtsrahmen, NJW 2024, 1769; Ebers, Standardisierung Künstlicher Intelligenz und KI-Verordnungsvorschlag, RDi 2021, 588; Ebers/Streitbörger, Die Regulierung von Hochrisiko-KI-Systemen in der KI-Verordnung, RDi 2024, 393; Feuerstack/Becker/Hertz, Die Entwürfe des EU-Parlaments und der EU-Kommission für eine KI-Verordnung im Vergleich, ZfDR 2023, 421; Gerdemann, Konformitätsbewertung als Kernpflicht der KI-Verordnung, NJW 2024, 2209; Grützmacher/Füllsack, Der Entwurf einer EU-KI-Verordnung, ITRB 2021, 159; Rohrßen, KI & CE – Die KI-VO, das Produktsicherheitsrecht für Künstliche Intelligenz, ZfPC 2024, 111; Roos/Weitz, Hochrisiko-KI-Systeme im Kommissionsentwurf für eine KI-Verordnung, MMR 2021, 844; Rostalski/Weiss, Der KI-Verordnungsentwurf der Europäischen Kommission, ZfDR 2021, 329; Roth-Isigkeit, Der risikobasierte Ansatz als Paradigma des Digitalverwaltungsrechts, MMR 2024, 621; Spindler, Der Vorschlag der EU-Kommission für eine Verordnung zur Regulierung der Künstlichen Intelligenz (KI-VO-E), CR 2021, 361; Theis, Auswirkungen der KI-Verordnung und der KI-Haftungs-Richtlinie auf die Haftung beim KI-Einsatz in der Finanzbranche, BKR 2024, 414; Wiebe, Produktsicherheitsrechtliche Betrachtung des Vorschlags für eine KI-Verordnung, BB 2022, 899.

Übersicht

I. Allgemeines

1 Art. 7 komplettiert die Systematik in Bezug auf KI-Systeme mit **hohem Risiko**. Grundsätzlich wird durch Art. 7 Abs. 1, 3 die Kommission ermächtigt, den Anhang III (→ Rn. 3 ff., 26 ff.) der VO zu ändern, indem sie Anwendungskontexte von KI-Systemen hinzufügt oder streicht. Dies ist grds. dem Bedürfnis der Technologieoffenheit geschuldet.[1] Ziel ist, dass der Kommission ein Instrumentarium zur Verfügung gestellt wird, dass sie auf die rasche technologische Entwicklung und die potenziellen Änderungen des Einsatzes der KI-Systeme reagieren kann.[2] Hierfür verweist Art. 7 Abs. 1, 3 auf Art. 97, welcher die Kommission befugt, **delegierte Rechtsakte** zu erlassen (→ Art. 97 Rn. 3 ff.). Art. 7 soll damit keine maßgebende Änderung der Systematik des Art. 6 (→ Art. 6 Rn. 11 ff.) bewirken, sondern stellt lediglich einen **Reaktionsmechanismus** für KI-Systeme mit hohem Risiko dar.

II. Inhalt der Regelung

2 Art. 7 Abs. 1 überträgt der Kommission die **Befugnis,** delegierte Rechtsakte nach Art. 97 zu erlassen (→ Art. 97 Rn. 8 ff.), um Anhang III der VO zu ändern oder Anwendungsfälle hinzuzufügen (→ Anh. III Rn. 7 ff.). Zur Begrenzung der Anwendung setzt Abs. 1 **Bedingungen,** die erfüllt sein müssen, damit die Kommission einen delegierten Rechtsakt erlassen kann. Art. 7 Abs. 1 Buchst. a, b sieht vor, dass der Anwendungskontext für das KI-System, das in Anhang III aufgenommen werden soll, für eine Verwendung in einem bereits vorgesehenen Anwendungskontext erfolgt und ein **vergleichbares Risiko** aufweisen muss. Für die Beurteilung der Vergleichbarkeit des Risikos statuiert Art. 7 Abs. 2 Kriterien, die während des Beurteilungsprozesses berücksichtigt werden müssen. Dazu gehören bspw. der beabsichtigte Zweck des KI-Systems (Buchst. a), das potenzielle

---

[1] Hilgendorf/Härtlein KI-VO Art. 7 Rn. 1.
[2] Erwgr. 52 S. 2.

Ausmaß des Schadens oder die nachteiligen Auswirkungen (Buchst. f) und das Ausmaß und die Wahrscheinlichkeit des Nutzens des Einsatzes für Einzelpersonen, Gruppen oder die Gesellschaft insgesamt (Buchst. j). Als weitere Befugnis normiert Art. 7 Abs. 3 die Möglichkeit, delegierte Rechtsakte zu erlassen, um die Liste in Anhang III zu ändern und KI-Systeme von dieser zu streichen. Dazu werden ähnlich der Regelung in Abs. 1 **Bedingungen** aufgestellt, die erfüllt sein müssen. Nach Art. 7 Abs. 3 Buchst. a, b muss das erhebliche Risiko unter Berücksichtigung der Kriterien des Abs. 2 entfallen sein und keine Verringerung des Schutzniveaus durch die Streichung hervorgerufen werden.

1. Befugnisübertragung zur Erweiterung des Anhangs III (Abs. 1)

Art. 7 Abs. 1 überträgt der Kommission die Befugnis, **delegierte Rechtsakte** 3
nach Art. 97 unter den Bedingungen des Art. 7 Abs. 1 Buchst. a, b zu erlassen. Hierbei soll der Kommission die Möglichkeit eingeräumt werden, die Liste des Anhang III zu ändern. Zur Abgrenzung des Art. 7 Abs. 3 dient Art. 7 Abs. 1 der **Erweiterung der Liste** in Form des Hinzufügens. Im Gegensatz dazu soll Art. 7 Abs. 3 ermöglichen, dass die Kommission Verwendungsfälle ändert, indem sie diese von der Liste streicht. Das Hinzufügen von Verwendungskontexten zur Liste dient als Reaktionsmechanismus auf den fortschreitenden technischen Fortschritt und der Entwicklung neuer Einsatzmöglichkeiten der KI-Systeme.[3] Grundsätzlich soll damit das Ziel erreicht werden, dass **Innovationen** gefördert werden und gleichzeitig der **Schutz der Grundrechte** gewährleistet wird.[4] Die Aufnahme in die Liste des Anhang III durch delegierte Rechtsakte dient mithin der Prävention vor Schäden, die physischer, psychologischer, gesellschaftlicher oder wirtschaftlicher Art sein können.[5] Der Verordnungsgeber hält sich insofern vor, flexibel auf technische Entwicklungen reagieren zu können.[6]

a) Delegierte Rechtsakte. Für die Form der Änderung verweist Art. 7 Abs. 1 4
auf die delegierten Rechtsakte des Art. 97 (→ Art. 97 Rn. 3 ff.). Nach Art. 97 Abs. 1 wird der Kommission grds. die Befugnis übertragen, delegierte Rechtsakte zu erlassen. Dabei wird jedoch auf den **Vorbehalt** der einzelnen Bedingungen verwiesen, die in den jeweiligen Artikeln normiert werden. Nach Art. 97 Abs. 2 wird die Befugnis **befristet** auf fünf Jahre übertragen (→ Art. 97 Rn. 23 ff.). Eine Verlängerung der Frist findet stillschweigend statt, sofern das Europäische Parlament oder der Rat diese nicht drei Monate vor dem Ablauf des Zeitraums ablehnen (→ Art. 97 Rn. 24). Für delegierte Rechtsakte legt Art. 290 Abs. 1 UAbs. 2 AEUV fest, dass in der KI-VO die Ziele, die Inhalte, der Geltungsbereich und die Dauer der Befugnisübertragung vorgeschrieben sein müssen und die delegierten Rechtsakte der **Präzisierung** dienen.[7] Im Anwendungsfall des Art. 7 Abs. 1 erfüllt dieser den Zweck der Präzisierung des Anhang III und der Einstufung der Verwendungsfälle der KI-Systeme als hochriskant. Die KI-VO ist damit insgesamt zukunftssicher ausgestaltet.[8]

---

[3] Erwgr. 52 S. 2.
[4] Erwgr. 1 S. 1.
[5] Erwgr. 5 S. 2.
[6] Chibanguza/Steege NJW 2024, 1769 (1772).
[7] Vgl. zum DGA Paschke/Rücker, DGA/Paschke, Art. 32 Rn. 2.
[8] Kalbhenn ZUM 2021, 663 (667).

5 **b) Änderung des Anhangs III.** Für die Änderung des Anhang III setzt Art. 7 Abs. 1 die **materiellen Voraussetzungen,** die eine Einstufung als KI-System mit hohem Risiko begründen.[9] Dazu gibt Art. 7 Abs. 1 Buchst. a vor, dass das KI-System für die Verwendung in einem Bereich des Anhangs III bestimmt ist. Zusätzlich normiert Art. 7 Abs. 1 Buchst. b die Vergleichbarkeit mit den Risiken, die bereits in Anhang III benannt sind. Grundsätzlich muss dafür ein Risiko für die Gesundheit und Sicherheit oder eine Beeinträchtigung der Grundrechte von dem KI-System ausgehen.

6 **aa) Bedingung des Verwendungsfalls (Buchst. a).** Die erste Bedingung für das Ändern oder Hinzufügen von Verwendungsfällen iRd Anhang III statuiert Art. 7 Abs. 1 Buchst. a. Dazu muss das KI-System, das zu der Liste in Anhang III hinzugefügt werden soll, für einen **Verwendungsfall,** der bereits in Anhang III enthalten ist, bestimmt sein. Die neuen KI-Systeme müssen sich insofern in einen Bereich des Anhang III Nr. 1–8 klassifizieren lassen.[10] Der Kommission wird jedoch nicht ermöglicht, **neue Lebensbereiche** in Anhang III zu integrieren, was in Ausnahmefällen zu **Schutzlücken** führen kann.[11] Möglich ist daher, dass sich künftige KI-Systeme keinem Bereich zuordnen lassen, sodass in diesen Fällen ein erhebliches Risiko besteht und dieses System nicht den Regeln für Hochrisiko-KI-Systeme unterworfen wird.[12] Die Bereiche innerhalb des Anhang III sind allerdings weit gefasst, sodass eine drastische Abschwächung des Schutzniveaus nicht zu erwarten ist.

7 Der neue Verwendungsfall muss sich für eine Einstufung als hohes Risiko der Verwendung für biometrische Daten (Nr. 1 → Anh. III Rn. 8 ff.), der kritischen Infrastruktur (Nr. 2 → Anh. III Rn. 34 ff.), der allgemeinen und beruflichen Bildung (Nr. 3 → Anh. III Rn. 42 ff.), der Beschäftigung (Nr. 4 → Anh. III Rn. 56 ff.), den Zugang zu privaten und wesentlichen öffentlichen Dienstleistungen (Nr. 5 → Anh. III Rn. 63 ff.), der Strafverfolgung (Nr. 6 → Anh. III Rn. 79 ff.), dem Migrations-, Asyl und Grenzkontrollmanagement (Nr. 7 → Anh. III Rn. 102 ff.) oder der Rechtspflege und der Einbindung in demokratische Prozesse (Nr. 8 → Anh. III Rn. 112 ff.) zuordnen lassen. Ist eine Klassifizierung des KI-Systems nicht möglich, kommt eine Änderung des Anhang III nicht durch einen delegierten Rechtsakt der Kommission nach Art. 97 (→ Art. 97 Rn. 10 ff.) in Betracht. Zentrale Einschränkung für die Aktualisierung ist somit, dass die Kommission keine weiteren Überschriften in Anhang III hinzufügen darf.[13]

8 **bb) Risiko einer Beeinträchtigung (Buchst. b).** Weitere Bedingung nach Art. 7 Abs. 1 Buchst. b ist, dass von dem KI-System ein **Risiko** für die Schädigung der Gesundheit und Sicherheit natürlicher Personen oder **nachteilige Auswirkungen** für Grundrechte ausgehen. Als Maßstab sind hierzu die Risiken einer Beeinträchtigung anzulegen, die bereits in den von Anhang III erfassten Fällen berücksichtigt werden. Deshalb muss das ausgehende Risiko von dem zu

---

[9] Sesing/Tschech MMR 2022, 24 (28).

[10] Hilgendorf/Roth-Isigkeit, Die neue Verordnung der EU zur Künstlichen Intelligenz/Martini, § 3 Rn. 146.

[11] Hilgendorf/Roth-Isigkeit, Die neue Verordnung der EU zur Künstlichen Intelligenz/Martini, § 3 Rn. 139, 146.

[12] Bomhard/Pieper/Wende, KI-VO/Gehrmann, Art. 7 Rn. 23.

[13] BeckOK KI-Recht/Klawonn Art. 7 Rn. 22.

erfassenden KI-System dem Risiko einer Schädigung der Gesundheit und der Sicherheit oder den nachteiligen Auswirkungen für die Grundrechte der bereits in Anhang III erfassten Anwendungsfälle gleichkommen oder diese Risiken übersteigen. Nach der Definition des Risikos in Art. 3 Nr. 2 wird für die **Risikoermittlung** die Wahrscheinlichkeit des Auftretens des Schadens und die Schwere des Schadens herangezogen (→ Art. 3 Rn. 42 ff.). Abstrakt bedeutet dies, dass die Wahrscheinlichkeit des Schadens und die Schwere des Schadens des neuen Verwendungsfalls mit den in Anhang III aufgeführten Einsatzmöglichkeiten vergleichbar sein muss. Zwar lässt sich durch die unterschiedlichen Verwendungsfälle, die in Anhang III aufgeführt sind, kein **einheitliches Risikoniveau** ermitteln.[14] Jedoch muss stets eine Einzelfallbetrachtung des jeweiligen KI-Systems erfolgen, die mögliche Gemeinsamkeiten mit den in Anhang III aufgeführten KI-Systemen ermittelt. Zusätzlich normiert Art. 7 Abs. 2 Kriterien, die für die Beurteilung des Risikos berücksichtigt werden müssen.

2. Kriterienkatalog für die Beurteilung (Abs. 2)

Art. 7 Abs. 2 enthält Kriterien, die für die Beurteilung nach Art. 7 Abs. 1 9
Buchst. b von der Kommission berücksichtigt werden müssen. Es erfolgt eine **Einteilung der Kriterien** in den beabsichtigten Zweck (Buchst. a → Rn. 10), das Ausmaß, in dem ein KI-System eingesetzt wurde oder voraussichtlich eingesetzt werden wird (Buchst. b → Rn. 11 f.), die Art und der Umfang der durch das KI-System verarbeiteten und genutzten Daten (Buchst. c → Rn. 13), das Ausmaß, in dem das KI-System autonom handelt, und die Möglichkeit für einen Menschen, sich über eine Entscheidung oder Empfehlung hinwegzusetzen, die zu einem potenziellen Schaden führen kann (Buchst. d → Rn. 14), das Ausmaß, in dem die Verwendung eines KI-Systems bereits zu einer Beeinträchtigung der Gesundheit und Sicherheit geführt hat, sich nachteilig auf die Grundrechte ausgewirkt hat oder Anlass zu erheblichen Bedenken hinsichtlich der Wahrscheinlichkeit einer solchen Beeinträchtigung oder nachteiligen Auswirkung gegeben hat (Buchst. e → Rn. 15), das potenzielle Ausmaß eines solchen Schadens oder einer solchen nachteiligen Auswirkung (Buchst. f → Rn. 16), das Ausmaß, in dem Personen, die potenziell geschädigt werden oder eine nachteilige Auswirkung erleiden (Buchst. g), das Ausmaß, in dem ein Machtungleichgewicht besteht (Buchst. h → Rn. 18), das Ausmaß, in dem das mit einem KI-System erzeugte Ergebnis leicht korrigierbar oder umkehrbar ist (Buchst. i), das Ausmaß und die Wahrscheinlichkeit der Nützlichkeit des Einsatzes des KI-Systems für Einzelpersonen, Gruppen oder die Gesellschaft insgesamt (Buchst. j) und den Umfang der Rechtsschutzmöglichkeiten (Buchst. k).

a) Verwendungszweck (Buchst. a). Erstes Kriterium für die Beurteilung 10
des potenziellen Risikos ist gem. Art. 7 Abs. 2 Buchst. a der beabsichtigte **Zweck des KI-Systems**. Der beabsichtigte Zweck des KI-Systems zielt dabei auf die Minderung des Risikos ab und soll zudem ein hohes Maß an Vertrauenswürdigkeit gewährleisten.[15] Da die Änderung bzw. das Hinzufügen der Zuordnung zum hohen Risiko dienen, orientiert sich der Zweck an den bereits in Anhang III aufgeführten Zwecken. Insbesondere zeigt sich im Gesamtkontext mit Art. 7 Abs. 1 Buchst. a, dass sich der beabsichtigte Zweck in die Verwendung

[14] Martini/Wendehorst, KI-VO/Ruschemeier, Art. 7 Rn. 14.
[15] Erwgr. 64 S. 1.

in Anhang III kategorisieren lassen muss. Anhaltspunkte für den beabsichtigten Zweck bieten daher die **Verwendungsfälle des Anhang III** wie bspw. die Verwendung in Bezug auf biometrische Daten (→ Anh. III Rn. 8 ff.) oder die Verwendung innerhalb kritischer Infrastruktur (→ Anh. III Rn. 34 ff.). Mithin kann die Betriebsanleitung nach Art. 13 Abs. 2, 3 (→ Art. 13 Rn. 16 ff.) eine Orientierungshilfe darstellen, da der beabsichtigte Zweck als Mindestangabe nach Art. 13 Abs. 3 Buchst. b Ziff. i enthalten sein muss.

11 **b) Ausmaß des Einsatzes (Buchst. b).** Als weiteres Beurteilungskriterium normiert Art. 7 Abs. 2 Buchst. b das Ausmaß, in dem das KI-System **eingesetzt** wurde oder voraussichtlich eingesetzt wird. Das Ausmaß eines KI-Einsatzes bezeichnet den Umfang aber auch die Intensität der Nutzung sowie der Wirkung dieses KI-Systems in einem bestimmten Anwendungsbereich, einschließlich der Reichweite, in der das System Entscheidungen sowie Verfahren und damit auch Grundrechte möglicher Betroffener beeinflusst. Somit richten sich potenzielle Risiken und Schäden für öffentliche Interessen und Grundrechte danach, wie die KI-Systeme spezifisch angewandt und genutzt werden.[16]

12 Die Aufnahme der beiden Alternativen („eingesetzt wurde oder voraussichtlich eingesetzt wird") verfolgt vorliegend den Zweck, dass eine Unterscheidung zwischen Änderung und Hinzufügen von Anwendungskontexten in Anhang III abgebildet wird. Das Ausmaß, indem das KI-System bereits eingesetzt wurde, dient der Änderung, wohingegen der wahrscheinliche Einsatz für das Hinzufügen bestimmt ist. Grundsätzlich richtet sich dies nach der Vorgehensweise der Kommission und der Intention des delegierten Rechtsakts. Hierbei wird ebenfalls insoweit **Transparenz** erzeugt, indem die Kommission bereits vor dem Inverkehrbringen bzw. der Inbetriebnahme ansetzen kann.[17]

13 **c) Art und Umfang der verarbeiteten und genutzten Daten (Buchst. c).** Zudem müssen nach Art. 7 Abs. 2 Buchst. c die Art und der Umfang der verarbeiteten und genutzten Daten berücksichtigt werden. Eine zentrale Stellung erhält die **Verarbeitung von Daten,** die als personenbezogene Daten zu kategorisieren sind. Hierbei werden **personenbezogene Daten** insbesondere durch die DS-GVO, die VO (EU) 2018/1725 und die RL (EU) 2016/680 geschützt.[18] Besonderen Schutz genießen ferner die in Art. 3 Abs. 37 legaldefinierten besonderen Kategorie der personenbezogenen Daten, welche gem. Art. 9 Abs. 1 DS-GVO, Art. 10 RL (EU) 2016/680 und Art. 10 Abs. 1 VO (EU) 2018/1725 erfasst sind (→ Art. 3 Rn. 303 ff.). Die Berücksichtigung der verarbeiteten und genutzten Daten ist wesentlich, damit ein hohes Maß an Vertrauenswürdigkeit, Sicherheit und dem Schutz der Grundrechte gewährleistet wird.[19] Da Art. 7 Abs. 2 Buchst. c keine Eingrenzung der Daten vornimmt, müssen jegliche Arten von Daten, die verarbeitet und genutzt werden, berücksichtigt werden.

14 **d) Ausmaß der autonomen Handlungen (Buchst. d).** Des Weiteren muss das Ausmaß berücksichtigt werden, in dem das KI-System **autonom** handelt und die Möglichkeit für einen Menschen besteht, sich über eine Entscheidung oder Empfehlung hinwegzusetzen, die zu einem potenziellen Schaden führen kann, Art. 7 Abs. 2 Buchst. d. Hierbei zeigt sich das Gesamtkonzept, das maß-

[16] Erwgr. 5.
[17] Vgl. Erwgr. 72 S. 1.
[18] Erwgr. 10 S. 1.
[19] Vgl. Erwgr. 1 S. 1.

geblich die menschliche Aufsicht in Art. 14 (→ Art. 14 Rn. 23 ff.) für die Beurteilung eines potenziellen Schadens von Bedeutung ist. Grundsätzlich ist dabei vorgesehen, dass KI-Systeme mit hohem Risiko über Mechanismen verfügen, die eine natürliche Person, der die **menschliche Aufsicht** übertragen wurde, anleiten und informieren, damit sie in Kenntnis der Sachlage entscheiden kann, ob, wann und wie sie eingreifen muss, um negative Folgen oder Risiken zu vermeiden oder das System abzuschalten, wenn es nicht wie vorgesehen funktioniert.[20] Für das Kriterium des Buchst. d muss konkret erkennbar sein, wie das System autonom handelt. Zusätzlich muss berücksichtigt werden, inwiefern für einen Menschen die Möglichkeit besteht, sich über eine Entscheidung oder Empfehlung hinwegzusetzen. Hierbei ist zudem der potenzielle Schaden zu berücksichtigen, der entsteht, wenn sich der Mensch über die Entscheidung oder Empfehlung hinwegsetzt. Für die Autonomie ist daher zu beachten, dass der Grad davon abhängig ist, wie schwer ein Mensch die Entscheidung oder Empfehlung außer Kraft setzen kann.[21]

e) Aufgetretene oder wahrscheinliche Beeinträchtigungen (Buchst. e). 15
In die Beurteilung muss nach Art. 7 Abs. 2 Buchst. e einfließen, inwieweit die Verwendung eines KI-Systems bereits zu einer Beeinträchtigung der Gesundheit und Sicherheit geführt, sich nachteilig auf die Grundrechte ausgewirkt oder Anlass zu erheblichen Bedenken hinsichtlich der **Wahrscheinlichkeit** einer solchen Beeinträchtigung oder nachteiligen Auswirkung gegeben hat. Ähnlich der vorherigen Kriterien wurde eine Teilung für die Änderung und das Hinzufügen von Anwendungskontexten in Anhang III vorgenommen. Für die Änderung sind dabei die bereits aufgetretenen Beeinträchtigungen besonders zu berücksichtigen, was das Heranziehen von künftigen Beeinträchtigungen und deren Wahrscheinlichkeit nicht ausschließt. Der Anlass, dass die Wahrscheinlichkeit einer solchen Beeinträchtigung oder nachteiligen Auswirkung möglich ist, hat für das Hinzufügen gesteigerte Bedeutung. Grund ist, dass regelmäßig nicht auf **Berichte** zurückgegriffen werden kann. Als Beispiel für den Nachweis der aufgetretenen und wahrscheinlichen Beeinträchtigungen oder nachteiligen Auswirkungen nennt Art. 7 Abs. 2 Buchst. e Berichte oder dokumentierte Behauptungen, die den zuständigen nationalen Behörden vorgelegt wurden, oder durch andere Berichte belegt werden.

f) Ausmaß des Schadens oder der nachteiligen Auswirkung (Buchst. f). 16
Neben den aufgetretenen und wahrscheinlichen Beeinträchtigungen oder nachteiligen Auswirkungen muss nach Art. 7 Abs. 2 Buchst. f das **Ausmaß des potenziellen Schadens** bzw. der nachteiligen Auswirkung berücksichtigt werden. Ein Schaden kann dabei **materieller** oder **immaterieller,** einschließlich physischer, psychologischer, gesellschaftlicher oder wirtschaftlicher Art sein.[22] Besonderer Beurteilungsmaßstab sind die Intensität und die Fähigkeit, mehrere Personen oder eine bestimmte Personengruppe **unverhältnismäßig** stark zu beeinträchtigen. Insofern erfährt der Schutz vor Diskriminierung eine hervorgehobene Stellung, die für die Ermittlung eines Risikos iSd Art. 7 Abs. 1 Buchst. b wesentlich ist. Die Wahl des Wortlauts zeigt, dass der Minderheitenschutz und

---

[20] Erwgr. 73 S. 3.
[21] Martini/Wendehorst, KI-VO/Ruschemeier, Art. 7 Rn. 25.
[22] Erwgr. 5 S. 2.

die Verhinderung von **Diskriminierung** wesentliche Elemente der Prüfung der Beeinträchtigung sind.[23]

17 **g) Potenzielle Schädigungen oder nachteilige Auswirkungen für Personen (Buchst. g).** Das Kriterium des Art. 7 Abs. 2 Buchst. g berücksichtigt das Ausmaß, in dem Personen, die potenziell geschädigt werden oder eine nachteilige Auswirkung erleiden, von dem mit einem KI-System erzielten Ergebnis abhängig sind, insbesondere weil es aus **praktischen** oder **rechtlichen Gründen** nach vernünftigem Ermessen nicht möglich ist, sich diesem Ergebnis zu entziehen. Der Kommission wird damit ermöglicht, einen hinnehmbaren Schaden oder eine hinnehmbare Auswirkung zu ermitteln. Dies wird allerdings unter die Bedingungen gestellt, dass die Personen von dem Ergebnis des KI-Systems abhängig sind und es aus praktischen oder rechtlichen Gründen nach **vernünftigem Ermessen** nicht möglich ist, sich dem Ergebnis zu entziehen.

18 **h) Ausmaß des Machtungleichgewichts (Buchst. h).** Als weiteren Anhaltspunkt zieht Art. 7 Abs. 2 Buchst. h das Ausmaß hinzu, in dem ein **Machtungleichgewicht** besteht oder sich die Personen, die potenziell geschädigt werden oder nachteilige Auswirkungen erleiden, in einer schutzbedürftigen Position gegenüber dem Betreiber eines KI-Systems befinden. Das Bewertungskriterium betrachtet damit ein Ungleichgewicht zwischen Nutzern und Betroffenen eines KI-Systems.[24] Gerade in Bezug auf Maßnahmen von Strafverfolgungsbehörden kann ein erhebliches Machtungleichgewicht entstehen, weshalb diese KI-Systeme mit hochwertigen Daten trainiert werden müssen.[25] Konkretisiert wird das Machtungleichgewicht in Art. 7 Abs. 2 Buchst. h in Bezug auf Status, Autorität, Wissen, wirtschaftlichen oder sozialen Umständen oder Alter.

19 **i) Korrektur und Umkehrbarkeit des Ergebnisses (Buchst. i).** Für die Beurteilung wird zudem das Ausmaß hinzugezogen, in dem das mit einem KI-System erzeugte Ergebnis **leicht korrigierbar** oder **umkehrbar** ist, Art. 7 Abs. 2 Buchst. i. Berücksichtigt werden müssen daneben die technischen Lösungen, die zur Korrektur oder Umkehrung zur Verfügung stehen. Ausdrücklich bestimmt ist, dass Ergebnisse, die sich nachteilig auf die Gesundheit, die Sicherheit oder die Grundrechte auswirken, nicht als leicht korrigierbar oder umkehrbar gelten. Art. 7 Abs. 2 Buchst. i umfasst dabei eine ergebnisorientierte Betrachtungsweise, die mit **technischen Möglichkeiten** auf das Zustandekommen des Ergebnisses einwirken kann. Zwar enthält der Wortlaut der Norm ausdrücklich die Korrektur des Ergebnisses durch technische Lösungen, jedoch sollen diese lediglich für das hervorgebrachte Ergebnis berücksichtigt und nicht auf diese beschränkt werden.[26]

20 Eine leichte Korrektur oder Rückgängigmachung liegt vor, wenn die betroffene Person das Ergebnis selbst ohne einen **erhöhten Aufwand** korrigieren kann und keine Beeinträchtigungen oder Schäden entstanden sind. Gerade in Bezug auf einen möglichen Vergleich mit Art. 6 Abs. 3 UAbs. 2 (→ Art. 6 Rn. 41 ff.) zeigt sich, dass vorbereitende KI-Systeme wohl unproblematisch die Anforderung an eine leichte Korrektur erfüllen. Im Gegensatz dazu, ist beispiels-

---

23 AA Martini/Wendehorst, KI-VO/Ruschemeier, Art. 7 Rn. 28.

24 Hilgendorf/Roth-Isigkeit, Die neue Verordnung der EU zur Künstlichen Intelligenz/Martini, 1. Aufl. 2023, § 4 Rn. 110.

25 Erwgr. 59 S. 1, 2.

26 Vgl. Martini/Wendehorst, KI-VO/Ruschemeier, Art. 7 Rn. 33.

weise ein Verwendungsfall, der in Nr. 7 Buchst. c fällt, nicht leicht korrigierbar, da sich die Menschen in **prekären Lagen** befinden.[27] Deshalb hat der Verordnungsgeber aufgenommen, dass Ergebnisse, die sich auf die Gesundheit, Sicherheit oder Grundrechte von Personen negativ auswirken, nicht als leicht korrigierbar oder rückgängig zu machen gelten.

j) Nutzen des Einsatzes (Buchst. j). Des Weiteren muss für eine Beurteilung nach Art. 7 Abs. 1 Buchst. j das Ausmaß und die Wahrscheinlichkeit, dass der Einsatz des KI-Systems für Einzelpersonen, Gruppen oder die Gesellschaft im Allgemeinen, einschließlich möglicher Verbesserungen der Produktsicherheit, nützlich ist, Berücksichtigung finden. Ein KI-System ist von **Nutzen,** wenn es einen Vorteil bietet. Dieser kann rechtlicher, materieller und immaterieller Natur sein. Von besonderer Bedeutung ist hierbei der KI-Einsatz im Zusammenhang mit grundrechtlich geschützten Interessen. Dient der Einsatz diesen Interessen, gilt es diese Grundrechte iR einer Abwägung mit den gegenläufigen primärrechtlich geschützten Interessen in einen schonenden Ausgleich zu bringen. Daher wird ua dem Einsatz von KI-Systemen in der Medikamentenentwicklung ein erhöhter Stellenwert zugewiesen werden können.[28] Ferner ist von einem Nutzen auszugehen, wenn das menschliche Wohlergehen verbessert wird.[29] Die **Bewertung des Nutzens** ist einzelfallabhängig und lässt einen möglichen Wertungsspielraum offen. 21

Dient das KI-System lediglich dem Interesse von Einzelpersonen muss man die Einsatzauswirkungen besonders betrachten. Während der KI-Einsatz aus **Gemeinwohlinteressen,** die der Gesellschaft im Ganzen zugutekommen, durchaus auch Interessen Einzelner einschränken kann, bedarf es beim KI-Einsatz im Interesse von Individualpersonen einer strengeren Betrachtung, wenn hierdurch Grundrechte Dritter tangiert werden. 22

k) Umfang des Schutzes (Buchst. k). Als letztes Beurteilungskriterium beinhaltet Art. 7 Abs. 2 Buchst. k den Umfang in Bezug auf wirksame **Abhilfemaßnahmen** gegen die von KI-Systemen ausgehenden Risiken (Ziff. i) und wirksame **Maßnahmen** zur Vermeidung oder wesentlichen Verringerung dieser Risiken (Ziff. ii). Dies ermöglicht den Nutzern ein hohes **Schutzniveau** und schafft zusätzlich Vertrauen in die KI-Systeme. Dabei beschränkt der Wortlaut des Abs. 2 Nr. 11 das Ausmaß auf das bestehende Unionsrecht. Im Gegensatz zu Abs. 2 Buchst. i, j wird für das Ausmaß nicht auf das Ergebnis des KI-Systems abgestellt. Vielmehr soll die betroffene Person, die Möglichkeit haben, sich gegen die Risiken zur Wehr zu setzen. Insofern wurde Abs. 2 Buchst. k weiter gefasst, indem nicht nur **Rechtsbehelfe,** sondern auch Abhilfemaßnahmen genannt werden.[30] Damit ein hohes Schutzniveau gewährleistet werden kann, stellt Erwgr. 170 klar, dass Rechtsbehelfe unbeschadet von den Regelungen der KI-VO gelten und jede natürliche und juristische Person befugt sein muss, bei der betreffenden Marktüberwachungsbehörde eine Beschwerde einzureichen. 23

---

[27] Vgl. Erwgr. 60 S. 1.

[28] Vgl. Ebers/Heinze/Krügel/Steinrötter/Niederée/Nejdl Künstliche Intelligenz und Robotik § 2 Rn. 154 ff.

[29] Vgl. Erwgr. 6 S. 3.

[30] Martini/Wendehorst, KI-VO/Ruschemeier, Art. 7 Rn. 37.

24 **aa) Wirksame Abhilfemaßnahmen (Buchst. k Ziff. i).** In Art. 7 Abs. 2 Buchst. k Ziff. i werden die wirksamen **Abhilfemaßnahmen** gegen die von einem KI-System ausgehenden Risiken in die Beurteilung des Art. 7 Abs. 1 Buchst. b einbezogen. Hierbei beschränkt der Wortlaut die Anwendung auf das bestehende Unionsrecht. Dabei enthält die KI-VO in Kapitel IX in Abschnitt 4 Rechtsbehelfe. Art. 85 S. 1 ermöglicht jeder natürlichen und juristischen Person, die Grund zur Annahme hat, dass ein Verstoß gegen die VO vorliegt, eine **Beschwerde** bei der zuständigen Marktüberwachungsbehörde einzulegen (→ Art. 85 Rn. 6 ff.). Zudem besteht gem. Art. 86 Abs. 1 das Recht, vom Betreiber von KI-Systemen klare und aussagekräftige Erklärungen zur Rolle des KI-Systems im Entscheidungsverfahren und zu den wichtigsten Elementen der getroffenen Entscheidung zu erhalten (→ Art. 86 Rn. 10 ff.). Art. 87 verweist auf die RL (EU) 2019/1937 zur Meldung von Verstößen gegen die VO. Ausdrücklich ausgeschlossen für die Beurteilung sind jedoch nach Art. 7 Abs. 2 Buchst. k Ziff. i **Schadensersatzansprüche** (ua nach Art. 82 DS-GVO).

25 **bb) Wirksame Maßnahmen zur Verringerung der Risiken (Buchst. k Ziff. ii).** Zusätzlich beinhaltet Art. 7 Abs. 2 Buchst. k Ziff. ii wirksame **Maßnahmen** zur Vermeidung oder zur wesentlichen Verringerung der Risiken, die das geltende Unionsrecht vorsieht. Hiervon umfasst sind alle wirksamen Maßnahmen. Der Begriff ist bewusst weit gefasst, einzige Einschränkung hierbei ist, dass diese Maßnahmen im bestehenden Unionsrecht vorgesehen sein müssen. Denkbar ist insoweit im Gegensatz zu Art. 87, dass die Hinweisgeber keine Verstöße gegen die Verordnung melden, sondern die Nichteinhaltung der freiwilligen Verhaltenskodizes nach Art. 95 gegenüber dem Anbieter aufzeigen. In Bezug auf die Verringerung wird jedoch eine weitere Einschränkung vorgesehen, indem ausschließlich wirksame Maßnahmen vorgesehen sind, die zu einer wesentlichen Verringerung des Risikos beitragen. Maßnahmen, die lediglich unwesentliche Verringerungen zur Folge haben, werden nicht in die Beurteilung nach Art. 7 Abs. 1 Buchst. b einbezogen. Die **Wesentlichkeit** der Verringerung bestimmt sich anhand des Einzelfalls und ist abhängig von dem Verwendungszweck und dem konkreten beabsichtigten Einsatz des KI-Systems. Es bedarf damit einer signifikanten Reduktion der Wahrscheinlichkeit des Schadenseintritts bzw. der Reduzierung des potenziellen Schadens. Insofern kommt es nicht darauf an, dass überhaupt kein Risiko mehr besteht, sondern eine merkliche Verbesserung in Bezug auf den Schadenseintritt vorliegt.

3. Befugnisübertragung zur Änderung des Anhangs III (Abs. 3)

26 Neben dem Hinzufügen aus Art. 7 Abs. 1 wird die Kommission durch Art. 7 Abs. 3 befugt, **delegierte Rechtsakte** nach Art. 97 (→ Art. 97 Rn. 14) zu erlassen, um die Liste in Anhang III zu ändern und KI-Systeme mit hohem Risiko zu streichen. Im Gegensatz zu Art. 7 Abs. 1 bezieht sich das Ändern auf die **Streichung** von Teilen, wohingegen das Streichen die Gesamtheit von Verwendungsfällen umfasst. Daneben besteht nach Abs. 3 die Möglichkeit, gesamte Bereiche inklusive der Überschriften zu streichen.[31] Für das Streichen setzt die Norm zwingende **Bedingungen** voraus. Nach Art. 7 Abs. 3 Buchst. a dürfen keine erheblichen Risiken für die Grundrechte, die Gesundheit und die Sicherheit mehr ausgehen. Zudem darf die Löschung des Verwendungsfalls nicht

[31] BeckOK KI-Recht/Klawonn Art. 7 Rn. 22.

zu einer Verringerung des **Gesamtniveaus** des Schutzes der Gesundheit, der Sicherheit und der Grundrechte führen, Art. 7 Abs. 3 Buchst. b. Insgesamt gelten die gleichen Erwägungen wie für Art. 7 Abs. 1 (→ Rn. 3 ff.).

a) Keine erheblichen Risiken (Buchst. a). Nach Art. 7 Abs. 3 Buchst. a dürfen von dem Verwendungsfall des KI-Systems keine **erheblichen Risiken** für die Grundrechte, die Gesundheit oder die Sicherheit mehr ausgehen. Für die Bewertung des Risikos verweist die Norm auf die Kriterien des Art. 7 Abs. 2. Die erheblichen Risiken bilden damit das Pendant zu Art. 7 Abs. 1 Buchst. b. Damit wird der Kriterienkatalog des Art. 7 Abs. 2 (→ Rn. 9 ff.) Bestandteil der Beurteilung der Änderung und Streichung. Insgesamt wird der Kommission ermöglicht, flexibel auf technische Entwicklungen zu reagieren. Eine Prüfung der erheblichen Risikoverringerung hat zudem die Stärkung des Vertrauens in das jeweilige KI-System zur Folge, was grundlegendes Ziel dieser VO nach Art. 1 Abs. 1 (→ Art. 1 Rn. 18 f.) ist. 27

b) Keine Verringerung des Gesamtschutzniveaus (Buchst. b). Ferner normiert Art. 7 Abs. 3 Buchst. b als weitere Bedingung, dass die Streichung nicht zu einer **Verringerung des Gesamtniveaus** des Schutzes der Gesundheit, der Sicherheit und der Grundrechte nach dem Unionsrecht führen darf. Durch die Einbeziehung der Kriterien nach Art. 7 Abs. 2 in die Bewertung des erheblichen Risikos ist wohl davon auszugehen, dass eine Verringerung des Gesamtniveaus als unwahrscheinlich erachtet wird. Sollte festgestellt werden, dass kein erhebliches Risiko mehr besteht, ist das KI-System nicht mehr als KI-System mit **hohem Risiko** einzustufen. Die Herabstufung hat grundlegend zur Folge, dass die Pflichten für KI-Systeme mit hohem Risiko nach Art. 8 ff. nicht mehr eingehalten werden müsse, was allerdings nicht von der Transparenzpflicht des Art. 50 (→ Art. 50 Rn. 7 ff.) befreit. Die Befreiung der Pflichten wird zwingend in Art. 7 Abs. 3 Buchst. a unter Berücksichtigung der Kriterien des Art. 7 Abs. 2 bspw. in Buchst. e (→ Rn. 15) und Buchst. f (→ Rn. 16) einbezogen werden müssen. 28

Abschnitt 2. Anforderungen an Hochrisiko-KI-Systeme

Art. 8* Einhaltung der Anforderungen

(1) [1]**Hochrisiko-KI-Systeme müssen die in diesem Abschnitt festgelegten Anforderungen erfüllen, wobei ihrer Zweckbestimmung sowie dem allgemein anerkannten Stand der Technik in Bezug auf KI und KI-bezogene Technologien Rechnung zu tragen ist.** [2]**Bei der Gewährleistung der Einhaltung dieser Anforderungen wird dem in Artikel 9 genannten Risikomanagementsystem Rechnung getragen.**

(2) [1]**Enthält ein Produkt ein KI-System, für das die Anforderungen dieser Verordnung und die Anforderungen der in Anhang I Abschnitt A aufgeführten Harmonisierungsrechtsvorschriften der Union gelten, so sind die Anbieter dafür verantwortlich, sicherzustellen, dass ihr Produkt alle geltenden Anforderungen der geltenden Harmonisierungs-**

* Kapitel III (Art. 6–49) gilt gem. Art. 113 UAbs. 2 ab 2.8.2026, mit Ausnahme des Abschnitts 4, der gem. Art. 113 UAbs. 3 Buchst. b bereits ab 2.8.2025 gilt.

rechtsvorschriften der Union vollständig erfüllt. [2]Bei der Gewährleistung der Erfüllung der in diesem Abschnitt festgelegten Anforderungen durch die in Absatz 1 genannten Hochrisiko-KI-Systeme und im Hinblick auf die Gewährleistung der Kohärenz, der Vermeidung von Doppelarbeit und der Minimierung zusätzlicher Belastungen haben die Anbieter die Wahl, die erforderlichen Test- und Berichterstattungsverfahren, Informationen und Dokumentationen, die sie im Zusammenhang mit ihrem Produkt bereitstellen, gegebenenfalls in Dokumentationen und Verfahren zu integrieren, die bereits bestehen und gemäß den in Anhang I Abschnitt A aufgeführten Harmonisierungsrechtsvorschriften der Union vorgeschrieben sind.

Übersicht

I. Überblick Abschnitt 2

1 Der Abschnitt II enthält die zusätzlichen Anforderungen an Hochrisiko-KI-Systeme.[1] Dabei gibt Art. 8 Abs. 1 einen knappen Überblick über die einzuhaltenden Anforderungen und Art. 8 Abs. 2 erlaubt Anbietern gewisser Hochrisiko-KI-Systeme die Anforderungen in etwaig bestehende Compliancesysteme zu integrieren.

2 Gem. Art. 96 Abs. 1 UAbs. 1 lit. a wird die Kommission Leitlinien zur Anwendung der Art. 8–15 erarbeiten. Dabei wird nach Art. 96 Abs. 1 UAbs. 3 dem *„allgemein anerkannten Stand der Technik im Bereich KI sowie den einschlägigen harmonisierten Normen und gemeinsamen Spezifikationen, auf die in den Artikeln 40 und 41 Bezug genommen wird, oder den harmonisierten Normen oder technischen Spezifikationen, die gemäß den Harmonisierungsrechtsvorschriften der Union festgelegt wurden, gebührend Rechnung"* getragen. Bislang sind diese Leitlinien noch nicht erschienen.

In diesem Kontext arbeitet die EU-Kommission aktuell weitere Leitlinien aus, deren *„Schwerpunkt auf der Bereitstellung klarer und praktischer Anweisungen für*

---

[1] Vgl. zur praktischen Umsetzung der KI-VO: *Bitkom,* Umsetzungsleitfaden zur KI-Verordnung, Version 2.0.

die Anwendung der KI-Verordnung parallel zu anderen EU-Rechtsvorschriften"[2] liegen soll.

Ein Überblick über die Normen des Abschnitts II findet sich in → Rn. 12. 3

II. Allgemeines

1. Bedeutung der Norm

Art. 8 stellt die Einstiegsnorm in den Abschnitt 2 (Anforderungen an Hochrisiko-KI-Systeme) dar und legt für sämtliche Artikel des Abschnitts fest, dass der Maßstab sich an der Zweckbestimmung des jeweiligen Systems sowie dem Stand der Technik orientiert (Rn. 17 ff.).[3] 4

2. Anwendungsbereich

Der Anwendungsbereich des Art. 8 erstreckt sich auf sämtliche Hochrisiko-KI-Systeme (vgl. Art. 6–7). Es gilt der allgemeine örtliche Anwendungsbereich der KI-VO (→ Art. 2 Rn. 10 ff.). 5

Für Hochrisiko-KI-Systeme, die vor dem 2.8.2026[4] in Verkehr gebracht werden, greifen gewisse Bestandsschutzregeln, Art. 111 Abs. 1, 2 (→ Art. 111 Rn. 5 ff.). Der Bestandsschutz endet, wenn die Systeme nach dem 2.8.2026 *„in ihrer Konzeption erheblich verändert wurden"*.[5] Zum Leidwesen der Rechtssicherheit wird der Begriff der Erheblichkeit in der KI-VO selbst nicht näher konkretisiert (Vgl. zum Maßstab: → Art. 111 Rn. 7). Jedenfalls Veränderungen, die der Gewährleistung von IT-Sicherheit dienen, sollten uneingeschränkt möglich sein.[6] 6

Teleologisch spricht einiges dafür, dass der Bestandsschutz auch in Fällen des Art. 25 Abs. 1 lit. a wegfällt, da das System für einen objektiven Dritten wirkt, als sei es neu in Verkehr gebracht oder in Betrieb genommen.[7] 7

Welche Personen dabei konkret für die Einhaltung verantwortlich sind, ergibt sich aus den Regelungen des Abschnitts 3 (Art. 16–27). Dabei ist regelmäßig der Anbieter der Adressat.[8] Besondere Beachtung ist Art. 25 zu schenken, nach dem auch andere Personen als Anbieter gelten können. 8

Etwaige Verstöße können sanktioniert werden, vgl. Art. 99 Abs. 4. 9

3. Historische Entwicklung

Im Rahmen des Gesetzgebungsverfahrens[9] wurden der Inhalt von Art. 8 Abs. 1, 2 KI-VO-E zusammen mit einem zusätzlichen Einschub im jetzigen Art. 8 Abs. 1 zusammengefasst. 10

---

[2] COM(2025) 836 final, Deutsche Fassung, S. 3.

[3] Vgl.: *Gerdemann*, BeckOK KI-Recht, 4. Ed. Stand: 1.11.2025, Art. 8 Rn. 3, 7.

[4] Aktuell stehen Vorschläge im Raum, die Zeitlinien im Kontext von Hochrisiko-KI-Systemen anzupassen, sodass insofern Änderungen möglich sind, vgl.: ErwG 22, Art. 1 Nr. 30 COM(2025) 836 final, Deutsche Fassung.

[5] Art. 111 Abs. 2 S. 1.

[6] Vgl. bereits zum Entwurf: Bomhard/Etzkorn ZdiW 2022, 159 (161).

[7] So auch: Martini/Wendehorst/Wendehorst, 2. Aufl. 2026, Art. 111 Rn. 6.

[8] So auch: *Gerdemann,* BeckOK KI-Recht, 4. Ed. Stand: 1.11.2025, Art. 8 Rn. 12.

[9] Dazu auch: *Gerdemann,* BeckOK KI-Recht, 4. Ed. Stand: 1.11.2025, Art. 8 Rn. 5, Martini/Wendehorst/Braun Binder/Egli, 2. Aufl. 2026, Art. 8 Rn. 16.

11 Überdies wurde mit Art. 8 Abs. 2 eine Norm eingefügt, die insbesondere ein nahtloses und möglichst aufwandsarmes Einfügen in das bestehende Produktsicherheitsrecht gewährleisten soll.

III. Norminhalt

1. Abs. 1

12 **a) In diesem Abschnitt festgelegte Anforderungen (Abs. 1 S. 1).** Gem. Art. 8 Abs. 1 S. 1 sind die *„in diesem Abschnitt festgelegten Anforderungen [zu] erfüllen“*. Namentlich handelt es sich dabei um die folgenden Regelungen.

- Art. 9 enthält die Vorgaben zum Risikomanagementsystem, welches eine der zentralen Anforderungen für Hochrisiko-KI-Systeme ist Art. 9 Rn. 1 ff.
- Art. 10 legt Regeln für den Umgang mit Daten und für die Daten-Governance fest Art. 10 Rn. 1 ff.
- Art. 11 stellt Vorgaben zur technischen Dokumentation des Hochrisiko-KI-Systems auf. Diese ist nach Art. 11 Abs. 1 zu erstellen, bevor das KI-System in Verkehr gebracht oder in Betrieb genommen wird und fortlaufend aktuell zu halten Art. 11 Rn. 1 ff.
- Gem. Art. 12 ist zwingend, dass gewisse Ereignisse im Produktlebenszyklus des Hochrisiko-KI-Systems aufgezeichnet („protokolliert“) werden Art. 12 Rn. 1 ff.
- Zu Gunsten von Betreibern von Hochrisiko-KI-Systemen enthält Art. 13 Vorgaben für die Transparenz und Bereitstellung von Informationen über das Hochrisiko-KI-System. Ziel ist es, dass Betreiber, aber auch Anbieter, die Pflichten des Abschnitts III erfüllen können Art. 13 Rn. 1 ff.
- Art. 14 sieht Regelungen für eine menschliche Aufsicht vor Art. 14 Rn. 1 ff.
- Schließlich sind in Art. 15 Regelungen zur Genauigkeit, Robustheit und Cybersicherheit enthalten Art. 15 Rn. 1 ff.

13 **b) Maßstab für die Erfüllung der Anforderungen (Abs. 1 S. 1).** Bei der Erfüllung der Anforderungen ist der *„Zweckbestimmung sowie dem allgemein anerkannten Stand der Technik in Bezug auf KI und KI-bezogene Technologien Rechnung zu tragen“*, Art. 8 Abs. 1 S. 1.

14 Diese Ausführungen zum Maßstab sind im ursprünglichen Entwurf der Kommission nicht enthalten gewesen.

15 Nach Art. 40 Abs. 1 wird vermutet, dass die Anforderungen der Art. 8–15 erfüllt sind, soweit das jeweilige Hochrisiko-KI-System mit den entsprechenden Normungen und Standards – die noch nicht erschienen sind – übereinstimmt. Die bestehenden Unsicherheiten hinsichtlich der Inhalte und des Zeitplans der Veröffentlichung der Normungen und Standards sind rechtspolitisch kritisch zu bewerten.[10] Auch die EU-Kommission bezeichnet daher in ihrem Entwurf der Digital-Omnibus-Verordnung zur KI (COM(2025) 836 final) ein Festhalten am bisherigen Zeitplan als „nicht gerechtfertigt“.[11]

16 **aa) Sachlich.** Die sachlichen Anforderungen sind abhängig vom konkreten Hochrisiko-KI-System und daher nicht immer identisch. Zu berücksichtigen sind zwei Faktoren.

---

[10] Braun Martini/Wendehorst/Binder/Egli, 2. Aufl. 2026, Art. 8 Rn. 41.
[11] ErwG 22 COM(2025) 836 final, Deutsche Fassung.

Einerseits ist – als individuelle Ebene – die Zweckbestimmung des Hochrisiko-KI-Systems zu berücksichtigen (Art. 3 Nr. 12). Folglich haben die Angaben in der Betriebsanleitung, der technischen Dokumentation sowie den Werbe- und Verkaufsmaterialien unmittelbaren Einfluss darauf, wie die Anforderungen des Abschnitts 2 konkret umzusetzen sind: **17**

Wird beispielsweise das Anwendungsfeld eines Hochrisiko-KI-Systems sehr klein und präzise beschrieben, sind die Anforderungen der Art. 9–15 insbesondere auf diesen sehr kleinen Anwendungsbereich beschränkt und dürften im Regelfall leichter umzusetzen sein, als bei einer sehr weitreichenden Beschreibung möglicher Einsatzarten. Damit einher geht – ökonomisch – auch der kleinere Markt für das entsprechende System. **18**

Andererseits ist – als generelle Ebene – der *„allgemein anerkannte […] Stand der Technik in Bezug auf KI und KI-bezogene Technologien“* zu berücksichtigen. Diese Ebene ist sachgerecht, da der gesamte Abschnitt 2 insbesondere auch die Sicherheit von Hochrisiko-KI-Systemen gewährleisten soll. Es ist daher richtig und sinnvoll, bei der Konkretisierung der einzuhaltenden Anforderungen auch den Stand der Technik zu berücksichtigen, da dieser gerade auch die zum jeweiligen Zeitpunkt bestehenden Risiken konkretisiert. **19**

Es stellt eine Entlastung der zur Einhaltung verpflichteten Personen dar, dass auf den „allgemein anerkannten Stand der Technik“ abgestellt wird und nicht die anspruchsvolleren Begrifflichkeiten „Stand der Technik“ oder „Stand der Wissenschaft und Technik“ verwendet werden.[12] **20**

bb) Zeitlich. Art. 8 enthält keine ausdrückliche Aussage darüber, auf welchen Zeitpunkt für die Maßstabsbildung abzustellen ist. **21**

Unter Berücksichtigung dessen, dass der Abschnitt 2 gerade auch Schutzwirkung vor dem Hochrisiko-KI-System entfalten soll, erscheint es sachgerecht, wenn sich der Maßstab fortlaufend aktualisiert: **22**

Es ist sinnvoll, dass eine etwaige Erweiterung oder Verengung der Zweckbestimmung sich, nach einer gewissen Zeit und Verfestigung, auch in der Einhaltung der Anforderungen des Abschnitts 2 niederschlägt. Auch der Definition der Zweckbestimmung in Art. 3 Nr. 12 lässt sich keine Fixierung eines einmaligen Zeitpunktes entnehmen. **23**

Ebenso sollten Veränderungen des Standes der Technik in Bezug auf KI und KI-bezogene Technologien den Maßstab verändern können. In der Regel werden Fortschritte in der Technik eine Einhaltung der Anforderungen des Abschnitts 2 eher erleichtern. **24**

Ausnahmsweise ist vorstellbar, dass durch Veränderungen im Stand der Technik ursprünglich unzureichende Maßnahmen im Sinne des Abschnitts 2 später hinreichend werden. Ebenso können aufgrund neuer Erkenntnisse und einem veränderten Stand der Technik neue Maßnahmen zu ergreifen sein. **25**

c) Bedeutung von Abs. 1 S. 2. Zentral für die Einhaltung der Anforderungen des Abschnitts 2 der KI-VO ist das Risikomanagementsystem des Art. 9.[13] Wie sich aus Art. 8 Abs. 1 S. 2 ergibt, sollen dort Vorgaben und Maßnahmen **26**

---

[12] Dies ebenso vertretend, jedoch mit der Begründung, dass auf das Wort „aktuell“ verzichtet wurde: Martini/Wendehorst/Braun Binder/Egli, 2. Aufl. 2026, Art. 8 Rn. 29; vgl. insofern auch: *Gerdemann,* BeckOK KI-Recht, 4. Ed. Stand: 1.11.2025, Art. 8 Rn. 11.

[13] So auch: Martini/Wendehorst/Braun Binder/Egli, 2. Aufl. 2026, Art. 8 Rn. 30; Buck-Heeb/Oppermann Automatisierte Systeme/Grützmacher S. 459, 468.

zusammenlaufen. Normativ hat die ausdrückliche Erwähnung des Risikomanagementsystems in Art. 8 jedoch keine eigenständige Wirkung.[14]

2. Abs. 2

27 Art. 8 Abs. 2 regelt das Verhältnis der KI-VO zu anderen europäischen Harmonisierungsrechtsvorschriften, die in Anhang I Abschnitt A der KI-VO aufgeführt sind.

28 Unterfällt ein Produkt mehreren dieser Harmonisierungsvorschriften, so muss es die jeweiligen Anforderungen kumulativ erfüllen, vgl. Art. 8 Abs. 2 S. 1.[15] Letztlich ergänzt die KI-VO daher das bestehende Produktsicherheitsrecht um spezifische Vorgaben, soweit Produkte künstliche Intelligenz enthalten.

29 Art. 8 Abs. 2 eröffnet dem Anbieter vor diesem Hintergrund einen Gestaltungsspielraum dabei, ob und wie die Erfüllung der Pflichten aus der KI-VO in bestehende Systeme integriert wird, Art. 8 Abs. 2 S. 2. Dies soll einerseits die Kohärenz der Maßnahmen sicherstellen und andererseits Doppelarbeit vermeiden sowie zusätzliche Belastungen aus der KI-VO minimieren.

Art. 9* Risikomanagementsystem

(1) **Für Hochrisiko-KI-Systeme wird ein Risikomanagementsystem eingerichtet, angewandt, dokumentiert und aufrechterhalten.**

(2) **[1]Das Risikomanagementsystem versteht sich als ein kontinuierlicher iterativer Prozess, der während des gesamten Lebenszyklus eines Hochrisiko-KI-Systems geplant und durchgeführt wird und eine regelmäßige systematische Überprüfung und Aktualisierung erfordert. [2]Es umfasst folgende Schritte:**

a) die Ermittlung und Analyse der bekannten und vernünftigerweise vorhersehbaren Risiken, die vom Hochrisiko-KI-System für die Gesundheit, Sicherheit oder Grundrechte ausgehen können, wenn es entsprechend seiner Zweckbestimmung verwendet wird;

b) die Abschätzung und Bewertung der Risiken, die entstehen können, wenn das Hochrisiko-KI-System entsprechend seiner Zweckbestimmung oder im Rahmen einer vernünftigerweise vorhersehbaren Fehlanwendung verwendet wird;

c) die Bewertung anderer möglicherweise auftretender Risiken auf der Grundlage der Auswertung der Daten aus dem in Artikel 72 genannten System zur Beobachtung nach dem Inverkehrbringen;

d) die Ergreifung geeigneter und gezielter Risikomanagementmaßnahmen zur Bewältigung der gemäß Buchstabe a ermittelten Risiken.

(3) **Die in diesem Artikel genannten Risiken betreffen nur solche Risiken, die durch die Entwicklung oder Konzeption des Hochrisiko-KI-Systems oder durch die Bereitstellung ausreichender technischer Informationen angemessen gemindert oder behoben werden können.**

---

[14] Vgl.: *Gerdemann,* BeckOK KI-Recht, 4. Ed. Stand: 1.11.2025, Art. 8 Rn. 15.

[15] Vgl. auch: *Gerdemann,* BeckOK KI-Recht, 4. Ed. Stand: 1.11.2025, Art. 8 Rn. 16.

* Kapitel III (Art. 6–49) gilt gem. Art. 113 UAbs. 2 ab 2.8.2026, mit Ausnahme des Abschnitts 4, der gem. Art. 113 UAbs. 3 Buchst. b bereits ab 2.8.2025 gilt.

(4) **Bei den in Absatz 2 Buchstabe d genannten Risikomanagementmaßnahmen werden die Auswirkungen und möglichen Wechselwirkungen, die sich aus der kombinierten Anwendung der Anforderungen dieses Abschnitts ergeben, gebührend berücksichtigt, um die Risiken wirksamer zu minimieren und gleichzeitig ein angemessenes Gleichgewicht bei der Durchführung der Maßnahmen zur Erfüllung dieser Anforderungen sicherzustellen.**

(5) *[1]* **Die in Absatz 2 Buchstabe d genannten Risikomanagementmaßnahmen werden so gestaltet, dass jedes mit einer bestimmten Gefahr verbundene relevante Restrisiko sowie das Gesamtrestrisiko der Hochrisiko-KI-Systeme als vertretbar beurteilt wird.**

[2] **Bei der Festlegung der am besten geeigneten Risikomanagementmaßnahmen ist Folgendes sicherzustellen:**

a) **soweit technisch möglich, Beseitigung oder Verringerung der gemäß Absatz 2 ermittelten und bewerteten Risiken durch eine geeignete Konzeption und Entwicklung des Hochrisiko-KI-Systems;**

b) **gegebenenfalls Anwendung angemessener Minderungs- und Kontrollmaßnahmen zur Bewältigung nicht auszuschließender Risiken;**

c) **Bereitstellung der gemäß Artikel 13 erforderlichen Informationen und gegebenenfalls entsprechende Schulung der Betreiber.**

[3] **Zur Beseitigung oder Verringerung der Risiken im Zusammenhang mit der Verwendung des Hochrisiko-KI-Systems werden die technischen Kenntnisse, die Erfahrungen und der Bildungsstand, die vom Betreiber erwartet werden können, sowie der voraussichtliche Kontext, in dem das System eingesetzt werden soll, gebührend berücksichtigt.**

(6) [1]**Hochrisiko-KI-Systeme müssen getestet werden, um die am besten geeigneten gezielten Risikomanagementmaßnahmen zu ermitteln.** [2]**Durch das Testen wird sichergestellt, dass Hochrisiko-KI-Systeme stets im Einklang mit ihrer Zweckbestimmung funktionieren und die Anforderungen dieses Abschnitts erfüllen.**

(7) **Die Testverfahren können einen Test unter Realbedingungen gemäß Artikel 60 umfassen.**

(8) [1]**Das Testen von Hochrisiko-KI-Systemen erfolgt zu jedem geeigneten Zeitpunkt während des gesamten Entwicklungsprozesses und in jedem Fall vor ihrem Inverkehrbringen oder ihrer Inbetriebnahme.** [2]**Das Testen erfolgt anhand vorab festgelegter Metriken und Wahrscheinlichkeitsschwellenwerte, die für die Zweckbestimmung des Hochrisiko-KI-Systems geeignet sind.**

(9) **Bei der Umsetzung des in den Absätzen 1 bis 7 vorgesehenen Risikomanagementsystems berücksichtigen die Anbieter, ob angesichts seiner Zweckbestimmung das Hochrisiko-KI-System wahrscheinlich nachteilige Auswirkungen auf Personen unter 18 Jahren oder gegebenenfalls andere schutzbedürftige Gruppen haben wird.**

(10) **Bei Anbietern von Hochrisiko-KI-Systemen, die den Anforderungen an interne Risikomanagementprozesse gemäß anderen einschlägigen Bestimmungen des Unionsrechts unterliegen, können die in den Absätzen 1 bis 9 enthaltenen Aspekte Bestandteil der nach diesem Recht festge-**

legten Risikomanagementverfahren sein oder mit diesen Verfahren kombiniert werden.

Übersicht

I. Allgemeines

1. Bedeutung der Norm

Art. 9 lässt sich in verschiedene Regelungsbereiche aufteilen. Der größte und wichtigste Bereich ist dabei das Risikomanagementsystem (→ Rn. 9 ff.). Zudem sind noch zusätzliche Regelungen zu Tests (→ Rn. 84 ff. und insb. 95 ff.) sowie Sonderregelungen bei Vorliegen eines besonderen Schutzbedürfnisses (→ Rn. 109 ff.) enthalten. Schließlich ist auch geregelt, dass das Risikomanagementsystem in bestehende Systeme eingegliedert werden darf (→ Rn. 121 f.). 1

Das Risikomanagementsystem *„sollte gewährleisten, dass der Anbieter Risiken oder nachteilige Auswirkungen ermittelt und Maßnahmen zur Abschwächung der bekannten und vernünftigerweise vorhersehbaren Risiken von KI-Systemen für die Gesundheit, die Sicherheit und die Grundrechte in Anbetracht ihres Verwendungszwecks und des vernünftigerweise vorhersehbaren Missbrauchs ergreift, einschließlich der möglichen Risiken, die sich aus der Wechselwirkung zwischen dem KI-System und dem Umfeld ergeben, in dem es betrieben wird."*[1] 2

2. Anwendungsbereich

Art. 9 verpflichtet gem. Art. 16 den Anbieter eines Hochrisiko-KI-Systems zur Einrichtung, Anwendung, Dokumentation und Aufrechterhaltung eines Risikomanagementsystems (zusammen: „Betreiben eines Risikomanagementsystems").[2] 3

Soweit gem. Art. 25 Händler, Einführer, Betreiber oder sonstige Dritte als Anbieter des Hochrisiko-KI-Systems gelten, sind diese verpflichtet, ein entsprechendes Risikomanagementsystem zu betreiben. 4

Die Anforderungen der Art. 8 ff. gelten unter Beachtung der Einschränkungen, die nach Art. 111 Abs. 2 für bereits in Verkehr gebrachte oder in Betrieb genom- 5

[1] Erwgr. 65 S. 4.

[2] Vgl. zur praktischen Umsetzung auch: *Bitkom,* Umsetzungsleitfaden zur KI-Verordnung, Version 2.0, S. 91 ff.

mene KI-Systeme gelten, ab dem 2.8.2027, Art. 113 UAbs. 3 lit. c.[3] Entsprechend muss auch das Risikomanagementsystem ab diesem Datum betrieben werden.

6 Die KI-VO normiert keine Pflicht zum Betrieb eines KI-Risikomanagementsystems für KI-Systeme, die keine Hochrisiko-KI-Systeme sind. Es ist jedoch durchaus sinnvoll, auch diese Systeme einzubeziehen. Ein Grund dafür ist, dass sich die maßgeblichen Kriterien für die Klassifizierung als Hochrisiko-KI-System im Laufe der Zeit ändern können, vgl. Art. 7.[4] Zudem kann es – unabhängig von der Einordnung des KI-Systems – auch zur Vermeidung von Reputationsschäden oder zur Vorbereitung auf etwaige Rechtsstreitigkeiten sachgerecht sein. Es ist daher sinnvoll, zunächst etwaige Risiken zu erfassen und im Anschluss zu entscheiden, ob ein (ggf. reduziertes) Risikomanagementsystem betrieben werden soll.[5]

3. Historische Entwicklung

7 Es wurde sich frühzeitig darauf verständigt, die Regulierung von KI mittels eines risikobasierten Ansatzes umzusetzen.[6] Vor diesem Hintergrund sah bereits der Entwurf der Kommission zur KI-VO in Art. 9 KI-VO-E ein verpflichtendes Risikomanagementsystem für Hochrisiko-KI-Systeme vor.[7]

8 Wie der gesamte Abschnitt 2 „Anforderungen an Hochrisiko-KI-Systeme" der KI-VO wurde auch Art. 9 im Laufe des Gesetzgebungsverfahrens intensiv diskutiert und verändert.[8] Gewichtige Änderungen sind etwa

- die Aufnahme der konkreten Schutzgüter „Gesundheit, Sicherheit oder Grundrechte" in Art. 9 Abs. 2 lit. a;
- das Abstellen auf Ermessen statt des Standes der Technik in Art. 9 Abs. 4 im Vergleich zu Art. 9 Abs. 3 KI-VO-E. Der ursprüngliche Kommissionsentwurf hätte verlangt, dass sich die Risikomanagementmaßnahmen am Stand der Technik zu orientieren haben und nicht – wie jetzt – individuell am Einzelfall;
- die Einschränkung des jetzigen Art. 9 Abs. 5 UAbs. 2 lit. a. Nach der jetzigen Fassung ist die Beseitigung/Verringerung von Restrisiken auf das technisch Mögliche beschränkt. Ursprünglich war in Art. 9 Abs. 4 UAbs. 2 lit. a KI-VO-E noch eine „weitestmögliche Beseitigung oder Verringerung" vorgesehen.

---

[3] Aktuell stehen Vorschläge im Raum, die Zeitlinien im Kontext von Hochrisiko-KI-Systemen anzupassen, sodass insofern Änderungen möglich sind, vgl.: ErwG 22, Art. 1 Nr. 30 COM(2025) 836 final, Deutsche Fassung.

[4] Vgl. dazu vor dem Hintergrund der damit einhergehenden Rechtsunsicherheit: Martini/Wendehorst/Ruschemeier, 2. Aufl. 2026, Art. 7 Rn. 44; Insofern bereits zum Entwurf: Bomhard/Etzkorn ZdiW 2022, 159 (160 f.).

[5] So auch: Schuett EJRR 2024, 367 (373), der als zusätzliches Argument noch anführt, dass Implementierungskosten eines Risikomanagementsystems in der Regel überwiegend Fixkosten darstellen und daher die Berücksichtigung von KI-Systemen mit niedrigen oder minimalen Risiken die Gesamtkosten nur geringfügig erhöhen dürften. Ob dies zutrifft, ist zumindest dann fraglich, wenn man die initiale Risikoermittlung von externen Beratern durchführen lässt.

[6] Weissbuch Zur Künstlichen Intelligenz – ein europäisches Konzept für Exzellenz und Vertrauen, COM(2020) 65 final, S. 20.

[7] Vgl. COM(2021) 206 final; Dazu statt vieler: Buck-Heeb/Oppermann Automatisierte Systeme/Grützmacher S. 459, 467 ff.

[8] Siehe insofern auch ausführlicher zu diskutierten, aber im Ergebnis nicht umgesetzten, Änderungsvorschlägen: Martini/Wendehorst/Braun Binder/Egli, 2. Aufl. 2026, Art. 9 Rn. 9 ff.; Dazu ebenfalls: *Gerdemann,* BeckOK KI-Recht, 4. Ed. Stand: 1.11.2025, Art. 9 Rn. 11 ff.

II. Risikomanagementsystem

Das Risikomanagement ist ein zentrales Element des risikobasierten Ansatzes der KI-VO.[9] Adressat sind, wie sich aus Art. 16 lit. a ergibt, primär (→ vgl. Rn. 4) die Anbieter von Hochrisiko-KI-Systemen. 9

1. Überblick

Art. 9 enthält umfangreiche Regelungen zum Risikomanagementsystem. 10

Art. 9 Abs. 1 schreibt vor, dass ein Risikomanagementsystem eingerichtet, angewandt, dokumentiert und aufrechterhalten (zusammen: „betrieben") werden muss. 11

Dieses Risikomanagementsystem muss, wie Art. 9 Abs. 2 S. 1 verdeutlicht, für den gesamten Lebenszyklus des Hochrisiko-KI-Systems aufrechterhalten werden. Das bedeutet, dass es sich um einen kontinuierlichen Prozess handelt, der nicht nur zu einem Zeitpunkt durchgeführt und abgeschlossen wird, sondern dauerhaft unterhalten und regelmäßig angepasst werden muss. 12

Art. 9 Abs. 2 S. 2 listet die vier Schritte des Risikomanagementsystems auf, die entsprechend regelmäßig zu durchlaufen sind. Vereinfacht formuliert befassen sich Art. 9 Abs. 2 S. 2 lit. a–c mit der Risikoanalyse und Art. 9 Abs. 2 S. 2 lit. d sieht das Ergreifen von Risikomanagementmaßnahmen gegen gewisse Risiken vor. 13

Art. 9 Abs. 3 schränkt den Risikobegriff dahingehend ein, dass nur solche Risiken für das Risikomanagementsystem relevant sind, *„die durch die Entwicklung oder Konzeption des Hochrisiko-KI-Systems oder durch die Bereitstellung ausreichender technischer Informationen angemessen gemindert oder behoben werden können."*. 14

Die Art. 9 Abs. 4, 5 konkretisieren die in Art. 9 Abs. 2 S. 2 lit. d angesprochenen Risikomanagementmaßnahmen. Verkürzt formuliert ist danach zu prüfen, ob durch die jeweiligen Maßnahmen die einzelnen Risiken auf ein vertretbares Restrisiko reduziert werden können sowie ob auch die Summe der verbleibenden Restrisiken ein noch zu vertretendes Gesamtrestrisiko nicht überschreitet. 15

In Art. 9 Abs. 6, 7, 8 sind Regelungen zu Tests innerhalb des Risikomanagementsystems enthalten. 16

Art. 9 Abs. 9 erfordert eine Berücksichtigung von Risiken für vulnerable Gruppen beim Betrieb des Risikomanagementsystems. 17

Schließlich lässt Art. 9 Abs. 10 zu, das Risikomanagementsystem auch in bestimmte bestehende Risikomanagementprozesse zu integrieren. 18

2. Tätigkeiten Risikomanagementsystem (Abs. 1)

Art. 9 Abs. 1 listet die Tätigkeiten auf, die im Rahmen des Betriebs eines Risikomanagementsystems durchzuführen sind. 19

Das Risikomanagementsystem ist einzurichten (→ Rn. 21), anzuwenden (→ Rn. 22), zu dokumentieren (→ Rn. 23 ff.) sowie aufrechtzuerhalten (→ Rn. 27 f.). Es ist dabei nicht trennscharf zwischen den Tätigkeiten abzugrenzen, da alle Tätigkeiten gleichermaßen konstitutiv für ein funktionierendes Risikomanagementsystem sind. Gleichwohl bauen die Begriffe aufeinander auf. 20

a) Einrichten. Einrichten bezeichnet die erstmalige Konzeption des Risikomanagementsystems sowie die Zuweisung der abstrakten Aufgaben sowie Zustän- 21

[9] „zentral für ein pro-aktives Handeln", Buck-Heeb/Oppermann Automatisierte Systeme/Grützmacher S. 459, 468.

digkeiten.[10] Die Einrichtung darf regelmäßig als abgeschlossen angesehen werden, sobald die verantwortlichen Entscheidungsträger zugestimmt haben.[11]

22 **b) Anwenden.** Unter Anwenden des Risikomanagementsystems ist die tatsächliche Umsetzung bzw. Operationalisierung des eingerichteten Risikomanagementsystems zu verstehen. Es sind also die Aufgaben sowie Zuständigkeiten konkret zuzuweisen und auszuführen.[12]

23 **c) Dokumentieren.** Das Erfordernis der Dokumentation hat zwei Ebenen, eine im Hinblick auf die Einrichtung und eine im Hinblick auf die Anwendung des Risikomanagementsystems.

24 Bezüglich der Einrichtung des Risikomanagementsystems erfordert die Dokumentation, dass das Risikomanagementsystem in seiner Konzeption dokumentiert und damit nachvollziehbar vorhanden ist.

25 Hinsichtlich der Anwendung des Risikomanagementsystems führt das Erfordernis der Dokumentation dazu, dass etwaige Maßnahmen, Tätigkeiten oder Vorfälle entsprechend der Konzeption nachvollziehbar dokumentiert werden.

26 Generell ist die Dokumentation des Risikomanagements von erheblicher Relevanz, sowohl für interne Zwecke als auch für externe Prüfungen etwa durch Aufsichtsbehörden oder im Rahmen von Auditierungen/Zertifizierungen.[13]

27 **d) Aufrechterhalten.** Die Pflicht zur Aufrechterhaltung meint, dass die Schritte der Einrichtung, Anwendung und Dokumentation während des gesamten Lebenszyklus des Hochrisiko-KI-Systems wieder und wieder zu durchlaufen sind. So verlangt auch Art. 9 Abs. 2 S. 1 einen „*kontinuierliche*[…n] *iterative*[…n] *Prozess*", auch wenn im Gesetzgebungsprozess vereinzelt eine lediglich einmalige Risikobewertung gefordert wurde.[14]

28 Da sich Risiken beispielsweise durch Änderungen in der Umgebung, neue Daten oder technische Entwicklungen ändern können, ist es unerlässlich, das Risikomanagementsystem nicht statisch zu gestalten, sondern regelmäßig zu aktualisieren und anzupassen.[15] Dies umfasst auch die Schulung von Mitarbeitern, die Überprüfung der Wirksamkeit der bestehenden Maßnahmen und die Aktualisierung der dokumentierten Prozesse. Durch das Aufrechterhalten soll gewährleistet werden, dass das Risikomanagementsystem auch langfristig funktionsfähig und wirksam bleibt.

3. Prozessbestandteile Risikomanagementsystem (Abs. 2)

29 *„Das Risikomanagementsystem versteht sich als ein kontinuierlicher iterativer Prozess, der während des gesamten Lebenszyklus eines Hochrisiko-KI-Systems geplant und durchge-*

---

[10] So auch: *Gerdemann,* BeckOK KI-Recht, 4. Ed. Stand: 1.11.2025, Art. 9 Rn. 16.

[11] Martini/Wendehorst/Braun Binder/Egli, 2. Aufl. 2026, Art. 9 Rn. 17.

[12] So auch Ossmann-Magiera/Dehmel KIR 2024, 134 (136).

[13] Ebenso: *Gerdemann,* BeckOK KI-Recht, 4. Ed. Stand: 1.11.2025, Art. 9 Rn. 18.

[14] Hierzu Hilgendorf/Roth-Isigkeit KI-VO/Spindler/Gerdemann, 2. Aufl. 2025, § 5 Rn. 7, unter Berufung auf die Stellungnahme des ZVEI (Zentralverband Elektrotechnik- und Elektronikindustrie e.V.) zum Vorschlag der EU-Kommission für eine Verordnung zur Festlegung harmonisierter Vorschriften für Künstliche Intelligenz („AI Act"), August 2021, S. 6, abrufbar unter: https//www.zvei.org/fileadmin/user_upload/Presse_und_Medien/Publikationen/2021/September/EU-KI-Gesetz/ZVEI-Comments-on-AI-PRoposal_2021-08_DE.pdf, zuletzt aufgerufen am 20.4.2026.

[15] Ebenso: *Gerdemann,* BeckOK KI-Recht, 4. Ed. Stand: 1.11.2025, Art. 9 Rn. 19.

führt wird und eine regelmäßige systematische Überprüfung und Aktualisierung erfordert.", Art. 9 Abs. 2 S. 1. Diese allgemeine Aussage wird durch die in Art. 9 Abs. 2 S. 2 beschriebenen Schritte präzisiert. Diese Schritte beinhalten zunächst nach Art. 9 Abs. 2 lit. a die Ermittlung und Analyse von Risiken (→ Rn. 32 ff.), sodann gem. Art. 9 Abs. 2 lit. b die Abschätzung und Bewertung dieser Risiken (→ Rn. 42 ff.) sowie, nach Art. 9 Abs. 2 lit. c die Bewertung näher spezifizierter anderer möglicherweise auftretender Risiken (→ Rn. 52 ff.) und schließlich gem. Art. 9 Abs. 2 lit. d die Ergreifung geeigneter und gezielter Risikomanagementmaßnahmen (→ Rn. 58 ff.).[16] Dazu sogleich im Einzelnen.

Die Logik und zeitliche Abfolge der einzuhaltenden Schritte entsprechen im Wesentlichen den Ansätzen, die aus Standards zum Risikomanagement bereits bekannt sind, etwa denen der ISO/IEC 31010.[17] Die Schritte sind dabei konstant wiederholend zu durchlaufen.[18] **30**

Der Risikobegriff, der innerhalb dieser Schritte eine wesentliche Bedeutung spielt, wird in Art. 3 Nr. 2 näher definiert (→ Art. 3 Rn. 42 ff.), wobei Art. 9 Abs. 3 diesen im Rahmen der Anwendung des Art. 9 modifiziert. Als Risiko bezeichnet Art. 3 Nr. 2 „*die Kombination aus der Wahrscheinlichkeit des Auftretens eines Schadens und der Schwere dieses Schadens*", wobei nach Art. 9 Abs. 3 nur Risiken relevant sind, „*die durch die Entwicklung oder Konzeption des Hochrisiko-KI-Systems oder durch die Bereitstellung ausreichender technischer Informationen angemessen gemindert oder behoben werden können*". Die letztgenannte Einschränkung des Risikobegriffs gewinnt erst in den späteren Schritten des Risikomanagementsystems an Relevanz, da erst nach einer Abschätzung und Bewertung überhaupt beurteilt werden kann, ob eine Minderung oder Behebung möglich ist. **31**

a) Ermittlung und Analyse der bekannten und vernünftigerweise vorhersehbaren Risiken (Abs. 2 lit. a). Zunächst obliegt Anbietern die Ermittlung und Analyse der Risiken, die vom jeweiligen Hochrisiko-KI-System ausgehen können. **32**

aa) Ermittlung. Die (Risiko-)Ermittlung beinhaltet die Identifizierung möglicher Schadensquellen und kann zB durch die Verwendung von Fragenkatalogen, Risikochecklisten und Dokumentenanalysen erfolgen. Konkrete Methoden schreibt die KI-VO nicht vor. **33**

(1) Risikoarten. Der Gesetzgeber differenziert in Art. 9 Abs. 2 lit. a zwischen zwei Risikoarten: **34**

– **Bekannte Risiken:** Dies bezieht sich auf Risiken, die bereits im Rahmen der Entwicklung des KI-Systems oder durch vorherige Erfahrungen und Testphasen identifiziert wurden oder anderweitig bekannt sind. Auch ist denkbar, dass bereits ein Eintrag in bestehenden Datenbanken existiert oder ein Vorfall erhebliches mediales Aufsehen erregt hat.[19]

---

[16] Beurskens differenziert – allerdings noch nicht zur finalen Fassung der KI-VO – nur zwischen Risikoanalyse, Risikobewertung und Risikobehandlung. Inhaltlich vermag diese Differenzierung zwar überzeugen, sie lässt sich am Wortlaut der KI-VO indes nur begrenzt ableiten, Beurskens, Marly Softwarerecht, 8. Aufl. 2024, § 16 Rn. 100 ff.; Vgl. dazu, wie dies in der Praxis umgesetzt werden kann: Hense/Mustac, AI Act kompact, S. 75 ff.

[17] Abrufbar unter: https://www.iso.org/standard/72140.html, zuletzt aufgerufen am 20.4.2026.

[18] Vgl. dazu auch: Hansen, Schwartmann/Kerber/Zenner KI-Verordnung, 2. Aufl. 2024, Kapitel 3 Rn. 282.

[19] Martini/Wendehorst/Braun Binder/Egli, 2. Aufl. 2026, Art. 9 Rn. 23.

– **Vernünftigerweise vorhersehbare Risiken:** Diese Formulierung hebt hervor, dass der Anbieter nicht nur bekannte Risiken in Betracht ziehen muss, sondern auch solche, die aufgrund der voraussichtlichen Nutzung des Systems vernünftigerweise vorhersehbar sind. Dies erweitert den Anwendungsbereich des Risikomanagements deutlich. Der Anbieter darf sich nicht nur auf bekannte Risiken beschränken, sondern muss wohl auch mögliche zukünftige Entwicklungen zu einem gewissen Grad antizipieren. Vgl. zum Inhalt im Einzelnen unten unter Art. 9 Abs. 2 lit. b: → Rn. 42 ff.

35 Hier ergibt sich zwangsläufig ein Konflikt aus dem Bedürfnis der Anbieter nach Rechtssicherheit und der Möglichkeit, den Schutzzweck von Art. 9 durch eine zu enge Auslegung der Vorhersehbarkeit zu unterlaufen. Die Logik der dadurch notwendigen Interessenabwägung ist von der KI-VO nicht vorgegeben. Stimmen in der Literatur schlagen nachvollziehbar vor im Wesentlichen der zu § 276 BGB entwickelten Dogmatik zu folgen, die eine ähnliche Abwägung für die Bestimmung des Sorgfaltsmaßstabes bei einfacher Fahrlässigkeit beinhaltet.[20] Entsprechend ist *„auf den objektiven, verständigen Durchschnittsbeobachter abzustellen […], wobei besondere subjektive Stärken wie spezifische Kenntnisse des Anbieters den Sorgfaltsmaßstab für die Vorhersehbarkeit individuell verschärfen können.“*[21]

36 **(2) Verwendung innerhalb der Zweckbestimmung oder im Rahmen einer vernünftigerweise vorhersehbaren Fehlanwendung.** Diese Risiken sind mit Blick auf eine Verwendung innerhalb der Zweckbestimmung (vgl. Art. 3 Nr. 12) des Systems zu ermitteln und zu analysieren sowie – über den Wortlaut hinaus, dazu sogleich – auch hinsichtlich einer etwaigen Verwendung im Rahmen einer vernünftigerweise vorhersehbaren Fehlanwendung:

37 Es ist davon auszugehen, dass entgegen dem Gesetzeswortlaut denklogisch schon im Rahmen der Risikoermittlung die *„vernünftigerweise vorhersehbare[…] Fehlanwendung“* des Art. 9 Abs. 2 lit. b einzubeziehen ist. Der Schritt der Risikoermittlung bezweckt, die möglichen Risiken des Hochrisiko-KI-Systems zu erfassen, welche dann bei den Schritten der Risikoabschätzung und Risikobewertung eine weitergehende Beurteilung erfahren (Dazu im Einzelnen unten: → Rn. 42 ff.). Wenn jedoch Risiken, die aus einer *„vernünftigerweise vorhersehbaren Fehlanwendung“* resultieren, initial gar nicht erst ermittelt werden, dann kann auch keine nachfolgende Risikoabschätzung und Risikobewertung diesbezüglich erfolgen. Dies liegt daran, dass Risikoabschätzung und Risikobewertung als Grundlage stets diejenigen Risiken behandeln, die bei der Risikoermittlung festgestellt wurden.[22]

38 **(3) Schutzgüter.** Relevant ist das Risiko für drei zentrale Schutzgüter:
– **Gesundheit:** Risiken, die zu physischen oder psychischen Schäden für den Menschen führen könnten.

---

[20] So etwa: Hilgendorf/Roth-Isigkeit KI-VO/Spindler/Gerdemann, 2. Aufl. 2025, § 5 Rn. 10; Siehe dazu ausführlicher: Martini/Wendehorst/Braun Binder/Egli, 2. Aufl. 2026, Art. 9 Rn. 23.

[21] Martini/Wendehorst/Braun Binder/Egli, 2. Aufl. 2026, Art. 9 Rn. 23.

[22] So auch Schuett EJRR 2024, 367 (377) unter Verweis auf Klausel 6.1 der „ISO/IEC Guide 51:2014 Safety Aspects – Guidelines for Their Inclusion in Standards“, https://www.iso.org/standard/53940.html, zuletzt aufgerufen am 20.4.2026.

– **Sicherheit:** Dies dürfte insbesondere allgemeinere Risiken betreffen, etwa die öffentliche Sicherheit oder den ordnungsgemäßen Betrieb kritischer Infrastrukturen.
– **Grundrechte:** Hierzu zählen insbesondere die durch die EU-Grundrechtecharta geschützten Rechte, einschließlich der Grundrechte auf Demokratie, Rechtsstaatlichkeit und Umweltschutz (vgl. Art. 1 Abs. 1).

Die Nennung der Schutzgüter Gesundheit, Sicherheit und Grundrechte hat eine entsprechend einschränkende Wirkung auf Art. 9 zur Folge, so dass ein Risikomanagementsystem nicht für jegliche Risiken einzurichten ist, sondern nur sofern eine Gefährdung der genannten Schutzgüter vorliegt.[23] Mit dieser Einschränkung bezweckt der Gesetzgeber eine praxistaugliche und nicht ausufernde Anwendung der Anforderungen von Art. 9 zu ermöglichen.[24] **39**

(4) Natürliche und juristische Personen. Mit Blick auf die Definition von Hochrisiko-KI-System (Art. 6 iVm Anhang I, III) wird vertreten, dass lediglich Rechte natürlicher Personen (und beispielsweise nicht von Unternehmen) im Rahmen des Art. 9 Abs. 2 lit. a.) zu berücksichtigen seien.[25] Dabei werden jedoch zwei zu trennende Fragen vermischt. Erstens, ob es sich bei dem konkreten KI-System um ein Hochrisiko-KI-System handelt und zweitens, wessen Schutzgüter von Art. 9 Abs. 2 lit. a erfasst sind: **40**

– Zu 1: Zutreffend ist, dass regelmäßig der Kontakt zu einer natürlichen Person ein KI-System zu einem Hochrisiko-KI-System macht, wie etwa die Durchsicht des Anhang III deutlich zeigt. Zum einen ist dies aber keineswegs zwingend, vgl. Art. 6 Abs. 1 iVm Anhang I oder Art. 6 Abs. 2 iVm Anhang III Nr. 2. Zum anderen betrifft dies eben nur die „Hochstufung" des KI-Systems zum Hochrisiko-KI-System.
– Zu 2: Ist ein System als Hochrisiko-KI-System eingeordnet, sind die Vorschriften für Hochrisiko-KI-Systeme nach ihrem Wortlaut anzuwenden. Art. 9 Abs. 2 lit. a seinerseits enthält aber keine Einschränkung, dass nur die genannten Schutzgüter natürlicher Personen erfasst sind. Außerdem ergibt sich etwa aus Art. 85 S. 1 – auch wenn hier weder eine subjektive Rechtsverletzung noch sonstige Betroffenheit vorausgesetzt ist[26] – und Erwgr. 170 S. 2, dass sowohl natürliche als auch juristische Personen die Möglichkeit haben sollen, potenzielle Verstöße gegen die KI-VO bei den zuständigen Behörden im Rahmen einer Beschwerde geltend zu machen, um so die Einhaltung der Vorschriften sicherzustellen. Überdies erstreckt der Gesetzgeber den Anwendungsbereich der KI-VO auf „betroffene Personen, die sich in der Union befinden". Er unterscheidet hier, im Gegenteil etwa zu den in Art. 3 definierten Akteuren, also nicht zwischen natürlichen und juristischen Personen. Daraus ergibt sich, dass Schutzgüter juristischer Personen (des Privatrechts) ebenso geschützt sind.

---

[23] Eine trennscharfe Beschränkung bezweifelnd: *Gerdemann,* BeckOK KI-Recht, 4. Ed. Stand: 1.11.2025, Art. 9 Rn. 8; aA wohl: Beurskens, Marly Softwarerecht, 8. Aufl. 2024, § 16 Rn. 101, wonach die Aufzählung der Rechtsgüter nicht abschließend sei (noch nicht zur finalen Fassung der KI-VO).

[24] So auch: Ossmann-Magiera/Dehmel KIR 2024, 134 (136).

[25] Martini/Wendehorst/Braun Binder/Egli, 2. Aufl. 2026, Art. 9 Rn. 16 unter Berufung auf Hilgendorf/Roth-Isigkeit KI-VO/Spindler, 1. Aufl. 2023, § 5 Rn. 7 (allerdings noch zum KI-VO-E, der noch keine Eingrenzung des Art. 9 KI-VO-E auf gewisse Schutzgüter enthielt).

[26] Martini/Wendehorst/Hartmann, 2. Aufl. 2026, Art. 85 Rn. 7.

41 **bb) Analyse.** Nach der Risikoermittlung folgt nach dem Gesetzeswortlaut die Risikoanalyse. Es ist davon auszugehen, dass zwischen der „Analyse" nach Art. 9 Abs. 2 lit. a und „Abschätzung" nach Art. 9 Abs. 2 lit. b mindestens erhebliche inhaltliche Überschneidungen bestehen.[27] Eine Risikoanalyse beinhaltet sowohl die Risikoermittlung wie auch den nachfolgenden Schritt der Risikoabschätzung.[28] Die in der KI-VO aufgelisteten Schritte des Risikomanagementsystems sind daher nicht trennscharf abzugrenzen. Es ist sich dem Bedauern von *Braun Binder/Egli* anzuschließen, dass eine von Rat und Parlament vorgeschlagene Streichung nicht umgesetzt wurde.[29] Diese Streichung wäre aus den genannten Gründen wünschenswert gewesen. In der Praxis dürfte dies jedoch keine Auswirkungen haben, da Art. 9 Abs. 2 bereits existierende Risikomanagementsysteme zum Vorbild hat und damit die einzeln zu durchlaufenden Schritte üblichen Konventionen folgen werden.[30] Rechtsdogmatisch ist die Redundanz aufzulösen, indem man Art. 9 Abs. 2 lit. a um den Begriff der Analyse teleologisch reduziert.

42 **b) Abschätzung und Bewertung der Risiken bei bestimmungsgemäßer Anwendung oder vernünftigerweise vorhersehbarer Fehlanwendung (Abs. 2 lit. b).** Nach der Ermittlung der Risiken gem. Art. 9 Abs. 2 lit. a erfolgt im nächsten Schritt die (Risiko-)Abschätzung und (Risiko-)Bewertung.

43 **aa) Verwendung innerhalb der Zweckbestimmung oder im Rahmen einer vernünftigerweise vorhersehbaren Fehlanwendung.** Art. 9 Abs. 2 lit. b differenziert zwischen zwei Verwendungsarten:

– Verwendung im Rahmen der **Zweckbestimmung:** Dies bezieht sich auf die Nutzung des KI-Systems gemäß seiner Zweckbestimmung iSv Art. 3 Nr. 12, wie sie durch den Anbieter vorgesehen ist (s. Ausführungen bereits oben: Rn. 36).
– Verwendung im Rahmen der **vernünftigerweise vorhersehbaren Fehlanwendung:** Dieser Begriff erweitert die Risikobetrachtung über die reine Nutzung gemäß der Zweckbestimmung hinaus und ist in Art. 3 Nr. 13 legaldefiniert. Sie ist bei einer *„Verwendung eines KI-Systems in einer Weise, die nicht seiner Zweckbestimmung entspricht, die sich aber aus einem vernünftigerweise vorhersehbaren menschlichen Verhalten oder einer vernünftigerweise vorhersehbaren Interaktion mit anderen Systemen, auch anderen KI-Systemen, ergeben kann;"*[31] gegeben. Bis zur Verfestigung einer Rechtsprechung, was konkret unter diesen unbestimmten Rechtsbegriff zu fassen ist, lassen sich Parallelen aus anderen Rechtsgebieten ziehen. Zu denken ist hier insbesondere an die Auslegung zum Begriff der „vorhersehbaren Verwendung" nach § 2 Nr. 27 ProdSG.[32] Auch wenn die KI-VO im Kern keine haftungsrechtlichen Fragen behandelt, kann man ebenso die produkthaftungsrechtlichen Grundsätze zum Fehlge-

---

[27] So auch: Martini/Wendehorst/Braun Binder/Egli, 2. Aufl. 2026, Art. 9 Rn. 25.

[28] So auch: Schuett EJRR 2024, 367 (375), der mit überzeugender Begründung noch auf Grundlage der Entwurfsversion empfohlen hat, den Schritt der Risikoanalyse in Art. 9 Abs. 2 lit. a gänzlich zu streichen.

[29] Martini/Wendehorst/Braun Binder/Egli, 2. Aufl. 2026, Art. 9 Rn. 25.

[30] Vgl. ähnlich: *Gerdemann*, BeckOK KI-Recht, 4. Ed. Stand: 1.11.2025, Art. 9 Rn. 34, 36.

[31] Art. 3 Nr. 13.

[32] Vgl. dazu ausführlich statt vieler: NK-ProdR/Heuser ProdSG § 2 Rn. 173 ff.; Noch zu § 2 Nr. 28 ProdSG: Klindt ProdSG/Klindt/Schucht, 3. Aufl. 2021, § 2 Rn. 219 ff.

brauch heranziehen.[33] Der Anbieter muss in der Lage sein, mögliche Fehlanwendungen zu antizipieren, die zwar nicht dem vorgesehenen Gebrauch entsprechen, aber dennoch plausibel bzw. erwartbar sind. Jedenfalls muss der Anbieter gerade nicht jede denkbare Fehlanwendung vorhersehen, sondern entsprechend der Definition in Art. 3 Nr. 13 nur solche, die auf einem *„vernünftigerweise vorhersehbaren menschlichen Verhalten oder einer vernünftigerweise vorhersehbaren Interaktion mit anderen Systemen, auch anderen KI-Systemen“* beruhen.[34] Dies bedeutet, dass Anbieter grundsätzlich auch Aktionen böswilliger Betreiber berücksichtigen müssen.[35]

In der Praxis dürfte es sich bei vielseitig einsetzbaren Hochrisiko-KI-Systemen **44**
regelmäßig als komplex erweisen, zu ermitteln, wann eine Fehlanwendung „vernünftigerweise vorhersehbar“ für den Anbieter ist.

Trotz der auf den ersten Blick alternativen Formulierung „oder“ sind die **45**
Risikoabschätzung und -bewertung sowohl in Bezug auf die Verwendung entsprechend der Zweckbestimmung als auch hinsichtlich einer vorhersehbaren Fehlanwendung vorzunehmen. Es ist überdies davon auszugehen, dass die *„vernünftigerweise vorhersehbare[...] Fehlanwendung“* schon im Rahmen der Risikoermittlung einzubeziehen ist (dazu: Rn. 37).

bb) Abschätzung und Bewertung. Der Gesetzgeber unterscheidet zwischen **46**
dem Schritt der „Abschätzung“ und „Bewertung“ von Risiken.

Klarstellend sei darauf hingewiesen, dass sich auch die Risikoabschätzung und **47**
-bewertung auf bekannte und vernünftigerweise vorhersehbare Risiken beziehen, auch wenn Art. 9 Abs. 2 lit. b anders als Art. 9 Abs. 2 lit. a im Wortlaut nicht eine derartige Spezifizierung enthält. Da aber die Ermittlung nach Art. 9 Abs. 2 lit. a in Bezug auf bekannte und vernünftigerweise vorhersehbare Risiken erfolgt und in Art. 9 Abs. 2 lit. b eine Abschätzung und Bewertung genau dieser zuvor ermittelten bekannten und vernünftigerweise vorhersehbaren Risiken vorgenommen wird, ist dies in logischer Hinsicht zwingend.

Dies gilt entsprechend auch für die in Art. 9 Abs. 2 lit. a genannten Schutzgüter. **48**

(1) Abschätzung. Die Abschätzung von Risiken bezieht sich auf den Prozess **49**
der quantitativen und qualitativen Erfassung und Vorhersage der Wahrscheinlichkeit, mit der ein bestimmtes Schadensereignis eintreten könnte, sowie der Schätzung der potenziellen Auswirkungen dieses Schadensereignisses. Der Anbieter muss also die Wahrscheinlichkeit des jeweiligen Schadensereignisses und die Schwere des potenziellen Schadens prognostizieren.[36]

Die möglichen Methoden hierfür sind mannigfaltig, beispielsweise kommen **50**
Bayes'sche Netzwerke und Einflussdiagramme in Betracht.[37]

(2) Bewertung. Die Bewertung der Risiken folgt auf die Abschätzung und **51**
betrifft die Frage, ob ermittelte Risiken akzeptabel sind. In der Praxis erfolgt die Bewertung durch die Definition von Akzeptanzschwellen sowie die Feststellung der Abhängigkeiten der Risiken untereinander).

---

[33] Vgl. dazu ausführlich mwN: Foerste, ProdHaftG, 4. Aufl. 2024 § 24 Rn. 295 f.

[34] Nur sinnvoller und verhältnismäßiger Umfang und Mitteleinsatz notwendig: *Gerdemann,* BeckOK KI-Recht, 4. Ed. Stand: 1.11.2025, Art. 9 Rn. 40.

[35] Martini/Wendehorst/Braun Binder/Egli, 2. Aufl. 2026, Art. 9 Rn. 26.

[36] Schuett EJRR 2024, 367 (376); Vgl. auch die Definition von „Risiko“ in Art. 3 Nr. 2.

[37] Schuett EJRR 2024, 367 (376).

52 **c) Bewertung weiterer möglicherweise auftretender Risiken auf Grundlage der Auswertung von Daten nach Inverkehrbringen nach Art. 72 (Abs. 2 lit. c).** Der Gesetzgeber verlangt die *„Bewertung anderer möglicherweise auftretender Risiken"*, die auf der Auswertung der Daten aus dem in Art. 72 genannten System zur Beobachtung nach dem Inverkehrbringen basieren. Dieser Schritt ist entscheidend für die kontinuierliche Risikominderung und -anpassung von Hochrisiko-KI-Systemen. Zeigen sich dabei Risiken, müssen diese gem. Art. 9 Abs. 2 lit. c bewertet werden. Auf die Schritte der Ermittlung, Analyse und Abschätzung kann verzichtet werden, da der Sachverhalt durch die Beobachtung in der echten Welt/Produktivumgebung bereits vollständig bekannt ist. Nach der Bewertung ist das Risiko „bekannt" iSd Art. 9 Abs. 2 lit. a und bei der nächsten Iteration des Risikomanagementprozesses zu berücksichtigen. Dabei gilt weiterhin die Einschränkung des Art. 9 Abs. 2 lit. a hinsichtlich der relevanten Risiken (Schutzgüter, Verwendungsart, dazu bereits oben: Rn. 38 f., 43 ff.).

53 Im Kontext von Art. 9 Abs. 2 lit. c bezieht sich der Begriff der Risiken auf Risiken, die über die bereits ermittelten, analysierten, abgeschätzten und bewerteten Risiken hinausgehen (Art. 9 Abs. 2 lit. a und b). Es handelt sich um Risiken, die erst nach Inverkehrbringen des Hochrisiko-KI-Systems erkannt werden. Hierbei ist zu berücksichtigen, dass Risiken, die sich bereits realisiert haben, in der Folge die Einschätzung verändern können, was vernünftigerweise vorhersehbare Fehlanwendungen sind.

54 Die ersten Schritte in der Bewertung neuer Risiken bestehen in der systematischen Erfassung relevanter Daten aus dem Marktbeobachtungssystem iSv Art. 72.

55 Ziel der Risikobewertung ist auch iRd Art. 9 Abs. 2 lit. c, fundierte Entscheidungen darüber zu treffen, welche Risiken eine unmittelbare Aufmerksamkeit erfordern und wie sie am besten gemanagt werden können. Es geht darum, die Risiken in einem umfassenderen Kontext zu verstehen, einschließlich ihrer relativen Bedeutung für das jeweilige Projekt oder System.

56 Art. 9 Abs. 2 lit. c gewährleistet, dass Anbieter auch Risiken aus unbeabsichtigten Verwendungen oder unvorhersehbarem Missbrauch beobachten und diesbezüglich Risikomanagementmaßnahmen zu ergreifen.[38] In diesem Zusammenhang ist klarzustellen, dass der Verweis in Art. 9 Abs. 2 lit. d auf Art. 9 Abs. 2 lit. a nicht bedeutet, dass nur für im Rahmen von Art. 9 Abs. 2 lit. a ermittelte Risiken mögliche Risikomanagementmaßnahmen zu ergreifen sind. Risikomanagementmaßnahmen sind auch für Risiken zu ergreifen, die auf Grundlage der Auswertung der Daten aus dem in Art. 72 genannten System bekannt werden. Dies ergibt sich unter anderem aus der Konzeption des Risikomanagementsystems als iterativer – kreislaufartiger – Prozess, vgl. Art. 9 Abs. 2 S. 1.[39]

57 Zu den konkreten Anforderungen an das System nach Art. 72 siehe die Kommentierung dort (→ Art. 72 Rn. 1 ff.).

58 **d) Risikomanagementmaßnahmen (Abs. 2 lit. d).** Art. 9 Abs. 2 lit. d regelt die Ergreifung von Risikomanagementmaßnahmen. Dieser Schritt ist ent-

---

[38] So auch: Martini/Wendehorst/Braun Binder/Egli, 2. Aufl. 2026, Art. 9 Rn. 27.

[39] Vgl. auch Schuett EJRR 2024, 367 (378), der in der Visualisierung des Risikomanagementprozesses („Figure 1") die Einbeziehung der im Rahmen des Marktmonitoring bekannt gewordenen Risiken sogar schon – vermutlich aus Gründen der besseren visuellen Darstellbarkeit – in der ersten Iteration verortet („risks that have been identified during post-market monitoring").

scheidend, um sicherzustellen, dass gem. Art. 9 Abs. 2 lit. a identifizierte Risiken proaktiv adressiert werden. Der Gesetzeswortlaut stellt insofern auf den Begriff der „Bewältigung“ ab. Aus der Gesamtschau mit Art. 9 Abs. 3, 5 ergibt sich, dass der Begriff „Bewältigung“ den Oberbegriff für Minderung, Verringerung, Beseitigung und Behebung der Risiken darstellt. Der englische Wortlaut *„address“* ist insofern etwas klarer, da er weniger die vollständige Überwindung des Risikos impliziert und damit gleichermaßen für *„mitigated or eliminated“* steht. Generell ist es bedauernswert, dass die unterschiedlichen Sprachfassungen die einzelnen Begriffe (Minderung, Behebung, Beseitigung, Verringerung; mitigation, elimination, reduction; atténuer, éliminer, réduire) nicht konsistent verwenden, was bereits dadurch ersichtlich wird, dass nur die deutsche Sprachfassung mit vier Begriffen arbeitet.

Solche Maßnahmen sind nur hinsichtlich der nach Art. 9 Abs. 2 lit. a ermittelten Risiken zu ergreifen. **59**

Der Gesetzgeber fordert, dass die Maßnahmen „zur Bewältigung der gemäß Art. 9 Abs. 2 lit. a) KI-VO ermittelten Risiken“ *„geeignet[…] und gezielt[…]“* sind.[40] **60**

- **Geeignete Maßnahmen:** Dies impliziert, dass die zu implementierenden Maßnahmen der Risikobewältigung zunächst einmal in der Lage sein müssen, das betreffende Risiko zu adressieren.
- **Gezielte Maßnahmen:** Der Begriff „gezielt“ beinhaltet wohl, dass die Maßnahmen spezifisch auf die identifizierten Risiken zugeschnitten sind und die Schwere sowie die Wahrscheinlichkeit des jeweiligen Schadensereignisses angemessen berücksichtigen. Dies erfordert eine differenzierte Herangehensweise, die sich an den spezifischen Merkmalen des jeweiligen Hochrisiko-KI-Systems orientiert.

Die Risikomanagementmaßnahmen werden in Art. 9 Abs. 4, 5 weiter konkretisiert (vgl. zu Abs. 4: Rn. 72 ff.; vgl. zu Abs. 5: Rn. 75 ff.). Sie dienen dem Zweck, Risiken so zu reduzieren, dass jedes Restrisiko als akzeptabel angesehen wird. Ein Restrisiko ist in diesem Kontext jenes Risiko, welches nach der Durchführung von Risikomanagementmaßnahmen verbleibt.[41] **61**

4. Relevante Risiken (Abs. 3)

In Abs. 3 erfolgt eine Beschränkung des Umfangs der zu berücksichtigenden Risiken auf solche, die durch Entwicklung oder Konzeption des Hochrisiko-KI-Systems oder durch technische Informationen angemessen „gemindert oder behoben“ werden können. Dieser Absatz nimmt also eine präzisierende Funktion ein, indem er den Risikobegriff, wie er im Kontext des gesamten Artikels 9 verstanden werden soll, konkretisiert. **62**

a) Angemessene Milderung oder Behebung möglich. Art. 9 erfasst gem. Art. 9 Abs. 3 also nicht sämtliche Risiken, sondern nur solche, die *„gemindert oder behoben werden können.“*. **63**

Für jedes Risiko gem. Art. 9 Abs. 2 lit. a ist entsprechend zu prüfen, ob es durch die Entwicklung oder Konzeption des Hochrisiko-KI-Systems oder die Bereitstellung ausreichender technischer Informationen angemessen abgemildert oder behoben werden kann. **64**

---

[40] Vgl. zu den Maßstäben auch: *Gerdemann,* BeckOK KI-Recht, 4. Ed. Stand: 1.11.2025, Art. 9 Rn. 55 f.

[41] So auch: Fraser/Bello y Villarino EJRR 2023, 1 (2).

65 In der praktischen Anwendung wird diese Einschränkung des Risikobegriffs durch Art. 9 Abs. 3 jedoch nur eine untergeordnete Rolle spielen. Zwar werden viele Risiken nicht vollständig behoben werden können und eine etwaige Minderung muss zumindest ein angemessenes Maß erreichen. Es ist jedoch davon auszugehen, dass an die Schwelle der Angemessenheit keine allzu hohen Hürden gestellt werden und beispielsweise ausführlichere technische Informationen regelmäßig bereits hinreichend für eine angemessene Minderung sein werden.

66 Erst nach der initialen Risikoermittlung iSd Abs. 9 Abs. 2 lit. a kann die Effektivität möglicher Risikomanagementmaßnahmen beurteilt werden. Die Auffassung, Art. 9 Abs. 3 habe zur Folge, dass auch nur Risiken zu ermitteln, analysieren, abzuschätzen und bewerten seien, bei denen die Risikomanagementmaßnahmen aus Art. 9 Abs. 2 lit. a–c potenziell erfolgversprechend sind,[42] ist daher abzulehnen. Es ist auch fraglich, wie eine praktische Umsetzung erfolgen könnte, da unter anderem die initiale Risikoermittlung iSv Art. 9 Abs. 2 lit. a denklogisch erfolgt, bevor die Effektivität möglicher Risikomanagementmaßnahmen überhaupt beurteilt werden kann.

67 **b) Durch die Entwicklung oder Konzeption des Hochrisiko-KI-Systems.** Insbesondere ist zu berücksichtigen, ob das Risiko durch die Entwicklung oder Konzeption des Hochrisiko-KI-Systems hätte abgemildert oder behoben werden können. Zentral ist also, dass das Risikomanagement bereits in die Entwicklung neuer Produkte einbezogen wird (gesamter Lebenszyklus).

68 Im Grundsatz bildet die Grundlage für den Vergleich ein anderes System, das in funktionaler Hinsicht identisch ist. Entsprechend wären sämtliche Risiken unbeachtlich, wenn mit deren Abmilderung oder Behebung eine funktionale Einschränkung einhergehen würde.

69 Gleichwohl kann dieser Maßstab nicht absolut gelten, da mit fast jeder konzeptionellen Veränderung auch minimale funktionale Veränderungen einhergehen. Vor diesem Hintergrund erscheint es sachgerecht, hinsichtlich der funktionalen Vergleichbarkeit eine gewisse Unschärfe zuzulassen, die vom jeweiligen Einzelfall abhängt. Dabei ist auch zu berücksichtigen, dass dem jeweiligen Anbieter des Hochrisiko-KI-Systems ein unternehmerischer Ermessensspielraum zusteht, welche Aspekte er bei der Entwicklung und Konzeption stärker oder schwächer gewichtet.

70 **c) Durch die Bereitstellung ausreichender technischer Informationen.** Zudem ist es auch möglich, Risiken *„durch die Bereitstellung ausreichender technischer Informationen"* zu mindern oder zu beheben. Die Bereitstellung dieser Informationen muss so gestaltet sein, dass sie für den jeweiligen Einzelfall verständlich und anwendbar ist.

5. Risikomanagementmaßnahmen

71 Die in Art. 9 Abs. 2 lit. d angesprochenen Risikomanagementmaßnahmen werden in Art. 9 Abs. 4, 5 konkretisiert.

72 **a) Einzelmaßnahmen Risikominimierung (Abs. 4).** So verlangt der Gesetzgeber in Art. 9 Abs. 4, dass die Auswirkungen und möglichen Wechselwirkungen in Bezug auf die verschiedenen in Kombination zu ergreifenden Risikomanagementmaßnahmen Berücksichtigung finden, um einerseits eine effektive

[42] So etwa: Martini/Wendehorst/Braun Binder/Egli, 2. Aufl. 2026, Art. 9 Rn. 30.

Risikoverringerung zu erreichen und gleichzeitig aber auch die Anbieter nicht unverhältnismäßig zu belasten.

Abschnitt 2 enthält verschiedene obligatorische Risikomanagementmaßnahmen für Hochrisiko-KI-Systeme, konkret Regelungen zu Daten und Daten-Governance gem. Art. 10, zur technischen Dokumentation gem. Art. 11, zu Aufzeichnungspflichten nach Art. 12, zu Transparenzpflichten gem. Art. 13, zur menschlichen Aufsicht gem. Art. 14 und zur Genauigkeit, Robustheit und Cybersicherheit gem. Art. 15. **73**

Daraus ergibt sich, dass Anbieter bzgl. des „Ob" der Implementierung der in Abschnitt 2 genannten Risikomanagementmaßnahmen kein Ermessen haben, jedoch in Bezug auf die konkrete Ausgestaltung der verschiedenen Maßnahmen. Zusätzlich steht es Anbietern natürlich frei, weitere Risikomanagementmaßnahmen zu ergreifen, die nicht in Abschnitt 2 Erwähnung finden.[43] **74**

b) Gesamtbewertung (Abs. 5). aa) Abs. 5 UAbs. 1. Auch in Abs. 5 wird die gesetzgeberische Perspektive deutlich, dass ein Hochrisiko-KI-System nicht völlig fehlerfrei sein muss und daher Restrisiken in gewissem Umfang vertretbar sein können.[44] Art. 9 Abs. 5 legt als Anforderung an die Risikomanagementmaßnahmen iSv Art. 9 Abs. 2 lit. b fest, dass *„jedes mit einer bestimmten Gefahr verbundene relevante Restrisiko sowie das Gesamtrestrisiko"* des jeweiligen Hochrisiko-KI-Systems als vertretbar beurteilt wird. **75**

Dabei gilt für jedes mit einer bestimmten Gefahr verbundene Restrisiko, dass es sich um ein relevantes Restrisiko handeln muss. Folglich unterliegen Restrisiken, die mit einer bestimmten Gefahr verbunden aber nicht als relevant zu qualifizieren sind, nicht der Vertretbarkeitsanforderung aus Art. 9 Abs. 5 UAbs. 1. **76**

Restrisiken sind dann als vertretbar zu qualifizieren, wenn sie in einem konkreten Kontext im Lichte der aktuellen gesellschaftlichen Werte akzeptiert werden können.[45] Konkrete Maßstäbe der Vertretbarkeit zu entwickeln dürfte sich aufgrund der mannigfaltigen Ausprägungen von KI-Systemen als anspruchsvoll erweisen. In jedem Fall ist davon auszugehen, dass die Toleranz für das Ausmaß von Restrisiken sinkt, je gewichtiger der Rang des gefährdeten Rechtsguts ist.[46] Zudem sind in die Abwägung die Anzahl der potentiell betroffenen Personen und das spezifische Einsatzszenario einzubeziehen.[47] **77**

Anbieter müssen Restrisiken sowohl je Restrisiko isoliert als auch in Bezug auf die kumulierten Restrisiken („Gesamtrestrisiko") hinsichtlich der Vertretbarkeit beurteilen.[48] **78**

bb) Maßstab für Risikomanagementmaßnahmen (Abs. 5 UAbs. 2). Abs. 5 UAbs. 2 definiert Kriterien für die *„am besten geeigneten Risikomanagementmaßnahmen"*. Zunächst sind – *„soweit technisch möglich"* – zur Beseitigung oder Verringerung Maßnahmen in Bezug auf Konstruktion und Entwicklung des Hochrisiko-KI-Systems zu treffen (Art. 9 Abs. 5 UAbs. 2 lit. a). Der Gesetzgeber **79**

---

[43] Vgl. auch: Martini/Wendehorst/Braun Binder/Egli, 2. Aufl. 2026, Art. 9 Rn. 32.

[44] Hilgendorf/Roth-Isigkeit KI-VO/Spindler/Gerdemann, 2. Aufl. 2025, § 5 Rn. 15; *Gerdemann,* BeckOK KI-Recht, 4. Ed. Stand: 1.11.2025, Art. 9 Rn. 59 f.

[45] So auch: Fraser/Bello y Villarino EJRR 2023, 1 (13 f.).

[46] So auch: Hilgendorf/Roth-Isigkeit KI-VO/Spindler/Gerdemann, 2. Aufl. 2025, § 5 Rn. 16.

[47] Ossmann-Magiera/Dehmel KIR 2024, 134 (137).

[48] So auch: Fraser/Bello y Villarino EJRR 2023, 1 (2).

verlangt also Risikomanagementmaßnahmen in Bezug auf die Konstruktion und Entwicklung des Hochrisiko-KI-Systems, sofern dies dem Anbieter technisch möglich ist. Im ursprünglichen Kommissionentwurf war noch eine „weitestmögliche Beseitigung oder Verringerung von Risiken" vorgesehen.[49]

80 Soweit es nicht möglich[50] ist bestimmte Risiken gänzlich auszuschließen, muss der Anbieter dann *„gegebenenfalls"* noch angemessene Minderungs- und Kontrollmaßnahmen ergreifen (Art. 9 Abs. 5 UAbs. 2 lit. b). Dies sind Maßnahmen, die nicht als Maßnahmen in Bezug auf Konstruktion und Entwicklung des Hochrisiko-KI-Systems zu qualifizieren sind.

81 Schließlich muss der Anbieter den Betreiber auch gemäß den Anforderungen von Art. 13 über die verbleibenden Restrisiken informieren und *„gegebenenfalls"* in Bezug auf das Hochrisiko-KI-System schulen (→ Art. 13 Rn. 34 ff.). Werden Schulungen als notwendig erachtet, sollten sich die Parteien über die Details, insbesondere die Kostentragung, vertraglich verständigen.

82 Mit den hier definierten Schritten hat der Gesetzgeber den aus der Produkt- und Produzentenhaftung bekannten Grundsatz „Konstruktion vor Instruktion" in Bezug auf die Priorisierung der verschiedenen Risikomanagementmaßnahmen reflektiert.

83 **cc) Berücksichtigung des Einzelfalls (Abs. 5 UAbs. 3).** Über Art. 9 Abs. 5 UAbs. 3 soll sichergestellt werden, dass die konkreten Maßnahmen auch zielgruppengerecht sind und sich am zu erwartenden Betreiber und Einsatzkontext des Hochrisiko-KI-Systems orientieren.[51]

6. Tests als Bestandteil des Risikomanagementsystems

84 **a) Testziele (Abs. 6).** Art. 9 Abs. 6 schreibt Tests des Hochrisiko-KI-Systems vor dem Hintergrund zwingend vor, dass das Verhalten von Hochrisiko-KI-Systemen nur begrenzt vorhersehbar ist. Gerade in diesen Fällen eingeschränkter Vorhersehbarkeit ist eine abstrakte Analyse der Stärken und Schwächen des Systems und insbesondere der bestehenden Risiken nicht vollständig möglich.[52]

85 Über Art. 9 Abs. 6 werden drei Ziele vorgegeben, die durch die Tests verwirklicht werden sollen:
- Ermittlung der am besten geeigneten, gezielten Risikomanagementmaßnahmen (Art. 9 Abs. 6 S. 1);
- Funktionieren des Hochrisiko-KI-Systems stets im Einklang mit seiner Zweckbestimmung (Art. 9 Abs. 6 S. 2 Var. 1); und
- Erfüllung der Anforderungen des Abschnitts 2 „Anforderungen an Hochrisiko-KI-Systeme" (Art. 8–15) durch das Hochrisiko-KI-System (Art. 9 Abs. 6 S. 2 Var. 2).

86 Bezüglich des ersten Punktes lässt sich Art. 9 Abs. 6 S. 1 eine zwingende Verbindung zwischen Test und Testziel entnehmen. Die Tests müssen gerade zur

---

[49] Ausführlich dazu, wie sich diese Änderung inhaltlich auswirkt: *Gerdemann,* BeckOK KI-Recht, 4. Ed. Stand: 1.11.2025, Art. 9 Rn. 77.

[50] Das Stufenverhältnis der Maßnahmen betonend: *Gerdemann,* BeckOK KI-Recht, 4. Ed. Stand: 1.11.2025, Art. 9 Rn. 74 f.

[51] Vgl. dazu: Martini/Wendehorst/Braun Binder/Egli, 2. Aufl. 2026, Art. 9 Rn. 40; *Gerdemann,* BeckOK KI-Recht, 4. Ed. Stand: 1.11.2025, Art. 9 Rn. 68 ff.

[52] Ebenso: *Gerdemann,* BeckOK KI-Recht, 4. Ed. Stand: 1.11.2025, Art. 9 Rn. 88.

Identifikation der Maßnahmen durchgeführt werden. Es handelt sich daher wohl um das primäre gesetzgeberische Anliegen.

Hinsichtlich der Aspekte in Art. 9 Abs. 6 S. 2 wird hingegen lediglich eine überprüfende Funktion der Tests festgeschrieben. Die Tests dienen demnach („wird sichergestellt") als zusätzliche Prüfung. **87**

aa) Ermittlung der am besten geeigneten, gezielten Risikomanagementmaßnahmen (Abs. 6 S. 1). Durch die Tests sind insbesondere die am besten geeigneten, gezielten Risikomanagementmaßnahmen zu ermitteln. **88**

Das Risikomanagementsystem dient unter anderem dem Ziel, Schadensereignisse, die das Hochrisiko-KI-System potenziell verursachen kann, zu verhindern. Da die Verhaltensweisen von Hochrisiko-KI-Systemen aber regelmäßig nicht vollständig abstrakt vorhersehbar sein werden und in der Folge keine vollständige theoretische Risikoanalyse möglich sein wird, bilden die Tests eine maßgebliche Grundlage für die Einrichtung, Anwendung und Aufrechterhaltung des Risikomanagementsystems. **89**

bb) Funktionieren des Hochrisiko-KI-Systems stets im Einklang mit seiner Zweckbestimmung (Abs. 6 S. 2 Var. 1). Durch die Tests soll zudem sichergestellt werden, dass das Hochrisiko-KI-System stets im Einklang mit seiner Zweckbestimmung funktioniert. **90**

Insofern ist insbesondere zu testen, dass das Hochrisiko-KI-System auch außerhalb der Entwicklungsumgebung ordnungsgemäß arbeitet. Üblicherweise wird ein Hochrisiko-KI-System für ganz konkrete Umgebungen entwickelt, die dann getestet werden. Darüber hinaus kann es sich anbieten auch zu testen, in welchen vergleichbaren Umgebungen das System wie leistungsstark agiert.[53] **91**

cc) Erfüllung der Anforderungen des Abschnitts 2 „Anforderungen an Hochrisiko-KI-Systeme" (Abs. 6 S. 2 Var. 2). Die Tests sollen auch die allgemeine Einhaltung der Anforderungen der Art. 8–15 sicherstellen. Insbesondere kurz vor Inverkehrgabe bzw. Inbetriebnahme des Systems ist es daher ratsam, nicht nur das Risikomanagementsystem in die Testdurchführung einzubinden, sondern etwa auch zu prüfen, ob beispielsweise die menschliche Aufsicht (Art. 14) oder die Aufzeichnungspflichten (Art. 12) ordnungsgemäß funktionieren. **92**

b) Tests gem. Art. 60 (Abs. 7). Die innerhalb des Art. 9 vorgeschriebenen Testverfahren können nach Art. 9 Abs. 7 auch gem. Art. 60 unter Realbedingungen außerhalb von KI-Reallaboren durchgeführt werden. Diese Regelung wurde erst im Rahmen des Trilogs auf Initiative des Rates hin eingefügt.[54] **93**

Diese Möglichkeit kann gleichermaßen für sämtliche oder nur für einen Teil der Tests genutzt werden. **94**

III. Weitere Regelungen zu Tests

Art. 9 Abs. 8 konkretisiert die Anforderungen an die Testzeitpunkte (S. 1) sowie die Testkriterien (S. 2) **95**

[53] Vgl. zu diesem Themenkomplex unter den Schlagwörtern: „distributional shift" sowie „out-of-distribution detection", Schuett EJRR 2024, 367 (381 f.); Sowie rezipierend: Martini/Wendehorst/Braun Binder/Egli, 2. Aufl. 2026, Art. 9 Rn. 43.

[54] Dazu ausführlicher: Martini/Wendehorst/Braun Binder/Egli, 2. Aufl. 2026, Art. 9 Rn. 13.

1. Testzeitpunkte (Abs. 8 S. 1)

96 Art. 9 Abs. 8 S. 1 differenziert zwischen Tests während der Entwicklung und Tests vor der Inverkehrgabe bzw. Inbetriebnahme.

97 Tests sind nach der deutschen Sprachfassung *„zu jedem geeigneten Zeitpunkt während des gesamten Entwicklungsprozesses"* durchzuführen. Dieses Abstellen auf gewisse Zeitpunkte ist wohl eine unpräzise Übersetzung, da es sich in der englischen sowie französischen Fassung nicht wiederfinden lässt. Die englische Sprachfassung stellt nicht auf geeignete Zeitpunkte ab, sondern stellt abstrakter fest *„shall be performed, as appropriate, at any time throughout the development process"*. Danach sind Tests im Entwicklungsprozess nur notwendig, soweit diese angemessen/erforderlich sind. Dafür spricht auch die französische Sprachfassung.[55]

98 Entsprechend ist die deutsche Sprachfassung an dieser Stelle missverständlich und im Sinne der englischen sowie französischen Fassung auszulegen. Dieses Verständnis ist auch sachlich gerechtfertigt, da es operativ überzeugt, auf die allgemeine Angemessenheit/Erforderlichkeit von Tests abzustellen und sich nicht an konkreten Zeitpunkten festzuhalten.

99 Der Wortlaut (aller drei Sprachfassungen[56]) lässt dabei grundsätzlich auch zu, dass während des gesamten Entwicklungsprozesses keine Tests durchgeführt werden, soweit diese nicht angemessen/erforderlich sind. Spätestens vor Inverkehrbringen oder Inbetriebnahme sind dann allerdings Tests durchzuführen, vgl. Art. 9 Abs. 8 S. 1 a.E. (dazu auch sogleich: Rn. 101).[57]

100 Insofern ist also eine Unterscheidung von den sonstigen Maßnahmen des Risikomanagementsystems gegeben, die während des gesamten Lebenszyklus des Hochrisiko-KI-Systems geplant und durchgeführt werden müssen, Art. 9 Abs. 2.[58] Da die Tests für die Planung und Durchführung regelmäßig wichtige Anhaltspunkte liefern werden, dürften in der Praxis trotz der Möglichkeit eines Verzichts regelmäßig bereits während des Entwicklungsprozesses Tests durchgeführt werden.

101 Zwingende Tests vor Inverkehrgabe bzw. Inbetriebnahme sind überzeugend, da – aufgrund der ggf. fehlenden vollständigen Vorhersehbarkeit des Verhaltens des Hochrisiko-KI-Systems[59] – das Risikomanagementsystem anhand der Testergebnisse optimiert und verfeinert werden kann.

102 Zudem ist es sinnvoll, Tests überobligatorisch über den gesamten Lebenszyklus des Hochrisiko-KI-Systems durchzuführen, um zu gewährleisten, dass es zu jeder Zeit bestimmungsgemäß funktioniert und die Anforderungen, die die KI-VO an Hochrisiko-KI-Systeme stellt, erfüllt.[60]

---

[55] „Les tests des syste`mes d'IA a` haut risque sont effectués, **selon les besoins,** a` tout moment pendant le processus de développement", Art. 9 Abs. 8 S. 1 (Hervorhebung durch die Verfasser).

[56] Dies ergibt sich insbesondere daraus, dass die Tests vor Inverkehrgabe/Inbetriebnahme als zwingend bezeichnet werden („in jedem Fall", „in any event", „en tout état de cause").

[57] So auch: Hilgendorf/Roth-Isigkeit KI-VO/Spindler/Gerdemann, 2. Aufl. 2025, § 5 Rn. 19; Schuett EJRR 2024, 367 (379).

[58] Vgl. auch: Schuett EJRR 2024, 367 (382); Martini/Wendehorst/Braun Binder/Egli, 2. Aufl. 2026, Art. 9 Rn. 45.

[59] Dazu bereits: → Rn. 99.

[60] Vgl.: Voigt/Hullen KI-VO-HdB S. 72; Vgl. auch: *Gerdemann,* BeckOK KI-Recht, 4. Ed. Stand: 1.11.2025, Art. 9 Rn. 96.

2. Testkriterien (Abs. 8 S. 2)

103 Nach Art. 9 Abs. 8 S. 2 sind Tests anhand vorab festgelegter Metriken und Wahrscheinlichkeitsschwellenwerte durchzuführen, die sich am jeweiligen Hochrisiko-KI-System zu orientieren haben.

104 **a) Festlegung vorab.** Die Testkriterien sind vorab festzulegen. Dies dürfte dem Zweck dienen, die Testkriterien nicht nachträglich an die erhaltenen Ergebnisse anzugleichen, sondern angemessene Akzeptanzkriterien vorab zu definieren.

105 **b) Geeignete Metriken und Wahrscheinlichkeitsschwellenwerte.** Die für die Tests jeweils verwendeten Metriken und Wahrscheinlichkeitsschwellenwerte haben sich an der Zweckbestimmung des konkreten Hochrisiko-KI-Systems zu orientieren. Dies ist auch sachgerecht, da allgemeine Vorgaben aufgrund der in Betracht kommenden Vielgestaltigkeit von Hochrisiko-KI-Systemen nicht möglich sind.

106 Grundsätzlich ist bei der Festlegung dieser Kriterien Ermessensspielraum gegeben. Regelmäßig wird der Anbieter aber ein Interesse daran haben, die Zielwerte weder zu hoch noch zu tief zu veranschlagen.

107 Bestätigen die Tests, dass das Hochrisiko-KI-System angemessene Testkriterien zuverlässig erfüllt, können die notwendigen Maßnahmen im Rahmen des Risikomanagementsystems entsprechend geringer ausfallen.

108 Werden hingegen zu niedrige Zielwerte festgelegt, ist schon konzeptionell ein umfangreicheres Risikomanagementsystem erforderlich. Gleiches gilt, wenn das Hochrisiko-KI-System die vom Anbieter selbst gesetzten Ziele nicht erreichen kann. Maßgeblicher Zeitpunkt für die Frage danach, ob Testkriterien geeignet sind, ist der Zeitpunkt der Testdurchführung.[61] Die bereits vorab (also vor der Testdurchführung) festgelegten Testkriterien müssen unmittelbar vor dem Test nochmals dahingehend geprüft werden, ob sie weiterhin geeignet iSd Art. 9 Abs. 8 S. 2 sind. Ist dies nicht der Fall, so sind neue geeignete Kriterien festzulegen. Sind die Kriterien aber geeignet, so muss sich der Anbieter auch darauf verlassen dürfen.

IV. Besonderes Schutzbedürfnis (Abs. 9)

109 Eine Sonderregel enthält Art. 9 Abs. 9 für die Fälle, in denen angesichts der Zweckbestimmung des Hochrisiko-KI-Systems nachteilige Auswirkungen auf schutzbedürftige Gruppen wahrscheinlich sind.

1. Geschützter Personenkreis

110 Der durch Art. 9 Abs. 9 besonders geschützte Personenkreis ist grundsätzlich abstrakt bestimmt.

111 **a) Personen unter 18 Jahren.** Personen unter 18 Jahren gelten nach dem Wortlaut des Art. 9 Abs. 9 grundsätzlich als schutzbedürftige Gruppe und sind daher immer vom Anwendungsbereich der Norm umfasst.

112 Anders als in Art. 60 Abs. 4 lit. g wird in Art. 9 Abs. 9 nicht allgemein auf das Alter als Kriterium der Schutzbedürftigkeit abgestellt. Schutzbedürftigkeit aufgrund hohen Alters kann sich aber daraus ergeben, dass es sich dabei um eine

---

[61] Insofern offen Martini/Wendehorst/Braun Binder/Egli, 2. Aufl. 2026, Art. 9 Rn. 46.

„andere schutzbedürftige Gruppe" handelt.[62] Dies ist vom jeweiligen Hochrisiko-KI-System abhängig. Gleiches gilt für die in Art. 60 Abs. 4 lit. g genannten Behinderungen.

113 **b) Andere schutzbedürftige Gruppen.** Es lassen sich keine abstrakten Feststellungen treffen, wann eine Gruppe als andere schutzbedürftige Gruppe einzuordnen ist, da dies vom jeweiligen Hochrisiko-KI-System und seiner Zweckbestimmung abhängig ist.

114 Hinsichtlich des genauen Gruppenzuschnitts steht dem Anbieter des Hochrisiko-KI-Systems Ermessensspielraum zu.

115 Der maßgebliche Zeitpunkt für die Ermittlung etwaiger anderer schutzbedürftiger Gruppen ist der Zeitpunkt der Definition der Zweckbestimmung. In diesem Moment ist absehbar, welche Personen potentiell nachteilige Auswirkungen durch das System erfahren könnten.

116 Ändert sich die Zweckbestimmung, ist die Analyse erneut vorzunehmen. Gleiches gilt, wenn sich die Lebenswirklichkeit wesentlich ändert und ursprünglich nicht absehbare Personengruppen mit dem Hochrisiko-KI-System in Kontakt kommen.

2. Nachteilige Auswirkung wahrscheinlich

117 **a) Nachteilige Auswirkung.** Der Frage nach dem Vorliegen einer nachteiligen Auswirkung vorgelagert ist die Frage nach den geschützten Rechtsgütern. Diese sind in Art. 9 Abs. 9 nicht ausdrücklich konkretisiert, so dass davon auszugehen ist, dass der Gesetzgeber keine Erweiterung der in Art. 9 Abs. 2 lit. a genannten Schutzgüter vornehmen wollte.[63]

118 **b) Wahrscheinlich.** Der KI-VO lässt sich keine nähere Bestimmung des Begriffs *„wahrscheinlich"* entnehmen. Insbesondere fordert der Wortlaut keine überwiegende/große oder anderweitig qualifizierte Wahrscheinlichkeit.

119 Vor diesem Hintergrund ist davon auszugehen, dass es ausreichend ist, wenn das Eintreten einer nachteiligen Auswirkung wahrscheinlicher ist als deren Ausbleiben.

3. Berücksichtigung im Risikomanagementsystem

120 Wie sich der Schutz des jeweils geschützten Personenkreises im jeweiligen Risikomanagementsystem niederschlägt, ist vom Einzelfall abhängig und kann nicht pauschal beantwortet werden.

V. Eingliederung in bestehende Risikomanagementverfahren (Abs. 10)

121 Art. 9 Abs. 10 ermöglicht die Abstimmung mit sektoralen Risikomanagementprozessen. Es ist aus praktischer Perspektive zu begrüßen, dass dieser Absatz im

[62] Ebenso: *Gerdemann,* BeckOK KI-Recht, 4. Ed. Stand: 1.11.2025, Art. 9 Rn. 27.

[63] Sich primär auf die EU-Grundrechte Charta stützend: Martini/Wendehorst/Braun Binder/Egli, 2. Aufl. 2026, Art. 9 Rn. 47.

Trilogverfahren hinzugekommen ist und dadurch eine gewisse Integration in bereits etablierte Risikomanagementprozesse erfolgen kann.[64]

Inhaltlich bleiben die Anforderungen an das KI-Risikomanagement eigenständig und stehen parallel zu den sektorspezifischen Vorgaben.[65] Es handelt sich also um keine partielle Befreiung von materiell-rechtlichen Anforderungen bei Geltung zusätzlicher sektoraler Anforderungen, sondern eine vom Gesetzgeber ermöglichte Erleichterung für die Operationalisierung von Risikomanagementsystemen. **122**

Art. 10* Daten und Daten-Governance

(1) **Hochrisiko-KI-Systeme, in denen Techniken eingesetzt werden, bei denen KI-Modelle mit Daten trainiert werden, müssen mit Trainings-, Validierungs- und Testdatensätzen entwickelt werden, die den in den Absätzen 2 bis 5 genannten Qualitätskriterien entsprechen, wenn solche Datensätze verwendet werden.**

(2) [1]**Für Trainings-, Validierungs- und Testdatensätze gelten Daten-Governance- und Datenverwaltungsverfahren, die für die Zweckbestimmung des Hochrisiko-KI-Systems geeignet sind.** [2]**Diese Verfahren betreffen insbesondere**

a) die einschlägigen konzeptionellen Entscheidungen,

b) die Datenerhebungsverfahren und die Herkunft der Daten und im Falle personenbezogener Daten den ursprünglichen Zweck der Datenerhebung,

c) relevante Datenaufbereitungsvorgänge wie Annotation, Kennzeichnung, Bereinigung, Aktualisierung, Anreicherung und Aggregierung,

d) die Aufstellung von Annahmen, insbesondere in Bezug auf die Informationen, die mit den Daten erfasst und dargestellt werden sollen,

e) eine Bewertung der Verfügbarkeit, Menge und Eignung der benötigten Datensätze,

f) eine Untersuchung im Hinblick auf mögliche Verzerrungen (Bias), die die Gesundheit und Sicherheit von Personen beeinträchtigen, sich negativ auf die Grundrechte auswirken oder zu einer nach den Rechtsvorschriften der Union verbotenen Diskriminierung führen könnten, insbesondere wenn die Datenausgaben die Eingaben für künftige Operationen beeinflussen,

g) geeignete Maßnahmen zur Erkennung, Verhinderung und Abschwächung möglicher gemäß Buchstabe f ermittelter Verzerrungen,

h) die Ermittlung relevanter Datenlücken oder Mängel, die der Einhaltung dieser Verordnung entgegenstehen, und wie diese Lücken und Mängel behoben werden können.

(3) [1]**Die Trainings-, Validierungs- und Testdatensätze müssen im Hinblick auf die Zweckbestimmung relevant, hinreichend repräsentativ und**

---

[64] *Gerdemann,* BeckOK KI-Recht, 4. Ed. Stand: 1.11.2025, Art. 9 Rn. 28; Vgl. hierzu die Übersicht in: Voigt/Hullen KI-VO-HdB S. 50 ff.

[65] So auch: *Gerdemann,* BeckOK KI-Recht, 4. Ed. Stand: 1.11.2025, Art. 9 Rn. 29; Ossmann-Magiera/Dehmel KIR 2024, 134 (140).

* Kapitel III (Art. 6–49) gilt gem. Art. 113 UAbs. 2 ab 2.8.2026, mit Ausnahme des Abschnitts 4, der gem. Art. 113 UAbs. 3 Buchst. b bereits ab 2.8.2025 gilt.

so weit wie möglich fehlerfrei und vollständig sein. [2]Sie müssen die geeigneten statistischen Merkmale, gegebenenfalls auch bezüglich der Personen oder Personengruppen, für die das Hochrisiko-KI-System bestimmungsgemäß verwendet werden soll, haben. [3]Diese Merkmale der Datensätze können auf der Ebene einzelner Datensätze oder auf der Ebene einer Kombination davon erfüllt werden.

(4) **Die Datensätze müssen, soweit dies für die Zweckbestimmung erforderlich ist, die entsprechenden Merkmale oder Elemente berücksichtigen, die für die besonderen geografischen, kontextuellen, verhaltensbezogenen oder funktionalen Rahmenbedingungen, unter denen das Hochrisiko-KI-System bestimmungsgemäß verwendet werden soll, typisch sind.**

(5) **[1]Soweit dies für die Erkennung und Korrektur von Verzerrungen im Zusammenhang mit Hochrisiko-KI-Systemen im Einklang mit Absatz 2 Buchstaben f und g dieses Artikels unbedingt erforderlich ist, dürfen die Anbieter solcher Systeme ausnahmsweise besondere Kategorien personenbezogener Daten verarbeiten, wobei sie angemessene Vorkehrungen für den Schutz der Grundrechte und Grundfreiheiten natürlicher Personen treffen müssen. [2]Zusätzlich zu den Bestimmungen der Verordnungen (EU) 2016/679 und (EU) 2018/1725 und der Richtlinie (EU) 2016/680 müssen alle folgenden Bedingungen erfüllt sein, damit eine solche Verarbeitung stattfinden kann:**

a) Die Erkennung und Korrektur von Verzerrungen kann durch die Verarbeitung anderer Daten, einschließlich synthetischer oder anonymisierter Daten, nicht effektiv durchgeführt werden;

b) die besonderen Kategorien personenbezogener Daten unterliegen technischen Beschränkungen einer Weiterverwendung der personenbezogenen Daten und modernsten Sicherheits- und Datenschutzmaßnahmen, einschließlich Pseudonymisierung;

c) die besonderen Kategorien personenbezogener Daten unterliegen Maßnahmen, mit denen sichergestellt wird, dass die verarbeiteten personenbezogenen Daten gesichert, geschützt und Gegenstand angemessener Sicherheitsvorkehrungen sind, wozu auch strenge Kontrollen des Zugriffs und seine Dokumentation gehören, um Missbrauch zu verhindern und sicherzustellen, dass nur befugte Personen Zugang zu diesen personenbezogenen Daten mit angemessenen Vertraulichkeitspflichten haben;

d) die besonderen Kategorien personenbezogener Daten werden nicht an Dritte übermittelt oder übertragen, noch haben diese Dritten anderweitigen Zugang zu diesen Daten;

e) die besonderen Kategorien personenbezogener Daten werden gelöscht, sobald die Verzerrung korrigiert wurde oder das Ende der Speicherfrist für die personenbezogenen Daten erreicht ist, je nachdem, was zuerst eintritt;

f) die Aufzeichnungen über Verarbeitungstätigkeiten gemäß den Verordnungen (EU) 2016/679 und (EU) 2018/1725 und der Richtlinie (EU) 2016/680 enthalten die Gründe, warum die Verarbeitung besonderer Kategorien personenbezogener Daten für die Erkennung und Korrektur von Verzerrungen unbedingt erforderlich war und warum dieses Ziel mit der Verarbeitung anderer Daten nicht erreicht werden konnte.

(6) **Bei der Entwicklung von Hochrisiko-KI-Systemen, in denen keine Techniken eingesetzt werden, bei denen KI-Modelle trainiert werden, gelten die Absätze 2 bis 5 nur für Testdatensätze.**

Übersicht

I. Allgemeines

1. Normzweck

1 Art. 10 stellt grundlegende Anforderungen an Datensätze und Daten-Governance von Hochrisiko-KI-Systemen. Der Normzweck liegt in der Gewährleistung der Produktsicherheit von Hochrisiko-KI-Systemen. Diese soll durch die Qualität und Integrität von Daten sichergestellt werden.[1]

2 Laut Erwgr. 67 spielen hochwertige Daten und der Zugang dazu eine zentrale Rolle bei der Bereitstellung von Strukturen und für die Sicherstellung der Leistung vieler KI-Systeme. Nach dem Willen des Verordnungsgebers sollen Hochrisiko-KI-Systeme bestimmungsgemäß und sicher funktionieren und nicht ungerechtfertigt diskriminieren. Die Grundlage für das Diskriminierungsverbot bilden die Art. 20, 21 und 23 GrCh. Die Anforderungen an die Qualität und Integrität sollen dem Schutz vor Diskriminierungen beim Einsatz von KI-Systemen dienen,[2] wobei der unionsrechtliche Begriff der Diskriminierung sowohl mittelbare als auch unmittelbare Diskriminierungen umfasst.[3] Eine unmittelbare Diskriminierung liegt vor, wenn eine bestimmte Personengruppe wegen ihrer Religion oder Weltanschauung, einer Behinderung, ihres Alters oder ihrer sexuellen Ausrichtung gegenüber einer anderen Personengruppe in einer vergleichbaren Situation ungerechtfertigt benachteiligt oder bevorzugt wird. Eine mittelbare Diskriminierung durch ein KI-System kann auftreten, wenn aus Zusammenhängen in Trainingsdaten fälschlicherweise ein Ursache-Wirkungs-Zusammenhang abgeleitet wird.[4] Davon zu unterscheiden sind Diskriminierungen, die das KI-Modell aufgrund gesamtgesellschaftlicher Ungerechtigkeiten reproduziert.[5]

3 Art. 10 befasst sich mit der zentralen Bedeutung der Datenqualität für die Sicherstellung der Leistungsfähigkeit eines KI-Systems. Ausweislich der Ethik-Leitlinien für eine vertrauenswürdige KI müssen zur Gewährleistung der Leistungsfähigkeit sozial bedingte Verzerrungen, Ungenauigkeiten, Fehler und andere Mängel vor dem Training behoben werden.[6] Denn die Entscheidungen eines KI-Systems beruhen oftmals maßgeblich auf den für das Training des zugrundeliegenden KI-Modells verwendeten Datensätzen. Eine unzureichendes Qualität der Trainingsdatensätzen kann deshalb zu fehlerhaften Ergebnissen führen.[7]

4 Bei den Anforderungen des Art. 10 handelt es sich um eine dem Betrieb eines Hochrisiko-KI-Systems vorgelagerte Verpflichtung zur Daten-Compliance, die bereits vor der Beschaffung der Trainingsdaten und während der Trainingsphase durch den Anbieter zu erfüllen ist.[8] Allerdings beziehen sich die Anforderungen nicht nur auf die Entwicklung von KI-Modellen, sondern auch auf den späteren

---

[1] Bomhard/Pieper/Wende/Bomhard/Wietzke KI-VO, Art. 10 Rn. 1; BeckOK KI-Recht/Kilian/Schefzig, Art. 10 Rn. 1.

[2] Feldkamp/Kappler/Poretschkin/Schmitz/Weiss ZfDR 2024, 60 (89).

[3] Zur Reduzierung Risiken algorithmischer Diskriminierung: Legner RDi 2024, 426 ff.

[4] Tiefergehend zu bestehenden Herausforderungen für den Umgang mit KI vor dem Hintergrund des Antidiskriminierungsrechts: Sesing/Tschesch MMR 2022, 24 ff.

[5] Art. 2 Abs. 2 Buchst. a iVm Art. 1 RL 2000/43/EG.

[6] Hochrangige Expertengruppe für Künstliche Intelligenz, Ethik-Leitlinien für eine vertrauenswürdige KI, Rn. 73.

[7] Vgl. Kalbhenn ZUM 2021, 663 (667).

[8] Müller-Peltzer/Tanczik RDi 2023, 452 (456), Bomhard/Merkle RDi 2021, 276 (280).

Betrieb von Hochrisiko-KI-Systemen in denen diese Modelle verwendet werden, sodass sich die Pflichten mittelbar auch auf die Nutzer bzw. Betreiber von KI-Systemen erstrecken.[9]

Die Maßnahmen nach Art. 10 KI-VO sind auch hinsichtlich des sui generis-Datenbankschutzes gemäß §§ 87a ff. UrhG relevant. Insbesondere die in Art. 10 Abs. 2 Buchst. c und g sowie in Abs. 3 und 4 vorgesehenen Daten-Governance- und Datenverwaltungsverfahren können den Anwendungsbereich des sui-generis-Datenbankschutzes eröffnen.[10] 5–6

2. Entstehung und Systematik

Die Anforderungen des Art. 10 waren bereits in dem ursprünglichen Vorschlag der EU-Kommission vom 21.4.2021 enthalten und leiten sich aus den Ethik-Leitlinien der Hochrangigen Expertengruppe für künstliche Intelligenz ab. Die finale Version des EU-Parlamentes enthält einige Abweichungen von dem ursprünglichen Entwurf der EU-Kommission, insbesondere wurde der Anforderungskatalog des Art. 10 Abs. 5 in Bezug auf die Verarbeitung besonderer Kategorien personenbezogener Daten neu eingeführt. Bemerkenswert sind vor allem zwei Anpassungen im Verlauf des Gesetzgebungsverfahrens. Einerseits wurde der der Maßstab des Bias-Begriffs in Art. 10 Abs. 2 lit. f KI-VO konkretisiert. Andererseits reagierte der Gesetzgeber auf die Kritik an der ursprünglich geforderten vollständigen Fehlerfreiheit der Daten, indem Art. 10 Abs. 3 KI-VO dahingehend abgeändert wurde, dass Datensätze nunmehr lediglich „so weit wie möglich fehlerfrei" sein müssen.[11] 7

Bei Art. 10 handelt es sich um die einzige Norm der KI-VO, die ausdrücklich den Umgang mit Daten zum Gegenstand hat. Daher nimmt Art. 10 eine zentrale Stellung im Anforderungskatalog für die Entwicklung von Hochrisiko-KI-Systemen ein. 8

Bei der Beurteilung der technischen Umsetzbarkeit wird den Adressaten des Art. 10 ein Ermessen zugestanden. In der Begründung des Vorschlags der EU-Kommission[12] heißt es unter Nr. 5.2.3. hierzu, dass die vorgeschlagenen Mindestanforderungen bereits gängige Praxis für viele gewissenhafte Akteure sind und es im Ermessen des Anbieters des jeweiligen KI-Systems liegt, mit welchen technischen Lösungen er die Einhaltung dieser Anforderungen konkret erreicht. 9

Artikel 10 liegt das Regulierungskonzept des „New Legislative Framework" zugrunde, bei welchem auf gesetzlicher Ebene ein abstrakter Rahmen von einzuhaltenden Sicherheitsanforderungen vorgegeben wird, dessen konkrete technischen Umsetzungslösungen von den europäischen Normungsorganisationen entwickelt werden. 10

Ferner gelten die Bestimmungen des Art. 10 neben der DS-GVO[13] und unabhängig davon, ob es sich um personenbezogene Daten handelt oder nicht.[14] Dies folgt explizit auch aus Art. 2 Abs. 7. 11

---

[9] Hilgendorf/Roth-Isigkeit KI-VO/Spindler § 5 Rn. 22.

[10] Dazu detailliert: Wunner GRUR 2025, 1727 ff.

[11] BeckOK KI-Recht/Kilian/Schefzig, Art. 10 Rn. 6.

[12] COM(2021) 206 final, abrufbar unter https://eur-lex.europa.eu/legal-content/DE/TXT/?uri=CELEX%3A52021PC0206.

[13] Verordnung (EU) 2016/679 des Europäischen Parlaments und des Rates vom 27.4.2016 zum Schutz natürlicher Personen bei der Verarbeitung personenbezogener Daten, zum freien Datenverkehr und zur Aufhebung der Richtlinie 95/46/EG (Datenschutz-Grundverordnung), abrufbar unter: https://eur-lex.europa.eu/legal-content/DE/TXT/?uri=celex%3A32016R0679.

[14] Ebers/Hoch/Rosenkranz/Ruschemeier/Steinrötter RDi 2021, 528 (536).

II. Anwendungsbereich (Abs. 1, 6)

1. Hochrisiko-KI-Systeme

12 Der Anwendungsbereich des Art. 10 ist nur für Hochrisiko-KI-Systeme eröffnet.[15] Die Einstufung als Hochrisiko KI-System richtet sich nach der Vorschrift des Art. 6.

2. Einsatz von Techniken, bei denen KI-Modelle mit Daten trainiert werden

13 Der Anwendungsbereich des Art. 10 ist eröffnet, wenn es sich um ein Hochrisiko-KI-System handelt, in dem Techniken eingesetzt werden, bei denen KI-Modelle mit Daten trainiert werden. Unter mit Daten trainierte Modelle iSd Art. 10 Abs. 1 versteht man Systeme, die auf maschinellem Lernen mit Hilfe von Trainings-, Validierungs- und Testdatensätzen basieren.

14 Ziel des maschinellen Lernens ist es, Wissen aus Erfahrung zu generieren. Lernalgorithmen entwickeln dabei aus Beispielen ein komplexes Modell, das auf neue, unbekannte Daten derselben Art angewendet wird. Ein solches Lernverfahren bietet sich an, wenn Prozesse zu komplex sind, um sie analytisch zu beschreiben, aber genügend Beispieldaten – wie Sensordaten, Bilder oder Texte – für ein Training zur Verfügung stehen. Das Lernen beruht auf einem grundlegenden Verständnis in der Informatik: „Ein Computerprogramm lernt durch Erfahrung (Experience) E in Bezug auf eine Klasse von Aufgaben (Task) T und ein Leistungsmaß (Performance) P, wenn sich seine Leistung bei Aufgaben in T, gemessen durch P, mit der Erfahrung E verbessert" Das maschinelle Lernen stellt folglich einen rechnerischen Prozess zur Optimierung der Parameter eines Modells aus Daten dar.

15 KI-Modelle können beispielsweise anhand folgender Lernparadigmen angelernt werden.

- Beim Überwachten Lernen (Supervised Learning) lernt das KI-Modell anhand bereits aufbereiteter, gelabelter Daten. Bei diesen stehen Input und Output bereits fest und das KI-Modell soll eine Funktion finden, welche die Input-Output-Relation der Daten möglichst gut beschreibt und später auf neue, nicht trainierte Daten verallgemeinert angewendet werden kann.
- Beim Unüberwachten Lernen (Unsupervised Learning) analysiert das KI-System die Eingabedaten ohne jegliches Vorwissen über die Output-Struktur. Das Modell versucht eigenständig, Muster in den Daten zu erkennen und eine Zuordnung zu einem noch unbekannten Output zu treffen, beispielsweise durch automatisches Clustering einer großen Zahl von Daten in Kategorien, die erst durch das Clustering herausgebildet werden.
- Beim Bestärkenden Lernen (Reinforcement Learning) lernt das KI-Modell durch Interaktion mit der Umgebung und erhält als Feedback eine Belohnung oder Bestrafung im technischen Sinn (sog. Lernen durch trial and error).

16 Art. 10 bezieht sich auf Trainings-, Validierungs- und Testdatensätze von Hochrisiko-KI-Systemen, die mit Daten trainiert werden. Diese Begriffe sind in Art. 3 legal definiert.

- „Trainingsdaten" sind Daten, die zum Trainieren eines KI-Systems verwendet werden, wobei dessen lernbare Parameter angepasst werden (Art. 3 Nr. 29).

[15] Zur Qualifikation eines KI-Systems als Hochrisiko-KI-System: Borges CR 2024, 565 ff.

Diese Daten werden durch ein KI-System analysiert, um daraus verallgemeinerbare Regeln abzuleiten.[16]

- „Validierungsdaten" sind Daten, die zur Evaluation des trainierten KI-Systems und zur Einstellung seiner nicht erlernbaren Parameter und seines Lernprozesses verwendet werden, um unter anderem eine Unter- oder Überanpassung zu vermeiden (Art. 3 Nr. 30). Insbesondere bei komplexen Modellen wie neuronalen Netzwerken ist der Einsatz von Validierungsdaten erforderlich, da zahlreiche Parameter iterativ bestimmt werden müssen.[17]
- „Testdaten" sind Daten, die für eine unabhängige Bewertung des KI-Systems verwendet werden, um die erwartete Leistung dieses Systems vor dessen Inverkehrbringen oder Inbetriebnahme zu bestätigen (Art. 3 Nr. 32).

Nicht erfasst sind Eingabedaten, also Daten, die im späteren operativen Betrieb 17 in ein KI-System eingespeist oder von diesem erfasst werden und auf Grundlage derer ein konkretes Ergebnis hervorgebracht wird (Art. 3 Nr. 33).[18]

3. Sonstige Modelle (Abs. 6)

Nach Art. 10 Abs. 6 gelten bei der Entwicklung von Hochrisiko-KI-Systeme, 18 die kein Training mit Daten benötigen, die Abs. 2–5 nur für die Testdatensätze.[19]

Bei dieser Formulierung handelt es sich um eine von dem EU-Parlament vorge- 19 schlagene Änderung zum Kommissionsentwurf. Letzterer sah für die sonstigen Modelle nur die Geltung von Daten-Governance und Datenverwaltungsverfahren nach Art. 10 Abs. 2 vor. Statt des Abs. 2 finden nunmehr die Abs. 2–5 Anwendung, allerdings mit der Einschränkung, dass die Anforderungen nur für Testdatensätze einzuhalten sind.

Im Ergebnis gelten die Anforderungen des Art. 10 daher auch für nicht mit 20 Trainingsdaten lernende Hochrisiko-KI-Systeme. Die Reichweite der Anforderungen hängt jedoch stark von dem jeweiligen KI-System und der Frage, inwieweit dieses überhaupt auf Datensätze zurückgreift, ab.

III. Verfahren für Datensätze (Abs. 2)

1. Allgemeine Anforderungen an Datenverwaltung (Satz 1)

Artikel 10 Abs. 2 S. 1 enthält Anforderungen an die Datenverwaltung und ver- 21 langt, dass Daten-Governance- und Datenverwaltungsverfahren implementiert werden, die für die Zweckbestimmung des Hochrisiko-KI-Systems geeignet sind. Damit soll die Qualität der Datensätze sichergestellt werden.[20]

Unter dem Begriff der Zweckbestimmung versteht man die Verwendung, für 22 die ein KI-System laut Anbieter bestimmt ist, einschließlich der besonderen Umstände und Bedingungen für die Verwendung, entsprechend den vom Anbieter bereitgestellten Informationen in den Betriebsanleitungen, im Werbe- oder Verkaufsmaterial und in diesbezüglichen Erklärungen sowie in der technischen

---

[16] Stehen KIR 2024, 7 (8).
[17] Braun KIR 2024, 43 (44).
[18] Hilgendorf/Roth-Isigkeit KI-VO/Spindler § 5 Rn. 22.
[19] Hilgendorf/Roth-Isigkeit KI-VO/Spindler § 5 Rn. 35.
[20] Kritisch zu den neuen Compliance-Anforderungen und „Mikromanagement" der Datenverwaltung: Vasel EuZW 2024, 829 ff.

Dokumentation (Art. 3 Nr. 12). Die Festlegung des Verwendungszwecks obliegt zwar grundsätzlich dem Anbieter, seine Dispositionsfreiheit wird jedoch durch die Bezugnahme auf die besonderen Umstände der Verwendung in Erwägungsgrund 12 normativ begrenzt. Maßgeblich ist insoweit nicht allein die abstrakte Zweckdefinition, sondern auch das objektiv technisch Mögliche sowie das vom Anbieter beschriebene oder vermarktete Funktionsspektrum des Systems. Dem Anbieter sind daher die tatsächlichen Einsatzmöglichkeiten und die von ihm gesetzten Erwartungshorizonte entgegenzuhalten.[21]

23 Die Prüfung, ob die Trainingsdaten für den Verwendungszweck eines Hochrisiko-KI-Systems geeignet ist oder nicht, stellt insbesondere für Anbieter von GPAI-Modellen eine Herausforderung dar. Anbieter von GPAI-Modellen haben gem. Art. 53 Informationspflichten gegenüber nachgelagerten Wirtschaftsakteuren. GPAI-Anbieter unterliegen jedoch nicht den Anforderungen aus Art. 10. Sie müssen jedoch unter Umständen gem. Art. 25 Abs. 4 mit den Anbietern des Hochrisiko-KI-Systems eine schriftliche Vereinbarung treffen, die die erforderlichen Informationen, Fähigkeiten, den technischen Zugang und die sonstige Unterstützung festlegt, die nach dem allgemein anerkannten Stand der Technik notwendig sind, damit der Anbieter des Hochrisiko-KI-Systems seine Pflichten nach der KI-VO erfüllen kann. Die Informationspflichten erstrecken sich jedoch nicht auf geistiges Eigentum oder Geschäftsgeheimnisse des Anbieters. Durch diese Einschränkung kann die Erfüllung der Anforderungen des Art. 10 durch nachgelagerte Wirtschaftsakteure maßgeblich erschwert oder mit den zur Verfügung stehenden Mitteln und Ressourcen der Anbieter praktisch unmöglich gemacht werden.[22]

24 In der Literatur wird kritisiert, dass sich Art. 10 nur auf Trainings-, Validierungs- und Testdatensätze bezieht, was andere Phasen im Lebenszyklus einer KI außer Acht lasse, die ebenfalls den Datenqualitätskriterien und den Datenverwaltungspraktiken unterworfen sein sollten.[23]

2. Erfassung, Erhebung, Aufbereitung der Daten (Satz 2 Buchst. a–d)

25 Die Daten-Governance- und Datenverwaltungsverfahren umfassen die Erfassung, Erhebung und Aufbereitung der Daten (Art. 10 Abs. 2 S. 2 Buchst. a–d). Nach dem Wortlaut richten sich die Anforderungen nur an Datensätze selbst, obwohl diese untrennbar mit dem mathematischen Modell der KI verbunden sind.[24] Die Aufzählung der Verfahren ist nach dem Wortlaut der Norm nicht abschließend, sondern kann als Best Practice verstanden werden.[25] Die genannten Verfahren sind als Ganzes zu verstehen und ergänzen sich gegenseitig.[26] Sie sind insbesondere in der Trainingsphase des jeweiligen KI-Systems relevant.[27]

---

[21] Bomhard/Pieper/Wende KI-VO/Bomhard/Wietzke, Art. 10 Rn. 23.

[22] Hermanns, Lauber-Rönsberg, Meinel, Sterz, Zhang AI Act for the Working Programmer, S. 19.

[23] Ebers/Hoch/Rosenkranz/Ruschemeier/Steinrötter RDi 2021, 528 (533).

[24] Schwartmann/Keber/Zenner KI-VO/Schwartmann/Keber/Köhler/Nägele Teil 2 Kapitel 1 Rn. 301.

[25] Müller/Tanczik RDi 2023, 452 (455).

[26] Schwartmann/Keber/Zenner KI-VO/Schwartmann/Keber/Köhler/Nägele Teil 2 Kapitel 1 Rn. 302.

[27] Müller-Peltzer/Tanczik RDi 2023, 452 (452).

a) Einschlägige konzeptionelle Entscheidungen. Die einschlägigen konzeptionellen Entscheidungen beziehen sich auf grundlegende Überlegungen und Festlegungen, wie Daten gesammelt, gespeichert, verarbeitet und analysiert werden. Hierbei müssen Datenerhebung, Datenqualität, Datenspeicherung, Datenverarbeitung, Datensicherheit, Datenschutz und Datenethik besonders berücksichtigt werden. 26

Folgende Aspekte fallen unter die einschlägigen konzeptionellen Entscheidungen: 27
– Auswahl der Datenquellen und Methoden der Datenerhebung
– Festlegung von Standards für Datenqualität
– Methoden zur Datenaufbereitung
– Speichermethoden und -formate
– Sicherheitsmaßnahmen
– Ethische Überlegungen und Vermeidung von Verzerrungen (Bias[28])
– Dokumentations- und Transparenzmechanismen.

Hierbei sollte insbesondere geprüft werden, ob die Zweckbestimmung des Hochrisiko-KI-Systems mit den verfügbaren Daten überhaupt erreicht werden kann.[29]

b) Datenerhebungsverfahren, Herkunft der Daten und ursprünglicher Zweck der Datenerhebung. Die Datenerhebungsverfahren umfassen Methoden zur Sammlung von Daten. Bei der manuellen Erhebung erfolgt die Datenerfassung durch Menschen, während bei der automatisierten Erhebung in erster Linie Systeme oder Softwaretools, wie Web-Scraping oder IoT-Sensoren, verwendet werden. Personenbezogene Daten können entweder direkt von den betroffen Personen stammen oder indirekt von Datenquellen und Datenbanken bereitgestellt werden. 28

Im Rahmen der Herkunft der Daten ist zwischen internen und externen Datenquellen zu unterscheiden. Die externen Datenquellen können öffentlich, also für jedermann frei zugängliche Datenquellen, oder proprietäre Datenquellen sein. 29

Der ursprüngliche Vorschlag der EU-Kommission beschränkte sich auf die Datenerfassung. Das Europäische Parlament erweiterte jedoch die inhaltlichen Anforderungen auf die Herkunft der Daten und speziell bei personenbezogenen Daten auf den ursprünglichen Zweck der Datenerhebung. Diese Erweiterung basierte auf datenschutzrechtlichen Überlegungen, wie in den Erwägungsgründen der Verordnung erläutert wird. Dort wird betont, dass Daten-Governance- und Datenverwaltungsverfahren bei personenbezogenen Daten Transparenz in Bezug auf den ursprünglichen Zweck der Datenerhebung gewährleisten soll, um die Einhaltung des Datenschutzrechts der Union zu erleichtern.[30] 30

Die Verfahren zur transparenten Darstellung des ursprünglichen Zwecks der Datenerhebung haben direkte Auswirkungen auf die Einhaltung der Anforderungen der DS-GVO. Anbieter von KI-Systemen sind bei der Verwendung von 31

---

[28] Nachfolgend werden Arten alle von Verzerrungen (beispielsweise Sapling-, Label-, Measurement-, Historical-, Conformation-, Overfitting-, Survivorship-, Cognitiv-, Algorithmic-, Emergent-, Aggregation-, Deployment-, Interpretation Biases) unter „Bias" zusammengefasst.

[29] Schwartmann/Keber/Zenner KI-VO/Schwartmann/Keber/Köhler/Nägele Teil 2 Kapitel 1 Rn. 302.

[30] Erwgr. 67.

personenbezogenen Daten verpflichtet, sowohl die Anforderungen der KI-VO an die Datenverarbeitung als auch die Anforderungen der DS-GVO an die Verarbeitung personenbezogener Daten einzuhalten.[31] Die Umsetzung der Anforderungen nach Art. 10 Abs. 2 S. 2 Buchst. b ist daher eng mit der Datenschutz-Compliance verbunden.[32]

32 Eine spezifische Fragestellung betrifft die Behandlung von imputierten Werten, die aus technischen Gründen anstelle unbekannter Werte in statistischen und KI-Datensätzen eingefügt werden. Es stellt sich die Frage, ob diese imputierten Werte als personenbezogene Daten betrachtet werden können und daher den Rechten der Betroffenen unterliegen.[33]

33 **c) Relevante Datenaufbereitungsvorgänge.** Datenaufbereitungsvorgänge umfassen verschiedene Vorgänge, die darauf abzielen, die Rohdaten in ein für das KI-System nutzbares Format zu bringen. Sie sollen dazu beitragen, die Leistung und Zuverlässigkeit der KI-Systeme zu maximieren.

34
- Unter dem Begriff der Annotation versteht man den Prozess des Hinzufügens von Informationen oder Metadaten zu den Rohdaten.
- Die Kennzeichnung (Labeling) ist eine spezielle Form der Annotation, bei der Datenpunkte spezifische Labels oder Kategorien zugewiesen werden.
- Die Bereinigung (Cleaning) umfasst die Entfernung oder Korrektur fehlerhafter, unvollständiger, irrelevanter oder inkonsistenter Daten aus einem Datensatz.
- Unter der Aktualisierung (Updating) versteht man den Prozess der regelmäßigen oder bedarfsweisen Ergänzung oder Erneuerung eines Datensatzes.
- Die Anreicherung (Enrichment) ist der Prozess der Ergänzung eines Datensatzes mit zusätzlichen Informationen, die aus externen Quellen stammen oder durch Ableitungen gewonnen wurden.
- Mit der Aggregierung werden mehrere Datenpunkte zu einer übersichtlichen und handhabbaren Form zusammengefasst.

35 **d) Aufstellung von Annahmen.** Annahmen in Bezug auf Informationen, die mit den Daten erfasst und dargestellt werden sollen, müssen explizit aufgestellt werden. Die Aufstellung der Annahmen ist bereits von den konzeptionellen Entscheidungen umfasst und wird noch einmal gesondert hervorgehoben.[34]

36 Die Aufstellung von Annahmen bezieht sich auf die Erwartungen und Überlegungen der Entwickler in Bezug auf die Daten und deren voraussichtliche Verwendung. Diese Annahmen bilden die Grundlage für die spätere Interpretation und Validierung der Ergebnisse. Sie sind daher von entscheidender Bedeutung für die Genauigkeit und Zuverlässigkeit der KI-Systeme. Beispielsweise gehören hierzu Leistungskennzahlen des KI-Systems und Anforderungen an den positiven und negativen Vorhersagewert eines KI-Systems. Durch Tests sollte sichergestellt werden, dass kausale und nicht korrelationsbasierte Entscheidungen vom KI-System getroffen werden.[35]

---

[31] Liza in Challenges of enforcing Regulations in Artificial Intelligence Act – Analyzing Quantity Requirement in Data and Data Governance, S. 4.

[32] Müller/Tanczik RDi 2023, 452 (456), Zu datenschutzrechtlichen Anforderungen an die Transparenz KI-basierter Datenverarbeitung siehe: Bortnikov/Dukart ZD 2023, 558 ff.

[33] Horstmann ZD-Aktuell 2024, 01580.

[34] Hilgendorf/Roth-Isigkeit KI-VO/Spindler § 5 Rn. 23.

[35] Schwartmann/Keber/Zenner KI-VO/Schwartmann/Keber/Köhler/Nägele Teil 2 Kapitel 1 Rn. 302.

3. Überprüfung der Daten (Satz 2 Buchst. e–h)

37 Die Daten-Governance- und Datenverwaltungsverfahren betreffen die Überprüfung der Daten (Art. 10 Abs. 2 S. 2 Buchst. e–h), die in der Praxis mit vielen Herausforderungen verbunden ist.

38 **a) Bewertung der Verfügbarkeit, Menge und Eignung.** Artikel 10 Abs. 2 S. 2 Buchst. e verlangt Verfahren zur Bewertung der Verfügbarkeit, Menge und Eignung der benötigten Datensätze. Der Begriff der Eignung bezieht sich auf den Zweck des KI-Systems und auf die Frage, ob die gewählten Daten für den spezifischen Zweck eine ausreichende Grundlage darstellen.[36] Die Verfügbarkeit der benötigten Datensätze ist in Abhängigkeit des Zweckes und des Einsatzgebietes des KI-Systems zu bestimmen.

39 Die praktische Umsetzung von Verfahren hinsichtlich der Bewertung der Verfügbarkeit, Menge und Eignung der benötigten Datensätze für spezifische Zwecke stellt Rechtsanwender vor große Herausforderungen. Eine Vorabbewertung der benötigten Datenmenge kann nur erfolgen, wenn sowohl der reale Prozess, der modelliert werden soll, als auch die Funktionsweise des KI-Modells bei der Entscheidungsfindung vollständig verstanden sind.[37] Bei dem derzeitigen Stand der Theorie des computergestützten Lernens, der Statistik und der Mathematik ist es jedoch nicht möglich, einen Datensatz, der für KI-Systeme einschließlich eines Deep-Learning-Modells benötigt wird, genau zu quantifizieren.[38]

40 **b) Untersuchung im Hinblick auf mögliche Verzerrungen (Bias).** Untersuchungen im Hinblick auf mögliche Verzerrungen (Bias) stellen das Herzstück des Art. 10 Abs. 2 dar.[39] Der Sinn und Zweck der Regelung liegt darin, zu verhindern, dass bestehende Diskriminierungen perpetuiert werden.[40] Verzerrungen können den zugrunde liegenden Datensätzen innewohnen.[41] In der Vergangenheit ist das Thema insbesondere aufgrund von Personal-Scoring-KI-Systemen medial in Erscheinung getreten, welche aufgrund eines vorwiegenden Trainings mit männlichen, weißen Angestellten, Outputs generierten, die Frauen oder People of Color ungerechtfertigt benachteiligten.[42]

41 Artikel 10 Abs. 2 S. 2 Buchst. f liegt die herausragende Bedeutung von Trainingsdaten für die Entwicklung eines KI-Systems zugrunde.[43] Gerade bei Deep-Learning-Mechanismen sind Trainingsdaten das Fundament oder der „Werkstoff" des jeweiligen KI-Systems und wirken sich entscheidend auf die Funktionsweise

---

[36] Hilgendorf/Roth-Isigkeit KI-VO/Spindler § 5 Rn. 23.

[37] Liza in Challenges of enforcing Regulations in Artificial Intelligence Act – Analyzing Quantity Requirement in Data and Data Governance, S. 4.

[38] Liza in Challenges of enforcing Regulations in Artificial Intelligence Act – Analyzing Quantity Requirement in Data and Data Governance, S. 5.

[39] Zum Verhältnis der KI-VO zum europäischen und nationalen Antidiskriminierungsrecht: Legner RDi 2024, 426 ff.

[40] Bomhard/Merkle RDi 2021, 276 (280).

[41] Ausführlich zur Differenzierung zwischen verschiedenen Bias-Arten: BeckOK KI-Recht/Kilian/Schefzig, KI-VO Art. 10 Rn. 25–30; sowie: Martini/Wendehorst/Braun Binder/Egli Art. 10 Rn. 31–53.

[42] Hilgendorf/Roth-Isigkeit KI-VO/Spindler § 5 Rn. 25.

[43] Tiefergehend zur Funktionsweise und technischen Grundlagen: Baum in Leupold/Wiebe/Glossner IT-Recht, Rn. 7 ff.

und Genauigkeit eines KI-Systems aus.[44] Sind die Trainingsdaten ungeeignet oder verzerrt, reproduziert das eingesetzte System diese Verzerrung, sofern keine effektiven Gegenmaßnahmen implementiert sind.[45]

42 Problematisch ist allerdings, dass es keine allgemeingültige Definition des Begriffes Verzerrung gibt und dieser weder im Verordnungstext noch in den Erwägungsgründen erläutert wird.[46] Das Europäische Parlament hat versucht, dieser Unsicherheit Rechnung zu tragen, in dem es im Vergleich zu dem ursprünglichen Entwurf der Europäischen Kommission nunmehr an die Beeinträchtigung der Gesundheit und Sicherheit von Personen oder eine nach den Rechtsvorschriften der Union verbotene Diskriminierung anknüpft. Insoweit wurde ein Verweis auf Antidiskriminierungs-RL[47] geschaffen, die unmittelbare und mittelbare Diskriminierungen umfasst. Allerdings finden sich Definitionen zum Verzerrungsbegriff in den einschlägigen Normen und Standards. So definiert ISO/IEC TR 24027:2021 unter 3.2.2 „bias" als: „Systematische Ungleichbehandlung bestimmter Objekte, Personen oder Gruppen im Vergleich zu anderen". Unter 3.2.7. wird außerdem „Datenbias" als „Datenmerkmale, die – wenn sie nicht adressiert werden – dazu führen, dass KI-Systeme für verschiedene Gruppen unterschiedlich gut oder schlecht funktionieren" definiert. Eine Gruppe ist nach 3.2.8 eine „Teilmenge von Objekten innerhalb eines Anwendungsbereichs, die durch gemeinsame Merkmale miteinander verbunden sind".[48] Verzerrungen, als Abweichung von einem Zielwert, die nicht systematisch in einer bestimmten Richtung erfolgen, nennt man dagegen Streuung.[49]

Die Bedeutung des Begriffs Bias hängt vom verwendeten Kontext ab. Grundsätzlich wird damit die Tendenz beschrieben, sich situationsabhängig unterschiedlich zu verhalten. Daher sind Verzerrungen zunächst wertneutral zu betrachten und grundlegendes Element für den Prozess des maschinellen Lernens sowie für die Anpassung von Verhalten an die jeweils konkrete Situation. Im maschinellen Lernen bezeichnet Bias die gezielte Gewichtung von Mustern, Wahrscheinlichkeiten und Zusammenhängen in Daten, ohne die ein Modell keine Sprache verstehen, keine Strukturen erkennen und keine sinnvollen Vorhersagen treffen könnte. Erst durch diese Gewichtungen lernt ein Sprachmodell, welche Wortfolgen wahrscheinlich, welche Bedeutungen typisch und welche Kontexte relevant sind. Bias ist damit eine Voraussetzung für Generalisierung, Kontextverständnis und Leistungsfähigkeit des Modells.

Im sozialen Kontext bezeichnet „Bias" jedoch häufig ungerechte Behandlungsunterschiede bestimmter Personengruppen. Daher sollte im KI-Kontext, wenn auf diese Begriffsbezeichnung referenziert wird, vielmehr auf den Begriff „Unfairness" oder „unerwünschter Bias" rekuriert werden.[50] Die Quellen unerwünschten Bias in KI-Systemen sind miteinander verflochten und umfassen insbesondere

---

[44] Müller-Peltzer/Tanczik RDi 2023, 452 (455).

[45] Feldkamp/Kappler/Poretschkin/Schmitz/Weiss ZfDR 2024, 60 (89).

[46] Müller-Peltzer/Tanczik RDi 2023, 452 (456).

[47] Richtlinie 2000/43/EG des Rates vom 29.6.2000 zur Anwendung des Gleichbehandlungsgrundsatzes ohne Unterschied der Rasse oder der ethnischen Herkunft.

[48] Ausführlich zu KI-Bias bei internen Untersuchungen: Reiss/Schoch/Erlekam/von Haugwitz CB 2025, 15 ff.

[49] Dazu ausführlich: Effer-Uhe ZfDR 2025, 255 ff.

[50] Ausführlich zur Fairness in Machine-Learning-Systemen: Meding KIR 2025, 51 ff., Küppers/Gedicke/Galetzka/Schneider DSRITB 2024, 543 ff.

menschliche kognitive Verzerrungen, datenbedingten Bias sowie Bias, der durch technische und gestalterische Entscheidungen in der Systementwicklung eingeführt wird. Ein wesentlicher Ursprung für Bias in KI-Systemen sind die Trainingsdaten. Menschliche kognitive Verzerrungen können Entscheidungen in Bezug auf Datenerhebung und -verarbeitung, Systemdesign, Modelltraining und andere Entwicklungsentscheidungen beeinflussen.[51]

In der Literatur wird der starke Fokus auf die Datenqualität kritisiert.[52] Um Risiken zu vermeiden, sollten neben einer Verzerrung in den Trainingsdaten auch weitere mögliche Ursachen verzerrter oder gar diskriminierender Systemergebnisse, beispielsweise durch Nachverarbeitung oder weiteres Lernen durch Nutzerinteraktion, betrachtet werden.[53] Letzteres betont auch der Änderungsvorschlag des Europäischen Parlamentes, indem er explizit auch die Untersuchungen von Verzerrungen fordert, wenn die Datenausgaben die Eingaben für künftige Operationen beeinflussen (sog. Feedback- oder Rückkopplungsschleifen).[54] 43

c) Maßnahmen zur Erkennung, Verhinderung und Abschwächung von Verzerrungen (Bias). Erforderlich sind geeignete Maßnahmen zur Erkennung, Verhinderung und Abschwächung möglicher Verzerrungen (Biases).[55] Diese Ergänzung durch das Europäische Parlament erscheint folgerichtig, da die Vorschrift darauf abzielt, Verzerrungen abzuschwächen bzw. zu entfernen. 44

Die praktische Umsetzbarkeit dieser Vorschrift erscheint jedoch ebenfalls zweifelhaft.[56] Eine Herausforderung besteht unter anderem darin, dass Fairness-Metriken zwar Verzerrungen in Daten oder Modellergebnissen sichtbar machen, jedoch die kausalen Zusammenhänge oftmals nicht ausreichend erklären können.[57] Gerade bei auf Deep-Learning beruhenden sog. Black-Box-Modellen, können die Entscheidungsgrundlage bzw. Ergebnisse von Entwicklern nicht nachvollzogen werden, was das Ausräumen von Bias ausgesprochen schwierig gestaltet.[58] 45

d) Ermittlung von Datenlücken oder Mängeln. Verfahren zur Ermittlung und Behebung relevanter Datenlücken oder Mängel müssen eingerichtet werden. Eine unmittelbare Pflicht zur Behebung der Lücken und Mängel folgt aus dieser Formulierung nicht, allerdings müssen Hersteller und Betreiber deren Ermittlung im Data-Governance-Verfahren verankern und sich damit bemühen, derartige Lücken und Mängel auch zu schließen.[59] 46

IV. Inhaltliche Anforderungen an Datensätze (Abs. 3)

Art. 10 Abs. 3 S. 1 gibt konkrete Qualitätskriterien für die betroffenen Datensätze im Hinblick auf ihre Zweckbestimmung vor. Nach Art. 10 Abs. 3 S. 2 müs- 47

---

[51] Siehe hierzu auch ISO/IEC 22989:2022, 5.15.9.

[52] Kritisch zu Anforderungen zur Datenqualität: Legner RDi 2024, 426 ff.

[53] Feldkamp/Kappler/Poretschkin/Schmitz/Weiss. ZfDR 2024, 60 (114).

[54] Feldkamp/Kappler/Poretschkin/Schmitz/Weiss ZfDR 2024, 60 (115).

[55] Dazu tiefergehend Martini/Wendehorst/Braun Binder/Egli Art. 10 Rn. 26 f.

[56] Kritisch zu den neuen Compliance-Anforderungen und „Mikromanagement" der Datenverwaltung: Vasel EuZW 2024, 829 ff.

[57] Feldkamp/Kappler/Poretschkin/Schmitz/Weiss ZfDR 2024, 60 (106).

[58] Bourguignat, ComputerWeekly vom 5.2.2022, abrufbar unter https://beck-link.de/8t7wn.

[59] Hilgendorf/Roth-Isigkeit KI-VO/Spindler § 5 Rn. 24.

sen die betroffenen Datensätze geeignete statistischen Merkmale haben. Zentrale regulatorische Anforderungen an die Datenqualität finden sich neben der KI-VO vor allem im Data Governance Act, dem Data Act und der DSGVO.[60]

48 Der ursprüngliche Vorschlag der Kommission sah vor, dass die Datensätze „relevant, repräsentativ, fehlerfrei und vollständig" sein müssen. Nach der Änderung durch das Europäische Parlament heißt es nunmehr, dass die Datensätze „im Hinblick auf die Zweckbestimmung relevant, hinreichend repräsentativ und so weit wie möglich fehlerfrei und vollständig" sein müssen. Hintergrund für die Änderung ist die zahlreich lautgewordene Kritik an der praktischen Umsetzbarkeit der Anforderungen. Die Literatur kritisierte die Anforderung als technisch unrealistisch: In der Informationstechnik existieren keine absolut fehlerfreien Modelle oder Datengrundlagen, sondern lediglich unterschiedlich präzise Annäherungen an reale Sachverhalte. Hinzu kommt, dass aufgrund der Opazität vieler KI-Systeme regelmäßig nicht zuverlässig nachvollzogen werden kann, ob Fehlverhalten auf fehlerhafte Daten, Modellierungsentscheidungen oder externe Manipulationen zurückzuführen ist. Erschwerend tritt hinzu, dass die Eignung von Trainingsdaten ex ante oft nicht zuverlässig abschätzbar ist, da sich Fehlstrategien des Modells häufig erst ex post offenbaren.[61] Insbesondere kritisierte das Europäische Parlament selbst, dass eine absolute Repräsentativität oder Fehlerfreiheit technisch unmöglich sei.[62] Mit der Anknüpfung an den Begriff der Zweckbestimmung soll eine Anpassung an den Einzelfall ermöglicht werden. Auch sollen die Formulierungen „hinreichend" und „so weit wie möglich" der Vorschrift ihren absoluten Charakter nehmen und stattdessen Raum für eine tatsächliche Umsetzbarkeit geben. Ob die Einschränkungen eine echte Entlastung für die Anbieter bringen, ist derzeit unklar, da ihre Reichweite im Gesetz nicht näher bestimmt ist und sie erst von den technischen Standards und den Leitlinien der Kommission konkretisiert werden.[63]

49 Problematisch ist weiterhin, dass es sich bei den in Art. 10 Abs. 3 S. 1 festgelegten Maßstäben um unbestimmte Rechtsbegriffe handelt, die weder in der Verordnung noch in den Erwägungsgründen definiert werden. Zwar entsprechen die Kriterien weitestgehend den in der Informatik formulierten Anforderungen an geeignete Daten.[64] Dennoch sind Schwierigkeiten und Unklarheiten in Bezug auf die Auslegung und Anwendung dieser Rechtsbegriffe zu erwarten. Aufgrund der abstrakten Natur der Anforderungen wird die Umsetzung für die Anwender herausfordern.[65] Bereits der Begriff der Datenqualität ist nicht eindeutig. Datenqualität wird dadurch charakterisiert, dass die Daten für die vorgesehene Nutzung geeignet sind („fit for use"). In der Literatur wird in diesem Zusammenhang außerdem eine zuverlässige Quelle gefordert, was einen rechtmäßigen Zugang

---

[60] Die Anforderungen an die Datenqualität verschiedener Digitalrechtsakte gegenüberstellend: Schreiber ZfPC 2025, 46 ff., speziell auf das Zusammenspiel der Datenqualität zwischen Data Act und KI-VO eingehend: Schippel K&R 2024, 651 ff.

[61] Martini/Wendehorst/Braun Binder/Egli Art. 10 Rn. 69–71.

[62] Schwartmann/Keber/Zenner KI-VO/Schwartmann/Keber/Köhler/Nägele Teil 2 Kapitel 1 Rn. 303, den Begriff der „rechtlichen fehlerbehafteten" als unklar hinsichtlich rechtswidrig erlanger Daten bezeichnend: Böning/Schindler EU-DatenR-HdB § 28 Rn. 100.

[63] Schwartmann/Keber/Zenner KI-VO/Schwartmann/Keber/Köhler/Nägele Teil 2 Kapitel 1 Rn. 303.

[64] Müller-Peltzer/Tanczik RDi 2023, 452 (455).

[65] Detailliert zu den in Abs. 3 aufgeführten Datenqualitätskriterien: Steinrötter/Markert Rdi 2024, 400 ff.

impliziert.[66] Allerdings umfasst Datenqualität verschiedene Dimensionen bzw. Eigenschaften, die je nach Domäne und Anwendungskontext unterschiedlichen Anforderungen unterliegen können und für die spezielle Nutzung konkretisiert werden müssen.[67] Voraussichtlich wird die Europäische Union diese Fragen der Konkretisierung an die europäischen Normierungsorganisationen herantragen. Diese können durch harmonisierte Normen eine Klarstellung erreichen und in der Anwendung eine Schlüsselrolle einnehmen.[68] Hilfestellung in der praktischen Umsetzung können bis dahin nicht harmonisierte Standards, Normen und technische Richtlinien liefern.

Daneben besteht weiterhin Kritik an der tatsächlichen Umsetzbarkeit der **50**
Anforderungen und der Evaluationsfähigkeit der Vorgaben in der Konformitätsbewertung. Die zentrale Frage, wann verwendete Daten den aufgestellten Anforderungen genügen, wird durch die KI-VO nicht beantwortet.[69] Die Umsetzbarkeit wird aus technisch-rechtlicher Sicht als problematisch angesehen, da die statistische, mathematische und computergestützte Lerntheorie nicht weit genug fortgeschritten sei, um Bewertungsmaßstäbe für diese Kriterien zu liefern.[70] Schließlich sei nicht gewährleistet, dass ein relevanter, repräsentativer, fehlerfreier und vollständiger Datensatz auch zu einem fehlerfreien, sicheren und fairen KI-System führe.[71]

Darüber hinaus ist auch die Priorisierung bzw. die Gewichtung der Merkmale **51**
untereinander zu kritisieren. Die KI-VO lässt weitestgehend offen, wie potenzielle Konflikte zwischen verschiedenen Anforderungen abgewogen werden sollen. Gerade im Entwicklungsprozess müssen häufig Priorisierungen bzw. Trade-offs zwischen Systemanforderungen getroffen werden, etwa wenn Methoden zur Implementierung einer erforderlichen Systemeigenschaft eine andere Eigenschaft abschwächen würden.[72]

Schließlich sind auch die Auswirkungen auf das deutsche Vertrags- und Delikts- **52**
recht zu beachten. Da Art. 10 Abs. 3 auch dem Schutz der europäischen Grundrechte dient und den Schutz des Einzelnen vor diskriminierenden Entscheidungen bezweckt, kommt ein individualschützender Charakter der Vorschrift in Betracht.[73]

Nach Art. 10 Abs. 3 S. 3 können die Anforderungen auf der Ebene einzelner **53**
Datensätze oder auf der Ebene einer Kombination davon erfüllt werden. Dies bedeutet, dass einzelne Datensätze nicht repräsentativ oder fehlerfrei sein müssen, wenn die Kombination der Datensätze es aber ist.[74] Bei wortlautgetreuer Auslegung könnte auch eine Kombination aus Test-, Validierungs- oder Trainingsdatensätze die Kriterien erfüllen, was jedoch den Anforderungen des Art. 10 Abs. 2 widerspräche.[75] Vielmehr ist eine Auslegung dahingehend erforderlich, dass die Anforderungen für jede Datensatzkategorie erfüllt sein muss, also sowohl innerhalb der Testdatensätze als auch innerhalb der Validierungs- oder Trainingsdatensätze.[76]

---

[66] Beurskens in Marly SoftwareR-HdB, § 16 Rn. 120.
[67] Feldkamp/Kappler/Poretschkin/Schmitz/Weiss ZfDR 2024, 60 (94).
[68] Guijarro Santos ZfDR 2023, 23 (32).
[69] Feldkamp/Kappler/Poretschkin/Schmitz/WeissZfDR 2024, 60 (89).
[70] Liza in Challenges of enforcing Regulations in Artificial Intelligence Act – Analyzing Quantity Requirement in Data and Data Governance.
[71] ZVEI Comments on AI Proposal, S. 6.
[72] Feldkamp/Kappler/Poretschkin/Schmitz/Weiss ZfDR 2024, 60 (115).
[73] Roos/Weitz MMR 2021, 844 (850).
[74] Hilgendorf/Roth-Isigkeit KI-VO/Spindler § 5 Rn. 28.
[75] Hilgendorf/Roth-Isigkeit KI-VO/Spindler § 5 Rn. 28.
[76] Hilgendorf/Roth-Isigkeit KI-VO/Spindler § 5 Rn. 28.

1. Relevant

54 Trainings-, Validierungs- und Testdatensätze müssen im Hinblick auf die Zweckbestimmung relevant sein. Problematisch ist hierbei, dass der Begriff der Relevanz weder in der Verordnung noch in den Erwägungsgründen definiert wird. In der Literatur gibt es Ansätze, sie als das Ausmaß zu definieren, in dem die Daten für die vorgesehene Aufgabe oder Nutzung anwendbar und hilfreich sind oder einen wertvollen Beitrag dazu leisten.[77]

55 Hinsichtlich der Messung der Relevanz werden im Kontext klassischer Informationssysteme vorrangig qualitative Methoden vorgeschlagen, wie etwa die Befragung von Nutzern und Anwendern. Im Bereich des Maschinellen Lernens hingegen wird die Relevanz mit dem Beitrag der Daten zum Trainingserfolg der ML-Modelle, dh der resultierenden Modellgüte, assoziiert.

56 In der französischen und englischen Fassung wird „relevant" deckungsgleich mit Art. 5 Abs. 1 Buchst. c DS-GVO verwendet. Die deutsche Fassung des Art. 10 Abs. 3 S. 1 weicht dahingegen davon ab und übersetzt in Art. 5 Abs. 1 Buchst. c DS-GVO „relevant" mit „erheblich". Damit sind Art. 10 Abs. 3 S. 1 und Art. 5 Abs. 1 Buchst. c DS-GVO hinsichtlich der Übereinstimmung des Wortlauts nicht deckungsgleich. Daher stellt sich die Frage, ob man das Merkmal der „Relevanz" vor dem Hintergrund des Grundsatzes der Datenminimierung zu lesen hat. Während aber nach Art. 5 Abs. 1 Buchst. c DS-GVO nur solche Verarbeitungen zulässig sind, die zur Erreichung des Zwecks unbedingt erforderlich sind (auch im Hinblick auf die restriktive Rechtsprechung des EuGH), besteht die Einschränkung auf das unbedingt erforderliche Maß in Art. 10 Abs. 3 gerade nicht. Dem Wortlaut nach dürfen daher alle Daten verarbeitet werden, die dem Zweck dienlich sind.

2. Repräsentativ

57 Trainings-, Validierungs- und Testdatensätze müssen im Hinblick auf die Zweckbestimmung hinreichend repräsentativ sein.

58 Problematisch ist, dass der Begriff der Repräsentativität weder in der Verordnung noch in den Erwägungsgründen definiert wird. In der Literatur werden jedoch drei verschiedene Ansätze zur Bestimmung der Repräsentativität vorgeschlagen: „i) die Daten decken den Anwendungsbereich möglichst breit und divers ab („data coverage" oder „diversity"), ii) die Verteilung und Zusammensetzung der Daten stimmt in relevanten Charakteristika mit einer bestimmten Zielpopulation überein, und iii) die Daten stellen eine nicht-redundante Auswahl „typischer"/ „idealer" Beispiele dar".[78]

59 Sinn und Zweck dieser Vorschrift ist es sicherzustellen, dass eine spätere Nutzung von KI-Systemen nicht zu Ergebnissen führt, die eine verbotene Diskriminierung darstellen. Daher müssen die Datensätze ausreichend repräsentativ sein und alle relevanten Aspekte wie Geschlecht, ethnische Zugehörigkeit und andere mögliche Gründe für verbotene Diskriminierung in diesen Datensätzen angemessen berücksichtigt werden.[79] Dieser Begründung folgend muss bei der Datenauswahl darauf geachtet werden, dass die Daten in der Lage sind, ein realistisches Abbild des untersuchten Teils der Wirklichkeit zu bieten und gerade keinen „Bias" enthalten.[80]

---

[77] Feldkamp/Kappler/Poretschkin/Schmitz/WeissZfDR 2024, 60 (96).
[78] Feldkamp/Kappler/Poretschkin/Schmitz/Weiss. ZfDR 2024, 60 (102).
[79] EU-Kommission, Weißbuch KI, S. 22–23.
[80] Feldkamp/Kappler/Poretschkin/Schmitz/Weiss ZfDR 2024, 60 (90).

3. Fehlerfrei

Trainings-, Validierungs- und Testdatensätze müssen im Hinblick auf die Zweckbestimmung so weit wie möglich fehlerfrei sein. 60

Der Begriff „fehlerfrei" wird weder in der Verordnung noch in den Erwägungs- 61 gründen definiert. Es ist daher unklar, was unter einem im Rechtssinne „fehlerhaften" Datensatz zu verstehen ist.[81] Nach der in der Informatik verwendeten Definition bezeichnet Fehlerfreiheit von Daten das Maß, in dem die Datenwerte den „wirklichen" bzw. den als korrekt erachteten Werten („Ground Truth") entsprechen.[82] Als Metrik für die Korrektheit gilt daher das Verhältnis fehlerhafter Datenpunkte zu der Gesamtzahl an Datenpunkten. Kurz gesagt: Es existieren keine fehlerfreien Modelle, sondern nur solche, die statistisch gesehen mehr oder weniger präzise arbeiten.[83]

Außerdem gibt es in vielen Anwendungsfällen des Maschinellen Lernens keine 62 „verifizierte" Ground Truth, mit der man die eigenen Datenwerte abgleichen kann.[84] Ein möglicher Lösungsansatz ist die Einbindung von Experten, die die Daten basierend auf ihrem spezifischen Wissen verifizieren und validieren können, wobei eine derartige manuelle Überprüfung einzelner Datenpunkte zeitaufwändig und für große Datenmengen meist nicht praktikabel ist.[85] Zudem kann die menschliche Datenannotation selbst eine maßgebliche Quelle für Fehler in darstellen.[86] Denn in komplexen Aufgabenstellungen, zB über den Wahrheitsgehalt eines Beitrages in einem Forum, besteht auch bei menschlichen Domänenexperten Unsicherheit über die Ground Truth.[87]

Schließlich müssen auch die Wechselwirkungen zwischen Fehlerfreiheit und 63 der Minimierung von Datenverzerrungen (Bias) berücksichtigt werden. Denn Veränderungen an den Daten können auch als eine Form der Verfälschung angesehen werden. Datenvorverarbeitungsmethoden zur Abschwächung von Biases beeinflussen daher typischerweise die Fehlerfreiheit des resultierenden Modells.[88] Bei derartigen Konflikten ist eine Abwägung und ein gegenseitiger gerechter Ausgleich zwischen der Fehlerfreiheit und der Minimierung von Verzerrungen erforderlich.

Daneben ist auch eine Abwägung mit den Pflichten aus der DS-GVO erfor- 64 derlich. Vereinzelt wird in der Literatur vertreten, dass bereits Techniken wie „Differential Privacy", bei der Datensätze beabsichtigt mit einem mathematischen Rauschen versehen werden, um die ungewollte Offenlegung von persönlichen Daten zu verhindern dem Merkmal der Fehlerfreiheit widersprechen könnten.[89] Entscheidend wird dabei sein, ob man die Fehlerfreiheit rein technisch oder, wie der Wortlaut nahelegt, im Hinblick auf die Zweckbestimmung auslegt.

---

[81] Roos/Weitz MMR 2021, 844 (847).
[82] Feldkamp/Kappler/Poretschkin/Schmitz/Weiss ZfDR 2024, 60 (103).
[83] Feldkamp/Kappler/Poretschkin/Schmitz/Weiss ZfDR 2024, 60 (103).
[84] Feldkamp/Kappler/Poretschkin/Schmitz/Weiss ZfDR 2024, 60 (103).
[85] Feldkamp/Kappler/Poretschkin/Schmitz/Weiss ZfDR 2024, 60 (103).
[86] Feldkamp/Kappler/Poretschkin/Schmitz/Weiss ZfDR 2024, 60 (104).
[87] Feldkamp/Kappler/Poretschkin/Schmitz/Weiss ZfDR 2024, 60 (104).
[88] Feldkamp/Kappler/Poretschkin/Schmitz/Weiss ZfDR 2024, 60 (116).
[89] Müller/Tanczik RDi 2023, 452 (456); Ebers/Hoch/Rosenkranz/Ruschemeier/Steinrötter RDi 2021, 528 (533).

4. Vollständig

65 Trainings-, Validierungs- und Testdatensätze müssen im Hinblick auf die Zweckbestimmung so weit wie möglich vollständig sein.

66 Auch hier Definiert die KI-VO nicht, was damit genau gemeint ist. In der Informatik liegt ein vollständiger Datensatz vor, wenn für alle erfassten Entitäten zu jedem Attribut Werte vorliegen.[90]

67 Bei dem Merkmal der Vollständigkeit besteht ebenfalls Kritik an der tatsächlichen Umsetzbarkeit. Wie oben bereits erörtert ist es nicht möglich, die genaue Menge des Datensatzes zu schätzen. Als direkte Folge davon ist es ebenfalls nicht möglich, die Vollständigkeit des Datensatzes zu bewerten.[91]

5. Geeignete statistische Merkmale

68 Die Trainings-, Validierungs- und Testdatensätze müssen die geeigneten statistischen Merkmale, gegebenenfalls auch bezüglich der Personen oder Personengruppen, für die das Hochrisiko-KI-System bestimmungsgemäß verwendet werden soll, aufweisen.

69 In der Informatik versteht man unter geeigneten statistischen Merkmalen spezifische Kennzahlen oder Eigenschaften von Datensätzen, die verwendet werden, um die Verteilung, zentrale Tendenz, Streuung und andere Aspekte der Daten zu beschreiben. Weder in der KI-VO noch in den Erwägungsgründen findet sich eine Definition oder Konkretisierung. Insbesondere wird nicht deutlich, ob diese Merkmale repräsentativ für die Gesamtbevölkerung oder nur für eine spezifische Gruppe sein sollen.[92]

70 Grundsätzlich ist die Einführung von statistischen Sorgfaltsstandards positiv zu bewerten, da sie dazu beitragen können, Diskriminierung aufgrund von statistischen Datenbiases zu vermeiden. Die Einhaltung statistischer Sorgfaltsanforderungen kann jedoch gerade auch soziale Datenbias perpetuieren, wenn Diskriminierung den sozialen Kontext so strukturiert hat, dass auch die Datenanalyse beeinflusst wird.[93]

V. Typische Rahmenbedingungen (Abs. 4)

71 Nach Art. 10 Abs. 4 müssen Datensätze, soweit dies für die Zweckbestimmung erforderlich ist, die entsprechenden Merkmale oder Elemente berücksichtigen, die für die besonderen geografischen, kontextuellen, verhaltensbezogenen oder funktionalen Rahmenbedingungen,[94] unter denen das Hochrisiko-KI-System bestimmungsgemäß verwendet werden soll, typisch sind. Anbieter von KI-Systemen müssen stets den Kontext berücksichtigen, in dem das System eingesetzt

---

[90] Hacker/Wessel in BMUV/Rostalski: Künstliche Intelligenz – Wie gelingt eine Vertrauenswürdige Verwendung in Deutschland und Europa? S. 53 (54).

[91] Liza in Challenges of enforcing Regulations in Artificial Intelligence Act – Analyzing Quantity Requirement in Data and Data Governance, S. 7.

[92] Müller-Peltzer/Tanczik RDi 2023, 452 (455); Smuha/Ahmed-Rengers/Harkens/Li/MacLaren/Piselli/Yeung in How the EU can Achieve Legally Trustworthy AI: A Response to the European Commissions's proposal for an Artificial Intelligence Act, August 2021.

[93] Guijarro Santos ZfDR 2023, 23 (30).

[94] Detaillierter zu den jeweiligen Rahmenbedingungen: BeckOK KI-Recht/Kilian/Schefzig, KI-VO Art. 10 Rn. 48–58.

werden soll.[95] Allerdings beschränkt sich die Anforderung auf typische Rahmenbedingungen, sodass atypische oder ungewöhnliche Rahmenbedingungen nicht berücksichtigt werden müssen.[96]

Darauf bezogen stellt Art. 42 Abs. 1 die Vermutung auf, dass Hochrisiko-KI-Systeme, die mit Daten, in denen sich die besonderen geografischen, verhaltensbezogenen, kontextuellen oder funktionalen Rahmenbedingungen niederschlagen, unter denen sie verwendet werden sollen, trainiert und getestet wurden, die einschlägigen Anforderungen des Art. 10 Abs. 4 erfüllen. **72**

Allerdings wird die Vermutung teilweise mit dem Argument kritisiert, dass KI-Systeme selten nur an einem Ort oder in einer Region eingesetzt werden und die Wirkung der Vermutung in der Praxis kaum absehbar sei.[97] **73**

VI. Besondere Kategorien personenbezogener Daten (Abs. 5)

Das Training von KI-Systemen ist von einem strukturellen Zielkonflikt geprägt: Einerseits kann die Einbeziehung besonderer Kategorien personenbezogener Daten mit den strengen Vorgaben des Art. 9 DSGVO kollidieren, andererseits führt deren systematische Ausklammerung regelmäßig zu Verzerrungen (Bias) und damit zu diskriminierenden Ergebnissen. Zur Auflösung dieses Konflikts schafft Art. 10 Abs. 5 KI-VO eine eigenständige Verarbeitungsgrundlage für besondere Kategorien personenbezogener Daten.[98] Nach Art. 10 Abs. 5 S. 1 dürfen die Anbieter von Hochrisiko-KI-Systemen ausnahmsweise besondere Kategorien personenbezogener Daten verarbeiten, soweit dies für die Erkennung und Korrektur von Verzerrungen unbedingt erforderlich ist. Art. 10 Abs. 5 S. 2 enthält einen Katalog von Anforderungen, die hierbei beachtet werden müssen. Maßgeblich für die Beurteilung der Erforderlichkeit sind die gruppenspezifische Repräsentativität der Trainingsdaten sowie die Vermeidung systematischer Verzerrungen. In Einzelfällen kann etwa die Verarbeitung sensibler Merkmale wie der Hautfarbe notwendig sein, um ein KI-Modell zur zuverlässigen Erkennung von Hautkrebs zu trainieren.[99] **74**

Die Entwicklung und der Einsatz von KI-Systemen sieht sich einem dichten Regelungsnetz aus datenschutzrechtlichen Vorgaben ausgesetzt.[100] Grundsätzlich ist die DS-GVO neben der KI-VO anwendbar. Wenn es um die Erhebung, Speicherung und Zusammenführung personenbezogener Daten geht, sind daher die Vorschriften der DS-GVO zu beachten.[101] Während es sich bei der KI-VO um eine technikspezifische und produktsicherheitsrechtlich verfasste Regulierung handelt, ist die DS-GVO technikneutral und hat den Schutz der individuellen Rechte des Betroffenen im Fokus.[102] **75**

---

[95] Müller/Tanczik RDi 2023, 452 (455).

[96] Hilgendorf/Roth-Isigkeit KI-VO/Spindler § 5 Rn. 29.

[97] Schwartmann/Keber/Zenner KI-VO/Schwartmann/Keber/Köhler/Nägele Teil 2 Kapitel 1 Rn. 304.

[98] Bomhard/Pieper/Wende KI-VO/Bomhard/Wietzke, Art. 10 Rn. 99–102.

[99] Piltz/Weiss EuDIR 2025, 90 (95).

[100] Ausführlich die datenschutzrechtliche Rechtmäßigkeit von Datenverarbeitungen im Lebenszyklus von KI-Systemen analysiert: Hüger ZfDR 2024, 263 ff.

[101] Ebert/Spiecker NVwZ 2021, 1188 (1190).

[102] Le/Treibel ZD 2024, 370 (371); Zur datenschutzrechtlichen Zulässigkeit, der Verantwortlichkeit und deren Folgen: Golland EuZW 2024, 846 f.

76 Nach Art. 9 Abs. 1 DS-GVO ist die Verarbeitung von personenbezogenen Daten, aus denen die rassische und ethnische Herkunft, politische Meinungen, religiöse oder weltanschauliche Überzeugungen oder die Gewerkschaftszugehörigkeit hervorgehen, sowie die Verarbeitung von genetischen Daten, biometrischen Daten zur eindeutigen Identifizierung einer natürlichen Person, Gesundheitsdaten oder Daten zum Sexualleben oder der sexuellen Orientierung einer natürlichen Person, untersagt.[103] Die Ausnahmen von diesem Verarbeitungsverbot sind in dem Katalog des Art. 9 Abs. 2 DS-GVO abschließend aufgelistet.[104] Nach Art. 9 Abs. 2 Buchst. g DS-GVO ist die Verarbeitung erlaubt, sofern die Verarbeitung auf der Grundlage des Unionsrechts oder des Rechts eines Mitgliedstaats, das in angemessenem Verhältnis zu dem verfolgten Ziel steht, den Wesensgehalt des Rechts auf Datenschutz wahrt und angemessene und spezifische Maßnahmen zur Wahrung der Grundrechte und Interessen der betroffenen Person vorsieht, aus Gründen eines erheblichen öffentlichen Interesses erforderlich ist.[105]

77 Artikel 10 Abs. 5 stellt eine Ausnahme von dem Verarbeitungsverbotes des Art. 9 Abs. 2 Buchst. g DS-GVO dar,[106] der als unionsrechtlicher Rechtsfertigungstatbestand zu sehen ist.[107] Anbietern von Hochrisiko-KI-Systemen dürfen besondere Kategorien personenbezogener Daten verarbeiten, um Verzerrungen im Zusammenhang mit Hochrisiko-KI-Systemen zu erkennen und zu korrigieren, sofern die Datenverarbeitung zu diesem Zweck unbedingt erforderlich ist.[108] Zu anderen Zwecken als zu der Erkennung und Korrektur von Verzerrungen darf hingegen keine Verarbeitung besonders sensibler Daten erfolgen.[109] Zu beachten ist, dass sich die Vorschrift des Art. 10 Abs. 5 nur auf Anbieter von KI-Systemen bezieht. Nutzer und Betreiber des KI-Systems müssen weiterhin die engen Voraussetzungen des Art. 9 Abs. 1 DS-GVO beachten.[110] Außerdem lässt sich Art. 10 Abs. 5 nicht als rechtliche Verpflichtung i.S.v. Art. 6 Abs. 1 Buchst. C DS-GVO klassifizieren.[111]

78 Voraussetzung des Art. 9 Abs. 2 Buchst. g DS-GVO ist weiterhin, dass die Verarbeitung aus Gründen eines erheblichen öffentlichen Interesses erforderlich ist. Die Feststellung von Verzerrungen ist ein öffentliches Interesse. Allerdings ist fraglich, ob dieses Interesse auch erheblich ist, insbesondere vor dem Hintergrund, dass diese Erkenntnisse beim Anbieter verbleiben und für weitere Anwendungen genutzt werden können.[112] Auch wird es in der Praxis kaum zu unterscheiden sein, ob die Datenverarbeitung zu Zwecken der Erkennung von Verzerrungen stattfindet oder für das normale Trainieren eines KI-Systems.[113]

---

103 BeckOK DatenschutzR/Albers/Veit DS-GVO Art. 9 Rn. 2; Paal/Pauly/Frenzel DS-GVO Art. 9 Rn. 1; Simitis/Hornung/Spiecker gen. Döhmann/Petri DS-GVO Art. 9 Rn. 2.

104 BeckOK DatenschutzR/Albers/Veit DS-GVO Art. 9 Rn. 52; Paal/Pauly/Frenzel DS-GVO Art. 9 Rn. 1.

105 BeckOK DatenschutzR/Albers/Veit DS-GVO Art. 9 Rn. 85; Kühling/Buchner/Weichert DS-GVO Art. 9 Rn. 88.

106 Ebert/Spiecker NVwZ 2021, 1188 (1190).

107 Hilgendorf/Roth-Isigkeit KI-VO/Spindler § 5 Rn. 31.

108 Müller/Tanczik RDi 2023, 452 (457).

109 Hilgendorf/Roth-Isigkeit KI-VO/Spindler § 5 Rn. 31.

110 Hilgendorf/Roth-Isigkeit KI-VO/Spindler § 5 Rn. 34.

111 Piltz/Weiss EuDIR 2025, 90 (92).

112 Ebert/Spiecker NVwZ 2021, 1188 (1190).

113 Hilgendorf/Roth-Isigkeit KI-VO/Spindler § 5 Rn. 31.

Zudem wird kritisiert, dass sich die Verarbeitungsbefugnis des Art. 10 Abs. 5 nur auf Hochrisiko-KI-Systeme bezieht. Insbesondere vor dem Hintergrund, dass Art. 95 Abs. 1 die freiwillige Aufstellung von Verhaltenskodizes vorsieht, mit denen auch bei der Entwicklung von Nicht-Hochrisiko-KI die Einhaltung der Anforderungen gefördert werden soll, erscheint es widersprüchlich, dass Anbieter solcher Systeme im Gegenzug nicht auch auf die Erlaubnis aus Art. 10 Abs. 5 zurückgreifen können.[114] Des Weiteren wird kritisiert, dass sich die Verarbeitungsbefugnis aus Art. 10 Abs. 5 nicht gleichermaßen auf normale personenbezogene Daten bezieht.[115] 79

Das EU-Parlament hat die Anforderungen durch die Einführung des Kataloges nach Art. 10 Abs. 5 S. 2 im Vergleich zu dem Vorschlag der Europäischen Kommission erweitert. Hintergrund dieser Entscheidung ist es, die Bedenken des Europäischen Datenschutzausschusses und des Europäischen Datenschutzbeauftragten auszuräumen. Ursprünglich hatten diese die erforderliche Normenklarheit des Art. 10 Abs. 5 angezweifelt. Laut der gemeinsamen Stellungnahme des Datenschutzausschusses und des Datenschutzbeauftragten sind die Bestimmungen des Kommissionsentwurfes nicht klar genug, um eine Rechtsgrundlage für die Verarbeitung besonderer Datenkategorien zu schaffen.[116] Vielmehr sei ein kohärenterer Regelungsansatz erforderlich, der durch zusätzliche Schutzmaßnahmen ergänzt werden müsse.[117] Entgegen der Stellungnahme des Datenschutzausschusses und des Datenschutzbeauftragten wurde in der Literatur teilweise die Normenklarheit des Art. 10 Abs. 5 KI-VO-E als Rechtsgrundlage für die Verarbeitung besonderer Kategorien von personenbezogenen Daten bejaht.[118] Jedenfalls durch die Ergänzung des Kataloges der speziellen Anforderungen, wurde die Unsicherheit hinsichtlich der Normenklarheit jedenfalls ausgeräumt.[119] 80

1. Keine effektive Durchführung der Erkennung und Korrektur von Verzerrungen durch die Verarbeitung anderer Daten

Die Erkennung von Verzerrungen durch die Verarbeitung besonders sensibler Daten muss eine ultima ratio sein. Insbesondere darf die Erkennung nicht bereits durch die Verwendung von synthetischen, anonymisierten, pseudonymisierten oder einfachen personenbezogenen Daten möglich sein. Synthetische Daten sind künstlich erzeugte Daten, die reale Daten simulieren sollen. Sie werden häufig verwendet, um Datenschutzprobleme zu umgehen oder um Datensätze zu erweitern, wenn reale Daten knapp sind. Anonymisierte Daten sind echte Daten, bei denen alle persönlich identifizierbaren Informationen entfernt wurden, sodass die Identität der betroffenen Personen nicht mehr ermittelt werden kann.[120] Unter Pseudonymisierung versteht man eine dahingehende Verarbeitung von personenbezogenen Daten, dass sie ohne zusätzliche Informationen nicht mehr einer spezifischen betroffenen Person zugeordnet werden können.[121] 81

---

[114] Müller/Tanczik RDi 2023, 452 (457).
[115] Müller/Tanczik RDi 2023, 452 (457).
[116] EDPB-EDPS Joint Opinion 5/2021.
[117] EDPB-EDPS Joint Opinion 5/2021.
[118] Ebers/Hoch/Rosenkranz/Ruschemeier/Steinrötter RDi 2021, 528 (536).
[119] Horstmann ZD-Aktuell 2024, 01580.
[120] Gola/Heckmann/Gola DS-GVO Art. 4 Rn. 51; BeckOK DatenschutzR/Schild DS-GVO Art. 4 Rn. 15.
[121] Gola/Heckmann/Gola DS-GVO Art. 4 Rn. 46; BeckOK DatenschutzR/Schild DS-GVO Art. 4 Rn. 68.

82 Allerdings kann die Identifizierung von Verzerrungen durch synthetische, anonymisierte oder pseudonymisierte Daten an Grenzen stoßen. Denn synthetische Daten beruhen auf Modellen und Annahmen, wenn diese ursprünglichen Daten Verzerrungen enthalten, können synthetische Daten diese Verzerrungen replizieren oder verstärken. Anonymisierte und pseudonymisierte Daten können durch die Anonymisierung bzw. Pseudonymisierung Details verlieren, die notwendig sein können, um Verzerrungen zu erkennen.

2. Technische Beschränkungen einer Weiterverwendung und modernste Sicherheits- und Datenschutzmaßnahmen

83 Die verarbeiteten besonderen Kategorien von personenbezogenen Daten müssen technischen Beschränkungen unterliegen. Es müssen technische Maßnahmen implementiert werden, um die Weiterverwendung zu kontrollieren und zu beschränken. Insbesondere dürfen Daten nicht ohne Weiteres an Dritte weitergegeben oder für andere Zwecke als ursprünglich vorgesehen verwendet werden. Zudem müssen modernste Sicherheits- und Datenschutzmaßnahmen verwendet werden und beispielsweise durch Verschlüsselung, Sicherheitsprotokolle und regelmäßige Sicherheitsüberprüfungen eine angemessene Datensicherheit gewährleistet werden.[122] Sicherheits- und Datenschutzmaßnehmen erfüllen das Attribut „modernst", wenn sie dem dem Stand der Technik entsprechen. auszulegen. Anders als in Art. 32 DS-GVO, wo dieser lediglich als zu berücksichtigender Faktor dient, verpflichtet Art. 5 S. 2 lit. b KI-VO den Anbieter, den Stand der Technik verbindlich einzuhalten.[123]

3. Maßnahmen zur Sicherstellung von Sicherheit und Schutz, insbes. Kontrolle und Dokumentation des Zugriffs und angemessene Vertraulichkeitspflichten

84 Die besonderen Kategorien personenbezogenen Daten müssen Maßnahmen zur Sicherstellung von Sicherheit und Schutz unterliegen. Zum einen müssen angemessene Sicherheitsvorkehrungen getroffen werden. Hierbei ist sowohl an die Verschlüsselung von Daten als auch an Sicherheitsrichtlinien und -verfahren zu denken. Insoweit müssen auch strenge Kontrollen des Zugriffs erfolgen. In Betracht kommt die Zuweisung von Zugriffsrechten und Berechtigungen sowie den Einsatz von biometrischer Authentifizierung, Zwei-Faktor-Authentifizierung oder Zugangskarten. Zudem muss der Zugriff auch dokumentiert werden. Hierzu sind Zugriffsprotokolle anzufertigen und diese sind regelmäßige Überprüfungen oder Audits zu überwachen. Schließlich müssen die Personen angemessenen Vertraulichkeitspflichten unterliegen. Diese können durch Vertraulichkeitsvereinbarungen oder durch regelmäßige Schulungen von Mitarbeitern sichergestellt werden.

4. Keine Übermittlung oder Übertragung an Dritte

85 Die besonderen Kategorien personenbezogener Daten dürfen nicht an Dritte weitergegeben oder übertragen werden. Dies bedeutet, dass eine Weitergabe an externe Organisationen, Unternehmen oder Personen außerhalb der Organisa-

---

[122] Tiefergehend zu geeigneten technischen Maßnahmen: Spindler/Schuster/Laue DS-GVO Art. 32 Rn. 9 ff.; Kipker/Reusch/Ritter/Plitz/Zwerschke DS-GVO Art. 32 Rn. 36 ff.

[123] BeckOK KI-Recht/Kilian/Schefzig, Art. 10 Rn. 81.

tion, die sie erhoben hat, nicht gestattet ist. Zusätzlich zur direkten Übermittlung ist es auch untersagt, dass Dritte anderweitigen Zugang zu diesen Daten erhalten. Dies schließt den Zugriff durch externe Parteien über Netzwerke, Datenverarbeitungsdienste oder andere Mechanismen aus.

5. Löschung bei Korrektur der Verzerrung oder bei Ende der Speicherfrist

Die besonderen Kategorien personenbezogener Daten müssen unter zwei alter- **86**
nativen Bedingungen gelöscht werden. Zum einen müssen die Daten gelöscht werden, sobald die Korrektur der Verzerrung abgeschlossen wurde. Zum anderen müssen die besonderen Kategorien personenbezogener Daten gelöscht werden, wenn die festgelegte Speicherfrist für diese Daten abgelaufen ist. Die Speicherfrist von Daten ist in der DS-GVO nicht einheitlich festgelegt, sondern ist von dem Zweck der Datenverarbeitung und dem spezifischen Fall abhängig.[124] Grundsätzlich dürfen nach Art. 5 Abs. 1 Buchst. e DS-GVO personenbezogene Daten nur so lange gespeichert werden, wie es für die Zwecke, für die sie verarbeitet werden, erforderlich ist.[125] Etwas anderes kann allerdings gelten, wenn es gesetzliche Vorschriften oder Aufbewahrungspflichten gibt, die längere Speicherfristen vorschreiben oder wenn eine längere Speicherung zur Erfüllung berechtigter Interessen des Verantwortlichen im Einzelfall erforderlich ist.[126]

6. Zusätzliche Anforderungen an die Aufzeichnungen über Verarbeitungstätigkeiten

Die Vorschrift verweist auf die Aufzeichnungen über Verarbeitungstätigkeiten **87**
nach der DS-GVO, nach der DSVO[127] und nach der JI-Richtlinie.[128] So sind nach Art. 30 DS-GVO Verantwortliche und Auftragsverarbeiter verpflichtet, Aufzeichnungen über ihre Verarbeitungstätigkeiten zu führen.[129] Diese Aufzeichnungen müssen eine detaillierte Beschreibung der Verarbeitungstätigkeiten enthalten, einschließlich des Namens und der Kontaktdaten des Verantwortlichen, der Zwecke der Verarbeitung, der Kategorien betroffener Personen und betroffener Daten, sowie eine Beschreibung der technischen und organisatorischen Maßnahmen.[130]

---

[124] Ehmann/Selmayr/Heberlein DS-GVO Art. 5 Rn. 34; HK-DS-GVO/BDSG/Reimer DS-GVO Art. 5 Rn. 42.

[125] Ehmann/Selmayr/Heberlein DS-GVO Art. 5 Rn. 34.

[126] Kipker/Reusch/Ritter/Herbst DS-GVO Art. 5 Rn. 49.

[127] Verordnung (EU) 2018/1725 des Europäischen Parlaments und des Rates vom 23.10.2018 zum Schutz natürlicher Personen bei der Verarbeitung personenbezogener Daten durch die Organe, Einrichtungen und sonstigen Stellen der Union, zum freien Datenverkehr und zur Aufhebung der Verordnung (EG) Nr. 45/2001 und des Beschlusses Nr. 1247/2002/EG.

[128] Richtlinie (EU) 2016/680 des Europäischen Parlaments und des Rates vom 27.4.2016 zum Schutz natürlicher Personen bei der Verarbeitung personenbezogener Daten durch die zuständigen Behörden zum Zwecke der Verhütung, Ermittlung, Aufdeckung oder Verfolgung von Straftaten oder der Strafvollstreckung sowie zum freien Datenverkehr und zur Aufhebung des Rahmenbeschlusses 2008/977/JI des Rates.

[129] BeckOK DatenschutzR/Spoerr DS-GVO Art. 30.

[130] Kühling/Buchner/Hartung DS-GVO Art. 30 Rn. 17 ff.; HK-DS-GVO/BDSG/Ingold DS-GVO Art. 30 Rn. 9 ff.

88 Zusätzlich zu diesen Anforderungen muss nun explizit dokumentiert werden, warum die Verarbeitung der besonderen Kategorie personenbezogener Daten erforderlich war, um Verzerrungen in den Daten zu erkennen und zu korrigieren. In der Dokumentation ist außerdem darzulegen, warum das Ziel der Korrektur von Verzerrungen nicht durch die Verarbeitung anderer, weniger sensibler Daten erreicht werden konnte. Dies erfordert eine Prüfung, ob weniger sensible Daten oder alternative Ansätze zur Verzerrungskorrektur ausreichend gewesen wären und warum diese als ungeeignet oder unangemessen bewertet wurden.

Art. 11* Technische Dokumentation

(1) *[1]* **Die technische Dokumentation eines Hochrisiko-KI-Systems wird erstellt, bevor dieses System in Verkehr gebracht oder in Betrieb genommen wird, und ist auf dem neuesten Stand zu halten.**

[2] **[1]Die technische Dokumentation wird so erstellt, dass aus ihr der Nachweis hervorgeht, wie das Hochrisiko-KI-System die Anforderungen dieses Abschnitts erfüllt, und dass den zuständigen nationalen Behörden und den notifizierten Stellen die Informationen in klarer und verständlicher Form zur Verfügung stehen, die erforderlich sind, um zu beurteilen, ob das KI-System diese Anforderungen erfüllt. [2]Sie enthält zumindest die in Anhang IV genannten Angaben. [3]KMU, einschließlich Start-up-Unternehmen, können die in Anhang IV aufgeführten Elemente der technischen Dokumentation in vereinfachter Weise bereitstellen. [4]Zu diesem Zweck erstellt die Kommission ein vereinfachtes Formular für die technische Dokumentation, das auf die Bedürfnisse von kleinen Unternehmen und Kleinstunternehmen zugeschnitten ist. [5]Entscheidet sich ein KMU, einschließlich Start-up-Unternehmen, für eine vereinfachte Bereitstellung der in Anhang IV vorgeschriebenen Angaben, so verwendet es das in diesem Absatz genannte Formular. [6]Die notifizierten Stellen akzeptieren das Formular für die Zwecke der Konformitätsbewertung.**

(2) **Wird ein Hochrisiko-KI-System, das mit einem Produkt verbunden ist, das unter die in Anhang I Abschnitt A aufgeführten Harmonisierungsrechtsvorschriften der Union fällt, in Verkehr gebracht oder in Betrieb genommen, so wird eine einzige technische Dokumentation erstellt, die alle in Absatz 1 genannten Informationen sowie die nach diesen Rechtsakten erforderlichen Informationen enthält.**

(3) **Die Kommission ist befugt, wenn dies nötig ist, gemäß Artikel 97 delegierte Rechtsakte zur Änderung des Anhangs IV zu erlassen, damit die technische Dokumentation in Anbetracht des technischen Fortschritts stets alle Informationen enthält, die erforderlich sind, um zu beurteilen, ob das System die Anforderungen dieses Abschnitts erfüllt.**

Übersicht

* Kapitel III (Art. 6–49) gilt gem. Art. 113 UAbs. 2 ab 2.8.2026, mit Ausnahme des Abschnitts 4, der gem. Art. 113 UAbs. 3 Buchst. b bereits ab 2.8.2025 gilt.

I. Allgemeines

1. Normzweck

1 Artikel 11 stellt umfassende Anforderungen an die zu erstellende technische Dokumentation von Hochrisiko-KI-Systemen. Dokumentationspflichten für Anbieter von KI-Modellen mit allgemeinem Verwendungszweck werden in Art. 53 Abs. 1 Buchst. a S. 1 geregelt.

2 Gemäß den Erwägungsgründen dient die technische Dokumentation dazu, die Nachvollziehbarkeit von Hochrisiko-KI-Systemen, die Überprüfung der Einhaltung der einschlägigen Anforderungen sowie die Überwachung ihres Betriebs und die Beobachtung nach dem Inverkehrbringen zu ermöglichen.[1] Aufgrund der Komplexität und der Opazität vieler KI-Systeme können Schwierigkeiten bestehen, die Einhaltung der geltenden Vorschriften wirksam zu überprüfen und durchzusetzen.[2] Daher sind weitreichende Informationen darüber, wie Hochrisiko-KI-Systeme entwickelt wurden und wie sie während ihrer gesamten Lebensdauer funktionieren, unerlässlich, um die Nachvollziehbarkeit dieser Systeme zu gewährleisten, die Einhaltung der Anforderungen zu überprüfen und den Betrieb nach dem Inverkehrbringen zu beobachten. Die Erstellung einer technischen Dokumentation soll sachkundige Personen, insbes. Aufsichtsbehörden sowie Marktteilnehmer, ein besseres Verständnis des Systems und die Nachvollziehbarkeit von getroffenen Entscheidungen ermöglichen.[3] Abgegrenzt werden muss die technische Dokumentation nach Art. 11 von den Aufzeichnungspflichten nach Art. 12. Während die technische Dokumentation eine systembezogene Beschreibung der Funktionsweise des KI-Systems liefert und als zentrale Grundlage für das Konformitätsbewertungsverfahren fungiert, bezweckt die Protokollierung die Nachvollziehbarkeit konkreter Abläufe und Ereignisse im laufenden Betrieb.[4]

3 Zu den erforderlichen Informationen gehören die allgemeinen Merkmale, Fähigkeiten und Grenzen des Systems, die verwendeten Algorithmen, Daten und Trainings-, Test- und Validierungsverfahren sowie die Dokumentation des ein-

[1] Erwgr. 71.
[2] EU-Kommission, Weißbuch KI, S. 23.
[3] Erwgr. 71; Schwartmann/Keber/Zenner KI-VO/Hansen Teil 2 Kapitel 1 Rn. 309.
[4] Martini/Wendehorst/Braun Binder/Egli Art. 11 Rn. 8.

schlägigen Risikomanagementsystems.[5] Diese umfassende technische Dokumentation soll ermöglichen, potenziell problematische Handlungen oder Entscheidungen von KI-Systemen zurückzuverfolgen und zu überprüfen.[6] Die technischen Informationen müssen den Mindestinhalt nach Anhang IV aufweisen.

4 Zur Gewährleistung einer wirksamen Durchsetzung der einschlägigen Rechtsvorschriften muss die technische Dokumentation während eines begrenzten, angemessenen Zeitraums aufbewahrt werden.[7] Insbesondere muss diese während der gesamten Lebensdauer des KI-Systems auf dem neuesten Stand gehalten werden und die automatische Aufzeichnung von Ereignissen mittels Protokollierung während der Lebensdauer des Systems ermöglichen.[8] Daneben muss die technische Dokumentation in klarer und umfassender Form abgefasst sein.[9]

5 Die Pflicht zur Erstellung einer technischen Dokumentation soll die Überwachung und Durchsetzung der Vorschriften erleichtern und die betroffenen Wirtschaftsteilnehmer zur Berücksichtigung der Vorschriften ermuntern.[10] Die Informationen aus der technischen Dokumentation sind nicht nur relevant für Kontrollen der Marktaufsichtsbehörden, sondern erleichtern auch die Durchführung von Zertifizierungsverfahren.[11]

2. Entstehung und Systematik

6 Die Anforderungen an die technische Dokumentation waren bereits in dem ursprünglichen Vorschlag der EU-Kommission vom 21.4.2021 enthalten. In den Trilog-Verhandlungen war allerdings strittig, welche Punkte im Einzelnen in den Katalog der Mindestinformationen der technischen Dokumentation aufgenommen werden sollten. Der Rat und das Europäische Parlament hatten weitere Punkte gefordert, die nur in Teilen in die finale Fassung aufgenommen wurden.[12] Die technische Dokumentation nimmt eine zentrale Rolle im internen (Anhang VI) und externen (Anhang VII) Konformitätsbewertungsverfahren sowie bei der Überwachung durch die Aufsichtsbehörden ein und dient dem Nachweis der Konformität des KI-Systems mit der KI-VO.[13]

II. Dokumentationspflicht

1. Voraussetzungen

7 **a) Zeitpunkt.** Nach Art. 11 Abs. 1 S. 1 ist die technische Dokumentation eines Hochrisiko-KI-Systems zu erstellen, bevor dieses System in Verkehr gebracht oder in Betrieb genommen wird, und ist auf dem neuesten Stand zu halten. Nach Art. 18 Abs. 1 Buchst. a ist die technische Dokumentation für einen Zeitraum von zehn Jah-

[5] Martini/Wendehorst/Braun Binder/Egli Art. 11 Rn. 5; Erwgr. 71.
[6] EU Kommission, Weißbuch KI, S. 23.
[7] EU-Kommission, Weißbuch KI, S. 23.
[8] Martini/Wendehorst/Braun Binder/Egli Art. 11 Rn. 10; Erwgr. 71.
[9] Erwgr. 71.
[10] EU-Kommission, Weißbuch KI S. 23.
[11] Spindler CR 2021, 361 (367).
[12] Schwartmann/Keber/Zenner KI-VO/Hansen Teil 2 Kapitel 1 Rn. 318.
[13] Martini/Wendehorst/Braun Binder/Egli Art. 11 Rn. 4; Gerdemann NJW 2024, 2209 (2211).

ren nach Inverkehrbringen oder Inbetriebnahme des Hochrisiko-KI-Systems aufzubewahren.

b) Hochrisiko-KI-System (Verweis auf Artikel 6). Der Anwendungsbereich des Art. 11 ist für Hochrisiko-KI-Systeme eröffnet. Die Einstufung als Hochrisiko KI-System richtet sich nach der Vorschrift des Art. 6 (Art. 6). 8

Fällt das produktbezogene KI-System unter die Harmonisierungsvorschriften von Anhang I Abschnitt A, ist gemäß Artikel 11 Absatz 2 der KI-VO eine einzige technische Dokumentation zu erstellen, die sowohl alle in Absatz 1 genannten Informationen als auch die nach diesen Rechtsakten erforderlichen Angaben enthält. Andernfalls sind die Anforderungen des Art. 11 Abs. 1 einzuhalten, wobei die technische Dokumentation den Mindestinhalt nach Anhang IV enthalten muss.

c) Akteure. Die Pflicht zur Erstellung der technischen Dokumentation gilt unmittelbar nur für die Anbieter von Hochrisiko-KI-Systemen (vgl. Art. 16 Buchst. a). Allerdings muss der Bevollmächtigte eines Anbieters von Hochrisiko-KI-Systemen nach Art. 22 Abs. 3 S. 3 Buchst. a überprüfen, ob die technische Dokumentation erstellt wurde. Auch der Einführer muss nach Art. 23 Abs. 1 Buchst. b sicherstellen, dass der Anbieter die technische Dokumentation erstellt hat. Über den gesetzlichen Kooperations- und Informationsverschaffungsanspruch i.R.d. Art. 25 Abs. 2 S. 2 können die Pflichten der technischen Dokumentation auch auf Anbieter von Nicht-Hochrisiko-KI-Systemen übergehen, wenn eine Umwandlung des KI-Systems durch Dritte zu einem Hochrisiko-KI-System nicht explizit untersagt wurde. Aus dem Wortlaut der Norm und einem Umkehrschluss zu Art. 25 Abs. 2 S. 3 ist zu folgern, dass der Erstanbieter den Quasi-Anbieter bei der Erstellung der für diesen verpflichtenden Dokumentation nach Art. 11 umfassend unterstützen muss, soweit der Quasi-Anbieter darauf angewiesen ist, weil das vorbestehende KI-System des Erstanbieters in das Hochrisiko-KI-System des Quasi-Anbieters integriert ist.[14] 9

2. Mindestanforderungen (Abs. 1; Anhang 4)

a) Klare und verständliche Form. Nach Art. 11 Abs. 1 S. 1 muss die technische Dokumentation so erstellt werden, dass den zuständigen nationalen Behörden und den notifizierten Stellen die Informationen in klarer und verständlicher Form zur Verfügung stehen, die erforderlich sind, um zu beurteilen, ob das KI-System die Anforderungen erfüllt. 10

Adressaten der technischen Dokumentation sind die zuständigen nationalen Behörden und die notifizierten Stellen. Daneben bringt die technische Dokumentation auch Vorteile für den Anbieter, indem sie ihm ermöglicht, die Abläufe seines Risikomanagementsystems effizient, nachvollziehbar und dauerhaft zu gestalten. Zudem können die Betreiber des Hochrisiko-KI-Systems die Informationen aus der technischen Dokumentation nutzen, um eigene Risikobewertungen durchzuführen.[15] 11

b) Mindestanforderungen. Nach Art. 11 Abs. 1 S. 3 enthält die technische Dokumentation als Mindestanforderung die Angaben aus Anhang IV. Diese umfassen[16]: 12

– Allgemeine Beschreibung des KI-Systems (Nr. 1)

---

[14] BeckOK KI-Recht/Siglmüller/Zdanowiecki, Art. 11 Rn. 17.

[15] Schwartmann/Keber/Zenner KI-VO/Hansen Teil 2 Kapitel 1 Rn. 312.

[16] Detailliert zu den jeweiligen Vorgaben aus Anhang IV: Bomhard/Pieper/Wende/Pflüger/Strauch, KI-VO, Art. 11 Rn. 13–40.

– Detaillierte Beschreibung der Bestandteile des KI-Systems und seines Entwicklungsprozesses (Nr. 2)
– Detaillierte Informationen über die Überwachung, Funktionsweise und Kontrolle des KI-Systems (Nr. 3)
– Darlegung zur Eignung der Leistungskennzahlen (Nr. 4)
– Detaillierte Beschreibung des Risikomanagementsystems (Nr. 5)
– Beschreibung einschlägiger Änderungen, die der Anbieter während des Lebenszyklus an dem System vorgenommen hat (Nr. 6)
– Aufstellung der vollständigen oder teilweise angewandten harmonisierten Normen (Nr. 7)
– Kopie der EU-Konformitätserklärung (Nr. 8)
– Detaillierte Beschreibung des Systems zur Bewertung der Leistung des KI-Systems in der Phase nach dem Inverkehrbringen (Nr. 9)

13 Die allgemeine Beschreibung des KI-Systems (Nr. 1) umfasst ua die Zweckbestimmung, den Namen des Anbieters, die Version des Systems, die Interaktion mit Hard- oder Software, Fotografien oder Abbildungen der äußeren Merkmale und die Betriebsanleitung.

14 Unter die detaillierte Beschreibung der Bestandteile des KI-Systems und seines Entwicklungsprozesses (Nr. 2) fallen Methoden und Schritte zur Entwicklung des KI-Systems, Entwurfsspezifikationen des Systems, Beschreibung der Systemarchitektur, Datenanforderungen in Form von Datenblättern, eine Bewertung der Maßnahmen der menschlichen Aufsicht, verwendete Validierungs- und Testverfahren sowie ergriffene Cybersicherheitsmaßnahmen. In dieser Hinsicht muss die technische Dokumentation also einen recht hohen Detailgrad aufweisen.[17] Das besondere Augenmerk, dass Art. 10 auf die Qualität der Datensätze legt, findet sich auch hier in den Datenanforderungen in Form von Datenblättern wieder, in denen Trainingsmethoden und -techniken, Informationen zu der Herkunft, dem Umfang und den Hauptmerkmalen der Daten, Angaben zur Beschaffung und Auswahl der Daten, Kennzeichnungsverfahren sowie Datenbereinigungsmethoden angegeben werden müssen.[18] Diese Anforderungen dienen der Umsetzung der Anforderungen des Art. 10 Abs. 2 und 3 KI-VO hinsichtlich der Vollständigkeit und Fehlerfreiheit der Datensätze.[19]

15 Während in Anhang IV Nr. 1 und Nr. 2 der Schwerpunkt auf die Beschreibung der Entwicklung und des Aufbaus des KI-Systems gelegt wird, geht es in Anhang IV Nr. 3 um die fortlaufende Überwachung und Kontrolle der Funktionsweise des KI-Systems. Die Beschreibung umfasst die Fähigkeiten und Leistungsgrenzen des Systems, einschließlich der Genauigkeitsgrade, vorhersehbare unbeabsichtigte Ergebnisse und Quellen von Risiken in Bezug auf Gesundheit und Sicherheit sowie Grundrechte und Diskriminierung. Außerdem werden die erforderlichen Maßnahmen der menschlichen Aufsicht, einschließlich der technischen Maßnahmen, beschrieben, um die Interpretation der Ausgaben von KI-Systemen zu erleichtern.

Zudem muss eine detaillierte Beschreibung des Risikomanagementsystems nach Art. 9 (Nr. 5) enthalten sein, welches den Grundbaustein der produktsicherheitsrechtlichen Anforderungen an hochriskante KI-Systeme darstellt.[20]

---

[17] Roos/Weitz MMR 2021, 844 (848 f.).

[18] Martini/Wendehorst/Braun Binder/Egli Art. 11 Rn. 13; Hilgendorf/Roth-Isigkeit KI-VO/Spindler § 5 Rn. 41.

[19] Hilgendorf/Roth-Isigkeit KI-VO/Spindler § 5 Rn. 41.

[20] Hilgendorf/Roth-Isigkeit KI-VO/Spindler § 5 Rn. 39.

16 Des Weiteren muss eine Aufstellung der vollständigen oder teilweise angewandten harmonisierten Normen und deren Fundstellen im Amtsblatt der Europäischen Union veröffentlicht wurden (Nr. 7) erfolgen. Falls keine harmonisierten Normen angewandt wurden, muss eine detaillierte Beschreibung der Lösungen, mit denen die in Kapitel III Abschnitt 2 festgelegten Anforderungen erfüllt werden sollen erfolgen. Fehlende harmonisierter Normen führen dazu, dass ein rechtskonformer Einsatz von Hochrisiko-KI-Systemen nach Art. 11 KI-VO für Anbieter mit erheblichen praktischen Unsicherheiten verbunden ist. Ohne konkretisierenden technische Referenzrahmen fehlt es praktischen Umsetzungsvorschlägen für die abstrakt gehaltenen Anforderungen. Die fehlende Normierung unterläuft damit zugleich das Ziel der KI-Verordnung, einheitliche Wettbewerbsbedingungen sowie europaweit ein hohes Maß an Rechtssicherheit herzustellen. Dieses Problem hat auch der Unionsgesetzgeber erkannt. Vor diesem Hintergrund plant die Europäische Kommission im Rahmen des sogenannten „Digital Omnibus on AI[21]" unter Art. 1 Abs. 31 eine Verschiebung der Anwendungsfristen der KI-Verordnung, um dem objektiven Umstand Rechnung zu tragen, dass ohne verfügbare harmonisierte Normen weder Rechtssicherheit für Anbieter noch eine effektive Konformitätsbewertung gewährleistet werden kann. Durch die geplante Änderung in Art. 113 KI-VO wird die Anwendbarkeit der zentralen Pflichten aus Kapitel III Abschnitte 1 bis 3 ausdrücklich vom Erlass eines Beschlusses der Kommission abhängig gemacht, mit dem festgestellt wird, dass „angemessene Maßnahmen zur Unterstützung der Einhaltung" dieser Anforderungen verfügbar sind. Damit koppelt der Gesetzgeber die Geltung der materiellen Compliance-Pflichten an das tatsächliche Vorhandensein eines funktionierenden Normungs- und Unterstützungsrahmens. Zugleich sieht die Vorschrift eine subsidiäre „Fallback-Regelung" vor, wonach die Anwendung spätestens zum 2. Dezember 2027 (Art. 6 Abs. 2 i. V. m. Anhang III) bzw. zum 2. August 2028 (Art. 6 Abs. 1 i. V. m. Anhang I) eintritt, falls ein solcher Kommissionsbeschluss nicht ergeht. Diese gesetzestechnische Konstruktion unterstreicht, dass der Gesetzgeber selbst nicht mehr von einer kurzfristigen Verfügbarkeit harmonisierter Normen ausgeht

17 Schließlich muss eine detaillierte Beschreibung des Systems zur Bewertung der Leistung des KI-Systems in der Phase nach dem Inverkehrbringen (Nr. 9) erbracht werden. Die Vorschrift nimmt Bezug auf die Pflicht zur Beobachtung nach dem Inverkehrbringen nach Art. 72 Abs. 3. Anschließend sind die Anbieter verpflichtet, ein System zur Überwachung nach dem Inverkehrbringen einzuführen, das auf einem vorher festgelegten Plan für diese Überwachung basiert. Dieser Plan ist wiederum der in Anhang IV Nr. 9 geforderte Bestandteil der technischen Dokumentation. Ziel der Produktbeobachtung des KI-Systems nach dem Inverkehrbringen ist es, unvorhersehbare Entwicklungen und daraus resultierende Risiken zu bewältigen.[22]

18 In der Praxis können interdisziplinär abgestimmte KI-Playbooks, welche die Anforderungen benennen, erläutern und deren konkrete Umsetzung bestimmen, bei der Erstellung der technischen Dokumentation des Art. 11 helfen.[23]

19 **c) Vereinfachtes Verfahren für KMU.** Nach Art. 11 Abs. 1 S. 4–7 besteht ein vereinfachtes Verfahren für KMU, einschließlich Start-Up-Unternehmen. Diese Regelung wurde durch das Parlament und den Rat unter der Prämisse

[21] COM(2025) 836 final, 30.
[22] Hilgendorf/Roth-Isigkeit KI-VO/Spindler § 5 Rn. 46.
[23] Müller-Peltzer/Tanczik RDi 2023, 452 (456).

vorgeschlagen, dass die Möglichkeit gleichwertiger Dokumentation von der nationalen zuständigen Marktüberwachungsbehörde bestätigt und nicht für unangemessen gehalten wird.[24] Die Verordnung selbst enthält keine Definition von KMU. Jedoch kann hier auf die Definition des Art. 2 Abs. 1 der KMU-Empfehlung der Kommission[25] zurückgegriffen werden. Für den Begriff des Start-Ups hingegen gibt es keine einheitliche Definition.

3. Mit Produkten verbundene KI-Systeme (Abs. 2)

20 Nach Art. 11 Abs. 2 muss bei Hochrisiko-KI-Systemen, die mit einem Produkt verbunden sind, das unter die in Anhang I Abschnitt A aufgeführten Harmonisierungsrechtsvorschriften fällt, eine einzige technische Dokumentation erstellt werden.

21 Erstens muss das Hochrisiko-KI-System mit einem Produkt verbunden sein. Zweitens muss dieses Produkt unter die in Anhang I Abschnitt A aufgeführten Harmonisierungsvorschriften fallen. Beispielsweise sind die Maschinenverordnung,[26] die Spielzeugrichtlinie,[27] die Funkanlagenrichtlinie[28] und die Medizinprodukteverordnung[29] erfasst. Art. 11 Abs. 2 stellt daher die „Scharnier-Vorschrift" zum allgemeinen Produktsicherheitsrecht dar.[30]

22 In Fällen, in denen ein Hochrisiko-KI-System beispielsweise mit einem Medizinprodukt verbunden ist, ist daher eine einzige technische Dokumentation ausreichend.[31] Hintergrund der Regelung ist der beabsichtigte Gleichlauf der horizontalen Regulierungen.[32]

23 Ein weiteres Problem ergibt sich in Fallgestaltungen, in denen der Anbieter eines Hochrisiko-KI-Systems und der Hersteller eines Produkts personell auseinanderfallen. In dieser Konstellation müssen Anbieter und Hersteller die ggf.

---

[24] Schwartmann/Keber/Zenner KI-VO/Hansen Teil 2 Kapitel 1 Rn. 313.

[25] Empfehlung der Kommission vom 6.5.2003 betreffend die Definition der Kleinstunternehmen sowie der kleinen und mittleren Unternehmen, abrufbar unter: https://eur-lex.europa.eu/legal-content/DE/TXT/PDF/?uri=CELEX:32003H0361.

[26] Verordnung (EU) 2023/1230 des Europäischen Parlaments und des Rates vom 14.6.2023 über Maschinen und zur Aufhebung der Richtlinie 2006/42/EG des Europäischen Parlaments und des Rates und der Richtlinie 73/361/EWG des Rates, abrufbar unter: https://eur-lex.europa.eu/legal-content/DE/TXT/PDF/?uri=CELEX:32023R1230.

[27] Richtlinie 2009/48/EG des Europäischen Parlaments und des Rates vom 18.6.2009, abrufbar unter: https://eur-lex.europa.eu/legal-content/DE/TXT/PDF/?uri=CELEX:32009L0048.

[28] Richtlinie 2014/53/EU des Europäischen Parlaments und des Rates vom 16.4.2014 über die Harmonisierung der Rechtsvorschriften der Mitgliedstaaten über die Bereitstellung von Funkanlagen auf dem Markt und zur Aufhebung der Richtlinie 1999/5/EG, abrufbar unter: https://eur-lex.europa.eu/legal-content/DE/TXT/PDF/?uri=CELEX:32014L0053.

[29] Verordnung (EU) 2017/745 des Europäischen Parlaments und des Rates vom 5.4.2017 über Medizinprodukte, zur Änderung der Richtlinie 2001/83/EG, der Verordnung (EG) Nr. 178/2002 und der Verordnung (EG) Nr. 1223/2009 und zur Aufhebung der Richtlinien 90/385/EWG und 93/42/EWG des Rates, abrufbar unter: https://eur-lex.europa.eu/legal-content/DE/TXT/PDF/?uri=CELEX:32017R0745.

[30] Hilgendorf/Roth-Isigkeit KI-VO/Spindler § 5 Rn. 38; Martini/Wendehorst/Braun Binder/Egli Art. 11 Rn. 17.

[31] Heil MPR 2022, 1 (7).

[32] Martini/Wendehorst/Braun Binder/Egli Art. 11 Rn. 17; Hilgendorf/Roth-Isigkeit KI-VO/Spindler § 5 Rn. 38.

bereits bestehenden technischen Dokumentationen.[33] Dies kann einen gewaltigen zusätzlichen Aufwand bedeuten, da beide Kooperationspartner Arbeitskraft und Know-How für die erforderliche Zusammenführung und Vereinheitlichung investieren müssen. Zudem sind hierbei ggf. Geschäftsgeheimnisse, IP-Rechte und Know-How des jeweiligen anderen Partners betroffen, was die Zusammenarbeit zwischen zwei Partnern erschweren und ein Innovationshemmnis darstellen kann.[34]

4. Delegierte Rechtsakte zur Änderung von Mindestanforderungen (Abs. 3)

Nach Art. 11 Abs. 3 hat die Europäische Kommission die Befugnis, delegierte Rechtsakte zur Änderung des Anhangs IV zu erlassen. Delegierte Rechtsakte sind Rechtsakte ohne Gesetzescharakter mit allgemeiner Geltung zur Ergänzung oder Änderung bestimmter nicht wesentlicher Vorschriften des betreffenden Gesetzgebungsaktes (Art. 290 Abs. 1 AEUV). Diese Befugnisübertragung ermöglicht es der Europäischen Kommission daher, den Inhalt der Mindestanforderungen an die technische Dokumentation zu einem späteren Zeitpunkt zu verändern, wenn der technische Fortschritt dies erfordert. Eine Änderung des Anhangs IV tritt jedoch nur in Kraft, wenn das Europäische Parlament oder der Rat innerhalb einer Frist von drei Monaten keine Einwände erheben.[35] **24**

Art. 12* Aufzeichnungspflichten

(1) **Die Technik der Hochrisiko-KI-Systeme muss die automatische Aufzeichnung von Ereignissen (im Folgenden „Protokollierung") während des Lebenszyklus des Systems ermöglichen.**

(2) **Zur Gewährleistung, dass das Funktionieren des Hochrisiko-KI-Systems in einem der Zweckbestimmung des Systems angemessenen Maße rückverfolgbar ist, ermöglichen die Protokollierungsfunktionen die Aufzeichnung von Ereignissen, die für Folgendes relevant sind:**

a) die Ermittlung von Situationen, die dazu führen können, dass das Hochrisiko-KI-System ein Risiko im Sinne des Artikels 79 Absatz 1 birgt oder dass es zu einer wesentlichen Änderung kommt,

b) die Erleichterung der Beobachtung nach dem Inverkehrbringen gemäß Artikel 72 und

c) die Überwachung des Betriebs der Hochrisiko-KI-Systeme gemäß Artikel 26 Absatz 5.

(3) **Die Protokollierungsfunktionen der in Anhang III Nummer 1 Buchstabe a genannten Hochrisiko-KI-Systeme müssen zumindest Folgendes umfassen:**

a) Aufzeichnung jedes Zeitraums der Verwendung des Systems (Datum und Uhrzeit des Beginns und des Endes jeder Verwendung);

---

[33] Heil MPR 2022, 1 (7).

[34] Heil MPR 2022, 1 (7).

[35] Vgl. Art. 97 Abs. 1; Martini/Wendehorst/Braun Binder/Egli Art. 11 Rn. 18.

* Kapitel III (Art. 6–49) gilt gem. Art. 113 UAbs. 2 ab 2.8.2026, mit Ausnahme des Abschnitts 4, der gem. Art. 113 UAbs. 3 Buchst. b bereits ab 2.8.2025 gilt.

b) die Referenzdatenbank, mit der das System die Eingabedaten abgleicht;
c) die Eingabedaten, mit denen die Abfrage zu einer Übereinstimmung geführt hat;
d) die Identität der gemäß Artikel 14 Absatz 5 an der Überprüfung der Ergebnisse beteiligten natürlichen Personen.

Übersicht

I. Allgemeines

1. Normzweck

1 Artikel 12 stellt Anforderungen an die automatische Aufzeichnung von Ereignissen (Protokollierung). Mithilfe der Protokollierung sollen die Aktivitäten und Entscheidungen des KI-Systems nachvollzogen, rückverfolgt und überprüft werden können.[1]

2 Ziel ist es, Transparenz, Nachvollziehbarkeit und Verantwortlichkeit zu erhöhen sowie die Einhaltung der Verordnung zu gewährleisten und die Überwachung nach der Markteinführung zu erleichtern. Hintergrund ist das sog. Black-Box-Problem. Bei der zunehmenden Komplexität von KI-Entscheidungen, lässt sich immer schwerer, oft nur eingeschränkt oder gar nicht nachvollziehen, wie das KI-System zu seinen Ergebnissen gelangt ist.[2] Um diesem Problem Rechnung zu tragen, verlangt Art. 12 Abs. 1 eine automatische Aufzeichnung von Ereignissen (sog. logging devices).[3]

3 In den Ethik-Leitlinien für eine vertrauenswürdige KI wird diesbezüglich ausgeführt, dass die Datensätze und Prozesse, die zu der Entscheidung des KI-Systems geführt haben, einschließlich der Datenerfassung und -kennzeichnung sowie der verwendeten Algorithmen, so gut wie möglich dokumentiert werden sollten, um deren Rückverfolgbarkeit sicherzustellen und die Transparenz zu erhöhen. In der Folge könnten Gründe für eine fehlerhafte KI-Entscheidung ermittelt werden, was wiederum zur Vermeidung zukünftiger Fehler beitragen könne.[4]

1 Bomhard/Pieper/Wende/Wende KI-VO, Art. 12 Rn. 1.
2 Hilgendorf/Roth-Isigkeit KI-VO/Kumkar § 6 Rn. 3.
3 Spindler CR 2021, 361 (367).
4 Hochrangige Expertengruppe für Künstliche Intelligenz, Ethik-Leitlinien für eine vertrauenswürdige KI, Rn. 76.

4 Nach den Erwägungsgründen ist eine Anforderung an die automatische Aufzeichnung erforderlich, um die Risiken für Gesundheit, Sicherheit und Grundrechte wirksam zu mindern.[5] Nach vernünftigem Ermessen stünden keine anderen weniger handelsbeschränkenden Maßnahmen zur Verfügung, sodass dies keine ungerechtfertigten Handelsbeschränkung darstelle.[6]

2. Entstehung und Systematik

5 Die Anforderungen an die automatische Aufzeichnung waren bereits in dem ursprünglichen Vorschlag der EU-Kommission vom 21.4.2021 enthalten. Durch das Europäische Parlament wurden die Aufzählungen der Mindestprotokollierungsfunktionen in Art. 12 Abs. 2 Buchst. a–c ergänzt. In zeitlicher Hinsicht gilt die Pflicht nach den Änderungsvorschlägen für den gesamten Lebenszyklus des KI-Systems.

6 Für die Bestimmung des Adressaten ist die Vorschrift des Art. 19 zu berücksichtigen. Denn Art. 12 statuiert lediglich die Pflicht, dass Hochrisiko-KI-Systeme technisch dazu in der Lage sind, die beschriebenen Aufzeichnungen automatisch vorzunehmen und trifft keine unmittelbare Aussage darüber, wer für die entstandenen Aufzeichnungen verantwortlich ist.[7] Aus Art. 19 Abs. 1 S. 1 ergibt sich jedoch, dass die Anbieter die automatisch erstellten Protokolle aufbewahren müssen, soweit diese ihrer Kontrolle unterliegen. Zudem ist eine Abgrenzung zur Vorschrift des Art. 11 vorzunehmen. Während bei Art. 11 die Aufzeichnung der technischen Funktionalität als Grundlage für das Konformitätsbewertungsverfahren und eine Marktüberwachung im Vordergrund steht, ist bei Art. 12 die Rückverfolgbarkeit der Ergebnisse die primäre Zielrichtung.[8]

7 Art. 12 steht in einem Spannungsverhältnis zur DS-GVO. Denn die automatische Speicherung ganzer Datensätze kann den Charakter einer vorrätigen Speicherung personenbezogener Daten annehmen, was zu einem Konflikt mit dem Grundsatz der Datenminimierung nach Art. 5 Abs. 1 Buchst. c DS-GVO führen kann.[9] Folglich kann für Provider die Erfüllung der Protokollierungspflicht zur Gratwanderung werden.[10] Hinsichtlich der Pflicht zur Aufbewahrung sieht Art. 19 Abs. 1 vor, dass die Protokollierung für einen angemessenen Zeitraum von mindestens 6 Monaten aufbewahrt werden muss, sofern in den geltenden Rechtsvorschriften der Union, insbesondere im Unionsrecht zum Schutz personenbezogener Daten oder im geltenden nationalen Recht nichts anderes vorgesehen ist. Die Verantwortlichen müssen daher eine Abwägung zwischen der Aufbewahrungspflicht mit den Löschfristen aus der DS-GVO vornehmen.

8 Eine Lösungsmöglichkeit für die datenschutzrechtlichen Herausforderungen bei der Protokollierung stellt die Methode des "Differential Privacy" dar, bei der Datensätze beabsichtigt mit einem mathematischen Rauschen versehen werden,

---

[5] Erwgr. 66.

[6] Erwgr. 66.

[7] Schwartmann/Keber/Zenner KI-VO/Schwartmann/Keber/Köhler Teil 2 Kapitel 1 Rn. 326.

[8] Hilgendorf/Roth-Isigkeit KI-VO/Kumkar § 6 Rn. 14.

[9] Gola/Heckmann/Pötters DS-GVO Art. 5 Rn. 22 ff.; Taeger/Gabel/Voigt DS-GVO Art. 5 Rn. 27 ff.

[10] Bomhard/Merkle RDi 2021, 276 (280).

da diese es dennoch den Behörden ermöglichen könnte, nachträglich KI-Entscheidungen zu überprüfen.[11] Besondere Herausforderungen bestehen wegen der richterlichen Unabhängigkeit in der Justiz.[12]

II. Protokollierung

1. Protokollierungsmöglichkeit (Abs. 1)

9 Nach Art. 12 Abs. 1 muss die Technik der Hochrisiko-KI-Systeme die automatische Aufzeichnung von Ereignissen (Protokollierung) während des Lebenszyklus des KI-Systems ermöglichen. Die automatische Protokollierung während der Verwendung des KI-Systems dient der Nachvollziehbarkeit und Kontrollierbarkeit der Hochrisiko-KI-Systeme. Die auf diese Weise erzeugten Daten sollen als Grundlage für die Produktbeobachtung durch den Anbieter und für die behördliche Aufsicht dienen.[13] Die gesetzgeberische Idee ist die Sicherstellung einer lückenlosen und nachvollziehbaren Dokumentation, um die Einhaltung der Verordnung zu gewährleisten und potenzielle Probleme frühzeitig erkennen und beheben zu können. Dem Wortlaut der Artikelüberschrift widersprechend schreibt die KI-VO gerade keine ausdrückliche Verpflichtung für Anbieter oder Betreiber vor, die technisch mögliche Protokollierung auch durchzuführen. Dies ergibt sich auch nicht aus dem Zusammenspiel mit der Aufbewahrungspflicht gemäß Art. 19 bzw. Art. 26 Abs. 6.[14]

10 Allerdings besteht Kritik an technischen Umsetzbarkeit und Praktikabilität der Anforderungen. So existieren beispielsweise KI-Systeme, die keine zentralisierten Datensätze nutzen oder auf Datensätze zurückgreifen, die nach der Trainingsphase nicht mehr vorhanden sind. Bei solchen KI-Systemen ist es nicht immer möglich automatische Protokolle zu erstellen.[15]

2. Inhaltliche Anforderungen an die Protokollierung (Abs. 2)

11 **a) Rückverfolgbarkeit.** Nach Art. 12 Abs. 2 dient die Protokollierung der Gewährleistung, dass das Funktionieren des Hochrisiko-KI-Systems in einem der Zweckbestimmung des Systems angemessenen Maße rückverfolgbar ist. Die Rückverfolgbarkeit bezieht sich auf die Möglichkeit, die Daten-, Entwicklungs- und Bereitstellungsprozesse des Systems nachzuvollziehen, in der Regel anhand von dokumentierten Prozessaufzeichnungen.[16] Im Vordergrund steht die Ex-post-Nachvollziehbarkeit von Entscheidungen des KI-Systems, insbesondere nach Schadenseintritt.[17] In etwaigen Schadensersatzprozessen ist eine Vorlage- oder Herausgabepflicht des Verantwortlichen nach den Grundsätzen der sekun-

---

[11] Hoffmann K&R 2021, 369 (372).

[12] Schwartmann/Keber/Zenner KI-VO/Schwartmann/Keber/Köhler Teil 2 Kapitel 1 Rn. 327.

[13] Roos/Weitz MMR 2021, 844 (846).

[14] Bomhard/Pieper/Wende/Wende KI-VO, Art. 12 Rn. 10, so auch: BeckOK KI-Recht/Siglmüller/Zdanowiecki, Art. 12 Rn. 11–13, aA. Martini/Wendehorst/Braun Binder/Egli KI-VO, Art. 12 Rn. 2.

[15] Ebers/Hoch/Rosenkranz/Ruschemeier/Steinrötter RDi 2021, 528 (535).

[16] Hochrangige Expertengruppe für Künstliche Intelligenz, Ethik-Leitlinien für eine vertrauenswürdige KI, Rn. 158.

[17] Hilgendorf/Roth-Isigkeit KI-VO/Linardatos § 7 Rn. 23.

dären Darlegungslast denkbar.[18] Hinsichtlich des Protokollierungsumfangs und der damit verbundenen Aufbewahrungspflicht sind datenschutzrechtliche Vorgaben zu berücksichtigen und mit den Grundsätzen der Datensparsamkeit und Speicherbegrenzung (Art. 5 Abs. 1 lit. c und e DSGVO) in Einklang zu bringen.[19]

In den Ethik-Leitlinien für eine vertrauenswürdige KI wird die Dokumentation folgender Maßnahmen zur Gewährleistung der Rückverfolgbarkeit aufgelistet: **12**

- „Verwendete Methoden für den Entwurf und die Entwicklung des algorithmischen Systems: Im Falle eines regelbasierten KI-Systems sollte die Art der Programmierung oder die Art und Weise, wie das Modell erstellt wurde, dokumentiert werden. Im Falle eines lernbasierten KI-Systems sollte die Methode zur Ausbildung des Algorithmus, einschließlich der Angabe, welche Eingabedaten erhoben und ausgewählt wurden und wie dies geschah, dokumentiert werden.
- Verwendete Methoden für die Erprobung und Validierung des algorithmischen Systems: Im Falle eines regelbasierten KI-Systems sollten die Szenarien oder Fälle, die zur Erprobung und Validierung verwendet wurden, dokumentiert werden. Im Falle eines lernbasierten Modells sollten Angaben zu den zur Erprobung und Validierung verwendeten Daten dokumentiert werden.
- Ergebnisse des algorithmischen Systems: Die Ergebnisse des Algorithmus oder die vom Algorithmus getroffenen Entscheidungen sowie mögliche andere Entscheidungen, die sich aus anderen Fällen (z. B. für andere Benutzeruntergruppen) ergeben könnten, sollten dokumentiert werden.“[20]

Bemerkenswert ist die vorgenommene Differenzierung hinsichtlich der Dokumentation regelbasierter und lernbasierter KI-Systeme.

b) Ermittlung von Risiken und wesentlichen Änderungen (Buchst. a). **13**
Nach Art. 12 Abs. 2 Buchst. a muss die Protokollierungsfunktion die Aufzeichnung von Ereignissen ermöglichen, die für Ermittlung von Situationen relevant sind, die dazu führen können, dass das Hochrisiko-KI-System ein Risiko iSd Art. 79 Abs. 1 birgt oder es zu einer wesentlichen Änderung kommt. Diese Aufzeichnungen sollen es ermöglichen, Situationen zu ermitteln, die potenziell risikoreich sind oder wesentliche Änderungen des Systems bedingen.

Nach Art. 79 Abs. 1 sind KI-Systeme, die ein Risiko bergen, „Produkte, mit **14**
denen ein Risiko verbunden ist“ iSd Art. 3 Nr. 19 der Marktüberwachungsverordnung,[21] sofern sie Risiken für die Gesundheit oder Sicherheit oder Grundrechte von Personen bergen. Zur Definition eines Produktes, mit dem ein Risiko verbunden ist, bezieht sich die KI-VO also auf Art. 3 Nr. 19 der Marktüberwachungsver-

---

[18] Hilgendorf/Roth-Isigkeit KI-VO/Linardatos § 7 Rn. 23.

[19] Bomhard/Pieper/Wende/Wende KI-VO, Art. 12 Rn. 15, ausführlich zum Verhältnis zu anderen gesetzlichen Vorschriften: BeckOK KI-Recht/Zdanowiecki/Siglmüller, Art. 12 Rn. 41–50.

[20] Hochrangige Expertengruppe für Künstliche Intelligenz, Ethik-Leitlinien für eine vertrauenswürdige KI, Rn. 120.

[21] Verordnung (EU) 2019/1020 des Europäischen Parlaments und des Rates vom 20.6.2019 über Marktüberwachung und die Konformität von Produkten sowie zur Änderung der Richtlinie 2004/42/EG und der Verordnungen (EG) Nr. 765/2008 und (EU) Nr. 305/201, abrufbar unter: https://eur-lex.europa.eu/legal-content/DE/TXT/?uri=CELEX:32019R1020.

ordnung. Danach handelt es sich um ein Produkt, das Gesundheit und Sicherheit von Personen im Allgemeinen, Gesundheit und Sicherheit am Arbeitsplatz, Verbraucherschutz, Umwelt, öffentliche Sicherheit und andere öffentliche Interessen, die durch die geltenden Harmonisierungsrechtsvorschriften der Union geschützt werden, stärker beeinträchtigen kann als das im Verhältnis zu seiner Zweckbestimmung oder bei normaler oder nach vernünftigem Ermessen vorhersehbarer Verwendung des betreffenden als vernünftig und vertretbar gilt. Es wird kritisiert, dass der allgemeine Hinweis auf Risiken für die Grundrechte von Personen in Art. 12 Abs. 2 Buchst. a iVm Art. 79 Abs. 1 zu weit geraten sei, denn letztlich könne hiervon jeder Einsatz eines KI-Systems erfasst sein.[22]

15 In dem Verordnungstext findet sich keine Definition der „wesentlichen Änderung". Der Begriff ist rechtsaktspezifisch und einzelfallbezogen auszulegen. Dabei sind die den jeweiligen Rechtsakt zugrunde liegenden Ziele und die adressierten Risiken zu berücksichtigen. Daraus ergibt sich, ob nach dem spezifischen Begriffsverständnis eine „wesentliche Änderung" vorliegt. Laut Erwgr. 128 versteht der Verordnungsgeber darunter jede Änderung, die die Einhaltung dieser Verordnung durch das Hochrisiko-KI-System beeinträchtigen könnte (zB Änderung des Betriebssystems oder der Softwarearchitektur).[23] Hintergrund ist, dass das autonome Verhalten bestimmter KI-Systeme während ihres Lebenszyklus zu erheblichen sicherheitsrelevanten Änderungen der Produkte führen kann, die eine neue Risikobewertung erforderlich machen können.[24] Allerdings sollen Änderungen, die den Algorithmus und die Leistung von selbstlernenden KI-Systemen betreffen keine wesentliche Veränderung darstellen, sofern diese Änderungen vom Anbieter vorab festgelegt und zum Zeitpunkt der Konformitätsbewertung bewertet wurden.[25]

Als relevante Ereignisse für potenziell risikorelevante Situationen kommen Fehlentscheidungen, unvorhersehbare oder ungewollte Ergebnisse, sowie Sicherheitslücken oder Schwachstellen in Betracht. Im Hinblick auf wesentliche Änderung kommt eine Protokollierung von Updates oder Modifikationen der Algorithmen, von Änderungen in den Datenquellen oder -sätzen, von Änderungen in den Betriebsbedingungen oder Einsatzumgebungen sowie über durchgeführte Wartungsarbeiten, Systemupdates oder -modifikationen in Betracht.

16 **c) Erleichterung der Beobachtung (Buchst. b).** Nach Art. 12 Abs. 2 Buchst. b muss die Protokollierungsfunktion die Aufzeichnung von Ereignissen ermöglichen, die für die Erleichterung der Beobachtung nach dem Inverkehrbringen gem. Art. 72 relevant sind. Ziel der Beobachtung nach dem Inverkehrbringen ist es, den Anbieter in die Lage zu versetzen, wirksam und zeitnah auf Risiken zu reagieren, die durch die Lernfähigkeit des KI-Systems entstehen.[26]

17 Zunächst kommen als relevante Daten Betriebsdaten in Betracht, dh eine laufende Sammlung von Daten über die Leistung des Systems im praktischen Einsatz. Dies ergibt sich aus der Vorgabe des Art. 72 Abs. 2, dass relevante Daten über die Leistung von Hochrisiko-KI-Systemen während der gesamten

---

[22] Schwartmann/Keber/Zenner KI-VO/Schwartmann/Keber/Köhler Teil 2 Kapitel 1 Rn. 321.

[23] Erwgr. 128.

[24] EU-Kommission, Weißbuch KI S. 18.

[25] Erwgr. 128.

[26] Hilgendorf/Roth-Isigkeit KI-VO/Linardatos § 7 Rn. 51.

Lebensdauer aktiv und systematisch erhoben, gesammelt, dokumentiert und analysiert werden können müssen. Daneben kommen als relevante Daten Nutzerfeedbacks in Betracht, also Aufzeichnungen von Rückmeldungen der Nutzer.

d) Überwachung des Betriebs (Buchst. c). Nach Art. 12 Abs. 2 Buchst. c **18**
muss die die Protokollierungsfunktion die Aufzeichnung von Ereignissen ermöglichen, die für die Überwachung des Betriebs der Hochrisiko-KI-Systeme gem. Art. 26 Abs. 5, relevant sind. Nach Art. 26 Abs. 5 sind Betreiber verpflichtet, den Betrieb des Hochrisiko-KI-Systems auf Grundlage der bereitgestellten Betriebsanleitung zu überwachen. Die Überwachung beinhaltet die kontinuierliche Beobachtung und Analyse der Leistung der KI-Systeme, um sicherzustellen, dass sie sicher und zuverlässig funktionieren und die Anforderungen der Verordnung erfüllen. Dies kann Auswirkungen auf die Feststellung des Pflichtwidrigkeitszusammenhangs bei deliktischen und produkthaftungsrechtlichen Ansprüchen haben. Diesen nachzuweisen ist häufig eine zentrale Schwierigkeit, wenn KI-Systeme an Schadensfällen beteiligt sind. Beweisschwierigkeiten können beispielsweise auftreten, wenn nicht nachvollzogen werden kann, ob und wann Daten empfangen wurden, insbesondere wenn mehrere Systeme miteinander vernetzt sind. Durch eine automatisierte Protokollierung könnte den Problemen begegnet werden, die sich aus dem Mangel an Erfahrungswissen im Rahmen des Anscheinsbeweises aufgrund des Einsatzes neuer Technologien ergeben.[27]

Als relevante Ereignisse für die Überwachung des Betriebs der Hochrisiko-KI- **19**
Systeme kommen möglicherweise Eingaben in das System, interne Verarbeitungsprozesse, Ausgaben des Systems, Fehler oder Anomalien sowie Wartungs- oder Aktualisierungsaktivitäten in Betracht.

3. Mindestinhalt bei biometrischer Fernidentifizierung (Abs. 3)

Art. 12 Abs. 3 sieht einen Katalog von Anforderungen vor, den die Protokollie- **20**
rungsfunktionen Hochrisiko-KI-Systemen zur biometrischen Fernidentifizierung umfassen müssen.[28]

Hintergrund ist, dass die EU-Kommission KI-Systeme, die zur biometrischen **21**
Fernidentifizierung natürlicher Personen eingesetzt werden, als besonders risikoträchtig einstuft.[29] Nach Art. 3 Nr. 41 handelt es sich hierbei um ein KI-System, das dem Zweck dient, natürliche Personen, ohne ihre aktive Einbeziehung und in der Regel aus der Ferne durch Abgleich der biometrischen Daten einer Person mit den in einer Referenzdatenbank gespeicherten biometrischen Daten zu identifizieren. Hierbei werden insbesondere Videoüberwachungssysteme mit automatischer Gesichtserkennung umfasst.

Die Protokollierungsfunktion muss die Aufzeichnung jedes Zeitraums der Ver- **22**
wendung des Systems, die Referenzdatenbank, die Eingabedaten und die Identität, der an der Überprüfung der Ergebnisse beteiligten natürlichen Personen, umfassen. Löschfristen oder zumindest Anhaltspunkte für die Aufbewahrung entsprechender Protokolle werden nicht definiert.[30]

---

[27] Mayrhofer EuzW, 882 (883).
[28] Ausführlich hierzu: BeckOK KI-Recht/Siglmüller/Zdanowiecki, Art. 12 Rn. 32–39.
[29] Roos/Weitz MMR 2021, 844 (847).
[30] Roos/Weitz MMR 2021, 844 (847).

Art. 13* Transparenz und Bereitstellung von Informationen für die Betreiber

(1) [1]**Hochrisiko-KI-Systeme werden so konzipiert und entwickelt, dass ihr Betrieb hinreichend transparent ist, damit die Betreiber die Ausgaben eines Systems angemessen interpretieren und verwenden können.** [2]**Die Transparenz wird auf eine geeignete Art und in einem angemessenen Maß gewährleistet, damit die Anbieter und Betreiber ihre in Abschnitt 3 festgelegten einschlägigen Pflichten erfüllen können.**

(2) **Hochrisiko-KI-Systeme werden mit Betriebsanleitungen in einem geeigneten digitalen Format bereitgestellt oder auf andere Weise mit Betriebsanleitungen versehen, die präzise, vollständige, korrekte und eindeutige Informationen in einer für die Betreiber relevanten, barrierefrei zugänglichen und verständlichen Form enthalten.**

(3) **Die Betriebsanleitungen enthalten mindestens folgende Informationen:**

a) den Namen und die Kontaktangaben des Anbieters sowie gegebenenfalls seines Bevollmächtigten;

b) die Merkmale, Fähigkeiten und Leistungsgrenzen des Hochrisiko-KI-Systems, einschließlich

i) seiner Zweckbestimmung,

ii) des Maßes an Genauigkeit – einschließlich diesbezüglicher Metriken –, Robustheit und Cybersicherheit gemäß Artikel 15, für das das Hochrisiko-KI-System getestet und validiert wurde und das zu erwarten ist, sowie aller bekannten und vorhersehbaren Umstände, die sich auf das erwartete Maß an Genauigkeit, Robustheit und Cybersicherheit auswirken können;

iii) aller bekannten oder vorhersehbaren Umstände bezüglich der Verwendung des Hochrisiko-KI-Systems im Einklang mit seiner Zweckbestimmung oder einer vernünftigerweise vorhersehbaren Fehlanwendung, die zu den in Artikel 9 Absatz 2 genannten Risiken für die Gesundheit und Sicherheit oder die Grundrechte führen können,

iv) gegebenenfalls der technischen Fähigkeiten und Merkmale des Hochrisiko-KI-Systems, um Informationen bereitzustellen, die zur Erläuterung seiner Ausgaben relevant sind;

v) gegebenenfalls seiner Leistung in Bezug auf bestimmte Personen oder Personengruppen, auf die das System bestimmungsgemäß angewandt werden soll;

vi) gegebenenfalls der Spezifikationen für die Eingabedaten oder sonstiger relevanter Informationen über die verwendeten Trainings-, Validierungs- und Testdatensätze, unter Berücksichtigung der Zweckbestimmung des Hochrisiko-KI-Systems;

vii) gegebenenfalls Informationen, die es den Betreibern ermöglichen, die Ausgabe des Hochrisiko-KI-Systems zu interpretieren und es angemessen zu nutzen;

---

* Kapitel III (Art. 6–49) gilt gem. Art. 113 UAbs. 2 ab 2.8.2026, mit Ausnahme des Abschnitts 4, der gem. Art. 113 UAbs. 3 Buchst. b bereits ab 2.8.2025 gilt.

c) etwaige Änderungen des Hochrisiko-KI-Systems und seiner Leistung, die der Anbieter zum Zeitpunkt der ersten Konformitätsbewertung vorab bestimmt hat;
d) die in Artikel 14 genannten Maßnahmen zur Gewährleistung der menschlichen Aufsicht, einschließlich der technischen Maßnahmen, die getroffen wurden, um den Betreibern die Interpretation der Ausgaben von Hochrisiko-KI-Systemen zu erleichtern;
e) die erforderlichen Rechen- und Hardware-Ressourcen, die erwartete Lebensdauer des Hochrisiko-KI-Systems und alle erforderlichen Wartungs- und Pflegemaßnahmen einschließlich deren Häufigkeit zur Gewährleistung des ordnungsgemäßen Funktionierens dieses KI-Systems, auch in Bezug auf Software-Updates;
f) gegebenenfalls eine Beschreibung der in das Hochrisiko-KI-System integrierten Mechanismen, die es den Betreibern ermöglicht, die Protokolle im Einklang mit Artikel 12 ordnungsgemäß zu erfassen, zu speichern und auszuwerten.

Literatur: Ashkar/Schröder, Das Gesetz über künstliche Intelligenz der Europäischen Union (KI-Verordnung), BB 2024, 771; Chibanguza/Steege, Die KI-Verordnung – Überblick über den neuen Rechtsrahmen, NJW 2024, 1769; Dienes, Anforderungen an die menschliche Aufsicht über Künstliche Intelligenz, MMR 2024, 456; Feuerstack, Menschenrechtliche Vorgaben an die Transparenz KI-basierter Entscheidungen und deren Berücksichtigung in bestehenden Regulierungsansätzen, OdW 2022, 169; Feuerstack/Becker/Hertz, Die Entwürfe des EU-Parlaments und der EU-Kommission für eine KI-Verordnung im Vergleich, ZfDR 2023, 421; Fink/Finck, Reasoned A(I)dministration: Explanation Requirements in EU Law and the Automation of Public Administration, European Law Review 47 (2022), 376; Geber ZdiW 2021, 247; Gerdemann, Konformitätsbewertung als Kernpflicht der KI-Verordnung, NJW 2024, 2209; Hilgendorf/Roth-Isigkeit, Die neue Verordnung der EU zur Künstlichen Intelligenz, 2023; Hüger, Die Rechtmäßigkeit von Datenverarbeitungen im Lebenszyklus von KI-Systemen, ZfDR 2024, 263; Kohpeiß/Schaller, Systeme zur Angriffserkennung nach dem neuen EU-Cybersicherheitsrahmen – Hochrisiko-Systeme der KI-Verordnung?, CR 2024, 22; Krönke, Das europäische KI-Gesetz: Eine Verordnung mit Licht und Schatten, NVwZ 2024, 529; Möller-Klapperich, Die neue KI-Verordnung der EU, NJ 2024, 337; Merkle, Transparenz nach der KI-Verordnung – von der Blackbox zum Open-Book?, RDi 2024, 414; Radtke, Das Verhältnis von KI-VO und Art. 22 DS-GVO unter besonderer Berücksichtigung der Schutzzwecke, RDi 2024, 353; Roth-Isigkeit, Unionsrechtliche Transparenzanforderungen an intelligente Medizinprodukte, GesR 2022, 278; Ruttloff/Wagner/Schulz-Kuhnt, Product Compliance im Metaverse – neue Anforderungen an virtuelle Produkte nach dem Entwurf einer KI-Verordnung?, BB 2022, 2499; Rützel, Schuldrechtliche Folgen von Pflichteninformationen nach Data Act, DS-GVO und KI-Verordnung, RDi 2025, 358; Schulz-Große/Genske, Auswirkungen der neuen KI-Verordnung auf den Behandlungsalltag – Datenschutzrechtliche Anforderungen und Sorgfaltspflichten der Behandelnden beim Einsatz von künstlicher Intelligenz zu Behandlungszwecken, GuP 2023, 81; Schwarz, Transparenzpflichten KI-generierter Textinhalte, MMR 2025, 786; Selz/Surjadi, Transparenzpflichten im Wechselspiel zwischen KI-VO und DSG-VO – Ermöglicht die KI-VO einen Blick in die Blackbox?, DSRITB 2023, 401; Steege, Auswirkungen von künstlicher Intelligenz auf die Produzentenhaftung in Verkehr und Mobilität. Zum Thema des Plenarvortrags auf dem 59. Deutschen Verkehrsgerichtstag, NZV 2021, 6; Steege, Technikregulierung – der Umgang mit Risiken im Recht, NZV 2022, 257; Steege/Heine, Diskriminierungsschutz im KI-basierten Bewerbungsverfahren, Jahrbuch Digitalisierung und Recht 2024, 277.

Übersicht

I. Allgemeines

1 Art. 13 Abs. 1 normiert **Transparenz- und Informationspflichten,** die bereits bei der Konzipierung und Entwicklung des Hochrisiko-KI-Systems ansetzen. Die Anforderung der Transparenz dient dabei dem Zweck, dass Risiken für die Gesundheit, die Sicherheit und die Grundrechte wirksam gemindert werden.[1] Zusätzlich sollen Bedenken hinsichtlich einer Undurchsichtigkeit und der Komplexität der Systeme mithilfe der Transparenz- und Informationspflichten begeg-

[1] Erwgr. 66 S. 2.

net werden.[2] Diese Verpflichtung hält den Anbieter dazu an, sein eigenes KI-System vor dem Inverkehrbringen besser zu verstehen und die entsprechenden Stärken und Schwächen sowie etwaige Grenzen zu erfassen.[3] Mithin soll es den Betreibern ermöglicht werden, die Ergebnisse des KI-Systems angemessen nutzen und interpretieren zu können. Kritisch wird hierbei darauf verwiesen, dass Art. 13 keine allgemeine Transparenzpflicht in Bezug auf die Erklärbarkeit des Systems statuiert und damit grundsätzlich zu unbestimmt sei.[4] Im Rahmen der Bereitstellung der Informationen für den Betreiber knüpft Art. 13 an eine **Betriebsanleitung** in einem geeigneten digitalen Format oder auf andere Weise an. Die Informationsbereitstellung ggü. dem Betreiber zeigt, dass der primäre Adressat der Norm der Anbieter des KI-Systems ist. Erst durch die zur Verfügung gestellten Informationen wird es dem Betreiber möglich, seine Pflicht zur menschlichen Aufsicht nach Art. 26 Abs. 2 zu gewährleisten (→ Art. 26 Rn. 5 ff.). Anbieter- und Betreiberpflicht stehen folglich in einem Wechselspiel. Die Transparenz- und Informationspflichten ermöglichen dem Betreiber einen eigenverantwortlichen Umgang mit dem Hochrisiko-KI-System und den inhärenten Restrisiken.[5] Für den Betreiber führt dies dazu, dass die Lektüre der Betriebsanleitung im Hinblick auf seine Sorgfaltspflichten relevant ist. Die Transparenz und die Informationen sollen etwa Opazität entgegenwirken und bspw. Diskriminierung verhindern.[6]

Ausgehend vom Wortlaut des Art. 13 Abs. 1 und im Gesamtkontext mit Art. 50 **2**
(→ Art. 50 Rn. 15 ff.) wird ersichtlich, dass Art. 13 ausschließlich für **Hochrisiko-KI-Systeme** anwendbar ist. Art. 50 statuiert zusätzliche Informationspflichten für KI-Systeme, die für eine direkte Interaktion mit natürlichen Personen bestimmt sind (→ Art. 50 Rn. 31 ff.), unabhängig davon, ob diese als hochriskant eingeordnet werden. Von Art. 50 sind deshalb Situationen umfasst, in denen der Betreiber effektiv geschützt werden soll, indem dieser darüber informiert wird, dass er mit einem KI-System interagiert.[7] Im Gegensatz dazu umfasst Art. 13 sämtliche KI-Systeme, die nach Art. 6 (→ Art. 6 Rn. 6 ff.) als Hochrisiko-KI-Systeme eingestuft sind. Insbesondere Art. 86 (→ Art. 86 Rn. 10 ff.), der das Recht auf Erläuterung der individuellen Entscheidungsfindung bei in Anhang III aufgeführten Hochrisiko-KI-Systemen statuiert, komplementiert den Schutz der Betreiber.[8] Zudem sind die bereitgestellten Informationen der Betriebsanleitung iRd grundrechtlichen Folgenabschätzung für Hochrisiko-KI-Systeme nach Art. 27 Abs. 1 Buchst. d von dem Betreiber zu berücksichtigen (→ Art. 27 Rn. 4 ff.).

II. Inhalt der Regelung

Inhaltlich lässt sich die Norm in zwei Regelungsbereiche einteilen. Art. 13 **3**
Abs. 1 beinhaltet die **Transparenzpflicht,** damit die Ergebnisse des Systems interpretierbar und nutzbar für die Betreiber sind (→ Rn. 4 ff.). Zusätzlich soll die Transparenzpflicht dazu dienen, dass die Anbieter und Betreiber des Systems

---

[2] Erwgr. 72 S. 1.

[3] Erwgr. 72 S. 1.

[4] Fink/Finck European Law Review 47 (2022), 376 (390 f.); Feuerstack/Becker/Hertz ZfDR 2023, 421 (430).

[5] Steege NZV 2022, 257 (262).

[6] Steege/Chibanguza SVR 2022, 401 (404).

[7] Chibanguza/Steege NJW 2024, 1769 (1773).

[8] Feuerstack/Becker/Hertz ZfDR 2023, 421 (430).

ihre Pflichten aus den Art. 16 ff. erfüllen können. Ferner wird die **Pflicht zur Informationsbereitstellung** normiert. Art. 13 Abs. 2 verpflichtet daher den Anbieter, eine Betriebsanleitung in einem geeigneten digitalen Format oder auf andere Weise zur Verfügung zu stellen (→ Rn. 16 ff.). Die Informationen sollen prägnant, vollständig, korrekt und klar sein. Im konkreten Betreiberbezug müssen die bereitgestellten Informationen relevant, zugänglich und verständlich sein. Art. 13 Abs. 3 Buchst. a bis Buchst. f setzen konkrete Mindestanforderungen an die Betriebsanleitung (→ Rn. 28 ff.). Neben der Identität und den Kontaktdaten des Anbieters und ggf. des Bevollmächtigten (Buchst. a) sind die Merkmale, Fähigkeiten und Leistungsgrenzen des KI-Systems (Buchst. b), die Änderungen am System nach der ersten Konformitätsbewertung (Buchst. c), die in Art. 14 (→ Rn. 52) genannten menschlichen Aufsichtsmaßnahmen (Buchst. d), die erforderlichen Rechen- und Hardwareressourcen, die voraussichtliche Lebensdauer und alle erforderlichen Wartungs- und Pflegemaßnahmen (Buchst. e) und die Beschreibung der Mechanismen zur Erfassung der Protokolle nach Art. 12 (→ Rn. 54) (Buchst. f) Mindestbestandteil der Betriebsanleitung nach Art. 13 Abs. 2, 3. Die Informationspflicht in Art. 13 weist eine starke Ähnlichkeit mit der produkt- und produzentenrechtlichen Instruktionspflicht auf.[9] Die Beachtung der durch den Anbieter bereitgestellten Informationen führt für den Betreiber dazu, dass dessen Haftungsrisiko mitigiert wird, sofern sich dieser eingehend mit den Informationen vertraut macht.[10]

1. Transparenzpflicht für Hochrisiko-KI-Systeme (Abs. 1)

4 Art. 13 Abs. 1 Hs. 1 statuiert die Pflicht, Hochrisiko-KI-Systeme derart zu konzipieren und zu entwickeln, dass ihr Betrieb hinreichend **transparent** ist. Die Anforderungen an die Transparenz richten sich dabei nach dem Betreiber, der die Ergebnisse des Systems interpretieren und angemessen nutzen können soll. Zusätzlich setzt Art. 13 Abs. 1 Hs. 2 die Anforderung, dass eine angemessene Art und ein angemessenes Maß an Transparenz zu gewährleisten ist, sodass die Anbieter und Betreiber ihren Verpflichtungen aus Art. 16 ff. nachkommen können.

5 **a) Allgemeines.** Der Begriff der **Transparenz** ist in der KI-Verordnung nicht legaldefiniert. Ausgangspunkt der Betrachtung der Transparenz ist, dass die KI dem Menschen als Werkzeug dienen und damit das menschliche Wohlbefinden steigern soll.[11] Insbesondere dem Betreiber soll aufgrund der entstehenden Transparenz die Möglichkeit gewährleistet werden, die Ergebnisse des Systems interpretieren und angemessen nutzen zu können.[12] So soll bspw. Diskriminierung verhindert werden.[13] Denn insbesondere nicht-intendierte Diskriminierung kann ansonsten unbemerkt bleiben, wenn der Betreiber Funktionsweise und Leistungsgrenzen des Hochrisiko-KI-Systems nicht kennt und aufgrund dessen nicht weiß, wie sich der Input auf den Output auswirkt, sowie welche inhärenten Gefahren vom KI-System ausge-

[9] Ebers/Quarch/Steege/Franke Rechtshandbuch ChatGPT § 9 Rn. 26.
[10] Ebers/Quarch/Steege/Franke Rechtshandbuch ChatGPT § 9 Rn. 27.
[11] Vgl. Erwgr. 6 S. 3.
[12] Geber ZdiW 2021, 247 (250).
[13] Hoffberger-Pippan/Ladeck/Ivankovics, Digitalisierung und Recht/Steege/Heinze, 2024, 277 (306 f.).

hen.[14] In seiner Festlegung ähnelt der Transparenzbegriff der Regelung des Art. 5 Abs. 1 Buchst. a DS-GVO. Danach müssen personenbezogene Daten auf rechtmäßige Weise, nach Treu und Glauben und in einer nachvollziehbaren Weise verarbeitet werden. Dieser **nachvollziehbaren Weise** liegt der Gedanke zu Grunde, dass die Anbieter und Betreiber ihren Pflichten aus Art. 16 ff. nachkommen müssen und dies ohne entsprechende Transparenz nicht möglich wäre.[15] Grundsätzliches Ziel ist damit eine innere Erklärbarkeit des KI-Systems für den Betreiber.[16]

Transparenz ist grds. auf die **Kommunikation** zwischen dem Anbieter als **6** Hersteller und den Betreibern ausgelegt.[17] Hierbei kann die Kommunikation durch verschiedene Wirkmechanismen hergestellt werden, was dazu führt, dass sich aus der VO unterschiedliche Wirkdimensionen ableiten lassen.[18] Transparenz kann durch die innere Erklärbarkeit wie in Art. 13 Abs. 1, die Bereitstellung von Informationen, die Dokumentation von Vorgängen (→ Art. 12 Rn. 9 ff.) und als Faktor für Entscheidungs- und Kommunikationsprozesse ähnlich dem Art. 50 entstehen.[19] Das System der Transparenz ist damit entscheidend in der Systematik der VO verankert. In Bezug auf Art. 13 Abs. 1 entsteht die Transparenz dadurch, dass der Betreiber des KI-Systems die **Mechanismen des KI-Systems** versteht und aus diesem Verständnis heraus die Ergebnisse verwendet und seinen weiteren Pflichten nachkommen kann, wozu bspw. die Pflicht aus Art. 26 Abs. 2 zählt.

Die Transparenz eines Hochrisiko-KI-Systems ermöglicht es nicht nur, dass **7** der Betreiber Vertrauen in das System hat, sondern tangiert dadurch auch die **Akzeptabilität** des Betreibers und der mit dem **Output** des Systems in Kontakt kommenden Personen.[20] Darüber hinaus macht die Opazität von gemeinhin als **Blackbox-Algorithmen** bezeichneten KI-Systemen die Überprüfbarkeit durch Marktüberwachungsbehörden unmöglich, sodass die erforderliche Transparenz nicht nur die Akzeptabilität beeinflusst, sondern auch eine effektive Überwachung durch die Marktüberwachungsbehörden ermöglicht.[21]

b) Transparenz bei der Konzipierung und Entwicklung (S. 1). Art. 13 **8** Abs. 1 reguliert zunächst die Konzipierung und Entwicklung der Hochrisiko-KI-Systeme. Dabei dient die Transparenzpflicht in diesem Stadium des KI-Systems der Rückverfolgbarkeit des Systems, der Einhaltung der VO und der Überwachung des Betriebs und des Inverkehrbringens.[22] Hintergrund des Anknüpfungspunkts ist, dass sich die Intransparenz entsprechender Systeme regelmäßig bereits aus dem Design, dem Training, der Programmierung und der Validierung

[14] Hoffberger-Pippan/Ladeck/Ivankovics, Digitalisierung und Recht/Steege/Heinze, 2024, 277 (306 f.).

[15] Vgl. zum Datenschutzrecht Gola/Heckmann, DS-GVO/Pötters, Art. 5 Rn. 12.

[16] Hilgendorf/Roth-Isigkeit, Die neue Verordnung der EU zur Künstlichen Intelligenz/Kumkar, § 6 Rn. 4.

[17] Vgl. zur DSG-VO Ehmann/Selmayr, DS-GVO/Heckmann/Paschke, Art. 12 Rn. 9.

[18] Hilgendorf/Roth-Isigkeit, Die neue Verordnung der EU zur Künstlichen Intelligenz/Kumkar, § 6 Rn. 5.

[19] Hilgendorf/Roth-Isigkeit, Die neue Verordnung der EU zur Künstlichen Intelligenz/Kumkar, § 6 Rn. 6 ff.

[20] In diese Richtung auch Martini/Wendehorst, KI-VO/Martini, Art. 13 Rn. 36, der allerdings von Akzeptanz spricht und nicht zwischen Akzeptanz und Akzeptabilität differenziert.

[21] So auch Martini/Wendehorst, KI-VO/Martini, Art. 13 Rn. 36.

[22] Erwgr. 71 S. 1.

der Systeme ergibt.[23] Da die Herausforderungen der Transparenz nicht erst bei einem unsachgemäßen Einsatz entstehen, soll vorliegend in den **frühen Phasen der Entstehung** solcher KI-Systeme regulatorisch angesetzt werden.[24] Aus Entwicklungsperspektive ist dies begrüßenswert, da der Anbieter bereits iRd Konstruktion des Hochrisiko-KI-Systems die Weichen für die Transparenz des Systems stellt. Folglich handelt es sich bei der Anforderung in Abs. 1 S. 1 um einen Determinanten iRd Konstruktionspflicht mit entsprechenden Konsequenzen bei Nichtbeachtung. Der Ansatz des Gesetzgebers, durch die Anforderung in Abs. 1 S. 1 eine Mindestanforderung an die Konstruktion des Hochrisiko-KI-Systems zu stellen, überzeugt, da sog. Blackbox-Algorithmen aufgrund ihrer Opazität bspw. im Kontext von Diskriminierung bereits lange Gegenstand der juristischen Auseinandersetzung waren.[25] Zu beachten ist allerdings, dass die in Art. 13 statuierten Anforderungen nur das Mindestmaß an Sorgfaltspflicht darstellen, da öffentlich-rechtliches Produktsicherheitsrecht die deliktischen Sorgfaltspflichten iRd Produkt- und Produzentenhaftung nicht vollumfänglich ausformt.

9 Die frühe Phase als Bezugspunkt der Transparenzpflicht soll grundlegend die Undurchsichtigkeit und die Komplexität des KI-Systems ausräumen.[26] Für ein möglichst hohes Transparenzniveau für die Betreiber muss die Pflicht vor dem Inverkehrbringen und der Inbetriebnahme ansetzen.[27] Art. 13 Abs. 1 S. 1 differenziert zwischen Konzeptionierung und Entwicklung, wobei der Wortlaut nicht konkretisiert, was damit gemeint ist. Danach sollte das KI-System mit hohem Risiko so konzipiert sein, dass die Betreiber verstehen können, wie das System funktioniert, seine Funktionalität bewerten und seine Stärken und Grenzen nachvollziehen können. Die **Konzipierung** setzt damit grds. an dem Anfangskonzept des KI-Systems an, das in dem frühestmöglichen Stadium zunächst seine Funktionalität zugewiesen bekommt. Im Gegensatz dazu basiert die **Entwicklung** gerade auf dem Anfangskonzept, sodass damit ein nachgelagerter Zeitpunkt umfasst wird. Der Zeitraum der Entwicklung (im Produktrecht auch Konstruktionsphase) umfasst bspw. Anforderungen aus Art. 10 Abs. 3 an die Trainings-, Validierungs- und Testdatensätze.

10 Welcher Maßstab an die Transparenz angelegt wird, bleibt in Art. 13 Abs. 1 S. 1 jedoch nebulös. Der Wortlaut spricht lediglich von **„hinreichend transparent"**. Diese Transparenz soll es dem späteren Betreiber ermöglichen, die Ausgaben des KI-Systems „angemessen interpretieren und verwenden" zu können. Abs. 1 S. 2 statuiert zudem, dass Transparenz auf eine **„geeignete Art"** und im **„angemessenen Maß"** gewährleistet wird. Diese zahlreichen unbestimmten Rechtsbegriffe sind auslegungsbedürftig und führen zu Rechtsunsicherheit für Anbieter.[28] Vollständige Transparenz müssen Anbieter nicht gewährleisten, gefordert wird in S. 1 lediglich, dass der Betrieb des KI-Systems „hinreichend transparent ist". Der Maßstab, der anzulegen ist, ob das Hochrisiko-KI-System hinreichend transparent ist,

---

[23] Krönke NVwZ 2024, 529 (531).

[24] Krönke NVwZ 2024, 529 (531).

[25] Bspw. bei Martini JZ 2017, 1017 (1020 f.); Steege MMR 2019, 715 ff.

[26] Hoffberger-Pippan/Ladeck/Ivankovics, Digitalisierung und Recht/Steege/Heinze, 2024, 277 (306 f.).

[27] Hoffberger-Pippan/Ladeck/Ivankovics, Digitalisierung und Recht/Steege/Heinze, 2024, 277 (306 f.).

[28] Krit. auch Bomhard/Siglmüller RDi 2024, 45 (49); folgend Martini/Wendehorst, KI-VO/Martini, Art. 13 Rn. 52.

lässt sich ebenfalls Abs. 1 S. 1 entnehmen. Danach muss das System so konzipiert und entwickelt sein, dass der Betreiber den Output angemessen interpretieren und verwenden kann. Eine weitergehende Konkretisierung des Transparenzniveaus folgt aus Abs. 1 S. 2, denn danach muss der Betreiber in die Lage versetzt werden können, seine in Abschn. 3 statuierten Pflichten erfüllen zu können. Hinreichende Transparenz liegt folglich dann vor, wenn diese Anforderungen eingehalten werden.[29]

Art. 13 Abs. 1 legt den **Umfang** der **Informationspflicht** fest, wobei lediglich das Mindestmaß determiniert wird. Wenngleich Art. 13 Abs. 1 kein Verbot von zu vielen Informationen vorsieht, kann der Anbieter gleichwohl den Betreiber mit Informationen überfordern.[30] Dies kann sich haftungsrechtlich auswirken, insbesondere dann, wenn der Betreiber aufgrund zu vieler Informationen und Gefahrenhinweise nicht mehr überblicken kann, woraus Gefahren resultieren. Ob der Anbieter eines Hochrisiko-KI-Systems zu viele Informationen bereitstellt oder zu wenige, ist ein schmaler Grat.[31] **11**

c) Interpretation und angemessene Nutzung der Ergebnisse. Mithin wird in Art. 13 Abs. 1 S. 1 der Zweck verfolgt, dass die Betreiber die Ergebnisse des Systems angemessen interpretieren und nutzen können. Gerade die Einbeziehung der **Angemessenheit** zeigt, dass ein vollständiges Verständnis des Betreibers nicht gefordert wird. Dies war in den Rats- und Parlamentsentwürfen noch anders, da dort gefordert wurde, dass Betreiber den Output auch verstehen. Die Anforderung, dass Betreiber den Output interpretieren können, ist insofern geringer.[32] Zudem betrifft Art. 13 Abs. 1 S. 1 ausschließlich die **Ergebnisse des KI-Systems,** eine umfängliche Analyse der Funktionsweise des Systems ist daher nicht Sinn und Zweck der Regelung. Die Betreiber sollen lediglich in der Lage sein, das System auszuwählen, dass sie anhand der für sie geltenden Verpflichtungen nutzen wollen, die beabsichtigten und ausgeschlossenen Verwendungszwecke zu erkennen und den korrekten und angemessenen Einsatz zu beherrschen.[33] Beurteilungsmaßstab ist dabei die Perspektive des Betreibers (→ Rn. 5 ff.). **12**

In diesem Zusammenhang wird kritisiert, dass Art. 13 kein grundsätzliches Recht schafft, das die Gründe für die Entscheidung des betreffenden Hochrisiko-KI-Systems darlegt.[34] Zudem sei der Begriff der Interpretation nicht definiert und damit insgesamt zu unbestimmt.[35] Grundsätzlich ist davon auszugehen, dass die Interpretation der Ergebnisse ein Mindestmaß an technischem Verständnis für das KI-System an sich voraussetzt. Zudem sollen nach dem Erwgr. 72 S. 7 die beabsichtigten bzw. ausgeschlossenen Verwendungszwecke dargelegt und der korrekte und angemessene Einsatz ggü. dem Betreiber deutlich gemacht werden. Die Interpretation erfordert daher kein vollkommenes technisches Verständnis, aber ein gewisses **Maß an Nachvollziehbarkeit** der Einsatzmöglichkeiten. Art. 86 enthält das Recht auf Erläuterung der individuellen Entscheidungsfindung. Diese **13**

---

[29] So auch Martini/Wendehorst, KI-VO/Martini, Art. 13 Rn. 53, 54.

[30] Sog. Information Overload, vgl. zu dieser Thematik Steege NZV 2021, 6 (10).

[31] Buck-Heeb/Oppermann, Automatisierte Systeme/Steege, Kap. 3.11, 367 (393).

[32] Martini/Wendehorst, KI-VO/Martini, Art. 13 Rn. 57.

[33] Vgl. Erwgr. 72 S. 7.

[34] Fink/Finck European Law Review 47 (2022), 376 (390); Feuerstack/Becker/Hertz ZfDR 2023, 421 (430).

[35] Feuerstack OdW 2022, 169 (177 f.).

Pflicht können Betreiber nur auf Grundlage der vom Anbieter nach Art. 13 gewährleisteten Transparenz sowie der zur Verfügung gestellten Informationen erfüllen. Das erforderliche Maß an KI-Kompetenz gem. Art. 4 müssen Anbieter und Betreiber bspw. mittels entsprechender Schulungen garantieren.

14 **d) Geeignete Art und angemessenes Maß an Transparenz (S. 2).** Art. 13 Abs. 1 S. 2 verweist auf eine Gewährleistung der Transparenz auf eine geeignete Art und ein angemessenes Maß. Hierbei ist eine Einzelfallbetrachtung erforderlich, da die unterschiedlichen Verwendungsmöglichkeiten und die Funktionalität in einem Abhängigkeitsverhältnis mit dem jeweiligen System stehen.[36] Zusätzlich müssen die spezifischen Besonderheiten und der Betreiber für die Angemessenheit der Transparenz hinzugezogen werden.[37] Ähnlich der Interpretation und der angemessenen Nutzung ist der Maßstab ebenfalls der objektive Empfängerhorizont, der einen durchschnittlichen Betreiber für die **Angemessenheit der Transparenz** zugrunde legt.[38] Allerdings lässt sich überlegen, ob je nach Verkehrskreis des Betreibers unterschiedliche Sorgfaltsmaßstäbe anzulegen sind. Dies würde systematisch betrachtet, zu einer Harmonisierung mit den bisherigen Anforderungen an die Instruktionspflichten von Herstellern führen. In Art. 13 ist jedoch keine gestufte Intensität der Pflichten vorgesehen, sodass dies gegen eine gestufte Intensität spricht. Jedoch muss für den Einzelfall stets berücksichtigt werden, dass die Zielrichtung der Transparenz die Erfüllung der Pflichten des Abschnitts 3 ist. Sinn und Zweck der Transparenz ist damit die Abwendung von Gefahren.[39] Daher muss die geeignete Art und die angemessene Weise der Transparenz sicherstellen, dass natürliche Personen in der Lage sind, den Output aufgrund des gewonnenen Wissens zu interpretieren sowie in das System einzugreifen, wenn dieses nicht ordnungsgemäß funktioniert, um negative Folgen oder Risiken zu vermeiden oder abzuwehren.[40] An den Betreiber ist daher die Voraussetzung zu stellen, dass er die Fähigkeit besitzt, die bestimmungsgemäße Funktionsweise überwachen und sicherstellen zu können.[41] Abs. 1 S. 2 verlangt allerdings nicht, dass die Betreiber den Output verstehen können müssen. Erforderlich ist vielmehr, dass sie diesen interpretieren können, was also eine deutlich reduzierte Pflicht darstellt. Jedoch gilt: Je größer die Gefahren durch die Verwendung des Hochrisiko-KI-Systems, desto strenger ist auch die Anforderung an die Transparenz.[42] Insofern gilt, was auch gemeinhin für (deliktische) Sorgfaltspflichten zu beachten ist.

15 **e) Transparenz als Grundvoraussetzung der Pflichterfüllung.** Nach Art. 13 Abs. 1 S. 2 soll die normierte Transparenz dazu dienen, dass die Anbieter und Betreiber von Hochrisiko-KI-Systemen ihre Pflichten aus dem Abschnitt 3 der VO erfüllen können. Dabei soll keine tatsächliche Erfüllung herbeigeführt werden, vielmehr ist die Transparenzpflicht als **Unterstützung** anzusehen, damit die Anbieter und Betreiber ihren Pflichten nach Art. 16 ff. nachkommen

---

[36] So auch Martini/Wendehorst, KI-VO/Martini, Art. 13 Rn. 55.

[37] Hilgendorf/Roth-Isigkeit, Die neue Verordnung der EU zur Künstlichen Intelligenz/Kumkar, § 6 Rn. 18.

[38] Martini/Wendehorst, KI-VO/Martini, Art. 13 Rn. 55.

[39] Erwgr. 66 S. 2.

[40] Erwgr. 73 S. 3.

[41] Erwgr. 73 S. 1.

[42] So auch Martini/Wendehorst, KI-VO/Martini, Art. 13 Rn. 67.

können.[43] Neben den Pflichten für Anbieter von Hochrisiko-KI-Systemen aus Art. 16 (→ Art. 16 Rn. 3 ff.) bestehen insbesondere die Pflicht ein Qualitätsmanagementsystem nach Art. 17 (→ Art. 17 Rn. 3 ff.) einzurichten, eine Aufbewahrungspflicht von Unterlagen nach Art. 18 (→ Art. 18 Rn. 6 ff.), die zusätzlich die automatisch erzeugten Protokolle gem. Art. 12 umfasst (→ Art. 19 Rn. 3 ff.) und die Benennungspflicht eines Bevollmächtigten nach Art. 22 Abs. 1 (→ Art. 22 Rn. 8 ff.), sofern der Anbieter außerhalb der EU niedergelassen ist. Bei der Festsetzung der angemessenen Art und dem angemessenen Maß der Transparenz sind daher im Einzelfall ausdrücklich die Verpflichtungen des Abschnitts 3 zu berücksichtigen. Die Transparenzpflicht der natürlichen oder juristischen Person, die das Hochrisiko-KI-System konzipiert oder entwickelt, muss daher bereits die Anbieter- und Betreiberpflichten vorausschauend bedenken. Was den Betreiber betrifft, muss dieser insbesondere in die Lage versetzt werden, die möglichen Einsatzgebiete und Leistungsgrenzen des Hochrisiko-KI-Systems zu überblicken und den Output interpretieren zu können. Die Erfüllung seiner Pflichten aus Art. 26 macht es erforderlich, dass er dazu durch den Anbieter befähigt wird. Insbesondere Art. 13 und Art. 26 Abs. 2 stehen in einem unmittelbaren Wechselspiel. Auf der einen Seite steht die Pflicht zur Schaffung von Transparenz und der Bereitstellung von Informationen durch den Anbieter. Auf der anderen Seite steht spiegelbildlich die Pflicht des Betreibers, sich anhand dessen mit dem KI-System, seiner Funktionalität etc. vertraut zu machen und die Pflicht aus Art. 26 Abs. 2 erfüllen zu können. In dieser Gesamtschau sind die Anforderungen an die Transparenz hoch, da zahlreiche Pflichten der Anbieter und Betreiber erfüllbar sein müssen.[44]

2. Beifügung einer Betriebsanleitung (Abs. 2)

Art. 13 Abs. 2 statuiert zudem eine Pflicht zur Bereitstellung einer Betriebsanleitung bei Hochrisiko-KI-Systemen. Unter **Betriebsanleitung** sind nach Art. 3 Abs. 15 die bereitgestellten Informationen des Anbieters zu verstehen, die den Betreiber insbesondere über den beabsichtigen Zweck und die ordnungsgemäße Verwendung des KI-Systems informieren (→ Art. 3 Rn. 166 ff.). Art. 13 Abs. 2 sieht lediglich die Erstellung einer Betriebsanleitung vor, die Fehlerfreiheit ist dabei nicht ausdrücklich normiert.[45] Im Gegensatz dazu wird festgesetzt, dass die Betriebsanleitung präzise, korrekte und eindeutige Informationen enthalten muss. Zudem muss die Betriebsanleitung in einem **geeigneten digitalen Format** oder auf andere Weise beigefügt werden. Die Informationen müssen für den Betreiber in einer relevanten, barrierefrei zugänglichen und verständlichen Form enthalten sein. Grundsätzlich soll mit der Betriebsanleitung der Undurchsichtigkeit (sog. Opazität) der KI-Systeme entgegengewirkt werden, sodass die Komplexität für natürliche Personen verständlich wird.[46] Damit ist die Betriebsanleitung das zentrale Dokument der Informationsbereitstellung, das vergleichbar mit dem Beipackzettel die wesentlichen Informationen über die Zweckbestimmung des KI-Systems enthält.[47] So wird der eigenverantwortliche Umgang des Betreibers mit dem Hochrisiko-KI-System und 16

[43] Ashkar/Schröder BB 2024, 771 (776).
[44] So auch Martini/Wendehorst, KI-VO/Martini, Art. 13 Rn. 63.
[45] Vgl. Steege NZV 2022, 257 (262).
[46] Schulz-Große/Genske GuP 2023, 81 (89).
[47] Selz/Surjadi DSRITB 2023, 401 (406).

dessen inhärenten Restrisiken ermöglicht. Wohingegen der Anbieter seinen Informationspflichten nachkommen muss, muss – spiegelbildlich betrachtet – der Betreiber seine **Sorgfaltspflichten** erfüllen. Er hat eine eigenverantwortliche Sorgfalt walten zu lassen und sich mit dem Inhalt der Betriebsanleitung vertraut zu machen.

17 **a) Eignung des digitalen Formats.** Art. 13 Abs. 2 schreibt vor, dass die Betriebsanleitung in einem geeigneten digitalen Format oder in anderer Weise beigefügt werden muss. Dies stellt im Produktsicherheitsrecht insoweit eine Besonderheit dar, als dass bspw. Art. 21 S. 1 GPSR davon ausgeht, dass Informationen in physischer Form und nur zusätzlich in digitaler Form bereitzustellen sind. Da die Betriebsanleitung dem Betreiber bei der Nutzung des Systems helfen und eine fundierte Entscheidungsfindung ermöglichen soll,[48] ist das **Format** von dem Betreiber abhängig. Durch die Voranstellung des digitalen Formats soll der Anbieter grds. dieses für die Betriebsanleitung wählen. Die Eignung des Formats richtet sich nach den vorangegangenen Zwecken, die die Betriebsanleitung erfüllen soll.

18 Im medizinischen Bereich enthält die DVO (EU) 2021/2226, die die VO (EU) 2017/745 in Bezug auf elektronische Betriebsanleitungen für **Medizinprodukte** konkretisieren soll, spezifizierende Regelungen zur Betriebsanleitung. Die elektronische Betriebsanleitung ist nach Art. 2 Abs. 1 DVO (EU) 2021/2226 eine Betriebsanleitung, die in elektronischer Form vom Produkt selbst angezeigt wird, auf einem elektronischen Speichermedium enthalten ist, das vom Hersteller zusammen mit dem Produkt geliefert wird, oder die über eine Software oder auf einer Website bereitgestellt wird. Das digitale Format bezeichnet damit die konkrete Art und Weise, wie der Bereitsteller die Betriebsanleitung ggü. dem Betreiber übermittelt. Ähnlich der DVO (EU) 2021/2226 muss auch die KI-VO mit der Bezeichnung des digitalen Formats alle Möglichkeiten umfassen, die dem Betreiber zur Verfügung stehen, um sich durch die Betriebsanleitung auf digitale Weise zu informieren.

19 **b) Bereitstellung auf andere Weise.** Ferner gestattet Art. 13 Abs. 2 neben dem digitalen Format die Beifügung der Betriebsanleitung auf **andere Weise.** Hierbei handelt es sich um einen **Auffangtatbestand,** der grds. alle weiteren denkbaren Möglichkeiten der Darstellung der Betriebsanleitung beinhaltet. Möglicher Anwendungsfall ist die Beifügung in Papierform, sodass eine Vergleichbarkeit mit dem Beipackzettel entsteht.[49] Wesentliches Merkmal ist ausschließlich, dass sich das gewählte Format für die wesentliche Informationsübermittlung ggü. dem Betreiber eignet. Durch die Normierung der anderen Weise wird dem Anbieter eine Wahlmöglichkeit im Rahmen seiner Informationspflicht eingeräumt. Mit dem bereitgestellten Format muss es dem Betreiber möglich sein, das KI-System hinsichtlich der Transparenz angemessen nutzen und die Ergebnisse des Systems interpretieren zu können (→ Rn. 12 ff.). In einer Einzelfallbetrachtung ist es zudem denkbar, dass die Betriebsanleitung in verschiedenen Formaten beigefügt wird, damit eine größtmögliche Eignung für den Betreiber erreicht wird.

20 **c) Formale Anforderungen der Betriebsanleitung.** Zwar statuiert Art. 13 Abs. 3 **Mindestanforderungen** an die Betriebsanleitung (→ Rn. 28 ff.), jedoch

[48] Vgl. Erwgr. 72 S. 6.
[49] Vgl. Selz/Surjadi DSRITB 2023, 401 (406).

normiert bereits Art. 13 Abs. 2 die wesentlichen formalen Anforderungen in abstrakter Weise. In Bezug auf den Informationsgehalt der Betriebsanleitung werden die Merkmale präzise, vollständig, korrekt und eindeutig in Art. 13 Abs. 2 festgeschrieben. Eine Begrenzung findet dahingehend statt, dass die Informationen für den Betreiber in einer relevanten, barrierefrei zugänglichen und verständlichen Form enthalten sein sollen. Da es sich bei der KI-VO um Produktsicherheitsrecht handelt, lassen sich bisherige Erkenntnisse aus dem Bereich der **Instruktionspflicht** heranziehen und sollten vom Anbieter beachtet werden.

aa) Formale Informationsgestaltung. Die enthaltenen Informationen in der Betriebsanleitung sollen nach Art. 13 Abs. 2 präzise, vollständig, korrekt und eindeutig sein. Die Informationen sind **präzise** dargebracht, wenn die wesentlichen Informationen kurz und klar genannt sind. Ein Übermaß an Informationen, die vielmehr den Betreiber überfordern können („Information-Overkill"/„Information-Overload"), ist explizit nicht gefordert.[50] Dies hängt insbesondere mit der Relevanz der Informationen für den Betreiber zusammen, da nicht alle Informationen wesentlich für die Nutzung und die Interpretation der Ergebnisse sind. Diese Problematik ist im Kontext der Instruktionspflicht bekannt, sodass Anbieter sich an dortigen Grundlagen orientieren können.[51] So kann der Anbieter vor äußerst selten auftretenden Gefahren seines Hochrisiko-KI-Systems warnen, wenn ein hohes Schutzbedürfnis vorliegt, bspw. aufgrund der gefährdeten Rechtsgüter.[52] Allerdings muss dem Bereitsteller ein Gestaltungsspielraum zugebilligt werden, der ausschließlich bei unbrauchbaren und unverständlichen Informationen überschritten wird.[53] Informationen sind dann nicht mehr präzise, wenn der Anbieter wichtige Hinweise im Text versteckt, verharmlost oder in unzulässiger bzw. irreführender Form relativiert.[54] 21

Darüber hinaus sind die Informationen **vollständig** bereitzustellen. Diese Anforderung steht im Wechselspiel mit der präzisen Darstellung. Daher hat der Anbieter des Hochrisiko-KI-Systems die Informationen iRd Betriebsanleitung grds. auf die wesentlichen Informationen zu beschränken und diese auf den Kern für den Betreiber zu reduzieren.[55] Hierbei darf jedoch keine für den Betreiber wesentliche Information ausgelassen werden. Der Anbieter darf also nicht gar keine, unvollständige oder zu wenig Information bereitstellen, aber auch nicht zu viele. Ziel der Vorgabe, dass die Informationen vollständig darzustellen sind, ist, dass der Betreiber die Funktionalität des Systems bewerten und zudem die Stärken und Grenzen nachvollziehen kann.[56] Zudem sind für die Vollständigkeit das Verhalten und die Beeinflussungsmöglichkeit des Betreibers relevant, damit 22

---

[50] Vgl. zur DSG-VO Sydow/Marsch, DS-GVO/Greve, Art. 12 Rn. 14 und zur Instruktionspflicht im Produkthaftungsrecht Säcker/Rixecker/Oetker/Limperg/Schubert, MüKoBGB/Wagner, § 823 Rn. 1102.

[51] Vgl. bspw. OLG Frankfurt a. M. NJW-RR 1995, 406 (408); BGH NJW-RR 1992, 981 – Pferdekral; BGH NJW-RR 1987, 664 (665) – Bleischmelzanlage.

[52] So auch bei Instruktionspflichten zu seltenen Nebenwirkungen, OLG Celle VersR 1985, 148 (148 f.) – Gichtmittel.

[53] Vgl. zur DS-GVO Kühling/Buchner, DS-GVO/Bäcker, Art. 12 Rn. 12.

[54] So auch gemeinhin bei Instruktionspflichten BGH NJW 1998, 2905 (2907) – Feuerwirbel; BGH ZIP 1995, 747 – Kindertee III.

[55] Vgl. zur DS-GVO Ehmann/Selmayr, DS-GVO/Heckmann/Paschke, Art. 12 Rn. 12. Härting DS-GVO S. 26.

[56] Erwgr. 72 S. 2.

Risiken in Bezug auf die Gesundheit, die Sicherheit und die Grundrechte verhindert bzw. minimiert werden können.[57] Genereller Anknüpfungspunkt sind dafür der Verwendungszweck des KI-Systems und die Kenntnisse und Bedürfnisse der Zielgruppe.[58]

23 Ferner müssen die Informationen nach Art. 13 Abs. 2 **korrekt** sein. Dabei kann die Fehlerfreiheit als Synonym für die Korrektheit der Information gesehen werden.[59] Die Bereitstellung von korrekten Informationen bezieht sich dabei auf die Nutzung des KI-Systems und die Interpretation der Ergebnisse durch den Betreiber. Die Fehlerfreiheit liegt jedenfalls dann nicht vor, wenn der Betreiber entweder das System nicht gemäß seinem bestimmungsgemäßen Zweck nutzen kann oder die Ergebnisse mit den Informationen der Betriebsanleitung nicht interpretieren kann. Dabei schließt die zweckfremde Nutzung zusätzlich die fehlende Interpretationsfähigkeit aus. Die Korrektheit knüpft insbesondere an die Konkretisierung des Art. 13 Abs. 3 an, der in Buchst. b die Merkmale, Fähigkeiten und Leistungsgrenzen des KI-Systems ausdrücklich benennt. Für die Nachverfolgung ist Art. 13 Abs. 3 Buchst. a herauszustellen, sodass die Korrektheit der Identität und die Kontaktdaten des Anbieters und gegebenenfalls seines Bevollmächtigten von besonderer Bedeutung sind.

24 Als weitere Anforderung an den Informationsinhalt ist die **Eindeutigkeit** der Information benannt. Ähnlich dem Art. 12 Abs. 1 S. 1 DS-GVO lässt sich das Erfordernis der Verwendung einer klaren Sprache auf die KI-VO übertragen. Die gewählten Darstellungen und die gewählte Darstellung innerhalb der Betriebsanleitung sollen danach eindeutig und ohne Interpretationsspielräume auskommen.[60] Die Betriebsanleitung muss inhaltlich derart gestaltet sein, dass der Anbieterkreis die KI-Systeme tatsächlich nutzen und die Ergebnisse interpretieren kann. Im Gegensatz zu Art. 12 Abs. 1 S. 1 DS-GVO, der nicht an dem Durchschnittsnutzer ansetzt, sondern sich auch auf das Sprachverständnis von Menschen mit einem niedrigeren Bildungsniveau bezieht,[61] ist Ansatzpunkt der KI-VO der **durchschnittlich, technisch versierte Betreiber.**[62] Dafür, dass die Sorgfaltspflichten des Anbieters nicht starr, sondern flexibel sind und sich daher das Informationsniveau unterscheiden kann, spricht auch Erwgr. 72 S. 9, der vorsieht, dass sich die Informationen an den Bedürfnissen und vorhersehbaren Kenntnissen der Betreiber orientieren. Dadurch ist zu berücksichtigen, dass sich ein KI-System zur Erkennung eines Myokardinfarkts an einen anderen Adressatenkreis mit anderen Kenntnissen richtet als ein System, welches im Bewerbungsverfahren Verwendung findet. Die Komplexität und die Undurchsichtigkeit der KI-Systeme erfordern zumindest ein überblickartiges Verständnis, sodass es für die Eindeutigkeit nicht auf unwesentliche Informationen für das Systemverständnis ankommen kann. Anbieter können nach den Vorstellungen des Unionsgesetzgebers sowohl die Lesbarkeit als auch die Zugänglichkeit der in der Betriebsanleitung enthaltenen Informationen verbessern, indem anschauliche Beispiele verwendet werden, bspw. zu den Beschränkungen sowie zu den beabsichtigten und ausgeschlossenen Einsatzge-

[57] Erwgr. 72 S. 5.
[58] Erwgr. 72 S. 9.
[59] Vgl. Steege NVZ 2022, 257 (262).
[60] Vgl. zur DS-GVO Ehmann/Selmayr, DS-GVO/Heckmann/Paschke, Art. 12 Rn. 17.
[61] Ehmann/Selmayr, DS-GVO/Heckmann/Paschke, Art. 12 Rn. 17.
[62] Roth-Isigkeit GesR 2022, 278 (284).

bieten des KI-Systems.[63] Im Hinblick auf Leistungsgrenzen und den Einsatzzweck wird die Kombination mit anderen (KI-)Systemen sowie die Einbettung in hochkomplexe IoT-Umgebungen virulent, sodass auf die Diskussion rund um die Kombination mit anderen Produkten im Kontext der Produkthaftung zurückgegriffen werden kann.

bb) Betreiberbezug der Betriebsanleitung. Zusätzlich normiert Art. 13 Abs. 2 einen Betreiberbezug der Betriebsanleitung. Danach soll die gewählte **Form** für den Betreiber relevant, barrierefrei zugänglich und verständlich sein. Die Relevanz soll dazu dienen, dass der Betreiber das KI-System nutzen und die Ergebnisse interpretieren kann. Eine Information ist irrelevant, wenn sie weder für die Nutzung noch die Interpretation der Ergebnisse benötigt wird. Ähnlich der präzisen Information sollen die Betreiber nicht mit Informationen überfordert werden, die nicht wesentlich sind.[64] Anbieter dürfen die Informationen und den Informationsgehalt folglich auch nicht aufblähen.[65] Die Nennung der **Relevanz** als Kriterium der Information stellt zeitgleich eine inhaltliche Begrenzung dar, indem der Maßstab des Personenkreises für die Betriebsanleitung angesetzt wird.[66] 25

In Bezug auf die barrierefreie **Zugänglichkeit** ist davon auszugehen, dass die Informationen einerseits leicht auffindbar und andererseits die Form in einer digitalen Umgebung auch maschinenlesbar und damit barrierefrei ist.[67] Wann Barrierefreiheit gegeben ist, richtet sich nach der RL (EU) 2016/2102. Mobile Anwendungen und Websites sind nach Art. 4 RL (EU) 2016/2102 barrierefrei, wenn sie wahrnehmbar, bedienbar, verständlich und robust gestaltet sind. Daneben könnte die Formulierung derart verstanden werden, dass die Informationen gedanklich leicht zugänglich gestaltet werden sollen.[68] Dafür spricht, dass Erwgr. 72 S. 8 Bezug nimmt auf die Lesbarkeit und die Zugänglichkeit der Informationen. Vorgesehen ist daher iRd Betriebsanleitung die Verwendung von anschaulichen Beispielen, zB zu den Beschränkungen sowie zu den beabsichtigten und ausgeschlossenen Verwendungszwecken des KI-Systems. Demnach ist unter Zugänglichkeit auch die inhaltliche Anschaulichkeit zu verstehen. 26

Die Betriebsanleitung soll zudem nach Art. 13 Abs. 3 für den Betreiber **verständlich** sein. Diese Erklärung sollte daher in einer Sprache zur Verfügung gestellt werden, die leicht verstanden werden kann.[69] Eine Betriebsanleitung ist grds. verständlich, wenn sie von einem Dritten allein aufgrund der Ausführungen nachvollzogen werden kann.[70] Ansatzpunkt für die Verständlichkeit sind dabei die Bedürfnisse und voraussichtlichen Kenntnisse der Zielbetreiber.[71] In sprachlicher Hinsicht ist ebenfalls darauf zu achten, dass die Betriebsanleitung sprachlich eindeutig und ohne interpretationsoffene Formulierungen ausgestal- 27

---

[63] Erwgr. 72 S. 8.
[64] Vgl. zur DS-GVO Sydow/Marsch, DS-GVO/Greve, Art. 12 Rn. 14.
[65] So auch gemeinhin bzgl. Instruktionspflichten des Herstellers Foerste/Graf v. Westphalen ProdHaft-HdB/Foerste § 24 Rn. 267.
[66] Vgl. Erwgr. 72 S. 9.
[67] Vgl. zur DS-GVO Ehmann/Selmayr, DS-GVO/Heckmann/Paschke, Art. 12 Rn. 14.
[68] Vgl. zur DS-GVO Walter DSRITB 2016, 367 (368 f.).
[69] Erwgr. 72 S. 10.
[70] Vgl. zur DS-GVO Ehmann/Selmayr, DS-GVO/Heckmann/Paschke, Art. 12 Rn. 13.
[71] Erwgr. 72 S. 9.

tet ist.[72] Hierbei müssen die Formulierungen derart gestaltet sein, dass die Betreiber die konkrete Nutzung des KI-Systems nachvollziehen und die Ergebnisse interpretieren können. Zudem muss deutlich werden, welche Risiken für die Gesundheit, Sicherheit und die Grundrechte bestehen können. Es gilt, dass grds. juristische Termini und Fachwörter vermieden werden sollen bzw. entsprechende Erläuterungen erforderlich sind.[73]

3. Mindestangaben der Betriebsanleitung (Abs. 3)

28 Die abstrakten Anforderungen an die Betriebsanleitung des Art. 13 Abs. 2 werden in Art. 13 Abs. 3 durch inhaltliche **Mindestanforderungen** konkretisiert. Dazu benennt Art. 13 Abs. 3 die Identität und die Kontaktdaten des Anbieters und ggf. des Bevollmächtigten (Buchst. a) (→ Rn. 29 ff.), die Merkmale, Fähigkeiten und Leistungsgrenzen des KI-Systems (Buchst. b) (→ Rn. 33 ff.), die Änderungen am System nach der ersten Konformitätsbewertung (Buchst. c) (→ Rn. 50 f.), die in Art. 14 (→ Art. 14 Rn. 23 ff.) genannten menschlichen Aufsichtsmaßnahmen (Buchst. d) (→ Rn. 52), die erforderlichen Rechen- und Hardwareressourcen, die voraussichtliche Lebensdauer und alle erforderlichen Wartungs- und Pflegemaßnahmen (Buchst. e) (→ Rn. 53) und die Beschreibung der Mechanismen zur Erfassung der Protokolle nach Art. 12 (→ Art. 12 Rn. 9 ff.) (Buchst. f) (→ Rn. 54) als zwingende Mindestangaben in der Betriebsanleitung. Der Anbieter kann daher auch weitergehende Informationen in die Betriebsanleitung aufnehmen. Die Statuierung von Mindestanforderungen, wie sie in Art. 13 Abs. 3 vorgesehen ist, ist im Produktsicherheitsrecht tradiert. Für Maschinen sieht bspw. die EU-MaschinenVO (VO (EU) 2023/1230) in Art. 10 Abs. 7 und Anh. III vor, welche Informationen und Hinweise dem Nutzer zur Verfügung zu stellen sind. Darüber hinaus werden Form und Sprache konkretisiert. Anforderungen an Informationen für Produktnutzer finden sich im Standard DIN/EN 82079-1:2021. Im Hinblick auf die Lesbarkeit ist die DIN 1450 heranzuziehen sowie die ISO 26514 für Systeme und Software.

29 **a) Namen und Kontaktdaten des Anbieters und des Bevollmächtigten (Buchst. a).** Als erste Mindestanforderung der Betriebsanleitung nennt Art. 13 Abs. 3 Buchst. a den Namen und die Kontaktdaten des Anbieters und ggf. seines Bevollmächtigten. Grundsätzlich soll damit die **Rückverfolgbarkeit der KI-Systeme** gewährleistet werden, um die Einhaltung der VO überprüfen und überwachen zu können. Unter Anbieter sind nach Art. 3 Abs. 3 natürliche oder juristische Personen, Behörden, Einrichtungen oder sonstige Stellen, die ein KI-System oder ein KI-Modell für allgemeine Zwecke entwickeln oder ein KI-System oder ein KI-Modell für allgemeine Zwecke entwickeln lassen und es unter ihrem eigenen Namen oder ihrer Handelsmarke in Verkehr bringen oder in Betrieb nehmen, unabhängig davon, ob dies entgeltlich oder unentgeltlich geschieht, zu verstehen (→ Art. 3 Rn. 51 ff.). Zur konkreten Zuweisung der Verantwortung ist es erforderlich, dass die natürliche oder juristische Person, die das KI-System in Verkehr bringt oder in Betrieb nimmt, unabhängig, ob die Person das System konzipiert oder entwickelt hat, in der Betriebsanleitung mit der Identität und den Kontaktdaten benannt wird.[74]

---

[72] Vgl. zur DS-GVO Ehmann/Selmayr, DS-GVO/Heckmann/Paschke, Art. 12 Rn. 17.
[73] Vgl. zur DS-GVO Ehmann/Selmayr, DS-GVO/Heckmann/Paschke, Art. 12 Rn. 17.
[74] Vgl. Erwgr. 79.

Grundsätzlich muss beachtet werden, dass unter bestimmten Bedingungen jeder Händler, Importeur, Bereitsteller oder sonstiger Dritte – wie Betreiber – als **Anbieter eines Hochrisiko-KI-Systems** angesehen werden kann, damit Rechtssicherheit gewährleistet wird.[75] Als Beispielfälle nennt Erwgr. 84 S. 2 in Einklang mit Art. 25 das Anbringen des Namens oder der Handelsmarke auf einem bereits in Verkehr gebrachten oder in Betrieb genommenen KI-Systems bzw. der Anwendungsfall einer wesentlichen Änderung eines bereits in Verkehr gebrachten oder in Betreib genommenen KI-Systems. Dies entspricht einem bisherigen Verständnis im Produkthaftungsrecht. Zum Schutz des Betreibers ist es daher zwingend vorgesehen, dass die Betriebsanleitung in solchen Fällen angepasst oder erweitert wird, da der handelnde Akteur in die Rolle des Anbieters gelangt. Es besteht allerdings nicht die Möglichkeit, dass mehrere Anbieter in der Betriebsanleitung zu nennen sind, da der Anbieter, der das KI-System ursprünglich in Verkehr gebracht hat, gem. Art. 25 Abs. 2 S. 1 nicht mehr als Anbieter iSd VO gilt. 30

Weiterhin statuiert Buchst. a die Pflicht, ggf. die Namen und die Kontaktdaten des Bevollmächtigten des Anbieters zu benennen. **Bevollmächtigter** ist nach Art. 3 Abs. 5 eine natürliche oder juristische Person, die in der Union ansässig oder niedergelassen ist und von einem Anbieter eines KI-Systems oder eines KI-Modells für allgemeine Zwecke ein schriftliches Mandat erhalten und angenommen hat, in seinem Namen die in dieser Verordnung festgelegten Verpflichtungen und Verfahren zu erfüllen und durchzuführen (→ Art. 3 Rn. 67 ff.). Grundsätzlich besteht für alle Anbieter, die in einem Drittland niedergelassen sind und ihr KI-System mit hohem Risiko auf dem Unionsmarkt anbieten wollen, die Pflicht einen Bevollmächtigten nach Art. 22 Abs. 1 zu benennen (→ Art. 22 Rn. 8 ff.). Dieser spielt die zentrale Rolle für die Konformität des KI-Systems und fungiert als Ansprechpartner für die Behörden, sodass ein effektiver Schutz über diesen erreicht werden kann.[76] Eine Benennung des Bevollmächtigten in der Betriebsanleitung dient damit der Effektivität des Schutzes der Betreiber. Insbesondere in Haftungsfällen wird es dem Geschädigten so ermöglicht, zweifelsfrei festzustellen, gegen wen er sich mit seiner Forderung richten kann. 31

Angegeben werden müssen der vollständige **Name** der natürlichen oder juristischen Person sowie die Rechtsform. Zu den **Kontaktdaten** zählt die vollständige **postalische Anschrift.** Offengelassen ist, ob neben der postalischen Anschrift auch elektronische Kontaktdaten umfasst werden. Die postalische Anschrift muss als Mindestinformation genannt werden. Insbesondere, wenn die Informationen online bereitgestellt werden, ist davon auszugehen, dass elektronische Kontaktdaten erfasst sind, sodass entweder eine **E-Mail-Adresse oder ein Online-Kontaktformular** zur Verfügung gestellt werden müssen. Es ist allerdings nicht ausreichend, wenn der Anbieter ausschließlich eine E-Mail-Adresse nennt und ansonsten weder eine postalische Anschrift oÄ. Dies lässt sich aus dem Wortlaut „Kontaktangaben" (Plural) ableiten.[77] Der Name eines konkreten Mitarbeiters muss nicht benannt werden. Ob eine Telefonnummer angegeben werden muss, ist ebenfalls unklar. Da die genannten Kontaktmöglichkeiten ausreichen, um Anfragen von Betreibern zu klären, ist nicht davon auszugehen, dass eine **Telefonnummer** angegeben werden muss. Andernfalls hätte 32

[75] Erwgr. 84 S. 1.
[76] Vgl. Erwgr. 82 S. 2.
[77] Martini/Wendehorst, KI-VO/Martini, Art. 13 Rn. 89.

der Wortlaut des Art. 13 Abs. 3 lit. a dies explizit nennen können. Die Angabe einer Telefonnummer sieht auch Anh. VIII Abschn. A für die Registrierung von Hochrisiko-KI-Systemen nicht vor, sodass aus systematischen Erwägungen davon ausgegangen werden kann, dass dies in der Betriebsanleitung ebenfalls nicht erforderlich ist.

33 **b) Merkmale, Fähigkeiten und Leistungsgrenzen des KI-Systems (Buchst. b).** Zudem müssen die Merkmale, die Fähigkeiten und die Leistungsgrenzen nach Buchst. b Bestandteil der Betriebsanleitung sein. Konkretisiert werden die abstrakten Begriffe in den Ziff. i–vii. Hierzu gehören Informationen über mögliche und vorhersehbare Umstände im Zusammenhang mit der Nutzung des KI-Systems.[78] Umfasst sind dabei Maßnahmen des Betreibers, die das Verhalten und die Leistung des Systems beeinflussen können.[79] Unter Leistung wird nach Art. 3 Abs. 18 die Fähigkeit des KI-Systems verstanden, den beabsichtigten Zweck zu erfüllen (→ Art. 3 Rn. 184 ff.). Der Anbieter legt in der Betriebsanleitung damit grds. die Modalitäten des KI-Systems ggü. dem Betreiber fest. Mithin wird durch die Betriebsanleitung der Zweck des KI-Systems in seinem Anwendungsbereich durch den Anbieter begrenzt. Dies ist haftungsrechtlich relevant, da dadurch ua determiniert wird, ob ein zweckmäßiger Gebrauch, ein naheliegender Fehlgebrauch oder ein Produktmissbrauch vorliegt.

34 **aa) Zweckbestimmung (Ziff. i).** Die Betriebsanleitung soll neben den Merkmalen, Fähigkeiten und Leistungsgrenzen des Hochrisiko-KI-Systems auch Informationen zu seiner Zweckbestimmung enthalten. Die **Zweckbestimmung** bezeichnet den vom Anbieter geplanten Einsatzzweck des KI-Systems, für welchen es konzipiert ist. Art. 3 Nr. 12 enthält eine Legaldefinition, wonach es sich um die Verwendung handelt, für die ein KI-System laut Anbieter bestimmt ist, einschließlich der besonderen Umstände und Bedingungen für die Verwendung, entsprechend den vom Anbieter bereitgestellten Informationen in der Betriebsanleitung, im Werbe- oder Verkaufsmaterial und in diesbezüglichen Erklärungen sowie der technischen Dokumentation (→ Art. 3 Rn. 143 ff.). Dadurch wird für Betreiber ersichtlich, wofür das Hochrisiko-KI-System eingesetzt werden kann. Ein KI-System, das für Marketingzwecke entwickelt wurde, kann daher bspw. nicht im HR-Kontext Verwendung finden und zur Entscheidung im Bewerbungsverfahren herangezogen werden. Die Angaben des Anbieters haben insbesondere insofern auch haftungsrechtliche Relevanz, als dass es sich dabei um die Determinanten der berechtigten Sicherheitserwartungen handelt.

35 **bb) Genauigkeitsniveau (Ziff. ii).** Zudem muss das **Maß an Genauigkeit** (einschließlich diesbezüglicher Metriken), Robustheit und Cybersicherheit gem. Art. 15, für welches das System getestet und validiert wurde und das zu erwarten ist, benannt werden. Des Weiteren müssen sämtliche bekannten und vorhersehbaren Umstände, die sich auf das erwartbare Maß an Genauigkeit, Robustheit und Cybersicherheit auswirken können, benannt werden. Die Qualität der Entscheidung eines KI-Systems ist von grundlegender Bedeutung. Insbesondere bei Hochrisiko-KI-Systemen, die bspw. im HR-Kontext oder im Finanzsektor zum Einsatz kommen, ist es entscheidend, dass der Output korrekt ist und das System nicht anfällig ggü. Cyberangriffen ist. Das Erfordernis der KI-VO hinsichtlich der Genauigkeit, Robustheit und Cybersicherheit soll innerhalb der europäischen

[78] Erwgr. 72 S. 5.
[79] Erwgr. 72 S. 5.

Union eine vertrauenswürdige KI ebenso fördern wie eine ethische KI.[80] Um dieses Ziel auch faktisch zu erreichen, ist es für Betreiber eines Hochrisiko-KI-Systems erforderlich zu wissen, welche Faktoren sich auf die Genauigkeit, Robustheit und Cybersicherheit auswirken. Dabei sind nur bekannte und vorhersehbare Faktoren einzubeziehen.

Um das Maß an Genauigkeit des Hochrisiko-KI-Systems zu verstehen, muss der Anbieter nicht nur das Maß an Genauigkeit, sondern auch diesbezügliche **Metriken** in der Betriebsanleitung angeben. 36

cc) Umstände im Zusammenhang mit der bestimmungsgemäßen Verwendung (Ziff. iii Var. 1). Die Betriebsanleitung muss zudem detailliert darüber aufklären, welche bekannten sowie vorhersehbaren Umstände bei **bestimmungsgemäßer Verwendung** des Systems zu in Art. 9 Abs. 2 genannten **Risiken** für die Gesundheit und Sicherheit oder die Grundrechte führen können (→ Art. 9 Rn. 29 ff.). Hierbei handelt es sich um die relevanten Schutzgüter der VO. Dies umfasst etwa (nicht-intendierte) Diskriminierung aufgrund von Verzerrungen in den Datensätzen oder Halluzinationen sowie Opazität, aufgrund derer Entscheidungen des KI-Systems nicht interpretierbar und bewertbar sind. Darüber hinaus ist aber auch ua der Einsatz im Bereich der Medizin erfasst, welcher zahlreiche Risiken für Patienten birgt.[81] 37

Gesundheit ist sowohl die physische als auch die psychische Gesundheit iSd Art. 3 Abs. 1 GRCh. In der KI-VO werden an verschiedenen Stellen die Rechtsgüter Gesundheit, Sicherheit und Grundrechte als Schutzgegenstand ausgewiesen. So sollen durch den Rechtsrahmen, den die KI-VO schafft, die Entwicklung und Verbreitung von KI-Systemen vorangetrieben werden. Gleichzeitig sollen diese aber im Einklang mit den Werten der Europäischen Union entwickelt werden, sodass eine menschenzentrierte und vertrauenswürdige KI zum Einsatz kommt. Insbesondere ein hohes Schutzniveau soll dabei in Bezug auf Gesundheit, Sicherheit und die in der Charta der Grundrechte der Europäischen Union verankerten Grundrechte gewährleistet werden, wie unmittelbar aus Erwgr. 1 S. 1 folgt. Denn neben möglicher Diskriminierung aufgrund von Verzerrungen sind besonders Gefahren für die Gesundheit relevant. Dies ist bspw. dann der Fall, wenn KI-Systeme im medizinischen Kontext bei OPs oder der Medikation falsche Entscheidungen treffen.[82] 38

Sicherheit bezieht sich sowohl auf die öffentliche als auch auf die private Sicherheit. Allerdings ermöglicht die Betriebsanleitung dem Betreiber einen eigenverantwortlichen Umgang mit den Risiken des Hochrisiko-KI-Systems, sodass zwar mittelbar auch die öffentliche Sicherheit umfasst ist, diese jedoch nicht der explizite Schutzzweck ist. Vielmehr erfasst Abt. 3 Buchst. b Ziff. iii) die individuelle Sicherheit und damit Risiken für den Einzelnen.[83] Vom Schutzbereich erfasst sind daher sowohl die Cybersicherheit als auch das Funktionieren des KI-Systems. Da auch Abs. 3 Buchst. b Ziff. ii die Cybersicherheit umfasst und explizit auf Art. 15 verweist, stellt sich die Frage nach einer möglichen Überschneidung. Allerdings erfasst Abs. 3 Buchst. b Ziff. ii Cyberangriffe von außerhalb auf das System, wohingegen Abs. 3 Buchst. b Ziff. iii Risiken umfasst, die systeminhärent sind und nicht von außen determiniert werden.[84] 39

---

[80] Martini/Wendehorst, KI-VO/Martini, Art. 13 Rn. 94.
[81] Steege GuP 2021, 125 (125 ff.).
[82] So auch Martini/Wendehorst, KI-VO/Martini, Art. 13 Rn. 103.
[83] Martini/Wendehorst, KI-VO/Martini, Art. 13 Rn. 104.
[84] Martini/Wendehorst, KI-VO/Martini, Art. 13 Rn. 104.

40 **Grundrechte** sollen neben der Gesundheit und Sicherheit ebenfalls geschützt werden. Dieser Verweis auf die in der Charta der Grundrechte der Europäischen Union verankerten Grundrechte ist einerseits ein Auffangtatbestand.[85] Andererseits werden dadurch auch mögliche Risken adressiert, die nicht die Sicherheit oder die Gesundheit betreffen, etwa eine mögliche Diskriminierung durch das Hochrisiko-KI-System.[86] In diesem Kontext ist Art. 21 Abs. 1 GRCh einschlägig, welcher eine Diskriminierung insbes. aufgrund des Geschlechts, der Rasse, der Hautfarbe, der ethnischen oder sozialen Herkunft, der genetischen Merkmale, der Sprache, der Religion oder der Weltanschauung, der politischen oder sonstigen Anschauung, der Zugehörigkeit zu einer nationalen Minderheit, des Vermögens, der Geburt, einer Behinderung, des Alters oder der sexuellen Ausrichtung untersagt. Kommen Hochrisiko-KI-Systeme im Bildungsbereich zum Einsatz, ist Art. 14 GRCh tangiert und im HR-Kontext ist Art. 15 GRCh zu beachten. Werden durch das Hochrisiko-KI-System personenbezogene Daten verarbeitet, so ist Art. 8 GRCh einschlägig.[87]

41 Hochrisiko-KI-Systeme können auch bei bestimmungsgemäßer Verwendung zu Risiken führen. Ein **Risiko** ist dabei das Produkt von Schadensschwere und Eintrittswahrscheinlichkeit, vgl. Art. 3 Nr. 2 (→ Art. 3 Rn. 42 ff.).[88] Derzeit bekannte Risiken im KI-Einsatz sind insbesondere sog. Halluzinationen. **Halluzinationen** sind Falschinformationen, die durch ein KI-System generiert werden. Diese sind nicht kategorisch zu verhindern,[89] so dass es einer menschlichen Prüfung der Ergebnisse bedarf. Hierauf ist der Betreiber bspw. hinzuweisen. Sofern Einstellungen im KI-System die Reduktion von Halluzinationen ermöglichen, ist dies ebenfalls aufzuführen. Darüber hinaus kann ein KI-System **inhaltlich problematischen Output,** ua sog. Bias in Bezug auf Personengruppen,[90] generieren oder Aussagen unterdrücken.

42 Ein weiteres Risiko in diesem Zusammenhang ist eine durch ein KI-System verursachte **Diskriminierung.** Dies kann etwa im medizinischen Kontext auftreten, bspw. dann, wenn ein KI-System zur Erkennung eines Myokardinfarkts ausschließlich mit Daten von männlichen Patienten trainiert wurde.[91] Dies macht es erforderlich, dass Betreiber wissen, welche Risiken durch die Benutzung entstehen, etwa dass das KI-System nicht für Patientinnen geeignet ist, da der Output nicht bei jedem Einsatz zutreffend ist. Ein konkretes Risiko kann der Anbieter nicht in jedem Fall benennen. Er muss aber die konkreten Umstände und Zusammenhänge erläutern, sodass für Betreiber ersichtlich wird, welche Risiken die Verwendung des Hochrisiko-KI-Systems in sich birgt.

43 **dd) Vorhersehbare Fehlanwendung (Ziff. iii Var. 2).** Aber auch über Risiken iSd Art. 9 Abs. 2 für die Gesundheit und Sicherheit oder die Grundrechte

---

[85] Martini/Wendehorst, KI-VO/Martini, Art. 13 Rn. 105.

[86] Hoffberger-Pippan/Ladeck/Ivankovies, Digitalisierung und Recht/Steege/Heinze, 2024, 277 (306 f.).

[87] Martini/Wendehorst, KI-VO/Martini, Art. 13 Rn. 105.

[88] Steege NZV 2022, 257.

[89] Kalai/Vempala, Calibrated Language Models Must Hallucinate, STOC'24: 56th Annual ACM Symposium of Theory of Computing, 160.

[90] Wan/Pu/Sun/Garimella/Chang/Peng. 'Kelly Is a Warm Person, Joseph Is a Role Model': Gender Biases in LLM-Generated Reference Letters, Findings of EMNLP 2023, 3730.

[91] Steege GuP 2021, 125 (133).

bei **vorhersehbarer Fehlanwendung** muss der Anbieter in der Betriebsanleitung aufklären. Unternehmen müssen daher prüfen, welcher Fehlgebrauch des Systems erwartbar ist und welche Risiken daraus erwachsen. Dies erfasst etwa Diskriminierung aufgrund von Verzerrungen in den Datensätzen oder nicht erklärbare Entscheidungen aufgrund von Opazität sowie Halluzinationen sowie die in den Abschnitten zuvor genannten Risiken. Dies ist kein Novum. Auch iRd deliktischen Produzentenhaftung nach § 823 Abs. 1 BGB umfasst die Instruktionspflicht des Herstellers den naheliegenden Fehlgebrauch durch den Betreiber des Produkts.[92] Bei der Ermittlung, welcher naheliegende Fehlgebrauch zu erwarten ist, erhöhen sich die Sorgfaltspflichten des Anbieters in Abhängigkeit der betroffenen Rechtsgüter und Grundrechte.[93] Von der Pflicht nicht erfasst ist hingegen der Produktmissbrauch, da dieser nicht mehr zur vorhersehbaren Fehlanwendung zählt.

ee) Erklärungsrelevante technische Fähigkeiten und Merkmale (Ziff. iv). 44 Die Betriebsanleitung soll zudem gem. Art. 13 Abs. 3 Buchst. b Ziff. iv gegebenenfalls die technischen Fähigkeiten und Merkmale des Hochrisiko-KI-Systems beinhalten. Wie aus dem Wortlaut ersichtlich wird, handelt es sich weder um eine starre Verpflichtung noch um eine „Kann-Vorschrift". Vielmehr kommt es im Einzelfall auf das jeweilige Hochrisiko-KI-System und die Frage an, ob Angaben über die technischen Fähigkeiten und Merkmale erforderlich sind,[94] damit Betreiber den Output zutreffend bewerten können. Die Entscheidung wird damit auf den Hersteller verlagert, sodass dies uU zu Rechtsunsicherheit führt. Allerdings ist der Anbieter von allen Akteuren am besten in der Lage, das Hochrisiko-KI-System zu bewerten, da er auch den Zweck festlegt und dessen technische Fähigkeiten ebenso kennt wie Risiken und Leistungsgrenzen.

ff) Leistung des Systems mit Personenbezug (Ziff. v). Die Betriebsanlei- 45 tung soll zudem die **Leistung** des Hochrisiko-KI-Systems in Bezug auf bestimmte Personen oder Personengruppen, auf die das System **bestimmungsgemäß angewendet** werden soll, enthalten, sofern das System in diesem Kontext verwendet werden soll. Auch hierbei handelt es sich nicht um eine Pflichtinformation, die per se enthalten sein muss. Vielmehr muss der Anbieter ex ante entscheiden, ob es für sein konkretes Hochrisiko-KI-System erforderlich ist, diese Informationen dem Betreiber zur Verfügung zu stellen. Dadurch soll ua der Schutz personenbezogener Daten gewahrt und eine mögliche Diskriminierung verhindert werden. Zu denken ist hier an den Einsatz im Bildungsbereich ebenso wie im Personalkontext, aber auch in der Medizin. Dem Betreiber ist es durch diese Informationen möglich, die Leistung des Systems zu kennen, sodass dadurch seine Erwartungen determiniert werden. Leistung bezeichnet die Fähigkeit eines KI-Systems, seine Zweckbestimmung zu erfüllen (Art. 3 Nr. 18) (→ Art. 3 Rn. 184 ff.). Diese Informationen sind bspw., erforderlich, um zu wissen, ob ein KI-System im medizinischen Kontext nur bei einem Geschlecht Anwendung finden kann oder ob es Personengruppen gibt, die in den Trainingsdaten unterrepräsentiert waren (dies würde wiederum einen Konflikt mit der Anforderung aus Art. 10 Abs. 3 darstellen), und es daher zu verzerrten Ergebnissen kommt. Der Anbieter muss diese Informationen nur dann angeben („gegebenenfalls"), wenn die Grundrechte der betroffenen Personen tangiert sein können. Dies dürfte in den allermeisten Fällen

[92] StRspr BGH NJW 1989, 707; 1989, 1542; 1992, 560; 1994, 3349 (3350).
[93] So auch bei der Instruktionspflicht, Steege NZV 2021, 6 (10).
[94] So auch Martini/Wendehorst, KI-VO/Martini, Art. 13 Rn. 106.

zutreffen, sofern das System in Bezug auf bestimmte Personen bzw. Personengruppen zur Anwendung kommen soll. Etwas anderes gilt nur dann, wenn es keine betroffene Person gibt. Dies gilt etwa für Hochrisiko-KI-Systeme, die lediglich produktbezogen arbeiten (vgl. → Art. 6 Rn. 13 ff.).

46 Informationen für den **zweckwidrigen Einsatz (bzw. Produktmissbrauch)** des Hochrisiko-KI-Systems sind von der Anforderung nicht erfasst, da der Wortlaut von „auf die das System bestimmungsgemäß angewandt" werden soll spricht. Dem Hersteller ist es auch gar nicht möglich, vor jedem Missbrauch seines Produkts zu warnen. Dies deckt sich mit der stRspr im Bereich der Produkthaftung, wonach der Hersteller im Bereich der Instruktionspflicht nicht vor dem Produktmissbrauch warnen muss. Nach den anderen Ziffern ist allerdings auch über den naheliegenden Fehlgebrauch zu informieren, was sich in die bisherige Rspr. im Produkthaftungs- und Produktsicherheitsrecht einfügt.

47 **gg) Spezifikationen der Eingabedaten (Ziff. vi).** Ob der Anbieter die **Spezifikationen** der Eingabedaten oder andere relevante Informationen zu den verwendeten Trainings-, Validierungs- und Testdatensätzen unter Berücksichtigung der Zweckbestimmung des Systems angibt („gegebenenfalls"), hängt von den jeweiligen Umständen ab und ist damit nicht zwingend vorgeschrieben. Hierbei ist maßgeblich zu berücksichtigen, ob die Spezifikationen oder Informationen zu den verwendeten Datensätzen für die Nutzung des Systems im Rahmen seines Zweckes **relevant** sind. Benötigt der Betreiber diese Informationen für einen sachgemäßen Umgang und drohen ansonsten Risiken für Rechtsgüter und Grundrechte, so muss der Anbieter diese Informationen zur Verfügung stellen. Zu denken ist hier etwa an Systeme, die iR der Kreditvergabe oder in Einstellungsverfahren eingesetzt werden, bei denen die Zusammensetzung der Trainingsdaten relevant ist und etwaige Gewichtungen in dem KI-Modell sowie bei der Interpretation des Outputs des KI-Systems zu berücksichtigen sind.

48 **Eingabedaten** sind in Art. 3 Nr. 33 legaldefiniert (→ Art. 3 Rn. 281 ff.). Es handelt sich um die in ein KI-System eingespeisten oder von diesem direkt erfassten Daten, auf deren Grundlage das System eine Ausgabe (Output) erzeugt. Damit erkennt der Verordnungsgeber an, dass die Qualität des Outputs maßgeblich von der Qualität des Inputs abhängt. Damit hängen Richtigkeit und Grundrechtsschutz unmittelbar zusammen.[95] Der Output hängt indes nicht ausschließlich vom Input bzw. Prompt ab. Vielmehr sind die Trainings-, Validierungs- und Testdatensätze die wohl wichtigsten Determinanten, wenn es um den späteren Output und dessen Qualität geht. Daher muss der Anbieter die diesbezüglichen Spezifikationen und sonstige relevante Informationen in die Betriebsanleitung integrieren. **Trainingsdaten** sind diejenigen Daten, die zum Trainieren eines KI-Systems verwendet werden, wobei dessen erlernbare Parameter angepasst werden. **Validierungsdaten** bezeichnen Daten, die zur Evaluation des trainierten KI-Systems und zur Einstellung seiner nicht erlernbaren Parameter und seines Lernprozesses verwendet werden, um ua eine Unter- und Überanpassung zu vermeiden, Art. 3 Nr. 30. **Testdaten** wiederum sind Daten, die für eine unabhängige Bewertung des KI-Systems verwendet werden, um die erwartete Leistung dieses Systems vor dessen Inverkehrbringen oder Inbetriebnahme zu bestätigen, Art. 3 Nr. 32. Die KI-VO statuiert unmittelbare Anforderungen an die Qualität der Trainings-, Validierungs- und Testdaten in Art. 10 Abs. 3 (→ Art. 10 Rn. 48 ff.).

[95] Martini/Wendehorst, KI-VO/Martini, Art. 13 Rn. 109.

Denn von der Qualität hängt unmittelbar ab, ob eine Verzerrung vorliegt, welche zu einem Bias führt, sodass die Qualität dieser Daten sich unmittelbar auf die Qualität des Outputs auswirkt.

hh) Informationen zur Interpretation und angemessenen Nutzung (Ziff. vii). In der Betriebsanleitung sollen zudem, sofern erforderlich, Informationen enthalten sein, die es dem Betreiber ermöglichen, den Output des Hochrisiko-KI-Systems zu interpretieren und in angemessener Weise zu verwenden. Auch hier handelt es sich nicht um eine starre Pflicht („gegebenenfalls"). Wie auch durch die anderen Informationen in der Betriebsanleitung nach Art. 13 sollen hierdurch eine richtige Interpretation des Outputs und dessen zutreffende Verwendung ermöglicht werden. Es handelt sich bei der Anforderung aus Abs. 3 Buchst. b Ziff. vii um einen Auffangtatbestand.[96] 49

c) Änderungen zum Zeitpunkt der ersten Konformitätsbewertung (Buchst. c). Der Anbieter muss über **Änderungen des KI-Systems** und dessen Leistung informieren, wenn er beides zum Zeitpunkt der ersten Konformitätsbewertung vorab bestimmt hat und seitdem neue Erkenntnisse vorliegen. Aufgrund der Relevanz der beabsichtigten Änderung entsteht die Informationspflicht des Anbieters, bereits bei Erstellung der Betriebsanleitung entsprechende Informationen aufzunehmen. So wird sichergestellt, dass der Betreiber Kenntnis von den Änderungen hat. Davon können bspw. erweiterte Anwendungsbereiche aufgrund einer geänderten Leistung umfasst sein. Der Anbieter berücksichtigt die Änderungen in diesem Fall bereits bei der Konstruktion des KI-Systems. 50

Nicht von der Pflicht erfasst sind **nicht-intendierte Änderungen.**[97] Um eine solche wesentliche Veränderung des Hochrisiko-KI-Systems handelt es sich bspw. bei Art. 25 Abs. 1 Buchst. b (→ Art. 25 Rn. 11 ff.). Dort hat nicht der Anbieter die Änderung vor dem Inverkehrbringen vorgesehen, sondern ein Dritter, bspw. der Betreiber, verändert das System wesentlich. Dies ist vergleichbar mit den bekannten Fällen des Retrofittings im Produktrecht. Nur folgerichtig ist es daher, dass Art. 25 Abs. 1 Buchst. b. den Betreiber, der solch eine Änderung vornimmt, zum Anbieter werden lässt. Eine Legaldefinition der wesentlichen Veränderung findet sich in Art. 3 Nr. 23 (→ Art. 3 Rn. 211 ff.). Danach ist maßgeblich, dass die Veränderung in der vom Anbieter durchgeführten ursprünglichen Konformitätsbewertung nicht vorgesehen oder geplant war. Hinzu tritt, dass die Änderung dazu führt, dass die Produktkonformität beeinträchtigt wird. 51

d) Menschliche Aufsichtsmaßnahmen (Buchst. d). In der Betriebsanleitung müssen ferner Informationen über die in Art. 14 genannten Maßnahmen zur Gewährleistung der **menschlichen Aufsicht** sowie der getroffenen technischen Maßnahmen enthalten sein, um den Betreibern die Interpretation der Ergebnisse von KI-Systemen zu erleichtern. So soll eine effektive Kontrolle der Technologie durch den Menschen erreicht werden. Betreibern obliegt es, entsprechende Maßnahmen zu treffen, um die menschliche Aufsicht zu gewährleisten, wobei die Informationen aus der Betriebsanleitung einzubeziehen sind. Dadurch gewinnen bspw. Schulungen zur Erlangung entsprechender KI-Kompetenz iSd Art. 4 an Bedeutung. Diese ist nicht nur verpflichtend vorgesehen, sondern ist Garant für die Ermöglichung der korrekten menschlichen Aufsicht. Folglich hängen KI- 52

[96] Martini/Wendehorst, KI-VO/Martini, Art. 13 Rn. 114.

[97] So auch Martini/Wendehorst, KI-VO/Martini, Art. 13 Rn. 117.

Kompetenz nach Art. 4 (→ Art. 4 Rn. 8 ff.), Informationspflichten und Transparenz nach Art. 13 (→ Rn. 4 ff.), die Ermöglichung der menschlichen Aufsicht nach Art. 14 (→ Art. 14 Rn. 23 ff.) sowie die menschliche Aufsicht nach Art. 26 Abs. 2 (→ Art. 26 Rn. 5 ff.) unmittelbar miteinander zusammen.

53 **e) Erforderliche Rechen- und Hardwareressourcen (Buchst. e).** Zudem sind in der Betriebsanleitung Informationen über die erforderlichen **Rechen- und Hardware-Ressourcen,** die erwartete **Lebensdauer** des Hochrisiko-KI-Systems sowie die notwendigen **Wartungs- und Pflegemaßnahmen** aufzunehmen. Dazu zählt ebenfalls die Häufigkeit der Wartungs- und Pflegemaßnahmen zur Gewährleistung der ordnungsgemäßen Funktionalität des Systems, und zwar auch in Bezug auf Software-Updates. Diese Informationen sollen das Defizit an technischem Sachverstand beim Betreiber ausgleichen.[98] So wird ua bewirkt, dass der Betreiber Kosten und Nutzen erfassen kann und ein höheres Maß an Planungssicherheit erhält, denn insbesondere bei neuen KI-Systemen fehlen Betreibern Erfahrungswerte, mit welchen Kosten und welchem Aufwand über welchen Zeitraum zu rechnen ist.

54 **f) Beschreibung der Mechanismen in Bezug auf die Aufbewahrung der Aufzeichnungen (Buchst. f).** Die letzte Pflichtinformation iSd Art. 13 betrifft die **Protokollierung,** die ein Hochrisiko-KI-System gem. Art. 12 gewährleisten muss (→ Art. 12 Rn. 9 ff.). Der Anbieter muss das KI-System derart konstruieren, dass eine automatische Aufzeichnung von Ereignissen während des gesamten Lebenszyklus des Systems stattfindet, Art. 12 Abs. 1. Nur sinnig ist es daher, dass der Anbieter eine Beschreibung der in das Hochrisiko-KI-System integrierten Mechanismen aufnehmen muss, die es den Betreibern ermöglicht, die Protokolle im Einklang mit Art. 12 zu erfassen, zu speichern sowie auszuwerten. Hierbei handelt es sich ebenfalls nicht um eine starre Verpflichtung („gegebenenfalls"). Den Betreiber trifft nach Art. 26 Abs. 6 die Pflicht, die erzeugten Protokolle aufzubewahren, und zwar mindestens für 6 Monate (→ Art. 26 Rn. 29 ff.). Diese Pflicht kann er nur dann erfüllen, wenn er Kenntnis davon hat, welche Möglichkeiten das KI-System bereithält, um die Protokolle zu speichern, wie die Speicherfrist festgelegt wird, ob und wie Exporte der Protokolle erfolgen können und welche Einstellungen möglich sind. Der Anbieter muss mindestens diejenigen Informationen bereitstellen, damit der Betreiber seiner Verpflichtung aus Art. 26 Abs. 6 nachkommen kann.

Art. 14* Menschliche Aufsicht

(1) **Hochrisiko-KI-Systeme werden so konzipiert und entwickelt, dass sie während der Dauer ihrer Verwendung – auch mit geeigneten Instrumenten einer Mensch-Maschine-Schnittstelle – von natürlichen Personen wirksam beaufsichtigt werden können.**

(2) **Die menschliche Aufsicht dient der Verhinderung oder Minimierung der Risiken für Gesundheit, Sicherheit oder Grundrechte, die entstehen können, wenn ein Hochrisiko-KI-System im Einklang mit seiner Zweckbestimmung oder im Rahmen einer vernünftigerweise vorher-**

[98] Martini/Wendehorst, KI-VO/Martini, Art. 13 Rn. 120.

* Kapitel III (Art. 6–49) gilt gem. Art. 113 UAbs. 2 ab 2.8.2026, mit Ausnahme des Abschnitts 4, der gem. Art. 113 UAbs. 3 Buchst. b bereits ab 2.8.2025 gilt.

sehbaren Fehlanwendung verwendet wird, insbesondere wenn solche Risiken trotz der Einhaltung anderer Anforderungen dieses Abschnitts fortbestehen.

(3) **Die Aufsichtsmaßnahmen müssen den Risiken, dem Grad der Autonomie und dem Kontext der Nutzung des Hochrisiko-KI-Systems angemessen sein und werden durch eine oder beide der folgenden Arten von Vorkehrungen gewährleistet:**

a) **Vorkehrungen, die vor dem Inverkehrbringen oder der Inbetriebnahme vom Anbieter bestimmt und, sofern technisch machbar, in das Hochrisiko-KI-System eingebaut werden;**
b) **Vorkehrungen, die vor dem Inverkehrbringen oder der Inbetriebnahme des Hochrisiko-KI-Systems vom Anbieter bestimmt werden und dazu geeignet sind, vom Betreiber umgesetzt zu werden.**

(4) **Für die Zwecke der Durchführung der Absätze 1, 2 und 3 wird das Hochrisiko-KI-System dem Betreiber so zur Verfügung gestellt, dass die natürlichen Personen, denen die menschliche Aufsicht übertragen wurde, angemessen und verhältnismäßig in der Lage sind,**

a) **die einschlägigen Fähigkeiten und Grenzen des Hochrisiko-KI-Systems angemessen zu verstehen und seinen Betrieb ordnungsgemäß zu überwachen, einschließlich in Bezug auf das Erkennen und Beheben von Anomalien, Fehlfunktionen und unerwarteter Leistung;**
b) **sich einer möglichen Neigung zu einem automatischen oder übermäßigen Vertrauen in die von einem Hochrisiko-KI-System hervorgebrachte Ausgabe („Automatisierungsbias") bewusst zu bleiben, insbesondere wenn Hochrisiko-KI-Systeme Informationen oder Empfehlungen ausgeben, auf deren Grundlage natürliche Personen Entscheidungen treffen;**
c) **die Ausgabe des Hochrisiko-KI-Systems richtig zu interpretieren, wobei beispielsweise die vorhandenen Interpretationsinstrumente und -methoden zu berücksichtigen sind;**
d) **in einer bestimmten Situation zu beschließen, das Hochrisiko-KI-System nicht zu verwenden oder die Ausgabe des Hochrisiko-KI-Systems außer Acht zu lassen, außer Kraft zu setzen oder rückgängig zu machen;**
e) **in den Betrieb des Hochrisiko-KI-Systems einzugreifen oder den Systembetrieb mit einer „Stopptaste" oder einem ähnlichen Verfahren zu unterbrechen, was dem System ermöglicht in einem sicheren Zustand zum Stillstand zu kommen.**

(5) *[1]* **Bei den in Anhang III Nummer 1 Buchstabe a genannten Hochrisiko-KI-Systemen müssen die in Absatz 3 des vorliegenden Artikels genannten Vorkehrungen so gestaltet sein, dass außerdem der Betreiber keine Maßnahmen oder Entscheidungen allein aufgrund des vom System hervorgebrachten Identifizierungsergebnisses trifft, solange diese Identifizierung nicht von mindestens zwei natürlichen Personen, die die notwendige Kompetenz, Ausbildung und Befugnis besitzen, getrennt überprüft und bestätigt wurde.**

[2] **Die Anforderung einer getrennten Überprüfung durch mindestens zwei natürliche Personen gilt nicht für Hochrisiko-KI-Systeme, die für Zwecke in den Bereichen Strafverfolgung, Migration, Grenz-**

kontrolle oder Asyl verwendet werden, wenn die Anwendung dieser Anforderung nach Unionsrecht oder nationalem Recht unverhältnismäßig wäre.

Übersicht

I. Einführung

Art. 14 legt fest, dass auch die Menschen selbst dafür zuständig sind, dass Hochrisiko-KI-Systeme sicher, rechtmäßig und ethisch korrekt eingesetzt werden. Hochrisiko-KI-Systeme sollen unter anderem nach den Vorgaben des Art. 14 konzipiert und entwickelt werden, damit verhindert wird, dass diese Hochrisiko-KI-Systeme die Gesundheit und Sicherheit von Menschen gefährden oder deren Grundrechte verletzen. *„Die Pflicht, menschliche Aufsicht zu ermöglichen, gehört zu den Kernbausteinen des Grundrechtsschutzes, den der Unionsgesetzgeber gegen die Gefahren intelligenter Systeme etabliert.“.*[1] 1

Dabei ist zu beachten, dass die KI-VO keine abschließende Liste von Hochrisiko-KI-Systemen enthält, sondern lediglich Kriterien für deren Einstufung festlegt. Die Einordnung eines KI-Systems als Hochrisiko-KI-System ist somit im Einzelfall zu prüfen (vgl. Art. 6). 2

Die menschliche Aufsicht muss bezogen auf das jeweilige Risiko wirksam, angemessen und kontrollierbar sein. Dabei muss sie die Risiken, den Grad der Autonomie und den Kontext des Einsatzes des Hochrisiko-KI-Systems berücksichtigen. Die Wirksamkeit bemisst sich an der Fähigkeit zur Risikominimierung, die Angemessenheit an der Verhältnismäßigkeit der Maßnahmen und die Kontrollierbarkeit an der Möglichkeit des menschlichen Eingreifens. Es muss angemessen möglich sein, in den Betrieb von Hochrisiko-KI-Systemen einzugreifen, um diese zu überwachen und gegebenenfalls anzuhalten. Art. 14, 26 Abs. 2 besagen implizit, dass nur solche Menschen die Hochrisiko-KI-Systeme überwachen dürfen, die dafür qualifiziert und hinreichend verantwortungsbewusst sind. Außerdem müssen sie über genug Ressourcen und angemessene Arbeitsbedingungen verfügen. Schließlich muss darauf geachtet werden, dass es keine Interessenkonflikte gibt. 3

Insgesamt soll Art. 14 dafür sorgen, dass man ein durch Menschen vermitteltes gutes Gleichgewicht zwischen der Nutzung von KI-Technologien und dem Schutz der Gesellschaft findet. Ganz grundsätzlich aber senden Art. 14 KI-VO und 22 DS-GVO (der vollständig automatisierte Entscheidungen grundsätzlich verbietet) *„die gleiche normative Grundbotschaft aus: Der Unionsgesetzgeber will den Einzelnen vor einer Computer-says-no-Dystopie schützen, d.h. davor, den Fehlern vollautomatisierter Systeme schutzlos ausgeliefert zu sein. Betroffene sollen nicht zum bloßen Objekt einer vollautomatisierten Entscheidungsfindung verkümmern.“.*[2] Jedoch: *„Die Idee, die Funktionsweise automatisierter Entscheidungssysteme, insbesondere von AI Systems, zu überwachen, ist nicht neu. Oft wird sie als Methode zur Gewährleistung einer human-centered AI nahezu glorifiziert. Menschliches Handeln und Verantwortung sollen das Vertrauen der Nutzer in die Systeme stärken und diese allgemeinhin 'vertrauenswürdiger' machen.“.*[3] Aber *„[d]ie Gefahr, dass die menschliche Aufsicht in einen reinen Formalismus abgleitet, ist weiterhin real und nicht zu unterschätzen.“.*[4] *„Das Erfordernis menschlicher Aufsicht gliedert sich in ein feingranulares Anforderungsprofil mit weitgehenden Überschneidungen zu Vorgaben wie der Gestaltung transparenter und erklärbarer Systeme (siehe z. B. Art. 13 [KI-VO, Transparenz und Bereitstellung von Informationen für die Betreiber] und 86 [KI-VO, Recht auf Erläuterung der Entscheidungsfindung im Einzelfall]) und dem Gebot, [KI Kompetenz] aktiv zu fördern (Art. 4 KI-VO). Diese Vorgaben einzuhalten, schafft die notwendige Grundlage, um Sys-* 4

[1] Martini/Wendehorst/Martini, 1. Aufl., Art. 14 Rn. 35.
[2] Martini/Wendehorst/Martini, 1. Aufl., Art. 14 Rn. 12.
[3] Hense/Mustać, AI Act kompakt, 2025, S. 90.
[4] Martini/Wendehorst/Martini, 1. Aufl., Art. 14 Rn. 124.

teme entsprechend der Anforderung einer wirksamen menschlichen Aufsicht gestalten zu können.".[5]

5 *„Eine effektive menschliche Aufsicht zu ermöglichen, mutet zunächst wie eine vermeintliche einfache Maßnahme an (…). Dieser Eindruck täuscht aber.*".[6] Für die Praxis existiert bereits eine ISO-Norm, die eine besondere Hilfe bei der Anwendung von Art. 14 sein dürfte, gleichzeitig aber verdeutlicht, wie anspruchsvoll die menschliche Aufsicht in der Praxis sein muss, die ISO/IEC TS 8200:2024. *Information technology – Artificial intelligence – Controllability of automated artificial intelligence systems.* Erstauflage, Genf: ISO/IEC, April 2024.[7] Zugleich wird anhand dieser ISO-Norm deutlich, was für eine Mammutaufgabe die Umsetzung der Vorgaben des Art. 14 sein wird. Diese technischen Vorgaben der ISO-Norm konkretisieren (nicht in rechtlicher, aber praktischer Hinsicht) die rechtlichen Anforderungen des Art. 14 und bieten damit wichtige Orientierung für die Praxis.

6 Die ISO/IEC TS 8200:2024 spezifiziert einen grundlegenden Rahmen mit Prinzipien, Merkmalen und Ansätzen zur Realisierung und Verbesserung der Kontrollierbarkeit von automatisierten Systemen der KI. Sie behandelt dabei die Beobachtung des Systemzustands und den Zustandsübergang, den Prozess und die Kosten der Kontrollübertragung, die Reaktion auf Unsicherheiten während der Kontrollübertragung sowie Verifikations- und Validierungsansätze. Diese Norm ist für alle Arten von Organisationen (zB Wirtschaftsunternehmen, Behörden, gemeinnützige Organisationen) anwendbar, die KI-Systeme während ihres gesamten Lebenszyklus entwickeln und verwenden. Im Kern definiert die Norm *„Kontrollierbarkeit"* als die Eigenschaft eines KI-Systems, die es einer externen Instanz (einem *„Controller"*, zB Mensch oder ein anderes System) ermöglicht, in die Funktionsweise des KI-Systems einzugreifen. Ziel der Norm ist es, die Sicherheit und Vertrauenswürdigkeit von KI-Systemen zu erhöhen, indem sie die effektive Kontrolle über diese Systeme ermöglicht. Sie bietet Entwicklern und Anwendern von KI-Systemen eine Anleitung zur Gestaltung und Implementierung von Kontrollfunktionen und trägt somit zu einer verantwortungsvollen Entwicklung und Nutzung von KI-Technologien bei. Durch die Festlegung eines gemeinsamen Verständnisses und Rahmens für die Kontrollierbarkeit adressiert die Norm die potenziellen Risiken und Herausforderungen, die mit dem Einsatz von KI-Systemen einhergehen.

7 Besondere Beachtung sollte dem Schaubild (fast ein Wimmelbild) auf S. 9 unter Ziffer 6.1 geschenkt werden. Dies illustriert sehr eindringlich die aufkommenden Herausforderungen, die allen bewusst sein sollten, welche sich mit der menschlichen KI-Aufsicht in der Praxis beschäftigen.

8 Diese ISO-Norm ist als technische Spezifikation der internationalen Normungsorganisationen ISO und IEC von besonderer Bedeutung für die Umsetzung der menschlichen Aufsicht über KI-Systeme. Auch wenn sie noch nicht den Status einer harmonisierten Norm iSv Art. 40 ff. erreicht hat, liefert sie einen Anhaltspunkt für den aktuellen Stand der Technik hinsichtlich der Kontrollierbarkeit von KI-Systemen. Sie konkretisiert die technischen und organisatorischen Anforderungen an die menschliche Aufsicht und bietet damit eine wichtige Orientierung für Anbieter und Betreiber von KI-Systemen bei der praktischen Implementierung der Vorgaben aus Art. 14. Die detaillierten Vorga-

---

[5] Hense/Mustać, AI Act kompakt, 2025, S. 93.

[6] Hense/Mustać, AI Act kompakt, 2025, S. 90.

[7] So Hense/Mustać, AI Act kompakt, 2025, S. 91) – sie beschreibt *„die Funktionalitäten des Systems, die eine Kontrolle ermöglichen."*.

ben der Norm zu Kontrollmechanismen, Überwachungsprozessen und Validierungsverfahren können als Referenz für die technische Umsetzung der rechtlichen Anforderungen dienen. Dabei ist zu erwarten, dass wesentliche Elemente dieser technischen Spezifikation in künftige harmonisierte Normen iSv Art. 40 einfließen werden, da sie bereits jetzt international anerkannte Best Practices für die Gewährleistung der menschlichen Kontrolle über KI-Systeme darstellt. Die Norm trägt damit schon heute maßgeblich zur Rechtssicherheit bei der Implementierung der menschlichen Aufsicht über KI-Systeme bei, auch wenn ihre Einhaltung noch keine Konformitätsvermutung iSv Art. 40 Abs. 1 begründet.

Diese einschlägige ISO Norm besagt mithin, dass die Kontrolle über ein KI-System dabei helfen soll, die beabsichtigte Geschäftslogik durchzuführen und das System daran zu hindern, Stakeholdern Schaden zuzufügen.[8] 9

Rechtlich verpflichtet sind nach Art. 16 lit. a die Anbieter, die sicherstellen müssen, dass Hochrisiko-KI-Systeme die in Abschnitt 2 (darunter auch Art. 14) festgelegten Anforderungen erfüllen. Der Anbieter muss dann nach dem Kriterienkatalog bzw. Maßstäben von Art. 14 Abs. 4 sein Hochrisiko-KI-System den Betreibern in einer Form zur Verfügung stellen, welche die Überwachung überhaupt ermöglicht. Die Betreiber wiederum sind nach Art. 26 verpflichtet, natürlichen Personen, die über die erforderliche Kompetenz, Ausbildung und Befugnis verfügen, die menschliche Aufsicht zu übertragen und ihnen die dafür erforderliche Unterstützung zukommen zu lassen. 10

Zwar wird jede KI von Menschen konstruiert und entwickelt, was prinzipiell die Annahme nahelegt, dass diese Systeme auch wieder von Menschen kontrolliert, überwacht und, falls notwendig, gestoppt oder abgeschafft werden können. Denn sie sind alle nur schnödes Menschenwerk. Doch zeigt die Praxis zunehmend, dass diese Kontrollierbarkeit keine Selbstverständlichkeit ist – eine Problematik, die bereits in Goethes Zauberlehrling literarisch verarbeitet wurde. Die zentrale Frage bleibt, ob konkret derjenige, der mit der Aufsicht betraut wird, tatsächlich in der Lage ist, das Werk anderer Menschen – insbesondere hochkomplexe, dynamische KI-Systeme – zu verstehen, zu beaufsichtigen und im Ernstfall einzuschreiten. Dazu muss es eine Mensch-Maschine-Schnittstelle geben, um eine effektive Kontrolle sicherzustellen. Entsprechend ist schon bei Konzeption und Entwicklung von Hochrisiko-KI-Systemen die Integration von Aufsichtsmechanismen zu berücksichtigen (sog. *„Human-in-the-Loop by Design“*). 11

Der EU-Gesetzgeber setzt mit dieser Pflicht zur menschlichen Aufsicht über künstliche Intelligenz jedenfalls ein starkes normatives Signal: Es soll in der EU keine (Hochrisiko-)KI im Einsatz geben, die sich der menschlichen Kontrolle entzieht. Das grundlegende Problem liegt dabei in der technischen und kognitiven Beherrschbarkeit solcher Systeme: Kann die zugrunde liegende Technik, ob durch einen Einzelnen oder ein menschliches Team (ggf. mit Hilfe anderer Technik, gar einer anderen KI?), überhaupt noch vollständig verstanden werden? Nur wer versteht, kann beaufsichtigen. 12

Die einschlägige ISO Norm besagt dementsprechend, dass die Kontrollierbarkeit eine technische Voraussetzung für die menschliche Aufsicht über ein KI-System ist, damit die Mensch-Maschine-Schnittstelle technisch realisierbar und aktivierbar ist. Die Konzeption und Implementierung von Kontrollierbarkeit sollte 13

---

[8] *“Control over an AI system can help to conduct the intended business logic and to prevent the system from causing harm to stakeholders.”* ISO/IEC TS 8200:2024, Information technology – Artificial intelligence – Controllability of automated artificial intelligence systems, Ziff. 6.1.

von allen Beteiligten eines KI-Systems berücksichtigt und praktiziert werden, wenn dieses System Auswirkungen auf Nutzer, Umwelt und Gesellschaft haben kann („*Controllability is a technical prerequisite of human oversight of an AI system, so that the human-machine interface can be technically feasible and enabled. The design and implementation of controllability should be considered and practiced by stakeholders of an AI system that can impact users, the environment and societies.*" ISO/IEC TS 8200:2024, Information technology – Artificial intelligence – Controllability of automated artificial intelligence systems, Ziff. 5.1)

14 Die KI-VO geht davon aus, dass es bei Hochrisiko-KI-Systemen immer die Möglichkeit einer menschlichen Beaufsichtigung gibt. Entsprechend ist kein Ausnahmetatbestand für den Fall vorhanden, dass die menschliche Aufsicht des Hochrisiko-KI-Systems im Einzelfall, etwa aus technischen Gründen, nicht möglich oder sachgerecht erscheint. Diese Vorgabe macht deutlich, dass eine effektive Beaufsichtigung nicht nur rechtlich geboten, sondern technisch zwingend möglich sein muss – andernfalls wäre der Einsatz solcher Systeme von vornherein unzulässig. Diese gesetzgeberische Entscheidung ist als bewusstes regulatorisches Konzept zu verstehen, das die menschliche Kontrolle als unverzichtbares Element für den sicheren Einsatz von Hochrisiko-KI festschreibt.

15 Die Verordnung verbietet damit implizit jede Form von Hochrisiko-KI, die nicht menschlich beaufsichtigt werden kann, da nur solche Systeme überhaupt eingesetzt und verwendet werden dürfen, die eben von Menschen überwacht werden können. „*Die menschliche Aufsicht konzipiert die KI-VO gleichsam als Notanker gegen KI-typische Schäden.*".[9] Dies schafft ein Spannungsfeld, das nicht nur technische Machbarkeit, sondern auch präventive Verantwortung adressiert: Anbieter solcher Systeme müssen gewährleisten, dass diese im Betrieb durch Menschen wirksam überwacht werden können. Also müssen die KI-Systeme verständlich und überwachbar sein und die konkreten Aufseher als Menschen dafür kompetent sein. „*Ein guter Ausgangspunkt ist es,*" so Hense/Mustać, unter anderem: „*Aufsichtspersonen zu wählen, die in Bezug auf die AI-Technologie im Allgemeinen, ihre Risiken und Vorteile sowie im Umgang mit dem betreffenden System qualifiziert wurden; den Aufsichtspersonen ausreichende zeitliche und finanzielle Ressourcen zur Verfügung zu stellen, um ihre Aufgaben zu erfüllen; Arbeitsbedingungen für Aufsichtspersonen zu schaffen, die es ihnen erlauben, ihre Aufgaben effektiv zu erfüllen; die Aufsichtspersonen keinen offensichtlichen Interessenkonflikten auszusetzen, die sie dazu verleiten könnten, das System in einer bestimmten Weise zu beeinflussen; das System für die Beobachter ausreichend verständlich zu gestalten, um ihnen zu ermöglichen, mit dem System zu interagieren. Hierzu zählt auch, das System und seine Entscheidungen in angemessener Weise zu erklären. Dies kann z. B. durch textliche, visuelle, lokale und merkmalsbezogene Erklärungen sowie Erklärungen durch Beispiele und Vereinfachungen geschehen; […] Wichtig ist, zwischen Genauigkeit des Systems oder der Effizienz und Prozessoptimierung zu priorisieren. Um sicherzustellen, dass die durchgeführte Aufsicht wirksam ist, sollten sich die Aufsichtspersonen des Ziels des Systems sowie des Ziels der durchgeführten Aufsichtsmaßnahmen bewusst sein; alle relevanten Entscheidungen in der technischen Dokumentation gemäß Art. 11 [KI-VO] und Anhang IV 2. lit. e. [KI-VO] zu dokumentieren […] [uVm], […] um später überhaupt argumentieren zu können, dass die durchgeführten Maßnahmen ausreichend oder wirksam waren.*".[10]

16 Herausfordernd ist, dass die Implementierung dieser Anforderungen sowohl erhebliche Schulungs- und Dokumentationsressourcen bindet als auch komplexe

[9] Martini/Wendehorst/Martini, 1. Aufl., Art. 14 Rn. 83.

[10] Hense/Mustać, AI Act kompakt, 2025, S. 95 f.

technische Schnittstellen notwendig macht, um nicht nur im Normalbetrieb, sondern vor allem in Krisensituationen eine rasche und sachgerechte menschliche Intervention sicherzustellen. Darüber hinaus stellt sich die Frage, inwieweit menschliche Aufsichtsführende trotz nachweislicher Dokumentation und entsprechender KI-Erklärwerkzeuge tatsächlich in der Lage sind, alle relevanten Systemeigenschaften zuverlässig zu verstehen, die bei Hochrisiko-KI relevant sind.

Dies wirft die weitere Frage auf, ob Anbieter von Hochrisiko-KI-Systemen im **17** Vorhinein sicherstellen müssen, dass ihre Systeme nicht nur technisch einwandfrei, sondern auch dauerhaft menschlich beaufsichtigungsfähig sind. Standards und Best Practices können hier Orientierung bieten, doch bleibt das grundlegende Spannungsfeld bestehen: Was passiert, wenn Systeme entwickelt werden, deren Komplexität die menschliche Kontrolle letztlich übersteigt, unter anderem, weil ein Fall eintritt, der nicht vorhergesehen wurde? Der Gesetzgeber geht erkennbar davon aus, dass eine solche Entwicklung vermieden werden kann und vermieden werden muss. Die Beaufsichtigungsfähigkeit ist nicht nur ein technisches, sondern auch ein rechtliches und ethisches Erfordernis.

Eine KI, die nicht wirksam überwacht werden kann, widerspricht sowohl dem **18** Wortlaut als auch dem Sinn und Zweck der KI-Verordnung und darf folglich nicht betrieben werden. Dieses Zusammenspiel von technischer Realität und normativer Notwendigkeit macht die Thematik der Beaufsichtigung von KI zu einem der zentralen Brennpunkte der rechtlichen und regulatorischen Auseinandersetzung im Bereich künstlicher Intelligenz. Die Art der menschlichen Aufsicht ließe sich dabei zB wie folgt *„kategorisieren: [1] Der Mensch kann in den Entwurfszyklus eingreifen und ist in der Lage, den Betrieb des Systems insgesamt zu überwachen (HOTL, Human on the Loop), um es so in Richtung des gewünschten Verhaltens zu lenken; [2] der Mensch kann das System in einem sehr weiten und allgemeinen Sinne überwachen, indem er die Gesamtaktivität überblickt und entscheidet, wann das System überhaupt eingesetzt werden soll (HIC, Human in Control); [3] der Mensch ist in der Lage, in einzelne Entscheidungen des Systems einzugreifen (HITL, Human in the Loop).“.*[11] Welcher Kategorie folgt nun Art. 14 KI-VO? *„Die Aufsichtsperson muss daher zwar nicht jedes einzelne Rechenergebnis am Ende einer Verarbeitung noch einmal überprüfen (kein "human on the loop"; […], siehe aber die Ausnahme aus lit. e). Es ist auch nicht erforderlich, dass die Aufsichtsperson an jedem Punkt des Prozesses eingreifen kann (kein "human in the loop"), sondern nur bevor das System fehlerhafte Ausgaben auswirft (vgl. auch lit. d und e; – "human in control.".*[12]

1. Bedeutung der Norm

Die Norm bildet das rechtspolitische und rechtsphilosophische Herzstück der **19** Verordnung über Künstliche Intelligenz, indem sie die zentrale rechtliche Behauptung aufstellt, dass der Mensch gegenüber jeglicher künstlichen Intelligenz stets den Vorrang (und die Kontrolle) behält. Diese Vorrangstellung manifestiert sich dabei nicht nur als technische Kontrollbefugnis, sondern als fundamentales Ordnungsprinzip der digitalen Transformation innerhalb der EU. Die anthropozentrische Ausrichtung der Norm trägt dem verfassungsrechtlichen Gedanken der Menschenwürdegarantie im technologischen Kontext Rechnung. Dieser Vorrang wird also nicht als bloß ethischer oder technischer Grundsatz postuliert, sondern als normativer Anspruch und unverrückbares Prinzip der KI-VO verankert. Sie

[11] Dieses erhellende Zitat ist von Hense/Mustać, AI Act kompakt, 2025, S. 91.
[12] So Martini/Wendehorst/Martini, 1. Aufl., Art. 14 Rn. 83.

bringt damit die fundamentale Überzeugung zum Ausdruck, dass künstliche Intelligenz immer den Grenzen und Maßstäben unterworfen bleibt, die der Mensch vorgibt, und unterstreicht zugleich die Verpflichtung, die menschliche Souveränität im technologischen Fortschritt zu wahren.

2. Anwendungsbereich

20 Art. 14 gilt nur für Hochrisiko-KI-Systeme. Gleichwohl kann es auch außerhalb des Anwendungsbereich sachgerecht sein, entsprechende Aufsichtssysteme zu etablieren oder den Betreibern zur Verfügung zu stellen. Der normative Gehalt des Art. 14 entfaltet insoweit eine Ausstrahlungswirkung als Referenzpunkt für die Gestaltung von Aufsichtssystemen auch im nicht- oder weniger streng regulierten Bereich.

3. Historische Entwicklung

21 Insgesamt wurde Art. 14 im Laufe des Gesetzgebungsverfahrens nur vergleichsweise geringfügig verändert.[13] Zentrale Kritikpunkte, beispielsweise am ursprünglich vorgesehenen Erfordernis eines vollständigen Verständnisses des Hochrisiko-KI-Systems nach Art. 14 Abs. 4 lit. a KI-VO-E, wurden berücksichtigt.

22 Die weitgehende Stabilität des Normentwurfs im Verlaufe des Gesetzgebungsprozesses deutet auf einen breiten regulatorischen Konsens hinsichtlich der Grundprinzipien menschlicher Aufsicht beim EU-Gesetzgeber hin. Die geringe Anzahl materieller Änderungen lässt sich als Indiz für die Ansicht des EU-Gesetzgebers heranziehen, dass alle Beteiligten des EU-Gesetzgebungsprozesses von einer dogmatischen Tragfähigkeit des gewählten Regulierungsansatzes ausgingen.

II. Norminhalt

1. Wirksame menschliche Aufsicht als Grunddesign (Abs. 1)

23 Hochrisiko-KI-Systeme sind so zu konzipieren und zu entwickeln, dass sie von natürlichen Personen wirksam beaufsichtigt werden können. Die KI-VO verlangt vom Anbieter mithin faktisch eine Art *„Human Oversight by Design"*. Erforderlich ist also, dass menschliche Aufsicht von Anfang an ein integraler Bestandteil eines Hochrisiko-KI-Systems ist. Es ist nicht hinreichend, die menschliche Aufsicht erst später zu einem fertigen Hochrisiko-KI-System hinzuzufügen. Diese konzeptionelle Verankerung der menschlichen Aufsicht als Designprinzip geht über traditionelle Ex-post-Kontrollmechanismen deutlich hinaus. Die Integration der Aufsichtsfunktion in die Systemarchitektur selbst markiert einen Paradigmenwechsel von reaktiver zu proaktiver Technikgestaltung.

24 Die Betonung menschlicher Kontrollfunktionen als zentrales Sicherheitselement bei KI-Systemen erscheint zwar theoretisch überzeugend, stößt in der Praxis jedoch an gewisse Grenzen. Moderne KI-Systeme arbeiten mit derart komplexen Entscheidungsprozessen und in solch hoher Geschwindigkeit, dass ihre Funktionsweise – besonders in Echtzeitsituationen – selbst für Fachleute kaum noch nachvollziehbar ist. Dies wirft die grundsätzliche Frage auf, ob menschliche Aufsichtspersonen tatsächlich über die erforderlichen Fähigkeiten und die nötige

[13] Vgl. insofern etwa: Martini/Wendehorst/Martini, 1. Aufl., Art. 14 Rn. 22 ff. mit einer ausführlichen Darstellung der Gesetzesvorarbeiten und der Gesetzgebungsgeschichte.

Reaktionsgeschwindigkeit verfügen können, um bei kontinuierlichen KI-gesteuerten Entscheidungsabläufen effektiv einzugreifen und korrigierend tätig zu werden. Um KI-Systeme effektiv menschlich zu beaufsichtigen, sollten Unternehmen bereits in der Konzeptionsphase ein umfassendes Konzept entwickeln und die dafür notwendige Infrastruktur aufbauen. Konkret kann sich dabei etwa auf folgende drei Säulen gestützt werden:

Erstens die organisatorische Integration von Kontrollprozessen in betriebliche Abläufe, zweitens die Installation geeigneter technischer Überwachungsinstrumente wie Echtzeit-Dashboards und Notfallsysteme, und drittens die Qualifizierung spezialisierter Mitarbeiter. Diese Fachkräfte müssen durch kontinuierliche Schulungen zu den spezifischen Hochrisiko-KI-Systemen, die sie beaufsichtigen (sollen), befähigt werden, die bereitgestellten Transparenz- und Interventionswerkzeuge kompetent zu nutzen, um bei Anzeichen von Fehlfunktionen unverzüglich und angemessen reagieren zu können. **25**

a) Natürliche Person („KI-Beauftragter"). Die KI-VO stellt ausdrücklich auf die Aufsicht durch natürliche Personen ab. Dieses Verständnis, dass eine natürliche Person – und nicht etwa eine juristische Person – die Aufsicht übernehmen muss, stützt auch Art. 26 Abs. 2. **26**

Der KI-VO lässt sich aber keine Pflicht entnehmen, dass es sich bei dem KI-Beauftragten um einen Mitarbeiter (also: einen Angestellten) des Betreibers handeln muss. Entsprechend ist es, ähnlich wie das für Datenschutzbeauftragte üblich ist, denkbar, die menschliche Aufsicht an ein darauf spezialisiertes Unternehmen zu übertragen, welches dann eine natürliche Person als KI-Beauftragten benennt. Dies dürfte gelten, obwohl die KI-VO, anders als etwa Art. 37 Abs. 6 DS-GVO, insofern keine ausdrückliche Öffnung für Dienstleister enthält. **27**

Eine solche organisatorische Flexibilität bei der Bestellung der KI-Aufsichtsperson korrespondiert mit dem Grundsatz der unternehmerischen Gestaltungsfreiheit. Die Möglichkeit, dies weiter – auf seriöse Weise – auszulagern, sollte bestehen, da es effizienter ist, die besondere Expertise in der menschlichen Aufsicht bei menschlichen Spezialisten anzusiedeln, welche dann für mehrere Betreiber gleichzeitig tätig sein können. Aber: *„Obliegt die Aufsicht einer externen, nicht zum eigenen Unternehmen gehörigen Person, kann sich aus der Offenlegung von Abwägungskriterien und Motivationen für Anbieter und Betreiber ein schwieriger Spagat zwischen diesen Transparenzpflichten und ihrem legitimen Interesse ergeben, Geschäftsgeheimnisse und Urheberrechte zu wahren."*.[14] **28**

Hinsichtlich der Stellung des KI-Beauftragten im Unternehmen werden sich hinsichtlich der Detailfragen vielfach die Wertungen für den IT-Sicherheitsbeauftragten oder den Datenschutzbeauftragten übertragen lassen. Zentral dürfte insofern auch sein, dass der KI-Beauftragte (weitestgehend) weisungsungebunden arbeiten und der Aufsicht nachgehen kann. Gleichwohl dürfte der Arbeitsaufwand als KI-Beauftragter insbesondere auch im Regelbetrieb aufgrund der kontinuierlichen Aufsicht der Hochrisiko-KI-Systeme insgesamt höher sein. **29**

Erforderlich ist, dass der KI-Beauftragte die notwendige KI-Kompetenz aufweist. Dazu ausführlich im Rahmen der Kommentierung von Art. 26 Abs. 2 (→ Art. 26 Rn. 5 ff.). Hier nur soviel: Die normative Fixierung auf die natürliche Person als Aufsichtsführende zeigt den untrennbaren Zusammenhang zwischen menschlicher Urteilskraft und effektiver Systemkontrolle, welchen der EU- **30**

---

[14] Martini/Wendehorst/Martini, 1. Aufl., Art. 14 Rn. 101.

Gesetzgeber voraussetzt und einfordert. Die Personalisierung der Aufsichtsfunktion dient zugleich als Garant für die Zurechenbarkeit von Entscheidungen im Mensch-Maschine-Verhältnis.

31 **b) Wirksamkeit der Aufsicht.** Art. 14 verlangt nach Abs. 1, dass Hochrisiko-KI-Systeme *„wirksam"* beaufsichtigt werden können und erläutert den Zweck der Aufsicht in Art. 14 Abs. 2 näher:

32 Im Fokus steht die *„Verhinderung oder Minimierung der Risiken für Gesundheit, Sicherheit oder Grundrechte […] insbesondere wenn solche Risiken trotz der Einhaltung anderer Anforderungen […] fortbestehen"* bei einer Verwendung des Hochrisiko-KI-Systems im Rahmen der Zweckbestimmung oder innerhalb einer vernünftigerweise vorhersehbaren Fehlanwendung.

33 Wichtig: *„Aus dem Zusatz „Risiken trotz der Einhaltung anderer Anforderungen" lässt sich zugleich ein Gegenschluss ziehen, der für die Interpretation der KI-VO insgesamt wichtig ist: Anbieter dürfen Hochrisiko-KI-Systeme auch dann in Verkehr bringen, wenn Fehlanwendungen und sonstige Risiken sich nicht ausschließen lassen, obwohl sie die Anforderungen der Art. 8 ff. eingehalten haben."*.[15]

34 Die Frage ist, wie stark diese Risiken minimiert werden müssen bzw. welcher Grad der Minimierung ausreichend ist.

35 Diese Bewertung ist grundsätzlich vom jeweiligen Einzelfall und insbesondere auch vom jeweiligen Risiko abhängig. Wie sich aus dem Wortlaut ergibt, *„Verhinderung oder Minimierung"*, ist es aber akzeptabel, dass auch unter Einsatz einer menschlichen Aufsicht Restrisiken weiterhin vorhanden sind.

36 Naheliegend ist, dass die KI-VO im Bewusstsein des Gesetzgebers erlassen wurde, dass es so viele verschiedene Risiken gibt, dass man im Vorhinein niemals alle vollständig ausschließen kann. Es wird vorgeschlagen, dass die KI-VO deswegen nur eine Art *„vertretbares Mindestmaß"*[16] an menschlicher Aufsicht verlange. Dieses Mindestmaß hänge dann *„insbesondere von den gefährdeten Rechtsgütern, der Vorhersehbarkeit und der Zumutbarkeit der Vorsorgemaßnahmen"* ab.[17] Die legislative Anerkennung der Risikovielfalt impliziert eine bewusste Abkehr des EU-Gesetzgebers von einem Ideal der vollständiger Risikoeliminierung. Das normative Bekenntnis zur Unvermeidbarkeit von Restrisiken etabliert ein realistisches Regulierungsmodell, das Innovationsoffenheit und Sicherheitsbedürfnisse pragmatisch ausbalanciert. Für den EU-Gesetzgeber ist das schon als sehr mutig anzusehen. Der Gesetzgeber erkennt damit an, dass es bei KI-Systemen verschiedene Arten von Risiken gibt und, dass nicht alle davon vollständig ausgeschlossen werden können.

37 Diese realistische Herangehensweise führt zu einem ausgewogenen Regelungsansatz: Statt eine unmögliche absolute Sicherheit zu fordern, wird ein praktischer Mittelweg gesucht, der sowohl technische Weiterentwicklung ermöglicht als auch notwendige Sicherheitsstandards gewährleistet. Diese Balance zwischen Sicherheit und Fortschritt ermöglicht es, neue Technologien verantwortungsvoll zu entwickeln und zu nutzen. *„Die KI-VO geht mithin nicht von einem Null-Risiko-Konzept aus, sondern lässt Restrisiken bewusst zu. Der konkretisierende Passus [in Art. 14. Abs. 2 KI-VO] 'insbesondere, wenn […] bezieht sich nicht nur auf die zweite Alternative, sondern auf beide Alternativen des Abs. 2. Er meint also sowohl Risiken, die bei bestimmungsgemäßer Verwendung fortbestehen, als auch solche, die bei vernünftigerweise vorhersehbaren Fehlanwendungen entstehen."*.[18]

---

[15] Martini/Wendehorst/Martini, 1. Aufl., Art. 14 Rn. 67.
[16] So Hetmank/Meinel KIR 2024, 127 (128).
[17] So Hetmank/Meinel KIR 2024, 127 (128).
[18] Martini/Wendehorst/Martini, 1. Aufl., Art. 14 Rn. 67–68.

In zeitlicher Hinsicht muss die Wirksamkeit der menschlichen Aufsicht offenkundig nicht nur bei Inbetriebnahme eines Hochrisiko-KI-Systems vorliegen, sondern während des gesamten Lebenszyklus eines Hochrisiko-KI-Systems. Fraglich ist insofern die konkrete Pflichtenaufteilung zwischen Anbieter und Betreiber. Mit anderen Worten: Was muss der Anbieter tun, um die Wirksamkeit der menschlichen Aufsicht dauerhaft auf ausreichendem Niveau zu gewährleisten? Dabei ist insbesondere auch zu berücksichtigen, dass sich die Wirksamkeit von Maßnahmen auch dadurch verschlechtern kann, dass sich die Wirklichkeit/Realität verändert. Dazu führen Hetmank/Meinel überzeugend aus: *„Mit Blick auf den Stand der Technik stellt sich aber auch die Frage, was gilt, wenn es nach dem Inverkehrbringen neue technische Entwicklungen gibt, die eine bessere Aufsicht gewährleisten können. Zwar gilt die Feststellung der Konformität mit den in Abschnitt 2 der KI-VO genannten Anforderungen so lange fort, bis das KI-System eine wesentliche Veränderung erfährt, vgl. Art. 43 Abs. 4 KI-VO. Allerdings ist der Anbieter eines Hochrisiko-KI-Systems auch nach dessen Inverkehrbringen bzw. Inbetriebnahme zur fortlaufenden Sicherstellung der Systemkonformität verpflichtet. So müssen Anbieter von Hochrisiko-KI-Systemen unverzüglich angemessene Maßnahmen ergreifen, wenn sie Grund zur Annahme haben, dass ihr System nicht mehr den Sicherheitsanforderungen der KI-VO entspricht, vgl. Art. 20 Abs. 1 S. 1 KI-VO.“*.[19] 38

c) Mensch-Maschine-Schnittstelle. Die menschliche Aufsicht soll *„auch mit geeigneten Instrumenten einer Mensch-Maschine-Schnittstelle“* erfolgen. 39

Auf den ersten Blick erscheint der Einschub eine Selbstverständlichkeit festzuhalten. Ein Mensch kann eine Maschine nur dann beaufsichtigen, wenn eine entsprechende Schnittstelle existiert, die den Menschen dazu in die Lage versetzt. Der Europäische Gesetzgeber möchte durch diesen Einschub wohl zum Ausdruck bringen, dass entsprechende Schnittstellen – sofern sie nicht bereits existieren – zu schaffen sind. 40

Welche Instrumente dafür im Einzelfall geeignet sind, hängt sehr stark vom jeweiligen System ab. 41

Was die Art der Schnittstelle angeht, sind in der KI-VO keine Vorgaben enthalten. Regelmäßig wird es sich dabei um eine Schnittstelle mittels einer Bildschirmanzeige handeln. Abhängig vom konkreten Einsatzort ist es aber ebenso vorstellbar, dass das System über eine Sprachausgabe und -eingabe mit dem Menschen kommuniziert. 42

Welche konkreten Inhalte dann über die jeweilige Mensch-Maschine-Schnittstelle übermittelt werden, ist eine Frage der konkreten Durchführung der menschlichen Aufsicht. Die Gestaltung der Kommunikation zwischen Mensch und KI-System ist allerdings ein Herzstück der Aufsichtsfunktion. Es geht dabei um mehr als nur den technischen Datenaustausch – die Art und Qualität der übermittelten Informationen schafft eine Brücke zwischen der technischen Arbeitsweise des Systems und der menschlichen Fähigkeit, Situationen einzuschätzen und zu bewerten. 43

Man stelle sich ein Hochrisiko-KI-System in der Intensivmedizin vor. Es wird meist nicht ausreichen, dass das System einfach nur Vitalwerte anzeigt. Die Schnittstelle muss Informationen so aufbereiten und darstellen, dass die medizinische Aufsichtsperson schnell erkennen kann, welche Werte kritisch sind, wie sie zusammenhängen und welche Entwicklungen sich abzeichnen. Wenn etwa mehrere Werte gleichzeitig vom Normalbereich abweichen, muss die Darstellung es der Aufsichts- 44

[19] So Hetmank/Meinel KIR 2024, 127 (132), die deswegen davon ausgehen, dass ein Anbieter gegebenenfalls verpflichtet ist, sein KI System vom Beginn dann so zu erstellen oder später so nachzurüsten, dass die menschliche Aufsicht weiterhin wirksam bleibt.

person ermöglichen, die Gesamtsituation rasch zu erfassen und auf Basis ihrer medizinischen Erfahrung die richtigen Schlüsse zu ziehen. Die Schnittstelle wird so zum Werkzeug, das die technische Präzision des Systems mit dem medizinischen Urteilsvermögen des Menschen optimal verbindet.

45 Handelt es sich beispielsweise um ein Bilderkennungssystem, so kann es eine sachgerechte Mensch-Maschine-Schnittstelle darstellen, wenn das System dem Menschen die für die Entscheidung maßgeblichen Bildbereiche markiert.

46 Denkbar wäre auch, dass das System die Wahrscheinlichkeit angibt, mit der die vorgeschlagene Entscheidung richtig ist.

47 Schließlich ist ebenso vorstellbar, dass das System selbstständig die Parameter auswählt, die für den Menschen in der jeweiligen Entscheidungssituation hilfreich sein können.

2. Ziel der menschlichen Aufsicht (Abs. 2)

48 Die KI-VO sagt in Art. 14. Abs. 2 prägnant, aber auch weitreichend: *„Die menschliche Aufsicht dient der Verhinderung oder Minimierung der Risiken für Gesundheit, Sicherheit oder Grundrechte, die entstehen können, wenn ein Hochrisiko-KI-System im Einklang mit seiner Zweckbestimmung oder im Rahmen einer vernünftigerweise vorhersehbaren Fehlanwendung verwendet wird, insbesondere wenn solche Risiken trotz der Einhaltung anderer Anforderungen dieses Abschnitts fortbestehen."*

49 Die Konkretisierung dieser umfassenden Aussage bleibt weitestgehend der Praxis überlassen. Die einschlägige ISO Norm besagt dazu: Das Ziel der Validierung der Kontrollierbarkeit eines KI-Systems ist es, zu bestätigen, ob die implementierten Kontrollfunktionalitäten für den beabsichtigten Verwendungszweck geeignet sind.[20]

50 Die menschliche Aufsicht über Hochrisiko-KI-Systeme soll auf Basis einer antizipierten Risikoanalyse eingerichtet werden und dann im Live-Betrieb Risiken minimieren oder verhindern. Ihre Kernaufgabe besteht darin, potenzielle Gefährdungen für Gesundheit, Sicherheit und Grundrechte zu identifizieren und zu minimieren – und zwar nicht nur bei bestimmungsgemäßer Verwendung, sondern auch bei vernünftigerweise vorhersehbaren Fehlanwendungen von Hochrisiko-KI-Systemen.

51 Diese rechtliche Konzeption wirft allerdings bedeutsame praktische Fragen auf. Der Begriff der *„vernünftigerweise vorhersehbaren Fehlanwendung"* schafft (trotz seiner Legaldefinition in Art. 3 Nr. 13) einen breiten Interpretationsrahmen: Diese offene Formulierung hat zwei unterschiedliche Konsequenzen: Sie gibt Unternehmen zwar die Flexibilität, ihre Compliance-Systeme ganzheitlich und vorausschauend zu gestalten. Gleichzeitig stellt sie Anbieter und Betreiber aber vor praktische Herausforderungen bei der Umsetzung, da sich nicht alle potenziellen Missbrauchsszenarien eindeutig identifizieren und absichern lassen. Zu beachten ist dabei auch: Der Anbieter ist für die Konzeption und Entwicklung des KI-Systems verantwortlich, während der Betreiber für den sicheren Betrieb des Systems verantwortlich ist. Die Verantwortlichkeiten überschneiden sich jedoch teilweise, insbesondere im Bereich der Risikominimierung.

52 Für die praktische Umsetzung ergibt sich daraus die Notwendigkeit, die menschliche Aufsicht dynamisch umzusetzen. Betreiber sollten systematische Risikoanaly-

---

[20] *„The aim of the validation of an AI system's controllability is to confirm whether the implemented controllability functionalities fit the intended use."* ISO/IEC TS 8200:2024, Information technology – Artificial intelligence – Controllability of automated artificial intelligence systems, Ziff. 9.2.1.

sen durchführen und ihre Kontrollsysteme kontinuierlich überprüfen und weiterentwickeln. Dies ermöglicht es, auch unerwartete Nutzungsmuster frühzeitig zu erkennen. Zentrale Instrumente hierfür sind strukturierte Überwachungsprozesse und regelmäßige Audits, die eine fortlaufende Anpassung der Sicherheitsmaßnahmen ermöglichen.[21] Rechtsgebiete, die schon jetzt streng durch Aufsichtsrecht reguliert sind, müssen dies in ihre bisherige Regelungskonzeption einfügen (siehe z.B. für das Risikomanagement von Finanzinstituten Weltersbach/Bauß BKR 2026, 1, 4, 10: *„Banken [müssen] technisch und organisatorisch sicherstellen, dass qualifiziertes Personal diese Aufsicht auch tatsächlich ausüben kann. (…) Die [Mindestanforderungen an das Risikomanagement] MaRisk enthalten bereits tragfähige Vorgaben für Organisation, Verantwortung und Kontrollsysteme, insbesondere in AT 5 (Verantwortlichkeitsregelung), AT 7.3 (Notfallmanagement) und BT 2 (Interne Revision). Jedoch sind diese Regelungen nicht auf die Anforderungen lernfähiger, adaptiver und teilweise intransparenter Systeme zugeschnitten. Für eine KI-VO-konforme Governance bedarf es deshalb gezielter Erweiterungen. (…) Banken sollten deshalb konkrete technische und organisatorische Maßnahmen ergreifen, um die Anforderungen aus Art. 14 KI-VO zuverlässig umzusetzen und dabei die MaRisk-Module AT 7.3 (Notfallmanagement) und BT 2 (Interne Revision) gezielt erweitern. Die klare Handlungsempfehlung lautet: Institute müssen technische Kontrollmechanismen implementieren, die eine sofortige Intervention durch qualifiziertes Personal ermöglichen. Dazu zählen ua Logging- und Alarmierungssysteme, Echtzeit-Monitoring, Abschaltfunktionen sowie strukturierte Notfallprozesse zur Fehlererkennung und Systemdeaktivierung. Zusätzlich sind Schutzmaßnahmen gegen adversariale Angriffe zu entwickeln, zum Beispiel durch Redundanzkonzepte, Backup-Routinen oder Isolationsmechanismen für kritische Komponenten. Diese technischen Vorkehrungen sind als Pflichtbestandteil eines wirksamen Notfall- und Überwachungskonzepts in die bestehenden MaRisk-Strukturen zu integrieren. Nur so lässt sich gewährleisten, dass KI-Systeme auch in Stresssituationen oder bei Fehlverhalten sicher beherrscht werden können – ein zentrales Element für Haftungsvermeidung, Reputationsschutz und regulatorische Konformität.“*

Das Wort *„insbesondere“* erscheint etwas überraschend, da es zum Ausdruck bringen könnte, dass menschliche Aufsicht auch erforderlich ist, wenn die Risiken bereits vollständig verhindert wären. In der Praxis wird es jedoch regelmäßig so sein, *„dass sich die genannten Risiken beim Einsatz von Hochrisiko-KI-Systemen nie gänzlich ausschließen lassen. Die Vorschrift ist daher so zu lesen, dass menschliche Aufsicht insbesondere dort eingefordert wird, wo die genannten Risiken mit den sonstigen in der KI-VO genannten Anforderungen nicht angemessen [minimiert] werden können.“*.[22] Angemessen und verhältnismäßig ist eine Maßnahme insbesondere dann, wenn sie effektiv zur Risikominimierung beiträgt und gleichzeitig die Funktionsfähigkeit des KI-Systems nicht übermäßig beeinträchtigt. Die Verhältnismäßigkeit ist im Einzelfall zu prüfen. 53

3. Konzeptionelle Umsetzung der menschlichen Aufsicht, Abs. 3

In Art. 14 Abs. 3 wird für Hochrisiko-KI-Systeme ein risikoadäquates Aufsichtskonzept normiert, das sich sowohl am Grad der Autonomie als auch am Nutzungskontext des Hochrisiko-KI-Systems orientiert. Die Verschränkung von Risikograd und Kontextualität etabliert dabei ein flexibles Regulierungsmodell, das technologische Innovation und Sicherheitsbedürfnisse austariert. Das klingt 54

[21] Vgl. insofern Art. 9 zum Risikomanagementsystem.
[22] So Hetmank/Meinel KIR 2024, 127 (128).

theoretisch gut, kann aber in der Praxis schwer zu handhaben sein. Aber die normative Verknüpfung dieser Parameter reflektiert die Erkenntnis, dass effektive menschliche KI-Aufsicht nur durch eine umfassende Betrachtung der Einsatzrealität gewährleistet werden kann.

55 Entsprechend *„sind bei KI-Systemen, die in besonders sensiblen Bereichen eingesetzt werden, wie etwa in solchen mit Risiken für Leib und Leben, besonders strenge Anforderungen an die menschliche Aufsicht zu stellen."*[23]

56 Diese Aufsichtsmaßnahmen sollen durch Vorkehrungen gewährleistet werden, die entweder bereits vor dem Inverkehrbringen oder der Inbetriebnahme vom Anbieter festgelegt und im Idealfall in das System selbst integriert (lit. a) und/oder vom Anbieter so bestimmt werden, dass sie vom Betreiber effektiv umgesetzt werden können (lit. b). Damit folgt der Gesetzgeber einem gestuften Regulierungskonzept, das flexible Reaktionsmöglichkeiten auf unterschiedliche Anwendungs- und Risikoszenarien eröffnet, indem es technische und organisatorische Mechanismen für die menschliche Aufsicht bereitstellt und dabei sowohl die Verantwortung des Anbieters als auch die des Betreibers klar adressiert.

57 **a) Angemessene Aufsichtsmaßnahmen.** Die vorzusehenden Aufsichtsmaßnahmen müssen sich am jeweiligen Einzelfall orientieren, statt nur starre Standardkontrollen durchzuführen. Diese notwendig flexible Herangehensweise berücksichtigt, dass KI-Systeme in sehr unterschiedlichen Situationen eingesetzt werden und daher auch unterschiedlich beaufsichtigt werden müssen.

58 Ein Beispiel macht das deutlicher: Ein Hochrisiko-KI-System in der medizinischen Diagnostik braucht wohl eine andere Art der Überwachung als eines in der Flugsicherung. Beide erfordern höchste Sicherheitsstandards, aber auf verschiedene Weise. Bei der medizinischen Diagnostik muss jede einzelne Diagnose im Kontext der individuellen Patientengeschichte geprüft werden, während in der Flugsicherung die kontinuierliche Echtzeitüberwachung vieler gleichzeitiger Flugbewegungen im Vordergrund steht. Die Aufsichtsperson braucht im ersten Fall tiefes medizinisches Fachwissen und die Fähigkeit, komplexe Krankheitsbilder zu verstehen, im zweiten Fall hingegen die Kompetenz, schnell auf sich ändernde Verkehrssituationen zu reagieren und verschiedene Sicherheitsfaktoren gleichzeitig im Blick zu behalten. Die Aufsicht passt sich also nicht nur dem Risikoniveau, sondern auch der spezifischen Art der Anwendung an.

59 Konkret stellt der Gesetzeswortlaut auf die Risiken, den Grad der Autonomie und den Kontext der Nutzung ab. Durch die Berücksichtigung dieser Faktoren soll letztlich abstrakt ermittelt werden, welche Art und Intensität der menschlichen Aufsicht notwendig ist. Unabhängig von den namentlich genannten Faktoren sollte dies als abstrakter Maßstab stets zu Grunde gelegt werden. Die rechtliche Vorgabe etabliert ein differenziertes Regulierungsmodell für die Beaufsichtigung von KI-Systemen. Kern dieses Ansatzes ist das Prinzip der Risikoangemessenheit.

60 Dabei müssen die erforderlichen Kontrollmechanismen bereits vor der Markteinführung oder Inbetriebnahme konzipiert und implementiert sein. Diese flexible Regulierungsstruktur stellt in der praktischen Umsetzung hohe Anforderungen an die verantwortlichen Akteure. Sie verlangt eine präzise Einschätzung der jeweiligen Risikopotenziale und eine darauf aufbauende, sorgfältig begründete Auswahl geeigneter Maßnahmen menschlicher Aufsicht.

---

[23] So Hetmank/Meinel KIR 2024, 127 (129).

Besonders anspruchsvoll gestaltet sich dabei die Dokumentationspflicht: Unternehmen müssen nachvollziehbar darlegen können, warum die gewählten Kontrollmechanismen für das spezifische Anwendungsszenario angemessen und ausreichend sind. Für die Produktentwicklung ergibt sich daraus die Notwendigkeit eines integrierten, mehrstufigen Ansatzes. Dieser sollte bereits in frühen Entwicklungsphasen mit der systematischen Erarbeitung von Risikoprofilen beginnen. Darauf aufbauend gilt es, potenzielle Kontrollmechanismen zu entwickeln und in der Praxis zu erproben. Entscheidend für den Erfolg ist dabei die enge Zusammenarbeit verschiedener Fachbereiche: Technische Experten müssen ihr Wissen über die Systemfunktionalität einbringen, während Compliance-Verantwortliche und Juristen die regulatorischen Anforderungen absichern. Nur durch diese interdisziplinäre Kooperation lässt sich ein rechtlich konformes und praktisch wirksames Aufsichtssystem etablieren. **61**

aa) Risiken. Wenn Art. 14 Abs. 3 auf den Begriff *„Risiken"* abstellt, wird dadurch nicht auf Art. 9 Abs. 3 Bezug genommen. Dort wird der in Art. 3 Nr. 2 legaldefinierte Begriff des Risikos konkretisiert und eingeschränkt. Diese Einschränkung findet aber ausdrücklich nur für Art. 9 Anwendung. **62**

Da die menschliche Aufsicht gerade der Ergänzung und Fortsetzung des Risikomanagementsystems dient, sind insbesondere auch diese Risiken für die menschliche Aufsicht relevant, die für das Risikomanagement irrelevant sind. Vgl. insofern auch den letzten Halbsatz von Art. 14 Abs. 2. **63**

Relevant sind entsprechend sämtliche Risiken, die mit dem Einsatz des Hochrisiko-KI-Systems verbunden sind. **64**

bb) Grad der Autonomie. Der Grad der Autonomie ist als Kriterium der Definition eines KI-Systems entnommen, sodass inhaltlich auf die Kommentierung von Art. 3 Nr. 1 verwiesen werden kann (→ Art. 3 Rn. 24). **65**

Hintergrund der Berücksichtigung des Grades der Autonomie ist, dass der europäische Gesetzgeber mit einer steigenden Autonomie auch ein steigendes Risiko assoziiert. Die menschliche Aufsicht soll insofern einen Gegenpol darstellen zu den autonomen Entscheidungen des KI-Systems indem sie die Möglichkeit bietet, in den Entscheidungsprozess einzugreifen und gegebenenfalls zu korrigieren. **66**

Eine steigende Autonomie führt aber nicht zwangsläufig zu einem größeren Bedürfnis an menschlicher Aufsicht. Es sind die konkreten Umstände des jeweiligen Einzelfalls zu berücksichtigen, insbesondere die mit dem Einsatz einhergehenden Risiken sowie der Kontext der Nutzung. KI-Agenten (KI-Agenten-Systeme), die abhängig von ihrem Zweck Hochrisiko-KI-Systeme sein können und *„deren Leistungsfähigkeit [sich] auch dadurch bestimmt, in welchem Maß das System zur eigenständigen Aufgabenerledigung in der Lage ist (…) würden daher ein besonders hohes Maß menschlicher Aufsicht erfordern, was aber dem eigentlichen Ziel des Einsatzes von KI-Agenten-Systemen widersprechen würde."*.[24] **67**

cc) Kontext der Nutzung. Zentral bei der Bewertung der Angemessenheit von Aufsichtsmaßnahmen ist zudem der Kontext der Nutzung des Hochrisiko-KI-Systems. **68**

Faktoren sind beispielsweise die Branche in der das Hochrisiko-KI-System zum Einsatz kommt. Noch wichtiger dürfte aber die konkrete Funktion sein, die das Hochrisiko-KI-System erfüllt. Zudem dürfte ein Aspekt sein, wie das System mit der Umwelt interagiert; agiert es physisch oder rein digital, interagiert es direkt mit Menschen oder *„nur"* mit anderen IT-Systemen? **69**

---

[24] Fleischmann RDi 2025, 193, 196, Rn. 27.

70 **b) Arten von Vorkehrungen.** Nach dem Wortlaut von Art. 14. Abs. 3 werden die Aufsichtsmaßnahmen durch eine oder beide der folgenden Arten von Vorkehrungen gewährleistet:

71 **aa) Vorkehrungen, die vor dem Inverkehrbringen oder der Inbetriebnahme vom Anbieter bestimmt und, sofern technisch machbar, in das Hochrisiko-KI-System eingebaut werden (lit. a).** Die Vorschrift des Art. 14 Abs. 3 lit. a verpflichtet den Anbieter von Hochrisiko-KI-Systemen bereits in der Entwicklungsphase, technische Überwachungsmechanismen zu berücksichtigen und im Rahmen der Entwicklung zu implementieren. Diese Anforderung zielt darauf ab, von Beginn an eine effektive menschliche Aufsicht über das System zu gewährleisten. Das bedeutet konkret, dass Überwachungsfunktionen nicht nachträglich hinzugefügt werden sollen, sondern als integraler Bestandteil der Systemarchitektur vorab (!) konzipiert werden müssen.

72 Die einschlägige ISO Norm besagt, dass bei sicherheitskritischen KI-Systemen die Anforderungen vor der Systementwicklung identifiziert werden sollten, da es in der Regel nicht möglich ist, Sicherheitsfunktionen nachträglich einzubauen.[25] Diese regulatorische Herangehensweise birgt sowohl Chancen als auch Herausforderungen. Der wesentliche Vorteil liegt in der frühzeitigen Berücksichtigung von Compliance-Anforderungen, was langfristig Rechtssicherheit schafft. Allerdings entstehen dadurch erhebliche Vorabinvestitionen für Unternehmen, die möglicherweise innovative Entwicklungen verzögern oder sogar verhindern können.

73 Für die praktische Umsetzung empfiehlt sich daher ein flexibler Ansatz: Unternehmen sollten auf modulare Systemarchitekturen setzen, die sich durch Software-Updates und anpassbare Schnittstellen weiterentwickeln lassen. Dies ermöglicht es, auf technologische Fortschritte und neue regulatorische Anforderungen zu reagieren, ohne das Gesamtsystem grundlegend überarbeiten zu müssen.

74 **bb) Vorkehrungen, die vor dem Inverkehrbringen oder der Inbetriebnahme des Hochrisiko-KI-Systems vom Anbieter bestimmt werden und dazu geeignet sind, vom Betreiber umgesetzt zu werden (lit. b).** Die Regelung des Art. 14 Abs. 3 lit. b fordert vom Anbieter, vor der Markteinführung oder Inbetriebnahme eines Systems bestimmte Maßnahmen zu definieren, deren konkrete Umsetzung jedoch in die Verantwortung des Betreibers fällt.

75 Diese Bestimmung etabliert ein zweistufiges Verantwortungsmodell: Der Anbieter definiert die erforderlichen Kontrollmaßnahmen, während die praktische Umsetzung in der Verantwortung des Betreibers liegt. Diese Konstruktion trägt der Tatsache Rechnung, dass die konkrete Implementierung von Überwachungsmaßnahmen stark vom spezifischen Einsatzkontext abhängt.

76 Die zentrale Herausforderung dieser Regelung liegt in der potenziellen Verwischung von Verantwortlichkeiten zwischen Anbieter und Betreiber. Es besteht das Risiko, dass Betreiber die vorgesehenen Kontrollmaßnahmen nicht adäquat umsetzen können – sei es aus Mangel an Ressourcen, fehlendem Fachwissen oder unzureichender Motivation.

77 Für die praktische Implementierung ist daher eine sorgfältige vertragliche Gestaltung unerlässlich. Vertragliche Vereinbarungen über Hochrisiko-KI-Sys-

---

[25] *„For safety-critical AI systems, requirements should be identified before the system design is undertaken, as it is usually not possible to retrofit safety design features."* ISO/IEC TS 8200:2024, Information technology – Artificial intelligence – Controllability of automated artificial intelligence systems, Ziff. 8.2

teme sollten präzise Vorgaben für die Umsetzung der Kontrollmaßnahmen enthalten, einschließlich konkreter Qualitätsstandards und Überprüfungsmechanismen. Ergänzend sind umfassende Schulungsprogramme für die Betreiber erforderlich, um die kompetente Durchführung der Überwachungsaufgaben sicherzustellen. Regelmäßige Audits können zusätzlich dazu beitragen, die Einhaltung der vereinbarten Standards zu gewährleisten.

Denkbar wäre die vertragliche Verpflichtung des Betreibers zur Einspeisung **78** regelmäßiger Updates, um Sicherheitslücken zu schließen. Ein solches Modell böte den Vorteil, die Maßnahmen flexibel an spezifische Einsatzkontexte anzupassen. Letztlich würde also die menschliche Aufsicht so (auch) mittelbar dadurch erfüllt, dass nicht Aktionen des Hochrisiko-KI-Systems selbst beaufsichtigt werden, sondern die IT-Sicherheit und Systemumgebung, die für den ordnungsgemäßen Betrieb des Hochrisiko-KI-System notwendig ist. Das setzte allerdings voraus, dass der Betreiber über die notwendigen technischen und personellen Fähigkeiten und Ressourcen verfügte, um die IT-Sicherheits-Vorgaben sachgerecht umzusetzen und fortlaufend anzupassen.

Generell wird es Pflichten geben, die immer beim Anbieter und nicht beim **79** Betreiber angesiedelt sein werden, wie Hense/Mustać überzeugend schreiben, weil es sachlich gar nicht anders geht: *„[B]estimmte Überwachungsmaßnahmen, wie z. B. Designänderungen oder allgemeine Leistungskontrollen, [werden] immer in den Händen und damit auch in der Verantwortung der Provider bleiben. Wichtig ist, dass die [Anbieter] alle geplanten menschlichen Aufsichtsmaßnahmen, die in ihrer Verantwortung verbleiben, durchführen sowie das aufsichtsführende Personal so weit wie möglich beaufsichtigen und bei der korrekten Durchführung der verbleibenden Aufsichtsmaßnahmen unterstützen. Hierbei handelt es sich um Kardinalpflichten der [Anbieter], die diese bei der Leistungserbringung einzupreisen haben.“*.[26]

cc) Verhältnis von lit. a und lit. b. Das Verhältnis der beiden Alternativen **80** ist nicht eindeutig.[27] Vieles spricht dafür, dass dem Anbieter zwar grundsätzlich ein Wahlrecht zusteht, er in der Ausübung dieses Wahlrechts gleichwohl nicht vollständig frei ist. Das Wahlrecht muss stattdessen innerhalb des ihm zustehenden Ermessensspielraums ausgeübt werden.

Dies ergibt sich einerseits aus dem Wort *„angemessen“* im Obersatz der Alterna- **81** tiven und ansonsten im Wesentlichen daraus, dass beide Alternativen, lit. a und lit. b, vom Anbieter verlangen, dass er die Vorkehrungen zu bestimmen hat. Der zentrale Unterschied besteht aber darin, dass diese nach lit. a vom Anbieter *„einzubauen“* sind und nach lit. b vom Betreiber *„umzusetzen“* sind. Der Wortlaut des Art. 14 Abs. 3 lit. a stellt dabei jedoch klar, dass der Einbau vom Anbieter erfolgen muss, *„sofern [dies] technisch machbar“* ist. Es besteht also ein grundsätzlicher Anwendungsvorrang der lit. a, der nur nicht greift, soweit der Einbau der Vorkehrungen durch den Anbieter technisch nicht machbar ist.[28] Der Begriff der technischen Machbarkeit lässt sich dabei auf die Frage konkretisieren, ob – nach Einschätzung des Anbieters – eine Umsetzung durch den Betreiber dem Einbau der Vorkehrungen durch den Anbieter selbst mit Blick auf die dadurch erreichte Sicherheit vorzuziehen ist.

Diese Analyse ist für jede einzelne Maßnahme separat durchzuführen, sodass **82** die Umsetzung im Gänze regelmäßig nicht pauschal auf den Betreiber abzuwälzen sein wird.

---

[26] So Hense/Mustać, AI Act kompakt, 2025, 244.
[27] Dazu auch ausführlich: Hetmank/Meinel KIR 2024, 127 (129 ff.).
[28] Dies nicht als Argument sehend: Hetmank/Meinel KIR 2024, 127 (130).

83 Wie Hetmank/Meinel KIR 2024, 127 (129) zutreffend ausführen, sind gewisse Maßnahmen regelmäßig sachgerechter durch den Betreiber umzusetzen. Dies betrifft insbesondere organisatorische Vorkehrungen, etwa die Auswahl und Schulung von leitenden Beschäftigten.

84 Zudem stellt sich die Frage, in welchem Umfang dem Betreiber ein eigener Ermessens- und Handlungsspielraum bei der praktischen Umsetzung und Kontrolle technischer Maßnahmen gewährt werden kann und was der Anbieter vom Betreiber verlangen darf.[29] Nicht selten wird der Betreiber aufgrund seiner technischen Ressourcen und seines Marktzugangs im Einzelfall besser in der Lage sein, geeignete Überwachungs- und Kontrollmechanismen tatsächlich zu implementieren als der Anbieter selbst.

85 Fraglich ist jedoch, ob auch dann noch eine ermessensfehlerfreie Abwälzung auf den Betreiber möglich ist, wenn der Anbieter selbst personell, technisch, finanziell und organisatorisch zumindest gleichwertig geeignet wäre, um die bestimmten Maßnahmen der menschlichen Aufsicht umzusetzen

86 Ein Anreiz des Anbieters könnte sich daraus ergeben, über die *„Abwälzung"* eigene Haftungsrisiken zu minimieren.[30] Insofern wird stets die Machtbalance zwischen Anbieter und Betreiber im Auge zu behalten sein.

87 **c) Umsetzungsmöglichkeiten.** Die notwendigen Aufsichtsmaßnahmen können durch unterschiedliche Vorkehrungen, kumulativ oder alternativ, umgesetzt werden. Dazu liefert Art. 14 Abs. 4 die entsprechenden normativen Maßstäbe und Kategorien, siehe sogleich.

88 Wichtige Anhaltspunkte für die praktische Umsetzung liefert auch hier die ISO-Norm: Die ISO/IEC TS 8200:2024 definiert wichtige Aspekte zur Kontrollierbarkeit von KI-Systemen. Gemäß Ziffer 7.1 müssen Zustände beobachtbar und veränderbar sein, und bestimmte Teilprozesse sollten kontrollierbar sein, um die Sicherheit und das vorhersehbare Verhalten der Systeme zu gewährleisten. Im Detail fordert die Norm folgende Kontrollierbarkeit von Teilprozessen (gemäß ISO/IEC TS 8200:2024, Information technology – Artificial intelligence – Controllability of automated artificial intelligence systems, Ziff. 7.1 b) 1) bis 4)):

– **1) Ausführung nicht vollständig erklärbarer Prozesse (Execution of non-fully-explainable processes):** Für Systeme mit nicht vollständig erklärbaren Teilprozessen aufgrund fehlender eindeutiger Zuordnung zwischen mathematischen Prozessen (zB Berechnungen in deep learning neuronalen Netzen) und logischen Schlussfolgerungen, sollten diese Teilprozesse so steuerbar sein, dass potenziellen Gefahren durch unvorhergesehenes Verhalten entgegengewirkt und dieses eingeschränkt werden kann. In diesem Zusammenhang sind Kontrollen über den Start und die Beendigung eines unerklärlichen Teilprozesses wichtig.

– **2) Zustandsbeobachtung (State observation):** Für KI-Systeme mit Funktionen zur Zustandsbeobachtung sollten die Teilprozesse, die das Sampling durchführen, bis zu denjenigen, die einen Systemzustand zurückgeben, steuerbar sein. In diesem Zusammenhang sollte ein Systemzustand ohne jegliche Vorbedingung außer Autorisierungs- und Authentifizierungsprüfungen bereitgestellt werden.

– **3) Ausführung von Steuerbefehlen (Control instruction execution):** Für KI-Systeme, die Steuerbefehle von einer autorisierten und authentifizierten Steuerung ausführen, sollte die Abfolge von Teilprozessen, die die Steuerbefehle

[29] Hetmank/Meinel KIR 2024, 127 (129 ff.).

[30] So Hetmank/Meinel KIR 2024, 127 (131).

ausführen, steuerbar sein. In diesem Zusammenhang sollte das KI-System in der Lage sein, alle Steuerbefehle zu akzeptieren und auszuführen.

– **4) Bestimmung der Lernstrategie (Learning policy determination):** Für KI-Systeme, die das zu lernende Wissen auswählen oder den Lernansatz bestimmen können (zB kontinuierliches Lernen), sollten die Teilprozesse für solche Entscheidungen steuerbar sein. Dies kann entscheidend für KI-Systeme sein, deren zugrunde liegende Lernstrategie das Verhalten des KI-Systems gegenüber Menschen beeinflussen kann.

Zusammenfassend betont die ISO/IEC TS 8200:2024 die Notwendigkeit einer umfassenden Kontrollierbarkeit von KI-Systemen, um deren sicheren und verantwortungsvollen Einsatz zu gewährleisten. Dies umfasst sowohl die Beobachtung und Veränderung von Systemzuständen als auch die Steuerung spezifischer Teilprozesse, insbesondere solcher, die nicht vollständig erklärbar sind oder das Lernverhalten des Systems beeinflussen. **89**

4. Konkrete Durchführung der menschlichen Aufsicht, Art. 14 Abs. 4

Art. 14 Abs. 4 enthält Vorgaben dafür, wie die menschliche Aufsicht tatsächlich umzusetzen ist: Diese praktischen Vorgaben für die Aufsicht sollen das grundlegende Prinzip der Kontrollierbarkeit der KI konkret anwendbar machen. Die detaillierten Vorgaben zur Durchführung gehen dabei über rein technische Aspekte hinaus – sie definieren teilweise auch, welche Qualifikationen und Fähigkeiten die menschlichen Aufseher mitbringen müssen, um ihre Aufgabe effektiv erfüllen zu können. **90**

Die Aufsichtspersonen sollen die Fähigkeiten und Grenzen der Technologie verstehen (lit. a), sich ihrer Anfälligkeit für übermäßiges Vertrauen in KI-Ausgaben bewusst sein (lit. b), die Ergebnisse der KI zutreffend interpretieren können (lit. c) und bei Bedarf beschließen können, das Hochrisiko-KI-System nicht zu verwenden, die Ausgabe außer Acht zu lassen, außer Kraft zu setzen oder Ausgaben rückgängig zu machen (lit. d). Darüber hinaus ist sicherzustellen, dass ein menschlicher Eingriff – etwa durch einen Not-Aus-Mechanismus (*“Stopptaste“*, metaphorisch gemeint, es muss wohl kein physischer Knopf sein) – die Funktion des Hochrisiko-KI-Systems jederzeit beenden kann (lit. e). **91**

Der europäische Gesetzgeber versucht so, eine Balance zwischen der Effizienz fortgeschrittener Automatisierung einerseits und der unverzichtbaren menschlichen Entscheidungsfreiheit andererseits zu erreichen. **92**

Für die praktische Umsetzung ergibt sich die Herausforderung, Menschen so aus- und fortzubilden, dass sie unter komplexen Bedingungen ebenso schnell wie kompetent eingreifen können. Als Handreichung bieten sich frühzeitige Schulungen, die Bereitstellung klarer Leitlinien und Ressourcen, verlässlicher Dokumentationstools sowie intuitiv nutzbarer Override- und Stoppfunktionen an, um ein möglichst reibungsloses Zusammenspiel von Mensch und Maschine in der Praxis zu ermöglichen. **93**

Dabei sollte die Ausbildung möglichst am konkreten Hochrisiko-KI-System und nicht abstrakt stattfinden, damit die Spezifika vermittelt und kennengelernt werden können. *„Angemessene Schulung bedeutet in diesem Zusammenhang, dass die Person, die die Aufsicht ausübt, im Umgang mit dem konkreten AI System gut geschult ist und die Funktionsweise des konkreten Systems und potenzielle Risiken versteht. Angemessene Ressourcen meint, dass die zugewiesene Aufsichtsperson über alle notwendigen Instrumente, Zeit und Unterstützung verfügt, um ihre Aufsichtspflichten effektiv zu erfüllen. Dazu gehört auch der Zugang zu relevanten Daten und technischer Unterstützung.“*.[31] **94**

---

[31] So Hense/Mustać, AI Act kompakt, 2025, 244.

95 **a) Pflicht.** Die menschliche Aufsicht muss durch den Betreiber, nicht den Anbieter, durchgeführt werden, vgl. Art. 26 Abs. 2. Die Verantwortungszuweisung an den Betreiber konstituiert dabei eine spezifische Form der operativen Kontrolle, die sich von der systemischen Verantwortung des Anbieters strukturell unterscheidet. Die funktionale Differenzierung zwischen Entwicklungs- und Betriebsverantwortung reflektiert die unterschiedlichen Kontrollsphären im KI-Lebenszyklus.

96 Allerdings muss dem Betreiber das System (durch den Anbieter) so zur Verfügung gestellt werden, dass die natürlichen Personen zu einer den Anforderungen entsprechenden menschlichen Überwachung in der Lage sind, Art. 14 Abs. 4.

97 In der Praxis werden sich insofern Standards herausbilden, die üblicherweise ausreichend sind, damit die menschliche Aufsicht durch die KI-Beauftragten angemessen und verhältnismäßig umgesetzt werden kann.

98 Auch hier lassen sich hilfreiche Anhaltspunkte für die praktische Umsetzung der neuen einschlägigen ISO-Norm entnehmen. Sie enthält etliche Kriterien, Prinzipien und Detailanforderungen und in zwei Anhängen zwei Prüfraster samt Beispielen. Bei der praktischen Implementierung einer menschlichen Aufsicht ist es ratsam, sich diese ISO-Norm als Lektüre vorzunehmen, denn die ISO/IEC TS 8200:2024 führt ein umfassendes System zur Bewertung und Prüfung der Kontrollierbarkeit von KI-Systemen ein. Die Norm definiert in Kapitel 7 „Controllability of AI system" verschiedene Kontrollierbarkeitsgrade, von denen der höchste die *„vollständige Kontrollierbarkeit"* (completely controllable) ist. Ein System gilt als vollständig kontrollierbar, wenn es *„in jedem Zustand Kontrollanweisungen empfangen und ausführen kann, dabei innerhalb akzeptabler Ressourcenlimits bleibt und den gewünschten Zustand unter Berücksichtigung von Energie-, Zeit- und Verarbeitungsbeschränkungen erreichen kann"* (ISO/IEC TS 8200:2024, 7.3 a)).

99 Die praktische Bewertung erfolgt dann durch zwei sich ergänzende Prüfungsansätze, die in den Anhängen A und B der ISO-Norm detailliert beschrieben werden. Der Verifikationsansatz in Anhang A dient der technischen Prüfung und bewertet, *„ob die getestete Kontrollfunktionalität die Anforderungen erfüllt"* (whether the tested controllability functionality meets the requirement).[32] Die Dokumentation dieser Prüfung erfolgt in einer strukturierten Tabelle mit acht Dimensionen, die von der Anforderung (Requirement) über die Testumgebung (Test environment) bis zum Qualifizierungsergebnis (Qualified) reichen.

100 Der Validierungsansatz in Anhang B erweitert diese technische Prüfung um eine szenariobasierte Bewertung. Hier wird überprüft, *„ob das Systemverhalten unter Kontrolle es ermöglicht, dass ein Szenario wie erwartet ablaufen kann"* (whether the system's behaviour under control can permit a scenario to proceed as expected)[33]. Die Dokumentationstabelle umfasst hier neun Dimensionen und berücksichtigt zusätzliche Aspekte wie das Gesamtszenario und die Zuverlässigkeit der Kontrolle in realen Anwendungssituationen.

101 Die Norm illustriert diese zweistufige Prüfung am Beispiel eines Reinigungsroboters. Bei der Verifikation wird etwa getestet, ob der Roboter eine präzise 10-cm-Bewegung ausführen kann – eine rein technische Prüfung der Spezifikationen. Die Validierung untersucht dann das Verhalten in komplexeren Szenarien, etwa an einer Treppe. Hier muss der Roboter nicht nur die Gefahrensituation erkennen, sondern auch einen potenziell gefährlichen Vorwärtsbefehl aktiv verweigern kön-

[32] ISO/IEC TS 8200:2024, Annex A, h).
[33] ISO/IEC TS 8200:2024, Annex B, i).

nen. Dieses Beispiel zeigt die Bedeutung des zweistufigen Ansatzes: Der Roboter erkennt zwar die Treppe (qualifiziert in der Verifikation), fährt aber auf Befehl trotzdem los (nicht qualifiziert in der Validierung).[34] Roboter als Beispiele zum Verständnis von KI-Normen sind wichtig, denn in der Tat ist die Robotik ein naheliegender Anwendungsbereich von KI auf Arbeitsstätten, mit Robotern als Kompagnons von Menschen: *„Ein Anwendungsfall des Einsatzes von KI bei Robotik ist die Cognitive Robot Process Automation. (…) [Es geht um] Cobots als Geräte der Mensch-Roboter-Kollaboration. Ein wesentliches Einsatzgebiet von Cobots sind Arbeitsschritte in der industriellen Montage. Hier erfolgt eine Trennung der Arbeitsräume von Menschen und Maschine aus Gründen der Arbeitssicherheit. Damit ist bei der Nutzung von Robotik die menschliche Aufsicht an der Mensch-Maschine-Schnittstelle nach Art. 14 Abs. 1 KI-VO von besonderer Bedeutung. Die Aufsichtsmaßnahmen müssen den Risiken, dem Grad der Autonomie und dem Kontext der Nutzung von Hochrisiko-KI-Systemen nach Art. 14 Abs. 3 KI-VO angemessen sein. Das Robotik-System muss der Anwender durch eine Taste stoppen können. Nach Art. 14 Abs. 5 KI-VO müssen bei in Anhang III Nr. 1 lit. a KI-VO genannten Hochrisiko-KI-Systemen die in Art. 14 III KI-VO genannten Vorkehrungen so gestaltet sein, dass der Betreiber keine Maßnahmen oder Entscheidungen allein aufgrund des vom System hervorgebrachten Identifizierungsergebnisses trifft, solange diese Identifizierung nicht von mindestens zwei Personen, die die notwendige Kompetenz, Ausbildung und Befugnis besitzen, getrennt überprüft und bestätigt wurde. Diese Anforderung einer getrennten Überprüfung durch mindestens zwei natürliche Personen für Hochrisiko-KI-Systeme ist betrieblich-organisatorisch zu implementieren.“*.[35]

In beiden Prüfungen erfolgt die Bewertung binär als *„qualified“* oder *„not qualified“*. Die Qualifizierung basiert dabei auf klar definierten *„Messgrößen und Werten“* (measures and values), die *„ein getestetes KI-System erfüllen soll“* (that a tested AI system is supposed to meet).[36] Dieser kombinierte Ansatz aus technischer Verifikation und praktischer Validierung soll sicherstellen, dass ein KI-System nicht nur seine technischen Spezifikationen erfüllt, sondern auch in realen Anwendungsszenarien zuverlässig und sicher kontrollierbar ist. **102**

b) Regelungslücke? Hochrisiko-KI-Systeme ohne Betreiber. Art. 14 Abs. 3 und Abs. 4 sprechen davon, dass die Betreiber in der Lage sein sollen, Vorkehrungen umzusetzen und das Hochrisiko-KI-System dem Betreiber in geeigneter Weise für die menschliche Aufsicht zur Verfügung gestellt werden muss. **103**

Unklar ist, wie mit Situationen umzugehen ist, in denen es an einem Betreiber aufgrund des Art. 2 Abs. 10 fehlt. Es handelt sich dabei beispielsweise um Fälle, in denen eine natürliche Person, etwa ein Verbraucher, das KI-System rein persönlich und nicht beruflich verwendet. Kann es rechtspolitisch sein, dass dann die menschliche Aufsicht als *„letztes Sicherheitsnetz“* komplett entfällt?[37] **104**

c) Konkrete Aufsichtsmaßnahmen: Der Katalog in Art. 14. Abs. 4 lit. a–e. Art. 14 Abs. 4 enthält in lit. a–lit. e Anhaltspunkte dafür, wie ein Hochrisiko-KI-System zur Verfügung gestellt werden muss, damit die menschliche Aufsicht möglich ist. Die Kriterien sind sehr allgemein formuliert. **105**

---

[34] ISO/IEC TS 8200:2024, Annex A, Table A.1 and Annex B, Table B.1.

[35] Wächter, in Weth/Herberger/Wächter/Sorge, Daten- und Persönlichkeitsschutz im Arbeitsverhältnis 3. Auflage 2026, Rn. 10 f.

[36] ISO/IEC TS 8200:2024, Annex A, g).

[37] So Hetmank/Meinel KIR 2024, 127 (132 f.) mit rechtspolitischen Empfehlungen, hier nachzubessern.

106 Der Obersatz vor den lit. a–lit. e verlangt, dass der KI-Beauftragte angemessen und verhältnismäßig zu menschlicher Aufsicht in der Lage sein muss. Entsprechend ist für jeden Buchstaben lit. a–lit. e einzeln zu prüfen, ob und in welcher Form dies umgesetzt werden kann und muss. Je nach Funktionsweise des jeweiligen Hochrisiko-KI-Systems ist auch denkbar, dass gewisse Maßnahmen nicht umsetzbar sind, möchte man den Mehrwert des Systems nicht vollständig aufheben. Zu denken ist beispielsweise an Systeme, die ihren besonderen Mehrwert gerade aus der einem Menschen überlegenen Schnelligkeit ziehen.

107 **aa) Verständnis der Fähigkeiten und Grenzen (lit. a).** Der KI-Beauftragte muss nach Art. 14 Abs. 4 lit. a in der Lage sein, das Hochrisiko-KI-System angemessen zu verstehen sowie den Betrieb ordnungsgemäß zu überwachen. *„Als typische KI-Fehler, die die menschliche Aufsicht erkennen und beheben soll, benennt die KI-VO Anzeichen von Anomalien, Fehlfunktionen und unerwartete Leistungen.“*.[38]

108 Wie bei sämtlichen Aufsichtsmaßnahmen hängt hier sehr viel vom Einzelfall, also dem Hochrisiko-KI-System sowie den mit dem Einsatz verbundenen Risiken, ab. Gleichwohl liefert der Gesetzeswortlaut gewisse Anhaltspunkte.

109 **(1) Angemessenes Verständnis.** Das gesetzgeberisch geforderte Verständnis des Hochrisiko-KI-Systems ist im Laufe des Gesetzgebungsverfahrens immer weiter abgesunken. Der ursprüngliche Kommissionsentwurf sah insofern noch ein vollständiges Verständnis vor.[39] *„Moderne KI-Systeme sind regelmäßig so komplex, dass Außenstehende die Funktionsweise im Maschinenraum des Systems typischerweise nicht nachvollziehen können. Das gilt selbst für diejenigen, die die Systeme entwickeln. […] Die heutige normative Anforderung hinreichenden Verständnisses ist damit deutlich realistischer und sachgerechter als die ursprüngliche Fassung des Kommissionsentwurfs.“*.[40]

110 Diese Reduktion ist auch sachgerecht, da ein vollständiges Verständnis regelmäßig nicht zu erreichen gewesen wäre. Die normative Absenkung des Verständniserfordernisses indiziert also eine pragmatische Wendung im Regulierungsansatz des EU-Gesetzgebers, die die Realitäten komplexer KI-Systeme und der tatsächlich vorhandenen Menschen in ihren Stärken und Schwächen anerkennt. Die Modifikation des Verständnismaßstabs perpetuiert dabei den Grundsatz der Verhältnismäßigkeit im Spannungsfeld zwischen theoretischer Kontrolltiefe und praktischer Umsetzbarkeit.

111 Ein angemessenes Verständnis für die Fähigkeiten und Grenzen des Hochrisiko-KI-Systems dürfte dann gegeben sein, wenn Aufsichtsperson die nach ihrer Einschätzung notwendigen Informationen für eine eigene Einschätzung erhält. Der Fokus liegt hier auf dem konzeptionellen Verständnis des Hochrisiko-KI-Systems. Zentrale Faktoren dürften dabei beispielsweise die Art der zugrundeliegenden Technologie, das Trainingsverfahren oder das Ziel der Entwicklung sein. Die Aufsichtsfunktion erfordert mehr als nur das Verarbeiten von Informationen – sie verlangt ein tiefes Verständnis dafür, wie das gesamte System zusammenhängt und funktioniert. Die Aufsichtsperson muss nicht nur technische Details überprüfen können, sondern auch in der Lage sein, die Qualität und Bedeutung der Prozesse richtig einzuschätzen. Es reicht nicht aus, einfach nur Messwerte oder ein Dashboard abzulesen. Die Aufsichtspersonen müssen auch verstehen, was diese Werte im Gesamtzusammenhang bedeuten, wie verschiedene Teile zusammenarbeiten und welche Auswirkun-

---

[38] Martini/Wendehorst/Martini, 1. Aufl., Art. 14 Rn. 83.

[39] Vgl. zur Entwicklung: Wendt/Wendt, Das neue Recht der künstlichen Intelligenz, 1. Auflage 2024, § 5 Rn. 47.

[40] Martini/Wendehorst/Martini, 1. Aufl., Art. 14 Rn. 80.

gen bestimmte Veränderungen haben können. Diese Art des Verständnisses ermöglicht es erst, fundierte Entscheidungen zu treffen und potenzielle Probleme frühzeitig zu erkennen, noch bevor sie in den technischen Daten sichtbar werden.

(2) Überwachung Betrieb. Darüber hinaus muss die Aufsichtsperson zur ordnungsgemäßen Überwachung in der Lage sein und dabei insbesondere auch Anomalien, Fehlfunktionen und unerwartete Leistung erkennen und beheben können. **112**

Insofern ist also die zugrundeliegende Technologie weniger beachtlich. Vielmehr kommt es darauf an, wie das System arbeitet und wo konkrete Schwachstellen liegen könnten. **113**

Hilfreiche Indikatoren, die einer Aufsichtsperson das Erkennen von Problemen erleichtern können, dürften dabei die Qualitätsmerkmale des Hochrisiko-KI-Systems sein, beispielsweise die Genauigkeit, Präzision und/oder die Sensitivität. Die Kenntnis dieser Merkmale unterstützt eine Aufsichtsperson etwa darin, mögliche Schwachstellen zu identifizieren. **114**

Eine Aufsichtsperson könnte daraus beispielsweise ableiten, dass ein Hochrisiko-KI-System im Gesundheitsbereich zwar quasi nie einen krankhaften Befund als gesunden Befund klassifiziert, aber innerhalb der krankhaften Befunde regelmäßig fälschlich krankhafte Befunde ausgegeben werden. **115**

bb) Schutz vor Automatisierungsbias (lit. b). Nach Art. 14 Abs. 4 lit. b soll die Aufsichtsperson in der Lage sein, sich über einen etwaigen Automatisierungsbias bewusst zu bleiben. Der Automatisierungsbias (auch: Automation Bias) umschreibt die menschliche Neigung, den Ausgaben automatisierter Entscheidungssysteme übermäßig zu vertrauen und diese gegenüber widersprüchlichen Informationen aus nicht-automatisierten Quellen zu bevorzugen. Dieser kognitive Fehler äußert sich in zwei Hauptformen: Zum einen in *„Unterlassungsfehlern"*, bei denen Menschen nicht eingreifen, obwohl die KI-Ausgabe offensichtlich falsch ist, zum anderen in *„Ausführungsfehlern"*, bei denen Menschen den Vorschlägen des Systems auch dann folgen, wenn diese evident fehlerhaft sind oder anderen verfügbaren Informationen widersprechen. Die besondere rechtliche Relevanz dieses Phänomens ergibt sich daraus, dass es die Effektivität der menschlichen Aufsicht über KI-Systeme erheblich beeinträchtigen kann – selbst erfahrene Fachkräfte sind nicht immun gegen diese Form der kognitiven Verzerrung. Der Gesetzgeber verpflichtet daher die Anbieter von Hochrisiko-KI-Systemen, technische und organisatorische Vorkehrungen zu treffen, die den KI-Beauftragten dabei unterstützen, sich dieser Tendenz bewusst zu bleiben und ihr aktiv entgegenzuwirken. **116**

Im Text der KI-VO nicht erwähnt, aber auch relevant, ist der *"umgekehrte Automatisierungsbias"*, der negative Automatisierungsbias. Das ist die Annahme von Menschen, dass eine KI nicht gut genug ist oder Fehler macht, bzw. die Annahme von Menschen, dass die richtige Ausgabe eines KI-Systems falsch ist, weil die Menschen es nicht besser wissen, weswegen sie die Vorschläge eines KI-System nicht oder falsch verstehen und/oder den Vorschlägen eines KI-Systems nicht folgen oder trauen, obwohl das eigentlich die bessere Lösung wäre. Dies könnte auch im Rahmen der menschlichen Aufsicht relevant werden, wenn eine menschliche Aufsicht irrtümlich einschreitet, obwohl es eigentlich keinen Grund zum Einschreiten gibt, beziehungsweise das Einschreiten nicht nur unbegründet ist, sondern selber für einen Fehler sorgt oder gar einen Schaden verursacht. **117**

Die Aufsichtsperson muss nicht nur die technischen Aspekte des Hochrisiko-KI-Systems überwachen, sondern auch ihre eigenen kognitiven Verzerrungen im Umgang mit dem Hochrisiko-KI-System bedenken, sich bewusst machen und **118** berücksichtigen. Die reflexive Dimension dieser Kontrollaufgabe geht über die rein technische Überwachung hinaus und implementiert ein Korrektiv zur algorithmischen Entscheidungsfindung. Ein wichtiger Teil der Aufsichtsfunktion ist es also, dass sich die Aufsichtspersonen ihrer eigenen gedanklichen Voreingenommenheit bewusst sind. Diese Fähigkeit, das eigene Denken zu hinterfragen, dient als psychologisches Gegengewicht zur KI-basierten Entscheidungsfindung: Während Algorithmen strikt nach ihrer Programmierung arbeiten, können Menschen ihre eigenen Denkmuster erkennen und bei Bedarf korrigieren. Dies macht die menschliche Aufsicht zu einer wichtigen Ergänzung für das jeweilige Hochrisiko-KI-System.

119 Dieses Erfordernis stellt Aufsichtspersonen, Betreiber und Anbieter, die entsprechende Aufsichtsmaßnahmen im Hochrisiko-KI-System anlegen müssen, vor gewisse Herausforderungen. Ein etwaiges einem Automatisierungsbias Erliegen des Menschen lässt sich durch das Hochrisiko-KI-System nur sehr begrenzt eindämmen.

120 Ein Ansatzpunkt für die Anbieter können insofern Statistiken sein, die dem KI-Beauftragten ausgegeben werden. Denkbar wäre hier die statistische Zahl von fehlerhaften KI-Ausgaben in Verhältnis zu den menschlichen Eingriffen zu setzen oder aufzuzeigen, wie sich die Anzahl der menschlichen Eingriffe über die Nutzungsdauer des Hochrisiko-KI-Systems entwickelt.

121 **cc) Interpretation des Outputs (lit. c).** Das Hochrisiko-KI-System muss so konzipiert und entwickelt sein, dass der Output richtig interpretiert werden kann, Art. 14 Abs. 4 lit. c. Wie die vom Gesetzeswortlaut angesprochenen Interpretationsinstrumente und -methoden konkret aussehen können, hängt ebenfalls stark vom Einzelfall ab.

122 Verallgemeinernd lässt sich jedoch festhalten, dass das Ergebnis des Hochrisiko-KI-Systems möglichst plausibel dargelegt werden sollte. *„Entscheidend ist, dass [die menschliche Aufsicht] die Ausgaben des Systems hinreichend auf ihre Plausibilität prüft.“*.[41] Diese Plausibilisierungspflicht des Hochrisiko-KI-Systems ist ein zentrales Element im Mensch-Maschine-Dialog. Die Plausibilitäts-Komponente der Aufsichtsfunktion etabliert eine qualitative Bewertungsebene jenseits quantitativer Systemparameter. Die Interpretationshoheit der menschlichen Aufsicht ist dabei erneut als Korrektiv zur algorithmischen Entscheidungsvorbereitung zu sehen. Die Kompetenz des Menschen bildet insoweit eine notwendige Ergänzung zur mathematisch-statistischen Präzision des Hochrisiko-KI-Systems. Das bedeutet, die Aufsichtsperson fragt nicht nur *„Was zeigen die Daten des KI-Systems?“*, sondern auch *„Ergibt das in diesem Zusammenhang Sinn und wenn ja, welchen?“*.

123 Beispielhaft lässt sich insofern als Umsetzungsmöglichkeit aufführen: Soweit regelbasierte Bestandteile vorhanden sind, können die insoweit verwendeten Pfade aufgezeigt werden. Es kann zudem die Wahrscheinlichkeit angezeigt werden, mit der das jeweilige Ergebnis vorgeschlagen wird. Zudem können naheliegende Alternativen oder vergleichbare Fälle aufgezeigt werden. Ein noch konkreteres Beispiel wäre ein KI-System im Gesundheitswesen: Statt nur Laborwerte mit Normwerten zu vergleichen, würde die Aufsichtsperson auch prüfen, ob die vorgeschlagene Behandlung zur gesamten Krankengeschichte und Situation des Patienten passt.

124 **dd) Präventive Entscheidung zur Nichtverwendung oder Rückgängigmachung (lit. d) und Eingriffsmöglichkeiten in den laufenden Betrieb (lit. e).** Art. 14 Abs. 4 lit. d ist von Art. 14 Abs. 4 lit. e dadurch abzugrenzen, dass

[41] Martini/Wendehorst/Martini, 1. Aufl., Art. 14 Rn. 38.

lit. d Phasen vor und nach dem Einsatz des Hochrisiko-KI-Systems betrifft und lit. e den laufenden Betrieb adressiert. Die zeitliche Differenzierung der Eingriffsbefugnisse konstituiert ein mehrdimensionales Kontrollregime mit präventiven und reaktiven Elementen. Die normative Unterscheidung zwischen Vorab- und Währenddessen-Kontrolle reflektiert die verschiedenen Zeitschichten der Risikoverwaltungsaufsicht. Die verschiedenen Eingriffsmöglichkeiten der Aufsicht sind also ganz nach ihrem zeitlichen Ablauf geordnet: Es gibt sowohl vorbeugende Kontrollen als auch solche, die während des laufenden Betriebs stattfinden. Diese zeitliche Unterscheidung zwischen Vorab-Prüfungen und Kontrollen während des Betriebs spiegelt wider, wie Risiken zu verschiedenen Zeitpunkten unterschiedlich gehandhabt werden müssen. Ähnlich wie bei der Flugsicherheit gibt es Kontrollen vor dem Start (etwa die Überprüfung der Systeme) und während des Fluges (wie die kontinuierliche Überwachung der Flugroute und Wettersituation). Beide Arten der Kontrolle sind wichtig, haben aber unterschiedliche Ziele und Methoden – die Vorabkontrolle soll Probleme verhindern, während die laufende Kontrolle auf neue Situationen reagieren muss.

Gemeinsam haben beide Buchstaben, dass viel vom Einzelfall und dem konkret verwendeten Hochrisiko-KI-System abhängt. Auch hier ist die betreffende ISO-Norm hilfreich, denn sie besagt, dass eine „*Stopp*"-Kontrolle, die ein KI-System bei der Ausführung seiner aktuellen Aufgabe stoppt, während der Design- und Entwicklungsphase immer berücksichtigt werden sollte.[42] 125

Es würde „*befremdlich an[muten], Art. 14. [Abs. 4 lit. e KI-VO]. wörtlich zu interpretieren und zu fordern, dass Menschen stets in der Position sein müssen, durch eine 'Stopp'-Taste in den Betrieb des Systems einzugreifen; jede andere Art von nutzerzentriertem Interventionsmechanismus sollte gleichfalls genügen. Eine entsprechende Funktion bietet nur bei einer sehr begrenzten Auswahl an Systemen einen Vorteil. Denkbar ist dies z. B. bei selbstfahrenden Autos, bei denen „eine Unterbrechung, die zu einem sicheren Halt führt" einen greifbaren Vorteil verspricht. In anderen Fällen, in denen es weder verhältnismäßig noch angemessen ist (und in bestimmten Fällen, z. B. aufgrund der Geschwindigkeit der ausgeführten Operationen, auch nicht möglich), den Betrieb des Systems unterbrechen zu können, fordert Art. 14 diese Maßnahme auch nicht ein.*".[43] 126

d) Dauerhaftigkeit der menschlichen Aufsicht. Wie sich aus Art. 14 Abs. 1 ergibt, ist die menschliche Aufsicht während der Dauer der Verwendung des Hochrisiko-KI-Systems zu leisten. In zeitlicher Hinsicht enthält die KI-VO darüber hinaus kaum weitere Vorgaben. Die temporale Unbestimmtheit der Aufsichtspflicht eröffnet einen flexiblen Gestaltungsspielraum für kontextspezifische Überwachungskonzepte. Die Dauerhaftigkeit der Aufsichtspflicht ist dabei als dynamisches Prinzip zu verstehen, das sich an der Evolution des KI-Systems orientiert. 127

---

[42] „*A 'stop' control that stops an AI system from executing its current task should always be considered during design and development.*" ISO/IEC TS 8200:2024, Information technology – Artificial intelligence – Controllability of automated artificial intelligence systems, Ziff. 8.1.d.

[43] Hense/Mustać, AI Act kompakt, 2025, S. 94. Siehe auch ausführlich zur KI-Stopptaste Schippel KIR 2025, 368, auch zur Komplexität, S. 373: „*Die Norm verpflichtet zu technikgestützter Verantwortlichkeit statt blindem Vertrauen in Maschinen. Dabei muss allerdings der Spagat zur Förderung einer menschenzentrierten, vertrauenswürdigen KI gewahrt bleiben. Gleichzeitig offenbart sich eine grundlegende Ambivalenz: Der Schutz vor Kontrollverlust wird teuer erkauft durch eine hohe technische und organisatorische Komplexität, die in der Praxis nicht selten an ihre Grenzen stoßen wird. Was als Stärkung der Verantwortungskette gedacht ist, droht bei unzureichender Schulung, unklarer Implementierung oder fehlenden Ressourcen zur bloßen Scheinkontrolle zu werden.*"

128 Aus Art. 14 Abs. 4 lit. d und e könnte man etwa schließen, dass eine konstante live-Überwachung der Hochrisiko-KI-Systeme erforderlich ist. Wie bereits dargelegt sind jedoch nicht immer sämtliche Maßnahmen des Art. 14 Abs. 4 gleichermaßen umzusetzen. Vielmehr muss die menschliche Kontrolle angemessen und verhältnismäßig durchgeführt werden.

129 Abhängig vom jeweiligen Einzelfall sind daher auch Einschränkungen der menschlichen Aufsicht vorstellbar. Beispielhaft seien insofern angeführt:

- Sind keine entsprechenden Risiken ersichtlich, kann es auch angemessen sein, die menschliche Aufsicht nicht in Echtzeit während der Verwendung durchzuführen. Stattdessen kann in diesen Fällen die Kontrolle zu den üblichen Geschäftszeiten nachgeholt werden.
- Ebenso ist denkbar, die menschliche Kontrolle nur in gewissen Zeitabschnitten, etwa nach einer vorab definierten Betriebszeit, gesammelt durchgeführt wird.

5. Sonderregelung für Systeme nach Anhang III Nr. 1 lit. a (Abs. 5)

130 Die Vorschrift etabliert ein mehrstufiges Kontrollsystem für Hochrisiko-KI-Systeme im besonders sensiblen Bereich der biometrischen Identifizierung. Der Gesetzgeber erkennt hier an, dass diese Systeme erhebliche Auswirkungen auf fundamentale Persönlichkeitsrechte haben können. Daher geht die Regelung über die allgemeinen Aufsichtspflichten hinaus und führt ein *„Vier-Augen-Prinzip"* ein: Jede auf KI-basierte Identifizierung gestützte Entscheidung muss von zwei qualifizierten und autorisierten Personen unabhängig voneinander überprüft werden.

131 Diese Anforderung verfolgt einen mehrschichtigen Schutzansatz. Zum einen soll die doppelte Kontrolle systematische Fehler des KI-Systems aufdecken, seien es technische Fehlfunktionen oder einprogrammierte Verzerrungen. Zum anderen dient sie als Korrektiv gegen menschliche Fehleinschätzungen, indem sie das Risiko individueller Fehlurteile durch eine zweite unabhängige Prüfung minimiert.

132 In der praktischen Umsetzung stößt dieses hohe Schutzniveau allerdings auf bedeutsame Herausforderungen. Die Bereitstellung von zwei qualifizierten Prüfern für jeden Identifizierungsvorgang erfordert erhebliche personelle und finanzielle Ressourcen. Dies kann besonders bei hohem Fallaufkommen oder unter Zeitdruck zu praktischen Schwierigkeiten führen.

133 Damit Prüfer auch unter hoher Arbeitsbelastung genau prüfen und die Effektivität der Doppelkontrolle gewährleistet bleibt, sollte den kontrollierenden Personen nicht bewusst sein, ob sie gerade die Erst- oder Zweitkontrolle durchführen.

134 Besonders kontrovers erscheint die vorgesehene Ausnahmeregelung für bestimmte hoheitliche Aufgabenbereiche. Der Gesetzgeber ermöglicht hier Abweichungen vom Vier-Augen-Prinzip, wenn dies durch spezifische Rechtsvorschriften oder praktische Erfordernisse gerechtfertigt erscheint. Diese Flexibilisierung betrifft ausgerechnet hochsensible Bereiche wie Strafverfolgung, Grenzkontrolle und Asylverfahren – also Kontexte, in denen Fehlentscheidungen besonders schwerwiegende Konsequenzen für die Betroffenen haben können. Die gesetzgeberische Abwägung spiegelt hier einen pragmatischen Kompromiss zwischen Grundrechtsschutz und verwaltungspraktischen Notwendigkeiten wider, der aus grundrechtlicher Perspektive durchaus kritisch zu hinterfragen ist.

135 Die Regelung verdeutlicht damit ein grundlegendes Spannungsfeld der KI-Regulierung: Sie muss einerseits robuste Schutzmechanismen etablieren, um die Rechte der von KI-Entscheidungen Betroffenen zu wahren, andererseits aber auch

praktikabel und verhältnismäßig bleiben, um die Funktionsfähigkeit wichtiger gesellschaftlicher Systeme nicht zu gefährden.

6. Einzelfragen

a) Schutzgesetz iSv Art. 823 Abs. 2 BGB? Grundsätzlich enthält die KI-VO keine zivilrechtlichen Haftungstatbestände.[44] Jedoch könnte ein Verstoß gegen Bestimmungen der KI-VO, insbesondere Art. 14 in Verbindung mit Art. 26 Abs. 2, unter den Voraussetzungen des § 823 Abs. 2 BGB eine deliktische Haftung begründen, sofern die Norm als Schutzgesetz qualifiziert werden kann. **136**

Das kann eine sehr weitgehende Haftung und korrespondierende Beobachtungspflicht bedeuten, denn *„KI-basierte Systeme […] zeichnen sich im Idealfall dadurch aus, dass sie nach dem Inverkehrbringen weiter lernen. Dieses stellt die klassische Herstellerhaftung in Frage, bedeutet aber nicht zwingend, dass das de lege lata bestehende Haftungssystem per se versagen müsste.“*.[45] Allerdings stellt sich die Frage, ob ein Anbieter immer alles im Blick haben kann, nach dem er seine KI in die weite Welt entlassen hat: *„Trainierte KI-basierte Systeme […] werden sich je nach den Trainingsumständen individuell ausprägen. Für den Hersteller bzw. Anbieter solcher Systeme wird es dann unzumutbar, wenn nicht gar unmöglich, alle individuell trainierten KI-Systeme im Blick zu halten.“*.[46] Dieses Problem will nun Art. 14 genau lösen, indem eine dauerhafte menschliche Aufsicht die KIs beobachtet, wodurch dann eben auch die für die Haftung notwendige fortlaufende Beobachtung wiederum ermöglicht wird. **137**

Ein Verstoß gegen Art. 14 (ggf. iVm Art. 26 Abs. 2) kann also, etwa über § 823 Abs. 2 BGB, zu einer zivilrechtlichen Haftung führen. (Mindestens) zwei Konstellationen sind zu differenzieren: **138**

- Wird die menschliche Aufsicht bereits nicht nach Art. 26 Abs. 2 iVm Art. 14 übertragen, so kommt eine Haftung der für die Übertragung verantwortlichen Person in Betracht.
- Daneben kann Art. 14 ein Schutzgesetz darstellen, soweit Rechtsgüter durch einen kausalen Verstoß gegen Art. 14 verletzt wurden, deren Schutz durch die menschliche Aufsicht gerade erreicht werden sollte.

Art. 14, der sich auf die menschliche Aufsicht bei Hochrisiko-KI-Systemen bezieht, könnte eben als Schutzgesetz iSv § 823 Abs. 2 BGB qualifiziert werden, da er klare Schutzpflichten zugunsten von Rechtsgütern wie Gesundheit, Sicherheit und Grundrechten normiert. Nach § 823 Abs. 2 BGB setzt ein Schutzgesetz voraus, dass die verletzte Vorschrift den Schutz eines bestimmten Rechtsguts bezweckt und bei Verstoß eine Schadensersatzpflicht begründet. **139**

Ein Schutzgesetz iSv § 823 Abs. 2 BGB ist eine Rechtsnorm, die zumindest auch den Zweck hat, den Einzelnen oder bestimmte Personenkreise gegen die Verletzung eines bestimmten Rechtsguts zu schützen. Diese Norm muss ein Gebot oder Verbot enthalten, welches den Kreis der geschützten Personen (persönlicher Schutzbereich), das geschützte Interesse (sachlicher Schutzbereich) und die Art seiner Verletzung (funktionaler Schutzbereich) hinreichend bestimmt.[47] Gesetze iSv § 823 Abs. 2 BGB sind nicht nur formelle Gesetze, sondern umfassen alle Rechtsnormen; *„EU-Recht kommt deshalb nach bisheriger Meinung nur in Betracht,* **140**

---

[44] Zu Fragen der Haftung im Rahmen der KI-VO siehe auch ausführlich Wendt/Wendt, Das neue Recht der Künstlichen Intelligenz, 1. Auflage 2024, § 14 Haftung.

[45] Grützmacher CR 2021, 433.

[46] Grützmacher CR 2021, 433 (435).

[47] Grüneberg/Sprau, BGB, 84. Auflage 2025, § 823 Rn. 56.

soweit es unmittelbar wirkt".[48] Die unmittelbare Anwendbarkeit von Art. 14 im Wege des europarechtlichen Anwendungsvorrangs ist unstreitig, womit diese Voraussetzung erfüllt ist. Es ist unerheblich, ob die Norm straf- oder privatrechtlicher Natur ist oder ob sie ein Gebot oder Verbot darstellt. Entscheidend ist, dass der Gesetzgeber bei Erlass der Norm gerade einen Rechtsschutz zugunsten von Einzelpersonen oder Personenkreisen intendiert hat. *„Dass die Rechtsnorm daneben oder sogar in erster Linie das Interesse der Allgemeinheit im Auge hat, schadet nicht. Die Schaffung eines individuellen Schadensersatzanspruchs muss erkennbar vom Gesetz erstrebt sein und im Rahmen des haftpflichtrechtlichen Gesamtsystems unter Berücksichtigung der Grundprinzipien deliktischer Haftung […] sinnvoll und tragbar erscheinen, zu entscheiden durch umfassende Würdigung des gesamten Regelungszusammenhangs der Norm […]; bedeutsam ist auch, ob der Schutz der Interessen des Betroffenen bereits anderweitig, zum Beispiel durch eigenständige Vorschriften in diesem Zusammenhang, gesichert ist".*[49]

141 Die Eignung als Rechtsnorm i.S.v. § 823 Abs. 2 BGB bedeutet jedoch nicht automatisch die Qualifikation als Schutzgesetz; diese erfordert eine weitergehende Prüfung. Die Norm erlegt Anbietern und Betreibern solcher KI-Systeme spezifische Pflichten auf, um sicherzustellen, dass menschliche Eingriffe jederzeit möglich sind, wenn das Hochrisiko-KI-System Fehlverhalten oder Risiken für Dritte erzeugen könnte.

142 Ein zentraler Problempunkt bei der Betrachtung als Schutzgesetz ist, ob Art. 14 tatsächlich individuelle Rechtsgüter schützt oder ob es sich vorrangig um eine organisatorische Vorschrift zum Marktverhalten handelt. Die Norm zielt darauf ab, systematische Risiken der Technologie für die Gesellschaft zu minimieren, insbesondere durch Maßnahmen wie Notabschaltungen oder Eingriffsmöglichkeiten bei gefährdenden Outputs. Diese Schutzintention spricht für die Qualifikation als Schutzgesetz. Gleichzeitig stellt sich die Frage, wie weit der Anwendungsbereich reicht und ob ein unmittelbarer Drittschutz für Betroffene der Nutzung von Hochrisiko-KI-Systemen begründet wird. Die Dualität zwischen individualschützendem und marktordnendem Charakter der Norm gibt ihr eine hybride Schutzrichtung.[50] Eine solche hybride Schutzrichtung schließt die Qualifikation als Schutzgesetz jedoch nicht grundsätzlich aus, sofern der Individualschutz erkennbar und gewollt ist. Die normative Verschränkung individueller und kollektiver Schutzgüter indiziert dabei eine mehrdimensionale Schutzkonzeption des EU-Gesetzgebers.

143 Die Dogmatik des Schutzgesetzes erfordert weiterhin eine klare Kausalität zwischen der Verletzung der Pflichten aus Art. 14 und dem entstandenen Schaden. Hierbei könnte problematisch sein, dass bei KI-Systemen oft komplexe kausale Zusammenhänge bestehen, die durch lernende Algorithmen und autonome Entscheidungen erschwert nachvollziehbar sind. Dies könnte die Durchsetzung von Ansprüchen erschweren, insbesondere im Hinblick auf Beweislast und Zurechnung. Die komplexen Kausalzusammenhänge bei KI-Systemen können in der Tat die Beweisführung erschweren, erfordern aber keine grundsätzlich andere Herangehensweise an die Kausalitätsprüfung. Es gelten die allgemeinen Grundsätze der Haftungszurechnung.

144 Ein weit gefasster Vergleich mit anderen Normen, die als Schutzgesetze anerkannt sind, kann aufzeigen, dass Art. 14 eine ähnliche Schutzstruktur aufweist. Der Ver-

---

[48] Grüneberg/Sprau, BGB, 84. Auflage 2025, § 823 Rn. 57.

[49] Grüneberg/Sprau, BGB, 84. Auflage 2025, § 823 Rn. 58.

[50] Vgl. allgemein Wendt/Wendt, Das neue Recht der Künstlichen Intelligenz, 1. Auflage 2024, § 14 Haftung Rn. 1 ff.: *"Duales Haftungsgefüge".*

gleich mit Normen wie dem Produkthaftungsgesetz (§ 1 Abs. 2 Nr. 2 ProdHaftG) und den Regelungen zur Organhaftung (§ 831 BGB) kann hier aufschlussreich sein, da diese ebenfalls dem Schutz vor spezifischen Gefahren dienen. Die Verknüpfung mit Grundrechten, wie sie im Schutzzweck der Verordnung verankert ist, stärkt das Argument, diesen Artikel als Schutzgesetz iSd § 823 Abs. 2 BGB anzusehen.[51]

Aus einer strikt dogmatischen Perspektive ergibt sich die Qualifikation von Art. 14 der KI-Verordnung als Schutzgesetz aus dem Umstand, dass die Norm den Rechtsverkehr in besonderer Weise auf die Sicherung bestimmter Individualrechtsgüter ausrichtet. Diese Ausrichtung auf den Schutz individueller Rechtsgüter manifestiert sich in den konkreten Pflichten zur Gewährleistung der menschlichen Aufsicht, die darauf abzielen, Schäden durch autonome KI-Entscheidungen zu verhindern. Schutzgesetze sind dadurch gekennzeichnet, dass sie nicht bloß allgemeine Verhaltensanforderungen an Marktteilnehmer normieren, sondern spezifische Pflichten, die erkennbar dem Schutz bestimmter Rechtsgüter Einzelner dienen. Art. 14 konkretisiert die Anforderungen an die menschliche Aufsicht bei Hochrisiko-KI-Systemen in einer Weise, die den Schutz von Gesundheit, Sicherheit und grundrechtlich verankerten Interessen Einzelner zum Ziel hat. Anders als rein ordnungsrechtliche oder bloß marktregulative Vorschriften ist diese Norm darauf angelegt, unmittelbare Gefährdungslagen für Dritte zu vermeiden, indem sie sicherstellt, dass jederzeit menschliche Eingriffe erfolgen können, um potenziell schädliche oder riskante autonome Entscheidungen der KI zu verhindern. Damit zeigt sich die Norm teleologisch auf die Vermeidung individueller Schäden ausgerichtet und erreicht dadurch die für ein Schutzgesetz erforderliche Individualschutzfunktion. Diese Individualschutzfunktion ist dogmatisch von zentraler Bedeutung, da nur bei einer erkennbaren Schutzrichtung zugunsten konkreter Rechtsgüter einzelner Betroffener eine deliktsrechtliche Haftungsgrundlage nach § 823 Abs. 2 BGB entstehen kann. Die entsprechende Norm ordnet also nicht lediglich eine abstrakte, dem Gemeinwohl dienende Verhaltenssteuerung an, sondern begründet Handlungs- und Unterlassungspflichten, die unmittelbar der Verhinderung konkreter Schädigungen Dritter dienen sollen. Dieser normative Kern, der auf den individuellen Gefährdungsschutz ausgerichtet ist, legt die rechtliche Einordnung als Schutzgesetz iSv § 823 Abs. 2 BGB nahe. **145**

b) Haftung der KI-Beauftragten bei Schlechterfüllung der Aufsichtspflicht? Zu klären ist, wie haftungsrechtlich mit der Situation umzugehen ist, wenn durch eine (grob-)fahrlässige oder vorsätzlich unzureichende menschliche Aufsicht geschützte Rechtsgüter verletzt werden. **146**

Es ist, unabhängig von den Besonderheiten des innerbetrieblichen Schadensausgleichs und den arbeitsrechtlichen Besonderheiten, zu klären, wer als Haftungsgegner in Betracht kommt. Auch die natürliche Person selbst, die als menschliche Aufsicht versagt hat? Das lässt sich nicht von vornherein ausschließen und das könnte die Attraktivität des Amtes als Aufsichtsperson durchaus tangieren. **147**

Grundsätzlich ist eine Haftung der Aufsichtsperson für eigenes Verschulden nicht auszuschließen, wobei die genaue Haftungsgrundlage und der Umfang der Haftung von den Umständen des Einzelfalls abhängen. Dabei kann es zu Pflichtenkollisionen kommen, jedoch gilt: *„Die KI-VO verlangt der Aufsichtsperson nicht ab, Rechtsverletzungen zu begehen, um die Aufgabe wahrzunehmen“.*[52] Hense/Mustać **148**

---

[51] Siehe auch den Hinweis bei Hetmank/Meinel KIR 2024, 127 (129) auf § 1 Abs. 2 Nr. 2 ProdHaftG, §§ 823 Abs. 2, 831 BGB.

[52] Martini/Wendehorst/Martini, 1. Aufl., Art. 14 Rn. 101.

sagen treffend und pointiert: *„Angesichts der Komplexität menschlicher Aufsicht über automatisierte Systeme stellt sich früh die Frage, ob Sie der Mensch sein wollen, der die Kontrolle ausübt. Empirische Untersuchungen aus den USA legen nahe, dass dies womöglich nicht die angenehmste Aufgabe ist, die eine Organisation zu vergeben hat (…). Die Verantwortlichkeit für Schäden wird (…), allzu oft und allzu gerne denen übertragen, die eine (begrenzte) Kontrolle über teil- oder vollautomatisierte Systeme ausüben. (…) Für die Rechtspraxis bedeutet das, dass alles, was über eine reine Mitbestimmung im Sinne des Betriebsverfassungsrechts hinausgeht, Risiken für mit der Aufsicht betrauten Personen birgt und adäquat in Betriebs- oder Dienstvereinbarungen sowie Arbeitsverträgen zu adressieren ist, um Überraschungen und Enttäuschungen zu vermeiden.“.*[53]

149 Die Anbieter sind verpflichtet, Möglichkeiten zu schaffen, die eine wirksame menschliche Aufsicht ermöglichen. Die Betreiber wiederum haben die Pflicht, diese Verantwortung an natürliche Personen zu übertragen. Daraus ergibt sich eine Pflichtenkette, in der sowohl Anbieter als auch Betreiber und die mit der Aufsicht betrauten Personen jeweils eigene Verantwortlichkeiten tragen. Dementsprechend folgt daraus, dass die Personen, die mit der menschlichen Aufsicht betraut sind, nicht nur im Verhältnis zum Betreiber verpflichtet sind, diese Aufgabe wahrzunehmen. Sie müssen diese Aufsicht auch pflichtgemäß und ordnungsgemäß ausüben. Grundsätzlich ist davon auszugehen, dass eine Haftung bei vorsätzlichem oder fahrlässigem Verhalten besteht.

150 Die Haftungsfrage ist komplex, da verschiedene Beteiligte auf unterschiedlichen Ebenen Verantwortung tragen können – vom Entwickler über den Betreiber bis zum Anwender. Diese Verantwortungsketten sind eng miteinander verwoben. Besonders bei KI-Systemen ist diese Verflechtung der Verantwortlichkeiten sehr ausgeprägt, da hier viele Akteure zusammenwirken. Kommt eine Haftung gegenüber dem Betreiber in Betracht? Oder gegenüber dem Anbieter, wobei Letzteres eher auszuschließen sein dürfte? Oder haften sie unmittelbar gegenüber den Geschädigten? Alternativ könnte es auch so sein, dass die Geschädigten Ansprüche gegen den Betreiber geltend machen, weil dieser für eine unzureichende menschliche Aufsicht verantwortlich ist. Der Betreiber wiederum könnte in einem solchen Fall Regressansprüche gegen die Aufsichtspersonen erheben, die ihre Pflicht verletzt haben.

151 Ebenso ist zu klären, wer Anspruchsinhaber ist. Es kommen diverse (vertragliche und deliktische) Anspruchsgrundlagen in Betracht.

152 Daraus ergibt sich die weitere Frage, ob sich menschliche Aufsichtspersonen für ihre Tätigkeit als Aufseher von KI-Systemen versichern lassen können oder sollten. Der Abschluss einer Berufshaftpflichtversicherung, idealerweise in Form einer speziellen *„KI-Aufseher-Versicherung“*, ist daher dringend zu empfehlen. Die Möglichkeit, sich als KI-Aufsichtsperson zu versichern, wäre ein wichtiger praktischer Baustein, um die gesetzlichen Anforderungen umzusetzen. Eine solche Versicherung überträgt das grundlegende Prinzip der Verantwortungszuweisung auf eine weitere Ebene – nämlich die der finanziellen Absicherung von Risiken. Dies würde es für Fachkräfte überhaupt erst praktikabel und akzeptabel machen, die verantwortungsvolle Aufgabe der menschlichen Aufsicht zu übernehmen. Die Entwicklung solcher Versicherungsprodukte ist daher essentiell, um die praktische Umsetzbarkeit der KI-VO zu gewährleisten, denn ohne KI-Aufsicht durch Menschen wird Hochrisiko-KI nicht einsetzbar sein. Es wäre also sinnvoll, im Markt eine spezifische Form der Versicherung zu schaffen, vergleichbar mit einer D&O-Versicherung, die speziell für KI-Beauftragte konzipiert ist. Eine solche *„KI-Aufseher-Versicherung“* oder *„AI-*

---

[53] So Hense/Mustać, AI Act kompakt, 2025, S. 93, mWn.

Oversight Insurance (AI&O insurance)" wäre sicherlich denkbar. Die entscheidende Frage ist jedoch, ob solche Versicherungen in der Praxis angeboten werden und ob sie für die betroffenen Personen oder ihre Arbeitgeber, also die Betreiber, finanziell tragbar sind. Falls es keine derartigen Versicherungen gibt, könnte dies dazu führen, dass nicht genügend Menschen bereit sind, die Aufgabe der menschlichen Aufsicht zu übernehmen. Die Furcht vor Haftungsrisiken oder mangelnder Kompetenz könnte potenzielle Aufsichtspersonen abschrecken.

Art. 15* Genauigkeit, Robustheit und Cybersicherheit

(1) **Hochrisiko-KI-Systeme werden so konzipiert und entwickelt, dass sie ein angemessenes Maß an Genauigkeit, Robustheit und Cybersicherheit erreichen und in dieser Hinsicht während ihres gesamten Lebenszyklus beständig funktionieren.**

(2) **Um die technischen Aspekte der Art und Weise der Messung des angemessenen Maßes an Genauigkeit und Robustheit gemäß Absatz 1 und anderer einschlägiger Leistungsmetriken anzugehen, fördert die Kommission in Zusammenarbeit mit einschlägigen Interessenträgern und Organisationen wie Metrologie- und Benchmarking-Behörden gegebenenfalls die Entwicklung von Benchmarks und Messmethoden.**

(3) **Die Maße an Genauigkeit und die relevanten Genauigkeitsmetriken von Hochrisiko-KI-Systemen werden in den ihnen beigefügten Betriebsanleitungen angegeben.**

(4) *[1]* **[1]Hochrisiko-KI-Systeme müssen so widerstandsfähig wie möglich gegenüber Fehlern, Störungen oder Unstimmigkeiten sein, die innerhalb des Systems oder der Umgebung, in der das System betrieben wird, insbesondere wegen seiner Interaktion mit natürlichen Personen oder anderen Systemen, auftreten können. [2]In diesem Zusammenhang sind technische und organisatorische Maßnahmen zu ergreifen.**

[2] **Die Robustheit von Hochrisiko-KI-Systemen kann durch technische Redundanz erreicht werden, was auch Sicherungs- oder Störungssicherheitspläne umfassen kann.**

[3] **Hochrisiko-KI-Systeme, die nach dem Inverkehrbringen oder der Inbetriebnahme weiterhin dazulernen, sind so zu entwickeln, dass das Risiko möglicherweise verzerrter Ausgaben, die künftige Vorgänge beeinflussen („Rückkopplungsschleifen"), beseitigt oder so gering wie möglich gehalten wird und sichergestellt wird, dass auf solche Rückkopplungsschleifen angemessen mit geeigneten Risikominderungsmaßnahmen eingegangen wird.**

(5) *[1]* **Hochrisiko-KI-Systeme müssen widerstandsfähig gegen Versuche unbefugter Dritter sein, ihre Verwendung, Ausgaben oder Leistung durch Ausnutzung von Systemschwachstellen zu verändern.**

[2] **Die technischen Lösungen zur Gewährleistung der Cybersicherheit von Hochrisiko-KI-Systemen müssen den jeweiligen Umständen und Risiken angemessen sein.**

* Kapitel III (Art. 6–49) gilt gem. Art. 113 UAbs. 2 ab 2.8.2026, mit Ausnahme des Abschnitts 4, der gem. Art. 113 UAbs. 3 Buchst. b bereits ab 2.8.2025 gilt.

[3] **Die technischen Lösungen für den Umgang mit KI-spezifischen Schwachstellen umfassen gegebenenfalls Maßnahmen, um Angriffe, mit denen versucht wird, eine Manipulation des Trainingsdatensatzes („data poisoning") oder vortrainierter Komponenten, die beim Training verwendet werden („model poisoning"), vorzunehmen, Eingabedaten, die das KI-Modell zu Fehlern verleiten sollen („adversarial examples" oder „model evasions"), Angriffe auf vertrauliche Daten oder Modellmängel zu verhüten, zu erkennen, darauf zu reagieren, sie zu beseitigen und zu kontrollieren.**

Literatur: Binder/Egli, Umgang mit Hochrisiko-KI-Systemen in der KI-VO, MMR 2024, 626; Bitkom, Umsetzungsleitfaden zur KI-Verordnung, Version 1.0, 2024; BSI, Redundanz, Modularität, Skalierbarkeit, 2018; Steege, in: Buck-Heeb/Oppermann (Hrsg.), Automatisierte Systeme, 1. Edition, 2022; Ebers, Standardisierung Künstlicher Intelligenz und KI-Verordnungsvorschlag, RDi 2021, 588; Fraunhofer IAIS KI-Prüfkatalog: Leitfaden zur Gestaltung vertrauenswürdiger Künstlicher Intelligenz, 1. Auflage, 2021; Glugla, Cybersicherheit in der KI-Verordnung, RDi 2024, 421; Steege/Heine, Diskriminierungsschutz im KI-basierten Bewerbungsverfahren, in: Digitalisierung und Recht, Jahrbuch 2024, Hoffberger-Pippan/Ladeck/Ivankovics (Hrsg.), 2024, S. 277; Martini/Wendehorst, KI-VO, 1. Aufl. 2024; NIST, Adversarial Machine Learning, 2024; Steege, in: Autonomes Fahren (Oppermann/Buck-Heeb (Hrsg.), 3. Aufl., 2024; Santos, Nicht besser als nichts, ZfDR 2023, 23; Schefzig/Kilian, BeckOK KI-Recht, 3. Ed., Stand: 1.8.2025; Schwartmann/Keber/Zenner, KI-VO, Leitfaden für die Praxis, 1. Auflage, 2024; Steege, Algorithmenbasierte Diskriminierung durch Einsatz von Künstlicher Intelligenz, MMR 2019, 715; Steege, Chancen und Risiken beim Einsatz künstlicher Intelligenz in der Medizin, GuP 2021, 125; Steege, Auswirkungen von künstlicher Intelligenz auf die Produzentenhaftung in Verkehr und Mobilität, NZV 2021, 6; Voigt/Hullen, Handbuch KI-Verordnung, 1. Aufl., 2024.

Übersicht

I. Überblick

Die Berücksichtigung des Art. 15 ist bei der Entwicklung und Verwendung von Hochrisiko-KI-Systemen von herausragender Bedeutung. Artikel 15 befasst sich mit den spezifischen Sicherheitsrisiken **von Hochrisiko-KI-Systemen** und rundet die Auflistung in Kapitel III Abschnitt 2 mit den Anforderungen an diese Systeme ab. Die wertbildende Zuverlässigkeit von Hochrisiko-KI-Systemen bemisst sich daran, ob sie bei zweckgemäßem Gebrauch korrekte Ergebnisse liefern und zugleich gegenüber technischen und umweltbedingten Störungen sowie Eingriffen unbefugter Dritter widerstandsfähig sind.[1] Hochrisiko-KI-Systeme müssen daher über ihren gesamten Lebenszyklus ein angemessenes Maß an Genauigkeit, Robustheit und Cybersicherheit erreichen. Diese Anforderungstrias dient, wie auch die weiteren Anforderungen des Abschnitts, der Risikominimierung für Gesundheit, Sicherheit und Grundrechte von (End-)Nutzern (vgl. Erwgr. 66). Bereits in der Konzeptions- und Entwicklungsphase von Hochrisiko-KI-Systemen sind entsprechende technische und organisatorische Maßnahmen zu treffen. Auch wenn der Anbieter eines Hochrisiko-KI-Systems in Art. 15 nicht explizit als Verantwortlicher benannt wird, obliegt ihm die Umsetzung der Maßgaben.[2] Dies ergibt sich aus der Anforderung in Art. 16 lit. a zur Einhaltung der Anforderungen in Abschnitt 2 und seiner Entwicklungsverantwortung in Bezug auf das Hochrisiko-KI-System. Anwendbar auf KI-Modelle mit allgemeinem Verwendungszweck sind die Maßgaben des Art. 15 nicht. Für diese gelten die Anforderungen der Art. 53 ff. 1

Art. 15 Abs. 1 stellt einen allgemeinen Standard für die Beschaffenheit von Hochrisiko-KI-Systemen in Bezug auf die Genauigkeit, Robustheit und Cybersicherheit auf, der in den Folgeabsätzen präzisiert wird. Abweichend vom Kommissionsentwurf wurde Art. 15 Abs. 2 in der Endfassung der KI-VO neu verfasst und beinhaltet nun eine Regelung zur Entwicklung von Benchmarks und Messmethoden. Art. 15 Abs. 3 ist der Genauigkeit, Art. 15 Abs. 4 der Robustheit und Art. 15 Abs. 5 der Cybersicherheit gewidmet. Da aber trotz dieser Konkretisierungen noch immer eine Vielzahl unbestimmter Rechtsbegriffe verwendet wird, wird die Kommission gem. Art. 96 Abs. 1 lit. a konkretisierende Leitlinien für die praktische Umsetzung des Art. 15 erarbeiten. Die Anforderungen sind insbesondere deshalb so relevant, da es in der Vergangenheit bei Algorithmen und KI-Anwendungen immer wieder Diskriminierung,[3] falsche Diagnosen und Behandlungsvorschläge[4] sowie Angriffe auf die Bild- und Objekterkennung bei Kraftfahrzeugen mit automatisierter und autonomer Fahrfunktion gab. 2

II. Die Absätze im Einzelnen

1. Allgemeine Anforderungen an Genauigkeit, Robustheit und Cybersicherheit (Abs. 1)

Art. 15 Abs. 1 legt einen allgemeinen, technischen Standard für die Beschaffenheit eines Hochrisiko-KI-Systems fest. Es muss so konzipiert und entwickelt 3

[1] Martini/Wendehorst/Martini, 2. Aufl. 2026, Art. 15 Rn. 1.

[2] So auch BeckOK KI-Recht/Buchner, 4. Ed. 1.11.2025, Art. 15 Rn. 1.

[3] Steege MMR 2019, 715 ff.; Steege/Heine, Diskriminierungsschutz im KI-basierten Bewerbungsverfahren in Digitalisierung und Recht, Jahrbuch 2024, Hoffberger-Pippan/Ladeck/Ivankovics (Hrsg.), 2024, S. 277 ff.

[4] Steege GuP 2021, 125 ff.

werden, dass ein angemessenes Maß an Genauigkeit, Robustheit und Cybersicherheit erreicht wird. Dies muss **bereits in der Konzeptionsphase** berücksichtigt werden, sodass die Anforderungstrias schon bei der Erstellung eines Entwurfs für ein Hochrisiko-KI-System relevant ist.[5] Zudem soll ein Hochrisiko-KI-System langfristig zuverlässig und sicher funktionieren. Deshalb müssen die Sicherheitseigenschaften eines Hochrisiko-KI-Systems nach Art. 15 Abs. 1 über den Entwicklungsprozess hinaus während des gesamten Lebenszyklus vorliegen. Es sind Maßnahmen und Vorkehrungen zu treffen, die kontinuierlich in allen Phasen des Lebenszyklus die Zuverlässigkeit und Sicherheit des Systems gewährleisten. Art. 15 Abs. 1 enthält allerdings keine konkreten Kriterien für die Genauigkeit, Robustheit und Cybersicherheit, sondern sie sind vielmehr kontextbasiert, wie dies bspw. auch im Datenschutzrecht von Art. 32 DS-GVO bekannt ist. Die Anforderungen können daher je nach KI-System und Anwendungsbereich divergieren.[6]

4 **a) Begriffsbestimmung. Genauigkeit** (engl.: accuracy) beschreibt im Kontext des Art. 15 Abs. 1 die Fähigkeit eines Hochrisiko-KI-Systems, aus den erhaltenen Eingaben für explizite oder implizite Ziele korrekte, präzise und reproduzierbare Ausgaben und Entscheidungen abzuleiten.[7] Dafür muss ein System ordnungsgemäß funktionieren und auf einer hinreichenden Datengrundlage operieren.[8] Es handelt sich also um eine Performance-Metrik, mit der die Qualität der Ausgaben und Entscheidungen gemessen wird, wobei verglichen wird, wie oft Ausgabe und Realität übereinstimmen.[9] **Robustheit** bezieht sich auf die Fähigkeit eines Hochrisiko-KI-Systems, unter verschiedenen, auch widrigen Betriebsbedingungen, die innerhalb des Systems oder in der Betriebsumgebung angelegt sein können, die Funktionsfähigkeit zu erhalten.[10] Bei der Robustheit handelt es sich um ein wesentliches Merkmal eines Hochrisiko-KI-Systems (vgl. Erwgr. 75). **Cybersicherheit** iSd Art. 15 Abs. 1 ist weit zu verstehen und schließt die Schutzziele aus der IT-Sicherheit, des Datenschutzes und der Informationssicherheit mit ein.[11] Nach Art. 2 Nr. 1 der Verordnung (EU) 2019/881 (Cybersecurity Act) umfasst der Begriff „alle Tätigkeiten, die notwendig sind, um Netz- und Informationssysteme, die Nutzer solcher Systeme und andere von Cyberbedrohungen betroffene Personen zu schützen“. Konkrete Schutzziele sind die Integrität, Vertraulichkeit, Verfügbarkeit und Authentizität.[12] Der Begriff der Cybersicherheit in Art. 15 Abs. 5 ist wiederum enger und bezieht sich konkret auf den Schutz vor externen Angriffen und Cyberattacken auf das System, ohne dass Risiken, die von dem System selbst ausgehen, maßgeblich sind.[13] Art. 42 Abs. 2 enthält eine Vermutungswirkung, dass alle Hochrisiko-KI-Systeme, die nach dem Cybersecurity Act zertifiziert wurden, die Anforderungen nach Art. 15 erfüllen.

---

[5] Martini/Wendehorst/Martini, 2. Aufl. 2026, Art. 15 Rn. 27.

[6] Glugla RDi 2024, 421 (422).

[7] Bitkom, Umsetzungsleitfaden zur KI-Verordnung, S. 122.

[8] Schwartmann/Keber/Zenner KI-VO/Nägele/Steinbrück 2. Teil, 1. Kapitel Rn. 356.

[9] Glugla RDi 2024, 421 (422).

[10] Fraunhofer IAIS KI-Prüfkatalog: Leitfaden zur Gestaltung vertrauenswürdiger Künstlicher Intelligenz, S. 25 und 96 ff.

[11] Schwartmann/Keber/Zenner KI-VO/Nägele/Steinbrück 2. Teil, 1. Kapitel Rn. 356.

[12] Schwartmann/Keber/Zenner KI-VO/Nägele/Steinbrück 2. Teil, 1. Kapitel Rn. 356.

[13] Martini/Wendehorst/Martini, 2. Aufl. 2026, Art. 15 Rn. 61.

b) Angemessenes Maß. Genauigkeit, Robustheit und Cybersicherheit muss ein Hochrisiko-KI-System in **angemessenem Maß** aufweisen. Der Gesetzgeber stellt bewusst keine absoluten Anforderungen auf, sondern verwendet eine relative und kontextspezifische Formulierung. Hochrisiko-KI-Systeme haben unterschiedlichste Zweckbestimmungen und kommen in verschiedensten Anwendungsbereichen zum Einsatz. Durch die relative Formulierung kann ein allgemeiner Standard festgelegt werden, der es erlaubt, bei der konkreten Umsetzung der Sicherheitsanforderungen den Besonderheiten des spezifischen Hochrisiko-KI-Systems und seinem Anwendungsszenario Rechnung zu tragen. Außerdem handelt es sich um einen dynamischen Standard, da sich das, was angemessen ist, sowohl mit dem allgemein anerkannten Stand der Technik (vgl. Erwgr. 74) als auch mit neuen Bedrohungen weiterentwickeln kann und wird. Der Stand der Technik lässt sich an den einschlägigen und noch zu entwickelnden, harmonisierten Normen der Standardisierungsorganisationen (CEN, CENELEC, ETSI) und den gemeinsamen Spezifikationen der Kommission ablesen.[14] Angemessen ist grundsätzlich das Maß an Genauigkeit, Robustheit und Cybersicherheit, das erforderlich ist, um die von dem Hochrisiko-KI-System ausgehenden Risiken für die Schutzziele der KI-VO und insbesondere die Grundrechte auf geringes, vertretbares Niveau zu reduzieren.[15] Eine wirtschaftliche Kosten-Nutzen-Betrachtung einzelner Sicherheitsvorkehrungen ist nur insoweit zulässig als ein ausreichender Schutz gewährleistet ist. Angemessen ist also nicht das, was ein Anbieter angesichts seiner finanziellen oder personellen Ressourcen subjektiv leisten kann, sondern das, was objektiv erforderlich ist, um hinreichende Produktsicherheit zu gewährleisten. 5

aa) Genauigkeit. Aufgrund der grundrechtssensiblen Bereiche, in denen Hochrisiko-KI-Systeme zum Einsatz kommen können, kann es verwundern, dass selbst für das Kriterium der Genauigkeit keine konkrete Anforderung statuiert wird. Denn der Anbieter kann durch die Verwendung passender Trainingsdaten den entscheidenden Einfluss auf die Korrektheit der Ausgaben oder Entscheidungen nehmen. Dass dennoch „nur" ein angemessenes Maß an Genauigkeit in Art. 15 Abs. 1 gefordert wird, hat zwei Gründe: Zum einen ist absolute Genauigkeit bei vielen KI-Systemen aufgrund ihrer probabilistischen „Natur" nicht zu erreichen, da die Ausgaben und Entscheidungen als Berechnungsergebnisse nur auf Wahrscheinlichkeiten basieren, die das dem KI-System zugrundeliegende KI-Modell in der Phase des maschinellen Lernens errechnet hat.[16] Zum anderen kann die Stärkung der Genauigkeit mitunter die Schwächung der Robustheit zur Folge haben, die ihrerseits in einem angemessenen Maß zu gewährleisten ist.[17] Insofern muss der Anbieter eine Abwägung treffen, die die Leistungsmerkmale weitestgehend und jeweils in einem angemessenen Maß verwirklicht. Mit Blick auf die Schutzziele der KI-VO (vgl. Erwgr. 1) ist ein Hochrisiko-KI-System in einem angemessenen Maß genau, wenn es im einzelnen Anwendungsfall eine grundrechtlich vertretbare Ausgabe hervorbringt oder Entscheidung trifft.[18] Was grundrechtlich vertretbar ist, bemisst sich daran, in welchem Ausmaß das Ergebnis eines Hochrisiko-KI-Systems grundrechtsrelevante Auswirkungen auf betroffene 6

---

[14] Binder/Egli MMR 2024, 626 (628).
[15] Martini/Wendehorst/Martini, 2. Aufl. 2026, Art. 15 Rn. 30.
[16] Ebers RDi 2021, 588 (593).
[17] NIST, Adversarial Machine Learning, S. 15.
[18] Martini/Wendehorst/Martini, 2. Aufl. 2026, Art. 15 Rn. 43.

Personen hat und welche potenziellen Risiken mit einem fehlerhaften Ergebnis verbunden wären. So sind an die Ausgaben bzw. Entscheidungen eines Hochrisiko-KI-Systems, das in einem Medizinprodukt als Sicherheitsbauteil verwendet wird, aufgrund der unmittelbaren Gefahren für Leib und Leben der Patienten besonders hohe Anforderungen zu stellen, damit das Hochrisiko-KI-System in diesem Verwendungskontext ein angemessenes Maß an Genauigkeit erreicht.

7 **bb) Robustheit und Cybersicherheit.** Ausdifferenzierungen dazu, wann ein Hochrisiko-KI-System hinreichend robust ist und somit ein angemessenes Maß an Robustheit aufweist, macht der Gesetzgeber in Art. 15 Abs. 3 (→ Rn. 12). Für das Leistungsmerkmal der Cybersicherheit konkretisiert Art. 15 Abs. 5, was ein Hochrisiko-KI-System gewährleisten muss, um ein angemessenes Maß an Cybersicherheit zu erreichen (→ Rn. 23 ff.).

8 **c) Umsetzung.** Wann jeweils ein angemessenes Maß an Genauigkeit, Robustheit und Cybersicherheit erreicht ist, hängt stark von der spezifischen Anwendung und dem damit verbundenen Risikoprofil des Hochrisiko-KI-Systems im Einzelfall ab. Das Risikoprofil kann der Anbieter ermitteln, indem er bewertet, welche systemischen Risiken, mögliche Auswirkungen auf demokratische Prozesse und Risiken für Gesundheit, Sicherheit und Grundrechte von seinem KI-System ausgehen (vgl. Erwgr. 110).[19] Auf Grundlage dieses Bewertungsergebnisses sind sodann technische und organisatorische Vorkehrungen zur Risikominimierung zu treffen. In der Praxis ist angesichts des hohen Entwicklungstempos im Bereich der KI-Technologie eine gewisse Flexibilität zur kontinuierlichen Anpassung der Sicherheitsvorkehrungen an den Stand der Technik unumgänglich.[20] Zu Recht wurde nach Veröffentlichung des Kommissionsentwurfs zur KI-VO kritisiert, dass in der Praxis unklar ist, anhand welcher Metriken die statistische Genauigkeit gemessen werden soll und wann eine Verzerrung als vertretbar hinzunehmen ist oder nicht mehr tolerierbar ist.[21] Um dem zu begegnen, enthält die Endfassung der KI-VO im Folgeabsatz nun einen Passus, nach dem zur Konkretisierung der Anforderung an die Genauigkeit oder Robustheit gegebenenfalls Benchmarks und Messmethoden zu entwickeln sind. Art. 15 Abs. 1 und Abs. 2 sind daher eng verzahnt.

2. Entwicklung von Benchmarks und Messmethoden (Abs. 2)

9 Um objektiv feststellen zu können, welches Maß an Genauigkeit und Robustheit ein Hochrisiko-KI-System erreicht, bedarf es in der Praxis der Ausarbeitung von einheitlichen Messmethoden und Vergleichsmaßstäben. Da solche Standardisierungen die Transparenz und Fairness im Geschäftsverkehr stärken, hat die Union mit den Richtlinien 2014/31/EU und 2014/32/EU bereits Vorschriften zum gesetzlichen Messwesen erlassen (vgl. Erwgr. 74). Im Entwurf zur KI-VO schrieb sich die Kommission die Verantwortung für die Erarbeitung sektorspezifischer Messmethoden und Maßstäbe nicht selbst zu, sodass anzunehmen war, dass den privat organisierten Normierungsbehörden diese wichtige Aufgabe zukommen würde. Nun findet sich in Art. 15 Abs. 2 jedoch die Maßgabe an die Kommission, die Entwicklung von Benchmarks und Messmethoden gegebenenfalls zu fördern. Als koordinierende Instanz soll sie mit einschlägigen Interessenträgern

---

[19] Schwartmann/Keber/Zenner KI-VO/Nägele/Steinbrück 2. Teil, 1. Kapitel Rn. 354.
[20] Bitkom, Umsetzungsleitfaden zur KI-Verordnung, S. 126.
[21] Santos ZfDR 2023, 23 (34).

und Organisationen wie Metrologie- und Benchmarking-Behörden zusammenarbeiten. Unter den Begriff der einschlägigen Interessenträger und Organisationen können in diesem Kontext sämtliche Institutionen aus Wirtschaft, Wissenschaft und Zivilgesellschaft fallen, die ein berechtigtes Interesse an einer Teilhabe bei der Entwicklung und Implementierung von Benchmarks und Messmethoden für Hochrisiko-KI-Systeme haben. Angesichts datenbasierter Diskriminierungsrisiken,[22] die die KI-VO einzudämmen versucht, ist grundsätzlich davon auszugehen, dass Interessenvertreter marginalisierter und dadurch statistisch unterrepräsentierter Gruppen ebenfalls ein berechtigtes Interesse an der Mitwirkung haben. Auch internationale Partner aus den Bereichen der Metrologie und künstlichen Intelligenz sind einzubeziehen (vgl. Erwgr. 74). Gemeinsam sollen Antworten auf die Frage, wie Messungen von Genauigkeit und Robustheit gem. Art. 15 Abs. 1 und andere einschlägige Leistungsmetriken technisch umgesetzt werden können, gegeben werden. Im Bereich der künstlichen Intelligenz ist vor allem die Bewertung von Genauigkeit komplex, da KI-Systeme aufgrund ihrer wahrscheinlichkeitsbasierten Funktionsweise trotz ihres prinzipiellen Vermögens, präzise Ausgaben hervorzubringen, nicht in jedem Einzelfall fähig sind, statistisch genaue Ergebnisse zu produzieren.[23]

Weitere Leistungsmetriken, zu denen gem. Art. 15 Abs. 2 Benchmarks und 10
Messmethoden entwickelt werden könnten, sind beispielsweise die der Energieeffizienz oder der Reaktionszeit eines Hochrisiko-KI-Systems.

Der Gesetzgeber verzichtet darauf, die Maßgabe an die Kommission, die Ent- 11
wicklung von Benchmarks und Messmethoden zu fördern, als zwingende Pflicht auszuformulieren. Sie hat dies nur „gegebenenfalls" zu tun. Die Kommission muss insofern nur tätig werden, wenn sie es aufgrund eines tatsächlichen Bedarfs für angezeigt hält. Wird sie tätig, ist davon auszugehen, dass dies Normungen iSd Art. 40 Abs. 1 hervorbringen wird.[24]

3. Transparenzanforderung bezüglich der Genauigkeit (Abs. 3)

Abs. 3 statuiert, dass die Maße an Genauigkeit und die relevanten Genauigkeits- 12
metriken eines Hochrisiko-KI-Systems in der beigefügten Betriebsanleitung anzugeben sind. Warum der Gesetzgeber diese Regelung in den Art. 15 integriert hat, ist jedoch unklar. Art. 13 Abs. 3 enthält bereits umfassende Anforderungen an die beigefügten Betriebsanleitungen. So wird in Art. 13 Abs. 3 lit. b ii) angeordnet, dass die Leistungsgrenzen des Hochrisiko-KI-Systems inklusive des Maßes an Genauigkeit und diesbezüglicher Metriken in der Betriebsanleitung enthalten sein müssen. Somit hat Art. 15 Abs. 3 faktisch keinen eigenen Regelungsgehalt. Soweit man in Art. 15 Abs. 3 angesichts dieser Dopplung eine nachdrückliche Erinnerung seitens des Gesetzgebers sehen möchte (vgl. Erwgr. 74), ist wiederum unklar, weshalb dann nicht auch die Leistungsmerkmale der Robustheit und Cybersicherheit aufgenommen wurden, zu denen sich gem. Art. 13 Abs. 3 ebenfalls Angaben in der Betriebsanleitung finden sollen.

4. Robustheit und Rückkopplungsschleifen (Abs. 4)

In den ersten beiden Unterabsätzen des Art. 15 Abs. 4 konkretisiert der Gesetz- 13
geber die allgemeinen Vorgaben des Art. 15 Abs. 1 bezüglich der Anforderungen

[22] Vgl. Erwgr. 44.
[23] Santos ZfDR 2023, 23 (33).
[24] Martini/Wendehorst/Martini, 2. Aufl. 2026, Art. 15 Rn. 35.

an die technische Robustheit. Der dritte Unterabsatz enthält eine Regelung, mit der das Risiko potenzieller Ungenauigkeiten von kontinuierlich lernenden Hochrisiko-KI-Systemen adressiert werden soll. Zielsetzung ist auch hier, die Sicherheit und Zuverlässigkeit von Hochrisiko-KI-Systemen und dadurch einen angemessenen Schutz der Grundrechte zu gewährleisten.

14 **a) Umfang der Robustheit.** Art. 15 Abs. 4 UAbs. 1 S. 1 ordnet die möglichst hohe Resilienz eines Hochrisiko-KI-Systems gegenüber Fehlern, Störungen oder Unstimmigkeiten an, die systemimmanent sein können oder sich aus der Betriebsumgebung ergeben können. Dabei beschränkt sich die Pflicht des Anbieters nicht wie sonst üblicherweise auf vorhersehbare Fehler, bspw. aufgrund naheliegenden Fehlgebrauchs, sondern umfasst sind sämtliche Fehler.[25] Es handelt sich folglich um eine erhöhte Anforderung. Absolute Resilienz verlangt die KI-VO indes nicht.[26] Dies wäre überdies unmöglich und wird auch sonst nicht gefordert.[27] Risiken, die innerhalb des Systems angelegt sind, können sich beispielsweise aufgrund von Softwarefehlern und Fehlkonfigurationen einstellen. Sämtliche äußere Faktoren, die ein Hochrisiko-KI-System beeinflussen können, betreffen die Betriebsumgebung. Umgebungsbedingte Störungen können sich beispielsweise aus den Umweltbedingungen, unter denen ein Hochrisiko-KI-System betrieben wird, aus Netzwerkproblemen oder aus Schwächen der Hardware ergeben. Besonders hohe Anforderungen gelten daher in komplexen IoT-Umgebungen. Im Rahmen der Betriebsumgebung rückt der Gesetzgeber zudem ausdrücklich die Risiken für einen fehlerfreien Betrieb in den Fokus, die als Folge von Interaktionen eines Hochrisiko-KI-Systems mit Menschen oder anderen Systemen auftreten können. Solche Interaktionen bringen aufgrund von potenziell unvorhersehbaren menschlichen Verhaltensweisen oder der möglichen Fehlerhaftigkeit anderer technischer Systeme, die ihrerseits keine KI-Systeme sein müssen, eine erhöhte Komplexität mit sich. Ein Hochrisiko-KI-System muss auch in unerwarteten Situationen funktionsfähig bleiben und sollte daher geeignete technische Lösungen bereithalten, die schädliches oder anderweitig unerwünschtes Verhalten der Menschen oder anderer Systeme verhindern oder minimieren (vgl. Erwgr. 75). Im Zusammenspiel mit anderen Systemen oder bei der Einbettung in eine komplexe IoT-Umgebung stellt sich zudem die Herausforderung der Multikausalität im Schadensfall.[28]

15 **b) Maßstab.** Um in den sensiblen Bereichen, in denen ein Hochrisiko-KI-System zum Einsatz kommen kann, Sicherheit zu gewährleisten, hat gem. Art. 15 Abs. 4 UAbs. 1 S. 2 iVm Art. 16 lit. a der Anbieter geeignete technische und organisatorische Maßnahmen zu ergreifen, mittels derer das Hochrisiko-KI-System „so widerstandsfähig wie möglich" gemacht wird. Die Formulierung zeigt ein Bewusstsein des Gesetzgebers dafür, dass in der Praxis angesichts physischer, technologischer oder wirtschaftlicher Grenzen grundsätzlich keine absolute Widerstandsfähigkeit zu erreichen ist. In einem Spannungsverhältnis zum allgemeinen Maßstab aus Art. 15 Abs. 1, der nur ein „angemessenes Maß" an Robust-

---

[25] Martini/Wendehorst/Martini, 2. Aufl. 2026, Art. 15 Rn. 52.

[26] Martini/Wendehorst/Martini, 2. Aufl. 2026, Art. 15 Rn. 52.

[27] Vgl. BGHZ 195, 30 (Rn. 7); Buck-Heeb/Oppermann Automatisierte Systeme/Steege Kap. 3.11, S. 385 f.

[28] Dazu Steege NZV 2021, 6 (12); Buck-Heeb/Oppermann Automatisierte Systeme/Steege Kap. 3.11, S. 399.

heit fordert, steht die Forderung nach möglichst großer Widerstandsfähigkeit dennoch. So ist durchaus eine Konstellation denkbar, in der der Anbieter eines Hochrisiko-KI-Systems eine dem Risiko seines Systems entsprechende, angemessene Robustheit gewährleistet, ohne alle auf dem Markt verfügbaren, technischen Möglichkeiten zur Stärkung der Widerstandsfähigkeit in Gänze ausgeschöpft zu haben.

Ein Nebeneinander der Maßstäbe kann nicht durch die Lesart erreicht werden, dass der strenge Maßstab des Art. 15 Abs. 4 UAbs. 1 S. 1 nur für den im Absatz bestimmten Anwendungsbereich gilt. Durch die weite Formulierung des Art. 15 Abs. 4 UAbs. 1 S. 1, wonach umfassend sämtliche interne als auch externe Faktoren der Robustheit in den Blick genommen werden müssen, ist eine Abgrenzung zu dem allgemeinen Anwendungsbereich gem. Art. 15 Abs. 1 nicht möglich. Es ist zudem nicht sachgemäß, Art. 15 Abs. 4 UAbs. 1 S. 1 als die gegenüber Art. 15 Abs. 1 speziellere, den allgemeinen Maßstab verdrängende Norm zu sehen. Dies wäre eine Überbetonung des robusten Schutzes, die die Gefahr mit sich brächte, die Innovationsfähigkeit und -freude potenzieller Anbieter aufgrund von unverhältnismäßig hohen Entwicklungskosten zu beeinträchtigen. Dem ureigenen Ziel der KI-VO, den Schutz vor schädlichen Auswirkungen von KI-Systemen zu gewährleisten und gleichzeitig Innovation zu fördern (vgl. Erwgr. 1), wäre mit dieser Auslegung ein Bärendienst erwiesen, zumal sich die Priorisierung der Robustheit auch negativ auf die Genauigkeit auswirken kann, die ebenfalls in einem angemessenen Maß zu gewährleisten ist.[29] Einzig praktikabel ist daher ein Verständnis des Anwendungsverhältnisses, nach dem die Forderung nach möglichst großer Widerstandsfähigkeit aus Art. 15 Abs. 4 UAbs. 1 S. 1 den primären Maßstab eines angemessenen Maßes aus Art. 15 Abs. 1 nur insofern ausgestaltet, als dass der Aspekt der Robustheit mahnend hervorgehoben wird. Die größtmögliche Widerstandsfähigkeit ist somit nur im Rahmen des Angemessenen zu gewährleisten. So wird eine Balance zwischen Sicherheit und Wirtschaftlichkeit hergestellt. Für eine nähergehende Betrachtung der Frage, wann ein angemessenes Maß erreicht ist, wird auf die Ausführungen zu Art. 15 Abs. 1 verwiesen (→ Rn. 3 ff.). 16

c) Umsetzung durch technische Redundanz. Mit Art. 15 Abs. 4 UAbs. 2 möchte der Gesetzgeber einer konzeptionellen Strategie Vorschub leisten, die zum Ziel hat, dass ein Hochrisiko-KI-System auch bei technischen Fehlern oder Störungen weiterhin ordnungsgemäß funktioniert. Sie basiert auf der Etablierung sogenannter **technischer Redundanz.**[30] Konkrete Ausführungen zur Bedeutung dieses Begriffspaares finden sich in der gesamten KI-VO nicht. In Art. 15 Abs. 4 UAbs. 2 ist nur der Hinweis enthalten, dass technische Redundanz auch Sicherungs- oder Störungssicherheitspläne umfassen kann. Da es sich bei Art. 15 Abs. 4 UAbs. 2 aber nicht um eine zwingende Vorschrift handelt, sondern bloß auf die Möglichkeit hingewiesen wird, dass die Robustheit eines Hochrisiko-KI-Systems durch technische Redundanz erreicht werden kann, handelt es sich um eine „Kann-Vorschrift", sodass der Anbieter dies nicht umsetzen muss.[31] 17

Unter technischer Redundanz ist die Bereitstellung zusätzlicher, über den eigentlichen Bedarf eines technischen Systems hinausgehender und zumindest 18

[29] NIST Adversarial Machine Learning, S. 15.

[30] Dies kommt bspw. beim autonomen Fahren zum Einsatz, vgl. Steege in Autonomes Fahren (Oppermann/Buck-Heeb (Hrsg.), 3. Aufl. 2024, Kap. 2.6.1, Rn. 47.

[31] AA Martini/Wendehorst/Martini, 2. Aufl. 2026, Art. 15 Rn. 55, wonach der Hersteller zur Datensicherung verpflichtet ist.

vergleichbarer Ressourcen zu verstehen, die im Fall einer Störung des Betriebs, die erforderliche Leistung in vollem Umfang erbringen.[32] Für Hochrisiko-KI-Systeme können die zusätzlichen Ressourcen sowohl die Softwareebene (zB regelmäßige Datensicherung) als auch die Hardwareebene (zB mehrfache Prozessoren oder Sensoren mit derselben Aufgabe) absichern. Insbesondere kann gem. Art. 15 Abs. 4 UAbs. 2 aber die Implementierung von Sicherungs- oder Störungssicherheitsplänen sinnvoll sein. **Sicherungspläne** können aus Back-Up-Systemen bestehen, die die Folgen eines unvorhergesehenen Systemausfalls abfedern, indem sie beispielsweise Sicherheitskopien erstellen. Um es einem Hochrisiko-KI-System zu ermöglichen, seinen Betrieb für das System selbst und die Umgebung sicher zu unterbrechen, wenn bestimmte Unregelmäßigkeiten auftreten oder es außerhalb der vorab festgelegten Grenzen verwendet wird, können technische Mechanismen im Rahmen von **Störungssicherheitsplänen** integriert werden (vgl. Erwgr. 75).[33] Technisch kann dies durch den Einsatz weiterer KI-Systeme umgesetzt werden.[34]

19 Dass die Erstellung und Instandhaltung von technischer Redundanz mit zusätzlichen Kosten verbunden sind, die über das hinausgehen, was für den schlichten Betrieb eines Hochrisiko-KI-Systems erforderlich wäre, liegt nahe. Daher bedarf es im Einzelfall einer sorgfältigen Abwägung, ob die zusätzlichen Sicherheitsvorteile die wirtschaftlichen Kosten überwiegen und welche alternativen Methoden zur Gewährleistung von hinreichender, angemessener Robustheit bestehen. In die Abwägung einbezogen werden sollten dabei allerdings auch die potenziellen Bußgelder nach der KI-VO, wenn eine zuständige Marktüberwachungsbehörde zum Ergebnis gelangt, dass keine ausreichende Robustheit gewährleistet ist.

20 **d) Weiterlernende Systeme.** Schließlich enthält Art. 15 Abs. 4 UAbs. 3 nach den Ausführungen zur Robustheit eine Regelung bezüglich der Genauigkeit von weiterlernenden Hochrisiko-KI-Systemen. Der Gesetzgeber möchte mit Art. 15 Abs. 4 UAbs. 3 ein Risiko minimieren, welches als **Rückkopplungsschleife** bezeichnet wird. Bei Hochrisiko-KI-Systemen, die über ihren gesamten Lebenszyklus weiterhin dazulernen, können die hervorgebrachten Datenausgaben die Eingaben für künftige Operationen beeinflussen (vgl. Erwgr. 67). Sind die originären Ausgaben falsch, besteht die Gefahr, dass sich diese Fehler fortschreiben. Nach Markteintritt des Hochrisiko-KI-Systems sind die Möglichkeiten der Einflussnahme somit begrenzt.[35] Künftige Ausgaben würden auf diesen inhärenten Verzerrungen basieren und sie tendenziell kontinuierlich verstärken (vgl. Erwgr. 67). Um diesem Effekt entgegenzuwirken und die Präzision der Ausgaben zu erhalten, sieht Art. 15 Abs. 4 UAbs. 3 einen zweistufigen Ansatz vor.

21 Zunächst ist bei der Entwicklung eines Hochrisiko-KI-Systems, das nach dem Inverkehrbringen oder der Inbetriebnahme weiterhin dazulernt, darauf zu achten, dass das **Risiko der Entstehung** von Rückkopplungsschleifen beseitigt oder so gering wie möglich gehalten wird. In der Praxis wird die wohl wirksamste Präventivmaßnahme die Einhaltung der Datenqualitätskriterien gem. Art. 10 sein, die spezifische Anforderungen an die Beschaffenheit von Trai-

[32] BSI, Redundanz, Modularität, Skalierbarkeit, S. 5 f.
[33] BeckOK KI-Recht/Buchner, 4. Ed. 1.11.2025, Art. 15 Rn. 50.
[34] Schwartmann/Keber/Zenner KI-VO/Nägele/Steinbrück 2. Teil, 1. Kapitel Rn. 359.
[35] BeckOK KI-Recht/Buchner, 4. Ed. 1.11.2025, Art. 15 Rn. 53.

nings-, Validierungs- und Testdatensätze aufstellen. Zudem erscheint es ratsam, in der Entwicklungsphase Simulationen und Tests durchzuführen. Diese Tests sollten unterschiedliche Anwendungsszenarien umfassen, um zu überprüfen, wie das System auf verschiedene Eingaben reagiert und ob es Anzeichen für unpräzise Datenausgaben gibt, die Eingaben für künftige Operationen beeinflussen könnten. Auf Grundlage dieser Tests können gezielte Anpassungen vorgenommen werden, bevor ein Hochrisiko-KI-System in der realen Welt zum Einsatz kommt. Um frühzeitig etwaigen Fehlentwicklungen entgegenzuwirken, kann auch in der Entwicklungsphase ein kontinuierliches Überprüfungssystem eingesetzt werden, dass die Systemleistung und Korrektheit der Ausgaben des Hochrisiko-KI-Systems analysiert.

Entstehen trotz aller Vorkehrungen Rückkopplungsschleifen, muss diesen angemessen mit geeigneten **Risikominderungsmaßnahmen** begegnet werden. Dies soll primär die unmittelbaren, negativen Auswirkungen der verzerrten Ausgaben begrenzen und sekundär auch das Vertrauen in die Technologie wiederherstellen. Geeignet sind Risikominderungsmaßnahmen dann, wenn sie die aus Rückkopplungsschleifen resultierenden, verzerrten Ausgaben effektiv korrigieren und der erneuten Entstehung von Rückkopplungsschleifen vorbeugen. Dazu werden in der Praxis eine umfassende Fehleranalyse und eine Bereinigung der Datensätze erforderlich sein. 22

5. Cybersicherheit (Abs. 5)

Der zentrale Begriff des Art. 15 Abs. 5 ist ebenso wie in Art. 15 Abs. 4 die Widerstandsfähigkeit, wobei sich die Zielrichtung unterscheidet. Art. 15 Abs. 5 fordert von einem Hochrisiko-KI-System die Eigenschaft, sich bedrohlicher Verhältnisse erwehren zu können, die nicht etwa im System selbst oder im Nutzungskontext angelegt sind, sondern die aus Angriffen böswilliger und unbefugter Dritter auf das System resultieren. Insofern ist Art. 15 Abs. 5 der Cybersicherheit des konkreten Hochrisiko-KI-Systems gewidmet.[36] 23

a) Umfang der Cybersicherheit. Gem. Art. 15 Abs. 5 UAbs. 1 muss ein Hochrisiko-KI-System resilient gegen Versuche unbefugter Dritter sein, etwaige Systemschwachstellen zum Zwecke der Systemmanipulation auszunutzen. Unbefugter Dritter ist im Kontext des Art. 15 Abs. 5 UAbs. 1 jede Person, die keine Berechtigung besitzt, das betreffende Hochrisiko-KI-System zu verwenden oder zu verändern. Dies können sowohl betriebsexterne als auch betriebsinterne Personen sein, die ihre Befugnisse überschreiten. Ungeschriebenes Merkmal ist dabei jedoch, dass es sich um einen böswilligen Versuch handeln muss (vgl. Erwgr. 76). Der Begriff der Böswilligkeit impliziert dabei eine absichtliche Handlung mit dem Ziel, das Hochrisiko-KI-System zu beeinträchtigen, zu manipulieren oder zu schädigen. Hierdurch wird eine Abgrenzung zu unabsichtlichen oder fahrlässigen Handlungen vorgenommen, für die bereits Art. 15 Abs. 4 UAbs. 1 durch die Anforderung der Robustheit bei Interaktionen des Hochrisiko-KI-Systems mit natürlichen Personen oder anderen Systemen Regelungen enthält. Unter den Begriff der Systemschwachstelle nach Art. 15 Abs. 5 UAbs. 1 fallen umfassend alle Sicherheitslücken oder Fehler in einem System. Die Systemmanipulation muss mit der Zielsetzung erfolgen, eine Änderung des Hochrisiko-KI-Systems in Bezug auf seine Verwendung, Ausgaben oder Leistung herbeizuführen. 24

[36] Bitkom Umsetzungsleitfaden zur KI-Verordnung, S. 122.

25 **b) Maßstab.** Für die Frage des erforderlichen Maßes an Cybersicherheit wiederholt Art. 15 Abs. 5 UAbs. 2 den Verhältnismäßigkeitsgrundsatz, der bereits in Art. 15 Abs. 1 statuiert wird. Gem. Art. 15 Abs. 5 UAbs. 2 müssen die technischen Lösungen zur Gewährleistung der Cybersicherheit eines Hochrisiko-KI-Systems den jeweiligen Umständen und Risiken angemessen sein. Welche technischen Lösungen angemessen sind, hängt also auch hier von den Umständen des Einzelfalls ab. Der Vorteil dieses allgemeinen Standards ist, dass er nicht statisch ist, sondern sich automatisch an veränderte Bedrohungslagen anpasst. Dies ist mit Blick auf die divergierenden Ausgangssituationen zu begrüßen, da die Entwickler dadurch einen größeren Spielraum haben.

26 Anbietern bestimmter Hochrisiko-KI-Systeme soll es künftig vereinfacht möglich sein, den Nachweis der Erfüllung der Cybersicherheitsanforderungen zu erbringen. Bei Hochrisiko-KI-Systemen, die in den Geltungsbereich der Cyberresilienz-Verordnung fallen, soll künftig eine Konformität mit der KI-VO dadurch nachgewiesen werden können, dass die in der Cyberresilienz-Verordnung festzulegenden grundlegenden Cybersicherheitsanforderungen erfüllt sind (vgl. Erwgr. 77). Dazu muss die Erfüllung der in der Cyberresilienz-Verordnung genannten Anforderungen bestätigt werden, indem in der nach den Vorgaben der Cyberresilienz-Verordnung ausgestellten EU-Konformitätserklärung oder in Teilen davon ein Nachweis geführt wird (vgl. Erwgr. 77). Die Cyberresilienz-Verordnung berücksichtigt deshalb die Maßgaben des Art. 15 Abs. 5 einschließlich der KI-spezifischen Schwachstellen (vgl. Erwgr. 77). Ein anderer Weg des erleichterten Nachweises besteht über Art. 42 Abs. 2 (→ Art. 42 Rn. 5 ff.). Ähnliche Synergien werden im Hinblick auf den Rechtsakt zur Cybersicherheit (VO (EU) 2019/881) genutzt.[37] Art. 15 Abs. 5 fügt sich damit in ein System ein, welches die Cybersicherheit regelt, wobei Fragen virulent werden, bei denen es konkret um das Verhältnis zwischen Art. 32 DS-GVO, die Cyberresilienz-Verordnung, die NIS-Richtlinien sowie den Cybersecurity Act geht.[38]

27 **c) KI-spezifische Bedrohungen.** Der Gesetzgeber benennt keine konkreten technischen Lösungen zur Gewährleistung der Cybersicherheit von Hochrisiko-KI-Systemen. Angesichts sich stetig fortentwickelnder technischer Möglichkeiten sowie neuer Cybergefahren bleibt er diesbezüglich zurecht technologieoffen. Allerdings benennt er in Art. 15 Abs. 5 UAbs. 3 Bedrohungen, die nicht als allgemeine Sicherheitsrisiken von Informationstechnologie zu qualifizieren sind, sondern die direkt mit den besonderen Eigenschaften und Funktionsweisen von KI-Systemen in Zusammenhang stehen. Für die folgenden KI-spezifischen Bedrohungen müssen nach Art. 15 Abs. 5 gegebenenfalls gezielte technische Abwehrmaßnahmen getroffen werden:

- Angriffe, mit denen versucht wird, eine Manipulation des Trainingsdatensatzes („data poisoning") vorzunehmen,
- Angriffe, mit denen versucht wird, eine Manipulation vortrainierter Komponenten, die beim Training verwendet werden („model poisoning"), vorzunehmen,
- Eingabedaten, die das KI-Modell zu Fehlern verleiten sollen („adversarial examples" oder „model evasions") oder
- Angriffe auf vertrauliche Daten oder Modellmängel.

---

37 Martini/Wendehorst/Martini, 2. Aufl. 2026, Art. 15 Rn. 62.

38 Dazu Martini/Wendehorst/Martini, 2. Aufl. 2026, Art. 15 Rn. 93–100.

In der Praxis kann zur Identifizierung von Sicherheitslücken der Prozess des sogenannten „Red Teaming" angewandt werden, bei der ethische Hacker verschiedenste Angriffe auf die IT-Infrastruktur des Hochrisiko-KI-Systems durch Anbieter, Betreiber oder Dritte simulieren, sodass auftretende Probleme in der Folge behoben werden können.[39] 28

d) Dokumentation. Der Gesetzgeber ordnet die Dokumentation der Cybersicherheit an.[40] Gem. Art. 13 Abs. 3 lit. a ii) hat der Anbieter das erreichte Maß an Cybersicherheit nach Art. 15, für das das Hochrisiko-KI-System getestet und validiert wurde und das zu erwarten ist, sowie alle bekannten und vorhersehbaren Umstände, die sich auf das erwartete Maß an Cybersicherheit auswirken können, zur Information des Betreibers in die Betriebsanleitung aufzunehmen. In der technischen Dokumentation sind die ergriffenen Cybersicherheitsmaßnahmen gem. Art. 11 Abs. 1 iVm Anhang IV Nr. 2 lit. h) ebenso darzustellen. Insofern besteht ein Wechselspiel zwischen Cybersicherheit und Transparenz.[41] 29

6. Überprüfung durch die Marktüberwachungsbehörde

Die Praktikabilität der Überprüfung der Einhaltung der in Art. 15 statuierten Anforderungen durch die jeweilige Marktüberwachungsbehörde ist von besonderer Relevanz. Überprüfung und Einhaltung der Anforderungen fallen gem. Art. 70 in den Zuständigkeitsbereich der nationalen Marktüberwachungsbehörden (Legaldefinition in Art. 3 Nr. 26). Nach Art. 74 Abs. 12 muss der Anbieter der Behörde Zugang zu den genutzten Trainings-, Validierungs- und Testdatensätze gewähren. So wird nicht nur ersichtlich, ob Anforderungen an die Daten-Governance (Art. 10) eingehalten werden, sondern auch, ob den Anforderungen aus Art. 15 entsprochen wird. Darüber hinaus kann auch der Zugang zum Quellcode zu gewähren sein (Art. 74 Abs. 13). 30

7. Verstöße

Auch wenn Art. 15 den Anbieter im Wortlaut nicht adressiert, hat dieser sowohl verwaltungsrechtliche als auch zivilrechtliche Sanktionen zu befürchten, wenn er es versäumt, die sicherheitsrechtlichen Eigenschaften seines Hochrisiko-KI-Systems nach Art. 15 zu gewährleisten, da die Einhaltung der Anforderungen von Art. 15 durch den entsprechenden Verweis in Art. 16 lit. a erforderlich ist. In verwaltungsrechtlicher Hinsicht stellt dies eine Verletzung der Anbieterpflichten gem. Art. 16 lit. a dar, was gem. Art. 99 Abs. 4 lit. a Geldbußen von bis zu 15.000.000 EUR oder im Falle von Unternehmen von bis zu 3 % des gesamten weltweiten Jahresumsatzes des vorangegangenen Geschäftsjahres zur Folge haben kann, je nachdem, welcher Betrag höher ist. Einzelfallgerechtigkeit wird dadurch erzielt, dass bei der Entscheidung, ob eine Geldbuße verhängt wird, und bei der Festsetzung der Höhe der Geldbuße die tatsächlichen Umstände und bestehenden Risiken des konkreten Falls einbezogen werden (vgl. Art. 99 Abs. 4). Zudem kann das Fehlen der nach Art. 15 erforderlichen Eigenschaften die notifizierte Stelle dazu veranlassen, ihre nach Art. 44 Abs. 1 31

[39] Voigt/Hullen KI-VO-HdB S. 87.
[40] Schwartmann/Keber/Zenner KI-VO/Nägele/Steinbrück 2. Teil, 1. Kapitel Rn. 362.
[41] Martini/Wendehorst/Martini, 2. Aufl. 2026, Art. 15 Rn. 8.

iVm Anhang VII ausgestellte Konformitätsbescheinigung gem. Art. 44 Abs. 3 auszusetzen, zu widerrufen oder einzuschränken.[42] Daneben kommen in zivilrechtlicher Hinsicht Ersatzansprüche geschädigter Personen gegen den Anbieter nach allgemeinem Schuld- und Deliktsrecht (§ 823 Abs. 1, 2 BGB sowie § 1 ProdHaftG) in Betracht, die möglicherweise durch eine noch zu verabschiedende KI-Haftungs-RL modifiziert werden.

Abschnitt 3. Pflichten der Anbieter und Betreiber von Hochrisiko-KI-Systemen und anderer Beteiligter

Art. 16* Pflichten der Anbieter von Hochrisiko-KI-Systemen

Anbieter von Hochrisiko-KI-Systemen müssen

a) sicherstellen, dass ihre Hochrisiko-KI-Systeme die in Abschnitt 2 festgelegten Anforderungen erfüllen;

b) auf dem Hochrisiko-KI-System oder, falls dies nicht möglich ist, auf seiner Verpackung oder in der beigefügten Dokumentation ihren Namen, ihren eingetragenen Handelsnamen bzw. ihre eingetragene Handelsmarke und ihre Kontaktanschrift angeben;

c) über ein Qualitätsmanagementsystem verfügen, das Artikel 17 entspricht;

d) die in Artikel 18 genannte Dokumentation aufbewahren;

e) die von ihren Hochrisiko-KI-Systemen automatisch erzeugten Protokolle gemäß Artikel 19 aufbewahren, wenn diese ihrer Kontrolle unterliegen;

f) sicherstellen, dass das Hochrisiko-KI-System dem betreffenden Konformitätsbewertungsverfahren gemäß Artikel 43 unterzogen wird, bevor es in Verkehr gebracht oder in Betrieb genommen wird;

g) eine EU-Konformitätserklärung gemäß Artikel 47 ausstellen;

h) die CE-Kennzeichnung an das Hochrisiko-KI-System oder, falls dies nicht möglich ist, auf seiner Verpackung oder in der beigefügten Dokumentation anbringen, um Konformität mit dieser Verordnung gemäß Artikel 48 anzuzeigen;

i) den in Artikel 49 Absatz 1 genannten Registrierungspflichten nachkommen;

j) die erforderlichen Korrekturmaßnahmen ergreifen und die gemäß Artikel 20 erforderlichen Informationen bereitstellen;

k) auf begründete Anfrage einer zuständigen nationalen Behörde nachweisen, dass das Hochrisiko-KI-System die Anforderungen in Abschnitt 2 erfüllt;

l) sicherstellen, dass das Hochrisiko-KI-System die Barrierefreiheitsanforderungen gemäß den Richtlinien (EU) 2016/2102 und (EU) 2019/882 erfüllt.

---

[42] BeckOK KI-Recht/Steege, 4. Ed. 1.11.2025, Art. 44 Rn. 20 ff.

* Kapitel III (Art. 6–49) gilt gem. Art. 113 UAbs. 2 ab 2.8.2026, mit Ausnahme des Abschnitts 4, der gem. Art. 113 UAbs. 3 Buchst. b bereits ab 2.8.2025 gilt.

Übersicht

I. Allgemeines

1 Art. 16 vermittelt auf den ersten Blick den Eindruck, als handele es sich um eine Verweisnorm ohne eigenen Regelungsgehalt. Dies trifft indessen nur teilweise zu.[1] Art. 16 enthält auch Abschnitte mit eigenem Regelungsgehalt[2] – allerdings ohne dass dies auf den ersten Blick erkennbar wäre. Wie im Einzelnen nachfolgend noch darzustellen sein wird, ergibt sich der Regelungsgehalt in unterschiedlicher Intensität durch Abweichung bzw. Ergänzung der in Bezug genommenen Teil des Kapitel III, Abschnitt 2. Dies führt inhaltlich zu einer gewissen Unübersichtlichkeit der Regelung, was deren praktische Handhabung erschweren dürfte. Bedenklich erscheint dies im Kontext mit der drohenden Sanktionierung: Art. 99 Abs. 4a) sieht vor, dass die Mitgliedsstaat „Verstöße gegen Art. 16" mit einer Bußgeldandrohung belegen. Um hier rechtsstaatlichen Vorgaben zu genügen, bedarf es dann in den Regelungen der Mitgliedsstaaten genauer Festlegungen, welche Tatbestände – Verstoß gegen Art. 16 für sich genommen oder Verstoß gegen die in Bezug genommene Vorschrift des Kapitel III, Abschnitt 2 – die Verwirkung eines Bußgeldes auslösen; ein pauschaler Verweis auf Art. 16 verbietet sich.

2 Inhaltlich – mit Ausnahme eigener Regelung – fasst Art. 16 gewissermaßen als Verhaltensprogramm die sich aus Kapitel III, Abschnitt 2 der KI-VO ergebenden Verpflichtungen der Anbieter von Hochrisiko-KI-Systemen zusammen. Dem Grunde nach entspricht dieses Verhaltensprogramm der Struktur, wie sie auch in anderen Richtlinien und Verordnungen entsprechend den Grundgedanken des New Legislative Framework angelegt ist.[3]

---

[1] Art. 16 lit. c, d, e, g, I, j sind Verweise ohne eigenständigen Regelungsgehalt.

[2] Art. 16 lit. a, b f, h, k und l enthalten dagegen Inhalte mit Regelungsgehalt.

[3] Beschluss Nr. 768/2008/EG des Europäischen Parlaments und des Rates vom 9.7.2008 über einen gemeinsamen Rechtsrahmen für die Vermarktung von Produkten und zur Aufhebung des Beschlusses 93/465/EWG des Rates.

II. Regelungsinhalt

3 Der Regelungsinhalt richtet sich an die Anbieter[4] von Hochrisiko-KI-Systemen.[5] Durch den umfassenden Ansatz des Anbieters sind dabei sowohl die Inverkehrgabe wie auch die Anwendungsseite durch die Inbetriebnahme mit erfasst. Dabei gilt es zu beachten, dass über die Inbetriebnahme hinaus auch der Betrieb als solches und damit der eigentliche Nutzer von KI Art. 16 zu beachten hat, wenn bestimmte Voraussetzungen erfüllt sind.[6]

1. Einhaltung von Qualitätsanforderungen (Art. 16 lit. a)

4 Zunächst wird klargestellt, dass die in Kapitel III, Abschnitt 2 festgelegten Anforderungen durch die Anbieter einzuhalten sind. In dieser vermeintlich simplen Feststellung, die eine Selbstverständlichkeit zum Ausdruck zu bringen scheint, liegt ein eigener Regelungsgehalt.[7] Der Anbieter wird mit Art. 16 lit. a als zentral verantwortlich dafür festgelegt, dass das Hochrisiko-KI-System den Anforderungen des Kapitel III, Abschnitt 2 genügt und hat dies „sicherzustellen". Der Begriff „sicherzustellen" geht dabei über das bloße „gewährleisten"[8] hinaus und verlangt eine umfassende Überwachung durch den Anbieter.[9]

5 Es stellt sich dabei die Frage, ob es hierzu ausreicht, die in der KI-VO selbst vorgesehenen Instrumentarien insbesondere unternehmensorganisatorischer Art zB das Risikomanagementsystem nach Art. 9 einzusetzen[10] oder ob der Anbieter darüber hinauszugehen hat und jedwede sachdienliche Maßnahmen zur Sicherstellung der Einhaltung der Anforderung des Kapitel III, Abschnitt 2 zu ergreifen hat. Letztes Auslegung dürfte indessen zu weit gehen und es für die Anbieter nicht mehr erkennbar werden lassen, welchem Verhaltensprogramm sie nach Art. 16 zu folgen haben und vor allem auch wie die Einhaltung der Verpflichtung nach Art. 16 lit. k gegenüber den Marktaufsichtsbehörden nachgewiesen werden kann. Mit dem Begriff „sicherstellen" dürfte folglich gemeint sein, die in der KI-VO selbst vorgesehenen Instrumentarien einzusetzen und deren sachgerechten Gebrauch zu überwachen.

6 Die in Art. 16 lit. a in Bezug genommenen Anforderungen unterscheiden sich: Dabei handelt es sich zum einen um Anforderungen an die Hochrisiko-KI-Systeme selbst, nämlich in Bezug auf Genauigkeit Robustheit und Cybersicherheit (Art. 15) sowie die Forderung, menschliche Aufsicht über die Hochrisiko-KI-Systeme zu ermöglichen (Art. 14). Darüber hinaus muss das Hochrisiko-KI-Systeme selbst muss sodann über eine Protokollierungsfunktionen verfügen (Art. 12), worauf im Zusammenhang mit Art. 19 noch im Einzelnen einzugehen ist.

---

[4] Entsprechend der Definition in Art. 3 Nr. 3.

[5] Festgelegt durch Art. 6 Abs. 1 und 2 nebst den Anhängen I und III und den dort in Bezug genommenen EU-Vorschriften.

[6] Art. 25 Abs. 1 nennt dazu das „Labeln" von KI mit einem Namen oder Marke (lit. a), die wesentliche Veränderung eines Hochrisiko-KI-Systems (lit. b) oder die Veränderung eines KI-Systems zu einem Hochrisiko-KI-Systems (lit. c) durch Händler, Einführer, Betreiber oder „sonstige Dritte".

[7] So auch und zutreffend Martini/Wendehorst/Eisenberger Art. 16 Rn. 14.

[8] Vgl. Martini/Wendehorst/Eisenberger Art. 16 Rn. 14.

[9] Siehe Ebert/Spiecker gen. Döhmann NVwZ 2021, 1188 (1191).

[10] So Martini/Wendehorst/Eisenberger Art. 16 Rn. 15.

Darüber hinaus haben die Anbieter von Hochrisiko-KI-Systemen in Kapitel III, Abschnitt 2 unternehmensorganisatorische Themen zu bearbeiten. Breiten Raum nimmt dabei das Vorhalten eines Risikomanagementsystems für Hochrisiko-KI-Systeme ein (Art. 9), welche sicherstellen soll, dass auf Dauer die Risiken des Hochrisiko-KI-Systems bewertet und abgestellt werden. Bemerkenswert ist dabei insbesondere, dass nach Art. 9 Abs. 10 KI-VO auf bereits vorhandene Risikomanagementsysteme aufgesetzt werden darf, was zum Beispiel im Maschinenbau bei integrierten KI-Systemen in Bezug auf Sicherheitsfunktionen durchaus von Relevanz sein kann. **7**

Darüber hinaus gibt Art. 10 Regeln für den Umgang mit Daten („Daten-Governance") vor. Einen wichtigen Teil der Nachvollziehbarkeit und Transparenz eines KI-Systems bildet die erstellende technische Dokumentation (Art. 11). Damit in Zusammenhang steht auch die Verpflichtung, dass KI-System transparent in Hinblick auf die Bereitstellung von Informationen für die Betreiber (Art. 13) sicherzustellen. Bei dem Inhalte Betriebsanleitung ist dabei insbesondere auf die Besonderheiten eines Hochrisiko-KI-Systems einzugehen, etwa die technischen Fähigkeiten und Merkmale dieses Systems. **8**

2. Kennzeichnung des Hochrisiko-KI-Systems (Art. 16 lit. b)

Sodann haben die Anbieter die Kennzeichnung des Hochrisiko-KI-Systems in geeigneter Weise sicherzustellen, nämlich ihren Namen, ihren eingetragenen Handelsnamen bzw. eingetragene Handelsmarke[11] und Kontaktanschrift anzugeben **9**

Eine derartige Produktkennzeichnung ist im EU-Produktrecht üblich und soll letztlich die Identifizierung und Nachverfolgbarkeit von Produkten ermöglichen. Insofern hat der Gesetzgeber auch in Anlehnung an dieser Regelungen bestimmt, dass die Angaben zum Anbieter auf dem Hochrisiko-KI-System selbst oder „falls dies nicht möglich ist" auf seiner Verpackung bzw. in der beigefügten Dokumentation zu machen sind. Diese deutlich auf ein physisches Produkt ausgerichtete Anforderung erscheint in Hinblick auf Software dh ein Hochrisiko-KI-System nicht passend. **10**

Praktisch dürfte es ausgeschlossen, die Produktkennzeichnung „auf" dem Hochrisiko-KI-System anzubringen. Selbst wenn das Hochrisiko-KI-System in einem verkörperten Produkte zB einer Maschine enthalten sein sollte, würde die Kennzeichnung am Produkt mit dem Wortlaut von Art. 16 lit. b nicht den Anforderungen genügen, da nicht das Hochrisiko-KI-System selbst die Kennzeichnung trägt. In der Praxis wird daher nur in Betracht kommen, eine Verpackung zB bei einem Hochrisiko-KI-System auf Datenträger oder die Dokumentation zu nutzen. **11**

Dies vorausgeschickt, ergeben sich in der Formulierung von Art. 16 lit. b zwei Unschärfen: zum einen ist von „Dokumentation" die Rede, was inkonsistent zu Art. 13 ist, der die Bereitstellung von Informationen für den Betreiber beschreibt und statt von „Dokumentation" von Betriebsanleitung spricht. Richtigerweise dürfte davon auszugehen sein, dass Art. 16 lit. b mit dem Begriff der „Dokumentation" tatsächlich die Betriebsanleitung nach Art. 13 Abs. 1 meint. Zum anderen verwendet Art. 16b) den Begriff „beigefügt", der nahelegt, eine physische dh ausgedruckt zur Verfügung gestellt Dokumentation zu fordern. Dies wäre nun **12**

---

[11] Siehe zum Begriff der Handelsmarke Siehe den „Blue Guide", Fußnote 206, Kommissionsmitteilung 2022/C 247/01.

angesichts der klaren Regelung in Art. 13 Abs. 2, wonach die Betriebsanleitung als digitale Betriebsanleitung zur Verfügung gestellt wird, systematisch falsch. Von daher ist davon auszugehen, dass die Übermittlung der Kontaktdaten tatsächlich mittels der Betriebsanleitung in digitaler Form erfolgen kann (insofern präzisiert und erweitert Art. 16b) die Regelung des Art. 13 Abs. 3a).[12]

13 Weiter ist die Kontaktanschrift des Anbieters anzugeben – allgemeines Verständnis im EU-Produktrecht ist dazu, dass es sich um die postalische Anschrift handelt und eine Website-Adresse hierzu nicht ausreicht, sondern allenfalls als zusätzliche Information zur Verfügung gestellt werden kann[13]

3. Einrichtung eines Qualitätsmanagementsystems (Art. 16 lit. c)

14 Der Anbieter von Hochrisiko-KI-Systemen muss weiter sicherstellen, dass er im Zeitpunkt des Angebots des Systems über ein Qualitätsmanagementsystem verfügt, was die in Art. 17 festgelegten Anforderungen erfüllt. Darin sind im wesentlichen inhaltliche Anforderungen formuliert Artikel (Art. 17 Absatz 1a – m). Auch hierzu kann – wie auch beim Risikomanagementsystem – auf bereits bestehende Qualitätsmanagementsysteme aufgesetzt werden (Art. 17 Abs. 3).

4. Aufbewahrungspflicht für die Dokumentation (Art. 16 lit. d)

15 Die eher formalen Verpflichtungen von Art. 16 wie zB das Ausstellen der EU-Konformitätserklärung nach Art. 16 lit. g werden ergänzt durch Anforderung, dass die in Art. 18 genannten Dokumentationen aufzubewahren sind. Dabei ist der Wortlaut irreführend als nur davon die Rede ist, die in Art. 18 genannte Dokumentation aufzubewahren. Tatsächlich meint die KI-VO die Aufbewahrung nach entsprechender Maßgabe von Art. 18 dh entsprechend der dort genannten Frist.

16 Diese Aufbewahrungspflicht ist auch in anderen CE-Richtlinien und Verordnungen vorgesehen; auch der in Art. 18 Abs. 1 genannt Zeitraum von 10 Jahren entspricht dem bisher bekannten Maß. Allerdings wird insofern davon abgewichen, als Art. 18 Abs. 1 ab Inverkehrbringen oder Inbetriebnahme K Hochrisiko KI Systems diesen Aufbewahrungszeitraum vorsieht.

17 Dies scheint systematisch nicht ganz treffend, da bei anderen CE-Richtlinien und Verordnungen der Zeitraum von 10 Jahren ab der Inverkehrgabe bzw. Bereitstellung auf dem Markt des letzten Produktes einer Serie abgestellt wird. Es ist nicht ganz nachvollziehbar, warum in Bezug auf Hochrisiko-KI-Systeme hier ein anderer zeitlicher Maßstab angelegt wird. Zu beachten bleibt, dass in Art. 18 Abs. 3 auch verlangt wird, gewissermaßen im Sinne einer Escrow-Vereinbarung die Möglichkeit zu schaffen, dass für den Fall der Insolvenz die Marktüberwachungsbehörden auf die technische Dokumentation weiterhin zugreifen können.

5. Aufbewahrungspflicht für die Automatisch erzeugt Protokolle (Art. 16 lit. e)

18 Sodann ist nach Art. 16 lit. e in Sonderheit zur Aufbewahrung der Dokumentation sicherzustellen, dass die im System erzeugten Protokolle aufbewahrt werden.

[12] Erweiterung durch die Nennung der Alternativen zum Namen des Anbieters, nämlich eingetragenen Handelsnamen bzw. eingetragene Handelsmarke. Wie hier auch Martini/Wendehorst/Eisenberger Art. 16 Rn. 18.

[13] Siehe dazu den „Blue Guide“, Abschnitt 4.2.2.1., letzter Absatz, Kommissionsmitteilung 2022/C 247/01.

Zu dieser Art von Protokollen bleibt im Zusammenhang mit der Kommentierung des Art. 19 auszuführen.

6. Durchführung des Konformitätsbewertungsverfahrens (Art. 16 lit. f)

Selbstverständlich dürfen Hochrisiko-KI-Systemen nur auf dem Markt bereit- 19
gestellt werden, wenn tatsächlich auch die Konformität mit den Anforderungen der KI-VO im Rahmen eines Konformitätsbewertungsverfahren (Art. 43) abgeprüft wird; dies stellt Art. 16 lit. f noch einmal heraus. Zwar wird in Bezug auf das Konformitätsbewertungsverfahren auf Art. 43 verwiesen, dennoch hat Art. 16 lit. f eine eigenständige Bedeutung, indem nämlich den Anbieter der Hochrisiko-KI-Systeme die Verantwortung für die Durchführung der Konformitätsbewertungsverfahren zugemessen wird[14] – Art. 43 beschreibt dagegen detailliert die Durchführung, ohne die Verpflichtung der Anbieter zur Konformitätsbewertung zu statuieren.

Der vorbeschriebene eigenständige Regelungsgehalt führt in der Praxis auf 20
Sicht des Anbieters zu einer schwierigen Situation. Die Konformitätsbewertung ist Bestandteil der Konstruktion wie auch der Fertigung und gehört zum Kern dessen, was üblicherweise ein Hersteller zu beherrschen hat.[15] Die Anbieter von Hochrisiko-KI-Systeme werden sich häufig das Know-How für die Entwicklung der Hochrisiko-KI-Systeme zukaufen und nicht selbst aufbauen; damit erscheint es schwierig, selbst eine Konformitätsbewertung durchzuführen. Vielmehr dürfte die „Auslagerung" auf den Entwicklung des Hochrisiko-KI-Systems erfolgen.

Vor dem Hintergrund der Verpflichtung zur Sicherstellung der Durchführung 21
der Konformitätsbewertung stellt sich damit die Frage, welche Maßnahmen gegenüber dem Entwickler zu ergreifen sind. Eine bloße Vertragsklausel mit der Verpflichtung zur Durchführung der Konformitätsbewertung dürfte nicht genügen – die Forderung nach einer „Sicherstellung" beinhaltet vielmehr auch das Element der Überwachung dh. der mindestens stichprobenartige Kontrolle der Durchführung und mindestens auch ein Vorlage und Sichtung der Dokumentation der Konformitätsbewertung. Dabei gilt es auch die Dynamik der Konformitätsbewertung mit zu beachten – in jedem Fall der wesentlichen Veränderung eines Hochrisiko-KI-Systems ist die Konformitätsbewertung erneut durchzuführen (Art. 43 Abs. 4). Auch dies ist vertraglich im Verhältnis des Anbieters zum Entwickler entsprechend abzubilden.

7. Ausstellung der Konformitätserklärung (Art. 16 lit. g)

Nach Durchführung der Konformitätsbewertung ist die EU Konformitätserklä- 22
rung auszustellen, deren Inhalt sich aus Art. 47 und Anhang V KI-Verordnung ergibt. Nach Art. 16 lit. g muss die Ausstellung durch den Anbieter des Hochrisiko-KI-Systems erfolgen, wobei er sich der Unterstützung durch Dritte bedienen kann.

---

14 So zutreffend Martini/Wendehorst/Eisenberger Art. 16 Rn. 24.

15 Siehe dazu den „Blue Guide" (Kommissionsmitteilung 2022/C 247/01), Abschnitt 5.1.1.: „Ein Produkt wird sowohl in der Entwurfs- als auch in der Fertigungsstufe einer Konformitätsbewertung unterzogen. Verantwortlich für die Konformitätsbewertung ist der Hersteller. Dies ist auch dann der Fall, wenn ein Hersteller den Entwurf oder die Fertigung an einen Unterauftragnehmer vergibt.",

8. Anbringung der CE-Kennzeichnung (Art. 16 lit. h)

23 Mit der Konformitätsbewertung einher geht die CE-Kennzeichnung mit der nach außen hin zum Ausdruck gebracht werden soll, dass das Produkte die grundlegenden Anforderungen im Zusammenhang mit der CE-Kennzeichnung erfüllt;[16] zu den Einzelheiten wird hier auf Art. 48 verwiesen.

24 Vom Wortlaut her ist Art. 16 lit. h wie Art. 16 lit. b dem Grunde nach auf ein physisches Produkt ausgelegt, was zu den bereits dort (→ Rn. 10) diskutierten Problemen führt. Allerdings ergibt sich hier insofern eine Erleichterung als Art. 48 Abs. 2 eindeutig auf die digitale CE-Kennzeichnung abgestellt und diese zulässt, so dass die „physische" Anbringung wie im Wortlaut des Art. 16 lit. h angeführt, keine praktische Bedeutung habe dürfte.

9. Erfüllung der Registrierungspflicht (Art. 16 lit. i)

25 Vor dem Bereitstellen auf dem Markt sodann Sorge dazu dafür zu tragen, dass etwaige Registrierungspflichten nach Art. 49 in einer EU-Datenbank nach Art. 71 erfüllt worden sind. Dies betrifft die in Anhang II aufgeführten Hochrisiko-KI-Systeme (s. im Weiteren die Kommentierung zu Art. 49).

10. Ergreifen von Korrekturmaßnahmen und Bereitstellung der Informationen (Art. 16 lit. j)

26 Sodann ist auch nach dem Bereitstellen auf dem Markt bzw. der Inverkehrgabe der Anbieter verpflichtet, indem er im Falle offenkundiger Risiken Korrekturmaßnahmen zu ergreifen hat, die geeignet sind, das System aus dem Markt zu entfernen damit im Zusammenhang stehend sodann auch die Verpflichtung die entsprechenden Marktüberwachungsbehörden zu unterrichten (siehe auch die Kommentierung zu Art. 20).

11. Erfüllung der Nachweispflichten (Art. 16 lit. k)

27 Die Kommunikation mit den Marktüberwachungsbehörden ist nicht nur erforderlich im Falle Offenkundigkeit von Risiken nach Art. 20 Abs. 2 sondern auch dann, wenn Marktüberwachungsbehörden beim Anbieter entsprechend anfragen.

28 Art. 16 lit. k stellt für diesen Fall klar, dass der Behörde nachzuweisen ist, dass das Hochrisiko-KI-System die Anforderung in Kapitel III, Abschnitt 2 erfüllt. Es bleibt abzuwarten, welche Anforderungen an einen derartigen Nachweis gestellt werden. Es dürfte schwierig sein, hierzu europaweit einheitliche Vorgaben zu machen, wenngleich dies aus Sicht der Anbieter naturgemäß wünschenswert wäre. Wahrscheinlich werden aber die jeweiligen nationalen Marktüberwachungsbehörden hier ins Einzelne gehende Vorgaben machen bzw. dies im Rahmen des behördlichen Ermessens vorgeben.

12. Erfüllen der Barriefreiheitsanforderungen an Informationen (Art. 16 lit. l)

29 Weiterhin ist sicherzustellen, dass das Hochrisiko-KI-System barrierefrei ausgestaltet ist (Art. 16l). Die Voraussetzung hierzu ergeben sich aus Richtlinie (EU)

---

[16] In diesem Sinne ein bekanntes Regelungsinstrument des EU Produktrechts; so Martini/Wendehorst/Eisenberger Art. 16 Rn. 28.

2016/2102 nebst (EU) 2019/882. Es bleibt abzuwarten, wie im Einzelnen bei den KI-System die Barrierefreiheit sichergestellt werden kann. Dies ist jedenfalls von hoher Bedeutung, ein gleichberechtigter Zugang zu allen digitalen Diensten, eine Sicherstellung der Vielfalt und der Schutz der Privatsphäre von Menschen mit Behinderung ganz ausdrücklich zu den Kernanforderungen an Hochrisiko-KI-Systemen gehört und technisch zu gewährleisten ist[17]

Art. 17* Qualitätsmanagementsystem

(1) [1]**Anbieter von Hochrisiko-KI-Systemen richten ein Qualitätsmanagementsystem ein, das die Einhaltung dieser Verordnung gewährleistet.** [2]**Dieses System wird systematisch und ordnungsgemäß in Form schriftlicher Regeln, Verfahren und Anweisungen dokumentiert und umfasst mindestens folgende Aspekte:**

a) **ein Konzept zur Einhaltung der Regulierungsvorschriften, was die Einhaltung der Konformitätsbewertungsverfahren und der Verfahren für das Management von Änderungen an dem Hochrisiko-KI-System miteinschließt;**
b) **Techniken, Verfahren und systematische Maßnahmen für den Entwurf, die Entwurfskontrolle und die Entwurfsprüfung des Hochrisiko-KI-Systems;**
c) **Techniken, Verfahren und systematische Maßnahmen für die Entwicklung, Qualitätskontrolle und Qualitätssicherung des Hochrisiko-KI-Systems;**
d) **Untersuchungs-, Test- und Validierungsverfahren, die vor, während und nach der Entwicklung des Hochrisiko-KI-Systems durchzuführen sind, und die Häufigkeit der Durchführung;**
e) **die technischen Spezifikationen und Normen, die anzuwenden sind und, falls die einschlägigen harmonisierten Normen nicht vollständig angewandt werden oder sie nicht alle relevanten Anforderungen gemäß Abschnitt 2 abdecken, die Mittel, mit denen gewährleistet werden soll, dass das Hochrisiko-KI-System diese Anforderungen erfüllt;**
f) **Systeme und Verfahren für das Datenmanagement, einschließlich Datengewinnung, Datenerhebung, Datenanalyse, Datenkennzeichnung, Datenspeicherung, Datenfilterung, Datenauswertung, Datenaggregation, Vorratsdatenspeicherung und sonstiger Vorgänge in Bezug auf die Daten, die im Vorfeld und für die Zwecke des Inverkehrbringens oder der Inbetriebnahme von Hochrisiko-KI-Systemen durchgeführt werden;**
g) **das in Artikel 9 genannte Risikomanagementsystem;**
h) **die Einrichtung, Anwendung und Aufrechterhaltung eines Systems zur Beobachtung nach dem Inverkehrbringen gemäß Artikel 72;**
i) **Verfahren zur Meldung eines schwerwiegenden Vorfalls gemäß Artikel 73;**
j) **die Handhabung der Kommunikation mit zuständigen nationalen Behörden, anderen einschlägigen Behörden, auch Behörden, die den**

[17] Erwägungsgründe Nr. 27 und 80.

* Kapitel III (Art. 6–49) gilt gem. Art. 113 UAbs. 2 ab 2.8.2026, mit Ausnahme des Abschnitts 4, der gem. Art. 113 UAbs. 3 Buchst. b bereits ab 2.8.2025 gilt.

Zugang zu Daten gewähren oder erleichtern, notifizierten Stellen, anderen Akteuren, Kunden oder sonstigen interessierten Kreisen;

k) Systeme und Verfahren für die Aufzeichnung sämtlicher einschlägigen Dokumentation und Informationen;

l) Ressourcenmanagement, einschließlich Maßnahmen im Hinblick auf die Versorgungssicherheit;

m) einen Rechenschaftsrahmen, der die Verantwortlichkeiten der Leitung und des sonstigen Personals in Bezug auf alle in diesem Absatz aufgeführten Aspekte regelt.

(2) [1]**Die Umsetzung der in Absatz 1 genannten Aspekte erfolgt in einem angemessenen Verhältnis zur Größe der Organisation des Anbieters.** [2]**Die Anbieter müssen in jedem Fall den Grad der Strenge und das Schutzniveau einhalten, die erforderlich sind, um die Übereinstimmung ihrer Hochrisiko-KI-Systeme mit dieser Verordnung sicherzustellen.**

(3) **Anbieter von Hochrisiko-KI-Systemen, die Pflichten in Bezug auf Qualitätsmanagementsysteme oder eine gleichwertige Funktion gemäß den sektorspezifischen Rechtsvorschriften der Union unterliegen, können die in Absatz 1 aufgeführten Aspekte als Bestandteil der nach den genannten Rechtsvorschriften festgelegten Qualitätsmanagementsysteme einbeziehen.**

(4) [1]**Bei Anbietern, die Finanzinstitute sind und gemäß den Rechtsvorschriften der Union über Finanzdienstleistungen Anforderungen in Bezug auf ihre Regelungen oder Verfahren der internen Unternehmensführung unterliegen, gilt die Pflicht zur Einrichtung eines Qualitätsmanagementsystems – mit Ausnahme des Absatzes 1 Buchstaben g, h und i des vorliegenden Artikels – als erfüllt, wenn die Vorschriften über Regelungen oder Verfahren der internen Unternehmensführung gemäß dem einschlägigen Unionsrecht über Finanzdienstleistungen eingehalten werden.** [2]**Zu diesem Zweck werden die in Artikel 40 genannten harmonisierten Normen berücksichtigt.**

Literatur: Bomhard/Pieper/Wende, KI-VO, 1. Aufl. 2025; Chibanguza/Kuß/Steege, Künstliche Intelligenz, 2. Aufl., 2026; Kom., Algorithmic discrimination in Europe: Challenges and opportunities for gender equality and non-discrimination law, 1. Ed., 2020; Laue/Nink/Kremer, Datenschutzrecht in der betrieblichen Praxis, 3. Aufl., 2024; Le/Treibel, Navigation im Unbekannten: Datenschutz im Zeitalter der KI, ZD 2024, 370; Martini/Wendehorst, KI-VO, 2. Aufl. 2026; Santos, Nicht besser als nichts, ZfDR 2023, 23; Schefzig/Kilian, BeckOK KI-Recht, 5. Ed., Stand: 1.2.2026; Wendt/Wendt, Das neue Recht der Künstlichen Intelligenz, 2. Aufl. 2025.

Übersicht

I. Überblick

Art. 17 legt dem Anbieter eines Hochrisiko-KI-Systems die Pflicht auf, ein Qualitätsmanagementsystem einzurichten. Das Qualitätsmanagementsystem beruht auf unternehmensintern festgelegten Verfahren und ist aus Sicht des Gesetzgebers ein entscheidendes Instrument für die Gewährleistung der Konformität eines Hochrisiko-KI-Systems mit der KI-VO. Durch dieses Instrument soll das dem Rechtsakt zugrundeliegende Ziel, Risiken für öffentliche Interessen und grundlegende Rechte zu minimieren und die Einführung einer menschenzentrierten und vertrauenswürden künstlichen Intelligenz zu fördern (vgl. Erwgr. 1), prozedural verwirklicht und abgesichert werden. In der Statuierung einer grundsätzlichen Pflicht zur Einrichtung eines solchen Qualitätsmanagementsystems greift der Gesetzgeber auf bereits aus anderen Harmonisierungsvorschriften bekannte Prinzipien zurück und setzt doch angesichts der umfangreichen Regelungstiefe neue Maßstäbe. Anders als beispielweise in Art. 14 der neuen Produktsicherheitsverordnung (EU) 2023/988 fordert der Gesetzgeber im Rahmen der KI-VO nicht bloß die Existenz eines solchen Managementsystems. Nach der KI-VO hat das Qualitätsmanagementsystem eines Hochrisiko-KI-Systems gem. Art. 17 Abs. 1 einen Mindestumfang von 13 Aspekten und ist vom Anbieter zu dokumentieren (→ Rn. 3 ff.). Der Anbieter hat systematisch Regeln und Verfahren für den gesamten Lebenszyklus des Hochrisiko-KI-Systems sowie für die Kommunikation mit Behörden und für die innerbetrieblichen Verantwortlichkeiten aufzustellen. Die Umsetzung dieser Maßgaben soll gem. Art. 17 Abs. 2 der Größe des Anbieters entsprechend erfolgen (→ Rn. 21 ff.). Für bestimmte Anbieter von Hochrisiko-KI-Systemen sehen Art. 17 Abs. 3 und 4 Sonderregelungen vor, die sie entweder von der Etablierung eines Qualitätsmanagementsystems befreien oder die Umsetzung erleichtern (→ Rn. 23 ff.). 1

Die Bedeutung des Art. 17 zeigt sich darin, dass die Vorschrift bereits im Kommissionsentwurf zur KI-VO enthalten war und im Gesetzgebungsprozess kaum Veränderungen erfahren hat. An der Notwendigkeit dieser Anbieterpflicht bestand offensichtlich kaum ein Zweifel. Zudem ist die Prüfung des Qualitätsmanage- 2 mentsystems als Teil des Konformitätsbewertungsverfahrens obligatorisch, unabhängig davon, ob die Bewertung durch eine interne Kontrolle (Anhang VI) erfolgt oder von einer notifizierten Stelle (Anhang VII) durchgeführt wird. Verstöße gegen Art. 17 sind gem. Art. 99 Abs. 4 lit. a iVm Art. 16 lit. c sanktionsbewehrt und können mit beträchtlichen Geldbußen geahndet werden.

II. Die Absätze im Einzelnen

1. Grundsätze des Qualitätsmanagementsystems (Abs. 1)

3 Adressat des Art. 17 ist der **Anbieter eines Hochrisiko-KI-Systems.** Er hat die Pflicht, über ein Qualitätsmanagementsystem zu verfügen, das den Anforderungen des Art. 17 entspricht. Dies soll gem. Art. 17 Abs. 1 S. 1 umfassend die Einhaltung der KI-VO sicherstellen. Die in Art. 17 Abs. 1 S. 2 angeordnete systematische und schriftliche Dokumentation der festgelegten Regeln, Verfahren und Anweisungen bzw. Instruktionen ist dabei mehr als nur eine administrative Notwendigkeit. Die schriftliche Dokumentation ist als Abbildung betrieblicher Prozesse zentraler Bestandteil eines wirksamen Qualitätsmanagementsystems. Zunächst ist es dem Anbieter eines Hochrisiko-KI-Systems durch die Dokumentation im Außenverhältnis zu den Marktüberwachungsbehörden leichter möglich, die Errichtung eines angemessenen und wirksamen Qualitätsmanagementsystems zu beweisen. Da bei Missachtung des Art. 17 Geldbußen drohen (→ Rn. 28), sollen durch das **Schriftlichkeitserfordernis** Beweisschwierigkeiten vermieden und Sanktionsrisiken gesenkt werden. „Schriftlichkeit" ist aufgrund der europarechtlich autonomen und kohärenten Auslegung des Begriffs iSd Art. 17 Abs. 1 bei jeder, auch elektronischen Verkörperung des Managementsystems gegeben.[1] Die Dokumentation dient des Weiteren dazu, innerbetriebliche Zuständigkeiten und Verfahren rechtssicher zu klären. Durch die spezifische Zuweisung von Aufgaben und Rollen innerhalb des Qualitätsmanagementsystems und dessen schriftliche Niederlegung soll auch in komplexen Organisationen verhindert werden, dass notwendige Maßnahmen zur Einhaltung der KI-VO aufgrund von Verantwortungsdiffusion unterbleiben.

4 Anders als die Regelungen anderer Harmonisierungsrechtsakte der Union zu Qualitätsmanagementsystemen enthält Art. 17 nicht die ausdrückliche Anbieterpflicht, ein einmal erstelltes System zu pflegen und zu aktualisieren. Mit Blick auf den Sinn und Zweck der Vorschrift, einen angemessenen Kontroll- und Überwachungsmechanismus zu schaffen, kann es jedoch nicht die gesetzgeberische Intention sein, es bei der einmaligen Errichtung eines Qualitätsmanagementsystems bewenden zu lassen. Bestätigung für diese Annahme findet sich in Anhang VII, in dem die Konformitätsbewertung anhand einer Bewertung des Qualitätsmanagementsystems und einer Bewertung der technischen Dokumentation geregelt ist. In Anhang VII Nr. 3.1 lit. e heißt es, dass der Anbieter ein Verfahren schaffen muss, das sicherstellt, dass „das Qualitätsmanagementsystem angemessen und wirksam bleibt". Nach Genehmigung seines Qualitätsmanagementsystems muss der Anbieter gem. Anhang VII Nr. 3.3 sein System zudem weiter anwenden und pflegen, „damit es stets angemessen und effizient funktioniert". Diese Maßgaben sind auf Art. 17 zu übertragen.[2] Dass diese **Pflicht zur Aktualisierung** nicht eindeutig in Art. 17 Abs. 1 aufgenommen wurde, ist misslich.

---

[1] Laue/Nink/Kremer DatenschutzR/Laue/Nink/Kremer § 3 Rn. 25.

[2] So auch BeckOK KI-Recht/Henke, KI-VO Art. 17 Rn. 9.

In Art. 17 Abs. 1 gibt der Gesetzgeber dem Anbieter eines Hochrisiko-KI-Systems eine **Liste von Aspekten** an die Hand, zu denen er Vorkehrungen treffen muss, damit es sich um ein „solides“ Qualitätsmanagementsystem im Sinne der KI-VO handelt (vgl. Erwgr. 81). Auch wenn diese Auflistung Anhaltspunkte dafür gibt, welche Themen ein Qualitätsmanagementsystem abdecken muss, bleibt die konkrete Umsetzung im Vagen. Wie genau die Konzepte, Techniken, Verfahren, Maßnahmen usw. nach Art. 17 Abs. 1 ausgestaltet werden sollen, hat die Praxis auszuarbeiten. Auslegungshilfen – beispielsweise durch Verweis auf die DIN EN ISO 9001:2015 zu Qualitätsmanagementsystemen – gibt der Gesetzgeber nicht. Ein Qualitätsmanagementsystem umfasst gem. Art. 17 Abs. 1 mindestens die folgenden Aspekte: 5

a) Regulierungskonzept (lit. a). Das Qualitätsmanagementsystem muss gem. Art. 17 Abs. 1 lit. a ein Konzept zur Einhaltung der Regulierungsvorschriften beinhalten. Aufgrund des offenen Wortlauts ist nicht eindeutig, ob das geforderte Konzept nur die Konformität des Hochrisiko-KI-Systems mit der KI-VO oder zugleich auch die Konformität mit allen anderen einschlägigen Regulierungsvorschriften der Union sicherstellen soll. So hat der Gesetzgeber die Formulierung „Einhaltung der Regulierungsvorschriften“ anders als bei Art. 57 Abs. 9 lit. a nicht mit dem Zusatz „dieser Verordnung“ versehen.[3] Exakt diese Eingrenzung findet sich jedoch bereits im ersten Satz des Art. 17 Abs. 1, wonach das Qualitätsmanagementsystem „die Einhaltung dieser Verordnung gewährleistet“. Folglich verpflichtet Art. 17 Abs. 1 lit. a den Anbieter zunächst nur, eine umfassende Zusammenstellung von tauglichen Strategien und Maßnahmen zu erarbeiten, mit denen er die Einhaltung der auf sein KI-System anwendbaren Vorschriften der KI-VO zu gewährleisten gedenkt.[4] Ausführungen zu den Verfahren, anhand derer die Konformität des konkreten Hochrisiko-KI-Systems bewertet wird, sowie zu den Verfahren, die bei Änderungen des Hochrisiko-KI-Systems zum Tragen kommen, sind angesichts der ausdrücklichen Forderung in Art. 17 Abs. 1 lit. a obligatorisch. Praktisch ist es allerdings auch ohne Verpflichtung nach Art. 17 Abs. 1 lit. a ratsam, die sonstigen relevanten Vorschriften auf Unionsebene zu identifizieren, die auf das Hochrisiko-KI-System Anwendung finden. Unterliegt der Anbieter bereits aufgrund sektorspezifischer Regelungen einer mit Art. 17 Abs. 1 vergleichbaren Pflicht, kann so gezielt von der Integrationsbefugnis gem. Art. 17 Abs. 3 Gebrauch gemacht werden (→ Rn. 23). 6

b) Techniken, Verfahren und systematische Maßnahmen über den gesamten Lebenszyklus des Hochrisiko-KI-Systems hinweg (lit. b–f). Des Weiteren verlangt Art. 17 Abs. 1 lit. b–f eine Reihe von Vorkehrungen, die der Anbieter eines Hochrisiko-KI-Systems treffen muss, um über den gesamten Lebenszyklus die Konformität des KI-Systems sicherzustellen. Dabei formuliert der Gesetzgeber die Pflichten vage und überlässt es dem technisch versierten Anbieter, geeignete Lösungen zu finden. Auch ohne ausdrückliche Bezugnahme in Art. 17 Abs. 1 kann die Norm ISO 9001:2015 dabei Orientierung bieten.[5] 7

aa) Entwurfsvalidierung. Bereits im Entwurfsstadium muss der Anbieter gem. Art. 17 Abs. 1 lit. b Techniken, Verfahren und systematische Maßnahmen festlegen, die die Kontrolle und Prüfung des Entwurfes ermöglichen. Im Entwurfsstadium werden Entscheidungen von großer Tragweite getroffen. Der 8

---

[3] Martini/Wendehorst/I. Eisenberger/Th. Binder, KI-VO Art. 17 Rn. 15.

[4] So auch Martini/Wendehorst/I. Eisenberger/Th. Binder, KI-VO Art. 17 Rn. 15.

[5] Bomhard/Pieper/Wende/Weiden, KI-VO Art. 17 Rn. 17.

Anbieter bestimmt in aller Regel den Use-Case und damit die hochrisikoreiche Zweckbestimmung des KI-Systems, die technische (Daten-)Basis des KI-Systems (Machine Learning oder Deep Learning),[6] die geplante Integrationsfähigkeit in andere Systeme und die Verwendungsmöglichkeit der Ausgaben des KI-Systems.[7] Bereits in dieser frühen und wichtigen Phase sollen die regulatorischen Anforderungen an das Hochrisiko-KI-System mitgedacht werden. Zudem soll deren Einhaltung überprüft werden können. Beides gilt auch dann, wenn der Anbieter einen Dritten mit der technischen Entwicklung des KI-Systems beauftragt.[8] In Bezug auf welche konkreten Kontroll- und Prüfmechanismen allerdings systematische Ermöglichungsmaßnahmen ergriffen werden sollen, ist derzeit noch unklar.

9 **bb) Entwicklungs- und Qualitätskontrollen.** Kommt es anschließend zur Realisierung des Entwurfs und zur Entwicklung des Hochrisiko-KI-Systems, sind nach Art. 17 Abs. 1 lit. c für die gesamte Entwicklungsphase qualitätskontrollierende und qualitätssichernde Techniken, Verfahren und systematische Maßnahmen zu implementieren. Die Entwicklung umfasst die Durchführung der eigentlichen Trainings- und Feedbackprozesse, an deren Ende das KI-System geprüft, validiert und soweit möglich zertifiziert wird.[9] Da die Leistung und Qualität eines Hochrisiko-KI-Systems maßgeblich von tauglichen Trainings- und Testdatensätzen abhängt (vgl. Erwgr. 67), werden sich qualitätskontrollierende und qualitätssichernde Maßnahmen im Entwicklungsstadium insbesondere auf ebendiese beziehen. Es erscheint aber angezeigt, dem Art. 17 Abs. 1 lit. c einen weiten Qualitätsbegriffs zugrunde zu legen, nach dem die Qualität eines Hochrisiko-KI-Systems nicht nur anhand der Genauigkeit der Ausgaben zu bemessen ist. Vielmehr ist zugleich die Einhaltung datenschutz- und urheberrechtlicher Grundsätze in die Bewertung der Qualität miteinzubeziehen. Nach dem Grundsatz „Datenschutz durch Technikgestaltung“ sollten die Kontroll- und Sicherungsmaßnahmen nach Art. 17 Abs. 1 lit. c deshalb zumindest auch datenschutzrechtliche Aspekte betreffen.[10]

10 **cc) Untersuchungs-, Test- und Validierungsverfahren.** Gem. Art. 17 Abs. 1 lit. d muss das Qualitätsmanagementsystem Verfahren zur Untersuchung, Testung und Validierung des Hochrisiko-KI-Systems vorsehen, die während und nach der Entwicklung des Hochrisiko-KI-Systems in festzulegender Häufigkeit durchzuführen sind. Dabei soll fortwährend überprüft werden, ob alle Anforderungen, die in Kapitel III Abschnitt 2 für Hochrisiko-KI-Systeme aufgeführt sind, eingehalten werden. Die kontinuierlichen Kontrollpflichten sind Ausdruck des „prozeduralen Ansatzes“ des Gesetzgebers, nach dem es gerade angesichts der definitorisch angelegten Betriebsautonomie (→ Art. 3 Rn. 24 f.) nicht genügt, das KI-System nur einmalig vor Markteintritt zu überprüfen.[11] Bezüglich der Frequenz der Maßnahmen lässt der Gesetzgeber dem Anbieter grundsätzlich freie Hand. Art. 17 Abs. 1 lit. d impliziert nur, dass die Untersuchungen in einer gewissen Regelmäßigkeit zu erfolgen haben, ohne dass es eines Anlasses bedarf oder die Untersuchungen von einem solchen abhängig gemacht werden dürfen. Für die Frage, in welchen Abstän-

---

[6] Wendt/Wendt Das neue KI-Recht/Wendt § 2 Rn. 33 ff.

[7] Kom., Algorithmic discrimination in Europe, S. 38 f.

[8] BeckOK KI-Recht/Henke, KI-VO Art. 17 Rn. 11.

[9] Kom., Algorithmic discrimination in Europe, S. 39.

[10] Le/Treibel ZD 2024, 370 (371).

[11] Chibanguza/Kuß/Steege KI-Hdb/Lohse/Kößl, 1. Teil: § 2 B. Rn. 61.

den die turnusmäßige Untersuchung im Einzelfall angezeigt ist, sollte sich der Anbieter nach dem Risiko- und Veränderungsprofil des Hochrisiko-KI-Systems richten. Allgemein kann sich an den Verfahren der ISO/IEC 2502n (Quality Measurement Division) sowie die ISO/IEC 2504n (Quality Evaluation Division) orientiert werden.[12]

dd) Technische Spezifikationen und Normen. Der Anbieter hat gem. Art. 17 Abs. 1 lit. e die technischen Spezifikationen und Normen, die anzuwenden sind, gelistet mit in das Qualitätsmanagementsystem aufzunehmen. Im Falle der Nichtkonformität des Hochrisiko-KI-Systems trotz Einhaltung der in das Qualitätsmanagementsystem aufgenommenen Normen kann sich der Anbieter jedoch nicht mit Verweis darauf entlasten. Er bleibt trotz Konformitätsvermutung nach Art. 40 Abs. 1 bzw. Art. 41 Abs. 3 vollumfänglich verantwortlich (→ Art. 40 Rn. 14 ff. bzw. Art. 41 Rn. 15 ff.). Falls die einschlägigen harmonisierten Normen nicht alle relevanten Anforderungen an Hochrisiko-KI-Systeme aus Kapitel III Abschnitt 2 abdecken oder nicht vollständig angewandt werden, muss der Anbieter das Qualitätsmanagementsystem um Mittel ergänzen, mit denen die Konformität des Hochrisiko-KI-Systems mit der KI-VO gewährleistet werden kann. 11

ee) Datenmanagementsysteme und -verfahren. Weil hochwertige Daten eine zentrale Rolle für die Gewährleistung der Genauigkeit eines KI-Systems spielen (vgl. Erwgr. 67), muss der Anbieter eines Hochrisiko-KI-Systems gem. Art. 17 Abs. 1 lit. f Systeme und Verfahren für das Datenmanagement einrichten. In der Praxis wird dafür ein umfassendes Subsystem des Qualitätsmanagementsystems zu errichten sein, da sämtliche Vorgänge in Bezug auf die Daten, die im Vorfeld und für die Zwecke des Inverkehrbringens oder der Inbetriebnahme des Hochrisiko-KI-Systems durchgeführt werden, zu systematisieren sind. Erfasst sind unter anderem und nicht abschließend die datenbezogenen Vorgänge in den folgenden Bereichen: 12

- Datengewinnung;
- Datenerhebung;
- Datenanalyse;
- Datenkennzeichnung;
- Datenspeicherung;
- Datenfilterung;
- Datenauswertung;
- Datenaggregation;
- Vorratsdatenspeicherung.

Ziel der systematischen Erfassung der dem Markteintritt vorgelagerten Datenvorgänge ist es, auf registrierte Verzerrungen in den Ausgaben eines Hochrisiko-KI-Systems, so ihre Entstehung trotz Gewährleistung wirksamer Daten-Governance gem. Art. 10 nicht zu verhindern war, schnell und effektiv reagieren zu können. Weiß ein Anbieter, woher die Verzerrung stammt, oder kann er ihren Ursprung aufgrund von intimer Kenntnis der Datenvorgänge zumindest leichter identifizieren, verbessert dies die Chance erheblich, den Algorithmus des Hochrisiko-KI-Systems unter Berücksichtigung des Art. 10 Abs. 5 treffsicher einer Korrektur zu unterziehen. Angesichts produktsicherheitsrechtlicher Untersagungs- und zivilrechtlicher Haftungsrisiken, die verzerrte und insbesondere diskriminierende Ausgaben bergen, 13

[12] BeckOK KI-Recht/Henke, KI-VO Art. 17 Rn. 13.

ist eine schnelle Korrekturmöglichkeit, für die Art. 17 Abs. 1 lit. f die informatorische Grundlage schaffen soll, unbedingt auch im Interesse des Anbieters.

14 **c) Risikomanagementsystem (lit. g).** Gem. Art. 17 Abs. 1 lit. g ist das vom Anbieter nach Art. 9 einzurichtende Risikomanagementsystem in das Qualitätsmanagementsystem zu integrieren. So wird sichergestellt, dass der Anbieter seinen Pflichten zur Planung, Durchführung, regelmäßigen systematischen Überprüfung und Aktualisierung des Risikomanagementsystems aus Art. 9 Abs. 2 nachkommt (tiefergehend → Art. 9 Rn. 29 ff.).

15 **d) Beobachtungs- und Meldungssystem (lit. h und i). aa) Beobachtung nach dem Inverkehrbringen.** Teil des Qualitätsmanagementsystems ist gem. Art. 17 Abs. 1 lit. h zudem ein Subsystem, was die Beobachtung des Hochrisiko-KI-Systems nach dem Inverkehrbringen ermöglicht. Der Anbieter muss ein Beobachtungssystem einrichten, anwenden und aufrechterhalten, das den Anforderungen des Art. 72 genügt und dieses System gem. Art. 17 Abs. 1 lit. h in das Qualitätsmanagementsystem integrieren.

16 **bb) Meldung eines schwerwiegenden Vorfalls.** Kommt es im Zusammenhang mit einem in Verkehr gebrachten Hochrisiko-KI-System zu einem schwerwiegenden Vorfall (→ Art. 3 Rn. 366 ff.), hat der Anbieter des KI-Systems dies den Marktüberwachungsbehörden der Mitgliedstaaten, in denen der Vorfall stattgefunden hat, gem. Art. 73 zu melden. Gem. Art. 73 Abs. 2 erfolgt die Meldung unmittelbar, nachdem der Anbieter den kausalen Zusammenhang zwischen dem KI-System und dem schwerwiegenden Vorfall oder die naheliegende Wahrscheinlichkeit eines solchen Zusammenhangs festgestellt hat und in jedem Fall spätestens 15 Tage, nachdem der Anbieter Kenntnis von dem schwerwiegenden Vorfall erlangt hat. Damit eine solche Meldung vollständig und rechtzeitig erfolgen kann, muss der Anbieter gem. Art. 17 Abs. 1 lit. i unternehmensintern das Verfahren zur Meldung eines schwerwiegenden Vorfalls gem. den Vorschriften des Art. 73 in dem Qualitätsmanagementsystem festlegen.

17 **e) Kommunikation (lit. j).** Unternehmensintern muss der Anbieter gem. Art. 17 Abs. 1 lit. j im Rahmen seines Qualitätsmanagementsystems regeln, wie und durch wen die Kommunikation mit
- zuständigen nationalen Behörden (→ Art. 3 Rn. 362 ff.),
- anderen einschlägigen Behörden (zB Art. 77),
- auch Behörden, die den Zugang zu Daten gewähren oder erleichtern,
- notifizierten Stellen (→ Art. 3 Rn. 207 ff.),
- anderen Akteuren (→ Art. 3 Rn. 109 ff.),
- Kunden oder
- sonstigen interessierten Kreisen

erfolgen soll. Es kann sich an den Vorgaben der Ziff. 7.4 DIN EN ISO 9001:2015 orientiert werden.[13]

18 **f) Dokumentation und Informationen (lit. k).** Zudem müssen nach Art. 17 Abs. 1 lit. k „Systeme und Verfahren für die Aufzeichnung sämtlicher einschlägigen Dokumentation und Informationen" in das Qualitätsmanagementsystem implementiert werden. Während mit „Dokumentation" insbesondere auf Art. 18 Bezug genommen wird, meint „Informationen" umfassender alle Informationen im Zusammenhang mit dem Hochrisiko-KI-System, für die es eine Aufzeich-

[13] BeckOK KI-Recht/Henke, KI-VO Art. 17 Rn. 19.

nungs- und Aufbewahrungspflicht gibt.[14] Zurecht wird darauf hingewiesen, dass sich diese Anforderung auf die Aufzeichnungs- und Aufbewahrungspflichten nach den Vorgaben der KI-VO beschränkt.[15]

g) Ressourcenmanagementsystem (lit. l). Auch wenn sich an keiner Stelle der KI-VO konkrete Anforderungen an den Ressourcenverbrauch eines Hochrisiko-KI-Systems finden, legt Art. 17 Abs. 1 lit. l fest, dass das Qualitätsmanagementsystem des Anbieters Aspekte des Ressourcenmanagements beinhalten muss. Dabei erschöpft sich die Motivation des Gesetzgebers, eine solche Bestimmung zu formulieren, nicht darin, nur auf die Verringerung des Energie- und sonstigen Ressourcenverbrauchs von meist energie- und datenintensiven Hochrisiko-KI-Systemen während ihrer gesamten Lebenszyklen hinzuwirken. Angesichts der zu erwartenden Verbreitung von Hochrisiko-KI-Systemen weit hinein in sämtliche Lebensbereiche und der damit verbundenen stetig wachsenden gesellschaftlichen Bedeutung ihrer Funktionsfähigkeit fordert der Gesetzgeber in Art. 17 Abs. 1 lit. l vom Anbieter eines Hochrisiko-KI-Systems explizit Maßnahmen, die die Versorgung des Systems für einen kontinuierlichen Betrieb sicherstellen.[16] Beispielsweise lässt sich aus Art. 17 Abs. 1 lit. l abhängig vom Anwendungsfeld des Hochrisiko-KI-Systems gegebenenfalls die Pflicht eines Anbieters ableiten, Vorkehrungen für den Zugang des KI-Systems zu zusätzlichen netzunabhängigen Stromquellen zu treffen, um die Versorgungssicherheit zu gewährleisten. 19

h) Rechenschaftsrahmen (lit. m). Wesentlicher Bestandteil des Qualitätsmanagementsystems für ein Hochrisiko-KI-System ist gem. Art. 17 Abs. 1 lit. m die Schaffung eines Rechenschaftsrahmens. Er ist das unternehmensinterne Durchsetzungsinstrument für alle festgelegten Konzepte, Verfahren und sonstigen Maßnahmen zu den in Art. 17 Abs. 1 aufgeführten Aspekten. Durch einen Rechenschaftsrahmen wird sichergestellt, dass sowohl für die Führungsebene als auch für das sonstige Personal klare Verantwortlichkeiten und Zuständigkeiten innerhalb des Unternehmens des Anbieters festgelegt sind. Dabei reichen grobe Zuweisungen nicht. Es muss präzise definiert werden, wer für die Implementierung, Überwachung und Einhaltung der verschiedenen Aspekte des Qualitätsmanagementsystems zuständig ist. Auch müssen Regelungen getroffen werden, welche Folgen Verstöße gegen die aus den Zuständigkeiten resultierenden Pflichten haben. Der Gesetzgeber möchte durch die Forderung klarer Strukturen absichern, dass das Qualitätsmanagementsystem als Ganzes effektiv funktioniert. 20

2. Proportionalität des Qualitätsmanagementsystems (Abs. 2)

Nicht jedes Qualitätsmanagementsystem hat gleich auszusehen. Die Ausgestaltung von Qualitätsmanagementsystemen ist im Gegenteil sehr individuell. Inhaltlich ist ein Qualitätsmanagementsystem ausweislich der gelisteten Aspekte in Art. 17 Abs. 1 an die Eigenschaften des jeweiligen Hochrisiko-KI-Systems und seinen Anwendungsbereich anzupassen. Gem. Art. 17 Abs. 2 hängt die Umsetzung der in Art. 17 Abs. 1 genannten Aspekte zudem maßgeblich von den Eigenheiten eines Anbieters ab. Danach muss die Umsetzung in einem angemessenen **Verhältnis zur Größe der Organisation** des jeweiligen Anbieters erfolgen. Diese Regelungslogik ist aus der Ziff. 7.5.1 der DIN EN ISO 9001:2015 bekannt. 21

---

[14] Martini/Wendehorst/I. Eisenberger/Th. Binder, KI-VO Art. 17 Rn. 30.
[15] BeckOK KI-Recht/Henke, KI-VO Art. 17 Rn. 20.
[16] So auch Martini/Wendehorst/I. Eisenberger/Th. Binder, KI-VO Art. 17 Rn. 31.

Insbesondere mit Blick auf Kleinstunternehmen gesteht der Gesetzgeber dem Anbieter bei der Umsetzung des Qualitätsmanagementsystems eine gewisse Flexibilität zu, die verhindern soll, dass zu hohe regulatorische Kosten Akteure vom Markt verdrängen oder Innovationskraft im Keim erstickt wird (vgl. Erwgr. 146).

22 Während große Unternehmen als Anbieter von Hochrisiko-KI-Systemen aufgrund umfangreicher personeller, finanzieller und technologischer Ressourcen die Pflicht haben, komplexe und umfassende Qualitätsmanagementsysteme zu implementieren, sinken die Anforderungen proportional je kleiner ein Anbieter ist. Kleinere Unternehmen dürfen daher vereinfachte Mechanismen etablieren. Anhand welcher Kriterien (zB Marktwert, Umsatz oder Mitarbeiterzahl) und welcher Gewichtung ebendieser sich die Größe eines Unternehmens iSd Art. 17 Abs. 2 bemisst und welche Implikationen dies für die Abstufung des Pflichtenprogramms hat, ist derzeit noch unklar und wird erst die Praxis zeigen.[17] Da aber von Hochrisiko-KI-Systemen kleinerer Unternehmen ebenfalls teils erhebliche Grundrechtsrisiken ausgehen können und Innovationsförderung nicht um jeden Preis erfolgen soll, setzt der Gesetzgeber der Proportionalität und Flexibilität bei der Implementierung eines Qualitätsmanagementsystems Grenzen. Im Wortlaut des Art. 17 Abs. 2 S. 1 ist implizit festgelegt, dass alle in Art. 17 Abs. 1 genannten Aspekte zwingend umgesetzt werden müssen. Nur die konkrete Art und Weise der Umsetzung kann abhängig von der Organisationsgröße des Anbieters variieren. Selbst mit einem Verweis auf eine geringe Organisationsgröße oder beschränkte Ressourcen kann der Anbieter eines Hochrisiko-KI-Systems von der Umsetzung der genannten Aspekte mithin nicht in Gänze absehen. Außerdem regelt Art. 17 Abs. 2 S. 2 explizit, dass die Konformität von Hochrisiko-KI-Systemen mit der KI-VO höchste Priorität hat. Der Anbieter eines Hochrisiko-KI-Systems muss deshalb unabhängig von seiner Größe in jedem Fall zumindest den Grad an Strenge und das Schutzniveau einhalten, die erforderlich sind, um die Übereinstimmung des Hochrisiko-KI-Systems mit der KI-VO sicherzustellen. Für Kleinstunternehmen im Sinne der Empfehlung 2003/361/EG wird die Kommission in der Praxis gem. Art. 63 Abs. 1 Leitlinien zu den Elementen des Qualitätsmanagementsystems ausarbeiten. Die Leitlinien sollen unter Berücksichtigung der Bedürfnisse von Kleinstunternehmen in vereinfachter Weise eingehalten werden können, ohne das Schutzniveau oder die Notwendigkeit zur Einhaltung der Anforderungen in Bezug auf Hochrisiko-KI-Systeme zu beeinträchtigen.

3. Integration in bereits bestehende Qualitätsmanagementsysteme (Abs. 3)

23 Art. 17 Abs. 3 soll die Umsetzung von Qualitätsmanagementsystemen, die die Aspekte des Art. 17 Abs. 1 umfassen, für bestimmte Anbieter von Hochrisiko-KI-Systemen erleichtern. Die Vorschrift war im Kommissionsentwurf zur KI-VO nicht enthalten und wurde vom Gesetzgeber im Gesetzgebungsverfahren eingefügt, um bestimmte Anbieter vor ineffizienter Doppelarbeit zu bewahren. Wenn ein Anbieter bereits unionalen, sektorspezifischen Regulierungsvorschriften unterliegt, aufgrund derer Qualitätsmanagementsysteme oder Systeme mit gleichwertiger Kontroll- und Überwachungsfunktion zu etablieren sind, können diese bestehenden Systeme auch zur Erfüllung der Anbieterpflicht aus Art. 17 Abs. 1 herangezogen werden. Dazu muss der Anbieter die in Art. 17 Abs. 1 aufgeführten

[17] Santos ZfDR 2023, 23 (35 f.).

Aspekte als Bestandteil in die bestehenden Systeme miteinbeziehen. Der Anbieter muss in einem solchen Fall gerade nicht zwei parallele Systeme entwickeln und pflegen. Anwendung findet diese Integrationsregelung insbesondere im Bereich der Medizinprodukte.[18]

4. Sonderregelung für Finanzinstitute (Abs. 4)

Um Überschneidungen zwischen der KI-VO und den Vorschriften für Kreditinstitute, die unter die Richtlinie 2013/36/EU fallen, zu nutzen, schafft der Gesetzgeber in Art. 17 Abs. 4 für Finanzinstitute, die Anbieter von Hochrisiko-KI-Systemen sind, eine begrenzte Ausnahme von der Pflicht zur Implementierung eines Qualitätsmanagementsystems (vgl. Erwgr. 158). **24**

Über Kreditinstitute hinaus profitieren von der Sonderregelung aus Art. 17 Abs. 4 auch Versicherungs- und Rückversicherungsunternehmen und Versicherungsholdinggesellschaften gem. der Richtlinie 2009/138/EG und Versicherungsvermittler gem. der Richtlinie (EU) 2016/97 sowie alle anderen Arten von Finanzinstituten, die unionalen Anforderungen in Bezug auf ihre Regelungen oder Verfahren der internen Unternehmensführung unterliegen (vgl. Erwgr. 158). Dadurch soll Kohärenz und Gleichbehandlung im Finanzsektor sichergestellt werden (vgl. Erwgr. 158). **25**

Art. 17 Abs. 4 sieht unter den folgenden Voraussetzungen eine für Finanzinstitute vorteilhafte Fiktion vor. Gibt es nach dem einschlägigen Unionsrecht über Finanzdienstleistungen Vorschriften, die die interne Unternehmensführung für Finanzinstitute regeln, und werden diese Vorschriften eingehalten, gilt die Pflicht zur Errichtung eines Qualitätsmanagementsystems nach Art. 17 Abs. 1 in weiten Teilen als erfüllt. Ausgenommen sind die Aspekte des Art. 17 Abs. 1 lit. g, h und i. Somit müssen alle Finanzinstitute, die Anbieter von Hochrisiko-KI-Systemen sind, Qualitätsmanagementsysteme entwickeln, die zumindest folgende Aspekte umfassen: **26**
- das in Artikel 9 genannte Risikomanagementsystem;
- ein System zur Beobachtung nach dem Inverkehrbringen gem. Artikel 72;
- Verfahren zur Meldung eines schwerwiegenden Vorfalls gem. Artikel 73.

Bei der Beurteilung, ob ein Finanzinstitut die relevanten Vorschriften der internen Unternehmensführung erfüllt und somit von der Pflicht zur Einrichtung eines Qualitätsmanagementsystems in weiten Teilen befreit ist, sind gem. Art. 17 Abs. 4 S. 2 die in Art. 40 genannten, speziell für Hochrisiko-KI-Systeme entwickelten, harmonisierten Normen zu berücksichtigen. In der Praxis kommt diesem Zusatz erst dann Bedeutung zu, wenn europäische Normungsorganisationen etwaige harmonisierte Normen gem. Art. 40 ausgearbeitet haben. **27**

5. Verstöße

Verstöße gegen die Anbieterpflicht zur Errichtung eines angemessenen Qualitätsmanagementsystems iSd Art. 17 können sowohl verwaltungsrechtliche als auch zivilrechtliche Sanktionen mit sich bringen. In verwaltungsrechtlicher Hinsicht verletzt der Anbieter eines Hochrisiko-KI-Systems seine Pflicht gem. Art. 16 lit. c. Es drohen sodann gem. Art. 99 Abs. 4 lit. a Geldbußen von bis zu 15.000.000 EUR oder im Falle von Unternehmen von bis zu 3 % des gesamten weltweiten Jahresumsatzes des vorangegangenen Geschäftsjahres, je nachdem, welcher Betrag höher ist. Einzelfallgerechtigkeit wird dadurch erzielt, dass bei **28**

---

[18] Tiefergehend dazu BeckOK KI-Recht/Henke, KI-VO Art. 17 Rn. 27.

der Entscheidung, ob eine Geldbuße verhängt wird, und bei der Festsetzung der Höhe der Geldbuße die tatsächlichen Umstände und bestehenden Risiken des konkreten Falls einbezogen werden (→ Art. 99 Rn. 24). Daneben sind in zivilrechtlicher Hinsicht Ersatzansprüche geschädigter Personen gegen den Anbieter nach allgemeinem Schuld- und Deliktsrecht denkbar.

Art. 18* Aufbewahrung der Dokumentation

(1) **Der Anbieter hält für einen Zeitraum von zehn Jahren ab dem Inverkehrbringen oder der Inbetriebnahme des Hochrisiko-KI-Systems folgende Unterlagen für die zuständigen nationalen Behörden bereit:**
a) die in Artikel 11 genannte technische Dokumentation;
b) die Dokumentation zu dem in Artikel 17 genannten Qualitätsmanagementsystem;
c) die Dokumentation über etwaige von notifizierten Stellen genehmigte Änderungen;
d) gegebenenfalls die von den notifizierten Stellen ausgestellten Entscheidungen und sonstigen Dokumente;
e) die in Artikel 47 genannte EU-Konformitätserklärung.

(2) **Jeder Mitgliedstaat legt die Bedingungen fest, unter denen die in Absatz 1 genannte Dokumentation für die zuständigen nationalen Behörden für den in dem genannten Absatz angegebenen Zeitraum bereitgehalten wird, für den Fall, dass ein Anbieter oder sein in demselben Hoheitsgebiet niedergelassener Bevollmächtigter vor Ende dieses Zeitraums in Konkurs geht oder seine Tätigkeit aufgibt.**

(3) **Anbieter, die Finanzinstitute sind und gemäß dem Unionsrecht über Finanzdienstleistungen Anforderungen in Bezug auf ihre Regelungen oder Verfahren der internen Unternehmensführung unterliegen, pflegen die technische Dokumentation als Teil der gemäß dem Unionsrecht über Finanzdienstleistungen aufzubewahrenden Dokumentation.**

Literatur: Chibanguza/Steege, Die KI-Verordnung – Überblick über den neuen Rechtsrahmen NJW 2024, 1769; Möller-Klapperich, Die neue KI-Verordnung der EU NJ 2024, 337; Roth-Isigkeit, Der neue Rechtsrahmen für Künstliche Intelligenz in der Europäischen Union, KIR, 2024, 15.

Übersicht

* Kapitel III (Art. 6–49) gilt gem. Art. 113 UAbs. 2 ab 2.8.2026, mit Ausnahme des Abschnitts 4, der gem. Art. 113 UAbs. 3 Buchst. b bereits ab 2.8.2025 gilt.

I. Allgemein

1 Die **Aufbewahrungspflicht** gem. Art. 18 Abs. 1 zählt zu den Pflichten der Anbieter nach Art. 16 Buchst. d und ist im Abschnitt 3 der Verordnung „Pflichten der Anbieter und Betreiber von Hochrisiko-KI-Systemen und anderer Beteiligter" verortet. Sie zielt nach Erwgr. 3 auf die Vereinheitlichung der Pflichten der Akteure ab. Die Aufbewahrungspflicht dient dabei nicht nur dem Ziel, die Nachvollziehbarkeit der Einhaltung regulatorischer Anforderungen und genehmigter Änderungen sicherzustellen, sondern soll darüber hinaus auch langfristig die Sicherheit und Zuverlässigkeit des Hochrisiko-KI-Systems gewährleisten.

2 Das Ziel der Verordnung besteht nach Erwgr. 9 unter anderem darin, durch die Festlegung bestimmter Anforderungen und Pflichten die Wirksamkeit bestehender Regelungen und Rechtsbehelfe zu stärken. Zu diesem Zweck sind insbesondere technische Dokumentationen sowie das Führen von Aufzeichnungen über KI-Systemen erforderlich. Mit Blick auf diese Zielsetzung bildet die Aufbewahrungspflicht nach Art. 18 Abs. 1 einen wesentlichen Bestandteil der Umsetzung dieses Ziels.

3 Gemäß Erwgr. 46 dürfen **Hochrisiko-KI-Systeme** auf dem Unionsmarkt – wie man es auch aus anderen produktsicherheitsrechtlichen Bereichen kennt – nur in Verkehr gebracht, in Betrieb genommen oder verwendet werden, sofern sie bestimmte verbindliche regulatorische Anforderungen erfüllen.[1] Die Erfüllung der erforderlichen Anforderungen kann durch entsprechende Dokumentationen nachgewiesen werden. Zwingend folgt aus den **Dokumentationspflichten** nach Art. 18 Abs. 1 eine Aufbewahrungspflicht der entsprechenden Dokumentationen durch die Anbieter. Denn ohne die Aufbewahrung der entsprechenden Dokumentation wäre der entsprechende Nachweis im Anschluss nicht mehr zu führen. Daraus könnte zivilrechtlich ggf. eine Beweislastumkehr resultieren, da die entsprechenden Betroffenen ohne einen Zugang zu den entsprechenden Dokumentationen keinen Nachweis zu der Einhaltung dieser Bestimmungen führen können. Diese Dokumentationen können ex post herangezogen werden, um die Konformität eines KI-Systems nachzuweisen.

4 Durch die sorgfältige Dokumentation und insbesondere durch die Aufbewahrung der einschlägigen Nachweise insbesondere aller genehmigten Änderungen – können notifizierende Stellen und die zuständigen nationalen Behörden die Entwicklung des Hochrisiko-KI-Systems über dessen gesamten Lebenszyklus hinweg verfolgen und

[1] Vgl. dazu beispielhaft: Art. 5 Verordnung (EU) 2023/988; Art. 8 Verordnung (EU) 2023/2023/1230.

nachvollziehen.[2] Dies ermöglicht eine effektive Überwachung und Bewertung der Auswirkungen jeder Änderung auf die Leistung und Sicherheit des Hochrisiko-KI-Systems. Zudem gewährleisteten die transparente Dokumentation und Aufbewahrung, dass alle Stakeholder, einschließlich Betreiber und Nutzer, Zugang zu vollständigen Informationen erlangen können, wodurch das Vertrauen in die KI-Technologie begünstigt werden kann. Letztlich trägt die Aufbewahrungspflicht damit dazu bei, dass Hochrisiko-KI-Systeme auch nach ihrer Bereitstellung auf dem Markt dauerhaft den hohen regulatorischen Anforderungen gerecht werden.

5 Die Aufbewahrung der in Art. 18 Abs. 1 Buchst. a bis Buchst. e genannten Unterlagen soll Anbieter in die Lage versetzen, ihre gegenüber den zuständigen nationalen Behörden bestehenden Nachweispflichten zu erfüllen. Diese Nachweispflichten beziehen sich insbesondere auf die Erfüllung der in Abschnitt 2 der Verordnung (Art. 8–15) festgelegten Anforderungen. Die Aufbewahrungspflicht zielt darauf ab, sicherzustellen, dass Anbieter im Falle von Anfragen der zuständigen nationalen Behörden die erforderlichen Dokumente vorlegen können.

II. Aufbewahrungspflicht (Art. 18 Abs. 1)

1. Adressat der Aufbewahrungspflicht

6 Adressaten der Aufbewahrungspflicht sind Anbieter von Hochrisiko-KI-Systemen. Die Auswahl der Adressaten entspricht dem üblichen produktsicherheitsrechtlichen Ansatz des europäischen Richtlinien- und Verordnungsgebers[3] sowie der primären Ausrichtung der vorliegend betrachteten Verordnung.[4]

7 Ein **Anbieter** ist nach Art. 3 Nr. 3 eine natürliche oder juristische Person, Behörde, Einrichtung oder sonstige Stelle, die ein KI-System oder ein KI-Modell mit allgemeinem Verwendungszweck entwickelt oder entwickeln lässt und es unter ihrem eigenen Namen oder ihrer Handelsmarke in Verkehr bringt oder das KI-System unter ihrem eigenen Namen oder ihrer Handelsmarke in Betrieb nimmt, sei es entgeltlich oder unentgeltlich. Der Anbieter steht, da er ein KI-System oder ein KI-Modell entwickelt oder entwickeln lässt und es in Verkehr bringt oder in Betrieb nimmt in einem besonderen Näheverhältnis zu diesem und ist folglich am besten befähigt die erforderlichen Unterlagen vorzuhalten.

8 Darüber hinaus ist hervorzuheben, dass die Begriffsbestimmung des Art. 3 Nr. 3 unabhängig von dem **Sitz des Anbieters** ist und damit auch Anbieter, die außerhalb der Europäischen Union angesiedelt sind, erfasst. Dies folgt zudem bereits unmittelbar aus dem Anwendungsbereich der Verordnung nach Art. 2 Abs. 1 Nr. 2, wonach Anbieter und Betreiber von KI-Systemen, die ihren Sitz in einem Drittland haben oder sich in einem Drittland befinden, ebenfalls der Verordnung unterliegen, wenn die vom KI-System hervorgebrachte Ausgabe in der Union verwendet wird.

2. Zuständige nationale Behörde

9 Die in Abs. 1 Buchst. 1 bis Buchst. e genannten Unterlagen müssen für die zuständige Behörde bereitgehalten werden. Dies ist nach der Begriffsbestimmung

---

[2] Chibanguza/Steege NJW 2024, 1769 (1770).

[3] Roth-Isigkeit KIR, 2024, 15 (17).

[4] Möller-Klapperich NJ 2024, 337 (339).

des Art. 3 Nr. 48 eine notifizierende Behörde oder eine Marktüberwachungsbehörde; in Bezug auf KI-Systeme, die von Organen, Einrichtungen und sonstigen Stellen der Union in Betrieb genommen oder verwendet werden.

10 Die Mitgliedstaaten müssen nach Art. 70 Abs. 1 und Abs. 2 innerhalb von zwölf Monaten nach Inkrafttreten mindestens eine notifizierende Behörde und mindestens eine Marktüberwachungsbehörde als zuständige nationale Behörde einrichten bzw. eingerichtet haben. Die neue geschaffenen Verwaltungsstrukturen sollen für eine effektive Standardisierung und Durchsetzung im Binnenmarkt sorgen.[5]

11 Der Entwurf eines Gesetzes zur Durchführung der Verordnung (EU) 2024/1689 des Europäischen Parlaments und des Rates vom 13.6.2024 zur Festlegung harmonisierter Vorschriften für künstliche Intelligenz und zur Änderung der Verordnungen (EG) Nr. 300/2008 weist nach § 2 Abs. 1 und § 3 Abs. 1 die Bundesnetzagentur für Elektrizität, Gas, Telekommunikation, Post und Eisenbahnen (Bundesnetzagentur) als allgemeine zuständige Marktüberwachungsbehörde und notifizierende Behörde aus. Spezialregelungen gelten insbesondere Hochrisiko-KI-Systeme, die in einem direkten Zusammenhang mit einer regulierten Finanztätigkeit stehen.[6] Eine finale Festlegung der Zuständigkeit bleibt jedoch abzuwarten. da der Entwurf aufgrund der neuen Regierungsbildung bislang noch nicht verabschiedet wurde.[7]

12 Damit die nationalen Behörden ihre aufsichtsrechtlichen Befugnisse und die ihnen übertragenen Aufgaben ausüben und wahrnehmen können, müssen sie über für eine Bewertung ausreichende Informationen verfügen. Zu diesem Zwecke wurde mit der Aufbewahrungspflicht des Art. 18 die Rechtsgrundlage für das Vorhalten einer entsprechenden Informationsgrundlage durch die Anbieter geschaffen.

3. Umfang und Gegenstand der Aufbewahrungspflicht

13 Anbieter sind verpflichtet, die in Art. 18 Abs. 1 Buchst. a bis Buchst. e genannten Unterlagen für einen Zeitraum von **zehn Jahren** für die zuständigen nationalen Behörden bereitzuhalten. Um die Aufbewahrung für einen für die Bewertung angemessenen Zeitraum zu gewährleisten, sieht Abs. 1 eine Aufbewahrungsfrist von zehn Jahren ab dem Inverkehrbringen oder der Inbetriebnahme des Hochrisiko-KI-Systems vor. Auf diese Weise soll sichergestellt werden, dass die in der Dokumentation festgehaltenen Unterlagen und Nachweise über einen möglichst langen Zeitraum nachvollziehbar und kontrollierbar bleiben.

14 Die Verordnung greift einheitlich auch in anderen Regelungskontexten auf Fristen mit einer Dauer von zehn Jahren zurück (vgl. Art. 22 Abs. 3 Buchst. b, Art. 23 Abs. 5, Art. 54 Abs. 3 Buchst. b). Der wiederholte Rückgriff auf die zehn-

[5] Roth-Isigkeit KIR 2024, 15 (18).

[6] Vgl. § 2 Abs. 3 Entwurf eines Gesetzes zur Durchführung der Verordnung (EU) 2024/1689 des Europäischen Parlaments und des Rates vom 13.6.2024 zur Festlegung harmonisierter Vorschriften für künstliche Intelligenz und zur Änderung der Verordnungen (EG) Nr. 300/2008.

[7] Vgl. Bundesministerium für Digitales und Staatsmodernisierung, Entwurf eines Gesetzes zur Durchführung der Verordnung (EU) 2024/1689 des Europäischen Parlaments und des Rates vom 13.6.2024 zur Festlegung harmonisierter Vorschriften für künstliche Intelligenz und zur Änderung der Verordnungen (EG) Nr. 300/2008, 4.1.2026, https://bmds.bund.de/service/gesetzgebungsverfahren/gesetz-zur-durchfuehrung-der-ki-verordnung.

Jahresfrist veranschaulicht, dass der Verordnungsgeber darin einen angemessenen Betrachtungszeitraum für die Sicherheitsanforderungen an Hochrisiko-KI-Systeme sieht. Diese Annahme fügt sich dabei nahtlos in das Regelungsregime der Union in Bezug auf Produktsicherheit im weitesten Sinne ein. Denn auch in anderen europäischen produktsicherheitsrechtlich geprägten Rechtsakten wird eine Frist von zehn Jahren für die Aufbewahrung von technischen Unterlagen sowie der EU-Konformitätserklärung vorgesehen.[8] Dies ist auf die Tatsache zurückzuführen, dass nahezu alle europäischen Richtlinien und Verordnungen eine Risikobewertung der Produkte über den gesamten Lebenszyklus hinweg vorsehen, die stets mit der Bereitstellung aussagekräftiger und verlässlicher Informationen und Unterlagen verbunden ist. Die Pflicht zur Aufbewahrung der Dokumentationen gem. Art. 18 Abs. 1 kann insofern als Teil einer passiven Beobachtungspflicht der Anbieter verstanden werden.

15 Die Aufbewahrungspflicht erstreckt sich auf die in Art. 11 genannte technische Dokumentation (Abs. 1 Buchst. a), die Dokumentation zu dem in Art. 17 genannten Qualitätsmanagementsystem (Abs. 1 Buchst. b), die Dokumentation über etwaige von notifizierten Stellen genehmigte Änderungen (Abs. 1 Buchst. c), gegebenenfalls auch auf die von den notifizierten Stellen ausgestellten Entscheidungen und sonstigen Dokumente (Abs. 1 Buchst. d) sowie die in Art. 47 genannte EU-Konformitätserklärung (Abs. 1 Buchst. e).

16 Die zuvor aufgeführten Dokumentationen nehmen auf unterschiedliche Zeitpunkte während des **Lebenszyklus** des Hochrisiko-KI-Systems Bezug, namentlich das Inverkehrbringen, die Bereitstellung auf dem Markt sowie die Inbetriebnahme. Dadurch wird ein möglichst breites Informationsspektrum hinsichtlich der Eigenschaften, Anforderungen und Maßnahmen in Bezug auf das Hochrisiko-KI-System abgedeckt.[9] Diese umfassende zeitliche Erfassung findet sich in der gesamten Verordnung, die sich nicht nur auf Anforderungen an die Entwicklung von KI beschränkt, sondern darüber hinaus Pflichten nach dem Inverkehrbringen vorsieht.[10] Diese zeitlichen Anknüpfungspunkte sind dem Produktsicherheits- und Produkthaftungsrecht, dem auch diese Verordnung zuzuordnen ist, nicht neu.[11]

17 In den nachfolgenden Randnummern erfolgt eine inhaltliche Einordnung der einzelnen Unterlagen sowie eine Darstellung des Bezugs zu den jeweiligen Anknüpfungspunkten. Zudem wird die damit verbundene Bedeutung für die Aufbewahrung dieser Unterlagen erörtert.

18 **a) Technische Dokumentation (Abs. 1 Buchst. a).** Die Erstellung der technischen Dokumentation erfolgt vor dem Inverkehrbringen (Art. 3 Nr. 9) oder der Inbetriebnahme (Art. 3 Nr. 11) eines Hochrisiko-KI-Systems (vgl. Art. 11 Abs. 1). In zeitlicher Hinsicht knüpft diese Form der Dokumentation somit an den Zeitraum vor dem Inverkehrbringen bzw. der Inbetriebnahme an. Dies

---

[8] Vgl. dazu insbesondere: Art. 9 Abs. 3, 11 Abs. 6, 15 Abs. 4 Verordnung (EU) 2023/988 sowie Art. 10 Abs. 3, Abs. 8, 11 Abs. 3, Abs. 8, 12 Abs. 2 lit. a, 13 Abs. 8 der Verordnung (EU) 2023/1230.

[9] Das Risikomanagementsystem für Hochrisiko-KI-Systeme erstreckt sich nach Erwgr. 65 auf den gesamten Lebenszyklus, sodass auch die Aufbewahrungspflicht hinsichtlich der Dokumente an diesem Zeitraum orientiert.

[10] Chibanguza/Steege NJW 2024, 1769 (1770).

[11] So auch: Chibanguza/Steege NJW 2024, 1769 (1170).

bedeutet, dass bereits zu einem besonders frühen Stadium des Lebenszyklus des Hochrisiko-KI-Systems Unterlagen aufzubewahren sind.

Die Aufbewahrung der technischen Dokumentation ist für den Anbieter von entscheidender Bedeutung, denn sie ermöglicht ihm, zu einem späteren Zeitpunkt nachzuweisen, dass das Hochrisiko-KI-System bereits zu Beginn des Lebenszyklus (Inverkehrbringen/Inbetriebnahme) diese Anforderungen erfüllt hat. Konkretisiert werden die Anforderungen an die technische Dokumentation gem. Art. 11 Abs. 1 durch Anhang IV, auf den an dieser Stelle ergänzend verwiesen wird. Die darin enthaltenen Informationen decken sich teilweise mit Abs. 1 Buchst. e (Kopie der EU-Konformitätserklärung). **19**

b) Qualitätsmanagementsystem (Abs. 1 Buchst. b). Die Aufbewahrungspflicht erstreckt sich nach Abs. 1 Buchst. b auf die Dokumentation zu dem in Art. 17 genannten Qualitätsmanagementsystem. Das Qualitätsmanagementsystem nach Art. 17 zielt darauf ab, die Einhaltung der Verordnung durch Anbieter von Hochrisiko-KI-Systemen zu gewährleisten. Die Dokumentation zu dem Qualitätsmanagementsystem beinhaltet einen Nachweis von Regeln, Verfahren und Anweisungen und umfasst unter anderem ein Konzept zur Einhaltung von Regulierungsvorschriften, Untersuchungs-, Test- und Validierungsverfahren, die vor, während oder nach der Entwicklung durchgeführt wurden sowie ein Risikomanagement. **20**

Zeitlicher Anknüpfungspunkt, der in Art. 17 Abs. 1 Buchst. a bis Buchst. m genannten Dokumentationen, ist das Inverkehrbringen (Art. 3 Nr. 9) des Hochrisiko-KI-Systems (vgl. dazu Erwgr. 81). Damit ist Gegenstand dieses Bestandteils der Aufbewahrungspflicht ebenfalls eine Dokumentation zu Beginn des Lebenszyklus des KI-Systems. **21**

c) Genehmigte Änderungen (Abs. 1 Buchst. c). In Einzelfällen ist es den notifizierten Stellen möglich, etwaige Änderungen des Hochrisiko-KI-Systems zu genehmigen. Dokumentationen über diese Änderungen sind nach Abs. 1 Buchst. c aufzubewahren. Aus systematischen Gesichtspunkten knüpfen diese genehmigten Änderungen durch die notifizierte Stellen idR an den Zeitpunkt nach der Bereitstellung auf dem Markt (Art. 3 Nr. 10) an. **22**

Die Dokumentation von genehmigten Änderungen dient der Aufrechterhaltung der Transparenz (vgl. Art. 13), nachdem ein Hochrisiko-KI-System auf dem Markt bereitgestellt wurde. **23**

d) Ausgestellte Entscheidungen und sonstige Dokumente der notifizierten Stelle (Abs. 1 Buchst. d). Darüber hinaus sind gem. Abs. 1 Buchst. d gegebenenfalls die von den notifizierten Stellen ausgestellten Entscheidungen und sonstigen Dokumente aufzubewahren. Diese sind unter anderem bereits bei der Registrierung des Hochrisiko-KI-Systems nach Art. 49 iVm mit Anhang VIII bereitzustellen. Ausgehend von diesen für die Registrierung bereitzustellenden Unterlagen ist davon auszugehen, dass zumindest die in Anhang VIII Abschnitt A Nr. 8 und Nr. 9 genannten Informationen aufzubewahren sind. Dies sind die Art, die Nummer und das Ablaufdatum der von der notifizierten Stelle ausgestellten Bescheinigung und gegebenenfalls Name oder Identifizierungsnummer dieser notifizierten Stelle (Anhang VIII Abschnitt A Nr. 8) sowie gegebenenfalls eine gescannte Kopie der in Nr. 8 genannten Bescheinigung (Anhang VIII Abschnitt A Nr. 9). **24**

25 Die Pflicht nach Abs. 1 Buchst. d erstreckt sich ausschließlich auf Entscheidungen und sonstige Dokumente der notifizierten Stelle. Die notifizierte Stelle ist nach der Begriffsbestimmung des Art. 3 Nr. 22 eine Konformitätsbewertungsstelle, die gemäß der Verordnung und den anderen einschlägigen Harmonisierungsrechtsvorschriften der Union notifiziert wurde.

26 **e) EU-Konformitätserklärung (Abs. 1 Buchst. e).** Ebenso ist die EU-Konformitätserklärung nach Art. 47 iVm Anhang V gem. Abs. 1 Buchst. e aufzubewahren, um den zuständigen Marktüberwachungsbehörden eine Überprüfung der formellen Anforderung zu ermöglichen und ihnen ein Indiz für die materielle Konformität des Hochrisiko-KI-Systems zu liefern.[12] Die EU-Konformitätserklärung enthält Angaben, die sich insbesondere auf den Anbieter beziehen (Selbsterklärung). Der Anbieter bringt mit der Ausstellung und Unterzeichnung der EU-Konformitätserklärung zum Ausdruck, dass das von ihm in Verkehr gebrachte Hochrisiko-KI-System den Anforderungen der Art. 8–15 entspricht. Die Art und Weise der Aufbewahrung wird dabei weder von Art. 18 Abs. 1 noch von Art. 47 geregelt. Der damit einhergehende Gestaltungsspielraum der Anbieter, könnte daher durch die Aufnahme der EU-Konformitätserklärung in ein Dokumentenmanagementsystem ausgestaltet werden und damit eine langfristige Aufbewahrung ermöglichen.[13]

27 Eine eigenständige Pflicht zur Bereitstellung der EU-Konformitätserklärung für einen Zeitraum von zehn Jahren nach dem Inverkehrbringen oder der Inbetriebnahme der Hochrisiko-KI-Systems ergibt sich darüber hinaus bereits aus Art. 47 Abs. 1. In zeitlicher Hinsicht stimmen beide Vorschriften mit einer Aufbewahrungsfrist von zehn Jahren überein. In Hinblick auf eine einheitliche Anwendung der Verordnung ist davon auszugehen, dass der in Art. 47 Abs. 1 S. 1 genannte Zeitpunkt, ab dem die EU-Konformitätsbewertung aufzubewahren ist, auch für Art. 18 Abs. 1 Buchst. e gilt. Unter Berücksichtigung der vorangehend dargelegten Erwägungen ist die EU-Konformitätsbewertung ab dem Zeitpunkt des Inverkehrbringens oder der Inbetriebnahme des Hochrisiko-KI-Systems aufzubewahren.

4. Zeitlicher Anknüpfungspunkt der Aufbewahrungspflicht

28 Die Aufbewahrungspflicht beginnt nach Art. 18 Abs. 1 entweder bereits zum Zeitpunkt des Inverkehrbringens oder der Inbetriebnahme des Hochrisiko-KI-Systems.

29 Das Inverkehrbringen als die pflichtauslösende Handlung knüpft gem. Art. 3 Nr. 9 – wie auch in anderen produktsicherheitsrechtlichen Rechtsakten auf europäischer Ebene üblich[14] – an die erstmalige Bereitstellung des (Hochrisiko-)KI-Systems auf dem Unionsmarkt an. Wohingegen die Inbetriebnahme gem. Art. 3 Nr. 11 erst die Bereitstellung eines KI-Systems in der Union zum Erstgebrauch direkt an den Betreiber oder zum Eigengebrauch entsprechend seiner Zweckbestimmung meint.

30 Auf Basis einer allgemeinen produktsicherheitsrechtlichen Betrachtungsweise weisen diese Zeitpunkte ein besonderes Risikopotenzial auf, da Produkte –

---

[12] → Art. 47 Rn. 11.

[13] → Art. 47 Rn. 10.

[14] Vgl. beispielsweise Art. 3 Nr. 7 Verordnung (EU) 2023/988; Art. 3 Nr. 12 Verordnung (EU) 2023/1230.

bzw. im Falle der vorliegend betrachteten Verordnung Hochrisiko-KI-Systeme – erstmals Nutzern zur Verfügung gestellt werden. Ab diesem Zeitpunkt besteht die besondere Verantwortung der Anbieter, Sorge dafür zu tragen, dass die Hochrisiko-KI-Systeme sämtlichen rechtlichen Anforderungen entsprechen und alle Sicherheitsstandards eingehalten werden.

III. Konkurs oder Aufgabe der Tätigkeit (Abs. 2)

Gem. Art. 18 Abs. 2 obliegt jedem Mitgliedstaat die Festlegung der Bedingungen, unter denen die in Abs. 1 genannte Dokumentation für die zuständigen nationalen Behörden für den in dem genannten Absatz angegebenen Zeitraum bereitgehalten wird, für den Fall, dass ein Anbieter oder sein in demselben Hoheitsgebiet niedergelassener Bevollmächtigter vor Ende dieses Zeitraums in Konkurs geht oder seine Tätigkeit aufgibt. Der Verordnungsgeber hat insofern eine **Öffnungsklausel** für abweichende Regelungen der Mitgliedstaaten geschaffen und diesen einen bedingten Regulierungsspielraum eingeräumt. 31

Bis Mitgliedstaaten von solchen Gestaltungsmöglichkeiten Gebrauch machen, dauert es erfahrungsgemäß einige Zeit, bis dahin sollten Anbieter entsprechende Entwicklungen aufmerksam beobachten. So sieht der aktuelle Entwurf eines Gesetzes zur Durchführung der Verordnung (EU) 2024/1689 des Europäischen Parlaments und des Rates vom 13.6.2024 zur Festlegung harmonisierter Vorschriften für künstliche Intelligenz und zur Änderung der Verordnungen (EG) Nr. 300/2008 in § 16 einen ersten Vorschlag zur nationalen Umsetzung vor. Stellt ein Anbieter oder ein in Deutschland niedergelassener Bevollmächtigter seine Geschäftstätigkeit ein, so trifft nach dem aktuellen Entwurf die Verpflichtung zur Aufbewahrung nach Art. 18 den für die Liquidation oder Auflösung. Dies ist nach Begründung des Entwurfs im Fall einer Insolvenz der Insolvenzverwalter gemäß § 80 Insolvenzordnung und bei dessen Einstellung gemäß § 215 Abs. 2 Insolvenzordnung wieder der Unternehmensinhaber.[15] Bislang wurde der Entwurf jedoch noch nicht verabschiedet und es bleiben Änderungen und Anpassungen abzuwarten.

1. Sinn und Zweck

Abs. 2 verfolgt das Ziel, die für die Bewertung erforderlichen Unterlagen im Falle des Konkurses oder der Aufgabe der Tätigkeit vor dem unwiederbringlichen Verlust zu schützen. Der Verordnungsgeber hat den Mitgliedstaaten jedoch aufgrund der Öffnungsklausel die konkrete Ausgestaltung überlassen. Auf diese Weise kann eine passgenaue Anknüpfung an andere nationale Regelungen zum Konkurs oder zumindest inhaltlich vergleichbarer Vorschriften gewährleistet werden, sodass nationale Besonderheiten eine ausreichende Berücksichtigung bei der Ausgestaltung des europäischen Rechtsaktes finden können. 32

[15] Vgl. Entwurf eines Gesetzes zur Durchführung der Verordnung (EU) 2024/1689 des Europäischen Parlaments und des Rates vom 13.6.2024 zur Festlegung harmonisierter Vorschriften für künstliche Intelligenz und zur Änderung der Verordnungen (EG) Nr. 300/2008, (EU) Nr. 167/2013, (EU) Nr. 168/2013, (EU) 2018/858, (EU) 2018/1139 und (EU) 2019/2144 sowie der Richtlinien 2014/90/EU, (EU) 2016/797 und (EU) 2020/1828 (Verordnung über künstliche Intelligenz), Begründung zu § 16, Bearbeitungsstand 11.9.2025, https://bmds.bund.de/fileadmin/BMDS/Dokumente/Gesetzesvorhaben/CDR_Anlage1-250911_RefE_KIVO-Durchf%C3%BChrungsgesetz_Entwurf_barrierefrei.pdf.

2. Konkurs oder Aufgabe der Tätigkeit

33 Für die Begriffe „Konkurs" und „Aufgabe der Tätigkeit" finden sich keine Begriffsbestimmungen oder Legaldefinitionen im Verordnungstext. Auch sind keine sonstigen Auslegungshilfen mit Blick auf das europäische Normungsgefüge ersichtlich, die an dieser Stelle herangezogen werden könnten.

34 Bei Zugrundelegung einer rein praktischen bzw. tatsächlichen Betrachtungsweise lässt sich jedoch festhalten, dass der Konkurs des Anbieters sowie die Aufgabe der Tätigkeit jeweils mit dem Risiko einhergehen, dass die für die Bewertung des Hochrisiko-KI-Systems relevanten Unterlagen verloren gehen und damit zu einem späteren Zeitpunkt nicht mehr zur Verfügung stehen. Aus diesem Grund hat der Verordnungsgeber zumindest auf einer **ersten Stufe** („ob") vorgesehen, dass Mitgliedstaaten Regelungen vorsehen, nach denen die erforderlichen Dokumentationen aufzubewahren sind. Die Festlegung der konkreten Bedingungen und damit die **zweite Stufe** dieser Aufbewahrungspflicht obliegt den Mitgliedstaaten („wie"). Insofern wird kein einheitliches Regelungskonzept auf Unionsebene durch die Verordnung geschaffen und es kann zu Abweichungen zwischen den Regelungen der Mitgliedstaaten kommen, die basierend auf den Ausführungen zum Sinn und Zweck der Vorschrift durch den Verordnungsgeber explizit gewollt sind.

35 Der Begriff **Konkurs** ist zumindest dem deutschen Insolvenzrecht mit Blick auf eine unmittelbare Verwendung dieses Begriffes fremd. Die deutsche Insolvenzordnung knüpft in Bezug auf fehlende finanzielle Ressourcen eines Unternehmens an die Begriffe (drohende) Zahlungsunfähigkeit (vgl. §§ 17, 18 InsO) und Überschuldung (vgl. § 19 InsO) an. Diese Begriffe können aufgrund des geltenden Anwendungsvorranges jedoch nicht zur Definition des europäischen Rechts herangezogen werden. Eine unmittelbare Bezugnahme zur InsO scheidet insofern bereits unter systematischen Gesichtspunkten aus und wäre auch mit Blick auf den abweichenden Wortlaut nicht eins zu eins möglich. Nichtsdestotrotz sind diese inhaltlichen Überlegungen, insbesondere auch mit Blick auf die durch den Verordnungsgeber gewollte nationale Ausgestaltung und in Ermangelung einer europäischen Auslegungshilfe, zumindest hilfsweise heranzuziehen.

36 Der Begriff des Konkurses ist darüber hinaus in einem engen Sinnzusammenhang mit dem Begriff der Aufgabe der Tätigkeit auszulegen. Der Konkurs muss insofern alle Szenarien mangelnder finanzieller Ressourcen eines Unternehmens abdecken, die das Risiko für den Verlust, die Vernichtung oder den sonstigen Untergang von Daten bzw. Dokumentationen, die mit der Rückabwicklung des Unternehmens verbunden sind, abdecken, sei es die (drohende oder vorübergehende) Zahlungsunfähigkeit, die Überschuldung, aber auch Eröffnung eines Insolvenzverfahrens. Denn dieser Zweck lässt sich bereits eindeutig aus Art. 18 Abs. 2 ableiten. Aufgrund der extensiven Gestaltung des Anwendungsfalles des Abs. 2, insbesondere der Formulierung „Aufgabe der Tätigkeit", ist davon auszugehen, dass der Verordnungsgeber sämtliche Konstellationen erfassen wollte, die entweder aufgrund finanzieller Gründe (Konkurs) oder sonstiger Gründe (Aufgabe der Tätigkeit) dazu führen, dass der Anbieter als Ansprechpartner für die Behörde nicht mehr zur Verfügung steht. Diese Annahme spiegelt auch § 16 des Entwurfs eines Gesetzes zur Durchführung der Verordnung (EU) 2024/1689 des Europäischen Parlaments und des Rates vom 13.6.2024 zur Festlegung harmonisierter Vorschriften für künstliche Intelligenz und zur Änderung der Verordnungen (EG) Nr. 300/2008 wider, der von „einstellen der Geschäftstätigkeit" spricht.

IV. Sonderregelungen für Anbieter, die Finanzinstitute sind (Abs. 3)

Anbieter, die **Finanzinstitute** sind, unterliegen auf europäischer Ebene, insbesondere mit Blick auf die IT-Sicherheit, besonders strengen regulatorischen Anforderungen (so zB nach der Verordnung (EU) 2022/2554). Daher erscheint es nicht verwunderlich, dass auch die vorliegend betrachtete Verordnung Sonderregelungen für Anbieter, die Finanzinstitute sind, vorsieht.[16] **37**

Nach Abs. 3 pflegen Anbieter, die Finanzinstitute sind und gemäß dem Unionsrecht über Finanzdienstleistungen Anforderungen in Bezug auf ihre Regelungen oder Verfahren der internen Unternehmensführung unterliegen, die technische Dokumentation als Teil der gemäß dem Unionsrecht über Finanzdienstleistungen aufzubewahrenden Dokumentation. Diesen Anbietern wird insofern keine separate Dokumentation nach dieser Verordnung abverlangt, vielmehr werden die nach dieser Verordnung zu dokumentierenden Informationen Gegenstand, der nach den finanzrechtlichen Regelungen auferlegten Dokumentationspflichten. Somit halten diese Anbieter eine einheitliche Dokumentation bereit, die den Anforderungen sämtlicher nach dem Unionsrecht zu erstellenden Dokumentationen entspricht. Da diese Anbieter keine gesonderten Dokumentationen bereithalten müssen, werden sie in praktischer Hinsicht entlastet und unterliegen keiner bürokratischen Doppelbelastung. Eine Differenzierung zwischen den Dokumentationen der unterschiedlichen Rechtsakte entfällt daher. **38**

Für den Begriff des Finanzinstitutes findet sich keine Begriffsbestimmung oder Legaldefinition im Verordnungstext, sodass ergänzend zunächst der Begriff im Gesamtkontext der unionsrechtlichen Vorschriften zu betrachten ist. In Art. 4 Nr. 26 Verordnung (EU) 575/2023 wird der Begriff des Finanzinstituts definiert als „ein Unternehmen, das kein Institut ist und dessen Haupttätigkeit darin besteht, Beteiligungen zu erwerben oder eines oder mehrere der in Anhang I Nr. 2 bis 12 und 15 der Richtlinie […] aufgelisteten Geschäfte zu betreiben. […]“. Im Sinne einer einheitlichen europäischen Rechtsauslegung ist auch im Zusammenhang mit der hier betrachteten Verordnung auf die genannte Begriffsbestimmung zu verweisen. **39**

Art. 19* Automatisch erzeugte Protokolle

(1) [1]**Anbieter von Hochrisiko-KI-Systemen bewahren die von ihren Hochrisiko-KI-Systemen automatisch erzeugten Protokolle gemäß Artikel 12 Absatz 1 auf, soweit diese Protokolle ihrer Kontrolle unterliegen. [2]Unbeschadet des geltenden Unionsrechts oder nationalen Rechts werden die Protokolle für einen der Zweckbestimmung des Hochrisiko-KI-Systems angemessenen Zeitraum von mindestens sechs Monaten aufbewahrt, sofern in den geltenden Rechtsvorschriften der**

---

[16] Ebenso strengen Anforderungen unterliegen bspw. Bank- und Versicherungsunternehmen in Bezug auf eine Grundrechte-Folgenabschätzung (vgl. dazu Erwgr. 96). Dies verdeutlicht, dass sensible Bereiche und Branchen durch die Verordnung besonders adressiert werden und detaillierteren Pflichten unterliegen, als herkömmliche.

* Kapitel III (Art. 6–49) gilt gem. Art. 113 UAbs. 2 ab 2.8.2026, mit Ausnahme des Abschnitts 4, der gem. Art. 113 UAbs. 3 Buchst. b bereits ab 2.8.2025 gilt.

Union, insbesondere im Unionsrecht zum Schutz personenbezogener Daten, oder im geltenden nationalen Recht nichts anderes vorgesehen ist.

(2) **Anbieter, die Finanzinstitute sind und gemäß den Rechtsvorschriften der Union über Finanzdienstleistungen Anforderungen in Bezug auf ihre Regelungen oder Verfahren der internen Unternehmensführung, unterliegen, bewahren die von ihren Hochrisiko-KI-Systemen automatisch erzeugten Protokolle als Teil der gemäß dem einschlägigen Unionsrecht über Finanzdienstleistungen aufzubewahrenden Dokumentation auf.**

Übersicht

I. Allgemeines

1 Art. 19 regelt die Aufbewahrungsverpflichtungen im Zusammenhang mit automatisch erzeugten Protokollen iSv Art. 12 Abs. 1. Diese dienen zur Aufzeichnung von Ereignissen während des Lebenszyklus des KI-Systems. Art. 12 Abs. 2 beschreibt den Kreis der Ereignisse, die mit Hilfe dieser automatisch erzeugten Protokolle zu erfassen sind.

2 Die Aufbewahrungspflicht dient der Überwachung von Hochrisiko-KI-Systemen ermöglichen, indem Vorgänge mit den Hochrisiko-KI-System nachvollziehbar werden. Die Aufbewahrung der Protokolle ist damit ein Baustein im System zur Beobachtung von Hochrisiko-KI-Systemen nach deren Inverkehrbringen und würde es den Marktüberwachungsbehörden ermöglichen, die Einhaltung der Anforderungen von Kapitel III Abschnitt 2 an Hochrisiko-KI-Systeme zu kontrollieren. Ob damit dann allerdings tatsächlich auch Gefahrprävention leistbar ist, indem die Protokolle dazu veranlassen, Korrekturmaßnahmen durchzuführen,[1] darf in Bezug auf Art. 19 bezweifelt werden – hier ist nur die Aufbewahrungspflicht geregelt. Die Aufbewahrung als solche veranlasst aber noch nicht zu konkreten Maßnahmen, sondern stellt allenfalls die Tatsachenbasis für solche Maßnahmen dar. Das Ergreifen von Maßnahmen muss durch das Risikomanagementsystem nach Art. 9 vorbereitet; die Rechtspflicht zu Korrekturmaßnahmen ergibt auch aus Art. 20. Im Weiteren könnte an eine Rolle im Zusammenhang mit Haftungsfragen und der Verfolgung von Ansprüchen zu denken sein;[2] dies wäre aber nur der Fall, wenn die Aufbewahrungspflichten zu den jeweiligen Verjährungspflichten in Korrelation stehen; hierzu bleibt die Gesetzgebung zur Haftung im Zusammenhang mit KI-Systemen abzuwarten.

---

[1] So Martini/Wendehorst/Eisenberger Art. 19 Rn. 2.
[2] So angedeutet bei Martini/Wendehorst/Eisenberger Art. 19 Rn. 2.

II. Regelungsinhalt

Die Aufbewahrungspflicht für die automatisch erzeugten Protokolle besteht für die Anbieter, soweit diese ihrer Kontrolle unterliegen (Zugriffsmöglichkeit der Anbieter). Weiter ist zwischen der allgemeinen Aufbewahrungspflicht und der Aufbewahrungspflicht für Finanzinstitute zu unterscheiden – diese Unterscheidung betrifft allerdings nur die Aufbewahrungsfrist. 3

1. Zugriffsmöglichkeit des Anbieters

Im Grunde bringt der Verweis auf die Zugriffsmöglichkeit des Anbieters eine Selbstverständlichkeit zum Ausdruck: Soweit der Anbieter nicht mehr auf das KI-System zugreifen kann, wird es ihm schon technisch nicht möglich sein, automatisch erzeugte Protokolle iSv Art. 19 Abs. 1 aufzubewahren. Allerdings definiert Art. 19 Abs. 1 den Begriff der Kontrolle nicht weiter, so dass sich mit Recht die Frage stellt, ob hiermit eine faktische oder aber rechtliche Kontrolle gemeint ist. Aus dem Gesetzgebungsprozess lässt sich herleiten, auf die rechtliche Kontrolle sei letztlich verzichtet worden, so dass es nur auf die faktische Kontrolle ankommt.[3] 4

Ergänzend zu dieser Argumentation ergibt sich dieses Ergebnis auch mit Blick auf die weitere Folge des Abstellens auf die rechtliche Kontrolle. Wenn diese nämlich ausreichen würde, dann wäre der Anbieter gehalten, die rechtliche Kontrolle in eine faktische Kontrolle zu übersetzen und mithin gegenüber dem Betreiber aktiv zu werden, um seine rechtliche Kontrolle durchzusetzen. Für eine solche Verpflichtung ist allerdings in Art. 19 kein Raum und auch keine Notwendigkeit – wenn der Anbieter nicht aufbewahrungspflichtig ist, so verbleibt es nach § 26 Abs. 5 beim Betreiber, die automatisch erzeugten Protokolle aufzubewahren. Es ist daher in Bezug auf Art. 19 Abs. 1 davon auszugehen, dass der Gesetzgeber mit dem Tatbestandsmerkmal der Zugriffsmöglichkeit des Anbieters die faktische Zugriffsmöglichkeit meint. 5

2. Allgemeine Aufbewahrungspflicht

Die Aufbewahrungspflicht besteht grundsätzlich für mindestens sechs Monate. Allerdings kann sich eine längere Aufbewahrungspflicht auch aus der Zweckbestimmung des Hochrisiko-KI-Systems ergeben. Wie sich die Zweckbestimmung zur Aufbewahrungsplicht verhält, erschließt sich nicht. Wahrscheinlich werden hier erst die Normensetzung und branchenspezifische Standardisierung die erforderliche Klärung erzielen. 6

Naturgemäß soll mit Art. 19 nicht in Aufbewahrungspflichten aus anderem Unionsrecht eingegriffen werden; dies ordnet Art. 19 Abs. 1 S. 2 an. Dies bezieht sich etwa auf die Datenschutz-Grundverordnung mit ihrem Schutzrahmen für personenbezogene Daten. Allerdings ist dem Gesetzgeber hier die Formulierung misslungen, weil Art. 19 Abs. 1 S. 2 eine doppelte Verweisung auf das Unionsrecht enthält und sich aus dem Wortlaut allein nicht hinreichende Klarheit gewinnen lässt, wie die Verweise sich zueinander verhalten.[4] Aus der Systematik folgt: der in Art. 19 Abs. 1 S. 2 einleitende Hinweis auf das Unionsrecht bezieht sich auf solche Vorgaben, die sich nicht explizit auf automatisierte 7

[3] So überzeugend Martini/Wendehorst/Eisenberger Art. 19 Rn. 17.
[4] Überzeugend thematisiert durch Martini/Wendehorst/Eisenberger Art. 19 Rn. 9.

Protokolle bei KI-Systemen beziehen – solche bleiben unberührt. Wenn es allerdings auf KI-Systeme und deren Protokolle spezifische unionsrechtliche Vorschriften geben sollten, gelten diese und Art. 19. Dadurch können im Unionsrecht dann die Aufbewahrungspflichten für bestimmte Informationen gesondert geregelt werden wie etwa in Bezug auf personenbezogene Daten.[5]

3. Aufbewahrungspflicht für Finanzinstitute

8 Finanzinstitute unterliegen eine besonderen Kontrolle und Aufsicht, so dass Art. 19 Abs. 2 anordnet, dass bei den automatisch erzeugten Protokollen dann diese Vorschriften über Finanzdienstleistungen vorrangig zu beachten sind. Diese Protokolle sind dann Teil der finanzmarktrechtlich vorgeschriebenen Dokumentation.

Art. 20* Korrekturmaßnahmen und Informationspflicht

(1) [1]**Anbieter von Hochrisiko-KI-Systemen, die der Auffassung sind oder Grund zu der Annahme haben, dass ein von ihnen in Verkehr gebrachtes oder in Betrieb genommenes Hochrisiko-KI-System nicht dieser Verordnung entspricht, ergreifen unverzüglich die erforderlichen Korrekturmaßnahmen, um die Konformität dieses Systems herzustellen oder es gegebenenfalls zurückzunehmen, zu deaktivieren oder zurückzurufen.** [2]**Sie informieren die Händler des betreffenden Hochrisiko-KI-Systems und gegebenenfalls die Betreiber, den Bevollmächtigten und die Einführer darüber.**

(2) **Birgt das Hochrisiko-KI-System ein Risiko im Sinne des Artikels 79 Absatz 1 und wird sich der Anbieter des Systems dieses Risikos bewusst, so führt er unverzüglich gegebenenfalls gemeinsam mit dem meldenden Betreiber eine Untersuchung der Ursachen durch und informiert er die Marktüberwachungsbehörden, in deren Zuständigkeit das betroffene Hochrisiko-KI-System fällt, und gegebenenfalls die notifizierte Stelle, die eine Bescheinigung für dieses Hochrisiko-KI-System gemäß Artikel 44 ausgestellt hat, insbesondere über die Art der Nichtkonformität und über bereits ergriffene relevante Korrekturmaßnahmen.**

Literatur: Hilgendorf/Härtlein, Handkommentar KI-VO, 1. Aufl., 2025; Martini/Wendehorst, KI-VO, 2. Aufl. 2026; Schefzig/Kilian, BeckOK KI-Recht, 5. Ed., Stand: 1.2.2026; Schwartmann/Keber/Zenner, KI-VO Leitfaden für die Praxis, 1. Auflage, 2024.

Übersicht

[5] So zutreffend Martini/Wendehorst/Eisenberger Art. 19 Rn. 16.

* Kapitel III (Art. 6–49) gilt gem. Art. 113 UAbs. 2 ab 2.8.2026, mit Ausnahme des Abschnitts 4, der gem. Art. 113 UAbs. 3 Buchst. b bereits ab 2.8.2025 gilt.

I. Überblick

Art. 20 enthält in Abs. 1 S. 1 zuvorderst die an den Anbieter eines Hochrisiko-KI-Systems adressierte Pflicht, die Konformität des eigenen Hochrisiko-KI-Systems durch das Ergreifen erforderlicher Korrekturmaßnahmen wiederherzustellen (→ Rn. 3 ff.). Es handelt sich dabei um einen aus anderen Harmonisierungsrechtsakten bekannten Mechanismus, der es dem Hersteller oder eben dem Anbieter im Falle einer Nichtkonformität aufgrund von negativen Entwicklungen des Produkts nach Markteintritt erlaubt, eine „Korrektur" dieses „Fehlers" vorzunehmen. Darin ist ein Ausgleich zweier gewichtiger Interessen durch den Gesetzgeber zu sehen. Einerseits sollen zum Schutz der Allgemeinheit nur verordnungskonforme und sichere Produkte auf dem Unionsmarkt verkehren. Andererseits wäre es für die gesamtwirtschaftliche Prosperität der Unionsgemeinschaft fatal und unpraktikabel zugleich, müssten auch nur geringfügig nichtkonforme Produkte stets zurückgenommen oder gar entsorgt werden. Das Ergreifen von Korrekturmaßnahmen soll daher sowohl Pflicht und als auch Gelegenheit für den Anbieter eines Hochrisiko-KI-Systems sein, effektiv und ressourcenschonend die Konformität des Produkts wiederherzustellen. Neben der Pflicht zur Korrektur enthält Art. 20 in Abs. 1 S. 2 die ebenfalls obligatorischen Informationspflichten im Falle einer Nichtkonformität (→ Rn. 19). Allerdings sind diese Grundsätze in ihrer konkreten Ausgestaltung während des Gesetzgebungsverfahrens angepasst und auf die produktspezifischen Eigenheiten von Hochrisiko-KI-Systemen gemünzt worden. So wie der Normgeber im Großen einen risikobasierten Ansatz (→ Art. 3 Rn. 44) zur Regulierung verschiedener Systeme und Modelle künstlicher Intelligenz wählt, folgt die Normierung des Art. 20 im Kleinen einer ähnlichen Logik. Abhängig von der aus der Nichtkonformität folgenden Schadenswahrscheinlichkeit und Schadensschwere, legt Art. 20 Abs. 2, insbesondere wenn Personenschäden zu befürchten sind, dem Anbieter eines Hochrisiko-KI-Systems im Falle von Nichtkonformität neue Ursachenerforschungs- und umfassendere Informationspflichten auf (→ Rn. 20 ff.). Ähnliche oder beinahe gleichlautende Pflichten bestehen überdies auch für den Einführer (vgl. Art. 23 Abs. 2), den Händler (vgl. Art. 24 Abs. 4) und den Betreiber (vgl. Art. 26 Abs. 5) eines Hochrisiko-KI-Systems. 1

2 Dynamik erlangt Art. 20 durch seine Einbeziehung in Art. 16 lit. j. So erhält die Regelung die Qualität einer sanktionsbewehrten Pflichtennorm, deren Verletzung gem. Art. 99 Abs. 4 lit. a für den Anbieter eines Hochrisiko-KI-Systems zu empfindlichen Geldbußen führen kann (→ Rn. 29).

II. Die Absätze im Einzelnen

1. Anbieterpflichten bei Nichtkonformität (Abs. 1)

3 In Bezug auf die Korrekturmaßnahmen und Informationspflichten bei Nichtkonformität eines Hochrisiko-KI-Systems ist Art. 20 Abs. 1 die Grundlagennorm, die eine Gefahrenabwendungspflicht des Anbieters statuiert. Art. 20 Abs. 2 baut auf Abs. 1 auf und ergänzt diesen um weitere Voraussetzungen und um weitere Pflichten für den Anbieter.

4 **a) Voraussetzungen. aa) Anbieter eines Hochrisiko-KI-Systems.** In persönlicher Hinsicht richten sich die Pflichten des Art. 20 an den Anbieter eines Hochrisiko-KI-Systems. Der Anbieter steht im Mittelpunkt der KI-VO. Anbieter ist iRd Art. 20 unter Bezugnahme der Begriffsbestimmung aus Art. 3 Nr. 3 (→ Art. 3 Rn. 51 ff.) eine natürliche oder juristische Person, Behörde, Einrichtung oder sonstige Stelle, die ein Hochrisiko-KI-System entwickelt oder entwickeln lässt und es unter dem eigenen Namen oder der Handelsmarke in Verkehr bringt oder das Hochrisiko-KI-System unter dem eigenen Namen oder der Handelsmarke in Betrieb nimmt, sei es entgeltlich oder unentgeltlich. Die allgemeine Begriffsbestimmung aus Art. 3 Nr. 3 erfährt im Rahmen des gesamten Art. 20 insoweit zwei Einschränkungen, als dass KI-Modelle mit allgemeinem Verwendungszweck sowie KI-Systeme, die nicht als hochrisikoreich zu qualifizieren sind, aus dem Anwendungsbereich der Norm fallen.

5 Um ein **Hochrisiko-KI-System** im Sinne der Einstufungsvorschriften für Hochrisiko-KI-Systeme gem. Art. 6 Abs. 1 handelt es sich im Grundsatz dann, wenn die folgenden zwei Voraussetzungen kumulativ gegeben sind. Zunächst muss das KI-System als Sicherheitsbauteil in einem Produkt verwendet werden, das unter die in Anhang I aufgeführten Harmonisierungsrechtsvorschriften der Union fällt oder es muss selbst ein solches Produkt sein (a). Sodann muss dieses Produkt bzw. das KI-System selbst als Produkt nach den Harmonisierungsrechtsvorschriften einer Konformitätsbewertung durch Dritte unterzogen werden (b). Darüber hinaus enthält Art. 6 Abs. 2 einen Verweis auf Anhang III, in dem acht Bereiche aufgelistet sind, in denen der Einsatz von KI-Systemen eine nach Art. 6 Abs. 3 widerlegbare Vermutung hohen Risikos mit sich bringt. Für die im Einzelnen diffizile Frage, wann es sich bei einem KI-System um ein Hochrisiko-KI-System handelt, kann und muss auf die entsprechenden Kommentierungen zu den Einstufungsvorschriften für Hochrisiko-KI-Systeme gem. Art. 6 verwiesen werden (→ Art. 6 Rn. 1 ff.).

6 Gerade für die Praxis sind **Verantwortlichkeiten entlang der KI-Wertschöpfungskette** von großer Relevanz. So können die Anbieterpflichten gem. Art. 16, zu denen auch Art. 20 zählt, unter den Voraussetzungen des Art. 25 Abs. 1 einer Vielzahl von anderen Akteuren übertragen werden (→ Art. 25 Rn. 1 ff.). Das ist dann der Fall, wenn der Akteur ein bereits in Verkehr gebrachtes oder in Betrieb genommenes Hochrisiko-KI-System mit seinem Namen oder seiner Handelsmarke versieht (a), das Hochrisiko-KI-System wesentlich verändert, ohne

dass es dadurch kein Hochrisiko-KI-System gem. Art. 6 mehr wäre (b), oder die Zweckbestimmung eines KI-Systems so verändern, dass das betreffende KI-System zu einem Hochrisiko-KI-System iSv Art. 6 wird (c). Gerade für sonstige Dritte, die aufgrund dessen in die Anbieterpflichten – unter anderem aus Art. 20 – eintreten, kann dieser Mechanismus eine fundamental neue Position im Verantwortlichkeitsgefüge der KI-VO bedeuten. Der Anbieter, der das Hochrisiko-KI-System ursprünglich in Verkehr gebracht oder in Betrieb genommen hatte, ist in einer der drei genannten Konstellationen gem. Art. 25 Abs. 2 nicht mehr als Anbieter des spezifischen KI-Systems zu sehen und somit auch von den Pflichten des Art. 20 befreit.

bb) In Verkehr gebracht oder in Betrieb genommen. Der Anwendungsbereich der Regelung des Art. 20 ist streng auf den Zeitraum nach Markteintritt eines Hochrisiko-KI-Systems beschränkt. Das ist nur folgerichtig, da es nach der Regelungssystematik der KI-VO nicht zum Markteintritt eines Hochrisiko-KI-Systems kommen soll, das vorab keine Konformität aufweist. Sichergestellt wird dies über die verpflichtende Durchführung eines Konformitätsbewertungsverfahrens gem. Art. 16 lit. f iVm Art. 43, das grundsätzlich abzuschließen ist, bevor das Hochrisiko-KI-System in Verkehr gebracht oder in Betrieb genommen wird. Art. 20 Abs. 1 setzt daher voraus, dass es sich um ein bereits „in Verkehr gebrachtes" oder „in Betrieb genommenes" Hochrisiko-KI-System handelt. 7

Ein **Inverkehrbringen** ist angesichts der Begriffsbestimmung gem. Art. 3 Nr. 9 (→ Art. 3 Rn. 114 ff.) im Kontext des Art. 20 mit der erstmaligen Bereitstellung des Hochrisiko-KI-Systems auf dem Unionsmarkt gegeben. Eine **Inbetriebnahme** des Hochrisiko-KI-Systems ist unter Bezugnahme auf die Begriffsbestimmung in Art. 3 Nr. 11 dann anzunehmen, wenn das System in der Union zum Erstgebrauch direkt an den Betreiber oder zum Eigengebrauch entsprechend seiner Zweckbestimmung bereitgestellt wurde (→ Art. 3 Rn. 134 ff.). Der Schlüsselbegriff in beiden Varianten ist somit die **Bereitstellung.** Auf dem Markt ist das Hochrisiko-KI-System nach Art. 3 Nr. 10 bereitgestellt, wenn es entgeltlich oder unentgeltlich zum Vertrieb oder zur Verwendung auf dem Unionsmarkt im Rahmen einer Geschäftstätigkeit abgegeben wurde (→ Art. 3 Rn. 122 ff.). 8

cc) Anhaltspunkte der Nichtkonformität. Die letzte Voraussetzung des Art. 20 Abs. 1 ist, dass der Anbieter eines Hochrisiko-KI-Systems, das auf dem Unionsmarkt in Verkehr gebracht oder in Betrieb genommen wurden, zumindest Anhaltspunkte für eine Nichtkonformität hat. Das ist dann der Fall, wenn er der Auffassung ist oder Grund zur Annahme hat, dass das Hochrisiko-KI-System nicht den Anforderungen der KI-VO entspricht. Dem Anbieter kommt auch nach Markteintritt aufgrund seiner Fachexpertise und aufgrund seiner Einwirkungsmöglichkeiten auf das Hochrisiko-KI-System eine Schlüsselrolle bei der Überwachung des Systems zu. Um die fortdauernde Einhaltung der in Kapitel III Abschnitt 2 genannten Anforderungen an Hochrisiko-KI-Systeme bewerten und effizient und zeitnah etwaige Korrekturmaßnahmen ergreifen zu können, muss der Anbieter eines Hochrisiko-KI-Systems daher gem. Art. 72 Abs. 1 ein **System zur Beobachtung nach dem Inverkehrbringen** einrichten, das im Verhältnis zur Art der KI-Technik und zu den Risiken des Hochrisiko-KI-Systems steht (→ Art. 72 Rn. 1 ff.). 9

Bezugspunkt für die **Nichtkonformität** ist nach dem Wortlaut des Art. 20 Abs. 1 die gesamte KI-VO. Entscheidend für die Konformität eines Hochrisiko- 10

KI-Systems sind aber nur die Anforderungen, die im Abschnitt 2 des Kapitel III der KI-VO niedergelegt wurden. Dazu zählen die Pflichten zur

- Errichtung eines Risikomanagementsystems (Art. 9),
- Verwendung von Daten, die hohen Qualitäts- und Integritätsstandards genügen (Art. 10),
- Erstellung einer aktuellen technischen Dokumentation (Art. 11),
- Protokollierung (Art. 12),
- Gewährleistung von Transparenz und Bereitstellung von Informationen für die Betreiber (Art. 13),
- Bereitstellung menschlicher Aufsicht (Art. 14) und
- Sicherstellung eines angemessenen Maßes an Genauigkeit, Robustheit und Cybersicherheit (Art. 15).

11 Damit einen Anbieter die Korrektur- und Informationspflichten gem. Art. 20 Abs. 1 treffen, muss er **„der Auffassung (sein)"** oder **„Grund zur Annahme haben"**, dass eine Nichtkonformität gegeben ist. Bei genauer Betrachtungsweise wird ein unterschiedlicher Regelungsgehalt dieser beiden Elemente deutlich, der auch praktische Konsequenzen hat.

12 Der Anbieter ist der **Auffassung,** dass das Hochrisiko-KI-System nicht der KI-VO entspricht, wenn er persönlich zumindest den Verdacht von einer Nichtkonformität hat.[1] Zwar ließe sich mit Blick auf den Wortlaut der deutschen Fassung von Art. 20 Abs. 1 („der Auffassung [sein]") durchaus vertreten, dass erst die über einen Verdacht hinausgehende Überzeugung von Nichtkonformität tatbestandsmäßig sein soll. Ein Blick in die englische Fassung des Art. 20 Abs. 1 („consider") spricht jedoch gegen eine solch hohe Anforderung. Da den Anbieter also unabhängig von der tatsächlichen Lage die Pflicht zur Einleitung von Maßnahmen nach Art. 20 Abs. 1 trifft, wenn er einen entsprechenden Verdacht hat, ist diese Regelungsvoraussetzung gänzlich subjektiver Natur.[2] Neben den Beweisschwierigkeiten für Behörde und Gericht, die ein solch subjektiver Standard in der Praxis mit sich bringt, offenbart dies den präventiven Charakter der KI-VO. Denn selbst wenn der Anbieter irrt und fälschlicherweise eine Nichtkonformität annimmt, ist er nach Art. 20 Abs. 1 zu Korrektur- und Informationsmaßnahmen angehalten. Dies kann zu der Situation führen, dass einem Anbieter bei Unterlassen der ihm nach Art. 20 Abs. 1 auferlegten Maßnahmen Sanktionen gem. Art. 99 Abs. 4 drohen, ohne das objektiv eine Nichtkonformität seines Hochrisiko-KI-Systems gegeben war. Gerechtfertigt ist dies ist aber insofern, als dass es sich bei Art. 20 Abs. 1 schlicht um eine Verhaltensnorm für den Anbieter handelt, die das Bestehen eines objektiven Risikos zunächst nicht voraussetzt.

13 Den Anbieter treffen die Rechtsfolgen des Art. 20 Abs. 1 aber auch dann, wenn er **Grund zur Annahme** hat, dass eine Nichtkonformität gegeben ist. Grund zur Annahme bedeutet gerade nicht, dass Gewissheit über eine etwaige Nichtkonformität des Hochrisiko-KI-Systems bestehen muss. Vielmehr genügt es, dass dem Anbieter konkrete Umstände bekannt sind, die eine hinreichende Wahrscheinlichkeit für die Nichtkonformität ergeben.[3] Dies stellt einen rein objektiven Standard dar, der in der Praxis leichter für Behörden und Gerichte zu beweisen ist.[4] Da das Gesetz nicht eingrenzt, woher der Anbieter seine Informationen über die mögliche Nichtkonfor-

---

[1] BeckOK KI-Recht/Spittka, KI-VO Art. 20 Rn. 7.
[2] HK-KI-VO/Hilgendorf/Härtlein Art. 20 Rn. 2.
[3] BeckOK KI-Recht/Spittka, KI-VO Art. 20 Rn. 7.
[4] HK-KI-VO/Hilgendorf/Härtlein Art. 20 Rn. 3.

mität erlangen kann, können diese einer Vielzahl an Quellen entspringen. Auch wenn im Regelfall das Beobachtungssystem gem. Art. 72 Abs. 1 ein erster Anknüpfungspunkt sein dürfte, hat der Anbieter daher von Dritten oder der Öffentlichkeit an ihn herangetragenen Informationen nachzugehen. Insbesondere Einführer (vgl. Art. 23 Abs. 2), Händler (vgl. Art. 24 Abs. 4) und Betreiber (vgl. Art. 26 Abs. 5) haben unter anderem Informationspflichten gegenüber dem Anbieter, wenn sie eine Nichtkonformität des Hochrisiko-KI-Systems für wahrscheinlich halten.

b) Rechtsfolgen. aa) Ergreifen einer Korrekturmaßnahme. Bei Vorliegen der Voraussetzungen nach Art. 20 Abs. 1 S. 1 hat der Anbieter Korrekturmaßnahmen zu ergreifen. Der Gesetzgeber überlässt dem technisch versierteren Anbieter die Wahl der konkreten Maßnahme zur Korrektur im Einzelfall. Allerdings macht er Vorgaben in Bezug auf die Reaktionszeit des Anbieters und die Eignung des gewählten Mittels. Der Anbieter hat **unverzüglich** zu reagieren und die **erforderlichen** Korrekturmaßnahmen zu ergreifen, derer es bedarf, um die Konformität des Hochrisiko-KI-Systems herzustellen. In der Praxis dürfte daher die legislativ verankerte Wahlfreiheit der Korrekturmaßnahme auf einige wenige, teilweise nur auf eine konkrete Maßnahme beschränkt sein. Ist die Konformität des Hochrisiko-KI-Systems nicht wiederherzustellen, muss der Anbieter dieses auch ohne behördliche Anordnung zurücknehmen, deaktivieren oder zurückrufen. Dadurch entspricht der Anbieter einerseits seiner ordnungsrechtlichen Gefahrenabwendungspflicht und verringert andererseits auch die Wahrscheinlichkeit haftungsrechtlicher Inanspruchnahme (aus zB § 823 BGB), deren branchenspezifische, rechtliche Ausgestaltung noch aussteht. Die Arbeiten an einer KI-Haftungsrichtlinie wurden kommissionsseitig vorerst eingestellt. 14

(1) Unverzüglich. Eine Korrekturmaßnahme hat unverzüglich zu erfolgen. Dieser Begriff ist nicht legaldefiniert und stellt Kontext eines europäischen Rechtsakts ein Problem dar. Während sich einige Juristen bei der Begriffsverwendung aufgrund nationalstaatlicher Regelungen an die Auslegung „ohne schuldhaftes Zögern" erinnern dürften,[5] ist diese Auslegung auf europäischer Ebene nicht zwingend. So zeigt ein Blick in die englische Version des Art. 20 Abs. 1, dass dort der Begriff „immediately" verwendet wird, der als „sofort" übersetzt werden kann. Für die Rechtsanwendung durch Behörden und Gerichte hat diese semantisch anmutende Unterscheidung weitreichende Konsequenzen, weil bei der Bewertung der Frage, ob eine Korrekturmaßnahme des Anbieters gem. Art. 20 Abs. 1 S. 1 rechtzeitig erfolgt ist, entscheidend sein kann, ob eine subjektive oder eine objektive Zumutbarkeit alsbaldigen Handelns maßgeblich ist. Und auch für den Anbieter eines Hochrisiko-KI-Systems ist von großer Relevanz, ob er strukturelle und personelle Vorkehrungen treffen muss, um einem strengeren, objektiven Maßstab zu genügen, falls bei der Rechtsanwendung der Interpretation einer sofortigen Handlungspflicht Vorrang eingeräumt wird. Angesichts der europarechtlichen Natur der KI-VO erscheint ein einfacher Rückgriff auf aus mitgliedstaatlichen Rechtssystemen bekannte Begriffsauslegungen bedenklich. Vielmehr ist der Bedeutungsgehalt auf europarechtlicher Ebene anhand von systematischen Zusammenhängen und dem Telos der Regelung zu ermitteln. Für sofortige Handlungspflicht spricht zwar, dass der Gesetzgeber gerade im Hochrisikobereich das Ziel hat, verbindliche Anforderung zu schaffen, um die Risiken effektiv zu min- 15

[5] So zB Martini/Wendehorst/I. Eisenberger/Th. Binder, KI-VO Art. 20 Rn. 16 oder BeckOK KI-Recht/Spittka, KI-VO Art. 20 Rn. 8.

dern, die von sich auf dem Markt befindenden Hochrisiko-KI-Systemen ausgehen (vgl. Erwgr. 64). Allerdings wird aus einem Vergleich des Art. 20 Abs. 1 mit weiteren Normen, die für den Anbieter eines Hochrisiko-KI-Systems Handlungspflichten statuieren, klar, dass der Gesetzgeber sich iRd Art. 20 Abs. 1 S. 1 anders als beispielsweise in Art. 60 Abs. 7 bewusst gegen Formulierungen wie der „Sofortmaßnahme" oder den „sofortigen Rückruf" entschieden hat. Gegen eine sofortige Handlungspflicht spricht zudem Art. 79 Abs. 2, der vorsieht, dass Akteure Korrekturmaßnahmen jedenfalls „innerhalb von weniger als 15 Arbeitstagen" nach Aufforderung durch die Marktüberwachungsbehörde zu ergreifen haben.[6] Daher ist es sachgerecht, iRd Art. 20 Abs. 1 S. 1 einen Maßstab an die Unverzüglichkeit der Korrekturmaßnahme anzulegen, der auf die subjektive Zumutbarkeit des alsbaldigen Handelns abstellt. Der Anbieter muss die Korrekturmaßnahme mithin ohne schuldhaftes Zögern ergreifen. Ob eine Zeitverzögerung schuldhaft ist, hängt von den spezifischen Umständen des Einzelfalls ab.

16 **(2) Erforderlich.** Der Anbieter muss gem. Art. 20 Abs. 1 S. 1 die erforderlichen Korrekturmaßnahmen ergreifen, um die Konformität wiederherzustellen. Erforderlichkeit bedeutet in diesem Zusammenhang, dass die Korrekturmaßnahme geeignet sein muss, um den Konformitätsmangel in Gänze auszubessern. Es genügt daher nicht, wenn der Anbieter eine Maßnahme ergreift, die andere als die für die Konformität des Hochrisiko-KI-Systems relevante Mängel adressiert oder den Konformitätsmangel zwar zu beheben versucht, hinter diesem Ziel aber zurückbleibt. Damit ist sinnlogisch stets eine Untersuchung der Ursachen erforderlich, auch wenn Art. 20 Abs. 1 S. 1 diese anders als Abs. 2 nicht explizit anordnet.[7]

17 Gelingt die Korrektur beispielsweise über Softwareaktualisierungen nicht, bleiben dem Anbieter als Handlungsoptionen die Rücknahme, der Rückruf oder die Deaktivierung des Hochrisiko-KI-Systems. **Rücknahme** ist gem. Art. 3 Nr. 17 jede Maßnahme, mit der die Bereitstellung eines in der Lieferkette befindlichen KI-Systems auf dem Markt verhindert werden soll (→ Art. 3 Rn. 179 ff.). **Rückruf** meint gem. Art. 3 Nr. 16 jede Maßnahme, die auf die Rückgabe an den Anbieter oder auf die Außerbetriebsetzung oder Abschaltung eines den Betreibern bereits zur Verfügung gestellten KI-Systems abzielt (→ Art. 3 Rn. 171 ff.). Der Begriff der **Deaktivierung** wird nur iRd Art. 20 Abs. 1 S. 1 verwendet und ist in der KI-VO nicht weiter bestimmt. Die Deaktivierungsoption ist eine dem Kommissionsentwurf im Gesetzgebungsprozess hinzugefügte Maßnahme. Da der Rückruf in seiner Begriffsbestimmung gem. Art. 3 Nr. 16 bereits die Abschaltung eines den Betreibern bereits zur Verfügung gestellten KI-Systems als *lex specialis* umfasst, ist unter Deaktivierung nach Art. 20 Abs. 1 S. 1 jede andere Konstellation zu verstehen, in der der Anbieter das nichtkonforme Hochrisiko-KI-System remote abschaltet.[8]

18 Ob Art. 20 Abs. 1 S. 1 auch die Deaktivierung eines nichtkonformen Hochrisiko-KI-Systems umfasst, das (End-)Nutzer nur privat verwenden, erscheint fraglich, da Art. 20 Abs. 1 – wie beinahe die gesamte KI-VO – auf die Beziehung eines Anbieters zu privaten Nutzern keinen Bezug nimmt, sondern nur Wirtschaftsakteure benennt.[9] Wiederum kann diesem engen Verständnis neben dem

[6] Martini/Wendehorst/I. Eisenberger/Th. Binder, KI-VO Art. 20 Rn. 26.
[7] HK-KI-VO/Hilgendorf/Härtlein Art. 20 Rn. 5.
[8] Ausführlicher dazu BeckOK KI-Recht/Spittka, KI-VO Art. 20 Rn. 10.
[9] Martini/Wendehorst/I. Eisenberger/Th. Binder, KI-VO Art. 20 Rn. 22.

offenen Wortlaut des Art. 20 Abs. 1 S. 1 auch der Zweck der KI-VO gem. Art. 1 Abs. 1 entgegengehalten werden, nach dem die KI-VO generell vor schädlichen Auswirkungen von KI-Systemen schützen soll, ohne dass der private Bereich davon auszunehmen ist.[10] Da der Anbieter allerdings regelmäßig nicht überblicken kann, in welcher Funktion das nichtkonforme Hochrisiko-KI-System beim privaten Nutzer zum Einsatz kommt und welche Grundrechtsbeeinträchtigungen die Fernabschaltung für diesen bedeuten würden, wäre es verantwortungslos und nicht sachgerecht, dem Anbieter ohne weitere Voraussetzungen eine Deaktivierungsbefugnis bezüglich des Hochrisiko-KI-Systems im privaten Gebrauch zuzusprechen. Zumindest eine (Pflicht zur) Benachrichtigung vor der Deaktivierung scheint angezeigt, um unvorhergesehene Nachteile für die Betroffenen zu vermeiden.[11]

bb) Informationspflicht. Über das Ergreifen von Korrekturmaßnahmen hinaus, hat der Anbieter eines Hochrisiko-KI-Systems gem. Art. 20 Abs. 1 S. 2 Informationspflichten zu erfüllen. Er kann diesen Informationspflichten zeitlich prinzipiell auch erst nach Vornahme der Korrekturmaßnahmen nachkommen, da in Art. 20 Abs. 1 S. 2 kein Erfordernis der Unverzüglichkeit aufgestellt wurde.[12] Richtigerweise ist dennoch ein sehr enger zeitlichen Zusammenhang zu fordern, um gegebenenfalls erforderliche Anpassungen der Informationsempfänger zu ermöglichen.[13] Inhaltlich sind die Mindestbestandteile der zu übermittelnden Informationen die Nichtkonformität und die Wahl der konkreten Korrekturmaßnahme.[14] Diese Mitteilungspflicht obliegt dem Anbieter jedenfalls gegenüber den Händlern des betreffenden Hochrisiko-KI-Systems. Diese vertreiben das nichtkonforme Hochrisiko-KI-System, stellen es bereit und sind insofern das entscheidende Bindeglied in der Lieferkette zwischen Anbieter bzw. Einführer und Abnehmern. Um der Zielsetzung einer effektiven Gefahrenabwehr gerecht zu werden, korrespondieren daher mit der Informationspflicht des Anbieters gem. Art. 20 Abs. 1 S. 2 verantwortungsunabhängige Gefahrabwendungspflichten der Händler gem. Art. 24 Abs. 4. Gegebenenfalls hat der Anbieter zudem weitere Wirtschaftsakteure in Kenntnis zu setzen. Im Laufe des Gesetzgebungsprozesses wurde die Aufzählung der potenziell zu informierenden Akteure von dem Bevollmächtigten und den Einführern noch um die Betreiber ergänzt. Darin ist der gesetzgeberische Versuch zu sehen, einer möglichst großen Zahl von Akteuren Kenntnis über die Nichtkonformität zu verschaffen, um die Risiken, die sich aus der Nichtkonformität des Hochrisiko-KI-Systems ergeben, weitestgehend zu reduzieren. Zugleich wählt der Gesetzgeber eine weiche Formulierung („gegebenenfalls"). Dies soll praktische Umsetzungsschwierigkeiten kompensieren und eine im Einzelfall verhältnismäßige Umsetzung der Informationspflicht ermöglichen, da dem Anbieter im Falle flächendeckender Marktdurchdringung seines Hochrisiko-KI-Systems nicht jeder Betreiber seines Systems bekannt sein dürfte und ihm eine lückenlose Ermittlung nicht immer zuzumuten ist. Somit hat der Anbieter bei der Frage, ob eine Unterrichtung weiterer Wirtschaftsakteure angezeigt ist, eine Abwägung vorzunehmen, die die Art der Nichtkonformität, das aus ihr resultierende Risiko, das möglicherweise bestehende Interesse der Akteure an der Kenntnis sowie faktische Praktikabilitätserwägungen miteinbezieht. 19

[10] Martini/Wendehorst/I. Eisenberger/Th. Binder, KI-VO Art. 20 Rn. 22.

[11] So auch BeckOK KI-Recht/Spittka, KI-VO Art. 20 Rn. 11.

[12] Schwartmann/Keber/Zenner KI-VO/Kremer/Haar 2. Teil, 1. Kapitel Rn. 383.

[13] HK-KI-VO/Hilgendorf/Härtlein Art. 20 Rn. 8.

[14] BeckOK KI-Recht/Spittka, KI-VO Art. 20 Rn. 12.

2. Anbieterpflichten bei Risiken für Personen (Abs. 2)

20 Schließlich normiert Art. 20 Abs. 2 zusätzliche Gefahrabwendungs- und Kooperationspflichten des Anbieters eines Hochrisiko-KI-Systems bei einem aus der Nichtkonformität resultierenden erhöhten Risiko für Personen, dessen sich der Anbieter bewusst wird. Konkretisiert wird dieses Risiko durch eine Verweisung auf Art. 79 Abs. 1.

21 Art. 20 Abs. 2 hat während des Gesetzgebungsverfahrens einige Neuerungen erfahren. Um den systematischen Zusammenhang zwischen den Absätzen 1 und 2 des Art. 20 zu verdeutlichen, wurden diese Absätze, anders als es im noch im Kommissionsentwurf zur KI-VO der Fall war, in einen Artikel zusammengefasst. Zudem wurde eine Ursachenerforschungspflicht des Anbieters neu aufgenommen.

22 **a) Voraussetzungen. aa) Voraussetzungen des Absatzes 1.** Es müssen die Voraussetzungen des Art. 20 Abs. 1 vorliegen. Teilweise wird zwar vertreten, die vermutete Nichtkonformität sei keine zwingende Voraussetzung dafür, dass der Anwendungsbereich des Art. 20 Abs. 2 eröffnet ist.[15] Dem ist aber nicht zu folgen, da der Gesetzgeber durch den Wortlaut und die Systematik verdeutlicht, dass der Zuwachs an Anbieterpflichten nach Abs. 2 nur dann erfolgt, wenn zum Grundtatbestand aus Abs. 1 noch weitere Risiken hinzutreten.[16] Der Wortlaut zeigt an zwei Stellen, dass eine Nichtkonformität erforderlich ist. Abs. 2 wird eingeleitet mit der Formulierung „Birgt das Hochrisiko-KI-System…", was in Kontrast zu der sonst verwendeten, abstrakten Formulierung in Bezug auf Hochrisiko-KI-Systeme steht und eine Bezugnahme auf das nach Abs. 1 konkretisierte Hochrisiko-KI-System nahelegt. Zudem verdeutlicht die Rechtsfolge des Abs. 2 den Zusammenhang mit Abs. 1, da insbesondere „über die Art der Nichtkonformität und über bereits ergriffene relevante Korrekturmaßnahmen" zu informieren ist. Letztlich stützt sich die Annahme der Konnexität auch auf die Entscheidung des Gesetzgebers, die Regelungen der beiden Absätze zusammengefasst in einem Art. 20 zu regeln und somit von der Systematik des Kommissionsentwurfs abzuweichen. Der Anbieter eines Hochrisiko-KI-Systems muss also zunächst nach Markteintritt der Auffassung sein oder Grund zur Annahme haben, dass eine Nichtkonformität des Hochrisiko-KI-Systems besteht, was in der Folge Korrektur- und Informationspflichten gem. Art. 20 Abs. 1 auslöst. Für eine tiefergehende Betrachtung dieser Voraussetzungen wird auf die Kommentierung zu Art. 20 Abs. 1 verwiesen (→ Rn. 4 ff.).

23 **bb) Risiko im Sinne des Artikels 79 Absatz 1.** Die zentrale Voraussetzung des Art. 20 Abs. 2 ist, dass das Hochrisiko-KI-System ein Risiko iSd Art. 79 Abs. 1 bergen muss. Dort heißt es:

Art. 79 Verfahren auf nationaler Ebene für den Umgang mit KI-Systemen, die ein Risiko bergen

(1) Als KI-Systeme, die ein Risiko bergen, gelten „Produkte, mit denen ein Risiko verbunden ist" im Sinne des Artikels 3 Nummer 19 der Verordnung (EU) 2019/1020, sofern sie Risiken für die Gesundheit oder Sicherheit oder Grundrechte von Personen bergen.

---

[15] Martini/Wendehorst/I. Eisenberger/Th. Binder, KI-VO Art. 20 Rn. 25.

[16] So auch BeckOK KI-Recht/Spittka, KI-VO Art. 20 Rn. 15.

Der erste Halbsatz des Art. 79 Abs. 1 ist für die Frage, welches Risiko iRd Art. 20 Abs. 2 bestehen muss, nicht entscheidend, da dort über einen Querverweis in die Marktüberwachungsverordnung (EU) 2019/1020 nur die Grundvoraussetzung für eine Klassifizierung von KI-Systemen als „KI-Systeme, die ein Risiko bergen" dargelegt wird. Hochrisiko-KI-Systeme, um die es in Art. 20 Abs. 2 geht, bergen begriffslogisch schon ein (hohes) Risiko. Daher ist Bezugspunkt für Art. 20 Abs. 2 nur der zweite Halbsatz des Art. 79 Abs. 1. Für die Voraussetzung von Art. 20 Abs. 2 ist damit entscheidend, ob das nichtkonforme Hochrisiko-KI-System ein **Risiko für die Gesundheit, Sicherheit oder Grundrechte von Personen** birgt. Risiko ist gem. Art. 3 Nr. 2 die Kombination aus der Wahrscheinlichkeit des Auftretens eines Schadens und der Schwere dieses Schadens (→ Art. 3 Rn. 42 ff.). Ob ein Risiko gegeben ist, ist im konkreten Einzelfall unter Einbeziehung aller relevanten Umstände durch eine Abwägung zu ermitteln, die sich an der sogenannten Je-desto-Formel orientieren kann. Je wahrscheinlicher der Schaden eintritt, desto weniger schwer muss der Schaden für die Annahme eines Risikos ausfallen. Je schwerer der Schaden wiederum ausfallen würde, desto geringere Anforderungen sind an die Wahrscheinlichkeit des Schadenseintritts zu stellen. In der Praxis dürfen an die Schadenswahrscheinlichkeit angesichts der immensen Bedeutung der hier über Art. 79 Abs. 1 einbezogenen Schutzgüter der Personengesundheit, der Personensicherheit und des Grundrechtsschutzes keine allzu hohen Anforderungen gestellt werden. Wegen der Schwere etwaiger Schäden an diesen Schutzgütern ist im Regelfall ein Risiko anzunehmen, wenn grundlegende Plausibilitätserwägungen einen Schadenseintritt möglich erscheinen lassen. 24

cc) Bewusstsein des Risikos. Das letzte Erfordernis des Art. 20 Abs. 2 ist, dass sich der Anbieter des Hochrisiko-KI-Systems des Risikos iSd Art. 79 Abs. 1 bewusst wird. Der Gesetzgeber wählt damit eine dynamischere Formulierung als noch im Kommissionsentwurf. Dort hieß es, dass dem Anbieter das Risiko iSd Art. 79 Abs. 1 bekannt sein muss. Mit der Umformulierung möchte der Gesetzgeber wohl verdeutlichen, dass den Anbieter die Handlungspflichten nach Art. 20 Abs. 2 nicht bloß treffen, wenn es ein Risiko für Personen gibt, das ihm bereits vor der angenommen Nichtkonformität bekannt war. Der Anbieter hat indes den Maßgaben des Art. 20 Abs. 2 auch dann zu entsprechen, wenn er Kenntnis von dem Risiko für Personen erst im fortschreitenden Geschehen erlangt. Bewusstsein für das Risiko iSd Art. 20 Abs. 2 erlangt der Anbieter, wenn er erfasst, dass das Auftreten eines Schadens für die Gesundheit oder Sicherheit oder Grundrechte von Personen durch das von ihm zu verantwortende, potenziell nichtkonforme Hochrisiko-KI-System möglich ist. Nur bei tatsächlichem Vorliegen dieses Bewusstseins liegen die Voraussetzungen des Art. 20 Abs. 2 vor. Der Anbieter kann dieses Bewusstsein beispielsweise durch Informationen erlangen, die das System zur Beobachtung nach dem Inverkehrbringen gem. Art. 72 Abs. 1 zur Verfügung stellt, da dieses System in seiner Konzeption bereits im Verhältnis zu den Risiken des Hochrisiko-KI-Systems stehen muss. Möglich ist aber auch, dass der Anbieter das Bewusstsein durch einen meldenden Betreiber oder weitere Dritte erlangt, wenn das Personenrisiko be- oder entsteht, ohne dass er dies vorausgesehen und entsprechende Vorkehrungen in seinem Beobachtungssystem getroffen hat. Ist sich der Anbieter des Risikos nicht bewusst, ist unerheblich, wie sehr es ihm sich hätte aufdrängen müssen.[17] Ein Verstoß gegen Art. 20 Abs. 2 liegt dann nicht vor. 25

[17] Schwartmann/Keber/Zenner KI-VO/Kremer/Haar 2. Teil, 1. Kapitel Rn. 385.

26 **b) Rechtsfolgen. aa) Ursachenuntersuchungspflicht.** Zusätzlich zu den in Art. 20 Abs. 1 normierten Korrektur- und Informationspflichten hat der Anbieter eines Hochrisiko-KI-Systems gem. Art. 20 Abs. 2 im Falle eines Personenrisikos unverzüglich eine Untersuchung der Ursachen durchzuführen. Unverzüglich bedeutet auch in diesem Kontext „ohne schuldhaftes Zögern" (→ Rn. 15).[18] Dies ist eine neue Anbieterpflicht der KI-VO, die weder aus vergleichbaren Harmonisierungsrechtsakten im Produktsicherheitsrecht für Hersteller noch aus dem Kommissionsentwurf für die KI-VO bekannt ist. Zu untersuchen sind nicht etwa die Gründe für die Nichtkonformität des Hochrisiko-KI-Systems, da diese Pflicht des Anbieters schon bei der Bestimmung der erforderlichen Korrekturmaßnahmen gem. Art. 20 Abs. 1 mitinbegriffen ist (→ Rn. 16). Zu untersuchen sind die Ursachen des Risikos für die über Art. 79 Abs. 1 einbezogenen Schutzgüter der Personengesundheit, Personensicherheit und des Grundrechtsschutzes, um mit den gewonnenen Erkenntnissen eine effektive Gefahrenabwehr gewährleisten zu können. Aus diesem Grund ist gegebenenfalls auch der meldende Betreiber in die Untersuchung der Ursachen miteinzubeziehen. Der Betreiber überwacht gem. Art. 26 Abs. 5 den Betrieb des Hochrisiko-KI-Systems anhand der Betriebsanleitung und hat die Pflichten, unverzüglich unter anderem den Anbieter zu informieren und die Verwendung des Systems auszusetzen, wenn er Grund zu der Annahme hat, dass das Hochrisiko-KI-System ein Personenrisiko birgt. Zudem muss der Betreiber gem. Art. 26 Abs. 6 im Grundsatz die von dem Hochrisiko-KI-System automatisch erzeugten und seiner Kontrolle unterliegenden Protokolle für einen Zeitraum von mindestens sechs Monaten aufbewahren. Diese Protokolle können zur Ursachenerforschung herangezogen werden. Aufgrund der Nähe des meldenden Betreibers zum Hochrisiko-KI-System und dessen vergleichbaren Interesses an Risikominimierung, hat der Anbieter die Untersuchung der Ursachen regelmäßig mit ihm gemeinsam durchzuführen.

27 **bb) Weitergehende Informationspflicht.** Neben einer Informationspflicht gegenüber den Wirtschaftsakteuren nach Art. 20 Abs. 1 (→ Rn. 19) hat der Anbieter eines Hochrisiko-KI-Systems bei vermuteter Nichtkonformität und bestehendem Personenrisiko gem. Art. 20 Abs. 2 verpflichtend die zuständigen Marktüberwachungsbehörden und gegebenenfalls die zuständige notifizierte Stelle in Kenntnis zu setzen. Zweck dieser weitergehenden Informationspflicht ist es, Marktüberwachungsbehörden als Administrativorgane, die mit der wirksamen Durchsetzung der Anforderungen und Pflichten nach der KI-VO betraut sind (vgl. Erwgr. 156), zu befähigen, auf breiter Informationsbasis präventiv tätig zu werden. Inhaltlich müssen zumindest Informationen über die Art der Nichtkonformität und über bereits ergriffene relevante Korrekturmaßnahmen übermittelt werden. Diese Mindestbestandteile können insbesondere durch ein begründetes Verlangen der Marktüberwachungsbehörden im Einzelfall auf weitere Informationen ausgeweitet werden.

28 Darüber hinaus hat der Anbieter des Hochrisiko-KI-Systems gegebenenfalls die notifizierte Stelle zu informieren, die eine Bescheinigung über die Konformität des KI-Systems gem. Art. 44 Abs. 1 iVm Anhang VII ausgestellt hat. Dies hat zur Folge, dass die Eignung der ergriffenen Korrekturmaßnahmen von einer weiteren, kompetenten Institution überprüft wird. Sollte die notifizierte Stelle zum Ergebnis kommen, dass das Hochrisiko-KI-System die in Abschnitt 2 festgelegten Anforde-

[18] Martini/Wendehorst/I. Eisenberger/Th. Binder, KI-VO Art. 20 Rn. 26.

rungen nicht mehr erfüllt, obliegt es ihr gem. Art. 44 Abs. 3, die durch sie ausgestellte Bescheinigung der Konformität auszusetzt, sie zu widerrufen oder einzuschränken, falls der Anbieter die Konformität nicht innerhalb einer von der notifizierten Stelle gesetzten angemessenen Frist durch geeignete Korrekturmaßnahmen wiederherstellt. Der Anbieter muss die notifizierte Stelle insofern immer dann gem. Art. 20 Abs. 2 informieren, wenn dies zu einer Neubewertung der Bescheinigungsvoraussetzungen führen kann. Ob jeder Anbieter von dieser Möglichkeit der Selbstbezichtigung nach Art. 20 Abs. 2 in der Praxis Gebrauch machen wird, ist fraglich. Allerdings bietet dieses Verfahren dem Anbieter zumindest die Gelegenheit, die Eignung der ergriffenen Korrekturmaßnahmen behördlich überprüfen zu lassen, dadurch gegebenenfalls Haftungsrisken zu minimieren und bei positivem Ausgang der Überprüfung dieses Ergebnis zur Rehabilitation kommunikativ nach außen zu tragen.

3. Verstöße

Kommt der Anbieter eines Hochrisiko-KI-Systems den Gefahrabwendungs- und Informationspflichten gem. Art. 20 Abs. 1 oder 2 nicht nach, obwohl Maßnahmen im konkreten Fall geboten waren, kann der Verstoß sowohl verwaltungsrechtliche als auch zivilrechtliche Sanktionen mit sich bringen. In verwaltungsrechtlicher Hinsicht stellt dies eine Verletzung der Anbieterpflichten gem. Art. 16 lit. j dar. Das kann gem. Art. 99 Abs. 4 lit. a Geldbußen von bis zu 15.000.000 EUR oder im Falle von Unternehmen von bis zu 3 % des gesamten weltweiten Jahresumsatzes des vorangegangenen Geschäftsjahres zur Folge haben, je nachdem, welcher Betrag höher ist. Einzelfallgerechtigkeit wird dadurch erzielt, dass bei der Entscheidung, ob eine Geldbuße verhängt wird, und bei der Festsetzung der Höhe der Geldbuße die tatsächlichen Umstände und bestehenden Risiken des konkreten Falls einbezogen werden (→ Art. 99 Rn. 24). Zudem kann das Unterlassen geeigneter Korrekturmaßnahmen iSd Art. 20 die notifizierte Stelle dazu veranlassen, ihre nach Art. 44 Abs. 1 iVm Anhang VII ausgestellte Konformitätsbescheinigung gem. Art. 44 Abs. 3 auszusetzen, zu widerrufen oder einzuschränken. Daneben kommen in zivilrechtlicher Hinsicht Ersatzansprüche geschädigter Personen gegen den Anbieter nach allgemeinem Schuld- und Deliktsrecht in Betracht. 29

Art. 21* Zusammenarbeit mit den zuständigen Behörden

(1) **Anbieter von Hochrisiko-KI-Systemen übermitteln einer zuständigen Behörde auf deren begründete Anfrage sämtliche Informationen und Dokumentation, die erforderlich sind, um die Konformität des Hochrisiko-KI-Systems mit den in Abschnitt 2 festgelegten Anforderungen nachzuweisen, und zwar in einer Sprache, die für die Behörde leicht verständlich ist und bei der es sich um eine der von dem betreffenden Mitgliedstaat angegebenen Amtssprachen der Institutionen der Union handelt.**

(2) **Auf begründete Anfrage einer zuständigen Behörde gewähren die Anbieter der anfragenden zuständigen Behörde gegebenenfalls auch**

* Kapitel III (Art. 6–49) gilt gem. Art. 113 UAbs. 2 ab 2.8.2026, mit Ausnahme des Abschnitts 4, der gem. Art. 113 UAbs. 3 Buchst. b bereits ab 2.8.2025 gilt.

Zugang zu den automatisch erzeugten Protokollen des Hochrisiko-KI-Systems gemäß Artikel 12 Absatz 1, soweit diese Protokolle ihrer Kontrolle unterliegen.

(3) **Alle Informationen, die eine zuständige Behörde aufgrund dieses Artikels erhält, werden im Einklang mit den in Artikel 78 festgelegten Vertraulichkeitspflichten behandelt.**

Literatur: Martini/Wendehorst, KI-VO, 1. Aufl. 2024; Roos/Weitz, Hochrisiko-KI-Systeme im Kommissionsentwurf für eine KI-Verordnung, MMR 2021, 844; Wendt/Wendt, Das neue Recht der Künstlichen Intelligenz, 2. Aufl. 2025; Wiebe, Produktsicherheitsrechtliche Betrachtung des Vorschlags für eine KI-Verordnung, BB 2022, 899.

Übersicht

I. Allgemeines

1 Der mit „Zusammenarbeit mit den zuständigen Behörden" überschriebene Art. 21 lässt prima vista vermuten, dass die Bestimmung weitreichende **behördliche Kooperationspflichten der Anbieter** iSv Art. 3 Nr. 3 aufstellt.[1] Entgegen dem Normtitel verbergen sich hinter der Vorschrift bei Lichte betrachtet allerdings keine umfassenden anbieterseitigen Mitwirkungspflichten, sondern im Kern nur **Nachweis- und Auskunftsverpflichtungen der Anbieter** sowie damit korrespondierende **Auskunftsbefugnisse der zuständigen Behörden als Gefahrermittlungsinstrumente.**

2 Die Auskunftspflichten bzw. -befugnisse dienen der **Nachweiserbringung hinsichtlich der Konformität** von in Verkehr gebrachten Hochrisiko-KI-Systemen. Damit gehört Art. 21 zum **Nachmarktregime,** namentlich den anbieterseitigen Nachmarktpflichten und der behördlichen ex-post-Kontrolle. Gemeinsam mit den Art. 16 Buchst. j, 20 formen die Art. 16 Buchst. k, 21 das nachmarktbezogene Regelungsensemble. Erstere flankieren die Auskunftspflicht gem. Art. 21 als **proaktive Informationsverpflichtung,** wonach Anbieter im Falle einer Nichtkonformität andere Akteure (Art. 20 Abs. 1) bzw. die Marktüberwachungsbehörden (Art. 20 Abs. 2) unterrichten müssen, wenn das Hochrisiko-KI-System ein Risiko iSd Art. 79 Abs. 1 birgt.

3 Kooperations- und Informationspflichten gehören zu den klassischen Instrumenten im europäischen Produktrecht. Bilden sie doch die Grundlage für die Inpflichtnahme und Einbindung der Akteure bei der Gewährleistung der Konformität, Kontrolle und Durchsetzung der Harmonisierungsrechtsvorschriften. Die in den Art. 20, 21 geregelten Verpflichtungen und Befugnisse sind somit Ausfluss der **EU-produktrechtlichen Strukturelemente Kommunikation**

[1] So Bomhard/Pieper/Wende/Klindt KI-VO Art. 21 Rn. 1.

und Kooperation.[2] Als **speziellere Regelung geht Art. 21** der allgemeinen marktüberwachungsbehördlichen Auskunftsbefugnis gem. Art. 74 Abs. 1 KI-VO iVm Art. 14 Abs. 4 Buchst. a VO (EU) 2019/1020 vor.

Das behördliche Informationsverlangen muss nicht notwendigerweise **Verwaltungsaktsqualität** iSv § 35 (L)VwVfG haben; eine informelle Anfrage ist ebenso möglich.[3] Ein Verlangen in Form eines Verwaltungsakts kann gegenüber privaten Anbietern auf Grundlange des **Verwaltungsvollstreckungsrechts** durchgesetzt werden. Das **Bereitstellen von falschen, unvollständigen oder irreführenden Informationen** soll nach Art. 99 Abs. 1, 5 **mitgliedstaatlich sanktioniert** werden, und zwar mit Geldbußen von bis zu 7.500.000 EUR oder – im Falle von Unternehmen – von bis zu 1 % des gesamten weltweiten Jahresumsatzes des vorangegangenen Geschäftsjahres verhängt, je nachdem, welcher Betrag höher ist (→ Rn. 11). 4

II. Pflichtenadressat und zuständige Behörde

Mitwirkung- und auskunftsverpflichtet ist als Anbieter „jede natürliche oder juristische Person, Behörde, Einrichtung oder sonstige Stelle, die ein KI-System oder ein KI-Modell mit allgemeinem Verwendungszweck entwickelt oder entwickeln lässt und es unter ihrem eigenen Namen oder ihrer Handelsmarke in Verkehr bringt oder das KI-System unter ihrem eigenen Namen oder ihrer Handelsmarke in Betrieb nimmt, sei es entgeltlich oder unentgeltlich" (Art. 3 Nr. 3). **EU-Anbieter und Nicht-EU-Anbieter** unterliegen der Pflicht gleichermaßen, wobei bei Letzteren die Durchsetzung deutlich schwieriger ist und deshalb auf den zu beauftragenden Bevollmächtigten zurückgegriffen werden kann, um nach Art. 22 Abs. 3 S. 3 Buchst. c entsprechende Informationen zu erlangen. Der Begriff „Bevollmächtigter" bezeichnet „eine in der Union ansässige oder niedergelassene natürliche oder juristische Person, die vom Anbieter eines KI-Systems oder eines KI-Modells mit allgemeinem Verwendungszweck schriftlich dazu bevollmächtigt wurde und sich damit einverstanden erklärt hat, in seinem Namen die in dieser Verordnung festgelegten Pflichten zu erfüllen bzw. Verfahren durchzuführen" (Art. 3 Nr. 5). 5

Bei den **befugten, zuständigen Behörden** handelt es sich in erster Linie um die **Marktüberwachungsbehörden** iSv Art. 3 Nr. 26, namentlich die nationalen Behörden, „die die Tätigkeiten durchführt und die Maßnahmen ergreift, die in der Verordnung (EU) 2019/1020 vorgesehen sind". Daneben lassen sich auch der Europäische Datenschutzbeauftragte iSv Art. 70 Abs. 9 und die **nationalen Datenschutzbehörden** und Stellen, die die Anwendung des Unionsrechts zum Schutz der Grundrechte überwachen, zu den zuständigen Behörden gem. Art. 21 zählen, wie Erwgr. (157) indiziert.[4] 6

III. Allgemeine Kooperations- und Informationspflicht sowie Auskunftsbefugnis (Abs. 1)

Vorbildcharakter für Art. 21 Abs. 1 hat der Art. R2 Abs. 9 des Anhang I des Beschlusses Nr. 768/2008/EG, der eine **allgemeine Informations- und** 7

[2] Zu diesen Strukturelementen Wiebe, Unternehmerfreiheit versus Verbraucherschutz?!, 2017, S. 386 ff.

[3] Blue Guide 2022, Abschnitt 3.1, Fn. 128.

[4] Martini/Wendehorst/I. Eisenberger Art. 21 Rn. 12.

Nachweispflicht für Hersteller vorsieht. Daran anknüpfend verpflichtet Art. 21 Abs. 1 die Anbieter von Hochrisiko-KI-Systemen, einer zuständigen Behörde auf deren begründete Anfrage sämtliche für den **Konformitätsnachweis erforderlichen Informationen und Dokumentation** zu übermitteln.[5] In concreto zielt die Bestimmung auf den Nachweis der Konformität des Hochrisiko-KI-Systems mit den in Abschnitt 2 festgelegten Anforderungen ab. Aufgrund der systematischen Stellung des Art. 21 in Abschnitt 3 des Kapitel III geht es freilich um die in **Kapitel III Abschnitt 2 aufgestellten objektiven Anforderungen.**

8 Aus Art. 21 Abs. 1 folgt keine proaktive Auskunftspflicht. Erst ein **behördliches Auskunftsverlangen** aktiviert die Informations- und Nachweispflicht der Anbieter. Diese Voraussetzung spiegelt das janusköpfige Wesen des Art. 21 Abs. 1 als Auskunftspflicht und -befugnis wider. Die behördliche Anfrage unterliegt **keinem Formerfordernis,** allerdings muss sie **begründet** werden. An das **Begründungserfordernis** dürfen keine allzu strengen Anforderungen gestellt werden, da es sich um eine **Gefahrermittlungsmaßnahme** handelt; **Zweifel an der Konformität** und entsprechende **konkrete Verdachtsmomente** genügen, um das Auskunftsverlangen rechtmäßig zu artikulieren. In dem Auskunftsverlangen muss die Behörde den **Anlass für das Verlangen** und die **Erforderlichkeit der geforderten Informationen** für die Überprüfung des möglichen Verstoßes dartun.[6] **Quellen für einen Verdacht eines Verstoßes** gegen die KI-VO können ua Nutzer- oder Betreiberbeschwerden, Anschwärzungen von Wettbewerbern oder Verbraucherschutzverbänden, Mitteilungen anderer Behörden oder Medienberichte sein.

9 Aus Bestimmtheitsgründen muss die Behörde in dem Auskunftsverlangen konkretisieren, welche **konkreten Dokumente und Informationen** sie zum Nachweiszweck für erforderlich hält und vorgelegt haben möchte. Hinsichtlich der Erforderlichkeit kommt der Behörde ein Beurteilungsspielraum zu (vgl. Art. 78 Abs. 2 S. 1). Neben der Betriebsanleitung gem. Art. 13 Abs. 3 und einer etwaigen schriftlichen Bevollmächtigung iSv Art. 22 kommen vor allem die in **Art. 18 Abs. 1 vom Anbieter aufzubewahrenden Unterlagen** als für den Konformitätsnachweis taugliche Informationen in Betracht, namentlich die technische Dokumentation gem. Art. 11, die Dokumentation zum Qualitätsmanagementsystem iSd Art. 17, die EU-Konformitätserklärung iSv Art. 47 und Bescheinigungen notifizierter Stellen nach Art. 44.

10 Art. 21 Abs. 1 macht Vorgaben dazu, in welcher **Sprache** die Unterlagen verfasst sein müssen, und zwar in der **Amtssprache des jeweiligen Mitgliedstaates,** in dem die anfragende Behörde sitzt. Die zu übermittelenden Unterlagen müssen daher unter Umständen vorab übersetzt werden. Die Vorgabe, die Information in einer für die Behörde **leicht verständlichen Sprache** zu verschriftlichen, hat darüber hinaus keinen eigenständigen Regelungsgehalt und verlangt keine Umformulierung des Dokumenteninhalts, sodass er für technische Laien leichter zu verstehen ist.[7] Denn diese – legistisch missglückte – Vorgabe ist bloß der übliche produktsicherheitsrechtliche Duktus, der es den Mitgliedstaaten ermöglicht, die jeweilige Amtssprache als maßgeblich festzulegen.[8] In Ermangelung eines Formerfordernisses können die geforderten Informationen sowohl in

---

[5] Wendt/Wendt Das neue KI-Recht § 6 Rn. 24; vgl. auch Wiebe BB 2022, 899 (904).

[6] Blue Guide 2022, Abschnitt 3.1, Fn. 128.

[7] So auch im Ergebnis Martini/Wendehorst/I. Eisenberger Art. 21 Rn. 14.

[8] Blue Guide 2022, Abschnitt 3.1, Fn. 113.

Papierform als auch auf **elektronischem Wege** zur Verfügung gestellt werden (vgl. § 3a (L)VwVfG).[9] Die Behörde kann für die Übermittlung der verlangten Unterlagen eine **Frist** setzen (vgl. § 31 (L)VwVfG).

Ohne ausdrücklich auf Art. 21 Abs. 1 zu verweisen, ergänzt Art. 16 Buchst. k **die anbieterseitige Auskunfts- und Nachweispflicht** als Scharniernorm im Pflichtenkanon des Anbieters.[10] Nach Art. 16 Buchst. k muss der Anbieter auf begründete Anfrage einer zuständigen nationalen Behörde nachweisen, dass das Hochrisiko-KI-System die Anforderungen in Kapitel III Abschnitt 2 erfüllt. Ein Verstoß gegen die Kooperations- und Auskunftspflicht gem. Art. 16 Buchst. k iVm Art. 21 Abs. 1 soll nach den Maßgaben gem. Art. 99 Abs. 1, 4 Buchst. a **sanktioniert** werden. Den Mitgliedstaaten obliegt es, entsprechende **Sanktionsvorschriften** aus der Taufe zu heben, die Geldbußen von bis zu 15.000.000 EUR oder – im Falle von Unternehmen – von bis zu 3 % des gesamten weltweiten Jahresumsatzes des vorangegangenen Geschäftsjahres (je nachdem, welcher Betrag höher ist) vorsehen (→ Rn. 4). 11

IV. Zugangsgewährung zu automatisch erzeugten Protokollen (Abs. 2)

Eine im Verhältnis zu Abs. 1 **speziellere Informationspflicht bzw. -befugnis** folgt aus Art. 21 Abs. 2. Während sich Art. 21 Abs. 1 allgemein auf sämtliche Informationen und Dokumentation zum Zwecke des Konformitätsnachweises erstreckt, bezieht sich Abs. 2 auf den **Zugang zu den automatisch erzeugten Protokollen des Hochrisiko-KI-Systems** iSv Art. 12 Abs. 1. Bei diesen Protokollen handelt es sich um die automatische Aufzeichnung von Ereignissen während des Lebenszyklus eines Hochrisiko-KI-Systems; die Technik der Hochrisiko-KI-Systeme muss eine solche Protokollierung nach Art. 12 Abs. 1 ermöglichen.[11] 12

Die Pflicht zur Zugangsgewährung steht unter dem Vorbehalt, dass diese Protokolle **der Kontrolle des Anbieters unterliegen.** Eine **rechtliche Kontrolle** des Anbieters kann sich aus vertraglichen Vereinbarungen mit den Nutzern und Betreibern oder aus gesetzlichen Regelungen ergeben. Die Bezugnahme auf die rechtliche Kontrolle, die der Kommissionsentwurf noch vorsah,[12] wurde allerdings im Laufe des Gesetzgebungsverfahrens gestrichen. Deshalb genügt eine **faktische Kontrolle** für die Zugangsgewährungspflicht,[13] zumal diese regulatorische Anbieterpflicht andernfalls der vertraglichen Disposition unterläge und unterlaufen werden könnte, was mit dem zwingenden Charakter öffentlich-rechtlicher Pflichten nicht vereinbar wäre. Solche der Kontrolle des Anbieters unterstehenden Protokolle muss der Anbieter für einen angemessenen Zeitraum von **mindestens sechs Monaten aufbewahren,** soweit insbesondere Datenschutzregelungen nichts anderes vorsehen (Art. 16 Buchst. e, 19 Abs. 1). Insofern ist die Zugangsmöglichkeit der Behörde de facto zeitlich beschränkt. 13

---

[9] Blue Guide 2022, Abschnitt 3.1.

[10] Martini/Wendehorst/I. Eisenberger Art. 16 Rn. 32 sieht Art. 16 Buchst. k als eigenständige Pflicht, die neben Art. 21 Abs. 1 steht.

[11] Wendt/Wendt Das neue KI-Recht § 6 Rn. 25.

[12] COM(2021) 206 final.

[13] Martini/Wendehorst/I. Eisenberger Art. 19 Rn. 17; aA wohl Martini/Wendehorst/Gössl Art. 22 Rn. 44 f.

14 Die Pflicht zur Zugangsgewährung setzt wiederum eine **begründete Anfrage der Behörde** voraus; proaktiv muss der Anbieter folglich nicht tätig werden. Hohe Anforderungen an die Begründung bestehen nicht. Der Behörde obliegt es, den **Hintergrund der Anfrage** und die Erforderlichkeit des Zugangs zu den automatisch erzeugten Protokollen für ihre Aufgabenwahrnehmung zu erläutern (→ Rn. 8 f.).[14] Eine Form für den Zugang regelt Abs. 2 nicht. Die Behörde kann eine **Frist** bestimmen, innerhalb derer der Zugang zu den Protokollen einzuräumen ist (vgl. § 31 (L)VwVfG).

V. Behördliche Vertraulichkeitspflicht (Abs. 3)

15 Der dritte Absatz des Art. 21 verpflichtet die anfragende Behörde, mit den verlangten und vom Anbieter zur Verfügung gestellten Informationen unter Beachtung der **Vertraulichkeitspflicht gem. Art. 78** umzugehen; ergo diese **vertraulich zu behandeln.** Die behördliche Vertraulichkeitswahrung ist die grundrechtliche Kehrseite der anbieterseitigen Auskunftspflicht. Als Verweisnorm ordnet Art. 21 Abs. 3 im Kern die Einhaltung des in Art. 78 verankerten Vertraulichkeitsgrundsatzes in Bezug auf die iRv Art. 21 Abs. 1, 2 erhaltenen Informationen an. Nach Art. 78 Abs. 1 müssen Behörden die Vertraulichkeit der im Zusammenhang der Durchführung der KI-VO erlangten Informationen und Daten im Einklang mit dem Unionsrecht oder dem nationalen Recht wahren. Im Verhältnis zur generellen Vertraulichkeitspflicht gem. Art. 17 S. 2 VO (EU) 2019/1020 sind die Art. 21 Abs. 3, 79 leges specialis.

16 Die Vertraulichkeitsmaßgabe bezieht sich allen voran auf den **Schutz von Betriebs- und Geschäftsgeheimnissen** und **geistigen Eigentum** der Anbieter gem. Art. 78 Abs. 1 Buchst. a sowie auf personenbezogene Daten. Neben dem Schutz von Individualbelangen dient die Vertraulichkeitswahrung zugleich **öffentlichen Interessen,** und zwar ua der **Funktionsfähigkeit der (grenzüberschreitenden) Marktüberwachung** und dem **wirksamen Vollzug der KI-VO** (Art. 78 Abs. 1 Buchst. b, d).

17 Die Art. 21 Abs. 3, 79 Abs. 1 stehen im **Spannungsverhältnis zum nationalen Informationsfreiheitsrecht.** Voraussetzungslose Informationszugangsansprüche können die Anbieter faktisch davon abhalten, Informationen im Rahmen von Marktüberwachungsverfahren offenzulegen, wenn sie befürchten müssten, dass Wettbewerber über das Informationsfreiheitsrecht an sensible Daten gelangen können. Die Wahrung der Vertraulichkeit hat für die Marktüberwachung im Allgemeinen und die **effektive Durchführung der KI-VO** im Besonderen eine immense Bedeutung, wie auch der Erwgr. (167) unterstreicht.[15] Sind doch die Behörden auf die Mitwirkung und die Auskünfte der Anbieter angewiesen, um die KI-VO wirksam zu vollziehen und Nichtkonformitäten aufzudecken. Im Einklang mit dem effet utile-Grundsatz sprechen daher gute Gründe dafür, den Art. 21 Abs. 3, 79 Abs. 1 **Anwendungsvorrang** vor den nationalen Informationszugangsansprüchen einzuräumen oder sie als abwägungsfesten **ungeschriebenen informationsfreiheitsrechtlichen Ausschlusstatbestand** anzusehen.

---

[14] Martini/Wendehorst/I. Eisenberger Art. 21 Rn. 15.

[15] Vgl. EuGH BeckRS 2014, 82340 Rn. 31 – Altmann u.a.; BVerwG BeckRS 2019, 34858 Rn. 15 ff.

Art. 22* Bevollmächtigte der Anbieter von Hochrisiko-KI-Systemen

(1) **Anbieter, die in Drittländern niedergelassen sind, benennen vor der Bereitstellung ihrer Hochrisiko-KI-Systeme auf dem Unionsmarkt schriftlich einen in der Union niedergelassenen Bevollmächtigten.**

(2) **Der Anbieter muss seinem Bevollmächtigten ermöglichen, die Aufgaben wahrzunehmen, die im vom Anbieter erhaltenen Auftrag festgelegt sind.**

(3) *[1]* **[1]Der Bevollmächtigte nimmt die Aufgaben wahr, die in seinem vom Anbieter erhaltenen Auftrag festgelegt sind. [2]Er stellt den Marktüberwachungsbehörden auf Anfrage eine Kopie des Auftrags in einer von der zuständigen Behörde angegebenen Amtssprache der Institutionen der Union bereit. [3]Für die Zwecke dieser Verordnung ermächtigt der Auftrag den Bevollmächtigten zumindest zur Wahrnehmung folgender Aufgaben:**

- a) **Überprüfung, ob die in Artikel 47 genannte EU-Konformitätserklärung und die technische Dokumentation gemäß Artikel 11 erstellt wurden und ob der Anbieter ein angemessenes Konformitätsbewertungsverfahren durchgeführt hat;**
- b) **Bereithaltung – für einen Zeitraum von zehn Jahren ab dem Inverkehrbringen oder der Inbetriebnahme des Hochrisiko-KI-Systems – der Kontaktdaten des Anbieters, der den Bevollmächtigten benannt hat, eines Exemplars der in Artikel 47 genannten EU-Konformitätserklärung, der technischen Dokumentation und gegebenenfalls der von der notifizierten Stelle ausgestellten Bescheinigung für die zuständigen Behörden und die in Artikel 74 Absatz 10 genannten nationalen Behörden oder Stellen;**
- c) **Übermittlung sämtlicher – auch der unter Buchstabe b dieses Unterabsatzes genannten – Informationen und Dokumentation, die erforderlich sind, um die Konformität eines Hochrisiko-KI-Systems mit den in Abschnitt 2 festgelegten Anforderungen nachzuweisen, an eine zuständige Behörde auf deren begründete Anfrage, einschließlich der Gewährung des Zugangs zu den vom Hochrisiko-KI-System automatisch erzeugten Protokollen gemäß Artikel 12 Absatz 1, soweit diese Protokolle der Kontrolle des Anbieters unterliegen;**
- d) **Zusammenarbeit mit den zuständigen Behörden auf deren begründete Anfrage bei allen Maßnahmen, die Letztere im Zusammenhang mit dem Hochrisiko-KI-System ergreifen, um insbesondere die von dem Hochrisiko-KI-System ausgehenden Risiken zu verringern und abzumildern;**
- e) **gegebenenfalls die Einhaltung der Registrierungspflichten gemäß Artikel 49 Absatz 1 oder, falls die Registrierung vom Anbieter selbst vorgenommen wird, Sicherstellung der Richtigkeit der in Anhang VIII Abschnitt A Nummer 3 aufgeführten Informationen.**

[2] **Mit dem Auftrag wird der Bevollmächtigte ermächtigt, neben oder anstelle des Anbieters als Ansprechpartner für die zuständigen Behörden**

* Kapitel III (Art. 6–49) gilt gem. Art. 113 UAbs. 2 ab 2.8.2026, mit Ausnahme des Abschnitts 4, der gem. Art. 113 UAbs. 3 Buchst. b bereits ab 2.8.2025 gilt.

in allen Fragen zu dienen, die die Gewährleistung der Einhaltung dieser Verordnung betreffen.

(4) [1]**Der Bevollmächtigte beendet den Auftrag, wenn er der Auffassung ist oder Grund zu der Annahme hat, dass der Anbieter gegen seine Pflichten gemäß dieser Verordnung verstößt.** [2]**In diesem Fall informiert er unverzüglich die betreffende Marktüberwachungsbehörde und gegebenenfalls die betreffende notifizierte Stelle über die Beendigung des Auftrags und deren Gründe.**

Literatur: Bauer, Das Recht des technischen Produkts, 2018; Bomhard/Pieper/Wende, KI-VO – Verordnung über künstliche Intelligenz, 1. Aufl. 2025; Martini/Wendehorst, KI-VO, 1. Aufl. 2024; Roos/Weitz, Hochrisiko-KI-Systeme im Kommissionsentwurf für eine KI-Verordnung, MMR 2021, 844; Wendt/Wendt, Das neue Recht der Künstlichen Intelligenz, 2. Aufl. 2025; Wiebe, Produktsicherheitsrechtliche Betrachtung des Vorschlags für eine KI-Verordnung, BB 2022, 899.

Übersicht

I. Allgemeines

1 Art. 22 verpflichtet **Anbieter von Hochrisiko-KI-Systemen,** die außerhalb der EU ansässig sind, vor dem Inverkehrbringen eines Hochrisiko-KI-Systems einen **Bevollmächtigten** iSv Art. 3 Nr. 5 zu benennen. Zugleich regelt die Bestimmung die entsprechenden Modalitäten der Bevollmächtigung. Eine gleichlaufende Vorgabe in Bezug auf KI-Modelle mit allgemeinem Verwendungszweck iSv Art. 3 Nr. 63 folgt aus Art. 54. Anders als in den meisten Harmonisierungsrechtsvorschriften ist die Benennung eines Bevollmächtigten gem. Art. 22 Abs. 1 insofern nicht optional, sondern **obligatorisch.** Damit knüpft die Verkehrsfähig-

keit eines von einem Nicht-EU-Anbieter in Verkehr gebrachten Hochrisiko-KI-Systems an die Existenz eines Bevollmächtigten an. Folglich hat Art. 22 einen zweiseitigen Rechtscharakter als besondere **Anbieterpflicht** und als **formelle Verkehrsfähigkeitsvoraussetzung.** Darüber hinaus vermittelt Art. 22 EU-Anbietern ein **Recht zur Beauftragung** eines Bevollmächtigten und bildet die Grundlage für die **(Mindest-)Pflichten der Bevollmächtigten.**

2 Nach Art. 3 Nr. 5 bezeichnet der Begriff „Bevollmächtigter" „eine in der Union ansässige oder niedergelassene natürliche oder juristische Person, die vom Anbieter eines KI-Systems oder eines KI-Modells mit allgemeinem Verwendungszweck schriftlich dazu bevollmächtigt wurde und sich damit einverstanden erklärt hat, in seinem Namen die in dieser Verordnung festgelegten Pflichten zu erfüllen bzw. Verfahren durchzuführen". Zur besseren Identifizierung des Bevollmächtigten sind dessen **Kontaktdaten in der Betriebsanleitung** gem. Art. 13 Abs. 3 Buchst. a und im Zuge der **Registrierung in der EU-Datenbank gem. Art. 41 Abs. 1** anzugeben. Der zu benennende Bevollmächtigte ist kein bloßer Verrichtungsgehilfe des Anbieters,[1] sondern erweist sich selbst als **Akteur** gem. Art. 3 Nr. 8 und unterliegt als solcher ausdrücklich dem **persönlichen Anwendungsbereich** der KI-VO gem. Art. 2 Abs. 1 Buchst. f. Daher muss es sich bei dem Bevollmächtigten um eine – im Verhältnis des Anbieters – **rechtlich eigenständige Person** handeln; Anbieter und Bevollmächtigter können jedoch **demselben Konzern angehören.** Der Bevollmächtigte kann zugleich die Rolle des **Einführers** iSv Art. 3 Nr. 6 oder **Händlers** gem. Art. 3 Nr. 7 einnehmen.[2]

3 Der **Zweck** dieser formellen Verkehrsfähigkeitsvoraussetzung bzw. Benennungspflicht besteht darin, zu gewährleisten, dass ein in der **EU ansässiger Wirtschaftsakteur** für das Hochrisiko-KI-System verantwortlich zeichnet und dem **direkten Zugriff der Marktüberwachungsbehörden** untersteht. Der Bevollmächtigte ist somit nicht nur Träger von bestimmten Pflichten bei der Gewährleistung der Konformität (vgl. Art. 22 Abs. 3), sondern auch möglicher Adressat von marktüberwachungsbehördlichen Maßnahmen.[3] Die Vorschrift hat demnach eine marktüberwachungsrechtliche Dimension und dient der Effektivierung der Marktüberwachung bzw. Durchsetzung der KI-VO insbesondere für die Fälle, dass ein **Direktvertrieb aus EU-Drittländern** stattfindet. Damit trägt diese Vorgabe auch zur Schaffung gleicher Wettbewerbsbedingungen bei.[4] Vor dem Hintergrund der Ratio und des klaren Wortlauts des Art. 22 bedarf es freilich nicht zwingend eines Bevollmächtigten, wenn der Anbieter innerhalb der EU ansässig ist; nichtdestotrotz bleibt EU-Anbietern die Möglichkeit, einen Bevollmächtigten zu benennen, nicht versperrt.

4 Die Rechtsfigur des Bevollmächtigten ist im europäischen Produktrecht bzw. im New Legislative Framework fest etabliert und geht insbesondere auf **Art. R3 des Anhangs I des Beschlusses Nr. 768/2008/EG** zurück, wobei Art. 22 davon abweicht. Eine mit Art. 22 im Grundsatz her vergleichbare Regelung kennt das Medizinprodukterecht in Gestalt des Art. 11 VO (EU) 2017/745, der Nicht-EU-Hersteller zur Benennung eines Bevollmächtigten verpflichtet. In anderen Harmonisierungsrechtsvorschriften fristet der Bevollmächtigten hingegen eher ein „Schattendasein". Die übrigen EU-Produktrechtsvorschriften verfolgen das Ziel

---

[1] Martini/Wendehorst/Gössl Art. 22 Rn. 3 sieht den Bevollmächtigten als weisungsgebunden an.

[2] Blue Guide 2022, Abschnitt 3.2.

[3] Erwgr. (82).

[4] Erwgr. (82); Martini/Wendehorst/Gössl Art. 22 Rn. 2.

der Verbesserung der Marktüberwachung in Bezug auf Produkte aus EU-Drittstaaten, indem sie das Vorliegen eines **sog. EU-Wirtschaftsakteurs** verlangen, der nicht notwendigerweise ein Bevollmächtigter sein muss (vgl. Art. 4 VO (EU) 2019/1020, Art. 16 VO (EU) 2023/988).

5 Der Bevollmächtigte übernimmt nach Art. 22 auf Grundlage eines **schriftlichen Auftrags** bestimmte **Aufgaben** und wird dadurch zum Pflichtenträger. Dabei enthält Art. 22 Abs. 3 S. 3 einen Kanon von zu übernehmenden **Mindestaufgaben,** welche die Funktion des Bevollmächtigten als **Repräsentant des Anbieters** ausdrücken.[5] Auch originäre Pflichten des Anbieters können dem Bevollmächtigten überantwortet werden. Damit ermöglicht diese Vorschrift ausnahmsweise die Übertragung öffentlich-rechtlicher Pflichten auf eine andere Person.[6]

6 Ein Verstoß gegen die Pflicht zur Bevollmächtigung gem. Art. 22 Abs. 1 führt zur **formellen Nichtkonformität und fehlenden Verkehrsfähigkeit** des Hochrisiko-KI-Systems, wie Art. 83 Abs. 1 Buchst. f verdeutlicht. Kurzum: Hochrisiko-KI-Systeme dürfen ohne die Existenz eines Bevollmächtigten nicht in Verkehr gebracht werden, wenn der Anbieter nicht in der EU sitzt; es besteht insofern ein **gesetzliches Verkehrsverbot.** Zur Durchsetzung dieser Vorgabe können Marktüberwachungsbehörden **Korrekturmaßnahmen** – wie etwa **Vertriebsverbote** – nach Art. 74 KI-VO iVm Art. 14 Abs. 4 MÜ-VO anordnen, während ein **Rückruf** aus Verhältnismäßigkeitserwägungen in der Regel nicht statthaft ist. Eine Sanktionierung des Anbieters für eine fehlende Bevollmächtigung iSv Art. 22 Abs. 1 sieht die KI-VO nicht vor.

7 Auch bei **Pflichtverletzungen des Bevollmächtigten** haben die Marktüberwachungsbehörden marktüberwachungsbehördliche Durchsetzungsbefugnisse. Zudem sollen Verstöße des Bevollmächtigten nach den Maßgaben des Art. 99 Abs. 1, 4 Buchst. b sanktionsrechtlich geahndet werden, wobei diese Bestimmung lediglich einen von den Mitgliedstaaten umzusetzenden Rahmen vorgibt. Danach obliegt es den Mitgliedstaaten, **Sanktionsvorschriften** zu erlassen, die bei Verstößen gegen die in Art. 22 festgelegten Pflichten der Bevollmächtigten Geldbußen von bis zu 15.000.000 EUR oder – im Falle von Unternehmen – von bis zu 3 % des gesamten weltweiten Jahresumsatzes des vorangegangenen Geschäftsjahres vorgeben, je nachdem, welcher Betrag höher ist. Künftig werden Bevollmächtigte ferner **produkthaftungsrechtlich als potenzielle Haftungsadressaten** gem. Art. 8 Abs. 1 Buchst. c ii Richtlinie (EU) 2024/2853 (sog. EU-Produkthaftungsrichtlinie) in den Fokus gerückt.

II. Benennung eines Bevollmächtigten (Abs. 1)

1. Erforderlichkeit der Benennung eines Bevollmächtigten

8 Nach Art. 22 Abs. 1 muss der außerhalb der EU niedergelassene Anbieter eines Hochrisiko-KI-Systems einen **Bevollmächtigten** iSv Art. 3 Nr. 5 benennen, um das Hochrisiko-KI-System rechtmäßig auf dem Unionsmarkt in Verkehr bringen zu dürfen. Damit statuiert Art. 22 Abs. 1 eine Pflicht und gleichzeitig eine formelle Konformitätsvoraussetzung (→ Rn. 1). Pflichtenträger sind die **Nicht-EU-**

---

[5] Vgl. Geiß/Doll GPSG, 2005, § 2 Rn. 73.

[6] Vgl. im produktsicherheitsrechtlichen Kontext Bauer, Das Recht des technischen Produkts, 2018, Rn. 90.

Anbieter von Hochrisiko-KI-System iSv Art. 6. Art. 3 Nr. 3 definiert den zum Kreis der Akteure iSv Art. 3 Nr. 8 gehörenden Anbieter als „eine natürliche oder juristische Person, Behörde, Einrichtung oder sonstige Stelle, die ein KI-System oder ein KI-Modell mit allgemeinem Verwendungszweck entwickelt oder entwickeln lässt und es unter ihrem eigenen Namen oder ihrer Handelsmarke in Verkehr bringt oder das KI-System unter ihrem eigenen Namen oder ihrer Handelsmarke in Betrieb nimmt, sei es entgeltlich oder unentgeltlich". Anders als etwa Art. 11 Abs. 1 VO (EU) 2017/745, wonach ein einziger Bevollmächtigter zu beauftragen ist, begrenzt Art. 22 die Anzahl der möglichen Bevollmächtigten nicht ausdrücklich. Allerdings verweist Art. 22 auf **einen Bevollmächtigten im Singular.** Auch das Bedürfnis einer klaren Verantwortlichkeits- und Aufgabenzuordnung sprechen dafür, nicht mehrere Bevollmächtigte beauftragen zu können.[7]

Benennen bedeutet nicht, dass der Anbieter den Bevollmächtigten **proaktiv** 9
einer Marktüberwachungsbehörde oder sonstigen öffentlichen Stelle zu melden hat.[8] Für eine solche Lesart gibt der Wortlaut nichts her, zumal offenbleibt, welche Behörde dafür zuständig sein und wie das konkrete Prozedere der Meldung aussehen soll. Eine solche Meldepflicht ist der Rechtsfigur der Bevollmächtigung fremd. Im Übrigen besteht auch kein Bedarf für eine proaktive Meldung, weil der Bevollmächtigte in der **Betriebsanleitung gem. Art. 13 Abs. 3 Buchst. a** und im Rahmen der **Registrierung in der EU-Datenbank gem. Art. 41 Abs. 1** ohnehin genannt werden muss (vgl. Nr. 3 des Abschnitts A des Anhangs VIII der KI-VO); dies ermöglicht eine ausreichende Identifizierung. Folglich ist „benennen" ein Synonym für „bevollmächtigen" oder „beauftragen".[9] Nach dem Normtext des Art. 22 Abs. 1 muss die Bevollmächtigung in **zeitlicher Hinsicht** vor der anbieterseitigen **Bereitstellung** des jeweiligen konkreten Hochrisiko-KI-Systems stattfinden. Der Bevollmächtigte selbst nimmt keine Bereitstellungshandlung vor, sofern er nicht zugleich als Einführer iSv Art. 3 Nr. 6 oder Händler iSv Art. 3 Nr. 7 agiert. Der Ausdruck „Bereitstellung auf dem Markt" bezeichnet gem. Art. 3 Nr. 10 „die entgeltliche oder unentgeltliche Abgabe eines KI-Systems oder eines KI-Modells mit allgemeinem Verwendungszweck zum Vertrieb oder zur Verwendung auf dem Unionsmarkt im Rahmen einer Geschäftstätigkeit". Bei Lichte betrachtet knüpft die Benennungspflicht an das **Inverkehrbringen,** also an die erstmalige Bereitstellung iSv Art. 3 Nr. 9 an. Denn per definitionem bringen Anbieter KI-Systeme in Verkehr und stellen sie nicht nur auf dem Markt bereit (vgl. Art. 3 Nr. 3); schließlich bilden sie das erste Glied in der Lieferkette.

Anbieter von Hochrisiko-KI-System **mit in Sitz in der EU** trifft die Pflicht 10
gem. Art. 22 Abs. 1 nicht, da die Vorschrift ausdrücklich nur außerhalb der EU niedergelassene Anbieter als Pflichtenträger adressiert (→ Rn. 8). Umgekehrt verbietet es Art. 22 Abs. 1 in der EU ansässigen Anbietern nicht, einen Bevollmächtigten zu benennen. Die Verwehrung dieser Möglichkeit wäre widersinnig und systemwidrig, weil die Beauftragung eines Bevollmächtigten im gesamten EU-Produktrecht auch EU-Herstellern offensteht.[10] Insoweit bleibt es allen Anbietern

---

[7] Bomhard/Pieper/Wende/Gesmann-Nuissl Art. 22 Rn. 8.

[8] AA Martini/Wendehorst/Gössl Art. 22 Rn. 13; Bomhard/Pieper/Wende/Gesmann-Nuissl Art. 22 Rn. 11.

[9] Im Ergebnis ebenso mit Blick auf die inhaltsgleiche Regelung gem. Art. 11 VO (EU) 2017/745 Handorn, Die Medizinprodukte-Verordnung (EU) 2017/745, 2021, Abschnitt 5.4.1.

[10] Blue Guide 2022, Abschnitt 3.2.

von Hochrisiko-KI-Systemen unbenommen, einen Bevollmächtigten nach den Maßgaben des Art. 22 freiwillig damit zu beauftragen, bestimmte Aufgaben zu übernehmen.

2. Voraussetzungen der Bevollmächtigung

11 **a) Rechtsnatur, Form und Inhalt der Bevollmächtigung.** Die von dem Anbieter vorzunehmende Benennung eines Bevollmächtigten ist im weitesten Sinne an das **Rechtsinstitut der Stellvertretung** angelehnt.[11] Hierauf deuten sowohl die Bezeichnung dieses Wirtschaftsakteurs als Bevollmächtigter als auch die Legaldefinition des Art. 3 Nr. 5 hin, die ausdrücklich eine Bevollmächtigung voraussetzt. Weil der Bevollmächtigte aber nicht nur Erklärungen im Namen des Anbieters abgibt, sondern Realhandlungen zur Erfüllung öffentlich-rechtliche Pflichten vornimmt, lässt sich das Verhältnis zwischen Bevollmächtigten und Anbieter als **öffentlich-rechtliche Repräsentanz** beschreiben.[12] Grundlage einer solchen Bevollmächtigung ist ein **Auftrag,** der in Art. 22 Abs. 2, 3 S. 1 genannt wird und einer Vollmacht gleicht. Im Gegensatz zur zivilrechtlichen Stellvertretung reicht für die Bevollmächtigung jedoch nicht eine einseitige, empfangsbedürftige Willenserklärung in Gestalt eines Auftrags des Anbieters aus. Vielmehr erfordert Art. 3 Nr. 5 das **Einverständnis des Bevollmächtigten** für eine wirksame Bevollmächtigung. Mithin werden **zwei übereinstimmende Willenserklärungen** verlangt. Das Einverständniserfordernis besteht, weil die Bevollmächtigung iSv Art. 22 eine **pflichtenbegründende Wirkung** hat. Art. 3 Nr. 5 verankert erstmals eine ausdrückliche Einverständnisvoraussetzung; die bisherigen Definitionen des Bevollmächtigten enthalten keine solches Merkmal (vgl. Art. R1 Nr. 4 des Anhangs I des Beschlusses Nr. 768/2008/EG), auch wenn die Annahme durch den Bevollmächtigten freilich stillschweigend vorausgesetzt wurde.

12 Von der Benennung iSv Art. 22 als solchen ist das der Bevollmächtigung zugrundeliegende Rechtsgeschäft zwischen Anbieter und Bevollmächtigtem zu unterscheiden. Es handelt sich dabei um eine **privatrechtliche Beauftragung,** da ein Rechtsverhältnis zwischen zwei Privatrechtssubjekten erwächst (sofern der Anbieter keine hoheitliche Stelle ist). Unter Zugrundelegung der nationalen Zivilrechtsdogmatik erinnert dieses Rechtsgeschäfts (sofern entgeltlich) an den **Geschäftsbesorgungsauftrag** iSv § 675 BGB.[13] In praxi werden in dem entsprechenden Vertrag typischerweise **Detailbestimmungen zum Ablauf der Zusammenarbeit** und **Vertraulichkeits-, Vergütungs-** sowie **Haftungsregelungen** vereinbart. Als in einem regulatorischen Kontext eingebettetes privatrechtliches Grundgeschäft hat es eine öffentlich-rechtliche Prägung. Daher greifen zum einen öffentlich-rechtlichen Prinzipen auf das Grundgeschäft durch und zum anderen unterliegt die Vertragsfreiheit insofern engeren Grenzen.[14]

---

[11] Vgl. Bauer, Das Recht des technischen Produkts, 2018, Rn. 279; Wilrich, Produktsicherheit und CE-Konformität, 2021, Kap. 2.3.4.1; mit der Stellvertretung gleichsetzend Martini/Wendehorst/Gössl Art. 22 Rn. 19; Bomhard/Pieper/Wende/Gesmann-Nuissl Art. 22 Rn. 7.

[12] Vgl. Geiß/Doll GPSG, 2005, § 2 Rn. 73.

[13] In diese Richtung auch Martini/Wendehorst/Gössl Art. 22 Rn. 19; Bomhard/Pieper/Wende/Gesmann-Nuissl Art. 22 Rn. 7.

[14] So zum Verhältnis zwischen Hersteller und notifizierter Stelle BeckM&A-HdB/Spoerr § 83 Rn. 38.

Aus Sicht der deutschen Rechtstradition, die zwischen Zivilrecht und Öffentlichem Recht unterscheidet, ist die Bevollmächtigung iSv Art. 22 ein **Mischwesen,** das Elemente beider Teilrechtsordnungen vereint, und damit dem **Privatverwaltungsrecht**[15] zuzuordnen ist. Denn es begründet und regelt eine besondere, auf einer vertraglichen Grundlage basierenden Beziehung zweier privatrechtlicher Subjekte in einem regulatorischen Rahmen und hat öffentlich-rechtliche Wirkungen. Das EU-Recht stellt dies in dogmatischer Hinsicht vor keine größeren Herausforderungen, weil es keine strikte Trennung zwischen Zivilrecht und Öffentlichem Recht kennt. 13

Sowohl Art. 22 Abs. 1 als auch Art. 3 Nr. 5 setzen eine **schriftliche** Benennung bzw. Bevollmächtigung voraus. Aufgrund EU-rechtlich autonomer Interpretation ist damit jedoch nicht die Schriftform iSv § 126 BGB,[16] sondern eine Abgrenzung zu einer mündlichen Benennung gemeint. Vielmehr genügt aus Sicht des deutschen Zivilrechts die **Textform iSv § 126b BGB.**[17] Das Formerfordernis dient in erster Linie dem **Nachweis gegenüber den Marktüberwachungsbehörden,** denen auf **Anfrage eine Kopie des Auftrags** zur Verfügung zu stellen ist (Art. 22 Abs. 3 S. 2). Das Bedürfnis einer solchen Formanforderung besteht auch vor dem Hintergrund der weitreichenden Folgen und der Pflichten aktivierenden Wirkung der Bevollmächtigung. Nichtsdestotrotz erstreckt sich das Formerfordernis nach wortlautgetreuer Auslegung der beiden Vorschriften nur auf den anbieterseitigen Auftrag, während das Einverständnis des Bevollmächtigten formlos ergehen kann. Aus **Nachweis- und Dokumentationsgründen** erfolgt das Einverständnis in der Praxis jedoch ebenso schriftlich.[18] Die Nichteinhaltung der Form führt zur **Unwirksamkeit der Bevollmächtigung** und damit zur **Nichtkonformität des Hochrisiko-KI-Systems** eines in einem EU-Drittstaat niedergelassenen Anbieters. Die Formvorgabe betrifft folglich die **Verkehrsfähigkeit.** Tritt eine Person trotz fehlendem schriftlichen Auftrag nach außen als Bevollmächtigter auf, indem sie sich entsprechend kennzeichnet oder sich gem. Art. 49 Abs. 1 registriert, agiert diese Person als **sog. auftragsloser Bevollmächtigter.** Aufgrund des durch die Kennzeichnung oder Registrierung gesetzten Rechtsscheins bleibt ein auftragsloser Bevollmächtigter ein **tauglicher Adressat von Marktüberwachungsmaßnahmen.** Er kann sich somit – auch unter Beachtung des Grundsatzes der Effektivität der Gefahrenabwehr – nicht auf die fehlende Schriftformeinhaltung berufen, um der Inpflichtnahme durch die Marktüberwachungsbehörden zu entgehen.[19] Entsprechendes dürfte für die künftige Produkthaftung gem. Art. 8 Abs. 1 Buchst. c ii Richtlinie (EU) 2024/2853 gelten. 14

Die Art. 3 Nr. 5, 22 machen nur geringe Vorgaben für den **Inhalt des Auftrags.** Ausdrücklich verlangt Art. 22 Abs. 3 S. 3 nur, dass der Auftrag die vom Anbieter übertragenen und vom Bevollmächtigten wahrzunehmenden **Aufgaben bzw. Pflichten** iSv Art. 22 Abs. 3 S. 1 enthält, wobei die **Mindestaufgaben** gem. Art. 22 Abs. 3 S. 3 zu nennen sind. Mit dieser groben Anforderung an die **inhaltliche Gestaltung des Auftrags** ist eine nähere Beschreibung der 15

---

[15] Vgl. dazu Pestalozza JZ 1975, 50; Wiebe NuR 2021, 307 (312).

[16] So aber wohl Bomhard/Pieper/Wende/Gesmann-Nuissl Art. 22 Rn. 7.

[17] Martini/Wendehorst/Gössl Art. 22 Rn. 12; so auch bzgl. Art. 18 Abs. 1 CRA Wiebe, in: Wiebe, Das neue Recht der Cyberresilienz § 4 Rn. 32.

[18] So auch Bomhard/Pieper/Wende/Gesmann-Nuissl Art. 22 Rn. 7.

[19] Schucht/Wiebe Die neue GPSR § 3 Rn. 29; vgl. auch Wiebe/Schucht NZV 2022, 209 (214).

Aufgaben gemeint, die einen **gewissen Grad an inhaltlicher Bestimmtheit** aufweisen muss, damit der Bevollmächtigte seinen Aufgabenkreis identifizieren kann. Die Kenntnis und klare Definition der eigenen Pflichten und deren Grenzen erweist sich schließlich als notwendiges Fundament einer ordnungsgemäßen Aufgabenerledigung. Eine inhaltliche Bestimmtheit ist im Übrigen eine unabdingbare Voraussetzung für die Ahndungsfähigkeit einer entsprechenden Pflichtverletzung und dient nicht zuletzt der Nachvollziehbarkeit für die Marktüberwachungsbehörden. Allerdings ist es nicht erforderlich, die Aufgaben minutiös und detailliert textlich im Auftrag zu fixieren. Vielmehr genügt ein **normativer Verweis** auf die jeweilige Bestimmung in der KI-VO, welche die zu wahrzunehmende Aufgabe regelt;[20] insofern kommt dem schriftlichen Auftrag eine **Scharnierfunktion** zu.

16 Daneben muss der Auftrag den Anbieter und den Bevollmächtigten genau und identifizierbar bezeichnen. Dafür ist die Angabe der jeweiligen **Namen** und der **zustellungsfähigen Anschriften** nötig. Zum Mindestinhalt gehört ferner die Identifikation des **betreffenden Hochrisiko-KI-Systems,** auf das sich die Bevollmächtigung bezieht. Wenn der Bevollmächtigte in Bezug auf **mehrere unterschiedliche Hochrisiko-KI-Systeme eines Anbieters** Aufgaben wahrnehmen soll, bedarf es nicht für jedes einzelne Hochrisiko-KI-System eines gesonderten Auftrags. Indes reicht es aus, sie unter der jeweiligen konkreten Bezeichnung in einem Auftrag zusammenzufassen. Außerdem gilt es, das **Datum** der Bevollmächtigung anzugeben, um auszudrücken, dass sie vor dem Inverkehrbringen erfolgt ist.

17 **b) Anforderungen an den Bevollmächtigten.** Mit expliziten **Anforderungen an die Person des Bevollmächtigten** halten sich die Art. 3 Nr. 5, 22 zurück. Ausgehend von der gesetzlichen Begriffsbestimmung gem. Art. 3 Nr. 5 muss es sich um eine in der **Union ansässige oder niedergelassene natürliche oder juristische Person** handeln. Während die **Rechtsform** irrelevant ist (auch Personengesellschaften, Kleingewerbetreibende oder Existenzgründer können als Bevollmächtigte fungieren), erweist sich der **Sitz in der EU** als maßgebliche Voraussetzung. Art. 22 Abs. 1 wiederholt diese Vorgabe und spricht vom „in der Union niedergelassenen Bevollmächtigten".

18 Weitere Anforderungen an die **Qualifikation, Zuverlässigkeit und die personelle, finanzielle sowie organisatorische Ausstattung** legt Art. 22 nicht fest. Solche ausdrücklichen personen- und organisationsbezogenen Anforderungen sind im EU-Produktrecht eher die Ausnahme. Eine solche Ausnahme stellt Art. 5 Abs. 3 MÜ-VO dar, der eine Selbstverständlichkeit ausdrückt:[21] Danach muss der Bevollmächtigte über die **geeigneten Mittel** zur Wahrnehmung seiner Aufgaben verfügen. Bei verständiger Würdigung setzt Art. 22 daher die **generelle Eignung des Bevollmächtigten,** die ihm übertragenen Aufgaben ordnungsgemäß zu erfüllen, implizit voraus. Damit korrespondierend hat der Anbieter eine entsprechende **Auswahlpflicht.** Der Anbieter darf nicht eine **ungeeignete Person** – etwa in Gestalt einer faktisch nicht handlungsfähigen „Briefkastenfirma" – nur der Form halber beauftragen.[22] Allerdings zieht die Bevollmächtigung einer ungeeigneten Person keine unmittelbaren Konsequenzen für die Verkehrsfähigkeit, für die Wirksamkeit der Bevollmächtigung oder für den Anbieter nach sich und ist ebenso wenig sankti-

[20] Vgl. NK-ProdR/Schucht MÜ-VO Art. 5 Rn. 5.
[21] Vgl. NK-ProdR/Schucht MÜ-VO Art. 5 Rn. 9.
[22] Vgl. NK-ProdR/Schucht MÜ-VO Art. 5 Rn. 9.

onsfähig. Verletzt der Bevollmächtigte seine Pflichten aufgrund fehlender Eignung können ihn Sanktionen treffen (vgl. Art. 99 Abs. 4 Buchst. b).

III. Mitwirkungspflicht des Anbieters (Abs. 2)

Erst im Laufe des Gesetzgebungsverlaufs ist die **allgemeine Mitwirkungspflicht** gem. Art. 22 Abs. 2 hinzugekommen. Demgemäß muss der Anbieter es seinem Bevollmächtigten ermöglichen, die ihm **überantworteten Aufgaben ordnungsgemäß wahrzunehmen.** Damit bildet Art. 22 Abs. 2 die notwendige Kehrseite der Bevollmächtigtenpflicht zur Erledigung der Aufgaben nach Art. 22 Abs. 3, weil die ordnungsgemäße Aufgabenwahrnehmung eine wesentliche Zuarbeit des Anbieters voraussetzt. Dies gilt allen voran für die Überprüfungs-, Bereithaltungs- und Übermittlungspflicht gem. Art. 22 Abs. 3 S. 3 Buchst. a–c. 19

Dazu, wie diese **Ermöglichungs- und Mitwirkungshandlungen** des Anbieters in concreto auszusehen haben, schweigt sich Art. 22 Abs. 2 aus, weil sie von der konkreten Aufgabe abhängen. Nur in Bezug auf die Mindestaufgaben aus Art. 22 Abs. 3 S. 3 lassen sich konkrete Mitwirkungserfordernisse des Anbieters ableiten. Im Einzelnen obliegt es dem Anbieter, seinem Bevollmächtigten seine Kontaktdaten, ein Exemplar der EU-Konformitätserklärung gem. Art. 47 und der technischen Dokumentation iSv Art. 11, etwaige Bescheinigungen und Zertifikate notifizierter Stellen iSv Art. 44 sowie sonstige Konformitätsnachweise zu übermitteln und Zugang zu den vom Hochrisiko-KI-System automatisch erzeugten Protokollen gem. Art. 12 Abs. 1 zu gewähren. Insgesamt konzentriert sich die **anbieterseitige Mitwirkungsverpflichtung** im Kern auf die Zurverfügungstellung **relevanter Informationen und Unterlagen.** 20

Geheimhaltungsinteressen des Anbieters und der **Schutz von Geschäftsgeheimnissen,** die sich etwa in der technischen Dokumentation verbergen, **befreien nicht von der Mitwirkungs- und Übermittlungspflicht** und können dem Bevollmächtigten nicht entgegengehalten werden. Der Schutz der Vertraulichkeit und der geheimhaltungsbedürftigen Belange des Anbieters sollte daher vertraglich fundiert werden. Das Bedürfnis einer solchen vertraglichen Regelung besteht mit Blick auf die nach § 2 Nr. 1 Buchst. b GeschGehG[23] zu treffenden Geheimhaltungsmaßnahmen, um den Schutzbereich des GeschGehG offenzuhalten. 21

Alles in allem regelt Art. 22 Abs. 2 etwas Selbstverständliches, das üblicherweise auch Gegenstand vertraglicher Regelungen ist. Nichtsdestotrotz erscheint die ausdrückliche Klarstellung der Mitwirkungspflicht begrüßenswert; allein schon, weil dadurch der Einwand von Geheimhaltungsbelangen wegfällt, der von Herstellern in anderen Produktbereichen erfahrungsgemäß nicht selten erhoben wird, um eine Informationsübermittlung zu verhindern. Im Übrigen bildet diese Anbieterpflicht einen gesetzlichen Bezugspunkt für die Verpflichtung des Bevollmächtigten zur **Beendigung des Auftrags** gem. Art. 22 Abs. 4, wenn der Anbieter seinen Pflichten nicht nachkommt und der Bevollmächtigte aufgrund dessen an der vorschriftsmäßigen Aufgabenerledigung gehindert wird (→ Rn. 46 ff.). Droht dem Bevollmächtigten eine Sanktion wegen einer Pflichtverletzung (Art. 99 Abs. 1, 4 Buchst. b), die auf eine fehlende Mitwirkung des Anbieters zurückzuführen ist, kann sich der Bevollmächtigte auf den Verstoß gegen Art. 22 Abs. 2 als **Exkulpationsgrund** berufen. 22

---

[23] Vgl. Richtlinie (EU) 2016/943.

IV. Aufgaben des Bevollmächtigten (Abs. 3)

23 Art. 22 Abs. 3 umschreibt den Aufgabenkanon des Bevollmächtigten. Dabei lässt sich zwischen **Mindestaufgaben** in Art. 22 Abs. 3 S. 3 und **zusätzlichen Aufgaben,** die zur Disposition stehen (Art. 22 Abs. 3 S. 1), differenzieren. Regelungen zur Stellung und Funktion des Bevollmächtigten im Marktüberwachungsrecht flankieren die Aufgabenzuweisung (Art. 22 Abs. 3 S. 2, 4).

24 Zu welchem **Zeitpunkt** der Bevollmächtigte seine Aufgaben erledigt haben muss, sagt Art. 22 Abs. 3 nicht. Ein zeitlicher Bezugspunkt lässt sich nicht pauschal festmachen, weil er je nach Aufgabe unterschiedlich sein kann. Grosso modo kann auch bei dem Bevollmächtigten zwischen dem **Vor- und Nachmarktbereich** unterschieden werden, also Aufgabenerledigung vor bzw. nach dem Inverkehrbringen. Da der Bevollmächtigte selbst jedoch keine Inverkehrgabe bzw. Bereitstellung vornimmt, stellt die entsprechende Handlung des Anbieters den zeitlichen Orientierungspunkt dar.

1. Wahrnehmung festgelegter Aufgaben (S. 1)

25 Der Bevollmächtigte muss nach Art. 22 Abs. 3 S. 1 die im Auftrag festgelegten Aufgaben des Anbieters wahrnehmen. Zum einen formt diese Bestimmung die **zentrale gesetzliche Verpflichtung** des Bevollmächtigten unter Bezugnahme auf den konstitutiven schriftlichen Auftrag, dessen Inhalt gleichsam in Art. 22 Abs. 3 S. 1 inkorporiert wird. Zum anderen räumt Art. 22 Abs. 3 S. 1 dem **Anbieter die Möglichkeit** ein, Aufgaben auf den Bevollmächtigten mit dessen Einverständnis auszulagern. Damit fundiert die Rechtsfigur des Bevollmächtigten im Allgemeinen und Art. 22 Abs. 3 S. 1 im Besonderen ein (im Öffentlichen Recht seltenes) **Gestaltungsrecht hinsichtlich der Verantwortungs- und Pflichtenzuordnung.**

26 Das Gestaltungsrecht findet seine Grenzen in Art. 22 Abs. 3 S. 3 und den dort genannten **Mindestaufgaben,** die dem **Bevollmächtigten zwingend aufzutragen** und daher im Auftrag aufzuführen sind. Mit Blick auf Art. 22 Abs. 3 S. 3 besteht kein Entscheidungsspielraum. Freilich können darüber hinaus auch **KI-VO-fremde Aufgaben,** wie etwa die rechtsgeschäftliche Stellvertretung des Anbieters, Gegenstand des Auftrags sein; dies ist für die Wirksamkeit der Bevollmächtigung und die Formkonformität des Auftrags unschädlich. Neben den wahrzunehmenden Aufgaben soll der Auftrag auch die Grenzen der Befugnisse des Bevollmächtigten enthalten.[24]

27 Da der Anbieter die Aufgaben auf den Bevollmächtigten überträgt, kann es sich bei den vom Bevollmächtigten wahrzunehmenden Pflichten naturgemäß nur um solche des Anbieters handeln. Anders als die meisten Harmonisierungsrechtsvorschriften[25] beschränkt die KI-VO die Übertragbarkeit nicht auf **administrative Aufgaben** bzw. Pflichten, die bloß formelle Anforderungen zum Gegenstand haben. Art. 22 nimmt insoweit überhaupt keine Einschränkungen vor.[26] Die Abkehr von dem im NLF festgelegten typischen Aufgabenbild des Bevollmächtigten darf als bewusste Entscheidung des EU-Gesetzgebers verstanden werden, die

---

24 Blue Guide 2022, Abschnitt 3.2.

25 Siehe Art. R3 Abs. 1 UAbs. 2 des Anhangs I des Beschlusses Nr. 768/2008/EG; Blue Guide 2022, Abschnitt 3.2.

26 AA wohl Martini/Wendehorst/Gössl Art. 22 Rn. 2.

Übertragung jeglicher – also auch **sicherheitsrelevanter Pflichten,** die sich auf materielle Anforderungen beziehen – zuzulassen.[27] Deshalb kann der Anbieter theoretisch sämtliche Pflichten, die ihn nach den Art. 16 ff. treffen, seinem Bevollmächtigten überantworten. Insbesondere hat der Anbieter die Möglichkeit, den Bevollmächtigten damit zu beauftragen, für die Konformität mit Abschnitt 2 des Kap. III der KI-VO zu sorgen und die technische Dokumentation iSv Art. 11 zu erstellen. Tatsächlich dürfte eine **Übertragung der Kernverpflichtungen des Anbieters** in der Praxis eher eine Ausnahme sein, weil die Bevollmächtigten in der Regel nicht die ausreichende Expertise und die erforderlichen technischen Mittel dafür haben. Da der Bevollmächtigte jedoch nicht die Rolle des Anbieters einnimmt, hat er nicht die Befugnis gem. Art. 22, eine **Unterbevollmächtigung** vorzunehmen und die auf ihn übertragenen Aufgaben an einen Dritten weiterzugeben.

Die Übertragung der Aufgaben führt nicht nur zu einer Wandlung der originären anbieterseitigen Pflichten. Sie erfolgt vielmehr mit **befreiender Wirkung**[28] für den Anbieter, auch wenn der Bevollmächtigte gem. Art. 3 Nr. 5 **im Namen des Anbieters** tätig wird. Diese Formulierung dient lediglich dem Referenzieren auf einen konkreten, klar bestimmbaren Anbieter, dessen Pflichten der Bevollmächtigte übernimmt. Dem Anbieter verbleiben im Ergebnis auch **keine Überwachungspflichten.** Für eine andere Lesart, nach der Kontrollpflichten beim Anbieter behält, gibt es schlichtweg keinen textlich-normativen Anknüpfungspunkt. Die deutsche Rechtsprechung zu § 823 BGB, wonach die Überantwortung von Verkehrssicherungspflichten zu keiner vollständigen Pflichtenbefreiung, sondern zu einer bloßen Pflichtenänderung (Stichwort: Auswahl- und Überwachungspflicht) führt,[29] lässt sich aufgrund der EU-rechtlichen Provenienz der KI-VO nicht übertragen. Folgerichtig hat der Anbieter **keine Weisungsrechte** gegenüber dem Bevollmächtigten qua Gesetz; etwas anderes kann sich aber aus dem zugrundeliegenden Geschäftsbesorgungsvertrag ergeben. **28**

2. Zurverfügungstellung der Kopie des Auftrags (S. 2)

Nach Art. 22 Abs. 3 S. 2 obliegt es dem Bevollmächtigten, eine Kopie des Auftrags der zuständigen Behörde auf entsprechende (verwaltungsaktsmäßige oder informelle) Anfrage zur Verfügung zu stellen.[30] Damit statuiert diese Vorschrift eine **besondere Informationspflicht** des Bevollmächtigten sowie eine entsprechende **Informationsbefugnis** der Behörden (etwa Marktüberwachungsbehörden i.S.v. Art. 3 Nr. 26 KI-VO oder die nationalen Datenschutzbehörden),[31] in deren Zuständigkeitsbereich das Hochrisiko-KI-System in Verkehr gebracht bzw. bereitgestellt wird. Implizit setzt Art. 22 Abs. 3 S. 2 voraus, dass der Bevollmächtigte eine Ausfertigung des Auftrags besitzt und aufbewahrt. **29**

---

[27] So auch in Art. 10 VO (EU) 2023/988, dazu Schucht/Wiebe Die neue GPSR § 3 Rn. 28.

[28] Ebenso im produktsicherheitsrechtlichen Kontext Bauer, Das Recht des technischen Produkts, 2018, Rn. 90; Schucht/Wiebe Die neue GPSR § 3 Rn. 27; bzgl. Art. 18 Abs. 1 CRA Wiebe, in: Wiebe, Das neue Recht der Cyberresilienz § 4 Rn. 30; aA im CRA-Kontext Dittrich/Heinelt RDi 2023, 309 (315); Ruttloff/Wagner/Stilz BB 2024, 1603 (1604).

[29] BGH NJW 2017, 2905 (2906); MüKoBGB/Wagner § 823 Rn. 582.

[30] Martini/Wendehorst/Gössl Art. 22 Rn. 31.

[31] Vgl. Erwgr. (157).

30 Im Kern dient Art. 22 Abs. 3 S. 2 der **Nachweiserbringung** hinsichtlich der Bevollmächtigung. Vor diesem Hintergrund muss die zuständige Behörde das Verlangen – anders als andere Auskunftsbegehren – nicht begründen. Kommt der Bevollmächtigte der behördlichen Anfrage nicht nach, kann die anfragende Behörde dies als **Indiz für die fehlende Bevollmächtigung** und damit im Falle einer zwingenden Bevollmächtigung für die **Nichtverkehrsfähigkeit** des betreffenden Hochrisiko-KI-Systems auffassen. Ein solches Verhalten des Bevollmächtigten bzw. Anzeichen berechtigt die Marktüberwachungsbehörden, weitere Maßnahmen auf Grundlage von Art. 74 KI-VO iVm Art. 14 Abs. 4 MÜ-VO zu ergreifen.

31 Die Vorgabe, den Auftrag in **Gestalt einer Kopie** zu übermitteln, ist nicht als striktes **Formerfordernis** zu verstehen; freilich könnte auch das **Original** zur Verfügung gestellt werden. Die Auftragskopie ist dazu gedacht als Nachweis bei der anfragenden Behörde zu verbleiben und zur Vorgangsakte genommen zu werden. Die Kopie muss nicht zwingend in Papierform bereitgestellt werden; eine elektronische Zurverfügungstellung in einem **digitalen Format** reicht aus (vgl. § 3a (L)VwVfG), zumal dies in praxi ohnehin das Mittel der Wahl darstellen dürfte. Auch wenn **keine Sprachanforderungen** bezüglich des Auftrags existieren, hat die Behörde vorzugeben, in welcher **Amtssprache der EU** die angeforderte Kopie verfasst sein muss. Grundsätzlich wird die Amtssprache des jeweiligen Mitgliedstaates, in dem die Marktüberwachungsbehörde sitzt, maßgeblich sein (vgl. § 23 Abs. 1 (L)VwVfG). Daher muss das Original gegebenenfalls entsprechend übersetzt werden. Die Behörde kann für die Vorlage der Kopie eine **Frist** setzen (vgl. § 31 (L)VwVfG).

3. Mindestaufgaben (S. 3)

32 Der Bevollmächtigte muss zur Wahrnehmung der fünf in Art. 22 Abs. 3 S. 3 Buchst. a–e enumerierten Aufgaben ermächtigt werden. Die Übertragung bzw. Wahrnehmung dieser **Mindestaufgaben** steht nicht zur Disposition, sondern ist zwingend; unabhängig davon, ob es sich um eine obligatorische oder freiwillige Bevollmächtigung handelt. Die gesetzlich festgelegten Mindestaufgaben führen zur Einschränkung der Privatautonomie.[32] Diese Aufgaben kreieren den **Kern der Tätigkeit** eines Bevollmächtigten und sind charakteristisch für dessen Funktion. Obwohl die Ermächtigung zur Wahrnehmung dieser Aufgaben sich als verpflichtend erweist, erfolgt sie **qua Auftrag** und nicht ipso jure. Eine Bezugnahme auf diese Bestimmung in dem Auftrag genügt jedoch. Insofern ist **keine wörtliche Wiedergabe** in dem Auftrag zwingend erforderlich (→ Rn. 27).[33] Eine unzureichende Übertragung nur eines Teils dieser Aufgaben berührt die Wirksamkeit der Bevollmächtigung nicht; der Bevollmächtigte bleibt auf Grundlage des Art. 22 Abs. 3 S. 3 Buchst. a–e trotzdem befugt, die im Auftrag nicht genannten Mindestaufgaben zu erfüllen.[34]

33 **a) Überprüfung formeller Anforderungen (Buchst. a).** Die Aufgabe gem. Art. 22 Abs. 3 S. 3 Buchst. a hatte der ursprüngliche Kommissionsvorschlag noch nicht vorgesehen.[35] Diese Aufgabenvorschrift enthält eine **formelle Prüfpflicht**

---

[32] Martini/Wendehorst/Gössl Art. 22 Rn. 35.

[33] Vgl. NK-ProdR/Schucht MÜ-VO Art. 5 Rn. 5.

[34] Martini/Wendehorst/Gössl Art. 22 Rn. 35; vgl. auch NK-ProdR/Schucht MÜ-VO Art. 5 Rn. 6.

[35] COM(2021) 206 final.

in Bezug auf drei von dem Anbieter zu erfüllende **formelle Anforderungen.** Erstens muss der Bevollmächtigte überprüfen, ob der Anbieter die **EU-Konformitätserklärung** iSv Art. 47 ausgestellt hat. Zweitens obliegt es ihm, zu kontrollieren, ob der Anbieter die **technische Dokumentation** gem. Art. 11 erstellt hat. Drittens hat er sich zu vergewissern, dass der Anbieter ein **Konformitätsbewertungsverfahren** iSv Art. 43 durchgeführt hat. Diese drei vom Anbieter zu erfüllenden Anforderungen hängen sehr eng zusammen, weil sie wesentliche Verkehrsfähigkeitsvoraussetzungen darstellen, deren Rahmen das Konformitätsbewertungsverfahren formt. Mit dieser Aufgabe soll der Bevollmächtigte einen Beitrag zur **Sicherstellung der Konformität** leisten. Hingegen obliegt es dem Bevollmächtigten nicht, das **Vorhandensein der CE-Kennzeichnung** zu kontrollieren, weil er kein Glied der Lieferkette ist (sofern er nicht zugleich als Einführer oder Händler fungiert).

Die **Prüfungstiefe und der -umfang** des Bevollmächtigten sind begrenzt. Er 34 muss in erster Linie die Existenz der EU-Konformitätserklärung und der technischen Dokumentation kontrollieren, indem er sich die entsprechenden Unterlagen vorlegen oder deren Vorhandensein zumindest verbindlich bestätigen lässt. Die stattgefundene Durchführung eines Konformitätsbewertungsverfahrens kann ebenfalls anhand der dabei erstellten Dokumente und etwaiger Bescheinigungen einer eingebundenen notifizierten Stelle überprüft werden. Eine Vorlage dieser Unterlagen ist vor dem Hintergrund der Aufbewahrungspflicht gem. Art. 22 Abs. 3 S. 3 Buchst. b ohnehin in der Regel erforderlich (→ Rn. 35 ff.). Zusätzlich kann der Anbieter in einer **Selbsterklärung** die Durchführung des Konformitätsbewertungsverfahrens bekräftigen. Daneben hat der Bevollmächtigte zu prüfen, ob die **formellen Vorgaben** gem. Art. 47 iVm Anhang V mit Blick auf die EU-Konformitätserklärung bzw. Art. 11 iVm Anhang IV hinsichtlich der technischen Dokumentation eingehalten werden. Die Kontrolle der **materiellen-inhaltlichen Richtigkeit** der EU-Konformitätserklärung, der technischen Dokumentation und **Ordnungsmäßigkeit** des Konformitätsbewertungsverfahrens kann der Bevollmächtigte indes nicht leisten.[36]

b) Bereithaltung von Unterlagen (Buchst. b). Art. 22 Abs. 3 S. 3 Buchst. b 35 statuiert die **Pflicht zur Bereithaltung** bestimmter für die Konformitätsprüfung relevanter Daten und Unterlagen für die zuständigen Marktüberwachungsbehörden, namentlich die **Kontaktdaten des benennenden Anbieters** (vgl. Art. 16 Buchst. b), ein **Exemplar der EU-Konformitätserklärung** iSv Art. 47, die **technische Dokumentation** iSv Art. 11 und etwaige von notifizierten Stellen im Rahmen des Konformitätsbewertungsverfahrens **ausgestellte Bescheinigungen bzw. Zertifikate.** Diese Vorschrift impliziert eine an den Bevollmächtigten gerichtete **Aufbewahrungspflicht** und knüpft an die Prüfaufgaben gem. Art. 22 Abs. 3 S. 3 Buchst. a an, wonach der Bevollmächtigte diese Unterlagen zu kontrollieren hat (→ Rn. 33 f.). Damit setzt Art. 22 Abs. 3 S. 3 Buchst. b voraus, dass der Anbieter diese Unterlagen an den Bevollmächtigten vor Inverkehrgabe des Hochrisiko-KI-Systems übermittelt. Ziel dieser Bestimmung ist die Sicherstellung, dass die zuständigen Behörden schnellen Zugriff auf die Unterlagen erhalten, welche für den Konformitätsnachweis Bedeutung haben.

Die **Bereithaltung bzw. Aufbewahrung** muss für einen Zeitraum von **zehn** 36 **Jahren** ab dem **letztmaligen Inverkehrbringen bzw. der Inbetriebnahme**

[36] Vgl. Handorn, Die Medizinprodukte-Verordnung (EU) 2017/745, 2021, Abschnitt 5.4.1.

des jeweiligen (letzten) Hochrisiko-KI-Systems erfolgen. Um die Bereithaltungsfrist zu identifizieren, muss der Bevollmächtigte den Zeitpunkt des letztmaligen Inverkehrbringens bestimmen können. Diese Unterlagen müssen auch nach einer etwaigen Beendigung der Bevollmächtigung verfügbar bleiben, sofern kein neuer Bevollmächtigter benannt wird.[37] Wie genau die Bereithaltung und Aufbewahrung in innerorganisatorischer Hinsicht zu erfolgen hat, bleibt den Bevollmächtigten überlassen. Es bietet sich jedoch an, ein **Dokumentenmanagementsystem** zu unterhalten, um die Pflicht ordnungsgemäß zu erledigen und ein etwaiges behördliches Auskunftsverlangen zielgerichtet und zeitnah zu erfüllen. Eine elektronische Bereithaltung – etwa via eines vom Anbieter eingerichteten Cloud-Zugangs – soll genügen.[38]

37 **c) Übermittlung von Informationen und Unterlagen (Buchst. c).** Art. 22 Abs. 3 S. 3 Buchst. c verpflichtet den Bevollmächtigten, **sämtliche Unterlagen und Daten** einer zuständigen Behörde zur Verfügung zu stellen, um die **Konformität des Hochrisiko-KI-Systems mit den in Kapitel III Abschnitt 2 verankerten Anforderungen** nachzuweisen. Hierzu gehören allen voran – aber nicht nur – die in Art. 22 Abs. 3 S. 3 Buchst. b genannten Informationen und Dokumente: die **Kontaktdaten des benennenden Anbieters** (vgl. Art. 16 Buchst. b), ein **Exemplar der EU-Konformitätserklärung** iSv Art. 47, die **technische Dokumentation** iSv Art. 11 und etwaige von notifizierten Stellen im Rahmen des Konformitätsbewertungsverfahrens **ausgestellte Bescheinigungen iSv Art. 44 KI-VO iVm Anhang VII.** Daneben müssen die Bevollmächtigten den zuständigen Behörden den Zugang zu den vom Hochrisiko-KI-System **automatisch erzeugten Protokollen** iSv Art. 12 Abs. 1 gewähren, wenn und soweit diese Protokolle der rechtlichen und faktischen Kontrolle des Anbieters unterliegen.[39]

38 Die Übermittlungspflicht setzt ein **begründetes Verlangen** der ersuchenden Behörde voraus. Damit beinhaltet diese Bestimmung neben der **Auskunftspflicht** des Bevollmächtigten eine **Auskunftsbefugnis** der zuständigen Behörden. Hohe Anforderungen an die **Begründung des Verlangens** sind nicht zu stellen; konkrete Zweifel an der Konformität im Rahmen der Marktüberwachungstätigkeit genügen jedenfalls.[40] Die Vorschrift stellt weder Anforderung an die **Form** der Übermittlung noch an das behördliche Verlangen. Eine elektronische Übermittlung ist insofern statthaft. Die Behörden können im Zuge des Auskunftsverlangens eine **Frist** für die Übermittlung setzen (vgl. § 31 (L)VwVfG). Zudem haben die Behörden die Möglichkeit, die Dokumente und Informationen in einer bestimmten Amtssprache anzufordern (vgl. § 23 Abs. 2 (L)VwVfG).

39 **d) Zusammenarbeit mit Behörden (Buchst. d).** Ergänzend zu der Übermittlungspflicht gem. Art. 22 Abs. 3 S. 3 Buchst. c statuiert Art. 22 Abs. 3 S. 3 Buchst. d eine allgemeine **Kooperationspflicht** der Bevollmächtigten. Danach obliegt es ihnen, bei allen Maßnahmen zu kooperieren, welche die zuständige Behörde im Zusammenhang mit dem Hochrisiko-KI-System ergreift. Den Schwerpunkt bilden dabei **nachmarktbezogene Korrekturmaßnahmen,** um die von einem in Verkehr gebrachten Hochrisiko-KI-System ausgehenden Risiken

[37] Vgl. Handorn, Die Medizinprodukte-Verordnung (EU) 2017/745, 2021, Abschnitt 5.4.2.
[38] Vgl. Handorn, Die Medizinprodukte-Verordnung (EU) 2017/745, 2021, Abschnitt 5.4.2.
[39] Martini/Wendehorst/Gössl Art. 22 Rn. 44 f.
[40] Im Ergebnis so auch Martini/Wendehorst/Gössl Art. 22 Rn. 43.

zu verringern und abzumildern. Dazu können die in Art. 74 iVm Art. 14 Abs. 4 VO (EU) 2019/1020 genannten Korrekturmaßnahmen gehören.

Voraussetzung für die Kooperationspflicht ist wiederum eine **begründete Anfrage** der zuständigen Behörde, die keiner besonderen Form bedarf. Hinter Art. 22 Abs. 3 S. 3 Buchst. d verbirgt sich somit neben der Kooperationspflicht auch eine **behördliche Befugnis** zur entsprechenden Verpflichtung der Bevollmächtigten. Unter dem Gesichtspunkt der Effektivität der Gefahrenabwehr sind die Hürden für eine Inpflichtnahme der Bevollmächtigten gering. Grundsätzliche Bedingung ist die Fähigkeit des Bevollmächtigten, bei den ergriffenen Maßnahmen mitwirken zu können. Hingegen verlangt Art. 22 Abs. 3 S. 3 Buchst. d nicht, dass die Bevollmächtigten eigenständige Maßnahmen treffen. 40

e) Registrierungspflicht (Buchst. e). Weiterhin muss der Bevollmächtigte gem. Art. 22 Abs. 3 S. 3 Buchst. e die **Registrierung nach Art. 49 Abs. 1** vornehmen, wenn dies nicht der Anbieter erledigt hat. Nach Art. 49 Abs. 1 muss der Anbieter oder sein Bevollmächtigter vor dem Inverkehrbringen oder der Inbetriebnahme eines in Anhang III aufgeführten Hochrisiko-KI-Systems sich und sein System in der in Art. 71 genannten **EU-Datenbank** registrieren (→ Art. 49 Rn. 6 ff.). Für den Anbieter besteht insofern ein Wahlrecht, wer diese Pflicht wahrnehmen soll. Die Registrierungspflicht gilt nicht für die in Nr. 2 des Anhangs III genannten Hochrisiko-KI-Systeme. Die im Zuge der Registrierung bereitzustellende Informationen ergeben sich aus Abschnitt A des Anhangs VIII. 41

Sofern der Anbieter dieser Registrierungspflicht selbst nachgekommen ist, hat der Bevollmächtigte nur die **Richtigkeit** der in Nr. 3 Abschnitt A des Anhangs VIII aufgeführten Informationen zu kontrollieren. Bei diesen Informationen handelt es sich um den Namen, die Anschrift und die Kontaktdaten des Bevollmächtigten. 42

4. Behördlicher Ansprechpartner (S. 4)

Schließlich regelt Art. 22 Abs. 3 S. 4 die Stellung des Bevollmächtigten als **Ansprechpartner der zuständigen Behörden.** Die Funktion als behördlicher Ansprechpartner geht unmittelbar mit der Benennung des Bevollmächtigten einher und bedarf somit keiner ausdrücklichen Erwähnung im Auftrag. Entweder nimmt der Bevollmächtigte diese Rolle exklusiv oder neben dem Anbieter ein; im letzteren Fall haben die Behörden zwei Ansprechpartner. 43

In dieser Funktion als Ansprechpartner steht der Bevollmächtigte den Behörden in allen Fragen zur Verfügung, welche die **Sicherstellung der Einhaltung der KI-VO** betreffen. Während die umfangreichen Informations- und Mitwirkungspflichten gem. Art. 22 Abs. 3 S. 3 Buchst. c, d sich auf die **objektiven Konformitätsanforderungen** beziehen, verbleibt Art. 22 Abs. 3 S. 4 insoweit ein eigener Anwendungsbereich, als die zuständigen Behörden auf dieser Grundlage Fragen zu den **subjektiven Pflichten des Anbieters** und den **eigenen Aufgaben des Bevollmächtigten** adressieren können. Aufgrund der weiten Fassung dient die Vorschrift im Übrigen als **Auffangtatbestand,** um den Bevollmächtigten behördlich einzubeziehen.[41] Allerdings weist Art. 22 Abs. 3 S. 4 dem Bevollmächtigten nur eine Rolle zu, ohne ihm dabei ausdrücklich Handlungs- und Mitwirkungspflichten aufzuerlegen. Trotz des Fehlens einer expliziten Inpflichtnahme geht mit der Stellung als behördlicher Ansprechpartner zumindest eine **Verpflichtung zur Beantwortung von Fragen und zur Auskunft** einher. 44

[41] Ebenso Martini/Wendehorst/Gössl Art. 22 Rn. 51.

V. Beendigung der Bevollmächtigung (Abs. 4)

45 Erst im Laufe des Gesetzgebungsverfahrens wurden die in Art. 22 Abs. 4 niedergelegte Pflicht des Bevollmächtigten zur **Beendigung der Bevollmächtigung bzw. des Auftrags** unter bestimmten Bedingungen und die daran anknüpfende Pflicht zur Unterrichtung der zuständigen Behörde darüber in den Pflichtenkanon aufgenommen. Ungeachtet dessen haben sowohl der Anbieter als auch der Bevollmächtigte das Recht, die Bevollmächtigung zu beenden.

1. Beendigungspflicht (S. 1)

46 Der Bevollmächtigte muss den Auftrag und damit die Bevollmächtigung beenden, wenn er **positiv weiß oder den begründeten Verdacht** hat, dass der Anbieter gegen seine Pflichten verstößt. Quellen solcher konkreten Verdachtsmomente können Reklamationen, Medienberichte oder behördliche Mitteilungen sein.[42] Eine proaktive Nachforschungspflicht trifft den Bevollmächtigten indes nicht. Art. 22 Abs. 4 S. 1 räumt dem Bevollmächtigten nicht nur die Möglichkeit zur Beendigung ein, sondern verpflichtet ihn dazu. Angesichts der weiten Formulierung wird die Beendigungspflicht sowohl durch Verstöße gegen die **allgemeinen Anbieterpflichten** gem. den Art. 16 ff. als auch durch Verletzungen der **Pflichten im Zusammenhang der Bevollmächtigung** aktiviert, die gegenüber dem Bevollmächtigten bestehen (namentlich Art. 22 Abs. 2). In praxi werden vor allem Verstöße gegen Art. 22 Abs. 2 eine Rolle spielen, weil erstens der Bevollmächtigte angesichts der eigenen Betroffenheit davon am ehesten Kenntnis erlangt. Zweitens hat der Bevollmächtigte in dieser Konstellation den stärksten Befolgungsdruck mit Blick auf die Beendigung: läuft er doch andernfalls Gefahr, sanktioniert zu werden, wenn er in Ermangelung der Mitwirkung des Anbieters seine eigenen Pflichten nicht ordnungsgemäß erfüllen kann (vgl. Art. 99 Abs. 1, 4 Buchst. b). Insofern dient die Beendigung dem **Selbstschutz.** Eine nach Art. 22 Abs. 4 S. 1 berechtigterweise vorgenommene Beendigung des Auftrags löst im Übrigen ein gesetzliches Kündigungsrecht des zivilrechtlichen Grundgeschäfts aus, auf dem die Bevollmächtigung beruht.[43]

47 Allein schon aus **Verhältnismäßigkeitserwägungen** führt – trotz des Wortlauts – nicht jegliche Pflichtverletzung seitens des Anbieters zur Beendigungspflicht des Bevollmächtigten; es bedarf einer **gewissen Intensität und Dauer von Pflichtverstößen.**[44] Zum einen muss der Anbieter die Möglichkeit haben, einen identifizierten Verstoß auszubessern und die Pflicht „nach zu erfüllen". Schließlich spricht Art. 22 Abs. 4 S. 1 im Plural von Pflichtverstößen, die die Beendigungspflicht begründen. Folglich ist der Bevollmächtigte angehalten, den Anbieter vor der Beendigung an die Pflichteinhaltung zu erinnern bzw. ihn entsprechend zu mahnen und ihm eine angemessene **Frist zur Nachholung der Pflichterfüllung** und Behebung des Pflichtverstoßes zu setzen.[45] Erst nach fruchtloser Fristsetzung darf der Bevollmächtigte den Auftrag beenden. Die erklärte Beendigung gilt dann **fristlos.** Zum anderen wiegen Verstöße gegen **materielle Anforderungen** und

[42] Martini/Wendehorst/Gössl Art. 22 Rn. 54.
[43] So auch Martini/Wendehorst/Gössl Art. 22 Rn. 56.
[44] Ebenso Martini/Wendehorst/Gössl Art. 22 Rn. 61 ff.
[45] Siehe auch Leitlinien für Wirtschaftsakteure und Marktüberwachungsbehörden zur praktischen Umsetzung von Artikel 4 der Verordnung (EU) 2019/1020 über Marktüberwachung und die Konformität von Produkten, 2021/C 100/01, Abschnitt 3.

Verletzungen von Pflichten gegenüber dem Bevollmächtigten iSv Art. 22 Abs. 2 schwerer und berechtigen daher eher zur Beendigung als bloße vom Anbieter verursachte **formelle Nichtkonformitäten.** Auch beharrliche Wiederholungen von Pflichtverletzungen sowie Vorsätzlichkeit sind bei der Entscheidung zugunsten einer Beendigung zu berücksichtigen.

Entsprechend einer Kündigungserklärung handelt es sich bei der Beendigung um eine einseitig **empfangsbedürftige Willenserklärung,** die der Bevollmächtigte gegenüber dem Anbieter abgeben muss. Eine **Formvorgabe** macht Art. 22 Abs. 4 S. 1 nicht. Jedoch sollte die Beendigung allein aus Nachweis- und Dokumentationszwecken in Schrift- oder Textform kommuniziert werden. Da Art. 22 Abs. 4 S. 1 keine unverzügliche Beendigung fordert und auch sonst **keine Fristvorgaben** festlegt, muss der Bevollmächtigte nicht unmittelbar tätig werden. Nichtsdestotrotz sollte die Beendigung zeitnah erfolgen, wenn der Verstoß trotz Mahnung nicht behoben wurde. 48

Die Beendigung wirkt **ex nunc** und lässt die **Verkehrsfähigkeit der betroffenen Hochrisiko-KI-Systeme entfallen.** Über die dadurch eingetretene **Nichtkonformität** muss der Anbieter die Händler sowie Einführer gem. Art. 20 Abs. 1 S. 2 unterrichten. Der Wegfall der Verkehrsfähigkeit lässt sich nur verhindern, wenn der Anbieter – als Korrekturmaßnahme iSv Art. 20 Abs. 1 S. 1 – ersatzweise einen neuen Bevollmächtigten gem. Art. 22 benennt. 49

Die mit der Beendigung einhergehenden **Rechtsfolgen** für den Bevollmächtigten sind weitestgehend ungeregelt. Unklar ist vor allem, ob der Bevollmächtigte bestimmte Pflichten auch nach der Beendigung zu erfüllen hat. In Anlehnung an das Institut der nachvertraglichen Pflichten kann er sich mit der Beendigung jedenfalls **nicht rückwirkend jeglicher Verantwortung** in Bezug auf die unter seiner Ägide in Verkehr gebrachten Hochrisiko-KI-Systeme entledigen.[46] Andernfalls wäre der Bevollmächtigte eine „leere Hülse“, wenn er sich vermittels einer Auftragsbeendigung der Verantwortung und seinen Mitwirkungspflichten entziehen könnte, sobald Anzeichen für Nichtkonformitäten bestehen und es „heikel“ wird. Dies widerspräche im Übrigen dem **Grundsatz der Effektivität der Gefahrenabwehr.** Korrespondierend mit der Wirkung der Beendigung für die Zukunft bleiben entstandene Pflichten folglich mit Blick auf die vom Auftrag erfassten Hochrisiko-KI-Systeme, die während der Bevollmächtigung in Verkehr gebracht wurden, weiterhin bestehen. Dies gilt zuvörderst für die Funktion des Bevollmächtigten als **Ansprechpartner** der Marktüberwachungsbehörden gem. Art. 22 Abs. 3 S. 4 und seine **Informations- und Kooperationspflichten** nach Art. 22 Abs. 3 S. 3 Buchst. c, d. Ebenso wirkt die **Bereithaltungspflicht** gem. Art. 22 Abs. 3 S. 3 Buchst. b bis zum Ende der Aufbewahrungsfrist fort, wenn der Bevollmächtigte über die entsprechenden Unterlagen tatsächlich verfügt. Im Übrigen ist der Bevollmächtigte verpflichtet, bei dem **Wechsel und der Einbindung eines neuen Bevollmächtigten** mitzuwirken und relevante Unterlagen etc weiterzuleiten. 50

2. Unterrichtung über die Beendigung der Bevollmächtigung (S. 2)

Über die Beendigung des Auftrags nach Art. 22 Abs. 4 S. 1 muss der Bevollmächtigte die betreffende **Marktüberwachungsbehörde** und gegebenenfalls die 51

[46] AA wohl Martini/Wendehorst/Gössl Art. 22 Rn. 60.

involvierte **notifizierte Stelle unterrichten** (Art. 22 Abs. 4 S. 2). Gegenstand der Unterrichtung sind auch die **Gründe für die Beendigung.** Damit wohnt Art. 22 Abs. 4 S. 2 faktisch eine „Anschwärzungspflicht" inne, weil der Bevollmächtigte die fortwährenden Verstöße des Anbieters offenlegen muss. Die Meldepflicht nach Art. 22 Abs. 4 S. 2 dient de facto der Entlastung des Bevollmächtigten[47] und erhöht für den Anbieter den regulatorischen Befolgungsdruck, da andernfalls eine behördliche Meldung der Nichtkonformitäten droht. Letztlich verfolgt diese Bestimmung genauso marktüberwachungsrechtliche Zwecke, weil die zuständige Marktüberwachungsbehörde von fortgesetzten Verstößen Kenntnis erlangt. Aufgrund des klaren Wortlauts sind **andere Beendigungsgründe** als gem. Art. 22 Abs. 4 S. 1 nicht meldepflichtig.

52 Die Unterrichtung hat **unverzüglich** nach der gegenüber dem Anbieter abgegebenen Beendigungserklärung zu erfolgen. Nach deutschem Rechtsverständnis bedeutet dies „ohne schuldhaftes Zögern" (vgl. § 121 Abs. 1 S. 1 BGB). Hingegen legt diese Vorschrift **keine Formerfordernisse** fest. In der Praxis wird die Meldung indes in aller Regel schriftlich oder elektronisch gegenüber der **Heimatbehörde** des Bevollmächtigten als der zuständigen Marktüberwachungsbehörde vorgenommen.

53 Auch wenn es nicht rechtlich verpflichtend ist, erscheint es für den Bevollmächtigten sinnvoll, nach der Beendigung die **Löschung der im Zuge der Registrierung gem. Art. 49 Abs. 1 angegebenen Daten des Bevollmächtigten in der EU-Datenbank iSv Art. 71** zu bewirken (→ Rn. 41 f.). Allein schon zur Verhinderung etwaiger Rechtsscheinhaftungsrisiken macht es außerdem Sinn, die Beendigung ebenso gegenüber Kunden, Einführern, Händlern oder Betreibern, mit denen geschäftliche Beziehungen bestehen, zu kommunizieren.

Art. 23* Pflichten der Einführer

(1) **Bevor sie ein Hochrisiko-KI-System in Verkehr bringen, stellen die Einführer sicher, dass das System dieser Verordnung entspricht, indem sie überprüfen, ob**

a) der Anbieter des Hochrisiko-KI-Systems das entsprechende Konformitätsbewertungsverfahren gemäß Artikel 43 durchgeführt hat;
b) der Anbieter die technische Dokumentation gemäß Artikel 11 und Anhang IV erstellt hat;
c) das System mit der erforderlichen CE-Kennzeichnung versehen ist und ihm die in Artikel 47 genannte EU-Konformitätserklärung und Betriebsanleitungen beigefügt sind;
d) der Anbieter einen Bevollmächtigten gemäß Artikel 22 Absatz 1 benannt hat.

(2) [1]**Hat ein Einführer hinreichenden Grund zu der Annahme, dass ein Hochrisiko-KI-System nicht dieser Verordnung entspricht oder gefälscht ist oder diesem eine gefälschte Dokumentation beigefügt ist, so bringt er das System erst in Verkehr, nachdem dessen Konformität hergestellt wurde.** [2]**Birgt das Hochrisiko-KI-System ein Risiko im Sinne des Arti-**

[47] Vgl. Handorn, Die Medizinprodukte-Verordnung (EU) 2017/745, 2021, Abschnitt 5.4.8.
* Kapitel III (Art. 6–49) gilt gem. Art. 113 UAbs. 2 ab 2.8.2026, mit Ausnahme des Abschnitts 4, der gem. Art. 113 UAbs. 3 Buchst. b bereits ab 2.8.2025 gilt.

kels 79 Absatz 1, so informiert der Einführer den Anbieter des Systems, die Bevollmächtigten und die Marktüberwachungsbehörden darüber.

(3) **Die Einführer geben ihren Namen, ihren eingetragenen Handelsnamen oder ihre eingetragene Handelsmarke und die Anschrift, unter der sie in Bezug auf das Hochrisiko-KI-System kontaktiert werden können, auf der Verpackung oder gegebenenfalls in der beigefügten Dokumentation an.**

(4) **Solange sich ein Hochrisiko-KI-System in ihrer Verantwortung befindet, gewährleisten Einführer, dass – soweit zutreffend – die Lagerungs- oder Transportbedingungen seine Konformität mit den in Abschnitt 2 festgelegten Anforderungen nicht beeinträchtigen.**

(5) **Die Einführer halten für einen Zeitraum von zehn Jahren ab dem Inverkehrbringen oder der Inbetriebnahme des Hochrisiko-KI-Systems ein Exemplar der von der notifizierten Stelle ausgestellten Bescheinigung sowie gegebenenfalls die Betriebsanleitungen und die in Artikel 47 genannte EU-Konformitätserklärung bereit.**

(6) **[1]Die Einführer übermitteln den betreffenden nationalen Behörden auf deren begründete Anfrage sämtliche – auch die in Absatz 5 genannten – Informationen und Dokumentation, die erforderlich sind, um die Konformität des Hochrisiko-KI-Systems mit den in Abschnitt 2 festgelegten Anforderungen nachzuweisen, und zwar in einer Sprache, die für jene leicht verständlich ist. [2]Zu diesem Zweck stellen sie auch sicher, dass diesen Behörden die technische Dokumentation zur Verfügung gestellt werden kann.**

(7) **Die Einführer arbeiten mit den betreffenden nationalen Behörden bei allen Maßnahmen zusammen, die diese Behörden im Zusammenhang mit einem von den Einführern in Verkehr gebrachten Hochrisiko-KI-System ergreifen, um insbesondere die von diesem System ausgehenden Risiken zu verringern und abzumildern.**

Übersicht

A. Allgemeines

Art. 23 regelt die Pflichten der Einführer und ist damit zentraler Bestandteil des Abschnitts 3 über die „Pflichten der Anbieter und Betreiber von Hochrisiko- 1

KI-Systemen und anderer Beteiligter" im Kap. III über die „Hochrisiko-KI-Systeme". Der Abschnitt 3 beginnt mit den „Pflichten der Anbieter von Hochrisiko-KI-Systemen" in Art. 16 und endet mit Art. 27 über die „Grundrechte-Folgenabschätzung für Hochrisiko-KI-Systeme". Die Einführerpflichten sind – wie üblich – zwischen die Regelungen über den Bevollmächtigten (Art. 21) und die „Pflichten der Händler" (Art. 24) eingebettet.

Konkret haben die Einführer vor dem Inverkehrbringen des Hochrisiko-KI-Systems spezifischen Überprüfungspflichten nachzugehen (Abs. 1), dürfen nichtkonforme Hochrisiko-KI-Systeme nicht in Verkehr bringen und müssen darüber berichten (Abs. 2), müssen ihre Einführerdaten anbringen (Abs. 3), müssen dafür sorgen, dass sich die importierten Hochrisiko-KI-Systeme bei Lagerung und Transport nicht verschlechtern (Abs. 4), müssen bestimmte Unterlagen und Dokumente nach dem Inverkehrbringen bzw. der Inbetriebnahme bereithalten (Abs. 5) und müssen schließlich mit den Marktüberwachungsbehörden zum einen durch die Übermittlung von Informationen und Dokumenten (Abs. 6) und zum anderen bei relevanten Systemrisiken im Feld (Abs. 7) zusammenarbeiten.

2 Die Norm lässt sich ohne Weiteres auf die Regelung in Art. R4 des Anhangs I des Beschlusses Nr. 768/2008/EG zurückführen und ist damit eine Frucht des sog. **New Legislative Framework (NLF)**[1] aus dem Jahr 2008.[2] Damals wurden in den Musterbestimmungen dieses Beschlusses „Verpflichtungen der Einführer" aus der Taufe gehoben, die in der Folge ab 2009 insbesondere in den produktsicherheitsrechtlichen Verordnungen und Richtlinien rezipiert wurden. In Art. 6 RL 2009/48/EG und damit im europäischen Spielzeugrecht fanden sie erstmals Eingang.[3] Der Pflichtenkatalog der Einführer aus dem Jahr 2008 wurde allerdings nicht eins-zu-eins in Art. 23 transferiert. So fällt unmittelbar auf, dass der damalige Katalog um immerhin zwei Absätze verkleinert wurde. Bei den übernommenen Regelungen gab es zudem relevante **Modifikationen,** die auf KI-VO-spezifische Besonderheiten zurückzuführen sind.

3 Aufgrund der erkennbaren Nähe des Art. 23 zu den Musterbestimmungen liegt es in der Tat nahe, die **bestehende Dogmatik zum Einführerrecht,** die namentlich mit Blick auf das europäische Produktsicherheitsrecht entwickelt wurde,[4] grds. auf die KI-VO zu übertragen.[5] Dass die Übertragung der produktsicherheitsrechtlichen Erkenntnisse auf den KI-Sektor nicht bruchlos funktioniert, versteht sich dabei von selbst. Erforderlichenfalls sind daher Anpassungen vorzunehmen.

4 **Gesetzessystematisch** ist zunächst die **Definition des Einführers** in Art. 3 Nr. 6 zu nennen. Danach ist Einführer „eine in der Union ansässige oder niedergelassene natürliche oder juristische Person, die ein KI-System, das den Namen oder die Handelsmarke einer in einem Drittland niedergelassenen natürlichen oder juristischen Person trägt, in Verkehr bringt". Sodann muss sich der Einführer mit jenen Bestimmungen in der KI-VO befassen, die den **Akteur** in Bezug nehmen;

---

[1] Zum NLF Kapoor/Klindt EuZW 2008, 649; Kapoor/Klindt EuZW 2009, 134; bilanzierend Schucht EuZW 2014, 848.

[2] BeckOK KI-Recht/Bosman Art. 23 Rn. 7.

[3] Kapoor EuZW 2011, 784 (786).

[4] Vgl. etwa Schucht CCZ 2022, 230.

[5] So auch BeckOK KI-Recht/Bosman Art. 23 Rn. 7; Hilgendorf/Roth-Isigkeit KI-VO/Linardatos § 8 Rn. 45; Bomhard/Pieper/Wende/Seehafer Art. 23 Rn. 1.

denn der Einführer ist zugleich ein Akteur gem. Art. 3 Nr. 8. Wichtig ist dies vor allem im Marktüberwachungsrecht. So findet gem. Art. 74 Abs. 1 nicht nur die Marktüberwachungs-VO (sog. EU-Marktüberwachungsverordnung bzw. MÜ-VO)[6] auf die KI-VO Anwendung; zugleich ist jede Bezugnahme auf den Wirtschaftsakteur im Anwendungsbereich der KI-VO als Verweis auf den Akteur zu lesen (lit. a). Bei den spezifischen marktüberwachungsrechtlichen Vorgaben wird der Einführer ebenfalls immer dann adressiert, wenn der Akteur Erwähnung findet. Dies ist etwa beim „Verfahren auf nationaler Ebene für den Umgang mit KI-Systemen, die ein Risiko bergen", mehrfach der Fall.[7]

Aufgrund der eindeutigen Verankerung des Art. 23 im Regelungsgefüge über die Hochrisiko-KI-Systeme gelten die Einführerpflichten allein für diese spezielle Form von KI-Systemen. Maßgeblich sind danach die Einstufungsvorschriften für Hochrisiko-KI-Systeme gem. Art. 6. Danach sind KI-Systeme entweder hochriskant, wenn sie in concreto die beiden Bedingungen in Art. 6 Abs. 1 erfüllen, oder wenn sie gem. Art. 6 Abs. 2 im Anhang III der KI-VO aufgeführt werden. In Art. 6 Abs. 3 wiederum wird geregelt, unter welchen Voraussetzungen ein im Anhang III der KI-VO genanntes KI-System nicht als hochriskant gilt. 5

Die „Pflichten der Einführer" waren bereits Gegenstand des Art. 26 KI-VO-E. **Zu Beginn des Gesetzgebungsverfahrens** bestand die Norm freilich nur aus fünf Absätzen. Seitdem wurden nicht nur die Abs. 5 und 7 ergänzt; es gab auch im Übrigen inhaltliche wie sprachliche Modifikationen.[8] 6

Der **Zweck der Bestimmung** liegt darin, auf den Einführer zugeschnittene Regelungen aus der Taufe zu heben. So wird in den Erwägungsgründen darauf hingewiesen, dass „die Rolle und die spezifischen Pflichten der relevanten Akteure entlang dieser Wertschöpfungskette" präzisiert werden müssen. Konkret soll jeder Akteur in den Fokus des Interesses gerückt werden, der „zur Entwicklung von KI-Systemen beitragen" kann. Der Einführer wird an dieser Stelle neben dem Händler explizit erwähnt.[9] 7

Geltungsbeginn für Art. 23 ist der 2.8.2026, Art. 113 UAbs. 2. 8

B. Kommentierung

I. Sicherstellungs- und Überprüfungspflichten (Abs. 1)

In Abs. 1 wird die **Hauptpflicht der Einführer** statuiert. Im Kern werden insoweit originäre Überprüfungs- bzw. Prüfpflichten aus der Taufe gehoben, die wiederum sicherstellen sollen, dass die importierten Hochrisiko-KI-Systeme im Zeitpunkt des Inverkehrbringens der KI-VO entsprechen. Weil der 9

[6] Zur sog. MÜ-VO monografisch Schucht, Die neue EU-Marktüberwachungsverordnung. Praxisleitfaden für die Herausforderungen im europäischen Produktsicherheitsrecht, 2021; s. auch Becker/Maier K&R 2022, 13; Seehafer ZfPC 2022, 27; Schucht GewArch 2020, 259; Lenz BB 2020, 707; Geiß/Felz NJW 2019, 2961.

[7] Vgl. etwa Art. 79 Abs. 2 S. 4, Abs. 3.

[8] Für nur geringfügige Änderungen im Gesetzgebungsverfahren indes BeckOK KI-Recht/Bosman Art. 23 Rn. 6.

[9] Zum Ganzen Erwgr. 83.

Einführer nicht die materielle Konformität von Hochrisiko-KI-Systemen prüfen muss, handelt es sich insoweit um **formelle Prüfpflichten.**[10]

Die Prüfpflichten aus Abs. 1 sind **Vormarktpflichten,** weil sie vor dem Inverkehrbringen zu erfüllen sind. Die Vormarktpflichten sind wiederum von **Nachmarktpflichten** zu unterscheiden, die folgerichtig erst nach dem Inverkehrbringen aufs Tapet kommen.[11]

10 **Vorbild** für Abs. 1, der **gesetzessystematisch** eng mit Abs. 2 (→ Rn. 37) und Art. 24 Abs. 2 verbunden ist, ist eindeutig die Musterbestimmung in Art. R4 Abs. 2 UAbs. 1 des Anhangs I des Beschlusses Nr. 768/2008/EG. Danach **gewährleisten** die Einführer vor dem Inverkehrbringen eines Produkts, dass das betreffende Konformitätsbewertungsverfahren vom Hersteller durchgeführt wurde (S. 1), der Hersteller die technischen Unterlagen erstellt hat, das Produkt mit der erforderlichen Konformitätskennzeichnung, dh grds. der CE-Kennzeichnung, versehen ist, ihm die erforderlichen Unterlagen beigefügt sind und der Hersteller die Identifikations- und Herstellerkennzeichnung vorrangig auf dem Produkt angebracht hat (jeweils S. 2).

11 Bereits die ursprüngliche Fassung der „Pflichten der Einführer" in Art. 26 KI-VO-E sah entsprechende Pflichten vor, die allerdings zunächst als **Sicherstellungs- und nicht als Überprüfungspflichten** ausgestaltet waren. Indem die Einführer gem. Abs. 1 nunmehr überprüfen, sollen sie sicherstellen, dass ein konkretes KI-System der KI-VO entspricht. Gem. Art. 26 Abs. 1 KI-VO-E sollten die Einführer hingegen noch sicherstellen (engl. ensure) und nicht nur überprüfen, dass der jeweilige Anbieter ausgewählte Pflichten erfüllt hat. Tatsächlich ist die Bezugnahme auf das Überprüfen (engl. verify) bei der Hauptpflicht der Einführer eher ungewöhnlich; denn insoweit wird im Anschluss an Art. R4 Abs. 2 UAbs. 1 des Anhangs I des Beschlusses Nr. 768/2008/EG tatsächlich auf das Gewährleisten (engl. ensure) abgestellt. Umgekehrt prägt das Überprüfen (engl. verify) seit jeher die Hauptpflicht der Händler, Art. R5 Abs. 2 UAbs. 1 des Anhangs I des Beschlusses Nr. 768/2008/EG.[12] Sodann nahm die damalige Fassung der Prüfpflichten der Einführer noch keinen Bezug auf den heutigen Prüfgegenstand in lit. d, dh die Benennung eines Bevollmächtigten durch den Anbieter, obwohl die betreffende Regelung in Art. 22 Abs. 1 auch damals schon in Art. 25 Abs. 1 KI-VO-E enthalten war.[13]

12 Der **Zweck** des Abs. 1 liegt erkennbar darin, den Einführer als ebenso wichtiges wie in der EU ansässiges Glied in der Lieferkette anzuerkennen und ihm als „Inverkehrbringer" von Hochrisiko-KI-Systemen eine **„Wächterfunktion"** zuzuordnen. Richtigerweise zielt die Norm also auf ein proaktives bzw. präventives Verhalten des Einführers.[14] Die präventiven Prüfpflichten der Einführer sollen die Realisierung erhöhter Risiken im Zusammenhang mit importierten Hochrisiko-KI-Systemen wirksam senken.[15] Umgekehrt dürfte es hingegen kaum darum gehen, europäische Produkte zu begünstigen, „indem der Aufwand der Einführer als negativer Kostenfaktor für die Einfuhrprodukte möglichst hoch gehalten wird."[16]

---

[10] Für den Begriff der horizontalen Prüfpflichten hingegen BeckOK KI-Recht/Bosman Art. 23 Rn. 1 f.

[11] Zur Terminologie Klindt ProdSG/Kapoor ProdSG § 6 Rn. 5, 55.

[12] S. dazu auch HK-GPSR/Schucht EU-Produktsicherheits-VO Art. 12 Rn. 12.

[13] Vgl. zum Ganzen COM(2021) 206 final.

[14] Martini/Wendehorst/Gössl Art. 23 Rn. 9.

[15] BeckOK KI-Recht/Bosman Art. 23 Rn. 2.

[16] So indes Hilgendorf/Roth-Isigkeit KI-VO/Linardatos § 8 Rn. 46; dagegen BeckOK KI-Recht/Bosman Art. 23 Rn. 3.

13 Gleichwohl ist zu beachten, dass die Einführerpflicht aus Abs. 1 strenger als die vergleichbare Händlerpflicht in Art. 24 Abs. 1 formuliert ist, auch wenn jeweils **formelle Überprüfungspflichten** im Fokus stehen; denn während die Händler danach schlicht ausgewählte Prüfgegenstände überprüfen, nehmen die Einführer ausdrücklich Überprüfungen vor, mit denen sie die Konformität der importierten Hochrisiko-KI-Systeme sicherstellen (engl. ensure). Daher gehen die Prüfpflichten der Einführer **in quantitativer wie qualitativer Hinsicht** über die entsprechenden Händlerpflichten hinaus. Im Unterschied zum Händler wird es der Einführer folglich nicht bei stichprobenartigen Kontrollen bewenden lassen können.[17]

14 Zu beachten ist, dass die Gegenstände der Prüfpflichten der Einführer in lit. a–d abschließend geregelt werden. Jeder Einführer muss sich also allein mit diesen Themen befassen, um seiner Pflicht aus Abs. 1 nachzukommen. Umgekehrt rechnen andere Anforderungen an die Verkehrsfähigkeit bzw. Pflichten der Anbieter nicht zum Prüfprogramm der Einführer. Daher gibt es insbesondere keine Pflicht der Einführer, **technische Probeläufe oder eine technische Überprüfung** vorzunehmen, um auch materieller Verstößen gegen die KI-VO gewahr zu werden. Eine solche Pflicht kann richtigerweise auch nicht aus Abs. 2 S. 1 abgeleitet werden.[18] Im Ergebnis beziehen sich die Prüfpflichten der Einführer daher nicht auf materielle Anforderungen an Hochrisiko-KI-Systeme.[19]

15 Zunächst müssen die Einführer gem. lit. a überprüfen, ob der betreffende Anbieter das Konformitätsbewertungsverfahren gem. Art. 43 durchgeführt hat. Dieses spezifische Verfahren eröffnete auch schon den Katalog der vom Einführer abzuprüfenden Gegenstände in Art. R4 Abs. 2 UAbs. 1 S. 1 des Anhangs I des Beschlusses Nr. 768/2008/EG (→ Rn. 10). Gem. Art. 43 kommt entweder das „Konformitätsbewertungsverfahren auf der Grundlage einer internen Kontrolle“ gem. Anhang VI der KI-VO oder die „Konformität auf der Grundlage einer Bewertung des Qualitätsmanagementsystems und einer Bewertung der technischen Dokumentation“ gem. Anhang VII der KI-VO in Betracht. Das zuletzt genannte Verfahren kommt freilich nur bei den Hochrisiko-KI-Systemen gem. Nr. 1 des Anhangs III der KI-VO, dh im Bereich der Biometrie, zur Anwendung, Art. 43 Abs. 1.

16 Wenn der Einführer überprüfen muss, dass der Anbieter „das entsprechende Konformitätsbewertungsverfahren“ nach Art. 43 durchgeführt hat, wird er bei KI-Systemen im Bereich der Biometrie gem. Nr. 1 des Anhangs III der KI-VO also zugleich kontrollieren müssen, ob die Anwendung der internen Kontrolle zu Recht erfolgte. Zu diesem Zweck wird er sich mit der Frage beschäftigen müssen, ob die Voraussetzungen des Art. 43 Abs. 1 UAbs. 1 erfüllt sind, dh ob der Anbieter zB harmonisierte Normen gem. Art. 40 angewendet hat. Andernfalls käme das Verfahren der „Konformität auf der Grundlage einer Bewertung des Qualitätsmanagementsystems und einer Bewertung der technischen Dokumentation“ zum Tragen, das notwendigerweise mit der Einschaltung einer notifizierten Stelle verbunden ist.

17 Nach aA soll sich der Einführer nicht mit der Rechtsfrage befassen müssen, ob in concreto das Konformitätsbewertungsverfahren auf der Grundlage einer inter-

---

[17] Zum Ganzen aus produktsicherheitsrechtlicher Sicht HK-GPSR/Schucht EU-Produktsicherheits-VO Art. 11 Rn. 20.

[18] Dagegen Hilgendorf/Roth-Isigkeit KI-VO/Linardatos § 8 Rn. 46.

[19] So auch BeckOK KI-Recht/Bosmann Art. 23 Rn. 22.

nen Kontrolle ausreicht oder ob eine notifizierte Stelle in das Verfahren einzubeziehen ist; denn eine solche rechtliche Prüfung werde dem Einführer gerade nicht abverlangt.[20] Daran ist richtig, dass die Anforderungen an den Einführer nicht überspannt werden dürfen. Er wird daher nicht auf der Grundlage der ihm vorliegenden Informationen und Unterlagen in eine eingehende rechtliche Prüfung einsteigen müssen, ob die Anwendung des Verfahrens nach Anhang VI der KI-VO rechtmäßig war. Was dem Einführer indes abzuverlangen ist, ist die Plausibilisierung des Vorgehens des betreffenden Anbieters. Zu diesem Zweck darf sehr wohl eine klarstellende Rückfrage beim Anbieter verlangt werden.[21]

18 Wenn der Einführer überprüfen soll, dass der Anbieter das korrekte Konformitätsbewertungsverfahren tatsächlich durchgeführt hat, wird er sich die entsprechende Dokumentation anschauen müssen. So muss es beim Verfahren gem. Anhang VII der KI-VO etwa eine **Unionsbescheinigung über die Bewertung der technischen Dokumentation** geben. Beim Verfahren gem. Anhang VI der KI-VO wiederum muss jedenfalls eine technische Dokumentation gem. Art. 11 Abs. 1 erstellt werden, die auf dem neuesten Stand zu halten ist.

19 Umgekehrt reicht es zur Erfüllung der Prüfpflicht aus lit. a erkennbar nicht, sich nur der Existenz der **EU-Konformitätserklärung** bzw. der zB am Hockrisiko-KI-System angebrachten **CE-Kennzeichnung** zu vergewissern. Beide Aspekte bilden zwar den erfolgreichen Abschluss eines Konformitätsbewertungsverfahrens ab; sie zeigen aber naturgemäß nicht verlässlich an, dass das betreffende Verfahren ordnungsgemäß durchgeführt wurde. Im Übrigen sind die beiden Aspekte gesonderte Prüfpunkte gem. lit. c.[22]

20 Um seiner Überprüfungspflicht gem. lit. a nachzukommen, tut jeder Einführer mit Blick auf den jeweiligen Anbieter gut daran, sich vorab vertraglich entsprechende Zugriffsrechte auf relevante Informationen bzw. Unterlagen einräumen zu lassen. Besonders im Fokus werden bei lit. a die technische Dokumentation gem. Art. 11 einerseits und etwaige Bescheinigungen, die im Zuge des jeweils anwendbaren Konformitätsbewertungsverfahrens gem. Art. 43 Abs. 1–3 von der bzw. den notifizierten Stelle(n) ausgestellt werden, andererseits stehen.[23] Die technische Dokumentation zum Gegenstand vertraglicher Regelungen zu machen, ist schon mit Blick auf die anschließende Prüfpflicht in lit. b tunlich.

21 Sodann muss der Einführer überprüfen, dass der Anbieter des Hochrisiko-KI-Systems die **technische Dokumentation** gem. Art. 11 und Anhang IV der KI-VO erstellt hat. Die technische Dokumentation rechnete ebenfalls schon zu den Kontrolltätigkeiten der Einführer in den Musterbestimmungen aus dem Jahr 2008 (→ Rn. 10). Im ursprünglichen KI-VO-Entwurf der Kommission vom 21.4.2021 gab es hingegen noch keinen expliziten Verweis auf Art. 11. In diesem Zusammenhang wurde in Art. 26 Abs. 1 lit. b KI-VO-E allein auf die Erstellung der technischen Dokumentation nach Anhang IV des KI-VO-E verwiesen. In der Sache ist die **klarstellende Bezugnahme** auf Art. 11 gewiss zu begrüßen. Tatsächlich befasst sich diese Norm ausführlich mit der technischen Dokumentation. Diese wird vor dem Inverkehrbringen oder der Inbetriebnahme des jeweiligen Hochrisiko-KI-Systems erstellt, Art. 11 Abs. 1 UAbs. 1. Inhaltlich soll aus der

[20] So Martini/Wendehorst/Gössel Art. 23 Rn. 14.
[21] S. auch Blue Guide 2022, Abschnitt 3.3.
[22] So auch Martini/Wendehorst/Gössl Art. 23 Rn. 14.
[23] S. auch Martini/Wendehorst/Gössl Art. 23 Rn. 14.

technischen Dokumentation hervorgehen, auf welche Art und Weise das betreffende System die Anforderungen der Art. 8 ff. erfüllt, Art. 11 Abs. 1 UAbs. 2 S. 1. Was die Informationen in der Dokumentation anbelangt, verweist Art. 11 Abs. 1 UAbs. 2 S. 2 auf den Anhang IV der KI-VO. Die dortigen Angaben sind **Mindestinhalte der technischen Dokumentation.**

Wenn der Einführer gem. lit. b überprüfen muss, dass die technische Dokumentation erstellt wurde, wird er jedenfalls eine **Sichtkontrolle** vornehmen müssen, die freilich auch in digitaler Form erfolgen kann. Mit anderen Worten wird es insoweit nicht genügen, wenn sich der Einführer vom Anbieter lediglich schriftlich bestätigen lässt, dass die technische Dokumentation lege artis erstellt wurde.[24] Über das „Ob" der Erstellung hinaus wird sich der Einführer auch inhaltlich mit den Unterlagen („Wie") befassen müssen, wobei die Anforderungen insoweit nicht überspannt werden dürfen. So kann und muss er gewiss keine inhaltliche Richtigkeitskontrolle leisten. Gleichwohl kann von ihm verlangt werden, dass er eine übermittelte bzw. zur Prüfung vorliegende technische Dokumentation jedenfalls grob am Maßstab des Anhangs IV der KI-VO abgleicht. Auch wenn er die Existenz der Mindestinhalte der Dokumentation insoweit nicht auf der Zeile abprüfen muss, sollte ihm sehr wohl auffallen, wenn relevante Gliederungspunkte schlicht fehlen. 22

Gegenstand der Überprüfungspflichten der Einführer sind sodann die **Existenz der CE-Kennzeichnung** einerseits und der jeweils beizufügenden **EU-Konformitätserklärung sowie der Betriebsanleitung** andererseits, lit. c. Damit knüpfte der Unionsgesetzgeber an der Musterbestimmung in Art. R4 Abs. 2 UAbs. 1 S. 2 des Anhangs I des Beschlusses Nr. 768/2008/EG an, welche neben der Konformitätskennzeichnung auch die dem Produkt beizufügenden erforderlichen Unterlagen als relevante Prüfgegenstände benennt. Zu den betreffenden Unterlagen rechnet insbesondere die Gebrauchsanweisung.[25] 23

Im Vergleich zu Art. 26 Abs. 1 lit. c KI-VO-E im Vorschlag der Kommission vom 21.4.2021, der sich stärker am generischen Muster in Art. R4 Abs. 2 UAbs. 1 des Anhangs I des Beschlusses Nr. 768/2008/EG orientierte, wurde damit zwar nichts in der Sache verändert; die sprachlichen Modifikationen sind aber ohne Weiteres zu begrüßen, da damals erstens noch auf den (abstrakten) Begriff der Konformitätskennzeichnung anstelle der konkreten CE-Kennzeichnung abgestellt wurde. Zweitens wurde aus den erforderlichen Unterlagen, die im Ergebnis kaum greifbar sind bzw. in concreto typischerweise nur für Eingeweihte konkretisierbar sind, die EU-Konformitätserklärung. Drittens schließlich wurde aus der Gebrauchsanweisung nunmehr die Betriebsanleitung. 24

Was die **Reichweite der Überprüfungspflicht** gem. lit. c anbelangt, lassen sich die Überlegungen zu lit. b (→ Rn. 22) fruchtbar machen. Danach wird jedenfalls das „Ob" zu prüfen sein, dh der Einführer wird sich der Existenz der angebrachten **CE-Kennzeichnung,** der EU-Konformitätserklärung und der Betriebsanleitung vergewissern müssen. Darüber hinaus wird er etwa bei der CE-Kennzeichnung auch Art und Weise („Wie") und Ort der Kennzeichnung („Wo") in den Blick nehmen müssen.[26] Mit Blick auf die dem KI-System beizufügende **EU-Konformitätserklärung** wird dem Einführer abzuverlangen sein, dass ihm auffällige Abweichungen vom Muster der EU-Konformitätserklärung 25

---

[24] Vgl. auch Schucht InTeR 2024, 138 (144).
[25] Blue Guide 2022, Abschnitt 3.3.
[26] Vgl. aus produktsicherheitsrechtlicher Perspektive Schucht CCZ 2022, 230 (235 f.).

im Anhang V der KI-VO auffallen. Bei der ebenfalls dem KI-System beizufügenden **Bedienungsanleitung** wiederum muss der Einführer hellhörig werden, wenn eklatante Abweichungen zu den juristischen Vorgaben in Art. 13 Abs. 2, 3 zu gewärtigen sind, dh bei erkennbar (zu) knappen Instruktionen. Eine **inhaltliche Kontrolle auch nur einzelner Instruktionen** rechnet jedoch nicht zu den Prüfpflichten der Einführer.

26 Schließlich muss gem. lit. d überprüft werden, ob der Anbieter einen **Bevollmächtigten** gem. Art. 22 Abs. 1 benannt hat. Damit weicht der Katalog der formellen Überprüfungspflichten der Einführer von den Musterbestimmungen in Art. R4 Abs. 2 UAbs. 1 des Anhangs I des Beschlusses Nr. 768/2008/EG ab (dazu, dass dieser Prüfgegenstand zunächst noch fehlte, → Rn. 11). Der Grund hierfür liegt darin, dass der Hersteller aus einem EU-Drittstaat laut den Musterbestimmungen keinen Bevollmächtigten benennen musste.

27 Tatsächlich schreibt Art. 22 Abs. 1 vor, dass jeder Anbieter aus einem EU-Drittstaat vor der Bereitstellung eines Hochrisiko-KI-Systems schriftlich einen in der EU niedergelassenen Bevollmächtigten benennen muss.

28 Zum Zwecke der Prüfung wird sich der Einführer mit dem entsprechenden Auftrag des Anbieters zu befassen haben. Da dieser gem. Art. 22 Abs. 1 ausdrücklich schriftlich vorliegen muss,[27] wird es bei ordnungsgemäßer Vorgehensweise ein entsprechendes Schriftstück geben.

29 Abermals kann der Einführer die Prüfung nur dann ordnungsgemäß vornehmen, wenn er sich zuvor mit Blick auf den jeweiligen Anbieter **vertragliche Zugriffsrechte** hat einräumen lassen. Gegenstand des Vertrags kann danach die (elektronische) Zusendung des schriftlichen Auftrags an den Einführer zwecks Erfüllung der Prüfpflicht aus lit. d sein. Zeitlich muss der Einführer dafür sorgen, dass er die Unterlagen rechtzeitig, dh vor dem Inverkehrbringen, erhält.

30 Weil der Einführer die Konformität eines importierten Hochrisiko-KI-Systems mit der KI-VO **sicherstellen** muss, kann er es bei **vereinzelten Stichproben nach dem Zufallsprinzip** nicht bewenden lassen. Vielmehr muss er – bestenfalls auf der Grundlage eines ausgeklügelten **Prüfkonzepts (Prüfplans)** bzw. **Qualitätsmanagementsystems** – dafür sorgen, dass er sich mit jedem Importprodukt befasst, wobei weder eine **ausnahmslose Einzelprüfung** verlangt wird noch jede **importierte Lieferung oder (Produktions-)Charge** angefasst werden muss. Sinnvollerweise kommen **vertragliche Regelungen** mit dem jeweiligen Lieferanten bzw. Anbieter hinzu, die sich typischerweise insbesondere mit Vorgaben zur Product Compliance, einer (auch anlasslosen) Berichtspflicht des Lieferanten etwa über Verlauf und etwaige Störungen während der Produktion und dem Recht des Einführers zB auf unangekündigte Besuche in den Produktionsstätten des Lieferanten befassen.[28] Im Ergebnis wird dem Einführer indes eine **umfassende Richtigkeitskontrolle** bei den durchgeführten Kontrollen nicht abverlangt.

31 Richtigerweise müssen die Prüfungen nicht eigenhändig vorgenommen werden. Daher genügt der Einführer den Anforderungen aus Abs. 1 auch dann, wenn er auf **entsprechende Prüfungen durch externe Dritte** setzt. In diesem Fall

[27] Vgl. zum Erfordernis der schriftlichen Bevollmächtigung auch Art. 3 Nr. 5 mit der Definition des Bevollmächtigten.

[28] Zum Ganzen aus produktsicherheitsrechtlicher Perspektive Schucht CCZ 2022, 230 (235).

muss der Auftrag auch nicht zwingend vom Einführer herrühren, auch wenn dieser Weg (bei einem außereuropäischen Anbieter) naturgemäß vorzugswürdig ist. Vielmehr kann auch der Lieferant bzw. Anbieter Auftraggeber sein. Denkbar ist also eine Vorgehensweise, bei der sich der Einführer anschließend die entsprechenden Prüfberichte bzw. Zertifikate vorzeigen lässt bzw. sie prüft. Die Dokumente müssen natürlich jene Prüfgegenstände zum Gegenstand haben, die in Abs. 1 referenziert werden. Sinnvollerweise wird dieser Ablauf im Vorfeld zwischen Einführer einerseits und Lieferant bzw. Anbieter andererseits vertraglich geregelt. Wenn der Auftrag nicht vom Einführer erteilt wird, sollten (qualitätssichernde) Vorgaben zum jeweils auszuwählenden Prüfhaus im eigenen Interesse des Einführers gemacht werden.

Zweifellos muss der Einführer ein **Prüfkonzept** konzipieren, das als Grund- 32 lage für die Erfüllung der formellen Prüfpflichten dient. Ein solcher Prüfplan muss erkennen lassen, wie die Pflicht aus Abs. 1 umgesetzt werden soll. Ausgangspunkt wird dabei eine **Bestandsaufnahme** sein müssen, wie viele unterschiedliche Hochrisiko-KI-Systeme von welchen Lieferanten (Anbietern) importiert werden. Sodann ist es erfahrungsgemäß ratsam, die Hochrisiko-KI-Systeme risikobasiert zu „clustern", dh etwa in die drei Kategorien grün (unkritisch), gelb (normal) und rot (kritisch). Dabei kann das generelle Gefahrenpotenzial (Sicherheitskritikalität) des KI-Systems ebenso berücksichtigt werden wie etwaige sicherheitsrelevante Vorkommnisse im Zusammenhang mit dem Produkt in der Vergangenheit oder die Lieferantenqualifikation. Wer auf solch ein Prüfkonzept von vornherein verzichtet und sich in der Folge auf Unwissenheit beruft, nachdem er unter Verstoß gegen Abs. 2 S. 1 importierte Produkte in Verkehr gebracht hat, wird richtigerweise jedenfalls fahrlässig handeln. Ein juristisch fundierter Schuldvorwurf kann nicht nur im (nationalen) Ordnungswidrigkeitenrecht bedeutsam sein.

Inhaltlich wird das Konzept sicherstellen müssen, dass jedes importierte 33 Modell eines Hochrisiko-KI-Systems jedes Anbieters kontrolliert wird. Andernfalls kann von einem Sicherstellen der KI-VO-Konformität schlechterdings nicht gesprochen werden. Weil insoweit freilich – schon aus Verhältnismäßigkeitsgründen – **keine Einzelprüfung jedes KI-Systems** erfolgen muss, reichen **Stichproben des betreffenden Modells** aus.[29] Bei der Anzahl der zu ziehenden Stichproben kann der risikobasierte Ansatz zum Tragen kommen. **Prüfungsmaßstäbe sind dabei stets die in lit. a–d genannten Prüfgegenstände.** Insoweit darf die Prüfung also nicht auf ausgewählte Anforderungen verengt werden. Bei späteren Produktlieferungen desselben Lieferanten muss ohne Anlass grds. keine erneute Untersuchung stattfinden. Dies gilt jedenfalls dann, wenn es flankierende vertragliche Regelungen zwischen den beiden Parteien mit belastbaren Inhalten gibt (→ Rn. 30). Wichtig ist allerdings, dass etwaige Vertragsinhalte nicht nur auf dem Papier existieren: Sie müssen auch „gelebt" werden, indem etwa regelmäßig Berichte übersandt werden und – freilich nicht ständig – unangekündigte Besuche stattfinden.

Die durchgeführten Prüfungen sollten schließlich aus Nachweiszwecken 34 **dokumentiert** werden. Die Personen wiederum, welche die Prüfungen durchführen, sind wiederum vorab entsprechend zu schulen. So müssen etwa die Beschäftigten des Einführers (ebenso wie externe Dritte) wissen, worauf sie bei

[29] Vgl. zum Ganzen Schucht CCZ 2022, 230 (235), zum harmonisierten Produktbereich im europäischen Produktsicherheitsrecht.

den Prüfungen am Maßstab der Prüfgegenstände gem. lit. a–d achten müssen. Es muss insbesondere Klarheit darüber herrschen, wann eine Prüfung erfolgreich ist („Pass“) und wann umgekehrt nicht („Fail“). Solche **Schulungen** sollten regelmäßig wiederholt werden.

II. Inverkehrbringensverbot und Informationspflichten (Abs. 2)

35 In Abs. 2 werden die Konsequenzen für den Fall geregelt, dass der Einführer (insbesondere im Rahmen seiner formellen Überprüfungspflichten) relevante Nichtkonformitäten feststellt. In diesem Fall darf er nicht nur das betreffende Hochrisiko-KI-System nicht mehr in Verkehr bringen (S. 1). Zudem muss er im Falle materieller Risiken „den Anbieter des Systems, die Bevollmächtigten und die Marktüberwachungsbehörden“ darüber informieren (S. 2). Die Norm beinhaltet also ein Inverkehrbringensverbot für jeden Fall der Nichtkonformität und Informationspflichten bei materiellen Risiken.

Die Pflichten aus Abs. 2 sind als **Vormarktpflichten** ausgestaltet, weil sie erkennbar den Zeitraum vor dem Inverkehrbringen in den Fokus des Interesses rücken.

36 Die Inhalte aus Abs. 2 gehen unmittelbar auf Art. R4 Abs. 2 UAbs. 2 des Anhangs I des Beschlusses Nr. 768/2008/EG zurück. Neu ist freilich, dass neben dem Anbieter des Systems, der dem Hersteller in diesen Musterbestimmungen entspricht, auch der Bevollmächtigte zu informieren ist. Unverändert sind die Marktüberwachungsbehörden zu informieren.

37 Was die **Systematik** anbelangt, ist Abs. 2 besonders eng mit dem vorangehenden Abs. 1 verknüpft; denn gerade aus den Kontrollen, die der Einführer gem. Abs. 1 vornehmen muss, werden sich typischerweise Anhaltspunkte für eine fehlende Konformität oder relevante Fälschungen ergeben. Vor diesem Hintergrund regelt der Abs. 2 letztlich die Konsequenzen, die der Einführer für den Fall relevanter Befunde im Zusammenhang mit den Überprüfungen der von ihm importierten Hochrisiko-KI-Systeme ziehen muss.

38 Bereits **zu Beginn des Gesetzgebungsverfahrens** hob Art. 26 Abs. 2 KI-VO-E die betreffenden Einführerpflichten aus der Taufe. Die Regelungen blieben freilich nicht unverändert, wobei es zu sprachlichen wie zu inhaltlichen Änderungen gekommen ist. So wurden die Fälschungstatbestände zunächst noch nicht in S. 1 rezipiert, während die Bevollmächtigten anfangs keine Adressaten der Informationspflicht gem. S. 2 sein sollten.

39 Mit der Regelung in Abs. 2 betont der Unionsgesetzgeber die **wichtige Rolle der Einführer in der KI-Wertschöpfungskette.** Wenn und soweit diese davon ausgehen müssen, dass ein Hochrisiko-KI-System nicht konform oder gefälscht ist, dürfen sie es bis auf Weiteres nicht mehr abgeben bzw. erstmals in Verkehr bringen. Zudem sollen die übrigen relevanten Stakeholder über die Sachlage informiert werden. Dies gilt insbesondere für den Anbieter des Systems und die Marktüberwachungsbehörden. Damit werden diese in die Lage versetzt, den übermittelten Informationen auf den Grund zu gehen.

40 Zunächst statuiert S. 1 – im Anschluss an R4 Abs. 2 UAbs. 1 S. 1 des Anhangs I des Beschlusses Nr. 768/2008/EG – ein originäres **Inverkehrbringensverbot** für den Fall, dass ein Hochrisko-KI-System nichtkonform (Var. 1) oder gefälscht ist (Var. 2) oder diesem eine gefälschte Dokumentation beigefügt ist (Var. 3). In diesen Fällen darf der Einführer das betreffende System erst dann in Verkehr bringen, wenn er seine Konformität hergestellt hat.

Die **beiden Fälschungssachverhalte** waren bemerkenswerterweise noch kein Gegenstand der Regelung in Art. 26 Abs. 2 S. 1 KI-VO-E. Sie wurden also erst im Zuge des Gesetzgebungsverfahrens in S. 1 integriert. Konkret wirkte die französische Ratspräsidentschaft auf die Ergänzung hin, weil der Einführer „etwaige Falsifikationen erkennen" könnte. In der Literatur wird diese Erweiterung begrüßt, weil die betreffenden KI-Systeme kaum den KI-VO-Anforderungen entsprechen dürften. Insoweit wird insbesondere das anwendbare Konformitätsbewertungsverfahren regelmäßig nicht ordnungsgemäß durchgeführt sein.[30]

Tatbestandlich wird ein **hinreichender Grund zu der Annahme** verlangt, 41
dass eins der drei relevanten Szenarien vorliegt. Damit weicht der KI-VO-Gesetzgeber von der hergebrachten Formulierung in den Musterbestimmungen ab, wonach der Einführer insoweit der Auffassung sein oder Grund zur Annahme haben muss, dass ein in concreto relevanter Sachverhalt wie namentlich eine Nichtkonformität zu gewärtigen ist. Der Grund zur Annahme wird im Verhältnis zur Alternative, wonach der Einführer der Auffassung sein muss, als **Auffangtatbestand** angesehen.[31] In der KI-VO wird also allein auf den Grund zur Annahme abgestellt, wobei dieser wiederum hinreichend sein muss.

In Art. 26 Abs. 2 S. 1 KI-VO-E gab es übrigens noch die Bezugnahme auf die aus den Musterbestimmungen bekannte Formulierung.

Ein hinreichender Grund zur Annahme wird zu bejahen sein, wenn der Einfüh- 42
rer schlechterdings nicht von der ausnahmslosen Konformität bzw. Echtheit des betreffenden Systems bzw. seiner Dokumentation überzeugt ist bzw. sein kann. Vielmehr müssen die ihm bekannten Umstände eine relevante Nichtkonformität oder Fälschung nahelegen. Diesbezüglich lässt sich von einem **Gefahrenverdacht** oder einem **begründeten Verdacht** sprechen; denn eine – selbst fahrlässige – **Unkenntnis** reicht umgekehrt nicht aus: Eine (auch fahrlässige) Unkenntnis kann denklogisch kein Inverkehrbringensverbot mobilisieren. Mit anderen Worten muss sich dem Einführer in diesem Szenario die fehlende Konformität bzw. Echtheit geradezu aufdrängen, und zwar als Grundlage von auf das betreffende System bzw. seine Dokumentation bezogenen Informationen.

Ein hinreichender Grund zur Annahme liegt insbesondere vor, wenn der Einfüh- 43
rer **bei seinen Kontrollen** gem. Abs. 1 entsprechende Verstöße gegen die KI-VO feststellt.[32] In diesem Kontext liefern die Prüfgegenstände in Abs. 1 lit. a–d fraglos genug Material für einen relevanten Gefahrenverdacht gem. Abs. 2 S. 1.

Dabei ist zu beachten, dass aus Abs. 2 S. 1 keineswegs die Pflicht der Einführer abgeleitet werden kann, **technische Probeläufe oder eine technische Überprüfung** vorzunehmen, um Verstößen gegen die KI-VO gewahr zu werden.[33] Die Prüfpflichten werden in Abs. 1 abschließend festgezurrt (→ Rn. 14).

Der Einführer kann etwa hinreichenden Grund zur Annahme haben, dass ein 44
Verstoß gegen die Anforderungen an die Verkehrsfähigkeit im Allgemeinen und die Art. 8 ff., 16 ff. im Besonderen gegeben ist, wenn er (aufgrund seines spezifischen Wissens) bei der **Prüfung der technischen Dokumentation** gem. Abs. 1 lit. b erkennt, dass diese relevante Lücken aufweist, die sich wiederum auf die Konformität mit den Anforderungen der KI-VO auswirken (können). So kann er etwa Aussagen zu den ergriffenen Cybersicherheitsmaßnahmen oder eine detail-

---

30 Zum Ganzen Hilgendorf/Roth-Isigkeit KI-VO/Linardatos § 8 Rn. 47.
31 HK-GPSR/Schucht EU-Produktsicherheits-VO Art. 11 Rn. 47.
32 Bomhard/Pieper/Wende/Seehafer Art. 23 Rn. 18 f.
33 Dagegen Hilgendorf/Roth-Isigkeit KI-VO/Linardatos § 8 Rn. 46.

lierte Beschreibung des Risikomanagementsystems gem. Art. 9 vermissen, die gem. den Nr. 2 lit. h, 5 des Anhangs IV der KI-VO Teil der technischen Dokumentation sein müssen. In diesem Szenario muss der Einführer vor dem weiteren Vertrieb richtigerweise das Gespräch mit dem Hersteller suchen, um das juristische Vertriebshindernis aus dem Weg zu räumen.

45 Sodann wird fraglos ein hinreichender Grund zur Annahme iSd Abs. 2 S. 1 vorliegen, wenn bei der Überprüfung gem. Abs. 1 lit. c schon prima facie auffällt, dass etwa die CE-Kennzeichnung fehlt oder keine EU-Konformitätserklärung beigefügt ist. Solche Verstöße führen unmittelbar zur fehlenden Verkehrsfähigkeit und münden daher über Abs. 2 S. 1 in ein Inverkehrbringensverbot, das an den Einführer adressiert ist.

46 Denkbar sind sodann zB Informationen aus der **Lieferkette,** von **Wettbewerbern** (des Anbieters), von **Verbrauchern** oder **Verbraucherorganisationen,** die im Zusammenhang mit den Art. 8 ff., 16 ff. stehen. Relevante Hinweise können zudem aus dem **Kreis der Marktüberwachung** kommen.

47 Was die **Fälschungstatbestände** anbelangt, die in der KI-VO übrigens nicht näher konkretisiert werden,[34] dürfte sich der hinreichende Grund zur Annahme nicht selten aus externen Quellen speisen. So könnte es etwa entsprechende Veröffentlichungen oder Presseberichte über relevante Fälschungen geben. Daneben kann der Einführer naturgemäß selbst ein Gespür für relevante Fälschungen entwickeln, etwa wenn er über einen längeren Zeitraum Dokumentationen prüft und dabei mit (angeblichen) Fälschungen zu tun hat. Die Befassung mit (vermeintlichen) Fälschungen wird ihn für diese Thematik sodann in Zukunft sensibilisieren. Gerade die Prüfung der technischen Dokumentation gem. Abs. 1 lit. b soll dabei helfen, etwaige Fälschungen aufzudecken.[35]

48 Bloße **Vermutungen** reichen umgekehrt ebenso wenig aus wie allfällige **Gerüchte.** Grund zur Annahme besteht richtigerweise nur dann, wenn es belastbare Anhaltspunkte für die Einschätzung des Einführers gibt. Richtig ist jedoch auch, dass sich der Einführer unterhalb dieser Schwelle mit einschlägigen Informationen zu befassen hat, um etwa Vermutungen oder Gerüchte zu verifizieren oder zu widerlegen. Diese strenge Lesart lässt sich jedenfalls aus der den Einführer treffenden Hauptpflicht aus Abs. 1 ablesen. Denn wenn ihm dort eine Überprüfungspflicht in Bezug auf die Einhaltung diverser Anforderungen an die Verkehrsfähigkeit von Hochrisiko-KI-Systemen zugewiesen wird, kann er schlechterdings auch nicht die Augen vor solchen Informationen verschließen, die für sich betrachtet noch nicht die Schwelle eines für Abs. 2 S. 1 ausreichenden Verdachts begründen.

49 Auf Rechtsfolgenseite ist zunächst festzuhalten, dass es sich in Abs. 2 S. 1 um ein **gesetzliches Inverkehrbringensverbot** handelt, das daher insbesondere unabhängig von etwaigen Anordnungen von Marktüberwachungsbehörden gem. Art. 3 Nr. 26 gilt. Wenn und soweit der Einführer hinreichenden Grund zur Annahme hat, dass ein relevanter Verstoß zB gegen die Art. 8 ff. vorliegt, muss er daher (bis auf Weiteres!) ein weiteres Inverkehrbringen des inkriminierten Hochrisiko-KI-Systems unterlassen. Dieses Inverkehrbringensverbot gilt iÜ unverzüglich, sodass umgekehrt keine Zeit für weitere Abverkäufe eingeräumt wird.

---

[34] Bomhard/Pieper/Wende/Seehafer Art. 23 Rn. 20.

[35] Hilgendorf/Roth-Isigkeit KI-VO/Linardatos § 8 Rn. 47.

Sodann ist das Inverkehrbringensverbot **auflösend bedingt.** Die Bedingung ist die **Herstellung der Konformität.** Dabei spielt keine Rolle, wer die Konformität für die Zukunft gewährleistet. Regelmäßig wird dies freilich der Anbieter oder der Einführer (bezüglich der schon importierten Produkte) selbst sein. Typischerweise werden sich diese beiden Akteure über das weitere Vorgehen ins Benehmen setzen, um den geplanten Vertrieb der nichtkonformen Hochrisiko-KI-Systeme zeitnah aufzunehmen. Sobald die produktbezogene Konformität zu bejahen ist, darf der Einführer das Produkt bzw. die Produkte (aus der Charge oder Lieferung) ungehindert in Verkehr bringen. 50

In der Literatur wird zu Recht darauf hingewiesen, dass die auflösende Bedingung der Herstellung der Konformität nicht auf die **beiden Fälschungssachverhalte** (Var. 2, 3) passt. Tatsächlich ist insoweit wenig dafür ersichtlich, dass solche Hochrisiko-KI-Systeme durch nachträgliche Maßnahmen (etwa des Einführers) sollen „vertriebsfertig" gemacht werden können. Auch wenn der Normtext in diesem Zusammenhang zu weit formuliert ist, dürften die besseren Gründe für eine restriktive Auslegung sprechen, wonach gefälschte KI-Systeme vom Markt fernzuhalten sind.[36] 51

Exemplarisch kann der Anbieter oder Einführer **Verstöße gegen das Kennzeichnungsrecht** aus Art. 16 lit. b, h dadurch „heilen", dass entsprechend „nachgelabelt" oder „umgelabelt" wird. Solch nachträgliche Kennzeichnungen können sich zum einen auf den Inhalt beziehen, indem etwa eine fehlende Anbieterkennzeichnung gem. lit. b nachgeholt wird. Zum anderen kann es auch darum gehen, eine erkennbar mögliche CE-Kennzeichnung gem. lit. h am Hochrisiko-KI-System anzubringen, wenn sie zuvor zB nur auf der Verpackung vorhanden war. 52

Wenn und soweit das Hochrisiko-KI-System ein Risiko gem. Art. 79 Abs. 1 in sich birgt, muss der Einführer gem. S. 2 spezifischen **Unterrichtungspflichten** nachkommen. Sie gehen auf Art. R4 Abs. 2 UAbs. 2 S. 2 des Anhangs I des Beschlusses Nr. 768/2008/EG zurück und flankieren das Inverkehrbringensverbot aus S. 1. Konkret hat er (**kumulativ** und nicht alternativ) die folgenden Adressaten zu informieren: 53

- Anbieter des Systems
- Bevollmächtigte
- Marktüberwachungsbehörden

Insoweit gelten die **Definitionen** aus Art. 3 Nr. 3 (Anbieter), Nr. 5 (Bevollmächtigter) bzw. Nr. 26 (Marktüberwachungsbehörde). Da die Aufzählung in S. 2 erkennbar **abschließend** ist, werden die diesbezüglichen Meldepflichten des Einführers zugleich begrenzt. Daraus folgt, dass insbesondere keine anderen **Akteure** gem. Art. 3 Nr. 8 zu informieren sind. Die **Händler** gem. Art. 3 Nr. 7 sind also keine Adressaten des betreffenden Informationsflusses.

Notabene sollte der Bevollmächtigte ursprünglich noch nicht Adressat der betreffenden Unterrichtung sein, Art. 26 Abs. 2 S. 2 KI-VO-E.

Gem. Art. 79 Abs. 1 sind solche KI-Systeme meldepflichtig, mit denen ein Risiko verbunden ist, „sofern sie Risiken für die Gesundheit oder Sicherheit oder Grundrechte von Personen bergen". Insoweit wird bei der abstrakten Bezugnahme auf das Risiko auf die marktüberwachungsrechtliche Definition in Art. 3 Nr. 19 Marktüberwachungs-VO (sog. EU-Marktüberwachungsverordnung bzw. MÜ- 54

[36] Zum Ganzen Hilgendorf/Roth-Isigkeit KI-VO/Linardatos § 8 Rn. 48.

VO)[37] verwiesen. Danach ist ein Produkt, mit dem ein Risiko verbunden ist, „ein Produkt, das Gesundheit und Sicherheit von Personen im Allgemeinen, Gesundheit und Sicherheit am Arbeitsplatz, Verbraucherschutz, Umwelt, öffentliche Sicherheit und andere öffentliche Interessen, die durch die geltenden Harmonisierungsrechtsvorschriften der Union geschützt werden, stärker beeinträchtigen kann als das im Verhältnis zu seiner Zweckbestimmung oder bei normaler oder nach vernünftigem Ermessen vorhersehbarer Verwendung des betreffenden Produkts – einschließlich der Gebrauchsdauer sowie gegebenenfalls der Anforderungen an Inbetriebnahme, Installation und Wartung – als vernünftig und vertretbar gilt". Die Schutzgüter in Art. 3 Nr. 19 Marktüberwachungs-VO sind also im Anwendungsbereich der KI-VO auf die „Gesundheit oder Sicherheit oder Grundrechte von Personen" zu beschränken.

55 Dass die Aktivierung der Meldepflicht aus S. 2 regelmäßig „eine vorhergehende Inbetriebnahme" des betreffenden Hochrisiko-KI-Systems voraussetzt,[38] ist sachlich unzutreffend. Richtig ist mit Blick auf den eindeutigen **Wortlaut** und die **Gesetzessystematik,** dass die betreffenden Informationen lediglich **vor dem Inverkehrbringen** abzusetzen sind, zumal der Einführer gem. Art. 3 Nr. 6 KI-Systeme „in Verkehr bringt".[39]

56 Eine **zeitliche Vorgabe für die Unterrichtung** wird in Abs. 2 S. 2 nicht statuiert. Damit knüpfte der Unionsgesetzgeber an Art. R4 Abs. 2 UAbs. 2 S. 2 des Anhangs I des Beschlusses Nr. 768/2008/EG an, der sich ebenfalls nicht zu allfälligen Fristen verhält. Im Recht der nicht-harmonisierten Verbraucherprodukte wiederum muss der Einführer unverzüglich den Hersteller über ein gefährliches Produkt im Vormarkt informieren, während es für die parallele Unterrichtung der Marktüberwachungsbehörden über das Safety-Business-Gateway keine Frist gibt, Art. 11 Abs. 2 S. 2 VO (EU) 2023/988 (sog. EU-Produktsicherheitsverordnung bzw. GPSR).[40]

Auch wenn vor diesem Hintergrund Spielräume für die Einführer bestehen, dürfte eine **ins Gewicht fallende bzw. ungebührliche Verzögerung der Unterrichtung** sicher nicht mehr im Einklang mit S. 2 stehen; denn **bei teleologischer Auslegung** besteht fraglos ein Interesse am Informationsaustausch, wenn das betreffende Hochrisiko-KI-System mit relevanten Risiken einhergeht.

57 Was schließlich die **Form der Unterrichtung** anbelangt, besteht – wie in der Musterbestimmung in Art. R4 Abs. 2 UAbs. 2 S. 2 des Anhangs I des Beschlusses Nr. 768/2008/EG – ausnahmslos **Formfreiheit.** Daher kann der Einführer etwa den Anbieter telefonisch oder die Marktüberwachungsbehörden per E-Mail informieren.

---

[37] Zur sog. MÜ-VO monografisch Schucht, Die neue EU-Marktüberwachungsverordnung. Praxisleitfaden für die Herausforderungen im europäischen Produktsicherheitsrecht, 2021; s. auch Becker/Maier K&R 2022, 13; Seehafer ZfPC 2022, 27; Schucht GewArch 2020, 259; Lenz BB 2020, 707; Geiß/Felz NJW 2019, 2961.

[38] Hilgendorf/Roth-Isigkeit KI-VO/Linardatos § 8 Rn. 49.

[39] AA freilich Hilgendorf/Roth-Isigkeit KI-VO/Linardatos § 8 Rn. 46: Inverkehrbringen oder Inbetriebnahme.

[40] Siehe dazu monographisch Schucht/Wiebe, Die neue GPSR, 2024; Ellinghaus/Neumann, Praxisleitfaden zum neuen europäischen Produktsicherheitsrecht, 2024; siehe auch Schucht CCZ 2025, 44; Lenz/Bertram r+s 2025, 145; Becker/Maier K&R 2025, 73; Neumann BB 2024, 2882; Mattheis CCZ 2024, 325; zum ersten Vorschlag der Kommission Schucht GewArch 2022, 394; krit. Hartmann/Klindt ZfPC 2022, 73.

III. Einführerkennzeichnung (Abs. 3)

In Abs. 3 wird die sog. **Einführerkennzeichnung** geregelt. Danach müssen die Einführerdaten auf der Verpackung oder ggf. in der beigefügten Dokumentation angegeben werden. **58**

Die Pflicht aus Abs. 3 ist ebenfalls im **Vormarkt,** dh vor dem Inverkehrbringen, zu erfüllen.

Vorbild für die Regelung in Abs. 3 ist Art. R4 Abs. 3 des Anhangs I des Beschlusses Nr. 768/2008/EG. Schon damals wurde die Einführerkennzeichnung in den betreffenden Musterbestimmungen rezipiert. Im Kern blieb die Regelung unverändert; modifiziert wurde jedoch – jedenfalls sprachlich – der Ort der Anbringung (→ Rn. 64 f.). **59**

Gesetzessystematisch bestehen enge Verbindungen zu den übrigen Kennzeichnungsbestimmungen in der KI-VO. So ergänzt die Einführerkennzeichnung namentlich die Kennzeichnung der Anbieter von Hochrisiko-KI-Systemen gem. Art. 16 lit. b. Daneben ist die CE-Kennzeichnung zu nennen, die ebenfalls von den Anbietern von Hochrisiko-KI-Systemen vorrangig am betreffenden System anzubringen ist, Art. 16 lit. h. **60**

Mit dem Inhalt aus Abs. 3 zielt der Gesetzgeber darauf ab, den Einführer eines Hochrisiko-KI-Systems in EU-Importszenarien kenntlich zu machen. Damit soll letztlich gewährleistet werden, dass den Marktüberwachungsbehörden ein verantwortlicher **Ansprechpartner in der EU** zur Verfügung steht. **61**

Anzugeben sind der **Name, der eingetragene Handelsname oder die eingetragene Handelsmarke sowie die Anschrift,** unter welcher der Einführer kontaktiert werden kann. Was Name, Handelsname oder Handelsmarke anbelangt, handelt es sich richtigerweise um Alternativen. Im Ergebnis genügt also die Angabe eines (Handels-)Namens bzw. einer Marke. **62**

Kein Gegenstand der Einführerkennzeichnung ist demgegenüber die **elektronische Adresse** des Einführers. Dies ist deshalb gesondert zu betonen, weil dieses Erfordernis jüngst Eingang in Art. 11 Abs. 3 S. 1 VO (EU) 2023/988 (sog. EU-Produktsicherheitsverordnung bzw. GPSR)[41] fand. Mit der elektronischen Adresse wird eine E-Mail-Adresse einerseits und eine Internetadresse andererseits in Bezug genommen. Über die Auslegung der Internetadresse herrscht freilich Streit.[42] **63**

Was den **Ort der Kennzeichnung** anbelangt, müssen die Einführerdaten auf der **Verpackung** oder ggf. in der beigefügten **Dokumentation** angebracht werden. Die beiden Alternativen stehen auf derselben Stufe, sodass insoweit umgekehrt **kein Vorrangverhältnis** existiert. **64**

Mit der Verpackung wird grds. die **Verkaufsverpackung** (Produktverpackung) in Bezug genommen. Umgekehrt genügt die Versandverpackung nicht den Anforderungen. Bei den **Begleitunterlagen** wiederum bietet sich zum einen die **Betriebsanleitung** gem. Art. 13 Abs. 2, 3 an. Zum anderen können (bei Online-Lieferungen) **Rechnungen** oder auch **Lieferscheine** herangezogen werden, auch wenn in Abs. 4 nicht – wie üblich – von den Begleitunterla- **65**

---

[41] Siehe dazu monographisch Schucht/Wiebe, Die neue GPSR, 2024; Ellinghaus/Neumann, Praxisleitfaden zum neuen europäischen Produktsicherheitsrecht, 2024; siehe auch Schucht CCZ 2025, 44; Lenz/Bertram r+s 2025, 145; Becker/Maier K&R 2025, 73; Neumann BB 2024, 2882; Mattheis CCZ 2024, 325; zum ersten Vorschlag der Kommission Schucht GewArch 2022, 394; krit. Hartmann/Klindt ZfPC 2022, 73.

[42] Näher Schucht CCZ 2024, 66 (68).

gen (engl. documents accompanying the product), sondern von der beigefügten Dokumentation (engl. accompanying documentation) die Rede ist.[43]

IV. Keine Beeinträchtigung der Konformität durch die Lagerungs- und Transportbedingungen (Abs. 4)

66 In Abs. 4 werden spezifische Einführerpflichten in Bezug auf **Lagerung und Transport aus der Taufe gehoben.** Danach dürfen weder die Lagerungs- noch die Transportbedingungen die Konformität des in Verkehr zu bringenden Hochrisiko-KI-Systems mit den Anforderungen aus dem Abschnitt 2 der KI-VO beeinträchtigen. Die konkrete Pflicht der Einführer ist als **Gewährleistungspflicht** ausgestaltet.

Weil sich der Pflichtenkreis aus Abs. 4 abermals auf den Zeitraum vor dem Inverkehrbringen von Hochrisiko-KI-Systemen bezieht, handelt es sich um eine **Vormarktpflicht.**

67 Abs. 4 knüpft unmittelbar an Art. R4 Abs. 5 des Anhangs I des Beschlusses Nr. 768/2008/EG an. Dessen ungeachtet wird die Stoßrichtung modifiziert. Tatsächlich bezog sich die Einführerpflicht lange Zeit nur auf die materielle Sicherheit, dh die grundlegenden Sicherheitsanforderungen bzw. wesentlichen Anforderungen. Niederspannungsrechtlich dürfen sich Lagerung und Transport gem. Art. 8 Abs. 5 RL 2014/35/EU (sog. EU-Niederspannungsrichtlinie) etwa nicht negativ auf die grundlegenden Anforderungen aus Art. 3 RL 2014/35/EU iVm Anhang I der RL 2014/35/EU auswirken. Bei Zugrundelegung dieses Ansatzes hätte der Gesetzgeber in Abs. 4 lediglich auf die Konformität mit den materiellen Anforderungen aus den Art. 8 ff. abgestellt. Dessen ungeachtet hat er sämtliche Pflichten aus dem Katalog der „Anforderungen an Hochrisiko-KI-Systeme" in Bezug genommen.

68 Den **Händler** trifft gem. Art. 24 Abs. 3 **gesetzessystematisch** eine vergleichbare Lagerungs- bzw. Transportpflicht. Ebenso wie die Einführer müssen die Händler **gewährleisten,** dass die Produktkonformität bei den genannten Aktivitäten nicht beeinträchtigt wird. Damit gibt es bei dieser beide Akteure treffenden Pflicht keinen qualitativen Unterschied, auch wenn Einführer und Händler unterschiedliche Rollen entlang der KI-Wertschöpfungskette einnehmen.[44] Unterschiedslos werden auch jeweils die Anforderungen aus den Art. 8 ff. in Bezug genommen.

69 Die ursprüngliche Regelung aus Art. 26 Abs. 4 KI-VO-E wurde im Verlauf des weiteren Verfahrens nur noch an wenigen Stellen sprachlich modifiziert. Inhaltlich gab es hingegen keinen Anlass für Anpassungen der ohnehin seit Langem bekannten und bewährten Norm (→ Rn. 67).

70 Das mit Abs. 4 verfolgte **gesetzgeberische Ziel** liegt offen zutage: Die Einführer sollen dafür Sorge tragen, dass die Konformität von (physischen) Hochrisiko-KI-Systemen nach der Entwicklung und dem Inverkehrbringen bzw. der Inbetriebnahme weder durch Lagerung noch durch Transport in Mitleidenschaft gezogen werden. Beide Tätigkeiten wiederum prägen die Tätigkeiten auch des Einführers (und damit nicht nur des Händlers, der mit derselben Pflicht gem. Art. 24 Abs. 3 belegt wird).

---

[43] Näher Schucht CCZ 2025, 44 (46).

[44] Vgl. zu diesem ansonsten zulässigen Differenzierungskriterium Erwgr. 83.

Tatsächlich können **physische Produkte bzw. ihre Betriebskomponenten** etwa durch die Umgebungsbedingungen beeinträchtigt werden, während dies bei (unverkörperter) Software kaum in Betracht kommt.[45]

Inhaltlich rückt Abs. 4 die **Lagerungs- und Transportbedingungen** in den Fokus des Interesses. Im Ergebnis müssen die Einführer dafür sorgen, dass im Vormarkt weder Lagerung noch Transport zu einer Beeinträchtigung der Anforderungen aus den Art. 8 ff. führt. Konkret bilden die Art. 8–15 den insoweit maßgeblichen Abschnitt 2 des Kap. III der KI-VO. Damit werden abschließend die folgenden Anforderungen für relevant erachtet: **71**
- Einhaltung der Anforderungen (Art. 8)
- Risikomanagementsystem (Art. 9)
- Daten und Daten-Governance (Art. 10)
- Technische Dokumentation (Art. 11)
- Aufzeichnungspflichten (Art. 12)
- Transparenz und Bereitstellung von Informationen für die Betreiber (Art. 13)
- Menschliche Aufsicht (Art. 14)
- Genauigkeit, Robustheit und Cybersicherheit (Art. 15)

Weil die Einführer die Konformität bei Lagerung und Transport **gewährleisten** müssen, gilt insoweit ein **strenger Maßstab.**

Bezugspunkte der Gewährleistungspflicht sind damit ausschließlich **Anforderungen an Hochrisiko-KI-Systeme** aus den Art. 8 ff. Dabei handelt es sich um originäre **Voraussetzungen für die Verkehrsfähigkeit** der betreffenden KI-Systeme, deren Einhaltung wiederum von den Anbietern von Hochrisiko-KI-Systemen sicherzustellen ist, Art. 16 Abs. 1 lit. a. **72**

Die Einführer müssen die Konformität mit den Art. 8 ff. **gewährleisten.** In der englischen Fassung ist insoweit von „ensure" die Rede. Damit wird ein denkbar **strenger Maßstab** aufgestellt; denn gewährleisten heißt im Ergebnis, dass der Einführer die erforderlichen Maßnahmen ergreifen muss, damit es zu keiner Beeinträchtigung bei Lagerung und Transport kommt. Diese Maßnahmen wiederum müssen stets zur Anwendung kommen, dh es gibt keine Ausnahmen etwa für lediglich untergeordnete Transporte oder die Lagerung nur kleiner Mengen. Dessen ungeachtet werden Einschränkungen unter dem **Aspekt der wirtschaftlichen Zumutbarkeit** zulässig sein. Diese werden selbst im Rahmen der strengeren Produzentenhaftung gem. § 823 Abs. 1 BGB – als elementarer Bestandteil der Dogmatik zu den Verkehrssicherungspflichten –[46] anerkannt. Erst recht müssen Zumutbarkeitserwägungen dann im Anwendungsbereich der KI-VO Geltung beanspruchen. **73**

Zwecks Erfüllung der Gewährleistungspflicht werden fraglos vorab **organisatorische Vorkehrungen** zu treffen sein. Mit anderen Worten ist die Pflicht aus Abs. 4 auch eine **Organisationspflicht;** denn die Produktkonformität wird nur dann durch Lagerung und Transport nicht beeinträchtigt, wenn es belastbare Konzepte für just diese beiden Aktivitäten gibt. So muss vorab etwa geprüft werden, welche Hochrisiko-KI-Systeme besonders gelagert werden müssen, um diesbezüglich unverändert zu bleiben, es müssen ganz generell geeignete Lagerräume gesucht und genutzt werden und es muss bei jedem Transport jene Sorgfalt walten, welche die Entstehung etwaiger Schäden möglichst ausschließt. Dazu gehört auch **74**

[45] Hilgendorf/Roth-Isigkeit KI-VO/Linardatos § 8 Rn. 50.
[46] S. nur MüKoBGB/Wagner § 823 Rn. 527–529.

die Auswahl geeigneter Beschäftigter bzw. die Beauftragung zuverlässiger Logistikunternehmen.

75 Sinnvollerweise werden all diese Vorkehrungen für Lagerung und Transport **schriftlich dokumentiert,** auch wenn dies in Abs. 4 nicht ausdrücklich verlangt wird. Der Grund hierfür liegt darin, dass damit eine belastbare Verteidigung für all jene Szenarien geschaffen wird, in denen der Verstoß gegen Abs. 4 insbesondere als Ordnungswidrigkeit sanktioniert wird. Freilich muss klar sein, dass ein schuldhafter Verstoß gegen die betreffende Gewährleistungspflicht ungeachtet aller schriftlichen Ablaufpläne für Lagerung und Transport gleichwohl in Betracht kommen kann; denn bei der konkreten Durchführung kann es vor allem zu fahrlässigen Abweichungen von einem lege artis erstellten Konzept kommen. Umgekehrt ist jedoch auch richtig, dass ohne jede Dokumentation der Abläufe der schuldhafte Verstoß gegen Abs. 4 mehr oder weniger auf der Hand liegt.

76 Die Pflicht aus Abs. 4 gilt nur, solange sich ein Produkt in der **Verantwortung der Einführer** befindet. Daraus folgt umgekehrt, dass sich ein Einführer außerhalb seiner Verantwortungssphäre nicht um Lagerung und Transport kümmern muss. Entscheidend ist daher, wann der Einführer verantwortlich ist. Im Ergebnis ist maßgeblich, ob der jeweilige Einführer den betreffenden Vorgang steuert bzw. kontrolliert. Diese **Steuerung bzw. Kontrolle** kann naturgemäß auch dann gegeben sein, wenn er externe Dritte zB mit der Lagerung oder dem Transport beauftragt. Weil solche Beauftragungen in praxi nicht selten vorkommen, ist die Einbeziehung dieser Szenarien fraglos vom Sinn und Zweck der Regelung gedeckt, wenngleich dieses **weite Verständnis** nicht alternativlos ist. Bei einem engen Verständnis ergäbe sich freilich die Konsequenz, dass der Pflichtenkreis der Einführer gerade beim Transport erfahrungsgemäß überschaubar wäre; denn beim Transport von Waren dominieren die (externen) Logistikunternehmen.

77 Bei der Einschaltung externer Dritter tut daher jeder Einführer gut daran, zB den Lagerhalter oder Spediteur vorab zu instruieren, welche Vorkehrungen getroffen werden müssen, damit es bei der Lagerung bzw. beim Transport zu keiner Beeinträchtigung der Produktkonformität kommt. Die gegebenen **Instruktionen** wiederum sollten dokumentiert werden. **Vertraglich** wiederum und damit noch vor den Instruktionen sollte der Einführer den jeweiligen Auftragnehmer zur ausnahmslosen Einhaltung der Instruktionen verpflichten. Auch wenn der Einführer in diesem Szenario öffentlich-rechtlich in der (marktüberwachungsbehördlich vollziehbaren) Pflicht bleibt, spielen all diese Maßnahmen naturgemäß eine Rolle überall dort, wo es um ein Verschulden des Einführers geht. Relevant kann dies also zB im **Ordnungswidrigkeitenrecht** sein.

V. Bereithaltung von Unterlagen (Abs. 5)

78 In Abs. 5 wird eine **Bereithaltungspflicht der Einführer** statuiert, die sich mit einer von einer notifizierten Stelle ausgestellten Bescheinigung, ggf. der Betriebsanleitung und der EU-Konformitätserklärung auf drei unterschiedliche Dokumente beziehen kann. Diese Unterlagen sind „für einen Zeitraum von zehn Jahren" ab dem Inverkehrbringen (dazu näher → Rn. 87) bereitzuhalten.

Die Bereithaltungspflicht ist dem Nachmarkt zuzuordnen, weil sie an das Inverkehrbringen (dazu näher → Rn. 87) gekoppelt ist.

79 Bereithaltungspflichten der Einführer kannten bereits die Musterbestimmungen: Gem. Art. R4 Abs. 8 des Anhangs I des Beschlusses Nr. 768/2008/EG sollen die Einführer für einen verhältnismäßigen Zeitraum „eine Abschrift der EG-

Konformitätserklärung für die Marktüberwachungsbehörden" bereithalten. Darüber hinaus sollen sie dafür sorgen, „dass sie ihnen die technischen Unterlagen auf Verlangen vorlegen können." Die Gegenstände der Bereithaltungspflicht wurden folglich an die Besonderheiten der KI-VO angepasst.

In systematischer Hinsicht bestehen erstens relevante Bezüge zu den entsprechenden Überprüfungspflichten in Abs. 1 lit. a, c, die sich ebenfalls auf die Durchführung des Konformitätsbewertungsverfahrens gem. Art. 43 (lit. a) bzw. die EU-Konformitätserklärung und die Betriebsanleitungen (jeweils lit. c) beziehen. Sodann gibt es zweitens Bezüge zu den Bescheinigungen, die insbesondere im Konformitätsbewertungsverfahren gem. Anhang VII der KI-VO ausgestellt werden, zum Recht der Betriebsanleitungen gem. den Art. 3 Nr. 15, 13 Abs. 2, 3 und der EU-Konformitätserklärung gem. Art. 47. 80

In Art. 26 KI-VO-E und damit der ersten Entwurfsfassung gab es diese Einführpflicht noch nicht. Sie ging auf Bestrebungen des Rates zurück und wurde im Trilogverfahren wortwörtlich übernommen.[47] 81

Das **Telos** des Abs. 5 ist darin zu sehen, dass der Einführer als Ansprechpartner der Marktüberwachungsbehörden mit Sitz in der EU über eine Reihe wichtiger Dokumente für einen langen Zeitraum nach dem Inverkehrbringen eines Hochrisiko-KI-Systems soll verfügen können. 82

Welche Dokumente bereitzuhalten sind, wird in Abs. 5 **abschließend** geregelt. Erstens ist es die von der notifizierten Stelle ausgestellte Bescheinigung, zweitens ggf. die Betriebsanleitungen und drittens die EU-Konformitätserklärung. Weitere Dokumente muss der Einführer demgegenüber nicht für einen Zeitraum von zehn Jahren ab dem Inverkehrbringen (dazu näher → Rn. 87) bereithalten. 83

Was zunächst die Bescheinigung (engl. certificate) anbelangt, die von der notifizierten Stelle ausgestellt wird, ist damit gewiss die sog. **Unionsbescheinigung über die Bewertung der technischen Dokumentation** gem. Nr. 4.6 des Anhangs VII der KI-VO gemeint. Richtigerweise wird in diesem Kontext indes auch die (positive) Entscheidung über das Qualitätssicherungssystem gem. Nr. 3.2 des Anhangs VII der KI-VO erfasst sein. Dafür spricht nicht nur, dass es sich bei dieser Genehmigungsentscheidung erkennbar um eine Bescheinigung handelt.[48] Darüber hinaus ist davon auszugehen, dass der Unionsgesetzgeber die „Unionsbescheinigung" deutlich als solche adressiert hätte, wenn er in Abs. 5 allein diese Bescheinigung hätte in Bezug nehmen wollen. Er hat sich indes bewusst für eine offenere Terminologie entschieden. Daher werden in Abs. 5 auch solche Bescheinigungen erfasst, die in den Konformitätsbewertungsverfahren gem. Art. 43 Abs. 3 ausgestellt werden, dh in Bezug auf Hochrisiko-KI-Systeme, die unter die im Abschnitt A des Anhangs I der KI-VO aufgeführten Harmonisierungsrechtsakte der Union fallen. 84

Die **Betriebsanleitungen** sind sodann nur „ggf." bereitzuhalten. Zunächst sind Betriebsanleitungen gem. Art. 3 Nr. 15 „die Informationen, die der Anbieter bereitstellt, um den Betreiber insbesondere über die Zweckbestimmung und die ordnungsgemäße Verwendung eines KI-Systems zu informieren". Gem. Art. 13 Abs. 2, 3 werden Hochrisiko-KI-Systeme ua mit Betriebsanleitungen versehen, wenn sie nicht mit Anleitungen „in einem geeigneten digitalen Format bereitgestellt" werden. Vor diesem Hintergrund bezieht sich die Bereithaltungspflicht aus 85

---

[47] Martini/Wendehorst/Gössl Art. 23 Rn. 32.

[48] Vgl. die Art. 44 Abs. 3, 45 Abs. 1 lit. b, Abs. 2 lit. b.

Abs. 5 allein auf etwaige **analoge Formen der Betriebsanleitung,** dh etwa auf eine Anleitung in Papierform.

86 Schließlich ist die **EU-Konformitätserklärung** gem. Art. 47 Gegenstand der Bereithaltungspflicht. Aus Art. 47 Abs. 1 S. 1 folgt, dass die „schriftliche maschinenlesbare, physische oder elektronisch unterzeichnete EU-Konformitätserklärung" vom Anbieter ausgestellt wird. Dass sie nicht beim Anbieter verbleibt, sondern Bestandteil des Lieferumfangs des betreffenden Hochrisiko-KI-Systems ist, ergibt sich nicht nur aus Abs. 1 lit. c (→ Rn. 23, 25), sondern auch aus der entsprechenden Prüfpflicht der Händler gem. Art. 24 Abs. 1.

87 Während der **Zeitraum der Bereithaltung mit zehn Jahren** eindeutig bestimmt ist, bleibt unklar, wann genau die Frist zu laufen beginnt; denn in Abs. 5 ist die Rede davon, dass die Frist „ab dem Inverkehrbringen oder der Inbetriebnahme" beginnt. Wenn der Einführer indes per definitionem Hochrisiko-KI-Systeme allein in Verkehr bringt,[49] ergibt die Bezugnahme auf die Inbetriebnahme in Abs. 5 keinen Sinn. Hinzu kommt, dass die Inbetriebnahme an keiner anderen Stelle in Art. 23 rezipiert wird. Vor diesem Hintergrund ist von einem gesetzgeberischen Versehen auszugehen. Maßgeblich ist danach allein der Zeitpunkt des Inverkehrbringens.

88 Die Bereithaltungspflichten aus Abs. 5 können seitens der Einführer nur dann in toto erfüllt werden, wenn er vorab **vertragliche Vorkehrungen** mit dem Anbieter trifft.[50] Denn es rechnet nicht zu den Pflichten der Anbieter gem. Art. 16, die **von notifizierten Stellen ausgestellten Bescheinigungen** zum Bestandteil des Lieferumfangs zu machen, geschweige denn gesondert an den Einführer zu übermitteln. Insoweit benötigt der Einführer folglich vertragliche Zugriffsrechte, um in den Besitz der Bescheinigungen zu gelangen.

VI. Kooperationspflichten in Bezug auf die Übermittlung von Informationen und Dokumentation (Abs. 6)

89 Mit Abs. 6 beginnen die **Kooperationspflichten der Einführer;** denn in Abs. 6 und 7 wird die Zusammenarbeit der Einführer mit den Marktüberwachungsbehörden geregelt. Während sich Abs. 7 auf KI-Risiken im Feld bezieht (→ Rn. 99 ff.), regelt Abs. 6 solche Informationen und jene Dokumentation, die für den Konformitätsnachweis erforderlich sind. Die Informationen und Dokumentation sind nur auf begründete Anfrage zu übermitteln (S. 1). Darüber hinaus müssen die Einführer gem. S. 2 sicherstellen, dass sie den Behörden auch die technische Dokumentation zur Verfügung stellen können.

Die Kooperationspflicht aus Abs. 6 ist richtigerweise **sowohl dem Vor- als auch dem Nachmarkt** zuzuordnen.

90 Was etwaige **Vorläufer** anbelangt, fällt schon prima facie auf, dass insoweit die Musterbestimmung aus Art. R4 Abs. 9 S. 1 des Anhangs I des Beschlusses Nr. 768/2008/EG zu nennen ist. Ein relevanter Unterschied besteht allein mit Blick auf die **technische Dokumentation,** die in Abs. 6 S. 2 gesondert aufgeführt wird.

91 Die Bereithaltungspflichten der Einführer sind **systematisch** eng mit Abs. 7 verknüpft; denn in beiden Fällen stehen originäre Kooperationspflichten der Ein-

---

[49] Art. 3 Nr. 6.

[50] Martini/Wendehorst/Gössl Art. 23 Rn. 33; vgl. aus produktsicherheitsrechtlicher Perspektive Schucht CCZ 2024, 66 (70 f.).

führer in Rede, die auf eine Zusammenarbeit mit den Marktüberwachungsbehörden gerichtet sind. Hervorzuheben ist darüber hinaus Art. 11 über die „Technische Dokumentation“, die in S. 2 ausdrücklich in Bezug genommen wird.

Die Inhalte aus Abs. 6 waren zT schon Gegenstand von Art. 26 Abs. 5 S. 1 KI-VO-E. Während der damalige Art. 26 Abs. 5 S. 2 KI-VO-E schließlich in Abs. 7 verschoben wurde, wurde die Regelung in S. 1 weitgehend beibehalten. Zu beachten ist allerdings, dass die Idee, „Zugang zu den vom Hochrisiko-KI-System automatisch erzeugten Protokollen, soweit diese Protokolle aufgrund einer vertraglichen Vereinbarung mit dem Nutzer oder auf gesetzlicher Grundlage der Kontrolle des Anbieters unterliegen“, zu gewähren, nicht weiterverfolgt wurde. Die Aufbewahrung automatisch erzeugter Protokolle ist im Ergebnis nur eine Pflicht der Anbieter von Hochrisiko-KI-Systemen, Art. 16 lit. e, 19. Diese müssen die Protokolle gem. Art. 21 Abs. 2 ggf. einer Marktüberwachungsbehörde zugänglich machen. Nichts anderes gilt für die Bevollmächtigten gem. Art. 22 Abs. 3 lit. c. Dafür wurde in Abs. 6 zum einen der Verweis auf die in Abs. 5 genannten Informationen und die Dokumentation neu aufgenommen. Zum anderen wurde in S. 2 explizit die Bedeutung der technischen Dokumentation betont. 92

Über die **Stoßrichtung** des Abs. 6 kann bei Lichte betrachtet kein Streit herrschen. Die Regelungsinhalte zielen auf eine **gute Kooperation** zwischen Einführer einerseits und den Marktüberwachungsbehörden andererseits ab. 93

Gem. Abs. 6 sollen die Einführer ausdrücklich „mit den betreffenden nationalen Behörden“ zusammenzuarbeiten. Bei verständiger Würdigung werden damit die **Marktüberwachungsbehörden** gem. Art. 3 Nr. 26 in Bezug genommen, dh jene nationalen Behörden, welche die Tätigkeiten durchführen und die Maßnahmen ergreifen, die in der Marktüberwachungs-VO (sog. EU-Marktüberwachungsverordnung bzw. MÜ-VO)[51] vorgesehen sind. Folgerichtig werden an dieser Stelle nicht die **zuständigen nationalen Behörden** adressiert; die zuständige nationale Behörde (engl. national competent authority) wird in Art. 3 Nr. 48 definiert. Mit diesem Rechtsbegriff werden neben den Marktüberwachungsbehörden noch die **notifizierenden Behörden** erfasst. Dafür spricht zum einen der Wortlaut, der in Abs. 6 nicht auf die zuständigen nationalen Behörden abstellt.[52] Zum anderen ist nichts für ein juristisch fundiertes Interesse notifizierender Behörden an etwaigen Konformitätsnachweisen ersichtlich. 94

Gegenstand der Übermittlungspflicht sind jede Information und Dokumentation, die für die Frage der Konformität eines Hochrisiko-KI-Systems mit den Art. 8 ff. relevant ist. Ausdrücklich genannt werden die in Abs. 5 genannten Dokumente. Relevant können daher etwa eine **Unionsbescheinigung über die Bewertung der technischen Dokumentation, die Betriebsanleitung oder die EU-Konformitätserklärung** sein. Daneben kann es weitere Unterlagen über das Konformitätsbewertungsverfahren wie zB die Entscheidung über das Qualitätssicherungssystem, welche „die Ergebnisse der Bewertung des Qualitätsmanagementsystems und die begründete Bewertungsentscheidung“ enthält, geben, Nr. 3.2 des Anhangs VII der KI-VO. Die **technische Dokumentation** gem. Art. 11 iVm Anhang IV der KI-VO wird in S. 2 gesondert erwähnt. 95

---

[51] Zur sog. MÜ-VO monografisch Schucht, Die neue EU-Marktüberwachungsverordnung. Praxisleitfaden für die Herausforderungen im europäischen Produktsicherheitsrecht, 2021; s. auch Becker/Maier K&R 2022, 13; Seehafer ZfPC 2022, 27; Schucht GewArch 2020, 259; Lenz BB 2020, 707; Geiß/Felz NJW 2019, 2961.

[52] Entsprechend werden in der englischen Fassung die „relevant competent authorities“ und nicht die „national competent authorities“ in Bezug genommen.

96 Aktiviert werden die Übermittlungspflichten gem. Abs. 6 nur **auf Anfrage einer Behörde,** die zudem begründet sein muss. Daher muss es in jedem Fall eine **Begründung für die Anfrage** geben. Wenn eine solche Begründung gegeben wird, dürfte diese freilich inhaltlich nicht weiter zu hinterfragen sein, zumal die Norm schlicht eine nicht näher konturierte Begründung verlangt.

97 Was die **Sprache der zu übermittelnden Informationen und Dokumentation** anbelangt, muss diese für die Behörde, welche die Anfrage stellt, „leicht verständlich" sein. Unionsrechtlich wird damit nicht die jeweilige Amtssprache bzw. werden damit nicht die jeweiligen Amtssprachen des EU-Mitgliedstaats vorgegeben, in dem die Behörde ihren Sitz hat. Damit kann die betreffende Behörde auch andere Sprachen zulassen.[53]

98 In welchem **Zeitraum** die einschlägigen Informationen und Dokumente zu übermitteln sind, gibt Abs. 6 nicht vor. In der Literatur wird insoweit ein **angemessener Zeitraum** verlangt.[54] Erfahrungsgemäß werden in vergleichbaren Fällen Fristen von regelmäßig **wenigen Tagen bis Wochen** gesetzt, innerhalb derer der Anfrage nachzukommen ist. Eine gute Orientierung dürften jene **zehn Arbeitstage** geben, welche von der Europäische Kommission im Leitfaden zur RL 2014/35/EU (sog. EU-Niederspannungsrichtlinie) vorgeschlagen werden.[55]

VII. Kooperationspflichten bei Risiken im Nachmarkt (Abs. 7)

99 Schließlich werden im Abs. 7 weitere originäre **Kooperationspflichten** der Einführer geregelt. Die Einführer haben mit den Marktüberwachungsbehörden **im Nachmarkt** zusammenzuarbeiten; denn Gegenstand der Pflicht zur Zusammenarbeit sind Hochrisiko-KI-Systeme, die bereits in Verkehr gebracht wurden.

100 Dass die Regelung in Art. R4 Abs. 9 S. 2 für Abs. 7 **Pate stand,** fällt schon prima facie auf. Im Unterschied zur damaligen Musterbestimmung muss in Abs. 7 **kein explizites Verlangen von Seiten der Marktüberwachungsbehörde** geäußert werden. Dafür wird nunmehr ausdrücklich darauf hingewiesen, dass die Kooperation auf die Verringerung bzw. Abmilderung von Risiken gerichtet sein muss.

101 Die Regelung in Abs. 7 ist zum einen **systematisch** eng mit der vorangehenden Bestimmung in Abs. 6 verknüpft, weil sich beide Pflichten der Zusammenarbeit zwischen den Einführern einerseits und den Marktüberwachungsbehörden andererseits widmen. Zum anderen gibt es vergleichbare Kooperationspflichten der Bevollmächtigten in Art. 22 Abs. 3 lit. d und der Händler in Art. 24 Abs. 6.

102 Eine abgespeckte Version des Abs. 7 war schon Gegenstand Art. 26 Abs. 5 S. 2 KI-VO-E. Demzufolge sollten die Einführer mit den nationalen Behörden bei allen Maßnahmen zusammenarbeiten, „die eine zuständige nationale Behörde im Zusammenhang mit diesem System ergreift." Damals fehlte also zum einen der klare Bezug zum Nachmarkt, der nunmehr in Abs. 7 fest verankert ist. Zum anderen wurde seinerzeit kein Ziel der Zusammenarbeit formuliert, weil es noch nicht explizit darum ging, etwaige KI-Risiken zu verringern und abzumildern.

103 **Ziel der Regelung** ist die **Beseitigung bzw. Reduzierung von spezifischen Risiken** im Zusammenhang mit Hochrisiko-KI-Systemen im Feld, und zwar durch die Zusammenarbeit von Einführern einerseits mit den Marktüberwachungsbehörden andererseits.

---

[53] Bomhard/Pieper/Wende/Seehafer Art. 23 Rn. 41.

[54] Bomhard/Pieper/Wende/Seehafer Art. 23 Rn. 41.

[55] Low Voltage Directive 2014/35/EU Guidelines, hrsg. v. der Europäischen Kommission, 2018, § 23, S. 35.

104 Die Einführer werden in Abs. 7 verpflichtet, „mit den betreffenden nationalen Behörden" zusammenzuarbeiten. Damit dürften die **Marktüberwachungsbehörden** gem. Art. 3 Nr. 26 gemeint sein, dh jene nationalen Behörden, welche die Tätigkeiten durchführen und die Maßnahmen ergreifen, die in der EU-Marktüberwachungsverordnung vorgesehen sind. Umgekehrt dürften an dieser Stelle folglich nicht die **zuständigen nationalen Behörden** adressiert werden; die zuständige nationale Behörde (engl. national competent authority) wird in Art. 3 Nr. 48 definiert. Mit diesem Rechtsbegriff werden neben den Marktüberwachungsbehörden noch die **notifizierenden Behörden** erfasst. Für diese Auslegung spricht nicht nur der klare Wortlaut, der in Abs. 7 eben gerade nicht auf die zuständigen nationalen Behörden abstellt.[56] Darüber hinaus wäre es mehr als ungewöhnlich, wenn notifizierende Behörden bei der Risikobekämpfung im Feld eine relevante Rolle spielen sollen. Tatsächlich ist dies originäre Aufgabe der Marktüberwachungsbehörden.

105 Die Pflicht zur Zusammenarbeit bezieht sich erkennbar nur auf solche Hochrisiko-KI-Systeme, die bereits in Verkehr gebracht sind. Im Ergebnis rechnet Abs. 7 damit zu den **Nachmarktpflichten der Einführer.** Wenn und soweit diese Systeme nichtkonform oder insbesondere gefährlich sind, dann soll es in guter Kooperation zwischen Marktüberwachung und Wirtschaft in erster Linie um die **Verringerung bzw. jedenfalls Abmilderung der identifizierten Risiken** gehen.

106 Gegenstand der Kooperation gem. Abs. 7 muss stets eine **Maßnahme** sein, die von einer Marktüberwachungsbehörde ergriffen wird. Hierbei kann es sich um Marktüberwachungsmaßnahmen handeln, die sich auf Art. 74 Abs. 1 iVm Art. 14 Abs. 4 Marktüberwachungs-VO (sog. EU-Marktüberwachungsverordnung bzw. MÜ-VO)[57] stützen. Unterhalb dieser Schwelle marktüberwachungsbehördlicher Anordnungen kann es indes ebenfalls Maßnahmen geben, welche die Kooperationspflicht aktivieren.

107 Tatsächlich kann die Kooperationspflicht über die Verringerung und Abmilderung etwaiger Risiken im Feld hinausgehen; denn diese beiden Ziele werden in Abs. 7 nur beispielhaft erwähnt. Vor diesem Hintergrund kann die betreffende Pflicht durchaus **extensiv ausgelegt** werden.[58]

Art. 24* Pflichten der Händler

(1) **Bevor Händler ein Hochrisiko-KI-System auf dem Markt bereitstellen, überprüfen sie, ob es mit der erforderlichen CE-Kennzeichnung versehen ist, ob ihm eine Kopie der in Artikel 47 genannten EU-Konformitätserklärung und Betriebsanleitungen beigefügt sind und ob der Anbieter und gegebenenfalls der Einführer dieses Systems ihre in Arti-**

---

[56] Entsprechend werden in der englischen Fassung die „relevant competent authorities" und nicht die „national competent authorities" in Bezug genommen.

[57] Zur sog. MÜ-VO monografisch Schucht, Die neue EU-Marktüberwachungsverordnung. Praxisleitfaden für die Herausforderungen im europäischen Produktsicherheitsrecht, 2021; s. auch Becker/Maier K&R 2022, 13; Seehafer ZfPC 2022, 27; Schucht GewArch 2020, 259; Lenz BB 2020, 707; Geiß/Felz NJW 2019, 2961.

[58] Restriktiver Bomhard/Pieper/Wende/Seehafer Art. 23 Rn. 46.

* Kapitel III (Art. 6–49) gilt gem. Art. 113 UAbs. 2 ab 2.8.2026, mit Ausnahme des Abschnitts 4, der gem. Art. 113 UAbs. 3 Buchst. b bereits ab 2.8.2025 gilt.

kel 16 Buchstaben b und c sowie Artikel 23 Absatz 3 festgelegten jeweiligen Pflichten erfüllt haben.

(2) [1]**Ist ein Händler der Auffassung oder hat er aufgrund von Informationen, die ihm zur Verfügung stehen, Grund zu der Annahme, dass ein Hochrisiko-KI-System nicht den Anforderungen in Abschnitt 2 entspricht, so stellt er das Hochrisiko-KI-System erst auf dem Markt bereit, nachdem die Konformität des Systems mit den Anforderungen hergestellt wurde.** [2]**Birgt das Hochrisiko-IT-System zudem ein Risiko im Sinne des Artikels 79 Absatz 1, so informiert der Händler den Anbieter bzw. den Einführer des Systems darüber.**

(3) **Solange sich ein Hochrisiko-KI-System in ihrer Verantwortung befindet, gewährleisten Händler, dass – soweit zutreffend – die Lagerungs- oder Transportbedingungen die Konformität des Systems mit den in Abschnitt 2 festgelegten Anforderungen nicht beeinträchtigen.**

(4) [1]**Ein Händler, der aufgrund von Informationen, die ihm zur Verfügung stehen, der Auffassung ist oder Grund zu der Annahme hat, dass ein von ihm auf dem Markt bereitgestelltes Hochrisiko-KI-System nicht den Anforderungen in Abschnitt 2 entspricht, ergreift die erforderlichen Korrekturmaßnahmen, um die Konformität dieses Systems mit diesen Anforderungen herzustellen, es zurückzunehmen oder zurückzurufen, oder er stellt sicher, dass der Anbieter, der Einführer oder gegebenenfalls jeder relevante Akteur diese Korrekturmaßnahmen ergreift.** [2]**Birgt das Hochrisiko-KI-System ein Risiko im Sinne des Artikels 79 Absatz 1, so informiert der Händler unverzüglich den Anbieter bzw. den Einführer des Systems sowie die für das betroffene Hochrisiko-KI-System zuständigen Behörden und macht dabei ausführliche Angaben, insbesondere zur Nichtkonformität und zu bereits ergriffenen Korrekturmaßnahmen.**

(5) **Auf begründete Anfrage einer betreffenden zuständigen Behörde übermitteln die Händler eines Hochrisiko-KI-Systems dieser Behörde sämtliche Informationen und Dokumentation in Bezug auf ihre Maßnahmen gemäß den Absätzen 1 bis 4, die erforderlich sind, um die Konformität dieses Systems mit den in Abschnitt 2 festgelegten Anforderungen nachzuweisen.**

(6) **Die Händler arbeiten mit den betreffenden zuständigen Behörden bei allen Maßnahmen zusammen, die diese Behörden im Zusammenhang mit einem von den Händlern auf dem Markt bereitgestellten Hochrisiko-KI-System ergreifen, um insbesondere das von diesem System ausgehende Risiko zu verringern oder abzumildern.**

Literatur: Ashkar/Schröder, Das Gesetz über künstliche Intelligenz der Europäischen Union (KI-Verordnung), BB 2024, 771; Borges, Die europäische KI-Verordnung (AI Act) Teil 3 – Transparenzpflichten, Durchsetzung, Gesamtbewertung, CR 2024, 633; Linardatos, Hochrisiko-KI-Systeme, und Verantwortungsverschiebung in der Wertschöpfungskette, ZIP 2024, 2497; Möller-Klapperich, Die neue KI-Verordnung der EU, NJ 2024, 337; Rohrßen, KI & CE – Die KI-VO, das Produktsicherheitsrecht für Künstliche Intelligenz, ZfPC 2024, 111; Roos/Weitz, Hochrisiko-KI-Systeme im Kommissionsentwurf für eine KI-Verordnung, MMR 2021, 844; Wiebe, Produktsicherheitsrechtliche Betrachtung des Vorschlags für eine KI-Verordnung, BB 2022, 899; Wybitul, Geldbußen wegen Verstößen gegen die KI-Verordnung, NJW 2024, 2641.

Übersicht

I. Allgemeines

Art. 24 normiert die Pflichten, denen ein Händler von Hochrisiko-KI-Systemen unterliegt. Die KI-VO nimmt die gesamte Wertschöpfungskette vom Hersteller über den Anbieter, Händler, Einführer, Betreiber von Hochrisiko-KI-Systemen und sogar sonstige Dritte in die Verantwortung, die Konformität dieser Systeme sicherzustellen (→ Art. 25 Rn. 2 ff.).[1] Teilweise können die vorstehenden Akteure mehr als eine Rolle wahrnehmen, so dass die Pflichten dieser VO durch die Akteure kumulativ zu beachten sind.[2] Aufgrund der immer komplexer werdenden arbeitsteiligen Wertschöpfungsprozesse hat der Verordnungsgeber insoweit sichergestellt, dass es keine Regelungslücken in Bezug auf die Verantwortlichkeit der unterschiedlichen Akteure gibt, um den mit diesen Systemen einhergehenden gesellschaftlichen Risiken zu begegnen.[3] Insgesamt soll mit den Regelungen in Art. 24 Rechtssicherheit für die Händler geschaffen werden.[4] 1

Händler von Hochrisiko-KI-Systemen stellen diese dem Markt bereit und haben damit durch Art. 24 die Aufgabe übertragen bekommen, zu überprüfen, ob diese Systeme die näher bestimmten gesetzlichen Anforderungen einhalten. Da Händler in gewissen Situationen zudem auch die Rolle des Anbieters (→ Art. 25 Rn. 3 ff.) oder Einführers (→ Art. 23 Rn. 9 ff.) wahrnehmen können, sind insoweit die entsprechenden gesetzlichen Pflichten zu beachten und kumulativ zu erfüllen.[5] 2

II. Inhalt der Regelung

Inhaltlich legt Art. 24 fest, dass Händler Hochrisiko-KI-Systemen nur auf den Markt bringen dürfen, wenn diese die näher bestimmten und durch den Händler überprüfbaren Anforderungen erfüllen (Abs. 1 → Rn. 4 ff.). Hat der Händler Grund zur Annahme, dass das System den gesetzlichen Vorgaben aus Art. 8 ff. 3

[1] Vgl. Erwgr. 84 S. 1.
[2] Erwgr. 83 S. 3 f.
[3] Erwgr. 5, 83 S. 1; Martini/Wendehorst, KI-VO/Gössl, Art. 24 Rn. 1 f.; Linardatos ZIP 2024, 2497 (2499).
[4] BeckOK KI-Recht/Bosmann Art. 24 Rn. 1.
[5] Erwgr. 83 S. 3.

nicht entspricht, darf er dieses erst nach Sicherstellung der Konformität auf dem Markt bereitstellen (Abs. 2 → Rn. 16 f.). Händler müssen zudem sicherstellen, dass Lagerung und Transport die Konformität des KI-Systems nicht beeinträchtigen (Abs. 3 → Rn. 18 ff.). Wird nach Marktbereitstellung erkannt, dass dieses nicht den gesetzlichen Anforderungen entspricht, müssen Korrekturmaßnahmen sowie ggf. die Rücknahme oder der Rückruf erfolgen (Abs. 4 → Rn. 21 f.). Schließlich sind Händler dieser Systeme verpflichtet, auf Anfrage Informationen bereitzustellen (Abs. 5 → Rn. 23 ff.) und mit den zuständigen Behörden zur Risikominderung zusammenzuarbeiten (Abs. 6 → Rn. 30 ff.).

1. Prüfpflicht vor Marktbereitstellung (Abs. 1)

4 Art. 24 Abs. 1 legt fest, bevor Händler Hochrisiko-KI-Systeme auf dem Markt bereitstellen, stellen sie sicher, dass das System über das erforderliche CE-Kennzeichen verfügt, dass eine Kopie der EU-Konformitätsbewertungserklärung iSd Art. 47 und eine Betriebsanleitung nach Art. 13 Abs. 2, 3 beigefügt sind und dass der Anbieter sowie ggf. der Einführer des KI-Systems ihre Namen, ihre eingetragenen Handelsnamen und ihre Kontaktanschriften auf der Verpackung oder der beigefügten Dokumentation angegeben haben (→ Art. 16 Rn. 15 ff.; → Art. 23 Rn. 89 ff.). Darüber hinaus muss er kontrollieren, ob der Anbieter des Hochrisiko-KI-Systems ein Qualitätsmanagementsystem nach Art. 16 Buchs. c iVm Art. 17 besitzt (→ Art. 17 Rn. 3 ff.).

5 Der Begriff des **Händlers** wird nach Art. 3 Nr. 7 als natürliche oder juristische Person in der Lieferkette definiert, die ein KI-System auf dem Unionsmarkt bereitstellt, mit Ausnahme von Anbietern oder Einführern (ausführlich hierzu → Art. 3 Rn. 100 ff.).

6 Die **Bereitstellung** eines Hochrisiko-KI-System auf dem Unionsmarkt ist anzunehmen, wenn dieses erstmalig oder wiederholt innerhalb der EU für eine Nutzung oder den weiteren Vertrieb zur Verfügung steht. Das Vorliegen eines **Hochrisiko-KI-Systems** wird durch Art. 6 iVm Anhang I und Anhang III reguliert (vgl. → Art. 6 Rn. 11 ff.).

7 Da der Verordnungsgeber den Händler in seiner Legaldefinition in **Abgrenzung** zum Anbieter und Einführer negativ gestaltet hat, gilt es für das Begriffsverständnis auch diese Definitionen heranzuziehen. Ein **Anbieter** ist nach Art. 3 Nr. 3 „eine natürliche oder juristische Person, Behörde, Einrichtung oder sonstige Stelle, die ein KI-System oder ein KI-Modell mit allgemeinem Verwendungszweck entwickelt oder entwickeln lässt und es unter ihrem eigenen Namen oder ihrer Handelsmarke in Verkehr bringt oder das KI-System unter ihrem eigenen Namen oder ihrer Handelsmarke in Betrieb nimmt, sei es entgeltlich oder unentgeltlich" (zur Begriffsbestimmung vgl. → Art. 3 Rn. 51 ff.). In Abgrenzung hierzu wird der **Einführer** von Art. 3 Nr. 6 definiert als „eine in der Union ansässige oder niedergelassene natürliche oder juristische Person, die ein KI-System, das den Namen oder die Handelsmarke einer in einem Drittland niedergelassenen natürlichen oder juristischen Person trägt, in Verkehr bringt;" (ausführlich hierzu → Art. 3 Rn. 92 ff.). Fällt ein Akteur mithin in den Handlungsbereich dieser Akteure, gilt er nach dem Wortlaut der Begriffsbestimmung in Art. 3 Nr. 7 als Anbieter bzw. Einführer und nicht mehr als Händler. Es kann aber dennoch gewisse Situationen geben, in denen er gleichzeitig mehrere Rollen ausübt.[6]

---

[6] Vgl. Erwgr. 83 S. 3.

Die durch den Händler zu überprüfenden Unterlagen werden durch Abs. 1 klar benannt. Es besteht ferner **keine allgemeine Prüfpflicht** für Händler, zumal diese grds. nicht über die praktische Möglichkeit verfügen, nachzuprüfen, ob über die benannten Dokumente hinausgehende Anforderungen der Art. 8 ff. zB Anforderungen an Trainingsdaten einer KI durch den Hersteller beachtet wurden. Es liegt damit eine rein formelle Prüfpflicht vor, so dass der Händler nicht überprüfen muss, ob diese kontrollierten Dokumente auch rechtmäßig erteilt wurden.[7] Die Überprüfung der Dokumente erfordert jedoch eine aktive Nach- bzw. Durchsicht sowie **Plausibilitätsprüfung** und erschöpft sich nicht im Abheften der entsprechenden Unterlagen. Sind die vorgelegten Unterlagen gefälscht und hätte der Händler dies iR einer entsprechenden Sichtung erkennen können, ist ein sanktionsbewehrter Verstoß gegen Art. 24 anzunehmen. Insgesamt folgt daraus, dass die Prüfpflicht des Händlers auf rein formale und objektive Anforderungen beschränkt ist.[8] 8

Die Prüfpflicht des Händlers knüpft an die geplante Marktbereitstellung an und ist dieser vorgelagert. Die Überprüfung umfasst die Kontrolle des notwendigen **CE-Kennzeichens** iSd Art. 48 (→ Art. 48 Rn. 9 ff.). Für das CE-Kennzeichen gelten die allgemeinen Grundsätze des Art. 30 VO (EG) Nr. 765/2008. Mit diesem Kennzeichen erklärt der Anbieter, dass das KI-System insbesondere die Anforderungen aus Art. 8 ff. erfüllt, Art. 3 Nr. 24. Die Anbringung des Kennzeichens ist für Anbieter von Hochrisiko-KI-Systemen nach Art. 16 Buchst. h verpflichtend. Dieses wird entweder auf der Hardware des Hochrisiko-KI-Systems selbst oder auf seiner Verpackung angebracht. Ist dies ebenfalls nicht möglich, ist das CE-Kennzeichen in der Dokumentation beizufügen (siehe hierzu → Art. 48 Rn. 9 f.). Erfüllt dieses Kennzeichnen nicht die Anforderungen des Art. 48, ua die gute Sicht- und Lesbarkeit und die Dauerhaftigkeit der Anbringung, ist das Produkt nicht hinreichend gekennzeichnet. 9

Des Weiteren ist das Vorliegen einer Kopie der **EU-Konformitätserklärung** zu überprüfen. Diese Kopie kann angelehnt an die Voraussetzungen des Art. 47 schriftlich maschinenlesbar, physisch oder elektronisch unterzeichnet vorliegen (→ Art. 47 Rn. 6 ff.). Ferner muss aus der Kopie der Erklärung erkennbar sein, für welches Hochrisiko-KI-System diese ausgestellt wurde. 10

Die zu überprüfende **Betriebsanleitung** enthält „die Informationen, die der Anbieter bereitstellt, um den Betreiber insbesondere über die Zweckbestimmung und die ordnungsgemäße Verwendung eines KI-Systems zu informieren“, Art. 3 Nr. 15. Im Rahmen einer Plausibilitätsprüfung hat der Händler zu prüfen, ob diese den Anforderungen des Art. 13 entspricht (→ Art. 13 Rn. 28 ff.). Hierzu gehört die Nennung des Namen und der Kontaktangaben des Anbieters (Art. 13 Abs. 3 Buchst. a), die Information der Merkmale, Fähigkeiten und Leistungsgrenzen des Hochrisiko-KI-Systems (Art. 13 Abs. 3 Buchst. b), etwaige Informationen zu Änderungen des Hochrisiko-KI-Systems (Art. 13 Abs. 3 Buchst. c), Maßnahmen zur menschlichen Aufsicht und technische Hilfen zur Interpretation der Ausgaben des Hochrisiko-KI-Systems (Art. 13 Abs. 3 Buchst. d), Angaben zu erforderlichen Ressourcen, Lebensdauer sowie Wartungs- und Pflegeintervallen zur Sicherstellung der ordnungsgemäßen Funktion, einschließlich Software-Updates (Art. 13 Abs. 3 Buchst. e) sowie die Beschreibung integrierter Mechanismen Auswertung von Protokollen (Art. 13 Abs. 3 Buchst. f). 11

[7] Martini/Wendehorst, KI-VO/Gössl, Art. 24 Rn. 9.
[8] BeckOK KI-Recht/Bosmann Art. 24 Rn. 18.

12 Darüber hinaus muss der Anbieter des Hochrisiko-KI-Systems nach Art. 16 Buchst. b auf dem System und falls dies nicht möglich ist, auf der Verpackung oder in der beigefügten Dokumentation seinen **Namen,** eingetragenen Handelsnamen bzw. die eingetragene Handelsmarke und die **Kontaktanschrift** angeben (ausführlich hierzu → Art. 16 Rn. 9 ff.). Das Gleiche gilt für Einführer nach Art. 23 Abs. 3. Diese Dokumentation ist ebenfalls durch den Händler auf ihre Existenz zu überprüfen.

13 Abschließend hat der Händler zu prüfen, ob der Anbieter nach Art. 16 Buchst. c über ein **Qualitätsmanagement** iSd Art. 17 verfügt (→ Art. 17 Rn. 3 ff.). Auch diese Prüfpflicht beschränkt sich auf eine formelle Plausibilitätsprüfung. Eine fundierte inhaltliche Prüfung, ob dieses System den Anforderungen des Art. 17 entspricht, ist aufgrund des Gesamtkontextes der Norm – die einen praktisch handhabbare Prüfrahmen für Händler geschaffen hat – nicht erforderlich.[9]

14 Die Pflicht zur Prüfung der vorstehenden Unterlagen und damit auch das Recht auf deren Einsicht ergibt sich aus dem Gesetz, dennoch ist zu raten, dass sich die Händler den Zugriff auf diese Dokumente vertraglich einräumen lassen.[10]

15 Zeigt sich aus den in Abs. 1 zu überprüfenden Unterlagen, dass die hiermit verbundenen **Anforderungen nicht eingehalten** werden, kann dies bereits ein Anhaltspunkt dafür sein, dass das Hochrisiko-KI-System den gesetzlichen Anforderungen nicht entspricht. In diesem Fall muss er die entsprechenden Informationen und Dokumente beim Anbieter nachfordern. Ohne diese Informationen darf er das Produkt nicht auf dem Markt bereitstellen. Die Überprüfung durch den Händler muss insofern vor der Bereitstellung auf dem Markt erfolgen.[11]

2. Anforderungserfüllung vor Markteinführung (Abs. 2)

16 Wenn ein Händler der Überzeugung ist oder Hinweise darauf hat, dass ein Hochrisiko-KI-System nicht den Anforderungen aus Art. 8–15 entspricht, darf er dieses System erst auf den Markt bringen, nachdem die Konformität sichergestellt ist. Anhaltspunkte für die fehlende Rechtskonformität können sich bereits aus den nach Abs. 1 zu überprüfenden Unterlagen ergeben. Darüber hinaus darf der Händler das Hochrisiko-KI-System nicht veräußern, wenn er aufgrund von Informationen, die ihm zur Verfügung stehen, die Auffassung vertritt, dass das KI-System nicht den Anforderungen des Abschnitts 2 entspricht. Eine **Marktbereitstellung** ist nach Art. 24 Abs. 2 dem Händler erst gestattet, nachdem die Rechtskonformität des Systems hergestellt wurde. Letzteres muss idR durch den Anbieter erfolgen. Ist dieser nicht zur Abhilfe bereit und der Händler hierzu aus rechtlichen oder tatsächlichen Mitteln nicht in der Lage, darf er das Produkt nicht vertreiben. Relevant ist jedoch, dass die Gefahren der Nichtkonformität für die Betroffenen beseitigt werden müssen, weshalb auch der Händler die Risiken ausräumen kann, wenn er diese beherrscht.[12]

17 Sollte das Hochrisiko-KI-System zusätzlich ein **Risiko** iSv Art. 79 Abs. 1 dh Gesundheits- oder Sicherheitsrisiken bzw. Risiken für die Grundrechte von Personen darstellen, muss der Händler den Anbieter oder Einführer des Systems darüber informieren. Diese Maßnahmen sollen sicherstellen, dass nur konforme und

---

[9] So auch Martini/Wendehorst, KI-VO/Gössl, Art. 24 Rn. 14.

[10] Wiebe BB 2022, 899 (904); Martini/Wendehorst, KI-VO/Gössl, Art. 24 Rn. 9.

[11] Bomhard/Pieper/Wende, KI-VO/Seehafer, Art. 24 Rn. 15.

[12] BeckOK KI-Recht/Bosmann Art. 24 Rn. 33.

sichere Hochrisiko-KI-Systeme auf dem europäischen Binnenmarkt verfügbar sind. Da das KI-System durch den Händler bisher nicht auf dem Markt bereitgestellt wurde, hat die Information aus Abs. 2 im Gegensatz zu der Informationspflicht nach Markteinführung aus Abs. 4 nicht unverzüglich zu erfolgen.

3. Anforderungen an Lagerung und Transport (Abs. 3)

Abs. 3 schreibt vor, dass Händler solange sich Hochrisiko-KI-Systeme in ihrer 18
Verantwortung befinden, zu gewährleisten haben, dass **die Lagerungs- oder Transportbedingungen** die Konformitätsanforderungen dieser Systeme nicht beeinträchtigen. Diese Vorgaben an die Händlerlogistik bezieht sich aufgrund des Wortlauts, welcher auf eine **analoge Logistik** abzielt, insbesondere auf KI-Systeme, die in einer Hardware eingebettet und damit verkörpert sind (zB Kameras mit einem integrierten Hochrisiko-KI-System). Insoweit ist iRd Logistik ua darauf zu achten, dass keine Begleitdokumente verloren gehen, CE-Kennzeichen beschädigt werden und insbesondere die integrierte KI keinen Schaden erleidet. Da Abs. 3 jedwede **Beeinträchtigung** der Anforderungen durch die Logistikbedingungen absichern will, ist hiervon ebenso die Verhinderung von Sabotagen an den Hochrisiko-KI-Systemen durch das eigenständige Handeln unberechtigter Dritter erfasst. Weiterhin haben Händler solcher KI-Systeme hinreichende Sicherheitsmaßnahmen ihrer Lager und Transporte zu treffen, damit die KI-Systeme in ihrem Verantwortungsbereich nicht durch Dritte in ihrer Rechtskonformität beeinträchtigt werden können. Künftig ist zu erwarten, dass Hersteller cyber-physischer Systeme, die Hochrisiko-KI-Technologien enthalten, aufgrund erweiterter Pflichten durch den Cyber Resilience Act entsprechende Kontrollmechanismen, wie etwa Zugangskontrollen, auch vertraglich auf Händler übertragen werden.

In den meisten Fällen wird das Hochrisiko-KI-System jedoch ausschließlich in 19
digitaler Form übermittelt werden. In diesen Fällen wird die Software in der Praxis zumeist nicht beim Händler zwischengespeichert, sondern wird unmittelbar vom Hersteller an den künftigen Anbieter übermittelt. Speichert der Händler jedoch selbst das Hochrisiko-KI-System in eigener Verantwortlichkeit und übersendet dies dem künftigen Anbieter bzw. stellt es zum Download bereit, stellt sich für diese Konstellation die Frage, ob Abs. 3 auch **digitale Speicher- und Transportbedingungen** errichtet. Dies hätte zur Folge, dass das KI-System derart abgespeichert und versandt wird, dass unberechtigte Dritte hierauf keinen Zugriff erhalten dürfen. Des Weiteren wäre durch die Händler eine sichere Verschlüsselung für die ruhenden sowie die transportierten Daten zu wählen. Diese Maßnahme des Händlers stellt eine übliche technische Cybersicherheitsmaßnahme dar, die insbesondere wenn personenbezogene Daten involviert sind, nach Art. 32 DS-GVO sogar verpflichtend ist. Es handelt sich zudem um eine Maßnahme, die auch im Interesse der Händler liegt und dazu beitragen kann, das (IT-) Sicherheitsniveau im Umgang mit KI-Tools zu erhöhen. Der Wortlaut der Norm ermöglicht zudem eine solche Auslegung, wonach die digitalen Speicher- und Transportbedingungen ebenfalls von Abs. 3 erfasst sind.

Diese Anforderungen sind durch den Händler für den gesamten Zeitraum zu 20
beachten, in dem er über die Ware faktische und rechtliche Kontrolle besitzt und sich damit **in der Verantwortung** für die Lagerung und den Transport des Händlers befindet.[13]

---

[13] Martini/Wendehorst, KI-VO/Gössl, Art. 24 Rn. 9; Wiebe BB 2022, 899 (904).

4. Händlerpflichten nach Marktbereitstellung (Abs. 4)

21 Ein Händler, der erkennt oder aufgrund der ihm vorliegenden Informationen Grund zur Annahme hat, dass ein von ihm auf dem Markt bereitgestelltes Hochrisiko-KI-System nicht den gesetzlichen Anforderungen aus Art. 8–15 entspricht, ist nach Art. 24 Abs. 4 S. 1 verpflichtet, Maßnahmen zu ergreifen, um dessen Konformität sicherzustellen. Sollte er die Anpassung, Rücknahme oder Rückruf des Systems nicht selbst durchführen, stellt er sicher, dass der Anbieter, Einführer oder ein anderer zuständiger Akteur diese Korrekturaufgabe übernimmt.

22 Sollte das Hochrisiko-KI-System zusätzlich ein Risiko iSv Art. 79 Abs. 1 in Form eines Gesundheits- oder Sicherheitsrisikos sowie Risiken für die Grundrechte von Personen darstellen, muss der Händler unverzüglich den Anbieter oder Einführer des Systems sowie die zuständigen Behörden darüber informieren. In zeitlicher Hinsicht bedeutet dies, dass die entsprechende Information ohne Verzögerung nach Kenntniserlangung durch den Händler an die genannten Akteure weiterzugeben ist. Der Händler muss hierbei präzise Angaben zur festgestellten Nichteinhaltung bereitstellen, sowie bereits eingeleitete Korrekturmaßnahmen nennen. Da die Information unverzüglich bereitzustellen ist, wird häufig durch den Anbieter noch keine Korrekturmaßnahme ergriffen worden sein.

5. Übermittlungspflicht von Informationen ggü. Behörden (Abs. 5)

23 Abs. 5 statuiert die Pflicht, dass Händler von Hochrisiko-KI-Systemen auf begründete Anfragen von Behörden sämtliche Informationen und Dokumentationen in Bezug auf Maßnahmen gem. den Absätzen 1–4 zu übermitteln haben. Hierdurch soll die Konformität der KI-Systeme mit den in Abschnitt 2 festgelegten Anforderungen nachgewiesen werden.

24 Die Pflicht zur Dokumentation und Aufbewahrung von Handelsunterlagen ergibt sich in Deutschland bereits aus dem Handelsrecht. Ferner liegt die Dokumentation seiner Tätigkeit im Interesse des Händlers, um nachzuweisen, dass er den Anforderungen aus Art. 24 Abs. 1–4 entsprochen hat.

25 Abs. 5 führt lediglich eine **Pflicht zur Übermittlung** dieser Unterlagen an die Behörden ein. Die Übermittlung bezeichnet den Vorgang, bei dem Informationen bzw. Dokumente von einem Sender zu einem Empfänger übertragen werden. Vorliegend kann jedoch auch die Datenbereitstellung in Form des Datenzugangs gewährt werden, so dass der Behörde ein Link zum Download von Informationen oder ein Einblick in eine Datenbank gewährt wird.

26 Liegen die angeforderten Informationen nicht vor, können Sie auch nicht übermittelt werden. Die Übermittlung der Daten hat auf einem für den Händler zumutbaren Weg zu erfolgen. Hierbei muss er keine Geschäftsgeheimnisse preisgeben, sondern lediglich den Konformitätsnachweis führen. Einem Händler ist es insoweit zumutbar, Informationen aus einer Datenbank über einen Datenbankauszug in ein lesbares Format für die behördliche Lesbarkeit zu übertragen.

27 Die Übermittlungspflicht besteht lediglich iR einer **begründeten Anfrage** einer zuständigen Behörde. Ein Herausgabeverlangen ist begründet, wenn es auf rechtlichen und sachlichen Gründen beruht und ein berechtigtes Interesse an der angefragten Information dargelegt wurde. Die Behörde muss in Deutschland aufgrund des Vorbehalts des Gesetzes erkenntlich machen, auf welcher **Rechtsgrundlage** sie die Information anfordert und welche konkreten Informationen

für ihr Handeln erforderlich sind (zB wem wurde ein konkretes Hochrisiko-KI-Systeme verkauft, wann wurde ein konkretes Produkt zurückgerufen, wann wurde der entsprechende Anbieter informiert). Zudem ist eine Begründung erforderlich. Für die Begründung reicht die Erläuterung aus, in welchem Zusammenhang die Informationen angefordert werden.[14] Die Wahl des Terminus „Anfrage" impliziert, dass keine Formvorgaben an dieses Verlangen geknüpft werden.

Eine Übermittlungsanfrage durch eine nationale Behörde ist nach dem jeweili- **28**
gen nationalen Verwaltungsrecht zu klassifizieren. In Deutschland stellt eine entsprechende Anfrage einen **Verwaltungsakt** iSd § 35 VwVfG dar, gegen den sich der Händler iR einer Anfechtungsklage gerichtlich wehren kann (§ 42 Abs. 1 Var. 1 VwGO).

In diesem Zusammenhang ist die **Selbstbelastungsfreiheit** zu berücksichti- **29**
gen, die sich aus dem Fair-Trial-Prinzip nach Art. 47 Abs. 2 GrCh herleitet.[15] Da niemand iR eines Straf- oder Bußgeldverfahrens gezwungen werden darf, sich selbst zu belasten, darf die Pflicht zur Bereitstellung von Informationen nicht dazu genutzt werden, Händlern Verstöße gegen diese VO nachzuweisen. Zur Selbstbelastungsfreiheit gehört auch der reine Sachverhaltsvortrag.[16] Die Auskunftspflicht beschränkt sich inhaltlich auf die Nachweise, die für die Konformität mit den Anforderungen des Abschnitts 2 des Systems erforderlich sind.[17] Verstöße gegen Art. 24 sind nach Art. 99 Abs. 4 Buchst. d bußgeldbewehrt. Die erlangten Informationen aus einer entsprechenden Anfrage dürfen somit aufgrund der Auslegung dieser Vorschrift im Lichte der GrCh nicht ohne Gestattung des Händlers dazu verwendet werden, ein entsprechendes Sanktionsverfahren gegen ihn einzuleiten. Der EuGH hat in einer früheren Entscheidung insoweit geurteilt, dass die „Kommission dem Unternehmen nicht die Verpflichtung auferlegen darf, Antworten zu erteilen, durch die es das Vorliegen einer Zuwiderhandlung eingestehen müsste", für die eine staatliche Stelle beweispflichtig ist.[18] Allerdings sieht das Gericht die Selbstbelastungsfreiheit noch nicht als verletzt an, wenn eine gefordert Information iRd Beantwortung einer reintatsächlichen Frage erteilt wird. Dieses Dilemma stellt sich auch bei den Melde- und Kooperationspflichten nach der DS-GVO. Insoweit wird in Bezug auf die Meldepflichten für Straf-, Ordnungswidrigkeitsverfahren ein **Verwertungsverbot** unterstellt.[19]

6. Kooperationspflicht mit Behörden (Abs. 6)

Nach Art. 23 Abs. 6 ist der Händler verpflichtet, mit den zuständigen Behör- **30**
den zusammenzuarbeiten, um die Risiken zu verringern oder abzumildern, die von dem Hochrisiko-KI-System ausgehen, das er auf den Markt gebracht hat. Diese **Kooperationspflicht** gilt ggü. allen Behörden, die im Zusammenhang, mit dem durch den Händler auf dem Markt bereitgestellten Hochrisiko-KI-

---

[14] Vgl. Europäische Kommission, Leitfaden für die Umsetzung der Produktvorschriften der EU 2016 („Blue Guide"), 2016/C 272/01, ABl. 2016 C 272/1, 36.

[15] Meyer-Ladewig/Nettesheim/von Raumer, EMRK/Harrendorf/König/Voigt, Art. 6 Rn. 152.

[16] BeckOK DatenschutzR/Brink Art. 33 DS-GVO Rn. 41.

[17] Bomhard/Pieper/Wende, KI-VO/Seehafer, Art. 24 Rn. 39.

[18] EuGH BeckRS 2004, 71022 Rn. 18 ff., 31, 35.

[19] BeckOK DatenschutzR/Brink Art. 33 DS-GVO Rn. 42 mwN; zu arbeitsrechtlichen Konsequenzen entsprechender Informationspflichten vgl. Müllmann/Volkamer ZD 2021, 8 (8 ff.).

System tätig werden. Die Pflicht zur Zusammenarbeit erstreckt sich nach dem Wortlaut der Norm auf alle (!) Maßnahmen, die Risiken verringern oder abzumildern versuchen. Hierbei ist jedoch nur eine angemessene Mitwirkung des Händlers geboten. Es kann hierbei nichts Unmögliches durch ihn verlangt werden. Diese Pflicht zur Zusammenarbeit besteht ferner für den Einführer (Art. 23 Abs. 7 → Art. 23 Rn. 99 ff.) und die Betreiber von Hochrisiko-KI-Systemen (Art. 26 Abs. 12 → Art. 26 Rn. 62 f.).

31 Da Art. 6 Abs. 2 iVm Anhang III insbesondere KI-Systeme als hochriskant einstuft, die in staatlichen Kontexten verwendet werden (ua im Bildungskontext, bei grundlegenden öffentlichen Leistungen, in der Strafverfolgung, im Migrations-, Asylkontext und bei Grenzkontrollen), kann eine Kooperation mit den entsprechenden Aufsichtsbehörden erforderlich sein. Aus Art. 23 Abs. 6 ergibt sich jedoch keine allgemeine Pflicht in Form eines gesetzlichen Supports ggü. den behördlichen Anbietern bzw. Betreibern von Hochrisiko-KI-Systemen.

32 Sofern das KI-System personenbezogene Daten verarbeitet, ist zB eine Zusammenarbeit mit den zuständigen Datenschutzaufsichtsbehörden denkbar, um die Käufer entsprechender Hochrisiko-KI-Systeme zu ermitteln. Verursacht das KI-System ein IT-Sicherheitsrisiko, ist eine Kooperation mit dem BSI oder den Landes-IT-Sicherheitsbehörden erforderlich. Ist der Händler in mehreren EU-Mitgliedstaaten tätig, muss er auch mit Behörden aus mehreren Ländern kooperieren.

33 Zum Verhältnis der **Selbstbelastungsfreiheit** und der Kooperationspflicht für Händler aus Abs. 6 (vgl. → Rn. 29). Niemand muss an seiner eigenen Überführung mitwirken, der Kooperationspflicht sind insoweit Grenzen gesetzt.

III. Haftung und Sanktionen

34 Unterbleibt die Überprüfung durch den Händler aus Abs. 1, nimmt er seine Kontrollfunktion iSd Abs. 2 und 4 nicht wahr oder führen seine Lagerungs- oder Transportbedingungen (Abs. 3) dazu, dass die festgelegten Anforderungen für Hochrisiko-KI-Systeme beeinträchtigt werden und ist hierdurch ein Schaden entstanden, kann der Händler für sein Handeln bzw. Unterlassen zivilrechtlich haften. Zunächst ist eine **vertragliche Haftung** denkbar. Ein Hochrisiko-KI-System, welches nicht den Anforderungen dieser VO entspricht, ist als mangelhaft zu werten. Im Einzelfall wird sich jedoch die Frage stellen, welcher Akteur in der Wertschöpfungskette die Verantwortung hierfür trägt und wie ein Fehler bei der Prüfpflicht des Händlers bewiesen werden kann. Fehlt jedoch einer der in Abs. 1 genannten Informationen, die der Händler aktiv überprüfen musste, kann er in die Pflicht genommen werden. Der Händler hat ferner eine aktive Informationspflicht ggü. dem Anbieter des Systems, wenn er Grund zu der Annahme hat, dass das Hochrisiko-KI-System aufgrund der ihm vorliegenden Informationen nicht den Anforderungen an die KI-VO entspricht (vgl. Abs. 4).[20]

35 Ferner ist bei Vorliegen eines Schadens eine **deliktische Haftung** möglich. *Gössl* wertet Art. 23 Abs. 1, 2 und 4 als Schutzgesetz, da die normierten Prüfpflichten des Händlers „zumindest auch den Schutz vor Schädigung durch das KI-System bezwecken“, so dass eine Haftung aus § 823 Abs. 2 iVm Art. 23 denkbar ist.[21]

---

[20] Martini/Wendehorst, KI-VO/Gössl, Art. 24 Rn. 37.

[21] Martini/Wendehorst, KI-VO/Gössl, Art. 24 Rn. 35.

Nach Art. 99 Abs. 1 erlassen die Mitgliedstaaten Vorschriften für **Sanktionen** sowie andere Durchsetzungsmaßnahmen, um die Durchsetzung der KI-VO sicherzustellen. Art. 99 Abs. 4 Buchst. d bestimmt aber bereits, dass Verstöße gegen Art. 24 sanktionsbewehrt sind und **Geldbußen** von bis zu 15 Mio. EUR oder im Falle eines Unternehmens von bis zu 3 % des gesamten weltweiten Jahresumsatzes des vorangegangenen Geschäftsjahres verhängt werden, je nachdem welcher Betrag höher ist. **36**

Art. 25* Verantwortlichkeiten entlang der KI-Wertschöpfungskette

(1) **In den folgenden Fällen gelten Händler, Einführer, Betreiber oder sonstige Dritte als Anbieter eines Hochrisiko-KI-Systems für die Zwecke dieser Verordnung und unterliegen den Anbieterpflichten gemäß Artikel 16:**

a) wenn sie ein bereits in Verkehr gebrachtes oder in Betrieb genommenes Hochrisiko-KI-System mit ihrem Namen oder ihrer Handelsmarke versehen, unbeschadet vertraglicher Vereinbarungen, die eine andere Aufteilung der Pflichten vorsehen;

b) wenn sie eine wesentliche Veränderung eines Hochrisiko-KI-Systems, das bereits in Verkehr gebracht oder in Betrieb genommen wurde, so vornehmen, dass es weiterhin ein Hochrisiko-KI-System gemäß Artikel 6 bleibt;

c) wenn sie die Zweckbestimmung eines KI-Systems, einschließlich eines KI-Systems mit allgemeinem Verwendungszweck, das nicht als hochriskant eingestuft wurde und bereits in Verkehr gebracht oder in Betrieb genommen wurde, so verändern, dass das betreffende KI-System zu einem Hochrisiko-KI-System im Sinne von Artikel 6 wird.

(2) **[1]Unter den in Absatz 1 genannten Umständen gilt der Anbieter, der das KI-System ursprünglich in Verkehr gebracht oder in Betrieb genommen hatte, nicht mehr als Anbieter dieses spezifischen KI-Systems für die Zwecke dieser Verordnung. [2]Dieser Erstanbieter arbeitet eng mit neuen Anbietern zusammen, stellt die erforderlichen Informationen zur Verfügung und sorgt für den vernünftigerweise zu erwartenden technischen Zugang und sonstige Unterstützung, die für die Erfüllung der in dieser Verordnung festgelegten Pflichten, insbesondere in Bezug auf die Konformitätsbewertung von Hochrisiko-KI-Systemen, erforderlich sind. [3]Dieser Absatz gilt nicht in Fällen, in denen der Erstanbieter eindeutig festgelegt hat, dass sein KI-System nicht in ein Hochrisiko-KI-System umgewandelt werden darf und daher nicht der Pflicht zur Übergabe der Dokumentation unterliegt.**

(3) **Im Falle von Hochrisiko-KI-Systemen, bei denen es sich um Sicherheitsbauteile von Produkten handelt, die unter die in Anhang I Abschnitt A aufgeführten Harmonisierungsrechtsvorschriften der Union fallen, gilt der Produkthersteller als Anbieter des Hochrisiko-KI-Systems und unterliegt in den beiden nachfolgenden Fällen den Pflichten nach Artikel 16:**

---

* Kapitel III (Art. 6–49) gilt gem. Art. 113 UAbs. 2 ab 2.8.2026, mit Ausnahme des Abschnitts 4, der gem. Art. 113 UAbs. 3 Buchst. b bereits ab 2.8.2025 gilt.

a) Das Hochrisiko-KI-System wird zusammen mit dem Produkt unter dem Namen oder der Handelsmarke des Produktherstellers in Verkehr gebracht;
b) das Hochrisiko-KI-System wird unter dem Namen oder der Handelsmarke des Produktherstellers in Betrieb genommen, nachdem das Produkt in Verkehr gebracht wurde.

(4) *[1]* [1]**Der Anbieter eines Hochrisiko-KI-Systems und der Dritte, der ein KI-System, Instrumente, Dienste, Komponenten oder Verfahren bereitstellt, die in einem Hochrisiko-KI-System verwendet oder integriert werden, legen in einer schriftlichen Vereinbarung die Informationen, die Fähigkeiten, den technischen Zugang und die sonstige Unterstützung nach dem allgemein anerkannten Stand der Technik fest, die erforderlich sind, damit der Anbieter des Hochrisiko-KI-Systems die in dieser Verordnung festgelegten Pflichten vollständig erfüllen kann.** [2]**Dieser Absatz gilt nicht für Dritte, die Instrumente, Dienste, Verfahren oder Komponenten, bei denen es sich nicht um KI-Modelle mit allgemeinem Verwendungszweck handelt, im Rahmen einer freien und quelloffenen Lizenz öffentlich zugänglich machen.**

[2] [1]**Das Büro für Künstliche Intelligenz kann freiwillige Musterbedingungen für Verträge zwischen Anbietern von Hochrisiko-KI-Systemen und Dritten, die Instrumente, Dienste, Komponenten oder Verfahren bereitstellen, die für Hochrisiko-KI-Systeme verwendet oder in diese integriert werden, ausarbeiten und empfehlen.** [2]**Bei der Ausarbeitung dieser freiwilligen Musterbedingungen berücksichtigt das Büro für Künstliche Intelligenz mögliche vertragliche Anforderungen, die in bestimmten Sektoren oder Geschäftsfällen gelten.** [3]**Die freiwilligen Musterbedingungen werden veröffentlicht und sind kostenlos in einem leicht nutzbaren elektronischen Format verfügbar.**

(5) **Die Absätze 2 und 3 berühren nicht die Notwendigkeit, Rechte des geistigen Eigentums, vertrauliche Geschäftsinformationen und Geschäftsgeheimnisse im Einklang mit dem Unionsrecht und dem nationalen Recht zu achten und zu schützen.**

Übersicht

I. Allgemeines

Es liegt in der Natur der Sache, dass bei produktbezogenen Regelungen deren Einhaltung an jeder Stelle des Weges des Produktes hin zum Entnutzer sichergestellt werden soll. Insofern ist der Ansatz des Art. 25, Verantwortlichkeiten und damit Pflichtenkataloge entlang der Wertschöpfungskette vom KI zu formulieren, folgerichtig. Ungewöhnlich ist dagegen der weitgehende Detaillierungsgrad und insbesondere auch der Ansatz, einzelne Anbieter in der Wertschöpfungskette zur Zusammenarbeit zu verpflichten (Art. 25 Abs. 2 und 4). 1

II. Regelungsinhalt

Art. 25 Abs. 1 und 2 betreffen den Wechsel der Verantwortlichkeit vom ursprünglichen Anbieter auf weitere Beteiligte in der KI-Wertschöpfungskette durch die Definition neuer Verantwortlichkeiten (Art. 25 Abs. 1) und die Regelung der Zusammenarbeit mit dem ursprünglichen Anbieter (Art. 25 Abs. 2). Weitere Aspekte im Zusammenhang mit der KI-Wertschöpfungskette wie die Einbindung von Hochrisiko-KI-Systemen in Produkte (Art. 25 Abs. 3) und die Zulieferung in ein Hochrisiko-KI-System (Art. 25 Abs. 4 werden ebenfalls geregelt, wobei für diesen Fall eine wichtige Konkretisierung nämlich über Musterbedingungen für Verträge, veröffentlicht durch das Büro für Künstliche Intelligenz (Art. 25 Abs. 4 S. 2) noch aussteht. 2

1. Verantwortlichkeit des Quasianbieters (Art. 25 Abs. 1)

Zunächst beschäftigt sich Art. 25 Abs. 1 mit einer bereits bekannten Problematik, nämlich der Rechtsfigur des sogenannten Quasiherstellers (als „Quasianbieter"). Darunter wird sowohl Produktsicherheitsrecht wie auch im Produkthaftungsrecht ein Wirtschaftsakteur verstanden, der dem äußeren Eindruck nach als Verantwortlicher für das Produkt, in diesem Fall das KI-System auftritt. Dies genügt beispielsweise im Produktsicherheitsrecht, um einem Wirtschaftsakteur die Verantwortung als Hersteller zuzumessen.[1] 3

Die Kernaussage ist dabei, dass der Quasianbieter einem Anbieter gleichgestellt wird, ihn also alle Verpflichtungen des Anbieters nach der KI-VO treffen. Im Fall von Einführer oder Händlern, die zugleich die Kriterien eines Quasiherstellers erfüllen, gehen die Pflichten des Anbieters den originären Pflichten eines Einführers oder Händler nach der KI-VO vor.[2] 4

a) Begründung der Verantwortlichkeit. Die Begründung der Verantwortlichkeit knüpft dabei an drei unterschiedliche Tatbestände an, wobei diese zum einen auf das nach außen vermittelte Bild von der Verantwortlichkeit für das Hochrisiko-KI-System (Art. 25 Abs. 1 lit. a) abstellen und zum anderen auf die Einflussnahme auf das Hochrisiko-KI-System selbst (Art. 25 Abs. 1 lit. b und c). 5

---

[1] Vgl. Blue Guide (Kommissionsmitteilung 2022/C 247/01) Abschnitt 3: „In diesem Zusammenhang wird der Wirtschaftsakteur, der das Produkt unter seinem Namen oder seiner Handelsmarke in Verkehr bringt, für die Zwecke der Harmonisierungsrechtsvorschriften der Union automatisch zum Hersteller. Er übernimmt daher die volle Verantwortung für die Konformitätsbewertung (Entwurf und Produktion) des Produkts, auch wenn diese tatsächlich von einem anderen durchgeführt wurde.".

[2] Vgl. Schucht CCZ 2022, 230 (234).

6 **aa) Anbringung des Namens (Art. 25 Abs. 1 lit. a).** Art. 25 Abs. 1 lit. a knüpft dabei an etwa aus dem Produkthaftungsrecht bekannten Kriterien zur Definition eines Quasiherstellers an; eine entsprechende Anwendung der hierzu bereits ergangenen Rechtsprechung zur Definition des Quasiherstellers auf den Anbieter iSv Art. 25 Abs. 1 ist folgerichtig.[3] Die Anbringung des Namens oder der Handelsmarke durch Händler, Einführer, Betreiber oder sonstige Dritte führt dazu, sie als Anbieter des KI-Systems anzusehen.

7 Der letzte Halbsatz des Tatbestandes von Art. 25 Abs. 1 lit. a letzter Halbsatz stellt klar, dass sich die Rechtsfolge der Behandlung als Anbieter eines Hochrisiko-KI-Systems bei Anbringung des Namens Handelsmarke nicht durch vertragliche Regelungen abwenden lässt. Selbst wenn also der ursprüngliche Anbieter vertraglich zusagt, die volle Verantwortung für das Hochrisiko-KI-System zu übernehmen,[4] so führt dies nicht dazu, dass die Rechtsfolge des Art. 25 Absatz 1a nicht greift und der Wirtschaftsakteur, der seinen Namen oder seine Handelsmarke an dem Hochrisiko-KI-Systemen versieht, als deren Anbieter gesehen wird. Diese Konsequenz ergibt sich im Grunde auch bereits aus der rechtlichen Logik, da die KI-VO öffentliches Recht ist, welches nicht durch privatrechtliche Vertragsabsprachen geändert werden kann.

8 Art. 25 Abs. 1 lit. a bezieht sich auf Hochrisiko-KI-Systeme, die bereits in Verkehr gebracht wurden oder in Betrieb genommen worden sind. Der Sinn dieses Tatbestandsmerkmals erschließt sich aus der Abgrenzung des Quasianbieters zum Anbieter: dieser bestimmt sich Art. 3 Nr. 3 ebenfalls danach, wer nach außen hin die Verantwortung für das KI-System übernimmt und es in Verkehr bringt bzw. betreibt. Von daher ist es folgerichtig, dass Art. 25 Abs. 1 lit. a auf den späteren Zeitpunkt abzielt, in dem es zu einem Verantwortungswechsel aufgrund der Anbringung des Namens oder der Handelsmarke kommt, da ansonsten unmittelbar die Verantwortung als Anbieter begründet werden würde.

9 In der KI-VO selbst finden sich keine Hinweise darauf, in welcher Form die Verwendung von Namen[5] oder Handelsmarken[6] zu erfolgen hat. Es sollte daher in diesem Zusammenhang auf die allgemeinen Rechtsgrundsätze zurückgegriffen werden, wie sie beispielsweise im Zusammenhang mit der Produkthaftung zur Rechtsfigur des Quasiherstellers entwickelt wurden. Demnach kommt es auf den Eindruck an, der bei Nutzung des Produktes hier also des KI-Systems vermittelt wird. Erscheint hier zum Beispiel in dem die Hochrisiko-KI-System begleitenden Unterlagen oder im System selbst der Name des Händlers, so dass der Eindruck entsteht,[7] es handelt sich bei diesem um den Anbieter, so dürfte dies ausreichen, um die Annahme von Art. 25 Abs. 1a zu gründen und den Händler als Anbieter

---

[3] So Martini/Wendehorst/Gössl Art. 25 Rn. 8.

[4] Weniger wohl um Vereinbarungen potentielle geschädigter Anspruchsberechtigter mit dem Quasi-Anbieter; so aber Martini/Wendehorst/Gössl Art. 25 Rn. 16.

[5] Nach allgemeinem Namensrecht siehe § 12 BGB.

[6] ISv Art. 4 Unionsmarken-VO.

[7] Treffend zusammengefasst durch den EuGH im Urteil vom 7.7.2022 (GRUR-RS 2022, 15747 Rn. 34 – Keskinäinen Vakuutusyhtiö Fennia): „Außerdem ist festzustellen, dass die Person, die sich als Hersteller ausgibt, dadurch, dass sie auf dem fraglichen Produkt ihren Namen, ihr Warenzeichen oder ein anderes Erkennungszeichen anbringt, den Eindruck erweckt, am Herstellungsprozess beteiligt zu sein oder dafür verantwortlich zu sein. Demnach läuft die Verwendung dieser Angaben darauf hinaus, dass diese Person ihre Bekanntheit nutzt, um das fragliche Produkt in den Augen der Verbraucher attraktiver zu machen. Das rechtfertigt es, dass sie als Gegenleistung wegen dieser Verwendung haftbar gemacht werden kann.".

eines Hochrisiko-KI-Systems anzusehen. Praktisch relevant wird dies bei solchen Handelsmarken, die nach allgemeinem Verkehrsverständnis keinen Rückschluss auf den Hersteller zulassen, sondern nur wie etwa bei Modellabeln eine bestimmtes Produkt bezeichnen.

Mit dem Begriff „versehen" in Art. 25 Abs. 1 lit. a bringt der Gesetzgeber zugleich zum Ausdruck, dass in dem Wirtschaftsakteur zurechenbarer Weise eine Anbringung des Namens oder der Handelsmarke zu erfolgen hat. Dies setzt nicht die Anbringung durch den Wirtschaftsakteur selbst voraus,[8] wohl aber sein Einverständnis zur Verwendung von Namen oder Marke im Zusammenhang mit dem jeweiligen Hochrisiko-KI-System – ob dabei bewusstes Handeln in dem Sinne vorzuliegen hat, dass der Wirtschaftsakteur als Anbieter des Hochrisiko-KI-Systems auftreten wollte, mag dahin gestellt sein und wäre wohl nicht zu fordern.[9] 10

bb) Wesentliche Veränderung (Art. 25 Abs. 1 lit. b). Art. 25 Abs. 1 lit. b greift eine andere Konstellation auf: Demnach führt auch die Verantwortung für eine wesentliche Veränderung einer Hochrisiko-KI-Systems dazu, den Händler, Einführer, Betreiber oder sonstigen Dritten, der eine wesentliche Veränderung vornimmt als Anbieter dieses veränderten Hochrisiko-KI-Systems anzusehen. Was eine wesentliche Veränderung ist, definiert Art. 3 Abs. 23. Wesentlich ist dabei, dass die Veränderung in der bisherigen Konformitätsbewertung des KI-Systems in Bezug auf die Anforderungen des Kapitel III, Abschnitt 2 nicht vorgesehen oder geplant war und dadurch die Konformität des KI-Systems mit den Anforderungen des Kapitel III, Abschnitt 2 beeinträchtigt wird. Weiter gilt als wesentliche Veränderung eine solche, die die Zweckbestimmung verändert, für die das KI-System bewertet wurde. 11

Damit weicht die KI-Verordnung etwas von dem allgemeinen Verständnis einer wesentlichen Veränderung zum Beispiel aus der EG-Produktsicherheitsverordnung ab, wo maßgeblich ist, dass es aufgrund der Veränderung zu einer Risikoerhöhung kommt, die durch die bestehenden Risikoreduzierungsmaßnahmen noch abgedeckt worden ist – erst wenn dies nicht mehr gewährleistet ist, liegt eine wesentliche Veränderung vor.[10] Der Zugang der KI-VO erscheint im Vergleich formaler und verlangt gerade keine Risikoeinschätzung. 12

Entscheidend dürfte in diesem Zusammenhang sein, inwiefern die Veränderung tatsächlich gewissermaßen von außerhalb des KI-Systems vorgenommen wird. Ist die Möglichkeit der Veränderung bereits von vornherein im KI-System angelegt, wäre dies bei der Konformitätsbewertung von vornherein mit zu berücksichtigen gewesen. Es bleibt dann kein Raum für die Annahme einer wesentlichen Veränderung nach Art. 3, Nr. 23. 13

Die Formulierung von Art. 25 Abs. 1 lit. a legt es nach, auch für die folgenden Tatbestände anzunehmen, der Quasianbieter müsste gegenüber dem Rechtsverkehr zum Ausdruck bringen, dass er die Verantwortung für das Hochrisiko KI-System übernehmen wolle. Dies ist jedoch nicht der Fall – vielmehr lässt es Art. 25 Abs. 1 lit. b genügen, dass der Quasianbieter die wesentliche Veränderung verantwortet. Dieser Beitrag in der Wertschöpfungskette sei derart gewichtig, dass dies rechtfertige, ihm eine eigene Haftung aufzuerlegen[11]). 14

---

[8] Siehe EuGH BeckRS 2024, 35968 Rn. 41 – Ford Italia SpA.

[9] So Martini/Wendehorst/Gössl Art. 25 Rn. 14.

[10] Vgl. § 13 Abs. 3 EU ProduktsicherheitsVO.

[11] So zutreffend Martini/Wendehorst/Gössl Art. 25 Rn. 19.

15 **cc) Veränderung der Zweckbestimmung (Art. 25 Abs. 1 lit. c).** Gewissermaßen spiegelbildlich zu Art. 25 Abs. 1 lit. b sieht Art. 25 Abs. 1 lit. c vor, dass sich die Übernahme der Haftung als Quasianbieter aus der Veränderung der Zweckbestimmung ergibt und dadurch die Einstufung des bisherigen originalen KI Systems als nunmehr Hochrisiko KI-System iSv Art. 6 erforderlich ist.

16 Im direkten Vergleich von Art. 25 Abs. 1 lit. b und Art. 25 Abs. 1 lit. c fällt sodann auf, dass in Art. 25 Abs. 1 lit. c nur von der Zweckbestimmung als auslösender Faktor für die erneute Bewertung des KI-Systems als Hochrisiko-KI-Systemen iSv Art. 6 die Rede ist. Bei genauerer Betrachtung ist dies aber systematisch richtig.

17 Eine wesentliche Veränderung iSv Art. 3 Ziff. 23 aufgrund der Veränderung des KI-Systems in Hinblick auf die Grundlagen der ursprünglichen Konformitätsbewertung findet nämlich nur Anwendung für Hochrisiko-KI-Systeme. Nur diese Systeme unterliegen der Konformitätsbewertung (siehe Legaldefinition von Konformitätsbewertung in Art. 3 Ziffer 20), sodass KI-Systeme iSv Art. 25 Absatz 1 lit. c, die hochgestuft werden und als Hochrisiko-KI-System zu behandeln sind, nicht durch eine Veränderung der Grundlagen der Konformitätsbewertung „kreiert" werden können.[12] Es bleibt dabei: Ist ein Händler, Einführer, Betreiber oder sonstiger Dritter für eine Veränderung der Zweckbestimmung eines Hochrisiko eines KI-Systems in Richtung eines Hochrisiko-KI-Systems verantwortlich, so gilt er auch als Anbieter desselben.

18 **b) Verpflichtung zur Kollaboration mit dem ursprünglichen Anbieter (Art. 25 Abs. 2).** Kommt es gewissermaßen zu einer Ablösung des ursprünglichen Anbieters eines KI-Systems aufgrund der Regelungen des Art. 25 Abs. 1 durch Übernahme der Verantwortung durch einen Quasianbieter in den drei genannten Fällen, sieht Art. 25 Abs. 2 S. 1 explizit an, dass der ursprüngliche Anbieter nicht mehr als Anbieter gelten soll. In diesem Zusammenhang ordnet Art. 25 Abs. 2 eine Verpflichtung zur Zusammenarbeit zwischen dem ursprünglichen Anbieter und dem neuen Anbieter des KI-Systems an.

19 Diese Regelung ist in der Landschaft des Europäischen Produktrechts ein Novum. Eine solche Zusammenarbeitsverpflichtung findet sich bisher an keiner anderen Stelle. Der ursprüngliche Anbieter (auch Erstanbieter genannt) muss grundsätzlich eng mit dem neuen Anbieter zusammenarbeiten. Die Pflichten sind weitgehend und umfassend: Dazu gehört die Zurverfügungstellung von erforderlichen Informationen, die den Quasianbieter in die Lage versetzen, seine Verpflichtung aus der KI-VO vollumfänglich nachzukommen – insbesondere in Hinblick auf die Konformitätsbewertung. Dabei dürfte es sich im Wesentlichen um die technische Dokumentation im Sinne von Anhang IV handeln. Ob darüber hinaus Informationen erforderlich sind, etwa solche die Hintergrundwissen darstellen, welches die Konformitätsbewertung erleichtert, erscheint fraglich. Art. 25 Abs. 2 S. 3, der die Möglichkeit zur „Sperre" der Pflicht zur Kollaboration vorsieht, nimmt nämlich ausdrücklich Bezug auf die Dokumentation, wobei es sich um die in Anhang IV genannte handeln dürfte.

20 Art. 25 Abs. 2 verlangt weiter auch die Unterstützung durch Zugangsgewährung, sodass die in der KI-VO festgelegten Verpflichtungen durch den neuen Anbieter auch entsprechend wahrgenommen werden können. Zugangsgewährung meint die Bereitstellung eines vernünftigerweise zu erwartenden technischen Zugangs zu Daten, die typischerweise bei der Entwicklung und ggf. dem Training

---

[12] Im Ergebnis auch Martini/Wendehorst/Gössl Art. 25 Rn. 22.

von KI-Systemen relevant sind.[13] Es ist also gewissermaßen ein Know-How-Transfer erforderlich, soweit nicht dadurch in Rechte am geistigen Eigentum eingegriffen oder Geschäftsgeheimnisse verletzt werden würden.

Darüber hinaus sind sonstige Unterstützungsleistungen durch den ursprünglichen Anbieter zu erbringen, was durch in Richtung einer Beratung bei der Durchführung des Konformitätsbewertungsverfahrens gehen könnte.[14] 21

Insgesamt ist Art. 25 Abs. 2 so formuliert, dass sich hieraus ein einklagbar Anspruch begründet durch ein gesetzliches Schuldverhältnis ergeben dürfte. Die praktische Ausgestaltung dieses Anspruchs dürfte allerdings noch zu klären sein. 22

Die Verpflichtung zur Zusammenarbeit – nicht aber die Ausschlusswirkung nach Art. 25 Abs. 2 S. 1[15] besteht dann nicht, wenn der ursprüngliche Anbieter festlegt, dass eine Umwandlung des KI-Systems in ein Hochrisiko-KI-System nicht erfolgen darf. Wird entgegen dieser Anweisung gehandelt, besteht dem Wortlaut des Art. 25 Abs. 2 S. 3 nach KI-VO nach keine Pflicht zur Überlassung der Dokumentation. Die Festlegung bedarf keine vertraglichen Vereinbarung mit Quasianbieter iSv Art. 25 Abs. 1 – eine vertragliche Vereinbarung des ursprünglichen Anbieters ist dazu nicht erforderlich, kann aber neben eine Festlegung in der produktbegleitenden Unterlagen genügen.[16] 23

Bemerkenswert ist dabei allerdings, dass sich diese Ausnahmebestimmung nur auf Art. 25 Abs. 2 bezieht. Greift dagegen Art. 25 Abs. 1 lit. b, dh die wesentliche Veränderung eines KI-Systems eines Hochrisiko-KI-System ist, so kann der hierfür verantwortliche Händler, Einführer, Betreiber oder sonstige Dritte vom vormaligen Anbieter keine Unterstützung verlangen, obwohl dies praktisch zur Vornahme der Konformitätsbewertung des neuen, wesentlich veränderten Hochrisiko-KI-Systems durchaus erforderlich sein könnte. 24

2. Verantwortlichkeit des Produktherstellers (Art. 25 Abs. 3)

Art. 25 Abs. 3 behandelt sodann den Zusammenhang zwischen Produkt und Hochrisiko-KI-System, in dem angeordnet wird, dass der Hersteller eines Produktes, in dem das KI-Hochrisiko-System als Sicherheitsbauteile funktioniert, zum Anbieter des Hochrisiko-KI-Systems wird. Er hat dann vollumfänglich den Pflichten des Art. 16 bzw. den damit verbundenen einzelnen Verpflichtungen der KI-VO nachzukommen. Voraussetzung dafür ist nach Art. 25 Absatz 3 lit. a das Hochrisiko-KI-System und Produkt unter dem Namen oder Handelsmarke des Produktherstellers in Verkehr gebracht werden. Alternativ wird den Produkthersteller die Rolle als Anbieter des Hochrisiko-KI-Systems zugewiesen, wenn das Hochrisiko-KI-System in seinem Namen in Betrieb genommen wird. 25

Die KI-VO enthält in Art. 3 Nr. 14 die Definition eines Sicherheitsbauteils. Demnach handelt es sich um den Bestand eines Produktes im Sinne von Anhang I, Abschnitt A oder eines KI-Systems, der eine Sicherheitsfunktion für das Produkt oder das KI-System erfüllt oder dessen Ausfall bzw. Störung Gesundheit und Sicherheit von Personen oder Eigentum gefährdet. Dies entspricht dem Verständnis eines 26

---

[13] Treffend Martini/Wendehorst/Gössl Art. 25 Rn. 36.

[14] Vgl. Martini/Wendehorst/Gössl Art. 25 Rn. 37.

[15] Hier ist ein teleologische Reduktion geboten, da dem Wortlaut nach Art. 25 Abs. 2 S. 3 sich auf den gesamten Art. 25 Abs. 2 bezieht; zutreffend Martini/Wendehorst/Gössl Art. 25 Rn. 40.

[16] Vgl. Martini/Wendehorst/Gössl Art. 25 Rn. 39.

Sicherheitsbauteile auch in anderen EU-Vorschriften wie beispielsweise der Maschinen-VO.

3. Verantwortlichkeit der Zulieferer (Art. 25 Abs. 3)

27 Der Gesetzgeber hat bei der KI-Wertschöpfungskette auch nicht den Bereich der Zulieferung außer Acht gelassen. Dieser wird mit Art. 25 Abs. 4 angesprochen. Demnach ist vorgesehen, dass alle Anbieter das Hochrisiko-KI-Systems und Dritte, die diesem System durch KI-Systeme selbst Instrument, Dienste, Komponente oder Verfahren zu liefern sich darüber verständigen sollen, welche Informationen, Fähigkeiten, technische Zugänge oder sonstige Unterstützung nach dem allgemein anerkannten Regeln der Technik dem Anbieter des Hochrisiko Systems bereitzustellen sind, damit er die KI-Verordnung vollständig erfüllen kann.

28 Dazu wird es Musterbedingungen für die Verträge zwischen den Anbietern eines Hochrisiko-KI-Systems und den Produktherstellern geben. Verantwortlich die Veröffentlichung derartiger Musterbedingungen ist das Büro für künstliche Intelligenz. Derzeit liegen noch keine Muster vor.

29 Es bleibt abzuwarten, wie sich Art. 25 Abs. 4 tatsächlich durchsetzt. Offen bleibt die Ausgestaltung der Durchsetzbarkeit. Letztlich handelt es sich um eine Vorschrift des öffentlichen Rechtes, sodass daran zu denken wäre, dass die Marktüberwachungsbehörden mittels entsprechender Anordnung die Dritten auch verpflichten könnten, entsprechende Vereinbarung mit den Anbietern von Hochrisiko-KI-Systemen zu schließen. Alternativ wären die Durchsetzung mittels des Zivilrechtswegs zu denken.

4. Schutz der Rechte am geistigen Eigentum und von Betriebs- und Geschäftsgeheimnissen (Art. 25 Abs. 5)

30 Art. 25 Abs. 5 stellt absichtlich abschließend klar, dass Art. 25 Abs. 2 und 3 den Bestand der Rechte des geistigen Eigentums und der Betriebsgeschäftsgeheimnisse unberührt lassen sollen.

Art. 26* Pflichten der Betreiber von Hochrisiko-KI-Systemen

(1) **Die Betreiber von Hochrisiko-KI-Systemen treffen geeignete technische und organisatorische Maßnahmen, um sicherzustellen, dass sie solche Systeme entsprechend der den Systemen beigefügten Betriebsanleitungen und gemäß den Absätzen 3 und 6 verwenden.**

(2) **Die Betreiber übertragen natürlichen Personen, die über die erforderliche Kompetenz, Ausbildung und Befugnis verfügen, die menschliche Aufsicht und lassen ihnen die erforderliche Unterstützung zukommen.**

(3) **Die Pflichten nach den Absätzen 1 und 2 lassen sonstige Pflichten der Betreiber nach Unionsrecht oder nationalem Recht sowie die Freiheit der Betreiber bei der Organisation ihrer eigenen Ressourcen und Tätigkeiten zur Wahrnehmung der vom Anbieter angegebenen Maßnahmen der menschlichen Aufsicht unberührt.**

---

* Kapitel III (Art. 6–49) gilt gem. Art. 113 UAbs. 2 ab 2.8.2026, mit Ausnahme des Abschnitts 4, der gem. Art. 113 UAbs. 3 Buchst. b bereits ab 2.8.2025 gilt.

(4) **Unbeschadet der Absätze 1 und 2 und soweit die Eingabedaten ihrer Kontrolle unterliegen, sorgen die Betreiber dafür, dass die Eingabedaten der Zweckbestimmung des Hochrisiko-KI-Systems entsprechen und ausreichend repräsentativ sind.**

(5) *[1]* **[1]Die Betreiber überwachen den Betrieb des Hochrisiko-KI-Systems anhand der Betriebsanleitung und informieren gegebenenfalls die Anbieter gemäß Artikel 72. [2]Haben Betreiber Grund zu der Annahme, dass die Verwendung gemäß der Betriebsanleitung dazu führen kann, dass dieses Hochrisiko-KI-System ein Risiko im Sinne des Artikels 79 Absatz 1 birgt, so informieren sie unverzüglich den Anbieter oder Händler und die zuständige Marktüberwachungsbehörde und setzen die Verwendung dieses Systems aus. [3]Haben die Betreiber einen schwerwiegenden Vorfall festgestellt, informieren sie auch unverzüglich zuerst den Anbieter und dann den Einführer oder Händler und die zuständigen Marktüberwachungsbehörden über diesen Vorfall. [4]Kann der Betreiber den Anbieter nicht erreichen, so gilt Artikel 73 entsprechend. [5]Diese Pflicht gilt nicht für sensible operative Daten von Betreibern von KI-Systemen, die Strafverfolgungsbehörden sind.**

[2] **Bei Betreibern, die Finanzinstitute sind und gemäß den Rechtsvorschriften der Union über Finanzdienstleistungen Anforderungen in Bezug auf ihre Regelungen oder Verfahren der internen Unternehmensführung, unterliegen, gilt die in Unterabsatz 1 festgelegte Überwachungspflicht als erfüllt, wenn die Vorschriften über Regelungen, Verfahren oder Mechanismen der internen Unternehmensführung gemäß einschlägigem Recht über Finanzdienstleistungen eingehalten werden.**

(6) *[1]* **Betreiber von Hochrisiko-KI-Systemen bewahren die von ihrem Hochrisiko-KI-System automatisch erzeugten Protokolle, soweit diese Protokolle ihrer Kontrolle unterliegen, für einen der Zweckbestimmung des Hochrisiko-KI-Systems angemessenen Zeitraum von mindestens sechs Monaten auf, sofern im geltenden Unionsrecht, insbesondere im Unionsrecht über den Schutz personenbezogener Daten, oder im geltenden nationalen Recht nichts anderes bestimmt ist.**

[2] **Betreiber, die Finanzinstitute sind und gemäß den Rechtsvorschriften der Union über Finanzdienstleistungen Anforderungen in Bezug auf ihre Regelungen oder Verfahren der internen Unternehmensführung unterliegen, bewahren die Protokolle als Teil der gemäß einschlägigem Unionsecht über Finanzdienstleistungen aufzubewahrenden Dokumentation auf.**

(7) **[1]Vor der Inbetriebnahme oder Verwendung eines Hochrisiko-KI-Systems am Arbeitsplatz informieren Betreiber, die Arbeitgeber sind, die Arbeitnehmervertreter und die betroffenen Arbeitnehmer darüber, dass sie der Verwendung des Hochrisiko-KI-Systems unterliegen werden. [2]Diese Informationen werden gegebenenfalls im Einklang mit den Vorschriften und Gepflogenheiten auf Unionsebene und nationaler Ebene in Bezug auf die Unterrichtung der Arbeitnehmer und ihrer Vertreter bereitgestellt.**

(8) **[1]Betreiber von Hochrisiko-KI-Systemen, bei denen es sich um Organe, Einrichtungen oder sonstige Stellen der Union handelt, müssen den Registrierungspflichten gemäß Artikel 49 nachkommen. [2]Stellen**

diese Betreiber fest, dass das Hochrisiko-KI-System, dessen Verwendung sie planen, nicht in der in Artikel 71 genannten EU-Datenbank registriert wurde, sehen sie von der Verwendung dieses Systems ab und informieren den Anbieter oder den Händler.

(9) **Die Betreiber von Hochrisiko-KI-Systemen verwenden gegebenenfalls die gemäß Artikel 13 der vorliegenden Verordnung bereitgestellten Informationen, um ihrer Pflicht zur Durchführung einer Datenschutz-Folgenabschätzung gemäß Artikel 35 der Verordnung (EU) 2016/679 oder Artikel 27 der Richtlinie (EU) 2016/680 nachzukommen.**

(10) *[1]* **¹Unbeschadet der Richtlinie (EU) 2016/680 beantragt der Betreiber eines Hochrisiko-KI-Systems zur nachträglichen biometrischen Fernfernidentifizierung im Rahmen von Ermittlungen zur gezielten Suche einer Person, die der Begehung einer Straftat verdächtigt wird oder aufgrund einer solchen verurteilt wurde, vorab oder unverzüglich, spätestens jedoch binnen 48 Stunden bei einer Justizbehörde oder einer Verwaltungsbehörde, deren Entscheidung bindend ist und einer justiziellen Überprüfung unterliegt, die Genehmigung für die Nutzung dieses Systems, es sei denn, es wird zur erstmaligen Identifizierung eines potenziellen Verdächtigen auf der Grundlage objektiver und nachprüfbarer Tatsachen, die in unmittelbarem Zusammenhang mit der Straftat stehen, verwendet. ²Jede Verwendung ist auf das für die Ermittlung einer bestimmten Straftat unbedingt erforderliche Maß zu beschränken.**

[2] **Wird die gemäß Absatz 1 beantragte Genehmigung abgelehnt, so wird die Verwendung des mit dieser beantragten Genehmigung verbundenen Systems zur nachträglichen biometrischen Fernidentifizierung mit sofortiger Wirkung eingestellt und werden die personenbezogenen Daten, die im Zusammenhang mit der Verwendung des Hochrisiko-KI-Systems stehen, für die die Genehmigung beantragt wurde, gelöscht.**

[3] **¹In keinem Fall darf ein solches Hochrisiko-KI-System zur nachträglichen biometrischen Fernidentifizierung zu Strafverfolgungszwecken in nicht zielgerichteter Weise und ohne jeglichen Zusammenhang mit einer Straftat, einem Strafverfahren, einer tatsächlichen und bestehenden oder tatsächlichen und vorhersehbaren Gefahr einer Straftat oder der Suche nach einer bestimmten vermissten Person verwendet werden. ²Es muss sichergestellt werden, dass die Strafverfolgungsbehörden keine ausschließlich auf der Grundlage der Ausgabe solcher Systeme zur nachträglichen biometrischen Fernidentifizierung beruhende Entscheidung, aus der sich eine nachteilige Rechtsfolge für eine Person ergibt, treffen.**

[4] **Dieser Absatz gilt unbeschadet des Artikels 9 der Verordnung (EU) 2016/679 und des Artikels 10 der Richtlinie (EU) 2016/680 für die Verarbeitung biometrischer Daten.**

[5] **¹Unabhängig vom Zweck oder Betreiber wird jede Verwendung solcher Hochrisiko-KI-Systeme in der einschlägigen Polizeiakte dokumentiert und der zuständigen Marktüberwachungsbehörde und der nationalen Datenschutzbehörde auf Anfrage zur Verfügung gestellt, wovon die Offenlegung sensibler operativer Daten im Zusammenhang mit der Strafverfolgung ausgenommen ist. ²Dieser Unterabsatz berührt nicht die den Aufsichtsbehörden durch die Richtlinie (EU) 2016/680 übertragenen Befugnisse.**

[6] [1]**Die Betreiber legen den zuständigen Marktüberwachungsbehörden und den nationalen Datenschutzbehörden Jahresberichte über ihre Verwendung von Systemen zur nachträglichen biometrischen Fernidentifizierung vor, wovon die Offenlegung sensibler operativer Daten im Zusammenhang mit der Strafverfolgung ausgenommen ist.** [2]**Die Berichte können eine Zusammenfassung sein, damit sie mehr als einen Einsatz abdecken.**

[7] **Die Mitgliedstaaten können im Einklang mit dem Unionsrecht strengere Rechtsvorschriften für die Verwendung von Systemen zur nachträglichen biometrischen Fernidentifizierung erlassen.**

(11) [1]**Unbeschadet des Artikels 50 der vorliegenden Verordnung informieren die Betreiber der in Anhang III aufgeführten Hochrisiko-KI-Systeme, die natürliche Personen betreffende Entscheidungen treffen oder bei solchen Entscheidungen Unterstützung leisten, die natürlichen Personen darüber, dass sie der Verwendung des Hochrisiko-KI-Systems unterliegen.** [2]**Für Hochrisiko-KI-Systeme, die zu Strafverfolgungszwecken verwendet werden, gilt Artikel 13 der Richtlinie (EU) 2016/680.**

(12) **Die Betreiber arbeiten mit den zuständigen Behörden bei allen Maßnahmen zusammen, die diese Behörden im Zusammenhang mit dem Hochrisiko-KI-System zur Umsetzung dieser Verordnung ergreifen.**

Literatur: Chibanguza/Steege, Die KI-Verordnung – Überblick über den neuen Rechtsrahmen, NJW 2024, 1769; Frank/Heine, Die algorithmische Personalauswahl, CB 2024, 326; Hilgendorf/Roth-Isigkeit, Die neue Verordnung der EU zur Künstlichen Intelligenz, 1. Aufl., 2023; Martini/Wendehorst, KI-VO, 2. Aufl. 2026; Paal/Hüger, Die KI-VO und das Recht auf menschliche Entscheidung, MMR 2024, 540; Radtke, Das Verhältnis von KI-VO und Art. EWG_DSGVO Artikel 22 DS-GVO unter besonderer Berücksichtigung der Schutzzwecke, RDi 2024, 353; Santos, Nicht besser als nichts, ZfDR 2023, 23; Schefzig/Kilian, BeckOK KI-Recht, 5. Ed., Stand: 1.2.2026; Schwartmann/Keber/Zenner, KI-VO Leitfaden für die Praxis, 1. Auflage, 2024; Voigt/Hullen, Handbuch KI-Verordnung, 1. Aufl., 2024; Wendt/Wendt, Das neue Recht der Künstlichen Intelligenz, 2. Aufl. 2025.

Übersicht

I. Überblick

1 Art. 26 enthält eine – nicht abschließende – Auflistung von Pflichten für den Betreiber eines Hochrisiko-KI-Systems. Abgesehen von Art. 27, der eine obligatorische Grundrechte-Folgenabschätzung für einige, bestimmte Betreiber vorsieht, bildet Art. 26 passend zur Stellung des Betreibers als letzter Wirtschaftsakteure in der Lieferkette den regulatorischen Abschluss des Kapitels III Abschnitt 3. Bestrebt von dem Ziel, den Personen- und Grundrechtsschutz über den gesamten Lebenszyklus eines KI-Systems zu wahren, formulierte die Kommission bereits in der Entwurfsfassung zur KI-VO in Art. 29 einen Katalog, der neben dem Anbieter auch dem „Nutzer" eines Hochrisiko-KI-Systems „berechenbare, verhältnismäßige und klare Pflichten" auferlegen sollte (vgl. Begründung Kommissionsentwurf, 1.1, S. 4). Dieser Pflichtenkatalog erfuhr von seinem Entwurfsstadium bis zu seiner Endfassung in Art. 26 weitreichende Veränderungen.[1] Zwar ist die bloße Umbenennung des adressierten Personenkreises von „Nutzer" in „Betreiber" angesichts der identischen Begriffsbestimmungen rechtlich folgenlosen. Allerdings beinhaltet der nun maßgebliche Gesetzestext über die im Kommissionsentwurf bereits vorgesehenen Aufsichts-, Gefahrabwendungs- und Protokollierungspflichten hinaus auch umfassende Kooperationspflichten und ausdifferenzierte Betreiberpflichten in besonders grundrechtssensiblen Anwendungsbereichen der Technologie. So regelt Art. 26 unsystematisch eine Fülle an Verhaltensanforderungen für den Betreiber eines Hochrisiko-KI-Systems, deren Verletzung gem. Art. 99 Abs. 4 lit. e mit Geldbußen sanktioniert werden kann.

II. Die Absätze im Einzelnen

2 Die in Art. 26 geregelten Pflichten betreffen den Betreiber eines Hochrisiko-KI-Systems. **Betreiber** ist iRd Art. 26 unter Bezugnahme auf die Begriffsbestimmung in Art. 3 Nr. 4 (→ Art. 3 Rn. 67 ff.) jede natürliche oder juristische Person, Behörde, Einrichtung oder sonstige Stelle, die das Hochrisiko-KI-System in eigener Verantwortung verwendet, es sei denn, das Hochrisiko-KI-System wird im Rahmen einer persönlichen und nicht beruflichen Tätigkeit verwendet. Er ist nach dem Anbieter, dem die KI-VO als Hauptadressat die meisten Pflichten in der Lieferkette auferlegt, der wohl wichtigste Akteur im Verantwortlichkeitsgefüge der KI-VO. Verdeutlicht wird dies exemplarisch durch die Überschrift des Kapitels III Abschnitt 3 „Pflichten der Anbieter und Betreiber von Hochrisiko-KI-

[1] Martini/Wendehorst/I. Eisenberger/Th. Binder, KI-VO Art. 26 Rn. 14 ff.

Systemen und anderer Beteiligter", in der der Betreiber explizit benannt ist. Händler oder Einführer von Hochrisiko-KI-Systemen wiederum, deren Pflichten ebenfalls in diesem Abschnitt ausformuliert werden, fallen bloß unter den Sammelbegriff „anderer Beteiligter". Das ist eine bewusste Entscheidung des Gesetzgebers. Die Risiken, die ein Hochrisiko-KI-System birgt, können sich nämlich zum einen aus der allgemeinen Konzeption und zum anderen aus der konkreten Nutzung ergeben (vgl. Erwgr. 93). Deshalb werden in der KI-VO zunächst dem Anbieter, der das Hochrisiko-KI-System entwickelt, umfassende Pflichten auferlegt. In der Folge hat der Anbieter aber regelmäßig keine detaillierten Kenntnisse über den Nutzungskontext des Hochrisiko-KI-Systems (vgl. Erwgr. 93). Zudem wäre es realitätsfern anzunehmen, der Anbieter könne während der Entwicklung des Hochrisiko-KI-Systems jedes erhebliche potenzielle Risiko für wahrscheinlich betroffene Personen oder Personengruppen voraussehen. Um einen effektiven Grundrechtsschutz zu gewährleisten, muss daher auch der Betreiber in die Pflicht genommen werden. Aufgrund seiner detaillierten Kenntnis darüber, wie das Hochrisiko-KI-System tatsächlich eingesetzt wird, und seiner Nähe zu potenziell betroffenen Dritten, gestaltet der Gesetzgeber zum Zwecke der Risikominimierung die Pflichten des Betreibers in Ergänzung zu den Pflichten des Anbieters aus.

Die in Art. 26 aufgeführten Pflichten gelten teils für alle Betreiber von Hochri- 3
siko-KI-Systemen und teils nur für Betreiber bestimmter Hochrisiko-KI-Systeme. Der Gesetzgeber hat diese Unterscheidung in der systematischen Anordnung der normierten Pflichten nicht berücksichtigt. Daher muss für jeden Absatz gesondert festgestellt werden, wer adressiert wird.

1. Allgemeiner Standard der sachgerechten Verwendung (Abs. 1)

Evident wird die Verzahnung zwischen Anbieter- und Betreiberpflichten in der 4
Normierung des Art. 26 Abs. 1, der einen allgemeinen Standard zur sachgerechten Verwendung durch den Betreiber aufstellt. Es wird unter anderem verfügt, dass der Betreiber das Hochrisiko-KI-System entsprechend der vom Anbieter nach Art. 13 beigefügten Betriebsanleitung zu verwenden hat. Durch die Bereitstellung ausführlicher Informationen für den Betreiber soll dieser mittels eines Wissenstransfers zur ordnungsgemäßen Verwendung befähigt werden (→ Art. 13 Rn. 16 ff.). Da der Anbieter bei der Entwicklung des Hochrisiko-KI-Systems Maßnahmen zur Risikominderung treffen und das System anschließend einer Konformitätsprüfung unterziehen muss, dient die Verpflichtung zur Nutzung des Hochrisiko-KI-Systems in dem vom Anbieter durch die Betriebsanleitung vorgegebenen Rahmen der Perpetuierung dieser Sicherheitsvorkehrungen.[2] Es sollen jene Risiken vermieden werden, die aus einer zweck- oder anwendungsfremden Verwendung des Hochrisiko-KI-Systems entstehen können. Zur Sicherstellung der anleitungsgemäßen Verwendung muss der Betreiber „geeignete technische und organisatorische Maßnahmen" treffen.[3] Diese offene Formulierung räumt dem Betreiber einen Ermessensspielraum ein, welche Maßnahmen sich im Einzelfall konkret eignen.[4] Da der Betreiber ohnehin Maßnahmen zur Gewährleistung

[2] Voigt/Hullen KI-VO-HdB S. 105.
[3] Zur begrifflichen Annäherung BeckOK KI-Recht/Denga, Art. 26 Rn. 23 ff.
[4] Martini/Wendehorst/I. Eisenberger/Th. Binder, KI-VO Art. 26 Rn. 23.

der Daten- und Informationssicherheit nach der Verordnung 2016/679/EU (DS-GVO) treffen muss, lohnt es sich in der Praxis, planvoll und effizient vorzugehen und die nach der KI-VO, der Betriebsanleitung und der DS-GVO erforderlichen, in weiten Teilen identischen Maßnahmen aufeinander abzustimmen.[5] Zugleich sieht der Gesetzgeber die risikobezogenen Unwägbarkeiten der sich rasant entwickelnden Technologie und das Wissensdefizit des Anbieters in Bezug auf die konkrete Verwendung. Insofern kann nicht jedes Risiko bei der Erstellung der Betriebsanleitung vorhergesehen werden. Deshalb wird in Art. 26 Abs. 1 auf die in den Abs. 3 und 6 statuierten Betreiberpflichten zur Aufsicht und Protokollierung verwiesen.

2. Übertragung menschlicher Aufsicht (Abs. 2 und 3)

5 Der Betreiber muss natürlichen, fähigen Personen gem. Art. 26 Abs. 2 die menschliche Aufsicht über das Hochrisiko-KI-System übertragen und ihnen die erforderliche Unterstützung zukommen lassen. Bereits 2019 war in den unverbindlichen Ethikleitlinien einer von der Kommission eingesetzten Expertengruppe für künstliche Intelligenz die Forderung nach menschlicher Aufsicht über KI-Systeme enthalten. Schon dort wurde für eine Entwicklung und Verwendung von KI-Systemen geworben, die es ermöglicht, dass das KI-System „von Menschen angemessen kontrolliert und überwacht werden kann" (vgl. Erwgr. 27). Nun hält dieser Gedanke bei der Normierung der Betreiberpflichten Einzug in den verbindlichen Gesetzestext der KI-VO. Die Organisationsplicht des Betreibers aus Art. 26 Abs. 2 hat zum einen den Zweck, die Kontrolle des KI-Systems sicherzustellen. Insbesondere sollen die Kontrollmaßnahmen gewährleisten, dass etwaige, in das KI-System integrierte Betriebseinschränkungen nicht vom KI-System selbst umgangen werden können (vgl. Erwgr. 73). Darüber hinaus soll der Betreiber aber auch daran erinnert werden, dem in Art. 22 Abs. 1 DS-GVO verankerten Gebot einer menschlichen Letztentscheidungsbefugnis im Bereich der automatisierten Datenverarbeitung hinreichend Rechnung zu tragen (vgl. Erwgr. 10).[6]

6 Die Aufsicht kann nur **natürlichen Personen** übertragen werden. Damit schließt der Gesetzgeber gleich zwei Optionen der Aufsicht aus, die für einen Betreiber in der Praxis aufgrund wirtschaftlicher Erwägungen verlockend erscheinen könnten. Es genügt es nicht, die Aufsicht unspezifisch auf einen externen Dienstleister im Sinne einer juristischen Person oder Personengesellschaft zu übertragen. Auch kann nicht einfach eine Software installiert oder gar das Hochrisiko-KI-System mit einer Selbstkontrolle betraut werden. Es muss in jedem Fall individualisierbare Menschen geben, die für die Aufsicht des Hochrisiko-KI-Systems verantwortlich sind.

7 Die betraute Person muss für die Aufgabe geeignet sein. Deshalb muss sie gem. Art. 26 Abs. 2 über die **erforderliche Kompetenz, Ausbildung und Befugnis** verfügen. Sie soll insbesondere ein angemessenes Niveau an KI-Kompetenz aufweisen (vgl. Erwgr. 91). Die erforderliche Kompetenz und Ausbildung richten sich nach der Art des Systems und den Umständen des Einzelfalls. KI-Kompetenz besitzt in Anbetracht der Begriffsbestimmung gem. Art. 3 Nr. 56 grundsätzlich derjenige, der die Fähigkeiten und die Kenntnisse hat, die es ihm unter Berücksichtigung seiner jeweiligen Rechte und Pflichten im Rahmen der KI-VO ermög-

[5] Schwartmann/Keber/Zenner KI-VO/Kremer/Haar 2. Teil, 1. Kapitel Rn. 417.

[6] Paal/Hüger MMR 2024, 540 (541 f.).

lichen, das KI-System sachkundig einzusetzen sowie sich der Chancen und Risiken von KI und möglicher Schäden, die sie verursachen kann, bewusst zu werden (→ Art. 3 Rn. 414 ff.). Daher besitzt die betraute Person Kompetenz iSd Art. 26 Abs. 2 im Regelfall dann, wenn sie aufgrund ihres Wissens die Arbeitsweise des Hochrisiko-KI-Systems hinreichend verstehen und die Einhaltung und die ordnungsgemäße Durchsetzung der KI-VO beurteilen kann (vgl. Erwgr. 20). Insofern sind auch rechtliche Kenntnisse über die regulatorischen Rahmenbedingungen für das Hochrisiko-KI-System erforderlich.[7] Art. 4 gibt Anhaltspunkte dafür, welche Parameter von dem Betreiber bei Erörterung der Frage zu berücksichtigten sind, ob ein Aufsichtsbeauftragter die erforderliche **KI-Kompetenz** besitzt. Es sind danach

- die technischen Kenntnisse der Person,
- ihre Erfahrung,
- ihre Ausbildung und Schulung,
- der Kontext, in dem die KI-Systeme eingesetzt werden sollen sowie
- die Personen oder Personengruppen, bei denen die KI-Systeme eingesetzt werden sollen

in die Bewertung einzubeziehen (tiefergehend → Art. 4 Rn. 1 ff.).

8 Über die erforderliche **Befugnis** iSd Art. 26 Abs. 2 verfügt ein Aufsichtsbeauftragter, wenn er im Innenverhältnis zum Betreiber berechtigt ist, den Zugang zum und den Zugriff auf das Hochrisiko-KI-System zu erlangen, der notwendig ist, um ordnungsgemäß Aufsicht zu führen und gegebenenfalls die erforderlichen Maßnahmen zu ergreifen.

9 Der Betreiber muss die menschliche Aufsicht **übertragen.** Man könnte diese Formulierung dahingehend verstehen, dass die betraute Person in keinem arbeitsrechtlichen Verhältnis zum Betreiber stehen darf, da der Betreiber andernfalls die Aufsicht qua seines arbeitgeberrechtlichen Direktionsrechtes schlicht zuweisen und nicht „übertragen“ würde. Ein Blick in die englischsprachige Version der KI-VO offenbart aber, dass dort die Begrifflichkeit „assign“ verwendet wird, die eine Pflicht zur Auslagerung der menschlichen Aufsicht nicht zwingend erscheinen lässt. Vielmehr verzichtet der Gesetzgeber darauf, im Wortlaut explizit eine solche Auslagerungspflicht festzulegen, obwohl er sie ohne Weiteres hätte regeln können. Nach Art. 26 Abs. 3 kann der Betreiber zur Wahrnehmung der vom Anbieter angegebenen Maßnahmen der menschlichen Aufsicht ohne Beschränkungen nach Abs. 2 die eigenen Ressourcen organisieren und tätig werden. Vor diesem Hintergrund ist es angezeigt, Art. 26 Abs. 2 so auszulegen, dass auch eine betriebsinterne Aufsicht durch gewissenhaft ausgewähltes Fachpersonal möglich ist. In der Praxis ist denkbar, dass verschiedene Fachbereiche eines Unternehmens die Überwachungstätigkeit auch unter Zuhilfenahme technischer Instrumente übernehmen.[8] Solange das unternehmensinterne Complaince-System vorsieht, dass natürliche Personen die Überwachung letztlich persönlich gewährleisten, ist dies nach den zuvor dargelegten Grundsätzen zulässig.

10 Ein Betreiber hat die Pflicht, der betrauten Person die **erforderliche Unterstützung** zukommen zu lassen. Erforderlich ist die Unterstützung, die eine betraute Person zur ordnungsgemäßen Wahrnehmung ihrer Aufsichtsobligationen benötigt. Ob diese bewusst weitreichende Regelung dem Art. 26 Abs. 2

[7] Wendt/Wendt, Das neue Recht der Künstlichen Intelligenz, § 4 Rn. 6.
[8] Voigt/Hullen KI-VO-HdB S. 107.

in bestimmten Konstellationen sogar Anspruchsqualität verleihen kann, ist angesichts der primären Intention des Gesetzgebers, mit Art. 26 Abs. 2 Pflichten für den Betreiber festzulegen, nicht klar. Legt der Aufsichtsbeauftragte allerdings hinreichend plausibel dar, weshalb eine Unterstützungshandlung des Betreibers für die Durchführung der menschlichen Aufsicht notwendig ist, scheint ein Anspruch auf Vornahme der Unterstützungshandlung vor dem Hintergrund der Risiken eines Hochrisiko-KI-Systems angezeigt. Die erforderliche Unterstützung ist an dem **Aufsichtsumfang** auszurichten. Dieser ergibt sich implizit aus Art. 14. Zwar statuiert Art. 14 in Verbindung mit Art. 16 lit. a zuvorderst die Anbieterpflicht, dass das Hochrisiko-KI-System so entwickelt werden muss, das eine wirksame Beaufsichtigung von Menschen möglich ist. Art. 14 Abs. 4 listet aber auf, zu was die natürlichen Personen, denen die menschliche Aufsicht übertragen wurde, in der Lage sein müssen (→ Art. 14 Rn. 90 ff.). Aus dieser Auflistung lassen sich für Art. 26 Abs. 2 implizit auch Pflichten für den Betreiber zur Gewährleistung der erforderlichen Unterstützung ableiten, da es im Ergebnis keinen Unterschied machen kann, ob der Aufsichtsbeauftragte seine Aufsichtspflicht aufgrund der Art der Konzeption (Anbieter) oder aufgrund der Art der Verwendung (Betreiber) des Hochrisiko-KI-Systems nicht gebührend erfüllen kann.

3. Sonstiges unionales und nationales Recht und Organisationsfreiheit (Abs. 3)

11 Gem. Art. 26 Abs. 3 werden sonstige Pflichten eines Betreibers nach Unionsrecht oder nationalem Recht von den Pflichten aus Art. 26 Abs. 1 und 2 nicht verdrängt. Allein anhand des Wortlauts lässt sich nicht sicher bestimmen, ob diese Maßgabe bloß klarstellen soll, dass existierende Pflichten aus anderen Quellen vollumfänglich bestehen bleiben, oder ob die Regelung darüber hinaus ein Vorrangverhältnis zu etablieren bestimmt ist, nach dem die Pflichten aus Art. 26 Abs. 1 und 2 gegebenenfalls hinter weitere unionale oder nationale Nutzungsverpflichtungen zurücktreten müssen. Es ist jedoch nicht davon auszugehen, dass der Zweck des Art. 26 Abs. 3 die bloße Beschreibung eines Nebeneinanders von Betreiberpflichten ist. Dass Wirtschaftsakteure regelmäßig eine Vielzahl von sie selbst und ihr Produkt betreffenden Bestimmungen aus verschiedensten Rechtsquellen berücksichtigen müssen,[9] ist als Grundprinzip des europäischen Produktsicherheitsrechts bekannt, sodass Art. 26 Abs. 3 nach dieser Auslegung obsolet erscheint.[10] Gesetzgeberische Intention ist es vielmehr, über ein Nebeneinander der Betreiberpflichten hinaus klarzustellen, dass die weiteren Nutzungsverpflichtungen nach Unionsrecht oder nationalem Recht die grundsätzlichen Betreiberpflichten aus Art. 26 Abs. 1 und 2 konkretisieren und ihnen im (praktisch vermutlich eher seltenen) Fall der Kollision sogar vorgehen können. Beispielsweise muss ein Betreiber neben der Gewährleistung einer anleitungsgemäßen und beaufsichtigten Verwendung im Sinne der Art. 26 Abs. 1 und 2 die Vorgaben der DS-GVO berücksichtigen, die im Falle ihrer Unvereinbarkeit mit Maßgaben der Betriebsanleitung diesen gegenüber trotz der Verpflichtung einer anleitungsgemäßen Verwendung aus Art. 26 Abs. 1 vorrangig sind.

---

[9] Chibanguza/Steege NJW 2024, 1769 (1773).

[10] Vgl. Erwgr. 64 u. Leitfaden für die Umsetzung der Produktvorschriften der EU 2022, 2022/C 247/01, Ziff. 2.7.

Neben dem Anwendungsverhältnis verschiedener Betreiberpflichten stellt Art. 26 Abs. 3 somit *en passant* klar, dass den Mitgliedstaaten in Bezug auf die Verwendung von Hochrisiko-KI-Systemen eine Regulierungsbefugnis auf ihrem Gebiet zukommt.[11] Gem. Art. 26 Abs. 3 können sie eigenständige, vom Betreiber zu berücksichtigende Regelungen in Bezug auf Verwendungsmodalitäten treffen. Der Preis eines extensiven Gebrauchs dieser Befugnis durch die Mitgliedstaaten ist möglicherweise eine Fragmentierung des Binnenmarktes, der die KI-VO gerade entgegenwirken soll (vgl. Erwgr. 3). In Bezug auf etwaige Entwicklungsmodalitäten hingegen haben die Mitgliedstaaten mangels entsprechender Regelungen für Anbieter keine vergleichbare Befugnis. 12

Schließlich kann der Betreiber gem. Art. 26 Abs. 3 frei über die Organisation seiner Ressourcen und die Tätigkeiten zur Wahrnehmung der vom Anbieter angegebenen Maßnahmen der menschlichen Aufsicht entscheiden. Die Pflichten aus Art. 26 Abs. 1 und 2 sollen nichts Gegenteiliges statuieren. Die **unternehmerische Organisationsfreiheit** betrifft ausdrücklich nur das „wie" und nicht das „ob" der vom Anbieter angegebenen Maßnahmen der menschlichen Aufsicht. Da bestimmte Maßnahmen in der Praxis aber regelmäßig nur in gewisser Art und Weise umgesetzt werden können, handelt es sich um eine durch die Anordnungen des Anbieters determinierte Organisationsfreiheit des Betreibers. 13

4. Gewährleistung geeigneter Eingabedaten (Abs. 4)

Für die Sicherstellung der Funktions- und Leistungsfähigkeit von Hochrisiko-KI-Systemen spielt Datenqualität eine zentrale Rolle (vgl. Erwgr. 67). So schreibt der Gesetzgeber in Art. 10 vor, dass die Entwicklung von Hochrisiko-KI-Systemen ausschließlich mit hochwertigen Datensätze erfolgen darf (→ Art. 10 Rn. 22 ff.). Hochrisiko-KI-Systeme sollen zudem widerstandsfähig gegen Versuche unbefugter Dritter sein, die Systemschwachstellen ausnutzen wollen, um das KI-System unter anderem durch Manipulation von Eingabedaten zu Fehlern zu verleiten (→ Art. 15 Rn. 23 ff.). Die Pflicht des Betreibers gem. Art. 26 Abs. 4 ist dazu die zweite Seite derselben Medaille. 14

Nach Art. 26 Abs. 4 hat der Betreiber dafür Sorge zu tragen, dass die Eingabedaten, die seiner Kontrolle unterliegen, der Zweckbestimmung des Hochrisiko-KI-Systems entsprechen und ausreichend repräsentativ sind. **Eingabedaten** sind gem. Art. 3 Nr. 33 die in ein KI-System eingespeisten oder von diesem direkt erfassten Daten, auf deren Grundlage das System eine Ausgabe hervorbringt (→ Art. 3 Rn. 284 ff.). Wenn Eingabedaten eingespeist werden, die der Kontrolle des Betreibers unterliegen, muss dieser also sicherstellen, dass diese Eingabedaten eine für den ordnungsgemäßen Betrieb notwendige Qualität haben. Ziel sind möglichst fehlerfreie Ausgaben des Hochrisiko-KI-Systems. Wann eine Entsprechung der Daten mit der Zweckbestimmung des Hochrisiko-KI-Systems und eine ausreichende Repräsentativität gegeben ist, richtet sich nach der Art des konkreten Hochrisiko-KI-Systems und den sonstigen Umständen des Einzelfalls. 15

Die **Zweckbestimmung** bezeichnet die Verwendung, für die ein Hochrisiko-KI-System laut Anbieter bestimmt ist (→ Art. 3 Rn. 143 ff.). Ermitteln lässt sich die Zweckbestimmung aus den vom Anbieter bereitgestellten Informationen in der Betriebsanleitung, im Werbe- oder Verkaufsmaterial und in diesbezüglichen 16

---

[11] Santos ZfDR 2023, 23 (38).

Erklärungen sowie in der technischen Dokumentation, wobei der Betreiber auf letztere in aller Regel keinen Zugriff hat. Bei der Ermittlung der Zweckbestimmung werden besondere Umstände und Bedingungen der Verwendung berücksichtigt. In der Betriebsanleitung können gem. Art. 13 Abs. 3 lit. b i) gegebenenfalls Spezifikationen für die Eingabedaten enthalten sein. Erforderlich ist nach Art. 26 Abs. 4, dass die vom Betreiber verwendeten Eingabedaten relevant für beabsichtigte Verwendung des Hochrisiko-KI-Systems sind. Zweckwidrige Daten darf der Betreiber hingegen nicht verwenden.[12]

17 Zudem sollen Verzerrungen der Ausgaben verhindert werden, die mangels „ausreichend" repräsentativer Eingabedaten entstehen können. **Repräsentativität** der Eingabedaten bedeutet grundsätzlich, dass sie geeignete statistische Merkmale haben (tiefergehend → Art. 10 Rn. 58 ff.). So wie das Training eines Hochrisiko-KI-Systems gem. Art. 10 Abs. 3 vor der Verwendung mit hinreichend repräsentativen Daten erfolgen muss, haben die Eingabedaten bei der Verwendung diesem Standard ebenfalls zu genügen. Dies dient insbesondere dem Schutz der Gesundheit und Sicherheit von Personen und der Prävention von nach dem Unionsrecht verbotener Diskriminierung. Es besteht insbesondere in Bezug auf Personen, die bestimmten schutzbedürftigen Gruppen angehören, die Gefahr, dass verzerrte Datenausgaben die Eingaben für künftige Operationen beeinflussen und so durch fortschreitende Verzerrungen bestehende Diskriminierungen perpetuiert werden (vgl. Erwgr. 67). Um dem entgegenzuwirken, muss der Betreiber seine Eingabedaten gem. Art. 26 Abs. 4 bei der Verwendung des Hochrisiko-KI-Systems auf eine entsprechende Datenqualität überprüfen. Dabei hat er zu ermitteln, ob die Eingabedaten „den Eigenschaften, Merkmalen oder Elementen entsprechen, die für die besonderen geografischen, kontextuellen, verhaltensbezogenen oder funktionalen Rahmenbedingungen, unter denen das Hochrisiko-KI-System bestimmungsgemäß verwendet werden soll, typisch sind" (vgl. Erwgr. 67).

18 Mangels konkretisierender Anhaltspunkte in der KI-VO, wann dem **Standard der ausreichenden Repräsentativität** genüge getan ist, ist dieser interpretationsoffene Begriff durch Auslegung zu fühlen. Denkbar ist es, vom Betreiber nur eine Evidenzkontrolle der Eingabedaten zu fordern. Wenn durch die Eingabedaten zumindest augenscheinlich weder falsche oder diskriminierende Ausgaben des Hochrisiko-KI-Systems noch dessen zweckfremde Verwendung gefördert werden, hat der Betreiber nach dieser Ansicht seine Pflicht aus Art. 26 Abs. 4 erfüllt.[13] Allerdings würde eine Prüfung, die sich nur auf das offensichtlich Erkennbare beschränkt, nicht dem erheblichen Risiko gerecht, was mit der Verwendung eines Hochrisiko-KI-Systems verbunden sein kann. Der Betreiber könnte sich zu leicht seiner (Mit-)Verantwortung für die Richtigkeit der Datenausgabe entziehen. Stattdessen sollte eine ausreichende Repräsentativität der Eingabedaten im Vorfeld der Eingabe kontextbezogen anhand des Risikos bewertet werden, das mit potenziell falschen Ausgaben oder einer missbräuchlichen Verwendung verbunden ist. Je gravierender die Folgen einer potenziell fehlerhaften Ausgabe des Systems sein können, desto akribischer muss der Betreiber die ausreichende Repräsentativität seiner Eingabedaten sicherstellen. Eine solche Auslegung erlaubt eine einzelfallgerechte Betrachtung. Die einem auslegungsbedürftigen Standard inhärente Rechtsunsicherheit wird durch präzisierende Entscheidungen der Behörden und Justiz verringert werden.

[12] Hilgendorf/Roth-Isigkeit KI-VO/Lindardatos § 7 Rn. 43.
[13] Schwartmann/Keber/Zenner KI-VO/Kremer/Haar 2. Teil, 1. Kapitel Rn. 423.

5. Überwachungs-, Gefahrabwendungs- und Informationspflichten (Abs. 5)

Art. 26 Abs. 5 legt eine Reihe von Pflichten für den Betreiber fest, die die Kontrolle über das Hochrisiko-KI-System sicherstellen sollen und Risikominimierung zum Ziel haben. Naturgemäß knüpfen diese Pflichten maßgeblich an den Betrieb und das damit verbundene Risiko des jeweiligen Hochrisiko-KI-Systems an. 19

Der Betreiber hat gem. Art. 26 Abs. 5 S. 1 grundlegend eine **Überwachungspflicht.** So muss er die ordnungsgemäße Verwendung anhand der Betriebsanleitung kontrollieren, die ihm der Anbieter bereitgestellt hat. Der Überwachungsumfang richtet sich somit nach den Informationen, die im Einzelfall in der Betriebsanleitung enthalten sind. Art. 13 Abs. 3 formuliert Mindestanforderungen, die eine Betriebsanleitung erfüllen muss. Daraus ergibt sich zwar primär die Pflicht für den Anbieter, die Anleitung mit diesen Informationen auszustatten. Sekundär lassen sich so aber Kriterien ableiten, auf die sich die Überwachungspflicht des Betreibers beschränkt. Der Betreiber hat danach die Verwendung im Rahmen 20

- der Fähigkeiten und Leistungsgrenzen (→ Art. 13 Rn. 33 ff.),
- der erwarteten Lebensdauer des Hochrisiko-KI-Systems unter Gewährleistung der erforderlichen turnusgemäßen Wartungs- und Pflegemaßnahmen (→ Art. 13 Rn. 53) und
- der integrierten Mechanismen, die es ihm ermöglichen, die Protokolle im Einklang mit Art. 12 ordnungsgemäß zu erfassen, zu speichern und auszuwerten (→ Art. 13 Rn. 54) zu überwachen.

Praktisch erfolgt die Überwachung einerseits durch die obligatorische menschliche Aufsicht nach den Vorgaben des Art. 26 Abs. 2 (→ Rn. 5 ff.). Anderseits werden vielfach automatisierte KI-Governance-Systeme zur Anwendung kommen, die das Hochrisiko-KI-System überwachen und dem Betreiber melden, wenn es selbstständig Abweichungen von vorgegebenen Toleranzwerten feststellt.[14] Registriert der Betreiber bei der Überwachung seines Systems Auffälligkeiten, hat er den Anbieter gem. Art. 26 Abs. 5 S. 1 über dessen System zur Beobachtung gem. Art. 72 zu informieren. Dies soll die effektive, fortlaufenden Bewertung der Einhaltung der in Kapitel III Abschnitt 2 genannten Anforderungen an Hochrisiko-KI-Systeme ermöglichen, zu der der Anbieter gem. Art. 72 Abs. 2 verpflichtet ist (→ Art. 72 Rn. 17 ff.). 21

Gem. Art. 26 Abs. 5 S. 5 können **Finanzinstitute,** die Betreiber von Hochrisiko-KI-Systemen nach der KI-VO sind und zugleich Anforderungen bezüglich ihrer interne Unternehmensführung aus anderen Harmonisierungsrechtsvorschriften unterliegen, ihre Überwachungspflicht anderweitig erfüllen. Sie müssen schlicht die Vorgaben des einschlägigen Rechts über Finanzdienstleistung einhalten. Dies dient der Sicherstellung von Kohärenz zwischen der KI-VO und den Vorschriften weiterer Rechtsakte dieses Sektors (vgl. Erwgr. 158). Liegen die Voraussetzungen des Art. 26 Abs. 5 S. 5 nicht vor, hat ein betreffendes Finanzinstitut die Vorgaben nach Art. 26 Abs. 5 UAbs. 1 einzuhalten.[15] Zur Frage, welche Entitäten unter den Begriff „Finanzinstitute" im Sinne der KI-VO fallen, wird auf die Kommentierung zu Art. 17 Abs. 4 verwiesen (→ Art. 17 Rn. 24 ff.). 22

---

[14] Voigt/Hullen KI-VO-HdB S. 107.

[15] Martini/Wendehorst/I. Eisenberger/Th. Binder, KI-VO Art. 26 Rn. 43.

23 Risiken bestehen aber auch dann, wenn ein Hochrisiko-KI-System nach den Vorgaben der Betriebsanleitung verwendet wird. Deshalb sieht Art. 26 Abs. 5 S. 2 **Melde- und Systemaussetzungspflichten** für den Betreiber vor, wenn er Grund zur Annahme hat, dass die Verwendung des Hochrisiko-KI-Systems anhand der Gebrauchsanweisung ein Risiko für die Gesundheit oder Sicherheit oder Grundrechte von Personen (vgl. Art. 79) birgt. Grund zur Annahme eines solchen Personenrisikos hat ein Betreiber dann, wenn ihm konkrete Umstände bekannt sind oder Informationen vorliegen, die das Bestehen dieses Risikos hinreichend wahrscheinlich erscheinen lassen. Liegen diese Voraussetzungen vor, muss der Betreiber zur Prävention unverzüglich die Verwendung der Systeme aussetzen und Anbieter oder Händler und die zuständige Marktüberwachungsbehörde informieren. Nur wenn der Betreiber eine Stelle der Union ist, ist nicht die national zuständige Marktüberwachungsbehörde, sondern der Europäische Datenschutzbeauftragte in Kenntnis zu setzen (→ Art. 74 Rn. 22 f.). Zur tiefergehenden Betrachtung der Merkmale „Grund zur Annahme", „unverzüglich" und „Risiko im Sinne des Artikels 79" wird angesichts klarer Parallelen auf die Kommentierung des Art. 20 verwiesen (→ Art. 20 Rn. 13, 15, 23 f.).

24 Solange nur ein Risiko iSd Art. 79 besteht, nimmt der Gesetzgeber in Bezug auf die **Informationspflichten** keine Priorisierung vor. Wenn der Betreiber hingegen den Eintritt eines schwerwiegenden Vorfalls feststellt, hat er gem. Art. 26 Abs. 5 S. 3 eine bestimmte Reihenfolge der Unterrichtung einzuhalten. Für eine solche Feststellung müssen Rechtsgüter eines Individuums oder der Allgemeinheit von überragender Bedeutung geschädigt worden sein. Gem. Art. 3 Nr. 49 ist ein schwerwiegender Vorfall gegeben (→ Art. 3 Rn. 366 ff.), wenn die direkte oder indirekte Folge eines Vorfalls oder einer Fehlfunktion des Hochrisiko-KI-Systems ist, dass

- eine Person zu Tode gekommen ist oder sie eine schwere Gesundheitsschädigung erlitten hat oder
- es zu einer schweren und unumkehrbaren Störung der Verwaltung oder des Betriebs kritischer Infrastrukturen gekommen ist oder
- Pflichten aus den Unionsrechtsvorschriften zum Schutz der Grundrechte verletzt wurden oder
- es zu schweren Sach- oder Personenschäden gekommen ist.

25 Der Gesetzgeber hat eine **Systemaussetzungspflicht** für diesen Fall bemerkenswerterweise nicht ausdrücklich niedergelegt. Im Kommissionsentwurf zur KI-VO war eine solche Pflicht bei einem schwerwiegenden Vorfall noch enthalten. Daher ließe sich vertreten, dass der Gesetzgeber sich bewusst gegen eine solche Pflicht entschieden hat. Allerdings ist überzeugender, dass sich die Systemaussetzungspflicht aus einem Erst-Recht-Schluss ergibt. Wenn das System nach Art. 26 Abs. 5 S. 2 bereits auszusetzen ist, weil nur das Risiko eines Personenschadens besteht, besteht diese Pflicht erst recht, wenn sich ein Risiko durch Eintritt eines schwerwiegenden Vorfalls verwirklicht hat.

26 Hat der Betreiber Gewissheit über das Vorliegen eines solchen Vorfalls, muss er gem. Art. 26 Abs. 5 S. 3 unverzüglich zunächst den **Anbieter informieren.** So soll dem Prinzip der effektiven Gefahrenabwehr Rechnung getragen werden. Der Anbieter hat intime Kenntnis über die Arbeits- und Funktionsweisen seines Hochrisiko-KI-Systems. Deshalb ist er gem. Art. 73 Abs. 1 und 6 bei Kenntnis über schwerwiegende Vorfälle verpflichtet, Vorfälle den nationalen Marktüberwachungsbehörden zu melden, Schadensursachen ausfindig zu machen, eine Risikobewertung vorzunehmen und erforderliche Korrekturmaßnahmen zu ergreifen.

Damit es nicht zu einem Verantwortungsvakuum kommt, wenn ein Betreiber den Anbieter nicht erreichen kann, gelten die Melde- und Untersuchungspflichten des Art. 73 in einem solchen Fall für den Betreiber gem. Art. 26 Abs. 5 S. 4 entsprechend. Dessen muss sich der Betreiber bewusst sein, da Art. 73 verpflichtend einzuhaltende Obergrenzen für die Meldungsfristen festlegt und in zeitlicher Hinsicht insoweit weniger wertungsoffen ist als der in Art. 26 Abs. 5 verwendete Ausdruck „unverzüglich". Für eine tiefergehende Betrachtung des Art. 73 wird auf die entsprechende Kommentierung verwiesen (→ Art. 73 Rn. 1 ff.).

Erst danach, aber noch immer unverzüglich sind **Einführer oder Händler und die zuständige Marktüberwachungsbehörde in Kenntnis zu setzen.** Einführer und Händler haben auf die Konzeption des schadensauslösenden Hochrisiko-KI-Systems keinerlei Einfluss. Sie sorgen durch ihren Import oder Vertrieb aber dafür, dass sich der Wirkungskreis eines potenziell gefährlichen Hochrisiko-KI-Systems erweitert. Folglich dürfen sowohl Einführer (vgl. Art. 23 Abs. 2) als auch Händler (vgl. Art. 23 Abs. 2) eines Hochrisiko-KI-Systems, dieses KI-System nicht auf dem Markt bereitstellen, wenn sie Grund zur Annahme einer Nichtkonformität haben. Das ist in aller Regel gegeben, wenn der Betreiber sie über die Feststellung schwerwiegender Vorfälle unterrichtet, weshalb dieser nach Art. 26 Abs. 5 S. 3 dazu verpflichtet ist. Die zuständigen Marktüberwachungsbehörden sind durch den Betreiber zu informieren, da sie dafür Sorge zu tragen haben, dass ernste Risiken, die von Produkten ausgehen, beseitigt werden. So haben sie gem. Art. 73 Abs. 8 nach Meldung eines schwerwiegenden Vorfalls geeignete Maßnahmen nach Art. 19 der Marktüberwachungsverordnung (EU) 2019/1020 zu ergreifen (→ Art. 78 Rn. 16). Dazu zählen unter anderem die Bereitstellungsuntersagung und der Produktrückruf nach Markteintritt. 27

Explizit ausgenommen vom **Informationsumfang** sind gem. Art. 26 Abs. 5 S. 5 sensible operative Daten von Betreibern von KI-Systemen, die Strafverfolgungsbehörden (→ Art. 3 Rn. 345 ff.) sind. Diese Regelung schützt einerseits die Persönlichkeitsrechte derjenigen, deren Daten gesammelt wurden, und andererseits die Integrität von Strafverfahren.[16] Sensiblen operativen Daten sind gem. Art. 3 Nr. 38 operative Daten im Zusammenhang mit Tätigkeiten zur Verhütung, Aufdeckung, Untersuchung oder Verfolgung von Straftaten, deren Offenlegung die Integrität von Strafverfahren gefährden könnte (→ Art. 3 Rn. 306 ff.). Da beide Normen denselben Regelungszweck verfolgen, ist Art. 26 Abs. 5 S. 5 verwandt mit Art. 72 Abs. 2 S. 3, der die Erhebung sensibler operativer Daten von Betreibern, die Strafverfolgungsbehörden sind, vom Beobachtungsumfang der Anbieterpflicht nach Art. 72 Abs. 1 ausnimmt. 28

6. Protokollaufbewahrungspflicht (Abs. 6)

Gem. Art. 26 Abs. 6 hat der Betreiber grundsätzlich die Pflicht, die von seinem Hochrisiko-KI-System automatisch erzeugten Protokolle für einen angemessenen Zeitraum von mindestens sechs Monaten aufzubewahren, soweit diese Protokolle seiner Kontrolle unterliegen. Denkbar ist indes auch, dass die Protokolle nicht der Verfügungsmacht des Betreibers, sondern der Kontrolle des Anbieters unterliegen. Für den Anbieter besteht daher die im Wortlaut beinahe identische Pflicht in Art. 19 Abs. 1 und 2. Dies ist einmal mehr Ausdruck der Verzahnung von Anbieter- und Betreiberpflichten und legt nahe, dass individuelle Absprachen zwischen 29

[16] Martini/Wendehorst/I. Eisenberger/Th. Binder, KI-VO Art. 26 Rn. 39.

diesen Akteuren über die Aufbewahrungspflicht möglich sind. In der Praxis sollten diesbezüglich vertragliche Regelungen getroffen werden. So kann gewährleistet werden, dass die maßgebliche faktische Kontrolle über die automatisch erzeugten Protokolle mit der rechtlichen Kontrolle zusammenfällt.[17] Die Aufbewahrungspflicht soll zum einen die Nachvollziehbarkeit etwaiger Weiterentwicklungen des KI-Systems ermöglichen und zum anderen die Wirksamkeit bestehender Rechte und Rechtsbehelfe stärken, zu deren Durchsetzung es einer Tatsachengrundlage bedarf (vgl. Erwgr. 9).

30 Mehr als die bloße Aufbewahrung der Protokolle fordert Art. 26 Abs. 6 von dem Betreiber nicht. Das Hochrisiko-KI-System muss gem. Art. 12 Abs. 1 technisch so konzipiert sein, dass es eine automatische Aufzeichnung von Ereignissen während des gesamten Lebenszyklus des Systems ermöglicht. Insoweit ist die technische Ermöglichung eines ordnungsgemäßen Aufzeichnungsprozesses über Art. 16 lit. a eine Anbieter- und keine Betreiberpflicht. Die Aufbewahrung durch den Betreiber muss für einen angesichts der Zweckbestimmung des Hochrisiko-KI-Systems **angemessenen Zeitraum** erfolgen. Die konkrete Aufbewahrungsdauer hängt also grundsätzlich vom Einzelfall ab. Art. 26 Abs. 6 statuiert eine Mindestvorhaltedauer von sechs Monaten. Jedoch wurde diesem Passus eine Eröffnungsklausel angefügt, die auf das geltende Datenschutzrecht und entsprechend auf die DS-GVO verweist. Aus dem in der DS-GVO niedergelegten Grundsatz der Datenminimierung, der auch in der KI-VO gilt (vgl. Erwgr. 69), lassen sich vorzeitigen Löschungspflichten nicht unmittelbar ableiten. Allerdings ist es möglich, dass im geltenden unionalen oder nationalen Recht Regelungen getroffen werden, die vorsehen, dass Protokolldaten bereits vor Ablauf des sechsmonatigen Vorhaltezeitraums aus Art. 26 Abs. 6 gelöscht werden müssen. Insofern sollte sich der Betreiber in der Praxis stets der aktuellen unionalen und nationalen Rechtslage vergewissern, um die Protokolle in Bezug auf sein Hochrisiko-KI-System für eine Dauer aufzubewahren, die der geltenden Rechtslage entspricht.

31 Art. 26 Abs. 6 UAbs. 2 sieht für **Betreiber, die Finanzinstitute sind** und zugleich Anforderungen bezüglich ihrer internen Unternehmensführung aus anderen Harmonisierungsrechtsakten unterliegen, eine Sonderregelung vor. Der Begriff der Finanzinstitute ist auch in diesem Kontext weit zu verstehen. Zur Frage, was unter Finanzinstituten iSd Bestimmung begrifflich zu verstehen ist, sei auf die Kommentierung zu Art. 17 Abs. 4 verwiesen (→ Art. 17 Rn. 24 ff.). Um sämtliche Akteure des Finanzsektors gleich zu behandeln, soll diese Ausnahmeregelung für alle Arten von Finanzinstituten gelten, solange für diese Institute Regelungen oder Verfahren der internen Unternehmensführung nach Unionsrecht über Finanzdienstleistungen festgelegt wurden (vgl. Erwgr. 158). Solche Betreiber haben ihre Protokolle als Teil der Dokumentationen aufzubewahren, die sie nach einschlägigem Unionsrecht über Finanzdienstleitungen ohnehin schon erstellen müssen. Diese Regelung ist als praktische Erleichterung für den Finanzsektor gedacht und kann jedoch dazu führen, dass die Aufbewahrungsdauer der Protokolle für KI-Systeme sich an die im Handelsrecht zum Teil deutlich längeren Mindestgrenzen anpassen muss.

7. Informationspflicht für Betreiber, die Arbeitgeber sind (Abs. 7)

32 Die KI-VO hat unter anderem den Grundrechtsschutz zum Ziel. So liegt es nahe, dass auch Regelungen in den verfügenden Teil der KI-VO aufgenommen

---

[17] Martini/Wendehorst/I. Eisenberger/Th. Binder, KI-VO Art. 26 Rn. 44.

wurden, die dem Arbeitnehmerschutz zu dienen bestimmt sind. Arbeitgeber müssen vom Einsatz von KI-Systemen als Instrumente der unterschwelligen Beeinflussung oder der Bewertung von Arbeitsnehmern absehen, wenn es sich dabei um gem. Art. 5 verbotene KI-Praktiken handelt. Möchte ein Arbeitgeber jedoch ein erlaubtes Hochrisiko-KI-System gleich welcher Art als Betreiber am Arbeitsplatz verwenden, hat er nach Art. 26 Abs. 7 einer **Informationspflicht** nachzukommen.[18] Er muss sowohl die Arbeitnehmervertreter als auch die Arbeitsnehmer, die einer Verwendung unterliegen werden, über die Verwendung des Hochrisiko-KI-Systems am Arbeitsplatz in Kenntnis setzen. Arbeitnehmervertreter sind Betriebsräte, Personalräte oder Mitarbeitervertretungen.[19] Die Begriffe des Arbeitgebers und des Arbeitnehmers sind unionsrechtlich unter Berücksichtigung der Rechtsprechung des EuGH zu bestimmen.[20] Unabhängig von der Auslegung des Begriffs des Arbeitnehmers nach nationalem Recht ist unionsrechtlich die Arbeitsnehmereigenschaft bei einer Person anzunehmen, wenn sie während einer bestimmten Zeit für eine andere nach deren Weisung Leistungen erbringt und als Gegenleistung eine Vergütung erhält.[21]

Teilweise wird vertreten, über den Wortlaut hinaus bestehe die Informationspflicht aufgrund des Schutzzwecks des Art. 26 Abs. 7 und deren Benennung in Anhang III Ziff. 4 lit. a auch zugunsten von **Bewerbern.**[22] Angesichts des eindeutigen Wortlauts des Art. 26 Abs. 7, der mangels Unterordnungsverhältnisses geringeren Betroffenheit von Bewerbern und des beinah gleichwertigen Schutzniveaus durch die Informationspflicht nach Art. 26 Abs. 11, ist diese Ansicht abzulehnen. Anders als bei betroffenen Arbeitsnehmern und deren Arbeitnehmervertretungen, die gem. Art. 26 Abs. 7 **vor der Inbetriebnahme oder der Verwendung** des Hochrisiko-KI-Systems in Kenntnis gesetzt werden müssen, genügt es bei Bewerbern daher, sie gem. Art. 26 Abs. 11 S. 1 erst nach der jeweiligen Entscheidung über den Einsatz des Hochrisiko-KI-Systems zu informieren. 33

Arbeitgeber sollten zudem berücksichtigen, dass sie bei starker Anpassung des Hochrisiko-KI-Systems an die spezifischen Bedürfnisse des Betriebs beispielsweise mittels eines Trainings mit betriebseigenen Daten gem. Art. 25 Abs. 1 lit. b) als Anbieter des Hochrisiko-KI-Systems gelten und weitreichenderen Anbieterpflichten gem. Art. 16 unterliegen können.[23] Auf die Kommentierung zu Art. 25 Abs. 1 lit. b) wird verwiesen (→ Art. 25 Rn. 11 ff.). 34

Etwaige **sonstige Arbeitnehmerrechte individueller oder kollektiver Art** sollen durch die Statuierung des Art. 26 Abs. 7 nicht beeinträchtigt oder gar ausgeschlossen werden (vgl. Erwgr. 92). Daher können über die obligatorische Unterrichtung der Arbeitnehmer und ihrer Vertreter nach Art. 26 Abs. 7 hinaus weitere Verhaltensanforderungen von dem Arbeitgeber zu berücksichtigen sein, wenn sich diese aus den Vorschriften und Gepflogenheiten auf Unionsebene und nationaler Ebene ergeben. Denkbar ist beispielsweise der Erlass einer nationalen Regelung, wonach der Unterrichtung durch den Arbeitgeber eine Anhörung der Arbeitnehmer vorgeschaltet ist (vgl. Erwgr. 92). In Deutschland sollten bestimmte Arbeitgeber ohnehin die Vorschrift zum Recht eines Betriebsrats auf Mitbestimmung 35

[18] Martini/Wendehorst/I. Eisenberger/Th. Binder, KI-VO Art. 26 Rn. 47.
[19] Schwartmann/Keber/Zenner KI-VO/Kremer/Haar 2. Teil, 1. Kapitel Rn. 429.
[20] Schwartmann/Keber/Zenner KI-VO/Kremer/Haar 2. Teil, 1. Kapitel Rn. 429.
[21] EuGH NZA 2011, 143 Rn. 39.
[22] Frank/Heine CB 2024, 326 (330).
[23] Schwartmann/Keber/Zenner KI-VO/Wünschelbaum 1. Teil, 4. Kapitel Rn. 59.

bei der Einführung und Anwendung von technischen Einrichtungen, die dazu bestimmt sind, das Verhalten oder die Leistung der Arbeitnehmer zu überwachen aus § 87 Abs. 1 Nr. 6 BetrVG berücksichtigen.[24] Auch hindert die KI-VO nach Art. 2 Abs. 11 die Union oder die Mitgliedstaaten explizit nicht daran, neue Gesetze zu erlassen, die für Arbeitnehmer vorteilhaft sind. Insofern muss ein Arbeitgeber, der Betreiber eines Hochrisiko-KI-Systems nach der KI-VO ist, auch sonstiges Arbeitsrecht bei der Verwendung im Blick behalten.

8. Registrierungspflicht für Stellen der Union (Abs. 8)

36 Art. 26 Abs. 8 verweist für Betreiber von Hochrisiko-KI-Systemen, bei denen es sich um Behörden oder Organe, Einrichtungen oder sonstige Stellen der Union handelt, auf die Registrierungspflichten gem. Art. 49. In Art. 49 Abs. 3 wird festgelegt, dass sich diese Betreiber in einer EU-Datenbank zu registrieren haben, wenn sie ein in Anhang III aufgeführtes Hochrisiko-KI-System nutzen wollen. Ausgenommen aus der Registrierungspflicht ist einzig die Verwendung von Hochrisiko-KI-Systemen gem. Anhang III Nr. 2, die im Bereich kritischer Infrastruktur zum Einsatz kommen sollen. In diesem Bereich sollen Hochrisiko-KI-Systeme gem. Art. 49 Abs. 5 nur auf nationaler Ebene registriert werden. Die Registrierung eines Hochrisiko-KI-Systems gem. Art. 49 Abs. 3 muss erfolgen, bevor es durch die unionalen Stellen in Betrieb genommen oder verwendet wird. Die Betreiberpflicht zur Registrierung aus Art. 49 Abs. 3 baut damit auf der Anbieterpflicht zur Registrierung aus Art. 49 Abs. 1 auf, nach der zunächst das Hochrisiko-KI-System selbst in der EU-Datenbank zu hinterlegen ist. Bleibt die Systemregistrierung durch den Anbieter aus und bemerken die unionalen Stellen als Betreiber dies, haben sie gem. Art. 26 Abs. 8 S. 2 von der Verwendung abzusehen und den Anbieter oder den Händler über die ausstehende Registrierung zu informieren. Die EU-Datenbank wird gem. Art. 71 Abs. 1 von der Kommission errichtet und in Zusammenarbeit mit den Mitgliedstaaten geführt. Andere Betreiber, die keine Stellen der Union sind, können sich freiwillig in der EU-Datenbank registrieren (vgl. Erwgr. 131).

9. Datenschutz-Folgenabschätzung nach DS-GVO (Abs. 9)

37 Art. 26 Abs. 9 besitzt kaum eigenständigen Regelungsgehalt. Die Bestimmung ist vom Gesetzgeber wohl als freundliche Erinnerung des Betreibers an seine ohnehin schon bestehenden Pflichten nach einschlägigem Datenschutzrecht gedacht. Im Grunde schreibt der Absatz nur die Anwendungsfragen von Rechtsvorschriften der Union zum Schutz personenbezogener Daten neben der KI-VO aus Art. 2 Abs. 7 S. 2 fort. Dort heißt es unter anderem, dass die KI-VO die wesentlichen Rechtsvorschriften der Union zum Schutz personenbezogener Daten nicht berührt. Der Betreiber eines Hochrisiko-KI-Systems hat daher die Pflicht, eine Datenschutz-Folgeabschätzung nach den einschlägigen Datenschutzrechtsakten der Union (DS-GVO oder JI-Richtlinie) durchzuführen. Dies richtet sich nach Art. 35 DS-GVO oder nach Art. 27 der Richtlinie (EU) 2016/680. Falls nach diesen Vorschriften eine Datenschutz-Folgeabschätzung durch den Betreiber erforderlich ist („gegebenenfalls"), verwendet er dazu gem. Art. 26 Abs. 9 die ihm durch die Betriebsanleitung des Anbieter gem. Art. 13 bereitgestellten Informationen. Der Zusatz „gegebenenfalls" beschränkt den Anwendungsbereich des Art. 26

[24] Wendt/Wendt, Das neue Recht der Künstlichen Intelligenz, § 7 Rn. 43.

Abs. 9 in der Praxis nicht, da eine Datenschutz-Folgeabschätzung bei jeder Verwendung eines Hochrisiko-KI-Systems aufgrund des voraussichtlich hohen Risikos für Rechte und Freiheiten natürlicher Personen iSv Art. 35 Abs. 1 DS-GVO erforderlich sein dürfte.[25]

10. Nachträgliche biometrische Fernidentifizierung zu Strafverfolgungszwecken (Abs. 10)

In Art. 26 Abs. 10 findet sich der rechtliche Rahmen für die Zulässigkeit des Einsatzes künstlicher Intelligenz zur nachträglichen biometrischen Fernidentifizierung im öffentlichen Raum. Er ist sachlich und verfahrensrechtlich eng gezogen. Anders als die Praktik der Echtzeit-Fernidentifizierung zu Zwecken der Strafverfolgung in öffentlichen Räumen wurde die nachträgliche biometrische Fernidentifizierung nach langem Ringen nicht in den Katalog der verbotenen KI-Praktiken gem. Art. 5 Abs. 1 aufgenommen.[26] Der hart erkämpfte politische Kompromiss spiegelt sich in der unübersichtlichen Struktur des Art. 26 Abs. 10 wider. Aus Gründen der Verständlichkeit wurde die Struktur des Absatzes in dieser Kommentierung nicht übernommen. 38

a) Normzweck (Abs. 10 UAbs. 3). In der Statuierung des Art. 26 Abs. 10 versucht der Gesetzgeber etwaigen Grund- und Privatrechtseingriffen betroffener Personen, Diskriminierungen durch verzerrte Ergebnisse und einem Gefühl willkürlicher Überwachung entgegenzuwirken, ohne auf den Nutzen dieser Identifizierungstechnologie in Gänze zu verzichten (vgl. Erwgr. 32, 54). Daher ist die Anwendung von Hochrisiko-KI-Systemen zur nachträglichen biometrischen Fernidentifizierung nur zu Strafverfolgungszwecken gestattet (vgl. Erwgr. 95). Es besteht **Strafrechtsakzessorietät.**[27] So findet sich im Gesetzestext des Art. 26 Abs. 10 UAbs. 3 das ausdrückliche Verbot, ein Hochrisiko-KI-System zur nachträglichen biometrischen Fernidentifizierung ohne jeglichen Zusammenhang mit einer Straftat, einem Strafverfahren, einer tatsächlichen und bestehenden oder tatsächlichen und vorhersehbaren Gefahr einer Straftat oder der Suche nach einer bestimmten vermissten Person zu verwenden. 39

b) Voraussetzungen eines Einsatzes (Abs. 10 UAbs. 1). Unter bestimmten Voraussetzungen jedoch erlaubt Art. 26 Abs. 10 UAbs. 1 den Einsatz von Hochrisiko-KI-Systemen, die eine nachträgliche biometrische Fernidentifizierung im öffentlichen Raum ermöglichen. Es gilt dabei zweierlei zu beachten: 40

aa) Hochrisiko-KI-Systeme zur nachträglichen biometrischen Fernidentifizierung. Zunächst regelt Art. 26 Abs. 10 UAbs. 1 nur den Einsatz von Hochrisiko-KI-Systemen zur nachträglichen biometrischen Fernidentifizierung. **Biometrische Fernidentifizierungssysteme** sind nach Art. 3 Nr. 41 KI-Systeme, die dem Zweck dienen, natürliche Personen ohne ihre aktive Einbeziehung und in der Regel aus der Ferne durch Abgleich der biometrischen Daten einer Person mit den in einer Referenzdatenbank gespeicherten biometrischen Daten zu identifizieren (→ Art. 3 Rn. 322 ff.). Wann KI-Systeme zur nachträglichen biometrischen Fernidentifizierung verwendet werden, ergibt sich gem. Art. 3 Nr. 43 aus einer **Abgrenzung zu Echtzeit-Fernidentifizierungssystemen.** 41

[25] Schwartmann/Keber/Zenner KI-VO/Kremer/Haar 2. Teil, 1. Kapitel Rn. 433.
[26] Schwartmann/Keber/Zenner KI-VO/Kremer/Haar 2. Teil, 1. Kapitel Rn. 434.
[27] Martini/Wendehorst/I. Eisenberger/Th. Binder, KI-VO Art. 26 Rn. 68.

Diese Abgrenzung ist von großer Relevanz, da die strengen Bedingungen für Echtzeit-Fernidentifizierung aus Art. 5 Abs. 1 lit. h nicht durch die weniger restriktiven Bedingungen der nachträglichen Identifizierung unterlaufen werden dürfen (vgl. Erwgr. 95). Gem. Art. 3 Nr. 42 erfolgt bei Echtzeit-Fernidentifizierung die Erfassung biometrischer Daten, der Abgleich und die Identifizierung ohne erhebliche Verzögerungen oder mit nur begrenzten kurzen Verzögerungen (→ Art. 3 Rn. 327 ff.). Echtzeit-Systeme nutzen „Live-Material" oder „Near-live-Material" (vgl. Erwgr. 17). Bei nachträglichen Identifizierungssystemen werden biometrische Daten, die bereits zuvor erfasst wurden, erst nach einer beträchtlichen Verzögerung abgeglichen und identifiziert (→ Art. 3 Rn. 332 ff.). Diese Systeme verwenden Bild- oder Videomaterial, die vor der Anwendung des Identifizierungssystems durch Videoüberwachung oder private Geräte aufgezeichnet wurden (vgl. Erwgr. 17).

42 **bb) Genehmigung.** Im Grundsatz dürfen Hochrisiko-KI-Systeme zur nachträglichen biometrischen Fernidentifizierung gem. Art. 26 Abs. 10 UAbs. 1 nur nach eingeholter Genehmigung verwendet werden.

43 **(1) Genehmigungstatbestand.** Eine Genehmigung ist einzuholen, wenn das System im Rahmen von Ermittlungen zur gezielten Suche einer Person, die der Begehung einer Straftat verdächtigt wird oder aufgrund einer verurteilt wurde, zum Einsatz kommen soll. Es bedarf also eines **repressiven Strafverfolgungsverfahrens.** Dadurch wird klar, dass die von Art. 26 Abs. 10 adressierten Betreiber in aller Regel Strafverfolgungsbehörden sein werden. Ein Auswerten des gesammelten Materials zur präventiven Gefahrenabwehrabwehr lässt Art. 26 Abs. 10 UAbs. 1 nicht zu. Die Person, die gezielt gesucht wird, muss (a) einer Straftat verdächtigt werden oder (b) aufgrund einer solchen verurteilt worden sein. Die in Rede stehende Handlung darf mithin **keine bloße Ordnungswidrigkeit** sein. Eine besondere Schwere der Straftat ist nach Art. 26 Abs. 10 UAbs. 1 wiederum nicht erforderlich, sodass auch Bagatelldelikte den Einsatz rechtfertigen können.

44 **(a) Verdacht.** Nicht eindeutig ist, welchen Verdachtsgrad Art. 26 Abs. 10 UAbs. 1 voraussetzt. Angesichts des systematischen Zusammenhangs zu der Tatbestandsalternative der Verurteilung und den weitreichenden Befugnissen des Betreibers nach Art. 26 Abs. 10 UAbs. 1, wird zur Annahme eines Verdachts zumindest eine Beweislage erforderlich sein, nach der eine Verurteilung des Beschuldigten wahrscheinlicher als einen Freispruch ist.

45 **(b) Verurteilung.** Verurteilt wurde die Person, wenn sie durch ein staatliches Rechtssprechungsorgan für schuldig befunden wurde. Die gesuchte Person muss bereits identifiziert und dem Betreiber bekannt sein. Das ergibt sich aus der in Art. 26 Abs. 10 UAbs. 1 formulierten Ausnahme von der Genehmigungsbeantragungspflicht (→ Rn. 47).

46 **(2) Genehmigungsverfahren.** Handelt es sich um eine angestrebte Verwendung des Systems unter den beschriebenen Voraussetzungen, hat der Betreiber eine Genehmigung einzuholen. Zuständig für die Genehmigungsentscheidung ist eine Justizbehörde oder einer Verwaltungsbehörde, deren Entscheidung bindend ist und einer justiziellen Überprüfung unterliegt. Der Betreiber muss das Verfahren durch einen Antrag auf Genehmigung einleiten. Dieser Antrag muss vor oder aber spätestens innerhalb einer Frist von 48 Stunden nach dem Einsatz gestellt werden.

(3) Ausnahme von der Pflicht zur Einholung einer Genehmigung. Keiner Genehmigung bedarf es nach Art. 26 Abs. 10 UAbs. 1 hingegen, wenn eine Verwendung angestrebt ist, bei der ein potenziell Verdächtiger im unmittelbaren Zusammenhang mit der Straftat erstmalig identifiziert werden soll. Ist die Identität der Person unbekannt und besteht der Verdacht auf der Grundlage objektiver und nachprüfbarer Tatsachen, räumt der Gesetzgeber dem dringenden Ermittlungsbedarf ausnahmsweise den Vorrang vor einer verfahrensrechtlichen Kontrolle des Einsatzes ein. 47

(4) Entscheidungskriterien. Nach welchen Kriterien die zuständige Behörde über den Antrag entscheidet, ist in Art. 26 Abs. 10 UAbs. 1 nicht geregelt. Aufgrund eindeutiger Parallelen kann sich zur Ermittlung der Kriterien aber an den Maßgaben für biometrische Echtzeit-Fernidentifizierungssysteme aus Art. 5 Abs. 3 UAbs. 2 orientiert werden (→ Art. 5 Rn. 188 ff.). Im Rahmen des Art. 26 Abs. 10 UAbs. 1 erteilt die zuständige Behörde die Genehmigung insofern nur dann, wenn sie auf der Grundlage objektiver Nachweise oder eindeutiger Hinweise, die ihr vorgelegt werden, davon überzeugt ist, dass die Verwendung des Hochrisiko-KI-Systems zur nachträglichen biometrischen Fernidentifizierung für das Erreichen des in Art. 26 Abs. 10 UAbs. 1 genannten Ziels der Aufspürung bestimmter Personen – wie im Antrag angegeben – notwendig und verhältnismäßig ist und insbesondere auf das Maß beschränkt bleibt, das in Bezug auf den Zeitraum sowie den geografischen und persönlichen Anwendungsbereich unbedingt erforderlich ist. 48

c) Verwendungsmodalitäten (Abs. 10 UAbs. 1, 2, 3, 4, 7). Bei **Stattgabe des Genehmigungsantrags** durch die Behörde hat der Betreiber eine Fülle an Regelungen zu beachten. Zunächst darf er das Hochrisiko-KI-System nach Art. 26 Abs. 10 UAbs. 1 nur im einem Maß verwenden, das für die Ermittlung der konkreten Straftat erforderlich ist. Die Verwendung darf nicht außer Verhältnis zu der ermittelnden Straftat stehen und sie muss zielgerichtet bezüglich der zu identifizierenden Personen, des Ortes und des zeitlichen Anwendungsbereiches erfolgen (vgl. Erwgr. 95). Zudem sollte der Einsatz „auf einem geschlossenen Datensatz rechtmäßig erworbener Videoaufnahmen basieren" (vgl. Erwgr. 95). 49

Auch muss der Betreiber gem. Art. 26 Abs. 10 UAbs. 3 S. 2 sicherstellen, dass für die betroffene Person keine nachteiligen Rechtsfolgen entstehen, die auf eine Entscheidung der Strafverfolgungsbehörde zurückzuführen sind, bei der einzig die Ausgaben des Fernidentifizierungssystems zugrunde gelegt wurden. Beispielsweise darf eine Entscheidung über die Festnahme einer Person nicht allein auf den Ausgaben eines Hochrisiko-KI-Systems zur nachträglichen biometrischen Fernidentifizierung beruhen.[28] 50

Darüber hinaus muss der Betreiber eines solchen Hochrisiko-KI-Systems gem. Art. 26 Abs. 10 UAbs. 4 bei der Verwendung des Systems die **Datenschutzregelungen** aus Art. 9 DS-GVO und aus Art. 10 der Richtlinie (EU) 2016/680 berücksichtigen, da zur Identifizierung biometrische Daten iSv Art. 4 Nr. 14 DS-GVO bzw. Art. 3 Nr. 13 Richtlinie 2016/680 verarbeitet werden. Es muss also einer der dort normierten Ausnahmetatbeständen greifen, damit die Verarbeitung der Daten trotz des grundsätzlichen Verarbeitungsverbots zulässig ist. 51

---

[28] Martini/Wendehorst/I. Eisenberger/Th. Binder, KI-VO Art. 26 Rn. 80.

52 Grundlegend muss sich der Betreiber zudem stets über die gegebenenfalls strengere, **mitgliedsstaatliche Rechtslage** informieren. Um den individuellen Rechtsvorstellungen der Mitgliedstaaten Rechnung zu tragen, sind diese nach der Öffnungsklausel in Art. 26 Abs. 10 UAbs. 7 befugt, für den Einsatz von Systemen zur nachträglichen biometrischen Fernidentifizierung strengere Vorgaben zu machen.

53 Erfolgt die **Verwendung ohne Genehmigung,** weil diese vor der Verwendung nicht einzuholen oder nach Art. 26 Abs. 10 UAbs. 1 ausnahmsweise entbehrlich war, ist dies zu begründen (vgl. Erwgr. 35). Zudem ist die Verwendung „auf das absolut notwendige Mindestmaß" zu beschränken (vgl. Erwgr. 35).

54 Bei **Ablehnung des Antrags** muss der Betreiber nach Art. 26 Abs. 10 UAbs. 2 von der Verwendung des Systems absehen oder sie mit sofortiger Wirkung einstellen. Zudem muss er die personenbezogenen Daten löschen, die im konkreten Fall, für den die Genehmigung beantragt wurde, ausgewertet worden wären.

55 **d) Dokumentations-, Bereitstellungs- und Berichterstattungspflicht (Abs. 10 UAbs. 5 und 6).** Der Betreiber eines Hochrisiko-KI-Systems zur nachträglichen biometrischen Fernidentifizierung hat **Dokumentationspflichten** nach Art. 26 Abs. 10 UAbs. 5. Er muss jede einzelne Verwendung in der einschlägigen Polizeiakte dokumentieren. Auf Anfrage hat er zudem der zuständigen Marktüberwachungsbehörde und der nationalen Datenschutzbehörde diese Dokumentation bereitzustellen. Einer Begründung dieser Anfrage bedarf es ausweislich des Wortlauts nicht.[29] Zumindest sind sensible operative Daten im Zusammenhang mit der Strafverfolgung zu schwärzen und entsprechend von der **Bereitstellungspflicht** ausgenommen. Befugnisse, die den Aufsichtsbehörden nach der Datenschutzrichtlinie (EU) 2016/680 übertragen wurden, bleiben darüber hinaus bestehen.

56 Gem. Art. 26 Abs. 10 UAbs. 6 hat der Betreiber eines Hochrisiko-KI-Systems zur nachträglichen biometrischen Fernidentifizierung zudem eine **Berichterstattungspflicht.** Ohne dass es einer Anfrage bedarf, legt er den zuständigen Marktüberwachungsbehörden und den nationalen Datenschutzbehörden jährlich Berichte über die Verwendung eines solchen KI-Systems vor. Im Falle der Verwendung des Systems durch eine unionale Stelle ist der Europäische Datenschutzbeauftragte die „zuständige Marktüberwachungsbehörde" (→ Art. 74 Rn. 22 f.). Falls diese Berichte mehr als einen Einsatz abdecken, können sie gem. Art. 26 Abs. 10 UAbs. 6 Zusammenfassungen der Verwendungen des jeweiligen Jahres sein. Sensible operative Daten im Zusammenhang mit der Strafverfolgung dürfen auch hier nicht offengelegt werden.

11. Transparenzpflichten (Abs. 11)

57 In Ergänzung zu den Transparenzpflichten, denen ein Betreiber nach Art. 50 unterliegen kann, hat der Betreiber eines Hochrisiko-KI-Systems in einem kritischen Anwendungsfall gem. Art. 26 Abs. 11 die Pflicht, natürliche Personen darüber zu informieren, wenn diese der Verwendung des Systems unterliegen.

58 Es muss sich um ein Hochrisiko-KI-System handeln, das in einem der in Anhang III genannten Bereiche verwendet wird. Zudem ist für das Bestehen der Informationspflicht erforderlich, dass das Hochrisiko-KI-System Entscheidungen trifft oder bei Entscheidungen Unterstützung leistet, die natürliche Personen,

[29] Martini/Wendehorst/I. Eisenberger/Th. Binder, KI-VO Art. 26 Rn. 92.

also gerade nicht juristische Personen, betreffen. Durch die Aufnahme beider Tatbestandsalternativen ist die **Auslegung des Entscheidungsbegriffs,** wie sie beispielsweise noch iRd Art. 22 Abs. 1 DS-GVO erforderlich war,[30] bei Art. 26 Abs. 11 weitgehend obsolet. Damit die Informationspflicht besteht, muss es sich weder um eine vollautomatisierte Entscheidungsfindung handeln, noch muss umständlich an dem Kriterium der Maßgeblichkeit bestimmt werden, ob die Entscheidung auf den automatisiert erstellten Ausgaben beruht. Zur Eröffnung des weiten Anwendungsbereichs des Art. Art. 26 Abs. 11 genügt es, wenn das Hochrisiko-KI-System bei der Entscheidungsfindung mitwirkt, diese zumindest graduell erleichtert und insofern Unterstützung leistet. Da dafür noch nicht einmal eine Entscheidungsempfehlung des Hochrisiko-KI-Systems erforderlich ist, sind an die Unterstützungsleistung keine hohen Anforderungen zu stellen.

Besteht die Informationspflicht, sind die Personen, die von der Entscheidung betroffen sind, oder ihre gesetzlichen Vertreter diejenigen, die über die Verwendung des Systems zu informieren sind. In zeitlicher Hinsicht hat die Benachrichtigung über die Verwendung des Hochrisiko-KI-Systems im Rahmen einer Entscheidungsfindung **nicht zwingend vor Einsatz des Systems** zu erfolgen. Im Gegensatz zu Art. 26 Abs. 6 verwendet der Gesetzgeber im Wortlaut von Art. 26 Abs. 11 keine zukunftsgerichtete Formulierung.[31] Sinn und Zweck des Art. 26 Abs. 11 ist es also nicht, den Betroffenen ein Widerspruchsrecht gegen die Verwendung einzuräumen, sondern durch die Kenntnis der Verwendung die Ausübung des Rechts auf Erklärung zu ermöglichen. 59

Die Informationspflicht muss dergestalt umgesetzt werden, dass die betroffenen Personen **Bedeutung und Tragweite der Anwendungen** des konkreten Hochrisiko-KI-Systems in ihrem konkreten Fall erfassen können. So sollten die betroffenen Personen zumindest die Zweckbestimmung des Hochrisiko-KI-Systems und die Art der getroffenen Entscheidung nachvollziehen können (vgl. Erwgr. 93). Deshalb müssen diese Informationen in einer Form bereitgestellt werden, die auch für Menschen mit Behinderung barrierefrei zugänglich ist (vgl. Erwgr. 132). Über den Wortlaut hinaus hat der Betreiber betroffene Personen iRd Art. 26 Abs. 11 gegebenenfalls über ihr **Recht auf Erklärung** nach Art. 86 zu unterrichten (vgl. Erwgr. 93). Das gilt dann nicht, wenn sich das Recht auf Erklärung bereits aus anderem Unionsrecht ergibt oder es sich um die Nutzung eines Hochrisiko-KI-Systems handelt, für die das unionale- oder nationale Recht diesbezüglich Ausnahmen oder Beschränkungen vorsieht (vgl. Erwgr. 171). Ansonsten können Personen bei besonderer, persönlicher Betroffenheit vom Betreiber die Einordnung der KI-basierten Entscheidungsfindung verlangen.[32] Übt eine betroffene Person ihr Recht auf Erklärung aus, hat der Betreiber klare, verständliche und aussagekräftige Auskünfte zu geben. Dadurch sollen betroffene Personen in die Lage versetzt werden, gegebenenfalls von ihren zivilrechtlichen Rechten Gebrauch machen zu können (vgl. Erwgr. 171). Dabei ist in diesem Kontext der Entscheidungsfindung insbesondere und nicht abschließend an zivilrechtliche Ansprüche zu denken, die sich aus den mitgliedstaatlichen Umsetzungsrechtsakten der vier europäischen Antidiskriminierungsrichtlinien (Richtlinie 2000/43/EG, Richtlinie 2000/78/EG, Richtlinie 2002/73/EG, Richtlinie 2004/113/EG) ergeben. Auf die Kommentierung zu Art. 86 wird verwiesen (→ Art. 86 Rn. 1 ff.). 60

---

[30] EuGH MMR 2024, 153 Rn. 42 ff.

[31] Frank/Heine NZA 2024, 433 (437).

[32] Radtke RDi 2024, 353 Rn. 34.

61 Der Betreiber eines Hochrisiko-KI-Systems, das zu **Strafverfolgungszwecken** eingesetzt wird, hat die Transparenzpflicht gem. Art. 26 Abs. 11 ebenfalls zu erfüllen. Der Wortlaut des Art. 26 Abs. 11 S. 2, nach dem in diesem Anwendungsbereich Art. 13 der Richtlinie (EU) 2016/680 gilt, ist diesbezüglich nicht eindeutig. Gemeint ist aber nicht etwa, dass Art. 13 der Richtlinie (EU) 2016/680, der sich aus der Perspektive des Datenschutzes mit bestimmten Informationen betroffener Personen befasst, die Vorgaben aus Art. 26 Abs. 11 verdrängt. Der Gesetzgeber möchte mit Art. 26 Abs. 11 S. 2 lediglich klarstellen, dass die Transparenzpflicht aus Art. 26 Abs. 11 S. 1 in diesem Fall im Einklang mit Art. 13 der Richtlinie (EU) 2016/680 umgesetzt werden soll (vgl. Erwgr. 93). Dies bedeutet im Ergebnis schlicht eine Ausweitung des Umfangs der bereitzustellenden Informationen.[33]

12. Kooperationsplicht (Abs. 12)

62 Der Betreiber hat gem. Art. 26 Abs. 12 bei allen Maßnahmen, die die zuständigen Behörden im Zusammenhang mit dem Hochrisiko-KI-System zur Umsetzung der KI-VO ergreifen, zusammenzuarbeiten. Insbesondere die nationalen Marktüberwachungsbehörden ergreifen Maßnahmen in Bezug auf Hochrisiko-KI-Systeme, die die Umsetzung der KI-VO sicherstellen sollen. Art. 26 Abs. 12 fordert vom Betreiber darüber hinaus aber ebenso die Zusammenarbeit mit allen weiteren Behörden, die zur Erfüllung ihrer Aufgaben im Zusammenhang mit dem Hochrisiko-KI-System auf die Kooperation des Betreibers angewiesen sind.[34]

63 Diese Pflicht besteht zudem für Einführer (vgl. Art. 23 Abs. 7) und Händler (vgl. Art. 24 Abs. 6). Auffällig ist, dass der Gesetzgeber auf den dort verwendeten Halbsatz „… um insbesondere das von diesem System ausgehende Risiko zu verringern oder abzumildern“ bei der Statuierung der Kooperationspflicht für den Betreiber gem. Art. 26 Abs. 12 verzichtet. Zweck dieser regulatorischen Differenzierung könnte die implizite Klarstellung sein, dass der Betreiber nicht etwa nur bei Risikominderungsmaßnahmen von Behörden mit diesen zusammenzuarbeiten hat, sondern vollumfänglich bei jeder behördlichen Maßnahme, die hinreichenden Bezug zu dem von ihm verwendeten Hochrisiko-KI-System und der KI-VO aufweist.

13. Verstöße

64 Verstöße gegen die Vielzahl von Betreiberpflichten gem. Art. 26 können verwaltungsrechtliche und zivilrechtliche Sanktionen zur Folge haben. In verwaltungsrechtlicher Hinsicht können dem Betreiber gem. Art. 99 Abs. 4 lit. e Geldbußen von bis zu 15.000.000 EUR oder im Falle von Unternehmen von bis zu 3 % des gesamten weltweiten Jahresumsatzes des vorangegangenen Geschäftsjahres auferlegt werden, je nachdem, welcher Betrag höher ist. Einzelfallgerechtigkeit wird dadurch erzielt, dass bei der Entscheidung, ob eine Geldbuße verhängt wird, und bei der Festsetzung der Höhe der Geldbuße die tatsächlichen Umstände und bestehenden Risiken des konkreten Falls einbezogen werden (→ Art. 99 Rn. 24). Daneben kommen in zivilrechtlicher Hinsicht Ersatzansprüche geschädigter Personen gegen den Betreiber nach allgemeinem Schuld- und Deliktsrecht in Betracht.

[33] Martini/Wendehorst/I. Eisenberger/Th. Binder, KI-VO Art. 26 Rn. 105.
[34] Martini/Wendehorst/I. Eisenberger/Th. Binder, KI-VO Art. 26 Rn. 107.

Art. 27* Grundrechte-Folgenabschätzung für Hochrisiko-KI-Systeme

(1) [1]**Vor der Inbetriebnahme eines Hochrisiko-KI-Systems gemäß Artikel 6 Absatz 2 – mit Ausnahme von Hochrisiko-KI-Systemen, die in dem in Anhang III Nummer 2 aufgeführten Bereich verwendet werden sollen – führen Betreiber, bei denen es sich um Einrichtungen des öffentlichen Rechts oder private Einrichtungen, die öffentliche Dienste erbringen, handelt, und Betreiber von Hochrisiko-KI-Systemen gemäß Anhang III Nummer 5 Buchstaben b und c eine Abschätzung der Auswirkungen, die die Verwendung eines solchen Systems auf die Grundrechte haben kann, durch.** [2]**Zu diesem Zweck führen die Betreiber eine Abschätzung durch, die Folgendes umfasst:**

a) **eine Beschreibung der Verfahren des Betreibers, bei denen das Hochrisiko-KI-System im Einklang mit seiner Zweckbestimmung verwendet wird;**
b) **eine Beschreibung des Zeitraums und der Häufigkeit, innerhalb dessen bzw. mit der jedes Hochrisiko-KI-System verwendet werden soll;**
c) **die Kategorien der natürlichen Personen und Personengruppen, die von seiner Verwendung im spezifischen Kontext betroffen sein könnten;**
d) **die spezifischen Schadensrisiken, die sich auf die gemäß Buchstabe c dieses Absatzes ermittelten Kategorien natürlicher Personen oder Personengruppen auswirken könnten, unter Berücksichtigung der vom Anbieter gemäß Artikel 13 bereitgestellten Informationen;**
e) **eine Beschreibung der Umsetzung von Maßnahmen der menschlichen Aufsicht entsprechend den Betriebsanleitungen;**
f) **die Maßnahmen, die im Falle des Eintretens dieser Risiken zu ergreifen sind, einschließlich der Regelungen für die interne Unternehmensführung und Beschwerdemechanismen.**

(2) [1]**Die in Absatz 1 festgelegte Pflicht gilt für die erste Verwendung eines Hochrisiko-KI-Systems.** [2]**Der Betreiber kann sich in ähnlichen Fällen auf zuvor durchgeführte Grundrechte-Folgenabschätzungen oder bereits vorhandene Folgenabschätzungen, die vom Anbieter durchgeführt wurden, stützen.** [3]**Gelangt der Betreiber während der Verwendung des Hochrisiko-KI-Systems zur Auffassung, dass sich eines der in Absatz 1 aufgeführten Elemente geändert hat oder nicht mehr auf dem neuesten Stand ist, so unternimmt der Betreiber die erforderlichen Schritte, um die Informationen zu aktualisieren.**

(3) [1]**Sobald die Abschätzung gemäß Absatz 1 des vorliegenden Artikels durchgeführt wurde, teilt der Betreiber der Marktüberwachungsbehörde ihre Ergebnisse mit, indem er das ausgefüllte, in Absatz 5 des vorliegenden Artikels genannte Muster als Teil der Mitteilung übermittelt.** [2]**In dem in Artikel 46 Absatz 1 genannten Fall können die Betreiber von der Mitteilungspflicht befreit werden.**

(4) **Wird eine der in diesem Artikel festgelegten Pflichten bereits infolge einer gemäß Artikel 35 der Verordnung (EU) 2016/679 oder Artikel 27 der Richtlinie (EU) 2016/680 durchgeführten Datenschutz-Folgenab-**

---

* Kapitel III (Art. 6–49) gilt gem. Art. 113 UAbs. 2 ab 2.8.2026, mit Ausnahme des Abschnitts 4, der gem. Art. 113 UAbs. 3 Buchst. b bereits ab 2.8.2025 gilt.

schätzung erfüllt, so ergänzt die Grundrechte-Folgenabschätzung gemäß Absatz 1 des vorliegenden Artikels diese Datenschutz-Folgenabschätzung.

(5) **Das Büro für Künstliche Intelligenz arbeitet ein Muster für einen Fragebogen – auch mithilfe eines automatisierten Instruments – aus, um die Betreiber in die Lage zu versetzen, ihren Pflichten gemäß diesem Artikel in vereinfachter Weise nachzukommen.**

Literatur: Becker/Feuerstack, MMR 2024, 22; Buck-Heeb, BKR 2023, 137; Chibanguza/Steege, NJW 2024, 1769; BeckOK KI-Recht/Denga KI-VO Art. 27; Ebers/Quarch, Rechtshandbuch ChatGPT/Steege/Franke, 2024, § 9; Ebers, VuR 2024, 161; Ebers/Hoch/Rosenkranz/Ruschemeier/Steinrötter, RDI 2021, 528; Frisch/Kohpeiß, ZD-Aktuell 2023, 01318; Golland, EuZW 2024, 846, 853; Hacker/Berz, ZRP 2023, 226; Hacker, Comments on the Final Trilogue Version of the AI Act, January 23, 2024, 11; Lommatzsch/Albrecht, GWR 2025, 37, 39 f.; Martini/Wendehorst/Eisenberger KI-VO Art. 27; NK-BGB/Steege/Muthers, 4. Aufl. 2021, § 839 BGB; Steege, NZV 2022, 257; Steege, MMR 2019, 715; Steege, Organisationspflichten und Organisationsverschulden, 2022; BeckOK KI-Recht/Steege KI-VO Art. 46; Wendt/Wendt Das neue KI-Recht/Wendt.

Übersicht

I. Überblick

1 Art. 27 richtet sich an den Betreiber, sodass es sich bei den Anforderungen in Art. 27 um Betreiberpflichten handelt, wobei diese auf Hochrisiko-KI-Systeme beschränkt sind. Um einen effektiven Grundrechtsschutz zu ermöglichen, sollen Betreiber eine sog. Grundrechte-Folgenabschätzung durchführen und Risiken ermitteln, die sich durch den Betrieb des Hochrisiko-KI-Systems ergeben können. Zudem ist einzubeziehen, welche Maßnahmen in diesem Fall getroffen werden.

2 Diese Verpflichtung war im Kommissionsentwurf nicht enthalten. In der rechtswissenschaftlichen Literatur wurde aber mitunter gefordert, dass nicht nur der Anbieter eines Hochrisiko-KI-Systems eine Risikobewertung durchführen sollte, sondern auch der Betreiber verpflichtet werden müsste, eine Folgenabschätzung durchzuführen, ähnlich wie bei der Datenschutz-Folgenabschätzung nach der DS-

GVO.[1] Wohingegen im Parlamentsentwurf eine allgemeine Pflicht zur Durchführung einer Grundrechte-Folgenabschätzung vorgesehen war, beschränkt sich die Pflicht nunmehr nur noch auf staatliche Akteure sowie Unternehmen, die öffentliche Dienste erbringen, sowie im Rahmen der Kreditwürdigkeitsprüfung und Bonitätsbewertung und hinsichtlich der Risikobewertung und Preisbildung bei Lebens- und Krankenversicherungen.[2]

Im Zusammenhang mit Art. 27 sind Erwgr. 34 (Grundrechte-Folgenabschät- 3
zung), Erwgr. 48 (Grundrechte und Risikoeinschätzung von KI-Systemen) sowie Erwgr. 96 (Durchführung der Grundrechte-Folgenabschätzung und weitere Folgemaßnahmen) relevant.

II. Regelungsgehalt

1. Durchführung einer Grundrechte-Folgenabschätzung, Abs. 1

a) Adressat. Adressat der Anforderung aus Art. 27 Abs. 1 ist der Betreiber 4
eines Hochrisiko-KI-Systems. Die Pflicht besteht folglich nicht für Anbieter. Für andere Arten von KI-Systemen als Hochrisiko-KI-Systeme gilt die Pflicht aus Art. 27 Abs. 1 nicht. Zum Adressatenkreis zählen Betreiber, bei denen es sich um Einrichtungen des öffentlichen Rechts handelt, sowie private Betreiber, die öffentliche Dienste erbringen. Darüber hinaus werden Betreiber von Hochrisiko-KI-Systemen gem. Art. 6 Abs. 2 iVm Anhang III Nr. 5 lit. b, c. erfasst. Dabei handelt es sich um Betreiber, die KI-Systeme bestimmungsgemäß für die Kreditwürdigkeitsprüfung und die Bonitätsbewertung natürlicher Personen verwenden (lit. b) sowie bestimmungsgemäß zur Risikobewertung und Preisbildung im Fall von Lebens- und Krankenversicherungen (lit. c). Erfasst sind somit Banken und Versicherungen, wie aus Erwgr. 96 folgt.[3] Explizit ausgenommen vom persönlichen Anwendungsbereich sind Betreiber, deren Hochrisiko-KI-Systeme in dem in Anhang III Nr. 2 genannten Bereich zum Einsatz kommen. Dabei handelt es sich um KI-Systeme, die bestimmungsgemäß im Rahmen der Verwaltung und des Betriebs kritischer digitaler Infrastruktur, des Straßenverkehrs oder der Wasser-, Gas-, Wärme- oder Stromversorgung verwendet werden sollen. Dadurch wird ein Bereich ausgenommen, der ansonsten von der Verpflichtung des Art. 27 Abs. 1 erfasst wäre.

Private, die öffentliche Dienste erbringen, sind mit Aufgaben im öffentlichen 5
Interesse verknüpft und bspw. in den Bereichen Bildung, Gesundheitsversorgung, Sozialdienste, Wohnungswesen und Justizverwaltung tätig, wie aus Erwgr. 96 folgt. Aber auch Beliehene werden von Art. 27 Abs. 1 erfasst.[4]

Bei zwei Einsatzzwecken (Kreditscoring durch Banken und Risikoprognose 6
im Versicherungsbereich) verpflichtet Art. 27 Abs. 1 auch private Akteure ohne Erbringung von öffentlichen Diensten zur Durchführung einer Grundrechte-Folgenabschätzung. Wohingegen es sinnvoll ist, dass die öffentliche Hand nicht durch Flucht ins Privatrecht die Anforderung aus Art. 27 Abs. 1 umgehen soll und daher

---

[1] So bspw. Ebers/Hoch/Rosenkranz/Ruschemeier/Steinrötter RDI 2021, 528 (534).

[2] Chibanguza/Steege NJW 2024, 1769 (1772).

[3] So auch Buck-Heeb BKR 2023, 137 (145); Wendt/Wendt Das neue KI-Recht/Wendt § 6 Rn. 84.

[4] So auch noch Martini/Wendehorst/I. Eisenberger, 1. Aufl. 2024, Art. 27 Rn. 28, wohl unter Aufgabe der Rechtsauffassung in der Folgeauflage.

auch private Akteure erfasst sind, die öffentliche Dienste erbringen, sind die nach Anhang III Nr. 5 lit. b, c erfassten Akteure ausschließlich privatrechtlich tätig. Im Gesetzgebungsverfahren war zunächst angedacht, sämtliche Akteure zur Durchführung einer Grundrechte-Folgenabschätzung zu verpflichten.[5] Dies begegnete allerdings dogmatischen Bedenken.[6] Denn wenn private Akteure nicht grundrechtsverpflichtet sind, ist es fraglich, wieso eine Grundrechte-Folgenabschätzung durchzuführen ist. Zumal der Schutzbereich der KI-VO die europäischen Grundrechte sind, ist eine Übertragbarkeit und Anwendbarkeit der Rspr. des Bundesverfassungsgerichts zur mittelbaren und unmittelbaren Grundrechtsbindung Privater nicht möglich. Deshalb ist es bemerkenswert, dass Betreiber von Hochrisiko-KI-Systemen gem. Anhang III Nr. 5 lit. b, c im Bereich Kreditscoring und Risikobewertung im Versicherungssektor erfasst sind. Insofern kann von einer „Horizontalwirkung von Grundrechten" gesprochen werden.[7]

7 **b) Zeitpunkt, Inhalt sowie Umfang der Pflicht.** Die Grundrechte-Folgenabschätzung nach Abs. 1 S. 2 ist **vor der Inbetriebnahme** durchzuführen. Bei der Verwendung des Begriffs „Inbetriebnahme" scheint es sich allerdings um ein Versehen zu handeln, da dies ein Akt ist, den einzig der Anbieter eines Hochrisiko-KI-Systems vornehmen kann, was auch aus der Legaldefinition in Art. 3 Nr. 11 ersichtlich wird. Gemeint ist eher, wie auch in Abs. 2 vorgesehen, die erste Verwendung des Hochrisiko-KI-Systems.[8] Sie muss Folgendes umfassen:

– eine Beschreibung der **Verfahren** des Betreibers, bei denen das Hochrisiko-KI-System im Einklang mit seiner Zweckbestimmung verwendet wird (Art. 27 Abs. 1 S. 2 lit. a);
– eine Beschreibung des **Zeitraums** und der **Häufigkeit,** innerhalb dessen bzw. mit der jedes Hochrisiko-KI-System verwendet werden soll (Art. 27 Abs. 1 S. 2 lit. b);
– die Kategorien der natürlichen **Personen und Personengruppen,** die von seiner Verwendung im **spezifischen Kontext** betroffen sein könnten (Art. 27 Abs. 1 S. 2 lit. c);
– die **spezifischen Schadensrisiken,** die sich auf die gem. lit. c ermittelten Kategorien natürlicher Personen oder Personengruppen auswirken könnten, wobei die nach Art. 13 bereitgestellten Informationen zu berücksichtigen sind (Art. 27 Abs. 1 S. 2 lit. d);
– eine Beschreibung der Umsetzung von **Maßnahmen** der **menschlichen Aufsicht** entsprechend der Betriebsanleitung nach Art. 13 (Art. 27 Abs. 1 S. 2 lit. e);
– diejenigen **Maßnahmen,** die bei Eintritt der Risiken ergriffen werden, einschließlich der Regelungen für die interne Unternehmensführung und **Beschwerdemechanismen** (Art. 27 Abs. 1 S. 2 lit. f).

8 Dadurch soll ersichtlich werden, welche Auswirkung die Verwendung des Hochrisiko-KI-Systems auf die Grundrechte haben kann. Maßstab sind primär die Grundrechte aus der GRCh. Daneben sind aber auch EMRK-Rechte einzu-

---

[5] Chibanguza/Steege NJW 2024, 1769 (1772).
[6] Kritisch BeckOK KI-Recht/Denga, 4. Ed. 1.11.2025, KI-VO Art. 27 Rn. 24.
[7] BeckOK KI-Recht/Denga, 4. Ed. 1.11.2025, KI-VO Art. 27 Rn. 28.
[8] So auch Martini/Wendehorst/I. Eisenberger/Th. Binder, 2. Aufl. 2026, KI-VO Art. 27 Rn. 47.

beziehen sowie gemeinsame Grundrechte der Mitgliedstaaten (vgl. Art. 6 Abs. 3 EUV).[9]

Unklar ist, ob ausschließlich individuelle Grundrechte oder auch Allgemeininteressen einzubeziehen sind. Dass auch Allgemeininteressen zu berücksichtigen sind, könnte aus dem Wortlaut des Art. 1 Abs. 1 folgen. Allerdings erwähnt der Wortlaut des Art. 27 Abs. 1 nur Grundrechte und keine Allgemeininteressen wie „Demokratie, Rechtstaatlichkeit und Umweltschutz", die explizit in Art. 1 Abs. 1 genannt sind. Insofern ist davon auszugehen, dass Allgemeininteressen bei der Risikobewertung nach Art. 27 Abs. 1 nicht zu berücksichtigen sind.[10] **9**

Um Risiken für Personen und Personengruppen zu identifizieren, kann die Betriebsanleitung (Art. 13) des Anbieters herangezogen werden. Der Betreiber ist aufgrund der konkreten Verwendung sachnäher, sodass er für die Bewertung der richtige Adressat ist.[11] Zudem können Betreiber zur Erlangung der erforderlichen Informationen relevante Interessenträger – ua **Vertreter von Personengruppen,** die vom KI-System betroffen sein könnten, unabhängige Sachverständige und Organisationen der Zivilgesellschaft – in die Durchführung der Folgenabschätzung und die Gestaltung von Maßnahmen, die im Falle des Eintretens der Risiken zu ergreifen sind, einbeziehen (Erwgr. 96 S. 11). Zu diesen Personen können auch Arbeitnehmer zählen, indes erstreckt sich die Pflicht nicht nur auf diese.[12] **10**

Bei der Ermittlung der spezifischen Schadensrisiken nach Art. 27 Abs. 1 lit. d dürfen nur maßgebliche Schäden im Kontext der Grundrechte der zuvor als betroffene Personen oder Personengruppen festgelegten Personen berücksichtigt werden. Der Grundrechtseingriff muss zudem in unrechtmäßiger Weise erfolgen.[13] Die Ermittlung von Schadensrisiken im Hinblick auf Grundrechte ist eine Risikoprognose. Insofern kann die Definition von Risiko aus Art. 3 Nr. 2 herangezogen werden. Ein Risiko ist danach die Kombination aus der Wahrscheinlichkeit des Auftretens eines Schadens und der Schwere dieses Schadens. Die Definition ist deckungsgleich mit dem Verständnis von Risiko in den Sozialwissenschaften.[14] **11**

Unklar ist, wie weit die Pflicht zu verstehen ist, dass nach Abs. 1 lit. d die „spezifischen Schadensrisiken" zu ermitteln sind. Insofern wird teilweise befürchtet, dass diese Betreiberpflicht zu einem erheblichen Aufwand führt, um die Risiken zu ermitteln, insbesondere dadurch, dass die KI-Systeme oftmals intransparent sind.[15] Dem wird entgegen gehalten, dass von der Verpflichtung nur solche Risiken umfasst sein können, die „vernünftigerweise vorhersehbar" sind.[16] Dies führt allerdings zu der Folgefrage, welche Risiken – aus Sicht des Betreibers – vernünftigerweise vorhersehbar sind, was wiederum in Rechtsunsicherheit mündet.[17] Kritisiert wird allerdings auch der durch Art. 27 Abs. 1 geschaffene Aufwand für Unternehmen und folglich auch für die Behörde, **12**

---

[9] Martini/Wendehorst/I. Eisenberger, 2. Aufl. 2026, KI-VO Art. 27 Rn. 49.
[10] Martini/Wendehorst/I. Eisenberger, 2. Aufl. 2026, KI-VO Art. 27 Rn. 50.
[11] Martini/Wendehorst/I. Eisenberger, 2. Aufl. 2026, KI-VO Art. 27 Rn. 54.
[12] So jedoch wohl Lommatzsch/Albrecht GWR 2025, 37 (39 f.).
[13] So auch Martini/Wendehorst/I. Eisenberger, 2. Aufl. 2026, KI-VO Art. 27 Rn. 57.
[14] Zum Risiko im Recht Steege NZV 2022, 257 (258 f.).
[15] Frisch/Kohpeiß ZD-Aktuell 2023, 01318.
[16] Becker/Feuerstack MMR 2024, 22 (25).
[17] So auch Becker/Feuerstack MMR 2024, 22 (25).

entstehende „seitenlange[…] Standardformulierungen" zu verfassen und zu lesen.[18] Zumal bei der Verarbeitung von personenbezogenen Daten ohnehin eine Datenschutz-Folgenabschätzung gem. Art. 35 DS-GVO durchzuführen ist und Art. 9 überdies für Hochrisiko-KI-Systeme vorsieht, dass eine Risikobewertung vorzunehmen ist, in die auch Risiken für die Grundrechte einzubeziehen sind. Adressat der Pflicht aus Art. 9 ist indes der Anbieter des Hochrisiko-KI-Systems. Dagegen wird zu Recht eingewandt, dass die Verpflichtung zur Durchführung einer Grundrechte-Folgenabschätzung dazu führt, dass Betreiber einem „Reflexionszwang" unterliegen.[19] Insbesondere besteht die Chance, dass Banken und Versicherungen Risiken einer Diskriminierung erkennen und entsprechende Abhilfemaßnahmen schaffen.[20]

13 Teilweise überschneiden sich die Pflichten aus Art. 27 Abs. 1 S. 2 mit den Inhalten einer Datenschutz-Folgenabschätzung, sodass Synergien genutzt werden können (→ Rn. 21 / → Rn. 24 f.).

14 Aus der Anforderung in Art. 27 Abs. 1 lit. f wird deutlich, dass auch die KI-VO davon ausgeht, dass es keine vollständige Risikofreiheit bzw. Abwesenheit von Risiken gibt. Betreiber müssen jedoch Maßnahmen für den Fall vorsehen, dass die in der Grundrechte-Folgenabschätzung ausgemachten Risiken eintreten. Dies betrifft die Unternehmensführung, die Schaffung von Beschwerdemechanismen sowie die wirksame menschliche Aufsicht (Art. 26 Abs. 2).

2. Aktualisierungspflicht und Wiederverwendung, Abs. 2

15 Die Verpflichtung zur Durchführung der Grundrechte-Folgenabschätzung nach Art. 27 Abs. 1 gilt gem. Art. 27 Abs. 2 S. 1 für die erste Verwendung des Hochrisiko-KI-Systems. Sofern das Hochrisiko-KI-System bereits im Einsatz ist, kann sich der Betreiber – in ähnlichen Fällen – auf **bereits durchgeführte Grundrechte-Folgenabschätzungen** stützen. Dies soll bürokratischen Aufwand beim Betreiber reduzieren.[21] Aber auch existierende Folgenabschätzungen des Anbieters können als Grundlage dienen, wie aus Art. 27 Abs. 2 S. 2 folgt. Damit ist die Risikobewertung gemeint, die der Anbieter gem. Art. 9 durchzuführen hat.

16 Die Pflicht besteht folglich **vor** der **Inbetriebnahme** und gilt zunächst **einmalig.** Etwas anderes gilt allerdings dann, wenn der Betreiber zur Auffassung kommt, dass sich eines der in Abs. 1 aufgeführten Elemente verändert hat oder nicht mehr auf dem aktuellen Stand ist. In diesem Fall muss der Betreiber die Grundrechte-Folgenabschätzung aktualisieren. Insofern wird aus der zunächst einmaligen Pflicht eine **Aktualisierungspflicht,** die ausgelöst wird, wenn die Umstände des Art. 27 Abs. 2 S. 3 vorliegen. Damit gewinnt die interne Organisation des Betreibers an Relevanz. Dies betrifft unmittelbar die Aufbau- und Ablauforganisation sowie bestehende Organisationspflichten.[22] Insofern obliegt es dem Betreiber, eine effektive KI-Governance zu implementieren.

---

[18] Hacker/Berz ZRP 2023, 226 (228).

[19] BeckOK KI-Recht/Denga, 4. Ed. 1.11.2025, KI-VO Art. 27 Rn. 46.

[20] Ebers VuR 2024, 161 (162); zur Diskriminierung durch KI Steege MMR 2019, 715.

[21] BeckOK KI-Recht/Denga, 4. Ed. 1.11.2025, KI-VO Art. 27 Rn. 35.

[22] Grundlegend zu Organisationspflichten Steege, Organisationspflichten und Organisationsverschulden, 2022.

Für die Aktualisierungspflicht kommt es mithin maßgeblich auf das Wissen des Betreibers an. Durch die entsprechende Aktualisierung wird sichergestellt, dass die Grundrechte-Folgenabschätzung immer aktuell ist.[23] **17**

3. Informationspflicht des Betreibers und Ausnahme davon, Abs. 3

Art. 27 Abs. 3 S. 1 statuiert eine **Informationspflicht** des Betreibers gegenüber der Marktüberwachungsbehörde. Nach Durchführung der Grundrechte-Folgenabschätzung gem. Art. 27 Abs. 1 muss der Betreiber der Marktüberwachungsbehörde die entsprechenden Ergebnisse mitteilen. Dazu ist das nach Art. 27 Abs. 5 vorgesehene Formular zu verwenden. **18**

Zusätzlich zu der Mitteilungspflicht enthält Art. 27 Abs. 3 S. 2 die Möglichkeit, dass der Betreiber **von der Mitteilungspflicht befreit** wird. Dies ist möglich, wenn ein in Art. 46 Abs. 1 genannter Fall vorliegt. Dabei handelt es sich – enumerativ – um außergewöhnliche Gründe der öffentlichen Sicherheit, des Schutzes des Lebens und der Gesundheit von Personen, des Umweltschutzes sowie des Schutzes wichtiger Industrie- und Infrastrukturanlagen.[24] **19**

Die praktische Bedeutung der Befreiung von der Mitteilungspflicht wird teilweise bezweifelt.[25] Zugegebenermaßen wird die Befreiung nur dann relevant, wenn ein Hochrisiko-KI-System betrieben werden soll, welches das Konformitätsbewertungsverfahren noch nicht durchlaufen hat. **20**

4. Verhältnis zur Datenschutz-Folgenabschätzung, Abs. 4

Art. 27 Abs. 4 regelt das **Verhältnis zur Datenschutz-Folgenabschätzung** nach Art. 35 DS-GVO sowie nach Art. 27 JI-RL. Art. 27 Abs. 4 statuiert, dass sofern eine nach Art. 27 vorgesehene Pflicht infolge einer durchgeführten Datenschutz-Folgenabschätzung erfüllt wird, die Grundrechte-Folgenabschätzung nach Abs. 1 die bereits durchgeführte Datenschutz-Folgenabschätzung ergänzt. Die Verpflichtung zur Durchführung der Grundrechte-Folgenabschätzung nach Art. 27 Abs. 1 dürfte aber nicht vollständig entfallen. Sofern jedoch sämtliche Inhalte auch durch die Datenschutz-Folgenabschätzung abgedeckt sind, ist kein Spielraum mehr und auch keine Notwendigkeit für eine Grundrechte-Folgenabschätzung nach Art. 27.[26] Insofern kommt es zu **keiner Verdrängung** durch neueres Recht. Beide Anforderungen ergänzen sich vielmehr und bestehen nebeneinander (s. unten → Rn. 24 f.). Wurde bereits eine Datenschutz-Folgenabschätzung durchgeführt, müssen in der Grundrechte-Folgenabschätzung nach Art. 27 Abs. 4 nur noch diejenigen Aspekte berücksichtigt bzw. **ergänzt** werden, die in der datenschutzrechtlichen Abschätzung fehlen. **21**

5. Musterfragebogen vom Büro für Künstliche Intelligenz, Abs. 5

Nach Art. 27 Abs. 5 ist das Büro für Künstliche Intelligenz (zur Definition → Art. 3 Nr. 47) verpflichtet, ein **Muster** für einen **Fragebogen** – auch mithilfe **22**

---

[23] So auch BeckOK KI-Recht/Denga, 4. Ed. 1.11.2025, KI-VO Art. 27 Rn. 36.

[24] BeckOK KI-Recht/Steege, 4. Ed. 1.11.2025, KI-VO Art. 46 Rn. 16–21.

[25] Martini/Wendehorst/I. Eisenberger, 2. Aufl. 2026, KI-VO Art. 27 Rn. 70–74.

[26] Lommatzsch/Albrecht GWR 2025, 37 (39 f.); Golland EuZW 2024, 846 (853); BeckOK KI-Recht/Denga, 4. Ed. 1.11.2025, KI-VO Art. 27 Rn. 41.

eines automatisierten Instruments – zu erarbeiten. Dadurch sollen Betreiber in die Lage versetzt werden, ihre Pflichten nach Art. 27 in vereinfachter Weise zu erfüllen. Abs. 5 bezweckt folglich die Reduzierung des Verwaltungsaufwands, Erwgr. 96.

23 Vorbilder für eine solche Standardisierung gibt es auch in Europa oder anderen Ländern.[27] Teilweise wird der Fragebogen kritisiert und als Bürokratieaufwand oder „paper tiger" bezeichnet.[28]

III. Verhältnis zu anderen Vorschriften

24 Die in Art. 27 vorgesehene Grundrechte-Folgenabschätzung ähnelt anderen Bewertungen, die Betreiber mitunter durchführen müssen. Werden personenbezogene Daten verarbeitet, so ist bspw. eine **Datenschutz-Folgenabschätzung** gem. Art. 35 DS-GVO oder nach Art. 27 JI-RL durchzuführen. Aber auch Art. 34 DSA sieht eine Risikobewertung vor. Innerhalb der KI-VO sehen zudem Art. 9 (Hochrisiko-KI-Systeme) und Art. 55 (KI-Modell mit allgemeinem Verwendungszweck mit systemischem Risiko)[29] die Pflicht vor, eine Risikobewertung vorzunehmen, wobei auch Grundrechte und Grundrechtsrisiken einzubeziehen sind. Da insbesondere bei Art. 9 gefährdete Grundrechte in die Risikobewertung einzubeziehen sind, ist unklar, ob und inwiefern die Anforderungen aus Art. 27 über diese Pflicht hinausgehen.[30]

25 Die Datenschutz-Folgenabschätzung nach Art. 35 DS-GVO ist vom Anwendungsbereich her weitergehend als die Verpflichtung nach Art. 27 zur Grundrechte-Folgenabschätzung. Dies betrifft nicht nur den Kreis der Adressaten, sondern auch den sachlichen Anwendungsbereich, denn die Datenschutz-Folgenabschätzung ist nicht nur vom Betreiber durchzuführen und nicht nur im Zusammenhang mit Hochrisiko-KI-Systemen. Beide Normen stehen im Verhältnis zueinander hierarchisch betrachtet nebeneinander. Insbesondere kommt es **nicht** dazu, dass der **lex posterior Grundsatz** Anwendung findet, wie aus Art. 27 Abs. 4 hervorgeht. Folglich bestehen beide Anforderungen nebeneinander.[31] Inhaltlich betrachtet weisen die Grundrechte-Folgenabschätzung und die Datenschutz-Folgenabschätzung erhebliche Überschneidungen auf.[32]

IV. Bußgelder

26 Art. 99 sieht **keine Bußgelder** für die Verletzung von Art. 27 vor. Eine Haftung ist allerdings nach allgemeinen Grundsätzen möglich, im Hinblick auf Behörden bspw. im Rahmen der **Amtshaftung** nach § 839 BGB.[33]

---

[27] S. hierzu BeckOK KI-Recht/Denga, 4. Ed. 1.11.2025, KI-VO Art. 27 Rn. 43–45.

[28] Hacker, Comments on the Final Trilogue Version of the AI Act, January 23, 2024, 11.

[29] Hierzu BeckOK KI-Recht/Denga, 4. Ed. 1.11.2025, KI-VO Art. 27 Rn. 13–15.

[30] Kritisch zur Ausgestaltung in der KI-VO BeckOK KI-Recht/Denga, 4. Ed. 1.11.2025, KI-VO Art. 27 Rn. 8–12.

[31] BeckOK KI-Recht/Denga, 4. Ed. 1.11.2025, KI-VO Art. 27 Rn. 18; Martini/Wendehorst/Eisenberger, 2. Aufl. 2026, KI-VO Art. 27 Rn. 75.

[32] So auch BeckOK KI-Recht/Denga, 4. Ed. 1.11.2025, KI-VO Art. 27 Rn. 20.

[33] Zur Amtshaftung im Kontext von KI siehe nur Ebers/Quarch, Rechtshandbuch ChatGPT/Steege/Franke, 2024, § 9 Rn. 154–165; allg. zur Amtshaftung NK-BGB/Steege/Muthers § 839 BGB.

Abschnitt 4. Notifizierende Behörden und notifizierte Stellen

Art. 28* Notifizierende Behörden

(1) [1]**Jeder Mitgliedstaat sorgt für die Benennung oder Schaffung mindestens einer notifizierenden Behörde, die für die Einrichtung und Durchführung der erforderlichen Verfahren zur Bewertung, Benennung und Notifizierung von Konformitätsbewertungsstellen und für deren Überwachung zuständig ist.** [2]**Diese Verfahren werden in Zusammenarbeit zwischen den notifizierenden Behörden aller Mitgliedstaaten entwickelt.**

(2) **Die Mitgliedstaaten können entscheiden, dass die Bewertung und Überwachung nach Absatz 1 von einer nationalen Akkreditierungsstelle im Sinne und gemäß der Verordnung (EG) Nr. 765/2008 durchzuführen ist.**

(3) **Notifizierende Behörden werden so eingerichtet, organisiert und geführt, dass jegliche Interessenkonflikte mit Konformitätsbewertungsstellen vermieden werden und die Objektivität und die Unparteilichkeit ihrer Tätigkeiten gewährleistet sind.**

(4) **Notifizierende Behörden werden so organisiert, dass Entscheidungen über die Notifizierung von Konformitätsbewertungsstellen von kompetenten Personen getroffen werden, die nicht mit den Personen identisch sind, die die Bewertung dieser Stellen durchgeführt haben.**

(5) **Notifizierende Behörden dürfen weder Tätigkeiten, die Konformitätsbewertungsstellen durchführen, noch Beratungsleistungen auf einer gewerblichen oder wettbewerblichen Basis anbieten oder erbringen.**

(6) **Notifizierende Behörden gewährleisten gemäß Artikel 78 die Vertraulichkeit der von ihnen erlangten Informationen.**

(7) [1]**Notifizierende Behörden verfügen über eine angemessene Anzahl kompetenter Mitarbeiter, sodass sie ihre Aufgaben ordnungsgemäß wahrnehmen können.** [2]**Die kompetenten Mitarbeiter verfügen – wo erforderlich – über das für ihre Funktion erforderliche Fachwissen in Bereichen wie Informationstechnologie sowie KI und Recht, einschließlich der Überwachung der Grundrechte.**

Literatur: Demmer, Vorbeugende Gefahrenabwehr im Wirtschaftsverwaltungsrecht durch akkreditierte Zertifizierung, 2014; Ehring/Taeger, Produkthaftungs- und Produktsicherheitsrecht, 1. Auflage, 2022; Klindt, Produktsicherheitsgesetz, 3. Auflage, 2021; Korte, Nationale Zuständigkeit für die KI-VO, ZD-Aktuell 2024, 01773; Martini/Botta, KI-Aufsicht im föderalen Staat, MMR 2024, 630; Piovano, Der Hersteller im europäischen Produktsicherheitsrecht, 2020; Roth-Isigkeit ZRP 2022, Grundstrukturen der geplanten KI-Aufsichtsbehörden, 187.

Übersicht

* Kapitel III Abschnitt 4 (Art. 28–39) gilt gem. Art. 113 UAbs. 3 Buchst. b bereits ab 2.8.2025.

I. Einführung

1 In Art. 28 werden die Grundstrukturen für die notifizierende Behörde eines EU-Mitgliedstaats festgelegt. Die Aufgaben der notifizierenden Behörde sind die Notifizierung und Überwachung der Konformitätsbewertungsstellen in den jeweiligen Mitgliedstaaten, die ihrerseits Prüfungen und Bewertungen im Rahmen der vom Hersteller durchzuführenden Konformitätsbewertung ihrer KI durchführen und deren Korrektheit nach einheitlichen Bewertungsmaßstäben bescheinigen. So werden die Anforderungen an KI-Systeme im Falle von Hochrisiko-KI-Systemen, die mit unter den New Legislative Framework (NLF) fallenden Produkten (zB Maschinen, medizinische Geräte, Spielzeug) in Verbindung stehen, im Rahmen der bestehenden Konformitätsbewertungsverfahren nach dem einschlägigen NLF-Recht konformitätsbewertet. Im Hinblick auf Hochrisiko-KI-Systeme gem. Art. 6 Abs. 1, bei denen es sich um Sicherheitskomponenten von Produkten handelt, wird die Einbindung der Prüfung von Hochrisiko-KI-Systemen nach dem NLF-Recht zur Wahrung der Kohärenz, zur Vermeidung von Überschneidungen und zur Verringerung des Verwaltungsaufwands in die bereits vorhandenen sektorspezifischen Harmonisierungsvorschriften eingebunden.[1]

2 Der Staat zieht sich im Rahmen des NLF auf seine Letztverantwortung zurück, indem er nur noch den Bewacher (die Konformitätsbewertungsstelle) überwacht und Private bei der unmittelbaren Überwachung der Wirtschaftsakteure im Markt einsetzt. Hierdurch soll verwaltungsexternes Wissen, namentlich das Wissen über Gefahren und Risiken, sowie Fachwissen, Innovationsfähigkeit, Wirtschaftlichkeit und Wettbewerbsdenken in die Marktüberwachung einbezogen werden.[2] Dieses System ist Grundlage des NLF der Europäischen Union, der bereits seit 2008 Grundlage des europäischen Produktsicherheit ist. Durch den NLF wurden auf europäischer Ebene das Akkreditierungs- und Konformitätsbewertungsverfahren und die Marktüberwachung umfassend reformiert und setzt sich aus den folgenden drei Teilen zusammen: der VO (EU) 764/2008, der VO (EU) 765/2008 sowie

[1] COM(2021) 206 final 2021/0106 (COD), S. 4.

[2] Piovano, Der Hersteller im europäischen Produktsicherheitsrecht, S. 76 f.; Demmer, Vorbeugende Gefahrenabwehr im Wirtschaftsverwaltungsrecht durch akkreditierte Zertifizierung, S. 120.

dem Beschluss Nr. 768/2008/EG. Mit diesen drei Teilen wurde der sog. „New Approach“ der Europäischen Union, der seit 1985 die Regulierung des freien Wareverkehrs im Binnenmarkt durch die Einführung des CE-Kennzeichens maßgeblich gestaltet, reformiert. Im Juli 2019 trat ferner die VO (EU) 2019/1020 über die Marktüberwachung du die Konformität von Produkten (MÜ-VO) in Kraft, die die VO (EU) Nr. 765/2008 ändert und teilweise ersetzt.[3]

Aus dem geschichtlichen Kontext wird ersichtlich, dass der NLF ursprünglich für Hardwareprodukte geschaffen wurde. Dass der NLF nun auch auf Softwareprodukte, namentlich auf Hochrisiko-KI-Systeme, angewendet wird, ist im Grundprinzip zu begrüßen. Zum einen hat sich der NLF seit Jahren bewährt und stellt international ein Vorbild dar. Ferner bietet der NLF zeitliche und sachlich-inhaltliche dynamische Instrumente, die es mit Blick auf Hochrisiko-KI-Systeme benötigt. Durch die hohe Komplexität und rasante Weiterentwicklung der Technik ist das Verwaltungsrecht, das die Grundlage für den klassischen Wirtschaftsverwaltungsakt darstellt, meist nicht auf dem aktuellen Stand. Um dem entgegenzutreten, werden private Wirtschaftakteure – die Konformitätsbewertungsstellen – in die Marktüberwachung einbezogen, die unabhängig von Instrumentarium des Wirtschaftsverwaltungsakts mittels privater Zertifikate schnell und flexibel handeln können. Ferner werden durch aktualisierte Sicherheitsanforderungen in Form von stetig aktualisierten technischen Normen, die in jede neue Konformitätsbewertung einfließen, eine zeitliche Aktualität erreicht.[4] 3

II. Benennung mindestens einer notifizierender Behörde (Abs. 1)

1. Allgemeines

Art. 28 Abs. 1 verpflichtet die Mitgliedstaaten, mindestens eine notifizierende Behörde (Art. 3 → Rn. 188 ff) zu benennen, indem entweder eine neue notifizierende Behörde geschaffen oder eine bestehende notifizierende Behörde mit den Aufgaben nach dieser KI-VO betraut wird. 4

Außerdem muss es in jedem Mitgliedstaat eine Marktüberwachungsbehörde geben (Art. 70 Abs. 1 S. 1). Es kann sich dabei sowohl um dieselbe als auch um verschiedene Behörden handeln (Art. 70 Abs. 1 S. 4). Fallen die Zuständigkeiten in einer Behörde zusammen, ist jedoch ein besonderes Augenmerk auf die organisatorische Unabhängigkeit zu legen. 5

Dass in jedem Mitgliedstaat mindestens eine eigene notifizierende Behörde geschaffen werden muss, ist Ausdruck des Grundprinzips, dass der praktische Vollzug von Rechtsakten der Europäischen Union noch immer der Verwaltung der einzelnen Mitgliedstaaten obliegt (sog. indirekter Vollzug). Dabei gilt der Grundsatz der institutionellen und verfahrensmäßigen Autonomie der Mitgliedstaaten. Dh die Mitgliedstaaten bestimmen grundsätzlich selbst, welche Behörde zuständig ist und nach welchem Verfahren diese Behörde vorgeht. Dabei muss das nationale Recht so gestaltet und angewendet werden, dass die Wirksamkeit des Unionsrechts gewährleistet ist, und dass unionsrechtliche Sachverhalte nicht schlechter behandelt werden als rein nationale – sog. Effektivitäts- und Äquivalenzprinzip. 6

---

[3] NK-ProdR/Heuser, Vorbemerkung zu ProdSG §§ 9 ff. Rn. 2.

[4] Piovano, Der Hersteller im europäischen Produktsicherheitsrecht, S. 77 f.

7 Mit dem Ausdruck „mindestens" in Art. 28 Abs. 1 S. 1 wird deutlich gemacht, dass es auch mehrere benannte Stellen parallel in einem Mitgliedstaat geben kann. Dies kann beispielsweise der Fall sein, wenn die Zuständigkeit für die Notifizierung föderalen Strukturen unterworfen wird und somit in verschiedenen Bundesländern oder -staaten jeweils einzelne notifizierende Behörden etabliert werden.

2. Bestehende oder neue Behörde (Satz 1 Halbsatz 1)

8 Der jeweilige Mitgliedstaat kann sich zunächst dafür entscheiden, eine notifizierende Behörde zu schaffen. Wie er diese notifizierende Behörde ausgestaltet, ist ihm frei überlassen. Der Begriff „Behörde" ist daher vorliegend im weitesten Sinne zu verstehen. Die KI-VO enthält keinerlei konkreter Vorgaben für rechtliche Ausgestaltung der Form dieser Behörde. Dies würde die Freiheit der Mitgliedstaaten zu sehr einschränken und könnte zu Widersprüchen zu nationalen Verwaltungsgesetzen führen. Daher heißt es in Erwgr. 153: „Die Mitgliedstaaten können beschließen, öffentliche Einrichtungen jeder Art zu benennen, die die Aufgaben der zuständigen nationalen Behörden im Sinne dieser Verordnung gemäß ihren spezifischen nationalen organisatorischen Merkmalen und Bedürfnissen wahrnehmen."[5]

9 So steht in Deutschland dem Gesetzgeber beispielsweise frei, auch eine Anstalt oder Körperschaft als notifizierende Behörde zu schaffen.

10 Ob die KI-Aufsicht auf Landes- oder Bundesebene anzusiedeln ist, wird unionsrechtlich nicht vorgegeben. Vielmehr bestimmt die Kompetenzordnung des Grundgesetzes nach Art. 70 ff. und 83 ff. GG, welche föderale Einheit die Aufsicht wahrnimmt. Das Grundgesetz kennt bislang keine ausdrückliche Kompetenzregel für die Regulierung von KI. Es gilt daher der allgemeine Grundsatz der Kompetenzverteilung: Die Länder sind grundsätzlich für den Vollzug sowohl ihrer eigenen Gesetze als auch der Gesetze des Bundes und der Union zuständig (sog. Länderexekutivprinzip, Art. 30 und 83 GG).[6] Um im Produktrecht in Deutschland eine einheitliche Zuständigkeit zu erreichen, wurde beispielsweise die Zentralstelle der Länder für Sicherheitstechnik (ZLS) mittels Staatsvertrag zwischen sämtlichen Bundesländern mit den Aufgaben als notifizierende Behörde betraut.

11 Voraussetzung ist jedoch jeweils eine gesetzliche Grundlage für die Schaffung einer Behörde im weitesten Sinne.

12 Der jeweilige Mitgliedstaat hat auch die Möglichkeit, eine bereits bestehende notifizierende Behörde mit der Wahrnehmung der Aufgaben dieser KI-VO zu benennen. Dies hat den Vorteil, das auf bereits bestehende Strukturen und Erfahrungen aufgesetzt werden kann. Ferner können hierdurch Synergieeffekte in der Verwaltung geschaffen werden. Eine entsprechende Benennung müsste jedoch ebenfalls auf einer gesetzlichen Grundlage erfolgen.

13 In Deutschland bestand lange Zeit eine lebhafte Diskussion über die Frage, welche Behörde die Aufgabe der notifizierenden Behörde übernehmen soll. Hoch im Kurs standen zunächst mit Blick auf eine gewisse Sachnähe Datenschutzaufsichtsbehörden.[7] Die deutschen Datenschutzaufsichtsbehörden sollen sich jedoch hauptsächlich aufgrund der föderalen Zersplitterung nur eingeschränkt für diese Aufgabe eignen.[8]

---

[5] Erwgr. 153.

[6] Martini/Botta MMR 2024, 630 (634).

[7] Korte ZD-Aktuell 2024, 01773.

[8] Roth-Isigkeit ZRP 2022, 187 (188).

Nach § 3 des Referentenentwurf des Bundesministeriums für Digitales und Staatsmodernisierung eines Gesetzes zur Durchführung der KI-VO vom 11.9.2025 soll grundsätzlich die Bundesnetzagentur als zentrale notifizierende Behörde fungieren. Sie nimmt diese Funktion für den gesamten Anwendungsbereich der KI-VO wahr, soweit keine spezialgesetzlichen Abweichungen vorgesehen sind. Von dieser Grundzuständigkeit weicht der Gesetzgeber dort ab, wo KI-Systeme untrennbar mit Produkten verbunden sind, die bereits anderen unionsrechtlichen Harmonisierungsrechtsvorschriften unterliegen (vgl. Anhang I Abschnitt A). In diesen Fällen übernehmen diejenigen Behörden die Rolle der notifizierenden Behörde, die nach Bundes- oder Landesrecht bereits für die jeweiligen Produktregime zuständig sind. Die Zuständigkeit folgt damit funktional dem jeweiligen Produktrecht und verhindert eine parallele oder widersprüchliche Aufsicht über KI-Komponenten regulierter Produkte. 14

Obgleich der BNetzA im Vorfeld vorgeworfen wurde, eine zu sektorspezifische Ausrichtung zu haben und daher der Zuständigkeitsbereich der BNetzA wohl überfordern sein soll,[9] ist die Entscheidung im Ergebnis zu begrüßen. Im Rahmen eines sog. „Digital Clusters Bonn" soll die BNetzA zusätzlich die Expertise von BfDI, BSI, BKartA nutzen, denen Mitwirkungsmöglichkeiten zugestanden werden sollen.[10] Die konkrete Ausgestaltung dieser Mitwirkungsmöglichkeiten ist indes noch unklar. 15

3. Verfahren zur Bewertung, Benennung und Notifizierung von Konformitätsbewertungsstellen (Satz 1 Halbsatz 2)

Die notifizierende Behörde ist für die Einrichtung und Durchführung der erforderlichen Verfahren zur Bewertung, Benennung und Notifizierung von Konformitätsbewertungsstellen und für deren Überwachung zuständig. Dieser Pflichtenkatalog entspricht dem Prinzip des „Bewachers der Bewacher". Die notifizierende Behörde ist die Behörde, die den Konformitätsbewertungsstellen auf deren Antrag hin die staatliche Zulassung erteilt, Konformitätsaufgaben wahrzunehmen. Zum Nachweis der fachlichen Eignung durchlaufen die Konformitätsbewertungsstellen hierfür ein sog. Notifizierungsverfahren (Art. 30 → Rn. 1 ff.), das im Verantwortungsbereich der notifizierenden Behörde liegt. Ferner benennt, also notifiziert, sie Konformitätsbewertungsstelle, die sie zugelassen hat, gegenüber der Europäischen Union und den restlichen Mitgliedstaaten. Anschließend obliegt es ferner der notifizierenden Behörde die notifizierten Konformitätsbewertungsstellen zu bewachen. Dies dient dem Zweck, eine gleichbleibende und hohe Qualität der Marktüberwachung durch die Privaten zu gewährleisten. Als ultima ratio-Maßnahme kann bei festgestellten Defiziten die Notifizierung der Konformitätsbewertungsstellen und damit das Recht zur Durchführung von Konformitätstätigkeiten, durch die notifizierende Behörde wieder entzogen werden. 16

4. Abstimmung der Verfahren zwischen notifizierenden Behörden (Satz 2)

Erst in der endgültigen Fassung der KI-VO wurde aufgenommen, dass diese Verfahren nach Satz 1 in Zusammenarbeit der notifizierenden Behörden aller Mit- 17

[9] Roth-Isigkeit ZRP 2022, 187 (188).

[10] Thesenpapier „KI-Governance-Struktur" des Bundesministeriums für Wirtschaft und Klimaschutz und des Bundesministeriums für Justiz.

gliedstaaten zu entwickeln sind. Die Entwicklung dieser Verfahren erfolgt also in enger Zusammenarbeit aller notifizierenden Behörden der Mitgliedstaaten. Dies bedeutet, dass die einzelnen Mitgliedstaaten nicht isoliert handeln, sondern gemeinsam Standards und Verfahren festlegen sollen, um eine einheitliche Begutachtung, Benennung und Überwachung der Konformitätsbewertungsstellen in der gesamten Europäischen Union zu gewährleisten. Dieser kooperative Ansatz trägt dazu bei, eine harmonisierte Anwendung der KI-O in allen Mitgliedstaaten zu gewährleisten und ist im Ergebnis zu begrüßen.

III. Benennung einer Akkreditierungsstelle (Abs. 2)

18 Der europäische Gesetzgeber räumt den Mitgliedstaaten auch neben den Möglichkeiten aus Abs. 1 die Möglichkeit ein, die nationale Akkreditierungsstelle für die Bewertung und Überwachung zu benennen, sofern der jeweilige Mitgliedstaat über eine entsprechende Akkreditierungsstelle verfügt. Eine Akkreditierungsstelle ist nach Art. 2 Nr. 10 der Verordnung (EG) Nr. 765/2008 eine nationale Stelle (zumeist eine Behörde), die bewertet und gegebenenfalls bestätigt, ob eine Konformitätsbewertungsstelle die in harmonisierten Normen festgelegten Anforderungen und gegebenenfalls zusätzliche Anforderungen erfüllt, um eine spezielle Konformitätsbewertungstätigkeit durchzuführen.[11] In jedem Mitgliedstaat der Europäischen Union kann nach Art. 4 Abs. 1 der VO (EU) 765/2008 jeweils maximal nur eine Akkreditierungsstelle existieren.

19 Die nationale Akkreditierungsstelle in Deutschland ist die Deutsche Akkreditierungsstelle GmbH („DAkkS"), die auf der Grundlage des Akkreditierungsstellengesetzes – AkkStelleG[12] gegründet und beliehen ist. Im AkkStelleG und in der Verordnung über die Beleihung der Akkreditierungsstelle nach dem Akkreditierungsstellengesetz (AkkStelleG Beleihungsverordnung – AkkStelleGBV)[13] werden die Befugnisse der DAkkS näher geregelt. Gesellschafter der DAkkS sind zu gleichen Teilen die Bundesrepublik Deutschland, die 16 Bundesländer und der Bundesverband der Deutschen Industrie e.V. (BDI).

20 Die Notifizierung ist von der Akkreditierung der Konformitätsbewertungsstellen zu trennen. Während die Notifizierung als hoheitlicher Akt gegenüber der Europäischen Union erfolgt, kann die fachliche Bewertung und laufende Überwachung der Konformitätsbewertungsstellen durch die nationale Akkreditierungsstelle erfolgen. Nach § 3 Abs. 4 des Referentenentwurf des Bundesministeriums für Digitales und Staatsmodernisierung eines Gesetzes zur Durchführung der KI-VO vom 11.9.2025 soll die Deutsche Akkreditierungsstelle (DAkkS) die Bewertung und Überwachung von Konformitätsbewertungsstellen im Rahmend er KI-VBO übernehmen, sofern eine Akkreditierung von Konformitätsbewertungsstellen in den Bereichen der in Anhang I Abschnitt A der KI-VO genannten Harmonisierungsvorschriften der Europäischen Union stattfindet.

---

[11] Verordnung (EG) Nr. 765/2008 des Europäischen Parlaments und des Rates vom 9.7.2008 über die Vorschriften für die Akkreditierung und Marktüberwachung im Zusammenhang mit der Vermarktung von Produkten und zur Aufhebung der Verordnung (EWG) Nr. 339/93 des Rates, ABl. 2008 L 218/30.

[12] Gesetz vom 31.7.2009 BGBl. I 2625 (Nr. 51); zuletzt geändert durch Artikel 272 V. v. 19.6.2020 BGBl. I 1328.

[13] Verordnung vom 21.12.2009 BGBl. I 3962; zuletzt geändert durch Artikel 273 V. v. 19.6.2020 BGBl. I 1328.

IV. Vermeidung von Interessenskonflikten (Abs. 3)

Nach Abs. 3 ist die notifizierende Behörde so einzurichten, zu organisieren und zu führen, dass es keinerlei Interessenskonflikten zwischen der notifizierenden Behörde und den Konformitätsbewertungsstellen kommt. Damit werden die Vorgaben des Art. R15 Abs. 1 der Musterbestimmungen des Anhang I des Beschlusses Nr. 768/2008/EG übernommen, die sicherstellen sollen, dass alle Konformitätsbewertungsstellen ihre Aufgaben gleich gut und unter fairen Wettbewerbsbedingungen erfüllen können.[14] In Art. R15 Abs. 4 des Musterbeschlusses Nr. 768/2008/EG werden nicht abschließende Regelbeispiele genannt, aus denen sich Interessenkonflikte ergeben können. Diese Regelbeispiele wurden in Art. 28 Abs. 5 aufgegriffen (→ Rn. 34). **21**

Der Begriff „Objektivität" ist in Abs. 3 nur begrifflich aufgenommen, näher definiert wird er hingegen nicht. Hinsichtlich der weiten Auslegungsmöglichkeit ist der Begriff als ein unbestimmter Rechtsbegriff zu qualifizieren, der je nach Auslegung weniger oder mehr „Objektivität" verlangt. Im Allgemeinen wird unter „Objektivität" verstanden, dass Interessenkonflikte nicht existieren bzw. dass diese gelöst werden, um die Tätigkeiten der Stelle nicht nachteilig zu beeinflussen.[15] Bei der Forderung nach Objektivität wird folglich neben der Vermeidung von Interessenskonflikten noch eine weitere Dimension gefordert: Die Lösung von Interessenskonflikten. Da sich in der Praxis niemals sämtliche Interessenskonflikte vermeiden lassen, muss zumindest sichergestellt werden, dass diese Interessenkonflikte aufgelöst werden bzw. zu keinen nachteiligen Ergebnissen führen. Hierfür ist ein ausreichendes and am aktuellen Stand der Technik und Wissenschaft orientiertes Compliance-System einzurichten und zu unterhalten. **22**

Ferner ist die Unparteilichkeit der Tätigkeit der notifizierenden Behörde zu gewährleisten. Zur Sicherung dieser Unparteilichkeit muss die notifizierende Behörde und ihre Mitarbeiter frei von jeglichem gewerblichen, finanziellen und anderen Druck sein, der ihr Urteil beeinflussen könnte. Die Struktur der notifizierenden Behörde muss so konzipiert sein, dass ihre Unparteilichkeit gewahrt bleibt, vor allem, wenn sie nicht nur als notifizierende Behörde tätig ist. Die notifizierende Behörde muss daher über dokumentierte Compliance-Verfahren zur Ermittlung, Prüfung und Lösung sämtlicher Fälle verfügen, in denen Interessenkonflikte vermutet bzw. nachgewiesen wurden. Im Rahmen ihrer Compliance-Strukturen sollten sie auch das in ihrem Auftrag tätige Personal dazu verpflichten, etwaige Interessenkonflikte zu melden. **23**

V. Kompetentes Personal und Trennung der Tätigkeiten (Abs. 4)

Im Rahmen der Notifizierung ist die Unabhängigkeit der verschiedenen Entscheidungsebenen von entscheidender Bedeutung, um die Objektivität und Integrität des gesamten Verfahrens zu gewährleisten. Absatz 4 unterstreicht diesen Grundsatz, indem er sicherstellt, dass die notifizierenden Behörden so strukturiert **24**

---

[14] Erwgr. 37 des Beschluss Nr. 768/2008/EG.

[15] DIN EN ISO/IEC 17065 unter Punkt 3.13 und in der Norm DIN EN ISO/IEC 17021 in Punkt 3.2.

sind, dass die Personen, die über die Notifizierung von Konformitätsbewertungsstellen entscheiden, nicht mit den Personen identisch sind, die die tatsächliche Begutachtung dieser Stellen durchgeführt haben.

25 Darüber hinaus wird bestimmt, dass diese Entscheidungen von kompetentem Personal getroffen werden müssen. Obwohl nur die Rede davon ist, dass die Entscheider kompetent sein sollen, ist nach dem Sinn und Zweck der Vorschrift darüber hinaus zu fordern, dass auch die Begutachter eine entsprechende Kompetenz aufweisen. Dies bedeutet, dass sowohl die Personen, die die Bewertung durchführen, als auch diejenigen, die letztlich über die Notifizierung entscheiden, über die notwendige fachliche Qualifikation und Erfahrung verfügen müssen, obgleich abhängig von der jeweiligen Rolle unterschiedliche Maßstäbe angesetzt werden können. Die Forderung nach Kompetenz soll die Verlässlichkeit und Glaubwürdigkeit des gesamten Notifizierungsverfahrens stärken.

1. Kompetente Personen

26 Die allgemein gehaltene Formulierung lässt der notifizierenden Behörde jedoch Spielraum hinsichtlich der konkreten Kriterien nach denen sie die Kompetenz ihrer eingesetzten Personen beurteilt. Aus dem Sinn und Zweck lässt sich jedoch schließen, dass die Personen ausreichend fachlich qualifiziert sein müssen, um selbst Begutachtungen durchzuführen oder Begutachtungsergebnisse zu bewerten. Hingegen ist es nicht zu fordern, dass Personen, die die Begutachtung durchführen und die Begutachtung bewerten, die gleiche Kompetenz aufweisen.

27 Die Personen sollten jedoch über eine einschlägige Fach- und Berufsausbildung sowie über ausreichend Berufserfahrung im Zusammenhang mit künstlicher Intelligenz verfügen. Mit Blick auf die neue Technologie der künstlichen Intelligenz und den bisher doch überschaubare Personaldecke in dieser Branche sind zumindest in den Anfangsjahren geringere Anforderungen an die Ausbildung und die Berufserfahrungsdauer zu legen.

28 Das Kompetenzniveau von Notifizierungsentscheidern und „Personen, die die Begutachtung von Stellen durchführen" muss nicht identisch sein. Die Kompetenzanforderungen an Zertifizierungsentscheider können sogar niedriger als die der Begutachter angesetzt werden. Zertifizierungsentscheider müssen lediglich über das Wissen verfügen, das es ihnen ermöglicht, Begutachtungsberichte zu überprüfen, die Norm und die Zertifizierungsanforderungen zu verstehen und die Ergebnisse des Auditprozesses zu bewerten.

29 Die im Vergleich zu den Begutachtern geringere Kompetenz des Zertifizierungsentscheiders entspricht auch dem Sinn und Zweck der abgestuften Struktur der Notifizierungsentscheidung. Der Begutachter soll die Kompetenz haben, die technischen Details beim Kunden zu überprüfen. Der Zertifizierungsentscheider hingegen hat eine administrative Rolle und muss sich auf das Ergebnis und die Kompetenz des Begutachters verlassen können, so dass der Entscheider lediglich eine Plausibilitätsprüfung durchführen muss. Müsste er exakt die gleiche Kompetenz wie ein Begutachter haben, würde zum einen die Unterscheidung zwischen Begutachter und Zertifizierungsentscheider hinfällig.[16]

---

[16] Normativ nachvollziehbar beispielsweise in ISO/IEC 27006 Tz. 7.2.1.1. für die Kompetenz von Auditoren und ISO/IEC 27006 Tz. 7.1.2.4.1 für die Kompetenz von Zertifizierungsentscheidern.

2. Trennung Bewertung und Entscheidung

30 Art. 28 Abs. 4 schreibt ferner eine strenge Trennung zwischen der Bewertung einer Stelle und der Entscheidung über die Notifizierung einer Stelle vor. Namentlich darf nicht dieselbe Person, die die Bewertung einer Stelle durchführt, auch über deren Notifizierung entscheiden. Hierdurch soll die Objektivität und Unparteilichkeit der Mitarbeiter der notifizierenden Behörde und ihrer selbst gewährleistet werden.[17]

31 Dieses Mitwirkungsverbot an der Entscheidung richtet sich gegen Personen der notifizierenden Behörde. Dies können fest angestellte Personen oder Beamte sein, aber auch im Auftrag der notifizierende Behörde handelnde Dritte, wenn ein Weisungsrecht gegenüber diesen Dritten besteht.[18]

32 Ein Verstoß gegen Art. 28 Abs. 4 stellt nach dem deutschen Verwaltungsrecht einen Verfahrensfehler iSd § 20 VwVfG dar. Der Ausschluss der fehlerhaft mitwirkenden Person ist folglich von Amts wegen zu beachten, da von dessen Befangenheit unwiderruflich vermutet wird.

33 Wirkt eine ausgeschlossene Person dennoch am Verwaltungsverfahren mit, hat dies die Fehlerhaftigkeit des daraus entstandenen Verwaltungsakts zur Folge. Der Verwaltungsakt kann gem. §§ 44 VwVfG nichtig oder rechtswidrig sein. Der Verfahrensfehler kann jedoch auch unbeachtlich sein, sofern nach § 46 VwVfG offensichtlich ist, dass die Beteiligung der zu unrecht eingebundenen Person sich nicht auf das Ergebnis des Verfahrens ausgewirkt hat.

VI. Absatz 5

34 In Abs. 5 werden abschließend Regelbeispiele genannt, aus denen sich Interessenkonflikte ergeben können. Diese entsprechen Art. R15 Abs. 4 des Anhang I des Musterbeschlusses Nr. 768/2008/EG. Ziel der Regelung ist, dass die notifizierende Behörde mit den Konformitätsbewertungsstellen in deren Kernbereich nicht in Wettbewerb treten. Ferner darf sie nicht selbst Konformitätsbewertungstätigkeiten durchführen oder Beratungsdienstleitungen hinsichtlich Konformitätsbewertungen auf einer gewerblichen oder wettbewerblichen Basis anbieten oder erbringen.

35 Eine gewerbliche Tätigkeit setzt grundsätzlich eine Gewinnerzielungsabsicht voraus. Sofern die notifizierende Behörde eine reine Behörde ist, wird regelmäßig kein Interesse an einer Gewinnerzielung vorliegen. Ist die notifizierende Behörde hingegen eine beliehene Gesellschaft, ist eine Gewinnerzielungsabsicht zumindest denkbar. In diesem Fall gilt es risikomitigierende Maßnahmen zu treffen, die die einer Gesellschaft privaten Rechts immanenten Gewinnerzielungsabsicht einschränken, bspw. durch entsprechende Regelungen in der Satzung oder dem Beleihungsgesetz.

36 Unabhängig von einer möglichen gewerblichen Beratungsdienstleistung darf die notifizierende Behörde keine Beratungsdienstleistung anbieten, die im Wettbewerb zu den Konformitätsbewertungsstellen steht. Gemäß der Definition des BGH liegt ein konkretes Wettbewerbsverhältnis vor, „wenn beide Parteien gleichartige Waren oder gewerbliche Leistungen innerhalb desselben Endverbraucherkreises abzusetzen versuchen und daher das Wettbewerbsverhalten des einen den

[17] NK-ProdR/Heuse § 10 Rn. 11.
[18] NK-ProdR/Heuser § 10 Rn. 13.

anderen beeinträchtigen, d.h. im Absatz behindern oder stören kann".[19] Mit Blick auf diese weite Definition werden Beratungsdienstleistungen durch die notifizierende Stelle untersagt, die ebenfalls durch Konformitätsbewertungsstellen angeboten werden. Dazu gehört beispielsweise die Beratung eines KI-Anbieters über die Konformität seiner angebotenen KI.

37 Zu beachten ist, dass bereits das Anbieten untersagt wird. Dadurch soll bereits der böse Anschein eines möglichen Interessenkonflikts vermieden werden.

VII. Vertraulichkeit (Abs. 6)

38 Abs. 6 verpflichtet die notifizierende Behörde zur Vertraulichkeit aller von ihr erlangter Informationen. Dies dient hauptsächlich dazu, das Vertrauen der Konformitätsbewertungsstellen zu erhalten und die Integrität des Informationsaustauschs zu gewährleisten.

39 Der Umfang der Geheimhaltungsverpflichtung wird durch den Bezug zu Art. 78 („Vertraulichkeit") (Art. 78 → Rn. 1 ff.) näher konkretisiert. Dies können Informationen sein, die die notifizierenden Behörde im Zuge der Begutachtung und Bewertung der Konformitätsbewertungsstellen erlangt oder die sie im Rahmen von Beschwerden erlangt. Um die Vertraulichkeit dieser Informationen sichergestellt werden kann, muss sie Vorkehrungen treffen, damit Informationen an keinen anderen als die jeweils Berechtigten weitergegeben werden. Hierzu können beispielsweise Geheimhaltungsvereinbarungen mit allen für die notifizierende Behörde tätigen Personen abgeschlossen werden und ein effektives Datenschutz-Compliance-System eingerichtet werden. Hierzu gehört auch die Unterhaltung eines dem Stand der Technik entsprechenden IT-Security-Systems zur Verhinderung von Datenlecks und zur Verhinderung von unbefugtem Zugriff Dritter auf von der notifizierenden Behörde gespeicherte Daten.

40 Damit einher geht auch eine umfassende Geheimhaltungspflicht für die Mitarbeiter der notifizierenden Behörde. Danach dürfen die Mitarbeiter der notifizierenden Behörde die ihnen im Rahmen einer Konformitätsbewertung bekannt gewordenen Tatsachen, deren Geheimhaltung im Interesse der Konformitätsbewertungsstelle oder eines Dritten liegt, nicht unbefugt offenbaren oder verwerten. Dies betrifft insbesondere Betriebs- und Geschäftsgeheimnisse der Kunden der Konformitätsbewertungsstelle wie Informationen, die technischer und kaufmännischer Natur sind, die im Interesse des Kunden als geheimhaltungsbedürftig gegenüber Wettbewerbern und der Öffentlichkeit einzustufen und noch nicht allgemein bekannt sind. Des Weiteren ist es den Mitarbeitern der Konformitätsbewertungsstelle untersagt, entsprechende Informationen zu verwerten, also selbst fruchtbar zu machen. Die Geheimhaltungs- und Verschwiegenheitspflicht hat die Konformitätsbewertungsstelle durch arbeitsvertragliche Regelungen sicherzustellen.[20] Verstößt ein Mitarbeiter gegen seine Verschwiegenheits- und Geheimhaltungspflichten, können arbeitsvertragliche Konsequenzen erfolgen und Schadenersatzansprüche gegenüber ihm geltend gemacht werden. Ferner können strafrechtliche Konsequenzen nach §§ 203, 204 StGB die Folge eines Verstoßes sein.

---

[19] BGH GRUR 2004, 877 Werbeblocker; vgl. BGH GRUR 1999, 69 (70) = WRP 1998, 1065 – Preisvergleichsliste II; BGH GRUR 2001, 258 – Immobilienpreisangaben; GRUR 2001, 260 – Vielfachabmahner; BGH GRUR 2002, 902 (903) = WRP 2002, 1050 – Vanity-Nummer, mwN.

[20] Klindt ProdSG/Kapoor § 13 Rn. 30.

VIII. Ausstattung mit ausreichendem und kompetenten Personal (Abs. 7)

41 Nach Abs. 7 muss die notifizierende Behörde über kompetentes Personal in angemessener Anzahl verfügen, sodass die notifizierende Behörde ihre Aufgaben ordnungsgemäß erfüllen kann. Diese Regelung entspricht inhaltlich den Vorgaben des Art. R15 Abs. 6 des Anhangs I des Musterbeschlusses 768/2008/EG. Unter „ordnungsgemäßer Erfüllung" ist nicht nur eine sachgerechte und kompetente Aufgabenerfüllung zu verstehen, sondern auch eine zeitnahe Erfüllung bzw. ein angemessener Zeitraum für die Aufgabenerledigung. Hinsichtlich des Zeitrahmens ist zu berücksichtigen, dass die Begutachtung und Entscheidungsfindung von unterschiedlichem Personal durchgeführt werden muss.

42 Hinsichtlich der Kompetenz des Personals ist auf Abs. 4 (→ Rn. 24 ff.) zu verweisen. Klarstellend führt Abs. 7 S. 2 aus, dass die kompetenten Mitarbeiter verfügen über das für ihre Funktion erforderliche Fachwissen in Bereichen wie Informationstechnologie sowie KI und Recht, einschließlich der Überwachung der Grundrechte verfügen sollen, sofern dies für ihre Position bei der notifizierenden Behörde erforderlich ist. Wie diese Fachkompetenz nachgewiesen werden können muss, ist indes nicht näher beschrieben. Im Ergebnis wird eine Kombination aus akademischer Ausbildung und praktischer Berufserfahrung entscheidend sein.

Art. 29* Antrag einer Konformitätsbewertungsstelle auf Notifizierung

(1) **Konformitätsbewertungsstellen beantragen ihre Notifizierung bei der notifizierenden Behörde des Mitgliedstaats, in dem sie niedergelassen sind.**

(2) *[1]* **Dem Antrag auf Notifizierung legen sie eine Beschreibung der Konformitätsbewertungstätigkeiten, des bzw. der Konformitätsbewertungsmodule und der Art der KI-Systeme, für die diese Konformitätsbewertungsstelle Kompetenz beansprucht, sowie, falls vorhanden, eine Akkreditierungsurkunde bei, die von einer nationalen Akkreditierungsstelle ausgestellt wurde und in der bescheinigt wird, dass die Konformitätsbewertungsstelle die Anforderungen des Artikels 31 erfüllt.**

[2] **Sonstige gültige Dokumente in Bezug auf bestehende Benennungen der antragstellenden notifizierten Stelle im Rahmen anderer Harmonisierungsrechtsvorschriften der Union sind ebenfalls beizufügen.**

(3) **Kann die betreffende Konformitätsbewertungsstelle keine Akkreditierungsurkunde vorweisen, so legt sie der notifizierenden Behörde als Nachweis alle Unterlagen vor, die erforderlich sind, um zu überprüfen, festzustellen und regelmäßig zu überwachen, ob sie die Anforderungen des Artikels 31 erfüllt.**

(4) [1]**Bei notifizierten Stellen, die im Rahmen anderer Harmonisierungsrechtsvorschriften der Union benannt wurden, können alle Unterlagen und Bescheinigungen im Zusammenhang mit solchen Benennungen zur Unterstützung ihres Benennungsverfahrens nach dieser Verordnung**

* Kapitel III Abschnitt 4 (Art. 28–39) gilt gem. Art. 113 UAbs. 3 Buchst. b bereits ab 2.8.2025.

verwendet werden. [2]Die notifizierte Stelle aktualisiert die in den Absätzen 2 und 3 des vorliegenden Artikels genannte Dokumentation immer dann, wenn sich relevante Änderungen ergeben, damit die für notifizierte Stellen zuständige Behörde überwachen und überprüfen kann, ob die Anforderungen des Artikels 31 kontinuierlich erfüllt sind.

Literatur: Ehring/Taeger, Produkthaftungs- und Produktsicherheitsrecht, 1. Auflage, 2022; Gerdemann, Konformitätsbewertung als Kernpflicht der KI-Verordnung, 2024, 2209; Geminn, Die Regulierung Künstlicher Intelligenz, ZD 2021, 354; Klindt, Produkthaftungsgesetz, 3. Auflage 2021; Schneider, Zertifizierung im Rahmen der CE-Kennzeichnung, 2002; Streinz, EUV/AEUV, 3. Auflage, 2018; v Czettritz/Strelow, Rechtsschutz gegen Maßnahmen und Entscheidungen der Benannten Stellen, MPR 2022, 205; von der Groeben/Schwarze/Hatje, Europäisches Unionsrecht, 8. Auflage, 2026.

Übersicht

I. Einführung

1. Allgemeines

1 Artikel 29 stellt den **chronologischen Anfang** des **Notifizierungsverfahrens** dar, an dessen Ende die notifizierende Behörde (Art. 28 → Rn. 4 ff.) die antragsstellende Konformitätsbewertungsstelle gegenüber der Europäischen Kommission und den übrigen Mitgliedstaaten der Europäischen Union notifiziert. Die Vorschriften über Notifizierung entsprechen weitestgehend den Mustervorschriften in Anhang I des Beschlusses Nr. 768/2008/EG des New Legislative Framework. Durch die **europäische Harmonisierung** der Regeln zur Notifizierung der Konformitätsbewertungsstellen und deren Pflichten sollen durch spezifische Kriterien, die von den Konformitätsbewertungsstellen zu erfüllen sind, europaweit ein einheitlich hohes Leistungsniveau der notifizierten Stellen gewährleistet werden.

2–3 Der gesetzliche Regelfall ist derzeit das interne Verfahren, das gem. Art. 43 Abs. 2 für alle Hochrisiko-KI-Systeme im Sinne des Anhangs III Nr. 2–8 durchzuführen ist. Für biometrische Hochrisiko-KI-Systeme im Sinne des Anhangs III Nr. 1 ist gem. Art. 43 Abs. 1 unter bestimmten Voraussetzungen die Durchführung eines externen Verfahrens zwingend vorgesehen sowie für Hochrisiko-KI-Systeme, bei denen der Anbieter gem. Art. 43 Abs. 1 UAbs. 2 lit. a–d nicht für alle Elemente der Konformitätsprüfung harmonisierte Normen oder technische Spezifikationen anwendet.[1]

4 Bei den Konformitätsbewertungsstellen handelt es sich ganz überwiegend um private Unternehmen. Die wohl bekanntesten Konformitätsbewertungsstellen sind die technischen Überwachungsvereine (TÜV) oder der Deutsche Kraftfahrzeug-Überwachungsverein (DEKRA). Daneben bestehen staatliche Konformitätsbewertungsstellen, insbesondere in sicherheitsrelevanten Bereichen, so zum Beispiel die Physikalisch-Technische Bundesanstalt, die Konformitätsbewertungen im Bereich des gesetzlich geregelten Messwesens durchführt.

2. Natur der Notifizierung

5 Damit eine Konformitätsbewertungsstelle Konformitätstätigkeiten im Rahmen der KI-Verordnung vornehmen darf und dadurch zur sog. Notifizierten Stelle (Art. 3 Nr. 22 → Rn. 1 ff.) wird, muss sie notifiziert werden. Die Notifizierung ist die ausdrückliche Mitteilung eines Mitgliedstaates der Europäischen Union an die jeweils anderen Mitgliedsstaaten sowie an die Europäische Kommission, dass einer Konformitätsbewertungsstelle die behördliche Befugnis zur Durchführung von gesetzlich geregelten Konformitätsprüfungen übertragen wurde.

6 Grundsätzlich besteht das Notifizierungsverfahren aus folgenden zwei Bestandteilen:

7 Zunächst benötigt eine Konformitätsbewertungsstelle eine hoheitlich erteilte Erlaubnis des notifizierenden Mitgliedsstaats, dass sie im Anwendungsbereich der KI-VO tätig werden darf. Diese Befugnis wird von der notifizierenden Behörde gem. Art. 28 erteilt.

8 Darüber hinaus ist die eigentliche Notifizierung in Form einer Mitteilung an die jeweils anderen Mitgliedsstaaten der Europäischen Union sowie an die Europäische Kommission erforderlich, dass die entsprechende Konformitätsbewertungsstelle die benötigte Befugnis erhalten hat. Dabei handelt es sich – im Gegensatz zur Erteilung einer Befugnis im Wege eines Verwaltungsakts – um eine schlichte Mitteilung (Realakt) an die Europäische Kommission und die übrigen Mitgliedstaaten.[2] Die Europäische Kommission weist anschließend, soweit noch nicht vorhanden, der notifizierten Stelle eine Kennnummer zu. Die Europäische Kommission veröffentlicht anschließend die notifizierte Stelle mit den jeweiligen Aufgaben unter ihrer Kennnummer im elektronischen Notifizierungssystem NANDO (New Approach Notified and Designated Organisations: https://ec.europa.eu/growth/tools-databases/nando/.

3. Rechtsschutz

9 Verweigert die notifizierende Behörde die Notifizierung einer antragsstellenden Konformitätsbewertungsstelle, richtet sich das Rechtsschutzverfahren nach dem jeweiligen Verwaltungsrecht des jeweiligen Staates, in dem die notifizierende Behörde ihren Sitz hat. In Deutschland kann die antragsstellenden Konformitätsbewertungsstelle Verpflichtungsklage gem. § 42 Abs. 1 Alt. 2.2 VwGO erheben.[3]

---

[1] Gerdemann NJW 2024, 2209 (2211).
[2] NK-ProdR/Piovano ProdSG § 2 Rn. 133.
[3] Im Zusammenhang mit der MDR, v Czettritz/Strelow MPR 2022, 205 (208).

II. Absatz 1

10 Um das Verfahren zur Notifizierung einzuleiten, muss der gesetzliche Vertreter der Konformitätsbewertungsstelle zunächst einen Antrag bei der notifizierenden Behörde stellen. Erst aufgrund dieses Antrags wird das in Art. 30 geregelte Notifizierungsverfahren eingeleitet und durchgeführt.

11 Trotz des europäisch harmonisierten Ansatzes, hat die Konformitätsbewertungsstelle den Antrag bei der notifizierten Behörde zu stellen, in der sie „ansässig" ist. Hat die Konformitätsbewertungsstelle mehrere Niederlassungen in verschiedenen Mitgliedstaaten, stellt sich die Frage nach der örtlich zuständigen notifizierenden Behörde.

12 Die europarechtliche Definitionen der Konformitätsbewertungsstelle in Art. 2 Ziff. 13 der VO (EU) 765/2008 und in Art. 3 Nr. 20 stellen nicht auf die rechtliche Organisation oder Untergliederung der Konformitätsbewertungsstelle ab, sodass andere Maßstäbe herangezogen werden müssen, um festzustellen, welcher Standort einer Konformitätsbewertungsstelle als maßgeblich „ansässig" iSd Art. 29 Abs. 1 angesehen werden kann. Zu beachten ist hierbei, dass eine Konformitätsbewertungsstelle selbstredend mehrere Standorte in unterschiedlichen Mitgliedsstaaten haben kann, die jeweils für sich betrachtet als eigenständige Konformitätsbewertungsstellen betrachtet werden können und dadurch jeweils bei ihrer Heimatbehörde die Notifizierung beantragen müssen.

13 Bei mehreren Standorten ist grundsätzlich auf die Hauptstelle der Konformitätsbewertungsstelle abzustellen. Der Sitz der Hauptstelle muss allerdings nicht notwendigerweise der Sitz des Rechtsträgers sein und die Leitung der Konformitätsbewertungsstelle muss nicht notwendigerweise die oberste Leitung des Rechtsträgers sein. Es hängt vielmehr von der Aufbauorganisation der Konformitätsbewertungsstelle und ihres Rechtsträgers ab, was als Hauptstelle der Konformitätsbewertungsstelle anzusehen ist. Europarechtlich ist die Niederlassung im Rahmen der sog. Niederlassungsfreiheit in Art. 49 AEUV geregelt. Darunter sind die Aufnahme und Ausübung einer (wirtschaftlichen) Erwerbstätigkeit, die selbstständig und auf der Grundlage einer festen Einrichtung dauerhaft auf die Teilnahme am Wirtschaftsleben angelegt ist sowie die Gründung und Leitung von Unternehmen zu verstehen. Die Niederlassung ist folglich nicht das bloße Entstehen einer Präsenz, sondern sie umfasst das wirtschaftliche Tätigwerden des Unternehmens im Hoheitsgebiet eines Mitgliedstaats.[4] Um beurteilen zu können, wann von einer gemeinsamen „tatsächlichen Durchführung von Konformitätsbewertungen" von mehreren Gesellschaften gesprochen werden kann, können die nachfolgenden Maßstäbe herangezogen werden. Danach wird beurteilt, wann lediglich von einem „Standort" einer Konformitätsbewertungsstelle und keiner eigenständigen Konformitätsbewertungsstelle gesprochen wird. In diesem Zusammenhang ist die Unterscheidung zwischen „Hauptstelle" und „Standort", die zusammenbetrachtet eine Organisation bilden, von wesentlicher Natur.

- Hauptstelle hat Verantwortung und fachliche Weisungsbefugnis über alle den Geltungsbereich einer Notifizierung umfassenden Standorte und Konformitätsbewertungstätigkeiten.
- Hauptstelle hat Leitung eines Standortes inne: dieselbe Gruppe von Personen bzw. derselben Organisationseinheiten, welche die vollständige Verantwortung

---

[4] Streinz/Müller-Graff AEUV Art. 49 Rn. 11; Groeben, von der/Schwarze/Jürgen Tiedje AEUV Art. 49 Rn. 1.

für die in den Geltungsbereich der Akkreditierung fallenden Tätigkeiten innehaben.
- Fachliche Weisungsbefugnis an das Personal, auch wenn keine disziplinarische Unterordnung zur Hauptstelle.
- Hauptstelle muss alleinverantwortlich für alle Konformitätsbewertungen sein, unabhängig davon, ob diese von der Hauptstelle oder von einem oder mehreren Standorten erbracht wurden.

Wirtschaftsteilnehmer mit Sitz in Drittländern, die in den Binnenmarkt eintreten wollen, könnten sich entweder an benannte Stellen mit Sitz in der EU wenden oder – vorbehaltlich der Abkommen über die gegenseitige Anerkennung mit Drittländern – Stellen außerhalb der EU in Anspruch nehmen, die für die Durchführung einer solchen Bewertung benannt wurden.[5] **14**

III. Unterlagen bei Antragsstellung (Abs. 2)

Dem Antrag sind von der Konformitätsbewertungsstelle verschiedene Antragsunterlagen beizufügen. Dies sind namentlich: **15**
- eine Beschreibung der Konformitätsbewertungstätigkeit,
- eine Beschreibung der Konformitätsbewertungsmodule,
- eine Beschreibung der Art der KI-Systeme, für die diese Konformitätsbewertungsstelle Kompetenz beansprucht,
- gegebenenfalls die Akkreditierungsurkunde
- gegebenenfalls Dokumente über bereits bestehende Notifizierungen

Mit den Angaben in diesen Unterlagen legt die Konformitätsbewertungsstelle fest, für welche Art von KI-Systemen sie notifiziert werden möchte. **16**

Mit der Beschreibung der Konformitätsbewertungsmodule sind die Konformitätsbewertungsverfahren gemeint, die in dem Beschluss Nr. 768/2008/EG[6] beschrieben werden. Der Beschluss Nr. 768/2008/EG ist Teil des News Legislative Frameworks und präzisiert die Module des sogenannten Modulbeschluss 93/465/EWG. Dieser „Modulbeschluss“ enthielt verschiedene Verfahren, wie die Konformität von Produkten festgestellt werden soll. Je höher die Gefährlichkeit und Komplexität eines Produkts ist, desto höher sind die Anforderungen an das Konformitätsbewertungsverfahren, sodass ein umfassenderes und komplexeres Modul im Rahmen des Konformitätsbewertungsverfahren anzuwenden ist.[7] **17**

Die jeweilige Konformitätsbewertungsstelle wählt dabei selbst aus, für welche Module sie sich notifizieren lassen möchte. Nach Art. 43 Abs. 1 steht bei Hochrisiko-KI-Systemen bisher nur die Bewertung des Qualitätsmanagementsystems und der Bewertung der technischen Dokumentation gemäß Anhang VII durch eine notifizierte Stelle als Konformitätsbewertungsmodul. **18**

Mit Blick auf Erwgr. 125, in dem das Ziel formuliert wird, die Konformitätsbewertung durch notifizierte Stellen in Zukunft ausbauen zu wollen (,[8] ist es durchaus denkbar, dass in Zukunft noch weitere Konformitätsbewertungsmodule in die KI-VO aufgenommen werden. **19**

---

[5] COM(2020) 65 final, 29 f.; Jüngling MMR 2020, 440 (445).
[6] Erwgr. 14 d. Beschluss Nr. 768/2008/EG.
[7] Schneider, Zertifizierung im Rahmen der CE-Kennzeichnung, S. 46.
[8] Erwgr. 125.

20 Mit der Beschreibung der Art der KI-Systeme wird die Produktart festgelegt, deren Konformität die antragstellende Konformitätsbewertungsstelle bestätigen können möchte. Diese Bestimmung ist Ausfluss des Ansatzes der Europäischen Kommission, dass die Künstliche Intelligenz nicht als Technologie, sondern die Anwendungen der verschiedensten Ausformungen der Technologie in verschiedensten Bereichen reguliert werden soll.[9] Als „Art des KI-Systems" sind diejenigen Hochrisiko-KI-Systeme zu verstehen, die in Anhang III genannt sind.

21 Sofern bereits eine Akkreditierungsurkunde vorhanden ist, hat die antragstellende Konformitätsbewertungsstelle diese Akkreditierungsurkunde dem Antrag auf Notifizierung beizufügen, die von einer nationalen Akkreditierungsstelle ausgestellt wurde und in der bescheinigt wird, dass die Konformitätsbewertungsstelle die Anforderungen des Art. 31 erfüllt. Dadurch soll das Notifizierungsverfahren vereinfacht und beschleunigt werden, da die notifizierende Behörde in diesem Fall nicht mehr die Voraussetzungen des Art. 31 prüfen muss.

22 Gleichzeitig bedeutet dies, dass eine Konformitätsbewertungsstelle bei Antragsstellung nach Art. 31 nicht akkreditiert sein muss.

23 Ferner kann die antragsstellende Konformitätsbewertungsstelle sonstige gültige Dokumente in Bezug auf bestehende Benennungen im Rahmen anderer Harmonisierungsrechtsvorschriften der Union beifügen. Auch hierdurch kann das Verfahren für die Notifizierung vereinfacht und beschleunigt werden, indem nicht mehr jeder Punkt einzeln geprüft werden muss.

IV. Absatz 3

24 Kann die Konformitätsbewertungsstelle keine Akkreditierungsurkunde beilegen, hat sie alle Unterlagen vorzulegen, damit die notifizierende Behörde überprüfen und feststellen kann, dass die Konformitätsbewertungsstelle die Anforderungen aus Art. 31 erfüllt. Diese Bestimmung hat lediglich eine deklaratorische Natur. Welche konkreten Unterlagen vorzulegen sind, ergibt sich zumeist aus Antragsformularen der jeweiligen notifizierenden Behörde. Zur Erscheinung dieses Kommentars lagen jedoch noch keine entsprechenden Formulare vor.

25 In diesem Fall muss die notifizierende Behörde jedoch der Europäischen Kommission Vereinbarungen zwischen ihr und der zu notifizierenden Konformitätsstelle vorlegen, aufgrund der die notifizierende Behörde die zu notifizierende Konformitätsbewertungsstelle regelmäßig daraufhin überprüfen kann, ob sie die Anforderungen nach Art. 31 erfüllt.[10]

V. Unterlagen anderer Benennungen und Aktualisierungspflicht (Abs. 4)

1. Unterlagen von Benennungen nach anderen Harmonisierungsrechtsvorschriften

26 Nach Abs. 4 S. 1 kann eine antragsstellende Konformitätsbewertungsstelle, die im Rahmen anderer Harmonisierungsrechtsvorschriften der Union bereits als notifizierte Stelle benannt wurde, alle Unterlagen und Bescheinigungen im

[9] Geminn ZD 2021, 354 (357).
[10] Klindt ProdSG/Kapoor § 12 Rn. 9.

Zusammenhang mit solchen Benennungen zur Unterstützung ihres Benennungsverfahrens nach dieser Verordnung verwendet werden. Hierdurch soll Aufwand durch Doppelprüfungen vermieden werden. Zwar wird keine gesetzliche Vermutung geschaffen, wonach vermutet wird, dass die Konformitätsbewertungsstelle alle Voraussetzungen zur Notifizierung unter die KI-VO vorliegen. Jedoch wird sich durch diese Bestimmung in der Praxis der Prüfungsumfang und die Tiefe der Prüfung bei allgemeinen Anforderungen für die Begutachter reduzieren lassen, wenn auf bereits bestehende Notifizierungen zurückgegriffen werden kann.

2. Aktualisierungspflicht

Systemwidrig findet sich in Abs. 4 S. 2 die Verpflichtung für notifizierte Stellen, die Unterlagen nach Absatz 2 und Absatz 3 immer dann aktualisieren müssen, wenn „sich relevante Änderungen ergeben". Von solche Änderungen ist immer dann auszugehen, wenn die Änderung Einfluss auf die Erfüllung des Anforderungen aus Art. 31 haben. Beispielsweise hinsichtlich Kompetenz, Unabhängigkeit oder Ressourcenausstattung. **27**

Diese Verpflichtung dient zur Überwachung der notifizierten Stelle durch die notifizierende Behörde. Dies bedeutet jedoch nicht, dass die notifizierende Behörde daneben keine Überwachungstätigkeiten ausführen muss. Insbesondere, wenn keine Akkreditierung vorliegt, ist eine regelmäßige, proaktive Überwachung seitens der notifizierenden Behörde erforderlich. **28**

Art. 30* Notifizierungsverfahren

(1) **Die notifizierenden Behörden dürfen nur Konformitätsbewertungsstellen notifizieren, die die Anforderungen des Artikels 31 erfüllen.**

(2) **Die notifizierenden Behörden unterrichten die Kommission und die übrigen Mitgliedstaaten mithilfe des elektronischen Notifizierungsinstruments, das von der Kommission entwickelt und verwaltet wird, über jede Konformitätsbewertungsstelle gemäß Absatz 1.**

(3) **[1]Die Notifizierung gemäß Absatz 2 des vorliegenden Artikels enthält vollständige Angaben zu den Konformitätsbewertungstätigkeiten, dem betreffenden Konformitätsbewertungsmodul oder den betreffenden Konformitätsbewertungsmodulen, den betreffenden Arten der KI-Systeme und der einschlägigen Bestätigung der Kompetenz. [2]Beruht eine Notifizierung nicht auf einer Akkreditierungsurkunde gemäß Artikel 29 Absatz 2, so legt die notifizierende Behörde der Kommission und den anderen Mitgliedstaaten die Unterlagen vor, die die Kompetenz der Konformitätsbewertungsstelle und die Vereinbarungen nachweisen, die getroffen wurden, um sicherzustellen, dass die Stelle regelmäßig überwacht wird und weiterhin die Anforderungen des Artikels 31 erfüllt.**

(4) **Die betreffende Konformitätsbewertungsstelle darf die Tätigkeiten einer notifizierten Stelle nur dann wahrnehmen, wenn weder die Kommission noch die anderen Mitgliedstaaten innerhalb von zwei Wochen**

* Kapitel III Abschnitt 4 (Art. 28–39) gilt gem. Art. 113 UAbs. 3 Buchst. b bereits ab 2.8.2025.

nach einer Notifizierung durch eine notifizierende Behörde, falls eine Akkreditierungsurkunde gemäß Artikel 29 Absatz 2 vorgelegt wird, oder innerhalb von zwei Monaten nach einer Notifizierung durch eine notifizierende Behörde, falls als Nachweis Unterlagen gemäß Artikel 29 Absatz 3 vorgelegt werden, Einwände erhoben haben.

(5) [1]**Werden Einwände erhoben, konsultiert die Kommission unverzüglich die betreffenden Mitgliedstaaten und die Konformitätsbewertungsstelle.** [2]**Im Hinblick darauf entscheidet die Kommission, ob die Genehmigung gerechtfertigt ist.** [3]**Die Kommission richtet ihren Beschluss an die betroffenen Mitgliedstaaten und an die zuständige Konformitätsbewertungsstelle.**

Literatur: Ehring/Taeger, Produkthaftungs- und Produktsicherheitsrecht, 1. Auflage, 2022.

Übersicht

I. Einführung

1 In Art. 30 ist das Notifizierungsverfahren geregelt, das sich an dem Verfahren in Artikel R23 des Anhang I des Beschlusses Nr. 768/2008/EG orientiert.

2 Um sicherzustellen, dass Konformitätsbewertungsstellen europaweit tätig werden können, ist die Notifizierung unter den gleichen Bedingungen zu erteilen, wie sie der Beschluss 768/2008/EG für die Wahrnehmung der Aufgaben einer notifizierten Stelle europaweit vorsieht. In Art. 30 wird folglich der Zweck verfolgt, die Notifizierung von Konformitätsbewertungsstellen einem europaweit einheitlichen, transparenten und von der Europäischen Kommission sowie den übrigen Mitgliedsstaaten der Europäischen Union überprüfbaren Verfahren zu unterwerfen.

3 Die Notifizierung ist die ausdrückliche Mitteilung eines Mitgliedstaates der Europäischen Union an die jeweils anderen Mitgliedstaaten sowie an die Europäische Kommission, dass einer Konformitätsbewertungsstelle die behördliche Befugnis zur Durchführung von gesetzlich geregelten Konformitätsprüfungen übertragen wurde. Gemäß Anhang I des Beschlusses Nr. 768/2008/EG besteht das Notifizierungsverfahren grundsätzlich aus zwei Bestandteilen: die Erteilung der hoheitlichen Erlaubnis des notifizierenden Mitgliedsstaats, dass sie im Anwendungsbereich der KI-VO tätig werden darf (sog. Befugniserteilung). Und anschließend die eigentliche Notifizierung in Form einer Mitteilung an die jeweils anderen Mitgliedsstaaten der Europäischen Union sowie an die Europäische Kommission, dass die entsprechende Konformitätsbewertungsstelle die benötigte Befugnis erhalten hat.

4 In der KI-Verordnung wird lediglich die Notifikation ausdrücklich geregelt, nicht hingegen die Befugniserteilung, die Teil des mitgliedsstaatlichen Verwaltungsrechtsrechts ist.

II. Anspruch auf Notifizierung (Abs. 1)

5 Nach Art. 30 Abs. 1 „darf" die notifizierende Behörde der um Notifizierung ersuchenden Konformitätsbewertungsstelle beantragte Notifizierung erteilen, wenn die Anforderungen nach Art. 31 erfüllt sind. Obgleich von „dürfen" in der deutschen Sprachfassung gesprochen wird, wird der notifizierenden Behörde hierfür kein Ermessen eingeräumt, sodass eine um Notifizierung ersuchende Konformitätsbewertungsstelle einen Anspruch auf Erteilung der Befugnis sowie auf Notifizierung hat.

6 Die Erteilung der Notifizierung bzw. der Befugnis stellt einen **begünstigenden Verwaltungsakt** iSd § 35 VwVfG dar, sodass eine Verpflichtungsklage bei Verwehrung der Notifizierung zu wählen ist.

III. Mitteilung der Notifizierung (Abs. 2)

7 Nachdem die Konformitätsbewertungsstelle „notifiziert" wurde bzw. ihr die Befugnis erteilt wurde, Konformitätsbewertungstätigkeiten im Rahmen der KI-VO durchzuführen, wird die Konformitätsbewertungsstelle gegenüber der Europäischen Kommission und den übrigen Mitgliedstaaten der Europäischen Union notifiziert. Dies ist der Vorgang der Unterrichtung der Europäischen Kommission und der anderen Mitgliedstaaten der Europäischen Union durch die notifizierende Behörde darüber, dass eine Konformitätsbewertungsstelle die Befugnis erteilt worden ist, Konformitätsbewertungen gemäß der KI-VO durchzuführen.[1] Diese Mitteilung ist mangels Regelungscharakter iSd § 35 VwVfG lediglich ein **Realakt.** Die Meldung der Erteilung der Befugnis an die Europäische Kommission und die weiteren Mitgliedstaaten der Europäischen Union stellt lediglich schlichtes Verwaltungshandeln dar.

8 Die notifizierende Behörde verwendet hierfür das elektronische Notifizierungssystem NANDO („New Approach Notified and Designated Organisations") der Europäischen Union.

IV. Inhalt der Mitteilung (Abs. 3)

9 In der Mitteilung an die Europäische Kommission und an die restlichen Mitgliedstaaten bzw. in der NANDO-Datenbank ist genau festzuhalten, für welche Konformitätsbewertungstätigkeiten, welche(s) Konformitätsbewertungsmodul(en) und für welche Arten von KI-Systemen die Konformitätsbewertungsstelle notifiziert ist (Art. 29 Abs. 2 → Rn. 15 ff.). Dadurch soll sichergestellt werden, dass für den gesamten Markt, also für Marktüberwachungsbehörden wie auch KI-Anbieter, rechtssicher ersichtlich ist, welche Konformitätstätigkeiten die jeweilige Konformitätsbewertungsstelle durchführen darf.

10 Sofern die notifizierte Stelle nicht akkreditiert ist und dementsprechend keine Akkreditierungsurkunde gem. Art. 29 Abs. 2 vorgelegt hat, hat die notifizierende Behörde der Europäischen Kommission und den anderen Mitgliedstaaten diejenigen Unterlagen vorzulegen, die die Kompetenz der Konformitätsbewertungsstelle und die Vereinbarungen nachweisen, die getroffen wurden, um sicherzustellen,

[1] Blue Guide 2022, C 272/82.

dass die Stelle regelmäßig überwacht wird und weiterhin die Anforderungen des Artikels 31 erfüllt.

V. Einspruchsfristen (Abs. 4)

11 Nach Art. 30 Abs. 4 darf eine Konformitätsbewertungsstelle nur dann Konformitätstätigkeiten im Rahmen der KI-VO wahrnehmen, wenn weder die Europäische Kommission noch die übrigen Mitgliedstaaten innerhalb von einem Monat nach der Notifizierung Einwände erhoben haben.

12 Die notifizierende Behörde wird daher die Notifizierung bzw. die Befugnis zur Durchführung von Konformitätsbewertungen unter der Bedingung zu erteilen, dass die in Abs. 4 enthaltenen für den Beginn der Tätigkeit als notifizierte Stelle abzuwartenden Fristen abgelaufen sind. Innerhalb dieser Fristen können die Europäische Kommission oder die anderen Mitgliedstaaten der Europäischen Union Einwände gegen die Notifizierung erheben. Im deutschen Verwaltungsverfahren übersendet die notifizierende Behörde der Konformitätsbewertungsstelle zusammen mit der Befugniserteilung die Mitteilung über die vorgenommene Notifizierung, stellt die rechtliche Wirksamkeit der Befugniserteilung unter die Bedingung des Fristablaufes ohne Einwände und weist bezüglich der Notifizierung auf die geltenden Fristen von zwei Wochen bzw. zwei Monaten hin.[2] Bei dieser handelt es sich um eine Nebenbestimmung iSd § 36 Abs. 2 Nr. 2 VwVfG.

13 Die Fristen in Abs. 4 werden danach unterschieden, ob die zu notifizierende Stelle die Einhaltung der Notifizierungsvoraussetzungen gem. Art. 31 durch Vorlage einer Akkreditierungsurkunde oder auf anderem Wege nachweist. Hat die Konformitätsbewertungsstelle die Notifizierungsvoraussetzungen unter Vorlage einer Akkreditierungsurkunde nachgewiesen, beträgt die Frist für das Vorbringen von Einwendungen gegen die Notifizierung zwei Wochen. Hat die Konformitätsbewertungsstelle die Notifizierungsvoraussetzungen allerdings auf anderem Wege iSd Art. 29 Abs. 3 nachgewiesen, ist die Einwendungsfrist mit zwei Monaten beträchtlich länger. Durch die unterschiedlich langen Einwendungsfristen wird der Vorzug des europäischen Gesetzgebers für das Institut der Akkreditierung als Verfahren der Kompetenzfeststellung für Konformitätsbewertungsstellen deutlich.[3] Die Fristen beginnen jeweils mit der Notifizierung der Konformitätsbewertungsstelle und werden jeweils im deutschen Recht als Ereignisfrist nach den Vorgaben des § 31 VwVfG iVm §§ 187 ff. BGB berechnet.

VI. Verfahren bei Einwänden (Abs. 5)

14 Sofern innerhalb dieser Fristen Einwände erhoben werden, benachrichtigt die Europäische Kommission unverzüglich die betreffenden Mitgliedstaaten und die Konformitätsbewertungsstelle. Im Falle der fristgerechten Erhebung von Einwänden wird die Befugniserteilung nicht wirksam. Die Konformitätsbewertungsstelle kann ihre Tätigkeit als notifizierte Stelle daher erst dann aufnehmen, wenn die einschlägige Frist zur Erhebung von Einwänden abgelaufen ist, ohne dass die

---

[2] BT-Drs. 17/6852.

[3] Blue Guide 2022, C 272/83; NK-ProdR/Piovano § 15 Rn. 10.

Europäische Kommission oder ein anderer Mitgliedstaat der Europäischen Union bis dahin Einwendungen gegen die Notifizierung vorgebracht hat.

Die Entscheidung darüber, ob die Einwände gegen die Notifizierung der gerechtfertigt sind, wird seitens der Europäischen Kommission getroffen. Die Entscheidung wird in Form eines Beschlusses erlassen, der an die betroffenen Mitgliedstaaten und an die zuständige Konformitätsbewertungsstelle gerichtet wird. 15

Die betroffene Konformitätsbewertungsstelle kann mit einer sog. Nichtigkeitsklage nach Artikel 263 des Vertrags über die Arbeitsweise der Europäischen Union (AEUV) gegen den Beschluss der Europäischen Kommission vorgehen. Die Nichtigkeitsklage ermöglicht es natürlichen und juristischen Personen, gegen rechtswidrige Handlungen der EU-Organe, insbesondere der Europäischen Kommission, vorzugehen. Das Verfahren beginnt mit der Einreichung einer Klageschrift beim Gericht der Europäischen Union (EuG). Die Klageschrift muss die angefochtene Entscheidung, die Klagegründe und die Beweismittel enthalten. Auf die Einreichung folgt ein schriftliches Verfahren, in dem die Parteien ihre Argumente und Beweismittel austauschen. Daran schließt sich in der Regel eine mündliche Verhandlung an, in der die Parteien ihre Standpunkte darlegen und das Gericht Fragen stellt. Das Gericht prüft die Klagegründe, die insbesondere eine Verletzung wesentlicher Formvorschriften, eine Verletzung des Vertrages oder einer bei seiner Durchführung anzuwendenden Rechtsnorm, eine Überschreitung der Befugnisse oder einen Ermessensmissbrauch umfassen können. Hält das Gericht die Klagegründe für begründet, so kann es die angefochtene Entscheidung für nichtig erklären. Dies hat zur Folge, dass die Entscheidung rückwirkend aufgehoben wird und die Europäische Kommission gegebenenfalls eine neue Entscheidung erlassen muss. 16

Art. 31* Anforderungen an notifizierte Stellen

(1) **Eine notifizierte Stelle wird nach dem nationalen Recht eines Mitgliedstaats gegründet und muss mit Rechtspersönlichkeit ausgestattet sein.**

(2) **Die notifizierten Stellen müssen die zur Wahrnehmung ihrer Aufgaben erforderlichen Anforderungen an die Organisation, das Qualitätsmanagement, die Ressourcenausstattung und die Verfahren sowie angemessene Cybersicherheitsanforderungen erfüllen.**

(3) **Die Organisationsstruktur, die Zuweisung der Zuständigkeiten, die Berichtslinien und die Funktionsweise der notifizierten Stellen müssen das Vertrauen in ihre Leistung und in die Ergebnisse der von ihnen durchgeführten Konformitätsbewertungstätigkeiten gewährleisten.**

(4) **[1]Die notifizierten Stellen müssen von dem Anbieter eines Hochrisiko-KI-Systems, zu dem sie Konformitätsbewertungstätigkeiten durchführen, unabhängig sein. [2]Außerdem müssen die notifizierten Stellen von allen anderen Akteuren, die ein wirtschaftliches Interesse an den bewerteten Hochrisiko-KI-Systemen haben, und von allen Wettbewerbern des Anbieters unabhängig sein. [3]Dies schließt die Verwendung von bewerte-**

* Kapitel III Abschnitt 4 (Art. 28–39) gilt gem. Art. 113 UAbs. 3 Buchst. b bereits ab 2.8.2025.

ten Hochrisiko-KI-Systemen, die für die Tätigkeit der Konformitätsbewertungsstelle nötig sind, oder die Verwendung solcher Hochrisiko-KI-Systeme zum persönlichen Gebrauch nicht aus.

(5) **[1]Weder die Konformitätsbewertungsstelle, ihre oberste Leitungsebene noch die für die Erfüllung ihrer Konformitätsbewertungsaufgaben zuständigen Mitarbeiter dürfen direkt an Entwurf, Entwicklung, Vermarktung oder Verwendung von Hochrisiko-KI-Systemen beteiligt sein oder die an diesen Tätigkeiten beteiligten Parteien vertreten. [2]Sie dürfen sich nicht mit Tätigkeiten befassen, die ihre Unabhängigkeit bei der Beurteilung oder ihre Integrität im Zusammenhang mit den Konformitätsbewertungstätigkeiten, für die sie notifiziert sind, beeinträchtigen könnten. [3]Dies gilt besonders für Beratungsdienstleistungen.**

(6) **[1]Notifizierte Stellen werden so organisiert und geführt, dass bei der Ausübung ihrer Tätigkeit Unabhängigkeit, Objektivität und Unparteilichkeit gewahrt sind. [2]Von den notifizierten Stellen werden eine Struktur und Verfahren dokumentiert und umgesetzt, die ihre Unparteilichkeit gewährleisten und sicherstellen, dass die Grundsätze der Unparteilichkeit in ihrer gesamten Organisation, von allen Mitarbeitern und bei allen Bewertungstätigkeiten gefördert und angewandt werden.**

(7) **[1]Die notifizierten Stellen gewährleisten durch dokumentierte Verfahren, dass ihre Mitarbeiter, Ausschüsse, Zweigstellen, Unterauftragnehmer sowie alle zugeordneten Stellen oder Mitarbeiter externer Einrichtungen die Vertraulichkeit der Informationen, die bei der Durchführung der Konformitätsbewertungstätigkeiten in ihren Besitz gelangen, im Einklang mit Artikel 78 wahren, außer wenn ihre Offenlegung gesetzlich vorgeschrieben ist. [2]Informationen, von denen Mitarbeiter der notifizierten Stellen bei der Durchführung ihrer Aufgaben gemäß dieser Verordnung Kenntnis erlangen, unterliegen der beruflichen Schweigepflicht, außer gegenüber den notifizierenden Behörden des Mitgliedstaats, in dem sie ihre Tätigkeiten ausüben.**

(8) **Die notifizierten Stellen verfügen über Verfahren zur Durchführung ihrer Tätigkeiten unter gebührender Berücksichtigung der Größe eines Betreibers, des Sektors, in dem er tätig ist, seiner Struktur sowie der Komplexität des betreffenden KI-Systems.**

(9) **Die notifizierten Stellen schließen eine angemessene Haftpflichtversicherung für ihre Konformitätsbewertungstätigkeiten ab, es sei denn, diese Haftpflicht wird aufgrund nationalen Rechts von dem Mitgliedstaat, in dem sie niedergelassen sind, gedeckt oder dieser Mitgliedstaat ist selbst unmittelbar für die Konformitätsbewertung zuständig.**

(10) **Die notifizierten Stellen müssen in der Lage sein, ihre Aufgaben gemäß dieser Verordnung mit höchster beruflicher Integrität und der erforderlichen Fachkompetenz in dem betreffenden Bereich auszuführen, gleichgültig, ob diese Aufgaben von den notifizierten Stellen selbst oder in ihrem Auftrag und in ihrer Verantwortung durchgeführt werden.**

(11) **[1]Die notifizierten Stellen müssen über ausreichende interne Kompetenzen verfügen, um die von externen Stellen in ihrem Namen wahrgenommen Aufgaben wirksam beurteilen zu können. [2]Die notifizierten Stellen müssen ständig über ausreichendes administratives, technisches,**

juristisches und wissenschaftliches Personal verfügen, das Erfahrungen und Kenntnisse in Bezug auf einschlägige Arten der KI-Systeme, Daten und Datenverarbeitung sowie die in Abschnitt 2 festgelegten Anforderungen besitzt.

(12) [1]**Die notifizierten Stellen wirken an den in Artikel 38 genannten Koordinierungstätigkeiten mit.** [2]**Sie wirken außerdem unmittelbar oder mittelbar an der Arbeit der europäischen Normungsorganisationen mit oder stellen sicher, dass sie stets über den Stand der einschlägigen Normen unterrichtet sind.**

Literatur: Klindt, Produktsicherheitsgesetz, 3. Auflage, 2021; Buck/Loerzer/Schwabedissen, Rechtskonformes Inverkehrbringen von Produkten, 2012.

Übersicht

I. Allgemeines

In Art. 31 sind im Wesentlichen die Pflichten der Konformitätsbewertungsstellen hinsichtlich ihrer Tätigkeit als notifizierte Stelle formuliert. In Art. 31 wird die gesetzliche Bindung der notifizierten Stellen an die jeweils einschlägigen Konformitätsbewertungsverfahren und die zu Grunde liegenden Verfahrensgrundsätze festgeschrieben. Des Weiteren werden Anforderungen festgelegt, die notifizierte Stellen erfüllen müssen. Die Notifikationsanforderungen entspre- 1 chen weitgehend den Anforderungen, die heute bereits in verschiedenen Binnenmarktrichtlinien festgelegt sind, die im Rahmen des sogenannten *Alignment Packages* erlassen wurden.

2 Diese Anforderungen sind von der notifizierenden Behörde bei der Begutachtung und der Überwachung der notifizierten Stelle zu Grunde zu legen und werden anschließend dauerhaft überprüft. Erfüllt die notifizierte Stelle die Notifizierungsvoraussetzungen nicht mehr, hat die notifizierende Behörde die erteilte Befugnis zu widerrufen, auszusetzen oder einzuschränken.

II. Rechtspersönlichkeit nach nationalem Recht (Abs. 1)

1. Rechtspersönlichkeit

3 Nach Absatz 1 muss die notifizierte Stelle Rechtspersönlichkeit besitzen. Dies bedeutet im deutschen Recht, dass sie rechtsfähig, geschäftsfähig und parteifähig sein muss. Unter Rechtsfähigkeit ist die Fähigkeit zu verstehen, selbständig Träger von Rechten und Pflichten zu sein. Geschäftsfähigkeit ist die Fähigkeit, aus freiem Willen rechtsgeschäftliche Willenserklärungen abzugeben, also zB Verträge zu schließen (§§ 104 ff. BGB). Parteifähigkeit bezeichnet im deutschen Zivilprozessrecht die Fähigkeit, in einem gerichtlichen Verfahren Partei zu sein. Nach § 50 Abs. 1 ZPO ist parteifähig, wer prozessfähig ist.

4 Partei- und rechtsfähig sind grundsätzlich alle natürlichen und juristischen Personen nach deutschem Gesellschaftsrecht, wie Aktiengesellschaften (AG), Gesellschaften mit beschränkter Haftung (GmbH), Kommanditgesellschaften auf Aktien (KGaA), eingetragene Genossenschaften (eG), eingetragene Vereine (e.V.) sowie Stiftungen. Eine notifizierte Stelle kann auch die Rechtsform einer teilrechtsfähigen Gesellschaft bürgerlichen Rechts (GbR) haben. Die teilrechtsfähige GbR kann selbst Verträge abschließen und Verbindlichkeiten eingehen und nimmt somit am Rechtsverkehr teil.[1]

5 Das Erfordernis der Rechtsfähigkeit der notifizierten Stelle ergibt sich aus Erwägungen des Schutzes des Rechtsverkehrs. Führt die notifizierte Stelle zB eine fehlerhafte Konformitätsbewertung durch, kann dem betroffenen Anbieter oder Kunden ein erheblicher Schaden entstehen, indem er zB die fehlerhaft zertifizierte KI wieder vom Markt nehmen muss.[2] Dieser Anbieter hat daher ein Interesse daran, seinen Schaden gegenüber der verantwortlichen notifizierten Stelle geltend zu machen. Voraussetzung für die Geltendmachung des Schadens ist jedoch, dass die notifizierte Stelle rechts- und parteifähig ist. Eine rechtlich unselbständige Zweigstelle einer Konformitätsbewertungsstelle erfüllt diese Voraussetzungen gerade nicht, weshalb einer solchen Zweigstelle die Befugnis, als notifizierte Stelle nach tätig zu werden, nicht erteilt werden kann.[3]

2. Gründung nach nationalem Recht

6 Nach Abs. 1 muss die notifizierte Stelle außerdem nach dem nationalen Recht des Mitgliedstaats gegründet sein, in dem sie ansässig ist. Hintergrund der Regelung ist, dass sich die Rechtsfähigkeit juristischer Personen im internationalen

---

[1] BGH BeckRS 2001, 301581.
[2] LG München I StoffR 2007, 286 ff.
[3] Klindt ProdSG/Kapoor § 13 Rn. 6.

Wirtschaftsverkehr danach richtet, wo die jur. Person gegründet wurde. Für EU-Gesellschaften ist das Recht des Gründungsstaates maßgebend, das nach der Gründungstheorie[4] anerkannt wird.[5] Für Gesellschaften aus Drittstaaten gilt hingegen die Sitztheorie, die auf das Recht des Sitzstaates abstellt, in dem die Gesellschaft ihren Verwaltungssitz hat.

Bestehen mehrere Standorte mit Rechtspersönlichkeit in verschiedenen Mitgliedstaaten ist zu prüfen, in welchem Mitgliedstaat tatsächlichen Konformitätsbewertungen durchgeführt werden. 7

III. Anforderungen an notifizierte Stellen (Abs. 2)

1. Sinn und Zweck

Abs. 2 verfolgt das Ziel, sicherzustellen, dass die notifizierten Stellen, die für die Bewertung der Konformität von KI-Systemen zuständig sind, über die notwendige organisatorische Struktur, Qualitätssicherung, Ressourcen und Sicherheitsvorkehrungen verfügen, um ihre Aufgaben effektiv, zuverlässig und sicher wahrnehmen zu können. Dabei ist nicht relevant, ob diese Aufgaben von ihr selbst, in ihrem Auftrag oder unter ihrer Verantwortung erfüllt werden, beispielsweise bei der Durchführung einer Produktprüfung durch ein Zweigunternehmen oder Unterauftragnehmern (→ Art. 33 Rn. 1 ff.). 8

2. Aufgaben der notifizierten Stellen

Die notifizierten Stellen werden benannt, damit sie die Konformität der KI-Systeme mit den wesentlichen Anforderungen der KI-VO bewerten und eine kohärente technische Anwendung dieser Anforderungen gemäß den entsprechenden Verfahren gewährleistet wird. Die **Hauptaufgabe einer notifizierten Stelle** ist folglich, die für eine Konformitätsbewertung notwendigen Leistungen nach Art. 43 zu erbringen. Dabei müssen sich die notifizierten Stellen **streng an die Vorgaben des jeweiligen Konformitätsbewertungsverfahrens halten** und dürfen die Konformität der KI-VO nicht auf andere Weise prüfen und bestätigen. Nur in der Funktion als Konformitätsbewertungsstelle darf eine notifizierte Stelle einen Prüfbericht erstellen, die den Namen und die Kennnummer der notifizierten Stelle trägt. Unter keinen Umständen darf die notifizierte Stelle für Prüfungen, die nicht in der KI-VO aufgeführt sind, einen Prüfbericht ausstellen, der ihre für die KI-VO zugeordnete Kennnummer trägt. Die notifizierten Stellen dürfen des Weiteren in dieser Funktion keine zusätzlichen Leistungen anbieten oder erbringen, die keinen zusätzlichen Nutzen für die Konformitätsbewertung der KI-VO bedeuten.[6] 9

Die Anbieter können dabei zwischen den notifizierten Stellen, die für die Durchführung des betreffenden Konformitätsbewertungsverfahrens benannt wurden, **frei wählen.** Die notifizierten Stellen dürfen ihre Konformitätsbewertungsleistungen innerhalb ihres Notifizierungsbereichs jedem Wirtschaftsakteur mit Sitz inner- oder außerhalb der Europäischen Union anbieten. Sie können diese Tätigkeiten auch im Hoheitsgebiet anderer Mitgliedstaaten oder von Drittstaaten ausüben. 10

---

[4] EuGH BeckRS 2004, 75124.

[5] Der EuGH hat diese Theorie in den Fällen „Centros", „Überseering" und „Inspire Art" bestätigt und auf Gesellschaften des EWR und gleichgestellter Staaten ausgedehnt.

[6] Blue Guide 2022, C 272/77.

11 Neben der eigentlichen Konformitätsbewertungsarbeit sollten sich die notifizierten Stellen auch als **Erbringer von Dienstleistungen für die Industrie** verstehen. Sie sollten daher den Anbietern einschlägige Informationen zu den Anforderungen der KI-VO bereitstellen, das Konformitätsbewertungsverfahren ohne unnötige Belastungen für die Wirtschaftsbeteiligten durchführen und keine zusätzlichen Zertifizierungen oder Kennzeichnungen vorschlagen, die für die Konformitätsbewertung des KI-Systems keinen zusätzlichen Nutzen bedeuten.[7]

3. Anforderungen zur Aufgabenerfüllung

12 Danach müssen die notifizierten Stellen für jedes einzelne Konformitätsbewertungsverfahren sowie für jede Art eines KI-Systems über eine ausreichende Ressourcenausstattung verfügen. Dazu gehören neben finanziellen und administrativen Ressourcen auch die erforderliche Anzahl von Mitarbeitern, die über hinreichende Fachkenntnis und ausreichende einschlägige Erfahrung verfügen. Des Weiteren müssen die notifizierten Stellen über Beschreibungen der Verfahren verfügen, nach denen die Konformitätsbewertung durchgeführt wird, um die Transparenz und Wiederholbarkeit dieser Verfahren sicherzustellen. Ferner muss sie mit geeigneten Verfahren sicherstellen, dass sie die gebotene Trennung zwischen Aufgaben, die sie als notifizierte Stelle im gesetzlich geregelten Bereich durchführt und sonstigen Aufgaben (zB Beratungsdienstleistungen) gewährleistet wird.

13 Ferner hat die notifizierte Stelle die erforderlichen Mittel bereitzuhalten, um die erforderlichen technischen und administrativen Aufgaben hinreichend erfüllen zu können. Sie muss in diesem Zusammenhang Zugang zu allen erforderlichen Ausrüstungen oder Einrichtungen verfügen. Um diese Anforderung erfüllen zu können, muss die notifizierte Stelle daher über eine ausreichende finanzielle Ausstattung verfügen. Trotz der Pflichthaftversicherung nach Art. 31 Abs. 9 soll den Kunden der notifizierten Stelle stets ein solventer Haftungsgegner bei Pflichtverletzungen im Rahmen der Konformitätsbewertungstätigkeiten zur Verfügung stehen. Ferner soll durch eine ausreichende finanzielle Ausstattung das Vertrauen der Industrie in die Konformitätsbewertungsstellen aufgebaut werden, dass diese stets in der Lage dazu sind, die gesetzlich geforderten Qualitätsstandards erfüllen.[8]

14 Des Weiteren müssen die notifizierten Stellen ein hinreichendes Qualitätsmanagementsystem betreiben. In der Praxis wird diese Forderung weitestgehend über eine ISO 9001-Zertifizierung erfüllt, obgleich eine entsprechende Zertifizierung nicht ausdrücklich vom europäischen Gesetzgeber vorgegeben wird.

15 Die oben aufgeführten Anforderungen sind für bereits notifizierte Stelle im Rahmen anderer Harmonisierungsvorschriften nichts Neues. Neu ist nunmehr jedoch, dass die notifizierten Stellen „angemessene Cybersicherheitsanforderungen erfüllen" sollen. Dies soll gewährleisten, dass die Systeme, die zur Durchführung von Konformitätsbewertungen genutzt werden, vor Cyberangriffen geschützt sind und die Vertraulichkeit, Integrität und Verfügbarkeit der Daten gewahrt bleibt. Die Erfüllung dieser Anforderungen ist entscheidend, um die Qualität und Sicherheit der KI-Anwendungen in der gesamten Union zu

[7] Blue Guide 2022, C 272/77.
[8] Klindt ProdSG/Kapoor § 13 Rn. 24.

gewährleisten. Allerdings ist fraglich, was unter „angemessene Cybersicherheitsanforderungen“ zu verstehen ist. Es ist denkbar, dass ein ISMS (Information Security Management System) im Sinne der ISO 27001 eingerichtet wird oder Anleihen an der sog. NIS2-Richtlinie (EU) 2022/2555 genommen, obgleich die jeweilige notifizierte Stelle nicht unter der Anwendungsbereich dieser Richtlinie fällt.

IV. Gewährleistung von Vertrauen (Abs. 3)

Nach Abs. 3 müssen die notifizierte Stelle und ihre Mitarbeiter die Konformitätsbewertungstätigkeiten mit der größtmöglichen Professionalität und fachlichen Kompetenz durchführen. Die notifizierte Stelle muss in der Lage sein, die Leistung aller ihrer Ressourcen zu steuern und zu überwachen und vollständige Aufzeichnungen über die Eignung aller Mitarbeiter, die sie einsetzt, zu führen. Dies gilt sowohl für eigenes Personal als auch für Vertragspersonal und Personal externer Stellen.[9] 16

Darüber hinaus dürfen die notifizierte Stelle und ihre Mitarbeiter keinerlei Einflussnahme durch Dritte ausgesetzt sein, die sich auf ihre Beurteilung oder die Ergebnisse ihrer Konformitätsbewertungen auswirken könnte. Dies gilt insbesondere für Personen oder Personengruppen, die ein Interesse am Ergebnis der Konformitätsbewertung haben. Um diese Unparteilichkeit zu gewährleisten, müssen die notifizierte Stellen und ihre Mitarbeiter frei von jeglichem kommerziellen, finanziellen oder sonstigen Druck sein, der ihr Urteil beeinflussen könnte. Die Struktur der Stelle muss so beschaffen sein, dass ihre Unparteilichkeit gewahrt bleibt, insbesondere wenn sie nicht nur als Konformitätsbewertungsstelle tätig ist. Die notifizierte Stelle muss daher über dokumentierte Verfahren zur Ermittlung, Untersuchung und Lösung aller Fälle verfügen, in denen ein Interessenkonflikt vermutet oder festgestellt wird. Sie sollte auch das in ihrem Auftrag tätige Personal verpflichten, etwaige Interessenkonflikte zu melden.[10] 17

Was genau unter diesen Anforderungen an Unabhängigkeit und Unparteilichkeit zu verstehen ist, wird in den folgenden Absätzen näher erläutert. 18

Darüber hinaus hat die notifizierte Stelle gem. Abs. 3 ihre Organisationsstruktur so zu gestalten, dass die Zuverlässigkeit ihrer Leistungen gewährleistet ist. Durch eine ausreichende Ressourcenausstattung und die in Abs. 2 beschriebenen Maßnahmen wird dieser Anforderung bereits weitgehend Rechnung getragen. 19

V. Unabhängigkeit (Abs. 4)

1. Unabhängigkeit von Anbietern und weiteren Wirtschaftsakteuren (S. 1)

Nach Abs. 4 muss die notifizierte Stelle in Bezug auf Anbieter eines Hochrisiko-KI-Systems eine unabhängige dritte Person sein. Der Begriff „Unabhängigkeit“ ist in Abs. 4 jedoch nur begrifflich aufgenommen, näher definiert 20

---

[9] Blue Guide 2022, C 272/78.
[10] Blue Guide 2022, C 272/81.

wird er hingegen nicht. Hinsichtlich der weiten Auslegungsmöglichkeit ist der Begriff als ein unbestimmter Rechtsbegriff anzusehen, der je nach Auslegung weniger oder mehr „Unabhängigkeit" verlangt. Die Europäische Kommission gibt noch keine Handreichung, aus der ersichtlich wird, was unter Unabhängigkeit zu verstehen ist. Im Allgemeinen wird Unabhängigkeit als die Anwesenheit von Objektivität verstanden. Unter Objektivität wird ferner verstanden, dass Interessenkonflikte nicht existieren bzw. dass diese gelöst werden, um die Tätigkeiten der notifizierten Stelle nicht nachteilig zu beeinflussen. Andere Begriffe, die bei der Vermittlung von Unparteilichkeitselementen nützlich sind, sind das Freisein von Interessenkonflikten, Freisein von Voreingenommenheit, Freisein von Vorurteilen, Neutralität, Fairness, Offenheit, Geradlinigkeit, Abstandswahrung und Ausgewogenheit.

21 In der Norm DIN EN ISO/IEC 17065 unter Punkt 3.13 und in der Norm DIN EN ISO/IEC 17021 in Punkt 3.2 zur Akkreditierung von Managementsystemen findet sich eine Legaldefinition von „Unparteilichkeit". Danach bedeutet Unparteilichkeit die:

„Anwesenheit von Objektivität

ANMERKUNG 1 Unter Objektivität wird verstanden, dass Interessenkonflikte nicht existieren bzw. dass diese gelöst werden, um die Tätigkeiten der Stelle nicht nachteilig zu beeinflussen.

ANMERKUNG 2 Andere Begriffe, die bei der Vermittlung von Unparteilichkeitselementen nützlich sind, sind die Folgenden: Unabhängigkeit, Freisein von Interessenkonflikten, Freisein von Voreingenommenheit, Freisein von Vorurteilen, Neutralität, Fairness, Offenheit, Geradlinigkeit, Abstandswahrung und Ausgewogenheit."

22 Ferner muss berücksichtigt werden, dass der Begriff Unabhängigkeit verschiedene Dimensionen aufweist. Demgemäß ist davon umfasst: die Abwesenheit von Interessenkonflikten, personelle Unabhängigkeit, finanzielle Unabhängigkeit, Ressourcenunabhängigkeit, Unabhängigkeit des Mitarbeitergehalts und die Unparteilichkeit von Zweigunternehmen oder Unterauftragnehmern.

23 Da die Vorschrift im Interesse des erforderlichen Vertrauens in die notifizierten Stellen darauf abzielt, bereits den Anschein eines Interessenkonflikts zu vermeiden, ist im Zweifel einer weiten Auslegung zu folgen, die bereits jedwede Verbindung zu einem Anbieter eines Hochrisiko-KI-Systems verbietet.

24 Neben der Unabhängigkeit des Anbieters eines Hochrisiko-KI-Systems müssen die notifizierten Stellen nach Abs. 4 außerdem von allen anderen Akteuren, die ein wirtschaftliches Interesse an dem bewerteten Hochrisiko-KI-System haben, und von allen Wettbewerbern des Anbieters unabhängig sein. Dies können sein, Angestellte des Anbieters, Service-Dienstleister, die das KI-System beispielsweise vertreiben oder installieren, Käufer, Eigentümer/Gesellschafter der Anbieter oder Verwender.

25–26 Wer als Wettbewerber gesehen wird, wird nicht näher bestimmt. Eine gängige – kartellrechtliche – Definition ist: Unternehmen, die im selben räumlichen und sachlichen Produktmarkt tätig sind, dh die um die gleichen Kunden konkurrieren. Ein einheitlicher sachlicher Markt liegt vor, wenn die auf ihm angebotenen Produkte funktionell austauschbar sind. Funktionelle Austauschbarkeit wiederum ist dann anzunehmen, wenn aus Sicht der Marktgegenseite zwischen den Produkten kein wesentlicher Unterschied besteht, so dass das Produkt ohne Umstände gegen das Produkt eines anderen Unternehmens ausgetauscht werden kann. Der räumlich relevante Markt bezeichnet das Gebiet, in dem sich die objektiven Wettbewerbsbedingungen für das betreffende Produkt für alle Unternehmen gleichen. Der räumliche Markt wird folglich der Europäische Wirtschaftsraum sein, da innerhalb des EWRs qua definitionem keine wesentlichen Wettbewerbsbedingungen bestehen.

Die Pflicht zur Unabhängigkeit betrifft die gesamte Organisation, einschließlich Vorstand oder Direktoren. **27**

Da der Wortlaut sehr weit gefasst ist, könnten auch Mitgliedschaften in Wirtschafts- oder Fachverbänden untersagt sein. Allerdings bleibt zu beachten, dass eine effektive Marktüberwachung auch vom (technischen) Austausch innerhalb der Branche lebt. Daher sollen notifizierte Stellen im Austausch mit Marktteilnehmern aus der eigenen Branche stehen, um sich weiteres Wissen anzueignen. **28**

Vor diesem Hintergrund könnte verargumentiert werden, dass eine Mitgliedschaft in einem entsprechenden Verband möglich ist, soweit und sofern die notifizierte Stelle nachweist, dass sich aus der Verbandsmitgliedschaft und der damit verbundenen Nähe zu den Mitgliedern dieser Verbände und den von diesen zur Konformitätsbewertung gegebenen Produkten für die Konformitätsbewertungsstelle keine Interessenskonflikte ergeben. Ein entsprechender Nachweis wird in der Praxis allerdings nur unter Schwierigkeiten zu führen sein. **29**

2. Ausnahmetatbestand (S. 2)

In Abs. 4 S. 2 ist eine enge Ausnahme zu der Pflicht zu Unabhängigkeit zu dem zu bewertenden KI-System aus Abs. 4 S. 1 vorgesehen. Die notifizierte Stelle darf danach von ihr selbst bewertete Hochrisiko-KI einsetzen, soweit diese für ihre Tätigkeit als notifizierte Stelle **erforderlich sind.** Des Weiteren dürfen die Mitarbeiter der notifizierten Stelle die Produkte **zum persönlichen Gebrauch** kaufen und verwenden, mit deren Konformitätsbewertung sie selbst befasst waren. Die Verwendung im Rahmen einer geschäftlichen Tätigkeit verstößt allerdings gegen den Unabhängigkeitsgrundsatz und bleibt daher untersagt. **30**

VI. Unabhängigkeit von Beratungsdienstleistungen (Abs. 5)

1. Sinn und Zweck

Abs. 5 stellt sicher, dass die notifizierten Stellen ihre Aufgaben objektiv und ohne Einfluss von äußeren Interessen wahrnehmen. Damit ihre Bewertungen und Zertifizierungen glaubwürdig und verlässlich sind, dürfen sie keinerlei wirtschaftliche oder sonstige Interessen an den KI-Systemen haben, die sie bewerten. Daher stellt Abs. 5 sicher, dass Konformitätsbewertungsstellen sowie ihre Führungskräfte und Mitarbeiter nicht am Entwurf, in der Entwicklung, Vermarktung oder Verwendung von Hochrisiko-KI-Systemen beteiligt sind. Dies schließt auch die Vertretung der daran beteiligten Parteien aus. **31**

Die Unabhängigkeit der Konformitätsbewertungsstellen ist von zentraler Bedeutung, um sicherzustellen, dass ihre Beurteilungen frei von externen Einflüssen und wirtschaftlichen Interessen sind. Dadurch wird gewährleistet, dass die Konformitätsbewertung ausschließlich auf den gesetzlichen Anforderungen und technischen Standards basiert, die zum Schutz der Öffentlichkeit festgelegt wurden. **32**

2. Verbot Beteiligung an Entwurf, Entwicklung, Vermarktung oder Verwendung von Hochrisiko-KI Systemen

33 Abs. 5 S. 1 legt fest, dass weder die Konformitätsbewertungsstelle noch ihre oberste Leitungsebene noch die für die Erfüllung ihrer Konformitätsbewertungsaufgaben zuständigen Mitarbeiter direkt an bestimmten Tätigkeiten im Zusammenhang mit Hochrisiko-KI-Systemen beteiligt sein dürfen. Sie dürfen deshalb weder Anbieter, Händler oder Eigentümer der zu bewertenden KI-Systeme sein, noch als Bevollmächtigter bzw. Vertreter dieser Personen agieren. Die Pflicht zur Unabhängigkeit betrifft die gesamte Organisation, einschließlich Vorstand oder Direktoren.

34 Zu den verbotenen Tätigkeiten gehören ferner der Entwurf, die Entwicklung, die Vermarktung und die Verwendung solcher Systeme. Die aufgeführten Tätigkeiten sind in der KI-VO nicht näher definiert. Bei deren Auslegung ist jedoch stets der Sinn und Zweck der Regelung zu berücksichtigen. So ist jeweils von einer weiten Auslegung auszugehen, da nur eine umfassende Auslegung dazu geeignet ist, das Vertrauen der Öffentlichkeit in die Sicherheit und Zuverlässigkeit von Hochrisiko-KI-Systemen zu stärken und die Einhaltung der europäischen Rechtsvorschriften sicherzustellen. Nur durch eine unabhängige und integre Bewertung kann garantiert werden, dass die eingesetzten KI-Systeme tatsächlich den hohen Anforderungen an Sicherheit und Ethik entsprechen.

35 Der Entwurf eines Hochrisiko-KI-Systems bezieht sich auf die Phase, in der die grundlegenden Strukturen, Algorithmen und Modelle, aus denen das System besteht, entwickelt werden. In dieser Phase werden die technischen Spezifikationen und die Architektur des KI-Systems festgelegt. Dabei handelt es sich um die konzeptionelle und technische Planung, die die Grundlage für die anschließende Entwicklung bildet. In dieser Phase werden außerdem die Einsatzzwecke bzw. -gebiete des KI-Systems festgelegt.

36 Die Entwicklung umfasst die eigentliche Erstellung und Programmierung des KI-Systems auf der Grundlage der in der Konzeptionsphase festgelegten Spezifikationen. Dazu gehören das Schreiben von Code, das Trainieren von Modellen, das Testen und Validieren der KI sowie die Integration verschiedener Komponenten zu einem funktionierenden System.

37 Marketing bezieht sich auf alle Aktivitäten, die darauf abzielen, das Hochrisiko-KI-System auf den Markt zu bringen und potenziellen Nutzern zugänglich zu machen. Dazu gehören Werbung, Vertrieb, Verkaufsstrategien und alle Maßnahmen, die darauf abzielen, das Produkt bekannt zu machen und zu verkaufen.

38 Die Verwendung eines Hochrisiko-KI-System bedeutet dessen Einsatz und Anwendung in der Praxis. Die notifizierte Stelle wäre in diesem Fall dementsprechend Betreiber iSv Art. 3 Nr. 4. Allerdings ist in diesem Zusammenhang der Ausnahmetatbestand des Art. 4 S. 2 zu beachten (→ Rn. 30), wonach Hochrisiko-KI-Systeme von der notifizierten Stelle eingesetzt werden dürfen, die für deren Betreib erforderlich sind und von der notifizierten Stelle selbst bewertet wurden. In wie weit Abs. 5 eine Rückausnahme zu Abs. 4 S. 2 darstellt, ist nicht abschließend klar. Im Zweifel ist notifizierten Stellen anzuraten, keine Hochrisiko-Systeme einzusetzen, die sie selbst bewerten.

3. Ausschluss von Beratungsdienstleistungen

39 Besonders hervorgehoben wird in Abs. 5, dass auch Beratungsleistungen, die die Unabhängigkeit der Konformitätsbewertungsstelle gefährden könnten, verbo-

ten sind. Dies bedeutet, dass die notifizierte Stelle keine Beratung anbieten darf, die in direktem Zusammenhang mit den von ihr bewerteten Hochrisiko-KI-Systemen steht, da diese eine besondere Nähe zu den zu bewertenden KI-Systemen schaffen und die Neutralität der notifizierten Stellen untergraben könnten. Die notifizierte Stelle muss daher über Strategien und Verfahren verfügen, die eine Unterscheidung zwischen den in ihrer Eigenschaft als Konformitätsbewertungsstelle durchgeführten Aufgaben und ihren sonstigen Tätigkeiten gewährleisten. In der Praxis ist der Hauptanwendungsfalls hierbei insbesondere die von Konformitätsbewertungsstellen vielfach umfangreich angebotenen Beratungsdienstleistungen (zB Unterstützung bei der Erstellung der technischen Unterlagen, der Risikobeurteilung oder der Sicherheitsbewertung). Eine Konformitätsbewertungsstelle darf im Rahmen einer Beratungsdienstleitung keinem Anbieter, Bevollmächtigten, Lieferanten oder Händler Beratung in Bezug auf Entwurf, Entwicklung, Vermarktung oder Verwendung der betroffenen Produkte anbieten oder für sie erbringen. Eine Konformitätsbewertungsstelle, die notifizierte Stelle sein will, muss Beratungsdienstleistungen für Anbieter im Rahmen der Konformitätsbewertung von KI-Systemen demnach **strikt von Konformitätsbewertungstätigkeiten trennen,** weil sie ansonsten ihre eigene Arbeit bestätigen würde. Dies schließt jedoch die Möglichkeit eines Austauschs von technischen Informationen und Orientierungshilfen zwischen Anbieter, Bevollmächtigten, Lieferanten oder Händler und Konformitätsbewertungsstelle nicht aus.[11]

VII. Einrichtung von Struktur und Verfahren (Abs. 6)

Nach Abs. 6 müssen die notifizierten Stellen durch ihre Organisation und **40**
Arbeitsweise sicherstellen, dass die Unabhängigkeit, Objektivität und Unparteilichkeit bei der Wahrnehmung ihrer Aufgaben gewährleistet ist. Um die Objektivität, Unparteilichkeit und Neutralität zu gewährleisten, müssen die benannten Stellen und ihre Mitarbeiter frei von jeglichem kommerziellen, finanziellen oder sonstigen Druck sein, der ihr Urteil beeinflussen könnte. Die Struktur der Stelle muss so beschaffen sein, dass sie über dokumentierte Verfahren zur Ermittlung, Untersuchung und Lösung aller Fälle verfügt, in denen ein Interessenkonflikt vermutet oder festgestellt wird. Die Stelle sollte auch von den für sie tätigen Mitarbeitern verlangen, dass sie etwaige Interessenkonflikte melden.[12]

VIII. Geheimhaltungspflicht (Abs. 7)

In Abs. 7 wird eine umfassende Geheimhaltungspflicht für die Mitarbeiter, **41**
Ausschüsse, Zweigstellen, Unterauftragnehmer sowie alle zugeordneten Stellen oder Mitarbeiter externer Stellen der notifizierten Stelle festgelegt. Danach dürfen die betreffenden Personen Tatsachen, die ihnen im Rahmen einer Konformitätsbewertung bekannt geworden sind und deren Geheimhaltung im Interesse der notifizierten Stelle oder eines Dritten liegt, nicht unbefugt offenbaren oder verwerten. Dies betrifft insbesondere Betriebs- und Geschäftsgeheimnisse der Kunden der Konformitätsbewertungsstelle, wie Informationen technischer und kommerzieller Art, die im Interesse des Kunden als geheimhaltungsbedürftig

[11] Blue Guide 2022, C 272/77.
[12] Blue Guide 2022, C 272/81.

gegenüber Wettbewerbern und der Öffentlichkeit einzustufen sind und noch nicht allgemein bekannt sind. Darüber hinaus ist es untersagt, solche Informationen zu verwerten, dh für sich nutzbar zu machen. Die Geheimhaltungs- und Verschwiegenheitspflicht ist von der Konformitätsbewertungsstelle durch entsprechende arbeitsvertragliche Regelungen sicherzustellen.[13] Verstößt ein Mitarbeiter gegen seine Geheimhaltungs- und Verschwiegenheitspflicht, können arbeitsvertragliche Konsequenzen und Schadensersatzansprüche gegen ihn geltend gemacht werden. Darüber hinaus können strafrechtliche Konsequenzen nach §§ 203, 204 StGB die Folge eines Verstoßes sein.

42 Die Geheimhaltungspflicht ist von der notifizierten Stelle auch dann zu beachten, wenn sie anderen benannten Stellen relevante Informationen über negative und auf Anfrage auch über positive Ergebnisse von Konformitätsbewertungen übermittelt. Relevante Informationen, die im Zusammenhang mit negativen Ergebnissen von Konformitätsbewertungen auszutauschen sind, sollten daher in erster Linie die Verweigerung einer Konformitätsbewertungsbescheinigung betreffen, in der das Produkt und der betreffende Lieferant genannt werden, nicht jedoch technische oder kommerzielle Details.

IX. Berücksichtigung der Eigenschaften (Abs. 8)

43 Notifizierte Stellen müssen nach Art. 31 Abs. 8 über Verfahren verfügen, die sicherstellen, dass bei ihrer Tätigkeit die Größe des Betreibers, des Sektors, in der es tätig ist, seine Struktur, der Grad an Komplexität des betreffenden KI-Systems in gebührendem Maße zu Gunsten ihrer Kunden berücksichtigen. Diese Anforderung ist Ausdruck des Verhältnismäßigkeitsgrundsatzes, an den sich die notifizierten Stelle bei ihrer Tätigkeit bei der Durchführung des Konformitätsbewertungsverfahrens zu richten hat. Hierzu gehört, dass unnötige Belastungen der Anbieter vermieden werden. Unter Beachtung des Verhältnismäßigkeitsgrundsatzes darf die notifizierte Stelle von den betroffenen Anbietern nur Maßnahmen fordern, die geeignet und zwingend erforderlich sind sowie nicht außer Verhältnis zu dem damit verfolgten Zweck stehen, die Einhaltung der Schutzziele der KI-VO zu gewährleisten.

44 Der Verhältnismäßigkeitsgrundsatz wird in der Praxis besonders dann herausgefordert, wenn ein Anbieter von den Vorgaben einer harmonisierten Norm abweicht oder wenn für ein bestimmtes KI-System keine harmonisierte Norm existiert. Die notifizierte Stelle darf im Lichte der Warenverkehrsfreiheit des betroffenen Anbieters in diesem Fall keinen zu strengen Maßstab anlegen und den Anbieter mit Maximalforderungen konfrontieren.[14]

X. Versicherungsschutz (Abs. 9)

45 Nach Abs. 9 muss die notifizierte Stelle für ihre Konformitätsbewertungstätigkeit ausreichend versichert sein. Der Geltungsbereich und der finanzielle Gesamtwert der Haftpflichtversicherung müssen dem Tätigkeitsumfang der notifizierten Stelle entsprechen. Für die geforderte Haftpflichtversicherung gilt in Deutschland gem. § 114 Versicherungsvertragsgesetz (VVG) eine **Mindestversicherungs-**

[13] Klindt ProdSG/Kapoor § 13 Rn. 30.
[14] Klindt ProdSG/Kapoor § 16 Rn. 5.

summe von 250.000 EUR je Versicherungsfall und 1.000.000 EUR für alle Versicherungs-fälle eines Versicherungsjahres.

Bei der abzuschließenden Haftpflichtversicherung handelt es sich um eine sog. Pflichthaftpflichtversicherung nach § 113 VVG. Im Rahmen der Pflichthaftpflichtversicherung werden dem geschädigten Dritten **weiterreichende Rechte eingeräumt** als bei einer „herkömmlichen" Haftpflichtversicherung. Neben der Mindestversicherungssumme und der Unwirksamkeit eines Selbstbehalts in § 114 VVG ist unter anderem der Direktanspruch gegen den Versicherer (§ 115 Abs. 1 VVG), eine Privilegierung im Rahmen der Verjährung (§ 115 Abs. 2 VVG) und das Bestehenbleiben der Leistungspflicht des Versicherers auch bei krankem Deckungsverhältnis nach § 117 VVG zu nennen. Inwieweit und bei welchem Versicherer die notifizierte Stelle versichert ist, kann der Gläubiger bei der Befugnis erteilenden Behörde in Erfahrung bringen.[15] **46**

Die Pflicht zur Versicherung entfällt, sofern die Haftpflicht aufgrund nationalen Rechts von dem betreffenden Mitgliedstaat gedeckt wird oder dieser Mitgliedstaat ist unmittelbar für die Durchführung der Konformitätsbewertung zuständig. In Deutschland ist beides nicht der Fall. **47**

XI. Sicherstellung beruflicher Integrität und Fachkompetenz (Abs. 10)

Nach Abs. 10 muss die notifizierte Stelle bzw. ihre Mitarbeiter die Konformitätsbewertungstätigkeiten mit der höchsten beruflichen Integrität und der erforderlichen Fachkompetenz durchführen. Die notifizierte Stelle muss daher in der Lage sein, die Leistung all ihrer Ressourcen zu steuern und zu kontrollieren sowie umfassende Aufzeichnungen über die Eignung aller Mitarbeiter zu führen, die sie einsetzt. Dies umfasst eigene Mitarbeiter sowie Vertragsmitarbeiter ebenso wie Mitarbeiter von externen Stellen.[16] **48**

Im Einzelnen muss der notifizierten Stelle eine ausreichende Anzahl an Personal unterstehen, das über ausreichende Kenntnisse und Erfahrungen im Hinblick auf die betreffenden KI-Systeme und Konformitätsbewertungsverfahren sowie über eine entsprechende Ausbildung verfügt. Kenntnisse und Erfahrung sollten insbesondere die maßgeblichen rechtlichen Anforderungen, europäische und nationale Normungsaktivitäten, einschlägige Technologien, Herstellungsmethoden und Überprüfungsverfahren sowie die normalen Gebrauchsbedingungen des jeweiligen KI-Systems umfassen.[17] Des Weiteren muss das Personal über die Fähigkeit zur Erstellung von Bescheinigungen, Protokollen und Berichten als Nachweis für durchgeführten Konformitätsbewertungen verfügen. **49**

Ferner sollte die notifizierte Stelle über Beschreibungen der Verfahren verfügen, nach denen die Konformitätsbewertung durchgeführt wird, um die Transparenz und Wiederholbarkeit dieser Verfahren sicherzustellen. Darüber hinaus muss sie mit geeigneten Verfahren sicherzustellen, dass sie die gebotene Trennung zwischen Aufgaben, die sie als Konformitätsbewertungsstelle im Rahmen der KI-VO durchführt und sonstigen Aufgaben (zB Beratungsdienstleistungen) gewährleistet wird. **50**

Außerdem hat die notifizierte Stelle die erforderlichen Mittel bereitzuhalten, um die erforderlichen technischen und administrativen Aufgaben hinreichend **51**

[15] Klindt ProdSG/Kapoor § 13 Rn. 27.

[16] Blue Guide 2022, C 272/78.

[17] Blue Guide 2022, C 272/77.

erfüllen zu können. Sie muss in diesem Zusammenhang Zugang zu allen erforderlichen Ausrüstungen oder Einrichtungen verfügen. Um diese Anforderung erfüllen zu können, muss die notifizierte Stelle über eine ausreichende finanzielle Ausstattung verfügen.

52 Eine notifizierte Stelle kann einen Teil ihrer Arbeit auf der Grundlage nachgewiesener und regelmäßig überwachter Kompetenzen von einem Unterauftragnehmer oder einem Zweigunternehmen ausführen lassen. Nach Art. 33 Abs. 9 muss die notifizierte Stelle in diesem Fall jedoch sicherstellen, dass der Unterauftragnehmer oder das Zweigunternehmen die Anforderungen des Art. 33 Abs. 9 erfüllt.

53 Zu beachten ist, dass eine Unterauftragsvergabe jedoch nur von streng begrenzten Konformitätsbewertungsaufgaben möglich ist. Eine notifizierte Stelle darf in keinem Fall ihre gesamte Arbeit in Form von Unteraufträgen vergeben, da ansonsten ihre Benennung keine Bedeutung mehr hätte. Die notifizierte Stelle darf daher ihre Tätigkeiten nicht auf rein administrative Funktionen beschränken,[18] sondern muss die Bewertung der Konformität eines KI-Systems weiterhin eigenhändig vornehmen. Bei den Konformitätsbewertungsverfahren muss die technische Arbeit folglich von der Bewertung getrennt werden können: So kann die notifizierte Stelle Tests im Unterauftrag vergeben, solange sie deren Ergebnisse weiterhin selbst bewertet und den Prüfbericht validiert, um festzustellen und zu bewerten, ob das geprüfte KI-System alle Anforderungen der KI-VO eingehalten hat. Die Mitarbeiter der notifizierten Stelle müssen daher fachlich so kompetent sein, dass sie die Prüfergebnisse der Unterauftragnehmer bewerten können. Eine notifizierte Stelle darf deshalb auch nicht einen Teil ihrer Arbeit nach außen vergeben, weil es ihren Mitarbeitern am erforderlichen Maß an Kompetenz und Sachkenntnis mangelt.[19]

XII. Kompetenzkontrolle externer Stellen (Abs. 11)

54 Zur Wahrung des Schutzniveaus, das für das Inverkehrbringen der KI-Systeme im Europäischen Wirtschaftsraum erforderlich ist, müssen die Unterauftragnehmer und Zweigunternehmen bei der Ausführung der Konformitätsbewertungsaufgaben denselben Anforderungen genügen wie die notifizierten Stellen. Die notifizierte Stelle hat daher gem. Art. 33 Abs. 10 dafür zu sorgen, dass stets für jedes Konformitätsbewertungsverfahren und für jede Art von Hochrisiko-KI-Systemen, für die sie benannt wurde, über ausreichendes administratives, technisches und wissenschaftliches Personal verfügt, das die entsprechenden Erfahrungen und Kenntnisse in Bezug auf einschlägige KI-Technik, Daten und Datenverarbeitung sowie die Anforderungen in Kapitel 2 dieses Titels besitzt, um die Ergebnisse der externen Stellen hinreichend beurteilen zu können.

55 Die notifizierten Stellen müssen in eigener Verantwortung sicherstellen, dass die von ihnen mit Aufgaben der Konformitätsbewertung betrauten Unterauftragnehmer und Zweigunternehmen ordnungsgemäß arbeiten, indem sie beispielsweise in regelmäßigen Abständen Beurteilungen vornimmt und sich im Einzelnen über die Abwicklung der Aufgaben auf dem Laufenden hält. Dazu muss die notifizierte Stelle über ausreichende interne Kompetenzen verfügen.

---

[18] Blue Guide 2022, C 272/80.

[19] Buck/Loerzer/Schwabedissen, Rechtskonformes Inverkehrbringen von Produkten, S. 235.

Praxishinweis: 56
Die Vergabe an bereits ihrerseits akkreditierte Unterauftragnehmer ist in der Praxis das bedeutendste und wirksamste Instrument der notifizierten Stellen, um sicherzustellen, dass das Unterauftragnehmer die Anforderungen erfüllt.

Damit die notifizierte Stelle gewährleisten kann, dass das Unterauftragsunternehmen die Anforderungen erfüllt, sollte zwischen der notifizierten Stelle und ihren Unterauftragnehmern in jedem Fall ein unmittelbares privatrechtliches Vertragsverhältnis bestehen. Um die Kohärenz der Konformitätsbewertung und das Vertrauen darin nicht zu gefährden, ist es Unterauftragnehmern daher im Rahmen der Verträge zu untersagen, ihrerseits Unteraufträge zu vergeben. 57

XIII. Teilnahme an Koordinierungstätigkeiten (Abs. 12)

Da die notifizierten Stellen Aufgaben wahrnehmen, die ihnen von staatlichen Stellen übertragen wurden, müssen sie sich an den von der Europäischen Kommission organisierten Koordinierungsaktivitäten beteiligen. Nach Absatz 11 sind die notifizierten Stellen daher verpflichtet, sich an den Koordinierungsaktivitäten der Europäischen Union zu beteiligen. Darüber hinaus müssen sie an der europäischen Normung direkt oder durch Vertretung teilnehmen oder auf andere Weise sicherstellen, dass sie über den Stand der einschlägigen Normen informiert sind.[20] Die Verpflichtung zur Mitwirkung an nationalen Koordinierungsaktivitäten wird von Abs. 11 hingegen nicht erfasst. 58

Für jede Harmonisierungsvorschrift, wie zB die KI-VO, der Europäischen Union oder für mehrere zusammenhängende Rechtsakte wird eine Koordinierungsgruppe notifizierter Stellen eingerichtet, um die einheitliche Anwendung der technischen Bestimmungen der entsprechenden Rechtsvorschriften zu gewährleisten. Jede Koordinierungsgruppe hat ein technisches Sekretariat und einen Vorsitzenden. In der Regel setzen sich die Koordinierungsgruppen der notifizierten Stellen aus Vertretern der notifizierten Stellen zusammen. Auch die Europäische Kommission ist in diesen Gruppen vertreten. Die europäischen Normungsorganisationen (CEN, CENELEC und ETSI) können ebenfalls in den Gruppen vertreten sein. Regierungssachverständige und Vertreter von Marktüberwachungsbehörden können ebenfalls als Beobachter teilnehmen.[21] 59

Verweigert eine notifizierte Stelle die Zusammenarbeit, kann ihre Notifizierung widerrufen werden. Die notifizierten Stellen sind jedoch nicht verpflichtet, an den Sitzungen auf europäischer Ebene teilzunehmen, wenn sie sich über die von ihrer Gruppe erarbeiteten Verwaltungsentscheidungen und Dokumente auf dem Laufenden halten und diese im Allgemeinen befolgen.[22] 60

Art. 32* Vermutung der Konformität mit den Anforderungen an notifizierte Stellen

Weist eine Konformitätsbewertungsstelle nach, dass sie die Kriterien der einschlägigen harmonisierten Normen, deren Fundstellen im Amts-

[20] Vgl. Artikel R17 Absatz 11 des Anhangs I des Beschlusses Nr. 768/2008/EG.
[21] Blue Guide 2022, C 272/79.
[22] Blue Guide 2022, C 272/86.
* Kapitel III Abschnitt 4 (Art. 28–39) gilt gem. Art. 113 UAbs. 3 Buchst. b bereits ab 2.8.2025.

blatt der Europäischen Union veröffentlicht wurden, oder Teile dieser Normen erfüllt, so wird davon ausgegangen, dass sie die Anforderungen des Artikels 31, soweit diese von den geltenden harmonisierten Normen erfasst werden, erfüllt.

Übersicht

I. Einführung

1 Art. 32 enthält den Grundsatz der Vermutungswirkung harmonisierter Normen für Konformitätsbewertungsstellen. Nach Art. 32 wird vermutet, dass die Anforderungen an die Notifizierung nach Art. 31 von der Konformitätsbewertungsstelle erfüllt werden, wenn und soweit die Konformitätsbewertungsstelle nachweisen kann, dass sie die einschlägigen harmonisierten Normen, deren Fundstellen im Amtsblatt der Europäischen Union veröffentlicht sind, einhält.

II. Nachweis

2 Die Konformitätsbewertungsstelle muss „nachweisen", dass sie die Kriterien der einschlägigen harmonisierten Normen erfüllt. Wie dieser Nachweis zu führen ist, wird nicht näher erläutert. In der Praxis wird dieser Nachweis im Wesentlichen durch eine Akkreditierung erbracht. In diesem Fall tritt die Vermutungswirkung aufgrund der Akkreditierung ein und nicht automatisch nur aufgrund der Erfüllung der Anforderungen der harmonisierten Normen.

3 Der Vorteil der Konformitätsvermutung durch Akkreditierung besteht darin, dass die Befugnis erteilende Behörde im Rahmen des Notifizierungsverfahrens nach Artikel 30 ohne weitere Prüfung automatisch davon ausgehen kann, dass die akkreditierte Konformitätsbewertungsstelle die durch die harmonisierte Norm konkretisierten Notifizierungsanforderungen erfüllt. Damit entfällt für die antragstellende Konformitätsbewertungsstelle die Notwendigkeit, im Rahmen des Notifizierungsverfahrens nach Art. 30 die Erfüllung der Notifizierungsvoraussetzungen eigenverantwortlich nachzuweisen. Zu beachten ist jedoch, dass die Vermutungswirkung nur so weit reicht, wie die harmonisierten Normen und die Akkreditierung die entsprechenden gesetzlichen Anforderungen aus Art. 31 tatsächlich abdecken. Soweit sich aus Art. 31 Anforderungen ergeben, die nicht hinreichend durch entsprechende harmonisierte Normen abgedeckt und konkretisiert sind, muss die um Notifizierung nachsuchende Konformitätsbewertungsstelle die Erfüllung der gesetzlichen Anforderungen wiederum konkret nachweisen, ohne sich insoweit auf die Vermutungswirkung der harmonisierten Normen bzw. der Akkreditierung berufen zu können. Gleiches gilt, wenn die harmonisierten Normen nicht vollständig, sondern nur teilweise eingehalten werden.

4 Im Gegensatz zu einer gesetzlichen Fiktion ist die Vermutungswirkung widerlegbar. Die mit der Vermutung verbundene Aussage ist eine Frage der tatsächlichen und rechtlichen Würdigung und damit jederzeit dem Gegenbeweis zugänglich.

Kann die notifizierende Behörde daher nachweisen, dass die Konformitätsbewertungsstelle einzelne Anforderungen des Art. 31 nicht erfüllt, obwohl die Konformitätsbewertungsstelle eine entsprechende Akkreditierung auf der Grundlage einschlägiger harmonisierter Normen nachweist, kann und wird die Befugnis erteilende Behörde die Erteilung der Befugnis und die Notifizierung verweigern.

III. Harmonisierte Normen

Eine Europäische Norm gilt als „harmonisiert" iSd Art. 2 Nr. 1 lit. c der VO (EU) Nr. 1025/2012, wenn sie aufgrund eines Auftrags der Europäischen Kommission zur Durchführung von Harmonisierungsrechtsvorschriften der Europäischen Union angenommen, von den europäischen Normungsgremien erarbeitet und zum Zeitpunkt ihrer Anwendung im Amtsblatt der Europäischen Union veröffentlicht wurde. 5

Zum Zeitpunkt der Veröffentlichung dieses Kommentars liegt bereits die ISO/IEC 42006 für Anforderungen an Stellen, die Managementsysteme für Künstliche Intelligenz auditieren und zertifizieren, vor. Die EU-Kommission und CEN/CENELEC planen, die ISO/IEC DIS 42006 in ihr Arbeitsprogramm aufzunehmen und daraus eine harmonisierte Norm zu entwickeln. Als allgemeine Normen im Bereich der Bewertung von Managementsystemen werden die bereits harmonisierten Normen DIN EN ISO/IEC 17021 herangezogen. 6

Art. 33* Zweigstellen notifizierter Stellen und Vergabe von Unteraufträgen

(1) **Vergibt eine notifizierte Stelle bestimmte mit der Konformitätsbewertung verbundene Aufgaben an Unterauftragnehmer oder überträgt sie diese einer Zweigstelle, so stellt sie sicher, dass der Unterauftragnehmer oder die Zweigstelle die Anforderungen des Artikels 31 erfüllt, und informiert die notifizierende Behörde darüber.**

(2) **Die notifizierten Stellen tragen die volle Verantwortung für Arbeiten, die von jedweden Unterauftragnehmern oder Zweigstellen ausgeführt werden.**

(3) [1]**Tätigkeiten dürfen nur mit Zustimmung des Anbieters an einen Unterauftragnehmer vergeben oder einer Zweigstelle übertragen werden.** [2]**Die notifizierten Stellen veröffentlichen ein Verzeichnis ihrer Zweigstellen.**

(4) **Die einschlägigen Unterlagen über die Bewertung der Qualifikation des Unterauftragnehmers oder der Zweigstelle und die von ihnen gemäß dieser Verordnung ausgeführten Arbeiten werden für einen Zeitraum von fünf Jahren ab dem Datum der Beendigung der Unterauftragsvergabe für die notifizierende Behörde bereitgehalten.**

Literatur: Buck/Loerzer/Schwabedissen, Rechtskonformes Inverkehrbringen von Produkten. 2012; Klindt, Produktsicherheitsgesetz, 3. Auflage, 2021.

* Kapitel III Abschnitt 4 (Art. 28–39) gilt gem. Art. 113 UAbs. 3 Buchst. b bereits ab 2.8.2025.

Übersicht

I. Einführung

1 Art. 33 setzt den Artikel R20 des Anhangs I des Beschlusses Nr. 768/2008/EG in der KI-VO um. Art. 33 legt die Bedingungen fest, die bei der Vergabe von Unteraufträgen durch die notifizierte Stelle zu beachten sind. Gleichzeitig wird ausdrücklich klargestellt, dass die notifizierte Stelle berechtigt ist, einzelne Teilaufgaben im Rahmen der Konformitätsbewertung an Zweigunternehmen oder Unterauftragnehmer zu vergeben. Dabei ist jedoch sicherzustellen, dass die Qualität der übertragenen Konformitätsbewertungsaufgaben, derjenigen entspricht, die auch von der notifizierten Stelle gefordert wird.

II. Qualitätssicherung (Abs. 1)

2 Eine notifizierte Stelle kann einen Teil ihrer Arbeit an einen Unterauftragnehmer oder eine Zweigstelle auf der Grundlage nachgewiesener und regelmäßig überprüfter Kompetenz vergeben. Art. 33 Abs. 1 legt hierzu die Bedingungen fest, die die notifizierte Stelle bei der Vergabe von Teilaufgaben der Konformitätsbewertungstätigkeit erfüllen muss. Danach muss die notifizierte Stelle zum einen sicherstellen, dass der Unterauftragnehmer oder das Zweigunternehmen die Anforderungen des Art. 31 erfüllt, und zum anderen die notifizierende Behörde über eine solche Vergabe oder Übertragung unterrichten.

3 Zu beachten ist, dass Art. 33 nur dann anwendbar ist, wenn es sich um die Vergabe streng begrenzter Konformitätsbewertungsaufgaben handelt. Eine notifizierte Stelle darf keinesfalls ihre gesamte Arbeit an Unterauftragnehmer vergeben, da sonst ihre Benennung ihre Bedeutung verliert. Die notifizierte Stelle darf sich also nicht auf rein administrative Aufgaben beschränken,[1] sondern muss die Konformitätsbewertung eines Produkts weiterhin selbst durchführen. Bei den Konformitätsbewertungsverfahren muss es daher möglich sein, die technische Arbeit von der Bewertung zu trennen: Die benannte Stelle kann also Prüfungen untervergeben, solange sie die Ergebnisse selbst auswertet und den Prüfbericht validiert, um festzustellen und zu bewerten, ob das geprüfte KI-System alle Anforderungen der KI-Verordnung erfüllt hat. Die Mitarbeiter der benannten Stelle müssen daher fachlich so kompetent sein, dass sie die Prüfergebnisse des Unterauftragnehmers bewerten können. Eine benannte Stelle darf daher nicht einen Teil ihrer Arbeit

[1] Blue Guide 2022, C 272/80.

auslagern, weil ihre Mitarbeiter nicht über die erforderliche Kompetenz und Fachkenntnis verfügen.[2]

In der Praxis werden Produktprüfungen nach technischen Normen häufig an Unterauftragnehmer oder Tochterunternehmen vergeben. Insbesondere für Anbieter, die im außereuropäischen Ausland produzieren lassen, ist die Auslagerung von Produktprüfungen an Niederlassungen oder Unterauftragnehmer in den jeweiligen Drittstaaten durch notifizierte Stellen ein erheblicher Vorteil. Für Anbieter, die in Staaten produzieren, die nicht dem EWR angehören, ist es wesentlich komplizierter, Produkte in den europäischen Binnenmarkt einzuführen, wenn für das betreffende Produkt eine Konformitätsbewertung durch eine benannte Stelle erforderlich ist. In diesen Staaten gibt es keine europäischen notifizierten Stellen, so dass die Produkte zur Prüfung außer Landes gebracht oder aufwändig vor Ort durch eine europäische notifizierte Stelle geprüft werden müssten. Daher ist in solchen Fällen die Vergabe von Unteraufträgen an Zweigstellen oder Unterauftragnehmer in den betreffenden Drittländern möglich. Diese Regelung ermöglicht es den in der Europäischen Union notifizierten Stellen, Aufträge an andere Konformitätsbewertungsstellen in einem beliebigen Staat zu vergeben. Die beauftragende Stelle muss jedoch sicherstellen, dass der Unterauftragnehmer die europäischen Anforderungen an notifizierte Stellen erfüllt. Für den außereuropäischen Anbieter liegt der Vorteil auf der Hand: Er muss seine Produkte nicht im Ausland prüfen lassen. 4

Zur Aufrechterhaltung des Schutzniveaus, das für das Inverkehrbringen von KI-Systemen in der Europäischen Union erforderlich ist, müssen Unterauftragnehmer und Zweigstellen bei der Durchführung der Konformitätsbewertungsaufgaben dieselben Anforderungen erfüllen wie die notifizierten Stellen. Die notifizierte Stelle muss daher sicherstellen, dass ihre Unterauftragnehmer über die erforderliche Kompetenz verfügen und das erreichte Kompetenzniveau aufrechterhalten. Die notifizierten Stellen müssen sich daher in eigener Verantwortung vergewissern, dass die von ihnen mit Konformitätsbewertungsaufgaben betrauten Unterauftragnehmer und Zweigstellen die Notifizierungsvoraussetzungen des Art. 31 erfüllen, zB durch regelmäßige Begutachtungen und detaillierte Informationen über die Ausführung der Aufgaben. Dabei müssen die notifizierten Stellen sicherstellen, dass die Tätigkeiten ihrer Zweigunternehmen oder Unterauftragnehmer weder die Vertraulichkeit noch die Objektivität oder Unparteilichkeit ihrer Konformitätsbewertungstätigkeiten beeinträchtigen. Hinsichtlich der fachlichen Kompetenz, Unabhängigkeit und Objektivität gelten für den Unterauftragnehmer der notifizierten Stelle dieselben Kriterien und Bedingungen wie für die notifizierte Stelle selbst. Die Vergabe von Unteraufträgen an Unterauftragnehmer, die ihrerseits bereits akkreditiert sind, ist in der Praxis das wichtigste und wirksamste Instrument der notifizierten Stellen, um sicherzustellen, dass der Unterauftragnehmer die Anforderungen des Artikels 31 erfüllt. 5

Damit die notifizierte Stelle sicherstellen kann, dass der Unterauftragnehmer die Anforderungen des Artikels 31 erfüllt, muss in jedem Fall ein direktes privatrechtliches Vertragsverhältnis zwischen der notifizierten Stelle und dem Unterauftragnehmer bestehen. Um die Kohärenz und das Vertrauen in die Konformitätsbewertung nicht zu gefährden, ist es daher erforderlich, Unterauftragnehmern in den Verträgen zu untersagen, ihrerseits Unteraufträge zu vergeben. 6

[2] Buck/Loerzer/Schwabedissen, Rechtskonformes Inverkehrbringen von Produkten S. 235.

7 Darüber hinaus ist zu beachten, dass sich die Überwachung bereits notifizierter Stellen durch die notifizierende Behörde auch auf die von Unterauftragnehmern und Zweigstellen ausgeführten Tätigkeiten erstreckt.[3] Daher sind die notifizierten Stellen nach Art. 33 Abs. 4 auch verpflichtet, alle Unterlagen, aus denen die Beurteilung der Kompetenz des Unterauftragnehmers oder der Zweigstelle hervorgeht, für die notifizierende Behörde zur Einsichtnahme bereitzuhalten. Dies bedeutet jedoch nicht, dass eine direkte Kontrolle der Unterauftragnehmer und Zweigstellen durch die notifizierende Behörde erfolgen muss. Dies wäre häufig auch gar nicht möglich, da die Unterauftragnehmer und Zweigstellen ihren Sitz nicht in Europa haben müssen.[4] Vielmehr prüft die notifizierende Behörde anhand der vorgelegten Unterlagen, ob die notifizierte Stelle alle erforderlichen Maßnahmen zur Qualitätssicherung getroffen hat.

8 Erfüllt die Zweigstelle oder der Unterauftragnehmer die Anforderungen des Art. 31 nicht, stellt dies eine Pflichtverletzung der notifizierten Stelle selbst dar, die unter anderem zum Widerruf der erteilten Befugnis oder zur Einschränkung ihres Geltungsbereichs führen kann.

9 Darüber hinaus unterrichtet die notifizierte Stelle die notifizierende Behörde, wenn sie Aufgaben im Zusammenhang mit der Konformitätsbewertung an Unterauftragnehmer oder Zweigstellen vergibt. In diesem Zusammenhang muss die notifizierte Stelle der notifizierenden Behörde unter anderem mitteilen, welche Konformitätsbewertungsaufgaben sie an welchen Unterauftragnehmer oder an welche Zweigstelle vergibt. Die notifizierte Stelle führt eine Liste aller Unterauftragnehmer und aktualisiert diese regelmäßig. Die notifizierende Behörde kann von der notifizierten Stelle jederzeit weitere Informationen und Unterlagen verlangen, aus denen hervorgeht, dass der Unterauftragnehmer oder die Zweigstelle die Anforderungen des Art. 31 erfüllt. Zu diesem Zweck verfügt die notifizierende Behörde über entsprechende Befugnisse zur Einholung von Auskünften, die sich auch auf die von der notifizierten Stelle gem. Art. 33 Abs. 4 bereitzuhaltenden Unterlagen erstrecken.[5]

III. Verantwortung für Zweigunternehmen und Unterauftragnehmer (Abs. 2)

10 Nach Abs. 2 bleibt die notifizierte Stelle in vollem Umfang für die vom Unterauftragnehmer oder der Zweigstelle ausgeführten Aufgaben verantwortlich, unabhängig davon, ob der Unterauftragnehmer in der Europäischen Union niedergelassen ist oder nicht. Die Vergabe eines Unterauftrags bedeutet daher keine Übertragung von Befugnissen oder Verantwortlichkeiten.[6] Bescheinigungen und andere Konformitätsnachweise werden immer im Namen und unter der Verantwortung der benannten Stelle ausgestellt. Eine Delegation der Verantwortung ist daher unter keinen Umständen möglich. Aus diesem Grund muss die Unterauftragnehmer beauftragende benannte Stelle in der Lage sein, die Arbeit des Unterauftragnehmers in allen Teilen zu überprüfen und die endgültige Entscheidung zu treffen. Daher dürfen Zertifizierungsentscheidun-

[3] Kommission Arbeitsschutz und Normung, KANBrief 1/17.
[4] Klindt ProdSG/Kapoor § 18 Rn. 4.
[5] Klindt ProdSG/Kapoor § 18 Rn. 6.
[6] Blue Guide 2022, C 272/80.

gen nicht an Unterauftragnehmer vergeben werden. Auch im Falle einer Pflichtverletzung des Unterauftragnehmers oder der Zweigstelle ist die notifizierte Stelle selbst Adressatin einer möglichen Maßnahme der notifizierenden Behörde. Eine Exkulpation der notifizierten Stelle gegenüber der notifizierenden Behörde ist daher nicht möglich.

Zivilrechtlich kann ein von der notifizierten Stelle beauftragter Unterauftragnehmer oder die Zweigstelle als Erfüllungsgehilfe iSd § 278 BGB angesehen werden. Das von der notifizierten Stelle beauftragte Unternehmen erfüllt mit Wissen und Wollen Aufgaben der notifizierten Stelle. Die notifizierte Stelle hat daher gegenüber ihrem Auftragnehmer auch für das Verschulden der von ihr beauftragten Unterauftragnehmer und Zweigunternehmen einzustehen und haftet daher im Rahmen vertraglicher Ansprüche auch für Schäden, die ihren Auftragnehmern durch schuldhaftes Verhalten der Unterauftragnehmer oder Zweigunternehmen entstehen.[7] 11

Eine Haftung der notifizierten Stelle nach § 831 BGB für ein schädigendes Verhalten eines von ihr beauftragten Unterauftragnehmers wird hingegen nicht anzunehmen sein, da diese als Unterauftragnehmer nicht als Verrichtungsgehilfen der benannten Stelle iSd § 831 BGB anzusehen sind. Bei selbständig handelnden Unterauftragnehmern fehlt es an der Abhängigkeit bzw. Weisungsgebundenheit gegenüber dem Auftraggeber. Kennzeichnend für den Verrichtungsgehilfen ist, dass er in den Organisationsbereich des Geschäftsherrn eingegliedert ist. Dies ist bei Unterauftragnehmern von benannten Stellen regelmäßig im Ergebnis abzulehnen. 12

IV. Zustimmung und Verzeichnis (Abs. 3)

1. Zustimmungserfordernis

Nach Abs. 3 S. 1 darf die notifizierte Stelle Aufträge an einen Unterauftragnehmer oder eine Zweigstelle nur vergeben, wenn der Auftraggeber, dh der Kunde der notifizierten Stelle, zustimmt. Dieses Zustimmungserfordernis dient in erster Linie dem Schutz des Auftraggebers, der selbst entscheiden können soll, ob und in welchem Umfang er sich bei der Durchführung einzelner Aufgaben der von ihm in Auftrag gegebenen Konformitätsbewertung auf einen von der notifizierten Stelle eingesetzten Unterauftragnehmer verlassen will.[8] 13

Da die erforderliche Zustimmung des Auftraggebers das zivilrechtliche Rechtsverhältnis zwischen dem Auftragnehmer und der notifizierten Stelle betrifft, kann die Zustimmung bereits vor der Beauftragung durch die notifizierte Stelle nach § 183 BGB eingeholt werden (sog. Einverständniserklärung). In den Prüf- und Zertifizierungsordnungen (regelmäßig AGB) der notifizierten Stellen findet sich zumeist eine entsprechende Regelung, wonach die Zustimmung zur Unterauftragsvergabe direkt bei der Auftragsvergabe eingeholt wird. Die Zustimmung kann aber auch nachträglich, dh erst nach Vertragsschluss, gem. § 184 BGB eingeholt werden (sog. Genehmigung). Verweigert der Auftragnehmer die Zustimmung, muss die Benannte Stelle die übertragenen Aufgaben (wieder) selbst durchführen. 14

[7] Klindt ProdSG/Kapoor § 18 Rn. 8.
[8] Klindt ProdSG/Kapoor § 18 Rn. 9.

15 **Praxishinweis**
In der Regel nehmen die notifizierten Stellen einen entsprechenden Passus in ihre Allgemeinen Geschäftsbedingungen auf, nachdem die Zustimmung des Auftraggebers zur Unterauftragsvergabe eingeholt wurde.

2. Verzeichnis

16 Zur besseren Überprüfbarkeit schreibt Abs. 3 S. 2 vor, dass die notifizierte Stelle eine Liste ihrer Zweigstellen zu veröffentlichen hat. Unterauftragnehmer sind davon nicht erfasst. In der Praxis wird ein entsprechendes Verzeichnis wohl auf der Homepage der jeweiligen notifizierten Stelle veröffentlicht werden.

V. Dokumentationspflicht (Abs. 4)

17 Um eine wirksame Überwachung der notifizierten Stellen zu gewährleisten, sind diese nach Art. Abs. 4 verpflichtet, der notifizierenden Behörde alle einschlägigen Unterlagen über die Bewertung der Kompetenz des Unterauftragnehmers oder der Zweigstelle zur Verfügung zu stellen. Darüber hinaus müssen sie alle Unterlagen über die vom jeweiligen Unterauftragnehmer oder Zweigunternehmen ausgeführten Arbeiten bereithalten. Da dies zu einer recht umfangreichen Dokumentation führen kann, wird in Abs. 4 S. 2 klargestellt, dass die entsprechenden Unterlagen nur für einen Zeitraum von 5 Jahren ab Beendigung der Unterauftragsvergabe bereitzuhalten sind.

Art. 34* Operative Pflichten der notifizierten Stellen

(1) **Die notifizierten Stellen überprüfen die Konformität von Hochrisiko-KI-Systemen nach den in Artikel 43 festgelegten Konformitätsbewertungsverfahren.**

(2) **[1]Die notifizierten Stellen vermeiden bei der Durchführung ihrer Tätigkeiten unnötige Belastungen für die Anbieter und berücksichtigen gebührend die Größe des Anbieters, den Sektor, in dem er tätig ist, seine Struktur sowie die Komplexität des betreffenden Hochrisiko-KI-Systems, um insbesondere den Verwaltungsaufwand und die Befolgungskosten für Kleinstunternehmen und kleine Unternehmen im Sinne der Empfehlung 2003/361/EG zu minimieren. [2]Die notifizierte Stelle muss jedoch den Grad der Strenge und das Schutzniveau einhalten, die für die Konformität des Hochrisiko-KI-Systems mit den Anforderungen dieser Verordnung erforderlich sind.**

(3) **Die notifizierten Stellen machen der in Artikel 28 genannten notifizierenden Behörde sämtliche einschlägige Dokumentation, einschließlich der Dokumentation des Anbieters, zugänglich bzw. übermitteln diese auf Anfrage, damit diese Behörde ihre Bewertungs-, Benennungs-, Notifizierungs- und Überwachungstätigkeiten durchführen kann und die Bewertung gemäß diesem Abschnitt erleichtert wird.**

Literatur: Klindt, Produktsicherheitsgesetz, 3. Auflage, 2021.

* Kapitel III Abschnitt 4 (Art. 28–39) gilt gem. Art. 113 UAbs. 3 Buchst. b bereits ab 2.8.2025.

Übersicht

I. Konformitätsverfahren gem. Art. 43 (Abs. 1)

Abs. 1 legt fest, dass die notifizierten Stellen die Konformität von Hochrisiko-KI-Systemen nach den in Art. 43 festgelegten Konformitätsbewertungsverfahren überprüfen. Nach Art. 43 Abs. 1 gibt es für Hochrisiko-KI-Systeme jedoch bisher nur die Bewertung des Qualitätsmanagementsystems und die Bewertung der technischen Dokumentation nach Anhang VII durch eine notifizierte Stelle als Konformitätsbewertungsmodul, das nach der KI-VO von notifizierten Stellen durchgeführt werden kann. 1

Mit Blick auf Erwgr. 125, in dem das Ziel formuliert wird, die Konformitätsbewertung durch notifizierte Stellen in Zukunft ausweiten zu wollen, ist es durchaus denkbar, dass in Zukunft noch weitere Konformitätsbewertungsmodule in die KI-VO aufgenommen werden. 2

Auch wenn keine Pflicht zur Einbindung einer benannten Stelle besteht, steht es Anbietern von KI selbstverständlich frei, auch andere Hochrisiko-KI freiwillig durch die Einbindung einer benannten Stelle prüfen und sicherstellen zu lassen. Insbesondere aus Compliance- und Haftungsgründen ist dies durchaus sinnvoll. 3

II. Vermeidung unnötiger Belastungen (Abs. 2)

1. Allgemeines

In Abs. 2 wird die notifizierende Stelle ausdrücklich dazu verpflichtet, bei der Begutachtung und Kontrolle der Anbieter sicherzustellen, dass die Konformitätsbewertung der Anbieter bzw. derer KI in angemessener Art und Weise ohne unnötige Belastungen für die Anbieter durchgeführt wird. 4

Bei der Durchführung des Konformitätsbewertungsverfahrens haben sich die notifizierten Stellen an den Verhältnismäßigkeitsgrundsatz zu halten. Hierzu gehört, dass unnötige Belastungen der Anbieter vermieden werden. Dabei hat die notifizierte Stelle bei der Anwendung der notwendigen Strenge für die Einhaltung des erforderlichen Schutzniveaus die Größe eines Unternehmens, der Branche, in der es tätig ist, seiner Struktur sowie des Grades der Komplexität der betroffenen KI-Systems zu berücksichtigen. Unter Beachtung des Verhältnismäßigkeitsgrundsatzes darf die notifizierte Stelle von den betroffenen Anbietern nur Maßnahmen fordern, die geeignet und zwingend erforderlich sind sowie nicht außer Verhältnis zu dem damit verfolgten Zweck stehen, die Einhaltung der Schutzziele der KI-VO zu gewährleisten. Der Verhältnismäßigkeitsgrundsatz wird in der Praxis besonders dann gestresst, wenn ein Anbieter von den Vorgaben einer harmonisierten Norm abweicht oder wenn für ein bestimmtes KI-System keine harmonisierte Norm existiert. Die notifizierte Stelle darf im Lichte der Warenverkehrsfreiheit 5 des betroffenen Anbieters in diesem Fall keinen zu strengen Maßstab anlegen und den Anbieter mit Maximalforderungen konfrontieren.[1]

6 Insbesondere in den ersten Jahren nach Inkrafttreten der KI-VO ist zu befürchten, dass die Anbieter mit überbordenden Anforderungen seitens der Konformitätsbewertungsstellen konfrontiert werden. Sei es aufgrund einer noch nicht ausgereiften Normung oder aufgrund der Tatsache, dass KI-Anbieter häufig eine geringe Unternehmensgröße aufweisen und nur über entsprechende Ressourcen verfügen. Mit der Verpflichtung in Abs. 1 kann ein entsprechendes Korrektiv durch die notifizierende Behörde geschaffen werden.

2. Kleinstunternehmen oder ein kleines Unternehmen

7 Abs. 1 soll insbesondere Kleinst- und Kleinunternehmen im Sinne der Empfehlung 2003/361/EG schützen. Durch die Verwendung des Begriffs „insbesondere" wird jedoch klargestellt, dass nicht nur Kleinstunternehmen und kleine Unternehmen durch Abs. 1 geschützt werden. Durch den Schutz dieser Unternehmen soll insbesondere sichergestellt werden, dass innovative und agile junge Unternehmen nicht durch benannte Stellen in ihrer Innovationskraft behindert werden.

8 In Abs. 1 wird auf die Definition von Kleinstunternehmen und kleinen Unternehmen nach der Empfehlung 2003/361/EG abgestellt, wonach „ein Unternehmen, das nach Bewertung zusammen mit gegebenenfalls allen Partnerunternehmen im Sinne von Artikel 3 Absatz 2 des Anhangs der Empfehlung 2003/361/EG und verbundenen Unternehmen im Sinne von Artikel 3 Absatz 3 des genannten Anhangs ein Kleinstunternehmen im Sinne von Artikel 2 Absatz 3 des genannten Anhangs oder ein kleines Unternehmen im Sinne von Artikel 2 Absatz 2 des genannten Anhangs ist".

9 Kleinstunternehmen iSv Art. 2 Abs. 3 des Anhangs der Empfehlung 2003/361/EG ist *„ein Unternehmen, das weniger als 10 Personen beschäftigt und dessen Jahresumsatz bzw. Jahresbilanz 2 Mio. EUR nicht überschreitet"*.

10 Ein kleines Unternehmen iSv Art. 2 Abs. 2 ist *„ein Unternehmen, das weniger als 50 Personen beschäftigt und dessen Jahresumsatz bzw. Jahresbilanz 10 Mio. EUR nicht übersteigt"*.

11 Gem. Art. 3 Abs. 2 des Anhangs der Empfehlung 2003/361/EG sind Partnerunternehmen

„alle Unternehmen, die nicht als verbundene Unternehmen im Sinne von Absatz 3 gelten und zwischen denen folgende Beziehung besteht: Ein Unternehmen (das vorgeschaltete Unternehmen) hält – allein oder gemeinsam mit einem oder mehreren verbundenen Unternehmen im Sinne von Absatz 3 – 25 % oder mehr des Kapitals oder der Stimmrechte eines anderen Unternehmens (des nachgeschalteten Unternehmens).

Ein Unternehmen gilt jedoch weiterhin als eigenständig, auch wenn der Schwellenwert von 25 % erreicht oder überschritten wird, sofern es sich um folgende Kategorien von Investoren handelt und unter der Bedingung, dass diese Investoren nicht im Sinne von Absatz 3 einzeln oder gemeinsam mit dem betroffenen Unternehmen verbunden sind:

a) staatliche Beteiligungsgesellschaften, Risikokapitalgesellschaften, natürliche Personen bzw. Gruppen natürlicher Personen, die regelmäßig im Bereich der Risikokapitalinvestition tätig sind („Business Angels") und die Eigenmittel in nicht börsennotierte Unter-

[1] Klindt/Kapoor ProdSG § 16 Rn. 5.

nehmen investieren, sofern der Gesamtbetrag der Investition der genannten „Business Angels" in ein und dasselbe Unternehmen 1.250.000 EUR nicht überschreitet;

b) Universitäten oder Forschungszentren ohne Gewinnzweck;

c) institutionelle Anleger einschließlich regionaler Entwicklungsfonds;

d) autonome Gebietskörperschaften mit einem Jahreshaushalt von weniger als 10 Mio. EUR und weniger als 5000 Einwohnern.

Nach Art. 3 Abs. 3 des Anhangs der Empfehlung 2003/361/EG sind Verbundene Unternehmen 12

„Unternehmen, die zueinander in einer der folgenden Beziehungen stehen:

a) Ein Unternehmen hält die Mehrheit der Stimmrechte der Aktionäre oder Gesellschafter eines anderen Unternehmens;

b) ein Unternehmen ist berechtigt, die Mehrheit der Mitglieder des Verwaltungs-, Leitungs- oder Aufsichtsgremiums eines anderen Unternehmens zu bestellen oder abzuberufen;

c) ein Unternehmen ist gemäß einem mit einem anderen Unternehmen abgeschlossenen Vertrag oder aufgrund einer Klausel in dessen Satzung berechtigt, einen beherrschenden Einfluss auf dieses Unternehmen auszuüben;

d) ein Unternehmen, das Aktionär oder Gesellschafter eines anderen Unternehmens ist, übt gemäß einer mit anderen Aktionären oder Gesellschaftern dieses anderen Unternehmens getroffenen Vereinbarung die alleinige Kontrolle über die Mehrheit der Stimmrechte von dessen Aktionären oder Gesellschaftern aus.

Es besteht die Vermutung, dass kein beherrschender Einfluss ausgeübt wird, sofern sich die in Absatz 2 Absatz 2 genannten Investoren nicht direkt oder indirekt in die Verwaltung des betroffenen Unternehmens einmischen – unbeschadet der Rechte, die sie in ihrer Eigenschaft als Aktionäre oder Gesellschafter besitzen.

Unternehmen, die durch ein oder mehrere andere Unternehmen, oder einem der in Absatz 2 genannten Investoren, untereinander in einer der in Absatz 1 genannten Beziehungen stehen, gelten ebenfalls als verbunden.

Unternehmen, die durch eine natürliche Person oder eine gemeinsam handelnde Gruppe natürlicher Personen miteinander in einer dieser Beziehungen stehen, gelten gleichermaßen als verbundene Unternehmen, sofern diese Unternehmen ganz oder teilweise in demselben Markt oder in benachbarten Märkten tätig sind.

Als benachbarter Markt gilt der Markt für ein Produkt oder eine Dienstleistung, der dem betreffenden Markt unmittelbar vor- oder nachgeschaltet ist."

III. Dokumentations- und Herausgabepflicht (Abs. 3)

Abs. 3 behandelt die Verpflichtung notifizierter Stellen, relevante Dokumentation den notifizierenden Behörden zugänglich zu machen oder auf Anfrage zu übermitteln. 13

Der Absatz beschreibt eine zentrale Anforderung der neuen KI-Verordnung im Kontext der Marktüberwachung und Regulierung von KI-Systemen. Er stellt sicher, dass notifizierte Stellen mit den notifizierenden Behörden kooperieren müssen, um Transparenz und die Einhaltung der Vorgaben der KI-VO zu gewährleisten. Dies bedeutet, dass die notifizierten Stellen verpflichtet sind, ihre eigenen Dokumente sowie die vom Anbieter bereitgestellten Dokumente zu sammeln und der notifizierenden Behörde bereitzustellen. Diese Dokumente könnten technische Spezifikationen, Risikobewertungen, Testergebnisse und andere Unterlagen umfassen, die für die Bewertung der Konformität des KI-Systems notwendig sind. 14

15 Dieser Absatz unterstreicht die Bedeutung der Zusammenarbeit zwischen den verschiedenen Akteuren im Rahmen der KI-VO. Die Fähigkeit der notifizierten Stellen, relevante Dokumente zeitnah bereitzustellen, ist entscheidend für die erfolgreiche Umsetzung der KI-VO. Die Effizienz und Transparenz der notifizierten Stellen beeinflussen direkt, wie schnell und reibungslos KI-Systeme auf den Markt gelangen können.

16 Anbieter von KI-Systemen sollten sicherstellen, dass ihre Dokumentation umfassend und strukturiert ist, um eine reibungslose Überprüfung durch die notifizierten Stellen zu ermöglichen. Eine ordentliche und vollständige Dokumentation wird auch die Zusammenarbeit mit den Marktüberwachungsbehörden erleichtern. Da die notifizierten Behörden jederzeit Dokumente anfordern können, sollten notifizierte Stellen und Anbieter von KI-Systemen in der Lage sein, diese kurzfristig bereitzustellen. Es empfiehlt sich, ein internes System zur Verwaltung und schnellen Zugänglichkeit der relevanten Dokumente einzurichten.

Art. 35* Identifizierungsnummern und Verzeichnisse notifizierter Stellen

(1) **Die Kommission weist jeder notifizierten Stelle eine einzige Identifizierungsnummer zu, selbst wenn eine Stelle nach mehr als einem Rechtsakt der Union notifiziert wurde.**

(2) **[1]Die Kommission veröffentlicht das Verzeichnis der nach dieser Verordnung notifizierten Stellen samt ihren Identifizierungsnummern und den Tätigkeiten, für die sie notifiziert wurden. [2]Die Kommission stellt sicher, dass das Verzeichnis auf dem neuesten Stand gehalten wird.**

Übersicht

I. Zuweisung Kennnummer (Abs. 1)

1 Sobald die Notifizierung der Konformitätsbewertungsstelle der Europäischen Kommission und den anderen Mitgliedstaaten mitgeteilt wurde, teilt die Europäische Kommission der notifizierten Stelle eine so genannte Kennnummer zu, sofern diese noch nicht vergeben wurde. Eine Konformitätsbewertungsstelle darf nur eine Kennnummer als notifizierte Stelle führen, unabhängig davon, für wie viele Harmonisierungsrechtsvorschriften der Europäischen Union sie notifiziert ist. Ist die betreffende Konformitätsbewertungsstelle also bereits eine notifizierte Stelle und in der NANDO-Datenbank eingetragen, weil sie zB bereits Konformitätsbewertungstätigkeiten im Rahmen der Maschinenrichtlinie 2006/42/EG durchführen darf, wird ihr keine neue Kennnummer zugeteilt.

2 Die Vergabe der Kennnummer ist ein rein administrativer Vorgang, der die einheitliche Verwaltung des Verzeichnisses der notifizierten Stellen sicherstellen

* Kapitel III Abschnitt 4 (Art. 28–39) gilt gem. Art. 113 UAbs. 3 Buchst. b bereits ab 2.8.2025.

soll und keine Übertragung von Rechten oder Pflichten auf die Europäische Kommission bedeutet.[1]

II. Verzeichnis notifizierter Stellen (Abs. 2)

Die Europäische Kommission veröffentlicht die notifizierte Stelle mit ihren 3
jeweiligen Aufgaben unter ihrer Kennnummer im elektronischen Notifizierungssystem NANDO („New Approach Notified and Designated Organisations"). Dies ist das Online-Informationssystem der Europäischen Kommission. Auf der öffentlich zugänglichen Website https://ec.europa.eu/growth/tools-databases/nando/ sind alle notifizierten Stellen unter Angabe des notifizierenden Mitgliedstaates, der betreffenden europäischen Harmonisierungsrechtsvorschrift – hier der KI-VO – sowie der Konformitätsbewertungsverfahren und der Produktkategorien bzw. Art der KI, für die die betreffende Stelle eine Befugnis erhalten hat, aufgelistet. Die Veröffentlichung ist Voraussetzung für die Tätigkeit als notifizierte Stelle.

Die Bundesnetzagentur hat zum 1.1.2012 die Koordinierungsstelle für die 4
Notifizierung von Konformitätsbewertungsstellen im Geltungsbereich der Verordnung (EG) Nr. 765/2008 von der Bundesanstalt für Arbeitsschutz und Arbeitsmedizin (BAuA) übernommen. Aufgabe der Bundesnetzagentur ist es, die Daten der nationalen Notifizierungsstellen in die Datenbank NANDO-INPUT der Europäischen Kommission zum Zwecke der Notifizierung einzupflegen und Dossiers für Notifizierungen von Konformitätsbewertungsstellen aus Deutschland im Rahmen von Drittstaatenabkommen an die Europäische Kommission weiterzuleiten.

Die EU-Kommission trägt auch jede Änderung des Status der notifizierten 5
Stellen in die Datenbank NANDO ein. Das heißt, jede Änderungsmitteilung, sei es eine Erweiterung oder Reduzierung oder auch eine Aussetzung oder Rücknahme der Notifizierung.

Art. 36* Änderungen der Notifizierungen

(1) **Die notifizierende Behörde unterrichtet die Kommission und die anderen Mitgliedstaaten mithilfe des in Artikel 30 Absatz 2 genannten elektronischen Notifizierungsinstruments über alle relevanten Änderungen der Notifizierung einer notifizierten Stelle.**

(2) *[1]* **Für Erweiterungen des Anwendungsbereichs der Notifizierung gelten die in den Artikeln 29 und 30 festgelegten Verfahren.**

[2] **Für andere Änderungen der Notifizierung als Erweiterungen ihres Anwendungsbereichs gelten die in den Absätzen 3 bis 9 dargelegten Verfahren.**

(3) [1]**Beschließt eine notifizierte Stelle die Einstellung ihrer Konformitätsbewertungstätigkeiten, so informiert sie die betreffende notifizierende Behörde und die betreffenden Anbieter so bald wie möglich und im Falle einer geplanten Einstellung ihrer Tätigkeiten mindestens ein Jahr vor deren Einstellung darüber.** [2]**Die Bescheinigungen der notifizierten Stelle können für einen Zeitraum von neun Monaten nach Einstellung**

[1] Blue Guide 2022, C 272/86.

* Kapitel III Abschnitt 4 (Art. 28–39) gilt gem. Art. 113 UAbs. 3 Buchst. b bereits ab 2.8.2025.

der Tätigkeiten der notifizierten Stelle gültig bleiben, sofern eine andere notifizierte Stelle schriftlich bestätigt hat, dass sie die Verantwortung für die von diesen Bescheinigungen abgedeckten Hochrisiko-KI-Systeme übernimmt. [3]Die letztgenannte notifizierte Stelle führt vor Ablauf dieser Frist von neun Monaten eine vollständige Bewertung der betroffenen Hochrisiko-KI-Systeme durch, bevor sie für diese neue Bescheinigungen ausstellt. [4]Stellt die notifizierte Stelle ihre Tätigkeit ein, so widerruft die notifizierende Behörde die Benennung.

(4) **[1]Hat eine notifizierende Behörde hinreichenden Grund zu der Annahme, dass eine notifizierte Stelle die in Artikel 31 festgelegten Anforderungen nicht mehr erfüllt oder dass sie ihren Pflichten nicht nachkommt, so untersucht die notifizierende Behörde den Sachverhalt unverzüglich und mit äußerster Sorgfalt. [2]In diesem Zusammenhang teilt sie der betreffenden notifizierten Stelle die erhobenen Einwände mit und gibt ihr die Möglichkeit, dazu Stellung zu nehmen. [3]Kommt die notifizierende Behörde zu dem Schluss, dass die notifizierte Stelle die in Artikel 31 festgelegten Anforderungen nicht mehr erfüllt oder dass sie ihren Pflichten nicht nachkommt, schränkt sie die Benennung gegebenenfalls ein, setzt sie aus oder widerruft sie, je nach Schwere der Nichterfüllung dieser Anforderungen oder Pflichtverletzung. [4]Sie informiert die Kommission und die anderen Mitgliedstaaten unverzüglich darüber.**

(5) **Wird die Benennung einer notifizierten Stelle ausgesetzt, eingeschränkt oder vollständig oder teilweise widerrufen, so informiert die notifizierte Stelle die betreffenden Anbieter innerhalb von zehn Tagen darüber.**

(6) **Wird eine Benennung eingeschränkt, ausgesetzt oder widerrufen, so ergreift die notifizierende Behörde geeignete Maßnahmen, um sicherzustellen, dass die Akten der betreffenden notifizierten Stelle für die notifizierenden Behörden in anderen Mitgliedstaaten und die Marktüberwachungsbehörden bereitgehalten und ihnen auf deren Anfrage zur Verfügung gestellt werden.**

(7) **Wird eine Benennung eingeschränkt, ausgesetzt oder widerrufen, so geht die notifizierende Behörde wie folgt vor:**

a) Sie bewertet die Auswirkungen auf die von der notifizierten Stelle ausgestellten Bescheinigungen;

b) sie legt der Kommission und den anderen Mitgliedstaaten innerhalb von drei Monaten nach Notifizierung der Änderungen der Benennung einen Bericht über ihre diesbezüglichen Ergebnisse vor;

c) sie weist die notifizierte Stelle zur Gewährleistung der fortlaufenden Konformität der im Verkehr befindlichen Hochrisiko-KI-Systeme an, sämtliche nicht ordnungsgemäß ausgestellten Bescheinigungen innerhalb einer von der Behörde festgelegten angemessenen Frist auszusetzen oder zu widerrufen;

d) sie informiert die Kommission und die Mitgliedstaaten über Bescheinigungen, deren Aussetzung oder Widerruf sie angewiesen hat;

e) sie stellt den zuständigen nationalen Behörden des Mitgliedstaats, in dem der Anbieter seine eingetragene Niederlassung hat, alle relevanten Informationen über Bescheinigungen, deren Aussetzung oder Widerruf sie angewiesen hat, zur Verfügung; diese Behörde ergreift

erforderlichenfalls geeignete Maßnahmen, um ein mögliches Risiko für Gesundheit, Sicherheit oder Grundrechte zu verhindern.

(8) **Abgesehen von den Fällen, in denen Bescheinigungen nicht ordnungsgemäß ausgestellt wurden und in denen eine Benennung ausgesetzt oder eingeschränkt wurde, bleiben die Bescheinigungen unter einem der folgenden Umstände gültig:**

a) Die notifizierende Behörde hat innerhalb eines Monats nach der Aussetzung oder Einschränkung bestätigt, dass im Zusammenhang mit den von der Aussetzung oder Einschränkung betroffenen Bescheinigungen kein Risiko für Gesundheit, Sicherheit oder Grundrechte besteht, und die notifizierende Behörde hat einen Zeitplan für Maßnahmen zur Aufhebung der Aussetzung oder Einschränkung genannt oder

b) die notifizierende Behörde hat bestätigt, dass keine von der Aussetzung betroffenen Bescheinigungen während der Dauer der Aussetzung oder Einschränkung ausgestellt, geändert oder erneut ausgestellt werden, und gibt an, ob die notifizierte Stelle in der Lage ist, bestehende ausgestellte Bescheinigungen während der Dauer der Aussetzung oder Einschränkung weiterhin zu überwachen und die Verantwortung dafür zu übernehmen; falls die notifizierende Behörde feststellt, dass die notifizierte Stelle nicht in der Lage ist, bestehende ausgestellte Bescheinigungen weiterzuführen, so bestätigt der Anbieter des von der Bescheinigung abgedeckten Systems den zuständigen nationalen Behörden des Mitgliedstaats, in dem er seine eingetragene Niederlassung hat, innerhalb von drei Monaten nach der Aussetzung oder Einschränkung schriftlich, dass eine andere qualifizierte notifizierte Stelle vorübergehend die Aufgaben der notifizierten Stelle zur Überwachung der Bescheinigung übernimmt und dass sie während der Dauer der Aussetzung oder Einschränkung für die Bescheinigung verantwortlich bleibt.

(9) ***[1]* Abgesehen von den Fällen, in denen Bescheinigungen nicht ordnungsgemäß ausgestellt wurden und in denen eine Benennung widerrufen wurde, bleiben die Bescheinigungen unter folgenden Umständen für eine Dauer von neun Monaten gültig:**

a) Die zuständige nationale Behörde des Mitgliedstaats, in dem der Anbieter des von der Bescheinigung abgedeckten Hochrisiko-KI-Systems seine eingetragene Niederlassung hat, hat bestätigt, dass im Zusammenhang mit den betreffenden Hochrisiko-KI-Systemen kein Risiko für Gesundheit, Sicherheit oder Grundrechte besteht, und

b) eine andere notifizierte Stelle hat schriftlich bestätigt, dass sie die unmittelbare Verantwortung für diese KI-Systeme übernehmen und deren Bewertung innerhalb von 12 Monaten ab dem Widerruf der Benennung abgeschlossen haben wird.

***[2]* Unter den in Unterabsatz 1 genannten Umständen kann die zuständige nationale Behörde des Mitgliedstaats, in dem der Anbieter des von der Bescheinigung abgedeckten Systems seine Niederlassung hat, die vorläufige Gültigkeit der Bescheinigungen um zusätzliche Zeiträume von je drei Monaten, jedoch nicht um insgesamt mehr als 12 Monate, verlängern.**

***[3]* Die zuständige nationale Behörde oder die notifizierte Stelle, die die Aufgaben der von der Benennungsänderung betroffenen notifizierten Stelle übernimmt, informiert unverzüglich die Kommission, die anderen Mitgliedstaaten und die anderen notifizierten Stellen darüber.**

Literatur: Gsell/Krüger/Lorenz/Reymann, BeckOGK, BGB, Stand 1.6.2025; Klindt/Piovano, Fristfragen in der produktsicherheitsrechtlichen Notifikationspflicht, NvWZ 2021, 714; Klindt, Produktsicherheitsgesetz, 3. Auflage, 2021; Neudörfer, Konstruieren sicherheitsgerechter Produkte, 2020.

Übersicht

I. Allgemeines

1 Die Bestimmungen des Art. 36 tragen zur Wahrung der Integrität der notifizierten Stellen bei. Sie sollen ua sicherstellen, dass die notifizierenden Behörden bei Verdacht auf Nichteinhaltung der Anforderungen oder Pflichtverletzungen unverzüglich und sorgfältig handeln. Diese Maßnahmen sollen das Vertrauen in

die Konformitätsbewertungsverfahren stärken und die Sicherheit risikoreicher KI-Systeme gewährleisten.

Art. 36 befasst sich ferner mit Änderungen der Notifizierungen von Konformitätsbewertungsstellen und stellt sicher, dass diese Änderungen transparent und ordnungsgemäß gehandhabt werden. Der Artikel legt fest, dass die notifizierende Behörde die Europäische Kommission und die anderen Mitgliedstaaten über alle relevanten Änderungen der Notifizierung informieren muss. Dabei regelt Art. 36 nicht nur Erweiterungen des Notifizierungsumfangs, sondern auch andere Änderungen, wie zB die Einstellung der Konformitätsbewertungstätigkeiten einer notifizierten Stelle. In solchen Fällen müssen die betroffenen Stellen und Lieferanten frühzeitig informiert werden, um eine reibungslose Übergabe der Verantwortlichkeiten und die Kontinuität der Konformitätsbewertung zu gewährleisten. 2

II. Pflicht zur Meldung von Änderungen (Abs. 1)

Nach Abs. 1 ist die notifizierende Behörde verpflichtet, die Europäische Kommission und die übrigen Mitgliedstaaten der Europäischen Union **über jede später eintretende Änderung der Notifizierung zu informieren.** Von solch einer Änderungen ist immer dann auszugehen, wenn die Änderung Einfluss auf die Erfüllung des Anforderungen aus Art. 31 haben. Beispielsweise hinsichtlich Kompetenz, Unabhängigkeit oder Ressourcenausstattung. Dies kann beispielsweise eine Erweiterung oder ein (teilweiser) Widerruf sein. Die Vorschrift dient dazu, dass die Europäische Kommission und die übrigen Mitgliedstaaten der Europäischen Union stets umfassend über den Status und den Umfang der erteilten Befugnis jeder einzelnen notifizierten Stelle informiert sind. Diese Informationen werden außerdem für die Öffentlichkeit auf der Homepage des NANDO-Informationssystems veröffentlicht. 3

III. Verfahren bei Änderungen der Notifizierung (Abs. 2)

Abs. 2 regelt in abstrakter Form die Verfahren für Änderungen im Zusammenhang mit der Notifizierung von Konformitätsbewertungsstellen. Damit soll sichergestellt werden, dass alle Änderungen sorgfältig geprüft und nach festgelegten Verfahren durchgeführt werden, um die Integrität und Zuverlässigkeit der notifizierten Stelle zu gewährleisten. 4

Dabei wird zwischen „Erweiterungen des Anwendungsbereichs der Notifizierung“ und „sonstigen Änderungen“ unterschieden. Erweiterungen beziehen sich darauf, dass zusätzliche Konformitätsbewertungstätigkeiten, Konformitätsbewertungsmodul(e) und weitere Arten von KI-Systemen über den ursprünglichen Notifizierungsrahmen hinaus von der notifizierten Stelle abgedeckt werden sollen. In solchen Fällen sind die Verfahren gemäß Artikel 29 und 30 anzuwenden. Diese Artikel beschreiben das vollständige Notifizierungsverfahren, so dass bei einer Erweiterung der Notifizierung alle Nachweise zur Erfüllung der Anforderungen der Artikel 29 ff. für die jeweilige Erweiterung vorzulegen sind. 5

Für alle anderen Änderungen der Notifizierung, die keine Erweiterung des Anwendungsbereichs darstellen, sind die in den Absätzen 3–9 dieses Artikels beschriebenen Verfahren anzuwenden. Diese Absätze enthalten spezifische Regeln für verschiedene Arten von Änderungen, wie zB die Aussetzung, Einschränkung oder vollständige oder teilweise Rücknahme der Notifikation. 6

IV. Einstellung der Tätigkeiten einer notifizierten Stelle (Abs. 3)

1. Allgemeines

7 Absatz 3 regelt den Umgang mit der Einstellung von Konformitätsbewertungstätigkeiten durch eine notifizierte Stelle und legt die Pflichten gegenüber der notifizierenden Behörde und Anbietern fest. Ziel dieser Regelung ist es, den reibungslosen Übergang von einer notifizierten Stelle zur anderen sicherzustellen, um die Kontinuität der Konformitätsbewertung zu gewährleisten und damit, dass die Anbieter weiterhin deren KI-System anbieten bzw. vertreiben dürfen. Denn ohne gültige Konformitätsbewertung durch eine notifizierte Stelle dürfen KI-Systeme nicht in Verkehr gebracht werden, bei denen dies durch die KI-VO vorgeschrieben ist.

2. Einstellung der Konformitätsbewertungstätigkeiten

8 Eine Einstellung der Konformitätsbewertungstätigkeiten kann vorliegen, indem die gesamte Konformitätsbewertungsstelle den Betrieb einstellt, beispielsweise durch Liquidation oder Insolvenz. Es kann allerdings auch nur die Konformitätsbewertungstätigkeit im Rahmen der KI-VO eingestellt werden. Dies könnte immer dann der Fall sein, wenn nicht mehr ausreichende Ressourcen, wie kompetentes Personal, vorhanden ist.

3. Jahresfrist

9 Wird die Entscheidung getroffen, die Tätigkeit zu beenden, muss die Stelle unverzüglich die zuständige notifizierende Behörde sowie die betroffenen Anbieter informieren. Im Falle einer geplanten Einstellung ist diese Ankündigung mindestens ein Jahr im Voraus zu machen, um den Beteiligten ausreichend Zeit zu geben, geeignete Maßnahmen zu ergreifen. Diese Bestimmung ist im Gefüge des Rechts der notifizierten Stellen im Rahmen weiterer Harmonisierungsvorschriften neu und durchaus zu begrüßen. In der Praxis ist zuweilen zu beobachten, dass Hersteller bzw. nunmehr Anbieter recht kurzfristig über die Einstellung der Tätigkeit als notifizierte Stelle informiert werden, wodurch die Hersteller in tatsächliche und wirtschaftliche Bedrängnis gebracht werden, indem nicht rechtzeitig eine neue notifizierte Stelle gefunden werden kann. Mit der Bestimmung, dass ein Jahr im Vorfeld, die betreffenden Anbieter informiert werden müssen, ist von einer ausreichenden Übergangszeit auszugehen. Hält sich die betreffende notifizierte Stelle nicht an diese Jahresfrist, kann sie sich schadensersatzpflichtig gegenüber den Anbietern, die aufgrund der Missachtung der Jahresfrist ihre KI-Systeme nicht mehr rechtmäßig vermarkten können, machen. Zwar wird es für den Anbieter Schwierigkeiten verursachen, den Nachweis darüber zu führen, wann die entsprechende notifizierte Stelle beschlossen hat, den Betrieb einzustellen. Allerdings kann an eine Vermutung gedacht werden, wenn die Einstellung der Konformitätstätigkeiten nicht durch zwingende äußere Einflüsse verursacht wurden, bspw. aufgrund einer Insolvenz, und die Mitteilung über die Einstellung kürzer als ein Jahr vergangen ist.

4. Übergangsfrist von 9 Monaten für Bescheinigungen

Abs. 4 sieht ferner eine Übergangsregelung für die Bescheinigungen vor. Diese Übergangsregelung dient dazu, zu verhindern, dass zertifizierte KI-Systeme durch den plötzlichen Wegfall einer notifizierten Stelle ungültig werden und somit die Anbieter nicht mehr in der Lage sind, ihre KI-System zu vermarkten. 10

Die Bescheinigungen, die von der notifizierten Stelle ausgestellt wurden, 11 können nach deren Einstellung noch für einen Zeitraum von neun Monaten gültig bleiben. Voraussetzung dafür ist jedoch, dass eine andere notifizierte Stelle schriftlich bestätigt, die Verantwortung für die betroffenen Hochrisiko-KI-Systeme zu übernehmen. Die übernehmende notifizierende Stelle wird die Verantwortung in der Praxis jedoch wohl nur dann übernehmen, wenn zumindest eine Dokumentenprüfung und ggf. ein Audit durchgeführt wurde. Um diese Dokumentenprüfung durchführen zu können, benötigt die übernehmende notifizierte Stelle jedoch Zugang zur Verfahrensakte des betroffenen Anbieters.

Praxishinweis: 12

Die betroffenen Anbieter sollten, sobald sie von der Einstellung der Konformitätsbewertungstätigkeiten ihrer notifizierten Stelle in Kenntnis gesetzt werden, die Herausgabe der Verfahrensakte verlangen und sich um eine zügige Bearbeitung bemühen. Damit die übernehmende notifizierte Stelle so bald wie möglich prüfen kann, ob die Verantwortung für das KI-System übernommen werden kann, ist eine zügige Übermittlung der Verfahrensakte vom Anbieter an die zu übernehmende notifizierte Stelle unerlässlich.

Während dieser neunmonatigen Übergansfrist führt die neue notifizierte Stelle 13 eine vollständige Bewertung der betroffenen Hochrisiko-KI-Systeme durch, bevor sie eine neue Bescheinigungen ausstellen kann. Dies stellt sicher, dass die Systeme weiterhin den gesetzlichen und technischen Anforderungen entsprechen und eine lückenlose Kontrolle gewährleistet bleibt.

5. Widerruf der Notifizierung

Sobald die notifizierte Stelle ihre Tätigkeit endgültig eingestellt hat, widerruft 14 die zuständige notifizierende Behörde deren Benennung. Dieser Widerruf ist notwendig, um die formale Anerkennung der Stelle zu beenden und sicherzustellen, dass nur aktive und qualifizierte Stellen Konformitätsbewertungen durchführen dürfen.

V. Untersuchung (Abs. 4)

1. Allgemeines

Hintergrund der Regelung des Art. 36 ist, dass einer notifizierten Stelle durch 15 die Befugnis erteilende Behörde die Befugnis als notifizierte Stelle zu agieren ganz oder teilweise entzogen werden können muss, wenn die notifizierte Stelle ihren gesetzlichen Verpflichtungen nicht nachkommt oder die Anforderungen an ihre Notifizierung (Art. 31 Abs. 2 → Rn. 8 ff.) nicht mehr erfüllt.

Art. 36 ist die europarechtliche Grundlage für die Einschränkung, Aussetzung 16 und den Widerruf der Notifizierung einer notifizierten Stelle. Da der Vollzug des

Europarechts in die Zuständigkeit des jeweiligen Mitgliedstaats fällt, sind für die entsprechenden Maßnahmen die nationalen Verwaltungsgesetze maßgeblich. In Deutschland ist die allgemeine verwaltungsrechtlichen Norm § 49 VwVfG über den ganzen oder teilweisen Widerruf eines Verwaltungsakts (§ 35 VwVfG) einschlägig.

2. Einleitung einer Untersuchung

17 In Art. 36 Abs. 4 wird kursorisch das Verfahren für den Fall beschrieben, dass der Verdacht besteht, dass eine notifizierte Stelle die in Artikel 31 festgelegten Anforderungen nicht mehr erfüllt oder dass sie ihren Verpflichtungen nicht nachkommt. Die notifizierende Behörde soll bereits bei der Vermutung, dass die notifizierte Stelle nicht ordnungsgemäß arbeitet, eine Untersuchung gegen die notifizierte Stelle einleiten. Was unter zu „vermuten" verstehen ist, lässt die KI-VO offen. Mit Blick auf eine ressourcenschonende Arbeit der notifizierenden Behörde ist zumindest zu fordern, dass objektive Tatsachen vorliegen, die auf einen Verdacht schließen lassen. Gleichwohl keine all zu hohen Maßstäbe anzulegen, da die Verpflichtung zur Untersuchung der notifizierten Behörde ein hohes Schutzniveau im Markt gewährleisten soll.

18 Ferner soll die notifizierende Behörde eine Untersuchung gegen die notifizierte Stelle einleiten, sofern erstere darüber unterrichtet wird, dass eine notifizierte Stelle die in Artikel 31 festgelegten Anforderungen nicht mehr erfüllt oder dass sie ihren Verpflichtungen nicht nachkommt. Hierbei ist jedoch nicht von einem Automatismus auszugehen, in dem Sinn, dass die notifizierende Behörde automatisch eine Untersuchung einleiten muss sobald sie von einem Dritten über Unregelmäßigkeiten bei einer notifizierten Stelle unterrichtet wurde. Vielmehr hat die notifizierende Behörde in diesem Fall zunächst einen Plausibilitätscheck durchzuführen, ob die von dritter Seite zugetragenen Informationen einen ausreichenden objektiven Anfangsverdacht begründen, um eine Untersuchung gegen die betreffende notifizierte Stelle einzuleiten.

3. Verfahren der Untersuchung

19 Nach Art. 36 Abs. 4 S. 2 ist die notifizierende Behörde dazu verpflichtet, im Rahmen der Untersuchung nach Art. 36 Abs. 4 S. 1 die betreffende notifizierte Stelle über die erhobenen Einwände zu informieren und ihr die Möglichkeit zur Stellung zu geben. Soll am Ende der Untersuchung ein Verwaltungsakt stehen, beispielsweise indem die Notifizierung bzw. die Befugnis zur Ausübung von Konformitätsbewertungstätigkeiten eingeschränkt oder entzogen werden soll, ist ohnehin eine verwaltungsverfahrensrechtliche Anhörung gem. § 28 VwVfG erforderlich.

20 Die weiteren Einzelheiten des Verfahrens der Untersuchung wird in Absatz 7 näher beschrieben.

4. Einschränkung, Aussetzung und Widerruf der Benennung

21 Kommt die notifizierende Behörde im Rahmen dieser Untersuchung zu dem Schluss, dass die überprüfte notifizierte Stelle die in Artikel 31 festgelegten Anforderungen nicht mehr erfüllt oder dass sie ihren Verpflichtungen nicht nachkommt, hat erstere die Notifizierung gegebenenfalls einzuschränken, auszusetzen oder zu widerrufen.

22 Die Befugnis erteilende Behörde wird die erteilte Notifikation ganz oder teilweise zu widerrufen, wenn die Voraussetzungen des Art. 36 Abs. 4 vorliegen und ein besonders schwerer Verstoß festzustellen ist, wobei sie das Ausmaß der Nichterfüllung oder Pflichtverletzung zu berücksichtigen hat. Die notifizierende Behörde ist folglich im Rahmen ihres behördlichen Ermessens dazu angehalten, das Ausmaß bzw. die Schwere der Nichterfüllung oder Pflichtverletzung der notifizierten Stelle zu berücksichtigen. Mit Blick auf den **ultima ratio Charakter des Widerrufs** ist der notifizierenden Behörde allerdings ein gewisses Maß an Ermessensspielraum einzuräumen. Daher wird im Fall von leichteren und nur einmalig festgestellten Verstößen die notifizierende Behörde beispielsweise von einem (teilweisen) Widerruf absehen und zunächst die Notifizierung zunächst aussetzen.[1] Dies wird insbesondere dann der Fall sein, wenn der Verstoß unproblematisch durch die notifizierte Stelle abgestellt werden kann. In diesem Fall wird die notifizierende Behörde zur Mängelbeseitigung mit einer **angemessenen Fristsetzung** auffordern. **Aussetzen** bedeutet in diesem Zusammenhang, dass die Benennung der notifizierten Stelle vorübergehend aufgehoben wird. Während dieser Aussetzung darf die betroffene Stelle keine Konformitätsbewertungstätigkeiten durchführen. Die Aussetzung ist in der Regel zeitlich begrenzt und gibt der notifizierten Stelle die Möglichkeit, die festgestellten Mängel zu beheben und die Einhaltung der Anforderungen wiederherzustellen.

23 **Einschränken** bedeutet, dass der Anwendungsbereich der Benennung der notifizierten Stelle reduziert wird. Dies kann bedeuten, dass die Stelle nur noch bestimmte Arten von Konformitätsbewertungen durchführen darf oder dass bestimmte Arten von KI-Systemen ausgeschlossen werden. Die Einschränkung ermöglicht es der notifizierten Stelle, ihre Tätigkeiten in den konformen Bereichen fortzusetzen, während sie die Mängel in den betroffenen Bereichen behebt. Eine entsprechende Einschränkung stellt einen Verwaltungsakt dar.

24 In den Absätzen 8 und 9 wird beschrieben, unter welchen Voraussetzungen die von der notifizierenden Stelle ausgestellten Bescheinigungen gültig bleiben können.

5. Sonstige Fälle

25 Die Notifikation ist ebenfalls zu widerrufen bei **Auflösung** der notifizierten Stelle (beispielsweise bei **Insolvenz**) oder wenn die notifizierte Stelle der Befugnis erteilenden Behörde gegenüber erklärt, dass sie keine Befugnis mehr wünscht.[2] Dies kann beispielsweise der Fall sein bei geplanten Veränderungen in der Politik, der Organisation der notifizierten Stelle oder der Eigentümerschaft der notifizierten Stelle.[3]

26 Der Widerruf kann auch auf Veranlassung der Europäischen Kommission erfolgen, wenn diese begründete Zweifel daran hat, dass eine notifizierte Stelle die Anforderungen ihrer Befugnis erfüllt oder weiter erfüllen wird. In Fällen dieser Art unterrichtet die Europäische Kommission den notifizierenden Mitgliedstaat entsprechend und **fordert ihn auf,** die notwendigen Korrekturmaßnahmen zu ergreifen, wozu erforderlichenfalls auch der Widerruf der Befugnis gehört. Der Widerruf einer Befugnis kann auch das abschließende Ergebnis eines **Vertrags-**

[1] Klindt ProdSG/Kapoor § 19 Rn. 4 f.

[2] ZLS, Regeln zur Erteilung der Befugnis für Notifizierte Stellen und GS-Stellen, 2017, S. 7.

[3] Blue Guide 2022, C 272/87.

verletzungsverfahrens nach Art. 258 AEUV gegen den betreffenden Mitgliedstaat sein, wenn der Mitgliedstaat die Befugnis trotz gesetzlicher Verpflichtung nicht widerrufen hat.[4]

27 Sofern die DAkkS feststellt, dass eine Konformitätsbewertungsstelle, für die sie eine Akkreditierungsurkunde ausgestellt hat, nicht mehr kompetent ist oder ihren Pflichten nicht mehr nachkommt, kann die Akkreditierungsurkunde zurückgezogen werden. Nach der Empfehlung der Europäischen Kommission sollte in diesem Fall die Befugnis der Stelle ebenfalls widerrufen werden.[5] Allerdings dürfte **nicht von einem Automatismus** ausgegangen werden. Vielmehr ist die Befugnis erteilende Behörde in diesem Fall dazu verpflichtet zu prüfen, ob die notifizierte Stelle die Anforderungen auf andere Weise als durch eine Akkreditierung nachweisen kann.

6. Information der Europäischen Kommission und Mitgliedstaaten

28 Widerruft die Befugnis erteilende Behörde ganz oder teilweise eine Befugnis, hat sie nach Art. 36 Abs. 4 **unverzüglich** die Europäische Kommission und die übrigen Mitgliedstaaten der Europäischen Union darüber zu informieren. Was unter „unverzüglich" zu verstehen ist, wird nicht weiter definiert. Für das Tatbestandsmerkmal „unverzüglich" existiert weder in der KI-VO noch im Musterbeschluss des New Legislative Frameworks 768/2008/EG eine Legaldefinition. Dem deutschen Recht ist das Tatbestandsmerkmal „unverzüglich" jedoch alles andere als unbekannt: So wird „unverzüglich" in § 121 BGB legal definiert als „ohne schuldhaftes Zögern". Der Begriff findet sich außer im BGB noch in einer Vielzahl anderer gesetzlicher Vorschriften, wie in prozessualen Vorschriften, im öffentlichen Recht sowie im Arbeits-, Ausländer-, Berufs-, Sozial- oder Steuerrecht.[6] Die nationale zivilrechtliche Auslegung des Begriffs „unverzüglich" kann jedoch keine Geltung für das öffentlich-rechtliche Produktsicherheitsrecht erlangen. Der Gesetzeszweck des Produktsicherheitsrechts ist die Vermeidung von Gefahren, das auf einem hoheitliches Über- und Untergeordnetenverhältnis begründet ist,[7] und dient damit einem anderen Zweck als de § 121 BGB, welcher vorrangig auf den Ausgleich zwischen den Interessen zweier privater Parteien abzielt. Im Ergebnis ist der Begriff „unverzüglich" daher europarechtlich autonom auszulegen.[8] Hierbei ist zu berücksichtigen, dass einerseits durch die Meldung an die Europäische Kommission und an die Mitgliedstaaten für die Konformitätsbewertungsstelle keine unmittelbaren Rechtsfolgen entstehen. Andererseits ist der Markt effektiv zu schützen, indem die Marktteilnehmer möglichst zügig darüber informiert werden, dass die betroffene Konformitätsbewertungsstelle keine Konformitätstätigkeiten mehr im Rahmen der KI-VO vornehmen darf, was über die Veröffentlichung in der NANDO-Datenbank umgesetzt wird. Beim Widerruf der Notifizierung verbleiben zwar die Angaben zu der betreffenden Stelle in der NANDO-Datenbank, werden jedoch in den Bereich „Withdrawn/Expired Notifications/NBs"

[4] Blue Guide 2022, C 272/87.

[5] Blue Guide 2022, C 272/83.

[6] BeckOGK/Rehberg, 1.1.2020, BGB § 121 Rn. 11, 12.

[7] Neudörfer, Konstruieren sicherheitsgerechter Produkte, S. 12.

[8] Klindt/Piovano NvWZ 2021, 714 (715).

(Widerrufene/Abgelaufene Notifizierungen/Notifizierte Stellen) der Website verschoben.

VI. Unterrichtung der betroffenen Anbieter (Abs. 5)

Nach Abs. 5 hat die notifizierte Stelle die betroffenen Anbieter innerhalb von **zehn Tagen** darüber zu informieren, dass ihre Notifizierung ausgesetzt, eingeschränkt oder vollständig oder teilweise widerrufen wurde. 29

Abs. 5 stellt sicher, dass Anbieter, die auf die Dienste der benannten Stelle angewiesen sind, rechtzeitig über Änderungen informiert werden, die sich auf ihre Konformitätsbescheinigungen auswirken können. Dies ist von entscheidender Bedeutung, um Unterbrechungen bei der Bewertung und Zertifizierung von Hochrisiko-KI-Systeme zu minimieren und den Anbietern ausreichend Zeit zu geben, alternative Maßnahmen zu ergreifen. Sie können beispielsweise eine andere benannte Stelle mit der Fortsetzung der Konformitätsbewertung beauftragen. In diesem Zusammenhang ist den Anbietern erneut geraten, die Verfahrensakte möglichst zügig anzufordern. 30

Informiert die betroffenen notifizierte Stelle nicht innerhalb von zehn Tagen, kann sie sich dadurch gegenüber den betroffenen Anbietern gegebenenfalls schadensersatzpflichtig machen. Im Rahmen dieser Information sollte die betroffene notifizierte Stelle sogleich darüber informieren, welche Maßnahmen die betroffenen Anbieter treffen sollten und ob davon auszugehen ist, dass die Konformitätsbewertungstätigkeit wieder aufgenommen werden dürfen. 31

VII. Umgang mit Verfahrensakten (Abs. 6)

Die notifizierende Behörde wird in Abs. 6 verpflichtet sicherzustellen, dass die Akten einer notifizierten Stelle, deren Notifizierung eingeschränkt, ausgesetzt oder widerrufen wurde, für die notifizierenden Behörden in anderen Mitgliedstaaten und die Marktüberwachungsbehörden bereitgehalten und ihnen auf deren Anfrage zur Verfügung gestellt werden. Diese Verpflichtung dient dem Interesse der Kontinuität und um zu gewährleisten, dass die notifizierende Behörde und die Marktüberwachungsbehörden jederzeit Zugriff auf die Akten haben.[9] 32

Eine mögliche Maßnahme ist die Einrichtung eines zentralen, digitalen Archivierungssystems, in dem alle relevanten Aufzeichnungen der betroffenen notifizierten Stelle gespeichert werden. Ein solches System würde es den notifizierenden Behörden in anderen Mitgliedstaaten und den Marktüberwachungsbehörden ermöglichen, bei Bedarf auf diese Akten zuzugreifen. 33

Darüber hinaus könnte die notifizierte Stelle verpflichtet werden, ihre Unterlagen in einem bestimmten Format und an einem bestimmten Ort bereitzuhalten. Dies würde sicherstellen, dass die Akten vollständig und geordnet sind. Schließlich könnte die notifizierende Behörde Überwachungs- und Kontrollmechanismen einführen, um sicherzustellen, dass die Akten ordnungsgemäß geführt und bereitgehalten werden. 34

Anhand dieser Akten können ferner andere notifizierte Stellen das Verfahren ggf. übernehmen. 35

[9] Blue Guide 2022, C 272/87.

VIII. Prozess bei einer Einschränkung, Aussetzung oder Widerruf einer Benennung (Abs. 7)

36 In Absatz 7 wird das Verfahren für die notifizierende Behörde bei einer Einschränkung, Aussetzung oder Widerruf einer Benennung überraschend detailliert in **fünf verschiedenen Schritten** vorgegeben. Der Sinn und Zweck dieser Regelung ist es, die Integrität und Kontinuität der Konformitätsbewertungsprozesse zu gewährleisten und sicherzustellen, dass Hochrisiko-KI-Systeme (weiterhin) den gesetzlichen Anforderungen entsprechen.

37 Zunächst bewertet die Behörde die Auswirkungen auf die von der notifizierten Stelle ausgestellten Bescheinigungen. Dies ist wichtig, um festzustellen, welche Bescheinigungen möglicherweise ungültig oder unzuverlässig geworden sind. Sind die Gründe für die Einschränkung, Aussetzung oder Widerruf der Benennung der notifizierten Stelle beispielsweise in einer unzureichenden Kompetenz zu finden, kann der Schluss nahe liegen, dass auch die von dieser Stelle ausgestellten Bescheinigungen nicht dem geforderten Kompetenzniveau entspricht und daher die bewerteten Hochrisiko-KI-Systeme gegebenenfalls als nicht-konform mit der KI-VO anzusehen sind, obgleich eine Bescheinigung seitens einer notifizierten Stelle vorliegt. In diesem Fall gilt es zu prüfen, ob die ausgestellten Bescheinigungen ihre Gültigkeit verlieren müssen. Hierzu finden sich vertiefende Ausführungen in den Absätzen 8 und 9.

38 Nach Abs. 7 Nr. 2 hat die notifizierende Behörde innerhalb von drei Monaten nach der Notifizierung der Änderungen der Benennung der Europäischen Kommission und den anderen Mitgliedstaaten einen Bericht über ihre Ergebnisse vorzulegen. Diese Frist stellt sicher, dass alle relevanten Informationen zeitnah und umfassend zur Verfügung stehen, um eine koordinierte und informierte Entscheidung auf EU-Ebene zu ermöglichen. Allerdings könnte die Einhaltung dieser Frist in komplexen Fällen, die umfangreiche Untersuchungen erfordern, eine Herausforderung darstellen und die Qualität der Berichte beeinträchtigen. Welchen Umfang und welchen konkreten Inhalte der Bericht haben muss, wird indes nicht vorgegeben.

39 Abhängig von den Ergebnissen der Bewertung nach Schritt 1 weist die notifizierende Behörde die betroffene notifizierte Stelle entweder an, sämtliche nicht ordnungsgemäß ausgestellten Bescheinigungen innerhalb einer festgelegten Frist auszusetzen oder zu widerrufen oder die fortlaufende Konformität der im Verkehr befindlichen Hochrisiko-KI Systeme zu gewährleisten. Ist die notifizierende Behörde der Ansicht, dass die Gründe für die Einschränkung, Aussetzung oder Widerruf der Notifizierung keine Auswirkung auf die von der notifizierten Stelle erteilten Bescheinigungen hat, wird sie letztere dazu auffordern, die fortlaufende Konformität der im Verkehr befindlichen Hochrisiko-KI Systeme zu gewährleisten. Dies geschieht beispielsweise durch turnusgemäß festgeschriebene Überprüfungen, wie die Audits, weiterhin stattfinden, obgleich die Notifizierung zu diesem Zeitpunkt möglicherweise ausgesetzt ist.

40 Gem. Abs. 7 Nr. 4 hat die notifizierende Behörde die Europäische Kommission und die Mitgliedstaaten über Bescheinigungen, deren Aussetzung oder Widerruf sie angewiesen hat, zu informieren. Diese Transparenz ist entscheidend, um das Vertrauen in das Konformitätsbewertungssystem zu stärken und sicherzustellen, dass alle betroffenen Parteien über den aktuellen Status der Bescheinigungen informiert sind.

41 Schließlich stellt die notifizierende Behörde nach Abs. 7 Nr. 5 der zuständigen nationalen Behörde des Mitgliedstaats, in dem der Anbieter seine eingetragene Niederlassung hat, alle relevanten Informationen über Bescheinigungen zur Verfügung, deren Aussetzung oder Widerruf sie angewiesen hat. Die „zuständige nationale Behörde" ist gem. Art. 3 Nr. 48 „eine notifizierende Behörde oder eine Marktüberwachungsbehörde", die nach Art. 70 von jedem Mitgliedstaat zu benennen ist.

42 Die zuständige nationale Behörde ergreift erforderlichenfalls geeignete Maßnahmen, um mögliche Risiken für Gesundheit, Sicherheit oder Grundrechte zu verhindern. Beispielsweise kann die zuständige nationale Behörde mit den Mitteln des Verwaltungszwangs den Anbieter, dessen Bescheinigung widerrufen wurde, zu einem Inverkehrgabestopp seiner betroffenen Hochrisiko-KI-Systeme zwingen.

43 Die betroffene notifizierte Stelle kann sich zumindest im Rahmen des Schritts 3 mit den Mitteln des Verwaltungsverfahrensrechts gegen die Anweisungen der notifizierenden Behörde wehren. So kann sie beispielsweise Widerspruch und Anfechtungsklage gegen die Anordnung erheben, Bescheinigungen auszusetzen.

IX. Gültigkeit von Bescheinigungen bei Aussetzung und Einschränkung (Abs. 8)

1. Allgemeines

44 Abs. 8 sieht vor, dass Bescheinigungen von notifizierten Stellen unter bestimmten Umständen ihre Gültigkeit behalten, auch wenn die Benennung dieser notifizierten Stelle ausgesetzt oder eingeschränkt wurde. Im Falle des Widerrufs der Benennung ist Abs. 9 anzuwenden. Zweck dieser Regelung ist es, Kontinuität und Rechtssicherheit für die betroffenen Anbieter und ihre Hochrisiko-KI-Systeme zu gewährleisten und gleichzeitig die Sicherheit und Konformität der Hochrisiko-KI-Systeme sicherzustellen. Hierfür gibt es zwei verschiedene Möglichkeiten:

2. Kein Risiko für Gesundheit, Sicherheit oder Grundrechte

45 Nach Abs. 8 Nr. 1 bleibt eine Bescheinigung gültig, wenn die zuständige notifizierende Behörde innerhalb eines Monats nach deren Aussetzung oder Einschränkung der Konformitätstätigkeiten iRd KI-VO der notifizierten Stelle bestätigt, dass keine Gefahr für Gesundheit, Sicherheit oder Grundrechte von den Hochrisiko-KI-Systemen ausgehen, die von den Bescheinigungen abgedeckt sind. In diesem Zusammenhang hat die notifizierende Behörde keine eigene Konformitätsbewertung der betroffenen Hochrisiko-KI-Systeme durchzuführen. Vielmehr hat die notifizierende Behörde aufzuzeigen, dass die Gründe, die zur Aussetzung oder Einschränkung der Notifizierung der notifizierten Stelle geführt haben, nicht die Sicherheit der betroffenen Hochrisiko-KI-Systeme beeinflussen. Dies kann beispielsweise der Fall sein, wenn die notifizierte Stelle ihre Benennung aufgrund von Mängeln in der technischen Dokumentation ausgesetzt bekommen hat. Diese Mängel betreffen jedoch nur die internen Verwaltungsprozesse der notifizierten Stelle und haben keinen Einfluss auf die Sicherheit der bereits bewerteten Hochrisiko-KI-Systeme. Gleiches kann gelten, wenn die notifizierte Stelle ihre Benennung aufgrund von personellen Engpässen eingeschränkt bekommen hat, was ihre Fähigkeit beeinträchtigt, neue Konformitätsbewertungen durchzuführen. Die bereits aus-

gestellten Bescheinigungen basieren jedoch auf gründlichen und ordnungsgemäßen Bewertungen, die vor den personellen Engpässen durchgeführt wurden.

3. Zeitplan

46 Darüber hinaus muss die notifizierende Behörde einen Zeitplan für Maßnahmen zur Aufhebung der Aussetzung oder Einschränkung vorlegen. Dies dient dazu, einen klaren und strukturierten Weg zur Wiederherstellung der vollen Funktionsfähigkeit der notifizierten Stelle zu gewährleisten. Dieser Zeitplan soll sicherstellen, dass die notwendigen Korrekturmaßnahmen zeitnah und effektiv umgesetzt werden, um die Konformität der notifizierten Stelle wiederherzustellen.

47 Ein solcher Zeitplan kann verschiedene Schritte und Fristen umfassen, die die notifizierte Stelle einhalten muss, um die Aussetzung oder Einschränkung aufzuheben. Der Zeitplan sollte spezifische Meilensteine und Deadlines enthalten, um den Fortschritt zu überwachen und sicherzustellen, dass die notwendigen Maßnahmen innerhalb eines angemessenen Zeitrahmens abgeschlossen werden.

4. Sicherstellung der Überwachung

48 Alternativ bleibt eine Bescheinigung gültig, wenn die notifizierende Behörde bestätigt, dass während der Dauer der Aussetzung oder Einschränkung der notifizierten Stelle keine neuen von dem Umfang der Aussetzung oder Einschränkung erfassten Bescheinigungen ausgestellt, geändert oder wieder ausgestellt werden. Darüber hinaus muss die notifizierende Behörde feststellen, dass die betroffene notifizierte Stelle in der Lage ist, die Überwachung der bestehenden Bescheinigungen fortzusetzen und die Verantwortung dafür zu übernehmen. Diese Feststellung gelingt, wenn der Grund für die Aussetzung oder Einschränkung nicht dazu führt, dass die Überwachung durch die notifizierte Stelle eingeschränkt bzw. ineffektiv wird. Dies kann beispielsweise der Fall sein, wenn eine notifizierte Stelle ihre Benennung aufgrund von organisatorischen Umstrukturierungen ausgesetzt bekommen hat, die ihre internen Abläufe betreffen. Diese Umstrukturierungen haben jedoch keinen Einfluss auf die technischen Bewertungsprozesse der bereits ausgestellten Bescheinigungen.

49 Kann die betroffene notifizierte Stelle die Überwachung nicht gewährleisten, muss der Anbieter des betroffenen KI-Systems innerhalb von drei Monaten gegenüber seiner zuständigen nationalen Behörden gem. Art. 70 schriftlich bestätigen, dass eine andere qualifizierte notifizierte Stelle vorübergehend die Überwachung und die Verantwortung für die Bescheinigung übernimmt. Diese Regelung stellt sicher, dass die Überwachung und die Verantwortung für die Bescheinigungen auch während der Aussetzung oder Einschränkung gewährleistet bleiben.

50 Probleme könnten sich aus der praktischen Umsetzung dieser Regelung ergeben. Die Frist von drei Monat für die Bestätigung durch den Anbieter beginnt laut Wortlaut „nach der Aussetzung oder Einschränkung". Die Frist für den Anbieter kann jedoch erst dann beginnen, wenn der Anbieter von der Aussetzung oder Einschränkung erfährt. Nach Abs. 5 hat die notifizierende Behörde zwar innerhalb von zehn Tagen die betroffenen Anbieter zu informieren, jedoch kann ein Versäumnis durch die notifizierende Behörde nicht zu Lasten der Anbieter gehen. Ferner kann inklusive Postlauf zwei Wochen vergehen, bis die Anbieter von der Aussetzung oder Einschränkung erfahren. Es ist gibt jedoch keine nachvollziehbaren Gründe, weshalb bereits zuvor die Dreimonatsfrist beginnen sollte und dem Anbieter dadurch zwei Wochen weniger Zeit zur Verfügung stehen

sollen. In der Praxis werden die betroffenen Anbieter ohnehin Probleme haben, eine neue qualifizierte notifizierte Stelle zu finden, die innerhalb von wenigen Wochen die Verantwortung für eine fremde Bescheinigung übernehmen werden. In diesem Zusammenhang ist daran zu erinnern, dass die Anbieter umgehend ihre Verfahrensakte bei der betroffenen notifizierten Stelle anfordern sollten.

X. Gültigkeit von Bescheinigungen bei Widerruf (Abs. 9)

1. Übernahme durch andere notifizierte Stelle (UAbs. 1)

Nach Abs. 9 können Bescheinigungen unter bestimmten Umständen für eine Dauer von neun Monaten gültig bleiben, auch wenn die Benennung der notifizierten Stelle widerrufen wurde. Der Sinn und Zweck dieser Regelung ist es, die Kontinuität und Rechtssicherheit für die betroffenen Anbieter und ihre Hochrisiko-KI-Systeme zu gewährleisten, während gleichzeitig die Sicherheit und Konformität der Systeme sichergestellt wird. **51**

Eine Bescheinigung bleibt gültig, wenn die zuständige nationale Behörde (Art. 70) des Mitgliedstaats, in dem der Anbieter des von der Bescheinigung abgedeckten Hochrisiko-KI-Systems seine eingetragene Niederlassung hat, bestätigt, dass kein Risiko für Gesundheit, Sicherheit oder Grundrechte besteht. Diese Bestätigung stellt sicher, dass die betroffenen Systeme weiterhin als sicher und konform betrachtet werden können, solange keine unmittelbaren Risiken bestehen. Die zuständige nationale Behörde wird in diesem Rahmen keine eigene Konformitätsbewertung des betroffenen KI-Systems durchführen, sondern lediglich prüfen, ob die Gründe, die zum Widerruf der Notifizierung geführt haben, Zweifel an der Sicherheit und Konformität des betroffenen KI-Systems begründen. **52**

Zusätzlich muss eine andere notifizierte Stelle schriftlich bestätigen, dass sie die unmittelbare Verantwortung für diese Hochrisiko-KI-Systeme übernimmt und deren (erneute) Bewertung innerhalb von zwölf Monaten ab dem Widerruf der Benennung abgeschlossen haben wird. **53**

2. Weitere Zeiträume (UAbs. 2)

UAbs. 2 gibt der zuständigen nationalen Behörde gem. Art. 3 Nr. 48 die Möglichkeit, über die Gültigkeit der neun Monate nach UAbs. 1 hinaus die Gültigkeit der Bescheinigung um weitere Zeiträume zu verlängern. **54**

Unter den Voraussetzungen des UAbs. 1 kann die zuständige nationale Behörde des Mitgliedstaats, in dem der Anbieter des von der Bescheinigung abgedeckten Systems seine Niederlassung hat, die vorläufige Gültigkeit der Bescheinigungen um zusätzliche Zeiträume von je drei Monaten, jedoch nicht um insgesamt mehr als zwölf Monate, verlängern. Diese Verlängerungen können es ermöglichen, die notwendigen Bewertungen und Überwachungen ordnungsgemäß abzuschließen, ohne die Rechtssicherheit und Marktfähigkeit der betroffenen Systeme zu gefährden und gibt den notifizierten Stellen und Anbietern die notwendige Flexibilität bei der Übernahme des laufenden Verfahrens. Der klassische Fall wird wohl sein, dass ein Anbieter bereits eine Vereinbarung mit einer neuen notifizierten Stelle getroffen hat, die die Bewertung seines Hochrisiko-KI-Systems übernehmen wird. Aufgrund administrativer Verzögerungen benötigt die neue notifizierte Stelle jedoch zusätzliche Zeit, um die Bewertung abzuschließen. **55**

56 Betroffene Anbieter haben jedoch keinen Anspruch auf die Verlängerung der Gültigkeit der Bescheinigung. Vielmehr steht der zuständigen nationalen Behörde ein Ermessen („kann") bei der Gewährung der Verlängerung zu. Ein direkter Anspruch besteht nur dann, wenn eine Ermessensreduzierung auf Null vorliegt.

3. Information der Kommission, der Mitgliedstaaten und die anderen notifizierten Stellen (UAbs. 3)

57 Die zuständige nationale Behörde oder die notifizierte Stelle, die die Aufgaben der von der Benennungsänderung betroffenen notifizierten Stelle übernimmt, muss nach UAbs. 3 unverzüglich die Europäische Kommission, die anderen Mitgliedstaaten und die anderen notifizierten Stellen darüber informieren. Diese Transparenz ist entscheidend, um das Vertrauen in das Konformitätsbewertungssystem zu stärken und sicherzustellen, dass alle betroffenen Parteien über den aktuellen Status der Bescheinigungen informiert sind.

58 Da sich aus der Regelung eine Parallelzuständigkeit der zuständigen nationalen Behörde und der übernehmenden notifizierten Stelle ergibt, sollten sich beide Institutionen darüber abstimmen, wer die Information tatsächlich verteilt, um Doppelungen zu vermeiden. In der Praxis wird es naheliegen, dass die zuständige nationale Behörde die Information übernimmt, da diese mit den entsprechend zu Informierenden bereits in Kontakt stehen sollte.

Art. 37* Anfechtungen der Kompetenz notifizierter Stellen

(1) **Die Kommission untersucht erforderlichenfalls alle Fälle, in denen begründete Zweifel an der Kompetenz einer notifizierten Stelle oder daran bestehen, dass eine notifizierte Stelle die in Artikel 31 festgelegten Anforderungen und ihre geltenden Pflichten weiterhin erfüllt.**

(2) **Die notifizierende Behörde stellt der Kommission auf Anfrage alle Informationen über die Notifizierung oder die Aufrechterhaltung der Kompetenz der betreffenden notifizierten Stelle zur Verfügung.**

(3) **Die Kommission stellt sicher, dass alle im Verlauf ihrer Untersuchungen gemäß diesem Artikel erlangten sensiblen Informationen gemäß Artikel 78 vertraulich behandelt werden.**

(4) **[1]Stellt die Kommission fest, dass eine notifizierte Stelle die Anforderungen für ihre Notifizierung nicht oder nicht mehr erfüllt, so informiert sie den notifizierenden Mitgliedstaat entsprechend und fordert ihn auf, die erforderlichen Abhilfemaßnahmen zu treffen, einschließlich einer Aussetzung oder eines Widerrufs der Notifizierung, sofern dies nötig ist. [2]Versäumt es ein Mitgliedstaat, die erforderlichen Abhilfemaßnahmen zu ergreifen, kann die Kommission die Benennung im Wege eines Durchführungsrechtsakts aussetzen, einschränken oder widerrufen. [3]Dieser Durchführungsrechtsakt wird gemäß dem in Artikel 98 Absatz 2 genannten Prüfverfahren erlassen.**

* Kapitel III Abschnitt 4 (Art. 28–39) gilt gem. Art. 113 UAbs. 3 Buchst. b bereits ab 2.8.2025.

Übersicht

I. Einleitung

Art. 37 ist Teil eines zweistufigen Überwachungssystems. Art. 37 richtet sich dabei innerhalb dieses zweistufigen Systems an die Kommission und Art. 36 Abs. 4 an die nationale Ebene, um die kontinuierliche Kompetenz der notifizierten Stellen (Art. 3 Nr. 22) zu gewährleisten. 1

Während auf nationaler Ebene die Überwachung gem. Art. 36 Abs. 4 durch die zuständigen notifizierenden Behörden erfolgt, ermächtigt Art. 37 die Europäische Kommission, bei begründeten Zweifeln an der Kompetenz einer notifizierten Stelle oder an der Erfüllung der Anforderungen aus Art. 31 und ihrer geltenden Pflichten, Untersuchungen vorzunehmen (Abs. 1 u. 2), den notifizierenden Mitgliedstaat zu Abhilfemaßnahmen aufzufordern (Abs. 4 S. 1) oder gegebenenfalls eigenständig Durchführungsrechtsakte nach dem in Art. 98 Abs. 2 genannten Prüfverfahren zu erlassen (Abs. 4 S. 2). 2

Die Durchführungsrechtsakte, zu denen die Europäische Kommission im erforderlichen Falle gem. Art. 37 Abs. 4 S. 2 ermächtigt ist, sind die Aussetzung, die Einschränkung oder der Widerruf der Benennung. 3

Diese Maßnahmen zur Sicherstellung der Kompetenz der notifizierten Stellen gewährleisten ein funktionierendes Konformitätsbewertungsverfahren von Hochrisiko-KI-Systemen, das entscheidend ist für das Vertrauen in Hochrisiko-KI-Systeme (vgl. Erwgr. 123). Denn in der Konformitätsbewertung spielen die notifizierten Stellen eine zentrale Rolle zur Risikominimierung (vgl. Erwgr. 125), auch wenn ihr Tätigwerden sich grundsätzlich nach der KI-VO auf spezifische Fälle gem. Art. 43 bezieht. 4

Art. 37 kommt insbesondere dann zum Tragen, wenn Zweifel an der nationalen Überwachung der Mitgliedstaaten besteht und die Kommission daraufhin ihr dort festgelegtes übergeordnetes Kontrollinstrumentarium nutzt. Das in Art. 37 (iVm Art. 36) eingeführte zweistufige System ist dem EU-weiten Produktsicherheitsrecht dem Grunde nach bekannt. Eine vergleichbare Regelungssystematik findet sich unter anderem in der Medizinprodukteverordnung (EU) 2017/745 und der Bauprodukteverordnung (EU) 305/2011, in denen die nationalen Behörden die notifizierten Stellen benennen und überwachen, während die Europäische Kommission als übergeordnete Kontrollinstanz agiert, die in Fällen von Versäumnissen der Mitgliedstaaten einschreiten kann. 5

Diese in der KI-VO angelegte zweistufige Systematik gewährleistet, dass die Kompetenz der notifizierten Stellen sowohl auf nationaler als auch auf EU-Ebene überwacht wird. Eine nationale Aufsicht, gekoppelt mit einer fortlaufenden Überwachung und einem gegebenenfalls notwendigen Eingreifen der Kommission ist erforderlich, um das angestrebte hohe Schutzniveau der Union zu gewährleisten 6 (vgl. Erwgr. 8) und sorgt dafür, dass die Anforderungen der EU für Hochrisiko-KI-Systeme auch langfristig eingehalten werden.

7 Erst bei Untätigkeit der nationalen Behörden, nach entsprechender Aufforderung durch die Kommission, kann die Kommission mittels Durchführungsrechtsakten korrigierend selbst eingreifen, Art. 37 Abs. 4 S. 2.

II. Untersuchungsbefugnis

8 Gem. Art. 37 Abs. 1 hat die Europäische Kommission grundsätzlich die Befugnis bei begründeten Zweifeln an der Kompetenz einer notifizierten Stelle oder an der Erfüllung der Anforderungen aus Art. 31 und ihrer geltenden Pflichten nach der KI-VO, Untersuchungen durchzuführen. In gravierenden Fällen kann sich der Ermessensspielraum der Kommission auf Null reduzieren, so dass faktisch eine Untersuchungspflicht besteht. Denn obwohl der Wortlaut des Art. 37 Abs. 1 „erforderlichenfalls" verwendet, spricht der systematische Zusammenhang (übergeordnete Instanz im zweistufigen System) und der Sinn und Zweck der KI-VO (Sicherheit und Vertrauen, vgl. Erwgr. 8) dafür, dass die Kommission bei dem Vorliegen begründeter Zweifel und erheblichen Risiken für das Bewertungsverfahren auch im Sinn einer Ermessensreduzierung auf Null verpflichtet sein kann, tätig zu werden. Andernfalls wäre die Integrität des Konformitätsbewertungsverfahrens und das Vertrauen der sich auf dem EU-Markt befindlichen Hochrisiko-KI-Systeme gefährdet.

9 Der Europäischen Kommission steht vom Wortlaut her („erforderlichenfalls") ein weiter Ermessenspielraum zu, der jedoch, wie zuvor ausgeführt, bei einer konkreten Gefährdungslage für die Bewertungspraxis auch seine Grenzen finden muss.

10 Die Kommission hat dabei insbesondere die Schwere des potenziellen Verstoßes, die Tragweite der betroffenen Konformitätsbewertungen sowie die möglichen Auswirkungen auf die öffentliche Sicherheit zu berücksichtigen.

11 Eine Untersuchung der Kommission ist möglich, wenn begründete Zweifel an der Erfüllung der Anforderungen aus Art. 31 bestehen. Die Anforderungen, welche Art. 31 an notifizierte Stellen stellt, umfassen neben der fachlich verfügbaren Kompetenz (Art. 31 Abs. 10 u. 11) auch angemessene organisatorische Strukturen (Art. 31 Abs. 2 u. 3), die Einhaltung von Cybersicherheitsstandards (Art. 31 Abs. 2), Unabhängigkeit (Art. 31 Abs. 4–6), Objektivität und Unparteilichkeit (Art. 31 Abs. 6), die Wahrung der Vertraulichkeit (Art. 31 Abs. 7) sowie die Mitwirkung an Koordinierungs- und Normungsaktivitäten (Art. 31 Abs. 12).

12 Die Kompetenz der notifizierten Stelle kann insbesondere dann infrage stehen, wenn begründete Zweifel an ihrem Sachverstand bestehen, die etwa durch die Bewertungspraxis erkennbar wird.

13 Das Untersuchungsrecht der Europäischen Kommission besteht, sobald begründete Zweifel an der fehlenden Erfüllung dieser genannten Anforderungen und Verpflichtungen vorliegen. Verstöße gegen andere Rechtsnormen, welche die Erfüllung dieser Pflichten beeinträchtigen, können dazu führen, dass begründete Zweifel an der Kompetenz der notifizierten Stelle aufkommen.

14 Begründete Zweifel müssen sich aus objektiv nachvollziehbaren Anhaltspunkten ergeben, die den konkreten Verdacht begründen, dass die notifizierte Stelle ihre Verpflichtungen nicht mehr erfüllt. Diese objektiv nachvollziehbaren Anhaltspunkte können aus öffentlich zugänglichen Informationen, der Europäischen Kommission zugetragenen Informationen oder insbesondere aus einer Informationsanfrage an die jeweilige notifizierende Behörde (Art. 37 Abs. 2) stammen, die ein Fehlverhalten einer notifizierten Stelle wahrscheinlich erscheinen lassen.

Die zu Grunde zu legenden Maßstäbe an die Wahrscheinlichkeit einer fehlenden Einhaltung der Verpflichtungen richten sich nach der potenziellen Gefährdungslage. Je größer die potenzielle Gefahr durch das vermutete Fehlverhalten für das ordnungsgemäße Konformitätsbewertungsverfahren und die Allgemeinheit ist, desto geringer müssen auch die Anforderungen an die Wahrscheinlichkeit sein, damit eine Ermessenreduzierung auf Null sich zu einer Untersuchungspflicht verdichtet. **15**

Ohne bestehende Anhaltspunkte für eine fehlende Kompetenz oder ein entsprechendes Fehlverhalten, das auf eine Nichterfüllung der in Art. 31 normierten Anforderungen und Pflichten schließen lässt, besteht für die Europäische Kommission jedoch keine Untersuchungsbefugnis und dementsprechend auch keine Untersuchungspflicht. Denn in solchen Fällen bestehen schon keine begründeten Zweifel, welche die Integrität des Konformitätsbewertungsverfahrens in Frage stellen. **16**

III. Informationsauskunftsanspruch

Nach Art. 37 Abs. 2 wird die Untersuchungsbefugnis aus Art. 37 Abs. 1 mit einem Informationsauskunftsanspruch der Europäischen Kommission gegenüber der jeweiligen notifizierenden Behörde flankiert. Der Informationsauskunftsanspruch der Europäischen Kommission gem. Art. 37 Abs. 2 besteht im Rahmen der Schranken des Art. 78 Abs. 2 gegenüber der notifizierenden Behörde auch ohne das Vorliegen begründeter Zweifel. Denn im Gegensatz zu Art. 37 Abs. 1, der die Untersuchungspflicht an das Vorliegen begründeter Zweifel knüpft, enthält Art. 37 Abs. 2 eine solche Einschränkung nicht, da dem Wortlaut nach der Anspruch gegenüber der notifizierenden Behörde bereits „auf Anfrage“ besteht. **17**

Daher kann die Kommission jederzeit Informationen anfordern, ohne dass bestimmte Voraussetzungen, wie zusätzlich etwaige begründete Zweifel erfüllt sein müssen. Dies ergibt sich nicht nur aus der Systematik, indem der Informationsauskunftsanspruch in einem zweiten Absatz geregelt wird, sondern auch aus dem Sinn und Zweck der KI-VO, ein hohes Maß an Sicherheit und Vertrauen in KI-Systeme zu gewährleisten, indem effiziente Aufsichtssysteme etabliert werden. Ein „Hineinlesen“ etwaiger weiterführender Voraussetzungen wäre daher kaum vertretbar. Denn nur die Möglichkeit, Informationen, ohne das Vorliegen begründeter Zweifel anzufordern, erlaubt der Kommission, frühzeitig auf potenzielle Risiken reagieren zu können, indem sie ihre Untersuchungen gem. Art. 37 Abs. 1 aufnimmt. **18**

Dabei muss die Ausübung des Informationsauskunftsanspruchs im Einklang mit der Datenvertraulichkeit aus Art. 78 Abs. 2 S. 1 erfolgen. Die Kommission ist demnach lediglich berechtigt, nur solche Informationen anzufordern, die für die Ausübung ihrer Befugnisse unbedingt erforderlich sind, Art. 78 Abs. 2 S. 1. **19**

Formell genügt eine nicht an eine besondere Form gebundene Anfrage der Europäischen Kommission an die jeweilige notifizierende Behörde, aus der hervorgeht, welche Informationen über die Notifizierung oder über die Aufrechterhaltung der Kompetenz der betreffenden notifizierten Stelle zur Verfügung gestellt werden sollen. **20**

Der Informationsauskunftsanspruch entsteht demzufolge aufgrund einer formlosen Anfrage. **21**

IV. Vertraulichkeit

22 Gem. Art. 37 Abs. 3 ist die Europäische Kommission verpflichtet, alle im Rahmen ihrer Untersuchungen gemäß diesem Artikel erlangten sensiblen Informationen gem. Art. 78 vertraulich zu behandeln. Art. 78 konkretisiert diese Pflicht.

V. Abhilfemaßnahme

23 Sobald die Europäische Kommission aufgrund ihrer Untersuchungen feststellt, dass eine notifizierte Stelle die Anforderungen ihrer Notifizierung nicht oder nicht mehr erfüllt, hat sie gem. Art. 37 Abs. 4 S. 1 den betroffenen Mitgliedstaat entsprechend zu informieren und ihn aufzufordern, die erforderlichen Abhilfemaßnahmen zu treffen, einschließlich einer Aussetzung oder Widerruf der Benennung, sofern dies für ein KI-VO-konformes Konformitätsbewertungsverfahren erforderlich ist.

24 Zu den Anforderungen an ein KI-VO-konformes Konformitätsbewertungsverfahren zählen die in Art. 31 festgelegten Kriterien wie etwa die Unabhängigkeit, Unparteilichkeit oder fachliche Kompetenz.

25 Im Unterschied zu Art. 37, der nur von „begründeten Zweifeln" als Auslöser für Untersuchungen spricht, erfordert Art. 37 Abs. 4 S. 1 eine konkrete Feststellung der Nichterfüllung dieser Anforderungen. Zu den Maßnahmen, zu denen die Kommission den Mitgliedstaat auffordern kann, zählen neben der Aussetzung der Benennung auch der vollständige Widerruf, wenn die Einhaltung der Anforderungen nicht wiederhergestellt werden kann.

26 Diese Maßnahmen unterliegen dem Grundsatz der Verhältnismäßigkeit, vgl. Art. 5 Abs. 4 EUV. Die Abhilfemaßnahme muss erforderlich sein, sodass jene Maßnahme mit der geringsten Eingriffsintensität bei gleicher Eignung vorrangig zu ergreifen ist. Eine Aufforderung zur Aussetzung oder gar zum Widerruf kommt deshalb nach dem Grundsatz der Verhältnismäßigkeit nur dann in Betracht, wenn mildere Mittel, wie etwa eine Aufforderung zur Erfüllung der Pflichten aus Art. 31, zur Wiederherstellung eines KI-VO-konformen Konformitätsbewertungsverfahrens nicht ausreichen. Eine Aufforderung zu sonstigen Abhilfemaßnahmen reicht etwa aus, wenn eine sofortige Erfüllung sehr wahrscheinlich ist und das gleiche Sicherheitsniveau wie bei der Aussetzung oder dem Widerruf erreicht werden kann, insbesondere, wenn es sich nicht um einen schwerwiegenden Verstoß handelt.

27 Die Aufforderung gem. Art. 37 Abs. 4 S. 1 an den jeweiligen Mitgliedstaat kann je nach Ausgestaltung eine rechtserhebliche Maßnahme vonseiten der Europäischen Kommission darstellen. Sollte der Mitgliedstaat untätig bleiben, kann die Kommission eigenständig im Wege eines Durchführungsrechtsakts gem. Art. 37 Abs. 4 S. 2 tätig werden und die Benennung einschränken, aussetzen oder widerrufen.[1]

28 Auch hierbei sind die Anforderungen an eine verhältnismäßige Maßnahme einzuhalten und ein Widerruf als schärfstes Schwert der Aufsicht kommt nur im erforderlichen Falle in Betracht, falls eine Einschränkung oder Aussetzung nicht erfolgsversprechend im Hinblick auf ein KI-VO-konformes Konformitätsbewertungsverfahren erscheint.

29 Eine eigene Kompetenz der Europäischen Kommission erwächst nur bei einer Versäumung, die insbesondere dann anzunehmen ist, wenn aufgrund einer vorhe-

---

[1] So auch Martini/Wendehorst/Roth-Isigkeit KI-VO Art. 37 Rn. 16. Eine eigene unmittelbare Einwirkungskompetenz der Kommission verneinend BeckOK KI-Recht/Beck/Irskens KI-VO Art. 37 Rn. 22 ff.

rigen Aufforderung die erforderliche zeitnahe Abhilfemaßnahme durch den Mitgliedstaat unterbleibt.

Der Durchführungsrechtsakt wird gemäß dem in Art. 98 Abs. 2 genannten Prüfverfahren erlassen. In Art. 98 Abs. 2 wird auf das Prüfverfahren gem. Art. 5 der Verordnung (EU) Nr. 182/2011 verwiesen. **30**

VI. Rechtsmittel

Der durch eine von der Kommission geforderten Abhilfemaßnahme betroffene Mitgliedstaat kann mittels Nichtigkeitsklage gem. Art. 263 Abs. 2 AEUV gegen die erlassene Entscheidung vorgehen, sofern sie einen verbindlichen Rechtsakt entfaltet. **31**

Trifft die Kommission eine unmittelbare Maßnahme in Form eines Durchführungsrechtsaktes, da der aufgeforderte Mitgliedstaat untätig geblieben ist, steht hingegen der notifizierten Stelle bei einer Klagebefugnis die Nichtigkeitsklage zur Verfügung, Art. 263 Abs. 4 AEUV. Die notifizierte Stelle als juristische Person kann gem. Art. 263 Abs. 4 AEUV klagebefugt sein, wenn sie unmittelbar und individuell betroffen ist. **32**

Auch der durch den Durchführungsrechtsakt betroffene Mitgliedstaat kann gem. Art. 263 Abs. 2 AEUV eine Nichtigkeitsklage erheben, um die Rechtmäßigkeit der erlassenen Maßnahme anzufechten. **33**

Wird der durch die Europäische Kommission angewiesene deutsche Staat tätig und erlässt Abhilfemaßnahmen gegenüber der notifizierten Stelle, ist dies als Verwaltungsakt gem. § 35 S. 1 VwVfG zu qualifizieren, da dies eine Maßnahme gegenüber der notifizierten Stelle mit Außenwirkung ist. Gegen diese Maßnahmen kann daher nach deutschem Verwaltungsrecht Widerspruch gem. §§ 68 ff. VwGO eingelegt und gegebenenfalls Anfechtungsklage vor den jeweils zuständigen Verwaltungsgerichten gem. § 42 Abs. 1 Var. 1 VwGO erhoben werden, um die Rechtmäßigkeit des Verwaltungsaktes zu überprüfen. **34**

Ein Widerspruch ist zulässig, sofern die tätige notifizierende Behörde keine oberste Behörde ist und demzufolge der Ausschluss des Vorverfahrens gem. § 68 Abs. 1 S. 2 Nr. 1 VwGO nicht greift. Zudem kann ein Antrag auf Wiederherstellung der aufschiebenden Wirkung gem. § 80 Abs. 5 VwGO gestellt werden, falls die sofortige Vollziehung nach § 80 Abs. 2 S. 1 Nr. 4 VwGO besonders angeordnet wurde. **35**

Art. 38* Koordinierung der notifizierten Stellen

(1) **Die Kommission sorgt dafür, dass in Bezug auf Hochrisiko-KI-Systeme eine zweckmäßige Koordinierung und Zusammenarbeit zwischen den an den Konformitätsbewertungsverfahren im Rahmen dieser Verordnung beteiligten notifizierten Stellen in Form einer sektoralen Gruppe notifizierter Stellen eingerichtet und ordnungsgemäß weitergeführt wird.**

(2) **Jede notifizierende Behörde sorgt dafür, dass sich die von ihr notifizierten Stellen direkt oder über benannte Vertreter an der Arbeit der in Absatz 1 genannten Gruppe beteiligen.**

* Kapitel III Abschnitt 4 (Art. 28–39) gilt gem. Art. 113 UAbs. 3 Buchst. b bereits ab 2.8.2025.

(3) **Die Kommission sorgt für den Austausch von Wissen und bewährten Verfahren zwischen den notifizierenden Behörden.**

Übersicht

I. Einleitung

1 Art. 38 zielt darauf ab, durch koordinierte Maßnahmen der notifizierten Stellen (Art. 3 Nr. 22) das Konformitätsbewertungsverfahren effizienter und effektiver zu gestalten, dadurch das Risiko von Hochrisiko-KI-Systemen zu kontrollieren und eine einheitliche sowie eine sichere Anwendung der KI-VO in allen Mitgliedstaaten zu gewährleisten.

2 Diese Ziele sollen durch die Zusammenarbeit der notifizierten Stellen in einer sektoralen Gruppe erreicht werden, die den Austausch von Wissen, Erfahrungen und bewährten Verfahren gewährleisten soll, um zudem auch die Qualität und Konsistenz der Konformitätsbewertung in den jeweiligen Sektoren zu verbessern und aufrechtzuerhalten. Die durch Art. 38 vorgeschriebene Koordinierung der notifizierten Stellen durch die Kommission ist dabei ein wesentlicher Baustein in der Architektur zur EU-weiten Harmonisierung und praktikablen Handhabung der Konformitätsbewertungspraxis.

3 Hierbei spielt die Kommission eine zentrale Rolle, indem sie für die zweckmäßige Einrichtung und ordnungsgemäße Weiterführung dieser sektoralen Gruppen sorgt.

4 Die notifizierenden Behörden übernehmen eine überwachende Funktion, und stellen sicher, dass ihre notifizierten Stellen aktiv an der Zusammenarbeit in den EU-weiten sektoralen Gruppen teilnehmen, was die Effektivität der Koordinierungsbemühungen verstärken soll.

II. Koordination notifizierter Stellen

5 Die Kommission ist dazu verpflichtet, im Hinblick auf Hochrisiko-KI-Systeme eine geeignete Koordination und Zusammenarbeit zwischen den notifizierten Stellen, die an den Konformitätsbewertungsverfahren der KI-VO beteiligt sind, durch die zweckmäßige Einrichtung und ordnungsgemäße Weiterführung einer sektoralen Gruppe zu sorgen.

6 Die Gründung von Gruppen zur Koordinierung des Austauschs stellt in der EU-weiten Produktsicherheitsregulierung eine bewährte Praxis dar. Ähnliche Gruppen zur Koordinierung und Zusammenarbeit gibt es etwa in der Medizinprodukteverordnung (EU) 2017/745 oder in der Bauprodukteverordnung (EU) 305/2011.

Die in der Praxis zu erwartende Einrichtung sektoraler Untergruppierungen[1] (differenziert nach Art. 43 KI-VO) ermöglicht eine gezielte und präzise Aufarbeitung der besonderen Risiken und Anforderungen, die in den jeweiligen Sektoren auftreten. So besteht die Möglichkeit, dass ein Austausch über technische Entwicklungen, spezifische Bewertungspraktiken, regulatorische Anforderungen sowie praktische Herausforderungen innerhalb der Sektoren der Hochrisiko-KI-Systeme entsteht. **7**

Dies fügt sich auch in den in Erwgr. 148 erwähnten Governance-Rahmen ein, der auf Unionsebene Kapazitäten im Bereich der KI aufbauen soll. Durch die Betonung der Zweckmäßigkeit und der kontinuierlichen Weiterführung der sektoralen Gruppen soll analog zu den bereits bestehenden Koordinierungsbemühungen in der EU-weiten Produktsicherheitsregulierung, die Zusammenarbeit zielgerichtet und vor allem langfristig erfolgen, um eine dauerhafte Wirkung entfalten zu können. **8**

III. Verpflichtung der notifizierenden Behörden zur Einbindung notifizierter Stellen

Die notifizierenden Behörden sind gem. Art. 38 Abs. 2 verpflichtet, sicherzustellen, dass ihre notifizierten Stellen an der in Art. 38 Abs. 1 festgelegten Zusammenarbeit teilnehmen. Da die Notifizierungen jeweils durch die nationalen notifizierenden Behörden erfolgt, ist es folgerichtig, dass auch diese zu einer konsistenten Konformitätsbewertungspraxis durch ihre notifizierten Stellen beitragen. **9**

Durch die direkte oder repräsentative Beteiligung mittels benannter Vertreter wird auf eine effiziente und mit geringem Personalaufwand handhabbare, flexible und gebündelte Teilnahmemöglichkeit geschaffen, so dass sämtliche notifizierten Stellen über die neuesten Entwicklungen und bewährte Bewertungspraktiken informiert sind. **10**

Spezifische Anforderungen an die benannten Vertreter werden nicht festgelegt. Die KI-VO benennt zwar keine Vorgaben an benannte Vertreter, jedoch sollten diese über ausreichende technische Kompetenz und Befugnisse verfügen, um die Interessen der notifizierten Stellen wirksam vertreten zu können und den Austausch von Wissen und bewährten Verfahren fördern zu können. **11**

IV. Austausch der notifizierenden Behörden untereinander

Gem. Art. 38 Abs. 3 sorgt die Europäische Kommission für den Austausch von Wissen und bewährten Verfahren zwischen den notifizierenden Behörden der Mitgliedstaaten. **12**

Dieser Austausch dient dazu, die Qualität und Einheitlichkeit des Notifizierungsprozesses zu verbessern und sicherzustellen, dass die Behörden über aktuelle Entwicklungen und Praktiken informiert sind und konsistent die hohen Standards der KI-VO eingehalten werden können. Das ist insbesondere deshalb besonders relevant da Hochrisiko-KI-Systeme bei nachgewiesener Konformität frei im Binnenmarkt verkehren können (vgl. Erwgr. 129). **13**

---

[1] Vgl. Martini/Wendehorst/Roth-Isigkeit KI-VO Art. 38 Rn. 5 sowie BeckOK KI-Recht/Beck/Irskens KI-VO Art. 38 Rn. 10.

Art. 39* Konformitätsbewertungsstellen in Drittländern

Konformitätsbewertungsstellen, die nach dem Recht eines Drittlands errichtet wurden, mit dem die Union ein Abkommen geschlossen hat, können ermächtigt werden, die Tätigkeiten notifizierter Stellen gemäß dieser Verordnung durchzuführen, sofern sie die Anforderungen gemäß Artikel 31 erfüllen oder das gleiche Maß an Konformität gewährleisten.

Übersicht

I. Einleitung

1 Art. 39 ermöglicht es Konformitätsbewertungsstellen aus Drittländern, die durch Abkommen mit der EU verbunden sind und die Anforderungen des Art. 31 erfüllen oder das gleiche Maß an Konformität gewährleisten, die Funktion notifizierter Stellen (Art. 3 Nr. 22) nach dieser Verordnung wahrzunehmen.

2 Die Anerkennung von Konformitätsbewertungsstellen im Rahmen internationaler Abkommen, wie etwa dem CETA zwischen der EU und Kanada, ist aus sog. Mutual Recognition Agreements (MRAs) bekannt.

3 Dies findet nun auch für KI-Systeme aufgrund von Art. 39 KI-VO (iVm Art. 218 AEUV) eine entsprechende Grundlage.

4 Die Möglichkeit zur Anerkennung von Konformitätsbewertungen aus Drittländern kann zur internationalen Verbreitung der in der KI-VO verankerten Sicherheitsstandards beitragen und zudem Handelsmöglichkeiten erleichtern.

5 Art. 39 trägt daher dazu bei, Handelshemmnisse abzubauen, indem Konformitätsbewertungen auch außerhalb der EU ermöglicht werden (vgl. Erwgr. 127).

6 Hochrisiko-KI-Systeme, die von einer gem. Art. 39 anerkannten Konformitätsbewertungsstelle eines Drittlandes bewertet wurden, gelten in der EU nur dann als mit der KI-VO konform, wenn sie das gleiche Maß an Sicherheitsstandards aufweisen, das auf einer zumindest gleichwertigen Drittlandsbewertung basiert.

7 Art. 39 fügt sich damit in die Zielsetzung der KI-VO ein, ein hohes und einheitliches Schutzniveau für KI-Systeme zu gewährleisten, ohne jedoch Handelshemmnisse aufzubauen. Die Einbindungsmöglichkeit von Konformitätsbewertungsstellen in Drittländern greift auch den in Erwgr. 22 genannten Gedanken einer verstärkten internationalen Dimension durch eine Bereitstellung und Nutzung von KI-Systemen und deren Ergebnissen auf, was durch den digitalen Charakter von KI-Systemen begünstigt wird.

* Kapitel III Abschnitt 4 (Art. 28–39) gilt gem. Art. 113 UAbs. 3 Buchst. b bereits ab 2.8.2025.

II. Ermächtigung von Konformitätsbewertungsstellen in Drittländern

Art. 39 ermöglicht es den Konformitätsbewertungsstellen, die nach dem Recht eines Drittlandes errichtet wurden, mit dem die EU ein Abkommen geschlossen hat, die Tätigkeiten notifizierter Stellen nach dieser Verordnung durchzuführen. Dadurch wird gewährleistet, dass nur Konformitätsbewertungsstellen aus vertraglich gebundenen Drittstaaten mit vertraglich geregelter Gleichwertigkeit einbezogen werden, was dem Erfordernis einer verlässlichen Konformitätsbewertung außerhalb der EU Rechnung trägt. Die Anerkennung von Konformitätsbewertungsstellen in Drittländern basiert auf bilateralen oder multilateralen Abkommen, in denen die Modalitäten der gegenseitigen Anerkennung explizit geregelt sind. Rechtsgrundlage hierfür ist Art. 39 KI-VO (iVm Art. 218 AEUV). **8**

Im Rahmen der Verhandlungen über die Abkommen wird geprüft, ob die Konformitätsbewertungsstellen des Drittlandes die gleichen hohen Standards und Anforderungen erfüllen, wie die in der EU anerkannten Stellen. Konformitätsbewertungsstellen aus Drittländern werden dabei im Rahmen der Abkommen bzw. in gesonderten Anschlussverträgen ermächtigt, welche aufgrund von EU-Recht durch die Kommission verhandelt werden können und schließlich vom Rat genehmigt werden (Art. 218 AEUV); ein gesonderter Ermächtigungsakt neben dem geschlossenen Abkommen ist nicht erforderlich.[1] Die Kommission kann hierbei in den Verträgen spezifische Überprüfungsmechanismen verhandeln, um sicherzustellen, dass die spezifischen Anforderungen an notifizierte Stellen auch in Drittländern eingehalten werden. **9**

Wenn das bilaterale oder multilaterale Abkommen beendet wurde, entfällt ex nunc die rechtliche Grundlage für die Anerkennung weiterer Konformitätsbewertungen durch die jeweilige Drittlandsstelle. **10**

III. Anforderungen an die Konformitätsbewertungsstellen

Konformitätsbewertungsstellen in Drittländern müssen die Anforderungen nach Art. 31 erfüllen oder zumindest ein gleichwertiges Maß an Konformität gewährleisten. Das Gleichwertigkeitsprinzip aus Art. 39 erfordert eine vergleichbare, aber nicht notwendigerweise identische Umsetzung der Anforderungen aus Art. 31. Die Kommission hat bei der Auslegung des Gleichwertigkeitsprinzips einen gewissen Ermessensspielraum und kann unterschiedliche Standards akzeptieren, solange die wesentlichen Ziele der KI-VO insbesondere in Bezug auf Unabhängigkeit, Kompetenz, Nichtvorliegen von Interessenkonflikten und geeignete Anforderungen an die Cybersicherheit erfüllt sind (vgl. Erwgr. 126). Dabei ist entscheidend, dass das Sicherheitsniveau im Hinblick auf Hochrisiko-KI-Systeme in der EU nicht beeinträchtigt wird. Ein hohes Schutzniveau in Bezug auf Gesundheit, Sicherheit und die Grundrechte der Allgemeinheit gilt es daher zu wahren. **11**

[1] AA Martini/Wendehorst/Roth-Isigkeit KI-VO Art. 39 Rn. 8 f. sowie BeckOK KI-Recht/Beck/Irskens KI-VO Art. 39 Rn. 15.

Abschnitt 5. Normen, Konformitätsbewertung, Bescheinigungen, Registrierung

Art. 40* Harmonisierte Normen und Normungsdokumente

(1) **Bei Hochrisiko-KI-Systemen oder KI-Modellen mit allgemeinem Verwendungszweck, die mit harmonisierten Normen oder Teilen davon, deren Fundstellen gemäß der Verordnung (EU) Nr. 1025/2012 im Amtsblatt der Europäischen Union veröffentlicht wurden, übereinstimmen, wird eine Konformität mit den Anforderungen gemäß Abschnitt 2 des vorliegenden Kapitels oder gegebenenfalls mit den Pflichten gemäß Kapitel V Abschnitte 2 und 3 der vorliegenden Verordnung vermutet, soweit diese Anforderungen oder Verpflichtungen von den Normen abgedeckt sind.**

(2) *[1]* [1]**Gemäß Artikel 10 der Verordnung (EU) Nr. 1025/2012 erteilt die Kommission unverzüglich Normungsaufträge, die alle Anforderungen gemäß Abschnitt 2 des vorliegenden Kapitels abdecken und gegebenenfalls Normungsaufträge, die Pflichten gemäß Kapitel V Abschnitte 2 und 3 der vorliegenden Verordnung abdecken.** [2]**In dem Normungsauftrag werden auch Dokumente zu den Berichterstattungs- und Dokumentationsverfahren im Hinblick auf die Verbesserung der Ressourcenleistung von KI-Systemen z. B. durch die Verringerung des Energie- und sonstigen Ressourcenverbrauchs des Hochrisiko-KI-Systems während seines gesamten Lebenszyklus und zu der energieeffizienten Entwicklung von KI-Modellen mit allgemeinem Verwendungszweck verlangt.** [3]**Bei der Ausarbeitung des Normungsauftrags konsultiert die Kommission das KI-Gremium und die einschlägigen Interessenträger, darunter das Beratungsforum.**

[2] **Bei der Erteilung eines Normungsauftrags an die europäischen Normungsorganisationen gibt die Kommission an, dass die Normen klar und – u. a. mit den Normen, die in den verschiedenen Sektoren für Produkte entwickelt wurden, die unter die in Anhang I aufgeführten geltenden Harmonisierungsrechtsvorschriften der Union fallen – konsistent sein müssen und sicherstellen sollen, dass die in der Union in Verkehr gebrachten oder in Betrieb genommenen Hochrisiko-KI-Systeme oder KI-Modelle mit allgemeinem Verwendungszweck die in dieser Verordnung festgelegten einschlägigen Anforderungen oder Pflichten erfüllen.**

[3] **Die Kommission fordert die europäischen Normungsorganisationen auf, Nachweise dafür vorzulegen, dass sie sich nach besten Kräften bemühen, die in den Absatz 1 und 2 dieses Absatzes genannten Ziele im Einklang mit Artikel 24 der Verordnung (EU) Nr. 1025/2012 zu erreichen.**

(3) **Die am Normungsprozess Beteiligten bemühen sich, Investitionen und Innovationen im Bereich der KI, u. a. durch Erhöhung der Rechtssicherheit, sowie der Wettbewerbsfähigkeit und des Wachstums des Unionsmarktes zu fördern und zur Stärkung der weltweiten Zusammenarbeit bei der Normung und zur Berücksichtigung bestehender internationaler**

* Kapitel III (Art. 6–49) gilt gem. Art. 113 UAbs. 2 ab 2.8.2026, mit Ausnahme des Abschnitts 4, der gem. Art. 113 UAbs. 3 Buchst. b bereits ab 2.8.2025 gilt.

Normen im Bereich der KI, die mit den Werten, Grundrechten und Interessen der Union im Einklang stehen, beizutragen und die Multi-Stakeholder-Governance zu verbessern, indem eine ausgewogene Vertretung der Interessen und eine wirksame Beteiligung aller relevanten Interessenträger gemäß den Artikeln 5, 6 und 7 der Verordnung (EU) Nr. 1025/2012 sichergestellt werden.

Übersicht

I. Allgemeines

1. Sinn und Zweck der Vorschrift

Harmonisierte Normen iSd Art. 40 sind nach der Konzeption der KI-VO eine **tragende Säule.**[1] Nach Erwgr. (121) soll die Normung „eine **Schlüsselrolle** dabei spielen, den Anbietern technische Lösungen zur Verfügung zu stellen, um im Einklang mit dem Stand der Technik die Einhaltung dieser Verordnung zu gewährleisten und Innovation sowie Wettbewerbsfähigkeit und Wachstum im Binnenmarkt zu fördern."[2] **Abs. 1** statuiert aus diesem Grund zugunsten der Anbieter von Hochrisiko-KI-Systemen und GPAI-Modellen eine **Konformi-** 1

[1] Ebers RDi 2021, 588 (591). Vgl. auch Veale/Zuiderveen Borgesius, Demystifying the Draft EU Artificial Intelligence Act, Computer Law Review International 2021, 21(4), 97 (105): "Consequently, standardisation is arguably where the real rulemaking in the AI Act will occur."

[2] Herv. v. Verf.

tätsvermutung bei Übereinstimmung eines Hochrisiko-KI-Systems bzw. GPAI-Modells mit harmonisierten Normen. Die **Abs. 2** und **3,** die im Kommissionsentwurf noch nicht enthalten waren,[3] **konkretisieren** demgegenüber den Inhalt der **Normungsaufträge** sowie sonstige Aspekte des **Normungsverfahrens.**

2 Die in Abs. 1 geregelte Konformitätsvermutung wird vor allem für **Hochrisiko-KI-Systeme** eine **große praktische Bedeutung** haben, sobald harmonisierte Normen vorliegen. CEN/CENELEC sind derzeit dabei, harmonisierte Normen auszuarbeiten, allerdings ist jetzt schon absehbar, dass sich dieser Prozess verzögert (→ Rn. 35). Die Europäische Kommission schlägt deswegen in ihrem sog. **Digital Omnibus Proposal** vor, den Geltungsbeginn der Vorschriften zu Hochrisiko-KI-Systemen von der Verfügbarkeit harmonisierter Normen abhängig zu machen.[4] Für **GPAI-Modelle** hat die Kommission überhaupt noch keinen Normungsauftrag erteilt, da die Normung von GPAI-Modellen in den Kinderschuhen steckt.[5] Viele Anbieter werden daher auf den **Code of Practice** (Art. 56) zurückgreifen, der am 10. Juli 2025 vom AI Office und AI Board gebilligt wurde,[6] da sie auf diese Weise der Kommission gegenüber den Nachweis erbringen können, dass sie ihre Verpflichtungen nach Art. 53 und 55 KI-VO erfüllt haben (Art. 53 Abs. 4 S. 1, 55 Abs. 2 S. 1).

2. Überblick über den NLF

3 Die KI-VO basiert auf dem „New Legislative Framework" (NLF), der seit 2008 für das EU-Produktsicherheitsrecht typisch ist.[7] Prägendes Merkmal des NLF ist es, bei Harmonisierung produktsicherheitsrechtlicher Vorschriften nur die **wesentlichen Anforderungen** in einem **EU-Rechtsakt** zu regeln, während die **Konkretisierung dieser Anforderungen** den **Anbietern** sowie den **europäischen Normungsorganisationen** (CEN, CENELEC, ETSI) **überlassen** bleibt.

4 Vorteilhaft an diesem Regelungsansatz ist, dass technische Fragen nicht vom EU-Gesetzgeber selbst festgelegt werden, sondern von privaten Organisationen, die nicht nur über einen **größeren technischen Sachverstand** verfügen, sondern zudem – insbesondere durch **Übernahme internationaler Normen** (wie zB ISO/IEC)[8] – die **internationale Anschlussfähigkeit** und **Interoperabilität** von KI-Systemen gewährleisten können.

---

[3] Vorschlag für eine Verordnung des Europäischen Parlaments und des Rates zur Festlegung harmonisierter Vorschriften für künstliche Intelligenz (Gesetz über künstliche Intelligenz) und zur Änderung bestimmter Rechtsakte der Union, COM(2021) 206 final.

[4] Vgl. den vorgeschlagenen Art. 113 Abs. 3 KI-VO im Proposal for a Regulation of the European Parliament and of the Council amending Regulations (EU) 2024/1689 and (EU) 2018/1139 as regards the simplification of the implementation of harmonised rules on artificial intelligence (Digital Omnibus on AI), COM(2025) 836 final.

[5] Hallensleben, Generative AI and international standardization, Cambridge Forum on AI: Law and Governance (2025), 1, e14, 1–5; Roberts/Ziosi, Can We Standardise the Frontier of AI?, May 2025, https://ssrn.com/abstract=5271446 (zuletzt abgerufen am 12.10.2025).

[6] https://digital-strategy.ec.europa.eu/en/policies/contents-code-gpai (zuletzt abgerufen am 30.11.2025).

[7] Dazu Ebers RDi 2021, 588 (589 ff.).

[8] Vgl. insbesondere das ISO/CEN, Vienna Agreement, https://boss.cen.eu/media/CEN/ref/vienna_agreement.pdf (zuletzt abgerufen am 4.3.2025); IEC/CENELEC, Frankfurt Agreement, https://www.cencenelec.eu/media/Guides/CLC/13_cenelecguide13.pdf (zuletzt abgerufen am 4.3.2025).

Problematisch an diesem Ansatz ist die damit einhergehende Delegation von Rechtssetzungsbefugnissen auf private Organisationen unter dem Gesichtspunkt **demokratischer Legitimität** (→ Rn. 37 ff.). Die in den Abs. 2 und 3 vorgesehene Beteiligung von sonstigen Stakeholdern am Normungsverfahren soll dieses Legitimationsdefizit ausgleichen (→ Rn. 26 ff.), kann dieses aber letztlich nicht beseitigen, weswegen eine **gerichtliche Kontrolle harmonisierter Normen** möglich sein muss (→ Rn. 40 ff.). **5**

3. Begriff der „harmonisierten Norm"

Üblicherweise wird zwischen **Normen** (englisch: standards) und **Standards** (englisch: specifications) unterschieden.[9] **Normen** sind als **technische Regeln** das Ergebnis nationaler, europäischer oder internationaler Normungsarbeit. **Standards** sind demgegenüber **alle weiteren technischen Regeln,** die von einem temporär zusammengestellten Gremium erarbeitet werden, so insbes. Technische Reports (TR), Fachberichte, Vornormen, Spezifikationen (TS, DIN SPEC), Konsortialstandards, Anwendungsregeln (AR), Richtlinien, Expertenempfehlungen. Der Prozess der Ausarbeitung von Normen und Standards kann demgegenüber übergreifend sowohl als **Normung** als auch **Standardisierung** bezeichnet werden. **6**

Eine **harmonisierte Norm** liegt nach Art. 3 Nr. 27 iVm Art. 2 Abs. 1 lit. c Normungs-VO 1025/2012 vor, wenn diese von einer europäischen Normungsorganisation (CEN, CENELEC, ETSI) auf der Grundlage eines Auftrages der Kommission zur Durchführung von Harmonisierungsvorschriften der Union angenommen wurde. **7**

Die Konformitätsvermutung des Abs. 1 wird demgegenüber erst dann ausgelöst, wenn die Kommission die Fundstelle der harmonisierten Norm im EU-Amtsblatt veröffentlicht hat. **8**

4. Rechtsnatur harmonisierter Normen

Harmonisierte „Normen" sind formal betrachtet **keine Rechtsnormen,** da sie **von privatrechtrechtlichen Organisationen** (CEN, CENELEC, ETSI) **ausgearbeitet** werden und ihre **Anwendung gesetzlich** (in der KI-VO)[10] auch **nicht vorgeschrieben** ist.[11] **9**

Harmonisierte Normen werden vom **EuGH** dennoch aufgrund ihrer **Rechtswirkung** und **praktischen Bedeutung** als **„Teil des Unionsrechts"** **10**

---

[9] Ebers RDi 2021, 588 (588) in Fn. 4.

[10] Ausgenommen hiervon ist der Fall, dass sich der Anbieter eines Hochrisiko-KI-Systems iSd Anhang III.1 für das interne Kontrollverfahren nach Art. 43 Abs. 1 S. 1 lit. a iVm Anhang III.1 entscheidet.

[11] Dies ist in sonstigen Bereichen des EU-Produktsicherheitsrechts zum Teil anders; vgl. zB Art. 17 Abs. 4 und Abs. 5 Bauprodukte-VO 305/2011 (harmonisierte Norm als einzige Grundlage für die Erstellung einer Leistungserklärung für ein von der Norm erfasstes Bauprodukt, wobei die Leistungserklärung wiederum die Voraussetzung der CE-Kennzeichnung und damit für den Marktzugang darstellt); Spielzeug-RL 2009/48 iVm Anhang XVII Nr. 27 REACH-VO 1907/2006 (zwingende Verwendung der von CEN verabschiedeten Testmethoden zum Nachweis der Vereinbarkeit der Erzeugnisse mit der REACH-VO).

qualifiziert.[12] Maßgeblich für diese Einordnung sind für den EuGH drei Erwägungen:

- Erstens weist der Gerichtshof darauf hin, dass eine harmonisierte Norm **aufgrund ihrer Rechtswirkung Teil des Unionsrechts** ist, da harmonisierte Normen – wie in Art. 40 Abs. 1 vorgesehen – zugunsten des Anbieters eine **Konformitätsvermutung** entfalten: Soweit das Hochrisiko-KI-System mit einer harmonisierten technischen Norm übereinstimmt, wird gem. Abs. 1 eine Konformität des Systems mit den zwingenden Anforderungen der Art. 8–15 vermutet. Eine harmonisierte Norm kann damit – so der EuGH im Urteil *Public.Resource.Org,*[13] – „(…) durch die Wirkungen, die ihr eine Unionsvorschrift verleiht, Einzelnen eingeräumte Rechte sowie ihnen obliegende Pflichten näher bestimmen (…)".
- Maßgeblich für den EuGH ist zweitens, dass die **Europäische Kommission eine zentrale Rolle im Normungsprozess** einnimmt. Zwar erfolgt die konkrete (technische) Ausarbeitung der Norm durch eine privatrechtliche Einrichtung. Für die **Beauftragung** der europäischen Normungsorganisationen ist jedoch ausschließlich die Kommission zuständig. Die Kommission legt dabei nicht nur die **inhaltlichen Anforderungen** fest (Art. 10 Abs. 1 Normungs-VO 1025/2012). Vielmehr **überwacht** und **finanziert** die Kommission den gesamten Normungsprozess (Art. 15 Normungs-VO 1025/2012). Darüber hinaus entscheidet allein die Kommission gem. Art. 11 Abs. 1 lit. a Normungs-VO 1025/2012, ob sie eine Fundstelle der Norm im EU-Amtsblatt veröffentlicht und damit die Konformitätsvermutung nach Abs. 1 ermöglicht (→ Rn. 13).
- Entscheidend für die Qualifizierung harmonisierter Normen als „Teil des Unionsrechts" ist drittens ihre **faktische Bindungswirkung.**[14] Zwar können Anbieter auch eigene technische Lösungen entwickeln, um den Anforderungen der KI-VO Rechnung zu tragen. Die **Einhaltung harmonisierter Normen** ist jedoch nicht nur **günstiger,** sondern bietet Anbietern auch **mehr Rechtssicherheit,** da sie sich auf die Konformitätsvermutung berufen können. Verlassen sich die Anbieter auf eigene technische Lösungen, müssen sie die vagen Anforderungen der KI-VO dagegen auf eigenes Risiko konkretisieren.

11 Da harmonisierte Normen als „Teil des Unionsrechts" zu betrachten sind, unterliegen sie nach der EuGH-Rechtsprechung dem **Grundsatz der Rechtsstaatlichkeit (Art. 2 EUV).**[15] Daraus folgt zum einen, dass **Einzelnen ein freier Zugang zu harmonisierten Normen** ermöglicht werden muss, da sie nur so ihre Rechte und Pflichten erkennen können.[16] Zum anderen unterliegen harmonisierte Normen einer **gerichtlichen Kontrolle durch den EuGH** (str.; näher → Rn. 40 ff.).

---

[12] EuGH EU:C:2016:821 Rn. 40 – James Elliott Construction; EuGH ECLI:EU:C:2024:201 Rn. 70 ff. – Public.Resource.Org.

[13] EuGH ECLI:EU:C:2024:201 Rn. 82 – Public.Resource.Org.

[14] EuGH ECLI:EU:C:2024:201 Rn. 75 – Public.Resource.Org: „Insbesondere kann es sich für die Wirtschaftsteilnehmer wegen der administrativen Schwierigkeiten und der sich daraus ergebenden zusätzlichen Kosten als schwierig oder gar unmöglich erweisen, auf ein anderes Verfahren als das der Konformität" zurückzugreifen.

[15] EuGH ECLI:EU:C:2024:201 Rn. 81 – Public.Resource.Org.

[16] EuGH ECLI:EU:C:2024:201 Rn. 65 ff. – Public.Resource.Org.

II. Kommentierung der Norm

1. Konformitätsvermutung harmonisierter Normen (Abs. 1)

a) Voraussetzungen und Rechtsfolgen der Konformitätsvermutung. 12 Soweit **Hochrisiko-KI-Systeme** oder **GPAI-Modelle mit harmonisierten Normen,** deren Fundstelle im EU-Amtsblatt veröffentlicht wurde, **übereinstimmen,** greift nach **Abs. 1** die **Konformitätsvermutung.** In diesem Fall wird zugunsten des Anbieters vermutet, dass das betreffende Hochrisiko-KI-System mit den Anforderungen der Art. 8–15 in Einklang steht bzw. dass die Pflichten der GPAI-Modell-Anbieter nach Art. 53 und Art. 55 eingehalten wurden, soweit diese Anforderungen oder Pflichten von den harmonisierten Normen abgedeckt sind.

13 **Voraussetzung** für die Konformitätsvermutung ist erstens das Vorliegen einer harmonisierten Norm (→ Rn. 7), deren Fundstelle **im EU-Amtsblatt veröffentlicht** worden ist. Die von der Europäischen Kommission nach Art. 11 Abs. 1 Buchst. a Normungs-VO 1025/2012 zu treffende Entscheidung über die Veröffentlichung im Amtsblatt ist daher eine notwendige Bedingung, die vorliegen muss, damit die Konformitätsvermutung greifen kann. Zweitens muss ein Hochrisiko-KI-System bzw. GPAI-Modell zumindest teilweise **mit einer harmonisierten Norm übereinstimmen.** Nach dem **Blue Guide der Kommission** ist dabei zwischen der „Konformität mit einer Norm" und der „Konformitätsvermutung bei Anwendung einer harmonisierten Norm" zu unterscheiden.[17] Während die „Konformität mit einer Norm" üblicherweise auf die vollständige Anwendung einer harmonisierten Norm verweist, genügt es für die in Abs. 1 angeordnete Konformitätsvermutung, nur diejenigen Anforderungen anzuwenden, die sich auf die abzudeckenden wesentlichen oder sonstigen rechtlichen Anforderungen beziehen.

14 **Rechtsfolgen:** Liegen diese Voraussetzungen vor, wird nach Abs. 1 eine Konformität mit den Anforderungen bzw. Pflichten der KI-VO vermutet. Dabei handelt es sich um eine **Tatsachenvermutung.**[18] Die **Normkonformität indiziert** die **Rechtskonformität.**[19] Anbieter ersparen sich dadurch den Begründungs- und Dokumentationsaufwand, da sie keine weiteren Nachweise erbringen müssen, dass ihr Hochrisiko-KI-System bzw. GPAI-Modell der KI-VO entspricht. Die Einhaltung harmonisierter Normen führt damit primär zu einer **Beweiserleichterung** für Anbieter, da sie dadurch die Konformität von KI-Systemen und GPAI-Modellen erleichtert nachweisen können.

15 Abs. 1 enthält dagegen **keine Beweislastumkehr,**[20] denn grundsätzlich muss diejenige Partei, die die Konformität des KI-Systems bzw. GPAI-Modells bestreitet, den Beweis für die Nichtkonformität erbringen – in der Regel also die mitgliedstaatliche Marktüberwachungsbehörde bzw. Europäische Kommission.[21]

---

[17] EU-Kommission Leitfaden für die Umsetzung der Produktvorschriften der EU 2022 („Blue Guide"), C 247, S. 50.

[18] Wilrich NJW 2023, 1400 (1402).

[19] Gauger, Produktsicherheit und staatliche Verantwortung, S. 145; Wilrich NJW 2023, 1400 (1402).

[20] Martini/Wendehorst/Gerdemann/Wöbbeking Art. 40 Rn. 15.

[21] So bereits zur Maschinenrichtlinie die Europäische Kommission, Erläuterungen zu den Richtlinien 98/37/EG Rn. 183, 184; Willrich NJW 2023, 1400 (1402).

Anbieter müssen daher nicht aktiv die Konformität gegenüber den Behörden nachweisen. Die Vermutungswirkung tritt vielmehr unabhängig hiervon ein.

16 Entspricht ein KI-System bzw. GPAI-Modell **nur teilweise einer harmonisierten Norm,** ist die **Vermutungswirkung** auf diese angewendeten Normabschnitte **beschränkt.**

17 Der Wortlaut des Abs. 1 stellt im Übrigen expressis verbis klar, dass harmonisierte Normen zwar eine **Richtigkeitsvermutung,** jedoch **keine Vollständigkeitsvermutung** enthalten.[22] Die Konformitätsvermutung besteht nur, „soweit" die **harmonisierten Normen** die **Anforderungen** der Art. 8–15 bzw. **Pflichten** der Art. 53, 55 abdecken. Eine harmonisierte Norm enthält nicht notwendigerweise alle wesentlichen Anforderungen,[23] sie kann auch „nicht regulierte" Bereiche umfassen oder hinter den Anforderungen der KI-VO zurückbleiben.

18 Die Konformitätsvermutung des Abs. 1 ist zudem **widerlegbar.** Eine Widerlegung ist nicht schon darin zu sehen, dass eine Marktüberwachungsbehörde bzw. die Kommission an der Konformität des KI-System bzw. GPAI-Modells zweifelt.[24] Voraussetzung hierfür ist vielmehr, dass die Behörde den **Nachweis** erbringt, dass die harmonisierte Norm den rechtlichen Anforderungen der KI-VO widerspricht.

19 **b) Konformitätsvermutung gegenüber Marktüberwachungsbehörden und Kommission.** Die in Abs. 1 angeordnete Konformtitätsvermutung gilt in erster Linie gegenüber den mitgliedstaatlichen Marktüberwachungsbehörden sowie – bei harmonisierten Normen für GPAI-Modelle – gegenüber der Kommission. Nach Abs. 1 sind die Behörden gehalten, harmonisierte Normen als **verbindliche Konkretisierung** der gesetzlich in der KI-VO vorgeschriebenen Anforderungen bzw. Pflichten anzuerkennen. KI-Systeme bzw. GPAI-Modelle, die unter Einhaltung der einschlägigen harmonisierten Normen entwickelt wurden, kommen dementsprechend in den Genuss eines **gesteigerten Vertrauens** der Behörden.[25] Entspricht das KI-System bzw. GPAI-Modell einer harmonisierten Norm, können die Behörden die Konformitätsvermutung nur unter erhöhten Anforderungen entkräften (→ Rn. 14).

20 **c) Keine negative Konformitätsvermutung.** Da harmonisierte Normen nicht rechtsverbindlich sind und die Anbieter auch selbst technische Lösungen entwickeln können, um die KI-VO einzuhalten, löst die **Nichteinhaltung** harmonisierter Normen grds. **keine Vermutung eines Gesetzesverstoßes** aus.[26] Auch bleibt die Behörde hinsichtlich der Nichteinhaltung der materiellen Anforderungen der KI-VO weiterhin beweispflichtig. Soweit Anbieter harmonisierte Normen nicht befolgen, greift jedoch eine **erhöhte Erklärungspflicht,** da sie in diesem Fall die gewählten technischen Lösungen detailliert erläutern müssen.[27]

21 **d) Zivilrechtliche Wirkungen.** Die Konformitätsvermutung des Abs. 1 entfaltet auch im Zivilrecht Wirkungen.

---

[22] So allgemein Wilrich NJW 2023, 1400 (1402).

[23] EU-Kommission Leitfaden für die Umsetzung der Produktvorschriften der EU 2022 („Blue Guide"), C 247, S. 50.

[24] Wilrich NJW 2023, 1400 (1403).

[25] Wilrich NJW 2023, 1400 (1402).

[26] Martini/Wendehorst/Gerdemann/Wöbbeking Art. 40 Rn. 17.

[27] Wilrich NJW 2023, 1400 (1404).

Für das **Vertragsrecht** ordnen Art. 8 Abs. 1 lit. a Digitale Inhalte-RL 2019/770 sowie Art. 7 Abs. 1 lit. a Warenkauf-RL 2019/771 an, dass sich die objektiven (Mindest-)Anforderungen an die Vertragsmäßigkeit von Waren und digitalen Inhalten/Dienstleistungen im Verbraucherrecht auch nach „technischen Normen“, also (auch) nach harmonisierten Normen, richten. Zwar hat der deutsche Gesetzgeber bei Umsetzung der beiden Richtlinien ohne weitere Begründung[28] darauf verzichtet, diese Passagen in das deutsche Recht (§ 434 Abs. 3 BGB) zu übernehmen. Technische Normen sind jedoch bei Ermittlung der objektiven Mindestanforderungen im Rahmen einer richtlinienkonformen Auslegung des § 434 BGB zu berücksichtigen. **22**

Harmonisierte Normen sind darüber hinaus auch im **Deliktsrecht** iRd § 823 Abs. 1 BGB und ProdHaftG zu beachten, da ihre Nichteinhaltung eine **außervertragliche Haftung** bzw. eine **Produkthaftung** auslösen kann. Rechtsprechung[29] und Schrifttum[30] gehen insoweit einhellig davon aus, dass die **Nichteinhaltung harmonisierter Normen** einen ***prima facie*-Beweis** bzw. einen **Anscheinsbeweis** für einen **Produktfehler** begründet. **23**

Umgekehrt führt die **Einhaltung harmonisierter Normen nicht automatisch zur Fehlerfreiheit.**[31] Insoweit war bereits vor Inkrafttreten der im Jahre 2024 verabschiedeten Produkthaftungs-RL 2024/2853[32] anerkannt, dass der Hersteller nicht nur die anerkannten Regeln der Technik, sondern auch den Stand von Wissenschaft und Technik berücksichtigen muss. Dieser kann jedoch durchaus über den in technischen Regelwerken niedergelegten Standard hinausgehen.[33] Zwar entfalten harmonisierte Normen nach Abs. 1 eine Konformitätsvermutung. Auch hat der EuGH in der Rechtssache *Public.Resource.Org* hervorgehoben, dass „jede natürliche oder juristische Person, die diese Vermutung in Bezug auf ein bestimmtes Produkt oder eine bestimmte Dienstleistung erfolg- **24**

---

[28] Bundesregierung, Entwurf eines Gesetzes zur Umsetzung der Richtlinie er bestimmte vertragsrechtliche Aspekte der Bereitstellung digitaler Inhalte und digitaler Dienstleistungen (Richtlinie (EU) 2019/770 (Digitale-Inhalte-Richtlinie), BT-Drs. 19/27653; Bundesregierung, Entwurf eines Gesetzes zur Regelung des Verkaufs von Sachen mit digitalen Elementen und anderer Aspekte des Kaufvertrags (Richtlinie (EU) 2019/771 (Warenkauf-Richtlinie), BT-Drs. 19/27424.

[29] Für Deutschland siehe vor allem BGH VersR 1984, 270 – Meißel; OLG Hamm VersR 1982, 152 f. – Glasbaustein.

[30] Marburger VersR 1983, 597 ff.; Vieweg, Produkthaftungsrecht, in: Schulte/Schröder (Hrsg.), Handbuch des Technikrechts, S. 371 ff.; Spindler, Market Processes, Standardisation, and Tort Law, European Law Journal 1998, 316 ff.; Ebers in Oppermann/Stender-Vorwachs, Autonomes Fahren, S. 93 (104). Für die PLD 2024: Hacker, The European AI liability directives – Critique of a half-hearted approach and lessons for the future, Computer Law & Security Review 51 (2023) 105871, S. 16; Mayrhofer RDi 2024, 494 f. Rn. 9 ff.

[31] Wie hier: Wagner, Next Generation EU Product Liability, European Law Journal 2024, 195; Mayrhofer RDi 2024, 494. So bereits zur geltenden Rechtslage die Regierungsbegründung zum ProdHaftG BT-Drs. 11/2447, 19; ferner LG Freiburg BeckRS 2017, 103344 = MPR 2017, 91 (95); OLG Koblenz BeckRS 2005, 14109; OLG Hamm NJW-RR 2011, 893 (894).

[32] Richtlinie (EU) 2024/2853 des Europäischen Parlaments und des Rates vom 23.10.2024 über die Haftung für fehlerhafte Produkte und zur Aufhebung der Richtlinie 85/374/EWG des Rates (ABl. L, 2024/2853).

[33] BGH NJW 1987, 372 (373) – Verzinkungsspray; NJW 1994, 3349 (3350) – Atemüberwachungsgerät.

reich anfechten möchte, nachweisen muss, dass das Produkt oder die Dienstleistung die Norm nicht erfüllt oder die Norm unzulänglich ist".[34] **Gegen eine generelle Beachtlichkeit** der in Abs. 1 geregelten **Konformitätsvermutung** in einem Produkthaftungsprozess sprechen indessen die in Art. 10 Abs. 2 und Abs. 4 Produkthaftungs-RL 2024/2853 zugunsten des Geschädigten normierten Beweiserleichterungen, die als *lex specialis* vorrangig zu beachten sind.[35] Ist dies nicht der Fall, spricht andererseits nichts dagegen, auch im Zivilprozess von einer Konformitätsvermutung zugunsten des Herstellers auszugehen.

25 Soweit ein KI-System in Übereinstimmung mit einschlägigen harmonisierten Normen entwickelt worden ist, kommt auch eine **Haftungsbefreiung für Entwicklungsrisiken** gem. Art. 11 Abs. 1 lit. e Produkthaftungs-RL 2024/2853 in Betracht. Harmonisierte Normen spiegeln jedoch nicht unbedingt den von der Vorschrift geforderten „objektiven Stand der Wissenschaft und Technik zum Zeitpunkt des Inverkehrbringens oder der Inbetriebnahme des Produkts" wider.[36] Die bloße Übereinstimmung eines KI-Systems mit harmonisierten technischen Normen führt daher für sich genommen noch **nicht zur Haftungsbefreiung** gem. Art. 11 Abs. 1 lit. e Produkthaftungs-RL 2024/2853.

2. Europäischer Normungsprozess (Abs. 2–3)

26 **a) Allgemeines.** Der in der Normungs-VO 1025/2012 geregelte europäische Normungsprozess wird in Abs. 2 und 3 durch weitere Vorgaben ergänzt. Beide Absätze wurden erst während des Trilog-Verfahrens eingefügt (→ Rn. 1), um den Bedenken gegen eine Delegation von Rechtssetzungsbefugnissen Rechnung zu tragen und Stakeholder besser einzubeziehen.

27 **b) Normungsauftrag.** Nach Abs. 2 UAbs. 1 S. 1 iVm Art. 10 Abs. 1 Normungs-VO 1025/2012 muss die **Europäische Kommission** die **europäischen Normungsorganisationen** (CEN, CENELEC, ETSI) **beauftragen,** innerhalb einer bestimmten Frist **harmonisierte Normen** zu erarbeiten, um die in Art. 8 ff. geregelten Anforderungen an Hochrisiko-KI-Systeme sowie die in Art. 53 und Art. 55 geregelten Pflichten für GPAI-Modelle zu konkretisieren. Die Kommission ist gem. Abs. 2 UAbs. 1 S. 1 verpflichtet, die Normungsaufträge **„unverzüglich"** zu erteilen. Diese zeitliche Vorgabe soll sicherstellen, dass mit der Entwicklung harmonisierter Normen möglichst frühzeitig begonnen wird.[37]

---

[34] EuGH ECLI:EU:C:2024:201 Rn. 76 – Public.Resource.Org. Kritisch dazu Kapoor EuZW 2024, 514 ff. (Vermutungswirkung tritt nur im Verhältnis zwischen Wirtschaftsakteur und Marktüberwachungsbehörde ein).

[35] So Mayrhofer RDi 2024, 494 Rn. 15, die als Beispiel den Fall anführt, dass das Produkt – trotz Einhaltung harmonisierter Normen – eine offensichtliche Funktionsstörung aufweist, bei der nach Art. 10 Abs. 2 lit. c PLD 2024 zugunsten des Geschädigten von der Fehlerhaftigkeit auszugehen ist. Generell gegen eine Anwendung der Konformitätsvermutung im Produkthaftungsrecht Wende in Kapoor (Hrsg.), Produkthaftungsgesetz-Kommentar, § 3 Rn. 33.

[36] Vieweg, Produkthaftungsrecht, in: Schulte/Schröder (Hrsg.), Handbuch des Technikrechts, S. 380; MüKoBGB/Wagner ProdHaftG § 1 Rn. 57; nach Kapoor in Kapoor (Hrsg.), Produkthaftungsgesetz-Kommentar, § 1 Rn. 187, kommt nur im Einzelfall ein Anschein für ein Entwicklungsrisiko in Betracht.

[37] Das Europäische Parlament hatte demgegenüber für eine Frist von zwei Monaten ab Inkrafttreten der KI-VO gefordert; Europäisches Parlament, P9_TA(2023)0236, Änderungsantrag 438.

Inhaltlich muss der Normungsauftrag nicht nur die Anforderungen der Art. 8–15 bzw. Pflichten der Art. 53 und 55 abdecken, sondern von den Normungsorganisationen gem. Abs. 2 UAbs. 1 S. 2 auch **Informationen über die Verbesserung der Ressourcenleistung** von KI-Systemen (zB durch die Verringerung des Energieverbrauchs) sowie Angaben über die **energieeffiziente Entwicklung von GPAI-Modellen** verlangen. 28

Der Normungsauftrag muss gem. Abs. 2 UAbs. 2 zudem die Vorgabe enthalten, dass die **harmonisierten Normen klar** und **konsistent** entwickelt werden. Dies gilt insbesondere für die in Anhang I.A. geregelten Hochrisiko-KI-Systeme, da es für diese idR bereits sektorspezifische harmonisierte Normen gibt. 29

Entwirft die Kommission einen Normungsauftrag, so hat sie – über die in Art. 10 Abs. 2 und Abs. 2a Normungs-VO 1025/2012 vorgesehene **Konsultation** hinaus – nach Abs. 2 UAbs. 1 S. 3 auch das **KI-Gremium** (Art. 65) und die einschlägigen Interessenträger, wie insbesondere das **Beratungsforum** (Art. 67), zu konsultieren. 30

c) Normungsverfahren. Die europäischen **Normungsorganisationen** müssen nach Abs. 2 UAbs. 1 S. 1 iVm Art. 10 Abs. 3 Normungs-VO 1025/2012 **innerhalb eines Monats** nach Eingang eines Normungsauftrags **erklären,** ob sie diesen **annehmen.** Wird der Normungsauftrag angenommen, so muss die Normungsorganisation die **Kommission** nach Art. 10 Abs. 5 und Art. 24 Normungs-VO 1025/2012 **regelmäßig unterrichten.** In diesem Rahmen muss sie nach Abs. 2 UAbs. 3 auch Nachweise dafür vorlegen, dass sie sich darum bemüht, die in dem Normungsauftrag niedergelegten Ziele (→ Rn. 33) zu erreichen. Wird eine harmonisierte Norm entwickelt, die den Anforderungen des Normungsauftrags und der KI-VO entspricht, so veröffentlicht die Kommission nach Art. 10 Abs. 6 Normungs-VO 1025/2012 eine Fundstelle einer solchen Norm „unverzüglich" im Amtsblatt. 31

d) Konsultation von Stakeholdern. Die Kommission ist vor Erteilung eines Normungsauftrags gem. Abs. 2 UAbs. 1 S. 3 verpflichtet, das **KI-Gremium (Art. 65)** und die einschlägigen Interessenträger, darunter das **Beratungsforum (Art. 67),** zu konsultieren. Die Einbeziehung dieser Stakeholder in den Normungsprozess soll sicherstellen, dass das Fachwissen dieser Akteure berücksichtigt und die Akzeptanz harmonisierter Normen gefördert wird.[38] 32

e) Allgemeine Zielvorgaben. Abs. 3 enthält **allgemeine Zielvorgaben** für die am Normungsprozess Beteiligten, also die Kommission, die europäischen Normungsorganisationen sowie die in Abs. 2 UAbs. 1 S. 3 bezeichneten Interessenträger. Diese werden aufgefordert, **Investitionen, Innovationen,** die **Wettbewerbsfähigkeit** und das **Wachstum** des Unionsmarkts zu fördern sowie zur **Stärkung der weltweiten Zusammenarbeit bei der Normung** beizutragen, soweit bestehende internationale KI-Normen mit den Werten, Grundrechten und Interessen der Europäischen Union im Einklang stehen. 33

Nach Abs. 3 sollen sich die am Normungsprozess Beteiligten zudem darum bemühen, die **Multi-Stakeholder-Governance** zu **verbessern,** indem eine **ausgewogene Vertretung der Interessen** und eine **wirksame Beteiligung** aller relevanter Interessenträger gem. den Art. 5, 6 und 7 Normungs-VO 1025/2012 sichergestellt wird. Erwgr. 121 nennt beispielhaft **KMU, Verbraucherorganisationen** sowie **ökonomische** und **soziale Interessenträger.** 34

---

[38] Erwgr. 121.

35 **f) Erteilte Normungsaufträge.** Noch bevor die KI-VO verabschiedet wurde, hat die Kommission CEN/CENELEC mit **Durchführungsbeschluss** vom 22.5.2023 damit beauftragt, **bis zum 30.4.2025 harmonisierte Normen** für die zwingenden Anforderungen an Hochrisiko-KI-Systeme auszuarbeiten.[39] Da diese Deadline mittlerweile (Stand: Dezember 2025) schon lange verstrichen ist, hat die Europäische Kommission in ihrem sog. **Digital Omnibus Proposal** vorgeschlagen, den Geltungsbeginn der Vorschriften zu Hochrisiko-KI-Systemen von der Verfügbarkeit harmonisierter Normen abhängig zu machen.[40] Sollte der Vorschlag angenommen werden, müssten Anbieter und Betreiber die Vorschriften für Hochrisiko-KI-Systeme erst 6 Monate (Anhang III-Systeme) bzw. 12 Monate (Anhang I-Systeme), nachdem die Kommission in einem Beschluss bestätigt hat, dass die erforderlichen harmonisierten Normen vorliegen, anwenden.

36 Die Liste der zu erarbeitenden harmonisierten Normen umfasst insgesamt **10 Bereiche,** nämlich Risikomanagementsysteme, Datenqualität, Aufzeichnung durch Protokollierungsfunktionen von KI-Systemen, Transparenz und Information der Nutzer von KI-Systemen, menschliche Aufsicht, Genauigkeit, Robustheit, Cybersicherheit, Qualitätsmanagementsysteme einschl. Verfahren zur Beobachtung nach dem Inverkehrbringen sowie Konformitätsbewertung.[41] CEN/CENELEC arbeiten derzeit an ca. **35 Normen,** um den Normungsauftrag zu erfüllen.[42] Bemerkenswert ist, dass all diese harmonisierte Normen (vorerst) **nicht für bestimmte Sektoren bzw. KI-Systeme,** sondern **sektorübergreifend** erarbeitet werden.[43]

III. Bewertung

1. Mangel an demokratischer Legitimation

37 Inwieweit die mit dem NLF einhergehende **Delegation von Rechtssetzungsbefugnissen auf private Normungsorganisationen** (→ Rn. 38) gerechtfertigt ist, wird im Schrifttum[44] bereits seit geraumer Zeit unter Hinweis auf die ***Meroni-***

---

[39] Durchführungsbeschluss der Kommission vom 22.5.2023 über einen Normungsauftrag an das Europäische Komitee für Normung und das Europäische Komitee für elektrotechnische Normung zur Unterstützung der Unionspolitik im Bereich der künstlichen Intelligenz, C(2023) 3215 final. Zu den Gründen, warum nur CEN/CENELEC beauftragt wurden, nicht aber ETSI, vgl. Bertuzzi, Commission leaves European standardisation body out of AI standard-setting. Euractiv December 7, 2022, https://www.euractiv.com/section/artificial-intelligence/news/commission-leaves-european-standardisation-body-out-of-ai-standard-setting/ (zuletzt abgerufen am 4.3.2025).

[40] Vgl. den vorgeschlagenen Art. 113 Abs. 3 KI-VO im Proposal for a Regulation of the European Parliament and of the Council amending Regulations (EU) 2024/1689 and (EU) 2018/1139 as regards the simplification of the implementation of harmonised rules on artificial intelligence (Digital Omnibus on AI), COM(2025) 836 final.

[41] Kommission, Durchführungsbeschluss, C(2023) 3215 final, Anhang I.

[42] Soler Garrido et al., Harmonised Standards for the European AI Act, European Commission, Seville, 2024, JRC139430, S. 7. Ausführlich Kilian/Jäck/Ebel EJRR 2025, 1038 ff.

[43] Vgl. Anhang II des Durchführungsbeschlusses, Kommission, Durchführungsbeschluss, C(2023) 3215 final.

[44] Vgl. Falke/Joerges Hanse L. Rev. 2010, 289; van Gestel/Micklitz CMLR 2013, 145; Hofmann ELJ 2009, 482; McGee/Weatherill MLR 1990, 578.

Doktrin[45] kritisiert, der zufolge eine Übertragung politischer Entscheidungskompetenzen auf „vertragsfremde“ Einrichtungen nur unter engen Voraussetzungen zulässig ist.

Auch für die KI-VO stellt sich dieses Problem. Bei der Ausarbeitung harmonisierter Normen für Hochrisiko-KI-Systeme geht es nicht um rein technische Fragen. Vielmehr müssen eine Reihe **rechtlicher** sowie **ethischer Entscheidungen** getroffen werden, die einen gesamtgesellschaftlichen, demokratischen Diskurs erfordern, in den nicht nur die Industrie, sondern auch sonstige Stakeholder (Zivilgesellschaft, Verbraucherverbände etc) eingebunden werden sollten. Vor diesem Hintergrund ist nicht nur zweifelhaft, ob CEN/CENELEC der Aufgabe, rechtliche Normen und ethische Werte in technischen Normen abzubilden, überhaupt gewachsen ist. Zu bedenken ist darüber hinaus, dass mit der europäischen Normung eine **Delegation von Rechtssetzungsbefugnissen an private Organisationen** wie CEN/CENELEC einhergeht, da harmonisierte Normen gegenüber nationalen Normungsorganisationen, Mitgliedstaaten sowie gegenüber Marktteilnehmern verbindliche Rechtswirkungen entfalten.[46] Der EuGH hebt daher in ständiger Rechtsprechung hervor, dass harmonisierte Normen „Teil des Unionsrechts“ sind (→ Rn. 9 ff.) 38

Eine solche Delegation ist aus mehreren Gründen problematisch, insbesondere unter dem Aspekt **fehlender Mitwirkungsrechte** von **Rat** und **Parlament** sowie **geringer Einflussmöglichkeiten relevanter Interessengruppen** (kein Stimmrecht von Verbraucher- und Umweltverbänden und sonstigen Stakeholdern iRd Normungsprozesses). Zwar werden die Beteiligungsrechte von Stakeholdern durch die erst im Trilog-Verfahren eingeführten Abs. 2 und 3 gestärkt (→ Rn. 26 ff.). Stakeholder haben jedoch weiterhin kein echtes Mitentscheidungsrecht, da die Entscheidung über den Inhalt harmonisierter Normen allein CEN und CENELEC vorbehalten bleibt.[47] 39

2. Gerichtliche Überprüfbarkeit harmonisierter Normen?

Während der EuGH in der Rechtssache *Meroni* eine Übertragung politischer Entscheidungskompetenzen auf „vertragsfremde“ Einrichtungen nur unter engen Voraussetzungen gebilligt hatte,[48] wurden diese Anforderungen im ***ESMA*-Urteil**[49] insoweit gelockert, als eine **Delegation von Rechtssetzungsbefugnissen** (auf Agenturen) **zumindest dann zulässig** sein soll, soweit diese keine weiten Entscheidungsspielräume begründen und deshalb **vollumfänglich gerichtlich kontrollierbar** sind. Daraus wird im Schrifttum der Schluss gezogen, dass eine Übertragung politischer Entscheidungskompetenzen an europäische Nor- 40

---

[45] EuGH ECLI:EU:C:1958:7 – Meroni I; EuGH ECLI:EU:C:1958:8 – Meroni II.

[46] Ausführlich Ebers RDi 2021, 588 (593 f.).

[47] Darüber hinaus bestehen eine Reihe von faktischen Hindernissen, die eine Mitwirkung von Interessenverbänden erschweren; im Einzelnen Ebers RDi 2021, 588 (595).

[48] EuGH ECLI:EU:C:1958:7 – Meroni I; EuGH ECLI:EU:C:1958:8 – Meroni II. Nach der Meroni-Doktrin ist nur die Übertragung genau umgrenzter Durchführungs- und Ausführungsbefugnisse zulässig, deren Ausübung unter strenger Kontrolle der Europäischen Kommission stehen muss und deshalb keine Ermessensentscheidungen beinhalten darf. Vgl. auch BVerfGE 151, 202 Rn. 139 (Verselbständigung von Organen, Einrichtungen und sonstigen Stellen der Europäischen Union, die zu einer vollständigen Abkoppelung von der demokratischen Kontrolle führt, stößt an Grenzen des unionalen Demokratiegebots).

[49] EuGH ECLI:EU:C:2014:18 Rn. 53 – ESMA.

mungsorganisationen jedenfalls dann zulässig ist, wenn die ex ante bestehenden Demokratiedefizite durch eine gerichtliche Überprüfung ex post ausgeglichen werden können.[50]

41 Ob der **EuGH** zu einer gerichtlichen Überprüfung harmonisierter Normen bereit wäre, ist derzeit ungeklärt. Wegweisend ist insofern das Urteil ***James Elliott,***[51] in dem der EuGH erstmals entschied, dass er **für die Auslegung harmonisierter Normen** im Rahmen eines Vorabentscheidungsverfahrens nach Art. 267 AEUV **zuständig** ist. Zur Begründung wies der EuGH darauf hin, dass CEN zwar eine privatrechtliche Organisation ist, die nicht zu den „Organen, Einrichtungen oder sonstigen Stellen der Union" gehört (Art. 267 Abs. 1 lit. b AEUV), dass es sich bei einer harmonisierten Norm jedoch gleichwohl um eine notwendige Durchführungsmaßnahme handele, „die auf Initiative und unter der Leitung und Aufsicht der Kommission erstellt wird und die Rechtswirkungen nur entfaltet, wenn die Kommission deren Fundstellen" zuvor im EU-Amtsblatt veröffentlicht.[52]

42 Aus dem Urteil *James Elliott* kann indessen nicht gefolgert werden, dass der EuGH auch über die **Gültigkeit harmonisierter Normen** im Rahmen einer Nichtigkeitsklage (Art. 263 AEUV) oder eines Vorabentscheidungsverfahrens (Art. 267 AEUV) entscheiden würde.[53] Diese **Frage** ist derzeit vielmehr **offen.**

43 **Gegen eine gerichtliche Kontrolle** durch den EuGH sprach bislang, dass die **Kommission kaum Einfluss auf den Normungsprozess** ausgeübt hat[54] und auch nicht ausüben konnte, da eine inhaltliche Prüfung harmonisierter Normen die Kommission nicht nur fachlich und personell überfordern, sondern auch dem Sinn und Zweck des NLF (→ Rn. 4) entgegenstünde. Vor diesem Hintergrund ging der Verfasser noch im Jahre 2021 davon aus, dass der Gerichtshof nur die Entscheidung der Kommission, eine Fundstelle der harmonisierten Norm im Amtsblatt zu veröffentlichen, kontrollieren kann, nicht aber den Inhalt der harmonisierten Norm, der auf eine privatrechtliche Organisation zurückgeht.[55]

44 **Für eine gerichtliche Kontrolle** harmonisierter Normen spricht demgegenüber, dass die KI-VO im Unterschied zum traditionellen Produktsicherheitsrecht nicht nur ein hohes Schutzniveau in Bezug auf **Gesundheit** und **Sicherheit** gewährleisten will, sondern darüber hinaus den Schutz der in der Charta verankerten **Grundrechte** einschließlich **Demokratie** und **Rechtsstaatlich-**

---

[50] Eliantonio LIEI 2017, 395; Medzmariashvili LIEI 2017, 353; Van Waeyenberge/Restrepo Amariles ELR 2017, 882 (890).

[51] EuGH ECLI:EU:C:2016:821 – James Elliott.

[52] EuGH ECLI:EU:C:2016:821 Rn. 43 – James Elliott.

[53] Zwar heißt es in EuG EU:T:2017:36 Rn. 60 – Global Garden Products Italy, in einem obiter dictum, dass „Entscheidungen über die Veröffentlichung harmonisierter Normen Rechtsakte [sind], die mit der Nichtigkeitsklage angreifbar sind". Diese Auffassung wurde jedoch noch nie in einem Verfahren über die Gültigkeit harmonisierter Normen bestätigt.

[54] Europäische Kommission, Leitfaden für die Umsetzung der Produktvorschriften der EU 2016 („Blue Guide"), ABl. 2016 C 272/1, 41, mit dem Hinweis, dass „die technischen Inhalte dieser harmonisierten Normen (…) in der alleinigen Zuständigkeit der europäischen Normungsorganisationen" liegen und nicht von öffentlichen Stellen überprüft werden, weil „die EU-Harmonisierungsrechtsvorschriften für Produkte kein Verfahren vor[sehen], nach dem die Behörden auf EU- oder nationaler Ebene den Inhalt der von den europäischen Normungsorganisationen ausgearbeiteten harmonisierten Normen systematisch überprüfen oder genehmigen würden".

[55] Ebers RDi 2021, 588 (596).

keit bezweckt (Art. 1 Abs. 1). Allein aus diesem Grund kommt harmonisierten Normen im Kontext der KI-VO eine ganz andere Rolle zu, da diese nicht nur technische Sicherheitsaspekte, sondern auch **grundrechtliche Fragen** berühren. Die KI-VO stellt vor diesem Hintergrund in den Abs. 2 und 3 **besondere Anforderungen an den Normungsauftrag** und an das **Normungsverfahren,** die über die in der Normungs-VO 2012 festgelegten Anforderungen hinausgehen (→ Rn. 26 ff.). Auch die Kommission betont nunmehr stärker ihre Stellung und ihren Einfluss im Normungsverfahren. Während der Blue Guide 2016 eine inhaltliche Überprüfung harmonisierter Normen durch die Kommission noch ausdrücklich ausgeschlossen hat,[56] findet sich ein solcher Passus im Blue Guide 2022 nicht mehr.[57] Stattdessen enthält der Blue Guide 2022 viele Passagen zur inhaltlichen Überprüfbarkeit harmonisierter Normen im Rahmen des Normungsverfahrens.[58] Schließlich betont auch der EuGH in seiner neueren Rechtsprechung die zentrale Rolle der Kommission im Normungsprozess (→ Rn. 10). All dies lässt darauf schließen, dass sich die Prüfungskompetenz der Kommission vor Veröffentlichung der Fundstellen im Amtsblatt nicht auf rein formale Aspekte beschränken darf, sondern auch auf materielle Aspekte erstrecken muss, da durch Veröffentlichung im Amtsblatt die Konformitätsvermutung ausgelöst wird. Veröffentlicht die **Kommission die Fundstelle** der harmonisierten Norm **im EU-Amtsblatt,** so **übernimmt** sie damit auch **materiell-rechtlich die Verantwortung** für diese Norm.[59]

Schließlich ist eine gerichtliche Kontrolle harmonisierter KI-Normen auch **45** deswegen zu befürworten, weil nur auf diese Weise die Tätigkeit privater Normungsorganisationen ex post kontrolliert werden kann.[60] Die gerichtliche Überprüfbarkeit fungiert damit im Kontext der faktischen Delegation von Rechtssetzungsbefugnissen als „notwendiges legitimatorisches Gegengewicht".[61]

IV. Hinweise für die Praxis

Unternehmen sollten **Hochrisiko-KI-Systeme** im **Einklang mit harmonisierten Normen** entwickeln. Die Einhaltung harmonisierter Normen ist nicht **46** nur günstiger, sondern bietet Anbietern auch mehr Rechtssicherheit. Verlassen sich die Anbieter auf eigene technische Lösungen, müssen sie die vagen Anforderungen der KI-VO auf eigenes Risiko konkretisieren. Folgen sie hingegen harmonisierten Normen, können sie sich nach Abs. 1 auf die Konformitätsvermutung berufen und die CE-Kennzeichnung an ihre Produkte anbringen. Für **GPAI-**

[56] Vgl. die Nw. in Fn. 51.

[57] EU-Kommission Leitfaden für die Umsetzung der Produktvorschriften der EU 2022 („Blue Guide"), C 247, S. 52.

[58] EU-Kommission Leitfaden für die Umsetzung der Produktvorschriften der EU 2022 („Blue Guide"), C 247, S. 52: „Die Veröffentlichung der Verweise ist kein automatischer Vorgang, da die Kommission zuvor bestimmte Prüfungen und Bewertungen vornehmen muss. Die Kommission kann die Veröffentlichung der Verweise ablehnen oder gegebenenfalls bestimmte Einschränkungen festlegen, die zusammen mit den Verweisen veröffentlicht werden."

[59] Martini/Wendehorst/Gerdemann/Wöbbeking Art. 40 Rn. 34.

[60] Eliantonio LIEI 2017, 395; Medzmariashvili LIEI 2017, 353; Van Waeyenberge/Restrepo Amariles ELR 2017, 882 (890); Gerdemann MMR 2024, 614 (620).

[61] Gerdemann MMR 2024, 614 (620).

Modelle empfiehlt sich demgegenüber ein **Rückgriff auf den Code of Practice,** da mit harmonisierten Normen auf diesem Gebiet in absehbarer Zeit nicht zu rechnen ist (→ Rn. 2).

47 Ob die von CEN/CENELEC für Hochrisiko-KI-Systeme erarbeiteten harmonisierten Normen die gewünschte Konformitätsvermutung zugunsten der Anbieter entfalten werden, bleibt dennoch abzuwarten, denn die Konformitätsvermutung gilt nach Abs. 1 nur „soweit" die harmonisierte Norm die zwingenden Anforderungen an Hochrisiko-KI-Systeme auch abdeckt. Nach dem erteilten (ersten) **Normungsauftrag** der Kommission sollen harmonisierte Normen jedoch (vorerst) nicht für bestimmte Sektoren bzw. KI-Systeme, sondern **sektorübergreifend erarbeitet** werden (→ Rn. 36). Viele der zwingenden Anforderungen (etwa bzgl. der Qualität von Daten oder der menschlichen Aufsicht) lassen sich jedoch gar nicht für sämtliche KI-Systeme gleichermaßen formulieren, sondern nur mit Blick auf ihren spezifischen Verwendungszweck.[62] Anbieter sollten sich daher – selbst wenn sie harmonisierten Normen folgen – **nicht blindlings** auf die in Abs. 1 verankerte Konformitätsvermutung **verlassen,** sondern **kritisch prüfen,** ob die harmonisierte Norm den Besonderheiten ihres KI-Systems Rechnung trägt und eigenständig technische Lösungen für die in Art. 8 ff. geregelten Anforderungen entwickeln, sofern dies nicht der Fall sein sollte.

Art. 41* Gemeinsame Spezifikationen

(1) *[1]* **Die Kommission kann Durchführungsrechtsakte zur Festlegung gemeinsamer Spezifikationen für die Anforderungen gemäß Abschnitt 2 dieses Kapitels oder gegebenenfalls die Pflichten gemäß Kapitel V Abschnitte 2 und 3 erlassen, wenn die folgenden Bedingungen erfüllt sind:**

a) **Die Kommission hat gemäß Artikel 10 Absatz 1 der Verordnung (EU) Nr. 1025/2012 eine oder mehrere europäische Normungsorganisationen damit beauftragt, eine harmonisierte Norm für die in Abschnitt 2 dieses Kapitels festgelegten Anforderungen oder gegebenenfalls für die in Kapitel V Abschnitte 2 und 3 festgelegten Pflichten zu erarbeiten, und**
   i) **der Auftrag wurde von keiner der europäischen Normungsorganisationen angenommen oder**
   ii) **die harmonisierten Normen, die Gegenstand dieses Auftrags sind, werden nicht innerhalb der gemäß Artikel 10 Absatz 1 der Verordnung (EU) Nr. 1025/2012 festgelegten Frist erarbeitet oder**
   iii) **die einschlägigen harmonisierten Normen tragen den Bedenken im Bereich der Grundrechte nicht ausreichend Rechnung oder**
   iv) **die harmonisierten Normen entsprechen nicht dem Auftrag und**

[62] So ist zB bei medizinischen KI-Diagnosesystemen eine Ungleichbehandlung nach Geschlecht durchaus erwünscht, während dies beim Kredit-Scoring unzulässig wäre. Auch die Anforderungen an die menschliche Aufsicht müssen mit Blick auf den spezifischen Anwendungsfall konkretisiert werden: Während bei cyberphysischen Systemen ein Stop-Button erforderlich sein kann, dürfte bei medizinischer KI eher eine Überprüfung durch den Arzt sinnvoll sein.

* Kapitel III (Art. 6–49) gilt gem. Art. 113 UAbs. 2 ab 2.8.2026, mit Ausnahme des Abschnitts 4, der gem. Art. 113 UAbs. 3 Buchst. b bereits ab 2.8.2025 gilt.

b) im Amtsblatt der Europäischen Union sind keine Fundstellen zu harmonisierten Normen gemäß der Verordnung (EU) Nr. 1025/2012 veröffentlicht, die den in Abschnitt 2 dieses Kapitels aufgeführten Anforderungen oder gegebenenfalls den in Kapitel V Abschnitte 2 und 3 aufgeführten Pflichten genügen, und es ist nicht zu erwarten, dass eine solche Fundstelle innerhalb eines angemessenen Zeitraums veröffentlicht wird.

[2] **Bei der Verfassung der gemeinsamen Spezifikationen konsultiert die Kommission das in Artikel 67 genannte Beratungsforum.**

[3] **Die in Absatz 1 des vorliegenden Absatzes genannten Durchführungsrechtsakte werden gemäß dem in Artikel 98 Absatz 2 genannten Prüfverfahren erlassen.**

(2) **Vor der Ausarbeitung eines Entwurfs eines Durchführungsrechtsakts informiert die Kommission den in Artikel 22 der Verordnung (EU) Nr. 1025/2012 genannten Ausschuss darüber, dass sie die in Absatz 1 des vorliegenden Artikels festgelegten Bedingungen als erfüllt erachtet.**

(3) **Bei Hochrisiko-KI-Systemen oder KI-Modellen mit allgemeinem Verwendungszweck, die mit den in Absatz 1 genannten gemeinsamen Spezifikationen oder Teilen dieser Spezifikationen übereinstimmen, wird eine Konformität mit den Anforderungen in Abschnitt 2 dieses Kapitels oder gegebenenfalls die Einhaltung der in Kapitel V Abschnitte 2 und 3 genannten Pflichten vermutet, soweit diese Anforderungen oder diese Pflichten von den gemeinsamen Spezifikationen abgedeckt sind.**

(4) **[1]Wird eine harmonisierte Norm von einer europäischen Normungsorganisation angenommen und der Kommission zur Veröffentlichung ihrer Fundstelle im Amtsblatt der Europäischen Union vorgeschlagen, so bewertet die Kommission die harmonisierte Norm gemäß der Verordnung (EU) Nr. 1025/2012. [2]Wird die Fundstelle zu einer harmonisierten Norm im Amtsblatt der Europäischen Union veröffentlicht, so werden die in Absatz 1 genannten Durchführungsrechtsakte, die dieselben Anforderungen gemäß Abschnitt 2 dieses Kapitels oder gegebenenfalls dieselben Pflichten gemäß Kapitel V Abschnitte 2 und 3 erfassen, von der Kommission ganz oder teilweise aufgehoben.**

(5) **Wenn Anbieter von Hochrisiko-KI-Systemen oder KI-Modellen mit allgemeinem Verwendungszweck die in Absatz 1 genannten gemeinsamen Spezifikationen nicht befolgen, müssen sie hinreichend nachweisen, dass sie technische Lösungen verwenden, die die in Abschnitt 2 dieses Kapitels aufgeführten Anforderungen oder gegebenenfalls die Pflichten gemäß Kapitel V Abschnitte 2 und 3 zumindest in gleichem Maße erfüllen;**

(6) **[1]Ist ein Mitgliedstaat der Auffassung, dass eine gemeinsame Spezifikation den Anforderungen gemäß Abschnitt 2 nicht vollständig entspricht oder gegebenenfalls die Pflichten gemäß Kapitel V Abschnitte 2 und 3 nicht vollständig erfüllt, so setzt er die Kommission im Rahmen einer ausführlichen Erläuterung davon in Kenntnis. [2]Die Kommission bewertet die betreffende Information und ändert gegebenenfalls den Durchführungsrechtsakt, durch den die betreffende gemeinsame Spezifikation festgelegt wurde.**

Übersicht

I. Allgemeines

1. Sinn und Zweck der Vorschrift

1 Art. 41 sieht vor, dass die Kommission einen Durchführungsrechtsakt zur Festlegung **gemeinsamer Spezifikationen** erlassen kann, um die Anforderungen an Hochrisiko-KI-Systeme (Art. 8–15) oder die Pflichten von GPAI-Modell-Anbietern (Art. 53, 55) zu konkretisieren. Zulässig ist der Erlass gemeinsamer Spezifikationen nur dann, wenn es für diese Anforderungen bzw. Pflichten bislang keine harmonisierten Normen (→ Art. 40 Rn. 1 ff.) gibt oder diese nicht ausreichen, um den Grundrechten oder dem Normungsauftrag der Kommission Rechnung zu tragen. Der Erlass gemeinsamer Spezifikationen wird aus diesem Grund in Erwgr. 121 als eine **„außergewöhnliche Ausweichlösung"** bezeichnet, die nur subsidiär greift, damit Anbieter von Hochrisiko-KI-Systemen sowie GPAI-Modellen ihre Pflichten nach der KI-VO auch dann erfüllen können, wenn harmonisierte Normen (noch) nicht vorliegen.

2 **Abs. 1 UAbs. 1** regelt die materiellen Voraussetzungen für den Erlass gemeinsamer Spezifikationen, während **Abs. 1 UAbs. 2–3** und **Abs. 2** formelle Aspekte des Verfahrens regeln. **Abs. 3** enthält zugunsten der Anbieter eine Konformitätsvermutung. **Abs. 4** regelt in Ergänzung zu Art. 40 die Pflicht der Kommission, harmonisierte Normen zu bewerten und gemeinsame Spezifikationen aufzuheben, sobald die Fundstelle zu einer harmonisierten Norm im Amtsblatt veröffentlicht wird. **Abs. 5** verlangt von den Anbietern den Nachweis gleichwertiger technischer Lösungen, wenn sie gemeinsame Spezifikationen nicht befolgen. **Abs. 6**

gewährt den Mitgliedstaaten die Möglichkeit, die Kommission zur Überprüfung gemeinsamer Spezifikationen anzuhalten.

2. Begriff der gemeinsamen Spezifikation

Gemeinsame Spezifikationen sind nach Art. 3 Nr. 28 iVm Art. 2 Nr. 4 Normungs-VO 1025/2012 **schriftlich niedergelegte technische Anforderungen,** die ein Produkt, ein Verfahren, eine Dienstleistung oder ein System zu erfüllen hat, und deren Befolgung es ermöglicht, bestimmte Anforderungen der KI-VO zu erfüllen. **3**

Neben der KI-VO ist das Instrument der gemeinsamen Spezifikation auch in anderen EU-Rechtsakten vorgesehen, so zB in Art. 20 Abs. 3 Maschinen-VO 2023/1230, Art. 27 Abs. 2 Cyber Resilience Act 2024/2847, Art. 9 Abs. 1 Medizinprodukte-VO 2017/745 sowie in Art. 9 Abs. 1 IVDR 2017/746. **4**

3. Gemeinsame Spezifikationen und NLF

Der Erlass gemeinsamer Spezifikationen **widerspricht** tendenziell dem **Konzept des NLF** (dazu → Art. 40 Rn. 4), da die **Europäische Kommission** über diese Maßnahmen die **Anforderungen an Produkte** – unabhängig von den europäischen Normungsorganisationen (CEN/CENELEC/ETSI) und dem in der Normungs-VO 1025/2012 vorgegebenen Verfahren – **selbst definieren kann.** Ob die Europäische Kommission überhaupt in der Lage ist, besser als die Normungsgremien technische Anforderungen an Produkte (hier: KI-Systeme) festzulegen, ist zweifelhaft. Die in einer Reihe von EU-Rechtsakten vorgesehene Möglichkeit der Kommission zum Erlass gemeinsamer Spezifikationen wird aus diesen Gründen im Schrifttum zu Recht **kritisiert.**[1] **5**

Um diesen Bedenken Rechnung zu tragen, wurde der **Ermessensspielraum der Kommission** zum Erlass gemeinsamer Spezifikationen **während der Trilog-Verhandlungen** im Vergleich zum Kommissionsvorschlag durch Ergänzungen des Abs. 1 und Einfügung der Abs. 2, 4 und 6 **begrenzt.**[2] **6**

4. Rechtscharakter gemeinsamer Spezifikationen

Gemeinsame Spezifikationen werden von der Kommission im Wege eines **Durchführungsrechtsaktes** erlassen. Ein Durchführungsrechtsakt ist nach Art. 291 Abs. 2, Abs. 4 AEUV ein **Rechtsakt ohne Gesetzescharakter** zur Durchführung des Unionsrechts. Zwar sind Durchführungsakte nach Art. 291 **7**

---

[1] Zur KI-VO vgl. insbesondere Micklitz, The Role of Standards in Future EU Digital Policy Legislation, 2023, S. 73, demzufolge sich insbesondere Repräsentanten der Europäischen Normungsorganisationen negativ zum Instrument der gemeinsamen Spezifikation äußern („Commissioner Breton is a controllfreak"). Zum Medizinprodukterecht vgl. vor allem die Kritik von Christian Rosenzweig, Common Specifications – Gemeinsame Spezifikationen: Konkurrenz für die Normen?, 14.3.2023, Blog des Johner Institut, abrufbar unter https://www.johner-institut.de/blog/regulatory-affairs/common-specifications-gemeinsame-spezifikationen/ (zuletzt abgerufen am 4.3.2025).

[2] Rat der Europäischen Union, Vorschlag für eine Verordnung des Europäischen Parlaments und des Rates zur Festlegung harmonisierter Vorschriften für künstliche Intelligenz (Gesetz über künstliche Intelligenz) und zur Änderung bestimmter Rechtsakte der Union – allgemein Ausrichtung, 6.12.2022, ST 15698 2022 INIT, S. 7; Europäisches Parlament, Abänderungen vom 14.6.2023, P9_TA(2023) 0236, Änderungsantrag 442.

AEUV verbindlich, jedoch besteht der Inhalt einer gemeinsamen Spezifikation nach Art. 3 Nr. 28 KI-VO grundsätzlich nur darin, dass sie es „ermöglicht", bestimmte Anforderungen der KI-VO zu erfüllen. Die Einhaltung gemeinsamer Spezifikationen ist mit anderen Worten grds. **freiwillig.** Gemeinsame Spezifikationen entfalten aufgrund ihrer positiven und negativen Konformitätsvermutung (→ Rn. 15 ff.) dennoch erhebliche Rechtswirkungen.

8 Die Kommission greift zur Festlegung gemeinsamer Spezifikationen idR auf **Durchführungsbeschlüsse** zurück.[3] Diese Beschlüsse unterliegen zum einen dem **Kontrollrecht von Europäischem Parlament und Rat,** welche die Kommission nach Art. 11 Komitologie-VO 182/2011 zu einer weiteren Prüfung veranlassen können, wenn sie der Ansicht sind, dass ein Entwurf die Durchführungsbefugnisse aus der KI-VO überschreitet. Zum anderen gewährt Abs. 6 den **Mitgliedstaaten** die Möglichkeit, die Kommission zur Überprüfung eines Durchführungsrechtsakts anzuhalten (→ Rn. 21). Darüber hinaus sind Durchführungsrechtsakte im Wege der **Nichtigkeitsklage (Art. 263 AEUV)** oder eines **Vorabentscheidungsverfahrens (Art. 267 AEUV)** gerichtlich durch den EuGH überprüfbar. In diesem Rahmen kann der EuGH gemeinsame Spezifikationen nicht nur auslegen, sondern auch überprüfen, ob der Durchführungsrechtsakt gemäß den Verfahrensbestimmungen der Komitologie-VO 182/2011 erlassen wurde[4] und im Einklang mit den Vorgaben der KI-VO steht.[5] **Gemeinsame Spezifikationen unterliegen** damit – anders als harmonisierte Normen, bei denen die gerichtliche Überprüfbarkeit streitig ist (→ Art. 40 Rn. 40 ff.) – unstreitig einer **vollen gerichtlichen Kontrolle durch den EuGH.**[6]

II. Kommentierung der Norm

1. Erlass gemeinsamer Spezifikationen (Abs. 1)

9 **a) Voraussetzungen zum Erlass gemeinsamer Spezifikationen.** Abs. 1 UAbs. 1 ermächtigt die Kommission, **Durchführungsrechtsakte zur Festlegung gemeinsamer Spezifikationen** (zum Begriff → Rn. 3) zu erlassen. Die Kommission hat damit die Möglichkeit, die in der KI-VO festgelegten Anforderungen an Hochrisiko-KI-Systeme (Art. 8–15) sowie die Pflichten von GPAI-Modell-Anbietern (Art. 53, 55) durch detaillierte technische Anforderungen zu konkretisieren. Welche sonstigen Voraussetzungen gemeinsame Spezifikationen erfüllen müssen, ergibt sich aus Art. 3 Nr. 28 KI-VO iVm Art. 2 Nr. 4 Normungs-VO 1025/2012. Danach handelt es sich bei einer gemeinsamen Spezifikation um eine technische Spezifikation in einem Schriftstück, in dem die technischen Anforderungen dargelegt sind, die ein Produkt, ein Verfahren, eine Dienstleistung oder ein System zu erfüllen hat. Die einzelnen Merkmale, die eine solche Spezifikation enthalten muss, werden dabei in Art. 2 Nr. 4 Normungs-VO 1025/2012 aufgeführt.

---

[3] Für das Medizinprodukterecht vgl. Wagner in Rehmann/Wagner, MP-VO, 4. Aufl. 2023, MP-VO Art. 9 Rn. 3.

[4] Nettesheim in Grabitz/Hilf/Nettesheim AUEV Art. 291 Rn. 58.

[5] Martini/Wendehorst/Gerdemann/Wöbbeking Art. 41 Rn. 26.

[6] So auch Martini/Wendehorst/Gerdemann/Wöbbeking Art. 41 Rn. 13. AA anscheinend Vranckaert in: Pehlivan/Forgó/Valcke, The EU Artificial Intelligence (AI) Act: A Commentary, Art. 41, S. 681.

Abs. 1 UAbs. 1 schafft die nach Art. 291 Abs. 2 AEUV erforderliche **Rechtsgrundlage für die Übertragung von Durchführungsbefugnissen** auf die Kommission. Möglich ist eine solche Übertragung nach Art. 291 Abs. 2 AEUV dann, wenn es **einheitlicher Bedingungen** für die Durchführung verbindlicher Rechtsakte der Union **bedarf.** Abs. 1 UAbs. 1 regelt deswegen ausführlich die Bedingungen, unter denen die Kommission gemeinsame Spezifikationen erlassen darf. 10

Voraussetzung ist nach **Abs. 1 UAbs. 1 Buchst. a,** dass die Kommission gem. Art. 10 Abs. 1 Normungs-VO 1025/2012 eine oder mehrere europäische Normungsorganisationen damit beauftragt hat, eine harmonisierte Norm für die in Art. 8–15 oder Art. 53, 55 festgelegten Anforderungen bzw. Pflichten zu erarbeiten. Zusätzlich verlangt die Vorschrift, dass zumindest eine der folgenden **vier Voraussetzungen** vorliegt: (i) der **Auftrag** wurde von **keiner** der europäischen **Normungsorganisationen angenommen,** (ii) die harmonisierten Normen, die Gegenstand dieses Auftrags sind, werden **nicht innerhalb** der gem. Art. 10 Abs. 1 Normungs-VO 1025/2012 **festgelegten Frist** erarbeitet, (iii) die einschlägigen harmonisierten Normen tragen den **Bedenken im Bereich der Grundrechte nicht ausreichend Rechnung** oder (iv) die harmonisierten Normen **entsprechen nicht dem Kommissionsauftrag.** Wann eine harmonisierte Norm nicht „ausreichend" den Grundrechten Rechnung trägt, wird nicht weiter definiert. Da harmonisierte Normen nach hier vertretener Ansicht einer gerichtlichen Kontrolle unterliegen (Art. 40 → Rn. 40 ff.), muss diese Frage im Zweifel vom EuGH entschieden werden. Ausgangspunkt sind dabei die in der Grundrechtecharta verankerten Grundrechte, allerdings nur insoweit, als die KI-VO diese durch die Art. 8–15 und Art. 53, 55 zu schützen beabsichtigt. 11

Zusätzlich verlangt **Abs. 1 UAbs. 1 Buchst. b,** dass im Amtsblatt der EU bislang keine Fundstellen zu harmonisierten Normen veröffentlicht sind, die den Anforderungen der Art. 8–15 bzw. Pflichten der Art. 53, 55 genügen, und nicht zu erwarten ist, dass eine solche Fundstelle innerhalb eines **„angemessenen Zeitraums" veröffentlicht** wird. Was unter einem angemessenen Zeitraum zu verstehen ist, wird nicht definiert. Hat keine der Normungsorganisationen den Normungsauftrag angenommen, ist idR mit einer zeitnahen Entwicklung harmonisierter Normen nicht zu rechnen. In anderen Fällen kommt es darauf an, warum bislang keine harmonisierte Norm vorliegt, welche Anstrengungen die Normungsorganisationen bislang unternommen haben und wie weit die Standardisierungsbemühungen auf internationaler und europäischer Ebene fortgeschritten sind. Da gemeinsame Spezifikationen nur subsidiär gegenüber harmonisierten Normen ausgearbeitet werden sollen (→ Rn. 1), ist „nicht zeitnah" eng auszulegen. Soweit europäische Normungsorganisationen mit den Standardisierungsarbeiten bereits begonnen haben oder eine internationale Norm übernehmen könnten, spricht dies dafür, dass mit einer zeitnahen Entwicklung harmonisierter Normen zu rechnen ist. 12

b) Erlass des Durchführungsrechtsakts. Abs. 1 UAbs. 2 verlangt, dass die Kommission bei der Verfassung gemeinsamer Spezifikationen das **Beratungsforum (Art. 67) konsultiert.** Im Übrigen stellt Abs. 1 UAbs. 3 iVm Art. 98 Abs. 2 klar, dass sich das Verfahren zum Erlass gemeinsamer Spezifikationen nach dem in **Art. 5 Komitologie-VO 182/2011** geregelten **Prüfverfahren** richtet. 13

2. Informationspflicht der Europäischen Kommission (Abs. 2)

14 **Abs. 2** ergänzt die in Abs. 1 UAbs. 2, 3 geregelten verfahrensrechtlichen Vorgaben, indem die Kommission dazu verpflichtet wird, vor der Ausarbeitung eines Entwurfs eines Durchführungsrechtsakts den in Art. 22 Normungs-VO 1025/2012 genannten **Ausschuss** darüber zu **informieren,** dass sie die in Abs. 1 geregelten Voraussetzungen als erfüllt erachtet. Dieser Ausschuss besteht nach Art. 22 Normungs-VO 1025/2012 iVm Art. 3 Abs. 2 Komitologie-VO 182/2011 aus Vertretern der Mitgliedstaaten unter dem Vorsitz der Kommission. Die Vorschrift sieht nur eine Informationspflicht der Kommission vor. Dem Ausschuss werden dagegen keine weiteren Rechte – wie etwa ein Anhörungs- oder Vetorecht – eingeräumt.

3. Konformitätsvermutung gemeinsamer Spezifikationen (Abs. 3)

15 Soweit Hochrisiko-KI-Systeme oder GPAI-Modelle mit von der Kommission erlassenen Spezifikationen oder Teilen dieser Spezifikation übereinstimmen, gilt nach **Abs. 3** eine **Konformitätsvermutung.** In diesem Fall wird zugunsten des Anbieters vermutet, dass das betreffende Hochrisiko-KI-System mit den Anforderungen der Art. 8–15 in Einklang steht bzw. dass die Pflichten der GPAI-Modell-Anbieter nach Art. 53, 55 eingehalten wurden, soweit diese Anforderungen oder Pflichten von den gemeinsamen Spezifikationen abgedeckt sind.

16 Anbieter können sich dementsprechend – wie bei harmonisierten Normen (vgl. → Art. 40 Rn. 19) gegenüber den Marktüberwachungsbehörden sowie gegenüber der Kommission – auf die Einhaltung gemeinsamer Spezifikationen berufen, um darzulegen, dass sie im Einklang mit der KI-VO gehandelt haben **(positive Konformitätsvermutung).** Im Unterschied zu harmonisierten Normen (→ Art. 40 Rn. 20), gilt bei gemeinsamen Spezifikationen zudem eine **negative Konformitätsvermutung:** Wenn Anbieter die in Abs. 1 genannten gemeinsamen Spezifikationen nicht befolgen, müssen sie nämlich nach Abs. 5 hinreichend nachweisen, dass sie technische Lösungen verwenden, die die in der KI-VO aufgeführten Anforderungen zumindest in gleichem Maße erfüllen. Im Umkehrschluss folgt daraus, dass bereits die bloße Nichtbefolgung gemeinsamer Spezifikationen den Schluss zulässt, dass sich das KI-System bzw. der Anbieter im Widerspruch zu den materiellen Anforderungen der Verordnung befindet, es sei denn, der Anbieter erbringt positiv den nach Abs. 5 geforderten Nachweis.[7]

17 Die in Abs. 3 geregelte Konformitätsvermutung entfaltet darüber hinaus auch im **Deliktsrecht** Rechtswirkungen. Da gemeinsame Spezifikationen die Aufgabe haben, fehlende oder unzureichende harmonisierte Normen übergangsweise zu ersetzen, spricht viel dafür, sie wie harmonisierte Normen zu behandeln (dazu → Art. 40 Rn. 23) und in der **Nichtbefolgung** einen **prima facie-Beweis** bzw. einen Anscheinsbeweis für einen **Produktfehler** bzw. einen **Verstoß gegen deliktische Sorgfaltspflichten** zu sehen.[8]

4. Bewertung harmonisierter Normen und Aufhebung gemeinsamer Spezifikationen durch die Kommission (Abs. 4)

18 **a) Bewertung harmonisierter Normen durch die Kommission.** Wird eine harmonisierte Norm von einer europäischen Normungsorganisation ange-

---

[7] AA Martini/Wendehorst/Gerdemann/Wöbbeking Art. 41 Rn. 25.

[8] Wie hier Mayrhofer RDi 2024, 492 Rn. 10.

nommen und der Kommission zur Veröffentlichung im Amtsblatt der Europäischen Union vorgeschlagen, so muss die **Kommission die harmonisierte Norm,** wie Abs. 4 klarstellt, gemäß der Normungs-VO 1025/2012 **bewerten.** Nach Art. 10 Abs. 5 S. 2 Normungs-VO 1025/2012 muss die Kommission gemeinsam mit den europäischen Normungsorganisationen erstens prüfen, ob der **Normentwurf dem Normungsauftrag entspricht.** Art. 10 Abs. 6 Normungs-VO 1025/2012 sieht zweitens vor, dass eine Veröffentlichung im Amtsblatt nur dann erfolgen darf, wenn die Norm den Anforderungen genügt, die sie abdecken soll und die „in den entsprechenden Harmonisierungsrechtsvorschriften der Union festgelegt sind". Die Kommission muss dementsprechend auch prüfen, ob der **Normentwurf im Einklang mit den Vorgaben der KI-VO steht.** Kommt die Kommission zum Schluss, dass zumindest eine dieser beiden Voraussetzungen nicht erfüllt ist, so muss sie die Veröffentlichung der Fundstelle einer Norm im Amtsblatt ablehnen.

b) Aufhebung gemeinsamer Spezifikationen durch die Kommission. 19
Wird die Fundstelle einer harmonisierten Norm im Amtsblatt veröffentlicht, so muss die Kommission nach **Abs. 4 S. 2** den **Durchführungsrechtsakt,** der damit übereinstimmende Spezifikationen erlassen hat, **ganz oder teilweise aufheben.** Gemeinsame Spezifikationen sind insofern nur eine vorübergehende Ausweichlösung (Erwgr. 121), bis harmonisierte Normen erlassen worden sind.

5. Nachweis gleichwertiger technischer Lösungen durch die Anbieter (Abs. 5)

Soweit Anbieter von Hochrisiko-KI-Systemen oder GPAI-Modellen die in 20
Abs. 1 genannten gemeinsamen Spezifikationen nicht befolgen, müssen sie nach **Abs. 5 hinreichend nachweisen,** dass sie **technische Lösungen** verwenden, die die in Art. 8–15 aufgeführten Anforderungen bzw. die in Art. 53, 55 geregelten Pflichten „zumindest in gleichem Maße erfüllen". Daraus kann geschlossen werden, dass die Nichtbefolgung gemeinsamer Spezifikationen grundsätzlich die Vermutung der Nichtkonformität auslöst (**negative Konformitätsvermutung,** → Rn. 16), die nur dann entkräftet werden kann, wenn der Anbieter „hinreichend" nachweist, dass die von ihm gewählten technischen Lösungen die KI-VO zumindest in gleichem Maße erfüllen.

6. Bewertung gemeinsamer Spezifikationen durch die Kommission (Abs. 6)

Ist ein Mitgliedstaat der Auffassung, dass eine gemeinsame Spezifikation den 21
Anforderungen der Art. 8–15 nicht entspricht oder die Pflichten gem. Art. 53, 55 nicht vollständig erfüllt, so kann dieser **Mitgliedstaat die Kommission** nach **Abs. 6** dazu **auffordern,** die **gemeinsame Spezifikation zu überprüfen.** In diesem Fall setzt der Mitgliedstaat die Kommission nach Abs. 6 S. 1 ausführlich von seinen Bedenken in Kenntnis. Im Anschluss hieran muss die Kommission diese Informationen nach Abs. 6 S. 2 bewerten. Kommt die Kommission zu dem Schluss, dass die Bedenken berechtigt sind, so kann sie den Durchführungsrechtsakt ändern oder aufheben. Eine **Pflicht zur Aufhebung besteht** dagegen **nicht.**[9] Möglich ist indes-

[9] Wie hier Martini/Wendehorst/Gerdemann/Wöbbeking Art. 41 Rn. 26. Allgemein zur Frage, unter welchen Voraussetzungen rechtswidrige Entscheidungen (jetzt: Beschlüsse) im europäischen Eigenverwaltungsrecht aufgehoben werden können, vgl. v. Danwitz, Europäisches Verwaltungsrecht, S. 402 ff.

sen, dass die fehlende Übereinstimmung mit den Anforderungen bzw. Pflichten der KI-VO im Wege der Nichtigkeitsklage (Art. 263 Abs. 2 AEUV) oder iRd Vorabentscheidungsverfahrens (Art. 267 AEUV) angegriffen wird (dazu → Rn. 8).

III. Praktische Hinweise

22 Hat die Kommission **gemeinsame Spezifikationen** erlassen, sollten **Anbieter** von Hochrisiko-KI-Systemen sowie von GPAI-Modellen diese auch **einhalten, damit sie sich auf die Konformitätsvermutung des Abs. 3 berufen können.** Werden gemeinsame Spezifikationen nicht befolgt, so müssen Anbieter nach Abs. 5 hinreichend nachweisen, dass sie technische Lösungen verwenden, die die KI-VO „zumindest in gleichem Maße erfüllen", was nicht nur mit höherem Aufwand, sondern auch mit erheblicher Rechtsunsicherheit verbunden ist.

23 Ob die Kommission überhaupt gemeinsame Spezifikationen erlassen wird, bleibt abzuwarten. Da die Kommission nicht über den notwendigen Sachverstand zum Erlass technischer Lösungen verfügt, müsste sie auf externe Expertise zurückgreifen. Diese Expertise ist derzeit in den Normungsgremien (CEN/CENELEC, JTC 21) gebündelt (→ Art. 40 Rn. 35).[10] Sollten CEN/CENELEC nicht in der Lage sein, die Anforderungen der KI-VO (zeitnah) durch harmonisierte Normen zu konkretisieren, ist daher fraglich, wie dies der Kommission durch gemeinsame Spezifikationen gelingen kann.

Art. 42* Vermutung der Konformität mit bestimmten Anforderungen

(1) **Für Hochrisiko-KI-Systeme, die mit Daten, in denen sich die besonderen geografischen, verhaltensbezogenen, kontextuellen oder funktionalen Rahmenbedingungen niederschlagen, unter denen sie verwendet werden sollen, trainiert und getestet wurden, gilt die Vermutung, dass sie die in Artikel 10 Absatz 4 festgelegten einschlägigen Anforderungen erfüllen.**

(2) **Für Hochrisiko-KI-Systeme, die im Rahmen eines der Cybersicherheitszertifizierungssysteme gemäß der Verordnung (EU) 2019/881, deren Fundstellen im Amtsblatt der Europäischen Union veröffentlicht wurden, zertifiziert wurden oder für die eine solche Konformitätserklärung erstellt wurde, gilt die Vermutung, dass sie die in Artikel 15 der vorliegenden Verordnung festgelegten Cybersicherheitsanforderungen erfüllen, sofern diese Anforderungen von der Cybersicherheitszertifizierung oder der Konformitätserklärung oder Teilen davon abdeckt sind.**

Übersicht

[10] Dies gilt vor allem für die Ausarbeitung harmonisierter Normen für Hochrisiko-KI-Systeme. Für GPAI-Modelle gilt demgegenüber der Code of Practice (→ Art. 40 Rn. 2), der gegenüber gemeinsamen Spezifikationen ebenfalls vorrangig ist.

* Kapitel III (Art. 6–49) gilt gem. Art. 113 UAbs. 2 ab 2.8.2026, mit Ausnahme des Abschnitts 4, der gem. Art. 113 UAbs. 3 Buchst. b bereits ab 2.8.2025 gilt.

I. Allgemeines

Art. 42 enthält – in Ergänzung zu den Art. 40–41 – zwei weitere **Konformitätsvermutungen,** um Anbietern von Hochrisiko-KI-Systemen die Einhaltung der Verordnung zu erleichtern. **Abs. 1** enthält eine Konformitätsvermutung für die in Art. 10 Abs. 4 aufgestellten Daten-Qualitätsanforderungen, wenn Trainings- und Testdaten die geografischen, verhaltensbezogenen, kontextuellen und funktionalen Besonderheiten des Einsatzfelds widerspiegeln. **Abs. 2** beinhaltet eine Konformitätsvermutung für die in Art. 15 normierten Cybersecurity-Anforderungen, sofern ein System bereits nach dem Cyber Security Act (CSA) 2019/881 zertifiziert worden ist. 1

II. Kommentierung der Norm

1. Konformitätsvermutung für bestimmte Datensätze (Abs. 1)

Trainings-, Validierungs- und Testdatensätze von Hochrisiko-KI-Systemen müssen nach Art. 10 Abs. 4 die entsprechenden Merkmale oder Elemente berücksichtigen, die für die **besonderen geografischen, kontextuellen, verhaltensbezogenen oder funktionalen Rahmenbedingungen,** unter denen das Hochrisiko-KI-System **bestimmungsgemäß verwendet** werden soll, typisch sind. Ein KI-System, das eine medizinische Diagnose erstellen oder Kandidaten bei der Personalauswahl vorselektieren soll, darf dementsprechend nicht nur mit Daten von US-amerikanischen Personen trainiert werden, wenn es in Deutschland eingesetzt werden soll.[1] Zur Erfüllung dieser Vorgaben enthält Abs. 1 eine **Konformitätsvermutung,** wenn Hochrisiko-KI-Systeme **mit Daten trainiert und getestet** wurden, in denen sich die **besonderen** geografischen, verhaltensbezogenen, kontextuellen oder funktionalen **Rahmenbedingungen niederschlagen,** unter denen sie verwendet werden sollen. Darin liegt nicht nur – wie im Schrifttum zum Teil vermutet wird[2] – eine Wiederholung der in Art. 10 Abs. 4 normierten Anforderungen. Während 2

---

[1] Beispiel nach Hacker/Wessel, KI-Trainingsdaten nach dem Verordnungsentwurf für Künstliche Intelligenz Qualität und Performanz im Zusammenspiel von Recht und Informatik, in: Bundesministerium für Umwelt, Naturschutz, nukleare Sicherheit und Verbraucherschutz/Frauke Rostalski (Hrsg.), Künstliche Intelligenz. Wie gelingt eine vertrauenswürdige Verwendung in Deutschland und Europa?, S. 53, 60.

[2] So Hacker/Wessel, KI-Trainingsdaten nach dem Verordnungsentwurf für Künstliche Intelligenz Qualität und Performanz im Zusammenspiel von Recht und Informatik, in: Bundesministerium für Umwelt, Naturschutz, nukleare Sicherheit und Verbraucherschutz/Frauke Rostalski (Hrsg.), Künstliche Intelligenz. Wie gelingt eine vertrauenswürdige Verwendung in Deutschland und Europa?, S. S. 60 („tautologisch anmutende Konformitätsvermutung"); Vranckaert in Pehlivan/Forgó/Valcke, The EU Artificial Intelligence (AI) Act: A Commentary, Art. 42, S. 683 ("circular presumption of conformity"); Steinrötter/Markert RDi 2024, 400 (402).

Art. 10 Abs. 4 allgemein verlangt, dass Trainings- und Testdatensätze die besonderen Rahmenbedingungen berücksichtigen sollen, unter denen das Hochrisiko-KI-System später verwendet werden soll, **greift** die **Konformitätsvermutung** nach Abs. 1 **bereits dann,** wenn die betreffenden **Datensätze** ausreichend die (geografischen, verhaltensbezogenen, kontextuellen oder funktionalen) **Spezifika des späteren Einsatzfelds widerspiegeln.**[3]

3 Welchen Nachweis der Anbieter dafür erbringen muss, ist ungeklärt. Während die Konformitätsvermutung des Abs. 1 nach dem Kommissionvorschlag bereits dann greifen sollte, wenn Hochrisiko-KI-Systeme mit „Daten zu den besonderen (…) Rahmenbedingungen" trainiert und getestet wurden („trained and tested on data concerning the specific (…) setting"),[4] verlangt die verabschiedete Fassung des Abs. 1, dass sich diese Rahmenbedingungen in den Daten „niederschlagen" („data reflecting the specific (…) setting"). Der bloße **Nachweis,** dass die **Trainingsdaten aus dem Umfeld** stammen, in dem das entsprechend KI-System **eingesetzt** werden soll, **reicht** dementsprechend **nicht aus,** um die Konformitätsvermutung auszulösen.[5] Vielmehr muss gezeigt werden, dass der entsprechende Datensatz selbst hinreichend ausdifferenziert ist.[6]

4 Entscheidend für die **Repräsentativität der Datensätze** sind im Übrigen nur die **„typischen"** Rahmenbedingungen, unter denen Hochrisiko-KI-Systeme **„bestimmungsgemäß"** verwendet werden sollen (Art. 10 Abs. 4) bzw. die Rahmenbedingungen, „unter denen sie verwendet werden sollen" (Abs. 1). Die Repräsentativität der Datensätze ist dementsprechend nur **ex ante nach Maßgabe der geplanten Verwendung** zu beurteilen, nicht jedoch ex post nach der tatsächlichen Verwendung.

2. Konformitätsvermutung für cybersicherheitszertifizierte Systeme (Abs. 2)

5 Hochrisiko-KI-Systeme müssen nach Art. 15 bestimmte Cybersicherheitsanforderungen erfüllen. **Abs. 2** stellt die **Vermutung** auf, dass Hochrisiko-KI-Systeme, die bereits über eine **Zertifizierung** oder eine **Konformitätserklärung** gemäß dem **Cybersecurity Act (CSA) 2019/881** verfügen, die in Art. 15 festgelegten Cybersicherheitsanforderungen erfüllen. Auf diese Weise soll eine **doppelte Konformitätsbewertung vermieden** werden. Art. 54 Abs. 3 CSA 2019/881 ordnet aus diesem Grunde ausdrücklich an, dass andere EU-Rechtsakte eine solche Konformitätsvermutung vorsehen können. Für das Verhältnis zwischen der KI-VO und dem **Cyber Resilience Act (CRA) 2024/2847** stellt Art. 12 Abs. 1 CRA zudem klar, dass Hochrisiko-KI-Systeme als mit den in Art. 15 KI-VO konkretisierten Anforderungen an die Cybersicherheit konform gelten, soweit den Anforderungen nach Anhang I Teil I und Teil II CRA entsprochen wird und die Konformität mit Art. 15 KI-VO auf Grundlage einer Konformitätsbewertung nach Art. 43 KI-VO nachgewiesen werden kann.

---

[3] So auch Martini/Wendehorst/Gerdemann/Wöbbeking Art. 42 Rn. 6.

[4] Europäische Kommission, Art. 42 Abs. 1 des KI-VO-Vorschlags, COM(2021) 206 final. Dazu Müller-Peltzer/Tanczik RDi 2023, 452 (455).

[5] So jedoch Schwartmann/Keber/Köhler/Nägele, Hochrisiko-KI-Systeme, in: Schwartmann/Keber/Zenner, KI-VO – Leitfaden für die Praxis, S. 125 Rn. 304.

[6] Im Ergebnis wie hier Martini/Wendehorst/Gerdemann/Wöbbeking Art. 42 Rn. 6.

Die in **Abs. 2** geregelte Konformitätsvermutung **greift nur, soweit die Zertifizierung** bzw. Konformitätserklärung nach dem CSA teilweise oder vollständig **mit den Anforderungen der KI-VO übereinstimmt.** Damit stellt sich zum einen das Problem, ob CSA und KI-VO unter Cybersicherheit dasselbe verstehen. Da die KI-VO nicht auf Art. 2 Abs. 1 CSA verweist, ist dies ungeklärt.[7] Zum anderen stellt sich die Frage, ob es derzeit überhaupt schon Zertifizierungen nach dem CSA gibt, die Art. 15 vollständig entsprechen. 6

Der 2019 in Kraft getretene CSA etabliert mit dem **European Cybersecurity Certification Scheme (EUCC)** einen einheitlichen europäischen Zertifizierungsrahmen für Produkte, Dienste und Prozesse der Informations- und Kommunikationstechnologie. Zu diesem Zweck hat die Kommission in einer Durchführungsverordnung[8] gemeinsame Kriterien für das EUCC festgelegt. Darüber hinaus wird derzeit an weiteren Zertifizierungsschemata gearbeitet, so insbesondere am **„European Cybersecurity Certification Scheme for Cloud Services" (EUCS)**[9] und am **„European Cybersecurity Certification Scheme for 5G" (EU5G).**[10] Im Bereich der KI prüft die ENISA derzeit, wie KI-Systeme einer Cybersicherheitszertifizierung unterzogen werden könnten.[11] Bislang hat die EU-Kommission jedoch noch keine offizielle Anfrage zur Entwicklung eines Zertifizierungsschemas für KI gestellt. 7

Da ENISA für KI-Systeme bislang noch kein Cybersicherheitsschema erarbeitet hat und bestehende Schemata den besonderen Anforderungen an die Cybersicherheit von KI-Systemen nicht (vollständig) Rechnung tragen,[12] dürfte die Konformitätsvermutung des Abs. 2 derzeit **keine große praktische Bedeutung** haben. 8

III. Praktische Hinweise

Die in **Abs. 1** normierte Konformitätsvermutung **erleichtert Anbietern** von Hochrisiko-KI-Systemen in der Praxis die **Einhaltung der in Art. 10 Abs. 4** 9

---

[7] Nolte/Schreitmüller MPR 2024, 20 (23); Nordmann LTZ 2025, 278 (280 f.).

[8] Durchführungsverordnung (EU) 2024/482 der Kommission vom 31.1.2024 mit Durchführungsbestimmungen zur Verordnung (EU) 2019/881 des Europäischen Parlaments und des Rates hinsichtlich der Annahme des auf den Gemeinsamen Kriterien beruhenden europäischen Systems für die Cybersicherheitszertifizierung (EUCC), ABl. 2024 L 482, 1, geändert durch Durchführungsverordnung (EU) 2024/3144 der Kommission vom 18.12.2024, ABl. L, 2024/3144.

[9] ENISA, EUCS – Cloud Services Scheme, December 2020, https://www.enisa.europa.eu/sites/default/files/publications/EUCS%20%E2%80%93%20Cloud%20Service%20candidate%20cybersecurity%20certification%20scheme.pdf (zuletzt abgerufen am 4.3.2025).

[10] https://www.enisa.europa.eu/working-with-us/ad-hoc-working-groups-calls/call-0121-5g-cybersecurity-certification(zuletzt abgerufen am 4.3.2025).

[11] Vgl. ENISA, Cybersecurity of AI and Standardisation, March 2023, https://www.enisa.europa.eu/sites/default/files/publications/Cybersecurity%20of%20AI%20and%20Standardisation.pdf (zuletzt abgerufen am 4.3.2025); ENISA, Artificial Intelligence and Cybersecurity Research, June 2023, https://www.enisa.europa.eu/sites/default/files/publications/Artificial%20Intelligence%20and%20Cybersecurity%20Research.pdf (zuletzt abgerufen am 4.3.2025).

[12] So Vranckaert in Pehlivan/Forgó/Valcke, The EU Artificial Intelligence (AI) Act: A Commentary, Art. 42, S. 684, mit dem Hinweis, dass Art. 15 Abs. 5 Maßnahmen gegen „adversarial attacks" verlangt, die bei nicht-autonomen Systemen nicht erforderlich sind. Vgl. auch Nordmann LTZ 2025, 278 (283).

geregelten Anforderungen an die **Datengovernance.** Sobald CEN/CENELEC harmonisierte Normen erarbeitet haben, sollten Anbieter diese befolgen, um die in Art. 40 Abs. 1 normierte Konformitätsvermutung in Anspruch nehmen zu können.

10 Die in **Abs. 2** geregelte Konformitätsvermutung hinsichtlich der in Art. 15 aufgestellten Cybersicherheitsanforderungen läuft derzeit in der Praxis ins Leere, da Zertifizierungen bzw. Konformitätserklärungen nach dem Cybersecurity Act (CSA) 2019/881 derzeit (noch) nicht ausreichend den Anforderungen des Art. 15 entsprechen (→ Rn. 7).

Art. 43* Konformitätsbewertung

(1) *[1]* **Hat ein Anbieter zum Nachweis, dass ein in Anhang III Nummer 1 aufgeführtes Hochrisiko-KI-System die in Abschnitt 2 festgelegten Anforderungen erfüllt, harmonisierte Normen gemäß Artikel 40 oder gegebenenfalls gemeinsame Spezifikationen gemäß Artikel 41 angewandt, so entscheidet er sich für eines der folgenden Konformitätsbewertungsverfahren auf der Grundlage**
a) der internen Kontrolle gemäß Anhang VI oder
b) der Bewertung des Qualitätsmanagementsystems und der Bewertung der technischen Dokumentation unter Beteiligung einer notifizierten Stelle gemäß Anhang VII.

[2] **Zum Nachweis, dass sein Hochrisiko-KI-System die in Abschnitt 2 festgelegten Anforderungen erfüllt, befolgt der Anbieter das Konformitätsbewertungsverfahren gemäß Anhang VII, wenn**
a) es harmonisierte Normen gemäß Artikel 40 nicht gibt und keine gemeinsamen Spezifikationen gemäß Artikel 41 vorliegen,
b) der Anbieter die harmonisierte Norm nicht oder nur teilweise angewandt hat;
c) die unter Buchstabe a genannten gemeinsamen Spezifikationen zwar vorliegen, der Anbieter sie jedoch nicht angewandt hat;
d) eine oder mehrere der unter Buchstabe a genannten harmonisierten Normen mit einer Einschränkung und nur für den eingeschränkten Teil der Norm veröffentlicht wurden.

[3] [1]**Für die Zwecke des Konformitätsbewertungsverfahrens gemäß Anhang VII kann der Anbieter eine der notifizierten Stellen auswählen.** [2]**Soll das Hochrisiko-KI-System jedoch von Strafverfolgungs-, Einwanderungs- oder Asylbehörden oder von Organen, Einrichtungen oder sonstigen Stellen der Union in Betrieb genommen werden, so übernimmt die in Artikel 74 Absatz 8 bzw. 9 genannte Marktüberwachungsbehörde die Funktion der notifizierten Stelle.**

(2) **Bei den in Anhang III Nummern 2 bis 8 aufgeführten Hochrisiko-KI-Systemen befolgen die Anbieter das Konformitätsbewertungsverfahren auf der Grundlage einer internen Kontrolle gemäß Anhang VI, das keine Beteiligung einer notifizierten Stelle vorsieht.**

(3) *[1]* [1]**Bei den Hochrisiko-KI-Systemen, die unter die in Anhang I Abschnitt A aufgeführten Harmonisierungsrechtsakte der Union fallen,**

* Kapitel III (Art. 6–49) gilt gem. Art. 113 UAbs. 2 ab 2.8.2026, mit Ausnahme des Abschnitts 4, der gem. Art. 113 UAbs. 3 Buchst. b bereits ab 2.8.2025 gilt.

befolgt der Anbieter die einschlägigen Konformitätsbewertungsverfahren, die nach diesen Rechtsakten erforderlich sind. ²Die in Abschnitt 2 dieses Kapitels festgelegten Anforderungen gelten für diese Hochrisiko-KI-Systeme und werden in diese Bewertung einbezogen. ³Anhang VII Nummern 4.3, 4.4 und 4.5 sowie Nummer 4.6 Absatz 5 finden ebenfalls Anwendung.

[2] **Für die Zwecke dieser Bewertung sind die notifizierten Stellen, die gemäß diesen Rechtsakten notifiziert wurden, berechtigt, die Konformität der Hochrisiko-KI-Systeme mit den in Abschnitt 2 festgelegten Anforderungen zu kontrollieren, sofern im Rahmen des gemäß diesen Rechtsakten durchgeführten Notifizierungsverfahrens geprüft wurde, dass diese notifizierten Stellen die in Artikel 31 Absätze 4, 5, 10 und 11 festgelegten Anforderungen erfüllen.**

[3] **Wenn ein in Anhang I Abschnitt A aufgeführter Rechtsakte es dem Hersteller des Produkts ermöglicht, auf eine Konformitätsbewertung durch Dritte zu verzichten, sofern dieser Hersteller alle harmonisierten Normen, die alle einschlägigen Anforderungen abdecken, angewandt hat, so darf dieser Hersteller nur dann von dieser Möglichkeit Gebrauch machen, wenn er auch harmonisierte Normen oder gegebenenfalls gemeinsame Spezifikationen gemäß Artikel 41, die alle in Abschnitt 2 dieses Kapitels festgelegten Anforderungen abdecken, angewandt hat.**

(4) *[1]* **Hochrisiko-KI-Systeme, die bereits Gegenstand eines Konformitätsbewertungsverfahren gewesen sind, werden im Falle einer wesentlichen Änderung einem neuen Konformitätsbewertungsverfahren unterzogen, unabhängig davon, ob das geänderte System noch weiter in Verkehr gebracht oder vom derzeitigen Betreiber weitergenutzt werden soll.**

[2] **Bei Hochrisiko-KI-Systemen, die nach dem Inverkehrbringen oder der Inbetriebnahme weiterhin dazulernen, gelten Änderungen des Hochrisiko-KI-Systems und seiner Leistung, die vom Anbieter zum Zeitpunkt der ursprünglichen Konformitätsbewertung vorab festgelegt wurden und in den Informationen der technischen Dokumentation gemäß Anhang IV Nummer 2 Buchstabe f enthalten sind, nicht als wesentliche Veränderung;**

(5) **Die Kommission ist befugt, gemäß Artikel 97 delegierte Rechtsakte zu erlassen, um die Anhänge VI und VII zu ändern, indem sie sie angesichts des technischen Fortschritts aktualisiert.**

(6) **¹Die Kommission ist befugt, gemäß Artikel 97 delegierte Rechtsakte zur Änderung der Absätze 1 und 2 des vorliegenden Artikels zu erlassen, um die in Anhang III Nummern 2 bis 8 genannten Hochrisiko-KI-Systeme dem Konformitätsbewertungsverfahren gemäß Anhang VII oder Teilen davon zu unterwerfen. ²Die Kommission erlässt solche delegierten Rechtsakte unter Berücksichtigung der Wirksamkeit des Konformitätsbewertungsverfahrens auf der Grundlage einer internen Kontrolle gemäß Anhang VI hinsichtlich der Vermeidung oder Minimierung der von solchen Systemen ausgehenden Risiken für die Gesundheit und Sicherheit und den Schutz der Grundrechte sowie hinsichtlich der Verfügbarkeit angemessener Kapazitäten und Ressourcen in den notifizierten Stellen.**

Übersicht

I. Allgemeines

1 Art. 43 ist – innerhalb des Kap. III über die „Hochrisiko-KI-Systeme" – Teil des Abschnitts 5 der KI-VO über die „Normen, Konformitätsbewertung, Bescheinigungen, Registrierung" und regelt die Konformitätsbewertung. Die Bestimmung ist damit von elementarer Bedeutung innerhalb dieses Abschnitts, da die ordnungsgemäße Konformitätsbewertung eines Hochrisiko-KI-Systems zu den wichtigsten Pflichten der Anbieter rechnet.

Im Einzelnen regelt die Norm die Konformitätsbewertung von Hochrisiko-KI-Systemen gem. Nr. 1 (Abs. 1) und gem. den übrigen Nr. 2–8 jeweils des Anhangs III der KI-VO (Abs. 2), befasst sich mit der Konformitätsbewertung von Hochrisiko-KI-Systemen, die von den Harmonisierungsrechtsakten der Union in Abschnitt A des Anhangs I der KI-VO erfasst werden (Abs. 3), regelt die Konsequenzen einer wesentlichen Änderung (Abs. 4), ermöglicht Anpassungen der Anhänge VI, VII der KI-VO durch delegierte Rechtsakte der Kommission (Abs. 5) und erlaubt der Kommission, im Wege delegierter Rechtsakte dafür zu sorgen, dass die Hochrisiko-KI-Systeme gem. den Nr. 2–8 des Anhangs III der KI-VO ebenso so streng behandelt werden wie jene aus Nr. 1 (Abs. 6).

2 **Gesetzessystematisch** bestehen aus der Perspektive des Art. 43 besonders enge Bezüge zum nachfolgenden Art. 44 und zu den Anhängen VI und VII der KI-VO; denn während in den beiden Anhängen das „Konformitätsbewertungsverfahren auf der Grundlage einer internen Kontrolle" (Anhang VI) einerseits und die „Konformität auf der Grundlage einer Bewertung des Qualitätsmanagements und einer Bewertung der technischen Dokumentation" (Anhang VII) andererseits behandelt werden, die in den Abs. 1–3 in Bezug genommen werden, befasst sich Art. 44 mit den Bescheinigungen, die von notifizierten Stellen im Rahmen etwaiger Konformitätsbewertungsverfahren ausgestellt werden. In diesem Kontext sind zudem die Art. 47 f. zu nennen, weil die CE-Kennzeichnung (Art. 47) und die EU-Konformitätserklärung (Art. 48) den erfolgreichen Abschluss des jeweiligen Konformitätsbewertungsverfahrens signalisieren.[1] Sodann ist mit Blick auf die

[1] Gerdemann NJW 2024, 2209 (2210).

Gesetzessystematik die Bestimmung in Art. 16 lit. f zu nennen. Danach müssen die Anbieter von Hochrisiko-KI-Systemen ua „sicherstellen, dass das Hochrisiko-KI-System dem betreffenden Konformitätsbewertungsverfahren gemäß Artikel 43 unterzogen wird, bevor es in Verkehr gebracht oder in Betrieb genommen wird“. Die Durchführung des jeweiligen Verfahrens ist wiederum zentrales Element der Kardinalpflicht der Anbieter aus Art. 16 lit. a, die Konformität ihrer Hochrisiko-KI-Systeme mit den Art. 8 ff. sicherzustellen.[2]

Da Art. 43 allein für Hochrisiko-KI-Systeme Geltung beansprucht, kommt in systematischer Hinsicht im Übrigen den **Einstufungsvorschriften** des Art. 6 besondere Bedeutung zu; denn dort werden zunächst in Abs. 1 die beiden Bedingungen geregelt, die erfüllt sein müssen, damit ein KI-System als Hochrisiko-KI-System gilt. Sodann verweist Abs. 2 auf den Anhang III der KI-VO. Dieser Anhang regelt in den Nr. 1–8 jene KI-Systeme, die mit einem hohen Risiko verbunden sein sollen. Dazu rechnen etwa Systeme im Bereich der Biometrie (Nr. 1), der allgemeinen und beruflichen Bildung (Nr. 3) oder der Rechtspflege und den demokratischen Prozessen (Nr. 8). 3

Bereits im **ersten Vorschlag der Europäischen Kommission** gab es im damaligen Art. 43 KI-VO-E eine Regelung zur „Konformitätsbewertung“, die ebenfalls aus sechs Absätzen bestand. Wer die beiden Bestimmungen nebeneinander legt, wird zahlreiche Parallelen erkennen; denn tatsächlich wurden im Laufe des Gesetzgebungsverfahrens nur noch kleinere (sprachliche) Anpassungen vorgenommen. 4

Ziel der Regelung ist zum einen die Statuierung unverhandelbarer Vorgaben für die Konformitätsbewertung von Hochrisiko-KI-Systemen und damit zugleich die Stärkung des Vertrauens in diese Systeme durch ein regelhaftes Verfahren zum Zwecke der Feststellung der Konformität.[3] Dabei sollen – je nach Sachverhalt bzw. Hochrisiko-KI-System – maßgeschneiderte Lösungen präsentiert werden, sodass es in den Abs. 1–3 unterschiedliche Regelungen für unterschiedliche Situationen im Zusammenhang mit Hochrisiko-KI-Systemen gibt. Zum anderen fördert der Gesetzgeber die „Selbstregulierung der beteiligten Wirtschaftsakteure“, weil das Konformitätsbewertungsverfahren der internen Kontrolle eine zentrale Rolle in Art. 43 spielt.[4] 5

Gem. Art. 113 wird Art. 43 ab dem 2.8.2026 gelten. Insoweit sind also keine Besonderheiten zu beachten. 6

II. Kommentierung

1. Konformitätsbewertung von Hochrisiko-KI-Systemen im Bereich der Biometrie (Abs. 1)

Abs. 1 befasst sich mit der **Konformitätsbewertung von Hochrisiko-KI-Systemen.** Dabei wird in den UAbs. 1, 2 zwischen **zwei Szenarien** unterschieden: Entweder werden harmonisierte Normen bzw. gemeinsame Spezifikationen ausnahmslos angewendet (UAbs. 1) oder nicht (UAbs. 2). Ersterenfalls wird der Anbieter privilegiert, da ihm das Verfahren der interne Kontrolle nach Anhang VI 7

[2] Gerdemann NJW 2024, 2209 (2210).

[3] S. auch Kilian/Denga NJW 2024, 2945 (2948); BeckOK KI-Recht/Kilian Art. 43 Rn. 1.

[4] Bomhard/Pieper/Wende/Saurin/Thiermann Art. 43 Rn. 46.

der KI-VO zur Verfügung steht. Andernfalls muss er das Konformitätsbewertungsverfahren gemäß Anhang VII der KI-VO durchführen. Bei diesem Verfahren der „Konformität auf der Grundlage einer Bewertung des Qualitätsmanagements und einer Bewertung der technischen Dokumentation" muss notwendigerweise eine notifizierte und damit externe Stelle in das Verfahren eingebunden werden.

8 Neben den **systematischen Bezügen,** die für den ganzen Art. 43 gelten (→ Rn. 2), verweist Abs. 1 zum einen auf jene Hochrisiko-KI-Systeme, die in Nr. 1 des Anhangs III der KI-VO genannt werden und sich mit der Biometrie befassen. Zum anderen gibt es relevante Verbindungen zu den Art. 40 f., weil die Anwendung harmonisierter Normen oder gemeinsamer Spezifikationen in concreto über die anwendbaren Konformitätsbewertungsverfahren entscheidet.

9 Die Regelung in Abs. 1 existierte grosso modo schon **zu Beginn des Gesetzgebungsverfahrens.** Allerdings blieb sie in der Folge nicht unverändert. So wurden namentlich jene Varianten im Zusammenhang mit den harmonisierten Normen gem. Art. 40 und den gemeinsamen Spezifikationen gem. Art. 41 spürbar erweitert, die gem. UAbs. 2 ausnahmslos zur Anwendung des (strengeren) Konformitätsbewertungsverfahrens gem. Anhang VII der KI-VO führen.

10 Der **Zweck** des Abs. 1 liegt darin, eine abschließende Regelung für die Konformitätsbewertung von Hochrisiko-KI-Systemen gem. Nr. 1 des Anhangs III der KI-VO zu treffen. Die ausdifferenzierte Regelung soll zugleich sicherstellen, dass den Anbietern ebenso geeignete wie angemessene Konformitätsbewertungsmodule zur Auswahl stehen.[5]

11 Allein die **Anbieter von Hochrisiko-KI-Systemen** werden in Abs. 1 angesprochen. Wer **Anbieter** ist, wird in Art. 3 Nr. 3 definiert. Danach handelt es sich um „eine natürliche oder juristische Person, Behörde, Einrichtung oder sonstige Stelle, die ein KI-System oder ein KI-Modell mit allgemeinem Verwendungszweck entwickelt oder entwickeln lässt und es unter ihrem eigenen Namen oder ihrer eigenen Handelsmarke in Verkehr bringt oder das KI-System unter ihrem eigenen Namen oder ihrer Handelsmarke in Betrieb nimmt, sei es entgeltlich oder unentgeltlich". Welche KI-Systeme **Hochrisiko-KI-Systeme** sind, folgt wiederum aus Art. 6 Abs. 1–3. Andere Akteure iSd Art. 3 Nr. 8 müssen sich danach nicht mit der Konformitätsbewertung gem. Abs. 1 befassen.

12 Zunächst ist zu beachten, dass sich Abs. 1 allein mit **Hochrisiko-KI-Systemen im Bereich der Biometrie** gem. Nr. 1 des Anhangs III der KI-VO iVm Art. 6 Abs. 2 befasst. Diese KI-Systeme werden also abweichend von den anderen Hochrisiko-KI-Systemen (insbesondere aus dem Anhang III der KI-VO) behandelt. Sie werden im Ergebnis strengeren Anforderungen unterworfen. Im Unterschied zu den anderen Hochrisiko-KI-Systemen aus Anhang III der KI-VO iVm Art. 6 Abs. 2 kann es bei der Biometrie erforderlich sein, eine **notifizierte Stelle iSd Art. 3 Nr. 22 in das Verfahren** einzuschalten. Für die Hochrisiko-KI-Systeme in den Nr. 2–8 des Anhangs III der KI-VO gilt wiederum Abs. 2, der allein auf das „Konformitätsbewertungsverfahren auf der Grundlage einer internen Kontrolle" gem. Anhang VI der KI-VO abstellt. In diesem Konformitätsbewertungsverfahren ist die Einbindung einer notifizierten Stelle gerade nicht vorgesehen.

13 Was die **Biometrie** anbelangt, werden in der Nr. 1 des Anhangs III der KI-VO „biometrische Fernidentifizierungssysteme" (lit. a), „KI-Systeme, die bestimmungsgemäß für die biometrische Kategorisierung nach sensiblen oder geschützten Attributen oder Merkmalen auf der Grundlage von Rückschlüssen auf diese

---

[5] Vgl. dazu Art. 4 Abs. 1 lit. a, d Beschluss Nr. 768/2008/EG.

Attribute oder Merkmale verwendet werden sollen“ (lit. b), und „KI-Systeme, die bestimmungsgemäß zur Emotionserkennung verwendet werden sollen“ (lit. c), unterschieden.

Praktisch wichtig ist die Unterscheidung zwischen dem UAbs. 1 einerseits und dem UAbs. 2 andererseits. Auch wenn sich beide Unterabsätze allein mit Hochrisiko-KI-Systemen gem. Nr. 1 des Anhangs III der KI-VO befassen, sieht UAbs. 1 eine **Privilegierung für den jeweiligen Anbieter** im Bereich der Konformitätsbewertung vor; denn in diesem Szenario hat er ein **Wahlrecht zwischen zwei Verfahren,** wobei er nicht notwendigerweise eine (externe) notifizierte Stelle beauftragen muss.[6] Im Szenario des Abs. 2 kommt es hingegen notwendigerweise zur Einbindung einer notifizierten Stelle. 14

In UAbs. 1 wird der Fall geregelt, dass harmonisierte Normen gem. Art. 40 oder ggf. gemeinsame Spezifikationen gem. Art. 41 angewendet werden. Was zunächst die **harmonisierten Normen** anbelangt, gilt die Definition aus Art. 3 Nr. 27. Dort wird wiederum auf die Definition aus Art. 2 Abs. 1 lit. c VO (EU) Nr. 1025/2012 (sog. EU-Normungsverordnung) verwiesen. Im Ergebnis ist eine harmonisierte Norm danach „eine europäische Norm, die auf der Grundlage eines Auftrags der Kommission zur Durchführung von Harmonisierungsrechtsvorschriften der Union angenommen wurde“. Harmonisierte Normen sind folglich weder internationale (zB ISO-Normen) noch nationale (zB DIN-Normen) Normen. 15

Wenn und soweit der Anbieter harmonisierte Normen gem. Art. 40 oder gemeinsame Spezifikationen gem. Art. 41 angewendet hat, kann er gem. UAbs. 1 eine **Wahl aus zwei zur Verfügung stehenden Modulen** treffen. Dabei kann er in diesem Szenario zum einen das für die Wirtschaft attraktive „Konformitätsbewertungsverfahren auf der Grundlage einer internen Kontrolle“ gem. Anhang VI der KI-VO auswählen (lit. a). Damit besteht ein wichtiger Unterschied zu den Szenarien im UAbs. 2; denn dort gibt es weder eine Auswahl noch steht die interne Kontrolle gem. Anhang VI der KI-VO zur Verfügung. Zum anderen kann er sich auch für das Verfahren der „Konformität auf der Grundlage einer Bewertung des Qualitätsmanagementsystems und einer Bewertung der technischen Dokumentation“ gem. Anhang VII der KI-VO entscheiden (lit. b). 16

Während die interne Kontrolle **ohne Involvierung einer notifizierten Stelle** auskommt (sog. **Selbst- bzw. Eigenzertifizierung**) ist die Bewertung des Qualitätsmanagementsystems und der technischen Dokumentation notwendigerweise mit der Beauftragung einer notifizierten Stelle verbunden (sog. **Fremdzertifizierung**). Damit werden zwei strukturell unterschiedliche Formen der Konformitätsbewertung gem. Art. 6 Abs. 1 Beschluss Nr. 768/2008/EG referenziert, das ist die Bewertung durch Hersteller (interne Kontrolle) einerseits und notifizierte Stellen (Bewertung des Qualitätsmanagementsystems und die Bewertung der technischen Dokumentation) andererseits. Zu beachten ist allerdings, dass im Recht der künstlichen Intelligenz der Anbieter anstelle des Herstellers in Bezug genommen wird. 17

Der Anbieter kann frei entscheiden, ob er die interne Kontrolle gem. Anhang VI der KI-VO wählt oder auf die Bewertung des Qualitätsmanagementsystems und die Bewertung der technischen Dokumentation gem. Anhang VII der KI-VO zurückgreift. Bei der Entscheidung für eins der beiden Konformitätsbewertungsverfahren wird sich der Anbieter erfahrungsgemäß von den Themen 18

[6] Bomhard/Pieper/Wende/Saurin/Thiermann Art. 43 Rn. 28.

der **Kosten** einerseits und der **Haftung** andererseits leiten lassen. Damit ist gemeint, dass die interne Kontrolle kostengünstiger als die Bewertung des Qualitätsmanagementsystems und der technischen Dokumentation ist, weil das Verfahren gem. Anhang VI der KI-VO in eigener Regie betrieben wird und damit umgekehrt keine Zahlungen an eine notifizierte Stelle für deren Dienstleistungen im Rahmen des zugrunde liegenden Vertrags zur Durchführung des Verfahrens gem. Anhang VII der KI-VO zu leisten sind. Umgekehrt beinhaltet das zuletzt genannte Verfahren das 4-Augen-Prinzip und bietet damit relevante Vorteile im Bereich der Haftung; denn fraglos ist es im Nachhinein (deutlich) schwieriger, dem Anbieter bzw. seinen Mitarbeitern einen Vorwurf in Bezug auf die Mangelhaftigkeit bzw. Gefährlichkeit eines Hochrisiko-KI-Systems zu machen, wenn eine notifizierte Stelle mit all ihrer – in Art. 31 näher beschriebenen – Kompetenz Teil des Konformitätsbewertungsverfahrens war und in diesem Kontext das Qualitätsmanagementsystem genehmigte und eine Unionsbescheinigung über die Bewertung der technischen Dokumentation ausstellte.

19 Wichtig ist die ergänzende Regelung in UAbs. 2. Denn dort wird geregelt, in welchen Fällen stets das strengere Verfahren gem. Anhang VII der KI-VO **unter notwendiger Einbindung einer notifizierten Stelle** auf ein Hochrisiko-KI-System im Bereich der Biometrie angewendet werden muss. Im Ergebnis gibt es vier Fallgruppen in den lit. a–d, die jeweils die Anwendung des Verfahrens gem. Anhang VI der KI-VO verhindern. Demzufolge handelt es sich also **nicht um kumulative Voraussetzungen,** sondern um **vier Alternativen,** die jede für sich zur Anwendung des Konformitätsbewertungsverfahrens gem. Anhang VII der KI-VO führt.

20 Zunächst ist das Verfahren gem. Anhang VII der KI-VO durchzuführen, wenn es **weder harmonisierte Normen** gem. Art. 40 gibt **noch gemeinsame Spezifikationen** gem. Art. 41 vorliegen, lit. a. Letztlich ist dies die Kehrseite von UAbs. 1, wonach dem Anbieter das Wahlrecht gerade dann zusteht, wenn er harmonisierte Normen oder gemeinsame Spezifikationen angewendet hat.

21 Nichts anderes gilt gem. lit. b für den Fall, dass der Anbieter eine existierende harmonisierte Norm „nicht oder nur teilweise angewandt hat". Tatsächlich entspricht die Sachlage in diesem Szenario grosso modo jener aus lit. a: In beiden Fällen spielen etwaige **harmonisierte Normen keine entscheidende Rolle bei der Konformitätsbewertung.** Welche Bedeutung harmonisierten Normen bei der Konformitätsbewertung zukommt, zeigt sich mit Blick auf lit. b daran, dass die Anwendung der internen Kontrolle gem. Anhang VI der KI-VO selbst bei zT erfolgter Anwendung der harmonisierten Norm(en) nicht in Betracht kommt. Insoweit bedarf es vielmehr der ausnahmslosen Anwendung harmonisierter Norm(en).

22 Folgerichtig wird in lit. c jener Sachverhalt abgebildet, dass zwar **gemeinsame Spezifikationen** gem. Art. 41 vorliegen, diese aber nicht vom Anbieter angewendet wurden. Abermals unterscheidet sich die Sachlage in diesem Fall nicht von der aus lit. a, da in beiden Fällen gemeinsame Spezifikationen nicht für die Konformitätsbewertung des Hochrisiko-KI-Systems herangezogen wurden. Bemerkenswerterweise fehlt in lit. c der Hinweis auf eine **nur teilw. Anwendung gemeinsamer Spezifikationen.** Richtigerweise ist diese Lücke dahingehend zu schließen, dass nur die ausnahmslose Anwendung gemeinsamer Spezifikationen den Weg zum Verfahren gem. Anhang VI der KI-VO ebnet. Insoweit kann im Ergebnis nichts anderes gelten als bei den harmonisierten Normen gem. lit. b.[7]

[7] So im Ergebnis auch Bomhard/Pieper/Wende/Saurin/Thiermann Art. 43 Rn. 29.

Diese Variante fehlte übrigens zunächst noch in Art. 43 Abs. 1 UAbs. 2 KI-VO-E.

Schließlich muss gem. lit. d das Konformitätsbewertungsverfahren gem. Anhang VII der KI-VO durchgeführt werden, wenn mind. eine in lit. a genannte harmonisierte Norm gem. Art. 40 „mit einer Einschränkung und nur für den eingeschränkten Teil der Norm veröffentlicht" wurde. Die nicht ganz einfach zu entschlüsselnde Formulierung dürfte so zu verstehen sein, dass sich die Veröffentlichung von vornherein nur auf den eingeschränkten Teil bezieht. Danach gibt es also gar keine harmonisierten Norminhalte ohne Einschränkung. Mit Blick auf den Inhalt in lit. b handelt es sich bei Zugrundelegung dieses Verständnisses freilich um eine Klarstellung, weil selbst die nur teilw. Anwendung harmonisierter Normen von vornherein nicht zur Anwendbarkeit des Verfahrens der internen Kontrolle führt. 23

Auch diese Variante fehlte noch in Art. 43 Abs. 1 UAbs. 2 KI-VO-E.

Abschließend gibt UAbs. 3 vor, welche notifizierte Stelle im Rahmen des Konformitätsbewertungsverfahrens gem. Anhang VII der KI-VO einzuschalten ist. Danach gilt gem. S. 1 der **Grundsatz der freien Auswahl durch den betreffenden Anbieter.** Ausnahmsweise übernimmt indes die **Marktüberwachungsbehörde** gem. Art. 74 Abs. 8, 9 die Aufgabe der notifizierten Stelle. Dieser **Ausnahmefall** soll gem. S. 2 Anwendung finden, wenn das betreffende Hochrisiko-KI-System „von Strafverfolgungs-, Einwanderungs- oder Asylbehörden oder von Organen, Einrichtungen oder sonstigen Stellen der Union in Betrieb genommen werden" soll. 24

Richtigerweise gilt die Regelung in UAbs. 3 für die beiden vorangehenden Unterabsätze. Umgekehrt gilt sie also nicht nur für den Fall des UAbs. 2, in dem die Anwendung des Verfahrens gem. Anhang VII der KI-VO zwingend vorgegeben ist. Dafür spricht nicht nur der **Wortlaut** des S. 1, der das betreffende Konformitätsbewertungsverfahren, das der Anbieter im Szenario des UAbs. 1 ebenfalls auswählen kann, ohne jede Einschränkung in Bezug nimmt. Darüber hinaus fehlt **systematisch** jede Bezugnahme auf den vorangehenden UAbs. 2. 25

Was die Hochrisiko-KI-Systeme gem. Nr. 1 des Anhangs III der KI-VO anbelangt, benennen die EU-Mitgliedstaaten entweder die nach der VO (EU) 2016/679 oder der RL (EU) 2016/680 zuständigen Aufsichtsbehörden oder jede andere Behörde, die gem. denselben Bedingungen, die in den Art. 41–44 RL (EU) 2016/680 festgelegt werden, benannt ist, als Marktüberwachungsbehörde(n), Art. 74 Abs. 8. Im Übrigen übernimmt grds. der **Europäische Datenschutzbeauftragte** die Funktion der zuständigen Marktüberwachungsbehörde, soweit „Organe, Einrichtungen und sonstige Stellen der Union in den Anwendungsbereich dieser Verordnung fallen", Art. 74 Abs. 9. 26

2. Konformitätsbewertung bei sonstigen Hochrisiko-KI-Systemen nach Anhang III der KI-VO (Abs. 2)

Abs. 2 regelt das Konformitätsbewertungsverfahren bei den übrigen Hochrisiko-KI-Systemen, die gem. Art. 6 Abs. 2 als hochriskant gelten und unter dem Schlagwort der **einsatzfeldbezogenen Hochrisiko-KI-Systeme** zusammengefasst werden.[8] Dabei handelt es sich um jene Hochrisiko-KI-Systeme, die im Anschluss an die Systeme im Bereich der Biometrie (Nr. 1) in den Nr. 2–8 des 27

[8] Vgl. nur Gerdemann NJW 2024, 2209 (2210).

Anhangs III der KI-VO aufgeführt werden. Insoweit soll ausnahmslos die **interne Kontrolle** gem. Anhang VI der KI-VO zur Anwendung gelangen, die daher bis auf Weiteres den gesetzlichen Regelfall bei den einsatzfeldbezogenen Hochrisiko-KI-Systeme abbildet.[9]

28 **Relevante gesetzessystematische Bezüge** bestehen zwischen Abs. 2 einerseits und den Hochrisiko-KI-Systemen gem. Nr. 2–8 des Anhangs III der KI-VO andererseits; denn für die betreffenden KI-Systeme regelt Abs. 2 abschließend die wichtige Konformitätsbewertung. Sodann ist das Konformitätsbewertungsverfahren aus Anhang VI der KI-VO zu nennen, das insoweit ausnahmslos anzuwenden ist. Dabei handelt es sich um das Verfahren auf der Grundlage einer internen Kontrolle.

29 Eine mit Abs. 2 vergleichbare Regelung sah bereits Art. 43 Abs. 2 KI-VO-E vor. Damals gab es allerdings im S. 2 noch eine Sonderregel für KI-Systeme, die bestimmungsgemäß für die Kreditwürdigkeitsprüfung und Kreditpunktebewertung natürlicher Personen verwendet werden sollen. Diese KI-Systeme waren und sind Gegenstand der Nr. 5 lit. b des Anhangs III der KI-VO. Damals wurde bezüglich der Konformitätsbewertung just dieser KI-Systeme auf die Art. 97–101 RL 2013/36/EU verwiesen. Diese Sonderbehandlung wurde in der finalen Fassung der KI-VO aufgegeben. Für die entsprechenden KI-Systeme findet mit Blick auf die Konformitätsbewertung also ebenfalls die interne Kontrolle gem. Anhang VI der KI-VO Anwendung.

30 Mit Abs. 2 soll die Konformitätsbewertung der Hochrisiko-KI-Systeme gem. Art. 6 Abs. 2 iVm Nr. 2–8 des Anhangs III der KI-VO geregelt werden. Da der Unionsgesetzgeber insoweit allein die interne Kontrolle vorsieht, hat er sich im Lichte des Art. 4 Abs. 1 Beschluss Nr. 768/2008/EG für eine **wirtschaftsfreundliche Lösung** entschieden. Im Unterschied zur ausdifferenzierten Regelung bei den KI-Systemen im Bereich der Biometrie in Abs. 1 werden die Risiken bei den übrigen Hochrisiko-KI-Systemen aus Anhang III der KI-VO offenbar für geringer gehalten.[10]

31 **Adressaten der Norm** sind erneut die Anbieter von Hochrisiko-KI-Systemen (→ Rn. 11). Diese werden in Abs. 2 ausdrücklich in Bezug genommen. Umgekehrt gilt die Vorschrift damit nicht für andere Akteure in der KI-VO.

32 Im Zentrum des Abs. 2 stehen jene Hochrisiko-KI-Systeme, bei denen stets die interne Kontrolle gem. Anhang VI der KI-VO ausreichen soll. Auch wenn sich schon aus den Vorgaben im Anhang VI der KI-VO ablesen lässt, dass **notifizierte Stellen gem. Art. 3 Nr. 22 keine Rolle in diesem Verfahren** spielen, wird diese Tatsache in Abs. 2 explizit betont. Die relevanten KI-Systeme werden mit dem Verweis auf die Nr. 2–8 des Anhangs III der KI-VO abschließend aufgeführt. Danach werden die folgenden Bereiche privilegiert:

- kritische Infrastruktur (Nr. 2)
- allgemeine und berufliche Bildung (Nr. 3)
- Beschäftigung, Personalmanagement und Zugang zur Selbstständigkeit (Nr. 4)
- Zugänglichkeit und Inanspruchnahme grundlegender privater und grundlegender öffentlicher Dienste und Leistungen (Nr. 5)
- Strafverfolgung, soweit ihr Einsatz nach einschlägigem Unionsrecht oder nationalem Recht zugelassen ist (Nr. 6)

---

[9] Gerdemann NJW 2024, 2209 (2211).

[10] Vgl. dazu Art. 4 Abs. 1 lit. b Beschluss Nr. 768/2008/EG.

- Migration, Asyl und Grenzkontrolle, soweit ihr Einsatz nach einschlägigem Unionsrecht oder nationalem Recht zugelassen ist (Nr. 7)
- Rechtspflege und demokratische Prozesse (Nr. 8)

Dass es sich insoweit jeweils um Hochrisiko-KI-Systeme handelt, folgt aus Art. 6 Abs. 2 iVm Anhang III der KI-VO.

Umgekehrt gilt die Erleichterung bei der Konformitätsbewertung gem. Abs. 2 also nicht für den **Bereich der Biometrie,** der in Nr. 1 des Anhangs III der KI-VO genannt wird. Für diesen Bereich gilt allein die ausdifferenzierte Regelung in Abs. 1 (→ Rn. 7 ff.). 33

Richtigerweise kommt in den Fällen des Abs. 2 ausschließlich die interne Kontrolle gem. Anhang VI der KI-VO in Betracht. Nach einer in der Literatur vertretenen Ansicht sollen die Anbieter in diesem Szenario freilich auf das externe Konformitätsbewertungsverfahren gem. Anhang VII der KI-VO zurückgreifen können. Als Grund für diese Sichtweise wird angeführt, dass das strengere Verfahren nicht nur sämtliche Elemente abdecke, die nach Anhang VI der KI-VO relevant seien. Zudem sei das Verfahren mit Blick „auf die Prüfungsdichte und Unabhängigkeit der prüfenden Stelle überlegen und damit zur Gewährleistung der Konformität des Hochrisiko-KI-Systems mit den Anforderungen der Verordnung tendenziell besser geeignet". Dass der Wortlaut für eine andere Auslegung streitet, wird zugleich eingeräumt.[11] 34

3. Konformitätsbewertung von Hochrisiko-KI-Systemen nach Art. 6 Abs. 1 (Abs. 3)

In Abs. 3 wird eine Regelung zur Konformitätsbewertung von Hochrisiko-KI-Systemen getroffen, die unter die Harmonisierungsrechtsakte der Union im Abschnitt A des Anhangs I der KI-VO fallen und als **produktsicherheitsbezogene Hochrisiko-KI-Systeme** bezeichnet werden können.[12] Danach soll sich das jeweilige Verfahren nach dem jeweiligen Harmonisierungsrechtsakt bzw. den jeweiligen Harmonisierungsrechtsakten richten. Dabei sollen jedoch Inhalte aus der KI-VO integriert werden, sodass zu Recht vom **integrierten Konformitätsbewertungsverfahren** die Rede ist.[13] Im Ergebnis übernehmen die Konformitätsbewertungsverfahren aus den einschlägigen produktsicherheitsrechtlichen Rechtsakten die Führung, während die KI-VO-spezifischen Verfahren zurücktreten.[14] 35

Systematisch bestehen unmittelbare Verbindungen zu jenen Harmonisierungsrechtsakten der Union, die im Abschnitt A des Anhangs I der KI-VO aufgeführt werden. Daneben werden die in den Art. 8 ff. statuierten Anforderungen ebenso in Bezug genommen wie ausgewählte Vorgaben aus dem Konformitätsbewertungsverfahren gem. Anhang VII der KI-VO. Mit Blick auf die Erwägungsgründe wiederum ist der Erwgr. 124 zu nennen. 36

Die bereits in Art. 43 Abs. 3 KI-VO-E angelegte Regelung zur Konformitätsbewertung von Hochrisiko-KI-Systemen, die unter ausgewählte EU-Rechtsakte fallen, wurde im Laufe des Gesetzgebungsverfahrens grds. nur noch sprachlich modifiziert. Inhaltlich neu ist freilich der Verweis in UAbs. 2 auf die für die 37

---

[11] Zum Ganzen Martini/Wendehorst/Gerdemann Art. 43 Rn. 39.
[12] Gerdemann NJW 2024, 2209 (2212).
[13] Martini/Wendehorst/Gerdemann Art. 43 Rn. 49 f.
[14] Wiebe BB 2022, 899 (903).

notifizierten Stellen maßgebliche Anforderung aus Art. 31 Abs. 5, die es zunächst in Art. 33 KI-VO-E freilich noch gar nicht gab.

38 **Ziel der Konkurrenzregelung** ist die Schaffung von Klarheit über das in concreto anwendbare Konformitätsbewertungsverfahren, wenn Konformitätsbewertungsverfahren aus bestimmten Harmonisierungsrechtsakten der Union auf Art. 43 treffen. Im Ergebnis soll sich die Konformitätsbewertung dann aus Gründen der Kohärenz mit den bestehenden Produktsicherheitsvorschriften in erster Linie aus dem bzw. den Harmonisierungsrechtsakt(en) der Union ergeben.[15] Durch die Integration ausgewählter Anforderungen aus der KI-VO in die hergebrachten Konformitätsbewertungsverfahren soll der Aufwand für die Akteure möglichst gering gehalten und etwaige Doppelarbeit vermieden werden.[16]

39 Im Unterschied zu den vorangehenden Abs. 1, 2 regelt Abs. 3 die Konformitätsbewertung von Hochrisiko-KI-Systemen gem. Art. 6 Abs. 1 iVm Anhang I der KI-VO. Tatsächlich werden insoweit jedoch nur jene KI-Systeme erfasst, die im Zusammenhang mit Produkten stehen, die unter Harmonisierungsrechtsvorschriften der Union gem. **Abschnitt A des Anhangs I der KI-VO** fallen; denn auf jene KI-Systeme, die wiederum im Zusammenhang mit Produkten stehen, die unter Harmonisierungsrechtsvorschriften der Union gem. Abschnitt B des Anhangs I der KI-VO fallen, finden gem. Art. 2 Abs. 2 S. 1 von vornherein nur die Art. 6 Abs. 1, 102–109, 112 Anwendung. Zudem gilt Art. 57, „soweit die Anforderungen an Hochrisiko-KI-Systeme" gem. der KI-VO „im Rahmen der genannten Harmonisierungsrechtsvorschriften der Union eingebunden wurden", Art. 2 Abs. 2 S. 2.

40 Im Rahmen des Abs. 3 stehen stets **integrierte externe Konformitätsbewertungsverfahren** in Rede.[17] Denn bei den betreffenden Hochrisiko-KI-Systemen muss es mit Blick auf Art. 6 Abs. 1 lit. b ausnahmslos zu einer „Konformitätsbewertung durch Dritte" kommen.

41 Zunächst regelt UAbs. 1 S. 1, dass die Anbieter von Hochrisiko-KI-Systemen, die unter die in Abschnitt A des Anhangs I der KI-VO genannten Harmonisierungsrechtsakte der Union fallen, jene Konformitätsbewertungsverfahren befolgen, die nach diesen Rechtsakten erforderlich sind. Damit kommen also – im Unterschied zu den Abs. 1, 2 – nicht mehr die beiden Verfahren in den Anhängen VI, VII der KI-VO zur Anwendung, welche auf die KI-spezifischen Anforderungen zugeschnitten sind. Vielmehr sollen jene Konformitätsbewertungsverfahren maßgeblich sein, die in den betreffenden EU-Rechtsakten auf dem Gebiet des besonderen (sektoralen) Produktsicherheitsrechts vorgesehen sind.

42 Gem. UAbs. 1 S. 2 sollen die Anforderungen aus den Art. 8 ff. in die Bewertung einbezogen werden. Gemeint sind sämtliche „Anforderungen an Hochrisiko-KI-Systeme" aus dem Abschnitt 2 des Kap. III der KI-VO, die in den Art. 8–15 statuiert werden. Sie ergänzen also das Konformitätsbewertungsverfahren nach dem jeweiligen Harmonisierungsrechtsakt der Union bzw. nach den Harmonisierungsrechtsakten der Union. Damit soll sichergestellt werden, dass die KI-VO-spezifischen Anforderungen an Hochrisiko-KI-Systeme abgedeckt werden, auch wenn sich die Konformitätsbewertung nicht nach den spezifischen Verfahren der Anhänge VI, VII der KI-VO richtet.

---

15 Vgl. Bomhard/Merkle RDi 2021, 276 (281).

16 Erwgr. 124; siehe BeckOK KI-Recht/Kilian Art. 43 Rn. 24; Martini/Wendehorst/Gerdemann Art. 43 Rn. 50.

17 Martini/Wendehorst/Gerademann Art. 43 Rn. 49.

Schließlich finden die Nr. 4.3–4.5, 4.6 Abs. 5 des Anhangs VII der KI-VO Anwendung im integrierten Konformitätsbewertungsverfahren, UAbs. 1 S. 3. Damit werden Inhalte aus dem betreffenden Verfahren in Bezug genommen, die sich mit der „Kontrolle der technischen Dokumentation“ befassen. Hervorzuheben ist, dass die notifizierte Stelle bei der Prüfung der technischen Dokumentation „uneingeschränkten Zugang zu den verwendeten Trainings-, Validierungs- und Testdatensätzen“ bekommt, Nr. 4.3 des Anhangs VII der KI-VO. Auf begründeten Antrag der notifizierten Stelle kann diese gem. Nr. 4.5 des Anhangs VII der KI-VO sogar „Zugang zu den Trainingsmodellen und trainierten Modellen des KI-Systems“ erhalten.[18] Zu beachten ist, dass von den Vorgaben über die von der notifizierten Stelle zu treffende Entscheidung in Nr. 4.6 des Anhangs VII der KI-VO nur Abs. 5 referenziert wird. Dort wird der Sachverhalt geregelt, dass das KI-System „nicht die Anforderung in Bezug auf die verwendeten Trainingsdaten“ erfüllt, Nr. 4.6 Abs. 5 S. 1 des Anhangs VII der KI-VO. In diesem Fall muss das betreffende „KI-System vor der Beantragung einer neuen Konformitätsbewertung erneut trainiert werden“, Nr. 4.6 Abs. 5 S. 2 des Anhangs VII der KI-VO. Sodann werden in Nr. 4.6 Abs. 5 S. 3 des Anhangs VII der KI-VO inhaltliche Vorgaben für die begründete Bewertungsentscheidung der notifizierten Stelle gemacht, „mit der die Ausstellung der Unionsbescheinigung über die Bewertung der technischen Dokumentation verweigert wird“. Umgekehrt werden die Regelungen zur Ausstellung der Unionsbescheingung über die Bewertung der technischen Dokumentation über ihre Verweigerung in Nr. 4.6 Abs. 2, 4 des Anhangs VII der KI-VO erkennbar nicht in Bezug genommen. Im Ergebnis spielt die betreffende Bescheinigung im integrierten Konformitätsbewertungsverfahren also keine Rolle. 43

Die notifizierten Stellen, die unter dem bzw. den Harmonisierungsrechtsakt(en) der Union aus Abschnitt A des Anhangs I der KI-VO notifiziert wurden, sind gem. UAbs. 2 berechtigt, die Konformität der betreffenden Hochrisiko-KI-Systeme am Maßstab der Art. 8 ff. zu kontrollieren. Voraussetzung ist freilich, dass im zugrunde liegenden Notifizierungsverfahren ausdrücklich geprüft wurde, ob die betreffende notifizierte Stelle die Anforderungen aus Art. 31 Abs. 4, 5, 10, 11 erfüllt. 44

Damit werden die Anforderungen an die **Unabhängigkeit notifizierter Stellen** (Art. 31 Abs. 4), die **fehlende Beteiligung** der Stelle, der obersten Leitungsebene und der für die Erfüllung der Konformitätsbewertungsaufgaben zuständigen Mitarbeiter **an Entwurf, Entwicklung, Vermarktung oder Verwendung von Hochrisiko-KI-Systemen** (Abs. 5), die **höchste berufliche Integrität und erforderliche Fachkompetenz** (Abs. 10) und die **ausreichenden internen Kompetenzen** zwecks wirksamer Beurteilung der von externen Stellen in ihrem Namen wahrgenommenen Aufgaben (Abs. 11). 45

Abschließend wird in UAbs. 3 geregelt, dass der ausnahmsweise Verzicht „auf eine Konformitätsbewertung durch Dritte“ in dem bzw. den Harmonisierungsrechtsakten der Union im Abschnitt A des Anhangs I der KI-VO im Falle der Anwendung von inhaltlich umfassenden harmonisierten Normen KI-rechtlich an die zusätzliche Voraussetzung der Anwendung harmonisierter Normen oder ggf. gemeinsamer Spezifikationen mit Bezug zum KI-Recht gekoppelt wird. Konkret ist zu beachten, dass der betreffende Hersteller solche Normen oder Spezifikationen anwenden muss, welche sämtliche Anforderungen aus den Art. 8–15 abdecken. Nur 46

[18] S. zum Ganzen auch BeckOK KI-Recht/Kilian Art. 43 Rn. 24.

in diesem Szenario darf der Anbieter auf die Konformitätsbewertung durch Dritte auch unter dem Aspekt der KI-spezifischen Anforderungen verzichten.

4. Konformitätsbewertung von Hochrisiko-KI-Systemen nach wesentlicher Änderung (Abs. 4)

47 Gegenstand der Regelung in Abs. 4 ist die **wesentliche Änderung eines Hochrisiko-KI-Systems,** das zuvor bereits einer Konformitätsbewertung unterzogen wurde. Gem. Abs. 4 UAbs. 1 führt jede Modifikation in diesem Sinne zum Erfordernis einer neuen Konformitätsbewertung. In UAbs. 2 wird wiederum festgelegt, wann bei dazulernenden Systemen nicht von einer wesentlichen Änderung auszugehen ist. Insoweit soll es darauf ankommen, ob die Änderungen schon „vorab festgelegt wurden" und in die technische Dokumentation eingeflossen sind.

48 Unverkennbar weist Abs. 4 **systematische Verbindungen** zu vergleichbaren Bestimmungen im Produktsicherheitsrecht auf. So fand das Institut der wesentlichen Veränderung jüngst Eingang in Art. 13 Abs. 2, 3 VO (EU) 2023/988 (sog. EU-Produktsicherheitsverordnung oder GPSR)[19] und in Art. 3 Nr. 16, Art. 18 VO (EU) 2023/1230 (sog. EU-Maschinenverordnung). Sodann wird die wesentliche Veränderung in Art. 3 Nr. 23 definiert. Wer diese Tätigkeit durchführt, wird wiederum gem. Art. 25 Abs. 1 lit. b zum Anbieter eines Hochrisiko-KI-Systems. Als potenzielle Adressaten für diese neue Verantwortlichkeit entlang der KI-Wertschöpfungskette werden insoweit insbesondere die Händler, Einführer und Betreiber angesprochen. In den **Erwägungsgründen** ist schließlich Erwgr. 128 zu nennen.

49 Eine mit Abs. 4 vergleichbare Bestimmung war schon Gegenstand des Art. 43 Abs. 4 KI-VO-E. Während die Inhalte aus UAbs. 2 gar nicht mehr angetastet wurden, gab es im UAbs. 1 zwar sprachliche Eingriffe, die aber nichts mehr an den wesentlichen Aussagen geändert haben.

50 Mit der Regelung soll Klarheit über eine praktisch relevante Situation im Feld geschaffen werden; denn juristisch relevante Modifikationen können nicht nur an (Non-Food-)Produkten vorgenommen werden, sondern auch an (Hochrisiko-)KI-Systemen. Insoweit knüpft der Unionsgesetzgeber an der hergebrachten Dogmatik an, wonach wesentliche Änderungen auch eines Hochrisiko-KI-Systems mit erheblichen regulatorischen Implikationen einhergehen, die in Abs. 4 ausbuchstabiert werden.

51 Zunächst gibt UAbs. 1 vor, dass Hochrisiko-KI-Systeme **nach einer wesentlichen Veränderung einem neuen Konformitätsbewertungsverfahren** zu unterziehen sind. Eine wesentliche Veränderung ist gem. Art. 3 Nr. 23 „eine Veränderung eines KI-Systems nach dessen Inverkehrbringen oder Inbetriebnahme, die in der vom Anbieter durchgeführten ursprünglichen ursprünglichen Konformitätsbewertung nicht vorgesehen oder geplant war und durch die die Konformität des KI-Systems (…) beeinträchtigt wird oder die zu einer Änderung der Zweckbestimmung führt, für die das KI-System bewertet wurde". Die Beeinträchtigung muss sich dabei auf die Art. 8 ff. beziehen, wohingegen jede Zweckbe-

[19] Siehe dazu monographisch Schucht/Wiebe, Die neue GPSR, 2024; Ellinghaus/Neumann, Praxisleitfaden zum neuen europäischen Produktsicherheitsrecht, 2024; siehe auch Schucht CCZ 2025, 44; Lenz/Bertram r+s 2025, 145; Becker/Maier K&R 2025, 73; Neumann BB 2024, 2882; Mattheis CCZ 2024, 325; zum ersten Vorschlag der Kommission Schucht GewArch 2022, 394; krit. Hartmann/Klindt ZfPC 2022, 73.

stimmung eo ipso zur wesentlichen Veränderung führt. Auch wenn insoweit von einem konturenlosen Rechtsbegriff die Rede ist,[20] lässt sich die erforderliche Konkretisierung bei Zugrundelegung der hergebrachten Dogmatik im europäischen Produktrecht doch bewerkstelligen.[21] So wird in diesem Kontext zu Recht darauf abgestellt, dass die Modifikation etwa ein neues Risiko aktiviert oder die Art des dem Hochrisiko-KI-System innewohnenden Risikos ändert.[22] Exemplarisch wird in den Erwägungsgründen die „Änderung des Betriebssystems oder der Softwarearchitektur" genannt.[23]

In der Literatur wird befürchtet, dass in praxi zu schnell und zu häufig von **52** einer wesentlichen Veränderung ausgegangen wird. Exemplarisch wird in diesem Kontext auf geringfügige Änderungen wie die Aktualisierung des Betriebssystems auf eine neue Version Bezug genommen.[24] In der Folge ist von einer innovationshemmenden Konformitätsbewertung in Permanenz die Rede.[25] Vor diesem Hintergrund dürfen die Leitlinien der Kommission für die praktische Umsetzung der „Durchführung der Bestimmungen über wesentliche Veränderungen" gem. Art. 96 Abs. 1 lit. c mit Spannung erwartet werden.

Betroffen von der Regelung sind dabei nur solche Systeme, die bereits **in** **53** **der Vergangenheit Gegenstand eines Konformitätsbewertungsverfahrens** waren. Andernfalls handelte es sich um ein Hochrisiko-KI-System, das nach den geltenden Bestimmungen erstmals vor dem Inverkehrbringen oder der Inbetriebnahme einer Konformitätsbewertung zu unterziehen ist.

Tatsächlich gilt die Regelung nur **für schon auf dem Markt befindliche** **54** **Hochrisiko-KI-Systeme,** dh sie müssen schon in Verkehr gebracht oder in Betrieb genommen worden sein. Auch wenn dieser Sachverhalt im UAbs. 1 – im Unterschied zur Musterbestimmung in Art. R6 Alt. 2 des Anhangs I des Beschlusses Nr. 768/2008/EG – nicht explizit angesprochen wird, handelt es sich um eine ungeschriebene Voraussetzung;[26] denn andernfalls folgte das Erfordernis der (erneuerten) Konformitätsbewertung schon unmittelbar aus Art. 43 Abs. 1–3.[27]

Die „erneute" Konformitätsbewertung ist auch dann durchzuführen, wenn **55** das geänderte System anschließend gar nicht weiter in Verkehr gebracht oder vom derzeitigen Betreiber weitergenutzt werden soll. Diese Aussage ist schon deshalb bemerkenswert, weil das KI-Recht insoweit vom Produktsicherheitsrecht abweicht; denn bei der wesentlichen Veränderung im europäischen Produktsicherheitsrecht rechnet es zu den ungeschriebenen Voraussetzungen, dass nach der Modifikation eine Vermarktung – oder ausnahmsweise – eine Inbetriebnahme stattfindet.[28] In der Literatur wird diese Abweichung von der hergebrachten Dogmatik kritisiert, zumal der KI-VO ein risikobasierter Ansatz

---

[20] Bomhard/Pieper/Wende/Saurin/Thiermann Art. 43 Rn. 40; s. auch Bomhard/Merkle RDi 2021, 276 (281): Unklar und klärungsbedürftig.

[21] Näher Blue Guide 2022, Abschnitt 2.1; Schucht StoffR 2015, 191.

[22] Näher Wiebe BB 2022, 899 (903).

[23] Erwgr. 128.

[24] Zum Ganzen BeckOK KI-Recht/Kilian Art. 43 Rn. 30.

[25] Denga CR 2023, 277 (283).

[26] Vgl. auch Blue Guide 2022, Abschnitt 2.1.

[27] S. dazu auch Schucht StoffR 2015, 191 (195).

[28] Vgl. nur HK-GPSR/Schucht EU-Produktsicherheits-VO Art. 13 Rn. 62; Schucht StoffR 2015, 191 (196).

zugrunde liegt.[29] Dementsprechend sollen die Vorgaben im Wege einer teleologischen Reduktion restriktiv ausgelegt werden.[30]

56 Für die erneute Konformitätsbewertung gelten die Vorgaben aus den vorangehenden Abs. 1–3. Wenn also etwa ein Hochrisiko-KI-System gem. Nr. 1 des Anhangs III der KI-VO in Rede steht, folgen die juristischen Maßgaben unmittelbar aus Art. 43 Abs. 1.

57 Eine **Sonderregelung** für Hockrisiko-KI-Systeme, die nach dem Inverkehrbringen oder der Inbetriebnahme weiter dazulernen, wird in UAbs. 2 getroffen. Insoweit soll keine wesentliche Veränderung vorliegen, wenn etwaige „Änderungen des Hochrisiko-KI-Systems und seiner Leistung" in Rede stehen, „die vom Anbieter zum Zeitpunkt der ursprünglichen Konformitätsbewertung vorab festgelegt wurden". Sie müssen zudem in den Informationen der technischen Dokumentation gem. Nr. 2 lit. f des Anhangs IV der KI-VO enthalten sein. Was diesen Inhalt aus der detaillierten Beschreibung der Bestandteile des KI-Systems und seines Entwicklungsprozesses anbelangt, wird eine „detaillierte Beschreibung der vorab bestimmten Änderungen an dem KI-System und seiner Leistung mit allen einschlägigen Informationen zu den technischen Lösungen, mit denen sichergestellt wird", dass das KI-System die einschlägigen Anforderungen, die im Abschnitt 2 des Kap. III, dh den Art. 8 ff., festgelegt sind, weiterhin dauerhaft erfüllt, in Bezug genommen. In den Erwägungsgründen wird darauf hingewiesen, dass die spezifische Bestimmung auf Änderungen zugeschnitten ist, die den **Algorithmus und die Leistung von KI-Systemen** betreffen. Sie passen in der Folge automatisch an, wie bestimmte Funktionen ausgeführt werden.[31] In der Literatur wird freilich bezweifelt, dass sich die betreffende Voraussetzung, die eine erneute Konformitätsbewertung vermeiden soll, technisch überhaupt realisieren lässt.[32]

Der Gesetzgeber arbeitet in diesem Kontext mit einer **juristischen Fiktion,** da die in Rede stehenden Änderungen am jeweiligen KI-System „nicht als wesentliche Veränderung" gelten.

58 Mit der Fiktion in UAbs. 2 knüpft der KI-VO-Gesetzgeber an die bewährte Dogmatik im Produktsicherheitsrecht an. So setzt die wesentliche Änderung eines Produkts gem. Art. 3 Nr. 1 VO (EU) 2023/988 ua voraus, dass das Produkt durch die Änderung in einer Weise verändert wird, „die in der ursprünglichen Risikobewertung des Produkts nicht vorgesehen war", Art. 13 Abs. 3 lit. a VO (EU) 2023/988.[33]

5. Erlass delegierter Rechtsakte zur Änderung der Anhänge VI, VII der KI-VO (Abs. 5)

59 Gem. Abs. 5 kann die **Europäische Kommission** im Wege delegierter Rechtsakte für eine **Änderung der Anhänge VI und VII der KI-VO** sorgen. Damit werden die beiden Konformitätsbewertungsverfahren in Bezug genommen, die in den Abs. 1, 2 eine maßgebliche Rolle spielen.

60 **Gesetzessystematisch** bestehen naturgemäß besonders enge Bezüge zu den Anhängen VI und VII der KI-VO; denn diese können gem. Abs. 5 geändert

---

[29] Zum risikobasierten Ansatz Bomhard/Merkle RDi 2021, 276 (279).

[30] Vgl. zum Ganzen Bomhard/Pieper/Wende/Saurin/Thiermann Art. 43 Rn. 40.

[31] Zum Ganzen Erwgr. 128.

[32] BeckOK KI-Recht/Kilian Art. 43 Rn. 31.

[33] So auch Blue Guide 2022, Abschnitt 2.1; näher zu Art. 13 Abs. 3 lit. a VO (EU) 2023/988 HK-GPSR/Schucht EU-Produktsicherheits-VO Art. 13 Rn. 49–51.

werden. Sodann ist in diesem Kontext Art. 97 über die „Ausübung der Befugnisübertragung" zu nennen.

Die Regelung in Abs. 5 geht erkennbar auf Art. 43 Abs. 5 KI-VO-E zurück. Auch wenn noch Anpassungen vorgenommen wurden, beschränkten sich diese auf die Sprache und nicht auf den zugrunde liegenden Inhalt. So wurde zu Beginn noch ausdrücklich darauf hingewiesen, dass die betreffenden Anhänge aktualisiert werden können, „um Elemente der Konformitätsbewertungsverfahren einzuführen". Die finale Fassung ist zwar schlanker gefasst, bleibt aber inhaltlich nicht hinter dem ursprünglichen Vorschlag zurück. **61**

Das **Telos der Norm** liegt darin, **Mechanismen** für eine Aktualisierung der Anhänge VI und VII der KI-VO in die KI-VO selbst zu implementieren. Damit soll für eine fortlaufende Anpassung an den technischen Fortschritt gesorgt werden. **62**

Die Befugnis zum Erlass delegierter Rechtsakte gem. Art. 97 kommt ausschließlich der **Europäischen Kommission** zu. Letztlich ergibt sich die Zuständigkeit der Kommission zudem unmittelbar aus Art. 97, der die Befugnis zum Erlass delegierter Rechtsakten der Kommission überträgt. **63**

Gegenstand etwaiger Änderungen im Wege delegierter Rechtsakte sind gem. Abs. 5 allein die Anhänge VI, VII der KI-VO. Während im Anhang VI das „Konformitätsbewertungsverfahren auf der Grundlage einer internen Fertigungskontrolle" geregelt wird, hat der Anhang VII wiederum die „Konformität auf der Grundlage einer Bewertung eines Qualitätsmanagementsystems und einer Bewertung der technischen Dokumentation" zum Gegenstand. Die beiden Konformitätsbewertungsverfahren finden gem. Art. 43 Abs. 1, 2 Anwendung, wenn Hochrisiko-KI-Systeme gem. Art. 6 Abs. 2 iVm Anhang III der KI-VO in Rede stehen. **64**

Wichtig ist, dass allfällige Änderungen der beiden Anhänge dem Zweck dienen, die Inhalte der Konformitätsbewertungsverfahren **an den technischen Fortschritt anzupassen.** Umgekehrt sollen also andere Motive keinen Anlass für entsprechende Änderungen bieten. Freilich ist zu konzedieren, dass der Unionsgesetzgeber insoweit **kein hartes Kriterium** aufgestellt hat. Vor diesem Hintergrund wird es gewiss keine Debatten darüber geben, ob jede einzelne Änderung dem technischen Fortschritt geschuldet ist. **65**

Die Befugnis zum Erlass delegierter Rechtsakte gem. Abs. 5 muss **im Zeitraum von fünf Jahren ab dem 1.8.2024** wahrgenommen werden, Art. 97 Abs. 2 S. 1. Gem. Art. 97 Abs. 2 S. 3 verlängert sich die Befugnisübertragung „stillschweigend um Zeiträume gleicher Länge", wenn nicht das Europäische Parlament oder der Rat „einer solchen Verlängerung spätestens drei Monate vor Ablauf des jeweiligen Zeitraums" widersprechen. **66**

Gem. Art. 97 Abs. 3 S. 1 kann die Befugnisübertragung gem. Abs. 5 **vom Europäischen Parlament oder vom Rat jederzeit widerrufen** werden. Die Beendigung der Übertragung erfolgt durch einen Beschluss über den Widerruf, der wiederum am Tag nach seiner Veröffentlichung im Amtsblatt der Europäischen Union oder zu einem darin angegebenen späteren Zeitpunkt wirksam wird, Art. 97 Abs. 3 S. 2, 3. Gem. Art. 97 Abs. 3 S. 4 bleibt die Gültigkeit delegierter Rechtsakte, die vor dem betreffenden Beschluss schon in Kraft waren, unberührt. **67**

Schließlich tritt ein delegierter Rechtsakt, der gem. Abs. 5 erlassen wurde, „nur in Kraft, wenn weder das Europäische Parlament noch der Rat innerhalb einer Frist von drei Monaten nach Übermittlung jenes Rechtsakts an das Europäische Parlament und den Rat Einwände erhoben haben". Dasselbe gilt, wenn das Parlament und der Rat der Kommission vor Ablauf der Frist mitgeteilt haben, „dass **68** sie keine Einwände erheben werden“, Art. 97 Abs. 6 S. 1. Die Frist kann um drei Monate verlängert werden, und zwar auf Initiative des Parlaments oder des Rats, Art. 97 Abs. 6 S. 2.

6. Erlass delegierter Rechtsakte zur Änderung der Anhänge VI, VII der KI-VO (Abs. 6)

69 Schließlich wird der Kommission in Abs. 6 S. 1 ermöglicht, die Abs. 1, 2 im Wege delegierter Rechtsakte zu ändern. Welche Überlegungen dabei handlungsleitend sein sollen, folgt wiederum aus S. 2.

70 **Bezüge** bestehen aus der Perspektive des Abs. 6 zunächst zu den Abs. 1, 2, weil diese durch Abs. 6 geändert werden können. In diesem Kontext ist sodann zum einen der Anhang VII der KI-VO zu nennen, weil sich die Änderungen der Abs. 1, 2 vor der Folie just dieses Konformitätsbewertungsverfahrens vollziehen sollen. Zum anderen betreffen etwaige Änderungen allein die Konformitätsbewertung der Hochrisiko-KI-Systeme gem. Art. 6 Abs. 2 iVm Nr. 2–8 des Anhangs III der KI-VO. Schließlich ist in diesem Kontext erneut der Art. 97 über die „Ausübung der Befugnisübertragung“ zu erwähnen.

71 Die bereits in Art. 43 Abs. 6 KI-VO-E vorgesehene Norm wurde **im Laufe des Gesetzgebungsverfahrens** nur noch geringfügig modifiziert. Dabei betrafen die Anpassungen allein sprachliche Nuancierungen.

72 Das **Telos der Norm** ergibt sich ohne Weiteres aus S. 1. Danach soll die Kommission in die Lage versetzt werden, die Konformitätsbewertung der Hochrisiko-KI-Systeme gem. den Nr. 2–8 zu verschärfen, indem sie (ggf. nur teilweise) dem strengeren Verfahren gem. Anhang VII der KI-VO unterworfen werden. Damit soll also bei den betreffenden Hochrisiko-KI-Systemen von vornherein Raum für eine größere externe Kontrolle durch notifizierte Stellen in Zukunft geschaffen werden.[34]

73 Die Befugnis zum Erlass delegierter Rechtsakte gem. Art. 97 kommt ausschließlich der **Europäischen Kommission** zu. Letztlich ergibt sich die Zuständigkeit der Kommission zudem unmittelbar aus Art. 97, der die Befugnis zum Erlass delegierter Rechtsakten der Kommission überträgt.

74 Inhaltlich müssen sich etwaige Änderungen gem. S. 1 erstens auf die Abs. 1, 2 beziehen, wobei die Stoßrichtung zweitens darin liegen muss, Hochrisiko-KI-Systeme gem. den Nr. 2–8 des Anhangs III der KI-VO dem strengeren Konformitätsbewertungsverfahren gem. Anhang VII der KI-VO zu unterwerfen. Dass dabei **kein „Alles-oder-nichts-Prinzip“** gelten soll, wird klargestellt; denn danach kommt auch eine solche Änderung in Betracht, wonach nur **Teile des Verfahrens** gem. Anhang VII der KI-VO auf die betreffenden Hochrisiko-KI-Systeme Anwendung finden sollen. Durch die in Rede stehende Änderung werden die betreffenden Hochrisiko-KI-Systeme folglich den **Hochrisiko-KI-Systemen im Bereich der Biometrie angenähert bzw. gleichgestellt.** Für diese ist das Verfahren gem. Anhang VII der KI-VO bereits vorgesehen, Art. 43 Abs. 1.

75 Was die Befugnis zum Erlass delegierter Rechtsakte gem. Abs. 6 anbelangt, ist zu beachten, dass sie **im Zeitraum von fünf Jahren ab dem 1.8.2024** wahrzunehmen ist, Art. 97 Abs. 2 S. 1. Gem. Art. 97 Abs. 2 S. 3 verlängert sich die Befugnisübertragung „stillschweigend um Zeiträume gleicher Länge“, wenn nicht das Europäische Parlament oder der Rat „einer solchen Verlängerung spätestens drei Monate vor Ablauf des jeweiligen Zeitraums“ widersprechen.

---

[34] Bomhard/Pieper/Wende/Saurin/Thiermann Art. 43 Rn. 44.

Gem. Art. 97 Abs. 3 S. 1 kann die Befugnisübertragung gem. Abs. 6 **vom Europäischen Parlament oder vom Rat jederzeit widerrufen** werden. Die Beendigung der Übertragung erfolgt durch einen Beschluss über den Widerruf, der wiederum am Tag nach seiner Veröffentlichung im Amtsblatt der Europäischen Union oder zu einem darin angegebenen späteren Zeitpunkt wirksam wird, Art. 97 Abs. 3 S. 2, 3. Gem. Art. 97 Abs. 3 S. 4 bleibt die Gültigkeit delegierter Rechtsakte, die vor dem betreffenden Beschluss schon in Kraft waren, unberührt. **76**

Schließlich tritt ein delegierter Rechtsakt, der gem. Abs. 5 erlassen wurde, „nur in Kraft, wenn weder das Europäische Parlament noch der Rat innerhalb einer Frist von drei Monaten nach Übermittlung jenes Rechtsakts an das Europäische Parlament und den Rat Einwände erhoben haben". Dasselbe gilt, wenn das Parlament und der Rat der Kommission vor Ablauf der Frist mitgeteilt haben, „dass sie keine Einwände erheben werden", Art. 97 Abs. 6 S. 1. Die Frist kann um drei Monate verlängert werden, und zwar auf Initiative des Parlaments oder des Rats, Art. 97 Abs. 6 S. 2. **77**

Dass delegierte Rechtsakte gem. S. 1 nicht jederzeit und ohne Begründung erlassen werden dürfen, folgt aus S. 2. Dort wird ein **Berücksichtigungsgebot** aus der Taufe gehoben, das an die Kommission gerichtet ist. Konkret soll sie erstens die **Wirksamkeit der internen Kontrolle** gem. Anhang VI der KI-VO und zweitens die **Verfügbarkeit angemessener Kapazitäten und Ressourcen in den notifizierten Stellen** in Rechnung stellen. Was die Wirksamkeit der internen Kontrolle anbelangt, werden zwei Bezugspunkte genannt, das ist die **Vermeidung oder Minimierung von Risiken für die Gesundheit und Sicherheit** einerseits und der **Schutz der Grundrechte** andererseits. Dass diese Schutzzwecke nicht entscheidungserheblich sein müssen, zeigt das Korrektiv der Kapazitäten und Ressourcen innerhalb der notifizierten Stellen. Wenn also in concreto insoweit erkennbare Engpässe bestehen, kann die Kommission mit Blick auf den Erlass delegierter Rechtsakte ohne Weiteres Verzicht üben und die Hochrisiko-KI-Systeme gem. den Nr. 2–8 des Anhangs III der KI-VO unverändert dem Verfahren gem. Anhang VI der KI-VO zuordnen, selbst wenn die Schutzzwecke für eine abweichende Entscheidung streiten. **78**

Art. 44* Bescheinigungen

(1) **Die von notifizierten Stellen gemäß Anhang VII ausgestellten Bescheinigungen werden in einer Sprache ausgefertigt, die für die einschlägigen Behörden des Mitgliedstaats, in dem die notifizierte Stelle niedergelassen ist, leicht verständlich ist.**

(2) [1]**Die Bescheinigungen sind für die darin genannte Dauer gültig, die maximal fünf Jahre für unter Anhang I fallende KI-Systeme und maximal vier Jahre für unter Anhang III fallende KI-Systeme beträgt.** [2]**Auf Antrag des Anbieters kann die Gültigkeit einer Bescheinigung auf der Grundlage einer Neubewertung gemäß den geltenden Konformitätsbewertungsverfahren um weitere Zeiträume von jeweils höchstens fünf Jahren für unter Anhang I fallende KI-Systeme und höchstens vier Jahre für unter Anhang III fallende KI-Systeme verlängert werden.** [3]**Eine Ergänzung zu einer Bescheinigung bleibt gültig, sofern die Bescheinigung, zu der sie gehört, gültig ist.**

* Kapitel III (Art. 6–49) gilt gem. Art. 113 UAbs. 2 ab 2.8.2026, mit Ausnahme des Abschnitts 4, der gem. Art. 113 UAbs. 3 Buchst. b bereits ab 2.8.2025 gilt.

(3) *[1]* [1]**Stellt eine notifizierte Stelle fest, dass ein KI-System die in Abschnitt 2 festgelegten Anforderungen nicht mehr erfüllt, so setzt sie die ausgestellte Bescheinigung aus, widerruft sie oder schränkt sie ein, jeweils unter Berücksichtigung des Grundsatzes der Verhältnismäßigkeit, sofern die Einhaltung der Anforderungen nicht durch geeignete Korrekturmaßnahmen des Anbieters des Systems innerhalb einer von der notifizierten Stelle gesetzten angemessenen Frist wiederhergestellt wird.** [2]**Die notifizierte Stelle begründet ihre Entscheidung.**

[2] **Es muss ein Einspruchsverfahren gegen die Entscheidungen der notifizierten Stellen, auch solche über ausgestellte Konformitätsbescheinigungen, vorgesehen sein.**

Übersicht

I. Allgemeines

1 Art. 44 befasst sich mit den Bescheinigungen der notifizierten Stellen, die insbesondere im Rahmen des Konformitätsbewertungsverfahrens gemäß Anhang VII der KI-VO ausgestellt werden. In Bezug genommen werden damit jene Bescheinigungen, die im Rahmen der Bewertung des Qualitätsmanagementsystems und der Bewertung der technischen Dokumentation unter Beteiligung einer notifizierten Stelle gemäß Anhang VII der KI-VO ausgestellt werden. Die Regelung gilt damit keineswegs nur für die **Unionsbescheinigungen über die Bewertung der technischen Dokumentation.**[1] Die Regelung ist Teil des Abschnitts 5 über „Normen, Konformitätsbewertung, Bescheinigungen, Registrierung" des Kap. III über die „Hochrisiko-KI-Systeme".

Konkret wird die Sprache der Bescheinigungen (Abs. 1) und die maximale Gültigkeitsdauer der Bescheinigungen geregelt (Abs. 2), bevor das Vorgehen der notifizierten Stellen bezüglich ausgestellter Bescheinigungen in den Fokus des Interesses gerückt wird, wenn zu einem späteren Zeitpunkt die im Abschnitt 2 festgelegten Anforderungen nicht mehr erfüllt werden (Abs. 3).

2 **Gesetzessystematisch** bestehen enge Bezüge zum vorangehenden Art. 43 über die „Konformitätsbewertung" einerseits und zum Anhang VII der KI-VO andererseits. Denn im Anhang VII wird das Konformitätsbewertungsverfahren der „Konformität auf der Grundlage einer Bewertung des Qualitätsmanagementsystems und einer Bewertung der technischen Dokumentation" aus der Taufe gehoben. Dieses Verfahren sieht – im Unterschied zum im Anhang VI der KI-VO geregelten „Konformitätsbewertungsverfahren auf der Grundlage einer internen

[1] AA Martini/Wendehorst/Gerdemann Art. 44 Rn. 1.

Kontrolle" – notwendigerweise die Einschaltung einer notifizierten Stelle vor. Diese Stelle wiederum stellt im Zuge der Prüfungen solche Bescheinigungen aus, die in Art. 44 in Bezug genommen werden.

Was die **angesprochenen Bescheinigungen** anbelangt, werden damit nicht nur die Unionsbescheinigungen über die Bewertung der technischen Dokumentation gem. Nr. 4.6 des Anhangs VII der KI-VO in Bezug genommen.[2] Vielmehr gilt Art. 44 auch für die **Genehmigungen von Qualitätssicherungssystemen** gem. Nr. 3.2 des Anhangs VII der KI-VO. Für diese Sichtweise lassen sich gleich mehrere gesetzessystematische Argumente ins Feld führen: Erstens ist in Art. 44 lediglich von Bescheinigungen die Rede, die nach Anhang VII der KI-VO ausgestellt werden. In Art. 44 Abs. 3 UAbs. 2 ist sogar von ausgestellten Konformitätsbescheinigungen die Rede. Dass damit nur die Unionsbescheinigungen gemeint sein sollen, wäre vor diesem Hintergrund jedenfalls erklärungsbedürftig. In diesem Fall läge es nahe, dass in Art. 44 Bezug nur auf diese Unionsbescheinigungen referenziert wird. Zweitens zeigen die Informationspflichten der notifizierten Stellen aus Art. 45 Abs. 1 lit. b, Abs. 2 lit. a, dass zB über die Rücknahmen auch von Genehmigungen zu berichten ist. Diese Rücknahme einer Genehmigung wiederum wird drittens als Widerruf in Art. 44 Abs. 3 UAbs. 1 adressiert. Bezöge sich Art. 44 hingegen nur auf die Unionsbescheinigungen, gäbe es keine explizite Regelung in der KI-VO für den Umgang mit solchen Genehmigungen von Qualitätssicherungssystemen, bei denen später keine Konformität mehr mit den Art. 8 ff. bzw. dem Abschnitt 2 der KI-VO besteht. Der Prüfungsmaßstab folgt in diesem Fall aus Art. 17 und damit einer Anforderung, die ebenfalls im Abschnitt 2 der KI-VO statuiert ist. 3

Schon **zu Beginn des Gesetzgebungsverfahrens** gab es in Art. 43 KI-VO-E eine aus drei Absätzen bestehende Regelung über die „Bescheinigungen". Bei Lichte betrachtet hielten sich die Änderungen an der Norm im Verlauf des Verfahrens in Grenzen. Hervorzuheben ist, dass der ursprünglich gesonderte Art. 45 über den „Einspruch gegen Entscheidungen notifizierter Stellen" in der finalen Fassung in Art. 44 Abs. 3 UAbs. 2 verschoben wurde. Damit ging zugleich ein Bedeutungsverlust dieser Regelung einher, weil sie nunmehr nur „versteckter" Regelungsinhalt der Bestimmung über die „Bescheinigungen" ist. 4

Zweck der Bestimmung ist die Konkretisierung des Rechts der Bescheinigungen, die im Rahmen des Konformitätsbewertungsverfahrens gem. Anhang VII der KI-VO ausgestellt werden. In diesem Kontext relevante Fragen nach Sprache, Gültigkeitsdauer, Verlänger- oder Beschränkbarkeit der Bescheinigungen sollen danach nicht erst in den Anhängen der KI-VO, sondern schon im verfügenden Teil verhandelt werden. 5

Art. 44 gilt gem. Art. 113 ab dem 2.8.2026, da für den Abschnitt 5 im Kap. III der KI-VO keine Ausnahme besteht. 6

II. Kommentierung

1. Sprache der Bescheinigungen von notifizierten Stellen (Abs. 1)

Abs. 1 regelt die **Sprache jener Bescheinigungen,** die von notifizierten Stellen im Rahmen des Konformitätsbewertungsverfahrens gemäß Anhang VII der 7

[2] So indes Martini/Wendehorst/Gerdemann Art. 44 Rn. 5, 13.

KI-VO ausgestellt werden. Eine notifizierte Stelle ist gem. Art. 3 Nr. 22 „eine Konformitätsbewertungsstelle, die gemäß dieser Verordnung und den anderen einschlägigen Harmonisierungsrechtsvorschriften der Union notifiziert wurde".

8 **Gesetzessystematisch** bestehen enge Bezüge zwischen Abs. 1 und dem Konformitätsbewertungsverfahren aus Anhang VII der KI-VO. Denn in Abs. 1 wird die Sprache jener Bescheinigungen geregelt, die im Rahmen des Verfahrens über die „Konformität auf der Grundlage einer Bewertung des Qualitätsmanagementsystems und einer Bewertung der technischen Dokumentation" ausgestellt werden.

9 Die Sprachenregelung war bereits **zu Beginn des Gesetzgebungsverfahrens** am 21.4.2021 in Art. 44 Abs. 1 KI-VO-E vorgesehen. Allerdings sollte damals noch der jeweilige EU-Mitgliedstaat die maßgebliche Amtssprache festlegen.[3] Alternativ sollte eine Sprache genügen, „mit der die notifizierte Stelle einverstanden ist." Zudem fehlte damals noch jeder Bezug zu etwaigen Behörden im betreffenden EU-Mitgliedstaat. Da diese damals noch nicht als Adressaten etwaiger Bescheinigungen ausgemacht wurden, war es nur konsequent, dass es alternativ auf die Vorstellungen der notifizierten Stellen ankommen sollte.

10 Mit der Bestimmung in Abs. 3 zielt der Unionsgesetzgeber darauf ab, dass etwaige Bescheinigungen von notifizierten Stellen „empfangsfähig" sind. Sie sollen danach namentlich von den vor Ort ansässigen Behörden leicht verstanden werden, um sprachliche Missverständnisse und unnötige Übersetzungen zu vermeiden.

11 Mit Blick auf die Bezugnahme auf die im Rahmen des Konformitätsbewertungsverfahrens gem. Anhang VII der KI-VO ausgestellten Bescheinigungen sind der praktischen Bedeutung des Abs. 2 von vornherein Grenzen gesetzt; denn dieses Verfahren kann de lege lata überhaupt nur bei den Hochrisiko-KI-Systemen gem. Nr. 1 des Anhangs III der KI-VO, dh im Bereich der Biometrie, zur Anwendung gelangen, Art. 43 Abs. 1 UAbs. 2. Demgegenüber kommt die freiwillige Anwendung des Verfahrens gem. Anhang VII bei anderen Hochrisiko-KI-Systemen nicht in Betracht.[4]

12 Die **Sprache der Bescheinigungen** muss im Ergebnis für jene Behörden **leicht verständlich** sein, die im selben Staat zuständig sind, in dem die notifizierte Stelle ihren Sitz hat. Dabei wird es sich also regelmäßig um die jeweilige Amtssprache bzw. die jeweiligen Amtssprachen handeln. Aus der Gesetzesgenese lässt sich ableiten, dass die leicht verständliche Sprache jedenfalls nicht vom jeweiligen EU-Mitgliedstaat gesondert festgelegt werden muss (→ Rn. 9).

13 Mit Blick auf notifizierte Stellen, die in der Bundesrepublik Deutschland ansässig sind, wird danach die **deutsche Sprache** maßgeblich sein. Schon die englische Sprache wird sich in Deutschland kaum per se als „leicht verständlich" ansehen lassen.

2. Gültigkeitsdauer von Bescheinigungen von notifizierten Stellen (Abs. 2)

14 Abs. 2 befasst sich im Anschluss an den auf die Sprache abstellenden Abs. 1 mit der **Gültigkeitsdauer von Bescheinigungen,** die von notifizierten Stellen gem. Art. 3 Nr. 22 (→ Rn. 7) in Ansehung von Hochrisiko-KI-Systemen ausgestellt

---

[3] S. auch Martini/Wendehorst/Gerdemann Art. 44 Rn. 12.

[4] AA Martini/Wendehorst/Gerdemann Art. 44 Rn. 3.

werden (S. 1). Richtigerweise gilt die Norm nicht nur für Bescheinigungen notifizierter Stellen, die im Rahmen der Konformitätsbewertung gem. Anhang VII der KI-VO ausgestellt wurden. Sie gilt mit Blick auf den Wortlaut des S. 1 darüber hinaus auch für solche Bescheinigungen notifizierter Stellen, die bei der Konformitätsbewertung von Hochrisiko-KI-Systemen, die unter die im Abschnitt A des Anhangs I der KI-VO aufgeführten Harmonisierungsrechtsakte fallen, ausgestellt werden.[5] Zudem wird in Abs. 2 die Möglichkeit der Verlängerung (S. 2) geregelt, bevor der Umgang mit etwaigen Ergänzungen von Bescheinigungen in den Fokus des Interesses gerückt wird (S. 3).

Systematisch bestehen Bezüge zu den Konformitätsbewertungsverfahren für die Hochrisiko-KI-Systeme gem. Nr. 1 des Anhangs III der KI-VO, dh einschlägige Systeme im Bereich der Biometrie, einerseits und für die Hochrisiko-KI-Systeme, die unter die in Abschnitt A des Anhangs I der KI-VO aufgeführten Harmonisierungsrechtsakte fallen, andererseits. Umgekehrt spielen die Hochrisiko-KI-Systeme gem. den Nr. 2–8 des Anhangs III der KI-VO auch im Abs. 2 keine Rolle.[6] **15**

Mit Blick auf Art. 44 Abs. 2 KI-VO-E war die Regelung zur Gültigkeitsdauer etwaiger Bescheinigungen zwar von Anfang an angelegt; damals war aber noch nicht jene differenzierte Lösung vorgesehen, die vom jeweiligen KI-System abhängt. **16**

Die Regelung in Abs. 3 **zielt darauf ab,** etwaige Bescheinigungen von notifizierten Stellen **nicht auf ewig** gelten zu lassen. Vielmehr sollen diese nur für einen von vornherein eindeutig bestimmten Zeitraum gelten, wobei jeweils eine Verlängerung um ebenfalls klar vorgegebene Zeiträume in Betracht kommt. Da es für unterschiedliche KI-Systeme auch unterschiedliche Zeiträume geben soll, wird damit zugleich das Ziel verfolgt, **risikobasierte Regelungen zu implementieren.** So werden die KI-Systeme gem. Anhang III der KI-VO strenger behandelt als jene, die unter Anhang I der KI-VO fallen. **17**

In Abs. 2 wird die **Gültigkeit von Bescheinigungen von notifizierten Stellen begrenzt.** Dabei gilt gem. S. 1 eine differenzierte Lösung, wonach Bescheinigungen mit Blick auf KI-Systeme gem. Anhang I der KI-VO für max. fünf Jahre gelten, wohingegen Bescheinigungen mit Blick auf KI-Systeme gem. Anhang III der KI-VO nur für max. vier Jahre gelten. Dahinter stehen die Vorgaben zur Konformitätsbewertung aus Art. 43 Abs. 3 UAbs. 1 (Hochrisiko-KI-Systeme gem. Abschnitt A des Anhangs I der KI-VO iVm Art. 6 Abs. 1) bzw. Art. 43 Abs. 1 UAbs. 2 (Hochrisiko-KI-Systeme gem. Nr. 1 des Anhangs III der KI-VO iVm Art. 6 Abs. 2). **18**

Dass allfällige Bescheinigungen auch bei Hochrisiko-KI-Systemen, die unter Anhang I der KI-VO iVm Art. 6 Abs. 1 fallen, relevant sein können, ergibt sich unmittelbar aus Art. 43 Abs. 3 UAbs. 1. Auch wenn gem. Art. 43 Abs. 3 UAbs. 1 S. 3 ergänzend nur die Nr. 4.3–4.5, 4.6 Abs. 5 des Anhangs VII der KI-VO auf Hochrisiko-KI-Systeme Anwendung finden, die unter die im Abschnitt A des Anhangs I der KI-VO aufgeführten Harmonisierungsrechtsakte der Union fallen, und damit **keine direkte Bezugnahme auf die Unionsbescheinigung über die Bewertung der technischen Dokumentation** aus Nr. 4.6 Abs. 2 des Anhangs VII der KI-VO stattfindet, gibt es **allfällige Bescheinigungen in den sektoral anwendbaren Harmonisierungsrechtsakten der Union.**[7] Daher kann es etwa bei Maschinen iSd RL 2006/42/EG (sog. EG-Maschinenrichtlinie) **19**

---

[5] AA BeckOK KI-Recht/Steege Art. 44 Rn. 2.

[6] Vgl. Art. 43 Abs. 2.

[7] Vgl. auch Art. 6 Abs. 1 lit. b.

in Nr. 1 oder Funkanlagen iSd RL 2014/53/EU (sog. EU-Funkanlagenrichtlinie) in Nr. 6 jeweils des Abschnitts A des Anhangs I der KI-VO ohne Weiteres Bescheinigungen geben, die unter Abs. 2 fallen.

20 Aus S. 2 ergibt sich die **Möglichkeit der Verlängerung der Bescheinigungen,** wobei mit Blick auf die jeweilige Dauer an die Regelung in S. 1 angeknüpft wird. Danach bleibt es also bei fünf (Hochrisiko-KI-Systeme gem. Anhang I der KI-VO) bzw. vier Jahren (Hochrisiko-KI-Systeme gem. Anhang III der KI-VO).

21 Sodann kann kein Zweifel daran bestehen, dass eine Verlängerung nicht nur einmal in Betracht kommt. Vielmehr ist in S. 2 von einer Verlängerung „um weitere Zeiträume" die Rede. Danach gibt es also **keine zeitliche Begrenzung,** wenn und soweit die notifizierte Stelle jeweils zum Ergebnis fortbestehender Konformität gelangt.

22 Die Verlängerung ist zum einen an einen **Antrag des Anbieters** gebunden; sie wird also umgekehrt nicht „von Amts wegen" durch die notifizierte Stelle erteilt. Zum anderen ist sie gem. S. 2 ausdrücklich an eine **Neubewertung** gekoppelt, dh das zugrunde liegende Konformitätsbewertungsverfahren ist abermals durchzuführen. Dabei kann zwar naturgemäß auf den Vorarbeiten aus dem ersten bzw. vorherigen Konformitätsbewertungsverfahren aufgesetzt werden. Ein reines „Durchwinken" ohne erneute inhaltliche Prüfung lässt sich mit einer Neubewertung aber nicht vereinbaren.

23 Laut S. 3 bleiben schließlich **Ergänzungen zu einer Bescheinigung** gültig, wenn und soweit die zugehörige Bescheinigung gültig ist. Mit anderen Worten soll die Ergänzung dasselbe Schicksal wie die zugrunde liegende Bescheinigung teilen. Dass überhaupt Ergänzungen zu Bescheinigungen in Betracht kommen, wird in S. 3 also vorausgesetzt. Etwaige Ergänzungen von Bescheinigungen werden zudem in Art. 45 Abs. 1 lit. a, Abs. 2 lit. b erwähnt. Dort sind sie Gegenstand von Informationen der notifizierten Stellen gegenüber der notifizierenden Behörde (Abs. 1) bzw. anderen notifizierten Stellen (Abs. 2).

3. Aussetzung, Widerruf und Einschränkung von Bescheinigungen (Abs. 3)

24 Abs. 3 statuiert Konsequenzen für den Fall, dass ein KI-System nicht mehr mit den Anforderungen aus den Art. 8 ff. im Einklang steht. In diesem Fall muss die jeweilige notifizierte Stelle iSd Art. 3 Nr. 22 (→ Rn. 7) reagieren, und zwar mit Blick auf eine in der Vergangenheit ausgestellte Bescheinigung. Konkret genannt werden in Abs. 3 UAbs. 1 S. 1 die Aussetzung, der Widerruf und die Einschränkung einer Bescheinigung. Stets muss allerdings freiwilligen Korrekturmaßnahmen des betroffenen Anbieters eines KI-Systems Vorrang zukommen (UAbs. 1). Darüber hinaus müssen Einsprüche gegen Entscheidungen notifizierter Stellen eingelegt werden können (UAbs. 2).

25 Die Regelung in Abs. 3 ist mit Blick auf die **Gesetzessystematik** ebenfalls eng mit dem Recht der Konformitätsbewertung im Allgemeinen und dem Anhang VII der KI-VO im Besonderen verknüpft. Konkret geht es um den Umgang mit der Genehmigung des Qualitätssicherungssystems einerseits und der Unionsbescheinigung über die Bewertung der Dokumentation andererseits, wenn sich später herausstellt, dass die Anforderungen der Art. 8 ff. nicht mehr erfüllt sind. Daneben gilt Abs. 3 freilich auch für etwaige Bescheinigungen notifizierter Stellen, die im Rahmen der Konformitätsbewertung von Hochrisiko-KI-Systemen gem. Art. 6 Abs. 1 iVm Abschnitt A des Anhangs I der KI-VO ausgestellt werden; denn der Abs. 3 reicht

bei verständiger Würdigung ebenso weit wie der vorangehende Abs. 2: In beiden Absätzen stehen – im Unterschied zum Abs. 1 (→ Rn. 8, 11) – nicht allein Bescheinigungen für Hochrisiko-KI-Systeme in Rede, die im Verfahren des Anhangs VII der KI-VO ausgestellt wurden (→ Rn. 14). So werden die Art. 8 ff. ohne Weiteres auch bei solchen Hochrisiko-KI-Systemen in die Konformitätsbewertung einbezogen, die unter die im Abschnitt A des Anhangs I der KI-VO aufgeführten Harmonisierungsrechtsakte der Union fallen, Art. 43 Abs. 3 UAbs. 1 S. 2.[8]

Die Bestimmung in Abs. 3 war im Grunde schon in Art. 44 Abs. 3 KI-VO-E vorgesehen. Der heutige UAbs. 2 war damals indes noch gesonderter Gegenstand von Art. 45 KI-VO-E über den „Einspruch gegen Entscheidungen notifizierter Stellen". Dieser ursprünglich eigenständige Artikel wurde in der finalen Fassung der KI-VO zum UAbs. 2 in Art. 44 Abs. 3. **26**

Die Inhalte aus Abs. 3 zielen darauf ab, die Fortgeltung etwaiger Bescheinigungen an die kontinuierliche Konformität mit den Art. 8 ff. zu koppeln. Sobald diese Konformität nicht mehr gewährleistet werden kann, müssen die notifizierten Stellen (auf privatrechtlicher Grundlage) für eine entsprechende Reaktion sorgen, die sich auf die in concreto betroffene Bescheinigung auswirkt. Aufgrund der mitunter gravierenden Auswirkungen soll zudem ein Einspruchsverfahren vorgesehen sein, damit sich der betroffene Anbieter niedrigschwellig gegen die Entscheidung zur Wehr setzen kann. **27**

In der Literatur wird darauf hingewiesen, dass eine notifizierte Stelle zur Feststellung einer relevanten Nichtkonformität insbesondere im Zuge eines Audits gem. Nr. 5.3 des Anhangs VII der KI-VO gelangen kann.[9]

Tatbestandliche Voraussetzung für allfällige Beschränkungen von Bescheinigungen, die in Ansehung von Hochrisiko-KI-Systemen gem. Art. 6 Abs. 1 iVm Abschnitt A des Anhangs I der KI-VO einerseits und gem. Art. 6 Abs. 2 iVm Nr. 1 des Anhangs III der KI-VO andererseits ausgestellt wurden, ist gem. UAbs. 1 S. 1 zunächst die fehlende Einhaltung der Art. 8 ff.; denn tatsächlich wird der gesamte Abschnitt 2 der KI-VO in Bezug genommen. Eine Rangfolge unter den Anforderungen gibt es zwar nicht, sodass jeder Verstoß die Rechtsfolge aus UAbs. 1 S. 1 aktiviert. Richtigerweise wird der konkrete Verstoß aber die Reaktion der notifizierten Stelle auf Rechtsfolgenseite steuern, weil er eine **relevante Größe im Rahmen der Verhältnismäßigkeitsprüfung** darstellt. **28**

Sodann muss der Anbieter des Hochrisiko-KI-Systems gem. UAbs. 1 S. 1 die Gelegenheit erhalten, die Anforderungen durch das **Ergreifen geeigneter Korrekturmaßnahmen** einzuhalten. Dabei muss er innerhalb der von der notifizierten Stelle gesetzten Frist tätig werden. Die Frist muss dabei **angemessen** sein, dh sie darf insbesondere nicht unangemessen kurz sein. Erst wenn die angemessene Frist fruchtlos abgelaufen ist, sind die tatbestandlichen Voraussetzungen für eine Einschränkung der Bescheinigung allesamt erfüllt. **29**

Über die **Angemessenheit der Frist** entscheidet die notifizierte Stelle. Dabei ist zu beachten, dass die Angemessenheit ein unbestimmter Rechtsbegriff ist. In concreto wird die zu setzende Frist davon abhängen, wie viel Aufwand mit der Korrekturmaßnahme einhergeht. Wenn sich die Wiederherstellung eines gesetzeskonformen Zustands de facto nicht binnen weniger Tage bewerkstelligen lässt, wäre eine wenige Tage umfassende Frist sicher unangemessen. In diesem Szenario müssten dem Anbieter also mind. wenige Wochen eingeräumt werden, um für eine **30**

---

[8] AA BeckOK KI-Recht/Steege Art. 44 Rn. 2.

[9] BeckOK KI-Recht/Steege Art. 44 Rn. 3.

Korrektur zu sorgen. Wenn die Behörde hingegen eine erkennbar zu lange Frist setzt, wäre diese zwar auch unangemessen im Rechtssinne; in dem Fall würde sich der betroffene Anbieter indes kaum jemals darüber beschweren.

31 Klarheit dürfte hingegen darüber herrschen, dass der gesetzeskonforme Zustand bis zum Ablauf der Frist wiederhergestellt sein muss. Danach reicht es umgekehrt nicht aus, wenn der betroffene Anbieter innerhalb der Frist zwar damit begonnen hat, für eine Korrektur zu sorgen, die Maßnahme aber noch nicht abgeschlossen hat.

32 Als Rechtsfolge gibt UAbs. 1 S. 1 zunächst vor, dass die notifizierte Stelle überhaupt auf den Verstoß reagiert. Sie darf also nicht untätig bleiben. Vielmehr muss sie die ausgestellte Bescheinigung mind. beschränken. Dabei werden die drei folgenden Reaktionen zur Auswahl gestellt:

- Aussetzung
- Widerruf
- Einschränkung

Während die **Aussetzung und der Widerruf** die Bescheinigung in toto betreffen, ist der Begriff der **Einschränkung** erkennbar so gewählt, dass er unterhalb dieser Schwelle Möglichkeiten eröffnen soll, auf (geringfügigere) Verstöße verhältnismäßig zu reagieren.

33 Was zunächst die **Aussetzung** anbelangt, ist damit ein zeitlich begrenztes (vorübergehendes) Ruhen der Gültigkeit eines Zertifikats gemeint. Der Inhaber der Bescheinigung wird innerhalb einer zu setzenden Frist für eine Korrektur sorgen müssen, um einen darüber hinausgehenden Widerruf der Bescheinigung zu vermeiden. Dabei ist zu beachten, dass der Zertifikatsinhaber auch schon vor der Aussetzung die Gelegenheit zur Korrektur erhalten haben muss, die im Fall der Aussetzung dann fruchtlos verstrichen ist (→ Rn. 29).

34 Der **Widerruf** geht insoweit über die Aussetzung hinaus, als er die betreffende Bescheinigung in toto aufhebt. Unter Aspekten der Verhältnismäßigkeit sind die Hürden für das Ergreifen dieser Maßnahme im Vergleich zur Aussetzung (→ Rn. 33) daher spürbar höher.

35 Mit der **Einschränkung** wird den notifizierten Stellen schließlich eine im Vergleich zur Aussetzung und zum Widerruf niedrigschwelligere Reaktion ermöglicht. In der Folge bleibt die Bescheinigung zwar bestehen, kann aber zB unter dem Aspekt der Dauer, etwaiger Bedingungen für die Gültigkeit oder der Kontrolle des KI-Systems während seiner Verwendung beschränkt werden.[10]

36 Die notifizierte Stelle muss bei jeder Reaktion gem. UAbs. 1 S. 1 besonders auf die **Verhältnismäßigkeit der Maßnahme** achten. Dies ist deshalb bemerkenswert, weil die notifizierten Stellen grds. privatwirtschaftlich organisiert sind und damit umgekehrt keine staatlichen Behörden sind, die unmittelbar an den Grundsatz der Verhältnismäßigkeit gebunden sind.

37 Gem. UAbs. 1 S. 2 muss die notifizierte Stelle ihre Entscheidung **begründen.** Damit soll die Stelle offenkundig gezwungen werden, Gründe für ihre – für den Anbieter des betreffenden KI-Systems – regelmäßig weitreichende Entscheidung ins Feld zu führen. Damit soll der Anbieter naturgemäß zugleich in die Lage versetzt werden, die Rechtmäßigkeit der Entscheidung zu überprüfen.

38 Schließlich muss gem. UAbs. 2 ein **Einspruchsverfahren gegen die Entscheidungen der notifizierten Stellen** vorgesehen sein. Ein solches Verfahren muss insbesondere für **ausgestellte Konformitätsbescheinigungen** zur Verfügung stehen. Schon prima facie fällt auf, dass es in der Norm keinen ausdrückli-

[10] S. Nr. 4.6 des Anhangs VII der KI-VO.

chen Adressaten gibt. Diese Vorgehensweise entspricht zwar dem damaligen Muster in Art. 4 Abs. 7 Beschluss Nr. 768/2008/EG. In den meisten produktsicherheitsrechtlichen Rechtsakten werden insoweit allerdings die **notifizierten Stellen** in die Pflicht genommen.[11] In Art. 35 RL 2014/53/EU (sog. EU-Funkanlagenrichtlinie) wiederum werden die EU-Mitgliedstaaten verpflichtet, für die Einrichtung eines Einspruchsverfahrens Rechnung zu tragen.

Weil ungeregelt bleibt, wer sich um das Einspruchsverfahren bemühen muss, 39
ist zu klären, wer **Adressat der Norm** sein soll. Bei Lichte betrachtet sprechen die besseren Gründe für die **notifizierten Stellen,** weil ihre Entscheidungen in Rede stehen. Davon scheint auch der nationale Gesetzgeber auszugehen, der im Referentenentwurf zur Durchführung der KI-VO vom 11.9.2025 keine Regelung zum Einspruchsverfahren trifft und sich insoweit also nicht angesprochen fühlt.

Aufgrund der privatrechtlichen Natur des jeweils zugrunde liegenden Vertrags 40
zwischen notifizierter Stelle einerseits und Anbieter des KI-Systems andererseits muss jede notifizierte Stelle dafür sorgen, dass es ein solches Einspruchsverfahren gibt. Solche Regelungen können etwa Eingang in die **Allgemeinen Geschäftsbedingungen (AGB) bzw. Prüf- und Zertifizierordnungen (PZO)** finden.

Art. 45* Informationspflichten der notifizierten Stellen

(1) **Die notifizierten Stellen informieren die notifizierende Behörde über**

a) alle Unionsbescheinigungen über die Bewertung der technischen Dokumentation, etwaige Ergänzungen dieser Bescheinigungen und alle Genehmigungen von Qualitätsmanagementsystemen, die gemäß den Anforderungen des Anhangs VII erteilt wurden;

b) alle Verweigerungen, Einschränkungen, Aussetzungen oder Rücknahmen von Unionsbescheinigungen über die Bewertung der technischen Dokumentation oder Genehmigungen von Qualitätsmanagementsystemen, die gemäß den Anforderungen des Anhangs VII erteilt wurden;

c) alle Umstände, die Folgen für den Anwendungsbereich oder die Bedingungen der Notifizierung haben;

d) alle Auskunftsersuchen über Konformitätsbewertungstätigkeiten, die sie von den Marktüberwachungsbehörden erhalten haben;

e) auf Anfrage die Konformitätsbewertungstätigkeiten, denen sie im Anwendungsbereich ihrer Notifizierung nachgegangen sind, und sonstige Tätigkeiten, einschließlich grenzüberschreitender Tätigkeiten und Vergabe von Unteraufträgen, die sie durchgeführt haben.

(2) **Jede notifizierte Stelle informiert die anderen notifizierten Stellen über**

a) die Genehmigungen von Qualitätsmanagementsystemen, die sie verweigert, ausgesetzt oder zurückgenommen hat, und auf Anfrage die Genehmigungen von Qualitätsmanagementsystemen, die sie erteilt hat;

b) die Bescheinigungen der Union über die Bewertung der technischen Dokumentation und deren etwaige Ergänzungen, die sie verweigert,

---

[11] Vgl. Art. 33 VO (EU) 2016/425 im Recht der persönlichen Schutzausrüstungen (sog. PSA-Recht).

* Kapitel III (Art. 6–49) gilt gem. Art. 113 UAbs. 2 ab 2.8.2026, mit Ausnahme des Abschnitts 4, der gem. Art. 113 UAbs. 3 Buchst. b bereits ab 2.8.2025 gilt.

ausgesetzt oder zurückgenommen oder anderweitig eingeschränkt hat, und auf Anfrage die Bescheinigungen und/oder deren Ergänzungen, die sie ausgestellt hat.

(3) **Jede notifizierte Stelle übermittelt den anderen notifizierten Stellen, die ähnlichen Konformitätsbewertungstätigkeiten für die gleichen Arten der KI-Systeme nachgehen, einschlägige Informationen über negative und auf Anfrage über positive Konformitätsbewertungsergebnisse.**

(4) **Notifizierende Behörden gewährleisten gemäß Artikel 78 die Vertraulichkeit der von ihnen erlangten Informationen.**

Übersicht

I. Allgemeines

1 Gegenstand des Art. 45 sind „Informationspflichten der notifizierten Stellen". Diese Stellen nehmen eine wichtige Rolle im Rahmen der Konformitätsbewertung im Allgemeinen und beim Verfahren der „Konformität auf der Grundlage einer Bewertung des Qualitätsmanagementsystems und einer Bewertung der technischen Dokumentation" gemäß Anhang VII der KI-VO im Besonderen ein.

Im Ergebnis befasst sich die Norm zunächst mit Informationspflichten der notifizierten Stellen gegenüber der notifizierenden Behörde (Abs. 1) und anderen notifizierten Stellen (Abs. 2, 3). Dabei werden die anderen notifizierten Stellen bald über Genehmigungen von Qualitätsmanagementsystemen und Bescheinigungen der Union über die Bewertung der technischen Dokumentation und etwaige Ergänzungen informiert (Abs. 2), bald über Informationen über negative und ggf. auch positive Konformitätsbewertungsergebnisse, wenn sie ähnlichen Konformitätsbewertungsergebnissen nachgehen (Abs. 3). Abschließend wird die Vertraulichkeit der von den notifizierenden Behörden erlangten Informationen geregelt (Abs. 4).

2 Hinter Art. 45 steht die Musterbestimmung aus Art. R28 des Anhangs I des Beschlusses Nr. 768/2008/EG. Diese befasste sich bereits im Jahr 2008 mit den „Meldepflichten der notifizierten Stellen". Während die Musterbestimmung nur aus zwei Absätzen bestand, die sich nun (zT leicht modifiziert) in den Abs. 1, 3 wiederfinden, gibt es im Vergleich dazu mit den Abs. 2, 4 auch dezidiert neue Inhalte. Tatsächlich werden die alten Musterbestimmungen fortlaufend modernisiert, um sie an den aktuellen Stand der Gesetzgebung anzupassen bzw. um neue Entwicklungen bzw. Technologien zu berücksichtigen. In concreto hielt es der Unionsgesetzgeber offenbar für geboten, neue Informationspflichten der notifizierten Stellen gegenüber anderen notifizierten Stellen (Abs. 2) und

die Gewährleistung der Vertraulichkeit der von den notifizierenden Behörden erlangten Informationen (Abs. 4) im Zusammenhang mit den Informationspflichten der notifizierten Stellen zu regeln; denn tatsächlich gab es für Abs. 4 schon andernorts in den Musterbestimmungen ein Vorbild (→ Rn. 69).

In **gesetzessystematischer Hinsicht** sind die vorangehenden Art. 43 f. ebenso zu nennen wie der Anhang VII der KI-VO. Denn im Anhang VII wird das Konformitätsbewertungsverfahren der „Konformität auf der Grundlage einer Bewertung des Qualitätsmanagementsystems und einer Bewertung der technischen Dokumentation" aus der Taufe gehoben. Dass Art. 45 in den **Erwägungsgründen** nicht rezipiert wird, dürfte daran liegen, dass die Norm erkennbar auf der seit Langem bekannten Musterbestimmung aufsetzt (→ Rn. 2).[1] 3

Bereits Art. 46 KI-VO-E sah eine Regelung über die „Meldepflichten der notifizierten Stellen" vor. Damals bestand die Regelung freilich nur aus drei Absätzen, da der heutige Abs. 4 noch fehlte. 4

Der **Sinn und Zweck** der Regelung liegt darin, für einen institutionalisierten Informationsaustausch innerhalb der maßgeblichen Akteure im Zertifizierungsrecht zu sorgen. So soll jede notifizierte Stelle insbesondere über ausgewählte Ergebnisse ihrer Konformitätsbewertungstätigkeit Auskunft geben, und zwar gegenüber der notifizierenden Behörde wie gegenüber anderen notifizierten Stellen. 5

Gem. Art. 113 UAbs. 2 gilt die Regelung in Art. 45 ab dem 2.8.2026. 6

II. Kommentierung

1. Informationspflichten gegenüber der notifizierenden Behörde (Abs. 1)

Abs. 1 beginnt mit Informationspflichten der notifizierten Stellen gegenüber der notifizierenden Behörde (und damit umgekehrt nicht gegenüber anderen notifizierten Stellen). Insoweit gibt es eine ganze Reihe von meldepflichtigen Inhalten, die sich im Einzelnen aus lit. a–e ergeben. 7

Die Inhalte aus Abs. 1 waren grds. bereits Teil des Art. R28 Abs. 1 des Anhangs I des Beschlusses Nr. 768/2008/EG.[2] Ergänzt wurde lediglich der Gegenstand der Informationspflicht aus lit. a, dh die Unterrichtung der notifizierenden Behörde über „alle Unionsbescheinigungen (…) und alle Genehmigungen von Qualitätsmanagementsystemen". Positive Ergebnisse von durchgeführten Zertifizierungen mussten damals noch nicht gemeldet werden, dh auch nicht in einer für die Musterbestimmungen typischen abstrakten Form. Den Auftakt markierten damals in Art. R28 Abs. 1 lit. a des Anhangs I des Beschlusses Nr. 768/2008/EG die negativen Konsequenzen einer Zertifizierung, die nunmehr folgerichtig im Anschluss an lit. a in lit. b geregelt werden. 8

Aus einer **Perspektive der Gesetzessystematik** ist zunächst die Bestimmung in Art. 28 über „Notifizierende Behörden" zu nennen. Wenn diese gem. Art. 28 Abs. 1 S. 1 auch für die Überwachung der notifizierten Stellen zuständig sind, dann leisten die Informationen gem. Abs. 1 gewiss einen Beitrag dazu.[3] Naturge- 9

[1] Martini/Wendehorst/Gerdemann Art. 45 Rn. 6.

[2] S. auch Martini/Wendehorst/Gerdemann Art. 45 Rn. 5, allerdings ohne Bezugnahme auf lit. e, der freilich ebenfalls schon in Art. R28 Abs. 1 lit. d des Anhangs I des Beschlusses Nr. 768/2008/EG angelegt war.

[3] Martini/Wendehorst/Gerdemann Art. 45 Rn. 1, 3, 7, 11.

mäß bestehen sodann enge Bezüge zum Recht der Konformitätsbewertung unter notwendiger Einbeziehung einer notifizierten Stelle gem. Art. 43 Abs. 1 iVm Anhang VII der KI-VO. An dieser Stelle ist ferner die Bestimmung in Art. 44 Abs. 3 zu nennen, die wiederum sachverhaltsbezogen negative Konsequenzen für ausgestellte Zertifikate vorsieht. Darüber kann anschließend gem. lit. b zu berichten sein. Schließlich können die Informationspflichten im Falle der Erfüllung ebenso wie der fehlenden Erfüllung eine Untersuchung der notifizierenden Behörde gem. Art. 36 Abs. 4 S. 1 nach sich ziehen.

10 Die Inhalte aus Abs. 1 waren grds. schon Gegenstand des Vorschlags der Kommission vom 21.4.2021 (damals in Art. 46 Abs. 1 KI-VO-E). Dies gilt auch für die – im Vergleich zu den Musterbestimmungen (→ Rn. 8) – neue Informationspflicht aus lit. a. Tatsächlich wurde allein sprachlich aus einem „melden" ein „informieren (…) über".

11 Was den **Zweck des Abs. 1** anbelangt, geht es um einen **institutionalisierten Informationsaustausch zwischen den notifizierten Stellen und den notifizierenden Behörden.** Die beiden Stellen bzw. Behörden sind schon mit Blick auf das Regelungsgefüge in den Art. 28 ff. eng miteinander verbunden. So beantragen Konformitätsbewertungsstellen gem. Art. 29 Abs. 1 „ihre Notifizierung bei der notifizierenden Behörden des Mitgliedstaats, in dem sie niedergelassen sind." Im Ergebnis sollen die notifizierenden Behörden damit stets auf dem Laufenden gehalten werden; denn die notifizierenden Behörden werden nicht nur über die Aktivitäten im Rahmen des Konformitätsbewertungsverfahrens gem. Anhang VII der KI-VO informiert. Sie sollen darüber hinaus auch über relevante Umstände für die Notifizierung und etwaige Informationsbedürfnisse der Marktüberwachungsbehörden im Zusammenhang mit konkreten Konformitätsbewertungstätigkeiten in praxi in Kenntnis gesetzt werden. Flankierend müssen die notifizierten Stellen auf Anfrage der jeweiligen notifizierenden Behörde Auskünfte über sämtliche (Konformitätsbewertungs-)Tätigkeiten geben. Vor diesem Hintergrund dienen die Informationspflichten aus Abs. 1 ohne Weiteres zugleich der **effektiven Überwachung der meldepflichtigen notifizierten Stelle durch die notifizierende Behörde.**[4]

12 Zunächst werden in Abs. 1 die **notifizierten Stellen zur Information verpflichtet.** Gem. Art. 3 Nr. 22 ist eine notifizierte Stelle „eine Konformitätsbewertungsstelle, die gemäß dieser Verordnung und den anderen einschlägigen Harmonisierungsrechtsvorschriften der Union notifiziert wurde". Eine Konformitätsbewertungsstelle wiederum ist gem. Art. 3 Nr. 21 „eine Stelle, die Konformitätsbewertungstätigkeiten einschließlich Prüfungen, Zertifizierungen und Inspektionen durchführt und dabei als Dritte auftritt".

13 Richtigerweise sind selbst im Einzelfall jene notifizierten Stellen nicht zur Information gem. Abs. 1 verpflichtet, die in die Konformitätsbewertungsverfahren gem. Art. 43 Abs. 3 UAbs. 1 involviert sind; auch wenn es in diesem Fall gem. Art. 43 Abs. 3 UAbs. 1 S. 2 iVm Nr. 4.6 Abs. 5 des Anhangs VII der KI-VO prima facie zur **Verweigerung einer Unionsbescheinigung über die Bewertung der technischen Dokumentation** aus Gründen fehlender Qualität der verwendeten Trainingsdaten kommen kann, ist der Verweis bei verständiger Würdigung – auch mit Blick auf den fehlenden Verweis auf Nr. 4.6 Abs. 2 des Anhangs VII der KI-VO für den Fall einer erfolgreichen Kontrolle der technischen Dokumentation – so zu verstehen, dass die notifizierte Stelle im Zuge ihrer negativen Ent-

[4] Martini/Wendehorst/Gerdemann Art. 45 Rn. 1, 3, 7, 11.

scheidung im anwendbaren Konformitätsbewertungsverfahren eine „begründete Bewertungsentscheidung“ abgeben muss, welche „besondere Erläuterungen zu dem zum Trainieren des KI-Systems verwendeten Qualitätsdaten“ enthält. Daher ist die notifizierende Behörde über diesen Sachverhalt nicht gem. lit. b zu unterrichten.[5] Für diese Sichtweise spricht schließlich auch, dass die Verweigerung der Unionsbescheinigung gesondert in Nr. 4.6 Abs. 4 des Anhangs VII der KI-VO geregelt wird. Diese Bestimmung wird in diesem Kontext jedoch nicht in Bezug genommen.

Empfänger der Informationen ist umgekehrt die jeweilige **notifizierende Behörde.** Dabei handelt es sich gem. Art. 3 Nr. 21 um „die nationale Behörde, die für die Einrichtung und Durchführung der erforderlichen Verfahren für die Bewertung, Benennung und Notifizierung von Konformitätsbewertungsstellen und für deren Überwachung zuständig ist“. 14

Wenn in Abs. 1 nicht – wie in lit. e (→ Rn. 36) – explizit auf das Erfordernis einer Anfrage abgestellt wird, sind die Informationspflichten ohne gesonderte Aufforderung zu erfüllen.[6] Mit anderen Worten dürfen die notifizierten Stellen nicht warten, bis sie zur Informationsweitergabe aufgefordert werden. Sie sind vielmehr unmittelbar durch das Gesetz zur Information verpflichtet. Im Ergebnis wird den notifizierten Stellen in den Fällen des lit. a–d daher **kein Ermessensspielraum** bei der Frage eingeräumt, ob sie eine Meldung an die notifizierende Behörde absetzen.[7] 15

Der Katalog der Informationsgegenstände wird in Abs. 1 **abschließend** formuliert. Über andere Sachverhalte als jene, die in den lit. a–e genannt werden, muss damit seitens der notifizierten Behörden kein Bericht erstattet werden. Gleichwohl bleibt es den notifizierten Stellen unbenommen, jederzeit auf freiwilliger Basis das Gespräch mit der notifizierenden Behörde zu suchen. 16

Gegenstand der Informationspflichten sind gem. lit. a zunächst „alle Unionsbescheinigungen über die Bewertung der technischen Dokumentation (…) und alle Genehmigungen von Qualitätsmanagementsystemen“ Insoweit wird jeweils auf Anhang VII der KI-VO verwiesen. Mit Blick auf die Unionsbescheinigungen werden ausdrücklich auch „etwaige Ergänzungen dieser Bescheinigungen“ erwähnt. Damit werden im Ergebnis die beiden wesentlichen Prüfgegenstände des betreffenden Konformitätsbewertungsverfahren unter Einbindung einer notifizierten Stelle in Bezug genommen. 17

Lit. a befasst sich also mit den **positiven Ergebnissen von Konformitätsbewertungstätigkeiten notifizierter Stellen im Rahmen des Verfahrens gem. Anhang VII der KI-VO** über die „Konformität auf der Grundlage einer Bewertung des Qualitätsmanagementsystems und einer Bewertung der technischen Dokumentation“. 18

Insoweit stellt „die notifizierte Stelle eine Unionsbescheinigung über die Bewertung der technischen Dokumentation aus“, Nr. 4.6 Abs. 2 S. 1 des Anhangs VII der KI-VO, wenn die Prüfung der technischen Dokumentation zum Ergebnis führt, dass die Anforderungen der Art. 8 ff. erfüllt sind. Ausdrücklich zu melden sind zudem etwaige Ergänzungen der Unionsbescheinigungen. Nach der Bewertung des Qualitätssicherungssystems am Maßstab des Art. 17 kann es wiederum zur Genehmigung des betreffenden Systems kommen, Nr. 3.2 des Anhangs VII der KI-VO. 19

---

5 So im Ergebnis auch Martini/Wendehorst/Gerdemann Art. 45 Rn. 2.
6 So auch Martini/Wendehorst/Gerdemann Art. 45 Rn. 7.
7 Bomhard/Pieper/Wende/Saurin/Thiermann Art. 45 Rn. 10.

20 Durch die Ergänzung des Informationskatalogs aus Art. R28 Abs. 1 des Anhangs I des Beschlusses Nr. 768/2008/EG um dezidiert positive Bewertungen von Hochrisiko-KI-Systemen am Maßstab des Anhangs VII der KI-VO soll den notifizierenden Behörden eine breitere Informationsgrundlage für die Überwachung der notifizierten Stellen zur Verfügung gestellt werden.[8]

21 Gem. lit. b sind sodann auch alle „Verweigerungen, Einschränkungen, Aussetzungen oder Rücknahmen von Unionsbescheinigungen über die Bewertung der technischen Dokumentation oder Genehmigungen von Qualitätsmanagementsystemen", die gemäß den Anforderungen des Anhangs VII der KI-VO erteilt wurden, Gegenstand allfälliger Unterrichtungen durch die notifizierte Stelle.

22 Im Ergebnis handelt es sich insoweit um die Kehrseite der Informationspflicht aus lit. a: Während lit. a ausgestellte Unionsbescheinigungen sowie genehmigte Qualitätsmanagementsysteme in den Fokus des informationellen Interesses rückt, regelt lit. b nicht nur die **Verweigerung** im Rahmen der Prüfungen, sondern darüber hinaus auch **nachträgliche Beschränkungen schon ausgestellter Bescheinigungen bzw. genehmigter Qualitätsmanagementsysteme.**

23 Dass bereits ausgestellte Bescheinigungen **ausgesetzt, widerrufen oder eingeschränkt** werden können, ergibt sich unmittelbar aus Art. 44 Abs. 3 S. 1. Hierfür ist Voraussetzung, dass ein KI-System später nicht mehr die Anforderungen aus den Art. 8–15 erfüllt. Die Reaktion der notifizierten Stelle muss dabei stets **verhältnismäßig** sein. Aus diesem Grund muss dem betroffenen Anbieter des Systems die Möglichkeit zur Korrektur eingeräumt werden. Schließlich muss die notifizierte Stelle ihre Entscheidung auch begründen, Art. 44 Abs. 3 S. 2.

24 Zunächst ist über etwaige Verweigerungen zu berichten. Dabei kann sich die Verweigerung ebenso auf die Unionsbescheinigung über die Bewertung der technischen Dokumentation wie auf die Genehmigung des Qualitätsmanagementsystems beziehen. Beide Prüfungen sind conditio sine qua non für ein erfolgreiches Konformitätsbewertungsverfahren gem. Anhang VII der KI-VO.

25 Die **Ausstellung einer Unionsbescheinigung** wird zum einen verweigert, wenn das KI-System die Anforderungen aus den Art. 8 ff. nicht erfüllt, Nr. 4.6 Abs. 4 S. 1 des Anhangs VII der KI-VO. Die Bescheinigung wird insbesondere verweigert, wenn das betreffende „KI-System nicht die Anforderung in Bezug auf die verwendeten Trainingsdaten" erfüllt. In dem Fall „enthält die begründete Bewertungsentscheidung der notifizierten Stelle (...) besondere Erläuterungen zu den zum Trainieren des KI-Systems verwendeten Qualitätsdaten", Nr. 4.6 Abs. 5 des Anhangs VII der KI-VO. Trainingsdaten sind gem. Art. 3 Nr. 29 „Daten, die zum Trainieren eines KI-Systems verwendet werden, wobei dessen lernbare Parameter angepasst werden". Trainingsdatensätze spielen bei jenen Hochrisiko-KI-Systemen eine Rolle, „in denen Techniken eingesetzt werden, bei denen KI-Modelle mit Daten trainiert werden", Art. 10 Abs. 1 S. 1. Solche KI-Systeme müssen gem. Art. 10 Abs. 1 S. 2 „mit Trainings-, Validierungs- und Testdatensätzen entwickelt werden", die den Qualitätskriterien aus Art. 10 Abs. 2–5 entsprechen. Was das Qualitätsmanagementsystem anbelangt, führt die fehlende Erfüllung der Anforderungen aus Art. 17 zur Verweigerung der Genehmigung, Nr. 3.2 Abs. 1 des Anhangs VII der KI-VO.

26 Auch wenn zunächst eine Unionsbescheinigung ausgestellt bzw. ein Qualitätsmanagementsystem genehmigt wurde, kann es später zu entsprechenden

[8] Martini/Wendehorst/Gerdemann Art. 45 Rn. 8, wo allerdings anstelle der notifizierenden Behörden am Ende auch die „notifizierten Behörden" in Bezug genommen werden.

Beschränkungen kommen. Die Bandbreite reicht dabei von bloßen Einschränkungen über Aussetzungen bis zu Rücknahmen. Meldepflichtig sind dabei sämtliche Vorgänge nach einem zunächst erfolgreichen Konformitätsbewertungsverfahren.

Mit den Einschränkungen, Aussetzungen und Rücknahmen von Unionsbescheinigungen über die Bewertung der technischen Dokumentation oder Genehmigungen von Qualitätsmanagementsystemen wird auf die negativen Konsequenzen für den Fall hingewiesen, dass die Anforderungen aus den Art. 8 ff. zu einem späteren Zeitpunkt nicht mehr erfüllt werden. Auf diese zwingende Konsequenz, die im Wege privatrechtlicher Regelungen umzusetzen ist, wird in Art. 44 Abs. 3 UAbs. 1 hingewiesen. **27**

Unglücklich ist die Verwendung des Begriffs der Rücknahme, da in Art. 44 Abs. 3 UAbs. 1 vom Widerruf die Rede ist. Mit Blick auf die englische Fassung, wo jeweils von withdrawal bzw. withdraw die Rede ist, besteht jedenfalls kein Zweifel daran, dass mit der Rücknahme in lit. b nichts anderes als der Widerruf gem. Art. 44 Abs. 3 UAbs. 1 gemeint sein soll.

Sodann sind gem. lit. c „alle Umstände, die Folgen für den Anwendungsbereich oder die Bedingungen der Notifizierung haben", zu berichten. In diesem Zusammenhang geht es also um die **Notifizierung der notifizierten Stelle** selbst. Demgegenüber stehen bei den Unterrichtungsgegenständen in den lit. a, b die (erfolgreich abgeschlossenen wie erfolglosen) Zertifizierungen der notifizierten Stelle im Fokus, die im Auftrag der Anbieter von Hochrisiko-KI-Systemen erbracht werden. **28**

Was den **Anwendungsbereich der Notifizierung** anbelangt, ist dieser zwar derzeit mit Blick auf die allein erfassten Hochrisiko-KI-Systeme gem. Nr. 1 des Anhangs III der KI-VO überschaubar. Durch delegierte Rechtsakte der Kommission gem. Art. 43 Abs. 6 kann es insoweit freilich Änderungen in der Zukunft geben. In dem Fall kann es sein, dass der Anwendungsbereich der Notifizierung anzupassen ist, weil die notifizierte Stelle zB nicht mehr über die erforderliche (Fach-)Kompetenz für sämtliche (dann erfasste) Hochrisiko-KI-Systeme verfügt. Der Aspekt der betreffenden Arten von KI-Systemen wird etwa in Art. 30 Abs. 3 S. 1 explizit erwähnt. Richtigerweise kann es daher schon mit Blick auf die Hochrisiko-KI-Systeme im Bereich der Biometrie zu nachträglichen Änderungen in Bezug auf den Anwendungsbereich der Notifizierung kommen, wenn und weil in diesem Kontext nach unterschiedlichen AIA-Codes differenziert wird. In der Folge gibt es unterschiedliche Arten von KI-Systemen selbst im Bereich der Biometrie (zum Ganzen → Rn. 59). Daneben kann eine notifizierte Stelle ggf. zu einem späteren Zeitpunkt auf die Kontrolle der technischen Dokumentation gem. Nr. 4 des Anhangs VII der KI-VO oder wahlweise auf die Bewertung des Qualitätsmanagementsystems gem. Nr. 3 des Anhangs VII der KI-VO verzichten; denn die beiden Tätigkeiten im Rahmen des Konformitätsbewertungsverfahrens gem. Anhang VII müssen erkennbar nicht in einer Hand liegen. **29**

Für **Erweiterungen des Anwendungsbereichs der Notifizierung** gelten wiederum gem. Art. 36 Abs. 2 UAbs. 1 als leges speciales die Art. 29 f. Ebenfalls nicht erfasst wird die **Einstellung der Konformitätsbewertungstätigkeit;** denn hierfür gibt es eine speziellere Informationspflicht der notifizierten Stelle gegenüber der notifizierenden Behörde aus Art. 36 Abs. 3 S. 1. **30**

Sodann sollen in lit. c mit Blick auf die „Bedingungen der Notifizierung" auch solche Sachverhalte in den Fokus des Interesses gerückt werden, die sich negativ auf das Fortbestehen der Notifizierung auswirken können. In diesem Zusammen- **31** hang ist die Rede davon, dass sich die notifizierte Stelle ggf. selbst belasten muss, indem sie zB auf die später fehlende Einhaltung der Anforderungen aus Art. 31 hinweist. Tatsächlich handelt es sich dabei um solche **Bedingungen der Notifizierung.** Relevant können daneben Verstöße gegen die operativen Pflichten der notifizierten Stellen aus Art. 34 Abs. 2 S. 1 sein.[9]

32 Die **Selbstbelastungspflicht der notifizierten Stelle** gem. lit. c kann daher ohne Weiteres iRd Art. 36 über die „Änderungen der Notifizierungen" relevant werden. So kann es etwa zu einer **Untersuchung der notifizierenden Behörde** kommen, wenn sie hinreichenden Grund zu der Annahme hat, dass eine notifizierte Stelle nicht mehr die Anforderungen aus Art. 31 erfüllt. In diesem Fall muss die notifizierende Behörde „den Sachverhalt unverzüglich und mit äußerster Sorgfalt" prüfen, Art. 36 Abs. 4 S. 1. Die betroffene notifizierte Stelle kann sich zwar gem. Art. 36 Abs. 4 S. 2 zu den im Raum stehenden Einwänden äußern; schlimmstenfalls kann die Benennung aber eingeschränkt, ausgesetzt oder widerrufen werden, Art. 36 Abs. 4 S. 3.

33 Berichtspflichtig sind sodann gem. lit. d sämtliche Auskunftsersuchen über Konformitätsbewertungstätigkeiten, die von den **Marktüberwachungsbehörden** iSd Art. 3 Nr. 26 herrühren. Relevant sind danach alle europäischen Marktüberwachungsbehörden und damit umgekehrt nicht nur jene aus dem Sitzstaat der notifizierten Stelle. **Gegenstand der Ersuchen** muss jeweils eine **Konformitätsbewertungstätigkeit** sein. Dabei wird es sich typischerweise um einen konkreten Sachverhalt im Zusammenhang mit einem Hochrisiko-KI-System gem. Nr. 1 des Anhangs III der KI-VO handeln, der Gegenstand einer marktüberwachungsbehördlichen Kontrolle ist. Das betreffende Hochrisiko-KI-System muss im Falle eines Auskunftsersuchens von der betreffenden notifizierten Stelle bewertet worden sein. In diesem Szenario gibt es fraglos ein originäres **Informations- und Kontrollinteresse der notifizierenden Behörde,** weil einer solchen Anfrage regelmäßig Zweifel an der Konformität des Hochrisiko-KI-Systems zugrunde liegen.[10] Allerdings kann es daneben auch Auskunftsersuchen ergeben, die sich in abstrakter Form auf die Konformitätsbewertungstätigkeit einer notifizierten Stelle beziehen, weil sie mehrere, zahlreiche oder alle Hochrisiko-KI-Systeme gem. Nr. 1 des Anhangs III der KI-VO betrifft.

34 Wichtig ist, dass tatsächlich über **jedes einzelne Ersuchen** zu informieren ist. Selbst wenn die notifizierte Stelle der Ansicht sein sollte, dass ein spezifisches Auskunftsersuchen belanglos gewesen sei bzw. schnell beantwortet werden konnte, ist es Teil der Berichtspflichten. Am Ende soll die notifizierende Behörde selbst über die Relevanz der übermittelten Informationen entscheiden können.

35 Schließlich muss die notifizierte Stelle gem. lit. e über etwaige Konformitätsbewertungstätigkeiten in der Vergangenheit und sonstige Tätigkeiten, die sie durchgeführt hat, Bericht erstatten. Bei den sonstigen Tätigkeiten werden etwaige **grenzüberschreitende Tätigkeiten** und die **Vergabe von Unteraufträgen** explizit erwähnt.

36 Im Unterschied zu den vorangehenden Informationspflichten wird die Informationspflicht aus lit. e nur „auf Anfrage" aktiviert. Dabei muss die **Anfrage naturgemäß von der notifizierenden Behörde** kommen. Ohne solche Anfragen sind die notifizierten Stellen also umgekehrt nicht zur Unterrichtung verpflichtet.

---

[9] Instruktiv zum Ganzen Martini/Wendehorst/Gerdemann Art. 45 Rn. 10.

[10] Siehe auch Martini/Wendehorst/Gerdemann Art. 45 Rn. 11.

Auch wenn in Abs. 1 **keine Frist für die Übermittlung der Informationen** vorgesehen ist, dürfte kein Zweifel daran bestehen, dass den zum Informationsaustausch verpflichteten notifizierten Stellen nicht unbegrenzt Zeit zur Verfügung steht, ihre Pflichten zu erfüllen. Aus diesem Grund soll ein Verstoß gegen Abs. 1 vorliegen, wenn sie relevante Informationen „ohne Rechtfertigung erst mit Verzögerung an die notifizierenden Behörden" weiterleiten.[11] Richtigerweise dürfte ein Verstoß erst dann zu bejahen sein, wenn es sich um eine **ins Gewicht fallende bzw. ungebührliche Verzögerung** handelt, die sich letztlich **nicht mehr mit einem ordentlichen Geschäftsgang bei einer notifizierten Stelle** in Einklang bringen lässt. Insoweit wird die Verzögerung also eher Wochen als Tage betragen müssen, zumal die notifizierte Stelle die Informationen zunächst zusammenstellen und zwecks Weiterleitung aufbereiten muss. 37

Ein spezifisches **Format für die Informationsübermittlung** kennt Abs. 1 nicht. So wird insbesondere **keine elektrische Form der Information** verlangt. Im Ergebnis haben die notifizierten Stellen damit Spielräume, wie sie die Informationen in concreto zur notifizierenden Behörde bringen. In praxi dürfte freilich die **digitale Kommunikation via E-Mail** dominieren. In der Literatur wird zudem eine „verschlüsselte digitale Datenübermittlung" empfohlen. Die insoweit in Bezug genommene Vertraulichkeit gem. Abs. 4 richtet sich indes an die notifizierenden Behörden und nicht an die notifizierten Stellen.[12] 38

Zu beachten ist, dass Verstöße gegen die Informationspflichten aus Abs. 1 eine **Untersuchung der notifizierenden Behörde** gem. Art. 36 Abs. 4 S. 1 nach sich ziehen können; denn insoweit handelt es sich um originäre Pflichten der notifizierten Stellen. Im Worst Case kann die Benennung eingeschränkt, ausgesetzt oder widerrufen werden, Art. 36 Abs. 4 S. 3.[13] Zuvor kann die betroffene notifizierte Stelle freilich Stellung zu den erhobenen Einwänden nehmen, Art. 36 Abs. 4 S. 2. 39

2. Informationspflichten gegenüber anderen notifizierten Stellen (Abs. 2)

Abs. 2 befasst sich mit **Informationspflichten der notifizierten Stellen gegenüber anderen notifizierten Stellen.** Gegenstand der Informationspflichten sind Qualitätsmanagementsysteme und Bescheinigungen der Union über die Bewertung der technischen Dokumentation und deren etwaige Ergänzungen. 40

Die Informationspflichten der notifizierten Stellen gem. Abs. 2 waren noch nicht in der Musterbestimmung gem. Art. R28 des Anhangs I des Beschlusses Nr. 768/2008/EG vorgesehen, die ansonsten als Vorbild für die Regelung in Art. 45 dient (→ Rn. 2). 41

Systematisch bestehen erkennbar enge Bezüge zum vorangehenden Abs. 1. Während dort Informationspflichten gegenüber den notifizierenden Behörden aus der Taufe gehoben werden, befasst sich Abs. 2 mit der Unterrichtung anderer notifizierter Stellen. Pflichtenträger sind jeweils die notifizierten Stellen, wobei die Gegenstände der Unterrichtung im Abs. 1 deutlich weiter gefasst sind. In beiden Absätzen dominieren freilich die Genehmigungen von Qualitätsmanagementsystemen und die Unionsbescheinigungen über die Bewertung der techni- 42

---

[11] So Martini/Wendehorst/Gerdemann Art. 45 Rn. 7.

[12] Zum Ganzen Martini/Wendehorst/Gerdemann Art. 45 Rn. 7, 18 f.

[13] Martini/Wendehorst/Gerdemann Art. 45 Rn. 12.

schen Dokumentation als Gegenstände der Informationspflichten. Sodann ist der Anhang VII der KI-VO über die „Konformität auf der Grundlage einer Bewertung des Qualitätsmanagementsystems und einer Bewertung der technischen Dokumentation" zu nennen; denn die betreffenden Genehmigungen von Qualitätsmanagementsystemen und Bescheinigungen der Union über die Bewertung der technischen Dokumentation sind Teil des entsprechenden Konformitätsbewertungsverfahrens. Schließlich lenkt die Gesetzessystematik den Blick auf den nachfolgenden Abs. 3, da dort ebenfalls Informationspflichten der notifizierten Stellen gegenüber anderen notifizierten Stellen geregelt sind.

43 Mit Blick auf das **Gesetzgebungsverfahren** waren die Inhalte aus Abs. 2 schon in Art. 46 Abs. 2 KI-VO-E und damit im ursprünglichen Vorschlag der Europäischen Kommission angelegt. Bei Lichte betrachtet ließ es der Gesetzgeber anschließend bei minimalen sprachlichen Veränderungen bewenden.

44 Die Informationspflichten aus Abs. 2 dienen dem Informationsaustausch innerhalb der notifizierten Stellen. Damit soll im Ergebnis ein **einheitliches Vorgehen der Stellen im Rahmen der Konformitätsbewertung** gem. Art. 43 Abs. 1 gefördert werden. Tatsächlich ließe sich in der Folge ein **„Prüfstellen-Shopping"** vermeiden, das mit einem „race to the bottom" in qualitativer Hinsicht einhergehen kann.[14] Im Übrigen fördern die Informationspflichten aus Abs. 2 einen **sachdienlichen Erfahrungsaustausch innerhalb der notifizierten Stellen.**[15]

45 **Pflichtenträger** ist gem. Abs. 2 **jede notifizierte Stelle** iSd Art. 3 Nr. 22 (→ Rn. 12). Auch wenn die Verweigerung einer Unionsbescheinigung über die Bewertung der technischen Dokumentation zu jenen Informationen rechnet, die gem. lit. b meldepflichtig sind, sind jene notifizierten Stellen nicht zur Information gem. Abs. 2 verpflichtet, welche integrierte Konformitätsbewertungsverfahren gem. Art. 43 Abs. 3 UAbs. 1 durchführen.[16] Der Grund hierfür liegt darin, dass der Verweis auf Nr. 4.6 Abs. 5 des Anhangs VII der KI-VO inhaltlich lediglich die Bewertungsentscheidung der notifizierten Stelle und die besonderen Erläuterungen zum Gegenstand hat (→ Rn. 13).

46 Die **Empfänger der Informationen** sind die **übrigen notifizierten Stellen,** wobei es keine Unterschiede zu den Adressaten der Informationspflicht gibt (→ Rn. 45). Richtigerweise werden die notifizierten Stellen, welche gem. Art. 43 Abs. 3 UAbs. 1 Hochrisiko-KI-Systeme gem. Art. 6 Abs. 1 iVm Abschnitt A des Anhangs I der KI-VO bewerten, nicht zu unterrichten sein, wenn es um die **Verweigerung der Genehmigung der Bescheinigung der Union über die Bewertung der technischen Dokumentation und etwaiger Ergänzungen** geht; denn solche Verweigerungen sind gem. Art. 43 Abs. 3 UAbs. 1 S. 2 mangels Bezugnahme auf die Nr. 4.6 Abs. 4 des Anhangs VII der KI-VO gerade kein Bestandteil ihrer Tätigkeit. (→ Rn. 13; Art. 43 Rn. 43).

47 Erneut gilt zum einen, dass jede notifizierte Stelle gem. Abs. 2 zur Information verpflichtet ist. Umgekehrt gibt es also **kein Ermessen,** ob die betreffenden Informationen an die übrigen notifizierten Stellen weitergegeben werden.[17]

---

[14] Zum Ganzen Martini/Wendehorst/Gerdemann Art. 45 Rn. 13; s. zur „Vereinheitlichung der Arbeitsweise der notifizierten Stellen" auch Bomhard/Pieper/Wende/Saurin/Thiermann Art. 45 Rn. 2.

[15] Vgl. Bomhard/Pieper/Wende/Saurin/Thiermann Art. 45 Rn. 21.

[16] AA Martini/Wendehorst/Gerdemann Art. 45 Rn. 2 mit Hinweis auf den Regelungszweck.

[17] Bomhard/Pieper/Wende/Saurin/Thiermann Art. 45 Rn. 14.

Zum anderen werden die Gegenstände der Berichterstattung in Abs. 2 **abschließend** geregelt, wenn der Informationsfluss zwischen den notifizierten Stellen in Rede steht. Zu beachten ist freilich, dass die Informationspflichten der notifizierten Stellen gegenüber anderen notifizierten Stellen aus Abs. 2 von weiteren vergleichbaren Informationspflichten in Abs. 3 flankiert werden. Allerdings sind die Informationspflichten gem. Abs. 3 dahingehend eingeschränkt, dass die Empfänger der Informationen „ähnlichen Konformitätsbewertungstätigkeiten für die gleichen Arten der KI-Systeme nachgehen" müssen. 48

Gegenstand der Informationspflichten sind gem. lit. a zum einen **Genehmigungen von Qualitätsmanagementsystemen,** welche die notifizierte Stelle **verweigert, ausgesetzt oder zurückgenommen** hat. Nur **auf Anfrage** sind hingegen auch die entsprechenden Genehmigungen zu übermitteln, die sie **erteilt** hat. 49

Zum anderen gilt dasselbe gem. lit. b für die **Bescheinigungen der Union über die Bewertung der technischen Dokumentation und deren etwaige Ergänzungen,** die sie **verweigert, ausgesetzt oder zurückgenommen oder anderweitig eingeschränkt** hat. Ebenfalls informiert sie andere notifizierte Stellen **auf Anfrage** über die Bescheinigungen und/oder deren Ergänzungen, die sie ausgestellt hat. 50

Dazu, bis wann die **Informationen** zu übermitteln sind, verhält sich Abs. 2 nicht. Erneut werden die Informationen daher **im ordentlichen Geschäftsgang** weiterzugeben sein, wobei ein Verstoß erst **bei beachtlichen Verzögerungen** angenommen werden kann (→ Rn. 37). 51

Formatvorgaben für die Informationsübermittlung werden auch in Abs. 2 nicht statuiert. So wird insbesondere **keine elektrische Form der Information** verlangt. Daher dürfen die notifizierten Stellen über die jeweils passende Form frei entscheiden. 52

Abschließend ist darauf hinzuweisen, dass auch Verstöße gegen die Informationspflichten aus Abs. 2 eine **Untersuchung der notifizierenden Behörde** gem. Art. 36 Abs. 4 S. 1 nach sich ziehen können (näher → Rn. 39). 53

3. Informationspflichten gegenüber anderen notifizierten Stellen über Konformitätsbewertungsergebnisse (Abs. 3)

Gem. Abs. 3 übermittelt jede notifizierte Stelle den anderen notifizierten Stellen Informationen insbesondere über negative Konformitätsbewertungsergebnisse, wenn und soweit diese Stellen „ähnlichen Konformitätsbewertungstätigkeiten für die gleichen Arten der KI-Systeme nachgehen". 54

Die Inhalte aus Abs. 3 gehen unmittelbar auf das Muster in Art. R28 Abs. 2 des Anhangs I des Beschlusses Nr. 768/2008/EG zurück. Expliziter als in Abs. 3 wird in den Musterbestimmungen darauf hingewiesen, dass nur solche Stellen Empfänger der Informationen sind, die unter demselben Rechtsakt notifiziert sind. 55

Auch wenn der Regelungsinhalt aus Abs. 3 schon in Art. 46 Abs. 3 KI-VO-E vorgesehen war, gab es im Verlauf des Gesetzgebungsverfahrens eine Anpassung, die leicht übersehen werden kann. So wurde aus den „ähnlichen Konformitätsbewertungstätigkeiten für die gleiche KI-Technik" in der finalen Fassung eine Bezugnahme auf die „ähnlichen Konformitätsbewertungstätigkeiten für die gleichen Arten der KI-Systeme". Damit wurde der Bezugspunkt bei Lichte betrachtet etwas konkreter gefasst.[18] 56

[18] Martini/Wendehorst/Gerdemann Art. 45 Rn. 6.

57 Die Bestimmung zielt erkennbar darauf ab, dass sich die notifizierten Stellen über negative Bewertungen austauschen, um **zu einem einheitlichen Vorgehen** zu kommen. Tatsächlich werden sich aus diesen Ergebnissen zielführendere Erkenntnisse als aus positiven Konformitätsbewertungen ziehen lassen, über die allerdings ebenfalls – wenn auch nur auf Anfrage – zu berichten sein kann. Ganz generell zahlen die Informationspflichten aus Abs. 3 abermals auf einen **sachdienlichen Erfahrungsaustausch innerhalb des Kreises der notifizierten Stellen** ein.[19]

58 Gem. Abs. 3 wird **jede notifizierte Stelle** iSd Art. 3 Nr. 22 (→ Rn. 12) in die Pflicht genommen. Richtigerweise können in diesem Kontext auch solche Stellen zur Information verpflichtet sein, welche die Konformitätsbewertung bei den Hochrisiko-KI-Systemen gem. Art. 6 Abs. 1 iVm Abschnitt A des Anhangs I der KI-VO durchführen. Dafür spricht nicht nur der Regelungszweck, sondern auch die weite Definition der notifizierten Stelle im Katalog der Begriffsbestimmungen.[20] Wenn und weil sie bei ihrer Tätigkeit gem. Art. 43 Abs. 3 UAbs. 1 S. 2 sowohl die Art. 8 ff. als auch die Nr. 4.3–4.5, 4.6 Abs. 5 des Anhangs VII der KI-VO anzuwenden haben, sind sie ggf. dazu verpflichtet, die **Ausstellung der Unionsbescheinigung über die Bewertung der technischen Dokumentation aus Gründen fehlender Qualität der Trainingsdaten bei solchen Hochrisiko-KI-Systemen zu verweigern,** bei denen gem. Art. 10 Abs. 1 KI-Modelle mit Daten trainiert werden, Nr. 4.6 Abs. 5 des Anhangs VII der KI-VO. Auch wenn damit in diesem Szenario richtigerweise gerade keine Unionsbescheinigung verweigert wird (→ Rn. 13), handelt es sich doch um ein negatives Konformitätsbewertungsergebnis, das gem. Abs. 3 meldepflichtig ist.

59 Die **Empfänger der Informationen** sind keineswegs alle Stellen, die unter der KI-VO oder den Harmonisierungsrechtsakten der Union im Abschnitt A des Anhangs I der KI-VO notifiziert sind. Voraussetzung ist vielmehr, dass eine Stelle „ähnlichen Konformitätsbewertungstätigkeiten für die gleichen Arten der KI-Systeme“ nachgeht.

60 Fraglich ist, wann **gleiche Arten der KI-Systeme** vorliegen. De lege lata könnten damit zB sämtliche notifizierte Stellen gemeint sein, die für Hochrisiko-KI-Systeme im Bereich der Biometrie notifiziert sind und insoweit ähnlichen Konformitätsbewertungstätigkeiten nachgehen. Wenn die zur Information verpflichtete notifizierte Stelle nur Unionsbescheinigungen über die Bewertung der technischen Dokumentation von Hochrisiko-KI-Systemen im Bereich der Biometrie ausstellte, dann müsste sie nur solche notifizierten Stellen informieren, die ebenfalls in diesem Bereich tätig sind. Umgekehrt wären jene notifizierten Stellen nicht zu unterrichten, die für diese Hochrisiko-KI-Systeme allein das jeweilige Qualitätsmanagementsystem genehmigen. Die besseren Gründe sprechen jedoch für einen engeren Begriff der Gleichartigkeit von KI-Systemen. Danach wird es auf die spezifischen AIA-Codes ankommen, dh etwa AIB 0201 für biometrische Fernidentifizierungssysteme gem. Nr. 1 lit. a des Anhangs III der KI-VO, die von Organen oder sonstigen Stellen der Union in Betrieb genommen werden sollen, oder AIB 0206 für KI-Systeme zur biometrischen Kategorisierung gem. Nr. 1 lit. b des Anhangs III der KI-VO.[21]

61 Innerhalb des Abs. 3 ist abermals zwischen einer **Übermittlungspflicht bei negativen Konformitätsbewertungsergebnissen** und einer nur **einge-**

---

[19] So auch Bomhard/Pieper/Wende/Saurin/Thiermann Art. 45 Rn. 21.

[20] So auch Martini/Wendehorst/Gerdemann Art. 45 Rn. 2 mit Hinweis auf den Regelungszweck.

[21] Vgl. COM(2025) 836 final.

schränkten Übermittlungspflicht bei positiven Konformitätsbewertungsergebnissen zu unterscheiden. Die zuletzt genannten Ergebnisse sind nur **auf Anfrage** zu übermitteln.

Zur Information verpflichtet ist jede notifizierte Stelle, die im Rahmen der Konformitätsbewertung **negative Ergebnisse** feststellt. Mit Blick auf die Konformitätsbewertungsverfahren gem. Art. 43 Abs. 1, 2, die sich mit den Hochrisiko-KI-Systemen gem. Nr. 1–8 des Anhangs III der KI-VO befassen, ist die Einbindung notifizierter Stellen nur im Rahmen des in Anhang VII der KI-VO ausbuchstabierten Verfahrens vorgesehen. Bis auf Weiteres werden etwaige Informationspflichten daher nur bei den **Hochrisiko-KI-Systemen im Bereich der Biometrie** aktiviert, Art. 43 Abs. 1. In den übrigen Fällen des Art. 43 Abs. 2 findet hingegen das Verfahren der internen Kontrolle gem. Anhang VI der KI-VO Anwendung. Folgerichtig können von vornherein keine Unterrichtungspflichten notifizierter Stellen aktiviert werden. 62

Daneben können notifizierte Stellen auch bei der Konformitätsbewertung von Hochrisiko-KI-Systemen gem. Art. 6 Abs. 1 iVm Abschnitt A des Anhangs I der KI-VO zu negativen Ergebnissen gelangen. Insoweit dürfte allerdings nicht über sämtliche negative Ergebnisse zu berichten sein. Vielmehr wird insoweit ein **Bezug zu den KI-spezifischen Anforderungen** existieren müssen, um eine Informationspflicht gem. Abs. 3 zu begründen. Solche Bezüge bestehen mit der Integration der Art. 8 ff. einerseits und der Nr. 4.3–4.5, 4.6 Abs. 5 des Anhangs VII der KI-VO andererseits. Demgegenüber sind negative Konformitätsergebnisse wegen Verstoßes zB gegen materielles Spielzeugrecht oder Funkanlagenrecht richtigerweise nicht gem. Abs. 3 zu berichten.[22] 63

Zu übermitteln sind dezidiert **einschlägige Informationen,** und zwar **bei negativen wie bei positiven Konformitätsbewertungsergebnissen.** Damit gibt es sicher **gewisse Spielräume für die verpflichtete notifizierte Stelle,** welche Informationen sie in concreto zusammenstellt. Aufgrund des Erfordernisses der Einschlägigkeit der Informationen besteht umgekehrt kein berechtigter Zweifel daran, dass gerade bei den negativen Ergebnissen auf die (ggf. versteckten) Ursachen für etwaige Abweichungen einzugehen sein wird. 64

Die Informationspflicht wird grds. in dem Moment aktiviert, in dem die negativen Konformitätsbewertungsergebnisse festgestellt sind bzw. die Anfrage einer anderen notifizierten Stelle über positive Ergebnisse eingelaufen ist. Eine **Frist,** bis wann die Informationen spätestens zu übermitteln sind, kennt freilich auch Abs. 3 nicht. Erneut werden die Informationen daher **im ordentlichen Geschäftsgang** weiterzugeben sein, wobei ein Verstoß erst **bei beachtlichen Verzögerungen** angenommen werden kann (→ Rn. 37, 51). 65

Ebenso wie in den vorangehenden Abs. 1, 2 gibt es **keine Formvorgaben für die Informationsübermittlung.** Im Ergebnis kann iRd Abs. 3 indes nichts anderes gelten als beim Abs. 2 (→ Rn. 52). 66

Verstöße gegen die Informationspflichten auch aus Abs. 3 können eine **Untersuchung der notifizierenden Behörde** gem. Art. 36 Abs. 4 S. 1 nach sich ziehen (näher → Rn. 39, 53). 67

4. Gewährleistung der Vertraulichkeit (Abs. 4)

Schließlich gewährleisten die notifizierenden Behörden gem. Abs. 4 die **Vertraulichkeit der Informationen,** die sie im Zuge ihrer Tätigkeit erlangen. Dies- 68

---

[22] Vgl. die Nr. 2, 6 des Abschnitts A des Anhangs I der KI-VO.

bezüglich wird auf die Regelung in Art. 78 verwiesen, der die Vertraulichkeit zum Gegenstand hat.

69 Abs. 4 geht letztlich – ebenso wie die parallele Regelung in Art. 28 Abs. 6 – auf die Musterbestimmung in Art. R15 Abs. 5 des Anhangs I des Beschlusses Nr. 768/2008/EG zurück. Schon damals war bei den „Anforderungen an notifizierende Behörden" vorgesehen, dass eine notifizierende Behörde „die Vertraulichkeit der von ihr erlangten Informationen" sicherstellt. Auch wenn die betreffende Musterbestimmung insbesondere in Art. 28 rezipiert wird, wurde die Regelung über die Vertraulichkeit gesondert in Abs. 4 aufgenommen. Damit flankiert der Unionsgesetzgeber offenbar die Regelung in Abs. 1, welche die notifizierenden Behörden als Empfänger von Informationen in den Fokus des Interesses rückt.

70 Aus der **Perspektive der Gesetzessystematik** gilt der Blick in Abs. 4 naturgemäß zum Art. 78, der unmittelbar in Bezug genommen wird und die „Vertraulichkeit" zum Gegenstand hat. Sodann ist die parallele Regelung in Art. 28 Abs. 6 zu nennen, welche Bestandteil des Regelungskonzepts über „Notifizierende Behörden" ist. Schließlich sind die Inhalte aus Abs. 1 zu nennen, weil dort Informationspflichten der notifizierten Stellen geregelt sind, die sich an die notifizierenden Behörden richten. Erst daraus lässt sich im Regelungsgefüge des Art. 44 ein Bedarf für die Vertraulichkeit ableiten, die von den notifizierenden Behörden zu gewährleisten ist.

71 Der Regelungsinhalt aus Abs. 4 war noch nicht Gegenstand des Art. 46 KI-VO-E. Schon damals gab es freilich die Regelung in Art. 30 Abs. 6 KI-VO-E, die nunmehr in Art. 28 Abs. 6 rezipiert wird. Schon damals sollten die notifizierenden Behörden „die Vertraulichkeit der von ihnen erlangten Informationen" gewährleisten.

72 Die **Stoßrichtung** des Abs. 4 liegt offen zutage. Die mitunter sensiblen Informationen, die einer notifizierenden Behörde vorliegen, müssen vertraulich behandelt werden. So können etwa **Geschäftsgeheimnisse** von Anbietern zu schützen sein, die im Rahmen von Konformitätsbewertungstätigkeiten notifizierter Stellen aufs Tapet kommen und anschließend in Erfüllung der Informationspflichten aus Abs. 1 bei der jeweiligen notifizierenden Behörde ankommen.

73 **Adressaten der Norm** sind allein die notifizierenden Behörden und damit umgekehrt gerade nicht die notifizierten Stellen.[23] Daher handelt es sich bei Abs. 4 – mit Blick auf die Musterbestimmungen aus dem Jahr 2008 – auch keineswegs um eine gesetzliche Innovation.[24] Vielmehr geht der Norminhalt unmittelbar auf Art. R15 Abs. 5 des Anhangs I des Beschlusses Nr. 768/2008/EG zurück (→ Rn. 69).

74 Gem. Art. 78 Abs. 1 wahren die Kommission, die Marktüberwachungsbehörden und die notifizierten Stellen sowie alle anderen natürlichen oder juristischen Personen, die sich mit der KI-VO befassen müssen, gem. „dem Unionsrecht oder dem nationalen Recht die Vertraulichkeit der Informationen und Daten, in deren Besitz sie bei der Ausführung ihrer Aufgaben und Tätigkeiten gelangen". Was konkret zu schützen ist, folgt aus dem Katalog in den lit. a–e. Dort werden etwa Rechte des geistigen Eigentums und Geschäftsgeheimnisse (lit. a) ebenso genannt wie öffentliche und nationale Sicherheitsinteressen (lit. c) oder als unionsrechtlich bzw. national als Verschlusssache eingestufte Informationen (lit. e).

---

[23] AA Martini/Wendehorst/Gerdemann Art. 45 Rn. 5, 18 f.

[24] So indes Martini/Wendehorst/Gerdemann Art. 45 Rn. 5.

Art. 46* Ausnahme vom Konformitätsbewertungsverfahren

(1) [1]**Abweichend von Artikel 43 und auf ein hinreichend begründetes Ersuchen kann eine Marktüberwachungsbehörde das Inverkehrbringen oder die Inbetriebnahme bestimmter Hochrisiko-KI-Systeme im Hoheitsgebiet des betreffenden Mitgliedstaats aus außergewöhnlichen Gründen der öffentlichen Sicherheit, des Schutzes des Lebens und der Gesundheit von Personen, des Umweltschutzes oder des Schutzes wichtiger Industrie- und Infrastrukturanlagen genehmigen.** [2]**Diese Genehmigung wird auf die Dauer der erforderlichen Konformitätsbewertungsverfahren befristet, wobei den außergewöhnlichen Gründen für die Ausnahme Rechnung getragen wird.** [3]**Der Abschluss dieser Verfahren erfolgt unverzüglich.**

(2) [1]**In hinreichend begründeten dringenden Fällen aus außergewöhnlichen Gründen der öffentlichen Sicherheit oder in Fällen einer konkreten, erheblichen und unmittelbaren Gefahr für das Leben oder die körperliche Unversehrtheit natürlicher Personen können Strafverfolgungsbehörden oder Katastrophenschutzbehörden ein bestimmtes Hochrisiko-KI-System ohne die in Absatz 1 genannte Genehmigung in Betrieb nehmen, sofern diese Genehmigung während der Verwendung oder im Anschluss daran unverzüglich beantragt wird.** [2]**Falls die Genehmigung gemäß Absatz 1 abgelehnt wird, wird Verwendung des Hochrisiko-KI-Systems mit sofortiger Wirkung eingestellt und sämtliche Ergebnisse und Ausgaben dieser Verwendung werden unverzüglich verworfen.**

(3) [1]**Die in Absatz 1 genannte Genehmigung wird nur erteilt, wenn die Marktüberwachungsbehörde zu dem Schluss gelangt, dass das Hochrisiko-KI-System die Anforderungen des Abschnitts 2 erfüllt.** [2]**Die Marktüberwachungsbehörde informiert die Kommission und die anderen Mitgliedstaaten über alle von ihr gemäß den Absätzen 1 und 2 erteilten Genehmigungen.** [3]**Diese Pflicht erstreckt sich nicht auf sensible operative Daten zu den Tätigkeiten von Strafverfolgungsbehörden.**

(4) **Erhebt weder ein Mitgliedstaat noch die Kommission innerhalb von 15 Kalendertagen nach Erhalt der in Absatz 3 genannten Mitteilung Einwände gegen die von einer Marktüberwachungsbehörde eines Mitgliedstaats gemäß Absatz 1 erteilte Genehmigung, so gilt diese Genehmigung als gerechtfertigt.**

(5) [1]**Erhebt innerhalb von 15 Kalendertagen nach Erhalt der in Absatz 3 genannten Mitteilung ein Mitgliedstaat Einwände gegen eine von einer Marktüberwachungsbehörde eines anderen Mitgliedstaats erteilte Genehmigung oder ist die Kommission der Auffassung, dass die Genehmigung mit dem Unionsrecht unvereinbar ist oder dass die Schlussfolgerung der Mitgliedstaaten in Bezug auf die Konformität des in Absatz 3 genannten Systems unbegründet ist, so nimmt die Kommission unverzüglich Konsultationen mit dem betreffenden Mitgliedstaat**

* Kapitel III (Art. 6–49) gilt gem. Art. 113 UAbs. 2 ab 2.8.2026, mit Ausnahme des Abschnitts 4, der gem. Art. 113 UAbs. 3 Buchst. b bereits ab 2.8.2025 gilt.

auf. [2]Die betroffenen Akteure werden konsultiert und erhalten Gelegenheit, dazu Stellung zu nehmen. [3]In Anbetracht dessen entscheidet die Kommission, ob die Genehmigung gerechtfertigt ist. [4]Die Kommission richtet ihren Beschluss an den betroffenen Mitgliedstaat und an die betroffenen Akteure.

(6) **Wird die Genehmigung von der Kommission als ungerechtfertigt erachtet, so muss sie von der Marktüberwachungsbehörde des betreffenden Mitgliedstaats zurückgenommen werden.**

(7) **Für Hochrisiko-KI-Systeme im Zusammenhang mit Produkten, die unter die in Anhang I Abschnitt A aufgeführten Harmonisierungsrechtsvorschriften der Union fallen, gelten nur die in diesen Harmonisierungsrechtsvorschriften der Union festgelegten Ausnahmen von den Konformitätsbewertungsverfahren.**

Literatur: Schucht, Sollbruchstellen und Fortschritte im Marktüberwachungsrecht, NVwZ 2018, 538.

Übersicht

A. Überblick

1 Art. 46 enthält zwei Konstellationen, in denen ausnahmsweise vom Grundsatz der vormarktlichen Konformitätsbewertung eines Hochrisiko-KI-Systems

nach den Vorgaben des Art. 43 abgewichen werden kann. Die dieser Regelung zugrundeliegende Ratio des Gesetzgebers ist es, in bestimmten, prekären Situationen das Inverkehrbringen oder die Inbetriebnahme eines nicht nach vorgezeichnetem Verfahren auf seine Konformität überprüften Hochrisiko-KI-Systems zu erlauben, um Einzelnen oder der Gesellschaft insgesamt den potenziellen Nutzen des Hochrisiko-KI-Systems nicht aus einem im Einzelfall unangebrachtem Formalismus vorzuenthalten. Das Ziel ist also die rasche Verfügbarkeit innovativer Technik (vgl. Erwgr. 130). Der behördliche Auftrag der Gefahrenabwehr wird in den erfassten Fallkonstellationen insofern nicht durch das Konformitätsbewertungsverfahren selbst, sondern gerade durch dessen gezielte, an gewisse Voraussetzungen geknüpfte und rechtlich begrenzte Aussetzung effektiv realisiert. Auch wenn dies strukturell an Regulierungsansätze wie etwa in Art. 59 Medizinprodukte-Verordnung (EU) 2017/745 erinnert, fasst der Gesetzgeber die Ausnahmetatbestände in Art. 46 vergleichsweise weit und räumt den Behörden aufgrund des potenziellen Nutzens von KI-Systemen in verschiedensten Anwendungsbereichen einen großen Spielraum ein.[1] Damit stellt Art. 46 trotz seiner in Abs. 7 zutage tretenden, systematischen Einbindung ein regulatorisches Novum dar, womit sich zumindest in Teilen auch die recht bewegte Entstehungsgeschichte (→ Rn. 3) erklärt.

Der für die gesamte KI-VO stilbildende, risikobasierte Ansatz (→ Art. 3 **2** Rn. 44) findet in Art. 46 erneut seinen Niederschlag. So ist die Grundlage für die Unterscheidung zwischen den in Abs. 1 und Abs. 2 geregelten Konstellationen die Dringlichkeit und/oder Intensität des dem Sachverhalt immanenten Risikos. Abs. 1 räumt den Marktüberwachungsbehörden unter bestimmten, vergleichsweise weniger strengen Voraussetzungen eine Genehmigungsbefugnis ein (→ Rn. 4 ff.). Demgegenüber regelt Abs. 2 für besonders kritische Situationen eine genehmigungsfreie Inbetriebnahmebefugnis, die ausschließlich Strafverfolgungs- oder Katastrophenschutzbehörden zusteht (→ Rn. 21 ff.). Der in seiner Stellung etwas eigenartige Abs. 3 formuliert in S. 1 eine weitere Genehmigungsvoraussetzung (→ Rn. 15 f.) und stellt sodann Informationspflichten der Marktüberwachungsbehörden im Falle einer positiven Bescheidung auf (→ Rn. 20). Diese Informationspflichten bilden die Grundlage für das in den Abs. 4–6 geregelte Schutzklauselverfahren (→ Rn. 31 ff.). Schließlich enthält Abs. 7 eine sachliche Begrenzung des gesamten Anwendungsbereichs von Art. 46 auf bestimmte Hochrisiko-KI-Systeme (→ Rn. 37 ff.). Diese wichtige Begrenzungen hat der Gesetzgeber zum Zwecke der Prägnanz nicht in den Titel des Art. 46 aufgenommen.

Art. 46 sollte als Ausnahmevorschrift *per definitionem* nur selten zur Anwen- **3** dung kommen. Zugleich sind die Konsequenzen seiner Anwendung in den kritischen Einzelfällen umso gewichtiger. Dies erklärt das hohe Engagement, mit dem die Verhandler im Trilog-Verfahren einige Veränderungen des Kommissionsentwurfs zu Art. 46 diskutiert und zum Teil letztlich auch vorgenommen haben. So wurden im Trilog-Verfahren die Genehmigungsvoraussetzungen in Abs. 1 verschärft und die Regelungen des Abs. 2 und des Abs. 3 S. 2 gänzlich neu geschaffen, während das Schutzklauselverfahren in Abs. 4–6 trotz anfänglicher Vorbehalte des Rates bestätigt und durch die Bezugnahme in Abs. 7 auf Anhang I Abschnitt A eine Begrenzung des Anwendungsbereichs von Art. 46 erreicht wurde.[2]

---

[1] So auch Martini/Wendehorst/Gerdemann Art. 46 Rn. 7, 38, 39.

[2] Ausführlicher dazu Martini/Wendehorst/Gerdemann Art. 46 Rn. 8.

B. Die Absätze im Einzelnen

I. Genehmigungsbefugnis der Marktüberwachungsbehörden (Abs. 1 und 3)

4 Nach Abs. 1 kann eine Marktüberwachungsbehörde unter bestimmten Voraussetzungen (→ Rn. 5 ff.) „das Inverkehrbringen oder die Inbetriebnahme bestimmter Hochrisiko-KI-Systeme (…) genehmigen". Anders als in Abs. 2, der ebenfalls eine Abweichung vom regulären Konformitätsbewertungsverfahren nach Art. 43 vorsieht, wird der normative Gegensatz zu Art. 43 im Wortlaut des Abs. 1 ausdrücklich hervorgehoben. Während Abs. 2 unter strengeren Voraussetzungen eine unmittelbare Inbetriebnahmebefugnis regelt, erlaubt Abs. 1 als Rechtsfolge (→ Rn. 18 ff.) bloß eine räumlich, sachlich und zeitlich begrenzte Genehmigung des Markteintritts. Es ist also stets eine konkrete, behördliche Zulassungsentscheidung erforderlich, weshalb in Bezug auf Abs. 1 zurecht von einem Sonderzulassungsverfahren gesprochen wird, das die Anbieterpflicht zur Durchführung eines Konformitätsbewertungsverfahrens nach Art. 16 lit. f iVm Art. 43 zwar nicht ersetzt, aber dispensiert.[3]

5 **1. Voraussetzungen. a) Bestimmte Hochrisiko-KI-Systeme.** Abs. 1 erfasst die Sonderzulassung „bestimmter Hochrisiko-KI-Systeme". Die Einstufungsvorschriften für Hochrisiko-KI-Systeme finden sich in ersten drei Absätzen des Art. 6. In der Praxis wird die Kategorisierung keine Frage intensiver Prüfung sein, da eine Entität, die sich um eine Ausnahmegenehmigung nach Abs. 1 bemüht, in aller Regel zunächst ermittelt haben wird, ob überhaupt die Notwendigkeit zur Durchführung eines Konformitätsbewertungsverfahrens aufgrund der Risikokategorie des in Rede stehenden KI-Systems besteht.

6 Gleichwohl erlaubt der scheinbar unauffällige Passus zwei praxisrelevante Schlussfolgerungen. Zum einen wird in Abs. 1 der Plural („Hochrisiko-KI-Systeme") verwendet, während Abs. 2 im Singular verbleibt. Dies legt nahe, dass gleich mehrere Hochrisiko-KI-Systeme Gegenstand einer Genehmigungsentscheidung nach Abs. 1 sein können. Die Norm eröffnet damit die Möglichkeit der Verfahrensbündelung. Zum anderen scheint der Gesetzgeber mit der Beschränkung auf „bestimmte" Hochrisiko-KI-Systeme sicherstellen zu wollen, dass der Verfahrensgegenstand auf konkrete, individuell identifizierbare KI-Systeme begrenzt bleibt und nicht ausufert. Zwar ließe sich insbesondere mit Blick auf Abs. 7 auch argumentieren, der Gesetzgeber wolle sprachlich lediglich zum Ausdruck bringen, dass nicht alle Hochrisiko-KI-Systeme vom Anwendungsbereich des Art. 46 erfasst sind, weshalb die Einschränkung eher kategorisch („manche Hochrisiko-KI-Systeme") zu verstehen sei. Dem steht jedoch der Wortlaut der englischen Fassung entgegen, die von „specific" und nicht von „certain" spricht. Während „certain" tatsächlich eine bloße kategorisch Auswahl nahelegen würde, statuiert „specific" tatsächlich ein Bestimmheitserfordernis. Diese Differenzierung ist sowohl für den Antragsteller bei der Begründung seines Ersuchens (→ Rn. 12 ff.) als auch für die Marktüberwachungsbehörde bei der Genehmigungsentscheidung (→ Rn. 18 f.) verbindlich. Sie müssen darlegen bzw. prüfen, dass bzw. ob die verfahrensgegenständlichen Hochrisiko-KI-Systeme hinreichend konkretisiert sind.

---

[3] So Martini/Wendehorst/Gerdemann Art. 46 Rn. 9.

b) Vorliegen eines Ausnahmegrundes. Sinn des Abs. 1 ist es, in prekären Ausnahmesituationen die rasche Verfügbarkeit von nutzenbringenden Hochrisiko-KI-Systemen sicherzustellen (→ Rn. 1). Welche tatsächlichen Umstände gegeben sein müssen, damit eine Genehmigung überhaupt in Frage kommt, zählt Abs. 1 abschließend auf. Dabei können einzig außergewöhnliche Gründe der öffentlichen Sicherheit, des Schutzes des Lebens und der Gesundheit von Personen, des Umweltschutzes oder des Schutzes wichtiger Industrie- und Infrastrukturanlagen eine Abweichung von Art. 43 rechtfertigen. Außergewöhnlich ist ein Grund nur dann, wenn mit Blick auf die in Abs. 1 S. 1 genannten Schutzgüter Gefahr im Verzug festgestellt werden kann.[4] Die Schutzgüter selbst sind ebenfalls restriktiv auszulegen, da es sich um ein Sonderzulassungsverfahren handelt.[5] 7

Der **Begriff der öffentlichen Sicherheit** ist mangels Konkretisierung in der KI-VO unionsrechtlich autonom und nach ständiger Rechtsprechung des EuGH restriktiv auszulegen.[6] Er umfasst die Abwehr rechtswidriger Gewaltanwendung, die Bewältigung gravierender technischer Gefahrenlagen und die Sicherstellung der öffentlichen Versorgung in akuten Krisensituationen.[7] So könnte etwa in einem Fall, der dem des mutmaßlichen Brandanschlags auf die Strominfrastruktur im Berliner Süden im Frühjahr 2026 ähnelt, eine Sonderzulassung von Hochrisiko-KI-Systemen nach Anhang III Nr. 2 KI-VO erwogen werden, sofern diese als Sicherheitskomponenten zum Schutz kritischer Infrastrukturen der Stromversorgung eingesetzt werden und damit der Aufrechterhaltung der öffentlichen Sicherheit dienen. 8

Das **Schutzziel des Lebens und der Gesundheit von Personen** hat sowohl individual- als auch kollektivrechtliche Dimensionen.[8] Zwar wird zurecht darauf hingewiesen, dass der Unionsgesetzgeber sich in Abs. 1 anders als beispielsweise in Art. 168 AEUV nicht direkt auf die öffentliche Gesundheit bezieht.[9] Die Verwendung des Plurals in Abs. 1 („von Personen") legt jedoch nahe, dass nicht nur der Schutz der individuellen Gesundheit einzelner Personen intendiert ist. Zugleich ist der Interpretationsspielraum in Bezug auf die Art der Personen begrenzt. So stellt Erwgr. 130 klar, dass sich der Schutz allein auf natürliche Personen bezieht. Eine extensive Interpretation, die etwa die wirtschaftliche Existenzsicherung iSe Überlebens juristischer Personen einbeziehen würde, ist daher abzulehnen. 9

Teilweise wird vorgetragen, dass konkrete, dringliche Risikoszenarien im Bereich des **Umweltschutzes** bereits durch die Schutzgüter der öffentlichen Sicherheit sowie des Lebens und der Gesundheit von Personen erfasst würden und die explizite Aufnahme des Umweltschutzes in Abs. 1 daher vorrangig politischen Signalcharakter habe.[10] Während diese Annahme für Naturkatastrophen aufgrund der unmittelbaren Gefährdung von Menschen zutreffen mag, gilt dies für Umweltkatastrophen nicht pauschal. Letztere können eigenständige, nicht 10

---

[4] Martini/Wendehorst/Gerdemann Art. 46 Rn. 15.

[5] BeckOK KI-Recht/Steege Art. 46 Rn. 16.

[6] BeckOK KI-Recht/Steege Art. 46 Rn. 17; vgl. EuGH Slg. 1999, I-11 Rn. 23 – Calfa.

[7] Martini/Wendehorst/Gerdemann Art. 46; EuGH Slg. 1991, I-4621 Rn. 22 ff. – Richardt; EuGH Slg. 1998, I-3949 Rn. 61 – Corsica Ferries France II.

[8] So auch Martini/Wendehorst/Gerdemann Art. 46 Rn. 14.

[9] BeckOK KI-Recht/Steege Art. 46 Rn. 18.

[10] Martini/Wendehorst/Gerdemann Art. 46 Rn. 14; BeckOK KI-Recht/Steege Art. 46 Rn. 20.

durch andere Schutzgüter abgedeckte Risiken für Ökosysteme beinhalten. Kann ein Hochrisiko-KI-System in Notsituationen dieser Art Abhilfe schaffen, soll eine schnelle Verfügbarkeit zum Schutz der Ökosysteme möglich sein. Unabhängig von der politischen Symbolwirkung der Regelung sind somit realistische Anwendungsfälle denkbar, die dem Umweltschutz eine eigenständige Bedeutung verleihen und gegen eine praktische Subsidiarität sprechen.

11 Schließlich kann der **Schutz wichtiger Industrie- und Infrastrukturanlagen** die zeitweise Befreiung von einem Konformitätsbewertungsverfahren rechtfertigen. Die KI-VO enthält keine Definition, wann eine Anlage als „wichtig" einzustufen ist. Auffällig ist jedoch, dass der Gesetzgeber nur von wichtigen und nicht von kritischen Anlagen spricht. Die Differenzierung zwischen „wichtig" und „kritisch" legt daher nahe, dass vom Ausnahmetatbestand nicht bloß kritische Infrastrukturanlagen im Sinne der Legaldefinition (→ Art. 3 Rn. 449 ff.) erfasst sind. Vielmehr scheint sich der Schutzzweck des Abs. 1 auch auf Anlage mit geringerer Bedeutung zu erstrecken.

12 **c) Hinreichend begründetes Ersuchen.** Eine mitgliedstaatliche Marktüberwachungsbehörde hat in Bezug auf eine Genehmigung nach Abs. 1 kein Initiativrecht. Selbst wenn sie glaubt, dass ein noch ungeprüftes Hochrisiko-KI-System der dringlichen Gefahrenabwehr dienlich sein kann, ist sie dem Wortlaut des Abs. 1 nach stets auf ein Ersuchen angewiesen. Regelmäßig wird der für das Konformitätsbewertungsverfahren verantwortliche Akteur selbst das Ersuchen an die Behörde richten. Der offene Wortlaut eröffnet aber auch einem Betroffenen oder sonstigem Dritten die Möglichkeit, das Ersuchen zu stellen.[11] Denkbar ist das etwa dann, wenn der eigentlich für das Hochrisiko-KI-System Verantwortliche die mit der Antragstellung verbundenen Mühen scheut. Problematisch ist in einem solchen Fall das Informationsdefizit des Betroffenen oder Dritten. Ob er dem Begründungserfordernis nach Abs. 1 dennoch gerecht werden kann, hängt also davon ab, ob er die für die Ausnahmeerteilung maßgeblichen Umstände gegebenenfalls in Kooperation mit dem Anbieter darlegen kann.

13 Ein Ersuchen ist hinreichend begründet, wenn es das Vorliegen außergewöhnlicher Umstände substantiiert dargelegt. Der tatsachenbezogene Vortrag bildet die Grundlage für die Gefahrenprognose, die die Marktüberwachungsbehörde bei ihrer Genehmigungsentscheidung anstellen muss (→ Rn. 18).[12] Darüber hinaus ist angesichts des Sinn und Zwecks von Abs. 1 (→ Rn. 1) wohl aufzuzeigen, inwiefern das konkrete Hochrisiko-KI-System zur Bewältigung der konkreten Gefahrenlage beitragen kann.[13] Mangels etwaiger Anhaltspunkte in Abs. 1 sind eine Erfolgsgarantie oder die Darlegung einer überproportionalen Bedeutung des KI-Systems für die Gefahrenabwehr hingegen nicht erforderlich.

14 Auch ohne konkrete Aufforderung in Abs. 1 sind dem Ersuchen sinnlogisch geeignete Belege beizufügen, um der Marktüberwachungsbehörde die Schlussfolgerung zu ermöglichen, dass das Hochrisiko-KI-System mit der KI-VO konform ist (→ Rn. 15 ff.). Da Abs. 1 die für das Inverkehrbringen oder die Inbetriebnahme verantwortlichen Akteure zeitweise von der Pflicht zur Durchführung eines formellen Konformitätsbewertungsverfahrens befreit, kann jedenfalls ein solches Verfahren nicht als Nachweis erforderlich sein kann. Unterhalb

---

[11] AA wohl BeckOK KI-Recht/Steege Art. 46 Rn. 7.

[12] Martini/Wendehorst/Gerdemann Art. 46 Rn. 19.

[13] Martini/Wendehorst/Gerdemann Art. 46 Rn. 16; BeckOK KI-Recht/Steege Art. 46 Rn. 9.

dieser Schwelle sind die vorzulegenden Nachweise davon abhängig, für wie tiefgehend die Prüfpflicht der Behörde erachtet wird (→ Rn. 16).

d) Konformitätserfordernis (Abs. 3 S. 1). Die Genehmigung darf nach Abs. 3 S. 1 nur erteilt werden, wenn die Marktüberwachungsbehörde zu dem Schluss gelangt, dass das Hochrisiko-KI-System die Anforderungen der Art. 8–15 erfüllt. Die systematische Stellung dieser Regelung wirft die Frage auf, ob es sich um eine materielle Voraussetzung oder um eine Begrenzung bezüglich des Entschließungsermessen auf Rechtsfolgenseite handelt. Da jedoch auch Begrenzungen des Auswahlermessens (→ Rn. 18) in Abs. 1 geregelt werden, ist die Ausgliederung des Konformitätserfordernis nach Abs. 3 S. 1 dogmatisch weder notwendig noch sinnvoll. Problematisch ist insbesondere, dass die Formulierung den falschen Eindruck erwecken könnte, die Kommission könne die Konformität eigenständig feststellen. Hätte der Gesetzgeber das Erfordernis der Konformität mit Art. 8–15 stattdessen in Abs. 1 integriert, wäre klarer erkennbar, dass einem jeden Genehmigungsersuchen Unterlagen beigefügt werden müssen, die der Marktüberwachungsbehörde die Schlussfolgerung der Konformität ermöglichen (→ Rn. 14). 15

Welche Anforderungen an das Nachweisverfahren zu stellen sind, ergibt sich nicht aus dem Gesetzeswortlaut. Eher vage ordnet Abs. 3 S. 1 an, dass „die Marktüberwachungsbehörde zu dem Schluss (gelangen muss), dass das Hochrisiko-KI-System die Anforderungen des Abschnitts 2 erfüllt". Teilweise wird vorgetragen, dass eine Marktüberwachungsbehörde die materielle Produktkonformität eines Hochrisiko-KI-Systems nicht prüfen könne, und in den Raum gestellt, ob deshalb gegebenenfalls sogar eine bloße Versicherungen der Konformität durch den Anbieter genügen könne.[14] Demgegenüber steht eine Interpretation, nach der die KI-VO keine Abstriche gegenüber der entsprechenden Prüfung im Rahmen eines Konformitätsbewertungsverfahrens gem. Art. 43 Abs. 1 und 2 zulasse, weshalb das Sonderzulassungsverfahren zur Zeitersparnis nur von den Verfahrensvorschriften der Anhänge VI und VII befreie.[15] Die Formulierung „zu dem Schluss (gelangen)" legt in der Tat nahe, dass die Marktüberwachungsbehörde einen Prüfungsaufwand betreiben muss, der über das Einholen einer bloßen Versicherung hinausgeht. Zugleich stellt das Sonderzulassungsverfahren nach Abs. 1 ausdrücklich eine Abweichung von Art. 43 dar, sodass ein Rekurs auf die entsprechende Prüfungsdichte insbesondere vor dem Hintergrund einer akuten Gefahrensituation nicht sachgerecht erscheint. Ob die Belege für eine Konformität des Hochrisiko-KI-Systems überzeugend sind, scheint daher im Ergebnis eine Frage der „freien, behördlichen Beweiswürdigung" durch die für die Marküberwachungsbehörde agierenden Personen zu sein. Ihnen obliegt es, die vorlegten Nachweise und Belege auf ihre Plausibilität und Überzeugungskraft pflichtgemäß zu prüfen. Unter Berücksichtigung der Gefahrensituation kommt den Behörden bezüglich der Prüfungsdichte ein behördlicher Beurteilungsspielraum zu. 16

Kein behördlicher Beurteilungsspielraum besteht, wenn das Ergebnis der Prüfung negativ ausfällt.[16] Ist die Behörde von der Konformität des Hochrisiko-KI-Systems nicht überzeugt, muss sie die Genehmigung nach Abs. 1 verweigern. Außerdem ist sie verpflichtet, bis zur Vorlage neuer Belege oder Anpassung des Hochrisiko-KI-Systems ein Inverkehrbringen oder eine Inbetriebnahme nach den Vorgaben der KI-VO zu unterbinden und zu sanktionieren. Unter Berücksichtigung der außerge- 17

[14] So BeckOK KI-Recht/Steege Art. 46 Rn. 28.
[15] So Martini/Wendehorst/Gerdemann Art. 46 Rn. 17.
[16] BeckOK KI-Recht/Steege Art. 46 Rn. 28.

wöhnlichen Umstände eines Genehmigungsantrags (→ Rn. 7 ff.) ist jedoch davon auszugehen, dass die Marktüberwachungsbehörde in der Praxis eine kooperative Gangart anstreben und die Vorlage geeigneter Nachweise oder die Vornahme technischer Anpassungen anregen wird, um eine bessere Gefahrenabwehr im Sinne des Gemeinwohls zu ermöglichen.

18 **2. Rechtsfolgen. a) Genehmigungsbefugnis (Abs. 1).** Liegen die Voraussetzungen des Sonderzulassungsverfahrens vor, hat die Marktüberwachungsbehörde die Befugnis, das Inverkehrbringen oder die Inbetriebnahme bestimmter Hochrisiko-KI-Systeme auch ohne vorheriges Konformitätsbewertungsverfahren zu genehmigen. Ihr kommt also ein Entschließungsermessen („Ob") zu, das sie auf Grundlage einer Gefahrenprognose und nach den Grundsätzen der Verhältnismäßigkeit pflichtgemäß ausüben muss, was gerichtlich aber nur eingeschränkt auf Fehler überprüft werden kann.[17] Für ein Sonderzulassungsverfahren wenig überraschend enthält Abs. 1 bezüglich des Auswahlermessens („Wie") einige Beschränkungen. So kann die Marktüberwachungsbehörde nach Abs. 1 nur eine Genehmigung aussprechen, die sachlich, zeitlich und räumlich beschränkt ist. Sachlich muss sich die Genehmigung auf bestimmte iSv konkrete Hochrisiko-KI-Systeme beziehen (→ Rn. 6). In zeitlicher Hinsicht muss die Genehmigung nach Abs. 1 S. 2 auf die Dauer der erforderlichen Konformitätsbewertungsverfahren befristet werden. Bei der Befristung ist den außergewöhnlichen Gründen für die Ausnahme, die die Durchführung des erforderlichen Konformitätsbewertungsverfahrens womöglich erschweren und verzögern, Rechnung zu tragen. Bei Erteilung der Ausnahmegenehmigung ist das Konformitätsbewertungsverfahren nach Abs. 1 S. 3 durch ein objektiv verzögerungsfreies Vorgehen und damit unverzüglich zum Abschluss zu bringen.[18] Schließlich entfaltet eine Genehmigung ihre rechtfertigende Wirkung räumlich ausschließlich innerhalb des Hoheitsgebiets des Mitgliedstaats, dessen Marktüberwachungsbehörde sie erlassen hat. Damit ist der grenzüberschreitende Einsatz eines Hochrisiko-KI-Systems auf Basis einer Genehmigung nach Abs. 1 nicht zulässig.[19] Unklar ist jedoch, ob sich neben der Verwendung auch die Auswirkung der Verwendung auf das Territorium des genehmigenden Mitgliedstaates beschränken muss. Die Befugnis anderer Mitgliedstaaten nach Abs. 5, ein Kontrollverfahren einzuleiten, spricht im Ergebnis wohl gegen eine derart enge Auslegung (→ Rn. 33). Das voraussetzungsarme Schutzklauselverfahren ist nicht bloß ein Denunziationsmittel, sondern vielmehr ein Instrument des Selbstschutzes.[20]

19 Die Dispenswirkung einer Genehmigung nach Abs. 1 erfasst allein die vormarktliche Konformitätsbewertung. Nach Markteintritt bleiben Anbieter, Betreiber und Marktüberwachungsbehörde also verpflichtet, ihre aus der KI-VO resultierenden Beobachtungs- und Überwachungspflichten und ihre sonstigen Aufgaben uneingeschränkt und fortlaufend zu erfüllen.[21] Gleiches gilt für Pflichten aus anderen Harmonisierungsrechtsakten. Stellt die Marktüberwachungsbehörde nach genehmigtem Markteintritt eine Nichtkonformität des Hochrisiko-KI-Systems oder ein Entfallen der sonstigen Genehmigungsvoraussetzungen fest, ist sie auch ohne ausdrückliche Ermächtigung in Abs. 1 dazu befugt, die zuvor erteilte Genehmigung zurückzunehmen oder zu widerrufen.[22]

---

[17] Martini/Wendehorst/Gerdemann Art. 46 Rn. 19.
[18] Martini/Wendehorst/Gerdemann Art. 46 Rn. 22.
[19] Martini/Wendehorst/Gerdemann Art. 46 Rn. 20.
[20] Vgl. grundlegend dazu Schucht NVwZ 2018, 538 (542).
[21] Martini/Wendehorst/Gerdemann Art. 46 Rn. 20.
[22] So auch Martini/Wendehorst/Gerdemann Art. 46 Rn. 20.

b) Informationspflicht (Abs. 3 S. 2 und 3). Nur im Falle der positiven Bescheidung hat die Marktüberwachungsbehörde die Pflicht, die Kommission und die anderen Mitgliedstaaten über die von ihr gemäß Abs. 1 erteilten Genehmigungen zu informieren. Da nach Abs. 2 keine Genehmigungen erteilt werden, handelt es sich bei der Bezugnahme in Abs. 3 S. 2 auf ebendiesen Abs. 2 um einen Redaktionsfehler. Die Kommission sowie die übrigen Mitgliedstaaten sind befugt, das Schutzklauselverfahren einzuleiten (→ Rn. 33). Die in Abs. 3 S. 2 und 3 normierte Informationspflicht zielt daher darauf ab, diesen Akteuren die erforderliche Kenntnis üben den relevanten Sachverhalt und die mit der Genehmigungserteilung verbundenen Prognose- und Ermessenserwägungen zu vermitteln.[23] Sie schafft damit die informatorische Grundlage, die eine fundierte Entscheidung über die Einleitung des Schutzklauselverfahrens ermöglichen soll. Zur Wahrung nationaler Sicherheitsinteressen sind nach Abs. 3 S. 3 sensible operative Daten zu den Tätigkeiten von Strafverfolgungsbehörden (→ Art. 3 Rn. 345 ff.) von der Informationspflicht ausgenommen.[24] 20

II. Genehmigungsfreie Inbetriebnahmebefugnis der Strafverfolgungs- oder Katastrophenschutzbehörden (Abs. 2 und 3 S. 2, 3)

In Ausnahmefällen besonderer Dringlichkeit, in denen Strafverfolgungs- oder Katastrophenschutzbehörden selbst den Abschluss des Genehmigungsverfahrens nach Abs. 1 nicht abwarten können, gestattet Abs. 2 ausnahmsweise die Inbetriebnahme eines Hochrisiko-KI-Systems ohne vorherige Konformitätsbewertung oder Genehmigung. Diese auf Betreiben des Rates im Trilogverfahren eingefügte Befugnis ist als ultima ratio zu verstehen und setzt voraus, dass die sofortige Inbetriebnahme des Hochrisiko-KI-Systems zur Abwendung einer konkreten, schwerwiegenden Gefahr erforderlich ist.[25] 21

Abs. 2 ist ein Qualifikationstatbestand des Abs. 1. Die Verwendung eines Hochrisiko-KI-Systems ist unverzüglich einzustellen und sämtliche Ergebnisse sowie Ausgaben dieser Nutzung sind umgehend zu vernichten, falls der nach Abs. 2 unmittelbar zu stellende Genehmigungsantrag abgelehnt wird (→ Rn. 29). Somit setzt Abs. 2 die Verwirklichung der Voraussetzungen des Abs. 1 stets voraus. Dabei ist in dieser Antragstellung nach Abs. 2 ein hinreichend begründetes Ersuchen iSd Abs. 1 zu sehen (→ Rn. 29). Die englische Fassung der KI-VO unterstreicht diese Auslegung, indem sie sowohl das „Ersuchen" nach Abs. 1 als auch den „Genehmigungsantrag" nach Abs. 2 terminologisch einheitlich als „request" bezeichnet. 22

1. Voraussetzungen. a) Ein bestimmtes Hochrisiko-KI-System. Abweichend von Abs. 1 bezieht sich Abs. 2 auf „ein bestimmtes Hochrisiko-KI-System" im Singular. Diese Differenzierung ist konsequent, da sich eine Verwendung anders als eine Genehmigung stets auf einen konkreten Bezugspunkt fokussiert. Das aus der Formulierung ebenfalls folgende Bestimmtheitserfordernis (→ Rn. 6) wirft iRd Abs. 2 kaum praktische Schwierigkeiten auf, weil die direkte Nutzung des Hochrisiko-KI-Systems eine klare Identifizierung ohne Weiteres ermöglicht. 23

---

[23] Martini/Wendehorst/Gerdemann Art. 46 Rn. 32.

[24] Bomhard/Pieper/Wende/Saurin/Thiermann Art. 46 Rn. 13.

[25] Martini/Wendehorst/Gerdemann Art. 46 Rn. 23.

24 Gleichwohl bezieht sich auch die Inbetriebnahmebefugnis nach Abs. 2 nur auf solche Hochrisiko-KI-Systeme, die gem. Abs. 7 überhaupt in den Anwendungsbereich des Art. 46 fallen (→ Rn. 37 ff.).

25 **b) Strafverfolgungs- oder Katastrophenschutzbehörde.** Nur Strafverfolgungs- oder Katastrophenschutzbehörden können ein Hochrisiko-KI-System bei Vorliegen der sonstigen Voraussetzungen des Abs. 2 sofort in Betrieb nehmen. Eine Strafverfolgungsbehörde ist nach Art. 3 Nr. 45 (→ Art. 3 Rn. 345 ff.)

- eine Behörde, die für die Verhütung, Ermittlung, Aufdeckung oder Verfolgung von Straftaten oder die Strafvollstreckung, einschließlich des Schutzes vor und der Abwehr von Gefahren für die öffentliche Sicherheit, zuständig ist (lit. a), oder
- eine andere Stelle oder Einrichtung, der durch nationales Recht die Ausübung öffentlicher Gewalt und hoheitlicher Befugnisse zur Verhütung, Ermittlung, Aufdeckung oder Verfolgung von Straftaten oder zur Strafvollstreckung, einschließlich des Schutzes vor und der Abwehr von Gefahren für die öffentliche Sicherheit, übertragen wurde (lit. b).

Der Begriff der Katastrophenschutzbehörde wird in der KI-VO nicht legaldefiniert. Üblicherweise bezieht sich der Begriff auf die mitgliedstaatlichen Behörden, die für die Bewältigung von Ereignissen zuständig sind, welche das Leben, die Gesundheit oder die lebensnotwendige Versorgung einer Vielzahl von Menschen oder Tieren, die Umwelt oder sonstige bedeutsame Rechtsgüter in einem außergewöhnlichen Maße gefährden oder schädigen.

26 **c) Vorliegen eines dringenden Ausnahmegrundes.** Nur bestimmte Gefährdungslagen besonderer Dringlichkeit, in denen also die Einholung der Ausnahmegenehmigung nach Abs. 1 die effektive Gefahrenabwehr für eines der in Abs. 2 genannten Schutzziele verhindern würde, können eine sofortige Inbetriebnahme nach Abs. 2 S. 1 rechtfertigen.[26] Allein diese Wertung ist der Formulierung „in hinreichend begründeten dringenden Fällen" zu entnehmen. Ein Begründungserfordernis stellt Abs. 2 S. 1 mangels erforderlichen Antrags für die Inbetriebnahme selbst nicht auf.[27] Für die während der Verwendung oder im Anschluss daran unverzüglich zu beantragende Genehmigung gelten wiederum die Vorgaben nach Abs. 1 samt Begründungserfordernisses (→ Rn. 29).

27 Eine Inbetriebnahmebefugnis nach Abs. 2 besteht einerseits bei Dringlichkeit in Bezug auf außergewöhnliche Gründen der öffentlichen Sicherheit. Angesichts des identischen Wortlauts kann zur Erläuterung dieses Schutzziels vollumfänglich auf die Ausführungen in Abs. 1 verwiesen werden (→ Rn. 8).

28 Andererseits darf eine Strafverfolgungs- oder Katastrophenschutzbehörde ein ungeprüftes Hochrisiko-KI-System nach Abs. 2 auch dann sofort in Betrieb nehmen, wenn eine konkrete, erhebliche und unmittelbare Gefahr für das Leben oder die körperliche Unversehrtheit natürlicher Personen besteht. Im Vergleich zu Abs. 1, der ebenfalls den Schutz dieser Individualrechtsgüter bezweckt, werden die Voraussetzungen in Abs. 2 jedoch enger gefasst. Während das Kriterium der Unmittelbarkeit materiell-rechtlich bereits durch das grundlegende Erfordernis der Dringlichkeit (→ Rn. 26) abgedeckt ist, kommt sowohl der Konkretheit als auch der Erheblichkeit der Gefahr eine eigenständige Bedeutung zu. Es bedarf einer über eine bloß abstrakte Gefährdungslage hinausgehende, hinreichende

[26] BeckOK KI-Recht/Steege Art. 46 Rn. 26.
[27] So auch Martini/Wendehorst/Gerdemann Art. 46 Rn. 25.

Wahrscheinlichkeit des Schadenseintritts sowie einer gravierenden Rechtsgutverletzung im Falle des Schadenseintritts.[28] Letzteres setzt in Bezug die körperliche Unversehrtheit voraus, dass eine schwerwiegende Verletzung der körperlichen Integrität droht.[29]

2. Rechtsfolge. Bei Vorliegen der Voraussetzungen nach Abs. 2 haben Straf- 29
verfolgungs- oder Katastrophenschutzbehörden die Befugnis, ein bestimmtes Hochrisiko-KI-System ohne die in Abs. 1 genannte Genehmigung in Betrieb zu nehmen. Die Behörden müssen ihr Entschließungsermessen („Ob") auf Grundlage einer Gefahrenprognose und unter Beachtung des Verhältnismäßigkeitsgrundsatzes pflichtgemäß ausüben, wobei auch hier die gerichtliche Kontrolle auf die Prüfung von Ermessensfehlern beschränkt bleibt.[30] Etwaige Anbieter bzw. Betreiberpflichten nach der KI-VO oder sonstige Verpflichtungen nach einschlägigen Harmonisierungsvorschriften sind von den Behörden trotz der vorläufigen Rechtmäßigkeit der Inbetriebnahme zu beachten.[31] Außerdem muss die Behörde eine Genehmigung nach Abs. 1 während der Verwendung oder im Anschluss daran unverzüglich beantragen. Dieser Antrag muss den Voraussetzungen an ein begründetes Ersuchen nach Abs. 1 genügen (→ Rn. 12 ff.). Wird die Genehmigung während der laufenden Verwendung abgelehnt, ist diese Verwendung nach Art. 2 S. 2 mit sofortiger Wirkung einzustellen und sämtliche Ergebnisse und Ausgaben dieser Verwendung sind unverzüglich zu verwerfen. Diese Maßgabe ist als ein unselbstständiges Beweisverwertungsverbot zu interpretieren.[32] Mangels evidentem Differenzierungsgrunds ist außerdem davon auszugehen, dass die Verwerfungspflicht ebenfalls für Fälle gilt, in denen die Genehmigung erst nach Beendigung der Verwendung für ungerechtfertigt erklärt wird. Die behördliche Verwendung des Hochrisiko-KI-Systems ist nämlich einzustellen, sobald die Gefährdungslage nach Abs. 2 S. 1 nicht mehr vorliegt.[33]

Obwohl die in Abs. 3 S. 2 normierte Informationspflicht der Marktüberwa- 30
chungsbehörden ausdrücklich auf Abs. 2 verweist, entfaltet dieser Verweis keine rechtliche Wirkung. Vielmehr liegt hier ein redaktioneller Fehler vor, da Genehmigungen ausschließlich nach Maßgabe des Abs. 1 erteilt werden (→ Rn. 20).

III. Schutzklauselverfahren (Abs. 4, 5 und 6)

Die Abs. 4, 5 und 6 regeln in Summe das aus dem allgemeinen Produktsicher- 31
heitsrecht bereits bekannte Schutzklauselverfahren, das primärrechtlich in Art. 114 Abs. 10 AEUV verankert ist und das im Kontext der KI-VO den Zweck hat, die Genehmigung nach Abs. 1 als vorläufige, mitgliedstaatliche Maßnahme bei Bedarf einem Kontrollverfahren der Union zu unterziehen.[34] Das Verfahren steht in einem unmittelbaren Zusammenhang mit der in Abs. 3 S. 2 und 3 normierten Informationspflicht. Danach obliegt es der Marktüberwachungsbehörde bei jeder positiven Genehmigungsentscheidung nach Abs. 1, die Kommission sowie die übrigen Mitgliedstaaten über den Vorgang zu unterrichten (→ Rn. 20).

---

[28] Martini/Wendehorst/Gerdemann Art. 46 Rn. 25.

[29] Martini/Wendehorst/Gerdemann Art. 46 Rn. 25.

[30] Martini/Wendehorst/Gerdemann Art. 46 Rn. 26.

[31] Ausführlicher dazu Martini/Wendehorst/Gerdemann Art. 46 Rn. 26.

[32] HK-KI-VO/Hilgendorf/Härtlein Art. 46 Rn. 26.

[33] Martini/Wendehorst/Gerdemann Art. 46 Rn. 27.

[34] Allgemein dazu Schucht NVwZ 2018, 538 (542).

32 **1. Rechtfertigungsfiktion (Abs. 4).** Nach Abs. 4 gilt eine Genehmigung als gerechtfertigt, wenn weder ein Mitgliedstaat noch die Kommission innerhalb von 15 Kalendertagen nach Erhalt der in Abs. 3 genannten Mitteilung Einwände gegen die von einer Marktüberwachungsbehörde eines Mitgliedstaats gem. Abs. 1 erteilte Genehmigung erhebt. Diese Rechtfertigungsfiktion entfaltet ihre Wirkung nur zwischen den nach Abs. 4 Verfahrensbeteiligten und hindert die Marktüberwachungsbehörde nicht daran, die Genehmigung gegenüber dem Antragssteller zurückzunehmen (→ Rn. 19).[35]

33 **2. Verfahren bei Erhebung von Einwänden (Abs. 5).** Gemäß Abs. 5 kann das Schutzklauselverfahren sowohl durch einen anderen Mitgliedstaat als auch durch die Kommission eingeleitet werden. Gegenstand des Verfahrens ist dabei entweder die Unvereinbarkeit der erteilten Genehmigung mit dem Unionsrecht oder die Unbegründetheit der von den Mitgliedstaaten gezogenen Schlussfolgerungen hinsichtlich der Konformität des Hochrisiko-KI-Systems. Möchte ein Mitgliedstaat Einwände gegen Genehmigung nach Abs. 1 erheben, so hat er diese innerhalb einer Frist von 15 Kalendertagen ab Erhalt der Mitteilung nach Abs. 3 bei der Kommission vorzubringen. Alternativ ist die Kommission befugt, das Verfahren von Amts wegen einzuleiten, sofern sie innerhalb desselben Zeitraums Zweifel an der Rechtsmäßigkeit der Genehmigungsentscheidung entwickelt.

34 Unabhängig davon, ob die Einwände von einem Mitgliedstaat oder der Kommission stammen, hat die Kommission unverzüglich Konsultationen mit dem betroffenen Mitgliedstaat bzw. mit der genehmigenden Behörde aufzunehmen. Außerdem sind die betroffenen Akteure zu konsultieren. Diese erhalten Gelegenheit, zu den vorgebrachten Einwänden Stellung zu beziehen. Erfasst werden mit Blick auf die Legaldefinition in Art. 3 Nr. 8 vor allem Anbieter und Betreiber, theoretisch aber auch Bevollmächtigte, Einführer oder Händler des Hochrisiko-KI-Systems. Produkthersteller sind hingegen nicht anzuhören, da für produktintegrierte Hochrisiko-KI-Systeme Art. 46 Abs. 7 zu beachten ist (→ Rn. 37 ff.). Die weite Ausgestaltung der Anhörungspflicht ist insofern sachgerecht, als dass insbesondere Anbieter und Betreiber aufgrund ihrer unmittelbaren Systemkenntnis besser als Behördenmitarbeiter geeignet sind, Zweifel an der Konformität des Systems zu klären und dessen tatsächliche Beschaffenheit nachzuweisen.

35 Auf Basis der durchgeführten Anhörung entscheidet die Kommission, ob die beantragte Genehmigung gerechtfertigt ist. Sie überprüft dabei sowohl das Vorliegen der Tatbestandsvoraussetzungen nach Abs. 1 als auch die Richtigkeit der behördlichen Ermessensbetätigung.[36] Der Beschluss der Kommission wird dem betroffenen Mitgliedstaat sowie den relevanten Akteuren zugeleitet, die sich entsprechend den verbindlichen Vorgaben des Beschlusses zu verhalten haben.

36 **3. Rücknahmepflicht bezüglich ungerechtfertigter Genehmigungen (Abs. 6).** Die Genehmigung muss von der Marktüberwachungsbehörde des betreffenden Mitgliedstaats zurückgenommen werden, wenn die Kommission sie als ungerechtfertigt erachtet. Angesichts der klaren Anordnung in Abs. 6 kommt der Marktüberwachungsbehörde kein Ermessen in Bezug auf die Rücknahmeentscheidung zu.[37]

---

[35] Martini/Wendehorst/Gerdemann Art. 46 Rn. 33.

[36] Martini/Wendehorst/Gerdemann Art. 46 Rn. 34.

[37] So auch Martini/Wendehorst/Gerdemann Art. 46 Rn. 34.

IV. Ausnahmen für bestimmte, produktintegrierte Hochrisiko-KI-Systeme (Abs. 7)

Abs. 7 schränkt die Anwendbarkeit der Ausnahmetatbestände der Abs. 1 und 2 für bestimmte, produktintegrierte Hochrisiko-KI-Systeme ein. Ein vorläufiges Inverkehrbringen oder in Betrieb nehmen dieser Hochrisiko-KI-Systeme nach Abs. 1 oder 2 ist ausgeschlossen. Gemäß Abs. 7 unterliegen Hochrisiko-KI-Systeme, die in Produkte eingebettet sind, die unter die in Anhang I Abschnitt A genannten Harmonisierungsvorschriften fallen, ausschließlich den dort geregelten Ausnahmen von den Konformitätsbewertungsverfahren. Das betrifft sowohl Hochrisiko-KI-Systeme, die gem. Art. 6 Abs. 1 als Sicherheitsbauteil eines solchen Produkts fungieren oder das Produkt selbst darstellen, als auch Hochrisiko-KI-Systeme gem. Art. 6 Abs. 2 iVm Anhang III Nr. 1–8, die als sonstige Komponente in ein unter Anhang I Abschnitt A fallendes Produkt integriert sind.[38] Für Hochrisiko-KI-Systeme, die in Produkte eingebettet sind, die unter die in Anhang I Abschnitt B aufgeführten Harmonisierungsvorschriften fallen, sind die Ausnahmen der Abs. 1 und 2 bereits deshalb gegenstandslos, weil für sie nach Art. 2 Abs. 2 keine Konformitätsbewertungsverfahren nach der KI-VO durchzuführen sind. 37

Abs. 7 ist eine konsequente Anknüpfung an den in Art. 43 Abs. 3 niedergelegten Grundsatz, wonach für die beschriebenen, produktintegrierten Hochrisiko-KI-Systeme die Konformitätsbewertungsverfahren der jeweils einschlägigen Harmonisierungsrechtsakte maßgeblich sind. Die Regelung in Abs. 7 beschränkt sich jedoch allein auf die Verweisung und enthält anders als Art. 43 Abs. 3 keine korrespondierende Anordnung, nach der die Maßgaben der Abs. 1 oder 2 in die Ausnahmetatbestände der Harmonisierungsvorschriften zu integrieren wären. 38

Die Verweisung in Abs. 7 ist praktisch vor allem für Art. 59 Medizinprodukte-Verordnung (EU) 2017/745 und Art. 54 In-Vitro-Diagnostika-Verordnung (EU) 2017/746 relevant, da diese mit Abs. 1 vergleichbare Sonderzulassungsverfahren vorsehen. Andere Harmonisierungsrechtsakte des Anhangs I Abschnitts A enthalten teilweise zwar ebenfalls Ausnahmen vom Konformitätsbewertungsverfahren, diese sind jedoch weniger konkret.[39] 39

Art. 47* EU-Konformitätserklärung

(1) [1]Der Anbieter stellt für jedes Hochrisiko-KI-System eine schriftliche maschinenlesbare, physische oder elektronisch unterzeichnete EU-Konformitätserklärung aus und hält sie für einen Zeitraum von 10 Jahren ab dem Inverkehrbringen oder der Inbetriebnahme des Hochrisiko-KI-Systems für die zuständigen nationalen Behörden bereit. [2]Aus der EU-Konformitätserklärung geht hervor, für welches Hochrisiko-KI-System sie ausgestellt wurde. [3]Eine Kopie der EU-Konformitätserklärung wird den zuständigen nationalen Behörden auf Anfrage übermittelt.

(2) [1]Die EU-Konformitätserklärung muss feststellen, dass das betreffende Hochrisiko-KI-System die in Abschnitt 2 festgelegten Anforderun-

---

[38] Martini/Wendehorst/Gerdemann Art. 46 Rn. 35.

[39] Tiefergehend dazu Martini/Wendehorst/Gerdemann Art. 46 Rn. 37.

* Kapitel III (Art. 6–49) gilt gem. Art. 113 UAbs. 2 ab 2.8.2026, mit Ausnahme des Abschnitts 4, der gem. Art. 113 UAbs. 3 Buchst. b bereits ab 2.8.2025 gilt.

gen erfüllt. [2]Die EU-Konformitätserklärung enthält die in Anhang V festgelegten Informationen und wird in eine Sprache übersetzt, die für die zuständigen nationalen Behörden der Mitgliedstaaten, in denen das Hochrisiko-KI-System in Verkehr gebracht oder bereitgestellt wird, leicht verständlich ist.

(3) **[1]Unterliegen Hochrisiko-KI-Systeme anderen Harmonisierungsrechtsvorschriften der Union, die ebenfalls eine EU-Konformitätserklärung vorschreiben, so wird eine einzige EU-Konformitätserklärung ausgestellt, die sich auf alle für das Hochrisiko-KI-System geltenden Rechtsvorschriften der Union bezieht. [2]Die Erklärung enthält alle erforderlichen Informationen zur Feststellung der Harmonisierungsrechtsvorschriften der Union, auf die sich die Erklärung bezieht.**

(4) **[1]Mit der Ausstellung der EU-Konformitätserklärung übernimmt der Anbieter die Verantwortung für die Erfüllung der in Abschnitt 2 festgelegten Anforderungen. [2]Der Anbieter hält die EU-Konformitätserklärung gegebenenfalls auf dem neuesten Stand.**

(5) **Der Kommission ist befugt, gemäß Artikel 97 delegierte Rechtsakte zur Aktualisierung des in Anhang V festgelegten Inhalts der EU-Konformitätserklärung zu erlassen, um den genannten Anhang durch die Einführung von Elementen zu ändern, die angesichts des technischen Fortschritts erforderlich werden.**

Literatur: Gerdemann, Konformitätsbewertung als Kernpflicht der KI-Verordnung, NJW 2024, 2209; Martini/Wendehorst, KI-VO, 1. Aufl. 2024; Roos/Weitz, Hochrisiko-KI-Systeme im Kommissionsentwurf für eine KI-Verordnung, MMR 2021, 844; Spindler, Der Vorschlag der EU-Kommission für eine Verordnung zur Regulierung der Künstlichen Intelligenz (KI-VO-E), CR 2021, 361; Wendt/Wendt, Das neue Recht der Künstlichen Intelligenz, 2. Aufl. 2025; Wiebe, Produktsicherheitsrechtliche Betrachtung des Vorschlags für eine KI-Verordnung, BB 2022, 899; Wiebe (Hrsg.), Das neue Recht der Cyberresilienz, 1. Aufl. 2025.

Übersicht

I. Allgemeines[1]

1 Das Rechtsinstitut der **EU-Konformitätserklärung** verkörpert ein klassisches Element des Konzepts des **New Legislative Framework** (NLF) (vgl. Art. 5 Beschluss Nr. 768/2008/EG). Art. 16 Buchst. g verpflichtet die Anbieter, nach positivem Abschluss eines Konformitätsbewertungsverfahrens iSv Art. 43 eine EU-Konformitätserklärung auszustellen und zu unterzeichnen, bevor ein Hochrisiko-KI-System in Verkehr gebracht wird. Dabei verweist Art. 16 Buchst. g auf die Bestimmung in Art. 47, welche die Anforderungen an eine ordnungsgemäße EU-Konformitätserklärung näher regelt. Die konkreten Inhalte der EU-Konformitätserklärung werden in dem **Muster in Anhang V** vorgegeben (→ Rn. 22).

2 Bei der EU-Konformitätserklärung handelt es sich um eine **Selbsterklärung des Anbieters,** mit der er zum Ausdruck bringt, dass das von ihm in Verkehr gebrachte Hochrisiko-KI-System den Anforderungen in den Art. 8–15 entspricht (→ Rn. 19 ff.).[2] Mit der Ausstellung und Unterzeichnung der EU-Konformitätserklärung dokumentiert der Anbieter die **Verantwortung für die Konformität** des betreffenden Hochrisiko-KI-Systems (→ Rn. 26).[3] Damit steht die EU-Konformitätserklärung in engem systematischem und inhaltlichem Zusammenhang mit der in Art. 48 aufgestellten **CE-Kennzeichnung.** Entgegen der häufig anzutreffenden Ansicht ist die EU-Konformitätserklärung keine Bescheinigung eines externen Zertifizierers, die einen objektiven Nachweis für die Konformität darstellt. Ebenso wenig vermag sie die Konformitätsvermutung gem. Art. 40 Abs. 1 auszulösen.[4] Als bloß anbieterseitige, nicht überprüfte schriftliche Äußerung hat sie – als Gegenstand marktüberwachungsbehördlicher Kontrollen – lediglich eine **indizielle Wirkung für die Konformität.**[5]

3 **Primäre Adressaten** der EU-Konformitätserklärung bzw. deren Inhalts sind folglich die zuständigen nationalen Behörden (z.B. **Marktüberwachungsbehörden iSv Art. 3 Nr. 26).** Schließlich müssen Anbieter die EU-Konformitätserklärung aufbewahren, um den zuständigen Behörden auf Verlangen hin eine entsprechende Kopie vorlegen zu können (vgl. die Art. 18 Buchst. e, 47 Abs. 1). Zudem gehört die Kopie der EU-Konformitätserklärung zum Bestandteil der **technischen Dokumentation** nach Art. 11 Abs. 1 iVm Nr. 8 des Anhangs IV sowie zu den zu übermittelenden Informationen im Zuge der **Registrierung des Hochrisiko-KI-Systems** gem. Art. 49 Abs. 1 iVm Nr. 11 des Abschnitts A des Anhangs VIII. Allerdings sollen auch andere Akteure sowie **Nutzer und Betreiber** Kenntnis von der EU-Konformitätserklärung erlangen können. Dies zeigt die Pflicht der Einführer und Händler zur Überprüfung, ob dem Hochrisiko-KI-System die EU-Konformitätserklärung beigefügt wurde (→ Rn. 5).

---

[1] Der Verfasser weist darauf hin, dass er die inhaltlich ähnliche Vorschrift aus Art. 28 VO (EU) 2024/2847 bereits in dem entsprechenden Kommentar – herausgegeben von Schröder/Hartl – bearbeitet hat. Vor diesem Hintergrund bestehen inhaltliche wie gedankliche Überschneidungen. Eine präzise Zitierung kann in diesem Werk derzeit nicht erfolgen, da der genannte Kommentar zum Zeitpunkt der Abfassung noch nicht erschienen ist.

[2] Wiebe BB 2022, 899 (903); Denga ZfPC 2023, 154 (157); Martini/Wendehorst/Gerdemann Art. 47 Rn. 1.

[3] Erwgr. (79); Blue Guide, Abschnitt 4.4.

[4] Martini/Wendehorst/Gerdemann Art. 47 Rn. 12.

[5] Vgl. Erwgr. (77); so auch im CRA-Kontext Wiebe, in: Wiebe, Das neue Recht der Cyberresilienz § 5 Rn. 89.

4 Eine ordnungsgemäß ausgestellte EU-Konformitätserklärung konstituiert eine **formelle Anforderung und Verkehrs- bzw. Betriebsfähigkeitsvoraussetzung.** Die fehlende oder nicht ordnungsgemäße Ausstellung einer EU-Konformitätserklärung führt zur **formellen Nichtkonformität** gem. Art. 83 Abs. 1 Buchst. c, d und folgerichtig zu einem **gesetzlichen Verkehrs- und Betriebsverbot.** Bei Verstößen gegen Anforderungen im Zusammenhang der EU-Konformitätserklärung können Marktüberwachungsbehörden **Korrekturmaßnahmen** – wie etwa **Vertriebsverbote** – nach Art. 74 KI-VO iVm Art. 14 Abs. 4 MÜ-VO anordnen; ein **Rückruf** scheidet aus Verhältnismäßigkeitserwägungen indes regelmäßig aus.[6] Im Übrigen soll ein Verstoß gegen die Pflicht zur Ausstellung einer EU-Konformitätserklärung nach den Vorgaben gem. Art. 99 Abs. 1, 4 Buchst. a **sanktionsrechtlich geahndet** werden. Demgemäß müssen die Mitgliedstaaten **Sanktionsvorschriften** erlassen, die bei Verstößen gegen die in Art. 16 Buchst. g iVm Art. 47 verbriefte Anbieterpflicht Geldbußen von bis zu 15.000.000 EUR oder – im Falle von Unternehmen – von bis zu 3 % des gesamten weltweiten Jahresumsatzes des vorangegangenen Geschäftsjahres (je nachdem, welcher Betrag höher ist) vorsehen. Unter Beachtung des in Art. 99 Abs. 1 S. 2 angelegten Verhältnismäßigkeitsgrundsatzes sind die entsprechenden Sanktionen im unteren Bußgeldbereich zu verorten. Eine fehlende oder fehlerhafte EU-Konformitätserklärung kann daneben auch zivilrechtliche Folgen nach sich ziehen: Aus Sicht eines Einführers oder Händlers stellt dies einen Sachmangel iSv § 434 BGB wegen fehlender Verkehrsfähigkeit dar.[7] Ferner ist darin ein wettbewerbsrechtlicher Verstoß zu sehen, da es sich um eine Marktverhaltensregel gem. der §§ 3, 3a UWG handelt. Eine produkt- bzw. produzentenhaftungsrechtliche Einstandspflicht wird durch einen solchen formellen Fehler – allein in Ermangelung einer Schadensursächlichkeit – hingegen nicht begründet.[8]

5 Die EU-Konformitätserklärung bildet im Übrigen einen **Gegenstand formeller Pflichten** anderer Akteure. **Einführer iSv Art. 3 Nr. 6 und Händler iSv Art. 3 Nr. 7** müssen vor dem in Verkehr bringen bzw. dem Bereitstellen prüfen, ob dem Hochrisiko-KI-System eine EU-Konformitätserklärung resp. eine entsprechende Kopie beigefügt ist (vgl. die Art. 23 Abs. 1 Buchst. c, 24 Abs. 1). Die Kontrolle eines erfolgreich abgeschlossenen Konformitätsbewertungsverfahrens obliegt Händlern indes nicht.[9] **Bevollmächtigte iSv Art. 3 Nr. 5** haben die Pflicht, die Ausstellung der EU-Konformitätserklärung zu überprüfen (Art. 22 Abs. 3 Buchst. a). Zusätzlich obliegt es den Bevollmächtigten und Einführern, die EU-Konformitätserklärung für einen Zeitraum von zehn Jahren ab dem Inverkehrbringen bereitzuhalten (vgl. die Art. 22 Abs. 3 Buchst. b, 23 Abs. 5).

II. Anbieterpflichten im Zusammenhang mit der EU-Konformitätserklärung (Abs. 1)

1. Ausstellung, Unterzeichnung und Geltung

6 Am Ende eines **erfolgreich durchlaufenen Konformitätsbewertungsverfahrens** iSv Art. 43 und vor **dem Inverkehrbringen bzw. der Inbetrieb-**

[6] Wiebe BB 2022, 899 (901).
[7] Vgl. auch Niebling DB 1996, 80.
[8] Siehe Wilrich ProdSR und CE-Konformität Kap. 3.2.3.13.5 S. 245.
[9] Martini/Wendehorst/Gerdemann Art. 47 Rn. 6.

nahme eines Hochrisiko-KI-Systems muss der Anbieter die **EU-Konformitätserklärung** gem. Art. 47 Abs. 1 S. 1 ausstellen. Das Ausstellen verlangt von dem Anbieter die **Anfertigung** der EU-Konformitätserklärung unter Verwendung von Schriftzeichen. Das Formerfordernis erscheint sprachlich missglückt zu sein.[10] Nach verständiger Würdigung hat der Anbieter ein Wahlrecht zwischen einem maschinenlesbaren Format (zB OCR-A, OCR-B), der **Papierform** oder **elektronischen Form.** Zudem gilt es, die EU-Konformitätserklärung entweder **handschriftlich** oder **digital** zu unterzeichnen, wodurch der Aussteller identifiziert werden kann. Die **Unterzeichnung** hat durch den **Geschäftsführer** oder einen entsprechend der **internen Zuständigkeitsordnung berechtigten Mitarbeitenden** zu erfolgen.[11] Der Unterzeichnende übernimmt durch die bloße Unterschrift weder eine persönliche Verantwortung noch erwachsen für ihn Haftungsrisiken. Schließlich agiert er im Namen des Anbieters. Im Übrigen kann die reine inhaltliche Unrichtigkeit einer EU-Konformitätserklärung nicht ursächlich für einen Schaden sein.

Die EU-Konformitätserklärung muss einem konkreten Hochrisiko-KI-System **7** **zuordenbar** sein, indem es in ihr ausgewiesen und genannt wird (Art. 47 Abs. 1 S. 2). Es muss allerdings nicht für jedes einzelne Hochrisiko-KI-System eine eigne EU-Konformitätserklärung ausgestellt werden. Die **Geltung einer EU-Konformitätserklärung** erstreckt sich vielmehr auf jedes einzelne darin genannte Hochrisiko-KI-System. Daher kann eine EU-Konformitätserklärung für **viele einzelne Hochrisiko-KI-Systeme gleichen Typs gelten,** sofern die unterschiedlichen Typen in ihr erwähnt werden. Die dort benannten Hochrisiko-KI-Systeme definieren gleichsam den Geltungsbereich der EU-Konformitätserklärung.

Den **zeitlichen Geltungsbeginn** der EU-Konformitätserklärung markiert das **8** nach Anhang V anzugebende Ausstellungsdatum. Die Geltungsdauer ist zeitlich nicht befristet. Allerdings obliegt es dem Anbieter gem. Art. 47 Abs. 4 S. 2, die EU-Konformitätserklärung auf dem **neusten Stand zu halten** und gegebenenfalls zu aktualisieren (→ Rn. 27); insofern besteht eine **Aktualisierungspflicht.**

2. Aufbewahrung

Parallel zum pflichtenbezogenen Art. 18 Abs. 1 Buchst. e erfordert Art. 47 **9** Abs. 1 S. 1 ferner die **Aufbewahrung** der EU-Konformitätserklärung, und zwar für einen **Zeitraum von 10 Jahren.** Die Aufbewahrungsfrist beginnt ab dem **Inverkehrbringen** iSv Art. 3 Nr. 9 oder der **Inbetriebnahme** iSv Art. 3 Nr. 11 des letzten jeweiligen Hochrisiko-KI-Systems.

Die **Form, Art und Weise der Aufbewahrung** regelt weder Art. 47 noch **10** Art. 18 Abs. 1 Buchst. e. Insoweit haben die Anbieter einen weiten Gestaltungsspielraum. Es dürfte sich anbieten, die EU-Konformitätserklärung in einem (digitalen) **Dokumentenmanagementsystem** (als Bestandteil des Qualitätsmanagementsystems iSv Art. 17) zu hinterlegen, um einen zentralen Zugriff zu gewährleisten.

Die Aufbewahrung erfolgt zugunsten der zuständigen nationalen Behörden. **11** Diese Verpflichtung dient folglich dazu, den zuständigen Behörden auf **ihr Verlangen eine Kopie der EU-Konformitätserklärung gem. Art. 47 Abs. 1 S. 3 vorlegen zu können** und damit die Kontrolle einer formellen Anforderung zu ermöglichen bzw. ein Indiz für die materielle Konformität zu liefern.

---

[10] Martini/Wendehorst/Gerdemann Art. 47 Rn. 14.

[11] Blue Guide, Fn. 230.

3. Übermittlung auf Anfrage

12 Auf **Anfrage** einer zuständigen Behörde hat der Anbieter ihr eine Kopie der EU-Konformitätserklärung zu übermitteln (Art. 47 Abs. 1 S. 3). Damit enthält die Vorschrift einerseits eine **Befugnis der Behörde** und eine **Pflicht des Anbieters** andererseits. Art. 47 Abs. 1 S. 3 bildet die Grundlage für die Kontrolle der Existenz der EU-Konformitätserklärung als formelle Verkehrs- bzw. Betriebsfähigkeitsvoraussetzung und als Indiz für die Einhaltung der materiellen Anforderungen. Aufgrund dessen muss die Behörde ihr Verlangen nicht näher begründen.

13 Eine bestimmte **Form der Zurverfügungstellung** sieht Art. 47 Abs. 1 S. 3 nicht vor. Denkbar ist daher eine **elektronische oder physische Übermittlung** (vgl. § 3a (L)VwVfG); in der Praxis dürfte ein digitales Format bevorzugt werden. Auch wenn Art. 47 Abs. 1 S. 3 die Bereitstellung einer **Kopie der EU-Konformitätserklärung** anordnet, kann der Anbieter erst recht das **Original** übermitteln; dies ist jedoch nicht praktikabel, weil das Dokument in der Vorgangsakte der Behörde verbleiben wird. Überdies kann die Behörde eine **Frist** bestimmen, innerhalb derer die Kopie der EU-Konformitätserklärung zur Verfügung gestellt werden muss (vgl. § 31 (L)VwVfG). Im Übrigen haben die Behörden die Möglichkeit, die Kopie der EU-Konformitätserklärung in einer bestimmten Sprachfassung zu verlangen. In der Regel wird die Behörde eine Übersetzung in der jeweiligen **Amtssprache** fordern (vgl. § 23 Abs. 1 (L)VwVfG).

4. Beifügung

14 Unklar ist, ob der Anbieter dem jeweiligen Hochrisiko-KI-System eine Kopie der EU-Konformitätserklärung **beifügen** muss. Eine solche Pflicht, die einige Harmonisierungsrechtvorschriften wie etwa Art. 10 Abs. 9 Richtlinie 2014/53/EU kennen, enthält die KI-VO nicht ausdrücklich. Für die Annahme einer solche **Beifügungspflicht** sprechen indes die Pflichten der Einführer und Händler: Nach Art. 23 Abs. 1 Buchst. c hat der Einführer die Pflicht, zu überprüfen, ob die dem Hochrisiko-KI-System die in Art. 47 genannte **EU-Konformitätserklärung beigefügt ist.** Ähnlich muss der Händler kontrollieren, ob dem Hochrisiko-KI-System eine **Kopie der in Art. 47 geregelte EU-Konformitätserklärung angehängt ist** (Art. 24 Abs. 1). Diese Einführer- und Händlerpflichten haben nur einen Sinn, wenn der Anbieter seinerseits eine Kopie der EU-Konformitätserklärung beifügen muss.

15 Die Unstimmigkeit zwischen der textlich nicht explizit vorhandenen **Beifügungspflicht des Anbieters** einerseits und der entsprechenden **Prüfpflichten der Einführer sowie Händler** andererseits dürfte auf handwerkliche Fehler bei der Gesetzgebung zurückzuführen sein. Gleiches gilt für die unterschiedlichen Bezugspunkte der einführer- und händlerseitigen Kontrollpflichten: EU-Konformitätserklärung gem. Art. 23 Abs. 1 Buchst. c und **Kopie** der EU-Konformitätserklärung gem. Art. 24 Abs. 1. Ungeachtet dieses Unterschieds **genügt seitens des Anbieters die Beifügung einer Kopie der EU-Konformitätserklärung,** wie auch der Vergleich mit anderen Harmonisierungsrechtvorschriften zeigt (vgl. Art. 10 Abs. 9 Richtlinie 2014/53/EU). Schließlich verleibt das Original bei dem Anbieter zur zehnjährigen Aufbewahrung (→ Rn. 9).

16 Das Beifügen verlangt freilich **nicht die Beilegung einer EU-Konformitätserklärung in Papierform.** Die Zurverfügungstellung in **digitaler Form** reicht jedenfalls aus. Dies gilt insbesondere für Hochrisiko-KI-Systeme, die nicht in physische Produkte integriert sind.

5. Pflichtenadressaten

Als **Adressat der Pflichten** hinsichtlich der Anforderung gem. Art. 47 Abs. 1 erweist sich in erster Linie der **Anbieter;** dies unterstreichen die Art. 16 Buchst. g, 18 Abs. 1 Buchst. e. Nach Art. 3 Nr. 3 ist ein Anbieter „eine natürliche oder juristische Person, Behörde, Einrichtung oder sonstige Stelle, die ein KI-System oder ein KI-Modell mit allgemeinem Verwendungszweck entwickelt oder entwickeln lässt und es unter ihrem eigenen Namen oder ihrer Handelsmarke in Verkehr bringt oder das KI-System unter ihrem eigenen Namen oder ihrer Handelsmarke in Betrieb nimmt, sei es entgeltlich oder unentgeltlich". 17

Alternativ kann der Anbieter die **Pflicht zur Ausstellung und Unterzeichnung einer EU-Konformitätserklärung** auf einen **Bevollmächtigten auf Grundlage eines schriftlichen Auftrags** gem. Art. 22 Abs. 3 übertragen (vgl. auch Anhang V).[12] Der Bevollmächtigte verkörpert nach Art. 3 Nr. 5 eine in der Union ansässige oder niedergelassene natürliche oder juristische Person, die vom Anbieter eines KI-Systems oder eines KI-Modells mit allgemeinem Verwendungszweck schriftlich dazu bevollmächtigt wurde und sich damit einverstanden erklärt hat, in seinem Namen die in der KI-VO festgelegten Pflichten zu erfüllen bzw. Verfahren durchzuführen. Zwar fertigt und unterzeichnet der Bevollmächtigte dann die EU-Konformitätserklärung im Namen und im Auftrag des Anbieters. Die **Verantwortung für Konformität** des betreffenden Hochrisiko-KI-Systems und für die **korrespondierende EU-Konformitätserklärung** verbleiben indes bei dem Anbieter. Sofern der Anbieter nicht in der EU ansässig ist, muss er sogar einen Bevollmächtigten mit der Wahrnehmung bestimmter Aufgaben im Zusammenhang mit der EU-Konformitätserklärung beauftragen, namentlich Bereithaltung eines Exemplars der EU-Konformitätserklärung für einen Zeitraum von zehn Jahren ab dem Inverkehrbringen oder der Inbetriebnahme des Hochrisiko-KI-Systems (Art. 22 Abs. 3 UAbs. 1 S. 2 Buchst. b) sowie deren Übermittlung an die Behörde (Art. 22 Abs. 3 UAbs. 1 S. 2 Buchst. c). 18

III. Inhalt der EU-Konformitätserklärung (Abs. 2)

1. Aussagekraft der EU-Konformitätserklärung (S. 1)

Zunächst muss die EU-Konformitätserklärung die Aussage enthalten, dass das darin nach Art. 47 Abs. 1 S. 2 konkret ausgewiesene **Hochrisiko-KI-System die in Abschnitt 2 festgelegten Anforderungen** erfüllt (Art. 47 Abs. 2 S. 1). Trotz fehlender textlicher Erwähnung meint Art. 47 Abs. 2 S. 1 den Abschnitt 2 des **Kapitels III,** das den Titel „Hochrisiko-KI-Systeme" trägt. Die Konformitätsaussage ist somit auf die **Anforderungen an Hochrisiko-KI-Systeme** – so die Überschrift des Abschnitts 2 – beschränkt. In concreto enthält dieser Abschnitt die wesentlichen objektiven Anforderungen in acht Bestimmungen, die gem. Art. 16 Buchst. a in erster Linie der **Anbieter** zu gewährleisten hat. 19

Entgegen der beschränkten Konformitätsaussage nach Art. 47 Abs. 2 S. 1 und im Gegensatz zur üblichen Ausdrucksweise der Harmonisierungsrechtsvorschriften verlangt die Mustererklärung, namentlich **Nr. 4 des Anhangs V,** vom Anbieter, die Übereinstimmung mit der gesamten KI-VO nicht nur zu erklären, sondern **zu versichern.** Damit dürfte jedoch allenfalls eine **symbolische Aufwertung** der 20

---

[12] Vgl. Blue Guide, Abschnitt 4.4.

EU-Konformitätserklärung einhergehen, wie auch ein Vergleich mit der englischen Fassung des Anhangs V indiziert. Weder transformiert diese Vorgabe die EU-Konformitätserklärung zu einer **EU-Konformitätsversicherung** noch steigt der qualitative Bedeutungsgehalt der Aussage des Anbieters.[13]

21 Die EU-Konformitätserklärung verschriftlich letztendlich bloß die **anbieterseitige Meinung,** dass das betreffende Hochrisiko-KI-System konform und mithin verkehrsfähig sei (→ Rn. 2). Somit ist die EU-Konformitätserklärung **weder eine objektive Bescheinigung noch ein unwiderleglicher Nachweis für die Konformität**[14] des Hochrisiko-KI-Systems. Zugleich übernimmt der Anbieter damit die **Verantwortung für das Hochrisiko-KI-System** gem. Art. 47 Abs. 4 S. 1 (→ Rn. 26).

2. Mindestangaben gem. Anhang V und Sprachanforderung (S. 2)

22 Mittels Verweises auf **Anhang V** konkretisiert Art. 47 Abs. 2 S. 2 den **Inhalt** der auszustellenden und zu unterzeichnenden EU-Konformitätserklärung. Die Grundlage des Anhangs V bzw. der dort genannten Elemente bildet die Mustererklärung im Beschluss Nr. 768/2008/EG. Anhang V enumeriert die einzelnen Angaben, welche die EU-Konformitätserklärung enthalten muss, und formt gleichsam ein **Muster.** Die in Anhang V genannten Bestandteile sind als **Mindestangaben** zu verstehen, zu denen zusammenfassend folgende Informationen gehören:

- Benennung und Identifizierung des Hochrisiko-KI-Systems; Art. 47 Abs. 1 S. 2 (zwecks Identifizierung und Rückverfolgbarkeit)
- Kontaktdaten des Anbieters und gegebenenfalls seines Bevollmächtigten (die mit den Kontaktdaten auf dem Hochrisiko-KI-System, in der Betriebsanleitung sowie in der EU-Datenbank korrespondieren sollten, vgl. Art. 16 Buchst. b, 13 Abs. 3 Buchst. a, 41 Abs. 1)
- Erklärung der Verantwortung für die EU-Konformitätserklärung
- Versicherung der Konformität mit der KI-VO; Art. 47 Abs. 2 S. 1, Abs. 4 S. 1
- gegebenenfalls Erklärung der Datenschutzkonformität in Bezug auf die Verordnung (EU) 2016/679, Verordnung (EU) 2018/1725 sowie Richtlinie (EU) 2016/680
- Nennung angewendeter harmonisierter Normen oder sonstiger gemeinsamer Spezifikationen (Hinweis auf die Konformitätsvermutung, Art. 40, 41)
- gegebenenfalls Einzelheiten zur notifizierten Stelle sowie zum durchgeführten Konformitätsbewertungsverfahren; Art. 43 Abs. 1 Buchst. b iVm Anhang VII
- Ort und Datum der Ausstellung
- Name und Funktion des Unterzeichners nebst Angaben zur vertretenen Person (→ Rn. 6)

Über die Mindestangaben hinausgehende Informationen dürfen in die EU-Konformitätserklärung aufgenommen werden, sofern sie nicht gesetzlich verboten und (insbesondere hinsichtlich der gesetzlich geforderten Mindestangaben) nicht irreführend sind.

23 In welcher **Sprache das Original** zu verfassen ist, regelt Art. 47 Abs. 2 nicht; insoweit ist der Anbieter frei. Allerdings erfordert Art. 47 Abs. 2 S. 2 eine Übersetzung in eine für die zuständigen Behörden der Mitgliedstaaten **leicht verständli-**

---

[13] Wiebe BB 2022, 899 (901).

[14] Unklar insoweit Roos/Weitz MMR 2021, 844 (847).

che Sprache Kurzum: Praktikablerweise gilt es, die (dem Hochrisiko-KI-System beigefügte Kopie einer) EU-Konformitätserklärung in die **Amtssprache des Mitgliedstaates** zu übersetzen, in dem es in Verkehr gebracht oder bereitgestellt wird. Sinnvollerweise nimmt der Hersteller oder sein Bevollmächtigter die Übersetzung vor, auch wenn diese Aufgabenzuweisung nicht als zwingend erscheint.[15] Im Zuge eines Übermittlungsverlangens gem. Art. 47 Abs. 1 S. 3 kann die zuständige Behörde ohnehin eine bestimmte Sprachfassung anfordern.

IV. EU-Konformitätserklärung nach anderen anwendbaren Harmonisierungsrechtsvorschriften (Abs. 3)

Art. 47 Abs. 3 drückt den im europäischen öffentlichen Produktrecht festverankerten Grundsatz der singulären EU-Konformitätserklärung aus:[16] Danach ist nur eine **einzige EU-Konformitätserklärung auszustellen,** auch wenn das betreffende Hochrisiko-KI-System zugleich anderen Harmonisierungsrechtsvorschriften unterfällt, die ebenso die Ausstellung einer EU-Konformitätserklärung vorschreiben (Art. 47 Abs. 3 S. 1). In diesem Fall sind alle geforderten Angaben der einschlägigen Harmonisierungsrechtsvorschriften zusammenzufassen. Insbesondere müssen in der EU-Konformitätserklärung die anwendbaren Harmonisierungsrechtsvorschriften, auf die sie sich bezieht, Erwähnung finden (Art. 47 Abs. 3 S. 2). 24

Das vornehmliche Ziel der angeordneten Zusammenfassung der EU-Konformitätserklärungen besteht darin, **Übersichtlichkeit** für die Marktüberwachungsbehörden zu schaffen und den **Aufwand** für die Anbieter zu reduzieren; die Anzahl der erforderlichen Dokumente soll schlichtweg verringert werden.[17] Eine solche Zusammenfassung ist möglich und erweist sich als sinnvoll, weil die EU-Konformitätserklärungen in den unterschiedlichen CE-Rechtsakten im Wesentlichen auf der **Mustererklärung im Beschluss Nr. 768/2008/EG** beruhen und sich vom Aufbau sowie Inhalt her ohnehin ähneln. 25

V. Anbieterverantwortung und Update-Pflicht (Abs. 4)

Prima facie bestimmt Art. 47 Abs. 4 S. 1 eine wesentliche mit der Ausstellung der EU-Konformitätserklärung einhergehende **Rechtsfolge:** Danach übernimmt der Anbieter die **Verantwortung für die Erfüllung der in Abschnitt 2 (des Kap. III) niedergelegten Anforderungen** in Bezug auf das betreffende Hochrisiko-KI-System. Die Bestimmung soll damit ipso jure die Zuordnung der **materiellen Verantwortung** für die Einhaltung der in der EU-Konformitätserklärung ausgedrückten Anforderungen regeln. Die in Art. 47 Abs. 4 S. 1 angeordnete Verantwortungsübernahme korrespondiert mit dem Aussageinhalt der EU-Konformitätserklärung gem. Art. 47 Abs. 2 S. 1 (→ Rn. 19 ff.). Entgegen dem Wortlaut tritt die Verantwortungsüberahme indes nicht bereits mit der bloßen Ausstellung, sondern erst mit der **Unterzeichnung der EU-Konformitätserklärung** ein.[18] Allerdings trägt der Anbieter die Verantwortung für die Konformität auch ohne 26

[15] Vgl. Blue Guide, Abschnitt 4.4.

[16] Blue Guide, Abschnitt 4.4; Martini/Wendehorst/Gerdemann Art. 47 Rn. 20; vgl. Erwgr. (22) der Richtlinie 2014/35/EU.

[17] Blue Guide, Abschnitt 4.4.

[18] Vgl. Blue Guide, Abschnitt 4.4.

Ausstellung und Unterzeichnung einer EU-Konformitätserklärung. Die Regelung hat daher nur deklaratorische Wirkung.[19]

27 Sodann statuiert Art. 47 Abs. 4 S. 2 – an dieser Stelle systematisch etwas überraschend – eine an den Anbieter gerichtete **Update-Pflicht.** Dem Anbieter obliegt es demgemäß, die EU-Konformitätserklärung **auf dem neusten Stand zu halten** und erforderlichenfalls zu aktualisieren, wenn sich Inhalte der EU-Konformitätserklärung ändern. Eine Aktualisierungsbedürfnis können etwa **Änderungen der anwendbaren Rechtsvorschriften, harmonisierten Normen oder der Kontaktdaten des Anbieters** auslösen. Die angepasste EU-Konformitätserklärung gilt dann für die Hochrisiko-KI-Systeme, die nach der betreffenden Änderung in Verkehr gebracht oder in Betrieb genommen wurden. Muss das Hochrisiko-KI-System aufgrund einer **wesentlichen Veränderung** iSv Art. 3 Nr. 23 einem erneuten Konformitätsbewertungsverfahren unterzogen werden (Art. 43 Abs. 4),[20] genügt eine Aktualisierung nicht. In diesem Fall ist eine **neue EU-Konformitätserklärung im Anschluss eines erfolgreichen Konformitätsbewertungsverfahrens** auszustellen.[21]

VI. Befugnis der Kommission zur Anpassung des Anhangs V (Abs. 5)

28 Der letzte Absatz des Art. 47 vermittelt der Kommission die Befugnis, die in **Anhang V** verankerten Inhalte und Elemente einer EU-Konformitätserklärung **zu ändern und zu aktualisieren sowie neue Bestandteile einzuführen.** Dadurch soll technischen Entwicklungen Rechnung getragen werden, die eine Anpassung des Anhangs V erfordern. Das rechtliche Instrument für eine Anpassung des Anhangs V stellt ein von der Kommission zu erlassender **delegierter Rechtsakt** dar. Die Einzelheiten und Voraussetzungen der Ausübung der Befugnis zum Erlass delegierter Rechtsakte regelt Art. 97, auf den Art. 47 Abs. 5 verweist. Eine gesetzgeberisch erfolgte Anpassung des Anhangs V zieht die Aktualisierungspflicht des Anbieters gem. Art. 47 Abs. 4 S. 2 nach sich (→ Rn. 27).

Art. 48* CE-Kennzeichnung

(1) **Für die CE-Kennzeichnung gelten die in Artikel 30 der Verordnung (EG) Nr. 765/2008 festgelegten allgemeinen Grundsätze.**

(2) **Bei digital bereitgestellten Hochrisiko-KI-Systemen wird eine digitale CE-Kennzeichnung nur dann verwendet, wenn sie über die Schnittstelle, von der aus auf dieses System zugegriffen wird, oder über einen leicht zugänglichen maschinenlesbaren Code oder andere elektronische Mittel leicht zugänglich ist.**

(3) [1]**Die CE-Kennzeichnung wird gut sichtbar, leserlich und dauerhaft an Hochrisiko-KI-Systemen angebracht.** [2]**Falls die Art des Hochrisiko-**

---

[19] Martini/Wendehorst/Gerdemann Art. 47 Rn. 22.

[20] Erwgr. (128).

[21] Martini/Wendehorst/Gerdemann Art. 47 Rn. 23.

* Kapitel III (Art. 6–49) gilt gem. Art. 113 UAbs. 2 ab 2.8.2026, mit Ausnahme des Abschnitts 4, der gem. Art. 113 UAbs. 3 Buchst. b bereits ab 2.8.2025 gilt.

KI-Systems dies nicht zulässt oder nicht rechtfertigt, wird sie auf der Verpackung bzw. der beigefügten Dokumentation angebracht.

(4) [1]**Gegebenenfalls wird der CE-Kennzeichnung die Identifizierungsnummer der für die in Artikel 43 festgelegten Konformitätsbewertungsverfahren zuständigen notifizierten Stelle hinzugefügt.** [2]**Die Identifizierungsnummer der notifizierten Stelle ist entweder von der Stelle selbst oder nach ihren Anweisungen durch den Anbieter oder den Bevollmächtigten des Anbieters anzubringen.** [3]**Diese Identifizierungsnummer wird auch auf jeglichem Werbematerial angegeben, in dem darauf hingewiesen wird, dass das Hochrisiko-KI-System die Anforderungen für die CE-Kennzeichnung erfüllt.**

(5) **Falls Hochrisiko-KI-Systeme ferner unter andere Rechtsvorschriften der Union fallen, in denen die CE-Kennzeichnung auch vorgesehen ist, bedeutet die CE-Kennzeichnung, dass das Hochrisiko-KI-System auch die Anforderungen dieser anderen Rechtsvorschriften erfüllt.**

Literatur: Gerdemann, Konformitätsbewertung als Kernpflicht der KI-Verordnung, NJW 2024, 2209; Martini/Wendehorst, KI-VO, 1. Aufl. 2024; Roos/Weitz, Hochrisiko-KI-Systeme im Kommissionsentwurf für eine KI-Verordnung, MMR 2021, 844; Spindler, Der Vorschlag der EU-Kommission für eine Verordnung zur Regulierung der Künstlichen Intelligenz (KI-VO-E), CR 2021, 361; Wendt/Wendt, Das neue Recht der Künstlichen Intelligenz, 2. Aufl. 2025; Wiebe, Produktsicherheitsrechtliche Betrachtung des Vorschlags für eine KI-Verordnung, BB 2022, 899; Wiebe (Hrsg.), Das neue Recht der Cyberresilienz, 1. Aufl. 2025.

Übersicht

I. Allgemeines[1]

Als **anbieterseitigen Ausdruck der Konformität** verlangt Art. 48 – in Entsprechung des **New Legislative Framework** (NLF) – die Anbringung der **CE-** 1

[1] Der Verfasser weist darauf hin, dass er die inhaltlich ähnliche Vorschrift aus Art. 30 VO (EU) 2024/2847 bereits in dem entsprechenden Kommentar – herausgegeben von Schröder/Hartl – bearbeitet hat. Vor diesem Hintergrund bestehen inhaltliche wie gedankliche Überschneidungen. Eine präzise Zitierung kann in diesem Werk derzeit nicht erfolgen, da der genannte Kommentar zum Zeitpunkt der Abfassung noch nicht erschienen ist.

Kennzeichnung, und zwar nach **erfolgreicher Durchführung eines Konformitätsbewertungsverfahrens** gem. Art. 43 und **vor dem Inverkehrbringen oder der Inbetriebnahme** des betreffenden Hochrisiko-KI-Systems. Die CE-Kennzeichnung gehört neben dem Konformitätsbewertungsverfahren und der EU-Konformitätserklärung gem. Art. 47 zur **NLF-Konformitätstrias,** welche auf die Konformitätssicherstellung und den -ausdruck abzielt. Der Terminus „CE-Kennzeichnung" bezeichnet nach Art. 3 Nr. 24 „eine Kennzeichnung, durch die ein Anbieter erklärt, dass ein KI-System die Anforderungen erfüllt, die in Kapitel III Abschnitt 2 und in anderen anwendbaren Harmonisierungsrechtsvorschriften, die die Anbringung dieser Kennzeichnung vorsehen, festgelegt sind".[2] Entgegen der landläufigen Meinung stellt die CE-Kennzeichnung weder ein **Qualitätssiegel**[3] noch einen **Konformitätsstempel eines Fremdzertifizierers** noch einen **strikten Nachweis für die Konformität** noch ein **Herkunftszeichen** dar.[4] Ebenso wenig löst die CE-Kennzeichnung die **Konformitätsvermutung** iSv Art. 40 aus.[5] Inhaltlich gleichlaufend mit der EU-Konformitätserklärung iSv Art. 47 versinnbildlicht die CE-Kennzeichnung lediglich die **Selbsterklärung des Anbieters,** dass das Hochrisiko-KI-System den in Kapitel III Abschnitt 2 festgelegten Anforderungen entspricht. Zugleich fungiert die CE-Kennzeichnung als „Eintrittskarte in den Unionsmarkt" und als „Warenpass",[6] damit das Hochrisiko-KI-System in den Unionsmarkt eintreten und dort frei zirkulieren kann.[7]

2 Die Angabe der CE-Kennzeichnung (inklusive der etwaig erforderlichen Identifizierungsnummer einer eingebundenen notifizierten Stelle iSv Art. 48 Abs. 4) hat den Charakter einer **formellen Anforderung bzw. Verkehrs- sowie Betriebsfähigkeitsvoraussetzung.** Eine fehlende oder nicht ordnungsgemäß angebrachte CE-Kennzeichnung führt folglich zur **formellen Nichtkonformität** (Art. 83 Abs. 1 Buchst. a, b). Ein Hochrisiko-KI-System, das überhaupt keine oder eine fehlerhafte CE-Kennzeichnung trägt, darf somit nicht in Verkehr gebracht bzw. nicht in Betrieb genommen werden; es besteht insofern ein **Verkehrs- bzw. Betriebsverbot qua Gesetz.**

3 Marktüberwachungsbehörden haben die Befugnis, bei Verstößen gegen die CE-Kennzeichnungsvorgaben **Korrekturmaßnahmen** – wie etwa **Vertriebssowie Betriebsverbote** – nach Art. 74 KI-VO iVm Art. 14 Abs. 4 MÜ-VO zu verfügen. Unter Verhältnismäßigkeitsgesichtspunkten erweist sich ein **Rückruf** in der Regel hingegen als nicht statthaft.[8] Überdies erlegen Art. 99 Abs. 1, 4 Buchst. a sowie Art. 48 Abs. 1 KI-VO iVm Art. 30 VO Abs. 6 (EG) Nr. 765/

---

[2] Vgl. Art. 2 Nr. 20 VO (EG) Nr. 765/2008.

[3] Gerdemann NJW 2024, 2209 (2210) spricht missverständlicherweise von einem „KI-Gütesiegel".

[4] Martini/Wendehorst/Gerdemann Art. 48 Rn. 12; allg. dazu Wilrich, Das neue Produktsicherheitsgesetz, 2012, Rn. 469 f.; Schumann, Bauelemente des europ. Produktsicherheitsrechts, S. 135; Wiebe, Unternehmerfreiheit versus Verbraucherschutz?!, 2017, S. 324 f.; Klindt ProdSG/Wende, 3. Aufl. 2021, § 7 Rn. 6; Blue Guide, Abschnitt 4.5.1.1; Wiebe, in: Wiebe, Das neue Recht der Cyberresilienz § 5 Rn. 92.

[5] Vgl. Klindt ProdSG/Wende, 3. Aufl. 2021, § 7 Rn. 6; Wiebe, in: Wiebe, Das neue Recht der Cyberresilienz § 5 Rn. 92.

[6] Scheel DVBl 1999, 442 (444).

[7] Erwgr. (129); vgl. im CRA-Kontext Wiebe, in: Wiebe, Das neue Recht der Cyberresilienz § 5 Rn. 92.

[8] VG Minden BeckRS 2021, 8649 Rn. 45.

2008 den Mitgliedstaaten eine sanktionsrechtliche Ahndung eines Verstoßes gegen die CE-Kennzeichnungspflicht auf. Die Mitgliedstaaten haben **Sanktionsvorschriften** zu erlassen, welche bei Verletzung der in Art. 16 Buchst. h iVm Art. 48 niedergelegten Anbieterpflicht Geldbußen von bis zu 15.000.000 EUR oder – im Falle von Unternehmen – von bis zu 3 % des gesamten weltweiten Jahresumsatzes des vorangegangenen Geschäftsjahres normieren, je nachdem, welcher Betrag höher ist. Vor dem Hintergrund der Verhältnismäßigkeitsmaßgabe gem. Art. 99 Abs. 1 S. 2 wird ein entsprechender Verstoß gegen diese formelle Anforderung jedoch im unteren Bereich des Bußgeldrahmens anzusiedeln sein. Gleiche Erwägungen gelten bei Verstößen gegen die Anforderungen zur Anbringung der **Identifizierungsnummer einer eingebundenen notifizierten Stelle** iSv Art. 48 Abs. 4. Im Übrigen können Verstöße gegen CE-Kennzeichnungsanforderungen zivilrechtliche Relevanz haben, wie etwa wettbewerbsrechtliche Folgen aufgrund der Qualifikation der CE-Vorgaben als Marktverhaltensregelungen iSv §§ 3, 3a UWG (siehe auch → Rn. 22). Während eine fehlende oder fehlerhafte CE-Kennzeichnung aus Sicht eines Wiederverkäufers zudem ein Sachmangel iSd § 434 BGB ist und Gewährleistungsrechte eröffnet,[9] zieht allein eine solche formelle Nichtkonformität keine Produkt- bzw. Produzentenhaftung gem. ProdHaftG bzw. § 823 Abs. 1 BGB nach sich.

II. Pflichtenadressaten

Zur Anbringung der CE-Kennzeichnung ist der **Anbieter** gem. Art. 16 Buchst. h verpflichtet. Art. 3 Nr. 3 definiert den zum Kreis der Akteure iSv Art. 3 Nr. 8 gehörenden „Anbieter" als „eine natürliche oder juristische Person, Behörde, Einrichtung oder sonstige Stelle, die ein KI-System oder ein KI-Modell mit allgemeinem Verwendungszweck entwickelt oder entwickeln lässt und es unter ihrem eigenen Namen oder ihrer Handelsmarke in Verkehr bringt oder das KI-System unter ihrem eigenen Namen oder ihrer Handelsmarke in Betrieb nimmt, sei es entgeltlich oder unentgeltlich". Die Pflichtenzuordnung stimmt mit der Stellung des Anbieters als Primärverantwortlicher für die Gewährleistung der Konformität überein, wie der umfangreiche Pflichtenkatalog in Art. 16 verdeutlicht. 4

Der Anbieter kann die Pflicht zur Anbringung der CE-Kennzeichnung jedoch auf seinen **Bevollmächtigten** delegieren; rechtliche Grundlage für die Aufgabenübertragung bildet ein **schriftlicher Auftrag** (Art. 22 Abs. 3).[10] Nach Art. 3 Nr. 5 ist ein Bevollmächtigter eine in der Union ansässige oder niedergelassene natürliche oder juristische Person, die vom Anbieter eines KI-Systems oder eines KI-Modells mit allgemeinem Verwendungszweck schriftlich dazu bevollmächtigt wurde und sich damit einverstanden erklärt hat, in seinem Namen die in der KI-VO festgelegten Pflichten zu erfüllen bzw. Verfahren durchzuführen. 5

Auch der **Einführer iSv Art. 3 Nr. 6** und der **Händler iSv Art. 3 Nr. 7** haben im Zusammenhang mit der CE-Kennzeichnung Pflichten; und zwar müssen sie überprüfen, ob das Hochrisiko-KI-System mit der CE-Kennzeichnung versehen ist (Art. 23 Abs. 1 Buchst. c, 24 Abs. 1). Insofern trifft die Ein- 6

---

[9] Siehe Niebling DB 1996, 80; vgl. aber im Verhältnis zum Verbraucher AG Frankfurt a. M. MPR 2012, 21 (22).

[10] Vgl. auch Art. 30 Abs. 1 VO (EG) Nr. 765/2008; Blue Guide, Abschnitt 4.5.1.3.

führer und Händler eine **formelle Prüfpflicht** hinsichtlich des bloßen Vorhandenseins der CE-Kennzeichnung. Ob der Anbieter den korrekten Anbringungsort gewählt hat, müssen sie hingegen grundsätzlich nicht prüfen bzw. bewerten,[11] obgleich von Händlern etwa ein Grundwissen hinsichtlich der einschlägigen gesetzlichen Anforderungen verlangt wird.[12] Schließlich kann die Wahl des Anbringungsorts an nicht triviale Rechtsfragen geknüpft sein, die der Einführer und Händler nicht beantworten können, zumal sie geringe Einflussmöglichkeit auf das Hochrisiko-KI-System zwecks Sicherstellung der Konformität haben. Sie können schlechterdings nicht wissen, auf welchen **produktionsbedingten bzw. ökonomischen Erwägungen oder Gegebenheiten** (zB wirtschaftliche Unzumutbarkeit oder technische Unmöglichkeit) der Anbieter die Ausnahme gem. Art. 48 Abs. 3 S. 2 als gerechtfertigt ansieht. Das **geringere Pflichtenprogramm** des Einführers und Händlers entspricht deren Stellung in der Lieferkette und korrespondiert mit dem **Verhältnismäßigkeitsgrundsatz.**

III. Anwendbarkeit des Art. 30 VO (EG) Nr. 765/2008 (Abs. 1)

7 Zunächst erklärt der als Scharniernorm fungierende Art. 48 Abs. 1 den **Art. 30 VO (EG) Nr. 765/2008** für anwendbar. Art. 30 VO (EG) Nr. 765/2008 setzt sich aus sechs Absätzen zusammen und stellt eine übergeordnete Regelung der **allgemeinen Grundsätze der CE-Kennzeichnung** in der sog. Akkreditierungsverordnung dar, auf die die CE-Rechtsakte typischerweise verweisen. Während Art. 30 Abs. 2 iVm Anhang II der VO (EG) Nr. 765/2008 **das Schriftbild der CE-Kennzeichnung konkretisieren,** das sich aus der Buchstabenkombination CE zusammensetzt, legt Anhang II zusätzlich eine Mindesthöhe von 5 mm fest. Zugleich verbietet der Abs. 2 die Anbringung der CE-Kennzeichnung auf Produkten, die keinem CE-Rechtsakt unterliegen.

8 Korrespondierend mit der Legaldefinition gem. Art. 3 Nr. 24 bestimmt Art. 30 Abs. 3 VO (EG) Nr. 765/2008, dass der Hersteller die **Verantwortung für die Konformität** des Produkts mit allen in den anwendbaren Harmonisierungsrechtsvorschriften festgelegten Anforderungen durch die Anbringung der CE-Kennzeichnung übernimmt. Die CE-Kennzeichnung als solche hat indes nur deklaratorischen Charakter hinsichtlich der Verantwortungsübernahme. Insofern besteht ein Gleichlauf mit der Wirkung der EU-Konformitätserklärung gem. Art. 47 Abs. 4 S. 1. Nach Art. 30 Abs. 4 VO (EG) Nr. 765/2008 versinnbildlicht einzig die CE-Kennzeichnung die Konformität. In Übereinstimmung damit dürfen CE-kennzeichnungspflichtige Produkte keine anderen Zeichen tragen, die zur **Verwechslung mit der CE-Kennzeichnung** führen oder ihre Sichtbarkeit, Lesbarkeit und Bedeutung beeinträchtigen (Art. 30 Abs. 5 VO (EG) Nr. 765/2008). Die Anbringung und Verwendung von **KI-spezifischen Gütesiegeln und Qualitätszeichen** bleibt aber möglich.[13]

---

[11] Vgl. Schucht PHi 2017, 114 (120); Schucht CCZ 2016, 126 (127 f.); Erwgr. (32) der Verordnung (EU) 2023/988.

[12] Blue Guide, Anhang 5, S. 151.

[13] Blue Guide, Abschnitt 4.5.1.7.

IV. Digitale CE-Kennzeichnung bei digital bereitgestellten Hochrisiko-KI-Systemen (Abs. 2)

Art. 48 Abs. 2 regelt die digitale Angabe der CE-Kennzeichnung bei **digital bereitgestellten Hochrisiko-KI-Systemen.** Damit sind Hochrisiko-KI-Systeme gemeint, die nicht in einem physischen Produkt eingebettet sind, sondern als nicht verkörperte **Software** in Verkehr gebracht werden. Dieser erst im Zuge des Gesetzgebungsverfahrens eingefügten Regelung bedarf es, weil Hochrisiko-KI-Systeme regelmäßig unverkörpert und nicht zwingend in physischen Produkten integriert sind. Bei in körperlichen Produkten eingebetteten Hochrisiko-KI-Systemen ist eine digitale CE-Kennzeichnung nur zusätzlich zur physischen CE-Kennzeichnung statthaft.[14] 9

Eine **digitale CE-Kennzeichnung** ist bei digital bereitgestellten Hochrisiko-KI-Systemen in drei Szenarien zulässig. Variante 1: Es besteht ein **leichter Zugang zur digitalen CE-Kennzeichnung mittels einer Schnittstelle,** von der aus auf dieses System zugegriffen wird. Diese Variante hat etwa die Anzeige der digitalen CE-Kennzeichnung im Front-end vor Augen.[15] Variante 2: Ein **leicht zugänglicher maschinenlesbarer Code** – etwa die Programmierschnittstelle (API) wie zB Json – ermöglicht einen leichten Zugang zur digitalen CE-Kennzeichnung. Variante 3 als Auffangklausel: Ein **sonstiges elektronisches Mittel** stellt eine leichte Zugänglichkeit zur digitalen CE-Kennzeichnung sicher; zB bei browserbasierten Hochrisiko-KI-Systemen über die Website oder über einen QR-Code. Sollte keiner der Varianten umsetzbar sein, entfällt die CE-Kennzeichnungsanforderung nicht. Vielmehr gebietet Art. 47 eine **physische Kennzeichnung** auf mitgelieferten Unterlagen bzw. einem Datenträger oder eine **designbezogene Änderung** des Hochrisiko-KI-Systems, die eine digitale Kennzeichnung ermöglicht.[16] 10

V. Ort, Art und Weise der Anbringung der CE-Kennzeichnung (Abs. 3)

1. Anbringungsort

Grundsätzlich gilt es, eine übliche **physische CE-Kennzeichnung** auf dem **Hochrisiko-KI-System selbst** anzugeben (Art. 48 Abs. 3 S. 1). Zwar stellt der Wortlaut auf das Hochrisiko-KI-System als Anbringungsort ab, allerdings ist damit – in Abgrenzung zu Art. 48 Abs. 2 – das **körperliche Produkt,** das das Hochrisiko-KI-System in sich trägt, gemeint.[17] Schließlich lässt sich nur so eine gute Sichtbarkeit der CE-Kennzeichnung ermöglichen. Die physische Anbringungsvariante kommt vor allem bei produktintegrierten Hochrisiko-KI-Systemen iSd Art. 6 Abs. 1 iVm Anhang I in Betracht. Eine digitale CE-Kennzeichnung ersetzt die physische CE-Kennzeichnung nicht, wenn es sich um ein in einem Produkt eingebettetes Hochrisiko-KI-System handelt; in diesen Fällen darf eine 11

---

[14] Erwgr. (129).

[15] Wiebe BB 2022, 899 (901); Martini/Wendehorst/Gerdemann Art. 48 Rn. 20.

[16] Martini/Wendehorst/Gerdemann Art. 48 Rn. 17 f.

[17] Erwgr. (129).

digitale CE-Kennzeichnung nur **zusätzlich zur physischen CE-Kennzeichnung** angezeigt werden (→ Rn. 9).[18]

12 Eine Ausnahme hinsichtlich des Anbringungsorts folgt aus Art. 48 Abs. 3 S. 2. Danach ist es **ausnahmsweise erlaubt, auf die Verpackung oder die Begleitdokumentation,** wie etwa die Betriebsanleitung iSv Art. 3 Nr. 15, auszuweichen, falls die Anbringung auf dem Hochrisiko-KI-System bzw. dem Produkt selbst technisch nicht möglich oder wirtschaftlich nicht zumutbar ist.[19] Als Ausnahmegründe kommen zum Beispiel **die stoffliche Beschaffenheit, die Form oder die Größe,** die ein Abbildung der CE-Kennzeichnung in der Mindesthöhe von 5 mm faktisch nicht zulassen, in Betracht. Daneben kann eine technische Unmöglichkeit prinzipiell auch dann gegeben sein, wenn das Produkt beim Kennzeichnungsvorgang beschädigt wird oder die CE-Kennzeichnung die Funktion beeinträchtigt.[20] Unter welchen Umständen eine **wirtschaftliche Unverhältnismäßigkeit bzw. Unzumutbarkeit** angenommen werden darf, ist nicht näher geregelt; insoweit gibt es keine allgemeingültige Formel. Erfahrungsgemäß stellen Marktüberwachungsbehörden hohe Anforderungen an eine wirtschaftliche Unverhältnismäßigkeit bei anderen Kennzeichnungsanforderungen; in praxi werden insoweit 10–15 % an Mehrkosten als relevante Mindestgröße angesehen.[21] **Rein ästhetische Aspekte und Erwägungen rechtfertigen hingegen kein Ausweichen** auf die Verpackung oder die beigefügten Unterlagen.[22]

2. Gestaltungsvorgaben

13 Entsprechend der üblichen Anforderungen an die **Art und Weise der Angabe der CE-Kennzeichnung** verlangt Art. 48 Abs. 3 S. 1 eine **gut sichtbare, leserliche und dauerhafte Anbringung.** Diese Gestaltungsmaßgaben gelten vom Grundsatz her sowohl für in Produkte integrierte Hochrisiko-KI-Systeme als auch für elektronisch bereitgestellte Hochrisiko-KI-Systeme mit Blick auf Art. 48 Abs. 2. Solange diese Rahmenvorgaben eingehalten werden, besteht im Übrigen ein Spielraum bei der Gestaltung (beispielsweise farbliche Darstellung).[23]

14 Die **gute Sichtbarkeit zielt auf den leichten Zugang und die optische Wahrnehmbarkeit** der CE-Kennzeichnung ab. Eine prominente Abbildung auf der Vorderseite eines Produkts, wodurch es zur Beeinträchtigung der Ästhetik und des Designs kommen kann, wird indes nicht gefordert.[24] Umgekehrt darf die CE-Kennzeichnung nicht so versteckt werden, dass das Auffinden einen nicht unerheblichen Aufwand auslöst. Die **Lesbarkeit** der CE-Kennzeichnung setzt eine bestimmte Größe voraus und wird durch die Einhaltung der gem. Art. 48 Abs. 1 KI-VO iVm Art. 30 Abs. 2 iVm Anhang II der VO (EG) Nr. 765/2008

---

[18] Erwgr. (129).

[19] Vgl. Blue Guide, Abschnitt 4.5.1.4.

[20] Vgl. mit Blick auf den CRA Wiebe, in: Wiebe, Das neue Recht der Cyberresilienz § 5 Rn. 93.

[21] So mit Blick auf den vollständigen Verzicht der Kennzeichnung gem. § 6 Abs. 1 S. 3 ProdSG 2021 Schucht StoffR 2022, 487 (490).

[22] Vgl. Blue Guide, Abschnitt 4.5.1.4; vgl. bzgl. des CRA Wiebe, in: Wiebe, Das neue Recht der Cyberresilienz § 5 Rn. 93.

[23] Vgl. Blue Guide, Abschnitt 4.5.1.4.

[24] Klindt ProdSG/Wende, 3. Aufl. 2021, § 7 Rn. 18.

festgelegten **Mindesthöhe von 5 mm** sowie einen angemessenen Kontrast zwischen Schrift und Hintergrund[25] sichergestellt (→ Rn. 7).

Das **Erfordernis der Dauerhaftigkeit** verlangt, dass die Kennzeichnung unter normalen Umständen nicht entfernt werden kann, ohne Spuren zu hinterlassen.[26] Eine **stofflich-physische Verbindung** der CE-Kennzeichnung mit dem Hochrisiko-KI-System bzw. Produkt ist indes keine Voraussetzung. Folglich muss die CE-Kennzeichnung nicht eingraviert, eingeprägt, gelasert oder bedruckt werden, um die Dauerhaftigkeit zu erzielen. Vielmehr genügt eine auf dem **Produkt fixierte Datenplatte oder ein nicht leicht ablösbarer Aufkleber** bzw. Sticker.[27] Nach der BGH-Rechtsprechung ist für die gesetzlich geforderte Dauerhaftigkeit zusätzlich ein **Mindestmaß an Unzerstörbarkeit** erforderlich. Diese sei nicht gegeben, wenn die Kennzeichnung ohne nennenswerte Schwierigkeiten und ohne die Gefahr einer Beschädigung des Produkts durch einen einfachen Schnitt mit einer Schere vom Produkt entfernt werden könne. Weil **Klebefähnchen** objektiv leicht und ohne großes Risiko beseitigt werden können, genügen sie aus Sicht des BGH jedenfalls dann nicht der Anforderung an die Dauerhaftigkeit, wenn Verwender sie als störend empfinden können und deshalb ihre Entfernung naheliegt.[28] Anders könne es sein, wenn Verwender das Klebefähnchen ihrer Art nach oder aufgrund des Anbringungsorts als nicht störend ansehen und daher zu erwarten ist, dass es nicht entfernt wird.[29] 15

VI. Angabe der Identifizierungsnummer der notifizierten Stelle (Abs. 4)

1. Voraussetzung und Verantwortung

Wenn ein Konformitätsbewertungsverfahren gem. Art. 43 Abs. 1 iVm Anhang VII oder Art. 43 Abs. 3 iVm einer in Anhang I Abschnitt A aufgeführten Harmonisierungsrechtsvorschrift durchgeführt wird, das die **obligatorische Beteiligung einer notifizierten Stelle** vorsieht, muss gem. Art. 48 Abs. 4 S. 1 die der **notifizierten Stelle zugewiesene Identifizierungsnummer** iSv Art. 35 Abs. 1 der CE-Kennzeichnung hinzugefügt werden. Hierbei handelt es sich um eine formelle Verkehrs- bzw. Betriebsfähigkeitsvoraussetzung. Auch im Falle einer **freiwilligen Einbindung** einer notifizierten Stelle im Rahmen eines Konformitätsbewertungsverfahrens beansprucht Abs. 4 Geltung.[30] Eine „notifizierte Stelle" bezeichnet „eine Konformitätsbewertungsstelle, die gemäß dieser Verordnung und den anderen einschlägigen Harmonisierungsrechtsvorschriften der Union notifiziert wurde" (Art. 3 Nr. 22). 16

Naturgemäß bilden die Einhaltung der Art. 8–15 und ein entsprechend positiv durchlaufenes Konformitätsbewertungsverfahren, an dessen Ende die notifizierte 17

[25] Martini/Wendehorst/Gerdemann Art. 48 Rn. 22; vgl. auch Rehmann/Wagner/Wagner VO (EU) 2017/745 Art. 20 Rn. 9.

[26] Blue Guide, Abschnitt 4.5.1.4; zum Abtriebtest siehe DIN 50419.

[27] Klindt ProdSG/Wende, 3. Aufl. 2021, § 7 Rn. 19; Blue Guide, Abschnitt 4.5.1.4.

[28] BGH MMR 2015, 721 (724).

[29] BGH MMR 2015, 721 (724).

[30] Martini/Wendehorst/Gerdemann Art. 48 Rn. 24; Blue Guide, Abschnitt 4.5.1.5; anders noch bezüglich der Richtlinie 1999/5/EG EuGH 11.7.2017 – C-192/17, Rn. 49 – COBRA SpA.

Stelle eine **Bescheinigung gem. Art. 44 Abs. 1** ausstellt, die Voraussetzungen für die Angabe der Identifizierungsnummer. Für den Fall der Unwirksamkeit der Bescheinigung, etwa wegen Wegfalls der Konformität und anschließenden Widerrufs gem. Art. 44 Abs. 3 oder wegen zeitlichen Ablaufs, **entfällt auch die Grundlage für die Angabe der CE-Kennzeichnung nebst der Identifizierungsnummer;** die Anbringung darf dann nicht mehr fortgesetzt werden.[31]

18 Die **Verantwortung für die Anbringung der Identifizierungsnummer** trägt die jeweilige notifizierte Stelle.[32] Nach Art. 48 Abs. 4 S. 2 bringt entweder sie selbst oder auf Grundlage ihrer Anweisungen der Anbieter oder sein Bevollmächtigter die Identifizierungsnummer an. Insofern hat die **notifizierte Stelle ein Anweisungsrecht** im Rahmen des Abschlusses des Konformitätsbewertungsverfahrens. Die Anweisung ist eine **einseitige empfangsbedürftige Willenserklärung,** die keinem Formerfordernis unterliegt. Da die Beziehung zwischen Anbieter und notifizierter Stelle auf einem **zivilrechtlichen Verhältnis** basiert, müsste der Anbieter den ordentlichen Rechtsweg vor den Zivilgerichten beschreiten, um sich gegen eine Anweisung zu wehren.[33] Als Anknüpfungspunkte, um eine Anweisung anzugreifen, kommen in erster Linie übergeordnete Rechtsgrundsätze, wie Treu und Glauben, Unverhältnismäßigkeit oder das Schikaneverbot, in Betracht.

19 Mit der Anweisung überträgt die notifizierte Stelle jedoch nicht ihre öffentlichrechtliche Pflicht; der angewiesene Akteur wird vielmehr eine Art **„Erfüllungsgehilfe"** der notifizierten Stelle. Weil die notifizierte Stelle trotz entsprechender Anweisung ihre Verpflichtung behält, muss sie den angewiesenen Anbieter bzw. Bevollmächtigten kontrollieren und überwachen. Ein **Verstoß gegen die Anweisung** führt jedoch nicht zur Unwirksamkeit des Konformitätsbewertungsverfahrens, sondern kann eine **Nichtkonformität** des betroffenen Hochrisiko-KI-Systems begründen.

2. Gestaltungsanforderungen und Anbringungsort

20 Die an die CE-Kennzeichnung gestellten **Gestaltunganforderungen** gem. Art. 48 Abs. 3 S. 1 – gut sichtbar, leserlich, dauerhaft – **beanspruchen hingegen keine Geltung für die Identifizierungsnummer.** Schon der Wortlaut des Art. 48 Abs. 4 gibt diese Vorgaben nicht her. Im Übrigen macht die Identifizierungsnummer keinen genuinen Bestandteil der CE-Kennzeichnung aus, sondern hat einen die CE-Kennzeichnung ergänzenden Charakter.[34] Dies verdeutlichen die eigene systematische Stellung der Identifizierungsnummer in Abs. 4, die der CE-Kennzeichnung „hinzugefügt" wird, und die Legaldefinition der CE-Kennzeichnung iSv Art. 3 Nr. 24. Die Identifizierungsnummer kann insofern als eine **Art Annex zur CE-Kennzeichnung** verstanden werden, was sich auf ihre **Anbringungsort** auswirkt: Sie ist grundsätzlich **in örtlicher Nähe hinter der CE-Kennzeichnung** anzuführen;[35] sowohl im Falle einer physischen als auch im Falle einer digitalen CE-Kennzeichnung.

---

[31] Martini/Wendehorst/Gerdemann Art. 48 Rn. 26.

[32] Blue Guide, Abschnitt 4.5.1.5.

[33] Vgl. Klindt ProdSG/Kapoor, 3. Aufl. 2021, Einl. §§ 9–19 Rn. 24 f.; BeckM&A-HdB/Spoerr § 83 Rn. 38.

[34] Vgl. im CRA-Zusammenhang Wiebe, in: Wiebe, Das neue Recht der Cyberresilienz § 5 Rn. 94.

[35] Blue Guide, Abschnitt 4.5.1.5.

Die Identifizierungsnummer ist nicht nur auf dem Produkt bzw. dem Hochrisiko-KI-System, sondern gem. Art. 48 Abs. 4 S. 3 auf **jeglichem – gleichgültig ob digitalem oder physischem – Werbematerial** anzugeben, falls dabei auf die Einhaltung der Anforderungen für die CE-Kennzeichnung und/oder auf die Erfüllung der Vorgaben des Kapitels III Abschnitt 2 (Art. 8–15) hingewiesen wird. Der Normzweck und ein Erst-recht-Schluss sprechen zwar dafür, die Angabe der Identifizierungsnummer auch im Rahmen **eines rechtsverbindlichen Angebots oder einer invitatio ad offerendum** entsprechend kenntlich machen zu müssen. Allerdings beschränkt sich der Normtext ausdrücklich auf Werbematerialen. 21

En passant bekräftigt Art. 48 Abs. 4 S. 3 **die Zulässigkeit der werblichen Darstellung der CE-Kennzeichnung** bzw. der zugrundeliegenden Anforderungen, indem der Hinweis auf die Konformität mit den Anforderungen für die CE-Kennzeichnung bei der Angabe der Identifizierungsnummer in Werbematerialien gleichsam vorausgesetzt wird. Wettbewerbsrechtlich ist umstritten, ob mit der CE-Kennzeichnung geworben werden darf, weil sie eine **gesetzliche Selbstverständlichkeit** formt. Eine explizite Bewerbung könne zur **Täuschung der Verbraucherinnen und Verbraucher** über den wahren Bedeutungsgehalt der CE-Kennzeichnung führen, weil der Eindruck entstehen kann, dass sie im Sinne eines **Prüfsiegels eine besondere Qualität** bescheinigt. Deshalb sieht die deutsche Spruchpraxis die Werbung mit der CE-Kennzeichnung jedenfalls dann als **wettbewerbswidrig** an (§ 5 Abs. 1 UWG), wenn sie nachdrücklich akzentuiert und als Besonderheit werblich herausgestellt wird.[36] 22

VII. Grundsatz der singulären CE-Kennzeichnung (Abs. 5)

Sofern das Hochrisiko-KI-System gleichzeitig **anderen Harmonisierungsrechtsvorschriften** unterliegt, die ebenso zur CE-Kennzeichnung verpflichten, genügt die **Anbringung einer einzigen CE-Kennzeichnung pro individuellem Hochrisiko-KI-System,** welche die Konformitätsaussage gleichsam für die anwendbaren CE-Rechtsakte zusammengefasst abbildet (Art. 48 Abs. 5). Kurzum: Es ist nicht für jeden anwendbaren CE-Rechtsakt eine gesonderte CE-Kennzeichnung anzubringen; ein Hochrisiko-KI-System soll also nicht mehrfach CE-gekennzeichnet sein. Für welche einzelnen Harmonisierungsrechtsvorschriften die angebrachte CE-Kennzeichnung die entsprechende Konformität ausdrückt, ergibt sich aus der korrespondierenden EU-Konformitätserklärung iSv Art. 47, die auf alle anwendbaren CE-Rechtsakte Bezug nimmt (Art. 47 Abs. 3). 23

Der **Grundsatz der singulären CE-Kennzeichnung**[37] kommt dann zum Tragen, wenn es sich um ein Hochrisiko-KI-System iSd Art. 6 Abs. 1 KI-VO iVm einem in Anhang I genannten CE-Rechtsakt handelt, das einem konzentrierten Konformitätsbewertungsverfahren unterzogen werden muss. Da im Falle der Durchführung eines Konformitätsbewertungsverfahrens iSv Art. 43 Abs. 3 KI-VO iVm einer in Anhang I Abschnitt A aufgeführten Harmonisierungsrechtsvorschrift nur eine einzige notifizierte Stelle zu involvieren ist, erstreckt sich der Grundsatz der Sin- 24

---

[36] Siehe zum Ganzen etwa OLG Düsseldorf BeckRS 2016, 7926; Klindt ProdSG/Wende, 3. Aufl. 2021, § 7 Rn. 25; aus medizinprodukterechtlicher Sicht Strobl/Blind MPR 2025, 234.

[37] Dazu im CRA-Kontext Wiebe, in: Wiebe, Das neue Recht der Cyberresilienz § 5 Rn. 93.

gularität naturgemäß auf die gem. Abs. 4 anzugebende **Identifizierungsnummer der eingebundenen notifizierten Stelle.**[38]

Art. 49* Registrierung

(1) **Vor dem Inverkehrbringen oder der Inbetriebnahme eines in Anhang III aufgeführten Hochrisiko-KI-Systems – mit Ausnahme der in Anhang III Nummer 2 genannten Hochrisiko-KI-Systeme – registriert der Anbieter oder gegebenenfalls sein Bevollmächtigter sich und sein System in der in Artikel 71 genannten EU-Datenbank.**

(2) **Vor dem Inverkehrbringen oder der Inbetriebnahme eines Hochrisiko-KI-Systems, bei dem der Anbieter zu dem Schluss gelangt ist, dass es nicht hochriskant gemäß Artikel 6 Absatz 3 ist, registriert dieser Anbieter oder gegebenenfalls sein Bevollmächtigter sich und dieses System in der in Artikel 71 genannten EU-Datenbank.**

(3) **Vor der Inbetriebnahme oder Verwendung eines in Anhang III aufgeführten Hochrisiko-KI-Systems – mit Ausnahme der in Anhang III Nummer 2 aufgeführten Hochrisiko-KI-Systeme – registrieren sich Betreiber, bei denen es sich um Behörden oder Organe, Einrichtungen oder sonstige Stellen der Union oder in ihrem Namen handelnde Personen handelt, in der in Artikel 71 genannten EU-Datenbank, wählen das System aus und registrieren es dort.**

(4) ***[1]* Bei den in Anhang III Nummern 1, 6 und 7 genannten Hochrisiko-KI-Systemen erfolgt in den Bereichen Strafverfolgung, Migration, Asyl und Grenzkontrolle die Registrierung gemäß den Absätzen 1, 2 und 3 des vorliegenden Artikels in einem sicheren nicht öffentlichen Teil der in Artikel 71 genannten EU-Datenbank und enthält, soweit zutreffend, lediglich die Informationen gemäß**
a) Anhang VIII Abschnitt A Nummern 1 bis 10 mit Ausnahme der Nummern 6, 8 und 9,
b) Anhang VIII Abschnitt B Nummern 1 bis 5 sowie Nummern 8 und 9,
c) Anhang VIII Abschnitt C Nummern 1 bis 3,
d) Anhang IX Nummern 1, 2, 3 und Nummer 5.
***[2]* Nur die Kommission und die in Artikel 74 Absatz 8 genannten nationalen Behörden haben Zugang zu den jeweiligen beschränkten Teilen der EU-Datenbank gemäß Absatz 1 dieses Absatzes.**

(5) **Die in Anhang III Nummer 2 genannten Hochrisiko-KI-Systeme werden auf nationaler Ebene registriert.**

Literatur: Gerdemann, Konformitätsbewertung als Kernpflicht der KI-Verordnung, NJW 2024, 2209; Martini/Wendehorst, KI-VO, 1. Aufl. 2024; Roos/Weitz, Hochrisiko-KI-Systeme im Kommissionsentwurf für eine KI-Verordnung, MMR 2021, 844; Spindler, Der Vorschlag der EU-Kommission für eine Verordnung zur Regulierung der Künstlichen Intelligenz (KI-VO-E), CR 2021, 361; Wiebe, Produktsicherheitsrechtliche Betrachtung des Vorschlags für eine KI-Verordnung, BB 2022, 899.

---

[38] Martini/Wendehorst/Gerdemann Art. 48 Rn. 28.

* Kapitel III (Art. 6–49) gilt gem. Art. 113 UAbs. 2 ab 2.8.2026, mit Ausnahme des Abschnitts 4, der gem. Art. 113 UAbs. 3 Buchst. b bereits ab 2.8.2025 gilt.

Übersicht

I. Allgemeines

1 Art. 49 regelt die **Registrierung von bestimmten Hochrisiko-KI-Systemen und der dafür verantwortlichen Akteure.** Zweck dieser Registrierung ist die **Erleichterung der Arbeit der Kommission sowie der Mitgliedstaaten im KI-Bereich,** indem relevante Informationen zentral hinterlegt werden und für die zuständigen Behörden ein Zugriff darauf besteht. Die in Art. 49 aufgestellten Registrierungspflichten formen ein wichtiges Bauelement der marktüberwachungsbehördlichen Nachmarktkontrolle, weil dadurch die behördliche Kenntnis von der Existenz eines Hochrisiko-KI-Systems und dessen Identifizierung rasch möglich werden.[1] Dieses Instrument, das einen gewissen Aufwand bei den betroffenen Akteuren auslöst, erscheint aufgrund der Risikoträchtigkeit und Sensibilität des Regelungsgegenstandes gerichtfertigt und ist auch aus dem Medizinprodukterecht in Gestalt der Registrierung in dem Datenbanksystem Eudamed gem. der Art. 29 ff. VO (EU) 2017/745 bekannt. Zugleich dient die Registrierung der **Erhöhung der Transparenz gegenüber der Öffentlichkeit,** da diese einen kostenlosen Zugang zu den wesentlichen Informationen erhalten soll.[2] Gegenstand der Registrierungen sind Hochrisiko-KI-Systeme iSd Anhangs III und nicht hochriskante KI-Systeme gem. Art. 6 Abs. 3. Die Registrierungspflichten treffen Anbieter bzw. Bevollmächtigte und hoheitliche Betreiber.

2 Die meisten der gem. Art. 49 geforderten Registrierungen erfolgen in einer **von der Kommission einzurichtenden und zu verwaltenden EU-Datenbank.** Die rechtliche Grundlage dieser EU-Datenbank bildet Art. 71, der in Kap. VIII verortet und mit „EU-Datenbank für die in Anhang III aufgeführten Hochrisiko-KI-Systeme" überschrieben ist. Vor dem Hintergrund des Transpa-

[1] Martini/Wendehorst/Gerdemann Art. 49 Rn. 1; Spindler CR 2021, 361 (371).
[2] Erwgr. (131); Roos/Weitz MMR 2021, 844 (848); Spindler CR 2021, 361 (362).

renzziels soll die EU-Datenbank benutzerfreundlich und die dort einzureichenden Informationen sollen leicht zu navigieren, verständlich und maschinenlesbar sein.[3] Nur die Registrierungen von in Nr. 2 des Anhangs III genannten Hochrisiko-KI-Systemen finden gem. Art. 49 Abs. 5 auf nationaler Ebene statt (→ Rn. 16 ff.).

3 Wie Art. 83 Abs. 1 Buchst. e belegt, handelt es sich bei der Registrierung in die EU-Datenbank um eine **formelle Anforderung bzw. Verkehrs- und Betriebsfähigkeitsvoraussetzung.**[4] Ein nicht ordnungsgemäß registriertes Hochrisiko-KI-System ist somit nicht verkehrs- bzw. betriebsfähig. Zugleich enthält Art. 49 Abs. 1–3 einen **Pflichtencharakter** und somit eine doppelte Rechtsnatur. Bei Verletzungen der Registrierungspflichten haben die Marktüberwachungsbehörden, die Befugnis **Korrekturmaßnahmen** – wie etwa eine **Registrierungsanordnung** oder ein **Vertriebsverbot** – nach Art. 74 KI-VO iVm Art. 14 Abs. 4 MÜ-VO zu verfügen. Eine **Rückrufanordnung** wäre hingegen unverhältnismäßig. Außerdem verpflichtet Art. 99 Abs. 1, 4 Buchst. a, b, e die Mitgliedstaaten, **Sanktionen bei Verstößen gegen Registrierungspflichten** ins nationale Recht einzuführen: Verstöße gegen die entsprechende Anbieterpflicht gem. Art. 16 Buchst. i iVm Art. 49 Abs. 1 bzw. die Bevollmächtigtenpflicht gem. Art. 22 Abs. 3 S. 3 Buchst. e iVm Art. 49 Abs. 1 sollen jeweils mit Geldbußen von bis zu 15.000.000 EUR oder – im Falle von Unternehmen – von bis zu 3 % des gesamten weltweiten Jahresumsatzes des vorangegangenen Geschäftsjahres – je nachdem, welcher Betrag höher ist – belegt werden. Aus Verhältnismäßigkeitsgründen dürften entsprechende Bußgelder am unteren Rande des Sanktionsrahmens angesiedelt werden. Ob gegen Behörden und öffentliche Stellen bei Verstößen gegen die Betreiberpflicht gem. Art. 26 Abs. 8 iVm Art. 49 Abs. 3 Bußgelder erlassen werden sollen, haben die Mitgliedstaaten zu regeln (Art. 99 Abs. 8).

II. Anbieterseitige Registrierung von Hochrisiko-KI-Systemen iSv Anhang III (Abs. 1)

1. Pflichtenadressaten

4 Die **Primäradressaten der Registrierungspflicht** gem. Art. 49 Abs. 1 sind die Anbieter. Die korrespondierende Regelung im Pflichtenkanon der Anbieter ist Art. 16 Buchst. i, der auf Art. 49 Abs. 1 verweist. Art. 3 Nr. 3 enthält eine Legaldefinition des Begriffs „Anbieter"; dies ist „eine natürliche oder juristische Person, Behörde, Einrichtung oder sonstige Stelle, die ein KI-System oder ein KI-Modell mit allgemeinem Verwendungszweck entwickelt oder entwickeln lässt und es unter ihrem eigenen Namen oder ihrer Handelsmarke in Verkehr bringt oder das KI-System unter ihrem eigenen Namen oder ihrer Handelsmarke in Betrieb nimmt, sei es entgeltlich oder unentgeltlich". Der Anbieter muss die Registrierung jedoch operativ nicht selbst vornehmen. Er kann vielmehr einen **Dritten als eine Art „Erfüllungsgehilfen"** damit betrauen, die Registrierung in seinem Auftrag und Namen zu vollziehen, ohne dass der Dritte dabei die Rolle eines Bevollmächtigten iSv Art. 3 Nr. 5 übernimmt (vgl. Nr. 2 des Abschnitts A des Anhangs VIII).

[3] Erwgr. (131).
[4] Wiebe BB 2022, 899 (903).

Der Anbieter hat jedoch auch die Möglichkeit, die **Registrierungspflicht auf seinen Bevollmächtigten zu überantworten.** Nach der Begriffsbestimmung gem. Art. 3 Nr. 5 verkörpert ein Bevollmächtigter eine in der Union ansässige oder niedergelassene natürliche oder juristische Person, die vom Anbieter eines KI-Systems oder eines KI-Modells mit allgemeinem Verwendungszweck schriftlich dazu bevollmächtigt wurde und sich damit einverstanden erklärt hat, in seinem Namen die in der KI-VO festgelegten Pflichten zu erfüllen bzw. Verfahren durchzuführen. Dieses **Aufgabenübertragungsrecht sieht Art. 49 Abs. 1** ausdrücklich vor und spiegelt sich in Art. 22 Abs. 3 S. 3 Buchst. e wider. Die entsprechende Einbindung des Bevollmächtigten erfolgt auf Basis eines **schriftlichen Auftrags.** Falls der Anbieter seinen Sitz nicht in der EU hat, obliegt es seinem Bevollmächtigten (sofern dieser nicht bereits die Registrierung vornimmt), zumindest die Richtigkeit der in Nr. 3 des Abschnitts A des Anhangs VIII aufgeführten Informationen, namentlich den Namen, die Anschrift und die Kontaktdaten des Bevollmächtigten, im Zuge der anbieterseitigen Registrierung sicherzustellen (→ Art. 22 Rn. 41 f.). 5

2. Gegenstand und Inhalt der Registrierung

Die Registrierungspflicht gem. Art. 49 Abs. 1 betrifft in **sachlicher Sicht sämtliche in Anhang III aufgeführten Hochrisiko-KI-Systeme,** auf die Art. 6 Abs. 2 Bezug nimmt, sowie **den entsprechenden Anbieter bzw. dessen Bevollmächtigten in persönlicher Sicht.** Insgesamt gilt es, Hochrisiko-KI-Systeme aus sieben von den acht in Anhang III genannten Bereichen zu registrieren unabhängig davon, ob es sich um ein unverkörpertes oder produktintegriertes Hochrisiko-KI-System handelt.[5] Das in **Nr. 2 des Anhangs III erwähnte Hochrisiko-KI-System** ist von der Registrierungspflicht gem. Art. 49 Abs. 1 ausgenommen und der Verpflichtung nach Art. 49 Abs. 5 unterworfen. Dies sind KI-Systeme, die bestimmungsgemäß als Sicherheitsbauteile im Rahmen der Verwaltung und des Betriebs kritischer digitaler Infrastruktur, des Straßenverkehrs oder der Wasser-, Gas-, Wärme- oder Stromversorgung verwendet werden sollen (→ Rn. 16 ff.). In physischen Produkten eingebettete Hochrisiko-KI-Systeme iSv Art. 6 Abs. 1 KI-VO iVm Anhang I sind der Registrierungspflicht gem. Art. 49 Abs. 1 ebenso wenig unterworfen. 6

In concreto bedeutet die Registrierung die Übermittlung von bestimmten Informationen an die EU-Datenbank. **Welche Informationen und welchen Inhalt die Anbieter im Rahmen der Registrierung** anzugeben haben, folgt nicht unmittelbar aus Art. 49 Abs. 1, der seinerseits auf keinen Anhang verweist. Erst ein Blick in die Anhänge der KI-VO führt vor Augen, dass der mit „Von Anbietern von Hochrisiko-KI-Systemen gemäß Artikel 49 Absatz 1 bereitzustellende Informationen" betitelte **Abschnitt A des Anhangs VIII** die entsprechenden Daten konkretisiert. 7

3. Zeitpunkt der Registrierung

Die Registrierung muss **vor dem Inverkehrbringen oder vor der Inbetriebnahme** erfolgen. Daraus leitet sich die Rechtsnatur der Registrierungsvorgabe als **Verkehrs- bzw. Betriebsfähigkeitsvoraussetzung** ab (→ Rn. 3). Der Ausdruck „Inverkehrbringen" bezeichnet gem. Art. 3 Nr. 9 „die erstmalige 8

[5] Im Ergebnis ebenso Martini/Wendehorst/Gerdemann Art. 49 Rn. 12.

Bereitstellung eines KI-Systems oder eines KI-Modells mit allgemeinem Verwendungszweck auf dem Unionsmarkt". „Bereitstellung auf dem Markt" bedeutet wiederum „die entgeltliche oder unentgeltliche Abgabe eines KI-Systems oder eines KI-Modells mit allgemeinem Verwendungszweck zum Vertrieb oder zur Verwendung auf dem Unionsmarkt im Rahmen einer Geschäftstätigkeit" (Art. 3 Nr. 10). „Inbetriebnahme" ist hingegen „die Bereitstellung eines KI-Systems in der Union zum Erstgebrauch direkt an den Betreiber oder zum Eigengebrauch entsprechend seiner Zweckbestimmung" (Art. 3 Nr. 11).

9 Überdies artikuliert der Abschnitt A des Anhangs VIII eine die Anbieter treffende **Aktualisierungspflicht,** wonach die bereitgestellten Informationen **auf dem neusten Stand zu halten** sind; insofern hat die Pflicht gem. Art. 49 Abs. 1 einen **dynamischen Wesenszug.** So gilt es etwa, jede **wesentliche Veränderung des Hochrisiko-KI-Systems** zu registrieren.[6] Eine solche wesentliche Veränderung kann sich insbesondere durch allfällige Änderungen der nach Nr. 5 Abschnitt A des Anhangs VIII zu beschreibende **Zweckbestimmung des Hochrisiko-KI-Systems** ergeben. Denn nach Art. 3 Nr. 23 erweist sich eine wesentliche Veränderung als das Ergebnis einer „Veränderung eines KI-Systems nach dessen Inverkehrbringen oder Inbetriebnahme, die in der vom Anbieter durchgeführten ursprünglichen Konformitätsbewertung nicht vorgesehen oder geplant war und durch die die Konformität des KI-Systems mit den Anforderungen in Kapitel III Abschnitt 2 beeinträchtigt wird oder die zu einer Änderung der Zweckbestimmung führt, für die das KI-System bewertet wurde".

III. Registrierung von nicht hochriskanten KI-Systemen iSv Art. 6 Abs. 3 (Abs. 2)

10 Die in Art. 49 Abs. 2 normierte Registrierungspflicht richtet sich an **Anbieter** iSv Art. 3 Nr. 3, welche diese Verpflichtung an **Bevollmächtigte** iSv Art. 3 Nr. 5 übertragen können, und ähnelt vom Regelungsgehalt her der Registrierungsvorgabe gem. Art. 49 Abs. 1 (→ Rn. 4 f.). Danach muss der Anbieter oder gegebenenfalls sein Bevollmächtigter sich und sein **KI-System iSv Art. 6 Abs. 3 vor dem Inverkehrbringen** gem. Art. 3 Nr. 10 oder **vor der Inbetriebnahme** iSv Art. 3 Nr. 11 in der in Art. 71 genannten EU-Datenbank registrieren. Auf die Registrierungspflicht gem. Art. 49 Abs. 2 verweist Art. 6 Abs. 4 S. 2. Ob die Bestimmung überhaupt Geltung erlangen wird, ist aktuell fraglich. Art. 1 Abs. 14 des sog. Omnibus VII-Pakets[7] aus 2025, das auf die Vereinfachung der KI-VO abzielt, sieht nämlich eine Streichung dieser Vorschrift vor. Die avisierte Streichung dient der Reduzierung des Aufwands für betroffene Anbieter, da solche KI-System ja gerade nicht als risikoreich gelten; zumal die Pflicht zur Dokumentation der entsprechenden Bewertung gem. Art. 6 Abs. 4 S. 1, welche an zuständige Behörden auf Verlangen zu übermitteln ist (Art. 6 Abs. 4 S. 3), erhalten bleiben soll (→ Rn. 12).

11 Der Unterschied zu Art. 49 Abs. 1 besteht in dem **Registrierungsgegenstand,** auf den sich Art. 49 Abs. 2 erstreckt. Konkret bezieht sich Art. 49 Abs. 2 auf Hochrisiko-KI-Systeme, bei denen die Anbieter zum Schluss gekommen sind,

---

[6] Erwgr. (131).
[7] COM(2025) 836 final.

dass sie sich **gem. Art. 6 Abs. 3 als nicht hochriskant** erweisen. Dabei handelt es sich um KI-Systeme, die zwar in Anhang III Erwähnung finden, jedoch kein erhebliches Risiko der Beeinträchtigung in Bezug auf die Gesundheit, Sicherheit oder Grundrechte natürlicher Personen bergen, indem sie unter anderem nicht das Ergebnis der Entscheidungsfindung wesentlich beeinflussen (Art. 6 Abs. 3 UAbs. 1).[8] Nach Art. 6 Abs. 3 UAbs. 2 liegt ein solches erhebliches Risiko nicht vor, wenn eine der folgenden Bedingungen erfüllt ist:

- „das KI-System ist dazu bestimmt, eine eng gefasste Verfahrensaufgabe durchzuführen;
- das KI-System ist dazu bestimmt, das Ergebnis einer zuvor abgeschlossenen menschlichen Tätigkeit zu verbessern;
- das KI-System ist dazu bestimmt, Entscheidungsmuster oder Abweichungen von früheren Entscheidungsmustern zu erkennen, und ist nicht dazu gedacht, die zuvor abgeschlossene menschliche Bewertung ohne eine angemessene menschliche Überprüfung zu ersetzen oder zu beeinflussen; oder
- das KI-System ist dazu bestimmt, eine vorbereitende Aufgabe für eine Bewertung durchzuführen, die für die Zwecke der in Anhang III aufgeführten Anwendungsfälle relevant ist."

Ein in Anhang III genanntes KI-System gilt hingegen immer als hochriskant, wenn es ein Profiling natürlicher Personen vornimmt (Art. 6 Abs. 3 UAbs. 3).

Abschnitt B des Anhangs VIII übernimmt die Konkretisierung der im Zuge der Registrierung in der EU-Datenbank **anzugebenden Informationen.** Dies verrät dessen Überschrift, ohne dass Art. 49 Abs. 2 auf den Abschnitt bzw. Anhang expressis verbis Bezug nimmt. Unter anderem muss der Anbieter die Gründe und Tatsachen angeben, weshalb das gegenständliche KI-System nach den Maßstäben des Art. 6 Abs. 3 kein Hochrisiko-KI-System darstellt und folglich nicht hochriskant ist (vgl. Art. 6 Abs. 4 S. 1). Diese Einstufungsentscheidung erweist sich als Grund für die Registrierung der nicht hochriskanten KI-Systeme, damit sie behördlich überprüft werden kann.[9] Ebenso wie Abschnitt A des Anhangs VIII verlangt Abschnitt B des Anhangs VIII die **Aktualisierung** der angegebenen Informationen (→ Rn. 9). Anlass dafür bieten beispielsweise etwaige wesentliche Veränderungen des KI-Systems iSv Art. 3 Nr. 23 (→ Rn. 9).[10] 12

IV. Betreiberseitige Registrierung von Hochrisiko-KI-Systemen gem. Anhang III (Abs. 3)

1. Pflichtenadressat

Die in Art. 49 Abs. 3 postulierte Registrierungspflicht, auf die in Art. 26 Abs. 8 S. 1 verwiesen wird, adressiert **hoheitliche Betreiber.** Allgemein ist ein Betreiber gem. Art. 3 Nr. 4 „eine natürliche oder juristische Person, Behörde, Einrichtung oder sonstige Stelle, die ein KI-System in eigener Verantwortung verwendet, es sei denn, das KI-System wird im Rahmen einer persönlichen und nicht beruflichen Tätigkeit verwendet". Nach dem eindeutigen Wortlaut des Art. 49 Abs. 3 müssen jedoch nur Betreiber, bei denen es sich um Behörden 13

[8] Erwgr. (53).
[9] Martini/Wendehorst/Gerdemann Art. 49 Rn. 17; Gerdemann NJW 2024, 2209 (2211).
[10] Erwgr. (131).

oder Organe, Einrichtungen oder sonstige Stellen der Union oder in ihrem Namen handelnde Personen handelt, die Registrierung vornehmen. Dementsprechend obliegt es auch **Beliehenen,** der Registrierungspflicht nachzukommen.[11] In Ermangelung einer textlichen Unterscheidung ist es irrelevant, ob die Verwendung des Hochrisiko-KI-Systems im Rahmen der Erfüllung **hoheitlicher oder privatwirtschaftlicher Aufgaben** erfolgt; es kommt allein auf die Einstufung des Betreibers als hoheitliche Stelle an. Der Betreiber hat die Möglichkeit, einen **Dritten mit der Registrierung in seinem Namen zu beauftragen** (vgl. Nr. 2 des Abschnitts C des Anhangs VIII). Aufgrund der potenziellen Grundrechtssensibilität des Einsatzes von Hochrisiko-KI-Systemen durch öffentliche Stellen besteht ein **erhöhtes Transparenzbedürfnis** als bei privaten Betreibern.[12] **Nicht-hoheitliche Betreiber** können jedoch freiwillig registrieren.[13]

2. Gegenstand und Inhalt der Registrierungspflicht

14 In Übereinstimmung mit der Verpflichtung gem. Art. 49 Abs. 1 lösen die in **Anhang III aufgeführten Hochrisiko-KI-Systeme** die Registrierungspflicht gem. Art. 49 Abs. 3 aus, wobei **Hochrisiko-KI-Systeme iSd Nr. 2 des Anhangs III** ausgenommen sind (→ Rn. 16 ff.). Die Registrierungspflicht betrifft wiederum nicht die produktintegrierten Hochrisiko-KI-Systeme iSv Art. 6 Abs. 1 KI-VO iVm Anhang I. Die verpflichteten Betreiber müssen das Hochrisiko-KI-System, das verwendet werden soll, in der EU-Datenbank iSv Art. 71 auswählen und sich sowie das ausgewählte Hochrisiko-KI-System in der EU-Datenbank registrieren. Die dabei anzugebenden Informationen listet **Abschnitt C des Anhangs VIII** auf, obgleich Art. 49 Abs. 3 hierauf nicht ausdrücklich verweist. Hochrisiko-KI-Systeme, die vom verpflichteten Anbieter nicht registriert wurden, dürfen von hoheitlichen Betreibern nicht verwendet werden (Art. 26 Abs. 8 S. 2).

3. Zeitpunkt der Registrierung

15 In zeitlicher Hinsicht muss die Registrierung **vor der Inbetriebnahme iSv Art. 3 Nr. 11 oder Verwendung** stattfinden. Im Gegensatz zur Inbetriebnahme kommt es zur Verwendung, wenn die öffentliche Stelle ein von einem Dritten bereitgestelltes Hochrisiko-KI-System bestimmungsgemäß anwendet.[14] Die Registrierung ist folglich eine **Betriebs- bzw. Verwendungsfähigkeitsvoraussetzung.** In dringenden Fällen kann mit der Verwendung biometrischer Echtzeit-Fernidentifizierungssysteme in öffentlich zugänglichen Räumen zu Strafverfolgungszwecken sogar ohne Registrierung in der EU-Datenbank begonnen werden, sofern diese Registrierung unverzüglich nachgeholt wird (Art. 5 Abs. 2 UAbs. 2 S. 2). Ebenso wie die Verpflichtungen gem. Art. 49 Abs. 1, 2 hat die Registrierungspflicht gem. Art. 49 Abs. 3 einen **dynamischen Charakter,** den Abschnitt C des Anhangs VIII offenbart. Danach gilt es, die in der EU-Datenbank eingetragenen Informationen **auf dem neusten Stand zu halten.** Die Betreiber haben folglich eine **Aktualisierungspflicht** (→ Rn. 9).

---

[11] So auch Martini/Wendehorst/Gerdemann Art. 49 Rn. 21.

[12] Martini/Wendehorst/Gerdemann Art. 49 Rn. 24.

[13] Erwgr. (131).

[14] Martini/Wendehorst/Gerdemann Art. 49 Rn. 22.

V. Besondere Registrierungsmodalitäten bei Hochrisiko-KI-Systemen iSd Nr. 1, 6, 7 des Anhangs III (Abs. 4)

Art. 49 Abs. 4 UAbs. 1 ordnet für **Hochrisiko-KI-Systeme iSd Nr. 1, 6, 7 des Anhangs III,** die in den Bereichen **Strafverfolgung, Migration, Asyl und Grenzkontrolle** eingesetzt werden, besondere Modalitäten bei der Registrierung von KI-Systemen gem. Art. 49 Abs. 1–3 an. Zunächst sieht die Bestimmung vor, dass die Registrierung in einem **sicheren nicht öffentlichen Teil der EU-Datenbank** iSv Art. 71 erfolgt. Zu diesem nicht öffentlichen Teil haben nur die Kommission und die nationalen Behörden iSv Art. 74 Abs. 8 Zugang (Art. 49 Abs. 4 UAbs. 2). Für Letztere soll nur der nationale Teil der EU-Datenbank zugänglich sein.[15] 16

Überdies **beschränkt die Vorschrift die im Rahmen der Registrierung bereitzustellenden Informationen,** indem – zum einzigen Mal in Art. 49 – auf den Anhang VIII und dessen jeweilige Abschnitte referenziert wird (Art. 49 Abs. 4 UAbs. 1 Buchst. a–c). Art. 49 Abs. 4 UAbs. 1 Buchst. d enthält außerdem eine Beschränkung der **Informationen,** die bei der Registrierung von Tests von Hochrisiko-KI-Systemen unter Realbedingungen außerhalb von KI-Reallaboren nach **Anhang IX** zur Verfügung zu stellen sind. Der Regelungsort erscheint in systematischer Hinsicht etwas „schief" zu sein; regelt doch Art. 60 Abs. 4 Buchst. c, der auf Art. 49 Abs. 4 UAbs. 1 Buchst. d verweist, das entsprechende Registrierungserfordernis bezüglich dieser Tests. 17

Letztlich konkretisiert Art. 49 Abs. 4 UAbs. 1 **keine an die Anbieter bzw. Betreiber gerichteten Pflichten** bei der Registrierung von Hochrisiko-KI-Systemen iSd Nr. 1, 6, 7 des Anhangs III. Vielmehr formuliert die Bestimmung an die Kommission adressierte **Ausgestaltungsanforderungen an die EU-Datenbank** iSv Art. 71 und regelt **Zugangsbefugnisse** hinsichtlich des nicht öffentlichen Teils der EU-Datenbank. Hintergrund dieser Regelung sind die **grundrechtliche Sensibilität einerseits und das öffentliche Sicherheitsinteresse an der Funktionsfähigkeit der genannten Bereiche,** die einen speziellen Umgang mit entsprechenden Informationen erfordert und die Reduzierung der mit der Registrierung bezweckten Transparenz rechtfertigt.[16] 18

VI. Registrierung von Hochrisiko-KI-Systemen iSv Nr. 2 des Anhangs III (Abs. 5)

Ein gesondertes Registrierungserfordernis existiert nach Art. 49 Abs. 5 für **Hochrisiko-KI-Systeme gem. Nr. 2 des Anhangs III,** die explizit von der Registrierungspflicht gem. Art. 49 Abs. 1, 3 ausgenommen sind. Hochrisiko-KI-Systeme iSd Nr. 2 des Anhangs III sind solche im Bereich der **kritischen Infrastrukturen,** namentlich die bestimmungsgemäß als Sicherheitsbauteile im Rahmen der Verwaltung und des Betriebs kritischer digitaler Infrastruktur, des Straßenverkehrs oder der Wasser-, Gas-, Wärme- oder Stromversorgung verwendet werden sollen. Nach Art. 49 Abs. 5 erfolgt die Registrierung auf nationaler Ebene. Der Grund für die Überantwortung auf die mitgliedstaatliche Ebene dürfte **kompetenzieller Natur** sein. Schließlich betreffen diese Bereiche die **nationale** 19

[15] Erwgr. (131).
[16] Ebenso Martini/Wendehorst/Gerdemann Art. 49 Rn. 28.

Sicherheit, welche der Regelungskompetenz der Mitgliedstaaten zugeordnet ist (Art. 4 Abs. 2 S. 3 EUV). Denn ein Angriff auf sie kann die tragenden Strukturen eines Landes im Bereich der Verfassung, Politik oder Wirtschaft oder im sozialen Bereich in schwerwiegender Weise bedrohen.[17]

20 Insofern ergeben sich aus der Bestimmung **keine unmittelbaren Registrierungsanforderungen.** Vielmehr statuiert Art. 49 Abs. 5 mittelbar einen an die **Mitgliedstaaten gerichteten Auftrag zur Schaffung eines entsprechenden Registrierungssystems auf nationaler Ebene,** ohne nähere Ausgestaltungsvorgaben zu machen. Daher haben die Mitgliedstaaten dabei einen weiten **Gestaltungsspielraum bei der Implementierung der Registrierungspflicht und der einzelnen Modalitäten im nationalen Recht.** Da sowohl die anbieter- als auch betreiberseitige Registrierungspflicht gem. Art. 49 Abs. 1, 3 die Hochrisiko-KI-Systeme iSv Nr. 2 des Anhangs III ausnehmen, muss das **nationale Registrierungsregime Anbieter und hoheitliche Betreiber** adressieren. Sowohl die Vorgaben an die EU-Datenbank gem. Art. 71 als auch die bereitzustellenden Informationen gem. Anhang VIII können als Blaupausen für die nationalen Regelungsvorhaben herangezogen werden.

[17] Martini/Wendehorst/Gerdemann Art. 49 Rn. 38; zum Begriff „nationale Sicherheit" EuGH NJW 2021, 531 Rn. 135; Geiger/Kirchmair in Geiger/Khan/Kotzur/Kirchmair, EUV/AEUV, 7. Aufl. 2023, EUV Art. 4 Rn. 4.

Kapitel IV. Transparenzpflichten für Anbieter und Betreiber bestimmter KI-Systeme

Art. 50* Transparenzpflichten für Anbieter und Betreiber bestimmter KI-Systeme

(1) [1]Die Anbieter stellen sicher, dass KI-Systeme, die für die direkte Interaktion mit natürlichen Personen bestimmt sind, so konzipiert und entwickelt werden, dass die betreffenden natürlichen Personen informiert werden, dass sie mit einem KI-System interagieren, es sei denn, dies ist aus Sicht einer angemessen informierten, aufmerksamen und verständigen natürlichen Person aufgrund der Umstände und des Kontexts der Nutzung offensichtlich. [2]Diese Pflicht gilt nicht für gesetzlich zur Aufdeckung, Verhütung, Ermittlung oder Verfolgung von Straftaten zugelassene KI-Systeme, wenn geeignete Schutzvorkehrungen für die Rechte und Freiheiten Dritter bestehen, es sei denn, diese Systeme stehen der Öffentlichkeit zur Anzeige einer Straftat zur Verfügung.

(2) [1]Anbieter von KI-Systemen, einschließlich KI-Systemen mit allgemeinem Verwendungszweck, die synthetische Audio-, Bild-, Video- oder Textinhalte erzeugen, stellen sicher, dass die Ausgaben des KI-Systems in einem maschinenlesbaren Format gekennzeichnet und als künstlich erzeugt oder manipuliert erkennbar sind. [2]Die Anbieter sorgen dafür, dass – soweit technisch möglich – ihre technischen Lösungen wirksam, interoperabel, belastbar und zuverlässig sind und berücksichtigen dabei die Besonderheiten und Beschränkungen der verschiedenen Arten von Inhalten, die Umsetzungskosten und den allgemein anerkannten Stand der Technik, wie er in den einschlägigen technischen Normen zum Ausdruck kommen kann. [3]Diese Pflicht gilt nicht, soweit die KI-Systeme eine unterstützende Funktion für die Standardbearbeitung ausführen oder die vom Betreiber bereitgestellten Eingabedaten oder deren Semantik nicht wesentlich verändern oder wenn sie zur Aufdeckung, Verhütung, Ermittlung oder Verfolgung von Straftaten gesetzlich zugelassen sind.

(3) [1]Die Betreiber eines Emotionserkennungssystems oder eines Systems zur biometrischen Kategorisierung informieren die davon betroffenen natürlichen Personen über den Betrieb des Systems und verarbeiten personenbezogene Daten gemäß den Verordnungen (EU) 2016/679 und (EU) 2018/1725 und der Richtlinie (EU) 2016/680. [2]Diese Pflicht gilt nicht für gesetzlich zur Aufdeckung, Verhütung oder Ermittlung von Straftaten zugelassene KI-Systeme, die zur biometrischen Kategorisierung und Emotionserkennung im Einklang mit dem Unionsrecht verwendet werden, sofern geeignete Schutzvorkehrungen für die Rechte und Freiheiten Dritter bestehen.

(4) *[1]* [1]Betreiber eines KI-Systems, das Bild-, Ton- oder Videoinhalte erzeugt oder manipuliert, die ein Deepfake sind, müssen offenlegen, dass die Inhalte künstlich erzeugt oder manipuliert wurden. [2]Diese Pflicht gilt nicht, wenn die Verwendung zur Aufdeckung, Verhütung, Ermittlung

* Kapitel IV (Art. 50) gilt gem. Art. 113 UAbs. 2 ab 2.8.2026.

oder Verfolgung von Straftaten gesetzlich zugelassen ist. [3]Ist der Inhalt Teil eines offensichtlich künstlerischen, kreativen, satirischen, fiktionalen oder analogen Werks oder Programms, so beschränken sich die in diesem Absatz festgelegten Transparenzpflichten darauf, das Vorhandensein solcher erzeugten oder manipulierten Inhalte in geeigneter Weise offenzulegen, die die Darstellung oder den Genuss des Werks nicht beeinträchtigt.

[2] **[1]Betreiber eines KI-Systems, das Text erzeugt oder manipuliert, der veröffentlicht wird, um die Öffentlichkeit über Angelegenheiten von öffentlichem Interesse zu informieren, müssen offenlegen, dass der Text künstlich erzeugt oder manipuliert wurde. [2]Diese Pflicht gilt nicht, wenn die Verwendung zur Aufdeckung, Verhütung, Ermittlung oder Verfolgung von Straftaten gesetzlich zugelassen ist oder wenn die durch KI erzeugten Inhalte einem Verfahren der menschlichen Überprüfung oder redaktionellen Kontrolle unterzogen wurden und wenn eine natürliche oder juristische Person die redaktionelle Verantwortung für die Veröffentlichung der Inhalte trägt.**

(5) **[1]Die in den Absätzen 1 bis 4 genannten Informationen werden den betreffenden natürlichen Personen spätestens zum Zeitpunkt der ersten Interaktion oder Aussetzung in klarer und eindeutiger Weise bereitgestellt. [2]Die Informationen müssen den geltenden Barrierefreiheitsanforderungen entsprechen.**

(6) **Die Absätze 1 bis 4 lassen die in Kapitel III festgelegten Anforderungen und Pflichten unberührt und berühren nicht andere Transparenzpflichten, die im Unionsrecht oder dem nationalen Recht für Betreiber von KI-Systemen festgelegt sind.**

(7) **[1]Das Büro für Künstliche Intelligenz fördert und erleichtert die Ausarbeitung von Praxisleitfäden auf Unionsebene, um die wirksame Umsetzung der Pflichten in Bezug auf die Feststellung und Kennzeichnung künstlich erzeugter oder manipulierter Inhalte zu erleichtern. [2]Die Kommission kann Durchführungsrechtsakte zur Genehmigung dieser Praxisleitfäden nach dem in Artikel 56 Absatz 6 festgelegten Verfahren erlassen. [3]Hält sie einen Kodex für nicht angemessen, so kann die Kommission einen Durchführungsrechtsakt gemäß dem in Artikel 98 Absatz 2 genannten Prüfverfahren erlassen, in dem gemeinsame Vorschriften für die Umsetzung dieser Pflichten festgelegt werden.**

Literatur: Aaronson, My AI Safety Lecture for UT Effective Altruism, 2022; Bornkamm in Köhler/Bornkamm, Gesetz gegen den unlauteren Wettbewerb – UWG, Kommentar, 42. Auflage 2024; Belle/Gittens/Graham, A Framework for Creating Non-Player Characters That Make Psychologically-Driven Decisions, 2022; Claypool, Chatbots are not People – The Designed-In Dangers of Human-Like A.I. Systems, 2023; Datenethikkommission der Bundesregierung, Gutachten der Datenethikkommission der Bundesregierung, 2019; Ding/Abdel-Basset/Hawash u. a., Explainability of artificial intelligence methods, applications and challenges: A comprehensive survey, 2022; European Commission, AI-Office, First Draft Code of Practice on Transparency of AI-Generated Content, 2025; European Commission, AI-Office, Second Draft Code of Practice on Transparency of AI-Generated Content, 2026; Edwards, Microsoft's new AI can simulate anyone's voice with 3 seconds of audio, Ars Technica, 9.1.2023; Feldman Barrett/Adolphs/Marsella, Emotional Expressions Reconsidered: Challenges to Inferring Emotion From Human Facial Movements, Psychol Sci Public Interest. 2019, S. 1–68; Fitzpatrick/Darcy/Vierhile, Delivering Cognitive Behavior Therapy to Young Adults With Symptoms of Depression and Anxiety Using a Fully Automated Conversational Agent (Woebot): A Randomized Controlled Trial, JMIR Mental Health, 2017; Fjeld/Achten/Hilligoss u. a., Principled Artificial Intelligence: Mapping Consensus in Ethical and Rights-based Approaches to Principles for AI, 2020; Følstad/Brandtzaeg, Users' experiences with chatbots: findings from a questionnaire study, 2020; Frank/Herbert/Ricker u. a., A Representative Study on Human Detection of Artificially Generated Media Across Countries, 2023; Gates, Our Biometric Future: Facial Recognition Technology and the Culture of Surveillance, 2011; Gils, Detailed Analysis of Article 50 of the EU's Artificial Intelligence Act, 2024; Goharian/Stroebel/Fitz u. a., Deepfake Nudes & Young People, 2025; Harris/Norden, Meta's AI Watermarking Plan Is Flimsy, at Best Watermarks are too easy to remove to offer any protection against disinformation, IEEE Spectrum, 4.3.2024; Kolberg, Fairness von Biometrischen Systemen, DuD 2023, S. 15–21; Köver, Trotz biometrischer Überwachung: EU-Parlament macht Weg frei für KI-Verordnung, Netzpolitik, 13.3.2024; Leviathan/Matias, Google Duplex: An AI System for Accomplishing Real-World Tasks Over the Phone, 2018; Liang/Xiao/Gan u. a., Watermarking Techniques for Large Language Models: A Survey, Artificial Intelligence Review 2026; Liang/Yuksekgonul/Mao, u. a., GPT detectors are biased against non-native English writers, 2023; Luxton, Ethical implications of conversational agents in global public health, Bulletin of the World Health Organization, 2020, S. 285–287; Molavi Vasse'i, Watermarking von KI-generierten Inhalten als regulatorisches Instrument – Risiken synthetischer Inhalte und maschinenlesbare Kennzeichnungsmethoden, Recht Digital 2024, S. 406–414; Molavi Vasse'i/McCrosky, AI Transparency in Practice – Builders on what works – and what doesn't, 2023; Molavi Vasse'i/Udoh, In Transparency We Trust? Evaluating the Effectiveness of Watermarking and Labeling AI-Generated Content, 2024; Murdoch/Singh/Kumbier u. a., Definitions, methods, and applications in interpretable machine learning, 2019; Nannini/Balayn/Smith, Explainability in AI Policies: A Critical Review of Communications, Reports, Regulations, and Standards in the EU, US, and UK, 2023; Nix/Siddiqui, Musk's Grok AI Generated Thousands of Undressed Images Per Hour on X, Bloomberg, 7.1.2026; Ortiz, Schriftliche Zeugenaussage vor dem US-Senat, Unterausschuss für geistiges Eigentum, „AI and Copyright", 7.7.2023; Partnership on AI, Building a Glossary for Synthetic Media Transparency Methods, Part 1: Indirect Disclosure, 13.12.2023; Rhue, Racial Influence on Automated Perceptions of Emotions, 2018; Romano, Deepfakes are a real political threat. For now, though, they're mainly used to degrade women, Vox, 7.10.2019; Rudin, Why Are We Using Black Box Models in AI When We Don't Need To? A Lesson From an Explainable AI Competition, 2019; Ruffert in: Calliess/Ruffert, EUV/AEUV, 6. Aufl. 2022; Ryan-Mosley, AI isn't great at decoding human emotions. So why are regulators targeting the tech?, MIT Technology Review 14.8.2023; Ryder, The Ryder Review – Independent legal review ofthe governance of biometric data in England and Wales, 2022; Shackel, Human-computer interaction – Whence and whither?, 1997; Schneider, MegaPortraits: High-Res Deepfakes Created From a Single Photo, 2022; Shane/Saltz/Leibowicz, From deepfakes to TikTok filters: How do you label AI content?, 2021; Shevlin, All too human? Identifying and mitigating ethical risks of Social AI, 2024; Shumailov/Shumaylov/Zhao u. a., AI models collapse when trained on recursively generated data, 2024; Slattery/Saeri/Grundy u. a., The AI Risk Repository: A Comprehensive Meta-Review, Database, and Taxonomy of Risks From Artificial Intelligence, 2024; Turing, Computing Machinery and Intelligence, Mind, S. 433–460, 1950; University of Montréal, Montréal Declaration for a responsible development of Artificial Intelligence, 2018; Vaccari/Chadwick, Deepfakes and Disinformation: Exploring the impact of Synthetic Political Video on Deception, Uncertainty, and Trust, 2020; Valdivia/Serrajòrdia/Swianiewicz u. a., There is an elephant in the room: towards a critique on the use of fairness in biometrics, AI & Ethics, (1407-1422), 2022; van Deursen/Helsper, A nuanced understanding of Internet use and non-use among the elderly, 2015; Wachter, Limitations and Loopholes in the EU AI Act and AI Liability Directives: What This Means for the European Union, the United States, and

Beyond, Yale Journal of Law & Technology 2024, 671-718; Weizenbaum, ELIZA – a computer program for the study of natural language communication between man and machine, 1966; Xu/Uszkoreit/Du u. a., Explainable AI: A Brief Survey on History, Research Areas, Approaches and Challenges, in: Tang u. a. (Hrsg.), Natural Language Processing and Chinese Computing (NLPCC 2019), Lecture Notes in Computer Science Bd. 11839, Springer, Cham 2019, S. 563–574; Yasar, What is synthetic data? Tech Target, 2024.

Übersicht

I. Hintergrund der in der Norm statuierten Verpflichtungen und Relevanz der KI-Transparenz

Die Komplexität und Dynamik von Datenökosystemen, insbesondere im Bereich der KI, erfordert eine **Mehr-Ebenen-Governance,** welche verschiedene Instrumente wie rechtliche Regulierung, Standardisierung, Ko- und Selbstregulierung, technische Gestaltung, angepasste Geschäftsmodelle, wirtschaftliche Steuerung sowie bildungs- und forschungspolitische Entscheidungen kombiniert.[1] Folglich müssen die normativen Anforderungen der KI-VO in diesem Gesamtkomplex betrachtet werden, in dem ihre regulatorische Wirkung sich entfalten soll. 1

Die wohl größte Herausforderung, die KI aus Governance-/Steuerungsperspektive darstellt, ist ihre **Komplexität und Undurchsichtigkeit.** Dies betrifft nicht nur die Schwierigkeit, die Genese und „Logik" der KI-generierten Prognosen und Outputs nachzuvollziehen, sondern erstreckt sich auch auf Unklarheiten hinsichtlich des Einsatzzwecks und des Einsatzkontextes. Weiterführende Erläuterungen zur Interpretierbarkeit und Post-hoc-Nachvollziehbarkeit finden sich in der Forschungsliteratur zur AI-Explainability (kurz **XAI**).[2] 2

Sinnvolle KI-Transparenz[3] umfasst ein breites Spektrum relevanter und nutzbarer Informationen[4] über die Funktionsweise, die Auswirkungen auf spezifische Bereiche, die Verantwortlichkeiten entlang des gesamten KI-Lebenszyklus – von

[1] Datenethikkommission der Bundesregierung 2019, S. 7.

[2] Xu/Uszkoreit/Du u. a., 2019; Ding/Abdel-Basset/Hawash u. a., 2022; Murdoch/Singh/Kumbier u. a., 2019; Rudin, 2019.

[3] Siehe zum Konzept des „Meaningful AI Transparency". Molavi Vasse'i/McCrosky 2023, S. 3–5.

[4] Konzept des „Meaningful AI Transparency". Molavi Vasse'i/und McCrosky 2023, S. 3–5.

der Auswahl der Trainingsdaten über die Modellselektion bis hin zum Betrieb – sowie die ökologischen Implikationen[5] des KI-Einsatzes zur Verfügung stehen.

3 Sie stellt daher ein Schlüsselelement[6] zur Sicherstellung von Sicherheit, Genauigkeit, Nichtdiskriminierung und Verantwortlichkeit im Kontext künstlicher Intelligenz dar.[7] Transparenz ermöglicht die Identifikation potenzieller Rechtsverletzungen, die Wahrnehmung von Handlungsoptionen und die kritische Überprüfung von KI-Ergebnissen. Die KI-VO manifestiert dieses Prinzip insbesondere in den Artikeln 11–13, 49 und 50. Letzterer normiert spezifische Kennzeichnungspflichten für synthetische Inhalte und Deepfakes.

4 Entscheidend für das Verständnis der richtigen Anwendung der Normen ist die Erkenntnis, dass **Transparenz keinen Selbstzweck darstellt,** sondern stets einem **spezifischen Informationszweck dient.**[8] Dieser Zweck korreliert unmittelbar mit der Identifikation und Minimierung konkreter Risiken. Die Evaluation der Effektivität von Transparenzmaßnahmen erfordert daher ein Verständnis der adressierten Risiken, um die Angemessenheit des Inhalts und der Form der Transparenz beurteilen und bestimmen zu können.

5 In den folgenden Abschnitten zu den Anforderungen des Art. 50 wird daher ein – nicht abschließender – Überblick über bekannte Risiken gegeben, die mit den spezifischen KI-Anwendungen assoziiert sind und bei deren Erkennung und Einschätzung Transparenz und Kennzeichnung helfen sollen.

II. Konzeptuelle Verortung im risikobasierten Regulierungsansatz

6 In der allgemeinen Interpretation des Gesetzes umfasst Artikel 50 eine dritte Risikokategorie von KI-Systemen, die neben den verbotenen KI-Praktiken (Artikel 5) und Hochrisiko-KI-Systemen (Artikel 6) steht und KI-Systeme mit begrenztem Risiko („limited risk") betrifft.[9] Eine vierte Kategorie umfasst KI-Systeme mit minimalem oder keinem Risiko. Für letztere sieht die KI-VO keine verpflichtenden speziellen Anforderungen vor.

III. Übergreifende Zielsetzung und Intention der Norm

7 Die Intention des Artikels 50 besteht darin, natürlichen Personen die Möglichkeit zu bieten, Interaktionen mit oder von KI-Systemen generierten Inhalten zu identifizieren. Dieses Ziel soll durch spezifische Transparenzmaßnahmen für verschiedene Arten der Interaktion oder des Outputs erreicht werden.[10] Die Umsetzung von Transparenzanforderungen variiert je nach Norminhalt und verteilt Pflichten auf verschiedene Akteure im KI-Lebenszyklus.

[5] Fjeld/Achten/Hilligoss u. a., 2020, S. 7, 41 ff.
[6] Siehe dazu Nannini/Balayn/Smith, 2023.
[7] Fjeld/Achten/Hilligoss u. a., 2020, S. 42.
[8] Vgl. die unterschiedlichen Transparenzbedarfe je nach Zielperson/Stakeholder, Molavi Vasse'i/McCrosky, 2023, 5 ff.
[9] Siehe die Risikoklassenbeschreibung der Europäischen Kommission zum AI-Act, abrufbar unter https://digital-strategy.ec.europa.eu/de/policies/regulatory-framework-ai.
[10] Vgl. Erwgr. 132.

Der übergreifende Zweck von Artikel 50 ist die Bewältigung besonderer Risiken, die mit der direkten Interaktion mit KI-Systemen oder synthetisch erzeugten Daten einhergehen, insbesondere wenn diese nicht offengelegt werden. Der Gesetzgeber hebt exemplarisch die Risiken für Identitätsbetrug oder Täuschung durch KI-Systeme hervor, die mit natürlichen Personen interagieren oder Inhalte erzeugen.[11] **8**

Artikel 50 zielt neben der Adressierung spezifischer KI-bezogener Risiken auch darauf ab, die Umsetzung des Gesetzes über digitale Dienste[12] (im Englischen: Digital Services Act, kurz DSA) zu unterstützen und zu erleichtern. Die normierten Transparenzmaßnahmen sind insbesondere für die Verpflichtungen von Anbietern sehr großer Online-Plattformen und sehr großer Online-Suchmaschinen von Bedeutung. Die genannten Akteure sind dazu verpflichtet, systemische Risiken zu identifizieren und zu reduzieren, welche durch die Verbreitung künstlich generierter oder manipulierter Inhalte entstehen können. Im Fokus stehen dabei insbesondere Risiken mit potenziellen negativen Auswirkungen auf demokratische Prozesse, den gesellschaftlichen Diskurs und Wahlprozesse, einschließlich der Verbreitung von Desinformation.[13] **9**

IV. Anwendungsbereich

Die Transparenzpflichten aus Art. 50 unterliegen neben den normspezifischen Ausnahmen → Rn. 42 ff., 69 ff., 94 ff., 119 ff.) auch den Einschränkungen, die sich aus dem allgemeinen Geltungsbereich der KI-VO ergeben. **10**

Von den Kennzeichnungspflichten ausgenommen sind somit KI-Systeme, die ausschließlich für wissenschaftliche Forschung und Entwicklung konzipiert und eingesetzt werden (Art. 2 Abs. 6). Gleiches gilt für die Nutzung bestimmter KI-Technologien durch natürliche Personen im Rahmen rein persönlicher, nichtprofessioneller Aktivitäten (Art. 2 Abs. 10). **11**

KI-Systeme, die unter freien und quelloffenen Lizenzen veröffentlicht werden, sind in der Regel vom Anwendungsbereich der KI-VO zwar ausgenommen, jedoch bilden die Offenlegungspflichten aus Artikel 50 eine bedeutsame Ausnahme, wie Art. 2 Abs. 12 klarstellt. Folglich gelten die Kennzeichnungspflichten auch für Anbieter von KI-Systemen, die unter Open-Source-Lizenzen[14] stehen. **12**

V. Adaptabilität der Liste kennzeichnungsbedürftiger KI-Systeme

Die KI-VO beinhaltet einen Mechanismus zur regelmäßigen Überprüfung und Anpassung der Liste der kennzeichnungspflichtigen KI-Systeme. Gem. Art. 112 Abs. 2 lit. b ist die Kommission verpflichtet, bis zum 2.8.2028 und danach in regelmäßigen Abständen von vier Jahren eine Evaluierung der Liste der KI-Systeme vorzunehmen, für die zusätzliche Transparenzmaßnahmen gem. Art. 50 erforderlich sind. **13**

[11] Vgl. Erwgr. 132.
[12] Siehe den Verweis auf die Verordnung (EU) 2022/2065) in Erwgr. 120.
[13] Siehe Erwgr. 120.
[14] Freie und quelloffene Lizenzen.

14 Die Kommission ist gem. Art. 112 Abs. 10 dazu ermächtigt, gegebenenfalls Vorschläge zur Modifikation der Verordnung zu unterbreiten. Dies kann auch eine Modifikation des Art. 50 und der darin aufgeführten KI-Systeme beinhalten. Dieser Mechanismus zielt darauf ab, sicherzustellen, dass die Transparenzpflichten stets dem aktuellen Stand der Technik und den tatsächlichen Risiken verschiedener KI-Anwendungen entsprechen.

VI. Regelungsinhalt

15 Die Absätze 1–4 des Art. 50 definieren die Anforderungen an die Kennzeichnungspflicht. Sie legen die Schutzbereiche fest, für die die Kennzeichnungspflicht gilt.

VII. Art. 50 Abs. 1 – KI-Systeme mit direkter Interaktion

16 Anbieter müssen KI-Systeme für die direkte Interaktionen mit Menschen so gestalten, dass die Nutzer darüber informiert werden, dass sie mit einer KI kommunizieren oder interagieren.

1. Normadressat

17 Die Norm richtet sich an Anbieter der genannten KI-Systeme. Der Begriff des **Anbieters wird in Art. 3 Nr. 3** definiert. Demnach bezeichnet „Anbieter" eine natürliche oder juristische Person, Behörde, Einrichtung oder sonstige Stelle, die ein KI-System oder ein KI-Modell mit allgemeinem Verwendungszweck entwickelt oder entwickeln lässt und es unter ihrem eigenen Namen oder ihrer Handelsmarke in Verkehr bringt oder das KI-System unter ihrem eigenen Namen oder ihrer Handelsmarke in Betrieb nimmt, sei es entgeltlich oder unentgeltlich.

2. Normzweck und Risiken

18 Die zunehmende Verbreitung von KI-Systemen zur Mensch-Maschine-Interaktion birgt erhebliche Risiken, insbesondere hinsichtlich möglicher Täuschung, Identitätsbetrugs und Manipulation, wie vom Gesetzgeber in Erwgr. 32 exemplarisch benannt. Diese Risiken werden durch den Einsatz großer Sprachmodelle (Large Language Models, kurz LLMs) wie ChatGPT oder Gemini verstärkt, deren Ausgaben besonders überzeugend und natürlich wirken. Der Bereich der Mensch-Computer-Interaktion (im Englischen: Human-Computer Interaction, kurz HCI) wird als multidisziplinäres Untersuchungsfeld seit Jahren intensiv erforscht.[15] Moderne KI-Systeme erzeugen zunehmend natürlich klingende Stimmen und verwenden eine flüssige, menschenähnliche Sprache, die sich deutlich von früheren, sperrigen oder roboterhaften Interaktionen unterscheidet.

19 Inzwischen sind KI-Systeme in der Lage, in begrenztem Umfang den Turing-Test zu bestehen. Der von Alan Turing im Jahre 1950 konzipierte Test evaluiert, ob eine Maschine in einer Konversation so überzeugend kommunizieren kann, dass sie von einem menschlichen Gesprächspartner nicht als Maschine erkannt

[15] Vgl. Shackel, 1997.

wird.[16] Gelingt diese Unterscheidung nicht zuverlässig, gilt der Test als bestanden. Ein Beispiel hierfür ist die Anwendung Google Duplex, die mit einer künstlichen menschlichen Stimme interaktive Gespräche ausführen und beispielsweise Tischreservierungen vornehmen kann, ohne dass das Gegenüber die Interaktion mit einem KI-System als solche wahrnimmt.[17] Je nach Anwendung genügen aufgrund der technologischen Entwicklung bereits wenige Sekunden einer Sprachaufnahme, um eine überzeugende Simulation der Stimme und des Sprechverhaltens einer Person zu erzeugen.[18] Diese Entwicklungen münden in der Notwendigkeit, Menschen aktiv darüber zu informieren, wenn sie mit KI-Technologie anstatt mit einer realen Person interagieren.[19]

Die menschenähnliche Gestaltung dieser Systeme kann dazu führen, dass Nutzer unbewusst vermehrt persönliche Informationen preisgeben, ohne die langfristigen Konsequenzen zu bedenken.[20] **20**

Insbesondere für vulnerable Gruppen wie ältere Menschen oder Kinder, kann die Unterscheidung zwischen menschlichem und maschinellem Gesprächspartner mitunter schwierig sein. Bei älteren Menschen können eine geringere Vertrautheit mit neuen Technologien sowie mögliche Hörprobleme, bei Kindern eine sich noch zu entwickelnde kritische Urteilsfähigkeit zu Schwierigkeiten führen. Darüber hinaus können ein eingeschränkter Zugang zu Technologie oder begrenzte digitale Bildung, unabhängig vom Alter, die Unterscheidungsfähigkeit beeinträchtigen.[21] Dies erhöht das Risiko einer unbemerkten Manipulation und der Erstellung detaillierter Persönlichkeitsprofile, welche für gezielte Werbung oder politische Beeinflussung missbraucht werden könnten.[22] **21**

Ein weiteres Risiko besteht in der zunehmenden Anthropomorphisierung von KI-Systemen, dh in der Zuschreibung menschlicher Eigenschaften an diese Technologien. Diese Tendenz kann zu überhöhtem Vertrauen in KI-generierte Empfehlungen führen, wodurch Nutzer ihre eigene kritische Urteilsfähigkeit vernachlässigen könnten,[23] insbesondere in entscheidenden Situationen.[24] Daraus können sich unangemessene Erwartungen, emotionale oder materielle Abhängigkeiten sowie eine unsichere Nutzung von KI-Technologien entwickeln.[25] **22**

Darüber hinaus besteht die Möglichkeit, dass diese Systeme falsche Informationen verbreiten, indem sie ungenaue Antworten generieren oder bestehende Vorurteile in den Trainingsdaten weitergeben und so verstärken.[26] Solche Risiken sind allgemeiner Art und hängen mit der Nutzung von KI-Systemen zusammen, **23**

---

[16] Turing, 1950.

[17] Leviathan/Matias, 2018.

[18] Edwards, Ars Technica, 9.1.2023.

[19] Siehe Prinzip 9 für eine demokratische Partizipation, University of Montréal, 2018, S. 12.

[20] Luxton 2020, S. 286.

[21] Claypool 2023, S. 7.

[22] Claypool 2023, S. 20.

[23] Dieses Phänomen wurde bereits im Jahre 1966 von Joseph Weizenbaum anhand seines Chatbots Eliza untersucht, wobei die damalige Mensch-Maschine-Kommunikation eine weitaus geringere Menschenähnlichkeit aufwies als heutige Systeme. Siehe Weizenbaum, Joseph, „ELIZA – a computer program for the study of natural language communication between man and machine" 1966, S. 36–45.

[24] Shevlin, 2024.

[25] Claypool 2023, S. 23; Slattery/Saeri/Grundy u. a., 2024, S. 31.

[26] Luxton 2020, S. 285; Slattery/Saeri/Grundy u. a., 2024, S. 31.

die anhand von Wahrscheinlichkeiten arbeiten und nicht wissensbasiert sind. Sofern Interaktionspartner nicht als KI-Systeme identifiziert werden, besteht keine Möglichkeit, deren „Aussagen" als solche einzuordnen oder einer kritischen Überprüfung zu unterziehen.

24 Die in Art. 50 Abs. 1 festgelegte Kennzeichnungspflicht für KI-Systeme mit direkter Interaktion greift diese Risiken auf und zielt darauf ab, durch erhöhte Transparenz die Nutzer zu schützen und ihre informierte Entscheidungsfähigkeit zu stärken.

3. Betroffene KI-Systeme und Nutzungsmodalitäten

25 Die in Art. 50 Abs. 1 statuierte Kennzeichnungspflicht erstreckt sich auf KI-Systeme, die für die unmittelbare Interaktion mit natürlichen Personen bestimmt sind. Diese Systeme sind dadurch gekennzeichnet, dass sie eine direkte Kommunikation mit Menschen durchführen können, wobei die Interaktion mittels verschiedener Modalitäten erfolgen kann, darunter visuelle, gestenbasierte oder auditive Schnittstellen. Ein bedeutender Teilbereich dieser Technologie sind Conversational Agents (CAs), die primär für die sprachliche Kommunikation konzipiert sind und zunehmend in verschiedenen Anwendungsbereichen zum Einsatz kommen, darunter Kundenservice-Plattformen sowie Systeme, die in Smartphones und Betriebssysteme integriert sind. Laut Erhebungen aus dem Jahr 2020 gehören virtuelle Assistenten wie Google Assistant (18 %), Siri (7 %), Alexa (4 %) und Cortana (4 %) zu den am häufigsten verwendeten CAs.[27]

26 Das Spektrum der betroffenen Systeme ist breit gefächert und umfasst unter anderem Roboter mit visuellen Interfaces, die auf Gesten oder Mimik reagieren, Virtual-Reality-(VR)- und Augmented-Reality-(AR)-Systeme wie die Microsoft HoloLens, sowie Gestensteuerungssysteme wie den Leap Motion Controller. Auch emotionale KI-Systeme, wie die von Affectiva entwickelten, die menschliche Emotionen erkennen, diese verarbeiten und darauf reagieren (sogenanntes „Affective Computing"), sind diesem Bereich zuzuordnen. Auch im Gesundheits- und Bildungswesen findet zunehmend der Einsatz von KI-Systemen statt. Ein Beispiel hierfür ist der Chatbot „Woebot", welcher zu therapeutischen Zwecken für Jugendliche mit depressiven Symptomen zum Einsatz kommt.[28]

27 Weitere Anwendungsbereiche umfassen automatisierte Bots auf sozialen Plattformen, sowie KI-Agenten für spezifische Aufgaben, wie Google Duplex für autonome Telefonanrufe und Gesprächsführungen etwa zur Terminvereinbarung im Namen der nutzenden Person. Sprachgesteuerte Navigationssysteme, IoT-Geräte, virtuelle KI-Agenten im Gesundheitssektor wie Ada Health, psychologische Beratungssysteme wie Wysa und virtuelle „Partner" wie Replika fallen ebenfalls in diese Kategorie. Im Bildungswesen finden sich KI-Tutoren wie LMS3, während in den sozialen Medien virtuelle Influencer wie Lu do Magalu, Shudu oder Aitana Lopez immer präsenter werden. Im Games Bereich finden zudem KI-gesteuerte Non-Player Characters (NPCs) Verwendung, welche mit menschlichen Spielern interagieren und dadurch dynamische Spielerlebnisse ermöglichen.[29]

28 Die Anwendung der Kennzeichnungspflicht setzt zwei wesentliche Kriterien voraus: **Unmittelbarkeit und Intentionalität.** Die Interaktion muss unmittelbar

---

[27] Følstad/Brandtzaeg, 2020.
[28] Fitzpatrick/Darcy/Vierhile, 2017.
[29] Vgl. unter anderem Belle/Gittens/Graham, 2022.

mit einer natürlichen Person erfolgen. Systeme, welche eine direkte Interaktion mit einer nicht-natürlichen Person ermöglichen, beispielsweise eine Interaktion zweier KI-Agenten, sind von der Kennzeichnungspflicht ausgenommen. Ebenso fallen mittelbare Nutzungen von interaktiven KI-Systemen, bei denen keine direkte Interaktion mit der betroffenen natürlichen Person stattfindet, nicht unter die Kennzeichnungspflicht.

Weiterhin muss das KI-System **für die direkte Interaktion konzipiert sein,** sodass unbeabsichtigte Interaktionen, die auf Systemfehlern oder Fehldeployments basieren, von der Kennzeichnungspflicht ausgenommen sind. 29

Hervorzuheben ist, dass in zahlreichen Bestimmungen der KI-VO Interpretationsspielräume bestehen, die zu Rechtsunsicherheiten führen können. Neben dem nun zweiten Entwurf eines freiwilligen Verhaltenskodex zur Transparenz von KI-generierten Inhalten (Second Draft **Code of Practice on Transparency of AI-Generated Content**) → Rn. 58 sind weitere Leitlinien und Konkretisierungen im Rahmen entsprechender Standards sowie in der Auslegung durch die zuständigen Umsetzungsbehörden zu erwarten. In jedem Anwendungsfall ist zu prüfen, ob eine der in der Verordnung definierten Ausnahmen vorliegt, um eine korrekte Anwendung der Kennzeichnungspflicht zu gewährleisten. 30

4. Inhalt der Kennzeichnungspflicht

Die Kennzeichnungspflicht für interaktive KI-Systeme umfasst sowohl Offenlegungs- und Informationspflichten als auch spezifische Anforderungen an die Form der Offenlegung. 31

a) Umfang der Informationspflichten. Anbieter müssen sicherstellen, dass KI-Systeme so konzipiert und entwickelt werden, dass die betroffenen natürlichen Personen darüber in Kenntnis gesetzt werden, dass sie mit einem KI-System interagieren. Diese Offenlegung des synthetischen Charakters gegenüber den Zielpersonen soll sicherstellen, dass die Nutzer die Autonomie haben, zu entscheiden, ob sie in die Interaktion einwilligen und wie sie die Interaktion gestalten wollen. Gem. Art. 50 Abs. 5 muss diese Offenlegung spätestens zum Zeitpunkt der ersten Interaktion oder Aussetzung erfolgen. Maßgeblich ist die eindeutige Information über die künstliche, nicht-menschliche Natur der interagierenden Entität. 32

Der Gesetzgeber verlangt in der Regel die bloße Offenlegung der Interkation mit einem KI-System. In den Erwägungsgründen (132, 5ter Satz) **erweitert**[30] der Gesetzgeber die Offenlegungspflicht um qualifizierte Informationen für bestimmte Systeme innerhalb der adressierten Fälle. Personen müssen informiert werden, wenn sie mit KI-Systemen konfrontiert sind, die ihre **biometrischen Daten verarbeiten, um Gefühle oder Absichten zu erkennen oder sie bestimmten Kategorien zuzuordnen.** Diese Kategorien können physische Merkmale wie Geschlecht, Alter, Haarfarbe, Augenfarbe oder Tätowierungen umfassen, ebenso wie persönliche Merkmale wie ethnische Herkunft, Vorlieben oder Interessen. 33

[30] Ruffert führt dazu aus: „Erwägungsgründe […] sind bei der Auslegung des Rechtsakts heranzuziehen. Sie können den Regelungsgehalt konkretisieren, ergänzen oder sogar erweitern, soweit der Wortlaut der Norm dies zulässt.“ (Ruffert in: Calliess/Ruffert, 2022, AEUV Art. 296 Rn. 47).

34 Diese Konkretisierung leitet sich lediglich aus den Erwägungsgründen ab und ist somit nicht unmittelbarer Norminhalt, jedoch maßgeblich bei der Auslegung der Norm.

35 **Praxisempfehlung:**

Die Kennzeichnung sollte stets klar und adressatengerecht implementiert werden. Im Rahmen der Verarbeitung biometrischer oder weiterer sensibler Daten ist es empfehlenswert, nicht nur die künstliche Natur des KI-Systems offenzulegen, sondern auch darüber zu informieren, dass sensible Daten erhoben werden und welchen Zweck dies erfüllt. Dies ist insbesondere relevant, da sich diese Pflichten ohnehin auch aus der DS-GVO ergeben.

36 **b) Formen der Offenlegung und Information.** Für die Umsetzung der Transparenzanforderungen des Art. 50 Abs. 1 kommen eine Vielzahl von Gestaltungsansätzen in Betracht.[31] Diese reichen von visuellen Hinweisen wie **Icons** oder Logos über **Disclaimer** (textuelle Offenlegungen) und akustische Signale oder **Audioerklärung** bis hin zu spezifischen aussagekräftigen Gestaltungselementen der Benutzeroberfläche.[32] Maßgeblich ist, dass die Offenlegung klar und unmissverständlich zum Ausdruck kommt.

37 Die Markierung eines KI-Systems als künstlich kann auf unterschiedliche Weise erfolgen. Eine explizite Erklärung, bei der sich der Chatbot selbst als KI-System zu erkennen gibt, kann durch schriftliche oder audio-Aussagen wie „Ich bin ein KI-Assistent" erfolgen. Eine unmittelbar ersichtliche Kennzeichnung der künstlichen Natur kann durch visuelle Elemente wie etwa prominent platzierte Labels mit den Vermerken „AI" oder „Bot" erfolgen. Die Bereitstellung detaillierter Angaben über die KI-Natur und die Fähigkeiten des Chatbots kann in einem spezifischen Informationsfeld im Chat-Interface erfolgen.

38 Aufgrund der Formulierung im Erwgr. 132, wonach der Person „insbesondere mitgeteilt werden soll, dass sie es mit einem KI-System zu tun haben", sind Methoden zu wählen, die nicht implizit, sondern aktiv die Künstlichkeit vermitteln. Der bloße Verzicht auf eine fotorealistische Darstellung eines Avatars oder der bewusste Einsatz einer roboterhaften Stimme genügt demnach nicht, um den Anforderungen der Norm zu entsprechen.

39 Der Umfang der Offenlegung kann ebenfalls variieren und sich von der einfachen Offenlegung der Art der interagierenden Partei bis hin zu detaillierten Informationen über das System erstrecken.

40 Die Wahl der geeigneten Methode hängt vom jeweiligen Anwendungskontext und der Art des KI-Systems ab, insbesondere aber auch von den potenziellen Nutzern der KI-Systeme. Entscheidend ist, dass die gewählte Lösung die Anforderung erfüllt, natürliche Personen darüber zu informieren, dass sie mit einem KI-System interagieren.

41 **c) Barrierefreiheit und Berücksichtigung vulnerabler Gruppen.** Bei der Umsetzung der Offenlegungspflicht ist die mögliche Heterogenität der Zielgruppe zu berücksichtigen. Dabei sind besonders **schutzbedürftige Gruppen** wie Kinder oder Menschen mit Behinderungen zu berücksichtigen. Es ist jedoch zu berücksichtigen, dass das Niveau der Digital- und KI-Kompetenz der Zielgruppe zwischen verschiedenen sozioökonomischen Schichten der Gesellschaft oder geo-

---

[31] Molavi Vasse'i/Gabriel, 2024, S. 21–27; Shane/Saltz/Leibowicz, 2021, https://firstdraftnews.org/long-form-article/from-deepfakes-to-tiktok-filters-how-do-you-label-ai-content.

[32] Shane/Saltz/Leibowicz, 2021.

grafischen Regionen erheblich variieren kann. Die Bereitstellung von Informationen muss zudem **barrierefrei** erfolgen, um sicherzustellen, dass alle Nutzer Zugang zu klaren und verständlichen Informationen haben.[33]

5. Ausnahmen

a) Offensichtlichkeit im Einzelfall. Neben den allgemeinen Ausnahmen, die für alle Kennzeichnungspflichten aus den Absätzen 1–4 des Art. 50 gelten, entfällt die Kennzeichnungspflicht für KI-Systeme zur direkten Interaktion, wenn für eine **angemessen informierte, aufmerksame und verständige natürliche Person** die synthetische Natur des KI-Systems aufgrund der Umstände und des Nutzungskontexts offenkundig ist. 42

In Bezug auf die Beurteilung der Offensichtlichkeit orientiert sich der Gesetzgeber am vom EuGH geprägten Verbraucherleitbild des „durchschnittlich informierten, aufmerksamen und verständigen Verbrauchers", welches auch vom BGH geteilt wird[34] und betont die Relevanz der Umstände und des Nutzungskontextes für die Beurteilung. 43

In der Entscheidung „Gut Springenheide" etablierte[35] der EuGH dieses Leitbild als maßgeblichen Referenzrahmen zur Festlegung des Erwartungshorizonts von Personen sowie zur Beurteilung deren Fähigkeit zur Informationsverarbeitung.[36] Maßgeblich ist danach die **situationsadäquate Aufmerksamkeit**[37] des Rezipienten der Information. 44

Im Kontext der Digitalisierung erweist sich eine Bestimmung des „Durchschnitts" als schwierig, da Aufmerksamkeitsspannen, Nutzungsgewohnheiten sowie Wissen und Fähigkeiten im Umgang mit digitalen Systemen selbst innerhalb derselben Kohorte – etwa derselben Altersgruppe – stark variieren können. Bei älteren Internetnutzern prägen beispielsweise individuelle Faktoren wie Lebensphase, soziales Umfeld und Offenheit gegenüber Technologien die Diversität innerhalb der Gruppe.[38] 45

Allgemeingültige Beispiele für die Offensichtlichkeit oder deren Fehlen lassen sich aufgrund der individuellen Wahrnehmungsunterschiede kaum definieren. Aufgrund der vielfältigen technologischen Entwicklungen und individuellen Wahrnehmungsunterschiede ist bei der Beurteilung der Offensichtlichkeit eine gewisse Zurückhaltung geboten. Daher ist eine stets differenzierte Betrachtung der Offensichtlichkeit sowie eine damit einhergehende restriktive Auslegung geboten, insbesondere wenn die Zielgruppe größer oder nicht genau definiert ist. 46

Um die Offensichtlichkeit adäquat beurteilen zu können, ist es zielführend, dass Anbieter eine hypothetische, fallbezogene Person definieren, mit der das KI-System interagieren könnte.[39] Anschließend ist eine Einschätzung vorzunehmen, 47

---

[33] Siehe Erwgr. 132.

[34] Vgl. EuGH Slg. 1998, I-4657 – Gut Springenheide, Rn. 31.

[35] Vgl. Bornkamm in Köhler/Bornkamm, UWG, Kommentar, 42. Auflage (2024), UWG § 5 Rn. 1.76.

[36] Vgl. Denkinger, Der Verbraucherbegriff. Eine Analyse persönlicher Geltungsbereiche von verbraucherrechtlichen Schutzvorschriften in Europa (2007) 110.

[37] BGH GRUR 2000, 619 (621).

[38] van Deursen/Helsper, A nuanced understanding of Internet use and non-use among the elderly, 2015, S. 153 ff.

[39] Vgl. Gils, 2024, S. 9, der von Notwendigkeit einer vorausgehenden „thinking exercise", also einer gedanklichen Übung ausgeht.

ob es für die betreffende Person offensichtlich ist, dass sie mit einem KI-System interagiert.

48 Merkmale, die sich **erst im Verlauf einer späteren Interaktion zeigen,** sind für die Beurteilung **nicht ausschlaggebend,** da der relevante Zeitpunkt der Offenlegung gem. Art. 50 Abs. 5 der Beginn der Interaktion ist.

49 **Praxisempfehlung:**

Es wird empfohlen, die Offensichtlichkeit durch Tests mit repräsentativen Zielgruppen im Rahmen von User Experience (UX) Evaluierungen zu prüfen und diesen Prozess bereits frühzeitig in die Designphase des KI-Systems zu integrieren. Wenn umfangreiche Tests aufgrund fehlender Ressourcen nicht möglich sind, sollte im Zweifel eine klare Kennzeichnung erfolgen.

50 **b) Strafverfolgung.** Gem. Art. 50 Abs. 1 S. 2 gilt die Kennzeichnungspflicht nicht für KI-Systeme, die gesetzlich zur Aufdeckung, Verhütung, Ermittlung oder Verfolgung von Straftaten zugelassen sind, sofern geeignete Schutzvorkehrungen für die Rechte und Freiheiten Dritter bestehen, es sei denn, diese Systeme stehen der Öffentlichkeit zur Anzeige einer Straftat zur Verfügung. Die in der KI-VO wiederholt vorkommende Ausnahme für die Strafverfolgung zielt darauf ab, die Effektivität der Strafverfolgung zu gewährleisten. Gleichzeitig wird in den Erwägungsgründen betont, dass angemessene Schutzvorkehrungen bestehen müssen und die Ausnahmen eng begrenzt sein sollen, um die Grundrechte zu schützen.[40]

51 Dabei ist es nicht erforderlich, dass das KI-System „für die Anzeige von Straftaten bestimmt“ sein muss; es genügt, dass es dafür „verfügbar“ ist, wodurch sich der Anwendungsbereich dieser Ausnahme erheblich erweitert.

VIII. Art. 50 Abs. 2 – KI-Systeme zur Generierung synthetischer Inhalte und GPAI

52 Die synthetischen Ausgaben (Outputs) der genannten Systeme, also Bild-, Text-, Audio- oder Video-Outputs, sind maschinenlesbar zu kennzeichnen und als künstlich erzeugt oder manipuliert erkennbar zu machen. „Synthetische Inhalte“ im KI-Kontext sind algorithmisch generierte Daten oder Informationen, die nicht auf realen Beobachtungen oder Erfahrungen basieren.[41] Synthetizität lässt sich dabei als Spektrum begreifen, das von geringfügig bearbeiteten Inhalten über teilweise manipulierte Informationen bis zu vollständig KI-generierten Inhalten reicht.

1. Normadressat

53 Die Verpflichtung zur Implementierung technischer Lösungen für die automatisierte Erkennung und Kennzeichnung trifft gem. Art. 50 Abs. 2 die **Anbieter** von KI-Systemen. Der Begriff des Anbieters wird in Art. 3 Nr. 3 definiert. Demnach bezeichnet „Anbieter“ eine natürliche oder juristische Person, Behörde, Einrichtung oder sonstige Stelle, die ein KI-System oder ein KI-Modell mit allgemeinem Verwendungszweck entwickelt oder entwickeln lässt und es unter ihrem eigenen Namen oder ihrer Handelsmarke in Verkehr bringt

[40] Vgl. Erwgr. 18 und 132.
[41] Yasar, 2024.

oder das KI-System unter ihrem eigenen Namen oder ihrer Handelsmarke in Betrieb nimmt, sei es entgeltlich oder unentgeltlich. Diese Definition umfasst Unternehmen wie OpenAI und Meta, oder Google als Anbieter von ChatGPT, Llama oder Gemini. Die genannten Unternehmen sind dabei zugleich Entwickler als auch Anbieter sowohl der KI-Systeme als auch der zugrundeliegenden KI-Modelle.

2. Normzweck und Risiken

Aufgrund der besonderen Entwicklungsdynamik der generativen KI und insbesondere ihrer breiten Verfügbarkeit seit der allgemeinen Zugänglichmachung des ChatGPT-Modells von OpenAI im November 2022, gefolgt von zahlreichen weiteren, in der Folge auch multimodalen KI-Systemen mit der Fähigkeit zur Generierung synthetischer Text-, Bild-, Audio- und Videoinhalte, hat der Gesetzgeber die besondere Transparenzanforderungen auch für KI-Systemen mit allgemeinem Verwendungszweck (im Englischen: General Purpose AI, kurz: GPAI) aufgenommen. Synonym für GPAI werden zur Zeit auch die Begriffe Generative KI oder Foundation Models verwendet, wobei die Begrifflichkeiten einer ständigen Veränderung unterliegen und je nach Forschungsstand sowie den unterschiedlichen Perspektiven und Diskussionen von Experten – von Linguisten bis hin zu Computer-Science-Experten – variieren. 54

Die Diskrepanz zwischen dem geringen Aufwand zur Erstellung synthetischer Inhalte und deren potenziell schwerwiegenden Folgen hat den EU-Gesetzgeber dazu veranlasst, die Problematik der Unterscheidung zwischen KI-generierten und echten Inhalten als Gefahr für die Integrität des Informationsökosystems und des damit verbundenen Vertrauens sowie eine Akkumulation von Fehlinformation und Manipulation, Betrug, Identitätsbetrug und Täuschung der Verbraucher anzuerkennen und den daraus resultierenden Handlungsbedarf zu identifizieren.[42] 55

Weitere Risiken nicht offengelegter synthetischer Inhalte sind unter anderem psychologische und emotionale Manipulationen sowie Marktverzerrungen.[43] Ein Beispiel hierfür ist die Zunahme von vermeintlich kreativen Inhalten wie Illustrationen und Fotos, die von KI-Systemen generiert wurden, welche zuvor mit echten, von Menschen geschaffenen Werken trainiert wurden. Die Fülle an synthetischen Inhalten führt zu einer Verzerrung des Marktes und einer Entwertung authentischer Inhalte.[44] Ein weiteres Risiko stellt der „Model Collapse“ dar, welcher eine zunehmende und markante Verschlechterung der Outputs von GPAI-Systemen beschreibt, wenn die KI-Systeme zunehmend mit unechten, zuvor synthetisch generierten Inhalten trainiert werden.[45] 56

3. Inhalt der Kennzeichnungspflicht

Die Normadressaten sollen nach Art. 50 Abs. 2 sicherstellen, dass die Ausgaben des KI-Systems in einem maschinenlesbaren Format gekennzeichnet und als 57

---

42 Vgl. Erwgr. 133.

43 Für eine ausführlichere Darstellung der Risiken nicht gekennzeichneter synthetischer Inhalte, siehe Molavi Vasse'i 2024, S. 410–412.

44 Vgl. dazu beispielhaft die schriftliche Zeugenaussage von Karla Ortiz vor dem US Senat, Ortiz, Unterausschuss für geistiges Eigentum, 7.7.2023.

45 Shumailov/Shumaylov/Zhao u. a., 2024.

künstlich erzeugt oder manipuliert erkennbar sind. In den Erwägungsgründen werden beispielhaft die Metadatenidentifizierung oder kryptografische Methoden genannt.[46]

58 Anhaltspunkte zu den Kennzeichnungsmethoden ergeben sich ferner aus dem **zweiten Entwurf eines freiwilligen Verhaltenskodex zur Transparenz KI-generierter Inhalte** vom 05. März 2026.[47] Der Kodex bezweckt gemäß Art. 50 Abs. 7 KI-VO die Erleichterung der Umsetzung der Transparenzpflichten. Der finale Kodex soll voraussichtlich im Juni 2026 erscheinen.

Der inhaltlich maßgeblich auf die Erwägungsgründe 133 und 135 gestützte Kodex ist zwar rechtlich unverbindlich, dürfte jedoch als zentraler Referenzrahmen für Aufsichtsbehörden dienen und damit faktisch den Maßstab für eine ordnungsgemäße Umsetzung setzen. Nach der finalen Veröffentlichung ist eine freiwillige Unterzeichnung vorgesehen; die Liste der Unterzeichner wird vom KI-Büro veröffentlicht.

Zentraler Ansatz des Entwurfs ist das Konzept mehrschichtiger aktiver Markierungstechniken.[48] Der Entwurf geht ausdrücklich davon aus, dass gegenwärtig keine einzelne Technik den gesetzlichen Anforderungen allein zu genügen vermag. Anbieter sollen sich daher verpflichten, eine **Kombination mehrerer aktiver Markierungstechniken** einzusetzen, die sich gegenseitig ergänzen und absichern – dies vor dem Hintergrund, dass wirksame technische Methoden zur Kennzeichnung und Erkennung nach wie vor der Herausforderung einer stetigen Weiterentwicklung unterliegen.[49]

59 **a) Maschinelesbare Kennzeichnung.** Die Norm verlangt zunächst explizit die Kennzeichnung mittels eines maschinenlesbaren Formats. Dabei handelt es sich um eine sogenannte indirekte Kennzeichnungsmethode.[50] In der Gesetzesbegründung findet sich eine nicht abschließende Aufzählung einiger der gängigen indirekten Kennzeichnungsverfahren. Dazu zählen insbesondere digitale Wasserzeichen, Metadatenidentifizierungen, kryptografische Methoden zum Nachweis der Herkunft und Authentizität des Inhalts, Fingerprinting.[51] Je nach Sachlage sind diese Verfahren zu berücksichtigen, wobei auch eine Kombination verschiedener Techniken in Betracht kommt.

60 **Kryptographische Wasserzeichen** ermöglichen die Einbettung verborgener Informationen wie digitale Signaturen in verschiedene Medientypen. Dazu zählen Software, Bilder, Videos und Audiodateien. Diese Methode funktioniert ähnlich wie das Einfügen unsichtbarer Informationen, die nur mit dem richtigen Schlüssel – einem speziellen Ver- und Entschlüsselungsverfahren – erkannt, gelesen oder verändert werden können. Beispiele hierfür sind Meta's AudioSeal oder Google's SynthID.

---

[46] Erwgr. 133.

[47] Kom., Second Draft Code of Practice on Transparency of AI-Generated Content, 5.3.2026.

[48] Kom., Second Draft Code of Practice on Transparency of AI-Generated Content, 5.3.2026, Erwägungsgrund b), S. 7 f.

[49] Kom., Second Draft Code of Practice on Transparency of AI-Generated Content, 5.3.2026, S. 9 f.

[50] Zur Taxonomie von direkten und indirekten Kennzeichnungsmethoden, siehe Molavi Vasse'i/Udoh 2024, S. 20 f.

[51] Für eine ausführliche Liste gängiger indirekter, maschinell lesbarer Methoden siehe Partnership on AI, 13.12.2023, https://partnershiponai.org/resource/glossary-for-synthetic-media-transparency-methods-part-1.

Metadaten-Wasserzeichen stellen eine besondere Form der kryptographischen Wasserzeichen dar, bei denen Informationen wie Autorenangaben, verwendete Software oder Hinweise auf die KI-generierte Natur des Inhalts nicht in den Content selbst, sondern in die Metadaten der digitalen Datei eingebettet werden. **Statistische Wasserzeichen** fügen Informationen in statistische Muster von Daten ein (Bilder, Texte, Audio, Video). Dabei werden bestimmte Werte wie Pixel, Farbrahmen oder Klangkomponenten in geringem Umfang modifiziert, ohne den Inhalt wesentlich zu beeinflussen.[52] Solche Methoden werden beispielsweise von OpenAI entwickelt.[53]

Die nachfolgende Abbildung visualisiert eine umfassende Taxonomie gängiger Watermarking-Methoden für LLMs nach Liang u. a., wobei neben dem Watermarking von Text auch multimodale Outputs wie Bild und Audio berücksichtigt werden.[54]

Abbildung 1: Taxonomie von LLM-Watermarking Methoden nach Liang u. a. 2026, S. 74.

Wasserzeichen können auf der Ebene des Modelltrainings, der Modellinferenz oder der Ausgabe integriert werden; wahlweise auf Ebene des **KI-Modells** (d.h. 61

[52] Siehe Molavi Vasse'i/Udoh 2024, S. 27–31.

[53] Aaronson, 2022.

[54] Liang/Xiao/Gan u. a., 2026, S. 74, https://link.springer.com/article/10.1007/s10462-025-11474-6.

des Algorithmus, der die Inhalte erzeugt) oder des **KI-Systems** (d.h. der Anwendung, die das Modell nutzt).[55]

Die Wahl des Integrationszeitpunkts hat dabei praktische Relevanz: Auf Ebene des Modelltrainings werden Wasserzeichen in die Modellgewichte eingebettet, sodass sämtliche Ausgaben des Modells automatisch markiert sind; bei der Modellinferenz erfolgt die Markierung während des Generierungsprozesses, während eine nachgelagerte Integration auf Ausgabeebene als nachträgliche Bearbeitung des bereits erzeugten Inhalts erfolgt.

Beispiele für KI-Modelle sind GPT-5.2, Claude Opus 4.6, Grok 4, Qwen oder Stable Diffusion. Das KI-Modell kann so angepasst werden, dass es bestimmte unsichtbare Kennzeichnungen in alle seine Ausgaben einfügt. Beispiele von KI-Systemen sind Bildbearbeitungsprogramme, Sprachassistenten, Chatbots, Empfehlungssysteme oder Übersetzungsdienste wie DeepL. Der primäre Zweck einer Kennzeichnungen auf Modell-Ebene besteht darin, dem nachgelagerten Anbieter – also Unternehmen oder Personen, die das KI-System weiterverwenden oder die generierten Inhalte verbreiten – die Erfüllung regulatorischer Pflichten zu erleichtern.

Unterzeichner, die KI-Modelle an andere Anbieter von KI-Systemen liefern, sollen daher nach dem neuen Kodex entsprechende Markierungstechniken bereits **auf Modellebene** implementieren, um die Einhaltung der Vorschriften durch nachgelagerte Anbieter zu erleichtern.[56] Die Implementierung soll **vor** dem Markteintritt erfolgen.[57]

62 **b) Qualitative Umsetzungskriterien.** Die Kennzeichnungen müssen, soweit **technisch realisierbar, interoperabel, belastbar sowie zuverlässig** sein. Die Vorgabe beinhaltet eine Erfolgsverantwortlichkeit, nicht lediglich das Erfordernis eines bloßen Bemühens.[58]

Für ein hohes Maß an Robustheit empfiehlt der ersten Entwurf eines freiwilligen Verhaltenskodex zur Transparenz von KI-generierten Inhalten, Markierungs- und Erkennungslösungen zu implementieren, die gegenüber gängigen verändernden Verarbeitungsvorgängen (Spiegelung, Zuschneiden, Komprimierung, Bildschirmaufnahmen, Umschreiben, Löschen von Zeichen, Änderungen der Bild- oder Videoauflösung, Tonhöhenverschiebung, Zeitdehnung oder Formatänderung) sowie gegenüber feindlichen Angriffen beständig sind.[59]

Im Rahmen der Umsetzung sind darüber hinaus die **Besonderheiten und Einschränkungen** der verschiedenen Inhaltsarten und -formate, die Umsetzungskosten, relevante Standards sowie der allgemein anerkannte Stand der Technik zu berücksichtigen.[60]

---

[55] Kom., Second Draft Code of Practice on Transparency of AI-Generated Content, 5.3.2026, S. 11.

[56] Kom., Second Draft Code of Practice on Transparency of AI-Generated Content, 5.3.2026, S. 11. So der Gesetzgeber bereits in ErwGr. 133 KI-VO.

[57] Kom., Second Draft Code of Practice on Transparency of AI-Generated Content, 5.3.2026, S. 17.

[58] Die Formulierung „dafür sorgen, dass" indiziert eine Handlungspflicht, die über eine bloße Bemühenspflicht hinausgeht. Der europäische Gesetzgeber verwendet diese Formulierung regelmäßig zur Beschreibung von Pflichten, vgl. z. B. Art. 10 Abs. 2 und Art. 13 Abs. 4 S. 2 DSA.

[59] Kom., Second Draft Code of Practice on Transparency of AI-Generated Content, 5.3.2026, S. 18.

[60] Vgl. Erwgr. 133.

Art. 50 Abs. 2 verlangt ferner eine **„wirksame"** Kennzeichnung von KI-generierten Inhalten, um schädliche Auswirkungen nicht erkennbarer synthetischer Inhalte zu minimieren. Die geforderte Wirksamkeit geht über die technische Funktionalität der Kennzeichnung hinaus, welche durch die Anforderungen des Standes der Technik, Zuverlässigkeit, Belastbarkeit und Genauigkeit bereits abgedeckt wird. Vielmehr impliziert diese Anforderung, dass die Kennzeichnung tatsächlich zur Information der Nutzer beiträgt, die Integrität des Informationsökosystems schützt[61] und dazu geeignet ist, die vom Gesetzgeber genannten zentralen Risiken wie Fehlinformation, Manipulation in großem Maßstab, Betrug, Identitätsbetrug und Täuschung effektiv zu mindern. **63**

Derzeit existieren keine einheitlichen Standards für maschinenlesbare Kennzeichen. Es gibt jedoch Ansätze zur Entwicklung technischer Standards, die von verschiedenen Anbietern genutzt werden können, wie etwa den Content Authenticity Initiative (C2PA) Standard, der kryptographische Wasserzeichen mit Metadaten-Einbettung kombiniert und von der Coalition for Content Provenance and Authenticity entwickelt wurde, unter Mitwirkung u. a. von Adobe, Microsoft und Google.[62] **64**

c) Erkennbarkeit. Darüber hinaus fordert Art. 50 Abs. 2, dass die synthetischen Inhalte **als künstlich erzeugt erkennbar sein müssen.** Aus der Konjunktion „und" im Normtext ergibt sich, dass beide Anforderungen kumulativ zu erfüllen sind. Eine rein maschinenlesbare, dem menschlichen Wahrnehmungsvermögen entzogene Kennzeichnung genügt der Erkennbarkeitsanforderung daher allein nicht. Als geeignetes Mittel kommt beispielsweise ein statisches oder interaktives Icon in Betracht, das dem Nutzer die Synthetizität sichtbar anzeigt. **65**

Die Regelung lässt dabei offen, auf welche Art und Weise der Übergang von der technischen, für Menschen nicht wahrnehmbaren Kennzeichnung zur menschlichen Erkennbarkeit erfolgen soll. Als potenzielle Lösungsansätze können die Integration sichtbarer Labels oder Disclaimern und weiterer direkter[63] Kennzeichnungsmethoden, wie sie aus Bereichen der Medien bekannt sind, in Betracht gezogen werden. **66**

Um eine Erkennbarkeit zu gewährleisten, ist die Implementierung und Nutzung vorgeschalteter **Detektoren** erforderlich, welche zunächst die maschinenlesbare Kennzeichnung erkennen und im Anschluss eine „Übersetzung" zum Erkennbaren durch das Hinzufügen einer für den Menschen wahrnehmbaren Information, eines Zeichens oder eines Bildes oder Audio-Kennzeichnungen ermöglichen.[64] Insofern ist die Hinzufügung einer maschinenlesbaren Kennzeichnung zwar erforderlich jedoch nicht ausreichend. **67**

d) Beispiele für visuelle Kennzeichnungen

Zur Veranschaulichung möglicher Kennzeichnungen stellt der aktuelle Entwurf des Verhaltenskodex verschiedene Optionen für statische Icons vor. Die Darstellungen dienen lediglich illustrativen Zwecken und sollen weiterentwickelt werden.[65] **68**

---

[61] Kom., Second Draft Code of Practice on Transparency of AI-Generated Content, 5.3.2026, S. 17.

[62] Coalition for Content Provenance and Authenticity (C2PA), https://c2pa.org.

[63] Zur Taxonomie von direkten und indirekten Kennzeichnungsmethoden, siehe Molavi Vasse'i/Udoh 2024, 20 f.

[64] Zur Relevanz von Detektoren, Molavi Vasse'i 2024, S. 412.

[65] Kom., Second Draft Code of Practice on Transparency of AI-Generated Content, 5.3.2026, S. 35.

Abbildung 2: Beispiele für zwei Varianten eines vorläufigen einheitlichen EU-Icons zur Kennzeichnung KI generierter Bilder in unterschiedlicher Darstellung.[66]

Abbildung 3: Beispiel eines interaktiven Icons mit dynamischer farblicher Anpassung aus dem ersten Entwurf des Verhaltenskodex.[67] – visualisiert den erkannten Inhaltsursprung auf einem Spektrum von „H" (menschlich erstellte Inhalte) über „AI-H" (gemischt, Anteil durch Kreisbogen visualisiert) bis „AI" (vollständig KI-generiert).

Sobald die Europäische Kommission einheitliche Icons gemeinsam mit der finalen Fassung des Verhaltenskodex bereitstellt, sollten diese verwendet werden, um die Erkennbarkeit für Betrachter zu erleichtern. Daneben soll die Nutzung alternativer Icons oder anderer Kennzeichnungslösungen weiterhin möglich bleiben.[68] Maßgeblich ist, dass das jeweilige Icon stets gut unterscheidbar ist und einen hohen Kontrast zum Hintergrund aufweist.[69]

Soweit technisch umsetzbar, sollen die unterzeichnenden Anbieter zudem sicherstellen, dass das Icon, das Label oder der Disclaimer mit dem Inhalt ‚mitreist' und diesen begleitet, wenn der Inhalt weitergegeben oder verbreitet wird.[70]

4. Ausnahmen

69 **a) Unwesentliche Manipulation durch unterstützende Systeme.** Die Kennzeichnungspflicht gilt sowohl für vollständig künstlich erzeugte als auch auf

---

[66] Kom., Second Draft Code of Practice on Transparency of AI-Generated Content, 5.3.2026, S. 36.

[67] Kom., First Draft Code of Practice on Transparency of AI-Generated Content, 17.12.2025, S. 32.

[68] Kom., Second Draft Code of Practice on Transparency of AI-Generated Content, 5.3.2026, S. 28.

[69] Kom., Second Draft Code of Practice on Transparency of AI-Generated Content, 5.3.2026, S. 28 f.

[70] Kom., Second Draft Code of Practice on Transparency of AI-Generated Content, 5.3.2026, S. 29.

manipulierte Inhalte, die nur teilweise mit KI-Technologien modifiziert wurden. Der Begriff der Manipulation ist in seiner Bedeutung weit gefasst und könnte jegliche Art von Eingriff umfassen. Der Gesetzgeber hat diese Problematik erkannt und schränkt die Kennzeichnungspflicht für Manipulationen aus Gründen der Verhältnismäßigkeit ein. Insofern sieht Art. 50 Abs. 2 der KI-Verordnung vor, dass die Kennzeichnungspflicht nicht für KI-Systeme gilt, die eine lediglich **unterstützende Funktion** für die Standardbearbeitung ausführen oder die vom Betreiber bereitgestellten Eingabedaten oder deren Semantik **nicht wesentlich verändern.**

Unter diese Ausnahmen können beispielsweise KI-basierte Audiobearbeitungs- **70** systeme fallen, die lediglich die Lautstärke und Klangbalance optimieren, oder Systeme, die Rechtschreibfehler automatisch korrigieren. Ebenfalls ausgenommen sind Eingriffe zur Bildoptimierung, die lediglich Helligkeit und Kontrast anpassen, ohne den Bildinhalt oder die -komposition zu verändern.[71]

Die Auslegung dieser Ausnahmen kann sich in der Praxis jedoch als schwierig **71** erweisen und einen Bedarf an weiterer Klärung durch Regulierungsbehörden oder Gerichte im Einzelfall generieren.

b) Verhütung, Ermittlung oder Verfolgung von Straftaten. Art. 50 **72** Abs. 2 S. 3 enthält eine weitere Ausnahme von der Kennzeichnungspflicht soweit die KI-Systeme zur Aufdeckung, Verhütung, Ermittlung oder Verfolgung von Straftaten gesetzlich zugelassen sind.[72]

IX. Art. 50 Abs. 3 – Systeme zur Emotionserkennung und biometrischer Kategorisierung

Die KI-VO sieht sowohl für KI-Systeme zur Emotionserkennung als auch zur **73** biometrischen Kategorisierung ein abgestuftes Regime vor, welches von einem kompletten Verbot bestimmter Praktiken bis zu einer Kennzeichnungspflicht als Minimalanforderung reicht. In jedem Fall besteht für Betreiber die Verpflichtung, die betroffenen Personen über die erfolgte Datenerhebung zu informieren und die personenbezogenen Daten gemäß den relevanten EU-Datenschutzbestimmungen zu verarbeiten.

1. Normadressat

Normadressat sind **Betreiber** entsprechender KI-Systeme. Der Begriff des **74** Anbieters wird in Art. 3 Nr. 4 definiert „Betreiber" als jede natürliche oder juristische Person, Behörde, Einrichtung oder sonstige Stelle, die ein KI-System in eigener Verantwortung verwendet. Eine Ausnahme besteht lediglich, wenn das System im Rahmen einer rein persönlichen, nicht beruflichen Tätigkeit genutzt wird.

2. Normzweck und Risiken

Während Mithilfe der Emotionserkennung Gefühlszustände abgeleitet werden **75** sollen,[73] zielt die biometrische Kategorisierung auf die Einordnung und Klassifi-

---

[71] Vgl. Molavi Vasse'i 2024, S. 413 Rn. 54.

[72] Siehe Kritik bezüglich der weitreichenden Ausnahmen zur Privilegierung der Strafverfolgung, u. a. bei Wachter, 2024.

[73] Physische Zustände wie Schmerz oder Ermüdung sieht der Gesetzgeber als nicht hiervon erfasst. Siehe Erwgr. 18.

zierung von Personen anhand verhaltensbasierter oder physischer Merkmale. Trotz der gemeinsamen Nutzung biometrischer Daten verfolgen beide Technologien unterschiedliche Ziele. Emotionserkennungssysteme fokussieren sich auf kurzfristige, veränderliche Zustände, während biometrische Kategorisierungssysteme eher dauerhafte oder grundlegende Merkmale erfassen.

76 Die Emotionserkennung kann als Teilbereich der biometrischen Analyse betrachtet werden. Die Kennzeichnungspflicht trifft alle nicht verbotenen KI-Systeme zur Emotionserkennung und biometrischen Kategorisierung.

77 **a) Risiken biometrischer KI-Systeme.** Der Einsatz invasiver biometrischer Technologien birgt ein erhebliches Risiko, individuelle Freiheitsrechte weiter einzuschränken und bestehende Formen struktureller Diskriminierung zu verstärken. Biometrische KI-Systeme werden daher als weiterer Baustein einer vernetzten und zunehmend invasiven Überwachungsinfrastruktur kritisiert.[74] Der Einsatz biometrischer KI-Technologien erfolgt häufig in Kontexten, die durch bestehende Machtungleichgewichte geprägt sind.[75] Dies betrifft beispielsweise die Relation zwischen Behörden und Bürgern, Unternehmen und Kunden sowie Bildungseinrichtungen und Studierenden. Ihr Einsatz durch staatliche Behörden, insbesondere im Bereich der Migrationskontrolle, oder durch private Akteure kann zu einer Verfestigung dieser Ungleichgewichte führen.[76]

78 Die Betroffenen haben in den meisten Fällen keinerlei Kontrolle oder Transparenz über die Erhebung und Verarbeitung ihrer biometrischen Daten. Zudem werden sie in den meisten Fällen nicht über die Folgen der Verwendung informiert. Dies alles erhöht das Risiko von Grundrechtsverletzungen erheblich.

79 Ein zentrales Problem automatisierter biometrischer Systeme, wie die Gesichtserkennung oder Emotionserkennung liegt in der Verzerrung durch unausgewogene Trainingsdaten, der Modelauswahl und -Gestaltung oder schlicht falschen Ableitungen (im Englischen „inferences") und der damit verbundenen Möglichkeit teilweise unsichtbarer Diskriminierungen.

80 Der sogenannte „Other-Race-Effekt" bewirkt, dass Algorithmen Gesichter von Menschen aus der Region, in der diese Systeme entwickelt wurden, präziser erkennen, da sie überwiegend mit Daten dieser ethnischen Gruppe trainiert wurden und von ebensolchen auf ihre akurateit getestet, was zu einer systematischen Benachteiligung von Personen anderer Ethnien führt.[77] Ferner resultieren Verzerrungen aus divergierenden Bewertungen: Bilder von Frauen und dunkelhäutigen Personen werden systematisch schlechter bewertet, was die Erkennungsgenauigkeit zusätzlich verringert.[78]

81 Zu den Risiken von Emotionserkennungssystemen zählt insbesondere deren Ungenauigkeit sowie die wissenschaftliche Fragwürdigkeit der Zuschreibung von Emotionen und Absichten allein aufgrund äußerer Merkmale. Die Fähigkeit dieser Systeme, menschliche Emotionen zu erkennen, wird von Wissenschaftlern regelmäßig infrage gestellt und als pseudowissenschaftlich bezeichnet.[79] Die Interpretation von Emotionen anhand von Gesichtsausdrücken erweist sich als unzuverlässig, da sie in erheblichem Maße von Kontext, Kultur und individuellen Unterschieden

---

[74] U. a. Gates, 2011, S. 58 f.
[75] Valdivia/Serrajòrdia/Swianiewicz u. a., 2022, S. 1419.
[76] Ryder, 2022, S. 58.
[77] Kolberg, DuD, 2023, 15 ff. (16).
[78] Kolberg, DuD, 2023, 15 ff. (17).
[79] Ryan-Mosley, MIT Technology Review 14.8.2023.

abhängt.[80] Die Auswertung von über 1.000 wissenschaftlichen Arbeiten im Bereich der Psychologie durch die vorliegende Studie führte zu dem Ergebnis, dass keine solide wissenschaftliche Grundlage für die weit verbreitete Annahme besteht, der emotionale Zustand einer Person lasse sich zuverlässig aus deren Gesichtsausdrücken ableiten.[81]

Ein weiteres zentrales Risiko, das in der Forschung thematisiert wird, ist die systematische rassistische Verzerrung in der Emotionserkennung durch KI. Schwarze Personen werden von Emotionserkennungssystemen wie Face++ und Microsoft AI häufiger als wütend oder verächtlich eingestuft.[82] Die genannten Fehlinterpretationen können gravierende Konsequenzen nach sich ziehen, indem sie voreingenommene Urteile perpetuieren und potenziell ungerechtfertigte Maßnahmen gegen die betroffenen Individuen nach sich ziehen. Diese Bedenken werden auch teilweise vom Gesetzgeber anerkannt, der in Erwgr. 44 selbst darauf hinweist, dass hinsichtlich der wissenschaftlichen Grundlage von KI-Systemen zur Emotionserkennung ernsthafte Bedenken bestehen, insbesondere da sich Gefühlsausdrücke je nach Kultur, Situation und selbst bei derselben Person erheblich unterscheiden können. Daraus resultieren Risiken wie die fehlende Zuverlässigkeit, Eindeutigkeit und die begrenzte Verallgemeinerbarkeit solcher Systeme, die jedoch gerade eingesetzt werden, um Verallgemeinerung in Form von Wahrscheinlichkeiten vorzunehmen. Es besteht somit ein erhebliches Risiko der Diskriminierung sowie des Eingriffs in die Rechte und Freiheiten der Betroffenen.[83] **82**

Selbst wenn die technischen Ungenauigkeiten biometrischer Systeme vollständig beseitigt würden, bliebe das grundlegende Problem bestehen, dass diese Technologien Machtungleichgewichte verstärken und Grundrechte beeinträchtigen. Paradoxerweise würde die Verbesserung der Genauigkeit biometrischer Systeme lediglich zur „Perfektionierung der Überwachungstechnologie" führen, ohne die damit verbundenen breiteren diskriminierenden und grundrechtsrelevanten Auswirkungen zu beseitigen, wodurch die negativen Effekte auf individuelle Rechte und Freiheiten noch verstärkt werden könnten.[84] **83**

b) Abgestufte Regelungslogik. Trotz vielfältiger Kritik[85] und formulierter Bedenken hinsichtlich drohender Gefährdungen von Persönlichkeits- und Freiheitsrechten, hat der Gesetzgeber kein generelles Verbot biometrischer KI-Systeme erlassen. Stattdessen wurde ein abgestuftes Regelungsregime implementiert, das von Verboten als strengster Maßnahme bis hin zu Kennzeichnungspflichten als Mindestanforderung mit bestimmten Ausnahmen reicht. **84**

Verboten ist der Einsatz und Verwendung von KI-Emotionserkennungssystemen am **Arbeitsplatz oder in Bildungseinrichtungen gem. Art. 5 Abs. 1, lit. f.** Eine Ausnahme besteht, wenn die Systeme aus medizinischen Gründen oder zu Sicherheitszwecken eingeführt oder in Verkehr gebracht werden sollen. Darüber hinaus sind diese Systeme gem. Art. **6 Abs. 2 iVm Anhang III Abs. 1 lit. c** als **hochriskant** eingestuft. Eine Kennzeichnungspflicht besteht für alle nicht **85**

---

[80] Feldman Barrett/Adolphs/Marsella, Psychol Sci Public Interest. 2019, S. 1 ff. (2 f.).
[81] Feldman Barrett/Adolphs/Marsella, Psychol Sci Public Interest. 2019, S. 1 ff. (2 f.).
[82] Rhue, 2018, S. 3 f.
[83] Vgl. Erwgr. 44.
[84] Ryder, 2022, S. 159.
[85] Initiative Reclaim your Face, Siehe auch zusammenfassend Köver, 2024.

nicht verbotenen Emotionserkennungssysteme, die nicht unter einer Ausnahme fallen.

86 Bei **biometrischen Kategorisierungssystemen** verbietet **Art. 5 Abs. 1, lit. g** solche Anwendungen, die aus biometrischen Einzeldaten **sensible Merkmale** (wie zB rassische Herkunft, politische Meinung, Gewerkschaftszugehörigkeit, religiöse oder weltanschauliche Überzeugung, Sexualleben, oder sexuelle Orientierung) ableiten. Eine Ausnahme gilt für die Kennzeichnung und Filterung rechtmäßiger biometrischer Datensätze und deren Kategorisierung zu Strafverfolgungszwecken. Darüber hinaus werden diese Systeme gem. Art. **6 Abs. 2 iVm Anhang III, Abs. 1 Lit. b** als hochriskant eingestuft.

87 Die Kennzeichnungspflicht gilt für alle nicht verbotenen KI-Systeme zur biometrischen Kategorisierung, die unter keiner Ausnahme fallen.

88 **c) Systeme zur Emotionserkennung.** Die KI-VO definiert ein Emotionserkennungssystem gem. Art. **3 Nr. 39** als ein KI-System, welches „dem Zweck dient, Emotionen oder Absichten natürlicher Personen auf der Grundlage ihrer biometrischen Daten festzustellen oder daraus abzuleiten." Dazu zählen Emotionen und Absichten wie Glück, Trauer, Wut, Überraschung, Ekel, Verlegenheit, Aufregung, Scham, Verachtung, Zufriedenheit und Vergnügen.[86] Der Gesetzgeber klassifiziert dabei KI-Systeme, die zur Erkennung physischer Zustände wie Schmerz oder Ermüdung dienen, nicht als von der Definition erfasst.[87] Folglich sind Systeme, welche die Ermüdung von Berufspiloten oder Berufskraftfahrern erkennen, von der Kennzeichnungspflicht ausgenommen.[88]

89 Die bloße Erkennung offensichtlicher Ausdrucksformen, Gesten und Bewegungen soll ebenfalls ausgenommen sein, es sei denn, sie dienen dem Erkennen oder Ableiten von Emotionen.[89] Zu den Ausdrucksformen zählen einfache Gesichtsausdrücke wie Stirnrunzeln oder Lächeln, Gesten wie Hand-, Arm- oder Kopfbewegungen sowie Stimmmerkmale wie eine erhobene Stimme oder Flüstern.

90 **d) Systeme zur biometrischen Kategorisierung. Art. 3 Nr. 40** definiert ein „System zur biometrischen Kategorisierung" als ein KI-System, das dem Zweck dient, natürliche Personen auf der Grundlage ihrer biometrischen Daten bestimmten Kategorien zuzuordnen, sofern es sich um eine Nebenfunktion eines anderen kommerziellen Dienstes handelt und aus objektiven technischen Gründen unbedingt erforderlich ist.

91 Die DS-GVO definiert biometrische Daten gem. Art. 4 Nr. 14 als „mit speziellen technischen Verfahren gewonnene personenbezogene Daten zu den physischen, physiologischen oder verhaltensbasierten Merkmalen einer natürlichen Person, die die eindeutige Identifizierung dieser Person ermöglichen oder bestätigen". Zu diesen Daten zählen unter anderem Gesichtsmerkmale, Finger- und Handflächenabdrücke, Retina-Scans oder EKG-Aufzeichnungen. Auch Gesichtsausdrücke wie Stirnrunzeln oder Lächeln, sowie Gesten wie Hand-, Arm- oder Kopfbewegungen und Stimmmerkmale, etwa eine erhobene Stimme oder ein Flüstern, fallen darunter.[90]

---

[86] Vgl. Erwgr. 18.
[87] Vgl. Erwgr. 18.
[88] Vgl. Erwgr. 18.
[89] Vgl. Erwgr. 18.
[90] Vgl. Erwgr. 18.

3. Informationspflicht und datenschutzkonforme Verarbeitung

Art. 50 Abs. 3 verpflichtet Betreiber von Emotionserkennungssystemen oder Systemen zur biometrischen Kategorisierung, die betroffenen natürlichen Personen über den Einsatz dieser Systeme zu **informieren.** Die Informationspflicht ist dabei nicht näher spezifiziert. Sie dient der Transparenz und hat zum Ziel, den betroffenen Personen klar und verständlich mitzuteilen, dass ihre biometrischen Daten verarbeitet werden und zu welchem Zweck dies geschieht, um es den Betroffenen zu ermöglichen ihre Rechte wahrzunehmen oder deren Verletzung zu prüfen. Der unbemerkte Einsatz KI-gestützter biometrischer Kategorisierung oder Einsatz von KI zur Emotionserkennung soll hierdurch verhindert werden. 92

Darüber hinaus soll die Verarbeitung der personenbezogenen Daten unter Berücksichtigung der gesetzlichen Vorgaben der **DS-GVO,** sowie der **Verordnung (EU) 2018/1725, die den Schutz natürlicher Personen bei der Verarbeitung personenbezogener Daten durch die Organe, Einrichtungen und sonstigen Stellen** der EU regelt, sowie der sogenannten **Polizeirichtlinie** ((EU) 2016/680), die den Schutz personenbezogener Daten bei der Verarbeitung durch Strafverfolgungsbehörden sicherstellt, erfolgen. Der Verweis auf diese datenschutzrechtlichen Bestimmungen ist dabei als **deklaratorisch** zu verstehen, da er die bereits bestehende Rechtslage bekräftigt und den komplementären Charakter der Informationspflichten aus Art. 50 unterstreicht. 93

4. Ausnahmen

Die Informationspflicht entfällt gem. Art. 50 Abs. 3 S. 2 für gesetzlich zugelassene KI-Systeme, die zur Aufdeckung, Verhütung oder Ermittlung von Straftaten verwendet werden und dabei zur biometrischen Kategorisierung oder Emotionserkennung im Einklang mit dem Unionsrecht eingesetzt werden. Diese Ausnahme greift jedoch nur, sofern geeignete Schutzvorkehrungen bestehen, um die Rechte und Freiheiten Dritter zu wahren. 94

X. Art. 50 Abs. 4 UAbs. 1 – Deepfakes

Betreiber von KI-Systemen, die Deepfakes (Bild-, Ton- oder Videoinhalte) erzeugen oder manipulieren, müssen dies offenlegen. **Deepfakes** sind eine spezifische Form synthetischer Inhalte. Nach der Legaldefinition in **Art. 3 Abs. 60** wird ein „Deepfake" als durch KI erzeugter oder manipulierter Bild-, Ton- oder Videoinhalt definiert, der realen Personen, Gegenständen, Orten, Einrichtungen oder Ereignissen ähnelt und einer Person fälschlicherweise als echt oder wahrheitsgemäß erscheinen würde. 95

1. Normadressat

Normadressaten sind **Betreiber** von KI-Systemen, die Bild-, Ton- oder Videoinhalte erzeugen oder manipulieren. Gem. Art. 3 Nr. 4 wird der Begriff „Betreiber" als natürliche oder juristische Person, Behörde, Einrichtung oder sonstige Stelle definiert, die ein KI-System in eigener Verantwortung nutzt, ausgenommen sind Tätigkeiten im rein persönlichen und nicht beruflichen Rahmen. Während Art. 50 Abs. 2 den Betreibern von KI-Systemen zur Erstellung synthetischer Inhalte bereits besondere Transparenzpflichten auferlegt *(siehe dazu >),* erweitert 96

Art. 50 Abs. 4 UAbs. 1 diese Transparenzpflichten auch auf Anbieter solcher Systeme, wenn diese Bild-, Ton- und Video-Deepfakes erzeugen oder manipulieren.

2. Normzweck und Risiken

97 Die Norm zielt darauf ab, die Risiken zu minimieren, die durch Täuschungen mittels Deepfakes entstehen. Hierbei werden synthetische Inhalte so manipuliert, dass sie realen Personen oder Ereignissen täuschend ähnlich sehen und bei den Betrachtern den falschen Eindruck erwecken, sie seien echt oder wahr.

98 Die Norm soll gewährleisten, dass Nutzer solche Inhalte erkennen können, um Täuschungen zu vermeiden. Gleichzeitig wird ein Gleichgewicht zwischen Transparenz und dem Schutz der Meinungs- und Kunstfreiheit angestrebt.

99 Die Risiken, die mit der Verwendung und exponentiellen Verbreitung von leicht erstellbaren Deepfakes einhergehen, sind vielfältig. Ein zentrales Risiko besteht in der potenziellen Manipulation und dem Missbrauch dieser Technologien. Deepfakes bieten die Möglichkeit, durch gezielte **Täuschung, Betrug oder Erpressung** Schaden zu verursachen. Insbesondere können sie verwendet werden, um **falsche Identitäten** zu schaffen oder kompromittierende Inhalte zu fabrizieren, die reale Personen betreffen. Neue Studien belegen, dass die Unterscheidung zwischen von Menschen erstellten und KI-generierten Inhalten aufgrund der verbesserten Qualität der Audio- und Bild-Generierungen und Manipulationen herausfordernder wird und in einigen Fällen sogar unmöglich sein kann.[91]

100 Die Fähigkeit von KI, Gesichtszüge und Stimmen täuschend echt zu imitieren, birgt ein erhebliches Risiko für Identitätsdiebstahl. Durch diese Technologien werden biometrische Sicherheitssysteme anfällig für Manipulationen, da sie durch gefälschte Bilder oder Stimmen überlistet werden können.

101 Darüber hinaus gefährden Deepfakes die Integrität demokratischer Prozesse und die Vertrauenswürdigkeit der Medien. KI-generierte Inhalte können verwendet werden, um die öffentliche Meinung zu manipulieren, indem sie **falsche Informationen verbreiten und die Glaubwürdigkeit visueller Medien** schwächen. Dies kann zu erheblicher Verunsicherung hinsichtlich der Authentizität von Informationen, einem wachsenden Zynismus in der Bevölkerung sowie einer Verschärfung gesellschaftlicher Spannungen und Polarisierungen führen.[92] Der Gesetzgeber thematisiert in Erwgr. 133 explizit die **Risiken für das Informationsökosystem,** indem er auf die zunehmende Gefahr von Fehlinformation, Betrug und Identitätsdiebstahl hinweist, die durch Deepfakes und ähnliche Technologien entstehen.

102 KI-generierte Inhalte können als Mittel sexualisierter Gewalt oder Ausbeutung missbraucht werden, insbesondere in Form nicht einvernehmlicher pornografischer Deepfakes. Die Erzeugung solcher Darstellungen zählt zu den ältesten und zugleich weitverbreitetsten Missbrauchsformen generativer Bildtechnologien.[93] Moderne KI-Anwendungen ermöglichen die Erstellung expliziter Inhalte bereits auf der Grundlage minimaler Ausgangsdaten und ohne besondere technische Kenntnisse. Dies senkt die Missbrauchsschwelle erheblich.[94]

---

91 Frank/Herbert/Ricker u. a., 2023.

92 Molavi Vasse'i/Udoh, 2024, S. 12.

93 Romano, Aja, „Deepfakes are a real political threat. For now, though, they're mainly used to degrade women" Vox, 7.10.2019.

94 Schneider, Jaron, „MegaPortraits: High-Res Deepfakes Created From a Single Photo", 2022.

Die niedrigschwellige Zugänglichkeit der Technologie, die drastisch verkürzte Erstellungsgeschwindigkeit sowie ihre Integration in Plattformen mit schneller Massenverbreitung wirken dabei schadensverstärkend zusammen. Exemplarisch belegt dies der sog. "Spicy Mode" des KI-Systems Grok: Die Analyse der ersten 24 Stunden nach der Einführung am 5.1.2026 wies eine gegenüber vergleichbaren Plattformen um mehr als das 80-Fache erhöhte Erstellungsrate sexualisierter Bilder auf der Plattform X aus.[95] Eine derartige Verbreitungsdichte birgt zudem das erhebliche Risiko einer gesellschaftlichen Normalisierung sexualisierter Gewalt.[96]

Ein weiteres Problem stellt die **Erosion des kritischen Denkens** und der Medienkompetenz dar. Die zunehmende Konfrontation mit synthetischen Inhalten führt dazu, dass Nutzer Schwierigkeiten haben, zwischen authentischen und KI-generierten Inhalten zu unterscheiden. Dieser konstante Einfluss kann eine „Realitätsmüdigkeit" auslösen, bei der die Fähigkeit, zwischen echten und manipulierten Informationen zu differenzieren, schwindet,[97] was langfristig die Medienkompetenz der Bevölkerung beeinträchtigen könnte. **103**

Schließlich birgt die massenhafte Verbreitung synthetischer Inhalte das Risiko, die Entwicklung von KI-Systemen selbst zu beeinträchtigen und **Model Collapse** zu verursachen (→ Rn. 56 zum Begriff des Model Collapse). **104**

3. Inhalt der Kennzeichnungspflicht

Betreiber solcher KI-Systeme sind dazu verpflichtet, **klar und deutlich offenzulegen,** dass die Deepfakes künstlich erzeugt oder manipuliert wurden. Diese Kennzeichnungspflicht gilt zusätzlich zu den technischen Lösungen, die von den Anbietern der KI-Systeme implementiert werden sollen.[98] **105**

Die Offenlegung muss in einer für Menschen leicht wahrnehmbaren Weise erfolgen. Geeignete Methoden zur Kennzeichnung umfassen insbesondere optische Hinweise wie Labels oder Icons, sowie schriftliche Hinweise wie „KI-generiert" oder „Deepfake", bei audiovisuellen Medien, akustische Hinweise. Diese Maßnahmen müssen den Empfängern der Inhalte klar und unmissverständlich vermitteln, dass es sich um künstlich erzeugte Inhalte handelt, und dies in einer Weise, die dem jeweiligen Medium und seinen Gepflogenheiten entspricht (→ Rn. 68 ff.). **106**

4. Einschränkungen

In bestimmten Fällen sieht der Gesetzgeber jedoch Einschränkungen der Offenlegungspflicht vor. Die Einhaltung dieser Transparenzpflicht soll nicht derart ausgelegt werden, dass das Recht auf freie Meinungsäußerung sowie die Freiheit von Kunst und Wissenschaft, wie sie in der Charta der Grundrechte der Europäischen Union garantiert sind, nicht beeinträchtigt werden. **107**

Der Bereich ist weit gefasst und betrifft insbesondere Inhalte, die Teil eines offensichtlich kreativen, satirischen, künstlerischen, fiktionalen oder analogen Werks oder Programms sind und bei denen geeignete Schutzvorkehrungen für die Rechte und Freiheiten Dritter getroffen wurden. **108**

---

[95] Nix/Siddiqui, Bloomberg, 7.1.2026.
[96] Goharian/Stroebel/Fitz u. a., 2025.
[97] Vaccari/Chadwick, 2020.
[98] Vgl. Erwgr. 134.

109 In diesen Fällen kann die Transparenzpflicht darauf beschränkt werden, das Vorhandensein von manipulierten oder künstlich erzeugten Inhalten in einer Weise zu offenbaren, die die ästhetische Darstellung oder den Genuss des Werks zu beeinträchtigen. So wird beim Einsatz von Deepfakes in ohnehin fiktionalen Inhalten wie Spielen oder Filmen, bei denen keine Gefahr einer echten Täuschung besteht, kann eine Klarstellung zu Beginn des Films oder Spiels als ausreichend erachtet werden. Der Gesetzgeber trägt hiermit der Kritik Rechnung zu tragen, dass visuelle Kennzeichnungen den künstlerischen oder ästhetischen Wert beeinträchtigen könnten.

110 Eine besondere Herausforderung stellt die Beurteilung der Offensichtlichkeit bei satirischen oder kreativen Inhalten dar, die nicht in einem klaren fiktionalen Rahmen eingebettet sind und über soziale Medien verbreitet werden. Bei der Beurteilung der Offensichtlichkeit ist stets eine Einzelfallbetrachtung erforderlich. Dabei sind sowohl der Inhalt, Kontext als auch die Zielgruppe zu berücksichtigen, um festzustellen, inwieweit die künstliche Natur der Inhalte ohne weitere Prüfung erkannt werden kann.

XI. Art. 50 Abs. 4 UAbs. 2 – Text zur Information über Angelegenheiten von öffentlichem Interesse

111 Art. 50 Abs. 4 UAbs. 2 regelt die Kennzeichnungspflicht für Systeme zur Generierung oder Manipulation von Texten, die zur Information der Öffentlichkeit über Angelegenheiten von öffentlichem Interesse veröffentlicht werden.

112 Die Kennzeichnungspflicht umfasst sowohl vollständig synthetisch erzeugte Texte, wie Nachrichten, journalistische Artikel, Informationsblogs, Börsenberichte oder Wettervorhersagen, als auch durch KI-Systeme manipulierte Texte, beispielsweise Texte, die ursprünglich von Menschen verfasst und durch KI-Systeme wie Claude oder ChatGPT paraphrasiert wurden.

1. Normadressat

113 Normadressaten sind auch hier die **Betreiber** von KI-Systemen, die Texte erstellen oder verändern, die zur Information der Öffentlichkeit über Angelegenheiten von öffentlichem Interesse veröffentlicht werden. Gem. Art. 3 Nr. 4 wird der Begriff „Betreiber" als natürliche oder juristische Person, Behörde, Einrichtung oder sonstige Stelle definiert, die ein KI-System in eigener Verantwortung nutzt, ausgenommen sind Tätigkeiten im rein persönlichen und nicht beruflichen Rahmen.

2. Normzweck

114 Der Zweck der Norm liegt darin, Informationssysteme vor der Verfälschung und Kontaminierung durch synthetische Inhalte zu schützen, insbesondere wenn diese die öffentliche Meinungsbildung beeinflussen. Die Vorschrift verfolgt das Ziel, die Öffentlichkeit umfassend darüber zu informieren, wenn Texte veröffentlicht werden, die im öffentlichen Interesse stehen und entweder von einem KI-System generiert oder manipuliert wurden.

3. Inhalt der Kennzeichnungspflicht

115 Die Kennzeichnungspflicht besagt, dass die erforderlichen Informationen spätestens beim ersten Kontakt des Rezipienten mit dem Inhalt in klarer und deutlicher Form offengelegt werden müssen. Während im Erwgr. 134 die Formulierung „anzustreben" verwendet wird, ist im Normtext selbst eine bindende Pflicht („müssen offenlegen") verankert, welche die Betreiber dazu auffordert, Informationen über KI-generierte oder -manipulierte Texte offenzulegen. Die im Normtext festgehaltene Verpflichtung hat Vorrang vor der weniger strikten Formulierung des Erwägungsgrunds.

Die Kennzeichnung muss eine gute Lesbarkeit aufweisen und klar vom übrigen **116** Textinhalt abgehoben sein. Als Kennzeichnungsmethoden kommen textliche Hinweise wie „KI-generiert" oder „KI-manipuliert" in Betracht, die dem Text vorangestellt werden,[99] sowie Icons bei Bild- und Tonzeichen bei Audioinhalten. Eine verbindliche Spezifikation oder Normierung der konkreten Umsetzung sieht die KI-VO nicht vor.

Der zweite Entwurf eines freiwilligen Verhaltenskodex zur Transparenz von KI-generierten Inhalten sieht demgegenüber die Verwendung eines zweistelligen Akronyms als einheitliches Icon vor – „KI", „AI" oder „IA" je nach europäischer Sprachfassung –; der Entwurf enthält hierzu Gestaltungsanregungen für ein vorläufiges Icon[100] (→ Rn. 68).

Bei nicht statischen Inhalten, wie Livestreams oder **Echtzeit-Videos,** soll die Kennzeichnung spätestens bei der ersten Exposition des Inhalts (zu Beginn der Austrahlung) erfolgen.[101] Dabei ist das Icon in einer oberen oder unteren Bild-Ecke für mindestens fünf Sekunden einzublenden. Auch für sonstige Videoinhalte, Bilder und sonstige multimodale Inhalte gilt, dass die Kennzeichnung spätestens bei der ersten Exposition erfolgen soll.[102]

Bei längeren Nicht-Echtzeit-Videos soll das Icon in regelmäßigen Abständen wiederholt werden, beispielsweise, wenn der betreffende Deepfake-Inhalt gezeigt wird, und/oder nach Werbeunterbrechungen. Bei kurzen Videos soll die Kennzeichnung von Beginn der Exposition an durchgehend sichtbar sein.[103] Ist der Videoinhalt vollständig KI-generiert oder manipuliert, soll dies während der gesamten Anzeige kenntlich gemacht werden. Das Icon muss dabei deutlich hervorstechen und darf nicht durch andere Overlays oder Elemente verdeckt werden.[104]

Bei Audioinhalten soll spätestens zu diesem Zeitpunkt ein hörbarer Hinweis erfolgen.[105]

Die **Eignung** direkter Kennzeichnungsmethoden zur Gewährleistung ange- **117** messener Transparenz ist insgesamt fraglich.[106] Methoden, die lediglich indirekt und für Menschen unsichtbar sind, wie beispielsweise kryptographisches Water-

---

[99] Kom., Second Draft Code of Practice on Transparency of AI-Generated Content, 5.3.2026, S. 28.

[100] Kom., Second Draft Code of Practice on Transparency of AI-Generated Content, 5.3.2026, S. 36.

[101] Kom., Second Draft Code of Practice on Transparency of AI-Generated Content, 5.3.2026, S. 34.

[102] Kom., Second Draft Code of Practice on Transparency of AI-Generated Content, 5.3.2026, S. 34.

[103] Kom., Second Draft Code of Practice on Transparency of AI-Generated Content, 5.3.2026, S. 30.

[104] Kom., Second Draft Code of Practice on Transparency of AI-Generated Content, 5.3.2026, S. 30.

[105] Kom., Second Draft Code of Practice on Transparency of AI-Generated Content, 5.3.2026, S. 34.

[106] Siehe dazu die kritische Würdigung → Rn. 135 ff.

marking, genügen den Anforderungen an **Klarheit und Deutlichkeit** nicht. Allerdings besteht die Möglichkeit, diese mit sichtbaren Methoden zu kombinieren und der direkten Kennzeichnung vorzuschalten. Es muss sichergestellt werden, dass die Rezipienten die künstliche Herkunft der Inhalte bewusst wahrnehmen können.

118 Eine Kennzeichnung von nicht **veröffentlichten Inhalten** ist nicht erforderlich, ebenso wenig wie die von rein internen Informationen innerhalb einer Behörde oder eines Unternehmens. Inhalte, die nicht der Information der Öffentlichkeit dienen, sondern ausschließlich der Unterhaltung, sind von dieser Regelung ausgenommen.

4. Ausnahmen

119 Gem. Art. 50 Abs. 5 UAbs. 2 S. 2 entfällt die Kennzeichnungspflicht für Systeme zur Erzeugung oder Manipulation von Texten, die der öffentlichen Information dienen, in zwei Ausnahmefällen.

120 Zum einen betrifft dies den gesetzlich zulässigen Einsatz zur Aufdeckung, Verhütung, Ermittlung oder Verfolgung von Straftaten.

121 Eine weitere Ausnahme von der Kennzeichnungspflicht besteht, wenn die durch KI erzeugten Inhalte einer menschlichen Überprüfung oder redaktionellen Kontrolle unterzogen wurden und *(kumulativ)* eine natürliche oder juristische Person die redaktionelle Verantwortung für die Veröffentlichung der Inhalte trägt.

122 Die Verordnung enthält keine näheren Angaben zum Umfang und zur Intensität der erforderlichen Überprüfung. In Anbetracht des Normzwecks ist eine lediglich oberflächliche Kontrolle, wie beispielsweise eine Rechtschreibprüfung, als unzureichend zu erachten. Erforderlich ist vielmehr eine **inhaltliche Prüfung,** welche es der überprüfenden Person ermöglicht, den Inhalt tatsächlich zu verantworten. Darüber hinaus ist sicherzustellen, dass die Überprüfung durch eine **für die Veröffentlichung verantwortliche** Person erfolgt.

XII. Art. 50 Abs. 5 – Zeitpunkt der Bereitstellung & Barrierefreiheit

123 Die in den Absätzen 1–4 genannten Informationen sind den betroffenen natürlichen Personen **spätestens bei der ersten Interaktion oder Exposition** klar und eindeutig zur Verfügung zu stellen.

124 Der frühe Zeitpunkt der Information berücksichtigt, dass Nutzer Inhalte häufig nicht vollständig rezipieren. Die Bereitstellung zu Beginn der Interaktion dient der Gewährleistung, dass die wesentlichen Informationen zum KI-Einsatz von den Betroffenen wahrgenommen werden.

125 Die bereitgestellten Informationen müssen den geltenden Anforderungen an die **Barrierefreiheit** genügen. In diesem Kontext sei auf die Richtlinie (EU) 2016/2102 über den barrierefreien Zugang zu Websites und mobilen Anwendungen öffentlicher Stellen sowie die Richtlinie (EU) 2019/882 über Barrierefreiheitsanforderungen für Produkte und Dienstleistungen verwiesen. Die genannten Vorgaben zielen darauf ab, einen diskriminierungsfreien Zugang zu den relevanten Informationen über KI-Systeme zu gewährleisten.

XIII. Art. 50 Abs. 6 – Verhältnis zu sonstigen Vorschriften und Transparenzpflichten

Gemäß Art. 50 Abs. 6 der KI-VO bleiben die in den Absätzen 1 bis 4 genannten Anforderungen und Pflichten unberührt und tangieren nicht andere Transparenzpflichten, die im Unionsrecht oder im nationalen Recht für Betreiber von KI-Systemen festgelegt sind. Die Transparenzanforderungen des Art. 50 gelten somit unabhängig davon, ob ein KI-System als Hochrisiko-KI eingestuft wird, und unbeschadet der spezifischen Anforderungen sowie weiterer (Transparenz-)Verpflichtungen, die sich für Hochrisiko-KI-Systeme bereits aus den Art. 6–49 KI-VO ergeben.[107] **126**

Im Umkehrschluss bedeutet dies, dass die Erfüllung der Transparenzpflichten für die von dieser Verordnung erfassten KI-Systeme nicht als Hinweis darauf verstanden werden soll, dass die Verwendung des KI-Systems oder seiner Ergebnisse nach dieser Verordnung oder anderen Rechtsvorschriften der Union und der Mitgliedstaaten rechtmäßig ist. Dies gilt ebenso für weitere Verpflichtungen von GPAI-Betreibern und -Anbietern. **127**

XIV. Art. 50 Abs. 7 – Unterstützung und Überwachung von Praxisleitfäden durch das Büro für Künstliche Intelligenz

Gem. Art. 50 Abs. 7 unterstützt das neu erschaffene **Büro für Künstliche Intelligenz** die Entwicklung von Praxisleitfäden zur Identifizierung und Kennzeichnung künstlicher oder manipulierter Inhalte. Die Kommission kann diese Leitfäden entsprechendem Prüfungsverfahren nach Art. 56 Abs. 6 genehmigen oder bei Unangemessenheit gem. Art. 98 Abs. 2 Durchführungsrechtsakt gemäß dem in Artikel 98 Absatz 2 genannten Prüfverfahren erlassen, in dem gemeinsame Vorschriften für die Pflichtumsetzung festgelegt werden. Das KI-Büro hat einen zweiten, überarbeiteten Entwurf eines freiwilligen Verhaltenskodex zur Transparenz von KI-generierten Inhalten am 5.3.2026 veröffentlicht.[108] (→ Rn. 58). **128**

Die teilweise Unbestimmtheit der KI-VO ist bewusst konzipiert. Die konkrete Ausgestaltung soll in bestimmten Fällen im Rahmen von Standardisierungsverfahren unter Einbezug verschiedener Stakeholder und Interessensgruppen, insbesondere einschließlich der KI-Systemanbieter, entwickelt werden. Die Europäische Kommission hat in einem entsprechenden Standardisierungsauftrag das European Committee for Standardization (CEN) und das European Committee for Electrotechnical Standardization (CENELEC) mit der Erarbeitung relevanter Standards für KI-Transparenz beauftragt. Im Rahmen von Anhang 2.4 a) des Normungsauftrags[109] ist die Entwicklung von Spezifikationen zur Konzeption und Implementierung von Transparenzlösungen vorgesehen, welche es den Nutzern ermöglichen, die Ergebnisse des Systems zu verstehen und angemessen zu nutzen. Punkt 2.5 fordert Spezifikationen zu Maßnahmen, die es den Nutzern erlauben, die relevanten Aspekte des KI-Systembetriebs zu verstehen, zu überwachen, zu interpretieren, zu bewerten und zu beeinflussen. **129**

---

[107] Erwgr. 132, S. 2.

[108] Kom., Second Draft Code of Practice on Transparency of AI-Generated Content, 2026.

[109] Europäische Kommission 22.5.2023.

130 In Punkt 2.5 werden Spezifikationen zu Maßnahmen gefordert, welche es den Nutzern erlauben, die relevanten Aspekte des KI-Systembetriebs zu verstehen, zu überwachen, zu interpretieren, zu bewerten und zu beeinflussen.

131 Es bleibt abzuwarten, in welchem Detailgrad diese Standards ausgestaltet werden und in welchem Umfang sie auch die Anforderungen des Art. 50 Abs. 2 konkretisieren werden. Obgleich die Einhaltung dieser Standards nicht obligatorisch sein wird, ist davon auszugehen, dass sie maßgeblichen Einfluss auf Best Practices in der Industrie ausüben und zur Rechtssicherheit bei der Auslegung der Norm beitragen werden.

132 Darüber hinaus ist die Kommission gem. Art. 96 Abs. 1 lit. d dazu verpflichtet, Leitlinien zur praktischen Umsetzung der Transparenzpflichten aus Art. 50 zu erarbeiten. Dabei sollen insbesondere die Bedürfnisse von KMU, Start-ups und lokalen Behörden berücksichtigt werden, um eine möglichst breite Compliance unter Senkung der Compliance-Kosten zu gewährleisten.

133 Die teilweise unbestimmten Vorschriften der KI-VO bergen dennoch das Risiko von Fehlinterpretationen und einer inkonsistenten Anwendung.

Praxistipp:

134 Die Kennzeichnungspflichten finden ab dem 2. August 2026 Anwendung. Es ist ratsam, sich bereits jetzt bei der Umsetzung an den zweiten Entwurf des freiwilligen Verhaltenskodex zur Transparenz von KI-generierten Inhalten zu orientieren. Dies erhöht die Konformitätssicherheit und bietet erste praktische Umsetzungsbeispiele. Der Gesetzgeber bemüht sich, insbesondere für kleinere Unternehmen die Compliance-Kosten und Rechtsunsicherheiten zu minimieren.

XV. Kritische Würdigung der Kennzeichnungsmethoden

135 Die in der KI-Verordnung vorgesehenen Kennzeichnungsmethoden für KI-generierte Inhalte weisen technische und tatsächliche Herausforderungen auf, die sowohl ihre Umsetzung als auch ihre Wirksamkeit beeinflussen können. Ein praktisches Problem liegt darin, dass solche Kennzeichnungen nachträglich ohne signifikanten Aufwand verändert oder entfernt werden können, wodurch ihre Zuverlässigkeit als dauerhafte Kennzeichnung beeinträchtigt wird.[110] Des Weiteren konsumieren zahlreiche Nutzer Inhalte auf kleinen Displays mobiler Endgeräte, sodass schriftliche Hinweise oder Labels häufig übersehen oder falsch eingeordnet werden.

136 Auch Methoden einer indirekten, für Menschen unsichtbaren Markierung, die auf statistischen oder kryptographischen Verfahren basieren, weisen Schwachstellen auf. Eine Studie demonstriert, dass der von Unternehmen wie Meta, Google, OpenAI, Microsoft, Adobe, Midjourney und Shutterstock verwendete C2PA-Standard der Content Authenticity Initiative umgangen werden kann: ein mit diesem Standard erzeugtes Wasserzeichen konnte darin innerhalb von zwei Sekunden aus einem betroffenen Bild zu entfernt werden.[111]

137 Die Wirksamkeit der indirekten Methoden ist zudem maßgeblich von der Verfügbarkeit adäquater, funktionierender und stets adaptiver **Detektoren** abhängig, welche die entsprechenden Kennzeichen identifizieren können.

---

[110] Shane/Saltz/Leibowicz, 2021; Molavi Vasse'i/Udoh 2024, S. 25.

[111] Harris/Norden, IEEE Spectrum, 4.3.2024.

Allerdings sind auch die zur Erkennung der Kennzeichnungen eingesetzten Detektoren nicht frei von technischen Limitationen. Diese können Fehler bei der Erkennung aufweisen, was zu falsch-positiven oder falsch-negativen Ergebnissen und somit zu Verzerrungen führt. Im Rahmen einer Untersuchung wurde festgestellt, dass Detektoren, die zur Erkennung von KI-generiertem englischem Text eingesetzt wurden, bei nicht englischen Muttersprachlern vermehrt die Inhalte fälschlich als KI-generiert markierten.[112] **138**

Auch die fehlende Interoperabilität zwischen verschiedenen Detektorsystemen kann die flächendeckende Anwendung erschweren. **139**

Zudem kann davon ausgegangen werden, dass Akteure, die Deepfake-KI-Systeme missbräuchlich anbieten und betreiben, keine Kennzeichnung ihrer Inhalte vornehmen werden, da dies die befähigte gezielte Täuschungsabsicht konterkarieren und ad absurdum führen würde. **140**

Die genannten Aspekte werfen Fragen zur praktischen Umsetzbarkeit und teilweisen Zweckdienlichkeit der in der Verordnung geforderten Kennzeichnungspflicht auf. Die Möglichkeit, Kennzeichnungsregeln zu umgehen – auch bei der Verwendung von KI-Tools, die von den Kennzeichnungsmaßnahmen erfasst sein sollten – verdeutlicht die Notwendigkeit, die technischen Methoden weiterzuentwickeln, um die Ziele der Verordnung effektiv umzusetzen und parallel weitere Regulierungsmethoden zu evaluieren und zu erproben, die über eine bloße Kennzeichnungspflicht hinausgehen. **141**

XVI. Weitere Ausnahmen für militärische Nutzung, Verteidigung und nationale Sicherheit

Neben den spezifischen Ausnahmen, die sich aus den Legaldefinitionen oder dem Norminhalt des Art. 50 – etwa für Zwecke der Strafverfolgung – ergeben, sieht die KI-VO allgemeine und umfassende Ausnahmen für die Entwicklung und den Einsatz von KI-Systemen für militärische Zwecke, Verteidigungszwecke und zur nationalen Sicherheit vor. Eine Ausnahme von der Offenlegungspflicht besteht insbesondere gem. Art. 2 Abs. 3 S. 2 und 3 dann, wenn KI-Systeme, mit oder ohne Änderungen, im Kontext militärischer, verteidigungsrelevanter oder sicherheitsbezogener Anwendungen in Verkehr gebracht, in Betrieb genommen oder verwendet werden. Diese Ausnahme gilt unabhängig von der Art der Einrichtung, die diese Tätigkeiten ausübt.[113] **142**

XVII. Rechtsfolge

Verstöße gegen die Transparenzpflichten des Art. 50 können gem. Art. 99 mit empfindlichen Sanktionen belegt werden. Nach Art. 99 Abs. 4 können gegen Unternehmen Geldbußen von bis zu 15.000.000 EUR oder bis zu 3 % des gesamten weltweit erzielten Jahresumsatzes des vorangegangenen Geschäftsjahres verhängt werden, je nachdem, welcher Betrag höher ist (Art. 99 Abs. 4). **143**

Für KMU und Start-ups gilt eine Sonderregelung: Um eine unverhältnismäßige Belastung zu vermeiden, ist der niedrigere der genannten Prozentsätze oder Beträge anzuwenden (Art. 99 Abs. 6). Bei der Bemessung der Geldbuße berück- **144**

[112] Liang/Yuksekgonul/Mao, u. a., 2023.
[113] Vgl. auch Erwgr. 24.

sichtigen die zuständigen Behörden alle relevanten Umstände des Einzelfalls (Art. 99 Abs. 7). Dazu gehören insbesondere Art, Schwere und Dauer der Zuwiderhandlung, ihre Folgen, zuvor verhängte Sanktionen, Größe und Marktanteil des Akteurs, etwaige finanzielle Vorteile aus der Zuwiderhandlung, der Grad der Zusammenarbeit mit den Behörden, die Vorsätzlichkeit oder Fahrlässigkeit sowie Maßnahmen zur Schadensbegrenzung. Diese Regelung trägt dem Grundsatz der Verhältnismäßigkeit und der besonderen Situation kleiner Unternehmen Rechnung.[114] Bei der Bemessung der Geldbuße sind somit alle relevanten Umstände des konkreten Falles zu berücksichtigen.

145 In der Empfehlung 2003/361 der Europäischen Kommission werden kleine und mittlere Unternehmen (KMU) als Unternehmen definiert, deren Beschäftigtenzahl und wirtschaftliches Gewicht bestimmte Schwellenwerte nicht überschreiten. Ein mittleres Unternehmen hat bis zu 250 Mitarbeiter, einen Umsatz von bis zu 50 Mio. EUR und eine Bilanzsumme von bis zu 43 Mio. EUR; ein kleines Unternehmen hat bis zu 50 Mitarbeiter und einen Umsatz bzw. eine Bilanzsumme von bis zu 10 Mio. EUR; ein Kleinstunternehmen hat bis zu zehn Mitarbeiter und einen Umsatz bzw. eine Bilanzsumme von bis zu 2 Mio. EUR.[115]

146 Die Bedeutung der KMU in der Europäischen Union (EU) zeigt sich daran, dass es 23 Millionen KMU gibt, die 99 % des Unternehmensbestands ausmachen und zwei von drei Arbeitsplätzen im Privatsektor stellen.[116] Die KMU-Definition der Europäischen Kommission gilt als Empfehlung und kann den Mitgliedsstaaten als Orientierung dienen.

---

114 Vgl. Erwgr. 71.

115 Europäische Union, Glossary, Kleine und mittlere Unternehmen, https://eur-lex.europa.eu/DE/legal-content/glossary/small-and-medium-sized-enterprises.html.

116 Europäische Union, Glossary, Kleine und mittlere Unternehmen.

Kapitel V. KI-Modelle mit allgemeinem Verwendungszweck

Abschnitt 1. Einstufungsvorschriften

Art. 51* Einstufung von KI-Modellen mit allgemeinem Verwendungszweck als KI-Modelle mit allgemeinem Verwendungszweck mit systemischem Risiko

(1) Ein KI-Modell mit allgemeinem Verwendungszweck wird als KI-Modell mit allgemeinem Verwendungszweck mit systemischem Risiko eingestuft, wenn eine der folgenden Bedingungen erfüllt ist:

a) Es verfügt über Fähigkeiten mit hohem Wirkungsgrad, die mithilfe geeigneter technischer Instrumente und Methoden, einschließlich Indikatoren und Benchmarks, bewertet werden;

b) einem unter Berücksichtigung der in Anhang XIII festgelegten Kriterien von der Kommission von Amts wegen oder aufgrund einer qualifizierten Warnung des wissenschaftlichen Gremiums getroffenen Entscheidung zufolge verfügt es über Fähigkeiten oder eine Wirkung, die denen gemäß Buchstabe a entsprechen.

(2) Bei einem KI-Modell mit allgemeinem Verwendungszweck wird angenommen, dass es über Fähigkeiten mit hohem Wirkungsgrad gemäß Absatz 1 Buchstabe a verfügt, wenn die kumulierte Menge der für sein Training verwendeten Berechnungen, gemessen in Gleitkommaoperationen, mehr als 10^{25} beträgt.

(3) Die Kommission erlässt gemäß Artikel 97 delegierte Rechtsakte zur Änderung der in den Absätzen 1 und 2 des vorliegenden Artikels aufgeführten Schwellenwerte sowie zur Ergänzung von Benchmarks und Indikatoren vor dem Hintergrund sich wandelnder technologischer Entwicklungen, wie z. B. algorithmische Verbesserungen oder erhöhte Hardwareeffizienz, wenn dies erforderlich ist, damit diese Schwellenwerte dem Stand der Technik entsprechen.

Übersicht

* Kapitel V (Art. 51–56) gilt gem. UArt. 113 UAbs. 3 Buchst. b bereits ab 2.8.2025.

I. Einführung, Art. 51

1 KI-Modelle mit allgemeinem Verwendungszweck (GPAI) spielen eine zunehmend zentrale Rolle in der technologischen Entwicklung und bieten eine Vielzahl von Anwendungen, von der Textgenerierung, Bild- und Videoerstellung[1] und zahlreichen industriellen Anwendungen, von der Forschung, über Produktentwicklung und Vertrieb. Dass sie in der KI-Verordnung separat adressiert werden, ist zumindest auch auf den „ChatGPT" Moment im Dezember 2022 zurückzuführen, der ein solches KI-Modell erstmals der breiten Öffentlichkeit zugänglich machte.[2]

2 Aufgrund ihrer breiten Einsatzmöglichkeiten und ihrer erheblichen Auswirkungen adressiert die KI-Verordnung solche Modelle gesondert, um vor allem potenzielle systemische Risiken zu minimieren. Im Verhandlungsprozess der KI-Verordnung war zunächst eine Annäherung der GPAI-Modelle an die Hochrisiko-KI-Systeme vorgesehen.[3] Diese Annäherung wurde mit dem Risikopotenzial der Modelle begründet sowie dem Wettstreit von europäischen KI-System-Betreibern, die GPAI-Modelle integrieren, und den entsprechenden Anbietern der Modelle, die überwiegend bisher nicht aus der EU stammen,[4] wobei jedoch die konkrete regulatorische Ausgestaltung großer Kritik, insbes. auch aus Praktikabilitätsgründen, begegnete.[5] Die nunmehr final beschlossenen Regelungen der Art. 51 ff. umfassen nicht den gleichen Pflichtenkatalog wie den für Hochrisiko-KI-Systeme und stellen eine Unterscheidung zwischen den KI-Modellen und KI-Systemen sicher,[6] nähern die Modell-Regulierung inhaltlich aber den Grundprinzipien der KI-Verordnung weitgehend an.[7] Ein wesentlicher Unterschied im Regulierungscharakter ist jedoch darin zu erkennen, dass keine systematische Strukturierung der Pflichten anhand der Anwendungsfelder erkennbar ist, die konkrete Risiken adressieren würde.[8] Der Ansatz der Art. 51 ff. ist anwendungsunabhängig[9] und es werden abstrakte systemische Risiken anhand ihrer potenziellen Wirkung reguliert.[10]

3 Der Artikel 51 regelt die Einstufung und Handhabung dieser Risiken und bildet gemeinsam mit den Artikeln 52, 53 und 54 den Rahmen für die Regulierung von KI-Modellen mit allgemeinem Verwendungszweck und deren systemischen Risiken.

---

1 Siehe hierzu insbes. Erwägungsgründe 99 und 105.

2 Vgl. auch Bomhard/Siglmüller RDi 2024, 45 Rn. 23.

3 Siehe hierzu die Vorschläge der französischen Ratspräsidentschaft von 2022 (konsolidierte Version vom 15.6.2022); Schwartmann/Keber/Zenner KI-VO/Zenner/Schwartmann/Hansen, Verantwortlichkeiten entlang der KI-Wertschöpfungskette, S. 170 Rn. 488.

4 Schwartmann/Keber/Zenner KI-VO/Zenner/Schwartmann/Hansen, Verantwortlichkeiten entlang der KI-Wertschöpfungskette, S. 170 Rn. 488.

5 Zu Genese der Vorschriften für KI-Modelle mit allgemeinem Verwendungszweck umfassend: Schwartmann/Keber/Zenner KI-VO/Zenner/Schwartmann/Hansen, Verantwortlichkeiten entlang der KI-Wertschöpfungskette, S. 170 Rn. 488 ff.

6 Vgl. Erwgr. 97.

7 Erwgr. 84, 85, Schwartmann/Keber/Zenner KI-VO/Zenner/Schwartmann/Hansen, Verantwortlichkeiten entlang der KI-Wertschöpfungskette, S. 170 Rn. 487.

8 Roth-Isigkeit KIR 1/2024, 18.

9 Bomhard/Siglmüller RDi 2024, 45 Rn. 23.

10 Roth-Isigkeit KIR 1/2024, 18.

II. Überblick Artikel 51 und Annex XIII: Einstufung von KI-Modellen mit allgemeinem Verwendungszweck als KI-Modelle mit systemischem Risiko

Artikel 51 legt die Kriterien und das Verfahren fest, um zu bestimmen, ob ein KI-Modell mit allgemeinem Verwendungszweck als solches mit systemischem Risiko eingestuft wird. Das Verfahren zur Einstufung erinnert dabei an die Festlegung nach dem Digital Services Act[11] für die „Very Large Online Platforms" (VLOPs) und die „Very Large Search Engines" (VLOSE), für die ebenfalls besondere Anforderungen und Aufsichtsvorschriften gelten und systemische Risiken gezielt adressiert werden.[12] **4**

Art. 51 sieht in Abs. 1 vor, dass die KI-Modelle mit allgemeinem Verwendungszweck dann ein systemisches Risiko aufweisen, wenn sie (nach lit. a) Fähigkeiten mit hohem Wirkungsgrad haben. Dieser Fähigkeiten sollen mithilfe technischer Indikatoren und Benchmarks zur Bewertung dieser Modelle bestimmt werden. Daneben kann die Einstufung auch per Feststellung der EU-Kommission erfolgen (lit. b). Art. 51 Abs. 1 bildet damit die Grundlage für die Identifizierung von Modellen, die potenziell erhebliche Auswirkungen (Potenziale ebenso wie Risiken) auf den Binnenmarkt haben können. **5**

Art. 51 ist dabei im Zusammenhang mit Art. 52–54 (sowie den Erwägungsgründen 111–113) zu lesen, die auf diesem aufbauen und die Verpflichtungen weiter spezifizieren (Art. 52 mit Verpflichtungen der Anbieter von KI-Modellen mit allgemeinem Verwendungszweck mit systemischem Risiko, Art. 53 um Informationspflichten und Transparenzanforderungen und Art. 54 um Regeln zur Zusammenarbeit und Berichtspflichten). **6**

Ein Modell wird als ein solches mit systemischem Risiko betrachtet, wenn es erhebliche Auswirkungen auf die öffentliche Gesundheit, Sicherheit oder Grundrechte haben kann und diese Auswirkungen aufgrund seiner Reichweite weit verbreitet sind.[13] **7**

Annex XIII spielt ebenfalls eine entscheidende Rolle bei der Auslegung und Umsetzung von Artikel 51. Er enthält die Kriterien zur Einstufung von KI-Modellen mit allgemeinem Verwendungszweck als KI-Modelle mit systemischem Risiko. Diese Kriterien helfen der Europäischen Kommission und den zuständigen Behörden, zu bestimmen, ob ein Modell die in Artikel 51 genannten Fähigkeiten und Auswirkungen aufweist. Annex XIII gestaltet damit Art. 51 Abs. 1 lit. b aus. **8**

Zu den Hauptkriterien in Annex XIII gehören die Anzahl der Parameter (ein hoher Parameterwert kann auf eine größere Komplexität und potenziell höhere Auswirkungen hinweisen, die Qualität und Größe des Datensatze (die Menge und Qualität der Trainingsdaten beeinflussen die Leistungsfähigkeit und das Risiko des Modells), die Trainingsressourcen (die Menge der für das Training verwendeten Berechnungen (gemessen in FLOPs) und andere Variablen wie Trainingskosten und Energieverbrauch sind ausschlaggebend), die Ein- und Ausgabemodalitäten (Modalitäten wie Text-Text, Text-Bild oder Multimodalität werden berücksich- **9**

[11] Verordnung (EU) 2022/2065 des Europäischen Parlaments und des Rates vom 19.10.2022 über einen Binnenmarkt für digitale Dienste und zur Änderung der Richtlinie 2000/31/EG (Gesetz über digitale Dienste).

[12] Vgl. Schwartmann/Keber/Zenner KI-VO/Zenner/Schwartmann/Hansen, Verantwortlichkeiten entlang der KI-Wertschöpfungskette, S. 172 Rn. 493.

[13] Artikel 3, Begriffsbestimmung 65, Erwgr. 111.

tigt) sowie die Marktreichweite (Modelle, die mindestens 10.000 gewerbliche Nutzer in der EU haben, gelten als besonders einflussreich).

10 Anhand dieser Kriterien kann eine strukturierte Bewertung von KI-Modellen erfolgen und so sichergestellt werden, dass die Einstufung als systemisches Risiko auf soliden, vergleichbaren technischen Grundlagen basiert.

III. Bewertung nach Art. 51

11 Die Bewertung, ob ein KI-Modell mit allgemeinem Verwendungszweck als ein solches mit systemischem Risiko eingestuft wird, kann durch verschiedene Kriterien erfolgen, die in Art. 51 Absatz 1 grob umschrieben sind.

12 Nach Art. 51 Abs. 1 lit. a S. 1 wird ein KI-Modell mit allgemeinem Verwendungszeck als eines mit systemischem Risiko eingestuft, wenn es über Fähigkeiten mit hohem Wirkungsgrad verfügt. Als Kriterien werden hierfür technische Instrumente und Methoden sowie Indikatoren und Benchmarks herangezogen (Art. 51 Abs. 1 lit. a S. 2). Nach Art. 51 Abs. 2 greift eine Fiktion und die Fähigkeit mit hohem Wirkungsgrad wird angenommen, wenn die kumulierte Menge der für sein Training verwendeten Berechnungen, gemessen in Gleitkommaoperationen,[14] (Floating Point Operations per Second, FLOPS) mehr als 10^25 beträgt. Die Festlegung auf 10^25 ist dabei nicht technisch, sondern politisch begründet,[15] da sie lediglich den Mittelwert aus den ursprünglich vom Europäischen Parlament 10^24 und den 10^26 FLOPS aus der Executive Order vom 30.10.2023[16] bildet.[17]

13 Daneben kann nach Art. 51 Abs. 1 lit. b die Bewertung KI-Modells auf die in Anhang XIII festgelegten Kriterien gestützt werden, wenn das KI-Modell mit allgemeinem Verwendungszweck über Fähigkeiten oder eine Wirkung verfügt, die dem „hohen Wirkungsgrad" nach Art. 51 Abs. 1 lit. a entspricht. Für Art. 51 Abs. 1 lit. b ist eine Entscheidung der EU-Kommission von Amts wegen oder aufgrund einer qualifizierten Warnung des wissenschaftlichen Gremiums zu dieser Entsprechung notwendig.

IV. Ausgestaltung durch die EU-Kommission

14 Die KI-Verordnung reguliert mit den KI-Modellen eine technologische Entwicklung, die starken Veränderungen ausgesetzt ist. Bereits im Verhandlungsprozess der Verordnung war offensichtlich, dass Eigenschaften von KI-Modellen, ihre Fähigkeiten und ebenso die Indikatoren und Benchmarks für ihre Bewertung Wandel unterliegen werden. Art. 51 Abs. 3 berücksichtigt diese Dynamik und

[14] Gleitkommaoperationen sind nach Art. 3 Nr. 67 „jede Rechenoperation oder jede Zuweisung mit Gleitkommazahlen, bei denen es sich um eine Teilmenge der reellen Zahlen handelt, die auf Computern typischerweise durch das Produkt aus einer ganzen Zahl mit fester Genauigkeit und einer festen Basis mit ganzzahligem Exponenten dargestellt wird".

[15] Schwartmann/Keber/Zenner KI-VO/Zenner/Schwartmann/Hansen, Verantwortlichkeiten entlang der KI-Wertschöpfungskette, S. 172 Rn. 494.

[16] Executive Order on the Safe, Secure and Trustworthy Development and Use of Artificial Intelligence, https://www.whitehouse.gov/briefing-room/presidential-actions/2023/10/30/executive-order-on-the-safe-secure-and-trustworthy-development-and-use-of-artificial-intelligence/ (zuletzt abgerufen am 22.11.2024).

[17] Schwartmann/Keber/Zenner KI-VO/Zenner/Schwartmann/Hansen, Verantwortlichkeiten entlang der KI-Wertschöpfungskette, S. 172 Rn. 494.

trägt der EU-Kommission auf, nach Art. 97 delegierte Rechtsakte zu erlassen. Mittels der delegierten Rechtsakte können Änderungen der in Art. 51 Absatz 1 und 2 aufgeführten Schwellenwerte festgelegt werden und zudem Veränderungen im Stand der Technik über neue Benchmarks und Indikatoren berücksichtigt werden. Diese Ausgestaltungs- bzw. Weiterentwicklungsmöglichkeit dient der Zukunftsfestigkeit der Verordnung, beeinträchtigt für die betroffenen Anbieter aber die Planbarkeit.

Art. 52* Verfahren

(1) [1]**Erfüllt ein KI-Modell mit allgemeinem Verwendungszweck die Bedingung gemäß Artikel 51 Absatz 1 Buchstabe a, so teilt der betreffende Anbieter dies der Kommission unverzüglich, in jedem Fall jedoch innerhalb von zwei Wochen, nachdem diese Bedingung erfüllt ist oder bekannt wird, dass sie erfüllt wird, mit.** [2]**Diese Mitteilung muss die Informationen enthalten, die erforderlich sind, um nachzuweisen, dass die betreffende Bedingung erfüllt ist.** [3]**Erlangt die Kommission Kenntnis von einem KI-Modell mit allgemeinem Verwendungszweck, das systemische Risiken birgt, die ihr nicht mitgeteilt wurden, so kann sie entscheiden, es als Modell mit systemischen Risiken auszuweisen.**

(2) **Der Anbieter eines KI-Modells mit allgemeinem Verwendungszweck, das die in Artikel 51 Absatz 1 Buchstabe a genannte Bedingung erfüllt, kann in seiner Mitteilung hinreichend begründete Argumente vorbringen, um nachzuweisen, dass das KI-Modell mit allgemeinem Verwendungszweck, obwohl es diese Bedingung erfüllt, aufgrund seiner besonderen Merkmale außerordentlicherweise keine systemischen Risiken birgt und daher nicht als KI-Modell mit allgemeinem Verwendungszweck mit systemischem Risiko eingestuft werden sollte.**

(3) **Gelangt die Kommission zu dem Schluss, dass die gemäß Absatz 2 vorgebrachten Argumente nicht hinreichend begründet sind, und konnte der betreffende Anbieter nicht nachweisen, dass das KI-Modell mit allgemeinem Verwendungszweck aufgrund seiner besonderen Merkmale keine systemischen Risiken aufweist, weist sie diese Argumente zurück, und das KI-Modell mit allgemeinem Verwendungszweck gilt als KI-Modell mit allgemeiner Zweckbestimmung mit systemischem Risiko.**

(4) ***[1]*** **Die Kommission kann ein KI-Modell mit allgemeinem Verwendungszweck von Amts wegen oder aufgrund einer qualifizierten Warnung des wissenschaftlichen Gremiums gemäß Artikel 90 Absatz 1 Buchstabe a auf der Grundlage der in Anhang XIII festgelegten Kriterien als KI-Modell mit systemischen Risiken ausweisen.**

[2] **Die Kommission ist befugt, gemäß Artikel 97 delegierte Rechtsakte zu erlassen, um Anhang XIII zu ändern, indem die in dem genannten Anhang genannten Indikatoren präzisiert und aktualisiert werden.**

(5) [1]**Stellt der Anbieter, dessen Modell gemäß Absatz 4 als KI-Modell mit allgemeinem Verwendungszweck mit systemischem Risiko ausgewiesen wurde, einen entsprechenden Antrag, berücksichtigt die Kommission den Antrag und kann entscheiden, erneut zu prüfen, ob beim**

* Kapitel V (Art. 51–56) gilt gem. Art. 113 UAbs. 3 Buchst. b bereits ab 2.8.2025.

KI-Modell mit allgemeinem Verwendungszweck auf der Grundlage der in Anhang XIII festgelegten Kriterien immer noch davon ausgegangen werden kann, dass es systemische Risiken aufweist. [2]Dieser Antrag muss objektive, detaillierte und neue Gründe enthalten, die sich seit der Entscheidung zur Ausweisung ergeben haben. [3]Die Anbieter können frühestens sechs Monate nach der Entscheidung zur Ausweisung eine Neubewertung beantragen. [4]Entscheidet die Kommission nach ihrer Neubewertung, die Ausweisung als KI-Modell mit allgemeiner Zweckbestimmung mit systemischem Risiko beizubehalten, können die Anbieter frühestens sechs Monate nach dieser Entscheidung eine Neubewertung beantragen.

(6) **Die Kommission stellt sicher, dass eine Liste von KI-Modellen mit allgemeinem Verwendungszweck mit systemischem Risiko veröffentlicht wird, und hält diese Liste unbeschadet der Notwendigkeit, Rechte des geistigen Eigentums und vertrauliche Geschäftsinformationen oder Geschäftsgeheimnisse im Einklang mit dem Unionsrecht und dem nationalen Recht zu achten und zu schützen, auf dem neuesten Stand.**

Übersicht

I. Verfahren für KI-Modelle mit allgemeinem Verwendungszweck und systemischem Risiko nach Artikel 52

1 Die Regulierung von KI-Modellen mit allgemeinem Verwendungszweck mit systemischem Risiko ist ein zentraler Bestandteil der KI-Verordnung. Art. 52 baut auf Art. 51 auf und spezifiziert die Verpflichtungen der Anbieter solcher Modelle hinsichtlich seiner Meldepflichten. Wichtige Erläuterungen finden sich in den Erwägungsgründen 110, 111 und 112.

II. Mitteilungspflicht der Anbieter

2 Gem. Art. 52 Abs. 1 müssen Anbieter eines KI-Modells mit allgemeinem Verwendungszweck, das die Bedingung gem. Art. 51 Absatz 1 Buchstabe a erfüllt, die Kommission unverzüglich, spätestens innerhalb von zwei Wochen nachdem die Bedingung erfüllt ist oder dies bekannt wird, informieren. Die Mitteilung soll einerseits eine frühzeitige Einbeziehung der EU-Kommission ermöglichen und

zudem die Zusammenarbeit zwischen ihr und dem Anbieter befördern.[1] Die (frühzeitige) Mitteilungspflicht ist vor allem auch bei KI-Modellen mit allgemeinem Verwendungszweck relevant, die als quelloffene Modelle bereitgestellt werden sollen.[2] Bei solchen Modellen wird davon ausgegangen, dass es im Nachhinein (nach der vollzogenen Bereitstellung auf dem Markt) schwieriger ist, die Einhaltung der Pflichten nachzuvollziehen und diese durchzusetzen.[3]

Die Mitteilung an die EU-Kommission muss dabei ausreichende Informationen enthalten, um nachzuweisen, dass die betreffende Bedingung zur Einstufung des KI-Modells mit allgemeinem Verwendungszweck erfüllt ist. Hier ist davon auszugehen, dass die Mitteilung sowohl funktions- als auch technische Beschreibungen enthalten sollte, um der EU-Kommission zu ermöglichen, die Bewertung nachzuvollziehen. Aber auch wenn der Anbieter selbst das KI-Modell nicht eigenständig bei der EU-Kommission meldet, kann eine entsprechende Festlegung erfolgen. Dies ist der Fall, wenn der Anbieter zwar die Meldung nicht vornimmt, aber die EU-Kommission vom Vorliegen eines KI-Modells mit allgemeinem Verwendungszweck Kenntnis erlangt, das ein systemisches Risiko aufweist. Auf welchem Weg die Mitteilung erfolgen muss, legt Art. 52 nicht im Detail fest. Sinnvollerweise wird das Büro für Künstliche Intelligenz zukünftig Meldewege bzw. ein entsprechendes Portal einrichten, mit dem die Meldungen erfolgen können. 3

III. Besondere Merkmale zum Ausschluss systemischer Risiken, Art. 52 Abs. 2

Nach Art. 51 Abs. 1 lit. a ist das KI-Modell bei Vorliegen der Voraussetzungen als ein solches mit systemischem Risiko einzustufen, was die Meldepflicht bei der EU-Kommission auslöst. Artikel 52 Absatz 2 ermöglicht es den Anbietern jedoch dazulegen, dass trotz des einschlägigen Art. 51 Abs. 1 lit. a kein systemisches Risiko vorliegt. Die KI-Verordnung geht davon aus, dass dies beim Vorliegen der Kriterien jedoch einen Ausnahmefall darstellt.[4] Dafür müssen die Anbieter in ihrer Mitteilung an die EU-Kommission hinreichend begründete Argumente vorbringen, um den Nachweis zu erbringen, dass ihr KI-Modell aufgrund seiner besonderen Merkmale keine systemischen Risiken birgt. Dass die Darlegung der Gründe, warum ein KI-Modell ausnahmsweise nicht als ein solches mit systemischen Risiken gelten soll, in der Mitteilung an die EU-Kommission erfolgen soll, macht deutlich, dass die Mitteilungspflicht auch dann besteht, wenn nach der Auffassung des Anbieters kein systemisches Risiko bei seinem KI-Modell besteht. 4

IV. Entscheidung der Kommission, Art. 52 Abs. 3

Sollte die Kommission (das Büro für Künstliche Intelligenz) die vorgebrachten Argumente als nicht hinreichend begründet erachten, greift der Automatismus nach Art. 51 Abs. 1 lit. a und das KI-Modell wird gem. Art. 52 Abs. 3 trotz des Vortrags des Anbieters als Modell mit systemischem Risiko eingestuft. 5

[1] Erwgr. 112.
[2] Erwgr. 112.
[3] Erwgr. 112.
[4] Erwgr. 112 spricht von „außerordentlicherweise".

V. Einstufung durch die Kommission, Art. 52 Abs. 4

6 Art. 52 Abs. 4 ist die Grundlage für die Einstufung als KI-Modell mit allgemeinem Verwendungszweck und systemischem Risiko nach Art. 51 Abs. 1 lit. b. Die Kommission (das Büro für Künstliche Intelligenz) hat gemäß Artikel 52 Absatz 4 die Befugnis, ein KI-Modell mit allgemeinem Verwendungszweck von Amts wegen oder aufgrund einer qualifizierten Warnung des wissenschaftlichen Gremiums (Art. 90 Abs. 1 lit. a) als Modell mit systemischem Risiko auszuweisen. Diese Entscheidung muss auf die Kriterien gestützt werden, die in Anhang XIII festgelegt sind.

7 Durch die verschiedenen Kriterien in Anhang XIII soll ermöglicht werden, dass die Kommission eine umfassende Bewertung von KI-Modellen mit allgemeinem Verwendungszweck durchführt, um deren potenzielle systemische Risiken zu identifizieren.[5] Durch die Berücksichtigung von Parametern, Datensätzen, Berechnungen, Modalitäten, Benchmarks, Marktauswirkungen und Nutzerzahlen soll sichergestellt werden, dass nur Modelle mit systemischen Risiken auch entsprechend als solche reguliert werden. Die EU-Kommission soll hierfür eine Gesamtbewertung der in Anhang XIII genannten Kriterien vornehmen.[6]

8 Auch im Rahmen der Bewertung nach den Kriterien nach Annex XIII sind Änderungen möglich, denn auch hierfür kann die EU-Kommission delegierte Rechtsakte gemäß Artikel 97 erlassen, um die Indikatoren des Anhangs zu präzisieren und zu aktualisieren. Die spätere Veränderung der Einstufungskriterien mag aus Gründen der Innovationsoffenheit der KI-Verordnung verständlich sein, wirkt sich aber negativ auf die Planbarkeit und Rechtssicherheit für die Anbieter aus. Da die Grenzwerte und Indikatoren für eine Einstufung stets und nach wie vor umstritten sind und für Anbieter kaum Verteidigungsrechte bestehen, ist davon auszugehen, dass die Kommissions-Entscheidungen unter Umständen von Anbietern angegriffen werden, um sowohl das Verfahren als auch die Grenzwerte einer gerichtlichen Überprüfung zuzuführen.[7]

VI. Möglichkeit zur Neubewertung, Art. 52 Abs. 5

9 Anbieter, deren Modell als KI-Modell mit systemischem Risiko nach Art. 52 Abs. 4 eingestuft wurde, haben das Recht, eine Neubewertung zu beantragen. Gemäß Artikel 52 Absatz 5 muss der Antrag *„objektive, detaillierte und neue Gründe"* enthalten, die sich seit der Entscheidung ergeben haben. Seit der Entscheidung (Erst- und Neubewertung) der EU-Kommission müssen zudem mindestens 6 Monate vergangen sein.

VII. Veröffentlichung und Aktualisierung der Liste, Art. 52 Abs. 6

10 Art. 52 Abs. 6 verpflichtet die Kommission, eine Liste von KI-Modellen mit allgemeinem Verwendungszweck mit systemischem Risiko zu veröffentlichen und

---

[5] Vgl. Erwgr. 111.

[6] Erwgr. 111.

[7] So auch und mit Hinweisen auf die Verfahren nach dem Digital Services Act: Schwartmann/Keber/Zenner KI-VO/Zenner/Schwartmann/Hansen, Verantwortlichkeiten entlang der KI-Wertschöpfungskette, S. 173 Rn. 495.

regelmäßig zu aktualisieren. Durch die Veröffentlichungspflicht soll Transparenz über die entsprechenden KI-Modelle hergestellt werden. Aufgrund der dynamischen Veränderungen im KI-Markt, sind an die „Regelmäßigkeit" der Aktualisierung seitens der Kommission eher hohe Anforderungen zu stellen, auch wenn die Regelung hierzu keine konkreten Angaben macht. Die Liste der EU sollte in jedem Fall stets konkret den Stand der letzten Aktualisierung wiedergeben. Diese Liste muss unter Beachtung der Rechte des geistigen Eigentums und der Vertraulichkeit von Geschäftsgeheimnissen im Einklang mit dem Unionsrecht und dem nationalen Recht gepflegt werden.

Abschnitt 2. Pflichten für Anbieter von KI-Modellen mit allgemeinem Verwendungszweck

Art. 53* Pflichten für Anbieter von KI-Modellen mit allgemeinem Verwendungszweck

(1) Anbieter von KI-Modellen mit allgemeinem Verwendungszweck

a) erstellen und aktualisieren die technische Dokumentation des Modells, einschließlich seines Trainings- und Testverfahrens und der Ergebnisse seiner Bewertung, die mindestens die in Anhang XI aufgeführten Informationen enthält, damit sie dem Büro für Künstliche Intelligenz und den zuständigen nationalen Behörden auf Anfrage zur Verfügung gestellt werden kann;

b) erstellen und aktualisieren Informationen und die Dokumentation und stellen sie Anbietern von KI-Systemen zur Verfügung, die beabsichtigen, das KI-Modell mit allgemeinem Verwendungszweck in ihre KI-Systeme zu integrieren. Unbeschadet der Notwendigkeit, die Rechte des geistigen Eigentums und vertrauliche Geschäftsinformationen oder Geschäftsgeheimnisse im Einklang mit dem Unionsrecht und dem nationalen Recht zu achten und zu schützen, müssen die Informationen und die Dokumentation

i) die Anbieter von KI-Systemen in die Lage versetzen, die Fähigkeiten und Grenzen des KI-Modells mit allgemeinem Verwendungszweck gut zu verstehen und ihren Pflichten gemäß dieser Verordnung nachzukommen, und

ii) zumindest die in Anhang XII genannten Elemente enthalten;

c) bringen eine Strategie zur Einhaltung des Urheberrechts der Union und damit zusammenhängender Rechte und insbesondere zur Ermittlung und Einhaltung eines gemäß Artikel 4 Absatz 3 der Richtlinie (EU) 2019/790 geltend gemachten Rechtsvorbehalts, auch durch modernste Technologien, auf den Weg;

d) erstellen und veröffentlichen eine hinreichend detaillierte Zusammenfassung der für das Training des KI-Modells mit allgemeinem Verwendungszweck verwendeten Inhalte nach einer vom Büro für Künstliche Intelligenz bereitgestellten Vorlage.

(2) [1]Die Pflichten gemäß Absatz 1 Buchstaben a und b gelten nicht für Anbieter von KI-Modellen, die im Rahmen einer freien und quelloffenen

* Kapitel V (Art. 51–56) gilt gem. Art. 113 Abs. 3 Buchst. b bereits ab 2.8.2025.

Lizenz bereitgestellt werden, die den Zugang, die Nutzung, die Änderung und die Verbreitung des Modells ermöglicht und deren Parameter, einschließlich Gewichte, Informationen über die Modellarchitektur und Informationen über die Modellnutzung, öffentlich zugänglich gemacht werden. [2]Diese Ausnahme gilt nicht für KI-Modellen mit allgemeinem Verwendungszweck mit systemischen Risiken.

(3) **Anbieter von KI-Modellen mit allgemeinem Verwendungszweck arbeiten bei der Ausübung ihrer Zuständigkeiten und Befugnisse gemäß dieser Verordnung erforderlichenfalls mit der Kommission und den zuständigen nationalen Behörden zusammen.**

(4) **[1]Anbieter von KI-Modellen mit allgemeinem Verwendungszweck können sich bis zur Veröffentlichung einer harmonisierten Norm auf Praxisleitfäden im Sinne des Artikels 56 stützen, um die Einhaltung der in Absatz 1 des vorliegenden Artikels genannten Pflichten nachzuweisen. [2]Die Einhaltung der harmonisierten europäischen Norm begründet für die Anbieter die Vermutung der Konformität, insoweit diese Normen diese Verpflichtungen abdecken. [3]Anbieter von KI-Modellen mit allgemeinem Verwendungszweck, die keinen genehmigten Praxisleitfaden befolgen oder eine harmonisierte europäische Norm nicht einhalten, müssen geeignete alternative Verfahren der Einhaltung aufzeigen, die von der Kommission zu bewerten sind.**

(5) **Um die Einhaltung von Anhang XI, insbesondere Nummer 2 Buchstaben d und e, zu erleichtern, ist die Kommission befugt, gemäß Artikel 97 delegierte Rechtsakte zu erlassen, um die Mess- und Berechnungsmethoden im Einzelnen festzulegen, damit eine vergleichbare und überprüfbare Dokumentation ermöglicht wird.**

(6) **Die Kommission ist befugt, gemäß Artikel 97 Absatz 2 delegierte Rechtsakte zu erlassen, um die Anhänge XI und XII vor dem Hintergrund sich wandelnder technologischer Entwicklungen zu ändern.**

(7) **Jegliche Informationen oder Dokumentation, die gemäß diesem Artikel erlangt werden, einschließlich Geschäftsgeheimnisse, werden im Einklang mit den in Artikel 78 festgelegten Vertraulichkeitspflichten behandelt.**

Übersicht

I. Überblick

1 Art. 53 regelt die allgemeinen Pflichten für alle Modellanbieter, auch wenn diese kein systemisches Risiko nach Art. 55 aufweisen. Art. 53 beschreibt im Zusammenspiel mit den Anhängen XI und XII und Erwgr. 101 die Pflichten hinsichtlich Transparenz, Sicherheit und um die Einhaltung gesetzlicher Vorgaben zu gewährleisten. Anbieter von GPAI-Modellen können zudem mit den nach Art. 56 erarbeiteten Praxisleitfäden (Codes of Practices)[1] die Einhaltung der Pflichten nach Art. 53 nachweisen. Anbieter von Modellen mit allgemeinem Verwendungszweck sind, wer sie entwickelt, entwickeln lässt und es unter eigenem Namen oder eigener Handelsmarke in Verkehr bringt.[2]

1. Erstellung und Aktualisierung der technischen Dokumentation, Art. 53 Abs. 1 lit. a

2 Art. 53 Abs. 1 lit. a legt die grundsätzlichen Transparenzanforderungen für Anbieter von KI-Modellen mit allgemeinem Verwendungszweck fest. Eine solche Verpflichtung findet sich in der KI-Verordnung tatsächlich auch nur in Bezug auf diese Anbieter, da weitere Pflichten innerhalb der Wertschöpfungskette verteilt werden.[3] Anbieter von KI-Modellen mit allgemeinem Verwendungszweck müssen danach technische Dokumentationen des Modells erstellen und regelmäßig aktualisieren. Diese Dokumentationspflicht umfasst sowohl das Trainings- und Testverfahren als auch die Ergebnisse der Bewertung des Modells. Die in Anhang XI aufgeführten Informationen geben die Mindestinformationen vor, die in der Dokumentation aufgeführt werden müssen. Art. 53 Abs. 1 lit. a schreibt keine Veröffentlichungspflicht dieser Dokumentationen vor; auf Anfrage müssen die Transparenzunterlagen jedoch dem Büro für Künstliche Intelligenz und den zuständigen nationalen Behörden zur Verfügung gestellt werden.

2. Bereitstellung von Informationen und Dokumentationen für KI-Systemanbieter, Art. 53 Abs. 1 lit. b

3 Neben den grundlegenden Dokumentationen, die die Anbieter der Modelle für ihre eigenen Dokumentationszwecke und zur Vorlage bei den Behörden vorhalten müssen, adressiert die KI-Verordnung auch die Transparenzherstellung entlang der Lieferketten und verpflichtet die Modell-Anbieter entlang der Wertschöpfungskette Informationen über ihre Modelle bereitzustellen. Art. 53 Abs. 1 lit. b schreibt den Modell-Anbietern daher vor, dass sie Informationen und Dokumentationen erstellen und aktualisieren, die wiederum anderen Anbietern von KI-Systemen zur Verfügung gestellt werden, wenn diese beabsichtigen, das KI-Modell

---

[1] Der erste Code of Practice befindet sich seit Juli 2024 in Bearbeitung und soll bis April 2025 fertig gestellt werden, https://digital-strategy.ec.europa.eu/en/policies/ai-code-practice (zuletzt abgerufen am 22.11.2024).
[2] Art. 3 Nr. 3.
[3] Vgl. auch Engel KIR 2024, 23.

in ihre Systeme zu integrieren. Die Anforderungen sind dabei recht weitgehend, berücksichtigen jedoch gleichzeitig den Schutz geistigen Eigentums und von Geschäftsgeheimnissen: Die Dokumentation muss es den Anbietern von KI-Systemen ermöglichen, die Fähigkeiten und Grenzen des Modells *„gut zu verstehen"* und ihre Pflichten gemäß der KI-Verordnung zu erfüllen. Die Mindestanforderungen für die Dokumentationen sind dabei dem Anhang XII zu entnehmen, der den Art. 53 Abs. 1 lit. b deutlich detaillierter ausformt.

3. Strategie zur Einhaltung des Urheberrechts, Art. 53 Abs. 1 lit. c

4 Anbieter müssen eine Strategie zur Einhaltung des Urheberrechts der Union und damit zusammenhängender Rechte *„auf den Weg"* bringen. Mit der Regelung soll das Spannungsfeld zwischen den kreativen Chancen von generativer KI und Rechteinhabern adressiert werden.[4] Dies schließt auch die Ermittlung und Einhaltung eines Rechtsvorbehalts gemäß Artikel 4 Absatz 3 der Richtlinie (EU) 2019/790 ein. Durch den Verweis auf die Text-and-Data-Mining Schranke (TDM) wird hierüber auch klargestellt, dass Art. 4 Abs. 1 auch für KI-Training herangezogen werden kann.[5]

5 Art. 53 Abs. 1 lit. c wird zusätzlich durch die Erwägungsgründe 105–109 konkretisiert und bildet einen Anker für das Urheberrecht innerhalb der KI-Verordnung. Die Verknüpfung von Urheberrecht und KI innerhalb der Verordnung war einer der umstrittensten Punkte im Verhandlungsprozess der Verordnung[6] und die Regelung scheint auch in ihrer finalen Fassung wenig ausgereift, was der vom Büro für Künstliche Intelligenz zu erarbeitenden Vorlage hinsichtlich der Übersicht über die Trainingsinhalte nach Art. 53 Abs. 1 lit. d besondere Bedeutung verleiht.

6 Die territoriale Geltung des Urheberrechts wird in Erwgr. 105 indirekt adressiert und damit bestätigt, dass nicht allen Anbietern die Rechtspflicht nach der Urheberrechterichtlinie obliegt, nach dem auch Anbieter von KI-Modellen diese Pflicht erfüllen „sollen", unabhängig davon in welchem Hoheitsgebiet die urheberrechtlich relevanten Handlungen für das Training stattfinden. Erwgr. 105 will über die Soll-Auslegungsregel in Erwgr. 105 einen Impuls für gleiche Wettbewerbsbedingungen setzen, obgleich hierüber keine Rechtsänderung hinsichtlich des Territorialitätsprinzips bewirkt werden kann.

4. Veröffentlichung einer Zusammenfassung der Trainingsinhalte, Art. 53 Abs. 1 lit. d

7 Modell-Anbieter müssen nach Art. 53 Abs. 1 lit. d eine *„hinreichend detaillierte Zusammenfassung"* der für das Training des KI-Modells verwendeten Inhalte erstellen und veröffentlichen. Die Ausgestaltung dieser Norm ist angesichts der Komplexität von Modellen, den eingesetzten Trainingsdaten und der Vielzahl möglicher Darstellungen in der Praxis überaus schwierig und wirft zahlreiche Fragen

[4] Erwgr. 105.

[5] Bomhard/Siglmüller RDi 2024, 45 Rn. 25; Engel KIR 2024, 25.

[6] Siehe hierzu auch mit Ausführungen zu den unterschiedlichen Auffassungen zur Notwendigkeit der Aufnahme sowie der Gegenargumente: Schwartmann/Keber/Zenner KI-VO/Zenner/Schwartmann/Hansen, Verantwortlichkeiten entlang der KI-Wertschöpfungskette, S. 176 Rn. 505; https://copyrightblog.kluweriplaw.com/2023/12/11/a-first-look-at-the-copyright-relevant-parts-in-the-final-ai-act-compromise/ (zuletzt abgerufen am 22.11.2024).

auf. Zudem besteht hinsichtlich der notwendigen Detaillierung der Auflistung große Uneinigkeit.[7] Aus der Kürze der Vorschrift, die in einer späten Phase des Verhandlungsprozesses noch eingefügt und daher wenig ausgestaltet ist, lassen sich kaum handhabbare Umsetzungshinweise ableiten. Nur Erwgr. 107 geht auf einige Details ein und stellt zumindest klar, dass die Zusammenfassung zwar hinreichend detailliert sein soll, jedoch insbesondere zum Schutz von Geschäftsgeheimnissen und vertraulichen Geschäftsinformationen dennoch nicht technisch detailliert sein und die wichtigsten Datenerhebungen oder Datensätze enthalten, die beim Training verwendet wurden. Die Zusammenfassung soll nach Erwgr. 107 zB Inhabern von Urheberrechten die Ausübung und Durchsetzung ihrer Rechte erleichtern. Beispielhaft wird aufgeführt, dass zB große private oder öffentliche Datenbanken oder Datenarchive aufgeführt werden sollen.

Erwgr. 109 kann als Aufforderung an das Büro für Künstliche Intelligenz verstanden werden, bei der Erarbeitung der Vorlage zur Umsetzung von Art. 53 Abs. 1 lit. c die Bedürfnisse von KMU und Startups zu berücksichtigen. Dies soll einerseits die aufzuwendenden Kosten für diese Unternehmen im Rahmen halten und insbesondere auch einen Beitrag dazu leisten, dass der Aufwand zur Umsetzung der rechtlichen Anforderung sie nicht von der Verwendung der Modelle abhält. 8

Um die Regelung insgesamt auszugestalten und Rechtssicherheit für die Umsetzung zu geben und zugleich das Bedürfnis nach harmonisierten Umsetzungen der Transparenzanforderungen zu erfüllen, sieht Art. 53 Abs. 1 lit. d vor, dass das Büro für Künstliche Intelligenz eine Vorlage für die Darstellung der Zusammenfassung der Trainingsinhalte erarbeitet und bereitstellt. 9

5. Ausnahmen für quelloffene Modelle (Open Source Modelle), Art. 53 Abs. 2

Im Verhandlungsprozess der KI-Verordnung waren die Auswirkungen der Verordnungs-Pflichten auf Open-Source Modelle und Anwendungen stets viel diskutiert und umstritten. Art. 2 Abs. 12 nimmt deswegen bereits KI-Systeme vom Anwendungsbereich der Verordnung aus, die Open Source Lizenzen bereitgestellt werden, sofern sie keine Hochrisiko-KI-Systeme, KI-Systeme nach Art. 5 oder Art. 50 sind. Art. 53 Abs. 2 spiegelt diese Ausnahme für die KI-Modelle mit allgemeinem Verwendungszweck und sieht vor, dass die Pflichten aus Art. 53 Abs. 1 lit. a und b. nicht für Anbieter von KI-Modellen gelten, die im Rahmen einer freien und quelloffenen Lizenz bereitgestellt werden, die den Zugang, die Nutzung, die Änderung und die Verbreitung des Modells ermöglicht. Diese Ausnahme gilt wiederum jedoch nicht für KI-Modelle mit systemischen Risiken. Erwägungsgründe 102–104 gestalten die Norm weiter aus. 10

6. Zusammenarbeit mit Behörden, Art. 53 Abs. 3

Nach Art. 53 Abs. 3 sind Anbieter von KI-Modellen mit allgemeinem Verwendungszweck verpflichtet, bei der Ausübung *„ihrer Zuständigkeiten und Befugnisse“* 11

[7] Schwartmann/Keber/Zenner KI-VO/Zenner/Schwartmann/Hansen, Verantwortlichkeiten entlang der KI-Wertschöpfungskette, S. 176 Rn. 505; https://copyrightblog.kluweriplaw.com/2023/12/11/a-first-look-at-the-copyright-relevant-parts-in-the-final-ai-act-compromise/ (zuletzt abgerufen am 22.11.2024); https://urheber.info/media/pages/diskurs/positionspapier-zu-kunstlicher-intelligenz/6e503bcc5a-1697140219/230919_iu-formulierungsvorschlage-fur-den-ai-act-_mit-begrundung_endg.pdf (zuletzt abgerufen am 22.11.2024).

gemäß dieser Verordnung erforderlichenfalls mit der Kommission und den zuständigen nationalen Behörden zusammenzuarbeiten.

7. Konformitätsvermutung und -nachweise, Art. 53 Abs. 4

12 Bis zur Veröffentlichung einer harmonisierten Norm können sich Anbieter von KI-Modellen auf Praxisleitfäden stützen, um die Einhaltung der Pflichten nachzuweisen. Sobald die harmonisierte europäische Norm veröffentlicht ist, können Modell-Anbieter von der Fiktion der Konformität profitieren, die mit der Einhaltung der Norm einhergeht (Satz 2). Der Nachweis ist auch über alternative Verfahren möglich, sofern Anbieter weder einen genehmigten Praxisleitfaden befolgen noch eine harmonisierte Norm einhalten (Satz 3). Diese alternativen Verfahren unterliegen bei entsprechender Vorlage durch den Anbieter noch der Bewertung der EU-Kommission.

8. Delegierte Rechtsakte, Art. 53 Abs. 5 und 6

13 Art. 53 Abs. 5 soll die Einhaltung der Vorgaben aus Art. 53 Abs. 1 unterstützen, indem die EU-Kommission (das Büro für Künstliche Intelligenz) befugt wird, delegierte Rechtsakte nach Art. 97 zur Ausgestaltung von Annex XI zu erlassen. Hiermit sollen einerseits die Mess- und Berechnungsmethoden festgelegt werden als auch eine Vergleichbarkeit und Überprüfbarkeit der Dokumentationen hergestellt werden.

14 Art. 53 Abs. 6 sieht daneben vor, dass auch die Änderungen der Annexe XI und XII durch delegierte Rechtsakte von der EU-Kommission vollzogen werden können. Insbesondere technologische Entwicklungen sollen hierüber adressiert werden.

9. Vertraulichkeit von Geschäftsgeheimnissen, Art. 53 Abs. 7

15 Über Art. 53 Abs. 7 wird dem Bedürfnis nach Schutz von Geschäftsgeheimnissen Rechnung getragen, die ggf. durch Informationsübermittlung und Dokumentationen über die Modelle erlangt werden. Diese Informationen müssen daher nach den Vertraulichkeitspflichten nach Art. 78 behandelt werden.

Art. 54* Bevollmächtigte der Anbieter von KI-Modellen mit allgemeinem Verwendungszweck

(1) **Anbieter, die in Drittländern niedergelassen sind, benennen vor dem Inverkehrbringen eines KI-Modells mit allgemeinem Verwendungszweck auf dem Unionsmarkt schriftlich einen in der Union niedergelassenen Bevollmächtigten.**

(2) **Der Anbieter muss seinem Bevollmächtigten ermöglichen, die Aufgaben wahrzunehmen, die im vom Anbieter erhaltenen Auftrag festgelegt sind.**

(3) [1]**Der Bevollmächtigte nimmt die Aufgaben wahr, die in seinem vom Anbieter erhaltenen Auftrag festgelegt sind.** [2]**Er stellt dem Büro für Künstliche Intelligenz auf Anfrage eine Kopie des Auftrags in einer der**

* Kapitel V (Art. 51–56) gilt gem. Art. 113 Abs. 3 Buchst. b bereits ab 2.8.2025.

Amtssprachen der Institutionen der Union bereit. [3]Für die Zwecke dieser Verordnung ermächtigt der Auftrag den Bevollmächtigten zumindest zur Wahrnehmung folgender Aufgaben:

a) Überprüfung, ob die technische Dokumentation gemäß Anhang XI erstellt wurde und alle Pflichten gemäß Artikel 53 und gegebenenfalls gemäß Artikel 55 vom Anbieter erfüllt wurden;

b) Bereithaltung einer Kopie der technischen Dokumentation gemäß Anhang XI für das Büro für Künstliche Intelligenz und die zuständigen nationalen Behörden für einen Zeitraum von zehn Jahren nach dem Inverkehrbringen des KI-Modells mit allgemeinem Verwendungszweck und der Kontaktdaten des Anbieters, der den Bevollmächtigten benannt hat;

c) Bereitstellung sämtlicher zum Nachweis der Einhaltung der Pflichten gemäß diesem Kapitel erforderlichen Informationen und Dokumentation, einschließlich der unter Buchstabe b genannten Informationen und Dokumentation, an das Büro für Künstliche Intelligenz auf begründeten Antrag;

d) Zusammenarbeit mit dem Büro für Künstliche Intelligenz und den zuständigen Behörden auf begründeten Antrag bei allen Maßnahmen, die sie im Zusammenhang mit einem KI-Modell mit allgemeinem Verwendungszweck ergreifen, auch wenn das Modell in KI-Systeme integriert ist, die in der Union in Verkehr gebracht oder in Betrieb genommen werden.

(4) **Mit dem Auftrag wird der Bevollmächtigte ermächtigt, neben oder anstelle des Anbieters als Ansprechpartner für das Büro für Künstliche Intelligenz oder die zuständigen Behörden in allen Fragen zu dienen, die die Gewährleistung der Einhaltung dieser Verordnung betreffen.**

(5) **[1]Der Bevollmächtigte beendet den Auftrag, wenn er der Auffassung ist oder Grund zu der Annahme hat, dass der Anbieter gegen seine Pflichten gemäß dieser Verordnung verstößt. [2]In einem solchen Fall informiert er auch das Büro für Künstliche Intelligenz unverzüglich über die Beendigung des Auftrags und die Gründe dafür.**

(6) **Die Pflicht gemäß diesem Artikel gilt nicht für Anbieter von KI-Modellen, die im Rahmen einer freien und quelloffenen Lizenz bereitgestellt werden, die den Zugang, die Nutzung, die Änderung und die Verbreitung des Modells ermöglicht und deren Parameter, einschließlich Gewichte, Informationen über die Modellarchitektur und Informationen über die Modellnutzung, öffentlich zugänglich gemacht werden, es sei denn, die KI-Modelle mit allgemeinem Verwendungszweck bergen systemische Risiken.**

Übersicht

I. Allgemeines

1. Ziel und Funktion der Vorschrift

1 Die Benennung eines Vertreters gehört zu den etablierten Instrumenten des europäischen Digitalisierungs- und Sicherheitsrechts und steht in engem Zusammenhang mit dem Marktortprinzip, mit dem ausländische Anbieter von KI-Systemen in den Anwendungsbereich der KI-VO fallen.[1] Mit der Regelung eines „Bevollmächtigten" geht die KI-VO inhaltlich über ähnliche Regelungsinstitute wie den „benannten Vertreter" gem. Art. 27 DS-GVO hinaus, bleibt aber sachlich auf die Anbieter Hochrisiko-KI-Systemen (Art. 22) und Anbieter von KI-Modellen mit allgemeinem Verwendungszweck (GPAI-Modelle) beschränkt.

2 Ziel der Regelung ist es, die Durchsetzung der KI-VO gegenüber extraterritorialen Anbietern zu ermöglichen und gleiche Wettbewerbsbedingungen für alle Normadressaten zu schaffen, indem die betreffenden Anbieter einen in der EU ansässigen, umfänglich beauftragten Bevollmächtigten bestimmen, der für das Büro für Künstliche Intelligenz (KI-Büro) sowie die zuständigen Behörden unmittelbar erreichbar und zur Zusammenarbeit verpflichtet ist (Erwgr. (82)).

3 Dem Bevollmächtigten kommt eine „zentrale Rolle bei der Gewährleistung der Konformität der … in Verkehr gebrachten oder in Betrieb genommenen Hochrisiko-KI-Systeme zu" (Erwgr. (82) Satz 3). Dies gilt – auch ohne ausdrückliche Erwähnung in den Erwägungsgründen – ebenso für den Bevollmächtigten des Anbieters von GPAI-Modellen.

[1] Vgl. Simitis/Hornung Spiecker gen. Döhmann/Hornung DS-GVO Art. 27 Rn. 8; siehe im Übrigen zur Figur des Bevollmächtigten ua Art. 11 In-vitro-Diagnostika-Verordnung, Art. 5 Marktüberwachungsverordnung, Art. 10 Produktsicherheitsverordnung; Art. 11 Medizinprodukte-Verordnung.

2. Definition, Systematik und Verhältnis zu anderen Vorschriften

Der Bevollmächtigte ist gesetzlich definiert als „eine in der Union ansässige oder niedergelassene natürliche oder juristische Person, die vom Anbieter eines KI-Systems oder eines KI-Modells mit allgemeinem Verwendungszweck schriftlich dazu bevollmächtigt wurde und sich damit einverstanden erklärt hat, in seinem Namen die in dieser Verordnung festgelegten Pflichten zu erfüllen bzw. Verfahren durchzuführen" (Art. 3 Nr. 5). 4

Der Grundsatz der örtlichen Ansässigkeit bzw. Niederlassung korrespondiert mit der Erstreckungswirkung der KI-VO auf die nicht in der EU ansässigen bzw. niedergelassenen Anbieter von KI-Systemen gem. Art. 2 Abs. 1 lit. a, c und f. Die Definition legt nicht fest, dass der Anbieter außerhalb der EU ansässig ist, während gerade dies die Pflicht zur Benennung eines Bevollmächtigten nach Art. 22 bzw. Art. 54 begründet. Daraus ist abzuleiten, dass EU-ansässige Anbieter von KI-Systemen (nicht nur Hochrisiko-KI-Systemen) sowie von KI-Modellen mit allgemeinem Verwendungszweck einen Bevollmächtigten auch benennen können. 5

Die Bevollmächtigten-Regelung im Kapitel V (KI-Modelle mit Allgemeinem Verwendungszweck) Abschnitt 2 (Pflichten für Anbieter von KI-Modellen mit Allgemeinem Verwendungszweck) läuft zu einem Gutteil parallel zu der Bevollmächtigten-Regelung für Anbieter von Hochrisiko-KI-Systemen (Art. 22). Der Pflichtenkatalog ist für letztere jedoch um die Einhaltung der Prüfung der EU-Konformitätserklärung (Art. 47), die Anbringung der Identifizierungsnummer der für das Konformitätsverfahren zuständigen notifizierten Stelle (Art. 48 Abs. 4), die Registrierung des Bevollmächtigten und des Hochrisiko-KI-Systems in der EU-Datenbank (Art. 49 Abs. 1 und 2, Art. 71 Abs. 2) und das Qualitätsmanagementsystem und Qualitätssicherungssystem (Art. 17 iVm Anhang VII) erweitert. IRd Art. 54 hat der Bevollmächtigte unmittelbar mit dem KI-Büro zusammenzuarbeiten und ihm – ggf. zusätzlich zu der zuständigen Marktüberwachungsbehörde – technische Dokumentation bereitzustellen und Auskunft zu erteilen (Art. 54 Abs. 3 lit. b, c, d, Abs. 4 und 5).[2] 6

Die KI-VO weist dem Bevollmächtigten an etlichen Stellen eine wesentliche Rolle, die dem regulierten Anbieter obliegenden Handlungen vorzunehmen bzw. für die betreffenden Aufsichtsbehörden ansprechbar zu sein und mit diesen zusammenzuarbeiten. Mit dem Begriff des Bevollmächtigten geht die KI-VO über die Rolle eines „benannten Vertreters" wie in der DS-GVO hinaus. Während die zivilrechtliche Vertretungsbefugnis sich grundsätzlich nach dem jeweiligen Recht der Mitgliedstaaten richtet, ist in Abgrenzung zum „benannten Vertreter" **nach einer europarechtlichen Auslegung** klar, dass sich die Befugnisse des letzteren darauf erstrecken, für den Anbieter mit rechtlicher Bindungswirkung zu handeln und nicht lediglich als „Anlaufstelle" wie in der DS-GVO zu fungieren,[3] selbst wenn mitgliedstaatliche Regelungen zur Ausführung der KI-VO dazu keine weiteren Regelungen treffen. 7

---

[2] Vgl, ergänzend die Zuständigkeitsregelung der Marktaufsichtsbehörde gemäß § 2 des des Regierungsentwurfs „KI-Marktüberwachungs- und Innovationsförderungsgesetz" vom 1.2.2026 (KI-MIG-E), mit näheren Erläuterungen auf S. 52 ff.

[3] Siehe Erwgr. 80 Satz 2 DS-GVO; Gola/Heckmann/Piltz DS-GVO Art. 27 Rn. 32; Lantwin ZD 2019, 14; Voigt/Drexler ZD 2021, 409.

3. Entwicklungsgeschichte

8 Bereits im ersten Entwurf der KI-VO hat der Verordnungsgeber dem Bevollmächtigten eine wichtige Rolle mit Blick auf die Umsetzung und Rechtsdurchsetzung der KI-VO zugedacht. Gegenüber der DS-GVO liegt die entscheidende Weiterentwicklung vom „benannten Vertreter" zum „Bevollmächtigten" (bzw. vom „representative … designated by the controller or processor" zum „authorized representative") und entsprechend von der eher passiven Einordnung als „Anlaufstelle" der zuständigen Behörden („… may be addressed by any supervisory authority") hin zu einem echten Bevollmächtigten. Dieser hat die ihm durch rechtsgeschäftliche Mandatierung zugewiesenen, dem gesetzlichen Mindestumfang entsprechenden Aufgaben im Namen von und mit Wirkung für den Anbieter der betreffenden KI-Systeme bzw. KI-Modelle auszuführen (Art. 22 Abs. 3 bzw. Art. 54 Abs. 3).

9 Damit hat die KI-VO Unklarheiten und Kritikpunkte der weniger bestimmten Regelung der DS-GVO aufgegriffen und in ein robusteres Verantwortungs- und Zurechnungskonstrukt überführt. Dazu gehören in der DS-GVO insbesondere die Beschränkung auf eine bloße „Anlaufstelle" ohne eigene Entscheidungsbefugnis des Vertreters bzw. das Fehlen der eigenverantwortlichen Wahrnehmung gesetzlicher Pflichten für den Verantwortlichen bzw. Auftragsverarbeiter in der DS-GVO, die Zustellungsbefugnisse jenseits ausdrücklicher Regelungen im jeweiligen Prozessrecht der Mitgliedstaaten, die konkreten Inhalte der Aufgaben des Vertreters und der Beendigung seiner Aufgaben, sowie die Frage einer etwaigen Haftung des Vertreters für eigene Pflichtverstöße.[4]

II. Einzelerläuterungen

1. Benennung des Bevollmächtigten (Abs. 1)

10 Der in einem Drittland niedergelassene Anbieter hat einen in der EU niedergelassenen Bevollmächtigten vor Inverkehrbringen seines KI-Modells mit allgemeinem Verwendungszweck (GPAI-Modell) schriftlich zu benennen. Für den Ort der Niederlassung ist – gleichermaßen hinsichtlich des Anbieters wie des Bevollmächtigten – bei juristischen Personen der registrierte Geschäftssitz bzw. bei natürlichen Personen der Wohnsitz maßgeblich. Die KI-VO stellt keine Anforderung an eine etwaige räumliche Nähe zum (in der Regel ohnehin breit gestreuten) Verwendungsort der GPAI-Modelle (etwa der Kunden des Anbieters und/oder der vom Betrieb des GPAI-Modells betroffenen Personen). Es genügt vielmehr jede beliebige Niederlassung des Bevollmächtigten innerhalb der EU. Dem Anbieter steht es zudem frei, einen oder mehrere Bevollmächtigte zu benennen.

11 Das Schriftformerfordernis ist europarechtlich auszulegen. Entsprechend kommt es nicht auf die Schriftform nach deutschem Recht an (§ 126 BGB); die Textform genügt, dh eine Benennung auch über Email-Verkehr genügt den Anforderungen (§ 126b BGB). Der im Rahmen der DS-GVO geführte Streit

[4] Siehe Gola/Heckmann/Piltz DS-GVO Art. 27 Rn. 7–10; Kühling/Buchner/Hartung DS-GVO Art. 27 Rn. 14; Paal/Pauly/Martini DS-GVO Art. 27 Rn. 49–52a, 58; Simitis/Hornung/Spiecker gen. Döhmann/Hornung DS-GVO Art. 27 Rn. 33; Spindler/Schuster/Nink DS-GVO Art. 27 Rn. 10–12; BeckOK DatenschutzR/Hanloser DS-GVO Art. 27 Rn. 4 f., 9; jeweils mwN.

im deutschen Schrifttum, wonach die Dokumentations- und Warnfunktion des Schriftformgebots es zumindest erfordere, die (einseitige) Benennung mittels einer elektronischen Signatur (§ 126a BGB) zu bestätigen,[5] dürfte angesichts der im Rahmen der KI-VO ausdrücklichen Anforderung eines beiderseitig zu unterzeichnenden Vertrags über die Mandatierung des Bevollmächtigten hinfällig sein.

Die KI-VO stellt darüber hinaus keine weiteren Anforderungen an die Qualifikation des Bevollmächtigten. Sämtliche materiellen Anforderungen an seine Tätigkeit ergeben sich aus dem Inhalt seiner Mandatierung gem. Art. 54 Abs. 3 und 4. Die Bevollmächtigung setzt – in Abgrenzung zum Erklärungsboten – allerdings einen gewissen Entscheidungsspielraum des Bevollmächtigten voraus.[6] Demnach ist lediglich allgemein zu verlangen, dass der Bevollmächtigte über hinreichende Sachkunde verfügt, die ihm anvertrauten Aufgaben und Handlungen, einschließlich der Abgabe entsprechender Erklärungen im Namen und mit Wirkung für den Anbieter auszuführen. Für die Rolle des Bevollmächtigen kommen sowohl unternehmensintern Bevollmächtigte des Anbieters als auch externe Dienstleister (Rechtsanwaltskanzleien, technische Berater, etc) oder sonstige Dritte in Betracht. Es steht dem Bevollmächtigten frei, auch für mehrere Anbieter von GPAI-Modellen tätig zu sein, solange diese Tätigkeiten keinen Interessenkonflikt oder die Gefahr eines Missbrauchs von dem jeweiligen GPAI-Modell zugrunde liegenden Geschäftsgeheimnissen begründet. 12

2. Ausstattung des Bevollmächtigten (Abs. 2)

Der Anbieter hat dafür zu sorgen, dass der Bevollmächtigte seinen Aufgaben vollumfänglich nachkommen kann. Auch ohne ausdrückliche gesetzliche Regelung (wie etwa in Art. 38 Abs. 2 DS-GVO) hat der Anbieter dafür zu sorgen, dass der Bevollmächtigte mit den erforderlichen Mitteln und Ressourcen ausgestattet ist, sowie den Zugang zu allen Informationen in dem benötigten Umfang hat, um die ihm zugewiesenen Aufgaben ordnungsgemäß wahrzunehmen und mit dem KI-Büro und den zuständigen Behörden zusammenzuarbeiten. 13

Für externe Bevollmächtigte wird dies einschließlich der Aufwandserstattung typischerweise in der Mandatierung bzw. dem zugrunde liegenden Dienstleistungsvertrag geregelt. Für intern Bevollmächtigte hat der Anbieter durch entsprechende Governance-Strukturen und organisatorische Maßnahmen dem Bevollmächtigen die zeitliche Verfügbarkeit einzuräumen und sonstige Unterstützung im Rahmen der betrieblichen Abläufe in dem benötigten Umfang zu gewähren. 14

3. Auftrag und Aufgaben des Bevollmächtigung (Abs. 3)

Der Gesetzgeber formuliert einen Mindestkatalog der Aufgaben, die der Bevollmächtigte wahrzunehmen bzw. auszuführen hat. Art. 54 stellt dabei klar, dass diese Aufgaben in „seinem vom Anbieter erhaltenen Auftrag" zu regeln bzw. geregelt sind, und dass der Bevollmächtigte aufgrund privatautonomer Vereinbarung bzw. Aufgabenzuweisung verpflichtet ist, nicht hingegen aufgrund einer ihm unmittelbar auferlegten gesetzlichen Pflicht, die kraft der Benennung greifen 15

[5] Siehe Simitis/Hornung/Spiecker gen. Döhmann/Hornung DS-GVO Art. 27 Rn. 11; ausführlich Schwartmann/Jaspers/Thüsing/Kugelmann/Kremer DS-GVO/BDSG Art. 27 Rn. 29–25; Gola/Heckmann/Piltz DS-GVO Art. 27 Rn. 13–16.

[6] Kühling/Buchner/Hartung DS-GVO Art. 27 Rn. 14; Schwartmann/Jaspers/Thüsing/Kugelmann/Kremer DS-GVO/BDSG Art. 27 Rn. 58.

würde. Verstößt der Bevollmächtigte gegen seine Pflichten aus dem Auftrag bzw. dem zugrunde liegenden Vertragsverhältnis stehen grundsätzlich (nur) dem Anbieter entsprechende Ansprüche gegen den Bevollmächtigten nach allgemeinen vertragsrechtlichen Grundsätzen zu. Verstößt allerdings der Anbieter gegen seine Pflichten aus der KI-VO (nicht etwa nur bezogen auf das Auftragsverhältnis), unterliegt der Bevollmächtigte einer gesetzlichen Pflicht, seinen Auftrag zu beenden und das KI-Büro darüber zu informieren (Art. 54 Abs. 5).

16 Der Auftrag ist schriftlich in einer EU-Amtssprache zu dokumentieren und auf Anfrage dem KI-Büro in Kopie bereitzustellen.

17 Die „Ermächtigung" des Bevollmächtigten bedeutet, dass der Bevollmächtigte echte Vertretungsbefugnis haben muss. Seine Handlungen und Erklärungen wirken unmittelbar für und gegen den Anbieter. Der Mindestkatalog legt es allerdings nahe, dass der Bevollmächtigte allenfalls in begrenztem Umfang Willenserklärungen abgibt und rechtsgeschäftliche Handlungen tätigt.

18 **a) Überprüfung technischer Dokumentation (lit. a).** aa) Der Bevollmächtigte hat die gemäß Anhang XI vom Anbieter zu erstellende Dokumentation zu überprüfen, sowie das pflichtgemäße Handeln des Anbieters iRv Art. 53 und Art. 55 zu überprüfen. Anhang XI regelt die vom Anbieter der GPAI-Modell bereitzustellenden Informationen. Dazu gehören ua die vom GPAI-Modell zu erfüllenden Aufgaben, Art und Wesen der KI-Systeme, in die das GPAI-Modell integriert werden kann, anwendbare Regelungen der akzeptablen Nutzung, Architektur und Anzahl der Parameter, etc, wie auch detaillierte Informationen zu den Elementen des Modells und dem Entwicklungsverfahren, einschließlich Trainingsmethoden, Trainingsdaten, Rechenressourcen und bekannter oder geschätzter Energieverbrauch (Anhang XI Abschnitt 1). Bei GPAI-Modellen mit systemischem Risiko treten Prüfstrategien und Prüfmethoden sowie Maßnahmen zu internen und/oder externen Angriffstests und eine ggf. eine ausführliche Beschreibung der Systemarchitektur hinzu (Anhang XI Abschnitt 2).

19 bb) Die Überprüfung der vollständigen Einhaltung der umfangreichen Pflichten des Anbieters aus Art. 53 (für allgemeine GPAI-Modelle) und Art. 55 (für GPAI-Modelle mit systemischem Risiko) bedeutet, dass dem Bevollmächtigte eine intensive Befassung mit dem GPAI-Modell des Anbieters aufgetragen ist.[7] Er kann dieser Aufgabe entsprechend nur dann gerecht werden, wenn er zum einen die erforderliche Fachkunde mitbringt und zum anderen umfassenden Zugang zu allen erforderlichen Informationen, einschließlich entsprechender Systemzugriffe hat, um sich ein belastbares Bild von der Rechtskonformität des GPAI-Modells zu machen. Das bedeutet auch, dass der Anbieter es dem Bevollmächtigten ermöglichen muss, etwaige Versäumnissen und Unzulänglichkeiten zu erkennen und im Rahmen der Überprüfung anzusprechen – auch ohne dass die KI-VO dem Bevollmächtigten eine beratende Rolle und Unabhängigkeit wie etwa dem Datenschutzbeauftragten nach Art. 37 ff. DS-GVO zuweist.

20 **b) Bereithaltung einer Kopie der technischen Dokumentation für KI-Büro und Aufsichtsbehörden (lit. b).** aa) Während lit. a die materiellen Prüfaufgaben des Bevollmächtigten regelt, geht lit. b folgerichtig auf die Bereithaltung einer Kopie der technischen Dokumentation für das KI-Büro und die nationalen Aufsichtsbehörden ein. Die Regelung besagt nichts über die Modalitäten der Aufbewahrung (Ort, elektronische Verfügbarkeit, Abrufbarkeit, etc) und/oder ob

[7] So im Ansatz auch Ashkar/Schröder BB 2024, 771 (778).

der Bevollmächtigte diese Aufgabe an Dritte delegieren kann. Im Zweifel ist der Bevollmächtigte mithin frei, die von ihm für geeignet befundenen technischen Möglichkeiten zu wählen und zu nutzen, die ihm die „Bereithaltung einer Kopie" (englische Fassung: „keep a copy") für den geforderten Zeitraum ermöglichen. Das dürfte auch die Nutzung externer Cloud-Ressourcen umfassen, solange der Bevollmächtigte in der Lage ist, jederzeit dem KI-Büro bzw. den nationalen Aufsichtsbehörden eine Kopie der technischen Dokumentation bereitzustellen. Die inhaltlichen Anforderungen an die technische Dokumentation ergeben sich aus Anhang XI (siehe lit. a)). Des Weiteren hat der Bevollmächtigte die Kontaktdaten des Anbieters bereitzuhalten.

bb) Die Verpflichtung des Anbieters erstreckt sich auch auf die Weiterentwicklungen bzw. neuen Versionen eines GPAI-Modells, wobei die Abgrenzung zwischen laufenden Verbesserungen und grundlegend neuen Funktionen, die sich ggf. auf die Zweckbestimmung des GPAI-Modells auswirken könnten (siehe Anhang VII Ziffer 4.7), im Einzelfall schwierig zu treffen ist. In jedem Fall erfordert die Regelung ein sorgfältiges Versionen-Management seitens des Bevollmächtigten bzw. des Anbieters. 21

cc) Der Zeitraum von 10 Jahren ist angesichts des zu erwartenden Fortschritts und der Ablösung älterer GPAI-Modelle durch neuere Versionen bemerkenswert lang und in einer Kosten-Nutzen-Betrachtung möglicherweise nicht praktikabel. Ziel der Regelung ist es gleichwohl, die Nachvollziehbarkeit der technischen Funktionsweise von GPAI-Modellen auch für eine gewisse Nachlaufzeit der alltäglichen Nutzung vorzuhalten, um darauf zu einem späteren Zeitpunkt – etwa im Rahmen behördlicher oder gerichtlicher Überprüfungen – zurückgreifen zu können. Ob und inwieweit die Regelung praktikabel ist und einer Kosten-Nutzen-Analyse standhält, wird sich erst mit der Zeit erweisen. 22

c) Nachweis pflichtgemäßen Handelns auf begründeten Antrag des KI-Büros (lit. c). Die Bereitstellung „sämtlicher zum Nachweis der Einhaltung der Pflichten gemäß diesem Kapitel erforderlichen Informationen und Dokumentation" unterscheidet sich von der in lit. b geregelten Pflicht zur Bereithaltung einer Kopie der technischen Dokumentation und der Kontaktdaten des Anbieters in mehrfacher Hinsicht: 23

aa) Lit. b regelt lediglich die Pflicht des Bevollmächtigten, die Kopie der technischen Dokumentation für einen Zeitraum von 10 Jahren nach Inverkehrbringen des GPAI-Modells „bereitzuhalten" (englische Fassung: „keep a copy") – und zwar für das KI-Büro und die nationalen Behörden über einen Zeitraum von 10 Jahren nach Inverkehrbringen des GPAI-Modells. Lit. c regelt hingegen die „Bereitstellung", mithin die Herausgabe bzw. die Bereitstellung zum Abrufs der Dokumentation und Informationen (nur) an das KI-Büro („provide the AI Office with …"). Eine unmittelbare Bereitstellungspflicht an die zuständigen nationalen Behörden ist hier nicht geregelt. Die Befugnisse der zuständigen nationalen Behörden ergeben sich aus Art. 70 ff., sowie den nationalen Ausführungsbestimmungen und Verfahrensvorschriften der nationalen Behörden. Soweit das KI-Büro oder die nationalen Behörden Anordnungen und andere Maßnahmen treffen (etwa zur Herausgabe von Dokumentation und der Bereitstellung von Informationen), gilt für den Bevollmächtigten ohnehin die Pflicht zur Zusammenarbeit nach lit. d. 24

bb) Die Kopie der Dokumentation nach Anhang XI und die Kontaktdaten des Anbieters stellen eine Teilmenge der im Rahmen von lit. c bereitzustellenden Informationen und Dokumentation dar („einschließlich der unter Buchstabe b genannten Informationen und Dokumentation"). 25

26 cc) Der Bereitstellungspflicht nach lit. c erstreckt sich auf „sämtliche Informationen zum Nachweis der Einhaltung der Pflichten gemäß diesem Kapitel". Die Bestimmung lässt offen, was im Einzelnen aus Kapitel V („KI-Modelle mit allgemeinem Verwendungszweck") – über die technische Dokumentation gemäß Anhang XI hinaus – darunterfällt. Das betrifft aber in jedem Fall den Nachweis, dass der Anbieter seinen Mitteilungspflichten an die Kommission einschließlich etwaiger systemischer Risiken genügt hat (Art. 52 Abs. 1, 2), bzw. dass ggf. keine systemischen Risiken vorliegen (Art. 52 Abs. 2); die Einhaltung der weiteren Informations- und Dokumentationspflichten zum Verständnis des GPAI-Modells und der Mindestelemente gemäß Anhang XII (Art. 53 Abs. 1 lit. b i und ii); die geforderte Strategie zur Einhaltung des Urheberrechts und der DSM-Richtlinie (EU 2019/790), insbesondere betreffend der Text- und Data Mining Anforderungen; Informationen und Veröffentlichung einer Zusammenfassung zum Training des GPAI-Modells.

27 dd) Die Darstellung der Informationen ist an keine Form gebunden. Entsprechend sind Mitteilungen in Textform (Email etc) oder auch mündliche Auskünfte grundsätzlich zulässig, wobei für die Nachweiszwecke eine elektronisch nachvollziehbare Auskunft bzw. Mitteilung an das KI-Büro in jedem Fall zweckmäßig sein dürfte. Für die Dokumentation genügt die Bereitstellung in elektronischer Form.

28 ee) Der Bevollmächtigte hat die erforderlichen Informationen und Dokumentation „auf begründeten Antrag" bereitzustellen. Darunter ist eine „mit Gründen versehene" Anforderung zu verstehen, nicht hingegen eine „materielle Begründetheit" seitens des KI-Büros, wie sich noch deutlicher aus den anderen amtlichen Fassungen ergibt („reasoned request", „demande motivée de sa part", „previa solicitud motivada", „su richiesta motivata").

29 ff) Die Regelung bestimmt keine Frist, so dass die Bereitstellung im Rahmen einer üblichen Bearbeitungszeit geschuldet ist.

30 **d) Zusammenarbeit mit KI-Büro und Aufsichtsbehörden auf begründeten Antrag (lit. d).** aa) Der Bevollmächtigte hat mit dem KI-Büro und den zuständigen Behörden „auf begründeten Antrag bei allen Maßnahmen" zusammenzuarbeiten, die diese in Zusammenhang mit einem GPAI-Modell ergreifen. Für den „begründeten Antrag" gelten die gleichen niedrigschwelligen Anforderungen wie nach lit. c). Die Pflicht zur Zusammenarbeit bedingt, dass der Bevollmächtigte eigenständig handlungsbefugt sein muss und entsprechend den gestellten Anforderungen an die eingeforderte Zusammenarbeit zu handeln hat. Dh der Bevollmächtigte darf seine Zusammenarbeit mit Blick auf konkrete Maßnahmen nicht mit dem Einwand verweigern, dass er vom Anbieter zu bestimmten Auskünften, Stellungnahmen oder Mitwirkungshandlungen nicht autorisiert sei. Soweit also das KI-Büro oder die „zuständigen Behörden" Anordnungen treffen, hat der Bevollmächtigten diesen im Rahmen seiner Möglichkeiten grundsätzlich im Namen und mit Wirkung für den Anbieter Folge zu leisten. Zugleich hat der Anbieter dafür Sorge zu tragen, dass der Bevollmächtige zur Befolgung dieser Maßnahmen tatsächlich befähigt ist (Art. 54 Abs. 2). Im Unterschied zu den „zuständigen nationalen Behörden" (Abs. 3 lit. b) ist hier auch die EU Kommission einbezogen, der insbesondere im Rahmen der Klassifizierung der GPAI-Modelle besondere Befugnisse auch mit Blick auf einzelne Anbieter von GPAI-Modellen zugewiesen sind (Art. 52 Abs. 5).

31 bb) Die Verpflichtung des Bevollmächtigten zur Zusammenarbeit greift auch dann, wenn das GPAI-Modell in ein anderes KI-System integriert ist, das ggf. ein

Drittanbieter in der EU in Verkehr gebracht oder in Betrieb genommen hat. Dieser Teil der Regelung ist besonders bedeutsam. Der Anbieter des GPAI-Modells muss seinen Bevollmächtigten zur Zusammenarbeit auch in solchen Fällen befähigen, in denen das KI-Büro bzw. die zuständigen Behörden sich für andere KI-Systeme interessieren, die der Anbieter bzw. sein Bevollmächtigter nicht näher kennt. Ziel der Regelung ist, dass das KI-Büro bzw. die zuständigen Behörden sich bei Untersuchungen oder auch im Rahmen von Sanktionsverfahren ein Gesamtbild machen können und das Zusammenspiel zwischen dem GPAI-Modell und dem KI-System des etwaigen Drittanbieters besser verstehen und prüfen können.

4. Ansprechpartner des KI-Büros und der Behörden in allen einschlägigen Fragen (Abs. 4)

Während Abs. 3 die inhaltlichen Mindestanforderungen an die Beauftragung des Bevollmächtigten und seiner entsprechenden Handlungsbefugnisse regelt, stellt Abs. 4 auf die Empfangszuständigkeit des Bevollmächtigen für Fragen des KI-Büro oder der zuständigen Behörden ab, die die „Gewährleistung der Einhaltung dieses Gesetzes betreffen". Das Gesetz ordnet an, dass der Bevollmächtigte „mit dem Auftrag … ermächtigt [wird]" (englische Fassung: „the mandate shall empower"), in allen Fragen des KI-Büros m Bevollmächtigten Ansprechpartner zu sein, also nicht nur die Rolle des Zustellungsbevollmächtigten einzunehmen. Das gilt unabhängig davon, ob der Anbieter dies in seiner Vollmachtsurkunde bzw. dem zugrunde liegenden Geschäftsbesorgungsvertrag konkret formuliert (gesetzliche Fiktion). Maßgeblich ist allein, dass der Anbieter einen Bevollmächtigten gem. Art. 54 Abs. 1 benannt hat. 32

Abs. 4 sieht vor, dass der Bevollmächtigte als Ansprechpartner für das KI-Büro und die zuständigen Behörden „neben oder anstelle des Anbieters" ansprechbar sein muss. Mit dieser Wahlmöglichkeit liegt es am Anbieter, dem KI-Büro und den Behörden den Umfang der Bevollmächtigung („neben oder anstelle") anzuzeigen bzw. in der vom Anbieter erstellten Vollmachtsurkunde kenntlich zu machen. Soweit sich der Anbieter (auch) als Ansprechpartner benennt, genügt es gleichwohl, wenn sich das KI-Büro bzw. die zuständigen Behörden nur an den Bevollmächtigten wenden. Über die Zweckmäßigkeit einer parallelen Ansprache des Bevollmächtigten und des Anbieters entscheiden das KI-Büro bzw. die zuständigen Behörden nach eigenem Ermessen. 33

Die Regelung verlangt, dass der Bevollmächtigte „sprechfähig" sein muss. Er ist verpflichtet, „in allen Fragen zu dienen, die die Gewährleistung der Einhaltung dieser Verordnung betreffen" (englische Fassung: „The mandate shall empower the authorised representative to be addressed … on all issues …"; französische Fassung: „Le mandat habilite le mandataire à servir d'interlocuteur … pour toutes les questions …"; italienische Fassung: „Il mandato consente al rappresentante autorizzato di essere interlocutore … per tutte le questioni …"; spanische Fassung: „El mandato habilitará al representante autorizado para que la Oficina de IA o las autoridades competentes se pongan en contacto con él … con referencia a toda s las cuestions …"). Die Rolle des Bevollmächtigten geht mithin weit über diejenige eines Empfangsbevollmächtigten hinaus. Er hat dem KI-Büro oder den zuständigen Behörden sachlich umfassend als „Gesprächspartner" („interlocutore") zu „dienen", dh auf Fragen zeitnah Antworten zu bieten und ggf. entsprechende Unterlagen und Informationen bereitzustellen. Auf einen „begründeten 34

Antrag" des KI-Büros oder der zuständigen Behörden kommt es nicht an, solange die Fragen die „Gewährleistung der Einhaltung dieser Verordnung betreffen".

5. Beendigung des Auftrags (Abs. 5)

35 **a) Gesetzliche Pflicht des Bevollmächtigten (Satz 1).** aa) Der Bevollmächtigte ist gesetzlich verpflichtet, seinen Auftrag im Verhältnis zum Anbieter zu beenden, wenn „er der Auffassung ist oder Grund zu der Annahme hat, dass der Anbieter gegen sein Pflichten gemäß dieser Verordnung verstößt". Mit dieser Regelung versucht die KI-VO dem Problem der begrenzten Erreichbarkeit des im Drittstaat ansässigen Anbieters des GPAI-Modells zu begegnen, indem der Bevollmächtigte ggf. nicht mehr zur Verfügung steht und der Anbieter damit unmittelbar in einen Verstoß gegen seine Pflicht aus Art. 54 Abs. 1 zur Benennung (und Beibehaltung) eines Bevollmächtigten hineinläuft. Entsprechend entfaltet die Regelung eine mittelbare Präventionswirkung, indem der Bevollmächtigte – schon aus eigenem Interesse, einen Pflichtverstoß zu vermeiden – auf den Anbieter mit dem Ziel rechtskonformen Verhaltens einwirken soll.

36 bb) Bei einem externen Bevollmächtigten folgt aus Abs. 5 ein gesetzliches Kündigungsrecht[8] für den zugrunde liegenden Geschäftsbesorgungsvertrag. Ein unternehmensintern bestellter Bevollmächtigte hat nach der ihn persönlich treffenden gesetzlichen Pflicht seine Mandatierung einseitig zu beenden bzw. das ihm übertragene Amt des Bevollmächtigten niederzulegen.

37 cc) Das Problem der gesetzlichen Formulierung liegt in der weiten subjektiven Tatbestandsvoraussetzung („wenn er der Auffassung ist oder Grund zur Annahme hat"), aufgrund derer der Bevollmächtigte seine Mandatierung zu beenden hat. Es ist unklar, in welchem Zeitpunkt, bei welcher Art Pflichtverstoß und nach welchen Kriterien er seine „Auffassung" festzustellen, ggf. zu dokumentieren und in die praktische Konsequenz der Beendigung seines Auftrags zu überführen hat. Das Gesetz formuliert weder eine Wesentlichkeitsschwelle, noch gibt es dem Bevollmächtigten eine zeitlichen Vorlauf an die Hand, um beim Anbieter auf eine Herstellung der Rechtskonformität hinzuwirken. Theoretisch müsste der Bevollmächtigte mithin bei jedem ggf. nur geringfügigen oder temporären Pflichtenverstoß des Anbieters gegen die ihn aus Art. 52, 53 und 55 *ad hoc* bzw. unverzüglich seinen Auftrag beenden.

38 dd) Das mag zwar im Sinne der vorbenannten Zielsetzung als „legislatorisches Damoklesschwert" theoretisch sinnvoll sein, um über den Bevollmächtigten mittelbar auf rechtskonformes Verhalten seitens des im Drittstaat ansässigen Anbieters hinzuwirken. In praktischer Hinsicht fehlt es aber dann doch an einer hinreichenden Flexibilität. Hier besteht Bedarf nach Auslegungshilfe durch Leitfäden und Stellungnahme seitens des KI-Büros und des KI-Gremiums.

39 ee) Zudem steht der Bevollmächtigte latent in einem Interessenkonflikt. Einerseits unterliegt er aufgrund seines Auftrags und seiner Verpflichtung, als Bevollmächtigter im Namen und mit Wirkung für den Auftraggeber zu handeln, einer gewissen Loyalitätspflicht gegenüber dem Anbieter. Andererseits hat er ab seiner Benennung jederzeit an die ihm auferlegte gesetzliche Pflicht zur Beendigung

[8] Vgl. zum Bevollmächtigten in der Medizinprodukteverordnung Rehmann/Wagner/Wagner VO (EU) 2017/745 Art. 11 Rn. 11, 12, der in der Verpflichtung des Bevollmächtigten zur Beendigung des Mandats eine öffentlich-rechtlich begründete Verpflichtung sieht; aA Willhöft/Hundemer in Lücker/Baumann MPR Art. 11 Rn. 19, der wie hier die Regelung auf ein gesetzliches Kündigungsrecht beschränkt ansieht.

seines Mandats zu denken – woran er – jedenfalls als externer Bevollmächtigter aus wirtschaftlichen Gründen, möglicherweise als interner Bevollmächtigter auch aus sonstigen Gründen – nicht unbedingt ein unmittelbares Interesse hat. Auch deswegen könnte das in der Praxis dazu führen, dass Bevollmächtigte sich dieser Aufgabe nur zögerlich stellen.

b) Informationspflicht an das KI-Büro (Satz 2). aa) Der Bevollmächtigte hat seine Beendigung des Mandats einschließlich der Gründe unverzüglich dem KI-Büro mitzuteilen. Auch hier zeigt sich das latente Spannungsverhältnis zwischen Loyalitätspflicht des Bevollmächtigten gegenüber dem Anbieter im Rahmen seines Mandats einerseits und der eigenständigen Pflicht zur Information des KI-Büros andererseits, das sodann entsprechend seiner Überwachungs- und Aufsichtsrolle mit den Befugnissen einer Marktüberwachungsbehörde ausgestattet ist (Art. 75 Abs. 1). **40**

bb) Es zeichnet sich insbesondere für den intern Bevollmächtigten eine unangenehme Zwangslage ab, wenn dieser zu der Auffassung kommt, dass der Anbieter des GPAI-Modells gegen seine Pflichten verstößt, er sodann das KI-Büro unverzüglich nach Beendigung seines Mandats über die Gründe zu informieren hat und damit möglicherweise weitere aufsichtsrechtliche Schritte des KI-Büros auslöst. Es dürfte nicht jedem Bevollmächtigten gegeben sein, sein Mandat mit der erforderlichen kritischen inneren Distanz gegenüber seinem Arbeitgeber auszuführen. Dies gilt umso mehr, als Art. 54 dem Bevollmächtigten keinen Schutz einräumt, wie ihn der Datenschutzbeauftragte nach Art. 38 Abs. 3 S. 2 DS-GVO genießt. Zugleich trägt der Bevollmächtigte das faktische Risiko, dass er sich mit seiner Auffassung irren könnte und „viel Lärm um nichts" macht, was der Wertschätzung durch seinen Arbeitgeber nicht förderlich sein dürfte. **41**

6. Open Source Ausnahme (Abs. 6)

Der Anbieter eines GPAI-Modells ist grundsätzlich von der Benennung eines Bevollmächtigten befreit, wenn er den Zugang zum GPAI-Modell und dessen Nutzung, Änderung und Verbreitung einer Open Source Lizenz unterstellt („freie und quelloffene Lizenz", englische Fassung: „free and open-source license") und dessen „Parameter, einschließlich Gewichte, Informationen über die Modellarchitektur und Informationen über die Modellnutzung" öffentlich zugänglich macht. **42**

Die Regelung vollzieht reflexartig den Grundsatz nach, dass Open Source Software vom Anwendungsbereich der KI-VO ausgenommen ist (Art. 2 Abs. 12) und die Anbieter von GPAI-Modellen gem. Art. 53 Abs. 2 nicht den Transparenzanforderungen nach Art. 53 Abs. 1 lit. a und lit. b unterliegen (technische Dokumentation des Modells, Informationen, Anbietern von KI-Systemen die Integration des GPAI-Modells in ihre KI-Systeme zu ermöglichen), wenn sie das GPAI-Modell einer Open Source Lizenz unterstellen, das den Zugang, die Nutzung, Anpassung und Verbreitung ermöglicht und die Anbieter dessen Parameter öffentlich zugänglich machen (Art. 52 Abs. 2). **43**

Die Ausnahmeregelung des Art. 54 Abs. 6 gilt nur für GPAI-Modelle mit systemischen Risiken (Art. 55); eine Parallelbestimmung für den Bevollmächtigten des in einem Drittland ansässigen Anbieters von Hochrisiko KI-Systemen existiert nicht (vgl. Art. 22). **44**

Indem die Bevollmächtigten-Regeln nicht für Open Source basierte (einfache) GPAI-Modelle gelten, ergibt sich ein Wertungswiderspruch, dass in der EU und in Drittländern ansässige Anbieter eines GPAI-Modells gem. Art. 53 Abs. 2 ledig- **45** lich von den Dokumentations- und Informationspflichten aus Art. 53 Abs. 1 lit. a und b befreit sind, nicht hingegen von ihrer weiteren Pflicht, eine Zusammenfassung der für das Training des GPAI-Modells verwenden Inhalte zu erstellen (siehe Erwgr. (104) und Art. 53 Abs. 1 lit. d).[9] Es ist nicht einzusehen, weswegen der Bevollmächtigte des im Drittland ansässigen Anbieters eines Open Source basierten GPAI-Modells insoweit untätig bleiben soll und nicht diese Zusammenfassung dem KI-Büro auf begründeten Antrag nach Art. 54 Abs. 3 lit. c aushändigen muss. Es könnte daran – auch bei einem Open Source basierten GPAI-Modell – ein gesteigertes Erkenntnis- und Rechtsdurchsetzungsinteresse geben, das über den Bevollmächtigten leichter zu befriedigen ist. Der Widerspruch lässt sich angesichts des klaren Wortlauts des Abs. 6 nicht ohne Weiteres auflösen, so dass das KI-Büro in einem solchen Fall auf die Zusammenarbeit des Anbieters ohne dessen Bevollmächtigten angewiesen ist – sofern der Anbieter den Bevollmächtigten nicht aus freien Stücken einbezieht.

III. Rechtsdurchsetzung

1. Delegierte Zuständigkeit des KI-Büros

46 Soweit der Anbieter gegen seine Pflichten aus Art. 54 Abs. 1 (Benennung des Bevollmächtigten) und Abs. 2 (Ermöglichung der Aufgabenerfüllung des Bevollmächtigten) verstößt, liegt die Rechtsdurchsetzung beim KI-Büro gem. Art. 88. Das KI-Büro handelt in delegierter Zuständigkeit nach Maßgabe der originären Zuständigkeit der EU Kommission zur Beaufsichtigung und Durchsetzung von Kapitel V (Art. 88 Abs. 1 S. 1 und 2). Dazu gehören insbesondere die Überwachungsmaßnahmen nach Art. 89, die Anforderung von Dokumentation und Informationen (Art. 91), die Durchführung von Bewertungen einschließlich eines sog. „strukturierten Dialogs" (Art. 92 Abs. 7) und die Aufforderung zu Maßnahmen (Art. 93). IRd Art. 93 kann das KI-Büro den Anbieter des GPAI-Modells „auffordern, geeignete Maßnahmen zu ergreifen, um die Verpflichtungen gemäß den Artikeln 53 und 54 einzuhalten". Letzteres betrifft also auch die Umsetzung aller Anforderungen, damit der Bevollmächtigte die gesetzlichen Anforderungen aus Art. 54 erfüllt.

47 Darüber hinaus bleibt die ergänzende Zuständigkeit der Kommission erhalten, soweit die Marktüberwachungsbehörden die Kommission um entsprechende Unterstützung gem. Art. 75 Abs. 3 ersuchen (etwa bei unzugänglichen Informationen zu einem GPAI-Modell). Dazu hat die Kommission im Einzelfall zu prüfen, ob ihre Unterstützung der betreffenden Marktüberwachungsbehörde(n) erforderlich und verhältnismäßig ist (Art. 88 Abs. 2).

2. Zurechnung der Handlungen des Bevollmächtigten

48 Gemäß dem Wesen der Bevollmächtigung sind die Handlungen und Erklärungen des Bevollmächtigten dem Anbieter des GPAI-Modells als eigene Handlungen und Erklärungen zuzurechnen, soweit er sich im Rahmen seines Mandats entsprechend den gesetzlichen Anforderungen des Art. 54 verhält.[10] Etwaige Verstöße

---

[9] Lejeune CR 2024, 693 Rn. 30, 33f.

[10] Vgl. ebenso für den benannten Vertreter nach Art. 27 DS-GVO Erwgr. (80) sowie die EDSA Guidelines 3/2018 Version 2.1 v. 12.11.2019 Ziffer 4); Lantwin ZD 2019, 14 (18); Voigt/Drexler ZD 2021, 409 (413).

gegen die ihm übertragenen Aufgaben nach Art. 54 Abs. 3 lit. a–d und Abs. 4 werden dem Anbieter nach allgemeinen Vertretungsregeln ebenso zugerechnet. Wenn der Bevollmächtigte also die Überprüfung der technischen Dokumentation, die Bereithaltung der Kopie, die Bereitstellung der erforderlichen Nachweise der Pflichterfüllung oder die geforderte Zusammenarbeit unterlässt, gilt dies unmittelbar als ein Pflichtverstoß des Anbieters. Entsprechend scheidet auch eine direkt Haftung des Vertreters gegenüber Dritten oder den Rechtsdurchsetzungsorganen grundsätzlich aus.

Etwas anderes gilt allenfalls, soweit der Bevollmächtigte sich offenkundig außerhalb der ihm übertragenen Aufgaben bewegt und dies für den Erklärungsempfänger bzw. den Empfänger einer Handlung eindeutig erkennbar ist.[11] **49**

Die Zurechnungsregel gilt ebenfalls nicht hinsichtlich der eigenständigen gesetzlichen Handlungspflicht des Bevollmächtigten, seinen Auftrag zu beenden, wenn er meint, dass der Anbieter gegen seine Pflichten aus der KI-VO verstößt (Art. 54 Abs. 5). Die KI-VO verzichtet auf eine Haftungsregel oder Sanktionierung des Bevollmächtigten; Ordnungsmaßnahmen gegen den Bevollmächtigten nach mitgliedstaatlichem Ordnungsrecht haben entsprechend keine Grundlage.[12] **50**

3. Sanktionen

Über die Ordnungsmaßnahmen der Art. 89, 91–93 hinaus kann die Kommission kraft originärer Zuständigkeit gem. Art. 101 auch Bußgelder von bis zu 3 % des gesamten weltweiten Jahresumsatzes oder 15 Millionen EUR verhängen (je nachdem, welcher Betrag höher ist), wenn der Anbieter des GPAI-Modells gegen seine Pflichten aus der KI-VO verstoßen hat (Art. 101 Abs. 1 lit. a). Dazu gehören die unmittelbaren Pflichten aus Art. 54 Abs. 1 und 2 (Benennung und Befähigung des Bevollmächtigten), ebenso wie die ihm zuzurechnenden Handlungen und Versäumnisse des Bevollmächtigten aus Art. 54 Abs. 3 und 4. Soweit die Kommission bzw. das KI-Büro Dokumente oder Informationen nach Art. 91 angefordert oder eine Maßnahme nach Art. 93 angeordnet hat und der Bevollmächtigte dem nicht für den Anbieter nachgekommen ist, ergibt sich die Rechtsgrundlage für ein Bußgeld aus Art. 101 Abs. 1 lit. b bzw. c). **51**

Abschnitt 3. Pflichten der Anbieter von KI-Modellen mit allgemeinem Verwendungszweck mit systemischem Risiko

Art. 55* Pflichten der Anbieter von KI-Modellen mit allgemeinem Verwendungszweck mit systemischem Risiko

(1) **Zusätzlich zu den in den Artikeln 53 und 54 aufgeführten Pflichten müssen Anbieter von KI-Modellen mit allgemeinem Verwendungszweck mit systemischem Risiko**

[11] Vgl. für den benannten Vertreter nach Art. 27 DS-GVO Schwartmann/Jaspers/Thüsing/Kugelmann/Kremer, DS-GVO/BDSG, DS-GVO Art. 27 Rn. 18; zum Missbrauch der Vertretungsmacht nach deutschem Recht siehe allgemein MüKoBGB/Schubert BGB § 164 Rn. 225 f.

[12] Vgl. ebenso Hilgendorf/Härtlein, KI-VO Art. 54 Rn. 5–7.

* Kapitel V (Art. 51–56) gilt gem. Art. 113 Abs. 3 Buchst. b bereits ab 2.8.2025.

a) eine Modellbewertung mit standardisierten Protokollen und Instrumenten, die dem Stand der Technik entsprechen, durchführen, wozu auch die Durchführung und Dokumentation von Angriffstests beim Modell gehören, um systemische Risiken zu ermitteln und zu mindern,

b) mögliche systemische Risiken auf Unionsebene – einschließlich ihrer Ursachen –, die sich aus der Entwicklung, dem Inverkehrbringen oder der Verwendung von KI-Modellen mit allgemeinem Verwendungszweck mit systemischem Risiko ergeben können, bewerten und mindern,

c) einschlägige Informationen über schwerwiegende Vorfälle und mögliche Abhilfemaßnahmen erfassen und dokumentieren und das Büro für Künstliche Intelligenz und gegebenenfalls die zuständigen nationalen Behörden unverzüglich darüber unterrichten,

d) ein angemessenes Maß an Cybersicherheit für die KI-Modelle mit allgemeinem Verwendungszweck mit systemischem Risiko und die physische Infrastruktur des Modells gewährleisten.

(2) [1]**Anbieter von KI-Modellen mit allgemeinem Verwendungszweck mit systemischem Risiko können sich bis zur Veröffentlichung einer harmonisierten Norm auf Praxisleitfäden im Sinne des Artikels 56 stützen, um die Einhaltung der in Absatz 1 des vorliegenden Artikels genannten Pflichten nachzuweisen.** [2]**Die Einhaltung der harmonisierten europäischen Norm begründet für die Anbieter die Vermutung der Konformität, insoweit diese Normen diese Verpflichtungen abdecken.** [3]**Anbieter von KI-Modellen mit allgemeinem Verwendungszweck mit systemischem Risiko, die einen genehmigten Praxisleitfaden nicht befolgen oder eine harmonisierte europäische Norm nicht einhalten, müssen geeignete alternative Verfahren der Einhaltung aufzeigen, die von der Kommission zu bewerten sind.**

(3) **Jegliche Informationen oder Dokumentation, die gemäß diesem Artikel erlangt werden, werden im Einklang mit den in Artikel 78 festgelegten Vertraulichkeitspflichten behandelt.**

Literatur: Bomhard/Siglmüller, AI Act – das Trilogergebnis, RDi 2024, 45; Bronner, Risikoklassifizierung, Risikobewertung und Risikominimierung nach der KI-Verordnung, KIR 2024, 55; Chibanguza/Steege, Die KI-Verordnung – Überblick über den neuen Rechtsrahmen, NJW 2024, 1769; Engel, Generative KI, Foundation Models und KI-Modelle mit allgemeinem Verwendungszweck in der KI-VO, KIR 2024, 21; Klos/Taylan, Von der Theorie zur Praxis: Die EU-KI-Verordnung effektiv umsetzen, CCZ 2024, 205; Krönke, Das europäische KI-Gesetz: Eine Verordnung mit Licht und Schatten NVwZ 2024, 529; Leffer, Automated Suspicion Algorithms – Strafverfolgung durch Künstliche Intelligenz am Beispiel der Geldwäsche, im Erscheinen; Roth-Isigkeit, Der neue Rechtsrahmen für Künstliche Intelligenz in der Europäischen Union. KIR, 2024, 15; von Welser, Die KI-Verordnung – ein Überblick über das weltweit erste Regelwerk für künstliche Intelligenz, GRUR-Prax 2024, 485.

Übersicht

I. Allgemein

KI-Modelle mit allgemeinem Verwendungszweck bilden eine eigene Kategorie innerhalb der Verordnung, die erst im Laufe des Verordnungsverfahrens Berücksichtigung gefunden hat.[1] Bedingt durch den übergreifenden Einsatz von **ChatGPT** scheint generative KI verstärkt in den Fokus des Verordnungsgebers gerückt zu sein.[2] Daher wurden zunächst „Basismodelle" (foundation models [engl.]) in den Entwurf der Verordnung aufgenommen, die in der verabschiedeten Fassung der Verordnung als KI-Modelle mit allgemeinem Verwendungszweck bezeichnet werden und einem eigenen Regelungssystem unterliegen. Ein Basismodell wurden nach Art. 3 Abs. 1 Nr. 1c des Parlamentsentwurfes[3] definiert als ein KI-Systemmodell, das auf einer breiten Datenbasis trainiert wurde, auf eine allgemeine Ausgabe ausgelegt ist und an eine breite Palette unterschiedlicher Aufgaben angepasst werden kann. Diese Begriffsbestimmung wurde in der verkündeten Verordnung jedoch wie folgt erweitert: 1

Ein KI-Modell mit allgemeinem Verwendungszweck wird nach der Begriffsbestimmung des Art. 3 Nr. 63 definiert als ein „KI-Modell […] das eine erhebliche allgemeine Verwendbarkeit aufweist und in der Lage ist, unabhängig von der Art und Weise seines Inverkehrbringens ein breites Spektrum unterschiedlicher Aufgaben kompetent zu erfüllen, und das in eine Vielzahl nachgelagerter Systeme oder Anwendungen integriert werden kann, ausgenommen KI-Modelle, die vor ihrem Inverkehrbringen für Forschungs- und Entwicklungstätigkeiten oder die Konzipierung von Prototypen eingesetzt werden". Zu diesen zählen insbesondere 2

[1] Leffer, Kapitel IV, D. Folgerungen für den Einsatz einer KI durch die GwG-Verpflichteten – Doppelte Auslagerung der Automatisierung, I. Rechtliche Regularien, 5 d), (1).

[2] So auch: Krönke NVwZ 2024, 529 (533).

[3] Abänderungen des Europäischen Parlaments vom 14.6.2023 zu dem Vorschlag für eine Verordnung des Europäischen Parlaments und des Rates zur Festlegung harmonisierter Vorschriften für künstliche Intelligenz (Gesetz über künstliche Intelligenz) und zur Änderung bestimmter Rechtsakte der Union (COM(2021)0206 – C9-0146/2021 – 2021/0106 (COD))(1) = P9_TA(2023)0236, Art. 3 Abs. 1 Nr. 1c.

große Sprachmodelle, wie Gemini (Google), GPT-4 (Open AI), Llama 3.1 (Meta) oder Luminous (Aleph Alpha).[4]

3 Stimmen in der Literatur äußerten bereits mit Blick auf die Begriffsbestimmung des Art. 3 Nr. 63, dass die Trennschärfe der Definition sich erst noch erweisen müsse.[5] Denn die Bestrebungen der Anbieter könnten dahin gehen, die Verwendbarkeit des KI-Modells künstlich einzuschränken, um auf diese Weise die mit einer allgemeinen Verwendbarkeit einhergehenden Pflichten auszuschließen.[6] Es bleibt abzuwarten, ob derartige Entwicklungen eintreten werden, da jedenfalls der allgemeine Verwendungszweck des KI-Modells und die damit einhergehenden Nutzungsmöglichkeiten für die Monetarisierung von erheblicher Bedeutung sind.[7]

II. Verhältnis zu anderen Regelungen

4 Durch die Art. 51–56 wird für KI-Systeme mit allgemeinem Verwendungszweck ein **eigenes Regelungssystem** geschaffen, das neben dem gestuften, risikobasierten Ansatz der Verordnung angesiedelt ist.[8] Die Parallelität der Regelungssysteme verdeutlicht, dass der risikobasierte Ansatz der Verordnung – mit Ausnahme von Art. 5, Art. 51 ff. –, nicht die Technologie der Künstlichen Intelligenz in den Fokus der Regulierungstätigkeit des Verordnungsgebers stellt, sondern vielmehr deren Anwendungsfälle reguliert werden.[9] Diese Herangehensweise wird durch die Art. 51 ff. durchbrochen.

5 Innerhalb der KI-Modelle mit allgemeinem Verwendungszweck differenziert die Verordnung wiederum zwischen KI-Modellen mit allgemeinem Verwendungszweck von denen ein **systemisches Risiko** ausgeht und Modellen, von denen kein solches Risiko ausgeht.[10] Die Einstufung von KI-Modellen mit allgemeinem Verwendungszweck als KI-Modelle mit allgemeinem Verwendungszweck mit systemischem Risiko erfolgt anhand von Art. 51, soweit das KI-Modell mit allgemeinem Verwendungszweck entweder über Fähigkeiten mit hohem Wirkungsgrad verfügt oder einem der in **Anhang XIII** festgelegten Kriterien der Kommission entspricht. Dabei findet auch die **Vermutungsregelung des Art. 51 Abs. 2** Anwendung.

6 Im Einzelnen ist bezüglich der Einstufung daher auf die Ausführungen zu Art. 51[11] zu verweisen.[12] Art. 51 sieht anstelle einer herkömmlichen Definition des systemischen Risikos ein Einstufungsverfahren vor, anhand dessen KI-Modelle mit

---

[4] Die Auswahl der Beispiele orientiert sich an: von Welser GRUR-Prax 2024, 485 (487).

[5] Vgl. unter anderem: Engel KIR 2024, 21 (22).

[6] Engel KIR 2024, 21 (22); Bomhard/Siglmüller RDi 2024, 45 (50).

[7] Engel KIR 2024, 21 (22).

[8] Chibanguza/Steege NJW 2024, 1769 (1774) Rn. 47; Roth-Isigkeit KIR, 2024, 15 (17); Bronner KIR 2024, 55 (60); Klos/Taylan CCZ 2024, 205 (209).

[9] Roth-Isigkeit KIR, 2024, 15 (17).

[10] Eine detaillierte Darstellung zu den KI-Modellen mit allgemeinem Verwendungszweck sowie eine grafische Darstellung zur Entstehung eines KI-Systems aus einzelnen KI-Modellen findet sich in: Leffer, Kapitel IV, D. Folgerungen für den Einsatz einer KI durch die GwG-Verpflichteten – Doppelte Auslagerung der Automatisierung, I. Rechtliche Regularien, 5 d); Abbildung 18.

[11] → Art. 51.

[12] Erwgr. 110 enthält eine Darstellung der Vielzahl der Risiken.

allgemeinem Verwendungszweck mit systemischem Risiko zu identifizieren sind.[13] Daneben ist ein systemisches Risiko nach der Begriffsbestimmung des Art. 3 Nr. 65 ein Risiko, das für die Fähigkeiten mit hoher Wirkkraft von KI-Modellen mit allgemeinem Verwendungszweck spezifisch ist und aufgrund deren Reichweite oder aufgrund tatsächlicher oder vernünftigerweise vorhersehbarer negativer Folgen für die öffentliche Gesundheit, die Sicherheit, die öffentliche Sicherheit, die Grundrechte oder die Gesellschaft insgesamt erhebliche Auswirkungen auf den Unionsmarkt hat, die sich in großem Umfang über die gesamte Wertschöpfungskette hinweg verbreiten können.[14] Fähigkeiten mit hoher Wirkungskraft bezeichnet nach der Begriffsbestimmung des Art. 3 Nr. 64 Fähigkeiten, die den bei fortschrittlichsten KI-Modellen mit allgemeinem Verwendungszweck festgestellten Fähigkeiten entsprechen oder diese übersteigen. Es handelt sich insofern um einen Spezialfall der KI-Modelle mit allgemeinem Verwendungszweck deren Anbietern – wie nachfolgend dargestellt – spezielle Pflichten auferlegt werden.

Neben den gem. Art. 53 für Anbieter von KI-Modelle mit allgemeinem Verwendungszweck geltenden Pflichten findet auch der Pflichtenkatalog nach Art. 55 Anwendung, soweit die KI-Modelle darüber hinaus systemische Risiken aufweisen. Art. 55 ist Teil des zweistufigen Ansatzes innerhalb der Systematik der KI-Modelle mit allgemeinem Verwendungszweck. Während nach Art. 53 Abs. 1 Buchst. a auf der ersten Stufe technische Dokumentationen vorzuhalten sind, werden mit Art. 55 auf der zweiten Stufe weitere Anforderungen für Anbieter von KI-Modellen mit allgemeinem Verwendungszweck mit systemischem Risiko auferlegt. Art. 55 findet damit zusätzlich zu den in den Art. 53 und 54 aufgeführten Pflichten der Anbieter von KI-Modellen mit allgemeinem Verwendungszweck Anwendung und legt den Adressaten aufgrund des besonderen Risikopotentials umfangreichere Pflichten auf. 7

III. Adressat

Adressaten der Pflichten des Art. 55 sind **Anbieter** von KI-Modellen mit allgemeinem Verwendungszweck mit systemischem Risiko. Die Beanspruchung des Anbieters hinsichtlich dieser Pflichten entspricht dem üblichen produktsicherheitsrechtlichen Ansatz des europäischen Richtlinien- und Verordnungsgebers.[15] Anbieter von KI-Modellen mit allgemeinem Verwendungszweck mit systemischem Risiko nehmen entlang der KI-Wertschöpfungskette eine besondere Rolle und Verantwortung wahr, da die von ihnen bereitgestellten Modelle die Grundlage für eine Reihe von nachgelagerten Systemen bilden können.[16] 8

Anbieter von KI-Modellen mit allgemeinem Verwendungszweck mit systemischem Risiko unterliegen gem. Erwgr. 114, S. 1 zusätzlich zu den Pflichten für Anbieter von KI-Modellen mit allgemeinem Verwendungszweck spezifischen Pflichten, die darauf abzielen, diese Risiken zu ermitteln und zu mindern sowie ein angemessenes Maß an Cybersicherheit zu gewährleisten, unabhängig davon, ob es als eigenständiges Modell bereitgestellt wird oder in ein KI-System oder ein Produkt eingebettet ist. Dieses Erfordernis wird durch die Pflichten des Art. 55 abgebildet. 9

[13] Engel KIR 2024, 21 (23).
[14] Weitere Einzelheiten zu den Risiken ergeben sich aus Erwgr. 110.
[15] Roth-Isigkeit KIR 2024, 15 (17).
[16] Erwgr. 101, S. 1.

10 Nicht adressiert von Art. 55 werden hingegen Betreiber (Art. 3 Nr. 4) von KI-Modellen, denen insofern durch den Einsatz eines KI-Modells mit allgemeinem Verwendungszweckkeine weiteren Pflichten auferlegt werden.

IV. Pflichtenkatalog des Art. 55

11 Die Pflichten des Art. 55 bilden mit Blick auf das besondere Risikopotential der KI-Modelle mit allgemeinem Verwendungszweck mit systematischem Risiko gesteigerte Anforderungen ab, die durch die Anbieter erfüllt werden müssen. Während der Pflichtenkatalog des Art. 53 im Wesentlichen die Erstellung und Aktualisierung von Dokumentationen und Informationen vorsieht, obliegt Anbietern nach Art. 55 eine risikobasierte Bewertung des KI-Modells mit allgemeinem Verwendungszweck mit systemischem Risiko anhand der vorgegebenen Kriterien. Dabei erwartet das Büro für Künstliche Intelligenz eine proaktive Berichterstattung durch den Anbieter, sei es im Rahmen von Verpflichtungen nach einem Praxisleitfaden oder im Rahmen des Nachweises alternativer geeigneter Verfahren zum Nachweis der Anforderungen iSv Art. 55 Abs. 2 S. 3.[17]

1. Modellbewertung (Abs. 1 Buchst. a)

12 Anbieter von KI-Modellen mit allgemeinem Verwendungszweck mit systemischem Risiko müssen eine Modellbewertung durchführen. Diese Modellbewertung ist anhand von standardisierten Protokollen und Instrumenten vorzunehmen, welche dem Stand der Technik entsprechen müssen. Dazu ist insbesondere eine Bewertung des Modells – vor seinem ersten Inverkehrbringen – durchzuführen, wozu auch die Durchführung und Dokumentation von Angriffstests gehören, gegebenenfalls auch im Rahmen interner oder unabhängiger externer Tests.[18] Der Rückgriff auf standardisierte Protokolle und Instrumente ermöglicht zum einen eine Vergleichbarkeit mit anderen KI-Modellen, zum anderen liegt auf diese Weise ein vordefinierter Prüfungsmaßstab vor.

2. Risikobewertung und -minderung (Abs. 1 Buchst. b)

13 Neben der Modellbewertung nach Abs. 1 Buchst. a müssen Anbieter von KI-Modellen mit allgemeinem Verwendungszweck mit systemischem Risiko mögliche systemische Risiken auf Unionsebene – einschließlich ihrer Ursachen –, die sich aus der Entwicklung, dem Inverkehrbringen oder der Verwendung von KI-Modellen mit allgemeinem Verwendungszweck mit systemischem Risiko ergeben können bewerten und mindern. Die Pflicht zur Risikobewertung und -minderung stellt eine fortlaufende Pflicht der Anbieter dar.[19] Die vom Anbieter zu treffenden Maßnahmen müssen wirksam [engl. effective], angemessen [engl. adequate] und

---

[17] Approval of the content of the draft Communication from the Commission – Guidelines on the scope of the obligations for general-purpose AI models established by Regulation (EU) 2024/1689 (AI Act), Rn. 102.

[18] Erwgr. 114, S. 2.

[19] Erwgr. 114, S. 3; Approval of the content of the draft Communication from the Commission – Guidelines on the scope of the obligations for general-purpose AI models established by Regulation (EU) 2024/1689 (AI Act), Rn. 24.

proportional zu den systemischen Risiken [engl. proportionate tot he systemic risk) ausgestaltet sein.[20]

Dazu sollten Anbieter unter anderem die Einführung von Risikomanagementstrategien, wie Verfahren der Rechenschaftspflicht und Governance-Verfahren, die Umsetzung der Beobachtung nach dem Inverkehrbringen, die Ergreifung geeigneter Maßnahmen während des gesamten Lebenszyklus des Modells und die Zusammenarbeit mit einschlägigen Akteuren entlang der KI-Wertschöpfungskette, vorsehen.[21] Eine eindeutige Abgrenzung zwischen dem Modell und dessen Lebenszyklus wird dabei durch die Kommission als schwierig eingestuft, sodass der Begriff „Lebenszyklus" in einem weiten Sinne zu verstehen ist und eine Parallelität zwischen den Begriffen „Modell" und „Lebenszyklus" gesehen wird.[22] Die Kommission geht daher davon aus, dass der Lebenszyklus mit dem umfassenden Vortraining eines Modells beginnt.[23] Jede nach diesem Zeitpunkt erfolgende Änderung oder Weiterentwicklung führt folglich nicht zur Entstehung eines neuen Modells, unabhängig davon, ob die Weiterentwicklung vor oder nach dem Inverkehrbringen vorgenommen wurde.[24]

3. Vorgehen bei schwerwiegenden Vorfällen und Abhilfemaßnahmen (Abs. 1 Buchst. c)

Der Anbieter stellt die Schnittstelle zum Büro für Künstliche Intelligenz sowie 14
den nationalen Behörden dar. Aus diesem Grund sieht Abs. 1 Buchst. c Pflichten des Anbieters vor, die die Zusammenarbeit bzw. das Vorgehen bei schwerwiegenden Vorfällen und Abhilfemaßnahmen regeln. Erwartet wird ein proaktives Vorgehen des Anbieters.[25]

Der Anbieter muss einschlägige Informationen über schwerwiegende Vorfälle und mögliche Abhilfemaßnahmen erfassen und dokumentieren, um anschließend das Büro für Künstliche Intelligenz und gegebenenfalls die zuständigen nationalen Behörden **unverzüglich unterrichten** zu können.

a) Einschlägige Informationen. Um für die beteiligten Stellen eine geeig- 15
nete Informationsbasis zu schaffen, auf deren Basis sie eine sachkundige Entscheidung in Bezug auf das KI-Modell treffen können, müssen Anbieter einschlägige Informationen erfassen, **dokumentieren** und im Rahmen der **Unterrichtung** an die zuständigen Stellen weitergeben. Aus diesem Grund werden bestimmte

---

[20] Approval of the content of the draft Communication from the Commission – Guidelines on the scope of the obligations for general-purpose AI models established by Regulation (EU) 2024/1689 (AI Act), Rn. 24.

[21] Erwgr. 114, S. 3.

[22] Approval of the content of the draft Communication from the Commission – Guidelines on the scope of the obligations for general-purpose AI models established by Regulation (EU) 2024/1689 (AI Act), Rn. 23.

[23] Approval of the content of the draft Communication from the Commission – Guidelines on the scope of the obligations for general-purpose AI models established by Regulation (EU) 2024/1689 (AI Act), Rn. 23.

[24] Approval of the content of the draft Communication from the Commission – Guidelines on the scope of the obligations for general-purpose AI models established by Regulation (EU) 2024/1689 (AI Act), Rn. 23.

[25] Approval of the content of the draft Communication from the Commission – Guidelines on the scope of the obligations for general-purpose AI models established by Regulation (EU) 2024/1689 (AI Act), Rn. 103.

Anforderungen an die Qualität und den Umfang der bereitzuhaltenden Informationen gestellt.

16 Die fraglichen Informationen müssen daher unter anderem eine Dokumentation der **schwerwiegenden Vorfälle** enthalten sowie der bereits getroffenen sowie anstehenden Abhilfemaßnahmen. Darüber hinaus sind auch solche Informationen über die erkannten Risiken oder sonstigen Umstände des Sachverhalts von der Verpflichtung erfasst, die für eine Entscheidung der beteiligten Stellen von Relevanz sind. Es ist davon auszugehen, dass der Verordnungsgeber bewusst keine konkrete Vorgabe hinsichtlich der einschlägigen Informationen machen wollte, da die Relevanz und damit die Einschlägigkeit der Informationen im Einzelfall variieren kann.

17 **aa) Schwerwiegender Vorfall.** Der Begriff des schwerwiegenden Vorfalls wird durch die Begriffsbestimmung des Art. 3 Nr. 49 definiert als einen Vorfall oder eine Fehlfunktion bezüglich eines KI-Systems, das bzw. die direkt oder indirekt eine der nachstehenden Folgen hat. Diese **Folgen** können der Tod oder die schwere gesundheitliche Schädigung einer Person (Buchst. a), eine schwere und unumkehrbare Störung der Verwaltung oder des Betriebs kritischer Infrastrukturen (Buchst. b), die Verletzung von Pflichten aus den Unionsrechtsvorschriften zum Schutz der Grundrechte (Buchst. c) oder schwere Sach- oder Umweltschäden (Buchst. d) sein. Diese Definition nimmt jedoch ausdrücklich keinen Bezug zu KI-Modellen, sondern KI-Systemen, welche inhaltlich nicht gleichzusetzen sind, sodass eine Anwendung der Begriffsbestimmung in diesem Kontext zunächst fragwürdig erscheint.[26] Jedoch ist mit Blick auf den Sinn und Zweck dieser Begriffsbestimmung hervorzuheben, dass der Fokus der Betrachtung nicht auf der Bezugnahme auf das KI-Systems liegt, sondern vielmehr auf der Schädigung, woraus sich ableiten ließe, dass sie – trotz des abweichenden Bezugspunktes – auch im gegebenen Kontext Anwendung finden könnte.

Erweitert wird der Regelungsinhalt der Verordnung durch den von der Kommission veröffentlichten Praxisleitfaden. In diesem nimmt die Kommission ausdrücklich Bezug auf schwerwiegende Verstöße gegen die Cybersicherheit im Zusammenhang mit dem Modell seiner physischen Infrastruktur erfasst, einschließlich der (selbständigen) Exfiltration von Modellparametern und Cyberangriffen, da diese Auswirkungen auf die in Art. 55 Abs. 1 Buchst. b und Buchst. d vorgesehenen Verpflichtungen haben.[27]

18 Ausgehend von der dargestellten Begriffsbestimmung – und ihre zumindest mittelbare Anwendbarkeit vorausgesetzt – wird deutlich, dass die dem Anbieter nach Abs. 1 Buchst. c auferlegten Pflichten, an Schädigungsereignisse mit durchgehend erheblichen Folgen anknüpfen. Dabei sind Gegenstand der Schädigung sowohl natürliche Personen, kritische Infrastrukturen, Grundrechte sowie Sachen von erheblichem Wert und die Umwelt. Bemerkenswert ist, dass zur Definition des schwerwiegenden Vorfalls insofern nicht auf das schadenbringende Ereignis (zB einen technischen Fehler oder einen Angriff von außen), sondern auf die Folgen des Vorfalls abgestellt wird, welche insgesamt als Kapitalschäden zu qualifi-

---

[26] Zu den Einzelheiten der Differenzierung: Leffer, Kapitel IV, D. Folgerungen für den Einsatz einer KI durch die GwG-Verpflichteten – Doppelte Auslagerung der Automatisierung, I. Rechtliche Regularien, 5 d); Abbildung 18.

[27] Approval of the content of the draft Communication from the Commission – Guidelines on the scope of the obligations for general-purpose AI models established by Regulation (EU) 2024/1689 (AI Act), Rn. 103.

zieren sind und teilweise auch durch eigenständige Regelungswerke geschützt werden.[28]

bb) Mindestinformationsgehalt. Mit Blick auf die Bezugspunkte des Abs. 1 Buchst. c (Vorfälle und Abhilfemaßnahmen) ist davon auszugehen, dass einschlägige Informationen zumindest folgende Angaben enthalten sollten: 19
- Art des Vorfalls
- Zeitpunkt des Vorfalls
- Unmittelbare Auswirkungen des Vorfalls
- Mögliche Abhilfemaßnahmen (dh konkret zur Verfügung stehende Maßnahmen) sowie ihre Auswirkungen oder Erfolgswahrscheinlichkeiten
- Bereits getroffene Abhilfemaßnahmen sowie ihre Auswirkungen

b) Erfassen und dokumentieren. Der Anbieter muss zunächst gem Abs. 1 Buchst. c einschlägige Informationen über schwerwiegende Vorfälle und mögliche Abhilfemaßnahmen erfassen und dokumentieren. Diese Maßnahmenpflicht ist auf den internen Umgang des Anbieters mit einschlägigen Informationen gerichtet, wohingegen die Unterrichtung die externe Kommunikation mit dem Büro für Künstliche Intelligenz sowie mit den zuständigen nationalen Behörden adressiert. 20

Die Begriffe „Erfassen" und „Dokumentieren" werden durch die Verordnung nicht legaldefiniert. Erkennbar ist jedoch bereits anhand des Regelungskontextes, dass die Anbieterpflicht dabei nicht auf eine reine Aufzeichnung der Vorfälle beschränkt sein soll, sondern vielmehr durch das Dokumentieren und Erfassen „möglicher" Abhilfemaßnahmen auch eine Analyse und Bewertung der Abhilfemaßnahmen impliziert. 21

Das **Erfassen** der einschlägigen Informationen ist vor diesem Hintergrund zu verstehen als das Sammeln und Zusammentragen von Informationen über Vorfälle und Abhilfemaßnahmen. Es handelt sich insofern um einen Informationsbeschaffungsprozess innerhalb der Sphäre des Anbieters. 22

Das **Dokumentieren** hingegen bezieht sich auf die Verkörperung und Fixierung, dh Maßnahmen des Anbieters, um die gewonnenen und zusammengetragenen Informationen nachzuhalten, dh beispielsweise eine schriftliche oder digitale Fixierung der Informationen in einer nachvollziehbaren, vollständigen und strukturierten Art und Weise, die zur Weitergabe an die beteiligten Stellen im Rahmen der Unterrichtung geeignet ist. 23

Durch das Erfassen und Dokumentieren werden die – bis dato nur beim Anbieter vorliegenden Informationen – nutzbar gemacht und stehen durch die Unterrichtung des Büros für Künstliche Intelligenz und der zuständigen nationalen Behörden einer weiteren Verwertung und Kenntnisnahme offen. Diese Maßnahmen sind folglich als **Sicherungsinstrumente** zu qualifizieren, die den beteiligten Stellen eine Bewertung der Sicherheitsanforderungen sowie eine effiziente Anpassung mit Blick auf die eingetretenen Vorfälle ermöglichen soll. Nicht zuletzt bilden sie die Transparenz- sowie Nachweisanforderungen der Verordnung. 24

c) Unterrichtung. Darüber hinaus beinhaltet Abs. 1 Buchst. c eine Unterrichtungspflicht, nach der Anbieter verpflichtet sind, das Büro für Künstliche Intelligenz und gegebenenfalls die zuständigen nationalen Behörden über schwerwiegende Vorfälle und mögliche Abhilfemaßnahmen zu unterrichten. Insofern regelt Buchst. c neben der internen Behandlung die externe Kommunikation der Anbieter mit dem Büro für Künstliche Intelligenz. 25

---

[28] Vgl. beispielhaft der Schutz Kritischer Infrastrukturen durch das BSIG.

26 Die Unterrichtung erstreckt sich auf die im Rahmen der internen Analyse ermittelten einschlägigen Informationen über schwerwiegende Vorfälle und mögliche Abhilfemaßnahmen. Übergeordnetes Ziel dieser Pflicht ist es, dem Büro für Künstliche Intelligenz und gegebenenfalls den zuständigen nationalen Behörden die notwendigen Informationen zur Verfügung zu stellen, damit diese ihre Rechte und Pflichten wirksam ausüben können.

27 In Ermangelung konkreter Anforderungen des Buchst. c an den Umfang der Unterrichtungspflicht ist basierend auf Überlegungen zum Sinn und Zweck der Regelung davon auszugehen, dass die Unterrichtung klar, präzise und umfassend zu erfolgen hat, um eine transparente und effektive Zusammenarbeit zwischen den Beteiligten zu ermöglichen.

28 Die Unterrichtung des Büros für Künstliche Intelligenz und gegebenenfalls der zuständigen nationalen Behörden durch den Anbieter hat **unverzüglich** zu erfolgen. Die Unverzüglichkeit der Unterrichtung ist gegeben, sofern der Anbieter nach Kenntnis von dem schwerwiegenden Vorfall ohne schuldhaftes Zögern reagiert und mit dem Büro für Künstliche Intelligenz bzw. der nationalen Behörde die ihm zu diesem Zeitpunkt zur Verfügung stehenden einschlägigen Informationen zum Vorfall und/oder den getroffenen Abhilfemaßnahmen zur Verfügung stellt. Mit Blick auf § 121 Abs. 1 S. 1 BGB ist anzumerken, dass der Begriff „unverzüglich" zumindest der deutschen Rechtsordnung nicht fremd ist. Auch wenn aus systematischen Gründen mit Blick auf den Anwendungsvorrang des Unionsrechts eine direkte Heranziehung der einschlägigen Definition ausscheiden muss, kann im Sinne einer einheitlichen Rechtsauslegung (auch auf europäischer Ebene) eine im Wesentlichen inhaltlich gleiche Betrachtungsweise auch hier herangezogen werden und in Bezug auf die Unverzüglichkeit der Unterrichtung auf das unmittelbare Tätigwerden des Anbieters abgestellt werden. Insoweit ist von einer unverzüglichen Unterrichtung auszugehen, sofern der Anbieter sich nach Kenntnis des Vorfalles ohne vermeidbare Verzögerungen an das Büro für Künstliche Intelligenz bzw. die nationale Behörde wendet.

4. Cybersicherheitsniveau (Abs. 1 Buchst. d)

29 Anbieter von KI-Modellen mit allgemeinem Verwendungszweck mit systemischem Risiko müssen ein angemessenes Maß an Cybersicherheit für die KI-Modelle selbst und die physische Infrastruktur des Modells gewährleisten. Denn Cybersicherheit spielt im Zusammenhang mit KI-Systemen und -Modellen eine entscheidende Rolle.

30 Nach Erwgr. 115, S. 3 sollte beim Schutz der Cybersicherheit im Zusammenhang mit systemischen Risiken, die mit böswilliger Nutzung oder böswilligen Angriffen verbunden sind, der unbeabsichtigte Modelldatenverlust, die unerlaubte Bereitstellung, die Umgehung von Sicherheitsmaßnahmen und der Schutz vor Cyberangriffen, unbefugtem Zugriff oder Modelldiebstahl gebührend beachtet werden. Dieser Schutz könnte durch die Sicherung von Modellgewichten, Algorithmen, Servern und Datensätzen erleichtert werden, zB durch Betriebssicherheitsmaßnahmen für die Informationssicherheit, spezifische Cybersicherheitsstrategien, geeignete technische und etablierte Lösungen sowie Kontrollen des physischen Zugangs und des Cyberzugangs, die den jeweiligen Umständen und den damit verbundenen Risiken angemessen sind.[29]

---

[29] Erwgr. 115, S. 3.

31 Durch Art. 55 Abs. 1 Buchst. d wird der Anwendungsbereich des Art. 15, der ausschließlich auf Hochrisiko-KI-Systeme Anwendung findet, auf KI-Modelle mit allgemeinem Verwendungszweck erweitert. Dies erscheint insbesondere mit Blick auf Erwgr. 76 nicht verwunderlich, da die Angriffsmethoden und Ziele sowohl für Hockrisiko-KI-Systeme als auch KI-Modelle mit allgemeinem Verwendungszweck gleichbleiben und daher sämtliche Kategorien über ein angemessenes Maß an Cybersicherheit verfügen sollten, um eine ausreichende Widerstandsfähigkeit aufweisen zu können.

32 Darüber hinaus können nach Erwgr. 85, S. 1 KI-Modelle mit allgemeinem Verwendungszweck auch als eigenständige Hochrisiko-KI-Systeme eingesetzt werden oder Komponenten anderer Hochrisiko-KI- sein.[30] Insofern wäre es widersprüchlich ausschließlich für Hochrisiko-KI-Systeme Anforderungen an Cybersicherheit zu etablieren.

33 Neben dem KI-Modell an sich, ist auch für die physische Infrastruktur des Modells ein angemessenes Maß an Cybersicherheit zu gewährleisten, wozu sich – ebenso wie bei Hockrisiko-KI-Systemen (vgl. Erwgr. 76, S. 2) – Maßnahmen, wie Sicherheitskontrollen eignen.

Das Büro für Künstliche Intelligenz kann bei seiner Bewertung des Cybersicherheitsniveaus berücksichtigen, ob der Anbieter relevante technische Standards umgesetzt hat, insbesondere bei Veröffentlichung harmonisierter Normen im Amtsblatt der Europäischen Kommission.[31]

V. Übergangsregelung (Abs. 2)

34 Abs. 2 sieht eine Übergangsregelung bis zur Veröffentlichung von **harmonisierten Normen** vor. Danach können sich Anbieter von KI-Modellen mit allgemeinem Verwendungszweck mit systemischem Risiko bis zur Veröffentlichung einer harmonisierten Norm auf **Praxisleitfäden** iSd Art. 56 stützen, um die Einhaltung der in Art. 55 Abs. 1 genannten Pflichten nachzuweisen. Am 18.7.2025 hat die Kommission einen Praxisleitfaden zur Konkretisierung der Anforderungen an KI-Modelle mit allgemeinem Verwendungszweck erlassen, der am 2.8.2025 in Kraft getreten ist.[32]

Diese Übergangsregelung ist dem Umstand geschuldet, dass der angestrebte Zustand (dh das Vorliegen harmonisierter Normen) nicht unmittelbar mit dem Inkrafttreten der Verordnung erreicht werden konnte, sodass eine vorübergehende Orientierung an den Praxisleitfäden, anstelle der harmonisierten Normen, ermöglicht wird.[33]

---

[30] Leffer, Kapitel IV, D. Folgerungen für den Einsatz einer KI durch die GwG-Verpflichteten – Doppelte Auslagerung der Automatisierung, I. Rechtliche Regularien, 5 d); Abbildung 18.

[31] Approval of the content of the draft Communication from the Commission – Guidelines on the scope of the obligations for general-purpose AI models established by Regulation (EU) 2024/1689 (AI Act), Rn. 104.

[32] Approval of the content of the draft Communication from the Commission – Guidelines on the scope of the obligations for general-purpose AI models established by Regulation (EU) 2024/1689 (AI Act).

[33] Eine allgemeine Übersicht zum Zeitplan und dem Inkrafttreten der Vorschriften der KI-Verordnung findet sich bei: Klos/Taylan CCZ 2024, 205.

35 Die gleichen Verpflichtungen bestehen darüber hinaus nach Art. 53 Abs. 4 zudem für Anbieter von KI-Modellen mit allgemeinem Verwendungszweck, für die kein systemisches Risiko besteht.

36 Art. 55 Abs. 5 ist iVm Art. 40 Abs. 1 zu betrachten. Auf Basis der zuvor genannten Normen wird bei Hochrisiko-KI-Systemen oder den vorliegend betrachteten KI-Modellen mit allgemeinem Verwendungszweck mit systemischem Risiko, die mit harmonisierten Normen oder Teilen davon übereinstimmen, eine Konformität mit den Anforderungen der Art. 8–15 oder gegebenenfalls mit den Pflichten gem. Kapitel V Abschnitte 2 und 3 vermutet, soweit diese Anforderungen oder Verpflichtungen von den Normen abgedeckt sind. Voraussetzung ist jedoch, dass die Fundstellen der harmonisierten Normen gem. der Verordnung (EU) 1025/2012 im Amtsblatt der Europäischen Union veröffentlicht wurden und die zu belegenden Anforderungen, mit denen der harmonisierten Norm übereinstimmen.

37 Der Begriff der **harmonisierten Norm** – wie er in Art. 55 Abs. 2 verwendet wird – wird nicht eigenständig durch die vorliegend betrachtete Verordnung definiert. Vielmehr ist dazu eine allgemeine europarechtliche Betrachtungsweise heranzuziehen. Der Begriff der harmonisierten Norm wird übergreifend durch die Verordnung (EU) 1025/2012 festgelegt. Harmonisierten Normen in diesem Sinne bilden eine besondere Kategorie der europäischen Normen. Nach der Begriffsbestimmung des Art. 2 Nr. 1 Buchst. d Verordnung (EU) 1025/2012 wird eine harmonisierte Norm definiert als eine europäische Norm, die auf der Grundlage eines Auftrags der Kommission zur Durchführung von Harmonisierungsrechtsvorschriften der Union angenommen wurde. In Bezug auf die Einzelheiten des Normungsprozesses ist insofern auf die Ausführungen zu Art. 40 zu verweisen.

38 Als **europäische Normen** werden die harmonisierten Normen von den europäischen Normungsorganisationen, dh CEN, Cenelec und ETSI, verabschiedet.[34] Zur weiteren Harmonisierung werden europäische harmonisierte Normen national umgesetzt. Die Einhaltung der Normen obliegt dem Anbieter, ist mithin freiwillig,[35] sie ermöglicht ihm jedoch einen vereinfachten Nachweis der abgefragten Anforderungen und trägt damit zur Entlastung bei.

1. Vermutungswirkung (Abs. 2 S. 2)

39 Zugunsten der Anbieter, die harmonisierte europäische Normen einhalten, wird die **Konformität** des KI-Modells vermutet, soweit diese Normen die fraglichen Verpflichtungen abdecken. Durch die Vermutungswirkung entfällt die Darlegungs- und Beweislast der Anbieter in Bezug auf das Vorliegen der Voraussetzungen der Konformität ihres KI-Modells. Aus Sicht der Anbieter bringt diese Regelung ein hohes Maß an Rechtssicherheit mit sich, da sie während der Übergangsphase geschützt werden und ihnen nicht auferlegt wird, selbstständig die Konformitätsanforderungen zu ermitteln.

2. Geeignete alternative Verfahren (Abs. 2 S. 3)

40 Anbieter von KI-Modellen mit allgemeinem Verwendungszweck mit systemischem Risiko hingegen, die einen genehmigten Praxisleitfaden nicht befolgen

[34] Vgl. dazu Erwgr. 4 Verordnung (EU) 1025/2012.

[35] In der Mehrheit der Fälle ist die Anwendung der harmonisierten europäischen Normen freiwillig.

oder eine harmonisierte europäische Norm nicht einhalten, müssen nach Abs. 2 S. 3 **geeignete alternative Verfahren** der Einhaltung aufzeigen, die von der Kommission zu bewerten sind.

Den Anbietern obliegt insofern die Wahlmöglichkeit sich auf einen Praxisleitfaden zu berufen oder alternative eigene geeignete Verfahren zu verwenden. Die Verantwortung für den Nachweis nach Abs. 2 S. 3 obliegt jedoch dem Anbieter. Im Vergleich zu der Vermutungswirkung des Abs. 2 S. 2 werden Anbieter, die auf geeignete alternative Verfahren zurückgreifen, faktisch schlechter gestellt, da zusätzlich eine Bewertung durch die Kommission erforderlich ist. Dies lässt sich jedoch damit begründen, dass die Überprüfung der Konformität in diesen Fällen nicht standardisiert erfolgen kann und folglich einer gesonderten Prüfinstanz bedarf. 41

a) Geeignetheit der alternativen Verfahren. Anstelle genehmigter Praxisleitfäden nach Art. 55 oder einer harmonisierten europäischen Norm, können Anbieter von KI-Modellen mit allgemeinem Verwendungszweck mit systemischem Risiko nach Abs. 2 S. 3 geeignete alternative Verfahren aufzeigen. Diese Verfahren müssen so gestaltet sein, dass sie den Nachweis der Konformitätsbewertung in gleichem Maße abbilden können, wie die Praxisleitfäden, und damit sicherstellen, dass die Anforderungen der Verordnung eingehalten wurden. Als Nachweise eignen sich beispielsweise mit Blick auf die Cybersicherheit eines KI-Modells Zertifizierungen oder andere branchenspezifische Standards, die durch unabhängige Prüfstellen nachgewiesen werden könnten. Genaue Anhaltspunkte zu den Nachweisen lassen sich aus der Verordnung nicht ableiten und werden sich vermutlich im Rahmen der praktischen Umsetzung detaillierter ausgestalten. 42

Die Anforderung der **Geeignetheit** dieser alternativen Verfahren verlangt, dass sie in gleicher Weise Aufschluss über die darzulegenden Anforderungen ermöglichen und damit in gleichem Maße dem Nachweiszweck dienen, wie die durch die Praxisleitfäden bzw. harmonisierten Normen abgebildeten Nachweise. 43

b) Bewertung durch die Kommission. Die vom Anbieter gewählten alternativen Verfahren werden durch die Kommission auf ihre Geeignetheit geprüft. Denn die Praxisleitfäden sind – im Gegensatz zu den alternativen Verfahren – bereits erprobt. Um ein angemessenes Sicherheitsniveau zu gewährleisten, wird die Kommission als Prüfinstanz tätig. 44

VI. Vertraulichkeit (Abs. 3)

Das Büro für Künstliche Intelligenz und gegebenenfalls die zuständigen nationalen Behörden behandeln jegliche Informationen oder Dokumentation, die sie gem. Art. 55 erlangen, in Einklang mit den in Art. 78 festgelegten Vertraulichkeitspflichten. Gem Art. 78 wird die Vertraulichkeit der Informationen und Daten gem. dem Unionsrecht oder dem nationalen Recht umfassend geschützt. 45

Aufgrund der ausdrücklichen Vertraulichkeitsverpflichtung nach Abs. 3 müssen Anbieter, die die nach dieser Verordnung erforderlichen Informationen den zuständigen Beteiligten zur Verfügung stellen, nicht mit einer unberechtigten Offenlegung rechnen. Dies soll das Vertrauen der Beteiligten fördern und einen offenen, sicheren, ungehemmten und effektiven Informationsaustausch ermöglichen. 46

Abschnitt 4. Praxisleitfäden

Art. 56* Praxisleitfäden

(1) **Das Büro für Künstliche Intelligenz fördert und erleichtert die Ausarbeitung von Praxisleitfäden auf Unionsebene, um unter Berücksichtigung internationaler Ansätze zur ordnungsgemäßen Anwendung dieser Verordnung beizutragen.**

(2) **Das Büro für Künstliche Intelligenz und das KI-Gremium streben an, sicherzustellen, dass die Praxisleitfäden mindestens die in den Artikeln 53 und 55 vorgesehenen Pflichten abdecken, einschließlich der folgenden Aspekte:**
a) Mittel, mit denen sichergestellt wird, dass die in Artikel 53 Absatz 1 Buchstaben a und b genannten Informationen vor dem Hintergrund der Marktentwicklungen und technologischen Entwicklungen auf dem neuesten Stand gehalten werden;
b) die angemessene Detailgenauigkeit bei der Zusammenfassung der für das Training verwendeten Inhalte;
c) die Ermittlung von Art und Wesen der systemischen Risiken auf Unionsebene, gegebenenfalls einschließlich ihrer Ursachen;
d) die Maßnahmen, Verfahren und Modalitäten für die Bewertung und das Management der systemischen Risiken auf Unionsebene, einschließlich ihrer Dokumentation, die in einem angemessenen Verhältnis zu den Risiken stehen, ihrer Schwere und Wahrscheinlichkeit Rechnung tragen und die spezifischen Herausforderungen bei der Bewältigung dieser Risiken vor dem Hintergrund der möglichen Arten der Entstehung und des Eintretens solcher Risiken entlang der KI-Wertschöpfungskette berücksichtigen.

(3) [1]**Das Büro für Künstliche Intelligenz kann alle Anbieter von KI-Modellen mit allgemeinem Verwendungszweck sowie die einschlägigen zuständigen nationalen Behörden ersuchen, sich an der Ausarbeitung von Praxisleitfäden zu beteiligen.** [2]**Organisationen der Zivilgesellschaft, die Industrie, die Wissenschaft und andere einschlägige Interessenträger wie nachgelagerte Anbieter und unabhängige Sachverständige können den Prozess unterstützen.**

(4) **Das Büro für Künstliche Intelligenz und das KI-Gremium streben an, sicherzustellen, dass in den Praxisleitfäden ihre spezifischen Ziele eindeutig festgelegt sind und Verpflichtungen oder Maßnahmen, gegebenenfalls einschließlich wesentlicher Leistungsindikatoren, enthalten, um die Verwirklichung dieser Ziele gewährleisten, und dass sie den Bedürfnissen und Interessen aller interessierten Kreise, einschließlich betroffener Personen, auf Unionsebene gebührend Rechnung tragen.**

(5) [1]**Das Büro für Künstliche Intelligenz strebt an, sicherzustellen, dass die an Praxisleitfäden Beteiligten dem Büro für Künstliche Intelligenz regelmäßig über die Umsetzung der Verpflichtungen, die ergriffenen Maßnahmen und deren Ergebnisse, die gegebenenfalls auch anhand der**

* Kapitel V (Art. 51–56) gilt gem. Art. 113 Abs. 3 Buchst. b bereits ab 2.8.2025.

wesentlichen Leistungsindikatoren gemessen werden, Bericht erstatten. [2]Bei den wesentlichen Leistungsindikatoren und den Berichtspflichten wird den Größen- und Kapazitätsunterschieden zwischen den verschiedenen Beteiligten Rechnung getragen.

(6) *[1]* **[1]Das Büro für Künstliche Intelligenz und KI-Gremium überwachen und bewerten regelmäßig die Verwirklichung der Ziele der Praxisleitfäden durch die Beteiligten und deren Beitrag zur ordnungsgemäßen Anwendung dieser Verordnung. [2]Das Büro für Künstliche Intelligenz und das KI-Gremium bewerten, ob die Praxisleitfäden die in den Artikeln 53 und 55 vorgesehenen Pflichten abdecken, und überwachen und bewerten regelmäßig die Verwirklichung von deren Zielen. [3]Sie veröffentlichen ihre Bewertung der Angemessenheit der Praxisleitfäden.**

[2] **[1]Die Kommission kann im Wege eines Durchführungsrechtsakts einen Praxisleitfaden genehmigen und ihm in der Union allgemeine Gültigkeit verleihen. [2]Dieser Durchführungsrechtsakt wird gemäß dem in Artikel 98 Absatz 2 genannten Prüfverfahren erlassen.**

(7) **[1]Das Büro für Künstliche Intelligenz kann alle Anbieter von KI-Modellen mit allgemeinem Verwendungszweck ersuchen, die Praxisleitfäden zu befolgen. [2]Für Anbieter von KI-Modellen mit allgemeinem Verwendungszweck, die keine systemischen Risiken bergen, kann diese Befolgung auf die in Artikel 53 vorgesehenen Pflichten beschränkt werden, es sei denn, sie erklären ausdrücklich ihr Interesse, sich dem ganzen Kodex anzuschließen.**

(8) **[1]Das Büro für Künstliche Intelligenz fördert und erleichtert gegebenenfalls auch die Überprüfung und Anpassung der Praxisleitfäden, insbesondere vor dem Hintergrund neuer Normen. [2]Das Büro für Künstliche Intelligenz unterstützt bei der Bewertung der verfügbaren Normen.**

(9) *[1]* **[1]Praxisleitfäden müssen spätestens am 2. Mai 2025 vorliegen. [2]Das Büro für Künstliche Intelligenz unternimmt die erforderlichen Schritte, einschließlich des Ersuchens von Anbietern gemäß Absatz 7.**

[2] **[1]Kann bis zum 2. August 2025 ein Verhaltenskodex nicht fertiggestellt werden oder erachtet das Büro für Künstliche Intelligenz dies nach seiner Bewertung gemäß Absatz 6 des vorliegenden Artikels für nicht angemessen, kann die Kommission im Wege von Durchführungsrechtsakten gemeinsame Vorschriften für die Umsetzung der in den Artikeln 53 und 55 vorgesehenen Pflichten, einschließlich der in Absatz 2 des vorliegenden Artikels genannten Aspekte, festlegen. [2]Diese Durchführungsrechtsakte werden gemäß dem in Artikel 98 Absatz 2 genannten Prüfverfahren erlassen.**

Literatur: Engel, Generative KI, Foundation Models und KI-Modelle mit allgemeinem Verwendungszweck in der KI-VO, KIR 2024, 21; Hecht, Regulierung von GPAI-Modellen durch die KI-Verordnung, KIR 2025, 30; Herbers/Rappenglück, Die Durchsetzung der KI-Verordnung auf EU-Ebene: Das EU AI Office, RDi 2024, 432; Krönke, Das europäische KI-Gesetz: Eine Verordnung mit Licht und Schatten, NVwZ 2024, 529.

Übersicht

I. Förderung und Erleichterung durch das Büro für Künstliche Intelligenz (Abs. 1)

1 Das Büro für Künstliche Intelligenz fördert und erleichtert gem. Abs. 1 die Ausarbeitung von Praxisleitfäden auf Unionsebene. Auf diese Weise soll unter Berücksichtigung internationaler Ansätze zur ordnungsgemäßen Anwendung der Verordnung beigetragen werden.

2 Nach Erwgr. 116, S. 1 ist neben der Ausarbeitung auch die Überprüfung und Anpassung der Leitfäden erfasst. Über die zunächst rein organisatorische Aufgabe des Büros für Künstliche Intelligenz nach Abs. 1 hinaus wird damit auch eine inhaltliche Beteiligung des Büros für Künstliche Intelligenz in Bezug auf die Leitfäden vorgesehen.

3 Dem Büro für Künstliche Intelligenz obliegt nach Art. 3 Nr. 47 die Aufgabe der Kommission, zur Umsetzung, Beobachtung und Überwachung von KI-Systemen und KI-Modellen mit allgemeinem Verwendungszweck und zu der im Beschluss der Kommission vom 24.1.2024 vorgesehenen KI-Governance beizutragen.[1] Bezugnahmen der Verordnung auf das Büro für Künstliche Intelligenz gelten als Bezugnahmen auf die Kommission.

4 Diese Aufgabenzuweisung folgt aus der allgemeinen Zuständigkeit der **Kommission** nach Art. 88 Abs. 1 in Bezug auf die Marktüberwachung der KI-Modelle mit allgemeinem Verwendungszweck und einer **Übertragung** dieser Aufgaben auf das Büro für Künstliche Intelligenz.[2] Nach Erwgr. 161, S. 2 sollen jedoch sich überschneidende Zuständigkeiten vermieden werden. Daher soll die Aufsicht für KI-Systeme, die auf KI-Modellen mit allgemeinem Verwendungszweck beruhen und bei denen das Modell und das System vom selben Anbieter bereitgestellt werden, auf Unionsebene durch das Büro für Künstliche Intelligenz erfolgen, das für diesen Zweck über die Befugnisse einer **Marktüberwachungsbehörde** iSd Verordnung (EU) 2019/1020 verfügen sollte. Die Struktur der Marktüberwachungsbehörden wird ergänzt durch die nationalen Marktüberwachungsbehörden nach Art. 70 Abs. 1 S. 1 und Abs. 2 S. 1.

---

[1] Eine allgemeine Übersicht zur Governance-Struktur der Verordnung findet sich bei: Herbers/Rappenglück RDi 2024, 432 Rn. 7.

[2] Herbers/Rappenglück RDi 2024, 432 Rn. 14.

II. Praxisleitfaden

Der Begriff des Praxisleitfadens wird durch die Begriffsbestimmungen der Verordnung nicht näher definiert. Er ist jedoch rein systematisch abzugrenzen von den Verhaltenskodizes nach Art. 95. Diese stellen nach Erwgr. 117, S. 1 ein zentrales Instrument für die ordnungsgemäße Einhaltung der in der Verordnung für Anbieter von KI-Modellen mit allgemeinem Verwendungszweck vorgesehenen Pflichten dar. Die Erforderlichkeit der Praxisleitfäden wird bedingt durch die teils allgemeinen Anbieteranforderungen[3] und den damit verbundenen Charakter der Verordnung als produktsicherheitsrechtlicher Rechtsakt nach dem New Legislative Framework.[4] Eine Konkretisierung dieser Anforderungen und damit eine praktische Umsetzbarkeit wird erst durch harmonisierte Normen und Praxisleitfäden geschaffen.[5] 5

Durch die Einhaltung von Praxisleitfänden können Anbieter die Einhaltung der Pflichten einfacher nachweisen.[6] Vorteile gegenüber anderen Anbietern, die ihre Konformität nicht anhand der Praxisleitfäden nachweisen ergeben sich unter anderem durch einen geringeren Verwaltungsaufwand sowie aufgrund der höheren Rechtssicherheit bedingt durch die Konkretisierung der Anforderungen.[7]

Die Erwägungsgründe geben Aufschluss darüber, in welchem Verhältnis Praxisleitfäden und **Verhaltenskodizes** stehen. Gem. Abs. 6 UAbs. 2 S. 1 iVm Erwgr. 117, S. 3 kann die Kommission im Wege von Durchführungsrechtsakten beschließen, einen Praxisleitfaden zu genehmigen und ihm eine allgemeine Gültigkeit in der Union zu verleihen oder alternativ gemeinsame Vorschriften für die Umsetzung der einschlägigen Pflichten festzulegen, wenn ein Verhaltenskodex bis zum Zeitpunkt der Anwendbarkeit der Verordnung nicht fertiggestellt werden kann oder dies vom Büro für Künstliche Intelligenz für nicht angemessen erachtet wird.[8] Den Praxisleitfäden kommt insofern eine nachgelagerte Rolle im Vergleich zu den Verhaltenskodizes zu. Sie dienen als Übergangslösung[9] und verfügen **nicht automatisch über eine allgemeine Gültigkeit**[10] in der Union, sondern erhalten diese erst im Wege der Durchführungsrechtsakte der Kommission. 6

Die Praxisleitfäden sollen darüber hinaus nach Erwgr. 116, S. 4 die Pflichten für Anbieter von KI-Modellen mit allgemeinem Verwendungszweck und von KI-Modellen mit allgemeinem Verwendungszweck, die systemische Risiken bergen, abdecken. Ferner sollen Praxisleitfäden nach Erwgr. 116, S. 4 im Zusammenhang mit systemischen Risiken dazu beitragen, dass eine **Risikotaxonomie** für Art und Wesen der systemischen Risiken auf Unionsebene, einschließlich ihrer Ursachen, 7

[3] Hecht KIR 2025, 30 (37).

[4] Krönke NVwZ, 2024 529 (530).

[5] Hecht KIR 2025, 30 (37).

[6] Kanzleramt Österreich, Neuer Praxisleitfaden für Künstliche Intelligenz veröffentlicht, 10.7.2025, https://www.bundeskanzleramt.gv.at/themen/europa-aktuell/2025/07/neuer-praxisleitfaden-fuer-kuenstliche-intelligenz-veroeffentlicht.html.

[7] Kanzleramt Österreich, Neuer Praxisleitfaden für Künstliche Intelligenz veröffentlicht, 10.7.2025, https://www.bundeskanzleramt.gv.at/themen/europa-aktuell/2025/07/neuer-praxisleitfaden-fuer-kuenstliche-intelligenz-veroeffentlicht.html.

[8] Art. 50 Abs. 7, Erwgr. 117, S. 2.

[9] Hecht KIR 2025, 30 (37).

[10] Bezüglich der mangelnden allgemeinen Gültigkeit wird auf die Ausführungen zu Abs. 6 verwiesen.

festgelegt wird. Dabei sollen auch spezifische Maßnahmen zur Risikobewertung und -minderung im Mittelpunkt stehen.

III. Mindestanforderungen (Abs. 2)

8 Durch Abs. 2 werden die Anforderungen an Praxisleitfäden skizziert. Dem Büro für Künstliche Intelligenz und dem KI-Gremium wird aufgetragen, sicherzustellen, dass die Praxisleitfäden **mindestens die in den Art. 53 und Art. 55** vorgesehenen Pflichten abdecken. Darüber hinaus sollen die Praxisleitfäden die in Abs. 2 Buchst. a bis Buchst. d genannten Aspekte einschließen.

9 Dies umfasst Mittel, mit denen sichergestellt wird, dass die in Art. 53 Abs. 1 Buchst. a und Buchst. b genannten Informationen vor dem Hintergrund der Marktentwicklungen und technologischen Entwicklungen auf dem neuesten Stand gehalten werden (Abs. 1 Buchst. a), die angemessene Detailgenauigkeit bei der Zusammenfassung der für das Training verwendeten Inhalte (Abs. 1 Buchst. b), die Ermittlung von Art und Wesen der systemischen Risiken auf Unionsebene, gegebenenfalls einschließlich ihrer Ursachen (Abs. 1 Buchst. c) und die Maßnahmen, Verfahren und Modalitäten für die Bewertung und das Management der systemischen Risiken auf Unionsebene, einschließlich ihrer Dokumentation, die in einem angemessenen Verhältnis zu den Risiken stehen, ihrer Schwere und Wahrscheinlichkeit Rechnung tragen und die spezifischen Herausforderungen bei der Bewältigung dieser Risiken vor dem Hintergrund der möglichen Arten der Entstehung und des Eintretens solcher Risiken entlang der KI-Wertschöpfungskette berücksichtigen (Abs. 1 Buchst. d).

IV. Beteiligungsersuchen (Abs. 3)

10 Das Büro für Künstliche Intelligenz kann nach Abs. 3 S. 1 alle **Anbieter** von KI-Modellen mit allgemeinem Verwendungszweck sowie die einschlägigen zuständigen nationalen Behörden **ersuchen,** sich an der Ausarbeitung von Praxisleitfäden **zu beteiligen.** Eine geringere Einbindung findet hingegen nach Abs. 3 S. 1 statt. Organisationen der Zivilgesellschaft, die Industrie, die Wissenschaft und andere einschlägige Interessenträger, wie nachgelagerte Anbieter und unabhängige Sachverständige, können lediglich um **Unterstützung** des Prozesses durch das Büro für Künstliche Intelligenz ersucht werden. Für die Praxis lässt sich aus dieser Vorgehensweise ableiten, dass die faktische Erstellung der Praxisleitfäden insofern bei den in diesem Abschnitt genannten Akteuren liegen wird.[11]

11 Durch die Beteiligung der genannten Akteure soll sichergestellt werden, dass die Praxisleitfäden dem **Stand der Technik** entsprechen und den durch sie vertretenen unterschiedlichen Perspektiven gebührend Rechnung getragen wird.[12] Zudem sollen durch die Beteiligung praktische Erfahrungen in die Ausarbeitung der Praxisleitfäden einfließen.[13]

12 Während die Form der Beteiligung („Wie") durch Abs. 3 vorgegeben wird, obliegt das „Ob" und damit die Entscheidung darüber, ein Beteiligungsersuchens

[11] Hecht KIR 2025, 30 (37).
[12] Erwgr. 116, S. 2.
[13] Engel KIR 2024, 21 (26).

zu äußern dem freien Ermessen des Büros für Künstliche Intelligenz, da die Vorschrift als Kann-Vorschrift ausgestaltet ist.

V. Ausrichtung der Praxisleitfäden (Abs. 4)

Das Büro für Künstliche Intelligenz und das KI-Gremium streben an, sicherzustellen, dass in den Praxisleitfäden ihre spezifischen Ziele eindeutig festgelegt sind und Verpflichtungen oder Maßnahmen, gegebenenfalls einschließlich wesentlicher Leistungsindikatoren, enthalten, um die Verwirklichung dieser Ziele zu gewährleisten. Zusätzlich sollen sie den Bedürfnissen und Interessen aller interessierten Kreise, einschließlich betroffener Personen, auf Unionsebene gebührend Rechnung tragen. **13**

Das Büro für Künstliche Intelligenz hat am 18.7.2025 einen ersten Praxisleitfaden[14] zur Konkretisierung der Verpflichtungen für allgemeine KI-Modelle erlassen, der wichtige Einblicke in die Interpretation und Auslegung der Regelungen aus Sicht der Kommission bietet.[15] **14**

Neben Plenartagungen werden die Anbieter von KI-Modellen mit allgemeinem Verwendungszweck im Rahmen der gemeinsamen Ausarbeitung auch zu speziellen Workshops[16] mit den Vorsitzenden und stellvertretenden Vorsitzenden eingeladen. Um die Transparenz während der Erarbeitungsphase der Praxisleitfäden zu gewährleisten, wird das Büro für Künstliche Intelligenz unter anderem Sitzungsprotokolle erstellen und diese allen Teilnehmern der Plenartagung zur Verfügung stellen.[17] Die dargestellte Vorgehensweise wurde durch das Büro für Künstliche Intelligenz gewählt, da die Verordnung keine konkrete Vorgehensweise festgelegt. **15**

Die Praxisleitfäden sollen nach Erwgr. 116, S. 3 die Pflichten für Anbieter von KI-Modellen mit allgemeinem Verwendungszweck und von KI-Modellen mit allgemeinem Verwendungszweck, die systemische Risiken bergen, abdecken. Ferner sollten Praxisleitfäden nach dem zuvor genannten Erwägungsgrund im Zusammenhang mit systemischen Risiken dazu beitragen, dass eine Risikotaxonomie für Art und Wesen der systemischen Risiken auf Unionsebene, einschließlich ihrer Ursachen, festgelegt wird. Dabei sollten bei den Praxisleitfäden auch spezifische Maßnahmen zur Risikobewertung und -minderung im Mittelpunkt stehen. **16**

1. Festlegung der Ziele

In den Praxisleitfäden sollen die spezifischen Ziele des jeweiligen Praxisleitfadens eindeutig festgelegt werden. Auf diese Weise soll für die Anbieter, die die **17**

---

[14] Approval of the content of the draft Communication from the Commission – Guidelines on the scope of the obligations for general-purpose AI models established by Regulation (EU) 2024/1689 (AI Act), 18.7.205, C(2025 5045 final.

[15] Dazu auch: BNetzA, KI-Modelle mit allgemeinem Verwendungszweck/GPAI, Kap. Leitlinie zum Umfang der Verpflichtungen für GPAI-Modelle, https://www.bundesnetzagentur.de/DE/Fachthemen/Digitales/KI/3_Modelle/start.html.

[16] Eine grafische Darstellung der Erarbeitungsphase findet sich unter: Kommission, AI Act: Participate in the drawing-up of the first General-Purpose AI Code of Practice, Mitteilung vom 30.7.2024, https://digital-strategy.ec.europa.eu/en/news/ai-act-participate-drawing-first-general-purpose-ai-code-practice.

[17] Kommission, AI Act: Participate in the drawing-up of the first General-Purpose AI Code of Practice, Mitteilung vom 30.7.2024, https://digital-strategy.ec.europa.eu/en/news/ai-act-participate-drawing-first-general-purpose-ai-code-practice.

Praxisleitfäden einsetzen, deutlich erkennbar sein, welchem Zweck der Praxisleitfaden dient und ihm eine bessere Orientierung ermöglichen. Die Angabe der Zielsetzung trägt darüber hinaus zum übergeordneten Ziel der Verordnung, der Transparenz, bei.

2. Gegenstand der Leitfäden: Verpflichtungen, Maßnahmen und wesentliche Leistungsindikatoren

18 Die Praxisleitfäden sollen neben der Zielsetzung Verpflichtungen oder Maßnahmen, sowie gegebenenfalls wesentliche Leistungsindikatoren, enthalten. Die Inhalte sind dabei aufgrund der Komplexität der Verordnung auf eine Vermeidung von Fehlinterpretation ausgerichtet und sollen die bestehenden Verpflichtungen, Maßnahmen und wesentlichen Leistungsindikatoren strukturieren und bündeln, um eine einfache Umsetzung durch die Anbieter zu ermöglichen.

19 Leistungsindikatoren geben Aufschluss darüber, ob die geforderten Anforderungen, insbesondere Verpflichtungen, durch bestimmte Maßnahmen erfüllt werden können. Insofern bilden die Praxisleitfäden das Zusammenspiel von Verpflichtungen, Maßnahmen und den wesentlichen Leistungsindikatoren ab. Konkrete Anforderungen an die Darstellungen werden durch die Verordnung nicht gestellt.

3. Angemessene Interessenberücksichtigung

20 Neben den zuvor dargestellten inhaltlichen Anforderungen sollen die Praxisleitfäden den Bedürfnissen und Interessen aller interessierten Kreise, einschließlich betroffener Personen, auf Unionsebene gebührend Rechnung tragen. Dies spiegelt die eindeutige Berücksichtigung der diversen Interessenslagen durch den Verordnungsgeber wider, welche auch an anderen Stellen der Verordnung zu erkennen ist. Denn bereits bei der Entwicklung von harmonisierten Normen soll nach Erwgr. 121, S. 3 eine ausgewogene Interessenvertretung unter Einbeziehung aller relevanten Interessenträger insbesondere KMU, Verbraucherorganisationen sowie ökologischer und sozialer Interessenträger, bei der Entwicklung von Normen gem. den Art. 5 und 6 Verordnung (EU) Nr. 1025/2012, gefördert werden. Das Zusammenspiel dieser Normen macht deutlich, dass der Verordnungsgeber in ausreichendem Maße, die Interessen der insgesamt über den Markt hinweg Beteiligten berücksichtigen wollte.

VI. Berichterstattung (Abs. 5)

21 Abs. 5 S. 1 sieht die Einführung einer **Berichtspflicht** gegenüber dem Büro für Künstliche Intelligenz vor. Auf diese Weise soll der Informationsfluss zwischen dem Büro für Künstliche Intelligenz und den an den Leitfäden Beteiligten sichergestellt werden, der Aufschluss über die Umsetzung der Verpflichtungen, die ergriffenen Maßnahmen und deren Ergebnisse gibt. Rückschlüsse hinsichtlich der Umsetzung können gegebenenfalls auch anhand der wesentlichen Leistungsindikatoren gezogen werden, über die ebenfalls Bericht zu erstatten ist.

22 Diese Berichtspflicht ist jedoch nicht für alle Beteiligten allgemeingültig ausgestaltet. Gem. Abs. 5 S. 2 soll in Bezug auf die wesentlichen Leistungsindikatoren und den daraus folgenden Berichtspflichten anhand der **Größen- und Kapazitätsunterschiede** zwischen den verschiedenen Beteiligten unterschieden werden. Folglich wird ein unterschiedlicher Pflichtenmaßstab statuiert. Eine weitergehende Konkretisierung der Berichtspflicht durch die Verordnung findet nicht statt und obliegt insofern dem Büro für Künstliche Intelligenz.

VII. Überwachung und Bewertung (Abs. 6 UAbs. 1)

Gem. Abs. 6 UAbs. 1 wird dem Büro für Künstliche Intelligenz und dem KI-Gremium eine Überwachungs- und Bewertungskompetenz übertragen. Den beiden Stellen obliegt nach Abs. 6 UAbs. 1 S. 1 die Aufgabe, regelmäßig die Verwirklichung der Ziele der Praxisleitfäden durch die Beteiligten und deren Beitrag zur ordnungsgemäßen Anwendung der Verordnung zu überwachen und zu bewerten. Die Überprüfungen unterliegen keinem ausdrücklich festgelegten Turnus. 23

Praxisleitfäden sind, sobald dies aufgrund der praktischen Erfahrungen der Anbieter bei der Umsetzung der Verpflichtungen sowie angesichts der technologischen, gesellschaftlichen und marktbezogenen Entwicklungen in dem jeweiligen Bereich erforderlich ist.[18] Im Rahmen dieser Bewertung kann das Büro für Künstliche Intelligenz beschließen den Praxisleitfaden zurückzuziehen oder zu ändern.[19] Auch im Rahmen dieser Überwachung und Überprüfung können Anbieter, nationale Marktüberwachungsbehörden, Organisationen der Zivilgesellschaft, die Industrie, die Wissenschaft und andere einschlägige Interessenträger um Beteiligung ersucht werden.[20]

Die Bewertung des Büros für Künstliche Intelligenz und des KI-Gremiums fokussiert sich nach Abs. 6 UAbs. 1 S. 2 darauf, ob die Praxisleitfäden die in den Art. 53 und Art. 55 vorgesehenen Pflichten abdecken. Darüber hinaus überwachen und bewerten sie regelmäßig die Verwirklichung der Ziele. 24

Um diese Ergebnisse für die Beteiligten verfügbar zu machen, werden die Bewertungen der Angemessenheit der Praxisleitfäden veröffentlicht. Die Art und Weise der Veröffentlichung wird durch Abs. 6 UAbs. 1 S. 3 nicht konkretisiert. 25

VIII. Genehmigung durch die Kommission (Abs. 6 UAbs. 2)

Die Kommission ist gem. Abs. 6 UAbs. 2 S. 1 befugt, im Wege eines **Durchführungsrechtsakts** einen Praxisleitfaden zu genehmigen. Der Durchführungsrechtsakt der Kommission wird gem. dem in Art. 98 Abs. 2 genannten Prüfverfahren erlassen. Dadurch wird dem Praxisleitfaden in der Union **allgemeine Gültigkeit** verliehen. 26

Der Umfang und die Auswirkungen dieser allgemeinen Gültigkeit werden durch die Verordnung nicht näher definiert. Systematisch ist die allgemeine Gül- 27

---

[18] Vergleiche hierzu beispielhaft: Approval of the content of the draft Communication from the Commission – Guidelines on the scope of the obligations for general-purpose AI models established by Regulation (EU) 2024/1689 (AI Act), 18.7.205, Rn. 116, C(2025 5045 final.

[19] Vergleiche hierzu beispielhaft: Approval of the content of the draft Communication from the Commission – Guidelines on the scope of the obligations for general-purpose AI models established by Regulation (EU) 2024/1689 (AI Act), 18.7.205, Rn. 116, C(2025 5045 final.

[20] Vergleiche hierzu beispielhaft: Approval of the content of the draft Communication from the Commission – Guidelines on the scope of the obligations for general-purpose AI models established by Regulation (EU) 2024/1689 (AI Act), 18.7.205, Rn. 116, C(2025 5045 final.

tigkeit nach Art. 56 Abs. 6 UAbs. 2 S. 1 jedoch abzugrenzen von der allgemeinen Geltung iSv Art. 288 UAbs. 2 AEUV, deren Anknüpfungspunkte ausschließlich Sekundärrechtsakte der EU sind. Dass es sich trotz des nahezu gleichen Wortlautes nicht um eine Übersetzungsungenauigkeit handelt und daher beide Begriffe unterschiedlich auszulegen sind, wird darüber hinaus anhand eines Vergleiches der englischen Fassungen der Normen deutlich. Während Art. 56 Abs. 6 UAbs. 2 den Begriff „general validity" verwendet, wird in Art. 288 UAbs. 2 AEUV der Begriff „general application" verwendet. Folglich weisen die englischen Fassungen – wie auch die deutschen Fassungen der betrachteten Normen – eindeutig einen unterschiedlichen Wortlaut auf. Damit ist auch bei Berücksichtigung der englischen Fassung eindeutig zu erkennen, dass es sich um eine andere Auslegung des Begriffes handeln muss, sodass nicht auf die Auslegung des Art. 288 AEUV zurückgegriffen werden kann.

28 Die Auslegung des Begriffes der allgemeinen Gültigkeit der Praxisleitfäden nach Abs. 6 UAbs. 2 S. 1 orientiert sich damit vielmehr am Sinn und Zweck der Praxisleitfäden im Gesamtkontext der Verordnung. Durch die allgemeine Gültigkeit soll eine einheitliche und konsistente Anwendung der Praxisleitfäden und der darin verankerten Anforderungen in der gesamten Union gewährleistet werden. Sie entfalten ihre allgemeine Gültigkeit gegenüber den Anbietern von KI-Modellen mit allgemeinem Verwendungszweck.

IX. Ersuchungsbefugnis des Büros für Künstliche Intelligenz (Abs. 7)

29 Das Büro für Künstliche Intelligenz kann gem. Abs. 7 S. 1 alle Anbieter von KI-Modellen mit allgemeinem Verwendungszweck ersuchen, die Praxisleitfäden zu befolgen. Das Ersuchen stellt eine behördliche Maßnahme gegenüber den Anbietern dar. In Bezug auf die Wirkung des Ersuchens sind Abs. 7 S. 1 und S. 2 zusammen zu betrachten.

30 Abs. 7 S. 2 Hs. 1 sieht in Bezug auf die Befolgungspflicht nach Abs. 7 S. 1 eine **Ausnahmeregelung** für Anbieter von KI-Modellen mit allgemeinem Verwendungszweck, die keine systemischen Risiken bergen, vor. Das Büro für Künstliche Intelligenz ist berechtigt, die Befolgung der Leitfäden durch die Anbieter von KI-Modellen mit allgemeinem Verwendungszweck, die kein systemisches Risiko bergen auf die in Art. 53 vorgesehenen Pflichten zu beschränken. Daraus ist abzuleiten, dass in allen anderen Fällen die Anbieter verpflichtet sind, dem Ersuchen des Büros für Künstliche Intelligenz Folge zu leisten.

31 Diese Ausnahmeregelung des Abs. 7 S. 2 Hs. 1 greift hingegen nach Hs. 2 nicht, sofern diese Anbieter **ausdrücklich ihr Interesse erklären,** sich dem ganzen Kodex anzuschließen. Die Verwendung des Begriffes „Kodex" im Zusammenhang mit Art. 56 erscheint jedoch systematisch widersprüchlich, da die Verordnung zwischen Praxisleitfäden und Verhaltenskodizes unterscheidet und der inhaltliche Bezugspunkt des Art. 56 auf Praxisleitfäden ausgerichtet ist. Dass durch Hs. 2 eine Bezugnahme auf den ganzen Praxisleitfaden und nicht auf einen Verhaltenskodex erfolgen soll, wird deutlich unter Zuhilfenahme der englischen Fassung des Art. 56 Abs. 7 S. 2 Hs. 2. Zwar verwendet die englische Fassung verkürzt den Begriff „code", womit grundsätzlich Praxisleitfäden (engl. **„codes of practice"**) oder Verhaltenskodizes (engl. „code of conduct") gemeint sein können, jedoch liegt nahe, dass an dieser Stelle eine losgelöste Übersetzung stattgefunden hat, die in der deutschen Fassung fälschlicherweise zu der Verwendung des Begriffes „Kodex“ anstelle von „Praxisleitfaden“ geführt hat. Richtigerweise können sich danach Anbieter nicht auf die Ausnahmeregelung berufen, soweit diese ausdrücklich erklärt haben, sich dem ganzen Praxisleitfaden anschließen zu wollen. Dies ist dem Umstand geschuldet, dass von der Einhaltung der Praxisleitfäden eine Vermutungswirkung ausgeht, die nicht dadurch konterkariert werden soll, dass Anbieter entgegen ihrer Erklärung nur einen Teil der Anforderungen abbilden. Die **freiwillige Verpflichtung** der Anbieter wandelt sich damit in der dargestellten Konstellation zu einer faktischen Verpflichtung.

X. Förderung und Erleichterung der Überprüfung und Anpassung (Abs. 8)

Das Büro für Künstliche Intelligenz fördert und erleichtert gem. Abs. 8 S. 1 gegebenenfalls auch die Überprüfung und Anpassung der Praxisleitfäden, insbesondere vor dem Hintergrund neuer Normen. Auf diese Weise soll sichergestellt werden, dass die Inhalte der Praxisleitfäden nicht stagnieren, sondern stetig an neue Entwicklungen angepasst werden. Durch die Verwendung des Begriffes „gegebenenfalls“ findet eine Relativierung statt, aufgrund derer Überprüfungen und Anpassungen nur intendiert sind, soweit sich neue Erfordernisse – beispielsweise aufgrund neuer Normen – ergeben. Dem Büro für Künstliche Intelligenz kommt bei der Überprüfung und Anpassung ausgehend von den auferlegten Unterstützungshandlungen der Förderung und Erleichterung, eine untergeordnete Rolle zu. **32**

Darüber hinaus unterstützt das Büro für Künstliche Intelligenz gem. Abs. 8 S. 2 bei der Bewertung der verfügbaren Normen. **33**

XI. Umsetzungsfrist (Abs. 9)

Abs. 9 UAbs. 1 sah eine Umsetzungsfrist für das Vorliegen der Praxisleitfäden vor und steckt damit einen engen zeitlichen Rahmen für die praktische Umsetzung. Gem. Abs. 9 UAbs. 1 mussten Praxisleitfäden spätestens am **2.5.2025** vorliegen. Das Büro für Künstliche Intelligenz übernimmt für die Kommission die dafür erforderlichen Schritte, die durch Art. 56 grob skizziert werden, im Einzelnen jedoch der Ausgestaltung durch das Büro für Künstliche Intelligenz unterliegen. **34**

Nach diesem Stichtag wurde dem Büro für Künstliche Intelligenz eine Übergangsphase bis zum **12.8.2025** eingeräumt, um noch einen Praxisleitfaden vorzulegen. Am 18.7.2025 hat die Kommission einen Praxisleitfaden für KI-Modelle mit allgemeinem Verwendungszweck beschlossen, der am 2.8.2025 in Kraftgetreten ist.[21] **35**

Im Falle des Verstreichens dieser Frist wurde der Kommission gem. Abs. 9 UAbs. 2, sofern ein „Verhaltenskodex“ nicht fertiggestellt werden konnte oder das Büro für Künstliche Intelligenz dies nach seiner Bewertung gem. Abs. 6 für nicht angemessen erachtet, die Befugnis eingeräumt Durchführungsrechtsakte zu erlassen, die allgemeine Gültigkeit erlangen. Zwar spricht die deutsche Fassung der Norm an dieser Stelle von **„Verhaltenskodex“**, jedoch wird auch hier –

[21] Guidelines on the scope of the obligations for general-purpose AI models established by Regulation (EU) 2024/1689 (AI Act), 18.7.205, C(2025 5045 final.

vergleichbar wie im Zusammenhang mit Abs. 7 darstellt – aufgrund eines Vergleiches mit der englischen Fassung, die von „code of practice" (dt. Praxisleitfaden) spricht deutlich, dass es sich um eine **Übersetzungsungenauigkeit** handelt und damit die Nichtfertigstellung eines Praxisleitfadens gemeint ist. Für den Fall, dass es dem dem Büro für Künstliche Intelligenz nicht gelänge, bis zum 12.8.2025 Praxisleitfäden vorzulegen, wurde die Kommission ermächtigt anstelle dieser Praxisleitfäden Durchführungsrechtsakte zu erlassen, die die erforderlichen Pflichten abbilden.

36 Die anstelle der Praxisleitfäden erlassenen **Durchführungsakte** sollen gemeinsame Vorschriften für die Umsetzung der in den Art. 53 und Art. 55 vorgesehenen Pflichten für Anbieter von KI-Modellen mit allgemeinem Verwendungszweck (mit systemischem Risiko) enthalten. Darüber hinaus sollen die Durchführungsrechtsakte auch die in Abs. 2 dargestellten Mindestanforderungen festlegen. Diese Durchführungsrechtsakte werden, wie auch die Durchführungsrechtsakte nach Abs. 6 UAbs. 2, gem. dem in Art. 98 Abs. 2 genannten Prüfverfahren erlassen.

Kapitel VI. Maßnahmen zur Innovationsförderung

Art. 57* KI-Reallabore

(1) *[1]* [1]Die Mitgliedstaaten sorgen dafür, dass ihre zuständigen Behörden mindestens ein KI-Reallabor auf nationaler Ebene einrichten, das bis zum 2. August 2026 einsatzbereit sein muss. [2]Dieses Reallabor kann auch gemeinsam mit den zuständigen Behörden anderer Mitgliedstaaten eingerichtet werden. [3]Die Kommission kann technische Unterstützung, Beratung und Instrumente für die Einrichtung und den Betrieb von KI-Reallaboren bereitstellen.

[2] Die Verpflichtung nach Unterabsatz 1 kann auch durch Beteiligung an einem bestehenden Reallabor erfüllt werden, sofern eine solche Beteiligung die nationale Abdeckung der teilnehmenden Mitgliedstaaten in gleichwertigem Maße gewährleistet.

(2) Es können auch zusätzliche KI-Reallabore auf regionaler oder lokaler Ebene oder gemeinsam mit den zuständigen Behörden anderer Mitgliedstaaten eingerichtet werden;

(3) Der Europäische Datenschutzbeauftragte kann auch ein KI-Reallabor für Organe, Einrichtungen und sonstige Stellen der Union einrichten und die Rollen und Aufgaben der zuständigen nationalen Behörden im Einklang mit diesem Kapitel wahrnehmen.

(4) [1]Die Mitgliedstaaten stellen sicher, dass die in den Absätzen 1 und 2 genannten zuständigen Behörden ausreichende Mittel bereitstellen, um diesem Artikel wirksam und zeitnah nachzukommen. [2]Gegebenenfalls arbeiten die zuständigen nationalen Behörden mit anderen einschlägigen Behörden zusammen und können die Einbeziehung anderer Akteure des KI-Ökosystems gestatten. [3]Andere Reallabore, die im Rahmen des Unionsrechts oder des nationalen Rechts eingerichtet wurden, bleiben von diesem Artikel unberührt. [4]Die Mitgliedstaaten sorgen dafür, dass die diese anderen Reallabore beaufsichtigenden Behörden und die zuständigen nationalen Behörden angemessen zusammenarbeiten.

(5) [1]Die nach Absatz 1 eingerichteten KI-Reallabore bieten eine kontrollierte Umgebung, um Innovation zu fördern und die Entwicklung, das Training, das Testen und die Validierung innovativer KI-Systeme für einen begrenzten Zeitraum vor ihrem Inverkehrbringen oder ihrer Inbetriebnahme nach einem bestimmten zwischen den Anbietern oder zukünftigen Anbietern und der zuständigen Behörde vereinbarten Reallabor-Plan zu erleichtern. [2]In diesen Reallaboren können auch darin beaufsichtigte Tests unter Realbedingungen durchgeführt werden.

(6) Die zuständigen Behörden stellen innerhalb der KI-Reallabore gegebenenfalls Anleitung, Aufsicht und Unterstützung bereit, um Risiken, insbesondere im Hinblick auf Grundrechte, Gesundheit und Sicherheit, Tests und Risikominderungsmaßnahmen sowie deren Wirksamkeit hinsichtlich der Pflichten und Anforderungen dieser Verordnung und

* Kapitel VI (Art. 57–63) gilt gem. Art. 113 UAbs. 2 ab 2.8.2026.

gegebenenfalls anderem Unionsrecht und nationalem Recht, deren Einhaltung innerhalb des Reallabors beaufsichtigt wird, zu ermitteln.

(7) *[1]* **Die zuständigen Behörden stellen den Anbietern und zukünftigen Anbietern, die am KI-Reallabor teilnehmen, Leitfäden zu regulatorischen Erwartungen und zur Erfüllung der in dieser Verordnung festgelegten Anforderungen und Pflichten zur Verfügung.**

[2] **[1]Die zuständige Behörde legt dem Anbieter oder zukünftigen Anbieter des KI-Systems auf dessen Anfrage einen schriftlichen Nachweis für die im Reallabor erfolgreich durchgeführten Tätigkeiten vor. [2]Außerdem legt die zuständige Behörde einen Abschlussbericht vor, in dem sie die im Reallabor durchgeführten Tätigkeiten, deren Ergebnisse und die gewonnenen Erkenntnisse im Einzelnen darlegt. [3]Die Anbieter können diese Unterlagen nutzen, um im Rahmen des Konformitätsbewertungsverfahrens oder einschlägiger Marktüberwachungstätigkeiten nachzuweisen, dass sie dieser Verordnung nachkommen. [4]In diesem Zusammenhang werden die Abschlussberichte und die von der zuständigen nationalen Behörde vorgelegten schriftlichen Nachweise von den Marktüberwachungsbehörden und den notifizierten Stellen im Hinblick auf eine Beschleunigung der Konformitätsbewertungsverfahren in angemessenem Maße positiv gewertet.**

(8) **[1]Vorbehaltlich der in Artikel 78 enthaltenen Bestimmungen über die Vertraulichkeit und im Einvernehmen mit den Anbietern oder zukünftigen Anbietern, sind die Kommission und das KI-Gremium befugt, die Abschlussberichte einzusehen und tragen diesen gegebenenfalls bei der Wahrnehmung ihrer Aufgaben gemäß dieser Verordnung Rechnung. [2]Wenn der Anbieter oder der zukünftige Anbieter und die zuständige nationale Behörde ihr ausdrückliches Einverständnis erklären, kann der Abschlussbericht über die in diesem Artikel genannte zentrale Informationsplattform veröffentlicht werden.**

(9) **Die Einrichtung von KI-Reallaboren soll zu den folgenden Zielen beitragen:**

a) Verbesserung der Rechtssicherheit, um für die Einhaltung der Regulierungsvorschriften dieser Verordnung oder, gegebenenfalls, anderem geltenden Unionsrecht und nationalem Recht zu sorgen;
b) Förderung des Austauschs bewährter Verfahren durch Zusammenarbeit mit den am KI-Reallabor beteiligten Behörden;
c) Förderung von Innovation und Wettbewerbsfähigkeit sowie Erleichterung der Entwicklung eines KI-Ökosystems;
d) Leisten eines Beitrags zum evidenzbasierten regulatorischen Lernen;
e) Erleichterung und Beschleunigung des Zugangs von KI-Systemen zum Unionsmarkt, insbesondere wenn sie von KMU – einschließlich Start-up-Unternehmen – angeboten werden.

(10) **Soweit die innovativen KI-Systeme personenbezogene Daten verarbeiten oder anderweitig der Aufsicht anderer nationaler Behörden oder zuständiger Behörden unterstehen, die den Zugang zu personenbezogenen Daten gewähren oder unterstützen, sorgen die zuständigen nationalen Behörden dafür, dass die nationalen Datenschutzbehörden oder diese anderen nationalen oder zuständigen Behörden in den Betrieb des KI-Reallabors sowie in die Überwachung dieser Aspekte im vollen Umfang ihrer entsprechenden Aufgaben und Befugnisse einbezogen werden.**

(11) [1]**Die KI-Reallabore lassen die Aufsichts- oder Abhilfebefugnisse der die Reallabore beaufsichtigenden zuständigen Behörden, einschließlich auf regionaler oder lokaler Ebene, unberührt. [2]Alle erheblichen Risiken für die Gesundheit und Sicherheit und die Grundrechte, die bei der Entwicklung und Erprobung solcher KI-Systeme festgestellt werden, führen zur sofortigen und angemessenen Risikominderung. [3]Die zuständigen nationalen Behörden sind befugt, das Testverfahren oder die Beteiligung am Reallabor vorübergehend oder dauerhaft auszusetzen, wenn keine wirksame Risikominderung möglich ist, und unterrichten das Büro für Künstliche Intelligenz über diese Entscheidung. [4]Um Innovationen im Bereich KI in der Union zu fördern, üben die zuständigen nationalen Behörden ihre Aufsichtsbefugnisse im Rahmen des geltenden Rechts aus, indem sie bei der Anwendung der Rechtsvorschriften auf ein bestimmtes KI-Reallabor ihren Ermessensspielraum nutzen.**

(12) [1]**Die am KI-Reallabor beteiligten Anbieter und zukünftigen Anbieter bleiben nach geltendem Recht der Union und nationalem Haftungsrecht für Schäden haftbar, die Dritten infolge der Erprobung im Reallabor entstehen. [2]Sofern die zukünftigen Anbieter den spezifischen Plan und die Bedingungen für ihre Beteiligung beachten und der Anleitung durch die zuständigen nationalen Behörden in gutem Glauben folgen, werden jedoch von den Behörden keine Geldbußen für Verstöße gegen diese Verordnung verhängt. [3]In Fällen, in denen andere zuständige Behörden, die für anderes Unionsrecht und nationales Recht zuständig sind, aktiv an der Beaufsichtigung des KI-Systems im Reallabor beteiligt waren und Anleitung für die Einhaltung gegeben haben, werden im Hinblick auf dieses Recht keine Geldbußen verhängt.**

(13) **Die KI-Reallabore sind so konzipiert und werden so umgesetzt, dass sie gegebenenfalls die grenzüberschreitende Zusammenarbeit zwischen zuständigen nationalen Behörden erleichtern.**

(14) **Die zuständigen nationalen Behörden koordinieren ihre Tätigkeiten und arbeiten im Rahmen des KI-Gremiums zusammen.**

(15) [1]**Die zuständigen nationalen Behörden unterrichten das Büro für Künstliche Intelligenz und das KI-Gremium über die Einrichtung eines Reallabors und können sie um Unterstützung und Anleitung bitten. [2]Das Büro für Künstliche Intelligenz veröffentlicht eine Liste der geplanten und bestehenden Reallabore und hält sie auf dem neuesten Stand, um eine stärkere Interaktion in den KI-Reallaboren und die grenzüberschreitende Zusammenarbeit zu fördern.**

(16) [1]**Die zuständigen nationalen Behörden übermitteln dem Büro für Künstliche Intelligenz und dem KI-Gremium jährliche Berichte, und zwar ab einem Jahr nach der Einrichtung des Reallabors und dann jedes Jahr bis zu dessen Beendigung, sowie einen Abschlussbericht. [2]Diese Berichte informieren über den Fortschritt und die Ergebnisse der Umsetzung dieser Reallabore, einschließlich bewährter Verfahren, Vorfällen, gewonnener Erkenntnisse und Empfehlungen zu deren Aufbau, sowie gegebenenfalls über die Anwendung und mögliche Überarbeitung dieser Verordnung, einschließlich ihrer delegierten Rechtsakte und Durchführungsrechtsakte, sowie über die Anwendung anderen Unionsrechts, deren Einhaltung von den zuständigen Behörden innerhalb des Reallabors**

beaufsichtigt wird. [3]Die zuständigen nationalen Behörden stellen diese jährlichen Berichte oder Zusammenfassungen davon der Öffentlichkeit online zur Verfügung. [4]Die Kommission trägt den jährlichen Berichten gegebenenfalls bei der Wahrnehmung ihrer Aufgaben gemäß dieser Verordnung Rechnung.

(17) **[1]Die Kommission richtet eine eigene Schnittstelle ein, die alle relevanten Informationen zu den KI-Reallaboren enthält, um es den Interessenträgern zu ermöglichen, mit den KI-Reallaboren zu interagieren und Anfragen an die zuständigen Behörden zu richten und unverbindliche Beratung zur Konformität von innovativen Produkten, Dienstleistungen und Geschäftsmodellen mit integrierter KI-Technologie im Einklang mit Artikel 62 Absatz 1 Buchstabe c einzuholen. [2]Die Kommission stimmt sich gegebenenfalls proaktiv mit den zuständigen nationalen Behörden ab.**

Übersicht

I. Entstehung

1 Reallabore sind im Zusammenhang mit Produktsicherheitsrecht keine wesentliche Neuerung. Angesichts dessen, dass die KI-VO letztlich als Bestandteil des EU-Produktsicherheitsrechts zu verstehen ist,[1] überrascht es daher nicht, dass auch die KI-VO die Einrichtung von KI-Reallaboren vorsieht. Bei Reallaboren handelt es sich um Test- und Experimentierumgebungen, in denen neue Technologien, Produkte oder Services unter realen Einsatzbedingungen und unter Einbeziehung von potenziellen Nutzenden gleichzeitig getestet und entwickelt werden können.[2]

2 Nach dem Willen des Gesetzgebers soll mindestens ein Reallabor in einem Mitgliedsstaat etabliert werden, um die Entwicklung und die Erprobung innovativer KI-Systeme vor deren Inverkehrbringen oder anderweitiger Inbetriebnahme unter strenger Regulierungsaufsicht zu erleichtern.[3] Damit wird dem Umstand Rechnung getragen, dass die Unterstützung der Innovation, neben der Schaffung eines einheitlichen Rechtsrahmens für KI-Systeme, einer der wesentlichen Zwecke der KI-VO ist.[4] Vor diesem Hintergrund sollen die KI-Reallabore als innovationsförderndes Instrument ein Gegengewicht zu den in der KI-VO vorgesehenen Pflichten für Anbieter und Betreiber von KI-Systemen bilden.[5] KI-Reallabore sind aber nicht nur als Gegenpol zu den regulatorischen Anforderungen der KI-VO zu verstehen, sondern verhalten sich vielmehr als integraler Bestandteil derselben. Hochrisiko-KI-Systeme müssen zB gem. Art. 9 Abs. 6 S. 1 getestet werden, um die am besten geeigneten gezielten Risikomanagementmaßnahmen zu ermitteln. Dadurch soll sichergestellt werden, dass die in Abschnitt 2 geregelten Anforderungen an Hochrisiko-KI-Systeme auch unter Testbedingungen erfüllt werden.[6] Zwar fordert Art. 9 Abs. 6 S. 1 nicht explizit das Testen in einem KI-Reallabor, sondern lediglich das Testen als solches. Gleichwohl dürfte das Antizipieren der von KI-Systemen ausgehenden Risiken unter realen Bedingungen deutlich leichter fallen als in standardisierten Testumgebungen. Darüber hinaus kann das Testen in Reallaboren maßgeblich zu einer Verbesserung der Benutzererfahrung beitragen und den Marktzugang von KI-Systemen beschleunigen.[7]

---

[1] Vgl. Hofer/Tsakiliotis KIR 2024, 174; Bronner K&R 2025, 164.
[2] S. dazu „Innovationsmethode Reallabor", Frauenhofer IAO, S. 12 f.
[3] Vgl. Erwgr. 138 S. 1, 2.
[4] Vgl. Erwgr. 1 S. 1.
[5] Vgl. Martini/Ruschemeier in Hoeren/Sieber/Holznagel, Multimedia-Recht, 62. EL Juni 2024. Teil 29.6 Rn. 49.
[6] Vgl. Art. 9 Abs. 6 S. 2.
[7] Vgl. Goebel/von Kruedener GRUR-Prax 2024, 755 (756); Erwgr. 139 S. 2.

II. Einzelerläuterungen

1. Mindestbestand von KI-Reallaboren (Abs. 1)

3 **a) Einrichtung der Reallabore. aa) Reallabore.** Ein „KI-Reallabor" wird in der KI-VO definiert als kontrollierter Rahmen, der von einer zuständigen Behörde geschaffen wird und den Anbieter (und zukünftige Anbieter) von KI-Systemen für einen begrenzten Zeitraum unter regulatorischer Aufsicht nutzen können, um ein innovatives KI-System zu entwickeln, zu trainieren, zu validieren und – ggf. unter realen Bedingungen – zu testen, Art. 3 Nr. 55. Die Nutzung des Reallabors soll nach einem „Plan für das Reallabor" erfolgen.[8]

4 **bb) Einrichtung.** Gem. Art. 57 Abs. 1 S. 1 sorgen die Mitgliedstaaten dafür, dass ihre zuständigen Behörden mind. ein KI-Reallabor auf nationaler Ebene einrichten, das bis zum 2.8.2026 einsatzbereit sein muss.[9] Die Frist für die Einsatzbereitschaft der KI-Reallabore deckt sich insofern mit dem Zeitpunkt des Geltungsbeginns der KI-VO insgesamt, Art. 113. Der Unionsgesetzgeber sieht für die einzurichtenden Reallabore keine starre Form vor. Eine Einrichtung kann gem. Erwgr. 138 S. 4 in physischer, digitaler oder Hybrid-Form erfolgen. Erleichterungen sieht der Gesetzgeber zudem dahingehend vor, dass das Reallabor gem. Art. 57 Abs. 1 UAbs. 1 S. 2 auch gemeinsam mit den zuständigen Behörden anderer Mitgliedstaaten eingerichtet werden kann. Außerdem soll die Verpflichtung zur Errichtung des Reallabors durch die Beteiligung an einem bereits bestehenden Reallabor erfüllt werden können. Dies soll jedenfalls möglich sein, sofern dadurch die nationale Abdeckung der teilnehmenden Mitgliedstaaten in gleichwertigem Maße gewährleistet wird.[10]

5 Ausgehend von dem Gesetzeswortlaut ist unklar, ob die Möglichkeit der Beteiligung auf Reallabore beschränkt sein soll, die von den Mitgliedstaaten errichtet wurden oder, ob auch eine Beteiligung an Reallaboren in der Hand privater Träger denkbar ist. Fest steht, dass es Aufgabe der einrichtenden Behörden ist, sicherzustellen, dass die KI-Reallabore über angemessene finanzielle und personelle Ressourcen verfügen.[11] Dies könnte aber auch im Falle von privat betriebenen Reallaboren durch entsprechende staatliche Förderungen gewährleistet werden. In Erwgr. 139 S. 7 ist im Rahmen der Einrichtung der Reallabore lediglich eine Zusammenarbeit mit anderen einschlägigen Behörden und Organisationen der Zivilgesellschaft vorgesehen. Zudem besteht der Sinn und Zweck der Reallabore gerade darin, die Erprobung von KI-Systemen unter strenger Regulierungsaufsicht zu ermöglichen. Die zuständigen Behörden sollen innerhalb der KI-Reallabore Anleitung, Aufsicht und Unterstützung bereitstellen, um die einschlägigen Risiken zu ermitteln.[12] Bei Reallaboren in der Hand privater Träger könnte, auch bei Beteiligung der nationalen Behörden, uU keine ausreichend strenge

[8] Hierzu → Rn. 12.

[9] In Deutschland ist bisher ein Pilotprojekt unter Beteiligung der Bundesdatenschutzbeauftragten geplant. Erste Ergebnisses sollen Ende 2025 vorliegen. Digitalministerium, Bundesnetzagentur und Bundesdatenschutzbeauftragte starten Pilotprojekt | digitales.hessen.de (abgerufen am 11.5.2025).

[10] Vgl. Art. 57 Abs. 1 UAbs. 2.

[11] Vgl. Erwgr. 138 S. 5.

[12] Vgl. Keber/Hansen/Nägele in Schwartmann/Keber/Zenner, 2. Aufl. 2024, F. Reallabore (Art. 57 f.), Rn. 547; Art. 57 Abs. 6.

Regulierungsaufsicht garantiert werden, Interessenkonflikte wären nicht auszuschließen und die zuständigen Behörden könnten ihrer beratenden Funktion nicht ausreichend gerecht werden. Daher ist abzuwarten, ob nur von Mitgliedstaaten errichtete Reallabore von der Möglichkeit der Beteiligung gem. Art. 57 Abs. 1 UAbs. 2 abgedeckt sein sollen. Die sicherlich im Sinne der Kosten- und Zeiteffizienz wünschenswerte Beteiligung von privaten Trägern bzw. Betreibern müsste jedenfalls die Effizienz der Kontrollfunktion berücksichtigen und hinreichend beachten.

b) Rolle der Kommission. Art. 57 Abs. 1 S. 3 sieht vor, dass die Kommission 6
technische Unterstützung, Beratung und Instrumente für die Einrichtung und den Betrieb von KI-Reallaboren bereitstellen kann.

2. Zusätzliche Reallabore (Abs. 2, 3)

Über den vorgeschriebenen Mindestbestand von einem KI-Reallabor auf natio- 7
naler Ebene hinaus können zusätzliche KI-Reallabore auf regionaler oder lokaler Ebene oder gemeinsam mit den zuständigen Behörden anderer Mitgliedstaaten eingerichtet werden, Art. 57 Abs. 2. Ebenso ist in Art. 57 Abs. 3 vorgesehen, dass der Europäische Datenschutzbeauftragte ein KI-Reallabor eigens für Organe, Einrichtungen und sonstige Stellen der Union einrichten kann. In diesem Fall obliegt es dem Europäischen Datenschutzbeauftragten, die Rollen und Aufgaben der zuständigen nationalen Behörden im Einklang mit Kapitel 6 wahrzunehmen.[13]

3. Weitere Aufgaben der Mitgliedstaaten (Abs. 4)

a) Bereitstellung ausreichender Mittel. Aufgabe der Mitgliedstaaten ist es 8
nicht nur, die nationalen Behörden zu der Errichtung der Reallabore anzuweisen, sondern ihnen auch ausreichende Mittel bereitzustellen, um den in Art. 57 vorgeschriebenen Pflichten wirksam und zeitnah nachzukommen.[14]

**b) Zusammenarbeit mit Behörden und Einbeziehung anderer Akteure 9
des KI-Ökosystems.** Art. 57 Abs. 4 S. 2 sieht die Zusammenarbeit der zuständigen nationalen Behörden mit anderen einschlägigen Behörden sowie die Einbeziehung anderer Akteure des KI-Ökosystems vor. Abs. 4 bezieht sich nicht ausschließlich auf die Errichtung der KI-Reallabore, sodass eine Kooperation der zuständigen Behörden mit relevanten Stakeholdern offensichtlich auch in anderen Belangen rund um den Betrieb der KI-Reallabore erwünscht ist. Mit Blick darauf, dass der Einsatz von KI-Systemen in besonderem Maße datenschutzrelevant ist,[15] könnte sich insbesondere die Einbeziehung der Datenschutzbehörden als sinnvoll erweisen. Dies ist daher folgerichtig explizit in Art. 57 Abs. 10 geregelt. Mit der Regelung in Art. 57 Abs. 4 könnte der Gesetzgeber, bezogen auf Deutschland, aber ua auf eine Zusammenarbeit mit dem Bundeskartellamt (BKartA), der Bundesnetzagentur (BNetzA) oder dem Bundesamt für Sicherheit in der Informationstechnik (BSI) abgestellt haben. Anders als bei der Beteiligung an der Errichtung von KI-Reallaboren dürfte an dieser Stelle auch die Zusammenarbeit mit privaten Akteuren erwünscht sein. Dafür spricht, dass die KI-VO insgesamt auch darauf

---

[13] Vgl. Art. 57 Abs. 3.

[14] Vgl. Art. 57 Abs. 4 S. 1.

[15] S. dazu Simitis/Hornung/Spiecker gen. Döhmann/Hornung/Spiecker gen. Döhmann Kap. VI Rn. 344.

abzielt, ein europäisches Ökosystem öffentlicher und privater Akteure zu ermöglichen, die KI-Systeme entwickeln und auf diese Weise das Potenzial des digitalen Wandels zu erschließen.[16]

10 **c) Verhältnis zu anderen Reallaboren.** Andere Reallabore, die im Rahmen des Unionsrechts oder des nationalen Rechts eingerichtet wurden, bleiben von Art. 57 unberührt.[17] In Deutschland haben bislang insbesondere Reallabore im Energiesektor ihre Arbeit aufgenommen, in denen neue Technologien und Prozesse im Bereich der erneuerbaren Energien erprobt und validiert werden.[18] Die Mitgliedstaaten sollen auch für eine angemessene Zusammenarbeit zwischen denjenigen Behörden, die diese anderen Reallabore beaufsichtigen und den für die KI-Reallabore zuständigen nationalen Behörden sorgen.[19]

4. Anwendungsbereich von KI-Reallaboren (Abs. 5)

11 **a) Zeitlicher Anwendungsbereich.** Nach Art. 57 Abs. 5 S. 1 bieten die eingerichteten KI-Reallabore eine kontrollierte Umgebung, um Innovation zu fördern und die Entwicklung, das Training, das Testen und die Validierung innovativer KI-Systeme für einen begrenzten Zeitraum vor ihrem Inverkehrbringen oder ihrer Inbetriebnahme zu erleichtern. Mithin wird das zeitliche Fenster, während dessen die von den Mitgliedstaaten einzurichtenden KI-Reallabore von Anbietern und zukünftigen Anbietern von KI-Systemen genutzt werden können, bereits durch den Unionsgesetzgeber auf die Entwicklungsphase und die dem Inverkehrbringen vorgelagerte Phase beschränkt.[20] Für KI-Systeme, die schon in den Markt eingeführt wurden, stehen die Reallabore demnach nicht offen. Dies korrespondiert mit Art. 9 lit. e, wonach die Einrichtung von KI-Reallaboren dazu beitragen soll, den Zugang von KI-Systemen zum Unionsmarkt zu erleichtern und zu beschleunigen. Demgegenüber geht es nicht um die Optimierung bereits eingeführter KI-Systeme.

12 **b) Reallabor-Plan.** Das Training, Testen und die Validierung von KI-Systemen erfolgt nach einem bestimmten Reallabor-Plan,[21] wobei es sich hier um den Plan für den durchzuführenden Test bzw. die Tests handelt. Gem. Art. 3 Nr. 54 ist der Plan ein zwischen dem teilnehmenden Anbieter und der zuständigen Behörde vereinbartes Dokument, in dem Ziele, die Bedingungen, der Zeitrahmen, die Methodik und die Anforderungen für die im Reallabor durchgeführten Tätigkeiten beschrieben werden. Obwohl KI-Reallabore innerhalb der Systematik der KI-VO gerade als regulatorische Erleichterung fungieren sollen,[22] müssen die (zukünftigen) Anbieter, insbesondere bei der Erarbeitung des Plans für das Reallabor, also dennoch mit einem im Zweifel nicht unerheblichen Verwaltungsaufwand rechnen. Dabei dürfte das Aufstellen des Plans aufwendiger sein, wenn es sich um ein Hochrisiko-KI-System handelt. Ob die für die Testungen ohne hin schon aus technischer – und im Zweifel auch aus datenschutzrechtlicher – Sicht zu erstellen-

[16] Vgl. Erwgr. 8 S. 3.

[17] Vgl. Art. 57 Abs. 4 S. 3.

[18] BMWK, 8. Energieforschungsprogramm zur angewandten Energieforschung – Forschungsmissionen für die Energiewende, Oktober 2023, S. 15.

[19] Vgl. Art. 57 Abs. 4 S. 3 f.

[20] Vgl. Erwgr. 139 S. 1.

[21] Vgl. Art. 57 Abs. 5 S. 1.

[22] Vgl. Krönke NVwZ 2024, 529 (530).

den Testkonzepte hierfür ausreichen, ist unklar und wird sich im Praxisbetrieb herausstellen.

c) Tests unter Realbedingungen. Art. 57 Abs. 5 S. 2 stellt klar, dass in den von den Mitgliedstaaten eingerichteten KI-Reallaboren darin beaufsichtigte Tests auch unter Realbedingungen durchgeführt werden können. Der Test unter Realbedingungen bezeichnet gem. Art. Art. 3 Nr. 57 den befristeten Test eines KI-Systems auf seine Zweckbestimmung, der unter Realbedingungen außerhalb eines Labors oder einer anderweitig simulierten Umgebung erfolgt. Dies dient dem Zweck, zuverlässige und belastbare Daten zu erheben und die Konformität des KI-Systems mit den Anforderungen der KI-VO zu bewerten und zu überprüfen. Sofern alle Bedingungen nach Art. 57 und 60 erfüllt sind, gilt dieser Test nicht als Inverkehrbringen oder Inbetriebnahme des KI-Systems im Sinne der KI-VO. Das Testen unter Realbedingungen ist eine besondere Ausprägung der in der KI-VO zT implementierten Anreizregulierung und bietet den Vorteil, dass auch solche Risiken, die sich regelmäßig erst im Praxisbetrieb zeigen, uU bereits in der Testphase identifiziert werden können[23] (Näheres zu den Anforderungen für das Testen unter Realbedingungen bei den Ausführungen zu Art. 60). 13

5. Aufgaben der zuständigen Behörden (Abs. 6, 7)

a) Übergeordnete Funktion. Aufgabe der für die Reallabore zuständigen Behörden soll es in erster Linie sein, innerhalb der KI-Reallabore ggf. Anleitung, Aufsicht und Unterstützung bereitzustellen, um Risiken und Risikominderungsmaßnahmen zu identifizieren. Auch die Wirksamkeit der potenziellen Risikominderungsmaßnahmen soll von den Behörden beurteilt werden. Dabei sollen nicht allein die Vorgaben der KI-VO, sondern auch die Anforderungen anderer EU-Vorschriften und nationaler Gesetze in die Prüfung mit einbezogen werden.[24] Auf die Behörden dürfte insofern ein erheblicher Prüfungsaufwand zukommen, der einen umfangreichen Sachverstand in verschiedenen Rechtsgebieten erfordert. Vor diesem Hintergrund gewinnt die in Art. 57 Abs. 4 geregelte Zusammenarbeit mit anderen Behörden und Akteuren des KI-Ökosystems an Bedeutung. 14

b) Bereitstellung von Unterlagen. Art. 57 Abs. 7 UAbs. 1 sieht zudem vor, dass die zuständigen Behörden den am KI-Reallabor teilnehmenden Anbietern und zukünftigen Anbietern verschiedene Unterlagen bereitstellen. Das umfasst Leitfäden zu den regulatorischen Anforderungen, einen Nachweis für die im Reallabor erfolgreich durchgeführten Tätigkeiten sowie einen Abschlussbericht.[25] Im Falle der Leitfäden liegt es nahe, den Gesetzeswortlaut dahingehend auszulegen, dass diese nicht nur den Teilnehmenden, sondern auch den an der Teilnahme Interessierten zur Verfügung gestellt werden. Gerade für Interessenten könnten Leitfäden hilfreich sein, um zu prüfen, ob eine Teilnahme an dem KI-Reallabor tatsächlich sinnvoll ist. In dem Abschlussbericht soll die Behörde gem. Art. 57 Abs. 7 UAbs. 2 S. 2 die im Reallabor durchgeführten Tätigkeiten, deren Ergebnisse und die gewonnen Erkenntnisse im Einzelnen darlegen. Diesbezüglich stellt sich die Frage, ob die Behörde zu der Erstellung eines Abschlussberichtes in dieser Detailtiefe überhaupt in der Lage ist. Insbesondere die im Rahmen der Teilnahme an dem KI-Reallabor gewonnenen Erkenntnisse werden der Behörde von den 15

[23] Hofer/Tsakiliotis KIR 2024, 174.
[24] Vgl. Art. 57 Abs. 6.
[25] Vgl. Art. 57 Abs. 8 S. 1 f.

Anbietern des KI-Systems nicht zwingend vollumfänglich offengelegt. Gem. Art. 58 Abs. 1 S. 2 lit. b sollen in den von der Kommission zu erlassenden Durchführungsrechtsakten ua gemeinsame Grundsätze zu dem Abschlussbericht für das Reallabor festgelegt werden. Einen Zeitplan für den Erlass dieser Durchführungsrechtsakte gibt es nicht. Vor diesem Hintergrund bleibt abzuwarten, wie ausführlich die Abschlussberichte in der Praxis ausfallen.

16 **c) Berücksichtigung bei Konformitätsbewertungsverfahren.** Die aufgeführten Unterlagen können von den Anbietern im Rahmen des Konformitätsbewertungsverfahrens oder einschlägiger Marktüberwachungstätigkeiten als Nachweise eingesetzt werden. Dabei werden die Abschlussberichte und die schriftlichen Nachweise im Rahmen einer Beschleunigung des Konformitätsbewertungsverfahrens von den Marktüberwachungsbehörden und den notifizierenden Stellen gem. Art. 57 Abs. 7 UAbs. 2 S. 4 in angemessenem Maße positiv gewertet. In welchem Umfang die Teilnahme am KI-Reallabor aber tatsächlich zu einer Beschleunigung des Verfahrens beitragen kann, liegt letztlich im Ermessen der Behörden bzw. der notifizierenden Stellen. Notifizierte Stelle meint gem. Art. 3 Nr. 22 eine Konformitätsbewertungsstelle, die gemäß der KI-VO und den anderen einschlägigen Harmonisierungsvorschriften der Union notifiziert wurde.

6. Einsehen und Veröffentlichen von Abschlussberichten (Abs. 8)

17 Vorbehaltlich der in Art. 78 enthaltenen Bestimmungen über die Vertraulichkeit und im Einvernehmen mit den Anbietern, sind die Kommission und das KI-Gremium befugt, die von den zuständigen Behörden vorgelegten Abschlussberichte einzusehen und diese bei der Wahrnehmung ihrer Aufgaben zu berücksichtigen.[26] Ob das KI-Gremium und die Kommission in der Praxis tatsächlich über ausreichende Kapazitäten verfügen, um einzelne Abschlussberichte auszuwerten und diesen Rechnung zu tragen, bleibt abzuwarten. Erklären sowohl der Anbieter als auch die zuständige nationale Behörde ausdrücklich ihr Einverständnis, kann der Abschlussbericht gem. Art. 57 Abs. 8 S. 2 darüber hinaus auf einer zentralen Informationsplattform veröffentlicht werden. Diese zentrale Informationsplattform stimmt ggf. mit der gem. Art. 57 Abs. 17 von der Kommission einzurichtenden Schnittstelle überein, die alle relevanten Informationen zu den KI-Reallaboren enthält. Dadurch soll den Interessenträgern ermöglicht werden, mit den KI-Reallaboren zu interagieren und Anfragen an die zuständigen Behörden zu richten und eine unverbindliche Beratung zur Konformität von innovativen Produkten, Dienstleistungen und Geschäftsmodellen mit integrierter KI-Technologie einzuholen.

7. Ziele der Reallabore (Abs. 9)

18 **a) Verbesserung der Rechtssicherheit (lit. a).** Art. 57 Abs. 9 enthält eine Auflistung der Ziele, zu denen die Einrichtung der KI-Reallabore beitragen soll. Zunächst wird die Verbesserung der Rechtssicherheit genannt, um für die Einhaltung der Regulierungsvorschriften der KI-VO oder, ggf., anderem geltenden Unionsrecht und nationalem Recht zu sorgen. Unternehmen sollen in die Lage versetzt werden, bereits vor Marktzutritt in Kooperation mit den zuständi-

[26] Vgl. Art. 57 Abs. 8 S. 1.

gen Behörden rechtskonforme Systeme zu entwickeln.[27] Entsprechend sinkt das Sanktionsrisiko nach Marktzutritt. Materiell-rechtliche Compliance-Erleichterungen sind mit der Teilnahme an KI-Reallaboren aber nicht zwingend verbunden.[28]

b) Förderung des Austauschs bewährter Verfahren (lit. b). Weiterhin soll durch die Einrichtung von KI-Reallaboren der Austausch bewährter Verfahren durch Zusammenarbeit mit den am KI-Reallabor beteiligten Behörden gefördert werden. Unklar ist hierbei, was mit dem Begriff der „bewährten Verfahren" gemeint ist. In Frage kommt hierbei neben dem Testverfahren auch das Prüfungsverfahren bzw. das Kontrollverfahren in Betracht. Der Begriff findet sich in der KI-VO an unterschiedlichen Stellen wieder. So ergibt sich aus der Verwendung in Art. 62 und 95, dass eher die Testverfahren gemeint sein sollen. Jedoch aus Art. 38 und Erwgr. 143 wiederum, dass es auch Prüf- bzw. Verwaltungsverfahren sein können. Da in lit. b maßgeblich auf den Austausch der beteiligten Behörden abgestellt wird, dürfte es sich wohl um den Austausch bewährter Verwaltungsverfahren handeln. 19

c) Förderung von Innovation und Wettbewerbsfähigkeit (lit. c). Ebenso sollen Innovation und Wettbewerbsfähigkeit gefördert und die Entwicklung eines KI-Ökosystems erleichtert werden. Dieses Ziel wird auch durch die Vorschrift des Art. 59 Abs. 1 unterstützt, der die Weiterverarbeitung personenbezogener Daten zur Entwicklung bestimmter KI-Systeme im öffentlichen Interesse im KI-Reallabor regelt. Konkret handelt es sich dabei um einen datenschutzrechtlichen Erlaubnistatbestand unter Durchbrechung des datenschutzrechtlichen Zweckbindungsgrundsatzes. Der Unionsgesetzgeber erkennt damit an, dass insbesondere die umfassenden Vorgaben der DS-GVO das Potenzial haben, die Entwicklung innovativer KI-Konzepte auszubremsen.[29] 20

d) Leisten eines Beitrags zum evidenzbasierten regulatorischen Lernen (lit. d). Erwähnenswert ist insbesondere, dass Reallabore gem. Art. 57 Abs. 9 lit. d auch einen Beitrag zum evidenzbasierten regulatorischen Lernen leisten sollen. Der Gesetzgeber bringt damit zum Ausdruck, dass das Testen von KI-Systemen in Reallaboren auch für die Aufsichtsbehörden selbst von Vorteil ist, die bislang wenig Erfahrung im Bereich der Regulierung von KI-Anwendungen haben.[30] Die Erleichterung des regulatorischen Lernens ist insofern sowohl für Unternehmen als auch für Behörden selbst relevant. Künftige Anpassungen des Rechtsrahmens werden bereits zum jetzigen Zeitpunkt in Aussicht gestellt.[31] Eine lernende Regulatorik dürfte im Sinne der Unternehmen sein, wenn man davon ausgeht, dass ein Plus an Regulatorik oft einem Minus an Kenntnissen und Erfahrung entspringt. 21

e) Erleichterung und Beschleunigung des Zugangs von KI-Systemen zum Unionsmarkt (lit. e). Zuletzt sollen KI-Reallabore den Zugang von KI-Systemen zum Unionsmarkt erleichtern und beschleunigen – insbesondere, wenn 22

---

[27] Göbel/von Kruedener GRUR-Prax 2024, 755 (756).
[28] Bornhard/Siglmüller RDi 2024, 45 (54).
[29] Hüger ZfDR 2024, 263 (285 f.).
[30] Vgl. Keber/Hansen/Nägele in Schwartmann/Keber/Zenner, 2. Aufl. 2024, F. Reallabore (Art. 57 f.), Rn. 546.
[31] Vgl. Erwgr. 139 S. 2.

sie von KMU (einschließlich Start-up-Unternehmen) angeboten werden.[32] Dass der Marktzutritt für KMU erleichtert werden soll, spiegelt sich besonders durch die in Art. 62 aufgeführten Maßnahmen wider, die als Erleichterungen für KMU als Anbieter und Betreiber von KI-Systemen fungieren sollen.

8. Einbeziehung von Datenschutzbehörden (Abs. 10)

23 Art. 57 Abs. 10 regelt die notwendige Einbeziehung der nationalen Datenschutzbehörden in den Betrieb und die Überwachung des KI-Reallabors, sofern die KI-Systeme personenbezogene Daten verarbeiten oder anderweitig der Aufsicht von Behörden unterstehen, die den Zugang zu personenbezogenen Daten gewähren oder unterstützen. Diese Regelung sollte nicht dahingehend interpretiert werden, dass der Unionsgesetzgeber zwingend von einer Trennung von Datenschutz- und KI-Aufsicht ausgeht.[33] Die erforderliche Einbeziehung der Datenschutzbehörden kann vielmehr gerade dadurch gewährleistet werden, dass die Aufsicht gebündelt bei einer Behörde liegt. Der Unionsgesetzgeber hebt – insofern folgerichtig – mit dieser Regelung den engen Zusammenhang zwischen Datenschutz und künstlicher Intelligenz hervor. Offen ist die Frage, wie der Zusatz zu werten ist, dass die Datenschutzbehörden oder anderen nationalen Behörden gem. Art. 57 Abs. 10 „im vollen Umfang ihrer entsprechenden Aufgaben und Befugnisse" einbezogen werden. Dies zumindest im Widerspruch zu Art. 57 Abs. 12 S. 2, 3, der die Befugnis zur Verhängung von Geldbußen durch die für anderes Unionsrecht und nationales Recht zuständigen Behörden unter bestimmten Umständen einschränkt (S. Näheres bei den Ausführungen in Ziff. 29 (Abs. 12)).

9. Aufsichts- und Abhilfebefugnisse bei auftretenden Risiken (Abs. 11)

24 **a) Verhältnis zu Aufsichts- oder Abhilfebefugnissen der die Reallabore beaufsichtigenden zuständigen Behörden.** Art. 57 Abs. 11 S. 1 stellt klar, dass die KI-Reallabore die Aufsichts- und Abhilfebefugnisse der die Reallabore beaufsichtigenden zuständigen Behörden, einschließlich auf regionaler oder lokaler Ebene, unberührt lassen.

25 **b) Folgen bei Feststellung erheblicher Risiken.** Gem. Art. 57 Abs. 11 S. 2 führen alle erheblichen Risiken für die Gesundheit und Sicherheit und die Grundrechte, die bei der Entwicklung und Erprobung solcher KI-Systeme festgestellt werden, zu einer sofortigen und angemessenen Risikominderung. Ob die Risikominderung durch die an dem KI-Reallabor teilnehmenden Anbieter selbst oder durch die zuständigen Behörden erfolgen soll, wird nicht definiert.

26 **c) Befugnisse bei fehlenden Risikominderungsmaßnahmen.** Jedenfalls sind die zuständigen nationalen Behörden gem. Art. 57 Abs. 11 S. 3 befugt, das Testverfahren oder die Beteiligung am Reallabor vorübergehend oder dauerhaft auszusetzen, wenn keine wirksame Risikominderung möglich ist, und unterrichten das Büro für Künstliche Intelligenz über diese Entscheidung.

27 **d) Ermessensspielraum der zuständigen nationalen Behörden iRd Aufsicht.** Um Innovation im Bereich KI in der Union zu fördern, üben die zuständi-

[32] Vgl. Art. 57 Abs. 9 lit. e.

[33] Martini/Botta MMR 2024, 630 (636).

gen nationalen Behörden ihre Aufsichtsbefugnisse gem. Art. 57 Abs. 11 S. 4 im Rahmen des geltenden Rechts aus, indem sie bei der Anwendung der Rechtsvorschriften auf ein bestimmtes KI-Reallabor ihren Ermessensspielraum nutzen. Fraglich ist, ob dieser Vorschrift ein intendiertes Ermessen entnommen werden kann. Intendiertes Ermessen liegt vor, sofern das von der Verwaltung durch Ermessenserwägungen zu findende Ergebnis bereits durch eine gesetzliche Intention vorgezeichnet wird.[34] Mit Art. 57 Abs. 11 S. 4 stellt der Gesetzgeber klar, dass die zuständigen Behörden bestehende Ermessensspielräume nutzen sollen. Ein bestimmtes, im Rahmen der Interessenabwägung zu erzielendes Ergebnis wird damit nicht direkt vorgegeben, sodass der Vorschrift letztlich kein intendiertes Ermessen entnommen werden kann. Gleichwohl soll diese Regelung ausdrücklich der Förderung von Innovation im Bereich KI in der Union dienen.[35] Das deutet darauf hin, dass es dem Wunsch des Gesetzgebers entspricht, dass die zuständigen nationalen Behörden ihre Aufsichtsbefugnisse möglichst restriktiv ausüben und den Reallaboren in ausreichendem Umfang Freiheiten lassen. Ob die nationalen Behörden diesem mit Art. 57 Abs. 11 S. 4 angedeuteten Wunsch nachkommen, bleibt ihnen aber selbst überlassen und bleibt daher abzuwarten.

10. Haftung (Abs. 12)

a) Haftung für Schäden bei Dritten. Gem. Art. 57 Abs. 12 S. 1 bleiben die 28
am KI-Reallabor beteiligten Anbieter und zukünftigen Anbieter nach geltendem Recht der Union und nationalem Haftungsrecht für Schäden in vollem Umfang haftbar, die Dritten infolge der Erprobung im Reallabor entstehen. Allein das Testen von KI-Systemen in einem Reallabor begründet damit bereits ein Haftungsrisiko für die Anbieter. Haftungserleichterungen sind, auch für KMU, nicht vorgesehen. Insbesondere letztere wären mit Blick auf die Aussagen in Art. 57 Abs. 9 lit. e) wünschenswert gewesen. Dies zumindest für die Fälle, in denen im Wege der Reallabore sichergestellt ist, dass keine Risiken für die Nutzer bestehen.

b) Geldbußen. Eine Erleichterung ist lediglich dahingehend vorgesehen, dass 29
von den zuständigen Behörden bei Verstößen gegen die KI-VO keine Geldbußen gegenüber Anbietern und zukünftigen Anbietern von KI-Systemen verhängt werden, sofern diese den spezifischen Plan und die Bedingungen für ihre Beteiligung beachten und der Anleitung durch die zuständigen nationalen Behörden in gutem Glauben folgen.[36] Die Beteiligung an einem KI-Reallabor führt daher zumindest zu einer punktuellen Erleichterung mit Blick auf die Verhängung von Geldbußen. Gem. Art. 57 Abs. 12 S. 3 werden in Fällen, in denen andere zuständige Behörden, die für anderes Unionsrecht und nationales Recht zuständig sind, aktiv an der Beaufsichtigung des KI-Systems im Reallabor beteiligt waren und Anleitung für die Einhaltung gegeben haben, im Hinblick auf dieses Recht keine Geldbußen verhängt. Fraglich ist, ob dies, wie im Falle des Art. 57 Abs. 12 S. 2, ebenfalls nur gilt, sofern die Anleitung dieser Behörden gutgläubig gefolgt wird. Denkbar wäre es auch, die Regelung aufgrund des Wortlauts dahingehend auszulegen, dass die für anderes Recht zuständigen Behörden im Rahmen der Teilnahme an KI-Reallaboren generell keine Geldbu-

---

[34] Schoch/Schneider/Geis, 6. EL November 2024, VwVfG § 40 Rn. 27.
[35] Vgl. Art. 57 Abs. 11 S. 4.
[36] Vgl. Art. 57 Abs. 12 S. 2.

ßen verhängen. Es wäre aber nicht schlüssig, andere Behörden dahingehend anders zu behandeln als die für die für die KI-Reallabore originär zuständigen Behörden. Dadurch würde letztlich auch ein Widerspruch zu der in Art. 57 Abs. 4 vorgesehenen umfassenden Zusammenarbeit der Behörden untereinander konstituiert. Damit dürfte die Erleichterung nach S. 3 nur dann greifen, wenn den Anleitungen der zB Datenschutzbehörde gefolgt wurde.

11. Weitere Regelungen (Abs. 13–16)

30 Art. 57 enthält in den Abs. 13–16 eine Reihe weiterer Regelungen, worin ua die Zusammenarbeit zwischen den zuständigen nationalen Behörden und dem Büro für Künstliche Intelligenz sowie dem KI-Gremium geregelt wird.

31 Auffällig sind insbesondere die Berichtspflichten, die den zuständigen nationalen Behörden mit Art. 57 Abs. 16 auferlegt werden. Vorgesehen ist sowohl das Übermitteln jährlicher Berichte ab einem Jahr nach Einrichtung des Reallabors bis zu dessen Beendigung als auch das Übermitteln von Abschlussberichten.[37] Diese sind auch der Öffentlichkeit in Gänze bzw. als Zusammenfassung online bzw. in Gänze zur Verfügung zu stellen. Hinsichtlich des Ausgangszeitpunkts für das Übermitteln der jährlichen Berichte könnte entweder auf den Zeitpunkt der tatsächlichen Einrichtung des Reallabors oder auf die in Art. 57 Abs. 1 S. 1 festgelegte Frist für die Einsatzbereitschaft der Reallabore abzustellen sein. Entscheidend für das Abstellen auf den Zeitpunkt der tatsächlichen Einsatzbereitschaft spricht letztendlich, dass der jährliche Bericht gerade in dem Zeitraum unmittelbar nach der Einrichtung des Reallabors besonders relevant sein dürfte. In diesem Zeitraum können der Fortschritt sowie die Wirksamkeit der initialen Implementierungsmaßnahmen bewertet und mögliche organisatorische Schwächen adressiert werden, bevor diese größere Auswirkungen haben. Insbesondere kann auf diese Weise bereits in einem frühen Stadium beurteilt werden, ob Nachbesserungen hinsichtlich der regulatorischen Rahmenbedingungen erforderlich sind. Schließlich sollen die Berichte nicht nur über die Ergebnisse der Umsetzung der Reallabore berichten, sondern ua auch über die Anwendung der KI-VO und anderen Unionsrechts informieren.[38] Insgesamt sind die Berichtspflichten durchaus umfassend. Der mit Blick auf Art. 57 Abs. 6, 7 bereits umfangreiche Aufgabenkreis der für die KI-Reallabore zuständigen nationalen Behörden wird mit den Berichtspflichten weiter vergrößert. Ob sich dies in der Praxis negativ auf die Betreuung der einzelnen an den KI-Reallaboren teilnehmenden Anbieter auswirkt, bleibt abzuwarten.

Art. 58* Detaillierte Regelungen für KI-Reallabore und deren Funktionsweise

(1) *[1]* [1]**Um eine Zersplitterung in der Union zu vermeiden, erlässt die Kommission Durchführungsrechtsakte, in denen detaillierte Regelungen für die Einrichtung, Entwicklung, Umsetzung, den Betrieb und die Beaufsichtigung der KI-Reallabore enthalten sind.** [2]**In den Durchführungsrechtsakten sind gemeinsame Grundsätze zu den folgenden Aspekten festgelegt:**

---

[37] Vgl. Art. 57 Abs. 16 S. 1.

[38] Vgl. Art. 57 Abs. 16 S. 2.

* Kapitel VI (Art. 57–63) gilt gem. Art. 113 UAbs. 2 ab 2.8.2026.

a) Voraussetzungen und Auswahlkriterien für eine Beteiligung am KI-Reallabor;
b) Verfahren für Antragstellung, Beteiligung, Überwachung, Ausstieg und Beendigung bezüglich des KI-Reallabors, einschließlich Plan und Abschlussbericht für das Reallabor;
c) für Beteiligte geltende Anforderungen und Bedingungen.

[2] **[3]Diese Durchführungsrechtsakte werden gemäß dem in Artikel 98 Absatz 2 genannten Prüfverfahren erlassen.**

(2) **Die in Absatz 1 genannten Durchführungsrechtsakte gewährleisten,**
a) dass KI-Reallabore allen Anbietern oder zukünftigen Anbietern eines KI-Systems, die einen Antrag stellen und die Voraussetzungen und Auswahlkriterien erfüllen, offen stehen; diese Voraussetzungen und Kriterien sind transparent und fair und die zuständigen nationalen Behörden informieren die Antragsteller innerhalb von drei Monaten nach Antragstellung über ihre Entscheidung;
b) dass die KI-Reallabore einen breiten und gleichberechtigten Zugang ermöglichen und mit der Nachfrage nach Beteiligung Schritt halten; die Anbieter und zukünftigen Anbieter auch Anträge zusammen mit Betreibern oder einschlägigen Dritten, die ihre Partner sind, stellen können;
c) dass die detaillierten Regelungen und Bedingungen für KI-Reallabore so gut wie möglich die Flexibilität der zuständigen nationalen Behörden bei der Einrichtung und dem Betrieb ihrer KI-Reallabore unterstützen;
d) dass der Zugang zu KI-Reallaboren für KMU, einschließlich Start-up-Unternehmen, kostenlos ist, unbeschadet außergewöhnlicher Kosten, die die zuständigen nationalen Behörden in einer fairen und verhältnismäßigen Weise einfordern können;
e) dass den Anbietern und zukünftigen Anbietern die Einhaltung der Verpflichtungen zur Konformitätsbewertung nach dieser Verordnung oder die freiwillige Anwendung der in Artikel 95 genannten Verhaltenskodizes mittels der gewonnenen Erkenntnisse der KI-Reallabore erleichtert wird;
f) dass KI-Reallabore die Einbeziehung anderer einschlägiger Akteure innerhalb des KI-Ökosystems, wie etwa notifizierte Stellen und Normungsorganisationen, KMU, einschließlich Start-up-Unternehmen, Unternehmen, Innovatoren, Test- und Versuchseinrichtungen, Forschungs- und Versuchslabore, europäische digitale Innovationszentren, Kompetenzzentren und einzelne Forscher begünstigen, um die Zusammenarbeit mit dem öffentlichen und dem privaten Sektor zu ermöglichen und zu erleichtern;
g) dass die Verfahren, Prozesse und administrativen Anforderungen für die Antragstellung, die Auswahl, die Beteiligung und den Ausstieg aus dem KI-Reallabor einfach, leicht verständlich und klar kommuniziert sind, um die Beteiligung von KMU, einschließlich Start-up-Unternehmen, mit begrenzten rechtlichen und administrativen Kapazitäten zu erleichtern, sowie unionsweit gestrafft sind, um eine Zersplitterung zu vermeiden, und dass die Beteiligung an einem von einem Mitgliedstaat oder dem Europäischen Datenschutzbeauftragten eingerichteten

KI-Reallabor gegenseitig und einheitlich anerkannt wird und in der gesamten Union die gleiche Rechtswirkung hat;

h) dass die Beteiligung an dem KI-Reallabor auf einen der Komplexität und dem Umfang des Projekts entsprechenden Zeitraum beschränkt ist, der von der zuständigen nationalen Behörde verlängert werden kann;

i) dass die KI-Reallabore die Entwicklung von Instrumenten und Infrastruktur für das Testen, das Benchmarking, die Bewertung und die Erklärung der Dimensionen von KI-Systemen erleichtern, die für das regulatorische Lernen Bedeutung sind, wie etwa Genauigkeit, Robustheit und Cybersicherheit, sowie Maßnahmen zur Risikominderung im Hinblick auf die Grundrechte und die Gesellschaft als Ganzes fördern.

(3) **Zukünftige Anbieter in den KI-Reallaboren, insbesondere KMU und Start-up-Unternehmen, werden gegebenenfalls vor der Einrichtung an Dienste verwiesen, die beispielsweise eine Anleitung zur Umsetzung dieser Verordnung oder andere Mehrwertdienste wie Hilfe bei Normungsdokumenten bereitstellen, sowie an Zertifizierungs-, Test- und Versuchseinrichtungen, europäische digitale Innovationszentren und Exzellenzzentren.**

(4) [1]**Wenn zuständige nationale Behörden in Betracht ziehen, Tests unter Realbedingungen zu genehmigen, die im Rahmen eines KI-Reallabors beaufsichtigt werden, welches nach diesem Artikel einzurichten ist, vereinbaren sie mit den Beteiligten ausdrücklich die Anforderungen und Bedingungen für diese Tests und insbesondere geeignete Schutzvorkehrungen für Grundrechte, Gesundheit und Sicherheit.** [2]**Gegebenenfalls arbeiten sie mit anderen zuständigen nationalen Behörden zusammen, um für unionsweit einheitliche Verfahren zu sorgen.**

Übersicht

I. Überblick über die Vorschrift

Der Gesetzgeber verlagert die detaillierte Regelung des Zugangs und der Funktionsweise von KI-Reallaboren mit Art. 58 größtenteils auf von der EU-Kommission zu erlassende Durchführungsrechtsakte.[1] Für diese Durchführungsrechtsakte schafft Art. 58 einen Rahmen, indem die darin zu regelnden Aspekte sowie ihre Gewährleistungen festgelegt werden. Auf diese Weise werden die Ziele der KI-Reallabore weiter konkretisiert. Weiterhin enthält die Vorschrift an die zuständigen nationalen Behörden adressierte Vorgaben für die Genehmigung von Tests unter Realbedingungen und ergänzt damit Art. 60. 1

II. Einzelerläuterungen

1. Erlass von Durchführungsrechtsakten durch die Kommission (Abs. 1)

Um die Entstehung unterschiedlicher Ki-Rechtsregime in der Union zu vermeiden, wird der Kommission mit Art. 58 Abs. 1 S. 1 die Aufgabe übertragen, Durchführungsrechtsakte zu erlassen, in denen detaillierte Regelungen für die Einrichtung, Entwicklung, Umsetzung, den Betrieb und die Beaufsichtigung der KI-Reallabore enthalten sind. 2

a) Verfahren. Für den Erlass der Durchführungsrechtsakte durch die Kommission verweist Art. 58 Abs. 1 S. 3 auf das sog. Prüfverfahren gem. Art. 98 Abs. 2 KI-VO iVm Art. 5 VO (EU) Nr. 182/2011. Im Zuge des Prüfverfahrens stimmt ein Ausschuss bestehend aus den Vertretern der einzelnen EU-Mitgliedstaaten über die Durchführungsrechtsakte ab. Für den Erlass des Durchführungsrechtsaktes bedarf es einer qualifizierten Mehrheit,[2] dh 16 der 28 EU-Mitgliedstaaten müssen dem Vorschlag zustimmen, wobei diese Stimmen mindestens 65 % der EU-Bevölkerung ausmachen müssen.[3] Kann in dem Ausschuss keine qualifizierte Mehrheit erreicht werden, wird keine Stellungnahme abgegeben. In diesem Fall kann die Kommission dem Ausschuss entweder eine geänderte Fassung des Vorschlags vorlegen und erneut darüber abstimmen lassen oder den Erstentwurf trotz nicht erreichter qualifizierter Mehrheit und fehlender Stellungnahme erlassen. Letztere Möglichkeit ist allerdings nicht eröffnet, sofern der Ausschuss den Vorschlag mit der einfachen Mehrheit seiner Mitglieder abgelehnt hat. Kommt es zu einer solchen Ablehnung, kann die Kommission nach wie vor innerhalb von zwei Monaten einen geänderten Vorschlag in den Ausschuss einbringen. Alternativ besteht die Option, innerhalb eines Monats den Berufungsausschuss über den Erstvorschlag abstimmen zu lassen. Erteilt der 3

[1] Bitkom e.V., Umsetzungsleitfaden zur KI-Verordnung, Version 1.0 – Stand 29.10.2024, S. 219.
[2] Art. 5 Abs. 1 S. 1 iVm Art. 3 Abs. 2 S. 1 VO (EU) Nr. 182/2011.
[3] Gola/Heckmann/Pötters Art. 92, Art. 93 Rn. 10.

Berufungsausschuss mit qualifizierter Mehrheit seine Zustimmung oder gibt er keine Stellungnahme ab, so wird der Durchführungsrechtsakt erlassen. Lehnt der Berufungsausschuss den Vorschlag jedoch mit qualifizierter Mehrheit ab, scheitert der Durchführungsrechtsakt.[4]

4 **b) Festlegung gemeinsamer Grundsätze.** Inhaltlich sollen in den Durchführungsrechtsakten gemeinsame Grundsätze zu den in Art. 58 Abs. 1 UAbs. 1 lit. a–c aufgeführten Aspekten festgelegt werden. Dazu zählen ua die Auswahlkriterien für eine Beteiligung am KI-Reallabor sowie das Verfahren für die Antragstellung und den Plan für das Reallabor. Sämtliche der aufgeführten Aspekte sollten sinngemäß jedenfalls vor Ablauf der Frist für die Einsatzbereitschaft der Reallabore im August 2026[5] geregelt sein. Insofern kann der Zeitraum innerhalb dessen mit dem Erlass der Rechtsakte zu rechnen ist, zumindest eingegrenzt werden. Je nachdem, wie das Abstimmungsverhalten in dem Prüfausschuss ausfällt, kann es aber durchaus zu Verzögerungen kommen.

2. Gewährleistungen der Durchführungsrechtsakte (Abs. 2)

5 Art. 58 Abs. 2 lit. a–i enthält einen Katalog der Aspekte, die die von der Kommission zu erlassenden Durchführungsrechtsakte gewährleisten. Auf diese Gewährleistungen wird nachfolgend einzeln eingegangen.

6 **a) Transparenz (lit. a).** Gem. Art. 58 Abs. 2 lit. a Hs. 1 sollen die KI-Reallabore allen Anbietern oder zukünftigen Anbietern eines KI-Systems, die einen Antrag stellen und die Voraussetzungen und Auswahlkriterien erfüllen, offen stehen. Dabei sollen die Voraussetzungen und Kriterien transparent und fair sein. Die zuständigen nationalen Behörden informieren die Antragsteller innerhalb von drei Monaten nach Antragstellung über ihre Entscheidung. Ob und wie detailliert die Behörden diese Entscheidung gegenüber den Anbietern begründen müssen, bleibt offen. Inwieweit die KI-Reallabore in der Praxis tatsächlich allen Anbietern offen stehen, von der Kapazität der einzelnen Labore abhängen. Ggf. müssen sich die Anbieter trotz zügiger Bearbeitung des Antrags selbst für die eigentliche Teilnahme an dem Reallabor auf Wartezeiten einstellen.

7 **b) Breiter und gleichberechtigter Zugang (lit. b und h).** Nach dem Willen des Gesetzgebers sollen die KI-Reallabore einen breiten und gleichberechtigten Zugang ermöglichen und mit der Nachfrage nach Beteiligung Schritt halten.[6] Dazu zählt letztlich auch, dass der Zeitraum der Beteiligung an dem KI-Reallabor auf einen der Komplexität und dem Umfang des Projekts entsprechenden Zeitraum beschränkt ist, der wiederum von der nationalen Behörde verlängert werden kann.[7] Interessant ist, dass in Art. 58 Abs. 2 lit. b von einem „gleichberechtigten Zugang" gesprochen wird, obwohl die Mitgliedstaaten gem. Art. 62 Abs. 1 lit. a KMU – einschließlich Start-Up-Unternehmen – ausdrücklich vorrangigen Zugang zu den KI-Reallaboren gewähren sollen. Ein gleichberechtigter Zugang kommt daher allenfalls für KMU untereinander, aber gerade nicht für sämtliche in der Union ansässige Unternehmen in Frage.

---

[4] Paal/Pauly/Pauly Art. 93 Rn. 13; Vgl. Art. 5 Abs. 4 UAbs. 3 VO (EU) Nr. 182/2011.
[5] Vgl. Art. 57 Abs. 1 S. 1.
[6] Vgl. Art. 58 Abs. 2 lit. b Hs. 1.
[7] Vgl. Art. 58 Abs. 2 lit. h.

Es sollte beachtet werden, dass (zukünftigen) Anbietern die Möglichkeit eröffnet wird, Anträge zusammen mit Betreibern oder einschlägigen Dritten, die ihre Partner sind, zu stellen.[8] Während der Anbieter ein KI-System selbst entwickelt oder entwickeln lässt,[9] verwendet der Betreiber ein KI-System, ohne es jedoch zwingend selbst Entwickler zu sein.[10] Fraglich ist, ob im Falle eines solchen gemeinsamen Antrags sowohl der Anbieter als auch der Betreiber als KMU gelten müssen, um kostenlosen[11] bzw. vorrangigen Zugang[12] zu dem Reallabor zu erhalten. Für die Beantwortung dieser Frage, ist auf den Sinn und Zweck der gemeinsamen Antragstellung abzustellen. Den Betreiber als denjenigen, der das KI-System in der Praxis verwendet, in die Teilnahme am KI-Reallabor einzubinden, ermöglicht es dem Anbieter, das KI-System in der dafür vorgesehenen Einsatzumgebung zu testen. Die Perspektive des Anbieters als Entwickler wird um die Perspektive des Nutzers erweitert, was sich potenziell innovationsfördernd auswirken kann. Auch der Antrag selbst kann in Zusammenarbeit ggf. schneller und kosteneffizienter erfolgen. Die KMU-Eigenschaft für den Anbieter und den Betreiber kumulativ vorauszusetzen würde sich demgegenüber innovationshemmend auswirken, weil die Teilnahme am Reallabor an strengere Voraussetzungen geknüpft wäre. Angesichts dessen, dass Reallabore gerade als Gegengewicht zu der hohen Regulierungsdichte der KI-VO fungieren sollen[13] und die Hindernisse für KMU abgebaut werden sollen,[14] kann dies vom Gesetzgeber nicht gewollt sein. Es genügt daher, dass der Anbieter im Rahmen einer gemeinsamen Antragstellung die KMU-Eigenschaft aufweist. Gleiches gilt für eine Einbindung einschlägiger Dritter in die Antragstellung. Als Dritte kommen insbesondere Forschungseinrichtungen oder Universitäten in Betracht. Insgesamt erkennt der Gesetzgeber mit der Regelung in Art. 58 Abs. 2 lit. b Hs. 2 an, dass die KI-Entwicklung uU ein kollaborativer Prozess ist. 8

c) Flexibilität bei der Einrichtung und dem Betrieb der KI-Reallabore (lit. c). Gem. Art. 58 Abs. 2 lit. c gewährleisten die von der Kommission zu erlassenden Durchführungsakte darüber hinaus, dass die detaillierten Regelungen und Bedingungen für KI-Reallabore so gut wie möglich die Flexibilität der zuständigen nationalen Behörden bei der Einrichtung und dem Betrieb ihrer KI-Reallabore unterstützen. Ob detaillierte Regelungen tatsächlich eine erhöhte Flexibilität gewährleisten können, ist höchst fraglich. Bei lebensnaher Betrachtung wird die Flexibilität der nationalen Behörden durch den Erlass detaillierter unionaler Vorgaben vielmehr eingeschränkt. Der Gesetzgeber widerspricht sich mit dieser Regelung insofern selbst. 9

d) Förderung von KMU, einschließlich Start-up-Unternehmen (lit. d und g). aa) Kostenbefreiung. Dass die Durchführungsrechtsakte zu der Förderung von KMU, einschließlich Start-up-Unternehmen, beitragen sollen, wird sowohl in Art. 58 Abs. 2 lit. d als auch in lit. g zum Ausdruck gebracht. Gem. 10

---

[8] Vgl. Art. 58 Abs. 2 lit. b Hs. 2.

[9] Vgl. Art. 3 Nr. 3.

[10] Vgl. Art. 3 Nr. 4.

[11] Vgl. Art. 58 Abs. 2 lit. d.

[12] Vgl. Art. 62 Abs. 1 lit. a.

[13] Bitkom e.V., Umsetzungsleitfaden zur KI-Verordnung, Version 1.0 – Stand 29.10.2024, S. 211.

[14] Vgl. Erwgr. 139 S. 2.

Art. 58 Abs. 2 lit. d soll gewährleistet werden, dass der Zugang zu KI-Reallaboren für KMU kostenlos ist. Der Wortlaut legt nahe, dass nur diejenigen Leistungen, die unmittelbar mit dem Zugang zu den Reallaboren zusammenhängen, kostenlos sein sollen. Daher dürften sowohl die Nutzungsgebühren für die darin vorhandene Infrastruktur als auch die Verwaltungskosten bzw. die Bearbeitungsgebühren für den Zugang von der Kostenfreiheit umfasst sein. Kosten, die Unternehmen entstehen, um ein KI-System überhaupt testbereit zu machen, betreffen dagegen nicht den Zugang zum Reallabor im engeren Sinne und dürften damit nicht unter die Kostenfreiheit fallen. Auch außergewöhnliche Kosten können die zuständigen nationalen Behörden gem. Art. 58 Abs. 2 lit. d in einer fairen und verhältnismäßigen Weise einfordern. Außergewöhnliche Kosten können von KMU also nur eingefordert werden, soweit sie in einem angemessenen Verhältnis zu der erbrachten Leistung stehen und die wirtschaftliche Leistungsfähigkeit des Unternehmens nicht überfordern. Ob die nationalen Behörden die außergewöhnlichen Kosten überhaupt einfordern, liegt ohnehin in ihrem Ermessen. Welche Kosten konkret als „außergewöhnlich" einzuordnen sind, wird vom Gesetzgeber nicht definiert. Denkbar sind aber Kosten, die beispielsweise dadurch entstehen, dass ein KMU das KI-Reallabor für besonders aufwändige Tests nutzen möchte, die über den üblichen Umfang hinausgehen oder eine spezielle Infrastruktur verlangen, die eigens angeschafft werden muss.

11 Art. 58 Abs. 2 lit. d unterscheidet im Übrigen nicht zwischen KMU mit Sitz oder Zweigniederlassung in der Union und in Drittländern ansässigen KMU. Eine solche Differenzierung wird für den vorrangigen Zugang zu KI-Reallaboren für KMU in Art. 62 Abs. 1 lit. a ausdrücklich vorgenommen. Im Umkehrschluss ist dies mangels entsprechender Anhaltspunkte im Wortlaut für die Kostenbefreiung nach Art. 58 Abs. 2 lit. d gerade nicht erwünscht.

12 **bb) Verständliche Kommunikation.** Gem. Art. 58 Abs. 2 lit. g gewährleisten die Durchführungsrechtsakte zudem, dass die Verfahren, Prozesse und administrativen Anforderungen für die Antragstellung, die Beteiligung und den Ausstieg aus dem Reallabor leicht verständlich kommuniziert sind.[15] Dadurch trägt der Unionsgesetzgeber dem Umstand Rechnung, dass KMU mangels administrativer, rechtlicher und wohl auch personeller Kapazitäten durch zu hohe administrative Hürden faktisch von der Teilnahme an KI-Reallaboren ausgeschlossen würden. Die Durchführungsrechtsakte sollen außerdem sicherstellen, dass die Beteiligung an einem von einem Mitgliedstaat oder dem Europäischen Datenschutzbeauftragten eingerichteten KI-Reallabor gegenseitig und einheitlich anerkannt wird und in der gesamten Union die gleiche Rechtswirkung hat.[16] Auch bei dieser avisierten Harmonisierung der Anforderungen für KI-Reallabore dürfte der Unionsgesetzgeber insbesondere an KMU, einschließlich Start-Up-Unternehmen, gedacht haben. Diese verfügen regelmäßig nicht über grenzüberschreitende juristische Ressourcen und würden somit durch eine Rechtszersplitterung in besondere Maße beeinträchtigt.

13 **e) Erleichterung der Konformitätsbewertung (lit. e).** Nach Art. 58 Abs. 2 lit. e gewährleisten die Durchführungsrechtsakte, dass den Anbietern und zukünftigen Anbietern die Einhaltung der Verpflichtungen zur Konformitätsbewertung nach dieser Verordnung oder die freiwillige Anwendung der in Artikel 95 genann-

[15] Vgl. Art. 58 Abs. 2 lit. g.
[16] Vgl. Art. 58 Abs. 2 lit. g.

ten Verhaltenskodizes mittels der gewonnenen Erkenntnisse der KI-Reallabore erleichtert wird.

Die Konformitätsbewertung ist gem. Art. 3 Nr. 20 ein Verfahren, mit dem bewertet wird, ob die in Kapitel III Abschnitt 2 festgelegten Anforderungen an ein Hochrisiko-System erfüllt werden. Für beide der in Anhang VI und VII jeweils aufgeführten Konformitätsbewertungsverfahren ist die Bewertung der technischen Dokumentation und des Qualitätsmanagementsystems zentral.[17] Soll den Anbietern die Konformitätsbewertung erleichtert werden, muss die Testumgebung in den KI-Reallaboren daher so ausgestaltet werden, dass die gewonnen Erkenntnisse jedenfalls auch für das Erstellen der technischen Dokumentation[18] und das Einrichten des Qualitätssicherungssystems[19] genutzt werden können. Dies gilt ebenso für die Verhaltenskodizes nach Art. 95. 14

f) Ermöglichung und Erleichterung der Zusammenarbeit mit dem öffentlichen und privaten Sektor (lit. f). Art. 58 Abs. 2 lit. f bringt zum Ausdruck, dass KI-Reallabore die Einbeziehung anderer einschlägiger Akteure innerhalb des KI-Ökosystems begünstigen, um die Zusammenarbeit mit dem öffentlichen und privaten Sektor zu ermöglichen und zu erleichtern. Dies wird bereits dadurch gefördert, dass es den Anbietern gem. Art. 58 Abs. 2 lit. b Hs. 2 offen steht, die Anträge für den Zugang zum KI-Reallabor zusammen mit Betreibern oder einschlägigen Dritten zu stellen. 15

g) Entwicklung von Instrumenten und Infrastruktur (lit. i). Zuletzt sollen die Durchführungsrechtsakte gewährleisten, dass die KI-Reallabore die Entwicklung von Instrumenten und Infrastruktur für das Testen, das Benchmarking, die Bewertung und die Erklärung der Dimensionen von KI-Systemen erleichtern, die für das regulatorische Lernen Bedeutung sind, wie etwa Genauigkeit, Robustheit und Cybersicherheit, sowie Maßnahmen zur Risikominderung im Hinblick auf die Grundrechte und die Gesellschaft als Ganzes fördern.[20] 16

3. Verweisen an Dritte (Abs. 3)

Art. 58 Abs. 3 sieht vor, dass zukünftige Anbieter in den KI-Reallaboren, insbesondere KMU und Start-Up-Unternehmen gegebenenfalls vor der Einrichtung an Dienste verwiesen werden, die beispielsweise eine Anleitung zum Umsetzung dieser Verordnung oder andere Mehrwertdienste wie Hilfe bei Normungsdokumenten bereitstellen. Auch an Verweisen an Zertifizierungs-, Test- und Versuchseinrichtungen sowie an europäische digitale Innovationszentren und Exzellenzzentren soll möglich sein.[21] Die KI-VO zielt mit dieser Regelung darauf ab, dass Unternehmen die Vorbereitung für die Teilnahme an KI-Reallaboren ermöglicht wird. 17

Es fällt auf, dass der Gesetzgeber an dieser Stelle von „KMU und Start-Up-Unternehmen" anstatt wie sonst in Art. 58[22] von „KMU, einschließlich Start-Up-Unternehmen" spricht. Dabei könnte es sich entweder um eine bloße redaktionelle Ungenauigkeit des Gesetzgebers oder aber um eine bewusste Differenzie- 18

[17] S. Anhang VI Ziff. 2, 3 und Anhang VII Ziff. 3.2, 4.
[18] Vgl. Art. 11.
[19] Vgl. Art. 17.
[20] Vgl. Art. 58 Abs. 2 lit. i.
[21] Vgl. Art. 58 Abs. 3.
[22] Vgl. Art. 58 Abs. 2 lit. d, f, g.

rung handeln. Der Begriff des Start-Up-Unternehmens wird durch den EU-Gesetzgeber bislang nicht eigens definiert. In der Regel fallen Start-Up-Unternehmen aber unter die KMU-Definition der Empfehlung der Kommission 2003/361/EG vom 6.5.2003.[23] Vor diesem Hintergrund ist nicht ersichtlich, warum der Gesetzgeber mit der in Art. 58 Abs. 3 gewählten Formulierung eine bewusste Differenzierung beabsichtigen sollte. Daher ist lediglich von einer sprachlichen Ungenauigkeit des Gesetzgebers auszugehen.

19 Weiterhin stellt sich die Frage, wer für das Verweisen selbst zuständig ist. Dem Wortlaut nach soll ein Verweisen an Dritte vor der Einrichtung der Reallabore stattfinden. Sind die KI-Reallabore noch gar nicht eingerichtet, können diese KMU und Start-Up-Unternehmen auch nicht an Dritte verweisen. Dies scheitert bereits daran, dass das KI-Reallabor vor Einrichtung regelmäßig gar nicht kontaktiert werden kann. Denkbar ist, dass diese Informationen stattdessen von der Schnittstelle bereitgestellt werden, die gem. Art. 57 Abs. 17 S. 1 von der Kommission eingerichtet wird und alle relevanten Informationen zu den KI-Reallaboren enthält. An welche Dienste für die Bereitstellung einer Anleitung zur Umsetzung der KI-VO konkret verwiesen wird, bleibt abzuwarten.

4. Zusätzliche Vorgaben für Tests unter Realbedingungen (Abs. 4)

20 Art. 58 Abs. 4 umfasst Vorgaben für die Genehmigung von Tests unter Realbedingungen. Konkret vereinbaren zuständige nationale Behörden gem. Art. 58 Abs. 4 S. 1, wenn sie in Betracht ziehen, Tests unter Realbedingungen zu genehmigen, die im Rahmen eines KI-Reallabors beaufsichtigt werden, mit den Beteiligten ausdrücklich die Anforderungen und Bedingungen für diese Tests und insbesondere geeignete Schutzvorkehrungen für Grundrechte, Gesundheit und Sicherheit.

21 Dem Wortlaut nach muss eine solche Vereinbarung bereits getroffen werden, sofern die zuständige nationale Behörde die Genehmigung nur „in Betracht zieht“. Das deutet darauf hin, dass der Abschluss der Vereinbarung für die Behörde als Entscheidungshilfe für die Genehmigung fungieren soll. Die Anforderungen und Bedingungen, die vereinbart werden sollen, sind in Art. 60 und 61 geregelt. Eine dieser Bedingungen ist der Plan für einen Test unter Realbedingungen, der von dem Anbieter erstellen werden[24] und von der von der nationalen Marktüberwachungsbehörde genehmigt werden muss.[25] In diesem Plan werden gem. Art. 3 Nr. 53 die Ziele, die Methodik, der geografische, bevölkerungsbezogene und zeitliche Umfang, die Überwachung, die Organisation und die Durchführung eines Tests unter Realbedingungen beschrieben. Die Vereinbarung iSd Art. 58 Abs. 4 und der Plan für einen Test unter Realbedingungen sind somit unterschiedliche Dokumente, die unabhängig voneinander vorliegen müssen. Der Abschluss der Vereinbarung nach Art. 58 Abs. 4 ist gem. Art. 3 Nr. 57 allerdings keine Voraussetzung dafür, dass der Test unter Realbedingungen nicht als Inverkehrbringen oder Inbetriebnahme iSd KI-VO gilt. Dazu müssen lediglich die Bedingungen nach Art. 57 und 60 erfüllt sein.

---

[23] S. für die Mitarbeiterzahlen und finanziellen Schwellenwerte zur Definition der Unternehmensklassen Art. 2 Anhang Empfehlung der Kommission vom 6.5.2023 (2003/361/EG).

[24] Vgl. Art. 60 Abs. 4 lit. a.

[25] Vgl. Art. 60 Abs. 4 lit. b.

Art. 59* Weiterverarbeitung personenbezogener Daten zur Entwicklung bestimmter KI-Systeme im öffentlichen Interesse im KI-Reallabor

(1) Rechtmäßig für andere Zwecke erhobene personenbezogene Daten dürfen im KI-Reallabor ausschließlich für die Zwecke der Entwicklung, des Trainings und des Testens bestimmter KI-Systeme im Reallabor verarbeitet werden, wenn alle der folgenden Bedingungen erfüllt sind:

a) Die KI-Systeme werden zur Wahrung eines erheblichen öffentlichen Interesses durch eine Behörde oder eine andere natürliche oder juristische Person und in einem oder mehreren der folgenden Bereiche entwickelt:
   i) öffentliche Sicherheit und öffentliche Gesundheit, einschließlich Erkennung, Diagnose, Verhütung, Bekämpfung und Behandlung von Krankheiten sowie Verbesserung von Gesundheitsversorgungssystemen;
   ii) hohes Umweltschutzniveau und Verbesserung der Umweltqualität, Schutz der biologischen Vielfalt, Schutz gegen Umweltverschmutzung, Maßnahmen für den grünen Wandel sowie Klimaschutz und Anpassung an den Klimawandel;
   iii) nachhaltige Energie;
   iv) Sicherheit und Widerstandsfähigkeit von Verkehrssystemen und Mobilität, kritischen Infrastrukturen und Netzen;
   v) Effizienz und Qualität der öffentlichen Verwaltung und öffentlicher Dienste;

b) die verarbeiteten Daten sind für die Erfüllung einer oder mehrerer der in Kapitel III Abschnitt 2 genannten Anforderungen erforderlich, sofern diese Anforderungen durch die Verarbeitung anonymisierter, synthetischer oder sonstiger nicht personenbezogener Daten nicht wirksam erfüllt werden können;

c) es bestehen wirksame Überwachungsmechanismen, mit deren Hilfe festgestellt wird, ob während der Reallaborversuche hohe Risiken für die Rechte und Freiheiten betroffener Personen gemäß Artikel 35 der Verordnung (EU) 2016/679 und gemäß Artikel 39 der Verordnung (EU) 2018/1725 auftreten können, sowie Reaktionsmechanismen, mit deren Hilfe diese Risiken umgehend eingedämmt werden können und die Verarbeitung bei Bedarf beendet werden kann;

d) personenbezogene Daten, die im Rahmen des Reallabors verarbeitet werden sollen, befinden sich in einer funktional getrennten, isolierten und geschützten Datenverarbeitungsumgebung unter der Kontrolle des zukünftigen Anbieters, und nur befugte Personen haben Zugriff auf diese Daten;

e) Anbieter dürfen die ursprünglich erhobenen Daten nur im Einklang mit dem Datenschutzrecht der Union weitergeben; personenbezogene Daten, die im Reallabor erstellt wurden, dürfen nicht außerhalb des Reallabors weitergegeben werden;

f) eine Verarbeitung personenbezogener Daten im Rahmen des Reallabors führt zu keinen Maßnahmen oder Entscheidungen, die Auswir-

---

* Kapitel VI (Art. 57–63) gilt gem. Art. 113 UAbs. 2 ab 2.8.2026.

kungen auf die betroffenen Personen haben, und berührt nicht die Anwendung ihrer Rechte, die in den Rechtsvorschriften der Union über den Schutz personenbezogener Daten festgelegt sind;

g) **im Rahmen des Reallabors verarbeitete personenbezogene Daten sind durch geeignete technische und organisatorische Maßnahmen geschützt und werden gelöscht, sobald die Beteiligung an dem Reallabor endet oder das Ende der Speicherfrist für die personenbezogenen Daten erreicht ist;**

h) **die Protokolle der Verarbeitung personenbezogener Daten im Rahmen des Reallabors werden für die Dauer der Beteiligung am Reallabor aufbewahrt, es sei denn, im Unionsrecht oder nationalen Recht ist etwas anderes bestimmt;**

i) **eine vollständige und detaillierte Beschreibung des Prozesses und der Gründe für das Trainieren, Testen und Validieren des KI-Systems wird zusammen mit den Testergebnissen als Teil der technischen Dokumentation gemäß Anhang IV aufbewahrt;**

j) **eine kurze Zusammenfassung des im Reallabor entwickelten KI-Projekts, seiner Ziele und der erwarteten Ergebnisse wird auf der Website der zuständigen Behörden veröffentlicht; diese Pflicht erstreckt sich nicht auf sensible operative Daten zu den Tätigkeiten von Strafverfolgungs-, Grenzschutz-, Einwanderungs- oder Asylbehörden.**

(2) **Für die Zwecke der Verhütung, Ermittlung, Aufdeckung oder Verfolgung von Straftaten oder der Strafvollstreckung – einschließlich des Schutzes vor und der Abwehr von Gefahren für die öffentliche Sicherheit – unter der Kontrolle und Verantwortung der Strafverfolgungsbehörden erfolgt die Verarbeitung personenbezogener Daten in KI-Reallaboren auf der Grundlage eines spezifischen Unionsrechts oder nationalen Rechts und unterliegt den kumulativen Bedingungen des Absatzes 1.**

(3) **Das Unionsrecht oder nationale Recht, das die Verarbeitung personenbezogener Daten für andere Zwecke als die ausdrücklich in jenem Recht genannten ausschließt, sowie Unionsrecht oder nationales Recht, in dem die Grundlagen für eine für die Zwecke der Entwicklung, des Testens oder des Trainings innovativer KI-Systeme notwendige Verarbeitung personenbezogener Daten festgelegt sind, oder jegliche anderen dem Unionsrecht zum Schutz personenbezogener Daten entsprechenden Rechtsgrundlagen bleiben von Absatz 1 unberührt.**

Schrifttum: Göbel, Maximilian/von Kruedener, Alexis, KI-Reallabore und Innovationsförderung in der KI-VO, GRUR-Prax 2024, S. 755; Heine, Maurice/Köhler, Matthias, Das Beschäftigtendatengesetz als Blaupause der KI-Regulierung?, NZA 2024, S. 1547; Hüger, Jakob, Die Rechtmäßigkeit von Datenverarbeitungen im Lebenszyklus von KI-Systemen – Zum datenschutzrechtlichen Rechtfertigungsbedürfnis im Rahmen der Entwicklung und des Einsatzes von KI-Systemen nach der DS-GVO und der neuen KI-Verordnung, ZfDR 2024, S. 263; Kindshofer, Aurea, Theoretische und praktische Einführung mit Lösungsmöglichkeiten für DSB, ZD 2024, S. 673; Kühling, Jürgen/Buchner, Benedikt, DSGVO/BDSG-Kommentar, 4. Auflage, München 2024; Martini, Mario/Wendehorst, Christiane, KI-VO Kommentar, München 2024; Muttach, Jan-Philipp/Link, Hendrik, Verarbeitung personenbezogener Daten in KI-Reallaboren nach dem KI-VO-E, CR 2023, S. 725; Paal, Boris P., KI-Training mit öffentlich frei zugänglichen Daten im Lichte der DS-GVO-Vorgaben, ZfDR 2024, S. 129; Paal, Boris P./Pauly, Daniel A., DS-GVO/BDSG-Kommentar, 3. Auflage, München 2024;

Schefzig, Jens/Kilian, Robert, BeckOK KI-Recht, 1. Auflage, München 2025; Schwarmann/Keber/Zenner, KI-VO Leitfaden für die Praxis, 1. Auflage, 2024.

Übersicht

I. Überblick Artikel 59: Weiterverarbeitung personenbezogener Daten in KI Reallaboren

1. Allgemeines

1 KI-Systeme verarbeiten und generieren jede Menge Daten in den verschiedenen Stufen der Anwendung. Bei der Einspeisung und Auswertung von Daten für Training, Input- und Outputgenerierung gibt es, sofern personenbezogene Daten betroffen sind, erhebliche Verzahnungen mit dem **(europäischen und nationalen) Datenschutzrecht,** deren Einzelheiten durch eine Vielzahl an Vorschriften geregelt werden.

2 Zu diesen Vorschriften gehört auch Art. 59, der einen **Rechtsrahmen für die Weiterverarbeitung von personenbezogenen Daten** zum Zwecke der Entwicklung von KI-Systemen in Reallaboren vorgibt. Die Regelung adressiert das Spannungsfeld zwischen technologischer Innovation durch KI-Anwendungen und dem Datenschutz. Ausgangspunkt der Regelung ist die Ermöglichung der Verarbeitung personenbezogener Daten für Entwicklung, Training und Tests von KI-Systemen, die einem erheblichen öffentlichen Interesse dienen. Gleichzeitig stellt die Norm strenge Anforderungen an Datenschutz (insbes. auch durch eine Nachrangigkeitsregelung, die der Verarbeitung von anonymisierten und/oder synthetischen Daten den Vorzug gibt), Transparenz und Sicherheitsvorkehrungen, um Missbrauch und Risiken für betroffene Personen zu minimieren.

3 Art. 59 regelt die Weiterverarbeitung personenbezogener Daten in Reallaboren zur Entwicklung von konkretisierten KI-Systemen im öffentlichen Interesse. Damit dürfen personenbezogene Daten, die ursprünglich für anderweitige Zwecke erhoben wurden, im Reallabor ausschließlich für die Entwicklung, das Training und Testen der KI-Systeme verwendet werden. Art. 59 legt hierfür fest, dass die Weiterverarbeitung aber nur unter den bestimmten Bedingungen gestattet ist. Die Bedingungen umfassen, dass das KI-System zur Wahrung erheblichen öffentlichen Interesses entwickelt werden muss (zB für Fälle der öffentlichen Sicherheit, Gesundheit, Umweltschutz, nachhaltige Energie und die öffentliche Verwaltung). Zudem stellt die Vorschrift die Anforderung auf, dass die verarbeiteten Daten für die Erfüllung der spezifischen Anforderungen notwendig sein müssen und dies auch nicht durch anonymisierte oder synthetische Daten erreicht

werden kann. Mit Konkretisierungen zu technisch-organisatorischen Maßnahmen, die letztlich wiederholen, was nach der DS-GVO ohnehin zu beachten wäre, stellt die Vorschrift nochmals dar, dass die Daten in geschützter Umgebung zu verarbeiten sind und der Kreis der befugten Personen kontrolliert werden muss. Die Daten dürfen zudem nicht außerhalb des Reallabors weitergegeben wund nach Beendigung des Reallaborversuchs gelöscht werden.

4 Neben den Erwägungsgründen 138 und 139, die die Arbeit der KI-Reallabore beschreiben, liefert Erwgr. 140 den maßgebliche Auslegungsrahmen für Art. 59. Nach Art. 66 lit. d soll zudem das KI-Gremium zur Harmonisierung der Verwaltungspraxis in den Mitgliedstaaten beitragen hinsichtlich der Funktionsweise von KI-Reallaboren. Zur Pilotierung der Funktionsweisen von KI-Reallaboren ist in Deutschland im Mai 2025 ein erstes KI-Reallabor gestartet, das unter realitätsnahen Bedingungen zentrale Anforderungen, Abläufe und Herausforderungen simulieren soll, um zusätzliche Kenntnisse über Reallabore zu sammeln.[1]

2. Verhältnis zum Datenschutzrecht

5 Grundsätzlich ist gem. Art. 2 Abs. 7 und Erwgr. 10 das Datenschutzrecht vorrangig und soll durch die hauptsächlich produktsicherheitsrechtlichen Vorschriften der KI-VO nicht eingeschränkt oder gar verdrängt werden. Dies stellt auch Art. 59 Abs. 3 ausdrücklich in Bezug auf Art. 50 Abs. 1 klar. Damit bleiben, wenn ein Fall des Art. 59 Abs. 1 vorliegt und damit die personenbezogenen Daten für einen Reallabor Use Case verarbeitet werden dürfen, nicht nur die Vorschriften der DS-GVO für den Verarbeitungsvorgang anwendbar, sondern es sind auch weitergehende Ausschlussgründe zu prüfen.

6 Da das Datenschutzrecht im Hinblick auf personenbezogene Daten allgemein Datenverarbeitungen unter den **Erlaubnisvorbehalt** stellt, hat dies zur Folge, dass die Verarbeitung personenbezogener Daten im Anwendungsbereich der KI-VO nur möglich ist, wenn ein ausdrücklicher Erlaubnistatbestand existiert.[2] Einen solchen Erlaubnistatbestand stellt Art. 59 dar, nach welchem die Weiterverarbeitung personenbezogener Daten in KI-Reallaboren gem. Art. 57 unter bestimmten Voraussetzungen ausdrücklich genehmigt ist. Art. 59 ist insoweit lex specialis zur DS-GVO.[3]

7 Die nach Art. 59 erlaubte Datenverarbeitung muss dann den allgemeinen datenschutzrechtlichen Grundsätzen entsprechen. Insofern ist er nach der Systematik der DS-GVO zu behandeln, in welche er sich einfügt und für die eine Datenverarbeitung wie dargestellt ein Regel-Ausnahme-Verhältnis vorsieht.[4] Zunächst ist daher festzustellen, dass jede Weiterverarbeitung von Daten, nicht nur jene im Zusammenhang mit dem Training von KI-Systemen, im Konflikt mit dem **Zweckbindungsgrundsatz** aus Art. 5 Abs. 1 lit. b DS-GVO steht, nach welchem personenbezogene Daten nur für von vornherein festgelegte, eindeutige und legitime Zwecke verarbeitet werden dürfen.[5] In einem nächsten

---

[1] Siehe Pressemitteilung des hessischen Digitalministeriums: https://digitales.hessen.de/presse/digitalministerium-bundesnetzagentur-und-bundesdatenschutzbeauftragte-starten-pilotprojekt (zuletzt abgerufen am 11.5.2025).

[2] Kühling/Raub/Kühling/Buchner DS-GVO Einf. Rn. 53.

[3] Schwartmann/Keber/Zenner KI-VO/Keber/Hansen/Nägele Reallabore S. 188 Rn. 550.

[4] BeckOK KI-Recht/v. Kruedener/Göbel Art. 59 Rn. 18 ff.

[5] Paal ZfDR 2024, 129 (143).

Schritt genehmigt Art. 6 Abs. 4 Hs. 1 DS-GVO jedoch ausnahmsweise die **zweckändernde Weiterverarbeitung von personenbezogenen Daten** in solchen Fällen, in denen dies durch eine unionale Rechtsvorschrift erlaubt wird, die ihrerseits eine verhältnismäßige Maßnahme zum Schutz der in Art. 23 Abs. 1 DS-GVO genannten Ziele darstellt. Unter diese Ausnahme lässt sich nun der Art. 59 subsumieren, der in Abs. 1 katalogartig gerade derartige Ziele aufzählt, so dass es bei unterstellter Erfüllung dieses Tatbestandes letztendlich nur noch auf eine Verhältnismäßigkeitsprüfung anhand der Umstände des konkreten Einzelfalles ankommt.[6] Von Art. 59 Abs. 1 umfasst ist indes nur die Weiterverarbeitung bereits vorher (auch von Dritten) erhobener personenbezogener Daten im KI-Reallabor, nicht das neue Sammeln und Speichern von Daten durch das Reallabor zu Trainingszwecken.[7]

II. Voraussetzung für die Weiterverarbeitung von personenbezogenen Daten in KI-Reallaboren (Abs. 1)

Art. 59 Abs. 1 enthält **drei übergeordnete Tatbestandsvoraussetzungen.** 8
Erstens müssen die personenbezogenen Daten ihrem Ursprung nach rechtmäßig für andere Zwecke erhoben worden sein, zweitens müssen Sie nun ausschließlich für den Zweck der Entwicklung, des Trainings und des Testens bestimmter KI-Systeme in KI-Reallaboren verarbeitet werden und drittens müssen die Voraussetzungen der Art. 59 Abs. 1 lit. a–f kumulativ erfüllt sein.

Bei der ersten Tatbestandsvoraussetzung, der **Rechtmäßigkeit der** 9
ursprünglichen Datenerhebung, handelt es sich eigentlich um eine datenschutzrechtliche Selbstverständlichkeit (vgl. Art. 5 Abs. 1 lit. a DS-GVO). Da der Anbieter eines KI-Systems indes die von ihm verwendeten Trainingsdaten in den meisten Fällen nicht selber erhebt, sondern die Datensätze aus verschiedenen Quellen sammelt, kann es in der Praxis schwierig sein, im Nachhinein festzustellen, ob die Datensätze seinerzeit rechtmäßig erhoben wurden oder nicht und dies auch umfasst, dass die Daten an das Reallabor als Dritte Partei übermittelt werden können.

Die Anbieter müssen sich deshalb beim Sammeln ihrer Daten die entsprechen- 10
den Einwilligungen der Betroffenen oder die Nachweise über das Vorliegen anderer rechtlicher Gründe für die ursprüngliche Datenerhebung vorlegen lassen.[8] Die Wirksamkeit der Einwilligung setzt dabei voraus, dass im Zeitpunkt der Erteilung für den Betroffenen bereits ersichtlich war, wofür er seine Einwilligung erteilt.[9] Zudem stellen sich praktische Fragestellungen, da es in Fällen, bei denen Daten von nicht direkt am Reallabor beteiligten Stellen verwendet werden sollen, für die datengebenden Stellen wenig bis keine Incentivierung gibt, die von ihnen unter wahrscheinlich zT erheblichen Aufwänden erhobenen Daten an das KI-Reallabor weiterzugeben und sie selbst die Datenübertragung an diese weitere, externe datenverarbeitende Stelle rechtlich absichern müssen.

Die **Ausschließlichkeitsklausel** bezieht sich lediglich auf die Art und Weise 11
der Weiterverarbeitung der personenbezogenen Daten, die in KI-Reallaboren iSd

---

[6] Botta/Martini/Wendehorst Art. 59 Rn. 9.
[7] Paal ZfDR 2024, 129 (155).
[8] Hüger ZfDR 2024, 263 (287).
[9] Kindshofer ZD 2024, 673 (676).

Art. 3 Nr. 55 erfolgen und dort den Zwecken der Entwicklung, des Trainings und der Erprobung des KI-Systems dienen muss, wobei die Zweckauflistung dabei rein deklaratorischer Natur ist, da KI-Reallabore per definitionem auf diese Zwecke ausgerichtet sind.[10] Umfasst sind allerdings auch notwendige Vorhaben im Vorfeld einer Weiterverarbeitung im KI-Reallabor, beispielsweise die Datenaufbereitung.[11]

12 Letztendlich sind es jedoch die **kumulativen Voraussetzungen der lit. a–f,** die den Erlaubnistatbestand erheblich einschränken. Darüber hinaus sind in den lit. g–j weitere Pflichten vorgesehen, die jedoch keine originären Voraussetzungen einer zulässigen Weiterverarbeitung von Daten sind, sondern an ein solches Anknüpfen.

13 Gemäß lit. a muss die Verarbeitung der **Wahrung eines erheblichen öffentlichen Interesses** dienen, wobei nicht jedes erhebliche öffentliche Interesse ausreichend ist. Vielmehr zählt lit. a seinerseits abschließend die öffentlichen Interessen auf, die eine Weiterverarbeitung der Daten rechtfertigen. Die genannten Kategorien, die durchaus einigen Interpretationsspielraum bieten, sind dabei die öffentliche Sicherheit und öffentliche Gesundheit, einschließlich Erkennung, Diagnose, Verhütung, Bekämpfung und Behandlung von Krankheiten sowie Verbesserung von Gesundheitsversorgungssystemen (i); ein hohes Umweltschutzniveau und Verbesserung der Umweltqualität, Schutz der biologischen Vielfalt, Schutz gegen Umweltverschmutzung, Maßnahmen für den grünen Wandel sowie Klimaschutz und Anpassung an den Klimawandel (ii); nachhaltige Energie (iii); die Sicherheit und Widerstandsfähigkeit von Verkehrssystemen und Mobilität, kritischen Infrastrukturen und Netzen (iv) und die Effizienz und Qualität der öffentlichen Verwaltung und öffentlicher Dienste (v).

14 Die genannten Anwendungsfelder von „erheblichem öffentlichen Interesse" geben unmittelbaren Aufschluss über Prioritäten und Werte, die die Europäische Union bei der Regulierung von KI-Systemen setzen wollte und in welchen Feldern besondere Potenziale von KI gesehen wurden und gefördert werden sollten. Die Kategorien zeigen zudem, dass die EU KI-Systeme als entscheidenden Faktor für die Förderung gemeinwohlorientierter Zwecke und für die Bewältigung wichtiger gesellschaftlicher Herausforderungen ansieht.

15 Gemäß lit. b müssen die verarbeiteten Daten erforderlich sein, um die **Anforderungen an Hochrisiko-KI-Systeme** iSd Art. 8–15 erfüllen zu können. Diese Vorgabe schränkt den Anwendungsbereich des Art. 59 Abs. 1 im Ergebnis ganz erheblich ein,[12] denn Sie hat zur Folge, dass die Norm nicht anwendbar ist wenn kein Hochrisiko-KI-System vorliegt oder wenn ein solches vorliegt, aber die Verarbeitung nicht zur Erfüllung der genannten Pflichten erforderlich ist oder wenn sich diese Anforderungen auch in weniger eingriffsintensiver Weise, beispielsweise durch die Verarbeitung anonymisierter, synthetischer oder anderer nicht-personenbezogener Daten erfüllen lassen.[13]

16 Gemäß lit. c müssen **wirksame Überwachungsmaßnahmen** bestehen, durch welche sichergestellt wird, dass die Feststellung von hohen Risiken für die Rechte und Freiheiten der betroffenen Personen möglich ist, die während der Erprobung innerhalb des KI-Reallabors auftreten können. Für den Fall, dass

---

[10] BeckOK KI-Recht/v. Kruedener/Göbel Art. 59 Rn. 29.

[11] BeckOK KI-Recht/v. Kruedener/Göbel Art. 59 Rn. 29.

[12] vgl. BeckOK KI-Recht/v. Kruedener/Göbel Art. 59 Rn. 44.

[13] Botta/Martini/Wendehorst Art. 59 Rn. 17.

ein solches Risiko festgestellt wird, müssen Reaktionsmechanismen vorhanden sein, um diese Risiken umgehend einzudämmen und, sofern erforderlich, die Verarbeitung ganz zu beenden. Für den Begriff des „hohen Risikos" beinhaltet die Norm einen Verweis auf Art. 35 DS-GVO und Art. 39 VO (EU) 2018/1725, der dort verankert ist.[14] In diesem Zusammenhang wird ein „hohes Risiko" als Produkt aus der prognostizierten Eintrittswahrscheinlichkeit und Schadensschwere ermittelt.[15]

Gemäß lit. d müssen sich die personenbezogenen Daten innerhalb des KI-Reallabors in einer **funktional getrennten, isolierten und geschützten Datenverarbeitungsumgebung** befinden, über welche der zukünftige Anbieter die Kontrolle hat. Der Zugriff auf die Daten soll nur befugten Personen gestattet werden. Wie dieses Trennungsgebot in der Praxis umgesetzt werden soll ist noch nicht klar, es werden weitere technische Konkretisierungen erforderlich sein.[16] Auch soll das KI-Gremium nach Art. 66 lit. d zur Harmonisierung der Verwaltungspraxis in den Mitgliedstaaten und der Funktionsweise von KI-Reallaboren beitragen. **17**

Gemäß lit. e dürfen Anbieter die ursprünglich erhobenen Daten nur **weitergeben,** sofern dies mit europäischen Datenschutzrecht vereinbar ist. Die im Reallabor erstellten Daten dürfen nicht außerhalb des Reallabors weitergegeben werden. **18**

Gemäß lit. f darf die Verarbeitung der personenbezogenen Daten bei der Durchführung des KI-Reallabors nicht die **Anwendung der datenschutzrechtlichen Betroffenenrechte** berühren und auch keine Maßnahmen oder Entscheidungen zur Folge haben, die sich auf die betroffenen Personen auswirken. Beispielhaft genannt seien Entscheidungen hinsichtlich des Zugangs zu Bildungseinrichtungen oder im Rahmen einer Personalauswahl, die ansonsten zu den zulässig einsetzbaren KI-Systemen zählen würden.[17] **19**

Wenn eine nach Maßgabe von Art. 59 lit. a–f zulässige Weiterverarbeitung personenbezogener Daten stattgefunden hat, muss der Verantwortliche in der Folge, wie dargestellt, die **ergänzenden Pflichten aus Art. 59 lit. g–j** wahren. **20**

Gemäß lit. g müssen die verarbeiteten personenbezogenen Daten durch **geeignete technisch-organisatorische Maßnahmen** (kurz: „TOMs") geschützt und gelöscht werden werden, sobald die Beteiligung am KI-Reallabor beendet wird oder die Speicherfrist für die personenbezogenen Daten endet. Maßgeblich für die TOMs dürfte in diesem Zusammenhang Art. 32 Abs. 1 DS-GVO sein.[18] TOMs sind seit jeher ein zentrales Mittel zur Gewährleistung datenschutzrechtlicher Compliance, so dass auch diese Norm lediglich deklaratorische Natur hat.[19] **21**

Gemäß lit. h und lit. i gelten **Aufbewahrungspflichten** für bestimmte im KI-Reallabor generierte Daten. Diese stehen im Gegensatz zu den Löschungspflichten aus lit. g. Eine Aufbewahrungsfrist besteht für die Verarbeitungsprotokolle, die für die Zeitspanne der Beteiligung und noch darüber hinaus aufzubewahren sind, sofern dies nach einer anderen Rechtsvorschrift erforderlich ist. Die Beteiligten sind zu dem verpflichtet, ihrer nach Anhang IV erforderlichen Dokumentation **22**

---

[14] Vgl. Dazu auch Muttach/Link CR 2023, 725 (731).
[15] Martini/Paal/Pauly Art. 35 Rn. 15b.
[16] BeckOK KI-Recht/v. Kruedener/Göbel Art. 59 Rn. 48.
[17] Botta/Martini/Wendehorst Art. 59 Rn. 22.
[18] Vgl. hierzu Muttach/Link CR 2023, 725 (731).
[19] BeckOK KI-Recht/v. Kruedener/Göbel Art. 59 Rn. 54.

eine vollständige und detaillierte Beschreibung des Prozesses und der Gründe für das Trainieren, Testen und Validieren des KI-Systems zusammen mit den Testergebnissen hinzuzufügen und diese aufzubewahren.

23 Gemäß lit. j ist auf der Website der zuständigen Behörde, sofern keine sensiblen operativen Daten zu Tätigkeiten im Bereich der Strafverfolgung, des Grenzschutzes, der Einwanderung oder den Asylbehörden betroffen sind, eine **kurze Zusammenfassung des im Reallabor entwickelten KI-Projekts sowie seiner Ziele und erwarteten Ergebnisse zu veröffentlichen.** Der Adressat dieser Pflicht ist nicht explizit geregelt, naheliegend scheint es indes, dass der Bericht von demjenigen erstellt wird, der seine Daten tatsächlich im KI-Reallabor getestet hat, woraufhin die zuständige Behörde ihn veröffentlicht.[20]

III. Datenverarbeitung zu Zwecken der Strafverfolgung und Strafvollstreckung (Abs. 2)

24 Art. 59 Abs. 2 stellt klar, dass in dem besonders grundrechtssensiblen Bereichen der Verhütung, Ermittlung, Aufdeckung oder Verfolgung von Straftaten oder im Bereich der Strafvollstreckung inklusive des Schutzes vor und der Abwehr von Gefahren für die öffentliche Sicherheit die Anforderungen aus Art. 59 Abs. 1 alleine nicht ausreichen, um eine Weiterverarbeitung personenbezogener Daten zu rechtfertigen, sondern dass es einer spezialgesetzlichen Rechtsgrundlage des nationalen oder europäischen Rechts bedarf.[21]

IV. Verhältnis zu anderen Vorschriften des Datenschutzrechts (Abs. 3)

25 Art. 59 Abs. 3 stellt klar, dass andere europäische oder nationale Vorschriften, die die Weiterverarbeitung von Daten für die in Abs. 59 Abs. 1 genannten Zwecke ausschließen, weiterhin neben den Vorgaben des Art. 59 Abs. 1 bestehen bleiben und nicht durch diesen verdrängt oder ersetzt werden. Auch diese Vorschrift ist letztlich deklaratorischer Natur, schließlich werden datenschutzrechtliche Vorschriften ohnehin von den Regelungen der KI-VO nicht berührt, wie Erwgr. 10 klarstellt.

26 Im Ergebnis besagt die Norm schlicht, dass eine Weiterverarbeitung von personenbezogenen Daten auch dann rechtswidrig sein kann, wenn die Vorgaben des Art. 59 Abs. 1 zwar vorliegen, **allerdings darüber hinausgehende Vorgaben aus anderen datenschutzrechtlichen Normen** nicht erfüllt sind. Die Norm statuiert also keinen abschließenden, sondern einen bloßen Mindeststandard für die Weiterverarbeitung personenbezogener Daten in ihrem Anwendungsbereich und dient insbesondere dazu, als Rechtsvorschrift iSd Art. 6 Abs. 4 DS-GVO zu dienen und so einen Anwendungsfall (für eine der wohl im Anwendungsbereich umstrittendsten Vorschriften der Datenschutzgrundverordnung)[22] zu kreieren, der eine Weiterverarbeitung von personenbezogenen Daten, wenn auch in engen Grenzen, ermöglicht.

---

[20] Botta/Martini/Wendehorst Art. 59 Rn. 30.

[21] Beispielhaft zu den Vorgaben des BeschDG-E vgl. Heine/Köhler NZA 2024, 1547 (1549).

[22] Vgl. dazu Buchner/Petri in Kühling/Buchner DS-GVO Art. 6 Rn. 181.

Art. 60* Tests von Hochrisiko-KI-Systemen unter Realbedingungen außerhalb von KI-Reallaboren

(1) *[1]* **Tests von Hochrisiko-KI-Systemen unter Realbedingungen können von Anbietern oder zukünftigen Anbietern von in Anhang III aufgeführten Hochrisiko-KI-Systemen außerhalb von KI-Reallaboren gemäß diesem Artikel und – unbeschadet der Bestimmungen unter Artikel 5 – dem in diesem Artikel genannten Plan für einen Test unter Realbedingungen durchgeführt werden.**

[2] **[1]Die Kommission legt die einzelnen Elemente des Plans für einen Test unter Realbedingungen im Wege von Durchführungsrechtsakten fest. [2]Diese Durchführungsrechtsakte werden gemäß dem in Artikel 98 Absatz 2 genannten Prüfverfahren erlassen.**

[3] **Das Unionsrecht oder nationale Recht für das Testen von Hochrisiko-KI-Systemen unter Realbedingungen im Zusammenhang mit Produkten, die unter die in Anhang I aufgeführten Harmonisierungsrechtsvorschriften der Union fallen, bleibt von dieser Bestimmung unberührt.**

(2) **Anbieter oder zukünftige Anbieter können in Anhang III genannte Hochrisiko-KI-Systeme vor deren Inverkehrbringen oder Inbetriebnahme jederzeit selbst oder in Partnerschaft mit einem oder mehreren Betreibern oder zukünftigen Betreibern unter Realbedingungen testen.**

(3) **Tests von KI-Systemen unter Realbedingungen gemäß diesem Artikel lassen nach dem Unionsrecht oder dem nationalen Recht gegebenenfalls vorgeschriebene Ethikprüfungen unberührt.**

(4) **Tests unter Realbedingungen dürfen von Anbietern oder zukünftigen Anbietern nur durchgeführt werden, wenn alle der folgenden Bedingungen erfüllt sind:**

a) **Der Anbieter oder der zukünftige Anbieter hat einen Plan für einen Test unter Realbedingungen erstellt und diesen bei der Marktüberwachungsbehörde in dem Mitgliedstaat eingereicht, in dem der Test unter Realbedingungen stattfinden soll;**

b) **die Marktüberwachungsbehörde in dem Mitgliedstaat, in dem der Test unter Realbedingungen stattfinden soll, hat den Test unter Realbedingungen und den Plan für einen Test unter Realbedingungen genehmigt; hat die Marktüberwachungsbehörde innerhalb von 30 Tagen keine Antwort gegeben, so gelten der Test unter Realbedingungen und der Plan für einen Test unter Realbedingungen als genehmigt; ist im nationalen Recht keine stillschweigende Genehmigung vorgesehen, so bleibt der Test unter Realbedingungen genehmigungspflichtig;**

c) **der Anbieter oder zukünftige Anbieter, mit Ausnahme der in Anhang III Nummern 1, 6 und 7 genannten Anbieter oder zukünftigen Anbieter von Hochrisiko-KI-Systemen in den Bereichen Strafverfolgung, Migration, Asyl und Grenzkontrolle und der in Anhang III Nummer 2 genannten Hochrisiko-KI-Systeme, hat den Test unter Realbedingungen unter Angabe einer unionsweit einmaligen Identifizierungsnummer und der in Anhang IX festgelegten Informationen gemäß Artikel 71 Absatz 4 registriert; der Anbieter oder zukünftige**

* Kapitel VI (Art. 57–63) gilt gem. Art. 113 UAbs. 2 ab 2.8.2026.

Anbieter von Hochrisiko-KI-Systemen gemäß Anhang III Nummern 1, 6 und 7 in den Bereichen Strafverfolgung, Migration, Asyl und Grenzkontrollmanagement hat die Tests unter Realbedingungen im sicheren nicht öffentlichen Teil der EU-Datenbank gemäß Artikel 49 Absatz 4 Buchstabe d mit einer unionsweit einmaligen Identifizierungsnummer und den darin festgelegten Informationen registriert; der Anbieter oder zukünftige Anbieter von Hochrisiko-KI-Systemen gemäß Anhang III Nummer 2 hat die Tests unter Realbedingungen gemäß Artikel 49 Absatz 5 registriert;

d) der Anbieter oder der zukünftige Anbieter, der den Test unter Realbedingungen durchführt, ist in der Union niedergelassen oder hat einen in der Union niedergelassenen gesetzlichen Vertreter bestellt;

e) die für die Zwecke des Tests unter Realbedingungen erhobenen und verarbeiteten Daten werden nur dann an Drittländer übermittelt, wenn gemäß Unionsrecht geeignete und anwendbare Schutzvorkehrungen greifen;

f) der Test unter Realbedingungen dauert nicht länger als zur Erfüllung seiner Zielsetzungen nötig und in keinem Fall länger als sechs Monate; dieser Zeitraum kann um weitere sechs Monate verlängert werden, sofern der Anbieter oder der zukünftige Anbieter die Marktüberwachungsbehörde davon vorab in Kenntnis setzt und erläutert, warum eine solche Verlängerung erforderlich ist;

g) Testteilnehmer im Rahmen von Tests unter Realbedingungen, die aufgrund ihres Alters oder einer Behinderung schutzbedürftigen Gruppen angehören, sind angemessen geschützt;

h) wenn ein Anbieter oder zukünftiger Anbieter den Test unter Realbedingungen in Zusammenarbeit mit einem oder mehreren Betreibern oder zukünftigen Betreibern organisiert, werden Letztere vorab über alle für ihre Teilnahmeentscheidung relevanten Aspekte des Tests informiert und erhalten die einschlägigen in Artikel 13 genannten Betriebsanleitungen für das KI-System; der Anbieter oder zukünftige Anbieter und der Betreiber oder zukünftige Betreiber schließen eine Vereinbarung, in der ihre Aufgaben und Zuständigkeiten festgelegt sind, um für die Einhaltung der nach dieser Verordnung und anderem Unionsrecht und nationalem Recht für Tests unter Realbedingungen geltenden Bestimmungen zu sorgen;

i) die Testteilnehmer im Rahmen von Tests unter Realbedingungen erteilen ihre informierte Einwilligung gemäß Artikel 61, oder, wenn im Fall der Strafverfolgung die Einholung einer informierten Einwilligung den Test des KI-Systems verhindern würde, dürfen sich der Test und die Ergebnisse des Tests unter Realbedingungen nicht negativ auf die Testteilnehmer auswirken und ihre personenbezogenen Daten werden nach Durchführung des Tests gelöscht;

j) der Anbieter oder zukünftige Anbieter und die Betreiber und zukünftigen Betreiber lassen den Test unter Realbedingungen von Personen wirksam überwachen, die auf dem betreffenden Gebiet angemessen qualifiziert sind und über die Fähigkeit, Ausbildung und Befugnis verfügen, die für die Wahrnehmung ihrer Aufgaben erforderlich sind;

k) die Vorhersagen, Empfehlungen oder Entscheidungen des KI-Systems können effektiv rückgängig gemacht und außer Acht gelassen werden.

(5) [1]**Jeder Testteilnehmer bezüglich des Tests unter Realbedingungen oder gegebenenfalls dessen gesetzlicher Vertreter kann seine Teilnahme an dem Test jederzeit durch Widerruf seiner informierten Einwilligung beenden und die unverzügliche und dauerhafte Löschung seiner personenbezogenen Daten verlangen, ohne dass ihm daraus Nachteile entstehen und er dies in irgendeiner Weise begründen müsste.** [2]**Der Widerruf der informierten Einwilligung wirkt sich nicht auf bereits durchgeführte Tätigkeiten aus.**

(6) [1]**Im Einklang mit Artikel 75 übertragen die Mitgliedstaaten ihren Marktüberwachungsbehörden die Befugnis, Anbieter und zukünftige Anbieter zur Bereitstellung von Informationen zu verpflichten, unangekündigte Ferninspektionen oder Vor-Ort-Inspektionen durchzuführen und die Durchführung der Tests unter Realbedingungen und damit zusammenhängende Hochrisiko-KI-Systeme zu prüfen.** [2]**Die Marktüberwachungsbehörden nutzen diese Befugnisse, um für die sichere Entwicklung von Tests unter Realbedingungen zu sorgen.**

(7) [1]**Jegliche schwerwiegenden Vorfälle im Verlauf des Tests unter Realbedingungen sind den nationalen Marktüberwachungsbehörden gemäß Artikel 73 zu melden.** [2]**Der Anbieter oder zukünftige Anbieter trifft Sofortmaßnahmen zur Schadensbegrenzung; andernfalls setzt er den Test unter Realbedingungen so lange aus, bis eine Schadensbegrenzung stattgefunden hat, oder bricht ihn ab.** [3]**Im Fall eines solchen Abbruchs des Tests unter Realbedingungen richtet der Anbieter oder zukünftige Anbieter ein Verfahren für den sofortigen Rückruf des KI-Systems ein.**

(8) **Anbieter oder zukünftige Anbieter setzen die nationalen Marktüberwachungsbehörde in dem Mitgliedstaat, in dem der Test unter Realbedingungen stattfindet, über die Aussetzung oder den Abbruch des Tests unter Realbedingungen und die Endergebnisse in Kenntnis.**

(9) **Anbieter oder zukünftige Anbieter sind nach geltendem Recht der Union und geltendem nationalen Recht für Schäden haftbar, die während ihrer Tests unter Realbedingungen entstehen.**

Übersicht

I. Überblick über die Vorschrift

1 Die Entwicklung und das Inverkehrbringen von Hochrisiko-KI-Systemen soll nach dem Willen des Gesetzgebers über die Beteiligung an einem KI-Reallabor hinaus gefördert werden.[1] Entsprechend sollen Anbieter und zukünftige Anbieter Hochrisiko-KI-Systeme auch unter Realbedingungen außerhalb von KI-Reallaboren testen können. Für diese Tests enthält Art. 60 spezielle Vorschriften.

2 Für Hochrisiko-KI-Systeme ist das Durchlaufen eines Testverfahrens vor Inverkehrbringen oder Inbetriebnahme insgesamt nicht optional. Vielmehr müssen Hochrisiko-KI-Systeme gem. Art. 9 Abs. 6 S. 1 getestet werden, um die am besten geeigneten Risikomanagementmaßnahmen zu ermitteln. Das Testen ist insofern Bestandteil des in Art. 9 geregelten Risikomanagementsystems. Wie das Testverfahren konkret ausgestaltet werden soll, wird vom Gesetzgeber jedoch nicht abschließend vorgegeben. Die Testverfahren können nach Art. 9 Abs. 7 jedenfalls einen Test unter Realbedingungen gem. Art. 60 umfassen.

3 Ein „Test unter Realbedingungen“ wird gem. Art. 3 Nr. 57 definiert als befristeter Test eines KI-Systems auf seine Zweckbestimmung, der unter Realbedingungen außerhalb eines Labors oder einer anderweitig simulierten Umgebung erfolgt, um zuverlässige und belastbare Daten zu erheben und die Konformität des KI-Systems mit den Anforderungen der KI-VO zu bewerten und zu überprüfen. Der Test gilt ferner nicht als Inverkehrbringen oder Inbetriebnahme des KI-Systems im Sinne der KI-VO, sofern alle Bedingungen nach Art. 57 oder Art. 60 erfüllt

---

[1] Vgl. Erwgr. 141 S. 1.

sind.[2] Die Legaldefinition des Art. 3 Nr. 57 bezieht sich auf das Testen sämtlicher KI-Systemen unter Realbedingungen und beschränkt sich nicht auf Hochrisiko-KI-Systeme. Damit der Test eines Hochrisiko-KI-Systems nicht als Inverkehrbringen oder Inbetriebnahme gilt, müssen zwingend die Bedingungen nach Art. 60 erfüllt sein. Ansonsten würden die speziellen Regelungen des Art. 60 für Hochrisiko-KI-Systeme von Art. 57 unterlaufen.

II. Einzelerläuterungen

1. Anwendungsbereich und Verfahren (Abs. 1, 2)

a) Anwendungsbereich. Gem. Art. 60 Abs. 1 UAbs. 1 können die Tests von Hochrisiko-KI-Systemen unter Realbedingungen von Anbietern oder zukünftigen Anbietern von in Anhang III aufgeführten Hochrisiko-KI-Systemen durchgeführt werden. Vom persönlichen Anwendungsbereich des Art. 60 sind somit ua Anbieter von biometrischen Fernidentifizierungssystemen[3] oder KI-Systemen für die Bonitätsbewertung natürlicher Personen[4] umfasst. Dabei können die Anbieter die Tests gem. Art. 60 Abs. 2 vor Inverkehrbringen oder in Inbetriebnahme entweder selbst oder in Partnerschaft mit Betreibern durchführen. Eine Beteiligung einschlägiger Dritter ist, anders als im Rahmen der Antragstellung für die Teilnahme an KI-Reallaboren,[5] für das Testen unter Realbedingungen dagegen nicht vorgesehen. Die in Art. 5 festgelegten Bestimmungen zu den verbotenen Praktiken im KI-Bereich werden von Art. 60 nicht berührt.[6] Art. 60 gestattet somit kein Testen eines an sich verbotenen KI-Systems. 4

b) Verfahren. Die Tests sollen auf Grundlage des Plans für einen Test unter Realbedingungen durchgeführt werden.[7] Gem. Art. 3 Nr. 53 handelt es sich dabei um ein Dokument, in dem die Ziele, die Methodik, der geographische, bevölkerungsbezogene und zeitliche Umfang, die Überwachung, die Organisation und die Durchführung eines Tests unter Realbedingungen beschrieben werden. Die einzelnen Elemente dieses Plans werden gem. Art. 60 Abs. 1 UAbs. 1 von der Kommission im Wege von Durchführungsrechtsakten festgelegt, die im Prüfverfahren erlassen werden sollen. Hinsichtlich dieser Durchführungsrechtsakte kann auf die Ausführungen zu Art. 58 Abs. 1 verwiesen werden. 5

2. Ethikprüfungen (Abs. 3)

Art. 60 Abs. 3 stellt klar, dass nach Unionsrecht oder nationalem Recht gegebenenfalls vorgeschriebene Ethikprüfungen von Art. 60 unberührt bleiben. Ethikprüfungen sind insbesondere im Gesundheitssektor von Bedeutung. Beispielsweise ist die Einbindung einer nach nationalem Recht eingesetzten Ethik-Kommission gem. Art. 62 Abs. 4 lit. a der Verordnung (EU) 2017/745 über Medizinprodukte für die klinische Prüfung von Medizinprodukten vorgeschrieben. 6

---

[2] Vgl. Art. 3 Nr. 57.
[3] Vgl. Anhang III Nr. 1 lit. a.
[4] Vgl. Anhang III Nr. 5 lit. b.
[5] Vgl. Art. 58 Abs. 2 lit. b.
[6] Vgl. Art. 60 Abs. 1 UAbs. 1.
[7] Vgl. Art. 60 Abs. 1 UAbs. 1.

3. Bedingungen für die Durchführung von Tests unter Realbedingungen (Abs. 4)

7 Die Tests von Hochrisiko-KI-Systemen dürfen gem. Art. 60 Abs. nur durchgeführt werden, sofern die darin aufgeführten Bedingungen kumulativ erfüllt sind. Die Bedingungen werden nachfolgend im Einzelnen beleuchtet.

8 **a) Erstellung eines Plans und Einreichung des Plans bei der zuständigen Marktüberwachungsbehörde (lit. a).** Zunächst sieht Art. 60 Abs. 4 lit. a vor, dass der Anbieter bzw. der zukünftige Anbieter einen Plan für einen Test unter Realbedingungen erstellt und diesen bei der Marktüberwachungsbehörde in dem Mitgliedstaat eingereicht hat, in dem der Test stattfinden soll. Im Gegensatz zu dem Plan für das Reallabor, der gem. Art. 3 Nr. 54 von dem Anbieter und der zuständigen Behörde gemeinsam vereinbart wird, kann der Anbieter den Plan für einen Test unter Realbedingungen gem. Art. 3 Nr. 53 in eigener Verantwortung erstellen.

9 **b) Genehmigung bzw. Fiktion der Genehmigung des Tests sowie des Plans durch die Marktüberwachungsbehörde (lit. b).** Im nächsten Schritt muss die zuständige Marktüberwachungsbehörde den Test sowie den eingereichten Plan für einen Test unter Realbedingungen gem. Art. 60 Abs. 4 lit. b genehmigt haben. Für den Fall, dass die Marktüberwachungsbehörde innerhalb von 30 Tagen keine Antwort gegeben hat, werden die Genehmigung des Tests und des Plans fingiert. Mit dieser Genehmigungsfiktion trägt der Gesetzgeber dem Umstand Rechnung, dass das Testen von Hochrisiko-KI-Systemen unter realen Bedingungen insgesamt auf die Beschleunigung der Entwicklung sowie des Inverkehrbringens von Hochrisiko-KI-Systemen abzielt.[8] Lange und für Anbieter nicht absehbare Wartezeiten auf behördliche Genehmigung würden den Entwicklungsprozess dagegen erheblich bremsen. Eine Rückausnahme von der Genehmigungsfiktion gilt wiederum, sofern im nationalen Recht keine stillschweigende Genehmigung vorgesehen ist. In diesem Fall bleibt der Test unter Realbedingungen genehmigungspflichtig.[9]

10 **c) Registrierung des Tests durch Anbieter (lit. c).** Für Anbieter oder zukünftige Anbieter von Hochrisiko-KI-Systemen besteht darüber hinaus gem. Art. 60 Abs. 4 lit. c eine grundsätzliche Registrierungspflicht des Tests unter Realbedingungen in einer öffentlichen EU-Datenbank gem. Art. 71 Abs. 4. Die Registrierung erfolgt unter der Angabe einer unionsweit einmaligen Identifizierungsnummer und der in Anhang IX der KI-VO festgelegten Informationen. Zu diesen Informationen zählen ua der Name und die Kontaktdaten des Anbieters sowie eine Übersicht über die Hauptmerkmale des Plans für den Test unter Realbedingungen.[10]

11 Eine Ausnahme von der vorgenannten Registrierungspflicht gilt für Anbieter von KI-Systemen in den Bereichen Strafverfolgung, Migration, Asyl und Grenzkontrolle. Diese müssen den Test unter Realbedingungen im sicheren nicht öffentlichen Teil der EU-Datenbank gem. Art. 49 Abs. 4 lit. d registrieren. Auch Anbieter von Hochrisiko-KI-Systemen gem. Anhang III Nr. 2 sind von der Registrierungspflicht in der öffentlichen EU-Datenbank ausgenommen. Dabei

---

[8] Vgl. Erwgr. 141 S. 1.
[9] Vgl. Art. 60 Abs. 4 lit. b.
[10] Vgl. Anhang IX Nr. 2, 4.

handelt es sich um KI-Systeme, die bestimmungsgemäß als Sicherheitsbauteile im Rahmen der Verwaltung und des Betriebs kritischer digitaler Infrastruktur, des Straßenverkehrs oder der Wasser-, Gas-, Wärme- oder Stromversorgung verwendet werden sollen. Anbieter solcher KI-Systeme haben den Test unter Realbedingungen gem. Art. 49 Abs. 5 auf nationaler Ebene zu registrieren.[11] Die Art der Registrierung hängt von der Art des Hochrisiko-KI-Systems ab, das getestet werden soll. Je nach KI-System besteht ein besonderes Geheimhaltungsinteresse, das der Veröffentlichung in einer EU-Datenbank entgegensteht.

d) Niederlassung des Anbieters in der Union oder Bestellung eines in der Union niedergelassenen gesetzlichen Vertreters (lit. d). Gem. Art. 60 Abs. 4 lit. d muss der Anbieter oder zukünftige Anbieter, der den Test unter Realbedingungen durchführt, entweder in der Union niedergelassen sein oder einen in der Union niedergelassenen gesetzlichen Vertreter bestellt haben. Der Begriff der Niederlassung in der Union im Sinne der KI-VO sollte im Einklang mit der DS-GVO dahingehend verstanden werden, dass eine Niederlassung die effektive und tatsächliche Ausübung einer Tätigkeit durch eine feste Einrichtung voraussetzt.[12] Auf die Rechtsform einer solchen Einrichtung kommt es dabei nicht an, sodass es sich auch um eine Zweigstelle oder eine Tochtergesellschaft mit eigener Rechtspersönlichkeit handeln kann.[13] Die Bestellung eines in der Union niedergelassenen gesetzlichen Vertreters als Alternative zur Niederlassung des Anbieters in der Union erfolgt auf Grundlage eines zweiseitigen Rechtsgeschäfts.[14] 12

e) Übermittlung von Daten an Drittländer (lit. e). Die für die Zwecke des Tests unter Realbedingungen erhobenen und verarbeiteten Daten werden gem. Art. 60 Abs. 4 lit. e nur dann an Drittländer übermittelt, wenn gemäß Unionsrecht geeignete und anwendbare Schutzvorkehrungen greifen. Dies gilt insbesondere im Einklang mit den Vorgaben der DS-GVO für die Übermittlung personenbezogener Daten an Drittländer.[15] Die DS-GVO gestattet die Datenübermittlung auf Grundlage eines Angemessenheitsbeschlusses gem. Art. 45 DS-GVO oder vorbehaltlich geeigneter Garantien gem. Art. 46 DS-GVO, wozu insbesondere Standardvertragsklauseln zählen. Für die Übermittlung nicht personenbezogener Daten verweist Erwgr. 141 S. 7 beispielhaft auf die im Data Governance Act und im Data Act vorgesehenen Schutzmaßnahmen. 13

f) Zeitliche Begrenzung und Möglichkeit der Verlängerung (lit. f). Art. 60 Abs. 4 lit. f Hs. 1 schreibt vor, dass der Test unter Realbedingungen nicht länger als zur Erfüllung seiner Zielsetzungen nötig dauert und in keinem Fall länger als sechs Monate. Der Zeitraum für den Test kann allerdings um weitere sechs Monate verlängert werden, sofern der Anbieter oder der zukünftige Anbieter die Marktüberwachungsbehörde davon vorab in Kenntnis setzt und erläutert, warum eine solche Verlängerung erforderlich ist.[16] Ausgehend vom Wortlaut der Vorschrift müssen die Anbieter die Marktüberwachungsbehörde also lediglich vor Ablauf des ursprünglich angesetzten Zeitraums über die geplante Verlängerung 14

[11] Vgl. Art. 60 Abs. 4 lit. c.
[12] Vgl. Erwgr. 22 S. 2 DS-GVO.
[13] Vgl. Zerdick in Ehmann/Selmayr, DS-GVO, 3. Aufl. 2024, Art. 3 Rn. 12.
[14] Hofer/Tsakiliotis KIR 2024, 174 (175).
[15] Vgl. Erwgr. 141 S. 7.
[16] Vgl. Art. 60 Abs. 4 lit. f Hs. 2.

des Tests unterrichten und deren Erforderlichkeit begründen. Einer expliziten Genehmigung dieser Verlängerung von Seiten der Behörde bedarf es dagegen nicht. Die Marktüberwachungsbehörde genehmigt demnach nur den anfänglich von dem Anbieter avisierten zeitlichen Umfang des Tests, indem sie den Plan für den Test unter Realbedingungen genehmigt.[17]

15 **g) Angemessener Schutz von Testteilnehmern, die schutzbedürftigen Gruppen angehören (lit. g).** Überdies müssen Testteilnehmer im Rahmen von Tests unter Realbedingungen, die aufgrund ihres Alters oder einer Behinderung einer schutzbedürftigen Gruppe angehören, gem. Art. 60 Abs. 4 lit. g angemessen geschützt werden. Welche Anforderungen dabei konkret für den angemessenen Schutz vulnerabler Gruppen, wird nicht konkretisiert. Jedenfalls können die Marktüberwachungsbehörden gem. Art. 76 Abs. 2 S. 2 gegebenenfalls gestatten, dass der Anbieter oder zukünftige Anbieter den Test unter Realbedingungen in Abweichung von den in Art. 60 Abs. 4 lit. f und g festgelegten Bedingungen durchführt. Sowohl die zeitliche Begrenzung als auch der angemessene Schutz von Testteilnehmern, die schutzbedürftigen Gruppen angehören, liegen damit im Ermessen der den Test beaufsichtigenden Behörde.

16 **h) Vorgaben für die Zusammenarbeit mit Betreibern (lit. h).** Für den Fall, dass ein Anbieter im Rahmen des Tests unter Realbedingungen mit einem oder mehreren Betreibern zusammenarbeitet, werden Letztere gem. Art. 60 Abs. 4 lit. h über alle für ihre Teilnahmeentscheidung relevanten Aspekte des Tests informiert und erhalten die einschlägigen in Art. 13 genannten Betriebsanleitungen für das KI-System. Betreibern soll auf diese Weise ermöglicht werden, eine informierte Teilnahmeentscheidung zu treffen. Von besonderem Interesse dürfte für die Betreiber sein, welche Pflichten ihnen im Zuge der Teilnahme an einem Test unter Realbedingungen auferlegt werden und, ob und in welchem Umfang personenbezogene Daten verarbeitet werden. Beides dürfte entscheidend sein, damit Betreiber abschätzen können, welcher Compliance-Aufwand und welche Haftungsrisiken für sie durch die Teilnahme entstehen.

17 Darüber hinaus müssen Anbieter und Betreiber eine Vereinbarung schließen, in der ihre Aufgaben und Zuständigkeiten festgelegt sind, um für die Einhaltung der nach der KI-VO und anderem Unionsrecht und nationalem Recht für Tests unter Realbedingungen geltenden Bestimmungen zu sorgen.[18] Diese Vereinbarung muss schriftlich geschlossen werden.[19] Sofern Betreiber im Zuge des Tests personenbezogene Daten im Auftrag des Anbieters verarbeiten, könnte erwogen werden, die Vereinbarung iSd Art. 60 Abs. 4 lit. h und die Auftragsverarbeitungsvereinbarung gem. Art. 28 DS-GVO zusammenzulegen. Für die Einwilligung weist der Gesetzgeber in Erwgr. 141 S. 4 explizit darauf hin, dass sich die Einwilligung zur Teilnahme an einem Test unter Realbedingungen von der Einwilligung in die Verarbeitung personenbezogener Daten unterscheidet. Das deutet darauf hin, dass der Gesetzgeber auch im Falle der Vereinbarung zwischen Anbieter und Betreiber nach Art. 60 Abs. 4 lit. h und der Auftragsverarbeitungsvereinbarung von einer strikten Trennung ausgeht.

18 **i) Erteilung der informierten Einwilligung durch Testteilnehmer (lit. i).** Eine weitere zentrale Bedingung für Tests unter Realbedingungen ist die in Art. 60

[17] Vgl. Art. 60 Abs. 4 lit. b.
[18] Vgl. Art. 60 Abs. 4 lit. h.
[19] Vgl. Erwgr. 141 S. 5.

Abs. 4 lit. i vorgeschriebene Erteilung einer informierten Einwilligung gem. Art. 61. Die Einwilligung der Testteilnehmer zur Teilnahme an Tests unter Realbedingungen iSd KI-VO ersetzt jedoch ausdrücklich nicht die Einwilligung als Rechtsgrundlage für die Verarbeitung personenbezogener Daten gem. Art. 6 Abs. 1 lit. a DS-GVO.[20] Die Anforderungen an die informierte Einwilligung werden im Detail im Rahmen der Ausführungen zu Art. 61 erläutert.

Eine Ausnahme von dem Einwilligungserfordernis ist für den Bereich der Strafverfolgung vorgesehen. Wenn die Einholung einer informierten Einwilligung den Test des KI-Systems verhindern würde, kann sich der Anbieter auf eine gesetzliche Grundlage stützen.[21] In diesem Fall dürfen sich der Test und die Ergebnisse des Tests unter Realbedingungen nicht negativ auf die Testteilnehmer auswirken und die personenbezogenen Daten der Testteilnehmer müssen nach Durchführung des Tests gelöscht werden.[22] 19

j) Wirksame Überwachung des Tests durch qualifizierte Personen (lit. j). Gem. Art. 60 Abs. 4 lit. j lassen der Anbieter oder zukünftige Anbieter und die Betreiber und zukünftigen Betreiber den Test unter Realbedingungen von Personen wirksam überwachen, die auf dem betreffenden Gebiet angemessen qualifiziert sind und über die Fähigkeit, Ausbildung und Befugnis verfügen, die für die Wahrnehmung ihrer Aufgaben erforderlich sind. Dass der Gesetzgeber eine Qualifikation „auf dem betreffenden Gebiet" verlangt, deutet darauf hin, dass Kompetenzen im Bereich künstlicher Intelligenz allein nicht ausreichen. Vielmehr ist hier wohl zusätzlich eine Qualifikation in dem jeweiligen Einsatzgebiet der künstlichen Intelligenz gefragt, die unter Realbedingungen getestet wird. Zudem lässt der Wortlaut der Vorschrift darauf schließen, dass sowohl der Anbieter als auch der Betreiber im Falle einer Zusammenarbeit für eine wirksame Überwachung durch angemessen qualifizierte Personen sorgen müssen. 20

k) Möglichkeit des effektiven Rückgängigmachens von Vorhersagen, Empfehlungen oder Entscheidungen des KI-Systems (lit. k). Zuletzt müssen die Vorhersagen, Empfehlungen oder Entscheidungen des KI-Systems gem. Art. 60 Abs. 4 lit. k effektiv rückgängig gemacht und außer Acht gelassen werden können. Um dies sicherzustellen, sollen zusätzliche Schutzmaßnahmen vorgesehen werden.[23] 21

4. Widerruf der informierten Einwilligung durch Testteilnehmer und Folgen des Widerrufs (Abs. 5)

Jeder Testteilnehmer oder ggf. dessen gesetzlicher Vertreter kann seine Teilnahme an dem Test gem. Art. 60 Abs. 5 jederzeit durch Widerruf seiner informierten Einwilligung beenden und die unverzügliche und dauerhafte Löschung seiner personenbezogenen Daten verlangen, ohne dass ihm daraus Nachteile entstehen und er dies in irgendeiner Weise begründen müsste. Gem. Art. 60 Abs. 5 S. 2 wirkt sich der Widerruf der informierten Einwilligung jedoch nicht auf bereits durchgeführte Tätigkeiten aus. Damit entfaltet der Widerruf der informierten Einwilligung im Rahmen der KI-VO die gleichen Rechtsfolgen 22

[20] Vgl. Erwgr. 141 S. 4.
[21] Vgl. Hofer/Tsakiliotis KIR 2024, 174 (175).
[22] Vgl. Art. 60 Abs. 4 lit. i.
[23] Vgl. Erwgr. 141 S. 6.

wie der Widerruf der datenschutzrechtlichen Einwilligung.[24] Gleichzeitig werden mit Art. 60 Abs. 5 neue, Art. 17 Abs. 1 DS-GVO ergänzende Gründe geschaffen, aufgrund derer der Verantwortliche zur Löschung personenbezogener Daten verpflichtet wird.[25]

5. Übertragung von Befugnissen an Marktüberwachungsbehörden (Abs. 6)

23 Gem. Art. 60 Abs. 6 S. 1 übertragen die Mitgliedstaaten ihren Marktüberwachungsbehörden im Einklang mit Art. 75 die Befugnis, Anbieter und zukünftige Anbieter zur Bereitstellung von Informationen zu verpflichten, unangekündigte Ferninspektionen oder Vor-Ort-Inspektionen durchzuführen und die Durchführung der Tests unter Realbedingungen und damit zusammenhängende Hochrisiko-KI-Systeme zu prüfen. Bei den Informationen, zu deren Bereitstellung Anbieter und Betreiber verpflichtet werden können, dürfte es sich insbesondere um Nachweise für das Erfüllen der Bedingungen gem. Art. 60 Abs. 4 lit. a–k handeln. Für Anbieter und Betreiber empfiehlt sich daher bereits im Vorfeld der Tests eine sorgfältige Dokumentation sämtlicher Arbeitsschritte.

24 Obwohl der Test unter Realbedingungen gem. Art. 3 Nr. 57 nicht als Inverkehrbringen oder Inbetriebnahme des KI-Systems gilt, haben die Marktüberwachungsbehörden insgesamt umfangreiche Aufsichtsbefugnisse. Diese Befugnisse werden dahingehend eingegrenzt, dass sie von den Marktüberwachungsbehörden genutzt werden sollen, um für die sichere Entwicklung von Tests unter Realbedingungen zu sorgen.[26] Ob eine Aufsichtsmaßnahme diesem Zweck dient, dürfte aber letztlich im Ermessen der Behörde liegen.

6. Meldepflichten bei schwerwiegenden Vorfällen und Sofortmaßnahmen (Abs. 7)

25 Nach Art. 60 Abs. 7 S. 1 sind jegliche schwerwiegende Vorfälle im Verlauf des Tests unter Realbedingungen den nationalen Marktüberwachungsbehörden gem. Art. 73 zu melden. Ein schwerwiegender Vorfall wird definiert als ein Vorfall oder eine Fehlfunktion bezüglich eines KI-Systems, der bzw. die direkt oder indirekt eine der in Art. 3 Nr. 49 aufgeführten Folgen hat. Zu diesen Folgen zählen der Tod oder die schwere gesundheitliche Schädigung einer Person, eine schwere und unumkehrbare Störung der Verwaltung oder des Betriebs kritischer Infrastrukturen, die Verletzung von Pflichten aus den Unionsrechtsvorschriften zum Schutz der Grundrechte sowie schwere Sach- oder Umweltschäden.[27] Fraglich ist, welche Erheblichkeitsschwelle im Falle der Sach- und Umweltschäden erreicht sein muss, damit eine Meldepflicht ausgelöst wird. Hierzu gibt es noch keine einheitliche Rechtsprechung. Im Zusammenhang mit dem vorläufigen Rechtsschutz geht der EuGH für finanzielle Schäden jedenfalls aber davon aus, dass die Schwere des Schadens zwar auch in Abhängigkeit von der Größe und der Finanzkraft des Unternehmens beurteilt werden kann, dies aber nicht zwingend geboten ist. Ein Schaden könne vielmehr auch dann als schwer bezeichnet werden, wenn er auch ohne Informationen über den Zuschnitt des betreffenden Unternehmens als offen-

[24] Vgl. Art. 7 Abs. 3 S. 1, 2 DS-GVO.
[25] Schwartmann/Köhler RDV 2024, 271 (284).
[26] Vgl. Art. 60 Abs. 6 S. 2.
[27] Vgl. Art. 3 Nr. 49 lit. a–d.

sichtlich betrachtet werden kann, sodass es sich um einen objektiv beträchtlichen finanziellen Schaden handelt.[28] Der Schwellenwert für das Vorliegen eines schweren Schadens darf außerdem nicht so hoch angesetzt werden, dass bereits eine Existenzgefährdung im Raum steht.[29]

Zusätzlich zu den Meldepflichten sieht Art. 60 Abs. 7 S. 2 vor, dass der Anbieter bei einem schwerwiegenden Vorfall Sofortmaßnahmen zur Schadensbegrenzung trifft und den Test unter Realbedingungen andernfalls so lange aussetzt, bis eine Schadensbegrenzung stattgefunden hat oder ihn abbricht. Unklar ist, ob der Anbieter allein oder in Abstimmung mit der zuständigen Marktüberwachungsbehörde darüber entscheidet, ob die Sofortmaßnahmen ausreichend sind, oder ob eine Aussetzung bzw. ein Abbruch des Tests erfolgen muss. Im Hinblick darauf, dass ein schnelles Handeln im Falle eines schwerwiegenden Vorfalls entscheidend ist, ist davon auszugehen, dass Anbietern diese Entscheidung selbst überlassen bleibt. Da die Anbieter gem. Art. 60 Abs. 9 für sämtliche Schäden haften, die während ihrer Tests unter Realbedingungen entstehen, dürften sie selbst besonders an einer schnellen und effektiven Schadensbegrenzung interessiert sein. Hinzu kommt, dass der Anbieter im Fall eines Abbruchs des Tests ein Verfahren für den sofortigen Rückruf des KI-Systems einrichtet.[30] **26**

7. Meldepflichten bei Aussetzung oder Abbruch des Tests (Abs. 8)

Zusätzlich setzen Anbieter oder zukünftige Anbieter gem. Art. 60 Abs. 8 die nationalen Marktüberwachungsbehörden in dem Mitgliedstaat, in dem der Test unter Realbedingungen stattfindet, über die Aussetzung oder den Abbruch des Tests unter Realbedingungen und die Endergebnisse in Kenntnis. Endergebnisse können denklogisch nur bereitgestellt werden, wenn der Test abgebrochen und nicht lediglich ausgesetzt wurde. Im Falle einer Aussetzung könnte die Vorschrift aber dahingehend ausgelegt werden, dass der Anbieter die Behörde über bereits vorliegende Zwischenergebnisse in Kenntnis setzen muss. **27**

8. Haftung (Abs. 9)

Gem. Art. 60 Abs. 9 sind Anbieter oder zukünftige Anbieter nach geltendem Recht der Union und geltendem nationalen Recht für Schäden haftbar, die während ihrer Tests unter Realbedingungen entstehen. Auffällig ist, dass die Haftung der Anbieter im Rahmen der Durchführung von Tests unter Realbedingungen im Gegensatz zu der Haftung für die Erprobung eines KI-Systems im Reallabor gem. Art. 57 Abs. 12 S. 1 nicht auf Schäden beschränkt wird, die Dritten entstehen. Anbieter können im Rahmen von Tests unter Realbedingungen somit insbesondere auch für Schäden haften, die an den Tests gem. Art. 60 Abs. 4 lit. h mitwirkenden Betreibern entstehen. Auch Erleichterungen im Hinblick auf die Verhängung von Geldbußen sind für das Testen außerhalb von KI-Reallaboren, anders als gem. Art. 57 Abs. 12 S. 2, nicht vorgesehen. Das Testen in Reallaboren wird durch die unterschiedliche Haftungssystematik eindeutig gegenüber dem Testen unter realen Bedingungen regulatorisch privilegiert. Vor diesem Hinter- **28**

---

[28] Vgl. EuGH (Vizepräsident) BeckRS 2013, 80575 Rn. 32 ff.

[29] Vgl. Forsthoff in Karpenstein/Kotzur/Vasel, Handbuch Rechtsschutz in der Europäischen Union, 4. Aufl. 2024, § 17 Rn. 76.

[30] Vgl. Art. 60 Abs. 7 S. 3.

grund gewinnen für Anbieter insbesondere vertragliche Haftungsbeschränkungen im Falle einer Zusammenarbeit mit Testpartnern sowie der Abschluss geeigneter Haftpflichtversicherungen an Bedeutung.

Art. 61* Informierte Einwilligung zur Teilnahme an einem Test unter Realbedingungen außerhalb von KI-Reallaboren

(1) **Für die Zwecke von Tests unter Realbedingungen gemäß Artikel 60 ist von den Testteilnehmern eine freiwillig erteilte informierte Einwilligung einzuholen, bevor sie an dem Test teilnehmen und nachdem sie mit präzisen, klaren, relevanten und verständlichen Informationen über Folgendes ordnungsgemäß informiert wurden:**

a) die Art und die Zielsetzungen des Tests unter Realbedingungen und etwaige mit ihrer Teilnahme verbundene Unannehmlichkeiten;

b) die Bedingungen, unter denen der Test unter Realbedingungen erfolgen soll, einschließlich der voraussichtlichen Dauer der Teilnahme des Testteilnehmers oder der Testteilnehmer;

c) ihre Rechte und Garantien, die ihnen bezüglich ihrer Teilnahme zustehen, insbesondere ihr Recht, die Teilnahme an dem Test unter Realbedingungen zu verweigern oder diese Teilnahme jederzeit zu beenden, ohne dass ihnen daraus Nachteile entstehen und sie dies in irgendeiner Weise begründen müssten;

d) die Regelungen, unter denen die Rückgängigmachung oder Außerachtlassung der Vorhersagen, Empfehlungen oder Entscheidungen des KI-Systems beantragt werden kann;

e) die unionsweit einmalige Identifizierungsnummer des Tests unter Realbedingungen gemäß Artikel 60 Absatz 4 Buchstabe c und die Kontaktdaten des Anbieters oder seines gesetzlichen Vertreters, bei dem weitere Informationen eingeholt werden können.

(2) **Die informierte Einwilligung ist zu datieren und zu dokumentieren, und eine Kopie wird den Testteilnehmern oder ihren gesetzlichen Vertretern ausgehändigt.**

Übersicht

* Kapitel VI (Art. 57–63) gilt gem. Art. 113 UAbs. 2 ab 2.8.2026.

I. Überblick über die Vorschrift

Art. 61 regelt die Anforderungen für das Einholen einer Einwilligung für die Teilnahme an einem Test unter Realbedingungen von den Testteilnehmern. Insbesondere enthält Art. 61 Abs. 1 einen Katalog derjenigen Aspekte, über die die Testteilnehmer im Vorfeld der Erteilung der Einwilligung informiert werden müssen. Art. 61 Abs. 2 regelt die im Zusammenhang mit der Einwilligung bestehenden Dokumentationspflichten. 1

II. Einzelerläuterungen

1. Einholung einer informierten Einwilligung (Abs. 1)

a) Pflicht zur Einholung. Für die Zwecke von Tests unter Realbedingungen gem. Art. 60 ist von den Testteilnehmern gem. Art. 61 Abs. 1 eine freiwillig erteilte informierte Einwilligung einzuholen, bevor sie an dem Test teilnehmen. Bei einer informierten Einwilligung handelt es sich gem. Art. 3 Nr. 59 um eine aus freien Stücken erfolgende, spezifische, eindeutige und freiwillige Erklärung der Bereitschaft, an einem bestimmten Test unter Realbedingungen teilzunehmen, durch einen Testteilnehmer, nachdem dieser über alle Aspekte des Tests, die für die Entscheidungsfindung des Testteilnehmers bezüglich der Teilnahme relevant sind, aufgeklärt wurde. Die Einwilligung wird grundsätzlich von den Testteilnehmern selbst erteilt.[1] Dazu, ob die Einwilligung durch die gesetzlichen Vertreter der Testteilnehmer erteilt werden kann, äußert sich die KI-VO nicht unmittelbar.[2] Die Einwilligung kann aber ausdrücklich durch den gesetzlichen Vertreter widerrufen werden[3] und ihm kann eine Kopie der Einwilligung ausgehändigt werden.[4] Der Gesetzgeber geht mithin selbst davon aus, dass auch der gesetzliche Vertreter die Einwilligung erteilen kann. 2

Art. 61 Abs. 1 benennt nicht ausdrücklich, wer für das Einholen der Einwilligung verantwortlich ist. Diese Frage wird insbesondere relevant, wenn ein Anbieter den Test unter Realbedingungen gem. Art. 60 Abs. 4 lit. h in Zusammenarbeit mit einem oder mehreren Betreibern organisiert. In diesem Fall wäre es grundsätzlich auch denkbar, dass der Betreiber die Einwilligung einholt. Gem. Art. 60 3

[1] Vgl. Art. 61 Abs. 1.
[2] Vgl. Hofer/Tsakiliotis KIR 2024, 174 (177).
[3] Vgl. Art. 60 Abs. 5 S. 1.
[4] Vgl. Art. 61 Abs. 2.

Abs. 4 lit. i ist das Erteilen einer informierten Einwilligung durch die Testteilnehmer aber eine der Bedingungen, die erfüllt sein muss, damit der Test unter Realbedingungen überhaupt durchgeführt werden darf. Tests unter Realbedingungen dürfen gem. Art. 60 Abs. 1 UAbs. 1 nur von Anbietern oder zukünftigen Anbietern durchgeführt werden. Betreiber können zu den Tests zwar im Rahmen einer Zusammenarbeit mit einem Anbieter hinzugezogen werden. Betreiber dürfen den Test allerdings gerade nicht unabhängig von einem Anbieter in alleiniger Verantwortung durchführen.[5] Im Umkehrschluss liegt es daher nahe, dass die Einwilligung von dem Anbieter als demjenigen eingeholt wird, der die Durchführung des Tests insgesamt verantwortet, organisiert und gem. Art. 60 Abs. 9 für Schäden haftet, die während der Tests entstehen. Zugleich verfügt regelmäßig nur der Anbieter über sämtliche Informationen, über die die einwilligende Person gem. Art. 61 Abs. 1 lit. a–e im Vorfeld der Einwilligung informiert werden muss. Letztlich sollten aber alle Beteiligten sicherstellen, dass von den Testteilnehmern wirksame Einwilligungen eingeholt werden.

4 Jedenfalls unterscheidet sich die Einwilligung der Testteilnehmer zur Teilnahme an solchen Tests im Rahmen der KI-VO von der Einwilligung betroffener Personen in die Verarbeitung ihrer personenbezogenen Daten nach den einschlägigen Datenschutzvorschriften und greift dieser nicht vor.[6] Werden im Rahmen des Tests unter Realbedingungen personenbezogene Daten verarbeitet, was regelmäßig der Fall sein wird, muss also sowohl durch den Anbieter als auch den Betreiber eine separate datenschutzrechtliche Einwilligung nach Art. 6 Abs. 1 lit. a, Art. 7 DS-GVO eingeholt werden. Dies gilt jedenfalls für den Fall, dass die Einwilligung gem. Art. 6 Abs. 1 lit. a DS-GVO die Rechtsgrundlage für die Verarbeitung darstellt.

5 **b) Freiwilligkeit.** Die Einwilligung muss gem. Art. 61 Abs. 1 freiwillig erteilt werden. Obwohl die Einwilligung iSd KI-VO sich von der datenschutzrechtlichen Einwilligung unterscheidet, sind die Anforderungen an eine wirksame Einwilligung weitestgehend ähnlich. Ebenso wie die datenschutzrechtliche Einwilligung gem. Art. 4 Nr. 11 DS-GVO muss die Einwilligung iSd Art. 61 freiwillig, in informierter Weise für den bestimmten Fall erfolgen.[7] Für die Beurteilung, ob die Einwilligung zur Teilnahme an einem Test unter Realbedingungen freiwillig erteilt wurde, kann demgemäß, mangels ausdrücklicher Vorgaben dazu in der KI-VO, auf Art. 7 Abs. 4 DS-GVO abgestellt werden. Entsprechend muss dem Umstand in größtmöglichem Umfang Rechnung getragen werden, ob unter anderem die Erfüllung eines Vertrages, einschließlich die Erfüllung einer Dienstleistung, von der Einwilligung zur Teilnahme an dem Test abhängig ist, die für die Erfüllung des Vertrags nicht erforderlich ist.

6 **c) Umfang der zu erteilenden Information (lit. a–e).** Die Erteilung der Einwilligung durch die Testteilnehmer erfolgt, nachdem sie mit präzisen, klaren, relevanten und verständlichen Informationen ordnungsgemäß informiert wurden.[8] Angesichts der im Falle des Testens von Hochrisiko-KI-Systemen unter Realbedingungen zu erwartenden Komplexität, dürfte dies eine besondere Herausforderung darstellen. Die Erklärbarkeit eines solchen Tests stößt regelmäßig an darstellerische und verständnisbezogene Grenzen. Hinzu kommt, dass selbstler-

---

[5] Vgl. Art. 60 Abs. 4 lit. h.
[6] Vgl. Erwgr. 141 S. 4.
[7] Vgl. Legaldefinition der „informierten Einwilligung" in Art. 3 Nr. 59.
[8] Vgl. Art. 61 Abs. 1.

nende Algorithmen zumindest in gewissem Maße unvorhersehbar sind, wodurch deren Erklärbarkeit weiter erschwert wird.[9] Die den Testteilnehmern bereitgestellten Informationen sollten vor diesem Hintergrund auf die für das Erlangen eines grundlegenden Verständnisses nötigen Aspekte beschränkt werden. Andernfalls droht eine Überforderung der einwilligenden Person.

Der Umfang der zu erteilenden Informationen ist in Art. 61 Abs. 1 lit. a–e festgelegt, worauf nachfolgend im Einzelnen eingegangen wird. 7

aa) die Art und die Zielsetzungen des Tests unter Realbedingungen und etwaige mit der Teilnahme verbundene Unannehmlichkeiten (lit. a). Zunächst müssen die Teilnehmer über die Art und die Zielsetzungen des Tests unter Realbedingungen sowie über etwaige mit ihrer Teilnahme verbundenen Unannehmlichkeiten informiert werden.[10] Die Art und die Zielsetzungen sind im Wesentlichen bereits von dem Plan für einen Test unter Realbedingungen erfasst,[11] den der Anbieter ohnehin im Vorfeld des Tests erstellen[12] und von der zuständigen Marktüberwachungsbehörde genehmigen lassen muss.[13] Durch das Zusammentragen dieser Informationen dürfte insofern kein erheblicher Mehraufwand entstehen. Die mit der Teilnahme verbundenen Unannehmlichkeiten hängen regelmäßig von der Art des Hochrisiko-KI-Systems ab, das getestet werden soll. Beispielsweise sind Testteilnehmer im Falle des Testens von KI-Systemen im Bereich der kritischen Infrastruktur[14] voraussichtlich einer geringeren psychischen Belastung ausgesetzt als beim Testen von KI-Systemen, die für die Bewertung von Lernergebnissen verwendet werden sollen.[15] Dennoch bedarf es stets einer Beurteilung im Einzelfall. 8

bb) die Testbedingungen einschließlich der voraussichtlichen Dauer der Teilnahme (lit. b). Weiterhin müssen die Testteilnehmer gem. Art. 61 Abs. 1 lit. b über die Bedingungen, unter denen der Test unter Realbedingungen erfolgen soll, einschließlich der voraussichtlichen Dauer der Teilnahme, informiert werden. Die Bedingungen der Teilnahme umfassen zB die Art der Beteiligung (aktive Bedienung des KI-Tools oder Beobachtung des KI-Tools), die vorgesehene Interaktion mit dem KI-System sowie die an dem Test beteiligten Akteure, dh insbesondere auch, ob der Test in Zusammenarbeit mit einem Betreiber durchgeführt wird. 9

cc) den Teilnehmern zustehende Rechte und Garantien, insbesondere das Recht die Teilnahme zu verweigern oder jederzeit zu beenden, ohne dass ihnen daraus Nachteile entstehen und sie dies in irgendeiner Weise begründen müssen (lit. c). Darüber hinaus müssen die Testteilnehmer gem. Art. 61 Abs. 1 lit. c über ihre Rechte und Garantien informiert werden, die ihnen bezüglich ihrer Teilnahme zustehen – insbesondere ihr Recht, die Teilnahme an dem Test unter Realbedingungen zu verweigern oder diese Teilnahme jederzeit zu beenden, ohne dass ihnen daraus Nachteile entstehen und sie dies in irgendeiner Weise begründen müssten. Dass die Einwilligung verweigert werden kann, ergibt 10

---

[9] Vgl. Paal/Pauly/Paal/Hennemann Art. 13 Rn. 31e.
[10] Vgl. Art. 61 Abs. 1 lit. a.
[11] Vgl. Art. 3 Nr. 53.
[12] Vgl. Art. 60 Abs. 4 lit. a.
[13] Vgl. Art. 60 Abs. 4 lit. b.
[14] Vgl. Anhang III Nr. 2.
[15] Vgl. Anhang III Nr. 3 lit. b.

sich letztlich bereits daraus, dass die Einwilligung freiwillig erteilt wird. Offenbar soll die Freiwilligkeit der Einwilligung nach dem Willen des Gesetzgebers gegenüber den Testteilnehmern aber eindeutig klargestellt werden.[16] Die Teilnahme am Test kann jederzeit beendet werden, indem der Testteilnehmer die Einwilligung gem. Art. 60 Abs. 5 S. 1 widerruft. Der Teilnehmer kann außerdem die unverzügliche und dauerhafte Löschung seiner personenbezogenen Daten verlangen.[17] Ebenfalls sollten die Testteilnehmer auf die ihnen gem. Art. 85 ff. zustehenden Rechtsbehelfe hingewiesen werden.

11 **dd) die Regelungen, unter denen die Rückgängigmachung oder Außerachtlassung der Vorhersagen, Empfehlungen oder Entscheidungen des KI-Systems beantragt werden kann (lit. d).** Ebenso müssen die Testteilnehmer gem. Art. 61 Abs. 1 lit. d über die Regelungen, unter denen die Rückgängigmachung oder Außerachtlassung der Vorhersagen, Empfehlungen oder Entscheidungen des KI-Systems beantragt werden kann, informiert werden. Fraglich ist, ob einem dahingehenden Antrag zwingend stattgegeben werden muss. Der Wortlaut des Art. 61 Abs. 1 lit. d lässt dies offen. Die Regelung muss aber im Zusammenhang mit Art. 60 Abs. 4 lit. k betrachtet werden, der die Möglichkeit der effektiven Rückgängigmachung und Außerachtlassung von Vorhersagen, Empfehlungen oder Entscheidungen des KI-Systems als Bedingung für die Durchführung des Tests normiert. Diese Vorgabe würde ins Leere laufen, wenn Anbieter dahingehende Anträge willkürlich ablehnen könnten. Mithin besteht ein Anspruch der Testteilnehmer auf Rückgängigmachung oder Außerachtlassung, sofern die im Vorfeld der Einwilligung festgelegten Bedingungen für die Antragstellungstellung erfüllt sind.

12 **ee) die unionsweit einmalige Identifizierungsnummer des Tests und die Kontaktdaten des Anbieters (lit. e).** Die Testteilnehmer müssen zudem gem. Art. 61 Abs. 1 lit. e über die unionsweit einmalige Identifizierungsnummer des Tests unter Realbedingungen gem. Art. 60 Abs. 4 lit. c und die Kontaktdaten des Anbieters oder seines gesetzlichen Vertreters informiert werden. Bei dem Anbieter oder seinem gesetzlichen Vertreter sollen weitere Informationen eingeholt werden können.[18]

13 Angesichts des Verweises auf Art. 60 Abs. 4 lit. c stellt sich die Frage, ob die darin geregelten Ausnahmen für die Registrierung des Tests in einer öffentlichen EU-Datenbank auch auf die Mitteilung der Identifizierungsnummer gegenüber den Testteilnehmern zu übertragen sind. Gem. Art. 60 Abs. 4 lit. c müssen Tests unter Realbedingungen von KI-Systemen in bestimmten Bereichen mit einem besonderen Geheimhaltungsinteresse im nicht-öffentlichen Teil der EU-Datenbank bzw. nur auf nationaler Ebene registriert werden. Denkbar wäre es, im Falle dieser KI-Systeme auch eine Ausnahme von der Pflicht zur Mitteilung der Identifizierungsnummer des Tests gegenüber den Testteilnehmern anzunehmen. Dies wäre aber nur dann sinnvoll, wenn das Geheimhaltungsinteresse gegenüber den Testteilnehmern in gleichem Maße bestünde, wie gegenüber der gesamten Öffentlichkeit. Gerade bei KI-Systemen in den in Art. 60 Abs. 4 lit. c genannten sensiblen Bereichen, zB im Bereich der Strafverfolgung, sollten die Testteilnehmer

[16] Keber/Hansen/Nägele in Schwartmann/Keber/Zenner, 2. Aufl. 2024, Art. 57 f. Rn. 557.

[17] Vgl. Art. 60 Abs. 5 S. 1.

[18] Vgl. Art. 61 Abs. 1 lit. e KI.

aber besonders sorgfältig über die Rahmenbedingungen des Tests informiert werden. Im Zuge des Testens dieser KI-Systeme sind Teilnehmer uU besonderen Risiken ausgesetzt, weshalb ggf. sogar ein gesteigertes Maß an Transparenz angezeigt ist. Die Ausnahmen nach Art. 60 Abs. 4 lit. c dienen ohnehin nicht dem Zweck, die Rechte der Testteilnehmer zu beschränken, sondern Sicherheitsrisiken vorzubeugen, die mit einer öffentlichen Registrierung einhergehen. Aus den genannten Gründen muss die Identifizierungsnummer den Testteilnehmern daher auch dann mitgeteilt werden, wenn gem. Art. 60 Abs. 4 lit. c eine Ausnahme von der Pflicht zur öffentlichen Registrierung einschlägig ist.

2. Dokumentationspflichten (Abs. 2)

Gem. Art. 61 Abs. 2 bestehen neben den Informationspflichten auch Dokumentationspflichten. Dies umfasst das Datieren und Dokumentieren der informierten Einwilligung sowie das Aushändigen einer Kopie an die Testteilnehmer oder ihren gesetzlichen Vertreter. **14**

Art. 62* Maßnahmen für Anbieter und Betreiber, insbesondere KMU, einschließlich Start-up-Unternehmen

(1) **Die Mitgliedstaaten ergreifen die folgenden Maßnahmen:**

a) Sie gewähren KMU – einschließlich Start-up-Unternehmen –, die ihren Sitz oder eine Zweigniederlassung in der Union haben, soweit sie die Voraussetzungen und Auswahlkriterien erfüllen, vorrangigen Zugang zu den KI-Reallaboren; der vorrangige Zugang schließt nicht aus, dass andere als die in diesem Absatz genannten KMU, einschließlich Start-up-Unternehmen, Zugang zum KI-Reallabor erhalten, sofern sie ebenfalls die Zulassungsvoraussetzungen und Auswahlkriterien erfüllen;

b) sie führen besondere Sensibilisierungs- und Schulungsmaßnahmen für die Anwendung dieser Verordnung durch, die auf die Bedürfnisse von KMU, einschließlich Start-up-Unternehmen, Betreibern sowie gegebenenfalls lokalen Behörden ausgerichtet sind;

c) sie nutzen entsprechende bestehende Kanäle und richten gegebenenfalls neue Kanäle für die Kommunikation mit KMU, einschließlich Start-up-Unternehmen, Betreibern, anderen Innovatoren sowie gegebenenfalls lokalen Behörden ein, um Ratschläge zu geben und Fragen zur Durchführung dieser Verordnung, auch bezüglich der Beteiligung an KI-Reallaboren, zu beantworten;

d) sie fördern die Beteiligung von KMU und anderen einschlägigen Interessenträgern an der Entwicklung von Normen.

(2) **Bei der Festsetzung der Gebühren für die Konformitätsbewertung gemäß Artikel 43 werden die besonderen Interessen und Bedürfnisse von KMU, einschließlich Start-up-Unternehmen, berücksichtigt, indem diese Gebühren proportional zur Größe der Unternehmen, der Größe ihres Marktes und anderen einschlägigen Kennzahlen gesenkt werden.**

(3) **Das Büro für Künstliche Intelligenz ergreift die folgenden Maßnahmen:**

* Kapitel VI (Art. 57–63) gilt gem. Art. 113 UAbs. 2 ab 2.8.2026.

a) es stellt standardisierte Muster für die unter diese Verordnung fallenden Bereiche bereit, wie vom KI-Gremium in seinem Antrag festgelegt;
b) es entwickelt und führt eine zentrale Informationsplattform, über die allen Akteuren in der Union leicht nutzbare Informationen zu dieser Verordnung bereitgestellt werden;
c) es führt geeignete Informationskampagnen durch, um für die aus dieser Verordnung erwachsenden Pflichten zu sensibilisieren;
d) es bewertet und fördert die Zusammenführung bewährter Verfahren im Bereich der mit KI-Systemen verbundenen Vergabeverfahren.

Übersicht

I. Überblick über die Vorschrift

1 Art. 62 verpflichtet sowohl die Mitgliedstaaten als auch die Konformitätsbewertungsstellen und die Kommission dazu, gezielte Maßnahmen zu ergreifen, mit denen insbesondere KMU, einschließlich Start-Up-Unternehmen, in ihrer Funktion als Anbieter oder Betreiber von KI-Systemen gefördert werden sollen. Der Gesetzgeber unterstreicht damit, dass KMU für die Förderung von Innovation im KI-Sektor eine Schlüsselrolle zukommt.[1] Das Innovationspotenzial von KMU beruht maßgeblich auf ihrer dominierenden Stellung im Unternehmensgefüge der EU, wo sie ca. 99 % aller Unternehmen ausmachen.[2]

---

[1] Vgl. Erwgr. 143 S. 1.
[2] S. dazu Europäisches Parlament, Kurzdarstellungen zur Europäischen Union, https://www.europarl.europa.eu/factsheets/de/sheet/63/kleine-und-mittlere-unternehmen, Stand 04-2025, zuletzt aufgerufen am 27.5.2025.

Die übrigen innovationsfördernden Maßnahmen der KI-VO erschöpfen sich größtenteils in regulatorischen Erleichterungen.[3] Im Kontrast dazu ordnet Art. 62 aktive Unterstützungsmaßnahmen an und hebt sich dadurch deutlich von den übrigen Regelungen ab. Die in Art. 62 vorgesehenen Maßnahmen umfassen unter anderem die Gewährleistung eines vorrangigen Zugangs zu KI-Reallaboren[4] als Test- und Experimentierumgebung für KI-Systeme sowie die regulatorische Anleitung zur Umsetzung der KI-VO.[5] 2

II. Einzelerläuterungen

1. Von den Mitgliedstaaten zu ergreifende Maßnahmen (Abs. 1)

Art. 62 Abs. 1 enthält einen Katalog der von den Mitgliedstaaten zu ergreifenden Maßnahmen. Die Maßnahmen werden im Folgenden jeweils im Einzelnen erörtert. 3

a) Vorrangiger Zugang zu den KI-Reallaboren für Kleinanbieter und Start-up-Unternehmen (lit. a). Die Mitgliedstaaten gewähren KMU – einschließlich Start-Up-Unternehmen –, die ihren Sitz oder eine Zweigniederlassung in der Union haben, soweit sie die Voraussetzungen und Auswahlkriterien erfüllen, gem. Art. 62 Abs. 1 lit. a Hs. 1 vorrangigen Zugang zu den KI-Reallaboren. Mit dieser Regelung greift der Gesetzgeber eines der mit der Einrichtung von KI-Reallaboren verfolgten Ziele unmittelbar auf. Gem. Art. 57 Abs. 9 lit. e soll der Zugang von KI-Systemen zum Unionsmarkt beschleunigt und erleichtert werden, insbesondere wenn sie von KMU – einschließlich Start-Up-Unternehmen – angeboten werden. 4

Der vorrangige Zugang für in der Union niedergelassene KMU schließt gem. Art. 62 Abs. 1 lit. a Hs. 2 aber ausdrücklich nicht aus, dass andere KMU Zugang zum KI-Reallabor erhalten, sofern sie ebenfalls die Zulassungsvoraussetzungen und Auswahlkriterien erfüllen. Wie stark in Drittländern niedergelassene KMU von dieser Zugangsregelung in der Praxis tatsächlich beeinträchtigt werden, hängt in erster Linie von den Kapazitäten der KI-Reallabore ab. Schließlich dürfte sich die Bevorzugung von KMU mit Sitz oder Zweigniederlassung in der Union erst dann auswirken, wenn ein KI-Reallabor vollständig ausgelastet ist. 5

b) Durchführung von Sensibilisierungsmaßnahmen (lit. b). Darüber hinaus führen die Mitgliedstaaten gem. Art. 62 Abs. 1 lit. b besondere Sensibilisierungs- und Schulungsmaßnahmen für die Anwendung der KI-VO durch, die auf die Bedürfnisse von KMU, einschließlich Start-up-Unternehmen, Betreibern sowie gegebenenfalls lokalen Behörden ausgerichtet sind. Hierbei wird nicht spezifiziert, welches Organ innerhalb der Mitgliedstaaten konkret für diese Sensibilisierung und Schulung verantwortlich sein soll. Da sich diese Initiativen inhaltlich mit der Anwendung der KI-VO befassen und die Marktüberwachungsbehörden die Umsetzung der Vorgaben der KI-VO auf nationaler Ebene überwachen, ist es naheliegend, dass ihnen auch die Durchführung von Sensibilisierungs- und Schulungsmaßnahmen obliegt. Dass der Gesetzgeber explizit auch lokale Behörden als Adressaten der Sensibilisierungs- und Schulungsmaßnahmen anführt, 6

[3] Vgl. Möller/Klapperich NJ 2024, 337 (342).
[4] Vgl. Art. 62 Abs. 1 lit. a.
[5] Vgl. Art. 62 Abs. 1 lit. b und c.

macht deutlich, dass sämtliche Akteure mit beschränkten personellen und finanziellen Mitteln berücksichtigt werden. Es wird anerkannt, dass die KI-VO nicht nur für Unternehmen, sondern auch für Behörden einen erheblichen regulatorischen Aufwand darstellt. Ob die bloße Sensibilisierung und Schulung tatsächlich den erhofften innovationsfördernden Effekt[6] haben, bleibt abzuwarten.

7 **c) Einrichtung eines Kommunikationskanals (lit. c).** Art. 62 Abs. 1 lit. c sieht außerdem vor, dass die Mitgliedstaaten für die Kommunikation mit KMU, einschließlich Start-Up-Unternehmen, und Betreibern, anderen Innovatoren sowie lokalen Behörden entsprechende bestehende Kanäle nutzen und gegebenenfalls neue Kanäle einrichten. Die Kommunikationskanäle sollen dazu dienen, Ratschläge zu geben und Fragen zur Durchführung der KI-VO, auch bezüglich der Beteiligung an KI-Reallaboren, zu beantworten. KMU sollen auf diese Weise auf ihrem gesamten Entwicklungsweg unterstützt werden.[7] Der Gesetzgeber regt dabei eine Zusammenarbeit der Kommunikationskanäle untereinander an, um Synergien zu schaffen und eine Homogenität ihrer Leitlinien sicherzustellen.[8] Gemeint ist damit wohl in erster Linie eine Zusammenarbeit der innerhalb eines Mitgliedstaats jeweils vorhandenen Kanäle. Dass sich die Kanäle sämtlicher Mitgliedstaaten bezüglich der von ihnen vertretenen Leitlinien abstimmen, wäre mit erheblichem Aufwand verbunden und letztlich kaum umsetzbar. Eine Abstimmung der Mitgliedstaaten untereinander wäre aber durchaus sinnvoll, sofern ein KI-Reallabor gem. Art. 57 Abs. 1 S. 2, Abs. 2 gemeinsam mit den zuständigen Behörden anderer Mitgliedstaaten eingerichtet wird. In diesem Fall sollten die an dem KI-Reallabor mitwirkenden Mitgliedstaaten Fragen von KMU bezüglich der Beteiligung an dem KI-Reallabor einheitlich beantworten.

8 **d) Förderung der Beteiligung von KMU und anderen einschlägigen Interessenträgern an der Entwicklung von Normen (lit. d).** Schließlich werden die Mitgliedstaaten gem. Art. 62 Abs. 1 lit. d dazu verpflichtet, die Beteiligung von KMU und anderen Interessenträgern an der Entwicklung von Normen zu fördern. Damit bezieht der Gesetzgeber sich auf Normen iSd Art. 3 Nr. 27 KI-VO iVm Art. 2 Abs. 1 lit. c der Verordnung (EU) Nr. 1025/2012. Eine Norm ist danach eine von einer anerkannten Normungsorganisation angenommene technische Spezifikation zur wiederholten und ständigen Anwendung, deren Einhaltung nicht zwingend ist und die auf der Grundlage eines Auftrags der Kommission zur Durchführung von Harmonisierungsrechtsvorschriften der Union angenommen wurde. Stimmen Hochrisiko-KI-Systeme oder KI-Modelle mit allgemeinem Verwendungszweck mit harmonisierten Normen oder Teilen davon überein, so wird die Konformität mit bestimmten, von diesen KI-Systemen zu erfüllenden Anforderungen gem. Art. 40 Abs. 1 vermutet, soweit diese Anforderungen oder Verpflichtungen von den Normen abgedeckt sind. Wer an der Normung mitwirkt, gestaltet also indirekt das Regelwerk mit. KMU könnten auf diese Weise von weitergehenden regulatorischen Erleichterungen profitieren. Andere Interessenträger, die gem. Art. 62 Abs. 1 lit. d ebenfalls bei der Entwicklung von Normen mit einbezogen werden sollen, könnten insbesondere Verbraucherorganisationen sein.[9]

---

6 Vgl. Erwgr. 143 S. 1.
7 Vgl. Erwgr. 143 S. 4.
8 Vgl. Erwgr. 143 S. 5.
9 Vgl. Erwgr. 121 S. 3.

2. Vorgaben für die Festsetzung der Gebühren für die Konformitätsbewertung (Abs. 2)

Auch bei der Festsetzung der Gebühren für die Konformitätsbewertung gem. Art. 43 sollen die besonderen Interessen und Bedürfnisse von KMU, einschließlich Start-up-Unternehmen, gem. Art. 62 Abs. 2 berücksichtigt werden, indem diese Gebühren proportional zur Größe der Unternehmen, der Größe ihres Marktes und anderen einschlägigen Kennzahlen gesenkt werden. Diese Erleichterung dürfte deutlich spürbarer sein als die in Art. 61 Abs. 1 lit. a–d enthaltenen Maßnahmen,[10] da die Konformitätsbewertung für Anbieter von Hochrisiko-KI-Systemen gem. Art. 16 lit. f iVm Art. 43 verpflichtend ist. Die in Art. 62 Abs. 2 angelegten finanziellen Erleichterungen für KMU stehen im Einklang mit Art. 58 Abs. 2 lit. d, wonach der Zugang zu KI-Reallaboren für KMU, einschließlich Start-Up-Unternehmen, grundsätzlich kostenlos ist. 9

Fraglich ist, von wem die Vorgabe des Art. 62 Abs. 2 überhaupt zu beachten ist. Nach Erwgr. 143 S. 7 erfolgt die Festlegung der Gebühren für die Konformitätsbewertung durch die notifizierten Stellen. Die notifizierte Stelle ist selbst keine Behörde, sondern eine unabhängige Stelle,[11] die gem. Art. 31 Abs. 1 nach dem nationalen Recht eines Mitgliedstaats gegründet wird und mit Rechtspersönlichkeit ausgestattet sein muss. Die Benennung dieser notifizierten Stelle erfolgt gem. Art. 28 Abs. 1 S. 1 wiederum durch die notifizierenden Behörden, die von den Mitgliedstaaten jeweils benannt bzw. geschaffen werden. 10

Bei der Festlegung der Gebühren sollen nicht nur die Größe der Unternehmen und die Größe ihres Marktes berücksichtigt werden, sondern auch „andere einschlägige Kennzahlen".[12] Den notifizierten Stellen wird damit ein gewisses Maß an Flexibilität zugestanden, solange sie die Gestaltung der Gebühren auf Kennzahlen und damit auf objektive Kriterien stützen. Denkbar wäre es zB, die F&E-Quote als gebührenminderndes Kriterium heranzuziehen. Dabei handelt es sich um den Anteil der Ausgaben eines Unternehmens für Forschung und Entwicklung am Umsatz dieses Unternehmens.[13] Eine hohe F&E-Quote erfordert auf Seiten des Unternehmens also regelmäßig den Einsatz erheblicher finanzieller, personeller und zeitlicher Ressourcen.[14] Entsprechend bauen insbesondere forschungsintensive Start-Ups in den ersten Jahren typischerweise erhebliche Verluste auf.[15] Unternehmen mit einer hohen F&E Quote könnten Gebührenerleichterungen im Rahmen der Konformitätsbewertung nach Art. 43 somit durchaus zugutekommen. 11

3. Von dem Büro für Künstliche Intelligenz zu ergreifende Maßnahmen (Abs. 3)

Art. 62 Abs. 3 enthält eine Aufzählung der von dem Büro für Künstliche Intelligenz zu ergreifenden Maßnahmen. Das Büro für Künstliche Intelligenz wird in 12

[10] Vgl. Goebel/von Kruedener GRUR-Prax 2024, 755 (757).

[11] Vgl. Gerdemann NJW 2024, 2209 (2211).

[12] S. Art. 62 Abs. 2.

[13] Vgl. Ziechmann in Buth/Hermanns, Restrukturierung, Sanierung, Insolvenz, 5. Aufl. 2022, § 13 Rn. 6.

[14] Vgl. Zimmer in Immenga/Mestmäcker, Wettbewerbsrecht, 7. Aufl. 2025, AEUV Art. 101 Abs. 1 Rn. 277.

[15] Vgl. Weitnauer GWR 2024, 209.

Art. 3 Nr. 47 definiert als die Aufgabe der Kommission, zur Umsetzung, Beobachtung und Überwachung von KI-Systemen und KI-Modellen mit allgemeinem Verwendungszweck und zu der im Beschluss der Kommission vom 24.1.2024 vorgesehenen KI-Governance beizutragen. Dabei gelten Bezugnahmen in der KI-VO auf das Büro für Künstliche Intelligenz als Bezugnahmen auf die Kommission.

13 **a) Bereitstellung standardisierter Muster (lit. a).** Zunächst stellt das Büro für Künstliche Intelligenz und damit die Kommission[16] gem. Art. 62 Abs. 3 lit. a standardisierte Muster für die unter die KI-VO fallenden Bereiche bereit, wie vom KI-Gremium[17] in seinem Antrag festgelegt. Wofür genau standardisierte Muster bereitgestellt werden, bleibt abzuwarten. Hilfreich wären Muster aber beispielsweise für die Dokumentation der gem. Art. 9 zu ergreifenden Risikomanagementmaßnahmen und für den gem. Art. 60 Abs. 4 lit. a von den Anbietern bzw. zukünftigen Anbietern zu erstellenden Plan für einen Test unter Realbedingungen.

14 **b) Entwicklung einer zentralen Informationsplattform (lit. b).** Gem. Art. 62 Abs. 3 lit. b entwickelt und führt das Büro für Künstliche Intelligenz eine zentrale Informationsplattform, über die allen Akteuren in der Union leicht nutzbare Informationen zu dieser Verordnung bereitgestellt werden. Eine ähnliche Verpflichtung ist für die Kommission bereits mit Art. 57 Abs. 17 vorgesehen. Danach richtet die Kommission eine eigene Schnittstelle mit allen relevanten Informationen zu KI-Reallaboren ein. Die Informationsplattform nach Art. 62 Abs. 3 lit. b beschränkt sich aber nicht nur auf Informationen zu einem bestimmten Bereich der KI-VO, sondern soll Informationen zur KI-VO insgesamt umfassen.

15 **c) Durchführung geeigneter Informationskampagnen (lit. c).** Das Büro für Künstliche Intelligenz bzw. die Kommission führt gem. Art. 62 Abs. 3 lit. c überdies geeignete Informationskampagnen durch, um für die aus der KI-VO erwachsenden Pflichten zu sensibilisieren. Dadurch können die Risiken bei der Umsetzung der KI-VO minimiert und Anbietern sowie notifizierten Stellen kann die Einhaltung ihrer Pflichten aus der KI-VO erleichtert werden.[18]

16 **d) Bewertung und Förderung der Zusammenführung bewährter Verfahren im Bereich der mit KI-Systemen verbundenen Vergabeverfahren (lit. d).** Außerdem bewertet und fördert die Kommission gem. Art. 62 Abs. 3 lit. d die Zusammenführung bewährter Verfahren im Bereich der mit KI-Systemen verbundenen Vergabeverfahren.

Art. 63* Ausnahmen für bestimmte Akteure

(1) [1]Kleinstunternehmen im Sinne der Empfehlung 2003/361/EG können bestimmte Elemente des in Artikel 17 dieser Verordnung vorgeschriebenen Qualitätsmanagementsystems in vereinfachter Weise einhalten, sofern sie keine Partnerunternehmen oder verbundenen Unternehmen im Sinne dieser Empfehlung haben. [2]Zu diesem Zweck arbeitet die Kommission Leitlinien zu den Elementen des Qualitätsmanagementsystems aus, die unter Berücksichtigung der Bedürfnisse von Kleinstunternehmen in

[16] Vgl. Art. 3 Nr. 47.
[17] S. Art. 65 zur Einrichtung und Struktur des KI-Gremiums.
[18] Vgl. Erwgr. 145 S. 1.
* Kapitel VI (Art. 57–63) gilt gem. Art. 113 UAbs. 2 ab 2.8.2026.

vereinfachter Weise eingehalten werden können, ohne das Schutzniveau oder die Notwendigkeit zur Einhaltung der Anforderungen in Bezug auf Hochrisiko-KI-Systeme zu beeinträchtigen.

(2) **Absatz 1 dieses Artikels ist nicht dahin gehend auszulegen, dass diese Akteure auch von anderen in dieser Verordnung festgelegten Anforderungen oder Pflichten, einschließlich der nach den Artikeln 9, 10, 11, 12, 13, 14, 15, 72 und 73 geltenden, befreit sind.**

Übersicht

I. Überblick über die Vorschrift

1 Art. 63 regelt Ausnahmen für Kleinstunternehmen von den Anforderungen an das für Hochrisiko-KI-Systeme gem. Art. 17 vorgeschriebene Qualitätsmanagementsystem. Die Entscheidung über die konkrete Ausgestaltung dieser Ausnahmen wird dabei der Kommission überlassen, die entsprechende Leitlinien ausarbeiten soll.[1]

II. Einzelerläuterungen

1. Vorgesehene Ausnahmen (Abs. 1)

2 **a) Persönlicher Anwendungsbereich der Ausnahmen (S. 1).** Die Ausnahmen sollen gem. Art. 63 Abs. 1 S. 1 ausdrücklich nur für Kleinstunternehmen im Sinne der Empfehlung 2003/361/EG gelten. Gem. Art. 2 Abs. 3 dieser Empfehlung wird ein Kleinstunternehmen innerhalb der Kategorie der KMU als ein Unternehmen definiert, das weniger als 10 Personen beschäftigt und dessen Jahresumsatz bzw. Jahresbilanz 2 Mio. EUR nicht überschreitet. Kleinstunternehmen können überdies nur dann von den Ausnahmen profitieren, sofern sie keine Partnerunternehmen oder verbundene Unternehmen im Sinne der Empfehlung 2003/361/EG haben.[2] Verbundene Unternehmen liegen danach zB vor, wenn ein Unternehmen die Mehrheit der Stimmrechte der Aktionäre oder Gesellschafter eines anderen Unternehmens hält.[3] Partnerunternehmen sind Unternehmen, die nicht als verbundene Unternehmen iSv Art. 3 Abs. 3 der Empfehlung 2003/361/EG gelten und bei denen ein Unternehmen allein oder gemeinsam mit einem oder mehreren verbundenen Unternehmen 25 % oder mehr des Kapitals oder der Stimmrechte eines anderen Unternehmens hält.[4]

---

[1] Vgl. Art. 63 Abs. 1.
[2] Vgl. Art. 63 Abs. 1 S. 1.
[3] Vgl. Art. 3 Abs. 3 lit. a Empfehlung 2003/361/EG.
[4] Vgl. Art. 3 Abs. 2 Empfehlung 2003/361/EG.

3 **b) Ausarbeitung von Leitlinien durch die Kommission (S. 2).** Die Ausnahmen für Kleinstunternehmen betreffen das in Art. 17 vorgeschriebene Qualitätsmanagementsystem. Dieses soll in vereinfachter Weise eingehalten werden können.[5] Wie diese Vereinfachungen ausgestaltet sein sollen, wird dabei aber offen gelassen. Stattdessen wird der Kommission mit Art. 63 Abs. 1 S. 2 die Aufgabe übertragen, Leitlinien zu den Elementen des Qualitätsmanagementsystems auszuarbeiten, die unter Berücksichtigung der Bedürfnisse von Kleinstunternehmen in vereinfachter Weise eingehalten werden können. Gleichzeitig stellt der Gesetzgeber klar, dass durch die Vereinfachungen weder das Schutzniveau noch die Notwendigkeit zur Einhaltung der Anforderungen in Bezug auf Hochrisiko-KI-Systeme beeinträchtigt werden darf. Angesichts der, verglichen mit größeren Unternehmen, stark begrenzten Ressourcen von Kleinstunternehmen wäre insbesondere eine Vereinfachung des in Art. 17 Abs. 1 S. 2 lit. l vorgeschriebenen Ressourcenmanagementsystems sinnvoll. Auch die gem. Art. 17 Abs. 1 S. 2 lit. d vorgesehenen Untersuchungs-, Test- und Validierungsverfahren, die vor, während und nach der Entwicklung des Hochrisiko-KI-Systems durchzuführen sind, dürften für Kleinstunternehmen einen erheblichen Aufwand darstellen. Eine Vereinfachung dieser Verfahren wäre insofern ebenfalls sinnvoll. Welche Elemente des Qualitätsmanagementsystems von der Kommission in den Leitlinien tatsächlich adressiert werden und wie weitgehend die Vereinfachungen sein werden, bleibt abzuwarten.

2. Abs. 2

4 Gem. Art. 63 Abs. 2 ist Art. 63 Abs. 1 jedoch nicht dahingehend auszulegen, dass diese Akteure auch von anderen in dieser Verordnung festgelegten Anforderungen oder Pflichten, einschließlich der nach den Artikeln 9, 10, 11, 12, 13, 14, 15, 72 und 73 geltenden Anforderungen der KI-VO, befreit sind. Damit kommt nur eine Vereinfachung derjenigen Vorschriften des Art. 17 in Betracht, die nicht zusätzlich in anderen Artikeln der KI-VO geregelt sind. Das betrifft ua die Einrichtung, Anwendung, Dokumentation und Aufrechterhaltung eines Risikomanagementsystems[6] sowie die technische Dokumentation eines Hochrisiko-KI-Systems.[7] Der Spielraum für Erleichterungen für Kleinstunternehmen wird durch den Gesetzgeber mit dieser Regelung erheblich eingeschränkt. Ob Kleinstunternehmen dann überhaupt signifikant von den vorgesehenen Erleichterungen profitieren können, kann vor diesem Hintergrund durchaus angezweifelt werden.

---

[5] Vgl. Art. 63 Abs. 1 S. 1.
[6] Vgl. Art. 9.
[7] Vgl. Art. 11.

Kapitel VII. Governance

Abschnitt 1. Governance auf Unionsebene

Art. 64* Büro für Künstliche Intelligenz

(1) **Die Kommission entwickelt über das Büro für Künstliche Intelligenz die Sachkenntnis und Fähigkeiten der Union auf dem Gebiet der KI.**

(2) **Die Mitgliedstaaten erleichtern dem Büro für Künstliche Intelligenz die ihm gemäß dieser Verordnung übertragenen Aufgaben.**

Übersicht

I. Überblick Artikel 64: Das Büro für Künstliche Intelligenz

1 Die Einrichtung des Büros für Künstliche Intelligenz ist ein zentraler Bestandteil der KI-Verordnung und spielt eine wichtige Rolle in der Governance von KI-Systemen auf Unionsebene.[1]

2 Art. 3 Nr. 47 definiert das Büro für Künstliche Intelligenz als „die Aufgabe der Kommission, zur Umsetzung, Beobachtung und Überwachung von KI-Systemen und KI-Modellen mit allgemeinem Verwendungszweck und (…) zur KI-Governance beizutragen". Art. 3 Nr. 47 stellt außerdem klar, dass Bezugnahmen auf das Büro für Künstliche Intelligenz innerhalb der KI-Verordnung, Referenzen auf die EU-Kommission sein sollen.

3 Mit Beschluss der EU-Kommission vom 24.1.2024 und damit bereits vor Finalisierung der KI-Verordnung selbst, ist das Amt für künstliche Intelligenz eingerichtet worden.[2] Der Beschluss umschreibt sowohl die Einrichtung des Büros als auch dessen Aufgaben und die zukünftige Zusammenarbeit mit anderen Aufsichtsbehörden und internationalen Organisationen.

4 Dass der Beschluss die neu zu schaffende Einheit noch als „Amt" bezeichnet statt als „Büro" ist der Übersetzung geschuldet. In der englischen Fassung des Beschlusses der EU-Kommission wird die Stelle als „European Artificial Intelligence Office" bezeichnet und ist sprachlich damit deutlicher näher an der Formulierung der KI-Verordnung (*„AI Office"* nach Art. 64, konkreter sogar Erwgr. 96 *„The European Artifical Intelligence Office"*).

5 Das Büro für Künstliche Intelligenz ist eine neu eingerichtete Abteilung innerhalb der Generaldirektion Kommunikationsnetze, Inhalte und Technologien (DG

---

* Kapitel VII (Art. 64–70) gilt gem. Art. 113 UAbs. 3 Buchst. b bereits ab 2.8.2025.

[1] Überblick über Zuständigkeiten und Zusammenspiel mit anderen Akteuren innerhalb der KI-Governance Struktur: Herbers/Rappenglück RDi 9/2024, 432 ff.

[2] Beschl. der Kommission vom 24.1.2024 – ABl. C/2024/1459.

CNECT), die aus dem umstrukturierten Direktorat A entstanden ist.[3] Bewusst wurde eine vorhandene Struktur umgestaltet, statt eine zusätzliche EU-Institution einzurichten, weil die Neuschaffung von EU-Behörden nicht gewollt war.[4] Hauptaufgabe des AI Office ist die Um- und Durchsetzung der Regelungen der KI-Verordnung.[5] Die Abteilung unterteilt sich in fünf Referate: *Excellence in Artificial Intelligence & Robotics* (A1), *Artificial Intelligence Regulation & Compliance* (A2), *Artificial Intelligence & Safety* (A3), *Artificial Intelligence Innovation & Policy Coordination* (A4), *Artificial Intelligence for Societal Goods* (A5).[6] Die Zuteilung der verschiedenen Aufgaben der Referate ist zum 16.6.2024 wirksam geworden.[7]

6 Durch die Aufteilung in die 5 separate Referate im Direktorat A sollen verschiedene Zielstellungen der KI-Verordnung befördert werden, die in den jeweiligen Referaten verfolgt werden.

7 Das Referat A1 für Exzellenz in KI und Robotik soll Forschung und Entwicklung unterstützen und finanzieren. Daneben fällt die Koordinierung der Initiative GenAI4EU[8] und die Entwicklung und Förderung neuer Modelle und ihre Integration in innovative Anwendungen.[9]

8 Referat A2 für Regulierung und Einhaltung wird künftig die Regulierung koordinieren, um Harmonisierung und Durchsetzung der KI-Verordnung zu fördern.[10] Auch die Durchsetzung, Sanktionierung und die Mitwirkung an Untersuchungen obliegt Referat A2.[11]

9 Referat A3 für KI-Sicherheit ist mit der Ermittlung systemischer Risiken, die von KI-Modellen mit allgemeinem Verwendungszweck ausgehen, betraut und soll Risikominderungsmaßnahmen sowie Bewertungsansätze entwickeln.[12]

10 Der Auftrag für das Referat A4 (KI-Innovation und Politikkoordinierung) ist sehr weit gefasst und soll vor allem die Zukunftsfähigkeit der KI-Entwicklung in der EU unterstützen. A4 soll hierfür die Umsetzung der KI-Strategie der EU begleiten, Trends und Investitionen beobachten, die Einführung von KI mithilfe

---

[3] Schwartmann/Keber/Zenner KI-VO/Zenner, Governance, S. 274. Rn. 5; Art. 1 Besch. der Kommission vom 24.1.2024 – ABl. C/2024/1459; siehe auch Übersicht zum AI Office (Büro für Künstliche Intelligenz): https://digital-strategy.ec.europa.eu/en/policies/ai-office und Pressemitteilung zu der neu eingerichteten Abteilung: https://ec.europa.eu/commission/presscorner/detail/de/ip_24_2982 (zuletzt abgerufen am 22.11.2024).

[4] Herbers/Rappenglück RDi 9/2024, 434 Rn. 9.

[5] Herbers/Rappenglück RDi 9/2024, 434 Rn. 10.

[6] Siehe Übersicht zum AI Office (Büro für Künstliche Intelligenz): https://digital-strategy.ec.europa.eu/en/policies/ai-office (zuletzt abgerufen am 22.11.2024).

[7] https://ec.europa.eu/commission/presscorner/detail/de/ip_24_2982 (zuletzt abgerufen am 22.11.2024).

[8] GenAI4EU ist das Maßnahmenpaket für EU-Unterstützung für Start-ups und KMU bei der Entwicklung von KI, siehe https://germany.representation.ec.europa.eu/news/massnahmenpaket-eu-unterstutzung-fur-start-ups-und-kmu-bei-der-entwicklung-von-ki-2024-01-24_de (zuletzt abgerufen am 22.11.2024).

[9] https://ec.europa.eu/commission/presscorner/detail/de/ip_24_2982 (zuletzt abgerufen am 22.11.2024).

[10] https://ec.europa.eu/commission/presscorner/detail/de/ip_24_2982 (zuletzt abgerufen am 22.11.2024).

[11] https://ec.europa.eu/commission/presscorner/detail/de/ip_24_2982 (zuletzt abgerufen am 22.11.2024).

[12] https://ec.europa.eu/commission/presscorner/detail/de/ip_24_2982 (zuletzt abgerufen am 22.11.2024).

eines Netzes europäischer digitaler Innovationszentren sowie die Einrichtung von KI-Fabriken vorantreiben und zusätzlich Reallabore fördern.[13]

Das Referat A5 für KI für das Gemeinwohl soll sich auf besonders wichtige Anwendungsfelder der KI fokussieren, beispielsweise Anwendungen wie Wettermodellierung, Krebsdiagnose oder Wiederaufbau von Infrastrukturen mittels digitaler Zwillinge.[14] **11**

Das Büro für Künstliche Intelligenz soll insgesamt auf 140 Mitarbeitende anwachsen und neben Verwaltungsassistenten auch Technologie-Spezialisten, Wirtschaftswissenschafter und Juristen beschäftigen.[15] Bestehende Führungspersonen des Direktorats sind auch durch die Umstrukturierung und die Erweiterung von 4 auf 5 Referate erhalten geblieben, sodass die neue Abteilung nicht vollständig neu aufgesetzt werden muss.[16] **12**

II. Entwicklung von Sachkenntnis und Fähigkeiten

Da Aufgaben und Zuständigkeiten des Büros für Künstliche Intelligenz im Detail durch den Beschluss der Kommission C/2024/1459 ausgestaltet werden, legt Art. 64 lediglich die Zielbestimmung des Büros fest. **13**

Durch die Einrichtung der speziellen Einheit soll die Kommission Sachkenntnis und Fähigkeiten auf dem Gebiet der KI entwickeln (Art. 64 Abs. 1). Dies und die angeordnete Zusammenarbeit mit den Aufsichtsbehörden der Mitgliedstaaten soll auf die Fortentwicklung des digitalen Binnenmarkts einzahlen.[17] **14**

Die Unterstützung seitens der Mitgliedstaaten wird über Art. 64 Abs. 2 ausdrücklich angeordnet. Sie müssen das Büro für Künstliche Intelligenz bei seinen Aufgaben unterstützen. Dies umfasst sowohl Zusammenarbeit als auch Austausch zwischen den nationalen Behörden und dem Büro für Künstliche Intelligenz zum Aufbau von Wissen und Fachkompetenz.[18] **15**

III. Marktüberwachung und Kontrolle

Dem Büro für Künstliche Intelligenz werden zahlreiche Befugnisse und Aufgaben in der KI-Verordnung übertragen.[19] Wichtige Einzelnormen zur Ausgestaltung finden sich beispielsweise in Art. 75 zur Gleichstellung mit Marktüberwachungsbehörden und der Konformitätsaufsicht des Büros für Künstliche Intelligenz über KI-Modelle mir allgemeinem Verwendungszweck. Wichtige Aufgabe des Büros ist darüber hinaus die Aufsichtsübertragung für Kapitel V nach Art. 94 und Art. 88. **16**

---

[13] https://ec.europa.eu/commission/presscorner/detail/de/ip_24_2982 (zuletzt abgerufen am 22.11.2024).

[14] https://ec.europa.eu/commission/presscorner/detail/de/ip_24_2982 (zuletzt abgerufen am 22.11.2024).

[15] Siehe Übersicht zum AI Office (Büro für Künstliche Intelligenz): https://digital-strategy.ec.europa.eu/en/policies/ai-office (zuletzt abgerufen am 22.11.2024).

[16] Schwartmann/Keber/Zenner KI-VO/Zenner Governance S. 274 Rn. 5.

[17] Erwgr. 148.

[18] Erwgr. 148.

[19] Siehe zur Übersicht Schwartmann/Keber/Zenner KI-VO/Zenner Governance S. 275 f. Rn. 6.

Art. 65* Einrichtung und Struktur des Europäischen Gremiums für Künstliche Intelligenz

(1) **Ein Europäisches Gremium für Künstliche Intelligenz (im Folgenden „KI-Gremium") wird hiermit eingerichtet.**

(2) [1]**Das KI-Gremium setzt sich aus einem Vertreter je Mitgliedstaat zusammen.** [2]**Der Europäische Datenschutzbeauftragte nimmt als Beobachter teil.** [3]**Das Büro für Künstliche Intelligenz nimmt ebenfalls an den Sitzungen des KI-Gremiums teil, ohne sich jedoch an den Abstimmungen zu beteiligen.** [4]**Andere Behörden oder Stellen der Mitgliedstaaten und der Union oder Sachverständige können im Einzelfall zu den Sitzungen des KI-Gremiums eingeladen werden, wenn die erörterten Fragen für sie von Belang sind.**

(3) **Die Vertreter werden von ihren Mitgliedstaaten für einen Zeitraum von drei Jahren benannt, der einmal verlängert werden kann.**

(4) **Die Mitgliedstaaten sorgen dafür, dass ihre Vertreter im KI-Gremium**

a) in ihrem Mitgliedstaat über die einschlägigen Kompetenzen und Befugnisse verfügen, sodass sie aktiv zur Bewältigung der in Artikel 66 genannten Aufgaben des KI-Gremiums beitragen können;

b) gegenüber dem KI-Gremium sowie gegebenenfalls, unter Berücksichtigung der Erfordernisse der Mitgliedstaaten, gegenüber Interessenträgern als zentrale Ansprechpartner fungieren;

c) ermächtigt sind, auf die Kohärenz und die Abstimmung zwischen den zuständigen nationalen Behörden in ihrem Mitgliedstaat bei der Durchführung dieser Verordnung hinzuwirken, auch durch Erhebung einschlägiger Daten und Informationen für die Zwecke der Erfüllung ihrer Aufgaben im KI-Gremium.

(5) [1]**Die benannten Vertreter der Mitgliedstaaten nehmen die Geschäftsordnung des KI-Gremiums mit einer Zweidrittelmehrheit an.** [2]**In der Geschäftsordnung sind insbesondere die Vorgehensweise für das Auswahlverfahren, die Dauer des Mandats und die genauen Aufgaben des Vorsitzes, die Abstimmungsregelungen und die Organisation der Tätigkeiten des KI-Gremiums und seiner Untergruppen festgelegt.**

(6) ***[1]* Das KI-Gremium richtet zwei ständige Untergruppen ein, um Marktüberwachungsbehörden eine Plattform für die Zusammenarbeit und den Austausch zu bieten und Behörden über Angelegenheiten, die jeweils die Marktüberwachung und notifizierte Stellen betreffen, zu unterrichten.**

***[2]* Die ständige Untergruppe für Marktüberwachung sollte für diese Verordnung als Gruppe für die Verwaltungszusammenarbeit (ADCO-Gruppe) im Sinne des Artikels 30 der Verordnung (EU) 2019/1020 fungieren.**

[3] [1]**Das KI-Gremium kann weitere ständige oder nichtständige Untergruppen einrichten, falls das für die Prüfung bestimmter Fragen zweckmäßig sein sollte.** [2]**Gegebenenfalls können Vertreter des in Artikel 67 genannten Beratungsforums als Beobachter zu diesen Untergruppen oder zu bestimmten Sitzungen dieser Untergruppen eingeladen werden.**

(7) **Das KI-Gremium wird so organisiert und geführt, dass bei seinen Tätigkeiten Objektivität und Unparteilichkeit gewahrt sind.**

---

* Kapitel VII (Art. 64–70) gilt gem. Art. 113 UAbs. 3 Buchst. b bereits ab 2.8.2025.

(8) [1]**Den Vorsitz im KI-Gremium führt einer der Vertreter der Mitgliedstaaten. [2]Die Sekretariatsgeschäfte des KI-Gremiums werden vom Büro für Künstliche Intelligenz geführt; dieses beruft auf Anfrage des Vorsitzes die Sitzungen ein und erstellt die Tagesordnung im Einklang mit den Aufgaben des KI-Gremiums gemäß dieser Verordnung und seiner Geschäftsordnung.**

Übersicht

I. Allgemeines

1 Art. 65 richtet das Europäische Gremium für Künstliche Intelligenz bzw. KI-Gremium ein und regelt die organisatorischen Belange. Das KI-Gremium ist ein weiterer Baustein der multipolaren Akteurs- und Aufsichtsstrukturen in der KI-VO und bildet mit dem neu geschaffenen Beratungsforum (Art. 67) und dem Gremium unabhängiger Sachverständiger (Art. 68) eine Ergänzung der Aufsicht von Kommission und den nationalen Behörden der Mitgliedstaaten.[1]

2 Das KI-Gremium soll für **EU-weite Kohärenz und Zusammenarbeit bei der Durchsetzung der KI-VO** sorgen und eine „Verzahnung der KI-Politik" zwischen Kommission bzw. Büro für Künstliche Intelligenz und Mitgliedstaaten bewirken.[2] Die Hauptaufgabe des KI-Gremiums ist es, die **Kommission** dabei zu „**unterstützen,** KI-Kompetenzinstrumente sowie die Sensibilisierung und Aufklärung der Öffentlichkeit in Bezug auf die Vorteile, Risiken, Schutzmaßnahmen, Rechte und Pflichten im Zusammenhang mit der Nutzung von KI-Systeme zu fördern" (Erwgr. 20 S. 5, siehe auch Art. 66). Insbesondere soll das KI-Gremium der Kommission bei der Erstellung von Leitlinien für die praktische Umsetzung der KI-VO helfen (Erwgr. 53).

3 Zusammen mit dem Sachverständigengremium (Art. 68) soll es die für die Durchsetzung der Verordnung **notwendige Fachkompetenz auf Unionsebene sichern und bündeln.** Wenig überraschend kommen dem Gremium deswegen **keine verbindlichen Letztentscheidungsbefugnisse** zu, sondern es wird über Berichte, Empfehlungen und Stellungnahmen tätig. Nach Vorstellung der Kom-

[1] Vgl. auch zur Governance Struktur: Ruschemeier/Bareis, Searching for Harmonised Rules: Understanding the Paradigms, Provisions and Pressing Issues in the Final EU AI Act.

[2] Heinze/Steinrötter KI/Daten/Bronner S. 477 (482); Herbers/Rappenglück RDi 2024, 432 (436); Novelli ua, A Robust Governance for the AI Act: AI Office, AI Board, Scientific Panel, and National Authorities, S. 18 f.

mission soll die Aufgabe des Gremiums aber über Regulierung hinausgehen: Es soll eine größere und proaktive Rolle bei der Gestaltung der KI-Politik in der gesamten EU spielen, indem es Beratung zu Innovationspolitik, internationalen KI-Partnerschaften und anderen strategischen KI-bezogenen Angelegenheiten anbietet. Dieses breite Aufgabengebiet soll dazu beitragen, dass die Union in diesen Bereichen wettbewerbsfähig bleibt.[3]

4 Das KI-Gremium ähnelt in seiner Struktur dem **Europäischen Datenschutzausschuss,** welcher ebenfalls das Ziel hat, die einheitliche Anwendung der DS-GVO und die Zusammenarbeit zwischen den europäischen Datenschutzbehörden zu fördern (Art. 68 DS-GVO). Der Europäische Datenschutzausschuss hat allerdings im Vergleich zum KI-Gremium ein wesentlich ausdifferenzierteres Aufgabenprofil, vgl. Art. 68 DS-GVO.

5 Die **Kommission** wollte während des **Gesetzgebungsprozesses** das KI-Gremium ursprünglich als **Europäischer Ausschuss für künstliche Intelligenz** bezeichnen (vgl. Art. 56 der Kommissionsfassung), sah aber die gleiche Funktion – die Unterstützung der Kommission und der nationalen Behörden bei der Durchsetzung der KI-VO – vor (vgl. Art. 56 Abs. 2 der Kommissionsfassung). Die **Zusammensetzung** des Ausschusses von Vertreter:innen der nationalen Behörden, sowie der bzw. dem Europäischen Datenschutzbeauftragten, hat sich im Gesetzgebungsverfahren nicht geändert. Jedoch sah Art. 57 Abs. 1 der Kommissionsfassung keine bloße Beobachterrolle, sondern eine **vollwertige Mitgliedschaft der bzw. des Europäischen Datenschutzbeauftragten** (und keine Beteiligung des damals noch nicht vorgesehenen Büros für Künstliche Intelligenz) vor. Vertreter:innen der Mitgliedstaaten sollen entweder Leiter:innen oder gleichwertige hochrangige Beamte der nationalen Behörden sein (Art. 57 Abs. 1 der Kommissionsfassung); Art. 65 Abs. 2 S. 1 lässt den Mitgliedstaaten deutlich mehr Freiräume, auch wenn Art. 65 Abs. 4 verlangt, dass die Arbeitsfähigkeit des Gremiums gewährleistet ist (→ Rn. 17). Den **Vorsitz** über den Ausschuss sollte die **Kommission** führen (Art. 57 Abs. 3 S. 1 der Kommissionsfassung), nicht ein vom Gremium gewählter mitgliedstaatlicher Vertreter (Art. 65 Abs. 8 S. 1, → Rn. 10).

6 Das **Europäische Parlament** schlug in seinem Entwurf zur KI-VO eine **alternative Governance-Struktur** vor: Ein Amt für künstliche Intelligenz sollte aus einem Verwaltungsrat, einem Sekretariat und einem Beirat[4] bestehen (vgl. Art. 56a der Parlamentsfassung), wobei der **Verwaltungsrat** grob dem KI-Gremium entspräche, da er (unter anderem) aus Vertreter:innen der nationalen Behörden bestehen sollte (vgl. Art. 57a der Parlamentsfassung).

II. Arbeit des KI-Gremiums

1. Einrichtung (Abs. 1)

7 Art. 65 Abs. 1 errichtet das KI-Gremium.[5] Die EU erachtet das KI-Gremium mit Inkrafttreten der KI-VO am 1.8.2024 als **eingerichtet,**[6] obschon die Vor-

---

[3] https://digital-strategy.ec.europa.eu/en/policies/ai-office-board.

[4] Der Beirat entspricht dem heutigen Beratungsforum (Art. 67).

[5] Vgl. Herbers/Rappenglück RDI 2024, 432 (436). Ähnlich gestaltet sich auch die Errichtung des Europäischen Datenschutzausschusses (Art. 68 Abs. 1 DS-GVO). Demgegenüber wurde das Büro für Künstliche Intelligenz (Art. 64) mit Beschluss der Kommission vom 24.1.2024 – C/2024/1459, gegründet.

[6] https://digital-strategy.ec.europa.eu/en/policies/ai-office-board.

schrift erst am 2.8.2025 Geltung erlangt (Art. 113 Abs. 3 lit. b). Sinnvoll ist jedenfalls, dass das KI-Gremium frühzeitig seine **Arbeit aufgenommen** hat: Das erste Zusammentreffen des KI-Gremiums fand am 10.9.2024 statt und befasste sich mit den folgenden Themen: die Einrichtung der Organisation des Gremiums und die Annahme seiner Geschäftsordnung; eine Aktualisierung und strategische Diskussion über die KI-Politik der EU, einschließlich der GenAI4EU-Initiative und internationaler KI-Aktivitäten; eine Fortschrittsaktualisierung und Diskussion über die ersten Ergebnisse der Kommission im Zusammenhang mit der Umsetzung der KI-VO und ein Austausch bewährter Verfahren für nationale Ansätze zur KI-Governance und zur Umsetzung der KI-VO.[7]

2. Zusammensetzung und Organisation des KI-Gremiums (Abs. 2 und 3 sowie Abs. 8)

Das KI-Gremium besteht aus **eine:r Vertreter:in je Mitgliedstaat** (Abs. 2 S. 1), dh aus 27 Mitgliedern insgesamt, die jeweils von ihren Mitgliedstaaten **für drei Jahre** benannt werden (Abs. 3). Die Vertreter:innen können insgesamt nur zwei Amtszeiten wahrnehmen (Abs. 2 S. 1). Mitgliedstaaten können ihre Vertreter:innen jederzeit abberufen und eine andere Person bestellen.[8] 8

Ebenso nehmen als **Beobachter** die bzw. der **Europäische Datenschutzbeauftragte** und **ohne Beteiligung an Abstimmungen** das **Büro für Künstliche Intelligenz** an den Sitzungen teil (Abs. 2 S. 2 und 3). Dadurch können sie ihre Perspektiven indirekt einbringen, ohne aber direkt Einfluss auf die Entscheidungen des KI-Gremiums nehmen zu können.[9] Eine enge Abstimmung insbesondere mit dem Europäischen Datenschutzbeauftragten ist wünschenswert, da zahlreiche ungeklärte Fragen im Verhältnis zwischen DS-GVO und KI-VO insbesondere in Bezug auf die parallele Anwendung beider Regelwerke bestehen. Ohne enge Einbindung der Datenschutzbehörden besteht die Gefahr, dass sich das im Datenschutzrecht in Bezug auf datenintensive Technologien bestehende Vollzugsdefizit noch verstärkt.[10] 9

Den **Vorsitz** des KI-Gremiums übernimmt eine:r der Vertreter:innen (Abs. 8 S. 1). Die Auswahl und Aufgaben sowie die Dauer des Mandats ergeben sich aus der Geschäftsordnung (Abs. 5, → Rn. 14). 10

Das KI-Gremium **verfügt nicht über eigene Verwaltungskapazitäten;** die Sekretariatsgeschäfte übernimmt das KI-Büro (Abs. 8 S. 2). Dabei handelt es sich um eine Dienstleistung des KI-Büros. Dies lässt wiederum eine starkes Einflusspotenzial der Kommission vermuten. Nach dem Wortlaut deutet die Entstehungsgeschichte der Norm darauf hin, dass das Gremium eigenständig über seine Sitzungen entscheiden soll. Denn ursprünglich war die Kommission für den Gremienvorsitz vorgesehen, wovon bewusst Abstand genommen wurde.[11] Die Sitzungen beruft das Büro für Künstliche Intelligenz auf Anfrage des Vorsitzes 11

---

[7] https://digital-strategy.ec.europa.eu/en/news/artificial-intelligence-board-kicks-work-uptake-ai-eu-and-implementation-ai-act.

[8] Martini/Wendehorst/Roth-Isigkeit Art. 65 Rn. 7.

[9] Kritisch insofern, va hinsichtlich der Expertise des wissenschaftlichen Gremiums, die nur stellvertretend über das Büro für Künstliche Intelligenz Eingang in die Arbeit des KI-Gremiums findet: Novelli ua, A Robust Governance for the AI Act: AI Office, AI Board, Scientific Panel, and National Authorities, S. 19.

[10] Mühlhoff/Ruschemeier Law, Innovation and Technology 2024, 261.

[11] Martini/Wendehorst/Roth-Isigkeit Art. 65 Rn. 18.

des Gremiums ein; es erstellt außerdem die Tagesordnung „im Einklang mit den Aufgaben des KI-Gremiums gemäß dieser Verordnung und seiner Geschäftsordnung" (Abs. 8 S. 2).

12 Möglich ist es außerdem, **andere Behörden und Stellen** der Mitgliedstaaten oder der Union **einzuladen** (Abs. 2 S. 4). Nationale Behörden können dann eingeladen werden, wenn die Fragen für sie von Belang sind. Dies dürfte bei großzügiger Auslegung[12] wohl regelmäßig auf alle nationalen Datenschutzbehörden zutreffen. Ziel des KI-Gremiums ist es allerdings nicht, einen zweiten Europäischen Datenschutzausschuss zu etablieren. Es zeigt sich auch hier, dass das Verhältnis zwischen DS-GVO und KI-VO in vielen Bereichen noch nicht explizit geklärt ist und sich Überschneidungen und Abgrenzungsfragen primär im tatsächlichen Vollzug ergeben werden. Denkbar ist auch, dass sich die Praxis etabliert, dass der bzw. die Europäische Datenschutzbeauftragte die nationalen Datenschutzbehörden über die Beratungen des KI-Gremiums regelmäßig im Europäischen Datenschutzausschuss informiert.

13 Auch **Sachverständige** können im Einzelfall zu den Sitzungen gebeten werden, „wenn die erörterten Fragen für sie von Belang sind" (Abs. 2 S. 4 aE). Expertinnen und Experten dürfen daher grds. nur an Sitzungen teilnehmen, wenn sie zu den spezifischen Fragen Auskünfte geben können. Im Übrigen ist eine weitere Beteiligung bspw. der Zivilgesellschaft nicht vorgesehen.

3. Geschäftsordnung des KI-Gremiums (Abs. 5)

14 Das KI-Gremium gibt sich selbst eine **Geschäftsordnung,** die „insbesondere die Vorgehensweise für das Auswahlverfahren, die Dauer des Mandats und die genauen Aufgaben des Vorsitzes, die Abstimmungsregelungen und die Organisation der Tätigkeiten des KI-Gremiums und seiner Untergruppen fest[…]legt" (Abs. 5 S. 2).[13] Die Vertreter:innen der Mitgliedstaaten beschließen die Geschäftsordnung mit einer Zweidrittelmehrheit (Abs. 5 S. 1). In seiner ersten Sitzung am 10.9.2024 hat sich das Gremium eine konstituierende Geschäftsordnung gegeben.

4. Untergruppen des KI-Gremiums (Abs. 6)

15 Art. 65 Abs. 6 UAbs. 1 sieht **zwei ständige Untergruppen** vor: Die ständige Untergruppe für **Marktüberwachung** soll Marktüberwachungsbehörden eine **Plattform für Zusammenarbeit und Austausch** bieten und zugleich als Gruppe für die Verwaltungszusammenarbeit iSd Art. 30 MÜ-VO[14] fungieren (Abs. 6 UAbs. 2). Die zweite Untergruppe soll dazu dienen, **Behörden über**

---

[12] Sofern das KI-Gremium andere Stellen oder Sachverständige (mit Begründung) einlädt, ist regelmäßig davon auszugehen, dass die Anforderungen erfüllt sind, Martini/Wendehorst/Roth-Isigkeit Art. 65 Rn. 9.

[13] Die Geschäftsordnung kann jedoch nicht von den Vorgaben der Verordnung (va der Mandatsdauer, der Benennung der Mitglieder und dem Erfordernis der Zweidrittelmehrheit für Beschlüsse) abweichen, vgl. Martini/Wendehorst/Roth-Isigkeit Art. 65 Rn. 19.

[14] Verordnung (EU) 2019/1020 des Europäischen Parlaments und des Rates vom 20.6.2019 über Marktüberwachung und die Konformität von Produkten sowie zur Änderung der Richtlinie 2004/42/EG und der Verordnungen (EG) Nr. 765/2008 und (EU) Nr. 305/2011. Vorgesehen sind Netzwerke aus Vertretern der einzelnen Mitgliedstaaten, die „als Plattform für eine strukturierte Koordinierung und Zusammenarbeit zwischen den vollziehenden Behörden der Mitgliedstaaten und der Kommission dienen und eine Straffung der Marktüberwachungspraktiken in der Union ermöglichen" (Art. 29 Abs. 2 MÜ-VO) sollen.

Angelegenheit der Marktüberwachung und der notifizierten Stellen zu **unterrichten** (vgl. Abs. 6 UAbs. 1). Damit etabliert das Gremium eine gemeinsame Kommunikationsstruktur zwischen Gremium und den unterschiedlichen Behörden, um einen kohärenten Vollzug der Verordnung zu gewährleisten.[15]

Das KI-Gremium kann **weitere** ständige oder nichtständige Untergruppen einrichten, diese müssen aber „für die Prüfung bestimmter Fragen **zweckmäßig** sein" (Abs. 6 UAbs. 3 S. 1). Diese zusätzlichen Untergruppen bestehen aus den Mitgliedern des Gremiums und können Vertreter:innen des Sachverständigengremiums (vgl. Art. 67) in einer Beobachterrolle oder zu bestimmten Sitzungen einladen (Abs. 6 UAbs. 3 S. 2). 16

III. Die Verpflichtung der Mitgliedstaaten, die Arbeitsfähigkeit des Gremiums zu garantieren (Abs. 4)

Die Mitgliedstaaten müssen dafür sorgen, dass das KI-Gremium **arbeitsfähig** ist. Sie müssen geeignete Vertreter:innen benennen, die sowohl über einschlägige **Kompetenzen** als auch über ggf. **notwendige Befugnisse** verfügen, um zur Aufgabenerfüllung des KI-Gremiums (Art. 66) beitragen zu können (Abs. 4 lit. a).[16] Dadurch soll verhindert werden, dass die Arbeit des Gremiums durch erforderliche Rücksprachen der Vertreter:innen mit ihren nationalen Vorgesetzten oder durch fehlende Sachkenntnis blockiert wird. Zudem müssen die Vertreter:innen ermächtigt sein, „auf die **Kohärenz** und die Abstimmung zwischen den zuständigen nationalen Behörden in ihrem Mitgliedstaat bei der Durchführung dieser Verordnung hinzuwirken, auch durch Erhebung einschlägiger Daten und Informationen für die Zwecke der Erfüllung ihrer Aufgaben im KI-Gremium" (Abs. 4 lit. c).[17] Die mitgliedstaatlichen **Vertreter:innen** fungieren zugleich gegenüber dem KI-Gremium sowie gegenüber Interessenträger:innen **als zentrale Ansprechpartner** (Abs. 4 lit. b). 17

IV. Objektivität und Unparteilichkeit des KI-Gremiums (Abs. 7)

Das KI-Gremium wahrt bei seinen Tätigkeiten die **Grundsätze der Objektivität und Unparteilichkeit.** Es ist daher so zu organisieren und zu führen, dass diese gewährleistet sind (Abs. 7). Insbesondere die Geschäftsordnung des Gremiums sowie der Vorsitz sind diesen Grundsätzen verpflichtet. Diese eher deklaratorische Vorgabe konkretisiert damit die **Gesetzesbindung** der teilnehmenden Vertreter:innen aus den Mitgliedstaaten und dem bzw. der Europäischen Datenschutzbeauftragten. Unschädlich ist, wenn Vertreter:innen an Beratungen teilnehmen, die den eigenen Mitgliedstaat betreffen.[18] 18

[15] Martini/Wendehorst/Roth-Isigkeit Art. 65 Rn. 12.

[16] Die Vertreter:innen müssen „sprechfähig" sein, um sich nicht ständig bei den Mitgliedstaaten rückversichern zu müssen, Martini/Wendehorst/Roth-Isigkeit Art. 65 Rn. 14.

[17] Ziel der Regelung ist die Anbindung des Gremiums an die nationalen Entscheidungsprozesse, wofür ua das Mittel der Datenerhebung zur Verfügung steht, Martini/Wendehorst/Roth-Isigkeit Art. 65 Rn. 16.

[18] Martini/Wendehorst/Roth-Isigkeit Art. 65 Rn. 21.

V. Kritische Würdigung

19 Das KI-Gremium verfügt **nicht über Durchsetzungsbefugnisse,** sondern beschränkt sich auf eine **beratende Rolle.**[19] Im Vergleich zum EDSA kann das KI-Gremium bspw. in Streitfällen keine verbindliche Entscheidung treffen (vgl. insofern Art. 65 DS-GVO). Diese fehlenden Befugnisse erschweren eine einheitliche und effektive Durchsetzung der KI-VO, insbesondere gegenüber laxeren Mitgliedstaaten.[20] Es wäre zielführender gewesen, dass KI-Gremium parallel zum EDSA zu gestalten, um einen einheitlicheren Vollzug der KI-VO zu gewährleisten.

20 Praktisch dürfte das Gremium vor erheblichen Herausforderungen stehen, einen effizienten und harmonisierten Vollzug der KI-VO zu gewährleisten, was allerdings nicht nur in seiner beschränkten Beratungsfunktion, sondern der generellen Struktur der Verordnung liegt. Die Einstufung als Hochrisikosysteme nach Art. 6 bspw. ist mit **erheblichen Unsicherheiten** und **unbestimmten Rechtsbegriffen** behaftet, deren Überprüfung nicht trivial ist. Erschwert wird dies durch den komplizierten Mechanismus, dass Anbieter:innen von der ursprünglichen als Regel gesetzten Risikoeinstufung, die auf der Zweckbestimmung beruht, durch eigene Prüfung der Ausnahmen des Art. 6 Abs. 3 von einer Hochrisikoeinstufung absehen können. Das System kann sodann an den Markt gebracht werden, ohne dass eine ex-ante Kontrolle der Abweichung erfolgt. Die Kriterien die eine Abweichung ermöglichen, sind mit erheblichen Unsicherheiten behaftet, die in ihrer vagen Formulierung begründet sind (Art. 6 Abs. 3a) „eng gefasste Verfahrensaufgabe", b) „Ergebnis einer menschlichen Tätigkeit zu verbessern").[21] Insgesamt führt der Metaregulierungsansatz der KI-VO dazu, dass Compliance-Entscheidungen vor allem in der Sphäre der regulierten Anbieter und Betreiber stattfinden, während die Regulierungsbehörden und zuständigen Stellen deutlich entfernter von diesen Prozessen sind.[22]

Art. 66* Aufgaben des KI-Gremiums

[1]Das KI-Gremium berät und unterstützt die Kommission und die Mitgliedstaaten, um die einheitliche und wirksame Anwendung dieser Verordnung zu erleichtern. [2]Für diese Zwecke kann das KI-Gremium insbesondere

a) zur Koordinierung zwischen den für die Anwendung dieser Verordnung zuständigen nationalen Behörden beitragen und in Zusammenarbeit mit den betreffenden Marktüberwachungsbehörden und vorbehaltlich

---

[19] Herbers/Rappenglück RDi 2024, 432 (436).

[20] Novelli ua, A Robust Governance for the AI Act: AI Office, AI Board, Scientific Panel, and National Authorities, S. 19, die vor potenziellen Durchsetzungsproblemen in zunehmend autokratischen Mitgliedstaaten hinsichtlich der verbotenen Praktiken – insbesondere zur Überwachung – warnen. Siehe auch Novelli ua, A Robust Governance for the AI Act: AI Office, AI Board, Scientific Panel, and National Authorities, S. 27 f. sowie Heinze/Steinrötter KI/Daten/Bronner S. 477 (482).

[21] Dazu ausführlich: Martini/Wendehorst/Ruschemeier Art. 6.

[22] Smuha/Yeung, The European Union's AI Act: Beyond Motherhood and Apple Pie?', in Smuha (Hrsg.) The Cambridge Handbook of the Law, Ethics and Policy of Artificial Intelligence, 228 (249).

* Kapitel VII (Art. 64–70) gilt gem. Art. 113 UAbs. 3 Buchst. b bereits ab 2.8.2025.

ihrer Zustimmung gemeinsame Tätigkeiten der Marktüberwachungsbehörden gemäß Artikel 74 Absatz 11 unterstützen;

b) technisches und regulatorisches Fachwissen und bewährte Verfahren zusammentragen und unter den Mitgliedstaaten verbreiten;

c) zur Durchführung dieser Verordnung Beratung anbieten, insbesondere im Hinblick auf die Durchsetzung der Vorschriften zu KI-Modellen mit allgemeinem Verwendungszweck;

d) zur Harmonisierung der Verwaltungspraxis in den Mitgliedstaaten beitragen, auch bezüglich der Ausnahme vom Konformitätsbewertungsverfahren gemäß Artikel 46 und der Funktionsweise von KI-Reallaboren und Tests unter Realbedingungen gemäß den Artikeln 57, 59 und 60;

e) auf Anfrage der Kommission oder in Eigeninitiative Empfehlungen und schriftliche Stellungnahmen zu einschlägigen Fragen der Durchführung dieser Verordnung und ihrer einheitlichen und wirksamen Anwendung abgeben, einschließlich

   i) zur Entwicklung und Anwendung von Verhaltenskodizes und Praxisleitfäden gemäß dieser Verordnung sowie der Leitlinien der Kommission;

   ii) zur Bewertung und Überprüfung dieser Verordnung gemäß Artikel 112, auch in Bezug auf die Meldung schwerwiegender Vorfälle gemäß Artikel 73 und das Funktionieren der EU-Datenbank gemäß Artikel 71, die Ausarbeitung der delegierten Rechtsakte oder Durchführungsrechtsakte sowie im Hinblick auf mögliche Anpassungen dieser Verordnung an die in Anhang I aufgeführten Harmonisierungsrechtsvorschriften der Union;

   iii) zu technischen Spezifikationen oder geltenden Normen in Bezug auf die in Kapitel III Abschnitt 2 festgelegten Anforderungen;

   iv) zur Anwendung der in den Artikeln 40 und 41 genannten harmonisierten Normen oder gemeinsamen Spezifikationen;

   v) zu Tendenzen, etwa im Bereich der globalen Wettbewerbsfähigkeit Europas auf dem Gebiet der KI, bei der Verbreitung von KI in der Union und bei der Entwicklung digitaler Fähigkeiten;

   vi) zu Tendenzen im Bereich der sich ständig weiterentwickelnden Typologie der KI-Wertschöpfungsketten insbesondere hinsichtlich der sich daraus ergebenden Auswirkungen auf die Rechenschaftspflicht;

   vii) zur möglicherweise notwendigen Änderung des Anhangs III im Einklang mit Artikel 7 und zur möglicherweise notwendigen Überarbeitung des Artikels 5 gemäß Artikel 112 unter Berücksichtigung der einschlägigen verfügbaren Erkenntnisse und der neuesten technologischen Entwicklungen;

f) die Kommission bei der Förderung der KI-Kompetenz, der Sensibilisierung und Aufklärung der Öffentlichkeit in Bezug auf die Vorteile, Risiken, Schutzmaßnahmen, Rechte und Pflichten im Zusammenhang mit der Nutzung von KI-Systemen unterstützen;

g) die Entwicklung gemeinsamer Kriterien und eines gemeinsamen Verständnisses der Marktteilnehmer und der zuständigen Behörden in Bezug auf die in dieser Verordnung vorgesehenen einschlägigen

Konzepte erleichtern, auch durch einen Beitrag zur Entwicklung von Benchmarks;

h) gegebenenfalls mit anderen Organen, Einrichtungen und sonstigen Stellen der EU, einschlägigen Sachverständigengruppen und Netzwerken der EU insbesondere in den Bereichen Produktsicherheit, Cybersicherheit, Wettbewerb, digitale und Mediendienste, Finanzdienstleistungen, Verbraucherschutz, Datenschutz und Schutz der Grundrechte zusammenarbeiten;

i) zur wirksamen Zusammenarbeit mit den zuständigen Behörden von Drittstaaten und mit internationalen Organisationen beitragen;

j) die zuständigen nationalen Behörden und die Kommission beim Aufbau des für die Durchführung dieser Verordnung erforderlichen organisatorischen und technischen Fachwissens beraten, unter anderem durch einen Beitrag zur Einschätzung des Schulungsbedarfs des Personals der Mitgliedstaaten, das an der Durchführung dieser Verordnung beteiligt ist;

k) dem Büro für Künstliche Intelligenz helfen, die zuständigen nationalen Behörden bei der Einrichtung und Entwicklung von KI-Reallaboren zu unterstützen, und die Zusammenarbeit und den Informationsaustausch zwischen KI-Reallaboren erleichtern;

l) zur Entwicklung von Leitfäden beitragen und diesbezüglich entsprechend beraten;

m) die Kommission zu internationalen Angelegenheiten im Bereich der KI beraten;

n) der Kommission Stellungnahmen zu qualifizierten Warnungen in Bezug auf KI-Modelle mit allgemeinem Verwendungszweck vorlegen;

o) Stellungnahmen der Mitgliedstaaten zu qualifizierten Warnungen in Bezug auf KI-Modelle mit allgemeinem Verwendungszweck entgegennehmen sowie zu nationalen Erfahrungen und Praktiken bei der Überwachung und Durchsetzung von KI-Systemen, insbesondere von Systemen, die KI-Modelle mit allgemeinem Verwendungszweck integrieren.

Übersicht

I. Allgemeines

1 Art. 66 bestimmt detailliert die Aufgaben des KI-Gremiums, das eine **„Doppelrolle"** einnimmt: Es **berät und unterstützt** auf europäischer Ebene die Europäische Kommission (vgl. S. 2 lit. e, f, j-n)[1] und auf mitgliedstaatlicher Ebene die nationalen Behörden (S. 2 lit. a–d, j) bei der Um- und Durchsetzung der KI-VO.[2] Außerdem fungiert das KI-Gremium als **Koordinierungsinstanz** mit Marktteilnehmenden, weiteren EU-Stellen, Drittstaaten und internationalen Organisationen (S. 2 lit. g–i). Ferner nimmt es Stellungnahmen der Mitgliedstaaten entgegen (S. 2 lit. o). Die Aufgaben des KI-Gremiums überschneiden sich zT mit denen des Büros für Künstliche Intelligenz und dem wissenschaftlichen Gremium (Art. 68).[3]

2 Im legislativen Prozess wurden die Aufgaben des Gremiums mehrfach modifiziert. Die detaillierte Aufgabenliste wuchs dem KI-Gremium im **Gesetzgebungsprozess** Stück für Stück an – die **Fassung der Kommission** beschränkte die Aufgaben des damals noch als **Europäischer Ausschuss für künstliche Intelligenz** benannten Gremiums auf das Wissensmanagement, das Beitragen zu einer einheitlichen Verwaltungspraxis und der Abgabe von Stellungnahmen, Empfehlungen oder schriftlichen Beiträgen, ua zu Spezifikationen und (harmonisierten) Normen sowie Leitfäden (vgl. Art. 58, aber auch Art. 56 Abs. 2 der Kommissionsfassung). Das Europäische **Parlament** schlug demgegenüber eine **andere Governance-Struktur** vor (→ Art. 65 Rn. 8). Dem Verwaltungsrat, der über eine ähnliche Zusammensetzung aus (vorwiegend) mitgliedstaatlichen Behördenvertreter:innen verfügt, kam aber ein **anderer Aufgabenschwerpunkt** – insbesondere die Verabschiedung **strategischer Entscheidungen** über die Tätigkeiten

[1] Die Durchführung der KI-VO obliegt der Kommission gem. Art. 17 Abs. 1 EUV – diese Aufgabe nimmt sie über das Büro für Künstliche Intelligenz (Art. 64) wahr.

[2] Herbers/Rappenglück RDi 2024, 432 (437); Novelli ua, A Robust Governance for the AI Act: AI Office, AI Board, Scientific Panel, and National Authorities, S. 17. Vgl. auch BT-Drs. 20/10431, 2 (sowie BT-Drs. 20/10599, 2 f.).

[3] Herbers/Rappenglück RDi 2024, 432 (437); Novelli ua, A Robust Governance for the AI Act: AI Office, AI Board, Scientific Panel, and National Authorities, S. 17. Vgl. auch BT-Drs. 20/10431, 2 (sowie BT-Drs. 20/10599, 2 f.).

des Amts für künstliche Intelligenz – zu (vgl. Art. 57b der Parlamentsfassung). Die **Aufgaben des KI-Gremiums** hatte das Parlament **dem Amt für künstliche Intelligenz** (als Überbau des Verwaltungsrats) **zugewiesen** (Art. 56b der Parlamentsfassung).

II. Hauptaufgabe des KI-Gremiums (S. 1): Beratung und Unterstützung

3 Sinn und Zweck des KI-Gremiums ist es, die Kommission und die Mitgliedstaaten **zu beraten und zu unterstützen,** um das übergeordnete Ziel einer **einheitlichen und wirksamen Anwendung** der KI-VO zu erreichen (Art. 66 S. 2). Korrespondierend mit Erwgr. 49[4] beschreibt die Norm das Aufgabenfeld des Gremiums. Das KI-Gremium hat **keine verbindliche Entscheidungsbefugnis** im Einzelfall und dient vor allen der Beratung und Unterstützung der Mitgliedstaaten und der Kommission. Deshalb wird das Gremium nicht im Außenverhältnis tätig und hat keine direkte Beziehung zu Betreiber:innen und Anbieter:innen von KI-Systemen.[5]

III. Die Aufgaben im Einzelnen (S. 2)

4 Satz 2 differenziert die Aufgaben des KI-Gremiums gegenüber Satz 1 weiter aus. Diese einzelnen Aufgaben *kann* das KI-Gremium wahrnehmen, ist aber hierzu nicht verpflichtet. Zugleich listet S. 2 **nur Regelbeispiele** („insbesondere") auf, sodass das KI-Gremium auf diese Aufzählung nicht beschränkt ist. Sein Handeln muss sich aber **unter** die Aufgabe des S. 1 (**die Beratung und Unterstützung bei der einheitlichen und wirksamen Anwendung** der KI-VO) subsumieren lassen.

1. Koordinierung der zuständigen Behörden (lit. a)

5 Das KI-Gremium kann einen Beitrag zur Koordinierung zwischen den für die Anwendung der KI-VO zuständigen nationalen Behörden leisten und **mit den Marktüberwachungsbehörden zusammenarbeiten** (Art. 66 S. 2 lit. a). Zuständig dafür ist die Untergruppe des Gremiums für die Marktüberwachungsbehörden nach Art. 65 Abs. 6. Insbesondere gemeinsame Tätigkeiten der Marktüberwachungsbehörden nach Art. 74 Abs. 11 kommen hierfür in Betracht (sofern die Marktüberwachungsbehörden der Unterstützung durch das KI-Gremium zustimmen). Möglich ist bspw., dass das KI-Gremium mit den Marktüberwachungsbehörden gemeinsame Untersuchungen durchführt, um Nichtkonformität festzustellen oder Konformität zu fördern. Außerdem kann das KI-Gremium mit

[4] „Das KI-Gremium sollte für eine Reihe von Beratungsaufgaben zuständig sein, einschließlich der Abgabe von Stellungnahmen, Empfehlungen, Ratschlagen oder Beitragen zu Leitlinien zu Fragen im Zusammenhang mit der Durchführung dieser Verordnung – darunter zu Durchsetzungsfragen, technischen Dokumentationen oder bestehenden Normen in Bezug auf die in dieser Verordnung festgelegten Anforderungen – sowie der Beratung der Kommission und der Mitgliedstaaten und ihren zuständigen nationalen Behörden in spezifischen Fragen im Zusammenhang mit KI. […]".

[5] Martini/Wendehorst/Roth-Isigkeit Art. 66 Rn. 6.

den Marktüberwachungsbehörden gemeinsam Orientierung geben. Inwieweit ein Bedarf der Marktüberwachungsbehörden nach Unterstützung durch das KI-Gremium besteht, ist offen, auch weil die konkreten Unterstützungshandlungen nicht weiter konkretisiert werden.[6]

2. Wissensmanagement (lit. b)

Eine besondere, potenziell umfangreiche Aufgabe ist das Wissensmanagement: Das KI-Gremium kann technisches und regulatorisches **Fachwissen und bewährte Verfahren zusammentragen** und dieses Wissen unter den Mitgliedstaaten verbreiten (Art. 66 S. 2 lit. b). Ziel ist es, zum einen ein **gemeinsames Verständnis** über technische Fakten und regulatorische Grundlagen zu schaffen und andererseits dieses **Wissen aktuell zu halten** und es an die Mitgliedstaaten **zu verteilen.** Durch die Anforderungen an die Besetzung des KI-Gremiums nach Art. 65 Abs. 4a), wonach die Mitglieder über die einschlägigen Kompetenzen verfügen sollen, ist theoretisch das personelle Fachwissen im Ausgangspunkt gewährleistet.[7] Da es sich aber um gänzlich neue Vorschriften handelt, wird sich das nötige Fachwissen des Gremiums für einen harmonisierten Vollzug erst im Laufe der Zeit in der Praxis herausbilden. Auch hier bleibt abzuwarten, inwieweit das Gremium unterschiedliche Vollzugslevel und Expertisen in den Mitgliedstaaten durch seine Beratungstätigkeit angleichen kann. 6

3. Beratung zur Durchführung der KI-VO (lit. c)

Das KI-Gremium **darf Beratung zur Durchführung der KI-VO** anbieten (Art. 66 S. 2 lit. c). Dieses Angebot soll insbesondere für KI-Modelle mit allgemeinem Verwendungszweck gelten. Hier ergeben sich Überschneidungen zum Büro für Künstliche Intelligenz bei der Kommission, das für die Durchsetzung der Vorschriften für Modelle mit allgemeinem Verwendungszweck zuständig ist (→ Art. 64 Rn. 2). Auch hier besteht die Herausforderung, dass das Gremium das entsprechende Fachwissen bereitstellen muss, um entsprechende Beratung durchführen zu können. Ob sich die Beratung auch direkt an Anbieter:innen von Modellen mit allgemeinem Verwendungszweck richten kann, ist angesichts des Wortlauts nicht ganz klar. Allgemein spricht Art. 65 nur von der Kommission und den Mitgliedstaaten als Adressierte, weshalb eine direkte **Beratung** bspw. auch **von Endnutzer:innen nicht im Aufgabenkreis** des Gremiums liegen dürfte, da dafür auch entsprechende zeitliche und personelle Ressourcen fehlen. 7

4. Beitrag zur Harmonisierung der Verwaltungspraxis (lit. d)

Um eine möglichst einheitliche Durchsetzung der KI-VO zu gewährleisten, kann das KI-Gremium auf die Harmonisierung der Verwaltungspraxis in den Mitgliedstaaten hinwirken (Art. 66 S. 2 lit. d). Dies gilt insbesondere für Ausnahmen vom **Konformitätsbewertungsverfahren** nach Art. 46 und der Funktionsweise von **KI-Reallaboren und Tests unter Realbedingungen** nach Art. 57, 59 und 60. Die Aufgabe der Harmonisierung der Verwaltungspraxis ist eine der Hauptgründe für die Einrichtung des Gremiums, vgl. auch Erwgr. 149. Die gesonderte Benennung als Aufgabe dürfte dahingehend klarstellende Funk- 8

[6] Martini/Wendehorst/Roth-Isigkeit Art. 66 Rn. 9.
[7] Vgl. auch Martini/Wendehorst/Roth-Isigkeit Art. 66 Rn. 14.

tion haben und die Anwendungsbereiche Konformitätsbewertungsverfahren und Funktionsweise von Reallaboren als vom Verordnungsgeber praktisch besonders relevante Anwendungsfälle konkretisieren. Innerhalb des Gremiums ist für die **Ausnahmen vom Konformitätsbewertungsverfahren** nach Art. 46 die Untergruppe für Behörden nach Art. 65 Abs. 6, die Behörden über Angelegenheiten, die jeweils die Marktüberwachung und notifizierte Stellen betreffen unterrichtet, zuständig.[8] Insbesondere hinsichtlich der Ausnahme vom Konformitätsbewertungsverfahren ist eine Abstimmung und Harmonisierung wichtig, da andernfalls über dieses Einfallstor der Ausnahme, ein Auseinanderdriften der Vollzugspraxis in den Mitgliedstaaten droht und dadurch wesentliche Vorgaben der KI-VO nicht zur Anwendung kommen. Es wäre wünschenswert gewesen, die Abweichung von der kontextbezogenen Hochrisikoeinstufung durch die Anbieter:innen selbst nach Art. 6 Abs. 3 ebenfalls unter einen Genehmigungsvorbehalt zu stellen, um so auch hier unter Mitwirkung des Gremiums eine Vergleichbarkeit zwischen den Mitgliedstaaten herstellen zu können.

5. Empfehlungen und schriftliche Stellungnahmen (lit. e)

9 Um die Kommission bei der Anwendung der KI-VO wirksam zu unterstützen, kann das KI-Gremium Empfehlungen und schriftliche Stellungnahmen abgeben (Art. 66 S. 2 lit. e). Diese Empfehlungen oder Stellungnahmen können in Eigeninitiative oder **auf Anfrage** der Kommission erfolgen, haben aber stets eine rein beratende Natur und entfalten **keine Bindungswirkung.**

10 Art. 66 S. 2 lit. e zählt einige **„einschlägige Fragen"** der Durchführung der KI-VO auf: Hierzu zählen insbesondere die **Entwicklung und Anwendung von Verhaltenskodizes und Praxisleitfäden** (sublit. i). Verhaltenskodizes für die freiwillige Anwendung verschiedener Anforderungen sind in Art. 95 geregelt; wonach einige oder alle in Kapitel III aufgeführten Anforderungen auf Systeme, die kein hohes Risiko darstellen, übertragen werden können. Das Büro für Künstliche Intelligenz und die Mitgliedstaaten fördern die Aufstellung der freiwilligen Verhaltenskodizes nach Art. 95 Abs. 1; dabei kann das Büro bspw. **auf die Fachexpertise des Gremiums zurückgreifen.**

11 Darüber hinaus werden aufgeführt: die Bewertung und Überprüfung der Listen mit Hochrisiko-KI-Systemen und verbotenen Praktiken nach Art. 112 iVm Anhang III und Art. 5, die Meldung schwerwiegender Vorfälle nach Art. 73, das Funktionieren der KI-Datenbank nach Art. 71 sowie die Ausarbeitung delegierter Rechtsakte und Durchführungsrechtsakte und die Anpassungen des Anhangs I (sublit. ii). Alle diese Punkte **bedürfen besonderer Abstimmung im praktischen Vollzug,** da ihre Details nicht in der KI-VO selbst geregelt sind, sondern sich durch die delegierten Rechtsakte der Kommission und die Verwaltungspraxis der Mitgliedstaaten herausbilden werden. Das Gremium kann durch seine Empfehlungen und Stellungnahmen eine bessere Abstimmung und Harmonisierung ermöglichen.

12 Stellung nehmen kann das KI-Gremium des Weiteren zu technischen **Spezifikationen oder Normen bzgl.** Hochrisiko-KI-Systemen (sublit. iii) oder harmonisierten Normen und gemeinsamen Spezifikationen (sublit. iv). Ferner kann sich das KI-Gremium zu Tendenzen im Bereich der globalen Wettbewerbsfähigkeit Europas auf dem Gebiet der KI, der Verbreitung von KI in der EU und der

[8] Martini/Wendehorst/Roth-Isigkeit Art. 66 Rn. 10.

Entwicklung digitaler Fähigkeiten (sublit. v) bzw. im Bereich der KI-Wertschöpfungsketten (sublit. vi) äußern. Diese sehr allgemeinen und breiten Themen gehen über eine konkrete Beratungsfunktion zur Umsetzung der KI-VO hinaus und ermöglichen die **Stellungnahme zu allgemeinen politischen Themen im KI-Kontext** durch das Gremium, insbesondere zur Unterstützung der Kommission. Enger angebunden an den Vollzug der KI-VO ist sublit. vii: Sollten **Änderungen der Liste von Hochrisiko-KI-Systemen** in Anhang III oder des Art. 5 zu den **verbotenen Praktiken** notwendig sein, kann das KI-Gremium auch hierzu Stellung nehmen. Die Stellungnahmen durch das KI-Gremium versprechen einen besonderen Mehrwert, da es – schon aufgrund der Aufgabe, Fachwissen zusammenzutragen (lit. b, → Rn. 6) – kompetent ist, um **technologische Entwicklungen einschätzen und bewerten** zu können. Andererseits handelt es sich auch bei den Untervarianten von lit. e um eine unsystematische Aufzählung unterschiedlicher Themenfelder auf unterschiedlichem Abstraktionsniveaus. Die Norm des Art. 66 wird dadurch sehr unübersichtlich. Auch stellt sich die Frage, warum sie zwischen verschiedenen Untervarianten differenziert anstatt systematisierend übergreifende Tätigkeitsfelder des Gremiums zu beschreiben.[9]

6. Unterstützung der Kommission bei der Förderung der KI-Kompetenz (lit. f)

Das KI-Gremium kann die Kommission dabei unterstützen, die KI-Kompetenz 13
innerhalb der Union zu fördern (Art. 66 S. 2 lit. f). Hierzu gehört ua, die Öffentlichkeit zum Thema KI **aufzuklären und zu sensibilisieren.** Dies gilt nicht ausschließlich mit Blick auf die **Risiken** von KI, sondern ausdrücklich auch hinsichtlich der **Vorteile.** Ferner sollte die Aufklärung auch auf Schutzmaßnahmen sowie Rechte und Pflichten im Zusammenhang mit der Nutzung von KI-Systemen hinweisen. Durch die im Gremium zusammengeführte Fachkompetenz aus den verschiedenen Mitgliedstaaten, ist das Gremium im Idealfall in der Lage, **Aufklärungs- und Informationsbedarf** in einzelnen Staaten oder unionsweit **zu identifizieren,** woraufhin die Kommission gezielt tätig werden kann. Konkrete Maßnahmen, die das Gremium dazu ergreifen kann, nennt die Norm nicht. Auch in dieser Variante zeigt sich die Tendenz, dem KI-Gremium eine über die konkreten Aufgaben der Verordnung hinausgehende Funktion zuzuschreiben. Es erscheint sinnvoll, entsprechende Bildungsaufgaben unionsweit zu bündeln und zu koordinieren. Um diesen zahlreichen Aufträgen hinreichend nachkommen zu können, muss das Gremium allerdings entsprechend ausgestattet sein und ist auf den Rückhalt der Mitgliedstaaten angewiesen.

7. Entwicklung gemeinsamer Kriterien und eines gemeinsamen Verständnisses (lit. g)

Das KI-Gremium kann dazu beitragen, dass die Marktteilnehmenden (dh 14
Anbieter:innen, Betreiber:innen und Nutzer:innen, insbes. Verbraucher:innen) und zuständigen Behörden ein **gemeinsames Verständnis der Konzepte,** die die KI-VO vorsieht, entwickeln (Art. 66 S. 2 lit. g). Die Mitwirkung kann sich insbesondere auf die Entwicklung von Benchmarks (vgl. Art. 15 Abs. 2, → Art. 15 Rn. 9, sowie Art. 51 Abs. 3 und Art. 57 Abs. 2 lit. i) fokussieren. Das KI-Gremium kann daher Einfluss auf Benchmarks nehmen, die letztlich nicht

[9] Kritisch auch Martini/Wendehorst/Roth-Isigkeit Art. 66 Rn. 25.

rein technische Entscheidungen darstellen, sondern auch Wertungen über ethische, soziale und politische Fragen treffen.[10]

8. Zusammenarbeit mit anderen Stellen (lit. h)

15 „Gegebenenfalls" kann das KI-Gremium **mit anderen** Organen, Einrichtungen und sonstigen **Stellen** der EU, einschlägigen Sachverständigengruppen und Netzwerken der EU **zusammenarbeiten** (Art. 66 S. 2 lit. h). Dies gilt insbesondere für die Bereiche „Produktsicherheit, Cybersicherheit, Wettbewerb, digitale und Mediendienste, Finanzdienstleistungen, Verbraucherschutz, Datenschutz und Schutz der Grundrechte". Eine ständige Zusammenarbeit oder ein dauerhafter Austausch mit anderen Organen, Einrichtungen und Stellen ist nach dem Wortlaut nicht vorgesehen. Sinn ergeben dürfte eine Zusammenarbeit, wenn das Gremium externes Fachwissen einholen möchte oder selbst seine Fachexpertise von anderen Stellen angefordert wird. Die grundsätzliche Möglichkeit der Zusammenarbeit dürfte sich bereits aus dem **Grundsatz des effektiven Vollzugs**[11] des Unionsrechts ergeben, sodass lit. h) deklaratorische Wirkung zukommt.

9. Beitrag zur wirksamen Zusammenarbeit mit Drittstaaten und internationalen Organisationen (lit. i)

16 Als weitere Variante einer Zusammenarbeit mit externen Stellen soll das KI-Gremium dazu beitragen, dass eine **wirksame Zusammenarbeit** mit den zuständigen Behörden von **Drittstaaten** und mit **internationalen Organisationen** (zB mit den Vereinten Nationen,[12] der OSZE[13] und dem Europarat[14]) gelingt. Hier dürfte das Gremium wiederum die Bestrebungen der Kommission unterstützen, eine internationale KI-Strategie der Union zu bewerben.

10. Beratung der zuständigen Behörden und der Kommission beim Aufbau von Fachwissen (lit. j)

17 Das KI-Gremium kann die zuständigen nationalen Behörden und die Kommission **beim Aufbau von organisatorischem und technischem Fachwissen beraten** (Art. 66 S. 2 lit. j). Dies ist erforderlich, um die KI-VO wirksam durchzuführen bzw. anzuwenden. Konkret kann das KI-Gremium Stellen dabei helfen, den Schulungsbedarf des Personals, das an der Durchsetzung der KI-VO beteiligt ist, einzuschätzen. Da das KI-Gremium selbst umfassend technisches und regulatorisches Fachwissen ansammelt, sollte es für die Erfüllung dieser Aufgabe gut aufgestellt sein (vgl. lit. b → Rn. 6). Da sich der Schulungsbedarf in den einzelnen Mitgliedstaaten unterscheiden dürfte, ist das Gremium hier verstärkt auf das Wissen der einzelnen Mitglieder über die konkrete nationale Situation angewiesen.[15]

---

[10] Vgl. Martini/Wendehorst/Martini Art. 15 Rn. 34 ff.

[11] Vgl. allgemein Potacs EuR 2009, 465 ff.

[12] Die Vereinten Nationen setzten einen „AI Advisory Body" ein, um Vorschläge zur internationalen Governance von KI zu erarbeiten. Siehe auch die UN-Resolution A/78/L. 49 vom 11.3.2024.

[13] Siehe bspw. das #SAIFE-Projekt zu KI und Meinungsfreiheit: https://www.osce.org/saife/index.html.

[14] Vgl. das Rahmenübereinkommen des Europarates über künstliche Intelligenz und Menschenrechte, Demokratie und Rechtsstaatlichkeit (SEV Nr. 225) vom 5.9.2024.

[15] Vgl. auch Martini/Wendehorst/Roth-Isigkeit Art. 66 Rn. 16.

11. Unterstützung des Büros für Künstliche Intelligenz bei KI-Reallaboren (lit. k)

Ferner kann das KI-Gremium dem Büro für Künstliche Intelligenz bei der Erfüllung dessen Aufgaben hinsichtlich **KI-Reallaboren** helfen (Art. 66 S. 2 lit. k): Das Büro für Künstliche Intelligenz unterstützt bspw. die zuständigen nationalen Behörden bei der Einrichtung und Entwicklung von KI-Reallaboren und die Zusammenarbeit sowie den Informationsaustausch zwischen den KI-Reallaboren. Eine entsprechende **Koordination und Zusammenarbeit zwischen nationalen Behörden und KI-Gremium** sieht Art. 57 Abs. 14 vor. Gem. Art. 57 Abs. 15 S. 1 ist das KI-Gremium ohnehin **über die Errichtung eines KI-Reallabors zu unterrichten;** ferner können die zuständigen nationalen Behörden das KI-Gremium **um Unterstützung und Anleitung bitten.** Zudem müssen die zuständigen nationalen Behörden dem KI-Gremium jährliche Berichte senden (Art. 57 Abs. 16). Das KI-Gremium ist auch befugt Abschlussberichte einzusehen (Art. 57 Abs. 8). Ein relevanter Anwendungsfall, bei dem die Beratung des Gremiums relevant werden könnte, ist die Option, dass mehrere Mitgliedstaaten ein **gemeinsames Reallabor** nach Art. 57 Abs. 2 einrichten, bei dem besonderer Koordinierungsbedarf besteht. Für diese Fälle kann das Gremium das entsprechende Erfahrungswissen bündeln und weitergeben. 18

12. Entwicklung von Leitfäden (lit. l)

Das KI-Gremium kann das Büro für Künstliche Intelligenz **bei der Entwicklung von Leitfäden unterstützen** und **beraten** (Art. 66 S. 2 lit. l, vgl. hierzu auch Art. 56). Die Praxisleitfäden sind Teil der Regulierung von KI-Modellen mit allgemeinem Verwendungszweck in Kapitel V der Verordnung und sollen zur ordnungsgemäßen Anwendung der KI-VO beitragen (Art. 56 Abs. 1). Dafür müssen diese „dem Stand der Technik entsprechen und unterschiedlichen Perspektiven gebührend Rechnung tragen" (Erwgr. 116 S. 2). 19

13. Beratung der Kommission zu internationalen Angelegenheiten im Bereich der KI (lit. m)

Das KI-Gremium kann die **Kommission zu internationalen Angelegenheiten** im Bereich der KI **beraten** (Art. 66 S. 2 lit. m). Diese Aufgabe weist einen engen Bezug zum „Beitrag zur wirksamen Zusammenarbeit mit Drittstaaten und internationalen Organisationen" (Abs. 66 S. 2 lit. i) auf (vgl. → Rn. 16). Wo genau der Unterschied beider Aufgabenfelder liegt, ist aus dem Wortlaut allein nicht ersichtlich. In Betracht kommt insbesondere eine Verständigung mit den USA, dem Ursprungsland vieler KI-Systeme und großen KI-Modellen. 20

14. Stellungnahmen zu qualifizierten Warnungen in Bezug auf KI-Modelle mit allgemeinem Verwendungszweck (lit. n)

Spricht das wissenschaftliche Gremium eine **qualifizierte Warnung** in Bezug auf KI-Modelle mit allgemeinem Verwendungszweck wegen systemischer Risiken (Art. 90 Abs. 1) aus, kann das KI-Gremium der Kommission, die infolge der qualifizierten Warnung besondere Befugnisse erhält (vgl. Art. 90 Abs. 2 S. 1), **Stellungnahmen vorlegen.** 21

15. Entgegennahme mitgliedstaatlicher Stellungnahmen zu qualifizierten Warnungen in Bezug auf KI-Modelle mit allgemeinem Verwendungszweck sowie zu nationalen Erfahrungen und Praktiken bei der Überwachung und Durchsetzung von KI-Systemen (lit. o)

22 Liegt eine qualifizierte Warnung wegen systemischer Risiken eines KI-Modells mit allgemeinem Verwendungszweck vor (vgl. bereits Art. 66 S. 2 lit. n, Art. 90 Abs. 1), kann das KI-Gremium die **Stellungnahmen der Mitgliedstaaten zu** dieser **qualifizierten Warnung entgegennehmen** (Art. 66 S. 2 lit. o). Ferner darf es Stellungnahmen zu nationalen Erfahrungen und Praktiken bei der Überwachung von KI-Systemen bzw. der Durchsetzung der KI-VO (insbesondere im Kontext von KI-Modellen mit allgemeinem Verwendungszweck) erhalten. Diese Aufgabe unterstreicht die Koordinationsfunktion des Gremiums, das auf diese Weise eine Vermittlungsrolle erhält, indem es Wissen, Stellungnahmen und Erfahrungen aus den Mitgliedstaaten bündelt und so einen umfassenden Überblick über Entwicklungen, Verwaltungspraxis und Rechtsauffassung ermöglicht.

Art. 67* Beratungsforum

(1) **Es wird ein Beratungsforum eingerichtet, das technisches Fachwissen bereitstellt, das KI-Gremium und die Kommission berät und zu deren Aufgaben im Rahmen dieser Verordnung beiträgt.**

(2) **[1]Die Mitglieder des Beratungsforums vertreten eine ausgewogene Auswahl von Interessenträgern, darunter die Industrie, Start-up-Unternehmen, KMU, die Zivilgesellschaft und die Wissenschaft. [2]Bei der Zusammensetzung des Beratungsforums wird auf ein ausgewogenes Verhältnis zwischen wirtschaftlichen und nicht-wirtschaftlichen Interessen und innerhalb der Kategorie der wirtschaftlichen Interessen zwischen KMU und anderen Unternehmen geachtet.**

(3) **Die Kommission ernennt die Mitglieder des Beratungsforums gemäß den in Absatz 2 genannten Kriterien aus dem Kreis der Interessenträger mit anerkanntem Fachwissen auf dem Gebiet der KI.**

(4) **Die Amtszeit der Mitglieder des Beratungsforums beträgt zwei Jahre; sie kann bis zu höchstens vier Jahre verlängert werden.**

(5) **Die Agentur der Europäischen Union für Grundrechte, ENISA, das Europäische Komitee für Normung (CEN), das Europäische Komitee für elektrotechnische Normung (CENELEC) und das Europäische Institut für Telekommunikationsnormen (ETSI) sind ständige Mitglieder des Beratungsforums.**

(6) **[1]Das Beratungsforum gibt sich eine Geschäftsordnung. [2]Es wählt gemäß den in Absatz 2 festgelegten Kriterien zwei Ko-Vorsitzende unter seinen Mitgliedern. [3]Die Amtszeit der Ko-Vorsitzenden beträgt zwei Jahre und kann einmal verlängert werden.**

(7) **[1]Das Beratungsforum hält mindestens zweimal pro Jahr Sitzungen ab. [2]Das Beratungsforum kann Sachverständige und andere Interessenträger zu seinen Sitzungen einladen.**

---

* Kapitel VII (Art. 64–70) gilt gem. Art. 113 UAbs. 3 Buchst. b bereits ab 2.8.2025.

(8) **Das Beratungsforum kann auf Ersuchen des KI-Gremiums oder der Kommission Stellungnahmen, Empfehlungen und schriftliche Beiträge ausarbeiten.**

(9) **Das Beratungsforum kann gegebenenfalls ständige oder zeitweilige Untergruppen einsetzen, um spezifische Fragen im Zusammenhang mit den Zielen dieser Verordnung zu prüfen.**

(10) [1]**Das Beratungsforum erstellt jährlich einen Bericht über seine Tätigkeit.** [2]**Dieser Bericht wird veröffentlicht.**

Übersicht

I. Allgemeines

1 Das Beratungsforum berät das KI-Gremium (Art. 65) und die Kommission in technischen Fragen und soll dabei ein **Sprachrohr für** die Perspektiven der **zahlreichen Stakeholder** – Unternehmen wie auch die Zivilgesellschaft – bieten.[1] Darin ist eine Reaktion auf den Vorwurf einer mangelnden Stakeholderbeteiligung zu sehen: Das Beratungsforum soll einen Ausgleich zur starken Rolle der Kommission und den Aufsichtsbehörden der Mitgliedstaaten schaffen.[2] Es steht im Zeichen einer zunehmenden Tendenz der europäischen Digitalpolitik, neben den nationalen Aufsichtsbehörden und der Kommission **weitere Akteure und Stellen in Gesetzesaufsicht und -vollzug,** sei es auch nur in beratender Funktion, **einzubeziehen.** Im Gegensatz zum Digital Services Act (DSA), der explizit Wissenschaft und Zivilgesellschaft einbezieht, zB durch den Forschungsdatenzugang in Art. 40 Abs. 4 oder die vertrauenswürdigen Hinweisgeber:innen in Art. 22 DSA, setzt die KI-VO auf eine **institutionalisierte Einbindung** und Vernetzung durch das Beratungsforum und das Gremium unabhängiger Sachverständiger (Art. 68).

2 Die Aufgaben und Funktion des Beratungsforums weisen Überschneidungen mit den Aufgaben anderer Stellen wie dem Büro für Künstliche Intelligenz (Art. 64) und dem wissenschaftlichen Gremium (Art. 68) auf. Um Redundanzen zu reduzieren, haben *Novelli, Hacker, Morley, Trondal* und *Floridi* vorgeschlagen, das Beratungsforum mit dem wissenschaftlichen Gremium zusammenzulegen und die Struktur der KI-VO-Durchsetzung auf **ein Organ für Stakeholderbeteiligung** zu beschränken, das dann effektiver agieren und zugleich technische *und* wirtschaftliche bzw. soziale Gesichtspunkte einbringen könne.[3] Diese Variante hätte den Vorteil, dass sie die Expertise des KI-Gremiums enger mit der

---

[1] Novelli ua, A Robust Governance for the AI Act: AI Office, AI Board, Scientific Panel, and National Authorities, S. 18.

[2] Smuha/Yeung, The European Union's AI Act: beyond motherhood and apple pie?, S. 24; Martini/Wendehorst/Roth-Isigkeit Art. 67 Rn. 3.

[3] Novelli ua, A Robust Governance for the AI Act: AI Office, AI Board, Scientific Panel, and National Authorities, S. 26.

Stakeholderbeteiligung des Forums verbindet. Da die Aufgaben des Gremiums (Art. 66) sehr umfassend und teilweise weitreichend vage formuliert sind, ist eine Abgrenzung zu den Aufgaben des Forums nicht einfach vorzunehmen. Das wissenschaftliche Gremium verschärft die Dopplungen. In jedem Fall sollten aber die Aufgabenbereiche der beiden Einheiten unter der jetzigen Rechtslage klarer voneinander getrennt und zugleich ein koordiniertes Vorgehen anvisiert werden.[4]

3 Im Kommissionsentwurf war das Beratungsforum noch nicht enthalten. Erst der Parlamentsentwurf sah in seinem Art. 58 einen **Beirat** vor, der Beiträge der Interessenträger:innen zu Fragen im Zusammenhang mit der KI-VO liefern sollte.

II. Aufgaben des Beratungsforums (Abs. 1)

4 Das Beratungsforum soll **technisches Fachwissen** bereitstellen und das KI-Gremium sowie die Kommission beraten und zu deren Aufgabenerfüllung beitragen (Art. 67 Abs. 1).[5] Damit verfolgt das Forum wie das Gremium das Ziel, Expertise zu Vollzug und Harmonisierung bereitzustellen. Im Gegensatz zum KI-Gremium, welches explizit die Kommission und Mitgliedstaaten bei der Durchführung der Verordnung unterstützen soll, zielt die Einrichtung des Beratungsforums auf die Bereitstellung **technischen Fachwissens.** Inwieweit sich dies von den Aufgaben des Gremiums, die auch zT erhebliche Anforderungen an technisches Fachwissen voraussetzen (→ Art. 66 Rn. 6), überschneidet oder sich unterscheidet, ist durch die Verordnung selbst nicht geklärt.

III. Zusammensetzung des Beratungsforums (Abs. 2–5)

5 Mitglieder des Beratungsforums kommen aus dem Kreis von Interessenträger:innen mit anerkanntem Fachwissen auf dem Gebiet der KI, dh aus der Industrie, von Start-Up-Unternehmen, KMU, aus der Zivilgesellschaft und der Wissenschaft (vgl. Abs. 2 S. 1). Die Zusammensetzung sollte ein „**ausgewogenes Verhältnis** zwischen wirtschaftlichen und nicht-wirtschaftlichen Interessen und innerhalb der Kategorie der wirtschaftlichen Interessen zwischen KMU und anderen Unternehmen“ herstellen (Art. 67 Abs. 2 S. 2). Zugleich sollen die Mitglieder über „anerkannte[s] Fachwissen auf dem Gebiet der KI“ verfügen (Art. 67 Abs. 3). Durch das explizite Bekenntnis zur Ausgewogenheit soll sichergestellt werden, dass das Beratungsforum nicht allein durch die Interessen der Industrie dominiert wird. Konkrete Anforderungen an Quotierungen oÄ finden sich in der Norm nicht.[6] Es sollte in jedem Fall berücksichtigt werden, dass Unternehmen aus der Privatwirtschaft über andere Ressourcen verfügen, um ihre Interessen zu repräsentieren als NGOs oder andere Teilnehmer:innen aus der Zivilgesellschaft. Zudem ist die Interessenlage der unterschiedlichen Stakeholder auch innerhalb derselben Interessengruppe (bspw. NGOs) oft hete-

---

[4] Vgl. Novelli ua, A Robust Governance for the AI Act: AI Office, AI Board, Scientific Panel, and National Authorities, S. 27 mit einzelnen Vorschlägen wie gegenseitigen Berichten.

[5] Vgl. zu den Aufgaben des KI-Gremiums Art. 66.

[6] Martini/Wendehorst/Roth-Isigkeit Art. 67 Rn. 6 sieht die Möglichkeit, Anleihe an der Organisation der Industrie- und Handelskammern zu nehmen und das Beratungsforum anhand fachlicher und wirtschaftlicher Kriterien in Gruppen zu unterteilen.

rogen. Hier lässt der Wortlaut der Norm allerdings einen erheblichen Spielraum, denn der Kommission kommt durch die Ernennung der Mitglieder erhebliche Entscheidungskompetenz zu (Abs. 3).

Die Kommission ernennt die Mitglieder des Beratungsforums (Art. 67 Abs. 3). Ihre **Amtszeit** dauert **zwei Jahre** an und kann auf **höchstens vier Jahre** verlängert werden (Art. 67 Abs. 4), sodass die Mitglieder des Beratungsforums regelmäßig wechseln. Dies beugt Korruption und einem zu großen Einfluss einzelner Mitglieder vor. 6

In Betracht kommen als Mitglieder neben Unternehmen im Bereich KI vor allem **NGOs** wie EDRi, Algorithm Watch oder der Chaos Computer Club – die jedoch der KI-VO mitunter kritisch gegenüberstehen.[7] Es wird sich zeigen, inwiefern die Kommission bereit und willens ist, auch diesen **kritischen Stimmen Raum und Einfluss zu geben.** Zu kurz könnten insbesondere ethische und gesellschaftliche Perspektiven kommen, da das Beratungsforum „technisches Fachwissen" bereitstellen soll (Art. 67 Abs. 1). Doch gerade die Sozial- und Geisteswissenschaften – sowie Organisationen, die sich mit den negativen Auswirkungen des Einsatzes von KI befassen – können einen wertvollen Beitrag leisten und die Kommission auf Missstände in der KI-Regulierung hinweisen.[8] Es sollte dringend darauf hingewirkt werden, dass diese Stimmen auch im Beratungsforum entsprechend repräsentiert sind. 7

Im Beratungsforum sitzen zudem einige **ständige Mitglieder:** Die **Agentur der Europäischen Union für Grundrechte,** ein unabhängiges Referenz- und Exzellenzzentrum zur Förderung und zum Schutz der Menschenrechte in der EU, bietet eine „unabhängige, faktengestützte Beratung" zu Grundrechtsfragen.[9] Die Agentur der Europäischen Union für Cybersicherheit **(ENISA)** ist ebenfalls vertreten und kann ihre Kompetenzen zur Förderung der Cybersicherheit (va iRv Art. 15 Abs. 5) einbringen. Ferner sind die **europäischen Normungsinstitute,** das Europäische Komitee für Normung **(CEN),** das Europäische Komitee für elektrotechnische Normung **(CENELEC)** und das Europäische Institut für Telekommunikationsnormen **(ETSI)** ständige Mitglieder (Abs. 5) und können die Kommission zur Entwicklung von Spezifikationen und Normen beraten. 8

IV. Arbeitsweise des Beratungsforums (Abs. 6–10)

Das Beratungsforum gibt sich gem. Art. 67 Abs. 6 S. 1 eine **Geschäftsordnung.** Es kann **Untergruppen** einsetzen, die spezifische Fragen „im Zusammenhang mit den Zielen dieser Verordnung […] prüfen" (Art. 67 Abs. 9). Diese Struktur gleicht der des KI-Gremiums, welches nach Art. 65 Abs. 6 ebenfalls zwei Untergruppen für die ständige Zusammenarbeit der Markübewachungsbehörden und Unterrichtung der Behörden über die Aktivitäten der Marktüberwachungsbehörden und notifizierenden Stellen aufweist. Auch weitere ständige und nichtständige Untergruppen können eingerichtet werden. Je mehr Untergruppen in 9

[7] Siehe bspw. den offenen Brief zur KI-VO: https://edri.org/our-work/ngos-and-experts-warn-ai-act-negotiators-dont-trade-our-rights/.

[8] Vgl. hierzu FET Advisory Group, The need to integrate the Social Sciences and Humanities with Science and Engineering in Horizon 2020 and beyond, December 2016.

[9] Vgl. https://european-union.europa.eu/institutions-law-budget/institutions-and-bodies/search-all-eu-institutions-and-bodies/european-union-agency-fundamental-rights-fra_de.

Forum und Gremium eingerichtet werden, desto unübersichtlicher wird sich der Austausch und die Zusammenarbeit gestalten. Es wäre wünschenswert gewesen, wenn der Verordnungsgeber hier bspw. gemeinsame Untergruppen von Gremium und Beraterforum vorgesehen hätte.

10 Die Mitglieder des Beratungsforums wählen **zwei Ko-Vorsitzende** (Art. 67 Abs. 6 S. 2), die zwei Jahre ihr Amt ausüben und einmal verlängern können (Art. 67 Abs. 6 S. 3). Auch für die Wahl der Ko-Vorsitzenden gelten die Maßstäbe der **ausgewogenen Repräsentanz** der unterschiedlichen Interessengruppen des Abs. 2. Da mehr als zwei Interessengruppen vertreten sind, ist eine tatsächliche Repräsentanz allerdings von vorneherein unmöglich. Es soll nur verhindert werden, dass beide Vorsitzenden derselben Interessengruppe entstammen. Auch eine Rotation im Sinne von sich abwechselnder Zeiträume der jeweiligen Gruppen erscheint möglich.

11 **Sitzungen** finden **mindestens zweimal pro Jahr** statt (Art. 67 Abs. 7 S. 1). Das Beratungsforum kann Sachverständige und andere Interessenträger **einladen** (Art. 67 Abs. 7 S. 2). Auch hier zeigen sich Parallelen zur Ausgestaltung des KI-Gremiums, welches ebenfalls andere Behörden oder Stellen der Mitgliedstaaten sowie Sachverständige einladen kann (Art. 65 Abs. 3 S. 3).

12 Auf Ersuchen des KI-Gremiums oder der Kommission kann das Beratungsforum **Stellungnahmen, Empfehlungen und schriftliche Beiträge** ausarbeiten (Art. 67 Abs. 8).

13 Jedes Jahr erstellt das Beratungsforum einen **Bericht über seine Tätigkeit** (Art. 67 Abs. 10 S. 1) und veröffentlicht ihn (Art. 67 Abs. 10 S. 2). Durch die **öffentliche Zugänglichkeit** sollen zum einen die Tätigkeiten des Gremiums für einen möglichst großen Personenkreis zugänglich sein, zum anderen wird dadurch eine **Überprüfung** der Tätigkeiten des Forums gerade durch die Stakeholdergruppen ermöglicht, die es repräsentieren soll.

Art. 68* Wissenschaftliches Gremium unabhängiger Sachverständiger

(1) **[1]Die Kommission erlässt im Wege eines Durchführungsrechtsakts Bestimmungen über die Einrichtung eines wissenschaftlichen Gremiums unabhängiger Sachverständiger („wissenschaftliches Gremium"), das die Durchsetzungstätigkeiten im Rahmen dieser Verordnung unterstützen soll. [2]Dieser Durchführungsrechtsakt wird gemäß dem in Artikel 98 Absatz 2 genannten Prüfverfahren erlassen.**

(2) *[1]* **Das wissenschaftliche Gremium setzt sich aus Sachverständigen zusammen, die von der Kommission auf der Grundlage aktueller wissenschaftlicher oder technischer Fachkenntnisse auf dem Gebiet der KI, die zur Erfüllung der in Absatz 3 genannten Aufgaben erforderlich sind, ausgewählt werden, und muss nachweisen können, dass es alle folgenden Bedingungen erfüllt:**

a) **es verfügt über besondere Fachkenntnisse und Kompetenzen sowie über wissenschaftliches oder technisches Fachwissen auf dem Gebiet der KI;**

b) **es ist von Anbietern von KI-Systemen oder KI-Modellen mit allgemeinem Verwendungszweck unabhängig;**

* Kapitel VII (Art. 64–70) gilt gem. Art. 113 UAbs. 3 Buchst. b bereits ab 2.8.2025.

c) es ist in der Lage, Tätigkeiten sorgfältig, präzise und objektiv auszuführen.

[2] **Die Kommission legt in Absprache mit dem KI-Gremium die Anzahl der Sachverständigen des Gremiums nach Maßgabe der jeweiligen Erfordernisse fest und sorgt für eine ausgewogene Vertretung der Geschlechter und eine gerechte geografische Verteilung.**

(3) **Das wissenschaftliche Gremium berät und unterstützt das Büro für Künstliche Intelligenz, insbesondere in Bezug auf folgende Aufgaben:**

a) Unterstützung bei der Durchführung und Durchsetzung dieser Verordnung in Bezug auf KI-Modelle und -Systeme mit allgemeinem Verwendungszweck, insbesondere indem es
   i) das Büro für Künstliche Intelligenz im Einklang mit Artikel 90 vor möglichen systemischen Risiken von KI-Modellen mit allgemeinem Verwendungszweck auf Unionsebene warnt;
   ii) einen Beitrag zur Entwicklung von Instrumenten und Methoden für die Bewertung der Fähigkeiten von KI-Modellen und -Systemen mit allgemeinem Verwendungszweck, auch durch Benchmarks, leistet;
   iii) Beratung über die Einstufung von KI-Modellen mit allgemeinem Verwendungszweck mit systemischem Risiko anbietet;
   iv) Beratung über die Einstufung verschiedener KI-Modelle und -Systeme mit allgemeinem Verwendungszweck anbietet;
   v) einen Beitrag zur Entwicklung von Instrumenten und Mustern leistet;

b) Unterstützung der Arbeit der Marktüberwachungsbehörden auf deren Ersuchen;

c) Unterstützung grenzüberschreitender Marktüberwachungstätigkeiten gemäß Artikel 74 Absatz 11, ohne dass die Befugnisse der Marktüberwachungsbehörden berührt werden;

d) Unterstützung des Büros für Künstliche Intelligenz bei der Wahrnehmung seiner Aufgaben im Rahmen des Schutzklauselverfahrens der Union gemäß Artikel 81.

(4) **[1]Die Sachverständigen des wissenschaftlichen Gremiums führen ihre Aufgaben nach den Grundsätzen der Unparteilichkeit und der Objektivität aus und gewährleisten die Vertraulichkeit der Informationen und Daten, in deren Besitz sie bei der Ausführung ihrer Aufgaben und Tätigkeiten gelangen. [2]Sie dürfen bei der Wahrnehmung ihrer Aufgaben nach Absatz 3 weder Weisungen anfordern noch entgegennehmen. [3]Jeder Sachverständige gibt eine Interessenerklärung ab, die öffentlich zugänglich gemacht wird. [4]Das Büro für Künstliche Intelligenz richtet Systeme und Verfahren ein, mit denen mögliche Interessenkonflikte aktiv bewältigt und verhindert werden können.**

(5) **Der in Absatz 1 genannte Durchführungsrechtsakt enthält Bestimmungen über die Bedingungen, Verfahren und detaillierten Regelungen nach denen das wissenschaftliche Gremium und seine Mitglieder Warnungen ausgeben und das Büro für Künstliche Intelligenz um Unterstützung bei der Wahrnehmung der Aufgaben des wissenschaftlichen Gremiums ersuchen können.**

Übersicht

I. Allgemeines

1 Das wissenschaftliche Gremium unabhängiger Sachverständiger („wissenschaftliches Gremium")[1] **berät** das Büro für Künstliche Intelligenz **in wissenschaftlichen und technischen Fachfragen.** Es soll – im Gegensatz zum Beratungsforum, das aus (wirtschaftlichen) Interessenträgern besteht – **unabhängig** von Wirtschaftsinteressen sein und der Integration der Wissenschaftsgemeinschaft dienen (vgl. Erwgr. 148).[2]

2 Eine der Hauptaufgaben des wissenschaftlichen Gremiums zielt auf die wissenschaftliche Beratung zu KI-Modellen mit allgemeinem Verwendungszweck (→ Rn. 7). Entsprechend wurde es in die KI-VO **erst relativ spät,** gemeinsam mit den Vorschriften zu KI-Modellen mit allgemeinem Verwendungszweck, im Gesetzgebungsprozess **hinzugefügt.**[3]

II. Einrichtung des wissenschaftlichen Gremiums

3 Die Einrichtung des wissenschaftlichen Gremiums erfolgt **im Wege eines Durchführungsrechtsakts** der Kommission (Art. 68 Abs. 1 S. 1), den sie gem. Art. 98 Abs. 2 iVm Art. 5 der VO (EU) Nr. 182/2011[4] erlässt. Dies erfolgte mit Durchführungsverordnung (EU) 2025/454 am 7.3.2025.[5] Bislang liegt ein solcher Durchführungsrechtsakt noch nicht vor.[6] Da Art. 68 gem. Art. 113 Abs. 3 lit. b erst ab dem 2.8.2025 Geltung erlangt, erfolgt die Einrichtung des wissenschaftlichen Gremiums wohl frühestens in der zweiten Jahreshälfte 2025.

III. Zusammensetzung

4 Die **Kommission wählt** Sachverständige für das wissenschaftliche Gremium **aus** (Art. 68 Abs. 2 S. 1). Die Auswahl basiert auf der Grundlage aktueller wissenschaftlicher oder technischer Fachkenntnisse auf dem Gebiet der KI. Auch hier

[1] In der englischen Fassung heißt es „scientific panel".

[2] Vgl. auch Novelli u. aA Robust Governance for the AI Act: AI Office, AI Board, Scientific Panel, and National Authorities S. 18.

[3] Vgl. auch Martini/Wendehorst/Roth-Isigkeit Art. 68 Rn. 3.

[4] Verordnung (EU) Nr. 182/2011 des Europäischen Parlaments und des Rates vom 16.2.2011 zur Festlegung der allgemeinen Regeln und Grundsätze, nach denen die Mitgliedstaaten die Wahrnehmung der Durchführungsbefugnisse durch die Kommission kontrollieren.

[5] Vgl. auch Martini/Wendehorst/Roth-Isigkeit Art. 68 Rn. 4.

[6] Herbers/Rappenglück RDi 2024, 432 (437).

kommt der Kommission die entscheidende Kompetenz zu, über die konkrete Zusammensetzung zu entscheiden, wie auch bei dem Beratungsforum Art. 67, welches Stakeholderinteressen repräsentieren soll. Auch im Beratungsforum sind Mitglieder aus der Wissenschaft vorgesehen, eine doppelte Mitgliedschaft in beiden Gremien dürfte vom Verordnungsgeber nicht gewünscht und aufgrund der möglicherweise hohen Arbeitsbelastung auch nicht realisierbar sein. Die Anzahl der Sachverständigen legt die Kommission in Absprache mit dem KI-Gremium (Art. 65, 66) fest; maßgeblich ist eine **ausgewogene Vertretung** der Geschlechter und eine gerechte geografische Verteilung (Art. 68 Abs. 2 S. 2). Die DurchführungsVO (EU) 2025/454 konkretisiert dies in Art. 3 und verlangt in Abs. 5 S. 1 „eine ausgewogene Vertretung der Geschlechter".[7]

Kurioserweise muss nach dem Wortlaut der Norm das Sachverständigengre- 5
mium selbst nachweisen, dass es über **Fachkenntnisse und Kompetenzen** sowie über **Fachwissen auf dem Gebiet der KI** verfügt (Art. 68 Abs. 2 S. 1 lit. a). Zum anderen muss das wissenschaftliche Gremium nachweisbar **unabhängig** von Anbietern von KI-Systemen bzw. KI-Modellen mit allgemeinem Verwendungszweck sein (Art. 68 Abs. 2 S. 1 lit. b). Wie dieser Nachweis durch das Gremium selbst erbracht werden soll, gibt die Norm nicht vor. Ungewöhnlich ist zudem, dass der Nachweis sich nicht auf die Auswahlkriterien der Kommission stützt, die naheliegende Adressatin des Nachweises gewesen wäre, sondern von den Sachverständigen dann (ggf. zur eigenen Person) selbst vorgelegt werden soll. Aus diesen Gründen wird zu Recht angezweifelt, ob diese Regelung in der Praxis überhaupt zur Anwendung kommen wird.[8]

Im Gegensatz zum Beraterforum soll das wissenschaftliche Gremium nicht mit wirtschaftlichen Interessenvertreter:innen bestückt sein. Fraglich ist, welchen Maßstab die Kommission für die Unabhängigkeit der Sachverständigen– zB mit Blick auf (private) Drittmittelgeber oder früheren Tätigkeiten für Unternehmen im Bereich KI – anlegen wird. Eine **ausgewogene Vertretung verschiedener Fachrichtungen** (und nicht nur der technischen Wissenschaften) verlangt die KI-VO nicht. Dies birgt die Gefahr, dass geistes- und sozialwissenschaftliche Perspektiven weniger Beachtung finden (vgl. zur parallelen Problematik beim Beratungsforum → Art. 67 Rn. 7).

Das wissenschaftliche Gremium muss in der Lage sein, seine Tätigkeiten **sorg-** 6
fältig, präzise und objektiv auszuführen (Art. 68 Abs. 2 S. 1 lit. c). Daher muss es frei von wirtschaftlichen Interessen agieren können. Daher ist ihm eine **Mindestausstattung** zu gewähren.

IV. Aufgabenerfüllung

1. Aufgaben (Abs. 3)

Das wissenschaftliche Gremium **unterstützt das Büro für Künstliche Intel-** 7
ligenz in seiner Aufgabenerfüllung (Art. 68 Abs. 3, Erwgr. 151, 163). Besondere Relevanz kommt der Unterstützung bei der Durchführung und Durchsetzung der KI-VO in Bezug auf KI-Modelle und -Systeme mit allgemeinem Verwendungszweck zu (Art. 68 Abs. 3 lit. a), die Aufzählung ist dabei nicht abschließend. Das wissenschaftliche Gremium hat keine eigene Entscheidungskompetenz, son-

[7] Martini/Wendehorst/Roth-Isigkeit Art. 68 Rn. 5.
[8] Martini/Wendehorst/Roth-Isigkeit Art. 68 Rn. 6.

dern ist, wie das KI-Gremium und das Beratungsforum (Art. 67), auf Beratung und Unterstützung beschränkt. Im konkreten Vergleich soll das wissenschaftliche Gremium spezifisches Fachwissen generieren und hat damit im Vergleich zum KI-Gremium einen engeren Aufgabenzuschnitt.

8 Das wissenschaftliche Gremium soll insbesondere das Büro für Künstliche Intelligenz vor möglichen **systemischen Risiken** warnen, die KI-Modelle mit allgemeinem Verwendungszweck bergen könnten (Art. 68 Abs. 3 lit. a sublit. i, vgl. auch Art. 90). Die konkreten Modalitäten sind in Art. 90 geregelt, ua die Voraussetzungen eines konkret identifizierbaren Risikos oder eine Erfüllung der Bedingungen nach Art. 51, vgl. Art. 90 Abs. 1 lit. a, b. Die Warnung ist nach den Maßstäben des Art. 90 Abs. 3 hinreichend zu begründen.

Zudem soll das wissenschaftliche Gremium auch eine Beratung über die Einstufung von KI-Modellen mit systemischen Risiken (Art. 68 Abs. 3 lit. a sublit. iii) bzw. KI-Modellen und -Systemen mit allgemeinem Verwendungszweck (Art. 68 Abs. 3 lit. a sublit. iv) anbieten; die konkrete Einstufung richtet sich nach Art. 51 iVm den Kriterien des Anhang XIII. Ferner soll es dabei helfen, **Instrumente und Methoden** (zB Benchmarks) für die Bewertung der Fähigkeiten von KI-Modellen und -Systemen mit allgemeinem Verwendungszweck (Art. 68 Abs. 3 lit. a sublit. ii) bzw. „Instrumente und Muster" (Art. 68 Abs. 3 lit. a sublit. v)[9] zu entwickeln.

Um diesen Aufgaben nachzukommen, ist das wissenschaftliche Gremium auf Informationen angewiesen. Erwgr. 163 bindet diesbezüglich die Kommission direkt ein, denn danach soll es einen Mechanismus geben, nachdem die Kommission auf Ersuchen des Gremiums Unterlagen und Informationen von Anbieter:innen anfordern kann. Es besteht dadurch also eine Wechselwirkung zwischen Kommission und wissenschaftlichem Gremium.[10] Warum die Informationsanforderung, die für die Aufgabenerfüllung durchaus erhebliche Relevanz entfalten kann, keinen Eingang in den Verordnungstext gefunden hat, ist nicht klar.

9 Die Marktüberwachungsbehörden können das wissenschaftliche Gremium um Unterstützung ersuchen (Art. 68 Abs. 3 lit. b), damit ist das wissenschaftliche Gremium nicht für das KI-Büro und das KI-Gremium zuständig. In diesen Fällen wird das wissenschaftliche Gremium nur auf Ersuchen der Marküberwachungsbehörden tätig und nicht aus Eigeninitiative. Das wissenschaftliche Gremium kann zudem grenzüberschreitende Marktüberwachungstätigkeiten gem. Art. 74 Abs. 11 unterstützen, sofern es die Befugnisse der Marktüberwachungsbehörden nicht antastet (Art. 68 Abs. 3 lit. c). Art. 47 Abs. 11 regelt die Möglichkeit, dass die Marktüberwachungsbehörden und die Kommission gemeinsame Tätigkeiten, einschließlich gemeinsamer Untersuchungen, vorschlagen, die von den Marküberwachungsbehörden oder von diesen in Zusammenarbeit mit der Kommission durchgeführt werden. Dabei leistet neben dem wissenschaftlichen Gremium auch das Büro für Künstliche Intelligenz Unterstützung. Eine Abgrenzung zwischen den unterschiedlichen Beratungsleistungen nimmt die Verordnung nicht vor.[11]

10 Darüber hinaus kann das wissenschaftliche Gremium das Büro für Künstliche Intelligenz im Rahmen von Schutzklauselverfahren nach Art. 81 unterstützen, dh wenn eine mitgliedstaatliche Marktüberwachungsbehörde Einwände gegen eine

---

[9] In der englischen Fassung heißt es „tools and templates".

[10] Martini/Wendehorst/Roth-Isigkeit Art. 68 Rn. 12.

[11] Martini/Wendehorst/Roth-Isigkeit Art. 68 Rn. 17 spricht zutreffend von „Behördenkumulation".

Maßnahme erhebt, die die Marktüberwachungsbehörde eines anderen Mitgliedstaates getroffen hat.

2. Wahrnehmung der Aufgaben (Abs. 4 und 5)

Das wissenschaftliche Gremium orientiert sich in seiner Aufgabenerfüllung an den Grundsätzen der **Unparteilichkeit** und **Objektivität** (Art. 68 Abs. 4 S. 1). Die Sachverständigen handeln nicht weisungsgebunden – sie dürfen daher Weisungen weder anfordern noch entgegennehmen (Art. 68 Abs. 4 S. 2). 11

Das wissenschaftliche Gremium muss die **Vertraulichkeit** von Informationen und Daten, auf die es im Rahmen seiner Aufgabenerfüllung Zugriff erhält, gewährleisten (Art. 68 Abs. 4 S. 1 aE).[12] 12

Um **Interessenskonflikten** vorzubeugen gibt jede Sachverständige eine Interessenerklärung ab, die veröffentlicht wird (Art. 68 Abs. 4 S. 3). Außerdem muss das Büro für Künstliche Intelligenz Systeme und Verfahren einrichten, um mögliche Interessenskonflikte aktiv zu bewältigen oder zu verhindern (Art. 68 Abs. 4 S. 4). Welche Maßnahmen damit gemeint sind, wird nicht präzisiert. Grundsätzlich müssen die Sachverständigen ihre Interessenkonflikte offenlegen, sodass eine weitere Teilnahme an den Beratungen des Gremiums in diesem Fall ausgeschlossen sein dürfte. Eine fehlende Offenlegung ist als schwerer Pflichtverstoß zu werten und dürfte demnach ebenfalls zum Ausschluss führen. Die Vorgabe zur Vertraulichkeit hat neben Art. 78 nur deklaratorischen Charakter. 13

Weitere Bestimmungen über die Bedingungen, Verfahren und detaillierten Regelungen über die Aussprache von Warnungen bzw. die Unterstützung durch das Büro für Künstliche Intelligenz trifft der **Durchführungsrechtsakt** nach Abs. 1 (→ Rn. 3). 14

Art. 69* Zugang zum Pool von Sachverständigen durch die Mitgliedstaaten

(1) **Die Mitgliedstaaten können Sachverständige des wissenschaftlichen Gremiums hinzuziehen, um ihre Durchsetzungstätigkeiten im Rahmen dieser Verordnung zu unterstützen.**

(2) [1]**Die Mitgliedstaaten können verpflichtet werden, für die Beratung und Unterstützung durch die Sachverständigen Gebühren zu entrichten.** [2]**Struktur und Höhe der Gebühren sowie Umfang und Struktur erstattungsfähiger Kosten werden in dem in Artikel 68 Absatz 1 genannten Durchführungsrechtsakt festgelegt, wobei die Zielsetzung berücksichtigt wird, für die angemessene Durchführung dieser Verordnung, für Kosteneffizienz sowie dafür zu sorgen, dass alle Mitgliedstaaten effektiven Zugang zu Sachverständigen haben müssen.**

(3) **Die Kommission ermöglicht den Mitgliedstaaten bei Bedarf einen rechtzeitigen Zugang zu den Sachverständigen und sorgt dafür, dass die Kombination aus unterstützenden Tätigkeiten durch die Union zur Prüfung von KI gemäß Artikel 84 und durch die Sachverständigen gemäß**

---

[12] Vgl. zum Schutz von Geschäftsgeheimnissen im Rahmen der KI-VO auch Kögel/Behrens, KI und Daten: Digitalregulierung auf dem Höhepunkt? S. 2024 ff.

* Kapitel VII (Art. 64–70) gilt gem. Art. 113 UAbs. 3 Buchst. b bereits ab 2.8.2025.

dem vorliegenden Artikel effizient organisiert ist und den bestmöglichen zusätzlichen Nutzen bringt.

Übersicht

I. Mitgliedstaatlicher Zugang zu den Sachverständigen

1 Der Pool von Sachverständigen des wissenschaftlichen Gremiums Art. 68 **steht auch den Mitgliedstaaten** bei der Durchsetzung der KI-VO **zur Verfügung:** Sie können Sachverständige hinzuziehen (Art. 69 Abs. 1), die Mitglieder des Gremiums sind.[1] Diese Unterstützungsleistung ist jedoch **nicht kostenlos** (vgl. zur Kostentragung → Rn. 4).

2 Der Zugang zu den Sachverständigen muss **rechtzeitig** möglich sein, **effizient** organisiert sein und den bestmöglichen zusätzlichen Nutzen bringen (Art. 69 Abs. 3). Die Kommission trägt hierfür die Verantwortung und muss dem wissenschaftlichen Gremium **ausreichende Ressourcen** zur Verfügung stellen (vgl. auch → Art. 68 Rn. 6). Dadurch sollen Doppelanfragen und -begutachtungen vermieden werden. Ob es tatsächlich zu Ressourcenproblemen kommt, weil einzelne Sachverständige besonders nachgefragt sind, lässt sich zum jetzigen Zeitpunkt noch nicht absehen.

3 Der Zugriff der Mitgliedstaaten auf den Pool von Sachverständigen des Gremiums ist erst spät im Gesetzgebungsprozess, im Zusammenhang mit den Vorschriften zu Modellen mit allgemeinem Verwendungszweck in den Art. 51 ff, in die Verordnung aufgenommen worden.

II. Kostentragung

4 Die Mitgliedstaaten müssen ggf. **Gebühren** für die Beratung und Unterstützung durch die Sachverständigen entrichten (Art. 68 Abs. 2 S. 1). Der **Durchführungsakt** nach Art. 68 Abs. 1 (vgl. → Art. 68 Rn. 3) soll **Struktur und Höhe** der Gebühren sowie Umfang und Struktur der erstattungsfähigen Kosten regeln (Art. 68 Abs. 2 S. 2). Dabei ist die Zielsetzung eine angemessene (und kosteneffiziente) Durchführung der KI-VO und eines effektiven Zugangs zu Sachverständigen für alle Mitgliedstaaten (Art. 68 Abs. 2 S. 2 aE). Demnach dürfen die Kosten nicht übermäßig hoch sein. Es ist davon auszugehen, dass die Gebühren unter den eigentlichen Kosten der Unterstützungsleistung bleiben werden, dh dass die EU diese Unterstützungsleistung „subventioniert".[2] In jedem Fall dürfte ausgeschlossen sein, dass die Union durch die Tätigkeit der Sachverständigen Gewinne erzielt.[3]

---

[1] Diese Möglichkeit kam erst im Trilogverfahren hinzu, da die vorherigen Entwurfsfassungen kein wissenschaftliches Gremium vorsahen (→ Art. 68 Rn. 2).

[2] Möglich sei insbesondere ein Zuschuss durch die Union, um Anreize für die Hinzuziehung der Sachverständigen zu setzen, Martini/Wendehorst/Roth-Isigkeit Art. 69 Rn. 5.

[3] Martini/Wendehorst/Roth-Isigkeit Art. 69 Rn. 5.

Abschnitt 2. Zuständige nationale Behörden

Art. 70* Benennung von zuständigen nationalen Behörden und zentrale Anlaufstelle

(1) [1]**Jeder Mitgliedstaat muss für die Zwecke dieser Verordnung mindestens eine notifizierende Behörde und mindestens eine Marktüberwachungsbehörde als zuständige nationale Behörden einrichten oder benennen. [2]Diese zuständigen nationalen Behörden üben ihre Befugnisse unabhängig, unparteiisch und unvoreingenommen aus, um die Objektivität ihrer Tätigkeiten und Aufgaben zu gewährleisten und die Anwendung und Durchführung dieser Verordnung sicherzustellen. [3]Die Mitglieder dieser Behörden haben jede Handlung zu unterlassen, die mit ihren Aufgaben unvereinbar ist. [4]Sofern diese Grundsätze gewahrt werden, können die betreffenden Tätigkeiten und Aufgaben gemäß den organisatorischen Erfordernissen des Mitgliedstaats von einer oder mehreren benannten Behörden wahrgenommen werden.**

(2) [1]**Die Mitgliedstaaten teilen der Kommission die Namen der notifizierenden Behörden und der Marktüberwachungsbehörden und die Aufgaben dieser Behörden sowie alle späteren Änderungen mit. [2]Die Mitgliedstaaten machen Informationen darüber, wie die zuständigen Behörden und zentralen Anlaufstellen bis zum 2. August 2025 auf elektronischem Wege kontaktiert werden können, öffentlich zugänglich. [3]Die Mitgliedstaaten benennen eine Marktüberwachungsbehörde, die als zentrale Anlaufstelle für diese Verordnung fungiert, und teilen der Kommission den Namen der zentralen Anlaufstelle mit. [4]Die Kommission erstellt eine öffentlich verfügbare Liste der zentralen Anlaufstellen.**

(3) [1]**Die Mitgliedstaaten sorgen dafür, dass ihre zuständigen nationalen Behörden mit angemessenen technischen und finanziellen Mitteln sowie geeignetem Personal und Infrastrukturen ausgestattet werden, damit sie ihre Aufgaben im Rahmen dieser Verordnung wirksam erfüllen können. [2]Insbesondere müssen die zuständigen nationalen Behörden zu jeder Zeit über eine ausreichende Zahl von Mitarbeitern verfügen, zu deren Kompetenzen und Fachwissen ein tiefes Verständnis der KI-Technologien, der Daten und Datenverarbeitung, des Schutzes personenbezogener Daten, der Cybersicherheit, der Grundrechte, der Gesundheits- und Sicherheitsrisiken sowie Kenntnis der bestehenden Normen und rechtlichen Anforderungen gehört. [3]Die Mitgliedstaaten bewerten und aktualisieren, falls erforderlich, jährlich die in diesem Absatz genannten Erfordernisse bezüglich Kompetenzen und Ressourcen.**

(4) **Die zuständigen nationalen Behörden ergreifen geeignete Maßnahmen zur Sicherstellung eines angemessenen Maßes an Cybersicherheit.**

---

* Kapitel VII (Art. 64–70) gilt gem. Art. 113 UAbs. 3 Buchst. b bereits ab 2.8.2025.

(5) **Bei der Erfüllung ihrer Aufgaben halten sich die zuständigen nationalen Behörden an die in Artikel 78 festgelegten Vertraulichkeitspflichten.**

(6) [1]**Bis zum 2. August 2025 und anschließend alle zwei Jahre erstatten die Mitgliedstaaten der Kommission Bericht über den Sachstand bezüglich der finanziellen Mittel und des Personals der zuständigen nationalen Behörden und geben eine Einschätzung über deren Angemessenheit ab.** [2]**Die Kommission leitet diese Informationen zur Erörterung und etwaigen Abgabe von Empfehlungen an das KI-Gremium weiter.**

(7) **Die Kommission fördert den Erfahrungsaustausch zwischen den zuständigen nationalen Behörden.**

(8) [1]**Die zuständigen nationalen Behörden können gegebenenfalls insbesondere KMU, einschließlich Start-up-Unternehmen, unter Berücksichtigung der Anleitung und Beratung durch das KI-Gremium oder der Kommission mit Anleitung und Beratung bei der Durchführung dieser Verordnung zur Seite stehen.** [2]**Wenn zuständige nationale Behörden beabsichtigen, Anleitung und Beratung in Bezug auf ein KI-System in Bereichen anzubieten, die unter das Unionrecht fallen, so sind gegebenenfalls die nach jenen Unionsrecht zuständigen nationalen Behörden zu konsultieren.**

(9) **Soweit Organe, Einrichtungen und sonstige Stellen der Union in den Anwendungsbereich dieser Verordnung fallen, übernimmt der Europäische Datenschutzbeauftragte die Funktion der für ihre Beaufsichtigung zuständigen Behörde.**

Übersicht

I. Allgemeines

1. Sinn und Zweck der Norm

1 Die wichtige Norm des Art. 70 regelt die Modalitäten der nationalen KI-Aufsicht in den Mitgliedstaaten. Gemeinsam mit der Kommission als Aufsichts-

behörde, den neu eingeführten Institutionen des KI-Gremiums Art. 65, des Beraterforums Art. 67 und des wissenschaftlichen Gremiums Art. 68 bilden die mitgliedstaatlichen Aufsichtsbehörden einen zentralen Teil der multipolaren und komplexen Governancestrukturen der Verordnung. Die Norm regelt die grundlegenden Strukturvorgaben der Verwaltung in den Mitgliedstaaten und differenziert dabei aufgabentechnisch zwischen Marktüberwachungsbehörden und einer notifizierenden Behörde (vgl. auch Erwgr. 153) → Rn. 4). Gem. Art. 113 UAbs. 3 lit. b) gilt das siebte Kapitel der Verordnung (Art. 67–70) bereits ab dem 2.8.2025. Die Marktüberwachungsbehörden sind zudem die Adressatinnen des individuellen Beschwerderechts aus Art. 85.

2. Verhältnis zu anderen Vorschriften

Den Mitgliedstaaten kommt bei der Durchsetzung der Verordnung eine Schlüsselrolle zu, insbesondere im Hinblick auf Vollzugseffizienz und Harmonisierung, was die zahlreichen Bezüge zu den nationalen Behörden zeigen (vgl. nur Art. 74, Art. 76, Art. 79, Art. 85). Die Einrichtung der notifizierenden Behörde wird in Art. 28 geregelt. Notifizierende Behörden sind für die Einrichtung und Durchführung der erforderlichen Verfahren zur Bewertung, Benennung und Notifizierung von Konformitätsbewertungsstellen und für deren Überwachung zuständig, deren Details in den Art. 29 ff. geregelt sind. Die Regelungsbereiche von Art. 28 und Art. 70 überschneiden sich partiell, wobei Art. 70 zum Teil generellere, zum Teil speziellere Vorgaben macht. Bspw. spezifizieren beide Normen die Anforderungen an personelle Ausstattung und Fachkompetenz der Mitarbeitenden (Art. 28 Abs. 7, Abs. 3). Widersprüche ergeben sich aus dem Wortlaut bisher nicht, sodass beide Normen nebeneinanderstehen und sich wechselseitig ergänzen. 2

3. Entstehungsgeschichte

Während des Gesetzgebungsprozesses hat die Norm, ihrer Ursprungsform als Art. 59 nummeriert, wenige Änderungen erfahren. Der Kommissionsentwurf (Art. 59 Abs. 2 KI-VO-E) sah noch eine einheitliche Aufsichtsbehörde als Regelfall vor, die notifizierende Stelle und Marktüberwachung vereinte, dies ist in der aktuellen Fassung als Option aber auch weiterhin vorgesehen. Im Entwurf war eine Trennung dann vorgesehen, wenn die Mitgliedstaaten organisatorische und administrative Beweggründe vorlegen konnten. 3

II. Einrichtung der nationalen Behörden

1. Dualismus von Marktüberwachungsbehörden und notifizierenden Stellen (Abs. 1 S. 1, S. 4)

Die Verordnung etabliert einen aufgabenbezogenen Dualismus zwischen Marktüberwachungsbehörden (Art. 3 Nr. 26 „die nationale Behörde, die die Tätigkeiten durchführt und die Maßnahmen ergreift, die in der Verordnung (EU) 2019/1020 vorgesehen sind“) und notifizierenden Stellen (Art. 3 Nr. 19 „nationale Behörde, die für die Einrichtung und Durchführung der erforderlichen Verfahren für die Bewertung, Benennung und Notifizierung von Konformitätsbewertungsstellen und für deren Überwachung zuständig ist“). 4

5 Dieser Dualismus muss sich nicht zwingend in der behördlichen äußeren Form niederschlagen. Denn sofern die Grundsätze der unabhängigen Aufgabenwahrnehmung gewahrt sind, können die Aufgaben nach den organisatorischen Erfordernissen des Mitgliedstaates auch von einer (oder eben mehreren) Behörden wahrgenommen werden. Darin liegt eine rein inhaltlich-organisatorische Aufgabentrennung, die eine getrennte und unabhängige Aufgabenwahrnehmung in einer übergeordneten Organisationseinheit ermöglicht.[1] Diese Konstellation erinnert an die Umsetzung der Anforderungen des Digital Services Acts (DSA) durch Ansiedlung des unabhängigen Koordinators für digitale Dienste Art. 49 bei der Bundesnetzagentur durch § 12 Digitale Dienste Gesetz (DDG).

6 Die Neuschaffung einer Behörde fordert die Verordnung ausdrücklich nicht, es können neue Behörden eingerichtet oder bestehende Behörden benannt werden. Im weiteren Wortlaut spricht die Norm nur von Behörden, womit Marktüberwachungsbehörde und notifizierende Stelle gemeinsam gemeint sind, dies wird auch durch Art. 3 Nr. 48 präzisiert, wonach als zuständige nationale Behörde die notifizierende Behörde und die Marktüberwachungsbehörde zu verstehen sind. Die Mitgliedstaaten sind hinsichtlich föderaler Strukturen frei, die Behörden auf Bundes- oder Landesebene anzusiedeln, solange ein effektiver Vollzug gewährleistet ist. Kann dieser durch eine dezentrale Aufgabenwahrnehmung nicht erreicht werden, ist eine zentrale Behörde einzurichten.[2]

7 Das Aufgabenprofil der nationalen Behörden umfasst die Überwachung der Verordnung im Allgemeinen und die Akkreditierung von Konformitätsbewertungsstellen (Art. 29 ff.) sowie die Förderung von Innovationen (Art. 57 ff.) im Speziellen. Die Zweiteilung zwischen Marktaufsicht (wie bspw. auch im DSA Art. 49 DSA) und notifizierenden Stellen erklärt sich aus dem stark produktsicherheitsrechtlichen Zuschnitt der Verordnung, die als zentrales Instrument der Prüfung der Vereinbarkeit mit ihren Vorgaben die Konformitätsbewertung für Hochrisikosysteme (Art. 40 ff.) vorsieht.

2. Organisation und Struktur (Abs. 1 S. 2, S. 3)

8 Die zuständigen nationalen Behörden üben ihre Befugnisse „unabhängig, unparteiisch und unvoreingenommen aus“, um dadurch einen effektiven Vollzug zu gewährleisten und die Objektivität ihrer Aufgabenwahrnehmung sicherzustellen (Abs. 1 S. 2). Amtsbezogen haben zudem alle Mitglieder der Behörden jegliche Handlungen zu unterlassen, die mit ihren Aufgaben unvereinbar sind (Abs. 1 S. 3).

9 Im Zentrum der (deutschen) Diskussion (→ Rn. 32) stehen primär der konkrete Maßstab und die Ausgestaltung der Unabhängigkeit. Sowohl im EU-Eigenverwaltungsrecht als auch im nationalen Recht finden sich verschiedene unabhängige Institutionen, von der Europäischen Zentralbank über den Bundesrechnungshof bis zu den Datenschutzbehörden. Ziel ist es, die Aufsichtsbehörden von privaten Interessen und politischer Einflussnahme abzuschirmen, um unparteiliche, nicht-diskriminierende Entscheidungen zu gewährleisten, die am öffentlichen Interesse ausgerichtet sind, womit ein effektiver Vollzug gesichert werden soll.[3]

---

[1] Zu den möglicherweise unterschiedlichen Behördenverständnissen: Martini/Wendehorst/Roth-Isigkeit Art. 70 Rn. 7.

[2] Martini/Wendehorst/Roth-Isigkeit Art. 70 Rn. 23.

[3] Vgl. bspw. Kreuter/Kirchof NVwZ 2024, 9 (10).

Entscheidend für die Ausgestaltung der nationalen Aufsichtsbehörden ist, ob sie institutionell völlig unabhängig sein müssen. Die institutionell unabhängigen Verwaltungsbehörden fügen sich nicht in die klassische Verwaltungshierarchie ein, sondern sollen gegenüber Staat und Wirtschaftsteilnehmer:innen unabhängig in ihrer Aufsicht sein. Gegenüber anderen staatlichen Stellen geht es um politische Unabhängigkeit. Der EuGH versteht, im Kontext des Datenschutzrechts und des Energierechts, die funktionale Unabhängigkeit als völlige Freiheit von Weisungen und Druck, direkte und indirekte Einflussnahmen von privaten und staatlichen Stellen sind unzulässig.[4] Übertragen auf die deutsche Verwaltungsorganisation bedeutet dies, dass sowohl Fach- als Rechtsaufsicht ausgeschlossen sind.[5] Das hat erheblichen Einfluss auf die für die KI-Aufsicht in Betracht kommenden Behörden. **10**

Der Wortlaut des Abs. 1 S. 2 spricht im Gegensatz zu den Regelungen des Datenschutzrechts (Art. 51 Abs. 1 DS-GVO) nicht von „unabhängigen Behörden", sondern von einer unabhängigen Ausübung der Befugnisse. Damit folgt der Verordnungsgeber auch nicht dem Weg des DSA, der in Art. 50 Abs. 2 ausdrücklich die Ausgestaltung der Datenschutzbehörden übernehmen wollte und explizit betont, dass die nationalen Aufsichtsbehörden (Koordinatoren) unter dem DSA „völlig unabhängig" handeln, „frei von äußeren Einflüssen" und dürfen „weder direkt noch indirekt Weisungen von anderen Behörden oder privaten Stellen einholen oder entgegennehmen".[6] **11**

Dies unterscheidet sich erheblich vom Wortlaut der unabhängigen Aufgabenwahrnehmung. Erwgr. 153 liefert darüber hinaus keine weitergehenden Anhaltspunkte, sondern bestimmt allein: „Die Mitgliedstaaten können beschließen, öffentliche Einrichtungen jeder Art zu benennen, die die Aufgaben der zuständigen nationalen Behörden im Sinne dieser Verordnung gemäß ihren spezifischen nationalen organisatorischen Merkmalen und Bedürfnissen wahrnehmen". Der Vergleich zum KI-Gremium, welches lediglich „Objektivität und Unparteilichkeit" zu wahren hat, führt in der Argumentation der institutionellen Unabhängigkeit der Aufsichtsbehörden nicht weiter, da das KI-Gremium eine beratende Funktion hat und gerade nicht mit Entscheidungsbefugnis ausgestattet ist.[7] **12**

Systematisch deutet auch der Vergleich mit den besonderen Befugnissen der Marktüberwachungsbehörden nach Erwgr. 159, der von „völliger Unabhängigkeit" spricht[8] gegen eine allgemeine Annahme der institutionellen Unabhängig- **13**

---

[4] EuGH BeckRS 2021, 24362 Rn. 108; EuGH BeckRS 2010, 90304 Rn. 18 – Kommission ./. Bundesrepublik Deutschland.

[5] EuGH BeckRS 2010, 90304 Rn. 36 – Kommission ./. Bundesrepublik Deutschland. Dazu im Kontext des Datenschutzrechts statt vieler: Kühling/Buchner/Boehm Art. 54 Rn. 7 ff.

[6] Zu den damit einhergehenden Eingriffen in die nationale Autonomie der Mitgliedstaaten instruktiv: Hofmann/Raue/Rademacher DSA Art. 49 ff. Rn. 9 ff.

[7] AA aber Martini/Botta Nationale KI-Aufsicht S. 15.

[8] „Die Marktüberwachungsbehörden sollten in der Lage sein, ihre Befugnisse in völliger Unabhängigkeit auszuüben. Jede Beschränkung ihres Zugangs zu sensiblen operativen Daten im Rahmen dieser Verordnung sollte die Befugnisse unberührt lassen, die ihnen mit der Richtlinie (EU) 2016/680 übertragen wurden. Kein Ausschluss der Offenlegung von Daten gegenüber nationalen Datenschutzbehörden im Rahmen dieser Verordnung sollte die derzeitigen oder künftigen Befugnisse dieser Behörden über den Geltungsbereich dieser Verordnung hinaus beeinträchtigen."

keit nach dem Verständnis des EuGH.[9] Denn in diesem Erwgr. geht es um den speziellen Fall der Hochrisikosysteme, die biometrische Daten verarbeiten. Es sind weder die notifizierenden Stellen angesprochen, noch hat die Formulierung Eingang in den Verordnungstext gefunden.[10]

14 Entscheidend ist Sinn und Zweck der behördlichen Unabhängigkeit: die Gefahr staatlicher Einflussnahme bei der KI-Aufsicht ist im Vergleich zu der auch medienrechtlich geprägten Aufsicht des DSA, den Datenschutzbehörden, die auch staatliche Stellen überwachen und dem Energiesektor mit ehemaligen staatlichen Monopolen nicht im gleichen Maße gegeben. Vielmehr handelt es sich um ein gänzlich neues aufsichtsrechtliches Gebiet, auf dem sich staatliche Akteure bisher nicht durch relevante Einflussnahme hervorgetan haben, im Gegenteil liegt die KI-Landschaft doch fest in privater Hand. Die zu rechtfertigende, weil in die Organisationshoheit der Mitgliedstaaten eingreifende, Staatsferne ist in diesem Aufsichtsbereich, der sich zudem stark an dem Produktsicherheitsrecht orientiert, gerade nicht zwingend.

15 Ob eine Einrichtung institutionell völlig unabhängiger Behörden im Bereich der KI-Aufsicht national zulässig wäre, beurteilt sich nach dem deutschen Verfassungsrecht und insbesondere den Anforderungen des Demokratieprinzips. Das Bundesverfassungsgericht hat dazu Maßstäbe herausgebildet.[11]

3. Ausstattung (Abs. 3, 6)

16 Die Absätze 3 und 6 stellen Anforderungen an die sachliche und personelle Ausstattung der nationalen Aufsichtsbehörden auf. Denn ein effektiver Vollzug kann nur durch Behörden gefördert und unterstützt werden, die entsprechend ausgestattet sind und ist Ausfluss von Art. 4 Abs. 3 EUV.

17 Die Mitgliedstaaten haben deshalb dafür zu sorgen, dass die Behörden mit angemessenen technischen, finanziellen Mitteln und geeignetem Personal und Infrastrukturen ausgestattet werden (Abs. 3 S. 1). Dies entspricht im Wesentlichen den Anforderungen an die Datenschutzbehörden aus Art. 52 Abs. 4 DS-GVO.

18 Die Verordnung geht aber über die datenschutzrechtlichen Anforderungen noch hinaus und präzisiert die Anforderungen an das Personal in S. 2: Danach muss eine ausreichende Anzahl von Mitarbeitenden bereitgestellt werden, die ein tiefes Verständnis von KI-Technologie, Daten und Datenverarbeitung, dem Schutz personenbezogener Daten, der Cybersicherheit, der Grundrechte, der Gesundheits- und Sicherheitsrisiken mitbringen und sich mit den einschlägigen bestehenden rechtlichen Vorgaben auskennen.

19 Mit Ausnahme des tiefen Verständnisses der KI-Technologie liest sich diese Anforderungsliste wie eine Stellenausschreibung für Datenschutzbeauftragte und zeigt deutlich, wie eng Datenschutz und KI-Aufsicht miteinander verzahnt sein

---

[9] Außerhalb des Datenschutzrechts: EuGH BeckRS 2018, 11052 Rn. 67; 2020, 11948 Rn. 32; ZEuP 2022: 456 (458).

[10] Martini/Wendehorst/Roth-Isigkeit Art. 70 Rn. 14.

[11] BVerfG NJW 2019, 3204 Rn. 212: „Das [die Absenkung der dem. Legitimation] ist im Ergebnis noch hinnehmbar, weil die Einflussknicke durch besondere Vorkehrungen kompensiert werden, die der demokratischen Rückbindung ihres hier in Rede stehenden Handelns dienen: Rechtsschutzmöglichkeiten (a) sowie Rechenschafts- und Berichtspflichten der EZB gegenüber den Organen der Europäischen Union (b) und den nationalen Parlamenten (c)".

werden.[12] Dennoch ist darin keine inhaltliche Richtungsentscheidung des Verordnungsgebers zu sehen, es macht allerdings deutlich, dass die Datenschutzaufsichtsbehörden die nötigen Kompetenzen mitbringen würden. Zum Austausch mit den Datenschutzbehörden regelt → Abs. 8 Rn. 30 entsprechende Kooperationspflichten. Zur Dokumentation und Aktualisierung bewerten die Mitgliedstaaten jährlich die Anforderungen bezüglich Kompetenzen und Ressourcen nach Abs. 3 S. 3.

Verfahrenstechnisch überwachen die Kommission und das KI-Gremium die angemessene Ausstattung der nationalen Aufsichtsbehörden nach Abs. 6. Zum Stichtag des 2.8.2025 und darauffolgend alle zwei Jahre müssen die Mitgliedstaaten der Kommission Bericht über die finanziellen Mittel, der Personalaustattung und ihrer eigenen Einschätzung der Angemessenheit übermitteln. Die Kommission leitet diese Berichte gem. Abs. 6 S. 2 an das KI-Gremium Art. 65 weiter, das diese erörtern und ggf. Empfehlungen abgeben kann. Insbesondere die finanzielle Ausstattung der Behörden dürfte sich schon aufgrund der divergierenden Finanzlagen der Mitgliedstaaten erheblich unterscheiden. Konkrete Zahlen bezüglich Mitarbeiter:innen oder finanziellen Ressourcen gibt die Verordnung nicht vor, dies liegt auch in der Entscheidungskompetenz der Mitgliedstaaten im Einzelfall, solange grundsätzlich ein effektiver Vollzug gewährleistet ist. **20**

4. Sicherheit (Abs. 4)

Die Behörden ergreifen nach Abs. 4 geeignete Maßnahmen zur Sicherstellung eines angemessenen Maßes an Cybersicherheit. Das angemessene Maß wird in der Verordnung nicht weiter präzisiert und dürfte sich daher nach den nationalen Vorgaben richten. Die Vorgabe hat daher in den meisten Fällen deklaratorische Bedeutung. **21**

In manchen Mitgliedstaaten gehört die Verwaltung oder Teile der Verwaltung zur kritischen Infrastruktur, sodass sich daraus besondere Anforderungen ergeben können. Innerhalb der Verordnung regelt Art. 78 Abs. 2 ebenfalls Anforderungen an die Cybersicherheit der Marktüberwachungsbehörden und notifizierenden Stellen, dort im Kontext der Wahrung der Vertraulichkeit und Datensicherheit. Demgegenüber ist Abs. 4 die allgemeine Verpflichtung, eine sichere Behördeninfrastruktur aufzubauen bzw. zu betreiben. Parallel zum Datenschutzrecht ist dafür mindestens die Einrichtung einer behördeninternen zuständigen Stelle wie einer Beauftragten für Cybersicherheit erforderlich.[13] **22**

5. Vertraulichkeit (Abs. 5)

Nach dem deklaratorischen Abs. 5 unterliegen die Behörden den Vertraulichkeitspflichten, dies gilt ohnehin direkt gem. Art. 78. **23**

III. Mitteilungen an die Kommission und zentrale Anlaufstelle (Abs. 2)

Gem. Abs. 2 teilen die Mitgliedstaaten der Kommission die Namen der zuständigen notifizierenden und Marktüberwachungsbehörden mit. Zudem **24**

---

[12] Dazu auch Knoblich/Krimphove BKR 2024, 843 (845 f.).
[13] Vgl. auch Martini/Wendehorst/Roth-Isigkeit Art. 70 Rn. 26.

sind der Aufgabenzuschnitt der Behörden sowie alle späteren Änderungen zu übermitteln. Sinn und Zweck ist es, der Kommission einen Überblick über die Aufsichtsstrukturen in den Mitgliedstaaten zu verschaffen und zudem die Umsetzung der Anforderungen des Art. 70 und Art. 28 kontrollieren zu können.

25 Einen weiteren Adressatenkreis spricht die Veröffentlichungspflicht des Abs. 2 S. 2 an, wonach die Mitgliedstaaten Informationen darüber, wie die zuständigen Behörden und zentralen Anlaufstellen bis zum 2.8.2025 kontaktiert werden können, öffentlich zugänglich gestalten sollen. Zentrale Anlaufstellen sind nach S. 3 durch die Mitgliedstaaten zu benennen, es soll sich dabei um eine Marktüberwachungsbehörde handeln. Dabei suggeriert der Wortlaut etwas missverständlich, dass es sich bei der zentralen Anlaufstelle um eine eigenständige Einheit handelt, es ist jedoch eine Aufgabenzuweisung an die Marktüberwachungsbehörden.

26 Auch diesbezüglich erstellt die Kommission eine öffentlich zugängliche Liste der zentralen Anlaufstellen, um Anbieter:innen, Nutzer:innen und Betroffene von KI-Systemen unionsweit zu informieren. Die Kontaktaufnahmemöglichkeiten müssen schon deshalb transparent vermittelt werden, damit das Recht auf Beschwerde bei einer Marktüberwachungsbehörde nach Art. 85 effektiv wahrgenommen werden kann.

IV. Erfahrungsaustausch, Beratung (Abs. 7, 8)

27 Gem. Abs. 7 fördert die Kommission den Erfahrungsaustausch zwischen den zuständigen nationalen Behörden. Dieser Formulierung dürfte aufgrund ihrer fehlenden Präzision keine Rechtswirkung zukommen, da sich der Grundsatz der Zusammenarbeit bereits aus den allgemeinen Grundsätzen des Unionsrechts im Allgemeinen und im Speziellen der Verordnung aus den Vorschriften zum KI-Gremium Art. 65 folgt.

28 Das KI-Gremium sieht zudem eine eigene Untergruppe für den Erfahrungsaustausch zwischen den Behörden vor (Art. 65 Abs. 6), ohne dass die Kommission dies initiieren müsste. Zudem sind neben dem Austausch der Marktüberwachungsbehörden untereinander davon auch Angelegenheiten umfasst, die Marktüberwachungsbehörden und notifizierende Stellen betreffen („Behörden über Angelegenheiten, die jeweils die Marktüberwachung und notifizierte Stellen betreffen, zu unterrichten"). Der Absatz ist ein weiteres Beispiel für die sehr umfangreiche Norm, deren Wortlaut im Hinblick auf den tatsächlichen Regelungsgehalt hätte wesentlich entschlackt werden können.

29 Darüber hinaus räumt die Norm in Abs. 8 den nationalen Behörden die Möglichkeit ein „insbesondere KMU, einschließlich Start-up-Unternehmen" bei der Durchführung der Verordnung zu unterstützen, unter Berücksichtigung der Anleitung von KI-Gremium und Kommission. Dadurch steht es den Behörden grundsätzlich offen auch andere Firmen und Anbieter:innen zu unterstützen. Inwieweit sich diese Unterstützungsleistungen („zur Seite stehen") in die zahlreichen weiteren Koordinations-, Unterstützungs- und Beratungsangebote von KI-Gremium und Kommission sowie den spezifischen Privilegierungen von KMUs (Art. 62) einfügen, wird nicht geklärt.

30 Satz 2 stellt klar, dass bei Bereitstellung von Anleitung und Beratung in Bezug auf Systeme, die unter das Unionsrecht fallen, die nach Unionsrecht zuständigen

nationalen Behörden zu kontaktieren sind. Damit sind Systeme gemeint, die untere andere Rechtsvorgaben als die der Verordnung fallen, insbesondere kommt die DS-GVO hier in Betracht. Dass die anderen national zuständigen Behörden hier zu konsultieren sind, ergibt sich auch aus der innerstaatlichen Kompetenzverteilung sowie dem Grundsatz des effektiven Vollzugs des Unionsrechts. Praktisch wird insbesondere eine Abstimmung mit den Datenschutzbehörden in Betracht kommen.[14]

V. Stellen der Union (Abs. 9)

Wie im Datenschutzrecht übernimmt der Europäische Datenschutzbeauftragte 31 als zuständige Aufsichtsbehörde die Überwachung der Einhaltung der Verordnung für Organe, Einrichtungen und sonstige Stellen der Union.

VI. Rechtpolitische Diskussion

In der deutschen Diskussion sind die Anforderungen an die Ausgestaltung 32 der Aufsichtsbehörden, insbesondere das nötige Maß der Unabhängigkeit, umstritten. Das Positionspapier der Konferenz der unabhängigen Datenschutzaufsichtsbehörden des Bundes und der Länder vom 3.5.2024[15] schlägt vor, die Bundesbeauftragte für Datenschutz und Informationssicherheit sowie die Landesdatenschutzbehörden als Marktüberwachungsbehörden zu benennen. Wenn ein KI-System bundesweit als Produkt angeboten wird (was in den meisten Fällen privatwirtschaftlicher Systeme gegeben sein dürfte), soll die Zuständigkeit beim Bund liegen. Der Beschluss argumentiert, dass Behörden und Bürger:innen es bei einer solchen Bündelung der Zuständigkeiten nur mit einer Aufsichtsbehörde zu tun hätten und zudem eine einheitliche Anwendung der Verordnung durch die Einrichtung weiterer Marktüberwachungsbehörden kaum zu erreichen sei. Die Datenschutzbehörden würden nicht nur über die einschlägige Fachkenntnis verfügen, sondern auch über eingespielte Kohärenz- und Kooperationsmechanismen.

Ein für die Bertelsmann Stiftung angefertigtes Gutachten hingegen spricht 33 sich für die Zentralisierung der Aufsichtsbefugnisse bei der Bundesnetzagentur aus.[16] Die Aufsicht über die Privatwirtschaft würde bei einer Übertragung an die Datenschutzbehörden zersplittern, da die BfDI die überwiegende KI-Aufsicht übernähme, die Datenschutzaufsicht aber weiterhin bei den Ländern bleiben würde. Als dritte Variante wurde ins Spiel gebracht, dass sich mehrere Behörden diese Aufgaben teilen oder dass eine gänzlich neue Behörde errichtet wird.[17]

---

[14] Zur Kooperationspflicht zwischen Wettbewerbsbehörde und Datenschutzaufsicht auch: EuGH GRUR 2023, 1131 Rn. 54 ff.

[15] https://www.datenschutzkonferenz-online.de/media/dskb/20240503_DSK_Positionspapier_Zustaendigkeiten_KI_VO.pdf.

[16] Martini/Botta Nationale KI-Aufsicht S. 7 ff.

[17] Siehe bspw. https://www.tagesschau.de/wirtschaft/digitales/ai-act-kuenstliche-intelligenz-regulierung-100.html; https://www.interface-eu.org/publications/deutsche-stellen-mit-ansaetzen-zur-aufsicht-von-kuenstlicher-intelligenz-ki.

Kapitel VIII. EU-Datenbank für Hochrisiko-KI-Systeme

Art. 71* EU-Datenbank für die in Anhang III aufgeführten Hochrisiko-KI-Systeme

(1) [1]Die Kommission errichtet und führt in Zusammenarbeit mit den Mitgliedstaaten eine EU-Datenbank mit den in den Absätzen 2 und 3 dieses Artikels genannten Informationen über Hochrisiko-KI-Systeme nach Artikel 6 Absatz 2, die gemäß den Artikeln 49 und 60 registriert werden und über KI-Systeme, die nicht als Hochrisiko-KI-Systeme gemäß Artikel 6 Absatz 3 gelten und gemäß Artikel 6 Absatz 4 und Artikel 49 registriert werden. [2]Bei der Festlegung der Funktionsspezifikationen dieser Datenbank konsultiert die Kommission die einschlägigen Sachverständigen und bei der Aktualisierung der Funktionsspezifikationen dieser Datenbank konsultiert sie das KI-Gremium.

(2) Die in Anhang VIII Abschnitte A und B aufgeführten Daten werden vom Anbieter oder gegebenenfalls vom Bevollmächtigten in die EU-Datenbank eingegeben.

(3) Die in Anhang VIII Abschnitt C aufgeführten Daten werden vom Betreiber, der eine Behörde, Einrichtung oder sonstige Stelle ist oder in deren Namen handelt, gemäß Artikel 49 Absätze 3 und 4 in die EU-Datenbank eingegeben.

(4) [1]Mit Ausnahme des in Artikel 49 Absatz 4 und Artikel 60 Absatz 4 Buchstabe c genannten Abschnitts müssen die gemäß Artikel 49 in der Datenbank registrierten und dort enthaltenen Informationen auf benutzerfreundliche Weise zugänglich und öffentlich verfügbar sein. [2]Die Informationen sollten leicht handhabbar und maschinenlesbar sein. [3]Auf die gemäß Artikel 60 registrierten Informationen können nur Marktüberwachungsbehörden und die Kommission zugreifen, es sei denn, der zukünftige Anbieter oder der Anbieter hat seine Zustimmung dafür erteilt, dass die Informationen auch öffentlich zugänglich sind.

(5) [1]Die EU-Datenbank enthält personenbezogene Daten nur, soweit dies für die Erfassung und Verarbeitung von Informationen gemäß dieser Verordnung erforderlich ist. [2]Zu diesen Informationen gehören die Namen und Kontaktdaten der natürlichen Personen, die für die Registrierung des Systems verantwortlich sind und die rechtlich befugt sind, den Anbieter oder gegebenenfalls den Betreiber zu vertreten.

(6) [1]Die Kommission gilt als für die EU-Datenbank Verantwortlicher. [2]Sie stellt Anbietern, zukünftigen Anbietern und Betreibern angemessene technische und administrative Unterstützung bereit. [3]Die EU-Datenbank muss den geltenden Barrierefreiheitsanforderungen entsprechen.

Übersicht

* Kapitel VIII (Art. 71) gilt gem. Art. 113 UAbs. 2 ab 2.8.2026.

I. Überblick

Die Vorschriften der Art. 49 und Art. 60 sehen für Anbieter und öffentliche Betreiber die Pflicht vor, unter bestimmten Umständen ihre Hochrisiko-KI-Systeme in einer EU-Datenbank zu registrieren. Die EU-Kommission wird deshalb in Zusammenarbeit mit den Mitgliedstaaten verpflichtet, eine solche Datenbank zu errichten und zu führen. In den vergangenen Jahren hatte die EU-Kommission bereits zu Zwecken der Transparenz und Kontrolle in anderen Bereichen EU-Datenbanken in die Gesetzgebung einfließen lassen, etwa im Bereich von klinischen Prüfungen,[1] chemischen Stoffen[2] oder Medizinprodukte.[3] EUDAMED dient der Kommission dabei als naheliegende funktionale Blaupause für eine zentrale, mehrsprachige und öffentlich zugängliche Produkt-/Systemdatenbank. Vorliegend verpflichtet werden nicht nur private Anbieter von Hochrisiko-KI-Systemen, sondern auch öffentliche Betreiber, also Behörden, öffentliche Einrichtungen oder sonstige Stellen sowie ihre Bevollmächtigten. Auch solche Anbieter, die in einer Risikobewertung nach Art. 6 Abs. 3 zur **1**

[1] VERORDNUNG (EU) Nr. 536/2014 DES EUROPÄISCHEN PARLAMENTS UND DES RATES vom 16.4.2014 über klinische Prüfungen mit Humanarzneimitteln und zur Aufhebung der Richtlinie 2001/20/EG, hier Art. 81.

[2] VERORDNUNG (EG) Nr. 1907/2006 DES EUROPÄISCHEN PARLAMENTS UND DES RATES vom 18.12.2006 zur Registrierung, Bewertung, Zulassung und Beschränkung chemischer Stoffe (REACH), zur Schaffung einer Europäischen Chemikalienagentur, zur Änderung der Richtlinie 1999/45/EG und zur Aufhebung der Verordnung (EWG) Nr. 793/93 des Rates, der Verordnung (EG) Nr. 1488/94 der Kommission, der Richtlinie 76/769/EWG des Rates sowie der Richtlinien 91/155/EWG, 93/67/EWG, 93/105/EG und 2000/21/EG der Kommission, hier Art. 77.

[3] VERORDNUNG (EU) 2017/745 DES EUROPÄISCHEN PARLAMENTS UND DES RATES vom 5.4.2017 über Medizinprodukte, zur Änderung der Richtlinie 2001/83/EG, der Verordnung (EG) Nr. 178/2002 und der Verordnung (EG) Nr. 1223/2009 und zur Aufhebung der Richtlinien 90/385/EWG und 93/42/EWG des Rates, hier Art. 33.

Erkenntnis gelangt sind, dass kein erhebliches Risiko der Beeinträchtigung in Bezug auf die Gesundheit, Sicherheit oder Grundrechte natürlicher Personen und damit kein Hochrisiko-KI-System vorliegt, sind zur Eintragung verpflichtet.[4] Demgegenüber sind Hochrisiko-KI-Systeme nach Art. 6 Abs. 1 (sicherheitsbezogene Produkt-Kontexte mit Dritt-Konformitätsbewertung) nicht in der Unionsdatenbank zu registrieren. Auch Hochrisiko-KI-Systeme im Bereich kritischer Infrastrukturen fallen nach Art. 49 Abs. 5 aus dem Pflichtenkreis heraus, sie sind nur auf nationaler Ebene zu registrieren.[5] Anzugeben sind neben den Anbieterinformationen ua Zweckbestimmung, Systembeschreibung und Status des KI-Systems sowie Angaben zur EU-Konformität (Anhang VIII). Die einzutragenden Inhalte müssen in der Datenbank auf benutzerfreundliche Weise zugänglich und öffentlich verfügbar sowie leicht handhabbar und maschinenlesbar sein. Verantwortliche für die Datenbank, und damit auch ihre Cybersicherheit, ist die EU-Kommission. Erwgr. 131 nimmt im Hinblick auf den Begriff des „Verantwortlichen" explizit Bezug auf die EU-Verordnung 2018/1725.[6]

1. Normzweck

2 Hintergrund und Zweck von Art. 71 ist es, die Transparenz und Nachvollziehbarkeit von Hochrisiko-KI-Systemen zu erhöhen, indem die EU-Kommission eine zentrale EU-Datenbank einrichtet, in der Anbieter und öffentliche Betreiber solcher Systeme registriert werden müssen.[7] Dies soll die Arbeit der Europäischen Kommission und der Mitgliedstaaten erleichtern, indem es ihnen ermöglicht, einen besseren Überblick über die eingesetzten Hochrisiko-KI-Systeme zu behalten und deren Einhaltung der gesetzlichen Vorschriften zu überwachen.[8] Die Verordnung stellt sicher, dass die Öffentlichkeit Zugang zu wichtigen Informationen über Hochrisiko-KI-Systeme hat, was das Vertrauen in diese Technologien stärken soll. Gleichzeitig werden sensible Informationen, insbesondere solche, die in den Bereichen Strafverfolgung, Migration, Asyl und Grenzkontrolle verwendet werden, in einem gesicherten, nicht öffentlichen Teil der Datenbank gespeichert, um die Sicherheit und den Datenschutz zu gewährleisten. Kapitel VIII (einschließlich Art. 71) gilt gemäß Art. 113 Unterabs. 2 ab dem 2.8.2026.

2. Historie

3 Die ursprünglich von der EU-Kommission in ihrem ersten Entwurf der KI-Verordnung aus 2021[9] vorgesehene Regelung zur Einführung einer EU-Datenbank für Hochrisiko-KI-Systeme sah im damaligen Art. 60 noch einen schlanken

[4] Wendt in Wendt/Wendt, Das neue Recht der Künstlichen Intelligenz, § 8 Rn. 45.

[5] Ebers/Streitbörger RDi 2024, 393 (398).

[6] Verordnung (EU) 2018/1725 des Europäischen Parlaments und des Rates vom 23.10.2018 zum Schutz natürlicher Personen bei der Verarbeitung personenbezogener Daten durch die Organe, Einrichtungen und sonstigen Stellen der Union, zum freien Datenverkehr und zur Aufhebung der Verordnung (EG) Nr. 45/2001 und des Beschlusses Nr. 1247/2002/EG (Text von Bedeutung für den EWR.), hier Art. 3 Nr. 8.

[7] Steinrötter/Stamenov in Möslein/Omlor, FinTech-Handbuch, § 12 Rd. 50p.

[8] Orssich EuZW 2022, 254 (260).

[9] Vorschlag für eine Verordnung des Europäischen Parlaments und des Rates zur Festlegung harmonisierter Vorschriften für künstliche Intelligenz (Gesetz über künstliche Intelligenz) und zur Änderung bestimmter Rechtsakte der Union, COM(2021) 206.

Pflichtenkatalog vor. Eintragungspflichtig waren hiernach lediglich Anbieter von Hochrisiko-KI-Systemen, nicht deren öffentliche Betreiber. Ebenfalls früh etabliert wurde die Trennung in einen öffentlich zugänglichen und einen nur für Marktüberwachungsbehörden und die Kommission zugänglichen Datenbankteil. Auf Veranlassung von EU-Parlament und Rat erfolgte im Verlauf des Triloges auch die Unterteilung der Liste der in der Datenbank anzugebenden Informationen in drei Abschnitte (Hochrisiko-KI nach Art. 6 Abs. 2, Hochrisiko-KI nach Art. 6 Abs. 3, öffentliche Betreiber).

II. Inhalt der Norm

1. EU-Datenbank (Abs. 1)

a) Errichtung und Führung. Die Datenbank ist von der EU-Kommission zu errichten und zu führen. Sie ist gem. Abs. 6 Verantwortliche und übernimmt damit auch den Aufbau, die Pflege, die technische und organisatorische Verwaltung sowie die entstehenden Kosten. Gemäß Art. 71 Abs. 1 S. 2 und Erwgr. 131 umfasst die Errichtung der Datenbank auch die Entwicklung von funktionalen Spezifikationen (siehe hierzu Ziffer II.1.c). Erwägungsgrund 131 sieht ergänzend einen unabhängigen Prüfbericht zur Sicherstellung der vollen Funktionsfähigkeit der EU-Datenbank vor. Zudem bedeutet die Übernahme der obigen Verantwortung eine Gewährleistung der notwendigen Cybersicherheit (Erwgr. 131 Satz 12) sowie nach Absatz 5 die Umsetzung datenschutzrechtlicher Vorgaben. 4

Einrichtung und Führung erfolgen in Zusammenarbeit mit den Mitgliedstaaten. Diese sind insbesondere für die Hochrisiko-KI-Systeme im Bereich der kritischen Infrastrukturen allein zuständig (Art. 49 Abs. 1, Erwgr. 131 S. 9), so dass eine Registrierungspflicht in der Datenbank nach Anhang III Nr. 2 entfällt. Die Mitgliedstaaten sind allerdings für die Errichtung von KI-Reallaboren zuständig (Art. 57 Abs., 1), in denen unter strengen Voraussetzungen auch das Testen grundsätzlich verbotener KI-Systeme nach Art. 5 möglich und zulässig ist (Art. 60 Abs. 1). Für jeden Test ist unter Mitwirkung der Mitgliedsstaaten eine unionsweit einmalige Identifikationsnummer einzuholen und eine Registrierung in der Datenbank unter Angabe der Identifizierungsnummer vorzunehmen (Art. 60 Abs. 4 lit. c). Die hierfür einzutragenden Angaben folgen nicht aus Art. 71 selbst, sondern aus Anhang IX, auf den Art. 60 Abs. 4 lit. c ausdrücklich verweist. Die Mitgliedstaaten als Verantwortliche für die Reallabore (Art. 57) müssen daher selbst Zugriff auf die Datenbank haben, weshalb die Einrichtung und Führung durch die EU-Kommission in Zusammenarbeit mit den Mitgliedsstaaten erfolgt. 5

b) Personenkreis der Registrierungspflichtigen. Die Registrierungspflicht obliegt nicht nur privaten Anbietern von Hochrisiko-KI-Systemen (wie noch im ursprünglichen Entwurf der EU-Kommission aus 2021 vorgesehen), sondern auch öffentlichen Betreibern (siehe hierzu Ziffer II.3). Aufgenommen in die Liste der Verpflichteten wurden im Rahmen des Triloges auch Anbieter von KI-Systemen, die aufgrund einer eigenen Risikobewertung nach Art. 6 Abs. 3 eigentlich den Hochrisiko-KI-Pflichten nicht unterliegen. Sie sind nach Art. 6 Abs. 4 iVm Art. 49 Abs. 2 registrierungspflichtig. Hochrisiko-KI-Systeme nach Art. 6 Abs. 1 iVm Anhang I, also solche, die besonderen, produktbezogenen Harmonisierungsvorgaben unterliegen (wie Maschinen, Aufzüge, Seilbahnen oder Medizinpro- 6 dukte), müssen nicht registriert werden. Aus Erwgr. 131 Satz 3 (*„Andere Betreiber sollten berechtigt sein, dies freiwillig zu tun"*) ergibt sich, dass sich auch Betreiber von KI-Systemen in der Datenbank registrieren können, die keiner Registrierungspflicht unterliegen, etwa aus Gründen einer öffentlichen Unterstreichung der eigenen Compliance.

7 **c) Funktionsspezifikationen.** Bei der Einrichtung der Datenbank ist es geboten, bestimmte Funktionsspezifikationen festzulegen. Die EU-Kommission als Betreiber und Verantwortliche ist nach Art. 71 Abs. 1 S. 2 verpflichtet, hierbei die einschlägigen Sachverständigen und bei der späteren Aktualisierung der Datenbank das KI-Gremium (siehe Art. 65) zu konsultieren. Der Begriff der „einschlägigen Sachverständigen" taucht in Art. 66 lit. h) in Verbindung mit dem KI-Gremium in ähnlicher Form auf, wird jedoch nicht, auch in den Erwägungsgründen, legaldefiniert. Möglich ist, dass der Gesetzgeber die unabhängigen Sachverständigen nach Art. 68 meint, die dem „wissenschaftlichen Gremium" angehören. Andererseits verwendet Erwgr. 116 im Zusammenhang mit dem Büro für Künstliche Intelligenz die Formulierung „Sachverständige einschließlich des wissenschaftlichen Gremiums", was den möglichen Kreis „einschlägiger Sachverständiger" deutlich erweitert.

8 Gemäß Art. 71 Abs. 1 S. 2 konsultiert die Kommission die einschlägigen Sachverständigen; ergänzend sieht Erwgr. 131 vor, dass das Verfahren für die Einrichtung der Datenbank auch einen unabhängigen Prüfbericht umfasst. Nähere Umstände für diesen Prüfbericht ergeben sich aus der KI-VO nicht, insbesondere nicht, von wem dieser Prüfbericht zu erstellen ist und ob sich dieser auf die Datenbank insgesamt beziehen soll oder nur auf die Entwicklung von funktionalen Spezifikationen. Da im Erwgr. 131, S. 11 jedoch die „volle Funktionsfähigkeit der EU-Datenbank" in den Vordergrund gestellt wird, dürfte sich der Prüfbericht auf die Datenbank insgesamt beziehen.

2. Privatanbieter (Abs. 2)

9 **a) Eintragungspflicht.** Art. 71 Abs. 2 regelt die Registrierungspflicht privater Anbieter. Ist der Anbieter nicht in der Union ansässig, so erfolgt die Registrierung durch den Bevollmächtigten iSd Art. 3 Nr. 5, die nach Art. 22 insbesondere im Hinblick auf Hochrisiko-KI-Systeme umfangreichen Pflichten[10] ausgesetzt sind (Erwgr. 82). Zwar enthält Erwgr. 131 in S. 3 den Hinweis, dass auch nicht registrierungspflichtige „Betreiber" sich freiwillig in die Datenbank eintragen lassen können. Allerdings dürfte dieser Hinweis in den Erwägungsgründen so zu lesen sein, dass auch „Anbieter" von KI-Systemen freiwillig die Registrierung vornehmen können.

10 Das konkrete Verfahren zur Vornahme der Eintragung ist in der KI-VO nicht beschrieben. Art. 71 Abs. 6 S. 2 sieht jedoch vor, dass die EU-Kommission den betreffenden Anbietern und Betreibern angemessene technisch und administrative Unterstützung bereitstellt. Hieraus dürfte sich ergeben, dass eine Registrierung auch eigenständig durch den jeweils Verpflichteten vorgenommen werden können muss. In zeitlicher Hinsicht greifen die Vorgaben aus Art. 49 Abs. 1, wonach die Registrierung vor dem Inverkehrbringen oder der Inbetriebnahme des Hochrisiko-KI-Systems zu erfolgen hat.

---

[10] Wendt in Wendt/Wendt, Das neue Recht der Künstlichen Intelligenz, § 6 Rn. 27–34.

Die bereitgestellten Informationen sind nach der Erstbereitstellung auf dem neuesten Stand zu halten (Anhang VIII sowie – für Tests – Anhang IX). Zudem weist Erwägungsgrund 131 ausdrücklich auf die Eintragung „jeder wesentlichen Änderung" hin. 11

Bei Verstößen kommen Anordnungen nach Art. 83 sowie Bußgelder nach Art. 99 Abs. 4 lit. a in Betracht; im Übrigen können Marktüberwachungsbehörden die Bereitstellung beschränken oder untersagen.

b) Informationen. Abs. 2 enthält Angaben zum notwendigen Inhalt der Registrierung. Die Vorschrift verweist auf Anhang VIII Abschnitte A und B, wo die einzelnen Kategorien der Informationen aufgezählt werden. 12

Abschnitt A von Anhang VIII enthält die notwendigen Informationen, die von Anbietern von Hochrisiko-KI-Systemen nach Art. 6 Abs. 2 einzutragen und ständig zu aktualisieren sind. Dies sind Kontaktdaten des Anbieters bzw. Bevollmächtigtem (1.-3.), Handelsnamen und Angaben zur Identifizierung sowie Rückverfolgbarkeit des Systems (4.), Beschreibung von Zweckbestimmung und unterstützter Komponenten bzw. Funktionen (5.), eine grundlegende und knappe Beschreibung („basic and concise description") der vom System verwendeten Informationen (Daten, Eingaben) und seiner Betriebslogik (6.), Status zum Produkt, etwa „in Verkehr", „in Betrieb", „zurückgerufen" (7.), Angaben oder eine Kopie (9.) zur Bescheinigung sowie Name und Identifizierungsnummer der notifizierten Stelle nach Art. 31 (8.), Nennung der Mitgliedstaaten, in dem das Hochrisiko-KI-System in Verkehr gebracht, in Betrieb genommen oder bereitgestellt wurde (10.), Kopie der EU-Konformitätserklärung nach Art. 47 (11.), elektronische Betriebsanleitungen mit Ausnahme der Bereiche Strafverfolgung oder Migration, Asyl und Grenzkontrolle nach Anhang III Nr. 1, 6 und 7 (12.) sowie fakultativ eine URL-Adresse für zusätzliche Informationen (13.). Die gebotene Knappheit bei Nr. 6 sowie der Transparenzzweck erlauben regelmäßig eine strukturierte Kurzbeschreibung ohne Offenlegung von Geschäftsgeheimnissen im öffentlichen Teil; ausführlicher darzustellen sind hingegen Zweckbestimmung und unterstützte Komponenten/Funktionen (Nr. 5). Für die Bereiche Strafverfolgung, Migration, Asyl und Grenzkontrolle (Art. 49 Abs. 4) sind nach Anhang VIII Abschnitt A nur die Daten nach Nr. 1–5, 7 und 10 einzutragen; die Angaben nach Nr. 6, 8 und 9 entfallen; eine Veröffentlichung erfolgt ausschließlich im nicht-öffentlichen Teil. 13

Abschnitt B von Anhang VIII zählt die bereitzustellenden Informationen von Anbietern nach Art. 6 Abs. 4 auf, also solchen Hochrisiko-KI-Anbietern, deren Risikobewertung ergeben hat, dass das System nicht hochriskant ist. Dies sind Kontaktdaten des Anbieters bzw. Bevollmächtigtem (1.-3.), Handelsnamen und Angaben zur Identifizierung sowie Rückverfolgbarkeit des Systems (4.), Beschreibung der Zweckbestimmung (5.), die Bedingungen (6.) und Gründe (7.), aufgrund derer das KI-System nicht als Hochrisiko-System eingestuft wurde, Status zum Produkt (8.) sowie Nennung der Mitgliedstaaten, in dem das KI-System in Verkehr gebracht, in Betrieb genommen oder bereitgestellt wurde (10.). In den Bereichen nach Art. 49 Abs. 4 sind hierfür nur die Angaben nach Abschnitt B Nr. 1–5 sowie Nr. 8 und 9 bereitzustellen. 14

Die zuständigen Behörden können im Rahmen ihrer Befugnisse aus Art. 6 Abs. 4 und Art. 74 vom Registrierenden ergänzende Informationen zum KI-System anfordern. 15

3. Öffentliche Stellen (Abs. 3)

16 **a) Eintragungspflicht.** Öffentliche Stellen wie Behörden oder öffentliche Einrichtungen waren im ursprünglichen Entwurf der EU-Kommission aus 2021[11] nicht von einer Registrierungspflicht umfasst. Infolge der besonderen Grundrechtsbindung und des erhöhten Gefährdungsrisikos wurden diese und ihre Bevollmächtigten jedoch im Rahmen des Triloges als registrierungspflichtige Betreiber in die KI-VO[12] aufgenommen. In den Bereichen Strafverfolgung, Migration, Asyl und Grenzkontrolle reduziert Art. 49 Abs. 4 den öffentlich zugänglichen Umfang; Zugriff erhalten dort nur Kommission und zuständige nationale Behörden.

17 **b) Informationen.** Der Umfang an Informationspflichten fällt bei öffentlichen Betreibern aufgrund des Geheimhaltungsinteresses (insbesondere bei der Strafverfolgung) deutlich geringer aus. Einzutragen und auf dem neuesten Standzu aktualisieren sind nach Anhang VIII Abschnitt C lediglich Kontaktdaten des öffentlichen Betreibers (1.), Kontaktdaten des übermittelnden Vertreters (2.), die URL des Eintrags des verwendeten Hochrisiko-KI-Systems durch den Anbieter in der Datenbank (3.) sowie eine Zusammenfassung der Ergebnisse aus der durchgeführten Grundrechte-Folgenabschätzung (4.) und ggf. Datenschutz-Folgenabschätzung (5.). In den Bereichen Strafverfolgung, Migration, Asyl und Grenzkontrolle beschränkt sich der einzutragende Umfang auf die Angaben nach Nr. 1–3; die Inhalte sind dort nicht öffentlich zugänglich.

4. Datenbankgestaltung (Abs. 4)

18 Die in der Datenbank von den Anbietern und öffentlichen Betreibern von Hochrisiko-KI-Systemen registrierten Informationen müssen grundsätzlich auf benutzerfreundliche Weise zugänglich, öffentlich verfügbar sowie leicht handhabbar und maschinenlesbar sein.

19 **a) Gestaltungsanforderungen.** Die Inhalte der Datenbank sind „auf benutzerfreundliche Weise zugänglich" und „öffentlich verfügbar" auszugestalten; der Zugang erfolgt kostenfrei und ohne Anmeldung. Dazu gehören insbesondere eine intuitiv navigierbare Nutzeroberfläche, eine Stichwortsuche und indexierbare Datenstrukturen. Die Datenbank muss von der EU-Kommission so entwickelt werden, dass sie „benutzerfreundlich zugänglich" ist (Erwgr. 131 S. 5), was eine intuitive Navigation und eine klare Verständlichkeit der bereitgestellten Informationen voraussetzt. Zusätzlich muss die Datenbank nach Art. 71 Abs. 6 S. 3 geltenden Anforderungen zur Barrierefreiheit entsprechen, um den Zugang für alle Nutzergruppen sicherzustellen, insbesondere unter Einhaltung der EU-Richtlinie 2019/882.[13]

20 Zudem sind die Informationen „leicht handhabbar" und „maschinenlesbar" zur Verfügung zu stellen. Maschinenlesbar ist „ein Dateiformat, wenn es so strukturiert ist, dass Softwareanwendungen konkrete Daten, einschließlich einzelner

[11] Vorschlag für eine Verordnung des Europäischen Parlaments und des Rates zur Festlegung harmonisierter Vorschriften für künstliche Intelligenz (Gesetz über künstliche Intelligenz) und zur Änderung bestimmter Rechtsakte der Union, COM(2021) 206, hier Art. 60.

[12] Konkret Art. 49 Abs. 3.

[13] Richtlinie (EU) 2019/882 des Europäischen Parlaments und des Rates vom 17.4.2019 über die Barrierefreiheitsanforderungen für Produkte und Dienstleistungen.

Sachverhaltsdarstellungen und deren interner Struktur, leicht identifizieren, erkennen und extrahieren können".[14] Diese Vorgaben der Maschinenlesbarkeit und leichten Handhabbarkeit gelten bereichsübergreifend, also auch für die nichtöffentlichen Teile der Datenbank (etwa für Art. 49 Abs. 4 und Art. 60 Abs. 4 lit. c).

b) Geringere Anforderungen. In den Fällen der Art. 49 Abs. 4 und 60 Abs. 4 lit. c gelten die Anforderungen der Benutzerfreundlichkeit und öffentlichen Zugänglichkeit nicht. Der Zugriff bleibt dort Kommission und zuständigen nationalen Behörden vorbehalten; bei Tests unter Realbedingungen kann der (künftige) Anbieter einer zusätzlichen Veröffentlichung zustimmen. Die Standards der Maschinenlesbarkeit und einfachen Handhabbarkeit bleiben hiervon allerdings unberührt. 21

Art. 49 Abs. 4 regelt, dass in den Bereichen Strafverfolgung, Migration, Asyl und Grenzkontrolle bestimmte Informationen zu Hochrisiko-KI-Systemen nur eingeschränkt zur Verfügung gestellt und auch nur der EU-Kommission und den nationalen Marktaufsichtsbehörden zugänglich gemacht werden. Der Zugriff der nationalen Behörden ist dabei an ihre jeweilige Zuständigkeit gebunden. 22

Werden Tests unter Realbedingungen nach Art. 60 durchgeführt, so gelten ebenfalls reduzierte Anforderungen hinsichtlich Transparenz und öffentlicher Verfügbarkeit. Art. 71 Abs. 4 S. 3 sieht vor, dass nur die EU-Kommission und die nationalen Marktüberwachungsbehörden Zugang zu den entsprechenden Informationen haben. Für Hochrisiko-KI-Systeme in den Bereichen des Art. 49 Abs. 4 sind nach Anhang IX lediglich die Angaben nach Nr. 1, 2, 3 und 5 einzutragen. Da derartige Tests im Regelfall isoliert von der breiten Öffentlichkeit ablaufen, besteht kein erhöhtes Informationsbedürfnis für Verbraucher. Auf Wunsch kann der Anbieter jedoch nach Art. 71 Abs. 4 S. 3 freiwillig Informationen veröffentlichen, um das Vertrauen in neue Systeme zu stärken. 23

5. Personenbezogene Daten (Abs. 5)

Abs. 5 enthält eine datenschutzrechtliche Rechtsgrundlage für die Verarbeitung personenbezogener Daten durch die EU-Kommission als Betreiber und Verantwortliche der Datenbank. Diese ist hiernach befugt, personenbezogene Daten zu verarbeiten, soweit dies für die Erfassung und Verarbeitung von Informationen erforderlich ist. Die Regelung bezieht sich auf die Ermächtigungsgrundlage des Art. 6 Abs. 1 lit. c der EU-Datenschutz-Grundverordnung, welche die Verarbeitung für zulässig erachtet, soweit diese zur Erfüllung einer entsprechenden, rechtlichen Verpflichtung erforderlich ist. 24

6. Verantwortlichkeit (Abs. 6)

Verantwortliche für die Errichtung und die Führung der Datenbank ist die EU-Kommission. Während in Abs. 1 noch von einer Zusammenarbeit mit den Mitgliedstaaten ausgegangen wird, verweist Abs. 6 auf eine alleinige Verantwortlichkeit der Kommission i.S.d. VO (EU) 2018/1725 25

. Eine gemeinsame Verantwortlichkeit mit Mitgliedstaaten oder Eintragenden ist trotz verteilter Lese-/Schreibrechte ausdrücklich nicht vorgesehen.

[14] RICHTLINIE 2013/37/EU DES EUROPÄISCHEN PARLAMENTS UND DES RATES vom 26.6.2013 zur Änderung der Richtlinie 2003/98/EG über die Weiterverwendung von Informationen des öffentlichen Sektors, hier Art. 1 Nr. 2.

26 S. 2 sieht vor, dass die EU-Kommission Anbietern, zukünftigen Anbietern und Betreibern angemessene technische und administrative Unterstützung bereitstellt. Diese Aufgabe ergibt sich bereits ihrer Rolle als Verantwortliche einer öffentlich verfügbaren und benutzerfreundlichen (Abs. 4) Datenbank. Standardangebote wie Service-Hotline, Service-Levels und Benutzerdokumentationen dürften unter den Begriff der technischen und administrativen Unterstützung fallen.

27 Die Datenbank ist nach Abs. 6 S. 3 zudem barrierefrei auszugestalten. Erwgr. 131 verweist diesbezüglich auf die Richtlinie 2019/882 über die Barrierefreiheitsanforderungen für Produkte und Dienstleistungen,[15] die in Deutschland durch Gesetz vom 16.7.2021[16] (Barrierefreiheitsstärkungsgesetz) umgesetzt wurde und nach Ablauf der Umsetzungsfrist ab dem 28.6.2025 gilt.

III. Durchsetzung und Sanktionen

28 Bei Nichtregistrierung können Marktüberwachungsbehörden die Nachholung binnen Frist anordnen und bei weiterer Nichtbefolgung die Bereitstellung des Systems auf dem Markt beschränken oder untersagen (Art. 83). Verstöße gegen die Registrierungspflicht sind nach Art. 16 lit. i i.V.m. Art. 99 Abs. 4 lit. a bußgeldbewehrt. Öffentliche Stellen und Einrichtungen der Union haben von der Nutzung nicht registrierter Hochrisiko-KI-Systeme abzusehen (Art. 26 Abs. 8 S. 2).

---

[15] Richtlinie (EU) 2019/882 des Europäischen Parlaments und des Rates vom 17.4.2019 über die Barrierefreiheitsanforderungen für Produkte und Dienstleistungen.

[16] Gesetz zur Umsetzung der Richtlinie (EU) 2019/882 des Europäischen Parlaments und des Rates über die Barrierefreiheitsanforderungen für Produkte und Dienstleistungen.

Kapitel IX. Beobachtung nach dem Inverkehrbringen, Informationsaustausch und Markküberwachung

Abschnitt 1. Beobachtung nach dem Inverkehrbringen

Art. 72* Beobachtung nach dem Inverkehrbringen durch die Anbieter und Plan für die Beobachtung nach dem Inverkehrbringen für Hochrisiko-KI-Systeme

(1) **Anbieter müssen ein System zur Beobachtung nach dem Inverkehrbringen, das im Verhältnis zur Art der KI-Technik und zu den Risiken des Hochrisiko-KI-Systems steht, einrichten und dokumentieren.**

(2) **[1]Mit dem System zur Beobachtung nach dem Inverkehrbringen müssen sich die einschlägigen Daten zur Leistung der Hochrisiko-KI-Systeme, die von den Anbietern oder den Betreibern bereitgestellt oder aus anderen Quellen erhoben werden können, über ihre gesamte Lebensdauer hinweg aktiv und systematisch erheben, dokumentieren und analysieren lassen, und der Anbieter muss damit die fortdauernde Einhaltung der in Kapitel III Abschnitt 2 genannten Anforderungen an die KI-Systeme bewerten können. [2]Gegebenenfalls umfasst die Beobachtung nach dem Inverkehrbringen eine Analyse der Interaktion mit anderen KI-Systemen. [3]Diese Pflicht gilt nicht für sensible operative Daten von Betreibern, die Strafverfolgungsbehörden sind.**

(3) **[1]Das System zur Beobachtung nach dem Inverkehrbringen muss auf einem Plan für die Beobachtung nach dem Inverkehrbringen beruhen. [2]Der Plan für die Beobachtung nach dem Inverkehrbringen ist Teil der in Anhang IV genannten technischen Dokumentation. [3]Die Kommission erlässt einen Durchführungsrechtsakt, in dem sie detaillierte Bestimmungen für die Erstellung eines Musters des Plans für die Beobachtung nach dem Inverkehrbringen sowie die Liste der in den Plan aufzunehmenden Elemente bis zum 2. Februar 2026 detailliert festlegt. [4]Dieser Durchführungsrechtsakt wird gemäß dem in Artikel 98 Absatz 2 genannten Prüfverfahren erlassen.**

(4) ***[1]*** **Bei Hochrisiko-KI-Systemen, die unter die in Anhang I Abschnitt A aufgeführten Harmonisierungsrechtsvorschriften der Union fallen, und für die auf der Grundlage dieser Rechtvorschriften bereits ein System zur Beobachtung nach dem Inverkehrbringen sowie ein entsprechender Plan festgelegt wurden, haben die Anbieter zur Gewährleistung der Kohärenz, zur Vermeidung von Doppelarbeit und zur Minimierung zusätzlicher Belastungen die Möglichkeit, unter Verwendung des Musters nach Absatz 3, gegebenenfalls die in den Absätzen 1, 2 und 3 genannten erforderlichen Elemente in die im Rahmen dieser Vorschriften bereits vorhandenen Systeme und Pläne zu integrieren, sofern ein gleichwertiges Schutzniveau erreicht wird.**

---

* Kapitel IX (Art. 72–94) gilt gem. Art. 113 UAbs. 2 ab 2.8.2026, mit Ausnahme von Art. 78, der gem. Art. 113 UAbs. 3 Buchst. b bereits ab 2.8.2025 gilt.

***[2]* Unterabsatz 1 dieses Absatzes gilt auch für in Anhang III Nummer 5 genannte Hochrisiko-KI-Systeme, die von Finanzinstituten in Verkehr gebracht oder in Betrieb genommen wurden, die bezüglich ihrer internen Unternehmensführung, Regelungen oder Verfahren Anforderungen gemäß den Rechtsvorschriften der Union über Finanzdienstleistungen unterliegen.**

Übersicht

I. Überblick

1 Adressat der Verpflichtung aus Art. 72 Abs. 1 ist der Anbieter (Art. 3 Nr. 3) eines Hochrisiko-KI-Systems (Art. 6 Abs. 1).

2 Zeitlich bezieht sich die Regelung auf die Beobachtung des Hochrisiko-KI-Systems ab deren Inverkehrbringen und gilt für die gesamte Lebensdauer der spezifischen Technologie.

3 Inhaltlich verpflichtet Art. 72 den Anbieter, ein System zur Beobachtung des Hoch-Risiko-KI-Systems nach dem Inverkehrbringen zu errichten und zu dokumentieren („post-market-Monitoring"). Die konkrete Ausgestaltung des Marktbeobachtungssystems hat dabei im Verhältnis zur Art der KI-Technik und den Risiken des Hochrisiko-KI-Systems zu erfolgen (Abs. 1). Die inhaltlichen Anforderungen an das Markbeobachtungssystem werden in Abs. 2 näher bestimmt. Abs. 3 bestimmt, dass das Marktbeobachtungssystem auf einem Plan

für die Beobachtung beruhen muss. Abs. 4 normiert Erleichterungsoptionen für den Einsatz von Hochrisiko-KI-Systemen in Bereichen, in denen die unionsrechtliche Verpflichtung zur Einrichtung eines Marktbeobachtungssystems und eines entsprechenden Plans bereits besteht.

Art. 72 ist auch als Rechtsgrundlage iRv Art. 6 Abs. 1 lit. c DS-GVO zu verstehen, da sich aus Art. 72 eine rechtliche Pflicht zu Verarbeitung ergibt.[1] Das Kriterium der „Erforderlichkeit" in Art. 6 Abs. 1 lit. c DS-GVO macht es jedoch erforderlich die Notwendigkeit und Verhältnismäßigkeit aus datenschutzrechtlicher Sicht zu prüfen.[2] **4**

II. Normzweck

Art. 72 verpflichtet den Anbieter von Hochrisiko-KI-Systemen ein „System zur Beobachtung nach dem Inverkehrbringen" („post-market-monitoring") zu errichten und dieses zu dokumentieren. Dieses muss bestimmte, näher beschriebene Anforderungen erfüllen. Dieses Marktbeobachtungssystem muss dabei auf einem Plan für die Beobachtung beruhen. Dieser Plan ist Teil der Dokumentation (Anhang IV). **5**

Das Marktbeobachtungssystem kann dabei auch eine Mehrzahl von Prozessen in einer Organisation sein. Die Prozesse zusammen müssen den Anbieter des Hochrisiko-KI-Systems dabei nicht nur in die Lage versetzen nach dem Inverkehrbringen festzustellen, ob unverzüglich nötige Korrektur- oder Präventivmaßnahmen zu ergreifen sind (Art. 3 Nr. 25). Vielmehr muss er hierdurch auch bewerten können, ob die Anforderungen aus Kapitel III Abschnitt 2 erfüllt werden (Abs. 2 S. 1 letzter Hs.). Hierzu muss das Marktbeobachtungsystem die Leistungsdaten des Hochrisiko-KI-Systems über die gesamte Lebensdauer des Systems aktiv und systematisch erheben, dokumentieren und analysieren. Zu berücksichtigen sind eigene Leistungsdaten des Anbieters, aber auch die Leistungsdaten des Betreibers oder Leistungsdaten aus anderen Quellen. **6**

Erleichterungsoptionen für das Marktbeobachtungsystem bestehen für Anbieter von Hochrisiko-KI-Systemen, die in einem Gebiet eingesetzt werden, für das bereits nach Unionsrecht die Pflicht zur Einrichtung eines Marktbeobachtungssystems und eines entsprechenden Plans besteht (Abs. 4). **7**

III. Historie

Die Regelung in Art. 72 wurde im Gesetzgebungsverfahren angepasst. Insbesondere die Abs. 2 und 4.[3] **8**

---

[1] Martini/Wendehorst/Hartmann Art. 72 Rn. 6; Daute/Sütthoff EUZW 2023, 500 (505); BeckOK KI-Recht/Djeffal KI-VO Art. 72 Rn. 25.

[2] BeckOK KI-Recht/Djeffal KI-VO Art. 72 Rn. 25; Daute/Sütthoff EuZW 2023, 500, (505); allg. NK-DatenschutzR/Hornung/Spiecker gen. Döhmann DS-GVO Art. 1 Rn. 1; HK-KI-VO/Hilgendorf/Härtlein/Hilgendorf, Eric; Härtlein, Johannes KI-VO Art. 72 Rn. 6 ff.

[3] Ausführlicher hierzu: Martini/Wendehorst/Hartmann Art. 72 Rn. 7 f.

9 In dem Entwurf der Kommission für eine KI-Verordnung[4] war in Abs. 2 noch vorgesehen, dass Daten durch *„Nutzer bereitgestellt"* oder aus anderen Quellen gesammelt werden. Das Parlament änderte diese Formulierung dahingehend, dass es Daten sind, die von den *„Betreibern bereitgestellt"* werden. Zusätzlich schlug das Parlament als Ergänzung die Pflicht zur Beobachtung der Interaktion des Hochrisiko-KI-Systems mit anderen KI-Systemen vor, die sich in S. 2 der verabschiedeten Fassung wiederfindet. Nach dem Vorschlag des Parlamentes sollte jedoch noch der Halbsatz aufgenommen werden, *„unter Berücksichtigung der Vorschriften aus Bereichen wie Datenschutzrecht, Recht des geistigen Eigentums und Wettbewerbsrecht"*.[5] Diese Ergänzung ist in dem verabschiedeten Verordnungstext nicht mehr enthalten. Ferner wurde im Gesetzgebungsprozess der S. 3 in Abs. 2 ergänzt, wonach die Pflichten aus Abs. 2 nicht für sensible operative Daten von Betreibern gelten, die Strafverfolgungsbehörden (Art. 3 Nr. 45) sind.

10 Die Entwurfsfassung der Kommission des Abs. 4 für Hochrisiko-KI-Systeme, in bereits unionsrechtlich regulierten Bereichen, sah vor, dass die Elemente aus den Abs. 1–3 in das bereits bestehende Beobachtungsystem und den entsprechenden Plan aufgenommen werden müssen.[6] Der Rat hingegen wollte nur die Nutzung des Musterplanes nach Abs. 3 vorschreiben. In der verabschiedeten Fassung ist nunmehr ein Wahlrecht des Anbieters enthalten.

IV. Inhalt der Norm

1. Pflicht zur Einrichtung und Dokumentation eines Marktbeobachtungssystems (Abs. 1)

11 Art. 72 Abs. 1 normiert die Pflicht des Anbieters eines Hochrisiko-KI-Systems nach Inverkehrbringen („post-market") ein System zur Beobachtung zu errichten und zu dokumentieren. Entgegen der missverständlichen Überschrift legt Art. 72 dem Anbieter nicht die Pflicht zur Beobachtung auf. Dies ergibt sich aus dessen eindeutigen Wortlaut. Hiernach ist der Anbieter nur zur Errichtung und Dokumentation eines Systems zur Beobachtung verpflichtet.[7]

12 Ein „System zur Beobachtung nach dem Inverkehrbringen" („Marktbeobachtungssystem") umfasst nach der Legaldefinition in Art. 3 Nr. 25 *„alle Tätigkeiten, die Anbieter von KI-Systemen zur Sammlung und Überprüfung von Erfahrungen mit der Verwendung der von ihnen in Verkehr gebrachten oder in Betrieb genommenen KI-Systeme durchführen, um festzustellen, ob unverzüglich nötige Korrektur- oder Präventivmaßnahmen zu ergreifen sind;"*

---

[4] Vorschlag für eine VERORDNUNG DES EUROPÄISCHEN PARLAMENTS UND DES RATES. ZUR FESTLEGUNG HARMONISIERTER VORSCHRIFTEN FÜR KÜNSTLICHE INTELLIGENZ (GESETZ ÜBER KÜNSTLICHE INTELLIGENZ) UND ZUR ÄNDERUNG BESTIMMTER RECHTSAKTE DER UNION {SEC(2021) 167 final} – {SWD(2021) 84 final} – {SWD(2021) 85 final, Art. 61 KI-VO (E).

[5] Abänderungen des Europäischen Parlaments vom 14.6.2023 zu dem Vorschlag für eine Verordnung des Europäischen Parlaments und des Rates zur Festlegung harmonisierter Vorschriften für künstliche Intelligenz (Gesetz über künstliche Intelligenz) und zur Änderung bestimmter Rechtsakte der Union (COM(2021)0206 – C9-0146/2021 – 2021/0106(COD) (P9_TA(2023)023.

[6] Art. 61 Abs. 4 KI-VO (E).

[7] So auch: Bomhard/Pieper/Wende/Wende KI-VO Art. 72 Rn. 28.

Aus dieser Legaldefinition ergibt sich, dass sich das Marktbeobachtungssystem aus einer Vielzahl von Prozessen („alle Tätigkeiten“[8]) in einer Organisation zusammensetzt.[9] **13**

Ferner ergibt sich bereits aus der Legaldefinition, dass das Marktbeobachtungssystem so gestaltet sein muss, dass es den Anbieter in die Lage versetzt, feststellen zu können, ob unverzügliche Korrektur- und Präventionsmaßnahmen zu ergreifen sind. **14**

Die Gestaltung des Marktbeobachtungssystems muss dabei im Verhältnis zur Art der KI-Technik und zu den Risiken des jeweiligen Hochrisiko-KI-Systems stehen.[10] Bei der Art der KI-Technik ist der Grad der technischen Autonomie des Hochrisiko-KI-Systems in die Verhältnismäßigkeitsprüfung einzubeziehen. Bei der Bewertung der Risiken des jeweiligen Hochrisiko-KI-Systems, ist im Rahmen der Verhältnismäßigkeitsprüfung die Wahrscheinlichkeit von Schädigungen, sowie die Art der potenziell geschädigten Rechtsgüter heranzuziehen.[11]

Das Marktbeobachtungssystem muss im Zeitpunkt des Inverkehrbringens des Hochrisiko-KI-Systems vorhanden sein. Inverkehrbringen ist dabei *„die erstmalige Bereitstellung eines KI-Systems oder eines KI-Modells mit allgemeinem Verwendungszweck auf dem Unionsmarkt“* (Art. 3 Abs. 25). **15**

2. Anforderungen an die Gestaltung des Marktbeobachtungssystems (Abs. 2)

In Abs. 2 wird die Ausgestaltung und die Aufgabe des Marktbeobachtungssystems beim Einsatz eines Hochrisiko-KI-Systems konkretisiert und erweitert. **16**

a) Konkretisierung und Erweiterung der Anforderungen und Ziele des Marktbeobachtungssystems bei Hochrisiko-KI-Systemen (Abs. 2 S. 1). Die aus der Legaldefinition des Art. 3 Nr. 24 zu entnehmende Gestaltung des „Systems zur Beobachtung nach dem Inverkehrbringen“ wird in Abs. 2 S. 1 konkretisiert und erweitert, wenn dieses Marktbeobachtungssystem für Hochrisiko-KI-Systeme eingesetzt wird. **17**

Nach Abs. 2 müssen sich mit dem Marktbeobachtungssystem die einschlägigen Daten zur Leistung des Hochrisiko-KI-Systems (i), die von den Anbietern oder den Betreibern bereitgestellt oder aus anderen Quellen erhoben werden können (ii), über ihre gesamte Lebensdauer hinweg (iii) aktiv und systematisch (iv) erheben, dokumentieren und analysieren lassen (v). Der letzte Halbsatz von Abs. 2 S. 1 erweitert das Aufgabeziel des Marktbeobachtungssystems. Der Anbieter muss nicht nur – wie es die Legaldefinition des Art. 3 Nr. 25 verlangt – aufgrund des Marktbeobachtungssystems in der Lage sein festzustellen, ob Korrektur- oder Präventivmaßnahmen zu ergreifen sind. Vielmehr muss das Marktbeobachtungssystem den Anbieter auch in die Lage versetzen, die fortdauernde Einhaltung der in Kapitel III Abschnitt 2 genannten Anforderungen an die KI-Systeme bewerten zu können. **18**

---

[8] In der englischen Sprachfassung heißt es insoweit „all activities“.

[9] So auch: Martini/Wendehorst/Hartmann Art. 72 Rn. 15.

[10] Borges CR 2024, 397 (500), spricht insoweit von einem „risikoadäquate(n) System zur Beobachtung“; BeckOK KI-Recht/Djeffal KI-VO Art. 72 Rn. 17.

[11] So auch: BeckOK KI-Recht/Djeffal KI-VO Art. 72 Rn. 18.

19 **b) Zu berücksichtigende Daten: „einschlägige Daten zur Leistung".** Das Marktbeobachtungssystem muss die „einschlägigen Daten zur Leistung" des Hochrisiko-KI-Systems sammeln, dokumentieren und analysieren können.

20 **„Daten zur Leistung"** des Hochrisiko-KI-Systems sind solche, die mit dem Ziel analysiert werden können, zu ermitteln, ob das Hochrisiko-KI-System nach der vom Anbieter vorgesehenen Verwendung auf Basis der von ihm bereitgestellten Informationen ordnungsgemäß funktioniert. Dies folgt aus der Legaldefinition der „Leistung eines KI-Systems" und der entsprechenden Legaldefinition des Begriffs „Zweckbestimmung".

21 Nach Art. 3 Nr. 18 ist die „Leistung eines KI-Systems" *die Fähigkeit eines KI-Systems,*[12] *seine Zweckbestimmung zu erfüllen* (Art. 3 Nr. 18).

22 Die „Zweckbestimmung" ist nach der Legaldefinition in Art. 3 Nr. 12 *„die Verwendung, für die ein KI-System laut Anbieter bestimmt ist, einschließlich der besonderen Umstände und Bedingungen für die Verwendung, entsprechend den vom Anbieter bereitgestellten Informationen in den Betriebsanleitungen, im Werbe- oder Verkaufsmaterial und in diesbezüglichen Erklärungen sowie in der technischen Dokumentation"* (Art. 3 Nr. 12).

23 Die Ergänzung **„einschlägig"** stellt eine Beschränkung der konkret zu sammelnden, dokumentierenden und analysierenden Leistungsdaten dar.[13] Es werden daher nicht zwingend alle Daten zur zweckbestimmten Erfüllung der Fähigkeiten des KI-Systems zu sammeln, dokumentieren und analysieren sein. Welche Daten dies bei dem jeweiligen konkreten Hochrisiko-KI-System sind, ist anhand des Sinn und Zwecks der Norm zu bestimmen – nämlich, dass sich der Anbieter in die Lage versetzt, das Hochrisiko-KI-System mit Blick auf Korrektur- oder Präventivmaßnahmen und die Einhaltung der Bestimmungen aus Kapitel III Abschnitt 2 bewerten zu können.

24 Für dieses beschränkende Verständnis des Zusatzes „einschlägig" spricht, dass die Ergänzung nicht notwendig wäre, wenn stets alle Daten zur Leistung zu sammeln, dokumentieren und analysieren wären. Hierfür spricht auch der Wortlaut der anderen Sprachfassungen. In der englischen Fassung heißt es *„(…) monitoring system shall actively and systematically collect, document and analyse relevant data (…) on the performance of high-risk AI systems (…)"*. In der französischen Fassung heißt es insoweit *„les données pertinentes"*.

25 **c) Quellen der Daten: „vom Anbieter, Betreiber bereitgestellt oder aus anderen Quellen erhoben".** Quelle für die einschlägigen Leistungsdaten sind – nach dem Wortlaut der deutschen Fassung – die Daten, die von den Anbietern oder den Betreibern bereitgestellt oder aus anderen Quellen erhoben werden können.

26 Der Verweis auf den **Anbieter** im Wortlaut dürfte nur eine Klarstellung sein. Der Anbieter ist der Verpflichtete aus Art. 72. Er muss sich selbst keine Daten „bereitstellen". Die Leistungsdaten, die sich in seinem Machtbereich befinden, sind nach Sinn und Zweck der Regelung jedenfalls im Marktbeobachtungssystem zu erheben, sammeln und analysieren. Sollte die Aufnahme des Begriffs „Anbieter" in den Wortlaut doch eine eigenständige Bedeutung haben, so würde die deutsche Fassung weitergehen als etwa die englische und französische Sprachfassung. Die englische Fassung bezieht sich nur auf Leistungsdaten, die vom Betreiber bereitgestellt sind („provided

---

[12] Der Begriff des KI-Systems ist in Art. 3 Nr. 1 legaldefiniert.

[13] Anders wohl Martini/Wendehorst/Harmann Art. 72 Rn. 13, der dem Begriff „einschlägig" bzw. „relevant" wohl keine Beschränkung entnimmt, sondern eine Verdeutlichung hierin sieht („Relevant sind Daten zur Leistung").

by deployers“). Gleiches gilt für die französische Sprachfassung, die sich nur auf Leistungsdaten bezieht, die vom „déploeur“ (Art. 3 Nr. 4), also dem Betreiber, bereitgestellt werden. Auf den „Anbieter“ („provider“; „fournisseur“) nimmt weder die französische noch die englische Sprachfassung in Art. 72 Abs. 2 Bezug.

Die Berücksichtigung der Leistungsdaten, die vom **Betreiber** bereitgestellt werden, korrespondiert mit dessen Überwachungspflicht anhand der Betriebsanleitung aus Art. 26 Abs. 5 S. 1 und der damit einhergehenden Verpflichtung den Anbieter ggf. zu informieren. **27**

Die Erhebung von Daten aus **„anderen Quellen“** wird nicht näher bestimmt. Es werden somit alle legalen Quellen des Erkenntnisgewinns in Betracht kommen. Beispielsweise Daten, die aus einem – zweckmäßigerweise – einzurichtenden System über Beschwerden[14] oder Anmerkungen von Nutzern bzgl. der Verwendung des Hochrisiko-KI-Systems stammen. **28**

d) Art und Weise der Datenverarbeitung: „systematisch und aktives erheben, dokumentieren und analysieren“. Das Marktbeobachtungssystem muss so gestaltet sein, dass sich die Daten zu Leistung des Hochrisiko-KI-Systems über seine gesamte Lebensdauer hinweg aktiv und systematisch erheben, dokumentieren und analysieren lassen. **29**

Das Marktbeobachtungssystem muss die Datenverarbeitung aktiv und systematisch vornehmen können. **30**

Ein **aktives** Erheben, Dokumentieren und Analysieren der „einschlägigen Daten zur Leistung“ ist gegeben, wenn der Anbieter von sich aus Daten zur Leistung des Hochrisiko-KI-System sammelt, dokumentiert und analysiert. Er kann sich nicht auf das Bereitstellen der Daten durch den Betreiber zurückziehen.[15] Hierfür spricht die Legaldefinition des „Systems zur Beobachtung nach dem Inverkehrbringen“ in Art. 3 Nr. 25.[16] Hiernach umfasst ein solches Beobachtungssystem ua auch die Leistungen der Anbieter mit Blick auf die *„Sammlung (…) von Erfahrungen mit der Verwendung der von ihnen in Verkehr gebrachten“* KI-Systeme. **31**

Der Anbieter bzw. sein Marktbeobachtungssystem muss daher auch entsprechende Leistungsdaten von sich aus erheben, dokumentieren und analysieren. Hierfür bietet sich – in Absprache mit dem Betreiber – die Bereitstellung einer Stelle an, an der die Nutzer des Hochrisiko-KI-Systems ihre Erfahrungen mit der Verwendung des Systems dem Anbieter übermitteln können.[17] **32**

Systematisch sind die Erhebung, Dokumentation und Analyse, wenn diese planvoll und zielgerichtet geschieht und eine derartige Speicherung erfolgt, dass nachträglich die Informationen nach bestimmten Kriterien erschlossen werden können.[18] **33**

Die **Erhebung** ist die Erfassung der Leistungsdaten. Die **Dokumentation** ist die abrufbare Speicherung der Leistungsdaten bzw. der hierin verkörperten Informationen.[19] **Analysieren** ist die Untersuchung und Auswertung der Leistungsdaten mit Blick auf die Leistungsfähigkeit des Hochrisiko-KI-Systems. **34**

---

[14] Wiebe BB 2024, 899 (904); Martini/Wendehorst/Hartmann Art. 72 Rn. 12; Bomhard/Pieper/Wende/Wende KI-VO Art. 72 Rn. 30.

[15] So im Ergebnis auch: Ross/Weitz MMR 2021, 844 (848) bzgl. des Kommissionsentwurfes der KI-Verordnung; Martini/Wendehorst/Hartmann Art. 72 Rn. 14.

[16] So auch Martini/Wendehorst/Hartmann Art. 72 Rn. 14, der „aktiv“ aber auf die Erhebung begrenzt.

[17] Bzgl. der Einrichtung einer Beschwerdestelle: Wiebe, in BB 2023, 899 (906).

[18] So auch Martini/Wendehorst/Hartmann Art. 72 Rn. 14, der aber „systematisch“ auf die Erhebung begrenzt.

[19] Ähnlich: Martini/Wendehorst/Hartmann Art. 72 Rn. 14.

35 **e) Erweiterung des Ziels der Marktbeobachtung: Bewertung der Einhaltung der Pflichten aus Kapitel III Abschnitt 2.** Abs. 2 letzter Halbsatz erweitert sodann das Ziel, welches der Anbieter eines Hochrisiko-KI-Systems mit dem Marktbeobachtungssystem erreichen muss.

36 Ein „System zur Beobachtung nach dem Inverkehrbringen" muss nach der Legaldefinition (Art. 3 Nr. 25) den Anbieter ‚nur' in die Lage versetzen, feststellen zu können, ob unverzüglich nötige Korrektur- oder Präventivmaßnahmen zu ergreifen sind. Bei Anbietern von Hochrisiko-KI-Systemen muss das Marktbeobachtungssystem zusätzlich („und") den Anbieter in die Lage versetzen, die fortdauernde Einhaltung der in Kapitel III Abschnitt 2 genannten Anforderungen an sein Hochrisiko-KI-System bewerten zu können. Mithin die Bewertung der Anforderungen, die der Verordnungsgeber in Art. 8–15 dem Anbieter von Hochrisiko-KI-Systemen vorschreibt.

37 In Erwgr. 155 heißt es insoweit auch, dass Anbieter von Hochrisiko-KI-Systemen Erfahrungen mit der Verwendung von Hochrisiko-KI-Systemen bei der Verbesserung ihrer Systeme und im Konzeptions- und Entwicklungsprozess berücksichtigen oder rechtzeitig etwaige Korrekturmaßnahmen ergreifen können,

3. Überwachung der Interaktion mit anderen KI-Systemen (Abs. 2 S. 2)

38 In Art. 72 Abs. 2 S. 2 führt der Verordnungsgeber aus, dass die Beobachtung nach dem Inverkehrbringen *gegebenenfalls* die Analyse der Interaktion mit anderen KI-Systemen umfasst.

39 Erwgr. 155 führt aus, dass hierzu auch andere Geräte und Software gehören. Diese Ergänzung fand sich auch in der Fassung des Parlamentes (Art. 61 Abs. 2 KI-VO (E)) wieder, wurde aber in den abschließenden Wortlaut nicht mit aufgenommen.

40 Der weitere Ergänzungsvorschlag des Parlamentes,[20] dass die Interaktion mit anderen KI-Systemen *„unter Berücksichtigung der Vorschriften aus Bereichen wie Datenschutz, Rechte des geistigen Eigentums und Wettbewerbsrecht"* zu erfolgen hat, ist in der verabschiedeten Fassung nicht mehr enthalten. Woraus teilweise abgeleitet wird, dass nicht mehr klar sei, anhand welchen Maßstabes die Interaktion mit anderen KI-Systemen zu bewerten ist.[21]

Eine weitere Abweichung in der deutschen Sprachfassung besteht darin, dass die verabschiedete Fassung nicht den Ergänzungsvorschlag des Parlamentes enthält, dass die Beobachtung der Interaktion mit anderen KI-Systemen *„soweit erforderlich"* zu erfolgen hat. In der verabschiedeten Fassung heißt es nur *„gegebenenfalls"*. Die Anpassung der Formulierung könnte auf die Änderung des anzulegenden Maßstabes für die Frage hindeuten, in welchem Fall eine Analyse der Interaktion mit anderen KI-Systemen zu erfolgen hat.[22] Dies ist unter Berücksichtigung der anderen Sprachfassungen jedoch zu verneinen. So heißt es etwa in der englischen

[20] Ergänzungsvorschlag der Europäischen Parlaments vom 14.6.2023 zu dem Vorschlag für eine Verordnung des Europäischen Parlaments und des Rates zur Festlegung harmonisierter Vorschriften für künstliche Intelligenz (Gesetz über künstliche Intelligenz) und zur Änderung bestimmter Rechtsakte der Union (P9_TA(2023)0236), Abänderung 574.

[21] So Martini/Wendehorst/Hartmann Art. 72 Rn. 13.

[22] Bomhard/Pieper/Wende/Wende KI-VO Art. 72 Rn. 33 attestiert eine Reduktion an Trennschärfe.

Sprachfassung sowohl im Ergänzungsvorschlag des Parlamentes als auch in der verabschiedeten Fassung: „Where relevant, post-market monitoring shall include an analysis of the interaction with other AI systems (…)". Die französische Fassungen leitet in beiden mit *„Le cas échéant (…)"* und die spanischen Fassungen mit *„Cuando proceda (…)"*.

Im Ergebnis wird eine Analyse der Interaktion mit anderen KI-Systemen somit erfolgen müssen, wenn diese zur Zielerreichung des Art. 72 geeignet und notwendig sind.[23]

4. Ausnahme: Betreiber ist eine Strafverfolgungsbehörde (Abs. 2 S. 3)

41 Nach Abs. 2 S. 3 gilt die Pflicht zur Erhebung, Dokumentation und Analyse der Leistungsdaten nicht, wenn es sich um sensible operative Daten von Betreibern handelt, die Strafverfolgungsbehörden (Art. 3 Nr. 45) sind.

42 Gem. Art. 3 Abs. 38 sind sensible operative Daten *„operative Daten im Zusammenhang mit Tätigkeiten zur Verhütung, Aufdeckung, Untersuchung oder Verfolgung von Straftaten, deren Offenlegung die Integrität von Strafverfahren gefährden könnte;"*

Strafverfolgung sind gem. Art. 3 Nr. 46 *„Tätigkeiten der Strafverfolgungsbehörden oder in deren Auftrag zur Verhütung, Ermittlung, Aufdeckung oder Verfolgung von Straftaten oder zur Strafvollstreckung, einschließlich des Schutzes vor und der Abwehr von Gefahren für die öffentliche Sicherheit;"*[24]

V. Planmäßige Beobachtung (Abs. 3)

43 Gem. Abs. 3 muss das Markbeobachtungssystem auf einem Plan für die Beobachtung beruhen. Dieser ist Teil, der in Anhang IV genannten technischen Dokumentation.

44 Der Plan zur Beobachtung muss vor Inverkehrbringen erstellt werden, da die Dokumentation in Anhang IV gem. Art. 11 Abs. 1 erstellt werden muss, bevor das Hochrisiko-KI-System in den Verkehr gebracht oder in Betrieb genommen wird.

45 Der Plan zur Beobachtung ist dabei nicht identisch mit dem Beobachtungssystem. Vielmehr geht das Beobachtungssystem weiter. Dies folgt aus Anhang IV Nr. 9. Dort wird eine detaillierte Beschreibung des Beobachtungssystems gem. Art. 72 einschließlich des Plans nach Art. 72 Abs. 3 gefordert. Der Plan stellt somit nicht nur die Darstellung des Beobachtungssystems dar.[25]

46 Die Kommission ist verpflichtet, einen Durchführungsrechtsakt zu erlassen. In diesem wird sie detaillierte Bestimmungen für die Erstellung eines Musters des Plans zur Beobachtung darstellen. Ferner wird in einer Liste festgelegt, welche Elemente in den Plan aufzunehmen sind. Die Kommission hat dies bis zum 2.2.2026 vorzunehmen.

47 Die in dem Muster angeführten Elemente, sind zwingend aufzunehmen.

---

[23] So auch Bomhard/Pieper/Wende/Wende KI-VO Art. 72 Rn. 33, der wohl weitergehend stets die Einbeziehung in die Beobachtung verlangt.

[24] Zur Frage, ob auch Ordnungswidrigkeiten hiervon umfasst sind: BeckOK KI-Recht/Djeffal KI-VO Art. 72 Rn. 28.

[25] So auch: Martini/Wendehorst/Hartmann Art. 72 Rn. 18.

48 Dieser Durchführungsrechtsakt wird gemäß dem in Art. 98 Absatz 2 genannten Prüfverfahren erlassen.

VI. Erleichterung beim Einsatz von Hochrisiko-KI-System in bestimmen Gebieten (Abs. 4)

49 Abs. 4 normiert eine Erleichterungsoption für Anbieter bestimmter Hochrisiko-KI-Systeme, die in bereits entsprechend unionsrechtlich regulierten Bereichen eingesetzt werden.[26] Abs. 4 S. 1 und S. 2 betreffen dabei zwei unterschiedliche Anwendungsfälle.

50 Die Erleichterungsoption des Abs. 4 S. 1 kann dann gewählt werden, wenn (i) das Hochrisiko-KI-System unter den Anwendungsbereich einer der benannten Harmonisierungsvorschriften fällt, (ii) ein System zu Beobachtung nach dem Inverkehrbringen und (iii) ein entsprechender Plan bereits festgelegt ist, (iv) sofern ein gleichwertiges Schutzniveau erreicht wird. Hierbei muss das Muster aus Abs. 3 verwendet werden.

51 Anhang I Abschnitt A führt folgenden Harmonisierungsrechtsvorschriften auf:
- Maschinenrichtlinie 2006/42 EG[27]
- Spielzeugrichtlinie 2009/48/EG[28]
- Sportboot- und Wassermotoräderrichtlinie 2013/53/EU[29]
- Aufzugsrichtlinie 2014/33/EU[30]
- ATEX-Richtlinie 2014/34/EU[31]
- Funkanlagenrichtlinie 2014/53/EU[32]
- Druckgeräterichtlinie 2014/68/EU[33]
- Seilbahnverordnung 2016/424 (EU)[34]

---

[26] Nach Bomhard/Pieper/Wende/Wende KI-VO Art. 72 Rn. 38 f. hat die Regelung zumeist klarstellenden Charakter, da es der unternehmerischen Freiheit jedes Unternehmen unterliegt, zu entscheiden wie sie Pflichten in die unternehmenseigene Organisation integriert.

[27] Richtlinie 2006/42/EG des Europäischen Parlaments und des Rates vom 17.5.2006 über Maschinen und zur Änderung der Richtlinie 95/16/EG (ABl. 2006 L 157, 24).

[28] Richtlinie 2009/48/EG des Europäischen Parlaments und des Rates vom 18.6.2009 über die Sicherheit von Spielzeug (ABl. 2009 L 170, 1).

[29] Richtlinie 2013/53/EU des Europäischen Parlaments und des Rates vom 20.11.2013 über Sportboote und Wassermotorräder und zur Aufhebung der Richtlinie 94/25/EG (ABl. 2013 L 354, 90).

[30] Richtlinie 2014/33/EU des Europäischen Parlaments und des Rates vom 26.2.2014 zur Angleichung der Rechtsvorschriften der Mitgliedstaaten über Aufzüge und Sicherheitsbauteile für Aufzüge (ABl. 2014 L 96, 251).

[31] Richtlinie 2014/34/EU des Europäischen Parlaments und des Rates vom 26.2.2014 zur Harmonisierung der Rechtsvorschriften der Mitgliedstaaten für Geräte und Schutzsysteme zur bestimmungsgemäßen Verwendung in explosionsgefährdeten Bereichen (ABl. 2014 L 96, 309).

[32] Richtlinie 2014/53/EU des Europäischen Parlaments und des Rates vom 16.4.2014 über die Harmonisierung der Rechtsvorschriften der Mitgliedstaaten über die Be-reitstellung von Funkanlagen auf dem Markt und zur Aufhebung der Richtlinie 1999/5/EG (ABl. 2014 L 153, 62).

[33] Richtlinie 2014/68/EU des Europäischen Parlaments und des Rates vom 15.5.2014 zur Harmonisierung der Rechtsvorschriften der Mitgliedstaaten über die Bereitstellung von Druckgeräten auf dem Markt (ABl. 2014 L 189, 164).

[34] Verordnung (EU) 2016/424 des Europäischen Parlaments und des Rates vom 9.3.2016 über Seilbahnen und zur Aufhebung der Richtlinie 2000/9/EG (ABl. 2016 L 81, 1).

- PSA-Verordnung 2016/425 (EU)[35]
- Gasgeräteverordnung 2016/426 (EU)[36]
- Medizinprodukteverordnung 2017/745 (EU)[37]
- In-vitro-Diagnostika-Verordnung 2017/746 (EU)[38]

Anbieter von Hochrisiko-KI-Systemen, die in den Anwendungsbereich dieser Regelungen fallen, sind zwar nicht von den Pflichten der Abs. 1–3 befreit. Ihnen wird aber die Option gewährt, die Pflichten aus Abs. 1–3 in bereits bei ihnen vorhandene Marktbeobachtungssysteme und deren entsprechenden Beobachtungspläne zu integrieren. Hierzu haben sie dann das Muster nach Abs. 3 zu verwenden. Voraussetzung ist, dass hierdurch ein gleichwertiges Schutzniveau erreicht wird. Aus dem Kriterium „gleichwertig" folgt dabei, dass keine vollständige Identität erforderlich ist.[39] **52**

Dies soll zur Gewährleistung der Kohärenz, zur Vermeidung von Doppelarbeit und zur Minimierung zusätzlicher Belastungen führen. **53**

Nach Abs. 4 S. 2 gilt S. 1 auch für bestimmte Finanzinstitute. **54**

Hiernach gilt die Erleichterungsoption des S. 1 auch, wenn es sich (i) um ein in Anhang III Nummer 5 genanntes Hochrisiko-KI-System handelt – also KI-Systeme im Bereich der Zugänglichkeit und Inanspruchnahme grundlegender privater und grundlegender öffentlicher Dienste und Leistungen. (ii) Dieses KI-System von Finanzinstituten in Verkehr gebracht oder in Betrieb genommen wurde und (iii) das Finanzinstitut hinsichtlich ihrer internen Unternehmensführung, Regelungen oder Verfahren Anforderungen gemäß den Rechtsvorschriften der Union über Finanzdienstleistungen unterliegen. **55**

Umfasst sind demnach Kreditinstitute, die der Richtlinie 2013/36/EU unterfallen, sowie Versicherungs- und Rückversicherungsunternehmen, die der Richtlinie 2009/138/EU, und Versicherungsvermittler (Richtlinie 2016/97 (EU)).[40] **56**

Zu berücksichtigen sind jedoch wohl nur Hochrisiko-KI-Systeme gem. Anhang III Nr. 5 lit. b (Kreditwürdigkeitsprüfung und Bonitätsbewertung natürlicher Personen) und Nr. 5 lit. c (Risikobewertung und Preisbildung bei von Lebens- und Krankenversicherungen natürlicher Personen). Nr. 5 lit. a betrifft nämlich nur Behörden (lit. a) und Nr. 5 lit. d) Notruf- und Rettungsdienst. Der Verweis auf die gesamte Nr. 5, lässt sich mit der Gesetzeshistorie begründen.[41] **57**

---

[35] Verordnung (EU) 2016/425 des Europäischen Parlaments und des Rates vom 9.3.2016 über persönliche Schutzausrüstungen und zur Aufhebung der Richtlinie 89/686/EWG des Rates (ABl. 2016 L 81, 51).

[36] Verordnung (EU) 2016/426 des Europäischen Parlaments und des Rates vom 9.3.2016 über Geräte zur Verbrennung gasförmiger Brennstoffe und zur Aufhebung der Richtlinie 2009/142/EG (ABl. 2016 L 81, 99).

[37] Verordnung (EU) 2017/745 des Europäischen Parlaments und des Rates vom 5.4.2017 über Medizinprodukte, zur Änderung der Richtlinie 2001/83/EG, der Verordnung (EG) Nr. 178/2002 und der Verordnung (EG) Nr. 1223/2009 und zur Aufhebung der Richtlinien 90/385/EWG und 93/42/EWG des Rates (ABl. 2017 L 117, 1).

[38] Verordnung (EU) 2017/746 des Europäischen Parlaments und des Rates vom 5.4.2017 über In-vitro-Diagnostika und zur Aufhebung der Richtlinie 98/79/EG und des Beschlusses 2010/227/EU der Kommission (ABl. 2017 L 117, 176).

[39] BeckOK KI-Recht/Djeffal KI-VO Art. 72 Rn. 35.

[40] Vgl. Erwgr. 158.

[41] Vgl. Zur Entwicklung des Gesetzes mit der nachträglichen Ergänzung der Nr. 5 lit. c: Martini/Wendehorst/Hartmann Art. 72 Rn. 20.

Abschnitt 2. Austausch von Informationen über schwerwiegende Vorfälle

Art. 73* Meldung schwerwiegender Vorfälle

(1) **Anbieter von in der Union in Verkehr gebrachten Hochrisiko-KI-Systemen melden schwerwiegende Vorfälle den Marktüberwachungsbehörden der Mitgliedstaaten, in denen der Vorfall stattgefunden hat.**

(2) *[1]* **Die Meldung nach Absatz 1 erfolgt unmittelbar, nachdem der Anbieter den kausalen Zusammenhang zwischen dem KI-System und dem schwerwiegenden Vorfall oder die naheliegende Wahrscheinlichkeit eines solchen Zusammenhangs festgestellt hat und in jedem Fall spätestens 15 Tage, nachdem der Anbieter oder gegebenenfalls der Betreiber Kenntnis von diesem schwerwiegenden Vorfall erlangt hat.**

[2] **Bezüglich des in Unterabsatz 1 genannten Meldezeitraums wird der Schwere des schwerwiegenden Vorfalls Rechnung getragen.**

(3) **Ungeachtet des Absatzes 2 dieses Artikels erfolgt die in Absatz 1 dieses Artikels genannte Meldung im Falle eines weitverbreiteten Verstoßes oder eines schwerwiegenden Vorfalls im Sinne des Artikels 3 Nummer 49 Buchstabe b unverzüglich, spätestens jedoch zwei Tage nachdem der Anbieter oder gegebenenfalls der Betreiber von diesem Vorfall Kenntnis erlangt hat.**

(4) **Ungeachtet des Absatzes 2 erfolgt die Meldung im Falle des Todes einer Person unverzüglich nachdem der Anbieter oder der Betreiber einen kausalen Zusammenhang zwischen dem Hochrisiko-KI-System und dem schwerwiegenden Vorfall festgestellt hat, oder einen solchen vermutet, spätestens jedoch zehn Tage nach dem Datum, an dem der Anbieter oder gegebenenfalls der Betreiber von dem schwerwiegenden Vorfall Kenntnis erlangt hat.**

(5) **Wenn es zur Gewährleistung der rechtzeitigen Meldung erforderlich ist, kann der Anbieter oder gegebenenfalls der Betreiber einen unvollständigen Erstbericht vorlegen, dem ein vollständiger Bericht folgt.**

(6) *[1]* **[1]Im Anschluss an die Meldung eines schwerwiegenden Vorfalls gemäß Absatz 1 führt der Anbieter unverzüglich die erforderlichen Untersuchungen im Zusammenhang mit dem schwerwiegenden Vorfall und dem betroffenen KI-System durch. [2]Dies umfasst eine Risikobewertung des Vorfalls sowie Korrekturmaßnahmen.**

[2] **Der Anbieter arbeitet bei den Untersuchungen gemäß Unterabsatz 1 mit den zuständigen Behörden und gegebenenfalls mit der betroffenen notifizierten Stelle zusammen und nimmt keine Untersuchung vor, die zu einer Veränderung des betroffenen KI-Systems in einer Weise führt, die möglicherweise Auswirkungen auf eine spätere Bewertung der Ursachen des Vorfalls hat, bevor er die zuständigen Behörden über eine solche Maßnahme nicht unterrichtet hat.**

---

* Kapitel IX (Art. 72–94) gilt gem. Art. 113 UAbs. 2 ab 2.8.2026, mit Ausnahme von Art. 78, der gem. Art. 113 UAbs. 3 Buchst. b bereits ab 2.8.2025 gilt.

(7) [1]**Sobald die zuständige Marktüberwachungsbehörde eine Meldung über einen in Artikel 3 Nummer 49 Buchstabe c genannten schwerwiegenden Vorfall erhält, informiert sie die in Artikel 77 Absatz 1 genannten nationalen Behörden oder öffentlichen Stellen.** [2]**Zur leichteren Einhaltung der Pflichten nach Absatz 1 dieses Artikels arbeitet die Kommission entsprechende Leitlinien aus.** [3]**Diese Leitlinien werden bis zum 2. August 2025 veröffentlicht und regelmäßig bewertet.**

(8) **Die Marktüberwachungsbehörde ergreift innerhalb von sieben Tagen nach Eingang der in Absatz 1 dieses Artikels genannten Meldung geeignete Maßnahmen gemäß Artikel 19 der Verordnung (EU) 2019/1020 und befolgt die in der genannten Verordnung vorgesehenen Meldeverfahren.**

(9) **Bei Hochrisiko-KI-Systemen nach Anhang III, die von Anbietern in Verkehr gebracht oder in Betrieb genommen wurden, die Rechtsinstrumenten der Union mit gleichwertigen Meldepflichten wie jenen in dieser Verordnung festgesetzten unterliegen, müssen nur jene schwerwiegenden Vorfälle gemeldet werden, die in Artikel 3 Nummer 49 Buchstabe c genannt werden.**

(10) **Bei Hochrisiko-KI-Systemen, bei denen es sich um Sicherheitsbauteile von Produkten handelt, die unter die Verordnungen (EU) 2017/745 und (EU) 2017/746 fallen, oder die selbst solche Produkte sind, müssen nur die in Artikel 3 Nummer 49 Buchstabe c dieser Verordnung genannten schwerwiegenden Vorfälle gemeldet werden, und zwar der zuständigen nationalen Behörde, die für diesen Zweck von den Mitgliedstaaten, in denen der Vorfall stattgefunden hat, ausgewählt wurde.**

(11) **Die zuständigen nationalen Behörden melden der Kommission unverzüglich jeden schwerwiegenden Vorfall gemäß Artikel 20 der Verordnung (EU) 2019/1020, unabhängig davon, ob sie diesbezüglich Maßnahmen ergriffen haben.**

Literatur: BeckOK KI-Recht, Schefzig/Kilian, 4. Edition, Stand: 1.11.2025; Chibanguza/Kuß/Steege, Künstliche Intelligenz, Recht und Praxis automatisierter und autonomer Systeme, Generative KI, 2. Aufl. 2026; Martini/Wendehorst, KI-VO 2. Aufl. 2026; Bomhard/Pieper/Wende, KI-VO, 1. Aufl. 2025; Hilgendorf/Härtlein, Verordnung über künstliche Intelligenz: KI-VO, 1. Aufl. 2025.

Übersicht

I. Allgemeines

1 Art. 73 normiert die Melde- und Reaktionspflicht der Anbieter für **Hochrisiko-KI-Systeme** für schwerwiegende Vorfälle iSv Art. 3 Nr. 49.[1] Die Vorschrift soll gewährleisten, dass die zuständigen Marktüberwachungsbehörden über sicherheitsrelevante Vorkommnisse im erforderlichen Maße in Kenntnis gesetzt werden und dadurch rechtzeitig Korrekturmaßnahmen getroffen werden können. Der Normzweck beschränkt sich dabei nicht auf die bloße Korrektur einzelner Schadensereignisse, sondern dient zugleich der Risikoeinschätzung im Hinblick auf vergleichbare Systeme. Zugleich wird ein Verfahren konkreter Meldeketten geschaffen, die eine effektive Kooperation zwischen Anbietern und Behörden gewährleisten soll.[2]

2 Die Vorschrift ist eng mit der Beobachtungspflicht des Anbieters nach dem Inverkehrbringen gem. Art. 72 verknüpft, da die Feststellung schwerwiegender Vorfälle in diesem Zusammenhang naheliegend ist.[3]

3 Die Verpflichtung zur Anzeige solcher Vorfälle bildet ein notwendiges Element des Qualitätsmanagementsystems, das nach Art. 17 Abs. 1 lit. i für Hochrisiko-Systeme ausdrücklich zu implementieren ist. Für Kleinstunternehmen gelten zwar gewisse Erleichterungen hinsichtlich der Ausgestaltung des Qualitätsmanagementsystems, aber sie unterliegen nach Art. 63 Abs. 2 uneingeschränkt der Meldepflicht nach Art. 73.[4]

4 Ferner verweist Art. 60 Abs. 7 auf Art. 73, indem auch während der Durchführung von Tests unter Realbedingungen schwerwiegende Vorfälle unmittelbar den Marktüberwachungsbehörden mitzuteilen sind. Gem. Art. 60 Abs. 7 S. 2 sind Anbieter und zukünftige Anbieter gehalten in einem solchen Fall Sofortmaßnahmen zur Schadensbegrenzung vorzunehmen und unter Umständen den Test abzubrechen.[5]

II. Anwendungsbereich und Regelungsgehalt

1. Adressat der Meldepflicht

5 Der Anwendungsbereich des Art. 73 Abs. 1 richtet sich grundsätzlich an **Anbieter** iSv Art. 3 Nr. 3 von Hochrisiko-KI-Systemen gem. Art. 6, die in der Union in Verkehr gebracht wurden.[6] Dies folgt unmittelbar aus dem Wortlaut.

---

[1] Chibanguza/Kuß/Steege KI-Hdb/Chibanguza, 2. Aufl. 2026, 2. Teil: § 4 E. Rn. 25.

[2] BeckOK KI-Recht/Djeffal, 4. Ed. 1.11.2025, Art. 73 Rn. 1; Martini/Wendehorst/Hartmann Art. 73 Rn. 1; HK-KI-VO/Hilgendorf/Härtlein/Hilgendorf, Eric; Härtlein, Johannes, 1. Aufl., Art. 73 Rn. 1; Wende in Bomhard/Pieper/Wende Art. 73 Rn. 1, 7.

[3] Martini/Wendehorst/Hartmann Art. 73 Rn. 2.

[4] BeckOK KI-Recht/Djeffal, 4. Ed. 1.11.2025, Art. 73 Rn. 29; Martini/Wendehorst/Hartmann Art. 73 Rn. 1; Wende in Bomhard/Pieper/Wende Art. 73 Rn. 4.

[5] BeckOK KI-Recht/Djeffal, 4. Ed. 1.11.2025, Art. 73 Rn. 31; Wende in Bomhard/Pieper/Wende Art. 73 Rn. 5.

[6] BeckOK KI-Recht/Djeffal, 4. Ed. 1.11.2025, Art. 73 Rn. 9.

Allerdings richtet sich die Meldepflicht ausnahmsweise auch an **Betreiber** von Hochrisiko-KI-Systemen, sofern der Anbieter nicht erreichbar ist, sodass für den Betreiber gem. Art. 26 Abs. 5 die Meldepflicht nach Art. 73 Abs. 1 **entsprechend** gilt.[7]

2. Räumlicher Anwendungsbereich

Die Meldepflicht nach Art. 73 Abs. 1 gilt im gesamten Bereich der Europäischen Union und umfasst daher auch die jeweilige Behörde in sämtlichen Mitgliedstaaten, in denen es zu einem schwerwiegenden Vorfall gekommen ist. Die Koordination der Marktüberwachungsbehörden regelt die KI-VO nicht. Diese richtet sich vielmehr nach der Marktüberwachungs-VO.[8]

3. Meldung von schwerwiegenden Vorfällen, Abs. 1

Eine Meldepflicht sieht Abs. 1 zunächst für Anbieter von Hochrisiko-KI-Syste- 6
men vor, sofern es zu einem schwerwiegenden Vorfall gekommen ist. Eine Legaldefinition von schwerwiegenden Vorfällen findet sich in Art. 3 Nr. 49. Erfasst werden Vorfälle oder Fehlfunktionen bezüglich eines KI-Systems, die direkt oder indirekt zum Tod oder zu schweren Gesundheitsschäden führen, schwere und unumkehrbare Störungen der Verwaltung oder des Betriebs kritischer Infrastrukturen verursachen, Pflichten aus den Unionsrechtsvorschriften zum Schutz der Grundrechte verletzen oder schwere Sach- und Umweltschäden hervorrufen (→ Art. 3 Nr. 49 Rn. 367 ff.).[9] Damit kommt es hinsichtlich der Meldepflicht scheinbar unmittelbar darauf an, wie die in Art. 3 Nr. 49 enthaltenen Begriffe „Vorfall" und „Fehlfunktion" auszulegen sind. Allerdings knüpft Art. 3 Nr. 49 unmittelbar an verschiedene direkte oder indirekte Folgen an, welche einen schwerwiegenden Vorfall begründen und dadurch eine Meldepflicht nach Art. 73 auslösen. Für Anbieter bedeutet dies in der Praxis, dass es nicht auf die Auslegung der unbestimmten Rechtsbegriffe „Vorfall" und „Fehlfunktion" ankommt, sondern einzig auf das Vorliegen einer der in Art. 3 Nr. 49 aufgezählten direkten oder indirekten Folgen abgestellt werden kann. Dies determiniert zugleich den Umfang der einzurichtenden Compliance-Management-Systeme, die im Rahmen der aktiven Produktbeobachtung insbesondere auf derartige Folgen gerichtet sein sollten. Die Meldung muss gegenüber der **zuständigen Marktüberwachungsbehörde** (Art. 3 Nr. 26) erfolgen. Die EU-Kommission hat mittlerweile eine Guideline für Meldungen schwerwiegender Vorfälle nach Art. 73 Abs. 1 veröffentlicht.[10] Art. 73 sieht verschiedene **Meldefristen** vor (→ Rn. 10 ff.).

4. Inhalt der Meldung

Hinsichtlich des Inhalts der Meldung ist der Regelungsgehalt von Art. 20 Abs. 1 7
und 2 Marktüberwachungs-VO zu berücksichtigen. Aus Art. 73 Abs. 2 ff. lässt sich

---

[7] BeckOK KI-Recht/Djeffal, 3. Ed. 1.8.2025, Art. 73 Rn. 10, 30; Martini/Wendehorst/Hartmann Art. 73 Rn. 9; HK-KI-VO/Hilgendorf/Härtlein/Hilgendorf, Eric; Härtlein, Johannes, 1. Aufl., Art. 73 Rn. 2; Wende in Bomhard/Pieper/Wende Art. 73 Rn. 6.

[8] BeckOK KI-Recht/Djeffal, 4. Ed. 1.11.2025, KI-VO Art. 73 Rn. 35.

[9] Martini/Wendehorst/Hartmann Art. 73 Rn. 6; HK-KI-VO/Hilgendorf/Härtlein/Hilgendorf, Eric; Härtlein, Johannes, 1. Aufl., Art. 73 Rn. 1; Wende in Bomhard/Pieper/Wende Art. 73 Rn. 8.

[10] https://digital-strategy.ec.europa.eu/en/consultations/ai-act-commission-issues-draft-guidance-and-reporting-template-serious-ai-incidents-and-seeks (zul. abgerufen am 4.1.2026).

entnehmen, dass es auf Informationen ankommt, die Aufschluss über Umstände, Gründe und Kausalität zwischen KI-System und schwerwiegendem Vorfall geben.[11] In diesem Zusammenhang sind die Informationen aus dem Risikomanagementsystem gem. Art. 9 und die Dokumentation nach Art. 11 sowie die Aufzeichnung gem. Art. 12 relevant, da sich hieraus relevante Erkenntnisse gewinnen lassen. Damit die Meldung alle wesentlichen Informationen enthält, muss der Anbieter den Sachverhalt hinreichend aufklären. Vorgaben hierzu enthält Abs. 6 UAbs. 2 (→ Abs. 6 UAbs. 2 Rn. 16).

5. Ausnahmen vom Anwendungsbereich, Abs. 9, 10

8 Schließlich erfährt der sachliche Anwendungsbereich durch die in den Abs. 9 und 10 vorgesehenen Ausnahmen eine **Einschränkung.** Die Meldepflicht wird gem. **Art. 73 Abs. 9** für bestimmte Hochrisiko-KI-Systeme eingeschränkt, sofern bereits vergleichbare Meldepflichten auf unionsrechtlicher Ebene vorgesehen sind. Diese Einschränkung der Meldepflicht **gilt jedoch nicht** für Verletzungen von Pflichten aus den Unionsrechtsvorschriften zum Schutz der Grundrechte nach Art. 3 Nr. 49 lit. c.[12]

9 Zudem gelten Sonderregelungen für Systeme im Anwendungsbereich der **Medizinprodukte-VO** (EU) 2017/745 und der **In-vitro-Diagnostika**-VO (EU) 2017/746 gem. **Art. 73 Abs. 10.**[13] Bei diesen KI-Systemen müssen nur Vorfälle nach Art. 3 Nr. 49 lit. c der zuständigen nationalen Behörde gemeldet werden.

III. Fristen

1. Normalfrist, Abs. 2

10 Die Vorschrift differenziert nach Schwere und Reichweite des Vorfalls. Nach Abs. 2 ist ein schwerwiegender Vorfall grundsätzlich unverzüglich zu melden, wobei der unbestimmte Rechtsbegriff unionsrechtlich autonom auszulegen ist und nicht mit dem deutschen Rechtsbegriff gleichzusetzen ist. Die Frist setzt ein, sobald der Anbieter entweder den ursächlichen Zusammenhang festgestellt oder zumindest die naheliegende Wahrscheinlichkeit einer Verursachung durch das betreffende System erkannt hat. Unabhängig davon läuft ab der bloßen Kenntnis des Vorfalls eine Frist von fünfzehn Tagen. Maßgeblich ist dabei die Schwere des Ereignisses iSv Art. 73 Abs. 2 UAbs. 2.[14]

2. Fristen bei weitverbreiteten Verstößen, Abs. 3

11 Abs. 3 verschärft die Anforderungen für einen weitverbreiteten Verstoß iSd Art. 3 Nr. 61 oder einen schwerwiegenden Vorfall iSd Art. 3 Nr. 49 lit. b. In

---

[11] So auch BeckOK KI-Recht/Djeffal, 4. Ed. 1.11.2025, KI-VO Art. 73 Rn. 36.

[12] BeckOK KI-Recht/Djeffal, 4. Ed. 1.11.2025, Art. 73 Rn. 9; Martini/Wendehorst/Hartmann Art. 73 Rn. 17; Wende in Bomhard/Pieper/Wende Art. 73 Rn. 9, 30.

[13] BeckOK KI-Recht/Djeffal, 4. Ed. 1.11.2025, Art. 73 Rn. 9; Wende in Bomhard/Pieper/Wende Art. 73 Rn. 31.

[14] BeckOK KI-Recht/Djeffal, 4. Ed. 1.11.2025, Art. 73 Rn. 11 ff.; Martini/Wendehorst/Hartmann Art. 73 Rn. 10; HK-KI-VO/Hilgendorf/Härtlein/Hilgendorf, Eric; Härtlein, Johannes, 1. Aufl., Art. 73 Rn. 4 f.; Wende in Bomhard/Pieper/Wende Art. 73 Rn. 11 f.

diesen Fällen ist die Meldung unverzüglich abzugeben, spätestens muss sie jedoch innerhalb von zwei Tagen nach Kenntniserlangung erfolgen. Hinsichtlich der Anforderungen an den Kausalzusammenhang oder die Vermutung des Kausalzusammenhangs gelten die in Abs. 1 aufgestellten Maßstäbe.[15]

3. Fristen beim Tod einer Person, Abs. 4

Nach Abs. 4 ist im Falle des Todes einer Person– abweichend von Abs. 2 – eine Meldung unverzüglich vorzunehmen, sobald der Anbieter oder der Betreiber entweder einen ursächlichen Zusammenhang mit dem Hochrisiko-KI-System festgestellt hat oder eine entsprechende Vermutung besteht. In jedem Fall hat die Meldung spätestens binnen zehn Tagen nach der Kenntniserlangung von dem schwerwiegenden Vorfall zu erfolgen.[16] **12**

4. Verhältnis der Pflichten zueinander

Die Fristen stehen in einem Spezialitätsverhältnis, das den Grundsatz zum Ausdruck bringt, dass mit der Schwere der Konsequenzen die Dringlichkeit der Meldung zunimmt.[17] **13**

5. Fristenberechnung

Die Berechnung der Fristen richtet sich nach der allgemeinen unionsrechtlichen Fristenregelung der VO (EWG) 1182/71. Danach beginnt eine Tagesfrist am Tag nach dem auslösenden Ereignis. Wochenenden und Feiertage verlängern die Frist nicht, sodass eine zweitägige Meldefrist beispielsweise auch an einem Samstag enden kann.[18] **14**

IV. Melde- und Reaktionsprozess

Art. 73 sieht für die Übermittlung und Bearbeitung von Informationen einen mehrgliedrigen Ablauf vor. Den Ausgangspunkt bildet die Anzeige des Betreibers gegenüber dem Anbieter. Dieser wiederum hat die Pflicht, den Vorgang an die zuständige Marktüberwachungsbehörde weiterzuleiten. Sollte der Anbieter nicht erreichbar sein, so veranlasst der Betreiber selbst die Meldung an die Marktüberwachungsbehörde (Art. 26 Abs. 5). Möglich ist dabei zunächst gem. Art. 73 Abs. 5 die Abgabe eines vorläufigen, fristwahrenden **Erstberichts,** der zu einem späteren Zeitpunkt durch eine vollständige Meldung ergänzt wird. Die Marktüberwachungsbehörde hat die eingegangenen Informationen nicht nur selbst zu verarbeiten. Vielmehr ist nach **Abs. 7** eine Weiterleitung an die in Art. 77 Abs. 1 genannten Behörden zum Schutze der Grundrechte sowie nach Abs. 11 an die Europäische Kommission gem. Art. 20 der Marktüberwachungs-VO vorzunehmen. Darüber hinaus ist eine Übermittlung an weitere nationale Stellen vorgesehen, insbesondere an Zollbehörden, die mit Aufgaben der Marktüberwachung **15**

---

[15] HK-KI-VO/Hilgendorf/Härtlein/Hilgendorf, Eric; Härtlein, Johannes, 1. Aufl., Art. 73 Rn. 6; Wende in Bomhard/Pieper/Wende Art. 73 Rn. 16, 18 f.

[16] HK-KI-VO/Hilgendorf/Härtlein/Hilgendorf, Eric; Härtlein, Johannes, 1. Aufl., Art. 73 Rn. 7; Wende in Bomhard/Pieper/Wende Art. 73 Rn. 15.

[17] BeckOK KI-Recht/Djeffal, 4. Ed. 1.11.2025, Art. 73 Rn. 12.

[18] BeckOK KI-Recht/Djeffal, 4. Ed. 1.11.2025, Art. 73 Rn. 16 ff.

betraut sind (Art. 25 Abs. 5 Marktüberwachungs-VO).[19] Bei grenzüberschreitenden Vorfällen richtet sich die Koordination der Marktüberwachungsbehörden untereinander nach der Marktüberwachungs-VO.

16 Nach Eingang der Mitteilung setzt das Reaktionsverfahren ein. Der Anbieter ist nach Abs. 6 gehalten, den **Vorfall umfassend zu untersuchen** und hierbei in unmittelbarer Zusammenarbeit mit der Marktüberwachungsbehörde zu agieren. Erforderlichenfalls sind auch notifizierte Stellen einzubeziehen. Auf Grundlage dieser Untersuchung muss der Anbieter die gebotenen Korrekturmaßnahmen ergreifen. Gleichzeitig trifft die Marktüberwachungsbehörde die Pflicht, innerhalb einer Frist von sieben Tagen die in **Art. 73 Abs. 8 iVm Art. 19 der Marktüberwachungs-VO vorgesehenen Schritte** einzuleiten. Die Marktüberwachungsbehörden tragen nach Art. 19 Abs. 1 S. 1 Marktüberwachungs-VO dafür Sorge, dass Produkte, von denen ein ernstes Risiko ausgeht, zurückgerufen oder vom Markt genommen werden, sofern es keine andere wirksame Möglichkeit zur Beseitigung des ernsten Risikos gibt, oder dass ihre Bereitstellung auf dem Markt untersagt wird.[20] Der Rückruf gilt insoweit als ultima ratio und ist anderen weniger einschneidenden Eingriffsmöglichkeiten nachgeordnet. In jedem Fall hat die Behörde diejenige Maßnahme zu ergreifen, die zur Beseitigung der Ursache des schwerwiegenden Vorfalls am geeignetsten erscheint. Werden durch den Anbieter eigenständige, zweckmäßige Maßnahmen vorgeschlagen, sind diese in den Entscheidungsprozess vorrangig einzubeziehen. Darüber hinaus können die zuständigen nationalen Behörden nach Art. 77 Abs. 1 zusätzliche Maßnahmen ergreifen, wenn die gemeldeten Umstände dies nahelegen.[21]

Abschnitt 3. Durchsetzung

Art. 74* Marktüberwachung und Kontrolle von KI-Systemen auf dem Unionsmarkt

(1) [1]**Die Verordnung (EU) 2019/1020 gilt für KI-Systeme, die unter die vorliegende Verordnung fallen.** [2]**Für die Zwecke einer wirksamen Durchsetzung der vorliegenden Verordnung gilt Folgendes:**

a) Jede Bezugnahme auf einen Wirtschaftsakteur nach der Verordnung (EU) 2019/1020 gilt auch als Bezugnahme auf alle Akteure, die in Artikel 2 Absatz 1 der vorliegenden Verordnung genannt werden;

b) jede Bezugnahme auf ein Produkt nach der Verordnung (EU) 2019/1020 gilt auch als Bezugnahme auf alle KI-Systeme, die in den Anwendungsbereich der vorliegenden Verordnung fallen.

---

[19] BeckOK KI-Recht/Djeffal, 4. Ed. 1.11.2025, Art. 73 Rn. 6; Martini/Wendehorst/Hartmann Art. 73 Rn. 9, 12, 14, 16; Wende in Bomhard/Pieper/Wende Art. 73 Rn. 1, 6, 20, 28.

[20] BeckOK KI-Recht/Djeffal, 4. Ed. 1.11.2025, Art. 73 Rn. 7; Martini/Wendehorst/Hartmann Art. 73 Rn. 13 f.; Wende in Bomhard/Pieper/Wende Art. 73 Rn. 20 f., 26; s. Art. 19 Marktüberwachungs-VO.

[21] BeckOK KI-Recht/Djeffal, 4. Ed. 1.11.2025, Art. 73 Rn. 7; Martini/Wendehorst/Hartmann Art. 73 Rn. 13 f.; Wende in Bomhard/Pieper/Wende Art. 73 Rn. 20 f., 26.

* Kapitel IX (Art. 72–94) gilt gem. Art. 113 UAbs. 2 ab 2.8.2026, mit Ausnahme von Art. 78, der gem. Art. 113 UAbs. 3 Buchst. b bereits ab 2.8.2025 gilt.

(2) [1]**Im Rahmen ihrer Berichtspflichten gemäß Artikel 34 Absatz 4 der Verordnung (EU) 2019/1020 melden die Marktüberwachungsbehörden der Kommission und den einschlägigen nationalen Wettbewerbsbehörden jährlich alle Informationen, die sie im Verlauf ihrer Marktüberwachungstätigkeiten erlangt haben und die für die Anwendung von Unionsrecht im Bereich der Wettbewerbsregeln von Interesse sein könnten.** [2]**Ferner erstatten sie der Kommission jährlich Bericht über die Anwendung verbotener Praktiken in dem betreffenden Jahr und über die ergriffenen Maßnahmen.**

(3) *[1]* **Bei Hochrisiko-KI-Systemen und damit in Zusammenhang stehenden Produkten, auf die die in Anhang I Abschnitt A aufgeführten Harmonisierungsrechtsvorschriften der Union Anwendung finden, gilt als Marktüberwachungsbehörde für die Zwecke dieser Verordnung die in jenen Rechtsakten für die Marktüberwachung benannte Behörde.**

[2] **Abweichend von Unterabsatz 1 und unter geeigneten Umständen können die Mitgliedstaaten eine andere einschlägige Behörde benennen, die die Funktion der Marktüberwachungsbehörde übernimmt, sofern sie die Koordinierung mit den einschlägigen sektorspezifischen Marktüberwachungsbehörden, die für die Durchsetzung der in Anhang I aufgeführten Harmonisierungsrechtsvorschriften der Union zuständig sind, sicherstellen.**

(4) [1]**Die Verfahren gemäß den Artikeln 79 bis 83 der vorliegenden Verordnung gelten nicht für KI-Systeme, die im Zusammenhang mit Produkten stehen, auf die die in Anhang I Abschnitt A aufgeführten Harmonisierungsrechtsvorschriften der Union Anwendung finden, wenn in diesen Rechtsakten bereits Verfahren, die ein gleichwertiges Schutzniveau sicherstellen und dasselbe Ziel haben, vorgesehen sind.** [2]**In diesen Fällen kommen stattdessen die einschlägigen sektorspezifischen Verfahren zur Anwendung.**

(5) **Unbeschadet der Befugnisse der Marktüberwachungsbehörden gemäß Artikel 14 der Verordnung (EU) 2019/1020 können die Marktüberwachungsbehörden für die Zwecke der Sicherstellung der wirksamen Durchsetzung der vorliegenden Verordnung die in Artikel 14 Absatz 4 Buchstaben d und j der genannten Verordnung genannten Befugnisse gegebenenfalls aus der Ferne ausüben.**

(6) **Bei Hochrisiko-KI-Systemen, die von auf der Grundlage des Unionsrechts im Bereich der Finanzdienstleistungen regulierten Finanzinstituten in Verkehr gebracht, in Betrieb genommen oder verwendet werden, gilt die in jenen Rechtsvorschriften für die Finanzaufsicht über diese Institute benannte nationale Behörde als Marktüberwachungsbehörde für die Zwecke dieser Verordnung, sofern das Inverkehrbringen, die Inbetriebnahme oder die Verwendung des KI-Systems mit der Erbringung dieser Finanzdienstleistungen in direktem Zusammenhang steht.**

(7) *[1]* **Abweichend von Absatz 6 kann der Mitgliedstaat – unter geeigneten Umständen und wenn für Abstimmung gesorgt ist – eine andere einschlägige Behörde als Marktüberwachungsbehörde für die Zwecke dieser Verordnung benennen.**

[2] **Nationale Marktüberwachungsbehörden, die unter die Richtlinie 2013/36/EU fallende Kreditinstitute, welche an dem mit der Verordnung**

(EU) Nr. 1024/2013 eingerichteten einheitlichen Aufsichtsmechanismus teilnehmen, beaufsichtigen, sollten der Europäischen Zentralbank unverzüglich alle im Zuge ihrer Marktüberwachungstätigkeiten ermittelten Informationen übermitteln, die für die in der genannten Verordnung festgelegten Aufsichtsaufgaben der Europäischen Zentralbank von Belang sein könnten.

(8) **[1]Für die in Anhang III Nummer 1 der vorliegenden Verordnung genannten Hochrisiko-KI-Systeme, sofern diese Systeme für Strafverfolgungszwecke, Grenzmanagement und Justiz und Demokratie eingesetzt werden, und für die in Anhang III Nummern 6, 7 und 8 genannten Hochrisiko-KI-Systeme benennen die Mitgliedstaaten für die Zwecke dieser Verordnung als Marktüberwachungsbehörden entweder die nach der Verordnung (EU) 2016/679 oder der Richtlinie (EU) 2016/680 für den Datenschutz zuständigen Aufsichtsbehörden oder jede andere gemäß denselben Bedingungen wie den in den Artikeln 41 bis 44 der Richtlinie (EU) 2016/680 festgelegten benannte Behörde. [2]Marktüberwachungstätigkeiten dürfen in keiner Weise die Unabhängigkeit von Justizbehörden beeinträchtigen oder deren Handlungen im Rahmen ihrer justiziellen Tätigkeit anderweitig beeinflussen.**

(9) **Soweit Organe, Einrichtungen und sonstige Stellen der Union in den Anwendungsbereich dieser Verordnung fallen, übernimmt der Europäische Datenschutzbeauftragte die Funktion der für sie zuständigen Marktüberwachungsbehörde – ausgenommen für den Gerichtshof der Europäischen Union im Rahmen seiner Rechtsprechungstätigkeit.**

(10) **Die Mitgliedstaaten erleichtern die Koordinierung zwischen den auf der Grundlage dieser Verordnung benannten Marktüberwachungsbehörden und anderen einschlägigen nationalen Behörden oder Stellen, die die Anwendung der in Anhang I aufgeführten Harmonisierungsrechtsvorschriften der Union oder sonstigen Unionsrechts überwachen, das für die in Anhang III genannten Hochrisiko-KI-Systeme relevant sein könnte.**

(11) **[1]Die Marktüberwachungsbehörden und die Kommission können gemeinsame Tätigkeiten, einschließlich gemeinsamer Untersuchungen, vorschlagen, die von den Marktüberwachungsbehörden oder von den Marktüberwachungsbehörden gemeinsam mit der Kommission durchgeführt werden, um Konformität zu fördern, Nichtkonformität festzustellen, zu sensibilisieren oder Orientierung zu dieser Verordnung und bestimmten Kategorien von Hochrisiko-KI-Systemen, bei denen festgestellt wird, dass sie in zwei oder mehr Mitgliedstaaten gemäß Artikel 9 der Verordnung (EU) 2019/1020 ein ernstes Risiko darstellen, zu geben. [2]Das Büro für Künstliche Intelligenz unterstützt die Koordinierung der gemeinsamen Untersuchungen.**

(12) **[1]Die Anbieter gewähren den Marktüberwachungsbehörden unbeschadet der Befugnisübertragung gemäß der Verordnung (EU) 2019/1020 – sofern dies relevant ist und beschränkt auf das zur Wahrnehmung der Aufgaben dieser Behörden erforderliche Maß – uneingeschränkten Zugang zur Dokumentation sowie zu den für die Entwicklung von Hochrisiko-KI-Systemen verwendeten Trainings-, Validierungs- und Testdatensätzen, gegebenenfalls und unter Einhaltung von Sicherheitsvorkehrungen**

auch über die Anwendungsprogrammierschnittstellen (im Folgenden „API“) oder andere einschlägige technische Mittel und Instrumente, die den Fernzugriff ermöglichen.

(13) **Zum Quellcode des Hochrisiko-KI-Systems erhalten Marktüberwachungsbehörden auf begründete Anfrage und nur dann Zugang, wenn die beiden folgenden Bedingungen erfüllt sind:**

a) Der Zugang zum Quellcode ist zur Bewertung der Konformität eines Hochrisiko-KI-Systems mit den in Kapitel III Abschnitt 2 festgelegten Anforderungen notwendig und

b) die Test- oder Prüfverfahren und Überprüfungen aufgrund der vom Anbieter bereitgestellten Daten und Dokumentation wurden ausgeschöpft oder haben sich als unzureichend erwiesen.

(14) **Jegliche Informationen oder Dokumentation, in deren Besitz die Marktüberwachungsbehörden gelangen, werden im Einklang mit den in Artikel 78 festgelegten Vertraulichkeitspflichten behandelt.**

Literatur: Bomhard, David/Merkle, Marieke, Europäische KI-Verordnung, RDi 2021, 276; Chibanguza, Kuuya/Steege, Hans, Die KI-Verordnung – Überblick über den neuen Rechtsrahmen, NJW 2024, 1769; Denga, Michael, Unternehmenshaftung für KI – zur Konformitätsbewertung in Permanenz, CR 2023, 277; Ebers, Martin/Hoch, Veronica/Rosenkranz, Frank/Ruschemeier, Hannah/Steinrötter, Björn, Der Entwurf für eine EU-KI-Verordnung: Richtige Richtung mit Optimierungsbedarf, RDi 2021, 528; Ebert, Andreas/Spiecker, Indra gen. Döhmann, Der Kommissionsentwurf für eine KI-Verordnung der EU, NVwZ 2021, 1188; Ehring, Philipp/Taeger, Jürgen, Produkthaftungs- und Produktsicherheitsrecht, 1. Auflage, Baden-Baden 2022; Legner, Sarah, KI-Verordnung und algorithmische Diskriminierung, RDi 2024, 426; Martini, Mario/Wendehorst, Christiane, KI-VO Kommentar, 2. Auflage, München 2026; Roth-Isigkeit, David, Grundstrukturen der geplanten KI-Aufsichtsbehörden – KI-Bürokratie?, ZRP 2022, 187; Schefzig, Jens/Kilian, Robert, BeckOK KI-Recht, 4. Auflage, München 2026; Schwartmann, Rolf/Keber, Tobias/Zenner, Kai, KI-VO Leitfaden für die Praxis, 3. Auflage, Heidelberg 2026; Söbbing, Thomas, Verabschiedung der europäischen KI-Verordnung, ITRB 2024, 108; Wiebe, Gerhard, Produktsicherheitsrechtliche Betrachtung des Vorschlags für eine KI-Verordnung, BB 2022, 899; Legner, Sarah, Wettbewerb mit KI, KIR 2025, 183; Geminn, Christian/Johannes, Paul, Europäisches Datenrecht Praxishandbuch, 1. Auflage, Baden-Baden 2026; Hilgendorf, Eric/Härtlein, Johannes, Handkommentar KI-VO – Verordnung über künstliche Intelligenz, 1. Auflage, Baden-Baden 2025.

Übersicht

I. Überblick

1 Art. 74 steht am Anfang des Abschnitts 3 der KI-VO, der der Durchsetzung der Vorgaben der KI-VO gewidmet ist. In zeitlicher Hinsicht regelt Art. 74 die Durchsetzung der KI-VO durch Aufsicht über KI-Systeme nach ihrer Inverkehrbringung oder Inbetriebnahme. Art. 74 Abs. 1 ist die zentrale Integrationsbestimmung, mittels derer das System der Marktüberwachung nach der Marktüberwachungsverordnung (EU) 2019/1020 (MÜ-VO) im Bereich der Künstlichen Intelligenz grundsätzlich zur Anwendung gebracht wird.[1] Soweit Art. 74 spezielle Bestimmungen enthält, die Aspekte der Marktüberwachung und Durchsetzung betreffen, gehen diese den allgemeineren Bestimmungen der MÜ-VO vor. Bei der Kontrolle der Anwendung und Durchsetzung der KI-VO in Bezug auf KI-Systeme aller Art nehmen die Verwaltungsbehörden der Mitgliedstaaten eine Schlüsselrolle ein (vgl. Erwgr. 153). Von der Zuständigkeit nationaler Marktüberwachungsbehörden gibt es nur zwei Ausnahmen: Die Überwachung von KI-Systemen mit allgemeinem Verwendungszweck ist nach Art. 75 dem neu geschaffenen, unionale Büro für Künstliche Intelligenz zugewiesen. Für die Marktüberwachung von unionalen Stellen als Wirtschaftsakteure nach der KI-VO ist der Europäische Datenschutzbeauftragte gem. Art. 74 Abs. 9 zuständig. Ansonsten enthält Art. 74 für den Regelfall der mitgliedstaatlichen Marktüberwachung in den Absätzen 3–8 und 12 und 13 eine Vielzahl von Regelungen, die die konkreten Aufsichtsstrukturen und Befugnisse der Marktüberwachungsbehörden betreffen.[2] Ergänzend sieht Art. 74 Abs. 2 Berichtspflichten der Marktüberwachungsbehörden hinsichtlich der im Rahmen ihrer Tätigkeiten erlangten Informationen vor. Herauszuheben ist Art. 74 Abs. 3, der festlegt, dass die spezifischen Zuständigkeiten und Verfahren sektoraler Harmonisierungsrechtsvorschriften der KI-VO grundsätzlich vorgehen.[3] Art. 74 Abs. 10, 11 und 14 ordnen zudem Koordination und Vertraulichkeit bei der Wahrnehmung der Überwachungstätigkeit an.

2 Im Gesetzgebungsverfahren hat Art. 74 zahlreiche Änderungen erfahren, die im Kern zu einer Flexibilisierung der Durchsetzungsstrukturen führten. So wurde

[1] Schwartmann/Keber/Zenner, KI-VO Leitfaden für die Praxis/Keber/Hansen/Zenner/Schwartmann, 4. Teil § 10 Rn. 980; Schefzig/Kilian, BeckOK KI-Recht/Djeffal, Art. 74 Rn. 1; Geminn/Johannes/Schild, EU-DatenR-HdB, § 39 Rn. 167.

[2] Söbbing ITRB 2024, 108 (110).

[3] Martini/Wendehorst, KI-VO/Hartmann, Art. 74 Rn. 1.

den Mitgliedstaaten unter bestimmten Voraussetzungen eine Abweichungsbefugnis bezüglich der zunächst statischen Vorgaben für die Aufsichtsstrukturen eingeräumt. Zudem wurden zugunsten der Marktüberwachungsbehörden einige Modifikationen an den in der MÜ-VO festgelegten Durchsetzungsbefugnisse zum Zwecke ihrer sachgemäßen Ausübung vorgenommen. Dadurch soll Art. 74 eine angemessene und wirksame Durchsetzung der in der KI-VO festgelegten Anforderungen und Verpflichtungen sicherstellen (vgl. Erwgr. 156).

II. Die Absätze im Einzelnen

1. Anwendung der MÜ-VO auf KI-Systeme und der Begriff des Wirtschaftsakteurs (Abs. 1)

Für sämtliche KI-Systeme gelten im Grundsatz die gleichen produktsicherheitsrechtlichen Durchsetzungsbestimmungen, wie auch für andere Wirtschaftsprodukte. Dahingehend lässt sich im Kern die grundlegende Aussage des Art. 74 Abs. 1 zusammenfassen. **Ziel** ist die wirksame Durchsetzung der Vorgaben der KI-Verordnung. Der Gesetzgeber setzte auf **unionsrechtliche Harmonisierung** und verzichtete vor dem Hintergrund des „New Legislative Framework" (NLF) darauf, für KI-Technologie ein neues System der Rechtsdurchsetzung zu entwickeln.[4] Gem. Art. 74 Abs. 1 S. 1 gilt dementsprechend die ebenfalls dem Harmonisierungsansatz des NLF unterfallende MÜ-VO für alle KI-Systeme, die in den Anwendungsbereich der KI-VO fallen. Diese Anordnung ist notwendig, weil die KI-VO aufgrund ihres zeitlich nachfolgenden Erlasses keine Erwähnung in Anhang I MÜ-VO findet, und somit nicht vom dort definierten Geltungsbereich der MÜ-VO erfasst wäre. Umfasst sind somit alle KI-Systeme iSd Art. 3 Nr. 1, die nicht nach Art. 2 vom Anwendungsbereich der KI-VO wieder ausgenommen wurden. Auch wenn die Mehrzahl der KI-Systeme keine vielfältigen Anforderungen nach der KI-VO zu erfüllen hat, da sie keine Hochrisiko-KI-Systeme sind, soll die MÜ-VO dennoch umfassend für die allermeisten KI-Systeme gelten (vgl. Erwgr. 156). Das ist eine bewusste Entscheidung des Gesetzgebers. Zum Zwecke der effektiven Gefahrenabwehr sollen die Marktüberwachungsbehörden alle in der MÜ-VO festgelegten Durchsetzungsbefugnisse, ergänzt um spezielle aus der KI-VO (vgl. Art. 74 Abs. 5 für die Möglichkeit zum Fernzugriff), in Bezug auf alle KI-Systeme ergreifen können, wenn sie ein Risiko darstellen (vgl. Erwgr. 156). Dazu bedarf es auch im Bereich der Künstlichen Intelligenz zunächst einer Übertragung der in Art. 14 ff. MÜ-VO genannten Untersuchungsbefugnisse auf die Behörden nach nationalem Recht, wozu die Mitgliedstaaten gem. Art. 14 Abs. 1 MÜ-VO verpflichtet sind. Ist diese Übertragung erfolgt, müssen die Behörden ihre Aufgaben und Befugnisse auf eine unabhängige, unparteiische und unvoreingenommene Art und Weise wahrnehmen (vgl. Erwgr. 156). Der Grundsatz der Verhältnismäßigkeit aus Art. 14 Abs. 2 MÜ-VO ist bei der Ausübung der Befugnisse zu berücksichtigten, wobei dieser Norm bestenfalls appellativen Charakter hinsichtlich eines der als selbstverständlich vorauszusetzenden Grundpfeiler der Rechtsstaatlichkeit hat.[5] 3

[4] Wiebe BB 2022, 899 (899).

[5] Giesberts/Gayger in NK-ProdR [MÜ-VO] Art. 14 Rn. 11; Bomhard/Pieper/Wende, KI-VO/Wende, Art. 74 Rn. 16.

4 Zum Zwecke der wirksamen Durchsetzung der KI-VO ordnet Art. 74 Abs. 1 S. 2 **Begriffssymmetrien** zwischen der KI-VO und der MÜ-VO an. Die Angleichung der Rechtsakte in Art. 74 Abs. 1 stellt grundsätzlich eine einheitliche und konsistente Anwendung der MÜ-VO im Geltungsbereich der KI-VO sicher.[6]

5 Nach Art. 74 Abs. 1 S. 2 lit. a wird der Begriff des **Wirtschaftsakteurs** nach der MÜ-VO um alle Akteure, die in Art. 2 Abs. 1 genannt werden, erweitert. Unter Berücksichtigung der Begriffsbestimmung des Akteurs nach Art. 3 Nr. 8 sind davon gem. Art. 2 Abs. 1 Anbieter, Produkthersteller, Betreiber, Bevollmächtigten, Einführer und Händler umfasst. Ausgenommen vom Verweis in Art. 74 Abs. 1 S. 2 lit. a sind die in Art. 2 Abs. 1 lit. g genannten „betroffene(n) Personen, die sich in der EU befinden", da diese keine Akteure gem. Art. 3 Nr. 8 sind.[7] In Fragen der Marktüberwachung und Rechtsdurchsetzung werden die erfassten Akteure der KI-VO mit den klassischen Wirtschaftsakteuren der MÜ-VO rechtlich gleichgestellt.[8]

6 Zudem gelten gem. Art. 74 Abs. 1 S. 2 lit. b solche KI-Systeme, die in den Anwendungsbereich der KI-VO fallen, als Produkte im Sinne der MÜ-VO. In der Folge können grundsätzlich sämtliche Maßnahmen der Marktüberwachung nach der MÜ-VO auch im Hinblick auf KI-Systeme zum Einsatz kommen. Zwar wird der Risikobegriff der MÜ-VO[9] iRd Art. 79 Abs. 1 modifiziert, was zur Folge hat, dass sich bestimmte aufsichtsrechtliche Maßnahmen der Marktüberwachungsbehörden für KI-Systeme grundsätzlich aus Art. 79 selbst ergeben, doch faktisch kommen so die in Art. 14 ff. MÜ-VO niedergelegten behördlichen Befugnisse auch in Bezug auf KI-Systeme zur Anwendung.[10] Für eine nähergehende Betrachtung wird auf die Kommentierung zu Art. 79 verwiesen.

2. Berichtspflichten der Marktüberwachungsbehörden (Abs. 2)

7 Art. 74 Abs. 2 enthält Regelungen zu den Berichtspflichten der Marktüberwachungsbehörden, die auf den Bestimmungen der MÜ-VO aufbauen. Art. 34 Abs. 4 MÜ-VO legt fest, welche Informationen die Marktüberwachungsbehörden in das wichtige Informations- und Kommunikationssystem der Kommission, das sogenannte *Information and Communication System on Market Surveillance (ICSMS),* einpflegen müssen. In den Buchstaben a bis g von Art. 34 Abs. 4 MÜ-VO ist eine detaillierte Auflistung der geforderten Angaben enthalten. Gem. Art. 74 Abs. 2 bestehen darüber hinaus zwei weitere **jährliche Berichtspflicht** der Marktüberwachungsbehörden, die die bereits bestehenden Pflichten aus Art. 34 Abs. 4 MÜ-VO ergänzen.[11]

---

[6] Wiebe BB 2022, 899 (905).

[7] Martini/Wendehorst, KI-VO/Hartmann, Art. 74 Rn. 6; Bomhard/Pieper/Wende, KI-VO/Wende, Art. 74 Rn. 17.

[8] Wiebe BB 2022, 899 (900).

[9] Vgl. hierzu Schucht in NK-ProdR [MÜ-VO] Art. 3 Rn. 55.

[10] Schwartmann/Keber/Zenner, KI-VO Leitfaden für die Praxis/Keber/Hansen/Zenner/Schwartmann, 4. Teil § 10 Rn. 980; Bomhard/Pieper/Wende, KI-VO/Wende, Art. 74 Rn. 16; Martini/Wendehorst, KI-VO/Hartmann, Art. 74 Rn. 5.

[11] Bomhard/Pieper/Wende, KI-VO/Wende, Art. 74 Rn. 19; Schefzig/Kilian, BeckOK KI-Recht/Djeffal, Art. 74 Rn. 30; Hilgendorf/Härtlein, HK-KI-VO/Hilgendorf/Härtlein, Art. 74 Rn. 6.

Zum einen haben die Marktüberwachungsbehörden der Kommission und den einschlägigen nationalen Wettbewerbsbehörden jährlich alle Informationen zu melden, die sie im Verlauf ihrer Marktüberwachungstätigkeiten erlangt haben und die für die Anwendung von Unionsrecht im Bereich der Wettbewerbsregeln, die sich aus Art. 101–109 AEUV ergeben, von Interesse sein könnten. Die entsprechenden Verpflichtungen tragen damit zugleich zur effektiveren Durchsetzung des Wettbewerbsrechts bei, da die bereitgestellten Informationen für die Beobachtung und Bewertung der Marktsituation sachdienlich sind. Ein der Veröffentlichung vorausgehendes Recht zur Auswahl besteht nach dem eindeutigen Wortlaut *„alle"* insoweit gerade nicht.[12] **8**

Die in S. 1 normierte Weitergabe von Informationen zeichnet sich durch mehrere zentrale Merkmale aus. So erlaubt der Ausdruck „im Verlauf der Marktüberwachungstätigkeit" die Übermittlung von Daten, die im Rahmen der Marktüberwachung gewonnen wurden und ausschließlich wettbewerbsrechtliche Aspekte betreffen, ohne Produktsicherheitsfragen einzubeziehen. Unter „Anwendung von Unionsrecht" fallen auch nationale Vorschriften, die der Umsetzung von Unionsrecht dienen. Die bewusst weit gefasste Wendung „im Bereich der Wettbewerbsregeln von Interesse sein könnten" gestattet die Weitergabe potenziell relevanter Informationen, selbst wenn diese nicht vollständig geprüft wurden. Dies schließt ausdrücklich solche Informationen ein, deren rechtliche Durchsetzung den Wettbewerbsbehörden nicht unmittelbar möglich ist, wie etwa bestimmte Verstöße gegen § 3a UWG, soweit ein Gesetzesverstoß vorliegt.[13] **9**

Zum anderen haben sie die Kommission jährlich über die Anwendung verbotener Praktiken gem. Art. 5 in dem betreffenden Jahr und über die hiergegen ergriffenen Maßnahmen zu informieren.[14] **10**

Neben dem Kontrolleffekt, der der Verpflichtung zur jährlichen Berichterstattung innewohnt, ist die Kommission durch die erlangten Informationen in der Lage, Trends und Risiken zu ermitteln. So kann sie ihrer Bewertungs- und Überprüfungsobligationen bezüglich der Regulierung von Künstlicher Intelligenz nach Art. 112 nachkommen. Gleichzeitig dürfte sich hieraus perspektivisch eine tatsächliche Vereinheitlichung der Überwachung innerhalb der EU ergeben. **11**

Die verschiedenen Informationspflichten der nationalen Marktüberwachungsbehörden sind sorgfältig voneinander zu unterscheiden. So ist die Berichtspflicht gemäß Art. 74 Abs. 2 klar von der behördlichen Notifikationspflicht, wie sie in Art. 79 Abs. 3 vorgesehen ist, abzugrenzen. Ebenso unterscheidet sie sich von der Meldepflicht nach Art. 34 Abs. 4 der MÜ-VO, welche die nationalen Marktüberwachungsbehörden nicht zur Erstellung eines jährlichen Berichts verpflichtet, sondern lediglich die Übermittlung von Einzelfallinformationen vorsieht.[15] **12**

Art. 74 Abs. 7 S. 2 begründet eine weitere spezielle Berichtspflicht im Rahmen der Bankenaufsicht. Für Kreditinstitute, die dem einheitlichen Aufsichtsmechanismus gemäß SSM-VO 1024/2013 unterliegen, nimmt regelmäßig die sektorspezifische Finanzaufsichtsbehörde die Rolle der Marktüberwachungsbehörde nach Art. 74 Abs. 6 wahr. In dieser Funktion obliegt ihr die Weiterleitung sämtlicher **13**

---

[12] Schefzig/Kilian, BeckOK KI-Recht/Djeffal, Art. 74 Rn. 30; Legner KIR 2025, 183 (189); Martini/Wendehorst, KI-VO/Hartmann, Art. 74 Rn. 9.

[13] Schefzig/Kilian, BeckOK KI-Recht/Djeffal, Art. 74 Rn. 31.

[14] Schefzig/Kilian, BeckOK KI-Recht/Djeffal, Art. 74 Rn. 32.

[15] Bomhard/Pieper/Wende, KI-VO/Wende, Art. 74 Rn. 21 ff.; Martini/Wendehorst, KI-VO/Hartmann, Art. 74 Rn. 9.

im Rahmen der Aufsicht nach der KI-VO erlangter Informationen, die potenziell für die Erfüllung der Aufgaben der Europäischen Zentralbank nach Art. 4 SSM-VO von Bedeutung sind, an die EZB.[16]

3. Aufsichtsstrukturen (Abs. 3, 4, 6, 7, 8 und 9)

14 Art. 74 legt in den Absätzen 3, 4, 6, 7, 8 und 9 fest, welche Behörden für die Marktüberwachung in Bezug auf bestimmte Regelungsbereiche oder KI-Systeme zuständig sind. Ziel dieser Zuständigkeitsregelungen ist es, Überwachungs- und Durchsetzungslücken zu verhindern und eine effiziente Umsetzung zu gewährleisten, indem teilweise auf bereits bestehende Aufsichtsstrukturen zurückgegriffen wird. Die nationalen Aufsichtsbehörden führen die Marktüberwachung dabei innerhalb eines Mitgliedsstaats durch und dienen als Ansprechpartner für die nach den Art. 28 ff. einzurichtenden Stellen auf unionaler Ebene.[17] Hinsichtlich der Auswahl der zuständigen Marktüberwachungsbehörde lässt die Union den Mitgliedsstaaten grundsätzlich einen erheblichen Freiraum, die Entscheidung über eine deutsche KI-Marktüberwachungsbehörde steht indes noch aus.[18]

15 **a) Marktüberwachungsbehörden für Hochrisiko-KI-Systeme im Zusammenhang mit Produkten (Abs. 3 und 4).** Für Hochrisiko-KI-Systeme und damit in Zusammenhang stehenden Produkten, die unter die in Anhang I Abschnitt A aufgeführten Harmonisierungsrechtsvorschriften der Union fallen, sind nach Art. 74 Abs. 3 UAbs. 1 im Grundsatz die bereits in diesen **sektoralen Rechtsakten** benannten Marktüberwachungsbehörden zuständig. Ein **Hochrisiko-KI-System** steht dann mit einem solchen Produkt in Zusammenhang, wenn das KI-System als **Sicherheitsbauteil** des Produkts verwendet wird, dass unter die in Anhang I aufgeführten Harmonisierungsrechtsvorschriften der Union fällt, oder wenn das KI-System selbst ein solches Produkt ist. In Anhang I Abschnitt A findet sich eine Liste der Harmonisierungsrechtsvorschriften der Union auf der Grundlage des neuen Rechtsrahmens. Für Anhang I Abschnitt B, der eine Liste älterer, nicht auf dem neuen Rechtsrahmen beruhender Harmonisierungsrechtsakte der Union beinhaltet, gilt die Zuweisung des Art. 74 Abs. 3 UAbs. 1 nicht. Die Zuständigkeitsregelung des Art. 74 Abs. 3 UAbs. 1 stellt eine Abweichung von dem Grundsatz in Art. 70 dar, der festgelegt, dass mindestens eine Marktüberwachungsbehörde für die Zwecke der KI-VO von jedem Mitgliedstaat zu benennen ist. Durch die Anordnung in Art. 74 Abs. 3 UAbs. 1 müssen zur Überwachung dieser Produkte keine neuen Behörden geschaffen werden.[19]

16 Allerdings haben gem. Art. 74 Abs. 3 UAbs. 2 die Mitgliedstaaten unter bestimmten Voraussetzungen eine **Wahlfreiheit,** die im Kommissionentwurf zur KI-VO noch nicht vorgesehen war. Mitgliedstaaten können bei Vorliegen geeigneter Umstände abweichend von Art. 74 Abs. 3 UAbs. 1 eine andere einschlägige Behörde benennen, die die Marktüberwachungstätigkeiten übernimmt. Geeignet sind die Umstände dann, wenn die zu ernennende Behörde über die personellen und finanziellen Ressourcen und die technologischen und rechtlichen Kenntnisse verfügt, um ihrer Aufgabe als Marktüberwachungsbehörde gerecht zu werden.

---

16 Martini/Wendehorst, KI-VO/Hartmann, Art. 74 Rn. 10.

17 Bomhard/Merkle RDi 2021, 276 (278).

18 Chibanguza/Steege NJW 2024, 1769 (1774).

19 Bomhard/Pieper/Wende, KI-VO/Wende, Art. 74 Rn. 27 f.; Schefzig/Kilian, BeckOK KI-Recht/Djeffal, Art. 74 Rn. 33.

Des Weiteren müssen sich die neue Behörde und die sektorspezifischen Marktüberwachungsbehörden, die nach den in Anhang I aufgeführten Rechtsakten der Union etabliert wurden, koordinieren. So sollten sie sich gegebenenfalls die erforderlichen Informationen zukommen lassen und abstimmen, um Kompetenzstreitigkeiten oder widersprüchlichen Entscheidungen vorzubeugen.[20]

Gem. Art. 74 Abs. 4 finden die speziell in der KI-VO geregelten Befugnisse und Verfahren der Marktüberwachungsbehörden für solche KI-Systeme, die Produkte oder Bestandteile von Produkten nach Anhang I Abschnitt A sind, keine Anwendung, wenn in den dort benannten sektorspezifischen Rechtsakten **Verfahren mit gleicher Zielsetzung und gleichem Schutzniveau** enthalten sind. Es ist dabei keine vollständige Deckungsgleichheit erforderlich, sondern lediglich eine grundsätzliche Äquivalenz der Schutzstandards. Anstelle der Verfahren, die in Art. 79–83 enthalten sind, kommen dann gem. Art. 74 Abs. 4 S. 2 die einschlägigen sektorspezifischen Verfahren zur Anwendung. Diese Maßgabe ist notwendig und sinnvoll. In den Fällen, in denen die KI-VO und der sektorspezifische Rechtsakt verschiedene Verfahren der Marktüberwachung vorsehen, besteht nun die erforderliche aufsichtsrechtliche Klarheit. Zudem können die erprobten Aufsichtsverfahren der Marktüberwachungsbehörden nach den sektorspezifischen Rechtsakten beibehalten werden, was den Verwaltungsaufwand der Anpassung an die erweiterte Überwachungstätigkeit auch auf Hochrisiko-KI-Systeme gem. Art. 74 Abs. 3 UAbs. 1 reduzieren und somit die effektive Durchsetzung der KI-VO fördern dürfte.[21] 17

b) Marktüberwachungsbehörden für KI-Systeme im Bereich der Finanzdienstleistung (Abs. 6 und 7). Auch im Bereich der Finanzdienstleistungen sollen die bereits bestehenden Aufsichtsstrukturen genutzt werden, um die Überwachung von Hochrisiko-KI-Systemen effizient zu gestalten. In Art. 74 Abs. 6 wird die Zuständigkeit für die Marktüberwachung von Hochrisiko-KI-Systemen speziell geregelt, die von Finanzinstituten im Rahmen ihrer Tätigkeiten der Finanzdienstleistungen gemäß dem Unionsrecht in Verkehr gebracht, in Betrieb genommen oder verwendet werden. Für solche Hochrisiko-KI-Systeme ist die Überwachung eine Aufgabe der nationalen Behörde, die **nach einschlägigem Unionsrecht auch für die Finanzaufsicht über diese Finanzinstitute** selbst verantwortlich ist. Die Frage, ob ein Hochrisiko-KI-System für den Finanzdienstleistungssektor konzipiert oder auf diesen Markt gebracht wurde, ist für die Zuständigkeit der Marktüberwachung nicht entscheidend. Ebenso beschränkt sich die Aufsicht nicht ausschließlich auf Finanzinstitute. Ein Anbieter von Hochrisiko-KI-Systemen kann somit einer Überprüfung durch die Finanzaufsichtsbehörde unterliegen, selbst wenn weder das Unternehmen selbst ein Finanzinstitut ist noch das betreffende KI-System speziell für den Finanzsektor bereitgestellt wurde. Maßgeblich für die Zuständigkeit der Behörde ist allein der tatsächliche Einsatz des Systems durch ein Finanzinstitut. Nutzen Hochrisiko-KI-Systeme gleichzeitig Finanzdienstleistungen und andere Anwendungsbereiche, kann dies dazu führen, dass mehrere Behörden parallele Marktüberwachungsbefugnisse ausüben.[22] 18

---

[20] Martini/Wendehorst, KI-VO/Hartmann, Art. 74 Rn. 12; Bomhard/Pieper/Wende, KI-VO/Wende, Art. 74 Rn. 29.

[21] Bomhard/Pieper/Wende, KI-VO/Wende, Art. 74 Rn. 30; Schefzig/Kilian, BeckOK KI-Recht/Djeffal, Art. 74 Rn. 38 f.; Martini/Wendehorst, KI-VO/Hartmann, Art. 74 Rn. 13.

[22] Bomhard/Pieper/Wende, KI-VO/Wende, Art. 74 Rn. 30, 37 f.

19 Dies gilt unter der Bedingung, dass das Inverkehrbringen, die Inbetriebnahme oder die Nutzung des Hochrisiko-KI-Systems mit der Erbringung der Finanzdienstleistungen **in direktem Zusammenhang** steht. Dazu muss das Hochrisiko-KI-System unmittelbar und spezifisch mit den Finanzdienstleistungen verknüpft sein, mit denen das Finanzinstitut anbietet. Dies ist bei der bloßen Optimierung allgemeiner Verwaltungsaufgaben des Finanzinstituts regelmäßig nicht gegeben.[23]

20 Gem. Art. 74 Abs. 7 UAbs. 1 haben die Mitgliedstaaten im Bereich der Finanzdienstleistungen ebenfalls eine **Wahlfreiheit,** die der Kommissionentwurf zur KI-VO noch nicht vorsah. Unter geeigneten Umständen und bei Gewährleistung der Koordination neuerlicher Marktüberwachungsbehörden mit bereits bestehenden, sektorspezifischen nationalen Behörden der Finanzaufsicht, können auch andere einschlägige Behörden als Marktüberwachungsbehörden zum Zwecke der Durchsetzung der KI-VO benannt werden. Geeignet sind die Umstände, bzw. vielmehr die Behörde dann, wenn diese über die personellen und finanziellen Ressourcen und die technologischen und rechtlichen Kenntnisse verfügt, um ihrer Aufgabe als Marktüberwachungsbehörde gerecht zu werden.[24] Art. 74 Abs. 3 UAbs. 2 schreibt die „Sicherstellung" einer Koordinierung vor, wohingegen Art. 74 Abs. 7 eine Abstimmung fordert. Hierzu normiert die KI-VO allerdings keine Begriffsdefinitionen, sodass es den Mitgliedstaaten obliegt, beide Begriffe zu konkretisieren und durch geeignete Prozesse zu operationalisieren. Die Frage, ob Abstimmung gegenüber Koordinierung weniger strenge Anforderungen begründet, insbesondere für die Ausnahme der Zuständigkeit der nationalen Finanzaufsichtsbehörden im Vergleich zur produktrechtlichen Marktüberwachung, erscheint jedoch fernliegend, da die englische Fassung in beiden Ausnahmefällen konsequent „coordination" sowie „ensure" verwendet.[25]

21 Art. 74 Abs. 7 UAbs. 2 formuliert eine **besondere Informationspflicht** für nationale Marktüberwachungsbehörden, die für Kreditinstitute zuständig sind, unter die Richtlinie 2013/36/EU fallen und am einheitlichen Aufsichtsmechanismus gemäß Verordnung (EU) Nr. 1024/2013 teilnehmen. Der einheitliche Aufsichtsmechanismus beschreibt nach Art. 2 Nr. 9 Verordnung (EU) Nr. 1024/2013 das Finanzaufsichtssystem, das sich aus der EZB und den nationalen zuständigen Behörden teilnehmender Mitgliedstaaten zusammensetzt. Die nationalen Marktüberwachungsbehörden müssen der EZB unverzüglich alle Informationen übermitteln, die sie im Zuge ihrer Überwachungstätigkeiten erlangt haben und die für Aufsichtsaufgaben der Europäischen Zentralbank nach Verordnung (EU) Nr. 1024/2013 von Relevanz sein könnten. Es muss keine Gewissheit über die Relevanz bestehen, sondern maßgeblich ist die **Potentialität.**[26] Da die Aufsichtsaufgaben der EZB nach Art. 4 Abs. 1 Verordnung (EU) Nr. 1024/2013 klar definiert sind, lässt sich daraus ableiten, welche Informationen übermittelt werden müssen. Die EZB ist nach Art. 4 Abs. 1 Verordnung (EU) Nr. 1024/2013 zuständig für:

– Zulassung von Kreditinstituten und Entzug der Zulassung von Kreditinstituten (lit. a),

---

[23] Schefzig/Kilian, BeckOK KI-Recht/Djeffal, Art. 74 Rn. 47; Bomhard/Pieper/Wende, KI-VO/Wende, Art. 74 Rn. 38.

[24] Schefzig/Kilian, BeckOK KI-Recht/Djeffal, Art. 74 Rn. 48 f.; Bomhard/Pieper/Wende, KI-VO/Wende, Art. 74 Rn. 40.

[25] Bomhard/Pieper/Wende, KI-VO/Wende, Art. 74 Rn. 40.

[26] Bomhard/Pieper/Wende, KI-VO/Wende, Art. 74 Rn. 41.

- Aufsicht über Kreditinstitute, die in einem nicht teilnehmenden Mitgliedstaat Zweigstellen errichten oder Dienstleistungen anbieten wollen (lit. b),
- Prüfung von Übernahmen oder Veräußerungen von wesentlichen Beteiligungen (lit. c),
- Gewährleistung, dass Kreditinstitute die Anforderungen in Bezug auf Großkredite, Liquidität, Verschuldungsgrad sowie ihre Informationspflichten einhalten (lit. d),
- Gewährleistung, dass Kreditinstitute die Anforderungen an solide Unternehmensführung und Risikomanagementverfahren einhalten (lit. e),
- Durchführung von aufsichtlichen Überprüfungen und Stresstests, um Risikomanagement und Eigenmittelausstattung zu bewerten und gegebenenfalls Festlegung zusätzlicher Anforderungen an die Kreditinstitute (lit. f),
- Überwachung der Muttergesellschaften von Kreditinstituten auf konsolidierter Basis (lit. g),
- Beteiligung an der Beaufsichtigung von Finanzkonglomeraten und mögliche Koordination, wenn die EZB nach Unionsrecht als Koordinator benannt ist (lit. h),
- Aufsicht über Sanierungspläne und frühes Eingreifen, wenn ein Kreditinstitut oder eine Gruppe, für die die EZB die konsolidierende Aufsichtsbehörde ist, die geltenden aufsichtsrechtlichen Anforderungen nicht erfüllt oder voraussichtlich nicht erfüllen wird (lit. i).

Betrifft eine Information, die die nationalen Marktüberwachungsbehörden im Zuge ihrer Überwachungstätigkeiten erlangen, einen der gelisteten Aufsichtsbereiche der EZB, ist sie darüber in Kenntnis zu setzen. Nach strenger Wortlautauslegung sind nur Informationen erfasst, die direktes Resultat von Ermittlungsaktivitäten der Marktüberwachungsbehörden sind. Zufällig erlangte Informationen sind danach unabhängig von ihrer potenziellen Relevanz nicht bereitzustellen. Dieser Auslegung ließe sich der Zweck der Norm entgegenhalten. Die EZB soll ihrer Aufsichtsfunktion auf breiter Informationsgrundlage nachgehen, um frühzeitig Risiken für den Finanzsektor identifizieren zu können. Dies würde durch Vorlage sämtlicher, auch potenziell relevanter Informationen, die die nationalen Marktüberwachungsbehörden rechtmäßig erlangen, gefördert. Gleichfalls gilt es allerdings zu beachten, dass die Pflicht sich nach dem Wortlaut der Norm auf alle Normen bezieht, die „von Belang sein könnten", also ohnehin sehr weit gefasst ist. Verlangt man nun von den Behörden, die EZB über alle auch zufällig erlangten, hypothetisch relevanten Informationen in Kenntnis zu setzen, wird die Offenlegungspflicht schnell uferlos und dürfte in diesem Umfang weder von den Marktüberwachungsbehörden noch von der EZB selbst zu stemmen sein. Führt man sich zudem den weiteren Zweck des Art. 74 vor Augen, durch die Orientierung am NLF im Allgemeinen und der MÜ-VO im speziellen eine Mehrbelastung der Behörden so weit wie möglich zu vermeiden, würde es dem diametral entgegenstehen, den Marktüberwachungsbehörden eine derart umfangreiche Offenlegungspflicht aufzubürden, zumal diese ja infolge von zufällig erlangten Erkenntnissen ohnehin dazu ermächtigt sind, aktive Ermittlungen einzuleiten und die EZB in der Folge über die daraus gewonnen Erkenntnisse in Kenntnis zu setzen wären. Eine direkte Offenlegungspflicht dürfte zusammengefasst nur für die Erkenntnisse direkter Ermittlungsaktivitäten bestehen. In zeitlicher Hinsicht haben die nationalen Marktüberwachungsbehörden die erlangten Informationen der EZB unverzüglich zu übermitteln. Auch im europarechtlichen Kontext bedeutet dies, dass 22 die Informationen nach ihrer Erlangung ohne schuldhaftes Zögern weitergegeben werden müssen.

23 **c) Marktüberwachungsbehörden in hochsensiblen Bereichen (Abs. 8).** In Art. 74 Abs. 8 finden sich ebenfalls Vorgaben für die Benennung der Marktüberwachungsbehörden. Der Gesetzgeber möchte eine sachgerechte Marktüberwachung für bestimmte Hochrisiko-KI-Systeme sicherstellen, die in den **besonders (grundrechts-)sensiblen Bereichen** der Strafverfolgung, des Grenzmanagements, der Justiz und der Demokratie eingesetzt werden. Die Regelung bezieht sich daher auf KI-Systeme nach Anhang III, die folgendermaßen zum Einsatz kommen:

- Als biometrisches KI-System zur Fernidentifizierung von Personen, zur biometrischen Kategorisierung oder Emotionserkennung (Nr. 1);
- Als Instrument der Strafverfolgung (Nr. 6);
- Als Instrument der der Asyl-, Migrations- und Grenzkontrolle (Nr. 7);
- Als Instrument in der Rechtspflege oder im Zusammenhang mit demokratischen Prozessen (Nr. 8).[27]

24 Bei der Benennung von Marktüberwachungsbehörden für Hochrisiko-KI-Systeme mit diesen Anwendungsbereichen haben die Mitgliedstaaten nach Art. 74 Abs. 8 zwei Optionen. Sie können entweder die nach der Datenschutz-Grundverordnung (EU) 2016/679 oder der JI-Datenschutzrichtlinie (EU) 2016/680 für den **Datenschutz zuständigen Aufsichtsbehörden** als Marktüberwachungsbehörden benennen. Alternativ können sie auch jede andere Behörde benennen, die den konkreten Anforderungen der Art. 41–44 der JI-Datenschutzrichtlinie (EU) 2016/680 an Einrichtung, Unabhängigkeit und Funktionsweise der Aufsichtsbehörden entspricht.[28] Aufgrund ihrer Expertise im Umgang mit sensiblen Daten, dem Schutz von Privatsphäre und Grundrechten und etablierten Aufsichts- und Abstimmungsmechanismen sieht der Gesetzgeber die Datenschutzaufsichtsbehörden als besonders geeignet an, Hochrisiko-KI-Systeme in den Kernbereichen demokratischer Ordnung zu überwachen. Zudem kann durch die Benennung der Aufsichtsbehörden zum Zweck der Überwachung dieser Hochrisiko-KI-Systeme auf die datenschutzrechtlichen Rechtsgrundlagen zurückgegriffen werden, die bereits Standards und Verfahrensweisen für den Umgang mit Daten festlegen.

25 Gem. Art. 74 Abs. 8 S. 2 dürfen die Tätigkeiten der Marküberwachungsbehörden nicht die **Unabhängigkeit oder Funktionalität der Justizbehörden** beeinträchtigen. Würde sich diese Maßgabe bloß auf die Unabhängigkeit der Justiz als solche beschränken, wäre es denkbar, Art. 74 Abs. 8 S. 2 als rein deklaratorisch zu betrachten.[29] Da Art. 74 Abs. 8 S. 2 aber ausdrücklich auch eine Beeinflussung der Handlungen im Rahmen ihrer justiziellen Tätigkeit verbietet, ist dem Satz mehr Gewicht beizumessen. Marktüberwachungsbehörden haben die Aufgabe, die Einhaltung technischer, regulatorischer und datenschutzrechtlicher Vorschriften in Bezug auf Produkte mittels Maßnahmen nach der MÜ-VO sicherzustellen. Justizbehörden sollen hingegen die Durchsetzung von strafrechtlichen Vorschriften und die Ahndung von Verstößen übernehmen. Im durchaus denkbaren Spannungsfall, in dem die Maßnahme einer Marküberwachungsbehörden aufgrund der Nichtkonformität eines Hochrisiko-KI-Systems geboten erscheint, dies aber

[27] Bomhard/Pieper/Wende, KI-VO/Wende, Art. 74 Rn. 42.

[28] Schefzig/Kilian, BeckOK KI-Recht/Djeffal, Art. 74 Rn. 54.

[29] Martini/Wendehorst, KI-VO/Hartmann, Art. 74 Rn. 15; Schefzig/Kilian, BeckOK KI-Recht/Djeffal, Art. 74 Rn. 59.

die Funktionalität der Justizbehörden zu beeinträchtigen droht, da das betreffende Hochrisiko-KI-System für die Tätigkeiten von großer Relevanz ist, nimmt der Gesetzgeber in Art. 74 Abs. 8 S. 2 eine Abwägung zulasten der Produktsicherheit und zugunsten der Justizbehörden vor. Es darf bezweifelt werden, ob die Regelung in ihrer Absolutheit angesichts der grundrechtsinvasiven Wirkung des Einsatzes eines nichtkonformen Hochrisiko-KI-Systems in den in Art. 74 Abs. 8 genannten Bereichen in dieser Form haltbar seien wird.

d) Marktüberwachungsbehörden für Stellen der Union (Abs. 9). Für Organe, Agenturen, Einrichtungen und sonstige Stellen der Union, die in den Anwendungsbereich der KI-VO fallen, erfüllt gem. Art. 74 Abs. 9 der **Europäische Datenschutzbeauftragte** die Funktion der zuständigen **Marktüberwachungsbehörde.** Über den Gerichtshof der Europäischen Union wacht der Europäische Datenschutzbeauftragte nicht, soweit es sich um Rechtsprechungstätigkeit handelt. Rein justizielle Tätigkeiten des Europäischen Gerichtshofs überwacht auch im Datenschutzbereich ein gerichtsinternen Ausschuss.[30] Sämtliche weiteren, nicht-justiziellen Tätigkeiten überwacht hingegen der Europäischen Datenschutzbeauftragten als Marktüberwachungsbehörde, soweit der Anwendungsbereich der KI-VO eröffnet ist.[31] 26

Die Überwachungstätigkeit des Europäische Datenschutzbeauftragte darf die Fähigkeit der beaufsichtigten Stellen, ihre Aufgaben unabhängig zu erfüllen, nicht beeinträchtigen (vgl. Erwgr. 156). Auf die Benennung der zuständigen nationalen Behörden durch die Mitgliedstaaten hat die vorliegende Regelung, die sich nur mit unionalen Fragestellungen befasst, keine Auswirkung (vgl. Erwgr. 156). 27

4. Fernüberwachungsbefugnisse der Marktüberwachungsbehörden (Abs. 5)

Art. 74 Abs. 5 erweitert die Durchsetzungsmöglichkeiten der Marktüberwachungsbehörden und erlaubt es ihnen, die in Art. 14 Abs. 4 lit. d und j MÜ-VO genannten Befugnisse und Maßnahmen der Marküberwachung auch aus der Ferne auszuüben. Dies bedeutet zunächst die vollumfänglichen Befugnisse wie in Art. 14 MÜ-VO, wie die Wendung *„unbeschadet"* zeigt. Im digitalisierten Bereich möchte der Gesetzgeber so sicherstellen, dass Produktüberprüfungen zum Zwecke der wirksamen Durchsetzung der KI-VO effektiv und effizient ablaufen. Einerseits können Marktüberwachungsbehörden daher nach Art. 14 Abs. 4 lit. d MÜ-VO unangekündigte Inspektionen und physische Überprüfungen von Produkten durchführen, ohne vor Ort sein zu müssen. Andererseits dürfen sie nach Art. 14 Abs. 4 lit. j MÜ-VO auch unter falscher Identität Produktproben aus der Ferne erwerben, sie überprüfen und im Wege der Nachkonstruktion (reverse engineering) analysieren, um Nichtkonformität festzustellen und Beweismaterial zu sichern. Die weiteren Befugnisse der Marktüberwachungsbehörden gem. Art. 14 ff. MÜ-VO bleiben darüber hinaus notwendigerweise bestehen.[32] 28

---

[30] Beschluss des Gerichtshofs v. 1.10.2019 – 2019/C 383/02.

[31] Martini/Wendehorst, KI-VO/Hartmann, Art. 74 Rn. 16; Schefzig/Kilian, BeckOK KI-Recht/Djeffal, Art. 74 Rn. 60.

[32] Bomhard/Pieper/Wende, KI-VO/Wende, Art. 74 Rn. 32; Martini/Wendehorst, KI-VO/Hartmann, Art. 74 Rn. 7.

5. Koordinierung nationaler Marktüberwachungsbehörden (Abs. 10)

29 Art. 74 Abs. 10 adressiert die Mitgliedstaaten. Sie haben dazu beizutragen, dass die Durchsetzungsinstitutionen der KI-VO sich in den bereits bestehenden Rahmen unionalen Rahmen des Harmonisierungsrechts möglichst reibungslos einfügen. Deshalb ist es ihre Aufgabe, die Koordinierung zwischen den Marktüberwachungsbehörden, die auf Grundlage der KI-VO benannt wurden, und sämtlichen nationalen Behörden oder Stellen, die auf Grundlage anderer in Anhang I aufgeführter Rechtsakte Überwachungstätigkeiten übernehmen, zu erleichtern. Umfasst sind auch nationalen Behörden oder Stellen, die über den Anhang I hinaus sonstiges Unionsrecht überwachen, das für die in Anhang III genannten Hochrisiko-KI-Systeme von Relevanz sein könnte.[33]

30 Ausführungen dazu, welche **Maßnahmen zur leichteren Koordinierung** durch die Mitgliedstaaten zu ergreifen sind, macht der Gesetzgeber in Art. 74 Abs. 10 nicht. In rechtlicher Hinsicht erscheint es zumindest geboten, die nationalen Regelwerke so anzupassen, dass legislative Hürden einer nahtlosen Zusammenarbeit abgebaut werden. In praktischer Hinsicht wäre denkbar, den Informationsaustausch beispielsweise durch die Schaffung gemeinsamer digitaler Plattformen zu erleichtern. Die Norm wird zusammengefasst dahingehend zu verstehen sein, dass keine zusätzlichen Hindernisse für die Zusammenarbeit geschaffen werden dürfen. Zudem wird die Norm als Auslegungsmaßstab für Maßnahmen der Mitgliedsstaaten fungieren, die sich hieran im Zweifel daran orientieren müssen, im Sinne einer Art Erleichterungsgebots.[34]

6. Gemeinsame Tätigkeiten zur Förderung der Konformität (Abs. 11)

31 Sowohl die Marktüberwachungsbehörden als auch die Kommission haben gem. Art. 74 Abs. 11 ein Initiativrecht, mit dem sie im Verhältnis zueinander die **gemeinsame Durchsetzungstätigkeiten in grenzüberschreitenden Angelegenheiten** vorschlagen können. Die Kooperation erscheint insbesondere dann angezeigt, wenn es Entwicklungen im Bereich der Künstlichen Intelligenz gibt, denen aufgrund ihres grenzüberschreitenden Bezugs im Kollektiv besser begegnet werden kann als durch die nationalen Marktüberwachungsbehörden im Alleingang. Nicht zwingend ist, dass die Kommission an der Ausführung der gemeinsamen Tätigkeiten beteiligt ist. Die Tätigkeiten können entweder nur von den jeweiligen Marktüberwachungsbehörden untereinander oder von den Behörden in Kooperation mit der Kommission durchgeführt werden. Art. 74 Abs. 11 nennt als Beispiel für eine solche Tätigkeit explizit nur gemeinsame Untersuchungen bzw. Ermittlungen, bei denen das Büro für Künstliche Intelligenz die Koordinierung gem. Art. 74 Abs. 11 S. 2 unterstützt. Es ist aber nicht die Intention des Gesetzgebers, dass auf Grundlage des Art. 74 Abs. 11 allein repressive Maßnahmen gemeinsam durchgeführt werden. Dementsprechend können eine ganze Bandbreite an Zielsetzungen mit den gemeinsamen Tätigkeiten verfolgt werden. Die Maßnahmen können erfolgen, um Konformität zu fördern, Nichtkonformität

---

[33] Martini/Wendehorst, KI-VO/Hartmann, Art. 74 Rn. 26; Bomhard/Pieper/Wende, KI-VO/Wende, Art. 74 Rn. 45; Schefzig/Kilian, BeckOK KI-Recht/Djeffal, Art. 74 Rn. 63.

[34] Bomhard/Pieper/Wende, KI-VO/Wende, Art. 74 Rn. 45; Schefzig/Kilian, BeckOK KI-Recht/Djeffal, Art. 74 Rn. 566.

festzustellen, zu sensibilisieren oder Orientierung zu geben. Diese Zielsetzungen stehen nicht jeweils für sich, sondern müssen stets Bezug zu bestimmten Kategorien von Hochrisiko-KI-Systemen aufweisen.[35] Dies stellt die deutsche Fassung der KI-VO nur unzureichend dar und ergibt sich erst bei Hinzuziehung der englischen.[36]

Die aus Art. 9 MÜ-VO bekannte Regelung wurde in Art. 74 Abs. 11 auf die Besonderheiten der Künstlichen Intelligenz gemünzt. Danach ist es insbesondere dann angezeigt, entsprechend den benannten Zielsetzungen gemeinsam tätig zu werden, wenn durch die Marktüberwachungsbehörden zweier oder mehrerer Mitgliedstaaten festgestellt wird, dass bestimmte Kategorien von Hochrisiko-KI-Systemen **ein ernstes Risiko gem. Art. 9 MÜ-VO** darstellen.[37] Ein ernstes Risiko iSd Art. 9 MÜ-VO ist unter Bezugnahme auf die Begriffsbestimmung in Art. 3 Nr. 20 MÜ-VO gegeben, wenn „das Verhältnis zwischen der Eintrittswahrscheinlichkeit einer Gefahr, die einen Schaden verursacht, und der Schwere des Schadens auf der Grundlage einer Risikobewertung und unter Berücksichtigung der normalen und vorhersehbaren Verwendung des Produkts ein rasches Eingreifen der Marktüberwachungsbehörden erforderlich macht, auch wenn das Risiko keine unmittelbare Auswirkung hat".[38] Diese Definition verdeutlicht, dass Ausgangspunkt für die Feststellung, ob ein ernstes Risiko vorliegt, nicht etwa eine Kategorie von Hochrisiko-KI-Systemen als solche sein kann, sondern zunächst nur das einzelne, der Überprüfung zugängliche Hochrisiko-KI-System ist.[39] Erst in der Folge kann das Vorliegen ernster Risiken der gesamten Kategorie angenommen werden, wenn sich die Feststellungen ernster Risiken bei einzelnen Hochrisiko-KI-Systemen derselben Kategorie häufen.[40] Wird bei Hochrisiko-KI-Systemen einer Kategorie oft festgestellt, dass sie ein ernstes Risiko bergen, sollen die orientierungsgebenden, gemeinschaftlichen Tätigkeiten der Marktüberwachungsbehörden gem. Art. 74 Abs. 11 die Wahrscheinlichkeit eines tatsächlichen Schadenseintritts verringern. 32

7. Spezielle aufsichtsrechtliche Untersuchungsbefugnisse (Abs. 12 und 13)

Art. 74 Abs. 12 und 13 ergänzen die bereits bestehenden Befugnisse der Marktüberwachungsbehörde nach der MÜ-VO. Das ist aus Sicht des Gesetzgebers notwendig, um den Besonderheiten von KI-Systemen Rechnung zu tragen und eine effektive Aufsicht gewährleisten zu können.[41] 33

a) Datenzugangsrecht (Abs. 12). Art. 74 Abs. 12 legt fest, dass Marktüberwachungsbehörden unter bestimmten Voraussetzungen uneingeschränkten Zugang zur Dokumentation sowie zu den für die Entwicklung von Hochrisiko-KI-Systemen verwendeten **Trainings-, Validierungs- und Testdatensätzen** erlangen 34

[35] Martini/Wendehorst, KI-VO/Hartmann, Art. 74 Rn. 27.

[36] Hierzu weitergehend Martini/Wendehorst, KI-VO/Hartmann, Art. 74 Rn. 18.

[37] Schefzig/Kilian, BeckOK KI-Recht/Djeffal, Art. 74 Rn. 70.

[38] Im Zusammenhang mit der MÜ-VO etwa Schucht in NK-ProdR MÜ-VO Art. 3 Rn. 59 f.

[39] Martini/Wendehorst, KI-VO/Hartmann, Art. 74 Rn. 28.

[40] Martini/Wendehorst, KI-VO/Hartmann, Art. 74 Rn. 28.

[41] Schwartmann/Keber/Zenner, KI-VO Leitfaden für die Praxis/Keber/Hansen/Zenner/Schwartmann, 4. Teil § 10 Rn. 982 f.

können.[42] Der Anbieter eines Hochrisiko-KI-System hat diesen Zugang zu gewähren, sofern die Behörde den Zugang einfordert und „dies relevant ist". **Relevanz** iSd Art. 74 Abs. 12 ist gegeben, wenn die Behörde die Informationen zur Wahrnehmung ihrer Aufgabe der Marktüberwachung im konkreten Fall und insbesondere für die Überprüfung einzelner Hochrisiko-KI-Systeme benötigt.[43] Dabei kann sie Tätigkeiten auf Grundlage der KI-VO, aber auch auf Grundlage anderer Rechtsvorschriften anführen.[44] Dass eine solche Relevanz gegeben ist, muss die Behörde hinreichend substantiiert darlegen.

35 Da der Anbieter eines Hochrisiko-KI-Systems die technische Dokumentation nach Art. 11 ohnehin erstellen und aktualisieren muss, dürfte die Gewährung des Zugangs in Bezug auf diesen Aspekt in der Praxis keine größeren Probleme bereiten. Eine Pflicht, Trainings-, Validierungs- und Testdatensätze, die zur Entwicklung von Hochrisiko-KI-Systemen verwendet wurden, vorzuhalten, um sie gegebenenfalls bereitstellen zu können, findet sich allerdings weder in Art. 10 noch an anderer Stelle der KI-VO. Insofern beinhaltet Art. 74 Abs. 12 implizit eine neuerliche Pflicht zur **Aufbewahrung dieser Datensätze.** Gegebenenfalls soll den Behörden der Zugriff auf die Datensätze über technische Mittel wie Anwendungsprogrammierschnittstellen (APIs) oder andere einschlägige Instrumente aus der Ferne möglich sein. Dafür müssen aber als Grundvoraussetzung hinreichende Sicherheitsvorkehrungen getroffen und eingehalten werden, die den Zugriff auf sensible Informationen durch unbefugte Dritte verhindern. Inhaltlich beschränkt wird die Pflicht zur „uneingeschränkten" Zugangsgewährung durch das erforderliche Maß an Informationen, das die Behörden zur Wahrnehmung ihrer Aufgaben benötigen. Die Anbieter müssen insofern lediglich jene Informationen bereitstellen, die in einem konkreten Zusammenhang mit der Überwachung oder Untersuchung stehen. Der „uneingeschränkte" Zugang nach Art. 74 Abs. 12 besteht also nur im Rahmen der konkreten Erforderlichkeit im Einzelfall.[45]

36 **b) Quellcodezugangsrecht (Abs. 13).** In Ausnahmesituationen können die Marktüberwachungsbehörden gem. Art. 74 Abs. 13 auch Zugang zum **Quellcode des Hochrisiko-KI-Systems** verlangen. Der allgemeine Maßnahmenkatalog nach der MÜ-VO wird durch Art. 74 Abs. 13 im Bereich Künstlicher Intelligenz modifiziert. Der Quellcode meint nicht bloß den in Programmiersprache verfassten Text für das zugrundeliegende KI-Modell vor dem Training, sondern den Maschinencode des ganzen KI-Systems in seiner nutzbaren Form.[46] Dabei ist die Schaffung strenger Zugangsvoraussetzungen unerlässlich, weil es sich bei dem Quellcode um den zentralen Bestandteil des KI-Systems handelt, der in aller Regel Geschäftsgeheimnisse enthält. Entsprechend umstritten war die Erteilung dieser Befugnis.[47]

---

[42] Teilweise wird vertreten, dadurch würden andere Phasen im Lebenszyklus des KI-Systems außer Betracht gelassen werden, vgl. Ebers/Hoch/Rosenkranz/Ruschemeier/Steinrötter RDi 2021, 528 (533).

[43] Roth-Isigkeit ZRP 2022, 187 (189); Bomhard/Pieper/Wende, KI-VO/Wende, Art. 74 Rn. 53.

[44] Martini/Wendehorst, KI-VO/Hartmann, Art. 74 Rn. 30.

[45] Bomhard/Pieper/Wende, KI-VO/Wende, Art. 74 Rn. 53.

[46] Schefzig/Kilian, BeckOK KI-Recht/Djeffal, Art. 74 Rn. 81; Bomhard/Pieper/Wende, KI-VO/Wende, Art. 74 Rn. 54; Hilgendorf/Härtlein, HK-KI-VO/Hilgendorf/Härtlein, Art. 74 Rn. 7.

[47] Schwartmann/Keber/Zenner, KI-VO Leitfaden für die Praxis/Keber/Hansen/Zenner/Schwartmann, 4. Teil § 10 Rn. 983; Martini/Wendehorst, KI-VO/Hartmann, Art. 74 Rn. 31.

Indem der Gesetzgeber zwei kumulative Bedingungen für die Erlangung des Zugangs formuliert, eröffnet er zwar prinzipiell die Möglichkeit der Einsichtnahme in den geheimhaltungsbedürftigen Quellcode durch die Marktüberwachungsbehörden. Allerdings stellt er so zugleich klar, dass Marktüberwachungsbehörden nur bei Vorliegen des konkreten Anwendungsszenarios nach Art. 74 Abs. 13 Zugang zu diesem erlangen können. Art. 74 Abs. 13 bezweckt daher neben der Gewährleistung sachgerechter behördlicher Überwachung auch den Schutz der Anbieter von Hochrisiko-KI-Systemen, indem sichergestellt wird, dass der Eingriff in die sensible unternehmerische Sphäre nur dann erfolgt, wenn dies zwingend erforderlich ist.[48] **37**

Zunächst setzt die Zugangsgewährung eine begründete Anfrage durch die Marktüberwachungsbehörde beim Anbieter voraus. Sie muss substantiiert darlegen, warum der Zugang zum Quellcode notwendig ist. Die Begründung muss sich inhaltlich auf die folgenden Bedingungen des Art. 74 Abs. 13 beziehen, die beide objektiv erfüllt sein müssen. Gem. Art. 74 Abs. 13 lit. a muss der Zugang zum Quellcode für die Konformitätsbewertung eines Hochrisiko-KI-Systems bezüglich der in Kapitel III Abschnitt 2 festgelegten Anforderungen notwendig sein. Die Marktüberwachungsbehörde muss vor Anfrage zur Erlangung des Quellcodes alle ihr verfügbaren Möglichkeiten, um die Konformität des Hochrisiko-KI-Systems zu überprüfen, erfolglos bemüht haben. Dieses Erfordernis zeigt die Subsidiarität des Quellcodezugangsrechts.[49] In dieselbe Kerbe schlägt auch die zweite Bedingung gem. Art. 74 Abs. 13 lit. b. Das Zugangsrecht zum Quellcode besteht weiter nur dann, wenn zudem die üblichen Test- oder Prüfverfahren, die auf Basis der vom Anbieter bereitgestellten Daten und Dokumentation durchgeführt wurden, entweder ausgeschöpft wurden oder sich als unzureichend erwiesen haben. Da die Bedingungen kumulativ vorliegen müssen, schützt die zweite Bedingung des Art. 74 Abs. 13 den Anbieter. Es genügt eben nicht, dass die Behörde den Zugang zum Quellcode für notwendig erachtet, bloß weil sie beispielsweise die bereitgestellten Daten und Dokumentationen kapazitiv nicht auswerten und bewältigen kann. Das kann eine Offenbarungspflicht des Anbieters nicht rechtfertigen. Vielmehr soll eine solche Pflicht erst dann bestehen, wenn es der Anbieter nicht vermag, Daten und Dokumentationen bereitzustellen, die eine ordnungsgemäße Konformitätsbewertung ermöglichen. Art. 74 Abs. 13 lit. b stellt somit ein verdecktes Erfordernis eines Verschuldens des Anbieters im Hinblick auf die Bereitstellung der Informationen dar, das in doppelter Hinsicht disziplinierende Wirkung hat. Einerseits kann die Marktüberwachungsbehörde nicht Zugang zum Quellcode verlangen, bloß weil sie es für notwendig und vermeintlich leichter erachtet. Andererseits kann der Anbieter seine Pflicht der Zugangsgewährung abwenden, indem er taugliche Daten und Dokumentationen für die Konformitätsbewertung bereitstellt. Dieser weite Anwendungsbereich der vorrangigen Eigenkonformitätsbewertung wird in der Literatur teils kritisiert.[50] Indes wird es unter Exkulpationsgesichtspunkten meist im Interesse des Verantwortlichen stehen, die Konformitätsbewertung durch eine externe Stelle durchführen zu lassen, zumal gerade Start-Ups und KMU regelmäßig ohnehin mit einer eigen- **38**

---

[48] Bomhard/Pieper/Wende, KI-VO/Wende, Art. 74 Rn. 54.

[49] Legner RDi 2024, 426 (430); Schefzig/Kilian, BeckOK KI-Recht/Djeffal, Art. 74 Rn. 83; Martini/Wendehorst, KI-VO/Hartmann, Art. 74 Rn. 30.

[50] Ebert/Spiecker gen. Döhmann NVwZ 2021, 1188 (1193).

ständigen Bewertung nach den Vorgaben der Verordnung überfordert sein dürften.[51]

8. Vertraulichkeitspflicht (Abs. 14)

39 Marktüberwachungsbehörden haben gem. Art. 74 Abs. 14 die Pflicht, jegliche Informationen oder Dokumentationen, in deren Besitz sie gelangen, vertraulich zu behandeln. Ohne entsprechende Regelung bestünde das Risiko, dass Geschäftsgeheimnisse, Unternehmensinterna oder sonstige sensible Daten ungeschützt an die Öffentlichkeit gelangen, wodurch betroffene Unternehmen oder Dritte Schaden nehmen könnten. Da detaillierte Ausführungen bezüglich der Anforderung an die Vertraulichkeit in Art. 78 enthalten sind, und auch dort Marktüberwachungsbehörden als Verpflichtete benannt werden, handelt es sich bei Art. 74 Abs. 14 um einen schlichten Verweis, ohne einen eigenständigen Regelungsgehalt. Für eine nähergehende Betrachtung des Vertraulichkeitserfordernisses wird auf die Kommentierung zu Art. 78 verwiesen.

Art. 75* Amtshilfe, Marktüberwachung und Kontrolle von KI-Systemen mit allgemeinem Verwendungszweck

(1) [1]**Beruht ein KI-System auf einem KI-Modell mit allgemeinem Verwendungszweck und werden das Modell und das System vom selben Anbieter entwickelt, so ist das Büro für Künstliche Intelligenz befugt, die Konformität des KI-Systems mit den Pflichten aus dieser Verordnung zu überwachen und beaufsichtigen. [2]Zur Wahrnehmung seiner Beobachtungs- und Überwachungsaufgaben hat das Büro für Künstliche Intelligenz alle in diesem Abschnitt und in der Verordnung (EU) 2019/1020 vorgesehenen Befugnisse einer Marktüberwachungsbehörde.**

(2) **Haben die zuständigen Marktüberwachungsbehörden hinreichenden Grund für die Auffassung, dass KI-Systeme mit allgemeinem Verwendungszweck, die von Betreibern direkt für mindestens einen Zweck, der gemäß dieser Verordnung als hochriskant eingestuft ist, verwendet werden können, nicht mit den in dieser Verordnung festgelegten Anforderungen konform sind, so arbeiten sie bei der Durchführung von Konformitätsbewertungen mit dem Büro für Künstliche Intelligenz zusammen und unterrichten das KI-Gremium und andere Marktüberwachungsbehörden entsprechend.**

(3) [1]**Ist eine Marktüberwachungsbehörde wegen der Unzugänglichkeit bestimmter Informationen im Zusammenhang mit dem KI-Modell mit allgemeinem Verwendungszweck nicht in der Lage, ihre Ermittlungen zu dem Hochrisiko-KI-System abzuschließen, obwohl sie alle angemessenen Anstrengungen unternommen hat, diese Informationen zu erhalten, kann sie ein begründetes Ersuchen an das Büro für Künstliche Intelligenz richten, durch das der Zugang zu den Informationen durchgesetzt werden kann. [2]In diesem Fall übermittelt das Büro für Künstliche Intelligenz der ersuchenden Behörde unverzüglich, spätestens aber innerhalb von**

---

[51] Denga CR 2023, 277 (282).

* Kapitel IX (Art. 72–94) gilt gem. Art. 113 UAbs. 2 ab 2.8.2026, mit Ausnahme von Art. 78, der gem. Art. 113 UAbs. 3 Buchst. b bereits ab 2.8.2025 gilt.

30 Tagen, alle Informationen, die das Büro für Künstliche Intelligenz für die Feststellung, ob ein Hochrisiko-KI-System nicht konform ist, für erforderlich erachtet. [3]Die Marktüberwachungsbehörden gewährleisten gemäß Artikel 78 der vorliegenden Verordnung die Vertraulichkeit der von ihnen erlangten Informationen. [4]Das Verfahren nach Kapitel VI der Verordnung (EU) 2019/1020 gilt entsprechend.

Literatur: Martini, Mario/Wendehorst, Christiane, KI-VO Kommentar, 2. Auflage, München 2026; Rosenthal, Der EU AI Act – Verordnung über künstliche Intelligenz, Jusletter, August 2024; Schefzig, Jens/Kilian, Robert, BeckOK KI-Recht, 4. Auflage, München 2025; Schwartmann, Rolf/Keber, Tobias/Zenner, Kai, KI-VO Leitfaden für die Praxis, 3. Auflage, Heidelberg 2026; Bomhard, David/Pieper, Fritz-Ulli/Wende, Susanne, Kommentar KI-VO – Verordnung über künstliche Intelligenz, 1. Auflage, Frankfurt am Main 2025; Hilgendorf, Eric/Härtlein, Johannes, Handkommentar KI-VO – Verordnung über künstliche Intelligenz, 1. Auflage, Baden-Baden 2025.

Übersicht

I. Überblick

Art. 75 ist der Sicherstellung effektiver, behördenseitiger Überwachung von KI-Systemen mit allgemeinem Verwendungszweck gewidmet. Die Norm regelt die Marktüberwachung dieser konkreten Art von KI-Systemen speziell. Abhängig vom jeweiligen Absatz des Art. 75 wird die allgemeine Regelung zur Marktüberwachung gem. Art. 74 teils verdrängt und teils ergänzt. Das Spannungsverhältnis in Bezug auf die Kontrolle von KI-Systemen mit allgemeinem Verwendungszweck, das sich aus potenziell überschneidenden Zuständigkeiten der parallel existierenden nationalen Marktüberwachungsbehörden und dem unionalen Büro für Künstliche Intelligenz ergibt, wird durch die klare Zuständigkeitsregelung in Art. 75 Abs. 1 aufgelöst.[1] Art. 75 Abs. 2 sieht in besonders risikoreichen und grundrechtssensiblen Bereichen die Bündelung behördlicher Kompetenzen und Fachkenntnisse durch Kooperation bei der Konformitätsbewertung vor.[2] In einem bestimmten Anwendungsfall ordnet Art. 75 Abs. 3 Amtshilfe des Büros für Künstliche Intelligenz zugunsten der zuständigen Marktüberwachungsbehörde an. Angezeigt ist eine Amtshilfe dort, wo die effektive Überwachung eines Hochrisiko-KI-Systems aufgrund eines Informationsdefizits scheitert, das ein KI-Modell mit allgemeinem Verwendungszweck betrifft, auf dem das zu überwachende Hochrisiko-KI-System basiert.[3] 1

[1] Schefzig/Kilian, BeckOK KI-Recht/Djeffal, Art. 75 Rn. 1; Martini/Wendehorst, KI-VO/Hartmann, Art. 75 Rn. 1.
[2] Bomhard/Pieper/Wende, KI-VO/Wende, Art. 75 Rn. 2.
[3] Bomhard/Pieper/Wende, KI-VO/Wende, Art. 75 Rn. 3.

2 Die Genese des Art. 75 ist darauf zurückzuführen, dass im fortgeschrittenen Gesetzgebungsprozess, in dem es anders als noch im Kommissionsentwurf zur KI-VO bereits ein Kapitel zur Regelung von KI-Systemen mit allgemeinem Verwendungszweck gab, eine Anbieterpflicht bezüglich dieser besonderen Art von KI-Systemen gestrichen wurde.[4] Um den Risiken von KI-Systems mit allgemeinem Verwendungszweck dennoch effektiv entgegenzuwirken, einigte man sich am Ende der politischen Verhandlungen darauf, dem Büro für Künstliche Intelligenz die Aufsicht und Befugnis zur Ergreifung notwendiger Maßnahmen zu übertragen.[5]

II. Die Absätze im Einzelnen

1. Zuständigkeit für Marktüberwachung (Abs. 1)

3 Art. 75 Abs. 1 regelt die **Zuständigkeit der Marktüberwachung** für ein KI-System, das auf einem KI-Modell mit allgemeinem Verwendungszweck nach Art. 3 Nr. 63 beruht. Wenn derselbe Anbieter sowohl das Modell als auch das System entwickelt hat (beispielsweise OpenAI entwickelt GPT-5 und ChatGPT), führt das **Büro für Künstliche Intelligenz** die Aufsicht über die Konformität eines solchen KI-Systems mit der KI-VO. Diese Zuweisung von Zuständigkeit ist deshalb sinnvoll, da das Büro für Künstliche Intelligenz gemäß den Art. 88 ff. und nach Übertragung der Befugnis durch die Kommission ohnehin für die Überwachung von KI-Modellen mit allgemeinem Verwendungszweck verantwortlich ist.[6]

4 Der Anwendungsbereich der Vorschrift ist dabei nicht auf bestimmte Systemkategorien beschränkt ist. Erfasst sind vielmehr sämtliche auf solchen Modellen basierenden KI-Systeme, unabhängig davon, ob ihnen selbst ein allgemeiner Verwendungszweck zukommt, da technisch sowohl Systeme mit als auch ohne allgemeinem Verwendungszweck auf derselben Modellgrundlage entstehen können.[7] Bietet nun derselbe Anbieter ein auf dem Modell basierendes KI-System an, das somit einen allgemeinen Verwendungszweck hat, gewährleistet Art. 75 Abs. 1 eine nahtlose Aufsicht beider Produkte aus einer Hand.

5 Für die Frage der normativen Reichweite kommt der begrifflichen Abgrenzung zwischen KI-System und KI-Modell besondere Bedeutung zu. Die Legaldefinitionen in Art. 3 Nr. 63 und Nr. 66 machen deutlich, dass beide Konzepte unterschiedlichen funktionalen Ebenen zuzuordnen sind. KI-Systeme stehen für die konkrete operative Nutzung und stellen die Ausprägung dar, in der Künstliche Intelligenz tatsächlich eingesetzt wird, während KI-Modelle die vorgelagerte technische Grundlage bilden, aus der sowohl Systeme mit als auch ohne allgemeinem Verwendungszweck hervorgehen können.[8] Der Umstand, dass KI-Systeme auf Modellen „beruhen", unterstreicht dabei, dass das jeweilige Modell nicht statisch ist, sondern im Zuge der Systemimplementierung weiter modifiziert oder angepasst werden kann.

---

4 Schwartmann/Keber/Zenner, KI-VO/Keber/Hansen/Zenner/Schwartmann, 4. Teil, § 10 Rn. 993 f.; Bomhard/Pieper/Wende, KI-VO/Wende, Art. 75 Rn. 5.

5 Schwartmann/Keber/Zenner, KI-VO/Keber/Hansen/Zenner/Schwartmann, 4. Teil, § 10 Rn. 993 f.; Bomhard/Pieper/Wende, KI-VO/Wende, Art. 75 Rn. 5.

6 Martini/Wendehorst, KI-VO/Hartmann, Art. 75 Rn. 7; Bomhard/Pieper/Wende, KI-VO/Wende, Art. 75 Rn. 7.

7 Schefzig/Kilian, BeckOK KI-Recht/Djeffal, Art. 75 Rn. 14.

8 Schefzig/Kilian, BeckOK KI-Recht/Djeffal, Art. 75 Rn. 15.

Mit der klaren Regelung des Art. 75 Abs. 1 sollen Zuständigkeitskonflikte zwischen Behörden vermieden werden. Da die nationalen Marktüberwachungsbehörden und das unionale Büro für Künstliche Intelligenz nebeneinander bestehen, schafft Art. 75 Abs. 1 die notwendige Präzisierung der Verantwortlichkeiten und Zuständigkeiten im Mehrebenensystem des europäischen Staatenverbunds und stellt dadurch eine effiziente Marktüberwachung sicher (vgl. Erwgr. 161).[9] **6**

Liegen die Voraussetzungen des Art. 75 Abs. 1 nicht vor, gelten die üblichen Marktüberwachungsstrukturen und die nationalen Marktüberwachungsbehörden sind regulär für die Aufsicht von KI-Systemen zuständig (vgl. Erwgr. 161).[10] Diese Zuständigkeitszuweisung tritt ergänzend zu den allgemeinen Aufsichtsbefugnissen der Kommission nach Art. 89 hinzu. Sie etabliert für den Sonderfall integrierter Anbieter eine eindeutige Kompetenzordnung und trägt damit dazu bei, parallele Prüfungen ebenso wie potenziell divergierende Entscheidungen unterschiedlicher Aufsichtsinstanzen zu vermeiden.[11] Aus Art. 75 Abs. 3 kann abgeleitet werden, dass das Büro für Künstliche Intelligenz auch dann nicht zuständig ist, wenn es sich bei dem KI-System um ein Hochrisiko-KI-System handelt, da für ein solches die nationalen Marktaufsichtsbehörden weiterhin die Überwachung vornehmen.[12] **7**

Um eine effektive Überwachung zu gewährleisten, besitzt das Büro für Künstliche Intelligenz nach Art. 75 Abs. 1 S. 2 alle in Kapitel IX Abschnitt 3 und in der Marktüberwachungsverordnung (EU) 2019/1020 (MÜ-VO) vorgesehenen Befugnisse einer Marktüberwachungsbehörde. Konkret ergeben sich die Befugnisse des Büros für Künstliche Intelligenz daher aus Art. 74 ff. und Art. 14 ff. MÜ-VO.[13] **8**

Der hierdurch eröffnete Maßnahmenrahmen ist weit gefasst und umfasst insbesondere die Befugnis, von Wirtschaftsakteuren die Vorlage sämtlicher für die Konformitätsbewertung relevanter Unterlagen, technischer Spezifikationen, Daten und Informationen in jeder Form und unabhängig von Speicherort oder -medium zu verlangen, einschließlich des Zugangs zu eingebetteter Software, Kopien hiervon anzufertigen sowie Auskünfte zur Lieferkette, zu Vertriebsnetzen, zu auf dem Markt befindlichen Produktmengen und zu technisch vergleichbaren Produktmodellen einzuholen. Darüber hinaus sind Marktüberwachungsbehörden befugt, einschlägige Informationen zur Feststellung des Eigentums an Websites anzufordern, unangekündigte Inspektionen vor Ort und physische Produktprüfungen durchzuführen, zu diesem Zweck Räumlichkeiten, Grundstücke und Beförderungsmittel von Wirtschaftsakteuren zu betreten sowie Ermittlungen von Amts wegen einzuleiten, um Nichtkonformitäten festzustellen und zu beenden. (Art. 14 Abs. 4 lit. a–f MÜ-VO). **9**

Zur Behebung einer festgestellten Nichtkonformität kann das Büro für Künstliche Intelligenz den Anbieter oder Betreiber zunächst zur Durchführung geeigneter Korrekturmaßnahmen verpflichten. Sofern diese nicht oder nicht ausreichend umgesetzt werden, ist das Büro für Künstliche Intelligenz in seiner Funktion als Marktüberwachungsbehörde subsidiär ermächtigt, selbst Abhilfemaßnahmen anzuordnen, insbesondere die Bereitstellung des KI-Systems auf dem Markt zu **10**

---

[9] Schefzig/Kilian, BeckOK KI-Recht/Djeffal, Art. 75 Rn. 5, 12; Bomhard/Pieper/Wende, KI-VO/Wende, Art. 75 Rn. 5.

[10] Schefzig/Kilian, BeckOK KI-Recht/Djeffal, Art. 75 Rn. 12.

[11] Schefzig/Kilian, BeckOK KI-Recht/Djeffal, Art. 75 Rn. 13.

[12] Rosenthal Der EU AI Act – Verordnung über künstliche Intelligenz Jusletter 2024, Rn. 75.

[13] Martini/Wendehorst, KI-VO/Hartmann, Art. 75 Rn. 7; Bomhard/Pieper/Wende, KI-VO/Wende, Art. 75 Rn. 12.

untersagen oder einen Rückruf zu verfügen (Art. 14 Abs. 4 lit. g, h i.V.m. Art. 16 MÜ-VO).

11 Ergänzend kann das Büro für Künstliche Intelligenz Sanktionen gemäß Art. 14 Abs. 4 lit. i MÜ-VO verhängen, insbesondere die in Art. 101 vorgesehenen Geldbußen.

12 Die Kommission erlässt diese Maßnahmen durch Beschluss nach Art. 297 Abs. 2 UAbs. 3 AEUV. Die betroffenen Adressaten können dagegen eine Nichtigkeitsklage beim EuG nach Art. 263 Abs. 4 AEUV erheben.[14]

2. Zusammenarbeit zwischen Marktüberwachungsbehörden und Büro für Künstliche Intelligenz (Abs. 2)

13 Die Regelung des Art. 75 Abs. 2 bedeutet keine Abkehr von der klaren Trennung der Verantwortlichkeiten der Marktüberwachungsbehörden und des Büros für Künstliche Intelligenz nach Art. 74 Abs. 1. Art. 75 Abs. 2 betrifft den Fall, in dem ein KI-System mit allgemeinem Verwendungszweck von einem Anbieter entwickelt wurde, der nicht auch das zugrundeliegende KI-Modell entwickelt hat. Für ein solches KI-System mit allgemeinem Verwendungszweck sind die nationalen Marktüberwachungsbehörden zuständig (vgl. Erwgr. 161). Art. 75 Abs. 2 ordnet in diesem Fall unter zwei weiteren Voraussetzungen die **Kooperation bei der Konformitätsbewertung** zwischen Marktüberwachungsbehörden und dem Büro für Künstliche Intelligenz an und statuiert zugleich entsprechende Unterrichtungspflichten soweit der Verdacht einer Nichtkonformität besteht. Die Regelung ist darauf ausgerichtet, ein abgestimmtes Vorgehen sowie eine effektive Wissens- und Informationssteuerung zu gewährleisten. Dies ist insbesondere vor dem Hintergrund erforderlich, dass bei KI-Systemen mit allgemeinem Verwendungszweck regelmäßig mehrere Marktüberwachungsbehörden gleichzeitig mit Aufsichtsaufgaben befasst sind.[15]

14 Damit Art. 75 Abs. 2 einschlägig ist, muss es sich zunächst um ein KI-System mit allgemeinem Verwendungszweck handeln, das von Betreibern direkt für mindestens einen nach der KI-VO **hochriskanten Zweck** verwendet werden kann. Entscheidend ist mithin nicht die tatsächliche, sondern nur die potenzielle, rechtlich zulässige Verwendung.[16] Art. 8 Abs. 1 und Art. 25 Abs. 1 lit. c zeigen, dass durch eine entsprechende Gestaltung des Systems und die Vereinbarung konkreter Nutzungsmöglichkeiten bestimmte Verwendungszwecke ausgeschlossen werden können.[17] Mithin ist es entscheidend, ob es sich bei der möglichen, hochriskanten Verwendung um die bestimmungsgemäße oder eine zweckentfremdete Verwendung des KI-Systems handelt. Bereiche, in denen die Verwendung von KI-Systemen als hochriskant gilt, sind in Anhang III gelistet.[18] Dazu zählen die Bereiche der
- Biometrie (Nr. 1),
- kritischen Infrastruktur (Nr. 2),
- allgemeinen und beruflichen Bildung (Nr. 3),
- Beschäftigung, Personalmanagement und Zugang zur Selbstständigkeit (Nr. 4),

---

14 Bomhard/Pieper/Wende, KI-VO/Wende, Art. 75 Rn. 12.

15 Schefzig/Kilian, BeckOK KI-Recht/Djeffal, Art. 75 Rn. 18; Martini/Wendehorst, KI-VO/Hartmann, Art. 75 Rn. 8.

16 Bomhard/Pieper/Wende, KI-VO/Wende, Art. 75 Rn. 13; Martini/Wendehorst, KI-VO/Hartmann, Art. 75 Rn. 9.

17 Schefzig/Kilian, BeckOK KI-Recht/Djeffal, Art. 75 Rn. 18, Art. 75 Rn. 19.

18 Martini/Wendehorst, KI-VO/Hartmann, Art. 75 Rn. 9.

- Zugänglichkeit und Inanspruchnahme grundlegender privater und grundlegender öffentlicher Dienste und Leistungen (Nr. 5),
- Strafverfolgung, soweit ihr Einsatz nach einschlägigem Unionsrecht oder nationalem Recht zugelassen ist (Nr. 6),
- Migration, Asyl und Grenzkontrolle, soweit ihr Einsatz nach einschlägigem Unionsrecht oder nationalem Recht zugelassen ist (Nr. 7) und
- Rechtspflege und demokratische Prozesse (Nr. 8).

Unabhängig davon werden nach Art. 6 Abs. 1 auch solche KI-Systeme als **15**
hochriskant qualifiziert, die als Produkte oder als Sicherheitsbauteile von Produkten anzusehen sind, welche den in Anhang I genannten Harmonisierungsrechtsvorschriften unterliegen und nach diesen einer Konformitätsbewertung zu unterziehen sind. Maßgeblich ist insoweit nicht der konkrete oder beabsichtigte Einsatzkontext des KI-Systems, da die Einstufung ohne unmittelbare Bezugnahme auf dessen potenziellen Verwendungszweck erfolgt.[19]

Neben der potenziellen Verwendung in einem hochriskanten Bereich bedarf es **16**
für die Eröffnung des Anwendungsbereichs nach Art. 75 Abs. 2 eines begründeten **Verdachts der Nichtkonformität.** Die zuständige Marktüberwachungsbehörde muss hinreichenden Grund zur Annahme haben, dass ein KI-System mit allgemeinem Verwendungszweck nicht mit den in der KI-VO festgelegten Anforderungen konform ist. Explizit legt die KI-VO für KI-Systeme mit allgemeinem Verwendungszweck unter exakt dieser Bezeichnung keine Anforderungen fest. Da das KI-System mit allgemeinem Verwendungszweck allerdings nach Art. 75 Abs. 2 direkt in einem hochriskanten Bereich zur Anwendung kommen kann, sind sinnlogisch die Anforderung an Hochrisiko-KI-Systeme gemäß Kapitel III Abschnitt 2 maßgeblich. Es gilt, dass ein KI-System mit allgemeinem Verwendungszweck eigenständige als Hochrisiko-KI-System oder als Komponente eines anderen Hochrisiko-KI-Systems zum Einsatz kommen kann (vgl. Erwgr. 85). Hinreichender Grund für die Annahme einer Nichtkonformität besteht, wenn objektive Hinweise vorliegen, die den Verdacht eines Verstoßes gegen die regulatorischen Anforderungen der KI-VO stützen. Es bedarf einer substantiiertem Tatsachengrundlage, die sich aus sämtlichen Quellen speisen kann. Vage Vermutungen reichen nicht. Je höher die potenziellen Risiken des Einsatzes des KI-Systems mit allgemeinem Verwendungszweck sind, desto geringere Anforderungen haben die Marktüberwachungsbehörden an die Anhaltspunkte der möglichen Nichtkonformitäten stellen.[20]

Liegen die Voraussetzungen des Art. 74 Abs. 2 vor, haben die zuständigen **17**
Marktüberwachungsbehörden bei der Durchführung von Konformitätsbewertungen mit dem Büro für Künstliche Intelligenz zusammenzuarbeiten. Wie eine solche Zusammenarbeit aussehen kann, wird die Praxis zeigen. Naheliegend ist eine **Kooperation** durch den Austausch technischer Expertise und die Durchführung gemeinsamer Inspektionen.[21] Über diese Zusammenarbeit müssen die zuständigen Marktüberwachungsbehörden das KI-Gremium und andere Marktüberwachungsbehörden informieren.[22] Der in diesem Zusammenhang verwen-

---

[19] Martini/Wendehorst, KI-VO/Hartmann, Art. 75 Rn. 9; Hilgendorf/Härtlein, HK-KI-VO/Hilgendorf/Härtlein, Art. 75 Rn. 4.

[20] Schefzig/Kilian, BeckOK KI-Recht/Djeffal, Art. 75 Rn. 21.

[21] Schefzig/Kilian, BeckOK KI-Recht/Djeffal, Art. 75 Rn. 22.

[22] Bomhard/Pieper/Wende, KI-VO/Wende, Art. 75 Rn. 13; Martini/Wendehorst, KI-VO/Hartmann, Art. 75 Rn. 8.

dete Begriff der Konformitätsbewertung ist nicht im formal-technischen Sinne des Art. 3 Nr. 20 zu lesen. Darauf weist bereits die englische Sprachfassung mit der Formulierung „compliance evaluations" hin. Eine Gleichsetzung mit dem technischen Konformitätsbewertungsverfahren würde zudem in Widerspruch zu dem in Art. 43 in Verbindung mit den Anhängen VI und VII geregelten System treten. Für die praktische Abwicklung der Unterrichtungspflicht kommt vielmehr das in Art. 34 der Marktüberwachungs-VO vorgesehene Informations- und Kommunikationssystem zur Anwendung.[23]

3. Amtshilfe (Abs. 3)

18 Ein intensiverer Fall behördlicher Kooperation ist in Art. 75 Abs. 3 geregelt und unter dem Schlagwort der (vertikalen) Amtshilfe zu fassen. Gelingt es einer Marktüberwachungsbehörde nicht, ihre Ermittlungen bezüglich eines Hochrisiko-KI-Systems abzuschließen, und beruht dieses Unvermögen auf einem Mangel bestimmter, notwendiger Informationen, kann sie über das Büro für Künstliche Intelligenz unter drei Voraussetzungen den Zugang zu den Informationen durchsetzen. Es bedarf dieses Mechanismus, da einzig das Büro für Künstliche Intelligenz gem. Art. 88 Abs. 1 die Aufsicht über KI-Modelle mit allgemeinem Verwendungszweck führt.[24] Die Marktüberwachungsbehörde behält dabei die Zuständigkeit für die eingeleitete Ermittlung. Vorschriften zur horizontalen Amtshilfe zwischen den nationalen Marktüberwachungsbehörden enthält die KI-VO nicht, sodass insoweit auf die Regelungen der Art. 22 ff. der Marktüberwachungs-VO zurückzugreifen ist.[25]

19 Zunächst müssen die begehrten Informationen für die Ermittlung von **Relevanz** sein und eine **hinreichende Konnexität** zu einem KI-Modell mit allgemeinem Verwendungszweck aufweisen, das dem Hochrisiko-KI-System zugrundliegt. Die Informationen müssen also direkt das KI-Modell betreffen oder zumindest einen engen Zusammenhang mit dessen Funktionsweise oder Implementierung haben. Dies könnten beispielsweise technische Details zum Trainingsdatensatz, den verwendeten Algorithmen oder die spezifische Konfiguration des KI-Modells umfassen. Informationen, die ohne Bezug zum KI-Modell mit allgemeinem Verwendungszweck lediglich das Hochrisiko-KI-System selbst betreffen, sind vom Anwendungsbereich der Amtshilferegelung nach Art. 75 Abs. 3 nicht umfasst, auch wenn sie für die Ermittlung relevant sind. Solche Informationen muss sich die Marktüberwachungsbehörde im Rahmen ihrer Befugnisse selbst verschaffen.

20 Handelt es sich um Informationen, die von Art. 75 Abs. 3 umfasst sind, ist ein weiteres Erfordernis, dass die Marktüberwachungsbehörde **erfolglos alle angemessenen Anstrengungen der Informationsbeschaffung** unternommen haben. Welche Maßnahmen angemessen sind, richtet sich nach den Umständen des Einzelfalls. Jedoch wird in aller Regel zumindest eine Aufforderung an den Produktverantwortlichen des Hochrisiko-KI-Systems, die begehrten Informationen bezüglich des KI-Modells mit allgemeinem Verwendungszweck bereitzustellen, erforderlich sein.[26]

---

[23] Schefzig/Kilian, BeckOK KI-Recht/Djeffal, Art. 75 Rn. 22; Bomhard/Pieper/Wende, KI-VO/Wende, Art. 75 Rn. 13.

[24] Martini/Wendehorst, KI-VO/Hartmann, Art. 75 Rn. 10 f.

[25] Martini/Wendehorst, KI-VO/Hartmann, Art. 75 Rn. 10; Bomhard/Pieper/Wende, KI-VO/Wende, Art. 75 Rn. 13.

[26] Martini/Wendehorst, KI-VO/Hartmann, Art. 75 Rn. 12; Schefzig/Kilian, BeckOK KI-Recht/Djeffal, Art. 75 Rn. 25; Bomhard/Pieper/Wende, KI-VO/Wende, Art. 75 Rn. 15.

Schließlich muss die Marktüberwachungsbehörde ihr Anliegen in einem **begründeten Ersuchen** an das Büro für Künstliche Intelligenz richten. Aus dem Erfordernis einer Begründung lässt sich schließen, dass das Büro für Künstliche Intelligenz eine Verpflichtung hat, den Vortrag der Marktüberwachungsbehörde auf das Vorliegen der in Art. 75 Abs. 3 beschriebenen Voraussetzungen zu überprüfen.[27] Art. 75 Abs. 3 S. 4 verweist auf wesentliche prozessuale Vorgaben aus Kapitel VI der MÜ-VO, insbesondere Regelungen zu Begründungen, formalen Erfordernissen, Ablehnungsgründen und Zuständigkeiten. Gemäß Art. 24 Abs. 2 MÜ-VO hat die agierende Marktüberwachungsbehörde bei der Einreichung eines Ersuchens alle verfügbaren relevanten Informationen und Beweismittel vorzulegen. Die formalen Abläufe sind in Art. 24 Abs. 3–6 MÜ-VO weiter ausgestaltet. Ersuchen müssen über die vorgesehenen elektronischen Standardformulare über das Informations- und Kommunikationssystem eingereicht werden. Die Vorschriften zu Sprachenwahl (Art. 24 Abs. 5–6) sowie zur Einbindung zentraler Verbindungsstellen (Art. 24 Abs. 4) finden im Verhältnis zwischen nationaler Marktüberwachungsbehörde und Kommission keine Anwendung.[28] 21

Ist dem Ersuchen stattzugeben, setzt das Büro für Künstliche Intelligenz den Zugang zu den Informationen durch, indem es der ersuchenden Behörde gem. Art. 75 Abs. 3 S. 2 unverzüglich, spätestens aber innerhalb von 30 Tagen, Informationen übermittelt. Bezüglich des **Umfangs der zu übermittelnden Informationen** ist das Büro für Künstliche Intelligenz allerdings nicht an das Ersuchen gebunden, sondern besitzt eine Einschätzungsprärogative. Es übermittelt nur die Informationen, die es für die Feststellung für erforderlich erachtet, ob ein Hochrisiko-KI-System mit der KI-VO konform ist oder nicht. Ein Ersuchen kann zurückgewiesen werden, wenn die Notwendigkeit der angeforderten Informationen nicht ausreichend dargelegt ist (lit. a) oder die Bearbeitung die eigenen Aufgaben der Behörde erheblich beeinträchtigen würde (lit. b).[29] 22

Ferner legt Art. 22 Abs. 3 MÜ-VO klar fest, dass die ersuchte Behörde verpflichtet ist, angemessene Ermittlungen durchzuführen, um die angeforderten Informationen bereitzustellen. Obwohl Art. 75 Abs. 3 keine explizite Pflicht zur Beschaffung von Informationen vorsieht, ergibt sich aus dem Zweck der Vorschrift, dass das Büro für Künstliche Intelligenz auch zur Ermittlung relevanter Daten herangezogen werden kann. Art. 22 Abs. 3 MÜ-VO greift hier nicht direkt, da sie ausschließlich die vertikale Amtshilfe zwischen nationalen Marktüberwachungsbehörden innerhalb der Mitgliedstaaten regelt. Der weite Auslegungsansatz ist insbesondere durch die beschränkten Befugnisse der nationalen Behörden begründet. Sie können Akteure in anderen Staaten nur dann zur Herausgabe von Unterlagen verpflichten, wenn dort die zuständige Behörde handelt. Ähnlich verhält es sich bei Anbietern von GPAI-Modellen, deren Marktüberwachung ausschließlich in der Verantwortung des Büros für Künstliche Intelligenz liegt. Vor diesem Hintergrund umfasst Art. 75 Abs. 3 Satz 1 auch solche Informationsersuchen, die erst durch die Ermittlungen des Büros beschafft werden müssen.[30] 23

---

[27] Schefzig/Kilian, BeckOK KI-Recht/Djeffal, Art. 75 Rn. 26.

[28] Schefzig/Kilian, BeckOK KI-Recht/Djeffal, Art. 75 Rn. 27 ff.; Bomhard/Pieper/Wende, KI-VO/Wende, Art. 75 Rn. 15.

[29] Martini/Wendehorst, KI-VO/Hartmann, Art. 75 Rn. 12; Schefzig/Kilian, BeckOK KI-Recht/Djeffal, Art. 75 Rn. 30.

[30] Bomhard/Pieper/Wende, KI-VO/Wende, Art. 75 Rn. 17; Martini/Wendehorst, KI-VO/Hartmann, Art. 75 Rn. 12.

24 Gem. Art. 75 Abs. 3 S. 3 haben die Marktüberwachungsbehörden für die aus zweiter Hand vom Büro für Künstliche Intelligenz erlangten Informationen die nach Art. 78 angeordnete Vertraulichkeit sowie die entsprechenden Sicherheitsanforderungen zu gewährleisten.[31]

25 Hinsichtlich der Zuständigkeit liegt die Ermittlungskompetenz nach Art. 22 Abs. 4 Marktüberwachungs-VO grundsätzlich bei der anfragenden Behörde, während die ersuchte Behörde nur dann tätig werden darf, wenn sie ihre Bereitschaft hierzu ausdrücklich erklärt.[32]

Art. 76* Beaufsichtigung von Tests unter Realbedingungen durch Marktüberwachungsbehörden

(1) **Marktüberwachungsbehörden müssen über die Kompetenzen und Befugnisse verfügen, um sicherzustellen, dass Tests unter Realbedingungen gemäß dieser Verordnung erfolgen.**

(2) **[1]Wenn ein Test unter Realbedingungen für KI-Systeme durchgeführt wird, die in einem KI-Reallabor gemäß Artikel 58 beaufsichtigt werden, überprüfen die Marktüberwachungsbehörden im Rahmen ihrer Aufsichtsaufgaben für das KI-Reallabor die Einhaltung des Artikels 60. [2]Die Behörden können gegebenenfalls gestatten, dass der Anbieter oder zukünftige Anbieter den Test unter Realbedingungen in Abweichung von den in Artikel 60 Absatz 4 Buchstaben f und g festgelegten Bedingungen durchführt.**

(3) **Wenn eine Marktüberwachungsbehörde vom zukünftigen Anbieter, vom Anbieter oder von einem Dritten über einen schwerwiegenden Vorfall informiert wurde oder Grund zu der Annahme hat, dass die in den Artikeln 60 und 61 festgelegten Bedingungen nicht erfüllt sind, kann sie – je nachdem, was angemessen ist – in ihrem Hoheitsgebiet gegebenenfalls entscheiden, entweder**

a) den Test unter Realbedingungen auszusetzen oder abzubrechen oder

b) den Anbieter oder zukünftigen Anbieter und die Betreiber oder zukünftigen Betreiber zur Änderung eines beliebigen Aspekts des Tests unter Realbedingungen zu verpflichten.

(4) **Wenn eine Marktüberwachungsbehörde eine Entscheidung nach Absatz 3 des vorliegenden Artikels getroffen oder Einwände im Sinne des Artikels 60 Absatz 4 Buchstabe b erhoben hat, sind im Rahmen der Entscheidung oder der Einwände die Gründe dafür zu nennen sowie anzugeben, wie der Anbieter oder zukünftige Anbieter die Entscheidung oder die Einwände anfechten kann.**

(5) **Wenn eine Marktüberwachungsbehörde eine Entscheidung nach Absatz 3 getroffen hat, teilt sie ihre Gründe dafür gegebenenfalls den Marktüberwachungsbehörden anderer Mitgliedstaaten mit, in denen das KI-System gemäß dem Plan für den Test getestet wurde.**

---

[31] Schefzig/Kilian, BeckOK KI-Recht/Djeffal, Art. 75 Rn. 32; Martini/Wendehorst, KI-VO/Hartmann, Art. 75 Rn. 12.

[32] Schefzig/Kilian, BeckOK KI-Recht/Djeffal, Art. 75 Rn. 31.

* Kapitel IX (Art. 72–94) gilt gem. Art. 113 UAbs. 2 ab 2.8.2026, mit Ausnahme von Art. 78, der gem. Art. 113 UAbs. 3 Buchst. b bereits ab 2.8.2025 gilt.

Literatur: Bomhard, David/Pieper, Fritz-Ulli/Wende, Susanne, Kommentar KI-VO – Verordnung über künstliche Intelligenz, 1. Auflage, Frankfurt am Main 2025; Buocz, Thomas/Pfotenhauer, Sebastian/Eisenberger, Iris, Regulatory sandboxes in the AI Act: reconciling innovation and safety?, Law, Innovation and Technology, Volume 15, 2023, S. 357; Chibanguza, Kuuya J./Kuß, Christian/Steege, Hans, Künstliche Intelligenz, 2. Auflage, Baden-Baden 2026; Chibanguza, Kuuya/Steege, Hans, Product Compliance, 1. Auflage, Baden-Baden 2026; Cosack, Ilona, KI als Gamechanger?, ZAP 2025, S. 57; Göbel, Maximilian/von Kruedener, Alexis, KI-Reallabore und Innovationsförderung in der KI-VO, GRUR-Prax 2024, S. 755; Hilgendorf, Eric/Härtlein, Johannes, Handkommentar KI-VO – Verordnung über künstliche Intelligenz, 1. Auflage, Baden-Baden 2025; Hofer, Pascal/Tsakiliotis, Konstantinos, KIR 2024, 174; Martini, Mario/Wendehorst, Christiane, KI-VO Kommentar, 2. Auflage, München 2026; Muttach, Jan-Philipp/Link, Hendrik, Verarbeitung personenbezogener Daten in KI-Reallaboren nach dem KI-VO-E, CR 2023, S. 725; Ruschemeier, Hannah, Thinking Outside the Box? Regulatory Sandboxes as a Tool for AI Regulation, Bridging the Gap Between AI and Reality, 2024, S. 318; Schefzig, Jens/Kilian, Robert, BeckOK KI-Recht, 4. Auflage, München 2025; Spindler, Gerald/Büning, Felix, Einsatz von Reallaboren (Regulatory Sandboxes) – insbesondere im Recht der Künstlichen Intelligenz und der Finanzmärkte, JZ 2023, S. 799; Vasel, Johann Justus, Sieben Sünden und Defizite europäischer KI-Regulierung, EuZW 2024, S. 829; Wendt, Janine/Wendt, Domenik, Das neue Recht der Künstlichen Intelligenz, 2. Auflage, Baden-Baden 2025.

Übersicht

I. Allgemeines

Die KI-VO kennt ein spezielles **Aufsichtsregime** für die Tests von KI-Systemen unter Realbedingungen wobei die Aufsichtskompetenz stets bei den örtlich zuständigen Marktüberwachungsbehörden liegt. Die hier einschlägigen Vorgaben finden sich in den Art. 57 ff. bzw. Art. 60 ff.[1] Differenziert wird dabei zwischen Tests in KI-Reallaboren und solchen, die außerhalb dieser Labore stattfinden. 1

Die Mitgliedsstaaten sind nach Art. 57 Abs. 1 zur Einrichtung von **KI-Reallaboren** verpflichtet, in denen KI-Systeme getestet werden können, was zunächst zur Innovationsförderung beitragen soll, wie sich ausdrücklich aus Erwgr. 139 ergibt.[2] Unternehmen sollen ihre KI-Systeme frühzeitig und möglichst kostengünstig auf Rechtskonformität ausrichten und dabei auf die fachliche Unterstützung der zuständigen Behörden zurückgreifen können („business learning").[3] 2

---

[1] Hierzu jeweils vorstehend bei → Art. 57 ff. Rn. 1 ff. sowie → Art. 60 ff. Rn. 1 ff.

[2] Vgl. allgemein zu KI-Reallaboren auch Buocz/Pfotenhauer/Eisenberger, Law, Innovation and Technology 2023, 357; ergänzend zu KI-Reallaboren siehe Chibanguza/Steege, Product Compliance/Wendt/Heinlein, § 39 Rn. 75 ff.

[3] Göbel/von Kruedener GRUR-Prax 2024, 755 (756); zum Einsatz von KI-Reallaboren im Bereich der Justiz vgl. Cosack ZAP 2025, 57; zum Einsatz von Reallaboren im Bereich des automatisierten Fahrens siehe Chibanguza/Kuß/Steege KI-Hdb/Leonetti, 2. Teil: § 3 Q. Rn. 5 f.

Diese erwerben ihrerseits auf möglichst unbürokratischem Wege durch die KI-Reallabore umfangreiche Kenntnisse und müssen nicht ausschließlich reaktiv vorgehen („regulatory learning").[4] Gem. Art. 57 Abs. 11 lassen diese Labore deshalb die Aufsichts- und Abhilfebefugnisse der für die Beaufsichtigung zuständigen Behörden unberührt, so dass diese gegen festgestellte Risiken nach wie vor Vorgehen können. Dies ist insoweit auch genau in der Stoßrichtung des Erwgr. 139, welcher neben der Innovationsförderung zudem betont, dass „die Aufsicht und das Verständnis der zuständigen Behörden in Bezug auf die Möglichkeiten, neu auftretenden Risiken und Auswirkungen der KI-Nutzung zu verbessern" ein weiteres Ziel der KI-Reallabore und somit des Art. 76 ist.

3 Tests von Hochrisiko-KI-Systemen **außerhalb von KI-Reallaboren** sind weiter speziell in Art. 60 geregelt. Grundsätzlich sind diese gem. Art. 60 Abs. 4 nur unter Einhaltung bestimmter Vorgaben bei der Planung, Organisation und Durchführung umzusetzen. Gem. Art. 60 Abs. 6 übertragen die Mitgliedsstaaten den zuständigen Marktüberwachungsbehörden diesbezüglich Kontroll- und Überwachungsbefugnisse, um für eine sichere Entwicklung der unter Realbedingungen erfolgenden Tests zu sorgen. Ergänzend sieht Art. 60 Abs. 4 lit. b eine Genehmigungsfiktion vor. Bleibt eine behördliche Reaktion innerhalb von 30 Tagen aus, gelten der Test unter Realbedingungen und der zugehörige Plan für einen Test unter Realbedinungen als genehmigt.[5]

4 Dieses Aufsichtsregime wird durch Art. 76 ergänzt, der den Marktüberwachungsbehörden weitergehende **Befugnisse und Kompetenzen** zuspricht. Rechtsfolgenseitig fällt auf, dass eine originär aus Art. 76 hervorgehende Sanktionskompetenz allerdings nicht besteht, vielmehr gelten die allgemeinen Vorgaben des Art. 99, wobei für Tests innerhalb von KI-Laboren die Ausnahmeregelung des Art. 57 Abs. 12 beachtet werden muss.

II. Kompetenzen und Befugnisse der Marktüberwachungsbehörden zur Durchführung von Tests unter Realbedingungen (Abs. 1)

5 Art. 76 Abs. 1 gibt generalklauselartig vor, dass die Marktüberwachungsbehörden über die Kompetenzen und Befugnisse verfügen müssen, um sicherzustellen, dass Tests von KI-Systemen unter Realbedingungen nach Vorgabe der KI-VO erfolgen können.

6 Hieraus allein ergibt sich keine konkrete Handlungsanweisung gegenüber den jeweiligen Mitgliedsstaaten, vielmehr wird lediglich ein **abstraktes Ziel** definiert, nach welchem die Mitgliedsstaaten ihr Handeln in Bezug auf die Marktüberwachungsbehörden ausrichten müssen. Art. 76 Abs. 1 ist daher bei der Umsetzung der darauffolgenden Absätze, die die Anforderungen konkretisieren, stets im Blick zu behalten.

III. Testaufsicht unter Realbedingungen in KI-Reallaboren (Abs. 2)

7 Art. 76 Abs. 2 konkretisiert die Aufsichts- und Kontrollpflichten der Marktüberwachungsbehörden bei Tests von KI-Systemen in KI-Reallaboren. Dabei

[4] Muttach/Link CR 2023, 725 (726).
[5] Hofer/Tsakiliotis KIR 2024, 174 (175).

spricht der Wortlaut der Norm von KI-Reallaboren, die nach Art. 58 beaufsichtigt werden, obwohl die Regelung zur Aufsicht über solche Labore sich in Art. 57 findet. Es wird angenommen, dass es sich hierbei um einen bereits im Ratsentwurf erstmals aufgekommenen redaktionellen Fehler handelt.[6]

Die Norm statuiert, dass die Marktüberwachungsbehörden überprüfen, ob die (zukünftigen) Anbieter bei der Durchführung von Tests in KI-Reallaboren die Vorgaben des Art. 60 beachten. Die Intention hinter dieser Regelung ist fragwürdig, denn wie dargestellt beziehen sich die in Art. 60 genannten Pflichten eigentlich auf solche Tests unter Realbedingungen, die außerhalb von KI-Reallaboren stattfinden. Diese sollen gerade aufgrund des Umstandes, dass sie unter weniger kontrollierbaren Umständen durchgeführt werden, strengeren Anforderungen unterworfen werden, was in erster Linie durch die speziellen Vorgaben für die Planung, Genehmigung und Durchführung solcher Tests nach Art. 60 Abs. 4 geschieht. Diese grundsätzlich seitens des Gesetzgebers getroffene Differenzierung zwischen Tests innerhalb von KI-Reallaboren und solchen außerhalb von KI-Reallaboren hat ihren Ursprung in dem Gedanken, aus Gründen der Innovationsförderung die Durchführung von Tests innerhalb von KI-Reallaboren zu privilegieren. Diese Privilegierung wird indes durch die mittelbare Übertragung der Anforderungen des Art. 60 durch den Art. 76 Abs. 2 auf Tests innerhalb von KI-Reallaboren unterlaufen, was sich nachteilhaft auf das Innovationspotential und damit auf die Attraktivität der Reallabore auswirken dürfte.[7] Insbesondere mit Blick auf kleine und mittelständische Unternehmen (KMU) wird die nicht ausreichende Privilegierung kritisiert.[8] Ebenfalls wird die Frage aufgeworfen, inwiefern es sich angesichts dieser doch recht umfangreichen Vorgaben noch um einen wirklichen Test unter Realbedingungen handelt.[9] 8

Eine, wenn auch deutlich abgeschwächte, Privilegierung der Tests in KI-Reallaboren findet sich indes in Art. 76 Abs. 2 S. 2. Dieser sieht jedenfalls hinsichtlich der Anforderungen aus Art. 60 Abs. 4 lit. f und lit. g, also der zeitlichen Begrenzung des Tests auf sechs Monate (mit Verlängerungsoption um weitere sechs Monate) sowie der besonderen Schutzbedürftigkeit alter oder körperlich eingeschränkter Menschen eine Kompetenz der Behörde zur Gestattung von Abweichungen vor. In prozessualer Sicht dürfte diese Gestattung aus deutscher Sicht im Wege der Verpflichtungsklage realisierbar sein, wobei für die (zukünftigen) Anbieter lediglich ein Anspruch auf ermessensfehlerfreie Entscheidung besteht. 9

IV. Befugnisse der Behörden infolge eines schwerwiegenden Vorfalles (Abs. 3–5)

In Art. 76 Abs. 3–5 werden den Marktüberwachungsbehörden verschiedene Befugnisse infolge eines schwerwiegenden Vorfalles oder eines Verstoßes gegen 10

---

[6] Martini/Wendehorst, KI-VO/Botta, Art. 76 Rn. 7; Hilgendorf/Härtlein, HK-KI-VO/Hilgendorf/Härtlein, Art. 76 Rn. 2.

[7] Vgl. auch Ruschemeier – Thinking Outside the Box? Regulatory Sandboxes as a Tool for AI Regulation, S. 11.

[8] Vasel EuZW 2024, 829 (834).

[9] Spindler/Büning JZ 2023, 799 (805).

die Vorschriften der Art. 60, 61, von dem die Behörde erfahren hat oder dessen Vorliegen Sie annehmen kann, eingeräumt.

11 Die Kenntnis von einem schwerwiegenden Vorfall kann den Behörden auf Grundlage der für die Anbieter nach Art. 60 Abs. 7 bestehenden Meldepflicht zugehen, zudem ist sie während der Testphase berechtigt, von den Anbietern zusätzliche Informationen einzuholen und sich, falls erforderlich, unangekündigt vor Ort von der sicheren Durchführung der Tests zu überzeugen.[10] Eine normativ verankerte Verpflichtung der Behörden zur vollumfänglichen Überwachung der Tests über den in Art. 76 Abs. 2 vorgegebenen Umfang hinaus besteht nicht, allerdings wird sich das Überwachungsrecht der Behörden im Lichte der Gefahrenabwendungsverpflichtung des Staates gegenüber seinen Bürgern regelmäßig zu einer faktischen Überwachungspflicht verdichten.

12 Gem. Art. 76 Abs. 3 lit. a kann die Behörde, sozusagen als ultima ratio, in diesem Fall entscheiden **den Test auszusetzen oder ganz abzubrechen.** Sofern dies möglich ist kann sie nach Art. 76 Abs. 3 lit. b auch auf die **Änderung eines beliebigen Aspektes des Tests** hinwirken. Die ermessensfehlerfreie Wahl zwischen diesen Maßnahmen dürfte zum einen durch den Auslegungsmaßstab des Art. 76 Abs. 1 und zum anderen durch den Grundsatz der Verhältnismäßigkeit staatlichen Handelns geprägt sein. Die Auflage dürfte dabei stets das mildeste Mittel sein, da Sie die Testfortführung unter angepassten Bedingungen ermöglicht. Der Abbruch des Tests ist naturgemäß das schärfste Mittel. Die Aussetzung stellt eine Zwischenstufe dar, bei der der Test lediglich pausiert wird, um umfangreichere Änderungen vorzunehmen.[11]

13 Sofern eine der genannten Maßnahmen nach Art. 76 Abs. 3 getroffen oder ein Einwand gegen die Genehmigung des Tests nach Art. 60 Abs. 4 lit. b erhoben wurde, ist die Behörde verpflichtet, im Rahmen der Entscheidung oder der Einwände eine **Begründung** anzugeben. Diese Begründung muss auch eine Rechtsbehelfsbelehrung enthalten, um dem (zukünftigen) Anbieter die Anfechtung der Entscheidung zu ermöglichen. Die Rechtsbehelfsbelehrung muss dabei aus deutscher Sicht den Anforderungen des § 58 Abs. 1 VwGO genügen. Statthafter Rechtsbehelfs dürfte dabei, da die Ermessensentscheidung Verwaltungsaktcharakter iSd § 35 S. 1 VwVfG hat, je nach landesrechtlicher Konstellation der Widerspruch nach § 68 VwGO oder die Anfechtungs- bzw. Verpflichtungsklage nach § 42 Abs. 1 Alt. 1 VwGO bzw. § 42 Abs. 1 Alt. 2 VwGO sein.

14 Als weitere Folge einer Maßnahme nach Art. 76 Abs. 3 muss die verantwortliche Marktüberwachungsbehörde nach Art. 76 Abs. 5 die Marktüberwachungsbehörden aus anderen Mitgliedsstaaten, in denen das KI-System unter den gleichen Bedingungen getestet wurde, **in Kenntnis setzen.** Auch an dieser Stelle scheint der Wortlaut der Norm nicht gelungen, denn während er ein Ermessen indiziert („gegebenenfalls") ließe sich mit dem Argument eines effektiven Gesetzesvollzugs innerhalb der Union eine Meldepflicht annehmen, zumal dies die Behörde nicht mit einem erheblichen Mehraufwand konfrontiert. Nichts desto trotz liegt ein solches Verständnis des fraglichen Absatzes 5 nicht in der Linie des diesbezüglich recht klaren Wortlauts der Norm.

---

[10] Wendt/Wendt, KI-Recht-HdB, § 12 Rn. 20.

[11] Schefzig/Kilian, BeckOK KI-Recht/Djeffal, Art. 76 Rn. 22; Hilgendorf/Härtlein, HK-KI-VO/Hilgendorf/Härtlein, Art. 76 Rn. 11.

Art. 77* Befugnisse der für den Schutz der Grundrechte zuständigen Behörden

(1) [1]Nationale Behörden oder öffentliche Stellen, die die Einhaltung des Unionsrechts zum Schutz der Grundrechte, einschließlich des Rechts auf Nichtdiskriminierung, in Bezug auf die Verwendung der in Anhang III genannten Hochrisiko-KI-Systeme beaufsichtigen oder durchsetzen, sind befugt, sämtliche auf der Grundlage dieser Verordnung in zugänglicher Sprache und Format erstellte oder geführte Dokumentation anzufordern und einzusehen, sofern der Zugang zu dieser Dokumentation für die wirksame Ausübung ihrer Aufträge im Rahmen ihrer Befugnisse innerhalb der Grenzen ihrer Hoheitsgewalt notwendig ist. [2]Die jeweilige Behörde oder öffentliche Stelle informiert die Marktüberwachungsbehörde des betreffenden Mitgliedstaats von jeder diesbezüglichen Anfrage.

(2) [1]Bis 2. November 2024 muss jeder Mitgliedstaat die in Absatz 1 genannten Behörden oder öffentlichen Stellen benennen und in einer öffentlichen Liste verfügbar machen. [2]Die Mitgliedstaaten übermitteln die Liste der Kommission und den anderen Mitgliedstaaten und halten die Liste auf dem neuesten Stand.

(3) [1]Sollte die in Absatz 1 genannte Dokumentation nicht ausreichen, um feststellen zu können, ob ein Verstoß gegen das Unionsrecht zum Schutz der Grundrechte vorliegt, so kann die in Absatz 1 genannte Behörde oder öffentliche Stelle bei der Marktüberwachungsbehörde einen begründeten Antrag auf Durchführung eines technischen Tests des Hochrisiko-KI-Systems stellen. [2]Die Marktüberwachungsbehörde führt den Test unter enger Einbeziehung der beantragenden Behörde oder öffentlichen Stelle innerhalb eines angemessenen Zeitraums nach Eingang des Antrags durch.

(4) Jegliche Informationen oder Dokumentation, in deren Besitz die in Absatz 1 des vorliegenden Artikels genannten nationalen Behörden oder öffentlichen Stellen auf der Grundlage des vorliegenden Artikels gelangen, werden im Einklang mit den in Artikel 78 festgelegten Vertraulichkeitspflichten behandelt.

Literatur: Bomhard, David/Pieper, Fritz-Ulli/Wende, Susanne, Kommentar KI-VO – Verordnung über künstliche Intelligenz, 1. Auflage, Frankfurt am Main 2025; Chibanguza, Kuuya/Steege, Hans, Product Compliance, 1. Auflage, Baden-Baden 2026; Geminn/Johannes, Europäisches Datenrecht Praxishandbuch, 1. Auflage, Baden-Baden 2026; Hilgendorf, Eric/Härtlein, Johannes, Handkommentar KI-VO – Verordnung über künstliche Intelligenz, 1. Auflage, Baden-Baden 2025; Legner/Sarah, RDi 2024, 426; Martini, Mario/Wendehorst, Christiane, KI-VO Kommentar, 2. Auflage, München 2026; Schefzig, Jens/Kilian, Robert, BeckOK KI-Recht, 4. Auflage, München 2025; Zenner, Kai, The AI Act: Responsibilities of the EU Member States, 2024.

Übersicht

* Kapitel IX (Art. 72–94) gilt gem. Art. 113 UAbs. 2 ab 2.8.2026, mit Ausnahme von Art. 78, der gem. Art. 113 UAbs. 3 Buchst. b bereits ab 2.8.2025 gilt.

I. Allgemein

1 Art. 77 reguliert die **Zugangsbefugnis zu Informationen über Hochrisiko-KI-Systeme von Marktüberwachungsbehörden,** die nicht die designierten Marktüberwachungsbehörden für Künstliche Intelligenz sind. Zweck der Norm ist es, Fälle zu erfassen, in denen keines der von der KI-VO geschützten Ziele gefährdet ist, aber eine anderweitige Verletzung des Unionsrechts in Frage kommt. Dazu gehört beispielsweise der **Grundrechtsschutz,** der über die Auslegung unbestimmter Rechtsbegriffe im Rahmen der KI-VO zwar Berücksichtigung findet, allerdings nicht explizit und eigenständig Regelungsgegenstand ist. Über Art. 77 wird die Expertise von Grundrechtsschutzbehörden systematisch in die Überwachung von Hochrisiko-KI-Systemen integriert, um dem Charakter der KI-VO Rechnung zu tragen, die keine rein produktrechtliche Verordnung ist, sondern auch dem Grundrechtsschutz verstärkt Rechnung tragen soll.[1]

II. Persönlicher Anwendungsbereich

2 Im Hinblick auf den persönlichen Anwendungsbereich bestehen die Befugnisse aus Art. 77 für von den Mitgliedsstaaten benannte Behörden und Stellen, die nicht der jeweiligen Marktüberwachungsbehörde entsprechen. Diese müssen zudem die **Einhaltung des Unionsrechts zum Schutz der Grundrechte** beaufsichtigen oder durchsetzen, wozu auch der Bereich der Nichtdiskriminierung zählt, der im Wortlaut hervorgehoben wird. Diese Beaufsichtigung oder Durchsetzung muss in Bezug auf einen in Anhang III genannten Verwendungszweck eines Hochrisiko-Systems erfolgen, Hochrisikosysteme nach Art. 6 Abs. 1 sind dementsprechend nicht umfasst.

3 Trotz der **Beschränkung auf Hochrisiko-KI-Systeme nach Anhang III** ist der denkbare Anwendungsbereich der Zugriffsrechte aus Art. 77 groß, schließlich ist praktisch jede Behörde oder Stelle der Union auf irgendeine Weise mit dem Schutz der Grundrechte umfasst. Damit die Zugriffsberechtigung nationaler Aufsichtsbehörden nicht ausufert, waren die Mitgliedsstaaten gem. Art. 77 Abs. 2 S. 1 deshalb zur öffentlichen Auflistung der berechtigten Behörden verpflichtet. Art. 77 Abs. 2 Satz 2 begründet die Verpflichtung der Mitgliedstaaten, die betreffende Aufstellung nicht nur innerstaatlich bereitzuhalten, sondern diese zugleich der Kommission sowie den übrigen Mitgliedstaaten förmlich zuzuleiten. Diese Mitteilungspflicht steht in einem engen funktionalen Zusammenhang mit der in Art. 77 Abs. 2 Satz 1 normierten Verpflichtung und dient deren unionsweiter Wirksamkeit. Angesichts der absehbaren organisatorischen Vielschichtigkeit der nationalen Verwaltungsstrukturen und vor dem Hintergrund, dass der Norm keine näheren Vorgaben hinsichtlich der konkreten Ausgestaltung der Veröffentlichung zu entnehmen sind, erscheint es sachgerecht, auf eine ergänzende, zentralisierte

---

[1] Schefzig/Kilian, BeckOK KI-Recht/Djeffal, Art. 77 Rn. 1; Martini/Wendehorst, KI-VO/Hartmann, Art. 77 Rn. 1 f.; grds. zur Rolle des Grundrechtschutzes siehe Chibanguza/Steege, Product Compliance/Wendt/Heinlein, § 39 Rn. 13 ff.

Publikation der jeweils geltenden Listen hinzuwirken. Es bleibt daher zu erwarten, dass entweder die Kommission selbst oder eine andere geeignete Stelle eine fortlaufende und konsolidierte Zugänglichmachung dieser Informationen übernimmt.[2] In **Deutschland** herrscht insofern teilweise Klarheit, als dass das Bundesministerium für Wirtschaft und Klimaschutz und das Bundesministerium für Justiz gemeinsam für die Umsetzung der KI-VO zuständig sind. Die Bundesnetzagentur wird voraussichtlich als Marktüberwachungsbehörde ernannt werden, die Bundesakkreditierungsstelle als notifizierende Behörde. Ebenso sind bereits 20 Behörden zum Schutz der Grundrechte nach Art. 77 in der konsolidierten Liste der Kommission aufgeführt.[3]

III. Befugnis zur Anforderung von Dokumenten

Gem. Art. 77 Abs. 1 sind nationale Behörden und Stellen dazu befugt, die **Dokumentationen anzufordern und einzusehen,** die sie benötigen, um ihrer Aufsichtstätigkeit nachzukommen. Dabei statuiert Art. 77 Abs. 1 allerdings kein originäres Zugangsrecht, sondern weitet bereits bestehende Befugnisse der Behörden („im Rahmen ihrer Befugnisse innerhalb ihrer Hoheitsgewalt") hinsichtlich der sachlichen Zuständigkeit auf die Dokumentation zu Hochrisiko-KI-Systemen nach dem Anhang III aus. Mithin werden Hochrisiko-KI-Systeme nach Art. 6 Abs. 1 nicht erfasst. Der Regelungsgegenstand des Grundrechtsschutzes umfasst nach dem ausdrücklichen Wortlaut der einschlägigen Regelung auch das Recht auf Nichtdiskriminierung. Letztendlich verfolgt die Regelung also den Zweck, ein Auskunftsrecht aus einem anderen Gesetz nicht an der mangelnden sachlichen Zuständigkeit der Behörde für auf KI-Systeme bezogene Anfragen scheitern zu lassen.[4] Die Anzahl der Institutionen, die mit der Kontrolle der unionsrechtlichen Anforderungen an den Schutz der Grundrechte betraut sein können, erweist sich als erheblich und nicht auf einen engen Adressatenkreis beschränkt. Dazu zählen für sich genommen zumindest Einrichtungen der Gleichstellung sowie Aufsichtsorgane im Bereich des Datenschutzes. Ferner bildet die Sicherung der in der Charta der Grundrechte der Europäischen Union niedergelegten Gewährleistungen einen tragenden Zweck des Digitale-Dienste-Gesetzes (Digital Services Act). Vor diesem normativen Hintergrund sprechen systematische Erwägungen dafür, auch diejenigen nationalen Stellen, die nach Maßgabe des Art. 49 DSA mit Überwachungs- und Durchsetzungsaufgaben betraut werden, als von Art. 77 Abs. 1 erfasst anzusehen.[5] 4

Art. 77 Abs. 1 bezieht sich auf derartige **Dokumentationen, die auf Basis der KI-VO erstellt wurden.** Aufgrund der deutlichen Einschränkung des Wortlautes auf Dokumentationen besteht keine Auskunftsbefugnis über Testdaten der KI-Systeme oder gar deren Quellcode, umfasst ist hingegen, da nicht von „techni- 5

[2] Bomhard/Pieper/Wende, KI-VO/Piltz/Zwerschke, Art. 77 Rn. 11 f.; Martini/Wendehorst, KI-VO/Hartmann, Art. 77 Rn. 9; Geminn/Johannes, EU-DatenR-HdB/Böning/Schindler, § 28 Rn. 140.

[3] Alle Daten von: Überblick über alle nationalen Umsetzungspläne zum KI-Gesetz | EU-Gesetz zur künstlichen Intelligenz (zuletzt abgerufen am 10.12.2025); Zenner, The EU AI Act: Responsibilities of the Member States, S. 2.

[4] Hilgendorf/Härtlein, KI-VO/Hilgendorf/Härtlein, Art. 77 Rn. 1; Martini/Wendehorst, KI-VO/Hartmann, Art. 77 Rn. 7; Legner RDi 2024, 426 (431).

[5] Martini/Wendehorst, KI-VO/Hartmann, Art. 77 Rn. 8; Legner, RDi 2024, 426 (431).

scher Dokumentation" die Rede ist, auch die Dokumentation im Rahmen des Qualitätsmanagements nach Art. 17, die auch menschliche Handlungen und Systemaufzeichnungen beinhaltet.[6] Insofern sind die Auskunftspflichten deutlich schwächer als jene, die gem. Art. 74 Abs. 12, 13 gegenüber den Marktüberwachungsbehörden bestehen. Adressat der Auskunftspflicht ist dementsprechend allerdings auch nicht nur der Anbieter des KI-Systems, sondern jeder Wirtschaftsakteur, für den Dokumentationspflichten nach dem Gesetz bestehen. Außer dem Anbieter gehören dazu auch Betreiber, Einführer, Händler, Produkthersteller und Bevollmächtigte von Anbietern. Insoweit deckt sich dieser Kreis mit den Adressaten, welche nach dem New Legislative Framework der EU adressiert werden.

6 Die Dokumentationen sind **in zugänglicher Sprache und in zugänglichem Format** zur Verfügung zu stellen. Nach Art. 77 Abs. 1 S. 2 muss die anfordernde Behörde oder öffentliche Stelle die zuständige Marktüberwachungsbehörde über jede Anfrage in Kenntnis setzen. Die Behörde muss dabei gem. Art. 77 Abs. 4 durchgängig die Anforderungen an die Vertraulichkeit nach Art. 78 wahren. Der sachliche Anwendungsbereich der Vertraulichkeitsverpflichtung erstreckt sich ersichtlich auch auf diejenigen Erkenntnisse, welche die zuständige Behörde im Zuge der Ausübung ihrer Befugnisse nach Art. 77 Abs. 3 erlangt. Hierfür spricht zum einen die systematische Verknüpfung des Art. 77 Abs. 4 mit der in Abs. 1 bezeichneten Behörde, welche ihrerseits ausdrücklich auch in Abs. 3 in Bezug genommen wird. Zum anderen ergibt sich aus dem weiten Wortlaut des Art. 77 Abs. 4, dass die Verschwiegenheitspflicht sämtliche Informationen und Unterlagen erfasst, die den in Abs. 1 genannten nationalen Behörden oder öffentlichen Stellen „auf der Grundlage des vorliegenden Artikels" zugänglich werden. Diese Formulierung lässt keinen Raum für eine einschränkende Auslegung und umfasst folgerichtig auch die im Rahmen des Abs. 3 gewonnenen Kenntnisse.[7]

IV. Antragsbefugnis auf Durchführung technischer Tests

7 Art. 77 Abs. 3 S. 1 statuiert für den Fall, dass die Auskunft nach Art. 77 Abs. 1 für die Zwecke der anfordernden Behörde nicht ausreicht, zu ihren Gunsten ein Recht einen **ergänzenden technischen Test** des Hochrisiko-KI-Systems bei der zuständigen Marktüberwachungsbehörde zu beantragen. Erforderlich ist jedoch, dass die Behörde die gem. Art. 77 Abs. 1 bereitgestellte Dokumentation auch tatsächlich sorgfältig analysiert hat.[8]

8 Wenn dem zu begründenden Antrag von der Marktüberwachungsbehörde stattgegeben wird, muss diese den Test durchführen, wobei die beantragende Behörde einbezogen wird. Für die Begründung ist erforderlich, dass konkrete Dokumentationsdefizite in Bezug zu den Grundrechten gesetzt werden, die möglicherweise durch diese Defizite betroffen sein könnten.[9]

---

[6] Schefzig/Kilian, BeckOK KI-Recht/Djeffal, Art. 77 Rn. 19 f.; Martini/Wendehorst, KI-VO/Hartmann, Art. 77 Rn. 12.

[7] Bomhard/Pieper/Wende, KI-VO/Piltz/Zwerschke, Art. 77 Rn. 15; Schefzig/Kilian, BeckOK KI-Recht/Djeffal, Art. 77 Rn. 33; Martini/Wendehorst, KI-VO/Hartmann, Art. 77 Rn. 13.

[8] Schefzig/Kilian, BeckOK KI-Recht/Djeffal, Art. 77 Rn. 28; Martini/Wendehorst, KI-VO/Hartmann, Art. 77 Rn. 15; Bomhard/Pieper/Wende, KI-VO/Piltz/Zwerschke, Art. 77 Rn. 13.

[9] Schefzig/Kilian, BeckOK KI-Recht/Djeffal, Art. 77 Rn. 29; Bomhard/Pieper/Wende, KI-VO/Piltz/Zwerschke, Art. 77 Rn. 13.

Wenn die Voraussetzungen der Durchführung eines Tests vorliegen, ist die Marktüberwachungsbehörde hierzu verpflichtet. Indes steht ihr ein Beurteilungsspielraum in Bezug auf die konkrete Durchführung des Tests zu. Die Durchführung in einem „angemessenen Zeitraum" nach Art. 77 Abs. 3 S. 2 ist so zu verstehen, dass der jeweilige Zeitraum anhand der Umstände des Einzelfalles, insbesondere der technischen Komplexität des zu prüfenden Systems und der Dringlichkeit der vermuteten Grundrechtsverletzung, zu bewerten ist.[10] 9

Auch hinsichtlich der Durchführung des Tests und hinsichtlich der daraus erlangten Informationen sind nach Art. 77 Abs. 4 die Vertraulichkeitsanforderungen des Art. 78 zu wahren, wobei dieser Hinweis rein deklaratorischer Natur ist.[11] 10

Art. 78* Vertraulichkeit

(1) **Die Kommission, die Marktüberwachungsbehörden und die notifizierten Stellen sowie alle anderen natürlichen oder juristischen Personen, die an der Anwendung dieser Verordnung beteiligt sind, wahren gemäß dem Unionsrecht oder dem nationalen Recht die Vertraulichkeit der Informationen und Daten, in deren Besitz sie bei der Ausführung ihrer Aufgaben und Tätigkeiten gelangen, sodass insbesondere Folgendes geschützt ist:**

a) **die Rechte des geistigen Eigentums sowie vertrauliche Geschäftsinformationen oder Geschäftsgeheimnisse natürlicher oder juristischer Personen, einschließlich Quellcodes, mit Ausnahme der in Artikel 5 der Richtlinie (EU) 2016/943 des Europäischen Parlaments und des Rates;**[1]
b) **die wirksame Durchführung dieser Verordnung, insbesondere für die Zwecke von Inspektionen, Untersuchungen oder Audits;**
c) **öffentliche und nationale Sicherheitsinteressen;**
d) **die Durchführung von Straf- oder Verwaltungsverfahren;**
e) **gemäß dem Unionsrecht oder dem nationalen Recht als Verschlusssache eingestufte Informationen.**

(2) [1]**Die gemäß Absatz 1 an der Anwendung dieser Verordnung beteiligten Behörden fragen nur Daten an, die für die Bewertung des von KI-Systemen ausgehenden Risikos und für die Ausübung ihrer Befugnisse in Übereinstimmung mit dieser Verordnung und mit der Verordnung (EU) 2019/1020 unbedingt erforderlich sind.** [2]**Sie ergreifen angemessene und wirksame Cybersicherheitsmaßnahmen zum Schutz der Sicherheit und Vertraulichkeit der erlangten Informationen und Daten und löschen im Einklang mit dem geltenden Unionsrecht oder nationalen Recht die erho-**

---

[10] Schefzig/Kilian, BeckOK KI-Recht/Djeffal, Art. 77 Rn. 32; Bomhard/Pieper/Wende, KI-VO/Piltz/Zwerschke, Art. 77 Rn. 14.

[11] Martini/Wendehorst, KI-VO/Hartmann, Art. 77 Rn. 16; Schefzig/Kilian, BeckOK KI-Recht/Djeffal, Art. 77 Rn. 33.

* Art. 78 gilt gem. Art. 113 UAbs. 3 Buchst. b bereits ab 2.8.2025.

[1] Richtlinie (EU) 2016/943 des Europäischen Parlaments und des Rates vom 8. Juni 2016 über den Schutz vertraulichen Know-hows und vertraulicher Geschäftsinformationen (Geschäftsgeheimnisse) vor rechtswidrigem Erwerb sowie rechtswidriger Nutzung und Offenlegung (ABl. L 157 vom 15.6.2016, S. 1).

benen Daten, sobald sie für den Zweck, für den sie erlangt wurden, nicht mehr benötigt werden.

(3) *[1]* [1]**Unbeschadet der Absätze 1 und 2 darf der Austausch vertraulicher Informationen zwischen den zuständigen nationalen Behörden untereinander oder zwischen den zuständigen nationalen Behörden und der Kommission nicht ohne vorherige Rücksprache mit der zuständigen nationalen Behörde, von der die Informationen stammen, und dem Betreiber offengelegt werden, sofern die in Anhang III Nummer 1, 6 oder 7 genannten Hochrisiko-KI-Systeme von Strafverfolgungs-, Grenzschutz-, Einwanderungs- oder Asylbehörden verwendet werden und eine solche Offenlegung die öffentlichen und nationalen Sicherheitsinteressen gefährden könnte.** [2]**Dieser Informationsaustausch erstreckt sich nicht auf sensible operative Daten zu den Tätigkeiten von Strafverfolgungs-, Grenzschutz-, Einwanderungs- oder Asylbehörden.**

[2] [1]**Handeln Strafverfolgungs-, Einwanderungs- oder Asylbehörden als Anbieter von in Anhang III Nummer 1, 6 oder 7 genannten Hochrisiko-KI-Systemen, so verbleibt die technische Dokumentation nach Anhang IV in den Räumlichkeiten dieser Behörden.** [2]**Diese Behörden sorgen dafür, dass die in Artikel 74 Absätze 8 und 9 genannten Marktüberwachungsbehörden auf Anfrage unverzüglich Zugang zu dieser Dokumentation oder eine Kopie davon erhalten.** [3]**Zugang zu dieser Dokumentation oder zu einer Kopie davon darf nur das Personal der Marktüberwachungsbehörde erhalten, das über eine entsprechende Sicherheitsfreigabe verfügt.**

(4) **Die Absätze 1, 2 und 3 dürfen sich weder auf die Rechte oder Pflichten der Kommission, der Mitgliedstaaten und ihrer einschlägigen Behörden sowie der notifizierten Stellen in Bezug auf den Informationsaustausch und die Weitergabe von Warnungen, einschließlich im Rahmen der grenzüberschreitenden Zusammenarbeit, noch auf die Pflichten der betreffenden Parteien auswirken, Informationen auf der Grundlage des Strafrechts der Mitgliedstaaten bereitzustellen.**

(5) **Die Kommission und die Mitgliedstaaten können erforderlichenfalls und im Einklang mit den einschlägigen Bestimmungen internationaler Übereinkommen und Handelsabkommen mit Regulierungsbehörden von Drittstaaten, mit denen sie bilaterale oder multilaterale Vertraulichkeitsvereinbarungen getroffen haben und die ein angemessenes Niveau an Vertraulichkeit gewährleisten, vertrauliche Informationen austauschen.**

Literatur: Bomhard, David/Pieper, Fritz-Ulli/Wende, Susanne, Kommentar KI-VO – Verordnung über künstliche Intelligenz, 1. Auflage, Frankfurt am Main 2025; Chibanguza, Kuuya J./Kuß, Christian/Steege, Hans, Künstliche Intelligenz, 2. Auflage, Baden-Baden 2026; Chibanguza, Kuuya/Steege, Hans, Product Compliance, 1. Auflage, Baden-Baden 2026; Hilgendorf, Eric/Härtlein, Johannes, Handkommentar KI-VO – Verordnung über künstliche Intelligenz, 1. Auflage, Baden-Baden 2025; Hilgendorf/Roth-Isigkeit, Die neue Verordnung der EU zur Künstlichen Intelligenz, 2. Auflage, München 2025; KögelDaniel/Tilmann Behrens, Kollision der Informations- und Dokumentationspflichten des AI-Acts mit dem Schutzrecht Geschäftsgeheimnis, InTeR 2024, S. 159; Martini, Mario/Wendehorst, Christiane, KI-VO Kommentar, 2. Auflage, München 2026; Schefzig, Jens/Kilian, Robert, BeckOK KI-Recht, 4. Auflage, München 2025.

Übersicht

I. Allgemein

1 Art. 78 statuiert, dass bei der Anwendung der KI-VO von allen beteiligten Stellen die notwendige **Vertraulichkeit** bezüglich der im Rahmen der Aufgabenerledigung erlangten Informationen, Dokumente und Daten zu wahren ist. Ihr kommt insoweit eine zentrale Bedeutung zu. Die Regelung verfolgt vorrangig das Ziel, schutzwürdige Geheimhaltungsbelange der beteiligten Unternehmen beziehungsweise der betroffenen Staaten zu wahren. Darüber hinaus dient sie der Schaffung und Sicherung eines auf gegenseitigem Vertrauen beruhenden Zusammenwirkens der jeweils involvierten europäischen und nationalen Behörden (Erwägungsgrund 167).[2]

2 Aufgrund des Umstandes, dass Art. 78 der Verordnung nicht, wie beispielsweise Art. 4, als allgemeiner Grundsatz vorausgestellt ist, sondern systematisch im Abschnitt über die Durchsetzbarkeit verortet sowie aufgrund des Umstandes, dass in zahlreichen Normen ausdrücklich auf die Wahrung der Vertraulichkeit nach Art. 78 verwiesen wird, stellt sich die Frage, ob es sich bei dieser hier geregelten Vertraulichkeit um einen **allgemeinen Grundsatz** zur Anwendung der KI-VO handelt oder ob die Vertraulichkeit tatsächlich nur an den Stellen zu wahren ist, an denen explizit auf die einschlägigen Regelungen Bezug genommen wird. Jedenfalls sofern staatliche Stellen beteiligt sind, dürfte sich das Erfordernis des vertraulichen Umgangs mit Informationen indes bereits daraus ergeben, dass Eingriffe in Grundrechte allgemein nur im erforderlichen Umfang gerechtfertigt werden können.[3]

3 Darüber hinaus besteht ein **Spannungsverhältnis** zwischen der Vertraulichkeit nach Art. 78 und der ebenfalls vielfach in Bezug genommenen notwendigen **Transparenz**[4] und den zugehörigen Pflichten. Hier wird für die Gewichtung jeweils auf den Einzelfall abzustellen sein, wobei es für einige Konstellationen Anhaltspunkte im Gesetzestext gibt. So bestimmt Erwgr. 107, dass eine hinreichend detaillierte Zusammenfassung der für das Training eines KI-Modells mit allgemeinem Inhalt verwendeten Daten veröffentlicht werden kann, die auch urheberrechtlich geschützte Texte enthalten darf. Hier wird die Vertraulichkeit folglich deutlich zugunsten der Transparenz eingeschränkt. Auch ist der Begriff der „hinreichenden Detailliertheit" allerdings wieder Einfallstor für eine Einschränkung zugunsten der Vertraulichkeit, wobei jedenfalls Geschäftsgeheimnisse, Urheberrechte und personenbezogene Daten nur mit äußerster Zurückhaltung

[2] Schefzig/Kilian, BeckOK KI-Recht/Schefzig, Art. 78 Rn. 1 f.; Martini/Wendehorst, KI-VO/Nemitz, Art. 78 Rn. 1.

[3] Martini/Wendehorst, KI-VO/Nemitz, Art. 78 Rn. 2.

[4] Zur Transparenz als Anbieterpflicht siehe Chibanguza/Kuß/Steege KI-Hdb/Heuer-James, 2. Teil: § 5 L. Rn. 85 ff.

veröffentlicht werden sollten, sofern sie nicht ohnehin öffentlich zur Verfügung stehen.[5]

4 Für das **Spannungsverhältnis zur DS-GVO** und zum nationalstaatlichen Datenschutzrecht, welches im Rahmen der Vertraulichkeit naturgemäß ebenfalls virulent wird, statuiert Erwgr. 10 allgemein, dass die KI-VO die daraus resultierenden Pflichten unberührt lässt, soweit die Konzeption, die Entwicklung oder die Verwendung von KI-Systemen die Verarbeitung personenbezogener Daten umfasst. Auch die darauf bezogenen Rechte der betroffenen Personen bleiben von der KI-VO unberührt.[6]

5 Zuletzt enthält Art. 78 in den Abs. 3–5 Regeln für den **Informationsaustausch** zwischen Behörden, Kommission und Mitgliedsstaaten, wobei je nach Informationsinhalt gestaffelte Anforderungen an die Vertraulichkeit gestellt werden.

II. Vertraulichkeitsgrundsatz (Abs. 1)

6 Art. 78 Abs. 1 beinhaltet den allgemeinen Grundsatz, dass alle von der KI-VO verpflichteten Akteure bei ihrem Tätigwerden im Zusammenhang mit der Anwendung der Verordnung verpflichtet sind, die **nationalrechtlichen und unionsrechtlichen Gesetze** im Zusammenhang mit der Vertraulichkeit hinsichtlich der Informationen und Daten, in deren Besitz sie bei der Ausführung ihrer Aufgaben und Tätigkeiten gelangen, zu wahren.[7]

7 Der deutsche Wortlaut des Abs. 1 ist auslegungsbedürftig, begründet im Ergebnis jedoch eine eigenständige Verschwiegenheitspflicht und beschränkt sich nicht auf einen bloßen Verweis auf bereits bestehende Geheimhaltungsvorgaben. Die Formulierung, wonach die Vertraulichkeit „gemäß dem Unionsrecht oder dem nationalen Recht" zu wahren ist, ist dahin zu verstehen, dass Art. 78 eine selbstständige Verpflichtung normiert, die durch unions- oder nationalrechtliche Maßstäbe lediglich ergänzt wird. Eine abweichende Auslegung ließe Art. 78 eines eigenständigen Regelungsgehalts entbehren.[8]

8 Dabei nennt die Norm einige **Schutzgüter** als **Regelbeispiele,** die der Natur der Sache entsprechend jedoch nicht als abschließender Katalog zu verstehen sind (*„insbesondere Folgendes geschützt ist"*). Dazu gehören die Rechte des geistigen Eigentums sowie vertrauliche Geschäftsinformationen oder Geschäftsgeheimnisse natürlicher oder juristischer Personen, einschließlich Quellcodes, mit Ausnahme der in Artikel 5 RL (EU) 2016/943 über den Schutz vertraulichen Know-hows und vertraulicher Geschäftsinformationen (Geschäftsgeheimnisse) vor rechtswidrigem Erwerb sowie rechtswidriger Nutzung und Offenlegung genannten Fälle (lit. a), die wirksame Durchführung der KI-VO, insbesondere für die Zwecke von Inspektionen, Untersuchungen oder Audits (lit. b), öffentliche und nationale Sicherheitsinteressen (lit. c), die Durchführung von Straf- oder Verwaltungsverfah-

[5] Martini/Wendehorst, KI-VO/Nemitz, Art. 78 Rn. 3.

[6] Schefzig/Kilian, BeckOK KI-Recht/Schefzig, Art. 78 Rn. 8; Martini/Wendehorst, KI-VO/Nemitz, Art. 78 Rn. 5.

[7] Kögel/Behrens InTeR 2024, 159 (164); Schefzig/Kilian, BeckOK KI-Recht/Schefzig, Art. 78 Rn. 9.

[8] Schefzig/Kilian, BeckOK KI-Recht/Schefzig, Art. 78 Rn. 10.

ren (lit. d) sowie gemäß dem Unionsrecht oder dem nationalen Recht als Verschlusssache eingestufte Informationen (lit. e).[9]

9 Die Vertraulichkeit ist dabei nicht nur außenstehenden Dritten gegenüber zu wahren, sondern auch im inneren der zuständigen Marktüberwachungsbehörde muss ein strenges Informationsmanagement etabliert werden.[10] Umso sensibler das fragliche Datum ist, umso strenger ist der dabei anzulegende Maßstab.

III. Datenschutz, Cybersicherheit und Löschung (Abs. 2)

10 Gem. Art. 78 Abs. 2 S. 1 sind die in der KI-VO zugewiesenen Rechte der Behörden, verschiedene Daten anzufragen, insofern beschränkt, als dass diese für die Bewertung des von KI-Systemen ausgehenden Risikos und für die Ausübung ihrer Befugnisse in Übereinstimmung mit der KI-VO und der Marktüberwachungsverordnung VO (EU) 2019/1020 unbedingt erforderlich sind.[11]

11 Es ist nicht ersichtlich, inwiefern ein nach dem Wortlaut für die Bewertung **„unbedingt erforderlicher"** Datensatz von einem lediglich „erforderlichen" Datensatz abweicht, schließlich ist dem Kriterium der Erforderlichkeit schon selbst eine derartige Beschränkung inhärent.[12] Es wird jedenfalls deutlich, dass die „Erforderlichkeit" der Datenerhebung zur Bewertung einer strengen Kontrolle unterworfen sein soll. Unklar ist ebenfalls, inwiefern der in Art. 78 Abs. 2 S. 1 niedergelegte Grundsatz tatsächlich materiellrechtliche Wirkung entfalten kann. Aus der systematischen Stellung der Norm, so wie aus der Tatsache, dass vereinzelte Ermächtigungstatbestände (vgl. Art. 91) ihrerseits spezialgesetzliche Erforderlichkeitsgebote statuieren, ergibt sich, dass es sich bei Art. 78 Abs. 2 S. 1 nicht um eine horizontale, allgemeine Kompetenzeingrenzung handeln kann, insofern müssen die jeweiligen Spezialgesetze Vorrang erhalten.[13]

12 Nach Art. 78 Abs. 2 S. 2 sind die Behörden dazu angehalten, zum Schutz der Sicherheit und Vertraulichkeit der erlangten Informationen und Daten angemessene und wirksame **Cybersicherheitsmaßnahmen** einzuleiten (Abs. 2 S. 2 Hs. 1) und im Einklang mit dem geltenden Recht die erhobenen Daten zu **löschen,** sobald sie nicht mehr für den Zweck benötigt werden, für den sie erhoben wurden (Abs. 2 S. 2 Hs. 2).

13 Zur näheren Bestimmung der Cybersicherheitsmaßnahmen können insbesondere Art. 21 der NIS-2-Richtlinie (RL (EU) 2022/2555) sowie Art. 32 DS-GVO herangezogen werden.[14] Erforderlich ist die Etablierung eines angemessenen Cybersicherheitsmanagementsystems, welches insbesondere Zugriffs- und Berechtigungskonzepte, sichere Authentifizierungsmechanismen, den Einsatz qualifizierten Personals, klar geregelte organisatorische Prozesse sowie wirksame Schutzmaßnahmen gegen Spionage- und Cyberangriffe einschließlich der Verschlüsselung gespeicherter oder übermittelter Daten umfasst. Entsprechende Maß-

---

[9] Martini/Wendehorst, KI-VO/Nemitz, Art. 78 Rn. 10; Bomhard/Pieper/Wende, KI-VO/Ruttloff, Art. 78 Rn. 30.

[10] Schefzig/Kilian, BeckOK KI-Recht/Schefzig, Art. 78 Rn. 11.

[11] Schefzig/Kilian, BeckOK KI-Recht/Schefzig, Art. 78 Rn. 23; Martini/Wendehorst, KI-VO/Nemitz, Art. 78 Rn. 12.

[12] So auch Martini/Wendehorst, KI-VO/Nemitz, Art. 78 Rn. 11.

[13] Martini/Wendehorst, KI-VO/Nemitz, Art. 78 Rn. 11.

[14] Grds. zu den Pflichten nach der NIS-2-Richtlinie vgl. Chibanguza/Steege, Product Compliance/Reusch, § 40, Rn. 28 ff.

nahmen sind im Standard-Datenschutzmodell (SDM) Version 3.0 der Konferenz der unabhängigen Datenschutzaufsichtsbehörden des Bundes und der Länder vom 24. November 2022 (S. 31 f.) aufgeführt.[15]

14 Für die Löschfrist ist vor allem in Bezug auf personenbezogene Daten im Sinne der DS-GVO auch der Grundsatz der Datenminimierung zu beachten. Im Umkehrschluss können nicht-personenbezogene Daten, beispielsweise Funktionsdaten und Testserien, über eine lange Zeit zu behalten sein, um eine Vergleichbarkeit der neuen mit den älteren Systemen zu gewährleisten und so eine Weiterentwicklung überhaupt zu ermöglichen. Dies ist aus Sicht der Behörden notwendig, um ihre Pflichten zur Anwendung und Durchsetzung der KI-VO überhaupt erfüllen zu können.[16]

15 Die Regelung stellt sicher, dass im Einklang mit Art. 5 Abs. 1 lit. c DS-GVO lediglich das für den jeweiligen Zweck erforderliche Mindestmaß an Daten verarbeitet und weitergegeben wird, wodurch das Risiko unbefugter Zugriffe wirksam reduziert wird. Die vorgesehenen Vorkehrungen erfassen dabei sämtliche Phasen des Umgangs mit Daten und Informationen, beginnend mit der Beschränkung des Umfangs bereits bei der Anforderung, über die Absicherung während der behördlichen Verarbeitung bis hin zur anschließenden Löschung. Die einzelnen Maßnahmen greifen dabei kumulativ ineinander und stehen nicht als alternative Schutzinstrumente zur Verfügung.[17]

IV. Informationsaustausch zwischen den Behörden (Abs. 3–5)

16 In Art. 78 Abs. 3–5 ist geregelt, wie die nationalen Behörden untereinander den zur Erfüllung ihrer Pflichten notwendigen Informationsaustausch im Lichte der Grundsätze der Vertraulichkeit zu gestalten haben.

17 Art. 78 Abs. 3 enthält dabei starke **Einschränkungen des Informationsaustausches im** Feld der besonders grundrechtssensiblen Bereiche der Strafverfolgung, des Grenzschutzes und der Einwanderungs- und Asylbehörden.[18] Diese Schranken gelten indes nur für die Marktüberwachungsbehörden und die Kommission und lassen andere Behörden, beispielsweise die Datenschutzbehörden, falls diese auf Basis der DS-GVO tätig werden, zunächst außen vor.[19]

18 Die Wahrung öffentlicher und nationaler Sicherheitsinteressen zählt gemäß Art. 78 Abs. 1 lit. c zu den zentralen Zielsetzungen der dort verankerten Vertraulichkeitsvorgaben und erfährt in den in Abs. 3 geregelten Konstellationen eine besondere Konkretisierung. Sofern die in Anhang III Nr. 1, Nr. 6 oder Nr. 7 genannten Hochrisiko-KI-Systeme von Strafverfolgungs-, Grenzschutz-, Einwanderungs- oder Asylbehörden verwendet werden und eine potentielle Gefährdung

[15] Schefzig/Kilian, BeckOK KI-Recht/Schefzig, Art. 78 Rn. 28 f.; Hilgendorf/Härtlein, KI-VO/Hilgendorf/Härtlein, Art. 78 Rn. 3; Bomhard/Pieper/Wende, KI-VO/Ruttloff, Art. 78 Rn. 51 ff.; Martini/Wendehorst, KI-VO/Nemitz, Art. 78 Rn. 12.

[16] Schefzig/Kilian, BeckOK KI-Recht/Schefzig, Art. 78 Rn. 26 f.; Hilgendorf/Härtlein, KI-VO/Hilgendorf/Härtlein, Art. 78 Rn. 3; Bomhard/Pieper/Wende, KI-VO/Ruttloff, Art. 78 Rn. 57 f.; Martini/Wendehorst, KI-VO/Nemitz, Art. 78 Rn. 12.

[17] Bomhard/Pieper/Wende, KI-VO/Ruttloff, Art. 78 Rn. 59.

[18] Schefzig/Kilian, BeckOK KI-Recht/Schefzig, Art. 78 Rn. 30; Hilgendorf/Roth-Isigkeit, KI-VO/Roth-Isigkeit, § 9. Rn. 23.

[19] Martini/Wendehorst, KI-VO/Nemitz, Art. 78 Rn. 13.

der öffentlichen und nationalen Sicherheitsinteressen durch die Offenlegung bestünde, ist die Weitergabe vertraulicher Informationen zwischen den zuständigen nationalen Behörden untereinander oder zwischen den zuständigen nationalen Behörden und der Kommission neben der Rücksprache mit dem Betreiber des betroffenen Hochrisiko-KI-Systems nur nach **Rücksprache mit der zuständigen nationalen Behörde,** von der die Informationen stammen, zulässig.[20] Die Rücksprache mit dem Betreiber des KI-Systems ist entbehrlich, soweit das KI-System lediglich persönlicher oder nicht beruflicher Verwendung unterliegt.[21]

Der Begriff der Rücksprache wird nicht näher definiert, sodass offenbleibt, ob eine Zustimmung der nationalen Behörde oder des Betreibers erforderlich ist oder lediglich die Gelegenheit zur Stellungnahme im Sinne eines Benehmens gegeben sein soll. Hinweise liefert die Genese der Norm: Im Kommissionsvorschlag ist von einer „consultation" die Rede, was im EU-Recht einem Konsultationsverfahren nach Art. 289 Abs. 2 AEUV entspricht, bei dem der Rat die Stellungnahme des Europäischen Parlaments zu berücksichtigen, aber nicht inhaltlich gebunden ist. Daraus folgt, dass im vorliegenden Fall lediglich eine Anhörung intendiert ist, was auch durch den Wortlaut „Rücksprache" ohne Hinweis auf eine Zustimmung gestützt wird.[22] 19

Unter dem Gesichtspunkt, dass alle am Informationsaustausch beteiligten Stellen, zumal es sich regelmäßig um öffentliche Stellen handeln dürfte, ohnehin den Vertraulichkeitsregeln des Art. 78 unterliegen, wird das Kriterium der Gefährdung von Sicherheitsinteressen nur selten berührt sein. Erforderlich wären dafür konkrete Verdachtsmomente in Bezug auf die Unzuverlässigkeit einer nationalen Behörde, die eine Durchbrechung des Grundsatzes der vertrauensvollen Zusammenarbeit zwischen den Mitgliedsstaaten rechtfertigt.[23] 20

Gem. Art. 78 Abs. 3 S. 2 sind **sensible operative Daten** zu den Tätigkeiten von Strafverfolgungs-, Einwanderungs-, Grenzschutz- oder Asylbehörden in jedem Falle vom Informationsaustausch auszunehmen.[24] 21

Nach Art. 78 Abs. 3 UAbs. 2 muss die technische Dokumentation im Sinne des Anhang IV zudem in den **Räumlichkeiten** der Strafverfolgungs-, Einwanderungs- oder Asylbehörden verbleiben, wenn diese als Anbieter von in Anhang III Nr. 1, Nr. 6 oder Nr. 7 genannten Hochrisiko-KI-Systemen fungieren. Die Behörden müssen allerdings dafür sorgen, dass das mit der entsprechenden Sicherheitsfreigabe ausgestattete Personal der in Art. 74 Abs. 8, 9 genannten Marktüberwachungsbehörden unverzüglich Zugang zu den genannten Dokumenten oder einer Kopie erhält, wenn dies angefragt wird.[25] Abweichend von Art. 78 Abs. 3 Satz 1 und Satz 2 werden in Satz 3 die Grenzschutzbehörden nicht ausdrücklich genannt. Dies dürfte auf ein bloßes redaktionelles Versehen zurückzuführen sein. Im ursprünglichen Kommissionsentwurf waren Grenzschutzbehörden in keinem der betreffenden Unterabsätze aufgeführt. Ihre Aufnahme in Abs. 3 Satz 1 und 2 22

[20] Schefzig/Kilian, BeckOK KI-Recht/Schefzig, Art. 78 Rn. 30; Martini/Wendehorst, KI-VO/Nemitz, Art. 78 Rn. 14; Bomhard/Pieper/Wende, KI-VO/Ruttloff, Art. 78 Rn. 63, 65 f.; Hilgendorf/Roth-Isigkeit, KI-VO/Roth-Isigkeit, § 9. Rn. 23.

[21] Bomhard/Pieper/Wende, KI-VO/Ruttloff, Art. 78 Rn. 64.

[22] Bomhard/Pieper/Wende, KI-VO/Ruttloff, Art. 78 Rn. 63.

[23] Martini/Wendehorst, KI-VO/Nemitz, Art. 78 Rn. 14.

[24] Martini/Wendehorst, KI-VO/Nemitz, Art. 78 Rn. 15.

[25] Schefzig/Kilian, BeckOK KI-Recht/Schefzig, Art. 78 Rn. 32; Martini/Wendehorst, KI-VO/Nemitz, Art. 78 Rn. 16.

erfolgte erst im Verlauf der Trilogverhandlungen. Systematische und teleologische Erwägungen sprechen daher dafür, die Grenzschutzbehörden auch im Anwendungsbereich des Satzes 3 als mitumfasst anzusehen.[26] Wie sich die Vorgabe zum Verbleib der Unterlagen in den Räumlichkeiten der Strafverfolgungs-, Einwanderungs- oder Asylbehörden zu einer elektronischen Speicherung verhält, bleibt nach dem Wortlaut offen. Da allerdings nicht unbedingt Zugang zum Originaldokument gewährt werden muss, sondern auch eine Kopie ausdrücklich ausreicht, liegt es nahe, dass diese Kopie die genannten Räumlichkeiten auch verlassen darf, in den Räumlichkeiten selbst könnte schließlich stets auch ohne weiteres der Zugang zum Original gewährt werden. Nach der systematischen Beziehung der Sätze, die zueinander in einem Regel-Ausnahme-Verhältnis stehen, scheint das Zugangsrecht der benannten Behörden die Pflicht zur Verwahrung in den Räumlichkeiten zudem zu überwiegen.

23 In Art. 78 Abs. 4 wird, nach den Einschränkungen des Abs. 3, klargestellt, dass die Vertraulichkeitsregeln die **tägliche operative grenzüberschreitende Zusammenarbeit** nicht nachteilhaft beeinflussen dürfen.[27] Gemeint ist dabei der tägliche und routinemäßige Informations- und Warnungsaustausch im Binnenmarkt, vor allem das Schengen Informationssystem, die polizeiliche und justizielle Zusammenarbeit, Warnungen im Konsumenten- und Verbraucherschutz zur Produkt- oder Lebensmittelsicherheit oder auch der Zoll.[28]

24 Art. 78 Abs. 5 regelt die Anforderungen an den **Informationsaustausch mit nicht-EU-Staaten.** Ein solcher kann stattfinden, wenn diesbezüglich internationale Übereinkommen oder Handelsabkommen existieren, die einschlägige Bestimmungen enthalten und wenn mit den betreffenden Behörden bi- oder multilaterale Vertraulichkeitsvereinbarungen getroffen wurden, die ein angemessenes Niveau an Vertraulichkeit garantieren. Ein „angemessenes Niveau" wird nach den aus dem Datenschutzrecht bekannten Maßstäben anzunehmen sein, wenn das Schutzniveau im Ergebnis äquivalent ist, ohne dass zwingend die gleichen Schutzmaßnahmen getroffen werden müssen.[29]

Art. 79* Verfahren auf nationaler Ebene für den Umgang mit KI-Systemen, die ein Risiko bergen

(1) **Als KI-Systeme, die ein Risiko bergen, gelten „Produkte, mit denen ein Risiko verbunden ist" im Sinne des Artikels 3 Nummer 19 der Verordnung (EU) 2019/1020, sofern sie Risiken für die Gesundheit oder Sicherheit oder Grundrechte von Personen bergen.**

(2) *[1]* [1]**Hat die Marktüberwachungsbehörde eines Mitgliedstaats hinreichend Grund zu der Annahme, dass ein KI-System ein Risiko nach Absatz 1 des vorliegenden Artikels birgt, so prüft sie das betreffende KI-System im Hinblick auf die Erfüllung aller in der vorliegenden Verordnung festgelegten Anforderungen und Pflichten.** [2]**Besondere Aufmerk-**

[26] Schefzig/Kilian, BeckOK KI-Recht/Schefzig, Art. 78 Rn. 32.1.

[27] Hilgendorf/Härtlein, KI-VO/Hilgendorf/Härtlein, Art. 78 Rn. 4.

[28] Hilgendorf/Härtlein, KI-VO/Hilgendorf/Härtlein, Art. 78 Rn. 4; Martini/Wendehorst, KI-VO/Nemitz, Art. 78 Rn. 17.

[29] Martini/Wendehorst, KI-VO/Nemitz, Art. 78 Rn. 18.

* Kapitel IX (Art. 72–94) gilt gem. Art. 113 UAbs. 2 ab 2.8.2026, mit Ausnahme von Art. 78, der gem. Art. 113 UAbs. 3 Buchst. b bereits ab 2.8.2025 gilt.

samkeit gilt KI-Systemen, die für schutzbedürftige Gruppen ein Risiko bergen. [3]Wenn Risiken für die Grundrechte festgestellt werden, informiert die Marktüberwachungsbehörde auch die in Artikel 77 Absatz 1 genannten einschlägigen nationalen Behörden oder öffentlichen Stellen und arbeitet uneingeschränkt mit ihnen zusammen. [4]Die betreffenden Akteure arbeiten erforderlichenfalls mit der Marktüberwachungsbehörde und den in Artikel 77 Absatz 1 genannten anderen Behörden oder öffentlichen Stellen zusammen.

[2] **Stellt die Marktüberwachungsbehörde oder gegebenenfalls die Marktüberwachungsbehörde in Zusammenarbeit mit der in Artikel 77 Absatz 1 genannten nationalen Behörde im Verlauf dieser Prüfung fest, dass das KI-System die in dieser Verordnung festgelegten Anforderungen und Pflichten nicht erfüllt, fordert sie den jeweiligen Akteur unverzüglich auf, alle Korrekturmaßnahmen zu ergreifen, die geeignet sind, die Konformität des KI-Systems herzustellen, das KI-System vom Markt zu nehmen oder es innerhalb einer Frist, die die Marktüberwachungsbehörde vorgeben kann, in jedem Fall innerhalb von weniger als 15 Arbeitstagen, oder gemäß den einschlägigen Harmonisierungsrechtsvorschriften der Union zurückzurufen.**

[3] **[1]Die Marktüberwachungsbehörde informiert die betreffende notifizierte Stelle entsprechend. [2]Artikel 18 der Verordnung (EU) 2019/1020 gilt für die in Unterabsatz 2 des vorliegenden Absatzes genannten Maßnahmen.**

(3) **Gelangt die Marktüberwachungsbehörde zu der Auffassung, dass die Nichtkonformität nicht auf ihr nationales Hoheitsgebiet beschränkt ist, so informiert sie die Kommission und die anderen Mitgliedstaaten unverzüglich über die Ergebnisse der Prüfung und über die Maßnahmen, zu denen sie den Akteur aufgefordert hat.**

(4) **Der Akteur sorgt dafür, dass alle geeigneten Korrekturmaßnahmen in Bezug auf alle betreffenden KI-Systeme, die er auf dem Unionsmarkt bereitgestellt hat, getroffen werden.**

(5) **[1]Ergreift der Akteur in Bezug auf sein KI-System keine geeigneten Korrekturmaßnahmen innerhalb der in Absatz 2 genannten Frist, trifft die Marktüberwachungsbehörde alle geeigneten vorläufigen Maßnahmen, um die Bereitstellung oder Inbetriebnahme des KI-Systems auf ihrem nationalen Markt zu verbieten oder einzuschränken, das Produkt oder das eigenständige KI-System von diesem Markt zu nehmen oder es zurückzurufen. [2]Diese Behörde notifiziert unverzüglich die Kommission und die anderen Mitgliedstaaten über diese Maßnahmen.**

(6) **[1]Die Notifizierung nach Absatz 5 enthält alle vorliegenden Angaben, insbesondere die für die Identifizierung des nicht konformen Systems notwendigen Informationen, den Ursprung des KI-Systems und die Lieferkette, die Art der vermuteten Nichtkonformität und das sich daraus ergebende Risiko, die Art und Dauer der ergriffenen nationalen Maßnahmen und die von dem betreffenden Akteur vorgebrachten Argumente. [2]Die Marktüberwachungsbehörden geben insbesondere an, ob die Nichtkonformität eine oder mehrere der folgenden Ursachen hat:**

a) Missachtung des Verbots der in Artikel 5 genannten KI-Praktiken;
b) Nichterfüllung der in Kapitel III Abschnitt 2 festgelegten Anforderungen durch ein Hochrisiko-KI-System;
c) Mängel in den in den Artikeln 40 und 41 genannten harmonisierten Normen oder gemeinsamen Spezifikationen, die eine Konformitätsvermutung begründen;
d) Nichteinhaltung des Artikels 50.

(7) **Die anderen Marktüberwachungsbehörden – mit Ausnahme der Marktüberwachungsbehörde des Mitgliedstaats, der das Verfahren eingeleitet hat – informieren unverzüglich die Kommission und die anderen Mitgliedstaaten über jegliche Maßnahmen und ihnen vorliegende zusätzlichen Informationen zur Nichtkonformität des betreffenden KI-Systems sowie – falls sie die ihnen mitgeteilte nationale Maßnahme ablehnen – über ihre Einwände.**

(8) [1]**Erhebt weder eine Marktüberwachungsbehörde eines Mitgliedstaats noch die Kommission innerhalb von drei Monaten nach Eingang der in Absatz 5 des vorliegenden Artikels genannten Notifizierung Einwände gegen eine von einer Marktüberwachungsbehörde eines anderen Mitgliedstaats erlassene vorläufige Maßnahme, so gilt diese Maßnahme als gerechtfertigt.** [2]**Die Verfahrensrechte des betreffenden Akteurs nach Artikel 18 der Verordnung (EU) 2019/1020 bleiben hiervon unberührt.** [3]**Die Frist von drei Monaten gemäß dem vorliegenden Absatz wird bei Nichteinhaltung des Verbots der in Artikel 5 der vorliegenden Verordnung genannten KI-Praktiken auf 30 Tage verkürzt.**

(9) **Die Marktüberwachungsbehörden tragen dafür Sorge, dass geeignete einschränkende Maßnahmen in Bezug auf das betreffende Produkt oder KI-System ergriffen werden, beispielsweise die unverzügliche Rücknahme des Produkts oder KI-Systems von ihrem Markt.**

Literatur: Bomhard/Pieper/Wender (Hrsg.), KI-VO: Verordnung über Künstliche Intelligenz, 2025; Dauses/Ludwigs (Hrsg.), Handbuch des EU-Wirtschaftsrechts, 2021; Ehring/Taeger (Hrsg.), Produkthaftungs- und Produktsicherheitsrecht, 2022; Hilgendorf/Härtlein, Verordnung über künstliche Intelligenz: KI-VO, 2025; Martini/Wendehorst, KI-VO: Verordnung über Künstliche Intelligenz, 2024; Meyer/Hölscheidt (Hrsg.), Charta der Grundrechte der Europäischen Union, 5. Aufl. 2019; Orssich, Das europäische Konzept für vertrauenswürdige Künstliche Intelligenz, EuZW 2022, 254-261; Pechstein/Nowak/Häde (Hrsg.) Frankfurter Kommentar zu EUV; GRC und AEUV, 2. Aufl. 2023; Roth-Isigkeit, Grundstrukturen der geplanten KI-Aufsichtsbehörden – KI-Bürokratie?, ZRP 2022, 187-190; Schucht, Produkttests im Produktrecht, CCZ 2021, 220-230.

Übersicht

I. Allgemeines

Art. 79 statuiert ein anlassbezogenes, dreistufiges Marktüberwachungsverfahren. 1
Hat eine nationale Marktüberwachungsbehörde hinreichenden Grund zu der Annahme, dass von einem KI-System ein Risiko iSd Art. 79 Abs. 1 ausgeht, ist sie verpflichtet, die Konformität des jeweiligen KI-Systems mit sämtlichen formalen und materiellen Anforderungen und Pflichten der KI-VO zu überprüfen (Art. 79 Abs. 2). Stellt die Marktüberwachungsbehörde – ggf in Kooperation mit den nationalen Behörden oder öffentlichen Stellen nach Art. 77 Abs. 1 – im Rahmen dieser Konformitätsprüfung einen Verstoß gegen die KI-VO fest, fordert sie den betreffenden Akteur in einem ersten Schritt auf, geeignete Korrekturmaßnahmen zu ergreifen (Art. 79 Abs. 2).

Alternativ kann sie den Akteur bereits zu diesem Zeitpunkt dazu auffordern, das KI-System vom Markt zu nehmen oder es zurückzurufen. Wenn der jeweilige Akteur es versäumt, (rechtzeitig) geeignete Korrekturmaßnahmen zu ergreifen, obliegt es der Marktüberwachungsbehörde in einem zweiten Schritt, vorläufige Maßnahmen zu treffen (Art. 79 Abs. 5). Über diese Maßnahmen muss sie die Kommission und die anderen Mitgliedstaaten unter Berücksichtigung der in Art. 79 Abs. 6 festgelegten Mindestinhalte notifizieren. Die Kommission und die Mitgliedstaaten müssen in diesem dritten Verfahrensabschnitt ihnen vorliegende zusätzliche Informationen teilen und etwaige Einwände gegen die getroffenen vorläufigen Maßnahmen der Marktüberwachungsbehörde vorbringen (Art. 79 Abs. 7). Darüber hinaus enthält Art. 79 Abs. 8 eine Rechtfertigungsfiktion hinsichtlich der getroffenen vorläufigen Maßnahmen.

Das Verfahren bezweckt, eine frühzeitige Identifizierung besonderer Risiken 2
für die Grundrechte, eine wirksame und konsistente Überwachung der Einhaltung

der KI-VO und – durch die Einschaltung der Kommission – die Verhinderung ungerechtfertigter Einschränkungen des Waren- und Dienstleistungsverkehrs.[1]

3 Als zentraler Baustein des Durchsetzungsregimes der KI-VO fungiert die Überprüfung nach Art. 79 Abs. 2 nicht allein als Ausgangspunkt für das Marktüberwachungsverfahren nach der KI-VO. Vielmehr kann die Prüfung der Marktüberwachungsbehörde, abhängig vom konkreten Ergebnis, die Einleitung unterschiedlicher Verfahren nach sich ziehen. Kommt die Behörde zu dem Schluss, dass das Hochrisiko-KI-System, obwohl es den formalen und materiellen Anforderungen der KI-VO entspricht, ein Risiko für die Gesundheit oder Sicherheit von Personen, für die Grundrechte von Personen oder für andere Aspekte des Schutzes öffentlicher Interessen darstellt, verfährt sie nach dem in Art. 82 geregelten Verfahren. Ergibt die Überprüfung hingegen, dass das KI-System gegen formale Anforderungen der KI-VO verstößt, richtet sich das behördliche Vorgehen nach Art. 83.

4 Separat von dem Verfahren nach Art. 79 ist das Verfahren nach Art. 80 für den Umgang mit KI-Systemen zu betrachten, die vom Anbieter fälschlicherweise nicht als hochriskant eingestuft wurden.

II. Einzelerläuterungen

1. KI-Systeme, die ein Risiko bergen (Abs. 1)

5 Das Marktüberwachungsverfahren findet nicht auf sämtliche von der KI-VO adressierte Regelungsgegenstände Anwendung, sondern gilt ausschließlich für „KI-Systeme, die ein Risiko bergen". Art. 79 Abs. 1 enthält eine Legaldefinition der „KI-Systeme, die ein Risiko bergen", die als Ausgangspunkt für das weitere Marktüberwachungsverfahren dient.

6 **a) Beschränkung auf KI-Systeme.** Seinem insoweit eindeutigen Wortlaut nach findet das Marktüberwachungsverfahren nach Art. 79 allein auf „KI-Systeme" iSd Art. 3 Nr. 1, nicht jedoch auf die ebenfalls der KI-VO unterliegenden „KI-Modelle mit allgemeinem Verwendungszweck" iSd Art. 3 Nr. 63 Anwendung. Um eine parallele Geltung verschiedener Marktüberwachungsverfahren zu verhindern, nimmt Art. 74 Abs. 4 S. 1 ferner solche KI-Systeme explizit vom Anwendungsbereich aus, die bereits speziellen Verfahren nach einem der in Anhang I Abschnitt A aufgeführten Rechtsakte unterfallen, sofern diese ein gleichwertiges Schutzniveau gewährleisten und gleiche Ziele verfolgen. In diesen Fällen bleiben die in dem jeweiligen Rechtsakt statuierten sektorspezifischen Verfahren *lex specialis.*

7 **b) Risiko iSd Art. 79 Abs. 1.** Als KI-Systeme, die ein Risiko bergen, gelten nach Art. 79 Abs. 1 „Produkte, mit denen ein Risiko verbunden ist" iSd Art. 3 Nr. 19 MÜ-VO, sofern sie Risiken für die Gesundheit, Sicherheit oder die Grundrechte von Personen bergen.

8 Art. 79 Abs. 1 greift damit auf den Risikobegriff des Art. 3 Nr. 19 MÜ-VO zurück, modifiziert und begrenzt diesen jedoch im Hinblick auf die geschützten Rechtsgüter. Während der Risikobegriff der MÜ-VO öffentliche Interessen wie Verbraucherschutz, Umwelt und die öffentliche Sicherheit und Ordnung umfasst

---

[1] Vgl. Dauses/Ludwigs/Langner/Klindt/Schucht Handbuch des EU-Wirtschaftsrechts C. VI. Rn. 54.

und die KI-VO nach ihren in Art. 1 Abs. 1 deklarierten Zwecken ausdrücklich den Schutz von Demokratie, Rechtsstaatlichkeit und Umweltschutz benennt, schränkt Art. 79 Abs. 1 dies ein. Diese Beschränkung führt in der Konsequenz dazu, dass es sich bei KI-Systemen, die ein Risiko (iSd Art. 79 Abs. 1) bergen, um solche handelt, die die Gesundheit, Sicherheit oder die Grundrechte von Personen stärker beeinträchtigen können als dies im Verhältnis zu ihrer Zweckbestimmung oder bei normaler oder nach vernünftigem Ermessen vorhersehbaren Verwendung – einschließlich der Gebrauchsdauer sowie ggf der Anforderungen an Inbetriebnahme, Installation und Wartung – als vernünftig und vertretbar gilt.[2]

Der Begriff der „Gesundheit" lässt sich, angelehnt an Art. 3 GRCh als körperliche und geistige Unversehrtheit verstehen.[3] Ein „Grundrecht auf Sicherheit" mit eigenständigem Gewährleistungsgehalt ist jedenfalls im Unionsrecht nicht anerkannt.[4] Der Begriff der „Sicherheit" wird im Produktsicherheitsrecht typischerweise als „körperliche Sicherheit" verstanden, wobei ein solches Verständnis keine trennscharfe Abgrenzung zum Schutzgut „Gesundheit" zulässt.[5] Letztlich dürften aber beide Rechtsgüter ohnehin von dem Begriff der „Grundrechte von Personen" umfasst sein. 9

Hierfür spricht nicht zuletzt, dass im Rahmen der Unterrichtungspflicht nach Art. 79 Abs. 2 UAbs. 1 S. 3 auf eine gesonderte Nennung der Rechtsgüter „Gesundheit" und „Sicherheit" verzichtet wurde und der Normtext stattdessen ausschließlich von „Grundrechten" spricht.

Auch wenn der europäische Gesetzgeber offensichtlich einen gewissen Gleichauf von MÜ-VO und KI-VO anstrebt, führt die Verweisung auf Art. 3 Nr. 19 MÜ-VO im Ergebnis zu Rechtsunsicherheiten für die Akteure und Marktüberwachungsbehörden als Adressaten bzw. Rechtsanwender der KI-VO. Zum einen ist der Risikobegriff des Art. 3 Nr. 19 MÜ-VO von unbestimmten Rechtsbegriffen geprägt („vernünftig", „vertretbar" und „vorhersehbar"), die eine verlässliche und konsistente Anwendung in der Praxis erheblich erschweren. Zum anderen fordert die Norm vom Rechtsanwender eine komplexe Abwägung zwischen der Zweckbestimmung des Systems und den potenziellen Auswirkungen auf Grundrechtspositionen. Um den Abwägungsvorgang zu rationalisieren, bietet es sich an, auf die in Art. 7 Abs. 2 genannten Kriterien der Risikobewertung zurückzugreifen. Zu berücksichtigen sind demnach neben der Zweckbestimmung des Systems (vgl. Art. 7 Abs. 2 Buchst. a) insbesondere 10

- das Ausmaß, in dem das KI-System verwendet oder voraussichtlich verwendet werden wird (Art. 7 Abs. 2 Buchst. b),
- die Art und der Umfang der vom KI-System verarbeiteten und verwendeten Daten, insbesondere die Frage, ob besondere Kategorien personenbezogener Daten verarbeitet werden (Art. 7 Abs. 2 Buchst. c),
- das Ausmaß, in dem das KI-System autonom handelt, und die Möglichkeit, dass ein Mensch eine Entscheidung oder Empfehlungen, die zu einem potenziellen Schaden führen können, außer Kraft setzt (Art. 7 Abs. 2 Buchst. d),
- das Ausmaß, in dem durch die Verwendung des KI-Systems schon die Gesundheit und Sicherheit geschädigt wurden, es nachteilige Auswirkungen auf die

---

[2] So auch Bomhard/Pieper/Wende/Matthei KI-VO Art. 79 Rn. 30 ff.

[3] Ähnlich Ehring/Taeger/Giesberts/Gayger MÜ-VO Art. 16 Rn. 15 f.

[4] Pechstein/Nowak/Häde/Thiele GRCh Art. 6 Rn. 16 ff.; Meyer/Höscheidt/Bernsdorff GRCh Art. 6 Rn. 11.

[5] Ehring/Taeger/Giesberts/Gayger MÜ-VO Art. 16 Rn. 15 ff.

Grundrechte gab oder zB nach Berichten oder dokumentierten Behauptungen, die den zuständigen nationalen Behörden übermittelt werden, oder ggf anderen Berichten Anlass zu erheblichen Bedenken hinsichtlich der Wahrscheinlichkeit eines solchen Schadens oder solcher nachteiligen Auswirkungen besteht (Art. 7 Abs. 2 Buchst. e),
- das potenzielle Ausmaß solcher Schäden oder nachteiligen Auswirkungen, insbesondere hinsichtlich ihrer Intensität und ihrer Eignung, mehrere Personen zu beeinträchtigen oder eine bestimmte Gruppe von Personen unverhältnismäßig stark zu beeinträchtigen (Art. 7 Abs. 2 Buchst. f),
- das Ausmaß, in dem Personen, die potenziell geschädigt oder negative Auswirkungen erleiden werden, von dem von einem KI-System hervorgebrachten Ergebnis abhängen, weil es insbesondere aus praktischen oder rechtlichen Gründen nach vernünftigem Ermessen unmöglich ist, sich diesem Ergebnis zu entziehen (Art. 7 Abs. 2 Buchst. g),
- das Ausmaß, in dem ein Machtungleichgewicht besteht oder in dem Personen, die potenziell geschädigt oder negative Auswirkungen erleiden werden, gegenüber dem Betreiber des KI-Systems schutzbedürftig sind, insbesondere aufgrund von Status, Autorität, Wissen, wirtschaftlichen oder sozialen Umständen oder Alter (Art. 7 Abs. 2 Buchst. h),
- das Ausmaß, in dem das mithilfe des KI-Systems hervorgebrachte Ergebnis unter Berücksichtigung der verfügbaren technischen Lösungen für seine Korrektur oder Rückgängigmachung leicht zu korrigieren oder rückgängig zu machen ist, wobei Ergebnisse, die sich auf die Gesundheit, Sicherheit oder Grundrechte von Personen negativ auswirken, nicht als leicht korrigierbar oder rückgängig zu machen gelten (Art. 7 Abs. 2 Buchst. i),
- das Ausmaß und die Wahrscheinlichkeit, dass der Einsatz des KI-Systems für Einzelpersonen, Gruppen oder die Gesellschaft im Allgemeinen, einschließlich möglicher Verbesserungen der Produktsicherheit, nützlich ist (Art. 7 Abs. 2 Buchst. j) und
- das Ausmaß, in dem bestehendes Unionsrecht wirksame Abhilfemaßnahmen in Bezug auf Risiken, die von einem KI-System ausgehen, mit Ausnahme von Schadensersatzansprüchen und wirksame Maßnahmen zur Vermeidung oder wesentlichen Verringerung dieser Risiken vorsehen (Art. 7 Abs. 2 Buchst. k).

2. Prüfung des KI-Systems durch die Marktüberwachungsbehörde (Abs. 2)

11 In Abhängigkeit von dem Vorliegen der genannten Voraussetzungen statuiert Art. 79 Abs. 2 eine Pflicht der Marktüberwachungsbehörde zur Prüfung des KI-Systems und zur Aufforderung bestimmter, von dem Akteur zu treffender Handlungen.

12 Die nationalen Marktüberwachungsbehörden, die die Aufsicht über die Einhaltung der Anforderungen und Pflichten der KI-VO ausüben, werden gemäß Art. 70 Abs. 1 S. 1 von den Mitgliedstaaten benannt.[6] Während im Kommissions- und Parlamentsentwurf noch eine mögliche Trennung von Aufsichts- und Marktüberwachungsbehörden sowie notifizierenden Behörden vorgesehen war, wurde dieser Ansatz in der verabschiedeten Fassung der KI-VO zugunsten eines dualen Systems in Form von Marktüberwachungs- und Notifizierungsbehörden aufgege-

[6] Siehe auch Erwgr. 9 VO (EU) 2019/1020.

ben. Erstere übernehmen die Pflichten und Rechte, die in den genannten Entwürfen noch den Aufsichtsbehörden zugeschrieben waren.

Soweit Organe, Einrichtungen und sonstige Stellen der Union als Akteur in Bezug auf das betreffende KI-System zu qualifizieren sind, ist der Europäische Datenschutzbeauftragte für die Marktüberwachung und das Verfahren nach Art. 79 zuständig. Zwar ist Art. 79 als „Verfahren auf nationaler Ebene" überschrieben und auch spricht Art. 79 Abs. 2 von der „Marktüberwachungsbehörde eines Mitgliedstaats". Nach Art. 70 Abs. 9 und Art. 74 Abs. 9 übernimmt aber der Europäische Datenschutzbeauftragte die Funktion der zuständigen Marktüberwachungsbehörde, soweit Organe, Einrichtungen und sonstige Stellen der Union in den Anwendungsbereich in den Bereich der KI-VO fallen. Eine dahingehende Klarstellung iRd Art. 79 selbst wäre wünschenswert gewesen, da ohne sie Folgefragen für die Informationspflichten nach Art. 79 Abs. 3, 5 und 7 entstehen (→ Rn. 33, 40 und 45). **13**

a) Prüfpflicht der Marktüberwachungsbehörde. Gemäß Art. 79 Abs. 2 UAbs. 1 S. 1 leitet die Marktüberwachungsbehörde das Prüfverfahren ein, wenn sie hinreichende Gründe zu der Annahme hat, dass mit einem KI-System ein Risiko iSd Art. 79 Abs. 1 verbunden ist. **14**

Erforderlich ist demnach, dass die Behörde Kenntnis von objektiven Anhaltspunkten erhält, die auf das Vorliegen eines solchen Risikos schließen lassen. Der Zusatz, dass es sich um „hinreichende" Gründe handeln muss, verdeutlicht, dass die Prüfpflicht der Behörde nicht bei jeglichen Anhaltspunkten besteht. Vielmehr muss es sich um Anhaltspunkte von einigem Gewicht handeln. Bloße Vermutungen, mit einem KI-System könne ein Risiko iSd Art. 79 Abs. 1 verbunden sein, verpflichten die Behörde jedenfalls noch nicht zu einer Überprüfung. **15**

Allerdings verpflichtet Art. 79 Abs. 2 UAbs. 1 S. 2 die Marktüberwachungsbehörde, ein besonderes Augenmerk auf KI-Systeme zu richten, die ein Risiko für schutzbedürftige Gruppen iSd Art. 5 bergen. Als schutzbedürftig identifiziert die KI-VO insbesondere junge und alte Personen, Menschen mit Behinderungen sowie Personen, die sich in einer „besonderen sozialen oder wirtschaftlichen Situation" befinden, etwa ethnische oder religiöse Minderheiten sowie Menschen, die in extremer Armut leben (vgl. Erwgr. 29 S. 5). Dennoch dürfte die Schwelle für die Annahme hinreichender Gründe eines Risikos bzgl. solcher KI-Systeme, die ihrer Zweckbestimmung nach dazu gedacht sind, zumindest auch mit Personen aus diesen vulnerablen Gruppen zu interagieren, nicht niedriger liegen. Vielmehr ist die Marktüberwachungsbehörde (lediglich) dazu angehalten, entsprechende KI-Systeme im Vergleich zu sonstigen KI-Systemen verstärkt zu beobachten. **16**

Eine Kenntniserlangung von dem Umstand, dass das KI-System ein Risiko iSd Art. 79 Abs. 1 bergen könnte, ist in vielerlei Hinsicht denkbar. So trifft die Marktüberwachungsbehörde gemäß Art. 11 Abs. 3 UAbs. 1 MÜ-VO iVm Art. 74 Abs. 1 ein gesetzlicher Auftrag, die Konformität der in ihrem Zuständigkeitsbereich in Verkehr gebrachten KI-Systeme regelmäßig und stichprobenartig zu kontrollieren.[7] In Betracht kommt ferner, dass die Behörde über eine Beschwerde nach Art. 85 Abs. 1, durch mediale Berichterstattung oder aufgrund der Hinweise von Wettbewerbern, Hinweisgebern, Verbraucherschutzorganisationen oder den beteiligten Wirtschaftsakteuren von etwaigen mit dem KI-System verbundenen **17**

---

[7] Vgl. Ehring/Taeger/Giesberts/Gayger MÜ-VO Art. 11 Rn. 15 ff.

Risiken erfährt.[8] Die Anbieter (vgl. Art. 20 Abs. 2), Einführer (vgl. Art. 23 Abs. 2 S. 2) und Händler (vgl. Art. 24 Abs. 4 S. 2) von Hochrisiko-KI-Systemen sind ferner verpflichtet, die Behörde über ein aufgetretenes Risiko iSd Art. 79 Abs. 1 (Anbieter gemäß Art. 20 Abs. 2 zudem über bereits ergriffene Korrekturmaßnahmen) zu informieren. Sie kommen insofern ebenfalls als Hinweisgeber im Rahmen ihrer gesetzlichen Pflichten in Betracht. Die Marktüberwachungsbehörde ist dabei nicht an die Einschätzung dieser Akteure gebunden, sondern hat vielmehr eine eigenständige Bewertung der mit dem KI-System verbundenen Risiken vorzunehmen. Die Meldung eines Akteurs muss demnach nicht zwangsläufig zur Einleitung eines Prüfverfahrens durch die Behörde führen, wenn sie feststellt, dass entweder keine Risiken für die von Art. 79 Abs. 1 erfassten Rechtsgüter bestehen oder sie die Anhaltspunkte nicht als „hinreichend" erachtet.

18 **b) Kooperation mit nationaler Behörde oder öffentlicher Stelle iSd Art. 77 Abs. 1.** Stellt die Behörde fest, dass mit dem KI-System tatsächlich ein Risiko für den Schutz von Grundrechten verbunden ist, informiert sie gemäß Art. 79 Abs. 2 UAbs. 1 S. 2 die in Art. 77 Abs. 1 genannten nationalen Behörden oder sonstigen öffentlichen Stellen. Neben dieser Pflicht zur Mitteilung des festgestellten Prüfergebnisses sieht Art. 79 Abs. 2 UAbs. 1 S. 2 vor, dass die Marktüberwachungsbehörde und die nationale Behörde oder öffentliche Stelle iSd Art. 77 Abs. 1 uneingeschränkt zusammenarbeiten. Insbesondere stellt die Marktüberwachungsbehörde der nationalen Behörde oder öffentlichen Stelle auf deren Anforderung sämtliche Dokumentation zu dem jeweiligen KI-System in zugänglicher Sprache und zugänglichem Format zur Verfügung (Art. 77 Abs. 1 S. 1). Zudem führt die Marktüberwachungsbehörde auf Antrag und in Zusammenarbeit mit der nationalen Behörde oder öffentlichen Stelle technische Tests des Hochrisiko-KI-Systems durch (Art. 77 Abs. 3). Die durch die Überprüfung des KI-Systems gewonnenen Erkenntnisse und die Sachkompetenz der Marktüberwachungsbehörde sollen auf diese Weise auch im Rahmen der Durchsetzung weiterer dem Grundrechtsschutz dienender Rechtsakte, etwa im Bereich des Datenschutzrechts, nutzbar gemacht werden können.[9]

19 **c) Prüfungsumfang.** Nach Art. 79 Abs. 2 UAbs. 1 S. 1 hat die Marktüberwachungsbehörde eine Überprüfung des KI-Systems hinsichtlich aller in der KI-VO geregelten Anforderungen und Pflichten durchzuführen. Die Verwendung des Begriffs „Anforderungen und Pflichten" verdeutlicht den weitreichenden Umfang dieser Konformitätsprüfung des KI-Systems, der insoweit – hinsichtlich der KI-VO – unbeschränkt ist. Umfasst sind hiervon zunächst die in Kapitel III Abschnitt 2 geregelten systembezogenen Anforderungen an Hochrisiko-KI-Systeme sowie die formellen Anforderungen, bspw. die Ausstellung einer EU-Konformitätserklärung (Art. 48) und die Registrierung (Art. 49). Hinzu kommen die in Kapitel III Abschnitt 3 geregelten Pflichten der einzelnen Akteure und die Transparenzpflichten aus Art. 50.

20 Zur Überprüfung der Konformität des KI-Systems stehen der Marktüberwachungsbehörde gemäß Art. 74 Abs. 1 ferner die in Art. 14 Abs. 4 MÜ-VO iVm § 7 Abs. 1 MüG geregelten Befugnisse zu.[10]Diese umfassen Auskunftsrechte (Art. 14 Abs. 4 Buchst. a und b MÜ-VO), Betretens- und Inspektionsrechte

[8] Zum Schutz von Hinweisgebern, s. Erwgr. 172.
[9] Vgl. Orssich EuZW 2022, 254 (260).
[10] Hilgendorf/Härtlein KI-VO Art. 74 Rn. 6 f.

(Art. 14 Abs. 4 Buchst. d und e MÜ-VO) sowie das Recht, das KI-System mittels Reverse Engineering zu analysieren (Art. 14 Abs. 4 Buchst. j MÜ-VO). Die KI-VO selbst hält mit den Zugangsrechten zu Protokolldaten (Art. 21 Abs. 2), Trainings-, Validierungs- und Testdatensätzen (Art. 74 Abs. 12), dem Quellcode (Art. 74 Abs. 13) und der (technischen) Dokumentation (Art. 74 Abs. 12) ebenfalls weitreichende Befugnisse bereit. Die Überprüfungsmaßnahmen können dabei auch in einer koordinierten Aktion gemeinsam mit den Marktüberwachungsbehörden anderer Mitgliedstaaten und/oder der Kommission erfolgen (vgl. Art. 74 Abs. 11).

Art. 11 Abs. 3 UAbs. 2 MÜVO verpflichtet die Marktüberwachungsbehörde zur Anwendung eines „risikobasierten Ansatzes": Der Umfang der vorzunehmenden Prüfmaßnahmen richtet sich nach den Risiken, die mit dem KI-System potenziell verbunden sind.[11] Ferner ist die Marktüberwachungsbehörde im Rahmen der Überprüfung an den Verhältnismäßigkeitsgrundsatz gebunden. Besonders eingriffsintensive Maßnahmen – wie das Reverse Engineering nach Art. 14 Abs. 4 Buchst. j MÜ-VO – kommen demnach nur in Ausnahmekonstellationen in Betracht, sofern bereits andere Maßnahmen durchgeführt worden sind, diese aber zu keinem hinreichend klaren Bewertungsergebnis geführt haben. Entsprechend setzt auch der Zugang der Marktüberwachungsbehörde zum Quellcode des KI-Systems gemäß Art. 74 Abs. 13 voraus, dass zunächst die vom Anbieter bereitgestellten Daten und Dokumentationen umfassend ausgewertet wurden und sich diese als unzureichende Grundlage für die Bewertung erwiesen haben. Art. 78 Abs. 2 S. 1 verpflichtet die Behörden wiederum, nur Zugang zu solchen Daten zu verlangen, die für die Risiko- bzw. Konformitätsbewertung zwingend erforderlich sind. 21

Als Adressaten der Prüfmaßnahmen kommen sämtliche Akteure iSd Art. 3 Nr. 8 in Betracht – dies können folglich Hersteller, Betreiber, Einführer und Händler des KI-Systems sowie die Anbieter und deren Bevollmächtigte sein. Damit unterscheidet sich das Marktüberwachungsverfahren nach Art. 79 von dem Marktüberwachungsverfahren nach Art. 80, das sich ausschließlich an Anbieter richtet. 22

d) Kooperationspflicht betreffender Akteure. Gemäß Art. 79 Abs. 2 UAbs. 1 S. 4 müssen die betreffenden Akteure mit den Marktüberwachungsbehörden und den in Art. 77 Abs. 1 genannten Behörden oder öffentlichen Stellen zusammenarbeiten. Als „betreffende Akteure" sind dabei diejenigen zu verstehen, gegen die sich das Verfahren richtet. Der systematischen Stellung in Art. 79 Abs. 2 UAbs. 1 zufolge bezieht sich die Pflicht zur Kooperation mit den Marktüberwachungsbehörden ausschließlich auf das Prüfverfahren, nicht jedoch auf das der Prüfphase nachgeschaltete Marktüberwachungsverfahren. 23

Während der ursprüngliche Kommissionsentwurf vom 21.4.2021 den Umfang dieser Kooperationspflicht noch auf einen „notwendigen Umfang" beschränkte, enthält die verabschiedete Fassung der KI-VO keine solche Limitierung. Dies dürfte jedoch im Lichte der über Art. 47 Abs. 2 GRCh primärrechtlich abgesicherten Selbstbelastungsfreiheit zu keiner inhaltlichen Änderung des gesetzlich verlangten Kooperationsumfangs führen. Die Kooperationspflicht der Akteure umfasst damit jedenfalls nicht die Pflicht, mögliche eigene Verstöße gegen Unionsrecht einzugestehen. 24

---

[11] Näher zum risikobasierten Ansatz der Marktüberwachungsverordnung Schucht CCZ 2021, 220 (222 f.).

25 **e) Maßnahmen.** Kommt die Marktüberwachungsbehörde im Rahmen der Überprüfung nach Art. 79 Abs. 2 UAbs. 1 zu dem Ergebnis, dass das KI-System die in der KI-VO festgelegten Anforderungen und Pflichten nicht erfüllt, fordert sie den jeweiligen Akteur unverzüglich auf, (i) alle Korrekturmaßnahmen zu ergreifen, die geeignet sind, die Konformität des KI-Systems herzustellen, (ii) das KI-System vom Markt zu nehmen oder (iii) es zurückzurufen. Art. 79 Abs. 2 UAbs. 2 regelt sowohl die Verpflichtung der Behörde zum Erlass von Korrekturaufforderungen als auch ihre korrespondierende Befugnis. Er ist damit *lex specialis* ggü. Art. 14 Abs. 4 Buchst. g MÜ-VO iVm § 7 MüG und – soweit es um die Aufforderung geht, das System vom Markt zu nehmen oder zurückzurufen – auch ggü. Art. 14 Abs. 4 Buchst. h MÜ-VO iVm § 7 MüG.

26 Unter „Korrekturmaßnahmen" sind gemäß Art. 20 Abs. 1 alle Maßnahmen zu verstehen, die dazu führen, die Konformität des Systems herzustellen. Sie können aber auch darin bestehen, das System zurückzunehmen, zu deaktivieren oder zurückzurufen (vgl. auch Art. 14 Abs. 4 Buchst. g und h MÜ-VO). Als „Rückruf" ist jede Maßnahme zu verstehen, die auf die Rückgabe eines von den Anbietern bereits zur Verfügung gestellten KI-Systems an den Betreiber oder auf die Außerbetriebssetzung bzw. Abschaltung abzielt (Art. 3 Nr. 16). Eine „Rücknahme" ist wiederum jede Maßnahme, mit der verhindert werden soll, dass ein in der Lieferkette befindliches KI-System auf dem Markt bereitgestellt wird (Art. 3 Nr. 17).

27 Dabei liegt es grundsätzlich im Ermessen der Marktüberwachungsbehörde, ob sie den betreffenden Akteur zur (Wieder-)Herstellung der Konformität des KI-Systems mit den Anforderungen und Pflichten der KI-VO oder zur Marktrücknahme bzw. zum Rückruf des KI-Systems auffordert. Der die Behörde bindende Verhältnismäßigkeitsgrundsatz gebietet es allerdings, dass sie zur Marktrücknahme bzw. einem Rückruf nur im Falle akuter Risiken und nur als *ultima ratio* auffordert. Das hinsichtlich des Akteurs bestehende Auswahlermessen muss sie dabei anhand der Effektivität der geforderten Maßnahme(n) ausüben.

28 Hinsichtlich des Rückrufs schreibt Art. 79 Abs. 2 UAbs. 2 vor, dass dieser nicht später als innerhalb von 15 Arbeitstagen oder gemäß den einschlägigen Harmonisierungsvorschriften der Union erfolgen muss – die Behörde darf aber auch kürzere Fristen vorsehen, wobei sich die Wahl der Frist ebenfalls am Verhältnismäßigkeitsgrundsatz zu orientieren hat. Zwar wird die Möglichkeit zur Fristsetzung im Normtext ausdrücklich nur bzgl. des Rückrufs angesprochen, jedoch bleibt es der Behörde unbenommen, auch bzgl. der Ergreifung der übrigen Korrekturmaßnahmen angemessene Fristen zu setzen, wie sich insbesondere aus Art. 79 Abs. 5 ergibt.

29 Die im ursprünglichen Kommissionsentwurf vom 21.4.2021 vorgesehene Befugnis der Marktüberwachungsbehörde, dem betreffenden Akteur konkrete Maßnahmen zur (Wieder-)Herstellung der Konformität vorzugeben,[12] wurde in der verabschiedeten Fassung des Art. 79 Abs. 2 UAbs. 2 nicht übernommen. Die Auswahl der konkreten zur (Wieder-)Herstellung der Konformität geeigneten Maßnahme(n) bleibt damit dem betreffenden Akteur überlassen.[13]

30 **f) Informationspflicht gegenüber betreffender notifizierter Stelle.** Nach Art. 79 Abs. 2 UAbs. 3 hat die Marktüberwachungsbehörde die betreffende notifizierte Stelle „entsprechend" zu informieren. Hiervon sind sowohl der Umstand

---

[12] Art. 65 Abs. 2 UAbs. 2 des Entwurfs der Europäischen Kommission für eine KI-VO vom 21.4.2021, COM(2021) 206 final.

[13] AA Martini/Wendehorst/Hartmann Art. 79 Rn. 12.

der Überprüfung des KI-Systems als auch die konkrete Aufforderung erfasst. Bei der „betreffenden" notifizierten Stelle handelt es sich um diejenige notifizierte Stelle, die die Konformität des jeweiligen Systems in dem in Art. 43 Abs. 1 Buchst. b geregelten Verfahren bestätigt hat. Erfolgte die Konformitätsbewertung hingegen ohne die Beteiligung einer notifizierten Stelle, entfällt die Unterrichtungspflicht ersatzlos.

Die Unterrichtung ermöglicht es der notifizierten Stelle, potenzielle Mängel in ihrer Organisationsstruktur und Arbeitsweise aufzudecken. Ergeben sich zB aufgrund einer Vielzahl von Fällen, in denen Prüfungen eingeleitet werden mussten, oder entdeckter gravierender Mängel eines KI-Systems, das zuvor von der notifizierenden Stelle geprüft worden war, begründete Zweifel, dass die notifizierte Stelle den Anforderungen aus Art. 31 nicht genügt, erfolgt eine Untersuchung durch die Kommission nach Art. 37 Abs. 1. Diese Untersuchung kann zum Widerruf der Notifizierung führen (Art. 37 Abs. 4). **31**

g) Verfahrensrechte des Akteurs. Gegenüber der Aufforderung durch die Marktüberwachungsbehörde stehen dem Akteur gemäß Art. 79 Abs. 2 UAbs. 3 S. 2 die in Art. 18 MÜ-VO geregelten Verfahrensrechte zu. Hieraus folgt, dass der Adressat nach Art. 18 Abs. 3 UAbs. 1 MÜ-VO vor der Aufforderung anzuhören ist. Ist die Anhörung, etwa aus Dringlichkeit, entfallen, ist sie umgehend nachzuholen und die Aufforderung von der Marktüberwachungsbehörde anschließend erneut zu überprüfen. Die Aufforderung ist zudem nach Art. 18 Abs. 1 und 2 MÜ-VO mit einem Hinweis auf die Rechtsgrundlage, vorliegend Art. 79 Abs. 2 UAbs. 1, und einer Rechtsmittelbelehrung zu versehen. Soweit der Anwendungsbereich des Unionsrechts dem nicht entgegensteht, finden die nationalen Verfahrensvorschriften der Mitgliedstaaten, in der Bundesrepublik Deutschland insbesondere das VwVfG, ergänzend Anwendung.[14] **32**

3. Informationspflicht im Falle grenzüberschreitender Nichtkonformität des KI-Systems (Abs. 3)

Kommt die Marktüberwachungsbehörde zu dem Schluss, dass die Nichtkonformität über ihr nationales Hoheitsgebiet hinausgeht, das KI-System also auch im Zuständigkeitsbereich der Marktüberwachungsbehörden anderer Mitgliedstaaten gegen die Anforderungen und Pflichten der KI-VO verstößt, informiert sie nach Art. 79 Abs. 3 die Kommission und die anderen Mitgliedstaaten (dh die dort zuständigen Marktüberwachungsbehörden) unverzüglich. Bei den „anderen Mitgliedstaaten" handelt es sich nicht um sämtliche, sondern lediglich um diejenigen Mitgliedstaaten, in denen das KI-System nach Auffassung der prüfenden Marktüberwachungsbehörde verwendet wird. Konkret muss sie über die Ergebnisse der Überprüfung und die aufgeforderten Maßnahmen informieren. Aufgrund der Beschränkung auf die „Ergebnisse" der Überprüfung darf die Behörde davon absehen, die vollumfängliche Prüfung darzulegen, wobei es das Telos der Norm gebietet, dass die Kommission und die Mitgliedstaaten zumindest in wesentlichen Zügen nachvollziehen können, auf welche Erwägungen sich die Behörde hinsichtlich der von ihr ausgesprochenen Aufforderung gestützt hat. Es bleibt der Behörde ferner unbenommen, einen vollumfänglichen Prüfbericht auf freiwilliger Basis zur Verfügung zu stellen. Sofern die Marktüberwachungsbehörde zu dem Schluss kommt, dass das KI-System auch von Organen, Einrichtungen oder sonstigen **33**

[14] Ehring/Taeger/Giesberts/Gayger MÜ-VO Art. 11 Rn. 5.

Stellen der Union eingesetzt wird, dürfte die Informationspflicht nach Abs. 3 mit Blick auf Art. 70 Abs. 9 und Art. 74 Abs. 9 (→ Rn. 13) dahingehend zu verstehen sein, dass die Marktüberwachungsbehörde den Europäischen Datenschutzbeauftragen als insofern zuständige Marktüberwachungsbehörde informieren muss.

4. Korrekturmaßnahmen des betreffenden Akteurs (Abs. 4)

34 Der jeweilige Adressat der Aufforderung ist nach Art. 79 Abs. 4 verpflichtet, dafür zu sorgen, dass alle geeigneten Korrekturmaßnahmen hinsichtlich sämtlicher von ihm auf dem Unionsmarkt bereitgestellten KI-Systeme ergriffen werden. Dies umfasst einerseits die Möglichkeit, dass er die Korrekturmaßnahmen selbst ergreift. Andererseits muss er dafür sorgen, dass die übrigen Akteure der Wertschöpfungskette Korrekturmaßnahmen ergreifen, sofern er den Verstoß gegen die Anforderungen und Pflichten der KI-VO nicht eigenständig ausräumen kann. Von einem Adressaten, der das KI-System nicht mehr selbst kontrolliert, kann jedoch ausschließlich verlangt werden, dass er die übrigen Akteure auf den Verstoß gegen die Anforderungen und Pflichten der KI-VO hinweist und diese, sofern erforderlich, in angemessenem Umfang bei der Beendigung der Nichtkonformität unterstützt.

Im Übrigen muss die Behörde gegen die anderen Akteure in der Wertschöpfungskette Maßnahmen ergreifen.

5. Mangelnde oder nicht fristgemäße Vornahme geeigneter Korrekturmaßnahmen (Abs. 5)

35 Kommt der Adressat der behördlichen Aufforderung zur Vornahme geeigneter Korrekturmaßnahmen nicht oder nicht fristgemäß nach, schließt sich die zweite Stufe des Marktüberwachungsverfahrens nach Art. 79 Abs. 5 an. Da die KI-VO somit ein spezielles Verfahren für den Fall der mangelnden oder unzureichenden bzw. nicht fristgemäßen Ergreifung geeigneter Korrekturmaßnahmen vorsieht, ist die behördliche Aufforderung nicht mittels Verwaltungszwang durchsetzbar.[15]

36 **a) Vorläufige Maßnahmen durch Marktüberwachungsbehörde.** Ergreift der Akteur in Bezug auf das beanstandete KI-System keine geeigneten Korrekturmaßnahmen innerhalb der von der Marktüberwachungsbehörde gesetzten Frist oder erledigt sich das Verfahren nicht in anderer Weise, muss die Behörde gemäß Art. 79 Abs. 5 S. 1 alle geeigneten vorläufigen Maßnahmen ergreifen, um die Bereitstellung des KI-Systems auf ihrem nationalen Markt zu verbieten oder einzuschränken, das Produkt oder das KI-System von diesem Markt zu nehmen oder es zurückzurufen. Als spezialgesetzliche Rechtsgrundlage geht Art. 79 Abs. 5 S. 1 der allgemeinen Befugnisnorm aus Art. 14 Abs. 4 Buchst. h MÜ-VO iVm § 7 MüG vor.

37 Der Marktüberwachungsbehörde steht dabei grds kein Entschließungsermessen zu. Sobald die behördlich gesetzte Frist verstrichen ist, ohne dass der Adressat der Korrekturaufforderung geeignete Maßnahmen vorgenommen hat, ist die Behörde zur Ergreifung eigener Maßnahmen verpflichtet. Allerdings ist Art. 79 Abs. 5 S. 1 teleologisch dahingehend zu reduzieren, dass die behördliche Pflicht entfällt, wenn

[15] Vgl. Ehring/Taeger/Giesberts/Gayger MÜ-VO Art. 16 Rn. 30.

die Nichtkonformität bereits auf andere Weise als durch eine Korrekturmaßnahme des betroffenen Akteurs beseitigt wurde oder sich ansonsten erledigt hat.[16]

38 Es handelt sich bei den zu ergreifenden Maßnahmen zunächst um vorläufige Maßnahmen, die einer nachträglichen Überprüfung durch die anderen Mitgliedstaaten und die Kommission unterliegen. Kommt die Kommission zu dem Schluss, dass die Maßnahme nicht gerechtfertigt ist, muss die Marktüberwachungsbehörde die Maßnahme gemäß Art. 81 Abs. 2 S. 2 zurückzunehmen.

39 Die Marktüberwachungsbehörde kann im Rahmen der Ergreifung vorläufiger Maßnahmen ohne die Beteiligung der in Art. 77 Abs. 1 genannten anderen Behörden oder öffentlichen Stellen handeln, wie sich aus dem Zusammenspiel mit Art. 79 Abs. 2 UAbs. 1 S. 4 ergibt.

40 **b) Notifizierungspflicht gegenüber der Kommission und anderen Mitgliedstaaten.** Die Marktüberwachungsbehörde, die die vorläufige Maßnahme nach Art. 79 Abs. 5 S. 1 ergreift, ist nach Art. 79 Abs. 5 S. 2 dazu verpflichtet, die Kommission und die anderen Mitgliedstaaten bzw. – soweit zuständig – den Europäischen Datenschutzbeauftragten (→ Rn. 13 und 33) unverzüglich über die Maßnahme zu notifizieren. Die einzelnen Elemente der Notifizierung werden in Art. 79 Abs. 6 konkretisiert.

6. Inhalt der Notifizierung (Abs. 6)

41 Art. 79 Abs. 6 bestimmt, welche Angaben die Notifizierung nach Art. 79 Abs. 5 S. 2 enthalten muss. Dabei ist Art. 79 Abs. 6 gestuft ausgestaltet und enthält in S. 1 zunächst die Anforderung, dass „alle vorliegenden Angaben" in der Notifizierung enthalten sein müssen. S. 2 enthält wiederum eine beispielhafte Aufzählung von Angaben hinsichtlich der Ursachen der Nichtkonformität.

42 Die in Art. 79 Abs. 6 S. 1 verlangten „vorliegenden Angaben" umfassen insbesondere Angaben zu den für die Identifizierung des nicht konformen KI-Systems notwendigen Informationen, zum Ursprung des KI-Systems und der Lieferkette, der Art der vermuteten Nichtkonformität und das sich daraus ergebende Risiko, der Art und Dauer der ergriffenen Maßnahmen und die von dem betreffenden Akteur vorgebrachten Argumente. Diese Aufzählung ist als nicht abschließend zu verstehen („insbesondere"). Die Notifizierungspflicht ist ausdrücklich auf die der Marktüberwachungsbehörde „vorliegenden" Informationen begrenzt, sodass sich aus Art. 79 Abs. 5 S. 1 keine behördliche Pflicht zur Informationsbeschaffung ergibt.

43 Art. 79 Abs. 6 S. 2 ergänzt den Umfang der „vorliegenden Angaben" zunächst um den Aspekt der Ursachen der Nichtkonformität und konkretisiert weiter, dass hierzu insbesondere die folgenden Ursachen zählen können:
- Missachtung des Verbots der in Art. 5 genannten KI-Praktiken (Buchst. a),
- Nichterfüllung der in Kapitel III Abschnitt 2 festgelegten Anforderungen durch ein Hochrisiko-KI-System (Buchst. b),
- Mängel in den in Art. 40 und 41 genannten harmonisierten Normen oder gemeinsamen Spezifikationen, die eine Konformitätsvermutung begründen (Buchst. c) und
- Nichteinhaltung des Art. 50 (Buchst. d).

---

[16] Siehe Ehring/Taeger/Giesberts/Gayger MÜ-VO Art. 16 Rn. 43, die im Rahmen des Marktüberwachungsverfahrens nach Art. 16 MÜ-VO für eine einschränkende Auslegung plädieren.

44 Die Unterrichtung soll die Kommission und die anderen Mitgliedstaaten vornehmlich in die Lage versetzen, die Konformität des betroffenen Systems sowie die Rechtmäßigkeit der ergriffenen vorläufigen Maßnahme beurteilen zu können. Zur Identifizierung des Systems notwendig sind etwa Informationen über dessen Zweckbestimmung und technische Spezifikationen, aber auch – sofern erfolgt – über den Eintrag in der EU-Datenbank für eigenständige Hochrisiko-KI-Systeme nach Art. 71. Bei Informationen zum „Ursprung" des KI-Systems handelt es sich primär um Angaben zum Anbieter des Systems und, sofern der Anbieter das KI-System nicht eigenständig entwickelt hat, dem Entwickler des Systems. Nicht erforderlich sind hingegen Angaben zu den verwendeten Trainings-, Validierungs- und Testdatensätzen. Die Angaben zu dem mit dem System verbundenen Risiko müssen sowohl die gefährdeten Rechtsgüter als auch die Eintrittswahrscheinlichkeit eines Schadens enthalten. Von besonderer Bedeutung für die Zwecke der Marktüberwachung ist schließlich die als Teil der „Ursachen der Nichtkonformität" zu notifizierende Information, ob die Nonkonformität des Systems auf Mängeln der harmonisierten Normen oder gemeinsamen Spezifikationen nach Art. 40 und 41 beruht. Im Falle fehlerhafter harmonisierter Normen oder gemeinsamer Spezifikationen steht die Konformität weiterer KI-Systeme in Frage. Zur Überprüfung der harmonisierten Normen und gemeinsamen Spezifikationen leitet die Kommission gemäß Art. 81 Abs. 3 KI-VO das in Art. 11 VO (EU) 1025/2012 normierte Verfahren ein.

7. Beteiligung anderer Marktüberwachungsbehörden (Abs. 7)

45 Die anderen Marktüberwachungsbehörden informieren die Kommission und die anderen Mitgliedstaaten gemäß Art. 79 Abs. 7 unverzüglich über etwaige ergriffene Maßnahmen, ihnen vorliegende zusätzliche Erkenntnisse über die Nichtkonformität des betreffenden KI-Systems und – sofern sie die ihnen nach Art. 79 Abs. 5 und 6 mitgeteilte Maßnahme ablehnen – ihre Einwände. Die Information erfasst alle der jeweiligen Marktüberwachungsbehörde bekannten relevanten Umstände in Bezug auf die von Art. 79 Abs. 7 genannten Elemente. Im Falle von Einwänden ist zu verlangen, dass die betroffene Marktüberwachungsbehörde über alle tatsächlichen und rechtlichen Hintergründe einschließlich ihrer diesbezüglichen Erwägungen informiert. Sofern Organe, Einrichtungen oder sonstigen Stellen der Union Akteur in Bezug auf das betroffene KI-System sind, trifft die Informationspflicht nach Abs. 7 den Europäischen Datenschutzbeauftragten (→ Rn. 13 und 33).

8. Rechtfertigungsfiktion für vorläufige Maßnahmen (Abs. 8)

46 Art. 79 Abs. 8 S. 1 statuiert eine Rechtfertigungsfiktion: So gilt die vorläufige Maßnahme einer Marktüberwachungsbehörde als gerechtfertigt, wenn weder die Marktüberwachungsbehörde eines anderen Mitgliedstaates noch die Kommission binnen drei Monaten nach Eingang der Notifizierung nach Art. 79 Abs. 5 S. 2 Einwände gegen sie erhoben haben (Art. 79 Abs. 8 S. 1). Im Falle eines Verstoßes gegen Art. 5 verkürzt sich die Dreimonatsfrist auf 30 Tage (Art. 79 Abs. 8 S. 3). Hinsichtlich des jeweiligen Fristbeginns dürfte auf den Zugang der Notifizierung abzustellen sein.

47 Art. 79 Abs. 8 S. 2 hebt hervor, dass die Verfahrensrechte des Akteurs nach Art. 18 MÜ-VO von der Rechtfertigungsfiktion unberührt bleiben.

9. Einschränkende Maßnahmen durch Marktüberwachungsbehörden der Mitgliedstaaten (Abs. 9)

Gelten die vorläufigen Maßnahmen, die von der Marktüberwachungsbehörde getroffenen wurden, als gerechtfertigt, etwa über die Rechtfertigungsfiktion in Art. 79 Abs. 8, sind die Marktüberwachungsbehörden der anderen Mitgliedstaaten gemäß Art. 79 Abs. 9 iVm Art. 81 Abs. 2 S. 1 verpflichtet, ebenfalls geeignete Maßnahmen zu ergreifen, um die Bereitstellung des Produkts, in dem das KI-System enthalten ist, oder des KI-Systems auf ihrem nationalen Markt zu verbieten oder einzuschränken, das Produkt von diesem Markt zu nehmen oder es zurückzurufen. Die weiteren Rechtsfolgen der Rechtfertigung sowie das Verfahren im Falle von erhobenen Einwänden richten sich nach Art. 81. 48

Art. 80* Verfahren für den Umgang mit KI-Systemen, die vom Anbieter gemäß Anhang III als nicht hochriskant eingestuft werden

(1) **Hat eine Marktüberwachungsbehörde hinreichend Grund zu der Annahme, dass ein vom Anbieter als nicht hochriskant gemäß Artikel 6 Absatz 3 eingestuftes KI-System tatsächlich hochriskant ist, so prüft die Marktüberwachungsbehörde das betreffende KI-System im Hinblick auf seine Einstufung als Hochrisiko-KI-System auf der Grundlage der in Artikel 6 Absatz 3 festgelegten Bedingungen und den Leitlinien der Kommission.**

(2) **Stellt die Marktüberwachungsbehörde im Verlauf dieser Prüfung fest, dass das betreffende KI-System hochriskant ist, fordert sie den jeweiligen Anbieter unverzüglich auf, alle erforderlichen Maßnahmen zu ergreifen, um die Konformität des KI-Systems mit den in dieser Verordnung festgelegten Anforderungen und Pflichten herzustellen, sowie innerhalb einer Frist, die die Marktüberwachungsbehörde vorgeben kann, geeignete Korrekturmaßnahmen zu ergreifen.**

(3) **Gelangt die Marktüberwachungsbehörde zu der Auffassung, dass die Verwendung des betreffenden KI-Systems nicht auf ihr nationales Hoheitsgebiet beschränkt ist, so informiert sie die Kommission und die anderen Mitgliedstaaten unverzüglich über die Ergebnisse der Prüfung und über die Maßnahmen, zu denen sie den Anbieter aufgefordert hat.**

(4) [1]**Der Anbieter sorgt dafür, dass alle erforderlichen Maßnahmen ergriffen werden, um die Konformität des KI-Systems mit den in dieser Verordnung festgelegten Anforderungen und Pflichten herzustellen.** [2]**Stellt der Anbieter eines betroffenen KI-Systems die Konformität des KI-Systems mit diesen Anforderungen und Pflichten nicht innerhalb der in Absatz 2 des vorliegenden Artikels genannten Frist her, so werden gegen den Anbieter Geldbußen gemäß Artikel 99 verhängt.**

(5) **Der Anbieter sorgt dafür, dass alle geeigneten Korrekturmaßnahmen in Bezug auf alle betreffenden KI-Systeme, die er auf dem Unionsmarkt bereitgestellt hat, getroffen werden.**

---

* Kapitel IX (Art. 72–94) gilt gem. Art. 113 UAbs. 2 ab 2.8.2026, mit Ausnahme von Art. 78, der gem. Art. 113 UAbs. 3 Buchst. b bereits ab 2.8.2025 gilt.

(6) **Ergreift der Anbieter des betreffenden KI-Systems innerhalb der in Absatz 2 des vorliegenden Artikels genannten Frist keine angemessenen Korrekturmaßnahmen, so findet Artikel 79 Absätze 5 bis 9 Anwendung.**

(7) **Stellt die Marktüberwachungsbehörde im Verlauf der Prüfung gemäß Absatz 1 des vorliegenden Artikels fest, dass das KI-System vom Anbieter fälschlich als nicht hochriskant eingestuft wurde, um die Geltung der Anforderungen von Kapitel III Abschnitt 2 zu umgehen, so werden gegen den Anbieter Geldbußen gemäß Artikel 99 verhängt.**

(8) **Bei der Ausübung ihrer Befugnis zur Überwachung der Anwendung dieses Artikels können die Marktüberwachungsbehörden im Einklang mit Artikel 11 der Verordnung (EU) 2019/1020 geeignete Überprüfungen durchführen, wobei sie insbesondere Informationen berücksichtigen, die in der EU-Datenbank gemäß Artikel 71 der vorliegenden Verordnung gespeichert sind.**

Literatur: Bomhard/Pieper/Wende (Hrsg.), KI-VO: Verordnung über Künstliche Intelligenz, 2025; Dauses/Ludwigs (Hrsg.), Handbuch des EU-Wirtschaftsrechts, 2021; Ehring/Taeger (Hrsg.), Produkthaftungs- und Produktsicherheitsrecht, 2022; Martini/Wendehorst, KI-VO: Verordnung über Künstliche Intelligenz, 2024; Schucht, Produkttests im Produktrecht, CCZ 2021, 220-230.

Übersicht

I. Allgemeines

1 Art. 80 statuiert ein anlassbezogenes Marktüberwachungsverfahren für KI-Systeme, die nach Anhang III der KI-VO hochriskant sind, aber von ihren Anbietern gemäß Art. 6 Abs. 3 nicht als solche eingestuft wurden. Das Marktüberwachungsverfahren nach Art. 80 weist dabei erhebliche Überschneidungen mit dem Markt-

überwachungsverfahren nach Art. 79 auf, das KI-Systeme betrifft, die ein Risiko bergen.

Hat eine nationale Marktüberwachungsbehörde hinreichenden Grund zu der Annahme, dass ein KI-System entgegen der Einstufung eines Anbieters gemäß Art. 6 Abs. 3 tatsächlich hochriskant ist, ist sie verpflichtet, die Einstufung des jeweiligen KI-Systems als Hochrisiko-KI-System auf Grundlage der in Art. 6 Abs. 3 normierten Bedingungen sowie der Leitlinien der Kommission zu überprüfen (Art. 80 Abs. 1). Stellt sie im Rahmen dieser Überprüfung fest, dass das KI-System hochriskant ist, fordert sie den betreffenden Anbieter in einem ersten Schritt auf, die Konformität des KI-Systems mit der KI-VO herzustellen und geeignete Korrekturmaßnahmen zu ergreifen (Art. 80 Abs. 2). Ist die Marktüberwachungsbehörde der Auffassung, dass sich die Verwendung des KI-Systems nicht auf ihr nationales Hoheitsgebiet beschränkt, informiert sie außerdem die Kommission und die anderen Mitgliedstaaten über das Prüfungsverfahren (Art. 80 Abs. 3). Wenn der Anbieter es versäumt, (rechtzeitig) geeignete Maßnahmen zu ergreifen, um die Konformität des KI-Systems mit der KI-VO innerhalb der nach Abs. 2 gesetzten Frist herzustellen, so werden gegen ihn sowohl eine Geldbuße nach Art. 99 verhängt (Art. 80 Abs. 4 S. 2) als auch ein Verfahren entsprechend Art. 79 Abs. 5–9 in Gang gesetzt (Art. 80 Abs. 6). Falls die Marktüberwachungsbehörde feststellt, dass der Anbieter das KI-System mit dem Vorsatz, die Anforderungen von Kapitel III Abschnitt 2 zu umgehen, als nicht hochriskant eingestuft hat, so wird auch hierfür eine Geldbuße nach Art. 99 verhängt (Art. 80 Abs. 7). Im Rahmen der Überwachung des Marktes nach Art. 80 können die Marktüberwachungsbehörden Überprüfungen im Einklang mit Art. 11 der Verordnung (EU) 2019/1020 durchführen und dabei insbesondere auf die EU-Datenbank gemäß Art. 71 zurückgreifen (Art. 80 Abs. 8). 2

Das Verfahren beabsichtigt eine wirksame und konsistente Überwachung der Einhaltung der KI-VO durch eine frühzeitige Identifizierung von Hochrisiko-KI-Systemen, die von den Anbietern fehlerhaft nicht als solche eingestuft wurden, ist aber – durch die Einschaltung der Kommission – auch darauf bedacht, ungerechtfertigte Einschränkungen des Waren- und Dienstleistungsverkehrs zu verhindern.[1] Die Überprüfung nach Art. 80 der von den Anbietern vorgenommenen risikobasierten Einstufung von KI-Systemen ist ein wesentlicher Baustein des Durchsetzungsregimes der KI-VO, indem einem etwaigen Missbrauch des Selbsteinschätzungsregimes des Art. 6 Abs. 3 entgegengesteuert werden kann. Obwohl der Normtitel im Vergleich zu Art. 79 den nationalen Charakter nicht explizit hervorhebt, findet das Verfahren ebenfalls (zunächst) auf nationaler Ebene statt. 3

Der Kommissionsentwurf der KI-VO vom 21.4.2021 sah keine den Art. 6 Abs. 3 bzw. Art. 80 entsprechenden Regelungen vor. Auch im vom Parlament am 14.6.2023 angenommenen Text[2] war noch kein dem beschlossenen Art. 80 entsprechendes Marktüberwachungsverfahren vorgesehen. Stattdessen sah der Vorschlag zu diesem Zeitpunkt in Art. 6 Abs. 2a und b noch eine Widerspruchslösung vor. Der Anbieter musste seine Einstufung an die nationale Aufsichtsbehörde bzw. bei Verwendung in mehr als einem Mitgliedstaat an das Büro für Künstliche Intelligenz übermitteln und die zuständige Behörde konnte der Einstufung des 4

[1] Vgl. Dauses/Ludwigs/Langner/Klindt/Schucht, Handbuch des EU-Wirtschaftsrechts C. VI. Rn. 54.

[2] Abrufbar unter: https://www.europarl.europa.eu/doceo/document/TA-9-2023-0236_DE.pdf (zuletzt abgerufen am 15.12.2025).

Anbieters innerhalb von drei Monaten widersprechen. Mit ihrem (im Wesentlichen) verabschiedeten Regelungsgehalt wurden Art. 6 Abs. 3 und Art. 80 erst in der vom Parlament am 13.3.2024 angenommenen Fassung[3] bzw. (mit leichten sprachlichen Unterschieden) als Art. 6 Abs. 2a und Art. 65a in der vom Rat am 26.1.2024 veröffentlichten Abstimmungsfassung[4] eingeführt.

II. Einzelerläuterungen

1. Prüfung des KI-Systems durch die Marktüberwachungsbehörde (Abs. 1)

5 In Abhängigkeit von dem Vorliegen der genannten Voraussetzungen statuiert Art. 80 Abs. 1 eine Pflicht der Marktüberwachungsbehörde zur Prüfung des KI-Systems.

6 **a) Beschränkung auf Hochrisiko-KI-Systeme nach Anhang III.** Das Überwachungsverfahren nach Art. 80 beschränkt sich auf KI-Systeme nach Anhang III, hinsichtlich derer der Anbieter zu dem Schluss gekommen ist, das System sei entgegen der Einstufung des EU-Gesetzgebers (Art. 6 Abs. 2) nach Maßgabe des Art. 6 Abs. 3 nicht hochriskant. Vom Anwendungsbereich des Marktüberwachungsverfahrens nach Art. 80 nicht umfasst ist damit die Überwachung der Einstufung von Hochrisiko-KI-Systemen nach Art. 6 Abs. 1. Diese erfolgt stattdessen im Rahmen derjenigen Marktüberwachungsverfahren, die in den in Anhang I aufgeführten Harmonisierungsrechtsvorschriften ggf. sektorspezifisch vorgesehen sind (vgl. Art. 2 Abs. 2 und Art. 74 Abs. 4 S. 1).

7 **b) Prüfpflicht der Marktüberwachungsbehörde.** Gemäß Art. 80 Abs. 1 leitet die Marktüberwachungsbehörde das Prüfverfahren ein, wenn sie hinreichende Gründe zu der Annahme hat, dass ein vom Anbieter als nicht hochriskant gemäß Art. 6 Abs. 3 eingestuftes KI-System tatsächlich hochriskant ist, also entgegen der vom Anbieter vorgenommenen Einstufung ein erhebliches Risiko der Beeinträchtigung von Gesundheit, Sicherheit oder Grundrechten natürlicher Personen birgt, indem es unter anderem das Ergebnis der Entscheidungsfindung wesentlich beeinflusst. Das Prüfverfahren stellt damit sicher, dass Anbieter im Rahmen der Auslegung und Anwendung des Art. 6 Abs. 3 nicht willkürlich den von der KI-VO statuierten Verpflichtungen für Hochrisiko-KI-Systeme entgehen können.

8 Erforderlich ist, dass die Behörde – ebenso wie iRv Art. 79 – Kenntnis von objektiven Anhaltspunkten erhält, die auf das Vorliegen einer solchen Fehleinstufung schließen lassen. Der Zusatz, dass es sich um „hinreichende" Gründe handeln muss, verdeutlicht, dass die Prüfpflicht der Behörde nicht bei jeglichen Anhaltspunkten besteht. Vielmehr muss es sich um Anhaltspunkte von einigem Gewicht handeln, sodass bloße Vermutungen, ein KI-System könne entgegen der Einstufung des Anbieters hochriskant sein, die Behörde nicht zu einer Überprüfung verpflichten.

---

[3] Abrufbar unter: https://www.europarl.europa.eu/doceo/document/TA-9-2024-0138_DE.pdf (zuletzt abgerufen am 15.12.2025).

[4] Abrufbar unter: https://data.consilium.europa.eu/doc/document/ST-5662-2024-INIT/en/pdf (zuletzt abgerufen am 15.12.2025).

Eine Kenntniserlangung von dem Umstand, dass ein KI-System entgegen der Einstufung des Anbieters nach Art. 6 Abs. 3 tatsächlich hochriskant ist, ist in vielerlei Hinsicht denkbar. Eine zentrale Kenntnisquelle für eine Fehleinstufung iSd Art. 80 dürfte im Rahmen der Marktüberwachung gemäß Art. 11 Abs. 3 UAbs. 1 MÜ-VO iVm Art. 74 Abs. 1 und Art. 80 Abs. 8 die regelmäßige und stichprobenartige Kontrolle der gemäß Art. 6 Abs. 4 S. 2 iVm Art. 49 Abs. 2 verpflichtend in der EU-Datenbank nach Art. 71 registrierten – vom Anbieter als nicht hochriskant eingestuften – KI-Systemenach Art. 6 Abs. 3 sein. In Betracht kommt außerdem, dass die Behörde über eine Beschwerde nach Art. 85 Abs. 1, durch mediale Berichterstattung oder aufgrund der Hinweise von Wettbewerbern, Hinweisgebern, Verbraucherschutzorganisationen oder den beteiligten Wirtschaftsakteuren von etwaigen entgegen Art. 6 Abs. 3 tatsächlich hochriskanten KI-Systemen erfährt. 9

c) Prüfungsumfang. Die Prüfung des betreffenden KI-Systems im Rahmen des Verfahrens nach Art. 80 beschränkt sich auf dessen Einstufung als Hochrisiko-KI-System auf Grundlage der in Art. 6 Abs. 3 festgelegten Bedingungen, die die Kommission nach Art. 6 Abs. 6–8 ändern kann, und den Leitlinien der Kommission nach Art. 6 Abs. 5. 10

Zur Überprüfung der Einstufung des KI-Systems können die Marktüberwachungsbehörden gemäß Art. 80 Abs. 8 geeignete Überprüfungen im Einklang mit Art. 11 MÜ-VO durchführen. Dabei berücksichtigen sie insbesondere Informationen, die in der EU-Datenbank nach Art. 71 gespeichert sind. Hierbei handelt es sich um die in Anhang VIII Abschnitt B genannten Informationen, die die Anbieter von Hochrisiko-KI-Systemen nach Art. 6 Abs. 4 iVm Art. 49 Abs. 2 iVm Art. 71 Abs. 1 und 2 bereitstellen müssen, wenn sie ihr System nach Art. 6 Abs. 3 für nicht hochriskant halten. Anbieter, die die erforderlichen Informationen vollständig und verständlich bereitstellen, dürften tendenziell seltener einer Detailprüfung unterliegen als Anbieter, deren bereitgestellte Informationen offensichtlich lückenhaft erscheinen. Der über Art. 80 Abs. 8 zu berücksichtigende Art. 11 MÜ-VO sieht ua vor, dass die Marktüberwachungsbehörde bei ihren Überprüfungen unabhängig, unparteiisch und unvoreingenommen agiert (Art. 11 Abs. 2 MÜ-VO), einen angemessenen Umfang wahrt (Art. 11 Abs. 3 UAbs. 1 MÜ-VO) und bei der Entscheidung darüber, welche KI-Systeme in welchem Umfang und auf welche Weise überprüft werden, einen risikobasierten Ansatz verfolgt, der die in Art. 11 Abs. 3 UAbs. 2 MÜ-VO genannten Parameter berücksichtigt. Generell gilt für die Überprüfungen stets der Verhältnismäßigkeitsgrundsatz. 11

Darüber hinaus stehen den Marktüberwachungsbehörden gemäß Art. 74 Abs. 1 die Befugnisse zur Marktüberwachung gemäß Art. 14 Abs. 4 MÜ-VO iVm § 7 Abs. 1 MüG sowie die in der KI-VO geregelten Zugangsrechte zu (→ Art. 79 Rn. 20), wobei der behördliche Zugang zur Dokumentation des Anbieters über seine Bewertung zur Einstufung des Hochrisiko-KI-Systems nach Art. 6 Abs. 4 S. 3 hervorzuheben ist (Art. 3 Nr. 48). 12

2. Maßnahmen iSd Art. 80 (Abs. 2)

Kommt die Marktüberwachungsbehörde im Rahmen der Überprüfung nach Art. 80 Abs. 1 zu dem Ergebnis, dass das KI-System hochriskant ist, fordert sie den Anbieter unverzüglich auf, (i) alle erforderlichen Maßnahmen zu ergreifen, um die Konformität des KI-Systems mit den in der KI-VO festgelegten Anforde- 13 rungen und Pflichten herzustellen, und (ii) innerhalb einer Frist, die die Marktüberwachungsbehörde vorgeben kann, geeignete Korrekturmaßnahmen zu ergreifen. Art. 80 Abs. 2 regelt sowohl die Verpflichtung der Behörde zum Erlass von Korrekturaufforderungen als auch ihre korrespondierende Befugnis und ist damit *lex specialis* ggü Art. 14 Abs. 4 Buchst. g MÜ-VO iVm § 7 MüG und – soweit es um die Aufforderung geht, das System vom Mark zu nehmen oder zurückzurufen – ggü Art. 14 Abs. 4 Buchst. h MÜ-VO iVm § 7 MüG.

14 Fraglich erscheint, wie sich die Begriffe der „erforderlichen Maßnahmen zur Herstellung der Konformität eines KI-Systems" und „Korrekturmaßnahmen" iRd Art. 80 voneinander abgrenzen lassen. Dies gilt einerseits hinsichtlich Art. 80 Abs. 2 und der dort statuierten Befugnisse der Marktüberwachungsbehörden, andererseits aber auch hinsichtlich Art. 80 Abs. 3–6, in denen spiegelbildlich auf die anbieterseitigen Verpflichtungen eingegangen wird.

15 Da Art. 20 Abs. 1 Korrekturmaßnahmen als solche Maßnahmen definiert, die den Zweck haben, die Konformität des Systems herzustellen, erscheint die Verwendung des Begriffs der „erforderlichen Maßnahmen zur Herstellung der Konformität" iRd Art. 80 neben der Verwendung des Begriffs der Korrekturmaßnahme zunächst als Tautologie. Hierbei liegt die Annahme nahe, dass lediglich der umfassende Charakter der behördlichen Befugnisse betont werden soll und die Differenzierung im Übrigen unbeachtlich ist. Für eine Gleichsetzung beider Begriffe spricht ferner der Umstand, dass Art. 80 Abs. 2 eine behördliche Fristsetzung nur bezüglich der Korrekturmaßnahmen vorsieht, aber Art. 80 Abs. 4 auf die Fristsetzung nach Art. 80 Abs. 2 verweist.

16 Da der EU-Gesetzgeber beide Begriffe jedoch über die Abs. 2–6 hinweg konsequent differenziert verwendet, scheint Art. 80 aber offensichtlich eine von Art. 20 Abs. 1 abweichende Interpretation des Begriffes der „Korrekturmaßnahmen" zugrunde zu legen. Während der Wortlaut von Art. 20 Abs. 1 – auch unter Berücksichtigung der Legaldefinition von „Korrekturmaßnahmen" in Art. 3 Nr. 16 MÜ-VO – auf dem Verständnis basiert, dass sowohl positive Maßnahmen mit dem Zweck der (Wieder-)Herstellung der Konformität des KI-Systems mit den Anforderungen und Pflichten der KI-VO als auch negative Maßnahmen wie die Zurücknahme (Art. 3 Nr. 17), Deaktivierung oder der Rückruf (Art. 3 Nr. 16) erfasst sind, scheint Art. 80 den Begriff der Korrekturmaßnahme enger zu fassen. Durch die – zumindest innerhalb von Art. 80 konsequente – Differenzierung zwischen den erforderlichen Maßnahmen einerseits und Korrekturmaßnahmen andererseits dürften Korrekturmaßnahmen im Rahmen des Art. 80 lediglich Negativmaßnahmen umfassen.

17 Unter Berücksichtigung des insoweit eigentlich klaren Wortlauts in Art. 20 Abs. 1, aber auch der entsprechenden Parallelvorschrift in Art. 16 Abs. 3 MÜ-VO, erscheint diese Differenzierung zwischen beiden Maßnahmenbegriffen zwar systemwidrig und kaum mit den Regelungen zum Marktüberwachungsverfahren nach Art. 79 (vgl. insbesondere Art. 79 Abs. 4 und Abs. 5) in Einklang zu bringen, muss aufgrund des eindeutigen Wortlauts in Art. 80 aber als vom EU-Gesetzgeber vorgegeben angesehen werden und wird daher den weiteren Ausführungen zu Art. 80 zugrunde gelegt.

18 Entsprechend dieser Auslegung fordert die Marktüberwachungsbehörde den Anbieter nach Art. 80 Abs. 2 unverzüglich, also ohne schuldhaftes Zögern, dazu auf, die erforderlichen (positiven) Maßnahmen zur Einhaltung der Anforderungen und Pflichten für hochriskante KI-Systeme zu ergreifen. Darüber hinaus sieht Art. 80 Abs. 2 vor, dass die Marktüberwachungsbehörde den Anbieter dazu verpflichtet, geeignete (negative) Korrekturmaßnahmen iSd Art. 80 Abs. 2 zu ergreifen, womit bezweckt sein dürfte, dass das betreffende KI-System (durch Zurücknahme, Deaktivierung oder Rückruf, Art. 20 Abs. 1) nicht weiter in seiner im Markt befindlichen Form be- und vertrieben werden darf, bis die entsprechenden Anforderungen eingehalten werden können.

Nach dem Wortlaut von Art. 80 Abs. 2 kann die Behörde nur hinsichtlich der (negativen) Korrekturmaßnahmen eine Frist vorgeben, innerhalb derer der Anbieter diese ergriffen haben muss. Aus Art. 80 Abs. 4 S. 2 ergibt sich jedoch, dass sich die Möglichkeit zur Fristsetzung auch auf die erforderlichen (positiven) Maßnahmen zur Herstellung der Konformität bezieht.[5] Im Übrigen steht der Wortlaut der Gewährung einer (begründeten) Fristverlängerung im Einzelfall nicht entgegen. Sowohl bei der Auswahl der Maßnahme(n) bzw. Korrekturmaßnahme(n) (sofern die Behörde dem Anbieter solche konkret vorgibt, anstatt ihm die Auswahl der konkreten Maßnahme(n) zu überlassen) als auch bei der Fristsetzung ist die Marktüberwachungsbehörde an den Verhältnismäßigkeitsgrundsatz gebunden. Eine Maximalfrist enthält Art. 80 Abs. 2 im Gegensatz zu Art. 79 Abs. 2 UAbs. 2 nicht. **19**

Tauglicher Adressat der Maßnahmen nach Art. 80 Abs. 2 ist allein der Anbieter des KI-Systems. Damit unterscheidet sich das Verfahren nach Art. 80 grundlegend von dem Verfahren nach Art. 79, das sich gegen „den jeweiligen Akteur" richtet. **20**

3. Informationspflicht im Falle grenzüberschreitender Verwendung des KI-Systems (Abs. 3)

Kommt die Marktüberwachungsbehörde zu dem Schluss, dass das betreffende KI-System nicht nur in ihrem nationalen Hoheitsgebiet, sondern auch im Zuständigkeitsbereich der Marktüberwachungsbehörden anderer Mitgliedstaaten verwendet wird, unterliegt sie nach Art. 80 Abs. 3 der Pflicht, sowohl die Kommission als auch die anderen Mitgliedstaaten unverzüglich zu informieren. **21**

Bei den „anderen Mitgliedstaaten" handelt es sich nicht um sämtliche, sondern lediglich um diejenigen Mitgliedstaaten, in denen das KI-System nach Auffassung der prüfenden Marktüberwachungsbehörde verwendet wird. In inhaltlicher Hinsicht muss sie über die Ergebnisse der Überprüfung und die Maßnahmen informieren, die sie von dem Anbieter nach Art. 80 Abs. 2 verlangt hat. Da Abs. 3 insofern von „Maßnahmen" an sich spricht, sind sowohl die (positiven) erforderlichen Maßnahmen als auch die (negativen) Korrekturmaßnahmen gemeint. Wie im Rahmen des Marktüberwachungsverfahrens nach Art. 79 darf die Behörde von der Offenlegung der vollumfänglichen Prüfung absehen, sollte es der Kommission und den betroffenen Mitgliedstaaten aber zumindest ermöglichen, die Prüfung in wesentlichen Zügen nachvollziehen zu können (→ Art. 79 Rn. 33). **22**

4. Erforderliche Maßnahmen zur Herstellung der Konformität des KI-Systems (Abs. 4)

Der Anbieter ist nach Art. 80 Abs. 4 verpflichtet, dafür zu sorgen, dass alle erforderlichen Maßnahmen ergriffen werden, um die Konformität des KI-Systems mit den nach der KI-VO bestehenden Anforderungen und Pflichten herzustellen. Stellt er die Konformität nicht innerhalb der von der Marktüberwachungsbehörde **23**

---

[5] So auch Martini/Wendehorst/Hartmann KI-VO Art. 80 Rn. 6.

nach Art. 80 Abs. 2 gesetzten Frist her, so wird gegen ihn ein Bußgeld nach Art. 80 Abs. 4 S. 2 verhängt.

24 **a) Erforderliche Maßnahmen iSd Abs. 4.** Die Verpflichtung dafür zu sorgen, dass alle erforderlichen Maßnahmen zur Herstellung der Konformität ergriffen werden, dürfte sich iRd Art. 80 nur auf sog. Positivmaßnahmen beziehen.

25 Die Umsetzung der erforderlichen Maßnahmen obliegt im Fall von Art. 80 – anders als bei Art. 79 – allein dem Anbieter. Dieser hat sicherzustellen, dass das entgegen seiner Einstufung tatsächlich hochriskante KI-System den Anforderungen der KI-VO entspricht. Hierfür kann er das KI-System entweder so verändern, dass es tatsächlich die Anforderungen des Art. 6 Abs. 3 erfüllt und damit als nicht hochriskant gilt, zB durch Entfernung der von der Marktüberwachungsbehörde identifizierten hochriskanten Funktionen des Systems, oder er setzt die Anforderungen an Hochrisiko-KI-Systeme gemäß Kapitel III Abschnitt 2 um. Dies umfasst nach Art. 16 Abs. 1 Buchst. a KI-VO iVm Kapitel III Abschnitt 2 insbesondere die Einführung eines Risikomanagementsystems (Art. 9), die Umsetzung der Anforderungen an Daten und Daten-Governance (Art. 10), die Erstellung erforderlicher technischer Dokumentation (Art. 11), die Implementierung einer Protokollierungsfunktion (Art. 12), die Einhaltung von Transparenzregeln (Art. 13), die Gewährleistung einer Möglichkeit zur menschlichen Aufsicht (Art. 14) und die Beachtung der Anforderungen an Genauigkeit, Robustheit und Cybersicherheit (Art. 15).

26 Mit welchen Maßnahmen der Anbieter die Konformität des Systems herstellt, hängt auch davon ab, ob er noch Kontrolle über das in Verkehr gebrachte System hat bzw ob er nach Inverkehrbringen noch aus der Ferne auf das System einwirken kann oder es sich im alleinigen Zugriffsbereich der in der weiteren Wirtschaftskette folgenden Akteure (Produkthersteller, Betreiber, Bevollmächtigte, Einführer oder Händler) befindet. Sofern für den Anbieter eine direkte – ggf aus der Ferne bestehende – Einwirkungsmöglichkeit (fort)besteht, kann er entsprechende Softwareanpassungen bzw. Updates zur Herstellung der Konformität vornehmen. Dies umfasst auch etwaige von ihm eingesetzte Dritte. Andernfalls verbleibt ihm nur, auf die betreffenden Akteure einzuwirken, um eine Korrektur des KI-Systems zu vollziehen. Sollte sich ein solcher Akteur der Korrektur des Systems verweigern, kann der Anbieter nach Art. 80 Abs. 5 zur Zurücknahme, (Fern-)Deaktivierung oder zu einem Rückruf als negative Korrekturmaßnahmen verpflichtet sein. Etwaige, sich aus solchen Handlungen ergebende zivilrechtliche Fragestellungen lässt die KI-VO außen vor.

27 **b) Fristgemäße Herstellung der Konformität.** Wenn der Anbieter die Nichtkonformität nicht innerhalb der von der Marktüberwachungsbehörde nach Abs. 2 festgelegten Frist beendet, sieht die KI-VO vor, dass die Marktüberwachungsbehörde „Geldbußen gemäß Art. 99 KI-VO“ gegen ihn verhängt. Hierbei handelt es sich um eine gebundene Entscheidung („werden verhängt“). Da sich Art. 80 Abs. 4 S. 1 lediglich auf die „erforderlichen Maßnahmen“ bezieht, ist ausschließlich die nicht fristgemäße Ergreifung von erforderlichen Maßnahmen iSd Art. 80 bußgeldbewehrt. Die nicht fristgemäße Ergreifung von Korrekturmaßnahmen iSd Art. 80 löst dem Wortlaut nach hingegen keine entsprechende „Geldbuße“ aus. Dieses Ergebnis ist die Konsequenz der strikten Differenzierung iRd Art. 80 zwischen Maßnahmen zur Herstellung der Konformität einerseits und Korrekturmaßnahmen andererseits. Ob es sich hierbei hingegen eine bewusste Entscheidung des EU-Gesetzgebers handelt, kann durchaus bezweifelt werden.

Im Übrigen enthält Art. 80 Abs. 4 S. 2 keine weiteren Regelungen zum Tatbestand und den Rechtsfolgen der Geldbuße, sondern verweist pauschal auf Art. 99 („werden gegen den Anbieter Geldbußen gemäß Artikel 99 verhängt"). Es finden daher die iRd Art. 99 vorgesehenen Grundsätze Anwendung. In der wichtigen Frage des Bußgeldrahmens für die Geldbuße nach Art. 80 Abs. 4 S. 2 iVm Art. 99 führt der Verweis auf Art. 99 jedoch zu Unklarheit, da Art. 99 den Bußgeldrahmen lediglich für die in Art. 99 Abs. 2, 3 und 5 genannten Fälle regelt, nicht aber spezifisch mit Blick auf Art. 80 Abs. 4 S. 2. Da aber derjenige Anbieter, der ein tatsächlich hochriskantes System irrtümlicherweise nach Art. 6 Abs. 3 nicht als solches einstuft und die Frist zur Korrektur nach Art. 80 Abs. 2 verstreichen lässt, zwangsläufig seine Pflichten als Anbieter eines Hochrisiko-KI-Systems nach Art. 16 verletzt, dürfte der pauschale Verweis auf Art. 99 dahingehend zu verstehen sein, dass für Art. 80 Abs. 4 S. 2 derjenige Bußgeldrahmen gilt, den Art. 99 Abs. 4 Buchst. a im Falle einer Verletzung der Anbieterpflichten nach Art. 16 vorsieht. Mit Blick auf Art. 99 Abs. 4 Buchst. a erscheint es damit außerdem unwahrscheinlich, dass der EU-Gesetzgeber die Festlegung des Bußgeldrahmens für Art. 80 Abs. 4 S. 2 nach Art. 99 Abs. 1 den Mitgliedstaaten überlassen wollte. **28**

Für die Festlegung der Höhe des Bußgeldes sind von der Marktüberwachungsbehörde die in Art. 80 Abs. 4 S. 2 iVm Art. 99 Abs. 7 genannten Kriterien zu berücksichtigen. Hinsichtlich der vorsätzlichen Fehleinstufung des KI-Systems als nicht hochriskant nach Art. 6 Abs. 3 handelt es sich bei Art. 80 Abs. 7 um *lex specialis.* Ist vorhersehbar, dass die von der Marktüberwachungsbehörde gesetzte Frist nicht eingehalten werden kann, sollte der Anbieter rechtzeitig einen Fristverlängerungsantrag in Betracht ziehen, um der Verhängung eines Bußgeldes vorzubeugen (→ Rn. 19). **29**

Der bereits beschriebene Umstand, dass ein Versäumnis der Frist gemäß Art. 80 Abs. 4 S. 2 zwangsläufig die bereits nach Art. 99 Abs. 4 Buchst. a bußgeldbewehrte Verletzung der Anbieterpflichten nach Art. 16 beinhaltet, wirft zusätzlich die Frage auf, ob die Behörde außerdem ein Bußgeld nach Art. 99 Abs. 4 Buchst. a verhängen kann. **30**

Zwar spricht der Wortlaut von Art. 80 Abs. 4 S. 2, der den Plural „Geldbußen" verwendet, zunächst für eine parallele Anwendbarkeit beider Bußgeldtatbestände. Richtigerweise kann der Bußgeldtatbestand des Art. 99 Abs. 4 Buchst. a im Fall des Art. 80 Abs. 4 S. 2 aber mit Blick auf Systematik und Telos keine Anwendung finden: Vielmehr sanktioniert die Geldbuße gemäß Art. 80 Abs. 4 S. 2 solche Anbieter, die ein tatsächlich hochriskantes System gemäß Art. 6 Abs. 3 irrtümlicherweise nicht als solches eingestuft haben, abschließend, sodass Art. 99 Abs. 4 Buchst. a verdrängt wird. **31**

Art. 6 Abs. 3 soll die Anbieter von KI-Systemen nach Anhang III entlasten, wenn von den Systemen tatsächlich kein hohes Risiko iSd KI-VO ausgeht, indem sie von den umfangreichen Anforderungen an Hochrisiko-KI-Systeme befreit werden. Hierfür hat der EU-Gesetzgeber einen Mechanismus der Selbsteinschätzung durch den Anbieter (auf Basis der in Art. 6 Abs. 3 genannten Regelbeispiele) normiert, der von einer Dokumentations- und Registrierungspflicht (Art. 6 Abs. 4) flankiert wird. Diese Entlastung als Teil des risikobasierten Ansatzes wäre kaum effektiv, wenn der Anbieter infolge seiner aus Sicht der Marktüberwachungsbehörde fehlerhaften Selbsteinschätzung dem ständigen Risiko der Verhängung einer Geldbuße nach Art. 99 Abs. 4 Buchst. a ausgesetzt wäre. Vielmehr sieht Art. 80 Abs. 1 vor, dass ein Anbieter durch die Fristsetzung der Marktüberwachungsbehörde eine „zweite Chance" zur Korrektur seiner Selbsteinschätzung **32** erhält. Dieses Regelungsverständnis wird dadurch bestätigt, dass der EU-Gesetzgeber für den Fall einer missbräuchlichen Fehleinstufung durch den Anbieter zur Umgehung der Anforderungen an Hochrisiko-KI-Systeme in Art. 80 Abs. 7 einen speziellen Bußgeldtatbestand vorgesehen hat. Solche Anbieter, die eine versehentliche Fehleinstufung vornehmen, hält der EU-Gesetzgeber im Hinblick auf eine Chance zur Selbstkorrektur folglich für schutzwürdig. Eine parallele Anwendbarkeit beider Bußgeldtatbestände ließe sich überdies kaum mit dem Doppelbestrafungsverbot[6] vereinbaren. Art. 80 Abs. 4 S. 2 ist daher *lex specialis* ggü Art. 99 Abs. 4 Buchst. a.

5. Unionsmarktweite Umsetzung der Korrekturmaßnahmen durch Anbieter (Abs. 5)

33 Nach Art. 80 Abs. 5 hat der Anbieter dafür zu sorgen, dass alle geeigneten Korrekturmaßnahmen in Bezug auf alle KI-Systeme getroffen werden, die er entgegen Art. 6 Abs. 3 als nicht hochriskant eingestuft („betreffenden") und auf dem Unionsmarkt bereitgestellt hat. Der Anbieter hat die (negativen) Korrekturmaßnahmen iSd Art. 80 (→ Rn. 14 ff.) folglich nicht nur auf dem nationalen Markt, für den die nach Art. 80 aktiv gewordene Marktüberwachungsbehörde zuständig ist, sondern unionsmarktweit auf sämtliche betreffende KI-Systeme anzuwenden. Im Falle des Unterlassens sieht Art. 80 Abs. 5 jedoch, anders als Art. 80 Abs. 4, keine spezifische Geldbuße vor.

6. Anwendbarkeit von Artikel 79 Abs. 5–9 (Abs. 6)

34 Wenn der Anbieter des betreffenden KI-Systems innerhalb der von der Marktüberwachungsbehörde nach Art. 80 Abs. 2 gesetzten Frist keine angemessenen (negativen) Korrekturmaßnahmen iSd Art. 80 (→ Rn. 14 ff.) ergreift, finden die Vorschriften des Art. 79 Abs. 5–9 Anwendung. Diese ermächtigen die Marktüberwachungsbehörde insbesondere dazu, geeignete vorläufige Maßnahmen gemäß Art. 80 Abs. 6 iVm Art. 79 Abs. 5 zu treffen. Es wird auf die Ausführungen zu Art. 79 Abs. 5–9 (→ Art. 79 Rn. 35 ff.) verwiesen, wobei die Notifizierung gemäß Art. 79 Abs. 6 insbesondere Angaben zu den Ergebnissen der Einstufungsprüfung des KI-Systems gemäß Art. 6 Abs. 3 enthält.

7. Geldbuße aufgrund einer vorsätzlichen Fehleinstufung (Abs. 7)

35 Stellt die Marktüberwachungsbehörde im Verlauf der Prüfung gemäß Art. 80 Abs. 1 fest, dass der Anbieter das KI-System fälschlich als nicht hochriskant eingestuft hat, um die Geltung der Anforderungen von Kapitel III Abschnitt 2 zu umgehen, so verhängt die Marktüberwachungsbehörde gegen den Anbieter in gebundener Entscheidung („werden verhängt") eine (weitere) Geldbuße nach den Grundsätzen des Art. 99. Art. 80 Abs. 7 stellt in Abgrenzung zu Art. 80 Abs. 1 zusätzlich auf ein subjektives Element ab. „Fälschlich" dürfte sich dabei in der Dogmatik des deutschen Sanktionenrechts mit „vorsätzlich" näher beschreiben lassen. Erforderlich für eine „fälschliche" Fehleinschätzung ist damit zumindest eine billigende Inkaufnahme der Fehleinschätzung mit der Absicht („um […] zu umgehen") die Pflicht zur Einhaltung der Anforderungen aus Kapitel III Abschnitt 2 zu

---

[6] Erwgr. 168 S. 2.

vermeiden.[7] Eine fahrlässige Fehleinschätzung des Anbieters reicht für die Annahme einer fälschlichen Fehleinschätzung hingegen nicht aus.

In zeitlicher Hinsicht muss die Marktüberwachungsbehörde die vorsätzliche Fehleinstufung im Verlauf des Prüfungsverfahrens feststellen. Das Prüfverfahren endet dabei mit dem Erlass des Verwaltungsaktes zur Vornahme von Maßnahmen zur Herstellung der Konformität und/oder Korrekturmaßnahmen. Kommt die Marktüberwachungsbehörde erst nach Erlass des Verwaltungsaktes (zB durch nachträgliche Kenntniserlangung) zu dieser Feststellung, besteht bereits nach dem Wortlaut des Art. 80 Abs. 7 keine Handhabe mehr, (nachträglich) ein Bußgeld zu verhängen. **36**

Nach dem „in dubio pro reo"-Grundsatz muss die Marktüberwachungsbehörde den Vorsatz positiv nachweisen. Auch im Übrigen finden die strafprozessrechtlichen Regelungen Anwendung, insbesondere der „nemo tenetur se ipsum accusare"-Grundsatz. **37**

Art. 80 Abs. 7 entbehrt weiterer Regelungen zu Tatbestand und Rechtsfolge der Geldbuße und verweist ebenso wie Art. 80 Abs. 4 S. 2 pauschal auf Art. 99. Für das Bußgeld nach Art. 80 Abs. 7 dürfte daher gleichermaßen der Bußgeldrahmen gemäß Art. 99 Abs. 4 Buchst. a gelten (→ Art. 99 Rn. 22). Nach Art. 80 Abs. 7 iVm Art. 99 Abs. 7 Buchst. i spielt dabei der Vorsatzgrad hinsichtlich der Fehleinstufung eine erhebliche Rolle. **38**

Fraglich ist, ob ein Verstoß gegen Art. 80 Abs. 7 auch dann vorliegt, wenn der Anbieter eine ursprüngliche (fahrlässige) Fehleinstufung eigenständig bemerkt und eine nachträgliche Korrektur der Einstufung vorsätzlich unterlässt. Hiergegen könnte der Wortlaut von Art. 80 Abs. 7 sprechen, der tatbestandlich eine aktive fälschliche Einstufung verlangt. Unter Beachtung der Entsprechungsklausel in § 8 OWiG und mit Blick darauf, dass der EU-Gesetzgeber bei der Schaffung von Art. 80 Abs. 7 wohl nicht das Verhaltensunrecht der vorsätzlichen Fehleinstufung, sondern vielmehr das Erfolgsunrecht vor Augen gehabt haben dürfte, dass sich ein Hochrisiko-KI-System auf dem Markt befindet, welches im Wissen des Anbieters nicht als solches eingestuft ist, dürfte Art. 80 Abs. 7 nicht nur die aktive Fehleinstufung, sondern auch die vorsätzlich unterlassene Korrektur der Einstufung erfassen. Würde man dies anders sehen, so dürfte die vorsätzlich unterlassene Fehleinstufung stattdessen ohnehin die Verhängung eines Bußgeldes nach Art. 99 Abs. 4 Buchst. a auslösen. **39**

In seinem Anwendungsbereich verdrängt der Bußgeldtatbestand des Art. 80 Abs. 7 wegen des Doppelbestrafungsverbots den Bußgeldtatbestand des Art. 99 Abs. 4 Buchst. a.[8] **40**

Art. 81* Schutzklauselverfahren der Union

(1) [1]Erhebt eine Marktüberwachungsbehörde eines Mitgliedstaats innerhalb von drei Monaten nach Eingang der in Artikel 79 Absatz 5 genannten Notifizierung – oder bei Nichteinhaltung des Verbots der in Artikel 5 genannten KI-Praktiken innerhalb von 30 Tagen – Einwände gegen eine von der Marktüberwachungsbehörde eines anderen Mitglied-

---

[7] Vgl. Bomhard/Pieper/Wende/Mattheis KI-VO Art. 80 Rn. 33.

[8] Erwgr. 168 S. 2.

* Kapitel IX (Art. 72–94) gilt gem. Art. 113 UAbs. 2 ab 2.8.2026, mit Ausnahme von Art. 78, der gem. Art. 113 UAbs. 3 Buchst. b bereits ab 2.8.2025 gilt.

staats getroffene Maßnahme oder ist die Kommission der Ansicht, dass die Maßnahme mit dem Unionsrecht unvereinbar ist, so nimmt die Kommission unverzüglich Konsultationen mit der Marktüberwachungsbehörde des betreffenden Mitgliedstaats und dem Akteur bzw. den Akteuren auf und prüft die nationale Maßnahme. [2]Anhand der Ergebnisse dieser Prüfung entscheidet die Kommission innerhalb von sechs Monaten – oder bei Nichteinhaltung des Verbots der in Artikel 5 genannten KI-Praktiken innerhalb von 60 Tagen – ab dem Eingang der in Artikel 79 Absatz 5 genannten Notifizierung, ob die nationale Maßnahme gerechtfertigt ist, und teilt der Marktüberwachungsbehörde des betreffenden Mitgliedstaats ihre Entscheidung mit. [3]Die Kommission unterrichtet auch alle übrigen Marktüberwachungsbehörden über ihre Entscheidung.

(2) **[1]Ist die Kommission der Ansicht, dass die von dem betreffenden Mitgliedstaat ergriffene Maßnahme gerechtfertigt ist, so tragen alle Mitgliedstaaten dafür Sorge, dass sie geeignete einschränkende Maßnahmen in Bezug auf das betreffende KI-System ergreifen, etwa die Anordnung der unverzüglichen Rücknahme des KI-Systems von ihrem Markt, und informiert die Kommission darüber. [2]Erachtet die Kommission die nationale Maßnahme als nicht gerechtfertigt, nimmt der betreffende Mitgliedstaat die Maßnahme zurück und informiert die Kommission darüber.**

(3) **Gilt die nationale Maßnahme als gerechtfertigt und wird die Nichtkonformität des KI-Systems auf Mängel in den in den Artikeln 40 und 41 dieser Verordnung genannten harmonisierten Normen oder gemeinsamen Spezifikationen zurückgeführt, so leitet die Kommission das in Artikel 11 der Verordnung (EU) Nr. 1025/2012 festgelegte Verfahren ein.**

Übersicht

I. Einleitung

1 Art. 81 normiert das unionsweite Schutzklauselverfahren zur Absicherung der einheitlichen Durchsetzung der in der KI-VO festgelegten Sicherheitsstandards.

2 Art. 81 Abs. 1 ist Teil des Kapitels über die Marktüberwachung und ermächtigt und verpflichtet die Kommission, Maßnahmen von Marktüberwachungsbehörden eines Mitgliedsstaates zu prüfen und deren Vereinbarkeit mit dem Unionsrecht sicherzustellen. Der Begriff der Marktüberwachungsbehörde (Art. 3 Nr. 26) umfasst eine nationale Behörde, die die Tätigkeiten durchführt und die Maßnahmen ergreift, die in der Verordnung (EU) 2019/1020 vorgesehen sind.

3 Art. 81 ergänzt die allgemeinen Marktüberwachungspflichten der Mitgliedstaaten und der Kommission und dient als spezifisches Instrument zur Überprüfung nationaler Maßnahmen im Hinblick auf KI-Systeme, die ein Risiko bergen und

die Einwände einer Marktüberwachungsbehörde eines anderen Mitgliedstaats hervorbringen oder Zweifel der Kommission auslösen. Dabei baut Art. 81 auf den Bestimmungen des Art. 79 auf, der das nationale Verfahren für den Umgang mit KI-Systemen, die ein Risiko bergen, regelt. Sobald eine Marktüberwachungsbehörde Einwände gegen Maßnahmen einer anderen Marktüberwachungsbehörde nach Art. 79 Abs. 5 erhebt oder etwa die Kommission selbst diese für unionsrechtswidrig hält, greift das Schutzklauselverfahren nach Art. 81 ein.

Ziel des Schutzklauselverfahrens ist es, sicherzustellen, dass die nationalen **4** Marktüberwachungsbehörden im Einklang mit den unionsrechtlichen Vorgaben handeln, wenn sie eine Maßnahme nach Art. 79 Abs. 5 treffen.

In diesem Verfahren übernimmt die Kommission als Entscheidungsinstanz eine **5** zentrale Rolle. Durch die Verpflichtung der Mitgliedstaaten, den Entscheidungen der Kommission gem. Art. 81 Abs. 2 Folge zu leisten, wird eine Fragmentierung des Binnenmarktes unterbunden und eine verbindliche Entscheidung getroffen, indem nationale Maßnahmen entweder bestätigt oder als unrechtmäßig verworfen werden. Insbesondere Erwgr. 3 hebt die Bedeutung der unionsweiten Einheitlichkeit des hohen Schutzniveaus und des freien Verkehrs von KI-Systemen hervor.

Das Verfahren beginnt, sobald eine nationale Marktüberwachungsbehörde frist- **6** gerecht Einwände gegen Maßnahmen einer anderen Marktüberwachungsbehörde erhebt oder die Kommission selbst aufgrund einer Maßnahme einer Marktüberwachungsbehörde durch einen Verdacht der Unionsrechtswidrigkeit aktiv wird.

Die Kommission prüft die betreffende Maßnahme und entscheidet innerhalb **7** einer Frist von sechs Monaten ab Eingang der Notifizierung oder – bei Verstößen gegen das Verbot bestimmter KI-Praktiken aus Art. 5 – innerhalb von 60 Tagen, ob die Maßnahme gerechtfertigt ist. Die verkürzte Frist von 60 Tagen betont die Dringlichkeit der Verstöße gegen die verbotenen KI-Praktiken aus Art. 5.

Im nächsten Schritt informiert die Kommission sowohl die betroffene Markt- **8** überwachungsbehörde als auch alle übrigen Marktüberwachungsbehörden über ihre Entscheidung.

Wird die Maßnahme als gerechtfertigt erachtet, sind alle Mitgliedstaaten ver- **9** pflichtet, restriktive Maßnahmen gegen das betreffende KI-System zu ergreifen, wie zB dessen unverzügliche Rücknahme vom Markt.

Ist die Maßnahme nicht gerechtfertigt, muss der betreffende Mitgliedstaat sie **10** zurücknehmen und dies der Kommission mitteilen. Bei festgestellten Mängeln der harmonisierten Normen oder gemeinsamen Spezifikationen, die zu einer Nichtkonformität geführt haben, leitet die Kommission das in Art. 11 der Verordnung (EU) Nr. 1025/2012 festgelegte Verfahren ein. Dadurch können zukünftige Konformitätsprobleme vermieden werden.

Insgesamt fügt sich das Schutzklauselverfahren aus Art. 81 in den bestehenden **11** regulatorischen Rahmen ein und etabliert einen entscheidenden Kontroll- und Korrekturmechanismus für Maßnahmen von Marktüberwachungsbehörden, die aufgrund von Art. 79 Abs. 5 getroffen wurden.

II. Konsultation und Entscheidungsfindung

Erhebt eine Marktüberwachungsbehörde eines Mitgliedstaats innerhalb von **12** drei Monaten nach Eingang der Notifizierung gem. Art. 79 Abs. 5 Einwände gegen eine Maßnahme einer anderen Marktüberwachungsbehörde, so verpflichtet Art. 81 Abs. 1 S. 1 die Kommission, unverzüglich Konsultationen mit der betreffenden Marktüberwachungsbehörde sowie den betroffenen Akteuren aufzunehmen, um die nationale Maßnahme einer Unionsrechtmäßigkeitsüberprüfung zu unterziehen.

13 Die Kommission kann die ergriffene Maßnahme gem. Art. 81 Abs. 1 S. 2 auf Verstöße gegen sämtliche Aspekte des EU-Rechts prüfen.

14 Dieses Verfahren findet auch Anwendung, wenn Einwände innerhalb einer verkürzten Frist von 30 Tagen im Falle von Verstößen gegen die in Art. 5 genannten verbotenen KI-Praktiken erhoben werden.

15 Zudem nimmt die Kommission Konsultationen und Prüfungen auf, sofern sie selbst zu der Ansicht gelangt, dass die fragliche Maßnahme mit dem Unionsrecht unvereinbar ist.

16 Nach Abschluss der Überprüfung trifft die Kommission eine Entscheidung, ob die nationale Maßnahme gerechtfertigt ist.

17 Innerhalb von sechs Monaten nach Erhalt der Notifizierung gem. Art. 79 Abs. 5 oder – im Falle von Verstößen gegen Art. 5 – innerhalb von 60 Tagen wird die Entscheidung getroffen und der betroffenen Marktüberwachungsbehörde sowie allen anderen Marktüberwachungsbehörden mitgeteilt.

18 Die verkürzten Fristen bei Verstößen gegen Art. 5 spiegeln die erhöhte Dringlichkeit aufgrund einer erhöhten Gefährdungslage bei solchen Verstößen wider.

19 Die Entscheidung der Kommission nach Art. 81 Abs. 1 ist als verbindlicher Rechtsakt mit unmittelbarer Wirkung einzustufen. Sie verpflichtet die Mitgliedstaaten zu bestimmten Handlungen und entfaltet somit eine rechtliche Bindungswirkung, die dementsprechend über eine bloße Empfehlung hinausgeht.

20 Die in Art. 81 festgelegten Fristen für das Einleiten des Prüfverfahrens und die Entscheidungsfindung sind Ereignisfristen.

III. Verpflichtung zur Maßnahmenergreifung

21 Kommt die Kommission nach Prüfung zu dem Ergebnis, dass die Maßnahmen eines Mitgliedstaats gerechtfertigt waren, so sind die anderen Mitgliedstaaten verpflichtet, geeignete restriktive Maßnahmen in Bezug auf das betreffende KI-System zu ergreifen, wie beispielsweise die Anordnung der unverzüglichen Rücknahme des KI-Systems vom Markt.

22 Art. 81 sichert damit die einheitliche Durchsetzung der Sicherheitsstandards im gesamten Binnenmarkt. Insbesondere Erwgr. 8 betont die Notwendigkeit eines harmonisierten Rechtsrahmens zur Gewährleistung eines hohen Schutzniveaus für öffentliche Interessen.

23 Diesem Schutzerfordernis folgend, müssen gem. Art. 81 Abs. 2 S. 1 im Falle der Bestätigung der Rechtmäßigkeit der Maßnahme durch die Kommission, sämtliche Mitgliedstaaten die entsprechende Maßnahme umsetzen.

24 Die Verpflichtung zur Rücknahme eines KI-Systems berührt die Grundrechte der betroffenen Akteure, insbesondere die unternehmerische Freiheit (Art. 16 GRCh). Diese Eingriffe müssen verhältnismäßig sein. Art. 81 trägt diesem Umstand insoweit Rechnung, indem es ein Verfahren mit einer Beteiligung der betroffenen Akteure vorsieht.

25 Die Mitgliedstaaten müssen die Kommission nach Ergreifen der geeigneten restriktiven Maßnahmen hierüber entsprechend unterrichten.

IV. Verpflichtung zur Rücknahme der Maßnahme

Sollte die Kommission jedoch zu dem Schluss gelangen, dass die Maßnahme nicht gerechtfertigt war, ist der betroffene Mitgliedstaat verpflichtet, diese Maßnahme zurückzunehmen und die Kommission hiervon in Kenntnis zu setzen. Prüfungsumfang der Kommission ist das gesamte EU-Recht, da die Kommission überprüfen kann, ob die Maßnahme „mit dem Unionsrecht unvereinbar" ist. 26

V. Rechtsmittel

Der betroffene Mitgliedstaat kann gem. Art. 263 AEUV eine Nichtigkeitsklage erheben, um die Rechtmäßigkeit der Entscheidung der Kommission im Rahmen des Schutzklauselverfahrens anzufechten, da der Mitgliedstaat gem. Abs. 2 als Verpflichteter der Entscheidung der Maßnahmebetroffene ist.[1] Diese Klage ist statthaft, da der Durchführungsrechtsakt der Kommission ein verbindlicher Rechtsakt darstellt, der unmittelbare Rechtswirkungen entfaltet und dadurch in die Rechte des Mitgliedsstaates eingreift. 27

VI. Einleitung des in Art. 11 der Verordnung (EU) Nr. 1025/2012 festgelegten Verfahrens

Erweist sich die nationale Maßnahme als gerechtfertigt und wird die Nichtkonformität des KI-Systems auf Mängel in den Art. 40 und 41 genannten harmonisierten Normen oder gemeinsamen Spezifikationen zurückgeführt, so ist die Kommission gem. Art. 81 Abs. 3 verpflichtet, das in Art. 11 der Verordnung (EU) Nr. 1025/2012 vorgesehene Verfahren einzuleiten. Dieses Verfahren bietet die Möglichkeit harmonisierte Normen zu prüfen und sie bei Bedarf zu überarbeiten. 28

Art. 40 bildet die Grundlage für die Vermutung der Konformität von Hochrisiko-KI-Systemen, sofern diese den harmonisierten Normen entsprechen. Sollten harmonisierte Normen jedoch nicht ausreichen oder nicht rechtzeitig erstellt werden, sieht Art. 41 die Möglichkeit vor, gemeinsame Spezifikationen festzulegen, die dann als Grundlage für die Konformitätsbewertung dienen, Art. 41 Abs. 3. 29

Dementsprechend ist es wichtig, dass in Art. 81 Abs. 3 mit dem Verweis auf Art. 11 der Verordnung (EU) Nr. 1025/2012 eine Verfahrensmöglichkeit zur Anpassung der Vermutungsregelungen zur Konformität von Hochrisiko-KI-Systemen besteht. 30

Art. 82* Konforme KI-Systeme, die ein Risiko bergen

(1) Stellt die Marktüberwachungsbehörde eines Mitgliedstaats – nach einer Konsultation der in Artikel 77 Absatz 1 genannten betreffenden nationalen Behörde – nach der gemäß Artikel 79 durchgeführten Prüfung fest, dass ein Hochrisiko-KI-System zwar dieser Verordnung entspricht,

[1] A.A. BeckOK KI-Recht/Djeffal KI-VO Art. 81 Rn. 21 f.

* Kapitel IX (Art. 72–94) gilt gem. Art. 113 UAbs. 2 ab 2.8.2026, mit Ausnahme von Art. 78, der gem. Art. 113 UAbs. 3 Buchst. b bereits ab 2.8.2025 gilt.

aber dennoch ein Risiko für die Gesundheit oder Sicherheit von Personen, für die Grundrechte oder für andere Aspekte des Schutzes öffentlicher Interessen darstellt, so fordert sie unverzüglich den betreffenden Akteur auf, alle geeigneten Maßnahmen zu treffen, damit das betreffende KI-System zum Zeitpunkt des Inverkehrbringens oder der Inbetriebnahme dieses Risiko nicht mehr birgt, und zwar innerhalb einer Frist, die sie vorgeben kann.

(2) **Der Anbieter oder der andere einschlägige Akteur sorgt dafür, dass in Bezug auf alle betroffenen KI-Systeme, die er auf dem Unionsmarkt bereitgestellt hat, innerhalb der Frist, die von der in Absatz 1 genannten Marktüberwachungsbehörde des Mitgliedstaats vorgegeben wurde, Korrekturmaßnahmen ergriffen werden.**

(3) **[1]Die Mitgliedstaaten unterrichten unverzüglich die Kommission und die anderen Mitgliedstaaten über Feststellungen gemäß Absatz 1. [2]Diese Unterrichtung enthält alle vorliegenden Angaben, insbesondere die für die Identifizierung des betreffenden KI-Systems notwendigen Daten, den Ursprung und die Lieferkette des KI-Systems, die Art des sich daraus ergebenden Risikos sowie die Art und Dauer der ergriffenen nationalen Maßnahmen.**

(4) **[1]Die Kommission nimmt unverzüglich mit den betreffenden Mitgliedstaaten und den jeweiligen Akteuren Konsultationen auf und prüft die ergriffenen nationalen Maßnahmen. [2]Anhand der Ergebnisse dieser Prüfung entscheidet die Kommission, ob die Maßnahme gerechtfertigt ist, und schlägt, falls erforderlich, weitere geeignete Maßnahmen vor.**

(5) **[1]Die Kommission teilt ihren Beschluss unverzüglich den betroffenen Mitgliedstaaten und den jeweiligen Akteuren mit. [2]Sie unterrichtet auch die übrigen Mitgliedstaaten**

Literatur: Dauses/Ludwigs (Hrsg.), Handbuch des EU-Wirtschaftsrechts, 2022; Geminn, Die Regulierung Künstlicher Intelligenz – Anmerkungen zum Entwurf eines Artificial Intelligence Act, ZD 2021, 354- 358; Heil, Die neue KI-Verordnung (E) – Regulatorische Herausforderungen für KI-basierte Medizinprodukte-Software MPR 2022, 1-12; Martini/Wendehorst, KI-VO: Verordnung über Künstliche Intelligenz, 2024; Roth-Isigkeit, Grundstrukturen der geplanten KI-Aufsichtsbehörden – KI-Bürokratie?, ZRP 2022, 187-190; Spindler, Der Vorschlag der EU-Kommission für eine Verordnung zur Regulierung der Künstlichen Intelligenz (KI-VO-E) – Ansatz, Instrumente, Qualität und Kontext, CR 2021, 361-374; Wiebe, Produktsicherheitsrechtliche Betrachtung des Vorschlags für eine KI-Verordnung, BB 2022, 899-906.

Übersicht

I. Allgemeines

1 Art. 82 regelt ein spezielles Marktüberwachungsverfahren für Hochrisiko-KI-Systeme, die trotz ihrer Konformität mit den Anforderungen und Pflichten der KI-VO Risiken für den Schutz von Grundrechten oder sonstigen öffentlichen Interessen bergen. Das Verfahren schließt sich an die Überprüfung des Hochrisiko-KI-Systems nach Art. 79 Abs. 2 an und soll der Marktüberwachungsbehörde ein flexibles Vorgehen gegen von der KI-VO nicht abgedeckte Risiken ermöglichen.[1] Dem Schutzstandard, der in Form der umfangreichen Anforderungen und Pflichten nach der KI-VO gewährleistet wird und der die Union nach Erwgr. 1 zu einem Vorreiter für vertrauenswürdige KI machen soll, scheint der EU-Gesetzgeber damit offensichtlich selbst nicht abschließend zu vertrauen. Dieser „doppelte Boden", der es ermöglicht, Maßnahmen hinsichtlich (eigentlich) konformer Hochrisiko-KI-Systeme zu ergreifen, sah sich daher bereits im Gesetzgebungsverfahren einiger Kritik ausgesetzt.[2]

2 Art. 82 Abs. 1 beschränkt das Verfahren nach Art. 82 auf Hochrisiko-KI-Systeme. Dass die Überschrift ebenso wie die Absätze 2 und 3 von KI-Systemen im Allgemeinen sprechen, dürfte redaktionell dem Umstand geschuldet sein, dass der Anwendungsbereich des Art. 82, der im Kommissionsentwurf (unter der aktuellen Überschrift) noch alle KI-Systeme umfasste, erst im Laufe des Gesetzgebungsverfahrens auf Hochrisiko-KI-Systeme beschränkt wurde.[3] Art. 74 Abs. 4 begrenzt den Anwendungsbereich des Art. 82 außerdem auf solche Hochrisiko-KI-Systeme, die im Zusammenhang mit Produkten stehen, die nicht bereits einem vergleichbaren Verfahren unterfallen. Gemeint sind Verfahren mit gleichwertigem Schutzniveau und demselben Ziel nach einem der in Anhang 1 Abschnitt A aufgeführten Rechtsakte. Auf die entsprechenden Produkte findet stattdessen ausschließlich das in dem jeweiligen Rechtsakt enthaltene Verfahren Anwendung.

II. Einzelerläuterungen

1. Korrekturaufforderung zur Beseitigung von Risiken durch konforme KI-Systeme (Abs. 1)

3 Gemäß Art. 82 Abs. 1 beginnt das Marktüberwachungsverfahren, wenn die Marktüberwachungsbehörde nach der Überprüfung des Hochrisiko-KI-Systems gemäß Art. 79 feststellt, dass mit dem Hochrisiko-KI-System – obwohl es den Anforderungen und Pflichten der KI-VO entspricht – ein Risiko für die Gesundheit oder Sicherheit bzw. die Grundrechte oder für andere Aspekte des Schutzes öffentlicher Interessen verbunden ist.

---

[1] Vgl. Geminn ZD 2021, 354 (357).

[2] Vgl. BVMed-Positionen zum Entwurf des „Artificial Intelligence Act" (AIA); Roth-Isigkeit ZRP 2022, 187 (190).

[3] Ebenso Martini/Wendehorst/Hartmann KI-VO Art. 82 Rn. 4.

4 Zur Konkretisierung des Risikobegriffs lässt sich zunächst die Legaldefinition aus Art. 79 Abs. 1 KI-VO iVm Art. 3 Nr. 19 MÜ-VO heranziehen. Allerdings geht Art. 82 Abs. 1 im Hinblick auf die erfassten Rechtsgüter über Art. 79 Abs. 1 hinaus und erfasst neben Individualrechtsgütern auch „öffentliche Interessen". Als derartige öffentliche Interessen dürften zunächst die in Art. 1 Abs. 1 genannten Schutzziele Demokratie, Rechtsstaatlichkeit und Umweltschutz zu verstehen sein. Aufgrund der Anwendbarkeitserklärung der MÜ-VO[4] in Art. 74 Abs. 1 S. 1 dürfte der Unionsgesetzgeber darüber hinaus ferner den in Art. 1 Abs. 1 MÜ-VO genannten Verbraucherschutz sowie allgemein die öffentliche Sicherheit als derartige öffentliche Interessen qualifizieren.

5 Zweifelhaft erscheint jedoch, ob von einem Hochrisiko-KI-System, das sämtlichen Anforderungen und Pflichten der KI-VO genügt, praktisch überhaupt entsprechende Risiken ausgehen können. Mit Blick auf die umfassenden Anforderungen der KI-VO ist jedenfalls zu erwarten, dass der Anwendungsbereich des Art. 82 praktisch äußerst gering ausfallen wird.[5] Es handelt sich insofern um eine Art Auffangtatbestand.[6] Andernfalls müsste sich der Unionsgesetzgeber den Vorwurf gefallen lassen, dass die ausdrücklich definierten Anforderungen (und ihre Interpretation durch Gerichte und Behörden) allgemein keinen ausreichenden Schutz böten, sodass in der Konsequenz eine Nachbesserung des Pflichtenkatalogs der KI-VO angezeigt erscheinen könnte. Aufgrund der Offenheit des Risikobegriffs und der mitunter erheblichen Konsequenzen für die an der Wertschöpfungskette beteiligten Akteure, ist zu verlangen, dass die Annahme eines Risikos iSd Art. 82 Abs. 1 von den Marktüberwachungsbehörden äußerst restriktiv interpretiert wird.

6 Im Falle der Feststellung eines entsprechenden Risikos fordert die Marktüberwachungsbehörde den betreffenden Akteur gemäß Art. 82 Abs. 1 unverzüglich auf, alle geeigneten Maßnahmen zu treffen, damit das Hochrisiko-KI-System zum Zeitpunkt des Inverkehrbringens oder der Inbetriebnahme dieses Risiko nicht mehr birgt. Trotz des insoweit irreführenden Wortlauts können die Maßnahmen auch nach der Bereitstellung auf dem Markt ergriffen werden, da die Aufforderung der Behörde aufgrund des Kriteriums der Unverzüglichkeit unmittelbar an die Ermittlung des Prüfergebnisses nach Art. 79 Abs. 2 anschließt. Dieses ist wiederum nicht auf den Zeitraum vor dem Inverkehrbringen beschränkt.[7] Nach dem Wortlaut hat die Behörde kein Ermessen dahingehend, dem Akteur eine konkrete Maßnahme aufzuerlegen. Sie kann den Akteur lediglich dazu auffordern, „alle geeigneten Maßnahmen zu treffen", deren konkrete Auswahl damit dem Akteur selbst obliegt.[8] Dies rechtfertigt sich insbesondere vor dem Hintergrund, dass das jeweilige Hochrisiko-KI-System, auf das sich die Korrekturaufforderung bezieht, den Anforderungen und Pflichten der KI-VO vollumfänglich entspricht, sodass dem Verhältnismäßigkeitsgrundsatz iRd Art. 82 eine besondere

[4] Verordnung (EU) 2019/1020 des Europäischen Parlamentes und des Rates vom 20.6.2019 über Marktüberwachung und die Konformität von Produkten sowie zur Änderung der Richtlinie 2004/42/EG und der Verordnungen (EG) Nr. 765/2008 und (EU) Nr. 305/2011.

[5] Wiebe BB 2022, 899 (905); Zur vergleichbaren Kritik an Art. R33 des Anhangs I des Beschlusses Nr. 768/2008/EG siehe Dauses/Ludwigs/Langner/Klindt/Schucht C. VI. Rn. 55.

[6] So ähnlich Martini/Wendehorst/Hartmann KI-O Art. 82 Rn. 1.

[7] Martini/Wendehorst/Hartmann KI-VO Art. 82 Rn. 12.

[8] AA Martini/Wendehorst/Hartmann KI-VO Art. 82 Rn. 12.

Bedeutung zukommt. Eine Rücknahme vom Markt oder der Rückruf des Systems als mögliche Anordnungen wurden im Laufe des Gesetzgebungsverfahrens gestrichen und sind nicht mehr vorgesehen.[9] Die Frist, innerhalb derer die Maßnahmen von dem betreffenden Akteur ergriffen worden sein müssen, kann die Behörde nach ihrem Ermessen festlegen. Sie ist aber auch hierbei an den Verhältnismäßigkeitsgrundsatz gebunden.

2. Ergreifung von Korrekturmaßnahmen durch den Anbieter oder einschlägigen Akteur (Abs. 2)

Als Adressat einer Korrekturaufforderung nach Art. 82 Abs. 1 kommen sowohl der Anbieter des betroffenen Hochrisiko-KI-Systems als auch jegliche sonstige Akteure in Betracht. Nach Art. 82 Abs. 2 besteht für den Adressaten die Pflicht, der Aufforderung der Marktüberwachungsbehörde innerhalb der vorgegebenen Frist nachzukommen und entsprechende Korrekturmaßnahmen zu ergreifen. Dabei stehen ihm gemäß Art. 74 Abs. 1 S. 1 die in Art. 18 MÜ-VO normierten Verfahrensrechte zu. Im Gegensatz zu Art. 79 sieht Art. 82 für den Fall einer Nichtbefolgung der Aufforderung durch den betreffenden Akteur keine weitere Verfahrensstufe vor. Die Durchsetzung der Aufforderung erfolgt nach allgemeinen Grundsätzen mit den Mitteln des Verwaltungszwangs. 7

3. Unterrichtung der Kommission und übrigen Mitgliedstaaten (Abs. 3)

Gemäß Art. 82 Abs. 3 S. 1 müssen die Mitgliedstaaten (dh praktisch die das Verfahren durchführende Marktüberwachungsbehörde des Mitgliedstaats), die Kommission und die übrigen Mitgliedstaaten über die Feststellungen nach Art. 82 Abs. 1 unterrichten. Bei „den Mitgliedstaaten" handelt es sich um die Mitgliedstaaten, deren Marktüberwachungsbehörden ein Risiko nach Art. 82 Abs. 1 hinsichtlich eines bestimmten Hochrisiko-KI-Systems festgestellt haben. Umfasst sein dürfte ebenfalls die Konstellation, dass es sich nur um einen Mitgliedstaat und dessen Marktüberwachungsbehörde handelt. 8

Die Unterrichtungspflicht umfasst gemäß Art. 82 Abs. 3 S. 2 sämtliche vorliegenden Informationen. Art. 82 Abs. 3 S. 2 konkretisiert weiter, dass davon die für die Identifizierung des Hochrisiko-KI-Systems notwendigen Daten, dessen Ursprung und Lieferkette, die Art des sich hieraus ergebenden Risikos und die Art und Dauer der ergriffenen nationalen Maßnahmen erfasst sind. Hinsichtlich dieser gesetzlich verlangten, nicht abschließend zu verstehenden („insbesondere") Mindestinformationen bestehen weitgehende Überschneidungen mit dem im Wesentlichen wortlautgleichen Art. 79 Abs. 6 S. 1. 9

4. Prüfung der nationalen Maßnahmen durch die Kommission (Abs. 4)

Gemäß Art. 82 Abs. 4 S. 1 nimmt die Kommission unverzüglich (nach ihrer Unterrichtung) Konsultationen mit den betreffenden Mitgliedstaaten und jeweiligen Akteuren auf und prüft die ergriffenen nationalen Maßnahmen. Als „betreffende" Mitgliedstaaten sind die Mitgliedstaaten zu verstehen, deren Marktüberwachungsbehörden Korrekturmaßnahmen in Bezug auf das Hochrisiko-KI-System 10

[9] Martini/Wendehorst/Hartmann KI-VO Art. 82 Rn. 12.

erlassen haben. Spiegelbildlich sind als „jeweilige" Akteure diejenigen Akteure anzusehen, die von den Marktüberwachungsbehörden zu Korrekturmaßnahmen aufgefordert wurden. Dies dürfte auch die noch in Art. 82 Abs. 1 und Abs. 2 explizit erwähnten Anbieter erfassen.

11 Im Rahmen der Konsultationen beratschlagen die Beteiligten zunächst über die erlassene(n) Korrekturaufforderung(en). Die Kommission entscheidet anschließend unter Berücksichtigung der Konsultationen gemäß Art. 82 Abs. 4 S. 2, ob die Aufforderung gerechtfertigt ist, und kann weitere Maßnahmen vorschlagen. Hierbei handelt es sich um einen Beschluss, wie aus Art. 82 Abs. 5 S. 1 hervorgeht.

12 Die erlassene Maßnahme ist als gerechtfertigt anzusehen, wenn sie den Vorgaben des Art. 82 Abs. 1 sowie dem sonstigen Unionsrecht entspricht. Erforderlich ist demnach insbesondere, dass tatsächlich ein Risiko iSd Art. 82 Abs. 1 existiert und die Korrekturmaßnahme gerechtfertigt, also geeignet, erforderlich und verhältnismäßig ist, um das Risiko zu beseitigen.

13 Die Rechtsfolgen des Beschlusses der Kommission sind weder in Art. 82 noch andernorts in der KI-VO ausdrücklich geregelt. Jedoch lassen sich die Rechtsgedanken des Art. 81 Abs. 2 heranziehen, der die Folgen der Rechtfertigung von Maßnahmen nach Art. 79 Abs. 5 S. 1 regelt. Entscheidet die Kommission, dass die Korrekturaufforderung gerechtfertigt ist, sind demnach auch die übrigen Mitgliedstaaten verpflichtet, geeignete einschränkende Maßnahmen bzgl des betreffenden Hochrisiko-KI-Systems zu ergreifen (vgl. Art. 81 Abs. 2 S. 1). Entscheidet die Kommission hingegen, dass die Aufforderung nicht gerechtfertigt ist, nimmt der betreffende Mitgliedstaat die Aufforderung zurück (vgl. Art. 81 Abs. 2 S. 2).

14 Darüber hinaus kann die Kommission weitere geeignete Maßnahmen vorschlagen, wenn ihr dies erforderlich erscheint. Aus dem Wortlaut des Art. 82 Abs. 4 S. 2 Hs. 2, der von „weitere[n] geeignete[n] Maßnahmen" spricht, ergibt sich, dass die Kommission in jedem Fall ein Risiko iSd Art. 82 Abs. 1 anerkennen muss. Zum einen kann die Kommission die Maßnahme als grundsätzlich gerechtfertigt erachten, aber das identifizierte Risiko zugleich als derart hoch bewerten, dass ihr ein weiteres Einschreiten angezeigt erscheint. Zum anderen schließt der Wortlaut nicht aus, dass sie die Maßnahme als gänzlich ungeeignet erachtet, da nur von „weitere[n] Maßnahme[n]" die Rede ist. Der Gesetzestext weist jedoch ausdrücklich darauf hin, dass die Maßnahmen der Kommission unter dem Vorbehalt der Erforderlichkeit stehen. Wie bereits hinsichtlich der Korrekturaufforderung durch die Marktüberwachungsbehörden nach Art. 82 Abs. 1 ist auch für die vorgeschlagenen Maßnahmen der Kommission im Lichte des Ausnahmecharakters des Verfahrens, das sich auf ein gesetzeskonformes Hochrisiko-KI-System bezieht, eine strenge Anwendung des Verhältnismäßigkeitsprinzips zu verlangen.

15 Bei den Vorschlägen der Kommission handelt es sich lediglich um unverbindliche Empfehlungen. Die Marktüberwachungsbehörden sind nicht verpflichtet, sie umzusetzen. Das zeigt der Vergleich mit anderen Rechtsakten des europäischen Produktsicherheitsrechts, die an vergleichbarer Stelle von „vorschreiben" statt von „vorschlagen" sprechen.[10]

5. Beschluss der Kommission (Abs. 5)

16 Ihren Beschluss über die Korrekturaufforderung teilt die Kommission gemäß Art. 82 Abs. 5 S. 1 unverzüglich den betreffenden Mitgliedstaaten und den betref-

[10] Siehe zB Art. 45 Abs. 4 UAbs. 2 VO (EU) 2023/1230 des Europäischen Parlaments und des Rates vom 14.6.2023 über Maschinen und zur Aufhebung der Richtlinie 2006/42/EG des Europäischen Parlaments und des Rates und der Richtlinie 73/361/EWG des Rates.

fenden Akteuren mit. Ferner unterrichtet sie die übrigen Mitgliedstaaten nach Art. 82 Abs. 5 S. 2 über ihren Beschluss. Trotz der grundsätzlich kooperativen Ausgestaltung des Marktüberwachungsverfahrens nach Art. 82 folgt aus Art. 82 Abs. 5 S. 1, dass die alleinige Letztentscheidungsbefugnis bezüglich der Rechtfertigung von bereits ergriffenen Maßnahmen bei der Kommission liegt.

Art. 83* Formale Nichtkonformität

(1) **Wenn die Marktüberwachungsbehörde eines Mitgliedstaats eine der folgenden Nichtkonformitäten feststellt, fordert sie den jeweiligen Anbieter auf, diese binnen einer Frist, die sie vorgeben kann, zu beheben:**
a) die CE-Kennzeichnung wurde unter Verstoß gegen Artikel 48 angebracht;
b) es wurde keine CE-Kennzeichnung angebracht;
c) es wurde keine EU-Konformitätserklärung gemäß Artikel 47 ausgestellt;
d) es wurde keine EU-Konformitätserklärung gemäß Artikel 47 ordnungsgemäß ausgestellt;
e) es wurde keine Registrierung in der EU-Datenbank gemäß Artikel 71 vorgenommen;
f) es wurde kein Bevollmächtigter – sofern erforderlich – ernannt;
g) es ist keine technische Dokumentation verfügbar.

(2) **Besteht die Nichtkonformität nach Absatz 1 weiter, so ergreift die Marktüberwachungsbehörde des betreffenden Mitgliedstaats geeignete und verhältnismäßige Maßnahmen, um die Bereitstellung des Hochrisiko-KI-Systems auf dem Markt zu beschränken oder zu verbieten oder um dafür zu sorgen, dass es unverzüglich zurückgerufen oder vom Markt genommen wird.**

Übersicht

* Kapitel IX (Art. 72–94) gilt gem. Art. 113 UAbs. 2 ab 2.8.2026, mit Ausnahme von Art. 78, der gem. Art. 113 UAbs. 3 Buchst. b bereits ab 2.8.2025 gilt.

I. Zweck der Norm

1 Art. 83 verpflichtet die Marktüberwachungsbehörden, gegen Fälle der formalen Nichtkonformität von (Hochrisiko-)KI-Systemen vorzugehen. Primäres Ziel der Vorschrift ist es, die **Einhaltung administrativer Pflichten** abzusichern und im Einzelfall formale Konformität herzustellen. Dabei geht es ausschließlich um die Einhaltung formaler Anforderungen. Diese sind zwar von großer Bedeutung für die Rechtsdurchsetzung und Marktüberwachung, betreffen jedoch nicht unmittelbar die Sicherheit und Risiken für Grundrechte.

2 Zu den hierbei relevanten (formalen) Pflichten zählen insbesondere solche zur Kennzeichnung, Registrierung und Dokumentation von KI-Systemen. Diese Anforderungen dienen vor allem der Transparenz und Rückverfolgbarkeit, was im Sinne der Marktüberwachung unerlässlich ist. Nationale Marktüberwachungsbehörden sind in einem zweistufigen Verfahren[1] dazu befugt, bei der Feststellung solcher Verstöße **Korrekturaufforderungen** an die betroffenen Akteure zu richten (Abs. 1) und, wenn dies fehlschlägt (Abs. 2), selbst geeignete und verhältnismäßige Maßnahmen zu ergreifen.

3 Eine besondere Relevanz erhält die Regelung im Kontext von **Hochrisiko-KI-Systemen,** da die in Art. 83 aufgeführten Nichtkonformitätsgründe sich primär auf diese Systeme beziehen. Hochrisiko-KI-Systeme zeichnen sich durch potenziell erhebliche Auswirkungen auf die Grundrechte und die Sicherheit aus. Die Aufsicht und Durchsetzung der Konformitätsanforderungen ist deshalb besonders strikt geregelt ist. Dagegen liegt die Aufsicht über KI-Modelle mit allgemeinem Verwendungszweck nach Art. 88 Abs. 1 in der Zuständigkeit der Europäischen Kommission. Daraus ergibt sich eine Kompetenzverteilung zwischen nationalen Behörden und der Kommission, abhängig vom Risiko- und Verwendungsprofil der betreffenden KI-Systeme. Die Entstehungsgeschichte von Art. 83 lässt sich auf Art. 68 im Kommissionsentwurf zurückführen.[2]

II. Verhältnis zu anderen Normen

4 Art. 83 betrifft ausschließlich die formale Nichtkonformität. Demgegenüber besteht mit Art. 79 eine Norm, welche die materielle Nichtkonformität betrifft. Art. 83 ist lex specialis zu Art. 79 Abs. 2.[3] Im Vergleich zu dem in Art. 79 beschriebenen Verfahren stellt sich Art. 83 als ein **vereinfachtes Verfahren** bei bestimmten Verstößen gegen Formvorschriften im Rahmen der Überwachung und Durchsetzung von Vorschriften für Hochrisiko-KI-Systeme dar. Das in

---

[1] Schefzig/Kilian/Djeffal Art. 83 Rn. 3.

[2] Schefzig/Kilian/Djeffal Art. 83 Rn. 5; ausführlich zur Entstehungsgeschichte Bomhard/Pieper/Wende/Mattheis Art. 83 Rn. 11 ff.

[3] Martini/Wendehorst/Hartmann Art. 83 Rn. 3.

Art. 79 beschriebene Verfahren bei materieller Nichtkonformität ist gegenüber dem Verfahren nach Art. 83 deutlich komplexer.[4] Während Art. 79 umfangreiche Anforderungen an die Verfahrensgestaltung stellt, verzichtet Art. 83 etwa auf Mitteilungspflichten. Dies ist dadurch gerechtfertigt, dass die in Art. 83 geregelten formalen Verstöße nicht sicherheitsrelevante Mängel betreffen. Diese bedürfen keiner so intensiven Kontrolle wie materielle Mängel, die potenzielle Risiken für die öffentliche Sicherheit oder Grundrechte bergen.

Ein weiterer Unterschied bei der Durchsetzung materieller und formeller Konformität der KI-Systeme besteht darin, dass Art. 83 im Gegensatz zu Art. 79 **kein einzelfallbezogenes Risiko** für die Anordnung von Maßnahmen voraussetzt.[5] Während Art. 79 explizit darauf abzielt, spezifische Risiken eines bestimmten KI-Systems für Gesundheit, Sicherheit oder Grundrechte zu bewerten und Maßnahmen zu ergreifen, wenn diese Risiken bestehen, ist Art. 83 allgemeiner gehalten.[6] Hier stehen Verstöße gegen administrative Pflichten wie Kennzeichnung, Registrierung oder Dokumentation im Vordergrund, unabhängig davon, ob ein konkretes Risiko im Einzelfall nachgewiesen wird. 5

Diese Vereinfachung des Verfahrens in Art. 83 spiegelt das geringere Gefährdungspotenzial der erfassten Verstöße wider und ermöglicht den Marktüberwachungsbehörden eine schnellere und effizientere Reaktion auf formale Verstöße, ohne dabei die umfassenden Anforderungen des Art. 79 durchlaufen zu müssen. 6

III. Auslegung der Norm

1. Aufforderung zur Behebung formaler Nichtkonformität (Abs. 1)

Stellt eine Marktüberwachungsbehörde eines Mitgliedstaates einen oder mehrere formale Nichtkonformitätsgründe fest, fordert sie den Anbieter auf, **die Nichtkonformität binnen einer Frist zu beheben.** 7

Art. 83 Abs. 1 enthält keine Angaben zur Dauer der Frist, sondern überlässt es dem Ermessen der jeweiligen Marktüberwachungsbehörde, eine solche Frist vorzugeben. Weitere Rechtsfolgen, wie etwa eine Dokumentations- oder Informationspflicht gegenüber der Kommission enthält Art. 83 nicht. Bei der **Festlegung der Frist** zur Behebung der Nichtkonformität sollte die Marktüberwachungsbehörde verschiedene Kriterien berücksichtigen. 8

- Die Marktüberwachungsbehörde sollte die potenziellen Risiken für die Gesundheit und Sicherheit der Nutzer oder die Allgemeinheit bewerten. Bei erheblichem Risiko ist eine kürzere Frist angebracht, um schnell handeln zu können.
- Wenn wesentliche oder zahlreiche Anforderungen fehlen, kann dies eine kürzere Frist rechtfertigen. Kleinere Abweichungen könnten hingegen eine längere Frist zulassen.
- Wenn das KI-System besonders komplex ist, kann die Behörde eine längere Frist setzen, um eine vollständige und genaue Dokumentation zu ermöglichen. Bei einfacheren Systemen ist eine kürzere Frist angemessen.

---

[4] Martini/Wendehorst/Hartmann Art. 83 Rn. 2.
[5] Martini/Wendehorst/Hartmann Art. 83 Rn. 4.
[6] Martini/Wendehorst/Hartmann Art. 83 Rn. 3.

– Falls der Anbieter bereits Schritte zur Nachreichung unternommen hat oder zeigt, dass die Dokumentation kurzfristig erstellt wird, kann die Behörde eine sehr kurze Frist festsetzen.
– In Fällen, in denen ein Verdacht auf erhebliche Mängel oder ein erhöhtes Risiko für die Grundrechte der Nutzer besteht, kann die Behörde kürzere Fristen setzen, um schnell die erforderliche Transparenz zu schaffen.
– Die Behörde kann prüfen, ob vergleichbare Systeme mit technischer Dokumentation auf dem Markt verfügbar sind. Ist dies der Fall, kann eine kurze Frist angemessen sein, um für alle Anbieter gleiche Bedingungen zu schaffen.

2. Gründe für die formale Nichtkonformität (Abs. 1)

9 Abs. 1 enthält einen **abschließenden Katalog mit sieben Gründen für die formale Nichtkonformität** von (Hochrisiko)-KI-Systemen. Soweit es sich bei den Gründen für die Nichtkonformität aus Abs. 1 gleichzeitig um Verstöße gegen die Pflichten der Anbieter von Hochrisiko-KI-Systemen aus Art. 16 handelt, ist zu beachten, dass diese unter bestimmten Voraussetzungen auch nach Art. 99 Abs. 4 lit. a sanktioniert werden können.

10 **a) „die CE-Kennzeichnung wurde unter Verstoß gegen Artikel 48 angebracht" (lit. a).** Art. 83 Abs. 1 lit. a deckt Fälle ab, in denen zwar eine CE-Kennzeichnung am Hochrisiko-KI-Systeme angebracht ist, dies aber unter Verstoß gegen Art. 48 geschehen ist.[7] Art. 48 macht eine Reihe von Vorgaben zur CE-Kennzeichnung. Nach Art. 48 Abs. 1 gelten zunächst die allgemeinen Grundsätze aus Art. 30 der Verordnung (EG) Nr. 765/2008. Danach darf die CE-Kennzeichnung nur durch den Hersteller oder seinen Bevollmächtigten angebracht werden. Nach Art. 48 Abs. 3 ist die CE-Kennzeichnung gut sichtbar, leserlich und dauerhaft an Hochrisiko-KI-Systemen anzubringen. Falls die Art des Hochrisiko-KI-Systems dies nicht zulässt oder nicht rechtfertigt, wird sie auf der Verpackung bzw. der beigefügten Dokumentation angebracht. Nach Art. 48 Abs. 4 wird gegebenenfalls die Identifizierungsnummer der für die in Art. 43 festgelegten Konformitätsbewertungsverfahren zuständigen notifizierten Stelle hinzugefügt. Dies muss dann auch auf jeglichem Werbematerial angegeben werden, in dem darauf hingewiesen wird, dass das Hochrisiko-KI-System die Anforderungen für die CE-Kennzeichnung erfüllt.

11 **b) „es wurde keine CE-Kennzeichnung angebracht" (lit. b).** Art. 83 Abs. 1 lit. b gilt für alle Fälle, in denen Hochrisiko-KI-Systeme nicht mit einer CE-Kennzeichnung versehen wurden. Diese Tatbestandsalternative soll davor schützen, dass Hochrisiko-KI-Systeme in Betrieb genommen oder in Verkehr gebracht werden, deren Konformität mit der KI-VO nicht ersichtlich ist und somit nicht frei im Binnenmarkt verkehren können.[8]

12 **c) „es wurde keine EU-Konformitätserklärung gemäß Artikel 47 ausgestellt" (lit. c).** Für jedes Hochrisiko-KI-System muss der Anbieter nach Art. 47 Abs. 1 eine schriftliche maschinenlesbare, physische oder elektronisch unterzeichnete EU-Konformitätserklärung ausstellen. Die Konformitätserklärung muss 10 Jahre ab dem Inverkehrbringen oder der Inbetriebnahme des Hochrisiko-KI-

[7] Dazu auch Bomhard/Pieper/Wende/Mattheis Art. 83 Rn. 17 ff.

[8] Zum Unterschied von Abs. 1 lit. a und lit. b Martini/Wendehorst/Hartmann Art. 83 Rn. 8.

Systems für die zuständigen nationalen Behörden bereitgehalten werden. Auf Antrag wird den zuständigen nationalen Behörden eine Kopie der EU-Konformitätserklärung übermittelt. Art. 83 Abs. 1 lit. c erfasst Fälle, in denen diese EU-Konformitätserklärung nicht ausgestellt wurde und entsprechend nicht für die zuständigen Behörden bereitgehalten werden kann. Da einer der Hauptzwecke des Art. 47 Abs. 1 ist, dass die EU-Konformitätserklärung für die Behörden jederzeit einsehbar ist, umfasst lit. c auch Fälle, in denen eine EU-Konformitätserklärung zwar ausgestellt wurde aber im weiteren Verlauf verloren geht. Die Aufforderung zur Behebung formaler Nichtkonformität kann also darauf gerichtet sein, eine EU-Konformitätserklärung erstmals auszustellen oder eine bereits ausgestellte, aber verlorengegangene EU-Konformitätserklärung erneut auszustellen und bereitzuhalten.

d) „es wurde keine EU-Konformitätserklärung gemäß Artikel 47 ordnungsgemäß ausgestellt" (lit. d). Während Art. 83 Abs. 1 lit. c Fälle erfasst, in denen eine EU-Konformitätserklärung gar nicht ausgestellt wurde, betrifft Art. 83 Abs. 1 lit. d Fälle, in denen die EU-Konformitätserklärung zwar ausgestellt wurde, aber nicht den Vorgaben aus Art. 47 entspricht. Nach Art. 47 muss die EU-Konformitätserklärung feststellen, dass das betreffende Hochrisiko-KI-System die in Abschnitt 2 festgelegten Anforderungen erfüllt. Es müssen die in Anhang V festgelegten Informationen enthalten sein. Außerdem müssen sie in eine Sprache übersetzt werden, die für die zuständigen nationalen Behörden der Mitgliedstaaten, in denen das Hochrisiko-KI-System in Verkehr gebracht oder bereitgestellt wird, leicht verständlich ist. Damit betrifft lit. d solche Fälle, in denen eine EU-Konformitätserklärung zwar ausgestellt ist, aber nicht vollständig oder fehlerhaft. Fälle in denen gar keine EU-Konformitätserklärung ausgestellt wurde oder diese verlorengegangen ist, werden hingegen von lit. c erfasst. 13

e) „es wurde keine Registrierung in der EU-Datenbank gemäß Artikel 71 vorgenommen" (lit. e). Für Anbieter von Hochrisiko-KI-Systemen besteht gem. Art. 49 und 60 eine Pflicht zur Registrierung in der EU-Datenbank für die in Anhang III aufgeführten Hochrisiko-KI-Systeme, welche die Kommission nach Art. 71 errichtet und in Zusammenarbeit mit den Mitgliedstaaten führt. Die grundsätzliche Pflicht des Anbieters zur Registrierung in der EU-Datenbank vor dem Inverkehrbringen oder der Inbetriebnahme eines in Anhang III aufgeführten Hochrisiko-KI-Systems ergibt sich aus Art. 49. Für Tests von Hochrisiko-KI-Systemen unter Realbedingungen außerhalb von KI-Reallaboren ergibt sich eine Registrierungspflicht für Anbieter oder zukünftige Anbieter aus Art. 60 Abs. 4 lit. c. 14

f) „es wurde kein Bevollmächtigter – sofern erforderlich – ernannt" (lit. f). Für in Drittländern niedergelassene Anbieter ergibt sich aus Art. 22 Abs. 1 die Pflicht, vor der Bereitstellung ihrer Hochrisiko-KI-Systeme auf dem Unionsmarkt schriftlich einen in der Union niedergelassenen Bevollmächtigten zu benennen. Der Bevollmächtigte ist ermächtigt, als Ansprechpartner für die zuständigen Behörden betreffend die Einhaltung der KI-VO zu dienen. Art. 83 Abs. 1 lit. f erfasst Fälle, in denen diese Pflicht aus Art. 22 Abs. 1 nicht erfüllt wurde. In diesen Fällen sollte eine **möglichst kurze Frist für die Behebung dieses Nichtkonformitätsgrundes** gesetzt werden, um sicherzustellen, dass ein verantwortlicher Ansprechpartner in der Union schnellstmöglich verfügbar ist. Dies ist wichtig, weil Hochrisiko-KI-Systeme erhebliche Auswirkungen auf Gesundheit, Sicherheit und Grundrechte haben können. Ein Bevollmächtigter dient den 15

Behörden als Ansprechpartner für alle Fragen der Konformität und ermöglicht eine effektive Kontrolle und schnelle Reaktionsmöglichkeit bei Problemen. Ohne einen solchen Ansprechpartner kann die Aufsicht erschwert oder verzögert werden, was potenzielle Risiken für die Nutzer und die Öffentlichkeit birgt.

16 **g) „es ist keine technische Dokumentation verfügbar" (lit. g).** Art. 83 Abs. 1 lit. g ist einschlägig, wenn keine technische Dokumentation verfügbar ist. Aus Art. 11 Abs. 1 ergibt sich die Pflicht, vor Inverkehrbringen oder Inbetriebnahme einer Hochrisiko-KI-Systems eine technische Dokumentation zu erstellen und auf dem neuesten Stand zu halten. Die technische Dokumentation soll belegen, wie das Hochrisiko-KI-System die Anforderungen des Abschnitts 2 erfüllt. Die notwendigen Informationen zur Bewertung der Erfüllung dieser Anforderungen sind den zuständigen nationalen Behörden und den notifizierten Stellen klar und verständlich bereitzustellen. Auch in diesen Fällen sollte eine **kurze Frist zur Behebung der Nichtkonformität** gesetzt werden, da die technische Dokumentation eine zentrale Rolle bei der Bewertung und Überwachung der Sicherheit und Konformität von Hochrisiko-KI-Systemen spielt. Ohne diese Dokumentation können die zuständigen Behörden und notifizierten Stellen nicht überprüfen, ob das KI-System die notwendigen Anforderungen an Sicherheit, Transparenz und Datenschutz erfüllt. Eine fehlende technische Dokumentation erschwert es erheblich, mögliche Risiken für die Nutzer und die Öffentlichkeit frühzeitig zu identifizieren und Maßnahmen zu ergreifen. Eine schnelle Nachreichung ermöglicht daher eine zügige Kontrolle und schützt damit effektiv die öffentlichen Interessen und die Rechte der Nutzer. Anders als die Tatbestände lit. a–f betrifft lit. g keine bloße Formalpflicht, sondern eine materielle Verhaltenspflicht. Die Einbeziehung in Art. 83 stellt daher eine bewusste gesetzgeberische Typisierung dar, die der zentralen Kontrollfunktion der technischen Dokumentation Rechnung trägt.[9]

3. Maßnahmen der Marktüberwachungsbehörde (Abs. 2)

17 Abs. 2 ist eine weitgehende Ermächtigungsgrundlage für die Marktüberwachungsbehörde, nach der sie geeignete Maßnahmen in Fällen der formalen Nichtkonformität ergreifen kann. Dies bezieht sich auf Pflichten, die vom Anbieter selbst vorzunehmen sind.[10] Einzige Tatbestandsvoraussetzung ist das **Weiterbestehen der Nichtkonformität gemäß Absatz 1.** In systematischer Auslegung ist zu fordern, dass die von der Marktüberwachungsbehörde gesetzte Frist zur Behebung der Nichtkonformität abgelaufen ist, bevor die Marktüberwachungsbehörde nach Abs. 2 handelt.

18 Abs. 2 zählt **vier mögliche Maßnahmen** der Marktüberwachungsbehörde auf, mit denen auf ein Weiterbestehen der Nichtkonformität reagiert werden kann. Die Maßnahmen müssen insbesondere verhältnismäßig sein.[11] Formelle Verstöße werden alleine regelmäßig keinen Rückruf rechtfertigen. Ein Verweis auf Geldbußen gem. Art. 99 fehlt in Art. 83.[12]

19 Zum einen, kann die Marktüberwachungsbehörde die **Bereitstellung des Hochrisiko-KI-Systems auf dem Markt beschränken.** Dazu muss sie per

---

[9] Martini/Wendehorst/Hartmann Art. 83 Rn. 12; Schefzig/Kilian/Djeffal Art. 83 Rn. 14.

[10] Martini/Wendehorst/Hartmann Art. 83 Rn. 14.

[11] Bomhard/Pieper/Wende/Mattheis Art. 83 Rn. 38 f.

[12] Bomhard/Pieper/Wende/Mattheis Art. 83 Rn. 40.

Verwaltungsakt entsprechende Auflagen erteilen und die Bereitstellung der Hochrisiko-KI zB regional, zeitlich oder auf bestimmte Anwender oder Anwendungsfälle beschränken.

Die Marktüberwachungsbehörde kann auch in Fällen, in denen eine solche Beschränkung nicht ausreicht, die **Bereitstellung des Hochrisiko-KI-Systems auf dem Markt verbieten.** Ein Verbot der Bereitstellung des Hochrisiko-KI-Systems auf dem Markt aufgrund formeller Nichtkonformität dürfte wohl nur angemessen sein, wenn die formelle Nichtkonformität ernsthafte und unmittelbare Gefahr für die öffentliche Sicherheit, Gesundheit oder die Grundrechte bedeutet. Dies könnte der Fall sein, wenn wiederholte oder schwerwiegende Nichtkonformitäten festgestellt wurde, die geeignet sind, das Vertrauen in die Zuverlässigkeit und Sicherheit des Systems dauerhaft zu untergraben, sodass eine weitere Bereitstellung des Systems ein inakzeptables Risiko darstellt. **20**

Des Weiteren kann die Marktüberwachungsbehörde dafür sorgen, dass die Hochrisiko-KI-Systeme **unverzüglich zurückgerufen** oder **vom Markt genommen** werden.[13] Ein Rückruf oder eine Marktentfernung durch die Marktüberwachungsbehörde dürfte bei formalen Verstößen nur verhältnismäßig sein, wenn grundlegende Anforderungen an die Dokumentation, Kennzeichnung oder Registrierung des Hochrisiko-KI-Systems nicht erfüllt sind und sich daraus erhebliche Gefahren für die von der KI-VO geschützten Rechtsgüter ergeben. **21**

IV. Gesamtwürdigung und Ausblick

Bei den in Art. 83 Abs. 1 genannten Gründen der formalen Nichtkonformität handelt es sich um Verstöße gegen Kennzeichnungs-, Registrierungs- und Dokumentationspflichten. Im Gegensatz zu Verstößen gegen materielle Konformitätsanforderungen ergibt sich aus diesen Verstößen kein unmittelbares Risiko für eines von der KI-VO geschützten Rechtsguts.[14] Es ist daher angemessen, zunächst durch die Marktüberwachungsbehörden auf eine Behebung der Nichtkonformität hinzuwirken. Für Anbieter von Hochrisiko-KI-Systemen ergeben sich erhöhte Compliance-Anforderungen.[15] **22**

Dass Abs. 2 bei Weiterbestehen der Nichtkonformität das Verbot der Bereitstellung des Hochrisiko-KI-Systems auf dem Markt als Maßnahme nennt, verwundert zunächst. Allerdings betreffen die in Abs. 1 genannten Gründe für die formale Nichtkonformität jeweils Vorschriften, die für die Überwachung und Durchsetzung der KO-VO eine entscheidende Rolle spielen. So können selbst Hochrisiko-KI-Systeme frei auf dem Binnenmarkt verkehren, wenn aus der CE-Kennzeichnung ihre (materielle) Konformität mit der KI-VO hervorgeht. **23**

Art. 84* Unionsstrukturen zur Unterstützung der Prüfung von KI

(1) **Die Kommission benennt eine oder mehrere Unionsstrukturen zur Unterstützung der Prüfung von KI, die die Aufgaben gemäß Artikel 21 Absatz 6 der Verordnung (EU) 2019/1020 im KI-Bereich wahrnehmen.**

---

[13] Bomhard/Pieper/Wende/Mattheis Art. 83 Rn. 40 zur Unterscheidung dieser Maßnahmen.

[14] Bomhard/Pieper/Wende/Mattheis Art. 83 Rn. 40.

[15] So Schefzig/Kilian/Djeffal Art. 83 Rn. 3.

* Kapitel IX (Art. 72–94) gilt gem. Art. 113 UAbs. 2 ab 2.8.2026, mit Ausnahme von Art. 78, der gem. Art. 113 UAbs. 3 Buchst. b bereits ab 2.8.2025 gilt.

(2) **Unbeschadet der in Absatz 1 genannten Aufgaben leisten die Unionsstrukturen zur Unterstützung der Prüfung von KI auf Anfrage des KI-Gremiums, der Kommission oder der Marktüberwachungsbehörden auch unabhängige technische oder wissenschaftliche Beratung.**

Übersicht

I. Zweck der Norm

1 Art. 84 Abs. 1 sieht vor, dass die Kommission Unionsstrukturen benennt, die bei der Prüfung von KI-Systemen unterstützend tätig werden können. Nach Art. 84 Abs. 2 sollen die benannten Unionsprüfeinrichtungen auch als **unabhängige Beratungseinheit** in technischen und wissenschaftlichen Fragen für Anfragen des KI-Gremiums, der Kommission und den Marktüberwachungsbehörden zur Verfügung stehen. Ziel der Regelung ist es ausweislich Erwgr. 152, dass die Unionsstrukturen eine angemessene Durchsetzung in Bezug auf KI-Systeme unterstützen und die Kapazitäten der Mitgliedstaaten stärken.[1] Die Unionsprüfeinrichtungen sollen Know-How zu allen relevanten KI-Themen bündeln und sich so zu kompetenten Facheinheiten entwickeln. Die Unionsprüfeinrichtungen treten neben ähnliche Institutionen der KI-VO, die darauf abzielen, die Einhaltung der Vorschriften zur Entwicklung und Nutzung von KI-Systemen sicherzustellen und gleichzeitig den Mitgliedstaaten sowie der EU als Ganzes technisches und wissenschaftliches Know-how bereitzustellen. Ein Beispiel ist das Europäische KI-Gremium, das gem. Art. 56 eingerichtet wird, um die einheitliche Anwendung der Vorschriften zu gewährleisten, die Zusammenarbeit zwischen den Mitgliedstaaten zu fördern und die Kommission bei der Weiterentwicklung der KI-Politik zu beraten. Die Norm findet sich nicht um Entwurf der Kommission, sondern wurde erst später im Gesetzgebungsverfahren aufgenommen.[2]

II. Verhältnis zu anderen Normen

2 Art. 84 Abs. 1 nimmt direkt Bezug auf Art. 21 Abs. 6 der Marktüberwachungs- und Produktkonformitäts-VO (EU) 2019/1020. Unionsprüfeinrichtungen dienen nach Art. 21 Abs. 1 der Marktüberwachungs- und Produktkonformitäts-VO dem Zweck, einen Beitrag zur Verbesserung der Laborkapazitäten sowie von **Zuverlässigkeit und Kohärenz der Prüfungen** für Zwecke der Marktüberwachung innerhalb der Union zu leisten. Im Rahmen ihres Zuständigkeitsbereichs erfüllen sie nach Art. 21 Abs. 6 der Marktüberwachungs- und Produktkonformitäts-VO zunächst drei Hauptaufgaben, (a) die Durchführung von Produktprüfungen auf

[1] Zum Normzweck Martini/Wendehorst/Hartmann Art. 84 Rn. 1.

[2] Bomhard/Pieper/Wende/Mattheis Art. 84 Rn. 4.

Ersuchen der Marktüberwachungsbehörden, des Netzwerks oder der Kommission, (b) auf Anfrage des Netzwerks unabhängige Beratung in fachlichen oder wissenschaftlichen Fragen und (c) Entwicklung neuer Analyseverfahren und -methoden.

Die **Durchführung von Produktprüfungen** bei KI-Systemen im Hinblick auf die Erfüllung aller in der KI-VO festgelegten Anforderungen und Pflichten ordnet Art. 79 Abs. 2 an. Voraussetzung ist, dass die Marktüberwachungsbehörde eines Mitgliedstaats hinreichend Grund zu der Annahme hat, dass ein KI-System ein Risiko nach Art. 79 Abs. 1 birgt. Produktprüfungen werden auch in Art. 80 Abs. 1 (Verfahren für den Umgang mit KI-Systemen, die vom Anbieter gemäß Anhang III als nicht hochriskant eingestuft werden) und Art. 82 Abs. 1 (Konforme KI-Systeme, die ein Risiko bergen) angeordnet. 3

III. Auslegung der Norm

1. Benennen von Unionsprüfeinrichtungen (Abs. 1)

Art. 84 Abs. 1 verpflichtet die Kommission, Unionsprüfeinrichtungen zu benennen, die bei der Prüfung von KI-Systemen unterstützend tätig werden können. Bezüglich der **Zahl der zu benennenden Unionsprüfeinrichtungen** steht der Kommission ein Ermessensspielraum zu („eine oder mehrere“). Für mehrere Unionsprüfeinrichtungen könnte sprechen, dass diese in einer Wettbewerbssituation zueinander angehalten sind, ihr Verfahren weiterzuentwickeln und auf der Höhe der Technik zu bleiben. Auch könnte sich bei der Benennung mehrerer Unionsprüfeinrichtungen Spezialisierungen herausbilden. Dies ist insbesondere deshalb möglich, da derzeit noch nicht absehbar ist, wie sich die KI-Systeme weiterentwickeln. Hauptaufgabe der Unionsprüfeinrichtungen ist die Unterstützung und Entlastung der Marktüberwachungsbehörden. Je nach Entwicklung kann es geboten sein, diese Aufgaben auf mehrere Unionsprüfeinrichtungen zu verteilen. Hingegen spricht das Ziel, durch die Unionsprüfeinrichtungen auch auf eine **kohärente Prüfpraxis** hinzuwirken, dafür, nur eine Unionsprüfeinrichtung zu benennen. Die Unionsprüfeinrichtungen nehmen keine eigenen hoheitlichen Entscheidungen vor. Prüf- und Bewertungsbefugnisse bleiben vollständig bei den Marktüberwachungsbehörden. 4

Art. 21 Abs. 5 der Marktüberwachungs- und Produktkonformitäts-VO (EU) 2019/1020 soll die Unabhängigkeit der Unionsprüfeinrichtungen absichern und Interessenkonflikte durch private Auftraggeber verhindern.[3] Danach dürfen benannte Unionsprüfeinrichtungen ihre Dienstleistungen ausschließlich den Marktüberwachungsbehörden, dem Netzwerk, der Kommission und sonstigen staatlichen oder zwischenstaatlichen Einrichtungen erbringen. 5

Dabei befindet sich die Unionsprüfeinrichtung im Wettbewerb mit privaten Prüfungsanbietern, denn Art. 21 Abs. 4 der Marktüberwachungs- und Produktkonformitäts-VO (EU) 2019/1020 stellt es der Kommission und den Marktüberwachungsbehörden frei, Prüfaufträge an private Anbieter zu vergeben. 6

Die Tätigkeiten der Unionsprüfeinrichtungen sind nach Art. 21 Abs. 7 der Marktüberwachungs- und Produktkonformitäts-VO (EU) 2019/1020 zu vergüten. 7

---

[3] Martini/Wendehorst/Hartmann Art. 84 Rn. 4.

2. Technisch wissenschaftliche Beratung (Abs. 2)

8 Art. 84 Abs. 2 erweitert die in Abs. 1 genannten Aufgaben der Unionsprüfeinrichtungen zur Unterstützung von Prüfungen von KI-Systemen um den Bereich der technischen und wissenschaftlichen Beratung. Auf Anfrage soll die Unionsprüfeinrichtung dem KI-Gremium, der Kommission und der Marktüberwachungsbehörde beratend zur Seite stehen. Im Rahmen dieser beratenden Funktion können die Unionsprüfeinrichtungen etwa **technische Gutachten** erstellen und Analysen zu bestimmten KI-Systemen anfertigen und potenzielle Schwachstellen oder Risiken identifizieren.[4] Sie können der Marktüberwachungsbehörde und der Kommission Anregungen zur Anpassung oder **Verbesserung von Prüfmethoden** und -verfahren geben, damit diese mit den neuesten technologischen Entwicklungen Schritt halten. Die Einrichtungen beobachten **aktuelle Entwicklungen in Forschung und Technik** im Bereich KI und tragen damit zur Weiterentwicklung der Bewertungsmaßstäbe und Prüfverfahren bei. Bei besonders schwierigen oder innovativen KI-Anwendungen können die Einrichtungen eine beratende Rolle übernehmen und durch wissenschaftliche Expertise Klarheit schaffen, etwa bei Fragen der Algorithmen-Transparenz oder in der Risikobewertung.

IV. Gesamtwürdigung und Ausblick

9 Die Prüfung von KI-Systemen kann eine hochkomplexe Angelegenheit sein, zumal die Technologien sich stetig fortentwickeln. Das Funktionieren des Binnenmarktes in diesem Bereich ist auf zuverlässige und kohärente Prüfungen angewiesen. Die Benennung von Unionsprüfeinrichtungen hat sich zu diesem Zweck bewährt. Die Einheiten können Know-How bündeln und neben der Unterstützung von Prüfungen auch neue Analyseverfahren und -methoden entwickeln. Sie können damit einen wichtigen Beitrag zur kohärenten Durchsetzung der KI-VO leisten.[5]

10 Damit treten die Unionsprüfeinrichtungen ergänzend zu anderen Institutionen hinzu, die im Bereich der Marktüberwachung, Normung und Risikoüberwachung tätig sind. Die nationalen Marktüberwachungsbehörden sind für die Durchsetzung der KI-VO auf nationaler Ebene zuständig und werden durch die Unionsprüfeinrichtungen durch spezialisierte Prüfungen und technische Expertise unterstützt, was die Kapazitäten der nationalen Behörden erweitert und ihnen bei besonders komplexen Fällen eine fundierte Entscheidungsgrundlage bietet.

11 Das Europäische KI-Gremium als beratendes und koordinierendes Organ zur Unterstützung der EU-Mitgliedstaaten und der Kommission im Bereich der Künstlichen Intelligenz kann von der wissenschaftlichen und technischen Beratung durch die Unionsprüfeinrichtungen profitieren.[6] Dies stärkt das Gremium in seiner Aufgabe, einheitliche Standards und Empfehlungen zur Anwendung der KI-VO zu entwickeln.[7] Die Unionsprüfeinrichtungen können durch ihre Forschungs- und Prüfergebnisse wichtige Impulse für die Entwicklung und Anpassung von Normen liefern, die den technologischen Fortschritt widerspiegeln.

---

[4] Zu den Aufgaben auch Bomhard/Pieper/Wende/Mattheis Art. 84 Rn. 10.

[5] So wohl auch Bomhard/Pieper/Wende/Mattheis Art. 84 Rn. 3.

[6] Schefzig/Kilian/Djeffak Art. 84 Rn. 17.

[7] Martini/Wendehorst/Hartmann Art. 84 Rn. 3.

Abschnitt 4. Rechtsbehelfe

Art. 85* Recht auf Beschwerde bei einer Marktüberwachungsbehörde

***[1]* Unbeschadet anderer verwaltungsrechtlicher oder gerichtlicher Rechtsbehelfe kann jede natürliche oder juristische Person, die Grund zu der Annahme hat, dass gegen die Bestimmungen dieser Verordnung verstoßen wurde, bei der betreffenden Marktüberwachungsbehörde Beschwerden einreichen.**

***[2]* Gemäß der Verordnung (EU) 2019/1020 werden solche Beschwerden für die Zwecke der Durchführung von Marktüberwachungstätigkeiten berücksichtigt und nach den einschlägigen von den Marktüberwachungsbehörden dafür eingerichteten Verfahren behandelt.**

Literatur: Becker/Feuerstack, Der neue Entwurf des EU-Parlaments für eine KI-Verordnung, MMR 2024, 22-26; Borges, Die europäische KI-Verordnung (AI Act) – Teil 1 Überblick, Anwendungsbereich und erste Einschätzung, CR 2024, 497-507; Ebers/Hoch/Rosenkranz/Ruschemeier/Steinrötter, Der Entwurf für eine EU-KI-Verordnung: Richtige Richtung mit Optimierungsbedarf, RDi 2021, 528-537; Ehring/Taeger, Nomos Kommentar Produkthaftungs- und Produktsicherheitsrecht (NK-ProdR), 2022; Hornung, Individualrechte in der KI-Verordnung, DuD 2024, 507-512; Martini/Wendehorst, KI-VO: Verordnung über Künstliche Intelligenz, 2024; Vasel, Sieben Sünden und Defizite europäischer KI-Regulierung, EuZW 2024, 829-836; Veale/Borgesius, Demystifying the Draft EU Artificial Intelligence Act, CRi 2021, 97-112; Voigt/Hullen, Handbuch KI-Verordnung, 2024

Übersicht

I. Allgemeines

Um eine effektive Durchsetzung der KI-VO zu gewährleisten, soll gem. Art. 85 S. 1 jede natürliche oder juristische Person, die Grund zu der Annahme hat, dass gegen die Verordnung verstoßen wurde, befugt sein, bei einer Marktüberwachungsbehörde Beschwerde einzureichen (siehe auch Erwgr. 170). Gem. Art. 85 S. 2 haben die Marktüberwachungsbehörden die Beschwerde zu berücksichtigen und sie im Rahmen der Marktüberwachung nach den dafür eingerichteten Verfahren zu behandeln. 1

Art. 85 soll primär der objektiven Durchsetzung der KI-VO dienen und nicht dem subjektiven Rechtsschutz des Betroffenen.[1] Dies ergibt sich aus dem Wortlaut von Art. 85 S. 1, der sich generell auf Verstöße gegen die Verordnung bezieht und 2

* Kapitel IX (Art. 72–94) gilt gem. Art. 113 UAbs. 2 ab 2.8.2026, mit Ausnahme von Art. 78, der gem. Art. 113 UAbs. 3 Buchst. b bereits ab 2.8.2025 gilt.

[1] So auch Martini/Wendehorst/Hartmann zu Art. 85 Rn. 1; Hornung DuD 2024, 507 (508); kritisch: Vasel EuZW 2024, 829 (831).

nicht die Verletzung eines subjektiven Rechts des Beschwerdeführers oder dessen individuelle Betroffenheit voraussetzt. Art. 85 befähigt somit jedermann, Verstöße gegen beliebige Vorschriften der KI-VO, ohne Bezug zur meldenden Person, zu rügen. Insofern unterscheidet sich Art. 85 von Art. 86,[2] der Betroffenen ein subjektives Recht auf Erläuterung von Entscheidungen im Einzelfall einräumt, und von Beschwerderechten im Allgemeinen, die grundsätzlich immer eine persönliche Betroffenheit und/oder den Verstoß gegen eine drittschützende Norm voraussetzen. Untypisch für ein Beschwerderecht ist auch, dass juristische Personen beschwerdeberechtigt sind. Insofern handelt es sich bei Art. 85 trotz seiner Bezeichnung als „Beschwerderecht" eher um ein Recht zur Meldung von Verstößen gegen die KI-VO.[3] Grund für den unglücklich gewählten Titel der Norm ist, dass der Begriff „Beschwerde" aus der Position des Europäischen Parlaments übernommen worden ist, die ihrerseits einen individuellen Bezug – nämlich einen Verstoß durch ein die beschwerdeführende Person „betreffendes" KI-System – enthielt. Obwohl es sich bei Art. 85 Abs. 1 somit nicht (mehr) um ein Betroffenenrecht im eigentlichen Sinne handelt, wird dessen Einführung von Teilen der Literatur angesichts des „menschenzentrierten und grundrechtsbasierten Ansatzes" begrüßt.[4] In die Systematik des Produktsicherheitsrechts, in der die KI-VO eingebettet ist, passt das Beschwerderecht allerdings nicht.[5]

3 Ist eine Beschwerde iSd Art. 85 bei der betreffenden Marktüberwachungsbehörde eingegangen, ist die Behörde verpflichtet, diese zu bearbeiten. Ferner kann der Inhalt der Beschwerde „hinreichend Grund zur Annahme"[6] auslösen, dass ein KI-System ein Risiko iSd Art. 79 Abs. 1 für Gesundheit, Sicherheit oder Grundrechte von Personen birgt oder das KI-System fälschlicherweise als nicht hochriskant iSd Art. 6 Abs. 3 eingestuft worden ist.[7] Ein solcher „hinreichender Grund zur Annahme" verpflichtet die Behörde wiederum, das KI-System zu überprüfen.[8]

II. Inhalt und Umfang der Beschwerde

4 Die Beschwerde kann sich auf jeden Verstoß gegen die KI-VO beziehen. Ein Schaden ist nicht erforderlich. Es muss lediglich ein Grund zur Annahme bestehen, dass gegen die Bestimmungen der KI-VO verstoßen wurde. Beschwerden können somit auf Grundlage vermuteter oder beobachteter Verstöße gegen die KI-VO eingereicht werden.[9]

5 Die Beschwerde ist in Bezug auf KI-Systeme jeder Risikoklasse[10] möglich. Dem Wortlaut der Norm ist nicht eindeutig zu entnehmen, ob sich die Beschwerde auch auf KI-Modelle mit allgemeinem Verwendungszweck[11] beziehen kann[12] oder ob das Beschwerderecht auf Verstöße durch KI-Systeme

---

[2] → Art. 86 Rn. 1 f.
[3] Martini/Wendehorst/Hartmann zu Art. 85 Rn. 7; Hornung DuD 2024, 507 (509).
[4] Becker/Feuerstack MMR 2024, 22 (23).
[5] Borges CR 2024, 497 (501).
[6] Siehe Art. 79 Abs. 2 S. 1.
[7] Siehe Art. 80 Abs. 1.
[8] So auch Martini/Wendehorst/Hartmann zu Art. 85 Rn. 2.
[9] Martini/Wendehorst/Hartmann zu Art. 85 Rn. 7.
[10] → Art. 6.
[11] → Art. 53 ff.
[12] Martini/Wendehorst/Hartmann zu Art. 85 Rn. 7.

beschränkt ist.[13] Für die erste Ansicht spricht, dass Art. 85 selbst keinen solchen Ausschluss vorsieht und auch durch das Inverkehrbringen und den Einsatz von KI-Modellen mit allgemeinem Verwendungszweck ebenso gegen die Bestimmungen der KI-VO verstoßen werden kann, wie durch KI-Systeme. Allerdings gibt es für KI-Modelle mit allgemeinem Verwendungszweck keine Marktüberwachungsbehörden, an die die Beschwerde gerichtet werden kann. Das KI-Büro übt die Aufsicht über solche Modelle aus, ohne dabei die Funktionen einer Marktaufsichtsbehörde iSd Produktsicherheitsrechts zu erfüllen.[14] Darüber hinaus spricht für eine Beschränkung des Beschwerderechts auf Verstöße durch KI-Systeme, dass sonst das Beschwerderecht nachgelagerter Anbieter aus Art. 89 Abs. 2 in Leere ginge. Art. 89 Abs. 2 gewährt allein nachgelagerten Anbietern von KI-Modellen mit allgemeinem Verwendungszweck ein Recht auf begründete Beschwerde, wenn ein solches Modell gegen die Regelungen der Verordnung verstößt. Ein Recht zur Beschwerde für jedermann ist dagegen für Modelle mit allgemeinem Verwendungszweck gerade nicht vorgesehen.

III. Gang des Verfahrens

Die Beschwerde ist bei der zuständigen Marktüberwachungsbehörde einzureichen. Der Beschwerdeführer hat sich also an die Marktüberwachungsbehörde zu richten, die die Aufsicht über das in Rede stehende KI-System innehat. Ist die Beschwerde an die zuständige Behörde gerichtet, muss sie diese nach Art. 85 S. 2 berücksichtigen. Ein Recht, direkt gegen den Anbieter eines KI-Systems vorzugehen, beinhaltet Art. 85 Abs. 1 auch in seiner finalen Fassung trotz expliziter Kritik dagegen nicht.[15] **6**

Auf nationaler Ebene wird das Beschwerderecht durch das KI-Marktüberwachungs- und -Innovationsförderungsgesetz (KI-MIG), das der Durchführung der Verordnung (EU) 2024/1689 dient und keine neuen materiellen Pflichten begründet, ausgestaltet. Der Bundestag hat das Gesetz am 11.6.2026 in der vom Digitalausschuss geänderten Fassung (BT-Drs. 21/6407) beschlossen; der Bundesrat hat es am 10.7.2026 gebilligt. Nach Ausfertigung und Verkündung tritt es am Tag nach der Verkündung in Kraft. Zentrale Beschwerdestelle ist nach § 8 Abs. 1 KI-MIG die Bundesnetzagentur, bei der Beschwerden unbeschadet des Art. 85 eingereicht werden können. Sie leitet die Beschwerde nach § 8 Abs. 2 KI-MIG an die nach § 2 Abs. 2–8 KI-MIG zuständige Marktüberwachungsbehörde oder an die nach Art. 77 Abs. 1 KI-VO zuständige Behörde weiter und informiert den Beschwerdeführer hierüber. Dem Beschwerdeführer wird damit die Zuständigkeitsprüfung abgenommen. Nach § 8 Abs. 3 KI-MIG richtet die Bundesnetzagentur ein Beschwerdemanagementsystem nach den Anforderungen der Barrierefreie-Informationstechnik-Verordnung ein, was die in Erwgr. 170 angelegte Niedrigschwelligkeit institutionell konkretisiert. Bei der Bundesnetzagentur wird ferner nach § 5 KI-MIG ein Koordinierungs- und Kompetenzzentrum für die Durchführung der Verordnung eingerichtet. **6a**

Für bestimmte besonders sensible Hochrisiko-KI-Systeme – nach Anhang III Nr. 1 (soweit für Strafverfolgung, Grenzmanagement sowie Justiz und Demokratie eingesetzt) sowie nach Anhang III Nr. 6, 7 und 8 – wird nach § 2 Abs. 5 iVm § 4

[13] Voigt/Hullen, 34.
[14] Voigt/Hullen, 164.
[15] Veale/Borgesius CRi 2021, 97 (111).

KI-MIG eine unabhängige KI-Marktüberwachungskammer bei der Bundesnetzagentur eingerichtet.[16]

7 Im Hinblick auf das Beschwerdeverfahren verweist Art. 85 S. 2 auf die Verordnung (EU) 2019/1020 über Marktüberwachung und die Konformität von Produkten („Marktüberwachungsverordnung"). Die Marktüberwachungsverordnung zielt darauf ab, das Funktionieren des Binnenmarkts durch Stärkung der Marktüberwachung zu verbessern. Sie regelt, welche Befugnisse die Marktüberwachungsbehörden im Rahmen ihrer Marktüberwachungstätigkeiten innehaben und welche Verfahren hierbei einzuhalten sind.

8 Gem. Art. 11 Abs. 3 Marktüberwachungsverordnung ist die zuständige Marktüberwachungsbehörde verpflichtet, in angemessenem Umfang geeignete Überprüfungen der Merkmale von Produkten vorzunehmen. Bei der Entscheidung darüber, welche Arten von Produkten in welchem Umfang welchen Überprüfungen unterworfen werden sollen, geht die Marktüberwachungsbehörde nach einem risikobasierten Ansatz vor und berücksichtigt unter anderem Verbraucherbeschwerden und andere auf Nichtkonformität hindeutende Informationen von anderen Behörden, Wirtschaftsakteuren, Medien und aus anderen Quellen.[17] Die Beschwerde nach Art. 85 S. 1 kann ein solche auf Nichtkonformität hindeutende Informationen aus anderen Quellen sein. Bei der Auswahl der Prüfmethoden steht den Marktüberwachungsbehörden Ermessen zu.[18]

9 Die Marktüberwachungsbehörde ist nicht verpflichtet, den Beschwerdeführer in das weitere Verfahren einzubeziehen. Diese Verpflichtung war im Vorschlag des Europäischen Parlaments noch vorgesehen, wurde im Laufe des Trilogs jedoch gestrichen.[19] Insofern unterscheidet sich das Beschwerdeverfahren nach Art. 85 von dem Verfahren nach Art. 100. Im Rahmen des Letzteren kann der Europäische Datenschutzbeauftragte Geldbußen gegen Organe, Einrichtungen und sonstige Stellen der Union verhängen. Hierbei sind Beschwerdeführer, sofern vorhanden, gem. Art. 100 Abs. 4 S. 3 eng miteinzubeziehen. Andere Beschwerdeverfahren nach der KI-VO sehen, genau wie Art. 85, dagegen keine Beteiligung des Beschwerdeführers vor. Bei Verfahren der Kommission gegen Anbieter von KI-Modellen mit allgemeinem Verwendungszweck gem. Art. 101 ist eine solche Einbeziehung etwa nicht vorgesehen. Auch bei der Verhängung von Geldbußen nach Art. 99 werden Beschwerdeführer nicht einbezogen.

10 Darüber hinaus sieht die KI-VO keine Rechtsbehelfe vor, falls die Marktüberwachungsbehörde ihrer Pflicht zur Berücksichtigung der Beschwerde nicht nachkommt. Art. 85 wird deshalb wegen seines nur begrenzt individualschützenden Charakters kritisiert.[20] Das Beschwerderecht „verbürge noch keinen Grundrechtsschutz."[21]

11 Statt des Rechtsbehelfs gegen die Marktüberwachungsbehörde bei Nichtberücksichtigung der Beschwerde, der in der Parlamentsposition noch vorgesehen war, wurde auf Vorschlag des Rats an anderer Stelle ein neuer Absatz aufgenommen.[22] Art. 99 Abs. 10 sieht nunmehr vor, dass die Ausübung der aufsichtsbehörd-

---

[16] §§ 2 Abs. 5, 4, 5, 8 KI-MIG i.d.F. der BT-Drs. 21/6407; Bundestag 11.6.2026, Bundesrat 10.7.2026; ergänzend BeckOK KI-Recht/Djeffal KI-VO Art. 85 Rn. 16.1, 16.2, 19.2.

[17] Siehe Art. 11 Abs. 3 S. 2 lit. e Marktüberwachungsverordnung.

[18] Giesberts/Gayger in NK-ProdR MÜ-VO Art. 11 Rn. 17.

[19] Hornung DuD 2024, 507 (508).

[20] Vasel EuZW 2024, 829 (831).

[21] Vasel EuZW 2024, 829 (831).

[22] Hornung DuD 2024, 507 (508).

lichen Befugnisse angemessenen Verfahrensgarantien sowohl gemäß dem Unionsrecht als auch dem nationalen Recht unterliegen muss. Dies schließt wirksame Rechtsbehelfe und ordnungsgemäße Verfahren ein. Allerdings gilt die Regelung nach systematischer Auslegung nur für Sanktionen.

Laut Erwgr. 170 ist der Verzicht auf einen speziellen Rechtsbehelf, der auf den Ausgleich individueller Beeinträchtigungen durch den Einsatz eines KI-Systems gerichtet wäre, jedoch gerechtfertigt, da betroffenen Personen sowohl im Unionsrecht als auch im nationalen Recht bereits wirksame Rechtsbehelfe zur Verfügung stünden.[23] **12**

IV. Systematik

Art. 85 befindet sich im vierten Abschnitt des neunten Kapitels der KI-VO, das Bestimmungen zur Beobachtung von KI-Systemen nach dem Inverkehrbringen sowie zum Informationsaustausch und der Marktüberwachung enthält. Der vierte Abschnitt trägt den Titel „Rechtsbehelfe" und ist erst am Ende des Gesetzgebungsverfahrens in die KI-VO aufgenommen worden. Im Verordnungsentwurf der Kommission vom 21.4.2021 waren Rechtsbehelfe dagegen noch nicht vorgesehen, was stark kritisiert wurde.[24] Zugleich wurde im Zuge des Trilogs in Erwgr. 9 klargestellt, dass Rechte und Rechtsbehelfe aus anderen rechtlich geregelten Bereichen – unter anderem dem Datenschutz, Verbraucherschutz und Arbeitnehmerschutz – unberührt und in vollem Umfang anwendbar bleiben.[25] Dies ist auch noch einmal in Art. 85 selbst ausdrücklich geregelt. Hiernach ersetzt das Recht auf Beschwerde keine anderen Rechtsvorschriften, sondern ergänzt diese lediglich.[26] Andere Rechte und Rechtsbehelfe, wie etwa die der DSG-VO oder aus vertraglichen Vereinbarungen, bleiben auch nach Inkrafttreten der KI-VO bestehen.[27] **13**

Ein weiteres Beschwerderecht findet sich in Art. 89 Abs. 2. Hiernach können nachgelagerte Anbieter, die ein KI-Modell mit allgemeinem Verwendungszweck in ihr KI-System implementiert haben, begründete Beschwerde beim KI-Büro einreichen. **14**

Der Beschwerdeführer wird außerdem als meldende Person nach der Richtlinie (EU) 2019/1937 („Whistleblower-Richtlinie") geschützt.[28] **15**

Art. 86* Recht auf Erläuterung der Entscheidungsfindung im Einzelfall

(1) **Personen, die von einer Entscheidung betroffen sind, die der Betreiber auf der Grundlage der Ausgaben eines in Anhang III aufgeführten Hochrisiko-KI-Systems, mit Ausnahme der in Nummer 2 des genannten Anhangs aufgeführten Systeme, getroffen hat und die rechtliche Auswirkungen hat**

[23] Kritisch: Hornung DuD 2024, 507 (509).

[24] Hornung DuD 2024, 507 (508); Veale/Borgesius CRi 2021, 97 (111); Ebers/Hoch/Rosenkranz/Ruschemeier/Steinrötter RDi 2021, 528 (537).

[25] Hornung DuD 2024, 507 (508).

[26] Vgl. Art. 85 S. 1 aA.

[27] Voigt/Hullen KI-VO-HdB 33.

[28] Siehe hierzu Kommentierung Art. 87.

* Kapitel IX (Art. 72–94) gilt gem. Art. 113 UAbs. 2 ab 2.8.2026, mit Ausnahme von Art. 78, der gem. Art. 113 UAbs. 3 Buchst. b bereits ab 2.8.2025 gilt.

oder sie in ähnlicher Art erheblich auf eine Weise beeinträchtigt, die ihrer Ansicht nach ihre Gesundheit, ihre Sicherheit oder ihre Grundrechte beeinträchtigt, haben das Recht, vom Betreiber eine klare und aussagekräftige Erläuterung zur Rolle des KI-Systems im Entscheidungsprozess und zu den wichtigsten Elementen der getroffenen Entscheidung zu erhalten.

(2) **Absatz 1 gilt nicht für die Verwendung von KI-Systemen, bei denen sich Ausnahmen von oder Beschränkungen der Pflicht nach dem genannten Absatz aus dem Unionsrecht oder dem nationalen Recht im Einklang mit dem Unionsrecht ergeben.**

(3) **Dieser Artikel gilt nur insoweit, als das Recht gemäß Absatz 1 nicht anderweitig im Unionsrecht festgelegt ist.**

Literatur: Becker/Feuerstack: Die EU-KI-Verordnung, KIR 2024, 62-69; Borges, Die europäische KI-Verordnung (AI Act) – Teil 1 Überblick, Anwendungsbereich und erste Einschätzung, CR 2024, 497-507; Hornung, Individualrechte in der KI-Verordnung, DuD 2024, 507-512; Martini/Wendehorst, KI-VO: Verordnung über Künstliche Intelligenz, 2024; Merkle: Transparenz nach der KI-Verordnung – von der Blackbox zum Open-Book?, RDi 2024, 414-420; Voigt/Hullen, Handbuch KI-Verordnung, 2024

Übersicht

I. Allgemeines

1 Art. 86 ist das einzige Betroffenenrecht der KI-VO.[1] Es dient somit nicht primär der objektiven Durchsetzung der KI-VO, sondern vielmehr der individuellen Information und ermöglicht den Betroffenen, subjektive Rechte auszuüben.[2] Betroffene sind gem. Art. 2 Abs. 1 lit. g in den persönlichen Anwendungsbereich der Verordnung einbezogen. Sie werden durch die Regelungen der KI-VO allerdings lediglich berechtigt und nicht verpflichtet.[3]

2 Art. 86 schafft ein Recht auf Erläuterung der Elemente einer KI-gestützten Entscheidung sowie der Rolle des KI-Systems im Rahmen dieser Entscheidung. Das Recht steht nur denjenigen zu, die von der Entscheidung betroffen sind. Anders als Art. 85 setzt Art. 86 somit eine persönliche Betroffenheit voraus.[4]

3 Darüber hinaus beschränkt sich das Recht aus Art. 86 auf die Erläuterung – also die Bereitstellung von Informationen – und stattet die betroffene Person darüber hinaus nicht mit einem Widerspruchsrecht oder einem Recht auf Berichtigung der Entscheidung aus. Allerdings ergibt sich aus Erwgr. 171, dass Art. 86

---

[1] Warum Art. 85 kein Betroffenenrecht im eigentlichen Sinne ist, ergibt sich aus den Erläuterungen zu → Art. 85 Rn. 2.

[2] Martini/Wendehorst/Hartmann zu Art. 86 Rn. 2.

[3] Erwgr. 10.

[4] → Art. 85 Rn. 2.

Betroffenen als Grundlage dienen soll, um weitere Rechte – etwa Widerspruchsrechte oder Berichtigungsansprüche – ausüben zu können.

4 Das Recht auf Erläuterung der Entscheidung im Einzelfall kann überdies nur gegenüber dem Betreiber eines Hochrisiko-KI-Systems geltend gemacht werden. Anbieter gehören dagegen nicht zum Kreis der Regelungsadressaten. Ebenso wenig sind Entscheidungen, die auf Grundlage von KI-System mit geringem Risiko getroffen werden, erfasst.

II. Systematik

5 Die Vorschrift befindet sich im vierten Abschnitt des neunten Kapitels der KI-VO, das Bestimmungen zur Beobachtung von KI-Systemen nach dem Inverkehrbringen sowie zum Informationsaustausch und der Marktüberwachung enthält. Der vierte Abschnitt trägt den Titel „Rechtsbehelfe" und ist erst am Ende des Gesetzgebungsverfahrens in die KI-VO aufgenommen worden. Im Verordnungsentwurf der Kommission vom 21.4.2021 war das Recht auf Erläuterung der Entscheidungsfindung im Einzelfall noch nicht vorgesehen.

6 Die Einführung des Rechts auf Erläuterung wird vor allem angesichts des „menschenzentrierten und grundrechtsbasierten Ansatzes", der in der KI-VO so Ausdruck findet, begrüßt.[5] Zur Systematik des Produktsicherheitsrechts, in der die KI-VO eingebettet ist, passt das Betroffenenrecht allerdings nicht.[6]

7 Art. 86 korrespondiert mit Art. 13 Abs. 1,[7] der regelt, dass KI-Systeme hinreichend transparent sein müssen, um Betreiber in die Lage zu versetzen, die Ausgaben des Systems zu interpretieren und das System richtig zu verwenden. Zu diesem Zweck sind Anbieter gem. Art. 13 Abs. 2 verpflichtet, Betreibern eine Gebrauchsanweisung zu überlassen. Da Art. 13 unbestimmte Rechtsbegriffe, wie „Transparenz" und „Interpretation", enthält, bleibt zunächst noch unklar, wie diese zu verstehen sind.[8] Harmonisierte Europäische Normen, die derzeit von den Normungsorganisationen CEN und CENELEC im Auftrag der EU Kommission erarbeitet werden, haben die Aufgabe, diese unbestimmten Rechtsbegriffe zu konkretisieren und Anbietern mit praktikablen Handlungsanweisungen auszustatten. Außerdem wird in Erwgr. 27 S. 8 auf Transparenz, sowohl im Hinblick auf Art. 13 als auch auf Art. 86, Bezug genommen. Demnach wird Transparenz so verstanden, dass „KI-Systeme so entwickelt und verwendet werden, dass sie angemessen nachvollziehbar und erklärbar sind, wobei den Menschen bewusst gemacht werden muss, dass sie mit einem KI-System kommunizieren oder interagieren, und dass die Betreiber ordnungsgemäß über die Fähigkeiten und Grenzen des KI-Systems informieren und die betroffenen Personen über ihre Rechte in Kenntnis setzen müssen."[9]

8 Die Transparenzpflicht des Anbieters gegenüber dem Betreiber aus Art. 13 Abs. 1 ist eine Voraussetzung dafür, dass der Betreiber wiederum seine Transparenzpflichten gegenüber den betroffenen Personen erfüllen kann. Insofern steht Art. 86 Abs. 1 in noch engerem Zusammenhang mit der Transparenzpflicht des Betreibers aus Art. 26 Abs. 11. Betreiber von Hochrisiko-KI-Systemen müssen hiernach betroffene Personen über den Einsatz der von Art. 26 erfassten Systeme

---

[5] Becker/Feuerstack MMR 2024, 22 (23).
[6] Borges CR 2024, 497 (501).
[7] → Art. 13.
[8] Becker/Feuerstack KIR 2024, 62 (66).
[9] Erwgr. 27 S. 8.

informieren. Ohne diese Kette von Transparenzpflichten liefe das Recht auf Erläuterung leer, da der Betreiber die für Art. 86 relevanten Informationen möglicherweise seinerseits erst vom Anbieter erhalten muss. Die betroffene Person hätte ihrerseits ohne den Informationsanspruch aus Art. 26 Abs. 11 möglicherweise gar keine Kenntnis vom Einsatz eines Hochrisiko-KI-Systems im Rahmen der in Rede stehenden Entscheidung.

9 Dem Verordnungstext selbst ist keine Pflicht des Betreibers zu entnehmen, betroffene Personen über das Recht nach Art. 86 zu informieren. Aus Erwgr. 27 S. 8 ließe sich eine solche Informationspflicht zwar schließen.[10] Ebenso gut lässt sich jedoch dagegen argumentieren, dass der Gesetzgeber eine Informationspflicht – hätte er sie für erforderlich gehalten – in den Gesetzestext aufgenommen hätte.

III. Anspruchsvoraussetzung

10 Art. 86 Abs. 1 regelt den Anspruch von Personen auf eine klare und aussagekräftige Erläuterung der KI-gestützten Entscheidung, die diese Personen betrifft.

11 Anspruchsberechtigt sind laut Art. 86 Abs. 1 Personen. Ob es sich dabei nur um natürliche oder sowohl natürliche als auch juristische Personen handelt, geht aus dem Wortlaut der Norm nicht eindeutig hervor. Da der Begriff „Personen" ohne weitere Einschränkung als Überbegriff für beide Arten von Personen verstanden werden kann, liegt zunächst die Annahme nahe, dass sowohl natürliche als auch juristische Personen anspruchsberechtigt sein sollen. Aus dem systematischen Vergleich mit Art. 85 könnte sich jedoch eine andere Auslegung ergeben.[11] In Letzterem wird ausdrücklich auf juristische Personen Bezug genommen, was darauf schließen lässt, dass diese sonst nicht einbezogen sein sollen. Andererseits steht Art. 86 Abs. 1 zumindest indirekt im Zusammenhang mit dem Informationsanspruch aus Art. 26 Abs. 11,[12] der sich im Gegensatz zu Art. 86 Abs. 1 dem Wortlaut nach explizit allein auf natürliche Personen bezieht. Wortlaut und Systematik liefern daher keine eindeutigen Hinweise auf den Willen des Gesetzgebers.

12 Allerdings handelt es sich bei dem Schutzgut Gesundheit um eines, das sich ausschließlich auf natürliche Personen bezieht. Rechtliche Auswirkungen und die Beeinträchtigung von Grundrechten können sich andererseits jedoch auch gegenüber juristischen Personen verwirklichen.[13] Juristische Personen können somit zwar nicht in ihrer Gesundheit wohl aber in ihrer Sicherheit und in ihren Grundrechten beeinträchtigt werden.[14] Auch aus den Schutzgütern, die von Art. 86 in den Blick genommen werden, ergibt sich folglich keine eindeutige Antwort.

13 Sinn und Zweck der Norm – nämlich einen effektiven Rechtsschutz zu gewährleisten – spricht dafür, sowohl natürliche als auch juristische Personen in den Anwendungsbereich einzubeziehen.

14 Die Personen müssen individuell betroffen sein. Dies ist laut Art. 86 Abs. 1 der Fall, wenn die Entscheidung entweder eine rechtliche Auswirkung auf die Person hat oder eine ähnlich erhebliche Beeinträchtigung vorliegt. Wann eine rechtliche Auswirkung gegeben ist, ergibt sich aus den Regelungen oder den Erwgr. der KI-VO nicht. Der Begriff wird jedoch im Datenschutzrecht, nämlich in Art. 22

---

[10] Merkle RDi 2024, 414 (419).
[11] So auch Martini/Wendehorst/Hartmann zu Art. 86 Rn. 4.
[12] → Rn. 30; → Art. 26 Rn. 57 ff.
[13] Martini/Wendehorst/Hartmann zu Art. 86 Rn. 12.
[14] Hornung DuD 2024, 507 (510).

DS-GVO, als „Begründung, Aufhebung oder Veränderung einer Rechtsposition" definiert. Eine rechtliche Wirkung ist so immer dann gegeben, wenn „sich die Rechtsposition der betroffenen Person in irgendeiner Weise verändert, ein Recht oder Rechtsverhältnis begründet oder aufgehoben wird oder in ein Recht eingegriffen wird".[15] Im Bereich des öffentlichen Rechts sind etwa leistungsgewährende Verwaltungsakte, die Kündigung eines öffentlich-rechtlichen Vertrages oder ordnungsrechtliche Verfügungen als Beispiele für rechtliche Auswirkungen zu nennen.[16] Im Bereich des bürgerlichen Rechts ziehen ein Vertragsabschluss sowie die konkrete Ausgestaltung von Verträgen eine rechtliche Wirkung nach sich.[17]

Die Alternative zur rechtlichen Auswirkung – die erhebliche Beeinträchtigung in ähnlicher Art – wird in Art. 86 Abs. 1 zusätzlich qualifiziert. Sie muss sich auf bestimmte Rechtsgüter, nämlich die Gesundheit, Sicherheit oder die Grundrechte der Person beziehen und diese negativ beeinflussen. Der Umstand, dass die „Beeinträchtigung in ähnlicher Art" negativ sein muss, lässt darauf schließen, dass auch die rechtliche Auswirkung negativer Natur sein muss. **15**

Zu beachten ist, dass die Beeinträchtigung gem. Art. 86 Abs. 1 nur „nach Ansicht" der betroffenen Person bestehen muss. Um den Anspruch auf Erläuterung der Entscheidung geltend machen zu können, muss die betroffene Person die Beeinträchtigung ihrer Gesundheit, Sicherheit oder ihrer Grundrechte daher lediglich glaubhaft machen.[18] Die rechtliche Auswirkung muss dagegen tatsächlich vorliegen. **16**

Regelungsadressat ist allein der Betreiber des KI-Systems. Der Begriff des Betreibers ist in Art. 3 Nr. 4 KI-VO legaldefiniert als derjenige, ein KI-System in eigener Verantwortung verwendet.[19] Gegenüber Anbietern und derjenige, der sonstigen beteiligten Akteuren besteht dagegen kein Anspruch auf Erläuterung. Grund hierfür ist die Überzeugung des Gesetzgebers, dass bestimmte Risiken im Zusammenhang mit KI-Systemen nicht allein aus deren Entwicklung und Inverkehrbringen erwachsen, sondern speziell aus ihrer Verwendung, wie sich etwa aus Erwgr. 93 ergibt.[20] **17**

Es muss sich um Entscheidungen handeln, die der Betreiber auf der Grundlage der Ausgaben eines in Anhang III aufgeführten Hochrisiko-KI-Systems getroffen hat. Ausgenommen hiervon sind die in Nummer 2 des genannten Anhangs aufgeführten Systeme, die in der kritischen Infrastruktur eingesetzt werden. Dies sind KI-Systeme, die bestimmungsgemäß als Sicherheitsbauteile im Rahmen der Verwaltung und des Betriebs kritischer digitaler Infrastruktur, des Straßenverkehrs oder der Wasser-, Gas-, Wärme- oder Stromversorgung verwendet werden sollen. Auf Entscheidungen, die auf Grundlage solcher KI-Systeme getroffen werden, findet Art. 86 keine Anwendung. Warum der Bereich der kritischen Infrastruktur ausgeschlossen ist, wird vom Gesetzgeber nicht begründet.[21] Zwar werden KI-Systeme dieser Art wohl in der Regel keine Ausgaben hervorbringen, die für Entscheidungen iSd Art. 86 relevant sind. Sollte dies aber doch einmal der Fall sein, erschließt sich nicht, warum genau diese Gruppe von KI-Systemen explizit von dem Anspruch auf Erläuterung ausgeschlossen sein soll. **18**

Darüber hinaus gilt der Anspruch auf Erläuterung nicht für Entscheidungen, die auf Grundlage der Ausgaben von Hochrisiko-KI-Systemen getroffen werden, die **19**

---

[15] Buchner in Kühling/Buchner Art. 22 Rn. 24a.
[16] Buchner in Kühling/Buchner Art. 22 Rn. 24a.
[17] Buchner in Kühling/Buchner Art. 22 Rn. 24a.
[18] Martini/Wendehorst/Hartmann zu Art. 86 Rn. 13.
[19] → Art. 3.
[20] Martini/Wendehorst/Hartmann zu Art. 86 Rn. 4.
[21] Hornung DuD 2024, 507 (509).

unter einen der harmonisierten Rechtsake fallen, die in Anhang I genannt sind. Betreiber von KI-Systemen mit geringem Risiko oder KI-Modellen mit allgemeinem Verwendungszweck sind ebenfalls nicht von Art. 86 betroffen. Auch die KI-Systeme, die gem. Art. 6 Abs. 3 ausnahmsweise nicht als hochriskant eingestuft werden, weil von ihnen im Einzelfall kein erhebliches Risiko für Gesundheit, Sicherheit und Grundrechte natürlicher Personen ausgeht, werden nicht von Art. 86 Abs. 1 erfasst.

20 Die Beschränkung des Rechts auf Hochrisiko-KI-Systeme ist in der Literatur kritisiert worden.[22] Da für den Anspruch eine konkrete Beeinträchtigung erforderlich ist, ist aus Sicht der Betroffenen nicht nachvollziehbar, wieso es zusätzlich darauf ankommen soll, dass das System hochriskant iSd Art. 6 Abs. 2 ist.

21 Der Anspruch muss sich gem. Art. 86 Abs. 1 auf eine Entscheidung beziehen, die auf der Grundlage der Ausgaben eines KI-Systems getroffen worden ist. Erwgr. 171 S. 1 weicht von dem Wortlaut der Norm ab, indem er verlangt, dass die Entscheidung des Betreibers „überwiegend" auf den Ausgaben des Hochrisiko-KI-Systems beruht. Art. 86 Abs. 1 enthält diese Qualifizierung nicht. Da sich der rechtlich verbindliche Normtext aus Art. 86 Abs. 1 gegen den nichtnormativen Erwägungsgrund durchsetzt,[23] muss die Entscheidung nicht überwiegend auf den Ausgaben des KI-Systems beruhen, sondern lediglich auf deren Grundlage getroffen worden sein.[24] Die Entscheidung muss nicht durch das KI-System selbst auf autonome oder ausschließlich automatisierte Weise getroffen worden sein.[25] Die Ausgaben des KI-Systems müssen lediglich als Grundlage für die Entscheidung durch den Betreiber gedient haben. Es genügt mithin, wenn der in Rede stehenden Entscheidung Informationen und Daten zu Grunde liegen, die das KI-System erzeugt hat.[26] Es sind somit auch Erläuterungen über rein menschliche Entscheidungen erfasst.[27]

22 Welchen Inhalt die Entscheidung hat, ist für den Anspruch aus Art. 86 Abs. 1 irrelevant. Die in Rede stehende Entscheidung muss lediglich rechtliche Auswirkungen mit sich bringen oder die betroffenen Personen auf ähnlich erhebliche Art und Weise beeinträchtigen, sodass sie ihrer Ansicht nach in ihrer Gesundheit, Sicherheit oder ihren Grundrechten beeinträchtigt wird.

22a Erste Auslegungsfragen zu Art. 86 Abs. 1 sind bereits beim EuGH anhängig: Das Sofiyski rayonen sad (Bulgarien) hat mit Vorabentscheidungsersuchen vom 25.11.2024 unter anderem die Frage vorgelegt, ob eine von einem Unternehmer nach einem Mobilfunkvertrag getroffene automatisierte Entscheidung einer menschlichen Überprüfung durch ein Gericht zugänglich sein muss.

Der Fall verdeutlicht, dass nach dem Wortlaut auch eine automatisierte Entscheidung über die Höhe einer vertraglichen Forderung als Entscheidung im Einzelfall iSd Art. 86 Abs. 1 in Betracht kommt.[28]

---

[22] Hornung DuD 2024, 507 (510).

[23] Dass Erwägungsgründe rechtlich nicht verbindlich sind und nicht herangezogen werden können, um vom Wortlaut des Normtextes abzuweichen ergibt sich aus EuGH Slg. 1998, I-7477 Rn. 54; Slg. 2005, I-10095 Rn. 32; EuZW 2014, 703 Rn. 31.

[24] So auch: Hornung DuD 2024, 507 (510).

[25] Martini/Wendehorst/Hartmann zu Art. 86 Rn. 10.

[26] Martini/Wendehorst/Hartmann zu Art. 86 Rn. 10.

[27] Hornung DuD 2024, 507 (510).

[28] BeckOK KI-Recht/Djeffal KI-VO Art. 86 Rn. 4.1, 18; Vorabentscheidungsersuchen des Sofiyski rayonen sad v. 25.11.2024, BeckEuRS 2024, 770150 = LTZ 2025, 145 – „YETTEL BULGARIA".

IV. Art und Umfang des Anspruchs Erläuterung

23 Liegen die Anspruchsvoraussetzungen vor und hat die betroffene Person den Betreiber aktiv zur Erläuterung aufgefordert, ist dieser verpflichtet, eine klare und aussagekräftige Erläuterung zur Rolle des KI-Systems im Entscheidungsprozess und zu den wichtigsten Elementen der getroffenen Entscheidung zu geben. Welche konkreten Pflichten hieraus für den Betreiber erwachsen, erschließt sich jedoch weder aus dem Wortlaut der Norm noch aus den zugehörigen Erwägungsgründen.

23a Mit dem Erläuterungsanspruch geht Art. 86 über bloße Transparenz und Erklärbarkeit hinaus und verlangt eine tatsächliche Erklärung – wie sie der EuGH schon zum vergleichbaren Art. 15 Abs. 1 lit. h DS-GVO angemahnt hat. Der Anspruch ist, wie in vergleichbaren datenschutzrechtlichen Fällen, gerichtlich durchsetzbar.[29]

24 Die Erläuterung hat in klarer und aussagekräftiger Weise zu erfolgen und Informationen zur Rolle des KI-Systems im Entscheidungsprozess und zu den wichtigsten Elementen der getroffenen Entscheidung zu enthalten. Die erste Voraussetzung lässt sich durch die jeweiligen Verursachungsbeiträge von Mensch bzw. Maschine an der in Rede stehenden Entscheidung beschreiben.[30] Die Rolle, die das KI-System im Entscheidungsprozess gespielt hat, kann etwa dadurch erläutert werden, dass die Ausgaben des KI-Systems offengelegt werden, die für die Entscheidung herangezogen wurden. Außerdem kann hier der Umfang relevant sein, in dem die Entscheidung von den Ausgaben des Systems selbst beeinflusst worden ist und wie viel Spielraum dem Betreiber bei der Entscheidungsfindung zugekommen ist und inwieweit er diesen Spielraum genutzt hat.

25 Die „wichtigsten Elemente" der Entscheidung bieten hingehen mehr Spielraum für unterschiedliche Interpretationen.[31] Sie können als die Faktoren beschrieben werde, auf denen die Entscheidung maßgeblich beruht.[32] Auch dieser Begriff ist jedoch unkonkret. Die unbestimmten Rechtsbegriffe werden somit von der Rechtsprechung sowie durch Hinweise der Aufsichtsbehörden konkretisiert werden müssen.[33] Welche inhaltlichen Anforderungen an die Erläuterung zu stellen sind, wird außerdem von den Umständen des konkreten Einzelfalls abhängen. Je erheblicher die rechtlichen Auswirkungen und/oder Beeinträchtigungen der Schutzgüter, desto höher dürften jedoch die Anforderungen sein, die an die Erläuterung zu stellen sind.[34]

25a Wie weit die geschuldeten Angaben reichen, lässt sich mithilfe von Systematisierungen aus der Literatur näher bestimmen (dazu eingehend BeckOK KI-Recht/Djeffal Art. 86 Rn. 31 ff.). Die Rolle des KI-Systems kann über den jeweiligen Einsatzzweck erschlossen werden, für dessen Einordnung sich Zweck-Taxonomien anbieten – etwa der vom NIST entwickelte Katalog verschiedener KI-Einsatzarten. Bei den „wichtigsten Elementen" der Entscheidung ist zu entscheiden, ob eine ursachenbezogene oder eine an Handlungsalternativen orientierte

---

[29] BeckOK KI-Recht/Djeffal KI-VO Art. 86 Rn. 29, 30; EuGH MMR 2025, 421 – CK/Dun & Bradstreet Austria.

[30] Merkle RDi 2024, 414 (419).

[31] Merkle RDi 2024, 414 (419).

[32] Martini/Wendehorst/Hartmann zu Art. 86 Rn. 15.

[33] Hornung DuD 2024, 507 (510).

[34] Hornung DuD 2024, 507 (511).

(kontrafaktische) Darstellung gewählt wird; maßgeblich hierfür ist der Schutzzweck des Art. 86. Weil die Erläuterung für die betroffene Person nachvollziehbar sein muss, können auch adressatengerechte Aufbereitungsformen sinnvoll sein.[35]

26 Der Anspruch aus Art. 86 ist auf die Bereitstellung von Informationen beschränkt. Ein Widerspruchsrecht ergibt sich aus Art. 86 indes nicht. Weitergehende Ansprüche aus anderen Rechtsvorschriften können jedoch nach erfolgter Erläuterung geltend gemacht werden. Dies ist von Erwgr. 171 ausdrücklich vorgesehen. Der konkrete Zeitpunkt, zu dem die Erläuterung zu erfolgen hat, kann weder dem Verordnungstext noch den Erwägungsgründen entnommen werden.[36] Auf nationaler Ebene ist die Erläuterungspflicht bußgeldrechtlich flankiert: Wer als Betreiber eines Hochrisiko-KI-Systems nach Anhang III Nr. 1, 3, 4 oder 5 nicht dafür sorgt, dass einer betroffenen Person die Erläuterung nach Art. 86 Abs. 1 gegeben wird, handelt nach § 15 Abs. 2 KI-MIG ordnungswidrig. Die Ordnungswidrigkeit kann nach § 15 Abs. 3 KI-MIG mit einer Geldbuße bis zu 50.000 EUR geahndet werden. Die Bußgeldbewehrung reicht damit nicht so weit wie der Anwendungsbereich des Art. 86, da sie nur Anhang III Nr. 1, 3, 4 und 5 erfasst[37]

V. Ausnahmen und Subsidiarität

27 Aus Art. 86 Abs. 2 ergibt sich, dass der Anspruch auf Erläuterung durch das Unionsrecht oder das Recht der Mitgliedstaaten beschränkt werden kann. Für unionsrechtliche Regelungen ist diese Vorschrift deklaratorisch, da der Unionsgesetzgeber beim Erlass künftiger Rechtakte nur an das Primärrecht und die Grundrechte gebunden ist und somit ohnehin in der Lage ist, Ausnahmeregelungen zu erlassen. Auch die Mitgliedstaaten können gem. Art. 87 Abs. 2 Rechtsakte erlassen, die den Anspruch auf Erläuterung für bestimmte Anwendungsbereiche ausschließen, solange diese im Einklang mit dem Unionsrecht stehen.

28 Darüber hinaus ist Art. 86 Abs. 1 gem. Art. 86 Abs. 3 subsidiär zu anderen Ansprüchen, die das Unionsrecht vorsieht. Wenn eine Vorschrift des EU-Rechts somit bereits einen Anspruch mit einer vergleichbaren Rechtsfolge etabliert hat, geht dieser Art. 87 Abs. 1 vor. In Frage kommen hierfür etwa Ansprüche aus der DSG-VO. Aus Erwgr. 10 ergibt sich, dass die KI-VO die Regelungen der DSG-VO grundsätzlich unberührt lässt. Beide Verordnungen finden somit parallel Anwendung. Konkret regelt die DSG-VO in Art. 13 und 14 Informationsansprüche der betroffenen Person und in Art. 15 deren Auskunftsanspruch gegenüber demjenigen, der für die Datenverarbeitung verantwortlich ist. Die Informationsansprüche aus Art. 13 und 14 DSG-VO und der Auskunftsanspruch aus Art. 15 DSG-VO umfassen im Falle automatisierter Entscheidungsfindung iSd Art. 22 DSG-VO unter anderem auch aussagekräftige Informationen über die involvierte Logik sowie die Tragweite und Auswirkung für die betroffene Person.[38] Allerdings entspricht die automatisierte Entscheidungsfindung iSd Art. 22 DSG-VO nicht dem Begriff der Entscheidung im Einzelfall aus Art. 86 Abs. 1. Der Anwendungsbereich des Art. 22 DSG-VO ist in dieser Hinsicht enger und umfasst nur „aus-

---

[35] BeckOK KI-Recht/Djeffal KI-VO Art. 86 Rn. 31, 34.1 f., 37, 38.1.

[36] Merkle RDi 2024, 414 (419).

[37] § 15 Abs. 2, 3 KI-MIG i.d.F. der BT-Drs. 21/6407.

[38] Siehe Art. 13 Abs. 2 lit. f, Art. 14 Abs. 2 lit. g und Art. 15 Abs. 1 lit. h DSG-VO.

schließlich auf einer automatisierten Verarbeitung beruhende" Entscheidungen.[39] Der Anspruch auf Erläuterung nach Art. 86 Abs. 1 erfasst dagegen auch Entscheidungen, die bloß unter Heranziehung der Ausgaben eines KI-Systems getroffen werden.[40] Andererseits ist der Anwendungsbereich des Art. 86 Abs. 1 insoweit enger, als dass er – im Gegensatz zu Art. 22 DSG-VO – nur Entscheidungen im Zusammenhang mit Hochrisiko-KI-Systemen iSd Art. 6 Abs. 2 iVm Anhang III umfasst. Eine solche Begrenzung gibt es in der DSG-VO nicht. Insofern ist im Einzelfall zu prüfen, ob die Ansprüche der DSG-VO und der KI-VO tatsächlich konkurrieren und die Subsidiaritätsregelung aus Art. 87 Abs. 3 wirklich greift.

Ein weiterer dem Art. 87 Abs. 1 vorrangiger unionsrechtlicher Auskunftsanspruch ergibt sich aus Art. 18 Abs. 8 lit. a RL 2023/2225/EU („Verbraucherkredit-Richtlinie"). Hiernach haben Verbraucher, wenn die Kreditwürdigkeitsprüfung eine automatisierte Verarbeitung personenbezogener Daten beinhaltet, das Recht, von dem Kreditgeber klare und verständliche Erläuterungen zu der Kreditwürdigkeitsprüfung zu verlangen. Dies schließt die Logik und die Risiken der automatisierten Verarbeitung personenbezogener Daten ein, sowie deren Bedeutung für die Entscheidung und ihrer Auswirkungen auf sie. Auch im Konkurrenzverhältnis des Art. 87 Abs. 1 und Art. 18 Abs. 8 lit. a) Verbraucherkredit-Richtlinie ist zu beachten, dass die Ansprüche nicht deckungsgleich sind. Während der Anspruch nach der Verbraucherkredit-Richtlinie voraussetzt, dass personenbezogene Daten für eine Kreditwürdigkeitsprüfung verarbeitet werden, ist der Anwendungsbereich des Art. 87 Abs. 1 in dieser Hinsicht weiter und erfasst alle Entscheidungen in den Bereichen des Anhang III.[41] Art. 87 Abs. 1 verlangt, dass die Entscheidung eine rechtliche Wirkung entfaltet oder die Gesundheit, Sicherheit oder die Grundrechte der betroffenen Person beeinträchtigt werden. Dies setzt Art. 18 Abs. 8 lit. a Verbraucherkredit-Richtlinie dagegen nicht voraus. Auch hier ist mithin im Einzelfall zu prüfen, ob die Ansprüche der Verbraucherkredit-Richtlinie und der KI-VO tatsächlich konkurrieren und die Subsidiaritätsregelung aus Art. 87 Abs. 3 tatsächlich greift. 29

VI. Das Verhältnis zum Informationsanspruch aus Art. 26 Abs. 11

Art. 26 Abs. 11 regelt das Recht natürlicher Personen, die von Entscheidungen eines Hochrisiko-KI-Systems oder von durch Hochrisiko-KI-Systeme unterstützte Entscheidungen betroffen sind, vom Betreiber Informationen zu erhalten. Die Informationspflicht des Betreibers erstreckt sich dabei jedoch nur auf den Umstand, dass die natürliche Person der Verwendung des Hochrisiko-KI-Systems unterliegt. An den Informationsanspruch aus Art. 26 Abs. 11 sind weniger strenge Voraussetzungen geknüpft als an den Erläuterungsanspruch aus Art. 86 Abs. 1. Eine rechtliche Auswirkung oder sonstige Beeinträchtigung der Person durch die Entscheidung ist für den Anspruch aus Art. 26 Abs. 11 nicht erforderlich. Die in Rede stehende Information muss somit auch für Entscheidungen erfolgen, die für die Betroffenen lediglich vorteilhaft sind.[42] 30

---

[39] Siehe Art. 22 Abs. 1 DSG-VO.
[40] → Rn. 21.
[41] Mit Ausnahme der kritischen Infrastruktur, s. oben.
[42] Martini/Wendehorst/Hartmann zu Art. 86 Rn. 5.

Art. 87* Meldung von Verstößen und Schutz von Hinweisgebern

Für die Meldung von Verstößen gegen diese Verordnung und den Schutz von Personen, die solche Verstöße melden, gilt die Richtlinie (EU) 2019/1937.

Literatur: Dzida/Seibt: Neues Hinweisgeberschutzgesetz: Analyse und Antworten auf Praxisfragen, NZA 2023, 657-666; Martini/Wendehorst, KI-VO: Verordnung über Künstliche Intelligenz, 2024; Nöcker: Die Whistleblower-Richtlinie – Vom „Verräter" zum Garanten für Rechtsstaatlichkeit?, NVwZ 2021, 1497-1503.

Übersicht

I. Allgemeines

1 Gem. Art. 87 ist die Richtlinie (EU) 2019/1937 („Whistleblower-RL") anwendbar, wenn Verstöße gegen die KI-VO gemeldet werden. Aus Erwgr. 173 ergibt sich, dass hiermit vor allem der Schutz der Personen bezweckt werden soll, die als Hinweisgeber in Bezug auf die in dieser Verordnung genannten Verstöße auftreten.

II. Systematik

2 Die Vorschrift befindet sich im vierten Abschnitt des neunten Kapitels der KI-VO, das Bestimmungen zur Beobachtung von KI-Systemen nach dem Inverkehrbringen, sowie zum Informationsaustausch und der Marktüberwachung enthält. Der vierte Abschnitt trägt den Titel „Rechtsbehelfe" und ist erst am Ende des Gesetzgebungsverfahrens auf Vorschlag des EU-Parlaments in die KI-VO aufgenommen worden. Im Verordnungsentwurf der Kommission vom 21.4.2021 war die Verzahnung der KI-VO mit der Hinweisgeberschutz-Richtlinie noch nicht vorgesehen.

III. Allgemeines zum Hinweisgeberrecht

3 Am 23.10.2019 wurde die RL 2019/1937/EU zum Schutz von Personen verabschiedet, die Verstöße gegen das Unionsrecht melden („Whistleblower-RL").

4 Obwohl die Bedeutung des Phänomens in Politik und Gesellschaft zunimmt, existiert keine gesetzliche Definition des vor allem aus den USA bekannten Begriffs „Whistleblowing".[1] Allerdings liegt Whistleblowing nach allgemeiner

---

* Kapitel IX (Art. 72–94) gilt gem. Art. 113 UAbs. 2 ab 2.8.2026, mit Ausnahme von Art. 78, der gem. Art. 113 UAbs. 3 Buchst. b bereits ab 2.8.2025 gilt.

[1] Nöcker NVwZ 2021, 1497 (1498).

Meinung vor, wenn „aktuelle oder ehemalige Angehörige eines Unternehmens oder einer staatlichen Stelle Kenntnis von internen Missständen oder Fehlverhalten erlangen, und diese Information weitergeben."[2]

In Deutschland setzt das **Hinweisgeberschutzgesetz (HinSchG)** die Vorgaben der Hinweisgeberschutz-Richtlinie um. Es definiert in § 1 Abs. 1 Whistleblower oder „hinweisgebende Personen" als natürliche Personen, die im Zusammenhang mit einer beruflichen Tätigkeit Informationen über Rechtsverstöße erlangt haben und diese melden oder offenlegen. Das HinSchG enthält erstmals eine sektor- und rechtsformübergreifende Pflicht zur Einrichtung eines Whistleblowing-Systems.[3] Ein solches System, das durch das HinSchG erstmals zwingend vorgeschrieben wird, ist Teil der gesellschaftsrechtlichen Corporate-Compliance-Verantwortung der Vorstandsmitglieder bzw. Geschäftsführe im Rahmen der systematischen Präventionspflicht.[4] § 2 HinSchG regelt den sachlichen Anwendungsbereich des Gesetzes, wonach bereits heute sämtliche Verstöße gegen nationale und unionsrechtliche Vorschriften zu Produktsicherheit und -konformität von dem Anwendungsbereich des Gesetzes, einschließlich Verstöße gegen die in Anhang I aufgelisteten Harmonisierungsrechtsvorschriften, erfasst sind.[5] 5

Über die Anordnung des Art. 87 wird der in Art. 2 Whistleblower-RL festgelegte und durch § 2 HinSchG in nationales Recht umgesetzte sachliche Anwendungsbereich um Verstöße gegen die KI-VO ergänzt.[6] Art. 87 bezieht sich dabei auf Verstöße gegen die KI-VO im Allgemeinen. Es findet somit eine „Globalintegration"[7] der KI-VO in den Anwendungsbereich der Hinweisgeberschutz-Richtlinie und des HinSchG statt. Erfasst sind somit nicht nur Verstöße gegen spezifische KI-Sicherheits- und -Konformitätsbestimmungen, sondern Verstöße gegen sämtliche Vorschriften der KI-VO. 6

Der Begriff des Verstoßes ist weit auszulegen. Hierunter fallen nicht nur bereits erfolgte, rechtswidrige Verhaltensweisen, sondern künftige Verstöße, die sehr wahrscheinlich erfolgen werden. Darüber hinaus werden gem. § 3 Abs. 2 HinSchG auch rechtsmissbräuchliche Umgehungen des Regelungsgehalts einer Norm und der Versuch der Verschleierung von Verstößen erfasst.[8] 7

IV. Das Verhältnis KI-VO – HinSchG

In Bezug auf die Meldung und Offenlegung von Verstößen gegen die KI-VO stehen die KI-VO und das HinSchG im Spezialitätsverhältnis, wobei das HinSchG als lex specialis der KI-VO vorgeht.[9] 8

Besonders relevant wird dies im Hinblick auf Art. 78, der die Kommission, die Marktüberwachungsbehörden und die notifizierten Stellen sowie alle andere natürliche oder juristische Personen, die an der Anwendung der KI-VO beteiligt sind, dazu verpflichtet, Vertraulichkeit zu wahren. Diese Verpflichtung zur Vertraulichkeit tritt bei Vorliegen der Voraussetzungen des Hinweisgeberschutzes 9

[2] Nöcker NVwZ 2021, 1497 (1498) mwN.
[3] Dzida/Seibt NZA 2023, 657, 657.
[4] Dzida/Seibt NZA 2023, 657, 657–658.
[5] Vgl. § 2 Abs. 1 Nr. 3 lit. b HinSchG.
[6] Martini/Wendehorst/Gerdemann zu Art. 87 Rn. 3.
[7] Martini/Wendehorst/Gerdemann zu Art. 87 Rn. 4.
[8] § 3 Abs. 2 und 3 HinSchG; Art. 5 Nr. 1und 2 WhistleblowerRL.
[9] Martini/Wendehorst/Gerdemann zu Art. 87 Rn. 5.

zurück. Hieraus folgt, dass sowohl Mitarbeiter von Anbietern von Hochrisiko-KI-Systemen als auch Mitarbeiter der Konformitäts-bewertungsstellen befugt sind, Informationen, bei denen es sich um Geschäftsgeheimnisse der Anbieter iSv § 2 Nr. 1 GeschGehG handelt, intern oder extern an die zuständigen Behörden zu melden oder öffentlich zu machen.[10]

10 Besondere Bedeutung kann dies aus dem Grund haben, dass komplexe KI-Systeme von Nutzern oder Dritten kaum auf ihre Konformität mit der KI-VO überprüft werden können. Das Wissen interner Beteiligter ist daher ein wichtiger Faktor, um Verstöße von Anbietern und Betreibern gegen die KI-VO aufzudecken.[11]

V. Bewertung

11 Obwohl Art. 87 auf den ersten Blick wie eine wenig bedeutsame Verweisnorm wirkt, bezieht die Vorschrift das gesamte Europäische Hinweisgeberschutzrecht in das Recht der Künstlichen Intelligenz ein. Daraus folgt unter anderem, dass auch zur Vertraulichkeit verpflichtete Personen, die Verstöße gegen die Vorschriften der KI-VO melden, Schutz genießen.

12 Dies kann gerade im Zusammenhang mit KI-Systemen von hoher Bedeutung sein, da oft nur interne Mitarbeiter oder Konformitätsbewertungsstellen, die zur Vertraulichkeit verpflichtet sind, in der Lage sein werden, Verstöße gegen die Vorschriften der KI-VO als solche zu identifizieren.[12] So können Meldungen von Verstößen zur effektiven Aufsicht über die KI-VO beitragen.

Abschnitt 5. Aufsicht, Ermittlung, Durchsetzung und Überwachung in Bezug auf Anbieter von KI-Modellen mit allgemeinem Verwendungszweck

Art. 88* Durchsetzung der Pflichten der Anbieter von KI-Modellen mit allgemeinem Verwendungszweck

(1) **[1]Die Kommission verfügt unter Berücksichtigung der Verfahrensgarantien nach Artikel 94 über ausschließliche Befugnisse zur Beaufsichtigung und Durchsetzung von Kapitel V. [2]Unbeschadet der Organisationsbefugnisse der Kommission und der Aufteilung der Zuständigkeiten zwischen den Mitgliedstaaten und der Union auf der Grundlage der Verträge überträgt die Kommission dem Büro für Künstliche Intelligenz die Durchführung dieser Aufgaben.**

(2) **Unbeschadet des Artikels 75 Absatz 3 können die Marktüberwachungsbehörden die Kommission ersuchen, die in diesem Abschnitt festgelegten Befugnisse auszuüben, wenn es erforderlich und verhältnismäßig ist, um die Wahrnehmung ihrer Aufgaben gemäß dieser Verordnung zu unterstützen.**

---

[10] Martini/Wendehorst/Gerdemann zu Art. 87 Rn. 5.

[11] Martini/Wendehorst/Gerdemann zu Art. 87 Rn. 5.

[12] Martini/Wendehorst/Gerdemann zu Art. 87 Rn. 9.

* Kapitel IX (Art. 72–94) gilt gem. Art. 113 UAbs. 2 ab 2.8.2026, mit Ausnahme von Art. 78, der gem. Art. 113 UAbs. 3 Buchst. b bereits ab 2.8.2025 gilt.

Erwägungsgründe

(161) Die Verantwortlichkeiten und Zuständigkeiten auf Unionsebene und nationaler Ebene in Bezug auf KI-Systeme, die auf KI-Modellen mit allgemeinem Verwendungszweck aufbauen, müssen präzisiert werden. Um sich überschneidende Zuständigkeiten zu vermeiden, sollte die Aufsicht für KI-Systeme, die auf KI-Modellen mit allgemeinem Verwendungszweck beruhen und bei denen das Modell und das System vom selben Anbieter bereitgestellt werden, auf der Unionsebene durch das Büro für Künstliche Intelligenz erfolgen, das für diesen Zweck über die Befugnisse einer Marktüberwachungsbehörde im Sinne der Verordnung (EU) 2019/1020 verfügen sollte. In allen anderen Fällen sollten die nationalen Marktüberwachungsbehörden weiterhin für die Aufsicht über KI-Systeme zuständig sein. Bei KI-Systemen mit allgemeinem Verwendungszweck, die von Betreibern direkt für mindestens einen Zweck verwendet werden können, der als hochriskant eingestuft wird, sollten die Marktüberwachungsbehörden jedoch mit dem Büro für Künstliche Intelligenz zusammenarbeiten, um Konformitätsbewertungen durchzuführen, und sie sollten KI-Gremium und andere Marktüberwachungsbehörden entsprechend informieren. Darüber hinaus sollten Marktüberwachungsbehörden das Büro für Künstliche Intelligenz um Unterstützung ersuchen können, wenn die Marktüberwachungsbehörde nicht in der Lage ist, eine Untersuchung zu einem Hochrisiko-KI-System abzuschließen, weil sie keinen Zugang zu bestimmten Informationen im Zusammenhang mit dem KI-Modell mit allgemeinem Verwendungszweck, auf dem das Hochrisiko-KI-System beruht, haben. In diesen Fällen sollte das Verfahren bezüglich grenzübergreifender Amtshilfe nach Kapitel VI der Verordnung (EU) 2019/1020 entsprechend Anwendung finden.

Literatur: Roth-Isigkeit, Der neue Rechtsrahmen für Künstliche Intelligenz in der Europäischen Union, KIR 2024, 15; Herbers/Rappenglück, Die Durchsetzung der KI-Verordnung auf EU-Ebene: Das EU AI Office, RDi 2024, 432; Bomhard/Siglmüller, AI-Act – das Trilogergebnis, RDi 2024, 45; Ammann/Pohle, KI-Verordnung – Was bisher geschah und jetzt zu tun ist, CB 2024, 137.

Übersicht

I. Historie der Norm

1 Der ursprüngliche Entwurf zum Erlass einer KI-VO enthielt keine Vorgaben speziell für KI-Modelle mit allgemeinem Verwendungszweck.[1] Dementsprechend gab es auch keine Regelung im Kommissionsentwurf, die die Zuständigkeit für

[1] Vgl. COM(2021) 206 final. Allgemein auch: „generative KI" (im finalen Verordnungstext lautet der englische Begriff „general purpose AI model", kurz: GPAI); die Bezeichnung lautete im früheren Stadium auch „Basismodell" (englisch: „foundation model"), s. unten Ausführlich zur Gesetzgebungshistorie de la Durantaye ZUM 2023, 645 (653).

deren Durchsetzung betraf.[2] Unter dem Eindruck von ChatGPT Ende des Jahres 2022 und zu Beginn von 2023 änderte sich dies. Erforderlich wurde eine besondere Form der Regulierung dieser KI-Modelle.[3] Die Allgemeine Ausrichtung des Rates vom 6.12.2022 enthielt bereits Vorschriften zu KI-*Systemen* mit allgemeinem Verwendungszweck.[4] Im Wesentlichen wurden die Vorschriften für Hochrisiko-KI-Systeme für anwendbar erklärt.[5] Besondere Zuständigkeiten wurden hierbei nicht geregelt. Die im Juni 2023 veröffentlichte Verhandlungsposition des Europäischen Parlaments enthielt Vorschläge zur gesonderten Regulierung von „Basismodellen", was letztlich nur eine andere Bezeichnung für KI-Modelle mit allgemeinem Verwendungszweck war.[6] Gemäß der Verhandlungsposition sollten eigene Regeln für diese Basismodelle geschaffen werden. Dies ist letztlich mit den Art. 51–55 in der finalen KI-VO umgesetzt worden. Bereits bei der ersten Beschäftigung mit diesen KI-Modellen ging man davon aus, dass eine zentrale, bei der Kommission angegliederte Aufsicht dieser Anbieter zweckmäßig sei, und zwar durch das bei der Kommission zu schaffende *„Amt* für Künstliche Intelligenz".[7] Diese Regelungen haben im Zuge des Trilog-Verfahrens Einzug in die Gesetzgebung gefunden.[8] Im Kapitel IX, Abschnitt 5 (Art. 88–94) sind die Vorschriften zur Aufsicht der in den Art. 51–55 geregelten Pflichten kodifiziert. Der Begriff „KI-Modell mit allgemeinem Verwendungszweck" ist in Art. 3 Nr. 63 definiert.[9] Die Aufsicht übernimmt nun das an die Kommission gegliederte *Büro* für Künstliche Intelligenz.

II. Zweck der Norm

2 Art. 88 regelt die Zuständigkeit für die Durchsetzung der Verpflichtungen aus den Art. 51–55. Zuständig ist demnach die Europäische Kommission. Diese **zentrale Zuständigkeit der Kommission** grenzt sich von der ansonsten gegebenen Zuständigkeit der nationalen Aufsichtsbehörden[10] ab und rührt aus der Natur der KI-Modelle mit allgemeinem Verwendungszweck. Hier erscheint eine weniger kleinteilige Regulierung sinnvoll, sodass eine einheitliche europaweite Regulierung durchaus sachgerecht erscheint, wenngleich nach dem allgemeinen Subsidiaritäts-

---

[2] Vgl. COM(2021) 206 final, Art. 63 zur Durchsetzung der Regelungen.

[3] Vasel EuZW 2024, 829 (830).

[4] Rat der Europäischen Union, Allgemeine Ausrichtung, vom 6.12.2022 (15698/2022).

[5] Vgl. Art. 4b und auch Art. 40 des Entwurfes des Rats der Europäischen Union, Allgemeine Ausrichtung, vom 6.12.2022 (15698/2022).

[6] Vgl. Europäisches Parlament, Bericht – A9-0188/2023, Änderungsantrag 99, Erwgr. 60e. In dieser Verhandlungsposition war auch eine Definition für den Begriff „generative KI" enthalten, vgl. Art. 28b Abs. 4: „Anbieter von Basismodellen, die in KI-Systemen verwendet werden, die speziell dazu bestimmt sind, mit unterschiedlichem Grad an Autonomie Inhalte wie komplexe Texte, Bilder, Audio- oder Videodateien zu generieren". Im finalen Text ist der Begriff „generative KI" nur in den Erwägungsgründen 99 und 105 enthalten.

[7] Vgl. Europäisches Parlament, Bericht – A9-0188/2023, Änderungsantrag 529, Art. 56e lit. o.; siehe hierzu auch BeckOK KI-Recht/Cornelius Art. 88 Rn. 8, der auf die – zu diesem Zeitpunkt – hauptsächlich koordinierende Rollenzuweisung hinweist.

[8] Vgl. Rat der Europäischen Union, Pressemitteilung 986/23, 9.12.2023; Chibanguza/Steege NJW 2024, 1769 (1769); Krönke NVwZ 2024, 529 (533); Engel KIR 2024, 21 (21).

[9] Im Unterschied hierzu: „KI-System mit allgemeinem Verwendungszweck", Art. 3 Nr. 66.

[10] Herbers/Rappenglück RDi 2024, 432 (437).

prinzip (Art. 5 Abs. 3 AEUV) *gewichtige Gründe* für einen zentralen Vollzug eines Gesetzes vorhanden sein müssen. In der KI-VO wird in Erwgr. 162 insbesondere die in dem Büro für Künstliche Intelligenz zu aggregierende Expertise als Grund hierfür angeführt.[11] Gleichsam sieht Art. 88 in seinem Abs. 2 auch eine Regelung für die Zusammenarbeit mit den mitgliedstaatlichen Behörden vor. Die gesonderte Zuständigkeit für die Aufsicht über Anbieter von KI-Modellen mit allgemeinem Verwendungszweck korrespondiert auch damit, dass die Regulierung dieser „Produkte" unabhängig von dem sonst die KI-VO prägenden risikobasierten Ansatz erfolgt.[12]

III. Verhältnis zu anderen Normen

Die Norm – Art. 88 – bezieht sich auf die Pflichten der Anbieter von KI-Modellen mit allgemeinem Verwendungszweck. Diese sind in den Art. 51–55 geregelt. Die Norm ist als eine von vielen Zuständigkeitsbestimmungen zu verstehen. Die KI-VO kennt mehrere potentielle mit der Aufsicht beauftragte Institutionen. Die meisten Aufsichtspflichten richten sich an die von jedem Mitgliedstaat zu benennenden Marktüberwachungsbehörden, Art. 70.[13] So kommt den nationalen Marktüberwachungsbehörden ausweislich Erwgr. 153 eine „Schlüsselrolle" zu. Für das in den Art. 88–93 geregelte Aufsichtsregime für KI-Modelle mit allgemeinem Verwendungszweck sind die nationalen Marktüberwachungsbehörden nicht zuständig. Die zu unterscheidenden Aufsichtsregime – auf der einen Seite Hochrisiko-KI-Systeme und auf der anderen Seite KI-Modelle mit allgemeinem Verwendungszweck – weisen große Unterschiede auf. Zur Abgrenzung beider Zuständigkeiten sind Erwgr. 161 Satz 2 sowie Art. 75 Abs. 1 relevant.[14] 3

IV. Auslegung der Norm

1. Zuständigkeit von der Kommission und dem Büro für Künstliche Intelligenz (Abs. 1)

In Absatz 1 Satz 1 wird zunächst der Kommission die ausschließliche Zuständigkeit bei der Beaufsichtigung und Durchsetzung der Pflichten für KI-Modelle mit allgemeinem Verwendungszweck zugeschrieben.[15] Dabei wird auch klargestellt, dass die **Verfahrensgarantien** aus Art. 94 zu berücksichtigen sind. In Art. 94 ist festgelegt, dass die Anbieter von KI-Modellen mit allgemeinem Verwendungszweck sich 4

[11] Kritisch hierzu im Hinblick auf die rechtfertigungsbedürftige unionale (Allein-)Zuständigkeit Martini/Wendehorst/Bernsteiner/Schmitt Art. 88 Rn. 6. Siehe auch Roth-Isigkeit KIR 2024, 15 (19), der die Zentralisierung der Zuständigkeit im Hinblick auf (mögliche) unterschiedliche Interessen der Mitgliedstaaten begrüßt.

[12] Siehe Vasel EuZW 2024, 829 (830).

[13] Vgl. Art. 73–83.

[14] Zu den Schwierigkeiten der Abgrenzung der Zuständigkeiten im Einzelfall Knoblich/Krimphove BKR 2024, 843 (845); BeckOK KI-Recht/Cornelius Art. 88 Rn. 13 ff., der hierbei auf die zentrale Bedeutung des Begriffs der KI-Modelle mit allgemeinem Verwendungszweck in Art. 3 Nr. 63 hinweist.

[15] Caspar ZD 2024, 543 (547) stellt heraus, dass hiermit Zuweisung der Zuständigkeit nicht an eine – wie sonst oft üblich – unabhängige Aufsichtsbehörde erfolgt.

in entsprechender Anwendung auf die Verfahrensrechte aus Art. 18 MÜ-VO[16] berufen können.[17] Im Übrigen ist auf die allgemeinen verwaltungsverfahrensrechtlichen Anforderungen aus Art. 298 AEUV und aus Art. 41 GRCh zu verweisen.[18]

5 Gem. Abs. 1 Satz 2 wird im Speziellen das **Büro für Künstliche Intelligenz** mit der Aufsicht beauftragt. Die Einrichtung des Büros für Künstliche Intelligenz ist in Art. 64 geregelt.[19] Das Büro besitzt keine eigene Rechtspersönlichkeit, sondern ist vielmehr eine **Organisationseinheit** innerhalb der Kommission. Im Unterschied zur erforderlichen Unabhängigkeit der nationalen Marktüberwachungsbehörden (Art. 70 Abs. 1 Satz 2) ist dies für das Büro für Künstliche Intelligenz nicht statuiert.[20] In der Sache ist die Übertragung der Beaufsichtigung von KI-Modellen mit allgemeinem Verwendungszweck auf das Büro für Künstliche Intelligenz folgerichtig. Denn dieses soll die Kompetenz in Sachen KI bei der Kommission aufbauen. Gerade die Einschätzung von Gefahren, die von KI-Modellen mit allgemeinem Verwendungszweck ausgehen, bedarf eines großen Sachverstandes. Auch wenn die Zuständigkeit der Kommission gem. Art. 88 Abs. 1 S. 1 ausschließlich ist, so wird durch Art. 64 Abs. 2 von den Mitgliedstaaten gefordert, dass sie dem Büro für Künstliche Intelligenz die Bewältigung ihrer Aufgaben erleichtern.

6 In der Vorschrift ist zum einen der Hinweis enthalten, dass von dieser (funktionalen) Zuständigkeitszuweisung Organisationsbefugnisse der Kommission unberührt bleiben. Zu Zwecken der Organisation kann die Kommission also auch andere Organisationseinheiten mit Aufgaben im Zusammenhang mit der Aufsicht betrauen. Zum anderen stellt die Vorschrift klar, dass durch die Vorschrift die gemäß den Verträgen den Mitgliedstaaten zugeschriebenen Kompetenzen durch diese Regelung nicht angetastet werden.

2. Rolle der nationalen Marktüberwachungsbehörden (Abs. 2)

7 Durch Absatz 2 werden die nationalen Marktüberwachungsbehörden in das Aufsichtsregime für KI-Modelle mit allgemeinem Verwendungszweck mit einbezogen. Diese können die Kommission ersuchen bzw. dazu anhalten, dass diese die ihr in den Art. 88–94 enthaltenen Kompetenzen wirksam ausübt. Voraussetzung für eine solche Aufforderung ist, dass dies für die Wahrnehmung ihrer eigenen Aufgaben erforderlich und angemessen ist. Dabei reicht es aus, wenn dies im Ergebnis die Aufgabenerfüllung der nationalen Marktüberwachungsbehörde „unterstützt". Diese Ermächtigung zum Ersuchen hat also weniger den Charakter einer Beschwerde, sondern soll vielmehr die Zusammenarbeit von Mitgliedstaaten und Kommission stärken.[21] Einen durchsetzbaren Anspruch haben die nationalen Marktüberwachungsbehörden durch diese Norm nicht.[22]

---

[16] Verordnung (EU) 2019/1020 des Europäischen Parlaments und des Rates vom 20.6.2019 über Marktüberwachung und die Konformität von Produkten sowie zur Änderung der Richtlinie 2004/42/EG und der Verordnungen (EG) Nr. 765/2008 und (EU) Nr. 305/2011.

[17] Übergeordnet gelten auch die Prinzipien aus Art. 296 Abs. 5, Art. 298 AEUV sowie Art. 41 GRCh.

[18] Martini/Wendehorst/Bernsteiner/Schmitt Art. 88 Rn. 7; BeckOK KI-Recht/Cornelius Art. 88 Rn. 22.

[19] Siehe auch Beschluss der Kommission vom 24. Januar 2024 zur Einrichtung des „Europäischen Amts für künstliche Intelligenz" (C/2024/1459), Näheres hierzu unter Art. 64 Rn. 3 ff.

[20] Kritisch hierzu BeckOK KI-Recht/Cornelius Art. 88 Rn. 25.

[21] Vgl. Bezeichnung als „Amtshilfeersuchen" in Martini/Wendehorst/Bernsteiner/Schmitt Art. 88 Rn. 18.

[22] Martini/Wendehorst/Bernsteiner/Schmitt Art. 88 Rn. 14.

Der Absatz nimmt auch Bezug auf Art. 75 Abs. 3 und gibt vor, dass das darin geregelte Ersuchen neben dem hier geregelten Ersuchen besteht. Nach Art. 75 Abs. 3 können die nationalen Marktüberwachungsbehörden ein **Informationsersuchen** an das Büro für Künstliche Intelligenz richten, wenn sie bei der Wahrnehmung ihrer Aufgaben Informationen über ein KI-Modell mit allgemeinem Verwendungszweck bedürfen. Es werden somit zwei unterschiedliche Sachverhalte geregelt. Während Art. 75 Abs. 3 dazu dient, dass die Marktüberwachungsbehörden vom Know-How des Büros für Künstliche Intelligenz und den dort gesammelten Informationen auch profitieren sollen – bzw. Informationen überhaupt erst gesammelt werden –, dient Art. 88 Abs. 2 dazu, dass die Kommission überhaupt *ihren* Aufgaben nachkommt, damit eben diese Informationen gesammelt werden. 8

V. Gesamtwürdigung und Ausblick

Es erscheint sinnvoll, dass die Überwachung von KI-Modellen mit allgemeinem Verwendungszweck der Kommission überantwortet ist. Da hier besonders wirkmächtige Anbieter potenzielle Adressaten der Regulierungsmaßnahmen sein werden, wurde es für notwendig erachtet, hier eine möglichst durchschlagskräftige Behörde mit den entsprechenden Befugnissen auszustatten. Rechtsverstöße durch solche Anbieter haben auch in gesteigertem Maße potenzielle negative Auswirkungen auf die gesamte Europäische Union. Auch wäre eine örtliche Zuständigkeit der nationalen Marktüberwachungsbehörden schwieriger in der Anwendung gewesen, da die Anbieter der KI-Modelle mit allgemeinem Verwendungszweck in vielen Fällen ihren Sitz vermutlich nicht in der EU haben werden. 9

Art. 89* Überwachungsmaßnahmen

(1) **Zur Wahrnehmung der ihr in diesem Abschnitt übertragenen Aufgaben kann das Büro für Künstliche Intelligenz die erforderlichen Maßnahmen ergreifen, um die wirksame Umsetzung und Einhaltung dieser Verordnung durch Anbieter von KI-Modellen mit allgemeinem Verwendungszweck, einschließlich der Einhaltung genehmigter Praxisleitfäden, zu überwachen.**

(2) [1]**Nachgelagerte Anbieter haben das Recht, eine Beschwerde wegen eines Verstoßes gegen diese Verordnung einzureichen.** [2]**Eine Beschwerde ist hinreichend zu begründen und enthält mindestens Folgendes:**

a) **die Kontaktstelle des Anbieters des betreffenden KI-Modells mit allgemeinem Verwendungszweck;**

b) **eine Beschreibung der einschlägigen Fakten, die betreffenden Bestimmungen dieser Verordnung und die Begründung, warum der nachgelagerte Anbieter der Auffassung ist, dass der Anbieter des KI-Modells mit allgemeinem Verwendungszweck gegen diese Verordnung verstoßen hat;**

c) **alle sonstigen Informationen, die der nachgelagerte Anbieter, der die Anfrage übermittelt hat, für relevant hält, gegebenenfalls einschließlich Informationen, die er auf eigene Initiative hin zusammengetragen hat.**

* Kapitel IX (Art. 72–94) gilt gem. Art. 113 UAbs. 2 ab 2.8.2026, mit Ausnahme von Art. 78, der gem. Art. 113 UAbs. 3 Buchst. b bereits ab 2.8.2025 gilt.

Erwägungsgründe

(162) Um das zentralisierte Fachwissen der Union und Synergien auf Unionsebene bestmöglich zu nutzen, sollte die Kommission für die Aufsicht und die Durchsetzung der Pflichten der Anbieter von KI-Modellen mit allgemeinem Verwendungszweck zuständig sein. Das Büro für Künstliche Intelligenz sollte alle erforderlichen Maßnahmen durchführen können, um die wirksame Umsetzung dieser Verordnung im Hinblick auf KI-Modelle mit allgemeinem Verwendungszweck zu überwachen. Es sollte mögliche Verstöße gegen die Vorschriften für Anbieter von KI-Modellen mit allgemeinem Verwendungszweck sowohl auf eigene Initiative, auf der Grundlage der Ergebnisse seiner Überwachungstätigkeiten, als auch auf Anfrage von Marktüberwachungsbehörden gemäß den in dieser Verordnung festgelegten Bedingungen untersuchen können. Zur Unterstützung einer wirksamen Überwachung durch das Büro für Künstliche Intelligenz sollte die Möglichkeit vorgesehen werden, dass nachgelagerte Anbieter Beschwerden über mögliche Verstöße gegen die Vorschriften für Anbieter von KI-Modellen und -Systemen mit allgemeinem Verwendungszweck einreichen können.

(164 Sätze 1–2) Das Büro für Künstliche Intelligenz sollte die erforderlichen Maßnahmen ergreifen können, um die wirksame Umsetzung und die Einhaltung der in dieser Verordnung festgelegten Pflichten der Anbieter von KI-Modellen mit allgemeinem Verwendungszweck zu überwachen. Das Büro für Künstliche Intelligenz sollte mögliche Verstöße im Einklang mit den in dieser Verordnung vorgesehenen Befugnissen untersuchen können, unter anderem indem es Unterlagen und Informationen anfordert, Bewertungen durchführt und Maßnahmen von Anbietern von KI-Modellen mit allgemeinem Verwendungszweck verlangt.

Literatur: Herbers/Rappenglück, Die Durchsetzung der KI-Verordnung auf EU-Ebene: Das EU AI Office, RDi 2024, 432; Engel, Generative KI, Foundation Models und KI-Modelle mit allgemeinem Verwendungszweck in der KI-VO – Passende Mosaiksteine?, KIR 2024, 21.

Übersicht

I. Historie der Norm

1 Mit der Verhandlungsposition des Europäischen Parlaments ist die Überwachung durch die zu diesem Zeitpunkt noch als Amt für Künstliche Intelligenz genannte Organisationseinheit bei der Kommission in den Verordnungsgebungsprozess eingeführt worden.[1]

[1] Vgl. Europäisches Parlament, Bericht – A9-0188/2023, Änderungsantrag 529, Art. 56e lit. o.

II. Zweck der Norm

Art. 89 enthält in seinen beiden Absätzen verschiedene Regelungen. Im ersten Absatz wird dem Büro für Künstliche Intelligenz die Aufgabe der **Überwachung** der Einhaltung der Vorschriften für Anbieter von KI-Modellen mit allgemeinem Verwendungszweck übertragen. Im zweiten Absatz wird nachgelagerten Anbietern[2] (also Marktteilnehmern, die das KI-Modell in ihrem KI-System verwenden) ein **Beschwerderecht** eingeräumt. Durch beide Regelungen soll die Durchsetzung der Vorgaben der KI-Verordnung sichergestellt werden. Zum einen soll das KI-Büro eine Art Wächterrolle einnehmen. Zum anderen sollen diejenigen, die die KI-Modelle verwenden und somit über besondere, unmittelbare Einblicke verfügen, dazu aufgerufen werden, Verstöße gegen die KI-VO zu melden. Hierfür setzt die Norm voraus, dass die nachgelagerten Anbieter ein Interesse daran haben, eine Normbefolgung durch die Anbieter der von ihnen verwendeten KI-Modelle sicherzustellen. Gem. Art. 53 Abs. 1 lit. b ist der Anbieter des KI-Modells verpflichtet, bestimmte Informationen an nachgelagerte Anbieter weiterzugeben. Ein Interesse an der Normbefolgung dürfte insbesondere vor dem Hintergrund bestehen, dass ein nachgelagerter Anbieter unter Umständen befürchten müsste, dass das von ihm verwendete KI-Modell zurückgerufen wird und er dieses dann nicht mehr verwenden kann.[3] Letztlich ist auch nicht auszuschließen, dass sich der Anbieter andernfalls auch einem Haftungsrisiko aussetzt.[4] 2

III. Verhältnis zu anderen Normen

Art. 89 ist im Zusammenhang mit den Art. 51–55 zu sehen. Diese Artikel regeln die Pflichten von Anbietern von KI-Modellen mit allgemeinem Verwendungszweck. Art. 89 dient dazu, die Einhaltung der dort geregelten Pflichten sicherzustellen bzw. Verstöße hiergegen aufzudecken. 3

Art. 89 Abs. 1 knüpft an Art. 88 Abs. 1 S. 2 an, der dem Büro für Künstliche Intelligenz die „Durchführung" der Vorgaben aus Art. 51–55 anvertraut. Die Überwachung stellt somit einen Annex zu dieser Durchführungszuständigkeit dar. Im Gegensatz dazu sind die verpflichtenden „Zwangs"-Maßnahmen aus Art. 91–93 zu sehen, für die die Kommission zuständig ist. 4

Art. 89 Abs. 2 ist das Pendant zu Art. 85, der für die Anbieter von KI-Systemen ein Beschwerderecht gegenüber den nationalen Marktüberwachungsbehörden schafft. Art. 89 Abs. 2 ist vom Anwendungsbereich in personaler Hinsicht wesentlich enger. Auch sind die formalen Anforderungen, die an eine Beschwerde gestellt werden, strenger. 5

IV. Auslegung der Norm

1. Überwachung durch das Büro für Künstliche Intelligenz (Abs. 1)

Art. 89 Abs. 1 sieht vor, dass das Büro für Künstliche Intelligenz für die Überwachung der Einhaltung der Pflichten für Anbieter von KI-Modellen mit allge- 6

---

[2] Zur Begriffsdefinition Art. 3 Nr. 3 „Anbieter", Art. 3 Nr. 68 „nachgelagerter Anbieter".

[3] Vgl. Art. 93 Abs. 1 lit. a.

[4] Martini/Wendehorst/Bernsteiner/Schmitt Art. 89 Rn. 2.

meinem Verwendungszweck, einschließlich der Vorgaben aus den Praxisleitfäden,[5] zuständig ist. Erfasst sind hiervon die Pflichten aus den Art. 51–55. Im Einzelnen sind damit folgende Pflichten Gegenstand der Überwachungstätigkeit:

- Mitteilung der Erfüllung der Bedingung für das Vorliegen eines systemischen Risikos (Art. 52 Abs. 1)
- Erstellen und Aktualisieren der technischen Dokumentation des KI-Modells (Art. 53 Abs. 1 lit. a)
- Dokumentationen den nachgelagerten Anbietern von KI-Systemen zur Verfügung stellen (Art. 53 Abs. 1 lit. b)
- Erstellen einer Strategie zur Einhaltung des Urheberrechts der Union (Art. 53 Abs. 1 lit. c)[6]
- Erstellen und Veröffentlichen einer detaillierten Zusammenfassung der für das KI-Modell verwendeten Trainingsdaten (Art. 53 Abs. 1 lit. d)
- Benennen eines in der EU niedergelassenen Bevollmächtigten, wenn Sitz in Drittstaat (Art. 54 Abs. 1)
- den Bevollmächtigten in die Lage versetzen, die Einhaltung der Aufgaben aus Art. 53 zu kontrollieren (Art. 54 Abs. 2, 3)

7 Für KI-Modelle mit systemischem Risiko gelten darüber hinaus folgende Pflichten:

- Modellbewertung durchführen (Art. 55 Abs. 1 lit. a)
- mögliche systemische Risiken bewerten und mindern (Art. 55 Abs. 1 lit. b)
- schwerwiegende Vorfälle und Abhilfemaßnahmen erfassen, dokumentieren und das Büro für Künstliche Intelligenz darüber unterrichten (Art. 55 Abs. 1 lit. c)
- ein angemessenes Maß an Cybersicherheit gewährleisten (Art. 55 Abs. 1 lit. d)

8 Das Büro für Künstliche Intelligenz ergreift für die Überwachung dieser Pflichten ausweislich der Vorschrift „die wirksamen Maßnahmen". Die Norm verhält sich nicht dazu, was für Maßnahmen das Büro für Künstliche Intelligenz aufgrund von Art. 89 Abs. 1 ergreifen kann. In systematischer Hinsicht können damit jedoch keine die Anbieter verpflichtenden Maßnahmen gemeint sein, sind diese doch (abschließend) in den Art. 91–93 geregelt – und zum Ergreifen dieser verpflichtenden Maßnahmen ist dort auch nicht das Büro für Künstliche Intelligenz, sondern die Kommission ermächtigt. Gegenstand von Art. 89 Abs. 1 sind demnach **beobachtende und analysierende Tätigkeiten.**[7] Aus Erwgr. 162 wird deutlich, dass das Büro für Künstliche Intelligenz sowohl aus **eigener Initiative** als auch auf Beschwerde von den nationalen Marktüberwachungsbehörden tätig werden kann.

2. Beschwerderecht der nachgelagerten Anbieter (Abs. 2)

9 In Art. 89 Abs. 2 ist das Beschwerderecht von nachgelagerten Anbietern geregelt. Nach der Legaldefinition aus Art. 3 Nr. 68 handelt es sich bei einem nachgelagerten Anbieter um einen Anbieter eines KI-Systems, einschließlich eines KI-

---

[5] Vgl. Art. 56.

[6] Martini/Wendehorst/Bernsteiner/Schmitt Art. 89 Rn. 11, weisen darauf hin, dass die Einhaltung des Urheberrechts im Einzelfall (sprich: die Umsetzung der Strategie) gerade nicht der Gegenstand der Überwachung ist. Dies rührt zum einen daher, dass eine solche Pflicht nicht in Art. 53 Abs. 1 lit. c enthalten ist; zum anderen ist die Einhaltung des Urheberrechts auch generell aus dem Anwendungsbereich der KI-VO ausgeklammert, vgl. Erwgr. 108 Satz 2; zum Ganzen: Dregelies GRUR 2024, 1484 (1491 f.).

[7] Vgl. BeckOK KI-Recht/Cornelius Art. 89 Rn. 5, wonach die Norm keine generalklauselartige Auffangbefugnis darstellt; wohl a.A. Bomhard/Pieper/Wende/Siems Art. 89 Rn. 1.

Systems mit allgemeinem Verwendungszweck, das ein KI-Modell integriert. Dem Verordnungstext nach kann die Beschwerde wegen eines Verstoßes „gegen diese Verordnung" eingereicht werden. Aus dem Regelungszusammenhang ist klar, dass hiermit nicht sämtliche Verstöße gegen die KI-Verordnung gemeint sind, sondern nur solche von Anbietern von KI-Modellen mit allgemeinem Verwendungszweck (→ Rn. 6 f.). Durch die Verortung in Absatz 2 von Art. 89 ist auch – im Unterschied zu Art. 85 – hinreichend deutlich, dass es sich um eine Beschwerde handelt, die bei dem Büro für Künstliche Intelligenz einzureichen ist.[8]

Art. 89 Abs. 2 S. 2 enthält mehrere inhaltliche Vorgaben für die Beschwerde. **10** So ist die Beschwerde hinreichend zu begründen. Der erforderliche Umfang der Begründung hängt vom Einzelfall ab. Eine Beschwerde, die eine hinreichende Begründung vermissen lässt, wird die Kommission vermutlich nicht in die Lage versetzen, der Beschwerde in geeigneter Weise nachzukommen. Gestützt auf Art. 89 Abs. 1 kann das Büro für Künstliche Intelligenz aber auch eigene Nachforschungen anstellen, wobei der Sinn des anbieterseitigen Beschwerderechts gerade darin besteht, von den Erkenntnissen der nachgelagerten Anbieter aufgrund ihrer Sachnähe zum KI-Modell zu profitieren, über die das Büro für Künstliche Intelligenz nicht verfügt.

Art. 89 Abs. 2 S. 2 enthält eine Auflistung von Angaben, die jedenfalls in **11** der Eingabe enthalten sein müssen. Dem Wortlaut nach handelt es sich um Angaben, die zusätzlich zu einer hinreichenden Begründung gemacht werden müssen („und"). In teleologischer Hinsicht ist jedoch davon auszugehen, dass mit den aufgelisteten Angaben eine hinreichende Begründung gegeben wird, sodass es sich vielmehr um eine Konkretisierung des Begriffs der hinreichenden Begründung handelt. So ist die **Kontaktstelle** des Anbieters des betreffenden KI-Modells mit allgemeinem Verwendungszweck anzugeben (Art. 89 Abs. 2 S. 2 lit. a). Die Beschwerde muss Daten des von der Beschwerde betroffenen Anbieters enthalten, damit das Büro für Künstliche Intelligenz im weiteren Fortgang mit dem Anbieter in Kontakt treten kann. Zudem muss der **Sachverhalt** beschrieben werden, aus dem der nachgelagerte Anbieter den Verstoß gegen die Vorschriften der KI-VO ableitet, er muss die Bestimmungen nennen, gegen die verstoßen worden sein soll, auch muss eine **rechtliche Würdigung** enthalten sein (Art. 89 Abs. 2 S. 2 lit. b). Mehr oder weniger redundant mutet der zu den Mindestangaben gem. Art. 89 Abs. 2 S. 2 lit. c zählende Punkt an: alle sonstigen Informationen, die der nachgelagerte Anbieter für relevant hält. Er mag als Appell an eine umfassende Beschwerdebegründung verstanden werden.[9]

Mit dem Beschwerderecht korrespondiert ein **Anspruch auf angemessene** **12** **Behandlung der Beschwerde.** Mögliche Rechtsbehelfe bei einer diesem Anspruch nicht gerecht werdenden Behandlung sind die Nichtigkeitsklage gem. Art. 263 Abs. 4 AEUV und die Untätigkeitsklage nach Art. 265 AEUV.[10] Das *(unmittelbare)* Rechtsschutzziel dieser Rechtsbehelfe kann jedoch – im Hinblick auf systematische Stellung des Beschwerderechts im Art. 89 – nicht das Ergreifen von verpflichtenden Maßnahmen nach Art. 93 sein.[11]

---

[8] BeckOK KI-Recht/Cornelius Art. 89 Rn. 37.

[9] BeckOK KI-Recht/Cornelius Art. 88 Rn. 45.

[10] Martini/Wendehorst/Bernsteiner/Schmitt Art. 89 Rn. 20 ff.

[11] Martini/Wendehorst/Bernsteiner/Schmitt Art. 89 Rn. 23.

V. Gesamtwürdigung und Ausblick

13 Dass die Überwachung der Einhaltung der Vorschriften aus den Art. 51–55 auf das Büro für Künstliche Intelligenz übertragen wird, ist als Abgrenzung zu den sonstigen Aufsichtstätigkeiten nach den Art. 91–93, die im Wesentlichen – unmittelbar – von der Kommission wahrgenommen werden. Dies unterstreicht die Stellung des KI-Büros als fachlich ausgerichtete Organisationseinheit.

14 In dem Beschwerderecht der nachgelagerten Anbieter kommt die Intention des europäischen Verordnungsgebers zum Ausdruck, möglichst viele Stakeholder „an den Tisch" zu holen, um den Informationsasymmetrien[12] wirksam begegnen zu können. Ein diesbezügliches Interesse der nachgelagerten Anbieter liegt allerdings nicht auf der Hand. Auch wenn Fälle denkbar sind, in denen ein nachgelagerter Anbieter ein verordnungskonformes Handeln eines KI-Modell-Anbieters anmahnt, dürfte doch in den überwiegenden Fällen ein besonderes Interesse hieran fehlen. Vorausgesetzt ist ja auch stets, dass der nachgelagerte Anbieter überhaupt Kenntnis von oder jedenfalls eine Vermutung hinsichtlich rechtswidrigen Handelns hat. Da es sich bei KI-Modell-Anbieter und nachgelagertem Anbieter auch um konkurrierende Unternehmen handeln kann, dürfte dem KI-Modell-Anbieter regelmäßig viel daran gelegen sein, Einblicke in die Funktionsweise des KI-Modells möglichst zu verwehren. Trotz dieser eher weniger optimistischen Einschätzung, bleibt abzuwarten, ob nachgelagerte Anbieter von dem Recht auf Beschwerde Gebrauch machen werden.

Art. 90* Warnungen des wissenschaftlichen Gremiums vor systemischen Risiken

(1) **Das wissenschaftliche Gremium kann dem Büro für Künstliche Intelligenz eine qualifizierte Warnung übermitteln, wenn es Grund zu der Annahme hat, dass**

a) ein KI-Modell mit allgemeinem Verwendungszweck ein konkretes, identifizierbares Risiko auf Unionsebene birgt oder

b) ein KI-Modell mit allgemeinem Verwendungszweck die Bedingungen gemäß Artikel 51 erfüllt.

(2) **¹Aufgrund einer solchen qualifizierten Warnung kann die Kommission über das Büro für Künstliche Intelligenz und nach Unterrichtung des KI-Gremiums die in diesem Abschnitt festgelegten Befugnisse zur Beurteilung der Angelegenheit ausüben. ²Das Büro für Künstliche Intelligenz unterrichtet das KI-Gremium über jede Maßnahme gemäß den Artikeln 91 bis 94.**

(3) **Eine qualifizierte Warnung ist hinreichend zu begründen und enthält mindestens Folgendes:**

a) die Kontaktstelle des Anbieters des betreffenden KI-Modells mit allgemeinem Verwendungszweck mit systemischem Risiko;

b) eine Beschreibung der einschlägigen Fakten und der Gründe für die Warnung durch das wissenschaftliche Gremium;

---

[12] Gerdemann NJW 2024, 2209 (2210).

* Kapitel IX (Art. 72–94) gilt gem. Art. 113 UAbs. 2 ab 2.8.2026, mit Ausnahme von Art. 78, der gem. Art. 113 UAbs. 3 Buchst. b bereits ab 2.8.2025 gilt.

c) alle sonstigen Informationen, die das wissenschaftliche Gremium für relevant hält, gegebenenfalls einschließlich Informationen, die es auf eigene Initiative hin zusammengetragen hat.

Erwägungsgründe

(113 Satz 2) Zusätzlich zu den Überwachungstätigkeiten des Büros für Künstliche Intelligenz sollte ein System qualifizierter Warnungen sicherstellen, dass das Büro für Künstliche Intelligenz von dem wissenschaftlichen Gremium von KI-Modelle mit allgemeinem Verwendungszweck in Kenntnis gesetzt wird, die möglicherweise als KI-Modelle mit allgemeinem Verwendungszweck mit systemischem Risiko eingestuft werden sollten, was zu den hinzukommt.

(163 Sätze 1–3) Um die Governance-Systeme für KI-Modelle mit allgemeinem Verwendungszweck zu ergänzen, sollte das wissenschaftliche Gremium die Überwachungstätigkeiten des Büros für Künstliche Intelligenz unterstützen; dazu kann es in bestimmten Fällen qualifizierte Warnungen an das Büro für Künstliche Intelligenz richten, die Folgemaßnahmen wie etwa Untersuchungen auslösen. Dies sollte der Fall sein, wenn das wissenschaftliche Gremium Grund zu der Annahme hat, dass ein KI-Modell mit allgemeinem Verwendungszweck ein konkretes und identifizierbares Risiko auf Unionsebene darstellt. Außerdem sollte dies der Fall sein, wenn das wissenschaftliche Gremium Grund zu der Annahme hat, dass ein KI-Modell mit allgemeinem Verwendungszweck die Kriterien erfüllt, die zu einer Einstufung als KI-Modell mit allgemeinem Verwendungszweck mit systemischem Risiko führen würde.

Literatur: Herbers/Rappenglück, Die Durchsetzung der KI-Verordnung auf EU-Ebene: Das EU AI Office, RDi 2024, 432.

Übersicht

I. Historie der Norm

Bereits im Kommissionsentwurf war die Einbringung sachverständigen Wissens in die KI-Regulierung enthalten.[1] Auch in der Ausrichtung des Rates und der Verhandlungsposition des Europäischen Parlaments im Rahmen des Trilog-Ver- 1

[1] COM(2021) 206 final, Art. 41 Abs. 2, siehe auch dort: „2. Verwaltungsmaßnahmen […] 2.2. Verwaltungs- und Kontrollsysteme […] Um sicherzustellen, dass die Mitglieder des Ausschusses auf der Grundlage von Fakten fundierte Analysen durchführen können, ist vorgesehen, dass der Ausschuss durch die Verwaltungsstruktur der Kommission unterstützt wird und dass eine Expertengruppe eingesetzt wird, die erforderlichenfalls zusätzliches Fachwissen zur Verfügung stellt."

fahrens war „Expertengruppen" eine Aufgabe zugedacht.[2] Erst im späteren Verlauf des Trilog-Verfahrens wurde der Aufgabenbereich eines solchen Expertengremiums auf die Kontrolle von KI-Modellen mit allgemeinem Verwendungszweck konzentriert (→ Art. 88 Rn. 1).

II. Zweck der Norm

2 Durch Art. 90 soll die **Expertise unabhängiger Sachverständiger** aus dem wissenschaftlichen Gremium in die Regulierung der Anbieter von KI-Modellen mit allgemeinem Verwendungszweck eingebracht werden. Dies soll die Qualität der Regulierung (durch das KI-Büro bzw. die Kommission) erhöhen. Die dafür als Instrument bereitgestellten Warnungen entfalten jedoch nur interne Wirkung. Das heißt, die Letztentscheidungskompetenz liegt immer bei der Kommission. Auf die Warnung aufbauend können verschiedene Maßnahmen ergriffen werden. Kehrseite dieser **fehlenden Außenwirkung** ist, dass die Warnungen nicht selbst angreifbar sind.[3]

III. Verhältnis zu anderen Normen

3 Die Errichtung des wissenschaftlichen Gremiums ist in Art. 68 geregelt.[4] Gemäß den dortigen Regelungen besteht dieses aus unabhängigen Sachverständigen, die von der Kommission benannt werden. Die in Art. 90 geregelte Befugnis zur Übermittlung von Warnungen in Bezug auf KI-Modelle mit allgemeinem Verwendungszweck stellt das wesentliche Instrument des wissenschaftlichen Gremiums dar, vgl. Art. 68 Abs. 3 lit. a.

4 Eine Warnung nach Art. 90 Abs. 1 lit. a kann gem. Art. 51 Abs. 1 lit. b. iVm Art. 52 Abs. 4 Grundlage für die Einstufung eines KI-Modells mit allgemeinem Verwendungszweck als ein solches mit systemischem Risiko sein.

5 Art. 90 ist auch in Zusammenhang mit Art. 91 Abs. 3 zu sehen, wonach das wissenschaftliche Gremium die Kommission dazu anrufen kann, ein Informationsersuchen an den Anbieter eines KI-Modells mit allgemeinem Verwendungszweck zu richten. Ein solches Informationsersuchen kann dann einer Warnung vorgeschaltet sein. Denn für das Informationsersuchen ist (nur) ein hinreichend begründeter Antrag erforderlich. Die Anforderungen hierfür sind augenscheinlich geringer als für die in Art. 90 geregelte Warnung.

6 Einen Bezug weist Art. 90 auch zu dem Bewertungsverfahren in Art. 92 Abs. 1 lit. a auf. Hiernach kann sich eine Bewertung zur Ermittlung von systemischen Risiken an eine Warnung des wissenschaftlichen Gremiums anschließen.

7 Art. 90 Abs. 2 sieht die Einbeziehung des KI-Gremiums im Nachgang zu den hiesigen Warnungen vor. Regelungen zur Einrichtung des KI-Gremiums finden

[2] Rat der Europäischen Union, Allgemeine Ausrichtung, vom 6.12.2022 (15698/2022), Art. 41 Abs. 2; Europäisches Parlament, Bericht – A9-0188/2023, Änderungsantrag 17, Erwgr. 76a.

[3] Martini/Wendehorst/Bernsteiner/Schmitt Art. 90 Rn. 8.

[4] Siehe auch Durchführungsverordnung (EU) 2025/454 der Kommission vom 7. März 2025 mit Durchführungsbestimmungen zur Verordnung (EU) 2024/1689 des Europäischen Parlaments und des Rates im Hinblick auf die Einrichtung eines wissenschaftlichen Gremiums unabhängiger Sachverständiger auf dem Gebiet der künstlichen Intelligenz.

sich in Art. 65. Dieses hat im Gegensatz zum wissenschaftlichen Gremium eine mitgliedschaftliche Prägung, vgl. Art. 65 Abs. 2.

IV. Auslegung der Norm

1. Voraussetzungen für die Übermittlung einer Warnung (Abs. 1)

8 In Art. 90 Abs. 1 sind Voraussetzungen beschrieben, bei deren Vorliegen das wissenschaftliche Gremium eine **qualifizierte Warnung** übermitteln kann. Qualifiziert ist eine Warnung dann, wenn die Formanforderungen des Abs. 3 eingehalten werden (→ Rn. 13).[5]

9 Die Warnung kann sich nach Art. 90 Abs. 1 lit. a auf die Annahme gründen, dass ein KI-Modell mit allgemeinem Verwendungszweck ein **konkretes, identifizierbares Risiko** auf Unionsebene birgt. In Abgrenzung zu Art. 90 Abs. 1 lit. b ist hiermit gerade *kein* „systemisches Risiko" iSv Art. 3 Nr. 65 gemeint, da lit. a ansonsten leerlaufen würde. Die Warnung bezieht sich vielmehr auf ein Risiko iSv Art. 3 Nr. 2. Hiernach bedeutet Risiko die Kombination aus der Wahrscheinlichkeit des Auftretens eines Schadens und der Schwere dieses Schadens. Mit einem konkreten, identifizierbaren Risiko ist also eine gewisse Wahrscheinlichkeit des Auftretens eines Schadens, der bereits in seiner Gestalt benannt werden kann, gemeint.

10 Nach Art. 90 Abs. 1 lit. b kann sich die Warnung auch auf die Annahme gründen, dass ein KI-Modell mit allgemeinem Verwendungszweck die Bedingungen gem. Art. 51 erfüllt. Hierbei geht es darum, dass ein KI-Modell mit allgemeinem Verwendungszweck die in dieser Norm genannten Bedingungen erfüllt, sodass es als ein solches *mit systemischem Risiko* einzustufen ist. Die Warnung kann Grundlage für eine solche **Einstufung** sein, Art. 51 Abs. 1 lit. b. Auch das wissenschaftliche Gremium hat hierbei, wie von dieser Norm verlangt, die Kriterien aus Anhang XIII zu berücksichtigen.

2. Unterrichtung des KI-Gremiums (Abs. 2)

11 In Art. 90 Abs. 2 ist geregelt, dass die Warnung Ausgangspunkt für von der Kommission über das Büro für Künstliche Intelligenz zu ergreifende Maßnahmen sein kann. Die Wendung „*über* das Büro für Künstliche Intelligenz" bedeutet, dass dieses die Warnung entgegennimmt und an die Kommission weiterleitet. Maßnahmen werden dann gegebenenfalls von der Kommission ergriffen. In Betracht kommende Maßnahmen:[6]

- Informationsersuchen zwecks Beurteilung der Einhaltung der KI-VO gem. Art. 91 Abs. 1
- Anforderung eines Zugangs zum KI-Modell gem. Art. 92 Abs. 3
- Aufforderung zur Ergreifung von Abhilfemaßnahmen gem. Art. 93 Abs. 1

---

[5] Martini/Wendehorst/Bernsteiner/Schmitt Art. 90 Rn. 8.

[6] Reaktion auf eine Warnung nach Art. 90 Abs. 1 lit. b ist naheliegender Weise die Einstufung „mit systemischem Risiko". Das Verfahren hierzu ist jedoch in Art. 52 Abs. 4 geregelt (wobei der Verweis in dieser Norm auf Art. 90 Abs. 1 lit. a als redaktionelles Versehen eingestuft werden muss). Es handelt sich dabei nicht um eine Maßnahme „nach diesem Abschnitt" iSv Art. 90 Abs. 2. Dennoch dürfte im Hinblick auf Art. 66 lit. c hierbei ohnehin das KI-Gremium im Rahmen dieses Einstufungsverfahrens zu beteiligen sein.

12 Der wesentliche Regelungsaspekt dieses Absatzes besteht darin, dass die Kommission vor einer solchen Maßnahme das KI-Gremium (Art. 65 f.) zu unterrichten hat (Satz 2). Die damit korrespondierende Aufgabe des KI-Gremiums ist in Art. 66 lit. n, wonach das KI-Gremium der Kommission Stellungnahmen zu qualifizierten Warnungen in Bezug auf KI-Modelle mit allgemeinem Verwendungszweck vorlegen kann. Das KI-Gremium ist lediglich zu unterrichten – eine Entscheidungskompetenz kommt dem KI-Gremium nicht zu. Dies korrespondiert mit der Rolle, die die KI-VO dem KI-Gremium zuschreibt: Das KI-Gremium übernimmt eine **beratende Funktion.**[7] Das wissenschaftliche Gremium ist im weiteren Verlauf (gar) nicht mehr involviert.[8]

3. Formale Anforderungen an die Warnung (Abs. 3)

13 In Absatz 3 sind die formalen (Mindest-)Anforderungen an eine Warnung formuliert. Die Warnung muss hinreichend begründet sein. Im Weiteren ist aufgelistet, welche Elemente für eine solche hinreichende Begründung jedenfalls vorhanden sein müssen.[9] Es muss gem. Art. 90 Abs. 3 lit. a die **Kontaktstelle des Anbieters** des betreffenden KI-Modells mit allgemeinem Verwendungszweck benannt werden. Dem Wortlaut nach bezieht sich dies nur auf solche mit systemischem Risiko. Da jedoch die Warnung gem. Art. 90 Abs. 1 auch – bzw. im Falle von lit. b nur – in Bezug auf solche ohne systemisches Risiko ergehen kann, handelt es sich hierbei um einen redaktionellen Fehler. Zweck der Nennung der Kontaktstelle ist die möglichst genaue Identifizierung des Anbieters.[10] Gem. Art. 90 Abs. 3 lit. b ist der **Sachverhalt** zu beschreiben, auf dem das wissenschaftliche Gremium seine Warnung stützt. Die **verletzten Vorschriften** müssen benannt werden. Auch wird im Grunde eine **rechtliche Subsumtion** unter die verletzte Vorschrift verlangt. Das Erfordernis der Nennung aller sonstiger Informationen, die das wissenschaftliche Gremium für relevant hält (Art. 90 Abs. 3 lit. c), erscheint redundant. Klargestellt wird damit lediglich nur, dass sich das wissenschaftliche Gremium nicht auf eine streng auf die vorgenannten Informationen beschränkte Warnung zu limitieren braucht.

V. Gesamtwürdigung und Ausblick

14 Dass dem Expertenwissen des wissenschaftlichen Gremiums in Bezug auf KI-Modelle mit allgemeinem Verwendungszweck eine zentrale Rolle zugewiesen wird, erscheint sachgerecht, bedarf das Erkennen davon ausgehenden Gefahren doch besonderer Kenntnisse und besonderen Verständnisses für das Funktionieren von KI-Modellen. Ohne dem Gremium eine Entscheidungsbefugnis zuzuweisen, wird jedoch versucht, dem Gremium – unter Einhaltung dieser Prämisse – eine möglichst wichtige Rolle zuzuweisen. Das Büro für Künstliche Intelligenz und auch die Kommission ist zum Tätigwerden nicht auf den Zuruf *(Warnung)* des wissenschaftlichen Gremiums angewiesen. Es kann komplett gelöst vom wissenschaftlichen Gremium Maßnahmen ergreifen. Es bleibt abzuwarten, wie stark das

[7] Erwgr. 149.
[8] Bomhard/Pieper/Wende/Beurskens Art. 90 Rn. 20.
[9] Vgl. hierzu auch Art. 89 Abs. 2 S. 2.
[10] Martini/Wendehorst/Bernsteiner/Schmitt Art. 90 Rn. 9.

wissenschaftliche Gremium die Regulierung der KI-Anbieter prägen wird – der Verordnungsgeber jedenfalls avisiert eine gewichtige Rolle.

Art. 91* Befugnis zur Anforderung von Dokumentation und Informationen

(1) **Die Kommission kann den Anbieter des betreffenden KI-Modells mit allgemeinem Verwendungszweck auffordern, die vom Anbieter gemäß den Artikeln 53 und 55 erstellte Dokumentation oder alle zusätzlichen Informationen vorzulegen, die erforderlich sind, um die Einhaltung dieser Verordnung durch den Anbieter zu beurteilen.**

(2) **Vor der Übermittlung des Informationsersuchens kann das Büro für Künstliche Intelligenz einen strukturierten Dialog mit dem Anbieter des KI-Modells mit allgemeinem Verwendungszweck einleiten.**

(3) **Auf hinreichend begründeten Antrag des wissenschaftlichen Gremiums kann die Kommission ein Informationsersuchen an einen Anbieter eines KI-Modells mit allgemeinem Verwendungszweck richten, wenn der Zugang zu Informationen für die Wahrnehmung der Aufgaben des wissenschaftlichen Gremiums gemäß Artikel 68 Absatz 2 erforderlich und verhältnismäßig ist.**

(4) **In dem Auskunftsersuchen sind die Rechtsgrundlage und der Zweck des Ersuchens zu nennen, anzugeben, welche Informationen benötigt werden, eine Frist für die Übermittlung der Informationen zu setzen, und die Geldbußen für die Erteilung unrichtiger, unvollständiger oder irreführender Informationen gemäß Artikel 101 anzugeben.**

(5) **[1]Der Anbieter des betreffenden KI-Modells mit allgemeinem Verwendungszweck oder sein Vertreter stellt die angeforderten Informationen bereit. [2]Im Falle juristischer Personen, Gesellschaften oder – wenn der Anbieter keine Rechtspersönlichkeit besitzt – die Personen, die nach Gesetz oder Satzung zur Vertretung dieser Personen befugt sind, stellen die angeforderten Informationen im Namen des Anbieters des betreffenden KI-Modells mit allgemeinem Verwendungszweck zur Verfügung. [3]Ordnungsgemäß bevollmächtigte Rechtsanwälte können Informationen im Namen ihrer Mandanten erteilen. [4]Die Mandanten bleiben jedoch in vollem Umfang dafür verantwortlich, dass die erteilten Auskünfte vollständig, sachlich richtig oder nicht irreführend sind.**

Erwägungsgründe

(163 Satz 4) Um dem wissenschaftlichen Gremium die Informationen zur Verfügung zu stellen, die für die Ausübung dieser Aufgaben erforderlich sind, sollte es einen Mechanismus geben, wonach das wissenschaftliche Gremium die Kommission ersuchen kann, Unterlagen oder Informationen von einem Anbieter anzufordern.

Literatur: Herbers/Rappenglück, Die Durchsetzung der KI-Verordnung auf EU-Ebene: Das EU AI Office, RDi 2024, 432.

---

* Kapitel IX (Art. 72–94) gilt gem. Art. 113 UAbs. 2 ab 2.8.2026, mit Ausnahme von Art. 78, der gem. Art. 113 UAbs. 3 Buchst. b bereits ab 2.8.2025 gilt.

Übersicht

I. Historie der Norm

1 Die Regelung zu Informationsersuchen gegenüber Anbietern von KI-Modellen mit allgemeinem Verwendungszweck ist erst im späten Verlauf des Trilog-Verfahrens eingeführt worden (→ Art. 88 Rn. 1).[1]

II. Zweck der Norm

2 Durch Art. 91 wird der Kommission ein Werkzeug an die Hand gegeben, womit es die Anbieter von KI-Modellen mit allgemeinem Verwendungszweck dazu auffordern kann, Informationen über das KI-Modell bereitzustellen – allgemein existiert nämlich keine Pflicht zur Herausgabe von Unternehmensinformationen.[2] Als Befugnisnorm ist diese Regelung über die Sanktionsbewehrung in Art. 101 mit einer Zwangswirkung ausgestattet. Der Zweck der Informationseinholung besteht darin, das Büro für Künstliche Intelligenz mit hinreichenden Informationen auszustatten, um beurteilen zu können, ob die Pflichten aus der KI-VO eingehalten werden.

III. Verhältnis zu anderen Normen

3 Art. 91 ergänzt die Regelungen aus Art. 53 und Art. 55. Die in diesen Normen vorgenommene Unterscheidung zwischen KI-Modellen mit allgemeinem Verwendungszweck mit systemischem Risiko oder ohne ein solches spielt auch in Art. 91 eine Rolle. Je nachdem, ob ein systemisches Risiko besteht, können weitergehende Informationen angefordert werden. Nach 53 Abs. 1 lit. a müssen Anbieter von KI-Modellen mit allgemeinem Verwendungszweck eine technische Dokumentation erstellen, die die in Anhang XI genannten Informationen enthalten muss. Für Anbieter von KI-Modellen mit allgemeinem Verwendungszweck mit spezifischem Risiko schreibt Art. 55 Abs. 1 noch weitere **Dokumentations-**

[1] Vgl. jedoch bereits die Informationspflicht gem. Europäisches Parlament, Bericht – A9-0188/2023, Änderungsantrag 339, Art. 28b Abs. 2 lit. e.
[2] Bomhard/Pieper/Wende/Franke Art. 91 Rn. 1.

pflichten vor. Nach Art. 91 können diese vom Anbieter selbst gesammelten und zusammengestellten Informationen durch die Kommission angefordert werden.

4 Art. 91 ist zudem im Zusammenhang mit Art. 92 und Art. 93 zu sehen. In diesen Normen werden die weiteren aufsichtsrechtlichen Befugnisse gegenüber Anbietern von KI-Modellen mit allgemeinem Verwendungszweck geregelt. Art. 91 ermächtigt dazu Informationen anzufordern. Diese Maßnahme ist vorrangig vor den in den Art. 92 und 93 geregelten Maßnahmen – die Durchführung einer Bewertung bzw. die Aufforderung zur Ergreifung von bestimmten Maßnahmen – durchzuführen und wird in aller Regel auch Voraussetzung für diese Maßnahmen sein. Gemeinsam ist allen drei Normen auch, dass vor dem Ergreifen einer Maßnahme in den sog. strukturierten Dialog mit dem KI-Anbieter getreten werden kann bzw. soll.[3]

5 Art. 91 Abs. 3 ist in Zusammenhang mit Art. 90 zu sehen. In Art. 90 ist die Ermächtigung zum Erlass von Warnungen des wissenschaftlichen Gremiums geregelt; Art. 91 Abs. 3 ermächtigt zu einem Informationsersuchen zwecks Wahrnehmung dieser Aufgabe (→ Rn. 13).

6 Da es sich bei Art. 91 um eine Befugnis zu Informationsersuchen handelt, ist ergänzend – als mögliche Anspruchsgrundlage – auch an Art. 75 Abs. 3 zu denken. Diese Vorschrift ermächtigt das Büro für Künstliche Intelligenz dazu, Informationen von Anbietern von KI-Modellen mit allgemeinem Verwendungszweck zu verlangen, wenn diese Informationen von der nationalen Marktüberwachungsbehörde für die Bewertung eines Hochrisiko-KI-Systems benötigt werden.

7 Die Norm weist auch eine Verknüpfung zu Art. 101 Abs. 1 S. 1 lit. b auf. Durch diesen werden Verstöße gegen die Informationsbereitstellungspflichten aus Art. 91 sanktionsbewehrt.

IV. Auslegung der Norm

1. Ermächtigungsgrundlage für das Informationsersuchen (Abs. 1)

8 Art. 91 Abs. 1 enthält die Ermächtigungsgrundlage für ein Informationsersuchen der Kommission gerichtet an den Anbieter eines KI-Modells mit allgemeinem Verwendungszweck. Dabei sind zwei Varianten zu unterscheiden.

9 Zum einen kann die Aufforderung schlicht den Inhalt haben, dass der Anbieter dazu aufgefordert wird die gem. Art. 53 und (ggf.) Art. 55 aufzubereitenden **Dokumentationen zur Verfügung zu stellen.** Anbieter von KI-Modellen mit allgemeinem Verwendungszweck müssen gem. Art. 53 folgende Dokumentation anfertigen:

– technische Dokumentation des Modells, einschließlich Trainings- und Testverfahrens und Ergebnisse der Bewertung, die mindestens die in Anhang XI aufgeführten Informationen enthält (Art. 53 Abs. 1 lit. a)

10 Für Anbieter von KI-Modellen mit allgemeinem Verwendungszweck mit systemischem Risiko[4] sieht Art. 55 darüber hinaus folgende Dokumentationen verpflichtend vor:

– Dokumentation von Angriffstests (Art. 55 Abs. 1 lit. a)

---

[3] Herbers/Rappenglück RDi 2024, 432 (434). Bekannt ist diese Art der Regulierung bereits aus Art. 36 Abs. 6 des Digital Services Act, VO (EU) 2022/2065.

[4] Zum Begriff: siehe Art. 51 Abs. 1 und 2.

– Dokumentation über einschlägige Informationen über schwerwiegende Vorfälle und mögliche Abhilfemaßnahmen (Art. 55 Abs. 1 lit. c)

11 Zum anderen wird in Art. 91 Abs. 1 darüber hinaus dazu ermächtigt, **zusätzliche Informationen** einzuholen, die erforderlich sind, um die Einhaltung dieser Verordnung durch den Anbieter zu beurteilen. Die einzuhaltenden Pflichten ergeben sich insbesondere aus den Vorschriften der Art. 53–55. Bei den „zusätzlichen" Informationen muss sich also um Informationen handeln, die in den Dokumentationen von Art. 53 Abs. 1 lit. a und Art. 55 nicht enthalten sind. Durch diesen offenen Tatbestand ist jedoch auch klar, dass das Informationsersuchen konkretisiert werden muss. Die Auswahl der zusätzlich erforderlichen Daten erfolgt notwendigerweise durch die Kommission (→ Rn. 14 ff.).

2. Prioritär: Strukturierter Dialog (Abs. 2)

12 Gem. Art. 91 Abs. 2 kann vor dem Informationsersuchen in einen **strukturierten Dialog** eingetreten werden. Zunächst ist anzunehmen, dass Abs. 2 – entgegen der Positionierung innerhalb des Artikels – auch für das in Abs. 3 beschriebene Informationsersuchen Geltung beansprucht. Verfahrensvorschriften oder Hinweise für einen solchen Dialog gibt es bislang nicht. Diese Vorgehensweise des „Regulatory Dialogue" ist ein Bestandteil der neuen EU-Digitalregulierung.[5] Die Durchführung eines solchen strukturierten Dialogs ist ausweislich der Formulierung optional. Ein Anbieter kann nicht zur Durchführung gezwungen werden.[6] Im Ergebnis dürfte die Vorschrift eine **Handlungsempfehlung** gerichtet an das KI-Büro darstellen. In der Sache geht es bei dem Dialog darum, kommissionsseitig ausgemachte Informationslücken zu schließen. Der Anbieter mag in einem solchen Dialog eher dazu bereit sein, Erläuterungen zu seinem Modell zu geben als konkrete Daten zu liefern. Der Dialog dürfte durch ein gewisses Maß an **Diskretion** gekennzeichnet sein,[7] weshalb der Anbieter sich zur Teilnahme am Dialog bereit erklären könnte.

3. Informationsersuchen für das wissenschaftliche Gremium (Abs. 3)

13 Absatz 3 stellt neben Absatz 1 eine Rechtsgrundlage für ein Auskunftsersuchen dar. Dieses Auskunftsersuchen steht in Zusammenhang mit den in Art. 90 geregelten Warnungen des wissenschaftlichen Gremiums. Wenn dieses für die Erfüllung seiner Aufgaben weitere Informationen benötigt, kann es das KI-Büro anrufen, damit dieses das Informationsersuchen an den Anbieter heranträgt. Im Unterschied zum allgemeinen Informationsersuchen aus Abs. 1 ist hier das Informationsersuchen nicht durch die Pflichten des KI-Modell-Anbieters begrenzt, sondern durch die Aufgaben des wissenschaftlichen Gremiums aus Art. 68 Abs. 3.[8] Da der Aufgabenkatalog umfangreich und die Aufgaben teilweise auch recht offen formuliert sind, kann das Informationsersuchen nach Art. 91 Abs. 3 relativ weitreichend sein. Das wissenschaftliche Gremium muss zur Erwirkung des Ersuchens

[5] Herbers/Rappenglück RDi 2024, 432 (434).

[6] Martini/Wendehorst/Bernsteiner/Schmitt Art. 91 Rn. 26.

[7] Vgl. Martini/Wendehorst/Bernsteiner/Schmitt Art. 91 Rn. 26, die dem Verfahren den Charakter eines „Vermittlungsverfahrens" zuschreiben; siehe auch Bomhard/Pieper/Wende/Franke Art. 91 Rn. 9 („informelles Verwaltungshandeln").

[8] Martini/Wendehorst/Bernsteiner/Schmitt Art. 91 Rn. 11.

einen Antrag bei der Kommission stellen. Dieser muss hinreichend begründet sein.[9] Das wissenschaftliche Gremium muss also so etwas wie einen **„Anfangsverdacht"** hinsichtlich dessen haben, dass Grund für eine Warnung iSd Art. 90 bestehen könnte. Das Informationsersuchen muss nach dem Normtext „erforderlich und verhältnismäßig" sein. Es darf somit kein gleich geeignetes und milderes alternatives Informationsersuchen in Betracht kommen.[10] Ebenso ist darauf zu achten, dass das Informationsersuchen nicht übermäßig in die Rechte des Anbieters eingreift.

4. Formvorschriften (Abs. 4)

Art. 91 Abs. 4 enthält Formvorschriften für das Informationsersuchen.[11] In Zusammenhang hiermit sind auch die verfahrensrechtlichen Gewährleistungen aus Art. 94 KI-VO iVm Art. 18 MÜ-VO[12] zu sehen, die neben Art. 91 Abs. 4 gelten. 14

In dem Informationsersuchen muss die **Rechtsgrundlage** genannt werden. Die Rechtsgrundlage kann entweder in Art. 91 Abs. 1 oder Art. 91 Abs. 3 bestehen. Bei einem Informationsersuchen auf Grundlage von Art. 91 Abs. 1 dürfte auch zusätzlich noch anzugeben sein, die Einhaltung welcher Pflichten mit dem Informationsersuchen überprüft werden soll (wenngleich sich dies in aller Regel mit der Angabe des Zweckes decken dürfte, → Rn. 16). Hierzu sollte auch ein Normverweis erfolgen. Wenn das Informationsersuchen schlicht in der Übersendung der nach Art. 53 und Art. 55 zu erstellenden Dokumentation besteht, dürfte ein Hinweis auf diese Vorschriften ausreichen. Sollen darüber hinausgehende Informationen bereitgestellt werden, so dürfte ein Verweis auf die Norm erforderlich sein, deren Einhaltung mit der betreffenden Information überprüft werden soll. In Betracht kommen hier die Regelungen aus den Art. 51–55, wobei ein **konkreter Normbezug** erforderlich sein dürfte, damit der Adressat des Informationsersuchens diesem möglichst nachkommen kann. Ein weiterer Zweck der möglichst genauen Angaben liegt auch in der **gerichtlichen Überprüfbarkeit.**[13] Im Falle eines Informationsersuchens auf Grundlage von Art. 91 Abs. 3 ist auch ein Verweis auf Art. 68 Abs. 3[14] erforderlich – mit genauem Verweis darauf, welche Aufgabe des wissenschaftlichen Gremiums betroffen ist. Bei einem Informationsersuchen durch das wissenschaftliche Gremium ist gem. Art. 90 Abs. 2 S. 2 von dem Büro für Künstliche Intelligenz das KI-Gremium zu unterrichten. 15

Die Angabe der Rechtsgrundlage wird ergänzt um die **Angabe des Zweckes** des Informationsersuchens. Hierbei wird die Kommission auf die in Rede stehende Pflicht einzugehen haben, deren Überprüfung erreicht werden soll. Hier 16

---

[9] Martini/Wendehorst/Bernsteiner/Schmitt Art. 91 Rn. 12.

[10] Martini/Wendehorst/Bernsteiner/Schmitt Art. 91 Rn. 12, weisen zurecht darauf hin, dass die Vorgabe des verhältnismäßigen Informationsersuchens nicht auf ein solches im Zusammenhang mit der Tätigkeit des wissenschaftlichen Gremiums beschränkt ist, sondern vielmehr auch für Informationsersuchen nach Art. 91 Abs. 1 gilt.

[11] Für die Anforderung zum Zugang zu dem KI-Modell nach Art. 92 enthält der dortige Abs. 4 eine gleichlautende Regelung.

[12] Verordnung (EU) 2019/1020.

[13] Martini/Wendehorst/Bernsteiner/Schmitt Art. 91 Rn. 14.

[14] Es dürfte sich bei dem Normverweis auf Abs. 2 um ein redaktionelles Versehen handeln, ansonsten erschöpft sich der Verweis in der Konkretisierung des Gremiums; es dürfte jedoch hinreichend klar sein, was mit „wissenschaftliches Gremium" gemeint ist.

dürfte eine möglichst genaue Angabe zu verlangen sein. Ein pauschaler Verweis auf die Einhaltung der Pflichten aus der Verordnung ist nicht ausreichend.

17 Zudem muss in dem Ersuchen die Information be- oder umschrieben sein, die eingeholt werden soll.[15] Dies ist nicht explizit in Art. 91 Abs. 4 genannt, erschließt sich jedoch aus dem Sinnzusammenhang. Wenn es sich um Informationen aus den Dokumentationen nach Art. 53 und Art. 55 handelt, dürfte dies mit einer Verwendung der in diesen Normen bzw. den in Bezug genommenen Anhängen benutzten Beschreibungen erfüllt sein. Geht es um andere Informationen, so ist eine genaue Beschreibung unerlässlich. Zum einen wird dadurch die Geheimnissphäre des Adressaten geschützt. Zum anderen kann so sichergestellt werden, dass das Informationsersuchen seinen Zweck erfüllt und nicht nur vage Auskünfte erteilt werden.

18 Dem Adressaten ist eine **Frist** zur Übermittlung der geforderten Informationen zu setzen. Die Bemessung der Frist dürfte sich nach den verlangten Informationen und der Dringlichkeit des Informationsbedarfs richten.

19 In dem Ersuchen sind bereits die **Geldbußen** für die Erteilung unrichtiger, unvollständiger oder irreführender Informationen gem. Art. 101 anzugeben. Aus der Lektüre des Art. 101 Abs. 1 S. 1 lit. b wird deutlich, dass eine Geldbuße auch bereits dann verwirkt ist, wenn die Information nicht fristgemäß erteilt wurde. Die Sanktionsbewehrung führt dazu, dass selbst ein mehr oder weniger harmlos erscheinendes Informationsersuchen für den Adressaten ein hohes Risiko bedeutet.[16] Der Hinweis auf die Geldbuße dürfte dieses Risiko hinreichend vor Augen führen. Der Wortlaut von Art. 91 Abs. 4 könnte dafür sprechen, dass bereits mit dem Informationsersuchen ein genauer Betrag anzugeben ist („sind […] Geldbußen […] anzugeben"). Dies dürfte zu diesem Zeitpunkt jedoch schlicht nicht möglich sein, da sich die Höhe des Bußgeldes gem. Art. 101 Abs. 1 S. 2 in Abhängigkeit von Art, Schwere und Dauer des Verstoßes bemisst. Es genügt insofern die Angabe des Rahmens, in dem sich die Geldbuße bewegen kann (3 % gesamten weltweiten Jahresumsatzes im vorangegangenen Geschäftsjahr oder 15.000.000 EUR).

20 Über Art. 94 findet auch Art. 18 Abs. 2 Halbsatz 2 MÜ-VO[17] Anwendung. Nach diesem ist bei Erlass der Maßnahme auch über das gegen das Informationsersuchen **statthafte Rechtsmittel** zu belehren. Bei dem Informationsersuchen handelt es sich um einen Beschluss iSd Art. 288 Abs. 4 S. 2 AEUV. Als solcher kann das Informationsersuchen vom Adressaten zum Gegenstand einer Nichtigkeitsklage gem. Art. 263 AEUV gemacht werden.[18] Nach Art. 263 Abs. 6 AEUV kann diese Klage binnen zwei Monaten nach Bekanntgabe der Maßnahme erhoben werden.

5. Verpflichteter des Informationsersuchens (Abs. 5)

21 In Absatz 5 ist geregelt, wer im Speziellen die sich aus dem Informationsersuchen ergebenden Pflichten erfüllen muss. Wenn es sich bei dem Anbieter des KI-Modells mit allgemeinem Verwendungszweck um eine natürliche Person handelt, muss die Informationserteilung entweder über den Anbieter selbst oder einen Vertreter erfolgen. Bei juristischen Personen sind die nach dem Gesetz oder satzungsmäßig zur Vertretung Befugten für die Informationserteilung zuständig

---

15 Martini/Wendehorst/Bernsteiner/Schmitt Art. 91 Rn. 14.
16 Wybitul NJW 2024, 2641 (2646).
17 Verordnung (EU) 2019/1020.
18 Martini/Wendehorst/Bernsteiner/Schmitt Art. 91 Rn. 24.

(Satz 2). Die Zur-Verfügung-Stellung muss dabei offenkundig im Namen des Anbieters erfolgen. In Satz 3 wird die Möglichkeit eröffnet, auch Rechtsanwälte zum Zwecke der Informationserteilung zu mandatieren. Satz 4 stellt dabei klar, dass die Verantwortlichkeit für unrichtige oder irreführende Informationen in diesem Fall weiter bei den Anbietern liegt.

V. Gesamtwürdigung und Ausblick

Eine Befugnis zur Durchsetzung der Informationspflichten der Anbieter der KI-Modelle ist unerlässlich und ergänzt die allgemeine Überwachungsfunktion des Büros für Künstliche Intelligenz. Dass die Aufsichtsbehörden Kenntnisse von den Funktionsweisen der KI-Modelle erhalten, stellt eine Voraussetzung für Wahrnehmung der Aufsichtstätigkeit dar. 22

Es bleibt abzuwarten, ob die strukturierten Dialoge aufgenommen werden, zeugt die Vorschrift doch zum einen von der Hoffnung, mit den Anbietern kooperativ zusammenzuarbeiten, um gemeinsam die Einhaltung der Vorschriften sicherzustellen. Zum anderen dürfte die Befürchtung mitschwingen, dass die Anbieter sich nur ungern auf einen solchen Austausch einlassen könnten, besteht doch ein kaum aufzulösender Konflikt zwischen den Geheimhaltungsinteressen der Anbieter und dem Kontrollinteresse der Kommission. 23

Art. 92* Befugnis zur Durchführung von Bewertungen

(1) **Das Büro für Künstliche Intelligenz kann nach Konsultation des KI-Gremiums Bewertungen des betreffenden KI-Modells mit allgemeinem Verwendungszweck durchführen, um**

a) die Einhaltung der Pflichten aus dieser Verordnung durch den Anbieter zu beurteilen, wenn die gemäß Artikel 91 eingeholten Informationen unzureichend sind, oder

b) systemische Risiken auf Unionsebene von KI-Modellen mit allgemeinem Verwendungszweck mit systemischem Risiko zu ermitteln, insbesondere im Anschluss an eine qualifizierte Warnung des wissenschaftlichen Gremiums gemäß Artikel 90 Absatz 1 Buchstabe a.

(2) [1]**Die Kommission kann beschließen, unabhängige Sachverständige zu benennen, die in ihrem Namen Bewertungen durchführen, einschließlich aus dem gemäß Artikel 68 eingesetzten wissenschaftlichen Gremium.** [2]**Die für diese Aufgabe benannten unabhängigen Sachverständigen erfüllen die in Artikel 68 Absatz 2 umrissenen Kriterien.**

(3) **Für die Zwecke des Absatzes 1 kann die Kommission über API oder weitere geeignete technische Mittel und Instrumente, einschließlich Quellcode, Zugang zu dem betreffenden KI-Modell mit allgemeinem Verwendungszweck anfordern.**

(4) **In der Anforderung des Zugangs sind die Rechtsgrundlage, der Zweck und die Gründe für die Anforderung zu nennen und die Frist für die Bereitstellung des Zugangs zu setzen und die Geldbußen gemäß**

---

* Kapitel IX (Art. 72–94) gilt gem. Art. 113 UAbs. 2 ab 2.8.2026, mit Ausnahme von Art. 78, der gem. Art. 113 UAbs. 3 Buchst. b bereits ab 2.8.2025 gilt.

Artikel 101 für den Fall, dass der Zugang nicht bereitgestellt wird, anzugeben.

(5) [1]**Die Anbieter des betreffenden KI-Modells mit allgemeinem Verwendungszweck oder seine Vertreter stellen die angeforderten Informationen zur Verfügung.** [2]**Im Falle juristischer Personen, Gesellschaften oder – wenn der Anbieter keine Rechtspersönlichkeit besitzt – die Personen, die nach Gesetz oder ihrer Satzung zur Vertretung dieser Personen befugt sind, stellen den angeforderten Zugang im Namen des Anbieters des betreffenden KI-Modells mit allgemeinem Verwendungszweck zur Verfügung.**

(6) [1]**Die Kommission erlässt Durchführungsrechtsakte, in denen die detaillierten Regelungen und Voraussetzungen für die Bewertungen, einschließlich der detaillierten Regelungen für die Einbeziehung unabhängiger Sachverständiger, und das Verfahren für deren Auswahl festgelegt werden.** [2]**Diese Durchführungsrechtsakte werden gemäß dem in Artikel 98 Absatz 2 genannten Prüfverfahren erlassen.**

(7) **Bevor es den Zugang zu dem betreffenden KI-Modell mit allgemeinem Verwendungszweck anfordert, kann das Büro für Künstliche Intelligenz einen strukturierten Dialog mit dem Anbieter des KI-Modells mit allgemeinem Verwendungszweck einleiten, um mehr Informationen über die interne Erprobung des Modells, interne Vorkehrungen zur Vermeidung systemischer Risiken und andere interne Verfahren und Maßnahmen, die der Anbieter zur Minderung dieser Risiken ergriffen hat, einzuholen.**

Erwägungsgründe

(164 Satz 3) Was die Durchführung von Bewertungen betrifft, so sollte das Büro für Künstliche Intelligenz unabhängige Sachverständige mit der Durchführung der Bewertungen in seinem Namen beauftragen können, damit unabhängiges Fachwissen genutzt werden kann.

Literatur: Herbers/Rappenglück, Die Durchsetzung der KI-Verordnung auf EU-Ebene: Das EU AI Office, RDi 2024, 432.

Übersicht

I. Historie der Norm

1 Da sich diese Norm ausschließlich an Anbieter von KI-Modellen mit allgemeinem Verwendungszweck richtet, ist diese Norm erst im späteren Verlauf des Verordnungsgebungsverfahrens als Reaktion auf das mediale Echo in Bezug auf ChatGPT eingeführt worden (→ Art. 88 Rn. 1). In der Verhandlungsposition des Europäischen Parlaments findet sich die Vorgabe zur Durchführung von Bewertungen in Bezug auf KI-Modelle mit allgemeinem Verwendungszweck bzw. damals noch unter der Bezeichnung „Basismodelle".[1]

II. Zweck der Norm

2 Anknüpfend an Art. 91 enthält auch Art. 92 eine Befugnis zur Ergreifung von Maßnahmen gegenüber dem Anbieter eines KI-Modells mit allgemeinem Verwendungszweck. Art. 92 eröffnet die Möglichkeit, dass das Büro für Künstliche Intelligenz eine Bewertung des KI-Modells vornimmt. Der Zweck einer solchen Bewertung kann zum einen in der Beurteilung der Konformität mit den Vorschriften der Verordnung bestehen. Zum anderen kann die Bewertung zu dem Zweck erfolgen, systemische Risiken eines KI-Modells mit allgemeinem Verwendungszweck aufzudecken. Zur Durchführung dieser Bewertungen wird das KI-Büro bzw. zu benennende Sachverständige (→ Rn. 13) mit weitreichenden Befugnissen ausgestattet.

III. Verhältnis zu anderen Normen

3 Die Norm stellt in gewisser Weise das Pendant zu Art. 43 für Hochrisiko-KI-Systeme dar. In Art. 43 ist das Konformitätsbewertungsverfahren geregelt.[2] Im Unterschied zum hiesigen Art. 92 ist das Konformitätsbewertungsverfahren in Art. 43 sehr detailliert geregelt; auch ist dieses zwingend für jedes Hochrisiko-KI-System durchzuführen, wohingegen die Bewertung nach Art. 92 nur für bestimmte Fälle vorgesehen ist. Eine Konkretisierung des Verfahrens zu Voraussetzungen und Durchführung der Bewertung von KI-Modellen mit allgemeinem Verwendungszweck soll gem. Art. 92 Abs. 6 in Durchführungsrechtsakten erfolgen. Zu betonen ist auch der grundverschiedene Ansatz: In Art. 92 geht es um eine (kommissionsinterne[3]) Bewertung durch das Büro für Künstliche Intelligenz zur unter Umständen erforderlichen Ergreifung weiterer Maßnahmen. Das Konformitätsbewertungsverfahren wird grundsätzlich durch den KI-Anbieter selbst durchgeführt.[4]

4 Art. 92 sieht die Einbeziehung des KI-Gremiums durch das Büro für Künstliche Intelligenz vor. Die Aufgaben des KI-Gremiums sind in Art. 66 geregelt.

5 Die Norm stellt eine Folgenregelung zu Art. 91 dar. Wenn die nach Art. 91 bereitgestellten Informationen für die Beurteilung des KI-Modells nicht ausreichen, kann eine – im Vergleich zu einem Informationsersuchen wesentlich tiefer-

[1] Europäisches Parlament, Bericht – A9-0188/2023, Änderungsantrag 102, Erwgr. 60h.
[2] Gemäß Gerdemann NJW 2024, 2209 die „Kernpflicht" der KI-VO.
[3] Martini/Wendehorst/Bernsteiner/Schmitt Art. 92 Rn. 1, 5.
[4] Vgl. Art. 43 Abs. 1.

gehende – Bewertung durchgeführt werden.[5] Aufbauend auf die Bewertung nach Art. 92 können dann weitere Maßnahmen auferlegt bzw. ergriffen werden. Die Befugnis hierzu ist in Art. 93 geregelt. Wie Art. 91 und Art. 93 eröffnet auch Art. 92 die Möglichkeit, mit den Anbietern des KI-Modells in einen strukturierten Dialog zu treten.

6 Art. 92 ist – wie sämtliche Vorschriften aus dem Abschnitt XI – in direktem Zusammenhang mit den materiellen Vorschriften für Anbieter von KI-Modellen mit allgemeinem Verwendungszweck zu sehen (Art. 51–55). Die Vorschrift unterscheidet auch – entsprechend der Systematik der Art. 51–55 – zwischen KI-Modellen mit allgemeinem Verwendungszweck mit systemischem Risiko und ohne ein solches.[6]

7 Bei mangelnder Kooperation im Rahmen der Bewertung kann eine Geldbuße gem. Art. 101 Abs. 1 S. 1 lit. d verhängt werden.

IV. Auslegung der Norm

1. Zwecke der Bewertung (Abs. 1)

8 Absatz 1 enthält zwei Varianten, in denen eine Bewertung durch das Büro für Künstliche Intelligenz erfolgen kann. In beiden Varianten geht es darum, dass Anhaltspunkte dafür bestehen, dass gegen Vorschriften der KI-VO verstoßen wird bzw. dass ein **konkretes systemisches Risiko** von dem KI-Modell ausgeht.[7] In Absatz 1 ist nicht näher ausgeführt, was das Wesen der Bewertung ausmacht; in Absatz 1 sind vielmehr die **Voraussetzungen für die Durchführung einer Bewertung** geregelt. Näheres zu formalen Aspekten der Durchführung ist in den Absätzen 2–4 geregelt. Für beide Fälle – Abs. 1 lit. a und lit. b – wird vorgeschrieben, dass die Bewertung erst nach einer Konsultation mit dem KI-Gremium durchgeführt werden kann. Die Norm enthält keinen Hinweis auf das Ergebnis der Konsultation. Dem Wortlaut ist somit zu entnehmen, dass gerade nicht die Zustimmung[8] des KI-Gremiums zur Durchführung der Bewertung erforderlich ist. In praxi dürfte der Einschätzung des KI-Gremiums wegen dessen Fachkompetenz[9] und unionsweiter mitgliedschaftlicher Prägung[10] jedoch ein großes Gewicht beizumessen sein.

9 In der ersten Variante (lit. a) kann eine Bewertung **zum Zwecke der Einhaltung der Pflichten aus der KI-VO** erfolgen, wenn die gem. Art. 91 eingeholten Informationen unzureichend sind. Hieraus wird deutlich, dass die Befugnis zum Informationsersuchen gem. Art. 91 und die Befugnis zur Durchführung einer Bewertung das gleiche Ziel verfolgen: die Beurteilung der Einhaltung der Pflichten aus der KI-VO. Aufgrund des Regelungszusammenhangs sind damit die Pflichten aus dem Abschnitt für Anbieter von KI-Modellen mit allgemeinem Verwendungszweck gemeint. Im Einzelnen sind damit folgende Pflichten gemeint:

---

[5] Martini/Wendehorst/Bernsteiner/Schmitt Art. 92 Rn. 12 sprechen in diesem Zusammenhang von „Subsidiarität".
[6] Für den Begriff des systemischen Risikos siehe Art. 51 Abs. 1 und 2.
[7] Anders wohl Martini/Wendehorst/Bernsteiner/Schmitt Art. 92 Rn. 9.
[8] Vgl. Abstimmungen des KI-Gremiums gem. Art. 65 Abs. 2 S. 2.
[9] Erwgr. 151.
[10] Art. 65 Abs. 2 S. 1.

– Mitteilung der Erfüllung der Bedingung für das Vorliegen eines systemischen Risikos (Art. 52 Abs. 1)
– Erstellen und Aktualisieren der technischen Dokumentation des KI-Modells (Art. 53 Abs. 1 lit. a)
– Dokumentationen den nachgelagerten Anbietern von KI-Systemen zur Verfügung stellen (Art. 53 Abs. 1 lit. b)
– Erstellen einer Strategie zur Einhaltung des Urheberrechts der Union (Art. 53 Abs. 1 lit. c)
– Erstellen und Veröffentlichen einer detaillierten Zusammenfassung der für das KI-Modell verwendeten Trainingsdaten (Art. 53 Abs. 1 lit. d)
– Benennen eines in der EU niedergelassenen Bevollmächtigten, wenn Sitz in Drittstaat (Art. 54 Abs. 1)
– den Bevollmächtigten in die Lage versetzen, die Einhaltung der Aufgaben aus Art. 53 zu kontrollieren (Art. 54 Abs. 2, 3)

Für KI-Modelle mit systemischem Risiko sind dies darüber hinaus folgende Pflichten: 10

– Modellbewertung durchführen (Art. 55 Abs. 1 lit. a)
– mögliche systemische Risiken bewerten und mindern (Art. 55 Abs. 1 lit. b)
– schwerwiegende Vorfälle und Abhilfemaßnahmen erfassen, dokumentieren und das Büro für Künstliche Intelligenz darüber unterrichten (Art. 55 Abs. 1 lit. c)
– ein angemessenes Maß an Cybersicherheit gewährleisten (Art. 55 Abs. 1 lit. d)

In der Variante des Art. 92 Abs. 1 lit. a ist bereits ein Informationsersuchen 11 erfolgt, die erteilten Informationen sind jedoch **„unzureichend"**. Die Norm verwendet diesen Begriff im Unterschied zur bußgeldbewehrten unrichtigen, unvollständigen oder irreführenden Informationsweitergabe. Über diese Fälle hinaus erfasst „unzureichend" auch Fälle, in denen der Adressat in rechtmäßiger Weise dem Informationsersuchen nachgekommen ist, die Informationen jedoch trotzdem eine Beurteilung über die Einhaltung der Pflichten nach der KI-VO nicht zulassen. Im Falle eines Verstoßes gegen die Pflicht zur Informationserteilung nach Art. 91 Abs. 1 dürfte auch ein kumuliertes Vorgehen sowohl nach Art. 101 Abs. 1 lit. b i.V.m. Art. 91 Abs. 1, Abs. 4 als auch nach Art. 92 Abs. 1 lit. a zulässig sein. Das Büro für Künstliche Intelligenz könnte also eine Geldbuße erheben – um Druck, gerichtet auf eine hinreichende Informationserteilung, auszuüben – und gleichzeitig Maßnahmen zur Durchführung einer Bewertung nach Art. 92 Abs. 1 lit. a vornehmen.

In der zweiten Variante (Art. 92 Abs. 1 lit. b) geht es darum, **ein systemisches Risiko auf Unionsebene zu ermitteln.** Die Befugnis zur Bewertungsdurchführung knüpft in dieser Variante nicht an ein vorangeganges Informationsersuchen an. Ausweislich des Wortlauts der Norm kann sich die Bewertung an eine qualifizierte Warnung des wissenschaftlichen Gremiums gem. Art. 90 Abs. 1 lit. a anschließen. Eine solche ist jedoch nicht erforderlich. Voraussetzung ist lediglich, dass es sich um ein KI-Modell mit allgemeinem Verwendungszweck mit systemischem Risiko handelt (wobei es in der Regel einen Hinweis auf ein besonderes Risiko geben wird; unter Umständen auch durch einen anonymen Hinweisgeber[11]). Die Voraussetzungen für das Vorliegen eines KI-Modells mit systemischem Risiko sind in Art. 51 Abs. 1 und 2 geregelt. Demnach liegt ein KI-Modell mit allgemeinem Verwendungszweck mit systemischem Risiko im Wesentlichen dann vor, wenn es über einen besonders hohen Wirkungsgrad 12

[11] Martini/Wendehorst/Bernsteiner/Schmitt Art. 92 Rn. 14.

verfügt. Eine Aussage über das Risiko an sich ist damit noch nicht getroffen. Ziel der Bewertung nach Art. 92 Abs. 1 lit. b liegt dementsprechend darin, zu ermitteln, ob ein konkretes, identifizierbares Risiko auf Unionsebene besteht (vgl. Art. 90 Abs. 1 lit. a). Was der Begriff **„systemisches Risiko"** in der Sache bedeutet, ist Art. 3 Nr. 65 zu entnehmen. Demnach kann ein systemisches Risiko darin bestehen, dass von dem KI-Modell negative Folgen für die öffentliche Gesundheit, die öffentliche Sicherheit, die Grundrechte oder die Gesellschaft insgesamt ausgehen. Eine **detaillierte Auflistung** möglicher systemischer Risiken findet sich in **Erwgr. 110.** Es ist fraglich, ob Zweck der Bewertung auch die Ermittlung dessen sein kann, *dass* es sich um ein KI-Modell mit allgemeinem Verwendungszweck *mit systemischem Risiko* handelt. Ein möglichst lückenloser Schutz vor Gefahren bzw. eine lückenlose Erfassung solcher KI-Modelle könnte dafür sprechen.[12] Allerdings ist der Wortlaut von Art. 92 Abs. 1 lit. b insoweit eindeutig: Demnach muss zunächst – also vor der Durchführung einer Bewertung nach Art. 92 Abs. 1 lit. b – feststehen, dass es sich um ein KI-Modell mit allgemeinem Verwendungszweck *mit systemischem Risiko* handelt. Daran ändert auch nichts der Verweis auf eine vorhergehende Warnung nach Art. 90 Abs. 1 lit. a. Diese Vorschrift ist zwar für alle KI-Modelle mit allgemeinem Verwendungszweck anwendbar. IRv Art. 92 Abs. 1 lit. b muss jedoch die Beschränkung auf KI-Modelle mit allgemeinem Verwendungszweck mit systemischem Risiko hineingelesen werden.

2. Bewertung durch unabhängige Sachverständige (Abs. 2)

13 Nach Abs. 1 ist grundsätzlich das Büro für Künstliche Intelligenz für die Bewertung des KI-Modells mit allgemeinem Verwendungszweck zuständig. Absatz 2 Satz 1 eröffnet der Kommission die Möglichkeit, per Beschluss **unabhängige Sachverständige** mit der Durchführung der Bewertung zu betrauen. Die Norm erwähnt ausdrücklich, dass diese Sachverständigen auch Mitglieder des wissenschaftlichen Gremiums nach Art. 68 sein können. Gemäß Absatz 2 Satz 2 müssen die Sachverständigen die in Art. 68 Abs. 2 genannten Kriterien erfüllen. Die Sachverständigen müssen demnach über wissenschaftliches oder technisches Fachwissen verfügen, von Anbietern von KI-Modellen mit allgemeinem Verwendungszweck unabhängig sein sowie in der Lage sein, Tätigkeiten sorgfältig, präzise und objektiv auszuführen. Die erforderliche Anzahl der Sachverständigen, die von der Kommission für die Durchführung der Bewertung nach Art. 92 Abs. 1 berufen werden, ist nicht genannt. Wegen des Verweises auf Art. 68 Abs. 2 und der dort geregelten breiten Aufstellung des Gremiums dürfte auch bei Art. 92 Abs. 2 eine gewisse Vielfalt der Sachverständigen vorausgesetzt sein; jedenfalls kann die Bewertung nicht nur durch *einen* Sachverständigen durchgeführt werden.

3. Anforderung zur Zugangsgewährung zum KI-Modell (Abs. 3)

14 Absatz 3 stellt die eigentliche Befugnisnorm iRv Art. 92 dar. In ihm werden der Kommission für die Zwecke des Absatzes 1 die wesentlichen Werkzeuge an die Hand gegeben. Die Kommission wird dazu befugt, tiefe Einblicke in die Funktionsweise des betreffenden KI-Modells zu erhalten, um auf dieser Grundlage

[12] So Martini/Wendehorst/Bernsteiner/Schmitt Art. 91 Rn. 2, 13; die Autoren weisen hierbei auch auf die Mitteilungspflicht aus Art. 52 hin.

eine Bewertung des KI-Modells vorzunehmen. Diese Vorschrift stellt damit eine der **Kernvorschriften der gesamten KI-VO** dar, besteht doch ein maßgebliches Ziel der Regulierung darin, zur Eindämmung von systemischen Risiken Kenntnisse von den speziellen Funktionsweisen zu erhalten.[13] KI-Modelle sollen nicht – jedenfalls nicht gegenüber der Regulierungsbehörde – als Blackbox erscheinen.[14] Dass diese Vorschrift deshalb auch sehr viel Konfliktpotenzial birgt, liegt auf der Hand, auch wenn die Kommission zur Vertraulichkeit im Umgang mit den erhaltenen Informationen verpflichtet ist.[15]

In der Vorschrift sind auch Möglichkeiten genannt, auf welche Weise der Zugang zu dem KI-Modell gewährt werden kann. Die dort genannten Varianten sind nicht abschließend. Es geht nur darum, dem Büro für Künstliche Intelligenz auf irgendeine Weise eine Zugriffsmöglichkeit auf das KI-Modell zu eröffnen. Dies kann ausweislich des Wortlautes der Vorschrift über ein **API** *(application programming interface – deutsch: Anwenderprogrammierschnittstelle)* erfolgen. Auf diese Weise kann dem Büro für Künstliche Intelligenz (Abs. 1) oder den Sachverständigen (Abs. 2) ein tieferer Einblick in die Funktionsweise des Modells gegeben werden. Es wird insbesondere ein Fernzugriff ermöglicht. Über den Zugriff auf das API wird in aller Regel jedoch kein vollständiger Einblick gewährt. Vielmehr kann der „Bewerter" auf diese Weise die verschiedenen zusammenwirkenden Applikationen des KI-Modells beobachten. Ob diese Art des Zugangs ausreichend ist, um die Bewertung durchzuführen, ist eine Frage des Einzelfalls. 15

Des Weiteren kann die **Zugangsgewährung auch über weitere geeignete technische Mittel und Instrumente** erfolgen. Explizit nennt die Vorschrift in diesem Zusammenhang die Bereitstellung des **Quellcodes.** Mit dem Quellcode offenbart sich dann die Funktionsweise des KI-Modells bis ins letzte Detail. Die Anforderung von Quellcode bedeutet – trotz der kommissionsseitigen Pflicht zur Vertraulichkeit – einen besonders empfindlichen Eingriff in die unternehmerische Freiheit des Anbieters. Ob es zu einer solchen Anforderung zu Gewährung von Zugang kommen wird, bleibt abzuwarten.[16] 16

4. Formelle Anforderungen an die Anforderung zur Zugangsgewährung (Abs. 4)

In Absatz 4 sind die formellen Anforderungen an die Anforderung des Zugangs geregelt.[17] Die Regelung wird ergänzt durch die verfahrensrechtlichen Gewährleistungen auf Art. 94. 17

Es ist die **Rechtsgrundlage** anzugeben. Hiermit ist in erster Linie Art. 92 Abs. 1 und Abs. 3 gemeint. Es sollte auch insoweit spezifiziert sein, als die Anforderung auf Art. 92 Abs. 1 lit. a oder lit. b beruht. 18

---

[13] Vgl. Erwgr. 27 Satz 8; Erwgr. 64; Merkle RDi 2024, 414 (416); Krönke NVwZ 2024, 529 (531); zur Funktionsweise im Allgemeinen von Welser GRUR 2024, 1406 (1407).

[14] Merkle RDi 2024, 414 (416 f.); von Welser GRUR-Prax 2024, 485 (488); Mayrhofer EuZW 2024, 882 (883 f.); Chibanguza/Steege NJW 2024, 1769 (1769).

[15] Vgl. Art. 78 (Erwgr. 167), Art. 53 Abs. 7, Art. 55 Abs. 3.

[16] Vgl. Bomhard/Pieper/Wende/Franke Art. 92 Rn. 8, der darauf hinweist, dass die Maßnahme deshalb nicht vorschnell angeordnet werden dürfe. Aus Gründen der Verhältnismäßigkeit wird sich bei BeckOK KI-Recht/Ambrock/Raji Art. 92 Rn. 20 für eine analoge Anwendung des Art. 74 Abs. 13 ausgesprochen, in dem die Voraussetzungen für den Zugang zum Quellcode für die nationalen Marktüberwachungsbehörden – detaillierter – geregelt sind.

[17] Diese Regelung ist das Pendant zu Art. 91 Abs. 4 betreffend das Informationsersuchen.

19 Des Weiteren ist der **Zweck der Anforderung** anzugeben. Der Zweck besteht bei Art. 92 Abs. 1 lit. a darin, die Einhaltung der Pflichten aus der KI-VO durch den Anbieter zu beurteilen. Bei Art. 92 Abs. 1 lit. b geht es darum, systemische Risiken zu ermitteln.

20 In der Anforderung des Zugangs ist auch über die **Gründe** aufzuklären.[18] Bei Art. 92 Abs. 1 lit. a besteht der Grund darin, dass die gem. Art. 91 eingeholten Informationen unzureichend sind. Ein schlichter Verweis auf diesen Umstand dürfte dabei nicht genügen. Eine Begründung der Anforderung verlangt vielmehr, dass auch dargelegt wird, warum die eingeholten Informationen nur unzureichend sind. Bei einer auf Art. 92 Abs. 1 lit. b gestützten Anforderung zum Zugang ist darzulegen, warum ein Interesse daran besteht, das systemische Risiko des KI-Modells mit allgemeinem Verwendungszweck zu ermitteln. Gegebenenfalls ist hierfür der Verweis auf die qualifizierte Warnung des wissenschaftlichen Gremiums gem. Art. 90 Abs. 1 lit. a ausreichend.

21 Die Norm verhält sich nicht dazu, ob in der Anforderung des Zugangs auch anzugeben ist, in welcher Weise Zugang gewährt werden soll (vgl. Abs. 3). Dies könnte darin begründet liegen, dass die Art des Zugangs dem Anbieter überlassen werden soll, kann dieser doch am besten beurteilen, auf welche Art der Zugang am günstigsten ist. Dies ist jedoch im Ergebnis abzulehnen, da der Absatz 3 bereits so zu verstehen ist, dass die Kommission die Art der Zugangsgewährung festlegt. Bei einer sehr offenen Formulierung dürfte auch die Gefahr der nicht richtigen Zugangsgewährung und damit auch das Risiko der Auferlegung einer Geldbuße höher sein (→ Rn. 23). Die Anforderung an sich hat also bereits die Art der Zugangsgewährung zu enthalten. Per ausdrücklicher Gestattung dürfte die Wahl der Zugangsgewährung wohl auch dem Adressaten überlassen werden können.[19]

22 In der Anforderung ist zudem eine **Frist für die Bereitstellung des Zugangs** zu setzen. Die Bemessung der Frist dürfte sich daran orientieren, wie aufwendig sich die Zugangsgewährung voraussichtlich gestalten wird.

23 In der Anforderung sind auch die **Geldbußen gem. Art. 101** für den Fall anzugeben, dass der Zugang nicht bereitgestellt wird. Die Bußgeldbewehrung für einen solchen Verstoß ergibt sich aus Art. 101 Abs. 1 S. 1 lit. d. Ein Verstoß liegt demnach dann vor, wenn der Zugang nicht ausreicht, um eine Bewertung gem. Art. 92 durchzuführen. In der Anforderung ist anzugeben, wie hoch eine Geldbuße sein kann. Die Geldbuße kann bis zu 3 % des weltweiten Jahresumsatzes im vorangegangenen Geschäftsjahr oder 15.000.000 EUR betragen, je nachdem, welcher Betrag höher ist.

24 Über Art. 94 findet auch Art. 18 MÜ-VO[20] Anwendung. Nach Art. 18 Abs. 3 MÜ-VO ist der Anbieter vor dem Erlass **im Hinblick auf das Zugangsbegehren anzuhören.**[21] Nach Art. 18 Abs. 2 Halbsatz 2 MÜ-VO ist bei Erlass der Maßnahme auch **über das Rechtsmittel zu belehren.** Bei der Aufforderung zur Zugangsgewährung handelt es sich um einen Beschluss iSd Art. 288 Abs. 4 S. 2 AEUV. Als solcher kann das Informationsersuchen vom Adressaten zum Gegenstand einer Nichtigkeitsklage gem. Art. 263 AEUV gemacht werden.[22] Nach Art. 263 Abs. 6 AEUV kann diese Klage binnen zwei Monaten nach Bekanntgabe der Maßnahme erhoben werden.

---

[18] Die Nennung eines Grundes wird in Art. 91 Abs. 4 nicht verlangt.

[19] Vgl. Martini/Wendehorst/Bernsteiner/Schmitt Art. 92 Rn. 20.

[20] Verordnung (EU) 2019/1020.

[21] Dies ergibt sich auch allgemein aus Art. 41 Abs. 2 lit. a GRCh.

[22] Martini/Wendehorst/Bernsteiner/Schmitt Art. 92 Rn. 30.

5. Verpflichteter der Aufforderung zur Zugangsgewährung (Abs. 5)

Im Absatz 5 ist geregelt, wer der Aufforderung aus Abs. 3 Folge zu leisten hat. Wenn es sich bei dem Anbieter um eine natürliche Person hat, muss die Zugangsgewährung[23] durch den Anbieter selbst oder seinen Vertreter erfolgen. Wenn es sich bei dem Anbieter um eine juristische Person oder eine Gesellschaft handelt, wird der angeforderte Zugang von dem gesetz- oder satzungsmäßigen Vertreter zur Verfügung gestellt. Die (genaue) Lektüre von Satz 2 offenbart zudem, dass dieser Satz – in der deutschen Fassung – syntaktisch nicht fehlerfrei ist. 25

Der Sinn der Vorschrift wird darin gesehen, durch sie eine **„ungeschmälerte Verantwortung"** des Anbieters vorzusehen.[24] Er kann sich also Vertretern bedienen, muss sich jedoch zum einen deren Verhalten zurechnen lassen. Zum anderen trifft die Sanktion nach Art. 101 Abs. 1 stets den Anbieter. 26

6. Spezielle Regelung in Durchführungsrechtsakten (Abs. 6)

Gemäß Absatz 6 werden die **Regelungen und Voraussetzungen für die Bewertungen** in von der Kommission zu erlassenden **Durchführungsrechtsakten** getroffen. Diese Durchführungsrechtsakte sind primärrechtlich in Art. 291 AEUV geregelt und entsprechen in gewisser Weise den auf nationaler Ebene der verwaltungsfachlichen Ebene zuzuordnenden Verwaltungsvorschriften. Sie binden die Behörden der EU und stellen eine Konkretisierung von Sekundärrecht dar. So soll in den nach Art. 92 zu erlassenden Durchführungsrechtsakten Näheres zu der Bewertung von KI-Modellen mit allgemeinem Verwendungszweck geregelt werden. Im Art. 92 selbst finden sich nur rudimentäre Regelungen dazu. Es sind die Voraussetzungen für die Durchführungen von Bewertungen in Art. 92 Abs. 1 geregelt. In Absatz 2 wird die Möglichkeit eröffnet, die Bewertung statt von dem Büro für Künstliche Intelligenz durch Sachverständige durchführen zu lassen. Hierfür enthält die Durchführungsverordnung (EU) 2025/454 der Kommission vom 7. März 2025 in Art. 7 Abs. 4 Vorgaben zur Benennung eines Sachverständigen. 27

Gem. Art. 92 Abs. 6 werden die Durchführungsrechtsakte gemäß dem in Art. 98 Abs. 2 genannten Prüfverfahren erlassen. In Art. 98 Abs. 2 wird auf Art. 5 der Verordnung (EU) Nr. 182/2011 zur Festlegung der allgemeinen Regeln und Grundsätze, nach denen die Mitgliedstaaten die Wahrnehmung der Durchführungsbefugnisse durch die Kommission kontrollieren, verwiesen. In dieser Verordnung werden zentral die Verfahrensvorschriften für den Erlass von Durchführungsrechtsakten festgelegt. In Art. 5 VO (EU) Nr. 182/2011 ist das einschlägige – strengere (→ Art. 98 Rn. 3 ff., 9 ff.) – Prüfverfahren geregelt. Kernelement dieses Prüfverfahrens ist eine Stellungnahme des gem. Art. 98 Abs. 1 zu gründenden Ausschusses (→ Art. 98 Rn. 6 ff.). Nur bei einer befürwortenden Stellungnahme wird die Kommission den im Entwurf vorgesehenen Durchführungsrechtsakt erlassen. 28

---

[23] Dass im Satz 1 davon die Rede ist, dass „die angeforderten Informationen zur Verfügung [gestellt werden]" muss als redaktionelles Versehen gewertet werden, da es in Art. 92 nicht um die Gewährung von Informationen geht. Dass es sich um ein Versehen handeln muss, ergibt sich auch aus einem Vergleich zur im darauf folgenden Satz enthaltenen Regelung zu juristischen Personen. Dieser Wortlaut beruht wohl darauf, dass Art. 92 sehr stark an die Systematik des Art. 91 angeknüpft ist.

[24] Martini/Wendehorst/Bernsteiner/Schmitt Art. 92 Rn. 28.

7. Prioritär: Strukturierter Dialog (Abs. 7)

29 Ähnlich wie in Art. 91 Abs. 2 sieht Art. 92 Abs. 7 auch für die Bewertung des KI-Modells mit allgemeinem Verwendungszweck vor, dass zunächst versucht werden soll, dass die Bewertung in einem **durch Kooperation und Freiwilligkeit geprägten strukturierten Dialog** erfolgen kann. In einem solchen Dialog sollen Informationen über die interne Erprobung des Modells, interne Vorkehrungen zur Vermeidung systemischer Risiken und andere interne Verfahren und Maßnahmen, die der Anbieter zur Minderung dieser Risiken ergriffen hat, eingeholt werden. Um eine von Zwang geprägte Bewertung zu vermeiden, dürfte auch den Anbietern viel daran liegen, zunächst in diesen Dialog einzutreten. In dem Dialog kann der Anbieter sicher sein, keinen allzu tiefen Einblick in die Funktionsweise seines Modells gewähren zu müssen (anders als bei der Zugangsgewährung nach Art. 92 Abs. 3); gegebenenfalls ist die Vertraulichkeit über Art. 78 gewährleistet. Freilich mag der Anbieter des KI-Modells auch ein eigenes Interesse an einem solchen Dialog haben, um den womöglich auch in der Öffentlichkeit gehegten Bedenken gegen sein Modell besser begegnen zu können.[25] Ein solcher Dialog könnte auch Ausgangspunkt für eine Forschungs- und Entwicklungsplattform sein.[26] Am Ende dieses Dialogs muss das Büro für Künstliche Intelligenz entscheiden, ob es das **formalisierte Bewertungsverfahren** aus Art. 92 Abs. 1 durchführt.

30 In verfahrensrechtlicher Hinsicht stellt sich die Frage, ob die Durchführung des strukturierten Dialogs die nach Art. 18 Abs. 3 MÜ-VO[27] erforderliche Anhörung vor der verpflichtenden Aufforderung zur Zugangsgewährung ersetzt. Pauschal lässt sich dies nicht beantworten. Es kommt darauf an, ob im Rahmen des strukturierten Dialogs die Maßnahme schon in Aussicht gestellt wurde.

V. Gesamtwürdigung und Ausblick

31 Die Vorschrift des Art. 92 sieht erhebliche Eingriffe in die unternehmerische Freiheit, im Speziellen in den Schutz der Geschäftsgeheimnisse, vor. So kann ein Anbieter dazu verpflichtet werden, die Funktionsweise seines KI-Modells so detailliert wie möglich zu offenbaren. Ein Anbieter wird versuchen, dies möglichst zu vermeiden. Das könnte dazu führen, dass solche Anbieter es vorziehen, mit der Kommission zu kooperieren, anstatt auf „Konfrontationskurs" zu gehen, was nämlich darin münden könnte, sich den Zwangsmaßnahmen zur Zugangsgewährung auszusetzen. Vieles bleibt aufgrund der nicht sehr umfangreichen Beschreibungen in Art. 92 offen. Hier mögen die noch zu erlassenden Durchführungsrechtsakte mehr Klarheit bringen.

Art. 93* Befugnis zur Aufforderung zu Maßnahmen

(1) **Soweit erforderlich und angemessen, kann die Kommission die Anbieter auffordern,**

---

[25] Martini/Wendehorst/Bernsteiner/Schmitt Art. 92 Rn. 34.

[26] Martini/Wendehorst/Bernsteiner/Schmitt Art. 92 Rn. 33.

[27] Verordnung (EU) 2019/1020.

* Kapitel IX (Art. 72–94) gilt gem. Art. 113 UAbs. 2 ab 2.8.2026, mit Ausnahme von Art. 78, der gem. Art. 113 UAbs. 3 Buchst. b bereits ab 2.8.2025 gilt.

a) geeignete Maßnahmen zu ergreifen, um die Verpflichtungen gemäß den Artikeln 53 und 54 einzuhalten;
b) Risikominderungsmaßnahmen durchzuführen, wenn die gemäß Artikel 92 durchgeführte Bewertung zu ernsthaften und begründeten Bedenken hinsichtlich eines systemischen Risikos auf Unionsebene geführt hat;
c) die Bereitstellung des Modells auf dem Markt einzuschränken, es zurückzunehmen oder zurückzurufen.

(2) **Vor der Aufforderung zu einer Maßnahme kann das Büro für Künstliche Intelligenz einen strukturierten Dialog mit dem Anbieter des KI-Modells mit allgemeinem Verwendungszweck einleiten.**

(3) **Wenn der Anbieter des KI-Modells mit allgemeinem Verwendungszweck im Rahmen des strukturierten Dialogs gemäß Absatz 2 Verpflichtungszusagen zur Durchführung von Risikominderungsmaßnahmen, um einem systemischen Risiko auf Unionsebene zu begegnen, anbietet, kann die Kommission diese Verpflichtungszusagen durch einen Beschluss für bindend erklären und feststellen, dass es keinen weiteren Anlass zum Handeln gibt.**

Erwägungsgründe

(164 Satz 4) Die Einhaltung der Pflichten sollte durchsetzbar sein, unter anderem durch die Aufforderung zum Ergreifen angemessener Maßnahmen, einschließlich Risikominderungsmaßnahmen im Fall von festgestellten systemischen Risiken, sowie durch die Einschränkung der Bereitstellung des Modells auf dem Markt, die Rücknahme des Modells oder den Rückruf des Modells.

Literatur: Herbers/Rappenglück, Die Durchsetzung der KI-Verordnung auf EU-Ebene: Das EU AI Office, RDi 2024, 432; Roth-Isigkeit, Grundstrukturen der geplanten KI-Aufsichtsbehörden – KI-Bürokratie?, ZRP 2022, 187.

Übersicht

I. Historie der Norm

Art. 93 ist erst im Rahmen des Trilog-Verfahrens Gegenstand des Gesetzgebungsverfahrens geworden. Dies beruht darauf, dass speziell an Anbieter von KI-Modellen mit allgemeinem Verwendungszweck gerichtete Regelungen erst nach dem Aufkommen von ChatGPT und der damit zusammenhängenden veränderten Wahrnehmung von KI in der Öffentlichkeit für nötig erachtet wurden (→ Art. 88 Rn. 1). 1

II. Zweck der Norm

2 Mit der Norm wird der Kommission die Befugnis zu geben, Anbieter von KI-Modellen mit allgemeinem Verwendungszweck dazu aufzufordern, konkrete Maßnahmen zu ergreifen, um rechtswidrige Zustände zu beenden. Im Hinblick darauf, dass es sich hierbei um klassische Aufsichtsmaßnahmen handelt, besteht der Zweck von Art. 93 darin, die Einhaltung der Vorgaben der KI-VO zu gewährleisten. Da die KI-VO insgesamt auf Gefahrenabwehr – wohlgemerkt nicht im Sinne von polizeilicher Gefahrenabwehr – aus ist,[1] handelt es sich bei Art. 93 um eine Norm, bei der es unmittelbar um die Abwehr von Gefahren, denen mit der KI-VO begegnet werden soll. Hierbei kann es sowohl um individuellen Rechtsschutz als auch um den Schutz überindividueller, gemeinschaftsbezogener Rechtsgüter gehen (vgl. Auflistung systemischer Risiken in Art. 3 Nr. 65).[2]

III. Verhältnis zu anderen Normen

3 Art. 93 stellt das Pendant zu Art. 79 (Verfahren auf nationaler Eben für den Umgang mit KI-Systemen, die ein Risiko bergen) dar, wonach auch bestimmte Maßnahmen zur Herstellung eines rechtskonformen Zustands angeordnet werden können. Rein optisch fällt auf, dass Art. 93 einen wesentlich geringeren Umfang aufweist. Dies mag darauf zurückzuführen sein, dass die Aufsicht im Zusammenhang mit Art. 79 wesentlich komplizierter gestaltet ist, als dort die Aufsicht grundsätzlich bei den nationalen Marktüberwachungsbehörden liegt, in bestimmten Fällen jedoch die Zusammenarbeit mit den EU-Behörden erforderlich werden kann. Für die Aufsicht von KI-Modellen mit allgemeinem Verwendungszweck ist hingegen einzig die Kommission zuständig.

4 Art. 93 ist im Regelungszusammenhang der Art. 88 ff. zu sehen. Insbesondere baut die Befugnis zur Aufforderung zu speziellen Maßnahmen der Gesetzessystematik nach auf vorhergehende auf Art. 91 und Art. 92 beruhende Maßnahmen auf.

5 Für verfahrensrechtliche Anforderungen im Zusammenhang mit dem Maßnahmenerlass ist Art. 94 heranzuziehen. Über Art. 94 findet auch Art. 18 Abs. 2 Halbsatz 2 MÜ-VO Anwendung. Nach diesem ist bei Erlass der Maßnahme auch über das Rechtsmittel zu belehren. Bei der jeweiligen Aufforderung handelt es sich um einen Beschluss iSd Art. 288 Abs. 4 S. 2 AEUV.[3] Als solcher kann das Informationsersuchen vom Adressaten zum Gegenstand einer Nichtigkeitsklage gem. Art. 263 AEUV gemacht werden.[4] Nach Art. 263 Abs. 6 AEUV kann diese Klage binnen zwei Monaten nach Bekanntgabe der Maßnahme erhoben werden.

6 Das Nichtbefolgen einer Aufsichtsmaßnahme nach Art. 93 ist gem. Art. 101 Abs. 1 S. 1 lit. c sanktionsbewehrt. Anders als bei den Art. 91 und Art. 92 ist in Art. 93 nicht vorgeschrieben, dass bereits in der Aufforderung zur Durchführung einer bestimmten Maßnahme auf die Sanktionsbewehrung der Nichtbefolgung

---

[1] Vgl. Europäische Kommission, Pressemitteilung vom 0912.2023: „By guaranteeing the safety and fundamental rights of people and businesses, it [KI-VO] will support the development, deployment and take-up of trustworthy AI in the EU." Kritisch zu diesem Zweck der KI-VO Vasel EuZW 2024, 829 (835).

[2] Vgl. Martini/Wendehorst/Bernsteiner/Schmitt Art. 93 Rn. 1.

[3] Martini/Wendehorst/Bernsteiner/Schmitt Art. 93 Rn. 6.

[4] Martini/Wendehorst/Bernsteiner/Schmitt Art. 93 Rn. 34.

hinzuweisen ist. Aus rechtsstaatlichen Gesichtspunkten sollte dies jedoch eigentlich stets erfolgen.[5] Die Höhe der Sanktion bemisst sich nach Art. 101 Abs. 1.

IV. Auslegung der Norm

1. Aufforderung zum Ergreifen von Maßnahmen (Abs. 1)

Absatz 1 enthält drei verschiedene Zwecke, denen die Aufforderung zum Ergreifen von Maßnahmen dienen kann. Allen drei Varianten ist gemeinsam, dass die Aufforderung erforderlich und angemessen sein muss. Dies stellt eine Ausformung des die Organe der Union bindenden Verhältnismäßigkeitsgrundsatzes gem. Art. 5 Abs. 4 EUV dar. Da die Maßnahmen in Art. 93 sehr offen formuliert sind und deshalb sehr viel Spielraum für die Gestaltung im Einzelfall lassen, ist insbesondere die Erforderlichkeit einer Maßnahme – also wenn keine milderen und gleich effektiven Mittel zur Verfügung stehen – von den künftigen Erfahrungen in der Praxis abhängig. 7

Nach Art. 93 Abs. 1 lit. a kann die Kommission dazu auffordern, geeignete Maßnahmen zur ergreifen, um die Verpflichtungen gemäß den Art. 53 und 54 einzuhalten. Eine solche Aufforderung gründet offenkundig auf dem **begründeten Verdacht,**[6] dass der Anbieter gegen diese Verpflichtungen verstößt. Rein präventive Aufforderungen sind nicht mit der Systematik des Gesetzes vereinbar, da in einem solchen Falle vorrangig Maßnahmen nach Art. 91 oder Art. 92 heranzuziehen sind. Gem. Art. 53 Abs. 1 ist der Anbieter des KI-Modells dazu verpflichtet, Dokumentationen des Modells zu erstellen und zu aktualisieren. Die Anbieter müssen diese Dokumentation auch den nachgelagerten Anbietern von KI-Systemen zur Verfügung stellen, die beabsichtigen, das KI-Modell mit allgemeinem Verwendungszweck in ihre KI-Systeme zu integrieren. Auch müssen sie eine hinreichend detaillierte Zusammenfassung der für das Training des KI-Modells verwendeten Inhalte erstellen. Hierbei müssen sie mit der Kommission und den nationalen Behörden kooperieren. Gem. Art. 54 ist ein Anbieter, der seinen Sitz in einem Drittland hat, dazu verpflichtet, einen in der Union niedergelassenen Bevollmächtigten zu benennen. Bei diesen in den Art. 53 und Art. 54 konkret benannten Pflichten, dürfte es erforderlich sein, die zu ergreifende Maßnahme klar zu benennen. Falls dann immer noch Auslegungsspielraum besteht, sollte die Aufforderung möglichst konkret sein, damit der Adressat auch weiß, was von ihm verlangt wird. Dies ist insbesondere wegen der Sanktionsbewehrung in Art. 101 Abs. 1 S. 1 lit. c wichtig. Bemerkenswert ist, dass zum einen die Nichtbefolgung der Aufforderung nach Art. 93 sanktionsbewehrt ist, zum anderen auch bereits ganz allgemein die Nichtbefolgung der Vorschriften aus der KI-VO – somit auch gegen Art. 53 oder Art. 54, vgl. Art. 101 Abs. 1 S. 1 lit. a. Ein Verstoß gegen die Anordnung wird freilich einfacher sein nachzuweisen, da Art. 101 für die Auferlegung einer Sanktion ein schuldhaftes verlangt.[7] Nach einer entspre- 8

[5] So auch Martini/Wendehorst/Bernsteiner/Schmitt Art. 93 Rn. 29, die sich hierfür jedoch vornehmlich auf den Vergleich mit Art. 91 und Art. 92 stützen.

[6] So auch Martini/Wendehorst/Bernsteiner/Schmitt Art. 93 Rn. 11, wobei die Autoren dies vornehmlich auf das Erfordernis einer verhältnismäßigen Maßnahme stützen; ähnlich BeckOK KI-Recht/Ambrock/Raji Art. 93 Rn. 23 f., die auf ErwGr. 164 Satz 1 und 4 verweisen.

[7] Martini/Wendehorst/Bernsteiner/Schmitt Art. 93 Rn. 13.

chenden Aufforderung zu einem Handeln wird der Anbieter sich nicht mehr auf Unwissen hinsichtlich der Nichteinhaltung einer ihn treffenden Pflicht berufen können.

9 Es wird diskutiert, ob die Kommission auch dazu auffordern kann, **geeignete Maßnahmen zwecks Einhaltung des Art. 55** zu ergreifen. So wird dies mit einem **Erst-Recht-Schluss** bejaht: „Wenn bereits die Einhaltung der Pflichten für ‚weniger gefährliche' KI-Modelle (Art. 53) durch administrative Anordnungen sichergestellt werden soll, hat dies erst recht auf die Einhaltung der spezifischen (zusätzlichen) Pflichten für ‚gefährliche' Modell zu gelten."[8] Auch könne nicht auf die Befugnisse aus Art. 93 Abs. 1 lit. b und c verwiesen werden, da hiermit nicht sämtliche Verstöße gegen Art. 55 erfasst seien.[9] Ebenso stelle die Erweiterung auf Art. 55 keinen Verstoß gegen das strafrechtliche Analogieverbot dar, da nur die Befugnis ausgedehnt werde, „nicht aber die Strafbarkeit bzw. deren Voraussetzungen an sich".[10] Es erscheint fraglich, ob dies überzeugen kann. Die Pflichten aus Art. 55 stellen im Wesentlichen (nur) erweiterte Dokumentationspflichten dar. Es erscheint so, dass die Pflichten zur Einhaltung von Art. 55 bereits mit den Maßnahmen nach Art. 91 und Art. 92 hinreichend durchgesetzt werden könnten, sodass davon auszugehen ist, dass Art. 55 bewusst nicht in Art. 93 Abs. 1 lit. a inkludiert ist. Zwar enthält Art. 55 Abs. 1 lit. b auch die Pflicht zur Risikominderung. Zur Durchsetzung dieser Pflicht ist jedoch Art. 93 Abs. 1 lit. b die einschlägige(re) Norm.

10 Nach Art. 93 Abs. 1 lit. b kann die Kommission dazu auffordern, **Risikominderungsmaßnahmen** durchzuführen, wenn **aufgrund der Bewertung gem. Art. 92 ernsthafte und begründete Bedenken hinsichtlich eines systemischen Risikos** auf Unionsebene bestehen. Da die Durchführung einer Bewertung zur Ermittlung eines systemischen Risikos in der Regel auf einer **Warnung des wissenschaftlichen Gremiums nach Art. 90** beruhen wird, wird dies oft der Ausgangspunkt einer solchen Aufforderung zur Vornahme von Risikominderungsmaßnahmen darstellen. Zu diesem Zeitpunkt wird die Bewertung auch dazu geführt haben, dass das Risiko benannt wurde (vgl. hierzu Art. 3 Nr. 65). Tatbestandlich ist die **begründete Benennung des systemischen Risikos** Voraussetzung für eine Maßnahme nach Art. 93 Abs. 1 lit. b.[11] Ohne dass dies von der Norm ausdrücklich verlangt wird, ist davon auszugehen, dass mit der vorangegangenen Ermittlung des Risikos auch konkret vorgegeben werden kann, auf welche Weise das Risiko zu mindern ist. Die schlichte Aufforderung zum Ergreifen von Risikominderungsmaßnahmen dürfte in der Regel nicht ausreichend sein. Freilich stellt eine offen formulierte Aufforderung zur Risikominderung wegen der eigenen Wahlmöglichkeiten einen vergleichsweise milden Eingriff dar,[12] sodass dies in bestimmten Fällen auch zulässig sein dürfte.

11 Wenn die Aufforderung zur Risikominimierung auf einer Warnung des wissenschaftlichen Gremiums beruht, ist gem. Art. 90 Abs. 2 S. 2 das KI-Gremium hierüber zu informieren.

---

[8] Martini/Wendehorst/Bernsteiner/Schmitt Art. 93 Rn. 14.

[9] Martini/Wendehorst/Bernsteiner/Schmitt Art. 93 Rn. 14.

[10] Martini/Wendehorst/Bernsteiner/Schmitt Art. 93 Rn. 14.

[11] Ähnlich Martini/Wendehorst/Bernsteiner/Schmitt Art. 93 Rn. 18, wonach es insbesondere nicht ausreicht, dass ein systemisches Risiko iSv Art. 3 Nr. 65 vorliegt, ohne dass dies näher identifiziert bzw. benannt ist.

[12] So Martini/Wendehorst/Bernsteiner/Schmitt Art. 93 Rn. 21.

Art. 93 Absatz 1 lit. c enthält eine sehr weitgehende Befugnis.[13] Hiernach kann die Kommission die Bereitstellung des Modells auf dem Markt einschränken, das Modell zurücknehmen oder zurückrufen. Parallelvorschrift für KI-Systeme ist Art. 79 Abs. 5 S. 1. 12

Ein **Einschränken** bedeutet etwa, dass entweder spezielle Funktionen nicht mehr angeboten werden dürfen oder nur noch in weniger leistungsstarker Form, oder dass für die Bereitstellung besondere Vorgaben gemacht werden, etwa eine Einschränkung im Hinblick auf die Abnehmer des betreffenden KI-Modells. 13

Die Begriffe der Rücknahme und des Rückrufs sind in Art. 3 Nr. 16 und 17 in Bezug auf KI-Systeme legaldefiniert. Hieran angelehnt kann auch bestimmt werden, was Rücknahme und Rückruf in Bezug auf KI-Modelle mit allgemeinem Verwendungszweck in Art. 93 Abs. 1 lit. c bedeuten. Unter einer **Rücknahme** ist jede Maßnahme zu verstehen, mit der die Bereitstellung eines KI-Modells auf dem Markt verhindert werden soll – der Vertrieb, etwa durch Verkauf, soll nicht mehr stattfinden. Ein **Rückruf** hingegen ist jede Maßnahme die auf die Rückgabe an den Anbieter oder auf die Außerbetriebsetzung oder Abschaltung eines den Betreibern bereits zur Verfügung gestellten KI-Modells abzielt. Es geht also darum, dass die Verwendung – des bereits in Betrieb befindlichen Modells – bei den Betreibern eingestellt wird. Anders als bei anderen Produkten ist hierunter kein gegenständlicher Rückruf zu verstehen. Für die Durchführung eines Rückrufs nach Art. 93 Abs. 1 lit. c dürften Netzwerksperren ausreichend sein.[14] 14

2. Prioritär: Strukturierter Dialog (Abs. 2)

Wie bei den anderen Maßnahmen gegenüber Anbietern von KI-Modellen mit allgemeinem Verwendungszweck (Art. 91 Abs. 2, Art. 92 Abs. 7) wird es auch hier dem Büro für Künstliche Intelligenz anheimgestellt, zunächst in einen strukturierten Dialog mit dem Anbieter zu treten. Ziel eines solchen Dialogs ist es, den Anbieter zur Einhaltung der Vorschriften der KI-VO zu bewegen, ohne verpflichtende Maßnahmen zu ergreifen. Dies ist offenkundig von der Befürchtung getragen, dass eine konfrontative Aufforderung gegenüber einem Anbieter unter Umständen auch nicht die gewünschten Auswirkungen haben kann. 15

3. Verpflichtungszusagen durch den Anbieter (Abs. 3)

Absatz 3 knüpft an Absatz 2 an. In ihm sind Regelungen für den Fall getroffen, dass der strukturierte Dialog in dem Sinne erfolgreich war, dass der Anbieter sich dazu bereit erklärt, Risikominderungsmaßnahmen – in verpflichtender Weise – durchzuführen. Wegen der Beschränkung auf die Durchführung von Risikominderungsmaßnahmen gilt die Vorschrift nur für den Fall des Art. 93 Abs. 1 lit. b. Dass also ein systemisches Risiko identifiziert wurde und die Kommission sich nun zu einer Minderung dieses Risiko gezwungen sieht. Die Regelung besteht nun darin, dass die Kommission diese **Verpflichtungszusagen durch einen Beschluss für bindend erklären** kann. Sie kann dann gleichzeitig feststellen, dass es keinen weiteren Anlass zum Handeln gibt – also keine Maßnahmen iSv Art. 93 Abs. 1 lit. b auferlegt werden müssen. Hierdurch wird dem Anbieter letztlich ein Anreiz gegeben, an dem Verfahren teilzunehmen und darin auch eine 16

---

[13] Martini/Wendehorst/Bernsteiner/Schmitt Art. 93 Rn. 26 sprechen von „ultima ratio".

[14] BeckOK KI-Recht/Ambrock/Raji Art. 93 Rn. 21.1 zur Ausformung der möglichen Maßnahmen: „Stilllegung, Löschung oder Verhängung einer Zugriffssperre".

aktive Rolle einzunehmen, um eine möglichst günstige Vereinbarung zu erzielen. Da die Verpflichtungszusage für bindend erklärt wird, kann die Kommission – bis auf Weiteres – dann keine schärferen Maßnahmen mehr auferlegen.

V. Gesamtwürdigung und Ausblick

17 Art. 93 ermächtigt zur Aufforderung zur Ergreifung von Maßnahmen. Die Eingriffstiefe einer solchen Aufforderung kann sehr stark variieren. Während beispielsweise eine Aufforderung zur Benennung eines Vertreters des Anbieters im Gebiet der EU (Art. 54) nur eine relativ geringfügige Eingriffstiefe aufweise, ist die Aufforderung, das Modell zurückzurufen, besonders gravierend für den Adressaten. Damit die Zwangswirkungen einer Aufforderung nicht unmittelbar greifen, soll die Kommission zunächst Soft Law in der Form eines strukturierten Dialogs zur Anwendung bringen.

Art. 94* Verfahrensrechte der Wirtschaftsakteure des KI-Modells mit allgemeinem Verwendungszweck

Unbeschadet der in dieser Verordnung enthaltenen spezifischeren Verfahrensrechte gilt für die Anbieter des KI-Modells mit allgemeinem Verwendungszweck Artikel 18 der Verordnung (EU) 2019/1020 sinngemäß.

Erwägungsgründe

(164 Satz 5) Als Schutzmaßnahme, die erforderlichenfalls über die in dieser Verordnung vorgesehenen Verfahrensrechte hinausgeht, sollten die Anbieter von KI-Modellen mit allgemeinem Verwendungszweck über die in Artikel 18 der Verordnung (EU) 2019/1020 vorgesehenen Verfahrensrechte verfügen, die – unbeschadet in der vorliegenden Verordnung vorgesehener spezifischerer Verfahrensrechte – entsprechend gelten sollten.

Übersicht

I. Historie der Norm

1 Die Norm ist im Rahmen des Trilog-Verfahrens eingeführt worden (→ Art. 88 Rn. 1).

II. Zweck der Norm

2 Mit dieser **Verweisvorschrift** werden dem Anbieter eines KI-Modells mit allgemeinem Verwendungszweck zusätzliche verfahrensrechtliche Absicherungen

* Kapitel IX (Art. 72–94) gilt gem. Art. 113 UAbs. 2 ab 2.8.2026, mit Ausnahme von Art. 78, der gem. Art. 113 UAbs. 3 Buchst. b bereits ab 2.8.2025 gilt.

gegen die Aufforderungen der Kommission in diesem Abschnitt gewährt. Dabei erfolgt der Verweis auf die Verordnung über Marktüberwachung und die Konformität von Produkten (MÜ-VO) vor dem Hintergrund, dass die KI-VO in Bezug auf den Regulierungsansatz dem **Produktsicherheitsrecht** folgt.[1]

III. Verhältnis zu anderen Normen

In den Art. 88–93 werden Anbietern von KI-Modellen mit allgemeinem Verwendungszweck bereits verfahrensrechtliche Absicherungen gewährt (vgl. Art. 91 Abs. 4, Art. 92 Abs. 4). Darüber hinaus gelten die Garantien des Art. 18 MÜ-VO. Die zentrale Zuständigkeitsnorm des Art. 88 Abs. 1 verweist sogar explizit auf Art. 94. Die verfahrensrechtlichen Absicherungen aus Art. 18 MÜ-VO gelten nicht für Maßnahmen, die auf Freiwilligkeit beruhen. Insbesondere im Rahmen des strukturierten Dialogs gem. Art. 91 Abs. 2, Art. 92 Abs. 7 und Art. 93 Abs. 2 gelten die strengen Anforderungen nicht.[2] 3

IV. Auslegung der Norm

Verwiesen wird auf Art. 18 MÜ-VO. Diese wird für Anbieter von KI-Modellen mit allgemeinem Verwendungszweck für entsprechend anwendbar erklärt. Teilweise sind dort verfahrensrechtliche Gewährleistungen enthalten, die bereits in den Art. 88–93 vorgesehen sind. Der Verweis auf Art. 18 MÜ-VO findet nur dann Anwendung, wenn eine **verpflichtende Maßnahme** ergriffen wird. In den Art. 91–93 sind die Aufforderung zur Vorlage von Dokumentationen (Art. 91), die Aufforderung zur Zugangsgewährung (Art. 92)[3] und die Aufforderung zur Durchführung einer Maßnahme zur Risikominderung oder etwa ein Rückruf des KI-Modells (Art. 93) verpflichtender Natur. 4

Nach Art. 18 Abs. 1 MÜ-VO ist bei einer Maßnahme, die gegenüber dem Adressaten ergriffen wird, die rechtliche Grundlage anzugeben. Dies deckt sich mit Art. 91 Abs. 4 und Art. 92 Abs. 4. Insbesondere jedoch für Maßnahmen nach Art. 93 ist dies nicht in der Norm selbst geregelt. 5

Nach Art. 18 Abs. 2 MÜ-VO ist der Maßnahme eine **Rechtsmittelbelehrung** anzufügen. Dies bedeutet, dass anzugeben welches Rechtsmittel gegeben ist, wo dieses einzulegen ist und welche Frist dabei beachtet werden muss. 6

Nach Art. 18 Abs. 3 MÜ-VO ist dem Anbieter des KI-Modells im Sinne einer **Anhörung** vor Erlass der Maßnahme die Gelegenheit zu geben, sich innerhalb einer angemessenen Frist zu den Vorwürfen zu äußern. Gemäß der Vorschrift sollte die Frist nicht kürzer als zehn Tage sein. Die Vorschrift erkennt jedoch auch an, dass es Situationen geben kann, in denen ein unverzügliches Handeln erforderlich sein kann, sodass es untunlich wäre, auf die Einhaltung der Frist zu beharren bzw. überhaupt eine Anhörung im Vorhinein durchzuführen. Im letzte- 7

---

[1] Honer/Schöbel JuS 2024, 648 (650); de la Durantaye ZUM 2023, 645 (653); Legner RDi 2024, 426 (429); Stieper/Denga GRUR 2024, 1473 (1474); Martini/Wendehorst/Bernsteiner/Schmitt Art. 94 Rn. 2.

[2] Martini/Wendehorst/Bernsteiner/Schmitt Art. 94 Rn. 7.

[3] Die Durchführung der Bewertung an sich stellt als interner Vorgang keine Maßnahme in diesem Sinne dar, vgl. auch Martini/Wendehorst/Bernsteiner/Schmitt Art. 94 Rn. 7.

ren Falle ist die Anhörung dann „möglichst rasch nachzuholen“ (Art. 18 Abs. 3 UAbs. 2 MÜ-VO).

V. Gesamtwürdigung und Ausblick

8 Art. 94 ist Ausdruck der Verwandtschaft zum Recht der Produktsicherheit. Es sicherlich abzuwarten sein, inwieweit es überhaupt zu verpflichtenden Maßnahmen der Kommission bzw. dem Büro für Künstliche Intelligenz kommen wird, hegt doch auch der europäische Gesetzgeber ausweislich der Kodifizierung des „strukturierten Dialogs“ die Hoffnung, die Gefahren ohne den Einsatz von verpflichtenden (Zwangs-)Maßnahmen erkennen und eindämmen zu können.

Kapitel X. Verhaltenskodizes und Leitlinien

Art. 95* Verhaltenskodizes für die freiwillige Anwendung bestimmter Anforderungen

(1) **Das Büro für Künstliche Intelligenz und die Mitgliedstaaten fördern und erleichtern die Aufstellung von Verhaltenskodizes, einschließlich damit zusammenhängender Governance-Mechanismen, mit denen die freiwillige Anwendung einiger oder aller der in Kapitel III Abschnitt 2 genannten Anforderungen auf KI-Systeme, die kein hohes Risiko bergen, gefördert werden soll, wobei den verfügbaren technischen Lösungen und bewährten Verfahren der Branche, die die Anwendung dieser Anforderungen ermöglichen, Rechnung zu tragen ist.**

(2) **Das Büro für Künstliche Intelligenz und die Mitgliedstaaten erleichtern die Aufstellung von Verhaltenskodizes in Bezug auf die freiwillige Anwendung spezifischer Anforderungen auf alle KI-Systeme, einschließlich durch Betreiber, auf der Grundlage klarer Zielsetzungen sowie wesentlicher Leistungsindikatoren zur Messung der Erfüllung dieser Zielsetzungen, einschließlich unter anderem folgender Elemente:**

a) **in den Ethik-Leitlinien der Union für eine vertrauenswürdige KI enthaltene anwendbare Elemente;**
b) **Beurteilung und Minimierung der Auswirkungen von KI-Systemen auf die ökologische Nachhaltigkeit, einschließlich im Hinblick auf energieeffizientes Programmieren, und Techniken, um KI effizient zu gestalten, zu trainieren und zu nutzen;**
c) **Förderung der KI-Kompetenz, insbesondere der von Personen, die mit der Entwicklung, dem Betrieb und der Nutzung von KI befasst sind;**
d) **Erleichterung einer inklusiven und vielfältigen Gestaltung von KI-Systemen, unter anderem durch die Einsetzung inklusiver und vielfältiger Entwicklungsteams und die Förderung der Beteiligung der Interessenträger an diesem Prozess;**
e) **Bewertung und Verhinderung der negativen Auswirkungen von KI-Systemen auf schutzbedürftige Personen oder Gruppen schutzbedürftiger Personen, einschließlich im Hinblick auf die Barrierefreiheit für Personen mit Behinderungen, sowie auf die Gleichstellung der Geschlechter.**

(3) [1]**Verhaltenskodizes können von einzelnen KI-System-Anbietern oder Betreibern oder von Interessenvertretungen dieser Anbieter oder Betreiber oder von beiden aufgestellt werden, auch unter Einbeziehung von Interessenträgern sowie deren Interessenvertretungen einschließlich Organisationen der Zivilgesellschaft und Hochschulen.** [2]**Verhaltenskodizes können sich auf ein oder mehrere KI-Systeme erstrecken, um ähnlichen Zweckbestimmungen der jeweiligen Systeme Rechnung zu tragen.**

(4) **Das Büro für Künstliche Intelligenz und die Mitgliedstaaten berücksichtigen die besonderen Interessen und Bedürfnisse von KMU, ein-**

* Kapitel X (Art. 95, 96) gilt gem. Art. 113 UAbs. 2 ab 2.8.2026.

schließlich Startups, bei der Förderung und Erleichterung der Aufstellung von Verhaltenskodizes.

Literatur: Biallaß, Die Auswirkungen der KI-VO auf die Justiz, MMR 2024, 646; Borges, Die europäische KI-Verordnung (AI Act) – Teil 1 Überblick, Anwendungsbereich und erste Einschätzung, CR 2024, 497; Chibanguza/Steege, Die KI-Verordnung – Überblick über den neuen Rechtsrahmen, NJW 2024, 1769; Feldkamp/Kappler/Poretschkin/Schmitz/Weiss, Rechtliche Fairnessanforderungen an KI-Systeme und ihre technische Evaluation – Eine Analyse anhand ausgewählter Kreditscoring-Systeme unter besonderer Berücksichtigung der zukünftigen europäischen KI-Verordnung, ZfDR 2024, 60; Kindshofer, KI-VO als datenschutzrechtliche Herausforderung, ZD 2024, 673; Legner, KI-Verordnung und algorithmische Diskriminierung, RDi 2024, 426; Lindner/Bode, Die Bedeutung der KI-VO der Europäischen Union für das Schuldrecht, DÖV 2025, 462; Martini/Haspinger, Die KI-VO im Umwelt-Check – Rückenwind für eine grüne Zukunft?, NVwZ 2025, 737; Möller-Klapperich, Die neue KI-Verordnung der EU, NJ 2024, 337; Rohrßen, KI & CE – Die KI-VO, das Produktsicherheitsrecht für Künstliche Intelligenz, ZfPC 2024, 111.

Übersicht

I. Allgemeines

1 Art. 95 regelt die Förderung und Erleichterung der Aufstellung von Verhaltenskodizes durch die Kommission sowie die Mitgliedstaaten. Der Einsatz dieser Kodizes soll das Schutzniveau beim Einsatz von KI-Systemen und das Vertrauen in diese Technologie über den Anwendungsbereich der KI-VO hinaus verbessern. Die KI-VO normiert aufgrund des verfolgten risikobasierten Ansatzes lediglich verbotene Praktiken von KI-Systemen (→ Art. 5 Rn. 16 ff.), Hochrisiko-KI-Systeme (→ Art. 6 Rn. 11 ff.), KI-Modelle mit allgemeinem Verwendungszweck (→ Art. 51 Rn. 4 ff.) sowie bestimmte KI-Systeme, die mit Menschen interagieren (→ Art. 50 Rn. 16 ff.). Daher bleibt ein weiter Anwendungsbereich für KI-Systeme durch die KI-VO unberührt. Die Nutzung von Verhaltenskodizes bei der Entwicklung entsprechender nicht durch die KI-VO regulierter KI-Systeme kann dazu dienen, die von der KI-VO etablierten Qualitätssicherungsmechanismen für Hochrisiko-KI-Systeme auch in weitere

Anwendungsbereiche zu etablieren. Hierdurch können ethische und vertrauenswürdige KI-Systeme weiter gestärkt werden.[1] Darüber hinaus normiert Art. 95 Abs. 2 die Erleichterung der Aufstellung von Verhaltenskodizes, die zusätzliche Anforderungen beinhalten, um ua ökologische Nachhaltigkeit, diverse Entwicklungsteams und Barrierefreiheit zu stärken.

Verhaltenskodizes sind ein Instrument der freiwilligen **Selbstregulierung** für Unternehmen.[2] Sie werden in der Praxis eingesetzt, um Richtlinien für die Beteiligten vorzugeben, insbesondere wenn es keine Regulierung in diesem Zusammenhang gibt bzw. die bestehende Rechtslage Handlungsspielräume lässt. Gleichsam dienen sie der Sicherstellung einer guten Praxis, Förderung von Professionalität und stärken das Vertrauen in den Verwender. Hierdurch kann zB die Verhinderung von Diskriminierung sowie die Sicherstellung der Inklusion von Menschen verschiedener Hintergründe gestärkt werden. Auch andere EU-Rechtsakte nutzen dieses Instrument, zB die RL 2005/29/EG, die unlautere Geschäftspraktiken im EU-Binnenmarkt verbietet. Dieser Rechtsakt definiert einen **Verhaltenskodex** als „eine Vereinbarung oder ein Vorschriftenkatalog, die bzw. der nicht durch die Rechts- und Verwaltungsvorschriften eines Mitgliedstaates vorgeschrieben ist und das Verhalten der Gewerbetreibenden definiert, die sich in Bezug auf eine oder mehrere spezielle Geschäftspraktiken oder Wirtschaftszweige auf diesen Kodex verpflichten", Art. 2 Buchst. f RL 2005/29/EG. Im weiteren Sinne lässt sich diese Definition auch für das Verständnis des Begriffs des Verhaltenskodex nach Art. 95 heranziehen, da die KI-VO über keine entsprechende Begriffsbestimmung verfügt. Auch vorliegend ist die Errichtung und Verwendung von Verhaltenskodizes nach der KI-VO freiwillig. Diese Vereinbarungen gelten daher nur für die Verwender, die sich diesem Kodex anschließen. Art. 95 adressiert lediglich die Aufstellung nicht jedoch die Verwendung entsprechender Kodizes. Des Weiteren werden in der KI-VO keine expliziten Rechtsfolgen für die Nutzung von freiwilligen Verhaltenskodizes normiert. 2

Neben den durch Art. 95 geförderten freiwilligen Verhaltenskodizes normiert Art. 56 die Ausarbeitung und den Einsatz von **Praxisleitfäden** für Anbieter von KI-Modellen mit allgemeinem Verwendungszweck (ausführlich hierzu → Art. 56 Rn. 5 ff.). Bei diesen nach Art. 56 erarbeiteten Praxisleitfäden handelt es sich jedoch nicht um freiwillig verwendbare Hilfestellungen für die Entwickler von KI-Systemen; vielmehr kann das Büro für KI alle Anbieter von KI-Modellen mit allgemeinem Verwendungszeck ersuchen, diese Leitfäden zu befolgen, Art. 56 Abs. 7 S. 1. Ziel dieser Leitfäden ist die Vereinheitlichung der Umsetzung und Auslegung der gesetzlichen Vorschriften in der Praxis (→ Art. 56 Rn. 6 f.). Hierfür spricht auch die Regelung des Art. 56 Abs. 9, der die Kommission befugt, Durchführungsakte nach Art. 98 Abs. 2 zu erlassen, sollten die Praxisleitfäden nicht rechtzeitig vorgelegt oder als nicht angemessen bewertet werden. Dies gilt auch für die von Art. 50 Abs. 7 zu erarbeitenden Praxisleitfäden (→ Art. 50 Rn. 126 ff.), so dass insoweit von einer Verbindlichkeit dieses Instruments auszugehen ist.[3] 3

Die Kommission führt bis zum 2.8.2028 und danach alle drei Jahre eine Bewertung der Folgen und der Wirksamkeit der freiwilligen Verhaltenskodizes nach Art. 112 Abs. 7 durch. 4

[1] Erwgr. 165 S. 1.
[2] Kindshofer ZD 2024, 673 (675); Lindner/Bode DÖV 2025, 462 (465).
[3] So auch Martini/Wendehorst, KI-VO/Hartmann, Art. 95 Rn. 5.

II. Inhalt der Regelung

5 Inhaltlich benennt Art. 95 die Förderung und Erleichterung von freiwilligen Verhaltenskodizes für KI-Systeme. Abs. 1 adressiert die Verwendung entsprechender Kodizes für KI-Systeme, die kein hohes Risiko bergen. Hierbei soll die freiwillige breite Anwendung bestimmter Anforderungen aus Kapitel III Abschnitt 2 unterstützt werden, unter besonderer Berücksichtigung technischer Lösungen und bewährter Verfahren (→ Rn. 6). Ferner soll die Aufstellung von Verhaltenskodizes erleichtert werden, die spezifische Anforderungen an alle KI-Systeme formulieren, einschließlich ethischer Aspekte, ökologischer Nachhaltigkeit und der Förderung von KI-Kompetenzen (Abs. 2 → Rn. 11 ff.). Weiterhin soll auf eine inklusive und vielfältige Gestaltung von KI-Systemen geachtet werden, um potenziell negative Auswirkungen auf schutzbedürftige Gruppen zu verhindern. Die Erstellung dieser Kodizes kann gem. Art. 95 Abs. 3 von Anbietern oder Interessenvertretungen ausgehen und auch zivilgesellschaftliche Akteure einbeziehen (→ Rn. 21 ff.). Besondere Berücksichtigung finden dabei nach Abs. 4 die Bedürfnisse von kleinen und mittleren Unternehmen (KMU) und Startups (→ Rn. 23).

1. Freiwilligen Verhaltenskodizes für KI-Systeme ohne hohes Risiko (Abs. 1)

6 Nach Abs. 1 wird dem Büro für KI und den Mitgliedstaaten die Aufgabe zugewiesen, die Entwicklung von Verhaltenskodizes und Governance-Mechanismen zu fördern und zu erleichtern, um die freiwillige Anwendung bestimmter Anforderungen auf KI-Systeme ohne hohes Einsatzrisiko zu unterstützen. Hierbei sollen die verfügbaren technischen Lösungen und bewährte Branchenpraktiken beachtet werden.

7 Somit adressiert diese Regelung zunächst das **Büro für KI**. Hierbei handelt es sich um eine Einrichtung der EU-Kommission, welche die Umsetzung, Beobachtung und Überwachung von KI-Systemen mit allgemeinen Verwendungszwecken zur Aufgabe hat und dem Beschluss der Kommission vom 24.1.2024 folgend zur KI-Governance beitragen soll (hierzu ausführlich → Art. 3 Rn. 358 ff.). Nach Art. 3 Nr. 47 gelten Bezugnahmen in der KI-VO auf das Büro für KI als Bezugnahmen auf die Kommission. Nach Art. 64 Abs. 1 soll diese Einrichtung der Kommission die Sachkenntnis und Fähigkeiten auf dem Gebiet der Union fördern. Zusammen mit den verschiedenen **Mitgliedstaaten** soll die Kommission die Entwicklung von Mechanismen zur freiwilligen Einhaltung der Anforderungen für Hochrisiko-KI-Systeme fördern, vgl. auch Art. 64 Abs. 2. Ferner erarbeitet das **KI-Gremium** iSd Art. 65 nach Art. 66 Buchst. e Ziff. i auf Anfrage der Kommission oder eigeninitiativ Empfehlungen und Stellungnahmen für die Entwicklung und Anwendung von Verhaltenskodizes.

8 Gemeinsam sollen die Kommission und die Mitgliedstaaten die Aufstellung von Verhaltenskodizes fördern und erleichtern (zum **Begriff des Verhaltenskodex** vgl. → Rn. 2). **Fördern** bedeutet in diesem Zusammenhang die Ergreifung aktiver Maßnahmen, um die Entwicklung, Verbreitung und Akzeptanz solcher Kodizes zu unterstützen, etwa durch die Bereitstellung von Ressourcen, Wissen oder die Schaffung von Anreizmechanismen (zB im Vergabekontext). Unter **Erleichtern** ist vorliegend der Abbau von Hindernissen zu verstehen, um den Aufstellungsprozess entsprechender Governance-Regeln zugänglicher und unkomplizierter für die Beteiligten zu gestalten. Dies kann bspw. mithilfe techni-

scher oder organisatorischer Unterstützung erfolgen. Darüber hinaus kann ein Abbau bürokratischer Hemmnisse eine Erleichterung schaffen. Als mögliche Initiativen der Kommission nennt Erwgr. 165 S. 6 den Abbau technischer Hindernisse ua im Bereich des grenzüberschreitenden Datenaustauschs im Zusammenhang mit der KI-Entwicklung. Hierzu gehört die Etablierung von Infrastrukturen für den Datenzugang und die Sicherstellung von semantischer und technischer Interoperabilität bei verschiedenen Arten von Daten. Eine denkbare Maßnahme bei Mitgliedstaaten mit föderalem Staatsaufbau wäre insoweit, dass Verhaltenskodizes, die durch die Behörden eines Bundeslandes gebilligt wurden, nicht in jedem Bundesland erneut vor einer Anwendung einer Prüfung unterzogen werden müssen. Dies ist ein faktisches Hemmnis, welches bei einer föderalen Datenschutzaufsichtspraxis bestehen kann.

Mithilfe des zu errichtenden Verhaltenskodex sollen insbesondere **Governance-Mechanismen** aus Art. 8 ff. aufgegriffen werden. Diese Anforderungen gelten nach der KI-VO nur für Hochrisiko-KI-Systeme. Dennoch können die dort normierten Inhalte auch für **andere KI-Systeme,** deren Einsatz nicht mit einem Risiko verbunden ist, qualitätsfördernd eingesetzt werden. Gerade die Verwendung hochwertiger Trainingsdaten bei der Entwicklung einer KI oder die Etablierung einer Daten-Governance, wie dies Art. 10 für Hochrisiko-KI-Systeme vorschreibt (→ Art. 10 Rn. 12 ff.), ist auch für die Entwicklung von KI-Systemen, welche die KI-VO nicht adressiert, ratsam. Dies gilt insbesondere auch für die technische Dokumentation (Art. 11 → Art. 11 Rn. 6 ff.), Transparenzpflicht (Art. 13 Abs. 1 → Art. 13 Rn. 4 ff.), die Genauigkeit, Robustheit und Cybersicherheit (Art. 15 → Art. 15 Rn. 3 ff.) sowie die Etablierung eines Qualitätsmanagements (Art. 17 → Art. 17 Rn. 3 ff.). Es steht den Erstellern des Verhaltenskodex frei, welche Anforderungen diese aus dem Kapitel III Abschnitt 2 in dem Verhaltenskodex aufgreifen. Zudem sind der zugrunde gelegte Maßstab und etwaige Leistungsparameter jeweils in den entsprechenden Verhaltenskodizes auszuarbeiten. Hierdurch erhalten diese teilweise abstrakten Vorgaben der EU eine weitergehende Präzisierung für die praktische Anwendung. Bei der Erstellung der Verhaltenskodizes sollen bereits existierende technische Lösungen und branchenspezifischen Verfahren beachtet werden. Erwgr. 165 S. 2 benennt in diesem Zusammenhang Modell- und Datenkarten. 9

Die geschaffenen Verhaltenskodizes adressieren ausschließlich **KI-Systeme,** denen **kein hohes Risiko** durch die KI-VO zugewiesen wurde. Mithin darf das KI-Systems weder produktspezifisch durch Art. 6 Abs. 1 iVm Anhang I (ausführlich hierzu → Art. 6 Rn. 11 ff.) noch der Anwendungskontext von Art. 6 Abs. 2 iVm Anhang III (ausführlich hierzu → Art. 6 Rn. 31 f.) erfasst sein. Für diese KI-Systeme sind die in Art. 8 ff. normierten Anforderungen verpflichtend zu beachten. Fällt ein KI-System in den zuvor benannten Anwendungsbereich von Hochrisiko-KI-Systemen, ist jedoch kein hohes Einsatzrisiko zu erkennen, findet Art. 6 Abs. 3 Anwendung, so dass das System nicht als hochriskant zu werten ist. Auch für solche KI-Systeme können die Verhaltenskodizes zur Anwendung kommen. 10

2. Freiwillige Verhaltenskodizes mit spezifischen Anforderungen (Abs. 2)

Abs. 2 normiert, dass das Büro für KI und die Mitgliedstaaten die Aufstellung von Verhaltenskodizes in Bezug auf die freiwillige Anwendung **spezifischer Anforderungen** auf alle KI-Systeme erleichtern soll. Diese Verhaltenskodizes 11 sollen über die in der KI-VO regulierten Anforderungen hinausgehen und weitere Zielsetzungen adressieren. Zusätzlich ist deren Verwendung für alle Anbieter und Betreiber von KI-Systemen freiwillig. Allerdings sollen die Anbieter und Betreiber aller KI-Systemen nach Erwgr. 165 S. 3 ermutigt werden, freiwillig zusätzliche Anforderungen zu erfüllen.

12 Diese Verhaltenskodizes sollen einer klaren Zielsetzung folgen und wesentliche Leistungsidentifikationen zur **Messung der Zielerfüllung** beinhalten. Die Messbarkeit des Kodex kann dessen Wirksamkeit verbessern.[4] Da der Einsatz entsprechender Verhaltenskodizes freiwillig ist, ist an diese Voraussetzung kein allzu strenger Maßstab zu legen.

13 Als **mögliche Inhalte** eines solchen freiwilligen Verhaltenskodex nennt Art. 95 Abs. 2 exemplarisch folgende fünf Bereiche: die Ethik-Leitlinien der Union für vertrauenswürdige KI (Buchst. a), die ökologische Nachhaltigkeit (Buchst. b), die Förderung der KI-Kompetenz (Buchst. c), die inklusive und vielfältige Gestaltung von KI-Systemen (Buchst. d), die Verhinderung negativer Auswirkungen von KI-Systemen auf schutzbedürftige Personen (Buchst. e). Diese Elemente sind nicht abschließend zu verstehen. Darüber hinausgehende Inhalte eines freiwilligen Verhaltenskodex sind denkbar.

14 **a) Ethik-Leitlinien der Union für vertrauenswürdige KI (Abs. 2 Buchst. a).** 2018 hat die Kommission eine unabhängige Expertengruppe eingesetzt, die Ethik-Leitlinien für vertrauenswürdige KI-Systeme erarbeitet haben. Diese Ethik-Leitlinien vom 8.4.2019, auf die die KI-VO verweist, wurden unter Berücksichtigung einer offenen Konsultation erstellt.[5] Die Grundsätze der Ethik-Leitlinie wurden u.a. in der Regelung zu den Verhaltenskodizes in der KI-VO aufgegriffen.[6]

15 **b) Ökologische Nachhaltigkeit (Abs. 2 Buchst. b).** Als weiteren Aspekt kann mithilfe eines Verhaltenskodex die **ökonomische Nachhaltigkeit** eines KI-Systems in den Blick genommen werden. Der Kodex kann Maßnahmen enthalten, die zunächst eine Beurteilung und nachfolgend die Verringerung ökologisch nachteiliger Wirkungen der KI-Systeme beinhalten. Exemplarisch benennt Abs. 2 Buchst. b das energieeffiziente Programmieren und Techniken, um den KI-Einsatz effizienter zu gestalten, zu trainieren und zu nutzen. Die Energieeffizienz von Rechenzentren wird in Deutschland für viele Betreiber bereits durch das Energieeffizienzgesetz (EnEfG) verpflichtend normiert. Umfasst sind ebenfalls das energieeffiziente Programmieren und Techniken, um KI effizient zu gestalten, zu nutzen und zu trainieren.[7]

16 **c) Förderung der KI-Kompetenz (Abs. 2 Buchst. c).** Als weiteres Ziel nennt Abs. 2 Buchst. c die Erarbeitung freiwilliger Verhaltenskodizes, die die Förderung der KI-Kompetenz von Personen adressiert, die mit der Entwicklung, dem Betrieb und der Verwendung von KI befasst sind.[8] Art. 2 Nr. 56 definiert **KI-Kompetenz** als „die Fähigkeiten, die Kenntnisse und das Verständnis, die es Anbietern, Betreibern und Betroffenen unter Berücksichtigung ihrer jeweiligen

---

4 Erwgr. 165 S. 4.

5 Siehe https://op.europa.eu/de/publication-detail/-/publication/d3988569-0434-11ea-8c1f-01aa75ed71a1 (Stand 15.4.2026).

6 Bomhard/Pieper/Wende, KI-VO/Schneider, Art. 95 Rn. 28.

7 Martini/Haspinger NVwZ 2025, 737 (741).

8 Vgl. Erwgr. 20 S. 6.

Rechte und Pflichten im Rahmen dieser Verordnung ermöglichen, KI-Systeme sachkundig einzusetzen sowie sich der Chancen und Risiken von KI und möglicher Schäden, die sie verursachen kann, bewusst zu werden". Da die Entwicklung von KI-Systemen eng mit der Arbeit mit (Trainings-)Daten verknüpft ist, gehören hierzu ua Kenntnisse im Datenschutzrecht sowie ein Verständnis für das Recht des geistigen Eigentums.

d) Inklusive und vielfältige Gestaltung von KI-Systemen (Abs. 2 Buchst. d). Abs. 2 Buchst. d benennt ferner die Verbesserung inklusiver und vielfältiger Gestaltung von KI-Systemen. Hierzu gehört insbesondere die Konzeption und Entwicklung von KI-Systemen.[9] Als weiteres Anwendungsbeispiel behandelt die Norm ua die Einsetzung inklusiver und vielfältiger Entwicklungsteams sowie die Förderung der Beteiligung der Interessenträger an diesem Prozess. Erwgr. 165 S. 3 spricht im Zusammenhang mit der Beteiligung der Interessenträger von der Einbindung einschlägiger Organisationen wie Unternehmensverbänden und Organisationen der Zivilgesellschaft, Wissenschaft, Forschungsorganisationen, Gewerkschaften und Verbraucherschutzorganisationen. Zudem gehört zur Vielfalt eines Entwicklungsteams ein ausgewogenes Geschlechterverhältnis.[10] **17**

e) Verhinderung negativer Auswirkungen auf schutzbedürftige Personen (Abs. 2 Buchst. e). Als weiteren Anwendungsbereich eines Verhaltenskodex nennt Abs. 2 Buchst. e die Bewertung und Verhinderung negativer Auswirkungen von KI-Systemen auf schutzbedürftige Personen oder Gruppen schutzbedürftiger Personen. **Schutzbedürftige Personen** sind Individuen, die aufgrund besonderer Merkmale, wie Alter, Behinderung, Gesundheitszustand, sozialer oder wirtschaftlicher Lage ein erhöhtes Risiko besitzen, Benachteiligungen zu erfahren und daher besonderen Schutz benötigen. Der Schutz erstreckt sich auf eine Verhinderung einer ungerechtfertigten Diskriminierung, vor Ausbeutung oder weiteren negativen Einflüssen, wie Ausgrenzung, der Missbrauch von Abhängigkeiten oder der ungerechte Zugang zu Ressourcen. Geschützte Personen sind damit insbesondere ältere Menschen, Kinder, Menschen mit Behinderungen oder sozial benachteiligte Personen. **18**

Art. 95 Abs. 2 Buchst. e legt einen besonderen Fokus auf die Barrierefreiheit für Personen mit Behinderungen, sowie auf die Gleichstellung der Geschlechter. Dieses Ziel kann sich bereits bei einer entsprechenden inklusiven Zusammensetzung des Entwicklungsteams, basierend auf den Überlegungen ergeben, die sich an die Normierung des Buchst. d anschließen (→ Rn. 17). **19**

Die Pflicht zur barrierefreien Gestaltung der Ausgabe von KI-Systemen ergibt sich bereits für verschiedene Akteure aus den nationalen Umsetzungen des Europäischen Rechtsakts für **Barrierefreiheit** (RL (EU) 2019/882). Danach soll die Angleichung von Barrierefreiheitsanforderungen für bestimmte Produkte und Dienstleistungen Hindernisse für den freien Verkehr beseitigen und verhindern. Hiervon umfasst sind nach Art. 2 Abs. 1 RL (EU) 2019/882 Produkte wie Geldautomaten oder E-Book-Lesegeräte und nach Art. 2 Abs. 2 RL (EU) 2019/882 Dienstleistungen wie Dienste, die den Zugang zu audiovisuellen Mediendiensten ermöglichen oder Bankdienstleistungen für Verbraucher. **20**

---

[9] Erwgr. 165 S. 3.

[10] Vgl. Erwgr. 165 S. 3.

3. Aufstellung von Verhaltenskodizes (Abs. 3)

21 Verhaltenskodizes können nach Abs. 3 S. 1 von einzelnen KI-System-Anbietern oder -Betreibern sowie deren Interessenvertretungen erstellt werden. Hierbei können die zuvor genannten Akteure auch zusammenarbeiten. Dabei können ferner Interessenträger, Interessenvertretungen einschließlich Organisationen der Zivilgesellschaft und Hochschulen in den Prozess der Kodexaufstellung einbezogen werden. Diese sehr präzise Nennung der möglichen Berechtigten und der zu beteiligten Akteuren überrascht und ist Ausdruck eines sehr raschen Gesetzgebungsprozesses. Jeder Anbieter bzw. Betreiber von KI-Systemen darf sich freiwillig einen Verhaltenskodex Zueigenmachen und sich diesem unterwerfen. Hierbei ist unerheblich, wer den Kodex ursprünglich aufgestellt hat. Selbst Erwgr. 165 S. 5 betont die Bedeutung der Entwicklung von Verhaltenskodizes in „inklusiver Weise" und verweist auf eine Einbeziehung einschlägiger Interessenträger wie Unternehmensverbände und Organisationen der Zivilgesellschaft, Wissenschaft, Forschungsorganisationen, Gewerkschaften und Verbraucherschutzorganisationen.

22 Abs. 3 S. 2 legt deklaratorisch fest, dass sich Verhaltenskodizes auf ein oder mehrere KI-Systeme erstrecken können. Hierdurch kann ähnlichen Zweckstimmungen von KI-Systemen Rechnung getragen werden. Bei direkten Mitbewerbern ist jedoch darauf zu achten, dass in diesem Kontext ein wettbewerbswidriges Verhalten entstehen kann, was vorab einer rechtlichen Klärung bedarf.[11]

4. Berücksichtigung von KMU und Startups (Abs. 4)

23 Art. 95 Abs. 4 normiert, dass die Kommission sowie die Mitgliedstaaten bei der Förderung und Erleichterung der Aufstellung von Verhaltenskodizes insbesondere die Interessen und Bedürfnisse von KMU, einschließlich Startups zu beachten haben. Nach Anhang Art. 2 Abs. 1 der Empfehlung der Kommission 2003/361/EG werden unter KMU solche Unternehmen verstanden, die weniger als 250 Personen beschäftigen und die entweder einen Jahresumsatz von höchstens 50 Mio. EUR erzielen oder deren Jahresbilanzsumme sich auf höchstens 43 Mio. EUR beläuft. Die KI-VO adressiert an verschiedenen Stellen Privilegierungen für diese Akteure.[12] Genau wie Startups sollen KMU vorliegend bei der Entwicklung hochwertiger KI-Systeme in Europa unterstützt werden, da sie im Vergleich zu marktbeherrschenden Unternehmen häufig weder über die personellen noch die technischen oder finanziellen Mittel verfügen, um freiwillig sehr strenge Vorgaben vollumfänglich umzusetzen.

Art. 96[*] Leitlinien der Kommission zur Durchführung dieser Verordnung

(1) *[1]* **Die Kommission erarbeitet Leitlinien für die praktische Umsetzung dieser Verordnung, die sich insbesondere auf Folgendes beziehen:**

a) die Anwendung der in den Artikeln 8 bis 15 und in Artikel 25 genannten Anforderungen und Pflichten;

b) die in Artikel 5 genannten verbotenen Praktiken;

[11] BeckOK KI-Recht/Gorzala Art. 95 Rn. 27.

[12] Vgl. Rohrßen ZfPC 2024, 111 (121); BeckOK KI-Recht/Gorzala Art. 95 Rn. 28.

[*] Kapitel X (Art. 95, 96) gilt gem. Art. 113 UAbs. 2 ab 2.8.2026.

c) die praktische Durchführung der Bestimmungen über wesentliche Veränderungen;
d) die praktische Umsetzung der Transparenzpflichten gemäß Artikel 50;
e) detaillierte Informationen über das Verhältnis dieser Verordnung zu den in Anhang I aufgeführten Harmonisierungsrechtsvorschriften der Union sowie zu anderen einschlägigen Rechtsvorschriften der Union, auch in Bezug auf deren kohärente Durchsetzung;
f) die Anwendung der Definition eines KI-Systems gemäß Artikel 3 Nummer 1.

[2] **Wenn die Kommission solche Leitlinien herausgibt, widmet sie den Bedürfnissen von KMU einschließlich Start-up-Unternehmen, von lokalen Behörden und von den am wahrscheinlichsten von dieser Verordnung betroffenen Sektoren besondere Aufmerksamkeit.**

[3] **Die Leitlinien gemäß Unterabsatz 1 dieses Absatzes tragen dem allgemein anerkannten Stand der Technik im Bereich KI sowie den einschlägigen harmonisierten Normen und gemeinsamen Spezifikationen, auf die in den Artikeln 40 und 41 Bezug genommen wird, oder den harmonisierten Normen oder technischen Spezifikationen, die gemäß den Harmonisierungsrechtsvorschriften der Union festgelegt wurden, gebührend Rechnung.**

(2) **Auf Ersuchen der Mitgliedstaaten oder des Büros für Künstliche Intelligenz oder von sich aus aktualisiert die Kommission früher verabschiedete Leitlinien, wenn es als notwendig erachtet wird.**

Übersicht

I. Allgemeines

1 Art. 96 richtet sich an die Kommission und gibt ihr auf, ein im Bereich des produktbezogenen EU-Rechts durchaus übliches Instrumentarium zu nutzen, nämlich dass der „Guidance Documents". Mit diesen leistet die Kommission den Wirtschaftsakteuren Hilfestellung für die Anwendung der auf abstrakten Niveau formulierten Anforderungen im Bereich des produktbezogenen EU-Rechts und – soll – eine etwaig unterschiedliche Anwendungspraxis der Marktüberwachungsbehörden in der EU vereinheitlichen.

2 Derartigen „Guidance Documents" kommt dabei kein Rechtsetzungscharakter zu, dennoch haben sie erhebliche Bedeutung: üblicherweise erfolgt die Erarbeitung der Leitlinien unter Einbeziehung der Marktüberwachungsbehörden, so dass die darin aufgestellten Grundsätze einen tauglichen Maßstab bilden, das Handeln der Marktüberwachungsbehörden zu beurteilen und zugleich als Handlungsmaßstab für die Wirtschaftsakteure herangezogen zu werden. Art. 99 Abs. 1 bringt

dies auch zum Ausdruck, indem die Mitgliedsstaaten die Leitlinien der Kommission beim Erlass von Sanktionen und anderen Durchsetzungsmaßnahmen zu berücksichtigen haben.

II. Regelungsinhalt

3 Art. 96 Abs. 1 benennt in lit. a)–f) zunächst die Bereiche, in denen die Leitlinien aufzustellen sind wie etwa zur Anwendung der Definition eines KI-Systems gem. Art. 3 Nr. 1. Sodann formuliert Art. 96 Abs. 2 Maßgaben inhaltlicher Art.

1. Bedürfnisse von KMU und Start-Up-Unternehmen (Art. 96 Abs. 2 S. 1)

4 Bemerkenswert ist in inhaltlicher Hinsicht, was in Art. 96 Abs. 2 S. 1 ausgeführt wird: nämlich dass den Bedürfnissen von KMU, Start-Up Unternehmen und lokalen Behörden nebst den am stärksten betroffenen Sektoren der KI Verordnung „besondere Aufmerksamkeit" beim Verfassen der Leitlinien zu widmen sei. Es bleibt offen, was mit dieser Formulierung tatsächlich gemeint sein soll.

5 Ob dies nur eine rein deklaratorische Festlegung darstellt, darf bezweifelt werden.[1] Letztlich kommt wie ausgeführt den Leitlinien zumindest mittelbar eine rechtliche Bedeutung zu, so dass angesichts dieser Tragweite auch davon ausgegangen werden kann, dass die Leitlinien gerichtsseitig mittelbar überprüft werden und damit dann auch eine Schärfung der „besonderen Aufmerksamkeit" bei der Berücksichtigung der genannten Interessen erfolgt. Wünschenswert wäre allerdings eine zuvor erfolgte Klarstellung, damit insbesondere auch für die betroffenen Kreise wie den KMU Rechtsklarheit geschaffen wird.

6 Bisherige Praxis war es eher, wie ausgeführt, dass Vertreter der Unternehmen wie auch der Marktüberwachungsbehörden mit in die Verfassung der Leitlinien einbezogen worden sind.[2] Es bleibt offen, ob von diesem Prinzip nunmehr abgekehrt werden soll oder ob damit lediglich zum Ausdruck gebracht ist, dass für diese Marktteilnehmer wie Start-Up-Unternehmen Erleichterungen Umgang mit den Anforderungen der KI-VO formuliert werden sollen. Wenn Letzteres der Fall ist, bleibt allerdings darauf zu achten, dass hier nicht entgegen dem Gesetzestext weitere Tatbestände kreiert werden, ohne dass dies in der KI-Verordnung selbst verankert wird.

2. Berücksichtigung des Standes der Technik (Art. 96 Abs. 2 S. 2)

7 Schwierig nachzuvollziehen erscheint Art. 96 Abs. 2 S. 2. Dabei wird Bezug genommen auf auf den allgemein anerkannten Stand der Technik im Bereich der KI und die gesamte Normung. Diese sollen in den Leitlinien „gebührend" berücksichtigt werden.

8 Dies erscheint fragwürdig. Es ist eigentlich selbstverständlich, dass die Leitlinien der Kommission nicht das was in der Praxis allgemein anerkannt ist und insbeson-

---

[1] So Martini/Wendehorst/Hartmann Art. 96 Rn. 7.

[2] Dies scheint auch weiterhin beabsichtigt. Jedenfalls hat die Kommission eine erste Befragung interessierter Kreise begonnen, in denen es um Leitlinien für „General Purpose" AI geht (EUSurvey – Survey).

dere Eingang in technische Normen gefunden hat, bei der Erarbeitung von Leitlinien außer Betracht lässt. Andernfalls würde die Normungsarbeit und deren Ergebnisse doch deutlich in Frage gestellt und der Kommission wäre in Leitlinien gestattet, sich über die technische Normung zu setzen. Dies kann nicht gemeint sein. Ein „gebührende" Berücksichtigung bei der Abfassung der Leitlinien sollte vielmehr als Auftrag an die Kommission verstanden werden, ihre Leitlinien stets in Einklang mit dem Stand der Normung zu verfassen.

3. Veränderung von Leitlinien (Art. 96 Abs. 3)

Bemerkenswert ist sodann Art. 96 Abs. 3 das Recht von Mitgliedstaaten und 9
des Büros für künstliche Intelligenz eine Aktualisierung der Leitlinien zu fordern. Dies ist bisher im produktbezogenen EU-Recht so nicht vorgesehen.

Kapitel XI. Befugnisübertragung und Ausschussverfahren

Art. 97* Ausübung der Befugnisübertragung

(1) **Die Befugnis zum Erlass delegierter Rechtsakte wird der Kommission unter den in diesem Artikel festgelegten Bedingungen übertragen.**

(2) **[1]Die in Artikel 6 Absätze 6 und 7, Artikel 7 Absätze 1 und 3, Artikel 11 Absatz 3, Artikel 43 Absätze 5 und 6, Artikel 47 Absatz 5, Artikel 51 Absatz 3, Artikel 52 Absatz 4 sowie Artikel 53 Absätze 5 und 6 genannte Befugnis zum Erlass delegierter Rechtsakte wird der Kommission für einen Zeitraum von fünf Jahren ab 1. August 2024 übertragen. [2]Die Kommission erstellt spätestens neun Monate vor Ablauf des Zeitraums von fünf Jahren einen Bericht über die Befugnisübertragung. [3]Die Befugnisübertragung verlängert sich stillschweigend um Zeiträume gleicher Länge, es sei denn, das Europäische Parlament oder der Rat widersprechen einer solchen Verlängerung spätestens drei Monate vor Ablauf des jeweiligen Zeitraums.**

(3) **[1]Die Befugnisübertragung gemäß Artikel 6 Absätze 6 und 7, Artikel 7 Absätze 1 und 3, Artikel 11 Absatz 3, Artikel 43 Absätze 5 und 6, Artikel 47 Absatz 5, Artikel 51 Absatz 3, Artikel 52 Absatz 4 sowie Artikel 53 Absätze 5 und 6 kann vom Europäischen Parlament oder vom Rat jederzeit widerrufen werden. [2]Der Beschluss über den Widerruf beendet die Übertragung der in jenem Beschluss angegebenen Befugnis. [3]Er wird am Tag nach seiner Veröffentlichung im Amtsblatt der Europäischen Union oder zu einem darin angegebenen späteren Zeitpunkt wirksam. [4]Die Gültigkeit von delegierten Rechtsakten, die bereits in Kraft sind, wird von dem Beschluss über den Widerruf nicht berührt.**

(4) **Vor dem Erlass eines delegierten Rechtsakts konsultiert die Kommission die von den einzelnen Mitgliedstaaten benannten Sachverständigen im Einklang mit den in der Interinstitutionellen Vereinbarung vom 13. April 2016 über bessere Rechtsetzung niedergelegten Grundsätzen.**

(5) **Sobald die Kommission einen delegierten Rechtsakt erlässt, übermittelt sie ihn gleichzeitig dem Europäischen Parlament und dem Rat.**

(6) **[1]Ein delegierter Rechtsakt, der nach Artikel 6 Absatz 6 oder 7, Artikel 7 Absatz 1 oder 3, Artikel 11 Absatz 3, Artikel 43 Absatz 5 oder 6, Artikel 47 Absatz 5, Artikel 51 Absatz 3, Artikel 52 Absatz 4 sowie Artikel 53 Absatz 5 oder 6 erlassen wurde, tritt nur in Kraft, wenn weder das Europäische Parlament noch der Rat innerhalb einer Frist von drei Monaten nach Übermittlung jenes Rechtsakts an das Europäische Parlament und den Rat Einwände erhoben haben oder wenn vor Ablauf dieser Frist das Europäische Parlament und der Rat beide der Kommission mitgeteilt haben, dass sie keine Einwände erheben werden. [2]Auf Initiative des Europäischen Parlaments oder des Rates wird diese Frist um drei Monate verlängert.**

---

* Kapitel XI (Art. 97, 98) gilt gem. Art. 113 UAbs. 2 ab 2.8.2026.

Übersicht

I. Zweck der Norm

Art. 97 war als Art. 73 bereits im Kommissionsentwurf enthalten.[1] Sinn und Zweck des Art. 97 ergeben sich aus **Erwgr. 173:** „Damit der Regelungsrahmen erforderlichenfalls angepasst werden kann, sollte der Kommission die Befugnis übertragen werden, gemäß Artikel 290 AEUV Rechtsakte zur Änderung der Bedingungen, unter denen ein KI-System nicht als Hochrisiko-System einzustufen ist, der Liste der Hochrisiko-KI-Systeme, der Bestimmungen über die technische Dokumentation, des Inhalts der EU-Konformitätserklärung, der Bestimmungen über die Konformitätsbewertungsverfahren, der Bestimmungen zur Festlegung der Hochrisiko-KI-Systeme, für die das Konformitätsbewertungsverfahren auf der Grundlage der Bewertung des Qualitätsmanagementsystems und der technischen Dokumentation gelten sollte, der Schwellenwerte, Benchmarks und Indikatoren – auch durch Ergänzung dieser Benchmarks und Indikatoren – in den Vorschriften für die Einstufung von KI-Modellen mit allgemeinem Verwendungszweck mit systemischem Risiko, der Kriterien für die Benennung von KI-Modellen mit allgemeinem Verwendungszweck mit systemischem Risiko, der technischen Dokumentation für Anbieter von KI-Modellen mit allgemeinem Verwendungszweck und der Transparenzinformationen für Anbieter von KI-Modellen mit allgemeinem Verwendungszweck zu erlassen. Es ist von besonderer 1

[1] Entstehungsgeschichte bei Schefzig/Kilian/Brandt-Steinke, Art. 97 Rn. 5 ff.

Bedeutung, dass die Kommission im Zuge ihrer Vorbereitungsarbeit angemessene Konsultationen, auch auf der Ebene von Sachverständigen, durchführt, die mit den Grundsätzen in Einklang stehen, die in der Interinstitutionellen Vereinbarung vom 13. April 2016 über bessere Rechtsetzung (55) niedergelegt wurden. Um insbesondere für eine gleichberechtigte Beteiligung an der Vorbereitung delegierter Rechtsakte zu sorgen, erhalten das Europäische Parlament und der Rat alle Dokumente zur gleichen Zeit wie die Sachverständigen der Mitgliedstaaten, und ihre Sachverständigen haben systematisch Zugang zu den Sitzungen der Sachverständigengruppen der Kommission, die mit der Vorbereitung der delegierten Rechtsakte befasst sind."

2 Der Erwägungsgrund betont das Erfordernis, den Regelungsrahmen der KI-VO anpassen zu können und verweist auf die im europäischen Primärrecht (Art. 290 AEUV) angelegte Möglichkeit, der Kommission die Befugnis zum Erlass von Tertiärrecht in Form von delegierten Rechtsakten zu übertragen. Die Vorschrift zielt auch auf umfassende Transparenz im Rechtssetzungsverfahren der Kommission.[2]

II. Verhältnis zu anderen Normen

3 Art. 97 bildet zusammen mit Art. 98 das Kapitel XI „Befugnisübertragung und Ausschussverfahren" der KI-VO. Beide Normen ermöglichen der Kommission **sog. Tertiärrecht** zu setzen.[3] Im Europarecht bezeichnet das Tertiärrecht bzw. „nachrangiges Unionsrecht" solche Rechtsakte, die auf der Grundlage des Sekundärrechts (insbes. Verordnungen) erlassen werden. Das Tertiärrecht umfasst delegierte Rechtsakte und Durchführungsrechtsakte, die von der Kommission oder anderen Institutionen erlassen werden, um das Sekundärrecht zu konkretisieren und umzusetzen.

4 Delegierte Rechtsakte werden erlassen, um nicht wesentliche Vorschriften einer Verordnung oder Richtlinie zu ergänzen oder zu ändern. Die Europäische Kommission kann durch delegierte Akte **insbesondere bestimmte technische Details** regeln, ohne den ursprünglichen Rahmen der Verordnung oder Richtlinie zu verändern. Hingegen sind Durchführungsrechtsakte nötig, wenn für die einheitliche Anwendung einer Verordnung oder Richtlinie in allen Mitgliedstaaten praktische Maßnahmen erforderlich sind. Diese Akte dienen der Durchführung und erleichtern die effektive Umsetzung der Regeln.

5 Art. 97 bezieht sich auf **Art. 290 Abs. 1 AEUV,** der Vorgaben für Befugnisübertragungen enthält. Danach kann der Kommission in Gesetzgebungsakten die Befugnis übertragen werden, Rechtsakte ohne Gesetzescharakter mit allgemeiner Geltung zur **Ergänzung oder Änderung bestimmter nicht wesentlicher Vorschriften** des betreffenden Gesetzgebungsaktes zu erlassen. Wesentliche Vorschriften, die grundlegende Aspekte eines Bereichs regeln, sind dem Gesetzgebungsakt vorbehalten und können nicht durch eine Befugnisübertragung geregelt werden

6 An einigen Stellen der KI-VO wird auf Art. 97 verwiesen. Die **Befugnisübertragungsnormen der KI-VO,** die Normen in denen der Kommission jeweils die Befugnis zum Erlass delegierter Rechtsakte übertragen wird, finden sich in

---

[2] Bomhard/Pieper/Wende/Weiß KI-VO Art. 97 Rn. 6.

[3] Dazu näher Martini/Wendehorst/Kolain Art. 97 Rn. 16.

den folgenden Normen: Artikel 6 Absatz 6 oder 7, Artikel 7 Absatz 1 oder 3, Artikel 11 Absatz 3, Artikel 43 Absatz 5 und 6, Artikel 47 Absatz 5, Artikel 51 Absatz 3, Artikel 52 Absatz 4 sowie Artikel 53 Absatz 5 und 6.

Der **Wortlaut von Art. 97** orientiert sich an der Interinstitutionellen Vereinbarung vom 13.4.2016 über bessere Rechtsetzung.[4] 7

III. Auslegung der Norm

1. Befugnisübertragung (Abs. 1)

Nach Abs. 1 wird der Kommission die Befugnis zum Erlass delegierter Rechtsakte übertragen. Die Norm stellt klar, dass Bedingungen der Befugnisübertragung nach den Art. 97 Abs. 2–6 festgelegt sind. Damit sind insbesondere Verfahrensregeln gemeint, welche sich wiederum an bestehenden sekundärrechtlichen Vorgaben orientieren. 8

Die Bedingungen orientieren sich an den Vorgaben, die im Anhang zur *Interinstitutionellen Vereinbarung zwischen dem Europäischen Parlament, dem Rat der Europäischen Union und der Europäischen Kommission über bessere Rechtsetzung* vom 13.4.2016 festgelegt sind.[5] Diese Vereinbarung bildet die Grundlage für die Abstimmung und Zusammenarbeit zwischen den Institutionen im Rahmen des Gesetzgebungsprozesses. Diese Vereinbarung zielt darauf ab, die Qualität der europäischen Gesetzgebung zu verbessern, die Rechtsetzung zu vereinfachen und sicherzustellen, dass der Gesetzgebungsprozess effizient, transparent und kohärent gestaltet wird. 9

Der Anhang trägt den Titel „Verständigung zwischen dem Europäischen Parlament, dem Rat und der Kommission über delegierte Rechtsakte" und ist maßgeblich für die Formulierung des Art. 97.

2. Gegenstände der Befugnisübertragung und Befristung (Abs. 2)

a) Gegenstände der Befugnisübertragung. Abs. 2 enthält eine Aufzählung der Befugnisse zum Erlass delegierter Rechtsakte, welche der Kommission in der KI-VO übertragen werden. Viele der Befugnisse beziehen sich auf die Möglichkeit, die **Anhänge der KI-VO anzupassen.** Dabei geht es vor allem um Anpassungen, die im Laufe der Zeit nötig werden können, weil die Technologie sich weiterentwickeln wird und neue Erkenntnisse in diesem Bereich generiert werden. 10

aa) Art. 6 Abs. 6. Die Kommission kann durch delegierten Rechtsakt, die Bedingungen verschärfen, nach denen ein in Anhang III (Hochrisiko-KI-Systeme gemäß Artikel 6 Absatz 2) genanntes **KI-System ausnahmsweise nicht als hochriskant gilt,** wenn konkrete und zuverlässige Beweise dafür vorliegen, dass dies für die Aufrechterhaltung des Schutzniveaus in Bezug auf Gesundheit, Sicherheit und die in dieser Verordnung vorgesehenen Grundrechte erforderlich ist. 11

bb) Art. 6 Abs. 7. Die Kommission kann durch delegierten Rechtsakt Bedingungen in Art. 6 Abs. 3 streichen, wenn dies erforderlich ist für die Aufrechterhal- 12

---

[4] Zur Historie der Norm ausführlich bei Martini/Wendehorst/Kolain Art. 97 Rn. 4 ff.
[5] Amtsblatt der Europäischen Union vom 12.5.2016.

tung des Schutzniveaus in Bezug auf Gesundheit, Sicherheit und die in dieser Verordnung vorgesehenen Grundrechte erforderlich.

13 **cc) Art. 7 Abs. 1.** Die Kommission kann durch delegierten Rechtsakt Änderung am Anhang III (Hochrisiko-KI-Systeme gemäß Artikel 6 Absatz 2) vornehmen und **Anwendungsfällen für Hochrisiko-KI-Systeme hinzufügen oder ändern.**

14 **dd) Art. 7 Abs. 3.** Die Kommission kann durch delegierten Rechtsakt Änderungen am Anhang III (Hochrisiko-KI-Systeme gemäß Artikel 6 Absatz 2) vornehmen und **Anwendungsfälle für Hochrisiko-KI-Systeme streichen.**

15 **ee) Art. 11 Abs. 3.** Die Kommission kann durch delegierten Rechtsakt Änderungen an Anhang IV (Technische Dokumentation gemäß Artikel 11 Absatz 1) vornehmen, wenn Anpassungen nötig sind, damit die **technische Dokumentation** in Anbetracht des technischen Fortschritts stets alle Informationen enthält, die erforderlich sind, um zu beurteilen, ob das System die Anforderungen der KI-VO erfüllt.

16 **ff) Art. 43 Abs. 5.** Die Kommission kann durch delegierten Rechtsakte die **Anhänge VI** (Konformitätsbewertungsverfahren auf der Grundlage einer internen Kontrolle) **und VII (**Konformität auf der Grundlage einer Bewertung des Qualitätsmanagementsystems und einer Bewertung der technischen Dokumentation) **ändern** und damit dem technischen Fortschritt anpassen.

17 **gg) Art. 43 Abs. 6.** Die Kommission hat die Befugnis, durch delegierte Rechtsakte die Vorschriften zur **Konformitätsbewertung für bestimmte Hochrisiko-KI-Systeme anzupassen.** Ziel ist es, sicherzustellen, dass diese Systeme einem Prüfverfahren unterzogen werden, um mögliche Risiken für Gesundheit, Sicherheit und den Schutz der Grundrechte zu minimieren. Bei der Ausgestaltung dieser delegierten Rechtsakte berücksichtigt die Kommission die Wirksamkeit der internen Kontrollverfahren und prüft, ob die benannten Stellen über die nötigen Kapazitäten und Ressourcen verfügen, um die Konformitätsbewertungen ordnungsgemäß durchzuführen.

18 **hh) Art. 47 Abs. 5.** Die Kommission kann durch delegierte Rechtsakte den **Inhalt der EU-Konformitätserklärung anpassen,** indem sie neue Elemente hinzufügt. Diese Anpassungen erfolgen, um den technischen Fortschritt zu berücksichtigen und die Erklärung aktuell zu halten.

19 **ii) Art. 51 Abs. 3.** Die Kommission kann delegierte Rechtsakte erlassen, um die Schwellenwerte und ergänzenden Benchmarks und Indikatoren anzupassen, nach denen beurteilt wird, ob von **KI-Systeme mit allgemeinem Verwendungszweck systemische Risiken** ausgehen. Diese Anpassungen erfolgen, um auf technologische Entwicklungen zu reagieren und sicherzustellen, dass die festgelegten Schwellenwerte den aktuellen technischen Standards entsprechen.

20 **jj) Art. 52 Abs. 4.** Die Kommission hat die Befugnis, **ein KI-Modell mit allgemeinem Verwendungszweck als Modell mit systemischen Risiken einzustufen.** Dies kann entweder von Amts wegen oder aufgrund einer qualifizierten Warnung des wissenschaftlichen Gremiums geschehen, wobei die Kriterien in Anhang XIII (Kriterien für die Benennung von KI-Modellen mit allgemeinem Verwendungszweck mit systemischem Risiko gemäß Artikel 51) berücksichtigt werden.

kk) Art. 53 Abs. 5. Die Kommission kann delegierte Rechtsakte erlassen, um **spezifische Methoden für Messungen und Berechnungen** hinsichtlich Anhang XI (technische Dokumentation für Anbieter von KI-Modellen mit allgemeinem Verwendungszweck) **festzulegen.** Dies soll die Einhaltung der darin genannten Anforderungen erleichtern und eine vergleichbare sowie überprüfbare Dokumentation sicherzustellen. 21

ll) Art. 53 Abs. 6. Die Kommission kann durch delegierten Rechtsakte **die Anhänge XI** (Technische Dokumentation gemäß Artikel 53 Absatz 1 Buchstabe a – technische Dokumentation für Anbieter von KI-Modellen mit allgemeinem Verwendungszweck) und **XII** (Transparenzinformationen gemäß Artikel 53 Absatz 1 Buchstabe b – technische Dokumentation für Anbieter von KI-Modellen mit allgemeinem Verwendungszweck für nachgelagerte Anbieter, die das Modell in ihr KI-System integrieren) vor dem Hintergrund sich wandelnder technologischer Entwicklungen **ändern.** 22

b) Dauer der Übertragung (Abs. 2). Abs. 2 enthält eine **Beschränkung der Dauer der Befugnisübertragung.**[6] Die Befugnis zum Erlass delegierter Rechtsakte nach der KI-VO wird der Kommission für einen Zeitraum von fünf Jahren ab 1.8.2024 übertragen (S. 1 aE). Die Möglichkeit, die Befugnisübertragung zu befristen, ergibt sich ua aus der *Verständigung zwischen dem Europäischen Parlament, dem Rat und der Kommission über delegierte Rechtsakte.* Diese legt in Ziff. 16 fest, dass die Kommission durch den Basisrechtsakt auf unbestimmte Zeit oder für einen bestimmten Zeitraum ermächtigt werden kann, delegierte Rechtsakte zu erlassen. 23

Wenn ein bestimmter Zeitraum vorgesehen ist, soll nach der *Verständigung zwischen dem Europäischen Parlament, dem Rat und der Kommission über delegierte Rechtsakte* Ziff. 17 der Basisrechtsakt grundsätzlich vorsehen, „dass sich die Befugnisübertragung stillschweigend um Zeiträume gleicher Länge verlängert, es sei denn, das Europäische Parlament oder der Rat widersprechen dieser Verlängerung spätestens drei Monate vor Ablauf des jeweiligen Zeitraums. Die Kommission erstellt spätestens neun Monate vor Ablauf des jeweiligen Zeitraums einen Bericht über die Befugnisübertragung. Diese Ziffer berührt nicht das Widerrufsrecht des Europäischen Parlaments oder des Rates." Um eine fundierte Entscheidung des Europäischen Parlaments und des Rates über die Verlängerung der Befugnisübertragung vorzubereiten, wird die Kommission **aufgefordert, rechtzeitig einen detaillierten Bericht zu erstellen** (S. 2). Dieser Bericht soll spätestens neun Monate vor Ablauf der Befugnisübertragung vorgelegt werden und eine umfassende Bewertung der bisherigen Nutzung und Wirksamkeit der Befugnisübertragung enthalten. Der Bericht dient dem Europäischen Parlament und dem Rat als Entscheidungsgrundlage, da sie die Möglichkeit haben, die **Befugnisübertragung ohne aktive Entscheidung** für weitere fünf Jahre zu **verlängern,** also durch beredtes Schweigen (S. 3). 24

Sollten das Europäische Parlament oder der Rat einer Verlängerung jedoch nicht zustimmen, können sie dies mit einem **formellen Widerspruch** verhindern. Damit die Befugnisübertragung in diesem Fall tatsächlich endet, muss der Widerspruch spätestens drei Monate vor Ablauf des bestehenden Zeitraums eingereicht werden. (S. 4). 25

[6] Dazu auch Bomhard/Pieper/Wende/Weiß KI-VO Art. 97 Rn. 10 f.

26 Diese Regelungen sollen eine regelmäßige Überprüfung der Befugnisübertragung gewährleisten und bei Bedarf eine Anpassung an veränderte Rahmenbedingungen ermöglichen. Zudem erfolgt durch eine Bestätigung/Verlängerung der Befugnisübertragungen eine erneute demokratische Legitimation der Kommission zur Setzung von Tertiärrecht in diesem Bereich.

3. Beendigung der Befugnisübertragung (Abs. 3)

27 Abs. 3 gewährt dem Europäischen Parlament und dem Rat die Möglichkeit, die **Befugnisübertragung zu widerrufen** (S. 1). Dieser Widerruf kann „jederzeit" erfolgen und ist nicht an bestimmte Fristen oder zeitliche Einschränkungen gebunden. Diese Flexibilität bedeutet, dass das Parlament und der Rat schnell reagieren können, wenn sie die fortgesetzte Delegation von Befugnissen für ungeeignet oder unangemessen halten. Darüber hinaus besteht die Option, alle übertragenen Befugnisse gleichzeitig zu widerrufen. Dies dürfte nur angezeigt sein, wenn sich die rechtlichen Rahmenbedingen grundlegend ändern.

28 Satz 2 enthält ein **formelles Erfordernis zum Widerruf** der Befugnis. Danach muss ein solcher Widerruf die spezifische Befugnisnorm benennen, die durch den Widerruf beendet wird. Dies stellt sicher, dass die betroffenen Regelungen klar identifizierbar sind und die Rechtssicherheit für die Betroffenen gewährleistet bleibt.

29 Der **Zeitpunkt der Wirksamkeit des Widerrufs** ergibt sich aus Satz 3. Danach wird der Widerruf am Tag nach seiner Veröffentlichung im Amtsblatt der Europäischen Union wirksam (S. 3 Alt. 1). Alternativ können das Europäische Parlament und der Rat einen späteren Zeitpunkt festlegen, zu dem der Widerruf in Kraft tritt, um so eine Übergangsfrist zu schaffen (S. 3 Alt. 2).

30 Ein Widerruf hat jedoch **keine rückwirkende Wirkung,** wie Satz 4 klarstellt. Bereits erlassene delegierte Rechtsakte, die unter der Befugnisübertragung in Kraft getreten sind, bleiben demnach weiterhin gültig und behalten ihre Rechtswirkung. Damit wirkt der Widerruf ausschließlich für die Zukunft und hat keinen Einfluss auf bereits bestehende oder angewendete Rechtsakte.[7] Damit wird dem Vertrauensschutz der betroffenen Akteure Rechnung getragen.

4. Beteiligung von Sachverständigen (Abs. 4)

31 Abs. 4 Satz 1ordnet an, dass die Kommission die von den Mitgliedstaaten benannten **Sachverständigen konsultiert.** Die besondere Bedeutung dieses Verfahrens unterstreicht Erwgr. 173: „Es ist von besonderer Bedeutung, dass die Kommission im Zuge ihrer Vorbereitungsarbeit angemessene Konsultationen, auch auf der Ebene von Sachverständigen, durchführt (…)."

32 Nach Satz 2 muss die Konsultation im Einklang mit den in der Interinstitutionellen Vereinbarung vom 13.4.2016 über bessere Rechtsetzung niedergelegten Grundsätzen sein. Im Anhang dieser Vereinbarung *(Verständigung zwischen dem Europäischen Parlament, dem Rat und der Kommission über delegierte Rechtsakte)* finden sich **weitere Vorgaben zu den Konsultationen** bei der Vorbereitung und Ausarbeitung delegierter Rechtsakte. In Ziff. 4 heißt es: „Die Kommission hört bei der Ausarbeitung von Entwürfen delegierter Rechtsakte die von den einzelnen Mitgliedstaaten benannten Sachverständigen an. Die Sachverständigen der Mitgliedstaaten werden zu allen von den Kommissionsdienststellen erarbeiteten Ent-

---

[7] Bomhard/Pieper/Wende/Weiß KI-VO Art. 97 Rn. 11.

würfen delegierter Rechtsakte rechtzeitig konsultiert. Die Entwürfe der delegierten Rechtsakte werden den Sachverständigen der Mitgliedstaaten zugeleitet. Die Konsultationen finden in bestehenden Sachverständigengruppen statt oder im Wege von Ad-hoc-Sitzungen mit Sachverständigen der Mitgliedstaaten, zu denen die Kommission über die Ständigen Vertretungen der einzelnen Mitgliedstaaten einlädt. Die Entscheidung, welche Sachverständigen teilnehmen, obliegt den Mitgliedstaaten. Den Sachverständigen der Mitgliedstaaten werden die Entwürfe der delegierten Rechtsakte, der Entwurf der betreffenden Tagesordnung und alle sonstigen einschlägigen Dokumente so rechtzeitig übermittelt, dass sie genügend Zeit zur Vorbereitung haben."

5. Mitteilungspflicht (Abs. 5)

Nach Abs. 5 muss die Kommission einen delegierten Rechtsakt **an das Europäische Parlament und den Rat übermitteln.** Dies muss erfolgen, sobald sie den delegierten Rechtsakt erlässt. Zudem muss die Übermittlung an das Europäische Parlament und den Rat gleichzeitig erfolgen. Erwgr. 173 betont, dass für eine gleichberechtigte Beteiligung von Europäischem Parlament und Rat an der Vorbereitung delegierter Rechtsakte beide Organe alle Dokumente zur gleichen Zeit erhalten sollen. 33

Im Anhang in der Interinstitutionellen Vereinbarung vom 13.4.2016 über bessere Rechtsetzung *(Verständigung zwischen dem Europäischen Parlament, dem Rat und der Kommission über delegierte Rechtsakte)* finden sich in den Ziff. 13 ff. **weitere Vorkehrungen für die Übermittlung der Dokumente** und die Berechnung der Fristen. Nach Ziff. 13 übermittelt die Kommission dem Europäischen Parlament und dem Rat die delegierten Rechtsakte offiziell mittels eines geeigneten Verfahrens. Verschlusssachen werden nach Maßgabe interner Verwaltungsverfahren behandelt, bei deren Ausarbeitung jedes Organ darauf achtet, dass sie die erforderlichen Garantien bieten. 34

Nach Ziff. 15 beginnt die Frist für die Erhebung von Einwänden, wenn das Europäische Parlament und der Rat den delegierten Rechtsakt **in allen amtlichen Sprachfassungen** erhalten haben. Diese formellen Vorschriften sind von Bedeutung im Hinblick auf die in Abs. 6 geregelte Frist für Einwände von Parlament und Rat. 35

Aus Erwgr. 173 aE ergibt sich, dass über die Mitteilungspflicht aus Abs. 5 hinaus auch die Sachverständigen von Europäischem Parlament und Rat systematisch Zugang zu den Sitzungen der Sachverständigengruppen der Kommission haben sollen, welche mit der Vorbereitung der delegierten Rechtsakte befasst sind. 36

6. Einwände von Parlament und Rat (Abs. 6)

Nach Abs. 6 können Parlament und Rat delegierte Rechtsakte nach der KI-VO **durch das Erheben von Einwänden verhindern.** Ein delegierter Rechtsakt tritt nur dann in Kraft, wenn keines der beiden Organe innerhalb von drei Monaten nach Übermittlung des Rechtsakts Einwände erhoben haben. Maßgeblicher Zeitpunkt für die Fristberechnung ist die gleichzeitige Übermittlung gem. Abs. 5. Dies ist ein Kontrollinstrument entlang der Erarbeitung delegierter Rechtsakte.[8] 37

---

[8] Bomhard/Pieper/Wende/Weiß KI-VO Art. 97 Rn. 15.

38 Vor Ablauf dieser Frist kann der delegierte Rechtsakt nur in Kraft treten, wenn das Europäische Parlament und der Rat der Kommission **mitteilen, dass sie keine Einwände erheben** werden. Diese Möglichkeit ist in Ziff. 19 der *Verständigung zwischen dem Europäischen Parlament, dem Rat und der Kommission über delegierte Rechtsakte* vorgesehen.

39 Um den Prüfungszeitraum zu verlängern, kann die dreimonatige Frist vom Europäischen Parlaments oder dem Rat um weitere drei Monate verlängert werden.

40 Damit räumt die KI-VO dem Rat und dem Parlament eine längere Frist ein, als die in Ziff. 18 der *Verständigung zwischen dem Europäischen Parlament, dem Rat und der Kommission über delegierte Rechtsakte* vorgesehenen zwei Monate.

IV. Gesamtwürdigung und Ausblick

41 Das Tertiärrecht ist für die EU von großer Bedeutung, da es eine **flexible und schnelle Anpassung** an veränderte Gegebenheiten ermöglicht. Es **entlastet zudem die Gesetzgebungsorgane,** da technische Details oder Umsetzungsfragen durch die Kommission geregelt werden können, ohne dass der gesamte Gesetzgebungsprozess (neu) durchlaufen werden muss. Der Gesetzgeber hat den Regelungsgegenstand KI als „moving target" erkannt. Die Technologie ist komplex und entwickelt sich permanent weiter. Dem soll mit flexiblen Rechtssetzungsinstrumenten begegnet werden, weshalb die KI-VO eine Vielzahl an Befugnisübertragungen enthält. Damit liegt der Gesetzgeber im Trend aktueller Digitalgesetzgebungen.[9]

42 Deutlich wird dies in Erwgr. 174: „Angesichts der raschen technologischen Entwicklungen und des für die wirksame Anwendung dieser Verordnung erforderlichen technischen Fachwissens sollte die Kommission diese Verordnung bis zum 2. August 2029 und danach alle vier Jahre bewerten und überprüfen und dem Europäischen Parlament und dem Rat darüber Bericht erstatten. Darüber hinaus sollte die Kommission – unter Berücksichtigung der Auswirkungen auf den Geltungsbereich dieser Verordnung – einmal jährlich beurteilen, ob es notwendig ist, die Liste der Hochrisiko- KI-Systeme und die Liste der verbotenen Praktiken zu ändern. Außerdem sollte die Kommission bis zum 2. August 2028 und danach alle vier Jahre die Notwendigkeit einer Änderung der Liste der Hochrisikobereiche im Anhang dieser Verordnung, die KI-Systeme im Geltungsbereich der Transparenzpflichten, die Wirksamkeit des Aufsichts- und Governance-Systems und die Fortschritte bei der Entwicklung von Normungsdokumenten zur energieeffizienten Entwicklung von KI-Modellen mit allgemeinem Verwendungszweck, einschließlich der Notwendigkeit weiterer Maßnahmen oder Handlungen, bewerten und dem Europäischen Parlament und dem Rat darüber Bericht erstatten. Schließlich sollte die Kommission bis zum 2. August 2028 und danach alle drei Jahre eine Bewertung der Folgen und der Wirksamkeit der freiwilligen Verhaltenskodizes durchführen, mit denen die Anwendung der für Hochrisiko- KI-Systeme vorgesehenen Anforderungen bei anderen KI-Systemen als Hochrisiko-KI-Systemen und möglicherweise auch zusätzlicher Anforderungen an solche KI-Systeme gefördert werden soll."

---

[9] Vgl. die Befugnisübertragungen im DSA, dazu Müller-Terpitz in Müller-Terpitz DSA Art. 87 Rn. 10 ff.

Art. 98* Ausschussverfahren

(1) [1]**Die Kommission wird von einem Ausschuss unterstützt.** [2]**Dieser Ausschuss ist ein Ausschuss im Sinne der Verordnung (EU) Nr. 182/2011.**

(2) **Wird auf diesen Absatz Bezug genommen, so gilt Artikel 5 der Verordnung (EU) Nr. 182/2011.**

Übersicht

I. Zweck der Norm

Basisrechtsakte der Union wie die KI-VO können gemäß Art. 291 Abs. 2 AEUV durch Durchführungsrechtsakte der Kommission durchgeführt werden, sofern es einheitlicher Bedingungen bedarf. Solche Durchführungsrechtsakte sind **exekutive Maßnahmen,** und anders als delegierte Rechtsakte nach Art. 97 nicht Ergänzungen oder Änderungen des Basisrechtsaktes. Ausweislich des Erwgr. 175 sollen in der KI-VO diese Befugnisse zur Gewährleistung einheitlicher Bedingungen für die Durchführung dieser Verordnung der Kommission übertragen werden. 1

* Kapitel XI (Art. 97, 98) gilt gem. Art. 113 UAbs. 2 ab 2.8.2026.

In der KI-VO finden sich elf dieser Durchführungsermächtigungen zugunsten der Kommission. Art. 98 Abs. 1 legt in diesem Zusammenhang fest, dass die Kommission dabei von einem Ausschuss gem. der Verordnung (EU) Nr. 182/2011 unterstützt wird. Art. 98 Abs. 2 legt fest, dass die Kommission dabei das Prüfverfahren aus Art. 5 Verordnung (EU) Nr. 182/2011 zu befolgen hat. Art. 98 war als Art. 74 wortwörtlich bereits im Kommissionsentwurf enthalten.[1]

II. Verhältnis zu anderen Normen

2 Elf Normen der KI-VO übertragen der Kommission die Befugnis zum Erlass von Durchführungsrechtsakten und verweisen dabei jeweils auf Art. 98 Abs. 2 und das darin genannte Prüfverfahren, das beim Erlass der Durchführungsrechtsakte zu beachten ist. Entsprechende Verweise finden sich in Art. 37 Abs. 4, Art. 41 Abs. 1, Art. 50 Abs. 7, Art. 56 Abs. 6, Art. 56 Abs. 9, Art. 58 Abs. 1, Art. 60 Abs. 1, Art. 68 Abs. 1, Art. 72 Abs. 3, Art. 92 Abs. 6 und Art. 101 Abs. 6.

3 Art. 98 selbst nimmt Bezug auf die Verordnung (EU) Nr. 182/2011 des Europäischen Parlaments und des Rates vom 16.2.2011 zur Festlegung der allgemeinen Regeln und Grundsätze, nach denen die Mitgliedstaaten die Wahrnehmung der Durchführungsbefugnisse durch die Kommission kontrollieren.[2] Diese Verordnung soll sicherstellen, dass die Verfahren für eine solche Kontrolle der Kommission durch die Mitgliedsstaaten beim Erlass von Durchführungsrechtsakten transparent, wirksam und der Art der Durchführungsrechtsakte angemessen sind und dass sie die institutionellen Anforderungen des AEUV widerspiegeln.[3] Zum Zwecke der Kontrolle des Erlasses von Durchführungsrechtsakten durch die Kommission sollen Ausschüsse eingerichtet werden, die sich aus Vertretern der Mitgliedstaaten zusammensetzen und in denen die Kommission den Vorsitz führt.[4]

4 Abs. 2 verweist auf das Prüfverfahren aus Art. 5 *Verordnung (EU) Nr. 182/2011,* welches deutlich strengere Anforderungen stellt als das alternative Beratungsverfahren aus Art. 4 *Verordnung (EU) Nr. 182/2011.*

5 Parallele Regelungen zu Art. 98 finden sich im europäischen Datenschutzrecht (Art. 93 Abs. 1 DS-GVO), der europäischen Plattformregulierung (Art. 88 DSA) und dem Europäischen Recht für Digitale Märkte (Art. 50 DMA).[5]

III. Auslegung der Norm

1. Ausschuss im Sinne der Verordnung (EU) Nr. 182/2011 (Abs. 1)

6 Abs. 1 stellt fest, dass die Kommission durch einen Ausschuss im Sinne der *Verordnung (EU) Nr. 182/2011* unterstützt wird. Übergeordnete Aufgabe des Ausschusses ist die Kontrolle der Kommission bei der ansonsten den Mitgliedstaaten vorbehaltenen Kompetenzen.[6] Damit stellt sich zunächst die Aufgabe, einen sol-

---

[1] Bomhard/Pieper/Wende/Weiß, Art. 98 Rn. 5; zur Historie der Norm ausführlich bei Martini/Wendehorst/Kolain Art. 98 Rn. 4.

[2] Dazu Schefzig/Kilian/Brandt-Steinke Art. 98 Rn. 6.

[3] Erwgr. 5 Verordnung (EU) Nr. 182/2011.

[4] Erwgr. 6 Verordnung (EU) Nr. 182/2011.

[5] Ausführlich dazu Martini/Wendehorst/Kolain Art. 98 Rn. 8 ff.

[6] Schefzig/Kilian/Brandt-Steinke Art. 98 Rn. 8.

chen Ausschuss zu gründen. Dabei sind die Vorschriften der *Verordnung (EU) Nr. 182/2011* einzuhalten. Diese legt nach Art. 1 der *Verordnung (EU) Nr. 182/ 2011* „die allgemeinen Regeln und Grundsätze fest, die anzuwenden sind, wenn ein verbindlicher Rechtsakt der Union (nachstehend ‚Basisrechtsakt' genannt) die Notwendigkeit einheitlicher Durchführungsbedingungen feststellt und vorschreibt, dass Durchführungsrechtsakte von der Kommission vorbehaltlich einer Kontrolle durch die Mitgliedstaaten erlassen werden." Die erste Sitzung des KI-Ausschusses fand am 10. September 2024 statt.[7] Der KI-Ausschuss hat eine Reihe von Untergruppen, die sich auf bestimmte Themen fokussieren.[8] Das erste vom KI-Ausschuss gebilligte Dokument beschäftigt sich mit den Wechselwirkungen zwischen der Medizinprodukteverordnung und der Verordnung über In-vitro-Diagnostika und dem Gesetz über künstliche Intelligenz (AIA).[9] Als Sekretariat des KI-Ausschusses fungiert das KI-Büro.

Nach Art. 3 Abs. 2 der *Verordnung (EU) Nr. 182/2011* setzt sich der KI-Aus- 7
schuss aus Vertretern der Mitgliedstaaten zusammen, wobei den **Vorsitz ein Vertreter der Kommission führt.** Der Vorsitzende nimmt nicht an den Abstimmungen im Ausschuss teil. Nach Art. 3 Abs. 3 der *Verordnung (EU) Nr. 182/ 2011* unterbreitet der Vorsitzende dem Ausschuss den Entwurf des von der Kommission zu erlassenden Durchführungsrechtsakts. Für Deutschland ist das Bundeswirtschaftsministerium Mitglied des Ausschusses. Der Europäische Datenschutzbeauftragte (EDPS) und Vertreter der EWR/EFTA aus Norwegen, Liechtenstein und Island nehmen als Beobachter teil.

Nach Art. 9 Abs. 1 der *Verordnung (EU) Nr. 182/2011* gibt sich jeder Ausschuss 8
mit der einfachen Mehrheit seiner Mitglieder auf Vorschlag seines Vorsitzes sowie auf der Grundlage der von der Kommission nach Konsultation mit den Mitgliedstaaten festzulegenden Standardgeschäftsordnung eine Geschäftsordnung. Die Standardgeschäftsordnung wird von der Kommission im Amtsblatt der Europäischen Union veröffentlicht. Der KI-Ausschuss hat in seiner ersten Sitzung am 12.9.2024 seine Geschäftsordnung verabschiedet.[10]

2. Prüfverfahren (Abs. 2)

a) Prüfverfahren nach Artikel 5 der Verordnung (EU) Nr. 182/2011. 9
Nach Abs. 2 soll für Prüfverfahren des Ausschusses Art. 5 der *Verordnung (EU) Nr. 182/2011* gelten. Art. 5 der *Verordnung (EU) Nr. 182/2011* regelt das Prüfverfahren detailliert in mehreren Absätzen.

Art. 5 Abs. 1 der *Verordnung (EU) Nr. 182/2011* bestimmt, dass der **Ausschuss,** 10
wenn das Prüfverfahren Anwendung findet, seine **Stellungnahme** mit der in Art. 16 Abs. 4 und 5 des Vertrags über die Europäische Union **festgelegten Mehrheit abgibt.** Bei Rechtsakten, die auf Vorschlag der Kommission erlassen werden sollen, kann auch Art. 238 Abs. 3 AEUV relevant sein. Die Stimmen der Mitgliedstaaten im Ausschuss werden nach diesen Bestimmungen gewichtet.

---

[7] https://digital-strategy.ec.europa.eu/de/policies/ai-board.

[8] Bereits Protokoll der 1. Sitzung des Ausschusses vom 10.9.2024, Ref. Ares(2024)7524600 – 23/10/2024.

[9] https://digital-strategy.ec.europa.eu/de/policies/ai-board.

[10] Rules of procedure of the European Artificial Intelligence Board, Ref. Ares(2024) 6457550 – 12/09/2024.

11 Art. 5 Abs. 2 der *Verordnung (EU) Nr. 182/2011* legt fest, dass die Kommission den im Entwurf vorgesehenen Durchführungsrechtsakt **erlässt, wenn der Ausschuss eine befürwortende Stellungnahme abgibt.**

12 Art. 5 Abs. 3 der *Verordnung (EU) Nr. 182/2011* stellt klar, dass die Kommission den Entwurf des Durchführungsrechtsakts, unbeschadet des Art. 7, nicht erlässt, wenn der Ausschuss eine **ablehnende Stellungnahme** abgibt.[11] Sollte der Durchführungsrechtsakt dennoch erforderlich sein, kann der Vorsitz innerhalb von zwei Monaten nach der Ablehnung dem Ausschuss eine geänderte Fassung des Entwurfs vorlegen oder den Entwurf innerhalb eines Monats dem Berufungsausschuss zur weiteren Beratung vorlegen.

13 Art. 5 Abs. 4 der *Verordnung (EU) Nr. 182/2011* regelt, dass die Kommission, sofern **keine Stellungnahme abgegeben wird,** den Entwurf des Durchführungsrechtsakts erlassen kann, außer in den im Absatz 2 genannten Fällen.[12] In diesen Fällen erlässt die Kommission den Rechtsakt nicht, wenn er bestimmte Bereiche betrifft, wie etwa die Besteuerung, Finanzdienstleistungen, oder den Schutz der Gesundheit und Sicherheit von Menschen, Tieren oder Pflanzen. Weiterhin darf der Rechtsakt nicht erlassen werden, wenn der Basisrechtsakt dies verbietet oder wenn der Ausschuss den Entwurf mit einfacher Mehrheit ablehnt. Wenn der Rechtsakt für erforderlich erachtet wird, kann der Vorsitz erneut eine geänderte Fassung innerhalb von zwei Monaten dem Ausschuss oder dem Berufungsausschuss innerhalb eines Monats vorlegen.

14 Art. 5 Abs. 5 der *Verordnung (EU) Nr. 182/2011* regelt den **Fall, dass im Ausschuss keine Stellungnahme abgegeben** wird und die einfache Mehrheit der Mitglieder den Entwurf ablehnt. Dann führt die Kommission Konsultationen mit den Mitgliedstaaten. Die Ergebnisse dieser Konsultationen werden den Ausschussmitgliedern frühestens 14 Tage und spätestens einen Monat nach der Sitzung mitgeteilt. Der Entwurf wird anschließend dem Berufungsausschuss zur Beratung vorgelegt, der ebenfalls frühestens 14 Tage und spätestens einen Monat nach Vorlage zusammentritt. Hierbei bleibt die Notwendigkeit unberührt, die in dem jeweiligen Basisrechtsakt festgelegten Fristen einzuhalten.

15 **b) Vorgesehene Durchführungsrechtsakte.** In elf Normen in der KI-VO wird die Kommission zum Erlass von Durchführungsrechtsakten unter Verweis auf Art. 98 Abs. 2 ermächtigt.

16 **aa) Aussetzung, Einschränkung oder Widerruf einer notifizierten Stelle.** Nach Art. 37 Abs. 4 kann die Kommission einen Durchführungsrechtsakt erlassen, um **die Benennung einer notifizierten Stelle auszusetzen, einzuschränken oder zu widerrufen,** wenn festgestellt wird, dass diese Stelle die Anforderungen für ihre Notifizierung nicht oder nicht mehr erfüllt und der betreffende Mitgliedstaat keine angemessenen Abhilfemaßnahmen ergreift. Bevor die Kommission handelt, informiert sie den Mitgliedstaat und fordert ihn auf, selbst Maßnahmen zu treffen. Sollte der Mitgliedstaat dies versäumen, wird der Durchführungsrechtsakt gemäß dem Prüfverfahren in Art. 98 Abs. 2 erlassen.

17 **bb) Festlegung gemeinsamer Spezifikationen für die Anforderungen an Hochrisiko-KI-Systeme.** Nach Art. 41 Abs. 1 kann die Kommission Durchführungsrechtsakte zur Festlegung gemeinsamer Spezifikationen für die Anforderungen an Hochrisiko-KI-Systeme oder gegebenenfalls die Pflichten für Anbieter

[11] Dazu auch Schefzig/Kilian/Brandt-Steinke Art. 98 Rn. 11.
[12] Dazu auch Schefzig/Kilian/Brandt-Steinke Art. 98 Rn. 11.

von KI-Modellen mit allgemeinem Verwendungszweck und Pflichten der Anbieter von KI-Modellen mit allgemeinem Verwendungszweck mit systemischem Risiko erlassen, wenn die folgenden Bedingungen erfüllt sind. Zunächst muss die Kommission gemäß Artikel 10 Absatz 1 der *Verordnung (EU) Nr. 1025/2012* eine europäische Normungsorganisation beauftragt haben, harmonisierte Normen zu diesen Anforderungen oder Pflichten zu erstellen. Sollte dieser Auftrag nicht angenommen werden, die Normen nicht fristgerecht erarbeitet werden, nicht den Grundrechtsbedenken genügen oder den Auftrag nicht erfüllen, kann die Kommission tätig werden. Zudem dürfen keine Fundstellen zu harmonisierten Normen im Amtsblatt der EU veröffentlicht sein, die den Anforderungen oder Pflichten genügen, und es darf nicht zu erwarten sein, dass diese in absehbarer Zeit veröffentlicht werden. Bevor die gemeinsamen Spezifikationen erlassen werden, konsultiert die Kommission das Beratungsforum gem. Art. 67.

cc) Genehmigung von Praxisleitfäden zur Kennzeichnung von generierten Inhalten. Nach Art. 50 Abs. 7 kann die Kommission Durchführungsrechtsakte zur **Genehmigung von Praxisleitfäden** erlassen, die vom Büro für Künstliche Intelligenz auf Unionsebene ausgearbeitet wurden, um die Pflichten zur Feststellung und Kennzeichnung künstlich erzeugter oder manipulierter Inhalte wirksam umzusetzen. Dieser Vorgang erfolgt nach dem in Art. 56 Abs. 6 festgelegten Verfahren. Wenn die Kommission einen Praxisleitfaden als unangemessen erachtet, kann sie stattdessen einen Durchführungsrechtsakt gemäß dem Prüfverfahren in Art. 98 Abs. 2 erlassen, der gemeinsame Vorschriften für die Umsetzung dieser Pflichten festlegt. 18

dd) Genehmigung von Praxisleitfäden. Die Kommission kann nach Art. 56 Abs. 6 einen Durchführungsrechtsakt erlassen, um einen **Praxisleitfaden zu genehmigen und ihm unionsweite Gültigkeit zu verleihen.** Dieser Praxisleitfaden wird zuvor vom Büro für Künstliche Intelligenz und dem KI-Gremium überwacht und bewertet, insbesondere im Hinblick darauf, ob er die Pflichten aus den Art. 53 und 55 abdeckt und zur ordnungsgemäßen Anwendung der Verordnung beiträgt. 19

ee) Festlegung gemeinsamer Vorschriften für die Umsetzung der in den Artikeln 53 und 55. Die Kommission kann nach Art. 56 Abs. 9 Durchführungsrechtsakte erlassen, um **gemeinsame Vorschriften für die Umsetzung der in den Art. 53 und 55 festgelegten Pflichten festzulegen,** wenn bis zum 2.8.2025 kein Verhaltenskodex erstellt wurde oder das Büro für Künstliche Intelligenz diesen als unangemessen bewertet. Diese Vorschriften können auch die in Abs. 2 des betreffenden Artikels genannten Aspekte umfassen. 20

ff) Festlegung detaillierter Regelungen für KI-Reallabore. Gem. Art. 58 Abs. 1 kann die Kommission Durchführungsrechtsakte erlassen, um **detaillierte Regelungen für die Einrichtung, Entwicklung, Umsetzung, den Betrieb und die Beaufsichtigung von KI-Reallaboren** festzulegen. Diese Rechtsakte sollen verhindern, dass es innerhalb der Union zu einer Zersplitterung kommt, und enthalten gemeinsame Grundsätze für verschiedene Aspekte. Dazu gehören die Voraussetzungen und Auswahlkriterien für die Teilnahme an einem KI-Reallabor, die Verfahren für Antragstellung, Beteiligung, Überwachung, Ausstieg und Beendigung eines Reallabors sowie die Anforderungen und Bedingungen für die beteiligten Akteure. Diese Durchführungsrechtsakte werden gemäß dem Prüfverfahren in Art. 98 Abs. 2 erlassen. 21

22 **gg) Plan für Tests von Hochrisiko-KI-Systemen unter Realbedingungen.** Nach Art. 60 Abs. 1 kann die Kommission Durchführungsrechtsakte erlassen, um die einzelnen Elemente eines **Plans für Tests von Hochrisiko-KI-Systemen unter Realbedingungen** festzulegen. Diese Tests können von Anbietern oder zukünftigen Anbietern solcher Systeme, die in Anhang III aufgeführt sind, auch außerhalb von KI-Reallaboren durchgeführt werden. Die Kommission erlässt die Durchführungsrechtsakte gemäß dem in Artikel 98 Absatz 2 vorgesehenen Prüfverfahren, wobei die Tests unbeschadet der Bestimmungen aus Artikel 5 durchgeführt werden müssen.

23 **hh) Bestimmungen für die Einrichtung eines wissenschaftlichen Gremiums.** Nach Art. 68 Abs. 1 kann die Kommission einen Durchführungsrechtsakt erlassen, um die **Bestimmungen für die Einrichtung eines wissenschaftlichen Gremiums** unabhängiger Sachverständiger festzulegen. Dieses Gremium soll die Durchsetzung der Verordnung unterstützen.

24 **ii) Erstellung eines Musters des Plans zur Beobachtung nach dem Inverkehrbringen.** Nach Art. 72 Abs. 3 kann die Kommission einen Durchführungsrechtsakt erlassen, um detaillierte Bestimmungen für die **Erstellung eines Musters des Plans zur Beobachtung nach dem Inverkehrbringen** festzulegen. Dieser Plan ist ein Teil der technischen Dokumentation, die in Anhang IV aufgeführt ist. Der Durchführungsrechtsakt legt auch die Liste der Elemente fest, die in den Plan aufgenommen werden müssen, und soll bis zum 2.2.2026 erlassen werden.

25 **jj) Regelungen für die Bewertungen von KI-Modellen mit allgemeinem Verwendungszweck.** In Art. 92 Abs. 6 wird die Kommission ermächtigt, Durchführungsrechtsakte zu erlassen, in denen die detaillierten Regelungen und Voraussetzungen für die Bewertungen von KI-Modellen mit allgemeinem Verwendungszweck durch das Büro für Künstliche Intelligenz festgelegt werden. Des Weiteren können dort detaillierte Regelungen für die Einbeziehung unabhängiger Sachverständiger, und das Verfahren für deren Auswahl vorgesehen werden (vgl. Art. 92 Abs. 2).

26 **kk) Geldbußen für Anbieter von KI-Modellen mit allgemeinem Verwendungszweck.** Nach Art. 101 Abs. 6 erlässt die Kommission Durchführungsrechtsakte mit detaillierten Regelungen und Verfahrensgarantien für die Verfahren im Hinblick auf den möglichen Erlass von **Geldbußen für Anbieter von KI-Modellen mit allgemeinem Verwendungszweck.**

IV. Gesamtwürdigung und Ausblick

27 Die KI-VO überträgt der Kommission an mehreren Stellen Durchführungsbefugnisse, um **einheitliche Bedingungen für die Durchführung der Verordnung** zu gewährleisten.[13] Dass diese Befugnisse nach dem strengeren Prüfverfahren der *Verordnung (EU) Nr. 182/2011* auszuüben sind, erscheint im Hinblick auf die zu erwartende Bedeutung der KI-VO sachgerecht.[14] Ausweislich der Erwägungsgründe der *Verordnung (EU) Nr. 182/2011* soll das Prüfverfahren „insbesondere beim Erlass von Rechtsakten von allgemeiner Tragweite zur Umsetzung von

[13] Erwgr. 175.

[14] So auch Schefzig/Kilian/Brandt-Steinke Art. 98 Rn. 2.

Basisrechtsakten und von spezifischen Durchführungsrechtsakten mit potenziell bedeutenden Auswirkungen zur Anwendung kommen. Dieses Verfahren sollte sicherstellen, dass die Kommission keine Durchführungsrechtsakte erlassen kann, die nicht im Einklang mit der Stellungnahme des Ausschusses stehen, es sei denn, es liegen sehr außergewöhnliche Umstände vor; dann sollten sie für einen begrenzten Zeitraum gelten. Das Verfahren sollte auch sicherstellen, dass die Kommission die Möglichkeit hat, den Entwurf des Durchführungsrechtsakts unter Berücksichtigung der im Ausschuss vorgetragenen Standpunkte zu überarbeiten, wenn der Ausschuss keine Stellungnahme abgibt."[15]

Insgesamt lässt sich in der europäischen Digitalregulierung ein über die Basisrechtsakte hinausgehender Bedarf an solchen legislativen und exekutiven Handlungsformen ablesen, welche den risikobasierten Regulierungsrahmen des Basisrechtsakts weiter konkretisieren. Dies zeigt etwa auch die wachsende Bedeutung von Praxisleitfäden, wie sie auch im DSA vorzufinden ist.[16]

---

[15] Erwgr. 11 Verordnung (EU) Nr. 182/2011.
[16] Dazu Holznagel/Kalbhenn UFITA 2023, 303 (303 ff.).

Kapitel XII. Sanktionen

Art. 99* Sanktionen

(1) [1]Entsprechend den Vorgaben dieser Verordnung erlassen die Mitgliedstaaten Vorschriften für Sanktionen und andere Durchsetzungsmaßnahmen, zu denen auch Verwarnungen und nichtmonetäre Maßnahmen gehören können, die bei Verstößen gegen diese Verordnung durch Akteure Anwendung finden, und ergreifen alle Maßnahmen, die für deren ordnungsgemäße und wirksame Durchsetzung notwendig sind, wobei die von der Kommission gemäß Artikel 96 erteilten Leitlinien zu berücksichtigen sind. [2]Die vorgesehenen Sanktionen müssen wirksam, verhältnismäßig und abschreckend sein. [3]Sie berücksichtigen die Interessen von KMU, einschließlich Start-up-Unternehmen, sowie deren wirtschaftliches Überleben.

(2) Die Mitgliedstaaten teilen der Kommission die Vorschriften für Sanktionen und andere Durchsetzungsmaßnahmen gemäß Absatz 1 unverzüglich und spätestens zum Zeitpunkt ihres Inkrafttretens mit und melden ihr unverzüglich etwaige spätere Änderungen.

(3) Bei Missachtung des Verbots der in Artikel 5 genannten KI-Praktiken werden Geldbußen von bis zu 35 000 000 EUR oder – im Falle von Unternehmen – von bis zu 7 % des gesamten weltweiten Jahresumsatzes des vorangegangenen Geschäftsjahres verhängt, je nachdem, welcher Betrag höher ist.

(4) Für Verstöße gegen folgende für Akteure oder notifizierte Stellen geltende Bestimmungen, mit Ausnahme der in Artikel 5 genannten, werden Geldbußen von bis zu 15 000 000 EUR oder – im Falle von Unternehmen – von bis zu 3 % des gesamten weltweiten Jahresumsatzes des vorangegangenen Geschäftsjahres verhängt, je nachdem, welcher Betrag höher ist:

a) Pflichten der Anbieter gemäß Artikel 16;
b) Pflichten der Bevollmächtigten gemäß Artikel 22;
c) Pflichten der Einführer gemäß Artikel 23;
d) Pflichten der Händler gemäß Artikel 24;
e) Pflichten der Betreiber gemäß Artikel 26;
f) für notifizierte Stellen geltende Anforderungen und Pflichten gemäß Artikel 31, Artikel 33 Absätze 1, 3 und 4 bzw. Artikel 34;
g) Transparenzpflichten für Anbieter und Betreiber gemäß Artikel 50.

(5) Werden notifizierten Stellen oder zuständigen nationalen Behörden auf deren Auskunftsersuchen hin falsche, unvollständige oder irreführende Informationen bereitgestellt, so werden Geldbußen von bis zu 7 500 000 EUR oder – im Falle von Unternehmen – von bis zu 1 % des gesamten weltweiten Jahresumsatzes des vorangegangenen Geschäftsjahres verhängt, je nachdem, welcher Betrag höher ist.

(6) Im Falle von KMU, einschließlich Start-up-Unternehmen, gilt für jede in diesem Artikel genannte Geldbuße der jeweils niedrigere Betrag

* Art. 99 gilt gem. Art. 113 UAbs. 3 Buchst. b bereits ab 2.8.2025.

aus den in den Absätzen 3, 4 und 5 genannten Prozentsätzen oder Summen.

(7) **Bei der Entscheidung, ob eine Geldbuße verhängt wird, und bei der Festsetzung der Höhe der Geldbuße werden in jedem Einzelfall alle relevanten Umstände der konkreten Situation sowie gegebenenfalls Folgendes berücksichtigt:**
a) Art, Schwere und Dauer des Verstoßes und seiner Folgen, unter Berücksichtigung des Zwecks des KI-Systems sowie gegebenenfalls der Zahl der betroffenen Personen und des Ausmaßes des von ihnen erlittenen Schadens;
b) ob demselben Akteur bereits von anderen Marktüberwachungsbehörden für denselben Verstoß Geldbußen auferlegt wurden;
c) ob demselben Akteur bereits von anderen Behörden für Verstöße gegen das Unionsrecht oder das nationale Recht Geldbußen auferlegt wurden, wenn diese Verstöße auf dieselbe Handlung oder Unterlassung zurückzuführen sind, die einen einschlägigen Verstoß gegen diese Verordnung darstellt;
d) Größe, Jahresumsatz und Marktanteil des Akteurs, der den Verstoß begangen hat;
e) jegliche anderen erschwerenden oder mildernden Umstände im jeweiligen Fall, wie etwa unmittelbar oder mittelbar durch den Verstoß erlangte finanzielle Vorteile oder vermiedene Verluste;
f) Grad der Zusammenarbeit mit den zuständigen nationalen Behörden, um den Verstoß abzustellen und die möglichen nachteiligen Auswirkungen des Verstoßes abzumildern;
g) Grad an Verantwortung des Akteurs unter Berücksichtigung der von ihm ergriffenen technischen und organisatorischen Maßnahmen;
h) Art und Weise, wie der Verstoß den zuständigen nationalen Behörden bekannt wurde, insbesondere ob und gegebenenfalls in welchem Umfang der Akteur den Verstoß gemeldet hat;
i) Vorsätzlichkeit oder Fahrlässigkeit des Verstoßes;
j) alle Maßnahmen, die der Akteur ergriffen hat, um den Schaden, der den betroffenen Personen zugefügt wird, zu mindern.

(8) **Jeder Mitgliedstaat erlässt Vorschriften darüber, in welchem Umfang gegen Behörden und öffentliche Stellen, die in dem betreffenden Mitgliedstaat niedergelassen sind, Geldbußen verhängt werden können.**

(9) [1]**In Abhängigkeit vom Rechtssystem der Mitgliedstaaten können die Vorschriften über Geldbußen je nach den dort geltenden Regeln so angewandt werden, dass die Geldbußen von den zuständigen nationalen Gerichten oder von sonstigen Stellen verhängt werden.** [2]**Die Anwendung dieser Vorschriften in diesen Mitgliedstaaten muss eine gleichwertige Wirkung haben.**

(10) **Die Ausübung der Befugnisse gemäß diesem Artikel muss angemessenen Verfahrensgarantien gemäß dem Unionsrecht und dem nationalen Recht, einschließlich wirksamer gerichtlicher Rechtsbehelfe und ordnungsgemäßer Verfahren, unterliegen.**

(11) **Die Mitgliedstaaten erstatten der Kommission jährlich Bericht über die Geldbußen, die sie in dem betreffenden Jahr gemäß diesem Arti-**

kel verhängt haben, und über damit zusammenhängende Rechtsstreitigkeiten oder Gerichtsverfahren.

Literatur: Ammann/Plote/Schmechel, Künstliche Intelligenz – Ein Compliance-Thema, CB 2024, 317; Gerdemann, Konformitätsbewertung als Kernpflicht der KI-Verordnung, NJW 2024, 2209; Martini/Wendehorst, KI-VO, 2. Aufl. 2026; Rohrßen, KI & CE – Die KI-VO, das Produktsicherheitsrecht für Künstliche Intelligenz, ZfPC 2024, 111; Schefzig/Kilian, BeckOK KI-Recht, 5. Ed., Stand: 1.8.2025; Schwartmann/Keber/Zenner, KI-VO Leitfaden für die Praxis, 1. Auflage, 2024; Wybitul, Geldbußen wegen Verstößen gegen die KI-Verordnung, NJW 2024, 2641.

Übersicht

I. Überblick

1 Um die Einführung und Verbreitung von KI-Systemen und -Modellen zu fördern, die auf den Menschen ausgerichtet und vertrauenswürdig sind, ist es aus Sicht des Gesetzgebers erforderlich, gewisse Praktiken im KI-Bereich zu verbieten, spezifische Anforderungen an risikoreiche KI-Technologien und die für sie verantwortlichen Akteure zu formulieren und Sanktionen zur effektiven Durchsetzung dieser Maßgaben anzuordnen. Letzteres geschieht durch die Normierung des Art. 99. Die Regelung des Art. 99 ist die zentrale Vorschrift für Sanktionen bei Verstößen von Akteuren gegen die KI-VO. Sie orientiert sich dabei an den Sanktionssystemen anderer Digitalrechtsakte der Union.

2 Den **Mitgliedstaaten** kommt nach den Regelungen des Art. 99 eine wichtige Rolle bei der Sanktionierung von Verstößen gegen die KI-VO und damit bei ihrer Durchsetzung zu. So enthält Art. 99 eine Reihe an Bestimmungen für die Mitgliedstaaten, die sie einerseits zum Erlass von Vorschriften und Anwendung von Sanktionsmaßnahmen verpflichten und ihnen andererseits materiell- und

verfahrensrechtliche Freiheiten einräumen. Rechtsstaatliche Verfahrensgarantien müssen selbstredend stets berücksichtigt werden.

3 Spezifische Vorgaben werden für die Verhängung einer **Geldbuße** gemacht, die die zentrale Sanktionsmaßnahme der KI-VO und daher vollharmonisiert ist. Sie hat die Funktion, Akteure zu disziplinieren und von der Begehung von Verstößen gegen die KI-VO abzuschrecken.[1] Die KI-VO legt mangels expliziter Zuweisung nicht eindeutig fest, wer für die Verhängung von Geldbußen zuständig ist. Aufgrund der passiven Formulierungen bleibt dies zunächst unklar. Dass diese Aufgabe den nationalen Marktüberwachungsbehörden zukommt, ergibt sich jedoch aus dem Regelungszusammenhang (→ Rn. 18).

4 Die drei Tatbestände für die Verhängung von Geldbußen waren bereits im Kommissionsentwurf zur KI-VO in einem Bußgeldkatalog aufgelistet. Dieser Katalog folgt einem eigenen risikobasierten Ansatz: Mit höherem Risiko verbundene Verstöße können entsprechend mit höheren Geldbußen geahndet werden. Im Laufe des Gesetzgebungsverfahrens haben die Tatbestände leichte Modifikationen erfahren. Allerdings schlug die Kommission bereits in ihrem Entwurf zur KI-VO Sanktionen für

- die Missachtung des Verbots bestimmter inakzeptabler Praktiken im Bereich der KI (Abs. 3),
- Verstöße gegen Pflichten von Akteuren oder notifizierten Stellen im Zusammenhang mit Hochrisiko-KI-Systemen (Abs. 4) und
- Verstöße gegen Informationspflichten (Abs. 5)

mittels Geldbußen in abfallender Höhe vor. Diese Gliederung findet sich auch im verabschiedeten Gesetztext der KI-VO. Art. 99 Abs. 6 enthält schonende Sonderregelungen für kleine und mittelständische Unternehmen (KMU). Für die Entscheidung, ob und in welcher Höhe im Einzelfall eine Geldbuße zu verhängen ist, gibt der Gesetzgeber den rechtsdurchsetzenden Marktüberwachungsbehörden in Art. 99 Abs. 7 Bemessungskriterien an die Hand.

5 Aufgrund des strafenden Gesamtcharakters des Art. 99 kommt dem Recht auf Beschwerde bei einer Marktüberwachungsbehörde gem. Art. 85, das verwaltungsrechtliche und gerichtliche Rechtsbehelfe unberührt lässt, in diesem Zusammenhang besondere Bedeutung zu.

II. Einzelerläuterungen

1. Aufgaben der Mitgliedstaaten im Sanktionsvollzug

6 **a) Maßnahmenerlassungs- und Mitteilungspflicht (Abs. 1 und Abs. 2).** Die allgemeine Verpflichtung der Mitgliedstaaten bei der Einhaltung der KI-VO proaktiv mitzuwirken, findet sich in Art. 99 Abs. 1. Sie haben **Vorschriften für Sanktionen und andere Durchsetzungsmaßnahmen** zu erlassen, die Verstöße gegen die KI-VO ahnden. Art. 99 Abs. 1 ist dabei nicht so auszulegen, dass die Mitgliedstaaten befugt seien, bezüglich der Verhängung einer Geldbuße über die von den Marktüberwachungsbehörden anzuwendenden Verfahren hinaus weitere materielle Voraussetzungen aufzustellen.[2] Auch wenn die Geldbuße nach Art. 99 Abs. 3–7 die zentrale Sanktionsmaßnahme ist, eröffnet die Öffnungsklausel in Art. 99 Abs. 1 vielmehr die Möglichkeit, weitere Durchsetzungsmaßnahmen zu

[1] Martini/Wendehorst/Nemitz, KI-VO Art. 99 Rn. 4.
[2] Martini/Wendehorst/Nemitz, KI-VO Art. 99 Rn. 19.

erlassen, die im Einzelfall sachgerechter sein können. Während die Geldbuße als Zwangsmittel ihre Adressaten aufgrund monetärer Nachteile vom normwidrigen Verhalten abbringen soll, können diese andere Durchsetzungsmaßnahmen bei gleicher Zielsetzung auf anderen, oft milderen Methoden beruhen. Zwar setzt der Gesetzgeber der Flexibilität der Mitgliedstaaten bei der Wahl des Sanktionsmittels teilweise Grenzen, indem er die Geldbuße für bestimmte Verstöße obligatorisch macht. Mit der Aufnahme der Öffnungsklausel in Art. 99 Abs. 1 soll den Mitgliedstaaten jedoch die Möglichkeit eingeräumt werden, bei minder oder besonders schweren Verstößen im Einzelfall angemessene und verhältnismäßige Durchsetzungsmaßnahmen anzuordnen. Deshalb können die Mitgliedstaaten nach Art. 99 Abs. 1 Vorschriften für andere nichtmonetäre Durchsetzungsmaßnahmen erlassen, die die in Art. 14 Verordnung (EU) 2019/2010 (MÜ-VO) enthaltenen Befugnisse von Marktüberwachungsbehörden ergänzen. Denkbare Durchsetzungsmaßnahmen, die zum üblichen Spektrum gehören und für die gesetzliche Grundlagen zu schaffen wären, sind beispielsweise:

- Überprüfungsanordnungen samt zeitweisem Verbot der Werbung und der Bereitstellung auf dem Markt;[3]
- Unterlassungsanordnungen;
- Verwarnungen des Wirtschaftsakteurs;
- Warnungen der Öffentlichkeit vor dem Produkt;
- Ausschlüsse von öffentlichen Aufträgen;
- Rückruf samt Vernichtung der verwendeten und gesammelten Daten;[4]
- Erlass von Strafvorschriften.

7 Gem. Art. 99 Abs. 1 S. 2 muss die **Verhältnismäßigkeit, Wirksamkeit und Abschreckungswirkung** einer jeden Maßnahme gegeben sein. Zudem müssen die Mitgliedstaaten das **Verbot der Doppelbestrafung** berücksichtigen (vgl. Erwgr. 168). Im Rahmen der Verhältnismäßigkeit liegt gem. Art. 99 Abs. 1 S. 3 ein besonderes Augenmerk auf KMU, einschließlich Start-Up Unternehmen. Zur Innovationsförderung im europäischen Wirtschaftsraum sind bei der Normierung und Durchführung bestimmter Durchsetzungsmaßnahmen die besonderen Interessen von KMU zu berücksichtigen. Sie sollen grundsätzlich nicht durch eine sanktionsbedingte, wirtschaftliche Überforderung in ihrer Existenz gefährdet werden. Damit die gesetzlich vorgesehenen Maßnahmen zudem wirksam durchgesetzt werden können, müssen die Mitgliedstaaten nach Art. 99 Abs. 1 S. 1 alle erforderlichen, organisatorischen Vorkehrungen ergreifen. Da die konkrete Durchsetzung von Sanktionen in der Praxis durch die Marktüberwachungsbehörden erfolgt, bedeutet dies für die Mitgliedstaaten zumindest, dass sie diese Behörden mit den notwendigen personellen und finanziellen Ressourcen auszustatten haben. **Leitlinien der Kommission,** die diesbezüglich gem. Art. 96 erarbeitet werden, sind nach ihrer Veröffentlichung zu berücksichtigen.

8 Eine ausdrückliche Frist zum Erlass der Sanktionsvorschriften sieht Art. 99 Abs. 1 nicht vor. Jedoch haben die Mitgliedstaaten die Vorschritten gem. Art. 99 Abs. 1 „entsprechend den Vorgaben" der KI-VO zu erlassen. Daher müssen sie in diesem Kontext dem vorgezogenen Geltungsbeginn des Kapitels XII, in dem Art. 99 geregelt ist, nach Art. 113 Abs. 3 lit. b Rechnung tragen. Danach mussten die Mitgliedstaaten der Pflicht zum Erlass der Sanktionsregelungen bereits zum 2.8.2025 nachkommen. So sollte sichergestellt werden, dass die von der KI-VO

[3] Rohrßen ZfPC 2024, 111 (116).
[4] Rohrßen ZfPC 2024, 111 (116).

vorgesehenen Verfahren und Durchsetzungsmechanismen zum allgemeinen Geltungsbeginn der KI-VO ab dem 2.8.2026 greifen. Angesichts des Regelungszwecks der Norm ist davon auszugehen, dass die säumigen Mitgliedstaaten den Erlass von Sanktionsvorschriften spätestens bis zum 2.8.2026 nachgeholt haben sollten.

Gem. Art. 99 Abs. 2 haben die Mitgliedstaaten gegenüber der Kommission eine **Mitteilungspflicht.** Sie müssen der Kommission die Vorschriften für Sanktionen und andere Durchsetzungsmaßahmen nach Art. 99 Abs. 1 mitteilen und etwaige spätere Änderungen dieser Vorschriften melden. In zeitlicher Hinsicht hat die Mitteilung unverzüglich, also „ohne schuldhaftes Zögern" (→ Art. 20 Rn. 15), und spätestens zum Zeitpunkt des Inkrafttretens der Vorschriften zu erfolgen. Diese Transparenz erlaubt es der Kommission, über die Kohärenz der Durchsetzung der KI-VO zu wachen. Die frühzeitige Kenntnis der nationalen Regelungen befähigt sie, Hinweise zu geben oder Maßnahmen zu ergreifen, falls Mitgliedstaaten ihrer Pflicht aus Art. 99 Abs. 1 nicht nachkommen. Bleiben Hinweise und Mahnungen durch die Kommission erfolglos, ist in letzter Konsequenz die Einleitung eines Vertragsverletzungsverfahrens gem. Art. 258 Abs. 2 AEUV wegen Verstoßes gegen Art. 99 Abs. 1 als sekundäres Unionsrecht denkbar. 9

b) Vorschriften zu Geldbußen gegenüber Behörden und öffentlichen Stellen (Abs. 8). Gem. Art. 99 Abs. 8 hat jeder Mitgliedstaat Vorschriften darüber zu erlassen, in welchem Umfang Geldbußen gegen Behörden und öffentliche Stellen verhängt werden können, die im eigenen Geltungsbereich niedergelassen sind. So soll die **Verantwortlichkeit des öffentlichen Sektors** für die Einhaltung der KI-VO verdeutlicht und dessen prinzipielle Gleichbehandlung mit dem privaten Sektor sichergestellt werden. Dabei kann es sich um Behörden und öffentliche Stellen handeln, die Akteure iSd Art. 3 Nr. 8 sind (→ Art. 3 Rn. 109 ff.). Die in Art. 99 Abs. 3, 4 und 5 genannten Bußgeldrahmen gelten mit Blick auf die Parallelnorm in Art. 100, in der Regelungen für die Verhängung von Geldbußen gegen öffentliche Stellen der Union enthalten sind, in dieser Konstellation wohl nicht. Eine nationale Marktüberwachungsbehörde sollte einer gegen die KI-VO verstoßenden Behörde oder öffentlichen Stellen nicht eigenmächtig Sachmittel entziehen können, indem sie Geldbußen nur unter Berücksichtigung der in Art. 99 genannten Obergrenzen verhängt. Deshalb ist durch die Mitgliedstaaten selbst ein Rahmen für die Höhe der zu verhängenden Geldbußen festzulegen. Auch wenn keine konkreten Kriterien in Art. 99 Abs. 8 aufgenommen wurden, die die Mitgliedstaaten beim Erlass der Vorschriften zu beachten haben, muss die Höhe der Geldbußen nach dem Telos der Norm **verhältnismäßig und abschreckend** sein. Vorlage für einen solchen Regelungsmechanismus von Geldbußen gegen Behörden und öffentliche Stellen kann den Mitgliedstaaten Art. 100 sein (→ Art. 100 Rn. 1 ff.). 10

Art. 99 Abs. 8 insinuiert, dass den Mitgliedstaaten bezüglich Frage, unter welchen Voraussetzungen überhaupt Geldbußen verhängt werden sollen, kein Ermessen zukommen soll. Für dieses Verständnis spricht, dass die Mitgliedstaaten nach dem Kommissionsentwurf zur KI-VO noch ausdrücklich über das „Ob" von Geldbußen entscheiden durften. Da sich im verabschiedeten Gesetzestext der KI-VO dafür keine Anhaltspunkte mehr finden, haben die Mitgliedstaaten nur noch einen Regelungsspielraum bezüglich der Rechtsfolge eines Verstoßes. Dieses Ergebnis erscheint angesichts der besonderen Risiken des Einsatzes von KI-Systemen durch staatliche Institutionen sachgerecht.[5] 11

---

[5] So auch BeckOK KI-Recht/Schefzig, KI-VO Art. 99 Rn. 153, 155.

12 Eine Mitteilungspflicht der Mitgliedstaaten gegenüber der Kommission iSd Art. 99 Abs. 2 gibt es iRd Art. 99 Abs. 8 nicht.

13 **c) Verfahrensautonomie und Gewährleistung wirksamen Rechtschutzes (Art. 9 und Art. 10).** In Art. 99 Abs. 9 wird den Mitgliedstaaten die Freiheit eingeräumt, Geldbußen abhängig von ihrem Rechtssystem entweder durch die **zuständigen nationalen Gerichte oder sonstige Stellen** verhängen zu lassen. Für die Länder Dänemark und Estland, in denen Geldbußen nur durch Gerichte verhängt werden können, ist Art. 99 Abs. 9 besonders bedeutend.[6] Ansonsten ist die Regelung Ausdruck des Respekts für die Souveränität der Mitgliedstaaten und ihrer unterschiedlichen rechtlichen Traditionen und Praktiken. Vor allem aber aufgrund von Effektivitätserwägungen sieht der Gesetzgeber davon ab, streng harmonisierte Vorgaben zur Durchsetzung der Geldbußen zu machen. Es stünde zu befürchten, dass strenge Vorgaben teilweise zu ineffizienten Verfahren führten, wenn sie nicht mit den nationalen Strukturen bestimmter Mitgliedstaaten kompatibel wären. Zumindest könnte ein Zwang Dänemarks und Estlands, ihre Verfahren vollständig an ein strenges, einheitliches Model anzupassen, zu bürokratischen Hürden und damit zu Verzögerungen der Rechtsdurchsetzung führen.

14 Die vorgenannten Erwägungen unterstreicht auch die Regelung des Art. 99 Abs. 9 S. 2. Die Maßgabe, dass die Anwendung der Vorschriften zu den Geldbußen eine gleichwertige Wirkung haben muss, ist als Pflicht der Mitgliedstaaten zu verstehen, für eine gleichsam effektive Durchsetzung zu sorgen. So sollen eine Fragmentierung des Binnenmarkts in der Rechtsdurchsetzung und daraus folgende Rechtsunsicherheiten für Akteure vermieden werden (Erwgr. 3). Damit eine gleichwertige Wirkung der Rechtsdurchsetzung erreicht werden kann, ist es regulatorisch angezeigt, auf die bestehenden nationalen Strukturen zurückzugreifen.

15 Die Regelung des Art. 99 Abs. 10 verlangt von den Mitgliedstaaten, dass bei der Ausübung der Sanktionsbefugnisse, unabhängig davon, welche Institution damit betraut ist, bestimmte **unionale und nationale Verfahrensgarantien** gewahrt werden. Diese Garantien umfassen insbesondere das ordnungsgemäße Verfahren und den wirksamen gerichtlichen Rechtsschutz. Mindestgehalt dieser Gewährleistungen ist nach **allgemeinen Rechtsstaatsprinzipien** zunächst, dass die betroffenen Parteien im Verfahren nach einschlägigem nationalen Recht das Recht auf Anhörung und eine transparente Entscheidungsfindung haben. Die sanktionierende Institution muss unabhängig davon, ob es sich um ein Gericht oder eine sonstige Stelle iSd Art. 99 Abs. 9 handelt, dem Grundsatz der staatlichen Neutralität unterliegen. Zudem müssen beschwerte Parteien die Möglichkeit haben, die Sanktionsentscheidung (verwaltungs-)gerichtlich überprüfen zu lassen. Verhängt eine sonstige Stelle iSd Art. 99 Abs. 9 die Sanktion, muss unter gewissen Zulässigkeitsvoraussetzungen der erstmalige Zugang zu einem Gericht eröffnet sein. Verhängt ein Gericht die Sanktion, muss diese Entscheidung ebenfalls – unter gewissen Zulässigkeitsvoraussetzungen – durch eine weitere Instanz gerichtlich überprüfbar sein. Die konkrete Ausgestaltung der Verfahrensrechte von betroffenen Parteien unter Berücksichtigung dieser rechtsstaatlichen Grundsätze obliegt den einzelnen Mitgliedstaaten. Da sich die Mitgliedstaaten ohnehin in Art. 2 S. 1 des Vertrags über die Europäische Union (EUV) dem Rechtsstaatsprinzip verschrieben und als dessen Ausprägung in Art. 19 Abs. 1 UAbs. 3 EUV zur

---

[6] Martini/Wendehorst/Nemitz, KI-VO Art. 99 Rn. 89.

Schaffung erforderlicher Rechtsbehelfe primärrechtlich verpflichtet haben, hat Art. 99 Abs. 10 im Ergebnis nur deklaratorische Bedeutung.

d) Berichterstattungspflicht (Art. 11). Schließlich haben die Mitgliedstaaten gegenüber der Kommission gem. Art. 99 Abs. 11 eine Berichterstattungspflicht. Inhaltlich haben sie die Kommission jährlich über die Geldbußen, die sie in dem betreffenden Jahr gem. Art. 99 verhängt haben, und über damit zusammenhängende Rechtsstreitigkeiten oder Gerichtsverfahren zu informieren. Über andere Durchsetzungsmaßnahmen, die die Mitgliedstaaten auf der Grundlage des Art. 99 getroffen haben, ist dagegen kein Bericht zu erstatten. Die Rechenschaftspflicht der Mitgliedstaaten soll disziplinierende Wirkung haben. Die regelmäßigen Berichte gewähren der Kommission Einblicke in die Durchsetzung der KI-VO in den einzelnen Mitgliedstaaten. Die Kommission kann so evaluieren, ob durch die Anwendung der Vorschriften in den Mitgliedstaaten eine gleichwertige Wirkung erzielt wird, wie es Art. 99 Abs. 9 S. 2 vorsieht. Auch über die Einhaltung rechtsstaatlicher Verfahrensgarantien durch die Mitgliedstaaten nach Art. 99 Abs. 10 kann sie sich ein Bild machen. Die Kommission hat dem Europäischen Parlament und dem Rat nach Art. 112 Abs. 2 und 4 lit. b alle vier Jahre Bericht über den Stand der Sanktionen zu erstatten. Sollten sich eklatante Missstände auf regulatorischer Ebene auftun, kann die Kommission gem. Art. 112 Abs. 10 zudem anhand der in den Berichten enthaltenen Informationen geeignete Vorschläge zur Änderung des Art. 99 vorlegen. Kurzum: die Informationen aus den Berichten der Mitgliedstaaten befähigen die Kommission ihre Überwachungs- und Koordinierungsfunktion nach der KI-VO zu erfüllen. 16

2. Anordnung von Geldbußen

Die Geldbuße ist die **zentrale Sanktionsmaßnahme** des Art. 99. In Art. 99 Abs. 3–7 hat der Unionsgesetzgeber deshalb konkrete Regelungen zu Geldbußen niedergelegt. Ziel ist es, mit der Festlegung von Geldbußen die verwaltungsrechtlichen Sanktionen für Verstöße gegen die KI-VO zu verschärfen und zu harmonisieren (vgl. Erwgr. 168). Geregelt sind Tatbestände, Obergrenzen (vgl. Erwgr. 168) und Bemessungskriterien samt Sonderregelungen betreffend KMU für die Anordnung und Festsetzung von Geldbußen. Diese detaillierte Ausgestaltung unterscheidet die Geldbuße von allen anderen Durchsetzungsmaßnahmen, die durch die Mitgliedstaaten selbst gem. Art. 99 Abs. 1 festzulegen sind (→ Rn. 6 ff.). 17

Der Gesetzgeber hat es versäumt, den nationalen Behörden oder Gerichten ausdrücklich die **Zuständigkeit für die Verhängung von Geldbußen** zuzuweisen. Dies erklärt sich nur mit Blick auf den Gesetzgebungsprozess. In Art. 71 des Kommissionsentwurfs zur KI-VO war noch vorgesehen, dass die Mitgliedstaaten auf der Basis des Sekundärrechts eigene Vorschriften für Geldbußen erlassen, weshalb eine ausdrückliche Zuständigkeitszuweisung obsolet erschien.[7] Nun, wo die Normen der KI-VO selbst die Basis für die Verhängung von Geldbußen bilden, wäre eine Klarstellung über die Befugnis durchaus sinnvoll. Allerdings enthält Art. 99 Abs. 9, der das nationale Verfahrensrecht für maßgeblich erklärt, ein eindeutiges Indiz dafür, dass die monetäre Sanktionierung von Verstößen gegen die KI-VO die Aufgabe nationaler Institutionen sein soll. 18

[7] Schwartmann/Keber/Zenner KI-VO/Schwartmann/Köhler 3. Teil, 3. Kapitel Rn. 3.

19 Wenn einer der Tatbestände in Art. 99 Abs. 3, 4 und 5 verwirklicht ist, können angesichts großzügig bemessener Obergrenzen beträchtliche Summen zur Sanktionierung verhängt werden. Die Geldbußen sollen dadurch **wirksam, verhältnismäßig und abschreckend** sein. Nach allgemeinen Rechtsgrundsätzen hat eine Marktüberwachungsbehörde oder ein Gericht dabei eine Begründung und die Berechnungsmethode darzulegen, wenn sie oder es am Ende der Untersuchung zu dem Ergebnis kommt, dass eine Geldbuße zu verhängen ist.[8]

20 Welcher Akteur potenzieller **Adressat der Geldbuße** sein kann, wird in den Tatbeständen teilweise explizit genannt, teilweise ergibt es sich aus dem Kontext. Tatbestandsübergreifend wurde die Möglichkeit von Verfehlungen durch Unternehmen ausdrücklich aufgenommen. Adressaten einer Geldbuße können somit sowohl **natürliche Personen** als auch Unternehmen in Form von **juristischen Personen oder Personengesellschaften** sein. Vorgaben zum maßgeblichen Unternehmensbegriff werden in der KI-VO nicht gemacht. Es erscheint angezeigt, diesen Begriff in analoger Anwendung zur Verordnung (EU) 2016/679 (DS-GVO) im Sinne der Art. 101 und 102 AEUV zu verstehen (vgl. Erwgr. 150 DS-GVO). Danach ist der Mutterkonzern als gesamte, wirtschaftliche Einheit gemeint.[9] Zudem legt die enge Verzahnung der Bereiche „Datenschutz" und „künstliche Intelligenz" nahe, die Grundsätze zur Unternehmenshaftung im Rahmen der DS-GVO, wie sie durch die Rechtsprechung des EuGH aufgestellt wurden, auf die KI-VO zu übertragen.[10] Danach haftet das Unternehmen für Verstöße eines jeden Mitarbeiters, wenn der Verstoß vorsätzlich oder fahrlässig begangen wurde, ohne dass erforderlich ist, dass der Verstoß einer bestimmten Person eindeutig zugeordnet werden kann.[11] Ein Verschulden ist somit erforderlich (→ Rn. 34 ff.). Auf das Verschulden eines Repräsentanten oder einer Aufsichtsperson kommt es wiederum nicht an.[12] Für Unternehmen, die keine KMU sind, ist nach Art. 99 Abs. 3–5 auf Rechtsfolgenseite eine Berechnungsgrundlage auf prozentualer Basis eingeführt worden, die gewährleistet, dass die Geldbußen gegebenenfalls über die Summe der bezifferten Obergrenze hinaus verhältnismäßig zur wirtschaftlichen Leistungsfähigkeit des Unternehmens und damit abschreckend sind. In der Praxis wird der Jahresumsatz des vorangegangenen Geschäftsjahres des Mutterkonzerns als Berechnungsgrundlage herangezogen.[13]

21 **a) Missachtung des Verbots bestimmter KI-Praktiken (Abs. 3).** Art. 99 Abs. 3 enthält den schärfsten Sanktionsrahmen, der sich mit den **verbotenen Praktiken im KI-Bereich** gem. Art. 5 befasst. Auch wenn Art. 99 Abs. 3 in persönlicher Hinsicht keine ausdrücklichen Vorgaben macht, ergeben sich potenzielle Adressaten einer Geldbuße aus den Maßgaben des Art. 5. Anknüpfungspunkt in Art. 5 Abs. 1 ist das Inverkehrbringen, die Inbetriebnahme und/oder die Verwendung eines verbotenen KI-Systems.[14] Wird das Verbot der in Art. 5 genannten KI-Praktiken durch einen Akteur missachtet, werden diesem Geldbußen von bis zu 35.000.000 EUR oder – im Falle von Unternehmen – von bis zu 7 % des gesamten weltweiten Jahresumsatzes des vorangegangenen Geschäftsjahres

---

[8] Martini/Wendehorst/Nemitz, KI-VO Art. 99 Rn. 57.
[9] Schwartmann/Keber/Zenner KI-VO/Schwartmann/Köhler 3. Teil, 3. Kapitel Rn. 9.
[10] Schwartmann/Keber/Zenner KI-VO/Schwartmann/Köhler 3. Teil, 3. Kapitel Rn. 5.
[11] EuGH EuZW 2024, 80 Rn. 60, 77 f. – Deutsche Wohnen.
[12] EuGH EuZW 2024, 80 Rn. 77 – Deutsche Wohnen.
[13] Schwartmann/Keber/Zenner KI-VO/Schwartmann/Köhler 3. Teil, 3. Kapitel Rn. 9.
[14] Wybitul NJW 2024, 2641 (2643).

auferlegt, je nachdem, welcher Betrag höher ist. Bei der Entscheidung, ob eine Geldbuße verhängt wird, und bei der Festsetzung der Höhe der Geldbuße müssen die Bemessungskriterien nach Art. 99 Abs. 6 und 7 berücksichtigt werden (→ Rn. 29 ff.).

b) Verstoß gegen Pflichten im Zusammenhang mit Hochrisiko-KI-Systemen und KI-Systemen mit erhöhten Transparenzanforderungen (Abs. 4). Die Bestimmung des Art. 99 Abs. 4 beinhaltet die Sanktionsregelung für Verstöße gegen spezifische Pflichten von Akteuren und notifizierten Stellen. Soweit es sich um eine Missachtung des Verbots aus Art. 5 handelt, ist der Tatbestand aus Art. 99 Abs. 3 mit seiner höheren Bußgeldandrohung spezieller und vorrangig. Allerdings sieht auch Art. 99 Abs. 4 in seiner Rechtsfolge empfindliche Geldbußen vor. Bei den in Art. 99 Abs. 4 aufgelisteten sanktionsbewährten Pflichten von Akteuren und notifizierten Stellen handelt es sich um Verhaltensstandards, die nach Ansicht des Gesetzgebers dringend befolgt werden müssen, um die Einführung einer auf den Menschen ausgerichteten und vertrauenswürdigen KI zu gewährleisten. So stehen die sanktionierten Pflichten der Akteure fast ausschließlich im Zusammenhang mit **Hochrisiko-KI-Systemen.** Mit Blick auf die erheblichen Summen ist davon auszugehen, dass manche Anbieter von Hochrisiko-KI-Systemen in der Praxis zur Reduzierung der privatrechtlichen Haftungs- aber auch öffentlich-rechtlichen Sanktionsrisiken sogar dann die Konformitätsbewertung unter Beteiligung einer notifizierten Stelle veranlassen werden, wenn sie dazu im Einzelfall nicht verpflichtet sind.[15] Da den notifizierten Stellen die verantwortungsvolle Aufgabe der unabhängigen Zertifizierung zukommt, müssen sie dezidierten Anforderungen in Bezug auf die Unabhängigkeit, die Kompetenz, ein Nichtvorliegen von Interessenkonflikten und geeigneten Anforderungen an die Cybersicherheit genügen (vgl. Erwgr. 126). Sind diese Anforderungen nicht gegeben oder liegt ein pflichtwidriges Verhalten einer notifizierten Stelle vor, wird dies ebenfalls gem. Art. 99 Abs. 4 sanktioniert. Aufgrund der potenziell destruktiven Wirkung von KI-Systemen, die für die direkte Interaktion mit natürlichen Personen bestimmt sind, sind schließlich auch Verstöße gegen die Pflichten von Akteuren im Zusammenhang mit KI-Systemen mit erhöhten Transparenzanforderungen (→ Art. 3 Rn. 6) bußgeldbewehrt. 22

Daher können bei Verstößen gegen folgende Bestimmungen Geldbußen von bis zu 15.000.000 EUR oder – im Falle von Unternehmen – von bis zu 3 % des gesamten weltweiten Jahresumsatzes des vorangegangenen Geschäftsjahres verhängt werden, je nachdem, welcher Betrag höher ist: 23

- Pflichten der Anbieter von Hochrisiko-KI-Systemen gem. Art. 16 (lit. a);
- Pflichten der Bevollmächtigten der Anbieter von Hochrisiko-KI-Systemen gem. Art. 22 (lit. b);
- Pflichten der Einführer von Hochrisiko-KI-Systemen gem. Art. 23 (lit. c);
- Pflichten der Händler von Hochrisiko-KI-Systemen gem. Art. 24 (lit. d);
- Pflichten der Betreiber von Hochrisiko-KI-Systemen gem. Art. 26 (lit. e);
- für notifizierte Stellen geltenden Anforderungen und Pflichten gem. Art. 31, Art. 33 Abs. 1, 3 und 4 bzw. Art. 34 (lit. f);
- Transparenzpflichten für Anbieter und Betreiber gem. Art. 50 (lit. g).

Auch iRd Art. 99 Abs. 4 müssen bei der Entscheidung, ob eine Geldbuße verhängt wird, und bei der Festsetzung der Höhe der Geldbuße die Bemessungskriterien nach Art. 99 Abs. 6 und 7 berücksichtigt werden (→ Rn. 29 ff.). 24

---

[15] Gerdemann NJW 2024, 2209 Rn. 24.

25 **c) Verstoß gegen Informationspflichten (Abs. 5).** Nach Art. 99 Abs. 5 sind Geldbußen bei der **Bereitstellung falscher, unvollständiger oder irreführender Informationen** an notifizierte Stellen oder nationale Behörden auf deren Auskunftsersuchen hin zu verhängen. Die zuständigen nationalen Behörden sind gem. Art. 3 Nr. 48 die notifizierenden Behörden oder die Marktüberwachungsbehörden (→ Art. 3 Rn. 362). Um ihre Aufgaben ordnungsgemäß erfüllen zu können, sind notifizierte Stellen und zuständige nationale Behörden auf eine verlässliche Informationsbasis angewiesen. Sie können die Akteure daher um Auskunft ersuchen. Das **Auskunftsersuchen** ist das entscheidende Kriterium des Art. 99 Abs. 5. Zum einen grenzt es den Tatbestand nach außen zu Art. 99 Abs. 4 ab. Verletzen Akteure ihre Informationspflichten, die ihnen in Bezug auf Hochrisiko-KI-Systeme auch ohne Auskunftsersuchen durch die KI-VO auferlegt werden, fällt dies bereits unter den Tatbestand des Art. 99 Abs. 4. Zum anderen begrenzt das Erfordernis des Auskunftsersuchens den Tatbestand des Art. 99 Abs. 5 nach innen. Informationen sind nur dann zu gewähren, wenn es sich um ein rechtmäßiges Auskunftsersuchen handelt. Ein Auskunftsersuchen ist rechtmäßig, wenn es

– auf einer gesetzlichen Grundlage basiert,
– von der zuständigen Behörde zu einem legitimen Zweck und in erforderlichem und verhältnismäßigem Umfang gestellt wird und
– die datenschutzrechtlichen Vorschriften beachtet.

26 Zudem muss das Auskunftsersuchen hinreichend konkret und präzise gefasst sein.[16] In der Praxis sollten die zuständigen Stellen im Auskunftsersuchen direkt eine Frist festlegen und eine Bußgeld-Androhung beifügen.[17]

27 Erfüllt ein Auskunftsersuchen die obligatorischen Voraussetzungen, dürfen die bereitgestellten Informationen nicht **falsch, unvollständig oder irreführend** sein. Informationen sind falsch, wenn sie objektiv unzutreffend sind.[18] Unvollständigkeit liegt beim Fehlen wesentlicher Informationen vor.[19] Irreführend sind Informationen, wenn sie beabsichtigt oder unbeabsichtigt Täuschungswirkung haben.[20] Besitzen die Informationen nicht die erforderliche Qualität oder werden sie fälschlicherweise nicht bereitgestellt, so werden Geldbußen von bis zu 7.500.000 EUR oder – im Falle von Unternehmen – von bis zu 1 % des gesamten weltweiten Jahresumsatzes des vorangegangenen Geschäftsjahres verhängt, je nachdem, welcher Betrag höher ist. Bei der Entscheidung, ob eine Geldbuße verhängt wird, und bei der Festsetzung der Höhe der Geldbuße sind die Bemessungskriterien nach Art. 99 Abs. 6 und 7 zu berücksichtigen (→ Rn. 29 ff.).

28 Von Art. 99 Abs. 5 nicht umfasst sind unzureichende Informationen, die Organe, Einrichtungen und sonstige Stellen der Union dem Europäischen Datenschutzbeauftragten, der nach Art. 3 Nr. 48 für diese Institutionen als „zuständige nationale Behörde" zu sehen ist, bereitstellen. Für die Verhängung von Geldbußen gegen Organe, Einrichtungen und sonstige Stellen der Union ist die Regelung des Art. 100 spezieller und damit vorrangig.

29 **d) Sonderregelung für kleine und mittlere Unternehmen (Abs. 6).** Für kleine und mittlere Unternehmen (KMU) und Start-up-Unternehmen gilt nach Art. 99 Abs. 6 eine sanktionsrechtliche Erleichterung auf Rechtsfolgenseite. Als

[16] Wybitul NJW 2024, 2641 (2644).
[17] Martini/Wendehorst/Nemitz, KI-VO Art. 99 Rn. 46.
[18] BeckOK KI-Recht/Schefzig, KI-VO Art. 99 Rn. 93.
[19] BeckOK KI-Recht/Schefzig, KI-VO Art. 99 Rn. 94.
[20] BeckOK KI-Recht/Schefzig, KI-VO Art. 99 Rn. 95.

KMU gelten Unternehmen, die weniger als 250 Mitarbeiter oder einen Jahresumsatz von unter 50 Millionen Euro haben.[21] KMU und Start-ups haben grundsätzlich denselben rechtlichen Anforderungen zu genügen wie größere Unternehmen. Wird aber ein Verstoß eines KMU gegen die KI-VO festgestellt, der nach Art. 99 Abs. 3, 4 oder 5 eine Geldbuße zur Folge hat, gilt für sie im Unterschied zu Unternehmen anderer Größenordnung nur der niedrigere Betrag, der sich aus den in den Tatbeständen genannten Prozentsätzen und Summen ergibt. Begründet werden kann dies mit der geringeren wirtschaftlichen Leistungsfähigkeit von KMU und Start-ups gegenüber großen Unternehmen. Zwar werden nach Art. 99 Abs. 7 lit. d ohnehin auch die Größe, der Jahresumsatz und der Marktanteil des Akteurs, der den Verstoß begangen hat, bei der Entscheidung berücksichtigt, ob und in welcher Höhe eine Geldbuße verhängt wird. Diese Regelung lässt den Marktüberwachungsbehörden bei der Festsetzung einer Geldbuße aber einen Spielraum, den Art. 99 Abs. 6 durch seine verbindliche Maßgabe nach oben hin begrenzen soll. Dem Gesetzgeber ist es ein Anliegen, dass auf die besondere wirtschaftliche Situation von KMU Rücksicht genommen wird, um deren Existenz möglichst nicht zu gefährden. Letztlich geht es dabei darum, Innovationskraft auf den Unionsmarkt zu fördern und zu erhalten (vgl. Erwgr. 143).

Art. 99 Abs. 6 regelt eigens die Konstellation, in der eine Geldbuße als Sanktion 30
auf unionsrechtlicher Basis nach Art. 99 Abs. 3, 4 und 5 verhängt wird. Insofern betrifft die Norm einen anderen Regelungsbereich als Art. 99 Abs. 1 S. 3, der sanktionsrechtliche Rücksicht auf das wirtschaftliche Überleben von KMU im Rahmen der von den Mitgliedstaaten zu erlassenden Sanktionsvorschriften und deren Durchsetzung vorsieht. Eigenständige Bedeutung hat Art. 99 Abs. 1 S. 3 bei der Verhängung einer Geldbuße daher nicht.[22]

e) Bemessungskriterien (Abs. 7). Um sicherzustellen, dass Geldbußen fair 31
und verhältnismäßig sind und alle relevanten Umstände eines jeden Einzelfalls berücksichtigt werden, legt der Gesetzgeber in Art. 99 Abs. 7 für die sanktionierenden Marktüberwachungsbehörden der Mitgliedstaaten Bemessungskriterien nieder. Die genannten Kriterien sind gegebenenfalls bei der Entscheidung, ob und in welcher Höhe Geldbußen verhängt werden, zugrunde zu legen. Die zuständige Behörde hat im Einzelfall also ein Entschließungs- und ein Auswahlermessen.[23] In diese beiden Ermessensentscheidungen sind, soweit anwendbar, zumindest die folgenden Erwägungen einzubeziehen:

- Art, Schwere und Dauer des Verstoßes und seiner Folgen (lit. a);
- vorherige Geldbußen durch andere Marktüberwachungsbehörden für denselben Verstoß (lit. b);
- vorherige Geldbußen durch andere Behörden für Verstöße gegen das Unionsrecht oder das nationale Recht aufgrund derselben Handlung oder Unterlassung, die den Verstoß gegen die KI-VO darstellt (lit. c);
- Größe, Jahresumsatz und Marktanteil des Akteurs, der den Verstoß begangen hat (lit. d);
- jegliche anderen erschwerenden oder mildernden Umstände (lit. e);
- Grad der Zusammenarbeit mit den zuständigen nationalen Behörden, um den Verstoß abzustellen und die möglichen nachteiligen Auswirkungen des Verstoßes abzumildern (lit. f);

---

[21] Vgl. Art. 2 des Anhangs zu Empfehlung 2003/361/EG der Kommission.

[22] S. eine ausführliche Auseinandersetzung damit in Martini/Wendehorst/Nemitz, KI-VO Art. 99 Rn. 50 ff.

[23] Martini/Wendehorst/Nemitz, KI-VO Art. 99 Rn. 53 ff.

– Grad an Verantwortung des Akteurs unter Berücksichtigung der von ihm ergriffenen technischen und organisatorischen Maßnahmen (lit. g);
– Art und Weise, wie der Verstoß den zuständigen nationalen Behörden bekannt wurde, insbesondere Selbstanzeige (lit. h);
– Vorsätzlichkeit oder Fahrlässigkeit des Verstoßes (lit. i);
– getroffene Maßnahmen zur Minderung des entstandenen Schadens (lit. j).

32 Diese Kriterien sind zum Teil aus anderen EU-Digitalrechtsakten bekannt. Erst die Anwendungspraxis wird ihre konkrete Gewichtung untereinander und ihren tatsächlichen Einfluss auf eine Bußgeldentscheidung zeigen. Insofern sei an dieser Stelle nur noch auf zwei Aspekte hingewiesen, die im gesamten Art. 99 keine ausdrückliche Erwägung gefunden haben, sich aber mittelbar den vorgenannten Kriterien entnehmen lassen und für die Praxis von großer Relevanz sind:

33 **aa) Anwendungsverhältnis verschiedener Sanktionssysteme.** Zwar ist in eine Bußgeldentscheidung gem. Art. 99 Abs. 7 lit. c miteinzubeziehen, ob ein und dieselben Handlung oder Unterlassung, die gegen die KI-VO und weitere Harmonisierungsrechtsakte verstößt, bereits auf Grundlage anderer Rechtsakte durch andere Behörden monetär sanktioniert wurde. Doch offenbart diese Anordnung, dass es trotz des grundsätzlichen Verbots der Doppelbestrafung und dessen indizieller Wirkung[24] dazu kommen kann, dass Bußgelder auf Grundlage verschiedener Rechtsakte parallel verhängt werden. Im maßgeblichen, verfügenden Teil der KI-VO hat der Gesetzgeber keine ausdrückliche Sperrwirkung festgelegt. Das Nebeneinander von Harmonisierungsrechtsakten besteht also auch im sanktionsrechtlichen Bereich fort. Im Anwendungsbereich der KI-VO können daher gerade aufgrund des überschneidenden Anwendungsbereichs mit der DS-GVO, deren Vorschriften die KI-VO gem. Art. 2 Abs. 7 unberührt lässt, Bußgelder sowohl aufgrund von Verstößen gegen die KI-VO als auch gegen die DS-GVO verhängt werden. Nicht zuletzt dieser Umstand sollte für Unternehmen Anlass sein, Compliance-Systeme zu entwickeln, die umfassend die Einhaltung der Vorschriften der KI-VO, der DS-GVO und aller weiteren, für sie relevante Harmonisierungsrechtsakte sicherstellt.[25] Um der verfassungsrechtlichen Problematik der Doppelbestrafung zu begegnen, sollten sich die zuständigen Behörden der Marktüberwachung entsprechend ihrer Verpflichtung nach Art. 74 Abs. 10 frühzeitig koordinieren, um denselben Sachverhalt möglichst geschlossen zu regulieren.[26]

34 **bb) Verschulden.** An keiner Stelle des Art. 99 wird ausdrücklich klargestellt, ob die **Verhängung einer Geldbuße** von schuldhaftem Verhalten abhängig ist oder nicht. Dass die Begründung einer verschuldensunabhängigen Haftung vom Gesetzgeber nicht intendiert ist, legt das Bemessungskriterium aus Art. 99 Abs. 7 lit. i nahe.[27] Teilweise wird vertreten, dass der Nachweis eines schuldhaften Verstoßes gem. Art. 99 Abs. 7 lit. i keine Voraussetzung für eine Haftung sei, sondern lediglich das Ermessen bezüglich des „Ob" einer Geldbuße auf Null reduziere, sodass bei Vorliegen von Vorsatz oder Fahrlässigkeit immer eine Geldbuße zu verhängen sei.[28] Begründet wird dies insbesondere mit der Notwendigkeit einer verschuldensunabhängigen Gefährdungshaftung, da KI-Technologie sich künftig

---

[24] Tiefergehend dazu Wybitul NJW 2024, 2641 (2647).
[25] Ammann/Plote/Schmechel CB 2024, 317 (318).
[26] Martini/Wendehorst/Nemitz, KI-VO Art. 99 Rn. 66.
[27] Wybitul NJW 2024, 2641 (2644).
[28] Martini/Wendehorst/Nemitz, KI-VO Art. 99 Rn. 55.

eigenständig und unvorhersehbar weiterentwickeln würde, ihr Zweck gerade die „weitestgehende Ablösung des Menschen" sei und dadurch bei zunehmender Implementierung in Gesellschaft und Wirtschaft die Feststellung menschlichen oder organschaftlichen Verschuldens kaum noch gelingen könne.[29] Letztlich sollen durch eine Gefährdungshaftung haftungsrechtliche Regelungslücken vermieden und ein kontinuierliches Verantwortungsbewusstsein der Wirtschaftsakteure gefördert werden.

Zum jetzigen Zeitpunkt ist es allerdings überzeugender, einen haftungsbegrün- **35**
denden, schuldhaften Verstoß gegen die Tatbestände gem. Art. 99 Abs. 3, 4 und 5 vorauszusetzen und einem solchen nicht bloß ermessensreduzierende Wirkung zuzuschreiben. Der Gesetzgeber hätte ohne Weiteres die Möglichkeit einer verschuldensunabhängigen Begehungsform in Art. 99 Abs. 7 lit. i aufnehmen können und hat doch bewusst darauf verzichtet.[30] Stattdessen benennt er nur die im Alternativverhältnis dargestellten Verschuldensmaßstäbe des Vorsatzes und der Fahrlässigkeit.[31] Eine implizite Gefährdungshaftung liefe jedoch dem in Art. 1 Abs. 1 niedergelegten Regelungsziel der Innovationsförderung zuwider, da Wirtschaftsakteure ihre Aktivitäten im Zusammenhang mit künstlicher Intelligenz in andere Rechtskreise verlagern werden, wenn selbst unverschuldete Verstöße hohe Sanktionsrisiken mit sich bringen könnten. Insofern ist dem Gesetzgeber die Statuierung einer Gefährdungshaftung iRd Art. 99 Abs. 7 nicht ohne Weiteres zu unterstellen. Die aus dem Datenschutzrecht bekannte Auffassung, wonach die Bestimmung des Verschuldensgrades für die Bußgeldbemessung von der grundsätzlichen Frage der Verschuldensvoraussetzung zu trennen ist, erweist sich also auch im Anwendungsbereich der KI-VO als vorzugswürdig.[32] Insbesondere kann die Rechtsprechung des EuGH zu Art. 83 DS-GVO herangezogen werden. Danach darf im Rahmen dieser Parallelnorm zu Art. 99 eine Geldbuße nur dann verhängt werden, wenn nachgewiesen ist, dass der Verantwortliche den Verstoß vorsätzlich oder fahrlässig begangen hat.[33] Neue Verhaltensstandards, die den Begriff der Fahrlässigkeit im Kontext von künstlicher Intelligenz ausfüllen, ergeben sich bereits jetzt aus der KI-VO oder werden künftig von der Praxis und der Rechtsprechung entwickelt. Es ist deshalb derzeit nicht davon auszugehen, dass die Gefahr haftungsrechtlicher Regelungslücken eine Abkehr von den Grundsätzen der EuGH-Rechtsprechung zu Art. 83 DS-GVO zugunsten einer „strict liability"[34] notwendig machen. Letztlich bleibt jedoch abzuwarten, wie sich der EuGH im Kontext des Art. 99 positioniert.

Bezüglich der **weiteren Sanktionsmaßnahmen,** zu denen die Mitgliedstaa- **36**
ten gem. Art. 99 Abs. 1 eigenen Rechtsgrundlage erlassen sollen, ist wiederum anzunehmen, dass es den Mitgliedstaaten selbst obliegt, ob sie deren Tatbestände verschuldensunabhängig ausgestalten. Beispielsweise erscheint dies in Bezug auf Verwarnungen sachgerecht. Art. 99 Abs. 7 lit. i bezieht sich jedenfalls nur auf Geldbußen. Zudem hat der unionale Gesetzgeber die Kompetenzübertragung in Bezug auf die weiteren Sanktionsmaßnahmen an die Mitgliedstaaten gem. Art. 99 Abs. 1 ausdrücklich festgelegt. Somit kann die Gefahr der Fragmentierung des

---

[29] Martini/Wendehorst/Nemitz, KI-VO Art. 99 Rn. 78, 82.
[30] Wybitul NJW 2024, 2641 (2644).
[31] Wybitul NJW 2024, 2641 (2644).
[32] Tiefergehend dazu BeckOK KI-Recht/Schefzig, KI-VO Art. 99 Rn. 100.
[33] EuGH EuZW 2024, 80 Rn. 61 – Deutsche Wohnen.
[34] Wybitul NJW 2024, 2641 (2644).

Binnenmarktes, die der EuGH in seiner Rechtsprechung zu Geldbußen nach Art. 83 DS-GVO als maßgebliches Argument gegen eine verschuldensunabhängige Haftung anführte,[35] in dieser Konstellation nicht herangezogen werden, da diese Fragmentierungsgefahr nun vom unionalen Gesetzgeber sehenden Auges in Kauf genommen wurde.

Art. 100* Verhängung von Geldbußen gegen Organe, Einrichtungen und sonstige Stellen der Union

(1) [1]**Der Europäische Datenschutzbeauftragte kann gegen Organe, Einrichtungen und sonstige Stellen der Union, die in den Anwendungsbereich dieser Verordnung fallen, Geldbußen verhängen.** [2]**Bei der Entscheidung, ob eine Geldbuße verhängt wird, und bei der Festsetzung der Höhe der Geldbuße werden in jedem Einzelfall alle relevanten Umstände der konkreten Situation sowie Folgendes gebührend berücksichtigt:**

a) **Art, Schwere und Dauer des Verstoßes und dessen Folgen, unter Berücksichtigung des Zwecks des betreffenden KI-Systems sowie gegebenenfalls der Zahl der betroffenen Personen und des Ausmaßes des von ihnen erlittenen Schadens;**
b) **Grad der Verantwortung des Organs, der Einrichtung oder der sonstigen Stelle der Union unter Berücksichtigung der von diesem bzw. dieser ergriffenen technischen und organisatorischen Maßnahmen;**
c) **alle Maßnahmen, die das Organ, die Einrichtung oder die sonstige Stelle der Union zur Minderung des von den betroffenen Personen erlittenen Schadens ergriffen hat;**
d) **das Maß der Zusammenarbeit mit dem Europäischen Datenschutzbeauftragten bei der Behebung des Verstoßes und der Minderung seiner möglichen nachteiligen Auswirkungen, einschließlich der Befolgung von Maßnahmen, die der Europäische Datenschutzbeauftragte dem Organ, der Einrichtung oder der sonstigen Stelle der Union im Hinblick auf denselben Gegenstand zuvor bereits auferlegt hatte;**
e) **ähnliche frühere Verstöße des Organs, der Einrichtung oder der sonstigen Stelle der Union;**
f) **Art und Weise, wie der Verstoß dem Europäischen Datenschutzbeauftragten bekannt wurde, insbesondere ob und gegebenenfalls in welchem Umfang das Organ, die Einrichtung oder die sonstige Stelle der Union den Verstoß gemeldet hat;**
g) **der Jahreshaushalt des Organs, der Einrichtung oder der sonstigen Stelle der Union.**

(2) **Bei Missachtung des Verbots der in Artikel 5 genannten KI-Praktiken werden Geldbußen von bis zu 1 500 000 EUR verhängt.**

(3) **Bei Nichtkonformität des KI-Systems mit in dieser Verordnung festgelegten Anforderungen oder Pflichten, mit Ausnahme der in Artikel 5 festgelegten, werden Geldbußen von bis zu 750 000 EUR verhängt.**

(4) [1]**Bevor der Europäische Datenschutzbeauftragte Entscheidungen nach dem vorliegenden Artikel trifft, gibt er dem Organ, der Einrichtung**

[35] EuGH EuZW 2024, 80 Rn. 74 – Deutsche Wohnen.
* Art. 100 gilt gem. Art. 113 UAbs. 3 Buchst. b bereits ab 2.8.2025.

oder der sonstigen Stelle der Union, gegen das bzw. die sich das von ihm geführte Verfahren richtet, Gelegenheit, sich zum Vorwurf des Verstoßes zu äußern. [2]Der Europäische Datenschutzbeauftragte stützt seine Entscheidungen nur auf die Elemente und Umstände, zu denen sich die betreffenden Parteien äußern können. [3]Beschwerdeführer, soweit vorhanden, müssen in das Verfahren eng einbezogen werden.

(5) **[1]Die Verteidigungsrechte der betroffenen Parteien werden während des Verfahrens in vollem Umfang gewahrt. [2]Vorbehaltlich der legitimen Interessen von Einzelpersonen oder Unternehmen im Hinblick auf den Schutz ihrer personenbezogenen Daten oder Geschäftsgeheimnisse haben die betroffenen Parteien Anspruch auf Einsicht in die Unterlagen des Europäischen Datenschutzbeauftragten.**

(6) **[1]Das Aufkommen aus den nach diesem Artikel verhängten Geldbußen trägt zum Gesamthaushalt der Union bei. [2]Die Geldbußen dürfen nicht den wirksamen Betrieb des Organs, der Einrichtung oder der sonstigen Stelle der Union beeinträchtigen, dem bzw. der die Geldbuße auferlegt wurde.**

(7) **Der Europäische Datenschutzbeauftragte macht der Kommission jährlich Mitteilung über die Geldbußen, die er nach Maßgabe dieses Artikels verhängt hat, und über die von ihm eingeleiteten Rechtsstreitigkeiten oder Gerichtsverfahren.**

Literatur: Martini/Wendehorst, KI-VO, 2. Aufl. 2026; Schefzig/Kilian, BeckOK KI-Recht, 5. Ed., Stand: 1.8.2025; Terhechte, Verwaltungsrecht der Europäischen Union, 2. Aufl., 2022.

Übersicht

I. Überblick

1 In Art. 100 ist geregelt, unter welchen Voraussetzungen der Europäische Datenschutzbeauftragte gegen Organe, Einrichtungen und sonstige Stellen der Union, die in den Anwendungsbereich der KI-VO fallen, Geldbußen verhängen kann. Da unionale Institutionen auch Akteure im Sinne der KI-VO sein können, haben sie ebenfalls die Maßgaben der KI-VO in Bezug auf die Pflichten der Akteure sowie die Anforderungen an KI-Systeme und KI-Modelle zu berücksichtigen. Missachten die Stellen der Union die Regelungen der KI-VO, muss dies aus Sicht des Gesetzgebers zum Wohle der Allgemeinheit sanktioniert werden. Allerdings kann eine nationale Marktüberwachungsbehörde im Mehrebenensystem der Europäischen Union keine unionale Stelle mit einer Geldbuße bedenken. Art. 100 schafft Abhilfe und legt die Zuständigkeiten und Voraussetzungen für die Sanktio-

nierung unionaler Stellen fest. Der Gesetzgeber möchte so das Verantwortungsbewusstsein im öffentlichen Sektor der unionalen Verwaltung stärken und setzt damit um, was er den Mitgliedstaaten in Art. 99 Abs. 8 in Bezug auf die mitgliedstaatlichen Behörden aufträgt. Zudem wird durch die prinzipielle Gleichbehandlung von privaten und öffentlichen Akteuren deutlich, dass die Regulatorik der KI-VO die Gefahrenminimierung unabhängig davon bezweckt, ob ein privater oder öffentlicher Akteur für ein KI-System oder KI-Modell verantwortlich ist. Die bereits im Kommissionsentwurf zu der KI-VO enthaltene Vorschrift zur Verhängung von Geldbußen gegen Organe, Einrichtungen und sonstige Stellen der Union wurde im Gesetzgebungsverfahren auf Rechtsfolgenseite durch Erhöhung der Obergrenzen nochmal deutlich verschärft. Dass der Bußgeldrahmen des Art. 100 deutlich enger gefasst ist als jener des Art. 99 Abs. 3, wird gleichwohl teilweise als eklatante Ungleichbehandlung zulasten privater Unternehmen kritisiert.[1]

II. Die Absätze im Einzelnen

1. Allgemeine Befugnis und Bemessungskriterien (Abs. 1)

2 Art. 100 Abs. 1 bestimmt, dass der Europäische Datenschutzbeauftragte befugt ist, gegen Organe, Einrichtungen und sonstige Stellen der Union, die unter den Anwendungsbereich der KI-VO fallen, Geldbußen zu verhängen. Die Tatbestände, bei deren Vorliegen Geldbußen verhängt werden können, ergeben sich aus Art. 100 Abs. 2 und 3. Aus diesen Tatbeständen lassen sich auch Rückschlüsse darauf ziehen, wann Organe, Einrichtungen und sonstige Stellen der Union in den Anwendungsbereich der KI-VO fallen. Da die Missachtung des Verbots aus Art. 5 und die Nichtkonformität eines KI-Systems mit der KI-VO sanktioniert werden, fallen Organe, Einrichtungen und sonstige Stellen der Union allgemein dann in den Anwendungsbereich der KI-VO, wenn sie ein von der KI-VO reguliertes KI-System entwickeln, bereitstellen oder nutzen und mithin Akteur nach der KI-VO sind. Erforderlich ist zudem, dass sie Rechtspersönlichkeit besitzen.[2]

3 Ähnlich wie in Art. 99 Abs. 7 gibt der Gesetzgeber dem Europäischen Datenschutzbeauftragten in Art. 100 Abs. 1 **Bemessungskriterien** an die Hand, die bei einer Ermessensentscheidung, ob und in welcher Höhe eine Geldbuße verhängt wird, in jedem Einzelfall gebührend zu berücksichtigen sind. Neben allen relevanten Umständen der konkreten Situation zählen dazu:
- Art, Schwere und Dauer des Verstoßes und dessen Folgen (lit. a);
- Grad der Verantwortung des Organs, der Einrichtung oder der sonstigen Stelle der Union (lit. b);
- alle Schadensminderungsmaßnahmen, die das Organ, die Einrichtung oder die sonstige Stelle der Union ergriffen hat (lit. c);
- das Maß der Zusammenarbeit mit dem Europäischen Datenschutzbeauftragten bei der Behebung des Verstoßes und der Minderung seiner möglichen nachteiligen Auswirkungen (lit. d);
- ähnliche frühere Verstöße des Organs, der Einrichtung oder der sonstigen Stelle der Union (lit. e);

[1] BeckOK KI-Recht/Schefzig, KI-VO Art. 100 Rn. 48.
[2] Martini/Wendehorst/Nemitz, KI-VO Art. 100 Rn. 8.

– Art und Weise, wie der Verstoß dem Europäischen Datenschutzbeauftragten bekannt wurde, insbesondere Selbstanzeige (lit. f);
– der Jahreshaushalt des Organs, der Einrichtung oder der sonstigen Stelle der Union (lit. g).

Vergebens sucht man in dieser Auflistung die Maßgabe, dass eine Geldbuße gegenüber Stellen der Union auch **wirksam, verhältnismäßig und abschreckend** sein muss. Da Abschreckung aber die ureigene Funktion von Sanktionierungen mittels Geldbuße ist und bezüglich der Sanktionierung privater Akteure angeordnet wurde, erscheint es sachgerecht, Art. 99 Abs. 1 S. 2 analog anzuwenden (→ Art. 99 Rn. 19).[3] 4

Ebenso ist es wegen des angestrebten, prinzipiellen Gleichlaufs von öffentlichem und privatem Sektor in sanktionsrechtlicher Hinsicht angezeigt, iRd Art. 100 Abs. 1 aus den gleichen Erwägungen wie in Art. 99 Abs. 7 ein **Verschulden** für die Verhängung einer Geldbuße vorauszusetzen (→ Art. 99 Rn. 34 ff.). 5

Ein implizites Bemessungskriterium findet sich in der Regelung des Art. 100 Abs. 6 S. 2. Es knüpft an das ausdrückliche Kriterium aus Art. 100 Abs. 1 lit. g an, wonach der Jahreshaushalt der zu sanktionierenden Stelle zu berücksichtigen ist. Gem. Art. 100 Abs. 6 S. 2 dürfen die verhängten Geldbußen den wirksamen Betrieb des Organs, der Einrichtung oder der sonstigen Stelle der Union nicht beeinträchtigen. Auch wenn die Formulierung der Regelung in zeitlicher Hinsicht bereits ergangene Entscheidungen über die Geldbußen voraussetzt und daher die Vollstreckung von Geldbußen regeln soll, wird sich dieses Kriterium in der Praxis bereits in der Phase der Entscheidungsfindung auswirken. So kann die Verhängung von Geldbußen bei Zugrundelegung dieser Anforderung wegen knapper Finanzierung einer unionalen Stelle von vorneherein ausgeschlossen oder in ihrer Höhe gedeckelt sein. Möglicherweise möchte der Gesetzgeber mit der Positionierung dieses Kriteriums hinter Art. 100 Abs. 6 S. 1, nach dem die aus Geldbußen generierten Mittel dem Gesamthaushalt der Union zugutekommen, verdeutlichen, dass der Europäische Datenschutzbeauftragte durch zu hohe Geldbußen nicht die Finanzzuweisungen durch den europäischen Haushalt torpedieren darf. Allerdings wäre angesichts der entscheidenden Bedeutung dieser Maßgabe eine kompaktere Anordnung der Bemessungskriterien von Vorteil gewesen. 6

2. Tatbestände (Abs. 2 und 3)

In Art. 100 Abs. 2 und 3 finden sich zwei Tatbestände, bei deren Vorliegen der Europäische Datenschutzbeauftragte Geldbußen gegen Organe, Einrichtungen und sonstige Stellen der Union verhängen kann. Für die jeweiligen Tatbestände sind zudem abhängig von der Schwere ihres Vergehens Höchstbeträge der Geldbußen geregelt. Auf prozentuale Geldbußen wurde hier im Unterschied zu den Sanktionstatbeständen in Art. 99 verzichtet, da Organe, Einrichtungen und sonstige Stellen der Union – anders als Unternehmen – keine weltweiten Jahresumsätze aus vorangegangenen Geschäftsjahren haben. 7

Missachten Organe, Einrichtungen und sonstige Stellen der Union das **Verbot der in Art. 5 genannten Praktiken im KI-Bereich,** drohen diesen Institutionen nach Art. 100 Abs. 2 Geldbußen von bis zu 1.500.000 EUR. Aufgrund der unannehmbaren Risiken, die im Zusammenhang mit den dort genannten KI-Systemen bestehen, erlaubt der Gesetzgeber hier Geldbußen, die doppelt so 8

[3] Martini/Wendehorst/Nemitz, KI-VO Art. 100 Rn. 11.

hoch ausfallen können, wie bei allen anderen Verstößen der unionalen Stellen im Zusammenhang mit KI-Systemen. Dass die Obergrenze hier ausgereizt wird, dürfte in der Praxis allerdings eher die Ausnahme sein. Denn bei der Entscheidung, ob eine Geldbuße verhängt wird, und bei der Festsetzung der Höhe der Geldbuße sind die Bemessungskriterien nach Art. 100 Abs. 1 zu berücksichtigen (→ Rn. 3 f.).

9 Nach Art. 100 Abs. 3 können bei Nichtkonformität eines sonstigen, nicht nach Art. 5 verbotenen KI-Systems mit den in der KI-VO festgelegten Anforderungen oder Pflichten Geldbußen von bis zu 750.000 EUR verhängt werden. Die Regelung hat den Charakter einer **Generalklausel.** Anders als bei den Regelungen zu Geldbußen gegenüber privaten Akteuren nach Art. 99 wird iRd Art. 100 Abs. 3 keine Unterscheidung zwischen den verschiedenen Risikostufen eines KI-Systems gemacht. Bedenken, dass diese regulatorische Vereinfachung mitunter zu ungerechten Ergebnissen führen kann, sind unbegründet. Der Europäische Datenschutzbeauftragte muss bei der Entscheidung, ob und in welcher Höhe Geldbußen gegen Organe, Einrichtungen und sonstige Stellen der Union verhängt werden sollen, die Bemessungskriterien gem. Art. 100 Abs. 1 berücksichtigen (→ Rn. 3 f.). Nach Art. 100 Abs. 1 lit. a ist auch der Art, Schwere und Dauer des Verstoßes hinreichend Rechnung zu tragen. Dadurch kann Einzelfallgerechtigkeit hergestellt werden.

3. Verfahrensvorschriften (Abs. 4 und 5)

10 Aus Art. 100 Abs. 4 und 5 ergibt sich des Weiteren, welche **Verfahrensgarantien** der Europäische Datenschutzbeauftragte vor einer Entscheidung über die Verhängung einer Geldbuße zu berücksichtigen hat. Die rechtsstaatlichen Maßgaben der beiden Absätze sind überwiegend als Pflichten des Europäischen Datenschutzbeauftragten formuliert. Allerdings können betroffene Organe, Einrichtungen und sonstige Stellen der Union daraus subjektive Rechte ableiten, auf deren Einhaltung sie im Verfahren bestehen können.

11 Gem. Art. 100 Abs. 4 haben Organe, Einrichtungen und sonstige Stellen der Union das **Recht auf Anhörung.** Der Europäische Datenschutzbeauftragte hat der europäischen Institution, gegen die sich das von ihm geführte Verfahren richtet, die Gelegenheit zur Stellungnahme zu geben. In zeitlicher Hinsicht muss sich die Institution vor der Entscheidung über die Verhängung einer Geldbuße zum Vorwurf des Verstoßes äußern können. Kommt der Europäische Datenschutzbeauftragte in der Folge zu einer Entscheidung, darf er sie nur auf Elemente und Umstände stützen, zu denen sich die betreffenden Parteien in der Anhörung äußern konnten. Der Wortlaut des Art. 100 Abs. 4 S. 2 ist diesbezüglich nicht eindeutig. Als Entscheidungsgrundlage sind aber nicht Elemente und Umstände gemeint, zu denen sich die Institution prinzipiell äußern kann, sondern ausdrücklich nur jene, zu denen sie sich im Rahmen ihrer Stellungnahme positionieren konnte. Das ergibt sich aus dem Wortlaut der englischen Fassung der KI-VO *(„have been able to comment“)*. Da diese Einschränkung auch als Absicherung des Rechts auf Anhörung dienen soll, lässt außerdem der Telos des Art. 100 Abs. 4, betroffenen Parteien grundlegende Verfahrensrechte zu sichern, keine andere Auslegung zu.

12 Falls etwaige Beschwerdeführer in dem Verfahren involviert sind, hat der Europäische Datenschutzbeauftragte als Verfahrensverantwortlicher gem. Art. 100 Abs. 4 diese Personen „eng“ einzubeziehen. Konkretisiert wird dieses Erfordernis nicht. Allgemein soll durch die **enge Einbeziehung der Beschwerdeführer,** deren Interesse an Abhilfe Rechnung getragen werden. Möglicherweise kann ein Dritter aus Art. 100 Abs. 4 S. 2 sogar ein subjektives Recht ableiten, das der Europäischen Datenschutzbeauftragte tätig werden muss.[4] Da das Erfordernis jedoch im direkten Zusammenhang mit dem Recht auf Anhörung steht, gibt es einem Beschwerdeführer jedenfalls das Recht, den Verlauf des bereits eingeleiteten Verfahrens aktiv zu verfolgen und gegebenenfalls weitere Stellungnahmen abzugeben. Darüber hinaus hat die Regelung nach Art. 100 Abs. 4 S. 3 auch klarstellende Funktion. Die Verwendung des Begriffs „Beschwerdeführer" zeigt auf, was die Bezeichnung „betreffende Parteien" aus Art. 100 Abs. 4 S. 2 nur andeutet und sonst an keiner Stelle des Art. 100 ausdrücklich klargestellt wird: Das Bußgeldverfahren nach Art. 100 kann kontradiktorischer Natur sein. In der Praxis bedeutet das für den Europäischen Datenschutzbeauftragten vor allem, dass Vorkehrungen zu treffen sind, die die Erhebung einer Beschwerde durch Dritte ermöglichen.

In Art. 100 Abs. 5 wird verfügt, dass die **Verteidigungsrechte** der betroffenen 13
Parteien während des Verfahrens in vollem Umfang gewahrt werden müssen. Es obliegt dem Europäischen Datenschutzbeauftragten, dies zu gewährleisten. Betroffene Parteien sind trotz der Möglichkeit eines kontradiktorischen Verfahrens und der Beteiligung von Beschwerdeführern (vgl. Art. 100 Abs. 4) nur die Organe, Einrichtungen und sonstige Stellen der Union, da nur diese sich verteidigen müssen. Ähnlich wie bei dem in Art. 100 Abs. 4 normierten Recht auf Anhörung bezieht sich der Begriff der Verteidigungsrechte auf die Verwaltungsverfahrensgrundsätze der EU-Eigenverwaltung.[5] Jedenfalls wird eine Begründung der Entscheidung und eine Darlegung der angewandten Berechnungsmethode zu fordern sein.[6]

Das **Recht auf Einsichtnahme** wird sogar explizit in Art. 100 Abs. 5 festge- 14
legt. Danach haben die betroffenen Parteien einen Anspruch auf Einsicht in die Unterlagen des Europäischen Datenschutzbeauftragten. Beschränkt wird dieses Recht durch legitime Interessen von Einzelpersonen oder Unternehmen im Hinblick auf den Schutz ihrer personenbezogenen Daten oder Geschäftsgeheimnisse. Da es sich bei dem Recht auf Einsichtnahme aber ohnehin um ein Verfahrensgrundrecht handelt, sind die Ausführungen nur deklaratorischer Natur.[7]

4. Vorgehen nach einer Entscheidung über Geldbuße (Abs. 6 und 7)

Art. 100 Abs. 6 und 7 befassen sich in zeitlicher Hinsicht mit Vorgängen, die 15
nach einer Entscheidung über die Geldbußen ablaufen.

Art. 100 Abs. 6 S. 1 weist das Aufkommen aus den nach Art. 100 Abs. 1 ver- 16
hängten Geldbußen dem **Gesamthaushalt der Union** zu. Eine konkrete Zweckbindung nimmt der Gesetzgeber nicht vor. Das ermöglicht eine flexible Verwendung der Mittel. In Art. 100 Abs. 6 S. 2 trifft der Gesetzgeber eine wichtige Vollstreckungsregelung, die sich aufgrund ihrer große Bedeutung schon bei der Bemessung von Geldbußen auswirken wird (→ Rn. 6). Die Regelung war im Kommissionsentwurf zur KI-VO noch nicht enthalten und wurde im Gesetz-

---

[4] Martini/Wendehorst/Nemitz, KI-VO Art. 100 Rn. 29.
[5] Terhechte EU-VerwR/Nowak § 12 Rn. 37 ff.
[6] Martini/Wendehorst/Nemitz, KI-VO Art. 100 Rn. 14.
[7] BeckOK KI-Recht/Schefzig, KI-VO Art. 100 Rn. 56.

gebungsverfahren eingeführt. Geldbußen sollen die adressierten Stellen disziplinieren, ohne jedoch der unionalen Administration ihre Funktionsfähigkeit zu nehmen. Daher dürfen die verhängten Geldbußen den wirksamen Betrieb des sanktionierten Organs, der Einrichtung oder sonstigen Stelle der Union nicht beeinträchtigen. Sie müssen weiterhin über operative Kapazitäten verfügen, um die ihnen obliegenden Aufgaben erfüllen zu können. In der Praxis können die Interessen an der Vollstreckung von Geldbußen bei gleichzeitiger Wahrung der Betriebsfähigkeit der Institution womöglich durch eine Staffelung der Einziehung oder jährlichen Verringerung des Etats in Ausgleich gebracht werden.

17 Nach Art. 100 Abs. 7 hat der Europäische Datenschutzbeauftragte **jährlich Bericht** an die Europäische Kommission zu erstatten. Inhaltlich muss der Bericht Informationen über die verhängten Geldbußen und die vom Europäischen Datenschutzbeauftragten eingeleiteten Rechtsstreitigkeiten oder Gerichtsverfahren umfassen. Zum einen soll der Europäische Datenschutzbeauftragte durch diese Rechenschaftspflicht zur ordnungsgemäßen Wahrnehmung seiner Befugnisse nach Art. 100 angehalten werden. Zum anderen kann die Europäische Kommission dadurch ihre Überwachungs- und Koordinierungsfunktion nach der KI-VO erfüllen, da sie anhand der Informationen bewerten kann, ob die Organe, Einrichtungen und sonstigen Stellen der Union auf der einen Seite und der Europäische Datenschutzbeauftragte auf der anderen Seite die Vorschriften der KI-VO ordnungsgemäß umsetzen.

Art. 101* Geldbußen für Anbieter von KI-Modellen mit allgemeinem Verwendungszweck

(1) *[1]* **Die Kommission kann gegen Anbieter von KI-Modellen mit allgemeinem Verwendungszweck Geldbußen von bis zu 3 % ihres gesamten weltweiten Jahresumsatzes im vorangegangenen Geschäftsjahr oder 15 000 000 EUR verhängen, je nachdem, welcher Betrag höher ist, wenn sie feststellt, dass der Anbieter vorsätzlich oder fahrlässig**

a) gegen die einschlägigen Bestimmungen dieser Verordnung verstoßen hat;

b) der Anforderung eines Dokuments oder von Informationen gemäß Artikel 91 nicht nachgekommen ist oder falsche, unvollständige oder irreführende Informationen bereitgestellt hat;

c) einer gemäß Artikel 93 geforderten Maßnahme nicht nachgekommen ist;

d) der Kommission keinen Zugang zu dem KI-Modell mit allgemeinem Verwendungszweck oder dem KI-Modell mit allgemeinem Verwendungszweck mit systemischem Risiko gewährt hat, um eine Bewertung gemäß Artikel 92 durchzuführen.

[2] **[1]Bei der Festsetzung der Höhe der Geldbuße oder des Zwangsgelds wird der Art, der Schwere und der Dauer des Verstoßes sowie den Grundsätzen der Verhältnismäßigkeit und der Angemessenheit gebührend Rechnung getragen. [2]Die Kommission berücksichtigt außerdem Verpflichtungen, die gemäß Artikel 93 Absatz 3 oder in den einschlägigen Praxisleitfäden nach Artikel 56 gemacht wurden.**

---

* Kapitel XII (Art. 99–101) gilt gem. Art. 113 UAbs. 3 Buchst. b ab 2.8.2025, mit Ausnahme des Art. 101, der ab 2.8.2026 gilt.

(2) **Vor der Annahme einer Entscheidung nach Absatz 1 teilt die Kommission dem Anbieter des KI-Modells mit allgemeinem Verwendungszweck ihre vorläufige Beurteilung mit und gibt ihm Gelegenheit, Stellung zu nehmen.**

(3) **Die gemäß diesem Artikel verhängten Geldbußen müssen wirksam, verhältnismäßig und abschreckend sein.**

(4) **Informationen über gemäß diesem Artikel verhängte Geldbußen werden gegebenenfalls dem KI-Gremium mitgeteilt.**

(5) **[1]Der Gerichtshof der Europäischen Union hat die unbeschränkte Befugnis zur Überprüfung der Entscheidungen der Kommission über die Festsetzung einer Geldbuße gemäß diesem Artikel. [2]Er kann die verhängte Geldbuße aufheben, herabsetzen oder erhöhen.**

(6) **[1]Die Kommission erlässt Durchführungsrechtsakte mit detaillierten Regelungen und Verfahrensgarantien für die Verfahren im Hinblick auf den möglichen Erlass von Beschlüssen gemäß Absatz 1 dieses Artikels. [2]Diese Durchführungsrechtsakte werden gemäß dem in Artikel 98 Absatz 2 genannten Prüfverfahren erlassen.**

Übersicht

I. Einleitung

1 Art. 101 ermächtigt die Kommission, Anbietern (Art. 3 Nr. 3) von KI-Modellen mit allgemeinem Verwendungszweck (Art. 3 Nr. 63), Geldbußen zu verhängen, wenn diese gegen einschlägige Pflichten vorsätzlich oder fahrlässig verstoßen haben. Die nach Art. 101 Abs. 1 verhängten Geldbußen müssen nach Abs. 3 wirksam, verhältnismäßig und abschreckend sein und können nach Abs. 1 auf bis zu 3 % des gesamten weltweiten Jahresumsatzes des Anbieters im vorangegangenen Geschäftsjahr oder 15.000.000 EUR festgelegt werden, je nachdem welcher Betrag höher ist. Für die Verfahren im Hinblick auf den möglichen Erlass der Beschlüsse zur Verhängung der Geldbußen werden Durchführungsrechtsakte durch die Kommission erlassen.

2 Ziel der Vorschrift ist es, Anbietern von KI-Systemen mit allgemeinem Verwendungszweck durch wirksame, verhältnismäßige und abschreckende Sanktionen für Verstöße gegen die in Abs. 1 genannten Tatbestände, zu einer Einhaltung der entsprechenden Vorschriften der KI-VO, zu bewegen.

II. Sanktionsadressaten

3 Adressaten der Geldbuße sind Anbieter von KI-Modellen mit allgemeinem Verwendungszweck gem. Art. 3 Nr. 3. Dort wird als Modellanbieter eine natürliche oder juristische Person, Behörde, Einrichtung oder sonstige Stelle bezeichnet, die ein KI-Modell mit allgemeinem Verwendungszweck entwickelt oder entwickeln lässt und es unter ihrem eigenen Namen oder ihrer Handelsmarke in Verkehr bringt, sei es entgeltlich oder unentgeltlich.

4 Vom persönlichen Anwendungsbereich des Art. 101 sind demzufolge Organe, Einrichtungen und sonstige Stellen der Union als Anbieter von KI-Modellen mit allgemeinem Verwendungszweck nicht ausgenommen. Art. 100 KI-VO ist zwar gesondert an Unionsstellen gerichtet, umfasst aber nur Fälle in denen es sich um ein KI-System handelt und stellt daher für Unionsstellen, die Anbieter eines KI-Modells sind, keine lex specialis Vorschrift dar.[1]

5 Nach der Begriffsbestimmung des Art. 3 Nr. 63 sind KI-Modelle mit allgemeinen Verwendungszweck definiert als ein KI-Modell – einschließlich der Fälle, in denen ein solches KI-Modell mit einer großen Datenmenge unter umfassender Selbstüberwachung trainiert wird –, das eine erhebliche allgemeine Verwendbarkeit aufweist und in der Lage ist, unabhängig von der Art und Weise seines Inverkehrbringens ein breites Spektrum unterschiedlicher Aufgaben kompetent zu erfüllen, und das in eine Vielzahl nachgelagerter Systeme oder Anwendungen integriert werden kann, ausgenommen KI-Modelle, die vor ihrem Inverkehrbringen für Forschungs- und Entwicklungstätigkeiten oder die Konzipierung von Prototypen eingesetzt werden.

6 Die KI-VO unterscheidet insbesondere in den Art. 51 ff. bei KI-Modellen mit allgemeinem Verwendungszweck zwischen solchen mit und ohne systemisches Risiko. Systemisches Risiko ist in der Begriffsbestimmung des Art. 3 Nr. 65 als ein Risiko definiert, das für die Fähigkeiten mit hoher Wirkkraft von KI-Modellen mit allgemeinem Verwendungszweck spezifisch ist und aufgrund deren Reichweite oder aufgrund tatsächlicher oder vernünftigerweise vorhersehbarer negativer Folgen für die öffentliche Gesundheit, die Sicherheit, die öffentliche Sicherheit, die Grundrechte oder die Gesellschaft insgesamt erhebliche Auswirkungen auf den Unionsmarkt hat, die sich in großem Umfang über die gesamte Wertschöpfungskette hinweg verbreiten können.

7 Art. 101 erfasst sämtliche Anbieter von KI-Modellen mit allgemeinem Verwendungszweck, unabhängig davon, ob das betreffende Modell ein systemisches Risiko aufweist oder nicht. Denn unabhängig davon, ob dem KI-Modell ein systemisches Risiko innewohnt, gelten alle Anbieter eines KI-Modells mit allgemeinem Verwendungszweck als solche iSd Art. 101.

8 Die Unterscheidung, ob ein systemisches Risiko oder kein systemisches Risiko vorliegt, ändert jedoch die maßgeblichen Pflichten, die durch die Anbieter der Systeme erfüllt werden müssen, so dass die etwaigen Sanktionsmöglichkeiten gem. Art. 101 Abs. 1 S. 1 Buchst. a je nach Vorliegen eines systemischen Risikos von den Sanktionsmöglichkeiten ohne systemisches Risiko abweichen können.

9 Vom Anwendungsbereich des Art. 101 sind daher solche Anbieter umfasst, die KI-Modelle mit allgemeinem Verwendungszweck in der Europäischen Union in Verkehr bringen. Dies gilt auch unabhängig davon, ob die Anbieter in der Union oder in einem Drittland niedergelassen sind, Art. 2 Abs. 1 Buchst. a.

---

[1] Vgl. BeckOK KI-Recht/Scherfzig KI-VO Art. 101 Rn. 5.

III. Sanktionstatbestände

Sanktionswürdiges Verhalten liegt nach Art. 101 Abs. 1 S. 1 nur bei Vorsatz oder Fahrlässigkeit vor. Vorsatz liegt vor, wenn ein Anbieter die tatbestandsmäßige Handlung wissentlich und willentlich begeht. Es genügt, dass er die tatsächlichen Umstände kennt und die Folgen seines Verhaltens zumindest billigend in Kauf nimmt. 10

Fahrlässigkeit hingegen ist gegeben, wenn der Anbieter die gebotene Sorgfalt außer Acht lässt und infolgedessen tatbestandsmäßig handelt. Fahrlässigkeit liegt insbesondere dann vor, wenn Verstöße auf Unachtsamkeit oder mangelnde Kenntnis des Anbieters zurückzuführen sind, wobei die tatbestandsmäßigen Verstöße bei angemessener Sorgfalt durchaus hätten vermieden werden können. 11

Art. 101 Abs. 1 S. 1 regelt die jeweiligen möglichen Sanktionstatbestände, gegen die Anbieter von KI-Modellen verstoßen können. 12

Die möglichen Verstöße, die zu einer Geldbuße durch die Kommission führen können, sind in Art. 101 Abs. 1 S. 1 Buchst. a–d aufgeführt. 13

Art. 101 Abs. 1 S. 1 Buchst. a sanktioniert Verstöße gegen die einschlägigen Bestimmungen. Einschlägige Bestimmungen sind solche, die Anbieter von KI-Modellen mit allgemeinem Verwendungszweck nach der KI-VO erfüllen müssen. Dazu zählen Verstöße gegen die spezifischen auferlegten Pflichten in den Art. 53–55. 14

Nicht dazu zählen Verstöße gegen etwaige selbst auferlegte Zusagen, die sich aus Art. 56 Abs. 7 iVm den nach Art. 56 Abs. 1 ausgearbeiteten Praxisleitfäden ergeben können oder etwaige Verstöße gegen angebotene Verpflichtungszusagen der Anbieter nach Art. 93 Abs. 3. Diese werden gem. Art. 101 Abs. 1 S. 3 nur in der Bußgeldfestsetzung berücksichtigt. Dies ergibt sich aus dem Wortlaut und dem systematischen Zusammenhang in Abs. 1 S. 3, der erkennbar nach den Tatbeständen kommt und die Festsetzung betrifft. Verstöße gegen Verpflichtungszusagen, die im Rahmen des Art. 93 Abs. 3 nicht nur angeboten, sondern auch für bindend erklärt wurden, können jedoch den Tatbestand des Abs. 1 Buchst. c auslösen. Zudem dürfte ein Verstoß gegen die Praxisleitfäden nur dann tatbestandlich relevant sein, wenn dieser wahrheitswidrig mitgeteilt wird (Abs. 1 Buchtst. b i.V.m. Art. 91 Abs. 1).[2] 15

Ausgenommen von Art. 101 sind Verstöße aus den in Art. 5 aufgezählten verbotenen KI-Praktiken, da Art. 5 KI-VO nur KI-Systeme adressiert und hierfür Art. 99 Abs. 3 KI-VO Verstöße mit einer entsprechend höheren Geldbuße erfasst. 16

Nach Art. 101 Abs. 1 S. 1 Buchst. b–d werden Verstöße der Anbieter von KI-Modellen mit allgemeinem Verwendungszweck sanktioniert, die mit Maßnahmen der Kommission unvereinbar sind. 17

Sanktioniert werden kann nach Art. 101 Abs. 1 S. 1 Buchst. b das Nichtnachkommen einer Dokumenten- oder Informationsanforderung gem. Art. 91 oder bei der Bereitstellung falscher, unvollständiger oder irreführender Informationen. Anknüpfungspunkt bei ersterem ist das Unterlassen des Anbieters, die von der Kommission aufgeforderten Dokumente oder Informationen bereitzustellen. 18

Gem. Art. 91 Abs. 1 kann die Kommission von den Anbietern von KI-Modellen mit allgemeinem Verwendungszweck die gem. Art. 53 und 55 erstellten Dokumentationen oder gar alle zusätzlichen Informationen zur Beurteilung der Einhal- 19

[2] Vgl. BeckOK KI-Recht/Scherfzig KI-VO Art. 101 Rn. 37 ff. sowie Martini/Wendehorst/Nemitz KI-VO Art. 101 Rn. 21.

tung der KI-VO anfordern, soweit dies für die Beurteilung erforderlich ist. Vorab kann das Büro für Künstliche Intelligenz gem. Art. 91 Abs. 2 einen Dialog mit dem Anbieter initiieren. Auf begründeten Antrag des wissenschaftlichen Gremiums können durch die Kommission Informationen angefordert werden, wenn der Zugang der Informationen zur Wahrnehmung der Aufgaben des wissenschaftlichen Gremiums gem. Art. 68 Abs. 2 erforderlich und verhältnismäßig ist, Art. 91 Abs. 3 KI-VO.

20 Anbieter oder deren Vertreter müssen die Informationen bereitstellen. Auch bevollmächtigte Anwälte können diese im Namen ihrer Mandanten übermitteln, wobei die Mandanten für die Richtigkeit der Informationen verantwortlich bleiben, Art. 91 Abs. 5.

21 An das Dokumenten- oder Informationsersuchen der Kommission sind bestimmte Anforderungen gestellt, damit dieses Ersuchen rechtmäßig ergeht und eine Handlungsverpflichtung des Anbieters auslöst. Die für ein rechtmäßiges Ersuchen bestehenden Anforderungen ergeben sich aus Art. 91 Abs. 4. Gem. Art. 91 Abs. 4 sind in dem Auskunftsersuchen die Rechtsgrundlage und der Zweck des Ersuchens zu nennen, anzugeben, welche Informationen benötigt werden, eine Frist für die Übermittlung der Informationen zu setzen und die Geldbußen für die Erteilung unrichtiger, unvollständiger oder irreführender Informationen gem. Art. 101 anzugeben.

22 Daher ist Art. 91 Abs. 4 sowohl maßgeblich für die Rechtmäßigkeit des einzuhaltenden Informationsersuchens als auch für den Zeitpunkt des Auslösens der Verpflichtung des Anbieters, welche nur nach Ablauf der rechtmäßig gesetzten Frist entstehen kann.

23 Falls ein formell und materiell rechtmäßiges Informationsersuchen nach Art. 91 Abs. 4 nicht vorausgegangen ist, kann kein sanktionswürdiges Unterlassen des Anbieters ausgelöst werden gem. Art. 101 Abs. 1 S. 1 Buchst. b, da keine Handlungsverpflichtung entstanden ist. Denn eine formelle oder materielle Fehlerhaftigkeit macht das Informationsersuchen undurchsetzbar und löst daher kein sanktionierbares Unterlassen im Sinne des Art. 101 Abs. 1 Buchst. b aus.

24 Nach Art. 101 Abs. 1 S. 1 Buchst. c kann die Kommission gegen einen Anbieter Sanktionen verhängen, wenn dieser einer nach Art. 93 geforderten Maßnahmen nicht nachgekommen ist.

25 Art. 93 ermöglicht es der Kommission, Anbieter von KI-Modellen mit allgemeinem Verwendungszweck aufzufordern, geeignete Maßnahmen zu ergreifen, um die Verpflichtungen nach den Art. 53 und 54 einzuhalten, Risikominderungsmaßnahmen durchzuführen, wenn ernsthafte systemische Risiken bestehen, sowie die Bereitstellung des Modells zu beschränken, zurückzunehmen oder zurückzurufen. Die Kommission kann im Rahmen ihres Ermessens wählen, ob sie zuvorderst zu einer Maßnahme auffordert oder bei einem Verstoß direkt über Buchst. a vorgeht (hier kann durchaus kritisch angemerkt werden, dass es für den Adressaten von Art. 101 KI-VO nicht möglich ist zu antizipieren, ob er bloß zur Maßnahme aufgefordert oder unmittelbar sanktioniert wird); nach Buchst. c kann jedoch nur sanktioniert werden, wenn die Maßnahmenaufforderung aufgrund eines tatsächlichen Fehlverhaltens gerechtfertigt war.[3]

26 Vor einer solchen Aufforderung kann ein strukturierter Dialog stattfinden und die Kommission kann Verpflichtungszusagen des Anbieters zu Risikominimierungsmaßnahmen als bindend erklären.

---

[3] Vgl. BeckOK KI-Recht/Scherfzig KI-VO Art. 101 Rn. 25 ff.

Eine solche Bindungserklärung ist mit einer geforderten Maßnahme nicht gleichzusetzen. Denn die Kommission hat gem. Art. 101 Abs. 1 S. 3 die Verpflichtungen nur für die Höhe der Festsetzung aber nicht tatbestandsmäßig zu berücksichtigen, die iRd Art. 93 Abs. 3 entstehen. 27

Falls ein Anbieter gem. Art. 101 Abs. 1 S. 1 Buchst. d vorsätzlich oder fahrlässig der Kommission den Zugang zu dem KI-Modell verweigert hat, so dass die Kommission keine Bewertung gem. Art. 92 durchführen kann, löst er gem. Art. 101 ebenfalls einen sanktionswürdigen Tatbestand aus. 28

Art. 92 Abs. 3 iVm Abs. 1 legt detailliert fest, zu welchen Zwecken (Bewertungen zur Einhaltung der Verordnung und zu möglichen systemischen Risiken) die Kommission Zugang zu KI-Modellen mit allgemeinem Verwendungszweck anfordern kann. 29

Über die API oder weitere geeignete technische Mittel und Instrumente, einschließlich des Quellcodes, kann die Kommission den Zugang zu dem KI-Modell anfordern. In der Anforderung des Zugangs, die nach den Vorgaben von Art. 92 Abs. 4 erfolgt, müssen die Rechtsgrundlage, der Zweck und die Gründe für die Anforderung klar benannt werden. 30

Zudem ist eine Frist für die Bereitstellung des Zugangs zu setzen und es ist auch die Möglichkeit einer Geldbuße gem. Art. 101 bei Nichtbereitstellung anzugeben, Art. 92 Abs. 4. 31

Die Anbieter selbst oder ihre Vertreter sind verpflichtet, gem. Art. 92 Abs. 5, die angeforderten Informationen zur Verfügung zu stellen. 32

Eine formell und materiell rechtmäßige Zugangsaufforderung gem. Art. 92 Abs. 4 ist Voraussetzung, um die Verpflichtung des Anbieters auszulösen. Demzufolge liegt bei einem vorsätzlichen oder fahrlässigen Unterlassen des Anbieters bei vorausgegangener rechtmäßiger Zugangsaufforderung ein sanktionswürdiges Verhalten gem. Art. 101 Abs. 1 S. 1 Buchst. d vor. 33

IV. Verhältnismäßige Bemessung der Höhe der Geldbuße

Die Höhe der Geldbuße bestimmt sich nach Art. 101 Abs. 1 u. Abs. 3. Demnach kann die Höhe der Geldbuße bis zu 3 % des weltweiten vorangegangenen Jahresumsatzes oder 15 Millionen EUR betragen, je nachdem, welcher Betrag höher ist. Die Kommission kann demnach eine Geldbuße von 15 Millionen EUR verhängen, falls 3 % des weltweiten Vorjahresumsatzes darunter liegen. Die Festlegung eines prozentualen Anteils des vorangegangenen weltweiten Jahresumsatzes als Obergrenze für die Geldbußen ist besonders effektiv, da sie gewährleistet, dass die Sanktionen nicht nur symbolischer Natur bleiben, sondern für die jeweiligen Anbieter, je nach wirtschaftlichem Erfolg, eine ausreichend abschreckende Wirkung entfalten und die Sanktionen als wirksames Mittel zur Durchsetzung der Verordnung dienen (vgl. Erwgr. 168 f.), indem sie, unabhängig von der Unternehmensgröße, wirtschaftlich spürbar sind. 34

Bei der Bemessung der Höhe der Geldbuße oder des Zwangsgeldes sind in jedem Einzelfall, insbesondere die Art, die Schwere und die Dauer des Verstoßes sowie der Grundsatz der Verhältnismäßigkeit und der Angemessenheit gebührend zu berücksichtigen, Art. 101 Abs. 1 S. 2. Zudem hat die Kommission bei der Bußgeldbestimmung Verpflichtungen zu berücksichtigen, die nach Art. 93 Abs. 3 oder in den einschlägigen Praxisleitfäden nach Art. 56 gemacht wurden. 35

36 Ist die Geldbußenfestsetzung der Kommission nicht von einer Verhältnismäßigkeit und Angemessenheit getragen, ist diese rechtswidrig.

37 Die Verhältnismäßigkeit und Angemessenheit, als grundlegende Rechtsprinzipien, stellen sicher, dass Maßnahmen der Kommission nicht über das hinausgehen, was zur Erreichung des legitimen Ziels erforderlich ist. Legitimes Ziel des Art. 101 Abs. 1 ist es abschreckende Sanktionen zur Einhaltung der bestehenden Verpflichtungen der Anbieter nach der KI-VO festzulegen und bei etwaigen Verstößen empfindliche Geldbußen erlassen zu können. Dies bedeutet im Hinblick auf die Höhe der Geldbuße, dass diese stets in einem angemessenen Verhältnis zur Schwere des Verstoßes stehen muss.

38 Art. 101 Abs. 3 betont, dass die Geldbußen nicht nur verhältnismäßig, sondern auch wirksam und abschreckend sein müssen.

39 Die Wirksamkeit und Abschreckungskraft der Geldbußen sind entscheidend, um die Anbieter durch die drohenden Sanktionen anhalten zu können, die notwendigen Vorkehrungen zur Einhaltung der Bestimmungen zu treffen. Bei der Bemessung der Geldbuße sind daher als Teil der Verhältnismäßigkeit auch die Wirksamkeit und Abschreckungskraft einzubeziehen. Die in Art. 101 Abs. 3 geforderte Wirksamkeit und Abschreckungskraft der Geldbuße erfordert eine Sanktion, die bis an die Grenzen der Verhältnismäßigkeit und Angemessenheit geht, ohne jedoch diese entscheidenden Grundsätze zu verletzen.

40 Art. 101 Abs. 3 ist daher aufgrund der Sicherstellung der Abschreckungskraft der Geldbußen eine zentrale Vorschrift der KI-VO zur Einhaltung der Sicherheitsstandards der KI-VO in Bezug auf KI-Modelle mit allgemeinem Verwendungszweck (vgl. Erwgr. 168).

41 Die Schwere des Verstoßes ergibt sich jeweils insbesondere aus der Art des Verstoßes, der Schuldform (Vorsatz oder Fahrlässigkeit) und der Dauer des Verstoßes. Demzufolge sind die Auswirkungen des Verstoßes zu berücksichtigen.

42 Potenziell sind alle in Art. 101 Abs. 1 aufgelisteten Tatbestände dazu geeignet, einen schweren Verstoß darzustellen, der entsprechend nach Art. 101 Abs. 1 S. 2 zu einer empfindlichen Festsetzung der Geldbuße führen kann:

43 Verstöße gegen Art. 101 Abs. 1 S. 1 Buchst. a stellen eine schwerwiegende Missachtung der Pflichten der Anbieter dar, die eine strenge Sanktion erfordern, um die Einhaltung der Vorschriften sicherzustellen.

44 Das Versäumnis, geforderte Dokumente oder Informationen bereitzustellen, oder die Bereitstellung falscher Informationen gem. Art. 101 Abs. 1 Buchst. b untergräbt die Transparenz und erschwert die Aufsicht und kann demzufolge erhebliche Risiken für die öffentliche Gesundheit, Sicherheit und Grundrechte mit sich bringen, weshalb auch hier eine signifikante Sanktion ausgelöst werden kann.

45 Die Nichtbefolgung behördlicher Maßnahmen gem. Art. 101 Abs. 1 S. 1 Buchst. c signalisiert eine generelle Uneinsichtigkeit des Anbieters, Maßnahmen der Kommission zu befolgen und kann entsprechend sanktioniert werden.

46 Die Verweigerung des Zugangs zu KI-Modellen gem. Art. 101 Abs. 1 S. 1 Buchst. d verhindert eine angemessene Bewertung und birgt potenziell erhebliche Risiken, was eine empfindliche Sanktionierung erforderlich machen kann.

47 Die Kommission muss bei der Festsetzung der Geldbuße die spezifischen Umstände jedes Verstoßes berücksichtigen, um dem Grundsatz der Verhältnismäßigkeit und Angemessenheit nachzukommen. Der Rahmen von bis zu 3 % des vorangegangenen weltweiten Jahresumsatzes oder 15 Millionen EUR bietet dabei die nötige Flexibilität, um eine angemessene und zugleich auch abschreckende Geldbuße vornehmen zu können.

V. Gelegenheit der Stellungnahme

Bevor die Kommission einen Geldbußenbeschluss gem. Art. 101 Abs. 1 S. 1 trifft, informiert sie den Anbieter des KI-Modells mit allgemeinem Verwendungszweck über ihre vorläufige Bewertung und gibt ihm die Möglichkeit, dazu Stellung zu nehmen, Art. 101 Abs. 2. **48**

Dieses Verfahren stellt sicher, dass der betroffene Anbieter die Möglichkeit erhält vor der Verhängung einer Geldbuße seine Sicht der Dinge vorzutragen, was Teil seines in Art. 41 Abs. 2 Buchst. a GRCh verbrieften Rechts auf Gehör ist und einen wesentlichen Bestandteil des Rechts auf ein faires Verfahren gem. Art. 47 GRCh darstellt. Indem der Sachverhalt aus Sicht des Anbieters berücksichtigt wird, ist zudem eine vollständige Berücksichtigung aller relevanten Sachverhaltsumstände möglich. **49**

VI. Informationsweitergabe im Falle der Sanktionierung

Art. 101 Abs. 4 stellt es in das Ermessen der Kommission, ob Informationen über verhängte Geldbußen dem KI-Gremium zur Verfügung gestellt werden. **50**

VII. Prüfungsbefugnis des Gerichtshofs der Europäischen Union

Die verhängten Geldbußen können vom Gerichtshof der Europäischen Union gem. Art. 101 Abs. 5 S. 1 einer unbeschränkten gerichtlichen Überprüfung unterzogen werden. Diese gerichtliche Kontrollmöglichkeit muss aufgrund der in Art. 2 EUV festgeschriebenen Rechtsstaatlichkeit der EU gewährleistet sein. **51**

Als Entscheidung kann der Gerichtshof der Europäischen Union die verhängte Geldbuße aufheben, herabsetzen oder auch erhöhen, Art. 101 Abs. 5 S. 2. **52**

VIII. Verfahrensregelungen und Verfahrensgarantien für Sanktionsbeschlüsse

Art. 101 Abs. 6 erteilt der Kommission die Befugnis, detaillierte Regelungen und Verfahrensgarantien als Durchführungsrechtsakte für die Verhängung von Geldbußen nach Abs. 1 zu erlassen. Diese Durchführungsrechtsakte werden gem. Art. 101 Abs. 6 S. 2 nach dem in Art. 98 Abs. 2 genannten Prüfverfahren erlassen. **53**

Die Durchführungsrechtsakte sollen für mehr Klarheit, Transparenz und Konsistenz beim Bußgeldverfahren nach Art. 101 Abs. 1 sorgen. **54**

IX. Rechtsmittel

Gegen eine durch die Europäische Kommission nach Art. 101 Abs. 1 S. 1 verhängte Geldbuße kann der betroffene Anbieter gem. Art. 263 AEUV eine Nichtigkeitsklage beim Gerichtshof der Europäischen Union erheben, Art. 101 Abs. 5 S. 1. **55**

Kapitel XIII. Schlussbestimmungen

Vorbemerkung zu Art. 102–110

1 Die Art. 102–109 dienen der Anpassung einer Reihe von EU-Verordnungen und EU-Richtlinien an die KI-VO. Es handelt sich dabei um die in Anhang I Abschnitt B aufgeführten Rechtsakte:

- Verordnung (EG) Nr. 300/2008 des Europäischen Parlaments und des Rates vom 11.3.2008 über gemeinsame Vorschriften für die Sicherheit in der Zivilluftfahrt und zur Aufhebung der Verordnung (EG) Nr. 2320/2002 (ABl. 2008 L 97, 72)
- Verordnung (EU) Nr. 168/2013 des Europäischen Parlaments und des Rates vom 15.1.2013 über die Genehmigung und Marktüberwachung von zwei- oder dreirädrigen und vierrädrigen Fahrzeugen (ABl. 2013 L 60, 52)
- Verordnung (EU) Nr. 167/2013 des Europäischen Parlaments und des Rates vom 5.2.2013 über die Genehmigung und Marktüberwachung von land- und forstwirtschaftlichen Fahrzeugen (ABl. 2013 L 60, 1)
- Richtlinie 2014/90/EU des Europäischen Parlaments und des Rates vom 23.7.2014 über Schiffsausrüstung und zur Aufhebung der Richtlinie 96/98/EG des Rates (ABl. 2014 L 257, 146)
- Richtlinie (EU) 2016/797 des Europäischen Parlaments und des Rates vom 11.5.2016 über die Interoperabilität des Eisenbahnsystems in der Europäischen Union (ABl. 2016 L 138, 44)
- Verordnung (EU) 2018/858 des Europäischen Parlaments und des Rates vom 30.5.2018 über die Genehmigung und die Marktüberwachung von Kraftfahrzeugen und Kraftfahrzeuganhängern sowie von Systemen, Bauteilen und selbstständigen technischen Einheiten für diese Fahrzeuge, zur Änderung der Verordnungen (EG) Nr. 715/2007 und (EG) Nr. 595/2009 und zur Aufhebung der Richtlinie 2007/46/EG (ABl. 2018 L 151, 1)
- Verordnung (EU) 2019/2144 des Europäischen Parlaments und des Rates vom 27.11.2019 über die Typgenehmigung von Kraftfahrzeugen und Kraftfahrzeuganhängern sowie von Systemen, Bauteilen und selbstständigen technischen Einheiten für diese Fahrzeuge im Hinblick auf ihre allgemeine Sicherheit und den Schutz der Fahrzeuginsassen und von ungeschützten Verkehrsteilnehmern, zur Änderung der Verordnung (EU) 2018/858 des Europäischen Parlaments und des Rates und zur Aufhebung der Verordnungen (EG) Nr. 78/2009, (EG) Nr. 79/2009 und (EG) Nr. 661/2009 des Europäischen Parlaments und des Rates sowie der Verordnungen (EG) Nr. 631/2009, (EU) Nr. 406/2010, (EU) Nr. 672/2010, (EU) Nr. 1003/2010, (EU) Nr. 1005/2010, (EU) Nr. 1008/2010, (EU) Nr. 1009/2010, (EU) Nr. 19/2011, (EU) Nr. 109/2011, (EU) Nr. 458/2011, (EU) Nr. 65/2012, (EU) Nr. 130/2012, (EU) Nr. 347/2012, (EU) Nr. 351/2012, (EU) Nr. 1230/2012 und (EU) 2015/166 der Kommission (ABl. 2019 L 325, 1)
- Verordnung (EU) 2018/1139 des Europäischen Parlaments und des Rates vom 4.7.2018 zur Festlegung gemeinsamer Vorschriften für die Zivilluftfahrt und zur Errichtung einer Agentur der Europäischen Union für Flugsicherheit sowie zur Änderung der Verordnungen (EG) Nr. 2111/2005, (EG) Nr. 1008/2008,

(EU) Nr. 996/2010, (EU) Nr. 376/2014 und der Richtlinien 2014/30/EU und 2014/53/EU des Europäischen Parlaments und des Rates, und zur Aufhebung der Verordnungen (EG) Nr. 552/2004 und (EG) Nr. 216/2008 des Europäischen Parlaments und des Rates und der Verordnung (EWG) Nr. 3922/91 des Rates (ABl. 2018 L 212, 1), insoweit die Konstruktion, Herstellung und Vermarktung von Luftfahrzeugen gemäß Artikel 2 Absatz 1 Buchstaben a und b in Bezug auf unbemannte Luftfahrzeuge sowie deren Motoren, Propeller, Teile und Ausrüstung zur Fernsteuerung betroffen sind

Diese in Anhang I Abschnitt B aufgelisteten Rechtsakte sind dem **„alten Rechtsrahmen" im Bereich der Produktsicherheitsrechtssetzung** zuzuordnen. Diese werden durch Art. 2 Abs. 2 weitestgehend aus dem Anwendungsbereich der KI-VO herausgenommen. Für Hochrisiko-KI-Systeme die im Zusammenhang mit Produkten im Sinne dieser Rechtsakte stehen, gelten nur Art. 6 Abs. 1, 102–109 und 112 und unter bestimmten Voraussetzungen Art. 57. Durch die Anpassungen, die Art. 102–109 treffen, können die Produktsicherheitsrechtsakte **die Vorgaben zu Hochrisiko-KI-Systemen,** namentlich die Vorschriften aus Kapitel III **in ihren jeweils speziellen Rechtsrahmen aufnehmen.** Der in den Art. 102–109 verwendete Begriff „Systeme der künstlichen Intelligenz" ist identisch mit dem Begriff „KI-System" gem. Art. 3 Nr. 1."[1] 2

Art. 102* Änderung der Verordnung (EG) Nr. 300/2008

In Artikel 4 Absatz 3 der Verordnung (EG) Nr. 300/2008 wird folgender Unterabsatz angefügt:

„Beim Erlass detaillierter Maßnahmen, die technische Spezifikationen und Verfahren für die Genehmigung und den Einsatz von Sicherheitsausrüstung betreffen, bei der auch Systeme der künstlichen Intelligenz im Sinne der Verordnung (EU) 2024/1689 des Europäischen Parlaments und des Rates[1] zum Einsatz kommen, werden die in Kapitel III Abschnitt 2 jener Verordnung festgelegten Anforderungen berücksichtigt."

Übersicht

I. Geänderter EU-Rechtsakt

Durch Art. 102 wird die *VO (EG) Nr. 300/2008* **über gemeinsame Vorschriften für die Sicherheit in der Zivilluftfahrt geändert.** Erwgr. 1 der 1

[1] Martini/Wendehorst/Wendehorst, Art. 102 Rn. 2; Schefzig/Kilian/Brandt Art. 102 Rn. 4f.

* Kapitel XIII (Art. 102–113) gilt gem. Art. 113 UAbs. 2 ab 2.8.2026.

[1] [Amtl. Anm.:] Verordnung (EU) 2024/1689 des Europäischen Parlaments und des Rates vom 13. Juni 2024 zur Festlegung harmonisierter Vorschriften für künstliche Intelligenz und zur Änderung der Verordnungen (EG) Nr. 300/2008, (EU) Nr. 167/2013, (EU) Nr. 168/2013, (EU) 2018/858, (EU) 2018/1139 und (EU) 2019/2144 sowie der Richtlinien 2014/90/EU, (EU) 2016/797 und (EU) 2020/1828 (Verordnung über künstliche Intelligenz) (ABl. L, 2024/1689, 12.7.2024, ELI: http://data.europa.eu/eli/reg/2024/1689/oj).

Verordnung fasst Ziele und Instrumente der Verordnung zusammen: „Zum Schutz von Personen und Gütern in der Europäischen Union sollten unrechtmäßige Eingriffe im Zusammenhang mit Zivilluftfahrzeugen, die die Sicherheit der Zivilluftfahrt gefährden, durch die Festlegung gemeinsamer Vorschriften für die Gefahrenabwehr in der Zivilluftfahrt verhindert werden. Dieses Ziel sollte durch die Festlegung gemeinsamer Vorschriften und Grundstandards für die Luftsicherheit sowie Mechanismen für die Überwachung der Einhaltung der Vorschriften und Grundstandards erreicht werden."[2]

II. Änderung

2 Art. 4 der *Verordnung (EG) Nr. 300/2008* regelt gemeinsame Grundstandards. Art. 4 Abs. 3 regelt, dass detaillierte Maßnahmen für die Durchführung der gemeinsamen Grundstandards nach dem Ausschussverfahren festgelegt werden. Diese Maßnahmen betreffen insbesondere Vorschriften und Verfahren für die Kontrolle, eine Liste der verbotenen Gegenstände, Vorschriften und Verfahren für die Zugangskontrolle, Vorschriften und Verfahren für die Überprüfung von Fahrzeugen, Luftfahrzeug-Sicherheitskontrollen und Luftfahrzeug-Sicherheitsdurchsuchungen, Beschlüsse über die Anerkennung der Gleichwertigkeit der in einem Drittland geltenden Sicherheitsstandards, bei Fracht und Post Verfahren für die Zulassung oder Benennung von reglementierten Beauftragten, bekannten Versendern und geschäftlichen Versendern sowie deren Pflichten, Vorschriften und Verfahren für die Sicherheitskontrollen bei Post oder Material von Luftfahrtunternehmen, bei Bordvorräten und Flughafenlieferungen Verfahren für die Zulassung oder Benennung von reglementierten Lieferanten und bekannten Lieferanten, die Festlegung sensibler Teile der Sicherheitsbereiche, die Einstellung und Schulung von Personal, besondere Sicherheitsverfahren oder die Freistellung von Sicherheitskontrollen, technische Spezifikationen und Zulassungsverfahren sowie den Einsatz von Sicherheitsausrüstung, Vorschriften und Verfahren betreffend potenziell gefährliche Fluggäste.

3 Dies wird nunmehr ergänzt um die Maßgabe, dass die Anforderungen aus Kapitel III Abschnitt 2 beim Erlass der detaillierten Maßnahmen berücksichtigt werden müssen, wenn sie technische Spezifikationen und Verfahren für die Genehmigung und den Einsatz von Sicherheitsausrüstung betreffen, bei der auch Systeme der künstlichen Intelligenz im Sinne der *Verordnung (EU) 2024/1689* des Europäischen Parlaments und des Rates zum Einsatz kommen.

Art. 103* Änderung der Verordnung (EU) Nr. 167/2013

In Artikel 17 Absatz 5 der Verordnung (EU) Nr. 167/2013 wird folgender Unterabsatz angefügt:

„Beim Erlass delegierter Rechtsakte nach Unterabsatz 1, die sich auf Systeme der künstlichen Intelligenz beziehen, bei denen es sich um Sicherheitsbauteile im Sinne der Verordnung (EU) 2024/1689 des Europä-

---

[2] Erwgr. 1 VO (EG) Nr. 300/2008.

* Kapitel XIII (Art. 102–113) gilt gem. Art. 113 UAbs. 2 ab 2.8.2026.

ischen Parlaments und des Rates[1] handelt, werden die in Kapitel III Abschnitt 2 jener Verordnung festgelegten Anforderungen berücksichtigt.“

Übersicht

I. Geänderter EU-Rechtsakt

1 Art. 103 ändert die *VO (EU) Nr. 167/2013* über die **Genehmigung und Marktüberwachung von land- und forstwirtschaftlichen Fahrzeugen.** Die Verordnung legt Verwaltungsvorschriften und technischen Anforderungen für die Typgenehmigung aller neuen Fahrzeuge, Systeme, Bauteile oder selbstständigen technischen Einheiten im Bereich der land- und forstwirtschaftlichen Fahrzeuge fest. Nach Art. 2 Abs. 2 werden mit der Verordnung die Vorschriften für die Marktüberwachung von genehmigungspflichtigen Fahrzeugen festgelegt. Ferner werden die Vorschriften für die Marktüberwachung von Teilen und Ausrüstungen für diese Fahrzeuge festgelegt. Der sachliche Anwendungsbereich umfasst nach Art. 2 Abs. 1 den in Art. 4 festgelegten Katalog an land- und forstwirtschaftliche Fahrzeuge, die in einer oder mehreren Stufen ausgelegt und gebaut werden, sowie für Systeme, Bauteile und selbstständige technische Einheiten sowie Teile und Ausrüstungen, die für solche Fahrzeuge ausgelegt und gebaut werden. Insbesondere gilt die Verordnung für Zugmaschinen (Klassen T und C), Anhänger (Klasse R) und gezogene auswechselbare Geräte (Klasse S).

II. Änderung

2 Nach Art. 17 Abs. 1 der *Verordnung (EU) Nr. 167/2013* stellen die Hersteller sicher, dass die von ihnen hergestellten Fahrzeuge so ausgelegt, gefertigt und zusammengebaut sind, dass die Verletzungsgefahr für Fahrzeuginsassen und andere Personen, die sich in der Nähe des Fahrzeugs aufhalten, möglichst gering ist. Nach Art. 17 Abs. 1 der *Verordnung (EU) Nr. 167/2013* stellen die Hersteller sicher, dass die von ihm hergestellten Fahrzeuge, Systeme, Bauteile und selbstständigen technischen Einheiten den einschlägigen Anforderungen dieser Verordnung entsprechen, unter anderem den Anforderungen für die Festigkeit der Fahrzeugstruktur, Fahrerassistenzsysteme einschließlich Lenk- und Bremsanlagen, verbesserte Bremssysteme, elektronische Stabilitätskontrollsysteme, Systeme zur Fahrersicht auf die Straße, Fahrzeugzustands- und Umfeldanzeige, Glasscheiben, Spiegel, Fahrerinformationssysteme, Beleuchtungseinrichtungen, Insassenschutzsysteme einschließlich Innenausstattung, Kopfstützen, Sicherheitsgurte, Fahrzeugtüren,

[1] [Amtl. Anm.:] Verordnung (EU) 2024/1689 des Europäischen Parlaments und des Rates vom 13. Juni 2024 zur Festlegung harmonisierter Vorschriften für künstliche Intelligenz und zur Änderung der Verordnungen (EG) Nr. 300/2008, (EU) Nr. 167/2013, (EU) Nr. 168/2013, (EU) 2018/858, (EU) 2018/1139 und (EU) 2019/2144 sowie der Richtlinien 2014/90/EU, (EU) 2016/797 und (EU) 2020/1828 (Verordnung über künstliche Intelligenz) (ABl. L, 2024/1689, 12.7.2024, ELI: http://data.europa.eu/eli/reg/2024/1689/oj).

Fahrzeugaußenseite und Zubehörteile, elektromagnetische Verträglichkeit, Vorrichtungen für Schallzeichen, Heizungsanlagen, Sicherungen gegen unbefugte Benutzung, Fahrzeug-Identifizierungssysteme, Massen und Abmessungen, elektrische Sicherheit einschließlich statischer Elektrizität, hinterer Unterfahrschutz, seitliche Schutzvorrichtungen, Ladeflächen, Abschleppeinrichtungen, Reifen, Spritzschutzsysteme, Rückwärtsgang, Gleisketten, mechanische Verbindungseinrichtungen einschließlich Schutz vor Montagefehlern. Bezogen auf diese Gegenstände kann die Kommission nach Art. 17 Abs. 5 der *Verordnung (EU) Nr. 167/2013* detaillierte technischen Anforderungen inklusive Prüfverfahren und Grenzwerten erlassen. Dies wird ergänzt durch Art. 103. Nunmehr sind beim Erlass delegierter Rechtsakte nach, die sich auf KI-Systeme beziehen, bei denen es sich um Sicherheitsbauteile handelt, die in Kapitel III Abschnitt 2 festgelegten Anforderungen zu berücksichtigen.

Art. 104* Änderung der Verordnung (EU) Nr. 168/2013

In Artikel 22 Absatz 5 der Verordnung (EU) Nr. 168/2013 wird folgender Unterabsatz angefügt:

„Beim Erlass delegierter Rechtsakte nach Unterabsatz 1, die sich auf Systeme der künstlichen Intelligenz beziehen, bei denen es sich um Sicherheitsbauteile im Sinne der Verordnung (EU) 2024/1689 des Europäischen Parlaments und des Rates[1] handelt, werden die in Kapitel III Abschnitt 2 jener Verordnung festgelegten Anforderungen berücksichtigt."

Übersicht

I. Geänderter EU-Rechtsakt

1 Art. 104 ändert die *Verordnung (EU) Nr. 168/2013* **über die Genehmigung und Marktüberwachung von zwei- oder dreirädrigen und vierrädrigen Fahrzeugen.** Nach Art. 1 Abs. 1 der *Verordnung (EU) Nr. 168/2013* legt die Verordnung Verwaltungsvorschriften und technischen Anforderungen für die Typgenehmigung aller neuen Fahrzeuge, Systeme, Bauteile und selbstständigen technischen Einheiten des Katalogs in Art. 2 Abs. 1 fest. Zudem legt die *Verordnung (EU) Nr. 168/2013* die Vorschriften für die Marktüberwachung von Fahrzeugen, Systemen, Bauteilen und selbstständigen technischen Einheiten fest, die genehmigungspflichtig sind. Ferner werden mit dieser Verordnung die

* Kapitel XIII (Art. 102–113) gilt gem. Art. 113 UAbs. 2 ab 2.8.2026.

[1] [Amtl. Anm.:] Verordnung (EU) 2024/1689 des Europäischen Parlaments und des Rates vom 13. Juni 2024 zur Festlegung harmonisierter Vorschriften für künstliche Intelligenz und zur Änderung der Verordnungen (EG) Nr. 300/2008, (EU) Nr. 167/2013, (EU) Nr. 168/2013, (EU) 2018/858, (EU) 2018/1139 und (EU) 2019/2144 sowie der Richtlinien 2014/90/EU, (EU) 2016/797 und (EU) 2020/1828 (Verordnung über künstliche Intelligenz) (ABl. L, 2024/1689, 12.7.2024, ELI: http://data.europa.eu/eli/reg/2024/1689/oj).

Vorschriften für die Marktüberwachung von Teilen und Ausrüstungen für diese Fahrzeuge festgelegt.

II. Änderung

Art. 22 der Verordnung legt Anforderungen an die funktionale Sicherheit von Fahrzeugen fest: Absatz 1 verpflichtet den Hersteller sicherzustellen, dass Fahrzeuge so konzipiert, produziert und montiert werden, dass sie das Verletzungsrisiko für Insassen und andere Verkehrsteilnehmer minimieren. Absatz 2 verlangt, dass die funktionale Sicherheit eines Fahrzeugs über dessen normale Lebensdauer erhalten bleibt, sofern es unter normalen Bedingungen betrieben und regelmäßig gewartet wird. Der Hersteller muss zudem in der Beschreibungsmappe bestätigen, dass die Haltbarkeit sicherheitskritischer Systeme und Teile durch entsprechende Prüfungen und Ingenieurspraxis sichergestellt ist. Nach Abs. 3 gewährleistet der Hersteller, dass Fahrzeuge, Systeme, Bauteile und selbstständige technische Einheiten den einschlägigen Anforderungen des Anhangs II und des Anhangs VIII entsprechen und den Prüfverfahren und Leistungsanforderungen genügen, die in einem gem. Abs. 5 erlassenen delegierten Rechtsakt festgelegt werden. **2**

Diesen Art. 22 Abs. 5 der *Verordnung (EU) Nr. 168/2013,* der die Kommission zum erlass entsprechender delegierter Rechtsakte ermächtigt, wird ein neuer Unterabsatz angefügt. Danach muss beim Erlass delegierter Rechtsakte, die sich auf KI-Systeme beziehen, bei denen es sich um Sicherheitsbauteile im Sinne der KI-VO handelt, die in Kapitel III Abschnitt 2 festgelegten Anforderungen berücksichtigt werden. **3**

Art. 105* Änderung der Richtlinie 2014/90/EU

In Artikel 8 der Richtlinie 2014/90/EU wird folgender Absatz angefügt:

„(5) Bei Systemen der künstlichen Intelligenz, bei denen es sich um Sicherheitsbauteile im Sinne der Verordnung (EU) 2024/1689 des Europäischen Parlaments und des Rates[1] handelt, berücksichtigt die Kommission bei der Ausübung ihrer Tätigkeiten nach Absatz 1 und bei Erlass technischer Spezifikationen und Prüfnormen nach den Absätzen 2 und 3 die in Kapitel III Abschnitt 2 jener Verordnung festgelegten Anforderungen.“

Übersicht

* Kapitel XIII (Art. 102–113) gilt gem. Art. 113 UAbs. 2 ab 2.8.2026.

[1] [Amtl. Anm.:] Verordnung (EU) 2024/1689 des Europäischen Parlaments und des Rates vom 13. Juni 2024 zur Festlegung harmonisierter Vorschriften für künstliche Intelligenz und zur Änderung der Verordnungen (EG) Nr. 300/2008, (EU) Nr. 167/2013, (EU) Nr. 168/2013, (EU) 2018/858, (EU) 2018/1139 und (EU) 2019/2144 sowie der Richtlinien 2014/90/EU, (EU) 2016/797 und (EU) 2020/1828 (Verordnung über künstliche Intelligenz) (ABl. L, 2024/1689, 12.7.2024, ELI: http://data.europa.eu/eli/reg/2024/1689/oj).

I. Geänderter EU-Rechtsakt

1 Art. 105 nimmt Änderungen an der *RL 2014/90/EU* über **Schiffsausrüstung** vor. Ziel der *RL 2014/90/EU* „ist die Erhöhung der Sicherheit auf See und die Vermeidung von Meeresverschmutzung durch die einheitliche Anwendung der einschlägigen internationalen Instrumente in Bezug auf Schiffsausrüstung, mit der EU-Schiffe ausgestattet werden sollen, sowie die Gewährleistung des freien Verkehrs solcher Ausrüstung innerhalb der Union."

II. Änderung

2 Nach Art. 8 Abs. 1 wird im Bereich der Normen für Schiffsausrüstung grundsätzlich auf die International Maritime Organization vertraut, „unter anderem ausführliche technische Spezifikationen und Prüfnormen, für Schiffsausrüstung ausarbeiten, deren Installation oder Verwendung an Bord für erforderlich gehalten wird, um die Sicherheit auf See und den Schutz vor Meeresverschmutzung zu verbessern." Art. 8 Abs. 2 und Abs. 3 übertragen der Kommission unter bestimmten Voraussetzungen die Möglichkeit zur Festlegung harmonisierter technischer Spezifikationen und Prüfnormen für diesen spezifischen Gegenstand der Schiffsausrüstung durch delegierte Rechtsakte. Beim Erlass technischer Spezifikationen und Prüfnormen für KI-System, bei denen es sich um Sicherheitsbauteile handelt, muss die Kommission, die in Kapitel III Abschnitt 2 festgelegten Anforderungen berücksichtigen. Zudem muss die Kommission („bei der Ausübung ihrer Tätigkeiten nach Absatz 1") die Entwicklungen der Normsetzung durch die International Maritime Organization auch auf den Bereich KI ausdehnen, um etwaige Regelungslücken in deren Normsetzung betreffend KI zu bemerken und gegebenenfalls durch delegierten Rechtsakt zu schließen.

Art. 106* Änderung der Richtlinie (EU) 2016/797

In Artikel 5 der Richtlinie (EU) 2016/797 wird folgender Absatz angefügt:

„(12) Beim Erlass von delegierten Rechtsakten nach Absatz 1 und von Durchführungsrechtsakten nach Absatz 11, die sich auf Systeme der künstlichen Intelligenz beziehen, bei denen es sich um Sicherheitsbauteile im Sinne der Verordnung (EU) 2024/1689 des Europäischen Parlaments und des Rates[1] handelt, werden die in Kapitel III Abschnitt 2 jener Verordnung festgelegten Anforderungen berücksichtigt."

---

* Kapitel XIII (Art. 102–113) gilt gem. Art. 113 UAbs. 2 ab 2.8.2026.

[1] [Amtl. Anm.:] Verordnung (EU) 2024/1689 des Europäischen Parlaments und des Rates vom 13. Juni 2024 zur Festlegung harmonisierter Vorschriften für künstliche Intelligenz und zur Änderung der Verordnungen (EG) Nr. 300/2008, (EU) Nr. 167/2013, (EU) Nr. 168/2013, (EU) 2018/858, (EU) 2018/1139 und (EU) 2019/2144 sowie der Richtlinien 2014/90/EU, (EU) 2016/797 und (EU) 2020/1828 (Verordnung über künstliche Intelligenz) (ABl. L, 2024/1689, 12.7.2024, ELI: http://data.europa.eu/eli/reg/2024/1689/oj).

Übersicht

I. Geänderter EU-Rechtsakt

Art. 106 ändert die *RL (EU) 2016/797* über die **Interoperabilität des Eisenbahnsystems** in der Europäischen Union. Die Ziele dieser Richtlinie lassen sich den Erwägungsgründen entnehmen: „Um den Bürgern der Union, den Wirtschaftsteilnehmern sowie den zuständigen Behörden in vollem Umfang die Vorteile zugutekommen zu lassen, die sich aus der Schaffung eines einheitlichen europäischen Eisenbahnraums ergeben, müssen insbesondere die Verknüpfung und Interoperabilität der nationalen Eisenbahnnetze sowie der Zugang zu diesen Netzen gefördert und nach Art. 171 des Vertrags über die Arbeitsweise der Europäischen Union (AEUV) jede Aktion durchgeführt werden, die sich gegebenenfalls im Bereich der Harmonisierung der technischen Normen als notwendig erweist."[2] 1

II. Änderung

Nach Art. 1 Abs. 1 der *RL (EU) 2016/797* werden durch die Richtlinie die Bedingungen festgelegt, die für die Verwirklichung der Interoperabilität des Eisenbahnsystems in der Union erfüllt sein müssen, „um ein optimales Maß an technischer Harmonisierung festzulegen, es zu ermöglichen, Eisenbahnverkehrsdienste in der Union und mit Drittländern zu erleichtern, zu verbessern und zu entwickeln und zur Verwirklichung des einheitlichen europäischen Eisenbahnraums und zur schrittweisen Vollendung des Binnenmarkts beizutragen. Diese Bedingungen betreffen die Planung, den Bau, die Inbetriebnahme, die Aufrüstung, die Erneuerung, den Betrieb und die Instandhaltung von Bestandteilen dieses Systems und darüber hinaus die Qualifikationen sowie die Gesundheits- und Sicherheitsbedingungen in Bezug auf das für seinen Betrieb und seine Instandhaltung eingesetzte Personal." Die Richtlinie enthält für jedes Teilsystem die Bestimmungen über Interoperabilitätskomponenten, Schnittstellen und Verfahren sowie die Bedingungen für die Gesamtkohärenz des Eisenbahnsystems der Union, die zur Verwirklichung der Interoperabilität erforderlich sind, Art. 2 *RL (EU) 2016/797*. 2

Art. 5 Abs. 1 regelt die Ausarbeitung, Annahme und Überarbeitung der Technischen Spezifikationen für die Interoperabilität (TSI). Der Kommission wird die Befugnis übertragen, delegierte Rechtsakte zu erlassen, um die TSI anzupassen. Diese betreffen unter anderem den Anwendungsbereich, die grundlegenden Anforderungen und spezifische Verfahren für die Konformitäts- und EG-Prüfungen sowie Mindestanforderungen für das Personal. Die Kommission muss begründen, warum neue oder geänderte TSI erforderlich sind, und deren Auswirkungen auf bestehende Vorschriften darlegen. 3

Nach Art. 5 Abs. 11 erlässt die Kommission Durchführungsrechtsakte zur Erstellung der Technischen Spezifikationen für die Interoperabilität (TSI), die auf 4

[2] Erwgr. 2 RL (EU) 2016/797.

die in den delegierten Rechtsakten gemäß Absatz 1 festgelegten Ziele ausgerichtet sind.

5 Um zukünftig bei den von der Kommission auch die Besonderheiten im Bereich der KI berücksichtigen zu können, wird nunmehr ein neuer Abs. 12 eingefügt, der für den Erlass von delegierten Rechtsakten nach Absatz 1 und von Durchführungsrechtsakten nach Absatz 11 Vorgaben macht. Wenn sich diese auf KI-Systeme beziehen, bei denen es sich um Sicherheitsbauteile im Sinne der KI-VO handelt, sind die in Kapitel III Abschnitt 2 jener Verordnung festgelegten Anforderungen zu berücksichtigen.

Art. 107* Änderung der Verordnung (EU) 2018/858

In Artikel 5 der Verordnung (EU) 2018/858 wird folgender Absatz angefügt:

„(4) Beim Erlass delegierter Rechtsakte nach Absatz 3, die sich auf Systeme der künstlichen Intelligenz beziehen, bei denen es sich um Sicherheitsbauteile im Sinne der Verordnung (EU) 2024/1689 des Europäischen Parlaments und des Rates[1] handelt, werden die in Kapitel III Abschnitt 2 jener Verordnung festgelegten Anforderungen berücksichtigt."

Übersicht

I. Geänderter EU-Rechtsakt

1 Art. 107 ändert die *Verordnung (EU) 2018/858* über die Genehmigung und die Marktüberwachung von Kraftfahrzeugen und Kraftfahrzeuganhängern sowie von Systemen, Bauteilen und selbstständigen technischen Einheiten für diese Fahrzeuge. Diese Verordnung gilt für Kraftfahrzeuge der Klassen M und N sowie für deren Anhänger der Klasse O, die dazu bestimmt sind, auf öffentlichen Straßen gefahren zu werden, einschließlich solcher, die in einer oder mehreren Stufen konstruiert und gebaut werden, und für Systeme, Bauteile und selbstständige technische Einheiten sowie für Teile und Ausrüstungen, die für solche Fahrzeuge und deren Anhänger konstruiert und gebaut werden (Art. 2 Abs. 1 *Verordnung (EU) 2018/858*). Die Verordnung legt die Verwaltungsvorschriften und technischen Anforderungen für die Typgenehmigung und das Inverkehrbringen aller neuen Fahrzeuge, Systeme, Bauteile und selbstständigen technischen Einheiten sowie für Fahrzeug-Einzelgenehmigungen fest. Zudem werden die Vorschriften für das Inverkehrbringen und die Inbetriebnahme von Teilen und Ausrüstungen

* Kapitel XIII (Art. 102–113) gilt gem. Art. 113 UAbs. 2 ab 2.8.2026.

[1] [Amtl. Anm.:] Verordnung (EU) 2024/1689 des Europäischen Parlaments und des Rates vom 13. Juni 2024 zur Festlegung harmonisierter Vorschriften für künstliche Intelligenz und zur Änderung der Verordnungen (EG) Nr. 300/2008, (EU) Nr. 167/2013, (EU) Nr. 168/2013, (EU) 2018/858, (EU) 2018/1139 und (EU) 2019/2144 sowie der Richtlinien 2014/90/EU, (EU) 2016/797 und (EU) 2020/1828 (Verordnung über künstliche Intelligenz) (ABl. L, 2024/1689, 12.7.2024, ELI: http://data.europa.eu/eli/reg/2024/1689/oj).

festgelegt, von denen eine ernste Gefahr für das einwandfreie Funktionieren der wesentlichen Systeme ausgehen kann.

Die Verordnung legt die Anforderungen für die Marktüberwachung von Fahrzeugen, Systemen, Bauteilen und selbstständigen technischen Einheiten, die dem Erfordernis der Genehmigung unterliegen, fest. Ebenso die Anforderungen für die Marktüberwachung von Teilen und Ausrüstungen dieser Fahrzeuge. 2

II. Änderung

Art. 5 *Verordnung (EU) 2018/858* enthält Bestimmungen zu den technischen Anforderungen. Nach Abs. 1 müssen Fahrzeuge, Systeme, Bauteile und selbstständige technische Einheiten die Anforderungen der in Anhang II aufgeführten Rechtsakte erfüllen. In Abs. 3 wird der Kommission die Befugnis übertragen, zur Berücksichtigung technischer und rechtlicher Entwicklungen delegierte Rechtsakte zu erlassen, um besagten Anhang II zu ändern. Sie kann durch Verweise auf die Rechtsakte die Anforderungen an Fahrzeuge, Systeme, Bauteile und selbstständige technische Einheiten einführen und aktualisieren. 3

Diese Systematik wird nunmehr durch eine Regelung zu KI-Systemen in einem neuen Abs. 4 ergänzt. Danach müssen beim Erlass delegierter Rechtsakte nach Absatz 3, die sich auf KI-Systeme beziehen, bei denen es sich um Sicherheitsbauteile im Sinne der KI-VO handelt, die in Kapitel III Abschnitt 2 jener Verordnung festgelegten Anforderungen berücksichtigt werden. 4

Art. 108* Änderungen der Verordnung (EU) 2018/1139

Die Verordnung (EU) 2018/1139 wird wie folgt geändert:

1. In Artikel 17 wird folgender Absatz angefügt:

„(3) Unbeschadet des Absatzes 2 werden beim Erlass von Durchführungsrechtsakten nach Absatz 1, die sich auf Systeme der künstlichen Intelligenz beziehen, bei denen es sich um Sicherheitsbauteile im Sinne der Verordnung (EU) 2024/1689 des Europäischen Parlaments und des Rates[1] handelt, die in Kapitel III Abschnitt 2 jener Verordnung festgelegten Anforderungen berücksichtigt.“

2. In Artikel 19 wird folgender Absatz angefügt:

„(4) Beim Erlass delegierter Rechtsakte nach den Absätzen 1 und 2, die sich auf Systeme der künstlichen Intelligenz beziehen, bei denen es sich um Sicherheitsbauteile im Sinne der Verordnung (EU) 2024/1689 handelt, werden die in Kapitel III Abschnitt 2 jener Verordnung festgelegten Anforderungen berücksichtigt.“

3. In Artikel 43 wird folgender Absatz angefügt:

„(4) Beim Erlass von Durchführungsrechtsakten nach Absatz 1, die sich auf Systeme der künstlichen Intelligenz beziehen, bei denen es sich

---

* Kapitel XIII (Art. 102–113) gilt gem. Art. 113 UAbs. 2 ab 2.8.2026.

[1] [Amtl. Anm.:] Verordnung (EU) 2024/1689 des Europäischen Parlaments und des Rates vom 13. Juni 2024 zur Festlegung harmonisierter Vorschriften für künstliche Intelligenz und zur Änderung der Verordnungen (EG) Nr. 300/2008, (EU) Nr. 167/2013, (EU) Nr. 168/2013, (EU) 2018/858, (EU) 2018/1139 und (EU) 2019/2144 sowie der Richtlinien 2014/90/EU, (EU) 2016/797 und (EU) 2020/1828 (Verordnung über künstliche Intelligenz) (ABl. L, 2024/1689, 12.7.2024, ELI: http://data.europa.eu/eli/reg/2024/1689/oj).

um Sicherheitsbauteile im Sinne der Verordnung (EU) 2024/1689 handelt, werden die in Kapitel III Abschnitt 2 jener Verordnung festgelegten Anforderungen berücksichtigt."

4. In Artikel 47 wird folgender Absatz angefügt:

„(3) Beim Erlass delegierter Rechtsakte nach den Absätzen 1 und 2, die sich auf Systeme der künstlichen Intelligenz beziehen, bei denen es sich um Sicherheitsbauteile im Sinne der Verordnung (EU) 2024/1689 handelt, werden die in Kapitel III Abschnitt 2 jener Verordnung festgelegten Anforderungen berücksichtigt."

5. In Artikel 57 wird folgender Unterabsatz angefügt:

„Beim Erlass solcher Durchführungsrechtsakte, die sich auf Systeme der künstlichen Intelligenz beziehen, bei denen es sich um Sicherheitsbauteile im Sinne der Verordnung (EU) 2024/1689 handelt, werden die in Kapitel III Abschnitt 2 jener Verordnung festgelegten Anforderungen berücksichtigt."

6. In Artikel 58 wird folgender Absatz angefügt:

„(3) Beim Erlass delegierter Rechtsakte nach den Absätzen 1 und 2, die sich auf Systeme der künstlichen Intelligenz beziehen, bei denen es sich um Sicherheitsbauteile im Sinne der Verordnung (EU) 2024/1689 handelt, werden die in Kapitel III Abschnitt 2 jener Verordnung festgelegten Anforderungen berücksichtigt."

Übersicht

I. Geänderter EU-Rechtsakt

1 Art. 108 nimmt Änderungen an der *VO 2018/1139* zur Festlegung gemeinsamer Vorschriften für die **Zivilluftfahrt und zur Errichtung einer Agentur der Europäischen Union für Flugsicherheit** vor. Nach Art. 2 Abs. 1 gilt die *VO 2018/1139* für die Konstruktion, die Herstellung, die Instandhaltung und den Betrieb von Luftfahrzeugen sowie von ihren Motoren, Propellern, Teilen, ihrer nicht eingebauten Ausrüstung und der Ausrüstung zur Fernsteuerung von Luftfahrzeugen, die Konstruktion, die Herstellung, die Instandhaltung und den Betrieb von sicherheitsrelevanter Flugplatzausrüstung, soweit diese auf den unter Buchstabe e genannten Flugplätzen und für die Erbringung von Bodenabfertigungsdiensten und AMS auf diesen Flugplätzen genutzt wird oder werden soll, die Gestaltung, die Instandhaltung und den Betrieb von Flugplätzen, einschließlich der auf diesen Flugplätzen verwendeten sicherheitsrelevanten Ausrüstung, die sich in dem Gebiet befinden, auf das die Verträge Anwendung finden.

II. Änderung

2 Die VO 2018/1139 räumt der Kommission an mehreren Stellen die Möglichkeit ein, delegierte Rechtsakte und Durchführungsrechtsakte zu erlassen.
– Art. 17 Durchführungsrechtsakte betreffend die Lufttüchtigkeit

- Art. 19 Befugnisübertragung für delegierte Rechtsakte hinsichtlich Luftfahrzeuge, soweit es sich nicht um unbemannte Luftfahrzeuge handelt, sowie ihre Motoren, Propellern, Teilen und ihre nicht eingebaute Ausrüstung
- Art. 43 Durchführungsrechtsakte für ATM/ANS-Anbieter und für Organisationen, die an der Konstruktion, der Herstellung oder der Instandhaltung von ATM/ANS-Systemen und ATM/ANS-Komponenten beteiligt sind
- Art. 47 Befugnisübertragung für delegierte Rechtsakte in Bezug auf die ATM/ANS-Systeme und ATM/ANS-Komponenten
- Art. 57 Durchführungsrechtsakte für unbemannte Luftfahrzeuge
- Art. 58 Befugnisübertragung für delegierte Rechtsakte in Bezug auf die Konstruktion, die Herstellung und die Instandhaltung von Luftfahrzeugen – soweit dies unbemannte Luftfahrzeuge betrifft – sowie ihren Motoren, Propellern, Teilen, ihrer nicht eingebauten Ausrüstung und der Ausrüstung zu ihrer Fernsteuerung sowie das an diesen Tätigkeiten beteiligte Personal einschließlich Fernpiloten und die an diesen Tätigkeiten beteiligten Organisationen

Die Ermächtigungen für Durchführungsrechtsakte und die Befugnisübertra- **3** gungen für delegierte Rechtsakte in der *VO 2018/1139* werden jeweils hinsichtlich der Berücksichtigung der Anforderungen des Kapitel III Abschnitt 2 ergänzt. Beim Erlass von Durchführungsrechtsakten und delegierter Rechtsakte im Anwendungsbereich der *VO 2018/1139* muss die Kommission zukünftig die Anforderungen des Kapitel III Abschnitt 2 berücksichtigen, wenn sich auf KI-Systeme beziehen, bei denen es sich um Sicherheitsbauteile im Sinne der KI-VO handelt.

Art. 109* Änderung der Verordnung (EU) 2019/2144

In Artikel 11 der Verordnung (EU) 2019/2144 wird folgender Absatz angefügt:

„(3) Beim Erlass von Durchführungsrechtsakten nach Absatz 2, die sich auf Systeme der künstlichen Intelligenz beziehen, bei denen es sich um Sicherheitsbauteile im Sinne der Verordnung (EU) 2024/1689 des Europäischen Parlaments und des Rates[1] handelt, werden die in Kapitel III Abschnitt 2 jener Verordnung festgelegten Anforderungen berücksichtigt.“

Übersicht

* Kapitel XIII (Art. 102–113) gilt gem. Art. 113 UAbs. 2 ab 2.8.2026.

[1] [Amtl. Anm.:] Verordnung (EU) 2024/1689 des Europäischen Parlaments und des Rates vom 13. Juni 2024 zur Festlegung harmonisierter Vorschriften für künstliche Intelligenz und zur Änderung der Verordnungen (EG) Nr. 300/2008, (EU) Nr. 167/2013, (EU) Nr. 168/2013, (EU) 2018/858, (EU) 2018/1139 und (EU) 2019/2144 sowie der Richtlinien 2014/90/EU, (EU) 2016/797 und (EU) 2020/1828 (Verordnung über künstliche Intelligenz) (ABl. L, 2024/1689, 12.7.2024, ELI: http://data.europa.eu/eli/reg/2024/1689/oj).

I. Geänderter EU-Rechtsakt

1 Art. 109 ändert die *VO 2019/2144* über die Typgenehmigung von Kraftfahrzeugen und Kraftfahrzeuganhängern sowie von Systemen, Bauteilen und selbstständigen technischen Einheiten für diese Fahrzeuge im Hinblick auf ihre allgemeine Sicherheit und den Schutz der Fahrzeuginsassen und von ungeschützten Verkehrsteilnehmern. Diese Verordnung legt Anforderungen für die Typgenehmigung von Fahrzeugen sowie deren Systemen, Bauteilen und technischen Einheiten fest, insbesondere bezüglich allgemeiner Merkmale, Sicherheit, Insassenschutz und Reifendrucküberwachungssysteme (Art. 1). Sie gilt für Fahrzeuge der Klassen M, N und O gemäß *Verordnung (EU) 2018/858* sowie für deren Bauteile und Systeme (Art. 2).

II. Änderung

2 Art. 11 fordert, dass automatisierte und vollautomatisierte Fahrzeuge neben allgemeinen Anforderungen auch spezifische technische Spezifikationen erfüllen müssen, die in Durchführungsrechtsakten der Kommission festgelegt sind. Diese Spezifikationen umfassen Systeme zur Übernahme der Fahrzeugkontrolle einschließlich Signaleinrichtungen, Lenkung, Beschleunigung und Bremsen, Systeme zur Echtzeitüberwachung des Fahrzeug- und Umgebungszustands, Systeme zur Überprüfung der Fahrerverfügbarkeit (ausgenommen bei vollautomatisierten Fahrzeugen), ereignisbezogene Datenaufzeichnung, ein harmonisiertes Datenformat für den Informationsaustausch, wie etwa für elektronische Deichseln, Systeme zur Weitergabe von Sicherheitsinformationen an andere Verkehrsteilnehmer. Zur Sicherstellung der sicheren Nutzung dieser Fahrzeuge auf öffentlichen Straßen legt die Kommission in Durchführungsrechtsakten einheitliche Verfahren und Spezifikationen für die genannten Systeme und die Typgenehmigung dieser Fahrzeuge fest. Hierbei ist nunmehr aufgrund des neuen Abs. 3 die Kommission verpflichtet, die in Kapitel III Abschnitt 2 festgelegten Anforderungen zu berücksichtigen, wenn sie sich auf KI-Systeme beziehen, bei denen es sich um Sicherheitsbauteile im Sinne der KI-VO handelt.

Art. 110* Änderung der Richtlinie (EU) 2020/1828

In Anhang I der Richtlinie (EU) 2020/1828 des Europäischen Parlaments und des Rates[1] wird die folgende Nummer angefügt:

„68. Verordnung (EU) 2024/1689 des Europäischen Parlaments und des Rates vom 13. Juni 2024 zur Festlegung harmonisierter Vorschriften für künstliche Intelligenz und zur Änderung der Verordnungen (EG) Nr. 300/2008, (EU) Nr. 167/2013, (EU) Nr. 168/2013, (EU) 2018/858, (EU) 2018/1139 und (EU) 2019/2144 sowie der Richtlinien 2014/90/EU, (EU) 2016/797 und (EU) 2020/1828 (Verordnung über künstliche Intelligenz) (ABl. L, 2024/1689, 12.7.2024, ELI: http://data.europa.eu/eli/reg/2024/1689/oj).“

---

* Kapitel XIII (Art. 102–113) gilt gem. Art. 113 UAbs. 2 ab 2.8.2026.

[1] [Amtl. Anm.:] Richtlinie (EU) 2020/1828 des Europäischen Parlaments und des Rates vom 25. November 2020 über Verbandsklagen zum Schutz der Kollektivinteressen der Verbraucher und zur Aufhebung der Richtlinie 2009/22/EG (ABl. L 409 vom 4.12.2020, S. 1).

Übersicht

I. Geänderter EU-Rechtsakt

1 Art. 110 ergänzt die *Richtlinie (EU) 2020/1828* über **Verbandsklagen zum Schutz der Kollektivinteressen der Verbraucher.** Die Richtlinie legt einheitliche Regelungen fest, um in allen Mitgliedstaaten Verfahren zur Verbandsklage zum Schutz kollektiver Verbraucherinteressen zu gewährleisten. Sie zielt darauf ab, Verbraucherschutzvorschriften zu harmonisieren, den Verbraucherschutz zu stärken und den Binnenmarkt funktional zu unterstützen. Dafür sollen qualifizierte Einrichtungen Verbandsklagen einreichen können, die sowohl Unterlassungs- als auch Abhilfeentscheidungen umfassen.

II. Änderung

2 Gem. Art. 1 dürfen Mitgliedstaaten weitere nationale Schutzverfahren beibehalten oder einführen, solange mindestens ein Verfahren den Anforderungen dieser Richtlinie entspricht. Außerdem dürfen bestehende Verbraucherschutzniveaus durch die Umsetzung dieser Richtlinie nicht gesenkt werden. Der Anwendungsbereich (Art. 2) umfasst Verbandsklagen gegen Verstöße von Unternehmern, die die kollektiven Verbraucherinteressen beeinträchtigen könnten, unabhängig davon, ob diese Verstöße innerstaatlich oder grenzüberschreitend sind oder bereits vor Klageerhebung eingestellt wurden. Dabei bleibt nationales und europäisches Recht zu vertraglichen und außervertraglichen Abhilfen sowie zu internationalen Privatrechtsvorschriften unberührt.

3 Nach Art. 2 Abs. 1 *Richtlinie (EU) 2020/1828* findet die Richtlinie Anwendung auf Verbandsklagen gegen Verstöße durch Unternehmer gegen die in Anhang I enthaltenen Vorschriften des Unionsrechts einschließlich ihrer Umsetzung in nationales Recht, welche die Kollektivinteressen der Verbraucher beeinträchtigen oder zu beinträchtigen drohen. Durch die Ergänzung des Anhangs I um die KI-VO können Verstöße von Unternehmen gegen die Vorschriften der KI-VO zum Gegenstand von Verbandsklagen gemacht werden.

4 Deutschland hat die Richtlinie im Gesetz zur gebündelten Durchsetzung von Verbraucherrechten **(Verbraucherrechtedurchsetzungsgesetz – VDuG)** umgesetzt. Nach § 1 Abs. 1 VDuG können klageberechtigte Stellen (zB Verbraucherverbände nach § 2) in bürgerlichen Rechtsstreitigkeiten, die Ansprüche und Rechtsverhältnisse einer Vielzahl von Verbrauchern gegen einen Unternehmer betreffen, Abhilfeklagen und Musterfeststellungsklagen gegen Unternehmer erheben.

5 Damit umfasst die Rechtsdurchsetzung der KI-VO eine weitere Dimension und die Verbraucherverbände werden sich aufgerufen fühlen, mögliches schadensersatzpflichtige Verhalten der Anbieter von KI-Systemen genaustens im Auge zu behalten und ggf. durch kollektiven Rechtsschutz Abhilfe zu schaffen.

Art. 111* Bereits in Verkehr gebrachte oder in Betrieb genommene KI-Systeme und bereits in Verkehr gebrachte KI-Modelle mit allgemeinem Verwendungszweck

(1) *[1]* **Unbeschadet der Anwendung des Artikels 5 gemäß Artikel 113 Absatz 3 Buchstabe a werden KI-Systeme, bei denen es sich um Komponenten von IT-Großsystemen handelt, die mit den in Anhang X aufgeführten Rechtsakten eingerichtet wurden und vor dem 2. August 2027 in Verkehr gebracht oder in Betrieb genommen wurden, bis zum 31. Dezember 2030 mit dieser Verordnung in Einklang gebracht.**

[2] **Die in dieser Verordnung festgelegten Anforderungen werden bei der Bewertung jedes IT-Großsystems, das mit den in Anhang X aufgeführten Rechtsakten eingerichtet wurde, berücksichtigt, wobei die Bewertung entsprechend den Vorgaben der jeweiligen Rechtsakte und bei Ersetzung oder Änderung dieser Rechtsakte erfolgt.**

(2) [1]**Unbeschadet der Anwendung des Artikels 5 gemäß Artikel 113 Absatz 3 Buchstabe a gilt diese Verordnung für Akteure in Bezug auf Hochrisiko-KI-Systeme – mit Ausnahme der in Absatz 1 des vorliegenden Artikels genannten Systeme –, die vor dem 2. August 2026 in Verkehr gebracht oder in Betrieb genommen wurden, nur dann, wenn diese Systeme danach in ihrer Konzeption erheblich verändert wurden.** [2]**In jedem Fall treffen die Anbieter und Betreiber von Hochrisiko-KI-Systemen, die bestimmungsgemäß von Behörden verwendet werden sollen, die erforderlichen Maßnahmen für die Erfüllung der Anforderungen und Pflichten dieser Verordnung bis zum 2. August 2030.**

(3) **Anbieter von KI-Modellen mit allgemeinem Verwendungszweck, die vor dem 2. August 2025 in Verkehr gebracht wurden, treffen die erforderlichen Maßnahmen für die Erfüllung der in dieser Verordnung festgelegten Pflichten bis zum 2. August 2027.**

Literatur: Martini/Wendehorst, KI-VO, 2. Aufl. 2026; Schwartmann/Keber/Zenner, KI-VO Leitfaden für die Praxis, 1. Auflage, 2024.

Übersicht

I. Überblick

1 Art. 111 enthält Sonder- und Übergangsregelungen bezüglich der Geltung der KI-VO für bestimmte KI-Systeme und KI-Modelle mit allgemeinem Verwendungszweck, die sich bereits auf dem europäischen Markt befinden. Durch diesen aus anderen produktsicherheitsrechtlichen Rechtsakten bekannten Mechanismus

* Kapitel XIII (Art. 102–113) gilt gem. Art. 113 UAbs. 2 ab 2.8.2026.

wird der Anwendungsbereich der KI-VO – ergänzend zu Art. 2 – am Ende des operativen Teils nochmal begrenzt. Art. 111 verfolgt zwei Ziele. Einerseits soll der angeordnete Bestandsschutz für Rechtssicherheit sorgen und Akteuren ausreichende Zeiträume für die Anpassung ihrer Systeme an die KI-VO gewähren, um durch deren kontinuierliche Verwendung Marktstörungen zu verhindern (vgl. Erwgr. 177). Anderseits sollen Akteure, die vor Geltung der KI-VO erhebliche Ressourcen für Entwicklung, Bereitstellung, Inverkehrbringung oder Verwendung von KI-Technologie getätigt haben, vor der faktischen (Teil-)Entwertung ihrer Investitionen durch nunmehr geltende, kostspielige Compliance-Anforderungen geschützt werden.[1] Deshalb werden die Fristen des Art. 113, innerhalb derer die KI-Systeme oder KI-Modelle den spezifischen Anforderungen der KI-VO grundsätzlich entsprechen müssen, nach Art. 111 für bestimmte Systeme und Modelle verlängert oder gar ganz ausgehebelt. Die Sonderregelungen des Art. 111 betreffen KI-Systeme, bei denen es sich um Komponenten von IT-Großsystemen handelt, Hochrisiko-KI-Systeme und KI-Modelle mit allgemeinem Verwendungszweck, die jeweils vor der für sie maßgeblichen Frist nach Art. 113 in Verkehr gebracht oder in Betrieb genommen wurden.

II. Die Absätze im Einzelnen

1. IT-Großsysteme (Abs. 1)

Für KI-Systeme, die Komponenten von IT-Großsystemen und mittels der in Anhang X aufgeführten Rechtsakte eingerichtet worden sind, enthält Art. 111 Abs. 1 eine Übergangsbestimmung. Solche KI-Systeme, die in aller Regel Hochrisiko-KI-Systeme sind,[2] müssen erst bis zum 31.12.2030 in Einklang mit der KI-VO gebracht werden, wenn sie vor dem 2.8.2027 in Verkehr gebracht oder in Betrieb genommen wurden. Dies stellt sicher, dass die laufenden KI-Systeme innerhalb der Übergangsfrist von rund drei Jahren schrittweise an die neuen Anforderungen angepasst werden können, ohne den laufenden Betrieb zu unterbrechen. Die Umsetzung der neuen regulatorischen Anforderungen wird gleichzeitig nicht übermäßig hinausgezögert. Auch wenn es nicht ausdrücklich geregelt ist, können nur die Anbieter aufgrund ihres maßgeblichen Einflusses auf die KI-Systeme Adressaten der Regelung sein. Sie haben die technischen und organisatorischen Maßnahmen zu ergreifen, die notwendig sind, um die Konformität ihrer KI-Systeme mit KI-VO herzustellen. Die in Anhang X aufgeführten Rechtsvorschriften der Union betreffen die folgenden IT-Großsysteme: 2
- Schengener Informationssystem;
- Visa-Informationssystem;
- Eurodac;
- Einreise- und Ausreisesystem;
- Europäisches Reiseinformations- und -genehmigungssystem;
- Europäisches Strafregisterinformationssystem über Drittstaatsangehörige und Staatenlose;
- Systeme zur Herstellung der Interoperabilität zwischen diversen EU-Informationssystemen.

---

[1] Schwartmann/Keber/Zenner KI-VO/Schwartmann/Köhler 2. Teil, 1. Kapitel Rn. 49.
[2] Martini/Wendehorst/Wendehorst, KI-VO Art. 111 Rn. 2.

3 Von der Übergangsregelung ausgenommen sind aber in jedem Fall verbotene Praktiken im KI-Bereich gem. Art. 5. Für diese ist gem. Art. 111 Abs. 1 der Geltungsbeginn der KI-VO aus Art. 113 Abs. 3 lit. a maßgeblich, nach dem bereits seit dem 2.2.2025 die Verbote der KI-VO greifen. Die in Art. 5 genannten, verbotenen Praktiken stellen für den Gesetzgeber ein unannehmbares Risiko dar (vgl. Erwgr. 179).

4 Gem. Art. 111 Abs. 1 UAbs. 2 hat die Bewertung jedes IT-Großsystems, das mit den in Anhang X aufgeführten Rechtsakten eingerichtet wurde, noch immer entsprechend den Vorgaben der jeweiligen Rechtsakte zu erfolgen. Werden die einschlägigen Rechtsakte ersetzt oder geändert, erfolgt die Bewertung anhand des dann aktuellen Rechtsakts. An diesen Grundsätzen ändern die Vorschriften der KI-VO nichts. Allerdings ist eine Neuerung durch Art. 111 Abs. 1 UAbs. 2, dass bei all diesen Bewertungen nun die in der KI-VO festgelegten Anforderungen an die IT-Großsysteme zu berücksichtigen sind. In der Praxis ist daher ein Kompetenzzuwachs der jeweiligen Bewertungsstelle zu Fragestellungen bezüglich der künstlichen Intelligenz und der KI-VO erforderlich.

2. Hochrisiko-KI-Systeme (Abs. 2)

5 Gem. Art. 111 Abs. 2 gilt die KI-VO für Akteure im Zusammenhang mit **Hochrisiko-KI-Systemen,** die vor dem 2.8.2026 in Verkehr gebracht oder in Betrieb genommen wurden, nur dann, wenn die Systeme danach in ihrer Konzeption erheblich verändert wurden. Die Geltung der KI-VO ist in diesem Fall nicht vom Ablauf einer Schonfrist, sondern vom Eintritt einer Bedingung abhängig. Grund für die Regelung des Art. 111 Abs. 2 ist der Schutz des Vertrauens jener Akteure, die auf Basis des seinerzeit geltenden Rechts tätig wurden.[3]

6 Allerdings hat die deutsche Fassung des Art. 111 Abs. 2 eine sprachliche Ungenauigkeit, die ihres Gleichen sucht. Anders als es der explizite Wortlaut nahelegt, gilt der Rückwirkungsschutz gerade nicht nur für Betreiber im Sinne der Legaldefinition in Art. 3 Nr. 4 (→ Art. 3 Rn. 67 ff.). Gemeint sind **sämtliche Akteure** im Kontext des Art. 111 Abs. 2. Darunter fallen nach Art. 3 Nr. 8 neben den Betreibern auch Anbieter, Produkthersteller, Nutzer, Bevollmächtigte, Einführer und Händler (→ Art. 3 Rn. 109 ff.). Zunächst ist bereits unklar, warum nur Betreiber von der Regulierung bis zu einer erheblichen Veränderung des Systems auszunehmen sein sollen, obwohl diese auf die Konzeption von Hochrisiko-KI-Systemen keinerlei Einfluss haben. Auch nimmt die Rückausnahme in Art. 111 Abs. 2 S. 2 zulasten von Behörden explizit Bezug auf Anbieter und Betreiber, was sinnwidrig erscheint, wenn erstere ohnehin nicht von dem Bestandsschutz aus Satz 1 profitieren.[4] Gewissheit für das weite Verständnis bietet der Blick in die englischsprachige Fassung der KI-VO, in der nicht „deployers" (Betreiber), sondern „operators" (Akteure) adressiert werden. Es wurde einfach schlecht übersetzt. Angesichts der immensen Bedeutung des Rückwirkungsschutzes in der Praxis ist diese redaktionelle Nachlässigkeit misslich.

7 Laufende Hochrisiko-KI-Systeme sind somit grundsätzlich so lange von den neuen Regelungen der KI-VO ausgenommen, bis sie eine **erhebliche Veränderung** erfahren haben. Der Begriff der erheblichen Veränderung nach Art. 111 Abs. 2 und der Begriff der wesentlichen Änderung, wie er in Art. 12 Abs. 2 lit. a

[3] Schwartmann/Keber/Zenner KI-VO/*Bearbeiter* 1. Teil, 4. Kapitel Rn. 64.
[4] Schwartmann/Keber/Zenner KI-VO/Schwartmann/Köhler 2. Teil, 1. Kapitel Rn. 50.

und Art. 43 Abs. 4 in Bezug auf Hochrisiko-KI-Systeme verwendet wird, sind in ihrem Bedeutungsgehalt gleichwertig (vgl. Erwgr. 177). Eine wesentliche Veränderung eines KI-Systems liegt gem. Art. 3 Nr. 23 vor, wenn es nach dem Inverkehrbringen oder der Inbetriebnahme eine nicht in der ursprünglichen Konformitätsbewertung vorgesehene Änderung erfährt, die die Konformität mit den Anforderungen aus Kapitel III Abschnitt 2 beeinträchtigt oder die Zweckbestimmung des KI-Systems ändert (→ Art. 3 Rn. 211 ff.). Somit sind über den Wortlaut des Art. 111 Abs. 2 hinaus nicht nur erhebliche Veränderung der Konzeption, sondern auch der Zweckbestimmung von der Regelung umfasst (vgl. Erwgr. 177). Zu erwarten ist, dass sich manche Anbieter und Betreiber von Hochrisiko-KI-Systemen die Eigenheit der dynamischen Selbstoptimierung von KI-Technologie argumentativ zu Nutze machen, um die Anwendung der KI-VO auf ihre Systeme, die vor Geltungsbeginn der KI-VO in Verkehr gebracht oder in Betrieb genommen wurden, auf Basis des Art. 111 Abs. 2 in Abrede zu stellen.[5] So könnte sich bei etwaigen Veränderungen eines Systems auf den Standpunkt gestellt werden, dass diese unerheblich seien, da die ursprüngliche Zweckbestimmung bereits einpreiste, dass sich das System fortentwickeln würde.[6] In der Praxis bleibt angesichts des parallelen Verständnisses der Begrifflichkeiten insofern abzuwarten, welche Kriterien die Kommission in den Leitlinien gem. Art. 96 Abs. 1 lit. c zur Anwendung des Begriffs der „wesentlichen Veränderungen" Akteuren und Behörden an die Hand gibt, um Klarheit zu schaffen und Umgehungen der KI-VO zu verhindern.[7] Dass ein einfaches Update des Systems eine erhebliche Veränderung iSd Art. 111 Abs. 2 darstellt, ist allerdings nicht anzunehmen.[8]

Da Anbieter von Hochrisiko-KI-Systemen sowohl die Konzeption als auch die Zweckbestimmung maßgeblich beeinflussen, müssen sich **weitere Akteure** in der Praxis regelmäßig darüber informieren, ob das von ihnen in Verkehr gebrachte, bereitgestellte oder verwendete Hochrisiko-KI-System erheblich verändert wurde. Es erscheint daher aufgrund des Informationsgefälles ratsam, zugunsten der weiteren Akteure eine vertragliche Pflicht des Anbieters zu vereinbaren, nach der dieser seine Vertragspartner unaufgefordert über erhebliche Veränderungen in Kenntnis setzen muss. 8

Dagegen besteht für **verbotene Praktiken im KI-Bereich** gem. Art. 5 nicht die Gefahr, dass die Anwendung der KI-VO auf Basis des Art. 111 Abs. 2 bestritten wird. Sie sind nach Art. 111 Abs. 2 ohnehin vom Bestandsschutz ausgenommen und damit gem. Art. 113 Abs. 3 lit. a bereits seit dem 2.2.2025 wegen des aus Sicht des Gesetzgebers unvertretbaren Risikos verboten (vgl. Erwgr. 179). Hochrisiko-KI-Systeme, die IT-Großsysteme im Sinne des Abs. 1 sind, haben den dort niedergelegten spezielleren Fristenregelungen für die Konformität mit der KI-VO zu entsprechen (→ Rn. 2 ff.). 9

Betreibern und Anbietern von Hochrisiko-KI-Systemen, die nach ihrer Zweckbestimmung von Behörden genutzt werden sollen und sich bereits auf dem Unionsmarkt befinden, kommt die gesetzgeberische Vergünstigung aus Art. 111 Abs. 2 S. 1 nur eingeschränkt zugute. Zwar profitieren auch sie von einer Karenzzeit, soweit die Hochrisiko-KI-Systeme keine wesentliche Veränderung erfahren haben. Allerdings gilt die Schonfrist für sie nicht unbegrenzt. Sie müssen gem. Art. 111 Abs. 2 10

---

[5] Schwartmann/Keber/Zenner KI-VO/Wünschelbaum 1. Teil, 4. Kapitel Rn. 66.
[6] Schwartmann/Keber/Zenner KI-VO/Wünschelbaum 1. Teil, 4. Kapitel Rn. 66.
[7] Schwartmann/Keber/Zenner KI-VO/Wünschelbaum 1. Teil, 4. Kapitel Rn. 66.
[8] Schwartmann/Keber/Zenner KI-VO/Schwartmann/Köhler 2. Teil, 1. Kapitel Rn. 49.

S. 2 in jedem Fall sicherstellen, dass ihre Hochrisiko-KI-Systeme bis zum 2.8.2030 den Anforderungen der KI-VO entsprechen. Einerseits soll so der besonderen Verantwortung Rechnung getragen werden, die staatlichen Institutionen bei der Verwendung von hochrisikoreicher KI-Technologie zukommt. So müssen Behörden verantwortungsbewusst und transparent handeln, um ihre öffentlichen Rechenschaftspflichten zu erfüllen (vgl. Erwgr. 177). Andererseits gibt die großzügig bemessene Frist von sechs Jahre nach Inkrafttreten der KI-VO den Betreibern und Anbietern behördlicher Hochrisiko-KI-Systeme ausreichend Zeit, um die notwendigen Anpassungen an die KI-VO vorzunehmen.

3. KI-Modelle mit allgemeinem Verwendungszweck (Abs. 3)

11 In Art. 111 Abs. 3 wird Anbietern von KI-Modellen mit allgemeinem Verwendungszweck, die vor dem 2.8.2025 in Verkehr gebracht wurden, eine Übergangsfrist zur Herstellung der Konformität ihrer KI-Modelle gewährt. Danach haben sie die Konformität ihrer KI-Modelle mit allgemeinem Verwendungszweck mit den in der KI-VO festgelegten Anforderungen erst zum 2.8.2027 herzustellen. Dadurch wird die weitere Nutzung dieser KI-Modelle mit allgemeinem Verwendungszweck auch nach dem 2.8.2025 ermöglicht. Wirkung entfaltet die KI-VO für KI-Modelle mit allgemeinem Verwendungszweck gem. Art. 113 Abs. 3 lit. b grundsätzlich bereits seit dem 2.8.2025 und nicht erst zum allgemeinen Geltungsbeginn der KI-VO am 2.8.2026. Der Grund für den prinzipiell früheren Geltungsbeginn ist das Risiko, das der Gesetzgeber in der raschen technologischen Weiterentwicklung dieser Modelle sieht (vgl. Erwgr. 179). Zwar existiert dieses Risiko auch bei KI-Modellen mit allgemeinem Verwendungszweck, die vor dem 2.8.2025 in Verkehr gebracht wurden. Die Regelung des Art. 111 Abs. 3 ist aber das Ergebnis einer Abwägung des Gesetzgebers. In Ausgleich zu bringen waren die Sicherheitsbedenken bezüglich der Schnelligkeit des technologischen Fortschritts und die Sorgen, im internationalen Innovationswettbewerb aufgrund einer Abwanderung wichtiger Anbieter von KI-Modellen mit allgemeinem Verwendungszweck zum August 2025 abgehängt zu werden. Hierbei müssen die Sicherheitsbedenken nach Abwägung des Gesetzgebers zugunsten der wirtschaftlichen Prosperität in der Union für einen begrenzten Zeitraum zurückstehen.

Art. 112* Bewertung und Überprüfung

(1) [1]**Die Kommission prüft nach Inkrafttreten dieser Verordnung und bis zum Ende der Befugnisübertragung gemäß Artikel 97 einmal jährlich, ob eine Änderung der Liste in Anhang III und der Liste der verbotenen Praktiken im KI-Bereich gemäß Artikel 5 erforderlich ist.** [2]**Die Kommission übermittelt die Ergebnisse dieser Bewertung dem Europäischen Parlament und dem Rat.**

(2) **Bis zum 2. August 2028 und danach alle vier Jahre bewertet die Kommission Folgendes und erstattet dem Europäischen Parlament und dem Rat Bericht darüber:**

a) **Notwendigkeit von Änderungen zur Erweiterung bestehender Bereiche oder zur Aufnahme neuer Bereiche in Anhang III;**

* Kapitel XIII (Art. 102–113) gilt gem. Art. 113 UAbs. 2 ab 2.8.2026.

b) Änderungen der Liste der KI-Systeme, die zusätzliche Transparenzmaßnahmen erfordern, in Artikel 50;
c) Änderungen zur Verbesserung der Wirksamkeit des Überwachungs- und Governance-Systems.

(3) [1]**Bis zum 2. August 2029 und danach alle vier Jahre legt die Kommission dem Europäischen Parlament und dem Rat einen Bericht über die Bewertung und Überprüfung dieser Verordnung vor. [2]Der Bericht enthält eine Beurteilung hinsichtlich der Durchsetzungsstruktur und der etwaigen Notwendigkeit einer Agentur der Union zur Lösung der festgestellten Mängel. [3]Auf der Grundlage der Ergebnisse wird diesem Bericht gegebenenfalls ein Vorschlag zur Änderung dieser Verordnung beigefügt. [4]Die Berichte werden veröffentlicht.**

(4) **In den in Absatz 2 genannten Berichten wird insbesondere auf folgende Aspekte eingegangen:**
a) Sachstand bezüglich der finanziellen, technischen und personellen Ressourcen der zuständigen nationalen Behörden im Hinblick auf deren Fähigkeit, die ihnen auf der Grundlage dieser Verordnung übertragenen Aufgaben wirksam zu erfüllen;
b) Stand der Sanktionen, insbesondere der Bußgelder nach Artikel 99 Absatz 1, die Mitgliedstaaten bei Verstößen gegen diese Verordnung verhängt haben;
c) angenommene harmonisierte Normen und gemeinsame Spezifikationen, die zur Unterstützung dieser Verordnung erarbeitet wurden;
d) Zahl der Unternehmen, die nach Inkrafttreten dieser Verordnung in den Markt eintreten, und wie viele davon KMU sind.

(5) [1]**Bis zum 2. August 2028 bewertet die Kommission die Arbeitsweise des Büros für Künstliche Intelligenz und prüft, ob das Büro für Künstliche Intelligenz mit ausreichenden Befugnissen und Zuständigkeiten zur Erfüllung seiner Aufgaben ausgestattet wurde, und ob es für die ordnungsgemäße Durchführung und Durchsetzung dieser Verordnung zweckmäßig und erforderlich wäre, das Büro für Künstliche Intelligenz und seine Durchsetzungskompetenzen zu erweitern und seine Ressourcen aufzustocken. [2]Die Kommission übermittelt dem Europäischen Parlament und dem Rat einen Bericht über ihre Bewertung.**

(6) [1]**Bis zum 2. August 2028 und danach alle vier Jahre legt die Kommission einen Bericht über die Überprüfung der Fortschritte bei der Entwicklung von Normungsdokumenten zur energieeffizienten Entwicklung von KI-Modellen mit allgemeinem Verwendungszweck vor und beurteilt die Notwendigkeit weiterer Maßnahmen oder Handlungen, einschließlich verbindlicher Maßnahmen oder Handlungen. [2]Dieser Bericht wird dem Europäischen Parlament und dem Rat vorgelegt und veröffentlicht.**

(7) **Bis zum 2. August 2028 und danach alle drei Jahre führt die Kommission eine Bewertung der Folgen und der Wirksamkeit der freiwilligen Verhaltenskodizes durch, mit denen die Anwendung der in Kapitel III Abschnitt 2 festgelegten Anforderungen an andere KI-Systeme als Hochrisiko-KI-Systeme und möglicherweise auch zusätzlicher Anforderungen an andere KI-Systeme als Hochrisiko-KI-Systeme, auch in Bezug auf deren ökologische Nachhaltigkeit, gefördert werden soll.**

(8) **Für die Zwecke der Absätze 1 bis 7 übermitteln das KI-Gremium, die Mitgliedstaaten und die zuständigen nationalen Behörden der Kommission auf Anfrage unverzüglich die gewünschten Informationen.**

(9) **Bei den in den Absätzen 1 bis 7 genannten Bewertungen und Überprüfungen berücksichtigt die Kommission die Standpunkte und Feststellungen des KI-Gremiums, des Europäischen Parlaments, des Rates und anderer einschlägiger Stellen oder Quellen.**

(10) **Die Kommission legt erforderlichenfalls geeignete Vorschläge zur Änderung dieser Verordnung vor und berücksichtigt dabei insbesondere technologische Entwicklungen, die Auswirkungen von KI-Systemen auf die Gesundheit und Sicherheit und auf die Grundrechte und die Fortschritte in der Informationsgesellschaft.**

(11) **Als Orientierung für die in den Absätzen 1 bis 7 genannten Bewertungen und Überprüfungen entwickelt das Büro für Künstliche Intelligenz ein Ziel und eine partizipative Methode für die Bewertung der Risikoniveaus anhand der in den jeweiligen Artikeln genannten Kriterien und für die Einbeziehung neuer Systeme in**

a) die Liste gemäß Anhang III, einschließlich der Erweiterung bestehender Bereiche oder der Aufnahme neuer Bereiche in diesen Anhang;

b) die Liste der verbotenen Praktiken gemäß Artikel 5; und

c) die Liste der KI-Systeme, die zusätzliche Transparenzmaßnahmen erfordern, in Artikel 50.

(12) **Eine Änderung dieser Verordnung im Sinne des Absatzes 10 oder entsprechende delegierte Rechtsakte oder Durchführungsrechtsakte, die sektorspezifische Rechtsvorschriften für eine unionsweite Harmonisierung gemäß Anhang I Abschnitt B betreffen, berücksichtigen die regulatorischen Besonderheiten des jeweiligen Sektors und die in der Verordnung festgelegten bestehenden Governance-, Konformitätsbewertungs- und Durchsetzungsmechanismen und -behörden.**

(13) **[1]Bis zum 2. August 2031 nimmt die Kommission unter Berücksichtigung der ersten Jahre der Anwendung der Verordnung eine Bewertung der Durchsetzung dieser Verordnung vor und erstattet dem Europäischen Parlament, dem Rat und dem Europäischen Wirtschafts- und Sozialausschuss darüber Bericht. [2]Auf Grundlage der Ergebnisse wird dem Bericht gegebenenfalls ein Vorschlag zur Änderung dieser Verordnung beigefügt, der die Struktur der Durchsetzung und die Notwendigkeit einer Agentur der Union für die Lösung festgestellter Mängel betrifft.**

Literatur: Martini/Wendehorst, KI-VO, 2. Aufl. 2026; von der Groeben/Schwarze/Hatje, Europäisches Unionsrecht, 7. Aufl. 2015.

Übersicht

I. Überblick

1 Art. 112 zielt darauf ab, einen Rahmen für die kontinuierliche Überprüfung und Bewertung der KI-VO zu schaffen. Dieser ist notwendig, um auf Grundlage der gewonnenen Erkenntnisse gegebenenfalls erforderliche Anpassungen an der KI-VO vornehmen zu können. Die rasanten Entwicklungen im Technologiebereich rund um künstliche Intelligenz macht eine regelmäßige Revision der getroffenen Regelung unerlässlich. Zudem kann durch kritische Reflexion des Gesetzestextes der besonderen Herausforderung begegnet werden, die ein hinsichtlich seines Ausmaßes weltweit bislang einzigartiges Regulierungsvorhaben dieser Materie bietet.

2 Art. 112 selbst ist aus regulatorischer Sicht nicht geglückt. Die Norm ist das Ergebnis einiger Ergänzungen des Kommissionsentwurfs zur KI-VO um weitere Überprüfungspflichten und weist aufgrund undurchsichtiger Bezugnahmen einzelner Absätze aufeinander bei sich teils überschneidenden Regelungsgehalten erhebliche systematische Mängel auf. Wenn auch bedauerlich, mag die regulatorische Schwäche aus Sicht der Wirtschaftsakteure in diesem Regelungsbereich nicht so schwer ins Gewicht fallen, da Adressaten der in Art. 112 festgelegten Pflichten weit überwiegend die Kommission oder weitere Institutionen der Union sind. In Art. 112 Abs. 1–7 werden eine Vielzahl an Überprüfungs- und Bewertungspflichten der Kommission festgelegt. Die Abs. 8, 9 und 11 halten Regelungen bereit, die ein ordentliches Bewertungsergebnis sicherstellen sollen. In den Abs. 10 und 12 werden Vorgaben für Veränderungsvorschläge der Kommission bezüglich der KI-VO gemacht. Eine systematisch ausgelagerte Bewertungspflicht findet sich zuletzt nochmal in Art. 112 Abs. 13.

II. Die Absätze im Einzelnen

1. Bewertungen und Überprüfungen durch die Kommission (Abs. 1–7)

3 In den ersten sieben Absätzen des Art. 112 sind umfassende Bewertungs- und Überprüfungspflichten der Kommission festgelegt. Sie unterscheiden sich in Bezug auf den Prüfungsgegenstand, die Frist bis zur Vornahme der erstmaligen

Bewertung, die Frequenz der Überprüfung und die Transparenz der Bewertungsergebnisse. Gemein haben sie, dass die Bewertungsergebnisse regelmäßig dem Europäischen Parlament und dem Rat vorgelegt werden müssen.

4 **a) Jährliche Bewertung durch die Kommission (Abs. 1).** Nach Art. 112 Abs. 1 muss die Kommission grundsätzlich einmal im Jahr den Änderungsbedarf der **Liste in Anhang III der KI-VO** sowie der **Liste in Art. 5** überprüfen. In Anhang III der KI-VO sind derzeit acht Bereiche geregelt, in denen der Einsatz von KI-Systemen als hochrisikoreich gem. Art. 6 Abs. 2 gilt. In jedem Bereich ist gelistet, welche einzelnen KI-Anwendungen erfasst sind. Diese einzelnen KI-Anwendungen und nicht etwa die Bereiche als Ganzes sind Bezugspunkt der Überprüfung nach Art. 112 Abs. 1. In Art. 5 Abs. 1 findet sich eine Auflistung der verbotenen Praktiken im KI-Bereich. Zwar begrenzt der eindeutige Wortlaut des Art. 112 Abs. 1 den Prüfungsgegenstand auf die Liste der verbotenen Praktiken in Art. 5 Abs. 1, sodass etwaige Regelungen in Folgeabsätzen des Art. 5 zu sonstigen Behörden- oder Organpflichten keiner jährlichen Prüfung unterzogen werden sollen. Als Annex unterfallen die ausdifferenzierten Regelungen zur Verwendung biometrischer Echtzeit-Fernidentifizierungssysteme in Art. 5 Abs. 2, 3 und 4 aufgrund ihres direkten Bezugs zu Art. 5 Abs. 1 lit. h allerdings auch dem Prüfungsgegenstand.

5 Die Kommission muss untersuchen, ob es erforderlich ist, diese Regelungen zu ändern. Auf Grundlage aktueller technologischer Entwicklungen im KI-Bereich hat sie daher eine sorgfältige Risiko-Nutzen-Abwägung der Verwendung von konkreten KI-Systemen in den in Anhang III und Art. 5 genannten Bereichen vorzunehmen. Einerseits sind die in Anhang III und Art. 5 getroffenen Listungen jährlich auf ihre fortbestehende Vertretbarkeit zu überprüfen. Anderseits ist zu ermitteln, ob die bestehenden Regelungen zu erweitern sind. Für letzteres kann sich die Kommission die vom Büro für Künstliche Intelligenz gem. Art. 112 Abs. 11 zu erstellende partizipative Methode für die Risikobewertung zu Nutze machen. Ansonsten kann sie sich an den Parametern orientieren, die den bereits getroffenen Kategorisierungen von Hochrisiko-KI-Systemen und verbotenen KI-Systemen zugrunde liegen. Sowohl die Häufigkeit der Überprüfungen als auch der zeitliche Rahmen, den Art. 112 Abs. 1 festlegt, sind Ausdruck der großen Relevanz, die der Gesetzgeber den Kategorisierungen des Anhangs III und des Art. 5 beimisst.

6 Anders als in allen anderen Überprüfungsverpflichtungen des Art. 112 hat die Kommission ihre Bewertung direkt nach Inkrafttreten der Verordnung, also dem 1.8.2024, und danach einmal jährlich vorzunehmen. Beschränkt ist diese Pflicht in zeitlicher Hinsicht bis zum Ende der Befugnisübertragung gem. Art. 97. In Abs. 2 sieht Art. 97 hinsichtlich des Art. 5 aber keine Befugnisübertragung vor. Art. 112 Abs. 1 ist deshalb wohl so zu verstehen, dass die Pflicht zur Überprüfung der Liste verbotener KI-Praktiken nach Art. 5 von der nach Art. 97 Abs. 2 erfolgten Befugnisübertragung bezüglich der Hochrisiko-KI-Systeme abhängt.[1] In Art. 97 Abs. 2 S. 1 wird der Kommission die Befugnis zum Erlass delegierter Rechtsakte für einen Zeitraum von fünf Jahren ab dem 1.8.2024 übertragen. Es handelt sich um eine dynamische Verweisung. Zum einen kann sich die Befugnisübertragung gem. Art. 97 Abs. 2 S. 3 stillschweigend um weitere fünf Jahre verlängern und zum anderen kann sie gem. Art. 97 Abs. 3 S. 1 jederzeit vom Europäischen Parlament

---

[1] Martini/Wendehorst/Wendehorst, KI-VO Art. 112 Rn. 4.

oder vom Rat widerrufen werden. Insofern liegt die Überprüfungsverpflichtung der Kommission nach Art. 112 Abs. 1 im Ermessen des Europäischen Parlaments oder des Rats. Die Ergebnisse der Bewertung nach Art. 112 Abs. 1 hat die Kommission diesen beiden Institutionen zu übermitteln.

b) Vierjährliche Bewertung durch die Kommission (Abs. 2, 3, 4 und 7
Abs. 6). Des Weiteren sieht Art. 112 in den Absätzen 2, 3, 4 und 6 weitere Überprüfungsverpflichtungen der Kommission vor. Im Unterschied zu Art. 112 Abs. 1 haben die Bewertungen nicht jährlich, sondern nur alle vier Jahre zu erfolgen. Zudem hat die Kommission jeweils mindestens vier Jahre nach Inkrafttreten der KI-VO Zeit, um dem Europäischen Parlament und dem Rat den ersten Bericht zum jeweiligen Prüfungsgegenstand vorzulegen.

aa) Abs. 2 und Abs. 4. Vier Jahre nach dem Datum des Inkrafttretens der KI- 8
VO, also bis zum 2.8.2028, und danach alle weiteren vier Jahre muss die Kommission gem. Art. 112 Abs. 2 eine Bewertung der folgenden Aspekte vornehmen und dem Europäischen Parlament und dem Rat darüber Bericht zu erstatten:
- Notwendigkeit von Änderungen zur Erweiterung bestehender Bereiche oder zur Aufnahme neuer Bereiche in Anhang III (lit. a);
- Änderungen der Liste der KI-Systeme, die zusätzliche Transparenzmaßnahmen erfordern, in Artikel 50 (lit. b);
- Änderungen zur Verbesserung der Wirksamkeit des Überwachungs- und Governance-Systems (lit. c).

Auf den ersten Blick erscheint es aufgrund der ohnehin für die Kommission 9
bestehenden jährlichen Überprüfungspflicht „der Liste in Anhang III" aus Art. 112 Abs. 1 redundant, eine vierjährliche Überprüfung der Bereiche des Anhangs III zu statuieren. Allerdings unterscheiden sich die Überprüfungsverpflichtungen sowohl in ihrer zeitlichen Bindung als auch in ihrer inhaltlichen Reichweite. Während die Kommission ihre jährliche Überprüfung nach Art. 112 Abs. 1 nur vorzunehmen hat, solange ihr die Befugnisse gem. Art. 97 übertragen sind (→ Rn. 6), ist für die vierjährliche Prüfung kein Ende festgelegt, das von einer Frist oder Bedingung abhängig ist. So können das Europäische Parlament oder der Rat durch ihr jederzeit bestehendes Widerrufsrecht gem. Art. 97 Abs. 3 auch nicht frei über das Bestehen der Pflicht nach Art. 112 Abs. 2 verfügen. Inhaltlich ist die Pflicht aus Art. 112 Abs. 2 in Bezug auf die Überprüfung des Anhangs III gegenüber der jährlichen Überprüfungspflicht anders ausgerichtet. Nach dem Wortlaut des Art. 112 Abs. 2 ist im Rahmen der vierjährlichen Überprüfung über die Erweiterung der Bereiche des Anhang III als Ganzes Bericht zu erstatten. Empfehlungen zur Reduzierung der Bereiche werden nach dem Sinn und Zweck, eine umfassende Revision zu gewährleisten, ebenfalls Teil des Berichts sein können.[2] Bei der jährliche Bewertung nach Art. 112 Abs. 1 sind dagegen alle erforderlichen Änderungen der Liste in Anhang III und damit die einzelnen KI-Anwendungen Überprüfungsgegenstand (→ Rn. 4).

Mangels Auflistung in Art. 50 ist mit dem zweiten Aspekt, über den gem. 10
Art. 112 Abs. 2 Bericht zu erstatten ist, schlicht eine Revision der **KI-Systeme im Geltungsbereich der Transparenzpflichten** gemeint (vgl. Erwgr. 174). Dadurch soll sichergestellt werden, dass es Nutzern von KI-Systemen auch bei technologischer Weiterentwicklung möglich ist, synthetische Inhalte von menschlich erzeugten, authentischen Inhalten zu unterscheiden (vgl. Erwgr. 133).

---

[2] Martini/Wendehorst/Wendehorst, KI-VO Art. 112 Rn. 5.

11 Letztlich hat die Kommission vierjährlich die Wirksamkeit des **Überwachungs- und Governance-Systems** zu bewerten. Art. 112 Abs. 4 konkretisiert dies und ordnet an, dass die Kommission in den nach Art. 112 Abs. 2 zu übermittelnden Berichten insbesondere auf folgende Aspekte einzugehen hat:

- Sachstand bezüglich der finanziellen, technischen und personellen Ressourcen der zuständigen nationalen Behörden im Hinblick auf deren Fähigkeit, die ihnen auf der Grundlage der KI-VO übertragenen Aufgaben wirksam zu erfüllen (lit. a);
- Stand der Sanktionen, insbesondere der Bußgelder nach Art. 99 Abs. 1, die Mitgliedstaaten bei Verstößen gegen die KI-VO verhängt haben (lit. b);
- angenommene harmonisierte Normen und gemeinsame Spezifikationen, die zur Unterstützung der KI-VO erarbeitet wurden (lit. c);
- Zahl der Unternehmen, die nach Inkrafttreten der KI-VO in den Markt eintreten, und wie viele davon KMU sind (lit. d).

12 Diese Aufzählung ist nicht abschließend. Darüber hinaus kann über sämtliche weitere Aspekte des Kapitels VII der KI-VO zum Regelungsbereich „Governance" Bericht erstattet werden.

13 **bb) Abs. 3.** Art. 112 Abs. 3 regelt die langfristige und kontinuierliche Überprüfung großer Teile der KI-VO durch die Kommission. Der Gesetzgeber möchte seine Anpassungsbereitschaft unter Beweis stellen und damit der vielbesprochenen Herausforderung eines Regulierungsvorhabens begegnen, für das es weltweit kein Vorbild gibt. Fünf Jahre nach Datum des Inkrafttretens der KI-VO, also zum 2.8.2029, und danach alle vier Jahre hat die Kommission eine Bewertung und Überprüfung der gesamten KI-VO vorzunehmen und einen Bericht für das Europäische Parlament und den Rat zu erstellen. Inhaltlich soll der Bericht insbesondere die Durchsetzungsstruktur der KI-VO bewerten und analysieren, ob es notwendig ist, eine spezielle EU-Agentur einzurichten, um identifizierte Mängel zu beheben. Basierend auf den Erkenntnissen des Berichts kann die Kommission zudem Vorschläge zur Änderung der Verordnung unterbreiten. Nicht umfasst vom Bewertungsumfang nach Art. 112 Abs. 3 sind die Themen, die explizit in anderen Überprüfungspflichten des Art. 112 genannt werden. Andernfalls wäre ihre regulatorische Auslagerung aus Art. 112 Abs. 3 samt eigener Fristenregelung überflüssig. Notwendig ist diese Differenzierung vor allem deshalb, da die besonderen Transparenzvorgaben des Art. 112 Abs. 3 nicht für hochsensible Regelungsbereiche gelten sollen. So ist in Art. 112 Abs. 3 S. 4 angeordnet, dass die nach diesem Absatz zu erstellenden Berichte veröffentlicht werden.

14 **cc) Abs. 6.** Nach Art. 112 Abs. 6 hat die Kommission die Fortschritte bei der Entwicklung von harmonisierten Normen zur energieeffizienten Entwicklung von KI-Modellen mit allgemeinem Verwendungszweck zu überwachen. Gem. Art. 40 Abs. 2 erteilt sie unverzüglich nach Inkrafttreten der KI-VO Normungsaufträge an die europäische Normungsorganisation. Bis zum 2.8.2024 und danach vierjährlich muss sie bezüglich der von dieser Organisation erbrachten Arbeitsergebnisse Bericht bei dem Europäischen Parlament und dem Rat ablegen. Neben der Beschreibung des derzeitigen Stands der Normungsdokumente hat die Kommission den Berichten zudem ihrer Beurteilung über die Notwendigkeit weiterer Maßnahmen oder Handlungen, einschließlich verbindlicher Maßnahmen oder Handlungen beizufügen. Auch dieser Bericht wird veröffentlicht.

15 **c) Dreijährliche Bewertung durch die Kommission (Abs. 7).** Art. 112 Abs. 7 legt fest, dass die Kommission bis zum 2.8.2028 und danach alle drei Jahre die Verhaltenskodizes zu überprüfen hat, die gem. Art. 95 Abs. 3 von einzelnen Anbietern oder Betreibern oder von Interessenvertretungen dieser Akteure auf freiwilliger Basis aufgestellt werden. Hochrisiko-KI-Systeme müssen gem. Art. 8 Abs. 1 verbindlich die in Kapitel III Abschnitt 2 formulierten Anforderungen erfüllen. Für KI-Systeme, die kein hohes Risiko bergen, gibt es vergleichbare detaillierte Anforderungen nicht. Die Anwendung einiger oder aller der in Kapitel III Abschnitt 2 genannten Anforderungen auf KI-Systeme, die kein hohes Risiko bergen, soll daher durch die Erstellung von freiwilligen Verhaltenskodizes gem. Art. 95 Abs. 1 S. 2 gefördert werden. Zusätzlich und nicht abschließend können die Verhaltenskodizes Anforderungen enthalten, die Elemente der Ethikleitlinien der Union für vertrauenswürdige KI, die ökologische Nachhaltigkeit, Maßnahmen für KI-Kompetenz und die inklusive und vielfältige Gestaltung und Entwicklung von KI-Systemen aufgreifen (vgl. Erwgr. 165). Diese Form der Selbstbindung soll sicherstellen, dass nur ethisch verantwortbare und vertrauenswürdige KI-Technologie in der Union verwendet wird (vgl. Erwgr. 165). Deshalb unterstützen das Büro für Künstliche Intelligenz und die Mitgliedstaaten gem. Art. 95 Abs. 1 S. 1 die Aufstellung von Verhaltenskodizes. Nach der Erstellung ist es gem. Art. 112 Abs. 7 Aufgabe der Kommission, die Folgen und die Wirksamkeit der Verhaltenskodizes zu bewerten. Dafür muss sie die Auswirkungen der Verhaltenskodizes unter anderem in gesellschaftlicher, wirtschaftlicher, technologischer und ökologischer Hinsicht ausarbeiten. Auf die Bewertung des letztgenannten Kriteriums ist angesichts der ausdrücklichen Erwähnung der ökologischen Nachhaltigkeit in Art. 112 Abs. 7 ein besonderes Augenmerk zu legen. Die Wirksamkeit der Verhaltenskodizes kann die Kommission anhand der Umsetzung der Ziele bewerten, die in den Kodizes selbst formuliert werden. Zentrale Leistungsindikatoren, mit denen die Verwirklichung der aufgestellten Ziele gemessen werden können, sollen zur leichteren Ermittlung der Wirksamkeit in den Kodizes enthalten sein (vgl. Erwgr. 165). Die Ergebnisse ihrer Bewertung hat die Kommission nicht dem Europäischen Parlament und dem Rat als Bericht vorzulegen. Sie werden nicht veröffentlicht.

16 **d) Einmalige Bewertung des Büros für Künstliche Intelligenz nach vier Jahren (Abs. 5).** Gem. Art. 112 Abs. 5 bewertet die Kommission einmalig bis zum 2.8.2028 die Arbeitsweise und Ausstattung des Büros für Künstliche Intelligenz. Es wird überprüft, ob die Voraussetzungen geschaffen sind, damit das Büro für Künstliche Intelligenz die durch die KI-VO übertragenen Aufgaben effizient und effektiv erfüllen kann. Zu den übertragenen Aufgaben zählt insbesondere die Überwachung der Anbieter von KI-Modellen mit allgemeinem Verwendungszweck nach den Art. 88 ff. Dazu werden nach Art. 112 Abs. 5 in rechtlicher Hinsicht die Befugnisse und Zuständigkeiten des Büros für Künstliche Intelligenz auf ihre Angemessenheit untersucht. In materieller und personeller Hinsicht werden zudem etwaige Aufstockungsbedarfe erörtert. Ziel ist es, die ordnungsgemäße Durchführung und Durchsetzung der KI-VO zu gewährleisten. Ist es zur Verwirklichung dieses Ziels nach Ansicht der Kommission zweckmäßig und erforderlich, eine Anpassung der Durchsetzungskompetenzen oder der Ausstattung vorzunehmen, legt sie dies in ihrem Bewertungsergebnis dar, welches sie dem Europäischen Parlament und dem Rat übermittelt.

2. Informationsübermittlung und Berücksichtigung externer Standpunkte (Abs. 8 und Abs. 9)

17 In Art. 112 Abs. 8 und 9 trifft der Gesetzgeber Regelungen, die fundierte Überprüfungen und ausgewogene Bewertungen durch die Kommission für alle ihr nach den Absätzen 1–7 obliegenden Verfahren sicherstellen sollen.

18 Das KI-Gremium, die Mitgliedstaaten und die zuständigen nationalen Behörden müssen der Kommission gem. Art. 112 Abs. 8 auf Anfrage unverzüglich die gewünschten Informationen übermitteln. Diese Pflicht haben sie aber nur, wenn der Zweck der Anfrage die Durchführung eines Überprüfung- und Bewertungsverfahren nach Art. 112 Abs. 1–7 ist. Regelungsreflex dieser Informationspflicht ist mithin ein **Auskunftsrecht der Kommission** gem. Art. 112 Abs. 8 zu den sich aus ihren Bewertungsverpflichtungen ergebenden Fragestellungen. Die Kommission soll sich dadurch die notwendigen Daten verschaffen können, die sie für sachgerechte Überprüfungen benötigt. Die Pflicht zur unverzüglichen Informationsübermittlung verhindert zudem, dass die Kommission die in den Absätzen 1–7 genannten Fristen nicht einhalten kann, weil erforderliche Informationen nicht rechtzeitig zur Verfügung standen.

19 Die Kommission wiederum hat gem. Art. 112 Abs. 9 bei ihren Bewertungen und Überprüfungen nach den Absätzen 1–7 die Standpunkte und Feststellungen des KI-Gremiums, des Europäischen Parlaments, des Rates und anderer einschlägiger Stellen oder Quellen zu berücksichtigen. Ausführungen dazu sollen Einzug in die jeweilige Ausarbeitung der Kommission finden. Mit dieser Maßgabe möchte der Gesetzgeber einer Vielzahl von Perspektiven bei der Bewertung der KI-VO Gehör verschaffen. Die Qualität der Regulierung soll aufgrund der Einbeziehung von Erfahrungswerten und Meinungen verschiedenster relevanter Institutionen und Organisationen steigen. Zudem wächst die Bereitschaft der einzubeziehenden Stellen, bei der Bewertung der KI-VO Stellung zu beziehen, wenn verbindlich angeordnet ist, dass die Kommission einer Vielzahl von Standpunkten Rechnung zu tragen hat. Auch stärkt es die demokratische Legitimation, wenn Entscheidungen zur Fortentwicklung der KI-VO auf Bewertungsgrundlagen beruhen, die der Pluralität der Meinungen hinreichend Rechnung tragen.

3. Entwicklung von Bewertungsmethoden (Abs. 11)

20 In Art. 112 Abs. 11 ist festgelegt, dass das Büro für Künstliche Intelligenz die Bewertungsaufgaben der Kommission aus den Absätzen 1–7 vorbereiten soll. Die Vorschrift steht in engem Zusammenhang mit Art. 64 Abs. 1, wonach die Kommission über das Büro für Künstliche Intelligenz die Sachkenntnis und Fähigkeiten der Union auf dem Gebiet der KI entwickelt. Das Büro für Künstliche Intelligenz soll der Kommission für die Kategorisierung bestimmter neuer Systeme Orientierung geben, indem es Zielsetzungen formuliert und partizipative Bewertungsmethoden entwickelt. Es geht dabei um folgende Überprüfungen:

– die Liste gemäß Anhang III, einschließlich der Erweiterung bestehender Bereiche oder der Aufnahme neuer Bereiche in diesen Anhang (lit. a);
– die Liste der verbotenen Praktiken gemäß Artikel 5 (lit. b);
– die Liste der KI-Systeme, die zusätzliche Transparenzmaßnahmen erfordern, in Artikel 50 (lit. c).

21 Die festzulegenden Zielsetzungen ergeben sich aus dem jeweiligen Regelungsbereich. Für die Liste in Anhang III ist das Ziel der Risikobewertung, diejenigen

Anwendungsbereiche zu identifizieren, in denen die Nutzung von KI-Technologie ein hohes aber noch annehmbares Risiko birgt. Für die Liste der verbotenen Praktiken gem. Art. 5 ist die Zielsetzung, KI-Systeme zu identifizieren, deren Einsatz mit unannehmbaren Risiken verbunden ist. Für die Liste der KI-Systeme, die zusätzliche Transparenzmaßnahmen nach Art. 50 erfordern, ist die Zielsetzung, Systeme zu identifizieren, deren synthetischen Ausgaben für eine verständige, informierte Person kaum noch von authentischen Inhalten zu unterscheiden sind. Durch die partizipative Methode assistiert das Büro für Künstliche Intelligenz bei der Risikobewertung anhand der in den jeweiligen Artikeln genannten Kriterien und bei der Einbeziehung neuer Systeme in die Listen. Wie genau die Methode aussieht, wird erst die Praxis zeigen.

4. Vorschläge zur Änderung der KI-VO (Abs. 10 und Abs. 12)

Art. 112 Abs. 10 und 12 ist Ausdruck der Stellung der Kommission als „Motor der Integration".[3] **22**

Kommt die Kommission nach ihren Bewertungen gemäß den Absätzen 1–7 zu dem Ergebnis, das regulatorische Mängel vorliegen, die eine **Änderung der KI-VO** erforderlich machen, legt sie dem Europäischen Parlament und dem Rat gem. Art. 112 Abs. 10 dazu Vorschläge vor. Die Vorschläge sollen dabei insbesondere die technologischen Entwicklungen, die Auswirkungen von KI-Systemen auf die Gesundheit, Sicherheit und auf die Grundrechte von Personen und die Fortschritte in der Informationsgesellschaft berücksichtigen. **23**

Betrifft die Änderung der KI-VO nach Art. 112 Abs. 10 einen **sektorspezifischen Harmonisierungsrechtsakt,** der in Anhang I Abschnitt B gelistet und damit nicht auf Grundlage des neuen Rechtsrahmens ergangen ist, sind bei der angestrebten Veränderung gem. Art. 112 Abs. 12 die regulatorischen Besonderheiten des jeweiligen Sektors zu berücksichtigen. Die gleiche Rücksichtnahmepflicht besteht, wenn delegierte Rechtsakte oder Durchführungsrechtsakte, die mit der KI-VO in Zusammenhang stehen, einen solchen sektorspezifischen Harmonisierungsrechtsakt betreffen. Die in dem jeweiligen Harmonisierungsrechtsakt festgelegten bestehenden Governance-, Konformitätsbewertungs- und Durchsetzungsmechanismen sind bei der angestrebten Änderung zu bedenken. Art. 112 Abs. 12 bezweckt, dass regulatorische Besonderheiten einzelner Sektoren bei Rechtsänderungen im Bereich der KI-VO berücksichtigt werden, unabhängig davon, ob die Besonderheiten einer Verordnung oder einer Richtlinie entspringen. **24**

5. Einmalige Bewertung der Kommission nach sieben Jahren (Abs. 13)

Eine umfassende Überprüfung der Durchsetzung der KI-VO durch die Kommission hat nach Art. 112 Abs. 13 einmalig zum 2.8.2031 zu erfolgen. Inhaltlich muss die Kommission die Umsetzung und Anwendung der KI-VO innerhalb der ersten sieben Jahre seit Inkrafttreten bewerten. Dieser lange Zeitraum gibt der Kommission genügend Zeit, um die Effektivität der Durchsetzungsstrukturen und -mechanismen auf Grundlage umfassender Erfahrungen und Praxisbeispiele zu evaluieren. Das Ergebnis dieser Untersuchung ist dem Europäischen Parlament, dem Rat und dem Europäischen Wirtschafts- und Sozialausschuss in Form eines **25**

---

[3] Von der Groeben/Schwarze/Hatje EUV Art. 17 Rn. 17.

Berichts vorzulegen. Stellt die Kommission Durchsetzungsmängel fest, die regulatorische Ursachen haben, fügt sie gem. Art. 112 Abs. 13 S. 2 ihrem Bericht einen Vorschlag zur Änderung der KI-VO bei, der sich mit der Durchsetzungsstruktur und der Notwendigkeit einer europäischen Agentur zur Beseitigung festgestellter Mängel auseinandersetzt.

Art. 113* Inkrafttreten und Geltungsbeginn

[1] **Diese Verordnung tritt am zwanzigsten Tag nach ihrer Veröffentlichung[1] im Amtsblatt der Europäischen Union in Kraft.**

[2] **Sie gilt ab dem 2. August 2026.**

[3] **Jedoch:**

a) Die Kapitel I und II gelten ab dem 2. Februar 2025;

b) Kapitel III Abschnitt 4, Kapitel V, Kapitel VII und Kapitel XII sowie Artikel 78 gelten ab dem 2. August 2025, mit Ausnahme des Artikels 101;

c) Artikel 6 Absatz 1 und die entsprechenden Pflichten gemäß dieser Verordnung gelten ab dem 2. August 2027.

Literatur: Martini, Mario/Wendehorst, Christiane, KI-VO Kommentar, 2. Auflage, München 2026; Bomhard, David/Pieper, Fritz-Ulli/Wende, Susanne, Kommentar KI-VO – Verordnung über künstliche Intelligenz, 1. Auflage, Frankfurt am Main 2025; Hilgendorf, Eric/Härtlein, Johannes, Handkommentar KI-VO – Verordnung über künstliche Intelligenz, 1. Auflage, Baden-Baden 2025, Ebers, Martin/Quarch, Benedikt, Rechtshandbuch ChatGPT, 1. Auflage, Baden-Baden 2024; Geminn, Christian/Johannes, Paul, Europäisches Datenrecht, 1. Auflage, Baden-Baden 2026; Hilgendorf, Eric/Roth-Isigkeit, David, Die neue Verordnung der EU zur Künstlichen Intelligenz, 2. Auflage, München 2025; Schwartmann, Rolf/Benedikt, Kristin/Reif, Yvette, Datenschutz im Internet Rechtshandbuch, 1. Auflage, München 2025; Kampf, Alexander, ZVI 2025, 469; Rohrßen, Benedikt, ZVertriebsR 2025, 285; Schmidt, Christoph, Die Grenzen des KI-Einsatzes in der öffentlichen Verwaltung, RDi 2025, 406; Möslein, Florian/Omlor, Sebastian, Digitalisierung der Finanzmärkte, ZRP 2025, 44; Biallaß, Isabelle Désirée: Die Auswirkungen der KI-VO auf die Justiz, MMR 2024, 646; Chibanguza, Kuuya/Kuß, Christian/Steege, Hans, Künstliche Intilligenz, 2. Auflage, Baden-Baden 2022; Frank, Justus/Heine Maurice, Arbeitsrechtliche Dimension der KI-Verordnung NZA 2024, 433; Seitz, Claudia, EuZW 2025, 203.

Übersicht

* Kapitel XIII (Art. 102–113) gilt gem. Art. 113 UAbs. 2 ab 2.8.2026.

[1] Veröffentlicht am 12.7.2024.

I. Überblick

Der Gesetzgeber macht in Art. 113 Vorgaben zum Inkrafttreten und Wirksamwerden der KI-VO. Am zwanzigsten Tag nach Veröffentlichung im Amtsblatt und damit am 1.8.2024 tritt die KI-VO in Kraft. Die Regelung der KI-VO unterliegen ausweislich der Normierung in Art. 113 einem sukzessiven Geltungsbeginn. Anbieter von Hochrisiko-KI-Systemen werden aber ermutigt, bereits vorzeitig die sie betreffenden Pflichten aus der KI-VO einzuhalten (vgl. Erwgr. 178). Schließlich betont Art. 113 den Verordnungscharakter.[2] 1

II. Inhalt der Regelung

1. Inkrafttreten und allgemeiner Geltungsbeginn

Art. 113 S. 1 ordnet zunächst an, dass die KI-VO am zwanzigsten Tag nach ihrer Veröffentlichung im Amtsblatt in der EU in Kraft tritt. Der Vorschrift kommt lediglich deklaratorische Bedeutung zu, da sich die entsprechende Rechtsfolge bereits unmittelbar aus Art. 297 Abs. 1 UAbs. 3 Satz 2 AEUV ergibt. Die Veröffentlichung der KI-VO im Amtsblatt der EU erfolgt am 12.7.2024. Daher ist das Datum des Inkrafttretens der 1.8.2024.[3] 2

Die KI-VO stellt als ein umfassendes Regelwerk sowohl staatliche als auch private Akteure bei der Anpassung an den Rechtsakt vor Herausforderungen. Staatliche Akteure müssen institutionelle und prozedurale Vorkehrungen treffen, um die von der KI-VO für sie vorgesehenen Aufgaben angemessen wahrnehmen zu können. Private Akteure müssen abhängig von der jeweiligen Technologie technische und organisatorische Vorkehrungen treffen, um ihren Pflichten nach der KI-VO zu entsprechen. Deshalb gilt die KI-VO mit all ihren Maßgaben im Grundsatz erst 24 Monate nach dem Datum des Inkrafttretens. Auch wenn die Kommission durch Förderung des KI-Pakts[4] bereits vorzeitig in Kooperation mit der Wirtschaft auf die Umsetzung der KI-VO hinwirken möchte, haben die relevanten Akteure angesichts des Umfangs der notwendigen Anpassungen die Pflichten der KI-VO im Grundsatz erst ab dem 2.8.2026 einzuhalten. Es gibt jedoch wichtige Ausnahmen, von denen die meisten in Art. 113 ihren Niederschlag gefunden haben. In Art. 113 S. 3 finden sich Sonderregelungen zum Geltungsbeginn der KI-VO in Bezug auf bestimmte Kapitel oder Normen, die die Wirksamkeit der dort getroffenen Regelungen aufgrund von Sicherheits- und Praktikabilitätserwägungen vorziehen oder aufschieben. Auch ohne Nennung in Art. 113 S. 3 sei an dieser Stelle der Vollständigkeit halber erwähnt, dass die Praxisleitfäden gem. Art. 56 Abs. 9 und die Verhaltenskodizes (vgl. Erwgr. 179) vorzeitig bereits am 2.5.2025 vorgelegen haben.[5] 3

---

[2] Bomhard/Pieper/Wende, KI-VO/Herold/Kehrberger, Art. 113 Rn. 6; Ebers/Quarch, Rechtshandbuch ChatGPT/Ebers, § 2 Rn. 91; Schwartmann/Benedikt/Reif, Datenschutz Internet/Schwartmann/Mühlenbeck, Kap. 28 Rn. 14; Martini/Wendehorst, KI-VO/Wendehorst, Art. 113 Rn. 1; Chibanguza/Kuß/Steege, KI-Hdb/Heine, A. Rn. 25.

[3] Bomhard/Pieper/Wende, KI-VO/Herold/Kehrberger, Art. 113 Rn. 6; Geminn/Johannes, EU-DatenR-HdB/Böning/Schindler, § 28 Rn. 12; Hilgendorf/Roth-Isigkeit, KI-VO/Gless/Janal, § 2 Rn. 73; Hilgendorf/Härtlein, KI-VO/Hilgendorf/Härtlein, Art. 113 Rn. 1.

[4] Vgl. https://digital-strategy.ec.europa.eu/de/policies/ai-pact.

[5] Ebers/Quarch, Rechtshandbuch ChatGPT/Ebers, § 2 Rn. 92; Rohrßen ZVertriebsR 2025, 285 (286); Biallaß MMR 2024, 646 (646); Frank/Heine NZA 2024, 433 (433).

2. Sechs Monate nach Inkrafttreten

4 Bereits sechs Monate nach dem Inkrafttreten der KI-VO, also ab dem 2.2.2025, gelten nach Art. 113 S. 3 lit. a die Kapitel I und II, in denen die allgemeinen Bestimmungen zur KI-VO – inklusive der Pflicht zur Ausbildung von Mitarbeitenden in Sachen KI-Kompetenz – und die Verbote bestimmter KI-Systeme niedergelegt sind. Der Gesetzgeber hat in Kapitel II gewisse Praktiken im KI-Bereich verboten und möchte mit dem vorgezogenen Geltungsbeginn dem aus seiner Sicht unannehmbaren Risiko begegnen (vgl. Erwgr. 179). Dass eine volle Abschreckungswirkung von Verboten erst mit ihrer effektiven Durchsetzung entsteht, an der es zu diesem Zeitpunkt noch mangelt, ist dem Gesetzgeber bewusst (vgl. Erwgr. 179). Allerdings können die Regelung zum Beispiel in zivilrechtlichen Verfahren Wirkung entfalten (vgl. Erwgr. 179). Zudem ist denkbar, dass Verstöße gegen die Maßgaben des Kapitels II auch zu späterem Zeitpunkt noch sanktioniert werden. Insofern entfalten die Regelungen des Kapitels I und II ihre handlungsleitende Wirkung unabhängig von unmittelbaren Durchsetzungsmöglichkeiten bereits ab ihrem vorzeitigen Geltungsbeginn.[6]

3. Zwölf Monate nach Inkrafttreten

5 Ebenfalls vorgezogen wird gem. Art. 113 S. 3 lit. b die Geltung
- des Kapitels III Abschnitt 4 (Notifizierende Behörden und notifizierte Stellen),
- des Kapitels V (KI-Modellen mit allgemeinem Verwendungszweck),
- des Kapitels VII (Governance),
- des Kapitels XII (Sanktionen),
- sowie des Artikels 78 (Vertraulichkeit).

6 Sie sollen bereits 12 Monate nach Inkrafttreten der Verordnung, also ab dem 2.8.2025, gelten.[7] Insgesamt möchte der Gesetzgeber mit dem Vorzug des Geltungsbeginns in diesen Regelungsbereichen der KI-VO um ein Jahr sicherstellen, dass die institutionellen Vorkehrungen frühzeitig geschaffen werden, damit die von der KI-VO vorgesehenen Verfahren zum allgemeinen Geltungsbeginn der KI-VO ab dem 2.8.2026 durchgeführt werden können.[8]

7 Kapitel III Abschnitt 4 enthält Regelungen für die Errichtung und Organisation von notifizierenden Behörden und notifizierten Stellen.[9]

8 In Kapitel V werden umfassende Regelungen zu KI-Modellen mit allgemeinem Verwendungszweck getroffen. Hier wird eine vorzeitige Wirkung mit dem raschen technologischen Fortschritt von KI-Modellen dieser Art begründet (vgl. Erwgr. 179).[10]

---

[6] Martini/Wendehorst, KI-VO/Wendehorst, Art. 113 Rn. 2 ff.; Hilgendorf/Härtlein, KI-VO/Hilgendorf/Härtlein, Art. 113 Rn. 2; Bomhard/Pieper/Wende, KI-VO/Herold/Kehrberger, Art. 113 Rn. 16; Kampf ZVI 2025, 469 (496).

[7] Seitz EuZW 2025, 203 (204).

[8] Martini/Wendehorst, KI-VO/Wendehorst, Art. 113 Rn. 5; Geminn/Johannes, EU-DatenR-HdB/Böning/Schindler, § 28 Rn. 12; Schmidt RDi 2025, 406 (407).

[9] Martini/Wendehorst, KI-VO/Wendehorst, Art. 113 Rn. 6; Geminn/Johannes, EU-DatenR-HdB/Böning/Schindler, § 28 Rn. 12.

[10] Martini/Wendehorst, KI-VO/Wendehorst, Art. 113 Rn. 7; Hilgendorf/Härtlein, KI-VO/Hilgendorf/Härtlein, Art. 113 Rn. 3; Bomhard/Pieper/Wende, KI-VO/Herold/Kehrberger, Art. 113 Rn. 19.

Kapitel VII beinhaltet Regelungen der Governance zur Schaffung der in der KI-VO vorgesehenen Behörden und Gremien auf unionaler und nationaler Ebene.[11] **9**

Kapitel XII legt die Sanktionen für Verstöße gegen die KI-VO fest. Durch den vorzeitigen Geltungsbeginn dieser Regelungen, soll sichergestellt werden, dass die Sanktionen feststehen und durch die Mitgliedstaaten zum allgemeinen Geltungsbeginn der KI-VO am 2.8.2026 ordnungsgemäß und wirksam umgesetzt werden (vgl. Erwgr. 179). Allerdings entfaltet nach Art. 113 S. 3 lit. b der Art. 101, der Geldbußen für Anbieter von KI-Modellen mit allgemeinem Verwendungszweck regelt, noch keine vorzeitige Wirkung. Da die Anforderungen an KI-Modelle mit allgemeinem Verwendungszweck aus Kapitel V wie beschrieben ebenfalls bereits ab dem 2.8.2025 gelten, müssten Verstöße bei vorzeitiger Geltung des Art. 101 konsequenterweise sanktioniert werden. Diese Ungleichbehandlung von Akteuren im Zusammenhang mit KI-Modellen mit allgemeinem Verwendungszweck gegenüber Akteuren im Zusammenhang mit anderen KI-Technologien wollte der Gesetzgeber wohl vermeiden.[12] **10**

Für alle an der Anwendung der KI-VO beteiligten Institutionen soll die allgemeine Vertraulichkeitspflicht gem. Art. 78 vorzeitig gelten.[13] **11**

4. Sechsunddreißig Monate nach Inkrafttreten

Zuletzt wird der Geltungsbeginn des Art. 6 Abs. 1 ausgehend vom allgemeinen Geltungsbeginn der KI-VO ab dem 2.8.2026 nach Art. 113 S. 3 lit. c um ein Jahr aufgeschoben. Das hat hohe Praxisrelevanz. Erst 36 Monate nach Inkrafttreten der Verordnung, also zum 2.8.2027, entfalten der Art. 6 Abs. 1 und die entsprechenden Pflichten ihre Wirkung. Das bedeutet ausdrücklich nicht, dass alle **Hochrisiko-KI-Systeme** erst zu diesem späteren Zeitpunkt der KI-VO unterliegen. Hochrisiko-KI-Systeme, die als solche nach Art. 6 Abs. 2 iVm Anhang III zu klassifizieren sind, fallen explizit nicht unter Art. 113 S. 3 lit. c und haben daher schon ab dem 2.8.2026 den Regelungen der KI-VO zu entsprechen. Nur für solche KI-Systeme, die nach Art. 6 Abs. 1 iVm Anhang I als hochrisikoreich eingestuft werden, gilt der Geltungsaufschub nach Art. 113 S. 3 lit. c. Akteure im Zusammenhang mit Produkten, die unter die in Anhang I aufgeführten Harmonisierungsrechtsvorschriften fallen, sollen dadurch genügend Zeit haben, ihre Prozesse und ihre Produkte an die neuen Anforderungen der KI-VO anzupassen.[14] **12**

5. Verordnung

In Art. 113 S. 4 findet sich die Klarstellung, dass die KI-VO in allen ihren Teilen verbindlich ist und unmittelbar in jedem Mitgliedstaat gilt. Hier wird im beinah im Wortlaut der Art. 288 Abs. 2 AEUV wiedergegeben. Es bedarf aufgrund des Verordnungscharakters der KI-VO keines Umsetzungsrechtsakts der **13**

---

[11] Martini/Wendehorst, KI-VO/Wendehorst, Art. 113 Rn. 8; Bomhard/Pieper/Wende, KI-VO/Herold/Kehrberger, Art. 113 Rn. 20; Möslein/Omlor ZRP 2025, 44 (45).

[12] Martini/Wendehorst, KI-VO/Wendehorst, Art. 113 Rn. 9; Bomhard/Pieper/Wende, KI-VO/Herold/Kehrberger, Art. 113 Rn. 21 f.

[13] Martini/Wendehorst, KI-VO/Wendehorst, Art. 113 Rn. 10.

[14] Martini/Wendehorst, KI-VO/Wendehorst, Art. 113 Rn. 11; Hilgendorf/Härtlein, KI-VO/Hilgendorf/Härtlein, Art. 113 Rn. 4; Bomhard/Pieper/Wende, KI-VO/Herold/Kehrberger, Art. 113 Rn. 23; Hilgendorf/Roth-Isigkeit, KI-VO/Gless/Janal, § 2 Rn. 73.

KI-VO durch die Mitgliedsstaaten. Dort, wo die KI-VO den Mitgliedstaaten ausdrücklich administrative oder legislative Umsetzungsverpflichtungen auferlegt, beispielsweise in Art. 70 Abs. 1 und Art. 99 Abs. 1, müssen die Mitgliedstaaten allerdings aktiv werden.

Anhang I Liste der Harmonisierungsvorschriften der Union

Abschnitt A – Liste der Harmonisierungsrechtsvorschriften der Union auf der Grundlage des neuen Rechtsrahmens

1. **Richtlinie 2006/42/EG des Europäischen Parlaments und des Rates vom 17. Mai 2006 über Maschinen und zur Änderung der Richtlinie 95/16/EG (ABl. L 157 vom 9.6.2006, S. 24)**
2. **Richtlinie 2009/48/EG des Europäischen Parlaments und des Rates vom 18. Juni 2009 über die Sicherheit von Spielzeug (ABl. L 170 vom 30.6.2009, S. 1)**
3. **Richtlinie 2013/53/EU des Europäischen Parlaments und des Rates vom 20. November 2013 über Sportboote und Wassermotorräder und zur Aufhebung der Richtlinie 94/25/EG (ABl. L 354 vom 28.12.2013, S. 90)**
4. **Richtlinie 2014/33/EU des Europäischen Parlaments und des Rates vom 26. Februar 2014 zur Angleichung der Rechtsvorschriften der Mitgliedstaaten über Aufzüge und Sicherheitsbauteile für Aufzüge (ABl. L 96 vom 29.3.2014, S. 251)**
5. **Richtlinie 2014/34/EU des Europäischen Parlaments und des Rates vom 26. Februar 2014 zur Harmonisierung der Rechtsvorschriften der Mitgliedstaaten für Geräte und Schutzsysteme zur bestimmungsgemäßen Verwendung in explosionsgefährdeten Bereichen (ABl. L 96 vom 29.3.2014, S. 309)**
6. **Richtlinie 2014/53/EU des Europäischen Parlaments und des Rates vom 16. April 2014 über die Harmonisierung der Rechtsvorschriften der Mitgliedstaaten über die Bereitstellung von Funkanlagen auf dem Markt und zur Aufhebung der Richtlinie 1999/5/EG (ABl. L 153 vom 22.5.2014, S. 62)**
7. **Richtlinie 2014/68/EU des Europäischen Parlaments und des Rates vom 15. Mai 2014 zur Harmonisierung der Rechtsvorschriften der Mitgliedstaaten über die Bereitstellung von Druckgeräten auf dem Markt (ABl. L 189 vom 27.6.2014, S. 164)**
8. **Verordnung (EU) 2016/424 des Europäischen Parlaments und des Rates vom 9. März 2016 über Seilbahnen und zur Aufhebung der Richtlinie 2000/9/EG (ABl. L 81 vom 31.3.2016, S. 1)**
9. **Verordnung (EU) 2016/425 des Europäischen Parlaments und des Rates vom 9. März 2016 über persönliche Schutzausrüstungen und zur Aufhebung der Richtlinie 89/686/EWG des Rates (ABl. L 81 vom 31.3.2016, S. 51)**
10. **Verordnung (EU) 2016/426 des Europäischen Parlaments und des Rates vom 9. März 2016 über Geräte zur Verbrennung gasförmiger Brennstoffe und zur Aufhebung der Richtlinie 2009/142/EG (ABl. L 81 vom 31.3.2016, S. 99)**
11. **Verordnung (EU) 2017/745 des Europäischen Parlaments und des Rates vom 5. April 2017 über Medizinprodukte, zur Änderung der**

Richtlinie 2001/83/EG, der Verordnung (EG) Nr. 178/2002 und der Verordnung (EG) Nr. 1223/2009 und zur Aufhebung der Richtlinien 90/385/EWG und 93/42/EWG des Rates (ABl. L 117 vom 5.5.2017, S. 1)

12. Verordnung (EU) 2017/746 des Europäischen Parlaments und des Rates vom 5. April 2017 über In-vitro-Diagnostika und zur Aufhebung der Richtlinie 98/79/EG und des Beschlusses 2010/227/EU der Kommission (ABl. L 117 vom 5.5.2017, S. 176)

Abschnitt B – Liste anderer Harmonisierungsrechtsvorschriften der Union

13. Verordnung (EG) Nr. 300/2008 des Europäischen Parlaments und des Rates vom 11. März 2008 über gemeinsame Vorschriften für die Sicherheit in der Zivilluftfahrt und zur Aufhebung der Verordnung (EG) Nr. 2320/2002 (ABl. L 97 vom 9.4.2008, S. 72)

14. Verordnung (EU) Nr. 168/2013 des Europäischen Parlaments und des Rates vom 15. Januar 2013 über die Genehmigung und Marktüberwachung von zwei- oder dreirädrigen und vierrädrigen Fahrzeugen (ABl. L 60 vom 2.3.2013, S. 52)

15. Verordnung (EU) Nr. 167/2013 des Europäischen Parlaments und des Rates vom 5. Februar 2013 über die Genehmigung und Marktüberwachung von land- und forstwirtschaftlichen Fahrzeugen (ABl. L 60 vom 2.3.2013, S. 1)

16. Richtlinie 2014/90/EU des Europäischen Parlaments und des Rates vom 23. Juli 2014 über Schiffsausrüstung und zur Aufhebung der Richtlinie 96/98/EG des Rates (ABl. L 257 vom 28.8.2014, S. 146)

17. Richtlinie (EU) 2016/797 des Europäischen Parlaments und des Rates vom 11. Mai 2016 über die Interoperabilität des Eisenbahnsystems in der Europäischen Union (ABl. L 138 vom 26.5.2016, S. 44)

18. Verordnung (EU) 2018/858 des Europäischen Parlaments und des Rates vom 30. Mai 2018 über die Genehmigung und die Marktüberwachung von Kraftfahrzeugen und Kraftfahrzeuganhängern sowie von Systemen, Bauteilen und selbstständigen technischen Einheiten für diese Fahrzeuge, zur Änderung der Verordnungen (EG) Nr. 715/2007 und (EG) Nr. 595/2009 und zur Aufhebung der Richtlinie 2007/46/EG (ABl. L 151 vom 14.6.2018, S. 1)

19. Verordnung (EU) 2019/2144 des Europäischen Parlaments und des Rates vom 27. November 2019 über die Typgenehmigung von Kraftfahrzeugen und Kraftfahrzeuganhängern sowie von Systemen, Bauteilen und selbstständigen technischen Einheiten für diese Fahrzeuge im Hinblick auf ihre allgemeine Sicherheit und den Schutz der Fahrzeuginsassen und von ungeschützten Verkehrsteilnehmern, zur Änderung der Verordnung (EU) 2018/858 des Europäischen Parlaments und des Rates und zur Aufhebung der Verordnungen (EG) Nr. 78/2009, (EG) Nr. 79/2009 und (EG) Nr. 661/2009 des Europäischen Parlaments und des Rates sowie der Verordnungen (EG) Nr. 631/2009, (EU) Nr. 406/2010, (EU) Nr. 672/2010, (EU) Nr. 1003/2010, (EU) Nr. 1005/2010, (EU) Nr. 1008/2010, (EU) Nr. 1009/2010, (EU) Nr. 19/2011, (EU) Nr. 109/2011, (EU) Nr. 458/2011, (EU) Nr. 65/2012, (EU) Nr. 130/2012, (EU) Nr. 347/2012, (EU) Nr. 351/2012, (EU) Nr. 1230/

2012 und (EU) 2015/166 der Kommission (ABl. L 325 vom 16.12.2019, S. 1)

20. Verordnung (EU) 2018/1139 des Europäischen Parlaments und des Rates vom 4. Juli 2018 zur Festlegung gemeinsamer Vorschriften für die Zivilluftfahrt und zur Errichtung einer Agentur der Europäischen Union für Flugsicherheit sowie zur Änderung der Verordnungen (EG) Nr. 2111/2005, (EG) Nr. 1008/2008, (EU) Nr. 996/2010, (EU) Nr. 376/2014 und der Richtlinien 2014/30/EU und 2014/53/EU des Europäischen Parlaments und des Rates, und zur Aufhebung der Verordnungen (EG) Nr. 552/2004 und (EG) Nr. 216/2008 des Europäischen Parlaments und des Rates und der Verordnung (EWG) Nr. 3922/91 des Rates (ABl. L 212 vom 22.8.2018, S. 1), insoweit die Konstruktion, Herstellung und Vermarktung von Luftfahrzeugen gemäß Artikel 2 Absatz 1 Buchstaben a und b in Bezug auf unbemannte Luftfahrzeuge sowie deren Motoren, Propeller, Teile und Ausrüstung zur Fernsteuerung betroffen sind.

Literatur: Binder/Egli, Umgang mit Hochrisiko-KI-Systemen in der KI-VO, MMR 2024, 626; Gerdemann, Harmonisierte Normen und ihre Bedeutung für die Zukunft der KI, MMR 2024, 614; Gerdemann, Konformitätsbewertung als Kernpflicht der KI-Verordnung, NJW 2024, 2209; Hubert/Paschke, Mobile (Land-)Maschinen und Roboter zwischen Automatisierung und Autonomie, InTeR 2026, 2; Rohrßen, KI & CE – Die KI-VO, das Produktsicherheitsrecht für Künstliche Intelligenz, ZfPC 2024, 111; Spindler, Der Vorschlag der EU-Kommission für eine Verordnung zur Regulierung der Künstlichen Intelligenz (KI-VO-E), CR 2021, 361; v. Welser, Die KI-Verordnung – ein Überblick über das weltweit erste Regelwerk für künstliche Intelligenz, GRUR-Prax 2024, 485.

Übersicht

I. Allgemeines

1 Die KI-Verordnung zielt darauf ab, ein hohes Schutzniveau für Gesundheit, Sicherheit und Grundrechte zu gewährleisten, weshalb Hochrisiko-KI-Systeme strengen Pflichten unterliegen. Der Einsatzkontext entscheidet, ob ein System als hochriskant gilt und den Regelungen der Art. 8 ff. unterliegt. Art. 6 legt die Kriterien für die Einstufung eines KI-Systems als Hochrisiko-KI-System fest. In Art. 6 Abs. 1 werden KI-Systeme als mit einem hohen Risiko verbunden eingestuft, wenn sie als Sicherheitsbauteile in den näher bestimmten EU-Rechtsakten gemäß Anhang I der KI-Verordnung aufgeführt sind. Damit knüpft die Norm an die bestehende produktsicherheitsrechtliche Regulierung der Union an. Anhang I listet abschließend die zu beachtenden Rechtsakte auf. Die enumerativ erfassten Verordnungen und Richtlinien werden in einen Abschnitt A und einen Abschnitt B unterteilt.

2 Die KI-VO ergänzt insoweit die bestehenden produktspezifischen Regelungen. Ferner ist sie als lex specialis in Bezug auf die spezifischen Herausforderungen, die mit KI einhergehen, vorrangig zu beachten.[1] Anhang I Abschnitt A enthält die Regelungen, die auf dem **New Legislative Framework** beruhen.[2] Die Regelungen nach diesem neuen Rechtsrahmen ermöglichen es, dass die Anforderungen der KI-VO in die Sicherheitsanforderungen unproblematisch integriert werden.[3] Im Gegensatz dazu enthalten die Vorschriften des Abschnitts B Produkte, die nach dem „old approach" reguliert wurden.[4] Bei diesen Produkten lässt sich die KI-VO nicht ohne Weiteres integrieren, da hierbei ein eigenständiger Regulierungsansatz verfolgt wurde.[5]

Die in Anhang I Abschnitt A und in Abschnitt B erfassten Harmonisierungs- 3
vorschriften unterscheiden sich ferner durch die Regelung des Art. 2 Abs. 2 S. 1. Diese Norm reguliert den Anwendungsbereich von KI-Systemen und bestimmt, dass für solche KI-Systeme, die von den in Anhang I Abschnitt B aufgeführten Harmonisierungsrechtsvorschriften der Union erfasst sind, nur die Art. 102–109 und Art. 112 gelten (→ Art. 2 Rn. 35 ff.). Zudem gilt Art. 57 nur, soweit die Anforderungen an Hochrisiko-KI-Systeme gem. dieser VO iRd genannten Harmonisierungsrechtsvorschriften der Union eingebunden wurden (→ Art. 2 Rn. 35). Die Auflistung der Art. 102–109, die die Änderung der in Anhang I Abschnitt B aufgeführten Harmonisierungsvorschriften vorsehen, stellt sicher, dass beim Erlass von delegierten Rechtsakten, Durchführungsrechtsakten, technischen Spezifikationen und Prüfnormen die Anforderungen des Kapitel III Abschnitt 2 berücksichtigt werden.[6]

In der Gesamtsystematik werden die Vorschriften des Anhangs I insbesondere 4
bei der Konformitätsbewertung nach Art. 6 Abs. 1 Buchst. b relevant (→ Art. 6 Rn. 20). Zudem verweist Art. 43 Abs. 3 auf die erfassten Rechtsakte des Anhang I Abschnitt A (→ Art. 43 Rn. 35 ff.). Danach befolgt der Anbieter die Konformitätsbewertungsverfahren, die für Hochrisiko-KI-Systeme vorgesehen sind, nach dem jeweiligen Rechtsakt.

II. Inhalt der Regelung

Inhaltlich umfassen die Rechtsakte **Produkte** wie Maschinen iSd Art. 3 Nr. 1 5
VO (EU) 2023/1230, Spielzeuge iSd Art. 2 Abs. 1 iVm Anhang I RL 2009/48/EG, Aufzüge iSd Art. 2 Nr. 1 RL 2014/33/EU, Geräte und Schutzsysteme zur bestimmungsgemäßen Verwendung in explosionsgefährdeten Bereichen iSd Art. 1 Abs. 1 RL 2014/34/EU, Funkanlagen iSd Art. 2 Abs. 1 Nr. 1 RL 2014/53/EU, Druckgeräte iSd Art. 2 Nr. 1 RL 2014/698/EU, Sportbootausrüstung iSd Art. 2 Abs. 1 RL 2013/53/EU, Seilbahnen iSd Art. 3 Nr. 1 VO (EU) 2016/424, Geräte zur Verbrennung gasförmiger Brennstoffe iSd Art. 2 Nr. 1 VO (EU) 2016/426, Medizinprodukte iSd Art. 2 Abs. 1 VO (EU) 2017/745, In-vitro-Diagnostika iSd Art. 2 Nr. 2 VO (EU) 2017/746, Kraftfahrzeuge iSd Art. 3 Nr. 16 VO (EU)

---

[1] Rohrßen ZfPC 2024, 111 (113).

[2] Spindler CR 2021, 361 (364); Gerdemann NJW 2024, 2209 (2212).

[3] Spindler CR 2021, 361 (364); Hilgendorf/Roth-Isigkeit, Die neue Verordnung der EU zur Künstlichen Intelligenz/Martini, § 3 Rn. 76.

[4] Spindler CR 2021, 361 (364); Gerdemann NJW 2024, 2209 (2212).

[5] Gerdemann NJW 2024, 2209 (2212).

[6] v. Welser GRUR-Prax 2024, 485 (486).

2018/858 und Flugzeuge iSd Art. 3 Abs. 1 VO (EG) Nr. 300/2008.[7] Zur weiteren Differenzierung wird Anhang I in Abschnitt A und Abschnitt B aufgeteilt.

1. Abschnitt A

6 Anhang I Abschnitt A listet in Nr. 1 die RL 2006/42/EG auf.[8] Diese wird jedoch durch die VO (EU) 2023/1230 aufgehoben. Ferner gilt die VO (EU) 2023/1230 ab 2027 in vollem Umfang in allen Mitgliedstaaten und regelt die produktspezifischen Vorgaben für Maschinen. Nach Art. 51 Abs. 2 VO (EU) 2023/1230 sind jedoch die Verweise auf die RL 2006/42/EG als Verweise auf die VO (EU) 2023/1230 zu verstehen.[9] In den Nr. 2–12 sind die RL 2009/48/EG (Spielzeugsicherheit), die RL 2013/53/EU (Sportboote und Wassermotorräder), die RL 2014/33/EU (Aufzüge), die RL 2014/34/EU (Geräte und Schutzsysteme zur bestimmungsgemäßen Verwendung in explosionsgefährdeten Bereichen), die RL 2014/53/EU (Funkanlagen), die RL 2014/68/EU (Druckgeräte), die VO (EU) 2016/424 (Seilbahnen), die VO (EU) 2016/425 (Persönliche Schutzausrüstungen), die VO (EU) 2016/426 (Gasverbrauchseinrichtungen), die VO (EU) 2017/745 (Medizinprodukte) und die VO (EU) 2017/746 (In-vitro-Diagnostik) abschließend aufgezählt. Relevant sind die Rechtsakte ausschließlich für die Konformitätsbewertung durch Dritte in Art. 6 Abs. 1 Buchst. b (→ Art. 6 Rn. 20).

2. Abschnitt B

7 In der Liste des Anhang I Abschnitt B sind in den Nr. 13–20 die VO (EG) Nr. 300/2008 (Sicherheit in der Zivilluftfahrt), die VO (EU) Nr. 168/2013 (zwei-, dreirädrigen und vierrädrige Fahrzeuge), die VO (EU) Nr. 167/2013 (land- und forstwirtschaftliche Fahrzeuge), die RL 2014/90/EU (Schiffsausrüstung), die RL (EU) 2016/797 (Eisenbahnsystem), die VO (EU) 2018/858 (Kraftfahrzeuge und Kraftfahrzeuganhänger), die VO (EU) 2019/2144 (Kraftfahrzeuge mit automatisierten Systemen) und die VO (EU) 2018/1139 (Flugsicherheit in der Zivilluftfahrt) enthalten. Der Anwendungsbereich, in dem die Rechtsakte relevant sind, wird durch Art. 2 Abs. 2 S. 1 auf die Art. 6 Abs. 1, 102–109 und 112 beschränkt. Die Art. 102–109 legen dabei fest, dass die in Abschnitt B aufgeführten Harmonisierungsvorschriften dahingehend ergänzt werden, dass beim Erlass von delegierten Rechtsakten, Durchführungsrechtsakten, technischen Spezifikationen und Prüfnormen die Anforderungen des Kapitel III Abschnitt 2 berücksichtigt werden. Zudem wird durch den Verweis des Art. 2 Abs. 2 S. 2 (→ Art. 2 Rn. 35 ff.) nach Art. 57 ermöglicht, dass in diesem Zusammenhang KI-Reallabore eingerichtet werden, soweit die Anforderungen an Hochrisiko-KI-Systeme gem. dieser VO iRd genannten Harmonisierungsrechtsvorschriften der Union berücksichtigt werden.

Anhang II Liste der Straftaten gemäß Artikel 5 Absatz 1 Unterabsatz 1 Buchstabe h Ziffer iii

traftaten gemäß Artikel 5 Absatz 1 Unterabsatz 1 Buchstabe h Ziffer iii:

– **Terrorismus,**

---

7 Erwgr. 50.

8 Ausführlich zum Verhältnis der KI-VO und der Maschinen-VO, Hubert/Paschke, InTeR 2026, 2 (2 ff.).

9 Hubert/Paschke InTeR 2026, 2 (2 ff.).

- **Menschenhandel,**
- **sexuelle Ausbeutung von Kindern und Kinderpornografie,**
- **illegaler Handel mit Drogen oder psychotropen Stoffen,**
- **illegaler Handel mit Waffen, Munition oder Sprengstoffen,**
- **Mord, schwere Körperverletzung,**
- **illegaler Handel mit menschlichen Organen oder menschlichem Gewebe,**
- **illegaler Handel mit nuklearen oder radioaktiven Substanzen,**
- **Entführung, Freiheitsberaubung oder Geiselnahme,**
- **Verbrechen, die in die Zuständigkeit des Internationalen Strafgerichtshofs fallen,**
- **Flugzeug- oder Schiffsentführung,**
- **Vergewaltigung,**
- **Umweltkriminalität,**
- **organisierter oder bewaffneter Raub,**
- **Sabotage,**
- **Beteiligung an einer kriminellen Vereinigung, die an einer oder mehreren der oben genannten Straftaten beteiligt ist.**

1 Auf Anhang II wird in der gesamten KI-VO nur einmal verwiesen. Der Anhang listet Straftaten auf, in deren Zusammenhang die Verwendung von **KI-Systemen zur biometrischen Echtzeit-Fernidentifizierung** natürlicher Personen in öffentlich zugänglichen Räumen durch Strafverfolgungsbehörden gem. Art. 5 Abs. 1 UAbs. 1 lit. h iii ausnahmsweise zulässig sein kann (→ Art. 5 Rn. 169 ff.). Ein biometrisches Fernidentifizierungssystem ist gem. Art. 3 Nr. 41 ein KI-System, das dem Zweck dient, natürliche Personen ohne ihre aktive Einbeziehung und in der Regel aus der Ferne durch Abgleich der biometrischen Daten einer Person mit den in einer Referenzdatenbank gespeicherten biometrischen Daten zu identifizieren (→ Art. 3 Rn. 322 ff.). Als ein Echtzeit-Fernidentifizierungssystem ist das biometrische Fernidentifizierungssystem nach der Begriffsbestimmung in Art. 3 Nr. 42 dann zu qualifizieren, wenn „die Erfassung biometrischer Daten, der Abgleich und die Identifizierung ohne erhebliche Verzögerung erfolgen, und das zur Vermeidung einer Umgehung der Vorschriften nicht nur die sofortige Identifizierung, sondern auch eine Identifizierung mit begrenzten kurzen Verzögerungen umfasst" (→ Art. 3 Rn. 327 ff.). Art. 5 Abs. 1 UAbs. 1 lit. h reguliert nur den Einsatz dieser Systeme in öffentlich zugänglichen Räumen. Öffentlich zugänglich ist ein Raum gem. Art. 3 Nr. 44, wenn er als physischer Ort in privatem oder öffentlichem Eigentum, unabhängig vom Bestehen bestimmter Bedingungen für den Zugang oder möglicher Kapazitätsbeschränkungen, einer unbestimmten Anzahl natürlicher Personen zugänglich ist (→ Art. 3 Rn. 337 ff.).

2 Die Verfolgung der in Anhang II genannten Straftaten sieht der Gesetzgeber neben nur wenigen weiteren Anwendungsfällen gem. Art. 5 Abs. 1 UAbs. 1 lit. h als **Verwendungsmotiv, bei dem das öffentliche Interesse an der Verwendung entsprechender KI-Systeme den damit verbundenen Risiken überwiegt** (vgl. Erwgr. 33). Kaum eine Abwägungsfrage wurde im Gesetzgebungsprozess so kontrovers diskutiert. Die Risiken von KI-Systemen, die zur biometrischen Echtzeit-Fernidentifizierung in öffentlich zugänglichen Räumen genutzt werden können, bestehen darin, dass ihre Nutzung in die Privatsphäre und Grundrechte großer Teile der Bevölkerung erheblich eingreifen kann (vgl. Erwgr. 32). Bei flächendeckendem Einsatz besteht die Gefahr, dass solche Systeme ein Gefühl ständiger

Überwachung erzeugen und Grundrechtsträger so zumindest indirekt hemmen, von ihrer Versammlungsfreiheit und von anderen Grundrechten Gebrauch zu machen (vgl. Erwgr. 32). Deshalb müssen die Straftaten, die gem. Art. 5 Abs. 1 UAbs. 1 lit. h iii mithilfe von KI-Systemen zur biometrischen Echtzeit-Fernidentifizierung verfolgt werden dürfen, eine gewisse Erheblichkeitsschwelle erreichen, um den Einsatz zu rechtfertigen.

3 Die in Anhang II aufgelisteten Straftaten beruhen auf den im Rahmenbeschluss 2002/584/JI des Rates aufgeführten Straftaten, wobei bislang nur ein Teil der 32 Delikte aufgenommen wurde (vgl. Erwgr. 33). Die Straftaten in Anhang II zeichnen sich durch ihre besondere Schwere und Gefährlichkeit aus. Viele haben weitreichende negative Auswirkungen auf die Gesellschaft, gefährden die öffentliche Sicherheit und verletzen grundlegende Menschenrechte. Allerdings muss die jeweilige Tat in den **maßgeblichen Strafgesetzen eines betreffenden Mitgliedstaats** mit einer Freiheitsstrafe oder einer freiheitsentziehenden Maßregel der Sicherung im Höchstmaß von mindestens vier Jahren bedroht sein, damit der Einsatz von biometrischen Echtzeit-Fernidentifizierungssystemen gem. Art. 5 Abs. 1 UAbs. 1 lit. h iii zulässig ist (→ Art. 5 Rn. 169 ff.). So soll die Verhältnismäßigkeit des Einsatzes sichergestellt werden. Ziel der Verwendung muss es nach Art. 5 Abs. 1 UAbs. 1 lit. h iii stets sein, eine Person, die der Begehung einer Straftat nach Anhang II verdächtigt wird, zum Zwecke der Durchführung von strafrechtlichen Ermittlungen oder von Strafverfahren oder der Vollstreckung einer Strafe aufzuspüren oder zu identifizieren. Dazu muss die Verwendung gem. Art. 5 Abs. 1 UAbs. 1 lit. h unbedingt erforderlich sein. Des Weiteren sind bei der Verwendung die Voraussetzungen zu beachten, die in Art. 5 Abs. 2, 3 und 4 enthalten sind (→ Art. 5 Rn. 176 ff.). Gegebenenfalls sind auch Regelungen der Mitgliedstaaten, die auf Grundlage des Art. 5 Abs. 5 aufgestellt werden, zu berücksichtigen (→ Art. 5 Rn. 195 ff.).

Anhang III Hochrisiko-KI-Systeme gemäß Artikel 6 Absatz 2

Als Hochrisiko-KI-Systeme gemäß Artikel 6 Absatz 2 gelten die in folgenden Bereichen aufgeführten KI-Systeme:

1. **Biometrie, soweit ihr Einsatz nach einschlägigem Unionsrecht oder nationalem Recht zugelassen ist:**
   a) **biometrische Fernidentifizierungssysteme.**
   b) **Dazu gehören nicht KI-Systeme, die bestimmungsgemäß für die biometrische Verifizierung, deren einziger Zweck darin besteht, zu bestätigen, dass eine bestimmte natürliche Person die Person ist, für die sie sich ausgibt, verwendet werden sollen;**
   c) **KI-Systeme, die bestimmungsgemäß für die biometrische Kategorisierung nach sensiblen oder geschützten Attributen oder Merkmalen auf der Grundlage von Rückschlüssen auf diese Attribute oder Merkmale verwendet werden sollen;**
   d) **KI-Systeme, die bestimmungsgemäß zur Emotionserkennung verwendet werden sollen.**
2. **Kritische Infrastruktur: KI-Systeme, die bestimmungsgemäß als Sicherheitsbauteile im Rahmen der Verwaltung und des Betriebs kritischer digitaler Infrastruktur, des Straßenverkehrs oder der Wasser-, Gas-, Wärme- oder Stromversorgung verwendet werden sollen**
3. **Allgemeine und berufliche Bildung**

a) **KI-Systeme, die bestimmungsgemäß zur Feststellung des Zugangs oder der Zulassung oder zur Zuweisung natürlicher Personen zu Einrichtungen aller Ebenen der allgemeinen und beruflichen Bildung verwendet werden sollen;**

b) **KI-Systeme, die bestimmungsgemäß für die Bewertung von Lernergebnissen verwendet werden sollen, einschließlich des Falles, dass diese Ergebnisse dazu dienen, den Lernprozess natürlicher Personen in Einrichtungen oder Programmen aller Ebenen der allgemeinen und beruflichen Bildung zu steuern;**

c) **KI-Systeme, die bestimmungsgemäß zum Zweck der Bewertung des angemessenen Bildungsniveaus, das eine Person im Rahmen von oder innerhalb von Einrichtungen aller Ebenen der allgemeinen und beruflichen Bildung erhalten wird oder zu denen sie Zugang erhalten wird, verwendet werden sollen;**

d) **KI-Systeme, die bestimmungsgemäß zur Überwachung und Erkennung von verbotenem Verhalten von Schülern bei Prüfungen im Rahmen von oder innerhalb von Einrichtungen aller Ebenen der allgemeinen und beruflichen Bildung verwendet werden sollen.**

4. **Beschäftigung, Personalmanagement und Zugang zur Selbstständigkeit**

   a) **KI-Systeme, die bestimmungsgemäß für die Einstellung oder Auswahl natürlicher Personen verwendet werden sollen, insbesondere um gezielte Stellenanzeigen zu schalten, Bewerbungen zu sichten oder zu filtern und Bewerber zu bewerten;**

   b) **KI-Systeme, die bestimmungsgemäß für Entscheidungen, die die Bedingungen von Arbeitsverhältnissen, Beförderungen und Kündigungen von Arbeitsvertragsverhältnissen beeinflussen, für die Zuweisung von Aufgaben aufgrund des individuellen Verhaltens oder persönlicher Merkmale oder Eigenschaften oder für die Beobachtung und Bewertung der Leistung und des Verhaltens von Personen in solchen Beschäftigungsverhältnissen verwendet werden soll.**

5. **Zugänglichkeit und Inanspruchnahme grundlegender privater und grundlegender öffentlicher Dienste und Leistungen:**

   a) **KI-Systeme, die bestimmungsgemäß von Behörden oder im Namen von Behörden verwendet werden sollen, um zu beurteilen, ob natürliche Personen Anspruch auf grundlegende öffentliche Unterstützungsleistungen und -dienste, einschließlich Gesundheitsdiensten, haben und ob solche Leistungen und Dienste zu gewähren, einzuschränken, zu widerrufen oder zurückzufordern sind;**

   b) **KI-Systeme, die bestimmungsgemäß für die Kreditwürdigkeitsprüfung und Bonitätsbewertung natürlicher Personen verwendet werden sollen, mit Ausnahme von KI-Systemen, die zur Aufdeckung von Finanzbetrug verwendet werden;**

   c) **KI-Systeme, die bestimmungsgemäß für die Risikobewertung und Preisbildung in Bezug auf natürliche Personen im Fall von Lebens- und Krankenversicherungen verwendet werden sollen;**

   d) **KI-Systeme, die bestimmungsgemäß zur Bewertung und Klassifizierung von Notrufen von natürlichen Personen oder für die Entsendung oder Priorisierung des Einsatzes von Not- und Rettungs-**

diensten, einschließlich Polizei, Feuerwehr und medizinischer Nothilfe, sowie für Systeme für die Triage von Patienten bei der Notfallversorgung verwendet werden sollen.

6. Strafverfolgung, soweit ihr Einsatz nach einschlägigem Unionsrecht oder nationalem Recht zugelassen ist:

a) KI-Systeme, die bestimmungsgemäß von Strafverfolgungsbehörden oder in deren Namen oder von Organen, Einrichtungen und sonstigen Stellen der Union zur Unterstützung von Strafverfolgungsbehörden oder in deren Namen zur Bewertung des Risikos einer natürlichen Person, zum Opfer von Straftaten zu werden, verwendet werden sollen;

b) KI-Systeme, die bestimmungsgemäß von Strafverfolgungsbehörden oder in deren Namen oder von Organen, Einrichtungen und sonstigen Stellen der Union zur Unterstützung von Strafverfolgungsbehörden als Lügendetektoren oder ähnliche Instrumente verwendet werden sollen;

c) KI-Systeme, die bestimmungsgemäß von Strafverfolgungsbehörden oder in deren Namen oder von Organen, Einrichtungen und sonstigen Stellen der Union zur Unterstützung von Strafverfolgungsbehörden zur Bewertung der Verlässlichkeit von Beweismitteln im Zuge der Ermittlung oder Verfolgung von Straftaten verwendet werden sollen;

d) KI-Systeme, die bestimmungsgemäß von Strafverfolgungsbehörden oder in deren Namen oder von Organen, Einrichtungen und sonstigen Stellen der Union zur Unterstützung von Strafverfolgungsbehörden zur Bewertung des Risikos, dass eine natürliche Person eine Straftat begeht oder erneut begeht, nicht nur auf der Grundlage der Erstellung von Profilen natürlicher Personen gemäß Artikel 3 Absatz 4 der Richtlinie (EU) 2016/680 oder zur Bewertung persönlicher Merkmale und Eigenschaften oder vergangenen kriminellen Verhaltens von natürlichen Personen oder Gruppen verwendet werden sollen;

e) KI-Systeme, die bestimmungsgemäß von Strafverfolgungsbehörden oder in deren Namen oder von Organen, Einrichtungen und sonstigen Stellen der Union zur Unterstützung von Strafverfolgungsbehörden zur Erstellung von Profilen natürlicher Personen gemäß Artikel 3 Absatz 4 der Richtlinie (EU) 2016/680 im Zuge der Aufdeckung, Ermittlung oder Verfolgung von Straftaten verwendet werden sollen.

7. Migration, Asyl und Grenzkontrolle, soweit ihr Einsatz nach einschlägigem Unionsrecht oder nationalem Recht zugelassen ist:

a) KI-Systeme, die bestimmungsgemäß von zuständigen Behörden oder in deren Namen oder Organen, Einrichtungen und sonstigen Stellen der Union als Lügendetektoren verwendet werden sollen oder ähnliche Instrumente;

b) KI-Systeme, die bestimmungsgemäß von zuständigen Behörden oder in deren Namen oder von Organen, Einrichtungen und sonstigen Stellen der Union zur Bewertung eines Risikos verwendet werden sollen, einschließlich eines Sicherheitsrisikos, eines Risikos der irregulären Einwanderung oder eines Gesundheitsrisikos, das von

einer natürlichen Person ausgeht, die in das Hoheitsgebiet eines Mitgliedstaats einzureisen beabsichtigt oder eingereist ist;

c) KI-Systeme, die bestimmungsgemäß von zuständigen Behörden oder in deren Namen oder von Organen, Einrichtungen und sonstigen Stellen der Union verwendet werden sollen, um zuständige Behörden bei der Prüfung von Asyl- und Visumanträgen sowie Aufenthaltstiteln und damit verbundenen Beschwerden im Hinblick auf die Feststellung der Berechtigung der den Antrag stellenden natürlichen Personen, einschließlich damit zusammenhängender Bewertungen der Verlässlichkeit von Beweismitteln, zu unterstützen;

d) KI-Systeme, die bestimmungsgemäß von oder im Namen der zuständigen Behörden oder Organen, Einrichtungen und sonstigen Stellen der Union, im Zusammenhang mit Migration, Asyl oder Grenzkontrolle zum Zwecke der Aufdeckung, Anerkennung oder Identifizierung natürlicher Personen verwendet werden sollen, mit Ausnahme der Überprüfung von Reisedokumenten.

8. Rechtspflege und demokratische Prozesse

a) KI-Systeme, die bestimmungsgemäß von einer oder im Namen einer Justizbehörde verwendet werden sollen, um eine Justizbehörde bei der Ermittlung und Auslegung von Sachverhalten und Rechtsvorschriften und bei der Anwendung des Rechts auf konkrete Sachverhalte zu unterstützen, oder die auf ähnliche Weise für die alternative Streitbeilegung genutzt werden sollen;

b) KI-Systeme, die bestimmungsgemäß verwendet werden sollen, um das Ergebnis einer Wahl oder eines Referendums oder das Wahlverhalten natürlicher Personen bei der Ausübung ihres Wahlrechts bei einer Wahl oder einem Referendum zu beeinflussen. Dazu gehören nicht KI-Systeme, deren Ausgaben natürliche Personen nicht direkt ausgesetzt sind, wie Instrumente zur Organisation, Optimierung oder Strukturierung politischer Kampagnen in administrativer oder logistischer Hinsicht.

Literatur: Ashkar/Schröder, Das Gesetz über künstliche Intelligenz der Europäischen Union (KI-Verordnung), BB 2024, 771; Becker/Feuerstack, Der neue Entwurf des EU-Parlaments für eine KI-Verordnung, MMR 2024, 22; Biallaß, Die Auswirkungen der KI-VO auf die Justiz, MMR 2024, 646; Binder/Egli, Umgang mit Hochrisiko-KI-Systemen in der KI-VO, MMR 2024, 626; Bomhard/Merkle, Europäische KI-Verordnung, RDi 2021, 276; Borges, Die europäische KI-Verordnung (AI Act) – Teil 1 Überblick, Anwendungsbereich und erste Einschätzung, CR 2024, 497; Borges, Die europäische KI-Verordnung (AI Act) Teil 2 – Risikomanagement für Hochrisiko-KI-Systeme, CR 2024, 565; Bronner, Der Artificial Intelligence Act (AI Act) der Europäischen Union: Balanceakt für den anstehenden Trilog, jurisPR-ITR 15/2023 Anm. 2; Dranhanský/Dvorák/Vána, Personenerkennung mittels 3D Handgeometrie, DuD 2011, 169; Dranhanský/Goldmann/Spurný, Gesichtsdetektion und -erkennung in Videos aus öffentlichen Kamerasystemen, DuD 2017, 415; Ebers, Die KI-Verordnung ante portas: Ein neuer Rechtsrahmen für Legal Tech?, LTZ 2024, 1; Ebers/Hoch/Rosenkranz/Ruschemeier/Steinrötter, Der Entwurf für eine EU-KI-Verordnung: Richtige Richtung mit Optimierungsbedarf, RDi 2021, 528; Ebers/Quarch/Rode, Auswirkungen der EU KI-VO auf den Einsatz Künstlicher Intelligenz durch Justizbehörden, LTZ 2025, 21; Ebers/Streitbörger, Die Regulierung von Hochrisiko-KI-Systemen in der KI-Verordnung, RDi 2024, 393; Ebert/Spiecker gen. Döhmann, Der Kommissionsentwurf für eine KI-Verordnung der EU, NVwZ 2021, 1188; EDPB/EDSA, Leitlinien 2/2021 vom 7.7.2021 zu virtuellen Sprachassistenten, Version 2.0, Rn. 128–135; Feldkamp/Kappler/Poretschkin/Schmitz/Weiss, Rechtliche Fairnessanforderungen an KI-Systeme und ihre technische Evaluation – Eine Analyse anhand ausgewählter Kreditscoring-Systeme unter besonderer Berücksichtigung der zukünftigen europäischen KI-Verordnung, ZfDR 2024, 60; Feuerstack/Becker/Hertz, Die Entwürfe des EU-Parlaments und der EU-Kommission für eine KI-Verordnung im Vergleich, ZfDR 2023, 421; Frank/Heine, Arbeitsrechtliche Dimension der KI-Verordnung, NZA 2024, 433; Frank/Heine, KI-Einsatz im Betrieb unter der KI-Verordnung, NZA 2023, 1281; Fröhlich, Antidiskriminierungsrechtskonforme Entscheidungen durch KI-Systeme, GRUR-Prax 2024, 415; Gerdemann, Harmonisierte Normen und ihre Bedeutung für die Zukunft der KI, MMR 2024, 614; Gerdemann, Konformitätsbewertung als Kernpflicht der KI-Verordnung, NJW 2024, 2209; Gerdemann/Peerenboom, Digitale Psychologische Anwendungen, KIR 2025, 108; Gomez-Barrero, Biometrie und Datenschutz, DuD 2017, 448; Günay, Biometrische Daten aus der Perspektive der DSGVO, DuD 2023, 96; Günther/Gerigk/Berger, Von Algorithmen und Arbeitnehmern: Die europarechtliche Regulierung von KI im arbeitsrechtlichen Kontext, NZA 2024, 234; Hahn, Die Regulierung biometrischer Fernidentifizierung in der Strafverfolgung im KI-Verordnungsentwurf der EU-Kommission, ZfDR 2023, 142; Heil, Die neue KI-Verordnung (E), MPR 2022, 1; Hofmann-Coombe, Die Anwendung der Unionsgrundrechte im Polizei- und Sicherheitsrecht nach der KI-VO, EuR 2025, 363; Honer/Schöbel, Das Gesetz über Künstliche Intelligenz im System der europäischen Digitalregulierung – Ein Überblick, JuS 2024, 648; Hornung/Schindler, Datenschutz bei der biometrischen Gesichtserkennung, DuD 2021, 515; Hüger/Radtke, Das Zusammenspiel der Akteure und Verantwortlichkeit unter der KI-Verordnung und der DS-GVO, KIR 2025, 154; Khosravi, KI für Zahlungs- und Insolvenzprognosen, MMR 2025, 596; Knauff, Rechtsprechung und Künstliche Intelligenz, ThürVBl 2024, 29; Kohpeiß/Schaller, Systeme zur Angriffserkennung nach dem neuen EU-Cybersicherheitsrahmen – Hochrisiko-Systeme der KI-Verordnung? Systeme zur Angriffserkennung unter Berücksichtigung der NIS-2-RL, CER-RL und dem NIS2UmsetzG, sowie eine Einordnung in die Vorschriften der KI-VO, CR 2024, 22; Krönke, Das europäische KI-Gesetz: Eine Verordnung mit Licht und Schatten, NVwZ 2024, 529; Legner, KI-Verordnung und algorithmische Diskriminierung, RDi 2024, 426; Linardatos, Einsatz von KI-Systemen bei internen Untersuchungen – ein Hochrisiko?, CCZ 2025, 78; Lühmann/Görgülü/Marciniak, Einsatz von KI im Asset Management, BKR 2024, 175; Martini/Botta, KI-Aufsicht im föderalen Staat, MMR 2024, 630; Martini, Gesichtserkennung im Spannungsverhältnis zwischen Freiheit und Sicherheit, NVwZ 2022, 30; Mielke/Wolff, Maschinelle Lernverfahren als KI-Komponenten in Digitalisierungsprojekten der Justiz, LTZ 2024, 144; Möller-Klapperich, Die neue KI-Verordnung der EU, NJ 2024, 337; Mühlhoff/Ruschemeier, KI-Regulierung durch Zweckbindung für Modelle, ZfDR 2024, 337; Paschke/Fellenberg, KI in der Justiz, NJW-aktuell 2024, 1; Reusch, KI und Software im Kontext von Produkthaftung und Produktsicherheit, RDi 2023, 152; Roos/Weitz, Hochrisiko-KI-Systeme im Kommissionsentwurf für eine KI-Verordnung, MMR 2021, 844; Rostalski/Weiss, Der KI-Verordnungsentwurf der Europäischen Kommission, ZfDR 2021, 329; Ruschemeier/Hauck, Zur Legitimationswirkung der KI-VO für Lügendetektoren, KIR 2025, 54; Sesing/Tschech, AGG und KI-VO-Entwurf beim Einsatz von Künstlicher Intelligenz, MMR 2022, 24; Skupin, Die KI-Verordnung und ihre Auswirkungen auf justizielle IT-Anwendungen, jM 2024, 334; Straub, Künstliche Intelligenz in der beruflichen Bildung, KIR 2025, 418; Suchotzki/Gamer, Detecting deception with artificial intelligence: promisses and perils, Science & Society 2024, 481; Theis, Auswirkungen der KI-Verordnung und der KI-Haftungs-Richtlinie auf die Haftung beim KI-Einsatz in der Finanzbranche, BKR 2024, 414; Tschorr, Regulierung der auf Biometrie basierenden KI-Systeme, MMR 2024, 304; Uhl, Venen Biometrie, DuD 2020, 16; Vasel/Heck, KI-basierte Assistenzsysteme im Asylverfahren und ihre Verfassungskonformität, NVwZ 2024, 540; Vasel, Künstliche Intelligenz in der Justiz, LTZ 2023, 179; Wachter/Leeb, KI-Systeme in der Rechtspflege, RDi 2024, 440; Weichert, Systeme biometrischer Identifizierung, DANA 1/2021,

10; Wirtz/Baumann, Einsatz von eDiscovery-Tools durch Unternehmen im Rahmen von internen Untersuchungen, RDi 2024, 27; Witteler/Moll, Künstliche Intelligenz am Arbeitsplatz – Datenschutz und Rechte des Betriebsrats, NZA 2023, 327; Woesch/Vogt, Die KI-Verordnung – Die digitale Zukunft im Finanzsektor, BKR 2024, 689; Wybitul, Geldbußen wegen Verstößen gegen die KI-Verordnung, NJW 2024, 2641; Wybitul, Welche Pflichten haben Betreiber von Hochrisiko-KI-Systemen nach der EU-KI-Verordnung?, BB 2024, 2179.

Übersicht

I. Allgemeines

1 Die KI-VO hat ua das Ziel ein einheitliches und hohes Schutzniveau im Hinblick auf die Gesundheit, Sicherheit und Grundrechte zu gewährleisten.[1] Daher sind **Hochrisiko-KI-Systeme** mit dieser VO umfassenden Pflichten unterworfen worden (zum Begriff des KI-Systems vgl. Art. 3 Nr. 1 → Art. 3 Rn. 4 ff.). Der Einsatzkontext eines KI-Systems ist dafür entscheidend, ob ein KI-System als hochriskant gewertet worden ist und damit den strengen Regelungen an die Entwicklung, Nutzung und Überwachung aus Art. 8 ff. unterfällt. Anhang III der KI-Verordnung enthält eine enumerative Aufzählung von Einsatzbereichen für KI-Systeme, denen der Gesetzgeber ein **hohes Risiko** zuschreibt. Ein Risiko stellt iSd Verordnung die Kombination aus der Wahrscheinlichkeit des Auftretens eines Schadens und der Schwere eines Schadens dar (Art. 3 Nr. 2; zum Begriff des Risikos ausführlich → Art. 3 Rn. 42 ff.). Damit ergänzt Anhang III Art. 6 Abs. 2 (→ Art. 6 Rn. 31 f.). Neben den in Art. 6 Abs. 1 (→ Art. 6 Rn. 11 ff.) genannten KI-Systeme gelten die in Art. 6 Abs. 2 iVm Anhang III benannten **Verwendungszwecke** als mit einem hohen Risiko behaftet. Im Gegensatz zu der **produktspezifischen Risikoklassifizierung** des Art. 6 Abs. 1 (→ Art. 6 Rn. 20 ff.) gilt die enumerative Aufzählung der Einsatzbereiche unabhängig von dem konkret eingesetzten KI-System.

2 Alle in Anhang III genannten KI-Systeme werden als hochriskant gewertet.[2] Eine Abstufung in unterschiedliche Risikoklassen erfolgt nicht. In den benannten Einsatzbereichen für KI-Systeme ist entweder bereits das **Vorliegen eines Risikos** für die Gesundheit, Sicherheit bzw. Grundrechte nachgewiesen oder diese Gefahr gilt als absehbar.[3]

3 Mit der Aufnahme in Anhang III legt der Verordnungsgeber gleichzeitig fest, dass der Einsatz von KI-Systemen in diesen Kontexten iRd gesetzlichen Vorgaben grundsätzlich zulässig ist. Wird das Risiko für die Sicherheit, Gesundheit und eine nachteilige Beeinträchtigung von Grundrechten als unvertretbar eingestuft, ist der Einsatz von KI-Systemen nach Art. 5 Abs. 1 verboten (→ Art. 5 Rn. 16 ff.). Daher muss Anhang III in einem Gesamtkontext mit den in Art. 5 Abs. 1 normierten **verbotenen Praktiken** gelesen werden.

---

[1] Erwgr. 7 S. 1.
[2] Heil MPR 2022, 1 (5).
[3] Lühmann/Görgülü/Marciniak BKR 2024, 175 (180).

Die Regelungen der KI-VO dienen insbesondere auch dem **Grundrechtsschutz,** weiterhin wird der Einsatz von KI-Systemen durch staatliche Akteure wie Strafverfolgungsbehörden sowie die Justiz vorliegend als Hochrisiko-KI-Systeme in Anhang III benannt. Damit soll bestehenden **Machtasymmetrien** entgegengewirkt werden.[4] 4

Aufgrund der Regelung in Art. 7 (→ Art. 7 Rn. 3 ff.) kann Anhang III nachträglich geändert und damit auf weitere Verwendungskontexte ergänzt oder Einsatzbereiche gestrichen werden. Diese Regelung trägt der hohen Entwicklungsgeschwindigkeit von KI-Systemen und der möglichen raschen **Erschließung neuer Anwendungsbereiche** Rechnung. Für eine Ergänzung wird in Art. 7 Abs. 1 der Kommission die Befugnis eingeräumt, **delegierte Rechtsakte** nach Art. 97 zu erlassen. Zur Änderung des Anhangs III ist das Vorliegen der in Art. 7 Abs. 1 lit. a und b normierten Voraussetzungen kumulativ erforderlich (→ Art. 7 Rn. 3 ff.). Dies bedeutet, dass ein KI-System in einem der in Anhang III dargestellten Bereiche eingefügt werden soll (Buchst. a → Art. 7 Rn. 6 f.) und von diesem KI-System eine Gefahr für die Gesundheit und Sicherheit oder eine nachteilige Beeinträchtigung der Grundrechte ausgeht. Das Risiko entspricht dabei dem eines KI-Systems, das bereits in Anhang III enthalten ist (Buchst. b → Art. 7 Rn. 8), oder übersteigt dieses sogar. Die Voraussetzungen für die **Streichung von normierten Einsatzbereichen** für KI-Systeme aus Anhang III mittels eines delegierten Rechtsakts der Kommission ist in Art. 7 Abs. 3 normiert (→ Art. 7 Rn. 26 ff.). Hierfür ist sicherzustellen, dass der Einsatz eines KI-Systems in dem entsprechenden Einsatzbereich kein erhebliches Risiko mehr für die Grundrechte, Gesundheit oder Sicherheit besitzt. Gleichzeitig darf diese Streichung aus Anhang III das **allgemeine Schutzrisiko** in Bezug auf die Gesundheit, Sicherheit und Grundrechte nicht senken. 5

Art. 60 Abs. 1, 2 ermöglicht die Erprobung entsprechender KI-Systeme unter realen Bedingungen vor dem **Inverkehrbringen** bzw. der **Inbetriebnahme** (→ Art. 60 Rn. 4 f.). Vor dem Inverkehrbringen oder der Inbetriebnahme sind die Anbieter verpflichtet, sich nach Art. 49 Abs. 1 in einer **EU-Datenbank** für Hochrisiko-KI-Systeme der Kommission iSd Art. 71 (→ Art. 71 Rn. 4 ff.) zu registrieren. Die Kommission errichtet und unterhält in Zusammenarbeit mit den Mitgliedstaaten diese Datenbank für die in Art. 6 Abs. 2 iVm Anhang III benannten Hochrisiko-KI-Systeme, vgl. Art. 71 Abs. 1 (→ Art. 71 Rn. 4 ff.). Eine Ausnahme hiervon gilt für die Verwendung von KI-Systemen iRd **kritischen Infrastruktur** nach Anhang III Nr. 2, da diese gem. Art. 49 Abs. 5 auf nationaler Ebene registriert werden (→ Art. 71 Rn. 24). Die in Nr. 1, 6, 7 genannten hochriskanten Einsatzbereiche von KI-Systemen wie Strafverfolgung, Migration, Asyl und Grenzkontrollmanagement sind im nicht **öffentlichen Teil der EU-Datenbank** zu registrieren, Art. 49 Abs. 4 (→ Art. 49 Rn. 16 ff.). 6

II. Inhalt der Regelung

Durch die Regelung im Anhang III werden **Anwendungskontexte von KI-Systemen** als hochriskant eingestuft. Die Zuordnung umfasst den Einsatz im Zusammenhang mit biometrischen Daten (Nr. 1 → Rn. 8 ff.), kritischen Infrastrukturen (Nr. 2 → Rn. 34 ff.), der allgemeinen und beruflichen Bildung (Nr. 3 7

---

[4] Martini/Wendehorst, KI-VO/Ruschemeier, Anhang III Rn. 2.

→ Rn. 42 ff.), der Beschäftigung, dem Personalmanagement und Zugang zur Selbstständigkeit (Nr. 4 → Rn. 56 ff.), dem Zugang zu privaten und wesentlichen öffentlichen Dienstleistungen (Nr. 5 → Rn. 63 ff.), der Strafverfolgung (Nr. 6 → Rn. 79 ff.), dem Migrations-, Asyl und Grenzkontrollmanagement (Nr. 7 → Rn. 102 ff.), sowie der Rechtspflege und der Einbindung in demokratische Prozesse (Nr. 8 → Rn. 112 ff.). Wird ein KI-System in den normierten Bereichen eingesetzt, gilt dies als mit einem hohen Risiko behaftet, unabhängig davon, welches konkrete Modell bzw. KI-Tool verwendet wird. Mit Ausnahme der normierten exekutiven und judikativen Anwendungen von KI-Systemen ist auch der **Betreiber** des KI-Systems in Bezug auf die in Anhang III genannten Anwendungskontexte nicht näher spezifiziert.

1. Verarbeitung biometrischer Daten (Nr. 1)

8 Die Verwendung von KI-Systemen, die **biometrische Daten** verarbeiten, sind in Anhang III Nr. 1 normiert und damit einem hohen Risiko zugewiesen. Dabei wird die Verarbeitung biometrischer Daten dahingehend eingeschränkt, dass die Nutzung nach dem einschlägigen Unionsrecht und dem nationalen Recht zulässig sein muss. Ist die Verarbeitung biometrischer Daten bereits nach einem anderen Rechtsakt verboten, macht dies einen KI-Einsatz nicht weniger risikoreich iSd Anhang III Nr. 1, vielmehr ergibt sich in diesem Fall bereits ein **Verbot der Datenverarbeitung** auch im KI-Kontext aus den entsprechenden anderen Gesetzen.

9 Adressiert die KI-VO spezifische Maßnahmen zum Schutz von Individuen bei der Verarbeitung **personenbezogener Daten,** stützt sie sich ausweislich Erwgr. 3 S. 5 auf Art. 16 AEUV, der primärrechtlichen Norm für den Schutz personenbezogener Daten. Insoweit sind auch beim Einsatz von KI-Systemen die sekundärrechtlichen Vorgaben des Datenschutzrechts, insbesondere die DS-GVO (VO (EU) 2018/1725), die ePrivacyRL und die JI-Richtlinie (RL (EU) 2016/680) zu berücksichtigen. Darüber hinaus sind auch die nationalen datenschutzrechtlichen Regelungen zu beachten.

10 Nach Art. 3 Abs. 34 sind **biometrische Daten** personenbezogene Daten, die sich auf die physischen, physiologischen oder verhaltensbezogenen Merkmale einer natürlichen Person beziehen und mit speziellen technischen Verfahren gewonnen werden (hierzu ausführlich → Art. 3 Rn. 287 ff.). Beispielhaft nennt der Verordnungsgeber in diesem Zusammenhang **Gesichtsbilder** oder **daktyloskopische Daten**. Letztere beinhalten Fingerabdrücke sowie weitere zur Identifizierung von Menschen geeignete einzigartige Papillarleisten auf den Handinnenflächen und an den Füßen. Daneben können auch Bilder des Körpers, der Iris oder Venenprofile hierunter fallen.[5] Ferner ist eine Identifizierung über die Handgeometrie,[6] Gangbilder oder Stimmproben möglich. Es ist davon auszugehen, dass unter Zuhilfenahme von KI-Systemen auch weitere biometrische Daten zur **eindeutigen Identifizierung** Verwendung finden können.

11 Diese Definition der biometrischen Daten ist im Lichte des vorstehenden sekundärrechtlichen Datenschutzrechts auszulegen.[7] Nach Art. 4 Nr. 14 DS-GVO sind biometrische Daten **personenbezogene Daten** zu den ererbten oder erworbenen genetischen Eigenschaften einer natürlichen Person, die eindeutige Infor-

[5] Uhl DuD 2020, 16.
[6] Dranhanský/Dvorák/Vána DuD 2011, 169.
[7] Erwgr. 14 S. 1.

mationen über die Physiologie oder die Gesundheit dieser natürlichen Person liefern und insbesondere aus der Analyse einer biologischen Probe der betreffenden natürlichen Person gewonnen wurden. Diese Daten besitzen aufgrund ihrer besonderen Sensibilität eine **erhöhte Schutzbedürftigkeit**. Ihre unrechtmäßige Verarbeitung kann einen besonders schweren Eingriff in die von Art. 7 und 8 EU-GrCh geschützten Grundrechte auf Achtung des Privatlebens und den Schutz personenbezogener Daten zur Folge haben.[8] Die Verarbeitung biometrischer Daten, die zur eindeutigen **Identifizierung einer natürlichen Person** bestimmt sind, ist nur in den von Art. 9 Abs. 2, 3, iVm Art. 6 Abs. 1 DS-GVO genannten Fällen zulässig.[9]

Die KI-VO erfasst genauso wie die DS-GVO nur biometrische Daten, die personenbezogen sind, da nur in diesem Zusammenhang ein Risiko für eine Grundrechtsverletzung besteht. Wird ein synthetisches biometrisches Datum oder Datenfragmente verwendet, die **keinen Rückbezug** auf ein Individuum ermöglichen, ist der in Anhang III Nr. 1 benannte Anwendungsfall nicht einschlägig. 12

Der Einsatz von KI-Systemen zur **Fernidentifikation** ist umstritten und deren Regulierung wurde im Rahmen der Entstehung der KI-VO kontrovers diskutiert. 13

a) Biometrische Fernidentifizierungssysteme (Nr. 1 Buchst. a). Nach Anhang III Nr. 1 Buchst. a werden KI-Systeme, die eine **biometrische Fernidentifizierung** ermöglichen, als hochriskant gewertet. Hierunter fallen KI-Systeme, die natürliche Personen ohne ihre aktive Einbeziehung identifizieren und in der Regel aus der Ferne durch Abgleich der biometrischen Daten einer Person mit den in einer **Referenzdatenbank** gespeicherten biometrischen Daten arbeiten (Art. 3 Abs. 41 → Art. 3 Rn. 322 ff.). Der Verordnungsgeber will den Begriff funktional definiert wissen.[10] Nr. 1 Buchst. a ist ein daher Auffangtatbestand, der weit auszulegen ist.[11] 14

Als Beispiele der biometrischen Identifizierung benennt Erwgr. 15 S. 1 insbesondere die automatische Erkennung physischer, physiologischer und verhaltensbezogener menschlicher Merkmale wie Gesicht, Augenbewegungen, Körperform, Stimme, Prosodie, Gang, Haltung, Herzfrequenz, Blutdruck, Geruch, charakteristischer Tastenanschlag. Dabei kommt es nicht auf die Identifizierung einer bestimmten Art von personenbezogenen **biometrischen Daten** an. Vielmehr beruht das hohe Risiko dieses Einsatzkontexts auf der Identifizierung einer natürlichen Person. 15

Neben einem auszuwertenden biometrischen Datum muss ein **Fernidentifikationssystem** vorliegen. Es kommt mithin entscheidend auf die **Identifizierung** natürlicher Personen an. Das verwendete System muss dazu eingesetzt werden können, die Identifikation eines konkreten Individuums zu ermöglichen. Werten KI-Systeme nur Verhaltensweisen aus und highlighten menschliches Verhalten (zB Mensch betritt Fahrbahn), stellt dies keine Identifikation dar, so dass Nr. 1 Buchst. a keine Anwendung findet. Für die Anwendung dieser Hochrisiko-Fallgruppe kommt es zusätzlich auf die **Geeignetheit zur Identifikation** an. Ob ein System dabei zuverlässig arbeitet oder nicht, ist unerheblich. Ferner ist es 16

[8] EuGH GRUR-RS 2023, 36822 Rn. 41 – ZQ/Medizinischer Dienst der Krankenversicherung Nordrhein; EuGH BeckRS 2023, 12363 Rn. 345.

[9] Zur additiven Prüfung einer Rechtsgrundlage aus Art. 6 Abs. 1 DS-GVO vgl. EuGH GRUR-RS 2023, 36822 – ZQ/Medizinischer Dienst der Krankenversicherung Nordrhein.

[10] Vgl. Erwgr. 17 S. 1.

[11] BeckOK KI-Recht/Klawonn Anhang III Rn. 14.

unerheblich, ob die identifizierte Person hiervon Kenntnis hat oder nicht und in die Datenverarbeitung eingewilligt hat.

17 Aufgrund der Vielzahl von potenziell auswertbaren biometrischen Daten für eine Identifikation ist auch die mögliche einsetzbare **Technik** vielfältig. Welche Technik und welches KI-System in diesem Zusammenhang eingesetzt wird, ist nach Erwgr. 17 S. 1 unerheblich. Mithin erfasst diese Fallgruppe sowohl KI-Systeme, die nur einzelne Individuen gezielt identifizieren oder eine Vielzahl von Personen simultan auswerten können.

18 Biometrische Identifikationssysteme können entweder eine **nachträgliche Identifikation** oder eine **Identifikation in Echtzeit,** dh mit der Folge der sofortigen Identifizierung (vgl. Art. 3 Abs. 42 → Art. 3 Rn. 327 ff.) ermöglichen. Während bei einer nachträglichen Identifikation zumeist mit bereits erfasstem Material (zB Fotografien, Ton- oder Videoaufnahmen, vgl. Erwgr. 17 S. 8 f.) gearbeitet wird, nutzen Echtzeitsysteme „Live-Material“ (zB aktuelle Videoaufnahmen).[12] Grundsätzlich erfasst Anhang III Nr. 1 Buchst. a diese beiden Formen von KI-Systemen zur Fernidentifikation. Allerdings ist hierbei Art. 5 Abs. 1 Buchst. h zu berücksichtigen. Danach stellt die Verwendung biometrischer **Echtzeit-Fernidentifizierungssysteme** in öffentlich zugänglichen Räumen zu Strafverfolgungszwecken grundsätzlich eine verbotene Praktik dar (→ Art. 5 Rn. 16 ff.). Von diesem Verbot normiert Art. 5 Abs. 1 Buchst. h i – iii (→ Art. 5 Rn. 137 ff.) sowie Art. 5 Abs. 2 (→ Art. 5 Rn. 176 ff.) verschiedene Ausnahmen. In diesen Fällen sind neben Art. 5 Abs. 3–7 (→ Art. 5 Rn. 188 ff.) aufgrund der Regelungen in Art. 6 Abs. 2 iVm Anhang III Nr. 1 Buchst. a, zudem Art. 8 ff. zu beachten.

19 Entgegen des ersten Eindrucks des Begriffs Fernidentifikationssystem kommt es nicht zwingend auf ein **Distanzelement** an. Daher kann auch ein KI-System, das dazu bestimmt ist, in unmittelbarer Nähe einer Person eine Datenerfassung zB eine Stimmauswertung vorzunehmen, hiervon erfasst sein. *Ruschemeier* lehnt jedoch die Anwendung ab, wenn die Identifikation über einen physischen Kontakt zB über Fingerabdrücke oder DNA-Proben erfolgt.[13] Zudem kommt es nicht darauf an, wo die **Referenzdatenbank** gehostet wird, mit der ein Abgleich der erfassten Daten erfolgt („in der Regel aus der Ferne“, Art. 3 Nr. 41). Mithin ist der Begriff des Fernidentifikationssystems weit zu verstehen. Es kommt für eine Anwendbarkeit des Anhang III Nr. 1 Buchst. a ebenfalls nicht darauf an, ob die **identifizierte Person** von der Fernidentifikation Kenntnis hat oder nicht.

20 Ausdrücklich von dieser Fallgruppe der Hochrisikoeinsatzbereiche von KI-Systemen werden jedoch KI-Systeme ausgenommen, die bestimmungsgemäß für die **biometrische Verifizierung** verwendet werden. Dafür muss der einzige Verwendungszweck dieser Systeme darin bestehen, zu bestätigen, dass eine bestimmte natürliche Person die Person ist, für die sie sich ausgibt. Hierunter fallen ua die Authentifizierung zur Entriegelung eines digitalen Device (ua Smartphone), der Zugang zu digitalen Diensten oder die Öffnung von Türen mithilfe einer biometrischen Verifikation.[14] Erwgr. 17 S. 4 begründet diese Ausnahme, damit das entsprechende Systeme im Vergleich zu anderen biometrischen Fernidentifizierungssystemen, zumeist nicht biometrische Daten einer großen Anzahl von Personen verarbeiten, die nicht aktiv in die Verarbeitung eingebunden wur-

---

[12] Erwgr. 17 S. 7.
[13] Martini/Wendehorst, KI-VO/Ruschemeier, Anhang III Rn. 10.
[14] Erwgr. 17 S. 3.

den. Somit hat der Einsatz dieser **biometrischen Identifikationssysteme** nur geringfüge Auswirkungen auf die Grundrechte natürlicher Personen.[15] Wird also ein KI-System im Interesse eines Individuums im Rahmen einer Authentifizierung genutzt und durch dieses Individuum selbst eine eigene Fernidentifikation ausgelöst, fällt diese Anwendung nicht unter Anhang III Nr. 1 Buchst. a oder Art. 5 Abs. 1 Buchst. h.

Als weitere verbotene Praktik sollte in diesem Zusammenhang insbesondere Art. 5 Abs. 1 Buchst. e berücksichtigt werden. Danach ist die Verwendung von KI-Systemen zur Erstellung oder Erweiterung von **Datenbanken zur Gesichtserkennung** durch das ungezielte Auslesen von Gesichtsbildern aus dem Internet oder von Überwachungsaufnahmen untersagt (→ Art. 5 Rn. 112 ff.). 21

Für KI-Systeme iSd Anhang III Nr. 1 Buchst. a gelten iRd in Abschnitt 2 geregelten Anforderungen an Hochrisiko-KI-Systeme einige **besondere Anforderungen.** So sind nach Art. 12 Abs. 3 bestimmte **Aufzeichnungspflichten** zu beachten. Daneben muss die Protokollierungsfunktion zumindest die Aufzeichnung jedes Zeitraums der Verwendung des Systems (Datum und Uhrzeit des Beginns und des Endes jeder Verwendung) vorsehen; die Referenzdatenbank benennen, mit der das System die Eingabedaten abgleicht; die Eingabedaten enthalten, mit denen die Abfrage zu einer Übereinstimmung geführt hat, sowie die Identität der gem. Art. 14 Abs. 5 an der Überprüfung der Ergebnisse beteiligten natürlichen Personen preisgeben. 22

Nach Art. 14 Abs. 5 UAbs. 1 müssen in den von Anhang III Nr. 1 Buchst. a erfassten Fällen eines Hochrisiko-KI-System die **Aufsichtsmaßnahmen** aus Art. 14 Abs. 3 (ausführlich hierzu → Art. 14 Rn. 130 ff.) iRd **menschlichen Aufsicht** so gestaltet sein, dass der Betreiber keine Maßnahmen oder Entscheidungen allein aufgrund des vom System hervorgebrachten Identifizierungsergebnisses trifft, solange diese Identifizierung nicht von mindestens **zwei natürlichen Personen,** die die notwendige Kompetenz, Ausbildung und Befugnis besitzen, getrennt überprüft und bestätigt wurde (siehe ausführlich → Art. 14 Rn. 54 ff.). Allerdings normiert Art. 14 Abs. 5 UAbs. 2 insoweit eine **Ausnahme,** so dass die Anforderung an eine getrennte Überprüfung durch mindestens zwei natürliche Personen nicht für Hochrisiko-KI-Systeme zur Anwendung kommt, die für Zwecke in den Bereichen Strafverfolgung, Migration, Grenzkontrolle oder Asyl verwendet werden, wenn die Anwendung dieser Anforderung nach Unionsrecht oder nationalem Recht unverhältnismäßig wäre (→ Art. 14 Rn. 130 ff.). 23

Ferner haben die Betreiber von Hochrisiko-KI-Systemen, die natürliche Personen betreffende Entscheidungen treffen oder bei entsprechenden Entscheidungen Unterstützung leisten, nach Art. 26 Abs. 11 die Pflicht, die natürliche Person darüber zu informieren, dass ein Hochrisiko-KI-System verwendet wurde. Dies gilt unbeschadet der Transparenzpflichten für Anbieter und Betreiber von KI-Systemen nach Art. 50. 24

Gem. Art. 43 Abs. 1 bestehen darüber hinaus in den von Anhang III Nr. 1 erfassten Anwendungsfällen weitere Anforderungen iRd **Konformitätsbewertungsverfahrens** (→ Art. 43 Rn. 7 ff.). 25

b) Biometrische Kategorisierung (Nr. 1 Buchst. b). Ein KI-System, welches bestimmungsgemäß für eine **biometrische Kategorisierung** nach sensiblen oder geschützten Attributen oder Merkmalen auf der Grundlage von Rückschlüs- 26

[15] Erwgr. 17 S. 4.

sen auf diese Attribute oder Merkmale verwendet werden soll, ist nach Anhang III Nr. 1 Buchst. b als Hochrisiko-KI-Systeme eingestuft. Auch insoweit kommt es auf den Schutz einer natürlichen Person an, deren biometrische Daten kategorisiert werden.

27 Nach Art. 3 Nr. 40 sind **Systeme zur biometrischen Kategorisierung** solche, die dem Zweck dienen, natürliche Personen auf der Grundlage ihrer biometrischen Daten bestimmten Kategorien zuzuordnen, sofern es sich um eine Nebenfunktion eines anderen kommerziellen Dienstes handelt und aus objektiven technischen Gründen unbedingt erforderlich ist (ausführlich hierzu → Art. 3 Rn. 315 ff.). Nach dieser Legaldefinition sind lediglich KI-Systeme hiervon erfasst, die von Unternehmen (zB Soziale Medien und Online-Marktplätze) im wirtschaftlichen Kontext verwendet werden. Insoweit sind staatliche KI-Systeme nicht reguliert.

28 Der Begriff der biometrischen Kategorisierung wird in Erwgr. 16 S. 1 weiter präzisiert. Danach beschreibt dieser Vorgang die **Zuordnung natürlicher Personen** zu bestimmten Kategorien auf der Grundlage ihrer biometrischen Daten (zum Begriff der biometrischen Daten vgl. → Art. 3 Rn. 287 ff.). Als Beispiele für entsprechende Kategorien benennt Erwgr. 16 S. 2 allgemeine „Aspekte wie Geschlecht, Alter, Haarfarbe, Augenfarbe, Tätowierungen, Verhaltens- oder Persönlichkeitsmerkmale, Sprache, Religion, Zugehörigkeit zu einer nationalen Minderheit, sexuelle oder politische Ausrichtung". Nach dem Wortlaut von Nr. 1 Buchst. b adressiert die Vorschrift allerdings ausschließlich **biometrische Kategorisierungen** nach sensiblen und geschützten Attributen oder Merkmalen, die Rückschlüsse auf diese Kategorien ermöglichen. Hiermit soll der **Diskriminierung** von Individuen und dem Ausschluss bestimmter Gruppen entgegengewirkt werden.[16] Ob die von Erwgr. 16 S. 2 genannten Merkmale als entsprechend geschützte Merkmale anzusehen sind, muss im Einzelnen geprüft werden. Gerade ein Attribut wie die Haar- oder Augenfarbe muss als alleine verarbeitetes Merkmale nicht zwingend als sensibel eingestuft werden. Nicht erfasst von der Definition sind daher daher Filter, die in sozialen Netzwerken eingesetzt werden und Gesichts- oder Körpermerkmale kategorisieren, um es den Nutzern zu ermöglichen, Bilder oder Videos hinzuzufügen oder zu verändern.[17]

29 Zudem ist vorliegend Art. 5 Abs. 1 Buchst. g zu beachten. Hiernach ist die **individuelle biometrische Kategorisierung** von natürlichen Personen auf der Grundlage ihrer biometrischen Daten mittels KI-Systemen verboten, um ihre Rasse, ihre politischen Einstellungen, ihre Gewerkschaftszugehörigkeit, ihre religiösen oder weltanschaulichen Überzeugungen, ihr Sexualleben oder ihre sexuelle Ausrichtung zu erschließen oder abzuleiten (→ Art. 5 Rn. 125 ff.). Hierbei hat sich der Gesetzgeber an den in Art. 9 Abs. 1 DS-GVO genannten Merkmalen orientiert.

30 **c) Erkennung von Emotionen (Nr. 1 Buchst. c).** Anhang III Nr. 1 Buchst. c legt fest, dass KI-Systeme zur **Emotionserkennung** als Hochrisiko-KI-Systeme gelten. Nach Art. 3 Abs. 39 werden Emotionserkennungssysteme als KI-Systeme definiert, die dazu dienen, Emotionen oder Absichten natürlicher Personen durch ihre biometrischen Daten zu erkennen oder abzuleiten. Erwgr. 18 S. 2 benennt als mögliche Emotionen und Absichten „Glück, Trauer, Wut, Über-

---

[16] Vgl. Erwgr. 31 S. 1.

[17] BeckOK KI-Recht/Klawonn Anhang III Rn. 28.

raschung, Ekel, Verlegenheit, Aufregung, Scham, Verachtung, Zufriedenheit und Vergnügen". Die deutschsprachige Übersetzung ist insoweit nicht geglückt, da der englische Begriff „happiness" hier mit Glück übersetzt wurde; vielmehr ist vorliegend die Emotion „Freude" gemeint.

Die vorstehenden Emotionen oder Absichten sollen mithilfe von KI-Systemen über eine Analyse der Stimme, Mimik sowie Gestik erfasst werden können. Diese Systeme könnten ua im Kundenkontakt eingesetzt werden, um besser auf die Stimmung und Bedürfnisse von Kunden zB in einer Telefonhotline einzugehen, um die Kundenzufriedenheit zu erhöhen. Diese KI-Anwendungen bergen auch ein **Missbrauchspotential,** wenn diese Systeme iRv Verhandlungen zulasten von Vertragspartnern eingesetzt werden. Inwieweit entsprechende KI-Systeme künftig überhaupt zuverlässig Emotionen erkennen, bleibt abzuwarten, da Gefühlsausdrücke sich je nach Kultur und Situation unterscheiden können und häufig sehr individuell sind.[18] **31**

Physische Zustände wie Schmerz oder Müdigkeit sollen nach Erwgr. 18 S. 3 hingegen nicht von Anhang III Nr. 1 Buchst. c erfasst sein (vgl. auch → Rn. 30 ff.). Informationstechnische Systeme, die erkennen, ob ein Mensch abgelenkt ist oder ein Sekundenschlaf droht, sind teilweise bereits heute in Kraftfahrzeugen verbaut. Diese können in der Folge den Fahrer ua über taktile Signale aufmerksam machen und so Unfälle vermeiden. Erste KI-Systeme erkennen auch die Ohnmacht eines Fahrers, so dass das Fahrzeug sich selbst in einen risikominimalen Zustand versetzen kann (zB durch Abbremsen und das Anfahren des Seitenstreifens bzw. rechten Fahrbahnrandes). Da KI-Systeme mit diesen Einsatzbereich insbesondere im Straßenverkehr dazu geeignet sind, Menschenleben zu schützen, überwiegt der Grundrechtsschutz durch diese Systeme gegenüber dem Risiko des KI-Einsatzes, so dass entsprechende KI-Systeme keine Hochrisiko-KI-Systeme iSd Anhang III Nr. 1 Buchst. c darstellen. **32**

In diesem Zusammenhang ist ferner Art. 5 Abs. 1 Buchst. f zu beachten. Danach ist das Inverkehrbringen, die Inbetriebnahme für diesen spezifischen Zweck oder die Verwendung von KI-Systemen zur Ableitung von **Emotionen einer natürlichen Person am Arbeitsplatz** und in **Bildungseinrichtungen** untersagt. Eine Ausnahme besteht lediglich für KI-System, die aus medizinischen Gründen oder Sicherheitsgründen Verwendung finden sollen.[19] **33**

2. Sicherheitsbauteile in kritischen Infrastrukturen (Nr. 2)

Des Weiteren werden KI-Systemen, die bestimmungsgemäß als Sicherheitsbauteile innerhalb **kritischer Infrastrukturen** verwendet werden sollen, nach Anhang III Nr. 2 als Hochrisiko-KI-Systeme gewertet. Die zentrale Bedeutung liegt darin, dass ein Ausfall oder eine Störung des KI-Systems in diesem Bereich ein Risiko für das Leben und die Gesundheit von Personen darstellen und zu erheblichen Schäden sozialer und wirtschaftlicher Art führen kann.[20] Art. 3 Abs. 62, der die Begriffsbestimmung für kritische Infrastrukturen enthält, verweist auf Art. 2 Nr. 4 der RL (EU) 2022/2557. Danach sind kritische Infrastrukturen Objekte, Anlagen, Ausrüstung, Netze oder Systeme oder Teile eines Objekts, **34**

---

[18] Erwgr. 44 S. 1.

[19] Ua Systeme die Ermüdungszustände bei Piloten oder Kraftfahrern erkennen sollen, um Unfälle zu vermeiden, vgl. hierzu auch Erwgr. 18 S. 3.

[20] BeckOK KI-Recht/Klawonn Anhang III Rn. 36; Bomhard/Pieper/Wende, KI-VO/Gehrmann, Art. 6 Rn. 83.

einer Anlage, Ausrüstung, eines Netzes oder eines Systems, die für die Erbringung eines wesentlichen Dienstes erforderlich sind (→ Art. 3 Rn. 449 ff.). Anhang III Nr. 2 adressiert ausdrücklich auch **kritische digitale Infrastrukturen**. Aufgrund des weiten Begriffsverständnis der Legaldefinition, sind jedoch auch Cyber-physische Systeme erfasst, so dass vorliegend von einem sehr weiten Begriffsverständnis auszugehen ist.

35 Allerdings ist der Einsatz eines KI-Systems in diesem Kontext nur mit einem hohen Risiko verbunden, wenn dieses KI-System bestimmungsgemäß als **Sicherheitsbauteil** Verwendung finden soll. Hierbei ist zwischen einem Sicherheitsbauteil und der Cybersicherheit kritischer Infrastrukturen zu unterscheiden.[21] Sicherheitsbauteile sind nach Art. 3 Nr. 14 Bestandteile eines Produkts oder KI-Systems, die eine Sicherheitsfunktion für dieses Produkt erfüllen oder deren Ausfall oder Störung die Gesundheit und Sicherheit von Personen oder Eigentum gefährden (→ Art. 3 Rn. 157 ff.). Sicherheitsbauteile dienen dem unmittelbaren Schutz der physischen Unversehrtheit kritischer Infrastruktur oder der Gesundheit und Sicherheit von Personen und Gütern, sind aber für das Funktionieren des Systems nicht erforderlich.[22] Beispielhaft nennt Erwgr. 55 S. 5 den Einsatz eines KI-Systems iRd Überwachung des Wasserdrucks oder ein Brandmeldekontrollsysteme in Cloud-Computing-Zentren. Im Gegensatz dazu, gelten Komponenten, die ausschließlich für Zwecke der **Cybersicherheit** verwendet werden, nicht als Sicherheitsbauteile iSd Art. 3 Abs. 14.[23] Lediglich die Verwendung eines KI-Systems als Sicherheitsbauteil ist von Anhang III Nr. 2 umfasst, da der Ausfall dieser Komponente ein unmittelbares Risiko für die **physische Integrität kritischer Infrastrukturen** und damit ein Risiko für die Gesundheit und Sicherheit von Personen und Gütern darstellt.[24]

36 Unabhängig von dem hiermit verbundenen hohen Risiko für das Leben und die Gesundheit von Menschen ist nach Art. 27 Abs. 1 in den Fällen des Anhang III Nr. 2 keine Grundrechte-Folgenabschätzung des KI-Systems vor Inbetriebnahme aufzustellen (hierzu ausführlich → Art. 27 Rn. 4 ff.).

37 Als Hochrisiko-KI-System werden sowohl Sicherheitsbauteile eingestuft, die iRd **Verwaltung kritischer Infrastrukturen** (Var. 1) als auch Sicherheitsbauteile, die für den **Betrieb kritischer digitaler Infrastrukturen** relevant sind (Var. 2). Obwohl der Verordnungsgeber den Einsatz von KI-Systemen bei Verwaltung „und" Betrieb erfasst wissen will, ist das „und" in diesem Zusammenhang als „oder" zu lesen. Es handelt sich mithin um zwei verschiedene Einsatzbereiche von KI-Systemen. Eine kumulative Nutzung dieses KI-Systems ist gerade nicht erforderlich, um ein hohes Risiko dieser Anwendungen anzunehmen. Eine andere Auslegung würde zudem Anhang III Nr. 2 den Einsatzbereich entziehen, da es wohl kaum KI-Anwendungen gibt, die sowohl für die Verwaltung als auch den Betrieb kritischer Infrastrukturen Verwendung finden. Die Begriffe werden auch nicht synonym verwendet. Dies ergibt sich bereits aus Art. 3 Nr. 49 Buchst. b, der die Verwaltung und den Betrieb kritischer Infrastrukturen klar begrifflich trennt.

38 Der **Betrieb** einer kritischen digitalen Infrastruktur umfasst die technischen, operativen sowie praktischen Aspekte, um die jeweiligen Dienste (hier Wasser,

---

[21] Erwgr. 55 S. 2, 3, 4.
[22] Erwgr. 55 S. 2.
[23] Erwgr. 55 S. 4.
[24] BeckOK KI-Recht/Klawonn Anhang III Rn. 28.

Gas, Wärme und Strom) sicher und zuverlässig bereitzustellen. Hierzu gehören KI-Systeme, die den laufenden Betrieb überwachen und steuern, die notwendigen Wartungen veranlassen, sowie ein Notfall- sowie Sicherheitsmanagement darstellen. Die **Verwaltung** hingegen ist für die strategische, organisatorische und planerische Steuerung der kritischen Infrastruktur verantwortlich. Hierzu gehört die Koordination und Planung von Ressourcen, die Anpassung von Bedarfen und Weiterentwicklung der Infrastruktur, das Compliance- und Finanzmanagement sowie das Risiko- und Personalmanagement.

a) Verwaltung kritischer Infrastrukturen (Nr. 2 Var. 1). Sofern ein entsprechendes KI-System, welches als Sicherheitsbauteil iRd **Verwaltung einer kritischen digitalen Infrastruktur** verwendet wird, ist aufgrund des weiten Begriffs kritischer Infrastrukturen (→ Art. 3 Rn. 449 ff.) und des unscharfen Begriffs des Sicherheitsbauteils (→ Art. 3 Rn. 157 ff.) von einem weiten Anwendungsbereich dieser Regelung auszugehen. Unter die Verwaltung einer kritischen Infrastruktur können sehr viele Einsatzszenarien fallen, wie die mithilfe von KI-Systemen automatisierte Kontrolle von Sicherheitselementen zB das Compliance- und Risikomanagement (zum Begriff der Verwaltung → Rn. 38). Allerdings wird der Einsatzbereich wieder eingeschränkt, nachdem Anhang III Nr. 2 lediglich für kritische Infrastrukturen im Bereich des Straßenverkehrs und der Wasser-, Gas-, Wärme- oder Stromversorgung erfasst sein soll. 39

b) Betrieb kritischer digitaler Infrastrukturen (Nr. 2 Var. 2). Der Verordnungsgeber hat in Anhang III Nr. 2 den Anwendungsbereich auf den **Betrieb kritischer digitaler Infrastrukturen** in den nachfolgenden Sektoren bzw. Branchen konkretisiert: **Straßenverkehr, Wasser-, Gas-, Wärme- oder Stromversorgung.** In diesen Bereichen wird ein Ausfall oder die Fehlfunktion der kritischen Infrastruktur als besonders riskant für das Leben und die Gesundheit von Personen gewertet und zugleich spürbare Störungen des normalen Ablaufs sozialer und wirtschaftlicher Tätigkeiten prognostiziert.[25] Obwohl dieses Risiko auch in anderen Bereichen bestehen kann, zB im Luftverkehr oder bei der Versorgung mit Wasserstoff, der künftig als CO2-neutraler Treibstoff genutzt werden soll, ist diese Variante aufgrund der abschließenden Nennung von Anwendungskontexten eng auszulegen. Es bleibt abzuwarten, ob die EU-Kommission gem. Art. 7 einen delegierten Rechtsakt zur Erweiterung von Anhang III erlässt, um künftig den Einsatz von KI-Systemen in weiteren Branchen und Sektoren kritischer Infrastrukturen zu erfassen (zum Begriff der kritischen Infrastruktur → Art. 3 Rn. 449 ff.). 40

c) Sonstiges KI-Systeme als Sicherheitsbauteile. Die nicht von den nachfolgend benannten Regelungsvarianten Verwaltung kritischer Infrastruktur (Var. 1) und Betrieb kritischer digitaler Infrastruktur (Var. 2) erfassten Anwendungskontexte müssen im Licht von Art. 6 Abs. 1 gelesen werden. Art. 6 Abs. 1 stuft KI-Systeme, die als Sicherheitsbauteile in den in **Anhang I benannten Produkten** als Hochrisiko-KI-System ein (→ Art. 6 Rn. 20 ff.). 41

3. Allgemeine und berufliche Bildung (Nr. 3)

Anhang III Nr. 3 adressiert die **allgemeine und berufliche Bildung**. Danach werden KI-Systeme, die zur Feststellung des Zugangs oder der Zulassung sowie der Zuweisung natürlicher Personen im Zusammenhang mit der allgemeinen und beruf- 42

[25] Erwgr. 55 S. 1.

lichen Bildung, als Hochrisiko-KI-Systeme gewertet (Nr. 3 Buchst. a → Rn. 46 f.). Gleiches gilt für KI-Systeme, die Lernergebnisse bewerten sollen, selbst wenn diese Ergebnisse nur dazu dienen, den Lernprozess in entsprechenden Bildungseinrichtungen und Programmen zu steuern (Nr. 3 Buchst. b → Rn. 48 f.). Ferner sind KI-Systeme, die das angemessene Bildungsniveau bewerten sollen (Nr. 3 Buchst. c → Rn. 50 f.), sowie das Verhalten von Schülern bei Prüfungen überwachen sollen (Nr. 3 Buchst. d → Rn. 52 ff.), hiervon erfasst.

43 Diese Regelung dient dem Schutz von Menschen im Arbeits- und Bildungskontext, um dem bestehenden **Machtungleichgewicht** und möglichen **Diskriminierungen** entgegenzuwirken.[26] Das Recht auf Bildung darf durch den KI-Einsatz in der allgemeinen und beruflichen Bildung nicht beschnitten werden. Aufgrund der individuellen Grundrechtsrelevanz und gesellschaftlichen Einwirkungsmöglichkeit entsprechender KI-Systeme sind diese Einsatzbereiche als hochriskant zu werten.

44 Gleichzeitig kann der Einsatz von KI-Systemen auch dazu dienen, eine qualitativ hochwertige digitale Bildung zu fördern und die notwendigen **digitalen Fähigkeiten** und **Kompetenzen** zu erlernen, damit man sich aktiv in der Wirtschaft, der Gesellschaft und in demokratischen Prozessen beteiligen kann.[27] Mithin erkennt der Verordnungsgeber die Wichtigkeit des richtigen Einsatzes von KI-Systemen in der allgemeinen und beruflichen Bildung an. Der KI-Einsatz in der Bildung kann insbesondere dabei unterstützen, die **Medienkompetenz** und das kritische Denken zu fördern.[28]

45 Sollte ein KI-System im Bildungskontext verwendet werden, um **Emotionen einer natürlichen Person** am Arbeitsplatz und in Bildungseinrichtungen zu bewerten, gilt diese Anwendung nach Art. 5 Abs. 1 Buchst. f als verboten (→ Art. 5 Rn. 115 ff.). Insoweit besteht lediglich eine Rückausnahme für die Erkennung von physischen Zuständen wie Schmerz oder Müdigkeit aus medizinischen oder sicherheitstechnischen Gründen (ausführlich hierzu → Art. 5 Rn. 123 f.).

46 **a) Zugang oder Zulassung zu Einrichtungen der allgemeinen und beruflichen Bildung (Nr. 3 Buchst. a).** Anlage III Nr. 3 Buchst. a erfasst KI-Systeme in der allgemeinen und beruflichen Bildung, die dazu dienen, den **Zugang oder die Zulassung zu Einrichtungen** der allgemeinen und beruflichen Bildung auf allen Ebenen zu bestimmen oder natürliche Personen diesen zuzuweisen. Dieser Bereich ist besonders durch Art. 14 Abs. 1 EU-GrCh (Recht auf Bildung) sowie Art. 15 Abs. 1 EU-GrCh (Berufsfreiheit und Recht zu arbeiten) geschützt. Ein KI-System, welches die Zulassung und den Zugang zu Bildungseinrichtungen vorgibt, hat einen maßgeblichen Einfluss auf den Bildungs- bzw. Berufsweg einer Person, da damit die Sicherung des Lebensunterhalts und die damit einhergehenden Fähigkeiten bestimmt werden.[29]

47 Hiervon erfasst werden insbesondere KI-Tools, die die bisherige Leistung von Menschen bzw. weitere Kriterien auswerten und auf dieser Basis den Zugang zu einer Schule oder Universität bzw. zu einem Studiengang gewähren. Dies gilt unabhängig davon, ob dieses **KI-Tool** zentral eingesetzt wird, um Studienplätze bundesweit zu besetzen (wie die Zentrale Vergabestelle für Studienplätze (ZVS) in Deutschland oder das in Frankreich verwendete parcoursup) oder einzelne

---

[26] Erwgr. 44 S. 4.
[27] Erwgr. 56 S. 1.
[28] Erwgr. 56 S. 1.
[29] Erwgr. 56 S. 2.

(Hoch-)Schulen solche KI-Systeme bei der Zulassung einsetzen. Da insbesondere Kinder bzw. junge Erwachsene von entsprechenden Entscheidungen betroffen sind, können diskriminierende Entscheidungen in diesem Kontext Auswirkungen auf ein ganzes Leben haben. Insofern sollen KI-Systeme, die hierbei eingesetzt werden, den gesetzlich in Art. 8 ff. vorgeschriebenen **hohen Qualitätsanforderungen** genügen.

b) Bewertung von Lernergebnissen (Nr. 3 Buchst. b). Ferner werden KI-Systeme, die zur **Bewertung von Lernergebnissen** eingesetzt werden, nach Anlage III Nr. 3 Buchst. b als mit einem hohen Risiko verbunden eingestuft. Dabei ist es unerheblich, ob die Ergebnisse zur Steuerung des Lernprozesses der natürlichen Person eingesetzt werden. Bei dem Einsatz entsprechender KI-Systeme besteht die Gefahr, dass die Systeme besonders eingreifend wirken und das **Recht auf Bildung und Ausbildung** (Art. 14 EU-GrCH) sowie das Recht, nicht diskriminiert zu werden (Art. 21 EU-GrCH), verletzen.[30] Insbesondere die Bewertung von Lernergebnissen hat einen maßgeblichen Einfluss auf den Beruf- und Bildungsweg der natürlichen Person, sodass durch die Verwendung von KI-Systemen historisch gewachsene **Diskriminierungsmuster** fortgesetzt werden könnten.[31] 48

Hiervon nicht erfasst, ist die an deutschen Hochschulen üblicherweise eingesetzte programmierte Software, die automatisch Multi- oder Single-Choice-Prüfungen auswertet, da es sich bei der derzeit im Einsatz befindlichen Software nicht um KI-Systeme handelt. 49

c) Bewertung des angemessenen Bildungsniveaus (Nr. 3 Buchst. c). Zudem wird der Einsatz von KI-Systemen für Zwecke der **Bewertung des angemessenen Bildungsniveaus** als hochriskant eingestuft, Anlage III Nr. 3 Buchst. c. Davon umfasst sind das Bildungsniveau, das eine Person erhalten oder zu dem sie Zugang erhalten soll. Mithin wird hierdurch ebenfalls die wesentliche Beeinflussung des Niveaus der allgemeinen und beruflichen Bildung betroffen.[32] Auch mit dieser Regelung wird der Zweck verfolgt, das Recht auf Bildung und Ausbildung zu gewähren und möglichen Diskriminierungen entgegenzuwirken.[33] 50

Ruschemeier grenzt mit Verweis auf Laux/Wachter et al. Regulation & Governance 2024, 3 (7) Buchst. b und c danach voneinander ab, ob der **Lernfortschritt** innerhalb eines konkreten Bildungsabschnitts erfolgt (Buchst. b) oder eine individuelle aber gleichsam abstrakte Leistungsvorhersage getroffen wird, bevor überhaupt Zugang zu einer Bildungseinrichtung gewährt wurde (Buchst. c).[34] 51

d) Überwachung und Erkennung von verbotenem Verhalten bei Prüfungen (Nr. 3 Buchst. d). Anlage III Nr. 3 Buchst. d erweitert den Anwendungsbereich für Hochrisiko-KI-Systeme auf den Einsatz der Systeme zur **Überwachung und Erkennung von verbotenem Verhalten** von Schülern bei Prüfungen oder in Einrichtungen der allgemeinen und beruflichen Bildung auf allen Ebenen. Durch die unsachgemäße Gestaltung oder Verwendung im Einzelfall könnten Schü- 52

---

[30] Erwgr. 56 S. 3.
[31] Erwgr. 56 S. 2, 3.
[32] Erwgr. 56 S. 2.
[33] Vgl. Erwgr. 56 S. 3.
[34] Martini/Wendehorst, KI-VO/Ruschemeier, Anhang III Rn. 39.

lern Nachteile entstehen, die in ihre Grundrechte eingreifen, was wiederum Auswirkungen auf den individuellen Bildungs- und Berufsweg haben kann.[35]

53 Der Begriff des **Schülers** ist vorliegend weit zu verstehen, so dass nicht nur Kinder im Schulsystem hiervon erfasst sind, sondern **Prüflinge** jeder Art in der allgemeinen und beruflichen Bildung. In der englischen Fassung wird der Terminus „students" verwendet. Mithin werden hiervon auch Studierende sowie Teilnehmer von Prüfungen im Rahmen der beruflichen Bildung umfasst. Ferner können auch Personen, die Sprachdiplome erwerben (ua TOEFL, IELTS, DSH oder DELF), hiervon erfasst sein, da diese vielfach Voraussetzung für einen Hochschulzugang sind.

54 Als **verbotenes Verhalten** kann vorliegend alles subsumiert werden, was im Prüfungskontext unzulässig ist. Hierzu gehört jede Täuschung bzw. jeder Täuschungsversuch wie die Nutzung von Spickzetteln bzw. unzulässigen Unterlagen während der Prüfung, das Abschreiben von anderen Prüflingen, die Unterstützung durch eine weitere Person, die Nutzung von unzulässiger Software, die bei der Beantwortung unterstützt etc. Der Gesetzgeber hat hier bewusst einen weiten Einsatzbereich geschaffen. Jegliche KI-Tools, die eine **Prüfung überwachen** und ein entsprechendes Verhalten erkennen sind mithin als Hochrisiko-KI-System zu werten. Aufgrund der Erfahrungen mit Fernklausuren adressiert Nr. 3 Buchst. d insbesondere das sog. Proctoring, dh den Einsatz von KI-Tools im Rahmen von Online-(Fern-)Prüfungen. Diese Tools wurden damit beworben, unredliches Verhalten bei Prüfungen (ua Unterschleif) durch Auswertung der Bild- und Tonaufnahmen während der Prüfung zu erkennen. Diese Lösungen wurden vielfach während der Zeit der Coronapandemie im Bildungssektor eingesetzt. Aufgrund der KI-VO muss diese Software, den regulatorischen Anforderungen der Art. 8 ff. genügen. Sollte hierbei eine Auswertung von Emotionen erfolgen, ist ferner Art. 5 Abs. 1 Buchst. f zu berücksichtigen. Danach ist der Einsatz entsprechender KI-Systeme am Arbeitsplatz und in Bildungseinrichtungen verboten (→ Art. 5 Rn. 115 ff.).

55 So lange KI-basierte Prüfungsüberwachungstools nicht den Anforderungen entsprechen, ist auf den **Einsatz von Überwachungsalgorithmen** zur Überwachung einer Prüfung zu verzichten und sollte bei Take-Home-Exams eine Open-Book-Praxis eingeführt werden, um einer Diskriminierung von Studierenden entgegenzuwirken. Zudem bleibt weiterhin die menschliche Aufsicht entsprechender Online-Klausuren zulässig.

4. Beschäftigung, Personalmanagement und Zugang zur Selbstständigkeit (Nr. 4)

56 Anhang III Nr. 4 erfasst als Hochrisiko-KI-Systeme solche Einsatzbereiche, die im Zusammenhang mit der **Beschäftigung,** des **Arbeitsnehmermanagements** und dem Zugang zur **Selbstständigkeit** stehen. Hierunter fallen nach Nr. 4 Buchst. a KI-Systeme, die für die Einstellung oder Auswahl natürlicher Personen Verwendung finden (→ Rn. 58 ff.) oder KI-Systeme, die die Bedingungen von Arbeitsverhältnissen, Beförderungen und Kündigungen von Arbeitsvertragsverhältnissen beeinflussen bzw. für die Zuweisung von Aufgaben aufgrund des individuellen Verhaltens oder persönlicher Merkmale oder Eigenschaften oder für die

[35] Vgl. Erwgr. 56 S. 2, 3.

Beobachtung und Bewertung der Leistung und des Verhaltens von Personen genutzt werden (Nr. 4 Buchst. b → Rn. 61 f.).

Das Risiko dieses Anwendungsbereichs wird mit den erheblichen Auswirkungen auf die zukünftigen **Berufsaussichten,** dem **Lebensunterhalt** dieser Person und den **Rechten der Arbeitnehmer** begründet.[36] Als risikoreich werden insbesondere die Einsatzmöglichkeiten iRd **Einstellung** und **Auswahl** von Personen gewertet. Dies gilt auch für Entscheidungen, die sich auf die Bedingungen des Arbeitsverhältnisses, die Beförderung und die Beendigung von arbeitsbezogenen Vertragsverhältnissen auswirken sowie die Zuweisung von Aufgaben auf der Grundlage von individuellem Verhalten, persönlichen Merkmalen oder Eigenschaften und die Überwachung oder Bewertung von Personen in arbeitsbezogenen Vertragsverhältnissen.[37] Aufgrund der ungleichen Machtverhältnisse im Arbeitskontext wird der Einsatz von KI-Systemen daher insgesamt in jeder Phase als hochriskant angesehen.[38] Kein hohes Risiko stellen lediglich solche Einsatzbereiche dar, die für die Freigabe von Nebentätigkeiten oder die Genehmigung von Urlaubsanträgen genutzt werden.[39] 57

a) Einstellung oder Auswahl von Beschäftigten (Nr. 4 Buchst. a). Ausdrücklich normiert Nr. 4 Buchst. a den Einsatzbereich von KI-Systemen iRv **Einstellungen** oder der **Auswahl** natürlicher Personen im Beschäftigungskontext. Dies gilt unabhängig davon, welcher Arbeitgeber diese Software einsetzt, dh private oder öffentliche Arbeitgeber sowie KMU oder internationaler Großkonzern. 58

Als potenziell mit einem hohen Risiko behaftete Einsatzbereiche von KI-Tools nennt Nr. 4 Buchst. a insbesondere die Schaltungen gezielter Stellenanzeigen, die Sichtung und Filterung von Bewerbungen und die Bewertung von Bewerbern. Diese Aufzählung ist nicht abschließend, so dass weitere Einsatzbereiche im Einstellungs- bzw. Auswahlzusammenhang von Beschäftigten hierunter fallen können. Die Zuweisung als Hochrisiko-KI-System soll eine **Fortschreibung historischer Diskriminierungsmuster** verhindern.[40] Dies hat zur Folge, dass strenge regulatorische Anforderungen bei der Entwicklung, Nutzung und Überwachung dieser KI-Systeme gestellt werden. 59

Soll bei der Bewerberauswahl eine KI-basierte **Auswertung von Emotionen** des Bewerbers erfolgen, muss zudem Art. 5 Abs. 1 Buchst. f beachtet werden, wonach KI-Systeme, die Emotionen einer natürlichen Person am Arbeitsplatz und in Bildungseinrichtungen bewerten, verboten sind (→ Art. 5 Rn. 115 ff.). 60

b) Entscheidungen in Bezug auf das Arbeitsverhältnis (Nr. 4 Buchst. b). Nr. 4 Buchst. b kategorisiert KI-Systeme innerhalb von Arbeitsverhältnissen als mit einem hohen Risiko verbunden. Hierzu gehören KI-Lösungen, die Entscheidungen treffen, die sich auf die Bedingungen von Arbeitsverhältnissen sowie die Beförderung oder Kündigung von Arbeitsvertragsverhältnissen auswirken. Ferner gilt dies für KI-Systeme, die Aufgaben auf der Grundlage von **individuellem Verhalten** oder **persönlichen Eigenschaften** oder Merkmalen zuweisen oder 61

---

[36] Erwgr. 57 S. 1.

[37] Erwgr. 57 S. 1.

[38] Frank/Heine NZA 2023, 1281 (1282).

[39] Günther/Gerigk/Berger NZA 2024, 234 (238).

[40] Martini/Wendehorst, KI-VO/Ruschemeier, Anhang III Rn. 39.

die Leistung und das Verhalten von Personen in solchen Verhältnissen überwachen und bewerten.

62 Der Einsatz von KI-Systemen wird als hochriskant gewertet, da in Arbeitsverhältnissen klassischerweise ein **Machtungleichgewicht** besteht. Neben privatrechtlichen Arbeitsverhältnissen gilt Nr. 4 Buchst. b auch in Beschäftigungsverhältnissen im öffentlichen Dienst. Der Einsatz von KI zur Überwachung der Leistung und des Verhaltens einer Person kann zudem eine potentielle Verletzung der Grundrechte auf Datenschutz und Privatsphäre nach Art. 7 und 8 EU-GRCh darstellen.[41]

5. Zugang und Inanspruchnahme privater und öffentlicher Dienste und Leistungen (Nr. 5)

63 Als weitere Hochrisiko-KI-Systeme klassifiziert Anhang III Nr. 5 den **Zugang** und die **Inanspruchnahme** von grundlegenden privaten und grundlegenden öffentlichen **Diensten und Leistungen.** Sinn und Zweck der Normierung ist die uneingeschränkte Teilhabe der Gesellschaft an entsprechenden Diensten und die Verbesserung des gesamtgesellschaftlichen Lebensstandards.[42] Gleichsam soll das Recht auf sozialen Schutz, Nichtdiskriminierung, Menschenwürde der betroffenen Personen geschützt werden.[43]

64 Hierbei reguliert der Verordnungsgeber vor allem den Einsatz von KI-Systemen durch die **Leistungsverwaltung** (Nr. 5 Buchst. a → Rn. 68 ff.). Dies gilt nicht nur für die Gewährung bzw. Verweigerung entsprechender Leistungen oder Dienste, sondern auch für deren Kürzung, den Widerruf bzw. Zurückforderungen.[44] Der Verordnungsgeber will jedoch mit der KI-VO nicht die Entwicklung und den Einsatz innovativer Ansätze in der öffentlichen Verwaltung einschränken, sondern vorrangig die **Regelkonformität** und die **Sicherheit** der KI-Systeme bestmöglich gewährleisten.[45]

65 Darüber hinaus wird der KI-Einsatz im Bereich des Zugangs zu zentralen privaten Diensten als hochriskant klassifiziert. Hierzu gehören insbesondere die **Bewertung der Bonität oder Kreditwürdigkeit** einer natürlichen Person (Nr. 5 Buchst. b → Rn. 71 ff.). Der Zugang zu Finanzmitteln kann wesentlich die Lebensgestaltung eines Menschen tangieren.[46]

66 Ferner bewertet der Verordnungsgeber den Einsatz von KI-Systemen zur **Risikobewertung** und **Preisbildung** bei privatwirtschaftlichen **Lebens- und Krankenversicherungen** als hochriskant (Nr. 5 Buchst. c → Rn. 75 f.).

67 Nr. 5 Buchst. d normiert abschließend, dass KI-Systeme, die Notrufe bewerten und darauf basierend die Entsendung oder Priorisierung eines Einsatzes von Not- und Rettungsdiensten (Polizei, Feuerwehr und medizinische Nothilfe) vornehmen, mit einem hohen Risiko verbunden sind. Dies gilt auch für KI-Systeme, die für die Triage von Patienten bei einer Notfallversorgung eingesetzt werden sollen (Nr. 5 Buchst. d → Rn. 77 f.).

---

[41] Erwgr. 57 S. 4.
[42] Erwgr. 58 S. 1.
[43] Erwgr. 58 S. 3.
[44] Erwgr. 58 S. 3.
[45] Vgl. Erwgr. 58 S. 4.
[46] Erwgr. 58 S. 5.

a) Zugang zu und Inanspruchnahme von öffentlichen Unterstützungsleistungen und -dienste (Nr. 5 Buchst. a). Nr. 5 Buchst. a kategorisiert KI-Systeme als hochriskant, die dazu bestimmt sind, von Behörden oder im Namen von Behörden verwendet zu werden, um die Anspruchsberechtigung natürlicher Personen auf wesentliche **öffentliche Unterstützungsleistungen** und -dienste, einschließlich **Gesundheitsdienstleistungen,** zu bewerten und solche Leistungen und Dienste zu gewähren, zu kürzen, zu widerrufen oder zurückzufordern. Darunter fallen insbesondere Dienste und Leistungen im Zusammenhang mit Gesundheitsdiensten, Leistungen der sozialen Sicherheit, Sozialdienste zum Schutz bei Mutterschaft, Krankheit, Arbeitsunfällen, Pflegebedürftigkeit oder im Alter und bei Verlust des Arbeitsplatzes sowie Sozial- und Wohnbeihilfen.[47] Mithin sind hiervon vor allem die von den Sozialgesetzbüchern erfassten Ansprüche umfasst, so dass die entsprechenden Behörden vor Einführung von Software, die KI-gestützte Entscheidung trifft, die strengen Vorgaben der KI-VO zu beachten haben. 68

Nach Erwgr. 58 S. 2 sind nämlich „insbesondere natürliche Personen, die grundlegende staatliche Unterstützungsleistungen und -dienste von Behörden beantragen oder erhalten, wie etwa Gesundheitsdienste, Leistungen der sozialen Sicherheit, soziale Dienste, die Schutz in Fällen wie Mutterschaft, Krankheit, Arbeitsunfall, Pflegebedürftigkeit oder Alter und Arbeitsplatzverlust sowie Sozialhilfe und Wohngeld bieten, […] in der Regel von diesen Leistungen und Diensten abhängig und befinden sich gegenüber den zuständigen Behörden in einer prekären Lage“. In der Vergangenheit hat sich ua beim KI-Einsatz durch die **Leistungsverwaltung** in den Niederlanden, Schweden und Australien gezeigt, welche erheblichen negativen Folgen KI-gestützte Entscheidungen auf Bürger haben können, wenn fehlerhafte bzw. unvollständige Datensets für das KI-Training verwendet wurden oder diskriminierende Parameter den Entscheidungen zugrunde lagen. Eine Einstufung als hochriskant soll den hierdurch geschaffenen Gefahren für die Lebensgrundlage von Personen und ihren Grundrechten, wie das Recht auf sozialen Schutz, Nichtdiskriminierung, Menschenwürde oder einen wirksamen Rechtsbehelf entgegenwirken.[48] 69

Der Verordnungsgeber grenzt allerdings den Anwendungsbereich von Nr. 5 Buchst. a insoweit wieder ein, indem ausschließlich KI-Systeme hiervon erfasst werden, die **Entscheidungen** darüber treffen, ob entsprechende Leistungen und Dienste von den Behörden gewährt, verweigert, gekürzt, widerrufen oder zurückgefordert werden sollten, einschließlich der Frage, ob die Leistungsempfänger einen rechtmäßigen Anspruch auf diese Leistungen oder Dienste haben.[49] Wird ein KI-System lediglich unterstützend von entsprechenden Behörden ua bei der Datenaufbereitung, der **Übersetzung** von Unterlagen oder der **Unterstützung** bei der Formulierung von Bescheiden eingesetzt, ist dies keinem hohen Risiko zugewiesen. Der Verordnungsgeber hat sich in Erwgr. 58 S. 4 ausdrücklich für die Entwicklung und den Einsatz innovativer Ansätze in der öffentlichen Verwaltung ausgesprochen. Insoweit gilt es jedoch die bestehenden Risiken, die für die Grundrechte von Bürgern bestehen, hinreichend zu berücksichtigen und zudem die Sicherheit entsprechender KI-Systeme herzustellen. Ferner ist der Einsatz von Software, ohne die für KI charakteristische **Anpassungsfähigkeit** iSd Art. 3 Nr. 1 möglich, da diese nicht unter den Anwendungsbereich der KI-VO fällt. 70

[47] Erwgr. 58 S. 2.
[48] Erwgr. 58 S. 3.
[49] Erwgr. 58 S. 3.

71 **b) Bonitätsbewertungen (Nr. 5 Buchst. b).** Als weiteres Hochrisiko-KI-System zählt Nr. 5 Buchst. b Systeme, die die **Kreditwürdigkeit natürlicher Personen** bewerten oder ihre Kreditwürdigkeit ermitteln. Begründet wird diese Aufnahme in den Anhang III mit dem hierdurch gewährten bzw. verweigerten **Zugang zu finanziellen Ressourcen** oder grundlegenden Dienstleistungen wie Wohnraum, Strom und Telekommunikationsdiensten.[50] Entsprechende Dienste können einzelne Personen oder Personengruppen aufgrund von historischen Diskriminierungsmustern, die sich ua aufgrund der rassischen oder ethnischen Herkunft, des Geschlechts, einer Behinderung, des Alters oder der sexuellen Ausrichtung ergeben können, benachteiligen. Dies soll mit der Aufnahme in den vorliegenden Katalog unterbunden werden. Ferner sollen neue Formen der diskriminierenden Auswirkung mit der Einstufung verhindert werden.[51] Neben der KI-VO ist beim Scoring iRd Bonitätsprüfung ferner auch Art. 22 DS-GVO zu beachten.[52]

72 Von einem KI-System iSd Nr. 5 Buchst. b ist jedenfalls auszugehen, wenn dieses nicht von einem Kleinanbieter nach Art. 3 Nr. 3 (→ Art. 3 51 ff.) für den Eigengebrauch verwendet wird.[53]

73 Nachdem Nr. 5 Buchst. b ausdrücklich lediglich die Kreditwürdigkeitsprüfung **natürlicher Personen** benennt, ist der Einsatz entsprechender KI-Systeme gegenüber **juristischen Personen** nicht als hochriskant iSd Anhang III zu werten. Erwgr. 58 S. 7 nimmt daher ausdrücklich KI-Systeme, die aufsichtsrechtliche Zwecke zur Berechnung der Eigenkapitalanforderungen von Kreditinstituten und Versicherungsunternehmen erstellen, vom Katalog des Anhang III Nr. 5 aus.

74 Als **Ausnahme** von der vorstehenden Risikoklassifizierung normiert Nr. 5 Buchst. b Hs. 2, der KI-Systeme zur Aufdeckung von **Finanzbetrug,** die dieser somit von der Einordnung als hohes Risiko herausnimmt.

75 **c) Risikobewertung und Preisgestaltung bei Lebens- und Krankenversicherungen (Nr. 5 Buchst. c).** Nr. 5 Buchst. c benennt als weitere Kategorie für KI-Systeme mit hohem Risiko die **Risikobewertung** und **Preisgestaltung** in Bezug auf natürliche Personen im Falle von **Lebens- und Krankenversicherungen.** Während es bei der gesetzlichen Krankenversicherung in Deutschland einen gesetzlich festgeschriebenen allgemeinen Beitragssatz gibt, sind private Krankenversicherungen freier in ihrer Preisgestaltung. Hierbei spielt die Risikobewertung und Vorerkrankungen von künftigen Versicherten eine wichtige Rolle. Zudem gilt Nr. 5 Buchst. c nicht nur für Vollversicherungen, sondern auch für (private) Krankenzusatzversicherungen, die zB Vorsorgeuntersuchen, Sehhilfen oder Zahnarztkosten bezuschussen. Unabhängig von der Wertung der KI-VO sind in diesem Zusammenhang auch die Vorgaben der DS-GVO zu beachten.

76 Werden entsprechende KI-Systeme nicht ordnungsgemäß konzipiert, entwickelt oder eingesetzt, drohen **Grundrechtsverletzungen** und schwerwiegende Folgen für das Leben und die Gesundheit der betroffenen Menschen, einschließlich finanzieller Ausgrenzung und Diskriminierung.[54]

77 **d) Bewertung und Klassifizierung von Notrufen (Nr. 5 Buchst. d).** KI-Systeme, die **Notrufe** natürlicher Personen auswerten und klassifizieren oder zur

[50] Erwgr. 58 S. 5; BeckOK KI-Recht/Klawonn Anhang III Rn. 79.
[51] Erwgr. 58 S. 6.
[52] EuGH NZA 2024, 45 und EuGH NJW 2024, 417.
[53] Feldkamp/Kappler/Poretschkin/Schmitz/Weiss ZfDR 2024, 60 (106 f.).
[54] Erwgr. 58 S. 8.

Entsendung oder zur Festlegung von **Prioritäten von Notdiensten** verwendet werden sollen, sind nach Nr. 5 Buchst. d ebenfalls einem hohen Risiko zuzuordnen. Von dieser Regelung sind ausdrücklich Notrufe gegenüber der Polizei, der Feuerwehr sowie der der medizinischen Nothilfe umfasst.

Ferner werden KI-Systeme, die für die Triage von Notfallpatienten Verwendung finden sollen, von Nr. 5 Buchst. b erfasst. Insbesondere Entscheidungen iRv sehr kritischen Situationen für das Leben, die Gesundheit und das Eigentum sollen als riskante KI-Systeme eingestuft werden.[55] Der Einsatz eines KI-System bei einer **Triage** wird vorliegend kritisch gesehen, zumal es bei der Entwicklung entsprechender Systeme verschiedene grundrechtsrelevante Fragen gibt, die die KI-VO nicht adressiert. Wichtig ist hierbei insbesondere die Berücksichtigung des Rechts auf Leben (Art. 2 EU-GRCh) und das Recht auf Nichtdiskriminierung aufgrund von Geschlecht, Behinderung sowie Alter (Art. 21 EU-GRCh).[56] Staatliche Institutionen, dh auch Rettungsdienste, deren Träger zumeist die Bundesländer, (Land-)Kreise, kreisfreie Gemeinden/Städte bzw. Städte sind (exemplarisch § 3 NRettDG, § 6 RettG NRW, § 3 RettDG Rheinl.-Pfalz, Art. 4 BayRDG), dürfen ein KI-System nicht einsetzen, welches unmittelbar oder mittelbar Menschen mit Behinderung oder Menschen aufgrund ihres Alters diskriminiert, auch wenn eine statistisch wahrscheinlichere Überlebenschance für Menschen in einem jüngeren Lebensalter oder Menschen ohne Behinderung besteht.[57] **78**

6. Strafverfolgung (Nr. 6)

Anhang III Nr. 6 nennt als weiteren Einsatzkontext von Hochrisiko-KI-Systemen die Strafverfolgung, soweit ihr Einsatz nach dem Unionsrecht oder dem nationalen Recht zulässig ist. Der Begriff der **Strafverfolgung** wird von Art. 3 Nr. 46 definiert als die „Tätigkeiten der Strafverfolgungsbehörden oder in deren Auftrag zur Verhütung, Ermittlung, Aufdeckung oder Verfolgung von Straftaten oder zur Strafvollstreckung, einschließlich des Schutzes vor und der Abwehr von Gefahren für die öffentliche Sicherheit". **Strafverfolgungsbehörden** werden nach Art. 3 Nr. 45 Buchst. a als jene **Behörden** benannt, die für die Verhütung, Ermittlung, Aufdeckung oder Verfolgung von Straftaten oder die Strafvollstreckung, einschließlich des Schutzes vor und der Abwehr von Gefahren für die öffentliche Sicherheit, zuständig sind. In Deutschland werden hiervon insbesondere die unterschiedlichen Polizeibehörden auf Bundes- oder Landesebene umfasst. Es wird sowohl der KI-Einsatz iRd präventiven als auch des repressiven Aufgabenspektrums der Polizeibehörden von Anhang III Nr. 6 erfasst. Ferner inkludiert diese Legaldefinition den KI-Einsatz durch die **Staatsanwaltschaften** auf Landesebene sowie die **Bundesanwaltschaft**. Auch der entsprechende KI-Einsatz durch die Justizvollzugsanstalten ist von Nr. 6 beinhaltet. Darüber hinaus gilt dies für alle Behörden, die zum Schutz vor und der Abwehr von Gefahren für die öffentliche Sicherheit KI-Systeme einsetzen. Dies sind alle Sicherheitsbehörden, zB Landratsämter, kreisfreie Städte. Die Tätigkeiten der Strafgerichte sind von Anhang III Nr. 6 jedoch ausgenommen. Der KI-Einsatz in der Justiz wird von Nr. 8 Buchst. a normiert (→ Rn. 113 ff.). **79**

---

55 Erwgr. 58 S. 9.

56 Zu Benachteiligungsrisiken von Menschen mit Behinderung bei einer Triage bereits BVerfG NJW 2022, 380.

57 Vgl. BVerfG NJW 2022, 380 unter Berücksichtigung von Art. 3 Abs. 3 S. 2 GG.

80 Nach dem vorliegenden weiten Begriffsverständnis der Strafverfolgungsbehörde wird hierunter grundsätzlich auch die Arbeit der Zollbehörden, der Finanzämter im Bereich der Steuerfahndung sowie die Tätigkeit der zuständigen Einrichtungen für die Bekämpfung von Geldwäsche, wie die BaFin oder die Zentralstelle für Transaktionsüberwachung (FIU) verstanden. Erwgr. 59 S. 6 besagt allerdings, dass „KI-Systeme, die speziell für **Verwaltungsverfahren in Steuer- und Zollbehörden** sowie in Zentralstellen für Geldwäsche-Verdachtsanzeigen [bestimmt sind], die Verwaltungsaufgaben zur Analyse von Informationen gemäß dem Unionsrecht zur Bekämpfung der Geldwäsche durchführen", nicht als Hochrisiko-KI-Systeme eingestuft werden sollen. Mithin soll danach neben Nr. 5 Buchst. b für diese Institutionen wohl auch Nr. 6 keine Anwendung finden. Dass sich diese Eingrenzung des Anwendungsbereichs lediglich in den Erwägungsgründen und Anlage III Nr. 5 Buchst. b, nicht jedoch in den Begriffsbestimmungen oder Nr. 6 wiederfindet, ist problematisch, zumal sich aus den Erwägungsgründen keine unmittelbare Rechtsbindung ableiten lässt. Erwägungsgründe können zwar der Auslegung des EU-Rechtsakts unterstützen, eine auf die Erwägungsgründe gestützte Auslegung gegen den konkreten Wortlaut ist jedoch nicht möglich.[58] Mithin ist davon auszugehen, dass die in diesem Abs. benannten Behörden, sofern sie gegenüber natürlichen Personen vorgehen und in den von Nr. 6 näher benannten Anwendungsfällen KI-Systeme einsetzen, es sich hierbei um Hochrisiko-KI-Systeme handelt. Sofern die KI-Systeme eine **Risikoprävention** bezwecken, ua zur Aufdeckung von Finanzbetrug durch Unternehmen oder zur allgemeinen Analyse von Schmugglerrouten oder KI-Instrumente zur Auffindung von Betäubungsmitteln und illegalen Waren, sind diese nicht als Hochrisiko-KI zu werten.[59]

81 In Art. 2 Abs. 4 wurde eine weitere Ausnahme für Behörden in Drittländern und internationale Organisationen geschaffen.

82 Art. 3 Nr. 45 Buchst. b reguliert, dass auch jede **andere Stelle oder Einrichtung,** die durch nationales Recht die Ausübung öffentlicher Gewalt und hoheitliche Befugnisse zur Verhütung, Ermittlung, Aufdeckung oder Verfolgung von Straftaten oder zur Strafvollstreckung, einschließlich des Schutzes vor und der Abwehr von Gefahren für die öffentliche Sicherheit, übertragen wurde, unter den Begriff der **Strafverfolgungsbehörde** zu subsumieren ist.

83 Hintergrund der Aufnahme des KI-Einsatzes durch Strafverfolgungsbehörden in den Katalog des Anhang III ist die erhebliche **Machtasymmetrie,** welche diese bei der Überwachung, der Verhaftung und dem Freiheitsentzug gegenüber natürlichen Personen besitzen.[60] Es kann die Gefahr bestehen, dass Personen bei einem KI-Einsatz diskriminiert werden, sofern das entsprechende System nicht mit qualitativ hochwertigen Daten trainiert wird, keine angemessenen Anforderungen an seine Leistung bestehen, die notwendige Genauigkeit oder Robustheit erfüllt wird oder die Software nicht ordnungsgemäß konzipiert und getestet wurde, bevor es in den Verkehr gebracht oder in anderer Weise in Betrieb genommen wurde.[61] Im Wesentlichen soll mit der Anerkennung eines hohen Risikos

[58] Vgl. auch EU-Parlament, Rat und Kommission, Gemeinsamer Leitfaden für Personen, die an der Abfassung von Rechtstexten der EU mitwirken, Nr. 6.3, 6.4, 10.5.1; zum nationalen Verständnis Fleischer AcP 2011, 317 (327) mit Verweis auf BVerfGE 11, 126 (130).

[59] Vgl. Erwgr. 42 S. 4.

[60] Erwgr. 59 S. 1.

[61] Erwgr. 59 S. 2.

die Transparenz, Genauigkeit und Zuverlässigkeit dieser KI-Systeme geschaffen werden, um nachteilige Auswirkungen zu vermeiden, das **Vertrauen der Öffentlichkeit** zu erhalten, die Rechenschaftspflicht sowie einen wirksamen Rechtsschutz zu gewährleisten.[62]

Als konkrete Einsatzbereiche von Hochrisiko-KI-Systemen durch Strafverfol- **84** gungsbehörden nennt Anhang III Nr. 6 KI-Systeme, die das Risiko natürlicher Personen bewerten, **Opfer von Straftaten** zu werden (Buchst. a → Rn. 88 f.), solche, die als **Lügendetektoren** oder ähnliche Instrumente verwendet werden (Buchst. b → Rn. 90 f.) sowie ferner solche, die zur **Bewertung der Verlässlichkeit von Beweismitteln** im Zuge der Ermittlungen oder Verfolgung von Straftaten verwendet werden sollen (Buchst. c → Rn. 92 ff.). Zudem werden durch Nr. 6 KI-Systeme erfasst, die zur Bewertung des Risikos, dass eine natürliche Person eine Straftat begeht oder erneut begeht, verwendet werden sollen (Buchst. d → Rn. 95 ff.) und KI-Systeme, die von Strafverfolgungsbehörden zur Erstellung von Profilen natürlicher Personen gem. Art. 3 Abs. 4 der RL (EU) 2016/680 im Zuge der Aufdeckung, Ermittlung oder Verfolgung von Straftaten verwendet werden sollen (Buchst. e → Rn. 98 ff.).

Ein weiterer denkbarer Anwendungsfall von KI-Systemen durch Strafverfol- **85** gungssystemen ist neben den in Nr. 6 genannten Kategorien darüber hinaus die **biometrische Fernidentifikation,** welche jedoch in Anhang III Nr. 1 Buchst. a normiert ist,[63] sofern diese nicht als verbotene Praktik nach Art. 5 Nr. 1 Buchst. h (→ Art. 5 Rn. 137 ff.) zu werten ist. Erwgr. 32 S. 1 stellt insoweit klar, dass „die Verwendung von KI-Systemen zur biometrischen Echtzeit-Fernidentifizierung natürlicher Personen in öffentlich zugänglichen Räumen zu Strafverfolgungszwecken […] besonders in die Rechte und Freiheiten der betroffenen Personen ein[greift], da sie die Privatsphäre eines großen Teils der Bevölkerung beeinträchtigt, ein Gefühl der ständigen Überwachung weckt und indirekt von der Ausübung der Versammlungsfreiheit und anderer Grundrechte abhalten kann". Die **biometrischen Echtzeit-Fernidentifikation** zu Strafverfolgungszwecken, sollte daher grundsätzlich untersagt werden, es sei denn, der Einsatz wird als „unbedingt erforderlich" gewertet, weil ein erhebliches öffentliches Interesse besteht, welches das Risiko des Einsatzes überwiegt.[64] Nach Erwgr. 33 S. 2 gehören hierzu „die Suche nach bestimmten Opfern von Straftaten, einschließlich vermisster Personen, bestimmte Gefahren für das Leben oder die körperliche Unversehrtheit natürlicher Personen oder die Gefahr eines Terroranschlags sowie das Aufspüren oder Identifizieren von Tätern oder Verdächtigen". Ein entsprechender KI-Einsatz ist ferner nur dann zulässig, wenn eine der in Anhang II genannten Straftaten durch den Verdächtigen begangen wurde, sofern diese Straftaten in dem betreffenden Mitgliedstaat iSd Rechts dieses Mitgliedstaats mit einer Freiheitsstrafe oder einer freiheitsentziehenden Maßregel der Sicherung im Höchstmaß von mindestens vier Jahren bedroht sind (hierzu ausführlich → Art. 5 Rn. 169 ff.).[65]

Die Einschränkung in der **Überschrift von Nr. 6** wonach lediglich die Straf- **86** verfolgung adressiert wird, soweit ihr **Einsatz** nach einschlägigem Unionsrecht oder nationalem Recht **zugelassen** ist, ist unglücklich. Möglicherweise wollte der Verordnungsgeber hierdurch klarstellen, dass die Aufzählung in Anhang III

---

[62] Erwgr. 59 S. 4.

[63] Hahn ZfDR 2023, 142 (149 ff.).

[64] Erwgr. 33 S. 1.

[65] Erwgr. 33 S. 2.

keine Ermächtigungsnorm für den KI-Einsatz für Strafverfolgungsbehörden darstellt. Diese Absicht wurde jedoch weder sprachlich deutlich gemacht, noch in den Erwgr. klargestellt, sondern vielmehr wiederholt, dass KI-Systeme – „sofern deren Einsatz nach einschlägigen Unions- oder nationalem Recht zugelassen ist – […] als hochriskant einzustufen" sind.[66] Aufgrund des Grundsatzes des Vorbehalts des Gesetzes, dürfen zumindest in Deutschland Polizei- sowie sonstige Behörden nicht ohne Gesetz tätig werden. Ein KI-Einsatz, der nicht durch Unionsrecht oder nationales Recht gedeckt ist, ist damit unzulässig. Die vorgenommene Klarstellung in Anhang III Nr. 6 lässt nach dem Wortlaut vermuten, dass bei einem unzulässigen KI-Einsatz, für das verwendete KI-System kein hohes Risiko angenommen wird und damit Anhang III keine Anwendung finden soll. Dies hätte zur Folge, dass bei einem entsprechenden KI-Einsatz, die Strafverfolgungsbehörde zwar rechtswidrig handelt, **Sanktionen** nach Art. 99 ff. jedoch nicht verhängt werden können. Ob mit dieser Einschränkung die Absicht verbunden war, bei entsprechenden Verstößen die Staatskassen zu schonen, bleibt Spekulation.

87 Bei einem Einsatz von KI-Systemen durch Strafverfolgungsbehörden sollte als weitere verbotene Praktik Art. 5 Abs. 1 Buchst. d berücksichtigt werden. Danach wird die Verwendung von KI-Systemen zur **Durchführung von Risikobewertungen** in Bezug auf die Frage, ob Personen Straftaten begehen, eingeschränkt (→ Art. 5 Rn. 97 ff.).

88 **a) Risikobewertung Opfer einer Straftat zu werden (Nr. 6 Buchst. a).** Anhang III Nr. 6 Buchst. a nennt als ersten Einsatzbereich KI-Systeme, die dazu bestimmt sind, von oder im Namen von Strafverfolgungsbehörden oder von Organen, Einrichtungen, Ämtern oder Agenturen der Union zur **Unterstützung von Strafverfolgungsbehörden** oder in deren Namen verwendet zu werden, um das Risiko zu bewerten, dass eine natürliche Person **Opfer einer Straftat** wird. Insbesondere die fehlende Genauigkeit, die entsteht, wenn nicht mit hochwertigen Daten trainiert wird, keine angemessenen Anforderungen erfüllt oder nicht ordnungsgemäß konzipiert und getestet wird, kann einen erheblichen **Vertrauensverlust** der Öffentlichkeit befördern.[67]

89 Während Prognosen zu Opfern von Straftaten durch Strafverfolgungsbehörden als Hochrisiko-KI-Systeme gewertet werden, wird das sonstige Inverkehrbringen, die Inbetriebnahme oder die Verwendung von KI-Systemen, die natürliche Personen aufgrund ihrer Schutzbedürftigkeit ausnutzen und damit dieser oder einer anderen Person erheblichen Schaden zufügen und damit diese zu Opfern machen, als verbotene Praktik nach Art. 5 Abs. 1 Buchst. b eingestuft (ausführlich hierzu → Art. 5 Rn. 68 ff.).

90 **b) Lügendetektoren und ähnliche Instrumente (Nr. 6 Buchst. b).** Im Rahmen der Strafverfolgung ordnet Nr. 6 Buchst. b den Einsatz von **Lügendetektoren** oder ähnlichen Instrumenten einem hohen Risiko zu. KI-basierte Lügendetektoren bzw. Polygraphen sollen körperliche Parameter auswerten, um auf dieser Grundlage bewerten zu können, ob jemand die Wahrheit sagt oder lügt. Während in den überwiegenden Mitgliedsstaaten der EU die Nutzung dieser technischen Hilfsmittel in Strafverfahren abgelehnt wird, kommen Polygraphen in den USA häufig auch in Gerichtsverfahren zum Einsatz. In der EU wird zudem das Projekt iBorderCtrl erprobt, bei dem ein KI-System, ua erkennen soll, ob

[66] Erwgr. 59 S. 4.
[67] Vgl. Erwgr. 59 S. 2, 4.

jemand im Migrationskontext die Wahrheit sagt. Diese Systeme arbeiten vielfach auch auf der Grundlage der Erkennung von Emotionen (ausführlich zur Emotionserkennung und deren Risikoeinordnung → Nr. 1 Buchst. c Rn. 30 ff.).

Das Einsatzrisiko besteht insbesondere dann für natürliche Personen, wenn die KI-Systeme nicht ausreichend transparent, erklärbar und dokumentiert arbeiten. Zudem kann hierdurch ein **Verstoß gegen die Unschuldsvermutung** herbeigeführt werden.[68] Auch darüber hinaus wird der Einsatz entsprechender Systeme in der Psychologie sehr kritisch gesehen.[69] Daher ist deren Einsatz in Deutschland nach §§ 136a, 69 StPO als **untaugliches Beweismittel** untersagt, vgl. auch § 244 Abs. 3 S. 3 Nr. 4 StPO. Die Aufnahme der Lügendetektoren in den Katalog der Anlage III sieht sich dabei der Kritik ausgesetzt, dass hierdurch eine grundsätzliche Legalität der Anwendung erzeugt wird, obwohl in Bezug auf deren Einsatz erhebliche freiheitsrechtliche Bedenken bestehen.[70] Allerdings ist ein Einsatz entsprechender KI-Instrumente ausschließlich zulässig, soweit dies das Unionsrecht oder das nationale Recht bestimmt, sodass die KI-VO in Bezug auf den Lügendetektoreinsatz keine grundsätzliche Legalitätswirkung erzeugt. Somit hat die Aufnahme entsprechender KI-Lösungen in Nr. 6 lediglich zur Konsequenz, dass diese als hohes Risiko eingestuft werden, sofern die Zulässigkeit des Einsatzes durch das Unionsrecht oder das nationale Recht gewährt wird. 91

c) Bewertung der Verlässlichkeit von Beweismitteln (Nr. 6 Buchst. c). Anhang III Nr. 6 Buchst. c ordnet die Verwendung von KI-Systemen zur Bewertung der Verlässlichkeit von Beweismitteln iRd Ermittlung oder Verfolgung von Straftaten als hochriskant ein. Als **Beweismittel** gelten alle Sachen, die unmittelbar oder mittelbar potenziell dazu beitragen können, die Tat oder die Umstände ihrer Begehung, die Gegenstand des Straf- oder Ermittlungsverfahrens sind, nachzuweisen.[71] Nach *Hausschild* umfassen Beweismittel alle Objekte, die durch ihre Existenz, ihre Eigenschaften, ihren inhaltlichen Gehalt oder durch Spuren der Tat dazu in der Lage sind, die Überzeugung über die Richtigkeit eines bestimmten Ereignisses entweder „zu untermauern, zu festigen, zu erschüttern oder zu widerlegen".[72] Prozessordnungsübergreifend bestehen in Deutschland iRd Strengbeweisverfahrens die folgenden Beweismittel: Sachverständiger, Augenschein, Urkunde, Zeuge und im Strafprozess besonders die Aussage, Einlassung und das Geständnis des Angeklagten. 92

Verlässlichkeit bedeutet in diesem Zusammenhang, dass Beweismittel dahingehend mit dem KI-System überprüft werden, dass sie korrekte Informationen liefern, die zur Wahrheitsfindung im iRd Ermittlungs- bzw. Strafverfahrens beitragen. Verlässliche Beweismittel sind frei von Manipulation und Bearbeitung, um eine richtige Entscheidung zu ermöglichen. Es ist fraglich, ob unter die Verlässlichkeit von Beweismitteln nur das Beweismittel als solches oder auch die Überprüfung des Inhalts des Beweismittels subsumiert werden kann. Nr. 6 Buchst. c erfasst insbesondere KI-Systeme, die die **Echtheit von Beweismitteln** identifizieren sollen. Das von der EU erprobte Projekt iBorderCtrl nutzt ein KI-System, welches die Echtheit von Dokumenten erkennen soll. Der Wortlaut umfasst zumindest auch den KI-Einsatz, zur Überprüfung, ob der geladene Zeuge aussagt oder eine 93

---

[68] Erwgr. 59 S. 3.

[69] Zuletzt Suchotzki/Gamer, Science & Society 2024, 481 (481).

[70] Ebert/Spiecker gen. Döhmann NVwZ 2021, 1188 (1190).

[71] Knauer/Kudlich/Schneider, MüKoStPO/Hausschild, § 94 Rn. 15 mwN.

[72] Knauer/Kudlich/Schneider, MüKoStPO/Hausschild, § 94 Rn. 15.

andere Person erschienen ist. Ob auch der KI-Einsatz zur inhaltlichen Prüfung von Beweismitteln zB einer KI-basierten inhaltlichen Nachprüfung von Sachverständigenbeweisen oder die inhaltliche Prüfung einer Zeugenaussage oder eine Glaubwürdigkeitsprüfung umfasst sein soll, wird die Praxis zeigen. Für einen KI-Einsatz, der Zeugenaussagen überprüfen soll, gilt zumindest Nr. 6 Buchst. b, der Lügendetektoren und ähnliche Instrumente als Hochrisiko-KI-Systeme erfasst (→ Rn. 90 f.). Ob ein Beweismittel glaubwürdig ist, dies hat in einem Gerichtsverfahren immer die Justiz und dort ein **menschlicher Richter** zu entscheiden.

94 Beim Einsatz dieser KI-Systeme dürfen die **Verteidigungsrechte** des Einzelnen nicht vernachlässigt werden, da die Schwierigkeit, aussagekräftige Informationen über die Funktionsweise dieser Systeme zu erhalten, und die sich daraus ergebende Herausforderungen, Ergebnisse dieser Systeme vor Gericht anzufechten, bestehen.[73] Der Einsatz des KI-Systems darf daher nicht zur Ungleichheit oder Ausgrenzung führen.[74]

95 **d) Bewertung der Straffälligkeit von Personen (Nr. 6 Buchst. d).** Des Weiteren wird mit Nr. 6 Buchst. d der Anwendungskontext von KI-Systemen zur Bewertung des Risikos **straffällig** oder **erneut straffällig** zu werden, die nicht ausschließlich auf der Grundlage des Art. 3 Nr. 4 RL (EU) 2016/680 bewertet werden, einem hohen Risiko zugeordnet. Hierunter fallen auch die **Bewertungen von Persönlichkeitsmerkmalen** und Eigenschaften oder frühere kriminelle Verhaltensweisen natürlicher Personen oder Gruppen. Die Klarstellung durch den Verweis auf Art. 3 Nr. 4 RL (EU) 2016/680 zeigt, dass beim Einbeziehen weiterer Kriterien durch das KI-System als das **Profiling,** die Verwendung jedenfalls als hohes Risiko einzustufen ist. Die Nutzung von KI-Systemen, die keine Profile natürlicher Personen erstellen und lediglich geografische Informationen erfassen, an denen häufig Straftaten begangen werden, sind mithin nicht durch den Wortlaut von Nr. 6 Buchst. d umfasst.[75] **Predictive Policing-Software** muss daher vor ihrem Einsatz dahingehend untersucht werden, welche Parameter für welche konkreten Vorhersagen verwendet werden.[76]

96 In diesem Zusammenhang ist Art. 5 Abs. 1 Buchst. d (→ Art. 5 Rn. 97 ff.) zu beachten. Diese Regelung besagt, dass der Einsatz von KI-Systemen zur **Risikobewertung natürlicher Personen,** um das Risiko einer zukünftigen Straftat ausschließlich auf Basis der Erstellung eines Profils oder der Bewertung von Persönlichkeitsmerkmalen und Eigenschaften vorherzusagen, grundsätzlich als verbotene Praxis gilt. Anlass hierfür ist, dass intensive Grundrechtseingriffe wie der Freiheitsentzug nicht auf statistischen Korrelationen und Verallgemeinerungen beruhen dürfen.[77] Die Reichweite des Verbots besteht lediglich insofern, dass die Bewertung auf Persönlichkeitsmerkmalen oder Eigenschaften wie Staatsangehörigkeit, Geburtsort, Wohnort, Anzahl der Kinder, Verschuldungsgrad oder Fahrzeugtyp beruht, jedoch ein begründeter Verdacht, dass die betreffende Person in eine kriminelle Tätigkeit verwickelt ist, die auf objektiven, überprüfbaren Tatsachen beruht, den grundsätzlichen Einsatz ermöglicht.[78] Sollte das KI-System nach

---

[73] Erwgr. 59 S. 8.

[74] Erwgr. 59 S. 7.

[75] So auch Martini/Wendehorst, KI-VO/Ruschemeier, Anhang III Rn. 72.

[76] Ausführlich zu Predictive Policing, Hofmann Predictive Policing 2020.

[77] Becker/Feuerstack MMR 2024, 22 (25).

[78] Erwgr. 42 S. 1.

dem **begründeten Verdacht** eingesetzt werden, so ist diese Verwendung dem hohen Risiko zuzuordnen.

Als weitere verbotene Praktik sollte in diesem Zusammenhang Art. 5 Abs. 1 Buchst. c berücksichtigt werden. Danach ist die Verwendung von KI-Systemen zur **Bewertung oder Einstufung von natürlichen Personen** oder Gruppen von Personen auf der Grundlage ihres sozialen Verhaltens oder bekannter, abgeleiteter oder vorhergesagter persönlicher Eigenschaften oder Persönlichkeitsmerkmale mit dem Ergebnis einer Benachteiligung dieser Personen in den von Art. 5 Abs. 1 Buchst. c genannten Fällen untersagt (→ Art. 5 Rn. 83 ff.). 97

e) Erstellung von Personenprofilen (Nr. 6 Buchst. e). Anhang III Nr. 6 Buchst. e wertet KI-Systeme als hochriskant, die bestimmungsgemäß von Strafverfolgungsbehörden oder in deren Auftrag sowie von Organen, Einrichtungen und sonstigen Stellen der Union zur **Unterstützung der Strafverfolgungsbehörden** genutzt werden sollen, um Profile natürlicher Personen gem. Art. 3 Abs. 4 RL (EU) 2016/680 iRd Aufdeckung, Untersuchung oder Verfolgung von Straftaten zu erstellen. 98

Art. 3 Abs. 4 RL (EU) 2016/680 enthält die Legaldefinition des Begriffs **Profiling.** Erfasst wird „jede Art der automatisierten Verarbeitung personenbezogener Daten, die darin besteht, dass diese personenbezogenen Daten verwendet werden, um bestimmte persönliche Aspekte, die sich auf eine natürliche Person beziehen, zu bewerten, insbesondere um Aspekte bezüglich Arbeitsleistung, wirtschaftliche Lage, Gesundheit, persönliche Vorlieben, Interessen, Zuverlässigkeit, Verhalten, Aufenthaltsort oder Ortswechsel dieser natürlichen Person zu analysieren oder vorherzusagen". Nach Art. 11 Abs. 1 RL (EU) 2016/680 ist eine Entscheidung aufgrund einer **automatisierten Verarbeitung** verboten, sofern eine nachteilige Rechtsfolge für die betroffene Person oder eine erheblich Beeinträchtigung entsteht. Weiterhin ist jedes Profiling, das eine Diskriminierung aufgrund von personenbezogenen Daten einer natürlichen Person herbeiführt, verboten.[79] Zum Verhältnis der KI-VO und dem Datenschutzrecht vgl. → Rn. 9 ff. 99

Diese KI-Systeme müssen damit zur **Unterstützung** der Strafverfolgungsbehörden bei der Erstellung von Profilen dienen. Die **Unterstützung** umfasst in diesem Zusammenhang, jede operative oder analytische Übernahme von Aufgaben, die im Zusammenhang mit der Erstellung eines konkreten Profils stehen. Das KI-System kann verschiedene Funktionen erfüllen insbesondere die Verarbeitung großer Datenmengen. Nicht jedes System, welches große Datenmengen durchsucht, stellt jedoch ein KI-System dar. Dies ist vor dem entsprechenden Einsatz zu prüfen. Allerdings muss ein **menschlicher Entscheidungsträger** selbständig das Profil einer natürlichen Person erstellen. 100

Ferner ist vorliegend Art. 5 Abs. 1 Buchst. d (→ Art. 5 Rn. 97 ff.) zu beachten. Diese Regelung besagt, dass der Einsatz von KI-Systemen zur Risikobewertung natürlicher Personen, um das Risiko einer zukünftigen Straftat **ausschließlich** auf Basis der Erstellung eines Profils oder der **Bewertung von Persönlichkeitsmerkmalen und Eigenschaften** vorherzusagen, grundsätzlich als verbotene Praxis gilt. 101

7. Migrations-, Asyl- und Grenzkontrollmanagement (Nr. 7)

Die Einordnung als Hochrisiko-KI-Systeme iRd **Migrations-, Asyl- und Grenzkontrollmanagements** nach Nr. 7 basiert auf dem Grundgedanken, dass 102

[79] Knauer/Kudlich/Schneider, MüKoStPO/Hausschild, § 94 Rn. 15.

betroffene Personen, die sich häufig in einer besonders verletzlichen Lage befinden, vom Ergebnis der Maßnahmen der zuständigen Behörden abhängig sind.[80] Mithin besteht die Gefahr, dass die betroffenen natürlichen Personen als Objekt eines technischen Systems degradiert werden.[81] Herauszustellen ist deshalb der hohe Stellenwert, den die **Genauigkeit,** der nicht-diskriminierende Charakter und die **Transparenz** der in diesen Zusammenhängen verwendeten KI-Systeme haben.[82]

103 Der Einsatz von KI-Systemen innerhalb dieser Kategorie ist auf die Zulässigkeit durch das Unionsrecht und das nationale Recht begrenzt. Insbesondere sind die einschlägigen Verfahrensanforderungen der VO (EG) Nr. 810/2009 des Europäischen Parlaments und des Rates und die RL 2013/32/EU des Europäischen Parlaments und des Rates einzuhalten.[83] Zusätzlich soll der Einsatz der KI-Systeme unter keinen Umständen zur Umgehung ihrer internationalen Verpflichtungen aus dem **Genfer Übereinkommen** der Vereinten Nationen über die Rechtsstellung der Flüchtlinge vom 28.7.1951 in der Fassung des Protokolls vom 31.1.1967 genutzt werden. Die Verwendung darf mithin keinen Verstoß gegen den **Grundsatz der Nichtzurückweisung** hervorrufen oder zur **Verweigerung der sicheren und wirksamen legalen Wege** in das Hoheitsgebiet der Union, einschließlich des **Rechts auf internationalen Schutz** genutzt werden.[84]

104 Nr. 7 erfasst als Hochrisiko-KI-Systeme, solche, die von den zuständigen Behörden als **Lügendetektoren** oder ähnliche Instrumente verwendet werden sollen (Buchst. a → Rn. 105), KI-Systeme, die **Risikobewertungen** natürlicher Personen vornehmen (Buchst. b → Rn. 106 f.), ferner solche Systeme, die **Anträgen** auf Asyl, Visa oder Aufenthaltstitel und damit zusammenhängende Beschwerden prüfen sollen (Buchst. c → Rn. 108 f.) und KI-Tools, die natürliche Personen **aufdecken, anerkennen oder identifizieren** sollen (Buchst. d → Rn. 110 f.).

105 **a) Lügendetektoren oder ähnliche Instrumente (Nr. 7 Buchst. a).** KI-Systeme, die dazu bestimmt sind, von oder im Namen von zuständigen Behörden oder von Organen, Einrichtungen, Ämtern oder Agenturen der Union als **Lügendetektoren** oder ähnliche Instrumente verwendet zu werden, ordnet Nr. 7 Buchst. a dem hohen Risiko zu. Eine vergleichbare Regelung enthält Nr. 6 Buchst. b (vgl. → Rn. 90 f.). In der EU wird das Projekt iBorderCtrl erprobt, bei dem ein KI-System, ua erkennen soll, ob jemand im Migrationskontext die Wahrheit sagt. Es bleibt abzuwarten, ob dieses System die Anforderungen der KI-VO erfüllt.

106 **b) Risikobewertung natürlicher Personen (Nr. 7 Buchst. b).** Als weiteres hohes Risiko werden nach Nr. 7 Buchst. b KI-Systeme angesehen, die dazu bestimmt sind, von oder im Namen von zuständigen Behörden oder von Organen, Einrichtungen, Ämtern oder Agenturen der Union verwendet zu werden, um ein Risiko, einschließlich eines **Sicherheitsrisikos,** eines Risikos der irregulären Migration oder eines Gesundheitsrisikos, zu bewerten, das von einer natürlichen Person ausgeht, die in das Hoheitsgebiet eines Mitgliedstaats einzureisen beabsich-

[80] Erwgr. 60 S. 1.
[81] Vasel/Heck NVwZ 2024, 540 (542).
[82] Erwgr. 60 S. 2.
[83] Erwgr. 60 S. 4.
[84] Erwgr. 60 S. 5.

tigt oder eingereist ist. Hierunter fallen zB KI-Systeme, die Videomaterial von Menschen nach Krankheitssymptomen auswerten.

Bei dem Einsatz entsprechender KI-Systeme ist insbesondere die Achtung der Grundrechte zu gewährleisten wie die Rechte auf Freizügigkeit, Nichtdiskriminierung, Schutz des Privatlebens und personenbezogener Daten, internationalen Schutz und gute Verwaltung.[85] 107

c) Prüfung von Anträgen auf Asyl, Visa oder Aufenthaltstitel (Nr. 7 Buchst. c). KI-Systeme, die dazu bestimmt sind, von oder im Namen von zuständigen Behörden oder von Organen, Einrichtungen, Ämtern oder Agenturen der Union verwendet zu werden, um die zuständigen Behörden bei der **Prüfung von Anträgen** auf Asyl, Visa oder Aufenthaltstitel zu unterstützen, werden von Nr. 7 Buchst. c einem hohen Risiko zugewiesen. Das gilt auch für KI-Systeme, die mit diesen Verfahren zusammenhängende Beschwerden in Bezug auf die Feststellung der Berechtigung der natürlichen Personen, die einen Status beantragen, bearbeiten sollen. Ergänzend wird das hohe Risiko nach Nr. 7 Buchst. c auch für den KI-Einsatz im Zusammenhang mit einer Bewertung der **Zuverlässigkeit von Beweismitteln** erweitert. Eine vergleichbare Regelung enthält Nr. 6 Buchst. c (vgl. ausführlich → Rn. 92 ff.). 108

Aufgrund des Abhängigkeitsverhältnisses und der verletzlichen Lage der betroffenen Personen müssen eingesetzte KI-Systeme eine **hohe Genauigkeit** und **Transparenz** besitzen und dürfen natürliche Personen nicht diskriminieren.[86] 109

d) Aufdecken, Anerkennen oder Identifizieren natürlicher Personen (Nr. 7 Buchst. d). Anhang III Nr. 7 Buchst. 6 ordnet KI-Systeme, die im Zusammenhang mit Migrations-, Asyl- oder Grenzkontrollen zum **Zwecke der Aufdeckung, Anerkennung oder Identifizierung** natürlicher Personen verwendet werden sollen, einem hohen Risiko zu. 110

Die Risikokategorisierung gilt jedoch nicht für die Überprüfung von **Reisedokumenten,** zB Reisepässen. 111

8. Rechtspflege und demokratische Prozesse (Nr. 8)

Anhangs III Nr. 8 fasst Hochrisiko-KI-Systeme im Anwendungskontext der **Rechtspflege** (Buchst. a → Rn. 113 ff.) und jene, die im Zusammenhang mit **Wahlen** und damit **demokratischen Prozessen** (Buchst. b → Rn. 121 ff.) verwendet werden, zusammen. Die Wertung des hohen Risikos wird in den potenziell erheblichen Auswirkungen auf die Demokratie, die Rechtsstaatlichkeit, die individuellen Freiheiten sowie das Recht auf einen wirksamen Rechtsbehelf und ein faires Verfahren gesehen.[87] Dennoch sind diese beiden Themenbereiche so verschieden, dass eine Behandlung in einer Nummer der unterschiedlichen Bedeutung beider Themen nicht gerecht wird. 112

a) Einsatz durch Justizbehörden (Nr. 8 Buchst. a). Nach Anlage III Nr. 8 Buchst. a sind KI-Systeme als hochriskant einzustufen, wenn sie dazu bestimmt sind, von einer **Justizbehörde** oder in deren Auftrag eingesetzt zu werden, um eine Justizbehörde bei der Erforschung und Auslegung von Tatsachen und Gesetzen und bei der Anwendung des Rechts auf einen konkreten Sachverhalt zu 113

[85] Erwgr. 60 S. 2.
[86] Erwgr. 60 S. 1, 2.
[87] Erwgr. 61 S. 1.

unterstützen. Das Gleiche gilt bei einem Einsatz in ähnlicher Weise bei der alternativen Streitbeilegung.

114 Die **Justiz** ist vorrangig Adressat dieser Regelung. Da Art. 3 Abs. 45 die Strafverfolgung zu einer eigenen Regelungsthematik bestimmt (→ Art. 3 Rn. 345 ff.) und die Landes- und Bundesministerien Bestandteil der Exekutive sind, werden unter den Begriff der Justizbehörden wohl ausschließlich die Gerichte zu fassen sein.[88] Ferner benennt Nr. 8 Buchst. a auch den KI-Einsatz im Auftrag der Justiz. Hiervon kann neben einem Dienstleister, der für die Justiz tätig wird, auch der KI-Einsatz durch **Sachverständige** erfasst sein.[89] Da die Regelung ausschließlich die Verwendung durch und im Auftrag von Justizbehörden adressiert, sind Legal Tech-Tools für Rechtsanwälte oder Legal Tech-Unternehmen hiervon nicht umfasst.[90] Darüber hinaus gilt diese Einstufung auch für Stellen, die für die **alternative Streitbeilegung** zuständig sind. In Bezug auf alternative Streitbeilegungsverfahren präzisiert Erwgr. 61 S. 3 die Regelung dahingehend, dass sie sich auf Ergebnisse bezieht, die für die Parteien rechtliche Wirkung entfalten.

115 Inhaltlich werden KI-System als mit einem hohen Risiko klassifiziert, die bei der **Ermittlung und Auslegung von Sachverhalten** die Justiz unterstützen. Die Justiz hat unabhängig im Rahmen eines fairen Verfahrens zu urteilen (Art. 47 EU-GRCh, Art. 6 EMRK). Hierzu gehört auch die Anhörung durch einen **menschlichen Richter,** dem in Deutschland ausdrücklich die Rechtsprechung und damit auch die zugrundeliegende Sachverhaltsermittlung anvertraut ist (Art. 92 GG). Da dieser Grundsatz auch nicht zur Disposition steht, regelt Nr. 8 Buchst. a ausschließlich die Unterstützung durch KI-Systeme in diesem Zusammenhang. Auch Erwgr. 61 S. 4 stellt deklaratorisch klar, dass der Einsatz von KI-Systemen die **Entscheidungsgewalt** von Richtern oder die richterliche Unabhängigkeit unterstützen, aber nicht ersetzen soll. Innerhalb der endgültigen Entscheidungsfindung weist der Verordnungsgeber weiterhin dem Menschen die Kompetenz zu.[91] Entsprechende Unterstützungssysteme müssen den Qualitätsanforderungen der KI-VO entsprechen. Durch die Einordnung soll potenziellen Verzerrungen, Fehlern und Undurchsichtigkeiten entgegengewirkt werden.[92]

116 Der Begriff des **Unterstützens** ist in diesem Kontext zunächst konturenlos weit. Erwgr. 61 S. 5, der für die Klärung des Begriffsverständnis herangezogen werden kann, besagt jedoch, dass die Einstufung von KI-Systemen als hochriskant, sich nicht auf KI-Systeme erstrecken soll, die für rein begleitende Verwaltungstätigkeiten bestimmt sind, die die tatsächliche Rechtspflege in Einzelfällen nicht beeinträchtigen, wie etwa die Anonymisierung oder Pseudonymisierung gerichtlicher Urteile, Dokumente oder Daten, sowie die Kommunikation zwischen dem Personal oder Verwaltungsaufgaben. Dementsprechend wird durch Nr. 8 Buchst. a ausschließlich die Unterstützung eines KI-Systems im Rahmen eines **konkreten Gerichtsverfahrens** im jeweiligen Entscheidungskontext erfasst. Alle der eigentlichen Rechtsprechung vorgelagerten, allgemein sprachlichen sowie von der konkreten Rechtsanwendung zu lösenden Rechtsfragen und nachgelagerte Aufgaben sowie reine Verwaltungsaufgaben werden nicht von Nr. 8 Buchst. a erfasst.

117 Als weiterer Anwendungsfälle werden die **Ermittlung und Auslegung von Rechtsvorschriften** genannt sowie die Unterstützung der Justizbehörde bei der

[88] Wachter/Leeb RDi 2024, 440 (444); Biallaß MMR 2024, 646 (649 f.).
[89] Paschke/Fellenberg NJW-aktuell 12/2024, 1.
[90] Ebers LTZ 2024, 1 (2).
[91] Vgl. Erwgr. 61 S. 4.
[92] Erwgr. 61 S. 2.

Anwendung des Rechts auf konkrete Sachverhalte. Auch insoweit gilt das zuvor dargestellte Begriffsverständnis für den Terminus unterstützen (→ Rn. 116). Daher bedarf es für die Einschlägigkeit von Nr. 8 Buchst. a eine konkrete Fallanwendung. Das „Googeln" von Normen oder das Verwenden von juristischen Datenbanken und deren KI-Chatbots (zB Frag den Grüneberg) ist damit weiterhin auch Richtern ohne die Annahme eines hohen Risikos dieser Tätigkeit gestattet. Auch der Einsatz von **KI-Chatbots,** die dabei helfen, durch einen menschlichen Richter vorformulierte Urteile in sprachlicher Hinsicht verständlicher zu formulieren, sind mithin nicht von Nr. 8 Buchst. a umfasst.

Die häufig formulierten Forderungen, dass Richter nur KI-Systeme verwenden dürfen, wenn sie jede stochastische Entscheidung des Systems, zB welches Wort nach einem anderen aus welchem Grund erscheint, nachvollziehen können und diese Funktionsweise des KI-Systems absolut transparent sein muss, gehen an der informationstechnischen Wirklichkeit und dem Regelungsgehalt der KI-VO vorbei. Auch eine **Offenlegungspflicht** des Gerichts für den zulässigen Einsatz von KI-Systemen ist abzulehnen. Richter verwenden auch heute über die Verfahrensunterlagen hinaus Kommentare, Lehrbücher, Aufsätze oder Urteile und Beschlüsse über Rechtsprechungsdatenbanken, um sich das Recht zu erschließen. Eine entsprechende Offenlegungsforderungen müsste dann auch dies miteinbeziehen, um vollständige Transparenz zu gewährleisten, auch wenn hierüber gewonnene Erkenntnisse nicht in das Urteil eingeflossen sind. Dies kann nicht gewollt sein. **118**

Welche Auswirkungen die Regelungen der KI-VO auf ein Gerichtsverfahren haben, wird vorliegend nicht normiert. **119**

Auch in diesem Einsatzzusammenhang sind die Ausnahmen des Art. 6 Abs. 3 zu beachten. Danach gilt ein in Anhang III genanntes KI-System nicht als hochriskant, wenn es kein erhebliches Risiko der Beeinträchtigung in Bezug auf die Gesundheit, Sicherheit oder Grundrechte natürlicher Personen birgt, indem es ua nicht das **Ergebnis der Entscheidungsfindung** wesentlich beeinflusst (→ Art. 6 Rn. 33 ff.). Dies ist insbesondere der Fall, wenn das KI-System dazu bestimmt ist, eine eng gefasste Verfahrensaufgabe durchzuführen (Buchst. a → Art. 6 Rn. 43 f.) oder das Ergebnis einer zuvor abgeschlossenen menschlichen Tätigkeit zu verbessern (Buchst. b → Art. 6 Rn. 45), das KI-System dazu bestimmt ist, Entscheidungsmuster oder Abweichungen von früheren Entscheidungsmustern zu erkennen, und nicht dazu gedacht ist, die zuvor abgeschlossene menschliche Bewertung ohne eine angemessene menschliche Überprüfung zu ersetzen oder zu beeinflussen (Buchst. c → Art. 6 Rn. 46 f.), oder das KI-System eine vorbereitende Aufgabe für eine Bewertung durchführt, die für die Zwecke der in Anhang III aufgeführten Anwendungsfälle relevant ist (Buchst. d → Art. 6 Rn. 48 ff.). Diese Sonderfälle werden bei KI-Systemen, die unter die sehr weite Formulierung des Anhang III Nr. 8 Buchst. a fallen, vielfach der Fall sein. **120**

b) Beeinflussung einer Wahl oder eines Referendums (Nr. 8 Buchst. b). **121**
Anhang III Nr. 8 Buchst. b erfasst als letzte Kategorie eines Hochrisiko-KI-Systems solche KI-Systeme, die dazu bestimmt sind, das **Ergebnis einer Wahl** oder eines **Referendums** oder das **Wahlverhalten natürlicher Personen** bei der Ausübung ihres Wahlrechts bei einer Wahl oder einem Referendum zu beeinflussen. Damit soll die Gefahr einer unzulässigen Beeinflussung des in Art. 39 der Charta verankerten Wahlrechts und negativen Auswirkungen auf die Demokratie

und Rechtsstaatlichkeit begegnet werden.[93] Die Einstufung gilt unbeschadet der Bestimmungen der VO (EU) 2024/900. Nach Nr. 8 Buchst. b S. 2 sind davon KI-Systeme ausgenommen, deren Ergebnisse natürlichen Personen nicht direkt zugänglich sind. Erwgr. 62 S. 1 Hs. 2 nennt insoweit beispielhaft Werkzeuge, die zur Organisation, Optimierung und Strukturierung politischer Kampagnen unter administrativen und logistischen Gesichtspunkten eingesetzt werden.

122 Von diesem Anwendungsfall werden sämtliche **Wahlen** im demokratischen Prozess, dh nicht nur Europa-, Parlaments- oder Kommunalwahlen sind erfasst, sondern auch jegliche Abstimmungen in den Parlamenten, Bezirkstagen bzw. Bezirksräten sowie in den Stadt- und Gemeinderäten. Zudem wird ein KI-System, welches das Ergebnis eines Referendums beeinflussen soll, als hochriskant gewertet. Ein **Referendum** stellt eine Volksabstimmung bzw. ein Volksentscheid dar. Eine **Beeinflussung** liegt vor, wenn auf jemanden bzw. etwas derart eingewirkt wird, dass sich das Verhalten eines Menschen bzw. ein Zustand hierdurch ändert. Die Beeinflussung eines **Wahlergebnisses** liegt nicht erst dann vor, wenn das Endergebnis der Wahl verändert wird, sondern bereits in jeder einzelnen manipulierten Stimme, auch wenn diese das Gesamtergebnis unberührt lässt.

123 Ferner wertet der Verordnungsgeber KI-Systeme, die das **Wahlverhalten natürlicher Personen bei der Ausübung ihres Wahlrechts** beeinflussen, als hochriskant. Hiervon erfasst sind KI-Systeme, die unmittelbar bei der Stimmabgabe auf Wähler Einfluss nehmen. Hierbei kommt es nicht darauf an, ob die Beeinflussung zu einer anderen Stimmabgabe geführt hat, als dies zuvor beabsichtigt war. Ob künftig auch potenziell beeinflussende gezielt ausgespielte personalisierte politische Werbung vor einer Stimmabgabe sowie gezielte Desinformationen im Wahlzusammenhang hierunter fällt, die das Verhalten von Wählern manipulieren sollen, wird sich zeigen. Zumindest ist in diesem Zusammenhang die neue Verordnung über Transparenz und das Targeting politischer Werbung für diese Form der Wähleransprache zu berücksichtigen.

124 Aufgrund des hohen Risikos für die Demokratie, das mit einer **Wahlmanipulation** bzw. Beeinflussung eines Wahlergebnisses einhergeht, ist vorliegend nicht ersichtlich, warum der KI-Einsatz in diesem Zusammenhang nicht klarer gefasst worden ist und die Beeinflussung des Ergebnisses einer Wahl oder eines Referendums nicht als unzulässige Praktik gänzlich verboten wurde.[94]

Anhang IV Technische Dokumentation gemäß Artikel 11 Absatz 1

Die in Artikel 11 Absatz 1 genannte technische Dokumentation muss mindestens die folgenden Informationen enthalten, soweit sie für das betreffende KI-System von Belang sind:

1. Allgemeine Beschreibung des KI-Systems, darunter

a) Zweckbestimmung, Name des Anbieters und Version des Systems mit Angaben dazu, in welcher Beziehung sie zu vorherigen Versionen steht;

b) gegebenenfalls Interaktion oder Verwendung des KI-Systems mit Hardware oder Software, einschließlich anderer KI-Systeme, die nicht Teil des KI-Systems selbst sind;

---

[93] Erwgr. 62 S. 1.

[94] Noch weitergehend Martini/Wendehorst, KI-VO/Ruschemeier, Anhang III Rn. 89.

c) **Versionen der betreffenden Software oder Firmware und etwaige Anforderungen in Bezug auf Aktualisierungen der Versionen;**
d) **Beschreibung aller Formen, in denen das KI-System in Verkehr gebracht oder in Betrieb genommen wird, zum Beispiel in Hardware eingebettete Softwarepakete, Herunterladen oder API;**
e) **Beschreibung der Hardware, auf der das KI-System betrieben werden soll;**
f) **falls das KI-System Bestandteil von Produkten ist: Fotografien oder Abbildungen, die äußere Merkmale, die Kennzeichnungen und den inneren Aufbau dieser Produkte zeigen;**
g) **eine grundlegende Beschreibung der Benutzerschnittstelle, die dem Betreiber zur Verfügung gestellt wird;**
h) **Betriebsanleitungen für den Betreiber und gegebenenfalls eine grundlegende Beschreibung der dem Betreiber zur Verfügung gestellten Benutzerschnittstelle;**

2. **Detaillierte Beschreibung der Bestandteile des KI-Systems und seines Entwicklungsprozesses, darunter**
a) **Methoden und Schritte zur Entwicklung des KI-Systems, gegebenenfalls einschließlich des Einsatzes von durch Dritte bereitgestellten vortrainierten Systemen oder Instrumenten, und wie diese vom Anbieter verwendet, integriert oder verändert wurden;**
b) **Entwurfsspezifikationen des Systems, insbesondere die allgemeine Logik des KI-Systems und der Algorithmen; die wichtigsten Entwurfsentscheidungen mit den Gründen und getroffenen Annahmen, einschließlich in Bezug auf Personen oder Personengruppen, bezüglich deren das System angewandt werden soll; hauptsächliche Einstufungsentscheidungen; was das System optimieren soll und welche Bedeutung den verschiedenen Parametern dabei zukommt; Beschreibung der erwarteten Ausgabe des Systems und der erwarteten Qualität dieser Ausgabe; die über mögliche Kompromisse in Bezug auf die technischen Lösungen, mit denen die in Kapitel III Abschnitt 2 festgelegten Anforderungen erfüllt werden sollen, getroffenen Entscheidungen;**
c) **Beschreibung der Systemarchitektur, aus der hervorgeht, wie Softwarekomponenten aufeinander aufbauen oder einander zuarbeiten und in die Gesamtverarbeitung integriert sind; zum Entwickeln, Trainieren, Testen und Validieren des KI-Systems verwendete Rechenressourcen;**
d) **gegebenenfalls Datenanforderungen in Form von Datenblättern, in denen die Trainingsmethoden und -techniken und die verwendeten Trainingsdatensätze beschrieben werden, einschließlich einer allgemeinen Beschreibung dieser Datensätze sowie Informationen zu deren Herkunft, Umfang und Hauptmerkmalen; Angaben zur Beschaffung und Auswahl der Daten; Kennzeichnungsverfahren (zum Beispiel für überwachtes Lernen) und Datenbereinigungsmethoden (zum Beispiel Erkennung von Ausreißern);**
e) **Bewertung der nach Artikel 14 erforderlichen Maßnahmen der menschlichen Aufsicht, mit einer Bewertung der technischen Maßnahmen, die erforderlich sind, um den Betreibern gemäß Artikel 13**

Absatz 3 Buchstabe d die Interpretation der Ausgaben von KI-Systemen zu erleichtern;

f) gegebenenfalls detaillierte Beschreibung der vorab bestimmten Änderungen an dem KI-System und seiner Leistung mit allen einschlägigen Informationen zu den technischen Lösungen, mit denen sichergestellt wird, dass das KI-System die einschlägigen in Kapitel III Abschnitt 2 festgelegten Anforderungen weiterhin dauerhaft erfüllt;

g) verwendete Validierungs- und Testverfahren, mit Informationen zu den verwendeten Validierungs- und Testdaten und deren Hauptmerkmalen; Parameter, die zur Messung der Genauigkeit, Robustheit und der Erfüllung anderer einschlägiger Anforderungen nach Kapitel III Abschnitt 2 sowie potenziell diskriminierender Auswirkungen verwendet werden; Testprotokolle und alle von den verantwortlichen Personen datierten und unterzeichneten Testberichte, auch in Bezug auf die unter Buchstabe f genannten vorab bestimmten Änderungen;

h) ergriffene Cybersicherheitsmaßnahmen;

3. Detaillierte Informationen über die Überwachung, Funktionsweise und Kontrolle des KI-Systems, insbesondere in Bezug auf Folgendes: die Fähigkeiten und Leistungsgrenzen des Systems, einschließlich der Genauigkeitsgrade bei bestimmten Personen oder Personengruppen, auf die es bestimmungsgemäß angewandt werden soll, sowie des in Bezug auf seine Zweckbestimmung insgesamt erwarteten Maßes an Genauigkeit; angesichts der Zweckbestimmung des KI-Systems vorhersehbare unbeabsichtigte Ergebnisse und Quellen von Risiken in Bezug auf Gesundheit und Sicherheit sowie Grundrechte und Diskriminierung; die nach Artikel 14 erforderlichen Maßnahmen der menschlichen Aufsicht, einschließlich der technischen Maßnahmen, die getroffen wurden, um den Betreibern die Interpretation der Ausgaben von KI-Systemen zu erleichtern; gegebenenfalls Spezifikationen zu Eingabedaten;

4. Darlegungen zur Eignung der Leistungskennzahlen für das spezifische KI-System;

5. Detaillierte Beschreibung des Risikomanagementsystems gemäß Artikel 9;

6. Beschreibung einschlägiger Änderungen, die der Anbieter während des Lebenszyklus an dem System vorgenommen hat;

7. Aufstellung der vollständig oder teilweise angewandten harmonisierten Normen, deren Fundstellen im Amtsblatt der Europäischen Union veröffentlicht wurden; falls keine solchen harmonisierten Normen angewandt wurden, eine detaillierte Beschreibung der Lösungen, mit denen die in Kapitel III Abschnitt 2 festgelegten Anforderungen erfüllt werden sollen, mit einer Aufstellung anderer angewandter einschlägiger Normen und technischer Spezifikationen;

8. Kopie der EU-Konformitätserklärung gemäß Artikel 47;

9. Detaillierte Beschreibung des Systems zur Bewertung der Leistung des KI-Systems in der Phase nach dem Inverkehrbringen gemäß Artikel 72, einschließlich des in Artikel 72 Absatz 3 genannten Plans für die Beobachtung nach dem Inverkehrbringen

Übersicht

I. Allgemeines

Die Anforderung, eine technische Dokumentation für Produkte zu erstellen, findet sich durchgängig im europäischen CE-Kennzeichnungsrecht.[1] 1

Klarstellend ist zunächst darauf hinzuweisen, dass es sich bei dieser technischen Dokumentation nicht um die technische Dokumentation im Sinne einer Information für den Produktnutzer handelt. Die technische Dokumentation wird dem Produkt nicht beigefügt sondern steht auf Anforderung den Marktüberwachungsbehörden zur Verfügung. 2

Von diesem Prinzip wird allerdings in Zukunft abgewichen werden und zwar im Zusammenhang mit dem digitalen Produktpass. Hier ist vorgesehen, die technische Dokumentation für einen breiten Kreis zugänglich zu machen und über das Internet auch den Produktnutzern einen Zugang zu gewähren. Diese Anforderung resultiert aus der Öko-Design Rechtssetzung[2] und wird daher für KI nicht unmittelbar relevant werden, wohl aber für KI Systeme die in Produkte integriert werden, bei den die Verpflichtung zur Erstellung eines digitalen Produktpasses besteht. Insofern lässt sich nicht ausschließen, dass technische Unterlagen iSv Art. 11 und Anhang IV letztlich über den digitalen Produktpass einer breiteren Öffentlichkeit bekannt gemacht werden müssen. 3

II. Grundansatz: Höhere Informationstiefe als „technische Unterlagen“

Die technische Dokumentation ist als Unterlage für den Gebrauch durch die Marktüberwachungsbehörden angelegt und dient diesen als Beurteilungsgrundlage für die Einhaltung der Anforderung der KI Verordnung. Im Gegensatz zu den bisher bekannten Anforderungen an technische Dokumentation formuliert Anhang IV deutlich detaillierter und weitreichender, welche Bestandteile die technische Dokumentation aufzuweisen hat. 4

[1] Dort jedoch bezeichnet als „technische Unterlagen“; siehe den „Blue Guide“, Abschnitt 4.3, Kommissionsmitteilung 2022/C 247/01.

[2] Siehe Verordnung (EU) 2024/1781 des Europäischen Parlaments und des Rates vom 13.6.2024 zur Schaffung eines Rahmens für die Festlegung von Ökodesign-Anforderungen für nachhaltige Produkte, zur Änderung der Richtlinie (EU) 2020/1828 und der Verordnung (EU) 2023/1542 und zur Aufhebung der Richtlinie 2009/125/EG, dort Kapitel III.

5 Im Grundansatz weicht die technische Dokumentation nach Anhang 4 von bisher üblichen Anforderungskatalogen dadurch ab, dass die Dokumentation der Entwicklung des KI Systems als notwendiger Inhalt besonders betont wird.

6 Eine Vielzahl inhaltlicher Anforderungen zielen auf die ausführliche Dokumentation des Entwicklungsprozesses ab. Dies wird auch durch Erwgr. 71 unterstrichen. Dort wird hervorgehoben, dass die umfassende Information über die Entwicklung von Hochrisiko-KI-Systemen und deren Funktionsweise unerlässlich sei, um die Nachvollziehbarkeit der KI Systeme gerade im Hinblick auf die Überprüfung der Einhaltung der Anforderungen der KI-VO sicherzustellen.

III. Anforderung der Abfassung in „klarer und umfassender Form"

7 Dabei wird auch betont, dass diese technische Dokumentation in „klarer und umfassender Form" abzufassen sei. Diese Anforderung nimmt auch Art. 11 Abs. 2 S. 1 nochmals auf.

8 Diese vermeintlich eingängige Anforderung stellt allerdings eine erhebliche, praktische Herausforderung dar. Unbestritten ist die Entwicklung von KI Systemen technisch herausfordernd und komplex. Diese Tatsache steht geradezu in unmittelbarem Widerspruch zu der Anforderung, klar und verständlich im Rahmen der technischen Dokumentation darzustellen, wie Sorge dafür getragen worden sei, dass die Anforderungen der KI-VO erfüllt werden. Dies gilt umso mehr, als bei Marktüberwachungsbehörden ein umfassendes Wissen über KI auf einem Experten Level entsprechend eines KI-Entwicklers nicht vorausgesetzt werden kann. Dementsprechend wären also die Erläuterung des KI Systems auf einem Niveau nicht einschlägig vorgebildeter Personen erforderlich.

9 Es bleibt abzuwarten, wie sich dies in der Praxis umsetzen lässt. Hierzu wären einheitliche Vorgaben auf europäischer Ebene sinnvoll, damit nicht eine technische Dokumentation von Seiten der Marktüberwachung in den einzelnen Mitgliedstaaten unterschiedlich beurteilt wird und zu einem Teil als verständlich, zum anderen Teil als unverständlich und damit nicht der KI-VO entsprechend qualifiziert wird.

10 In der Marktüberwachungspraxis spielt die technische Dokumentation jedenfalls eine wichtige Rolle. Sie bildet die Basis für die Beurteilung seitens der Marktüberwachung. In der Regel besteht keine Toleranz gegenüber Unzulänglichkeiten der technischen Dokumentation. Fehler oder Unvollständigkeit lassen sich nur schwerlich korrigieren.

IV. Vereinfachtes Formular für die technische Dokumentation

11 Der Katalog von Anhang IV ist umfassend und birgt die Gefahr, Unternehmen mit der Vielzahl an Anforderungen zu überfordern. Daher sieht Art. 11 Abs. 1 S. 3 die Regelung, dass die in Anhang IV aufgeführten Elemente der technischen Dokumentation in vereinfachter Form bereitgestellt werden dürfen und hierzu seitens der Kommission eine Vorgabe durch ein „vereinfachtes Formular für die technische Dokumentation" veröffentlicht wird. Dieses ist dann auch zwingend zu verwenden. Angesichts des Umfangs von Anhang IV eschließt sich allerdings nicht, wie dieser Inhalt sinnvoll in ein „vereinfachtes Formular" überführt werden kann. Hier ist eine gewisse Skepsis angebracht – es bleibt abzuwarten, wie die Kommission diese Herausforderung praxisgerecht umsetzt. Bisher liegen noch keine einschlägigen Entwürfe vor.

Anbieter von Hochrisiko-KI-Systemen werden häufig auf die Zulieferung des KI Systems selbst oder Bestandteile dieses Systems angewiesen sein. Art. 11 bzw. Anhang IV VO sehen keine Ausnahmen für diesen Fall des „Drittbezugs" des KI-Systems vor. Dies bedeutet, dass der KI-Anbieter sich von den Dritten die Informationen zu beschaffen hat, die er im Rahmen von Anhang IV bereitstellen muss. Dies bedarf einer ausdrücklichen vertraglichen Regelung, eine wie auch immer geartete gesetzliche Verpflichtung diesem Zusammenhang besteht nicht. Anhang IV sollte daher zwangsläufig zum Bestandteil eines Lastenheftes werden, welches die Anforderung an das KI System festlegt, damit auf dieser Weise sichergestellt ist, dass eine entsprechende vertragliche Verpflichtung zur Unterstützung des Kunden (Anbieter des KI Systems auf dem Markt) besteht. 12

V. Erweiterung der Anforderungen durch delegierte Rechtsakte

Hinsichtlich der in Anhang IV formulierten Anforderungen enthält Art. 11 Abs. 3 die Möglichkeit, durch delegierte Rechtsakte die Anforderungen des Anhang IV zu verändern. In diesem Zusammenhang könnte von Bedeutung sein, dass im Rahmen der Trilog-Verhandlungen zwischen europäischem Rat und Parlament sowie der Kommission durchaus unterschiedliche Standpunkte vertreten wurden und europäischer Rat und Parlament noch weitere Punkte gefordert haben, die in Anhang IV aufzunehmen seien.[3] 13

Es erscheint nicht unwahrscheinlich, dass diese Überlegungen wieder aufgegriffen werden und sich Anhang IV noch erheblich verändern wird. Ob in diesem Zusammenhang Art. 11 Abs. 3 so zu verstehen ist, dass mit dem Verweis auf den technischen Fortschritt eine Tatbestandsvoraussetzung geschaffen worden ist und nur bei entsprechender Veränderung des technischen Fortschritts auch eine Veränderung des Anhang IV möglich ist, erscheint fraglich. Dem Wortlaut nach scheint es sich eher um eine allgemeine Beschreibung zu handeln, welchem Kontext eine Änderung des Anhang IV in Betracht kommt. 14

VI. Anhang IV als Mindestinhalt der technischen Dokumentation

Anhang IV formuliert Mindestinhalte der technischen Dokumentation und zwar bezogen auf eine allgemeine Beschreibung des KI Systems sowie auf eine detaillierte Beschreibung der Bestandteile des KI Systems und seines Entwicklungsprozesses. Für die Anbieter von KI Systemen stellt sich damit sogleich die Frage, unter welchen Voraussetzungen über diese Mindestinhalte hinauszugehen ist. 15

Systematisch ergibt sich dies aus Art. 11 Abs. 1 S. 2 und zwar dergestalt, dass die technische Dokumentation alle Nachweise enthält, die erforderlich sind, um zu beurteilen ob das KI System die Anforderungen der KI-VO erfüllt. Angesichts 16

[3] So Hansen in Schwartmann/Kether/Köhler Rn. 318.

des in Anhang IV umfassend formulierten Kataloges lassen sich allerdings kaum Fälle denken, in denen weitergehende Informationen erforderlich sein könnten. Hier bleibt abzuwarten, wie sich dies dann in der Praxis darstellt. Wahrscheinlich sind hierzu dann Marktüberwachungsbehörden gefordert, im Einzelfall zu begründen, warum zusätzliche Informationen erforderlich erscheinen. Angesichts des umfänglichen Kataloges in Anhang IV dürfte dies allerdings mit einem hohen Begründungsaufwand verbunden sein.

17 Um die Anforderungen des Anhang IV zutreffend einzuordnen, bleibt zu vergegenwärtigen, dass dieser Anhang nicht nur Anforderungen an die technische Dokumentation für sich genommen formuliert, sondern damit auch implizit Anforderungen an die Gestaltung der Hochrisiko KI Systeme wie auch an die Gestaltung des Entwicklungsprozesses dieser Systeme formuliert. Die Anbieter von KI Systemen sollten daher den Anhang IV nicht nur als Vorgabe für die technische Dokumentation als solche sehen, sondern auch absichern, dass bei Gestaltungen vor einigen Entwicklungen von KI Systemen dieser Anhang IV Berücksichtigung befindet.

VII. Inhaltsvorgaben nach Anhang IV

18 Die in Anhang IV in Ziffer 1 und 2 enthaltenen Beschreibungen sind dem Grunde nach selbsterklärend. Die Darstellung wird allerdings dadurch verkompliziert, dass insbesondere im Anhang IV Ziffer 2 weitergehende Bezüge zu Kapitel 3 Abschnitt 2 herstellt und beispielsweise auf die nach Art. 14 erforderliche Maßnahme der menschlichen Aufsicht des KI Systems verweist und in diesem Kontext eine Bewertung dieser Maßnahmen fordert. Im Überblick[4] ergeben sich folgende Grundbausteine der technischen Dokumentation:

19 **Bestandteile zur Beschreibung**

1. Allgemeine Beschreibung des KI Systems (Anhang IV, Abs. 1)
2. Entwurfsspezifikation (Anhang IV, Absatz 2b)
3. System Architektur (Anhang IV, Absatz 2c)
4. Datenanforderungen mit allgemeiner Beschreibung der Daten (Anhang IV, Absatz 2d)
5. Anforderung an Genauigkeit, Robustheit und Sniper Sicherheit (Art. 15)
6. Betriebsanleitung (Art. 13 Abs. 3)
7. Gegebenenfalls Beschreibung der vorab bestimmten Änderung an dem KI System und seiner Leistung (Anhang IV, Absatz 2f)
8. Sicherheitsmaßnahmen (Anhang IV, Absatz 2h)
9. Detaillierte Informationen über die Überwachung, Funktionsweise und Kontrolle des KI Systems (Anhang IV, Abs. 3)
10. Aufstellung der verwendeten Norm (Anhang IV, Abs. 7)
11. Kopie der EU Konformitätserklärung gem. Art. 47 (Anhang IV, Abs. 8)

20 **Informationen in Hinblick auf Entwicklung bzw. Herstellungsprozess**

1. Beschreibung des Entwicklungsprozesses (Anhang IV, Absatz 2a)
2. Risk-Management-System als Teil des Herstellungsprozesses (Art. 9)
3. Systematisches Testen im Sinne des Softwaretests (Art. 9, Abs. 6–9) inklusive Dokumentation der Testverfahren und der Testprotokolle (Anhang IV, Absatz 2g)

---

[4] Siehe auch bitkom, Umsetzungsleitfaden zur KI-Verordnung, Version 1.0, S. 98–100.

4. Daten-Governance (Art. 10)
5. Darstellung der Trainingsmethoden und-Techniken (Anhang IV Absatz 2d)
6. Beschreibung einschlägiger Änderungen über den gesamten Lebenszyklus (Anhang IV, Abs. 6)

Information in Hinblick auf den Betriebsprozess 21

1. Transparenz und Bereitstellung von Informationen für die Betreiber (Art. 13)
2. Detaillierte Beschreibung des Systems zur Beurteilung und Bewertung der Leistung des KI Systems der Phasen nach dem Inverkehrbringen (Anhang IV, Abs. 9)

Funktion des Hochrisiko-KI-Systems 22

1. Protokollierungsfunktion zur Erfüllung der Aufzeichnungspflichten (Art. 12 bzw. 13 Absatz 3f)
2. Wirksame menschliche Aufsicht (Art. 14)
3. „Stopp-Taste" als Funktionalität im Notfall (Art. 14 Absatz 4i)

Abschließend bleibt darauf hinzuweisen, dass sich die Inhalte der technischen Dokumentation naturgemäß noch verändern und zwar im Kontext von Produkten, in denen das KI System zum Einsatz kommen und die ebenfalls der CE Kennzeichnung wie etwa Maschinen oder Medizinprodukte unterliegen. In diesem Fall müssen nicht zwei getrennte technische Dokumentation erstellt werden, sondern es genügt eine zusammenfassende technische Dokumentation, die jeweils den einschlägigen Vorschriften entspricht. 23

Anhang V EU-Konformitätserklärung

Die EU-Konformitätserklärung gemäß Artikel 47 enthält alle folgenden Angaben:

1. **Name und Art des KI-Systems und etwaige zusätzliche eindeutige Angaben, die die Identifizierung und Rückverfolgbarkeit des KI-Systems ermöglichen;**
2. **Name und Anschrift des Anbieters und gegebenenfalls seines Bevollmächtigten;**
3. **Erklärung darüber, dass der Anbieter die alleinige Verantwortung für die Ausstellung der EU-Konformitätserklärung gemäß Artikel 47 trägt;**
4. **Versicherung, dass das betreffende KI-System der vorliegenden Verordnung sowie gegebenenfalls weiteren einschlägigen Rechtsvorschriften der Union, in denen die Ausstellung der EU-Konformitätserklärung gemäß Artikel 47 vorgesehen ist, entspricht;**
5. **wenn ein KI-System die Verarbeitung personenbezogener Daten erfordert, eine Erklärung darüber, dass das KI-System den Verordnungen (EU) 2016/679 und (EU) 2018/1725 sowie der Richtlinie (EU) 2016/680 entspricht;**
6. **Verweise auf die verwendeten einschlägigen harmonisierten Normen oder sonstigen gemeinsamen Spezifikationen, für die die Konformität erklärt wird;**
7. **gegebenenfalls Name und Identifizierungsnummer der notifizierten Stelle, Beschreibung des durchgeführten Konformitätsbewertungsverfahrens und Identifizierungsnummer der ausgestellten Bescheinigung;**

8. Ort und Datum der Ausstellung der Erklärung, den Namen und die Funktion des Unterzeichners sowie Angabe, für wen oder in wessen Namen diese Person unterzeichnet hat, eine Unterschrift.

1 Anhang V beschreibt die Pflichtinhalte der EU-Konformitätserklärung, die die Anbieter von KI-Systemen nach Art. 47 in Hinblick auf die Übereinstimmung des KI-Systems mit den Anforderungen der KI-VO abzugeben haben. Der Mindestinhalt der EU-Konformitätserklärung entspricht dabei dem Standard der CE-Regularien, insbesondere dem Muster des NFL (Anhang III, Beschluss 768/2008).

2 In der Praxis kommt der EU-Konformitätserklärung eine erhebliche Bedeutung zu. Sie dient den Marktüberwachungsbehörden dazu, sich einen Überblick darüber zu verschaffen, ob der Anbieter sich in gebotener Weise mit den Vorgaben der KI-VO auseinandergesetzt hat. Aus der Anwendung des europäischen Produktsicherheitsrechts in Bezug auf die CE-Kennzeichnung ergibt sich, dass bei der Erstellung der EU-Konformitätserklärung häufig Unzulänglichkeiten zum Beispiel bei der Angabe der verwendeten einschlägigen harmonisierten Normen bestehen, die tatsächlich indizieren, dass das angewendete Regelwerk nicht in ausreichendem Maße beherrscht wird. Es ist zu erwarten, dass dieser Umstand auch bei Anwendung der KI-VO in der Marktüberwachungspraxis eine Rolle spielt und daher davon auszugehen ist, dass bei einer fehlerhaften EU-Konformitätserklärung sich die Marktüberwachung gehalten sieht, die Übereinstimmung des KI-Systems mit den Vorgaben der KI-VO eingehend zu überprüfen. Eine sorgfältige Erstellung der EU-Konformitätserklärung ist daher angezeigt.

3 Die EU-Konformitätserklärung muss sich auf ein konkretes KI-System beziehen. Hintergrund ist dabei, dass die Rückverfolgung des KI-Systems sichergestellt ist. Dabei ergibt sich die Besonderheit, dass bei KI-Systemen, die mehreren Kategorien entsprechen, auch eine Mehrfachnennung des KI-Systems erfolgen soll.[1] In Bezug auf die Anforderungen ergibt sich gegenüber dem Standard für die EU-Konformitätserklärung des sonstigen europäischen Produktsicherheitsrechts der CE-Kennzeichnung die Besonderheit, dass in Nummer 5 gefordert wird, auch Konformität in Bezug auf Datenschutzvorgaben aus den Verordnungen (EU) 2016/679 und (EU) 2018/1725 sowie der Richtlinie (EU) 2016/680 zu erklären. Dies liegt angesichts der häufigen Verarbeitung personenbezogener Daten in KI-Systemen nah.

4 Ziffer 6 des Anhang V fordert die Angabe der einschlägigen harmonisierten Normen oder sonstiger gemeinsamer Spezifikationen, die bei der Konformitätsbewertung angewendet worden sind. Es versteht sich, dass zwingend eine Übereinstimmung mit den Angaben hierzu in den technischen Unterlagen gefordert ist. Die Angabe harmonisierter Normen oder gemeinsamer Spezifikationen hat den Vorteil, dass damit ohne Weiteres für die Marktüberwachung erkennbar ist, auf welcher Grundlage die Konformität bewertet wurde. Dabei bleibt zu beachten, dass nicht jeder Aspekt der KI-VO möglicherweise durch derartige Vorgaben bereits abgedeckt wird oder diese Vorgaben für das spezifische KI-System passend sind. Wenn dies der Fall sein sollte, darf sofern kein Verweis auf Normen erfolgen. Vielmehr muss dann in den technischen Unterlagen beschrieben werden, wie in anderer Weise die Konformität sichergestellt wurde.

5 Die weiteren Vorgaben des Anhang V sind selbsterklärend. Hinsichtlich der Anforderung der Unterzeichnung der Konformitätserklärung (Anhang V, Ziffer 8)

[1] Siehe Gerdemann in Martini/Wende Horst, Kommentar KI-VO, Art. 47 Rn. 18.

ist darauf hinzuweisen, dass mit der Unterschrift dokumentiert werden soll, dass die entsprechende Erklärung von dem Anbieter stammt. Entsprechend der bisherigen Praxis ist keine persönliche Haftung des Unterzeichners mit Unterschrift unter der EU-Konformitätserklärung verbunden. Gleichwohl kommt es in der Praxis dazu, dass insbesondere bei straf- oder ordnungsrechtlicher Verantwortung die Unterschrift unter der EU-Konformitätserklärung als Indiz für eine größere Verantwortung gewertet wird, die in der strafrechtlichen Zumessung und Bewertung von Verantwortlichkeiten eine Rolle spielt.

Die EU-Konformitätserklärung muss in einer für die jeweiligen Marktüberwachung verständlichen Sprache vorliegen. Dies führt in der Regel zur Übersetzung in die jeweilige Amtssprache. Der Gebrauch englischsprachiger KI-Fachtermini dürfte dabei allerdings zu tolerieren sein.[2] 6

Anhang VI Konformitätsbewertungsverfahren auf der Grundlage einer internen Kontrolle

1. **Das Konformitätsbewertungsverfahren auf der Grundlage einer internen Kontrolle ist das Konformitätsbewertungsverfahren gemäß den Nummern 2, 3 und 4.**
2. **Der Anbieter überprüft, ob das bestehende Qualitätsmanagementsystem den Anforderungen des Artikels 17 entspricht.**
3. **Der Anbieter prüft die in der technischen Dokumentation enthaltenen Informationen, um zu beurteilen. ob das KI-System den einschlägigen grundlegenden Anforderungen in Kapitel III Abschnitt 2 entspricht.**
4. **Der Anbieter überprüft ferner, ob der Entwurfs- und Entwicklungsprozess des KI-Systems und seine Beobachtung nach dem Inverkehrbringen gemäß Artikel 72 mit der technischen Dokumentation im Einklang stehen.**

Es liegt auf der Hand, dass die Einhaltung von produktbezogenen Regelwerken der Kontrolle und Überwachung bedarf. Bereits mit der Entstehung der CE-Kennzeichnungsvorschriften hat der europäische Gesetzgeber dabei auf die Eigenkontrolle der Unternehmen gesetzt. Die sogenannte interne Fertigungskontrolle ist dabei der Regelfall, um nachzuweisen, dass die Anforderungen eingehalten sind und das jeweilige Produkt zu Recht mit der CE-Kennzeichnung versehen worden ist und eine EU-Konformitätserklärung ausgestellt werden durfte. Entsprechend diesem Grundansatz sieht Art. 43 Abs. 1 vor, dass der Anbieter von KI-Systemen zum Nachweis der Konformität mit den Anforderungen der KI-Verordnung entweder das Konformitätsbewertungsverfahren der internen Kontrolle (Anhang VI) oder die Bewertung des Qualitätsmanagementsystems nebst Bewertung der technischen Dokumentation unter Beteiligung einer zertifizierten Stelle (Anhang VII) wählen kann. 1

Soweit es sich bei dem KI-System um ein Hochrisiko-KI-System im Sinne von Anhang IA handelt, sind entsprechend § 43 Abs. 3 die in den für die jeweiligen Produkte geltenden CE-Kennzeichnungsvorschriften vorgesehenen Konformitätsbewertungsverfahren anzuwenden. Innerhalb dieser Konformitätsbewertungsverfahren sind dann entsprechend die in Abschnitt 2 Kapitel 3 festgelegten Anforderungen zu integrieren. Die Wahlmöglichkeit nach Art. 43 Abs. 1 zwi- 2

[2] Siehe Gerdemann in Martini/Wendehorns, Kommentar KI-VO, Art. 47 Rn. 19.

schen den unterschiedlichen Konformitätsbewertungsverfahren spielt in diesem Fall keine Rolle. Zum Beispiel der Maschinenrichtlinie 2006/42 und der Überwachung der Anforderung an KI. Entscheidet sich der Anbieter für das Verfahren der internen Kontrolle, so formuliert Anhang VI, die hier zu erfüllenden Anforderungen im Einzelnen aus.

3 Im Gegensatz zu den ansonsten üblichen Formulierungen der CE-Kennzeichnungsvorschriften enthält Anhang VI dabei allerdings keine ins Einzelne gehende Auflistung, was mit der internen Kontrolle abzudecken ist. Vielmehr verweist Anhang VI Ziffer 2 auf ein zu unterhaltenes Qualitätsmanagementsystem. Dieses muss den Anforderungen des Art. 17 entsprechen. Art. 17 Abs. 1 sieht dazu Mindestinhalte des Qualitätsmanagementsystems vor. Dabei wird ein weiter Bogen gespannt von der Entwicklung des KI-Systems hin zu den Verfahren im Falle von Produktvorkommnissen insbesondere das Risikomanagementsystem iSv Art. 9 wie auch Verfahrensmeldung eines schwerwiegenden Vorfalls gem. Art. 73 nebst entsprechender Handhabung der Kommunikation mit den Marktüberwachungsbehörden.

4 Weiter wird dem Anbieter nach Anhang VI aufgegeben, abzuprüfen, ob die erstellte technische Dokumentation im Sinne von Anhang IV die Informationen enthält, um zu beurteilen, ob das KI-System den Anforderungen von Kapitel 3 Abschnitt 2 entspricht. Ins Einzelne gehende Anforderungen sind hier nicht weiter formuliert. Es dürfte in diesem Zusammenhang ausreichen, wenn die Anbieter dokumentieren können, dass eine gewisse Qualitätskontrolle der technischen Dokumentation erfolgt. Was hierzu ausreichend ist, wird die Praxis der Marktüberwachung zeigen. Denkbar wäre in diesem Zusammenhang auch darzustellen, wie der Prozess der Erstellung der technischen Dokumentation erfolgt und wie im Rahmen dieses Prozesses die Überwachung der Erfüllung der grundlegenden Anforderungen nachgehalten ist.

5 Gleiches gilt im Prinzip für die Anforderung nach Anhang VI Ziffer 4, wonach gefordert wird, dass der Anbieter die Entwurfs- bzw. Entwicklungskontrolle des KI-Systems und seiner Beobachtung nach dem Inverkehrbringen (Art. 42) mit der technischen Dokumentation abgleicht.

Anhang VII Konformität auf der Grundlage einer Bewertung des Qualitätsmanagementsystems und einer Bewertung der technischen Dokumentation

1. Einleitung
Die Konformität auf der Grundlage einer Bewertung des Qualitätsmanagementsystems und einer Bewertung der technischen Dokumentation entspricht dem Konformitätsbewertungsverfahren gemäß den Nummern 2 bis 5.

2. Überblick
Das genehmigte Qualitätsmanagementsystem für die Konzeption, die Entwicklung und das Testen von KI-Systemen nach Artikel 17 wird gemäß Nummer 3 geprüft und unterliegt der Überwachung gemäß Nummer 5. Die technische Dokumentation des KI-Systems wird gemäß Nummer 4 geprüft.

3. Qualitätsmanagementsystem
3.1. Der Antrag des Anbieters muss Folgendes enthalten:

a) Name und Anschrift des Anbieters sowie, wenn der Antrag von einem Bevollmächtigten eingereicht wird, auch dessen Namen und Anschrift;
b) die Liste der unter dasselbe Qualitätsmanagementsystem fallenden KI-Systeme;
c) die technische Dokumentation für jedes unter dasselbe Qualitätsmanagementsystem fallende KI-System;
d) die Dokumentation über das Qualitätsmanagementsystem mit allen in Artikel 17 aufgeführten Aspekten;
e) eine Beschreibung der bestehenden Verfahren, mit denen sichergestellt wird, dass das Qualitätsmanagementsystem angemessen und wirksam bleibt;
f) eine schriftliche Erklärung, dass derselbe Antrag bei keiner anderen notifizierten Stelle eingereicht wurde.

3.2. Das Qualitätssicherungssystem wird von der notifizierten Stelle bewertet, um festzustellen, ob es die in Artikel 17 genannten Anforderungen erfüllt.
Die Entscheidung wird dem Anbieter oder dessen Bevollmächtigten mitgeteilt.
Die Mitteilung enthält die Ergebnisse der Bewertung des Qualitätsmanagementsystems und die begründete Bewertungsentscheidung.

3.3. Das genehmigte Qualitätsmanagementsystem wird vom Anbieter weiter angewandt und gepflegt, damit es stets angemessen und effizient funktioniert.

3.4. Der Anbieter unterrichtet die notifizierte Stelle über jede beabsichtigte Änderung des genehmigten Qualitätsmanagementsystems oder der Liste der unter dieses System fallenden KI-Systeme.
Die notifizierte Stelle prüft die vorgeschlagenen Änderungen und entscheidet, ob das geänderte Qualitätsmanagementsystem die unter Nummer 3.2 genannten Anforderungen weiterhin erfüllt oder ob eine erneute Bewertung erforderlich ist.
Die notifizierte Stelle teilt dem Anbieter ihre Entscheidung mit. Die Mitteilung enthält die Ergebnisse der Prüfung der Änderungen und die begründete Bewertungsentscheidung.

4. Kontrolle der technischen Dokumentation

4.1. Zusätzlich zu dem unter Nummer 3 genannten Antrag stellt der Anbieter bei der notifizierten Stelle seiner Wahl einen Antrag auf Bewertung der technischen Dokumentation für das KI-System, das er in Verkehr zu bringen oder in Betrieb zu nehmen beabsichtigt und das unter das unter Nummer 3 genannte Qualitätsmanagementsystem fällt.

4.2. Der Antrag enthält Folgendes:
a) den Namen und die Anschrift des Anbieters;
b) eine schriftliche Erklärung, dass derselbe Antrag bei keiner anderen notifizierten Stelle eingereicht wurde;
c) die in Anhang IV genannte technische Dokumentation.

4.3. Die technische Dokumentation wird von der notifizierten Stelle geprüft. Sofern es relevant ist und beschränkt auf das zur Wahrnehmung ihrer Aufgaben erforderliche Maß erhält die notifizierte

Stelle uneingeschränkten Zugang zu den verwendeten Trainings-, Validierungs- und Testdatensätzen, gegebenenfalls und unter Einhaltung von Sicherheitsvorkehrungen auch über API oder sonstige einschlägige technische Mittel und Instrumente, die den Fernzugriff ermöglichen.

4.4. Bei der Prüfung der technischen Dokumentation kann die notifizierte Stelle vom Anbieter weitere Nachweise oder die Durchführung weiterer Tests verlangen, um eine ordnungsgemäße Bewertung der Konformität des KI-Systems mit den in Kapitel III Abschnitt 2 festgelegten Anforderungen zu ermöglichen. Ist die notifizierte Stelle mit den vom Anbieter durchgeführten Tests nicht zufrieden, so führt sie gegebenenfalls unmittelbar selbst angemessene Tests durch.

4.5. Sofern es für die Bewertung der Konformität des Hochrisiko-KI-Systems mit den in Kapitel III Abschnitt 2 festgelegten Anforderungen notwendig ist, und nachdem alle anderen sinnvollen Möglichkeiten zur Überprüfung der Konformität ausgeschöpft sind oder sich als unzureichend erwiesen haben, wird der notifizierten Stelle auf begründeten Antrag Zugang zu den Trainingsmodellen und trainierten Modellen des KI-Systems, einschließlich seiner relevanten Parameter, gewährt. Ein solcher Zugang unterliegt dem bestehenden EU-Recht zum Schutz von geistigem Eigentum und Geschäftsgeheimnissen.

4.6. Die Entscheidung der notifizierten Stelle wird dem Anbieter oder dessen Bevollmächtigten mitgeteilt. Die Mitteilung enthält die Ergebnisse der Bewertung der technischen Dokumentation und die begründete Bewertungsentscheidung.

Erfüllt das KI-System die Anforderungen in Kapitel III Abschnitt 2, so stellt die notifizierte Stelle eine Unionsbescheinigung über die Bewertung der technischen Dokumentation aus. Diese Bescheinigung enthält den Namen und die Anschrift des Anbieters, die Ergebnisse der Prüfung, etwaige Bedingungen für ihre Gültigkeit und die für die Identifizierung des KI-Systems notwendigen Daten. Die Bescheinigung und ihre Anhänge enthalten alle zweckdienlichen Informationen für die Beurteilung der Konformität des KI-Systems und gegebenenfalls für die Kontrolle des KI-Systems während seiner Verwendung.

Erfüllt das KI-System die in Kapitel III Abschnitt 2 festgelegten Anforderungen nicht, so verweigert die notifizierte Stelle die Ausstellung einer Unionsbescheinigung über die Bewertung der technischen Dokumentation und informiert den Antragsteller darüber, wobei sie ihre Verweigerung ausführlich begründet.

Erfüllt das KI-System nicht die Anforderung in Bezug auf die verwendeten Trainingsdaten, so muss das KI-System vor der Beantragung einer neuen Konformitätsbewertung erneut trainiert werden. In diesem Fall enthält die begründete Bewertungsentscheidung der notifizierten Stelle, mit der die Ausstellung der Unionsbescheinigung über die Bewertung der technischen Dokumentation verweigert wird, besondere Erläuterungen zu den zum

Trainieren des KI-Systems verwendeten Qualitätsdaten und insbesondere zu den Gründen für die Nichtkonformität.

4.7. Jede Änderung des KI-Systems, die sich auf die Konformität des KI-Systems mit den Anforderungen oder auf seine Zweckbestimmung auswirken könnte, bedarf der Bewertung durch die notifizierte Stelle, die die Unionsbescheinigung über die Bewertung der technischen Dokumentation ausgestellt hat. Der Anbieter informiert die notifizierte Stelle über seine Absicht, eine der oben genannten Änderungen vorzunehmen, oder wenn er auf andere Weise Kenntnis vom Eintreten solcher Änderungen erhält. Die notifizierte Stelle bewertet die beabsichtigten Änderungen und entscheidet, ob diese Änderungen eine neue Konformitätsbewertung gemäß Artikel 43 Absatz 4 erforderlich machen oder ob ein Nachtrag zu der Unionsbescheinigung über die Bewertung der technischen Dokumentation ausgestellt werden könnte. In letzterem Fall bewertet die notifizierte Stelle die Änderungen, teilt dem Anbieter ihre Entscheidung mit und stellt ihm, sofern die Änderungen genehmigt wurden, einen Nachtrag zu der Unionsbescheinigung über die Bewertung der technischen Dokumentation aus.

5. Überwachung des genehmigten Qualitätsmanagementsystems

5.1. Mit der unter Nummer 3 genannten Überwachung durch die notifizierte Stelle soll sichergestellt werden, dass der Anbieter sich ordnungsgemäß an die Anforderungen und Bedingungen des genehmigten Qualitätsmanagementsystems hält.

5.2. Zu Bewertungszwecken gewährt der Anbieter der notifizierten Stelle Zugang zu den Räumlichkeiten, in denen die Konzeption, die Entwicklung und das Testen der KI-Systeme stattfindet. Außerdem übermittelt der Anbieter der notifizierten Stelle alle erforderlichen Informationen.

5.3. Die notifizierte Stelle führt regelmäßig Audits durch, um sicherzustellen, dass der Anbieter das Qualitätsmanagementsystem pflegt und anwendet, und übermittelt ihm einen Prüfbericht. Im Rahmen dieser Audits kann die notifizierte Stelle die KI-Systeme, für die eine Unionsbescheinigung über die Bewertung der technischen Dokumentation ausgestellt wurde, zusätzlichen Tests unterziehen.

1 Soweit sich die Anbieter von KI-System dafür entscheiden, die Konformitätsbewertung im Rahmen von Anhang VII durch eine notifizierte Stelle nachzuweisen oder aber nach Anhang Art. 43 Abs. 1 S. 2 Konformitätsbewertung nach Anhang VII vorgeschrieben ist, verlässt der Anbieter das System der Eigenkontrolle und lässt eine notifizierte Stelle überprüfen, ob sowohl das Qualitätsmanagementsystem wie auch die technische Dokumentation den Anforderungen entspricht. Das entsprechende Prüfschema der Zertifizierungsstellen ist in Ziffern 3 bzw. 4 des Anhang VII abgebildet.

2 Allerdings enthält Anhang VII in Ziffern 3 bzw. 4 kein ins Einzelne gehende Prüfschema. Hinsichtlich des Qualitätssicherungssystems heißt es lediglich in Ziffer 3.2 Anhang VII, dass die notifizierende Stelle dieses System bewertet, um dessen Übereinstimmung mit Art. 17 sicherzustellen. Wie dies im Einzelnen geschieht, ergibt sich hier nicht. Es wird dann Sache der notifizieren Stellen sein, hierzu

entsprechende Prüfschema vorzuhalten. Mit der einmaligen Prüfung sind die Anforderung noch nicht vollständig erfüllt. Vielmehr fordert Ziffer 3.3 Anhang VII die Pflege des Qualitätsmanagementsystems und Ziffer 3.4 Anhang VII die Unterrichtung der notifizierenden Stelle über eine beabsichtigte Änderung. Dabei ist jede Änderung anzuzeigen und es wird in die Hände der notifizierenden Stelle gelegt, darüber zu befinden, ob die Änderung zu einer erneuten Bewertung des Qualitätsmanagementsystems führt.

3 In ähnlicher Weise sind die Regelungen zur Prüfung der technischen Dokumentation nach Ziffer 4 VII aufgebaut. Auf eine feste Prüfungsvorgabe wird verzichtet. Stattdessen sind der notifizierenden Stelle umfangreiche Informationsrechte eingeräumt – sie kann im Prinzip alles verlangen, was ihrer Auffassung nach erforderlich ist, um die technische Dokumentation zu bewerten. Dies umfasst auch Zugang zu Datensätzen oder Trainingsmodellen des KI-Systems. Über die Prüfung folgt eine Entscheidung, die im Falle der Verweigerung der Bescheinigung der Konformität (Ziffer 4.6 Anhang VII Abs. 2) der Ausstellung der Unionsbescheinigung für die Bewertung entgegensteht, so ist dies mit einer ausführlichen Begründung zu versehen. Die KI-VO selbst enthält allerdings keine Vorgaben dazu, inwiefern eine solche Entscheidung auch justiziabel ist. Hier werden die Mitgliedstaaten entsprechende Rechtsbehelfe vorsehen müssen.

4 Ist das Qualitätsmanagementsystem einmal genehmigt worden, unterliegt es der laufenden Kontrolle der notifizierenden Stelle. Ziffer 5.3 Anhang VII sieht dazu die regelmäßige Durchführung von Audits vor. In welche Regelmäßigkeit dies zu geschehen hat, bleibt noch offen. Hier wird die Praxis zeigen was als angemessen erachtet wird. Wünschenswert wäre in diesem Zusammenhang eine einheitliche Vorgehensweise in der EU.

Anhang VIII Bei der Registrierung des Hochrisiko-KI-Systems gemäß Artikel 49 bereitzustellende Informationen

Abschnitt A – Von Anbietern von Hochrisiko-KI-Systemen gemäß Artikel 49 Absatz 1 bereitzustellende Informationen

Für Hochrisiko-KI-Systeme, die gemäß Artikel 49 Absatz 1 zu registrieren sind, werden folgende Informationen bereitgestellt und danach auf dem neuesten Stand gehalten:

1. der Name, die Anschrift und die Kontaktdaten des Anbieters;

2. bei Vorlage von Informationen durch eine andere Person im Namen des Anbieters: der Name, die Anschrift und die Kontaktdaten dieser Person;

3. gegebenenfalls der Name, die Anschrift und die Kontaktdaten des Bevollmächtigten;

4. der Handelsname des KI-Systems und etwaige zusätzliche eindeutige Angaben, die die Identifizierung und Rückverfolgbarkeit des KI-Systems ermöglichen;

5. eine Beschreibung der Zweckbestimmung des KI-Systems und der durch dieses KI-System unterstützten Komponenten und Funktionen;

6. eine grundlegende und knappe Beschreibung der vom System verwendeten Informationen (Daten, Eingaben) und seiner Betriebslogik;

7. der Status des KI-Systems (in Verkehr/in Betrieb; nicht mehr in Verkehr/in Betrieb, zurückgerufen);
8. die Art, die Nummer und das Ablaufdatum der von der notifizierten Stelle ausgestellten Bescheinigung und gegebenenfalls Name oder Identifizierungsnummer dieser notifizierten Stelle;
9. gegebenenfalls eine gescannte Kopie der in Nummer 8 genannten Bescheinigung;
10. alle Mitgliedstaaten, in denen das KI-System in Verkehr gebracht, in Betrieb genommen oder in der Union bereitgestellt wurde;
11. eine Kopie der in Artikel 47 genannten EU-Konformitätserklärung;
12. elektronische Betriebsanleitungen; dies gilt nicht für Hochrisiko-KI-Systeme in den Bereichen Strafverfolgung oder Migration, Asyl und Grenzkontrolle gemäß Anhang III Nummern 1, 6 und 7;
13. Eine URL-Adresse für zusätzliche Informationen (fakultativ).

Abschnitt B – Von Anbietern von Hochrisiko-KI-Systemen gemäß Artikel 49 Absatz 2 bereitzustellende Informationen

Für KI-Systeme, die gemäß Artikel 49 Absatz 2 zu registrieren sind, werden folgende Informationen bereitgestellt und danach auf dem neuesten Stand gehalten:

1. der Name, die Anschrift und die Kontaktdaten des Anbieters;
2. bei Vorlage von Informationen durch eine andere Person im Namen des Anbieters: Name, Anschrift und Kontaktdaten dieser Person;
3. gegebenenfalls der Name, die Anschrift und die Kontaktdaten des Bevollmächtigten;
4. der Handelsname des KI-Systems und etwaige zusätzliche eindeutige Angaben, die die Identifizierung und Rückverfolgbarkeit des KI-Systems ermöglichen;
5. eine Beschreibung der Zweckbestimmung des KI-Systems;
6. die Bedingung oder Bedingungen gemäß Artikel 6 Absatz 3, aufgrund derer das KI-System nicht als Hoch-Risiko-System eingestuft wird;
7. eine kurze Zusammenfassung der Gründe, aus denen das KI-System in Anwendung des Verfahrens gemäß Artikel 6 Absatz 3 nicht als Hoch-Risiko-System eingestuft wird;
8. der Status des KI-Systems (in Verkehr/in Betrieb; nicht mehr in Verkehr/in Betrieb, zurückgerufen)
9. alle Mitgliedstaaten, in denen das KI-System in der Union in Verkehr gebracht, in Betrieb genommen oder bereitgestellt wurde.

Abschnitt C – Von Betreibern von Hochrisiko-KI-Systemen gemäß Artikel 49 Absatz 3 bereitzustellende Informationen

Für Hochrisiko-KI-Systeme, die gemäß Artikel 49 Absatz 3 zu registrieren sind, werden folgende Informationen bereitgestellt und danach auf dem neuesten Stand gehalten:

1. der Name, die Anschrift und die Kontaktdaten des Betreibers;
2. der Name, die Anschrift und die Kontaktdaten der Person, die im Namen des Betreibers Informationen übermittelt;
3. die URL des Eintrags des KI-Systems in der EU-Datenbank durch seinen Anbieter;
4. eine Zusammenfassung der Ergebnisse der gemäß Artikel 27 durchgeführten Grundrechte-Folgenabschätzung;

5. gegebenenfalls eine Zusammenfassung der im Einklang mit Artikel 35 der Verordnung (EU) 2016/679 oder Artikel 27 der Richtlinie (EU) 2016/680 gemäß Artikel 26 Absatz 8 der vorliegenden Verordnung durchgeführten Datenschutz-Folgenabschätzung.

1 Der Anhang VIII ist in die Abschnitte A, B und C aufgeteilt, die jeweils auf die Registrierungspflicht gem. Art. 49 Abs. 1, 2, oder 3 der KI-VO verweisen, da hierfür unterschiedliche Anforderungen erforderlich sind. Die bereitgestellten Informationen sind dabei stets auf dem aktuellen Stand zu halten. Die Registrierung erfolgt in einer in Art. 71 genannten Datenbank. Gem. Art. 71 IV S. 1 KI-VO sind die angegebenen Informationen öffentlich zugänglich.

2 Der Abschnitt A bezieht sich auf Art. 49 Abs. 1 KI-VO, welcher die Registrierungspflicht von Hochrisiko-KI-Systemen aus dem Anhang III mit Ausnahme seiner Nummer 2 vorsieht. Folgende Informationen sind dabei im Rahmen der Registrierung anzugeben:
- Name, Anschrift und Kontaktdaten des Anbieters,
- bei Vorlage der Informationen durch eine andere Person als den Anbieter in dessen Namen: Name, Anschrift und Kontaktdaten dieser Person,
- gegebenenfalls der Name, Anschrift und Kontaktdaten des Bevollmächtigten,
- der Handelsname des KI-Systems sowie etwaige zusätzliche, eindeutige Angaben, die die Identifizierung und Rückverfolgbarkeit des KI-Systems ermöglichen,
- Beschreibung der Zweckbestimmung des KI-Systems und der durch dieses KI-System unterstützten Komponenten und Funktionen,
- eine grundlegende und knappe Beschreibung der vom System verwendeten Informationen (Daten und Eingaben) und seiner Betriebslogik,
- Status des KI-Systems (in Verkehr/in Betrieb; nicht mehr in Verkehr nicht mehr in Betrieb; zurückgerufen),
- Art, Nummer und das Ablaufdatum der von der notifizierten Stelle ausgestellten Bescheinigung und gegebenenfalls Name oder Kennnummer dieser notifizierten Stelle,
- gegebenenfalls eine gescannte Kopie der Bescheinigung der notifizierten Stelle,
- die Mitgliedstaaten, in denen das KI-System auf dem Markt war, in Betrieb genommen oder in der Union bereitgestellt wurde,
- eine Kopie der nach Art. 47 geforderten EU-Konformitätserklärung,
- elektronische Gebrauchsanweisungen, außer es handelt sich um ein Hochrisiko-KI-System in den Bereichen Strafverfolgung, Migration, Asyl oder Grenzkontrolle gem. Anh. III Nr. 1, 6 und 7,
- sowie fakultativ eine URL-Adresse mit weitergehenden Informationen zu dem KI-System.

3 Der Abschnitt B bezieht sich auf das Registrierungsverfahren gem. Art. 49 II KI-VO, wonach die Registrierung solcher KI-Systeme erfolgen soll, bei welchen der Anbieter zu dem Schluss gelangt ist, dass das KI-System nicht hochriskant gem. Art. 6 III KI-VO ist. Dabei sind folgende Informationen seitens des Anbieters bereitzustellen:
- Name, Anschrift und Kontaktdaten des Anbieters,
- bei Vorlage von Informationen durch eine Dritte Person im Namen des Anbieters: Name, Anschrift und Kontaktdaten der Person,
- gegebenenfalls Name, Anschrift und Kontaktdaten des Bevollmächtigten des Anbieters,

- der Handelsname des Hochrisiko-KI-Systems sowie etwaige zusätzliche eindeutige Angaben, die die Identifizierung und Rückverfolgbarkeit des KI-Systems ermöglichen,
- eine Beschreibung der Zweckbestimmung des KI-Systems,
- die Bedingung oder Bedingungen gem. Art. 6 Abs. 3, aufgrund derer das KI-System nicht als Hochrisiko-KI-System eingestuft wird,
- eine kurze Zusammenfassung der Gründe, aus denen das Hochrisiko-KI-System in Anwendung des Verfahrens gem. Art. 6 Abs. 3 nicht als Hochrisiko-KI-System eingestuft wurde,
- den Status des KI-Systems, dh ob es in Verkehr gebracht wurde bzw. in Betrieb genommen wurde oder nicht mehr in Verkehr gebracht ist bzw. nicht mehr in Betrieb ist,
- alle Mitgliedstaaten, in denen das KI-System in der Union in Verkehr gebracht, in Betrieb genommen oder bereitgestellt wurde.

Der Abschnitt C umfasst Informationen von KI-Systeme, welche nach dem Registrierungsverfahren gem. Art. 49 III KI-VO bereitgestellt werden sollen. Dabei handelt es sich ebenfalls wir in Art. 49 I KI-VO um Hochrisiko-KI-Systeme gem. Anhang III, mit Ausnahme der in Anhang III Nummer 2 aufgeführten Hochrisiko-KI-Systeme. Der Unterschied liegt in der Person des Betreibers, welcher vorliegend einer Behörde oder ein Organ, eine Einrichtung oder eine sonstige Stelle der Union oder eine in ihrem Namen handelnde Person sein müsste. Der Informationsumfang im Rahmen der Registrierung ist auf folgende Punkte beschränkt: 4

- Den Namen, die Anschrift sowie die Kontaktdaten des Betreibers,
- den Namen, die Anschrift sowie die Kontaktdaten des Bevollmächtigten, der für den Betreiber die Daten bzw. Informationen übermittelt,
- die URL des Eintrags des KI-Systems in der EU-Datenbank (Art. 71) durch seinen Anbieter,
- eine Zusammenfassung der Ergebnisse der gem. Art. 27 durchgeführten Grundrechte-Folgenabschätzung,
- gegebenenfalls eine Zusammenfassung der im Einklang mit Art. 35 DS-GVO (VO (EU) 2016/679) oder Art. 27 RL (EU) 2016/680 gem. Art. 26 Abs. 8 KI-VO durchgeführten Datenschutz-Folgenabschätzung.

Anhang IX Bezüglich Tests unter Realbedingungen gemäß Artikel 60 bei der Registrierung von in Anhang III aufgeführten Hochrisiko-KI-Systemen bereitzustellende Informationen

Bezüglich Tests unter Realbedingungen, die gemäß Artikel 60 zu registrieren sind, werden folgende Informationen bereitgestellt und danach auf dem aktuellen Stand gehalten:

1. **eine unionsweit einmalige Identifizierungsnummer des Tests unter Realbedingungen;**
2. **der Name und die Kontaktdaten des Anbieters oder zukünftigen Anbieters und der Betreiber, die an dem Test unter Realbedingungen teilgenommen haben;**
3. **eine kurze Beschreibung des KI-Systems, seine Zweckbestimmung und sonstige zu seiner Identifizierung erforderliche Informationen;**

4. eine Übersicht über die Hauptmerkmale des Plans für den Test unter Realbedingungen;
5. Informationen über die Aussetzung oder den Abbruch des Tests unter Realbedingungen.

1 Für die Durchführung von Testes eines Hochrisiko-KI-Systems unter Realbedingungen außerhalb eines KI-Reallabors wird gem. Art. 60 Abs. 4 lit. c die Registrierung des Tests vorausgesetzt. Diese Registrierung soll gem. Art. 71 Abs. 4 in einer EU-Datenbank erfolgen. Eine solche Registrierungspflicht gemäß dieses Anhangs betrifft gem. Art. 60 Abs. 4 lit. c alle in Anhang III aufgeführten Hochrisiko-Systeme mit Ausnahme der Systeme, welche in Anhang III Nr. 1, 6 und 7 aufgezählt werden oder Hochrisiko-KI-Systeme aus den Bereichen Strafverfolgung, Migration Asyl und Grenzkontrolle. Für diese gelten abweichende Regelungen, Art. 60 Abs. 4 lit. c.

2 Die in Anhang IX Nr. 1–5 aufgelisteten Informationen müssen vom Anbieter bei der Registrierung bereitgestellt und anschließend auf dem aktuellen Stand gehalten werden.

3 Gem. Nr. 1 ist der Anbieter verpflichtet eine einmalige Identifizierungsnummer des Tests unter Realbedingungen anzugeben. Von welcher Behörde diese Identifizierungsnummer vergeben wird, ist bislang unklar. Aufgrund der Genehmigungspflicht seitens der Marktüberwachungsbehörde gem. Art. 60 Abs. 4 lit. b ist eine Vergabe der Registrierungsnummer im Rahmen dieser Genehmigung zu vermuten.

4 Zudem werden in Nr. 2–5 weitere Informationen aufgezählt, die vom Anbieter bei der Registrierung anzugeben sind. Dabei sind Name und Kontaktdaten des Anbieters oder weiterer Teilnehmer an dem Test unter Realbedingungen (Nr. 2), die Beschreibung des KI-Systems seiner Zweckbestimmung und sonstige Informationen, die für die Identifizierung des KI-Systems relevant sind (Nr. 3), eine Übersicht über die Hauptmerkmale des Plans gem. Art. 60 Abs. 4 lit. a (Nr. 4) sowie Informationen über eine Aussetzung oder eines Abbruchs des Tests unter Realbedingungen (Nr. 5) anzugeben.

5 Die Informationen zur Registrierung werden in einer EU-Datenbank gespeichert gem. Art. 71 Abs. 4. Die gem. Art. 60 abgegebenen Informationen sind jedoch grundsätzlich nur von den Marktüberwachungsbehörden oder der Kommission einsehbar. Zur Veröffentlichung der Informationen bedarf es der Zustimmung des Anbieters, Art. 71 Abs. 4 S. 3.

Anhang X Rechtsvorschriften der Union über IT-Großsysteme im Raum der Freiheit, der Sicherheit und des Rechts

1. Schengener Informationssystem
a) Verordnung (EU) 2018/1860 des Europäischen Parlaments und des Rates vom 28. November 2018 über die Nutzung des Schengener Informationssystems für die Rückkehr illegal aufhältiger Drittstaatsangehöriger (ABl. L 312 vom 7.12.2018, S. 1)
b) Verordnung (EU) 2018/1861 des Europäischen Parlaments und des Rates vom 28. November 2018 über die Einrichtung, den Betrieb und die Nutzung des Schengener Informationssystems (SIS) im Bereich der Grenzkontrollen, zur Änderung des Übereinkommens zur Durchführung des Übereinkommens von Schengen und zur Änderung und

Aufhebung der Verordnung (EG) Nr. 1987/2006 (ABl. L 312 vom 7.12.2018, S. 14)

c) **Verordnung (EU) 2018/1862 des Europäischen Parlaments und des Rates vom 28. November 2018 über die Einrichtung, den Betrieb und die Nutzung des Schengener Informationssystems (SIS) im Bereich der polizeilichen Zusammenarbeit und der justiziellen Zusammenarbeit in Strafsachen, zur Änderung und Aufhebung des Beschlusses 2007/533/JI des Rates und zur Aufhebung der Verordnung (EG) Nr. 1986/2006 des Europäischen Parlaments und des Rates und des Beschlusses 2010/261/EU der Kommission (ABl. L 312 vom 7.12.2018, S. 56)**

2. Visa-Informationssystem

a) **Verordnung (EU) 2021/1133 des Europäischen Parlaments und des Rates vom 7. Juli 2021 zur Änderung der Verordnungen (EU) Nr. 603/2013, (EU) 2016/794, (EU) 2018/1862, (EU) 2019/816 und (EU) 2019/818 hinsichtlich der Festlegung der Voraussetzungen für den Zugang zu anderen Informationssystemen der EU für Zwecke des Visa-Informationssystems (ABl. L 248 vom 13.7.2021, S. 1)**

b) **Verordnung (EU) 2021/1134 des Europäischen Parlaments und des Rates vom 7. Juli 2021 zur Änderung der Verordnungen (EG) Nr. 767/2008, (EG) Nr. 810/2009, (EU) 2016/399, (EU) 2017/2226, (EU) 2018/1240, (EU) 2018/1860, (EU) 2018/1861, (EU) 2019/817 und (EU) 2019/1896 des Europäischen Parlaments und des Rates und zur Aufhebung der Entscheidung 2004/512/EG und des Beschlusses 2008/633/JI des Rates zum Zwecke der Reform des Visa-Informationssystems (ABl. L 248 vom 13.7.2021, S. 11)**

3. Eurodac

Verordnung (EU) 2024/1358 des Europäischen Parlaments und des Rates vom 14. Mai 2024 über die Einrichtung von Eurodac für den Abgleich biometrischer Daten zum Zwecke der effektiven Anwendung der Verordnungen (EU) 2024/1315 und (EU) 2024/1350 des Europäischen Parlaments und des Rates und der Richtlinie 2001/55/EG des Rates und zur Feststellung der Identität illegal aufhältiger Drittstaatsangehöriger und Staatenloser und über der Gefahrenabwehr und Strafverfolgung dienende Anträge der Gefahrenabwehr- und Strafverfolgungsbehörden der Mitgliedstaaten und Europols auf den Abgleich mit Eurodac-Daten sowie zur Änderung der Verordnungen (EU) 2018/1240 und (EU) 2019/818 des Europäischen Parlaments und des Rates und zur Aufhebung der Verordnung (EU) Nr. 603/2013 des Europäischen Parlaments und des Rates (ABl. L, 2024/1358, 22.5.2024, ELI: http://data.europa.eu/eli/reg/2024/1358/oj

4. Einreise-/Ausreisesystem

Verordnung (EU) 2017/2226 des Europäischen Parlaments und des Rates vom 30. November 2017 über ein Einreise-/Ausreisesystem (EES) zur Erfassung der Ein- und Ausreisedaten sowie der Einreiseverweigerungsdaten von Drittstaatsangehörigen an den Außengrenzen der Mitgliedstaaten und zur Festlegung der Bedingungen für den Zugang zum EES zu Gefahrenabwehr- und Strafverfolgungszwecken und zur Änderung des Übereinkommens von Schengen sowie der Verordnungen (EG) Nr. 767/2008 und (EU) Nr. 1077/2011 (ABl. L 327 vom 9.12.2017, S. 20)

5. Europäisches Reiseinformations- und -genehmigungssystem

a) Verordnung (EU) 2018/1240 des Europäischen Parlaments und des Rates vom 12. September 2018 über die Einrichtung eines Europäischen Reiseinformations- und -genehmigungssystems (ETIAS) und zur Änderung der Verordnungen (EU) Nr. 1077/2011, (EU) Nr. 515/2014, (EU) 2016/399, (EU) 2016/1624 und (EU) 2017/2226 (ABl. L 236 vom 19.9.2018, S. 1)

b) Verordnung (EU) 2018/1241 des Europäischen Parlaments und des Rates vom 12. September 2018 zur Änderung der Verordnung (EU) 2016/794 für die Zwecke der Einrichtung eines Europäischen Reiseinformations- und -genehmigungssystems (ETIAS) (ABl. L 236 vom 19.9.2018, S. 72)

6. Europäisches Strafregisterinformationssystem über Drittstaatsangehörige und Staatenlose

Verordnung (EU) 2019/816 des Europäischen Parlaments und des Rates vom 17. April 2019 zur Einrichtung eines zentralisierten Systems für die Ermittlung der Mitgliedstaaten, in denen Informationen zu Verurteilungen von Drittstaatsangehörigen und Staatenlosen (ECRIS-TCN) vorliegen, zur Ergänzung des Europäischen Strafregisterinformationssystems und zur Änderung der Verordnung (EU) 2018/1726 (ABl. L 135 vom 22.5.2019, S. 1)

7. Interoperabilität

a) Verordnung (EU) 2019/817 des Europäischen Parlaments und des Rates vom 20. Mai 2019 zur Errichtung eines Rahmens für die Interoperabilität zwischen EU-Informationssystemen in den Bereichen Grenzen und Visa und zur Änderung der Verordnungen (EG) Nr. 767/2008, (EU) 2016/399, (EU) 2017/2226, (EU) 2018/1240, (EU) 2018/1726 und (EU) 2018/1861 des Europäischen Parlaments und des Rates, der Entscheidung 2004/512/EG des Rates und des Beschlusses 2008/633/JI des Rates (ABl. L 135 vom 22.5.2019, S. 27)

b) Verordnung (EU) 2019/818 des Europäischen Parlaments und des Rates vom 20. Mai 2019 zur Errichtung eines Rahmens für die Interoperabilität zwischen EU-Informationssystemen (polizeiliche und justizielle Zusammenarbeit, Asyl und Migration) und zur Änderung der Verordnungen (EU) 2018/1726, (EU) 2018/1862 und (EU) 2019/816 (ABl. L 135 vom 22.5.2019, S. 85).

1 Anhang X listet spezifische Rechtsakte auf, die IT-Großsysteme im Raum der Freiheit, der Sicherheit und des Rechts betreffen. Diese Systeme verarbeiten große Mengen personenbezogener Daten. Mit der Integration dieser Rechtsakte in die KI-Verordnung soll sichergestellt werden, dass KI-Systeme, die in diesen Bereichen eingesetzt werden, den besonderen Anforderungen gerecht werden.

2 Zu den in Anhang X genannten IT-Großsystemen gehören:

- Nr. 1 Schengener Informationssystem (SIS): Ein zentrales Systeme für die polizeiliche und justizielle Zusammenarbeit sowie für Grenzkontrollen innerhalb des Schengen-Raums.[1]

[1] https://www.bka.de/DE/UnsereAufgaben/Aufgabenbereiche/InternationaleFunktion/SchengenerAbkommen/SIS/schengenSIS_node.html.

- Nr. 2 Visa-Informationssysteme (VIS): Dient der Speicherung und dem Austausch von Daten über Visa-Anträge und Visa-Inhaber.[2]
- Nr. 3 Eurodac: Ein System zur Speicherung von Fingerabdrücken von Asylbewerbern und bestimmten illegal aufhältigen Drittstaatsangehörigen.[3]
- Nr. 4 Einreise- Ausreisesystem (EES): Erfasst Ein- und Ausreisedaten sowie Einreiseverweigerungen von Drittstaatsangehörigen an den Außengrenzen der EU.[4]
- Nr. 5 Europäisches Reiseinformations- und genehmigungssystem (ETIAS): Ein System zur Vorabprüfung von visumfreien Reisenden in die EU.[5]
- Nr. 6 Europäisches Strafregisterinformationssystem über Drittstaatsangehörige und Staatenlose (ECRIS): Ermöglicht den Austausch von Strafregisterinformationen über Drittstaatsangehörige und Staatenlose zwischen den Mitgliedstaaten.[6]
- Nr. 7 Interoperabilitätsrahmen (EIF): Regelt die Interoperabilität zwischen den genannten Systemen, um einen effizienten Datenaustausch zu gewährleisten.[7]

Für KI-Komponenten, die den Anhang den in Anhang X aufgeführten IT-Groß- **3**
systemen verwendet werden und vor dem 2. August 2027 in Betrieb genommen werden, gilt eine verlängerte Übergangsfrist gem. Art. 111 I KI-VO. Diese Systeme müssen erst am 31. Dezember 2030 vollständig den Anforderungen der KI-Verordnung entsprechen.

Anhang XI Technische Dokumentation gemäß Artikel 53 Absatz 1 Buchstabe a – technische Dokumentation für Anbieter von KI-Modellen mit allgemeinem Verwendungszweck

Abschnitt 1. Von allen Anbietern von KI-Modellen mit allgemeinem Verwendungszweck bereitzustellende Informationen

Die in Artikel 53 Absatz 1 Buchstabe a genannte technische Dokumentation muss mindestens die folgenden Informationen enthalten, soweit es anhand der Größe und des Risikoprofils des betreffenden Modells angemessen ist:

1. Eine allgemeine Beschreibung des KI-Modells einschließlich
   a) der Aufgaben, die das Modell erfüllen soll, sowie der Art und des Wesens der KI-Systeme, in die es integriert werden kann;
   b) die anwendbaren Regelungen der akzeptablen Nutzung;
   c) das Datum der Freigabe und die Vertriebsmethoden;
   d) die Architektur und die Anzahl der Parameter;

---

[2] https://www.bva.bund.de/DE/Das-BVA/Aufgaben/V/Visa_Informationssystem/vis_node.html.

[3] https://www.bfdi.bund.de/DE/Buerger/Inhalte/Inneres-Archive/Weiteres/EURODAC.html.

[4] https://schengenvisum.info/de/europa-versterkt-grenscontrole-inreis-uitreissysteem-vanaf-10-november/

[5] https://www.bva.bund.de/DE/Das-BVA/Aufgaben/S/Smart_Borders/_documents/ETIAS-FAQ.html.

[6] https://www.bundesjustizamt.de/DE/Themen/ZentraleRegister/Datenaustausch/Behoerdenportal/Registervernetzung/Registervernetzung.html.

[7] https://interoperable-europe.ec.europa.eu/collection/nifo-national-interoperability-framework-observatory/european-interoperability-framework-detail.

e) die Modalität (zum Beispiel Text, Bild) und das Format der Ein- und Ausgaben;
f) die Lizenz.

2. Eine ausführliche Beschreibung der Elemente des Modells gemäß Nummer 1 und relevante Informationen zum Entwicklungsverfahren, einschließlich der folgenden Elemente:
a) die technischen Mittel (zum Beispiel Betriebsanleitungen, Infrastruktur, Instrumente), die für die Integration des KI-Modells mit allgemeinem Verwendungszweck in KI-Systeme erforderlich sind;
b) die Entwurfsspezifikationen des Modells und des Trainingsverfahrens einschließlich Trainingsmethoden und -techniken, die wichtigsten Entwurfsentscheidungen mit den Gründen und getroffenen Annahmen; gegebenenfalls, was das Modell optimieren soll und welche Bedeutung den verschiedenen Parametern dabei zukommt;
c) gegebenenfalls Informationen über die für das Trainieren, Testen und Validieren verwendeten Daten, einschließlich der Art und Herkunft der Daten und der Aufbereitungsmethoden (zum Beispiel Bereinigung, Filterung usw.), der Zahl der Datenpunkte, ihres Umfangs und ihrer Hauptmerkmale; gegebenenfalls die Art und Weise, wie die Daten erlangt und ausgewählt wurden, sowie alle anderen Maßnahmen zur Feststellung, ob Datenquellen ungeeignet sind, und Methoden zur Erkennung ermittelbarer Verzerrungen;
d) die für das Trainieren des Modells verwendeten Rechenressourcen (zum Beispiel Anzahl der Gleitkommaoperationen), die Trainingszeit und andere relevante Einzelheiten im Zusammenhang mit dem Trainieren;
e) bekannter oder geschätzter Energieverbrauch des Modells.
f) Wenn der Energieverbrauch des Modells nicht bekannt ist, kann für Buchstabe e der Energieverbrauch auf Informationen über die eingesetzten Rechenressourcen gestützt werden.

Abschnitt 2. Zusätzliche von Anbietern von KI-Modellen mit allgemeinem Verwendungszweck mit systemischem Risiko bereitzustellende Informationen

1. Eine ausführliche Beschreibung der Prüfstrategien, einschließlich der Prüfungsergebnisse, auf der Grundlage öffentlich verfügbarer Prüfprotokolle und -instrumente oder anderer Prüfmethoden. Die Prüfstrategien umfassen Prüfkriterien und -metrik sowie die Methodik zur Ermittlung von Einschränkungen.
2. Gegebenenfalls eine ausführliche Beschreibung der Maßnahmen, die ergriffen wurden, um interne und/oder externe Angriffstests durchzuführen (zum Beispiel Red Teaming), Modellanpassungen, einschließlich Ausrichtung und Feinabstimmung.
3. Gegebenenfalls eine ausführliche Beschreibung der Systemarchitektur, aus der hervorgeht, wie Softwarekomponenten aufeinander aufbauen oder einander zuarbeiten und in die Gesamtverarbeitung integriert sind.

Literatur: Hüger, Die Rechtmäßigkeit von Datenverarbeitungen im Lebenszyklus von KI-Systemen ZfDR 2024, 263; Leffer, Automated Suspicion Algorithms – Strafverfolgung durch Künstliche Intelligenz am Beispiel der Geldwäsche; Potel/Wittbrodt, Digitale Instruktionen im Kontext regulatorischer Vorgaben – Herausforderungen und Chancen für Unternehmen, BB 2025, 2819; Wagner Generative KI: Eine „Blackbox" urheberrechtlicher Haftungsrisiken?, MMR 2024, 298; Wendehorst/Nessler/Aufreiter/Aichinger, Der Begriff des „KI-Systems" unter der neuen KI-VO, MMR 2024, 605.

Übersicht

I. Allgemein

Gem. Erwgr. 101, S. 1 nehmen Anbieter von KI-Modellen mit allgemeinem Verwendungszweck entlang der KI-Wertschöpfungskette eine besondere Rolle und Verantwortung wahr, da die von ihnen bereitgestellten Modelle die Grundlage für eine Reihe nachgelagerter Systeme bilden können, die häufig von nachgelagerten Anbietern bereitgestellt werden und ein gutes Verständnis der Modelle und ihrer Fähigkeiten erfordern, sowohl um die Integration solcher Modelle in ihre Produkte zu ermöglichen als auch ihre Pflichten im Rahmen dieser oder anderer Verordnungen zu erfüllen. Daher sollten gem. Erwgr. 101, S. 2 verhältnismäßige Transparenzmaßnahmen festgelegt werden, einschließlich der Erstellung und Aktualisierung von Dokumentation und der Bereitstellung von Informationen über das KI-Modell mit allgemeinem Verwendungszweck für dessen Nutzung durch die nachgelagerten Anbieter. Einen Teil dieser Transparenzpflichten bildet die technische Dokumentation, deren Anforderungen und Inhalte durch Art. 53 Abs. 1 Buchst. a festgelegt werden und der durch den vorliegend betrachteten Anhang XI konkretisiert wird. 1

II. Systematik

2 Die Verordnung verfügt insgesamt über dreizehn Anhänge, die unter anderem die Anforderungen einzelner Artikel in Bezug auf die Dokumentationen, Erklärungen sowie Konformitätsbewertungsverfahren konkretisieren. Der vorliegend betrachtete Anhang XI gliedert sich in zwei Abschnitte und dient der Konkretisierung der Pflichten der Anbieter von KI-Modellen mit allgemeinem Verwendungszweck in Bezug auf die technische Dokumentation gem. Art. 53 Abs. 1 Buchst. a, daher ist er in einem engen inhaltlichen Zusammenhang mit Anhang XII zu betrachten, der die Transparenzinformationen gem. Art. 53 Abs. 1 Buchst. b konkretisiert.

3 In Abschnitt 1 des Anhang XI werden die Mindestanforderungen an die technische Dokumentation gem. Art. 53 Abs. 1 Buchst. a dargestellt, die von allen Anbietern bereitzustellen sind. In Abschnitt 2 werden zusätzliche von Anbietern von KI-Modellen mit allgemeinem Verwendungszweck mit systemischem Risiko bereitzustellende Informationen aufgeführt.

III. Mindestanforderungen an die technische Dokumentation gem. Art. 53 Abs. 1 Buchst. a (Abschnitt 1)

4 Die **technische Dokumentation** iSv Art. 53 Abs. 1 Buchst. a muss die in Anhang XI Abschnitt 1 enthalten Mindestanforderungen aufweisen. Dazu müssen alle Anbieter von KI-Modellen mit allgemeinem Verwendungszweck die genannten Informationen bereitstellen. Es handelt sich insofern um allgemeine Anforderungen. Die Angabe weiterer Informationen über KI-Modelle mit allgemeinem Verwendungszweck wird nach Abschnitt 1 nicht vorausgesetzt, ist jedoch möglich. Zusätzliche Informationen sind hingegen nach Abschnitt 2 bereitzustellen, sofern es sich um KI-Modelle mit allgemeinem Verwendungszweck mit systemischem Risiko handelt.

5 Gem. Art. 53 Abs. 1 Buchst. a sind Anbieter von KI-Modellen mit allgemeinem Verwendungszweck verpflichtet, die technische Dokumentation des Modells zu erstellen und während des gesamten Lebenszyklus[1] zu aktualisieren.[2] Diese Verpflichtung wird inhaltlich durch Anhang XI angereichert. Neben den Trainings- und Testverfahren sowie der Ergebnisse der Bewertung des Anbieters sind auch die in Abschnitt 1 aufgeführten Informationen im Rahmen der technischen Dokumentation aufzugreifen.

6 Die technische Dokumentation ist auf Anfrage dem Büro für Künstliche Intelligenz und den zuständigen nationalen Behörden zur Verfügung zu stellen. Damit ein ausreichender Informationsumfang gesichert ist, werden Mindestanforderungen nach Anhang IX festgelegt.

7 Die Mindestanforderungen sind jedoch gem. Abschnitt 1 S. 1 lediglich **zu dokumentieren,** soweit dies anhand der **Größe und des Risikoprofils** des betreffenden Modells angemessen ist. Der Umfang, der den Anbietern von KI-Modellen mit allgemeinem Verwendungszweck nach Abschnitt 1 auferlegten

[1] → Art. 55 Rn. 13.

[2] Approval of the content of the draft Communication from the Commission – Guidelines on the scope of the obligations for general-purpose AI models established by Regulation (EU) 2024/1689 (AI Act), Rn. 24.

Pflichten bestimmt sich folglich abhängig vom jeweiligen Risikopotential und spiegelt insofern den risikobasierten Ansatz der Verordnung wider.

Durch das Erfordernis der **Angemessenheit** findet eine Abstufung des Pflichtenkataloges auf Basis des Risikopotenzials des KI-Modells statt. Anbieter von KI-Modellen von geringerer Größe und mit geringen Risikoprofilen unterliegen aufgrund der Angemessenheit der Verpflichtungen weniger restriktiven Anforderungen an die technische Dokumentation als jene Anbieter, deren KI-Modelle eine herausragende Größe aufweisen und über ein besonderes Risikopotential verfügen. Auf diese Weise sollen Anbieter von KI-Modellen, die nur eine geringe (gesellschaftliche und auswirkungserhebliche) Bedeutung aufweisen in Bezug auf die ihnen obliegenden Pflichten entlastet werden. 8

1. Allgemeine Beschreibung des KI-Modells (Abschnitt 1 Nr. 1)

Die technische Dokumentation nach Art. 53 Abs. 1 Buchst. a muss gem. Abschnitt 1 Nr. 1 eine allgemeine Beschreibung des KI-Modells enthalten. Die Anforderungen an die allgemeine Beschreibung des KI-Modells werden durch die Buchst. a bis Buchst. f konkretisiert. 9

Die **allgemeine Beschreibung** muss die Aufgaben, die das Modell erfüllen soll, sowie die Art und das Wesen der KI-Systeme, in die es integriert werden kann (Nr. 1 Buchst. a), die anwendbaren Regelungen der akzeptablen Nutzung (Nr. 1 Buchst. b), das Datum der Freigabe und die Vertriebsmethoden (Nr. 1 Buchst. c), die Architektur und die Anzahl der Parameter (Nr. 1 Buchst. d), die Modalität (zum Beispiel Text, Bild) und das Format der Ein- und Ausgaben (Nr. 1 Buchst. e) sowie die Lizenz (Nr. 1 Buchst. f) enthalten. 10

Diese Angaben dienen als Überblick über die generellen Rahmenparameter des KI-Modells und stellen die grundlegenden Bezugspunkte einer späteren Bewertung dar. Im Einzelnen ermöglichen sie die im Folgenden dargestellten Rückschlüsse auf das Risikopotenzial des KI-Systems. 11

a) Aufgaben sowie Art und Wesen der KI-Systeme (Nr. 1 Buchst. a). 12
Die Aufgabe sowie die Art und das Wesen des KI-Systems geben Aufschluss über die Einsatzweise, den möglichen Kontext sowie die bestimmungsgemäße Nutzung des KI-Systems. Anhand dieser Informationen kann abgeleitet werden, ob das KI-System beispielsweise mit sensiblen Daten arbeitet oder in besonders kritischen Bereichen eingesetzt wird. Denn die Art und Weise, wie ein KI-System eingesetzt wird, hat erheblichen Einfluss auf die Bewertung des Risikopotenzials. Zudem können Rückschlüsse auf potenzielle Auswirkungen bei Fehlentscheidungen getroffen werden.

b) Anwendbare Regelungen der akzeptablen Nutzung (Nr. 1 Buchst. b). 13
Die Dokumentation der anwendbaren Regelungen der akzeptablen Nutzung dient dazu, spezifische Vorgaben und Anforderungen an die Nutzung zu definieren und diese nachzuhalten. Diese Regelungen legen fest, wie das KI-System bestimmungsgemäß zu nutzen ist und geben an, welche Verhaltensweisen nach Auffassung des Anbieters nicht akzeptabel sind.

Die Regelungen der akzeptablen Nutzung sind Indikatoren für die Art und Weise sowie ggf. den Umfang der potenziellen Nutzung des KI-Systems. Auf Basis dieser Informationen können beispielsweise Risikofaktoren abgleitet werden, die insbesondere bei Missachtung aufgrund einer nicht akzeptablen Nutzung drohen. 14

15 **c) Datum der Freigabe und die Vertriebsmethoden (Nr. 1 Buchst. c).** Die Dokumentation der **Freigabedaten** dient der Nachverfolgbarkeit hinsichtlich der Entwicklung und des Lebenszyklus des KI-Systems und erleichtert die Bewertung der Konformität in zeitlicher Hinsicht. Anhand des Freigabedatums können darüber hinaus Rückschlüsse gezogen werden, ab welchem Zeitpunkt das KI-System in Verkehr gebracht wurde oder auf dem Markt verfügbar war sowie welche regulatorischen Anforderungen zu diesem Zeitpunkt zu berücksichtigen waren. Auf diese Weise können auch zu einem späteren Zeitpunkt durchgeführte Änderungen nachvollzogen werden.

16 Die Dokumentation der **Vertriebsmethoden** hingegen ermöglicht Rückschlüsse mit Bezug auf die Wertschöpfungskette eines KI-Systems und die potenziell beteiligten Akteure im Rahmen des Vertriebs des KI-Systems. Auf diese Weise wird eine Rückverfolgbarkeit und Bewertung der Verbreitung sowie Verfügbarkeit des KI-Systems ermöglicht. Die Vertriebsmethoden weisen einen engen inhaltlichen Zusammenhang zu den Angaben zur Lizenz nach Nr. 1 Buchst. f auf, sodass auch die dazu angestellten Überlegungen zu berücksichtigen sind.

17 **d) Architektur und die Anzahl der Parameter (Nr. 1 Buchst. d).** Des Weiteren sind die Architektur und die Anzahl der Parameter des KI-Systems nach Buchst. d bereitzustellen. Diese Begriffe werden nicht durch die Verordnung definiert und sind damit im Gesamtkontext der Verordnung auszulegen.

18 Bei Zugrundelegung eines technischen Verständnisses ist der Begriff der **Architektur** auszulegen als eine Beschreibung der Komponenten sowie deren Struktur und Organisation innerhalb des KI-Systems, durch deren Zusammenwirken Ergebnisse, Inhalte und Voraussagen generiert werden. Die Architektur kann dabei verschiedene Ebenen abbilden, die Auskünfte über verwendete Daten, Algorithmen, Modelle und sonstige Parameter geben. Die Parameter können als „Stellschrauben" verstanden werden, mit deren Hilfe das KI-System während der Trainingsphase angepasst wird, um die erzielten Ergebnisse zu optimieren. Die Anzahl der Parameter kann insofern Rückschlüsse auf die Komplexität, die verwendete Rechenkapazität sowie über die Genauigkeit und Skalierbarkeit des KI-Systems ermöglichen.

19 **e) Modalität und Format der Ein- und Ausgaben (Nr. 1 Buchst. e).** Darüber hinaus sind die Modalität, dh ob es sich beispielsweise um Text- oder Bilddateien handelt sowie das Format der Ein- und Ausgaben (dh des In- und Outputs) des KI-Systems zu dokumentieren. Auf diese Weise sollen nähere Angaben über die Ein- und Ausgabedaten im Rahmen der technischen Dokumentation festgehalten werden.

20 **Eingabedaten** sind nach der Begriffsbestimmung des Art. 3 Nr. 33 die in ein KI-System eingespeisten oder von diesem direkt erfassten Daten, auf deren Grundlage das System eine Ausgabe hervorbringt.[3] Eingabedaten können in verschiedenen Modalitäten und Formaten vorliegen. Gleiches gilt für die Ausgaben bzw. die Ausgabedaten. Die Verordnung sieht diesbezüglich keine eigenständige Definition vor. Aufgrund der Modalitäten und Formate der Eingabe können Rückschlüsse gezogen werden, ob diese Daten vor der Eingabe bereinigt, beschriftet und organisiert wurden oder es sich um Rohdaten handelt.

---

[3] Eine ausführliche Darstellung der Eingabedaten findet sich in: Leffer, Kapitel III, C. Schichten Künstlicher Intelligenz, II. Daten, 2. Eingabedaten.

Die Betrachtung der **Ausgabe** hingegen kann Aufschluss darüber geben, ob es sich bei den Ergebnissen um Vorhersagen, Inhalte, Empfehlungen oder Entscheidungen handelt.[4] Darüber hinaus können aufgrund der Modalitäten und des Formates der Ausgaben auch Rückschlüsse in Bezug auf die Funktionsweise (dh die Ableitungen aus den Eingaben,[5] beispielsweise, ob es sich um ein generatives Modell handelt), die Komplexität sowie die verwendeten Arbeitsmethoden und Algorithmen[6] gezogen werden, die wesentliche Faktoren der Risikobewertung des KI-Systems darstellen. 21

f) Lizenz (Nr. 1 Buchst. f). Die technische Dokumentation sollte darüber hinaus auch Angaben zur Lizenz enthalten, unter der das KI-System vertrieben wird. Die Kommission versteht unter einer **Lizenz** in diesem Zusammenhang die Erteilung einer Genehmigung in Bezug auf das Modell.[7] Der Anbieter hat unter anderem Informationen über die Lizenz bereitzustellen, da die die Verordnung gem. Art. 3 Abs. 12 nicht für KI-Systeme, die unter freien und quelloffenen Lizenzen bereitgestellt werden, gilt, es sei denn, sie werden als Hochrisiko-KI-Systeme oder als ein KI-System, das unter Art. 5 oder 50 fällt, in Verkehr gebracht oder in Betrieb genommen. Zum anderen findet sich auch in Art. 53 Abs. 2 ein Ausschluss für KI-Modelle mit allgemeinem Verwendungszweck, die unter einer freien und quelloffenen Lizenz bereitgestellt werden. 22

Gem. Art. 53 Abs. 2 gelten die Pflichten nach Art. 53 Abs. 1 Buchst. a und Buchst. b nicht für Anbieter von KI-Modellen, die im Rahmen einer **freien und quelloffenen Lizenz** bereitgestellt werden, die den Zugang, die Nutzung, die Änderung und die Verbreitung des Modells ermöglicht und deren Parameter, einschließlich Gewichte, Informationen über die Modellarchitektur und Informationen über die Modellnutzung, öffentlich zugänglich gemacht werden. 23

Nach Erwgr. 102, S. 2 sollten KI-Modelle mit allgemeinem Verwendungszweck, die im Rahmen freier und quelloffener Lizenzen freigegeben werden, als ein **hohes Maß an Transparenz und Offenheit** sicherstellend gelten, wenn ihre Parameter, einschließlich Gewichte, Informationen über die Modellarchitektur und Informationen über die Modellnutzung, öffentlich zugänglich gemacht werden. Darüber hinaus sollte die Lizenz nach Erwgr. 102, S. 3 auch als freie quelloffene Lizenz gelten, wenn sie es den Nutzern ermöglicht, Software und Daten zu betreiben, zu kopieren, zu verbreiten, zu untersuchen, zu ändern und zu verbessern, einschließlich Modelle, sofern der ursprüngliche Anbieter des Modells genannt und identische oder vergleichbare Vertriebsbedingungen eingehalten werden. Zudem sollen für die Anbieter von KI-Modellen mit allgemeinem Verwendungszweck, die im Rahmen einer freien und quelloffenen Lizenz freigegeben werden und deren Parameter, einschließlich Gewichte, Informationen über die 24

[4] Detaillierte Erläuterungen der Begriffe Vorhersagen, Inhalte, Empfehlungen oder Entscheidungen finden sich bei: Wendehorst/Nessler/Aufreiter/Aichinger MMR 2024, 605 (606).

[5] Eine detaillierte Darstellung zur Ableitung aus Eingaben findet sich bei: Wendehorst/Nessler/Aufreiter/Aichinger MMR 2024, 605 (609).

[6] Die historische Entwicklung des Begriffes „Algorithmus" wird treffend dargestellt in und ist zu verstehen als ein Grundbaustein technisch weiterentwickelter Systeme, der nicht mit dem Begriff KI gleichzusetzen ist: Leffer, Kapitel I, C. Terminologie, I. Algorithmus.

[7] Approval of the content of the draft Communication from the Commission – Guidelines on the scope of the obligations for general-purpose AI models established by Regulation (EU) 2024/1689 (AI Act), Rn. 77.

Modellarchitektur und Informationen über die Modellnutzung, öffentlich zugänglich gemacht werden, gem. Erwgr. 104, S. 1 Ausnahmen in Bezug auf die Transparenzanforderungen gelten. Diese Ausnahme soll jedoch keine Anwendung finden, soweit die KI-Modelle mit allgemeinem Verwendungszweck ein systemisches Risiko bergen. Denn allein der Umstand, dass diese Modelle transparent sind und mit einer quelloffenen Lizenz einhergehen, stellt keinen ausreichenden Grund dar, ihre Anbieter von der Einhaltung der Pflichten auszunehmen. Damit bemisst sich zwar der Umfang der Anbieterpflichten in Bezug auf KI-Modelle mit allgemeinem Verwendungszweck auch daran, unter welcher Lizenz sie vertrieben werden, dieser Umstand führt jedoch nicht zu einer Entlastung, sofern ein systemisches Risiko vorhanden ist. Ebenso wenig kann eine freie und quelloffene Lizenz die Anbieter von der Pflicht zur Erstellung einer Zusammenfassung der für das Training des Modells verwendeten Inhalte und die Pflicht, eine Strategie zur Einhaltung des Urheberrechts der Union, insbesondere zur Ermittlung und Einhaltung der gem. Art. 4 Abs. 3 Richtlinie (EU) 2019/790 befreien.

25 Auf Basis der Lizenzangaben lassen sich zudem Rückschlüsse in Bezug auf den Informationsaustausch entlang der Wertschöpfungskette ziehen, insbesondere mit Blick auf bereitgestellte Begleitdokumente und Informationen zum KI-System und dessen Einsatz- und Nutzungsmöglichkeiten. Somit lässt sich beispielsweise ermitteln, ob Nutzer ausreichend über potenzielle Risiken informiert wurden. Die vorangegangenen Ausführungen insgesamt verdeutlichen damit den mit der Angabe der Lizenz einhergehenden Informationsgehalt für die Bewertung und Überprüfung des KI-Systems.

2. Beschreibung der Elemente des Modells (Abschnitt 1 Nr. 2)

26 Abschnitt 1 Nr. 2 erfordert in Bezug auf die technische Dokumentation zunächst eine ausführliche Beschreibung der Elemente des Modells gem. Nr. 1 Buchst. a bis Buchst. f. Darüber hinaus sind relevante Informationen zum Entwicklungsverfahren zu dokumentieren. Die für die Dokumentation des Entwicklungsverfahrens relevanten Informationen, werden durch die in Nr. 2 Buchst. a bis Buchst. 1 genannten Elemente konkretisiert, die im Folgenden dargestellt werden.

27 **a) Technische Mittel (Abschnitt 1 Nr. 2 Buchst. a).** Die technische Dokumentation muss nach Nr. 2 Buchst. a die technischen Mittel, die für die Integration des KI-Modells mit allgemeinem Verwendungszweck in KI-Systemen erforderlich sind, enthalten. Zu diesen technischen Mitteln zählen beispielsweise Betriebsanleitungen, die Infrastruktur und die Instrumente.

28 Die **Betriebsanleitung** wird nach Art. 3 Nr. 15 definiert als Informationen, die der Anbieter bereitstellt, um den Betreiber insbesondere über die Zweckbestimmung und die ordnungsgemäße Verwendung eines KI-Systems zu informieren. Ähnliche Regelungen zu Betriebsanleitungen finden sich in zahlreichen europäischen produktsicherheitsrechtlichen Rechtsakten, insbesondere im Zusammenhang mit dem Einsatz von Softwarekomponenten.[8] Erstmalig mit der **Verordnung (EU) 2023/1230** war ein Umdenken des europäischen Verordnungsgebers in Bezug auf die Zulässigkeit **digitaler** Betriebsanleitungen zu beobachten.[9] Jedenfalls in Bezug auf **Hochrisiko-KI-Systeme** findet sich eine

[8] Vgl. beispielhaft Art. 3 Nr. 17 Verordnung (EU) 2023/1230.

[9] Die Verordnung enthält keine Hinweise darauf, ob Betriebsanleitungen digital ausgestaltet werden können. Erste Hinweise auf einen Wandel in der europäischen Rechtsetzung enthielt Art. 10 Abs. 7 Verordnung (EU) 2023/1230.

ausdrückliche Regelung in **Art. 13 Abs. 2,** wonach Hochrisiko-KI-Systeme mit Betriebsanleitungen in einem geeigneten digitalen Format bereitgestellt werden können. Eine ausdrückliche Aussage darüber, ob diese neuartige Technikoffenheit für sämtliche KI-Systeme gilt, enthält die Verordnung jedoch nicht.[10] Die Verordnung (EU) 2023/1230 und die entsprechende Ausgestaltung für die Hochrisiko-KI-Systeme lassen jedoch ein Umdenken des Verordnungsgebers vermuten oder zumindest erahnen, sodass eine Zulässigkeit der digitalen Betriebsanleitung zukünftig auch für alle anderen KI-Systeme anzunehmen sein könnte. Denn im Gegensatz zu (körperlichen) Produkten erscheint es aus praktischen Gesichtspunkten fernliegend, dass KI-Modelle mit einer herkömmlichen – nicht digitalen (dh papiergebundenen) – Betriebsanleitung auszustatten sind, sondern zukünftig mit einer digitalen Betriebsanleitung ausgestattet werden könnten. Es bleibt abzuwarten und insofern mit einer gewissen Rechtsunsicherheit verbunden, ob sich dieser technikoffene Ansatz in Bezug auf die Betriebsanleitung sämtlicher KI-Systeme in der praktischen Umsetzung der vorliegend betrachteten Verordnung niederschlagen wird oder ob ein Medienbruch zur Erfüllung der Verpflichtung notwendig bleibt.

Während für Hochrisiko-KI-Systeme umfangreiche Anforderungen an die **29** Betriebsanleitung gestellt werden (vgl. beispielsweise Erwgr. 65, Art. 13 Abs. 2 und Abs. 3), enthält die Verordnung nur vereinzelt Hinweise auf die Inhalte der Betriebsanleitung für KI-Modelle mit allgemeinem Verwendungszweck. Ein solcher vereinzelter Anhaltspunkt findet sich beispielsweise in der Begriffsbestimmung des Art. 3 Nr. 12. Danach lässt sich die Zweckbestimmung entsprechend den vom Anbieter bereitgestellten Informationen der Betriebsanleitung entnehmen. Daraus folgt, dass die im Rahmen der Dokumentation enthaltenen technischen Mittel unter anderem Auskunft über den Zweck des KI-Systems geben, der auf diese Weise im Bestandteil der technischen Dokumentation wird.

Für den Begriff der **Infrastruktur** lässt die Verordnung keine Definition erken- **30** nen. Anbieter müssen jedoch während des Lebenszyklus des KI-Modells nach Art. 55 Abs. 1 Buchst. d (iVm Erwgr. 11, S. 3) sowohl ein angemessenes Maß an Cybersicherheit für das Modell sowie für seine physische Infrastruktur gewährleisten. Infrastruktur iSd des Anhang XI umfasst demnach – jedenfalls nach dem Verständnis als technisches Mittel – physische Komponenten wie die verwendete Hardware und sonstige physische Bestandteile des KI-Modells. Darüber hinaus wird im Rahmen von Anhang XI keine Differenzierung zwischen physischen und sonstigen Infrastrukturen des KI-Modells vorgenommen, sodass daraus zu schließen ist, dass auch andere (digitale) Infrastrukturelemente – wie Softwarekomponenten – als technische Mittel von dem Begriff der Infrastruktur erfasst werden, die als Mindestanforderung zu dokumentieren sind.

Darüber hinaus enthält die Verordnung auch keine Definition des Begriffes **31** **Instrument,** verwendet ihn jedoch – bei Zugrundelegung einer Gesamtbetrachtung der Verordnung – mit unterschiedlichen Bedeutungen sowie in unterschiedlichen Kontexten. Zum einen gibt es das Verständnis des Begriffes Instrument, wie es in Erwgr. 59 Anwendung findet, wobei sich der Erwägungsgrund inhaltlich mit dem Einsatz von Hochrisiko-KI-Systemen zB durch Strafverfolgungsbehörden befasst. Aus dem konkreten Kontext und der Verwendung des Begriffes lässt sich daher ableiten, dass diese Art der Verwendung des Begriffes dem allgemeinen

[10] Eine vertiefte Darstellung der Instruktionspflichten im Kontext der KI-Verordnung findet sich in: Potel/Wittbrodt, BB 2025, 2819 ff.

Sprachgebrauch entspringt und losgelöst von dem Verordnungsbegriff des Instrumentes zu betrachten ist, wie er im Rahmen des Anhanges XI verwendet wird.

32 Der Begriff des Instruments wird zudem im Zusammenhang mit Erwgr. 88, der sich inhaltlich mit der KI-Wertschöpfungskette – insbesondere der Entwicklung – beschäftigt, verwendet. Damit weist Erwgr. 88 einen engen inhaltlichen Zusammenhang mit dem vorliegend betrachteten Kontext des Anhang XI auf. Folglich ist bei der Auslegung des Begriffes das gleiche Verständnis zugrunde zu legen. Es ist insofern davon auszugehen, dass es sich um die bei der Entwicklung verwendeten technischen Mittel, sprich Werkzeuge handelt. Dazu zählen folglich unter anderem Methoden, physische und digitale Werkzeuge und technische Ressourcen. Die dargestellte Auslegungsweise wird zudem durch die englische Fassung des Anhang XI getragen, die anstelle von Instrument von einem **„tool"** (engl.) spricht, welches – ausgehend vom reinen Wortlaut – naheliegender als Werkzeug, anstatt als Instrument zu übersetzen ist. Ausgehend von diesen Überlegungen könnte es sich an dieser Stelle insofern um eine Übersetzungsungenauigkeit handeln.

33 **b) Entwurfsspezifikationen (Abschnitt 1 Nr. 2 Buchst. b).** Neben Buchst. a ist auch Buchst. b auf die technische Dokumentation von Informationen hinsichtlich der Entwicklungsphase des KI-Modells gerichtet. Anbieter von KI-Modellen mit allgemeinem Verwendungszweck müssen die Entwurfsspezifikationen des Modells und des Trainingsverfahrens dokumentieren. Davon eingeschlossen sind Trainingsmethoden und -techniken, die wichtigsten Entwurfsentscheidungen mit den Gründen und getroffenen Annahmen. Darüber hinaus ist gegebenenfalls zu dokumentieren, was durch das Modell optimiert werden soll und welche Bedeutung den verschiedenen Parametern dabei zukommt.

34 Durch die Entwurfsspezifikationen werden Informationen über die Entwicklungs- und Herstellungsphase mit Blick auf die beim Anbieter vorliegenden Informationen festgehalten, anhand derer Bewertungen, insbesondere der Funktionsweise durchgeführt werden können.

35 Entwurfsspezifikationen stellen eine übliche Vorgehensweise im Bereich des Software-Engineerings dar und enthalten idR Regel ausschließlich materielle Anforderungen, die zu einem späteren Zeitpunkt in eine Programmierung umgewandelt werden sollen. Mit Blick auf KI-Modelle werden Entwurfsspezifikationen daher idR Informationen über die geplante Funktionsweise des KI-Modells enthalten, die technisch abzubilden sind. Das damit verbundene Trainingsverfahren gibt darüber hinaus Aufschluss darüber, wie das KI-Modell anhand der Trainingsdaten angelernt bzw. trainiert wurde, um das gewünschte Ergebnis liefern zu können. Die Trainingsmethoden und -techniken beschreiben das zum Anlernen verwendete Verfahren.[11] Dabei sollen nicht nur die Entscheidungen dokumentiert werden, sondern darüber hinaus auch die Begründung, da diese weitergehende Anhaltspunkte enthalten kann.

36 **c) Informationen über Daten, die für das Trainieren, Testen und Validieren verwendet wurden (Abschnitt 1 Nr. 2 Buchst. c).** Die technische Dokumentation muss nach Abschnitt 1 Nr. 2 Buchst. c gegebenenfalls Informationen über die für das Trainieren, Testen und Validieren verwendeten Daten enthalten. Die Dokumentationspflicht nach Buchst. c knüpft, wie bereits die Buchst. a

---

[11] Eine ausführliche Darstellung der Lernverfahren findet sich in: Leffer, Kapitel III, C. Schichten Künstlicher Intelligenz, IV. Maschinelles Lernen.

und Buchst. b, ebenfalls an den Entstehungsprozess des KI-Modells an. Denn die Ergebnisse und deren Qualität, Genauigkeit und Zuverlässigkeit hängen maßgeblich von den zugrundliegenden Daten für das Trainieren, Testen und Validieren ab.[12] Maschinelle Lernverfahren erfordern dabei eine erhebliche Menge an Trainingsdaten.[13] Darüber hinaus können sich in Bezug auf diese Daten auch urheberrechtliche Fragestellungen ergeben, sodass ein Dokumentationsinteresse besteht.[14] Für die Genauigkeit und Fehlerfreiheit eines KI-Systems ist es wichtig, dass zwischen den Datensätzen zum Trainieren, Testen und Validieren differenziert wird, daher besteht ein Interesse daran, Informationen zu den verwendeten Daten zu dokumentieren.

Ausgehend von der Verwendung des Begriffes „Trainieren" sind unter anderem **37** **Trainingsdaten** nach Art. 4 Nr. 29, die definiert werden als „Daten, die zum Trainieren eines KI-Systems verwendet werden […]", von der Dokumentationspflicht erfasst. Diese Daten werden für das Anlernen des KI-Modells und des dahinterliegenden Algorithmus verwendet. Damit es zu keiner Überanpassung auf Basis der Trainingsdaten kommt, werden während der Entwicklungsphase der KI-Systeme weitere Daten, sog. Testdaten genutzt.

Testdaten werden nach der Begriffsbestimmung des Art. 3 Nr. 32 definiert **38** als Daten, die für eine unabhängige Bewertung des KI-Systems verwendet werden, um die erwartete Leistung dieses Systems vor dessen Inverkehrbringen oder Inbetriebnahme zu bestätigen. Der Verordnungsgeber hat auch an anderen Stellen die Relevanz von Testdaten gesehen und insbesondere für Anbieter von Hochrisiko-KI-Systemen bei der Entwicklung und Bewertung gem. Erwgr. 68, S. 1 den Zugriff und die Nutzung hochwertiger Datensätze vorgesehen. Zwar ist Anhang XI Abschnitt 1 im Zusammenhang mit Anbietern von KI-Modellen mit allgemeinem Verwendungszweck zu verstehen, die für Anbieter von Hochrisiko-KI-Modellen gegebene Relevanz qualitativ hochwertiger Trainingsdaten lässt sich jedoch inhaltlich auch auf KI-Modelle mit allgemeinem Verwendungszweck übertragen und begründet das Dokumentationsinteresse.[15]

Relevante Informationen zu den Trainings- und Testdaten könnten beispiels- **39** weise die Art und Herkunft der Daten und die Aufbereitungsmethoden (zB Bereinigung, Filterung usw), die Zahl der Datenpunkte, des Umfangs und die Hauptmerkmale sein. Darüber hinaus könnte auch die Art und Weise, wie die Daten erlangt und ausgewählt wurden, sowie alle anderen Maßnahmen zur Feststellung, ob Datenquellen ungeeignet sind und Methoden zur Erkennung ermittelbarer Verzerrungen von Interesse sein.

Zudem soll die Dokumentation Informationen über die für das Validieren **40** des KI-Systems verwendeten Daten enthalten. **Validierungsdaten** sind nach der Begriffsbestimmung des Art. 3 Nr. 30 Daten, die zur Evaluation des trainierten KI-Systems und zur Einstellung seiner nicht erlernbaren Parameter und seines Lernprozesses verwendet werden, um unter anderem eine Unter- oder Überanpassung zu vermeiden.

---

[12] Hüger ZfDR 2024, 263 (267).

[13] Eine ausführliche Darstellung der Lernverfahren findet sich in: Leffer, Kapitel III, C. Schichten Künstlicher Intelligenz, II. Daten, 1. Trainingsdaten.

[14] Eine ausführliche Abhandlung zu KI und dem Urheberrecht gibt: Wagner Generative KI: Eine „Blackbox" urheberrechtlicher Haftungsrisiken?, MMR 2024, 298.

[15] Die gleiche Betrachtungsweise lässt sich auch aus Erwgr. 76 ableiten, wonach Trainingsdatensätze vor dem Hintergrund von Cyberrisiken besonders zu schützen sind, da ihre „Vergiftung" zu schwerwiegenden Folgen für das KI-Modell führen kann.

41 **d) Verwendete Rechenressourcen (Buchst. d).** Buchst. c und Buchst. d sind in einem engen inhaltlichen Zusammenhang zu betrachten. Während Gegenstand des Buchst. c die Dokumentation der Trainingsdaten im weitesten Sinne ist, hat Buchst. d die für das Trainieren des Modells verwendeten Rechenressourcen zum Gegenstand. Dazu zählen zum Beispiel die Anzahl der Gleitkommaoperationen, die Trainingszeit und andere relevante Einzelheiten im Zusammenhang mit dem Trainieren des KI-Systems. Hintergrund dieser Dokumentationspflicht ist der Umstand, dass Rechenkapazitäten als Treiber für die „Entwicklung und Nutzung Künstlicher Intelligenz"[16] verstanden werden, die insbesondere für generative KI-Systeme einen limitierenden Faktor darstellen können.

42 Um eine vergleichbare und überprüfbare Dokumentation zu ermöglichen und um die Einhaltung von Anhang XI, insbesondere Abschnitt 1 Nr. 2 Buchst. d und Buchst. e zu erleichtern, ist die Kommission gem. Art. 53 Abs. 5 befugt, delegierte Rechtsakte zu erlassen. Durch diese können die Mess- und Berechnungsmethoden im Einzelnen festgelegt werden. Übergangsweise lassen sich Anhaltspunkte für die Schätzung des Aufwands dem Praxisleitfaden der Kommission entnehmen.[17]

43 **e) Energieverbrauch des Modells (Buchst. e).** Die Dokumentation muss zudem gem. Buchst. e den bekannten oder geschätzten Energieverbrauch des Modells enthalten. Damit soll zur **ökologischen Nachhaltigkeit** beigetragen werden, denn insbesondere das Trainieren von KI-Modellen erfordert durch das Vorhalten riesiger Datenmengen (unter anderem Trainingsdaten) einen hohen Energieverbrauch, der zum einen zu dokumentieren und zum anderen mit Blick auf den gesamten Lebenszyklus des KI-Modells zu reduzieren ist. Aber auch der durch den Betrieb des KI-Modells verursachte Energiebedarf – insbesondere durch generative KI-Modelle – ist nicht zu unterschätzen.[18] Die Generierung des **Outputs** erfordert viel Energie, wobei die konkrete Höhe des Energieverbrauchs von der Art des Outputs (zB Bild oder Text) abhängig ist.

44 Aus der Angabe des **bekannten** oder **alternativ** des geschätzten Energieverbrauchs lässt sich ableiten, dass es im Ergebnis nicht zwingend auf die konkrete Angabe des Energieverbrauchs ankommt, sondern die Angabe vielmehr einen Orientierungswert/Indikator für die weitere Bewertung darstellt. Diese Betrachtungsweise wird durch den auf Buchst. e folgenden Unterabsatz getragen.

45 Da der Energieverbrauch nicht in jedem Fall bekannt ist oder zweifelfrei geschätzt werden kann, wird Buchst. e durch den darauffolgenden Unterabsatz iVm Buchst. d ergänzt. Ist der Energieverbrauch des Modells nicht bekannt, kann der im Rahmen von Buchst. e zu dokumentierende Energieverbrauch auch auf

---

[16] BMWK, KI-Rechnerinfrastruktur in Deutschland: Kapazitäten, Bedarfe, Maßnahmen, Stand: 17.5.2024, https://www.elektronikforschung.de/dateien/bericht-ki-rechnerinfrastruktur-2024-05-web.pdf.

[17] Approval of the content of the draft Communication from the Commission – Guidelines on the scope of the obligations for general-purpose AI models established by Regulation (EU) 2024/1689 (AI Act), Rn. 117 ff.

[18] Bereits in der allgemeinen Berichterstattung wird auf diesen Umstand ausdrücklich hingewiesen, beispielhaft werden dazu folgende Quellen genannt: Fett, Warum KI viel Wasser und Strom braucht, 15.3.2024, https://www.tagesschau.de/wissen/klima/ki-energieverbrauch-100.html; Zuschke, Frankfurter Rundschau, 25.12.2023, Experten rechnen vor: Bis 2027 könnte KI so viel Strom verbrauchen wie die Niederlande, https://www.fr.de/wirtschaft/ki-studie-strom-verbrauch-umwelt-klimawandel-energie-zr-92745772.html.

Informationen über die **eingesetzten Rechenressourcen** gestützt werden, sodass bei der Schätzung vorrangig auf Buchst. d zurückgegriffen werden kann. Die Angabe der verwendeten Rechenressourcen bildet die Basis für eine valide Schätzung des Energieverbrauchs.

Der Energieverbrauch ist Ausgangspunkt für weitere Regelungen der Verordnung. Die Angabe des Energieverbrauches wird beispielsweise nach Anhang XIII Buchst. c benötigt, um festzustellen, ob ein KI-Modell mit allgemeinem Verwendungszweck über Fähigkeiten oder eine Wirkung verfügt, die den in Art. 51 Abs. 1 Buchst. a genannten gleichwertig sind. Dies ist vor dem Hintergrund des Erwgr. 174 zu bewerten, wonach die Kommission auch auf die energieeffiziente Entwicklung von KI-Modellen mit allgemeinem Verwendungszweck achten soll.[19] Es kommt daher nicht von ungefähr, dass die Angabe des Energieverbrauchs zu den von allen Anbietern von KI-Modellen mit allgemeinem Verwendungszweck bereitzustellenden Informationen nach Anhang XI Abschnitt 1 gehört. 46

IV. Zusätzliche bereitzustellende Informationen (Anhang XI Abschnitt 2)

Neben den Mindestanforderungen (Abschnitt 1) müssen Anbieter von KI-Modellen mit allgemeinem Verwendungszweck mit systemischem Risiko zusätzlich die in Abschnitt 2 aufgeführten Informationen bereitstellen. Ausgehend von dem Risikopotenzial des KI-Modells wird damit den Anbietern ein umfangreicherer Pflichtenkatalog in Bezug auf die technische Dokumentation auferlegt. 47

Dies wird auch durch den allgemeinen Ansatz der Verordnung getragen, der sich unter anderem in Erwgr. 114 widerspiegelt. Danach sollen Anbieter von KI-Modellen mit allgemeinem Verwendungszweck, die systemische Risiken bergen, zusätzliche Pflichten erfüllen, die darauf abzielen, Risiken zu ermitteln und zu mindern und ein angemessenes Maß an Cybersicherheit zu gewährleisten. Diese Herangehensweise spiegelt sich insbesondere auch in Abschnitt 2 Nr. 2 wider. Nach Abschnitt 2 Nr. 2 ist gegebenenfalls eine ausführliche Beschreibung der Maßnahmen, die ergriffen wurden, um interne und/oder externe Angriffstests durchzuführen (zB Red Teaming), Modellanpassungen, einschließlich Ausrichtung und Feinabstimmung bereitzustellen. 48

Daneben soll nach Abschnitt 2 Nr. 1 eine ausführliche Beschreibung der Prüfstrategien des KI-Modells mit allgemeinem Verwendungszweck mit systemischem Risiko bereitgestellt werden. Davon eingeschlossen sind Prüfungsergebnisse, auf der Grundlage öffentlich verfügbarer Prüfprotokolle und -instrumente oder anderer Prüfmethoden. Daneben sollen die Prüfstrategien Prüfkriterien und -metrik sowie die Methodik zur Ermittlung von Einschränkungen umfassen. 49

Zudem ist gegebenenfalls nach Abschnitt 2 Nr. 3 eine ausführliche Beschreibung der Systemarchitektur, aus der hervorgeht, wie Softwarekomponenten aufeinander aufbauen oder einander zuarbeiten und in die Gesamtverarbeitung integriert sind, bereitzustellen. 50

[19] Diese Zielsetzung spiegelt sich auch in den Anforderungen an den Normungsauftrag nach Art. 40 Abs. 2 wider.

Anhang XII Transparenzinformationen gemäß Artikel 53 Absatz 1 Buchstabe b – technische Dokumentation für Anbieter von KI-Modellen mit allgemeinem Verwendungszweck für nachgelagerte Anbieter, die das Modell in ihr KI-System integrieren

Die in Artikel 53 Absatz 1 Buchstabe b genannten Informationen enthalten mindestens Folgendes:

1. eine allgemeine Beschreibung des KI-Modells einschließlich
   a) der Aufgaben, die das Modell erfüllen soll, sowie der Art und des Wesens der KI-Systeme, in die es integriert werden kann;
   b) die anwendbaren Regelungen der akzeptablen Nutzung;
   c) das Datum der Freigabe und die Vertriebsmethoden;
   d) gegebenenfalls wie das Modell mit Hardware oder Software interagiert, die nicht Teil des Modells selbst ist, oder wie es zu einer solchen Interaktion verwendet werden kann;
   e) gegebenenfalls die Versionen der einschlägigen Software im Zusammenhang mit der Verwendung des KI-Modells mit allgemeinem Verwendungszweck;
   f) die Architektur und die Anzahl der Parameter;
   g) die Modalität (zum Beispiel Text, Bild) und das Format der Ein- und Ausgaben;
   h) die Lizenz für das Modell.

2. Eine Beschreibung der Bestandteile des Modells und seines Entwicklungsprozesses, einschließlich
   a) die technischen Mittel (zum Beispiel Betriebsanleitungen, Infrastruktur, Instrumente), die für die Integration des KI-Modells mit allgemeinem Verwendungszweck in KI-Systeme erforderlich sind;
   b) Modalität (zum Beispiel Text, Bild usw.) und Format der Ein- und Ausgaben und deren maximale Größe (zum Beispiel Länge des Kontextfensters usw.);
   c) gegebenenfalls Informationen über die für das Trainieren, Testen und Validieren verwendeten Daten, einschließlich der Art und Herkunft der Daten und der Aufbereitungsmethoden.

Übersicht

I. Anhang XII: Transparenzinformationen für Anbieter von KI-Modellen mit allgemeinem Verwendungszweck

Annex XII gestaltet die Anforderungen an Transparenz und Nachvollziehbarkeit von KI-Modellen mit allgemeinem Verwendungszweck aus. Dies sollen die Erklärbarkeit und die nachgelagerten Pflichten für Anbieter, die das Modell in ihr KI-System integrieren sicherstellen. Anhang XII beschreibt die notwendigen Transparenzinformationen, die Anbieter von KI-Modellen mit allgemeinem Verwendungszweck bereitstellen müssen, um nachgelagerten Anbietern die Integration dieser Modelle in ihre KI-Systeme zu ermöglichen. Diese Anforderungen sind gem. Art. 53 Abs. 1 lit. b verbindlich. 1

Die EU-Kommission ist nach Art. 53 abs. 6 befugt, Annex XII nachträglich an sich ändernde technologische Entwicklungen anzupassen.

II. Allgemeine Beschreibung des KI-Modells

1. Aufgaben und Art des Modells, Annex XII Nr. 1 lit. a

Eine allgemeine Beschreibung des KI-Modells muss die Aufgaben umfassen, 2 die das Modell erfüllen soll, sowie die Art und das Wesen der KI-Systeme, in die es integriert werden kann (Annex XII Nr. 1 lit. a). Diese Beschreibung ist essenziell, um nachgelagerten Anbietern ein klares Verständnis der Einsatzmöglichkeiten und Anwendungsbereiche des Modells zu vermitteln.

Beispielhaft könnte ein KI-Modell zur Textgenerierung beschrieben werden 3 als ein Modell, das Nachrichtenartikel, Blogs oder Geschäftsdokumente verfassen kann und in Content-Management-Systeme oder Textverarbeitungssoftware integriert werden kann. Ein KI-Modell zur Sprachverarbeitung könnte in seiner Beschreibung darlegen, dass es darauf ausgelegt ist, Sprachbefehle zu erkennen und zu interpretieren und in Smart-Home-Systemen oder virtuellen Assistenten integriert zu werden.

2. Regelungen der akzeptablen Nutzung, Annex XII Nr. 1 lit. b

Die anwendbaren Regelungen der akzeptablen Nutzung müssen dargelegt wer- 4 den (Annex XII Nr. 1 lit. b). Dies kann Beschreibungen zur Modellverwendung umfassen, die rechtliche, vertragliche und ethische Standards umfasst und Zweckbestimmungen regelt. Beispielhaft könnte ein KI-Modell zur Bilderkennung regeln, dass es nicht zur Überwachung oder Diskriminierung verwendet werden darf und in Übereinstimmung mit Datenschutzgesetzen eingesetzt werden muss.

3. Freigabedatum und Vertriebsmethoden, Annex XII Nr. 1 lit. c

Das Datum der Freigabe und die Vertriebsmethoden des Modells müssen ange- 5 geben werden (Annex XII Nr. 1 lit. c). Diese Informationen unterstützen den nachgelagerten Anbieter, der das Modell in sein KI-System integriert, die Aktualität und Verfügbarkeit des Modells zu bewerten.

6 Beispielhaft könnte die Beschreibung für ein KI-Modell zur Sprachübersetzung darlegen, dass es am [Datum] veröffentlicht wurde und ist über ein Abonnementmodell im Cloud-Service [Service-Name] erhältlich ist. Eine Beschreibung für beispielsweise ein KI-Modell zur Bildklassifizierung könnte umschreiben, dass es am [Datum] veröffentlicht wurde und wird als Software-as-a-Service (SaaS) über die webbasierte Plattform [Name] angeboten wird.

4. Interaktion mit Hardware und Software, Annex XII Nr. 1 lit. d

7 Falls relevant, muss beschrieben werden, wie das Modell mit Hardware oder Software interagiert, die nicht Teil des Modells selbst ist, oder wie es zu einer solchen Interaktion verwendet werden kann (Annex XII Nr. 1 lit. d). Dies entsprechenden Informationen sind für nachgelagerte Anbieter für die Integration des Modells in bestehende Systeme relevant.

8 Beispielhaft könnte beschrieben werden, dass ein KI-Modell für Gesichtserkennung mit Überwachungskameras [ggf. nähere Beschreibung] und Sicherheitssoftware [ggf. nähere Beschreibung] interagieren, um Zugangskontrollen zu automatisieren.

5. Versionen der einschlägigen Software, Annex XII Nr. 1 lit. e

9 Ebenfalls müssen die Versionen der einschlägigen Software im Zusammenhang mit der Verwendung des KI-Modells angegeben werden (Annex XII Nr. 1 lit. e). Dies gewährleistet die Kompatibilität des Modells mit anderen Softwarekomponenten.

10 Beispielhaft könnte ein KI-Modell zur Datenanalyse beschrieben werden, dass es Version 2.1 und höher von Python sowie Pandas 1.3 unterstützt oder auch, dass ein KI-Modell für Bildverarbeitung kompatibel ist mit TensorFlow 2.4 und OpenCV 4.5.

6. Architektur und Anzahl der Parameter, Annex XII Nr. 1 lit. f

11 Die Architektur des Modells und die Anzahl der Parameter müssen beschrieben werden (Annex XII Nr. 1 lit. f). Diese technischen Details sind entscheidend für das Verständnis der Leistungsfähigkeit und Skalierbarkeit des Modells.

7. Modalität und Format der Ein- und Ausgaben, Annex. XII Nr. 1 lit. g

12 Es muss die Modalität (zum Beispiel Text, Bild) und das Format der Ein- und Ausgaben spezifiziert werden (Annex XII Nr. 1 lit. g). Diese Angaben sind notwendig, um die Einsatzmöglichkeiten des Modells zu bestimmen.

13 Die Beschreibung könnte beispielsweise ein Sprachmodell so beschreiben, dass es Text als Eingabe und Audio als Ausgabe verwendet, wobei das Audio im [Formatbeschreibung]-Format ausgegeben wird. Ein KI-Modell für maschinelles Sehen könnte beispielsweise Bilddaten als Eingabe und Beschriftungen als Textausgabe verwenden.

8. Lizenz für das Modell, Annex XII Nr. 1 lit. h

Die Lizenz, unter der das Modell bereitgestellt wird, muss angegeben werden 14
(Annex XII Nr. 1 lit. h). Dies ist wichtig für die rechtliche Nutzung und Weiterverbreitung des Modells.

9. Beschreibung der Bestandteile des Modells und seines Entwicklungsprozesses, Annex XII Nr. 2

Annex XII Nr. 2 umfasst zusätzlich zum Katalog aus Annex XII Nr. 1 die 15
Beschreibung der Bestandteile des Modells und seines Entwicklungsprozesses, einschließlich seiner technischen Mittel, die für die Integration erforderlich sind (lit. a), der Modalität und Format der Ein- und Ausgaben deren maximale Größe (lit. b) und gegebenenfalls Informationen über die verwendeten Daten für Training, Tests und Validierung, einschließlich der Art und Herkunft der Daten und Aufbereitungsmethoden (lit. c).

Die Beschreibung der Bestandteile des Modells und seines Entwicklungsprozesses 16
gemäß Anhang XII Nr. 2 soll nachgelagerten Anbietern von KI-Systemen, die Modelle anderer Anbieter verwenden zusätzliche Transparenz ermöglichen und vor allem auch die erfolgreiche Integration ermöglichen. Die technischen Mittel, die für die Integration eines KI-Modells erforderlich sind, umfassen beispielsweise Anleitungen, Infrastruktur und Werkzeuge, die sicherstellen, dass das Modell effizient und fehlerfrei in bestehende Systeme integriert werden kann. Wenn ein Modell zur Bildverarbeitung beispielsweise kompatibel mit TensorFlow 2.4 und OpenCV 4.5 ist, müssen Betreiber wissen, welche spezifischen Versionen und Installationen erforderlich sind, um das Modell korrekt zu integrieren und zu nutzen. Dies verhindert Integrationsprobleme und stellt eine reibungslose Implementierung sicher.

Darüber hinaus sind Angaben zur Modalität und zum Format der Ein- und 17
Ausgaben sowie deren maximale Größe wichtig, um die technischen Anforderungen zu verstehen und sicherzustellen, dass die Daten korrekt verarbeitet werden. Ein Textgenerierungsmodell, das beispielsweise Text als Eingabe und Ausgabe im JSON-Format nutzt, erfordert spezifische Anpassungen in den Systemen der Betreiber, um diese Datenformate zu verarbeiten. Die maximale Größe der Ein- und Ausgaben, wie die Länge des Kontextfensters, hilft, die Kapazitäten der Systeme korrekt zu planen. Informationen über die für das Training, Testen und Validieren verwendeten Daten, einschließlich der Art und Herkunft der Daten sowie der Aufbereitungsmethoden, sind entscheidend für die Qualitätssicherung und Compliance. Ein KI-Modell zur Sprachübersetzung, das mit öffentlich zugänglichen zweisprachigen Texten trainiert wurde, ermöglicht Betreibern, die Herkunft und Rechtmäßigkeit der Daten zu überprüfen und sicherzustellen, dass geschützten Inhalte oder Daten nicht unrechtmäßig verwendet wurden. Dies trägt zur Einhaltung von Datenschutz- und Urheberrechtsgesetzen bei.

Die detaillierte Beschreibung der Modellbestandteile und des Entwicklungspro- 18
zesses schafft Transparenz und baut Vertrauen zwischen Anbietern und Betreibern auf. Betreiber können nachvollziehen, wie das Modell entwickelt wurde, welche Daten und Methoden verwendet wurden, und sicherstellen, dass das Modell ihren Anforderungen entspricht. Ein Modell zur Textgenerierung, dessen Entwicklungsprozess offengelegt wird, einschließlich der Datenquellen und der verwendeten Aufbereitungsmethoden, hilft Betreibern, die Qualität und Zuverlässigkeit des Modells besser einzuschätzen und sich auf seine Ergebnisse zu verlassen. Eine klare

Dokumentation erleichtert außerdem die Fehlersuche und Wartung des Modells. Wenn ein Bildverarbeitungsmodell plötzlich fehlerhafte Ergebnisse liefert, ermöglicht die Dokumentation der Trainingsdaten und -methoden die Analyse und Anpassung des Modells, um die Fehler zu beheben.

Anhang XIII Kriterien für die Benennung von KI-Modellen mit allgemeinem Verwendungszweck mit systemischem Risiko gemäß Artikel 51

Um festzustellen, ob ein KI-Modell mit allgemeinem Verwendungszweck über Fähigkeiten oder eine Wirkung verfügt, die den in Artikel 51 Absatz 1 Buchstabe a genannten gleichwertig sind, berücksichtigt die Kommission folgende Kriterien:

a) die Anzahl der Parameter des Modells;

b) die Qualität oder Größe des Datensatzes, zum Beispiel durch Tokens gemessen;

c) die Menge der für das Trainieren des Modells verwendeten Berechnungen, gemessen in Gleitkommaoperationen oder anhand einer Kombination anderer Variablen, wie geschätzte Trainingskosten, geschätzter Zeitaufwand für das Trainieren oder geschätzter Energieverbrauch für das Trainieren;

d) die Ein- und Ausgabemodalitäten des Modells, wie Text-Text (Große Sprachmodelle), Text-Bild, Multimodalität, Schwellenwerte auf dem Stand der Technik für die Bestimmung der Fähigkeiten mit hoher Wirkkraft für jede Modalität und die spezifische Art der Ein- und Ausgaben (zum Beispiel biologische Sequenzen);

e) die Benchmarks und Beurteilungen der Fähigkeiten des Modells, einschließlich unter Berücksichtigung der Zahl der Aufgaben ohne zusätzliches Training, der Anpassungsfähigkeit zum Erlernen neuer, unterschiedlicher Aufgaben, des Grades an Autonomie und Skalierbarkeit sowie der Instrumente, zu denen es Zugang hat;

f) ob es aufgrund seiner Reichweite große Auswirkungen auf den Binnenmarkt hat – davon wird ausgegangen, wenn es mindestens 10 000 in der Union niedergelassenen registrierten gewerblichen Nutzern zur Verfügung gestellt wurde;

g) die Zahl der registrierten Endnutzer.

Übersicht

I. Annex XIII: Kriterien für die Benennung von KI-Modellen mit allgemeinem Verwendungszweck mit systemischem Risiko

Annex XIII legt die Kriterien fest, anhand derer die Kommission bestimmt, ob ein KI-Modell mit allgemeinem Verwendungszweck als solches mit systemischem Risiko eingestuft wird und damit festlegt, dass ein KI-Modell mit allgemeinem Verwendungszweck über Fähigkeiten oder eine Wirkung verfügt, die denen entspricht, die in Art. 51 Abs. 1 lit. a entsprechen. Annex XIII ist damit Bestandteil der „Methodik“ zur Bestimmung von KI-Modellen mit allgemeinem Verwendungszweck mit systemischem Risiko.[1] 1

Durch die verschiedenen Kriterien in Anhang XIII soll ermöglicht werden, dass die Kommission eine umfassende Bewertung von KI-Modellen mit allgemeinem Verwendungszweck durchführt, um deren potenzielle systemische Risiken zu identifizieren.[2] Durch die Berücksichtigung von Parametern, Datensätzen, Berechnungen, Modalitäten, Benchmarks, Marktauswirkungen und Nutzerzahlen soll sichergestellt werden, dass nur Modelle mit systemischen Risiken auch entsprechend als solche reguliert werden. Die EU-Kommission soll hierfür eine Gesamtbewertung der in Anhang XIII genannten Kriterien vornehmen.[3] 2

Die EU-Kommission ist nach Art. 52 Abs. 4 befugt, nach Art. 97 delegierte Rechtsakte zu erlassen, um Annex XIII nachträglich anzupassen. Die spätere Veränderung der Einstufungskriterien mag aus Gründen der Innovationsoffenheit der KI-Verordnung verständlich sein, wirkt sich aber negativ auf die Planbarkeit und Rechtssicherheit für die Anbieter aus. Da die Grenzwerte und Indikatoren für eine Einstufung stets und nach wie vor umstritten sind und für Anbieter kaum Verteidigungsrechte bestehen, ist davon auszugehen, dass die Kommissions-Entscheidungen unter Umständen von Anbietern angegriffen werden, um sowohl das Verfahren als auch die Grenzwerte einer gerichtlichen Überprüfung zuzuführen.[4] 3

II. Anzahl der Parameter des Modells, Annex XIII lit. a

Die Anzahl der Parameter eines KI-Modells ist ein wesentlicher Indikator für seine Komplexität und Leistungsfähigkeit. Modelle mit einer hohen Anzahl von Parametern haben tendenziell größere Rechenkapazitäten und können komplexere Aufgaben bewältigen. 4

Beispielsweise hat ein Sprachmodell mit 175 Milliarden Parametern eine erhebliche Leistungsfähigkeit bei der Verarbeitung und Generierung von Texten. Ein solches Modell könnte als ein Modell mit systemischem Risiko eingestuft werden. Ein Bildverarbeitungsmodell mit nur wenigen Millionen Parametern würde wahrscheinlich nicht als systemisches Risiko eingestuft, da seine Komplexität und Reichweite begrenzt sind. 5

---

[1] Erwgr. 111.

[2] Vgl. Erwgr. 111.

[3] Erwgr. 111.

[4] So auch und mit Hinweisen auf die Verfahren nach dem Digital Services Act: Schwartmann/Keber/Zenner KI-VO/Zenner/Schwartmann/Hansen, Verantwortlichkeiten entlang der KI-Wertschöpfungskette, S. 173 Rn. 495.

III. Qualität oder Größe des Datensatzes, Annex XIII lit. b

6 Die Qualität oder Größe des Datensatzes, der für das Training eines Modells verwendet wird, ist ein weiterer wichtiger Faktor für die Bewertung.[5] Große Datensätze können dazu beitragen, dass Modelle genauer und vielseitiger werden. Ein Modell, das mit Milliarden von Tokens aus einer Vielzahl von Quellen trainiert wurde, kann eine breite Anwendungsbasis haben und möglicherweise ein systemisches Risiko darstellen. Ein Modell, das nur mit einem kleinen, spezialisierten Datensatz trainiert wurde, hat wahrscheinlich eine geringere Reichweite und weniger Einfluss, wodurch es weniger wahrscheinlich ein systemisches Risiko darstellt.

IV. Menge der für das Training verwendeten Berechnungen, Annex XIII lit. c

7 Die Menge der für das Training verwendeten Berechnungen, gemessen in Gleitkommaoperationen (FLOPs), ist ein Indikator für den Ressourcenaufwand und die potenzielle Leistungsfähigkeit eines Modells. Auch Trainingskosten, Zeitaufwand und Energieverbrauch sind relevante Variablen.

8 Ein Modell, das 10^25 FLOPs für sein Training benötigt, weist auf einen hohen Ressourcenaufwand hin und gilt daher als ein KI-Modell mit allgemeinem Verwendungszweck und systemischem Risiko.[6]

V. Ein- und Ausgabemodalitäten des Modells, Annex XIII lit. d

9 Die Art und Weise, wie ein Modell Eingaben verarbeitet und Ausgaben generiert, spielt eine wichtige Rolle bei der Bestimmung seiner Fähigkeiten. Modelle können verschiedene Modalitäten wie Text-Text, Text-Bild oder Multimodalität nutzen. Ein großes Sprachmodell (Large Language Model, LLM), das Text-Text-Interaktionen ermöglicht, könnte als systemisches Risiko gelten, wenn es in vielen verschiedenen Anwendungen eingesetzt werden kann. Ein einfaches Modell, das ausschließlich Text-Bild-Transformationen durchführt, hat möglicherweise eine begrenzte Reichweite und Anwendungsmöglichkeiten, wodurch es weniger wahrscheinlich ein systemisches Risiko birgt.

VI. Benchmarks und Beurteilungen der Fähigkeiten, Annex XIII lit. e

10 Die Leistungsfähigkeit eines Modells wird auch anhand von Benchmarks und Beurteilungen bewertet. Dies umfasst die Anzahl der Aufgaben, die das Modell ohne zusätzliches Training bewältigen kann, seine Anpassungsfähigkeit und Autonomie.[7] Ein Modell, das in mehreren Benchmark-Tests herausragende Leistungen erbringt und eine hohe Anpassungsfähigkeit zeigt, könnte nach diesem Kriterium

---

[5] Vgl. Erwgr. 110.

[6] Siehe Art. 52 Abs. 2.

[7] Vgl. Erwgr. 98.

ein systemisches Risiko darstellen. Dagegen würde bei einem Modell, das nur in sehr spezifischen Aufgaben gut abschneidet und dabei eine geringe Autonomie aufweist, weniger wahrscheinlich ein systemisches Risiko vorliegen.

VII. Auswirkungen auf den Binnenmarkt, Annex XIII lit. f

Große Auswirkungen eines Modells auf den Binnenmarkt kann ebenfalls als 11
Kriterium für ein systemisches Risiko herangezogen werden. Annex XIII lit. f formuliert dabei zugleich eine feste Größe, bei der davon ausgegangen werden soll, dass eine große Auswirkung und signifikante Reichweite vorliegt (10.000 registrierte gewerbliche Nutzer in der EU).[8]

VIII. Zahl der registrierten Endnutzer, Annex XIII lit. g

Die Anzahl der registrierten Endnutzer eines Modells kann ebenfalls ein Indika- 12
tor für dessen Reichweite und Einfluss sein. Je mehr Endnutzer das Modell nutzen, umso größer können potenzielle Auswirkungen sein und umso wahrscheinlicher ist ein systemisches Risiko.

[8] Siehe auch Bezug zur Reichweite in Erwgr. 110.

Sachregister

Fette Ziffern verweisen auf Artikel,
magere Ziffern auf Randnummern

Sachregister

Sachregister

Sachregister

Sachregister

Sachregister

Sachregister

[illegible]hörde; Begriff 3
[illegible] 75 3 ff.